中国建设年鉴 2017

《中国建设年鉴》编委会 编

中国建筑工业出版社

图书在版编目(CIP)数据

中国建设年鉴2017/《中国建设年鉴》编委会编.
北京：中国建筑工业出版社，2017.12
ISBN 978-7-112-21623-9

Ⅰ.①中… Ⅱ.①中… Ⅲ.①城乡建设-中国-2017-年鉴 Ⅳ.①F299.2-54

中国版本图书馆CIP数据核字(2017)第303974号

责任编辑：马 红 边 琨
责任校对：李欣慰

中国建设年鉴2017

《中国建设年鉴》编委会 编

*

中国建筑工业出版社出版、发行(北京海淀三里河路9号)
各地新华书店、建筑书店经销
北京天成排版公司制版
北京鹏润伟业印刷有限公司印刷

*

开本：880×1230毫米 1/16 印张：55 插页：8 字数：1740千字
2018年2月第一版 2018年2月第一次印刷
定价：380.00元
ISBN 978-7-112-21623-9
(31276)

版权所有 翻印必究
如有印装质量问题，可寄本社退换
(邮政编码100037)

编辑说明

一、《中国建设年鉴》是由住房和城乡建设部组织编纂的综合性大型资料工具书，中国建筑工业出版社具体负责编辑出版工作。每年一册，逐年编辑出版。

二、《中国建设年鉴》力求综合反映我国住房城乡建设事业发展与改革年度情况，内容丰富，资料来源准确可靠，具有很强的政策性、指导性、文献性。可为各级建设行政主管领导提供参考，为地区和行业建设发展规划和思路提供借鉴，为国内外各界人士了解中国建设情况提供信息。本书具有重要的史料价值、实用价值和收藏价值。

三、《中国建设年鉴》2017卷力求全面记述2016年我国房地产业、住房保障、城乡规划、城市建设、村镇建设、建筑业、建筑节能与科技和国家基础设施建设等方面的主要工作，突出新思路、新举措、新特点。

四、《中国建设年鉴》记述时限一般为上一年度1月1日至12月31日。为保证有些条目内容的完整性和时效性，个别记述在时限上有所上溯或下延。为方便读者阅读使用，选录的部分新闻媒体稿件，在时间的表述上，有所改动，如"今年"改为"2016年"。

五、《中国建设年鉴》采用分类编辑方法，按照篇目、栏目、分目、条目依次展开，条目为主要信息载体。全卷设8个篇目，篇目内包含文章、分目、条目和表格。标有【 】者为条目的题目。

六、《中国建设年鉴》文稿的内容、文字、数据、保密问题等均经撰稿人所在单位把关审定，由《中国建设年鉴》编辑部汇总编辑完成。

七、我国香港特别行政区、澳门特别行政区和台湾地区建设情况暂未列入本卷。

八、限于编辑水平和经验，本年鉴难免有错误和缺点，欢迎广大读者提出宝贵意见。

九、谨向关心支持《中国建设年鉴》的各级领导、撰稿人员和广大读者致以诚挚的感谢！

《中国建设年鉴2017》编辑委员会

主　任

　　易　军　住房和城乡建设部副部长

副主任

　　常　青　住房和城乡建设部党组成员、办公厅主任

　　沈元勤　中国建筑工业出版社社长

编　委

　　孙志强　驻住房和城乡建设部纪检组副组长

　　周　韬　住房和城乡建设部法规司副司长

　　秦海翔　住房和城乡建设部住房改革与发展司副司长

　　曹金彪　住房和城乡建设部住房保障司司长

　　冯忠华　住房和城乡建设部城乡规划司司长

　　刘　灿　住房和城乡建设部标准定额司司长

　　姜万荣　住房和城乡建设部房地产市场监管司司长

　　张　毅　住房和城乡建设部建筑市场监管司巡视员

　　张小宏　住房和城乡建设部城市建设司司长

　　卢英方　住房和城乡建设部村镇建设司副司长

　　李如生　住房和城乡建设部工程质量安全监管司司长

　　苏蕴山　住房和城乡建设部建筑节能与科技司司长

　　张其光　住房和城乡建设部住房公积金监管司司长

　　王胜军　住房和城乡建设部城市管理监督局副局长

　　张兴野　住房和城乡建设部计划财务与外事司司长

　　江小群　住房和城乡建设部人事司司长

　　王瑞春　住房和城乡建设部直属机关党委常务副书记

　　秦　虹　住房和城乡建设部政策研究中心主任

　　俞滨洋　住房和城乡建设部科技与产业化发展中心（住房和城乡建设部住宅产业化促进中心）主任

　　于　洋　住房和城乡建设部执业资格注册中心副主任

　　杨彦奎　住房和城乡建设部人力资源开发中心主任

　　陶　泳　北京市住房和城乡建设委员会委员

　　孙新军　北京市城市管理委员会主任

　　魏成林　北京市规划和国土资源管理委员会党组书记、主任

　　邓乃平　北京市园林绿化局（首都绿化办）党组书记、局长（主任）

　　金树东　北京市水务局党组书记、局长

宋力威	天津市城乡建设委员会党委书记、主任	王玉志	山东省住房和城乡建设厅厅长
李春梅	天津市规划局常务副局长	裴志扬	河南省住房和城乡建设厅厅长
蔡云鹏	天津市国土资源和房屋管理局局长	李昌海	湖北省住房和城乡建设厅党组书记、厅长
魏 侠	天津市市容和园林管理委员会副主任	鹿 山	湖南省住房和城乡建设厅党组书记、厅长
顾金山	上海市住房和城乡建设管理委员会主任	郭壮狮	广东省住房和城乡建设厅党组成员、副厅长
孙继伟	上海市规划和国土资源管理局局长	严世明	广西壮族自治区住房和城乡建设厅厅长
陆月星	上海市绿化和市容管理局党组书记、局长	陈孝京	海南省住房和城乡建设厅副厅长
乔明佳	重庆市城乡建设委员会党组书记、主任	何 健	四川省住房和城乡建设厅党组书记、厅长
董建国	重庆市国土资源和房屋管理局党组书记、局长	张 鹏	贵州省住房和城乡建设厅党组书记、厅长
曹光辉	重庆市规划局党组书记、局长	王云昌	云南省住房和城乡建设厅副厅长
曹汝涛	河北省住房和城乡建设厅党组书记、厅长	斯朗尼玛	西藏自治区住房和城乡建设厅党组副书记、厅长
李栋梁	山西省住房和城乡建设厅党组书记、厅长	杨冠军	陕西省住房和城乡建设厅党组书记、厅长
张 磊	内蒙古自治区住房和城乡建设厅厅长	杨咏中	甘肃省住房和城乡建设厅党组书记、厅长
杨占报	黑龙江省住房和城乡建设厅党组书记、厅长	姚宽一	青海省住房和城乡建设厅厅长
魏举峰	辽宁省住房和城乡建设厅党组书记、厅长	杨玉经	宁夏回族自治区住房和城乡建设厅党组书记、厅长
邢文忠	吉林省住房和城乡建设厅副巡视员	李学东	新疆维吾尔自治区住房和城乡建设厅党组副书记、厅长
周 岚	江苏省住房和城乡建设厅厅长	刘 平	新疆生产建设兵团建设局党组书记、局长
项永丹	浙江省住房和城乡建设厅党组书记、厅长	马成恩	大连市城乡建设委员会主任
张天培	安徽省住房和城乡建设厅党组书记	陈 勇	青岛市城乡建设委员会党委书记、主任
林瑞良	福建省住房和城乡建设厅厅长	张国平	宁波市住房和城乡建设委员会副主任
陈 平	江西省住房和城乡建设厅党组书记、厅长	陈锦良	厦门市建设与管理局党组书记、局长
		张学凡	深圳市住房和建设局局长
		詹有力	深圳市规划和国土资源委员会

	（市海洋局）副巡视员
赵　艾	国家发展改革委员会西部开发司司长
周荣峰	交通运输部公路局副局长
姜明宝	交通运输部水运局副局长
陈立东	工业和信息化部信息通信发展司副司长
王明亮	文化部财务司副巡视员
聂新鹏	农业部发展计划司副巡视员
刘伟平	水利部建设与管理司司长
齐贵新	国家卫生计生委规划与信息司副司长
尤艳馨	环境保护部规划财务司巡视员
刁永海	中国民航局机场司司长
刘　东	中国铁路总公司建设管理部副主任
余　刚	中国城市科学研究会秘书长
冯　俊	中国房地产业协会副会长兼秘书长
张百平	中国建筑学会常务副秘书长
刘士杰	中国土木工程学会副理事长兼秘书长
陈晓丽	中国风景园林学会理事长
王长远	中国市长协会常务副秘书长
吴建平	中国城市规划协会秘书长
王子牛	中国勘察设计协会副理事长兼秘书长
吴　涛	中国建筑业协会副会长兼秘书长
杨存成	中国安装协会副会长兼秘书长
刘　哲	中国建筑金属结构协会秘书长
修　璐	中国建设监理协会副会长兼秘书长
刘晓一	中国建筑装饰协会副会长兼秘书长
王德楼	中国工程建设标准化协会理事长
徐惠琴	中国建设工程造价管理协会理事长
朱　光	中国建设教育协会秘书长
王要武	哈尔滨工业大学教授

《中国建设年鉴2017》工作执行委员会

陈少鹏	住房和城乡建设部办公厅综合处处长	王彦芳	住房和城乡建设部计划财务与外事司综合处处长
成得礼	住房和城乡建设部办公厅秘书处调研员	袁 雷	住房和城乡建设部人事司综合与机构编制处副处长
王宏轩	住房和城乡建设部办公厅督办处处长		
毕建玲	住房和城乡建设部办公厅宣传信息处处长	王 敏	住房和城乡建设部直属机关党委办公室主任
王秀娟	住房和城乡建设部办公厅档案处处长	浦 湛	住房和城乡建设部政策研究中心处长
贾四海	住房和城乡建设部法规司综合处处长	高立新	住房和城乡建设部科技与产业化发展中心（住房和城乡建设部住宅产业化促进中心）总工
王 衍	住房和城乡建设部住房改革与发展司综合处处长		
王凌云	住房和城乡建设部住房保障司综合处处长	徐凌功	住房和城乡建设部人力资源开发中心办公室主任
赵永革	住房和城乡建设部城乡规划司综合处调研员	付春玲	住房和城乡建设部执业资格注册中心办公室主任
谭 华	住房和城乡建设部标准定额司综合处处长	马 红	中国建筑工业出版社中国建设年鉴编辑部主任
朱文奇	住房和城乡建设部房地产市场监管司综合处处长		
陈 波	住房和城乡建设部建筑市场监管司综合处处长	刘忠昌	北京市住房和城乡建设发展研究中心主任
		堵锡忠	北京市城市管理委员会研究室主任
邱绪建	住房和城乡建设部城市建设司综合法规处处长	陈建军	北京市规划和国土资源管理委员会办公室调研员
顾宇新	住房和城乡建设部村镇建设司综合处处长	王 军	北京市园林绿化局（首都绿化办）研究室主任
宋梅红	住房和城乡建设部工程质量安全监管司综合处处长	刘大根	北京市水务局研究室主任
		张 巍	天津市城乡建设委员会研究室处长
王建清	住房和城乡建设部建筑节能与科技司综合处处长	李 蓓	天津市规划局办公室主任
黄海群	住房和城乡建设部住房公积金监管司综合处处长	俞晓群	天津市国土资源和房屋管理局办公室主任
朱宇玉	住房和城乡建设部城市管理监督局综合处副处长	许 朝	天津市市容和园林管理委员会规划处（研究室）处长

徐存福	上海市住房和城乡建设管理委员会政策研究室主任
胡国俊	上海市规划和国土资源管理局办公室主任
王永文	上海市绿化和市容管理局研究室主任
周　刚	重庆市城乡建设委员会办公室主任
熊仪俊	重庆市国土资源和房屋管理局综合处处长
刘　睿	重庆市规划局办公室主任
赵春旺	河北省住房和城乡建设厅办公室主任
贺　鑫	山西省住房和城乡建设厅办公室主任
刘文宇	内蒙古自治区住房和城乡建设厅办公室主任
艾锦飞	黑龙江省住房和城乡建设厅办公室主任
李江波	辽宁省住房和城乡建设厅办公室主任
刘　金	吉林省住房和城乡建设厅行业发展处处长
赵庆红	江苏省住房和城乡建设厅办公室主任
包立奎	浙江省住房和城乡建设厅办公室主任
陈小满	安徽省住房和城乡建设厅办公室主任
苏友佺	福建省住房和城乡建设厅办公室主任
王海涛	江西省住房和城乡建设厅办公室主任
潘岚君	山东省住房和城乡建设厅办公室主任
李新怀	河南省住房和城乡建设厅副厅长
曾　龙	湖北省住房和城乡建设厅办公室主任
彭国安	湖南省住房和城乡建设厅办公室主任
王　丹	广东省住房和城乡建设厅办公室副主任
陈世山	广西壮族自治区住房和城乡建设厅办公室主任
孙文玺	海南省住房和城乡建设厅改革与发展处副调研员
陈　涛	四川省住房和城乡建设厅党组成员、总规划师
袁晓虎	贵州省住房和城乡建设厅办公室主任
许泰云	云南省住房和城乡建设厅政策法规处副处长
王世玉	西藏自治区住房和城乡建设厅办公室主任
杜晓东	陕西省住房和城乡建设厅政策法规处处长
杨福波	甘肃省住房和城乡建设厅办公室主任
薛长福	青海省住房和城乡建设厅办公室主任
杨洪涛	宁夏回族自治区住房和城乡建设厅党组成员、总规划师
吕建华	新疆维吾尔自治区住房和城乡建设厅办公室副主任
汪　祥	新疆生产建设兵团建设局办公室主任
王志勇	大连市城乡建设委员会办公室主任
刘　立	青岛市城乡建设委员会政策法规处处长
汤宇皓	宁波市住房和城乡建设委员会办公室主任
桓玲玲	厦门市建设局办公室主任
蒋国安	深圳市规划和国土资源委员会（市海洋局）秘书处副处长
吴长松	深圳市住房和建设局办公室主任
张志青	国家发展改革委员会西部开发司综合处处长
王恒斌	交通运输部公路局工程管理处副处长
翁笑冰	交通运输部水运局建设市场监管处副处长
贺　丰	工业和信息化部信息通信发展司处长
杨　雪	文化部财务司规划统计处处长
张永江	农业部发展计划司投资处处长
司毅军	水利部建设与管理司综合处处长
李　军	国家卫生计生委规划与信息司处长
彭爱兰	中国民航局机场司建设处副处长
张华平	环境保护部规划财务司综合处处长
刘俊贤	中国铁路总公司建设管理部综合处处长
李志强	中国城市科学研究会办公室主任
杨卫江	中国房地产业协会副秘书长
魏　巍	中国建筑学会综合部主任
李应斌	中国土木工程学会国际部副主任
陈　重	中国风景园林学会副理事长兼秘书长
姜　洋	中国市长协会咨询委办公室副主任
谢盈盈	中国城市规划协会副秘书长
汪祖进	中国勘察设计协会副秘书长
李国彦	中国建筑业协会史志与企业文化分会秘书长
顾心建	中国安装协会副秘书长兼办公室主任
庞　政	中国建设监理协会行业发展部主任

龚仰其　中国建筑装饰协会综合部主任	薛秀丽　中国建设工程造价管理协会副秘书长
吕志翠　中国建筑金属结构协会办公室副主任	张　晶　中国建设教育协会办公室主任
蔡成军　中国工程建设标准化协会副秘书长	

中国建设年鉴编辑部

主编兼编辑部主任：马红

电　话：010-58337053

地　址：北京市海淀区三里河路9号院　住房和城乡建设部中国建筑工业出版社

2017卷主要撰稿人名单（排名不分先后）

尹飞龙	王 峥	刘振明	佘山川	陈 静	周 磊	宋 涛	李海莹
褚苗苗	李 琦	朱 乐	李洋宇	吕 蕊	郭巧洪	程建伟	叶 笛
陈海曦	亢 博	宾 帆	李德春	马兆亮	李芳馨	张 夏	王 殊
曲怡然	陆 嘉	李 童	王 普	汪成钢	田 雨	任 玮	武 斌
齐庆栓	张丽燕	王春敏	李 菁	高建静	严德华	叶 岚	周海霞
李 培	陈文芳	李 强	郭晓丽	米玉婷	曹 光	崔英华	徐薪智
贺 岩	施华伟	刘叶冲	曹丹勇	施德善	夏 萍	黄 超	王 放
顿德爱	张 欢	郭 嘉	李 琳	孙文玺	向贵和	蒲名品	马兴文
李富立	吴汉卫	彭 强	顾永宁	赵建明	田 浩	曹 君	朱 军
崔 娜	陈 锋	张婷婷	张致富	袁 媛	王要武	林 涌	徐凌功
付春玲	史现利	李志强	李 佳	李应斌	付彦荣	姜 洋	李小梅
胡安东	侯丽娟	吕德晨	顾心建	吕志翠	庞 政	王本明	邓凤琴
薛秀丽	谷 珊						

目　　录

特　　载

习近平：促进中国特色新型城镇化持续健康
　发展 …………………………………………… 2
李克强5月4日主持召开国务院常务会议　会议指
　出实行购租并举，发展住房租赁市场，深化住
　房制度改革 …………………………………… 2

张高丽：加大棚户区改造工作力度　为稳增长惠
　民生作出更大贡献 …………………………… 2
张高丽：在新的起点上努力提高城市规划建设管
　理水平 ………………………………………… 3
全国住房城乡建设工作会议在京召开 ………… 4

专　　论

加强城市规划建设管理工作　开创城市现代化建
　设新局面 ………………………………陈政高　8
完善城市治理体系　提高城市治理

　能力 ……………………………………陈政高　10
陈政高在全国装配式建筑工作现场会上要求大力
　发展装配式建筑　促进建筑业转型升级 …… 12

建设综述

- **法规建设** ………………………………………… 16
  - 稳步推进法律、行政法规立法工作 ………… 16
  - 规章立法工作取得积极进展 ………………… 16
  - 行政复议和行政诉讼 ………………………… 16
  - 积极推进普法和执法监督工作 ……………… 17
- **住房保障** ………………………………………… 17
  - 住房保障政策文件 …………………………… 17
  - 城镇保障性安居工程年度计划及资金安排 … 18
    - 明确年度计划 ……………………………… 18
    - 年度资金安排 ……………………………… 19
  - 保障性安居工程实施 ………………………… 19
    - 棚改及配套基础设施建设力度进一步加大 … 19
    - 因地制宜实施棚改货币化安置 …………… 19
    - 工程质量总体可控 ………………………… 19
    - 城镇保障性安居工程建设进展顺利 ……… 19
  - 2016年住房保障重点工作、新举措 ………… 19
    - 圆满完成棚改年度目标任务 ……………… 19
    - 推动公租房工作取得重大进展 …………… 19
- **城乡规划** ………………………………………… 19
  - 颁布一批城乡规划管理规章 ………………… 19
  - 落实国家区域发展总体战略 ………………… 20
  - 推进全国城镇体系规划编制 ………………… 20
  - 开展省级空间规划工作 ……………………… 20
  - 推进市县"多规合一"试点工作 …………… 20
  - 推进省域城镇体系规划 ……………………… 20
  - 推进国务院交办的城市总体规划审查报批 … 20
  - 加强城乡规划实施监督 ……………………… 20
  - 大力开展生态修复城市修补 ………………… 20
  - 全力推进城市设计 …………………………… 20
  - 开展地下空间试点工作 ……………………… 20
  - 历史文化名城名镇名村保护 ………………… 20
  - 国家专项资金补助国家历史文化名城和
    中国历史文化名镇名村保护 ………………… 21
  - 甲级城乡规划编制单位资质审批 …………… 21
  - 继续推进中新天津生态城工作 ……………… 21
- **标准定额** ………………………………………… 21
  - 2016年工程建设标准、造价的基本情况 …… 21
  - 印发《关于深化工程建设标准化工作改革的
    意见》 ………………………………………… 21
  - 印发《关于培育和发展工程建设团体标准的
    意见》 ………………………………………… 21

- 启动构建"国家工程建设强制性标准体系" ········· 21
- 印发《住房城乡建设领域标准制定工作规则》 ········· 21
- 落实国家重要政策，做好重点标准编制 ········· 22
- 开展标准复审 ········· 22
- 做好标准中译英工作 ········· 22
- 制定《工程造价行业"十三五"规划》 ········· 22
- 规范工程造价咨询业监管 ········· 22
- 完成建筑业"营改增"计价依据调整 ········· 23
- 完善工程造价计价规则 ········· 23
- 开展重点领域计价依据编制 ········· 23
- 加快推动标准实施监督工作制度建设 ········· 23
- 强化重点标准的实施指导监督 ········· 24
- 深入开展无障碍环境建设 ········· 24
- 完善标准支持养老服务发展 ········· 24
- 加快推进住建领域认证认可工作 ········· 24
- 2016年批准发布的国家标准 ········· 24
- 2016年批准发布的行业标准 ········· 27
- 2016年批准发布的产品标准 ········· 29
- 2016年批准发布的工程项目建设标准 ········· 31

房地产市场监管 ········· 31

房地产市场调控政策及市场运行基本情况 ········· 31
- 房地产市场调控 ········· 31
- 以三四线城市为重点推进房地产去库存 ········· 31
- 着力稳定热点城市房地产市场 ········· 32
- 房地产市场运行基本情况 ········· 32

房屋交易与权属管理 ········· 32
- 培育和发展住房租赁市场 ········· 32
- 加强房地产中介行业管理 ········· 32
- 开展房地产市场秩序整治 ········· 32
- 推进房地产交易合同网签系统建设 ········· 32
- 做好交易与不动产统一登记衔接 ········· 32

物业管理发展 ········· 32
- 推动物业管理行业持续健康发展 ········· 32
- 加强物业管理市场监管 ········· 33
- 做好维修资金监督指导工作 ········· 33
- 开展房屋使用安全和白蚁防治工作 ········· 33

国有土地上房屋征收 ········· 33
- 开展《国有土地上房屋征收与补偿条例》实施情况调查 ········· 33
- 继续推进房屋征收信息系统建设 ········· 33
- 加强房屋征收强制执行问题研究 ········· 33
- 加大对违法违规行为的监督检查力度 ········· 33

建筑市场监管 ········· 33

概况 ········· 33
全面推进行业改革和发展 ········· 33
- 深化建筑业改革 ········· 33
- 创新发挥建筑师作用机制 ········· 34
- 推进工程招标投标和监理制度改革 ········· 34
- "十三五"规划编制 ········· 34

着力增强企业市场主体活力 ········· 34
- 营造促进企业发展的政策环境 ········· 34
- 积极推进工程总承包发展 ········· 34
- 清理规范工程建设领域保证金 ········· 34
- 推进建筑用工制度改革 ········· 34

大力加强建筑市场监管 ········· 34
- 推进法律法规制度建设 ········· 34
- 完成工程质量治理两年行动 ········· 34
- 加强建筑市场动态监管 ········· 35
- 加大违法违规行为查处力度 ········· 35

深入推进行政审批制度改革 ········· 35
- 继续推进简政放权 ········· 35
- 创新行政审批方式 ········· 35
- 加强信息公开 ········· 35

城市建设 ········· 35

地下综合管廊建设 ········· 35
- 建立管廊进展信息周报制度 ········· 35
- 开展管廊规划巡查辅导和专项督查 ········· 36
- 完善管廊建设政策措施 ········· 36
- 专题会议和调研推进管廊建设 ········· 36
- 稳步推进管廊试点建设 ········· 36
- 积极推进地下管线综合管理 ········· 36

海绵城市建设与排水防涝 ········· 36
- 海绵城市 ········· 36
- 排水防涝 ········· 36
- 黑臭水体 ········· 36

城镇供热、燃气及道路交通 ········· 36
- 城镇燃气 ········· 36
- 城镇供热 ········· 37
- 城市道路桥梁 ········· 37
- 城市轨道交通 ········· 37
- 城市停车和路网密度 ········· 37

园林绿化 ········· 37
- 推进园林绿化行业规范化、标准化发展 ········· 37
- 继续开展国家园林城市、县城、城镇和生态园林城市创建 ········· 37
- 大力推进城市生态修复 ········· 38
- 组织国际性会议和展览 ········· 38
- 城市规划区内湿地资源和生物多样性保护 ········· 38

- 城镇供水与污水处理 ······ 38
  - 强化城镇供水安全保障 ······ 38
  - 加强城镇节水工作 ······ 38
  - 加快城镇污水处理设施建设 ······ 38
- 城市环境卫生 ······ 38
  - 推动垃圾分类 ······ 38
  - 推动建筑垃圾管理和资源化利用 ······ 38
  - 推动餐厨垃圾资源化利用和无害化处理 ······ 38
  - 加快生活垃圾处理设施建设 ······ 38
  - 推动公共厕所建设管理 ······ 39
- 风景名胜区与世界遗产 ······ 39
  - 发布风景名胜区行业"十三五"规划 ······ 39
  - 做好国家级风景名胜区规划审查审批 ······ 39
  - 强化风景名胜区和世界遗产地监督管理 ······ 39
  - 做好世界遗产培育及申报工作 ······ 39
  - 支持大别山区扶贫工作 ······ 39
  - 推动设立"文化和自然遗产日" ······ 39

村镇建设 ······ 39
概况 ······ 39
  - 基本情况 ······ 39
  - 建设投资 ······ 40
  - 房屋建设 ······ 40
  - 公用设施建设 ······ 40
村镇建设工作进展 ······ 40
  - 农村人居环境改善 ······ 40
  - 农村生活垃圾治理 ······ 40
  - 农村生活污水治理 ······ 41
  - 乡村规划编制和管理 ······ 41
  - 农村危房改造 ······ 41
  - 传统村落和民居保护 ······ 41
  - 片区扶贫联系和对口扶贫 ······ 42
  - 全国重点镇和特色小城镇建设 ······ 42
  - 绿色村庄建设 ······ 42

工程质量安全监管 ······ 42
概况 ······ 42
工程质量监管 ······ 42
  - 加强法规制度建设 ······ 42
  - 深入开展工程质量治理两年行动 ······ 43
  - 开展监督执法检查 ······ 43
  - 调查处理工程质量事故质量问题 ······ 43
  - 夯实工程质量监管工作基础 ······ 43
建筑施工安全监管 ······ 43
  - 加强工作部署 ······ 43
  - 完善规章制度 ······ 43
  - 强化重大事故应对防范 ······ 43

  - 强化事故通报督办 ······ 43
  - 开展监督检查 ······ 43
  - 加强宣传培训 ······ 44
  - 推进长效机制 ······ 44
城市轨道交通工程质量安全监管 ······ 44
  - 建立完善制度 ······ 44
  - 加强监督检查 ······ 44
  - 强化事故通报 ······ 44
  - 加强培训指导 ······ 44
  - 组织经验交流 ······ 44
勘察设计质量监管 ······ 44
  - 开展勘察设计质量专项治理 ······ 44
  - 加强施工图审查管理 ······ 44
  - 完善标准设计 ······ 45
勘察设计行业技术进步 ······ 45
  - 提升建筑设计水平 ······ 45
  - 推动行业技术进步 ······ 45
城乡建设抗震防灾 ······ 45
  - 加强法规制度建设 ······ 45
  - 加强建筑工程抗震设防管理 ······ 45
  - 提高地震应急处置能力 ······ 45
  - 积极应对地震灾害 ······ 45
住房城乡建设部安全生产管理委员会办公室工作 ······ 45
  - 加强部安委办协调工作 ······ 45
  - 加强部内应急协调工作 ······ 45

建筑节能与科技 ······ 46
概况 ······ 46
发展装配式建筑，推进绿色建材发展 ······ 46
  - 大力发展装配式建筑是2016年住房城乡建设部开展的一项重点工作 ······ 46
  - 推进绿色建材发展 ······ 46
推动建筑节能与绿色建筑 ······ 46
  - 新建建筑节能 ······ 46
  - 绿色建筑 ······ 47
  - 既有居住建筑节能改造 ······ 47
  - 公共建筑节能 ······ 47
  - 可再生能源建筑应用 ······ 47
  - 建筑节能与绿色建筑保障体系建设 ······ 47
加强科技创新工作 ······ 48
积极开展应对气候变化和国际科技合作工作 ······ 48
  - 城市适应气候变化行动方案印发 ······ 48
  - 开展气候适应型城市建设试点

- 工作 …… 48
- 中美清洁能源联合研究中心建筑节能领域二期合作启动 …… 49
- 中英开展绿色低碳小城镇试点示范 …… 49
- 中加木结构建筑合作深入推进 …… 49
- 中德加强城镇化领域合作 …… 49

积极推进智慧城市建设 …… 49

住房公积金监管

住房公积金业务发展 …… 50
- 实缴单位、职工人数、缴存额稳定增长 …… 50
- 提取额不断增加 …… 50
- 个人住房贷款稳定增长 …… 51

住房公积金监督和管理机构 …… 52

完善住房公积金政策和监管制度 …… 52
- 继续用好用足住房公积金 …… 52
- 完善职工住房公积金账户存款利率形成机制 …… 53
- 规范和阶段性适当降低住房公积金缴存比例 …… 53
- 完善住房公积金异地个人住房贷款政策 …… 53
- 发布住房公积金年度报告 …… 53
- 完善统计分析制度 …… 53

住房公积金信息化建设和服务 …… 53
- 加快推进信息化建设 …… 53
- 建设全国住房公积金异地转移接续平台 …… 54
- 继续推进建设综合服务平台 …… 54

住房公积金监督检查 …… 54
- 开展廉政风险防控重点抽查 …… 54
- 继续清收历史遗留涉险资金 …… 54

住房公积金试点工作进展 …… 54

城市管理监督 …… 55
- 牵头城市管理执法体制改革 …… 55
- 部门协作提高城市管理和执法水平 …… 55
- 地方扎实推进城市管理执法体制改革 …… 56
- 利用卫星遥感监测辅助城乡规划督察工作 …… 57
- 部派城乡规划和管理督察工作 …… 57
- 受理群众举报工作 …… 57
- 重点执法监督检查工作 …… 58
- 住房公积金督察 …… 59

人事教育 …… 59

机构变化 …… 59
- 住房城乡建设部设立城市管理监督局 …… 59
- 住房城乡建设部办公厅内设机构调整 …… 60
- 住房城乡建设部城市建设司内设机构调整 …… 60
- 住房城乡建设部住房公积金监管司内设机构调整 …… 60
- 住房城乡建设部计划财务与外事司内设机构调整 …… 60
- 住房城乡建设部人事司内设机构调整 …… 60
- 中国城市规划设计研究院机构调整 …… 60
- 全国市长研修学院（住房和城乡建设部干部学院）内设机构调整 …… 60
- 中国建设报社机构调整 …… 60
- 中国建设报社内设机构再次调整 …… 61
- 中国建设报社内设机构第三次调整 …… 61

高等教育 …… 61
- 住房城乡建设部、安徽省人民政府签署共建安徽建筑大学协议 …… 61
- 住房城乡建设部、山东省人民政府签署共建山东建筑大学协议 …… 61
- 住房城乡建设部、吉林省人民政府签署共建吉林建筑大学协议 …… 61
- 成立新一届住房城乡建设部高等教育土木工程、建筑环境与能源应用工程专业评估委员会 …… 61
- 修订给排水科学与工程专业评估文件 …… 62
- 2015～2016年度高等学校建筑学专业教育评估工作 …… 62
- 2015～2016年度高等学校城乡规划专业教育评估工作 …… 64
- 2015～2016年度高等学校土木工程专业教育评估工作 …… 66
- 2015～2016年度高等学校建筑环境与能源应用工程专业教育评估工作 …… 68
- 2015～2016年度高等学校给排水科学与工程专业教育评估工作 …… 69
- 2015～2016年度高等学校工程管理专业教育评估工作 …… 70

干部教育培训及人才工作 …… 70
- 举办贯彻中央城市工作会议精神系列培训班 …… 70
- 印发培训计划并开展领导干部及专业技术人才培训 …… 71
- 全国市长研修学院（部干部学院）获批国家级专业技术人员继续教育基地 …… 71
- 举办全国专业技术人才知识更新工程高级研修班 …… 71

- 住房城乡建设部选派6名博士服务团成员到西部地区服务锻炼 ……………………………… 71
- 住房城乡建设部选拔推荐5名人选为享受政府特殊津贴人员 ………………………………… 71
- 成立住房城乡建设部人才工作领导小组 …… 71
- 制定并发布市政公用设施运行管理人员职业标准 ……………………………………………… 71
- 发布土建类学科专业"十三五"规划教材 …… 71

职业资格管理 …………………………………… 71
- 住房城乡建设领域职业资格考试 …………… 71
- 住房城乡建设领域职业资格及注册情况 …… 72

人才工作 ………………………………………… 73
- 指导推进行业从业人员培训工作 …………… 73
- 做好高技能人才选拔培养工作 ……………… 73
- 加强行业中等职业教育指导工作 …………… 73
- 继续做好建筑业农民工工作 ………………… 73

城建档案 ………………………………………… 73
- 城建档案法制建设 …………………………… 74
- 建设工程竣工档案归集管理 ………………… 75
- 重点工程档案管理 …………………………… 76
- 城建档案信息化建设 ………………………… 76
- 数字声像档案管理 …………………………… 77
- 城市地下管线工程档案管理 ………………… 78
- 地下管线普查和信息化建设 ………………… 78
- 城建档案馆舍、机构、人员培训情况 ……… 80

2016年住房城乡建设大事记 ……………………… 81
基础设施投资建设 ………………………………… 88

全国公共文化设施建设 ………………………… 88
- 加强文化设施建设覆盖城乡的公共文化设施网络初步形成 …………………………………… 88
- 贫困地区公共文化设施建设成效显著 ……… 88
- 非物质文化遗产保护利用设施建设 ………… 88
- 国家重大文化设施建设 ……………………… 89

环境保护工程建设投资及资金利用 …………… 89
- 重点工程建设 ………………………………… 89
- 环境保护工作相关法规、政策 ……………… 90

卫生计生基础设施建设 ………………………… 90
- 卫生计生服务体系建设成效显著 …………… 90
- 《全民健康保障建设工程规划》正式印发实施 ……………………………………………… 91
- 《儿童医院建设标准》正式颁布实施 ……… 91
- 《精神专科医院建设标准》正式颁布实施 … 91
- 《急救中心建设标准》正式颁布实施 ……… 91
- 委属(管)单位建设进展顺利 ……………… 91

信息通信业建设 ………………………………… 91
- 概况 …………………………………………… 91
- 信息通信建设市场管理 ……………………… 92
- 信息通信业建设相关政策规范 ……………… 92

农业基本建设 …………………………………… 93
- 农业综合生产能力建设175.7亿元 ………… 93
- 农业科技创新能力建设16.6亿元 …………… 93
- 农业公共服务能力条件建设7.7亿元 ……… 93
- 农业资源保护与利用条件建设53亿元 …… 93
- 其他农业农村基础设施建设33.9亿元 …… 93

水利建设 ………………………………………… 94
- 水利设施投资、资金利用等概况 …………… 94
- 重点水利工程建设 …………………………… 94
- 在建重大水利工程 …………………………… 94
- 重点水利工程验收管理 ……………………… 94
- 水利建设相关法规 …………………………… 95
- 水利建设相关规划和政策文件 ……………… 95
- 水利建设相关技术标准 ……………………… 96

铁路建设 ………………………………………… 96
- 概况 …………………………………………… 96
- 建设管理 ……………………………………… 97
- 建设标准 ……………………………………… 98
- 招标投标 ……………………………………… 98
- 项目验收 ……………………………………… 98
- 质量安全 ……………………………………… 99

民航建设 ………………………………………… 100
- 2016年度民航工程建设投资、资金利用概况 ……………………………………………… 100
- 机场法规规章及技术标准 …………………… 101

公路建设 ………………………………………… 102
- 公路建设基本情况 …………………………… 102
- 加快推进重点项目建设 ……………………… 102
- 推动公路建设转型发展 ……………………… 102
- 组织重点工程项目竣工验收 ………………… 103

水路工程建设 …………………………………… 103
- 水路工程建设投资、资金利用 ……………… 103
- 水路工程建设 ………………………………… 103
- 水路工程建设相关法规、政策 ……………… 103

西部开发建设 …………………………………… 104
- 对外开放进一步扩大 ………………………… 104
- 全面改革进一步深化 ………………………… 104
- 基础设施进一步完善 ………………………… 104
- 能源水利通信保障能力继续增强 …………… 105
- 城乡统筹进一步优化 ………………………… 105
- 产业转型升级进一步加快 …………………… 105
- 生态文明建设进一步加强 …………………… 106

• 脱贫攻坚工作进一步推进	106	• 财政金融支持进一步加大	106
• 加大城乡住房保障投入力度	106		

各地建设

北京市 …… 110
 住房和城乡建设工作 …… 110
 城市规划 …… 121
 城市管理 …… 130
 园林绿化美化建设 …… 134
 水务建设与管理 …… 136

天津市 …… 138
 城乡规划建设管理 …… 138
 城乡建设管理 …… 147
 国土资源和房屋管理 …… 159
 城市管理·市容园林 …… 162

河北省 …… 171
 概况 …… 171
 政策规章 …… 171
 房地产业 …… 172
 住房保障 …… 173
 公积金管理 …… 173
 城乡规划 …… 173
 新型城镇化 …… 174
 城市建设 …… 174
 村镇规划建设 …… 176
 标准定额 …… 177
 工程质量安全监督 …… 177
 建筑市场 …… 178
 建筑节能与科技 …… 179
 人事教育 …… 179
 大事记 …… 180

山西省 …… 181
 概况 …… 181
 政策规章 …… 182
 房地产业 …… 182
 住房保障 …… 183
 公积金管理 …… 183
 城乡规划 …… 183
 城市建设与市政公用事业 …… 184
 村镇规划建设 …… 184
 工程建设标准定额 …… 185

 工程质量安全监督 …… 186
 建筑市场 …… 186
 建筑节能与科技 …… 187
 建设人事教育工作 …… 187
 大事记 …… 188

内蒙古自治区 …… 190
 概况 …… 190
 法规建设 …… 190
 房地产业 …… 191
 住房保障 …… 192
 公积金管理 …… 192
 城乡规划 …… 192
 城市建设 …… 193
 村镇规划建设 …… 194
 标准定额 …… 194
 工程质量安全监督 …… 195
 建筑市场 …… 195
 建筑节能与科技 …… 196
 人事教育 …… 197
 大事记 …… 197

辽宁省 …… 198
 概况 …… 198
 政策法规 …… 199
 房地产业 …… 200
 住房保障 …… 200
 住房公积金管理 …… 200
 城乡规划 …… 201
 城市建设与市政公用事业 …… 201
 村镇规划建设 …… 202
 工程建设标准定额 …… 203
 工程质量安全监督 …… 204
 建筑市场 …… 204
 建筑节能与科技 …… 205
 建设人事教育工作 …… 206
 大事记 …… 206

吉林省 …… 209
 概况 …… 209

法规建设	209	村镇规划建设	247
房地产业	210	标准定额	248
住房保障	210	工程质量安全监督	249
住房公积金管理	210	建筑业	249
城乡规划	210	建筑节能与科技	254
棚户区改造	210	人事教育	256

浙江省 …… 257

城市建设	211	概况	257
村镇规划建设	211	法规建设	257
农村人居环境改善	211	房地产业	257
工程标准	211	住房保障	258
工程质量安全监督	211	公积金管理	259
建筑业发展	212	城乡规划	260
木结构建筑产业化发展	212	城市建设	260
建筑节能与科技	212	村镇规划建设	262
城市执法体制改革	212	标准定额	263
水库移民	212	工程质量安全监督	263
人事教育	213	建筑市场	263
大事记	213	建筑节能与科技	265

黑龙江省 …… 214

概况	214	人事教育	265
依法行政全面推进	214	大事记	266

安徽省 …… 269

房地产业平稳发展	215	概况	269
棚户区改造超额完成任务	215	法规建设	269
农村泥草（危）房改造创新推进	215	房地产业	270
公积金管理水平不断提升	215	住房保障	271
城乡规划编制管理水平进一步提升	216	公积金管理	271
城市基础设施建设和管理水平有效提升	216	城乡规划	272
建筑业稳步发展	216	城市建设	272
建设领域科技节能取得新成果	217	村镇规划建设	273
美丽乡村建设深入推进	217	标准定额	274

上海市 …… 218

城乡建设与管理	218	工程质量安全监督	274
规划和国土资源管理	228	建筑市场	275
绿化市容	232	建筑节能与科技	275

		人事教育	276
		大事记	276

江苏省 …… 242

福建省 …… 278

概况	242	概况	278
政策规章	243	法规建设	279
房地产业	243	房地产业	279
住房保障	244	住房保障	281
公积金管理	244	公积金管理	281
城乡规划	244		
城市建设	245		

城乡规划	282
城市建设	283
村镇规划建设	284
标准定额	284
工程质量安全监管	285
建筑市场	287
建筑节能与科技	288
人事教育	290
大事记	290
江西省	**292**
概况	292
法规建设	293
房地产业	294
住房保障	295
公积金管理	296
城乡规划	297
城市建设	298
村镇规划与建设	299
勘察设计与标准定额	300
建设工程质量安全监督	301
建筑业市场	302
建筑节能与科技	302
人事教育	303
大事记	304
山东省	**305**
概况	305
新型城镇化	306
政策法规	306
房地产业	307
住房保障	307
住房公积金	308
城乡规划	308
城市建设与管理	309
村镇规划建设	310
工程建设标准定额	311
工程质量安全监督	311
建筑市场监管	312
建筑节能与科技	312
勘察设计	313
建设人事教育工作	314
大事记	314
河南省	**316**

概况	316
城乡规划与建设	317
村镇规划与建设	319
住房保障与房地产业	319
工程建设与建筑业	322
大事记	326
湖北省	**329**
概况	329
法规建设	330
房地产业	331
住房保障	332
公积金管理	332
城乡规划	332
城市建设	333
城市管理	333
村镇规划建设	334
标准定额	335
建筑业	335
建筑节能与科技	336
人事教育	338
大事记	339
湖南省	**343**
概况	343
政策法规	345
住房保障	346
城乡规划	346
房地产业监管	347
建筑业管理	348
城市建设管理	350
勘察设计	351
建筑节能与科技及标准化	353
村镇建设	355
住房公积金管理	356
广东省	**357**
概况	357
法规建设	358
房地产业	359
住房保障	360
公积金管理	361
城乡规划	361
城市建设	362
村镇规划建设	363

标准定额	364	四川省	406
工程质量安全监督	364	概况	406
建筑市场	364	法制建设	407
建设节能与科技	365	房地产业	408
人事教育	366	住房保障	409
大事记	367	公积金管理	409
广西壮族自治区	**370**	城乡规划	410
概况	370	城市建设管理与市政公用设施	410
法规建设	372	村镇建设管理	412
房地产业	372	工程建设标准定额	413
住房保障	373	工程质量安全监督	413
公积金管理	373	建筑业	414
城乡规划	373	勘察设计与科学技术	416
城市建设	374	风景名胜区园林绿化与世界遗产管理	417
村镇规划建设	374	建设人事教育	418
标准定额	375	大事记	418
工程质量安全监督	375	**贵州省**	**420**
建筑市场	376	概况	420
建筑节能与科技	376	法规建设	420
人事教育	376	房地产业	421
大事记	377	住房保障	422
海南省	**382**	公积金管理	422
概况	382	城乡规划	422
法规建设	382	城市建设	423
房地产业	383	村镇规划建设	423
住房保障	385	标准定额	423
公积金管理	385	工程质量安全监督	424
城乡规划	385	建筑市场	424
城市建设	386	建筑节能与科技	424
村镇规划建设	387	人事教育	425
标准定额	388	大事记	425
工程质量安全监督	388	**云南省**	**427**
建筑市场	389	概况	427
建筑节能和科技	390	法规建设	429
勘察设计	391	房地产业	430
建设行业行政审批	391	住房保障	430
人事教育	392	公积金管理	431
大事记	392	城乡规划	432
重庆市	**395**	城市建设	434
城乡建设	395	村镇规划建设	435
城乡规划	402	标准定额	435
房地产业、住房保障与公积金管理情况	403	工程质量安全监管	436

建筑市场	437	建筑市场	463
建筑节能与科技	438	建筑节能与科技	464
人事教育	438	教育培训	465
大事记	439	勘察设计	465

西藏自治区 440
- 概况 440
- 城乡基础设施建设力度大 440
- 住房保障工作成效好 441
- 大力改进住房公积金服务管理 441
- 城乡规划意识有增强 441
- 工程质量和安全生产监管有提升 441
- 建筑市场管理有加强 441
- 房地产市场平稳有序 441
- 改革创新有深化 442
- 对口援藏力度加大 442
- 扶贫和驻村工作扎实开展 442

陕西省 442
- 概况 442
- 政策规章 442
- 房地产业 443
- 保障性住房 443
- 公积金管理 444
- 城乡规划 445
- 城市建设与市政公用事业 445
- 村镇规划建设 447
- 勘察设计和标准定额 447
- 工程质量安全监督 448
- 建筑市场 449
- 建筑节能与科技 450
- 建设人事教育工作 450
- 大事记 451

甘肃省 455
- 概况 455
- 法规建设 455
- 房地产业 455
- 住房保障 457
- 公积金管理 457
- 城市规划 458
- 城市建设 458
- 村镇规划建设 460
- 标准定额 461
- 工程建设 462

- 建设稽查执法 466
- 大事记 467

青海省 467
- 概况 467
- 城乡规划 468
- 城镇基础设施建设 468
- 城镇保障性安居工程 468
- 公积金管理 469
- 村镇建设 469
- 房地产业 469
- 建筑业 469
- 建筑节能与科技 470
- 可可西里申遗工作 470
- 依法行政 470
- 建设人事教育 470
- 大事记 471

宁夏回族自治区 476
- 概况 476
- 新型城镇化建设 477
- 城乡规划 478
- 城市建设 479
- 村镇规划建设 480
- 房地产业 481
- 住房保障 482
- 公积金管理 483
- 工程质量安全监管 483
- 建筑市场 484
- 建筑节能与科技 484
- 标准定额 485
- 法规建设 486
- 人事教育 486
- 大事记 487

新疆维吾尔自治区 489
- 概况 489
- 法规建设 490
- 房地产业 491
- 住房保障 491
- 公积金管理 492

城乡规划 …… 492	青岛市 …… 516
城市建设 …… 493	概况 …… 516
村镇规划建设 …… 494	城市基础设施建设 …… 516
标准定额 …… 495	建筑业 …… 517
工程质量安全监管 …… 495	房地产业 …… 519
建筑市场 …… 497	棚户区改造工作 …… 519
建筑节能与科技 …… 498	勘察设计业 …… 520
人事教育 …… 498	宁波市 …… 520
大事记 …… 499	概况 …… 520

新疆生产建设兵团 …… 502
  概况 …… 502
  加大房地产去库存力度 …… 502
  推进房产管理信息化建设 …… 502
  城镇规划建设管理工作进一步加强 …… 502
  建筑业 …… 503
  建筑市场监管 …… 503
  推进城镇管理执法体制改革工作 …… 503
  住房保障政策拟定 …… 503
  安全质量监督工作 …… 504

大连市 …… 504
  概况 …… 504
  法规建设 …… 505
  房地产业 …… 505
  住房保障 …… 505
  公积金管理 …… 506
  城乡规划 …… 509
  城市建设 …… 509
  村镇规划建设 …… 511
  标准定额 …… 512
  工程质量安全监督 …… 512
  建筑市场 …… 513
  建筑节能与科技 …… 514
  人事教育 …… 515
  大事记 …… 515

（右栏接续）
  基础设施建设 …… 522
  住房保障 …… 522
  棚户区改造 …… 523
  建筑市场 …… 524
  房地产业发展 …… 526
  工程质量监督 …… 527
  建筑节能与科技 …… 528
  大事记 …… 529

厦门市 …… 532
  概况 …… 532
  城市建设 …… 533
  村镇建设 …… 534
  保障性安居工程 …… 535
  建筑业 …… 535
  房地产开发与物业管理 …… 536
  建设工程管理 …… 537
  建材与节能科技 …… 538
  技术综合管理 …… 539
  政策法规 …… 540
  行政审批 …… 540
  人事管理与教育 …… 541
  大事记 …… 541

深圳市 …… 543
  住房和城市建设 …… 543
  城市规划管理 …… 548

政策法规文件

中共中央　国务院关于进一步加强城市规划建设管理工作的若干意见
（2016年2月6日）…… 552
国务院关于优化建设工程防雷许可的决定
国发〔2016〕39号 …… 556

住房城乡建设部关于废止部分部门规章的决定
中华人民共和国住房和城乡建设部令第27号 …… 557
住房城乡建设部关于修改《城乡规划编制单位资质管理规定》的决定
中华人民共和国住房和城乡建设部令第28号 …… 558

住房城乡建设部　国家发展改革委　人力资源
　社会保障部关于修改《房地产经纪管理办法》
　的决定
　　中华人民共和国住房和城乡建设部　中华人民共和国
　　国家发展和改革委员会　中华人民共和国人力资源和
　　社会保障部令第29号 …………………………… 558
住房城乡建设部　公安部关于废止《城市出租
　汽车管理办法》的决定
　　中华人民共和国住房和城乡建设部　中华人民共和国
　　公安部令第30号 ………………………………… 559
住房城乡建设部　国家卫生计生委关于修改《生
　活饮用水卫生监督管理办法》的决定
　　中华人民共和国住房和城乡建设部　中华人民共和国
　　国家卫生和计划生育委员会令第31号 ………… 559
住房城乡建设部关于修改《勘察设计注册
　工程师管理规定》等11个部门规章的决定
　　中华人民共和国住房和城乡建设部令第32号 … 560
住房城乡建设部　财政部　国土资源部关于进
　一步做好棚户区改造工作有关问题的通知
　　建保〔2016〕156号 ……………………………… 564
住房城乡建设部　财政部关于做好城镇住房保
　障家庭租赁补贴工作的指导意见
　　建保〔2016〕281号 ……………………………… 564
住房城乡建设部办公厅　国家发展改革委
　办公厅　财政部办公厅关于印发《棚户区
　改造工作激励措施实施办法（试行）》的通知
　　建办保〔2016〕69号 ……………………………… 566
住房城乡建设部关于印发海绵城市专项规划
　编制暂行规定的通知
　　建规〔2016〕50号 ………………………………… 567
住房城乡建设部关于印发城市地下空间开发
　利用"十三五"规划的通知
　　建规〔2016〕95号 ………………………………… 569
住房城乡建设部关于废止注册城市规划师
　注册登记办法的通知
　　建规〔2016〕135号 ……………………………… 573
住房城乡建设部关于印发深化工程建设标准化
　工作改革意见的通知
　　建标〔2016〕166号 ……………………………… 573
住房城乡建设部办公厅关于培育和发展工程
　建设团体标准的意见
　　建办标〔2016〕57号 ……………………………… 576
中国人民银行　中国银行业监督管理委员会
　关于调整个人住房贷款政策有关问题的
　通知 ……………………………………………… 578
财政部　国家税务总局　住房城乡建设部关于
　调整房地产交易环节契税　营业税优惠
　政策的通知
　　财税〔2016〕23号 ……………………………… 578
住房城乡建设部等部门关于加强房地产中介
　管理促进行业健康发展的意见
　　建房〔2016〕168号 ……………………………… 579
住房城乡建设部关于进一步规范房地产开发企
　业经营行为维护房地产市场秩序的通知
　　建房〔2016〕223号 ……………………………… 582
住房城乡建设部关于贯彻落实资产评估法规范
　房地产估价行业管理有关问题的通知
　　建房〔2016〕275号 ……………………………… 583
住房城乡建设部　财政部关于开展工程建设
　领域各类保证金清查工作的通知
　　建市〔2016〕63号 ………………………………… 584
住房城乡建设部关于进一步推进工程总承包
　发展的若干意见
　　建市〔2016〕93号 ………………………………… 585
住房城乡建设部　财政部关于切实做好清理
　规范工程建设领域保证金有关工作的通知
　　建市〔2016〕149号 ……………………………… 587
住房城乡建设部关于简化建筑业企业资质标准
　部分指标的通知
　　建市〔2016〕226号 ……………………………… 588
住房城乡建设部关于促进建筑工程设计事务所
　发展有关事项的通知
　　建市〔2016〕261号 ……………………………… 589
住房城乡建设部关于印发《城市公园配套服务
　项目经营管理暂行办法》的通知
　　建城〔2016〕36号 ………………………………… 591
财政部　住房城乡建设部关于印发城市管网
　专项资金绩效评价暂行办法的通知
　　财建〔2016〕52号 ………………………………… 593
住房城乡建设部　国家能源局关于推进电力
　管线纳入城市地下综合管廊的意见
　　建城〔2016〕98号 ………………………………… 596
住房城乡建设部关于城市园林绿化企业资质
　标准和燃气燃烧器具安装、维修企业资质
　管理有关事项的补充通知
　　建城〔2016〕129号 ……………………………… 597

住房城乡建设部关于提高城市排水防涝能力
  推进城市地下综合管廊建设的通知
    建城〔2016〕174号 …………………… 597
住房城乡建设部 国土资源部关于进一步完善
  城市停车场规划建设及用地政策的通知
    建城〔2016〕193号 …………………… 598
住房城乡建设部等部门关于进一步鼓励和
  引导民间资本进入城市供水、燃气、
  供热、污水和垃圾处理行业的意见
    建城〔2016〕208号 …………………… 601
住房城乡建设部等部门关于进一步加强城市
  生活垃圾焚烧处理工作的意见
    建城〔2016〕227号 …………………… 603
住房城乡建设部关于开展绿色村庄创建工作的
  指导意见
    建村〔2016〕55号 ……………………… 605
住房城乡建设部 国家发展改革委 财政部
  关于开展特色小镇培育工作的通知
    建村〔2016〕147号 …………………… 606
住房城乡建设部等部门关于改善贫困村人居
  卫生条件的指导意见
    建村〔2016〕159号 …………………… 608
住房城乡建设部关于做好"十三五"期间定点
  扶贫工作的通知
    建村〔2016〕170号 …………………… 609
住房城乡建设部办公厅关于支持贫困县开展
  统筹整合使用财政涉农资金试点工作的通知
    建办村函〔2016〕811号 ……………… 610
住房城乡建设部 中国农业发展银行关于推进
  政策性金融支持小城镇建设的通知
    建村〔2016〕220号 …………………… 611
住房城乡建设部 财政部 国务院扶贫办关于
  加强建档立卡贫困户等重点对象危房改造
  工作的指导意见
    建村〔2016〕251号 …………………… 612
住房城乡建设部等部门关于开展改善农村人居
  环境示范村创建活动的通知
    建村〔2016〕274号 …………………… 614
住房城乡建设部关于切实加强农房建设质量
  安全管理的通知
    建村〔2016〕280号 …………………… 615
住房城乡建设部 财政部关于印发农村危房
  改造激励措施实施办法(试行)的通知
    建村〔2016〕289号 …………………… 616
住房城乡建设部关于印发2016~2020年建筑业
  信息化发展纲要的通知
    建质函〔2016〕183号 ………………… 618
住房城乡建设部关于印发震后房屋建筑安全
  应急评估管理暂行办法的通知
    建质〔2016〕253号 …………………… 621
住房城乡建设部关于印发城乡建设抗震防灾
  "十三五"规划的通知
    建质〔2016〕256号 …………………… 622
住房城乡建设部 财政部关于印发建设工程
  质量保证金管理办法的通知
    建质〔2016〕295号 …………………… 626
国家发展改革委 住房城乡建设部关于印发城
  市适应气候变化行动方案的通知
    发改气候〔2016〕245号 ……………… 627
住房城乡建设部办公厅关于印发《省级公共
  建筑能耗监测平台验收和运行管理暂行办法》
  的通知
    建办科〔2016〕18号 …………………… 631
住房城乡建设部关于加快建设住房公积金综合
  服务平台的通知
    建金〔2016〕14号 ……………………… 633
住房城乡建设部关于做好城市管理执法车辆
  保障工作的通知
    建督〔2016〕233号 …………………… 634
住房城乡建设部城市管理监督局关于推行城市
  管理执法全过程记录工作的通知
    建督综函〔2016〕1号 ………………… 634

数据统计与分析

2016年城乡建设统计分析 …………………… 638
　2016年城市(城区)建设 ………………… 638
　2016年县城建设 ………………………… 641
　2016年村镇建设 ………………………… 642
2016年城乡建设统计分省数据 …………… 645
　2016年城市(城区)建设分省数据 ……… 645
　2016年县城建设分省数据 ……………… 654
　2016年村镇建设分省数据 ……………… 663

2016年建筑业发展统计分析 …… 683
 2016年全国建筑业基本情况 …… 683
 2016年全国建筑业发展特点 …… 691
 2016年建筑业特级、一级资质企业基本情况分析 …… 693
 2016年建设工程监理行业基本情况 …… 705
 2016年工程建设项目招标代理机构基本情况 …… 706
 2016年工程勘察设计企业基本情况 …… 707
 2016年房屋市政工程生产安全事故情况通报 …… 707
 2016年我国对外承包工程业务完成额前100家企业和新签合同额前100家企业 …… 713

2016年全国房地产市场运行分析 …… 716
 2016年全国房地产开发情况 …… 716
 2016年商品房销售和待售情况 …… 717
 2016年全国房地产开发资金来源结构分析 …… 719
 2016年全国房地产开发景气指数 …… 719
 70个大中城市住宅销售价格变动情况 …… 719

部属单位、社团

住房和城乡建设部科技与产业化发展中心（住宅产业化促进中心） …… 738
住房和城乡建设部人力资源开发中心 …… 740
住房和城乡建设部执业资格注册中心 …… 741
中国建筑工业出版社（中国城市出版社） …… 742
中国城市科学研究会 …… 744
中国建筑学会 …… 747
中国土木工程学会 …… 750
中国风景园林学会 …… 754
中国市长协会 …… 757
中国城市规划协会 …… 760
中国房地产业协会 …… 762
中国勘察设计协会 …… 764
中国建筑业协会 …… 767
中国安装协会 …… 772
中国建筑金属结构协会 …… 775
中国建设监理协会 …… 785
中国建筑装饰协会 …… 788
中国工程建设标准化协会 …… 791
中国建设工程造价管理协会 …… 793
中国建设教育协会 …… 796

附　录

示范名录 …… 800
 第一批中国特色小镇名单 …… 800
 第三批美丽宜居小镇、美丽宜居村庄示范名单 …… 802
 第四批美丽宜居小镇、美丽宜居村庄示范名单 …… 803
 第四批列入中国传统村落名录的村落名单 …… 810
 第二批田园建筑优秀实例名单 …… 828
 2016年列入中央财政支持范围的中国传统村落名单 …… 830
 2016年第二批列入中央财政支持范围的中国传统村落名单 …… 839
 第八批全国工程勘察设计大师名单 …… 842
 国家城市湿地公园名单 …… 844

获奖名单 …… 844
 2016年中国人居环境奖获奖名单 …… 844
 2016～2017年度第一批中国建设工程鲁班奖（国家优质工程）入选名单 …… 845

2016年是"十三五"规划的开局之年，是全面落实中央城市工作会议精神的第一年。住房城乡建设系统在党中央、国务院的正确领导下，狠抓各项工作落实，不断开创工作新局面。

> 一是努力推进房地产去库存。认真落实中央关于推进供给侧结构性改革的工作部署，通过综合采取鼓励农民工和农民进城购房、推进棚改货币化安置、发展跨界地产、用足用好住房公积金等多种措施，推进去库存取得了重要进展。

> 二是着力稳定热点城市房地产市场。坚持分类调控，因城因地施策，强化地方主体责任，热点城市政府出台了限购、限贷、增加土地供应、打击开发商和中介机构违法违规行为等措施。在各方共同努力下，热点城市房地产市场逐步趋于稳定，社会预期有所转变，市场走势出现积极变化。

> 三是顺利完成棚户区改造任务。棚户区改造开工600万套。棚改货币化安置比例达到48.5%，比上年提高18.6个百分点。继续抓好公租房分配入住，全国新入住公租房266万户。住房公积金作用进一步发挥，有力支持了居民自住购房。

> 四是不断加强城乡规划工作。着力推动"生态修复、城市修补"工作，在三亚市开展了试点，召开了全国生态修复城市修补现场会。各地都启动了违法建筑治理工作。历史文化街区划定和历史文化建筑确定工作不断推进。全面启动了城市设计工作。积极开展了省级空间规划编制工作和市县"多规合一"试点，取得了阶段性进展。

> 五是继续强化城市基础设施建设。累计开工地下综合管廊2005公里，全面落实了2016年政府工作报告提出的目标任务。30个国家试点城市开工海绵城市项目320平方公里。黑臭水体整治项目开工962个。同时，推进了轨道交通、城市县城污水处理厂和生活垃圾无害化处理场建设。

> 六是认真落实城市执法体制改革任务。住房城乡建设部城市管理监督局正式组建。建立了全国城市管理工作部际联席会议制度。开展了城管执法队伍"强基础、转作风、树形象"专项行动。

> 七是全面理清建筑业改革发展思路。深入调研，全面总结分析了近40年建筑业发展成就和问题，提出了今后发展目标和工作意见。认真组织实施工程质量治理两年行动，促进工程质量不断好转。清理规范工程建设领域保证金，切实减轻企业负担。

> 八是全力推动装配式建筑发展。针对重点推进、积极推进和鼓励推进三类区域的不同情况，提出了发展装配式建筑的主要任务和保障措施。在上海召开了全国装配式建筑工作现场会。各地加紧研究装配式建筑发展规划，推进产业基地建设，培育骨干企业和专业队伍。

> 九是深入开展农村人居环境改善工作。全国村庄生活垃圾处理率达到60%左右，比上年提升10个百分点。农村污水处理百县示范全面启动。中央安排的314万户农村危房改造任务基本完成。命名了第一批约5000个绿色村庄。确定了第一批127个特色小镇。正式公布了第四批1598个中国传统村落。

（摘自住房和城乡建设部网站 www.mohurd.com.cn 2016年12月26日）

建设中的北京城市副中心行政办公区
（北京市住房城乡建设委员会 提供）

● 5月24日，国务院副总理张高丽在凤凰岛国际港口综合大厅察看海南省总体规划，了解海南推进省域"多规合一"有关工作情况

（海南省住房和城乡建设厅提供。图片原刊于中华人民共和国中央人民政府网 www.gov.cn 2016年5月25日）

2016年度中国人居环境范例奖

▲ 海南省琼中县黎苗文化特色风貌建设项目

(海南省住房和城乡建设厅 提供)

▲ 深圳市"中国·观澜"版画原创产业基地建设项目

(广东省住房和城乡建设厅 提供)

保障性住房建设 棚改安居工程建设

◂ 北京市西城区旧城保护定向安置房二期项目
（北京市住房城乡建设委员会 提供）

◂ 天津市和苑西区一期安置房项目整体鸟瞰
（天津市国土资源和房屋管理局 提供）

◂ 重庆市城南家园公租房建成
（重庆市国土资源和房屋管理局 提供）

保障性住房建设 棚改安居工程建设

▲ 云南省景洪市饮水入城棚户区改造项目

（云南省住房和城乡建设厅 提供）

◀ 安徽省淮北市濉河花园棚改安置房

（安徽省 淮北市房管局 提供）

▶ 吉林省辽源市棚户区改造工程——改造后建成的富国新村小区

（吉林省住房和城乡建设厅提供）

历史建筑保护

▲ 广东省梅州市梅县桥溪村古建筑仕德堂航拍图

（广东省住房和城乡建设厅提供）

▲ 北京市外城东南角楼，又称左安门角楼。1955年拆除，2016年恢复重建

（北京市住房城乡建设委员会 提供）

▲ 陕西省西安市钟楼邮政大楼，二十世纪五十年代苏式建筑。1958年动工，1960年建成，坐落于西安市钟楼东北角，是西安市地标性建筑之一

（陕西省住房和城乡建设厅 提供）

生态修复 城市修补

◁ 海南省海口市骑楼老街建筑立面风貌修补

（海南省住房和城乡建设厅提供）

▷ 河北省秦皇岛市昌黎县矿坑公园的花岗石道路（利用采石场遗留下来的废弃石料打造而成）

（河北省住房和城乡建设厅 提供）

△ 秦皇岛市昌黎县生态修复后建成的矿坑公园

（河北省住房和城乡建设厅 提供／昌黎县宣传部 摄）

中国建设年鉴2017
Yearbook of China Construction

海绵城市建设

▲ 吉林省白城市实施海绵元素改造后的经开区新华小区

（吉林省住房和城乡建设厅 提供）

◀ 河北省迁安市海绵城市建设示例，小区内下沉式绿地

（河北省住房和城乡建设厅 提供）

▶ 广东省佛山市千灯湖景观

（广东省佛山市水务局 提供）

城市地下综合管廊建设

▶ 湖南省长沙市劳动东路地下综合管廊工程建设现场

（住房和城乡建设部城市建设司 提供）

▶ 湖北省十堰市建设大道辅路地下综合管廊工程施工现场

（住房和城乡建设部城市建设司 提供）

▶ 宁夏回族自治区银川市沈阳路地下综合管廊施工现场

（宁夏回族自治区住房和城乡建设厅 提供）

装配式建筑

河北省涉县农村低层装配式建筑集中展示示范园

（河北省住房和城乡建设厅 提供）

2016年12月16日，海南省装配式建筑现场观摩会（左图） 海南省海建集团装配式建筑构件（右图）

（海南省住房和城乡建设厅 提供）

山东省青岛新世纪预制构件有限公司建成投产2条PC预制构件生产流水线及其他生产装备，主要产品包括装配式建筑预制构件、市政工程预制构件

（山东省住房和城乡建设厅 提供）

城镇建设新风貌

▲ 福建省厦门市莫兰蒂台风过后工人清理道路

（厦门市建设局 提供／曾少雄摄）

▲ 山西省汾阳市杏花村镇

（山西省住房和城乡建设厅提供）

▼ 山东省济南市刁镇

（山东省住房和城乡建设厅提供）

▲ 辽宁省大连市港湾广场立体花卉　　（大连市城乡建设委员会 提供）

美丽乡村 传统村落

云南省普洱市西盟县勐梭镇博航十组新老民居对比
（云南省住房和城乡建设厅 提供）

青海省湟中县李家山镇下西河村街景
（青海省住房和城乡建设厅 提供）

山东省临沂市沂南县竹泉村　　（山东省住房城乡建设厅 提供）

新建筑风采

▲ 广州市气象监测预警中心
（广东省住房城乡建设厅 提供）

◀ 大连市规划展示中心
（大连市城乡建设委员会 提供）

▶ 云南省昆明滇池国际会展中心
（云南省住房和城乡建设厅 提供）

建筑新风采

△ 中国国学中心 2013 年 9 月 23 日开工，2016 年 9 月 30 日竣工。位于北京市朝阳区奥林匹克中心区，为国家级标志性大型公共文化设施

（北京市住房城乡建设委员会 提供）

△ 山东省临沂市市民活动中心

（山东省住房和城乡建设厅 提供）

建筑新风采

▲ 深圳市档案中心（一期）工程获 2016 年度中国建设工程鲁班奖。项目推广应用了住房和城乡建设部"十项新技术"中的 10 大项 31 子项

（广东省住房和城乡建设厅 提供）

▲ 青海省西宁市曹家堡机场二期航站楼，获 2016 年度中国建设工程鲁班奖

（青海省住房和城乡建设厅 提供）

北京市怀柔区夜景照明工程一角。
（申春刚/摄）

百花争艳靓京城　流光溢彩迎嘉宾

　　5月12日，"一带一路"国际合作高峰论坛环境布置工作全面高质量高标准完成。按照中筹委批复的高峰论坛城市环境布置设计方案，北京市城市管理委员会按照"统筹规划、市区联动"的工作思路，组织实施宣传道旗、硬质横幅、户外广告、三级标识、主题花坛和景观照明等景观布置工作。值此，北京迎来了"一带一路"国际合作高峰论坛的130多个国家的嘉宾。百花争艳，26座主题花坛缤纷落成靓丽京城；"两城"区夜景景观示范区和"三线"夜景景观带，流光溢彩迎嘉宾。

▲ 国家会议中心前广场主题花坛
　　——"丝路金桥"
（尹华响/摄）

▲ 景观布置之宣传道旗　　　　▲ 北京市怀柔区某立交桥夜景　（北京市怀柔区环卫局 提供）

特　　载

习近平：促进中国特色新型城镇化持续健康发展

中共中央总书记、国家主席、中央军委主席习近平日前对深入推进新型城镇化建设作出重要指示强调，城镇化是现代化的必由之路。党的十八大以来，党中央就深入推进新型城镇化建设作出了一系列重大决策部署。下一步，关键是要凝心聚力抓落实，蹄疾步稳往前走。今年是"十三五"开局之年，新型城镇化建设一定要站在新起点、取得新进展。要坚持以创新、协调、绿色、开放、共享的发展理念为引领，以人的城镇化为核心，更加注重提高户籍人口城镇化率，更加注重城乡基本公共服务均等化，更加注重环境宜居和历史文脉传承，更加注重提升人民群众获得感和幸福感。要遵循科学规律，加强顶层设计，统筹推进相关配套改革，鼓励各地因地制宜、突出特色、大胆创新，积极引导社会资本参与，促进中国特色新型城镇化持续健康发展。

（新华社 2016年2月23日）

李克强5月4日主持召开国务院常务会议 会议指出实行购租并举，发展住房租赁市场，深化住房制度改革

国务院总理李克强5月4日主持召开国务院常务会议，决定对促进民间投资政策落实情况开展专项督查，着力扩大民间投资；部署推动制造业与互联网深度融合，加快"中国制造"转型升级；确定培育和发展住房租赁市场的措施，推进新型城镇化满足群众住房需求；部署促进通用航空业发展，以改革创新扩大有效内需。

会议指出，实行购租并举，发展住房租赁市场，是深化住房制度改革的重要内容，有利于加快改善居民尤其是新市民住房条件，推动新型城镇化进程。会议确定，一是发展住房租赁企业，支持利用已建成住房或新建住房开展租赁业务。鼓励个人依法出租自有住房。允许将商业用房等按规定改建为租赁住房。二是推进公租房货币化，政府对保障对象通过市场租房给予补贴。在城镇稳定就业的外来务工人员、新就业大学生和青年医生、教师等专业技术人员，凡符合条件的应纳入公租房保障范围。三是完善税收优惠政策，鼓励金融机构加大支持，增加租赁住房用地供应。四是强化监管，推行统一的租房合同示范文本，规范中介服务，稳定租赁关系，保护承租人合法权益。

会议还研究了其他事项。

（摘自中国政府网 2016年5月5日 题目为编者所加）

张高丽：加大棚户区改造工作力度 为稳增长惠民生作出更大贡献

全国棚户区改造工作电视电话会议21日在北京召开，中共中央政治局常委、国务院副总理张高丽

出席会议并讲话。会议认真学习贯彻习近平总书记关于城镇棚户区和危房改造的重要讲话精神，落实李克强总理《政府工作报告》要求，对加快推进棚户区改造工作作出部署。

张高丽表示，在党中央、国务院高度重视和坚强领导下，2015年棚户区改造工作超额完成了年初确定的目标任务。棚户区改造是重大民生工程和重大发展工程，对改善住房困难家庭居住条件、化解房地产库存、促进房地产市场平稳运行、实现经济稳定增长，都具有重要作用。我们要把思想认识和行动统一到党中央、国务院的决策部署上来，切实增强责任感、使命感，加快推进棚户区改造工作。

张高丽强调，今年棚户区住房改造600万套，任务重、难度大，要不断开拓工作思路，创新工作方法，扎实做好工作。一要早安排、早开工、早见效，确保今年棚改进度不低于去年。要尽早安排落实好工程项目，尽快实现开工，在改善住房困难群众居住条件、拉动经济增长、改变城市面貌方面早日发挥作用。二要进一步提高棚改货币化安置比例，商品住房库存量大的地方，货币化安置比例应更高一些，一线城市和部分二线城市可以因地制宜。各地要抓紧明确棚改货币化安置的具体目标、政策及措施。三要落实棚改信贷支持政策，对2015年底以前开工的棚改续建项目，可以按照已签订的合同继续发放贷款，对2016年及以后年度新开工棚改项目，要全面实施政府购买服务。要加大对城中村和林区、垦区棚户区改造信贷资金投放。四要完善机制，堵塞漏洞，严格资金监管，进一步简化程序，加快项目进度，提高资金使用效率，务必把钱用在刀刃上。五要确保棚改工程质量安全，加快完善配套基础设施，改善周边环境和服务条件，让群众住得安心、放心、舒心。同时，要提前谋划2017年棚户区改造，积极做好前期工作。

张高丽要求，各地区和各有关部门单位要主动作为、勇于担当，全力以赴抓好棚户区改造工作落实。地方政府要负起组织领导责任，各有关部门单位要形成工作合力，健全年度棚改工作奖惩机制，切实把棚户区改造这一重大民生工程建成民心工程，让棚户区居民得实惠，把好事办实办好，向人民群众交上一份合格的答卷。

国务委员兼国务院秘书长杨晶主持会议。

中央和国家机关有关部门、有关金融机构、企业负责同志在主会场参加会议。各省、自治区、直辖市和计划单列市、新疆生产建设兵团，各市、县人民政府及有关部门、单位负责同志在各地分会场参加会议。

（《人民日报》2016年3月22日01版）

张高丽：在新的起点上努力提高城市规划建设管理水平

中共中央政治局常委、国务院副总理张高丽29日与省部级领导干部提高城市规划建设管理能力研讨班学员进行座谈。张高丽表示，习近平总书记在中央城市工作会议上的重要讲话，系统分析了城市发展面临的形势，深刻阐明了做好城市工作的指导思想、总体思路、重点任务。李克强总理对做好城市工作作出了具体部署，提出了明确要求。我们要认真贯彻党中央、国务院决策部署，坚持创新、协调、绿色、开放、共享的发展理念，坚持以人民为中心的发展思想，坚持人民城市为人民，尊重城市发展规律，用科学态度、先进理念、专业知识规划建设管理城市，努力开创我国城市发展的新局面。

张高丽强调，要科学制定和严格执行城市规划，创新规划理念，改进规划方法，加强空间开发管制，防止"摊大饼"式扩张，充分发挥规划的调控、引领和刚性约束作用，积极开展"多规合一"试点。要认真贯彻"适用、经济、绿色、美观"的建筑方针，精心策划设计中轴线、天际线和城市建设风格色彩，切实加强城市设计和建筑管理，划定保护范围和建设控制带，更好地延续历史文脉，塑造各具特色的城市风貌。要把加强城市基础设施建设与当前扩大有效投资、稳定经济增长有机结合起来，扎实推进城市地下综合管廊和海绵城市建设，加快城镇棚户区和危房改造，全面增强城市综合承载能力。要把创造优良人居环境作为中心目标，牢固树立"绿水青山就是金山银山"的意识，大力开展生态建设，加强污染防治和环境保护，把好山好水好风光融入城市，努力把城市建设成为人与自然和谐相处的美好家园。要推进城市管理体制改革，创新城市治理方式，落实好户籍制度改革方案和居住证制度，大力建设智慧城市，提高市民文明素质，提升城市治理现代化水平。科学制定规划后要立法，严禁随便改变。切实把安全工作落实到城市工作和城市发展各个环节各个领域，提高城市应急管理能力，形成全天候、系统性、现代化的城市安全保障体系。

张高丽要求，各地区各部门要按照"三严三实"要求，求真务实，真抓实干，切实加强组织领导，搞好协同配合，强化监督检查，把城市规划建设管理工作抓实抓好抓出成效。

国务委员兼国务院秘书长杨晶出席会议。

研讨班由中组部、住房城乡建设部和国家行政学院联合举办，有关部门负责人和全体学员参加座谈。

（《人民日报》2016年3月30日04版）

全国住房城乡建设工作会议在京召开

12月26日，全国住房城乡建设工作会议在京召开。住房城乡建设部党组书记、部长陈政高全面总结了2016年住房城乡建设工作，对2017年工作任务作出部署。

陈政高指出，2016年是"十三五"规划的开局之年，是全面落实中央城市工作会议的第一年。住房城乡建设系统在党中央、国务院的正确领导下，狠抓各项工作落实，不断开创工作新局面。

一是努力推进房地产去库存。认真落实中央关于推进供给侧结构性改革的工作部署，通过综合采取鼓励农民工和农民进城购房、推进棚改货币化安置、发展跨界地产、用足用好住房公积金等多种措施，推进去库存取得了重要进展。

二是着力稳定热点城市房地产市场。坚持分类调控，因城因地施策，强化地方主体责任，热点城市政府出台了限购、限贷、增加土地供应、打击开发商和中介机构违法违规行为等措施。在各方共同努力下，热点城市房地产市场正逐步趋于稳定，社会预期有所转变，市场走势出现积极变化。

三是顺利完成棚户区改造任务。棚户区改造开工600万套。棚改货币化安置比例达到48.5%，比上年提高18.6个百分点。继续抓好公租房分配入住，全国新入住公租房266万户。住房公积金作用进一步发挥，有力支持了居民自住购房。

四是不断加强城乡规划工作。着力推动"生态修复、城市修补"工作，在三亚市开展了试点，召开了全国生态修复城市修补现场会。各地都启动了违法建筑治理工作。历史文化街区划定和历史文化建筑确定工作不断推进。全面启动了城市设计工作。积极开展了省级空间规划编制工作和市县"多规合一"试点，取得了阶段性进展。

五是继续强化城市基础设施建设。累计开工地下综合管廊2005公里，全面落实了2016年政府工作报告提出的目标任务。30个国家试点城市开工海绵城市项目320平方公里。黑臭水体整治项目开工962个。同时，推进了轨道交通、城市县城污水处理厂和生活垃圾无害化处理场建设。

六是认真落实城市执法体制改革任务。住房城乡建设部城市管理监督局正式组建。建立了全国城市管理工作部际联席会议制度。开展了城管执法队伍"强基础、转作风、树形象"专项行动。

七是全面理清建筑业改革发展思路。深入调研，全面总结分析了近40年建筑业发展成就和问题，提出了今后发展目标和工作意见。认真组织实施工程质量治理两年行动，促进工程质量不断好转。清理规范工程建设领域保证金，切实减轻企业负担。

八是全力推动装配式建筑发展。针对重点推进、积极推进和鼓励推进三类区域的不同情况，提出了发展装配式建筑的主要任务和保障措施。在上海召开了全国装配式建筑工作现场会。各地加紧研究装配式建筑发展规划，推进产业基地建设，培育骨干企业和专业队伍。

九是深入开展农村人居环境改善工作。全国村庄生活垃圾处理率达到60%左右，比上年提升10个百分点。农村污水处理百县示范全面启动。中央安排的314万户农村危房改造任务基本完成。命名了第一批约5000个绿色村庄。确定了第一批127个特色小镇。正式公布了第四批1598个中国传统村落。

2016年，全系统深入开展了"两学一做"学习教育，持续推进党风廉政建设。特别是中央巡视组对住建部党组进行了专项巡视。对照巡视指出的问题，全面认真进行了整改。

在部署2017年住房城乡建设工作时，陈政高强调，2017年，住房城乡建设系统要全面贯彻党的十八大和十八届三中、四中、五中、六中全会精神，认真学习贯彻习近平总书记系列重要讲话精神，贯彻落实中央经济工作会议和中央城市工作会议的决策部署，牢固树立和贯彻落实新发展理念，坚持稳中求进工作总基调，坚持以推进供给侧结构性改革为主线，全力推动住房城乡建设事业迈上新台阶。

一是千方百计抓好房地产调控，确保房地产市场平稳健康发展。把思想统一到中央的决策部署上来，坚持"房子是用来住的、不是用来炒的"定位，支持居民自住购房需求，抑制投资投机性购房，切实抓好热点城市防泡沫、防风险工作。按照供给侧结构性改革的要求，继续坚定不移抓好三四线城市和县城房地产去库存。加快推动住房租赁市场立法，推进机构化、规模化租赁企业发展，努力构建购租并举的住房制度。加强住房市场监管和整顿，规范开发、销售、中介等行为。加快研究建立符合国情、适应市场规律的房地产基础性制度和长效机制。

二是继续加快棚户区改造工作，不断完善住房保障体系。2017年安排600万套棚改任务，确保完成棚改三年计划。继续因地制宜推进货币化安置。进一步做好公租房工作。推进公积金体制改革，用好用足公积金。有序推进老旧小区和住宅宜居综合改造。

三是切实提高城市规划权威性，充分发挥规划龙头作用。利用信息技术、卫星遥感技术，实现发现规划违法行为的全覆盖。继续抓好治理违法建筑工作，确保五年完成任务。努力实现城乡规划法与刑法的衔接。做好历史文化街区划定和历史建筑确定工作，2017年要完成总体工作量的60%。在全国全面推广三亚"生态修复、城市修补"经验。继续深入推进城乡规划改革工作。规范新城新区规划建设。切实提高县城规划建设管理水平。

四是加快补齐城市基础设施短板，努力促进"城市病"治理。新开工地下综合管廊2000公里以上。加快推动海绵城市建设，抓好120个国家和省级试点。持续整治城市黑臭水体，全部完成36个重点城市的638个黑臭水体整治任务。加快推动北方地区冬季清洁取暖，大力推进雾霾治理。推行垃圾分类制度，推进建筑垃圾资源化利用工作。完善城市交通基础设施，明年全国争取新开工和竣工轨道交通各500公里以上。

五是深入推进城市执法体制改革，努力开创城市管理工作新局面。集中力量治理违法建筑和工地施工扬尘。继续深入推进"强基础、转作风、树形象"工作，打造一支政治业务素质高、工作能力强的城管队伍。全面建立省一级管理机构。加强宣传，引导舆论，形成多方共治的城市管理工作格局。

六是狠抓农村人居环境改善十项工程，促进城乡统筹发展。一是垃圾治理工程。2017年力争通过农村生活垃圾全面治理达标验收的省份达到6个，累计达到12个。二是污水处理工程。召开一次现场会，进一步推进农村污水处理工作。三是绿色村庄建设工程。2017年要再建成一批绿色村庄。四是传统村落保护工程。力争将有重要保护价值的村落全部纳入名录。五是农村规划建设和风貌提升工程。强化建筑风貌管控，加强农村自建房质量安全管理。六是农村危房改造工程。2017年新安排314万户改造任务。七是村庄亮化工程。不断提高有路灯的行政村比例。八是特色小镇培育工程。力争到2020年培育1000个左右各具特色、富有活力的特色小镇。同时，要协同相关部门积极推进村内道路和供水工程。

七是认真推动改革与发展，加快迈进建筑业强国步伐。深化建筑业改革，推动建筑业持续健康发展。认真筹备好全国建筑业会议，统一思想，明确任务，振奋精神，推动建筑业迈向新的里程，加快实现建成建筑业强国的目标。进一步强化质量安全监管，提升工程质量水平，确保人民生命财产安全。

八是加大工作力度，不断推进装配式建筑向前发展。要重点抓规划、抓队伍、抓配套，通过扎实工作，坚决完成这场历史性的变革，确保实现"力争用10年左右时间，使装配式建筑占新建建筑的比例达到30%"的目标任务。

九是加快工程建设标准改革步伐，切实树立标准权威。要在三个重点领域取得突破性进展。一是在建筑节能和绿色建筑方面，特别是要在建筑门窗、防水、装饰装修、可再生能源应用等标准方面；二是在装配式建筑方面，要尽快出台实施混凝土结构、钢结构、现代木结构三大结构体系的技术标准；三是在标准"走出去"方面，要使中国标准在国际标准中发挥与大国地位相适应的重要作用。

最后，陈政高强调，住房城乡建设系统要紧密团结在以习近平同志为核心的党中央周围，不忘初心，继续前行。要把全面从严治党的要求落实到每一个党组织、每一个党员和每一项工作中，扎实推进住房城乡建设各项工作，以优异成绩迎接党的十九大胜利召开！

中央纪委驻部纪检组组长石生龙，住房城乡建设部副部长易军、陆克华、倪虹、黄艳，住房城乡建设部党组成员常青出席会议，易军作总结讲话。各省、自治区住房城乡建设厅、直辖市建委及有关部门、计划单列市建委及有关部门主要负责人，新疆生产建设兵团建设局主要负责人，党中央、国务院有关部门司（局）负责人，中央军委后勤保障部军事设施建设局、中国海员建设工会有关负责人，部机关各司局、部属单位主要负责人以及部分地级以上城市人民政府分管住房城乡建设工作的副市长出席了会议。

（住房和城乡建设部网站 www.mohurd.com.cn
2016 年 12 月 26 日）

专 论

加强城市规划建设管理工作 开创城市现代化建设新局面

住房和城乡建设部党组书记、部长 陈政高

近日,中共中央、国务院印发了《关于进一步加强城市规划建设管理工作的若干意见》(以下简称《若干意见》)。《若干意见》明确了城市规划建设管理工作的指导思想、基本原则、总体目标和重点任务,这是当前和今后一个时期指导城市规划建设管理、促进城市持续健康发展的纲领性文件。

《若干意见》出台的背景

改革开放以来,在党中央、国务院的正确领导下,我国经历了世界历史上规模最大、速度最快的城镇化进程。城镇化率由1978年的17.9%提高到2015年的56.1%,城市基础设施不断完备,城市各项功能日趋健全,城市人居环境显著改善,我国城市发展和城市规划建设管理工作取得了举世瞩目的成就。

但必须清醒认识到,在城市规划建设管理方面还存在诸多问题,制约了城市持续健康发展。比如,城市规划前瞻性、严肃性、强制性和公开性不够,城市建筑贪大、媚洋、求怪等乱象丛生,特色缺失,文化传承堪忧;城市建设盲目追求规模扩张,节约集约程度不高;依法治理城市力度不够,违法建设、大拆大建问题突出,公共产品和服务供给不足,环境污染、交通拥堵等"城市病"蔓延加重。

根据党中央、国务院的决策部署,为了进一步加强城市规划建设管理,破解城市发展难题,弥补城市发展短板,提高城市发展现代化水平,住房和城乡建设部会同29个部门,在深入调查研究、认真总结经验的基础上,坚持改革创新,坚持问题导向,坚持重点突破,研究起草了《若干意见》。经党中央、国务院讨论通过,近日《若干意见》正式印发。

《若干意见》出台的重要意义

(一)有利于开创城市现代化建设新局面。《若干意见》以"五位一体"总体布局和"四个全面"战略布局为引领,坚持创新、协调、绿色、开放、共享五大发展理念,着眼于积极适应和引领经济发展新常态,对加强城市规划建设管理工作进行了科学的顶层设计,这必将对端正城市发展指导思想、提高城市规划建设管理水平、开创城市现代化建设崭新局面发挥极其重要的推动作用。

(二)有利于实现"两个一百年"奋斗目标。《若干意见》描绘了未来的城市发展蓝图,这是整个经济社会发展宏伟蓝图的重要组成部分。认真落实《若干意见》,推进城市科学发展,必将会带动整个经济社会发展,推动"两个一百年"奋斗目标和中华民族伟大复兴中国梦的实现。

(三)有利于深入推进新型城镇化建设。《若干意见》强调走出一条中国特色城市发展道路,在城市规划建设管理方面提出了一系列创新举措,这些举措对于促进农业转移人口市民化、公共服务均等化,对于提高城镇化质量、释放城镇化潜力,都具有重要的意义。

(四)有利于建设美丽中国。《若干意见》着力转变城市发展方式,着力塑造城市特色风貌,着力提升城市环境质量,着力创新城市管理服务,推动形成绿色低碳的生产生活方式和城市建设运营模式,把城市建设成为人与人、人与自然和谐共处的美丽家园。这是建设美丽中国的必由之路。

(五)有利于改善民生和促进社会和谐。《若干意见》坚持以人民为中心的发展思想,把与人民切身相关的衣食住行、生老病死、安居乐业作为核心,着力破解制约城市科学发展深层次问题,推动治理"城市病"和化解社会突出矛盾,让城市更安全、更高效、更和谐,使人民在城市生活得更方便、更舒心、更美好。

《若干意见》的主要内容

《若干意见》指出,全面贯彻党的十八大和十八届三中、四中、五中全会及中央城镇化工作会议、中央城市工作会议精神,深入贯彻习近平总书记系列重要讲话精神,按照"五位一体"总体布局和"四个全面"战略布局,牢固树立和贯彻落实创新、协调、绿色、开放、共享的发展理念，走出一条中国特色城市发展道路。

《若干意见》从七个方面提出了加强城市规划建设管理工作的重点任务。

（一）强化城市规划工作。依法加强规划编制和审批管理，增强规划的前瞻性、严肃性和连续性，实现一张蓝图干到底。严格依法执行规划，凡是违反规划的行为都要严肃追究责任。

（二）塑造城市特色风貌。鼓励开展城市设计工作。有序实施城市修补和有机更新，恢复老城区功能和活力，延续历史文脉。

（三）提升城市建筑水平。完善工程质量安全管理制度，落实五方主体质量安全责任。加强建筑市场监管和建筑安全监管，实施工程全生命周期风险管理，建立安全预警及应急控制机制。大力推广装配式建筑。

（四）推进节能城市建设。推广建筑节能技术，提高建筑节能标准，推广绿色建筑和建材。全面推进区域热电联产、政府机构节能、绿色照明等节能工程。

（五）完善城市公共服务。到2020年，基本完成现有的城镇棚户区、城中村和危房改造。积极推行棚户区改造货币化安置。逐步推开城市地下综合管廊建设。树立"窄马路、密路网"的城市道路布局理念。优先发展公共交通。形成以社区级设施为基础，市、区级设施衔接配套的公共服务设施网络体系。形成全天候、系统性、现代化的城市安全保障体系。

（六）营造城市宜居环境。推进海绵城市建设，制定并实施城市生态修复工作方案。提高城市污水收集处理能力，促进垃圾减量化、资源化、无害化。

（七）创新城市治理方式。积极转变城市管理理念，形成政府、社会、市民等多方主体参与、良性互动的现代城市管理格局。加强城市管理和服务体系智能化建设。

全面贯彻落实《若干意见》

城市规划建设管理是一项复杂的系统工程，做好这项工作任务艰巨、责任重大、使命光荣。必须把思想和行动统一到党中央、国务院的决策部署上，敢于担当，勇往直前，雷厉风行，务求实效，全面贯彻落实《若干意见》。

（一）坚持党的领导。农村工作和城市工作是各级党委工作的两大阵地，二者相辅相成、缺一不可。要充分认识城市工作的重要地位和作用，建立健全党委统一领导、党政齐抓共管的城市工作格局。城市党委和政府是城市工作的责任主体，要依据国家、省（区、市）确定的目标和要求，制定本市现代化行动方案，明确总体要求、实施步骤和保障措施。街道、社区党组织是党在城市工作的基础，要以建设服务型党组织为抓手，带动社区自治组织、社区社会组织建设，强化便民服务网络建设，多为群众办实事、办好事。

（二）推进改革创新。实现城市健康有序发展，必须坚定不移地推进改革创新，为城市发展创造良好制度环境、提供体制机制保障。要深化住房制度改革，以满足新市民住房需求为主要出发点，建立购租并举的住房制度。要推进城市管理体制改革，加快完成部、省主管部门的机构设置和市、县城管领域的大部门制改革，加强执法机构和队伍建设。要推动建筑业改革发展，构建统一开放、竞争有序、诚信守法、监管全面覆盖的建筑市场体系。

（三）实行依法治市。实现城市有序建设、适度开发、高效运行，必须更好发挥法治的引领和规范作用，下大力气抓依法治市。科学立法方面，要加快制定、修订有关法律法规，形成覆盖城市规划建设管理全过程的法律法规体系。严格执法方面，要研究推动城乡规划法与刑法衔接，严厉惩处规划建设管理违法行为，提高违法违规成本。文明守法方面，要推进城市管理者自觉运用法治思维和法治方式治理城市；增强市民法治意识，在全社会营造良好的法治环境。

（四）注重人才培养。做好城市规划建设管理工作，关键在人。必须加大人力资本投入，稳固城市发展的智力支撑。要培养高素质的城市干部队伍，做到用科学态度、先进理念、专业知识去规划、建设、管理城市。要加快培育一批高水平的规划院、建筑师事务所，培养既有国际视野又有民族自信的建筑师，建立培育城市设计队伍。

（五）提高市民素质。要以加强和改进城市规划建设管理来满足人民群众日益增长的物质文化需要，以提升市民文明素质推动城市治理水平的不断提高。大力开展社会主义核心价值观学习教育实践，促进市民形成良好的道德素养和社会风尚，提高企业、社会组织和市民参与城市治理的意识和能力。

（六）加强组织协调。要建立城市工作协调机制，加大对城市规划建设管理工作的指导、协调和支持力度。定期召开中央城市工作会议，研究解决城市发展中的重大问题。定期组织新任市委书记、市长培训，不断提高城市主要领导规划建设管理的能力和水平。

（七）落实工作责任。各地要围绕中央提出的总目标，确定本地区城市发展的目标和任务，集中力量突破重点难点问题。要实施城市规划建设管理工作监督考核制度，确定考核指标体系，定期通报考核结果，并作为城市党政领导班子和领导干部综合考核评价的重要参考。

《若干意见》的出台为我们做好新时期的城市工作指明了方向。我们要在党中央、国务院的正确领导下，把《若干意见》提出的各项目标任务真正落到实处，加快推进城市现代化建设，创造更加美好的明天。

（摘自《人民日报》2016年2月23日）

完善城市治理体系　提高城市治理能力

住房和城乡建设部党组书记、部长　陈政高

中央城市工作会议指出，要全面贯彻党的十八大和十八届三中、四中、五中全会精神，坚持创新、协调、绿色、开放、共享的发展理念，完善城市治理体系，提高城市治理能力，走出一条中国特色城市发展道路。城市工作是一个复杂系统工程，重点是规划、建设和管理三大环节。做好城市工作，核心是党的领导。完善城市治理体系，提高城市治理能力，必须按照中央城市工作会议的要求，统筹抓好城市规划、建设和管理，加强和改善党对城市工作的领导。

一、提升城市规划水平，科学谋划城市发展蓝图

规划是城市建设之本，也是城市建设的蓝图。当前，我国已经建立了以《城乡规划法》为核心的规划管理体系，但也存在规划预见性不够、水准不高和执行不严格等问题。要进一步提高城市规划水平，充分发挥城市规划的引导调控作用。

提高规划的科学性和权威性。要遵循现代城市发展规律，根据资源禀赋和环境承载能力，结合城市定位和发展实际，引导调控城市规模，优化城市空间布局和形态功能，确定城市建设约束性指标，提高规划的科学性。抓紧制定全国城镇体系规划，统筹安排全国城镇发展空间布局。同时，要增强规划的权威性。当前城市不是没有规划，而是缺乏严格执行。增强规划的公开性，使规划体现人民意愿，让群众来监督规划有效实施。健全国家城乡规划督察员制度，利用卫星遥感监测等现代技术手段辅助规划督察。特别是要研究推动《城乡规划法》与《刑法》衔接，加大对规划违法行为的惩处力度。力争用五年时间，全面清查并处理建成区违法建设，坚决遏制新增违法建设。

全面启动城市设计和建筑设计工作。城市设计是落实城市规划、指导建筑设计、塑造城市特色风貌的有效手段。缺少城市设计管理，是城市建设出现"千城一面"、"万楼一貌"等诸多问题的一个重要原因。今后，要全面开展城市设计，从整体平面和立体空间上统筹城市建筑布局，协调城市景观风貌，体现空间立体性、平面协调性、风貌整体性和文明延续性。中央城市工作会议提出了"适用、经济、绿色、美观"的建筑方针，旨在突出建筑的使用功能以及节能环保、低碳减排要求，避免"贪大、媚洋、求怪"现象。全面落实这一建筑方针，要进一步培育和规范建筑设计市场，培养优秀建筑师队伍，努力建造无愧于时代的建筑。推进生态修复和城市修补。这两项工作对于改变城市生态、焕发城市生机有着重要作用。要改变过分追求高强度开发、高密度建设、大面积硬化的现状，有计划有步骤地修复被破坏的山体、河流、湿地、植被等，积极推进采矿废弃地修复和再利用，治理污染土地，恢复城市自然生态。要通过有序实施城市修补和有机更新，促进建筑物、街道立面和环境更加协调。通过维护加固老建筑、改造利用旧厂房、完善基础设施等措施，恢复老城区功能和活力。加强历史文化名城名镇名村等文化遗产保护传承和合理利用，更好地延续历史文脉，展现城市风貌。

二、提升城市建设水平，筑牢城市发展硬件基础

改革开放以来，我国城市建设日新月异，人居环境得到极大改善。但是存在的问题也很突出，要

紧紧围绕提升城市功能，突出补齐短板，加快转变城市建设方式，不断提升城市建设的质量和效益。

加强城市基础设施建设。城市基础设施是城市正常运行的物质基础，要着力解决"马路拉链"问题，大力推进城市地下综合管廊建设，城市新区、各类园区、成片开发区域新建道路必须同步建设地下综合管廊，老城区要结合地铁建设、河道治理、道路整治、旧城更新、棚户区改造等逐步推进建设。着力解决"逢雨必涝"问题，加快建设自然蓄积、自然渗透、自然净化的"海绵城市"，力争到"十三五"期末，城市建成区20%以上面积达到"海绵城市"建设要求。着力解决城市黑臭水体问题，加大整治力度，努力实现污水处理设施全覆盖和稳定运行。着力解决"垃圾围城"问题，加强垃圾处理设施和回收再生资源体系建设，推进垃圾减量化、资源化、无害化。着力解决交通拥堵问题，优化街区路网结构，树立"窄马路、密路网"的城市道路布局理念，提高公共交通分担率。

加快城镇棚户区和危房改造。目前我国仍有约1亿人居住在各类棚户区和危旧房中，住房条件亟待改善。必须继续大力推进城镇棚户区改造，稳步实施城中村改造，有序推进老旧住宅小区综合整治、危房和非成套住房改造，加快相关配套基础设施建设，力争到"十三五"期末，基本完成现有的城镇棚户区、城中村和危房改造。在棚户区改造中，要大力提高货币化安置比例。这既有利于提高安置效率，又有利于消化商品住房库存。

提高工程质量和建筑节能水平。要完善工程质量安全管理制度，落实五方主体质量安全责任，强化工程建设全过程质量监管，不断提高从业人员素质，确保工程质量安全形势稳定。建筑节能是城市低碳、绿色发展的必然选择。我国建筑能耗占社会总能耗的25%左右，节能任务很重，工作潜力也很大。要进一步提高新建建筑节能标准，继续开展北方采暖地区既有居住建筑供热计量及节能改造，加快推广绿色建筑，力争到"十三五"期末，城镇绿色建筑占新建建筑比重达50%。

推进建造方式变革。目前我国建筑仍以传统现场浇筑作业为主，发达国家已广泛采用装配式建筑。装配式建筑是建造方式、建筑材料和建筑队伍全方位的重大变革，具有建设速度快、建造质量高、环保性能好、节约劳动力等优点。要抓住当前的有利时机，在全国城市全面推广装配式混凝土建筑、钢结构建筑，在具备条件的地方推广木结构建筑，实现标准化设计、工厂化生产、装配化施工、一体化装修、信息化管理、智能化应用。通过加大政策支持力度，力争用十年左右时间，使装配式建筑占新建建筑的比例达到30%。

三、提升城市管理水平，全面增强城市软实力

城市建设提供硬设施，城市管理展现软实力。我国很多城市的硬件设施已达到一定水平，但在城市软实力方面差距不小。要贯彻落实中央城市工作会议精神，创新城市管理方式，全面提升城市精细化、智能化管理水平。

建设智慧城市。智慧城市建设是提高城市运行效率的重要手段，也是城市管理现代化的发展方向。要打破城市管理相关部门之间的"信息孤岛"现象，加强城市管理和服务体系智能化建设，促进大数据、物联网、云计算等现代信息技术与城市管理服务融合，建设综合型城市管理数据库，推动形成"用数据说话、用数据决策、用数据管理、用数据创新"的城市管理新方式。到2017年底，所有市县都要整合形成数字化城市管理平台，实现数字化城市管理向智慧化升级。

保障城市安全。随着城市规模越来越大、城市系统越来越复杂，城市安全面临的挑战与日俱增，必须把安全工作落实到城市发展各个环节和各个领域，抓紧编织"上下贯通、条块结合、纵向到底、横向到边"的城市安全网。要高度重视城市秩序和安全维护，抓好房屋建筑、城市桥梁、建筑幕墙、隧道等工程建设和运行使用的安全监管，保持供水、供电、供热、供气、交通、救援线路等城市生命线系统的畅通，健全城市抗震、防洪、排涝、消防等综合防灾体系和应急设施建设，形成全天候、系统性、现代化的城市运行安全保障体系。

完善治理机制。多元化、合作性的城市管理模式是现代城市管理方式变革的趋势。要积极转变城市管理理念，形成政府、社会、公民等多方主体参与、良性互动的现代城市管理格局，使政府有形之手、市场无形之手、市民勤劳之手同向发力。特别是在解决城市建设资金方面，除了财政继续加大投入外，要积极推行政府和社会资本合作（PPP）模式，吸引社会资本参与。健全城市基层治理机制，落实市、区、街道、社区的管理责任，强化便民服务网络建设，增强基层服务功能。

四、坚持党的领导，不断开创城市发展新局面

中央城市工作会议指出，各级党委要充分认识城市工作的重要地位和作用，建立健全党委统一领

导、党政齐抓共管的城市工作格局，抓改革，抓法治，抓人才，不断开创城市发展的新局面。

推进改革创新。改革创新是破解城市发展难题、实现城市治理现代化的根本动力。要加快城市规划管理体制改革，加强城市总体规划和土地利用总体规划的衔接，推进两图合一；推动市县"多规合一"，实现标准对接、坐标统一、底图共绘、管理协同。深化住房制度改革，以市场为主满足城镇居民多层次住房需求，以建立购租并举的住房制度为主要方向，努力构建符合国情的住房体系。推进城市管理体制改革，按照《关于深入推进城市执法体制改革改进城市管理工作的指导意见》，加快完成部、省主管部门的机构设置和市、县城管领域的大部门制改革，加强城管执法机构和队伍建设。推动建筑业改革发展，构建统一开放、竞争有序、诚信守法、监管全面覆盖的建筑市场体系，提高建筑企业核心竞争力。

坚持依法治理。中央城市工作会议提出，要全面贯彻依法治国方针，依法规划、建设和管理城市，促进城市治理体系和治理能力现代化。在科学立法方面，要加快制定城市管理等方面的法律法规，抓紧修订城乡规划、建筑管理、住房公积金管理等法律法规，形成覆盖城市规划、建设、管理全过程的法律法规体系。在严格执法方面，要严厉惩处规划、建设、管理违法行为，强化法律责任追究，提高违法违规成本；严格执行城市规划、建设、管理行政决策法定程序。在文明守法方面，要推进城市管理者自觉运用法治思维和法治方式治理城市；建立市民行为规范，增强市民法治意识，在全社会营造良好的法治环境。

注重人才培养。做好城市工作，关键在人。必须加大人力资本投入，稳固城市发展的智力支撑。要强化对各级领导干部的教育和培训，培养高素质的城市干部队伍，做到用科学态度、先进理念、专业知识去规划、建设、管理城市。加快培育一批高水平的规划院、建筑师事务所，培养既有国际视野、又有民族自信的建筑师，建立和培育城市设计队伍，形成本土的规划设计大师和理论流派。

提升市民素质。只有不断提升市民文明素质，才能不断提升城市治理水平。要大力开展社会主义核心价值观学习教育实践，促进市民形成良好的道德素养和社会风尚。从青少年抓起，完善学校、家庭、社会三结合的教育网络，将良好学风、优良家风和社会新风有机融合。

（《求是》2016年第六期）

陈政高在全国装配式建筑工作现场会上要求 大力发展装配式建筑 促进建筑业转型升级

装配式建筑是用预制部品部件在工地装配而成的建筑，发展装配式建筑是建造方式的重大变革。党中央、国务院高度重视装配式建筑的发展，《中共中央国务院关于进一步加强城市规划建设管理工作的若干意见》提出，要发展新型建造方式，大力推广装配式建筑，力争用10年左右时间，使装配式建筑占新建建筑面积的比例达到30%。2016年9月27日，国务院办公厅印发了《关于大力发展装配式建筑的指导意见》，提出以京津冀、长三角、珠三角三大城市群为重点推进地区，常住人口超过300万的其他城市为积极推进地区，其余城市为鼓励推进地区，因地制宜发展装配式混凝土结构、钢结构和现代木结构建筑。

各地积极落实党中央、国务院决策部署，大力推动装配式建筑发展。北京、浙江提出到2020年，提前实现装配式建筑占新建建筑比例30%的目标；河北明确提出把钢结构建筑作为发展装配式建筑的主攻方向；吉林提出了创造条件，试点发展木结构建筑产业化的工作思路；山东省实施"四个强制"政策，积极发展装配式建筑。

上海市聚焦体制机制建设，充分发挥市场在资源配置中的主导作用，装配式建筑各项工作取得了积极进展。市政府发布了推进装配式建筑发展的实施意见，出台了一系列政策措施，提出在上海全市范围内符合条件的新建建筑原则上全部采用装配式建筑。2016年全市已落实装配式建筑1385万平方米，连续两年实现翻番，预制构件生产企业达到41家，产能突破1200万平方米。

为贯彻落实中央城市工作会议精神，交流学习上海等地经验，全面推进装配式建筑发展。2016年11月19日，住房和城乡建设部在上海市召开了全国装配式建筑工作现场会。住房城乡建设部党组书记、部长陈政高出席会议并讲话。

陈政高指出，装配式建筑是建造方式的重大变革，要充分认识发展装配式建筑的重大意义。一是贯彻绿色发展理念的需要。二是实现建筑现代化的需要。三是保证工程质量的需要。四是缩短建设周期的需要。五是可以催生新的产业和相关的服务业。

陈政高强调，现在发展装配式建筑，具备很好的基础和三个有利条件。一是我们有以习近平同志为核心的党中央坚强领导，有集中力量办成大事的制度优势。二是我们可以吸收、消化、利用国外的成功经验。三是一些地区、一些企业、一些设计单位已经先行先试，积累了经验。

陈政高指出，要深刻认识上海等地发展装配式建筑经验的实质。一是必须有世界的眼光，要深刻认识到发展装配式建筑对提高城市现代化建设水平、促进经济社会发展的重大意义。二是必须有决心和气魄，这是发展装配式建筑的关键。三是必须统筹谋划系统推进，这是装配式建筑发展的重要保障。四是市领导亲力亲为，这是上海经验之根本。

陈政高要求，下一步要重点抓好七项工作，努力实现装配式建筑发展的新突破。

一是全面落实装配式建筑发展目标和重点任务。用10年左右的时间，使装配式建筑占新建建筑面积的比例达到30%。二是全面形成装配式建筑技术标准。要加快形成一整套装配式建筑的标准体系，加快制定装配式混凝土结构、钢结构、现代木结构三大结构体系的技术规程。三是加大基础产业建设力度。各地要结合本地实际和周边区域发展情况，加快培育能够集设计、生产、施工于一体的龙头企业和产业链重点企业。四是要建设新型的职工队伍。装配式建筑从设计、生产到施工组装，对过去的建造方式是根本性的改变，要从设计开始，从工厂生产抓起，从现场组装抓起，打造新型的队伍。五是进一步加大政策支持力度。各地要落实好装配式建筑部品部件生产企业相关优惠政策。鼓励各地在财政、金融、税收、规划、土地等方面出台支持政策和措施，引导和支持社会资本投入装配式建筑。六是推动建筑业管理体制机制创新。要适应装配式建筑的发展，在勘察设计、部品部件生产、工程造价、招标投标、施工组织、质量监管等方面推进管理制度改革。大力推行工程总承包，实现工程设计、部品部件生产、施工及采购的统一管理和深度融合。七是住建部门在发展装配式建筑中要有所作为。发展装配式建筑责任重大，各级住建部门要牢固树立政治意识、大局意识、核心意识、看齐意识，雷厉风行，坚韧不拔，把改写建筑历史、影响建筑历史的装配式建筑抓起来、抓到底，向党中央、国务院和全国人民交出一份满意的答卷。

（摘自住房城乡建设部网站　2016年11月19日）

建 设 综 述

法 规 建 设

【稳步推进法律、行政法规立法工作】 2016年，按照科学立法、民主立法、开门立法的要求，住房城乡建设部法规司积极协调相关部门和部各司局，广泛听取专家、社会意见，稳步推进法律、行政法规立法。

配合国务院法制办《住房公积金管理条例（修订）》制定开展调研、征求意见、修改论证等工作；对《城镇住房保障条例（草案送审稿）》进行研究修改，并与法制办进行了沟通；《城镇地下管线管理条例》报部常务会议审议通过。开展《建筑法（修订）》研究工作，并委托开展课题研究。会同有关司起草《城市公园条例》，征求国务院有关部门和地方的意见。配合有关司开展《房地产交易管理条例》、《村庄和集镇规划建设条例（修订）》、《建设工程抗震管理条例》、《节约用水条例》立法研究；对中财办、全国人大关于商品住宅等土地使用权到期后续期的法律安排研究提出建议。

【规章立法工作取得积极进展】 紧紧围绕部中心工作，按照突出重点、统筹兼顾、充分协调、合法高效的要求，积极推进规章立法工作。

发布《住房城乡建设部关于废止部分部门规章的决定》、《住房城乡建设部关于修改〈城乡规划编制单位资质管理规定〉的决定》、《关于修改〈房地产经纪管理办法〉的决定》、《关于废止〈城市出租车管理办法〉的决定》、《关于修改〈城乡规划违法违纪行为处分办法〉的决定》、《关于修改〈生活饮用水卫生监督管理办法〉的决定》、《关于修改〈勘察设计注册工程师管理规定〉等11个部门规章的决定》等7部规章，对18部规章进行废止或者修订。

积极开展《建筑工程设计招标投标管理办法》、《城市管理执法办法》立法工作，经部常务会议审议通过。

《城市设计管理办法》、《城市总体规划编制审批办法》，进行多次调研和修改，形成草案。

【行政复议和行政诉讼】 2016年行政复议和行政诉讼案件总量较2015年有所下降，但是敏感案件增长、案件复杂程度提高，复议诉讼一体化更加突出，外地应诉案件大幅增长，法院审判标准更加严格。

2016年共办理行政复议565件，在国务院各部委中位居前列。案件集中在城乡规划、房屋征收等领域，因信息公开和投诉举报引发的案件占九成以上。

2016年住房城乡建设部共办理行政应诉案件448件，在国务院各部委中位居前列。这些案件涉及全国各地各级法院。案件呈现三个"八成"特点：一是涉及征收拆迁案件占八成，矛盾调处困难，对抗情绪强烈，稍有不慎可能会引起群体性事件；二是涉及信息公开和投诉举报案件占八成，涵盖建设项目规划建设所有环节；三是直辖市案件占八成，天津市案件占其中大部分。

完善制度，规范办案行为。制定《行政复议应诉和要求》，规范办案行为，提高办案效率；制定《行政应诉案件委托律师管理规定》、《行政复议文书电子档归档要求》，做好行政复议案件纸质文件归档的同时，进一步完善电子档案保存工作。梳理全部行政复议法律文书、诉讼相关签报及其他报批表格，统一文书模板样式。

开展培训，提高办案水平。6月，在宁夏银川举办了行政复议和应诉培训班，对各省住房城乡建设主管部门行政复议、应诉工作人员培训。

加强调研，提高办案质量。2016年，赴重庆、天津、浙江、河南等多地调研疑难行政复议案件，召开座谈会，充分了解案情，核实证据，确保复议案件案结事了，化解矛盾。对一些专业性强，技术要求高的疑难案件，除征求业务司局意见外，多次召集被申请人、相关单位及业务司局召开案件协调会。在一些具有争议的案件作出决定前，咨询法官意见，提前做好应诉准备。

主动约谈，提高纠错能力。2016年，住房城乡建设部作出责令履行、确认违法、撤销决定的复议案件占复议案件总数的10%，纠错率为历史最高。针对同类案件集中多发，约谈了河南省住建厅等相关负责人。通过约谈，充分发挥行政复议层级监督作用，从源头降低行政复议案件的发生。

积极沟通，争取法院支持。针对经租房类案件和天津居民复议诉讼的突出情况，住房城乡建设部副部长黄艳亲自率队前往北京市政法委及相关部门沟通案情。同时,邀请北京市高院、北京市一中院到住建部调研。针对投诉举报类复议案件增长快、复杂程度高,约请最高人民法院、国务院法制办、北京高院,进行研讨。针对天津居民提起的大量诉讼案件,多次会同天津市有关部门赴天津法院共商对策。

加强协调,全力以赴应诉。选择一些北京市内法院开庭、有一定影响的诉讼案件,请有关司局旁听庭审,反响良好。

开展公职律师试点,推进依法行政。年初,住建部启动公职律师试点工作。经与司法部充分沟通,司法部批复同意住建部的公职律师试点方案和19名公职律师名单。下一步拟出台管理规定,组织部机关公职律师参加行政诉讼,切实发挥公职律师作用。

【积极推进普法和执法监督工作】 研究推动城乡规划法与刑法衔接。开展专题调研。会同全国人大法工委、最高人民法院有关同志赴浙江省和上海市开展"城乡规划法与刑法衔接"的专题调研。委托浙江省住建厅和清华大学开展课题研究,梳理实践中的经验案例,论证相关法理,研究提出两法衔接的建议方案。搜集整理案例,根据各地提供的案例,整理形成了典型性案例,以部函的形式报送最高人民法院。

研究解决违法建设强制拆除问题。会同部城乡规划司约请全国人大法工委、最高人民法院在南宁召开座谈会,在此基础上形成向全国人大法工委的请示。在深圳、重庆开展调研,协调全国人大尽快作出答复。会同部城乡规划司、稽查办公室开展违法建设5年专项治理行动,参加部领导带队的专项督查,对相关督查案件提出合法性审核意见。

推进法治政府建设。根据中共中央、国务院《法治政府建设实施纲要(2015-2020年)》要求,在征求部各司局意见和深入调研的基础上,制定住房城乡建设部《贯彻〈法治政府建设实施纲要(2015-2020年)〉的实施方案的通知》,并组织开展自查。

积极开展普法工作。按照中组部、中宣部、司法部关于加强国家工作人员学法用法工作的要求,结合住房城乡建设领域实际情况,制定《关于完善住房城乡建设系统国家工作人员学法用法制度的实施方案》;制定《住房城乡建设部关于在住房城乡建设系统开展法治宣传教育的第七个五年规划(2016-2020年)》,下发各地住房城乡建设部门。按照全国普法办的要求,开展"12·4"法治宣传日活动。

(住房和城乡建设部法规司)

住 房 保 障

住房保障政策文件

【住房城乡建设部 财政部 国土资源部关于进一步做好棚户区改造工作有关问题的通知(建保〔2016〕156号)】 加速推进棚改。棚户区改造是一项系统工程,既包括棚户区征收拆迁和居民安置,还包括开发利用好腾空土地资源,实现腾空土地出让,依合同约定及时偿还开发银行、农业发展银行等金融机构棚改贷款,实现在市域范围内棚改资金大体平衡。各地要进一步加大棚改推进力度,确保早开工、早见效;确保提高棚改货币化安置比例;确保落实棚改信贷支持政策;确保棚改资金安全高效利用。

依法依规控制棚改成本。要树立精打细算理念,严格依法依规办事。要建立健全征收拆迁补偿标准的规则,严格评估制度,确保征收过程公开公平公正。严禁大手大脚花钱,严禁违规支出。

科学规划棚改腾空的土地。按照《中共中央国务院关于进一步加强城市规划建设管理工作的若干意见》(中发〔2016〕6号)提出的"合理安排建设用地,推动城市集约发展"要求,做好城市规划工作。腾空土地的道路、绿地、公共空间与公共服务设施用地的占比,不得超过国家规定的规划建设用地标准。要通过科学规划,集约节约利用土地,确保有足够的土地可以出让。

注重配套和环境建设。要在科学规划的基础上,加强腾空区道路、供水、供电等基础设施建设,同时要抓好教育文化、医疗卫生、商业等公共设施建设,搞好绿化,美化环境,吸引企事业单位和居民进驻。

优先安排出让棚改腾空的土地。在编制地区土地利用规划、制定年度土地供应计划时,要优先安排棚改腾空土地出让。市、县的棚改腾空土地出让收入、属于政府所有的棚改安置小区配套商业设施销售收入，优先用于棚改；棚改实施主体要构建动态还款机制，确保按合同约定及时偿还贷款。

同步推进产业发展。各地在推进棚改的同时，必须努力发挥本地优势，大力开展招商引资，吸引更多社会投资，培育主导产业，完善产业链条，创造新的就业机会，让城市居民不仅住得下，而且住得好。

【住房城乡建设部 财政部关于做好城镇住房保障家庭租赁补贴工作的指导意见（建保〔2016〕281号）】 基本原则：一是因地制宜，因城施策。各地要根据经济发展水平、房地产市场状况、政府财政承受能力、住房保障对象需求等因素，合理确定租赁补贴的发放规模和发放对象。公租房存量较大、租赁补贴需求较小的地区，应加大公租房分配入住力度。二是市场导向，动态调整。各地要结合当地住房市场租金水平、人均住房面积等情况，合理确定租赁补贴标准和补贴面积等，建立健全租赁补贴制度，并动态调整。三是分类保障，差别补贴。根据住房保障家庭的住房困难程度和支付能力，各地可分类别、分层次对在市场租房居住的住房保障家庭予以差别化的租赁补贴，保障其基本居住需求。

明确租赁补贴具体政策。一是各地要研究制定租赁补贴申请家庭的住房、收入、财产等准入条件，原则上租赁补贴申请家庭的人均可支配收入应低于当地城镇人均可支配收入的一定比例，具体条件和比例由各地研究确定，并动态调整，向社会公布。二是各地要结合当地住房租赁市场的租金水平、补贴申请家庭支付能力以及财力水平等因素，分档确定租赁补贴的标准，具体标准由各地研究确定，并动态调整，向社会公布。三是各地要结合租赁补贴申请家庭的成员数量和本地区人均住房面积等情况，合理确定租赁补贴面积标准。四是各地发放租赁补贴的户数列入全国城镇保障性安居工程年度计划。市、县财政要安排专项资金发放租赁补贴，省级财政要继续支持市、县租赁补贴工作，中央财政城镇保障性安居工程专项资金可统筹用于发放租赁补贴。

强化租赁补贴监督管理。一是规范合同备案制度。租赁补贴申请家庭应与房屋产权人或其委托人签订租赁合同，并及时将租赁合同、房屋权属证明、租赁发票等材料提交住房城乡建设部门审核。租赁补贴发放方式由各地自行确定，确保用于住房保障家庭租赁住房。二是建立退出机制。各地要按户建立租赁补贴档案，定期进行复核，及时掌握补贴发放家庭的人口、收入、住房等信息的变动状况。三是健全信息公开和监督机制。各地要建立健全租赁补贴的申请、受理、审核、公示和发放机制，全面公开租赁补贴的发放计划、发放对象、申请审核程序、发放结果及退出情况等信息，畅通投诉举报渠道，主动接受社会监督，确保租赁补贴发放的公平、公开、公正。

加强组织领导。一是进一步提高对租赁补贴工作重要性的认识，切实做好城镇住房保障家庭租赁补贴有关工作。二是明确部门职责及协调机制。各地要建立健全租赁补贴申请家庭对申请材料真实性负责的承诺、授权审核制度。住房城乡建设、财政等部门要根据职责，做好租赁补贴申请材料的受理、审核工作，建立信息共享机制，着力提高补贴发放资格审核的准确性，对符合条件的住房保障家庭及时予以公示。财政部门根据审核结果，及时拨付租赁补贴资金，并对资金使用情况履行监管职责。对租赁补贴工作中存在违法违规行为的单位或个人，应依法依规追究相关责任。

【住房城乡建设部办公厅 国家发展改革委办公厅 财政部办公厅关于印发《棚户区改造工作激励措施实施办法（试行）》的通知（建办保〔2016〕69号）】 激励措施目的和对象。贯彻落实《国务院办公厅关于对真抓实干成效明显地方加大激励支持力度的通知》（国办发〔2016〕82号）精神，激励年度棚改工作积极主动、成效明显的省（自治区、直辖市、含新疆生产建设兵团），鼓励各地干事创业、真抓实干，有效推进棚户区改造工作。

激励支持建议名单的提出。主要考虑棚改年度任务、工作进度、货币化安置情况、中央预算内投资项目开工和投资完成情况、中央财政补助资金使用情况，同时参考资金筹集、工作成效、日常管理、守法执规等情况，并结合国务院大督查、部门日常督查、相关专项督查、审计等情况综合评定。

一票否决的情形。在棚改工作中实行一票否决，不列入拟激励支持名单的情形包括：棚改年度任务未完成的；在国务院大督查中发现问题较多、工作不力的；对上一年度棚改工作审计发现问题整改不力、进展缓慢的；存在其他严重问题，有必要取消其激励支持资格的。

资金倾斜支持措施。国家发展改革委会同住房城乡建设部在安排棚改的中央预算内投资及配套基础设施补助资金时，对受表扬激励的地方给予适当倾斜支持；财政部会同住房城乡建设部在安排中央财政城镇保障性安居工程专项资金时，对受表扬激励的地方给予适当倾斜支持。

城镇保障性安居工程年度计划及资金安排

【明确年度计划】 2016年《政府工作报告》提

出，年内棚户区住房改造600万套。2月，住房城乡建设部代表保障性安居工程协调小组与各省、自治区、直辖市及新疆生产建设兵团签订了目标责任书。各地及时将任务落实到市县和具体项目，并逐级签订了目标责任书。

【年度资金安排】 中央分批下达补助资金共2093亿元，国家开发银行发放棚改贷款9725亿元，农业发展银行发放棚改贷款2133亿元，国家发改委核准发行企业债券1115亿元（其中棚户区改造808亿元），国家发改委安排棚改专项建设基金3318亿元。

保障性安居工程实施

【棚改及配套基础设施建设力度进一步加大】 住房城乡建设部认真贯彻落实《国务院关于加快棚户区改造工作的意见》（国发〔2013〕25号）、《国务院办公厅关于进一步加强棚户区改造工作的通知》（国办发〔2014〕36号）、《国务院关于进一步做好城镇棚户区和城乡危房改造及配套基础设施建设有关工作的意见》（国发〔2015〕37号）精神，指导地方加大棚改及配套基础设施建设力度，既改善了民生，又改变了城市面貌，为经济增长作出积极贡献。

【因地制宜实施棚改货币化安置】 面对房地产市场进入调整期的新形势，住房城乡建设部按照党中央、国务院的部署要求，为避免重复建设，对商品住房库存量大、市场房源充足的城市，部署加大棚改货币化安置力度。棚改货币化安置成为不少三四线城市和县城房地产去库存的重要渠道，2016年全国三四线城市和县城通过棚改货币化安置消化商品房库存近2亿平方米。

【工程质量总体可控】 按照国务院的部署和要求，住房城乡建设部把保障性住房的工程质量管理纳入对各地督查、约谈和问责的范围。各地普遍加强了工程质量监管工作，在选址、设计、建材、施工、验收等环节严格把关。从检查情况看，保障性住房工程质量总体可控。

【城镇保障性安居工程建设进展顺利】 2016年棚户区改造开工606万套，基本建成526万套，超额完成年度目标任务。

2016年住房保障重点工作、新举措

【圆满完成棚改年度目标任务】 按照国务院确定的棚户区改造三年计划，2016年棚改计划开工600万套，到11月底全部完成目标任务，并实现了三个突破：一是棚改工作动手早。绝大多数省（区、市）2016年棚改开工进度明显快于2015年，北京、天津、江苏等15个省（区、市），在9月底就完成了全年开工任务。二是因地制宜实施货币化安置力度大。2016年全国棚改货币化安置比例达到48.5%，比2015年提高18.6个百分点。内蒙古、重庆、辽宁等11个省（区、市和兵团），货币化安置比例超过了50%。三是"两篇文章"一起做。6月，住房城乡建设部会同国家开发银行在包头市召开现场会，提出棚改要"两篇文章"一起做，一篇是做好征收拆迁和居民安置工作，另一篇是强化土地整理出让，实现市域内棚改资金收支大体平衡。截至2016年底，历年累计偿还开发银行棚改贷款4019亿元；国家开发银行、农业发展银行棚改贷款的逾期不还率、贷款不良率均为0。按照棚改三年计划和"十三五"规划要求，住房城乡建设部积极协调国家发改委、财政部等部门单位，落实了支持2017年棚改的资金、土地等相关政策。

【推动公租房工作取得重大进展】 2016年，各地加快公租房竣工和分配，全国新增分配公租房200多万套，解决了大量城镇中等偏下收入住房困难家庭、新就业无房职工和在城镇稳定就业的外来务工人员的基本住房需求。同时，转换公租房保障方式，实行实物保障与货币化补贴并举，印发《关于做好城镇住房保障家庭租赁补贴工作的指导意见》，指导地方完善保障方式，加大租赁补贴力度，推动公租房货币化；2016年发放租赁补贴支持200多万户住房困难家庭在市场上租房居住。

（住房和城乡建设部住房保障司）

城 乡 规 划

【颁布一批城乡规划管理规章】 2016年，全面总结国内城市设计经验，学习借鉴国外城市设计管

理制度，组织起草部门规章《城市设计技术管理基本规定》，正式印发《城市设计管理办法》，研究建立城市设计管理制度、技术方法。

【落实国家区域发展总体战略】 和国家发改委等部门共同印发加强京冀交界地区规划建设管理的指导意见。和国家发改委共同推进跨省级城市群规划的编制，哈长、长三角、成渝城市群发展规划经国务院批复实施，北部湾、中原城市群发展规划上报国务院。

【推进全国城镇体系规划编制】 经国务院同意，住房城乡建设部牵头，开展全国城镇体系规划编制工作。广泛开展调研和专题研究等工作。

【开展省级空间规划工作】 指导海南省完成海南省总体规划编制工作，推动宁夏、江西、云南、安徽、陕西、西藏开展省级空间规划编制工作。12月住房城乡建设部在云南省昆明市召开省级空间规划工作会。

【推进市县"多规合一"试点工作】 指导浙江省嘉兴市和德清县、安徽省寿县、福建省厦门市、广东省四会市、云南省大理市、陕西省富平县、甘肃省敦煌市8个市县开展"多规合一"试点工作。4月，住房城乡建设部在敦煌市召开市县"多规合一"工作会，总结试点成效经验。在《中国建设报》报道了住房城乡建设部多规合一总结德清模式。

【推进省域城镇体系规划】 完成山东省城镇体系规划审查，并报国务院待批复。同意广西、陕西、湖北编制新一轮省域城镇体系规划。截至年底，已有8个省（区）至2030年的省域城镇体系规划经国务院同意批复实施。

【推进国务院交办的城市总体规划审查报批】 2016年，国务院同意杭州、青岛、淄博、大庆、广州、厦门、南京、南通、合肥、东营、临沂、苏州、济南、三亚、银川、枣庄、平顶山、佛山、潍坊、吉林、昆明市城市总体规划，同意张家口、武汉、成都等城市启动新一版城市总体规划修编。住房城乡建设部组织召开第62、63、64、65、66次城市总体规划部际联席会议，审查大连、威海、长春等18个城市总体规划，将辽阳、开封、温州、黄石等市的总体规划上报国务院审批。

【加强城乡规划实施监督】 制定城市建成区违法建设专项治理五年行动方案，部署工作，督促各地全面清查并处理建成区违法建设，坚决遏制新增违法建设，并于年底开展专项督查。

【大力开展生态修复城市修补】 指导三亚开展生态修复城市修补试点，探索"城市双修"工作经验，试点工作取得很大成效，受到广泛关注和高度好评；12月在海南省三亚市召开全国"城市双修"工作现场会，总结推广三亚经验，动员部署在全国开展"城市双修"工作；在总结三亚经验基础上，研究起草《住房城乡建设部关于加强生态修复城市修补工作的指导意见》、《三亚市生态修复城市修补工作经验》，对生态修复城市修补工作提出具体要求。

【全力推进城市设计】 在全面总结国内城市设计经验、学习借鉴国外城市设计管理制度的基础上，组织起草《城市设计管理办法》、《城市设计技术管理基本规定》，明确了城市设计管理制度和工作要求，指导各地建立城市设计管理制度；在西安、昆明、杭州、银川组织开展城市设计培训，各地城市设计主管部门的管理人员和部分规划设计单位的技术人员约1500人参加了培训。

【开展地下空间试点工作】 正式印发《城市地下空间开发利用"十三五"规划》（以下简称"《规划》"），明确"十三五"时期地下空间工作的主要任务，提出保障规划实施的措施。《规划》是指导各地开展地下空间开发利用规划、建设和管理的重要依据。《规划》提出地下空间要坚持开发与保护相结合，统筹利用地上地下空间资源，着力提高城市综合承载能力，大力提高城市空间资源利用效率，充分发挥城市地下空间综合效益，提高城市地下空间规划建设管理水平；《规划》要求地方完善地下空间开发利用规划体系，与城市总体规划同步编制城市地下空间开发利用规划，并在控制性详细规划中补充有关地下空间相关控制要求；《规划》提出推进地下空间规划建设标准体系建设，研究建立城市地下空间规划设计标准体系框架，补充和完善各层次城乡规划中有关地下空间规划设计的标准，修订完善地下空间施工建设标准规范；《规划》明确力争到2020年，初步建立较为完善的城市地下空间规划建设管理体系。

【历史文化名城名镇名村保护】 2016年，国务院公布浙江省温州市、江苏省高邮市、湖南省永州市为国家历史文化名城。截止到年底，国家历史文化名城达131个。住房城乡建设部会同国家文物局组织专家考察了浙江省龙泉市、河北省蔚县和吉林省长春市的国家历史文化名城申报工作。会同国家文物局组织开展第7批中国历史文化名镇名村申报工作。截止到2016年，中国历史文化名镇名村达528个（名镇252个，名村276个）。7月，住房城乡建设部办公厅印发《历史文化街区划定和历史建筑确定工作方案》，要求各地用五年左右时间，完成所有城市历史文化街区划定和历史建筑确定工作。

【**国家专项资金补助国家历史文化名城和中国历史文化名镇名村保护**】 2016年中央预算内投资约2.85亿元，补助了23个省（自治区、直辖市）的国家历史文化名城中的历史文化街区和中国历史文化名镇名村的基础设施改善、环境整治和公有历史建筑修缮项目55个。

【**甲级城乡规划编制单位资质审批**】 2016年，有32家城乡规划编制单位取得甲级资质（含1家经整改取得）。到2016年底，甲级资质城乡规划编制单位共有391家。

【**继续推进中新天津生态城工作**】 召开中新天津生态城联合工作委员会第七次会议。

（住房和城乡建设部城乡规划司）

标 准 定 额

【**2016年工程建设标准、造价的基本情况**】 2016年，在住房城乡建设部党组的正确领导下，部标准定额司紧紧围绕党中央国务院决策部署及住房城乡建设中心工作，继续深化标准定额改革，完善标准定额体系，落实各项工作任务，积极开展"两学一做"学习教育，着力加强党风廉政建设，圆满完成全年任务，成果较为显著。截至12月底，全年共批准发布255项标准，其中国家标准103项，行业标准69项，产品标准83项。批准发布建设标准8项、工程消耗量定额5套。备案电力、煤炭、石油等各领域工程建设行业标准154项，比上年减少13.5%；备案工程建设地方标准496项，比上年增长12.5%。组织对1071项国家标准和千余项行业标准进行了复审。完成工程造价咨询企业乙级升甲级6批285家、甲级资质延续22批982家的审核工作，完成造价工程师初始注册13批共13612人的审核工作。

【**印发《关于深化工程建设标准化工作改革的意见》**】 根据国务院《深化标准化工作改革方案》（国发〔2015〕13号）要求，标准定额司组织对现行工程建设标准体系进行了梳理，组织开展"全文强制标准体系、标准涉及专利管理、培育发展团体标准、规范标准编制管理"等课题研究，提出工程建设标准改革思路，明确了改革措施，明确了标准化工作的改革方向，并广泛征求国务院有关部门和行业标准化管理机构、各地住房城乡建设主管部门和有关协会、学会等单位的意见。在此基础上草拟了《关于深化工程建设标准化工作改革的意见》，并报部领导签发。提出坚持"放管结合、统筹协调、国际视野"三项重要原则；明确"改革强制性标准、构建强制性标准体系、优化完善推荐性标准、培育发展团体标准、全面提升标准水平、强化标准质量管理和信息公开、推进标准国际化"七项重点工作任务。

【**印发《关于培育和发展工程建设团体标准的意见》**】 为了规范工程建设领域的团体标准编制，促进团体标准应用，标准定额司组织开展了有关团体标准政策研究。通过对美国、英国、德国等发达国家团体标准的编制和管理研究，以及中国工程建设协会标准试点经验总结，在此基础上草拟了《关于培育和发展工程建设团体标准的意见》，并报部领导签发。提出坚持"市场主导、诚信自律、创新驱动"三项重要原则；明确"营造良好环境，增加团体标准有效供给；完善实施机制，促进团体标准推广应用；规范编制管理，提高团体标准质量和水平；加强监督管理，严格团体标准责任追究"等具体要求。

【**启动构建"国家工程建设强制性标准体系"**】 在住房城乡建设领域，37项全文强制性标准全部落实研编工作牵头单位，各项规范研编工作组组建完成，工作大纲通过审查。

在工业建设领域，按照工程建设标准化改革总体思路，组织水利、铁路、电力等21个行业，开展各行业强制性标准体系的研究编制工作，初步提出工程建设强制性标准体系。把强制性标准的范围限定在保障人身健康和财产安全、国家安全、生态环境安全等方面；把内容拓展到目标、功能、性能以及关键技术节点，使其更有针对性。

【**印发《住房城乡建设领域标准制定工作规则》**】 为使标准编制与市场需求紧密对接，提高标准的针对性和实效性，更好地服务行业发展，制定《住房城乡建设领域标准制定工作规则》。对标准定额司及业务对口司、标准定额研究所、标准化技术支撑机构等各方在标准编制管理过程中的职责做出规定。同时印发《住房城乡建设领域标准编制工作流程》和《住房城乡建设领域标准审核审批和信息公开工作流程》，对各阶段和环节的办理时间进行详细规定，同时还规定了标准各编制阶段的程序要求、工作要求。

【落实国家重要政策，做好重点标准编制】 为促进老龄产业发展，发布《老年人居住建筑设计规范》，对老年人居住建筑的规划与环境设计、建筑设计、室内设计、设备安装、物理环境、日常居住安全、疾病救助和电梯的设置要求等提出要求。

为解决女性如厕等候时间过长的问题，修订发布了《城市公共厕所设计标准》。确定将女厕位与男厕位的比例由原来的1：1～2：3调整为3：2，同时还规定在人流集中的场所（如商场、机场、车站等）女厕位与男厕位（含小便站位）的比例不应小于2：1，并新增第三卫生间的设置要求及设施布置内容。

为促进老旧住宅小区改造，发布《既有住宅建筑功能改造技术标准》，规范既有住宅建筑户内空间改造、适老化设施改造、设备改造、加装电梯等内容。

为贯彻落实《国务院办公厅关于大力发展装配式建筑的指导意见》（国办发〔2016〕71号），健全装配式建筑标准规范体系，推动装配式建筑发展，完成《装配式混凝土建筑技术标准》、《装配式钢结构建筑技术标准》、《装配式木结构建筑技术标准》3项技术标准的编制，实现对装配式建筑全产业链、全过程、全寿命周期的全方位指导。修订《装配式建筑评价标准》，规范装配式建筑评价具体技术要求，整体提升"设计标准化、建造体系化、部品工厂化、装修一体化、施工装配化、管理信息化"水平。

为推行建筑能耗总量控制和强度限制，发布《民用建筑能耗标准》，以实际的建筑能耗数据为基础，制定符合当前我国国情的建筑能耗指标，强化对建筑终端用能强度的控制与引导，以达到降低建筑物的实际运行能耗（即"结果节能"）的最终目的。

为完善绿色节能建筑和建材评价体系，发布了《绿色博览建筑评价标准》、《绿色饭店评价标准》，结合博览建筑、饭店建筑所在地域的气候、环境、资源、经济及文化等特点，规定博览建筑、饭店建筑全寿命期内节能、节地、节水、节材、保护环境等性能综合评价方法。

为落实《国务院关于推进文化创意和设计服务与相关产业融合发展的若干意见》，发布《江南水乡（镇）建筑色谱》。提炼归纳江南水乡城镇建筑色彩的主辅调色总谱，为江南水乡城镇的色彩管理、规划提供技术支撑，避免"千城一面"。发布《冰雪景观建筑技术规程》，为规范冰雪景观建筑设计和施工技术，推动我国寒地旅游城市发展，提供技术支撑。

为落实《国务院关于促进快递业发展的若干意见》，发布了《物流建筑设计规范》，对用于物品运输、储存、装卸、搬运、包装、物流加工、配送等物流活动的建筑设计做出规定。

【开展标准复审】 组织住房城乡建设部标准化技术委员会以及国务院有关部门有关司、各行业标准化主管机构，开展2016年工程建设标准复审工作。对现行1071项工程建设国家标准，以及千余项行业标准的复审意见进行研究，对标准提出了"合并、转移、废止、修订、继续有效"等意见。

【做好标准中译英工作】 以我国参与国际市场的重点领域和重大项目为目标，按照成体系、成规模、系列配套的工作原则，组织开展工程建设标准英文版整体翻译，为我国企业参与国际市场竞争提供技术支撑。继续开展城建、建工、水利、通信、电子等行业的标准翻译工作。

【制定《工程造价行业"十三五"规划》】 根据党中央和国务院《关于进一步加强城市规划建设管理的若干意见》、《关于深化建筑业改革促进行业发展的若干意见》等国家和行业发展的重大政策，重点以工程造价行业贯彻落实"创新、协调、绿色、开放、共享"发展理念和新时期"适用、经济、绿色、美观"的建筑方针，规划今后工程造价行业发展目标、主线。

建立统一的市场计价规则，完善工程造价费用项目构成，统一和完善工程量清单计价规范。提升工程计价依据市场化水平，提高编制的科学性和及时性，完善计价依据体系，加强动态管理。

推进工程造价信息化，夯实发展基础，提升信息化服务能力，构建多元化信息服务体系。

提升工程造价行业治理水平，推进行业信用体系建设，建立纠纷调解机制，完善监督管理机制。促进工程造价咨询行业可持续发展，打造领军品牌企业，鼓励造价咨询企业走出去。

加强人才队伍建设，完善职业教育制度，实施领军人才培养计划，引领高效专业人才培养。加强管理机构和行业协会建设。

【规范工程造价咨询业监管】 工程造价咨询业管理按照国务院行政审批制度改革简政放权、放管结合、优化服务的工作部署，进一步完善信用信息管理，简化工程造价企业资质管理，取得明显成效。

完善信用信息管理，制定《工程造价咨询行业信用信息管理办法》，指导各地建立造价咨询企业及注册造价师的信用信息档案，开展行业信用信息的记录、公开、管理工作。

实现了造价咨询企业乙级升甲级申请和审核的电子化，减轻企业负担，简化和进一步规范造价工程师初始注册工作，年初印发《关于造价工程师注册审核有关事项的通知》，进一步规范省级建设主管部门和造价工程师办理相关注册手续，提高了办事效率。

完成取消造价咨询企业乙级升甲级省级主管部门初审的后续工作。对2015年工程造价咨询企业数量、从业人员、产值等进行统计，完成2015年工程造价咨询行业统计报告，发布统计公报和资料汇编。

制定工程造价咨询业相关国家标准，编制《建设工程造价鉴定规范》，引导合同双方明确各自权利义务，减少纠纷。加大工程造价咨询企业乙级升甲级资质审核的次数，完成工程造价咨询企业乙级升甲级6批285家、甲级资质延续22批982家的审核工作，完成造价工程师初始注册13批共13612人的审核工作。

【完成建筑业"营改增"计价依据调整】 为落实国务院关于2016年5月实施建筑业"营改增"工作部署，2月，在前期研究测算基础上明确了计价依据调整方案，印发《住房城乡建设部办公厅关于做好建筑业营改增建设工程计价依据调整准备工作的通知》（建办标〔2016〕4号），指导各地"营改增"计价依据调整工作。

标准定额研究所、中价协等单位开展了计价依据调整的宣贯培训，并督促各地、各行业计价依据调整方案落地。全国31个省、自治区、直辖市和部分专业工程造价管理机构按照住房城乡建设部的调整方案，组织力量，前后历时2个多月，于4月底前全面完成工程计价依据调整任务。

根据4月下旬召开的全国建筑业、房地产业营改增电视会议，4月，住房城乡建设部印发《关于做好建筑业和房地产业营改增有关工作的通知》（建计〔2016〕79号）。为做好营改增后工程造价变动监测情况，住房城乡建设部标准定额司组织标准定额研究所开发工程造价信息监测系统，研究价格信息统计监测，市场变化情况监测方案，开展增值税下工程造价和企业税负的跟踪监测分析。组织北京、上海等八个省市完成建筑业"营改增"工程造价研究分析报告。

【完善工程造价计价规则】 深入贯彻共享发展理念，建立全国统一计价规则，完善计价依据体系。组织有关单位开展计价依据编制规则的研究，完成《定额编制规则》。统一和规范定额的编制活动，提高编制成果质量，"规则"完成了征求意见，形成报批稿。

组织标准定额研究所开展建设工程计价依据体系研究，形成《建设工程定额体系框架》、《建设工程定额命名和编码规则》、《建设工程工程量清单规范体系》。推行全费用综合单价，开展《建设工程工程量清单计价规范》（GB 5001—2013）的局部修订。为服务全过程计价，开展并完成多层级清单计价课题研究，为全过程清单计价的发展提出建设性意见。

【开展重点领域计价依据编制】 服务建筑业转型升级和城市生态建设，开展相关计价依据编制和研究：完成城市综合管廊工程量消耗定额（土建和安装）征求意见稿。完成《装配式建筑工程消耗量定额》和《绿色建筑工程消耗量定额》，助推建筑业转型升级。批准发布《建筑安装工程工期定额》，为服务工程质量安全提供保障。与财政部联合发布《城市轨道交通工程概预算编制办法》，规范城市轨道交通工程概算的编制，服务城市建设投资。为落实中央第六次西藏工作会议精神，保证西藏"十三五"重大投资顺利实施，组织浙江、四川、湖北、北京等省市协助西藏，完成西藏定额的修订编制和审查。

【加快推动标准实施监督工作制度建设】 印发《住房城乡建设部标准定额司关于印发〈工程建设强制性标准实施情况随机抽查试点工作方案〉的通知》（建标实函〔2016〕71号），选择安徽省、广东省、河南省、湖南省、四川省、新疆维吾尔自治区、重庆市等7个试点省（自治区、直辖市）开展工程建设强制性标准实施情况随机抽查试点工作，研究推进工程建设强制性标准实施监督"双随机、一公开"机制。

在总结有关省市、企业和项目开展标准员岗位试点工作经验的基础上，继续开展施工现场标准员设置指导政策研究、施工现场标准员继续教育信息系统及数据库研究等课题研究，完成《施工现场标准员继续教育系统及数据库课题研究报告》，初步建立标准员继续教育系统与数据库，为进一步完善标准员制度奠定了基础。

继续开展地方标准化制度研究，在深入调研的基础上，完成《关于加强工程建设地方标准化工作的指导意见（初稿）》的起草工作。在总结近两年开展的建筑节能标准、居住区规划设计规范等标准实施情况效果评估研究经验的基础上，组织开展工程建设标准实施评估技术导则研究、工程建设标准实施情况统计分析要点研究等课题研究，同时开展对《住宅建筑规范》实施评估的问卷调查，获取广大从业人员对标准实施情况的反馈意见，并完成《〈住宅建筑规范〉实施情况评估报告》，继续探索推进建立强制性标准实施情况分析评估机制。

【**强化重点标准的实施指导监督**】 进一步加强光纤到户国家标准的实施监督，继续会同工业和信息化部开展光纤到户国家标准执行情况联合检查，在全国范围开展光纤到户国家标准贯彻实施情况大检查工作。9月4~24日，两部联合组成4个检查组，对8个省（市、区）光纤到户国家标准贯彻实施情况进行抽查，从各省检查和两部门抽查情况看，通过设计图审、验收备案等环节推进光纤到户国家标准的执行，新建住宅小区基本实现光纤到户，能够满足多家电信业务经营者平等接入、用户自由选择电信业务经营者的要求。

继续开展高性能混凝土应用推广工作，与工业和信息化部联合印发《住房城乡建设部 工业和信息化部关于印发〈预拌混凝土绿色生产评价标识管理办法（试行）〉的通知》（建标〔2016〕15号），明确了预拌混凝土绿色生产评价标识管理办法。与工信部原材料工业司联合印发《住房城乡建设部标准定额司 工业和信息化部原材料工业司关于开展高性能混凝土推广应用试点工作的通知》（建标实函〔2016〕25号），制定高性能混凝土推广应用试点工作方案，并在辽宁、河南、江苏、广东、贵州、新疆等六个省区开展高性能混凝土推广应用试点工作，为全国高性能混凝土推广应用工作积累经验。

继续推动高强钢筋应用及高强钢筋集中加工配送，在4个试点省（市、区）及1个试点科研机构开展高强钢筋集中加工配送政策、推广应用机制及示范项目研究，深化高强钢筋推广应用工作。继续编制重要标准实施指南和相关技术导则。组织开展5项标准应用实施指南编制工作的研究，其中，已完成《〈混凝土结构工程施工质量验收规范〉GB 50204—2015实施指南》、《建筑遮阳系列标准应用实施指南》的编制，为混凝土结构工程施工质量验收和建筑遮阳系列标准应用提供技术依据。

【**深入开展无障碍环境建设**】 落实全国政协领导关于推进无障碍环境建设的批示，配合政协全国委员会开展"无障碍环境建设运行情况"视察工作，赴江苏、海南进行监督性视察，进一步推动两省的无障碍环境建设工作。

【**完善标准支持养老服务发展**】 落实国务院关于加快养老服务业发展的要求，协调公安消防部门研究相关建筑防火规范修订工作，支持社会办养老机构发展。加快《城镇老年人设施规划规范》、《城市居住区规划设计规范》修订，组织编制《农村敬老院建设标准》、《综合社会福利院建设标准》，对养老服务设施规划、建设作了具体规定。

【**加快推进住建领域认证认可工作**】 根据全国认证认可工作部际联席会议工作部署，在整合归口管理的检验检测认证机构、组建中国工程建设检验检测认证联盟的基础上，指导联盟的制度建设，开创以联盟为平台协调和促进各机构共同发展局面。各机构在保持原有认证业务基础上，主动响应国家发展装配式建筑、生态文明建设、供给侧改革等要求，形成具有自身特色的认证体系，为国家重点领域工作提供配套服务。

【**2016年批准发布的国家标准**】 见表1。

2016年批准发布的国家标准　　　　　　　　表1

序号	标准名称	标准编号	批准日期	实施日期	公告号
1	煤矿井下消防、洒水设计规范	GB 50383—2016	2016/1/4	2016/8/1	1022
2	色织和牛仔布工厂设计规范	GB 51159—2016	2016/1/4	2016/8/1	1023
3	钢铁企业煤气储存和输配系统施工及质量验收规范	GB 51164—2016	2016/1/4	2016/8/1	1024
4	海底光缆工程验收规范	GB/T 51167—2016	2016/1/4	2016/8/1	1025
5	纤维增强塑料设备和管道工程技术规范	GB 51160—2016	2016/1/4	2016/8/1	1026
6	绿色博览建筑评价标准	GB/T 51148—2016	2016/6/20	2017/2/1	1179
7	城市防洪规划规范	GB 51079—2016	2016/6/20	2017/2/1	1181
8	超大面积混凝土地面无缝施工技术规范	GB/T 51025—2016	2016/6/20	2017/2/1	1182
9	城市轨道交通公共安全防范系统工程技术规范	GB 51151—2016	2016/4/15	2016/12/1	1092
10	城市停车规划规范	GB/T 51149—2016	2016/6/20	2017/2/1	1180

建 设 综 述

续表

序号	标准名称	标准编号	批准日期	实施日期	公告号
11	老年人居住建筑设计规范	GB 50340—2016	2016/10/25	2017/7/1	1339
12	建筑电气工程电磁兼容技术规范	GB 51204—2016	2016/10/25	2017/7/1	1331
13	轧机机械设备工程安装验收规范	GB 50386—2016	2016/8/18	2017/4/1	1274
14	煤矿立井井筒及硐室设计规范	GB 50384—2016	2016/8/18	2017/4/1	1259
15	煤矿井下机车车辆运输信号设计规范	GB 50388—2016	2016/8/18	2017/4/1	1257
16	建筑抗震设计规范	GB 50011—2010	2016/7/7	2016/8/1	1199
17	煤矿井下煤炭运输设计规范	GB 51179—2016	2016/8/18	2017/4/1	1261
18	煤炭工业露天矿节能设计规范	GB 51197—2016	2016/8/18	2017/4/1	1345
19	水煤浆工程设计规范	GB 50360—2016	2016/8/18	2017/4/1	1271
20	煤矿采空区建(构)筑物地基处理技术规范	GB 51180—2016	2016/8/18	2017/4/1	1281
21	水力发电工程地质勘察规范	GB 50287—2016	2016/8/18	2017/4/1	1279
22	橡胶工厂环境保护设计规范	GB 50469—2016	2016/8/18	2017/4/1	1272
23	建材矿山工程测量技术规范	GB/T 51178—2016	2016/8/18	2017/4/1	1278
24	水泥工厂节能设计规范	GB 50443—2016	2016/8/18	2017/4/1	1275
25	城市给水工程规划规范	GB 50282—2016	2016/8/18	2017/4/1	1248
26	太阳能电池生产设备安装工程施工及质量验收规范	GB 51206—2016	2016/10/25	2017/7/1	1346
27	发光二极管工厂设计规范	GB 51209—2016	2016/10/24	2017/7/1	1352
28	机制砂石骨料工厂设计规范	GB 51186—2016	2016/8/18	2017/4/1	1266
29	水泥工厂设计规范	GB 50295—2016	2016/8/18	2017/4/1	1269
30	建筑工程施工质量评价标准	GB/T 50375—2016	2016/8/18	2017/4/1	1253
31	冰雪景观建筑技术规程	GB 51202—2016	2016/10/25	2017/7/1	1333
32	炼油装置火焰加热炉工程技术规范	GB/T 51175—2016	2016/8/18	2017/4/1	1258
33	机械通风冷却塔工艺设计规范	GB/T 50392—2016	2016/8/18	2017/4/1	1267
34	电气装置安装工程接地装置施工及验收规范	GB 50169—2016	2016/8/18	2017/4/1	1260
35	沉管法隧道施工与质量验收规范	GB 51201—2016	2016/10/25	2017/7/1	1334
36	城市排水防涝设施数据采集与维护技术规范	GB/T 51187—2016	2016/8/18	2017/4/1	1250
37	压缩天然气供应站设计规范	GB 51102—2016	2016/8/18	2017/4/1	1254
38	城市轨道交通通信工程质量验收规范	GB 50382—2016	2016/8/18	2017/4/1	1256
39	燃气冷热电联供工程技术规范	GB 51131—2016	2016/8/18	2017/4/1	1255
40	城镇污水再生利用工程设计规范	GB 50335—2016	2016/8/18	2017/4/1	1251
41	火炸药及其制品工厂建筑结构设计规范	GB 51182—2016	2016/8/18	2017/4/1	1270
42	有色金属矿山工程测控设计规范	GB/T 51196—2016	2016/8/26	2017/4/1	1294
43	综合布线系统工程设计规范	GB 50311—2016	2016/8/26	2017/4/1	1292
44	综合布线系统工程验收规范	GB/T 50312—2016	2016/8/26	2017/4/1	1288
45	互联网数据中心工程技术规范	GB 51195—2016	2016/8/26	2017/4/1	1289
46	航空工业工程设计规范	GB 51170—2016	2016/4/15	2016/12/1	1086
47	煤炭工业露天矿疏干排水设计规范	GB 51173—2016	2016/4/15	2016/12/1	1101
48	煤炭工业矿井采掘设备装备标准	GB/T 51169—2016	2016/4/15	2016/12/1	1096
49	在役油气管道检测技术规范	GB/T 51172—2016	2016/4/15	2016/12/1	1100
50	太阳能发电站支架基础技术规范	GB 51101—2016	2016/4/15	2016/12/1	1102

续表

序号	标准名称	标准编号	批准日期	实施日期	公告号
51	民用建筑热工设计规范	GB 50176—2016	2016/8/18	2017/4/1	1263
52	农业温室结构荷载规范	GB/T 51183—2016	2016/8/18	2017/4/1	1262
53	通信电源设备安装工程验收规范	GB 51199—2016	2016/10/25	2017/7/1	1338
54	通信电源设备安装工程设计规范	GB 51194—2016	2016/8/26	2017/4/1	1293
55	干混砂浆生产线设计规范	GB 51176—2016	2016/8/18	2017/4/1	1277
56	高耸结构工程施工质量验收规范	GB 51203—2016	2016/10/25	2017/7/1	1332
57	石油化工设计能耗计算标准	GB/T 50441—2016	2016/8/26	2017/4/1	1286
58	升船机设计规范	GB 51177—2016	2016/8/18	2017/4/1	1280
59	平板玻璃工厂设计规范	GB 50435—2016	2016/8/18	2017/4/1	1264
60	煤炭洗选工程节能设计规范	GB 51181—2016	2016/8/18	2017/4/1	1273
61	普通混凝土拌合物性能试验方法标准	GB/T 50080—2016	2016/8/18	2017/4/1	1249
62	绿色饭店建筑评价标准	GB/T 51165—2016	2016/4/15	2016/12/1	1088
63	沉井与气压沉箱施工规范	GB/T 51130—2016	2016/4/15	2016/12/1	1098
64	古树名木养护复壮技术规范	GB/T 51168—2016	2016/8/18	2017/4/1	1247
65	矿山提升井塔设计规范	GB 51184—2016	2016/8/18	2017/4/1	1268
66	煤炭工业矿井抗震设计规范	GB 51185—2016	2016/8/18	2017/4/1	1276
67	聚酯及固相缩聚设备工程安装与质量验收规范	GB/T 51193—2016	2016/8/18	2017/4/1	1290
68	印染工厂设计规范	GB 50426—2016	2016/10/25	2017/7/1	1344
69	城市工程管线综合规划规范	GB 50289—2016	2016/4/15	2016/12/1	1099
70	民用建筑能耗标准	GB/T 51161—2016	2016/4/15	2016/12/1	1097
71	建筑与工业给水排水系统安全评价标准	GB/T 51188—2016	2016/8/18	2017/4/1	1252
72	高压直流换流站设计规范	GB/T 51200—2016	2016/10/25	2017/7/1	1343
73	火力发电厂海水淡化工程调试及验收规范	GB/T 51189—2016	2016/8/26	2017/4/1	1291
74	煤炭洗选工程设计规范	GB 50359—2016	2016/8/18	2017/4/1	1265
75	高耸与复杂钢结构检测与鉴定技术标准	GB 51008—2016	2016/4/15	2016/12/1	1085
76	机械工程建设项目职业安全卫生设计规范	GB 51155—2016	2016/4/15	2016/12/1	1087
77	医药工程安全风险评估技术标准	GB/T 51116—2016	2016/4/15	2016/12/1	1089
78	物流建筑设计规范	GB 51157—2016	2016/4/15	2016/12/1	1090
79	城市绿线划定技术规范	GB/T 51163—2016	2016/4/15	2016/12/1	1091
80	电气装置安装工程 电气设备交接试验标准	GB 50150—2016	2016/4/15	2016/12/1	1093
81	重型结构和设备整体提升技术规范	GB 51162—2016	2016/4/15	2016/12/1	1094
82	海底电力电缆输电工程设计规范	GB/T 51190—2016	2016/10/25	2017/7/1	1336
83	海底电力电缆输电工程施工及验收规范	GB/T 51191—2016	2016/10/25	2017/7/1	1341
84	微组装生产线工艺设计规范	GB/T 51198—2016	2016/10/25	2017/7/1	1347
85	人工制气厂站设计规范	GB 51208—2016	2016/10/25	2017/7/1	1342
86	城市绿地设计规范	GB 50420—2007	2016/6/28	2016/6/28	1192
87	公园设计规范	GB 51192—2016	2016/8/26	2017/1/1	1285
88	室外排水设计规范	GB 50014—2014	2016/6/28	2016/6/28	1191
89	城市居住区规划设计规范	GB 50180—2002	2016/6/28	2016/6/28	1190
90	城市水系规划规范	GB 50513—2009	2016/8/23	2016/10/1	1282

建 设 综 述

续表

序号	标准名称	标准编号	批准日期	实施日期	公告号
91	通风与空调工程施工质量验收规范	GB 50243—2016	2016/10/25	2017/7/1	1335
92	钢铁工程设计文件编制标准	GB/T 51207—2016	2016/10/25	2017/7/1	1340
93	精对苯二甲酸工厂设计规范	GB 51205—2016	2016/10/25	2017/7/1	1337
94	城市轨道交通客流预测规范	GB/T 51150—2016	2016/10/25	2017/7/1	1287
95	建筑与小区雨水控制及利用工程技术规范	GB 50400—2016	2016/8/26	2017/4/1	1330
96	建筑工程信息模型应用统一标准	GB/T 51212—2016	2016/12/2	2017/7/1	1380
97	城市轨道交通无线局域网宽带工程技术规范	GB/T 51211—2016	2016/12/2	2017/7/1	1381
98	村镇住宅结构施工及验收规范	GB/T 50900—2016	2016/12/2	2017/7/1	1382
99	建筑施工脚手架安全技术统一标准	GB 51210—2016	2016/12/2	2017/7/1	1383
100	通信线路工程验收规范	GB 51171—2016	2016/4/15	2016/12/1	1095
101	装配式混凝土建筑技术规范	GB/T 51231—2016	2017/1/10	2017/6/1	1419
102	装配式钢结构建筑技术规范	GB/T 51232—2016	2017/1/10	2017/6/1	1418
103	装配式木结构建筑技术规范	GB/T 51233—2016	2017/1/10	2017/6/1	1417

【2016年批准发布的行业标准】 见表2。

2016年批准发布的行业标准　　　　　　　　　　　　　　　　表2

序号	标准名称	标准号	批准日期	实施日期	公告号
1	园林行业职业技能标准	CJJ/T 237—2016	2016/3/23	2016/10/1	1067
2	城镇供水行业职业技能标准	CJJ/T 225—2016	2016/3/23	2016/10/1	1068
3	城镇污水处理厂臭气处理技术规程	CJJ/T 243—2016	2016/3/14	2016/9/1	1058
4	预应力混凝土结构设计规范	JGJ 369—2016	2016/3/14	2016/9/1	1061
5	无粘结预应力混凝土结构技术规程	JGJ 92—2016	2016/3/14	2016/9/1	1060
6	生活垃圾填埋场防渗土工膜渗漏破损探测技术规程	CJJ/T 214—2016	2016/3/14	2016/9/1	1059
7	住宅生活排水系统立管排水能力测试标准	CJJ/T 245—2016	2016/3/14	2016/9/1	1057
8	轻钢轻混凝土结构技术规程	JGJ 383—2016	2016/2/22	2016/8/1	1053
9	木丝水泥板应用技术规程	JGJ/T 377—2016	2016/2/22	2016/8/1	1052
10	喷射混凝土应用技术规程	JGJ/T 372—2016	2016/2/22	2016/8/1	1051
11	非烧结砖砌体现场检测技术规程	JGJ/T 371—2016	2016/2/22	2016/8/1	1050
12	钢筋机械连接技术规程	JGJ 107—2016	2016/2/22	2016/8/1	1049
13	螺纹桩技术规程	JGJ/T 379—2016	2016/6/14	2016/12/1	1144
14	商店建筑电气设计规范	JGJ 392—2016	2016/9/15	2017/3/1	1299
15	纤维片材加固砌体结构技术规范	JGJ/T 381—2016	2016/6/6	2016/12/1	1131
16	人造板材幕墙工程技术规范	JGJ 336—2016	2016/7/9	2016/12/1	1206
17	组合铝合金模板工程技术规程	JGJ 386—2016	2016/6/6	2016/12/1	1135
18	城市道路与轨道交通合建桥梁设计规范	CJJ 242—2016	2016/8/8	2017/2/1	1224
19	城镇燃气设施运行、维护和抢修安全技术规程	CJJ 51—2016	2016/6/6	2016/12/1	1132
20	建筑与市政工程地下水控制技术规范	JGJ 111—2016	2016/9/15	2017/3/1	1301
21	危险房屋鉴定标准	JGJ 125—2016	2016/7/9	2016/12/1	1201
22	建筑装饰装修职业技能标准	JGJ/T 315—2016	2016/6/1	2016/10/1	1137
23	建筑工程施工职业技能标准	JGJ/T 314—2016	2016/6/1	2016/10/1	1139

续表

序号	标准名称	标准号	批准日期	实施日期	公告号
24	建筑工程安装职业技能标准	JGJ/T 306—2016	2016/6/1	2016/10/1	1138
25	镇(乡)村给水工程规划规范	CJJ/T 246—2016	2016/6/6	2016/12/1	1129
26	建筑同层排水工程技术规范	CJJ 232—2016	2016/6/6	2016/12/1	1130
27	管幕预筑法施工技术规范	JGJ/T 375—2016	2016/6/14	2016/12/1	1146
28	地下工程盖挖法施工规程	JGJ/T 364—2016	2016/6/14	2016/12/1	1148
29	生活垃圾转运站技术规范	CJJ/T 47—2016	2016/6/14	2016/12/1	1147
30	再生骨料透水混凝土应用技术规程	CJJ/T 253—2016	2016/6/6	2016/12/1	1133
31	城镇排水管渠与泵站运行、维护及安全技术规程	CJJ 68—2016	2016/9/15	2017/3/1	1300
32	城镇道路养护技术规范	CJJ 36—2016	2016/11/15	2017/5/1	1363
33	住房公积金信息系统技术规范	JGJ/T 388—2016	2016/4/22	2016/7/1	1083
34	城市桥梁拆除工程安全技术规范	CJJ 248—2016	2016/4/20	2016/11/1	1081
35	建筑变形测量规范	JGJ 8—2016	2016/7/9	2016/12/1	1204
36	中低速磁浮交通供电技术规范	CJJ/T 256—2016	2016/11/15	2017/5/1	1365
37	城镇供热直埋热水管道泄漏监测系统技术规程	CJJ/T 254—2016	2016/8/8	2017/2/1	1221
38	城镇供水管网漏损控制及评定标准	CJJ 92—2016	2016/9/15	2017/3/1	1303
39	组合结构设计规范	JGJ 138—2016	2016/6/14	2016/12/1	1145
40	托儿所、幼儿园建筑设计标准	JGJ 39—2016	2016/4/20	2016/11/1	1079
41	埋地塑料给水管道工程技术规程	CJJ 101—2016	2016/4/20	2016/11/1	1082
42	白蚁防治工职业技能标准	JGJ/T 373—2016	2016/4/20	2016/11/1	1080
43	剧场建筑设计规范	JGJ 57—2016	2016/9/15	2017/3/1	1304
44	城镇燃气管道穿跨越工程技术规程	CJJ/T 250—2016	2016/6/6	2016/12/1	1134
45	抗车辙沥青混合料应用技术规程	CJJ/T 238—2016	2016/8/8	2017/2/1	1226
46	供热站房噪声与振动控制技术规程	CJJ/T 247—2016	2016/8/8	2017/2/1	1225
47	塑料门窗设计及组装技术规程	JGJ 362—2016	2016/7/9	2016/12/1	1202
48	城镇再生水厂运行、维护及安全技术规程	CJJ 252—2016	2016/7/9	2016/12/1	1366
49	市政公用设施运行管理人员职业标准	CJJ/T 249—2016	2016/7/9	2016/12/1	1203
50	建筑施工高处作业安全技术规范	JGJ 80—2016	2016/7/9	2016/12/1	1205
51	城市公共厕所设计标准	CJJ 14—2016	2016/9/15	2016/12/1	1298
52	既有住宅建筑功能改造技术规范	JGJ/T 390—2016	2016/6/9	2016/12/1	1142
53	城市道路工程设计规范	CJJ 37—2012	2016/6/28	2016/6/28	1193
54	城乡建设用地竖向规划规范	CJJ 83—2016	2016/6/28	2016/8/1	1188
55	城镇给水管道非开挖修复更新工程技术规程	CJJ/T 244—2016	2016/3/14	2016/9/1	1062
56	城镇供热监测与调控系统技术规程	CJJ/T 2241—2016	2016/11/15	2016/5/1	1362
57	生活垃圾卫生填埋场运行监管标准	CJJ/T 213—2016	2016/7/9	2016/12/1	1200
58	城镇燃气自动化系统技术规范	CJJ/T 259—2016	2016/11/15	2017/5/1	1355
59	施工现场机械设备检查技术规范	JGJ 160—2016	2016/9/5	2016/3/1	1302
60	建筑施工碗扣式钢管脚手架安全技术规范	JGJ 166—2016	2016/11/15	2017/5/1	1364
61	拉脱法检测混凝土抗压强度技术规程	JGJ/T 378—2016	2016/8/8	2017/2/1	1223
62	建筑拆除工程安全技术规范	JGJ 147—2016	2016/11/15	2017/5/1	1357
63	体育场馆照明设计及检测标准	JGJ 153—2016	2016/12/15	2017/6/1	1390

续表

序号	标准名称	标准号	批准日期	实施日期	公告号
64	道路深层病害非开挖处治技术规程	CJJ/T 260—2016	2016/12/15	2017/6/1	1391
65	宿舍建筑设计规范	JGJ 36—2016	2016/12/15	2017/6/1	1392
66	绿色建筑运行维护技术规范	JGJ/T 391—2016	2016/12/15	2017/6/1	1393
67	钻芯法检测混凝土强度技术规程	JGJ/T 384—2016	2016/6/14	2016/12/1	1143
68	公墓和骨灰寄存建筑设计规范	JGJ/T 397—2016	2016/11/15	2017/5/1	1354
69	城市雕塑工程技术规程	JGJ/T 399—2016	2016/12/15	2017/6/1	1389

【2016年批准发布的产品标准】 见表3。

2016年批准发布的产品标准　　　　　　　　　　　　　　　表3

序号	标准名称	编号	批准日期	实施日期	公告号
1	铜管对流散热器	JG/T 221—2016	2016/6/1	2016/12/1	1117
2	建筑及市政工程用净化海砂	JG/T 494—2016	2016/6/1	2016/12/1	1119
3	建筑用网格式金属电缆桥架	JG/T 491—2016	2016/6/1	2016/12/1	1118
4	多功能水泵控制阀	CJ/T 167—2016	2016/6/14	2016/12/1	1149
5	建筑排水钢塑复合短螺距内螺旋管材	CJ/T 488—2016	2016/6/14	2016/12/1	1152
6	城镇给水用铁制阀门通用技术要求	CJ/T 81—2016	2016/6/14	2016/12/1	1151
7	建筑用光伏构件通用技术要求	JG/T 492—2016	2016/6/14	2016/12/1	1150
8	钢门窗粉末静电喷涂涂层技术条件	JG/T 495—2016	2016/6/1	2016/12/1	1120
9	铝合金门窗型材粉末静电喷涂涂层技术条件	JG/T 496—2016	2016/6/1	2016/12/1	1121
10	燃气用具连接用橡胶复合软管	CJ/T 491—2016	2016/6/1	2016/12/1	1124
11	铜铝复合柱翼型散热器	JG/T 220—2016	2016/6/1	2016/12/1	1122
12	太阳能光伏系统支架通用技术要求	JG/T 490—2016	2016/1/27	2016/7/1	1038
13	建筑用组装式桁架及支撑	JG/T 476—2016	2016/2/22	2016/8/1	1047
14	给水涂塑复合钢管	CJ/T 120—2016	2016/1/27	2016/7/1	1037
15	燃气用具连接用金属包覆软管	CJ/T 490—2016	2016/6/1	2016/12/1	1126
16	门式刚架轻型房屋钢构件	JG/T 144—2016	2016/6/14	2016/12/1	1155
17	钢桁架构件	JG/T 8—2016	2016/6/14	2016/12/1	1158
18	排风高效过滤装置	JG/T 497—2016	2016/6/14	2016/12/1	1160
19	建筑构件连接处防水密封膏	JJ/T 501—2016	2016/6/14	2016/12/1	1161
20	车库门电动开门机	JG/T 227—2016	2016/6/14	2016/12/1	1163
21	建筑用遮阳非金属百叶帘	JG/T 499—2016	2016/6/14	2016/12/1	1159
22	建筑室内空气污染简便取样仪器检测方法	CJ/T 498—2016	2016/6/14	2016/12/1	1153
23	建筑一体化遮阳窗	JG/T 500—2016	2016/6/14	2016/12/1	1156
24	护栏锚固试验方法	JG/T 473—2016	2016/6/1	2016/12/1	1123
25	江南水乡(镇)建筑色谱	JG/T 474—2016	2016/2/22	2016/8/1	1048
26	可拆装式隔断墙技术要求	JG/T 487—2016	2016/1/27	2016/7/1	1036
27	环氧树脂涂层钢筋	JG/T 502—2016	2016/6/14	2016/12/1	1154
28	建设事业集成电路(IC)卡产品检测	CJ/T 243—2016	2016/6/14	2016/12/1	1162
29	单层网壳嵌入式毂节点	JG/T 136—2016	2016/6/14	2016/12/1	1157
30	蝶形缓闭止回阀	CJ/T 282—2016	2016/6/14	2016/12/1	1176

续表

序号	标准名称	编号	批准日期	实施日期	公告号
31	分体先导式减压稳压阀	CJ/T 256—2016	2016/6/14	2016/12/1	1177
32	给水排水用直埋式闸阀	CJ/T 262—2016	2016/6/14	2016/12/1	1178
33	生活垃圾产生量计算及预测方法	CJ/T 106—2016	2016/6/14	2016/12/1	1167
34	承插型盘扣式钢管支架构件	JG/T 503—2016	2016/11/15	2017/5/1	1358
35	游泳池水质标准	CJ/T 244—2016	2016/6/14	2016/12/1	1164
36	喷泉喷头	CJ/T 209—2016	2016/6/14	2016/12/1	1173
37	阶梯水价水表	CJ/T 484—2016	2016/6/14	2016/12/1	1172
38	铝合金及不锈钢水表壳及管接件	CJ/T 359—2016	2016/6/14	2016/12/1	1174
39	城镇环境卫生设施属性数据采集表及数据库结构	CJ/T 171—2016	2016/6/14	2016/12/1	1170
40	塑料化粪池	CJ/T 489—2016	2016/6/14	2016/12/1	1175
41	给水用高性能硬聚氯乙烯管材及连接件	CJ/T 493—2016	2016/6/14	2016/12/1	1171
42	无堵塞泵	CJ/T 203—2016	2016/6/14	2016/12/1	1166
43	弧形格栅除污机	CJ/T 492—2016	2016/6/14	2016/12/1	1165
44	陶粒加气混凝土砌块	JG/T 504—2016	2016/6/14	2016/12/1	1169
45	压缩式垃圾车	CJ/T 127—2016	2016/8/8	2017/2/1	1241
46	绿化种植土壤	CJ/T 340—2016	2016/6/28	2016/8/1	1189
47	无负压给水设备	CJ/T 265—2016	2016/8/8	2017/2/1	1234
48	带过滤防倒流螺纹连接可调减压阀	CJ/T 494—2016	2016/6/14	2016/12/1	1168
49	建筑小区排水用塑料检查井	CJ/T 233—2016	2016/8/8	2017/2/1	1233
50	建筑用光热构件通用技术要求	JG/T 493—2016	2016/6/1	2016/12/1	1125
51	垃圾专用集装箱	CJ/T 496—2016	2016/8/8	2017/2/1	1222
52	水处理用斜管	CJ/T 83—2016	2016/8/8	2017/2/1	1227
53	城市轨道交通车地实时视频传输系统	CJ/T 500—2016	2016/8/8	2017/2/1	1228
54	剪切式垃圾破碎机	CJ/T 499—2016	2016/8/8	2017/2/1	1243
55	自动搅匀潜水排水泵	CJ/T 498—2016	2016/8/8	2017/2/1	1231
56	城市公用事业互联互通卡通用技术要求	CJ/T 331—2016	2016/8/8	2017/2/1	1239
57	城市公用事业互联互通卡清分清算技术要求	CJ/T 332—2016	2016/8/8	2017/2/1	1238
58	城市轨道交通桥梁伸缩装置	CJ/T 497—2016	2016/8/8	2017/2/1	1232
59	给水用钢骨架聚乙烯塑料复合管件	CJ/T 142—2016	2016/8/8	2017/2/1	1230
60	给水用钢骨架聚乙烯塑料复合管	CJ/T 123—2016	2016/8/8	2017/2/1	1229
61	纤维片材加固修复结构用粘接树脂	JG/T 166—2016	2016/8/8	2017/2/1	1237
62	结构加固修复用碳纤维片材	JG/T 167—2016	2016/8/8	2017/2/1	1236
63	尾砂微晶发泡板材及砌块	JG/T 506—2016	2016/8/8	2017/2/1	1242
64	建筑垃圾再生骨料实心砖	JG/T 505—2016	2016/8/8	2017/2/1	1235
65	隔绝式气体定压装置	CJ/T 501—2016	2016/9/6	2017/3/1	1309
66	数显示粘结强度检测仪	JG/T 507—2016	2016/9/6	2017/3/1	1306
67	建筑隔墙用轻质条板通用技术要求	JG/T 169—2016	2016/9/6	2017/3/1	1311
68	桥梁缆索用高密度聚乙烯护套料	CJ/T 297—2016	2016/9/6	2017/3/1	1310
69	卡压式铜管件	CJ/T 502—2016	2016/9/6	2017/3/1	1307
70	无线远传膜式燃气表	CJ/T 503—2016	2016/9/6	2017/3/1	1308
71	高密度聚乙烯护套钢丝拉索	CJ/T 504—2016	2016/9/6	2017/3/1	1359

建 设 综 述

续表

序号	标准名称	编号	批准日期	实施日期	公告号
72	水处理用滤砖	CJ/T 47—2016	2016/9/6	2017/3/1	1360
73	城市桥梁缆索用钢丝	CJ/T 495—2016	2016/11/15	2017/5/1	1240
74	无粘结预应力钢绞线	JG/T 161—2016	2016/11/15	2017/5/1	1361
75	重力式污泥浓缩池周边传动浓缩机	CJ/T 507—2016	2016/12/6	2017/6/1	1374
76	纺织面墙纸(布)	CJ/T 510—2016	2016/12/6	2017/6/1	1375
77	重力式污泥浓缩池周边传动浓缩机	CJ/T 509—2016	2016/12/6	2017/6/1	1377
78	建筑装饰用无纺墙纸	JG/T 509—2016	2016/12/6	2017/6/1	1376
79	污泥脱水用带式压滤机	CJ/T 508—2016	2016/12/15	2017/6/1	1395
80	薄壁不锈钢管卡压式和沟槽式管件	CJ/T 152—2016	2016/12/15	2017/6/1	1396
81	薄壁不锈钢管	CJ/T 511—2016	2016/12/15	2017/6/1	1397
82	堆肥翻堆机	CJ/T 506—2016	2016/12/15	2017/6/1	1398
83	外墙水性氟涂料	JG/T 508—2016	2016/12/15	2017/6/1	1399

【2016年批准发布的工程项目建设标准】 见表4。

2016年批准发布的工程项目建设标准 表4

序号	建设标准名称	标准编号	批准文号	批准日期	施行日期
1	粮食仓库建设标准	建标 172-2016	建标〔2016〕38号	2016/2/23	2016/5/1
2	传染病医院建设标准	建标 173-2016	建标〔2016〕131号	2016/6/19	2016/9/1
3	儿童医院建设标准	建标 174-2016	建标〔2016〕228号	2016/10/17	2017/1/1
4	幼儿园建设标准	建标 175-2016	建标〔2016〕246号	2016/11/2	2017/1/1
5	精神专科医院建设标准	建标 176-2016	建标〔2016〕267号	2016/11/18	2017/3/1
6	急救中心建设标准	建标 177-2016	建标〔2016〕268号	2016/11/18	2017/3/1
7	残疾人就业服务中心建设标准	建标 178-2016	建标〔2016〕273号	2016/11/18	2017/4/1
8	综合社会福利院建设标准	建标 179-2016	建标〔2016〕296号	2016/12/22	2017/6/1

(住房城乡建设部标准定额司)

房地产市场监管

房地产市场调控政策及市场运行基本情况

【房地产市场调控】 2016年以来,按照党中央、国务院决策部署,各地区、各有关部门坚持分类调控、因城施策,推进三四线城市房地产去库存,着力稳定热点城市房地产市场,努力促进房地产市场平稳健康发展。

【以三四线城市为重点推进房地产去库存】 年初以来,住房城乡建设部先后与23个省(区)分别会商,并赴10多个省(区、市)实地调研,研判库存状况、形成原因,坚持以适应农业转移人口市民化、促进以人为核心的新型城镇化为主线,以三四线城市和县城为重点,提出去库存工作方案。多次召开工作现场会和座谈会,与库存较多的三四线城市和县政府会商,赴部分库存问题突出的市县调研,分类指导推进去库存工作。4次召开全国电视电话会议通报情况,分析形势,有序推动去库存工作。各地党委政府高度重视,因地制宜综合采取鼓励农民工和农民进城购房、在库存较多的三四线城市推进棚改货币化安置、规范和发展住房租赁市场、发展跨界地产、用足用好住房公积金等多种措施,去库存取得积极进展。

【着力稳定热点城市房地产市场】 春节后,针对部分热点城市房价过快上涨问题,住房城乡建设部先后多次与有关省、市政府领导会商,提出明确的指导意见,上海市、深圳市等相关城市陆续出台了调控措施。9月中下旬以后,针对一线城市和部分热点二线城市房地产市场出现的较大波动,国务院有关部门加强政策研究协调和对地方的指导。有关地方积极落实主体责任,提出了限购、限贷、增加土地供应、查处开发企业和中介机构违法违规行为等措施,抑制投资投机性购房,保护合理自住需求,遏制房价过快上涨势头。住房城乡建设部等部门密切关注热点城市及热点周边地区房地产市场走势,及时发现问题,并指导有关地方采取应对措施。在各方面的共同努力下,热点城市房价过快上涨势头得到遏制,热点周边城市市场也基本上是稳定的。

【房地产市场运行基本情况】 (1)商品房销售量快速增长。据国家统计局数据,2016年,全国商品房销售面积15.7亿平方米,同比增长22.5%,超过历史最高的2013年全年销售面积。其中,商品住宅销售面积13.7亿平方米,同比增长22.4%。

(2)四季度以来热点城市房价趋于平稳。在因地制宜、因城施策的房地产调控政策综合作用下,热点城市房地产市场逐步趋于稳定,社会预期有所转变,市场走势出现积极变化。据国家统计局70个大中城市房价数据,12月份,一线城市新建商品住宅价格环比基本持平;二线城市环比涨幅比11月份回落0.2个百分点;三线城市环比略有上涨。

(3)房地产去库存取得积极进展。据国家统计局数据,12月末,全国已竣工的商品房待售面积6.95亿平方米,同比下降3.2%,其中住宅待售面积4亿平方米,同比下降11.0%。

(4)房地产开发投资企稳。据国家统计局数据,2016年,全国房地产开发投资10.3万亿元,同比增长6.9%,增幅比上年同期加快5.9个百分点。房屋新开工面积同比增长7.6%,增幅比上年加快22.1个百分点。

(5)房地产用地供应面积同比下降。据国土资源部数据,2016年,全国房地产用地供应面积10.7万公顷,同比下降10.3%。其中,住宅用地供应面积7.3万公顷,同比下降11.8%。

(6)个人住房贷款快速增长。据人民银行数据,2016年,全国房地产贷款新增余额5.67万亿元,占各项贷款新增余额的44.8%。其中,个人住房贷款新增余额4.96万亿元,占各项贷款的39.2%,比上年同期提高16.6个百分点。

房屋交易与权属管理

【培育和发展住房租赁市场】 为加快建立购租并举的住房制度,培育和发展住房租赁市场,研究相关政策措施建议,报请国务院常务会议审议通过后,以国务院办公厅名义印发了《关于加快培育和发展住房租赁市场的若干意见》(国办发〔2016〕39号)。文件出台后,会同有关部门,指导各地做好贯彻落实工作。

【加强房地产中介行业管理】 印发七部门《关于加强房地产中介管理促进行业健康发展的意见》(建房〔2016〕168号),提出规范房源信息发布、健全交易资金监管、加强行业信用管理、建立多部门联动机制等措施。为贯彻落实新出台的《资产评估法》,印发《关于贯彻落实资产评估法规范房地产估价行业管理有关问题的通知》(建房〔2016〕275号),对房地产估价机构由行政许可转为备案管理,明确了相关衔接办法。

【开展房地产市场秩序整治】 召开全国电视电话会议,全面部署开展房地产市场秩序专项整治工作,将开发企业9种违法违规行为、中介机构10种违法违规行为作为专项整治的重点,要求各地加大违法违规行为查处力度,不断加强房地产市场监管,规范市场秩序。配合金融监管部门开展互联网金融风险专项整治,配合国家发展改革委对商品房销售明码标价情况进行专项检查。

【推进房地产交易合同网签系统建设】 为保障房地产交易安全,先后印发了《住房城乡建设部办公厅关于加快实施房地产交易合同网签备案制度的督办函》(建办房函〔2016〕806号)、《住房城乡建设部办公厅关于进一步做好房地产交易合同网签和日报工作的通知》(建办房〔2016〕70号),要求各地加快推进交易合同网签备案工作。

【做好交易与不动产统一登记衔接】 针对交易与不动产登记衔接过程中存在的问题,印发《关于履行房屋交易和产权管理职责并与不动产登记有序衔接的复函》(建办房函〔2016〕486号),指导地方开展工作,确保交易与登记有序衔接,平稳过渡。

物业管理发展

【推动物业管理行业持续健康发展】 指导江苏、河南、陕西等地建立健全地方性政策法规,加快物业管理法制化、规范化进程。研究起草《物业服务导则》,督促物业服务企业提高服务质量,为业主正确评判物业服务质量、各地监督物业服务企业经营行为提供参考依据。配合国家质检总局特种设备局开展电梯安全立法工作，研究分析立法原则及拟解决的重点问题。配合国家能源局研究制定私人用户居住地及工作场所充电设施支持政策。配合国家工商总局研究制定《消费者权益保护工作部际联席会议工作规则》等文件，明确住建部在商品房交易、物业管理、装饰装修等方面的监管职责。会同住建部文明办研究制定《全国物业管理文明行业标准》。

【加强物业管理市场监管】 按照国务院"放管服"要求，进一步推进行政审批制度改革，指导各地房地产主管部门加强信用管理，以动态检查代替静态审批，将示范激励与警示惩戒结合，维护物业管理市场的公平竞争秩序。指导北京市住建委调查处理太阳宫小区业委会选聘物业服务企业纠纷以及海晟名苑小区业主反映的会所出租和车位租售问题，有效化解矛盾纠纷。督促指导成都市房管局调查中德英伦城邦小区业主被打事件，严肃处理涉事企业并向社会公布。

【做好维修资金监督指导工作】 指导各地贯彻落实《关于进一步发挥住宅专项维修资金在老旧小区和电梯更新改造中支持作用的通知》，进一步提高维修资金使用效率，探索解决老旧小区、电梯更新改造资金不足问题。调研成都、广州、深圳的维修资金情况，参加北京市维修资金管理工作交流会，指导开展维修资金监管工作。指导中国物业管理协会维修资金专委会拟定《住宅专项维修资金会计核算规则》。

【开展房屋使用安全和白蚁防治工作】 监督指导各地加强对房地产主管部门管理的直属公房的安全排查，参与江西萍乡、浙江温州等地房屋倒塌事故的调查处理。按照白蚁防治事业规划纲要总体要求，部署白蚁防治重点工作，充分发挥全国白蚁防治中心的行业指导作用，研究制定《白蚁危害等级评定标准》等基础性工作，监督检查全国白蚁防治中心重点工作完成情况和科研实验室建设情况。

国有土地上房屋征收

【开展《国有土地上房屋征收与补偿条例》实施情况调查】 对各地实施《国有土地上房屋征收与补偿条例》（以下简称《条例》）情况、存在问题以及意见建议等进行调查研究，分析评估；委托中南财经政法大学进行《条例》修订课题研究。

【继续推进房屋征收信息系统建设】 按照《推进国有土地房屋征收信息系统的指导意见》要求，督促指导各地推进信息系统建设。住建部已完成部级房屋征收监管系统、省级房屋征收监管系统、市级和县级房屋征收业务标准版系统开发。河南、青海基本建成省级征收系统，并且组织全省房屋征收信息系统工作会或培训会；北京市完成全市统一业务系统，拟在全市推广应用；广东省印发系统建设指引；湖南湘潭完成第一期系统建设，系统正式在征收项目中启用；山东济南市基本完成征收系统建设，系统进入试运行阶段。

【加强房屋征收强制执行问题研究】 加强与最高人民法院的沟通协调，共同研究分析达成补偿协议后被征收人不履行、涉诉强制执行、先予执行等问题，畅通强制执行渠道，提高强制执行效率。参加中编办理顺行政强制执行体制调研，研究推进房屋征收强制执行工作的建议措施。

【加大对违法违规行为的监督检查力度】 会同有关部门对《条例》贯彻落实中的违法违规案件进行监督检查，严肃追究有关人员责任；参加中央信访联席办信访督查组对部分省市房屋征收拆迁信访事项进行实地督查，化解矛盾纠纷，维护群众合法权益。

（住房城乡建设部房地产市场监管司）

建筑市场监管

概况

2016年度，住房城乡建设部建筑市场监管司认真贯彻党的十八大和十八届三中、四中、五中、六中全会以及中央城市工作会议精神，深入学习贯彻习近平总书记系列重要讲话精神，全面落实全国住房和城乡建设工作会议工作部署，以深化建筑业改革为主线，以促进建筑企业发展为目标，以健全建筑市场机制为手段，继续推进工程质量治理两年行动，加大对违法违规行为的处罚力度，深入推进行政审批制度改革，推动建筑业创新发展。

全面推进行业改革和发展

【深化建筑业改革】 2016年，建筑市场监管司赴省区市和企业施工一线深入开展调查研究，组织召开4次专题座谈会和3次专家讲座，听取各方对促进建筑业改革发展的意见和建议，起草完成《我国建筑业改革发展调研报告》，系统总结了建筑业近40年来的发展经验，梳理了制约建筑业发展的十个主要矛盾和问题，提出解决思路和措施。在深入调研的基础上，起草完成《关于深化建筑业改革促进行业发展的若干意见（送审稿）》，提出7个方面21条政策措施上报国务院。

【创新发挥建筑师作用机制】 完善建筑设计招标投标决策机制，增加选择设计团队的招标投标形式，建立更加符合建筑设计特点的设计招标投标制度，并在冬奥会延庆赛区、张家口赛区工程建设项目的设计招标中开展设计团队招标试点；推进建筑师负责制，完成《建筑师负责制制度研究报告》和《关于推进建筑师负责制管理模式的若干意见》（初稿），指导上海市在浦东新区开展建筑师负责制试点；印发《关于促进建筑工程设计事务所发展有关事项的通知》，简化建筑工程设计事务所资质标准，进一步激发建筑师活力。

【推进工程招标投标和监理制度改革】 推进招标投标制度改革，研究缩小必须进行招标的工程建设项目范围，开展最低价中标办法及配套措施课题研究；推进监理行业改革发展，起草完成《关于促进工程监理行业转型升级创新发展的意见（征求意见稿）》。

【"十三五"规划编制】 起草完成《建筑业发展"十三五"规划（送审稿）》和《工程勘察设计行业"十三五"发展纲要（送审稿）》，总结建筑业、工程勘察设计行业"十二五"发展成果，贯彻落实党的十八大精神，进一步明确新常态下"十三五"发展的指导思想、发展目标和主要任务，促进建筑业和勘察设计行业健康持续发展。

着力增强企业市场主体活力

【营造促进企业发展的政策环境】 印发《关于建立建筑企业跨省承揽业务活动监管省际协调联动机制的通知》，建立省际协调联动机制，协调解决建筑企业在跨省承揽业务活动中的困难和问题，加强沟通协调，推动建筑市场统一开放。积极推行工程担保，开展"工程担保在工程建设领域的应用"专题研究和工程担保专项调研，起草完成《关于在房屋建筑和市政基础设施工程中进一步推行工程担保的意见（初稿）》和《工程建设银行保函情况报告》。在分析整理各地施工许可办理条件的基础上，研究制定简化施工许可管理工作方案，进一步简化施工许可申请材料，推行网上办理，提高审批效率。

【积极推进工程总承包发展】 出台《关于进一步推进工程总承包发展的若干意见》（建市〔2016〕93号），围绕进一步推进工程总承包发展，从加大推进力度、完善制度、提升能力和水平、加强组织实施等四个方面提出20项具体政策和制度措施；在浙江、上海等8个省市开展工程总承包试点，指导地方制订工程总承包试点方案，以房屋建筑和市政基础设施工程为重点，积极推动工程总承包在具备条件的地区的试点先行和引领示范作用。

【清理规范工程建设领域保证金】 会同财政部组织各地清查工程建设领域保证金收取情况，起草完成关于建筑业企业缴纳各类保证金情况报告以及保证金清理工作建议报国务院，以国办名义印发《关于清理规范工程建设领域保证金的通知》（国办发〔2016〕49号）。联合财政部、人社部召开电视电话会议，并会同财政部印发《关于切实做好清理规范工程建设领域保证金有关工作的通知》，部署并督促各地开展保证金清理工作。截至12月底，各地累计退还建筑业企业各类保证金496.5亿元，其中，应取消的保证金280.8亿元，惠及31294家企业；逾期或超额收取的投标、履约、工程质量、农民工等4类保证金共计215.7亿元，惠及31287家企业。各地建筑业企业还用银行保函替代现金形式保证金近1200亿元，盘活了企业流动资金。

【推进建筑用工制度改革】 推进建筑劳务用工制度改革试点，批复同意浙江、安徽、陕西3省开展建筑劳务用工管理改革试点。推动农民工实名制管理，指导中国建筑业协会在中建系统开展建筑工人信息管理试点。

大力加强建筑市场监管

【推进法律法规制度建设】 配合部法规司完成《勘察设计注册工程师管理规定》等7部规章局部修订工作；修订完成《建筑工程设计招标投标管理办法》；开展《工程监理企业资质管理规定》《注册监理工程师管理规定》《注册建造师管理规定》等规章修订工作；会同国家工商总局印发《建设工程勘察合同示范文本》，进一步完善建筑市场监管法规体系。

【完成工程质量治理两年行动】 分3批对全国30个省、自治区、直辖市（西藏自治区除外）开展建筑市场执法检查，共检查项目180个，检查组共反馈书面意见759条，对违法违规行为较为严重的19个项目下发了《建筑市场执法建议书》，并对违法违规典型案例进行通报；汇总通报各地开展打击建筑施工转包违法分包行为工作情况，一年来各地共检查项目425630个，检查建设单位302498家次，检查施工单位330245家次，检查中发现存在违法行为的项目5274个；总结两年来打击建筑施工转包、挂靠、违法分包等市场违法行为工作经验，加强长效机制建设，起草完成《建筑工程施工发包与承包违法行为认定查处管理办法（征求意见稿）》。

【加强建筑市场动态监管】 推动建筑市场诚信体系建设，与国家发展改革委、最高人民法院等部门联合发布《关于在招标投标活动中对失信被执行人实施联合惩戒的通知》，起草完成《建筑市场信用管理暂行办法（征求意见稿）》；加强建筑市场监管与诚信信息系统建设，完成全国31个省区市基础数据库建设验收，初步实现部省数据互联共享，上线运行新版全国建筑市场监管公共服务平台，截至年底，平台共发布企业信息21万余条、注册人员信息256万余条、工程项目信息38万余条、诚信信息3万余条。系统核查全国工程监理企业资质达标情况，责成22个省级住房城乡建设主管部门对326家严重不达标监理企业督促其限期整改，并对其在监项目的监理职责履行情况开展现场监督检查。截至年底，共撤回、注销137家企业的监理资质，对在监项目存在违法违规行为的5家企业和项目总监理工程师依法进行了处理。

【加大违法违规行为查处力度】 加强企业资质和人员资格申报弄虚作假查处力度，全年共对提供虚假材料骗取资质资格的5家企业和125名注册人员撤回资质证书或撤销注册执业资格，对提供虚假材料申请资质资格的14家企业和66名注册人员处以通报批评。加大对发生质量安全责任事故企业和人员的查处，全年共对5家涉及安全事故责任的企业处以吊销资质、降低资质等级的行政处罚，对9名涉及安全事故责任的注册人员处以吊销注册证书、停业整顿的行政处罚，上述企业和人员的违法违规行为均通过全国建筑市场监管公共服务平台对外曝光。

深入推进行政审批制度改革

【继续推进简政放权】 印发《住房城乡建设部办公厅关于做好取消建设工程企业资质和个人执业资格初审事项后续衔接工作的通知》、《住房城乡建设部关于建设工程企业资质管理资产考核有关问题的通知》，简化申报流程，方便服务企业和个人，提高审批效率；印发《关于简化建筑业企业资质标准部分指标的通知》、《关于简化工程监理企业资质申报材料有关事项的通知》，简化企业资质标准、减少申报材料，减轻企业负担。

【创新行政审批方式】 在企业资质方面，印发《关于建筑业企业资质和工程招标代理机构资格实行网上审批的通知》，研究制定《建设工程企业资质电子审查工作方案》，完善企业资质电子化审查工作制度。住房城乡建设部负责审批的建设工程企业资质资格已全部实现网上申报和审批；推进建设工程企业资质审批"互联网＋政务服务"改革，在上海、浙江、安徽等地方开展建设工程企业资质智能化审批试点，提高行政审批效率；在个人执业资格方面，在北京等7省市推进监理工程师注册电子化审批试点，为下一步全面推开电子化审批积累了经验。

【加强信息公开】 在部网站"建设工程企业资质行政审批专栏"设置"被举报投诉企业名单"，向公众公布被举报投诉企业名单；对申报企业业绩在部网站公示，加强对企业申报材料真实性的检查力度，接受社会公众监督。

（住房和城乡建设部建筑市场监管司）

城 市 建 设

地下综合管廊建设

2016年《政府工作报告》中提出"开工建设地下综合管廊2000公里以上"的目标任务，住房城乡建设部通过分解落实任务、组织"政企银"三方开展管廊建设项目对接、建立管廊进展周报制度、开展管廊规划巡查辅导、加强统筹调度协调、组织开展专题调研和专项督查等多种方式，积极推进落实管廊开工建设任务。截至12月底，全国147个城市和28个县城开工建设管廊2005公里，全国和分省任务同步完成。

【建立管廊进展信息周报制度】 印发《关于建立全国城市地下综合管廊建设信息周报制度的通知》，举办管廊建设项目进展周报信息系统电视电话培训，全年先后完成全国管廊建设进展34期周报信息和10期月报、旬报信息，及时掌握整体进展情况。

【开展管廊规划巡查辅导和专项督查】 制定管廊专项规划巡查辅导和专项督查工作方案，组织专家对吉林、安徽等18个省份开展管廊规划专题辅导，提高了管廊规划科学性，指导地方确定管廊建设储备项目；结合国务院第三次大督查，对管廊任务进展较慢的12个省份开展专项督查。

【完善管廊建设政策措施】 住房城乡建设部会同国家能源局印发《关于推进电力管线纳入城市地下综合管廊的意见》，会同国家开发银行印发《关于城市地下综合管廊建设运用抵押补充贷款资金有关事项的通知》，印发《关于提高城市排水防涝能力推进城市地下综合管廊建设的通知》；专题研究管廊防空和反恐、天然气和排水管线入廊、管廊工程质量安全管理等问题；完成管廊工程质量检查指南，起草完成天然气、排水管线入廊技术条件，参与起草管廊防空标准，组织专家审查管廊标准图集等；审核地方申请PSL资金的管廊项目。

【专题会议和调研推进管廊建设】 住房城乡建设部领导组织召开中央建筑企业参与管廊建设工作座谈会、管廊建设项目"政企银"对接洽谈会、推进管廊建设电视电话会和部分省市管廊建设工作座谈会，先后对河南、四川等8个省份管廊建设进行专题调研；先后组织召开部分管廊施工、设计单位座谈会，数次召开管廊建设片区调度会。

【稳步推进管廊试点建设】 住房城乡建设部会同财政部共同确定广州、石家庄等15个管廊建设试点城市，组织专家审查试点工作方案和建设计划；会同财政部印发《城市管网专项资金绩效评价暂行办法》，对包头、哈尔滨等10个试点城市开展年度绩效评价；专题调研成都、郑州等12个试点城市进展情况，召开管廊试点工作推进调度会和管廊有偿使用制度落实情况座谈会，组织试点城市赴法国开展管廊建设管理培训。

【积极推进地下管线综合管理】 组织开展地下管线普查检查，会同相关部门印发《关于开展城市地下管线普查工作进展情况检查的通知》，分5组对四川、贵州等10省20个城市开展专项检查。地下管线条例立法和综合管理试点取得积极进展，《城镇地下管线管理条例》（送审稿）已经部常务会议原则通过。继续推进管线立法；德州市城市地下管线综合管理试点建设项目顺利通过验收，总结经验推广应用。

海绵城市建设与排水防涝

【海绵城市】 继续开展中央财政支持海绵城市建设试点工作，组织并确定第二批14个海绵城市建设试点，指导试点城市制定三年实施计划；对第一批16个海绵城市建设试点工作情况进行年度绩效评价，总结试点过程中的经验，分析存在的问题并提出改进措施，督导各地加快推进试点工作；组织修订海绵城市建设相关的10项标准规范，完成修订并颁布《城市绿地设计规范》、《城市道路工程设计规范》等8项标准规范，完成《城市排水工程规划规范》等2项标准规范的报批稿。

【排水防涝】 汛前及时印发《关于加强2016年城市排水防涝汛前检查做好安全度汛工作的通知》（建办城函〔2016〕286号）、《关于贯彻落实国家防总专题会议精神对城市排水防涝工作进行再检查再落实的通知》（建办城函〔2016〕416号），要求各地落实责任、加强设施维护、强化易涝点整治、完善应急机制，并派出10个检查组，赴98个城市开展汛前检查；汛中紧急印发《关于加强汛期安全生产工作的紧急通知》（建办厅电〔2016〕31号）、《关于进一步做好城市防汛安全工作的通知》（建办城电〔2016〕36号），要求各地抓好安全生产工作，强化建筑施工安全管理、加强既有建筑安全隐患排查、抓好应急值守等工作，确保城市运行安全，避免伤亡事故；制定城市排水防涝设施建设"补短板"行动方案，重点针对近年来涝灾严重、社会影响较大、工作基础较好的60个城市，指导各城市建立排水防涝补短板项目库。

【黑臭水体】 组织对全国地级及以上城市建成区黑臭水体进行排查，及时向社会公布，加强监督；建立城市黑臭水体整治监管平台，开通微信公众号监督平台，利用遥感技术加强监测监督，召开城市黑臭水体整治工作推进会和项目对接会，按季度通报全国城市黑臭水体整治情况，全面开展城市黑臭水体整治专项督查；发布《城市黑臭水体整治--排水口、管道及检查井治理技术指南（试行）》，进一步指导各地科学实施黑臭水体整治工作，抓住核心和关键问题，明确近期工作重点；会同环境保护部、水利部、农业部组成6个督查组，对整治任务重且未开展中央环保专项督查的11省（市）共计23个城市进行现场督查，促进各地城市黑臭水体整治工作。

城镇供热、燃气及道路交通

【城镇燃气】 印发《住房城乡建设部关于城市

园林绿化企业资质标准和燃气燃烧器具安装、维修企业资质管理有关事项的补充通知》（建城〔2016〕129号）、《住房城乡建设部关于燃气经营许可证格式有关事项的补充通知》（建城〔2016〕236号）。对燃气燃烧器具安装、维修企业资质管理和燃气经营许可证格式有关事项进行了补充规定。会同国家反恐办印发《城镇燃气行业反恐怖防范工作标准》（建城〔2016〕203号）。

截至年底，全国城市天然气供气总量1114亿立方米，液化石油气供气总量949万吨，人工煤气供气总量48亿立方米，用气人口4.58亿人，燃气普及率96.02%。全国县城天然气供气总量107亿立方米，液化石油气供气总量227万吨，人工煤气供气总量48亿立方米，用气人口1.20亿人，燃气普及率76.90%。

【城镇供热】 贯彻落实习近平总书记关于北方地区冬季清洁取暖工作重要讲话精神，完成关于北方地区冬季清洁取暖的初步工作方案。印发《住房城乡建设部办公厅关于对供热采暖典型问题处理情况的通报》（建办城函〔2016〕1109号）。与国家发展改革委、能源局等部门联合印发《热电联产管理办法》（发改能源〔2016〕617号）。会同国家反恐办印发《城镇供热行业反恐怖防范工作标准》（建城〔2016〕203号）。

截至年底，全国城市集中供热能力：蒸汽达8.18万吨/小时，热水达48.77兆瓦，集中供热面积达70.7亿平方米。全国县城集中供热能力：蒸汽达1.46万吨/小时，热水达12.54兆瓦，集中供热面积达12.4亿平方米。

【城市道路桥梁】 会同国家发展改革委印发《关于加强干线公路与城市道路有效衔接的指导意见》（发改基础〔2016〕1290号）。调度各地桥梁加固改造和信息系统建设情况，督促指导各地加快推进桥梁检测加固和信息系统建设。

截至年底，全国城市道路长度38.13万公里，道路面积75.09亿平方米，人均道路面积15.75平方米，建成区路网密度7.11公里/平方公里。全国县城道路长度13.26万公里，道路面积24.76亿平方米，人均道路面积15.9平方米，建成区路网密度6.69公里/平方公里。

【城市轨道交通】 10月26日，住房城乡建设部城市建设司组织各地住房城乡建设主管部门和有关单位，在深圳市召开"推进城市轨道交通规划建设现场会"，副部长倪虹出席会议并讲话。

2016年城市轨道交通新开工建设611.4公里，新增运营里程530余公里。

2016年部城市建设司审核会签了10个城市的轨道交通建设规划，指导10个城市编制了线网规划。截至年底，全国已有43个城市轨道交通建设规划获国家批复；有26个城市轨道交通建成并投入运营，总里程3231公里；有37个城市在建，总里程4246公里。

【城市停车和路网密度】 4月11日，住房城乡建设部召开"推动停车与互联网融合发展座谈会"。8月31日，印发《关于进一步完善城市停车场规划建设及用地政策的通知》（建城〔2016〕193号）。将路网密度和道路面积率两个指标纳入《中国城市建设统计年鉴》指标统计制度。9月22日，指导公交协会等相关单位开展"绿色出行"宣传活动。

截至年底，全国城市建成区平均路网密度7.11公里/平方公里，道路面积率14.03%。

园林绿化

2016年，住房城乡建设部城市建设司以改善人居环境、服务广大百姓为出发点，以"建立长效机制、加强宣传培训、提升管理水平"为落实重点，全面落实党的十八大、十八届三中、四中、五中、六中全会及中央城市工作会议精神，深入贯彻习近平总书记系列重要讲话精神，立足园林绿化法规标准体系的建设完善，进一步推进节约型、生态型、功能完善型园林绿化建设，持续改善城镇人居环境。

截至年底，全国城市建成区绿地面积197.14万公顷，城市公园绿地面积64.15万公顷，人均公园绿地面积13.45平方米，建成区绿地率36.44%。

【推进园林绿化行业规范化、标准化发展】 结合行业发展需求，全面推进《城市公园条例》和《城镇园林绿化管理办法》制订工作，印发《城市公园配套服务项目经营管理暂行办法》、《绿道规划设计导则》等文件，完成《公园设计规范》、《城市古树名木养护和复壮工程技术规范》、《城市绿线划定技术规范》、《园林行业职业技能标准》、《绿化种植土壤》和《城市绿地设计规范》等标准规范的制定修订工作，促进园林绿化行业标准化、规范化发展。

【继续开展国家园林城市、县城、城镇和生态园林城市创建】 以深入推进国家园林城市、县城、城镇和国家生态园林城市创建为抓手，切实加强对城镇园林绿化建设的监督、指导和服务。结合行业发展需要，在全面总结各地创建经验与教训、广泛征集各方意见的基础上，完成国家园林城市系列标准和申报评审管理办法修订，进一步优化指标体系，突出创建引导作用。

截至年底，已命名310个国家园林城市（区），7个国家生态园林城市，212个国家园林县城和47个国家园林城镇。

【大力推进城市生态修复】 开展全国城市生态修复情况摸底调查，会同住房城乡建设部科技促进中心编制《城市生态评估与生态修复技术导则》，会同部城乡规划司起草《关于加快生态修复城市修补的指导意见》，会同环保部编制印发《全国城市生态保护与建设规划（2015-2020年）》，引导各地有序开展城市生态修复，恢复城市自然生态。

【组织国际性会议和展览】 积极筹备和举办国际性会议和展览，加大宣传力度，扩大城市园林绿化的社会认知度、参与度和影响力。全面跟踪指导第十一届中国（郑州）园博会筹备工作；组织开展第十二届园博会承办城市遴选工作，完成第十二届中国（南宁）园博会园博园总体规划方案评审工作；与河南省人民政府共同举办"中国开封第34届菊花文化节"，指导中国风景园林学会成功举办"第十二届中国菊花展览会"，宣传菊花文化，推进中国菊花事业繁荣发展。

【城市规划区内湿地资源和生物多样性保护】 2016年，新设立江苏省盐城市大洋湾城市湿地公园、安徽省铜陵市西湖城市湿地公园、广东省惠州市大亚湾红树林城市湿地公园、四川省成都市白鹭湾城市湿地公园和贵州省安顺市黄果树城市湿地公园等5家国家城市湿地公园。

城镇供水与污水处理

【强化城镇供水安全保障】 印发《关于进一步加强城镇供水管理工作的通知》，从加强水质安全管理、严格漏损控制管理、完善供水应急管理、创新供水行业管理等方面提出具体要求，加强城市供水企业资质取消后的事中事后监管；开展规范化管理考核，督促各地全面实施城镇供水规范化管理考核工作，并组织对全国31个省（区、市）92个县城进行现场抽查。

【加强城镇节水工作】 会同国家发展改革委组织专家对南通、如皋、淮安、金华、六安、新泰、乳山、郴州、珠海、玉溪等10个城市的节水型城市申报材料进行审核、现场考核；组织开展以"坚持节水优先，建设海绵城市"为主题的2016年度城市节水宣传周活动；与国家发展改革委共同印发《城镇节水工作指南》，明确"十三五"城镇节水工作思路；修订《城镇供水管网漏损控制及评定标准》，健全城市节水工作制度，降低管网漏损；与国家发展改革委等6部门联合印发《水效领跑者引领行动实施方案》，督促各地积极开展节水产品水效领跑者行动。与国家发展改革委等9部门联合印发《全民节水行动计划》，督促各地开展城镇节水降损行动。与国家发展改革委等3部门编制《节水型社会建设"十三五"规划》，明确"十三五"城镇节水重点领域及任务。将"城市节水"纳入"水十条"考核。

【加快城镇污水处理设施建设】 与国家发展改革委共同编制印发《"十三五"全国城镇污水处理及再生利用设施建设规划》，明确十三五期间城镇污水处理设施、污水管网建设改造目标与任务；每季度通报各地城镇污水处理设施建设运行情况，督促地方加快设施建设、提高运行效率；与环境保护部联合印发《关于加强城镇污水处理设施污泥处理处置减排核查核算工作的通知》，推动各地落实污泥处理处置主体责任，统一规划建设污泥处理处置设施。会同国家发展改革委开展污泥处理处置能源化和土地利用试点，协同国家林业局在京津冀及周边地区开展示范。将"城镇污水处理及配套管网、污泥处理处置"纳入"水十条"考核。

城市环境卫生

【推动垃圾分类】 4月，配合商务部联合印发《关于推进再生资源回收行业转型升级的意见》（商流通函〔2016〕206号），促进垃圾清运体系与再生资源回收利用体系衔接。

【推动建筑垃圾管理和资源化利用】 3月，起草《关于加强建筑垃圾管理 推进建筑垃圾资源化利用的指导意见（征求意见稿）》，征求地方及相关部门意见；5月，印发《关于开展建筑垃圾风险排查工作的通知》，开展建筑垃圾处理设施风险排查工作，保证安全运行；12月，联合工业和信息化部印发《建筑垃圾资源化利用行业规范条件（暂行）》。

【推动餐厨垃圾资源化利用和无害化处理】 5月，配合国家发展改革委等部门印发《关于开展部分餐厨废弃物资源利用和无害化处理试点城市终期验收和资金清算的通知》；6月，配合国家发展改革委等部门印发《关于同意南昌等6个餐厨废弃物资源化利用和无害化处理试点城市验收的通知》，组织开展部分餐厨垃圾试点城市评估验收工作，总结推广试点城市经验。

【加快生活垃圾处理设施建设】 10月，会同国家发展改革委等部门联合印发《住房城乡建设部等部门关于进一步加强城市生活垃圾焚烧处理工作的意见》，指导各地高标准推进生活垃圾焚烧处理设施建设运行；11月，在朝阳循环经济产业园组织召开媒体通气会，邀请多家媒体现场参观高安屯垃圾焚烧厂，开展《加强城市生活垃圾焚烧处理工作的意见》专家解读；12月，配合国家发展改革委组织印发《"十三五"全国城镇生活垃圾处理设施建设规划》。

【推动公共厕所建设管理】 11月，开展世界厕所日主题宣传活动，住房城乡建设部副部长倪虹对公共厕所建设提出"新城新区不许欠账、老城老区尽快补上、调整男女厕位比例"的要求；12月，发布新修订的《城市公共厕所设计标准》，将男女厕位比例调整为2：3。

风景名胜区与世界遗产

【发布风景名胜区行业"十三五"规划】 全面总结"十二五"期间风景名胜区和世界遗产事业在促进生态文明建设、行业制度化和规范化管理、规划管控和监测监督、旅游服务和精准扶贫、公众宣传与国际合作等方面的成就，部署"十三五"期间风景名胜区和世界遗产行业在制度机制、体系布局、规划建设管控、风景名胜资源保护、风景名胜资源有偿使用和社会经济发展、宣传教育与公众参与、国际合作与能力建设等方面的工作任务。

【做好国家级风景名胜区规划审查审批】 2016年，经国务院同意，住房城乡建设部批复实施建水、云台山（江苏）、方岩、浣江—五泄、雪窦山、陆水、太湖、松花湖、龟峰、灵山、恒山、太阳岛、桃源洞—林隐石林（修编）、盘山、九龙洞、东江湖、南山、万佛山—侗寨、缙云山、苏仙岭—万华岩、湖光岩等21处国家级风景名胜区总体规划。年内，住房城乡建设部批复峨眉山、西双版纳、洛阳龙门、罗浮山、雪窦山、杭州西湖、野三坡、昆明滇池、梅岭—滕王阁、井冈山等10个国家级风景名胜区的19处详细规划，为规范国家级风景名胜区资源保护和建设发展提供了基本指导和依据。

【强化风景名胜区和世界遗产地监督管理】 结合执法检查结果及实际工作要求，利用科技手段对国家级风景名胜区进行有效监管，年内，完成120处国家级风景名胜区遥感动态监测。

组织完成对仙景台、太湖（无锡片区）、海坛、博山、缙云山、贡嘎山、剑门蜀道、榕江苗山侗水、麦积山、纳木错—念青唐古拉山、土林—古格风景名胜区等11处列入濒危名单的国家级风景名胜区整改情况的复查验收，同时对49处在前4年执法检查中被责令整改的国家级风景名胜区进行抽检复查，并对部分问题较大的风景名胜区进行重点督办，对景区所在地的地方政府进行约谈，确保整改到位。

组织开展2016年世界自然遗产保护管理实地检查与评估。

【做好世界遗产培育及申报工作】 成功申报湖北神农架世界自然遗产项目列入联合国教科文组织《世界遗产名录》。青海可可西里申报世界自然遗产项目顺利推进，组织协调世界自然保护联盟（IUCN）专家实地考察评估，该项目获得国际专家高度评价，将在2017年联合国教科文组织世界遗产大会上审议。

【支持大别山区扶贫工作】 将风景名胜区发展与当地社会经济发展和精准扶贫有机结合，帮助湖北、河南、安徽三省大别山区当地政府积极推进"产""景"融合，有力地促进了风景名胜区行业对地方经济产业的精准带动。

【推动设立"文化和自然遗产日"】 经住房城乡建设部积极推动，国务院批准，自2017年起，将每年6月第二个星期六的"文化遗产日"，调整设立为"文化和自然遗产日"。

（住房城乡建设部城市建设司）

村 镇 建 设

概况

【基本情况】 2016年末，全国共有建制镇20883个，乡（苏木、民族乡、民族苏木）10872个。据18099个建制镇、10883个乡（苏木、民族乡、民族苏木）、775个镇乡级特殊区域和261.68万个自然村（其中村民委员会所在地52.61万个）统计汇总，村镇户籍总人口9.57亿。其中，建制镇建成区1.62

亿，占村镇总人口的16.96%；乡建成区0.28亿，占村镇总人口的2.92%；镇乡级特殊区域建成区0.04亿，占村镇总人口的0.45%；村庄7.63亿，占村镇总人口的79.67%。

2016年末，全国建制镇建成区面积397.02万公顷，平均每个建制镇建成区占地219.36公顷，人口密度4902人/平方公里（含暂住人口）；乡建成区67.30万公顷，平均每个乡建成区占地61.84公顷，人口密度4450人/平方公里（含暂住人口）；镇乡级特殊区域建成区13.61万公顷，平均每个镇乡级特殊区域建成区占地175.56公顷，人口密度3665人/平方公里（含暂住人口）。

2016年末，全国已编制总体规划的建制镇17056个，占所统计建制镇总数的94.2%，其中本年编制1308个；已编制总体规划的乡8737个，占所统计乡总数的80.28%，其中本年编制544个；已编制总体规划的镇乡级特殊区域594个，占所统计镇乡级特殊区域总数的76.65%，其中本年编制43个；已编制村庄规划的行政村323373个，占所统计行政村总数的61.46%，其中本年编制17543个。2016年全国村镇规划编制投入达35.06亿元。

【建设投资】 2016年，全国村镇建设总投入15908亿元。按地域分，建制镇建成区6825亿元，乡建成区524亿元，镇乡级特殊区域建成区238亿元，村庄8321亿元，分别占总投入的42.9%、3.3%、1.5%、52.3%。按用途分，房屋建设投入11882亿元，市政公用设施建设投入4026亿元，分别占总投入的74.7%、25.3%。

在房屋建设投入中，住宅建设投入8734亿元，公共建筑投入1409亿元，生产性建筑投入1738亿元，分别占房屋建设投入的73.50%、11.86%、14.64%。

在市政公用设施建设投入中，供水投入433亿元，道路桥梁投入1723亿元，分别占市政公用设施建设总投入的10.76%和42.79%。

【房屋建设】 2016年，全国村镇房屋竣工建筑面积10.57亿平方米，其中住宅8.00亿平方米，公共建筑1.07亿平方米，生产性建筑1.50亿平方米。2016年末，全国村镇实有房屋建筑面积382.97亿平方米，其中住宅323.17亿平方米，公共建筑24.02亿平方米，生产性建筑35.78亿平方米，分别占84.38%、6.27%、9.34%。

2016年末，全国村镇人均住宅建筑面积33.52平方米。其中，建制镇建成区人均住宅建筑面积34.94平方米，乡建成区人均住宅建筑面积31.23平方米，镇乡级特殊区域建成区人均住宅建筑面积37.24平方米，村庄人均住宅建筑面积33.56平方米。

【公用设施建设】 在建制镇、乡和镇乡级特殊区域建成区内，年末实有供水管道长度60.81万公里，排水管道长度19.07万公里，排水暗渠长度9.71万公里，铺装道路长度44.25万公里，铺装道路面积29.80亿平方米，公共厕所15.23万座。

2016年末，建制镇建成区用水普及率83.86%，人均日生活用水量99.01升，燃气普及率49.52%，人均道路面积12.84平方米，排水管道暗渠密度6.28公里/平方公里，人均公园绿地面积2.46平方米。乡建成区用水普及率71.90%，人均日生活用水量85.33升，燃气普及率22%，人均道路面积13.56平方米，排水管道暗渠密度4.52公里/平方公里，人均公园绿地面积1.11平方米。镇乡级特殊区域建成区用水普及率91.52%，人均日生活用水量93.76升，燃气普及率58.14%，人均道路面积15.42平方米，排水管道暗渠密度5.88公里/平方公里，人均公园绿地面积3.95平方米。

2016年末，全国68.72%的行政村有集中供水，20.3%的行政村对生活污水进行了处理，65%的行政村对生活垃圾进行处理。

村镇建设工作进展

【农村人居环境改善】 召开全国改善农村人居环境工作电视电话会议。12月13日，经国务院同意，住房城乡建设部会同中央农办、环境保护部、农业部在北京召开了全国改善农村人居环境工作电视电话会议，国务院副总理汪洋出席并讲话。

协调农发行贷款支持。开展信贷项目核实和调整工作，建立信息系统，实现网上申报和审核。截至12月，全国共申报了1.18万个项目，审核入库项目约900个。到11月底，共授信1226亿元，初步确定2017年授信额度1500亿元。

组织开展系列基础性工作。参与起草2017年中央一号文件，将改善农村人居环境单列一节。开展2016年度农村人居环境村村普查，完成录入53万个行政村。建立工作情况信息交流机制。继续印发改善农村人居环境工作通讯，交流各省（区、市）工作进展和优秀市县实践，到年底已累计印发20期，很多案例被中央媒体采纳并进行了深度报道。

【农村生活垃圾治理】 全力推进农村生活垃圾治理。年内完成了上海、江苏、山东3省市农村生活垃圾治理验收。在山东召开全国农村生活垃圾治理工作现场会议，对落后省份进行通报，进一步部署推进工作。完成对北京、天津的第三方核查。11月4日,举办农村生活垃圾分类和资源化利用现场培训班,推广浙江金华等地经验。加大宣传力度,请新华社、人民日报等媒体进行专题报道,在央视焦点访谈、经济半小时等专栏进行报道。截至年底,全国行政村生活垃圾得到处理的比例达65%。

启动非正规垃圾堆放点排查整治工作。对北京、河北、吉林、广东等5省市进行实地调研,组织18个县市的试排查工作,完成全国排查工作方案。经国务院同意,建立垃圾治理工作部际联席会议制度,12月2日,召开非正规垃圾堆放点排查整治工作电视电话会议,部署全国排查和整治工作。开发全国排查信息系统,印发做好排查工作的通知。

【农村生活污水治理】 推进农村生活污水治理百县示范。公布示范名单,组织开展逐县工作督查指导,会同农发行召开5次座谈推进会,协调企业、农发行与各县对接,截至年底,农发行已投放贷款294亿元。印发示范县指导意见,明确目标任务、处理标准等相关要求。

梯次推进污水治理。各省治理力度不断加大,2016年省级以上示范县数量达150个,全面推进的县有290多个,有11个省的党委或政府制定并出台政策文件,21个省有专项资金,共计175亿元。浙江实现全域治理,江苏、广东、山东等省也在全域推开,示范县农村生活污水治理率达48%,是全国平均水平近2.5倍。

加大技术指导力度。组织开展农村污水治理理念及模式研究,制定农村生活污水处理设施技术标准,编制技术指导手册。协调推进环保部立项并制定农村生活污水污染物排放标准。会同国家认监委开展农村污水处理设备推荐性认证研究。与联合国儿基会启动消除粪便暴露示范县创建工作,举办世界厕所日主题活动。继续推广常熟、山东等地污水治理和改厕工作经验,2016年到常熟学习就达65批次、600人次。对工作进展缓慢的县进行调整并公布,截至年底,示范县工作全面推开。举办分散农村生活污水处理国际研讨会。组织20个省份建设部门村镇管理人员赴日培训。

【乡村规划编制和管理】 组织开展县(市)域乡村建设规划和村庄规划试点工作。推动240个县、3000多个村开展试点,公布37个县(市),87个村为2016年全国县(市)域乡村建设规划和村庄规划示范。对山东等10余个省(区、市)开展乡村规划编制工作督导。召开乡村规划推进工作电视电话会议,对全国5.2万村镇规划管理人员进行培训。公布2016年95个美丽宜居小镇、413个美丽宜居村庄名单。召开全国县域乡村建设规划培训班。宣传推广山东、广西、宁夏等地乡村管理经验,督促各地加强乡村管理机构建设。召开第3届全国村镇规划理论与实践研讨会暨第2届田园建筑研讨会。

组织《乡村与集镇规划建设管理条例》修订工作,完成《乡村建设规划许可实施办法》(初稿),列入2016年部内规章立法计划二档。

【农村危房改造】 超额完成2016年农村危房改造任务,年内安排314万户,补助资金266.9亿元,共开工387万户、竣工331万户。配合财政部预拨2017年部分补助资金159.87亿元。

召开全国农村危房改造工作电视电话会议,总结"十二五"工作,明确了年内和"十三五"时期的工作重点。

摸清存量危房底数,全国存量农村危房约有1600万户,其中建档立卡贫困户、低保户、农村分散供养特困人员和贫困残疾人家庭等4类重点对象约585万户。组织危房改造农户人均纯收入情况调查。

调整"十三五"期间基本政策。从2017年起中央财政集中支持4类重点对象,提高中央户均补助标准,其他贫困户由地方政府安排资金并组织实施。配合财政部修订并印发《中央财政农村危房改造补助资金管理办法》。会同财政部印发《农村危房改造激励措施实施办法(试行)》。

加强指导监督。完成2015年农村危房改造绩效评价并印发全国排名的通报,组织开展2016年绩效评价。总结甘肃加固改造经验,研究推广优先采用加固方式改造危房,编制分类型农房加固技术导则。赴浙江、四川、湖南调研农村危房改造质量安全管理情况,印发《关于切实加强农房建设质量安全管理的通知》。公布2016年田园建筑优秀实例名单。

推进以船为家渔民上岸安居工程。确定总任务7.1万户,年内开工率99.6%,竣工率97.2%。会同农业部、发改委、国土部完成验收抽查工作。

【传统村落和民居保护】 公布第4批中国传统村落名单,共1598个,累计已有4153个具有重要保护价值的村落列入国家传统村落名录。公布2016年列入中央财政支持范围的中国传统村落名单。

印发《中国传统村落警示和退出暂行规定》。开展传统村落保护专项督查,印发督查结果通报。对前3批中国传统村落保护情况进行了调查,形成《关于传统村落保护工作情况的报告》。组织召开2016年传统村落保护发展培训班。

推动传统村落保护工作列入中华优秀传统文化传承发展工程,中国传统村落保护工程为15项重大项目之一,《中国传统建筑的智慧》纪录片列入中华文化电视传播工程,组织全国专家研究挖掘中国传统建筑的基础资料。开发中国传统村落数字博物馆。开展31个省区市的传统建筑解析和传承调查研究,出版第一批(9个省)。开展传统建筑建造技术调查。配合中宣部拍摄《记住乡愁》纪录片第三季。组织各地推荐优秀村规民约,编辑《优秀村规民约百选》。

【片区扶贫联系和对口扶贫】 起草住房城乡建设部扶贫攻坚工作方案,成立部扶贫攻坚领导小组。印发《关于支持贫困县开展统筹整合使用财政涉农资金试点的通知》。会同财政部、扶贫办印发《关于加强建档立卡贫困户等重点对象危房改造工作的指导意见》,会同全国爱卫办等部门印发《关于改善贫困村基本人居卫生条件的指导意见》。

调研了解4个定点扶贫县脱贫攻坚安排和帮扶需求,印发《关于做好"十三五"期间定点扶贫工作的通知》。动员部直属单位和部管社团捐助500万元支持4个定点扶贫县精准脱贫,开展贫困大学生资助工作,选派4名干部到定点扶贫县挂职。配合机关党委开展对定点扶贫县贫困大学生家庭和特困户家庭献爱心捐款,募集资金27万余元。督促指导定点县脱贫攻坚,4个县均已完成2016年减贫任务。

督促大别山片区3省编制"十三五"片区实施规划。协调落实2015年大别山片区部际联席会议上3省提出请求支持的54个事项。其中3项暂不具备实施条件;30项为省以下事项,由各省协调解决;其余21项有16项已开工,5项上报中央部门。配合部人事司完成大别山片区干部培训北京实地考察。

组织召开第3次住建系统对口援助西藏工作座谈会,落实援藏资金3000余万元。印发《关于进一步做好全国住房城乡建设系统对口支援西藏工作的意见》、《关于进一步支持四川云南甘肃青海省藏区住房城乡建设事业发展的意见》等文件。协调落实规划、建设、人才援藏等要求,加大工作力度,支持四省藏区工作。

【全国重点镇和特色小城镇建设】 根据2015年12月底习近平总书记、李克强总理关于特色小镇、小城镇建设的批示精神,调研形成《关于我国小城镇建设情况的报告》。组织12个高校及研究院1000多人,开展全国121个镇的详细调查,走访了12000多户小城镇家庭、1300多家企业和30000多家店铺,分析掌握小城镇居住、产业、建筑等情况。

会同财政部、国家发展改革委印发《关于开展特色小镇培育工作的通知》,"十三五"期间将培育1000个特色小镇,已公布第一批127个中国特色小镇名单。组织召开全国特色小(城)镇建设经验交流会。

会同农发行印发《关于推进政策性金融支持小城镇建设的通知》。各地创建积极性很高,很多省省委或政府主要领导亲自抓或做出批示。在新华社等主流媒体宣传推广各地特色小镇建设经验。

【绿色村庄建设】 印发《关于开展绿色村庄创建工作的指导意见》,提出"十三五"工作目标和重点任务。组织专家赴云南、安徽、山东、宁夏等地实地考察,完成了绿色村庄建设技术导则。公布了山西、内蒙古等14省(区)第一批绿色村庄名单,共4970个行政村。

注:"概况"数据来源《中国城乡建设统计年鉴2016》。

(住房城乡建设部村镇建设司)

工程质量安全监管

概况

2016年,住房城乡建设部工程质量安全监管司认真贯彻党的十八大和十八届三中、四中、五中、六中全会精神,贯彻中央城市工作会议和全国住房城乡建设工作会议精神,牢固树立质量第一和安全发展理念,以确保质量安全为目标,以深化建筑业改革发展为动力,以加强监督执法为抓手,以推动先进技术应用为支撑,全面提升质量安全监管能力,确保全国工程质量安全水平稳步提升。

工程质量监管

【加强法规制度建设】 深入贯彻落实中央城市工作会议精神,不断完善工程质量法规制度。开展

《建设工程质量检测管理办法》（141号部令）修订工作，组织修订工程质量检测机构资质等级标准。推动工程质量保险制度建设，起草关于推进工程质量保险工作的指导意见，征求有关部门和地方意见。规范工程质量保证金管理，会同财政部修订出台《建设工程质量保证金管理办法》。配合做好建筑业改革发展相关工作，参与起草关于促进建筑业持续健康发展的意见。

【深入开展工程质量治理两年行动】 督促各地认真落实五方责任主体法定代表人授权书、项目负责人责任承诺书、永久性标牌、质量信息档案等制度，按月通报各地工程质量终身责任制落实情况，组织开展两年行动万里行活动。召开两年行动总结电视电话会议，全面总结两年行动成果，交流地方好的做法和经验，部署开展质量安全提升行动，加快推进建筑业改革发展。

【开展监督执法检查】 组织开展2016年全国工程质量安全监督执法检查，分3批对全国30个省、自治区、直辖市（西藏除外）进行了监督执法检查，共抽查180个在建工程，对32个违反工程建设强制性标准和存在质量安全隐患的工程项目下发《建设工程质量安全监督执法建议书》。

【调查处理工程质量事故质量问题】 赴现场调查了解江西萍乡"2·26"、浙江温州"10·10"楼房倒塌事故，参与调查山西府谷牛家沟廉租房、甘肃兰州路面塌陷等问题。受理工程质量投诉15起，均及时批转省级住房城乡建设主管部门调查处理，要求及时上报处理结果。

【夯实工程质量监管工作基础】 印发通知督促各地开展城市老旧建筑安全排查整治，加强既有建筑安全管理。继续深入开展住宅工程质量常见问题专项治理工作，组织召开专项治理观摩会，交流各地经验，部署下一步专项治理工作。大力推进工程质量管理标准化，组织开展调研，起草关于推进工程质量管理标准化工作的有关文件。组织开展工程质量监管机制改革研究等多个课题研究。

建筑施工安全监管

2016年，全国建筑施工安全生产形势保持稳定，全国共发生房屋市政工程生产安全事故634起、死亡735人，未发生重大及以上事故。

【加强工作部署】 结合全国建筑施工安全生产形势，召开部分地区建筑施工安全监管工作汇报会和全国建筑施工安全生产电视电话会议，及时传达贯彻中央领导同志批示指示要求和国务院有关会议精神，分析通报建筑施工安全生产形势，研究加强和改进工作的具体措施，全面部署建筑施工安全监管工作。

【完善规章制度】 起草《关于加强建筑施工领域安全生产诚信体系建设的指导意见》，建立健全建筑施工安全生产不良信用记录、"黑名单"等制度，着力构建完善的建筑施工安全生产诚信制度体系。根据建筑业改革发展工作部署，研究提出施工安全生产方面的改革发展措施，积极推进建筑施工安全生产改革创新。认真贯彻落实中央城市工作会议精神及《中共中央国务院关于进一步加强城市规划建设管理工作的若干意见》重点任务分工措施，强化危险性较大的分部分项工程安全管理等制度建设。

【强化重大事故应对防范】 深入开展建筑施工安全专项整治，以基坑支护、模板支撑体系、起重机械、城市地下综合管廊工程等为重点，对安全生产主体责任落实、从业人员持证上岗、安全专项施工方案管理等方面进行深入整治，严厉打击安全生产违法违规行为，及时消除安全隐患，严防群死群伤事故的发生。江西丰城"11·24"特别重大事故发生后，立即印发通知，要求各地组织对所有在建房屋建筑和市政工程项目开展安全隐患排查，坚决遏制和防范重大特大事故的发生。

【强化事故通报督办】 按照事故督办处理办法，对27起房屋市政工程施工生产安全较大事故启动了督办程序，其中河北唐山"1·30"模板坍塌、山东烟台"7·15"施工升降机坠落、四川阆中"8·22"模板坍塌等事故发生后，派事故督查组赴现场了解并通报事故情况。针对部分地区较大事故多发的情况，住房城乡建设部副部长易军约谈了10个省（市）住房城乡建设主管部门负责人，督促认真进行事故查处，深刻吸取事故教训，进一步加强和改进建筑施工安全生产工作。分别按月度、季度和年度对全国房屋市政工程生产安全事故情况进行通报，并上网通报了27起较大事故的相关企业及法定代表人、项目经理、项目总监，督促各地及相关企业强化安全管理。

【开展监督检查】 在2016年全国工程质量安全监督执法检查中，采取随机抽取市县、项目的方式，重点抽查项目安全管理、安全隐患排查治理、模板支架和起重机械安全管理等情况。开展建筑施工安全生产专项督查，于12月中下旬组织4个督查组，分别对山东、河南、上海、江苏、四川、贵州、湖南、广东等8个省、直辖市进行专项督查，共抽查了24个在建工程项目，总建筑面积259.52万平方米，重点检查了工程建设手续办理，危险性较大的分部分项工程安全专项施工方案的编制、审核、专家论证和执行等情况，有力推动了各地工作责任的落实。

【加强宣传培训】 扎实开展以"强化安全发展观念，提升全民安全素质"为主题的"安全生产月"活动，并与北京市住建委联合开展"6·16"安全生产宣传咨询日活动，促进广大建筑企业及从业人员牢固树立安全生产红线意识，增强安全法治观念。组织专题培训班，对湖南、四川、贵州等地住房城乡建设主管部门、施工安全监管机构负责人、一线监督员及部分企业安全管理人员共计100余人进行了培训。组织编写《工程项目施工人员安全生产指导手册》，加强对施工现场作业人员的安全教育，促进提高安全生产意识和技能。

【推进长效机制】 围绕建立"六位一体"的建筑施工安全监管信息系统目标，继续大力推进安全生产监管信息化工程（一期）住房城乡建设部建设项目。围绕建筑业深化改革发展的总体要求，重点开展施工安全监管工作改革创新、相关法律法规修订等工作调研，并针对施工企业安全生产许可、建筑安全生产监管层级考核、建筑施工从业人员安全教育培训、建筑施工企业安全文化建设等工作开展课题研究，为下一步政策制定提供参考和依据。

城市轨道交通工程质量安全监管

【建立完善制度】 印发城市轨道交通工程质量安全检查指南，指导建设、勘察、设计、施工、监理以及施工图审查、第三方监测、检测单位开展质量安全自查，以及建设单位对参建各方履约管理、评价和地方主管部门质量安全监督检查。提高检查工作的规范化、标准化水平。组织召开城市轨道交通工程管理工作座谈会，就城市轨道交通工程质量安全标准化管理、设计后续服务等政策制定开展调研和文件起草。

【加强监督检查】 加强对各地特别是新开工城市以及存在较大风险隐患和发生较大生产安全事故城市的轨道交通工程项目质量监管。年初部署各地开展城市轨道交通在建工程质量安全全面自查和问题整改工作，在此基础上组织专家对徐州、常州、济南、郑州、广州、重庆、杭州等城市开展监督检查。共抽查了14个在建项目，涉及车站面积约36万平方米、区间长度约23公里。提出整改意见，要求各地进一步落实法律法规、标准规范和质量安全责任，提高工程实体质量水平和风险隐患排查治理能力。

【强化事故通报】 对杭州地铁"7·8"基坑突涌、重庆地铁"7·29"衬砌钢筋坍塌以及沈阳"10·19"隧道坍塌较大事故进行通报和督办，要求有关地方住房城乡建设主管部门查明事故原因，并按规定对负有责任的企业和人员予以严肃处理，切实吸取事故教训。

【加强培训指导】 依托住房城乡建设部城市轨道交通工程质量安全专家委员会，加强对地方培训工作的指导。举办城市轨道交通工程建设应急管理培训班，组织专家对风险管控、隐患排查、盾构施工和突发事故应对等内容进行重点培训，帮助建设单位提高突发事件应对能力和履约管理经验，不断提高工程建设全过程风险防控能力。

【组织经验交流】 组织召开全国城市轨道交通工程质量安全联络员会议和专家委员会会议。总结2016年城市轨道交通工程质量安全工作，交流各地在风险管控、隐患排查治理和标准化管理方面的好经验好做法，分析面临的突出问题，部署2017年重点工作。组织专家分析、解读2016年部分城市轨道交通建设工程质量安全监督检查情况，研讨技术管理和改革创新问题，整理、汇编部分地区现场质量安全标准化手册，提供给各地联络员参考，促进行业资源共享和信息交流。

勘察设计质量监管

【开展勘察设计质量专项治理】 印发《建筑工程设计文件编制深度规定（2016年版）》、《装配式混凝土结构建筑工程施工图设计文件技术审查要点》、《全国建筑设计周期定额》，为勘察设计质量监管提供依据。组织开展部分地区建筑工程勘察设计质量专项督查，共检查24个房屋建筑项目。组织召开勘察设计质量监管工作座谈会，总结交流质量治理两年行动勘察设计监管工作经验。组织开展总承包模式下勘察设计质量监管制度改革研究，为建筑业改革形势下的质量监管工作打下基础。

【加强施工图审查管理】 落实中央"放管服"工作部署，配合部法规司，与中国气象局、中央编办等部门沟通防雷设计审核有关事宜，配合起草国务院关于优化建设工程防雷许可的决定以及11部委关于贯彻落实国务院决定的通知。继续推进施工图设计文件数字化审查工作，扩大试点范围。进一步细化施工图审查信息统计工作，印发《2015年度施工图设计文件审查情况报告》。

【完善标准设计】 组织召开全国工程建设标准设计专家委员会2016年度工作会议，印发2016年国家建筑标准设计编制工作计划。批准发布62项国家建筑标准设计，组织制定并发布海绵城市建设、城市综合管廊、地铁3个国家建筑标准设计体系。

勘察设计行业技术进步

【提升建筑设计水平】 在《中国建设报》等媒体发表关于加强建筑设计管理的解读材料，宣传贯彻新时期建筑方针。组织开展第八批全国工程勘察设计大师评选工作，公布第八批全国工程勘察设计大师名单，发挥示范引领效应。开展大型公共建筑工程后评估制度研究，为后续建筑设计提供借鉴。

【推动行业技术进步】 组织有关单位开展工程技术发展与创新调研，形成调研报告。印发《2016－2020年建筑业信息化发展纲要》，推进建筑业信息化工作。组织召开推动工程技术进步工作研讨会，推动BIM应用、装配式建筑等工作。

城乡建设抗震防灾

2016年，地震活动水平总体较弱。我国大陆地区共发生18次5级以上破坏性地震，发生次数低于"十二五"时期均值水平。其中青海门源6.4级、青海杂多6.2级、新疆呼图壁6.2级地震影响相对较大，造成一定人员伤亡和财产损失。住建部门及时启动应急响应，指导灾区开展震后房屋建筑安全应急评估等抗震救灾工作。

【加强法规制度建设】 印发《城乡建设抗震防灾"十三五"规划》，全面部署未来五年住建系统抗震防灾工作。进一步推进《建设工程抗震管理条例》立法工作。

【加强建筑工程抗震设防管理】 开展超限高层抗震设防以及减震隔震工程技术要点和监管制度研究，组织开展对广东、重庆超限高层审查和新疆、甘肃、云南、江苏减震隔震工程抗震管理检查调研。制订《城市防灾避难场所设计规范》等标准规范，加强技术指导。

【提高地震应急处置能力】 制定《震后房屋建筑安全应急评估管理暂行办法》和《震后房屋建筑安全应急评估技术指南》，不断提高住房城乡建设系统地震应急处置能力。

【积极应对地震灾害】 青海门源6.4级、青海杂多6.2级、新疆呼图壁6.2级地震发生后，及时启动应急响应，指导灾区开展震后房屋建筑安全应急评估等抗震救灾工作。

住房城乡建设部安全生产管理委员会办公室工作

【加强部安委办协调工作】 按照"管行业必须管安全、管业务必须管安全、管生产经营必须管安全"原则，协调部安委会各成员单位，落实安全生产工作职责。贯彻落实中共中央国务院关于推进安全生产领域改革发展的意见，制定部内分工方案，对涉及住房城乡建设部相关工作做出部署。召开部安委会全体会议，学习贯彻党中央国务院领导批示指示和全国安全生产电视电话会议精神，通报住房城乡建设系统安全生产工作情况，部署下一阶段重点工作。按照国务院安委办统一部署，配合做好国务院油气输送管道安全隐患整改工作，对湖北、湖南油气输送管道安全隐患开展督查。加强预警提醒，在汛期、节假日、岁末年初等特殊时段印发紧急通知，督促各地加强安全防范，做好住房城乡建设领域安全生产和突发事件应对工作。

【加强部内应急协调工作】 协调部内有关司局按照职责分工，落实《国家突发事件应急体系建设"十三五"规划》，制定部内分工方案，对涉及住房城乡建设部相关工作做出部署。协调落实《国务院办公厅关于加快应急产业发展的意见》和《应急产业发展协调机制2016年重点工作任务》中涉及住房城乡建设部的重点工作。向国务院应急办报送2015年度突发事件应对工作总结评估报告，以及2016年突发事件报告信息。协调部内相关司局，按照应急管理职责分工，落实好住房城乡建设领域突发事件应对和信息报送工作。落实中央城市工作会议精神，提升城市应急管理水平，配合国务院应急办，开展对上海、杭州、西安、深圳、广州等城市应急管理工作调研。

（住房城乡建设部工程质量安全监管司）

建筑节能与科技

概况

2016年，建筑节能与科技工作按照党中央国务院关于深化改革、全面推进依法治国和推进新型城镇化发展的战略部署和住房城乡建设领域中心工作，遵循创新机制、整合资源、提高效率、突出重点、以点带面，积极探索集约、智能、绿色、低碳的新型城镇化发展道路，着力抓好建筑节能和绿色建筑的发展，努力发挥科技对提升行业发展水平的支撑和引领作用。

发展装配式建筑，推进绿色建材发展

【**大力发展装配式建筑是2016年住房城乡建设部开展的一项重点工作**】 中央城市工作会议提出要发展新型建造方式，大力推广装配式建筑。2月，《中共中央 国务院关于进一步加强城市规划建设管理工作的若干意见》提出"力争用10年左右的时间，使装配式建筑占新建建筑的比例达到30%"。9月，《国务院办公厅关于大力发展装配式建筑的指导意见》（国办发〔2016〕71号）明确了发展目标和重点任务。为贯彻落实党中央、国务院部署，住房城乡建设部建筑节能与科技司积极推进装配式建筑发展。一是指导督促各地出台支持装配式建筑发展的政策措施，完善装配式建筑顶层设计。二是于11月在上海市召开全国装配式建筑工作现场会，部署推进装配式建筑工作。三是组织评选并公布首批装配式建筑科技示范项目。四是开展全国装配式建筑发展情况调查，摸清发展底数。五是推动吉林木结构试点省建设，与吉林省人民政府签署《住房城乡建设部吉林省人民政府共建木结构建筑产业发展试点省框架协议》。六是积极推进装配式建筑工程项目落地，新开工装配式建筑面积快速增长。

【**推进绿色建材发展**】 中央城市工作会议提出要推广绿色建筑和建材，完善绿色节能建筑和建材评价体系。《国务院办公厅关于建立统一的绿色产品标准、认证、标识体系的意见》（国办发〔2016〕86号）要求建立统一的绿色产品标识体系。《建筑业"十三五"发展规划》也要求到2020年绿色建材应用比例达到40%。2016年，绿色建材评价和推广应用工作稳步推进。一是与工业和信息化部建立了绿色建材评价标识工作的管理机制，成立绿色建材评价管理办公室，受理第一批4家三星级绿色建材评价机构的备案，并指导各地开展一、二星级绿色建材评价，获得绿色建材标识的产品数量快速增长。二是与工业和信息化部原材料司于5月共同组织召开全国绿色建材评价标识工作座谈会，部署推进绿色建材评价工作，并印发《关于加快开展绿色建材评价有关工作的通知》，要求各地加快开展绿色建材评价工作。三是启动京津冀地区预拌混凝土、预拌砂浆绿色建材评价标识工作。

推动建筑节能与绿色建筑

2016年，各级住房城乡建设部门围绕国务院确定的建筑节能、绿色建筑工作重点，进一步加强组织领导，落实政策措施，强化技术支撑，严格监督管理，推动各项工作取得积极成效。截至年底，全国城镇新建建筑全面执行节能强制性标准，累计建成节能建筑面积超过150亿平方米，节能建筑占比47.2%，其中2016年城镇新增节能建筑面积16.9亿平方米；全国城镇累计建设绿色建筑面积12.5亿平方米，其中2016年城镇新增绿色建筑面积5亿平方米，占城镇新建民用建筑比例超过29%；全国城镇累计完成既有居住建筑节能改造面积超过13亿平方米，其中2016年完成改造面积8789万平方米；全国城镇太阳能建筑应用集热面积4.76亿平方米，浅层地热能应用建筑4.78亿平方米，太阳能光电装机容量29420兆瓦。全国各省（区、市和新疆生产建设兵团）2016年完成公共建筑能源审计2718栋，能耗公示6810栋，对2373栋建筑的能耗情况进行监测，实施公共建筑节能改造面积2760万平方米。

【**新建建筑节能**】 新建建筑执行节能强制性标准。2016年，全国城镇新建建筑执行节能强制性标准的比例为98.8%，总体情况良好。2016年建筑节能与绿色建筑工作进展情况专项检查共抽查了121个建筑节能项目，对10个违反强制性条文的项目下发了执法建议书。全国各省（区、市和新疆生产建设兵团）2016年共组织建筑节能专项检查190次，对626个项目下发了执法告知书。北京、天津、河北、山东、新疆、上海、重庆执行高于国家标准要求的地方标准，建筑节能标准进一步提高。四川、云南、海南、新疆生产建设兵团新建建筑执行节能强制性标准的力度还需加强。

超低能耗建筑推广。北京、河北、山东、新疆、黑龙江、江苏超低能耗建筑推广工作走在前列，北京出台《推动超低能耗建筑发展行动计划（2016—2018年）》，计划用3年时间建设完成30万平方米超低能耗建筑。河北在全国率先公布实施《被动式低能耗居住建筑节能设计标准》，编制完成《被动式低能耗公共建筑设计标准》、《被动式低能耗建筑施工及验收规程》等地方标准，累计建成超低能耗建筑13.8万平方米。

【绿色建筑】 绿色建筑强制推广。全国省会以上城市保障性住房、政府投资公益性建筑以及大型公共建筑开始全面执行绿色建筑标准。北京、天津、上海、重庆、江苏、浙江、山东等地进一步加大推动力度，已在城镇新建建筑中全面执行绿色建筑标准。截至年底，全国累计竣工强制执行绿色建筑标准项目超过2万个，面积超过5亿平方米。北京、上海、江苏、浙江、广东、河北、吉林、云南、海南、新疆生产建设兵团等地绿色建筑占城镇新建民用建筑的比例超过全国平均水平。

绿色建筑评价标识。截至年底，全国累计有7235个建筑项目获得绿色建筑评价标识，建筑面积超过8亿平方米；其中，2016年获得绿色建筑评价标识的建筑项目3164个，建筑面积超过3亿平方米。但绿色建筑运行标识项目还相对较少，仅占建筑项目总量的5%左右，地域分布不均衡，标识项目主要集中在江苏、广东、上海、山东等东部沿海地区，宁夏、海南、青海等中西部地区项目数量较少。除新疆生产建设兵团外，各地均设立了绿色建筑评价机构，上海、天津、江苏、湖南、湖北、四川、新疆等地探索开展绿色建筑第三方评价。25个省（区、市）发布地方绿色建筑评价标准。

【既有居住建筑节能改造】 2016年，严寒及寒冷地区各省（区、市和新疆生产建设兵团）共计完成既有居住建筑节能改造面积7262万平方米，北京、天津、内蒙古、山东、新疆改造面积规模较大。天津、吉林实现具有改造价值非节能居住建筑的应改尽改，北京、河北、内蒙古、辽宁、山东、河南、陕西、宁夏、新疆、新疆生产建设兵团完成改造面积占具有改造价值非节能居住建筑面积的比例超过50%。各地积极组织对中央财政支持的既有居住建筑供热计量及节能改造项目进行验收，除北京、山西、辽宁、宁夏外，其余各地均完成改造项目验收，并报住房城乡建设部备案。

2016年，夏热冬冷地区各省（市）共计完成既有居住建筑节能改造面积1527万平方米，上海、江苏、安徽、湖北、湖南改造面积规模较大。安徽推动合肥、池州、铜陵、滁州等市结合旧城改造和老旧小区综合整治开展既有居住建筑改造，完成改造面积585万平方米。

【公共建筑节能】 公共建筑节能监管体系建设。北京、天津、重庆、江苏、上海、山东、安徽、深圳能耗动态监测平台建设工作推进较快，通过了住房城乡建设部验收，河北、内蒙古、辽宁、陕西、福建、江西、四川、贵州、云南、海南、新疆、新疆生产建设兵团平台建设进展缓慢。

公共建筑节能改造。北京、山东、江苏、广东、广西等地公共建筑节能改造规模较大，累计改造面积超过1000万平方米，山东、上海、江苏、湖北、广东、广西2016年完成改造面积超过200万平方米，河北、内蒙古、辽宁、黑龙江、新疆生产建设兵团、四川、贵州、云南改造面积较少。上海、重庆、深圳、天津等第一批公共建筑节能改造重点城市均完成改造任务并顺利通过住房城乡建设部验收；第二批重点城市中，重庆（追加任务）、济南、青岛、西宁改造任务完成率超过35%，厦门、哈尔滨、福州、百色改造工作进展较为缓慢，需加大推进力度。

【可再生能源建筑应用】 可再生能源在建筑领域的推广。2016年，全国新增太阳能光热应用面积2亿平方米以上、浅层地热能建筑应用面积3725万平方米、太阳能光电建筑应用装机容量1127兆瓦。

可再生能源建筑应用相关示范验收。截至年底，全国各省（区、市和新疆生产建设兵团）累计完成可再生能源建筑应用各类示范143个，占批准示范数量的41%。上海、江苏、广西完成全部各类示范的验收工作，吉林、河南、重庆、甘肃、青海验收数量超过批准示范数量的80%以上，江西、内蒙古、湖北、广东、海南、天津等地示范项目验收进度滞后。

【建筑节能与绿色建筑保障体系建设】 法规体系建设。截至年底，全国有30个省（区、市）制定了专门的建筑节能地方法规，河北、山西、山东、陕西、上海、湖北、湖南、重庆、贵州、广东、广西等11个省（区、市）出台了民用建筑节能条例，江苏、浙江出台了绿色建筑发展条例。天津、吉林、黑龙江、甘肃、安徽、福建、海南等7省（区、市）编制的节约能源条例中都包含建筑节能有关内容。

经济激励政策。2016年，地方省级财政落实建筑节能专项预算资金超过63亿元，其中，北京、天津、吉林、山东、上海、江苏等地资金投入力度较大。山东、上海、江苏等地省级财政安排支持绿色建筑专项资金超过1亿元，除财政奖励外，山西、内蒙古、福建等23个省（区、市）还出台了贷款利率优惠、容积率奖励等其他绿色建筑经济激励政策。

民用建筑能耗统计。2016年，上海、天津、山东、河南、陕西、广东、江苏等7省（市）民用建筑能耗统计工作进展较好，报送数据质量较高；北京、河北、辽宁、黑龙江、福建、海南、宁夏、江西、贵州等省（区、市）统计工作进展较慢，其中北京、河北、辽宁、黑龙江、福建、海南、宁夏等省（区、市）未报送年度统计数据。

目标责任考核。部分省（区、市）实行建筑节能与绿色建筑目标责任制，将重点任务进行量化，并通过逐级签订目标责任状的方式，将目标分解落实到市县及相关部门，并按期进行考核，保障了工作任务的落实。

加强科技创新工作

国家对科技创新工作的力度加强，对科技创新的管理体制机制建设、促进成果转化等方面都提出了深化改革的要求。顺应国家科技体制改革的需要，住房城乡建设部建筑节能与科技司在科技管理制度设计、加强科技项目管理、发挥科技引领作用等方面，着重加强科技创新层设计，完善管理制度，加大重大专项的实施力度。

组织开展"十三五"住房城乡建设科技发展战略研究。编制住房城乡建设科技创新"十三五"专项规划，以各种形式征求各省级住房城乡建设主管部门、部相关直属单位和行业协会、有关科研院所和专家的意见。

实施好现有国家重大专项，争取新专项。开展智慧城镇综合管理、绿色建筑及建筑工业化等领域的关键技术攻关。深入实施"水体污染控制与治理"国家科技重大专项，围绕海绵城市建设和黑臭水体治理了解行业科技需求，与国家和地方重大治污工程对接。组织完成《水专项"十三五"战略研究报告》，编制《水专项"十三五"实施计划》。加强对项目实施的检查和评估，凝练集成一批水专项成果，形成的"从源头到龙头"全过程饮用水安全保障整装成套技术和设备参加国家"十二五"创新成就展。

利用遥感等高分数据和北斗导航精准定位服务于城乡规划建设管理监督，推广高分城市精细化管理遥感应用示范系统项目成果，开展遥感技术在城乡规划一张图、城市棚户区及老旧小区改造等方面的示范应用。参与"绿色建筑及建筑工业化"、"公共安全风险防控与应急技术装备"等重点专项申报指南编制，组织推荐的10个项目获得立项。

实施好重点科技计划项目。对"十二五"国家科技支撑计划16个项目85个课题进行验收，以及对7个项目28个课题进行中期检查，围绕"十三五"绿色建筑规模化建设、大力推广装配式建筑等重点工作，开发绿色建筑规划、设计、施工、既有建筑绿色化改造等方面关键技术；研发预制装配式构件和结构设计技术，形成较为完善的预制构件生产工艺和检验标准，在沈阳、海门等地建设预制构件生产线和生产基地，在黑龙江、北京、上海、江苏、安徽等地建设试点、示范项目；研发建筑起重机、工程钢筋连接螺纹自动化加工设备等世界领先的施工装备。编制《既有建筑改造绿色评价标准》、《绿色建筑检测技术标准》、《绿色建筑评价标准》、《装配式混凝土结构技术规程》等标准规范。落实中央城市工作会议部署，完成《国内外厨余垃圾粉碎处理应用现状和趋势调研报告》、《海绵城市雨水系统设计和实施技术指南》。

积极开展应对气候变化和国际科技合作工作

【城市适应气候变化行动方案印发】为积极应对全球气候变化，落实《国家适应气候变化战略》的要求，有效提升我国城市的适应气候变化能力，统筹协调城市适应气候变化相关工作，住房城乡建设部会同国家发展改革委制定印发《城市适应气候变化行动方案》，明确了城市适应气候变化的目标要求、主要行动和保障措施。行动方案目标是到2020年，普遍实现将适应气候变化相关指标纳入城乡规划体系、建设标准和产业发展规划，建设30个适应气候变化试点城市，典型城市适应气候变化治理水平显著提高，绿色建筑推广比例达到50%。到2030年，适应气候变化科学知识广泛普及，城市应对内涝、干旱缺水、高温热浪、强风、冰冻灾害等问题的能力明显增强，城市适应气候变化能力全面提升。行动方案明确了城市规划、城市基础设施设计和建设标准、建筑、生态系统、水系统、灾害风险综合管理、科技支撑等领域适应气候变化的主要工作任务，为城市适应气候变化工作提供指导。

【开展气候适应型城市建设试点工作】为落实

《国家适应气候变化战略》和《城市适应气候变化行动方案》有关工作部署，积极推进城市适应气候变化行动，切实提高城市适应气候变化能力和水平，住房城乡建设部会同国家发展改革委开展气候适应型城市建设试点。根据不同的城市气候风险、城市功能和城市规模，在全国选择30个左右典型城市开展气候适应型城市建设试点，针对城市面临的突出问题，开展前瞻性和创新性探索，强化城市气候敏感脆弱领域、区域和人群的适应行动，提高城市适应气候变化能力。试点城市均应在以下四个领域开展适应气候变化行动：开展城市气候变化影响和脆弱性评估、出台城市适应气候变化行动方案、组织开展适应气候变化行动、加强适应气候变化能力建设。到2020年，试点城市普遍实现将适应气候变化纳入城市社会经济和产业发展规划体系、建设标准和产业发展规划，适应气候变化理念知识广泛普及，适应气候变化治理水平显著提高，取得明显的生态效益、社会效益和经济效益，相关试点经验经过总结推广，引领带动我国全面开展城市适应气候变化工作。

【中美清洁能源联合研究中心建筑节能领域二期合作启动】 中美清洁能源联合研究中心作为中美两国清洁能源领域科技合作的重要平台，二期选择建筑节能、清洁煤、电动汽车、能源与水等4个重点领域。建筑节能二期合作确定以"零能耗建筑"为目标，以示范工程为载体，以企业为主体，从零能耗建筑一体化设计方法、装配式零能耗建筑实现技术、建筑设备调适与数据挖掘、直流建筑与智能微网、室内环境质量控制、政策与市场机制等方面开展研究，通过工程示范整合研究成果，为中美两国零能耗建筑发展提供支持。

【中英开展绿色低碳小城镇试点示范】 为贯彻落实国家城乡统筹、绿色低碳发展相关要求，加快美丽乡村建设，探索新型城镇化背景下中国小城镇可持续发展路径，住房城乡建设部与英国外交和联邦事务部联合开展的"中英绿色低碳小城镇项目"选取小城镇开展试点工作。经中英专家审核评议和中英双方协商，将江苏省徐州市睢宁县古邳镇、贵州省仁怀市茅台镇、贵州省遵义市桐梓县九坝镇列为中英绿色低碳小城镇项目试点。试点城镇将遵循因地制宜、绿色生态、突出特色、全面统筹的原则，深入开展试点工作，建立和实施小城镇绿色低碳发展的一体化规划体系，为全国小城镇和新农村规划建设提供范例。

【中加木结构建筑合作深入推进】 为落实住房城乡建设部与加拿大联邦政府自然资源部及加拿大不列颠哥伦比亚省林业、土地和自然资源厅2015年12月签署的《关于现代木结构建筑技术合作谅解备忘录》，中加双方2016年更新了"中国现代木结构建筑技术项目"联合工作小组及专家组名单，制定工作计划，组织举办现代木结构建筑技术应用与发展研讨会、发展政策研讨会，积极参与中国木结构建筑相关标准编制，为中国发展现代木结构建筑提供支持。

【中德加强城镇化领域合作】 为落实住房城乡建设部与德意志联邦共和国联邦环境、自然保护、建筑和核安全部2015年11月签署的《关于落实中德城镇化伙伴关系合作谅解备忘录》，住房城乡建设部副部长陆克华带队赴德与德方召开第二届落实中德城镇化伙伴关系指导委员会和工作组会议。会议确定先期重点合作领域为建筑节能（新建、既有建筑）、可再生能源、适应气候变化（包括海绵城市）和城市更新。依托"中国建筑节能领域关键参与人能力建设项目"，分别在北京、包头、乌鲁木齐组织开展既有社区综合改造培训，参加人员超过500人次，反响良好。

积极推进智慧城市建设

为贯彻落实党中央国务院在国家新型城镇化规划、国家信息化发展战略、促进大数据发展行动纲要、关于深入推进城市执法体制改革改进城市管理工作以及关于加强城市规划建设管理工作等系列工作部署中关于智慧城市建设的要求，结合住房城乡建设领域的实际需求，积极推进智慧城市建设工作。

积极参与相关部委在推进智慧城市建设中的工作。在国家发展改革委牵头开展的新型智慧城市建设工作中，作为部际协调工作组成员，根据工作分工配合开展智慧城市建设领域的工作，参与编制《国家新型智慧城市评价指标》；作为促进大数据发展部际联席会议制度组成部门，配合国家发改委等部门研究制定政务信息资源共享及信息资源目录编制等工作；参与视频网络监控联网等工作。

对各地智慧城市建设试点工作进行总结。组织各地对2012年以来、总共确定的三批共318个智慧城市试点（含277个智慧城市试点和41个专项项目试点）工作各项任务实施情况进行梳理，了解试点工作进展情况，对取得成效的成功经验进行总结。各地也通过总结，研究分析并提出当地智慧城市深入推进的制约因素，明确提出下一步工作思路。

组织开展住房城乡建设领域信息化技术应用情况专题研究。对2008年以来各地开展的709项信息化类部科技计划项目（包括444项科研开发项目和265项示范工程），结合智慧城市试点，开展住房城乡建设领域信息化技术应用情况专题研究，疏理当前在城乡规划、城市建设、建筑工程、房地产管理等领域的信息化技术应用情况、应用案例、取得的成效、存在的问题以及今后的技术发展方向和趋势，形成住房城乡建设行业信息化发展报告初稿。

（住房和城乡建设部建筑节能与科技司）

住房公积金监管

2016年，住房公积金业务继续保持安全、平稳的发展态势，缴存、提取、贷款等主要指标持续增长，资金使用效率不断提高，服务水平稳步提升，支持职工住房消费力度进一步加大。住房公积金制度在提高缴存职工住房消费能力，帮助缴存职工实现住有所居方面，发挥了重要作用。

住房公积金业务发展

【实缴单位、职工人数、缴存额稳定增长】
2016年，住房公积金实缴单位238.25万个，实缴职工13064.50万人，分别比上年增长2.98%、5.42%。新开户单位31.81万个，新开户职工1612.87万人。

2016年，住房公积金缴存额16562.88亿元，比上年增长13.84%。年末，住房公积金缴存总额106091.76亿元，缴存余额45627.85亿元，分别比上年末增长18.55%和12.18%。2016年住房公积金缴存情况见表1。

2016年住房公积金缴存情况　　表1

	实缴单位（万个）	实缴职工（万人）	缴存额（亿元）	缴存总额（亿元）	缴存余额（亿元）
全国	238.25	13064.50	16562.88	106091.76	45627.85
北京	13.83	695.74	1502.17	9404.68	3269.69
天津	5.05	246.40	410.84	3045.10	1158.70
河北	5.97	487.42	493.28	3308.14	1544.21
山西	4.59	370.67	269.26	2008.96	696.50
内蒙古	3.71	221.99	308.93	1958.01	1059.29
辽宁	7.93	473.85	673.38	4988.75	2068.44
吉林	3.42	226.69	272.64	1865.49	916.78
黑龙江	3.74	277.77	349.51	2459.38	1152.99
上海	31.39	764.74	1018.58	7115.14	3181.79
江苏	22.87	1162.79	1362.66	8450.73	3439.29

续表

	实缴单位（万个）	实缴职工（万人）	缴存额（亿元）	缴存总额（亿元）	缴存余额（亿元）
浙江	16.82	650.53	1038.20	6800.24	2618.09
安徽	5.36	382.24	542.07	3640.99	1408.67
福建	9.21	341.60	463.42	3007.05	1217.83
江西	4.44	244.48	302.91	1624.69	893.39
山东	11.74	872.24	914.94	5815.74	2770.02
河南	7.00	646.89	505.98	3257.03	1636.97
湖北	6.69	449.09	570.04	3367.11	1770.84
湖南	6.04	375.22	458.30	2664.00	1405.59
广东	27.63	1651.36	1773.09	10935.83	4088.79
广西	5.01	265.77	337.49	2125.53	878.40
海南	2.13	100.89	103.09	594.09	312.22
重庆	3.03	237.71	309.71	1765.66	787.19
四川	9.54	557.96	768.66	4539.74	2109.39
贵州	3.53	216.56	273.37	1379.14	724.52
云南	4.29	241.12	372.89	2481.92	1128.07
西藏	0.37	25.96	71.92	333.62	189.00
陕西	4.91	401.79	354.27	2370.78	963.84
甘肃	3.02	178.69	228.11	1436.35	783.63
青海	0.83	46.96	81.50	561.50	262.91
宁夏	0.89	55.49	85.26	593.72	243.86
新疆	2.93	164.23	314.56	2015.38	848.45
新疆生产建设兵团	0.33	29.66	31.86	177.27	98.51

2012～2016年住房公积金缴存金额及增长速度见图1。

【提取额不断增加】 2016年，住房公积金提取额11626.88亿元，比上年增长5.82%。其中，住房消费类提取9397.14亿元，非住房消费类提取

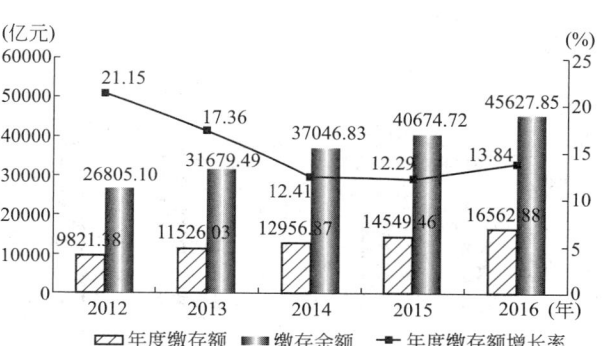

图 1　2012~2016 年住房公积金缴存金额及增长速度

2229.74 亿元，分别占提取额的 80.82% 和 19.18%。提取率 70.20%。

2016 年末，住房公积金提取总额 60463.59 亿元，占缴存总额的 56.99%。2016 年住房公积金提取情况见表 2。

2016 年住房公积金提取情况　表 2

地区	提取额（亿元）	提取率（%）	住房消费提取额（亿元）	非住房消费提取额（亿元）	提取总额（亿元）
全国	11626.88	70.20	9397.14	2229.74	60463.59
北京	1132.23	75.37	1013.99	118.24	6134.99
天津	349.30	85.02	286.30	63.00	1886.40
河北	302.53	61.33	224.68	77.85	1763.93
山西	173.26	64.35	149.09	24.17	1312.33
内蒙古	233.61	75.62	174.63	58.98	898.72
辽宁	503.94	74.84	393.07	110.87	2920.31
吉林	185.30	67.96	135.41	49.89	948.71
黑龙江	220.46	63.08	163.51	56.96	1306.40
上海	659.37	64.73	553.30	106.07	3933.35
江苏	988.00	72.51	809.00	179.00	5011.44
浙江	765.84	73.77	621.29	144.55	4182.03
安徽	441.03	81.36	362.84	78.19	2232.31
福建	340.97	73.58	269.70	71.27	1789.22
江西	179.31	59.20	141.06	38.25	731.32
山东	673.52	73.61	543.13	130.39	3045.72
河南	314.55	62.17	239.18	75.37	1620.06
湖北	345.28	60.57	262.84	82.44	1596.27
湖南	265.65	57.96	198.04	67.61	1258.40
广东	1322.03	74.56	1135.05	186.98	6847.03
广西	245.66	72.79	198.18	47.48	1247.13
海南	64.35	62.42	48.62	15.73	281.86
重庆	190.38	61.47	146.45	43.93	978.47
四川	481.02	62.58	373.13	107.89	2430.35
贵州	154.40	56.48	120.90	33.50	654.63
云南	255.65	68.56	207.74	47.91	1353.85

续表

地区	提取额（亿元）	提取率（%）	住房消费提取额（亿元）	非住房消费提取额（亿元）	提取总额（亿元）
西藏	34.32	47.72	19.80	14.52	144.62
陕西	280.01	79.04	204.28	75.73	1406.94
甘肃	150.41	65.94	115.50	34.91	652.68
青海	59.39	72.87	42.73	16.66	298.57
宁夏	67.48	79.15	54.62	12.86	349.87
新疆	230.23	73.19	177.57	52.66	1166.93
新疆生产建设兵团	17.40	54.61	11.51	5.89	78.76

2012~2016 年住房公积金提取金额及提取率见图 2。

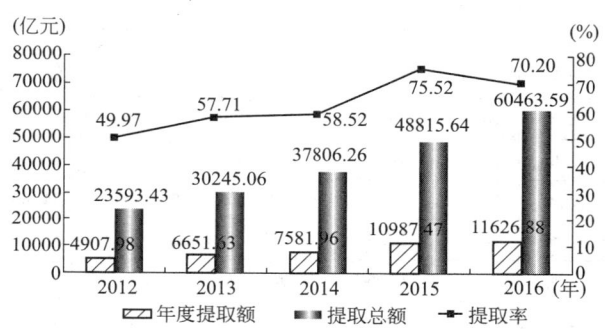

图 2　2012~2016 年住房公积金提取金额及提取率

【个人住房贷款稳定增长】　2016 年，发放住房公积金个人住房贷款 327.49 万笔、12701.71 亿元，分别比上年增长 4.80%、14.61%；全年回收个人住房贷款 5034.55 亿元，比上年增长 32.14%；至年末，累计发放个人住房贷款 2826.63 万笔、66061.33 亿元，分别比上年末增长 13.10%、23.83%；个人住房贷款余额 40535.23 亿元。个人住房贷款率 88.84%，比上年末提高 8.04 个百分点。

其中，2016 年发放异地贷款 14.74 万笔、512.00 亿元；至年末，累计发放异地贷款 1003.39 亿元，余额 810.77 亿元。表 3 为 2016 年住房公积金个人住房贷款情况。

2016 年住房公积金个人住房贷款情况　表 3

地区	放贷笔数（万笔）	贷款发放额（亿元）	累计放贷笔数（万笔）	贷款总额（亿元）	贷款余额（亿元）	个人住房贷款率（%）
全国	327.49	12701.71	2826.63	66061.33	40535.23	88.84
北京	11.44	1073.41	96.99	4991.54	3233.44	98.89
天津	11.14	546.35	91.88	2723.95	1424.10	122.90

续表

地区	放贷笔数（万笔）	贷款发放额（亿元）	累计放贷笔数（万笔）	贷款总额（亿元）	贷款余额（亿元）	个人住房贷款率(%)
河北	11.05	368.99	85.93	1842.99	1246.83	80.74
山西	7.06	236.30	43.41	796.70	545.83	78.37
内蒙古	8.24	270.29	87.87	1405.74	759.73	71.72
辽宁	12.26	409.72	144.23	2962.80	1763.26	85.25
吉林	6.75	218.30	56.90	1123.56	736.70	80.36
黑龙江	7.24	240.65	72.35	1369.97	745.97	64.70
上海	18.30	1184.59	233.81	6472.82	3257.77	102.39
江苏	28.00	987.95	257.88	6206.41	3529.11	102.61
浙江	14.76	685.37	151.45	4433.01	2624.60	100.25
安徽	13.87	438.09	106.22	2198.45	1449.84	102.92
福建	8.17	370.15	84.94	2060.32	1288.24	105.78
江西	8.48	319.31	61.49	1319.16	903.77	101.16
山东	21.92	746.24	164.90	3571.54	2242.86	80.97
河南	15.68	465.96	98.94	2049.69	1390.91	84.97
湖北	13.88	441.76	104.53	2308.69	1481.64	83.64
湖南	11.57	354.01	102.98	1834.89	1184.30	84.26
广东	20.07	885.80	146.77	4630.31	3128.36	76.51
广西	6.67	211.52	54.98	1055.59	726.54	82.71
海南	1.97	74.63	13.22	323.75	251.29	80.48
重庆	6.76	228.05	42.96	1036.44	752.74	95.62
四川	16.95	550.59	121.20	2615.30	1830.14	86.76
贵州	7.57	216.17	52.89	1034.49	724.76	100.03
云南	9.69	323.61	101.82	1681.99	933.18	82.72
西藏	1.11	51.33	6.06	169.62	100.66	53.26
陕西	7.89	245.86	55.31	1039.35	713.33	74.01
甘肃	7.37	230.60	61.09	905.21	565.69	72.19
青海	1.84	55.84	21.41	308.14	130.10	49.48
宁夏	2.07	64.62	22.66	383.75	180.65	74.08
新疆	7.28	194.76	75.37	1146.70	658.86	77.66
新疆生产建设兵团	0.44	10.90	4.19	58.45	30.47	30.93

2012～2016年个人住房贷款金额及个人住房贷款率见图3。

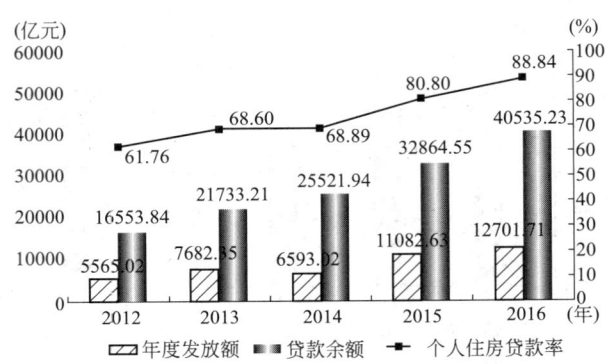

图3 2012～2016年个人住房贷款金额及个人住房贷款率

住房公积金监督和管理机构

根据《住房公积金管理条例》规定，住房城乡建设部会同财政部、人民银行负责拟定住房公积金政策，并监督执行。住房城乡建设部设立住房公积金监管司，各省、自治区住房城乡建设厅设立住房公积金监管处（办），分别负责全国、省（自治区）住房公积金日常监管工作。2016年末，部、省两级住房公积金专职监管人员共137人。

直辖市和省、自治区人民政府所在地的市以及其他设区的市（地、州、盟）设立住房公积金管理委员会，作为住房公积金管理决策机构，负责在《住房公积金管理条例》框架内审议住房公积金决策事项，制定和调整住房公积金具体管理措施并监督实施。2016年末，全国共设立住房公积金管理委员会342个。

直辖市和省、自治区人民政府所在地的市以及其他设区的市（地、州、盟）设立住房公积金管理中心，负责住房公积金的管理运作。2016年末，全国共设立住房公积金管理中心342个；未纳入设区城市统一管理的分支机构156个，其中，省直分支机构24个，石油、电力、煤炭等行业分支机构81个，区县分支机构51个。115个住房公积金管理中心完成了事业单位分类改革，其中，公益一类事业单位101个，公益二类事业单位14个。全国住房公积金服务网点3224个，从业人员4.14万人，其中，在编2.67万人，非在编1.47万人。

按照人民银行的规定，住房公积金贷款、结算等金融业务委托住房公积金管理委员会指定的商业银行办理。各城市受委托商业银行主要为工商银行、农业银行、中国银行、建设银行、交通银行等。

完善住房公积金政策和监管制度

【继续用好用足住房公积金】 贯彻落实党中央和国务院要求，用好用足住房公积金，支持缴存职工基本住房消费，按照"保一限二禁三"的原则，发挥政策性住房金融作用。根据房地产市场形势，实施分类指导，因城施策。对房地产库存较大、住房公积金结余较多的城市，继续释放结余资金，加大贷款发放力度，支持房地产去库存；对房价上涨较快、资金紧张的城市，及时调整使用政策。

【完善职工住房公积金账户存款利率形成机制】 2月16日，人民银行、住房城乡建设部、财政部联合印发《关于完善职工住房公积金账户存款利率形成机制的通知》（银发〔2016〕43号），决定自2016年2月21日起，将职工住房公积金账户存款利率，由现行按照归集时间执行活期、三个月存款基准利率，调整为统一按一年期定期存款基准利率执行。此次调整后，职工住房公积金账户存款利率将统一提高到1.50%。此项政策是贯彻落实党的十八届三中全会决定关于"建立公开规范的住房公积金制度，改进住房公积金提取、使用、监管机制"有关要求，完善住房公积金制度的重要举措。这既有利于保障住房公积金缴存职工获得合理存款收益，进一步提高住房公积金制度的公平性和有效性，也有利于简并住房公积金存款利率档次，符合利率市场化改革的总体方向。

【规范和阶段性适当降低住房公积金缴存比例】 经国务院同意，4月23日，住房城乡建设部、国家发展改革委、财政部、人民银行联合印发《关于规范和阶段性适当降低住房公积金缴存比例的通知》（建金〔2016〕74号），主要内容有三项：一是各地区应当严格执行《住房公积金管理条例》和《建设部、财政部、中国人民银行关于住房公积金管理若干具体问题的指导意见》（建金管〔2005〕5号）规定，凡住房公积金缴存比例高于12%的，一律予以规范调整，不得超过12%。二是各省、自治区、直辖市人民政府应当结合本地区实际情况，提出阶段性适当降低住房公积金缴存比例的具体办法，由城市人民政府负责组织实施，具体程序按照《住房公积金管理条例》有关规定执行。阶段性适当降低住房公积金缴存比例政策，从2016年5月1日起实施，暂按两年执行。三是按照《住房公积金管理条例》有关规定，生产经营困难企业除可以降低缴存比例外，还可以申请暂缓缴存住房公积金，经本单位职工代表大会或者工会讨论通过，并经住房公积金管理中心审核，报城市住房公积金管理委员会批准后实施。待企业经济效益好转后，再提高缴存比例或恢复缴存并补缴其缓缴的住房公积金。

【完善住房公积金异地个人住房贷款政策】 10月26日，住房城乡建设部印发《关于住房公积金异地个人住房贷款若干具体问题的通知》（建金〔2016〕230号），对《住房城乡建设部关于住房公积金异地个人住房贷款有关操作问题的通知》（建金〔2015〕135号）进行补充完善，要求各地全面落实异地贷款政策，保障缴存职工权益。主要有八项内容。一是确保异地贷款政策落实到位。二是明确异地贷款使用条件。三是不得对异地贷款设置附加条件。四是因地制宜确定异地贷款额度。五是统一规范缴存使用证明材料。六是明确缴存使用证明授权要求。七是落实缴存信息核实联系人。八是加强贷后管理工作。

【发布住房公积金年度报告】 为建立公开规范的住房公积金制度，根据国务院《住房公积金管理条例》和住房城乡建设部、财政部、中国人民银行《关于健全住房公积金信息披露制度的通知》（建金〔2015〕26号）规定，5月31日，住房城乡建设部会同财政部、人民银行向社会公开披露了《全国住房公积金2015年年度报告》。报告全面披露住房公积金机构概况、业务运行情况、业务收支和增值收益情况、资产风险状况、社会经济效益，以及其他重要事项，保障了缴存单位和缴存职工的知情权和监督权。从披露的数据看，2015年，住房公积金缴存覆盖面进一步扩大，有力地减轻了缴存职工住房消费负担，积极促进房地产市场平稳健康发展，大力支持保障性住房建设，取得较好的社会经济效益。《全国住房公积金2015年年度报告》的公开披露，对社会各界客观了解住房公积金管理运行情况、营造良好的舆论氛围起到积极作用。

【完善统计分析制度】 完善统计报表制度，将住房公积金各项业务全部纳入统计范围，全面准确掌握住房公积金运行情况。组织开发统计信息和分析系统，建立全行业统计数据网络管理平台，强化数据运用分析。举办住房公积金统计业务培训班，开展统计专项督导，提高统计数据报送的及时性和准确性。

住房公积金信息化建设和服务

【加快推进信息化建设】 落实《住房公积金基础数据标准》和结算应用系统接入工作，144个住房公积金管理机构完成标准贯彻和系统接入，住房公积金管理信息化水平明显提升，与受委托银行建立实时结算通道，业务管理和风险防控能力得到增强。4月，发布行业标准《住房公积金信息系统技术规范》（JGJ/T 388—2016），明确归集、提取、贷款、结算等核心业务的系统建设标准。6月，印发《住房公积金信息化建设导则》（建金〔2016〕124号），引导各地信息化建设工作。

【建设全国住房公积金异地转移接续平台】 为适应职工流动性日益增强趋势,满足跨城市转移接续住房公积金需求,按照国务院《推动1亿非户籍人口在城市落户方案》要求,组织开发全国住房公积金异地转移接续平台。10月,印发《住房城乡建设部办公厅关于做好全国住房公积金异地转移接续平台建设使用准备工作的通知》(建办金〔2016〕49号),要求各地做好平台接入相关准备,发布《全国住房公积金异地转移接续业务操作规程》,统一异地转移接续业务办理流程和要件。12月,在宁夏银川组织转移接续业务流程和平台操作培训,为平台顺利上线在思想认识、人员和技术等方面做好充分准备。

【继续推进建设综合服务平台】 为拓宽住房公积金服务渠道,全面提升住房公积金信息化服务水平,切实维护缴存职工合法权益,1月,印发《关于加快建设住房公积金综合服务平台的通知》(建金〔2016〕14号)和《住房公积金综合服务平台建设导则》,明确综合服务平台建设要求。3月10~22日,在南宁、武汉、郑州、西宁举办了四期住房公积金综合服务平台专题培训班,共1123人参训。截至年底,全国342个城市中心,设立门户网站的城市321个,开通服务热线的城市302个,配置自助终端和官方微信的城市193个,使用网上业务大厅的城市122个,开通官方微博的城市117个,开通手机短信的城市106个,开发手机客户端的城市55个。全国6个省区(浙江、黑龙江、湖南、河南、宁夏、青海等)建成了省级"12329"住房公积金短信平台。

住房公积金监督检查

【开展廉政风险防控重点抽查】 为全面了解各地住房公积金廉政风险防控工作开展情况,及时发现问题,促进廉政风险防控工作取得实效,在各城市开展自查和省级监管部门全面检查的基础上,11月下旬至12月底,组织15个检查组,对各省、自治区、直辖市和新疆生产建设兵团的62个城市和企业管理的住房公积金机构廉政风险防控工作进行抽查。重点对各地廉政风险防控工作部署、长效机制建立、防控措施落实,以及近3年审计和省级监管部门检查发现问题的整改情况进行检查,向各受检单位印发检查反馈意见和问题清单,印发《住房城乡建设部办公厅关于对住房公积金廉政风险防控抽查情况的通报》。从检查情况看,2012年以来,各地认真落实《关于加强住房公积金廉政风险防控工作的通知》(建金〔2011〕170号)及《住房公积金廉政风险防控指引》要求,全面排查风险隐患,制定风险防控措施,廉政风险防控工作取得积极成效。与此同时,也存在着管委会决策制度落实不到位,政策执行存在偏差,账户设置和资金核算不规范,信息系统建设滞后,内控制度落实不到位,分支机构风险隐患较大等问题,需要进一步加强监督检查,规范业务管理,提升信息化防控手段。

【继续清收历史遗留涉险资金】 住房城乡建设部住房公积金监管司会同部稽查办,组织住房公积金督察员,对存在涉险资金省份的清收情况进行专项检查,并及时通过电话等形式跟踪各地清收情况,推动清收工作进展。2016年,清收住房公积金历史遗留涉险资金0.41亿元,清收率21.15%。年末,历史遗留涉险资金余额为1.53亿元。其中,历史遗留项目贷款0.27亿元,逾期国债资金1.26亿元。

住房公积金试点工作进展

自2015年住房公积金试点政策调整后,试点工作的重点调整为督促试点项目借款人按期偿还贷款本息,确保实现资金安全。2016年,组织住房公积金督察员对试点城市实地巡查,督促试点城市政府切实履行责任,解决试点工作中存在的问题,确保试点工作顺利推进。

2016年,发放住房公积金支持保障性住房建设试点项目贷款20.79亿元。应回收试点项目贷款本金151.86亿元,实际回收205.10亿元。

截至年末,累计向373个试点项目发放贷款862.07亿元,支持建设保障性住房7127.28万平方米。其中,经济适用房项目122个,233.64亿元,2275.20万平方米;棚户区改造安置用房项目136个,334.36亿元,2890.53万平方米;公共租赁住房项目115个,294.07亿元,1961.55万平方米,可以解决约120万户职工家庭住房困难。

截至年末,累计回收试点项目贷款735.96亿元,试点项目贷款余额126.11亿元。288个试点项目结清贷款本息,48个试点城市全部收回贷款本息。无逾期试点项目贷款,试点项目贷款风险准备金余额13.91亿元,占试点项目贷款余额的11.02%。

(住房城乡建设部住房公积金监管司)

城市管理监督

【牵头城市管理执法体制改革】 为深入推进城市管理执法体制改革、做好新时期城市管理工作，贯彻落实中共中央、国务院印发的《关于深入推进城市执法体制改革 改进城市管理工作的指导意见》（中发〔2015〕37号，以下简称"中发37号文"）精神，10月10日，住房城乡建设部正式组建城市管理监督局。城市管理监督局主要工作职责是：拟定城管执法的政策法规，指导全国城管执法工作，开展城管执法行为监督，组织查处住房城乡建设领域重大案件，集中行使部机关的行政处罚权，负责城乡规划和管理督察员的日常管理等。

3月1日，住房城乡建设部会同中央编办、国务院法制办召开贯彻落实中发37号文精神电视电话会，对各地改革工作进行动员部署。全国县级以上人民政府及有关部门6000余人参加会议。3月17日印发《关于开展全国城市管理执法处级以上干部轮训工作的通知》（建督函〔2017〕86号），针对学习贯彻中发37号文精神开设了市县长、厅长、局长、处长专题班。

5月12~13日，住房城乡建设部召集全国省级城市管理部门负责人座谈，就改革中的重点、难点问题进行了认真研讨，进一步统一认识，推动各地主动改革、大胆尝试。5月17日，经国务院批准，建立全国城市管理工作部际联席会议制度，组织召开了全体会议和联络员会议，统筹协调制约城市管理工作的重大问题，以及相关部门职责衔接问题。牵头起草了贯彻落实中发37号文的部门分工方案，将具体任务分解到16个部际联席会议成员单位。8月，住房城乡建设部印发落实中发37号文部内分工方案，明确了12个相关司局任务，提出推进工作措施。

9月，组织召开地级以上城管局长座谈会，要求各地把握机遇，勇于担当，抓好改革落实。

10月，经中央公务用车制度改革领导小组办公室同意，印发《住房城乡建设部关于做好城市管理执法车辆保障工作的通知》（建督〔2016〕233号），要求各地在从严控制总量的前提下，做好城市管理执法车辆保障工作，满足一线执法工作所需。

11月7日，印发《住房城乡建设部关于印发全国城市管理执法队伍"强基础、转作风、树形象"专项行动方案的通知》（建督〔2016〕244号），启动全国城市管理执法队伍"强基础、转作风、树形象"专项行动，着力规范执法行为，打造一支"政治坚定、作风优良、纪律严明、廉洁务实"的城市管理执法队伍。

11月8日，印发《住房城乡建设部城市管理监督局关于推行城市管理执法全过程记录工作的通知》（建督综函〔2016〕1号），在全国推行城市管理执法全过程记录工作。

此外，在法制、宣传、工作保障方面，城市管理监督工作取得重要进展。在法制建设方面，出台《城市管理执法办法》。与国务院法制办沟通协商，推进城市管理执法相关的行政法规立法工作。在舆论宣传方面，组织部内有关司和专家学者在《中国建设报》刊发系列专题文章，全面宣传中发37号文并汇编成书。印制4期《人民城管为人民》宣传画册，宣传各地城市管理执法队伍参与汛期抢险救灾、维护城市秩序的先进事迹。在中央人民广播电台播出局长王早生关于城市管理工作的公益广告，传递城市管理正能量。此外，还建立了常态化的舆情监测和应对机制，指导各地妥善处理重大网络舆情。在工作保障方面，会同财政部、公安部制定了制式服装及标志标识供应管理办法和式样标准。

【部门协作提高城市管理和执法水平】 优化市政交通管理。在国家发改委、财政部的大力支持下，市政公用设施、城市地下综合管廊、城市道路建设和管理取得重大突破。会同财政部，在市政公用领域推广推介PPP模式，推进城市基础设施建设投融资机制创新。落实优先发展公共交通战略，指导各地编制专项规划，完善停车位配建标准，加快推进城市轨道交通和停车场建设。交通运输部组织开展了公交都市示范工程，加大公交基础设施建设力度。

改善人居环境。会同环境保护部，指导各地排查与整治城市黑臭水体，开通"全国城市黑臭水体整治监管平台"，通过网站和微信监督平台，公开整治信息，接受公众监督和举报。国家卫生计生委以国家卫生城镇创建为抓手，提升城市卫生综合治理能力。国家爱卫会制定了2015～2020年全国城乡环境卫生整洁行动方案，推进全国城乡环境卫生面貌持续改善。继续参与城市建成区违法建设专项治理行动，全面清查并处理建成区现有违法建设，严厉打击违法建设行为。

保障城市智慧安全运行。指导各地加强应急管理，做好城市市政基础设施防汛安全工作。按照"预防为主、快速反应、及时报告、妥善处置"的原则，指导各地提高突发事件应急处置能力。指导各地推进智慧城建，包括统筹推进城市规划、城市管网、园林绿化等信息化与精细化管理，构建覆盖供水全过程、保障供水质量安全的智能供排水和污水处理系统等相关工作。

创新城市治理方式。大力培育发展社区社会组织，推动建立多元主体参与社区治理的格局，动员社会参与，推动城市管理志愿服务，积极推进城市文明教育，弘扬社会公德。

推进综合执法。积极协商相关部门，推进环境保护、公安交管、工商、食品药品监管、水利等部门涉及城市管理领域的职能划转。会同中央编办，赴浙江、山东、湖南等地，对推进综合执法工作进行调研。

【地方扎实推进城市管理执法体制改革】 各地党委和政府高度重视中发37号文的贯彻落实工作，党政主要负责人多次听取改革工作汇报，党委、政府多次召开会议专题研究改革方案，进一步明确时间步骤，细化政策措施，稳妥有序推进改革。截至年底，北京、上海、贵州等19个省市已正式印发贯彻落实中发37号文实施意见。全国有21个省市选择了69个城市先行试点。北京、内蒙古、山西等20个省区市建立了省级联席会议制度。同时，积极推进省级城市管理机构建设。贵州明确了城市管理执法人员配备比例为万分之三至万分之五；江西要求制定城市管理检查考评办法。广东拟统一规范省、市、县三级机构建设，在机构名称、人员配比标准制定等内容上予以明确。内蒙古、辽宁、浙江、广东、贵州、甘肃6个省区建立了省级联席会议制度。

地方改革取得实质性突破。在理顺体制机制方面，北京市以原市政市容委为基础组建了城市管理委员会，作为城市管理主管部门，保留了城市管理执法局独立建制，并调整组建了首都城市环境建设管理委员会，办公室设在城市管理委员会，作为市级层面的协调机构。上海市设立住房城乡建设管理委员会作为城市管理主管部门，下设城市管理行政执法局作为城市管理执法机构。内蒙古、山西、安徽等11个省区在27个城市开展了试点工作，积极稳妥推进市县城市管理领域管理执法机构综合设置。山西、吉林、黑龙江、安徽、江苏、浙江、福建、广东、四川、新疆等10个省区对市县机构设置情况进行摸底调查。呼和浩特市组建城市管理委员会，整合城市管理与执法部门职责，明确执法人员按城区城市常住人口的万分之十五比例配备。佳木斯市向改革要编制，将新整合的市、区城市管理综合执法局均列入同级政府序列，并向各区城管综合执法局调剂行政编制近百个。

在创新城市管理方式方法方面，济南市牢固树立为人民管理城市的理念，探索建立"服务、管理、执法"三位一体的城市管理模式，力争用服务手段解决70%的问题，用管理手段解决20%的问题，用执法手段解决10%的问题。安徽省10个县启动数字化城管平台建设，宿州市创新服务机制，通过设立23个城市管理服务超市，拓展服务范围和途径，实施零距离服务，每月为群众处理问题和困难近3000件，办理有关事项3万件。湖南省郴州市坚持从源头抓起，将服务挺在前头，解决了城市管理工作中的诸多难题，提升了城市品位和幸福感。山东省临沂市采取政府引导、市场运作、商户共治的方式，在中心城区、繁华商圈、学校、医院等流动摊点密集区域，合理设置小吃街、小白屋等便民服务摊点群，实行定时管理，定点经营，创新了流动摊点治理的新方式。北京市加快网格化工作体系建设，推进延庆、密云等7个区级平台建设，并与市级平台对接。

在提高城市管理执法效能方面，北京市由公安局副局长兼任城市管理执法局局长，治安总队副队长兼任城市管理执法局副局长，全方位协调部署城市管理执法与公安衔接工作。上海市城市管理执法局会同市公安局联合印发通知，健全执法协作机制。贵州省明确要求各地建立城市管理行政执法部门和公安机关协作机制，探索建立派驻、交叉任职等方式。海南省海口市设立了城市警察支队，探索公安加城管的城市综合执法管理体制。江苏省徐州市推行城管、公安巡查一体化机制，将城管执法的巡查区域与巡防、交警的巡逻区域结成互助巡区，城管部门和公安机关相互配发"城管通"和"警务通"，形成24小时相互配合、相互监督、协作处置的优势互补。西安市城管部门与公安交警部门建立执法联动机制，由城管部门采集的侵占城市道路违法停车信息，纳入公安交管信息系统，由交警部门进行处罚，实现行政处罚与刑事处罚无缝对接。南宁市青秀区成立了巡回法庭，主要受理涉及"两违"、城市管理方面的非诉行政强制执行案件，通过开辟绿色通道和审执一站式运作模式,实现"快立—快审—快执"。

【利用卫星遥感监测辅助城乡规划督察工作】
完成2016年103个城市的卫星遥感监测任务,确定重点图斑,发给各地并督促查处。对部分城市规划区内中心城外的地区开展监测,重点关注在建设用地外违法违规进行城市新区及各类园区建设。对重点图斑查办不力、责任落实不到位的地方,采取现场督办、约谈或挂牌督办等方式,强化监督问责。对2014、2015年两期共176个重点图斑开展跟踪督察工作,通过遥感督察,共保护各类绿地549.3万平方米,党纪政纪处理204人,切实维护了规划权威性和严肃性。

印发《城乡规划重大违法案件挂牌督办工作规程》,进一步规范挂牌督办工作。按照《利用遥感监测辅助城乡规划督察工作重大案件处理办法》完成9起重点挂牌督办案件的摘牌工作,保护绿地83.6万平方米,党纪政纪处分38人,强化了查违纠偏和党政问责。

各省、自治区、直辖市积极推进卫星遥感监测工作。辽宁、浙江、山东、广东、陕西、甘肃实现辖区内地级以上城市遥感监测全覆盖,河北、云南开展遥感监测试点工作。北京综合运用遥感、地理信息系统、卫星导航等技术,开展违法建设动态监测。重庆对各区县规划强制性内容同步实施情况进行考核,对31个远郊区县公园绿地和广场建设实施情况进行专项督察。广东建立遥感监测执法系统,采取通报、约谈城市政府、联合新闻媒体现场督办等手段,督促查处违法图斑1.3万个。山东充分运用遥感监测成果,对各市规划实施符合率按照从高到低进行排名,通报批评规划实施存在严重问题的部分市县。陕西以省政府办公厅名义通报12起遥感监测发现的违法典型案件,取得良好的警示震慑作用。

【部派城乡规划和管理督察工作】 2016年,驻103个城市的111名督察员以绿地、水系和基础设施等城市总体规划强制性内容为重点,加强对城市总体规划实施的管控。制止各类违反规划的行为1148起,保护3769余万平方米绿地免遭侵占,增强了规划权威性严肃性。同时,督察员严格监控突破建设用地进行开发建设的行为,遏制城市蔓延,促进集约用地。及时制止了大连、镇江等城市拟突破总规建设用地范围建设商务区、生态新城。以控规为切入点,有力推动控规对总规强制性内容的贯彻执行。制止吉林、锦州等城市在没有控规依据的情况下核发建设项目规划许可的行为。

深入推进城乡规划督察制度改革,赋予督察员城市管理督察职责,将城乡规划督察员更名为城乡规划和管理督察员,改进督察方式,印发《关于发挥督察组作用的有关要求》及《关于督察小组开展专项督察工作的若干要求(试行)》,在日常督察、遥感督察和专项督察等方面切实发挥协同作战优势。针对辽宁5个城市违法图斑多且处理不力的问题,组织专项督察,以督促违法图斑整改为切入点,倒逼各市加快总规报批进度,取得初步成果。推动各督察组针对共性问题开展专项督察,促进重点问题解决,提高督察震慑力和影响力。

逐步完善部省联动、协同督察、全面覆盖的督察工作体系。在一些城市尤其是省会城市逐步设立专职组长,截至年底,已有11个省会城市所在小组设立专职组长。继续推动省级规划主管部门建立城乡规划督察制度,逐步建立起覆盖全国的城乡规划层级监管网络。

【受理群众举报工作】 2016年,城市管理监督局收到各类群众举报线索3823件。剔除涉法涉诉、信访终结、不属于住房城乡建设部职责范围和重复的举报,实际受理有效举报1584件。其中,直接办理385件,转地方或其他部门处理1199件。有效举报中,涉及房地产市场621件,占39.2%;建筑市场392件,占24.8%;城乡规划271件,占17.1%;工程质量安全128件,占8.1%;城镇保障性安居工程72件,占4.5%;其他领域100件,占6.3%,包括住房公积金29件,城市建设28件,村镇建设12件,风景名胜区和历史文化名城保护11件,建筑节能10件,标准定额7件,其他3件。

通过数据对比分析,主要反映了以下几方面问题:一是举报总量趋向稳定。2016年共受理有效举报1584件,与2015年基本持平。从近5年数据看来,增长率依次为18.1%、21.5%、70.6%、6.6%。

二是举报以四大领域为主。2012~2016年,每年反映房地产市场、建筑市场、城乡规划和质量安全四方面问题的举报都占总量的80%以上。2016年,反映房地产市场问题的举报量明显上升,较2015年增长了29.3%,反映城乡规划建设管理方面的问题较2015年增长了4.6%,反映建筑市场和工程质量安全问题的举报数量在2014年9月启动工程质量治理两年行动带来明显增长后,2016年首次出现下降。

三是住房方面的举报呈高发态势。2016年房地产市场和住房保障方面全年举报总计693件,占总量的44%。其中交付使用、预售销售仍是问题高发的环节，涉及房地产中介的举报也呈上升趋势。具体表现有：逾期交房及违规交房问题突出；开发商未取得预售许可即开盘销售；一线城市房屋租赁市场火爆，部分中介追逐利益，经营行为不规范，出现私打隔断、侵吞押金、拖欠租金等现象。

四是违法建设问题仍然较为突出。《中共中央国务院关于进一步加强城市规划建设管理工作的若干意见》中，明确要求进一步强化规划的强制性，凡是违反规划的行为都要严肃追究责任。2016年反映企业和个人违法建设问题占城乡规划领域总举报量的72%，说明一些企业和个人对规划的严肃性、权威性的认识仍然不足，而主管部门的监管也存在缺位或不及时、不到位的情况。

五是建筑市场方面资质管理还需进一步规范。建筑市场的举报较上年有所下降，但仍占举报总量的24.8%。问题集中在个人违规执业注册和企业在资质申报中弄虚作假两方面。究其原因，主要是企业资质及个人执业资格管理还存在动态监管信息沟通不畅等问题，且现行法律法规规定的处罚力度较小，违法违规成本不高。另外，建筑工程招投标环节的举报也比2015年增长了32.3%。

六是工程质量安全问题时有发生。2016年，群众反映工程质量安全方面的问题主要集中在不按照图纸施工、违反强制性标准、偷工减料导致房屋质量安全存在隐患，监理履职不到位等方面。工程质量问题侵害了人民群众的生命和财产安全，群众往往持续举报，且对后续处理结果保持高度关注。

【重点执法监督检查工作】 各级住房城乡建设主管部门认真贯彻落实中央城市工作会议和中央经济工作会议精神，按照全国住房城乡建设工作会议"贯穿一条主线，促进七项任务落实"和《住房城乡建设部2016年重点稽查执法工作方案》（建稽〔2016〕41号）要求，突出重点任务，完善制度机制，创新方式方法，加大执法力度，增强监督实效。据不完全统计，住房城乡建设领域全年开展监督检查近7万次，针对发现的问题发出整改或执法文书33.2万余件，曝光典型案件9900余件，出台和完善各类政策制度2200余项，各项监督检查任务基本落实，取得积极成效。

以强化市场监管、整顿市场秩序为目标，开展房地产市场监管监督检查。持续整顿房地产市场秩序，强化中介行业管理，在全国范围内开展房地产市场专项整治，公开曝光房地产中介违法违规典型案例。通过央视、新华社等媒体向社会通报违法违规房地产开发企业和中介机构。据不完全统计，各地围绕房地产市场开展专项检查4100余次，发出整改或执法文书5800余件，曝光典型案件420余件，出台和完善政策制度近250项。

以推动配套设施建设、督促公租房分配为重点，开展城镇保障性安居工程监督检查。按照国务院第三次大督查部署，将公租房建设和分配管理纳入专项督查范围，开展实地核查。围绕棚改建设进度、货币化安置比例、棚改贷款、公租房分配等重点内容开展专项巡查，督促各地完成任务。据不完全统计，各地围绕保障性安居工程开展专项检查近1300次，发出整改或执法文书近700件，曝光典型案件近70件，出台和完善政策制度近90项。

以违法建设治理、城乡规划督察为抓手，开展城乡规划实施监督检查。全面启动城市建成区违法建设治理工作，组织违法建设治理交叉专项督查，摸底排查全面掌握情况，分类治理，坚决遏制新增违法建设。组织派驻在国务院审批总体规划的103个城市城乡规划督察员，制止各类违反城市总体规划强制性内容行为。据不完全统计，各地围绕城乡规划开展专项检查5000余次，发出整改或执法文书近2万件，曝光典型案件900余件，出台和完善政策制度400余项。

以树立规划权威、维护规划严肃性为导向，开展卫星遥感监测工作。对国务院审批城市总体规划的城市开展卫星遥感监测工作，督促各省、自治区住房城乡建设厅组织有关城市按照法律法规及法定规划，认真开展自查自纠，依法严肃查处图斑涉及违法问题，对有关责任人强化问责，取得良好的警示震慑效果。

以抓基础设施建设、推进城市绿色发展为核心，开展城市建设和城市管理监督检查。完成对列入濒危名单的国家级风景名胜区整改情况复查验收，对执法检查中被责令整改的国家级风景名胜区进行抽检复查。开展城镇排水防汛专项检查，确保汛期城市排水安全。会同环境保护部、水利部、农业部，对天津、河北、山东等11个省(市)黑臭水体整治情况进行督查。赴河南、江苏、广西、内蒙古、新疆等地实地督导各地城市管理执法体制进展情况，对各地出台实施意见、建立协调机制、公布权责清单等工作强化台账管理，督促各地按时改革重点任务。据不完全统计，各地围绕城市建设开展专项检查近1.3万次，发出整改或执法文书近20万件，曝光典型案件2000余件，出台和完善政策制度420余项。

以优化市场环境、提升工程质量总体水平为主线，开展建筑市场和工程质量安全监督检查。按照

《工程质量治理两年行动方案》部署,对全国(除西藏外)30个省份开展监督执法检查,抽查在建项目,反馈意见问题,对违规工程项目下发《建设工程质量安全监督执法建议书》和《建筑市场执法建议书》,并通报全国。开展以基坑支护、模板支撑体系、起重机械等为重点的建筑施工安全专项整治活动,深入排查安全隐患,严防安全事故。据不完全统计,各地围绕建筑市场和工程质量安全开展专项检查近4.2万次,发出整改或执法文书近10万件,曝光典型案件近2000件,出台和完善政策制度850余项。

以防范贷款风险、保障资金安全为核心,开展住房公积金监督检查。将试点资金回收、防范逾期风险作为对利用住房公积金贷款支持保障性住房建设试点项目巡查的重点,组织公积金督察员对全部61个试点城市372个利用公积金贷款支持保障性住房建设试点项目进行了巡查,对还贷不及时、存在逾期风险等重点问题进行督办。对存在住房公积金涉险资金问题的城市进行实地督促,对住房公积金中心开展廉政风险防控检查。据不完全统计,各地围绕住房公积金缴存、使用和管理开展专项检查500余次,发出整改或执法文书1万余件,曝光典型案件200余件,出台和完善政策制度100余项。

以推广绿色建筑、降低建筑能耗为重点,开展建筑节能监督检查。配合国家发展改革委组织开展全社会节能目标责任考核,对各地建筑节能与绿色建筑实施情况进行评价考核。据不完全统计,各地围绕建筑节能开展专项检查1000余次,发出整改或执法文书1500余件,曝光典型案件150余件,出台和完善政策制度100余项。

以提升标准水平、树立标准权威为目的,开展工程建设强制性标准和造价实施监督检查。开展工程造价管理改革专项督查,推动各地制定改革实施方案,切实树立工程建设标准权威。与工业和信息化部联合开展光纤到户国家标准贯彻实施工作监督检查,推动地方落实国家标准,促进光纤到户的普及和宽带发展。据不完全统计,各地围绕工程建设强制性标准和造价实施开展专项检查800余次,发出整改或执法文书近1200余件,曝光典型案件近100余件,出台和完善政策制度60余项。

以改善农村人居环境、促进城乡统筹发展为重心,开展村镇建设规划实施管理监督检查。组织第三方专业机构,督导核查地方录入"十三五"期间农村危房改造对象的经济状况,确保基础数据准确和资金拨付安全。会同财政部开展2016年农村危房改造绩效评价交叉检查,对各省农村危房改造的任务落实、政策执行、资金使用等情况进行检查。联合文化部、国家文物局、财政部、国土资源部、农业部、国家旅游局6部门,对列入中央财政支持范围的100个中国传统村落保护项目实施情况开展专项督查和再核实,并通报结果,健全保护工作机制,切实加强保护技术指导。据不完全统计,各地围绕村镇建设规划实施管理开展专项检查1600余次,发出整改或执法文书1000余件,曝光典型案件100余件,出台和完善政策制度110余项。

【住房公积金督察】 在住房城乡建设部、财政部、国家发改委、人民银行、审计署、银监会六部门领导下,不断规范和完善住房公积金督察员管理和工作制度。按照《住房公积金督察员管理办法》的轮岗要求,对公积金督察员重新分组,加强试点城市的巡查工作力量。

将利用公积金贷款支持保障性住房建设资金回收、防范逾期风险作为对试点项目巡查的重点,组织督察员对全部61个试点城市372个利用公积金贷款支持保障性住房建设试点工作进行了4批次巡查,对放款进度慢、还贷不及时等重点问题进行督办。

对存在住房公积金涉险资金的城市进行实地督促,使2个省份3个城市涉险资金清零。

(住房和城乡建设部城市管理监督局)

人 事 教 育

机构变化

【住房城乡建设部设立城市管理监督局】 9月19日,中央机构编制委员会办公室印发《中央编办关于住房城乡建设部设立城市管理监督局有关问题的批复》(中央编办复字〔2016〕146号),同意住房城乡建设部设立城市管理监督局，不再保留稽查办公室。10月10日，住房城乡建设部人事司印发《住房城乡建设部关于设立城市管理监督局的通知》，设立城市管理监督局，作为住房城乡建设部内设机构，负责拟定城管执法的政策法规，指导全国城管执法工作，开展城管执法行为监督，组织查处住房城乡建设领域重大案件等职责。城市管理监督局设7个处：综合处、政策法规处、一处、二处、三处、四处、五处。

【住房城乡建设部办公厅内设机构调整】 5月18日，住房城乡建设部人事司印发《关于办公厅内设机构调整的通知》（建人综〔2016〕40号），对住房城乡建设部办公厅内设机构进行调整，增设政务公开处(社会信用体系建设处)，督办处更名为督查处(保密处)。调整后，办公厅内设处室为9个：综合处(值班室)、秘书处、督查处(保密处)、宣传信息处(新闻办公室)、档案处(城建档案工作办公室)、政务公开处(社会信用体系建设处)、信访保卫处(信访办公室)、电子政务处(行政审批集中受理办公室)、秘书二处。

【住房城乡建设部城市建设司内设机构调整】 12月29日，住房城乡建设部人事司印发《关于城市建设司内设机构调整的通知》，对住房和城乡建设部城市建设司内设机构进行调整。调整后，城市建设司设8个处：综合法规处、海绵城市建设处、地下综合管廊处、市政交通处、环卫设施处、水务处、园林绿化处、世界遗产与风景名胜管理处。

【住房城乡建设部住房公积金监管司内设机构调整】 1月8日，住房城乡建设部人事司印发《关于住房公积金监管司内设机构调整的通知》（建人综〔2016〕1号），对住房城乡建设部住房公积金监管司内设机构进行调整，增设服务指导处。调整后，住房公积金监管司设5个处：综合处、政策协调处、监察管理处、信息化推进处、服务指导处。

【住房城乡建设部计划财务与外事司内设机构调整】 1月11日，住房城乡建设部人事司印发《关于计划财务与外事司内设机构及行政编制调整的通知》（建人综〔2016〕2号），对住房城乡建设部计划财务与外事司内设机构进行调整。调整后，计划财务与外事司内设处室仍为8个：综合处、计划处、经济信息处、预算管理处、财务监督与资产管理处、财务处、双边合作与港澳事务处、多边合作与台湾事务处。

【住房城乡建设部人事司内设机构调整】 12月23日，住房城乡建设部人事司印发《关于人事司内设机构调整的通知》，对住房和城乡建设部人事司内设机构进行调整。调整后，人事司内设6个处：综合与机构编制处、干部一处、干部二处、干部监督处、干部教育处、人才工作处。

【中国城市规划设计研究院机构调整】 6月28日，住房城乡建设部人事司印发《关于中国城市规划设计研究院机构设置和中层领导干部职数调整的批复》（建人综〔2016〕56号），对中国城市规划设计研究院机构进行调整，撤销科技业务处、北海分院、钦州办事处，设立纪委办公室、科技促进处、经营管理处。调整后，中国城市规划设计研究院内设机构为25个：综合办公室、党委办公室、纪委办公室、人事教育处、计划财务处、科技促进处、经营管理处、总工程师室、规划研究中心、城市更新研究所、区域规划研究所、历史文化名城研究所、城乡治理研究所、绿色城市研究所、村镇规划研究所、住房与住区研究所、文化与旅游规划研究所、建筑设计所、城市规划学术信息中心、院士工作室、城市设计研究分院、城市交通研究分院、城镇水务与工程研究分院、风景园林和景观研究分院、服务中心。派出机构6个：深圳分院、上海分院、西部分院、汕头分院、海南分院、厦门分院。

【全国市长研修学院(住房和城乡建设部干部学院)内设机构调整】 12月12日，住房城乡建设部人事司印发《关于全国市长研修学院(住房城乡建设部干部学院)内设机构调整的通知》（建人综〔2016〕108号），对全国市长研修学院(住房城乡建设部干部学院)内设机构进行了调整。撤销教学研究部、建设系统领导干部培训部、专业技术人员培训部、执业资格考前培训部、对外合作与地方基层领导干部培训部、信息技术部(电教中心)6个内设机构；设立城乡规划与村镇建设培训部、工程建设培训部、城市建设培训部、房地产与住房保障培训部、城市管理执法培训部、专业技术人员继续教育培训部(网络与电教中心)、后勤服务中心7个内设机构；将计划财务处更名为财务处，城市管理研究所(科研部)更名为城市发展研究所。调整后，学院内设机构为15个：党委办公室、院务办公室、教务处、市长研修部、党校工作部、城乡规划与村镇建设培训部、工程建设培训部、城市建设培训部、房地产与住房保障培训部、城市管理执法培训部、专业技术人员继续教育培训部(网络与电教中心)、城市发展研究所、财务处、人事处和后勤服务中心。

【中国建设报社机构调整】 1月18日，住房城乡建设部人事司印发《关于中国建设报社机构调整的批复》（建人综〔2016〕5号），对住房城乡建设部中国建设报社机构进行调整。撤销建筑市场部，成立战略合作部，将信息推广部更名为发展运营部，将华建广告公司更名为北京天行建策文化传媒中心，组建中国建设报社新媒体公司、中国建设报社信息技术网络公司。调整后，内设机构数不变。

【**中国建设报社内设机构再次调整**】 4月26日，住房城乡建设部人事司印发《关于中国建设报社内设机构调整的批复》（建人综〔2016〕33号），对住房城乡建设部中国建设报社内设机构进行调整，撤销节能科技部，成立广告与合同管理部，将记者发行部更名为记者部。调整后，内设机构数不变。

【**中国建设报社内设机构第三次调整**】 7月5日，住房城乡建设部人事司印发《关于中国建设报社内设机构调整的批复》（建人综〔2016〕57号），对中国建设报社内设机构进行调整，将人力资源部更名为党委办公室（人力资源部），办公室更名为办公室（纪委办公室）。调整后，内设机构数不变。

（程建伟）

高等教育

【**住房城乡建设部、安徽省人民政府签署共建安徽建筑大学协议**】 3月2日，住房城乡建设部、安徽省人民政府在北京签署共建安徽建筑大学协议。根据协议，住房城乡建设部将在完善学校战略发展规划和学科建设规划，支持学校发挥特色优势特别是在城乡规划、建筑节能、徽派建筑传承保护、文化遗址规划与保护、历史文化名城与名镇规划、水资源保护与污水治理、城镇基础设施安全等领域加强指导和帮助。安徽省将把学校作为全省高等教育发展的支持重点，在体制机制创新、学科专业布局、科研水平提升、经费投入保障等方面给予支持。

【**住房城乡建设部、山东省人民政府签署共建山东建筑大学协议**】 4月18日，住房城乡建设部、山东省人民政府在济南签署共建山东建筑大学协议。根据协议，住房城乡建设部将在指导制定学科建设规划，支持学校开展城乡规划、数字化城市管理、新型结构体系、工程防灾减灾、建筑新能源新材料、水环境治理、工程管理现代化等领域的科学研究和成果转化。支持学校加强历史文化名城、风景名胜区、宜居城市、传统村落与民居、建筑遗产等的保护和研究。山东省将把学校作为山东省高等教育特色名校建设的重点，优化资源配置，加大政策、资源投入等方面的支持力度。

【**住房城乡建设部、吉林省人民政府签署共建吉林建筑大学协议**】 8月12日，住房城乡建设部、吉林省人民政府在北京签署共建吉林建筑大学协议。根据协议，住房城乡建设部将在学校完善发展规划、加强学科专业建设、提高重点领域科研水平、加大高水平人才队伍建设、校企合作等方面给予支持和帮助。吉林省将把学校纳入吉林国民经济和社会发展总体规划，加强学校办学经费保障力度，支持学校研究生教育，支持引进高端人才，发挥学校在省内建设领域智库作用。

【**成立新一届住房城乡建设部高等教育土木工程、建筑环境与能源应用工程专业评估委员会**】 1月，住房城乡建设部印发《住房城乡建设部关于印发第六届高等教育土木工程专业评估委员会、第四届建筑环境与能源应用工程专业评估委员会组成人员名单的通知》（建人〔2016〕25号），组建新一届住房城乡建设部高等教育土木工程专业评估委员会、建筑环境与能源应用工程专业评估委员会，任期四年。高等教育土木工程专业评估委员会33人，主任委员由同济大学陈以一担任；副主任委员4人，分别由中国建筑设计研究院任庆英、苏州科技大学何若全、西南交通大学易思蓉、中国电子工程设计院娄宇担任；委员27人，名单如下：湖南大学方志、北京清华同衡规划设计研究院王昌兴、华南理工大学王湛、中国建筑科学研究院王翠坤、北京市市政工程设计研究总院包琦玮、西安建筑科技大学史庆轩、清华大学石永久、重庆大学刘汉龙、中冶建筑研究总院刘毅、安徽省建筑设计研究院朱兆晴、北京市建筑设计研究院朱忠义、中国中建设计集团邢民、中国建筑工程总公司宋中南、北京建筑大学张爱林、上海隧道工程股份有限公司周文波、中交第三公路工程有限公司周钢、浙江大学罗尧治、山东建筑大学范存礼、哈尔滨工业大学范峰、长安大学胡力群、中水淮河规划设计研究院有限公司唐涛、中铁大桥勘测设计院徐恭义、沈阳建筑大学贾连光、东南大学童小东、天津大学韩庆华、中交投资有限公司黎儒国、北京交通大学魏庆朝；秘书长由住房城乡建设部人事司人员担任。高等教育建筑环境与能源应用工程专业评估委员会25人，主任委员由中国建筑设计研究院潘云钢担任；副主任委员3人，分别由清华大学朱颖心、同济大学张旭、中国建筑科学研究院徐伟担任；委员20人，名单如下：山东建筑大学刁乃仁、山东省建筑设计研究院于晓明、天津市建筑设计院伍小亭、哈尔滨工业大学刘京、中国建筑西南设计研究院戎向阳、上海建筑设计研究院何焰、解放军后勤工程学院建筑设计研究院吴祥生、天津大学张欢、中国五洲工程设计集团有限公司张小慧、中国制冷学会李先庭、西安建筑科技大学李安桂、北京城建设计发展集团股份有限公司李国庆、北京建筑大学李德英、湖南大学杨昌智、重庆大学肖益民、青岛理工大学胡松涛、北京市建筑设计研究院徐宏庆、南京工业大学龚延风、大连理工大学端木琳、重庆市设计院谭平；秘书长由住房城乡建设部人事司人员担任。

【修订给排水科学与工程专业评估文件】 为做好高等学校给排水科学与工程专业教育评估工作，高等学校给排水科学与工程专业评估委员会按照工程教育专业认证的要求，组织修订新版专业评估文件，包括专业评估认证标准、程序与方法、现场考查专家组工作指南、学校工作指南等，并于6月发布实施。

【2015～2016年度高等学校建筑学专业教育评估工作】 2016年，全国高等学校建筑学专业教育评估委员会对深圳大学、中南大学、武汉大学、山东建筑大学、河北工程大学、苏州科技大学、西北工业大学、广州大学、北方工业大学、华侨大学、中国矿业大学、安徽建筑大学、长沙理工大学、兰州理工大学、河南大学、河北建筑工程学院等16所学校的建筑学专业教育进行了评估。评估委员会全体委员对各学校的自评报告进行审阅，于5月派遣视察小组进校实地视察。之后，经评估委员会全体会议讨论和投票表决，做出评估结论并报送国务院学位委员会。2016年高校建筑学专业评估结论见表1。

2016年高校建筑学专业评估结论　　　　　　表1

序号	学校	授予学位	本科合格有效期	硕士合格有效期	备注
1	深圳大学	学士　硕士	7年(2016.5～2023.5)	4年(2016.5～2020.5)	本科复评　硕士复评
2	华侨大学	学士　硕士	4年(2016.5～2020.5)	4年(2016.5～2020.5)	本科复评　硕士复评
3	山东建筑大学	硕士	2012.5～2019.5	4年(2016.5～2020.5)	硕士复评
4	广州大学	学士　硕士	4年(2016.5～2020.5)	4年(2016.5～2020.5)	本科复评　硕士初评
5	河北工程大学	学士	有条件4年(2016.5～2020.5)	—	本科复评
6	安徽建筑大学	硕士	2015.5～2019.5	4年(2016.5～2020.5)	硕士初评
7	中南大学	学士　硕士	4年(2016.5～2020.5)	4年(2016.5～2020.5)	本科复评　硕士复评
8	武汉大学	学士　硕士	4年(2016.5～2020.5)	4年(2016.5～2020.5)	本科复评　硕士复评
9	北方工业大学	学士　硕士	4年(2016.5～2020.5)	4年(2016.5～2020.5)	本科复评　硕士复评
10	中国矿业大学	学士　硕士	4年(2016.5～2020.5)	4年(2016.5～2020.5)	本科复评　硕士初评
11	苏州科技大学	学士	4年(2016.5～2020.5)	—	本科复评
12	西北工业大学	学士	4年(2016.5～2020.5)	—	本科复评
13	长沙理工大学	学士	有条件4年(2016.5～2020.5)	—	本科初评
14	兰州理工大学	学士	4年(2016.5～2020.5)	—	本科初评
15	河南大学	学士	4年(2016.5～2020.5)	—	本科初评
16	河北建筑工程学院	学士	4年(2016.5～2020.5)	—	本科初评

截至5月，全国共有60所高校建筑学专业通过专业教育评估，获建筑学专业学位（包括建筑学学士和建筑学硕士）授予权，其中具有建筑学学士学位授予权的有59个专业点，具有建筑学硕士学位授予权的有38个专业点。详见表2。

建筑学专业评估通过学校和有效期情况统计表　　　　　　表2

（截至2016年5月，按首次通过评估时间排序）

序号	学校	本科合格有效期	硕士合格有效期	首次通过评估时间
1	清华大学	2011.5～2018.5	2011.5～2018.5	1992.5
2	同济大学	2011.5～2018.5	2011.5～2018.5	1992.5
3	东南大学	2011.5～2018.5	2011.5～2018.5	1992.5
4	天津大学	2011.5～2018.5	2011.5～2018.5	1992.5

续表

序号	学校	本科合格有效期	硕士合格有效期	首次通过评估时间
5	重庆大学	2013.5～2020.5	2013.5～2020.5	1994.5
6	哈尔滨工业大学	2013.5～2020.5	2013.5～2020.5	1994.5
7	西安建筑科技大学	2013.5～2020.5	2013.5～2020.5	1994.5
8	华南理工大学	2013.5～2020.5	2013.5～2020.5	1994.5
9	浙江大学	2011.5～2018.5	2011.5～2018.5	1996.5
10	湖南大学	2015.5～2022.5	2015.5～2022.5	1996.5
11	合肥工业大学	2015.5～2022.5	2015.5～2022.5	1996.5
12	北京建筑大学	2012.5～2019.5	2012.5～2019.5	1996.5
13	深圳大学	2016.5～2023.5	2016.5～2020.5	本科1996.5 硕士2012.5
14	华侨大学	2016.5～2020.5	2016.5～2020.5	1996.5
15	北京工业大学	2014.5～2018.5	2014.5～2018.5	本科1998.5 硕士2010.5
16	西南交通大学	2014.5～2021.5	2014.5～2021.5	本科1998.5 硕士2004.5
17	华中科技大学	2014.5～2021.5	2014.5～2021.5	1999.5
18	沈阳建筑大学	2011.5～2018.5	2011.5～2018.5	1999.5
19	郑州大学	2015.5～2019.5	2015.5～2019.5	本科1999.5 硕士2011.5
20	大连理工大学	2015.5～2022.5	2015.5～2022.5	2000.5
21	山东建筑大学	2012.5～2019.5	2016.5～2020.5	本科2000.5 硕士2012.5
22	昆明理工大学	2013.5～2017.5	2013.5～2017.5	本科2001.5 硕士2009.5
23	南京工业大学	2014.5～2018.5	2014.5～2018.5	本科2002.5 硕士2014.5
24	吉林建筑大学	2014.5～2018.5	2014.5～2018.5	本科2002.5 硕士2014.5
25	武汉理工大学	2015.5～2019.5	2015.5～2019.5	本科2003.5 硕士2011.5
26	厦门大学	2015.5～2019.5	2015.5～2019.5	本科2003.5 硕士2007.5
27	广州大学	2016.5～2020.5	2016.5～2020.5	本科2004.5 硕士2016.5
28	河北工程大学	2016.5～2020.5(有条件)	—	2004.5
29	上海交通大学	2014.5～2018.5	—	2006.6
30	青岛理工大学	2014.5～2018.5	2014.5～2018.5	本科2006.6 硕士2014.5
31	安徽建筑大学	2015.5～2019.5	2016.5～2020.5	本科2007.5 硕士2016.5
32	西安交通大学	2015.5～2019.5	2015.5～2019.5	本科2007.5 硕士2011.5
33	南京大学	—	2011.5～2018.5	2007.5
34	中南大学	2016.5～2020.5	2016.5～2020.5	本科2008.5 硕士2012.5
35	武汉大学	2016.5～2020.5	2016.5～2020.5	2008.5
36	北方工业大学	2016.5～2020.5	2016.5～2020.5	本科2008.5 硕士2014.5
37	中国矿业大学	2016.5～2020.5	2016.5～2020.5	本科2008.5 硕士2016.5
38	苏州科技大学	2016.5～2020.5	—	2008.5
39	内蒙古工业大学	2013.5～2017.5	2013.5～2017.5	本科2009.5 硕士2013.5
40	河北工业大学	2013.5～2017.5	—	2009.5
41	中央美术学院	2013.5～2017.5	—	2009.5
42	福州大学	2014.5～2018.5	—	2010.5
43	北京交通大学	2014.5～2018.5	2014.5～2018.5	本科2010.5 硕士2014.5
44	太原理工大学	2014.5～2018.5(有条件)	—	2010.5

续表

序号	学校	本科合格有效期	硕士合格有效期	首次通过评估时间
45	浙江工业大学	2014.5~2018.5	—	2010.5
46	烟台大学	2015.5~2019.5	—	2011.5
47	天津城建大学	2015.5~2019.5	2015.5~2019.5	本科2011.5 硕士2015.5
48	西北工业大学	2016.5~2020.5	—	2012.5
49	南昌大学	2013.5~2017.5	—	2013.5
50	广东工业大学	2014.5~2018.5	—	2014.5
51	四川大学	2014.5~2018.5	—	2014.5
52	内蒙古科技大学	2014.5~2018.5	—	2014.5
53	长安大学	2014.5~2018.5	—	2014.5
54	新疆大学	2015.5~2019.5	—	2015.5
55	福建工程学院	2015.5~2019.5	—	2015.5
56	河南工业大学	2015.5~2019.5(有条件)	—	2015.5
57	长沙理工大学	2016.5~2020.5(有条件)	—	2016.5
58	兰州理工大学	2016.5~2020.5	—	2016.5
59	河南大学	2016.5~2020.5	—	2016.5
60	河北建筑工程学院	2016.5~2020.5	—	2016.5

【2015~2016年度高等学校城乡规划专业教育评估工作】 2016年，住房城乡建设部高等教育城乡规划专业评估委员会对清华大学、湖南大学、东南大学、同济大学、重庆大学、哈尔滨工业大学、天津大学、浙江大学、昆明理工大学、西南交通大学、福建工程学院、安徽建筑大学、江西师范大学、西南民族大学等14所学校的城乡规划专业进行了评估。评估委员会全体委员对各校的自评报告进行了审阅，于5月派遣视察小组进校实地视察。经评估委员会全体会议讨论并投票表决，做出了评估结论，见表3。

2015~2016年度高等学校城乡规划专业教育评估结论　　表3

序号	学校	学位授予	本科合格有效期	硕士合格有效期	备注
1	清华大学	硕士	—	6年(2016.5~2022.5)	硕士复评
2	东南大学	学士 硕士	6年(2016.5-2022.5)	6年(2016.5-2022.5)	本科复评 硕士复评
3	同济大学	学士 硕士	6年(2016.5~2022.5)	6年(2016.5~2022.5)	本科复评 硕士复评
4	重庆大学	学士 硕士	6年(2016.5~2022.5)	6年(2016.5~2022.5)	本科复评 硕士复评
5	哈尔滨工业大学	学士 硕士	6年(2016.5~2022.5)	6年(2016.5~2022.5)	本科复评 硕士复评
6	天津大学	学士 硕士	6年(2016.5~2022.5)	6年(2016.5~2022.5)	本科复评 硕士复评
7	西南交通大学	学士 硕士	6年(2016.5~2022.5)	6年(2016.5~2022.5)	本科复评 硕士复评
8	浙江大学	学士 硕士	6年(2016.5~2022.5)	6年(2016.5~2022.5)	本科复评 硕士复评
9	湖南大学	硕士	2012.5~2018.5	6年(2016.5~2022.5)	硕士复评
10	安徽建筑大学	学士 硕士	6年(2016.5~2022.5)	4年(2016.5~2020.5)	本科复评 硕士初评
11	昆明理工大学	学士 硕士	4年(2016.5~2020.5)	4年(2016.5~2020.5)	本科复评 硕士复评
12	福建工程学院	学士	4年(2016.5~2020.5)	—	本科复评
13	江西师范大学	学士	4年(2016.5~2020.5)	—	本科初评
14	西南民族大学	学士	4年(2016.5~2020.5)	—	本科初评

截至5月，全国共有44所高校的城乡规划专业通过专业评估，其中本科专业点43个，硕士研究生专业点26个。详见表4。

城乡规划专业评估通过学校和有效期情况统计表 表4
（截至2016年5月，按首次通过评估时间排序）

序号	学校	本科合格有效期	硕士合格有效期	首次通过评估时间
1	清华大学	—	2016.5～2022.5	1998.6
2	东南大学	2016.5～2022.5	2016.5～2022.5	1998.6
3	同济大学	2016.5～2022.5	2016.5～2022.5	1998.6
4	重庆大学	2016.5～2022.5	2016.5～2022.5	1998.6
5	哈尔滨工业大学	2016.5～2022.5	2016.5～2022.5	1998.6
6	天津大学	2016.5～2022.5	2016.5～2022.5（2006年6月至2010年5月硕士研究生教育不在有效期内）	2000.6
7	西安建筑科技大学	2012.5～2018.5	2012.5～2018.5	2000.6
8	华中科技大学	2012.5～2018.5	2012.5～2018.5	本科2000.6 硕士2006.6
9	南京大学	2014.5～2020.5（2006年6月至2008年5月本科教育不在有效期内）	2014.5～2020.5	2002.7
10	华南理工大学	2014.5～2020.5	2014.5～2020.5	2002.6
11	山东建筑大学	2014.5～2020.5	2014.5～2020.5	本科2004.6 硕士2012.5
12	西南交通大学	2016.5～2022.5	2016.5～2022.5	本科2006.6 硕士2014.5
13	浙江大学	2016.5～2022.5	2016.5～2022.5	本科2006.6 硕士2012.5
14	武汉大学	2012.5～2018.5	2012.5～2018.5	2008.5
15	湖南大学	2012.5～2018.5	2016.5～2022.5	本科2008.5 硕士2012.5
16	苏州科技大学	2012.5～2018.5	2014.5～2018.5	本科2008.5 硕士2014.5
17	沈阳建筑大学	2012.5～2018.5	2012.5～2018.5	本科2008.5 硕士2012.5
18	安徽建筑大学	2016.5～2022.5	2016.5～2020.5	本科2008.5 硕士2016.5
19	昆明理工大学	2016.5～2020.5	2016.5～2020.5	本科2008.5 硕士2012.5
20	中山大学	2013.5～2017.5	—	2009.5
21	南京工业大学	2013.5～2017.5	2013.5～2017.5	本科2009.5 硕士2013.5
22	中南大学	2013.5～2017.5	2013.5～2017.5	本科2009.5 硕士2013.5
23	深圳大学	2013.5～2017.5	2013.5～2017.5	本科2009.5 硕士2013.5
24	西北大学	2013.5～2017.5	2013.5～2017.5	2009.5
25	大连理工大学	2014.5～2020.5	2014.5～2018.5	本科2010.5 硕士2014.5
26	浙江工业大学	2014.5～2018.5	—	2010.5
27	北京建筑大学	2015.5～2019.5	2013.5～2017.5	本科2011.5 硕士2013.5
28	广州大学	2015.5～2019.5	—	2011.5
29	北京大学	2015.5～2021.5	—	2011.5
30	福建工程学院	2016.5～2020.5	—	2012.5
31	福州大学	2013.5～2017.5	—	2013.5
32	湖南城市学院	2013.5～2017.5	—	2013.5
33	北京工业大学	2014.5～2018.5	2014.5～2018.5	2014.5
34	华侨大学	2014.5～2018.5	—	2014.5
35	云南大学	2014.5～2018.5	—	2014.5
36	吉林建筑大学	2014.5～2018.5	—	2014.5
37	青岛理工大学	2015.5～2019.5	—	2015.5

续表

序号	学校	本科合格有效期	硕士合格有效期	首次通过评估时间
38	天津城建大学	2015.5～2019.5	—	2015.5
39	四川大学	2015.5～2019.5	—	2015.5
40	广东工业大学	2015.5～2019.5	—	2015.5
41	长安大学	2015.5～2019.5	—	2015.5
42	郑州大学	2015.5～2019.5	—	2015.5
43	江西师范大学	2016.5～2020.5	—	2016.5
44	西南民族大学	2016.5～2020.5	—	2016.5

【2015～2016年度高等学校土木工程专业教育评估工作】 2016年，住房城乡建设部高等教育土木工程专业评估委员会对三峡大学、北京建筑大学、内蒙古科技大学、长安大学、广西大学、山东大学、太原理工大学、山东科技大学、北京科技大学、扬州大学、厦门理工学院、江苏大学等12所学校的土木工程专业进行了评估。评估委员会全体委员对各校的自评报告进行了审阅，于5月派遣视察小组进校实地视察。经评估委员会全体会议讨论并投票表决，做出了评估结论，见表5。

2015～2016年度高等学校土木工程专业教育评估结论　　表5

序号	学校	合格有效期	首次通过评估时间
1	三峡大学	6年（2016.5～2022.5）（2004年6月至2006年6月不在有效期内）	1999.6
2	北京建筑大学	6年（2016.5～2022.5）	2006.6
3	内蒙古科技大学	6年（2016.5～2022.5）	2006.6
4	长安大学	6年（2016.5～2022.5）	2006.6
5	广西大学	6年（2016.5～2022.5）	2006.6
6	山东大学	6年（2016.5～2022.5）	2011.5
7	太原理工大学	6年（2016.5～2022.5）	2011.5
8	山东科技大学	3年（2016.5～2019.5）	2016.5
9	北京科技大学	3年（2016.5～2019.5）	2016.5
10	扬州大学	3年（2016.5～2019.5）	2016.5
11	厦门理工学院	3年（2016.5～2019.5）	2016.5
12	江苏大学	3年（2016.5～2019.5）	2016.5

截至5月，全国共有89所高校的土木工程专业通过评估。详见表6。

高校土木工程专业评估通过学校和有效期情况统计表　　表6

（截至2016年5月，按首次通过评估时间排序）

序号	学校	本科合格有效期	首次通过评估时间	序号	学校	本科合格有效期	首次通过评估时间
1	清华大学	2013.5～2021.5	1995.6	8	哈尔滨工业大学	2013.5～2021.5	1995.6
2	天津大学	2013.5～2021.5	1995.6	9	湖南大学	2013.5～2021.5	1995.6
3	东南大学	2013.5～2021.5	1995.6	10	西安建筑科技大学	2013.5～2021.5	1995.6
4	同济大学	2013.5～2021.5	1995.6	11	沈阳建筑大学	2012.5～2020.5	1997.6
5	浙江大学	2013.5～2021.5	1995.6	12	郑州大学	2012.5～2017.5	1997.6
6	华南理工大学	2010.5～2018.5	1995.6	13	合肥工业大学	2012.5～2020.5	1997.6
7	重庆大学	2013.5～2021.5	1995.6	14	武汉理工大学	2012.5～2017.5	1997.6

建 设 综 述

续表

序号	学校	本科合格有效期	首次通过评估时间	序号	学校	本科合格有效期	首次通过评估时间
15	华中科技大学	2013.5～2021.5（2002年6月至2003年6月不在有效期内）	1997.6	47	西安理工大学	2013.5～2018.5	2008.5
16	西南交通大学	2015.5～2021.5	1997.6	48	长沙理工大学	2014.5～2020.5	2009.5
17	中南大学	2014.5～2020.5（2002年6月至2004年6月不在有效期内）	1997.6	49	天津城建大学	2014.5～2020.5	2009.5
18	华侨大学	2012.5～2017.5	1997.6	50	河北建筑工程学院	2014.5～2020.5	2009.5
19	北京交通大学	2009.5～2017.5	1999.6	51	青岛理工大学	2014.5～2020.5	2009.5
20	大连理工大学	2009.5～2017.5	1999.6	52	南昌大学	2015.5～2021.5	2010.5
21	上海交通大学	2009.5～2017.5	1999.6	53	重庆交通大学	2015.5～2021.5	2010.5
22	河海大学	2009.5～2017.5	1999.6	54	西安科技大学	2015.5～2021.5	2010.5
23	武汉大学	2009.5～2017.5	1999.6	55	东北林业大学	2015.5～2021.5	2010.5
24	兰州理工大学	2014.5～2020.5	1999.6	56	山东大学	2016.5～2022.5	2011.5
25	三峡大学	2016.5～2022.5（2004年6月至2006年6月不在有效期内）	1999.6	57	太原理工大学	2016.5～2022.5	2011.5
26	南京工业大学	2011.5～2019.5	2001.6	58	内蒙古工业大学	2012.5～2017.5	2012.5
27	石家庄铁道大学	2012.5～2017.5（2006年6月至2007年5月不在有效期内）	2001.6	59	西南科技大学	2012.5～2017.5	2012.5
28	北京工业大学	2012.5～2017.5	2002.6	60	安徽理工大学	2012.5～2017.5	2012.5
29	兰州交通大学	2012.5～2020.5	2002.6	61	盐城工学院	2012.5～2017.5	2012.5
30	山东建筑大学	2013.5～2018.5	2003.6	62	桂林理工大学	2012.5～2017.5	2012.5
31	河北工业大学	2014.5～2020.5（2008年5月至2009年5月不在有效期内）	2003.6	63	燕山大学	2012.5～2017.5	2012.5
32	福州大学	2013.5～2018.5	2003.6	64	暨南大学	2012.5～2017.5	2012.5
33	广州大学	2015.5～2021.5	2005.6	65	浙江科技学院	2012.5～2017.5	2012.5
34	中国矿业大学	2015.5～2021.5	2005.6	66	湖北工业大学	2013.5～2018.5	2013.5
35	苏州科技大学	2015.5～2021.5	2005.6	67	宁波大学	2013.5～2018.5	2013.5
36	北京建筑大学	2016.5～2022.5	2006.6	68	长春工程学院	2013.5～2018.5	2013.5
37	内蒙古科技大学	2016.5～2022.5	2006.6	69	南京林业大学	2013.5～2018.5	2013.5
38	长安大学	2016.5～2022.5	2006.6	70	新疆大学	2014.5～2017.5	2014.5
39	广西大学	2016.5～2022.5	2006.6	71	长江大学	2014.5～2017.5	2014.5
40	昆明理工大学	2012.5～2017.5	2007.5	72	烟台大学	2014.5～2017.5	2014.5
41	西安交通大学	2012.5～2017.5	2007.5	73	汕头大学	2014.5～2017.5	2014.5
42	华北水利水电大学	2012.5～2017.5	2007.5	74	厦门大学	2014.5～2017.5	2014.5
43	四川大学	2012.5～2017.5	2007.5	75	成都理工大学	2014.5～2017.5	2014.5
44	安徽建筑大学	2012.5～2017.5	2007.5	76	中南林业科技大学	2014.5～2017.5	2014.5
45	浙江工业大学	2013.5～2018.5	2008.5	77	福建工程学院	2014.5～2017.5	2014.5
46	解放军理工大学	2013.5～2018.5	2008.5	78	南京航空航天大学	2015.5～2018.5	2015.5

续表

序号	学校	本科合格有效期	首次通过评估时间	序号	学校	本科合格有效期	首次通过评估时间
79	广东工业大学	2015.5～2018.5	2015.5	85	山东科技大学	2016.5～2019.5	2016.5
80	河南工业大学	2015.5～2018.5	2015.5	86	北京科技大学	2016.5～2019.5	2016.5
81	黑龙江工程学院	2015.5～2018.5	2015.5	87	扬州大学	2016.5～2019.5	2016.5
82	南京理工大学	2015.5～2018.5	2015.5	88	厦门理工学院	2016.5～2019.5	2016.5
83	宁波工程学院	2015.5～2018.5	2015.5	89	江苏大学	2016.5～2019.5	2016.5
84	华东交通大学	2015.5～2018.5	2015.5	—			

【2015～2016年度高等学校建筑环境与能源应用工程专业教育评估工作】 2016年，住房城乡建设部高等教育建筑环境与能源应用工程专业评估委员会对华中科技大学、中原工学院、广州大学、北京工业大学、西安交通大学、兰州交通大学、天津城建大学、武汉科技大学、河北工业大学等9所学校的建筑环境与能源应用工程专业进行了评估。评估委员会全体委员对学校的自评报告进行了审阅，于5月份派遣视察小组进校实地视察。经评估委员会全体会议讨论并投票表决，做出了评估结论，见表7。

2015～2016年度高等学校建筑环境与能源应用工程专业教育评估结论　　表7

序号	学校	合格有效期	首次通过评估时间
1	华中科技大学	5年(2016.5～2021.5)(2010年5月至2011年5月不在有效期内)	2005.6
2	中原工学院	5年(2016.5～2021.5)	2006.6
3	广州大学	5年(2016.5～2021.5)	2006.6
4	北京工业大学	5年(2016.5～2021.5)	2006.6
5	西安交通大学	5年(2016.5～2021.5)	2011.5
6	兰州交通大学	5年(2016.5～2021.5)	2011.5
7	天津城建大学	5年(2016.5～2021.5)	2011.5
8	武汉科技大学	5年(2016.5～2021.5)	2016.5
9	河北工业大学	5年(2016.5～2021.5)	2016.5

截至5月，全国共有35所高校的建筑环境与能源应用工程专业通过评估。详见表8。

高校建筑环境与能源应用工程评估通过学校和有效期情况统计表　　表8

（截至2016年5月，按首次通过评估时间排序）

序号	学校	本科合格有效期	首次通过评估时间	序号	学校	本科合格有效期	首次通过评估时间
1	清华大学	2012.5～2017.5	2002.5	12	华中科技大学	2016.5～2021.5（2010年5月至2011年5月不在有效期内）	2005.6
2	同济大学	2012.5～2017.5	2002.5	13	中原工学院	2016.5～2021.5	2006.6
3	天津大学	2012.5～2017.5	2002.5	14	广州大学	2016.5～2021.5	2006.6
4	哈尔滨工业大学	2012.5～2017.5	2002.5	15	北京工业大学	2016.5～2021.5	2006.6
5	重庆大学	2012.5～2017.5	2002.5	16	沈阳建筑大学	2012.5～2017.5	2007.6
6	解放军理工大学	2013.5～2018.5	2003.5	17	南京工业大学	2012.5～2017.5	2007.6
7	东华大学	2013.5～2018.5	2003.5	18	长安大学	2013.5～2018.5	2008.5
8	湖南大学	2013.5～2018.5	2003.5	19	吉林建筑大学	2014.5～2019.5	2009.5
9	西安建筑科技大学	2014.5～2019.5	2004.5	20	青岛理工大学	2014.5～2019.5	2009.5
10	山东建筑大学	2015.5～2020.5	2005.6	21	河北建筑工程学院	2014.5～2019.5	2009.5
11	北京建筑大学	2015.5～2020.5	2005.6	22	中南大学	2014.5～2019.5	2009.5

续表

序号	学校	本科合格有效期	首次通过评估时间	序号	学校	本科合格有效期	首次通过评估时间
23	安徽建筑大学	2014.5～2019.5	2009.5	30	西南交通大学	2013.5～2018.5	2013.5
24	南京理工大学	2015.5～2020.5	2010.5	31	中国矿业大学	2014.5～2019.5	2014.5
25	西安交通大学	2016.5～2021.5	2011.5	32	西南科技大学	2015.5～2020.5	2015.5
26	兰州交通大学	2016.5～2021.5	2011.5	33	河南城建学院	2015.5～2020.5	2015.5
27	天津城建大学	2016.5～2021.5	2011.5	34	武汉科技大学	2016.5～2021.5	2016.5
28	大连理工大学	2012.5～2017.5	2012.5	35	河北工业大学	2016.5～2021.5	2016.5
29	上海理工大学	2012.5～2017.5	2012.5	—	—	—	—

【2015～2016年度高等学校给排水科学与工程专业教育评估工作】 2016年,住房城乡建设部高等教育给排水科学与工程专业评估委员会对河海大学、华中科技大学、湖南大学、昆明理工大学、河南城建学院、盐城工学院、华侨大学等7所学校的给排水科学与工程专业进行了评估。评估委员会全体委员对各校的自评报告进行了审阅,于5月派遣视察小组进校实地视察。经评估委员会全体会议讨论并投票表决,做出了评估结论,见表9。

截至5月,全国共有36所高校的给排水科学与工程专业通过评估。详见表10。

2015～2016年度高等学校给排水科学与工程专业教育评估结论　　表9

序号	学校	合格有效期	首次通过评估时间
1	河海大学	5年(2016.5～2021.5)	2006.6
2	华中科技大学	5年(2016.5～2021.5)	2006.6
3	湖南大学	5年(2016.5～2021.5)	2006.6
4	昆明理工大学	5年(2016.5～2021.5)	2011.5
5	河南城建学院	5年(2016.5～2021.5)	2016.5
6	盐城工学院	5年(2016.5～2021.5)	2016.5
7	华侨大学	5年(2016.5～2021.5)	2016.5

高校给排水科学与工程专业评估通过学校和有效期情况统计表　　表10

(截至2016年5月,按首次通过评估时间排序)

序号	学校	本科合格有效期	首次通过评估时间	序号	学校	本科合格有效期	首次通过评估时间
1	清华大学	2014.5～2019.5	2004.5	19	山东建筑大学	2013.5～2018.5	2008.5
2	同济大学	2014.5～2019.5	2004.5	20	武汉大学	2014.5～2019.5	2009.5
3	重庆大学	2014.5～2019.5	2004.5	21	苏州科技大学	2014.5～2019.5	2009.5
4	哈尔滨工业大学	2014.5～2019.5	2004.5	22	吉林建筑大学	2014.5～2019.5	2009.5
5	西安建筑科技大学	2015.5～2020.5	2005.6	23	四川大学	2014.5～2019.5	2009.5
6	北京建筑大学	2015.5～2020.5	2005.6	24	青岛理工大学	2014.5～2019.5	2009.5
7	河海大学	2016.5～2021.5	2006.6	25	天津城建大学	2014.5～2019.5	2009.5
8	华中科技大学	2016.5～2021.5	2006.6	26	华东交通大学	2015.5～2020.5	2010.5
9	湖南大学	2016.5～2021.5	2006.6	27	浙江工业大学	2015.5～2020.5	2010.5
10	南京工业大学	2012.5～2017.5	2007.5	28	昆明理工大学	2016.5～2021.5	2011.5
11	兰州交通大学	2012.5～2017.5	2007.5	29	济南大学	2012.5～2017.5	2012.5
12	广州大学	2012.5～2017.5	2007.5	30	太原理工大学	2013.5～2018.5	2013.5
13	安徽建筑大学	2012.5～2017.5	2007.5	31	合肥工业大学	2013.5～2018.5	2013.5
14	沈阳建筑大学	2012.5～2017.5	2007.5	32	南华大学	2014.5～2019.5	2014.5
15	长安大学	2013.5～2018.5	2008.5	33	河北建筑工程学院	2015.5～2020.5	2015.5
16	桂林理工大学	2013.5～2018.5	2008.5	34	河南城建学院	2016.5～2021.5	2016.5
17	武汉理工大学	2013.5～2018.5	2008.5	35	盐城工学院	2016.5～2021.5	2016.5
18	扬州大学	2013.5～2018.5	2008.5	36	华侨大学	2016.5～2021.5	2016.5

【2015～2016年度高等学校工程管理专业教育评估工作】 2016年，住房城乡建设部高等教育工程管理专业评估委员会对天津大学、南京工业大学、中南大学、湖南大学、中国矿业大学、西南交通大学、兰州理工大学、重庆科技学院、扬州大学、河南城建学院、福建工程学院、南京林业大学等12所学校的工程管理专业进行评估。评估委员会全体委员对各校的自评报告进行审阅，于5月派遣视察小组进校实地视察。经评估委员会全体会议讨论并投票表决，做出评估结论，见表11。

截至5月，全国共有43所高校的工程管理专业通过评估。详见表12。

2015～2016年度高等学校工程管理专业教育评估结论　　　表11

序号	学校	合格有效期	首次通过评估时间
1	天津大学	6年(2016.5～2022.5)	2001.6
2	南京工业大学	6年(2016.5～2022.5)	2001.6
3	中南大学	6年(2016.5～2022.5)	2006.6
4	湖南大学	6年(2016.5～2022.5)	2006.6
5	中国矿业大学	6年(2016.5～2022.5)	2011.5
6	西南交通大学	6年(2016.5～2022.5)	2011.5
7	兰州理工大学	4年(2016.5～2020.5)	2016.5
8	重庆科技学院	4年(2016.5～2020.5)	2016.5
9	扬州大学	4年(2016.5～2020.5)	2016.5
10	河南城建学院	4年(2016.5～2020.5)	2016.5
11	福建工程学院	4年(2016.5～2020.5)	2016.5
12	南京林业大学	4年(2016.5～2020.5)	2016.5

高校工程管理专业评估通过学校和有效期情况统计表　　　表12

（截至2016年5月，按首次通过评估时间排序）

序号	学校	本科合格有效期	首次通过评估时间	序号	学校	本科合格有效期	首次通过评估时间
1	重庆大学	2014.5～2019.5	1999.11	23	北京交通大学	2014.5～2019.5	2009.5
2	哈尔滨工业大学	2014.5～2019.5	1999.11	24	郑州航空工业管理学院	2014.5～2019.5	2009.5
3	西安建筑科技大学	2014.5～2019.5	1999.11	25	天津城建大学	2014.5～2019.5	2009.5
4	清华大学	2014.5～2019.5	1999.11	26	吉林建筑大学	2014.5～2019.5	2009.5
5	同济大学	2014.5～2019.5	1999.11	27	兰州交通大学	2015.5～2020.5	2010.5
6	东南大学	2014.5～2019.5	1999.11	28	河北建筑工程学院	2015.5～2020.5	2010.5
7	天津大学	2016.5～2022.5	2001.6	29	中国矿业大学	2016.5～2022.5	2011.5
8	南京工业大学	2016.5～2022.5	2001.6	30	西南交通大学	2016.5～2022.5	2011.5
9	广州大学	2013.5～2018.5	2003.6	31	华北水利水电大学	2012.5～2017.5	2012.5
10	东北财经大学	2013.5～2018.5	2003.6	32	三峡大学	2012.5～2017.5	2012.5
11	华中科技大学	2015.5～2020.5	2005.6	33	长沙理工大学	2012.5～2017.5	2012.5
12	河海大学	2015.5～2020.5	2005.6	34	大连理工大学	2014.5～2019.5	2014.5
13	华侨大学	2015.5～2020.5	2005.6	35	西南科技大学	2014.5～2019.5	2014.5
14	深圳大学	2015.5～2020.5	2005.6	36	解放军理工大学	2015.5～2020.5	2015.5
15	苏州科技大学	2015.5～2020.5	2005.6	37	广东工业大学	2015.5～2020.5	2015.5
16	中南大学	2016.5～2022.5	2006.6	38	兰州理工大学	2016.5～2020.5	2016.5
17	湖南大学	2016.5～2022.5	2006.6	39	重庆科技学院	2016.5～2020.5	2016.5
18	沈阳建筑大学	2012.5～2017.5	2007.6	40	扬州大学	2016.5～2020.5	2016.5
19	北京建筑大学	2013.5～2018.5	2008.5	41	河南城建学院	2016.5～2020.5	2016.5
20	山东建筑大学	2013.5～2018.5	2008.5	42	福建工程学院	2016.5～2020.5	2016.5
21	安徽建筑大学	2013.5～2018.5	2008.5	43	南京林业大学	2016.5～2020.5	2016.5
22	武汉理工大学	2014.5～2019.5	2009.5	—			

（田歌）

干部教育培训及人才工作

【举办贯彻中央城市工作会议精神系列培训班】 学习贯彻落实中央城市工作会议和相关中央文件精神是2016年住房城乡建设系统的一项重要工作，也是住房城乡建设部2016年培训的首要任务。为贯彻落实中央城市工作会议精神及《中共中央 国务院关于进一步加强城市规划建设管理工作的若干意见》（中发〔2016〕6号），住房城乡建设部分两个层面举办了系列宣贯培训班：配合中组部，举办7期地方党政领导干部培训班。其中省部级干部专题研讨班 1 期(套办厅局长班 1 期),中央政治局常委、国务院副总理张高丽出席座谈会并发表重要讲话。市长专题研修班 4 期,地方党政领导干部境外培训班 2 期,共培训省部级干部 62 人(同期培训厅局长 79 人),地级市党委政府负责人 232 人,县区市负责人 39 人。

举办 10 期住房城乡建设系统领导干部培训班。其中,2 期省区市住建部门厅(局)长班和 5 期地级市住建部门局长班,培训厅局级干部 125 人,地级市住建局长 868 人,3 期县级住建部门领导干部培训班,培训县级住建局长 1292 人,合计全年培训系统领导干部近 2300 人。

【印发培训计划并开展领导干部及专业技术人才培训】 3 月,住房城乡建设部印发《住房城乡建设部办公厅关于印发 2016 年部机关及直属单位培训计划的通知》(建办人〔2016〕13 号)。2016 年部机关、直属单位和部管社会团体共组织培训 328 项,664 个班次,培训住房城乡建设系统领导干部和专业技术人员 123729 人次。举办支援新疆培训班、支援西藏青海培训班各 1 期,培训相关地区领导干部和管理人员 170 名,住房城乡建设部补贴经费 31 万元。举办 1 期支援大别山片区住房城乡建设系统干部培训班,培训大别山片区 36 个县(市)系统管理人员 150 人,住房城乡建设部补贴经费 33.75 万元。

【全国市长研修学院(部干部学院)获批国家级专业技术人员继续教育基地】 7 月,全国市长研修学院(部干部学院)获批第六批国家级专业技术人员继续教育基地。国家级继续教育基地由人力资源社会保障部认定,是国家培养培训高层次、急需紧缺和骨干专业技术人才的服务平台。住房城乡建设部为基地的管理单位,负责基地的使用和管理,制定实施具有本行业特点的基地管理政策措施。全国市长研修学院(部干部学院)是基地的建设单位,负责建立健全基地管理机构,配备专门人员,制定本基地运行管理办法,承担本基地运行管理的具体工作。

【举办全国专业技术人才知识更新工程高级研修班】 根据人力资源社会保障部全国专业技术人才知识更新工程高级研修项目计划,2016 年住房城乡建设部在北京举办"村镇基础设施建设与农村垃圾污水治理"高级研修班,培训各地相关领域高层次专业技术人员 70 名,经费由人力资源社会保障部全额资助。

【住房城乡建设部选派 6 名博士服务团成员到西部地区服务锻炼】 根据中央组织部、共青团中央关于第 17 批博士服务团成员选派工作安排,住房城乡建设部选派 6 名博士服务团成员赴内蒙古、湖南、广西、云南、四川等地服务锻炼。

【住房城乡建设部选拔推荐 5 名人选为享受政府特殊津贴人员】 根据人力资源社会保障部关于开展 2016 年享受政府特殊津贴人员选拔工作安排,住房城乡建设部在直属单位、部管社团范围内开展特殊津贴人员选拔工作,推荐 5 人为 2016 年享受政府特殊津贴人员候选人。

【成立住房城乡建设部人才工作领导小组】 为深入贯彻落实中共中央《关于深化人才发展体制机制改革的意见》(中发〔2016〕9 号),进一步加强对人才工作的领导,完善党管人才工作机制,住房城乡建设部党组成立了住房城乡建设部人才工作领导小组。部党组书记、部长陈政高担任组长,分管副部长易军,党组成员、办公厅主任常青担任副组长,各司局一把手为小组成员。领导小组办公室设在人事司,由人事司司长兼任办公室主任。领导小组确定了主要职责和工作规则。为做好中发〔2016〕9 号文件的落实和中办印发的贯彻落实《意见》主要任务分工方案,部人事司研究提出住房城乡建设部人才工作改革思路和工作方案。

【制定并发布市政公用设施运行管理人员职业标准】 7 月,住房城乡建设部发布行业标准《市政公用设施运行管理人员职业标准》(CJJ/T 249—2016),自 12 月 1 日起实施。该标准在部人事司、城建司指导下,由中国建设教育协会等单位主编。该标准适用于城镇供水、城镇排水与污水处理、城镇供热、城镇供燃气、城镇垃圾卫生填埋、城镇垃圾焚烧等行业制定人才队伍规划及岗位设置、职业培训、能力培养、职业评价等。

【发布土建类学科专业"十三五"规划教材】 12 月,为提高土建类高等教育、职业教育教学质量和人才培养质量,住房城乡建设部印发《高等教育职业教育土建类学科专业"十三五"规划教材选题的通知》(建人函〔2016〕293 号),确定《中国建筑史》等 455 项选题作为土建类学科专业"十三五"规划教材,其中高等教育规划教材选题 226 项,高等职业教育规划教材选题 175 项,中等职业教育规划教材选题 54 项。

(田歌)

职业资格管理

【住房城乡建设领域职业资格考试】 2016 年,全国共有 124 万人次报名参加住房城乡建设领域职业资格全国统一考试(不含二级),当年共有 13.4 万人次通过考试并取得职业资格证书。详见表13。

2016年住房城乡建设领域职业资格全国统一考试情况统计表　　表13

（部分专业2016年未组织考试）

序号	专业	2016年参加考试人数	2016年取得资格人数
1	一级建造师	959567	78105
2	一级注册结构工程师	17228	3149
3	二级注册结构工程师	6005	1497
4	注册土木工程师（岩土）	10784	2091
5	注册公用设备工程师	18043	2808
6	注册电气工程师	12953	1828
7	注册化工工程师	2809	802

续表

序号	专业	2016年参加考试人数	2016年取得资格人数
8	注册土木工程师（水利水电工程）	2021	544
9	注册土木工程师（港口与航道工程）	602	189
10	注册环保工程师	3072	565
11	造价工程师	129800	19014
12	房地产估价师	13590	2347
13	房地产经纪人	73052	45218
	合计	1249526	158157

【住房城乡建设领域职业资格及注册情况】　截至2016年底，住房城乡建设领域取得各类职业资格人员共146万（不含二级），注册人数121万。详见表14。

住房城乡建设领域职业资格人员专业分布及注册情况统计表　　表14

（截至2016年12月31日）

行业	类别	专业	取得资格人数	注册人数	备注
勘察设计		（一）注册建筑师（一级）	33607	32902	
	（二）勘察设计注册工程师	1. 土木工程　岩土工程	19250	16525	
		1. 土木工程　水利水电工程	9293	—	未注册
		1. 土木工程　港口与航道工程	1971	—	未注册
		1. 土木工程　道路工程	2411	—	未注册
		2. 结构工程（一级）	50833	46183	
		3. 公用设备工程	32356	26619	
		4. 电气工程	26856	20791	
		5. 化工工程	8148	5865	
		6. 环保工程	6478	—	未注册
		7. 机械工程	3458	—	未注册
		8. 冶金工程	1502	—	未注册
		9. 采矿/矿物工程	1461	—	未注册
		10. 石油/天然气工程	438	—	未注册
建筑业		（三）建造师（一级）	673297	590746	
		（四）监理工程师	269656	178910	
		（五）造价工程师	187262	156659	
房地产业		（六）房地产估价师	56031	51177	
		（七）房地产经纪人	99250	31233	
		（八）物业管理师	63647	23149	
城市规划		（九）注册城市规划师	23191	18532	
		总计	1570396	1199291	

（田歌）

人才工作

【指导推进行业从业人员培训工作】 住房城乡建设部人事司下发《关于印发2016年全国建设职业技能培训工作任务的通知》。2016年计划培训200万人，实际培训274.9万余人。为不断完善住建行业职业技能培训制度，提升培训质量，住房城乡建设部人事司筹备建立了住房城乡建设行业从业人员（技能人员）培训管理信息系统，系统已建设完成，准备开始试运行。信息系统正式运行后可实时查询各省的技能人员、培训机构参加和组织培训情况，推动培训工作跨省域互联互认。为满足行业各职业工种培训需求，统一培训标准，提升培训质量，颁布建筑工程施工、建筑工程安装、建筑装饰装修、园林、城镇供水等五个行业共40个工种的职业技能标准。围绕党中央、国务院大力发展装配式建筑的决策部署，住房城乡建设部人事司先后赴长沙、上海、武汉等地装配式建筑车间、工地开展调研，了解装配式建筑的发展趋势、人才需求等情况，同时，委托中国建设教育协会，开展装配式建筑技能人才需求研究，为培养行业急需人才打下基础。

【做好高技能人才选拔培养工作】 根据人力资源社会保障部工作部署，住房城乡建设部向人力资源社会保障部推荐了第十三届中华技能大奖候选人1人、全国技术能手候选人3人。最终，黄文毕、王建辉荣获了全国技术能手荣誉称号。协调中国建筑业协会承办第44届世界技能大赛砌筑、瓷砖贴面、抹灰与石膏板、管道与制暖四个赛项的全国选拔赛。对于全国选拔赛各项目具有职工身份的优秀获奖选手，按照相关规定授予"全国技术能手"荣誉称号；入选的集训选手，在现有职业资格等级基础上晋升一级职业资格。指导中国建筑金属结构协会、中国建设劳动学会、中国建设教育协会分别举办起重信号工、钢筋工等7个工种的国家二类竞赛和行业竞赛，为从业人员提供了展示技能、体现个人价值的舞台。

【加强行业中等职业教育指导工作】 指导住房城乡建设部第六届中等职业教育教学指导委员会，做好专业人才培养方案，并对编制的专业教学标准做好宣贯。委托中国建设教育协会开展"建筑业现代学徒制"课题研究，围绕学生职业岗位技能培养，开展建筑类现代学徒制研讨，并形成课题报告。组织行业教育专家开展《中等职业学校专业目录》修订工作。与教育部共同组织举办2016年全国职业院校技能大赛中职组建设职业技能比赛，包括建筑CAD和工程测量2个赛项，来自全国37个省市的404名选手参赛。由全国住房和城乡建设职业教学教育指导委员会与中国建设教育协会共同举办2016年中等职业学校建设职业技能竞赛，包括工程算量、BIM建模、楼宇智能化三个赛项，91所院校261人参赛。通过竞赛的宣传、交流，发挥以赛促教、以赛促练积极作用，推动中职院校教育教学改革，提升职业院校学生技能水平。

【继续做好建筑业农民工工作】 为深入贯彻党中央、国务院关于做好农民工工作的方针政策，进一步加强对农民工工作的组织领导，住房城乡建设部成立以副部长易军为组长、相关司局负责人参加的部农民工工作领导小组。住房城乡建设部人事司协调住房保障司共同开展了农民工住房问题专项调研，对江苏、吉林两省的农民工住房问题进行实地调研，对8省区进行了书面调研，形成《农民工住房问题调研报告》。完成国务院农民工办关于农民工技能提升计划130万人的任务。推荐的广西住房城乡建设厅人事处荣获了国务院农民工工作先进集体荣誉称号。继续深入推进建筑工地农民工业余学校建设。据统计，截至2016年底，全国各地累计创建农民工业余学校30余万所，培训农民工4322万余人次。

（胡秀梅）
（住房城乡建设部人事司）

城 建 档 案

2016年，住房城乡建设部城建档案工作办公室认真贯彻落实党的十八大、十八届三中、四中、五中、六中全会精神，深入学习习近平总书记系列重要讲话，坚持以服务城乡规划、建设和管理工作为中心，以健全法制建设为保障，以规范归集整理为重点，以优化人才队伍为基础，以积极推进城建档案信息化水平为抓手，不断加强城建档案管理体制机制建设，全面推动城建档案工作创新和发展，为进一步加强城市规划建设管理提供优质服务和保障。

【城建档案法制建设】 城建档案法规和制度建设是城建档案管理工作的重要依据，是促进城建档案工作沿着法制化、规范化轨道发展的有力保证。北京市印发《北京市"十三五"时期城建档案工作指导意见》，河北省印发《全省城建档案工作十三五规划》。上海市制定《上海市城建档案管理行政处罚裁量基准实施办法》，进一步规范城建档案管理领域违法行为的行政处罚自由裁量权，确保城建档案管理行政处罚合理、适当。山西省组织制定全国第一部关于城市地下管线建设和普查工程归档移交的地方标准《城市地下管线工程文件归档规范》。山东省组织开展省建设工程标准《地下管线探测技术规程》和《地下管线信息系统建设标准》的编制工作，加快推进各市地下管线立法管理。省内几个城市分别正式颁布实施《青岛市城市地下管线管理条例》、《淄博市地下管线管理条例》、《日照市城市建设档案管理办法》、《临沂市城乡建设档案管理办法》；济宁市起草《济宁市中心城区城建重点项目档案管理办法》，枣庄市市政府法制办审查通过《枣庄市城市地下管线管理办法》，聊城市起草《聊城市地下管线管理办法》，这一系列法规制度的出台，为山东省城建档案事业健康发展提供了有力的制度保障。江苏省启动《江苏省城建档案管理办法》、《江苏省城建档案馆业务工作规程》和《江苏省城建档案目标管理评估办法》的修订工作，并组织开展地下管线工程档案接收与管理顶层设计课题研究。安徽省施行第一部有关城建档案管理的地方法规《淮南市城市建设档案管理条例》。浙江省初步拟定《浙江省城市建设档案查询利用规定》、《浙江省建设工程电子扫描文件质量标准》、《浙江省建设工程声像档案归档整理规定》、《浙江省建设工程文件整理标准》等四个标准规定。杭州、绍兴、丽水等市均制订《城建档案事业"十三五"规划》。福建省为规范建设工程电子文件的归档与管理，编制出台《福建省建设工程电子文件与电子档案管理技术规程》（DBJ/T 13－256－2016），修订发布《福建省建筑工程施工文件管理规程》（DBJ/T 13－56－2017）、《福建省市政工程施工文件管理规程》（DBJ/T 13－135－2017）等3部福建省地方标准。湖北省以省住建厅公告第7号发布实施全国省级部门第一个制定的地下管线信息系统技术规范地方标准《湖北省城镇地下管线信息系统技术规范》（DB42/T 1159—2016），该标准规定了地下管线信息系统的主要流程和数据内容、系统建设、验收与移交、共享与服务、数据动态管理、基础环境建设等内容与要求，用于规范和指导全省城镇地下管线信息系统的建设工作。同时，湖北省住建厅组织专家对《湖北省城镇地下管线成果数据标准》进行编制，启动对省地方标准《湖北省城镇地下管线探测技术规程》的修订工作，并申报"湖北省城镇地下管线数据中心及监管平台建设研究"科研项目。湖南省编写完成《湖南省城市地下管线探测技术规范》、《湖南省城市地下管线信息系统技术规范》、《湖南省城市地下管线普查资料和工程文件归档与移交指南》等三个技术文件和《湖南省建筑工程施工质量验收规范分项工程检验批样表及验收备案各类往来文函用表》，为地下管线普查工作的推进和城建档案地方标准的出台打下良好的基础。广东省珠海市积极开展《珠海市城建档案管理办法》立法前期工作。

各地陆续印发、修订城建档案管理规范性文件，强化城建档案管理程序，加强对城建档案的监督管理，提高城建档案工作标准化水平，进一步确保城建档案报送、验收保持统一的流程和标准。主要有：《上海市城市建设档案馆馆藏档案解密和划分控制使用范围暂行规定》、《上海市城市建设档案馆馆藏档案开放鉴定工作规范》、《重庆市建设工程渝建竣、渝市政竣、检验批用表》、《重庆市建设工程档案专项验收办法》、《重庆市建设工程档案编制验收标准》、《山西省关于加快推进城建档案数字化工作的通知》、《大连市城建档案馆安全管理规定》、《大连市城市建设档案馆保密室、机房及监控室出入管理制度》、《大连市建设工程电子文件编制软件（2.0版）升级的通知》、《山东省住房城乡建设档案管理工作评价导则》、《青岛市城市轨道交通工程声像档案归档范围及编制指南》、《青岛市地下管线探测与信息化建设技术导则》、《青岛市建筑工程地下管线竣工测绘档案管理实施细则》、《济南市印发〈关于加快推进县（市）区档案馆建设的实施意见〉的通知》、《德州市关于进一步加强建设工程档案归档管理的通知》、《宿州市城建档案电子文件接收标准》、《安庆市城建档案管理处接受建设工程文件的质量要求和归档范围》、《杭州市城建档案工作法律法规标准文件选编》、《杭州市馆藏档案开放和控制利用划分表（暂行）》、《杭州市馆藏档案开放鉴定工作暂行办法》、《杭州市建筑工程档案移交书（2016年版）》、《杭州市城市道路工程档案移交书（2016年版）》、《杭州市城市桥梁工程档案移交书（2016年版）》、《杭州市城市地下管线工程档案移交书（2016年版）》、《丽水市城建档案管理办法》、《湖北省住房和城乡建设厅等五部门关于规范地下管线普查验收工作的通知》、《广州市城市建设声像电子档案管理规范》、《声像电子档案管理规范信息化应用研究》、《广州市建设工程档案归档范围》、《吴忠市电子公文归档管理暂行办法》、《吴忠市电子档案管理制度》、《吴忠市电子信息安全保密》、《吴忠市局域网安全保密》。

【建设工程竣工档案归集管理】 各地结合实际制定了档案接收、著录、入库、整理等一系列配套制度和文件，进一步规范了城建档案的归档报送程序，极大提高了建设工程竣工档案归集管理力度。北京市加强全市竣工档案管理工作的统筹协调，着力开展行政副中心建设工程、北京新机场工程、轨道交通工程以及新奥集团通州公司所建的市政配套项目等工程档案的培训、指导和验收工作，加强与远郊各区城建档案机构的联系，通过召开全市城建档案工作交流会，与各区就竣工档案指导验收等工作进行讨论、交流及业务指导，对各区城建档案机构在工作中存在的难点和问题进行梳理，共同探讨解决方法，促进全市重点工程档案工作的协调发展。上海市提前告知建设单位档案编制要求，主动服务。河北省督促各市严把建设工程竣工档案专项验收及认可关，加强建筑工程城建档案现场业务指导力度，工程建设项目实行工程资料技术交底。山东省继续实行全省统一印制的建设工程档案移交责任书、预验收意见书、合格证（即两书一证）制度，将建设工程档案归集纳入城乡规划和工程建设管理程序，在规划许可、施工许可、房屋产权初始登记等关键环节严格把关，保证工程档案能够齐全、完整、及时接收入馆。对2000年以来已竣工并交付使用但工程资料未移交的建设工程项目档案进行追缴。江苏省按照"城市建设档案与村镇建设档案同步归集、当下建设档案与历史城建档案同步归集、纸质档案与电子声像档案同步归集"的思路，积极指导各地不断加大归集工作力度，全省城市地下管线工程档案、城建基础设施工程档案、村镇建设档案、工程电子档案、工程声像档案以及历史城建档案接收渠道基本畅通，各类档案入馆率稳步提高。常州市优化流程，对轨道交通工程档案整理移交进行现场指导；淮安市、南通市加强工程档案"两书一证"管理，进一步优化档案接收、整理程序；连云港市加强入库档案审核抽检，提升档案归集质量；镇江市主动与海绵城市建设指挥部联系，将工程档案验收纳入海绵城市工程验收体系。马鞍山市多次举办建设工程档案在线收集与跟踪服务系统培训班，工程档案在线接收工作稳步推进。宿州市对建设工程档案文件的收集、归档、报送等环节制定统一标准。浙江省组织开展历史遗留档案的清查工作，逐项清查应归档而未归档的房屋建筑和市政工程项目，全省清查出未归档项目10180个，经催查收集2477个。三明市对已竣工未移交工程档案及移交不齐全的单位进行跟踪、催办，寄发"工程档案催办函"，防止工程档案的流失。三明市已建成市、县两级城建档案管理网络，市馆对所属各县（市）城建档案工作进行不定期的指导、检查。宁德市严格执行工程建设档案管理报送责任书、预验收意见书、认可文书等"三书制度"。江西省对2015年度入选的100个优质工程项目的竣工档案移交归档情况进行全省调查摸底，对经核查发现的没有办理工程档案归档移交手续，未取得《工程档案移交证》的14个项目，函调省建设工程安全质量监督管理局，提出将"是否取得城建档案管理机构签发的《建设工程档案移交证》列入今后江西省申报省优质建设工程奖应具备的必备条件或一票否决的不可评选范围"等四点建议，积极推行建设工程档案归集管理"双随机一公开"行政监管抽查项目清单，强化全省城建档案规范化管理和城建档案年度归档督查工作机制，加大政府工程、优质工程竣工档案收集归档督导力度。河南省落实工程档案的报建登记、专项验收和移交等制度，确保建设工程档案的顺利接收。湖南省株洲市、郴州市、常德市、娄底市、永州市、资兴市、耒阳市等在政务服务中心设立"一站式"服务窗口，严格执行建设工程档案"三书"制度和"四位一体"的档案归集制度。广州市加强对开发区、南沙区、增城区、从化区、花都区等区业务指导与交流，贯彻落实《广州市城乡建设档案管理办法》，统一全市建设工程档案的编制规范，加强市、区两级的档案管理机构的联动。东莞市派员到石排、中堂、茶山、企石、东城、寮步、桥头、凤岗、厚街、虎门、横沥、万江共12个镇街进行建设工程档案管理工作的检查指导，对存在问题进行指正并发放整改通知，力求提高各镇街的工程档案管理水平。六盘水市、黔东南州为保证工程竣工档案的及时收集整理，不断开拓办事问询渠道，通过实地业务指导、电话咨询服务等多种形式，确保业务指导和档案移交工作及时到位，保证了工程档案的齐全、完整和规范，及时有效地完成工程档案的接收进馆工作。甘肃省部分市在开展建设工程档案收集的过程中，根据《建设工程档案报送责任书》的签订情况，先期对相关工程项目参建单位的资料人员进行培训；在竣工验收前，再到工地对工程资料进行审核和业务指导，得到建设、施工、监理单位的充分认可，较大地提高了工程档案的归集质量。宁夏回族自治区积极与相关部门联系协调，将城建档案的收集纳入建设工程行政管理必备程序，通过参加重点工程和市政基础设施工程的项目验收，实地指导重大建设项目的竣工档案编制，不断推进档案归集管理力度，城建档案的入库率大大提高。青海省深入到建设、管理单位及施工现场，指导推进城建档案的收集工作。

【重点工程档案管理】 北京市会同相关部门建立联动机制，加强对重点工程竣工档案工作的监督与管理。天津市、安徽省坚持服务先行，形成提前介入、依法管理、全程跟踪、积极催办的强化服务机制，保证重点工程建档业务的检查指导和验收与工程建设同步，确保重点工程档案接收进馆。上海市加大对重点工程档案、城市基础设施档案、城市地下管线工程等档案收集力度，尤其是上海迪士尼、中国商飞总部基地工程一期、上海中心大厦等重点工程项目，开展了从制度建立、专题培训、组织协调、指导检查、整理编制到竣工验收全过程服务保障工作机制。内蒙古自治区加强对重点工程档案的成套性、专业性、保密性和现实性工作，严格执行档案收集、保管、整理编目、保密利用、统计、鉴定和安全保卫等各项规章制度，对重点工程档案实行专人专管，负责跟踪、检查、指导档案内容，对重点工程档案实行优先数字化。呼和浩特市加强对地铁等重点工程项目的业务指导，派出业务骨干先后赴北京、天津、成都等地学习地铁工程档案资料归档知识和先进管理经验，赴施工现场实地调研指导并提出地铁档案的收集、归档相关建议。包头市为规范市地铁建设工程资料的整理归档工作，联合市档案局主动到包头市地铁集团就档案工作的职责分工，纸质、电子、声像档案的归档范围、质量要求、竣工图编绘、竣工档案验收和移交进行前期指导，确保地铁工程竣工档案能够完整、及时移交。山东省对地下管廊、轨道交通、棚户区改造、海绵城市建设等省市重点建设工程坚持"重点工程，重点服务，重点归档"，从档案形成源头入手，提前介入指导，抽调专人深入施工现场，全程跟踪管理。杭州市主动做好G20重点工程档案归集工作，主动对接杭州市、区反恐办，梳理列入防范重要目标的324个项目档案在馆情况，对未进馆档案开展集中催缴，开展"服务保障G20·城建档案在行动"专项行动，深入工地一线驻点开展档案验收指导，累计上门现场指导培训480人次，多次组织开展调档演练，以便在发生特殊情况时快速、准确、完整调阅所需档案。长沙市积极与市轨道交通集团联系，将长沙地铁1线、2线工程档案业务指导纳入常态化管理，做到档案编制与施工进度同步。广州市、东莞市、汕头市组织技术人员主动前往重点工程项目现场进行专题指导，及时跟踪档案资料的移交动态，促成工程竣工档案顺利接收进馆。梅州市加强重点工程档案收集的业务指导，主动到重点工程建设项目现场，组织各参建单位的有关管理人员、资料员对档案的收集、整理、组卷、归档等规定、规范要求进行专场培训、咨询和答疑。

【城建档案信息化建设】 为提升城建档案管理水平，方便提供档案利用，各地按照《全国城建档案信息化建设规划与实施纲要》要求，以贯彻落实《建设电子文件与电子档案管理规范》为契机，结合实际，积极推进城建档案信息化管理工作，普遍建立城建档案信息管理综合系统，建成档案目录数据库，实现计算机实时检索，馆藏档案数字化加工、信息著录、数据异地备份工作全面开展。北京市按照"底数清"、"位置明"、"可查询"的目标加快完成市区两级目录中心建设，完成全市规划档案和竣工档案项目级档案目录的自动提取、导出、导入、统计、查询。天津市承担的住房城乡建设部科技示范工程项目"城建档案信息资源整合与共享研究"荣获2016年国家档案局优秀科研成果三等奖，组织申报的"城市规划档案顶层设计研究"项目入选住房城乡建设部软课题项目，馆藏档案数字化达85％。上海市开展基于空间信息的城建档案GIS查询系统建设，完善城市空间基础信息平台城建档案信息库的内容、利用范围、利用形式和实施计划；开展城建档案审批系统建设，完成与上海市网上政务大厅的对接；开展历史档案的数字化工作。重庆市大力推进"市、区(县)城建档案信息一体化平台"建设，设置接件大厅，完成一般建设工程项目档案专项验收及接收"一站式"服务工作流程梳理。山西省通过城建档案信息管理平台大力推进城建档案工作网上统计制度，全面掌握和科学分析城建档案工作基本情况，省内12家机构实现档案数字化管理，8家机构实现地下管线档案动态管理。吉林省通化、四平、龙井市馆藏档案著录和数字化处理工作完成过半，白城、白山、梅河口等市计划引进城建档案信息管理系统。沈阳市开通"沈阳城建档案"微信公众号。山东省11个设区市完成全文数据库建库任务。江苏省全年完成建设档案数字化扫描约40万卷，数字化率达30%以上，基本实现档案检索信息化。苏州、南通、连云港、盐城等市将业务办公自动化与"数字档案馆"建设有机融合，全面提高现代化管理水平；昆山市大力推进建设工程档案在线接收工作，开发建成"建设工程在线资料管理系统"并试运行，初步实现工程进度与工程资料进度同步、工程进度与声像资料同步、工程资料与档案归档同步。六安市完成馆藏7万余卷城建档案数字化。黄山市完成馆藏档案数字化一、二期工程。池州市开展数字规划项目建设，完成历年的"一书两证"数字化1500份。滁州市完成数字化档案210万张。杭州市继续完善电子文件接收系统，完成"城建档案移动APP"开发并投入运行，开展"库房物联网"和保密机房建设，城建档案数字化率达96%。丽水市完成电子文件接收系统的开发并投入使用，确保建设单位提供一套符合规定的建设工程竣工档案整理目录及电子档案。福建省大力推进城建档案信息化步伐，完成"福建省建设工程城建电子档案归档交互平台"开发。该平台专门用于建设、勘察、设计、施工、监理等各参建单位进行工程资料数据交换的信息系统。在工程电子文件归档报送阶段，建设单位可以通过公共交互平台汇总、检验参建各方的工程电子文件，并向项目所在地的城建档案管理机构推送电子档案资料。福建省积极指导推进各设区市档案信息化工作。福州市启动福州市城建档案馆一楼服务大厅和库房细水雾灭火系统建设，组织开发"福州市数字城建档案管理系统"。莆田市、宁德市等着手开发城建档案管理数字化系统。厦门市验收入库数字化档案成果25914卷，馆藏档案数字化率达73.8%，馆藏建设管理和规划管理类档案已全部实现数字化查询。郑州、漯河、安阳、信阳、周口、南阳等市引进多媒体城建档案数字化管理系统，实现档案存储数字化、检索自动化、利用网络化，建立起数字城建档案馆。湖北有57家城建档案管理机构建立城建档案管理系统，开展城建档案数字化加工管理业务，完成档案目录数据库建设，实现检索计算机化，形成数据采集、录入、加工、管理、备份及利用的信息化管理模式。湖北省城乡建设发展中心依托城建档案网站，进行事业单位域名注册、网站备案、网站标识证书的申请及挂标等工作，网站转载地下管线新闻信息24篇，网站点击率达到198万人次。广州市完成建设工程档案部分的全流程模块开发与测试、国土规划档案部分的需求深化和设计与主流程模块开发。惠州市将城建档案信息化建设工作纳入惠州市城建计划项目工作中。

清远市馆藏档案全部实现电子化。贵阳市组织完成"贵阳市城建档案信息管理系统"试运行工作。六盘水市完成城建档案管理云平台首次演示工作，并同时搭建六盘水市城建档案管理手机APP应用，馆藏目录全部实现电子目录检索管理。宁夏回族自治区以创建"住建云"平台为抓手，督促各地加强电子档案的收集力度。石嘴山市确定"城建档案管理系统、电子档案接收审核系统、电子文件离线归档系统、城市建设声像档案管理系统"4个软件系统的研发。青海省积极在五个设市城市推进档案信息化管理工作，加快了信息化制度建设。西宁市对馆藏的建筑许可证存根和选址意见报审存根进行扫描，实现电子阅读、电子复制，提高了利用效率。

各地以异地备份、同城备份、本地备份的三级备份机制，为城建档案数据安全存储提供有效保障。天津市与西宁市城建档案馆签订异地备份协议，并与滨海新区馆完成同城备份及本馆内的本地备份。重庆市与北京市开展城建电子档案异地备份工作，与重庆市建设信息中心开展数据同城异址常态化备份工作。河北省11个地级市与江西省对口城市全部签订异地备份协议，承德、张家口、保定等市与江西对口市进行部分城建电子档案的备份。山西省组织召开川晋两地异地备份工作座谈会，两省的四对对接城市签署了异地备份合作协议。包头市和呼伦贝尔市开展数字档案异地备份工作，已完成首批数字档案共4.3T数据的交接工作。吉林省与湖北省以文件形式确定两省为异地备份对接城市，已将电子档案物理备份到宜昌馆。长春、通化、四平、延吉、梅河口等市与湖北省相关地级市进行对接。山东省17个市全部开展城建档案数据异地备份工作。江苏省全年新增省际远程异地备份数据容量100T，备份总量已达275T。淮北市与广西贺州市联系沟通，落实异地备份形式和要求，为实现异地备份做好准备工作。河南省已有10个城市与黑龙江省对口城市签订互备协议。为做好湖北、吉林两省城市间异地备份协作工作，湖北省下发《关于切实加强城建档案异地备份工作的通知》，组织潜江、黄石、黄冈、咸宁、恩施、仙桃、天门等市城建档案馆到吉林省开展城建档案异地备份对接工作。襄阳、荆门市与对接城市松原、通化市签署了异地备份对口协议书和交接书。

【数字声像档案管理】 北京市通过具体项目对远郊区城建档案机构声像档案工作开展业务指导及帮扶工作，促进声像档案规范化、制度化管理；与市重点工程、重点区域建设管理单位和部门定期沟通，进行声像档案编制技术交底和业务指导；为配合做好北京城市副中心影像档案资料的收集工作，多次抢拍拆迁村貌、建筑、风俗文化的发展变迁过程，为北京城市副中心的规划与建设留存珍贵的影像记录。天津市通过建档业务培训和指导服务推进工程声像档案管理工作。重庆市对特色地段、特殊建筑、道路改造工程等进行"记忆影像"记录，为今后服务城市规划，发展和传承城市文脉提供珍贵的依据。河北省认真做好旧城区拆迁、城中村改造、道路建设等方面声像资料的接收和摄录工作，通过拍摄专题片、编辑大型画册等方式，为省城乡建设工作留存真实的历史资料。山东省扎实开展声像跟踪服务及航拍工作，济南、青岛、淄博、枣庄、日照等8市启动"城市记忆工程"拍摄工作，利用无人机开展重点工程、城建风貌航拍，积累大量记录城乡规划建设的影像资料；聊城市参与古城区保护与整治等重点项目录像拍摄工作；济宁市围绕美丽乡村建设，做好声像档案服务，配合"美丽乡村建设"工作成功申报"中国人居环境范例奖"。扬州市组织对城市老地图等珍贵馆藏资料作系统整理和托裱修复，加大档案实体保护，并向社会广泛征集老地图，归集老地图100多幅。合肥市对轨道交通建设全程进行声像采集，安庆市围绕老城改造、重点工程建设、专项活动等开展声像档案的收集、采集工作，全年接收和采集照片1800张。铜陵市对城市现状进行拍摄。杭州市开展无人机航拍。丽水市通过拍摄宣传片，侧重介绍了近年的重点建筑及城市道路、绿化等重大变化，同时也包含了城市深刻的历史人文底蕴和优美秀丽的自然风光。绍兴市完成《绍兴古镇（一）——安昌古镇》声像专题片的编辑制作。厦门市收集工程竣工照片档案190个项目，照片2500张。泉州市跟踪拍摄城市建设重大活动和市住建系统各项文明建设活动专题37个。株洲市、郴州市、衡阳市、永州市等地紧扣城乡建设主题，定时、定点跟踪拍摄和记录城市的变迁，留下珍贵的城市记忆资料。惠州市开展创建"国家历史文化名城"影像收集工作，建立城市发展动态档案，拍摄录制了一批历史古迹，参与宣传历史文化名城等工作，以做好"城市记忆工程"为契机，定期进行阶段性拍摄记载，全面推动该市数字声像档案管理工作。贵阳市积极利用馆藏声像档案为社会服务。六盘水市主动深入重点建设项目开展业务交底，并同时拍摄工程建设情况和城建档案馆现场业务工作动态视频，作为珍贵历史记录加以保存利用。青海省围绕工程建设、城市建设等重大活动，主动进行全方位跟踪拍摄，用生动的影像形式记录工程的原貌和建设过程。

【城市地下管线工程档案管理】 按照《国务院办公厅关于加强城市地下管线建设管理的指导意见》（国办发〔2014〕27号）要求，各地认真贯彻落实文件精神，不断加大地下管线工程档案管理力度，地下管线工程档案管理与接收工作稳步推进。北京市派驻工作人员，对地下管线工程档案形成过程进行监督管理，开展归档业务培训，保证档案及时归档。上海市与规划管理部门加强协调配合，开展管线工程档案资料的收集工作。在办理工程规划许可证的同时，将工程档案归档内容和范围及时告知各管线单位，以确保管线工程档案资料的准确、完整。上海市通过会同有关部门召开管线工程档案工作推进会的契机，邀请电力、燃气、上水和通信等10多家专业管线公司，进一步梳理管线工程档案报送和规划验收环节的进展情况。河北省对新建工程地下管线档案要求同步验收和移交，对规划部门现存地下管线档案采取分步整合入库，部分设区市开展数字化加工，形成地下管线电子档案，逐步汇入统一管理系统。辽宁省大部分城市成立地下管线管理部门或设专人负责，上百次走访自来水、煤气、市政、供暖、网通、联通、铁通等相关管线产权单位，调查管线档案状况，指导地下管线档案归档工作。山东省重点对新建地下管线工程进行收集建档，明确地下管线工程档案提交清单，建立档案数据采集制度、档案登记制度和跟踪管理制度，对于已接收的地下管线工程档案做好及时整理和入库工作，为城市地下管线档案咨询和服务提供可靠的信息储备。常州市与管线工程建设单位主动沟通，提供地下管线工程档案业务指导，全市雨污水管线、燃气管线等档案接收实现常态化。厦门市接收管线权属单位移交的地下管线工程档案40卷，更新各类地下管线数据1702项，共约1175公里。宁夏回族自治区要求管线单位在办理工程规划许可证的同时，必须与城建档案管理机构签订"管线工程档案报送责任书"，并将管线工程档案归档内容和范围及时告知各管线单位，以确保管线工程档案资料的准确、完整。西宁市建立城市地下管线工程档案专业工作室；格尔木市结合实际，抽调专人，开展对地下管线工程档案的收集、整理、归档等管理工作，已完成归档任务。

【地下管线普查和信息化建设】 按照《国务院办公厅关于推进城市地下综合管廊建设的指导意见》

(国办发〔2015〕61号)文件精神,根据《住房城乡建设部等部门关于开展城市地下管线普查工作的通知》(建城〔2014〕179号)要求,各省市着手开展地下综合管廊建设和地下管线基础信息普查工作,陆续制定地下管线建设管理相关规定,成立机构,明确牵头部门及其职责。北京市地下管线基础信息普查工作全部完成。太原、晋中、临汾、忻州等市制定地下管线普查档案资料接收方案,各市积极建立和完善城市地下管线档案动态信息系统,做好与城市地下管线综合管理动态系统的对接,及时更新信息。内蒙古自治区20个设市城市开展针对市区范围内的给水、排水(雨、污)、中水、燃气、热力、电力、通信、工业、有线电视等管线的城市地下管线普查工作,共完成各类管线普查总长度约57736公里。吉林市对所有管廊工程进行多次现场指导和现场培训,并参照《城市综合管廊工程技术规范》、《城市桥梁施工与质量验收标准》着手研究一套切合实际的施工应用表格及验收规范。沈阳市完成地下管线普查信息系统项目的开发任务,接收并检查市测绘院提交的管线普查阶段成果数据,完成了验收资料编制、成果资料移交归档、制作项目宣传片等工作。大连市对已完成的查漏补测成果开展各专业管线产权管理单位图纸审核工作,大连市地下综合管线管理系统进入项目试运行阶段。朝阳市地下管线综合信息管理系统升级工作通过专家验收,新增小范围地形模块更新、管线工程档案管理、大数据更新等功能,通过对系统 ARCGIS 平台、底层地形数据的升级、更新,进一步完善了系统的现代化管理水平。山东省构建覆盖市区两级的市级城建档案和地下管线管理网络,建立完善的建设工程信息数据库、地下管线信息数据库,使地下管线管理部门和管线权属单位能够及时、准确地掌握地下管线信息,为各有关管理部门规划决策、审批管理、应对突发事件和建设单位施工提供准确的依据。淄博、济宁、日照、泰安、威海、德州等市在完成主城区第一期普查任务的基础上,开展二期补测补绘及主城区背街小巷、区县地下管线普查工作,及时更新入库管线数据,实施地下管线信息动态管理。泰州市与测绘院合作,将管线信息在泰州城区道路 CAD 图上作精确标注并及时更新,高效利用管线档案资源;淮安市积极协调接收地下管线普查成果资料,并开展市政基础设施档案现状分析与城市地下管网状况评估,为主管部门推进工作提供参考。合肥、宿州等市建立地下管线安全监管系统,对供水、燃气管道进行安全监控。六安市对2013年以来新建的地下管线进行补测,并实行动态更新。杭州市制定"地下管线普查数据抽样核验实施方案",严格地下管线测绘数据审核入库流程管理,对专业管线权属单位和二级平台单位开展催交;同时,加强地下管线信息共享利用,完成地下管线"一图一表一说明",使管线数据更明确更方便利用。湖州市探测管线长度约4800公里,并负责收集、接收普查和补测、补绘所形成的管线成果。厦门市综合地下管线信息数据向19个管线管理部门和权属单位共享,全市城建档案目录中心和电子文件中心建成,完成与岛外各区城建档案管理部门的互通互联,市、区两级城建档案管理机构可以通过政务内网共享各自保管的城建档案电子文件,并可以通过门牌号、电子地图和城市三维模型查询利用档案。湖北省有26个城市已基本完成普查任务,共完成主城区2521.26平方公里内的综合管线85412.23公里的探测任务。湖南省长沙市、株洲市、衡阳市、娄底市、张家界市、岳阳市建立地下管线普查工作协调机制,使地下管线档案的归集渠道更加畅通,动态更新得以保障。株洲市建立城市地下管线工程档案管理信息公共服务平台,完成地下管线普查和地下管线系统的动态更新工作,实现地下管线工程档案数字化管理。深圳市规划国土委员会接收深圳市10个区政府(管委会)、5家行业主管部门汇交的各类管线数据共69254公里,符合入库管线长度43379公里,完成地下管线空间信息综合管理系统建设。广东省惠州市以先行试点建设6.8公里地下综合管廊示范项目为契机,将2016年地下管线普查成果接收进馆,加强与市地下管线信息化管理系统的对接,实现实时动态更新。四会市、广宁县、德庆县和怀集县完成地下管线普查,建立综合管理信息系统和专业管线信息系统。贵州省贵阳市完成市中心城区地下管线动态更新工作,更新地下管线数据约81.8公里。六盘水市主动深入地下管廊和地下人防空间施工现场,宣传相关法律法规、参加各方应履行的职责、住建部公布的五方责任主体处罚细则等,并就如何收集、整理、归档、移交等做业务指导和技术交底工作。六盘水市成立专门地下综合管廊管理部门,开发专业管理系统,开展地下管线普测、普绘工作。遵义市完成市中心城区主干道路及三米以上支线道路地下管线探测工作,探测管线长度达6264.21公里,完成管线权属单位审图工作、市地下管线信息化建设及项目的竣工验收专家评审工作,被监理单位和专家评定为优秀工程。宁夏回族自治区结合地下管线普查工作与城市地下综合管廊建设,加强与管线管理部门和管线单位的协调配合，仔细分析了解地下管线资料现状，研究收集对策，密切跟踪地下管线更新普查进程和城市基础地理信息系统开发建设进程，及时提供与城建档案信息管理系统相匹配的技术参数，以更好地实现信息平台的数据共享。青海省各地城乡档案管理部门正在积极协调城市供水、排水、供热、供气、电力、电信、工业等地下管线相关部门开展搜集地下管线现状分布图工作和城市地下管线普查工作。

【城建档案馆舍、机构、人员培训情况】 为切实履行城建档案管理职责，适应现代化城市规划、建设和管理的需求，各地进一步加强机构建设、馆舍建设和人员队伍建设，城建档案管理体制和机制进一步得到完善。上海市馆库面积5742平方米，总建筑面积5325平方米。山西省馆房面积1.42万平方米，库房7460平方米，对外服务用房798平方米，办公及技术用房6292平方米。内蒙古自治区馆库面积约23000平方米。吉林省吉林市完成新馆房的设计工作，面积约12000平方米。辽宁省沈阳市新馆房建筑面积35437平方米，档案库房面积16000平方米，能储存档案185万卷，预计可以满足未来50年馆藏档案的需求。大连市馆房面积13000多平方米，库房面积约7000平方米。鞍山市馆房建筑面积4759.68平方米。山东省东营市、临沂市、威海经济技术开发区、文登市、乳山市完成馆库扩建、改造，菏泽新馆迁建提上政府议事日程，威海环翠区新馆筹建中。江苏省馆库面积达21.36万平方米。安徽省16个省辖市库房面积18691平方米。湖北省馆（室）新增总面积8.92万平方米，年增长率16%。湖南省馆库建筑面积达7万平方米，新增馆房面积近2万平方米。银川市馆库建筑面积1422平方米，库房面积725平方米。西宁市城建档案馆总建筑面积1360平方米，库房面积840平方米。

山西省有86家城建档案管理机构，省级1家，市级11家（机构设置100%），县区级73家（机构设置65%），其中开发区1家。内蒙古自治区9个地级市和阿拉善盟均设立盟市级的城建档案馆。吉林省51个市（县）中，除长白山管委会外其他市县均建立城建档案管理机构。长春、吉林、延吉分别为国家一级馆，四平、梅河口、集安、辽源、白山、镇赉为省特级馆，舒兰等10个馆为省一级馆。山东省17个设区市均设有城建档案馆，9个国家一级馆，5个省特级馆，实行省、市、区县、基层四级管理模式。江苏省79个城建档案馆（室）中有30个省级示范馆、23个省特级馆、15个省一级馆，556个村镇建设档案室中有503个达到省级标准。福建省除平潭综合实验区未单独设立城建档案馆外（城建档案工作由区交通建设局派员驻点区档案馆办公），其余9个设区市均设有专门的城建档案馆。江西省实现省、市、县三级城建档案管理机构全覆盖，职能配置基本到位，部分市县实现馆、处（办）合一的管理体制。河南省18个省辖市中，已有16个成立城建档案管理机构。湖北省实现全省城建档案机构全覆盖的格局。湖南省有城建档案馆（室）86个，建馆率90%；21个实行"处馆合一"，5个加挂"建设信息中心"的牌子。

上海市采取参加上级培训与自主培训相结合方式通过专业知识培训、岗位轮换学习，进一步提升职工履职能力。河北省各市加大一对一、点对点的指导和培训力度。山西省多次组织开展业务知识交流学习活动，引导全行业从业人员学习相关标准、规范、规程、规则等，组织330余人参加全国城建档案业务管理与地下管线标准宣贯培训班，全年内部培训25期、287人，不断提高从业人员业务工作水平和能力。山东省举办全省城建档案业务宣贯会和全省城建档案工作座谈会，深入学习新国家标准《建设工程文件归档规范》，对做好全省城建档案和地下管线信息管理工作进行部署。江苏省市两级以开展岗位培训、组织馆际业务交流等多种形式，对全省城建档案馆新进人员进行基础业务培训，各地建设规划部门结合实际加强村镇建设档案管理人员能力培训，近千名村镇建设档案工作一线人员业务素养和技能水平得到提升。安徽省举办全省城建档案编制与管理培训班，全省设计、施工、监理等单位和城建档案馆技术人员参加培训，重点讲解电子档案的管理。河南省采取内外结合的方式开展培训，内部组织档案法律法规、档案管理及档案信息化建设技术学习，外部参加有关部门在职专业技术人员培训，全方位、多层次提高人员素质、业务技能和服务能力。湖北省为提高地下管线普查专业技术人员地下管线探测技术和信息系统建设水平，组织开展"湖北省地下管线探测和信息系统建设地方标准宣贯培训班"，培训班全面解析地下管线探测和信息系统建设技术标准、技术原理、项目管理知识和监理工作要求，以及信息系统建设成功案例等。湖南省组织专门的授课团队，及时宣贯国家相关标准和规范，举办培训班13期，培训2717人次。

（住房城乡建设部城建档案工作办公室）

2016年住房城乡建设大事记

1月

12日 住房城乡建设部下发《关于加快建设住房公积金综合服务平台的通知》，要求各地充分利用"互联网+"技术，加快建设功能齐全、使用便捷、安全高效的住房公积金综合服务平台，2017年底前，所有设区城市基本建成。

21日 青海省海北藏族自治州门源回族自治县发生6.4级地震，住房城乡建设部第一时间启动应急响应机制，派出人员开展灾情调查和应急工作。

22日 住房城乡建设部办公厅下发紧急通知，要求各地应对近期出现的强降温及雨雪天气，保障城市市政公用设施安全稳定运行，防止低温极端天气给广大人民群众的正常生产生活带来严重影响。

29日 住房城乡建设部公布首批国家生态园林城市名单，徐州、苏州、昆山、寿光、珠海、南宁、宝鸡7个城市榜上有名。同时，河北沧州等46个城市被命名为新一批国家园林城市、河北高邑县等78个县城为国家园林县城、山西巴公镇等11个镇为国家园林城镇。

2月

4日 国家发改委、住房城乡建设部会同有关部门共同制订的《城市适应气候变化行动方案》发布，明确了我国城市适应气候变化相关工作的目标要求、主要行动、试点示范和保障措施。到2020年，建设30个适应气候变化试点城市。

同日 31个省级建筑市场监管与诚信信息基础数据库与住房城乡建设部中央数据库实现实时互联互通，初步实现建筑市场"数据一个库、监管一张网、管理一条线"的信息化监管目标。

同日 住房城乡建设部安全生产管理委员会办公室通报2015年房屋市政工程生产安全事故情况。2015年，全国共发生房屋市政工程生产安全事故442起、死亡554人，其中高处坠落事故超五成。

6日 《中共中央国务院关于进一步加强城市规划建设管理工作的若干意见》发布。这是时隔37年重启的中央城市工作会议的配套文件，确定了"十三五"乃至未来一段时间中国城市发展的"时间表"和"路线图"。《若干意见》约8000字，由九部分组成，提出了城市规划建设管理的总体目标。

16日 中国人民银行、住房城乡建设部、财政部联合印发《关于完善职工住房公积金账户存款利率形成机制的通知》，将职工住房公积金账户存款利率由现行按照归集时间执行活期和三个月定期利率，统一调整为一年期定期存款基准利率。

17日 财政部、国家税务总局、住房城乡建设部发布《关于调整房地产交易环节契税、营业税优惠政策的通知》，自2月22日起，调整房地产交易环节契税、营业税政策。

18日 住房城乡建设部和环境保护部联合公布全国城市黑臭水体排查结果，在全国295座地级及以上城市中，共有218座城市排查出黑臭水体1861个，60%分布在东南沿海、经济相对发达地区。

19日 住房城乡建设部发布《关于做好建筑业营改增建设工程计价依据调整准备工作的通知》，明确建筑业的增值税税率拟为11%。

23日 住房城乡建设部部长陈政高在《人民日报》发表署名文章《加强城市规划建设管理工作 开创城市现代化建设新局面》。

24日 住房城乡建设部新闻发言人指出，正确理解"逐步打开封闭小区和单位大院"。"逐步"就是要有计划，要有轻重缓急，并不是"一刀切"，也不是"一哄而起"，更不能简单地理解为"拆围墙"。

25日 住房城乡建设部举办2016年全国乡村规划推进工作电视电话培训，重点对《住房城乡建设部关于改革创新、全面有效推进乡村规划工作的指导意见》进行了解读。

3月

1日 住房城乡建设部、国家发展改革委和人力资源社会保障部发布关于修改《房地产经纪管理办法》的决定，4月1日起施行。

4日 住房城乡建设部部长陈政高就"推广街区制"答记者问。

8日 针对房屋建筑和市政基础设施工程进行的施工安全专项整治活动启动。此次整治重点包括安全生产主体责任落实、从业人员持证上岗、安全专项施工方案管理、深基坑工程安全管理、模板支撑系统安全管理、起重机械安全管理及城市地下综合管廊工程安全管理7个方面。

9~11日 住房城乡建设部在海南省海口市召开2016年部派城乡规划督察员培训会。会议在总结2015年工作的同时,明确2016年将以改革的思想推动督察工作,树立规划权威。

11日 住房城乡建设部印发海绵城市专项规划编制暂行规定,要求各地设市城市10月底前完成海绵城市专项规划草案编制工作,按程序进行报批。

16日 住房城乡建设部和公安部发布关于废止《城市出租汽车管理办法》的决定,自发布之日起施行。

同日 住房城乡建设部办公厅下发通知,要求各地做好海绵城市建设项目信息报送工作。自4月起,每月5日前,要填报上月海绵城市建设项目包的建设进展情况,直至项目实施完毕。

18日 国务院常务会议审议通过全面推开营改增试点方案,明确自5月1日起,全面推开营改增试点,将建筑业、房地产业、金融业、生活服务业纳入试点范围。

19~21日 中国发展高层论坛2016年会举办。住房城乡建设部副部长倪虹在大会发言中强调,实现"三个转变",提速新型城镇化。

21日 监察部、人力资源社会保障部和住房城乡建设部公布关于修改《城乡规划违法违纪行为处分办法》的决定,自公布之日起施行。

22日 由中共中央组织部、住房城乡建设部、国家行政学院举办的"学习贯彻中央城市工作会议精神,提高城市规划建设管理能力"省部级领导干部专题研讨班在京开班。住房城乡建设部部长陈政高在开班式上作了专题辅导报告。

23日 为贯彻落实《国务院办公厅关于改善农村人居环境的指导意见》和第二次全国改善农村人居环境工作会议精神,住房城乡建设部出台《关于开展绿色村庄创建工作的指导意见》。今后,每年公布绿色村庄名单,通过创建工作,整体提升村庄绿化水平,切实改善农村人居环境。5年实现村庄绿量明显增加,10年实现乡村环境显著改善。

同日 财政部、国家税务总局联合发布《关于全面推开营业税改征增值税试点的通知》(财税〔2016〕36号)及4个附件。

24日 住房城乡建设部办公厅发出《关于加强2016年城市排水防涝汛前检查做好安全度汛工作的通知》,要求各地自查工作要在4月20日前结束,5月5日前将汛前城市排水防涝检查情况报部城市建设司。

同日 财政部、住房城乡建设部发布实施《城市管网专项资金绩效评价暂行办法》,并公布了地下综合管廊试点绩效评价指标体系、海绵城市建设试点绩效评价指标体系,以强化城市管网专项资金管理,提高资金使用的规范性、安全性和有效性,保证资金所支持的各项工作顺利实施。

28日 国家发改委、交通运输部联合印发《交通基础设施重大工程建设三年行动计划》。在2016~2018年的三年间,我国将重点推进铁路、公路、水路、机场、城市轨道交通项目303项,涉及项目总投资约4.7万亿元。

30日 住房城乡建设部、财政部下发《关于开展工程建设领域各类保证金清查工作的通知》,决定开展清查工作,切实减轻企业负担,激发市场活力。

同日 第十三届中国土木工程詹天佑奖颁奖大会在北京隆重举行,北京国际会都APEC项目核心岛等38项科技创新工程荣获詹天佑奖,244家参建单位获得詹天佑奖荣誉奖杯。

31日 国家税务总局发布《全面推开营业税改征增值税试点后增值税纳税申报有关事项》、《纳税人转让不动产增值税征收管理暂行办法》等6个文件,全面部署"营业税改征增值税试点后增值税纳税申报"和相关实施细则。"营改增"倒逼建筑企业规范财务管理。

4月

11日 住房城乡建设部召开全国建筑业和房地产业营改增工作电视电话会议,动员全国住房城乡建设系统积极配合财税部门,切实做好建筑业和房地产业营改增工作。

同日 住房城乡建设部发布施行《省级公共建筑能耗监测平台验收和运行管理暂行办法》,以规范监测平台验收评估,确保资金使用安全有效,促进监测平台运行维护。

同日 住房城乡建设部对2015年6月公开挂牌督办的2起城乡规划重大违法案件进行了摘牌。2015年6月共挂牌督办9起案件,其中7起于2016

年1月至3月陆续摘牌。

12~21日 由中共中央组织部主办、住房城乡建设部承办的"学习贯彻中央城市工作会议精神——城市地下综合管廊、海绵城市及城市基础设施建设"专题研究班在全国市长研修学院举办。

13日 住房城乡建设部召开党风廉政建设工作会议。部党组成员、中央纪委驻部纪检组组长石生龙要求，全力推进住房城乡建设部党风廉政建设和反腐败工作再上新台阶。

16日 住房城乡建设部市县"多规合一"工作会在甘肃省敦煌市召开。会议总结交流住房城乡建设部负责的8个市县"多规合一"试点工作成效和经验，并就如何更好推进这项工作进行了讨论。

17日 刚果（布）总统萨苏在首都布拉柴维尔会见习近平主席特使、住房和城乡建设部部长陈政高。16日，陈政高出席萨苏总统就职典礼。

22日 住房城乡建设部办公厅和财政部办公厅下发《关于开展地下综合管廊试点年度绩效评价工作的通知》。计划于4月中旬组织专家成立绩效评价小组，对包头等10个第一批中央财政支持地下综合管廊建设试点城市2015年度绩效进行评价。

25日 住房城乡建设部标准定额司印发的《工程造价行业"十三五"规划（征求意见稿）》明确提出，到2020年，健全市场决定工程造价机制，与市场经济相适应的工程造价管理制度基本定型并完善；全行业总产值力争达到1500亿元，人均年产值突破40万元。

5月

13日 《关于开展2016年住房城乡建设系统"安全生产月"活动的通知》下发，住房城乡建设部要求全系统以"强化安全发展观念，提升全民安全素质"为主题开展"安全生产月"活动。

15~21日 全国城市节约用水宣传周活动举办，主题是"坚持节水优先，建设海绵城市"。住房城乡建设部要求各地深入开展城镇节水工作，推进海绵城市建设，改善城市水生态，全面建设节水型城市。

19日 全国政协在京召开第50次双周协商座谈会，围绕"加强城市规划工作"建言献策。全国政协主席俞正声主持会议并讲话。

同日 《住房城乡建设部办公厅关于规范使用建筑业企业资质证书的通知》印发，要求规范使用建筑业企业资质证书。

20日 住房城乡建设部印发《关于进一步推进工程总承包发展的若干意见》，深化建设项目组织实施方式改革。"若干意见"从4个方面提出20条政策和制度措施。

同日 住房城乡建设部印发通知，公布新版《中国人居环境奖评价指标体系》和《中国人居环境范例奖评选主题及申报材料编制导则》，同时明确原《关于印发〈中国人居环境奖评价指标体系（试行）〉和〈中国人居环境范例奖评选主题及内容〉的通知》废止。

23日 2016年全国工程质量治理两年行动监督执法检查启动，住房城乡建设部首批5个检查组分赴江西、湖南等10省（直辖市）进行检查。23~27日，第一检查组随机抽查了江西省南昌市6个在建工程。

25日 《住房城乡建设部关于印发城市地下空间开发利用"十三五"规划的通知》发布。

同日 住房城乡建设部、文化部、国家文物局等七部门下发通知，公布2016年列入中央财政支持范围的中国传统村落名单。北京市门头沟区雁翅镇碣石村等750个中国传统村落将获得中央财政支持。

26日 住房城乡建设部和国家能源局出台关于推进电力管线纳入城市地下综合管廊的意见，鼓励电网企业参与投资建设运营城市地下综合管廊，共同做好电力管线入廊工作。

27日 住房城乡建设部、工业和信息化部召开绿色建材评价标识工作座谈会，发布第一批三星级绿色建材评价机构和第一批获得三星级绿色建材评价标识的32家企业、45个产品。

同日 住房城乡建设部通报7起房地产中介机构和从业人员违法违规案例。

31日 在两院院士大会在京召开之际，住房城乡建设部副部长黄艳在北京会议中心主持召开院士专家座谈会，听取院士和专家对提高建筑设计水平的意见和建议。

6月

3日 国务院办公厅印发《关于加快培育和发展住房租赁市场的若干意见》，全面部署加快培育和发展住房租赁市场工作。

6日 2016年中国人居环境奖申报和复查工作启动。根据住房城乡建设部办公厅下发的通知，各地要在7月31日前提交申报材料，并对2015年及以前获奖的城市开展复查，年底前提交复查报告。

15日 国务院总理李克强主持召开国务院常务

会议,部署清理规范工程建设领域保证金,降低企业成本、营造公平竞争环境等工作。

同日 住房城乡建设部副部长黄艳主持召开推进新型城镇化工作座谈会,部署2016年推进新型城镇化重点工作。

16日 住房城乡建设部、北京市住房和城乡建设委员会联合在京举办2016年安全生产宣传咨询日活动。住房城乡建设部副部长易军,北京市委常委、副市长陈刚,中国建筑工程总公司总经理王祥明等出席活动。

17日 国务院新闻办公室举行国务院政策例行吹风会,住房城乡建设部副部长易军介绍了清理规范工程建设领域保证金的有关情况。

同日 住房城乡建设部召开推进城市地下综合管廊建设电视电话会议,部长陈政高出席会议并讲话。

23日 江苏省盐城市阜宁县龙卷风冰雹灾害发生后,住房城乡建设部部长陈政高、副部长易军要求立即启动应急响应机制,要求密切关注灾情,指导和支持地方做好救灾工作。

同日 住房城乡建设部村镇建设司在浙江省义乌市举办首期中国传统村落保护发展培训班。部总经济师赵晖和全国政协常委、中国传统村落保护专家委员会主任委员冯骥才等亲自授课。

27日 国务院办公厅印发《关于清理规范工程建设领域保证金的通知》(以下简称《通知》),全面部署清理规范工程建设领域保证金工作。《通知》从七个方面,提出了清理规范工程建设领域保证金的具体政策措施。

29日 中国城市公共交通协会第五次会员代表大会在北京召开。住房城乡建设部党组成员、副部长倪虹,全国政协常委、九三学社中央副主席赖明等出席会议并讲话。

7月

1日 住房城乡建设部办公厅通报5月份全国建筑施工转包违法分包行为查处情况,各地排查的项目数量比上月有所增加,安徽、辽宁、湖北等地因查处工作力度大,受到表扬。

同日 住房城乡建设部、国家发改委、财政部联合发出的《关于开展特色小城镇培育工作的通知》提出,即日起在全国范围内开展特色小城镇培育工作,到2020年争取培育1000个左右各具特色、富有活力的特色小镇。

5日 为落实简政放权、放管结合、优化服务要求,激发市场活力和社会创造力,住房城乡建设部下发《关于废止注册城市规划师注册登记办法的通知》。

6日 住房城乡建设部发布《住房城乡建设事业"十三五"规划纲要》。明确了"十三五"时期全面推进住房城乡建设事业持续健康发展的总体要求和主要目标,从13个方面提出五年规划的重点任务和重大举措,精心谋划,内涵丰富。

11日 住房城乡建设部网站发布:2016年,全国计划新开工棚户区改造600万套。1~6月,已开工401.64万套,占年度目标任务的66.9%,完成投资6794亿元。1~6月,全国城镇保障性安居工程基本建成365.98万套,占年度目标任务的97.7%。

13日 住房城乡建设部和财政部联合下发通知,要求各地切实做好清理规范工程建设领域保证金有关工作。

15日 山东省龙口市金域蓝湾施工现场发生升降机坠落事故,造成8人死亡。住房城乡建设部迅速组成督察组赶赴现场,要求严肃查处排除隐患。

18日 住房城乡建设部办公厅公布《历史文化街区划定和历史建筑确定工作方案》,按照"五年计划三年完成"的总体安排,对全国设市城市和公布为历史文化名城的县,开展历史文化街区划定和历史建筑确定工作。

20日 住房城乡建设部扶贫攻坚领导小组组长、部党组书记、部长陈政高主持召开部扶贫攻坚领导小组第一次会议。

21日 住房城乡建设部副部长易军主持召开部安全生产管理委员会全体会议,要求全力做好汛期安全生产工作。

23日 住房城乡建设部、全国爱卫办、环境保护部等部门联合发布改善贫困村人居卫生条件指导意见。到2020年底,所有贫困村将达到人居卫生条件标准。

8月

2日 国务院办公厅发布《关于建立国有企业违规经营投资责任追究制度的意见》,明确集团管控、购销管理、工程承包建设、转让产权及上市公司股权和资产、固定资产投资、投资并购、改组改制、资金管理、风险管理九大方面54种需要追责的情形。

5日 住房城乡建设部在福建省厦门市召开部分

省市推进地下管廊建设工作座谈会，研究部署统筹推进城市排水防涝设施、地下综合管廊和海绵城市建设。

9日　住房城乡建设部印发《关于深化工程建设标准化工作改革的意见》，落实《国务院关于印发深化标准化工作改革方案的通知》精神，进一步改革工程建设标准体制，健全标准体系，完善工作机制。

16日　住房城乡建设部、国家发改委、工业和信息化部、中国人民银行、国家税务总局、国家工商总局、银监会七部门联合召开新闻通气会，共同解读七部门联合印发的《关于加强房地产中介管理促进行业健康发展的意见》（以下简称《意见》）。《意见》分规范中介服务行为、完善行业管理制度、加强中介市场监管三个部分，旨在进一步加强对房地产中介的管理，规范其经营行为，最大限度地保护群众利益，促进行业健康发展。

16~17日　由中国城市科学研究会、湖南省住房和城乡建设厅、长沙市人民政府主办，湖南湘江新区管委会承办的第十一届城市发展与规划大会在长沙举行。

19日　住房城乡建设部、国家文物局共同下发《关于组织申报第七批中国历史文化名镇名村的通知》，开展第七批中国历史文化名镇名村的申报认定工作。各地申报材料于年底前报送两部门。

22日　《推进东北地区等老工业基地振兴三年滚动实施方案（2016~2018年）》印发。方案分年度明确了137项重点工作和总投资规模约1.6万亿元的127项重大项目。

23日　住房城乡建设部印发《2016~2020年建筑业信息化发展纲要》，其中对勘察设计类、施工类、工程总承包类企业作具体部署，积极探索"互联网+"，推进建筑行业的转型升级。

30日　住房城乡建设部办公厅通报各地清理规范工程建设领域保证金有关工作情况。根据各地上报数据，天津、浙江等6省、直辖市工作进展较快，已向有关企业退还保证金。其中，安徽等3省退还各类保证金数额较高。开展不力地区将被重点督察。

31日　住房城乡建设部、国土资源部印发《关于进一步完善城市停车场规划建设和用地政策的通知》。

9月

1日　住房城乡建设部在山东省济南市召开全国城乡规划改革工作座谈会。副部长黄艳要求：找准突破口，狠抓城乡规划改革任务落实。

同日　住房城乡建设部标准定额司发布《2017年工程建设标准规范制订、修订计划（征求意见稿）》，要求各地和有关部门9月23日前反馈意见。

5日　住房城乡建设部发布《城市黑臭水体整治——排水口、管道及检查井治理技术指南》，进一步指导各地科学实施黑臭水体整治工作。

22日　住房和城乡建设部联合国家发改委、财政部、国土资源部、中国人民银行印发《关于进一步鼓励和引导民间资本进入城市供水、燃气、供热、污水和垃圾处理行业的意见》，从拓宽投资渠道、优化投资环境、完善支持政策等方面进一步为民间资本进入城市供水、燃气、供热、污水和垃圾处理行业提供切实的鼓励、引导和便利。

29日　国务院办公厅印发《关于大力发展装配式建筑的指导意见》，确定八项重点任务。一是健全标准规范体系；二是创新装配式建筑设计；三是优化部品部件生产；四是提升装配施工水平；五是推进建筑全装修；六是推广绿色建材；七是推行工程总承包；八是确保工程质量安全。

同日　首届中国20世纪建筑遗产项目发布暨中国20世纪建筑思想学术研讨会在故宫博物院召开。中国文物学会、中国建筑学会联合公布首批中国20世纪建筑遗产名录。

30日　国务院新闻办公室举行国务院政策例行吹风会。住房和城乡建设部总工程师陈宜明在会上表示，未来我国将以京津冀、长三角、珠三角三大城市群为重点推进地区，大力推广装配式建筑，力争用10年左右时间，使装配式建筑占新建建筑面积的比例达到30%。

10月

3日　住房城乡建设部公布一批各地查处的违规失信房地产开发企业和中介机构名单。

10日　住房城乡建设部下发《关于进一步规范房地产开发企业经营行为维护房地产市场秩序的通知》，对房地产开发企业的9种不正当经营行为作出明确界定。

同日　住房城乡建设部、江西省人民政府签署《江西省空间规划》省部合作框架协议。

14日　为进一步推进简政放权、放管结合、优化服务改革，住房城乡建设部发出通知，决定简化《建筑业企业资质标准》（建市〔2014〕159号）中部分指标。从11月1日起，除各类别最低等级资质外，将取消注册建造师的指标考核。

17~20日　住房城乡建设部部长陈政高作为中国政府特别代表出席联合国第三次住房和城市可持续发展大会。

22日　住房城乡建设部、国家发改委、国土资源部和环境保护部联合发布《关于进一步加强城市生活垃圾焚烧处理工作的意见》。进一步加强城市生活垃圾焚烧处理，建设"邻利"型高标准清洁焚烧项目。

26日　住房城乡建设部在广东省深圳市召开推进城市轨道交通规划建设现场会，住房城乡建设部副部长倪虹要求：大力推进城市轨道交通建设，着力补上城市基础设施短板。

27日　住房城乡建设部下发《关于开展建筑业企业资质申报业绩核查的通知》，通知要求对11月1日前申请建筑工程、市政公用工程施工总承包特级、一级资质的企业开展业绩核查。

28日　住房城乡建设部党组书记、部长陈政高主持召开党组会议，深入学习贯彻党的十八届六中全会精神，研究部署贯彻落实措施。

31日　由住房城乡建设部、联合国人居署、福建省人民政府共同主办的2016世界城市日论坛在福建省厦门市举行。来自中国、美国、英国、德国等近20个国家、地区和国际组织的官员、市长、专家学者共300多人出席论坛，并共同签署发表了《城市发展厦门倡议》。

11月

1日　住房城乡建设部副部长倪虹一行实地察看了北京热力集团和丰台区供暖所供热采暖准备工作情况，听取北京市城市管理委员会、市热力集团和丰台区供暖所的工作汇报。

3日　住房城乡建设部办公厅等部门印发《中国传统村落警示和退出暂行规定（试行）》的通知。

4日　住房城乡建设部召开党员干部大会传达学习党的十八届六中全会精神。党组书记、部长陈政高主持会议并讲话。

5日　在第四个"世界厕所日"到来之际，住房城乡建设部发布《城市公共厕所设计标准》。在新发布标准中将女性厕位与男性厕位的比例提高到3：2，人流量较大地区为2：1。此标准于12月1日起实施，将有效缓解女性如厕难题。

11日　人力资源和社会保障部、住房城乡建设部等12部门下发通知，在全国组织开展农民工工资支付情况专项检查。

17日　住房城乡建设部对《建筑工程施工转包违法分包等违法行为认定查处管理办法（试行）》（建市〔2014〕118号）进行修订，起草《建筑工程施工发包与承包违法行为认定查处管理办法（征求意见稿）》，并向社会公开征求意见。

同日　住房城乡建设部印发《建筑工程设计文件编制深度规定（2016年版）》。适用于境内和援外的民用建筑、工业厂房、仓库及其配套工程的新建、改建、扩建工程设计。自2017年1月1日起施行，原《建筑工程设计文件编制深度规定（2008年版）》同时废止。

同日　住房城乡建设部下发《关于启用全国建筑市场监管公共服务平台的通知》，新平台于11月30日正式上线运行，并强调各省进一步完善平台功能、丰富业务应用、提高数据质量。

18日　农村改厕及污水治理工作研讨会暨2016年世界厕所日主题活动举办。住房城乡建设部总经济师赵晖指出，农村改厕作为必须完成的约束性任务，将被纳入改善农村人居环境"十三五"规划。

19日　住房城乡建设部在上海市召开全国装配式建筑工作现场会。住房城乡建设部党组书记、部长陈政高在讲话中要求，大力发展装配式建筑，促进建筑业转型升级。

21日　住房城乡建设部召开全国工程质量治理两年行动总结电视电话会议，全面总结全国工程质量治理两年行动开展情况，研究部署下一阶段工程质量治理和建筑业改革发展工作。住房城乡建设部副部长易军出席会议并讲话。

同日　住房城乡建设部发布《关于印发城乡建设抗震防灾"十三五"规划的通知》。

24日　江西丰城发电厂三期扩建工程冷却塔施工平台发生坍塌事故，造成74名施工人员遇难，给人民群众生命财产造成重大损失。

同日　住房城乡建设部印发《关于促进建筑工程设计事务所发展有关事项的通知》，对2007年颁发的《工程设计资质标准》规定的建筑工程设计事务所资质标准指标进行了简化。

25日　住房城乡建设部召开规范房地产中介行为持续整顿市场秩序电视电话会议。会议指出，房地产中介行业违法违规问题仍较为突出，严重侵害群众合法权益，扰乱了市场秩序，社会反映强烈，必须保持严查高压态势，持续整顿、长抓不懈。

26日　江西丰城发电厂"11.24"冷却塔施工平台坍塌特别重大事故发生后，住房城乡建设部认真贯彻落实党中央、国务院领导重要指示批示精神，部长陈政高、副部长易军高度重视，批示要求深刻吸取事故教训，加强安全生产工作。住房城乡建设部下发《关于做好岁末年初安全生产工作的通知》，对安全生产工作进行全面部署。

28日　住房城乡建设部召开全国建筑施工安全生产电视电话会议。会议要求要认真贯彻落实习近平总书记、李克强总理关于江西丰城发电厂坍塌事故和安全生产工作的重要指示批示精神以及全国安全生产电视电话会议精神，切实增强红线意识，严格落实建筑施工安全生产责任，坚决防范和遏制建筑施工重特大事故发生，切实保障人民生命财产安全。住房城乡建设部党组书记、部长陈政高出席会议并讲话。

30日　国务院总理李克强签署国务院令，公布《企业投资项目核准和备案管理条例》，这是我国固定资产投资领域第一部行政法规，在转变政府投资管理职能、巩固企业投资主体地位方面具有重大意义。

12月

2日　经国务院同意，垃圾治理工作部际联席会议成员单位联合召开了非正规垃圾堆放点排查整治工作电视电话会议。会议要求进一步统一思想、明确责任，在全国大力开展非正规垃圾堆放点排查整治工作，解决城市垃圾"上山下乡"问题。

同日　住房城乡建设部在云南省昆明市召开了省级空间规划工作会。

6日　全球基础设施中心（GIH）项目库在线启动。项目库将帮助各国政府部门开发和推进基础设施项目，面向全球社会资本发布各国基础设施项目信息。中国、澳大利亚、哥伦比亚、韩国、墨西哥、新西兰、乌拉圭政府为项目库提供并发布了首批项目。

7日　国家发改委、工业和信息化部、国土资源部、环境保护部、住房城乡建设部、水利部、国家林业局七部门联合印发《加强京冀交界地区规划建设管理的指导意见》。

同日　住房城乡建设部发布了由住建部牵头起草的国家标准《装配式建筑评价标准（征求意见稿）》，该标准适用于民用建筑的装配化程度评价，包括基础项和评分项两类指标。装配式建筑的程度高低首次有了量化科学的考核标准。

10日　住房城乡建设部在海南省三亚市召开全国生态修复城市修补工作现场会。住房城乡建设部党组书记、部长陈政高出席会议并讲话，海南省委书记罗保铭在会上致辞。

12日　住房城乡建设部、环境保护部、水利部、农业部四部门通报了全国黑臭水体整治情况：全国295个地级及以上城市中，有220个城市排查确认黑臭水体2026个，累计有321个黑臭水体完成了整治工程，占总数的15.8%；已经开工整治的有641个，占总数的31.6%。36个直辖市、省会城市和计划单列市中，有31个城市排查确认黑臭水体638个。

同日　住房城乡建设部召开重点违法建设项目督办会议，针对深圳、兰州、昆明、南昌、南宁、保定六市的违法建设项目提出了明确要求：规划必须尊重，违建必须治理，时间必须明确。

18日　《中共中央国务院关于推进安全生产领域改革发展的意见》印发。这是新中国成立以来第一个以党中央、国务院名义出台的安全生产工作的纲领性文件。文件提出的一系列改革举措和任务要求，为当前和今后一个时期我国安全生产领域的改革发展指明了方向和路径。

19～20日　住房城乡建设部副部长倪虹带队督察四川省建筑施工、燃气供应、公园管理等安全生产工作时指出，切实把安全生产责任落实到每一个岗位、每一道工序、每一个监管责任人。

23日　住房城乡建设部印发《装配式建筑工程消耗量定额》，自2017年3月1日起执行。《装配式建筑工程消耗量定额》与《房屋建筑和装饰工程消耗量定额》（TY01-31-2015）配套使用，原《房屋建筑和装饰工程消耗量定额》（TY01-31-2015）中的相关装配式建筑构件安装子目（定额编号5-356～5-373）同时废止。

26日　全国住房城乡建设工作会议在京召开。住房城乡建设部党组书记、部长陈政高全面总结了2016年住房城乡建设工作，对2017年工作任务作出部署。

27日　住房城乡建设部、财政部发布《建设工程质量保证金管理办法》，进一步规范建设工程质量保证金管理，为建筑企业减负。该办法自公布之日起施行，原《建设工程质量保证金管理暂行办法》同时废止。

基础设施投资建设

全国公共文化设施建设

2016年,全国文化系统全面贯彻党的十八大和十八届三中、四中、五中、六中全会精神,深入学习贯彻习近平总书记系列重要讲话精神,紧紧围绕"五位一体"总体布局和"四个全面"战略布局,坚持社会主义先进文化前进方向,坚持以人民为中心的工作导向,以颁布《中华人民共和国公共文化服务保障法》为契机,加大公共文化服务设施建设投入力度,全国文化设施建设取得显著成效。

【加强文化设施建设覆盖城乡的公共文化设施网络初步形成】 2016年,全国文化(文物)系统基本建设投资项目总数达到2243个,项目计划总投资达945.04亿元,比上年增加18.3%;计划施工面积(建筑面积)1593.133万平方米,比上年增加4.1%;本年完成投资额为127.36亿元,比上年增加17.8%。全国竣工项目838个,竣工面积183.08万平方米。分类型看,有135个公共图书馆建设项目,占基建项目总数的6.0%,全年竣工项目37个,竣工项目面积24.89万平方米;群众艺术馆、文化馆(站)建设项目229个,占基建项目总数的10.2%,全年竣工项目110个,竣工面积18.13万平方米;博物馆建设项目253个,占基建项目总数的11.3%,全年竣工项目69个,竣工面积22.55万平方米。分层级看,县级和乡镇级基建项目1854个,占全国项目总数的82.7%,全年竣工项目784个,竣工项目面积107.35万平方米。

截至年末,全国共有公共图书馆3153个,文化馆3322个,文化站41175个,博物馆4109个,覆盖城乡的公共文化设施网络初步形成,基本实现"县县有图书馆、文化馆,乡乡有文化站"。

【贫困地区公共文化设施建设成效显著】 为进一步支持贫困地区文化设施建设,由中宣部牵头,会同文化部、新闻出版广电总局、国家体育总局等部门,自2015年开始,相继实施了"贫困地区百县万村综合文化服务中心示范工程"和"贫困地区民族自治县、边境县村综合文化服务中心覆盖工程",按照"地方主导、中央扶持、统筹力量、整合资源"的建设原则,为贫困地区新建了3.2万个村综合文化服务中心,每个村综合文化服务中心都按照"七个一"标准进行建设,具体包括:一个文化活动广场(1000平方米),一个文化活动室(90平方米),一个简易戏台(长10米、宽5米、高0.8米),一个宣传栏,一套文化活动器材(一套音响和部分乐器),一套广播器材,一套体育设施器材(一个篮球场、两个乒乓球台和一套体育健身器材),有力地改善了贫困地区村级文化设施状况。

在加强设施建设的同时,加强了贫困地区文化设施内容建设和流动文化服务建设。实施贫困地区村文化活动室设备购置项目,计划"十三五"期间为贫困地区已建成的村文化活动室购置设备,以保障其文化活动的正常开展。其中,2016年中央财政安排贫困地区村文化活动室设备购置项目补助资金44872万元,主要为贫困地区村文化活动室购置音响、乐器、电脑、桌椅等基本文化服务设备。

相继实施了流动图书车工程和流动文化车工程,为贫困地区县级公共图书馆和文化馆配备流动文化设备,进一步支持基层文化单位面向农村提供流动文化服务。其中,2016年争取中央财政安排10992万元,为贫困地区的458个县级文化馆配备了流动文化车。

【非物质文化遗产保护利用设施建设】 为进一步加强我国非物质文化遗产基础设施建设,有效推动非物质文化遗产保护传承与经济社会发展的有机结合,文化部会同国家发展改革委,于2014年启动实施了国家级非物质文化遗产保护利用设施建设试点项目。2014年和2015年共安排中央预算内投资3.64亿元,对50个建设项目进行了补助。

年内,文化部与国家发展改革委多次沟通协调,对该项目建设支持范围进行进一步拓展。经专家评审和综合平衡,共有219个项目纳入项目库,其中传统表演艺术类项目132个,传统手工技艺类项目64个,传统民俗活动类项目17个,其他综合类项目6个。经初步测算,219个建设项目约需中央预算内投资13亿元。其中,2016年已安排下拨中央预算内投资4.24亿元，对57个建设项目进行了补助。

【国家重大文化设施建设】 国家美术馆工程设计方案进一步修改优化。中国工艺美术馆（中国非物质文化遗产馆）工程完成可行性研究报告编制工作。"平安故宫"及其配套工程稳步推进，北院区项目明确项目选址，项目建议书正式报送国家发展改革委。国家图书馆国家文献战略储备库工程获国务院批准项目立项并完成设计招标。中央歌剧院剧场工程进展顺利，主体工程完成地上二层结构施工。中国国家画院扩建、中国交响乐团翻扩建、中央芭蕾舞团业务用房扩建等项目也取得了不同程度进展。

2016年，共有新加坡、新西兰、斐济、坦桑尼亚、斯德哥尔摩、金边等6个中国文化中心建成并投入运营，总建筑面积1.49万平方米。完成中共六大会址修复工作，六大会址常设展览馆顺利开馆。积极配合党和国家领导人的访问活动，国家主席习近平7月出席贝尔格莱德中国文化中心奠基仪式。7月，国务院副总理刘延东出席中共六大会址常设展览馆建成仪式。同时，哥本哈根、布加勒斯特、雅典、海牙、索非亚、明斯克、仰光等中国文化中心的筹建工作也处在稳步推进中。

（文化部财务司）

环境保护工程建设投资及资金利用

【中央财政安排专项资金】 2016年，中央财政安排专项资金501.7亿元，重点推进大气、水、土壤污染防治、农村环境综合整治，以及山水林田湖生态保护修复等。其中，安排大气污染防治专项资金111.9亿元，支持京津冀及周边、长三角、珠三角13个省（区、市）大气污染防治；安排水污染防治专项资金131亿元，支持18个省（区、市）重点流域水污染防治和丹江口水库、千岛湖等52个湖泊生态环境保护和治理；安排土壤污染防治专项资金94.9亿元，支持31个省（区、市）土壤污染防治以及土壤污染状况详查；安排农村节能减排资金60亿元，重点支持南水北调沿线以及重要水源地周边3万个村庄开展环境综合整治；安排专项资金80亿元，支持京津冀水源涵养区、赣州南方丘陵山地、甘肃祁连山、陕西黄土高原等4个区域山水林田湖生态保护修复试点工程；安排专项资金20亿元，支持河北引滦入津、安徽新安江流域、福建汀江—韩江流域、江西东江流域、广西九洲江流域、内蒙古呼伦湖流域等开展上下游横向生态补偿试点。

【环境保护部部门预算安排】 环境保护部安排部门预算4.8亿元支持6个国控辐射环境监测自动站建设及21个现有国控辐射环境监测自动站升级改造、东北边境及周边地区核与辐射应急监测能力建设、全国省市两级共352个国控重点污染源监控中心能力建设、5个环境保护督查中心环境监管能力建设、2个国家水质自动监测站建设及89个国家水质自动监测站升级改造、国控重点污染源监督性监测抽测能力建设、国家环境空气质量预报系统建设、国家环境空气直管站190台（套）设备更新完善、国家环境监测网数据质量保证与质量控制能力建设、生态环境大数据建设、环境遥感监测支撑能力建设等。

重点工程建设

【项目储备】 开展"十三五"环保投资项目储备库建设。2016年，环境保护部、财政部联合印发《关于开展水污染防治行动计划项目储备库建设的通知》和《关于开展"十三五"环保投资项目储备库建设工作的通知》，指导地方围绕大气、水、土壤污染防治三大行动计划，开展"十三五"水、大气、土壤污染防治项目储备库建设。2016年度大气、水、土壤污染防治中央项目储备库初步建立，环境保护部指导、督促地方完善环保项目储备库建设，组织申报2017年度环保项目储备库项目。

【大气污染防治】 加快燃煤电厂超低排放改造，环境保护部会同国家能源局加强工作部署，指导督促各地和电力集团公司编制改造计划，将逐台机组改造任务落实到年度。截至年底，全国燃煤机组累计完成超低排放改造4.4亿千瓦，占煤电总装机容量的47%。

调整优化能源结构，实施以气代煤、以电代煤。环境保护部部署京津冀地区散煤治理工作，大力推进京津冀地区城中村、城乡结合部和农村地区散煤治理。北京、天津、河北大力推进散煤清洁化改造任务，天津、石家庄、济南、太原、郑州等城市加快"煤改气"、"煤改电"进度。2016年，京津冀地区共完成80万户，200万吨散煤替代工作。

积极推进区域船舶排放控制区建设，自4月1日起，长三角地区四个核心港口（上海、宁波-舟山、苏州、南通）实施船舶排放控制区，靠泊船舶改用岸电系统或改燃低硫油。

加快黄标车和老旧车淘汰。采取各地上报年度淘汰计划、公安部车辆统计信息确定任务分配原则、征求地方政府意见并进行工作对接、对各地任务适当调整"四步走"方式开展黄标车和老旧车淘汰工作,分解落实各省(区、市)黄标车和老旧车淘汰指标;积极组织开展黄标车淘汰进展调度工作,建立月调度、旬调度、旬报送工作机制。2016年,全国共淘汰黄标车和老旧车404.58万辆,超额完成《政府工作报告》提出的"淘汰黄标车和老旧车380万辆"目标。

【水污染防治】 开展污水集中处理和在线监控设施建设。截至年底,1228个需开展污水集中处理和在线监控设施建设的省级及以上工业集聚区已有661个完成建设任务,京津冀、长三角、珠三角等重点区域中,96%已建成污水集中处理设施,94%已安装自动在线监控装置。2016年,新增完成环境综合整治的建制村3.2万个。

环境保护工作相关法规、政策

【修订发布《环境影响评价法》】 7月2日,十二届全国人大常委会第二十一次会议审议通过新修订的《环境影响评价法》(以下简称《新环评法》),自9月1日起施行。《新环评法》将环评审批与企业投资项目审批脱钩,取消行业预审,同时强化规划环评的法律约束,并对未批先建项目规定按投资总额的1‰至5%处以罚款。

为贯彻落实《新环评法》第二十二条规定,11月2日,环境保护部发布《建设项目环境影响登记表备案管理办法》(以下简称《办法》),自2017年1月1日起施行。《办法》重点对建设项目环境影响登记表备案的责任主体、备案流程、违规处罚等方面作出详细规定。

【发布《控制污染物排放许可制实施方案》及配套文件】 11月10日,国务院办公厅印发《控制污染物排放许可制实施方案》,对完善控制污染物排放许可制度、实施企事业单位排污许可证管理作出总体部署和系统安排,是全面深化生态环境领域改革、推进环境治理体系和治理能力现代化的重要内容,是加强生态环境保护工作、改善生态环境质量的有力举措。

12月23日,环境保护部发布《排污许可证管理暂行规定》,明确排污许可证的内容、申请与核发的程序以及监督管理要求。12月27日,环境保护部发布《关于开展火电、造纸行业和京津冀试点城市高架源排污许可管理工作的通知》,率先对火电、造纸两个行业和京津冀高架源实施排污许可一证式管理。

【修订发布《国家危险废物名录》】 6月14日,环境保护部、国家发展和改革委员会、公安部令第39号发布《国家危险废物名录》,自8月1日起施行,原环境保护部、国家发展和改革委员会发布的《国家危险废物名录》(环境保护部、国家发展和改革委员会令第1号)同时废止。本次修订在原名录的基础上新增危险废物117种,删除32种,新增《危险废物豁免管理清单》,将16类/种废物列入,同时,还根据最新的国民经济行业分类(GB/T 4754—2011)对名录中废物代码进行更新。

【加强机动车、非道路移动机械环境管理】 完成《轻型混合动力电动汽车污染物排放控制要求及测量方法》(GB 19755—2016)、《摩托车污染物排放限值及测量方法(中国第四阶段)》(GB 14622—2016)、《轻便摩托车污染物排放限值及测量方法(中国第四阶段)》(GB 18176—2016)、《船舶发动机排气污染物排放限值及测量方法(中国第一、二阶段)》(GB 15097—2016)和《轻型汽车污染物排放限值及测量方法(中国第六阶段)》(GB 18352.6—2016)制定修订工作。4月1日,东部11省市(北京、天津、河北、辽宁、上海、江苏、浙江、福建、山东、广东、海南)对新生产的轻型汽油车、轻型柴油客车、重型柴油车(仅公交、环卫、邮政用途)率先实施第五阶段排放标准;9月1日,对轻型混合动力电动汽车实施轻型混合动力电动汽车污染物排放标准;4月1日,对除农业机械外的非道路移动机械执行国家第三阶段非道路移动机械用柴油机排气污染物排放标准;12月1日,对农业机械执行国家第三阶段非道路移动机械用柴油机排气污染物排放标准。

(环境保护部规划财务司)

卫生计生基础设施建设

【卫生计生服务体系建设成效显著】 2016年,国家卫生计生委员会会同国家发展改革委员会,安排中央专项资金222.4亿元支持全国卫生计生服务机构基础设施建设。其中,县级医院403个、中央投资113.9亿元,乡镇卫生院(含周转宿舍)2267个、中央投资35.9亿元,社区卫生服务中心2个、中央投资440万元,地市级医院26个、中央投资10亿元,儿童医疗服务体系项目32个、中央投资10.7亿元,食品安全风险监测能力项目244个、中央投资10亿元,卫生应急移动处置中心6个、中央投资0.9亿元,妇幼健康服务机构247个、中央投资29.1亿元,疾病预防控制机构236个、中央投资11.9亿元。大部分项目已经开工建设,部分项目已经竣工投入使用,卫生计生机构服务条件明显改善,服务能力和水平显著提升,卫生计生服务体系建设成效显著。

【《全民健康保障建设工程规划》正式印发实施】
为进一步完善医疗卫生服务体系,实现人人享有基本医疗卫生服务,推动健康中国建设,2016年,国家卫生计生委会同国家发展改革委、国家中医药管理局印发《全民健康保障工程建设规划》,明确"十三五"期间重点支持健康扶贫工程、妇幼健康保障工程、公共卫生服务能力提升工程、疑难病症诊治能力提升工程、中医药传承创新工程、人口健康信息平台建设六大体系建设。同时,三部委还联合印发了《中央预算内投资补助地方医疗卫生领域建设项目管理办法》,进一步加强和规范中央预算内投资补助地方医疗卫生领域建设项目管理,提高中央投资效益。

【《儿童医院建设标准》正式颁布实施】 10月,住房城乡建设部和国家发展改革委正式批准颁布《儿童医院建设标准》(以下简称《标准》),自2017年1月1日起实施。《标准》由国家卫生计生委卫生发展研究中心会同广州新现代建筑设计顾问有限公司、北京妇产医院、中国疾病预防控制中心等单位在广泛调研、参考国内外相关标准规范、吸收国内有关科研成果和工程设计、建设经验的基础上,充分考虑我国儿童医院建设的实际情况下编制完成的。《标准》分为总则、建设规模与项目构成、建筑面积指标、选址与规划布局、建筑标准、建筑设备、医疗设备和相关指标等8个章节,对儿童医院建设遵循的原则、选址要求、床均面积指标、建筑要求、设备要求等作了规定。《标准》技术内容合理,与相关标准规范协调,具有科学性、创新性、实用性和可操作性。本《标准》的实施,对规范儿童医院建设,提升儿童诊治能力和水平具有重大意义。

【《精神专科医院建设标准》正式颁布实施】 12月,住房城乡建设部和国家发展改革委正式批准颁布《精神专科医院建设标准》(以下简称《标准》),自2017年3月1日起实施。《标准》由中国中元国际工程公司会同华东建筑设计研究院有限公司、北京大学第六医院等单位在广泛调研、参考国内外标准规范、吸收国内有关科研成果和工程设计、建设经验的基础上,充分考虑了我国精神专科医院建设的实际情况共同编制完成的。《标准》共分为总则、建设规模与项目构成、建筑面积指标、建设用地与规划布局、建筑标准、主要技术经济指标等6章。对精神专科医院建设遵循的原则、选址要求、主要功能用房比例、建筑要求、专业要求等作了规定,技术内容合理,与相关标准规范协调,具有科学性、创新性、实用性和可操作性。

【《急救中心建设标准》正式颁布实施】 12月,住房和城乡建设部正式批准颁布《急救中心建设标准》(以下简称《标准》),自2017年3月1日起施行。《标准》由国家卫生计生委规划与信息司组织上海建筑设计研究院有限公司、中国医院协会医院建筑系统研究分会等相关单位共同编制完成。包含总则、建设规模与项目构成、建筑面积指标、规划布局与建设用地、建筑标准、建筑设备标准及救护车的配备和主要技术经济指标等7个章节,对急救中心建设遵循原则、选址、规模等作了规定,技术内容合理,与相关标准规范协调,具有科学性、创新性、实用性和可操作性,对进一步指导急救中心建设具有重要意义。

【委属(管)单位建设进展顺利】 2016年,国家发展改革委共安排中央预算内基本建设投资12.1亿元支持委属(管)单位改善基础设施条件。在建项目包括国家卫生计生委科学技术研究所国家人类遗传资源中心和复旦大学附属华山医院临床医学中心等46项,总建筑面积299万平方米,总投资234亿元。项目总体建设进展顺利,工程质量良好。其中,吉林大学中日联谊医院科研教学综合楼项目于2016年9月竣工投入使用,有效改善了医院基础设施条件,缓解了科研教学用房紧张的状况,进一步促进医院医教研协同发展。

(国家卫生和计划生育委员会规划和信息司)

信息通信业建设

【概况】 2016年,信息通信业深入贯彻落实党中央、国务院系列重大决策部署,自觉践行创新、协调、绿色、开放、共享的发展理念,持续推进提速降费、普遍服务和5G研发等重点工作,加快建设高速畅通、覆盖城乡的宽带网络基础设施,实现信息通信业平稳健康发展。

2016年全行业固定资产投资完成4350亿元,其中移动通信投资完成2355亿元。新增移动通信基站92.6万个,总数达559万个,其中4G基站新增86.1万个,总数达到263万个,移动网络覆盖范围和服务能力继续提升。净增互联网宽带接入端口1.14亿个,总数达6.9亿个,其中光纤接入(FTTH/O)端口比上年净增1.81亿个,达到5.22亿个,占宽带接入端口比重提升至75.6%。全国新建光缆线路554万公里,光缆线路总长度达到3041万公里,同比增长22%,整体保持较快增长态势。

2016年我国电信业务保持高速增长。数据显示,

2016年全年，我国电信业务总量完成35948.3亿元，较2015年同比增长54.2%。2016年电信业务收入完成11893亿元，同比增长5.6%。4G用户数呈爆发式增长，全年新增3.4亿户，总数达到7.7亿户，占移动用户的比重达58.2%，移动宽带用户（3G/4G）达9.4亿户，占比达71.2%。三家基础电信企业固定互联网宽带接入用户全年净增3774万户，总数达到2.97亿户，其中光纤接入用户净增7941万户，总数达2.28亿户，占宽带用户总数的比重达76.6%，20M及以上用户占比达77.8%。

【信息通信建设市场管理】（1）规范通信工程招投标市场。工业和信息化部完善"通信工程建设项目招标投标管理信息平台"（以下简称"管理平台"），实现与基础电信企业集团公司采购平台的互联互通，推进招投标信息的实时共享，建立通信建设行业违法失约行为信息库。2016年"管理平台"实现网上备案项目共15197个，公开招标项目比例超过99%。强化通信工程招投标监督检查。部署各省开展招投标检查，并组织检查组对江西、上海等8个省市招投标情况进行专项检查，对检查情况进行通报。各基础电信企业加强宣贯培训、完善制度流程、落实自查整改，地方监管部门对发现的项目问题进行通报并督促企业整改，招投标活动规范化水平大幅提升。

加强评标专家及评标专家库的管理。广泛开展宣贯培训，提高专家依法公正评标的法律意识及专业素质，提高评标质量，扩充专家库的专家数量和专业范围，保证评标活动的公平公正。2016年共开展通信建设项目评标专家培训50期，培训超过7500人，新增入库专家超过5400人，专家库人员数量近3.5万。

（2）加强通信基础设施专项规划。推进通信基础设施专项规划。各地参照城市通信基础设施专项规划导则，建立完善规划协调机制，积极组织编制通信基础设施专项规划，并纳入地区总体规划及控制性详细规划，统筹各类通信管线、宽带网络建设，合理布局通信基站、局房等通信基础设施，强化通信基础设施建设与保护。截至年底，13个省份已完成大规模以上城市（含超大城市、特大城市、大城市）的规划编制，109个城市完成通信基础设施专项规划编制，其中36个城市已获当地政府批复。

推进地下综合管廊的通信设施建设工作，落实《国务院办公厅关于推进城市地下综合管廊建设的指导意见》，工业和信息化部与相关部门联合开展检查，督导地下管线普查及地下管廊建设相关工作，做好综合管廊有偿使用标准研究及标准制定，以及通信基础设施专项规划与综合管廊规划的有效衔接。

（3）持续推进光纤到户国家标准执行，强化联合监督检查。工业和信息化部联合住建部印发《关于开展2016年光纤到户国家标准执行情况联合检查工作的通知》，部署各地开展本地区的自查和抽查工作，两部组织对北京等8个省（区、市）开展联合抽查，督促各地推进光纤到户强标的落实，全年各省共抽查了189个城市的850个项目。

健全机构完善机制。各省通信管理局在各地市建立完善光纤到户验收备案机制，实现了与当地住建等部门的工作对接，促进部门间沟通交流，开展信息收集和数据分析，进一步加强验收备案流程规范化制度化，做好光纤到户工程验收备案工作。截至2016年底，全国新建住宅光纤到户项目比例超过90%，15个省市全部实现新建住宅小区光纤到户。

（4）加强质监和安全生产管理。组织宣贯新修订的《通信建设工程安全生产管理规定》，下发《关于做好2016年通信建设安全生产工作的通知》，督促各地有效防范和坚决遏制生产安全事故的发生，强化安全生产管理工作。

组织各省开展质量监督和安全生产检查，推行"双随机一公开"随机抽查制度，开展对基础电信企业建设项目的质量监督，对检查中发现的质量和安全生产突出问题进行通报，督促企业进行整改，全年共抽查项目3725个。

加强信息化监管。督促企业通过信息系统进行质量监督申报和验收备案工作，2016年企业共申报质量监督项目20余万项，办理竣工验收备案项目约7.7万项。建立完善"安全生产管理人员考核管理系统"，通过平台开展施工企业安全生产管理人员考核工作，为企业申报提供便利，提高工作效率。

（5）持续推进通信业节能减排，节能减排管理体系不断完善。编制信息通信业节能减排工作的指导意见，指导"十三五"信息通信业节能减排工作；编制印发第二批高耗能电信设备淘汰指导目录和通信行业节能技术指导目录，推动数据网络设备等5大类18项设备（产品）淘汰，推广基站主设备动态节能技术等13项节能新技术、新产品，推进构建绿色通信网络；指导中国通信企业协会召开通信行业节能减排大会，加强通信行业节能减排管理创新与实践、数据中心综合节能等方面的经验分享与技术交流。

【信息通信业建设相关政策规范】（1）修订完善管理规定及相关文件。修订发布《通信工程施工企业主要负责人 项目负责人和专职安全生产管理人员安全生产考核管理规定》，提高通信工程施工企业主要负责人、项目负责人和专职安全生产管理人员的安全生产管理能力，保障通信建设工程安全生产，各地通信主管部门强化监督管理，督促企业落实安全生产责任。

修订发布《通信建设项目货物、施工招标文件范本》，根据通信工程建设市场发展形势，修订招标范本，规范招标资格预审文件、招标文件编制活动，提高资格预审文件、招标文件编制质量，促进招标投标活动的公开、公平和公正。

修订发布《信息通信建设工程预算定额》《信息通信建设工程费用定额》及《信息通信建设工程概预算编制规程》，规范通信建设工程计价行为，合理有效控制通信建设工程投资。

（2）组织国家标准和行业标准制定。2016年发布《综合布线系统工程设计规范》、《互联网数据中心工程技术规范》等6项国家标准，规范了商业楼宇光纤建设、互联网数据中心建设及通信线路工程的建设行为；发布5项通信工程建设行业标准，包括1项通用标准和4项专用标准。《通信用电源设备抗地震性能检测规范》为通用标准，对不同通信用电源设备的组成及要求、抗地震性能检测及评估标准等进行规定，提高了通信电源设备的抗地震性能。4项专用标准为无线传输、交换数据等专业工程的设计、施工和验收提供建设依据，规定公众蜂窝移动通信基站工程、宽带IP城域网工程和本地IP/MPLS网络工程的设计、施工和验收要求。

（3）推进相关标准规范贯彻执行。联合住建部开展光纤到户国家标准贯彻实施情况大检查，推进光纤到户国家标准贯彻执行，发布《工业和信息化部办公厅 住房城乡建设部办公厅关于2016年光纤到户国家标准执行情况的通报》，总结推进光纤到户国家标准过程中的经验，指出需要提升和规范的四方面内容，促进光纤到户国家标准严格执行。进一步完善配套通信基础设施制度和标准，提升通信基础设施建设质量，强化规划引领作用，科学预测通信基础设施建设需求，推进各地通信基础设施专项规划编制，切实将通信专项规划编制纳入城市总体规划及控制性详细规划，强化通信设施的保护，规范通信设施建设行为，保障通信安全和畅通。

（工业和信息化部信息通信发展司）

农业基本建设

2016年，在国家发展改革委员会等部门大力支持下，农业部共参与安排中央预算内建设投资286.9亿元，主要用于农业综合生产能力建设、农业科技创新能力建设、农业公共服务能力条件建设、农业资源保护与利用条件建设、其他农业农村基础设施建设五个方面。

【农业综合生产能力建设175.7亿元】 包括新增千亿斤粮食田间工程及农技服务体系153亿元，在粮食主产区建设标准农田约1208万亩，在糖料主产区建设标准农田约82万亩，在甘肃建设玉米制种田30万亩，在四川建设水稻制种田23万亩；农垦天然橡胶基地1.7亿元，支持广东、海南和云南农垦天然橡胶基地建设，更新胶园6080亩、新植胶园950亩、建设胶园道路430千米等；国家现代农业示范区标准农田建设7亿元，支持示范区平整土地，加强灌排设施、田间道路建设，有效提升了农田基础设施，改善了农田生产条件；奶牛标准化规模养殖小区（场）10亿元，补助建设年存栏300头以上奶牛标准化规模养殖场（小区）668个，在17个奶牛养殖大县开展种养结合整县推进试点；肉牛肉羊标准化规模养殖小区（场）4亿元，补助建设肉牛肉羊标准化规模养殖场（小区）和南疆肉羊良种繁育场896个。

【农业科技创新能力建设16.6亿元】 包括种植业种子工程5亿元，建设种子工程项目120个；养殖业良种工程3亿元，建设养殖业原良种场96个；农业科技创新能力条件建设8.6亿元，重点支持建设作物基因资源与种质创制等22个学科群的综合性重点实验室1个、专业性（区域性）重点实验室27个和科学观测实验站（基地）44个。

【农业公共服务能力条件建设7.7亿元】 包括农产品质量安全检验检测体系建设4亿元，用于省级质检中心、风险监测能力建设和市、县质检站建设；渔政工程3.7亿元，建设沿海、内陆渔政船和执法快艇、资源调查船以及内陆渔政基地。

【农业资源保护与利用条件建设53亿元】 包括天然草原退牧还草工程20亿元，建设草原围栏3427万亩、改良退化草原259万亩，建设人工饲草地103万亩，岩溶草地治理74万亩；草原支撑保障工程（含草原防火）2.5亿元，建设草原防火物资储备库、草原防火站等；农村沼气工程（含生物质能）20亿元，支持规模化生物天然气工程试点项目21个和规模化大型沼气工程项目552个；农业环境突出问题治理10.5亿元，支持重点流域农业面源污染综合治理试点项目18个、农牧交错带已垦草原治理试点项目35个、东北黑土地保护试点项目6个。

【其他农业农村基础设施建设33.9亿元】 包括

垦区棚户区改造及供暖等配套基础设施建设16.6亿元，主要用于国有垦区职工住房条件改善；血吸虫病农业综合治理2.5亿元，改造有螺耕地、有螺低洼地，建设畜舍、禽舍；农垦公益性（含政法基础设施）2.8亿元，支持黑龙江、云南、海拉尔和大兴安岭农垦的29个农场建设场部道路，支持黑龙江、广东农垦建设医疗卫生项目11个，支持黑龙江和海拉尔农垦建设教育设施项目4个；海洋渔船更新改造12亿元，新建、续建远洋渔船297艘。

（农业部发展计划司）

水利建设

【水利设施投资、资金利用等概况】 2016年，共落实水利建设投资6781亿元，较上年增加16.5%，其中落实中央水利建设投资1415.9亿元。截至年底，年度中央投资计划完成率达到95.5%，其中重大水利工程完成率96.4%，其他工程完成率94.7%，如期完成年度目标任务。

2016年中央水利建设投资按工程类型划分，防洪工程投资457.06亿元，占32.28%；水资源工程投资893.17亿元，占63.09%；水土保持及生态工程投资53.98亿元，占3.81%；专项工程投资11.68亿元，占0.82%。按项目所属区域划分，东部地区194.79亿元，占13.76%；中部地区543.41亿元，占38.38%；西部地区677.69亿元，占47.86%。

各地充分利用过桥贷款、抵押补充贷款、专项建设基金等金融支持水利政策，积极吸引社会资本参与水利建设，多渠道筹措建设资金。全年安排专项建设基金1403亿元，有效缓解了地方水利建设资金筹措压力。

【重点水利工程建设】 2016年，新开工黑河黄藏寺水利枢纽、引江济淮工程、浙江朱溪水库、舟山市大陆引水三期工程、安徽江巷水库、福建罗源霍口水库、平潭及闽江口水资源配置工程、湖南毛俊水库、广西驮英水库及灌区、贵州黄家湾水库、云南柴石滩水库灌区、四川武引蓬船灌区、土溪口水库、李家岩水库、黄石盘水库、江西廖坊水利枢纽灌区二期工程、云南阿岗水库、甘肃红崖山水库加高扩建工程、青海引大济湟西干渠灌区等21项节水供水重大水利工程，172项节水供水重大水利工程已开工106项，在建工程投资规模超过8000亿元。

【在建重大水利工程】 江西峡溪口水利枢纽、青海湟水北干渠扶贫灌溉等多项工程主体基本完工并发挥效益。东北三江治理、洞庭湖治理全面加快。进一步治淮工程建设加快推进，38项工程已开工25项，其中6项全面完成或基本完成，洪泽湖大堤除险加固工程率先通过竣工验收。太湖流域水环境综合治理深入实施，走马塘延伸拓浚等8项工程已完工。青海引大济湟调水总干渠工程正式通水。湖南涔天河水库扩建工程下闸蓄水。河南前坪、西藏拉洛、新疆阿尔塔什、重庆观景口、贵州马岭、云南德厚、青海蓄集峡等工程实现截流。湖北鄂北水资源配置、甘肃引洮供水二期主体工程全面建设。西江大藤峡、淮河出山店、陕西引汉济渭、贵州夹岩等工程加快实施。

2016年启动实施农村饮水安全巩固提升工程，完成投资240亿元，受益人口3900多万。完成30处大型灌区和40处大型灌排泵站更新改造，13处新建灌区进展顺利，新增高效节水灌溉面积2182万亩，超额完成《政府工作报告》提出的2000万亩年度目标任务。田间渠系配套、小型水利工程、雨水集蓄利用及河塘清淤整治成效显著，冬春农田水利建设再掀高潮，中小河流治理、病险水库水闸及淤地坝除险加固、抗旱水源工程建设加快实施。新增水土流失综合治理面积5.44万平方公里，实施坡耕地改造400万亩，新增农村水电装机200万千瓦。

【重点水利工程验收管理】 5月，受国务院三峡工程建设委员会委托，国务院长江三峡工程整体竣工验收委员会枢纽工程验收组（以下简称验收组）在三峡坝区对长江三峡水利枢纽升船机工程进行了试通航前验收。国务院长江三峡工程整体竣工验收委员会副主任、验收组组长、水利部部长陈雷出席验收会议并讲话，验收组副组长、水利部副部长矫勇主持验收会议。验收组在查看现场、听取汇报、查阅资料和认真讨论的基础上，通过了《长江三峡水利枢纽升船机工程试通航前验收鉴定书》，认为长江三峡水利枢纽升船机工程已具备实船试航和试通航条件，通过验收。

7月，湖南溆水皂市水利枢纽工程通过水利部和湖南省人民政府共同主持的竣工验收。水利部党组副书记、副部长、竣工验收委员会主任委员矫勇、湖南省人民政府副省长戴道晋出席竣工验收会议并讲话。竣工验收委员会实地察看了工程现场和移民安置点，查阅了相关资料，观看了工程建设声像资料，听取相关工作报告，讨论形成《湖南溆水皂市水利枢纽工程竣工验收鉴定书》，同意皂市水利枢纽工程通过竣工验收。

12月，右江百色水利枢纽工程通过由水利部、广西壮族自治区人民政府和云南省人民政府共同主持的竣工验收。水利部副部长、竣工验收委员会主任委员周学文、广西壮族自治区副主席张秀隆、云南省政府副秘书长普建辉出席竣工验收会议并讲话。竣工验收委员会实地察看了工程现场和移民安置点，查阅了相关资料，观看了工程建设声像资料，听取相关工作报告，讨论形成《右江百色水利枢纽工程竣工验收鉴定书》，同意百色水利枢纽工程通过竣工验收。

【水利建设相关法规】 2016年，《农田水利条例》公布施行。条例明确了农田水利工作的基本原则，建立农田水利规划制度，强化农田水利工程建设管理，完善农田水利工程运行维护机制，规范农田灌溉与排水管理，规定了保障扶持措施，针对有关违法行为设定了严格的法律责任。《条例》的颁布实施，在农田水利史上具有里程碑意义，将进一步规范农田水利规划、建设、运行、管理，对于切实推动农田水利事业全面步入法治轨道、从根本上扭转农田水利建设明显滞后的局面必将发挥重要的保障作用。

同时，水利部积极推进重点领域水法规立法进程，配合国务院法制办开展《大中型水利水电工程建设征地补偿和移民安置条例》修正案立法协调、修改完善和征求意见等工作，会同国家发展改革委、住房城乡建设部加快推进《节约用水条例》联合起草，积极推动《地下水管理条例》研究起草工作，并组织开展了《长江保护法》前期研究工作。

【水利建设相关规划和政策文件】 加快水利改革发展。2016年，水利改革发展"十三五"规划印发实施，以全面提升水安全保障能力为主线，明确了"十三五"时期水利改革发展的总体思路、目标任务、建设重点和改革管理举措。中央层面共审批重点水利规划25项。《关于全面推行河长制的意见》、《关于推进农业水价综合改革的意见》、《"十三五"水资源消耗总量和强度双控行动方案》、《关于加大用地政策支持力度促进大中型水利水电工程建设的意见》等一批含金量高、影响力大的重要改革政策举措相继出台。水行政审批制度改革不断深化，《简化整合投资项目涉水行政审批实施办法（试行）》印发实施，现有7项企业投资项目涉水前置审批全部调整为开工前审批，并分3类合并实施，与项目核准并联办理，实行"项目法人编制一份技术报告、水行政服务窗口统一受理、审批机关下达一份审批文件"。

认真做好文件清理工作。2016年，按照国务院的安排部署，水利部对改革开放以来颁布实施的部门规章和政策性文件进行了全面清理，对有关国务院文件提出清理意见。《国务院关于批转国家计委、财政部、水利部、建设部关于加强公益性水利工程建设管理若干意见的通知》等一批国务院文件宣布失效，《黄河下游引黄灌溉管理规定》和《治理开发农村"四荒"资源管理办法》两件规章宣布废止，《水利工程建设项目管理规定（试行）》等4件规章部分条款作出修改，455件水利部文件宣布废止、失效。

加强水利建设项目管理。2016年，水利部会同国家发展改革委制定出台重大水利工程、水生态治理和中小河流治理等其他水利工程、农村饮水安全巩固提升工程、水文基础设施等4个中央预算内投资专项管理办法，配合财政部制定出台《中央财政水利发展资金使用管理办法》，会同国家发展改革委等四部委联合印发《关于加快推进高效节水灌溉发展的实施意见》。水利部制定印发《关于推进绿色小水电发展的指导意见》、《关于进一步加强水利信息化建设与管理的指导意见》、《水利部信息化建设与管理办法》等文件，加强各类水利建设项目管理工作。

加强水利建设质量安全管理。2016年，水利部发布《水利安全生产信息报告和处置规则》和《水利部生产安全事故应急预案（试行）》，规范水利安全生产信息报告和处置工作，加强水利部生产安全事故应急管理。出台《节水供水重大水利工程建设质量监督巡查实施细则》和《重大水利工程建设安全生产巡查工作制度》，启动重大水利工程建设质量监督巡查和安全生产巡查工作，保障工程建设质量和安全。印发《关于加强水土保持工程验收管理的指导意见》，明确水土保持工程验收责任，规范验收行为，把好工程验收关。颁布《水文设施工程质量评定暂行办法》，进一步加强水文设施工程质量管理，规范质量评定行为。

加强水利建设市场监管。2016年，水利部制定印发《水利工程施工转包违法分包等违法行为认定查处管理暂行办法》，坚决打击围标、串标、出借借用资质、转包和违法分包行为，维护水利建设市场正常秩序。与国家发展改革委等部门联合颁布《公共资源交易平台管理暂行办法》，大力推动水利建设项目进入公共资源交易市场交易。与国家发展改革委等部门联合印发《关于深入开展2016年国家电子招标投标试点工作的通知》，加快推进水利工程电子招标。与最高人民法院等单位联合发出《关于在招标投标活动中对失信被执行人实施联合惩戒的通知》，加强协同监管和联合惩戒。

【水利建设相关技术标准】 2016年，结合行业需求，水利部组织相关单位编制完成11项工程建设类水利技术标准，均已颁布实施，包括《升船机设计规范》、《水闸设计规范》、《水工隧洞设计规范》、《牧区草地灌溉与排水技术规范》、《水利水电工程金属结构与机电设备安装安全技术规程》、《治涝标准》、《水利水电工程安全监测设计规范》、《水利工程质量检测技术规程》、《大中型水库库区和移民安置区基础设施建设和经济发展规划编制规程》、《水工建筑物荷载设计规范》、《采矿业建设项目水资源论证导则》等。

（水利部建设与管理司）

铁路建设

概况

2016年，中国铁路总公司认真贯彻落实党中央、国务院关于加快铁路建设的决策部署，以深入开展"两学一做"学习教育为动力，围绕6100亿元基建投资、3200公里新线投产和45个新开工项目目标，坚持超前谋划，提早安排，合理配置建设资源，统筹组织实施在建项目、投产项目和新开工项目，保证了铁路建设任务有序均衡推进，圆满完成了年度铁路建设任务，为国民经济社会发展助力。

【年度投资任务全面完成】 铁路建设系统按照党中央、国务院关于加快铁路建设的要求，及时调增年度建设任务，采取超常规措施，精心组织，强力推进铁路建设。全年完成铁路基本建设投资6139.93亿元，同比增加221亿元，增长3.7%。新开工46个项目，其中开工建设铁路扶贫干线工程12个，完成投资234亿元。投产新线3281.0公里、复线3611.7公里、电化5899.1公里。同时，积极推进国家验收工作，兰新铁路乌西至精河段增建二线、奎屯至北屯铁路、精河至伊宁至霍尔果斯铁路等3个项目顺利通过国家验收。截至年底，铁路营业里程达到12.4万公里，其中高铁营业里程达到2.2万公里，成为铁路发展史上又一个新的里程碑。

【制度标准体系不断完善】 按照确定的铁路建设管理制度体系框架及铁路建设管理制度修订工作方案，加快制度建设。制定下发了《中国铁路总公司关于进一步推进铁路建设专业化管理的指导意见》《中国铁路总公司铁路建设工程质量安全内部监督工作规定》等一批管理制度，及时修订印发了《铁路建设项目施工企业信用评价办法》《中国铁路总公司关于明确铁路建设项目"四电"工程招标管理有关事项的通知》等一批管理办法。

按照科学有序推进铁路建设的总体要求，考虑我国铁路工程建设项目特点和发展需求，突出体现建设标准的安全性、先进性、经济性和可操作性，逐步完善服务于大规模铁路建设、覆盖全面、系统完整的总公司铁路工程建设标准体系；编制发布《铁路物流中心设计规范》、《铁路隧道工程风险管理技术规范》、《设计时速200公里及以上铁路区间线路视频监控设置有关补充标准》等多项建设标准和17项标准设计。组织完成《铁路隧道超前地质预报技术规程》等16项英文版标准。同时，开展多项定额测定分析及研究工作，并及时编制了年度铁路工程补充预算定额。

【质量安全形势总体稳定】 下发年度铁路建设质量安全重点工作安排，明确全年质量安全管理重点，坚持把质量安全摆在建设管理的核心位置，从完善质量安全管理体系，全面落实质量安全责任；纵深推进标准化管理，提升质量安全管理水平；突出安全质量重点，抓好关键环节控制；加大检查力度，严格责任追究四个方面进一步加大质量安全管理力度，全年铁路建设工程质量安全形势总体稳定可控，杜绝了施工安全重大及以上事故。开展铁路建设转包、违法分包和"黑中介"专项检查清理活动，清理通过中介承揽工程，领导干部干预工程招投标，围标、串标和虚假招标，挂靠、借用资质投标等问题，进一步规范铁路建设市场秩序和参建各方建设行为。

发生施工安全事故15起、死亡29人，其中较大事故3起，铁路建设安全形势总体稳定。对发生生产安全事故的责任单位及时按照总公司有关规定进行了处罚，共有13家施工单位、5家监理单位受到了相应停标处罚。持续加大质量安全问题和事故的处罚力度，由于工程质量问题，先后对18家建设单位、27家施工单位、20家监理单位、7家检测单位分别进行了停标、不良行为认定、纳入信用评价、纳入建设设计单位考核、全路通报等处罚。

【铁路工程建设有序推进】 召开建设协调小组周例会41次，督办事项91项，到期事项已全部办结，办结率100%。指导、督促建设单位攻克项目批复、方案稳定、征地拆迁、资金到位、外电引入等制约工程进展的难题。按照党中央、国务院关于加快铁路建设的要求，超前谋划、统筹兼顾，组织完成46个新开工项目招标工作，完成48个项目初步验

收、3个项目国家验收，17个项目具备国家验收条件。（综合处）

建设管理

按照确定的铁路建设管理制度体系框架及铁路建设管理制度修订工作方案，加快制度建设。基本制度12个板块配套管理办法中，制定印发了2个办法，修订印发了1个办法。根据铁路建设需要，印发了6个文件，对部分建设管理事项进行了调整或补充规定。

【重要管理办法】 制定印发《中国铁路总公司关于进一步推进铁路建设专业化管理的指导意见》（铁总建设〔2016〕26号），目的是深入推进铁路建设项目标准化管理工作，整合现有建设管理力量，实现建设管理人才资源优化配置，落实建设单位主体责任，发挥区域管理平台优势及规模管理效益，打造一批专业化、职业化建设管理团队，有效提高铁路建设管理水平。《指导意见》提出了铁路建设专业化管理推进方案，确定了总体目标、基本原则，明确了专业化建设项目管理机构推进方案和铁路局专业化管理推进方案；同时，从健全组织领导、加强机构建设、切实发挥作用等方面对专业化建设项目管理机构和铁路局提出了工作要求。

制定印发《中国铁路总公司铁路建设工程质量安全内部监督工作规定》（铁总建设〔2016〕160号），定位为企业内部质量安全监督办法。《监督规定》严格把握政府职能和企业内部监督职能的界限，明确规定了内部监督工作日常管理、监督检查、监督检测、不良行为认定、投诉举报处理等事项。总公司监督机构按照本办法规定及建设工程合同等约定对铁路建设项目工程质量安全实施内部监督管理。

修订印发《铁路建设项目施工企业信用评价办法》，重点对标准化管理绩效考评标准、汇总计分规则、信用评价加分、已开通项目因质量原因造成铁路交通事故扣分等内容进行修订，提高了办法的合理性和可操作性。

铁路总公司联合中国铁路工程总公司、中国铁道建筑总公司、中国铁路通信信号集团公司、中国交通建设集团有限公司、中国建筑工程总公司、中国电力建设集团有限公司，制定印发《关于共同整治铁路工程转包和违法分包的意见》，目的是有效遏制转包和违法分包、完善铁路建设市场诚信体系、确保铁路工程质量安全、强化铁路建设领域廉政建设。《意见》明确了建设单位和施工单位在整治转包和违法分包方面的义务和责任，提出了违规行为责任追究和处罚意见，并从提高认识、完善制度和严肃追究考核三个方面提出了相关保障措施，着力从源头上防范铁路工程转包和违法分包问题。

制定印发《中国铁路总公司关于明确营业税改增值税后铁路建设管理相关事项的通知》（铁总建设〔2016〕124号），主要从调整招标文件补充文本相关内容、招标管理、合同管理、验工计价等方面提出了具体贯彻措施，为建设单位尽快适应营改增要求、规范建设管理，提供了有力的指导。

修订印发《中国铁路总公司关于明确铁路建设项目"四电"工程招标管理有关事项的通知》。制定印发《中国铁路总公司关于开展铁路建设项目工程总承包试点工作的通知》，选择盐城至南通铁路、克拉玛依至塔城铁路铁厂沟至塔城段两个建设项目开展工程总承包试点工作，明确了招标投标、物资设备、投资控制、施工图审核、验工计价、变更设计、质量安全事故处理、信用评价、竣工验收、建设单位考核等方面事项，对建设单位、总公司机关相关部门在试点方面应做的工作提出了具体要求。

【信用评价】 修订铁路建设项目施工企业信用评价办法。根据信用评价工作的实践，修订印发《铁路建设项目施工企业信用评价办法》。主要修订内容：一是优化了标准化管理绩效考评关于达标考评、创优考评加分的规定。二是优化了计分规则。三是提高参与全路评价的施工企业参建数量条件，将原来在1个建设单位承担施工任务的不参加全路评价计分，修改为在1～2个建设单位承担施工任务的不参加全路评价计分。四是进一步明确了特殊项目加分申请程序。五是对已开通项目因质量原因造成铁路交通事故扣分值进行了适当调整。六是增加激励约束考核费发放浮动空间，给予建设单位一定权限。七是优化了个别不良行为标准，将建设单位报送不良行为认定结果及扣分情况由每两个月报送修改为季度报送。八是在办法中进一步明确了总公司机关相关部门在信用评价工作中的分工。

组织开展信用评价活动。2016年共公布铁路施工企业信用评价结果2期、铁路建设工程监理信用评价结果2期、勘察设计单位施工图评价结果2期。切实做好信息公开工作，督促有关单位及时通过铁路建设工程网公开有关建设项目实施阶段的信息，对铁路建设信用评价结果、参建企业及个人不良行为等信用信息的公示、公布，及时通过铁路建设工程网进行公开。（建设管理处）

建设标准

以构建和实施总公司建设标准体系为目标，注重基础研究和应用转化，提高标准的科学性和可操作性，加快工程设计理念和设计方法的转换，全面推进标准制修订各项工作。

【标准体系】 按照科学有序推进铁路建设的总体要求，考虑我国铁路工程建设项目特点和发展需求，体现不同运行速度、多种运输性质和各种地理环境的铁路建设技术特点和要求，打造中国高速铁路标准的品牌，有利于中国铁路"走出去"战略实施，逐步完善服务于大规模铁路建设、覆盖全面、系统完整的总公司铁路工程建设标准体系，突出体现建设标准的安全性、先进性、经济性和可操作性，进一步体现标准对铁路工程建设的技术支撑作用。

【规范标准】 根据提高运输效率和服务质量、适应铁路货运体制改革的要求，编制发布《铁路物流中心设计规范》；为强化铁路安全风险管理力度，编制发布《铁路隧道工程风险管理技术规范》《铁路工程沉降变形观测与评估技术规程》等2项建设标准；根据总公司治安防范和改善沿线站区生产生活条件等要求和现场急需，完成《设计时速200公里及以上铁路区间线路视频监控设置有关补充标准》、《铁路沿线站区生产生活房屋建筑设计补充规定》、《铁路隧道防排水补充规定》、《新建铁路旅客车站安检仪设置有关要求》等多项技术规定；为适应中国铁路"走出去"战略发展需要，发布了《铁路隧道超前地质预报技术规程》等16项英文版标准。

【造价标准】 根据国家税制改革以及财政部、国家税务总局、住建部有关建筑业营业税改征增值税的要求，完成铁路基本建设工程相关造价标准的调整意见；与工程建设标准相匹配，积极开展海洋环境桥梁工程、临近既有线石方机械开挖、超大体积混凝土沉井定额测定、铁路工程沉降变形观测等多项定额测定分析及研究工作，并及时编制了年度铁路工程补充预算定额。

【标准设计】 以统一建设要求、科学把控质量、合理控制建设工期、方便运营养护和提高经济效益为原则，进一步完善标准设计体系，积极推广"四新"技术，发布了《高速铁路有砟轨道简支箱梁》《高速铁路插板式金属声屏障》，以及《铁路桥梁地段牵引供电电缆敷设》《铁路机车、车辆检查坑》《铁路线路标志》《铁路信号标志》等标准设计17项。

（技术标准处）

招标投标

按照党中央、国务院关于加快铁路建设的总体部署，各单位认真贯彻落实《招标投标法》和《招标投标法实施条例》，总公司有关部门和单位严格审查把关，加强驻场监督，积极防范围标、串标等违法违规行为，为铁路建设招标活动的依法有序展开创造了良好条件。全年基建大中型项目施累计招标158批次，中标价合计3600.9亿元。按计划完成赣州至深圳铁路等46个新开工项目招标工作。（工程管理处）

项目验收

中国铁路总公司和各建设单位履行《铁路建设项目竣工验收交接办法》、《高速铁路竣工验收办法》规定的职责，按计划完成项目验收工作。

【专项验收】 组织铁路局、建设单位完成48个项目专项验收工作。总公司、铁路局分别在高速、普速铁路项目初步验收前组织专项检查，指导和督促建设单位完成环境保护设施、水土保持设施、消防设施、工程档案、电梯、劳动卫生和安全设施、建设用地、安全保护区划定等专项验收。在初步验收前向地方环保部门报送环境保护设施试运行备案（部分省区不需报备），水保设施经水利部门检查认可，消防设施通过公安消防部门验收，竣工文件编制达到档案验收标准，电梯取得使用标志，劳动卫生和安全设施通过运营单位验收，建设用地手续齐全并完成土地组卷上报国土资源部门，安全保护区划定工作基本完成，在初步验收和安全评估阶段进行检查确认。

【初步验收】 全年48个项目通过初步验收，其中：总公司组织完成佛山至肇庆城际铁路、东莞至惠州城际铁路常平东至小金口段、郑州至徐州铁路客运专线、长沙至株洲（湘潭）城际铁路长沙至株洲南和暮云至湘潭段、长沙至昆明铁路客运专线贵阳北至昆明南段、重庆至万州铁路、云桂铁路昆明南至百色段等7个高速铁路、城际铁路和规模较大的时速200公里客货共线铁路项目初步验收；铁路局组织了青岛至荣成城际铁路（青岛方向）、兰州至重庆铁路岷县至广元段、呼和浩特至准格尔铁路、通辽至四平铁路电气化改造、干塘至武威南铁路增建二线、昆明至玉溪铁路扩能改造等40个项目的初步验收，以及全部项目静态、动态验收。另外，武汉铁路局受湖北城际铁路公司委托，开展了武汉至孝感城际铁路静态、动态和初步验收咨询工作。

【国家验收】 总公司高度重视已开通项目的国家验收工作，2月召开铁路建设项目国家验收专题会议，落实建设单位、铁路局在国家验收中的职责分工，重点抓好国有土地使用证办理，环境保护、水土保持、档案正式验收，资金到位和建设各方费用结算、财务竣工决算、安全保护区设立等工作，确定重点项目国家验收目标，制订详细的推进计划和具体措施。2016年配合国家铁路局完成了奎屯至北屯铁路、兰新铁路乌西至精河段增建二线、精河至伊宁铁路等3个项目国家验收。宜昌至万州铁路、前进镇至抚远铁路、古莲至洛口河铁路古莲至古莲煤矿段、北京调度所、苇河至亚布力铁路、南疆铁路增建二线（分为6个项目）等17个项目具备国家验收条件，其中古莲至洛口河铁路古莲至古莲煤矿段、北京调度所2个项目向国家发改委上报了国家验收申请。（工程管理处）

质量安全

印发《中国铁路总公司办公厅关于2016年铁路建设质量安全重点工作安排的通知》，从完善质量安全管理体系，全面落实质量安全责任；纵深推进标准化管理，提升质量安全管理水平；突出安全质量重点，抓好关键环节控制；加大检查力度，严格责任追究等方面加大管理力度，不断提高质量安全管控水平。

【强化管理基础】 完善质量安全管理体系，全面落实质量安全责任。以目标体系为引领，以责任体系、制度体系、方法体系为支持，积极构建完善以建设单位为核心，以标准化管理为导向，权责明确、目标一致、方法科学、控制有力的质量安全管理体系。积极落实建设项目参建各方质量安全责任，建设单位充分发挥铁路建设质量安全管理的核心和总体作用，参建单位建立健全质量安全责任制，强化责任的分解、传递和落实。落实施工单位的主体责任和参建人员质量终身负责制。

纵深推进标准化管理，提升质量安全管理水平。首先落实开工条件标准化。重点抓住开工程序、开工条件、开工准备、作业标准、四化支撑、达标考核等关键环节，严格按照标准化管理要求对工程开工实行管控。第二发挥四化支撑作用。加大信息化的推广应用，拓展工厂化应用范围，提升专业化施工水平。第三全面抓好作业标准落实。对照现行有效的管理标准和技术标准，结合工程质量惯性问题，健全并固化各项施工作业标准，严格抓好现场落实。

突出安全质量重点，抓好关键环节控制。首先提升勘察设计质量，抓好源头控制。高度重视地质勘察工作，落实地质和环境选线要求，保证地质勘察深度必须满足勘察大纲和规范要求，强化设计和施工图管理工作，严格按程序对施工图进行审核。第二开展"黑中介"清理，推行架子队管理。在全路集中开展铁路建设工程转包、违法分包和"黑中介"专项检查清理活动。对照招标文件、施工合同和相关规定开展检查，督促施工单位进一步强化质量安全管理，全面推行架子队管理模式。第三抓好重点关键环节，确保施工安全。持续深入抓好隧道、桥梁、既有线施工和大型设备、火工品安全管理，加强重点及关键环节控制。同时，抓好季节性施工安全，做好冬融、夏季高温和冬季恶劣气候条件下的施工安全。第四突出风险管理，落实红线卡控要求。结合工程实际和不同时期质量安全工作重点，有针对性地开展质量安全专项检查，突出风险管理、落实红线卡控要求。

加大检查力度，严格责任追究。第一进一步加大检查力度，建设单位原则上每月要进行一次质量安全专项检查，总公司有关部门和单位加大抽查力度，结合工程进展和项目实际适时组织抽查。第二深入事故分析。严格按照"四不放过"的原则，深入分析原因，制定整改和防范措施，严格责任追究，同时必须按照相关规定上报，发生迟报、瞒报的要严肃追究相关人员责任。第三从严进行处理。对发生的质量安全事故和问题，严肃认真定责，根据责任划分，按规定对建设单位进行考核，并对设计、施工、监理、检测等参建单位采取记录不良行为、实行与招投标挂钩等处罚措施。

【开展专项检查清理】 为进一步加强铁路建设管理，强化铁路建设领域廉政建设，切实解决铁路建设中的转包、违法分包等问题，按照中央巡视组反馈意见要求，根据《中国铁路总公司关于开展铁路建设工程转包、违法分包和"黑中介"专项检查清理活动的通知》，继续集中开展铁路建设转包、违法分包和"黑中介"专项检查清理活动。重点检查清理招标阶段通过中介承揽工程，领导干部干预工程招投标，围标、串标和虚假招标，挂靠、借用资质投标等问题，实施阶段通过"黑中介"中标工程、工程转包、违法分包等问题。通过开展专项检查清理活动，进一步规范铁路建设市场秩序和参建各方建设行为，有效遏制转包和违法分包问题，营造公开、公平、公正的铁路建设环境，保证工程质量，提高铁路工程依法建设水平。

【开展安全稳定大检查】 按照《中国铁路总公

司办公厅关于加强2016年元旦、春节及"两会"期间铁路建设安全稳定工作的通知》要求，会同工管中心、监督总站派出的7个春运安全检查督导组深入开展督导检查，分片开展督导检查工作，排查整改一般隐患384项。

【加大处罚力度】 持续加大质量安全问题和事故的处罚力度，进一步促进参建各方责任落实。由于工程质量问题，先后对27家施工单位、20家监理单位、18家建设单位、7家检测单位分别进行停标、不良行为认定、纳入信用评价、纳入建设设计单位考核、全路通报等处罚；发生施工安全事故15起、死亡29人，其中较大事故3起，铁路建设安全形势总体稳定。对发生生产安全事故的责任单位及时按照总公司有关规定进行了处罚，共有13家施工单位、5家监理单位受到相应停标处罚。（质量安全管理处）

（中国铁路总公司建设管理部）

民航建设

2016年度民航工程建设投资、资金利用概况

2016年，民航全行业完成固定资产投资约782亿元，其中安排中央预算内投资约44亿元，民航发展基金约132亿元。

【重点工程建设情况】 2016年，民航全行业竣工建设项目237个，续建项目300个，新开工项目231个，开展前期工作项目224个。

重点建设项目均顺利开展，其中，乌鲁木齐区管中心工程建成投运；北京新机场、浦东机场飞行区扩建、广州白云机场扩建、重庆江北机场扩建、武汉天河机场扩建、哈尔滨太平机场扩建、长沙黄花机场扩建、青岛机场迁建、桂林两江机场扩建、长春龙嘉机场二期扩建等10个项目按计划进行；成都新机场、海口美兰机场扩建、民航运行管理中心和气象中心、民航通信网建设、东西部地区广播式自动相关监视（ADS-B）建设等5个项目已经开工；大连新机场处于场址审查阶段，厦门新机场工程处于立项审批阶段。

【乌鲁木齐区管中心工程】 12月8日，民航新疆管理局组织乌鲁木齐区管中心工程行业验收。工程主要建设内容：新建10494平方米的管制大楼、2157平方米的培训中心及附属用房，配套建设供电、供水、暖通、消防等设施，建设空管自动化主、备用系统，自动化模拟培训系统，软件支持系统，区管内话主、备用系统，Ku系统，气象模拟培训系统等内容。工程总投资51933万元。

【北京新机场工程】 加快推进北京新机场建设，完成新机场总体规划批复，明确新机场航空公司基地建设方案，完成新机场工作区工程初步设计及概算批复，出具新机场场内供油工程初步设计行业审查意见。截至年底，新机场飞行区土方、地基处理及排水工程已完成，场道工程及附属工程全面推进，航站楼核心区正负零以下混凝土结构工程施工完成，航站楼施工到局部五层，场内交通市政工程实现开工建设；空管土建施工图设计、土建和工艺安装工程监理招标，以及相关空管设备、系统招标采购工作完成。工程按满足2025年旅客吞吐量7200万人次、货邮吞吐量200万吨的目标设计。工程主要建设内容：新建4条跑道、150个机位的客机坪、24个机位的货机坪、14个机位的维修机坪，新建70万平方米的航站楼、7.5万平方米的货运站、货运综合配套用房3.5万平方米、海关监管仓库7.4万平方米，建设空防安保训练中心、综合管理用房、旅客过夜用房等辅助生产生活设施，以及场内综合交通、消防救援及公用配套等设施。新建2座空管塔台、6.7万平方米空管业务用房、北京新终端管制中心、供油及航空公司基地设施。工程总投资799.8亿元。工程预计2019年竣工。

【上海浦东机场飞行区扩建工程】 工程按满足2020年旅客吞吐量8000万人次、货邮吞吐量570万吨、飞机起降65.3万架次、试飞飞行量920架次的目标设计。工程主要建设内容：新建长3400米、宽45米的第五跑道、平行滑行道及助航灯光等配套设施。工程总投资65.59亿元。工程预计2017年竣工。

【广州白云机场扩建工程】 工程按满足2020年旅客吞吐量8000万人次、货邮吞吐量250万吨的目标设计。工程主要建设内容：新建长3800米、宽60米的第三跑道，新建62.4万平方米的2号航站楼、100个机位的站坪以及相关配套设施。工程总投资197.4亿元。工程于2012年8月开工，第三跑道已建成投运，2号航站楼及配套设施建设预计2018年竣工。

【重庆江北机场扩建工程】 工程按满足2020年旅客吞吐量4500万人次、货邮吞吐量110万吨的目标设计。工程主要建设内容：新建长3800米、宽60米的第三跑道，新建53万平方米的T3A航站楼、79个机位的站坪、7.9万平方米的货运站，配套建设消防救援、辅助生产、生活、办公和公用配套等设施。工程总投资282.07亿元。工程2013年4月开工。

【武汉天河机场扩建工程】 工程按满足2020年旅客吞吐量3500万人次、货邮吞吐量44万吨的目标设计。工程主要建设内容：新建长3600米、宽60米的第二跑道，新建37万平方米的T3航站楼、60个机位的站坪，配套建设辅助生产、生活、办公和公用配套等设施。工程总投资152.75亿元。工程2013年5月开工。

【哈尔滨太平机场扩建工程】 工程按满足2020年旅客吞吐量1800万人次、货邮吞吐量17.5万吨的目标设计。工程主要建设内容：将现有跑道延长400米至3600米，新建16万平方米的T2航站楼、45个机位的站坪，配套建设辅助生产、生活和公用配套等设施。工程总投资45.28亿元。工程于2014年10月开工，预计2019年竣工。

【长沙黄花机场扩建工程】 工程按满足2020年旅客吞吐量3100万人次、货邮吞吐量32万吨的目标设计。工程主要建设内容：新建长3800米、宽60米的第二跑道，配套建设滑行道和公用配套等设施。工程总投资36.5亿元。工程于2013年12月开工。

【青岛机场迁建工程】 工程按满足2025年旅客吞吐量3500万人次、货邮吞吐量50万吨的目标设计。工程主要建设内容：新建2条远距平行跑道，新建47.8万平方米的航站楼、171个机位的站坪、7.68万平方米的货运站、20万平方米的停车楼及交通换乘中心，配套建设辅助生产、生活和公用配套等设施。工程总投资332.72亿元。工程于2015年9月开工，预计2019年建成投运。

【桂林两江机场扩建工程】 工程按满足2025年旅客吞吐量1200万人次、货邮吞吐量9.5万吨的目标设计。工程主要建设内容：新建9.97万平方米的T2航站楼、31个机位的站坪，配套建设辅助生产、生活和公用配套等设施。工程总投资30.8亿元。工程于2015年11月开工，预计2018年建成投运。

【长春龙嘉机场扩建工程】 工程按满足2025年旅客吞吐量1600万人次、货邮吞吐量20万吨的目标设计。工程主要建设内容：新建第二平行滑行道，新建12.8万平方米的T2航站楼，配套建设辅助生产、生活和公用配套等设施。工程总投资47.66亿元。工程于2015年10月开工，预计2019年竣工。

【成都新机场工程】 工程按满足2025年旅客吞吐量4000万人次、货邮吞吐量70万吨的目标设计。工程主要建设内容：新建"两纵一横"三条跑道，其中西跑道按4F标准设计，长4000米、宽60米，东跑道按4E标准设计，长3200米、宽45米，北跑道按4E标准设计，长3800米、宽45米。建设60万平方米的航站楼，202个机位的机坪，8万平方米的综合交通换乘中心，17万平方米的停车楼及货运、机务维修、消防救援、辅助生产生活设施，配套建设空管、供油、供电、给排水、供热、供气、航空公司基地等设施。工程总投资718.64亿元。工程于2016年12月开工，预计2020年竣工。

【海口美兰机场扩建工程】 工程按满足2025年旅客吞吐量3500万人次、货邮吞吐量40万吨的目标设计。工程主要建设内容：新建长3400米、宽60米的第二跑道，新建29.6万平方米的T2航站楼、59个机位的站坪，配套建设辅助生产、生活和公用配套等设施。工程总投资138.38亿元。工程于2016年10月开工，预计2019年竣工。

【民航运行管理中心和气象中心工程】 工程主要建设内容：建设57822平方米的业务楼，由运行中心、气象中心、后勤中心三个单体组成，建设运行管理中心自动化设施、通信系统和运行辅助设施，气象中心民航气象信息与服务系统、天气雷达资料共享平台、预报业务系统、数值预报系统等。工程总投资171220万元。工程预计2020年竣工。

【民航通信网建设工程】 工程以2020年为建设目标年，建设覆盖民航局、地区管理局、监管局、民航空管系统、民航运输机场及航空公司的专用通信网络。主要建设内容：建设网络节点，配置网络传输设备、IP业务承载设备、TDM业务承载设备、网络安全设备、网络管理系统、网络实验测试培训系统，对部分节点机房进行改造。工程总投资132612万元。工程预计2018年竣工。

【东西部地区广播式自动相关监视（ADS-B）建设工程】 工程主要建设内容：建设ADS-B地面站、一级数据中心、二级数据中心及数据站，配置服务器、存储设备、网络设备及应用软件，在部分机场配置数据处理显示终端，建设通用航空飞行服务站系统。工程总投资84712万元。工程预计2018年竣工。

机场法规规章及技术标准

【规章及技术标准发布】 重新发布《民用运输机场突发事件应急救援管理规则》、《民用机场建设管理规定》和《民用机场专用设备管理规定》，修订并发布《民用运输机场信息集成系统工程设计规范》、《民用运输机场航站楼楼宇自控系统工程设计规范》、《民用运输机场航班信息显示系统工程设计规范》、《民用运输机场航站楼公共广播系统工程设计规范》、《民用运输机场航站楼综合布线系统工程设计规范》、《民用运输机场航站楼离港系统工程设计规范》和《民用运输机场航站楼时钟系统工程设计规范》等七部行业标准。修订并发布《助航灯光隔离变压器》、《助航灯光电缆插头和插座》、《旅客登机桥》和《民用机场专用设备用图形符号》等四部行业标准。编制并发布《机场道面外来物探测设备》信息通告。编制并发布《飞机清水车检测规范》、《旅客登机梯检测规范》和《飞机地面气源机组检测规范》等三部信息通告。编制并发布《加拿大水上机场建设与运营》及《大型民用运输机场运行安全保障能力综合评价管理办法(试行)》。

【规章及技术标准修订】 完成《民用机场沥青道面设计规范》、《绿色航站楼标准》、《民用机场绿色施工指南》、《民用机场高填方工程技术规范》、《民用机场飞行区场道工程质量检验评定标准》、《民用运输机场供油工程设计规范》和《民用运输机场供油工程施工及验收规范》等七部行业标准的审定。完成《恒流调光器》、《航空食品车》和《飞机牵引车》等三部行业标准的审定和校稿。完成《标记牌检测规范》、《航空障碍灯检测规范》、《滑行道边逆向反光标志物技术要求》、《滑行道边逆向反光标志物检测规范》、《民用机场进近灯具技术要求》、《民用机场进近灯具检测规范》、《飞机地面空调机组检测规范》、《飞机地面电源机组检测规范》、《飞机地面静变电源检测规范》、《飞机充氧设备检测规范》、《特种车辆底盘检测规范》、《民用直升机场灯具技术要求》、《直升机场灯具检测规范》、《机场除冰剂撒布机检测规范》、《机场除雪车检测规范》和《旅客登机梯检测规范》等十六部咨询通告的审定。

完成《民用机场总体规划规范》和《民用机场排水设计规范》两部行业标准的初审和征求意见。完成《行李处理系统单机设备检测规范》咨询通告的初审和征求意见。完成《旅客登机桥检测规范》咨询通告的初审。修订《民用机场使用许可规定》(156号令)和《民用机场运行安全管理规定》(191号令),正在制定《民用机场低能见度运行规则》。

(民航局机场司)

公路建设

【公路建设基本情况】 截至2016年底,全国公路总里程达469.63万公里,比上年末增加11.90万公里。公路密度为48.92公里/百平方公里,增加1.24公里/百平方公里。

全国等级公路里程422.65万公里,比上年末增加18.03万公里,占公路总里程90.0%,提高1.6个百分点。其中,二级及以上公路里程60.12万公里,增加2.63万公里,占公路总里程12.8%,提高0.2个百分点。

全国高速公路里程13.10万公里,比上年末增加0.74万公里。其中,国家高速公路9.92万公里,增加1.96万公里(含因统计口径变化增加的里程)。全国高速公路车道里程57.95万公里,增加3.11万公里。

【加快推进重点项目建设】 2016年,交通运输部持续推进全国公路建设,狠抓"7918"国家高速公路网"断头路"建设,高速公路网络不断完善,各项重点公路工程进展顺利。

京台高速公路北京段、丹锡高速公路内蒙古经棚至锡林浩特段、二广高速公路湖南常德至邵阳段、银昆高速公路四川巴中至广安段等项目建成通车。

湖北武穴长江公路大桥、棋盘洲长江公路大桥、南京长江第五大桥、云南华坪至丽江高速公路、陕西宝鸡至坪坎高速公路、浙江建德至金华高速公路等项目初步设计通过交通运输部审批。港珠澳大桥、安徽芜湖长江二桥、杭瑞高速公路湖南洞庭湖大桥、四川雅康高速公路、汶马高速公路、京新高速内蒙古段等重点项目顺利推进。湖北白洋长江公路大桥、都香高速公路贵州六盘水至威宁段、京沪高速公路山东莱芜至临沂段改扩建工程、兰海高速公路甘肃渭源至武都段等项目开工建设。

10月,交通运输部公路局与北京、河北、山西、内蒙古、甘肃、新疆等京新高速公路沿线六省(区、市)交通运输主管部门进行专题会谈和协调推进,确保京新高速公路建设进度,助力"一带一路"和"京津冀协调发展"国家战略的落实。

【推动公路建设转型发展】 为进一步落实五大理念和绿色交通发展相关要求,交通运输部印发《关于实施绿色公路建设的指导意见》,明确提出建设以质量优良为前提,以资源节约、生态环保、节能高效、服务提升为主要特征的绿色公路,提出五大建设任务,决定开展五个专项行动,实现公路建设健康可持续发展。计划到2020年,绿色公路建设标准和评估体系基本建立,绿色公路建设理念深入人心,建成一批绿色公路示范工程,形成一套可复制、可推广的经验,行业推动和示范效果显著,绿色公路建设取得明显进展。

同时,为落实供给侧结构性改革和国务院关于化解钢铁行业过剩产能的要求,交通运输部印发《关于推进公路钢结构桥梁建设的指导意见》以下简称《意见》，提出按照政策引导、市场为主的推进原则，提高我国钢结构桥梁的应用比例和技术水平，提升桥梁品质和耐久性，降低桥梁全寿命周期成本，促进公路建设转型升级、提质增效。《意见》要求在公路建设中合理选择钢桥型式，提升构造设计水平，推进钢结构工业化、标准化和智能化建造，加快标准制定和人才培养，把推进钢结构桥梁作为一项重大技术政策，逐步达到技术成熟、标准完备、人才充足、装备配套，实现新建大跨径、特大跨径桥梁以钢结构为主，新建改建其他桥梁钢结构比例明显提高。

【组织重点工程项目竣工验收】 7月，交通运输部组织了马鞍山长江公路大桥竣工验收，工程质量和建设项目综合评价等级为优良。

马鞍山长江公路大桥位于安徽省马鞍山市境内，路线全长36.274公里，其中长江大桥长11.209公里，概算总投资70.8亿元。该项目的建成对于落实长江经济带发展战略，完善长三角区域高速公路网络，推动安徽东部经济社会发展，有着十分重大的意义。主桥采用2×1080米的三塔两跨钢箱梁悬索桥方案，满足了复杂水文地质条件下的通航要求；创新选用塔梁固结非漂移体系，有效解决了多塔连跨悬索桥中塔塔顶鞍座内主缆抗滑移问题。大桥实施中，有效解决了钢混叠合塔超大节段制作与组拼、钢塔柱的吊装与精准定位、大尺寸底座板混凝土密贴性与密实性、超长主缆牵引与防扭转架设、非漂移体系上部结构平衡安装等难题，研究形成了多项新技术、新成果，取得23项国家专利、8项施工工法，为我国大跨径多塔悬索桥建设积累了宝贵经验。大桥先后获得乔治·理查德森奖、中国建设工程鲁班奖、中国公路学会科学技术奖特等奖、安徽省科学技术奖一等奖等多个奖项。

(交通运输部公路局)

水路工程建设

【水路工程建设投资、资金利用】 2016年，水运建设行业以推进供给侧结构性改革为主线，坚定推进深化改革，妥善应对风险挑战，保持平稳健康发展，实现"十三五"良好开局。

全年完成水运建设投资1417.37亿元，比上年下降2.7%。其中，内河建设完成投资552.15亿元，增长1.0%，内河港口新建及改(扩)建码头泊位173个，新增通过能力13335万吨，其中万吨级及以上泊位新增通过能力3989万吨，全年新增及改善内河航道里程750公里；沿海建设完成投资865.23亿元，下降5.0%，沿海港口新建及改(扩)建码头泊位171个，新增通过能力22487万吨，其中万吨级及以上泊位新增通过能力21019万吨。

【水路工程建设】 （1）内河航道。内河航道建设全面加快。长江南京以下12.5米深水航道二期工程加快推进，12.5米深水航道已初通至南京。长江中游宜昌至昌门溪河段航道整治一期工程、长江中游赤壁至潘家湾河段燕子窝水道航道整治工程、长江中游鲤鱼山水道航道整治工程等一批项目交工验收，投入试运行；长江上游九龙坡至朝天门河段航道建设工程、长江下游东北水道航道整治工程、长江下游黑沙洲水道航道整治二期工程等一批项目已开工建设。江西赣江新干航电枢纽工程、岷江犍为航电枢纽工程、湘江二级航道二期工程等项目稳步推进。

截至年底，全国内河航道通航里程12.71万公里，比上年增加0.01万公里。等级航道6.64万公里，占总里程52.3%，提高0.1个百分点。其中三级及以上航道1.21万公里，占总里程9.5%，提高0.4个百分点。

（2）港口。沿海港口重点建设项目有序推进，上海国际航运中心洋山港区四期工程、唐山港京唐港区25万吨级航道工程、唐山港曹妃甸港区煤码头三期工程、宁波-舟山港衢山港区鼠浪湖矿石中转码头工程等一批项目建设进展顺利。

截至年底，全国港口拥有生产用码头泊位30388个，比上年减少871个。其中沿海港口生产用码头泊位5887个，减少12个；内河港口生产用码头泊位24501个，减少859个。全国港口拥有万吨级及以上泊位2317个，比上年增加96个。其中，沿海港口万吨级及以上泊位1894个，增加87个；内河港口万吨级及以上泊位423个，增加9个。

【水路工程建设相关法规、政策】 《航道法》配套法规体系建设取得新进展。组织制定《航道通航条件影响评价审核管理办法》（以下简称《办法》），明确了航道通航条件影响评价报告的编制要求、航道通航条件影响评价的申请与审核程序，规定事中事后监管措施要求等，《办法》的制定对贯彻落实《航道法》、加强航道资源保护、落实政府职能转变要求和行政审批制度改革精神、推进"放管服"改革、加强事中事后监管等具有重要意义。

推进水运标准化工作。贯彻落实国务院《深化标准化工作改革方案》，加强和改进交通运输标准化工作，积极推进水运工程标准体系编制，开展《水运工程标准体系表》的修订工作。大力推进行业标准编制，新发布《港口设施维护工程预算编制规定》、《海上固定转载平台设计规范》、《航道工程设计规范》、《航道整治工程施工规范》、《码头结构加固改造技术指南》、《水运工程试验检测仪器设备技术标准》、《水运工程水工建筑物原型观测技术规范》。加快推进液化天然气等清洁能源应用，发布《内河液化天然气加注码头设计规范（试行）》、《液化天然气码头设计规范》。根据打造绿色交通的要求，发布《水运工程建设项目节能评估规范》、《水运工程竣工验收环境保护调查技术规程》等节能环保标准。

为增进水运工程行业标准的对外交流，实施标准"走出去"战略，发布《水运工程设计通则》等14本水运工程标准外文版。

做好水运节能减排工作。贯彻落实国家对长江流域污染防治要求，牵头会同相关部门对长江流域多省市进行专项督查。积极协调国家多部门，共同研究船用燃油监管工作，建立船用燃油监管部际联席会。推动液化天然气在水运行业的推广应用，发布第二批试点示范项目名单。推进靠港船舶使用岸电，组织开展岸电推广应用政策研究和全国港口岸电使用情况调研，启动全国港口岸电设施布局建设方案研究。推进原油成品油码头油气回收工作，发布首批试点项目名单，组织开展《码头油气回收设施建设技术规范》制定。

推动水运工程技术创新发展。积极推进新技术在水运行业的应用，组织开展水运行业BIM应用技术示范，大力推进节能减排技术应用，鼓励船舶靠港使用岸电。积极推进三峡枢纽水运新通道航道关键技术研究，深入开展高坝通航相关技术研究，服务长江经济带发展战略，助力我国内河航运发展。组织完成2016年度水运工程工法评审，公布一级工法14项，二级工法10项。

(交通运输部水运局)

西部开发建设

2016年，《西部大开发"十三五"规划》和各领域"十三五"规划进一步加大向西部地区支持力度。经测算，西部地区生产总值同比增长8.2%，增速继续领先各大区域。深化改革与扩大开放取得新进展，一批重大标志性工程开工建设，生态建设与民生保障进一步加强，为全面建成小康社会打下了坚实基础。

【对外开放进一步扩大】 外贸进出口总额16991亿元，部分省份回暖明显；截至9月份，实际使用外资417.6亿元，同比增长18.2%；非金融类对外投资76.2亿美元，同比增长19%。前9个月累计办理跨境人民币结算额4723.8亿元。

鼓励先行先试。设立贵州内陆开放型经济试验区和广西凭祥重点开发开放试验区。安排沿边重点开发开放试验区建设专项2亿元，积极推进试验区建设。在重庆、四川、陕西新设自贸试验区。在重庆、成都等城市设立跨境电子商务综合试验区。设立中老磨憨—磨丁经济合作区。在贵安新区、西咸新区等地开展服务贸易发展试点，研究建立试点评估机制。设立重庆江津、内蒙古鄂尔多斯综合保税区。支持重庆、陕西等地率先开展国际贸易"单一窗口"建设试点。

促进往来便利。开展《外商投资中西部优势产业目录》修订工作，进一步增加鼓励发展的条目。促成中国吉隆—尼泊尔热索瓦口岸恢复开放。在广西凭祥友谊关、甘肃兰州等开展口岸签证工作。开展中外双方海关联合监管，建立多式联运海关监管模式。推动阿拉山口口岸停收过境中欧班列进出口货物口岸服务费。

推动交流合作。举办第16届中国西部国际博览会、第5届中国—亚欧博览会、生态文明贵阳国际论坛2016年年会等大型活动。外交部举办省区市全球推介会。宁夏与阿曼有关方面签署建设杜库姆经济特区中国产业园合作协议。

【全面改革进一步深化】 中小城市改革全面开展。指导中小城市综合改革试点工作，安排28.1亿元支持试点地区建设。运用大数据等手段强化中小城市改革试点上下联动工作机制。

能源水利改革继续实施。研究编制新疆能源综合改革方案，批复贵州等10省份电力体制改革方案。积极推进第一批12项重大水利工程开展社会资本参与建设运营试点工作，在宁夏等试点省份开展水流产权确权试点工作，开展嘉陵江、赤水河等跨省江河流域水量分配工作。

【基础设施进一步完善】 交通运输综合服务能力不断提升。利用现代物流中央预算内投资和专项建设基金，支持大型物流基础设施建设。为引领西部地区优化集疏运网络、加快技术装备更新改造，在重庆、成都等地开展第一批多式联运示范项目6个。推进集装箱铁水联运，建设沿海港口内陆场所。将广西桂林、四川泸州纳入第一批综合运输服务示范城市。

公路方面。安排车购税收入补助地方资金1406

亿元支持公路建设，占全国比重增至70%。惠水至罗甸、茶卡至格尔木等高速公路建成通车，渭源至武都、蒙宁界至中宁段改扩建等高速公路项目开工建设。大力支持集中连片特困地区通建制村硬化路、西藏通县油路以及国防道路建设。

铁路方面。截至10月底，通过中央基建投资和车辆购置税资金等渠道安排资金273亿元。渝万高铁、沪昆高铁（贵阳至昆明段）等项目计划建成通车；银川至西安高铁、成都至贵阳铁路等项目加快建设。西部地区铁路营业里程达4.8万公里。

民航方面。截至10月底，安排民航发展基金106.2亿元。客货邮吞吐量、飞机起降架次同比增速高于全国平均水平。成都新机场、贵阳机场三期扩建等项目开工建设，且末、二连浩特等机场迁扩建工程基本完成。大力支持空管区域保障、中小机场公共服务、通用航空和支线航空等，进一步扩大航权开放。

水运方面。截至10月底，安排港口建设费收入补助地方资金15.8亿元，支持内河交通基础设施建设。安排约5.7亿元中央预算内投资，用于长江经济带港口集疏运通道和综合交通枢纽等建设。安排7.5亿元专项建设基金，支持岷江犍为航电枢纽建设。安排3.1亿元资金支持北海港铁山港区航道疏浚二期扩建工程建设。

邮政方面。截至9月底，邮政行业业务总量和业务收入同比增长36.4%和28.8%，增速显著高于去年同期。其中，快递业务量同比增长58%。区域间和城乡邮政普遍服务水平差距进一步缩小，邮政机要通信服务水平全面提升。重庆、陕西等地快递下乡取得显著进展，乡镇快递网点覆盖率已超过90%。

【能源水利通信保障能力继续增强】 能源方面。国家能源局列入新开工重点能源工程47项，估算投资规模约3145亿元，其中已开工20余项。推动水电、风电、光电等清洁能源开发工作。加强新一轮农网改造升级工程，提高偏远地区的供电能力和供电可靠性。支持煤矿安全改造、瓦斯治理和新疆煤田火区治理。开工建设楚雄—攀枝花天然气管道等一批重大工程，建成年接收能力300万吨的广西液化天然气项目等。

水利方面。国家发展改革委安排中央预算内水利投资406亿元，支持水利基础设施建设。开工建设黑河黄藏寺水利枢纽、甘肃红崖山水库加高扩建等12项重大水利工程。安排中央投资18.4亿元，建设经批准的省级农村饮水安全巩固提升工程规划内项目。水利部安排中央水利建设投资656.4亿元，主要用于大型灌区续建配套与节水改造等重大水利工程建设、大型灌排泵站更新改造、中小河流治理等。

通信方面。实施宽带发展2016年专项行动，升级改造通信基础设施。开展电信普遍服务试点，支持偏远地区和农村地区宽带发展。前3季度，基础电信企业累计完成固定资产投资601.4亿元，光缆线路总长达817万公里，移动通信基站逾150万个。在贵阳设立国家级互联网骨干直联点，支持贵州大数据战略。在新疆霍尔果斯、云南瑞丽、西藏吉隆设置国际通信信道出入口局，建设我国到哈萨克斯坦、缅甸和尼泊尔的陆地光缆系统。

【城乡统筹进一步优化】 积极支持重点园区建设。经国务院批准，在南宁等省会（首府）城市设立城市新区，在四川、西安设立全面创新改革试验区，同意重庆高新区建设国家自主创新示范区。指导编制重点园区建设实施方案。

优化布局城镇体系。经国务院批准，西藏山南、新疆哈密撤销地区设市，云南泸水撤县改市。适当放宽民族自治、边境口岸、主导产业或支柱产业为旅游业的地区设立县级市的条件。37个镇入选第一批中国特色小镇。开展少数民族特色小镇试点建设工作，将少数民族特色小镇纳入专项建设基金支持范围。同意广西、陕西开展省域城镇体系规划修改工作。

强化户籍制度及用地指标保障。加快户籍制度和居住证制度改革政策"双落地"，推动重庆、四川、贵州、甘肃、青海、内蒙古出台居住证具体实施办法，进一步放宽农业转移人口和其他常住人口落户城镇限制。切实保障经济社会发展合理用地需求，在全国计划总量减少的情况下，下达西部用地计划指标比上年增加11.7万亩。

推进城市地下综合管廊建设。支持包头等8个城市开展地下综合管廊建设试点。2016年计划开工建设城市地下综合管廊822公里，投资648亿元。

【产业转型升级进一步加快】 大力推进制造业转型升级。下达专项建设基金262.2亿元，支持224个项目产业发展和转型升级，拉动社会总投资3382.2亿元。重点围绕电子信息、装备制造、食品、医药、军民结合、循环经济等领域，支持内蒙古、贵州等创建第七批国家新型工业化产业示范基地。支持重庆开展基于宽带移动互联网的智能汽车与智能交通应用示范。支持贵州、内蒙古、重庆、四川、西藏等地发展大数据产业。通过国家专项建设基金，支持卫星应用、光电信息、高端特种材料、公共服务平台等领域39个项目军民深度融合发展。支持甘草、肉苁蓉、枸杞等17个道地中药材生产基地建设，开展项目绩效评价。启动修订《产业转移指导目录》，明确中西部地区产业布局导向和优先发展的产业方向。

【生态文明建设进一步加强】 大力实施重点生态工程。加大中央预算内投资等资金支持力度，继续实施退耕还林还草、重点防护林、天然林资源保护工程二期、石漠化综合治理、京津风沙源治理二期工程、三江源生态保护和建设二期、野生动植物保护、森林生态效益补偿等工程。下达退耕还林还草年度任务1510万亩，重点向西部地区倾斜。建设禁牧、休牧、划区轮牧草原围栏3417万亩，建设人工饲草地102.5万亩、舍饲棚圈7.1万户。

多措并举打造优良生态环境。指导开展生态保护红线划定工作。实施农牧交错带已垦草原治理等草原保护建设工程。在内蒙古、新疆、青海等8省（区）及新疆生产建设兵团实施草原生态保护补助奖励机制政策。在西部地区布设全国防沙治沙综合示范区32个。加强森林资源保护管理，森林抚育面积达1569.8万亩。启动实施贵州草海、云南大理洱海源头国家重要湿地保护、修复等工程。划定17个内陆陆地和水域生物多样性保护优先区域。对青海祁连山等地生态破坏事件进行督查。

开展城乡环境综合整治。下达中央预算内投资23.4亿元，支持城镇污水垃圾处理设施及污水管网工程项目。安排城镇污水垃圾处理设施专项建设基金50.3亿元。鼓励提升工业清洁生产水平，采用后补助方式对陕西、新疆的重点项目给予资金奖励。支持规模化大型沼气工程建设，促进农业面源污染和大气污染治理。支持云南大理、重庆万州等地实施典型流域农业面源污染综合治理试点项目。支持云南、甘肃两省开展重金属污染治理工作。

做好节能减排工作。开展节能监察体制机制建设，提升工业能效水平。截至8月，累计完成煤电超低排放改造规模3814万千瓦。完成2020年用水强度指标分解，遴选288家重点用水单位开展用水监控。在能耗总量和强度"双控"指标方面，充分考虑地区差异因素，为西部地区加快发展预留适当用能空间。

【脱贫攻坚工作进一步推进】 积极强化资金政策支持。中央财政安排扶贫资金441.5亿元，同比增长40.6%。对西藏、四省藏区、新疆南疆地区脱贫攻坚扶持资金从每年4亿元增至15亿元。大幅提高中央预算内易地搬迁投资补助标准，将新疆、西藏纳入新一轮易地扶贫搬迁范围。中央安排的公益性建设项目，取消西部地区县以下（含县）以及集中连片特殊困难地区市地级配套资金。允许11个集中连片特困地区和国家扶贫开发工作重点县将增减挂钩节余指标在省域范围安排使用，充分显化土地增值收益，将收益返还贫困地区。自2016年起，每年为每县专项安排600亩新增建设用地计划指标，支持脱贫攻坚等项目建设。

推动完善对口定点帮扶。新增东部地区8市1省与西部地区结成新的扶贫协作关系。实现对民族自治州结对帮扶全覆盖，以及中央定点扶贫资源和贫困县两个全覆盖。加大对跨区域重大项目的支持协调力度，继续推进片区联系工作，出台片区优惠政策。实现2.2万个民营企业结对帮扶2.1万个建档立卡贫困村。

扎实开展各项扶贫工作。全力推进产业扶贫和金融扶贫，建立健全受益分配机制。引导银行业金融机构做好农户小额信用贷款和农户联保贷款等工作。设立中央企业贫困地区产业投资基金。将4058个贫困村纳入全国乡村旅游扶贫工作重点村。实施健康扶贫工程，对建档立卡贫困人口提高新农合门诊报销水平，降低病残儿童、重度残疾人及大病保险报销起付线，降低农村贫困人口大病费用个人实际支出。在重庆、贵州、陕西3省份开展15个农村小水电扶贫工程试点项目建设。启动实施电商精准扶贫工程。

【加大城乡住房保障投入力度】 下达中央补助资金845亿元，继续加大对城镇保障性安居工程建设的支持力度。制定城镇棚户区改造任务216.1万套，截至9月底已开工204.2万套。安排补助资金171.2亿元，支持193.8万贫困农户改造危房。安排中央预算内资金4亿元，支持林业棚户区（危旧房）改造工程。

【财政金融支持进一步加大】 中央财政加大向西部地区转移支付倾斜力度，截至10月底，累计安排各项转移支付2.3万亿元，同比增长5%，其中一般性转移支付1.4万亿元，同比增长11%。分配新增地方债券3266亿元，支持提高财政保障能力和基本公共服务水平；下达1.6亿元置换债券发行上限，支持地方稳增长、防风险。安排西部地区重大项目前期工作费1亿元，支持做好重大基础设施、生态环境和民生工程建设项目前期工作。对兴边富民行动、扶持人口较少民族发展、边境地区基础设施建设等加大资金支持力度。

继续实施差别化的存款准备金政策。完善再贷款、再贴现管理政策，创设扶贫再贷款。截至9月底，3家政策性银行用于西部地区的抵押补充贷款7060亿元，为棚户区改造、重大水利工程、人民币"走出去"等贷款发挥了积极作用。截至9月底，全国金融机构向西部地区发放涉农贷款余额7.1万亿元，同比增长13.6%。前9个月，累计核准上市公司并购重组行政许可申请项目21单；发行公司债券金额3713亿元，受到市场欢迎；11家区域性股权市场累计实现各类融资1508亿元。前9个月，保险机构原保险保费收入同比增长29.2%。指导地方政府制定鼓励发展贷款保证保险的政策措施，支持小微企业发展。部分地方政府出台短期出口信用保险相关财政支持政策，促进企业外贸出口增长。

（国家发展改革委员会西部开发司）

各 地 建 设

北 京 市

住房和城乡建设工作

概况

2016年，北京市住房城乡建设系统扎实推进市场稳定、城乡建设、民生改善等各方面工作。全市保障房新开工5.6万套，竣工6.4万套，完成投资936亿元，均超额完成任务。新建商品房销售1675万平方米，同比增长7.7%，房地产开发投资4045亿元。全市房屋累计施工面积连续第五年超过两亿平方米，全市共办理各类工程交易3.4万项，其中房建和市政工程3.3万项，合同额3354亿元，同比增长3%。行业保持良好发展态势。

在住房保障工作方面，坚持重点发展公共租赁房、自住房、棚改安置房三类保障房，简化审核及复核流程，创新推行新职工专项配租、老年家庭与子女家庭就近选房等多种分配方式，推动落实棚改计划，抓好安置房建设，进一步规范保障房后期管理，"三位一体"的后期服务管理模式不断完善。

在房地产市场方面，在全国率先颁布实施《关于促进本市房地产市场平稳健康发展的若干措施》，加大自住房用地和中低价位、中小套型普通商品住房供应比例，试点"控地价、限房价"土地交易方式，稳定市场预期，会同金融部门严格执行差别化住房信贷政策。完善商品房监管服务机制，全面实施存量房交易房源核验和资金监管。结合首都特点推动购租并举，使"租房住"成为解决住房问题的重要手段。2016年全年房地产开发投资稳定，房价涨幅排名靠后。

在房屋管理方面，理顺市区两级职责分工，加强审核工作的培训指导，改造升级审核系统，完善修改物业管理政策，强化企业监管，加强部门联动，积极稳妥开展普通地下室综合整治工作，狠抓普通地下室安全使用管理，做好汛前房屋检查和汛期应急值班、抢险工作，积极推进城六区既有多层住宅加装电梯试点工作，有序推进棚户区改造等重点工程房屋征收拆迁工作，加大房屋征收拆迁规范化、精细化管理。

在建筑业与建筑市场方面，加快推进工程质量治理体系和治理能力现代化，保障工程质量安全，出台本行业隐患排查治理办法，结合安全质量测评与施工项目标准化考评，强化隐患排查治理责任落实，促进建筑市场与施工现场"两场"联动，以完善建筑市场诚信体系建设、加强建筑市场行为执法、清理工程建设领域保证金为重点，推动建筑市场监管创新，提升监管效能。

将绿色发展作为推动行业转型升级、提升建筑品质、降低能耗的重要任务。推进建设科技领域改革创新，完成重点科技成果鉴定82项，发布实施地方标准23项，新申报工法150项，开展了北京市智慧小区示范工程建设工作，加快推进绿色建筑、装配式建筑发展，全年共落实600万平方米装配式建筑，完成14个项目绿色建筑运行标识评价。推动建筑节能各项工作，发布实施《北京市推动超低能耗建筑发展行动计划（2016—2018年）》，组织全市范围的在施工程建筑节能、新型墙体材料、散装水泥等专项检查。

法规建设

【地方性法规和政府规章】 开展《北京市物业管理条例》立法调研，2017年进入立法立项论证环节。在政府规章方面，《北京市建设工程造价管理办法》已制定完成，《轨道交通建设工程安全质量管理规定》已形成前期研究报告，并纳入2017年立法立项计划，《建筑材料使用管理规定》已修改完善条文初稿和立法说明。

【规范性文件制定清理情况】 落实规范性文件起草合法性审查、社会公开征求意见、集体讨论决定制度，稳步推进规范性文件起草工作，全年共制发规范性文件20件，均出具合法性审查意见，100%按时向市政府法制办备案，并在北京市住房城乡建设委门户网站公开。持续开展规范性文件清理工作，对清理出的7个与相关要求冲突的文件，拟废止1件、修订6件。截至2016年底，1件已废止，2件已修订完成，其余4件修订。

房地产业

【房地产开发总体情况】 北京市资质有效期范围内房地产开发企业2272家，其中一级企业87家，二级企业138家，三级企业108家，四级企业1425家，暂定级企业514家。2016年全市新设立房地产开发企业219家，依法注销企业320家。2016年全市出让各类土地规划建筑面积747.8万平方米、同比减少53.5%（其中居住用地219.9万平方米，同比减少75.0%），土地出让金852.5亿元，同比减少61.6%。1~11月，房地产开发投资3626.3亿元，同比下降6.4%，占固定资产投资48.1%，较上年同期回落6.3个百分点。商品房新开工2626.2万平方米，同比增加10.7%，其中住宅1087.5万平方米，同比增加7.5%。

【房地产市场运行总体情况】 2016年，北京市坚决贯彻落实国家房地产调控部署，及时出台政策，效果明显，第四季度商品住房成交量价止升回稳，市场逐步回归理性。但商品住房新增供应持续紧张，对经济拉动作用减弱，潜在需求旺盛，房价上涨基本面没有改变。第四季度，商品住房共成交6.96万套，较第三季度减少28.4%，其中二手住房从9月份的3.01万套降至12月份的1.78万套，下降40.8%，需求过热的态势得到有效控制。第四季度，非本市户籍、二套购房比重为17.7%、21.9%，较第三季度分别下降2.2个、0.9个百分点，投机投资性需求得到遏制。10月、11月和12月，全市新建商品住房均价分别为每平方米38223元、38184元、38162元，环比分别下降0.9%、0.1%、0.1%，价格指数环比分别为上涨0.6%、持平、下降0.1%，在全国70个大中城市排37位、56位、51位。据从中介机构调研了解，调控新政出台后，新增客源、带看量连续下降，成交周期从15天左右延长到43天，业主报价出现松动，恐慌的情绪得到抑制，市场预期回归理性。

【深入推进供给侧改革】 2016年，继续加大与市规划国土委、发展改革委、统计局在途项目数据实时共享力度，做到情况清、底数明、数据准，实现项目信息的全过程统筹把控。每月开展房地产市场潜在供应量统计分析并撰写月报，做到数字及时准确翔实，为领导科学决策提供支撑。继续强化与市发展改革委、市规划国土委的项目联动会商机制，加强对项目的协调服务，全力推进项目建设进度。定期召开项目会商会，梳理项目，汇总数据，发现问题就地会商解决，加快项目潜在供应及早向市场实际供应转化。此外，开展房地产业转型升级研究，通过召开座谈会、参与课题讨论的方式，探索房地产业创新发展模式，推进经济发展新常态下产业结构优化升级和企业转型升级，不断满足全社会多元化、个性化需求。围绕房地产市场供给侧改革，针对房地产市场中的无效供给企业，开展企业资质注销工作，全年共注销320家企业资质。通过对"过剩"房地产开发企业资质的注销，促进房地产行业整体活力和房地产企业供给质量的有效提高。

【房地产企业资质管理】 进一步规范房地产企业资质管理，在现有执行文件的基础上，细化房地产开发企业资质管理操作标准，截至2016年底已形成初稿。明确一级资质延续办理与企业预售资格衔接、开发企业资质超期注销和开发企业资质注销后再申请等具体事项的操作机制，增强资质管理工作的可操作性。建立企业资质办理下访服务制度和负责人面谈制度，凡申请办理一级资质核定和延续的开发企业，均由房地产开发管理处（以下简称开发处）处长带队到企业走访，为企业提供面对面的指导服务，凡办理二、三级资质业务的开发企业，开发处处长均邀请企业负责人进行面谈，提出行业管理及相关工作要求，指导企业依法合规开展相关业务。共走访一级资质企业30家进行上门服务，邀请64家二级、三级资质企业负责人进行面谈，受到企业好评。加强对各区企业资质审批业务指导，赴各区开展资质审批监督检查，对资质审批和管理规范的单位给予通报表扬，促进各区资质管理业务整体水平提高。

【严格落实房地产调控要求】 2016年商品住房成交量明显回升，价格恢复性上涨，北京市在继续严格执行原有调控措施的同时，根据市场形势进一步强化调控措施，房价涨幅在一线城市中排名较后，市场总体平稳健康，市住房城乡建设委承担的各项保增长指标顺利完成。5月5日，北京市住房城乡建设委、通州区政府联合发布《关于加强通州区商务型公寓和商业、办公项目销售管理的通知》，有效遏制通州区商住项目投资投机需求。牵头制定《关于促进本市房地产市场平稳健康发展的若干措施》，有力促使商品住房交易量价迅速回落、购房群体趋于理性，并引领各大城市进入新一轮调控周期。为落实"9·30"新政要求，10月，牵头建立包括市发展改革委、规划国土委等10个成员单位的房地产市场监管工作联席会，加强调控监管工作的统筹协调。积极协调规划国土部门，加大自住型商品房用地供应和中低价位、中小套型普通商品住房供应比例，保障市场有效供应，居住用地供应计划从上年的750万平方米增加至850万平方米，并继续执行90/70政策。与规划国土部门创新土地交易方式，自10月1日起，试点"控地价、限房价"的土地交易方式，通过锁定未来房价有效稳定市场预期。会同人民银行营管部、金融主管部门严格差别化住房信贷政策，自10月1日起，将首套普通自住型商品房首付比例提高至35%，首套非普通自住型商品房首付比例提高至40%。对二套房的认定恢复"认房又认贷"，将二套普通自住型商品房首付比例提高至50%，非普通自住型商品房首付比例提高至70%。充分发挥舆论引导作用，加强舆情监控，通过微博、行业协会定期公布市场交易信息，组织媒体、业内专家主动发声，解读市场形势和政策导向。

【加强房地产市场监管】 严格执行限购政策，全年共核验各类申购家庭57.1万笔，其中11.2万户（占19.5%）家庭因不符合购房条件未通过核验。引导企业合理定价，对不接受价格指导的项目坚决不予批准预售，切实稳定房价。全年引导92个住宅项目下调预售申报价格，平均下调11.9%。全年市区两级共检查房地产销售现场712项/次，检查经纪机构和分支机构10168家/次，行政处罚184起，限制网签238家，约谈告诫125家。

【培育和规范住房租赁市场】 培育和规范住房租赁市场，使"租房住"成为解决北京市居民住房问题的重要手段。继续推进房屋租赁条例立法工作，进一步深化调研、修改完善，赴安徽、福建以及中介机构实地调研，组织专家学者、实务工作者、律师以及相关行政部门，研究讨论条款，向市人大城建环保办、市政府法制办汇报。贯彻国务院办公厅《关于加快培育和发展住房租赁市场的若干意见》，结合首都特点推动落实购租并举，研究鼓励房地产开发企业转型发展持有租赁经营业务，完善"控地价、限房价"地块企业自持住房租赁的管理办法，加快培育开发企业租赁主体。参与北京市城市规划建设管理体制改革，承担"建立住宅出租规范化管理制度"任务，承担第114项折子工程办理任务，落实首都综治办关于群租房治理的工作部署，积极参与北京市居住证办理及积分落户政策研究，配合做好系统对接、信息共享。积极参与城乡接合部重点地区违法出租房屋专项整治工作。做好群租投诉的办理、转办，依托便民热线、网站、信访等平台全面受理群租投诉举报。截至12月底，共收到群租问题383条。及时督促各区房管部门认真做好调查处理，开展联动执法或移送相关职能部门解决。

【规范房地产中介行业秩序】 2016年，北京市备案房地产经纪机构3148家，分支机构4286家，分别同比增加7.66%、20.12%，备案的房地产经纪从业人员共105839人。全市共有房地产估价机构162家。其中，一级估价机构44家，二级估价机构40家，三级估价机构62家，三级暂定估价机构3家，军队估价所3家，外地一级机构在京分公司10家。组织开展"《北京市房地产经纪管理办法》前期研究"课题调研，通过走访12个区，与14个基层管理部门和70余家经纪机构座谈，发放并收集1208份调查问卷，梳理行业问题与诉求，为政策制定奠定基础，推进简政放权、放管结合、优化服务的部署和要求，结合调研成果，12月23日，发布《关于转发〈住房城乡建设部等部门关于加强房地产中介管理促进健康发展的意见〉的通知》，进一步加强对中介行业的规范整顿，针对规模较大机构出现的违反房屋交易资金监管制度、强行捆绑金融业务和首付贷等问题和情况，多次联合金融、银监、工商等行政管理部门召开会议、实地暗访、约谈机构负责人、研究监管措施，为促进不动产登记职责划归土地管理部门后的市场规范，配合市国土局约谈7家存量房经纪业务数量较大机构，要求机构依法依规提供服务，禁止散布虚假信息、在交易大厅前打横幅、贿赂不动产登记工作人员、非法倒卖登记受理号等行为，按照住房和城乡建设部等部门的统一部署，针对行业突出乱象、媒体报道、群众举报投诉集中的问题，联合相关部门多次开展专项整治，严厉查处违法违规机构和人员，倒逼行业提高自我规范的意识。落实国务院"放、管、服"要求，配合住房城乡建设部做好房地产估价师初审改革衔接工作，推动实现估价师注册网上办理，精简估价机构资质审核要件，做好《资产评估法》实施准备工作，全面开展房地产估价报告评审。

【房屋征收拆迁】 北京市核发国有土地上房屋征收决定15个，征收房屋建筑面积92万平方米，涉及住宅15392户，住宅建筑面积58万平方米，核发集体土地上房屋拆迁许可证23个，拆迁房屋建筑面积157万平方米，涉及住宅3960户，住宅建筑面积152万平方米。征收拆迁住宅户数同比增加134%。全年完成征收拆迁住宅签约15910户，清理完成在征收拆项目35个。全力推进重点项目房屋征收拆迁工作，服务北京城市副中心建设、棚户区改造工作、交通基础设施建设。印发《北京市国有土地上房屋征收评估暂行办法》，创新提出成片房屋市场化评估路径，建立成片房屋标准价调整机制，进一步统一全市国有土地上住宅、非住宅房屋征收评估标准。加大国有土地上房屋征收信息系统建设力度，加强各区试点，推动电子化签约进程，实现征收补偿工作全程信息化和精细化管理。

【老旧房屋改造和房屋安全管理】 制定《议案办理工作方案》，将议案分解为4项内容和18项细化措施，明确责任单位和办理时限要求。起草《新阶段老旧小区综合整治工作方案（试点）》，该方案明确新阶段老旧小区综合整治要实现"五个转变"：由单项为主转变为综合改造，由自上而下转变为自下而上，由政府包办转变为政府主导的公共治理，政府管理体制由市级主导转变为属地为主，由政府承诺转变为社会契约。出台《北京市2016年既有多层住宅增设电梯试点工作实施方案》。印发《关于开展2017年度北京市城镇房屋安全检查工作的通知》，各区住房城乡建设委、房管局及各管房单位按市住房城乡建设委统一部署，组织实施城镇房屋安全检查。从2016年11月至2017年2月，实查城镇房屋65527万平方米，为应查（不包括军产、外事用房及厂矿工业用房等）67241万平方米的97.45%，检查电梯77978部，电梯检查率为96.49%，检查高层二次供水水泵38877台，检查率为97.32%，检查避雷装置160417个系统，检查率为98.70%。

【物业服务管理】 截至2016年底，北京市取得《物业服务企业资质证书》的物业服务企业共有3067家。其中，一级企业154家，二级企业394家，三级企业2218家，三级暂定184家，外埠在京企业116家。全市有物业服务项目6815个，建筑面积6.2亿平方米，约占全市房屋总规模的63%。其中，住宅类项目3825个、44972万平方米，商业类项目319个、1472.55万平方米，商住类项目185个、1808.81万平方米，写字楼项目755个、3027.33万平方米，行政办公楼项目722个、2141.36万平方米，工业类项目217个、1218.31万平方米，综合类项目792个、7174.34万平方米。修订并发布《关于简化程序方便应急情况下使用住宅专项维修资金有关问题的通知》，起草加强维修资金使用管理的通知。结合季节特点、两节、两会、敏感时期和重大政治活动等对安全工作的要求，以防汛、违建、有限空间、消防设施设备等为重点，组织专项检查，共检查112个项目，对15个项目进行责令整改，对3个项目和物业服务企业进行记分处理。为规范物业服务企业、项目负责人的经营和职业行为，推动物业服务行业信用体系建设，共为134家物业服务企业开具诚信证明。

住房保障

【编制起草"十三五"住房保障规划】 北京市住房城乡建设委起草《北京市"十三五"住房保障规划》，明确继续坚持"基本住房有保障、中端需求有支持、高端市场有调控"的"三端"住房供应思路，重点发展公共租赁房、自住型商品房、棚户区改造安置房三类保障性住房，努力实现"三个转变"，即工作重心从抓建设为主向建设与管理并重转变，保障方式从以实物保障为主向实物与货币补贴并举转变，建设运营主体从多元化向专业化转变，进一步保障民生，服务首都，促进发展。

【加强保障性住房配套市政基础设施建设】 7月29日，北京市发布《2016～2018年全市保障性住房项目红线外配套市政基础设施建设计划》，3年行动计划涉及的297条道路全部落实建设主体，确保配套基础设施与保障性住房项目同步交付使用。同时成立专业公司作为市级保障性住房基础设施建设平台，实现市政基础设施建设与项目建设计划同部署、同实施。

【完善保障性住房建设标准化体系】 编制完成全国首部公共租赁房建设地方标准《公共租赁住房建设与评价标准》，突破公共租赁房22平方米的面积下限，确定为使用面积不小于15平方米，上限仍为60平方米，层高2.8米，增加户内设阳台、阳台内设晾衣空间等要求，同时要求优先选择市政基础设施条件齐全的区域，并优先配备市政道路和公共交通，为公共租赁房的标准化设计建造提供科学依据。

【加强保障性安居工程招投标监督管理】 3月17日，北京市住房城乡建设委发布《关于印发〈北京市保障性安居工程招投标专项整治工作方案〉的通知》，要求各区对属地范围内近5年保障性住房工程招投标情况开展自查自纠，重点检查是否存在不履行招标程序、虚假招标、围标串标等违法违规行为，市级选取部分重点项目进行抽查。7月，市住房城乡建设委组成联合小组对各区34个重点项目进行检查，主要核查招投标程序、时限是否合法合规，资料是否完备、行为是否规范等内容，对发现的各类问题严格整改落实。

【简化保障性住房申请审核流程】 3月11日，

北京市住房保障办印发《关于简化本市保障性住房申请证明材料等有关问题的通知》，保障性住房申请要件由原来的13项简化为7项，取消46%的申请证明材料。推行"互联网+政务服务"，实现与公安、民政、地税、公积金、社保等部门的信息联网共享，提高审核效率。进一步简化复核流程，对家庭人口、住房情况没有发生变化的家庭，不再重复审核。

【加强公共租赁房管理】 10月份，启动北京市大规模的公共租赁房分配工作，推出项目29个、房源3.2万套。在大摇号、先到先得、集体租赁配租方式的基础上，创新开展新职工专项配租、老年家庭与子女家庭就近选房、老龄公共租赁房和青年公共租赁房配租试点、非京籍青年职工定向配租等多种分配方式，初次分配注重公平、困难优先。再次分配注重效率、物尽其用，房源分配更加科学高效。同时，进一步加强公共租赁房租金定价管理工作，公共租赁房租金坚持"市场定价、分档补贴、租补分离"原则，全年共确定中信悦海苑等49个公共租赁房项目租金标准。对已投入运营的公共租赁房项目，按照"促公平、可承受、可持续"原则，推进租金标准动态调整，10月石景山区远洋沁山水公共租赁房项目率先完成租金调整工作，租金标准从41元/平方米调整为43元/平方米，租金小幅调整后，既保障承租家庭住得安稳，又有利于公共租赁房运营的可持续。

【完善自住型商品房各项政策】 开展自住型商品房区内销售优先试点，在朝阳区、海淀区、丰台区等9区12个自住型商品房项目试行，项目所在区居住、工作的家庭可以优先选房，有效促进职住平衡、产城融合。实行申购销售全流程监管，申购到签约各环节由公证部门进行公证，销售过程和结果全公开，确保分配公平公正。优化申购流程，实行先摇号再根据摇号结果进行现场核验，服务于民，便利于民。

【完善后期服务管理模式】 坚持使用监督、物业服务、社区管理"三位一体"管理模式。建立行政监管、多方参与的保障家庭动态监管机制，严肃查处骗租骗购、出租出借等违法违规行为，维护社会公平正义。修订完善公共租赁房运营管理标准，细化为管理机构、基础工作、租赁管理等7类测评指标。10月，组织公共租赁房运营、物业管理专家，对全市55个公共租赁房项目进行实地测评，促进管理水平提升。在燕保·京原家园开展公共租赁房小区租户管理委员会试点，引导居委会、管理单位、物业公司和租户多方主体共同参与社区治理。启用人脸识别技术，在海淀区金隅翡丽铂庭设置人脸识别门禁系统，提升增强动态监管能力。协调各区教委支持，市保障性住房中心16个项目中的199名适龄子女全部实现就近入学，共享属地教育资源。

【完成年度棚户区改造任务】 2016年，北京市与住房和城乡建设部签订的责任书任务为棚户区改造开工44000套（户）。截至9月底，共完成棚户区改造开工44085套（户），提前3个月完成年度任务。全年北京市计划完成棚户区改造3.5万户。截至12月底，累计完成改造39198户，为市政府下达任务的112%，其中中心城区棚户区累计完成33136户，远郊区累计完成6062户。

【推进棚户区改造定向安置房建设与统筹调配】 4月6日，市住房城乡建设委印发《北京市2016年棚户区改造定向安置房建设计划》，计划共涉及12个区，60个项目，4.73万套房源。推进市属国有企业利用自有用地建设中心城区棚户区改造定向安置房，完成首创团河等6个项目的销售价格审定，可提供房源1.3万套。同时，加快集中建设中心城区"十三五"期间4万套棚户区改造定向安置房选址及授权工作。3月28日，市住房城乡建设委印发《关于集中建设中心城区"十三五"期间棚户区改造定向安置房工作的实施意见》。四区安置房地块选址已基本完成，共涉及房山长阳镇06、07街区等9个项目，选定地块的主体授权和规划设计等工作已全面开展。

【保障性住房建设情况】 全市新开工建设公共租赁房项目7个，约0.36万套房源，竣工项目21个，2.2万套房源。经济适用房项目竣工8个，约0.6万套房源。新开工建设自住型商品房（含限价商品房）项目12个，约0.8万套房源，竣工项目17个，约1.3万套房源。新开工建设定向安置房项目26个，约4.48万套房源（含结转），竣工项目17个，约2.3万套房源。

【住房保障资格审核及配租配售情况】 全市住房保障资格受理申请4.4万户，市级备案通过3.5万户，其中公共租赁房实物申请2.9万户，市级备案通过2.2万户，其中含三房轮候家庭申请并市级备案0.25万户，相比2015年公共租赁房实物申请量同比增长49%，审核备案量同比增长87%。公开分配公共租赁住房9.6万套，累计启动分配14.5万套，开工房源分配率达75%。全年市场租房补贴发放0.82万户，累计发放0.98万户，累计发放补贴1.26亿元，公共租赁住房租赁补贴发放1.2万户，累计发放1.4万户，累计发放补贴3.2亿元。自住型商品房累计入市69个项目、6.3万套，销售59个项目、5.7万套。

公积金管理

【机构设置】 北京住房公积金管理中心（以下简称管理中心）为北京市政府直属不以营利为目的的独立的全额拨款事业单位，主要负责北京地区住房公积金的归集、管理、使用和会计核算。截至2016年底，设置3个分中心：中共中央直属机关分中心、中央国家机关分中心、北京铁路分中心；内设13个处室和工会；垂直管理20个分支机构（18个管理部和住房公积金贷款中心、结算中心）；下设3个直属事业单位：北京住房公积金客户服务中心、北京市住房贷款担保中心、北京市住房贷款个人信用信息服务中心。

【住房公积金年度归集使用情况】 截至2016年底，北京地区建立住房公积金单位16.53万个、职工914.42万人，当年住房公积金缴存职工新增90.52万人。北京地区当年归集住房公积金1502.17亿元，提取1132.23亿元，净增369.94亿元。累计归集9404.68亿元，提取6134.99亿元，余额3269.69亿元。北京地区当年发放住房公积金个人贷款11.44万笔、金额1073.41亿元，回收金额331.67亿元，净增741.75亿元。累计发放住房公积金贷款96.99万笔、金额4991.54亿元，回收金额1758.11亿元，余额3233.44亿元。累计发放政策性贴息1.34万笔，贴息额度48.49亿元。累计发放支持保障性住房建设贷款36笔，金额283.28亿元。

【调整住房公积金结息利率、缴存比例和缴存上限】 2月21日起，将职工住房公积金账户存款利率，由按照归集时间执行活期和3个月存款基准利率，分别为年利率0.35%、1.10%，调整为统一按一年期定期存款基准利率年利率1.50%执行，大幅提高缴存人住房公积金账户利息收入。5月1日起，北京地区企业住房公积金缴存比例调整为5%～12%，企业可根据自身经济情况，在规定范围内确定具体缴存比例，其他单位缴存比例为12%。根据市人力社保局、市统计局公布的2015年度北京市职工月平均工资，调整2016住房公积金年度（2016年7月1日至2017年6月30日）住房公积金缴存基数上限为21258元，月缴存额上限为5102元，职工和单位月缴存额上限均为2551元。

【提升住房公积金归集规范化管理水平】 分析住房公积金缴存企业与工商登记企业数量存有差距的原因，与工商、地税、人力社保、统计等部门协作，加强对新增私营企业的摸查和住房公积金的催建，推进住房公积金人群全覆盖和服务均等化，持续严厉打击违规提取、骗提住房公积金的行为，对存在造假违规骗提住房公积金行为的74家单位进行查处，同时会同有关执法部门对违法行为涉及的12个电话号码依法进行停机处理，并向社会公布。

【围绕"便民、高效"改进贷款管理】 为减轻借款人负担，10月1日（含）起，全面取消向借款人收取担保费，评估费最高收费标准从1500元/件降至600元/件，选用6家评估公司，建立评估竞争机制，实现优胜劣汰。与长沙住房公积金管理中心联合开展住房公积金异地使用业务，商定尽快建立住房公积金数据交互平台以确保信息互通、职工异地购房可提取住房公积金、职工异地购房可申请公积金贷款以及两地配合加强对逾期异地贷款的职工管理。铁路分中心为满足铁路职工异地贷款的需求，加强与北京市住房贷款担保中心合作，加快业务处理速度、缩短审批批复时间。

【开展住房公积金贷款支持保障性住房建设试点工作】 截至年底，北京地区累计发放支持保障性住房建设项目贷款36笔、金额283.28亿元，支持保障性住房建设9.06万套、总建筑面积约942.65万平方米，为北京保障房建设提供有力支持。截至2015年底，4个贷款项目逾期，2016年加大协调力度，与住房城乡建设部、市财政局、市审计局及项目所属区政府共同努力，已于2016年10月份全部解决项目贷款逾期还款问题。

【拓宽银行合作服务渠道】 拓宽银行合作服务渠道，满足缴存单位和职工多样化服务需求。开办归集业务合作银行网点有69家，银行柜台共209个，试点银行包括工行、农行、建行、交行和招行。委托银行开办个贷网点8个，包括工行、农行、中行、建行、交行、北京银行和招商银行。同时加强银行委托业务管理，制订规章制度，加大监督检查力度。

【初步建立京津冀三地住房公积金协作机制】 为进一步加强京津冀三地住房公积金的合作，打击利用异地转移骗提骗贷行为，更好地服务区域经济和缴存职工，4月，与天津市、石家庄市、唐山市、廊坊市、保定市、沧州市等地住房公积金管理中心共商协作，初步建立京津冀三地住房公积金协作机制，建立京津冀三地住房公积金联席会议机制，每季度轮流在津、冀、京三地召开例行会议，共商政策和操作层面有关事宜，以便在更大范围内实现京津冀住房公积金管理的合作。建立处置套取骗贷行为的协作机制，三地7市同意尽快建立信息共享平台，通过信息共享平台的查询端口，三地中心可查询、核实异地缴存、异地贷款职工信息，防范中介利用三地信息壁垒套取骗贷，三地联合完善相关政策，统一相关政策和操作，研究对异地转入职工开户、补缴、销户的限制措施，同时三地间缴存职工转移后办理贷款时，互相认可其在异地的连续缴存时间，为异地贷款政策出台做好储备。

【加大住房公积金管理透明度】 3月31日，在管理中心网站和《中国建设报》向社会公开发布《北京住房公积金2015年年度报告》。3月3日在"首都之窗"网站和管理中心官网向社会公开管理中心2016年度预算，8月25日公开2015年度部门决算。11月，管理中心领导和中层领导到12329热线现场接听电话，倾听群众的心声。12月，管理中心主任程建华带队，走入"首都之窗"直播间，畅谈北京住房公积金管理中心工作，在线解答群众的问题，充分发挥客户服务热线作用，2016年全年12329热线人工来电接听总量245.56万次，主动回拨12.25万次，全年接听率89.10%。国管分中心积极打造网上服务大厅、完善微信服务，推广免费短信。

城市建设

【新开工情况】 北京市共办理施工许可2024项。其中，房屋建设工程共860项，总规模3527.92万平方米、同比下降18.04%，连续两年下降18%，市政基础设施工程共240项，合同价款97.07亿元、同比下降29.66%，项目数基本持平，合同额减少。装饰改造工程共924项，总规模1260.83万平方米、同比上涨1%，基本持平。上述办理施工许可的房屋建设工程中，住宅项目共283项，建筑面积1410.18万平方米、同比下降18.79%，其中商品住宅685.69万平方米、同比下降20.19%，其他类住宅（含政策性住房、职工自建房等）724.49万平方米、同比下降17.42%。

【重点工程建设情况】 北京市重点工程分5大类共210项，其中续建115项，计划新开工95项，计划竣工42项，总投资1.2万亿元，年计划投资2626亿元。重点工程全年实现开工64项，占年度开工计划67%，实现完工25项，占年度竣工计划60%；年度完成投资2575亿元，占年度投资计划98%。从各类项目年度投资计划执行情况看，民生改善、基础设施建设、"高精尖"产业、京津冀协同发展、环境提升项目分别完成136%、92.7%、81.7%、78%、66.1%。

【"中国尊"项目成为北京"第一高楼"】 工程位于朝阳区CBD核心区Z15地块，东至金和东路，西至金和路，北侧隔12米公共用地与光华路相邻，南侧隔核心区公共用地与景辉街相邻。该项目占地面积约11478平方米，地上建筑面积35万平方米，地下建筑面积8.7万平方米，建成后将集办公、观光、多功能中心等功能于一体。"中国尊"钢平台进行了56次顶升，巨型钢柱安装完成64节达到256米，核心筒混凝土完成57次浇筑，最终达到425.4米，成为北京"第一高楼"。

标准定额

【做好"营改增"政策衔接】 为应对国家"营改增"计税政策改革，做好工程计价政策的衔接落实，4月6日，市住房城乡建设委在全国率先发布《关于印发〈关于建筑业营业税改征增值税 调整北京市建设工程计价依据的实施意见〉的通知》，对实现建筑业"营改增"后计价活动的平稳过渡、保证合理确定工程造价、维护建筑市场秩序起到积极作用。

【启动定额编制】 为顺应国家绿色环保节能的战略发展方向，满足建筑市场实际需求，4月，市住房城乡建设委启动《绿色建筑工程消耗量定额》的编制工作。12月，启动装配式房屋建筑工程消耗量定额》的编制工作。为加快城镇现代化建设步伐，满足老旧小区改造计价需要，3月，市住房城乡建设委启动《北京市老旧小区综合改造技术经济指标（2017）》编制工作，4月，制订《北京市老旧小区改造指标编制方案》。完成北京市老旧小区改造指标的项目划分，启动典型工程测算、市场价调整和消耗量分析等工作。

【加强企业监管】 为加强对北京市所属造价咨询企业的监督管理，市住房城乡建设委组织执法人员对175家咨询企业资质进行实地核查。完成工程造价咨询企业专项执法检查，对100家市属造价咨询企业进行抽查，并对存在违规行为的造价咨询企业进行相应处理。受理5项对造价咨询企业执业行为的举报投诉，并将处理结果及时进行反馈。

【做好定额咨询解释及纠纷调解】 市住房城乡建设委严格落实定额咨询解释热线电话值班制度，接听咨询电话975人次，解答问题1055个。坚持每周三、五对社会义务咨询调解服务工作，接待来访单位2546家，人员2680人次，解答问题4819个，涉及工程项目1289个、合同金额2629.35亿元、建筑面积1.11亿平方米。完成造价咨询相关数据的统计分析，对涉及的问题进行分类汇总和分析，针对社会关注的难点和共性问题发布计价依据解释，并在市住房城乡建设委网站公布。

【发布工程造价信息】 市住房城乡建设委完成《北京工程造价信息》7位码、8位码含税版1~12期及8位码营改增版3~12期的信息采集、整理、汇总、编辑工作，按期在市住房城乡建设委网站工程造价信息栏目发布。每期发布建筑、安装、市政、古建、园林绿化工程的建筑产品和设备的市场信息价格，以及机械、模板、脚手架等市场租赁价格信息近13000余条，其中1~12期钢材、水泥、涂料、苗木、琉璃制品、钢构件、混凝土砌块等材料价格变化共11880条次，补充钢塑复合压力管及管件、消防产品、微晶石板、产业化构件等材料项目1147条。

【探索京津冀计价体系一体化】 为贯彻国务院《京津冀协同发展规划纲要》精神，落实住房和城乡建设部关于深化工程造价管理改革的工作部署，探索京津冀工程造价管理一体化模式，为跨省市重大工程建设和区域内建筑企业有序流动消除隐性门槛，11月30日，市住房城乡建设委与河北省住房城乡建设厅召开"推进京津冀计价体系一体化研讨会"，确定京津冀计价体系一体化的指导思想和目标方向，统一思想认识，厘清工作思路，达成基本共识，并在此基础上起草《协调推进京津冀计价体系一体化三方合作备忘录》和《推进京津冀计价体系一体化工作实施方案（草案）》。

工程质量安全监督

【加强工程质量管理】 围绕《北京市建设工程质量条例》（以下简称《条例》）的贯彻实施，抓好宣传和政策完善工作，培训近8000人，根据《条例》新增监理企业及人员违法违规行为记分标准149项，全市共依据《条例》实施处罚294起。同时，编制完成《北京市轨道交通质量验收管理办法》，组织专项质量检查，委托咨询机构继续全面开展轨道交通工程安全质量状况评估。加强对全市预拌混凝土生产质量驻厂监理工作监督检查，申请专项资金在全市范围内首次开展预拌混凝土质量状况评估。开展检测机构信用评价工作。圆满完成工程质量治理两年行动，根据住房和城乡建设部检查结果，北京市工程质量安全符合率位列全国第二。2016年共有9项工程获鲁班奖（国家优质工程），14项工程获国家优质工程奖，5项工程获中国土木工程詹天佑优秀住宅小区金奖。共表彰结构长城杯工程432项，其中金质奖240项、银质奖192项；表彰竣工长城杯工程104项，其中金质奖65项，银质奖39项。

【保障建筑施工安全】 按照《北京市生产安全事故隐患排查治理办法》，出台本行业隐患排查治理办法，健全隐患排查治理制度。在全市建筑施工行业全面实施安全生产标准化考评工作，全年共计258项建筑施工项目经考评最终确定为合格或优良，对2893家建筑施工企业开展安全生产标准化考评，促进企业落实安全生产主体责任，提升施工现场标准化管理水平。在施工安全、工程质量、绿色施工、监督执法、现场管理5个方面对房建、市政、轨道交通、起重机械、材料检测、预拌混凝土6个行业开展了安全质量状况评估，及时掌握全市在建项目、施工企业及注册人员安全状况。在全市建设工程施工现场大力推广体验式安全培训，全年参与体验式安全培训的人员达30余万人次。组织开展？"北京市建筑施工安全生产知识竞赛"及"青年安全生产大讲堂"活动，累计参赛人数达10万余人。2016年，市、区住房城乡建设委共检查工地30876项次，责令限期整改3699项，责令停工整改251项，依法处罚2529起。全市建设系统共发生生产安全事故26起，死亡26人，未发生死亡2人及以上生产安全事故，安全生产形势总体稳定。

建筑市场

【完善建筑市场管理相关政策措施】 制定或修改《北京市建设工程施工综合定量评标办法》、《北京市建设工程评标专家动态监督管理办法》、《工程造价咨询企业专项执法检查工作方案》、《北京市施工监理人员配备管理规定》、《关于在房屋建筑和市政基础设施工程中全面深化施工人员实名制管理的通知》等文件。

【建筑市场诚信评价体系建设】 将地基与基础专业企业、安装专业企业作为推动专业承包企业信用评价体系建设的重点。按照"从以政府主导逐步转变为行业协会主导"的思路，加强对相关专业协会的调研、指导，切实帮助解决遇到的困难，促进相关协会组织由单一的服务型协会向服务与社会监管型协会转变，履行好行业管理、自律的职责，推进地基与基础专业企业、装饰企业、安装企业信用评价工作的开展。地基与基础专业企业信用评价系统于10月底上线试运行。

【完成工程质量治理"两年行动"建筑市场专项执法任务】 继续开展工程质量治理"两年行动"。经过两年努力，企业自主守法意识不断增强，违法发包、转包、挂靠和违法分包等违法行为多发势头得到遏制，建筑市场秩序得到规范。行动开展以来，全市共检查在施项目25054个，检查建设单位16155家、施工企业43900家。查处违法行为135起，罚款总计1544.776万元。

【协调解决施工合同纠纷】 继续完善人民调解工作制度。指导市建筑业联合会推进"人民调解委员会"各项制度的建设，遵循《北京市建设工程施工合同纠纷调解实施细则》开展人民调解工作。积极协调处理施工合同纠纷等信访投诉案件。办理完成住房和城乡建设部稽查办转办件2件，办理完成委领导批办件10件，共受理信访投诉举报案件39件，涉及争议金额57021万元。

【清理规范工程建设领域保证金】 根据《国务院办公厅关于清理规范工程建设领域保证金的通知》，以及《住房和城乡建设部财政部关于切实做好清理规范工程建设领域保证金有关工作的通知》的要求，7月28日制定《北京市清理工程建设领域保证金工作方案》，印发《北京市住房和城乡建设委员会北京市财政局关于填报北京市工程建设领域应取消的保证金以及未按规定或合同约定返还的保证金的通知》，要求在京建筑业企业登录市住房城乡建设委门户网站，在"北京市建设市场监管信息系统"中进行填报。8月30日，组织召开清理保证金工作座谈会，邀请中建总公司、中建一局、北京建工、北京城建、北京住总、中铁建等20余家主要建筑业企业进行座谈，了解企业缴纳保证金情况，征求他们对规范保证金收取、返还的意见。截至9月初，在京建筑业企业网上填报及书面报送的项目涉及保证金问题已基本解决。

【加强外埠建筑市场监管与服务】 2016年对北京市企业在福建、江西承建的项目进行专项检查，检查内容涉及施工现场质量、安全、招标投标、合同履约、造价管理、人员资格、劳务用工及支付等方面。检查组通过实地检查施工现场、与企业领导和项目部管理人员交流座谈等方式，了解北京市企业在福建、江西建筑市场的经营活动和项目管理情况，并针对项目现场检查发现的具体问题对企业提出整改建议。共检查厦门市等地在施项目11个，涉及总承包企业5家，房建工程建筑面积55.32万平方米、合同额14.49亿元，市政工程39.34千米，合同额7.72亿元。11个项目中有一般的住宅和公建项目，也有城市基础设施项目，从承包方式看，企业不再是单纯的施工总承包，个别企业通过发展BT模式，带动施工企业和专业分包企业向外发展，反映出企业在当地的发展已有一定基础。

建筑节能与科技

【新增工程建设地方标准】 新发布工程建设地方标准21项，分别是《建筑内外墙涂料施工及验收规程》（DB11/T 1343-2016）、《居住建筑节能工程施工质量验收规程》（DB11/T 1340-2016）、《既有居住建筑节能改造技术规程》（DB11/T 381-2016）、《城市轨道交通工程建设安全风险技术管理规范》（DB11/T 1316-2016）、《城市地下交通联系隧道施工技术规》（DB11/T 1341-2016）、《玻璃纤维增强筋支护技术规程》（DB11/T 1342-2016）、《建筑工程施工组织设计管理规程》（DB11/T 363-2016）、《住宅二次供水设施设备运行维护技术规程》（DB11/T 118-2016）、《预拌砂浆应用技术规程》（DB11/T 696-2016）、《建筑轻质板隔墙施工技术规程》（DB11/T 491-2016）、《建筑基坑支护技术规程》（DB11/489-2016）、《预拌砂浆清洁生产技术规程》（DB11/T1364-2016）、《钢筋保护层厚度和钢筋直径检测技术规程》（DB11/T365-2016）、《房屋修缮工程工程量计算规范》（DB11/T638-2016）、《可拆除锚杆技术规程》（DB11/T1366-201）、《塑料排(蓄)水板施工技术规程》（DB11/T1363-2016）、《公共租赁住房建设与评价标准》（DB11/T1365-2016）、《桥面防水工程技术规程》（DB11/T380-2016）、《室内钢索支吊架施工规程》（DB11/T 1384-2016）、《外墙外保温防火隔离带技术规程》（DB11/T1383-2016）、《户式空气源热泵系统应用技术规程》（DB11/T1382-2016）。

【开展行业及地方标准宣贯】 5月，发布2016年度标准宣贯计划，全年完成《钢管脚手架、模板支架安全选用技术规程》、《建筑工程清水混凝土施工技术规程》、《公共建筑节能施工质量验收规程》、《城市轨道交通工程建设安全风险技术管理规范》、《建设工程临建房屋应用技术标准》、《绿色建筑评价标准》、《绿色建筑工程验收规范》、《预制混凝土构件质量控制标准》、《建筑工程施工组织设计管理规程》、《建筑装饰工程石材应用技术规程》10项行业标准和地方标准的宣贯工作，来自北京市建设领域开发、设计、施工、监理、工程质量监督、科研院所等方面的累计1200余人参加。

【推广建设科技工作】 围绕重点工程项目，开展技术攻关，组织完成重点科技成果鉴定项目82项，其中富水高强交互复合岩层地铁盾构施工关键技术等17项达到国际领先水平，既有建筑绿色化改造测评诊断成套技术等30项达到国际先进水平，多层装备装配式异形柱框架结构体系研究与示范应用等35项达到国内领先水平，特别是在城市基础设施建设、轨道交通建设、地下工程和城乡建设信息化应用等方面取得显著成果。14项北京市建筑业新技术应用示范工程通过验收，建筑面积合计1346741.3万平方米，13个项目新技术应用整体达到国内领先水平，形成北京市工法20余项。82项工法通过北京市工法评审，包括砂卵石地层地铁车站三重管旋喷止水帷幕施工工法、大开口车辐式索承网格结构预应力施工工法、斜交叉网格钢结构安装动态纠偏施工工法等。

【开展智慧城市建设】 组织召开北京市国家智慧城市试点单位工作座谈会，通过座谈会解析住房和城乡建设部智慧城市方面工作的新思路，探求北京市智慧城市建设工作的新方法。9月，发布《开展首批北京市智慧小区示范工程建设工作的通知》，启动首批智慧小区示范工程建设，采用信息化、物联化、智慧化等前沿技术，将小区中涉及的政府职能、物业管理和服务及社会服务资源，进行全方位整合和充分利用，为小区生活的和谐、安全、便捷提供可持续发展的保障，为智慧城市建设提供基础的服务单元。此外，开展北京市智慧管廊示范工程建设工作，运用BIM、GIS技术对管廊进行规划设计，实施智慧管廊的解决方案。

【推进建筑节能工作】 发布北京市建筑节能"十三五"规划，抓好公共建筑能耗限额管理，支持发展超低能耗建筑，共受理建筑节能设计审查备案建筑面积2658.89万平方米、民用建筑节能专项验收备案建筑面积3419.81万平方米，新开工执行75%节能设计标准的居住项目1243项、建筑面积862.04万平方米，占全年新建居住建筑规模的91.7%。新建成923.68万平方米安装太阳能热水系统的工程，其中居住建筑占87.8%。完成两次新建在施民用建筑工程的建筑节能专项检查，共检查在施工程75项。完成农宅抗震节能改造8.7万户，累计完成农宅改造68.3万户。

【推动绿色建筑发展】 在《中共北京市委北京市人民政府关于全面提升生态文明水平推进国际一流和谐宜居之都建设的实施意见》、《中共北京市委北京市人民政府关于全面深化改革提升城市规划建设管理水平的意见》、《北京市十三五民用建筑节能发展规划》等文件中提出大力推动高星级绿色建筑发展的要求，在新建政府投资公益性建筑及大型公共建筑中全面执行二星级及以上标准，绿色建筑示范区、重点产业功能区内的新建民用建筑，按照绿色建筑二星级及以上标准建设的建筑面积比例达到40%以上，在社会资金开发的房地产项目中鼓励执行绿色建筑二星级及以上标准。完成14个项目绿色建筑运行标识评价。截至12月31日，北京市共通过绿色建筑标识认证的项目226项，建筑面积共计2434万平方米。其中，运行标识32项，设计标识194项。一星级项目28项，二星级项目98项，三星级项目100项，二星级及以上项目数占比达到88%，二星级及以上建筑面积占比达到91%。

【加快发展装配式建筑】《关于加快发展装配式建筑的实施意见》已获市政府常务会讨论通过，全年共落实600万平方米装配式建筑。组织6次住宅产业化项目实施方案评审会，实施产业化面积约84万平方米。开展保障房设计方案专家评审会共27次，审查项目48个，涉及房源7.18万套，实施产业化面积约546万平方米（含商品房21万平方米）。经组织申报评审，东易日盛家居装饰集团股份有限公司获批成为"国家装配式建筑产业基地"。

【推进农村地区能源结构调整】 继续在农村地区开展煤改"清洁能源"和"减煤换煤"工作。2016年，发布北京市地方标准《户式空气源热泵系统应用技术规程》，对各区新农办、乡镇的相关管理人员和技术人员进行宣贯，并组织专家召开空气源热泵的专题研讨会，确保农民能够合理使用空气源热泵。

人事教育

【人事管理工作】 北京市住房城乡建设委共有工作人员1273人，局级领导共14人，其中正局级干部3人、副局级干部11人，处级干部共291人，其中正处级领导干部61人、正处级非领导职务干部67人、副处级领导干部100人、副处级非领导职务干部63人。围绕市住房城乡建设委中心工作和重点任务，完善干部选拔任用机制，科学选任干部，加强领导班子和干部队伍建设，深化机构改革，编制全委权力清单责任清单，积极稳妥地推进事业单位分类改革，健全人才工作机制，严格执行干部任用政策法规，强化干部监督管理，畅通干部监督渠道。

【加强干部教育培训】 落实《干部教育培训工作条例》和《2013—2017年全国干部教育培训规划》，做好全员培训、新入职干部培训、专业技术人员培训、人事干部培训和军转干部培训工作，把党的十八届五中全会和习近平总书记系列重要讲话精神及党章、宪法等作为学习重点，推动全委干部不断提高政治意识、大局意识、责任意识、纪律意识和依法行政水平。抓好干部在线学习，年内组织全委处级以上干部、全体人事干部和参公以上单位干部共

719余人参加了干部在线学习。全年组织局处级干部调训43人次，人均培训260学时，推动干部提高理论水平和业务能力。加强境外培训，先后选派34名局处级干部赴英国等地考察业务和学习培训。

【组织开展建筑工匠技能大赛】 8～11月，北京市组织开展2016年"北京市建筑工匠技能大赛"。9月2日，印发《关于开展2016年"北京市建筑工匠技能大赛"活动的通知》，落实赛务组织工作。该次大赛属市级二类竞赛，设砌筑工、钢筋工、测量放线工、工程电气设备安装调试工、管工5个竞赛工种，经广泛动员和层层选拔，来自全市40家建筑企业的1966名选手，代表近40万一线建筑工人参加了初赛，562名选手进入复赛，169名优秀选手经过理论竞赛和实操竞赛进入决赛，最终50名选手脱颖而出，获得"优秀建筑工匠"称号，获得表彰。

【推进执业人员注册监管系统建设】 持续推进北京市住房和城乡建设系统执业人员注册监管信息系统的建设工作。通过对北京市建设工程项目、企业资质、人员资格等业务数据进行集中整合、分析，形成以执业人员为主线，贯穿企业发展和工程项目建设全过程的注册人员全生命周期监管新模式。截至2016年底，系统已开发完成，具备正式上线投入使用的条件。

【落实职业资格改革工作】 为贯彻落实《住房城乡建设部办公厅关于贯彻落实国务院取消相关职业资格决定的通知》、《北京市"关于开展全市职业资格清理整顿专项督查活动的通知"》和《关于清理整顿职业资格结果的函》的精神，3月14日，市住房城乡建设委发布《关于贯彻落实取消相关职业资格决定的通知》，明确自3月15日起，取消市住房城乡建设委实施的"全国建设工程造价员"、"物业项目负责人"、"房屋安全员"、"安全监理员"和"拆迁员"5项水平评价类职业资格事项。

【保证执业人员职业素质】 全年完成10次二级（含临时）建造师继续教育现场测试工作，共有12444人参加，其中11522人通过，合格率在90%以上。组织行业专家、大学教授、重大课题研究负责人、行业技术规范编写人员完成二级注册建造师继续教育第五版教材的编写工作，完成新教材6个科目共计150学时配套视频课件的录制工作。

【有序完成"三类人员"续期工作】 结合新政策、新标准，修订"三类人员"继续教育大纲，编写继续教育培训教材。修订"三类人员"网络教育试题及企业主要负责人现场培训考核试题，调整部分网络继续教育课件。为使培训教师及时掌握安全管理新法规、新理念、新方法，组织继续教育师资培训班，共有246人参加，为全面开展好"三类人员"继续教育工作，提供人才保障。制定并下发2016年度"三类人员"续期工作通知，组织召开中央驻京单位、北京市各大集团代表续期工作会议，部署"三类人员"继续教育和证书续期工作，全年完成"三类人员"续期4.5万人次。

大事记

1月

1日 北京市第一部建设工程质量管理类地方性法规《北京市建设工程质量条例》正式施行。

16日 北京市人民政府办公厅印发《北京市2016年棚户区改造和环境整治任务》，全市共有335片棚户区被列入年度改造和环境整治任务，预计至少3.5万户市民受益。

2月

4日 北京市发布《关于转发〈住房城乡建设部等部门关于调整房地产市场外资准入和管理有关政策的通知〉的通知》，自通知发布之日起，港澳台居民和华侨在境内工作、学习和居留的，境外个人（不含港澳台居民和华侨）在境内工作的，可在北京市购买一套用于自住的住房；境外机构在北京市设立分支、代表机构（经批准从事经营房地产的企业除外）可在北京市购买办公所需的非住宅房屋。

3月

17日 市住房城乡建设委、市经济信息化委联合印发《关于北京市绿色建材评价标识管理有关工作的通知》，正式启动绿色建材评价标识工作。

3月

20日 西城区最大规模的棚户区改造项目——白纸坊地区光源里、菜园街及枣林南里棚改项目，19日预签约比例突破85%，按照法定程序正式启动征收。

4月

6日 北京市率先出台《关于建筑业营业税改征增值税调整北京市建设工程计价依据的实施意见》，明确建筑业自5月1日起纳入营业税改征增值税试点范围。

12日 市住房城乡建设委联合市国土局发布《关于做好存量房房源核验工作有关问题的通知》，在全市全面实施房源核验，确保真实房源，保障交易安全。

5月

5日 市住房城乡建设委、通州区人民政府联合发布《关于加强通州区商务型公寓和商业、办公项目销售管理的通知》，对通州区商务型公寓和商业、办公项目实施限购措施，以确保房地产市场健康稳定发展。

11日 燕保·辛店家园等3个公共租赁房项目的490套房源，首次面向全市新就业无房职工家庭试点专项配租，外地户籍符合条件的18～35岁"职场新人"也纳入本次试点范围。

6月

6日 北京市安全生产标准化二级达标项目2016年度首批评审结果公示，19个物业达标项目领取"北京市安全生产标准化二级达标项目"牌匾及证书。这是北京市物业管理行业首次以安全生产标准统一对物业服务项目安全生产管理现状进行评价。

29日 北京市首次在全市范围内发布《北京市混凝土行业诚实守信自律准则（市场行为）》，混凝土企业参会代表在会上做出诚信承诺，自觉执行《准则》，坚持自律、接受他律、主动律他。

7月

31日 北京市首都功能核心区最大规模的征收项目——望坛棚户区改造正式启动征收程序。该项目地处东城区永定门外街道，区域内房屋总建筑面积约30.8万余平方米，总产籍户5700余户，户籍人口数2万多人。

8月

22日 《北京市2016年既有多层住宅增设电梯试点工作实施方案》出台，要求城六区有序开展既有多层住宅增设电梯试点工作。

9月

5日 市住房城乡建设委发布《开展首批北京市智慧小区示范工程建设工作的通知》，启动首批智慧小区示范工程建设。

29日 2019北京世园会园区建设开工仪式在延庆举行。继4月15日世园大道开工、外围配套工程启动建设后，北京世园会园区进入全面建设阶段。该项目位于延庆新城集中建设区西部，总面积503万平方米。

30日 北京市在全国率先颁布实施《关于促进本市房地产市场平稳健康发展的若干措施》（简称"9·30"新政），提出房地产市场调控的八项措施，旨在增加房地产市场有效供应，优化供应结构，强化交易管理，促进房地产市场平稳健康发展。

10月

1日 北京市开始实施严格差别化住房信贷政策，将首套普通自住型商品房首付比例提高至35%，首套非普通自住型商品房首付比例提高至40%。对二套房的认定恢复"认房又认贷"，将二套普通自住型商品房首付比例提高至50%，非普通自住型商品房首付比例提高至70%。

27日 北京市启动郭公庄五期等29个项目、近3.2万套公共租赁房摇号配租。该次配租是北京市公共租赁房实行统筹分配以来，规模最大、覆盖最广的一次，其中20个项目为北京市保障性住房建设投资中心持有运营，9个由各区政府投资运营。

28日 市规划国土委发布海淀区、大兴区四宗地块出让补充公告，明确四宗地块的最高销售均价和销售单价，这是"9·30"新政出台后首批"控地价、限房价"地块，销售限价由市规划国土委、市住房城乡建设委和属地有关部门共同会商确定。

11月

10日 市住房城乡建设委发布《关于进一步加强存量房交易资金监管的通知》，规定从12月15日起在全市范围全面实施二手房交易资金监管，保障交易资金安全。

30日 市住房城乡建设委、市发展改革委联合发布《北京市"十三五"时期民用建筑节能发展规划》，提出今后五年北京市建筑节能的发展目标、重点工作任务和保障措施。该规划是"十三五"时期北京市建筑节能工作的指导性文件。

12月

6日 石景山区北辛安棚户区正式开启房屋征收签约选房，标志着北京市最大的棚户区，也是长安街沿线最后一个棚户区改造启动。该棚改项目总用地面积约142万平方米，规划总建筑规模约218万平方米，将建设居民安置房11个小区69栋楼，共85万平方米，可提升当地5500余户、约2.6万人的居住品质。

26日 轨道交通新机场线北段、中段、南段同时实现进场围挡，开始施工准备工作，标志着新机场线正式拉开建设序幕。新机场线一期工程北起草桥站，南至新机场本期用地界南侧，全长41.4公里，设3座车站，计划2019年与北京新机场同步建成。

（北京市住房和城乡建设委员会）

城市规划

概况

2016年，首都城乡规划工作认真贯彻落实习近平总书记系列重要讲话精神，深入落实首都城市战略定位，深入实施以疏解非首都功能为重点的京津冀协同发展战略，全面落实"五大发展理念"，圆满完成各项工作任务。

【深入落实首都城市战略定位　发挥城乡规划统筹引领作用】　高质量开展城市总体规划修改编制工作。补充深化完善总体规划成果，开展10个方面的重点专题研究，编制《各区功能定位和规划实施要点》，完成上报住房城乡建设部和中央的准备工作．促进京津冀产业、交通、生态等领域协同发展。加强统一规划和共管共治。重点推进新机场、冬奥会等区域合作的重点地区和重大项目。高水平规划建设北京城市副中心。完成副中心城市设计国际方案征集和综合工作，开展通州区总体规划和通州与河北廊坊北三县区域整合规划编制工作，启动详细规划编制工作，抓紧推动行政办公区规划建设工作。继续加强历史文化名城保护。

【推进非首都功能疏解　着力治理大城市病】加快推动非首都功能疏解。促进城乡建设用地减量发展，严控五环内尤其是核心区的建设增量，严格审批，并适时降低规模。加大棚户区改造、环境整治以及违法行为查处的力度。充分发挥违法建设挂账督办机制的作用，强化宣传报道，营造高压态势。落实大气治理等生态环境治理与建设工作。完善城市水系统、绿地等专项规划，配合开展清河、凉水河等河道治理工作。加强海绵体项目建设审批审查和监督管理。全面推进绿色建筑建设、绿色生态示范区评选。全力做好民生保障工作。完成北京市各类保障房建设的土地供应、规划审批等相关工作，完善保障性住房公共服务、绿色空间等设施，提高建筑设计质量。全面加强城市设计工作，塑造首都特色风貌。全面推进基础设施规划建设。加快推进核心区道路微循环工程，打造以人为核心的交通出行系统。持续加大轨道交通规划建设力度，进一步加强铁路规划建设工作。启动各区停车专项规划及"十三五"期间社会公共停车场年度建设规划的编制工作。组织编制综合管廊布局规划和相关技术规范。

【深化改革　推动规划国土部门的职能整合】有序推进规划和国土资源机构合并、职能整合。7月29日，北京市规划国土委正式对外挂牌成立，领导班子成员全部到位。按照"整合、创新、高效、服务"的方针，确定"三定"方案，突出职能整合，优化程序，提高效率，以规划、国土合并为契机，深化"放管服"改革工作。创新整合规划、国土审批工作流程，将同一阶段的审批事项合并办理，压缩审批时限、提高效率。推动行政审批进一步下移，加强事中和事后监管，探索新时期统筹协调的管理机制。以轨道交通与土地利用一体化工作为抓手，形成规划、设计、工程三位一体的管理模式。以"规划实施单元"为抓手，建立控规分层管控体系，加强对规划调整的监管，推进街区层面控规公开工作。探索建立协作规划平台，推进居住公共服务设施建设，加强规划立法与执法检查，基础性工作得到全面加强。做好第二次全国地名普查、地理国情普查与监测、地下管线普查工作。加强信息化工作，逐步构建北京市三维立体空间数据库和信息工作平台。继续推动全市无障碍工作。

【深入开展"两学一做"学习教育　全面加强基层党建和干部队伍建设】　以"两学一做"为契机，大力加强机关党的建设。围绕规划、国土职能开展教育实践，开展"作风建设年"活动，推动全面从严治党向基层延伸，思想理论武装进一步加强。坚持以学习习近平总书记系列重要讲话精神为主线，以贯彻党的十八届六中全会精神为重点，发挥委党组理论学习的示范带动作用，党风廉政建设得到深化，坚持正确用人导向，扎实推进干部人才队伍建设。（陈建军）

规划研究和规划编制

【北京城市副中心规划】　编制完成《北京城市副中心规划》。该规划在规划建设管理方面谋求全面的改革创新，将副中心建成改革创新的示范区，统筹协调好副中心与中心城区的关系、与郊区城区的关系、与河北省"北三县"的关系，以及通州全区的城乡关系，副中心的建设以自然为美，构建完整的生态网络和生态安全格局，以国际一流的绿色标准，规划建设城市交通、能源、供排水、供热、污水和垃圾处理等基础设施，副中心以国际标准、多元文化、运河文明为要素，以大运河为"金名片"，塑造其鲜明的城市特色和城市精神，提供高标准的公共服务和高品质的公共空间，将副中心规划建设成为国际一流和谐宜居之都的示范区。（李秀伟）

【基于"两规合一"的城乡建设用地管理办法及减量实施意见】　北京市规划院编制完成《基于"两规合一"的城乡建设用地管理办法及减量实施意见》。该课题基于北京市城乡建设用地的管理目标与减量化任务，针对全市城乡建设用地的规模、结构、分布等现状特征，深入分析减量化实施的政策需求与实施路径，初步搭建基于"两规合一"的城乡建设用地规划管理框架和减量实施体系，完善规划编制办法，创新规划实施政策。（张尔薇）

【城市通风廊道规划控制导则及实施意见】 北京市规划委编制完成《城市通风廊道规划控制导则及实施意见》。该课题以北京市中心城控制性详细规划为基础,以通风潜力数据分析和CFD数值模拟为手段,提出一级通风廊道的规划控制范围和策略,形成通风廊道内建设用地控制意见。(赵霆)

【"两规合一"规划研究】 北京市规划院完成《北京市"两规合一"规划研究》。该课题结合国内相关城市实践经验,在空间规划体系、用地标准、基础数据、空间规划、实施保障等方面开展研究,并在中心城区、平原区、山区选取朝阳区、通州区、大兴区、门头沟区4个区作为试点,对接"两规"规划理念和规划方法,初步构建了北京市"两规合一"空间规划框架,明确了"两规合一"规划编制内容和编制流程,提出了"分级、分区、分类"的技术路线及差异处理规则,编制了适合北京特点的《"两规合一"一张图技术规范》,形成了市级层面"两图合一"基础底图。(曹娜)

【火车站周边用地规划模式和方法研究】 北京市规划院编制完成《北京市火车站周边用地规划模式与方法研究》。系统优化市域范围内的各类各级枢纽布局,初步建立适用于北京的"枢纽地区规划设计指引",为北京首次针对这一特定地区开展的跨专业、综合性研究工作。(徐碧颖)

【城乡建设用地规划实施评估与规划策略】 北京市规划院编制完成《北京城乡建设用地规划实施评估与规划策略》。该课题第一部分提出北京市规划城乡建设用地实施动态评估的方法机制,重点关注评估成果的应用与反馈。第二部分提出针对次年度的规划实施建议。(林宛婷)

【东南部地区历史文化资源梳理报告】 北京市规划院编制完成《北京东南部地区历史文化资源梳理报告》。该课题从人文地理角度入手,总结出四大核心历史文化价值:大运河文化的核心体现地、南承江淮北接辽东的交通要地、传统苑囿及中轴内涵延伸的拓展地、近现代工业及对外交往文明的聚集地。同时划定"两线一片"3个文化精华地区。提出7条策略:及时开展保护、创新保护模式、发挥线性遗产作用、塑造文化品牌、构建工作平台、拓展保护资源范围、促进区域协同。(冯斐菲 刘健)

【棚户区改造和环境整治工作统筹实施政策建议】 北京市规划院编制完成《棚户区改造和环境整治工作统筹实施政策建议》。该课题梳理2013~2016年棚户区改造项目任务台账共432个,通过典型案例分析,指出棚改项目规划调整有规划红线危及旧城历史文化保护、蚕食绿隔地区绿地、冲击远郊镇村地域特色风貌等风险。针对"绿色通道""资金平衡""规模化拆迁"等优惠政策下带来的棚改搭车、规划调整、民意反弹等问题,从棚户区概念的界定、设立准入退出条件、拓宽资金渠道、推行先供先摊、加强公共参与等多方面提出了对策建议。(王崇烈 刘健)

【"十三五"期间保障房供应及布局研究】 北京市规划院编制完成《"十三五"期间北京市保障房供应及布局研究》。该课题从供应、布局、实施三个层面对"十三五"期间的住房保障工作进行系统分析与谋划。研究北京市住房保障的需求特征与变化趋势,对"十三五"时期住房保障的需求规模、财政供应能力分析预测,作为保障房规划布局的前置条件,针对"十二五"时期保障房规划布局出现的问题,提出保障房规划布局遵循的四大原则,并结合定量空间适宜性评价,构建保障房规划布局预评估模型,协调保障房布局方案与土地供应、城乡统筹发展、棚户区改造的关系,增强规划的可实施性。(游鸿)

【城市就业中心演变及职住关系研究】 北京市规划院编制完成《北京城市就业中心演变及职住关系研究》。该课题将传统的普查数据、交通出行调查数据、公交卡数据、手机信令数据和持续多年的大样本居民问卷调查等多源数据进行融合和交叉分析,识别出北京城市就业中心的空间格局和演变特征,揭示就业中心与典型居住组团、通勤交通之间的协调关系;借鉴国外大城市职住空间结构模式及组织经验,提出促进北京城市就业—居住—交通协调发展的宏观认识和具体措施,提出以人为本的促进职住协调发展的规划导则,并对CBD、金融街、中关村等典型就业中心和大型居住组团的职住组织提出具体的优化建议。(邱红)

【"两线三区"全域空间管控及规划实施研究】 北京市规划院编制完成《北京"两线三区"全域空间管控及规划实施研究》通过专家评审。该课题以规划、国土两部门的平台数据为基础,结合生态资源底图梳理,提出划定边界的技术标准和实施管理办法,系统总结北京市建设用地空间增长的时空演变规律,剖析问题形成的制度根源,提出具体的管理措施和政策体系,分析限建区限制性和发展性因素,初步提出限建区总体控制性规划方案。(朱洁)

【城市规划建设历史文化信息收集整理】 北京市规划委组织编制的《北京城市规划建设历史文化信息收集整理》通过专家评审。该课题由北京联合大学应用文理学院承担,通过结合规划展览馆改造项目,系统梳理不同历史阶段北京城市规划建设发展演变过程及特点,整理出城市规划历史文化资源。(龚钊)

【第二道绿化隔离地区规划优化调整及实施要点】 北京市规划院编制完成《第二道绿化隔离地区规划优化调整及实施要点》。该规划紧扣"减量、提质、增绿"的主要任务,以集体产业用地、宅基地、低效国有单位为主要对象,分区分类制定政策,推动各类建设用地集约节约发展,利用减量腾退用地造林、复垦,塑造楔形绿色空间结构,建立城乡一体的公共服务、市政、交通基础设施,推动户籍农业人口就地城镇化,实现发展"提质"。(张尔薇)

【小城镇发展规划及实施指导意见】 北京市规划院编制完成的《小城镇发展规划及实施指导意见》通过专家评审。该课题通过对典型小城镇的实地调研、系统分析,摸清北京小城镇的基本情况和存在问题,围绕落实总体规划,明确小城镇规划思路,完善规划实施路径,提出促进规划实施的5条发展策略,并形成小城镇发展规划及实施指导意见的框架。(于彤舟)

【城市整体景观格局规划】 北京市规划院编制完成《北京城市整体景观格局规划》。该规划从京津冀区域视角出发,系统梳理影响城市整体景观格局的要素与内容,提出5大核心要素:山水、文化、功能、交通和生态,并将多种要素在城市空间上叠加整合,强调以自然山水为根、以历史文化为魂、以人本活动为势,建立清晰明确的整体景观格局。(徐碧颖)

【中心城规划优化调整及实施要点】 北京市规划院编制完成《中心城规划优化调整及实施要点》。该规划采取整体研究与案例剖析相结合的工作方式,提出推动中心城总体规划管理目标实施的管理规则框架,主要内容包括:从长远的控规管理,提出控规调整管理规则,从近期的行动重点,提出疏解提升空间重点,从实施的政策匹配,探索规划统筹实施路径。(顾旭东 常青)

【轨道交通与沿线土地衔接规划(二期)】 北京市规划院编制完成《北京轨道交通与沿线土地衔接规划(二期)》。提出以"轨道+"理念引领一体化工作,为轨道工程建设赋予更多的城市内涵,搭建轨道交通一体化综合信息平台,从规划管理的角度,分析一体化项目面临的共性问题并提出解决思路,对一体化规划管控方法提出了改进建议。(贺凯)

【工业遗产专项规划及保护利用管理办法】 北京市规划院编制完成《北京市工业遗产专项规划及保护利用管理办法》。该规划揭示工业发展与城市性质演变的关系,总结提炼北京近现代工业在全国的地位与价值,提出由68处遗产构成的推荐名录和由21处遗产构成的第一批遗产名录,为进入第一批保护名录的工业遗产逐一制定保护图则,明确强制保留建构筑物及设施设备,针对性地提出管理办法。(李楠)

【"十三五"公共空间设计发展规划纲要】 北京市规划委完成《北京"十三五"城市公共空间设计发展规划纲要》。该课题系统分析城市公共空间工作的形势背景、发展现状和主要问题,提出"十三五"时期城市公共空间工作的指导思想、规划原则和总体目标的建设性意见,深入研究公共空间总体风貌、总体格局、结构体系,围绕公共空间主要任务、重点项目、建设要点、实施步骤和保障措施提出综合建议。(柳磊)

【非建设空间融合规划与实施意见】 北京市规划院编制完成《北京市非建设空间融合规划与实施意见》。该规划对北京市非建设空间的规模布局、要素分类、空间结构及格局特征等进行系统研究,从学科融合、要素耦合、法规整合三个方面,确定非建设空间管控的融合思路与方法,并创新性地将生态格局构建、生态资源保护、生态用地管控和生态空间引导,提出北京市非建设空间融合规划的具体方案和实施意见。(赵霆 赵丹)

【综合交通体系规划】 北京市规划院编制完成的《北京市综合交通体系规划》通过评审。该规划围绕京津冀协同发展和新时期北京城市发展战略定位要求,明确2030年北京综合交通体系的基本框架,提出北京综合交通体系规划的指导思想、战略目标、规划方案、实施路径和政策保障措施。主要内容包括:发展基础与形势要求、规划目标与发展战略、交通体系与城市协调发展、交通体系与分区功能组织、交通网络和设施优化布局、交通治理与品质提升、规划实施与政策保障、近期建设行动等。(姚智胜)

【新航城综合交通规划】 北京市规划院编制完成《北京新航城综合交通规划》。该规划落实《京津冀协同发展规划纲要》中新机场的战略定位,围绕"港城融合、港城一体"的交通与用地发展新模式,构建综合交通体系,突出新机场与新航城地区的无缝衔接关系,创造性提出绿色航城和站城一体的规划理念及规划方法,系统分析国内外同规模机场临空区域出行特征,提出新航城的对外交通系统、公

共交通系统、道路网系统、静态交通系统、货运交通系统、步行与自行车交通系统和交通设施布局与交通管理的规划方案。(张宇)

【市域干线铁路系统通道控制规划】 北京市规划院编制完成《北京市域干线铁路系统通道控制规划》。该规划依据区域和城市发展需求，分析铁路枢纽发展趋势，系统梳理干线铁路通道规划，从干线铁路用地控制现状问题分析入手，在铁路枢纽总图规划的基础上，结合相关法律法规、用地控制要素、区域空间划分，研究用地控制原则与方法，提出相应的用地控制标准、要求、方案，并给出政策建议。规划面向市域铁路干线，采用分区、分规划阶段控制原则，根据铁路沿线不同功能需求差异化控制指标与要求，兼顾规划控制的弹性、可实施性与可持续性。(茹祥辉)

【水生态环境用水配置规划】 北京市规划院编制完成《北京市水生态环境用水配置规划》。该规划分析北京市河湖生态环境的历史变化及现状存在问题，在对国内外河湖生态需水计算方法调研的基础上，创新提出北京市再生水补给河道适宜水深、流速、停留时间等配置条件。结合北方缺水城市河道的特点，提出河湖水系分级分季供水和河道生态断面优化的策略，以现状和规划再生水厂的布局和可供水量为基础，打造中心城清水系统和"一环、三中心"的再生水供水格局，实现由南部水资源相对富余的通惠河和凉水河水系向北部缺水的清河和坝河水系供水。(杨舒媛)

【轨道交通网综合管廊布局规划】 北京市规划院编制完成《北京市轨道交通网综合管廊布局规划》。该规划研究随轨道交通网同步建设综合管廊的必要性和可行性，分析中心城电力、热力、供水、再生水、燃气等主要市政管线沿北京市轨道线路的建设需求，疏理出轨道交通沿线综合管廊的建设需求量，提出北京市综合管廊整体布局的优化方案，建立随轨道交通建设综合管廊的近期项目储备库。(钟雷)

【南锣鼓巷街区风貌保护管控导则】 北京市规划委组织编制并发布《南锣鼓巷历史文化街区风貌保护管控导则》。该导则包括文字导则和图则示意，对街道空间、建筑类型、格局、形式、体量、高度、色彩、材质等提出规范要求。(李爽)

规划管理与城市景观

【概况】 2016年，共受理各类建设项目8578件，核发各类建设项目8537件。核发城镇建设规划用地许可总规模3585.18公顷（其中，建设用地2786.79公顷），规划建设许可规模4040.76万平方米，市政道路、管线规模143.10万延米。核发乡村建设规划许可规模131.05万平方米。

2016年受理勘察设计等行业资质审批事项670件，各类注册师注册事项3862件，受理勘察设计测绘企业出京承接任务证明1675件，受理外埠勘察设计企业备案198件，受理勘察设计及城乡规划资质证书变更845件。完成涉密测绘成果审批112项，测绘作业证审批297件，地图审核25件。(杜红艳 姜巍)

【统筹组织查违治违】 北京市规划委继续查处违法用地、违法建设，全年立案查处土地违法行为1204宗，829公顷，拆除违法建设1.5万处，面积3012万平方米。(任玮)

【中心城街区控规信息公开取得重大进展】 北京市规划委组织开展中心城控制性详细规划（街区层面）公开工作。按照逐步公开的原则，第一批公开《中心城控制性详细规划（街区层面）》08片区。其余片区将于2017年底前全部公开。(顾旭东)

【制订中心城控规管理的指导意见】 北京市规划委制订《中心城控规管理的指导意见》。该意见进一步完善控规报批和调整的办理原则和程序，明确控规报批的四大环节，规范各环节的办理时限，并要求对控规调整项目依法开展必要性论证。(顾旭东)

【审定世园会场馆建筑设计方案】 北京市规划委审定2019年世界园艺博览会中国馆、国际馆和生活体验馆三个主要场馆的建筑设计方案，并研究同意植物馆和世园酒店的建筑设计方案。(王爻)

【城市副中心项目规划】 北京市规划委组织开展北京城市副中心职工周转房、安贞医院、人大附中通州校区、东小营车辆段上盖职工周转房等项目的选址规划及方案设计工作，其中，可提供周转房1.68万套及工勤人员宿舍300套。(王爻)

【冬奥会国家速滑馆方案国际竞赛】 北京市规划委组织北京2022年冬奥会国家速滑馆的建筑概念方案国际竞赛工作。历时4.5个月，选出了3个优胜方案作为实施方案的候选，综合评审专家的推荐意见，确定博普乐思设计有限公司的"冰丝带"作为国家速滑馆的实施方案。国家速滑馆是北京赛区唯一一座新建竞赛场馆，是北京2022年冬奥会和冬残奥会的标志性建筑。(王爻)

【大栅栏C地块文保区域保护修缮完成】 包括劝业场、宝恒祥金店、宝立新兴的大栅栏C地块文保区域保护修缮工作基本完成并正式开街。该地块作为中轴线的组成部分，规划设计以"传承历史文

化，复兴北京商魂"为原则，将"点睛"黄金中轴线。（龚钊）

【**东四、鼓楼等地铁站点织补工作启动**】 旧城内多个地铁织补项目启动，包括地铁4号线西四站、地铁6号线东四站、地铁8号线鼓楼站等。市规划委相继履行征求历史文化名城专家意见、请示市政府和入市供地等程序，项目实施将修复旧城内由于地铁建设拆迁造成的历史风貌影响。（李爽）

【**完成颐和园北宫门周边及中央党校外围公共空间设计**】 北京市规划委完成颐和园北宫门周边及中央党校外围公共空间环境品质提升设计工作。该方案通过连续、小尺度、无缝衔接、精雕细刻的手法，创造安全、怡人、完整的公共空间序列，适度恢复颐和园北宫门园内与园外历史文化空间序列和世界遗产的内外延展，注重文物、自然与现代人需求的和谐统一。（柳磊）

【**建立公共空间标识标牌牌匾专项设计联审机制**】 北京市规划委会同相关委办局建立全市公共空间标识标牌牌匾专项设计联审机制。（迟义宸）

【**劳模墙规划设计建设完成**】 北京市规划委完成北京市劳模墙规划设计建设工作。劳模墙位于明城墙遗址公园，新中国成立以来北京市1197名全国劳模的姓名全部镌刻于石。（王京京）

【**复审城市雕塑工程建设质量技术规范**】 对市规划委、市质监局联合发布，2010年4月1日实施的北京市地方标准《城市雕塑工程建设质量技术规范》进行复审，同意继续使用。（解学军）

【**世园会会徽和吉祥物征集发布**】 北京市规划委协助市世园局完成2019年中国北京世界园艺博览会会徽和吉祥物征集工作。该会徽取名"长城之花"，设计风格端庄大气，六片不同颜色的花瓣围绕长城翩翩起舞，生动呈现"长城脚下世园会"的特色。吉祥物"小萌芽、小萌花"，是一对代表着生命与希望，勤劳与美好，活泼可爱的园艺小兄妹，造型创意来自东方文化中百子图的"吉祥娃娃"，被赋予普及园艺知识、传播绿色理念的特殊使命。（刘颖）

【**完成中轴线"桥"文化历史浮雕壁画建设**】 北京市规划委组织完成中轴线"桥"文化历史浮雕壁画建设。该项目位于天桥地下通道，通道两边墙壁布满高温陶瓷壁画，展现中轴线上的七组17座古桥，以图文并茂的形式，揭示桥的建造年代、形制、用途和变迁，以及平面、立面、剖面图、各构造名称、饰物细节等，成为中轴线桥文化的展示窗口。（王亚琦）

工程设计与标准

【**综合管廊规划设计指南**】 北京市规划院编制完成的《北京市综合管廊规划设计指南》通过专家评审。课题结合北京市政基础设施规划编制及管理特点，全面总结和提炼布局规划、工程规划、规划设计条件三个阶段的综合管廊规划编制技术要点，制定相应的规划制图标准。（魏萌）

【**旧城历史街区胡同风貌评价及设计控制原则**】 北京市规划委编制完成《北京旧城历史街区胡同风貌评价及设计控制原则》。该课题借鉴国内外发达地区的做法，通过对胡同的空间形态、走向、宽度等进行分类，对沿胡同连续界面、建筑高度、体量、材质、色彩以及胡同内城市家具等要素进行分析归纳，提出相关评价标准，并提出实际可行的设计控制原则。（龚钊）

【**2022年冬奥会和冬残奥会延庆赛区外部交通系统规划**】 《北京2022年冬奥会和冬残奥会延庆赛区外部交通系统规划》获市政府批复。该项规划坚持以人为本、可持续发展的规划原则，从航空系统规划、铁路系统规划、公路系统规划、延庆赛区周边交通系统规划等几大方面，全面系统规划建设，保障冬奥会延庆赛区便捷、完善的交通基础设施需求。（崔杰）

【**延崇高速公路（北京段）工程**】 北京市政总院完成延崇高速公路（北京段）工程设计方案。该高速公路位于北京市西北部，道路全长约114.4千米，其中北京段全长约33.2千米。市政总院负责的延崇高速公路平原段路线全长15.228千米，路基宽度28.5/26米，设互通式立交4座，分离式立交1座，连续高架桥2座，下穿妫水河隧道1座。设管理养护区1处，服务区1处、隧道所2处。延崇高速公路是2019年世园会区道路和2022年冬奥会赛场联络通道。（娄静）

【**新机场工作区工程**】 北京市政总院完成北京新机场工作区（交通市政设施工程）初步设计。该工程是新机场市政配套工程的核心内容，范围为新机场陆侧约8平方千米，包括工作区、货运区、航站区和机务维修区的道路桥梁及市政管网工程。其中，新建道路总长约55千米，新建桥梁20余万平方米，新建停车设施约22万平方米，新建综合管廊7.6千米，还包括新机场污水处理厂、新机场北区供水站、生活垃圾转运站、10kV开闭站等市政站场设施。（娄静）

【**城际铁路联络线工程**】 北京市政总院完成城

际铁路联络线工程规划方案。该工程是京津冀城际铁路路网中城市内部重要联络线，衔接京唐城际（京滨城际）、京津城际、京霸城际、京石城际及廊涿城际共5条城际线路，实现城际路网之间的联通和京津冀地区机场整体资源的共享。联络线主线线路全长111.8千米，共设车站11座，其中地下站6座，地上站5座，设计速度200千米/小时。（娄静）

【编制公共空间示范工程设计建设成果集】 北京市规划委编制完成《北京市各区公共空间示范工程设计建设成果集》。该课题对各区公共空间示范工程设计建设成果从现状调研、设计配合、建设成果、空间要素等多方面总结归纳，形成各区开展公共空间设计建设标准指导图集和工作依据。（王亚琦）

【长安街及其延长线公共空间设计标准】 首规委办、首环委办联合印发《长安街及其延长线公共空间景观提升设计导则》和《长安街及其延长线设施图集》。该导则通过对风格、色彩、材质、文化表达等要素提出设计的指导性意见，总体控制长安街及其延长线不同区域公共空间的设计效果。该图集提取如意、祥云、莲花等中国传统文化元素符号，结合各项设施功能要求，运用到方案设计中，实现长安街"物物皆景观，处处是精品"。（王京京）

【城乡规划和建设工程勘测设计标准体系】 北京市规划委发布《北京市城乡规划和建设工程勘测设计标准体系（2016修订版）》。新修编的标准体系涵盖现行、待编、在编的国家、行业和北京市地方标准总计1926项。在保持原有城乡规划标准分体系、勘察行业标准分体系、市政行业标准分体系、建筑设计行业标准分体系、测绘行业标准分体系五大分体系的基础上，对内部各体系结构、内容进行调整。（白同宇）

【城市轨道交通工程通用标准设计体系】 北京市规划委发布《北京市城市轨道交通工程通用标准设计体系》。该体系是全国首个地方性轨道交通领域标准设计体系框架，填补全市轨道交通标准设计体系框架的空白。（孟维举）

【城市轨道交通无障碍设施设计规程】 北京市规划委发布《城市轨道交通无障碍设施设计规程》（修订）。新规程充分考虑全市老龄化程度、二孩政策的实施和百姓对无障碍的需求，以及面临冬奥会、冬残奥会、世园会和城市副中心建设等新情况和新要求，提出全面无障碍的新理念。（公维卿 付雨竺）

【建筑抗震加固技术规程】 北京市规划委发布《建筑抗震加固技术规程》（修订）。新规程针对全市老旧小区中大量存在的红砖砌体结构的老式住宅，提出增加抗震墙、灌浆加固、外加柱加固等加固措施要求，提高抗震等级，针对全市校舍等重点公共建筑的结构形式，研究提出消能减震技术要求，通过将消能器设置在建筑主要承重构件位置，有效提高房屋的刚度和结构整体抗震能力，针对全市传统历史文保建筑众多的特点，量身定制隔震加固技术，提出"隔震加固技术"和"双面板墙加固技术"等适应不同结构类型建筑的加固措施要求，在尽量减少对原结构损伤的前提下，实现新旧结构构件的有效连接，不破坏建筑的外墙立面，达到修旧如旧的效果。（公维卿 白同宇）

【住宅区及住宅管线综合设计标准】 北京市规划委发布《住宅区及住宅管线综合设计标准》自8月1日起实施。该标准对住宅区及住宅内管线综合内容进行划分，规定住宅及住宅区的给水、中水、排水、燃气、热力、电力、电信、消防、通风等系统的管线综合设计要求。（乔莹）

【地名规划编制标准】 北京市规划委发布《地名规划编制标准》，自2017年2月1日起实施。该标准在《北京市地名规划编制导则》和全市地名普查工作的基础上，提出地名应方便公众的识别和使用，坚持"尊重历史、照顾习惯、体现规划、好找记忆、规范有序"的原则，实现地名命名与城市规划建设同步。（乔莹）

【工程测量技术规程发布】 北京市规划委发布《工程测量技术规程》，自2017年2月1日起实施。该规程结合全市工程测量的发展现状和实践经验，对原北京市地方标准《北京市工程测量技术规程》（DB11/T339—2006）进行修订。修订后的规程细化并充实规划核验测量等相关内容。（乔莹）

【城镇雨水系统规划设计暴雨径流计算标准】 北京市规划委发布《城镇雨水系统规划设计暴雨径流计算标准》，自2017年2月1日起实施。此次修编主要包括，增补近年来降雨观测资料，特别是"7·21"的相关降雨数据，细化研究降雨空间分布规律，调整暴雨强度公式，适当提高雨水管渠的设计重现期，规定特别重要地区10年一遇，地下通道和下沉广场等地区30~50年一遇，地铁、重要地下设施出入口等重要基础设施必须单独设防，补充规定立体交叉道路地面径流量计算的要求，提高下凹式立体交叉道路雨水管渠及泵站设计重现期，推求精细化设计雨型。（乔莹）

【地下空间规划设计技术指南】 北京市规划委发布《北京市地下空间规划设计技术指南》。该指南细化地下空间设施之间、地下空间与地上设施之间

的科学、合理功能分工与空间协调，进一步加强城市地下空间规划编制与管理的科学化、规范化、法制化。（乔莹）

【传统村落保护发展规划设计指南】　北京市规划委发布《北京市传统村落保护发展规划设计指南》。该指南统筹协调保护与发展的关系，在延续传统村落历史文化价值的同时，有效改善村民的生产生活环境，塑造特色风貌。（乔莹）

【修订建筑地基基础勘察设计规范】　北京市规划委发布《北京地区建筑地基基础勘察设计规范（局部修订）》。修订的主要内容是使部分条款的表达更加严谨，与新发布的现行相关标准相协调。（乔莹）

【城市公共空间设计建设指导性图集】　首规委办、首环委办联合发布《城市公共空间设计建设指导性图集》。该图集重点针对全市新建和改扩建的城市公共空间，在步行空间、沿街界面、绿化系统、公共服务、市政设施、公共艺术等方面，从技术标准上解决公共空间存在的有功能无品质、欠缺秩序、设施标准混杂、缺乏人文关怀等问题。（迟义宸　韩振梅）

【新型农村社区建设指导性图集】　北京市规划委、市农委、市住房城乡建设委联合发布《北京市新型农村社区建设指导性图集》。该图集旨在从规划设计入手，将统筹规划、全面协调、安全高效和节能环保的设计理念，纳入全市平原地区原址拆建的新型农村社区建设的全过程。不仅对村庄原始文化风貌的保持提出指导性意见，而且对新型农村社区应该配套的公共服务基础设施提出规划建设的详细要求。（韩振梅）

【轨道交通工程规划设计图纸统一规定及示图等】　北京市规划委发布《轨道交通工程规划设计图纸统一规定及示图》和《轨道交通车站总平面设计深度示图》。《轨道交通工程规划设计图纸统一规定及示图》对于申报选址意见书、临时建设用地规划许可证、建设用地规划许可证、建设工程规划许可证所附的规划设计图纸提出应达到的深度、技术要求，并给出图纸的统一格式及示图，供规划设计人员参照使用。（韩振梅）

【发布多项通用图集】　北京市规划委发布《楼梯、平台栏杆及扶手》（16BJ7—1）、《隔声楼面、轻质隔声墙》（16BJ1—2）2册建筑通用图集，图集做法优中选优。（孟维举）

【发布多项标准配套图集】　北京市规划委发布《雨水控制与利用工程设计规范配套图集（市政工程）》（PT—685）、《社区养老服务设施设计标准配套图集》（PT—1309）、《居住区无障碍设计规程配套图集》（PT—1222）、《公共建筑节能设计标准配套图集》（PT—687）4册配套图集。（孟维举）

【复审城乡规划地方标准和标准图集】　北京市规划委组织开展实施时间满5年的城乡规划地方标准及实施时间满3年的节能地方标准复审工作，复审包括14项标准、48项标准图集，并做出继续使用、修编和停止使用的决定。（孟维举）

【国家优质工程声像档案进馆】　北京市城建档案馆征集2015年度国家优质工程北京地区获奖工程声像档案进馆，包含2015年度国家优质工程、2015年度中国建设工程鲁班奖、第十三届中国土木工程詹天佑奖北京地区获奖工程共计30个项目，其中照片351张、视频112分钟。该部分声像档案内容涉及北京国际会都APEC项目、银河SOHO中心、北京地铁9号线工程、北京天然气利用系统工程、长安街改造工程等。（胡心悦）

【名人故居档案展览研究获奖】　北京市城建档案馆承担的"北京市名人故居档案展览研究"课题荣获2016年度北京市档案局科技优秀成果二等奖。（王炜）

【完成地下管线基础信息普查】　北京市城建档案馆配合有关单位，完成北京市地下管线基础信息普查（城六区外业普查）工作，共接收12家外业中标单位和2家监理单位的管线资料进馆，档案约400册，数据光盘和资料光盘30余张。（田晓晶）

【开展工程档案服务】　北京市城建档案馆接收纸质工程档案48382卷，归档数码照片档案11489张，38.75GB，数字录音、录像53小时，692GB，完成工程档案数字化影像扫描108.7万幅，形成影像文件16GB，全年接待来馆查阅档案人员6442人次，提供利用档案29497卷次。（田晓晶）

勘察·设计

【勘察设计质量审核】　2016年，北京市规划委组织第三方机构开展勘察设计质量审核，完成勘察项目施工图审查804项，查出并纠正违反强制性条文52条，违反一般规范条文3280条，完成房屋建筑施工图审查1227项，合计3798万平方米，发现并纠正违反工程建设强制性条文1498条，违反一般规范条文4万条，完成市政基础设施工程项目施工图审查408项，查出并纠正违反强制性条文104条，违反一般规范条文1607条，完成轨道交通设计文件施工图审查涉及15条线，1320册设计文件，查出并纠正违反强制性条文30条，违反一般规范条文660条。委托第三方机构完成绿色建筑一星级和二星级设计

标识评审项目31个，公共建筑25项，住宅建筑6项。完成绿色建筑设计标识评审项目三星级备案10项。（姜巍）

【两功能区获绿色生态示范区称号】 北京市规划委组织开展北京市绿色生态示范区评选，中关村科技园区丰台园东区、奥体文化商务园两个功能区获得"北京市绿色生态示范区"称号。（姜巍）

【城市副中心行政办公区地基检测完成】 北京市勘察院完成北京城市副中心行政办公区地基基础工程检测，包括试验桩检测、工程桩检测和基坑支护结构锚索验收试验，获得28280个监测数据。（闫铁英）

【城市副中心行政办公区综合管廊勘察完成】 北京市勘察院完成北京城市副中心行政办公区综合管廊勘察，包括岩土工程勘察、地基与基础协同计算分析、地下管线探测、区域沉降对结构影响分析、土壤氡浓度检测和水文地质勘察工作。管廊共涉及9条规划道路，总长度约9.8千米，包括电力、电信、燃气、给水、再生水、热力、雨水、污水等各类管线。（闫铁英）

【新机场供油工程勘察完成】 北京市勘察院完成北京新机场配套供油工程勘察。对机场油库、两个航空加油站、航油生产指挥调度中心进行现场钻探、取土试样、原位测试和室内试验等。（闫铁英）

【延崇高速北京段勘察完成】 北京市勘察院完成延崇高速公路（北京段）第1标段勘察任务。延崇高速（北京段）起点位于京藏高速公路延庆区营城子互通立交，接兴延高速公路，终点位于张山营镇京冀界，全线长约33.7千米。勘察重点是穿越官厅水库段，设计下穿隧道，采用明挖法施工。（闫铁英）

【亚投行总部永久办公场所勘察完成】 北京市勘察院完成亚洲基础设施投资银行总部永久办公场所项目勘察，包括岩土工程勘察、专项水文地质勘察、管线探测、协同沉降分析及复合地基设计、沉降观测、土壤氡气浓度检测等。亚投行总部位于朝阳区奥林匹克公园B27—2地块，总建筑面积约34.78万平方米，地上建筑面积约25万平方米。（闫铁英）

【污染场地原位修复示范工程完成】 北京市勘察院设计、市政路桥集团施工的槐房路4号地污染场地修复治理工程完成。该工程是国内首例大规模、工程化的"水土共治"技术实践项目，即污染土壤原位气相抽提修复（SVE）与地下水原地异位抽出—处理—回灌技术联合应用，由传统的异位修复向原位修复转变的示范工程。（闫铁英）

【模式口综合管廊工程勘察完成】 北京市勘察院完成石景山区模式口大街综合管廊岩土工程勘察。该项目全长约3.5千米，断面尺寸2.4米×2.2米，主线起点与石门路直埋管线相接，终点与金顶北街直埋管线相接，是石景山区第一条综合管廊工程。（闫铁英）

【延庆小王家堡村既有建筑节能改造工程完成】 北京市勘察院完成京郊首个既有建筑节能改造设计项目——延庆区康庄镇小王家堡村地源热泵工程。建筑面积1.9万平方米，地埋孔354个，埋孔深度130米。设计人员采用太阳能对土壤进行全年补热的地源热泵＋太阳能补热复合式能源系统，解决该项目的土壤热失衡问题，规避地源热泵系统长期运行造成"冷堆积"乃至最终系统瘫痪的风险。（闫铁英）

【大规模空气源热泵系统设计施工完成】 北京市勘察院完成中石化河北分公司空气源热泵采购（含安装）项目工程。该工程涉及石家庄、廊坊、唐山、秦皇岛四城市129个加油站，建筑面积2.5万余平方米。（闫铁英）

【肯尼亚内罗毕孔子学院勘察完成】 北京市勘察院完成肯尼亚内罗毕大学孔子学院项目现场钻探、室内试验和原位测试等详细勘察工作，包括教学楼、办公楼、宿舍、中国文化中心及其配套用房。（闫铁英）

【地下病害探测技术规范通过审查】 北京市勘察院主编的北京市地方标准《城市道路与管线地下病害探测及评价技术规范》通过审查。该标准规定地下病害探测的方法、区域、范围和探测时机，提出判别、验证和风险评价体系，对探测数据与成果形式提出明确要求。（闫铁英）

【污染场地勘察规范颁布】 北京市勘察院主编的北京市地方标准《污染场地勘察规范》颁布实施。依据规范，北京地区勘察单位实现从传统勘察领域向环境岩土工程领域的转型与发展。（闫铁英）

【勘察企业质量管理规范通过评审】 北京市勘察院主编的《工程建设勘察企业质量管理规范》（送审稿）通过住房城乡建设部评审。该规范结合全国工程勘察行业管理法规调整和行业发展导向，明确了工程建设勘察企业质量管理的总体要求。（闫铁英）

【轨道交通工程质量管理办法通过验收】 北京市勘察院牵头完成的《北京市城市轨道交通工程质量安全管理办法》通过验收。该办法完善城市轨道交通工程周边环境保护、初步设计阶段风险评估、工期造价论证、关键节点施工前条件验收、第三方监测、质量验收等制度，建立质量安全隐患排查治

理、设计巡查、第三方测量、工程限定保护区、大型设备管理等制度。（闫铁英）

【城铁S6线可行性报告通过评审】 北京市勘察院完成的北京城际铁路联络线S6线可行性研究报告（地质篇）通过京冀两地发改委评审。S6线涉及北京市和河北省廊坊市，串联首都机场和北京新机场，北京市域内约121千米，河北省域内约18千米，设17座车站，连接5条城际铁路、4座飞机场及11条地铁线。（闫铁英）

【疏导地下水工程阻隔结构获国家专利】 北京市勘察院研制的"一种疏导地下水工程对地下水阻隔作用的结构"获国家知识产权局实用新型专利。该结构可对各种明挖或暗挖的地下工程阻水特性进行调整，保护地下水渗流环境。（闫铁英）

【套筒式沉降监测点装置获国家专利】 北京市勘察院研制的"套筒式沉降监测点装置"获国家知识产权局实用新型专利。该装置广泛应用于基坑、轨道交通、隧道等工程地表、道路沉降的监测，避免受到季节性冻融性因素及其他非施工因素的影响，如实反映浅层原状土的变形规律。（闫铁英）

【2软件系统获国家著作权】 北京市勘察院研制的《土工试验成果汇总系统V3.0》、《AMIS测量仪器设备管理系统》（V1.0）获国家版权局计算机软件著作权登记证书。（闫铁英）

【92项检测能力获资质证书】 北京市勘察院92项工程检测能力获得市质监局《检验检测机构资质认定证书》，具备国家法律、行政法规规定的基本条件和能力，可以向社会出具具有证明作用的数据和结果。（闫铁英）

【2项工程获国家优质奖】 北京市勘察院完成的"北京市政务服务中心工程"和"北京财富中心写字楼工程"获2016～2017年度国家优质工程奖。（闫铁英）

【6项工程获全国勘察设计行业奖】 北京市勘察院6项工程获全国优秀工程勘察设计行业奖。一等奖2项："2013年城市地下管线综合检测项目——东四环（东风北桥至四惠桥）、湖光中街"，"第三使馆区外交公寓（B南区）岩土工程勘察、抗浮水位分析、协同作用分析、地震安全性评价及与地铁相互影响分析"。二等奖3项："浦项中心基坑及地下水控制设计"，"望京SOHO中心岩土工程勘察、水文地质勘察、协同作用分析及地震安全性评价"，"北京地铁7号线工程测量"。三等奖1项："全国妇联办公楼改扩建项目基坑设计"。（闫铁英）

【2项专利获创新成果奖】 北京市勘察院完成的国家知识产权局实用新型专利"深层垂直位移监测点装置"和"基坑桩（墙）体水平位移监测固定架"获北京市重大项目建设指挥部颁发的2016年度轨道交通建设科技创新"五小"成果奖。（闫铁英）

【多个工程项目获奖】 北京市勘察院完成的"浅层采空区综合探测及灾害风险评价关键技术示范研究"和"北京地铁17号线（R2）工程建设用地地质灾害危险性评估报告"分获北京市优秀工程咨询成果二等奖和三等奖，"北京地铁8号线三期及三期南延工程地面控制网测量"和"北京市轨道交通昌平线与地铁8号线联络线工程第三方监测"分获北京市优秀测绘地理信息工程奖一等奖和二等奖。（闫铁英）

【1项创新成果获奖】 北京市勘察院研制的"探地雷达天线装置车"获北京市总工会和市科委联合评定的首都职工自主创新成果一等奖。（闫铁英）

【市勘察院获行业殊荣】 北京市勘察院获评全国"工程勘察设计行业'十二五'期间实施信息化建设先进单位"。（闫铁英）

【多人获全国工程勘察设计大师殊荣】 住房城乡建设部发出《关于公布第八批全国工程勘察设计大师的公告》，市勘察院周宏磊、市测绘院杨伯钢等23位北京地区的相关专业科技领军人物被授予全国工程勘察设计大师称号。（闫铁英 付鑫）

地名变更

【概况】 北京市地名命名共计166个。按地名类别划分，道路和居住区名称133个，纪念地1个，轨道交通车站名称9个，桥梁名称23个。（杨辉）

【发布北京奥林匹克塔标准地名】 北京市规划委发布"北京奥林匹克塔"标准地名命名通知。位于奥林匹克公园中心区东北部区域内的北京奥林匹克塔由1主4辅共5个塔身组成，是奥林匹克公园总体规划中确定建设的重要景观设施，该塔确定为永久悬挂奥运五环标识的人文景观设施。至此，北京市成为继加拿大蒙特利尔后全球第二个获准永久悬挂奥运五环标识的城市。（李绮）

（北京市规划和国土资源管理委员会）

城市管理

概况

7月28日，北京市城市管理委员会成立并举行揭牌仪式。作为北京市城市管理的主管部门，负责北京市城市管理、城乡环境建设的综合协调和市容环境卫生管理、能源日常运行管理、相关市政公用事业管理。2016年全市16个区全部纳入网格化城市管理系统，建立"微循环"工作机制，全年市级平台共立案257万余件，结案224万余件，结案率87%。全面实施12319便民电话与12345市长热线有效对接。编制印发2016年首都环境建设任务书，列入环境建设任务384项。完成100条背街小巷环境治理工作，共拆除违法建设近5000平方米，粉饰外立面4.7万平方米，拆除违规牌匾标识50358块。结合老旧小区抗震加固和节能改造，对286个老旧小区开展环境整治提升，补建绿化55.5万平方米，配建公厕39处，完善照明4700余处，改造地下管线61.4千米。全市生活垃圾处理设施35座，其中转运站9座，焚烧厂7座，填埋场11座，综合处理厂8座，餐厨垃圾处理场8座。全市生活垃圾产量为872.61万吨，日均2.38万吨，较2015年同期上涨10.41%，无害化处理率为99.84%。1197条道路实现"一扫两保"，1983条二级道路实现"一扫一保"。积极推进新能源、清洁能源环卫车应用，采购1003台环卫电动车，占比达45%。用再生水冲洗道路年使用量325万立方米，日最大使用量达到2.31万立方米，同比提高15.5%。推进城市道路清扫保洁市场化，市级社会购买服务面积由177.45万平方米提升到1153.69万平方米，提升5倍。实施城市道路"以克论净"量化考核。全市每月抽取60条一级城市道路进行尘土残存量监测，城市道路尘土残存量均值为14.6克/平方米，同比下降15%。市区两级开展检查900余次，查处违法违规运输垃圾渣土车辆2146台次、工地495处次，约谈违法违规企业225次，处罚金额819.56万元，吊销2台车辆的道路运输证和建筑垃圾准运证，停业整顿2家运输企业。做好重大活动、节日和极端天气环卫保障61次，出动人员近195万人次，车辆近25万车次。2016年，完成陕京四线北京段杨树沟隧道、军都山隧道和大杨山隧道工程建设。完成西六环中段天然气工程2.6千米管线建设。完成燃煤锅炉"煤改气"配套工程35项，共计4746蒸吨，涉及居民采暖面积近3300万平方米。全市累计销售瓶装液化气近370万瓶，折合减煤90万吨。完成65个天然气入村工程，惠及农村居民近2万户。在北京南部地区建成3座调压燃气站。清理陕京三线树木占压燃气管线隐患32处。全市共消除地下管线结构性隐患2572项，共计700余千米。做好重大国际活动景观布置和环境保障工作，协调长安街沿线60余家单位开启照明设施，完成中德国家元首会晤城市照明保障工作。

城市建设

【北京市城市管理委员会成立】 为落实中共北京市委十一届十次全会重大决策和《关于全面深化改革提升城市规划建设管理水平的意见》部署，加强体制机制研究，整合相关职能，编制三定方案，明确职责定位，经北京市政府批准，7月28日，北京市城市管理委员会成立并举行揭牌仪式。作为北京市城市管理的主管部门，负责北京市城市管理、城乡环境建设的综合协调和市容环境卫生管理、能源日常运行管理、相关市政公用事业管理。在原北京市市政市容委的职责基础上，划入的职责包括：市发展改革委的煤炭、电力、石油等能源日常运行管理，煤炭、电力、电源点的行业管理，以及新能源汽车充电站（桩）的建设和运营管理职责，市商务委的再生资源回收行业的有关监督管理职责，市园林绿化局的城市建成区市管道路两侧绿化带的环境卫生管理职责，市水务局的城市河湖管理范围内（不含水域）的环境卫生管理职责。新增的职责包括：对北京市城市管理工作的业务指导、组织协调、指挥调度、专项整治、检查评价的职责，北京市地下综合管廊规划、建设和运营的综合协调管理职责，以及地下综合管廊运营的监督管理职责。加强的职责包括：加强城乡环境建设管理综合协调和督查考核职责，加强城市管理财政预算运维资金和市政设施建设的统筹管理职责，加强对供热、燃气、环卫、路灯等企事业单位城市运行任务保障的监督指导和考核评价职责，加强对各区城市管理主体责任考核职责，加强对农村地区环境卫生和市政基础设施建设统筹管理职责。

【完善网格化城市管理体系】 16个区城市管理全部纳入网格化城市管理系统，市区两级网格平台对接、环保监管进网格工作。积极推进管理重心下移，建立"微循环"工作机制。强化案件协调处置，市级平台共立案257万余件，结案224万余件，结案率87%。全面实现12319便民电话与12345市长热线的有效对接，进一步提升社会和群众反映问题的处置整改效率。

【完成100条背街小巷环境整治】 完成100条背街小巷环境整治工作，共拆除违法建设近5000平方米，粉饰外立面4.7万平方米，拆除违规牌匾标识50358块。

【整治老旧小区环境】 对286个老旧小区开展环境整治提升，补建绿化55.5万平方米，配建公厕39处，完善照明4700余处，改造地下管线61.4

千米。

【整治46处区域环境】 对海淀区马甸区域、二街坊区域，顺义区北石槽镇区域，通州区武夷花园周边区域、怀柔区北房镇中高路区域、东城区柏林寺区域、西城区月坛北片区域、朝阳区CBD区域、丰台桥北中片区域等46处区域环境进行综合整治，整治项目涉及老旧小区改造、绿化、道路整修、补装照明设施、配建停车设施和健身场所等。

【实施"管路互随"消隐机制】 坚持"管路互随"理念，做好地下管线消隐工作，推进城市道路大修工程与地下管线消隐工程同步实施的"管路互随"绿色消隐机制，同步完成16条道路大修工程与25项地下管线消隐工程，减少"马路拉链"现象对社会的影响。

【搭建地下管线消隐信息沟通服务平台】 搭建道路管理部门、管线行业主管部门和管线权属单位的沟通服务信息平台，建立地下管线消隐工程例会制度，定期督促管线单位报送消隐工程实施进展，及时掌握消隐工程推进情况，积极协调、解决遇到的困难和问题。全市共消除地下管线结构性隐患2572项，共计700余千米。

【建立挖掘工程地下管线安全防护信息沟通平台】 建立挖掘工程地下管线安全防护例会制度和地下管线安全防护企业内部管理制度，搭建"挖掘工程地下管线安全防护信息沟通平台"，为工程建设单位与管线单位架起一座沟通、交流、合作的互动桥梁，成为安全挖掘行业的信息纽带，共发布工程建设信息370项，有效保护地下管线的安全。

【强化井盖设施管理】 解决井盖周边破损、塌陷等相关问题。将"单层"井盖更换为"五防"技术标准的双层井盖。完成1万余座检查井的治理和井盖更换任务。

【提升生活垃圾处理消纳能力】 2016年北京市生活垃圾产量为872.61万吨，日均2.38万吨，较2015年同期上涨10.41%。生活垃圾无害化处理率达到99.84%，其中城六区无害化处理率达到100%，郊区无害化处理率为99.56%。全市生活垃圾处理设施35座，其中垃圾转运站9座（设计转运能力8900吨/日），焚烧厂7座（设计处理能力9800吨/日），填埋场11座（设计处理能力9141吨/日），生活垃圾综合处理厂8座（设计处理能力5400吨/日），餐厨垃圾处理厂8座（设计处理能力1350吨/日）。生活垃圾焚烧、生化处理能力达到1.52万吨/日，首次突破1万吨/日，焚烧、生化处理比例达到60%以上。

【实名管控联合执法取得实效】 采用以实名管控、联合执法，联动惩戒等措施，加大对全市1563处施工工地和主要大街、重点点位的执法检查力度，结案处罚9950起，同比上升26.6%，罚款3824.9万元，同比上升68.4%，向市住房城乡建设委移送做出记分、停标处理12起，向市环保局移送做出征收扬尘排污费处理157起，形成联合高压整治态势。

【专项整治露天烧烤】 建立"116处露天烧烤"、"78处非法消夏露天餐饮经营场所"重点点位台账，实行实名制管理，取得较好成效。加强露天焚烧专项整治，走访社区居（家）委会、村委会7.2万次，开展联合执法4729次，结案处罚583起，同比上升394.1%。

【核心区无煤化治理】 开展核心区无煤化整治工作，查处无照售煤590起，配合属地政府回收燃煤6.2万余块，向工商部门移送固定场所售煤线索24条。

【开展停车管理专项整治】 组织开展停车管理专项整治，会同相关部门取缔非法停车场22个，拆除违规地桩地锁6896个，结案处罚无照经营机动停车场，违反运营服务规范等违法行为1043起，同比上升77.7%，推动静态交通秩序不断改善。开展私掘占路专项整治，结案处罚非法掘占路施工201起，同比上升168%，维护市民群众出行安全。

【查处非法小广告6万起】 落实清理、移交、处罚等7项措施，查处非法小广告6万起，清掏制储窝点203个，结案处罚1.2万起，同比上升48.2%，开出40万元的最大罚单，警示追呼涉案电话号码23.9万个，同比上升28%。非法小广告持续退出群众热线举报前十位的工作效果。

【加强户外广告牌匾标识管理】 加强户外广告牌匾标识管理，建立"总规标准控制，控规各具特色，详规精细设计"户外广告设置规划控制管理体系，开展以清理违规户外电子显示屏为重点的户外广告牌匾标识治理工作，抽查检测大型户外广告设施616处，清理、整治、规范违规户外广告牌匾标识50358块。完成京新、京台、京承3期等16个户外广告设置规划编制和修订工作。完成京沪、通燕、机场北线、机场南线高速路44个单柱式户外广告设施建设。完成四环、五环、京藏高速、京哈高速、京开高速等80个大型单柱式户外广告设施大中修工作。办理标语宣传品行政许可482项，其中市级31项，为各项重大活动提供宣传保障。依法开展对四环路、五环路、六环通昌段、通黄段、京承、京藏、京开、京沈、京津、京昆、京石、京沪等高快速路沿线140个大型立柱式户外广告设施使用权出让工作。

市政公用设施建设

【推进陕京四线西六环中段天然气管线工程建设】 完成陕京四线北京段杨树沟隧道、军都山隧道和大杨山隧道工程建设。完成西六环中段天然气工程2.6千米管线建设。

【实施燃煤锅炉"煤改气"】 年内，实施燃煤锅炉"煤改气"项目配套燃气管线工程建设35项，共计4746蒸吨，涉及居民采暖面积近3300万平方米。

【继续推进燃气下乡工程】 组织北京市各区、燃气供应企业做好农村地区液化石油气供应保障工作。全年销售瓶装液化气近370万瓶，折合减煤90余万吨。完成65个村农村地区的天然气入村工程，惠及村民近2万户。

【新建3座燃气调压站】 在北京城西南部旧宫、瀛海、狼垡地区建立3座燃气调压站，进一步提高西南部地区燃气管网的安全运行能力。

【完成499处石油天然气管道隐患整改任务】 按照油气管道隐患整改攻坚战"三年任务两年完成"的工作要求，积极协调市、区、街道（乡镇）各级政府及管道企业，重点对油气管道上方的违法占压、安全距离不足和交叉穿跨越等重大安全隐患，采取挂账督办的方式，完成499处账上隐患整改任务。

【治理占压燃气管线隐患】 协调市、区园林绿化部门、区市政市容委，清理树木占压陕京三线燃气管线隐患32处。

【组织开展燃气安全社会宣传】 组织电台、电视台等新闻媒体进社区、进农村，广泛宣传普及燃气管网安全保护和安全使用燃气基本知识。制作燃气安全宣传海报，张贴在各区街道、社区宣传栏和电梯轿厢内。采访报道市燃气集团对老旧小区户内锈蚀管线改造。通过宣传活动，避免或减少因盲目施工等外力破坏导致燃气地下管线受损事故发生和因燃气使用不当造成家庭财产损失。

【加强对1000余座加油（气）站安全管理】 为加强对1000余座加油（气）站安全管理工作，组织召开加油（气）站管理办相关成员单位及相关企业会议，部署加油（气）站安全管理工作，印发《关于做好2016年春节期间烟花爆竹安全管理工作通知》，对全市加油（气）站的安全防范工作提出谁主管谁负责，落实责任制的具体要求。发放烟花爆竹禁放标识2000余张，配合主管部门对加油站进行多次现场检查。

【实施"管路互随"消隐机制】 坚持"管路互随"理念，做好地下管线消隐工作，推进城市道路大修工程与地下管线消隐工程同步实施的"管路互随"绿色消隐机制，同步完成16条道路大修工程与25项地下管线消隐工程，减少"马路拉链"现象对社会的影响。

【搭建地下管线消隐信息沟通服务平台】 搭建道路管理部门、管线行业主管部门和管线权属单位的沟通服务信息平台，建立地下管线消隐工程例会制度，定期督促管线单位报送消隐工程实施进展，及时掌握消隐工程推进情况，积极协调、解决遇到的困难和问题。全市共消除地下管线结构性隐患2572项，共计700余千米。

【建立挖掘工程地下管线安全防护信息沟通平台】 建立挖掘工程地下管线安全防护例会制度和地下管线安全防护企业内部管理制度，搭建"挖掘工程地下管线安全防护信息沟通平台"，为工程建设单位与管线单位架起一座沟通、交流、合作的互动桥梁，成为安全挖掘行业的信息纽带，共发布工程建设信息370项，有效保护地下管线的安全。

【强化井盖设施管理】 为解决井盖周边破损、塌陷等相关问题，将"单层"井盖更换为"五防"技术标准的双层井盖，共完成1万余座检查井的治理和井盖更换任务。

【实施城市公共服务设施二维码管理试点】 在全市50条大街开展城市道路公共服务设施二维码管理试点工作，共为设施安装二维码铭牌8000余个，收到市民扫码反映设施脏污、破损问题2200余件，按时限处置2000余件，处置率达九成以上。

【治理公共空间设施】 以存在问题较多的城市道路、立交桥下和轨道交通出入口等"三大空间"为重点，开展对城市公共空间设施进行集中治理，共撤除闲置报刊亭136座，减量电话亭2180座，撤除退路早餐车220辆，维修规范报刊亭1326座，电话亭2643座，供电类设施1752处，废物箱2837处，公交候车亭615处，护栏72千米，存车架510余处，治理工作取得明显成效。

【长安街景观设施更新改造】 完成长安街建国门至复兴门段道路、树木、景墙、绿地景观照明和步道灯、果皮箱、邮筒、电话亭等设施更新和交通护栏、候车亭以及公交站牌的更新。交通护栏采用祥云图案、莲花底座、古铜颜色，提升长安街的景观水平。

【完成全市春节景观布置】 统筹全市制定春节景观布置方案，组织各区结合地域特色，采用灯笼、中国结等富有中国特色的元素，对全市174条大街、

27个公园庙会、旅游景区周边、2个交通枢纽周边等区域进行节日景观布置，共布置各式灯笼10万余个，中国结1万余个，夜景灯带73万余米，景观小品70多处，其他相关硬质宣传270多处。春节期间按重大节日标准开启全市夜景照明，营造"欢乐祥和、喜庆热烈"的节日气氛。

【长安街景观照明提升改造】 完成天安门东西侧红墙、西长安街南侧灰墙、建国门西北角绿地、公安部北侧绿地景观照明和南池子至南长街步道灯改造项目。完成海关总署、国家电网、国开行大厦、英大国际大厦、中粮广场、中纺大厦、长安俱乐部、恒基中心、华能大厦、北京饭店、贵宾楼饭店、民族饭店、国际饭店等长安街沿线建筑物景观照明建设方案评审许可，并为提升改造提供技术指导。

【完成重大活动灯光照明保障】 响应"2016地球一小时"、"为蓝生活"北京主场活动。组织市、区两级政府权属景观照明设施单位共同配合孔庙和国子监博物馆主场熄灯活动，赢得良好的社会反响。完成中德国家元首会晤晚宴照明保障。按重大节日级别开启长安街及其延长线、国事活动现场视野范围全部景观照明设施和华灯设施。圆满完成亚投行、世旅大会、G20能源部长会议、世界月季洲际大会、世园会、烈士纪念日、北京马拉松比赛等22项重要会议、重大活动的环境景观布置和服务保障任务。

【以人为本保障城市照明安全】 为应对因天气和其他突发情况，保障城市照明设施安全稳定运行，开展城市道路照明"安全大检查"并做好应急抢险准备，实施人性化开关灯服务，共提前开启路灯99次，延时关灯160次，累计延长总时长2777分钟，完成"7.20"暴雨天气城市照明应急保障。

(北京市城市管理委员会)

园林绿化美化建设

概况

2016年，在中共北京市委、市政府的正确领导下，全系统认真贯彻习近平总书记系列讲话精神，牢固树立新发展理念，围绕首都城市战略定位和国际一流和谐宜居之都的目标，全面加快园林绿化建设，圆满完成市委、市政府和首都绿化委员会部署的各项任务，实现"十三五"发展的良好开局。全年新增造林绿化面积1.27万公顷，新增城市绿地408公顷。全市森林覆盖率达到42.3%，林木绿化率达到59.3%，城市绿化覆盖率达到48.1%，人均公共绿地面积达到16.1平方米。

【绿化造林】 平原造林实施拆迁腾退144.5万平方米，新增造林绿化面积0.39万公顷。推进京津风沙源治理、太行山绿化等国家级重点生态工程，完成人工造林0.57万公顷，封山育林0.4万公顷，完成林木抚育4万公顷，低效林改造0.4万公顷，彩色树种造林1286.67公顷。全市共有387万人次以各种形式参加义务植树活动，共植树242万株、抚育树木1100万株。社会力量认建认养绿地453块、面积达583公顷，认养树木8.3万株，投入认建认养资金达8000余万元。552个中央、市属和区属单位与434个村结成对子，投入绿化扶持资金达6470万元，支持新农村绿化造林12.4万株。

【公园景区】 建成西城广宁、丰台岳各庄、通州静雅园等47处公园绿地，建设小微绿地56处，消减96处公园绿地覆盖盲区，使公园绿地500米服务半径覆盖率由67%提高到72%，在通州东南郊、马驹桥和大兴长子营等重点区域恢复和新建湿地2280公顷。完成平谷城北湿地公园、密云白马关河和安达木河湿地保护小区建设，开展密云水库库滨带湿地恢复与建设，恢复湿地960余公顷。与水务部门合作，启动房山琉璃河湿地公园建设，吸引社会资金21.75亿元，建设面积528公顷。

【重大活动保障】 2019年世园会筹办工作全力推进，园区建设工作开始启动，世园会会徽和吉祥物正式发布。举办世界月季洲际大会，国内外31个城市、70余家单位参展，累计接待游客20余万人。国庆期间，天安门广场及长安街沿线布置以"祝福祖国、践行五大理念、共创美好生活"为主题花坛11处、摆花200万盆(株)，全市各主要道路、城市节点布置花卉1500余万盆(株)，营造优美大气城市景观环境。(齐庆栓)

【举办迎春年宵花展活动】 1月24日至2月28日，由北京市园林绿化局、北京花卉协会、北京迎春年宵花展组委会联合主办。2016年迎春年宵花展在中山公园举办，唐花坞里举办的"迎新年花卉精品展"。(齐庆栓)

【国际森林日植树活动】 3月21日为"国际森林日"；3月19日，全国绿化委员会、国家林业局、首都绿化委员会在北京海淀区园外园二期中坞地块，举办以"保护发展森林共享绿水青山"为主题的2016年"国际森林日"植树纪念活动。来自世界自然保护联盟、联合国粮农组织、国际竹藤组织、联合国环境规划署等国际组织代表，韩国、英国、美国、越南、印度尼西亚、加蓬等国驻华使馆代表、中央和北京市、海淀区相关部门干部职工及当地群众，人民解放军官兵，200多人参加植树纪念活动。（齐庆栓）

【首都义务植树日活动】 4月2日是首都第32个全民义务植树日，全市共有135万人次参加形式多样义务植树活动，共栽植各类树木104万余株，挖坑144.6万个，养护树木494万余株，发放宣传材料190万份。（齐庆栓）

【中央领导植树活动】 4月5日，党和国家领导人习近平、李克强、张德江、俞正声、刘云山、王岐山、张高丽等集体乘车，来到位于北京市大兴区西红门镇植树点，同首都群众一起义务植树，习近平强调："发扬前人栽树后人乘凉精神 多种树种好树管好树"，激发首都广大人民群众绿化美化首都热情。（齐庆栓）

【举办2016年世界月季洲际大会】 5月18日至6月18日，以"美丽月季美好家园"为主题的2016年世界月季洲际大会在大兴区隆重举办。大会核心区"四园一馆一中心"（四园为月季主题园、月季品种园、月季文化园、古老月季文化园，一馆为月季博物馆，一中心为月季大会会展中心）集中布展展示。自育品种展参展单位13个。最"高龄"古老月季——300多岁大花香水月季、现代月季"鼻祖"。专家组评选出15个中国自育月季新品种金奖中北京11个中奖。（齐庆栓）

【参加第十二届中国菊花展】 10月28日至11月28日，第十二届中国（荆门）菊花展览会开幕式在荆门植物园举行，此次展会以"菊韵荆门·花耀中华"为主题，中国菊花展览会是中国风景园林学会组织和倡导的全国最高规格专类花卉展。共有荷兰、日本等国家和地区以及4个直辖市，64个城市（单位）参展，各展园投入为历届全国菊展之首，菊展还开展室外景点、标准展台、百菊赛、专项品种、新品种、案头菊、盆景菊、造型菊、栽培新技术、悬崖菊、大立菊、插花艺术、菊花盆景造景艺术13个竞赛项目。（齐庆栓）

【精品公园评定】 11月1~4日，北京市园林绿化局组织开展2016年度精品公园评定工作。组织专家对海淀、丰台、通州、顺义、大兴5个区推荐的11个参评公园进行检查考评，研究提出2016年度精品公园的推荐名单。（齐庆栓）

【完成第九次全国森林资源连续清查北京市清查】 1~10月，市园林绿化局编制《第九次全国森林资源连续清查北京市清查操作细则》，在百望山召开第九次全国森林资源清查北京市复查工作全市动员暨培训会，对全市各区120多名技术骨干，除进行内业培训外，重点进行外业调查实习，且采用真实样地进行调查实习。5~9月，实施调查质量责任制，开展外业调查技术指导和质量检查，确保成果质量。8~9月，组织开展市级核查，并配合国家林业局东北森林资源监测中心，完成国家级核查。10月底完成全部清查工作。（齐庆栓）

【屋顶绿化】 大力推动城市第五空间绿化，新建屋顶绿化8.5万平方米、垂直绿化60千米。（齐庆栓）

【认建认养活动】 截止到2016年底，全市共有136个单位、526个家庭、12881位个人参与林木绿地和古树名木认养活动，共认建认养绿地285块、面积达607.5公顷，认养树木7.8万株，认养古树32株，社会单位投入林木绿地认建认养资金达8089.6万元。（齐庆栓）

【完成建国67周年全市花卉布置】 "十一"期间，全市在各主要道路、城市节点布置花坛、容器和地栽花卉等200余处，共栽摆各类花卉1500余万盆（株）。在天安门广场及长安街沿线布置以"祝福祖国，践行五大发展理念，共创美好生活"为主题花坛11处、容器及地栽花卉100个品种、200万盆（株）。（齐庆栓）

【湿地保护】 推进通州、大兴、房山、延庆、密云等重点区、重点地段湿地恢复与建设，全年恢复湿地1600公顷，新增湿地600公顷。组织完成密云白马关河和安达木河等2处湿地保护小区建设，推动怀柔西银沟湿地保护小区建设。编制完成《北京市湿地保护发展规划》，以《北京市人民政府办公厅关于公布第一批市级湿地名录的通知》文件，公布北京市第一批市级湿地名录。（齐庆栓）

【观光果园建设】 为巩固退耕还林成果专项规划观光果园建设，全市完成44个观光采摘示范园建设。全市兑现2016年退耕还林补助资金696.29万元，补助粮食1740.72万千克。（齐庆栓）

【完成果树新建更新和改造】 完成新建、更新和提升改造果树2893.33公顷，其中新发展现代高效果园880公顷，更新低效果园960公顷，低效果园改造1053.33公顷。培育新型经营主体193个，其中家庭农场44个，经营面积176.47公顷，合作组织68个，经营面积909.93公顷，集体经营果园17个，经营面积135.8公顷，企业64个，经营面积1032.67公顷。另有农户家庭果园640公顷。（齐庆栓）

【园林科技】 实施国家林业局林业公益性行业科研专项、北京市科技计划项目和局青年科技专项等科研计划项目（课题）20项。全面实施"2016年北京园林绿化增彩延绿科技创新工程"。建设城市绿地10.2万平方米，山区冬奥会场地周边及沿线绿地改造33.33公顷。累计栽植新优乔灌木25000余株，新优地被50余万株，全面展示新优植物品种30余种。采用园林绿化废弃物、生物活性肥、生物菌肥完成项目区土壤改良，采用痕量灌溉、智能化滴灌、节水集雨改造等新优节水措施全面覆盖城区示范区。启动实施北京市科技绿色通道"北京市绿地林地土壤质量提升关键技术研究与示范"课题。（齐庆栓）

【北京市城市副中心城市绿化】 城市副中心年内启动建设各类绿化建设工程19个，面积为773公顷。通燕高速等10个项目已全面进场施工，已完成绿化面积60公顷（其中新增绿地7公顷，改造绿地53公顷），完成200公顷建设任务。共整理绿化用地20.3公顷，栽植乔木48485株，栽植灌木17.3万株，栽植花卉地被24329平方米。（齐庆栓）

【加强湿地保护恢复】 在通州东南郊、马驹桥和大兴长子营等重点区域恢复和新建湿地2280公顷。开展密云水库库滨带湿地恢复与建设，恢复湿地960余公顷，与水务部门合作，启动房山琉璃河湿地公园建设，采取PPP模式，吸引社会资金21.75亿元，建设面积528公顷。（齐庆栓）

【推进京津冀生态建设协同发展】 围绕建设张承生态涵养区，完成京冀生态水源保护林建设0.67万公顷，并全面完成张家口坝上地区退化林分改造任务，栽植各类苗木2900万株。启动京津保地区0.27万公顷造林绿化合作试点项目，支持廊坊、保定毗邻北京市县开展重点生态廊道绿化和拒马河上游荒山绿化，完成0.21万公顷造林建设。（齐庆栓）

【林业资源管理】 平原造林工程养护移交面积2.11万公顷，全市累计达到6.13万公顷，新核准纳入完善政策范围平原生态林3.02万公顷，全市统筹建立"市—区—乡镇—专业队"四级管护责任体系，累计建立专业管护队伍649支，并实施平原生态林"一张图、一张表"数字化管理。加强城市公园绿地精细化管理，出台城镇绿地分级分类管理办法，完成1600余公顷城市绿地等级评定，建立城市绿地信息化管理台账，继续推行"一制度六台账"公园管理模式，加大郊野公园检查整治，基本完成公园风景区边界划定，利用卫星遥感技术加强对公园景区监管。加强生物多样性保护，野生动物疫源疫病监测体系不断完善，完成古树名木复壮600余株。强化征占用林地绿地规划审查和审批服务，全市累计减少移伐林木（树木）15万余株，减少征占用林地绿地15公顷。（齐庆栓）

（北京市园林绿化局）

水务建设与管理

概述

2016年，北京市水务系统深入践行五大发展理念和新时期治水方针，始终把解决大城市病中的水问题摆在重要位置，以保障首都水安全为核心，超前谋划、攻坚克难，水治理体系逐步完善，水治理能力稳步提升，实现"十三五"良好开局。全年完成固定资产投资315亿元，全市总用水量35.54亿立方米，万元GDP水耗下降率为4.79%，农田灌溉水有效利用系数达到0.72，污水处理率达到90%。

【水资源概况】 2016年北京全年降水量为660毫米，比多年平均值585毫米多12.8%。全市地表水资源量为14.01亿立方米，地下水资源量为21.05亿立方米，全年水资源总量为35.06亿立方米，比多年平均值37.39亿立方米少6.2%。全市入境水量为7.15亿立方米，比多年平均值21.08亿立方米少66.1%。出境水量为18.31亿立方米，比多年平均值19.54亿立方米少6.3%。截止到2016年末全市大中型水库蓄水量为24.3亿立方米，年末蓄水量比2015年多49.7%。南水北调调入水量10.63亿立方米，调入水量比2015年多20.7%。年末平原区地下水埋深为25.23米，地下水位比2015年末回升0.52米。

【污水处理】 基本完成第一个污水治理三年行动方案，全市污水处理能力达到612万立方米/日，污水处理率达到90%，其中城六区98%。针对第一个三年治污暴露出的新问题，以城乡接合部、城市副中心、重要水源地和民俗旅游区村庄的污水治理为重点，启动实施第二个污水治理三年行动方案，2016年新增污水处理厂8座，新建再生水管道114千米，解决230个村庄的污水收集处理问题。

【再生水利用】 2016年制定印发《北京市生态再生水厂评价办法（试行）》等12项规范性文件，大力推进生态再生水厂建设。持续扩大再生水利用，2016年全市再生水用量为10亿立方米，同比增加5000万立方米。再生水管线达到1598千米，实现再生水跨流域调度配置，再生水利用已从工业系统逐步扩大到多行业多领域。北京经济技术开发区工业再生水利用量占工业用水总量的40%以上，园区内中芯国际、京东方等高新技术企业已全面使用再生水。八大热电中心和热电厂等电力工业全部利用再生水，并增加河湖环境等再生水利用量。再生水已成为北京市稳定可靠的第二水源，对缓解北京市水资源压力和改善生态环境起到重要作用。

【黑臭水体治理】 完成全市河道排污口和污染源的追根溯源全面排查，建立全市835个入河排污口台账。通过实施第一个三年治污行动方案，已完成366个排污口的治理。全市共有黑臭水体141条段、约665千米，按照住房城乡建设部的要求，分两批向社会公布建成区57条段、248千米黑臭水体名单。编印《北京市黑臭水体整治工作方案》、《黑臭水体治理实施方案大纲》，逐一落实排污口治污责任和"一河一策"治理方案，已有88条段黑臭水体治理项目实现开工建设（其中建成区52条段），2016年重点完成国家要求的25条段治理任务。

【海绵城市建设】 积极推进"海绵城市、海绵家园"建设，大力实施下凹式立交桥蓄水工程、老旧小区透水地面铺装改造和集雨设施建设，最大限度就地截留利用雨水，同时缓解局地排涝压力。新建雨水利用设施120处，在88公顷废弃砂石坑上建设完成蓄洪能力700万立方米的西郊雨洪调蓄工程，提高水资源养蓄和排涝能力，同时形成城市生态景观。组织通州区成功申报国家第二批海绵城市建设试点。

【节水型社会建设】 以节水型区创建为抓手，出台《关于全面推进节水型社会建设的意见》，制定实施《最严格水资源管理制度考核办法》，进一步落实属地政府节水、水资源管理和保护的主体责任。以居民家庭和高校为重点，推进高效节水器具换装、推广智能IC卡用水计量设施，全市累计创建节水型单位（企业）和社区（村庄）超过1.5万个。推行城市供水"独立计量、分区降压"管理方式，年节水3500万立方米，管网漏损率基准值控制在12%以内。推进落实调结构转方式发展高效节水农业的意见，全市完成3000眼机井计量设施建设，新增改善节水灌溉面积10万亩，农业用新水减少4000万立方米。发挥价格杠杆调节作用，积极推动水价改革，2016年5月1日起上调非居民水价，并首次实行城6区与其他区域差别化价格政策。

【水环境综合治理】 落实"治河先治污"理念，按照"先河外后河内、先支流后干流、先治污后生态"的治理思路，持续推进清河、凉水河等流域水系生态治河和滨水绿道建设。2016年以"垃圾、水面漂浮物、污水直排、水体恶臭和违法建设"5方面问题为重点，开展河道环境大检查，对排污及水体恶臭、垃圾及水面漂浮物、违法建设等问题分别建立台账，明确责任并实施监督整改，着力解决支流沟渠"脏、乱、臭"问题。经过坚持不懈的努力，清河、凉水河城市段等一批河道基本还清。

【防汛安全保障】 落实市政府确定的3年4个阶段中小河道治理任务，完成1460千米防洪治理和中心城区77座下凹式立交桥雨水泵站升级改造，全市河道行洪能力和道路排水能力明显提升。城市副中心、首都新机场、南水北调等重点工程建设管理单位强化落实应急防范措施，确保重大基础设施度汛安全。成功应对"7·20"特大暴雨和局地强降雨，加强与气象、水文、国土、新闻宣传等部门和市区联动，采取分区域、分时段预报预警和提前布控，加强全媒体宣传、实时汛情播报和网络辟谣等舆情危机处置。全社会积极响应、主动参与，包括驻京部队在内累计出动15万余人次参加防汛抢险，及时安全转移人员4.7万余人次。"1+7+5+16"防汛指挥体系高效运转，防汛"指挥决策、预报预警、社会动员"3个能力经受住检验，确保首都安全度汛。

【水务工程管理】 印发《北京市水务局关于加强水利工程开工管理工作的通知》、《关于规范我市水利工程质量检测工作的通知》，进一步规范水务工程管理。严格涉河工程审批，开展涉河工程方案审查，落实河道管理保护范围内建设项目技术要求。完成市属水利工程设施管护绩效评价工作，开展市属水利工程日常维护自评价工作，完成局属水管单位与市南水北调配套工程管理职责划分。

【法治建设和水政执法】 2016年制定印发《北京市水行政处罚裁量基准》、《北京市生态再生水厂评价办法（试行）》等12项规范性文件。完成《北京市水利工程保护管理条例》、《北京市河湖保护管理条例》简易修订。将排水、城镇污水集中处理设施运营、节水、水影响评价等领域列入首批随机抽查事项清单，建立事中事后监管平台并正式运行。全年实施行政处罚990件，同比增长131%。实行行政审批、行政处罚双公示制度，并加强信用监管。

【水行政审批制度改革】 取消水文、水资源调查评价等行政审批事项4项，清理规范中介服务事项17项。积极推进城市副中心公共服务类建设项目投资审批改革试点，完善水影响评价、节水设施方案审查等相关配套政策，加强市政务服务中心水务窗口建设，着力优化审批流程、缩短审批时限。

【水务改革发展】 推进建立"河长制"，出台《北京市实行河湖生态环境管理"河长制"工作方案》，初步建立"河长制"组织体系和工作机制。全面实施河湖生态环境检查通报制度，通过公开招标引入第三方机构，对全市河湖环境维护情况分时分段设点（2319个点）进行检查，将考评结果每两个月在全市通报，并督促问题整改落实。严格实施水环境区域补偿制度，进一步完善补偿金核算细则、结算使用管理实施细则等配套政策文件，各区缴纳补偿金10.8亿元，逐步形成上下游齐抓共管治理水环境的工作格局。推进完善污水处理设施建设运营机制，细化明确中心城区、城市副中心、其他城镇和农村地区等不同功能区的污水处理设施建设和管理运营支持政策。制定农村污水治理和再生水利用项目实施暂行办法、设施运营考核暂行办法。

(北京市水务局)

天 津 市

城乡规划建设管理

概况

2016年，是"十三五"开局之年，在中共天津市委、市政府的领导下，全市城乡规划系统深入贯彻习近平总书记系列重要讲话精神，围绕习近平总书记视察天津时提出的"三个着力"重要要求，统筹推进"五位一体"总体布局和协调推进"四个全面"战略布局，全面贯彻京津冀协同发展战略，落实中央城市工作会议的"一个规律"、"五个统筹"和"八项任务"，下大力量提高综合决策能力和水平。

【**全面推进市域总规修编**】 按照《京津冀协同发展规划纲要》提出的"一核、双城、三轴、四区、多节点"的空间发展格局，明确"一基地三区"的城市定位，提升滨海新区的发展地位，从空间布局、交通、产业、生态等方面引领天津可持续发展能力提升。通过与"十三五"经济社会发展规划、土地利用规划统筹，框定人口规模、建设用地规模、城市开发边界等总量，划定生态保护红线、基本农田保护红线、历史文化保护线，实现发展空间前瞻引领、资源底线刚性约束。以市域总规修编为基础，启动各区总规编制工作。

【**重点打造功能承载节点**】 结合天津自身空间资源条件和区域发展需求，配合有关区县组织编制国家大学创新园区、宝坻中关村京津科技园、宝坻城际站周边地区等重点地区规划。提高武清区、宝坻区、宁河区、静海区、蓟州区、西青区、津南区在京津冀协同发展中的地位和作用，将其规划建设成为天津融入京津冀协同发展战略、承担区域性专业化职能、带动区域发展的重要节点。

【**提升交通辐射带动能力**】 推动京唐城际、京滨城际铁路规划建设，开展天津铁路枢纽总图等规划研究，提升铁路枢纽地位，深化豆双、汉周铁路联络线方案，配合推动津保忻、津承等货运铁路前期研究，构建集疏港货运环线，优化天津港布局，规划航空物流园区，发挥海空两港优势，落实京津冀交通一体化要求，服务"一带一路"倡议。

【**创新控规编制理念**】 结合城市建设投资管理体制改革、棚户区城中村改造、重大市政基础设施建设、重点地区开发建设等全市发展要求，开展中心城区控规深化编制，既承接总规的规划结构和人口规模等，强化刚性管控，又通过提出通则管理要求，为规划实施留出深化空间，提高控规的适应性。将窄路密网、海绵城市、地下空间利用等城市发展新理念以通则形式予以落实，将控规单元与街道办管辖范围对应，将公共服务设施从三级配置调整为两级配置，充分对接社会管理，便于建设实施和管理维护，满足百姓生活需要。

【**开展重点地区规划策划**】 推动市内六区开展总体城市设计，组织天津市滨海旅游区规划、未来科技城起步区城市设计，编制中心城区主要河流周边、河东区红星路地区城市设计，开展外环线金钟河大街至友谊南路段、东南半环快速路城市设计研究，提升海河后五千米地区、津滨大道两侧以及柳林公园周边、纪庄子污水处理厂及周边、侯台公园周边等重点地块规划方案，整合土地资源、提高城市活力，塑造城市特色风貌。

【**盘活城市存量土地资源**】 围绕城市修补，开展"四空三老"存量有机更新规划研究，提出既有建筑改造利用的规划指导意见，为"大众创业万众创新"提供规划支持。规划利用总用地面积约49.8公顷的55个中心城区"边角地块"和101处物产集团零散地块，完善社区配套、提供休闲健身场地和改善提升环境品质。对占总量16.7%约55.66平方千米的中心城区存量建设用地，实施数据动态更新，为实现土地集约节约利用、促进城市资源优化配置提供数据支持。

【厘清规范审批内容和程序】 在全市统一执行《城市用地分类与规划建设用地标准》，取消M4用地分类。编制《天津市建筑工程选址意见书和规划条件申请书编制通则》，推进建筑项目审批标准化管理。修订《天津市市政工程规划管理规定》，制定各类市政项目建设工程规划许可证附图编制要求以及标准图模版，规范市政基础设施管理程序。

【集中开展重大问题整治】 为整肃写字楼违规使用问题，开展商用写字楼项目专项督查清理整治工作，排查出36个问题项目，提出具体整改意见，解决办公建筑擅自插层、模糊使用功能等问题。梳理全市域集体土地的规划建设情况，制定并施行《市规划局关于规范集体土地规划管理的通知》，对城市、镇规划区范围内集体土地规划的审批提出具体意见。针对交通和市政基础设施重点项目、环城四区示范镇、学校项目等在规划审批验收方面涉及面较广、带有普遍性的历史遗留问题，分别开展专项治理，在依法依规的前提下，提出针对性的工作建议和妥善处置措施，保障城市发展和百姓需求。

【服务保障重点工程建设】 按照全市土地整理体制改革的整体部署，深入研究47个下放地块策划方案，完成条件成熟地块规划方案的编制和报批，为区县发展做好规划储备。推动棚户区改造进度，完成5万套棚户区改造安置房规划审批。推动地铁5、6号线车站及附属设施项目前期手续办理及规划审批工作，完成7、11号线一期工程方案编制并核发选址意见书，完成4、10号线方案审查，深化研究8号线规划控制线位和站点设置。在清水、煤改燃、特高压输电等工程中，设定专人和绿色通道，特事特办、急事急办、简化程序、主动服务，全力以赴支持重点工程建设。

【开展社区配套调查】 组织开展全市街镇乡公共服务设施现状调查，以群众高度关注的幼儿园、社区养老服务中心、社区文化活动中心、菜市场为重点，深入全市243个街镇乡，现场踏勘、调查核实11443项设施，进行排名，并提出规划建议对策，激励各区政府更加关注民生配套建设。

【完善公共服务设施】 继续会同市民政部门确定相关社区配套设施的实际需求，通过新建项目开发补建配套用房，逐步提升老旧社区配套设施服务能力。已完成36个地块的老旧社区配套设施补充完善规划编制工作，涉及周边327个居住组团，补充居委会面积34172平方米。在52个项目规划审批中落实"行政超市"建设，明确相应的配置规模和布局原则，方便居民日常生活和交流互动。

【改善道路微循环功能】 组织编制《中心城区路网加密建设规划方案》，指导并逐步实施中心城区近3年内需要建设的道路工程。全面梳理中心城区生活性道路规划分布，提出规划控制要求，并纳入中心城区控规深化方案，在保证交通功能的前提下大力营造社区活力，努力打造开放便捷、尺度适宜、配套完善、邻里和谐的生活街区。

【深化完善保护规划体系】 组织深化《天津市历史文化名城保护规划》，并编制完成《天津市历史文化名城保护年度报告》。完成《天津市历史文化名城保护实施方案》，对未来5年全市名城保护工作作出安排。编制完成《天津市工业遗产保护规划方案》，并以此为基础组织编制重点工业遗产保护与利用规划设计策划方案。组织编制中心城区大运河沿线重点地段详细城市设计。完成中心城区14片历史文化街区保护规划深化工作，并建立高精三维模型。完成全市保护性建筑外业普查，分两批向社会公布934座保护性建筑名录，基本建立全市保护性建筑信息管理系统。制定建设项目配建城市雕塑管理方面的规定和管理规程，为加强全市雕塑规划管理提供制度保障。

【推动全市乡村规划编制】 围绕美丽乡村建设，制订《天津市乡村规划工作方案（2016—2020年）》，组织蓟州区、宝坻区等6个涉农区共计12个村庄开展示范村规划编制工作。结合国家农村宅基地改革试点，指导蓟州区组织开展25个镇乡981个宅基地改革试点村庄规划编制工作。加强乡村规划和管理制度建设，完成全市乡村规划编制技术要求修订，促进乡村规划依法、依规实施。结合特色小镇创建，组织编制《特色小镇规划设计导则》，指导特色小镇规划编制工作。

【完善管理规定和标准】 启动《天津市城乡规划条例》修订。研究出台《天津市城乡规划编制计划管理规定》、《天津市专项规划编制管理规则》，对全市各层次、各专业规划编制实施项目计划管理，发挥全局综合平衡作用，科学、有序、合理地完善城乡规划编制体系，保障规划的权威性。推动城市设计法定化，制定施行《城市设计编制要求》，明确不同层面的城市设计编制内容。开展停车场配建、建筑工程空间分析模型、建筑工程规划放线测量技术报告等9项标准的研究制定工作，不断完善城乡规划法规体系，提升规划管理规范化水平。

【开展全市规划督导督查】 采取综合督查、专项督查、日常督查相结合的形式，对全市城乡规划管理日常业务工作进行全面督查，发现问题及时整改，确保规划管理依法依规、严谨规范。组织开展12次大规模的规划管理工作专题培训交流会，针对在法规、规章、标准中存在的漏洞，提出多项服务城市发展、规范规划工作的具体措施，提升规划管理水平。

【提高公共政策研究能力】 定期制作政策法规提示，对典型案例及司法解释进行政策性的解读，指导规划业务工作。制定"十三五"城乡规划工作要点，提出"十三五"期间的工作目标和重点任务。印发《市规划局关于进一步加强公共政策类文件制发工作的通知》，规范全局公共政策制定的工作程序。

【基础工作】 推动城市建设管理监管系统上线试运行，达到城市管理数据的"纵向贯通，横向共享"。政务办公管理信息系统正式运行，基本实现行政工作线上全覆盖办理。编制完成"十三五"测绘地理信息发展规划，完成第一次地理国情普查工作。

【参与国家顶层设计和全市综合决策】 配合完成全国城镇体系规划编制工作，在"一带一路"建设、京津冀空间规划编制、京津冀交通一体化建设等工作中，发出规划声音、反映天津诉求。以专项规划管理、控规编制、重点规划指挥部工作为抓手，与发展改革、商务、安全、文化、教育、体育、卫生、民政、消防、人防等委办局和专业局进行紧密结合，与各区政府密切衔接，确保规划意志发挥效用。

【举办春季秋季规划论坛】 规划展览馆充分发挥平台作用，展示规划新成果、宣传天津新形象，扩大社会影响力和认同感。利用政务网、政务微博，加大信息公开力度，处理依申请政府信息公开申请340件，梳理并制定《天津市规划局通过法定途径分类处理信访投诉请求清单（试行）》，畅通信访诉求渠道，打造"阳光信访、责任信访、法制信访"。

规划业务管理

【规划管理机制建设】 组织研究制定城乡规划"十三五"规划工作要点，经天津市规划局局长办公会审议通过正式印发执行，作为全局"十三五"期间规划工作的指导性文件。组织开展"四空三老"、既有建筑利用改造、利用自有空间建设停车场、天津城市轨道沿线地区规划设计导则等有关专题研究工作。组织做好全局系统规划管理工作专题交流研讨活动，在全局系统内形成学习规划、研究规划的良好氛围。组织开展《天津市城乡规划编制计划管理规定》制定工作，经2016年第7次局长办公会研究通过，修改完善后报市政府批转执行。组织开展街镇居住区公共设施指数研究工作，完成专家问卷调查和乡镇问卷调查，组织进行指标体系构架、模型搭建等工作。

落实局2016年重点工作任务"加强公共政策研究"有关部署，组织开展《天津市控制性详细规划编制技术规定》、《天津市城市设计编制要求》、《天津市停车场配建标准》等9项标准的制定工作。《天津市城市设计编制要求》已编制完成，并正式印发，《天津市建设项目停车场（库）设置标准》已完成报审版，11月完成局审批程序，《建筑工程空间分析模型标准》和《建筑工程规划放线测量技术报告标准》已完成初稿。其他5项标准按计划开展前期研究或初稿编制工作。

组织研究并印发《天津市规划局关于在全市执行国家〈城市用地分类与规划建设用地标准〉的通知》。自2016年1月1日起，在天津市开展城乡规划编制和规划实施管理，统一执行国家标准《城市用地分类与规划建设用地标准》的分类和代码。涉及村庄建设用地分类划分采用国家住房城乡建设部《村庄规划用地分类指南》"村庄建设用地部分"分类和代码。在一网通业务系统和电子申报系统中采用上述标准的用地分类进行业务案件申报和审批。

【规划行政许可管理】 为落实中央城市工作会议精神，按照国家和天津市关于进一步推进简政放权、放管结合的工作要求，组织研究全市联合审批流程再造工作。全面开展《天津市城乡规划业务指导手册》修编工作，重点依照法律法规规章和规范性文件的分类要求，清理行政许可事项，优化简化业务管理，明晰业务管理流程程序，梳理城乡规划行政许可事项的管理法定内容。

建立城乡规划督查工作机制。从综合督查、专项督查、日常督查3方面全面开展城乡规划督查。组织完成2015年规划综合督查，随机抽取2015年规划编制管理和规划业务案卷251卷，占2015年案件总量的1.5%。对发现问题的单位提出整改意见和措施，并组织各督查组对各分局、含相关区审批局的整改工作情况开展随机抽查。由各处室牵头组织专项督查工作，每季度一次，切实发现管理中存在的实际问题，明确需要继续加强管理的环节，进一步规范业务管理。开展日常督查，在综合督查和专项督查基础上，结合工作实际，组织做好日常督查工作方案制定、责任落实工作，切实保证监管到位。

【综合业务协调】 按照市政府工作部署，做好支持和服务企业发展相关工作，协调推动20项民心工程、"一助两促"、"万企转型"、援藏援疆和民营经济服务等工作。制定并在全系统印发《市规划局关于加强重大项目规划保障的通知》，明确重大项目十项保障措施，促进重大项目早开工早建设。组织各区（分）局开展重点项目、大项目和招商引资企业绿色服务通道，为项目报建提供便利，加快项目审批，确保重点项目按期完成。

【绩效考核】 印发《天津市规划局2016年度绩效管理工作方案》，明确绩效管理的工作目标、考核标准和工作要求。逐项分解考核内容，落实目标任务，明确每项工作的责任人。严格自查自评，推动工作有序开展。实行绩效管理内部自查制度，建立绩效进度台帐，严格执行月自查、季自评要求，形成内部监控机制，共召开专项推动会议8次，日常绩效考核工作会议12次。

业务工作实绩、行政能力建设、机关党的建设、安全生产方面，均对应考核指标逐项细化落实，全部完成考核任务，并提出9项工作申报重点工作加分。

规划编制管理

【规划研究】 组织天津市规划院对天津市各类功能区进行全面梳理，通过对功能区批复范围、管理范围和规划范围的对比，从空间、规划审批、建设管理等角度，分析功能区实际发展中的问题。结合天津发展实际和未来空间发展需要，从功能区空间优化、功能区审批与管理等方面提出切实可行的建议，以解决当前功能区规划与管理中存在的问题。

为贯彻京津冀协同发展战略，落实市域总体规划与国民经济社会发展"十三五"规划，指导天津市"十三五"时期规划建设工作，组织开展《天津市近期建设指引（2016—2020年）》研究工作，指引从经济发展、人口增长、城镇化、土地利用情况等方面对"十二五"时期的建设发展情况进行总结，研究天津城市发展趋势，分析近期城市建设需要解决的重点问题，全面落实天津市在京津冀协同发展中"一基地三区"的城市定位，明确近期城市发展目标和重点，为"十三五"重点建设项目提供了空间保障，并从提升国际航运功能、推进民计民生设施建设、促进城市空间活力、完善综合交通体系、加强生态环境保护、提高城市安全6个方面提出近期行动策划方案。

【控规编制管理】 中心城区突出严格管理，严格按法规要求履行控规调整程序，开展控规管理网上审批系统的研究开发，环外地区突出督导督查，控规严格按照总体规划执行。控规覆盖工作按照目标推进，成果上网基本完成。2016全年共组织召开局长业务会（控规）19次、控规专题会42次，研究审查业务案件285件次。依据市政府审定的重点地区和重点项目规划策划，组织对控规进行落位，依法依规履行修改程序，共有44项上报市政府审批。

【中心城区控规深化】 全力推进中心城区控规深化工作，结合城市建设投资管理体制改革、棚户区城中村改造、重大市政基础设施建设、重点地区开发建设等全市发展要求，对中心城区控规深化编制方案进行优化。组织对控规深化工作技术要点进行深化完善，出台《市规划局关于中心城区控规深化工作的指导意见》，在技术层面有效指导控规编制。将北部地区纳入规划编制范围在市级层面与发展改革、商务、安全、文化、教育、体育、卫生、民政、消防、交通、公安、人防等委办局和专业局进行紧密结合，在区级层面征求区内各委办局意见，同时深入街道社区，了解基层需求，按照意见对规划方案进行修改完善，保障控规深化编制工作的科学性。

【重点地区城市设计编制工作】 按照市重点规划编制指挥部的工作部署，阶段性完成未来科技城起步区城市设计、中心城区主要河流周边地区城市设计等重点项目编制工作。

【环外地区督查工作】 加强全市控规宏观管理工作，进一步规范环外地区控规的编制与管理，组织开展2016年第二、三季度专项督查工作，重点对环外地区控规编制执行国家新用地分类标准情况进行检查，同时针对控规审批程序等方面进行附带检查。

【城市设计编制要求】 总结天津市城市设计编制和管理的经验做法，制定下发《城市设计编制要求》，研究城市设计编制体系和不同层面城市设计编制内容。配合国家住房城乡建设部开展城市设计法制化研究，探索城市设计与规划管理有机结合的途径和方式。

建设项目规划管理

【用地策划管理】 协调推动天津市地铁4、10号线微山路站、财经大学站上盖策划方案审查工作。积极组织推进行政超市建设，并组织专项督查，2016年在54个建设项目规划审批中要求落实行政超市建设。开展规划选址规划条件申请书编制方法研究。为推进城乡规划标准化管理，保障选址意见书和规划条件的审批阶段更为科学、完整、准确，依据相关法律法规，结合天津市建设现状和发展需求，编制《天津市建筑工程选址意见书和规划条件申请书编制通则》。开展规划条件核提方法研究，在梳理相关法律、法规、规范、规章等资料的基础上，按照类别、等级、效用分类并从中提取与规划条件核提有关的依据、要求等内容，结合工作实际归纳整理，组织研究提出规划条件的核提方法。开展规划实施中执行城市用地分类标准的研究工作，在收集、调研社会上对规划审批意见基础上，针对传统的精细化管理模式难以适用新的发展需求这一问题，借鉴"供给侧结构性改革"的思路，厘清政府和市场在城乡规划中的管理界限，明确规划管理职责，研究提出执行城市用地分类标准的意见，强调政府对公共领域的管理，将非公共城市资源交于市场综合调配。继续组织开展建设用地规划动态管理系统、中心城区地下空间系统的数据动态运营维护，为科学规划、合理决策提供有力保障。

【详规编制管理】 继续组织完成老旧社区配套设施补建规划编制工作。按照利用新出让地块补建配套用房思路，完成39个地块的老旧社区公共服务设施梳理及补建规划，为周边370个居住组团补充居委会建筑面积38245平方米。组织编制海河后5千米规划提升、柳林公园周边地块规划方案、津滨大道两侧建筑环境改造提升。组织设计单位推动规划编制进度，通过反复多方案比选，努力提高规划成果的设计水平，达到规划整合资源，规划储备推动发展的目的。组织深化纪庄子污水处理厂及周边地块、侯台公园周边地块规划提升方案。开展津滨大道两侧、外环线（金钟河大街—友谊南路）、快速路（东南半环）城市设计研究。开展规划方案空间分析模型图纸编制方法研究，进一步推进天津市城市空间形态规划管理，提高规划行政审批效率，实现天津市城市规划管理数字化、科学化、精准化，组织完善规划方案空间分析模型图纸编制标准研究工作。

【建筑设计管理】 大力推动保障房规划建设，加快棚户区改造进度，完成5万套棚户区改造安置房规划审批工作。积极推动5号、6号线车站及附属设施项目的规划审批工作，协调推动天津市水环境提升配套项目东郊污水处理厂、咸阳路污水处理厂规划审批工作，为国家重点工程的实施提供保障。积极服务全运村、全运会场馆的实施建设。多次赴全运村及各区、各高校新建体育场馆现场服务，研究建筑外檐材料，积极做好全运村周边邻里中心、小学、幼儿园及东侧绿轴项目的规划服务工作。开展规划设计导则提升工作，在深入挖掘城市历史、文化、自然、社会、经济发展等各方面特色的基础上，借鉴国内优秀建筑风格色彩的经验，总结天津市各区城市建筑立面设计的经验和教训，组织提升《天津市规划设计导则》。开展天津市建设工程放线测量技术报告编制方法研究，利用技术手段复核矫正报建图纸真实性。开展《天津市双创基地规划设计导则》编制。在完成对双创基地、众创空间、四众平台和双创基地主体空间相关政策和案例研究的基础上，明确双创基地主体空间的定义、特征以及设计要点。继续组织开展建设工程规划管理系统、天津市中心城区规划管理三维系统的数据动态运营维护，推动数字化城市建设、规划管理基础数据收集等工作。

【管理措施】 坚持业务案件会审会制度和建筑外檐巡查管理工作。全年共召开30次业务案件会审会，累计对355个项目进行规划会审。为规范建筑工程规划实施审批的专项督查及日常监管工作，按照2015年第9次局长办公会要求，研究制定《建筑工程规划审批监督工作操作规程》，明确通过专项督查、日常监管、专项服务与核查3种方式对各区规划分局进行建筑工程规划审批监督。开展综合督查、专项督查工作。以规划条件（选址）的承办是否落实控制性详细规划等上位规划要求、是否落实集体决策程序、是否按要求落实要件和审批程序等为督查要点对北辰区、南开区、津南区进行综合督查，对各区规划审批部门进行3次关于组团级便民行政超市的专项督查，以《市规划局关于印发〈天津市组团级社区便民行政超市规划设计要求〉的通知》要求为依据，对建设项目规划条件（选址）以及后续修建性详细规划、建设工程设计方案、建设工程规划许可证一并审查，对各区规划审批部门进行1次关于办公建筑的专项督查，以《市规划局关于进一步加强办公建筑规划管理有关要求的通知》要求为依据，对办公建筑面积、布局、层高进行审查。

为提升全市规划审批工作水平，按照市规划局审定的《关于天津市规划建设项目审批业务管理指导手册修编的工作方案》要求，工作人员学习《城乡规划法》、《天津市城乡规划条例》等相关法律法规，广泛征求一线规划审批部门工作意见，对业务表格进行整理修编。为进一步提高全市规划审批管理人员的业务水平，组织召开2次规划管理业务培训，组织各区规划审批部门对新用地分类标准、社区配套补建、规划管理规章等内容进行指导、培训。

严格执行政府22号令，强化危险化学品规划审批管理，坚持将安监部门意见作为规划审批的前置要求。凡政府要求关停的危险化学品企业的改扩建一律不予审批。

为规范办公建筑的规划管理，促进天津市办公楼宇经济健康平稳发展，解决办公建筑擅自插层、模糊使用功能等问题，制定并下发《市规划局关于进一步加强办公建筑规划管理有关要求的通知》，对办公建筑面积、布局、层高、立面等方面提出具体要求。针对建筑坡屋顶空间资源的浪费现象，积极发挥规划的引导作用，制定《市规划局关于合理利用坡屋顶建筑空间指导意见的通知》。为积极推动落实国家政策，制定《市规划局关于推动绿色建筑、海绵城市和建筑产业现代化有关工作的通知》，要求在办理选址意见书（规划条件）阶段，应就绿色建筑、海绵城市和建筑产业现代化等方面的建设条件一并书面征求建设行政主管部门意见，并将建设行政主管部门的回复函件作为选址意见书（规划条件）的附件。为做好集体土地的规划管理工作，组织对全市域集体土地的规划建设情况以及国家和天津市有关集体土地规划建设的相关文件进行梳理，并依据相关法律法规和规范性文件，制定并下发《市规划局关于规范集体土地规划管理的通知》，对城市、镇规划区范围内集体土地的规划审批提出具体意见。

市政工程规划建设管理

【重点市政设施规划管理】 为"煤改燃"工程做好规划服务工作，组织完成扩能升压项目的规划方案审查和审批工作。积极推动清水工程相关工作，按照工程总体计划，对7个合流制片区排水管线工程和28条道路雨污水混接点位项目进行审查和审批。组织完成天津市多个热电厂之间联网工程主干管网规划方案审查审批工作。

特高压工程。特高压输电工程是新时期国家重点推动的绿色能源项目，按照国家部署，全国范围内计划建设12项特高压输电工程。其中，锡盟至山东特高压工程等4项途经天津市，涉及蓟州区、宝坻区、武清区、西青区、静海区和滨海新区，总里程达到440余千米。为提供优质高效的规划服务，组织编制特高压工程规划方案，通过组织相关部门联合办公、建立市区两级规划部门联动机制等多种形式完成规划审批工作。

重点油气管线工程。中石化天津液化天然气项目主干线途经天津市、北京市、河北省和山东省四省市，全长约700千米，其中途径天津市共300千米。其供气能力为136亿立方米/年，每年向天津供气77亿立方米。启动建设该工程对于缓解天津市天然气短缺、优化能源消费结构、实现节能减排目标，具有十分重要的推动作用。市规划局积极支持项目前期工作，完成滨海新区、静海区、宝坻区等区规划方案的审批工作，为项目的顺利实施奠定基础。锦州市至郑州市成品油管道工程是国家重要的能源管道工程之一，纳入国务院批准的《我国成品油管网布局及发展规划》。工程北起辽宁省锦州市，途经辽宁省、河北省、天津市至河南省郑州市，全长约1278千米。天津段途经宝坻区和武清区，并向武清区中石油油库供油，全长约88千米。2016年底已审批规划设计方案。南疆至唐山市成品油管道工程是解决天津石化成品油出厂问题、完善华北成品油销售网络、为唐山市、秦皇岛市提供成品油的市级重点能源管道工程之一。主线工程始于南疆油库，止于滨海新区汉沽与河北省唐山市交界，全长约81千米，支线工程始于天津市宁河区与河北省交界，止于武清区规划油库，全长约67千米。2016年底进入完善规划审批手续阶段。津京第二输油管道对保障北京新机场航油供应，完善京津冀区域综合交通运输体系方面有重要的战略和政治意义。工程始于天津市南疆油库，途经天津市与河北省，止于北京新机场油库，武清区设置1座加压泵站，线路全长约190千米，天津市境内约140千米。2016年底进入深化规划设计方案阶段。

水源管工程。地下水是宁河区、滨海新区（汉沽）和武清区的主要供水水源，地下水长期处于超采状态。按照国务院和天津市政府的总体要求，需要严格进行地下水压采，在适度利用当地地表水、合理用好再生水的基础上，引滦水（南水北调中线市内配套工程宁汉、武清供水管线工程）将成为宁河区、滨海新区（汉沽）和武清区的主要城市水源。天津市南水北调中线市内配套工程宁汉、武清供水管线工程的规划前期工作，确定供水管线工程的规划路径。其中，宁汉供水管线途经天津市宝坻区、宁河区及滨海新区（汉沽）3个行政区，全长约59千米，武清供水管线途经宝坻区和武清区，全长约35千米。上述工程按程序办理规划审批手续。

【专项规划编制】 完善中心城区管线综合规划。结合北部地区控规编制和2015年已编制完成的中心管线综合规划，完成北部地区地下管线综合规划，提高城市基础设施建设的整体性、系统性。

【管理机制建设】 制定设计方案标准，规范许可证附图。针对市政工程类建设项目工程规划许可证附图内容远远超过规划管理范畴的现状，组织制定各类市政项目建设工程规划许可证附图编制要求以及标准图模版，为全市市政规划审批的规范化和标准化奠定基础。

修订市政工程规划管理规定。为进一步理顺市政基础设施管理程序，明确市区两级部门职责分工，进一步规范和提高全市市政基础设施规划管理职能，修订市规划局出台的《天津市市政工程规划管理规定》，已完成起草、征求意见工作，待正式报审工作完成后印发。

在市规划局的统一部署下，开展《天津市城乡规划条例》修订的前期研究工作。针对天津市城市基础设施规划管理中的新形势和新问题，有针对性地提出规划条例中市政基础设施部分的修改建议。为下一步规划条例的修订工作奠定基础。

【业务案件审批】 共审批《建设工程规划许可证》774件，审批建设项目长度约1490.3千米。其中，市规划局办理14件，市中心六区规划分局办理193件，环城四区规划分局办理139件，五区规划局办理94件，滨海新区规国局办理310件，高新技术产业开发区规划处和海河教育园区建管局办理24件。

交通工程规划建设管理

【专项规划研究和编制】 市域综合轨道交通规划研究：为构建结构合理、层次分明的综合客运轨道交通网络，从轨道交通支撑和引导城市布局结构、线网层次划分等方面进行系列研究，供市政府决策参考。天津铁路枢纽总图规划研究：为从城市规划方面更好的支撑《天津铁路枢纽总图规划》的编制工作，开展天津铁路枢纽总图规划研究工作，按照《国家中长期铁路网规划》要求，统筹考虑铁路通道和枢纽站的选址方案，形成符合总体规划确定城市发展方向的天津铁路枢纽总图规划方案。天津市轨道交通接驳研究：为改善轨道交通出行环境、方便百姓出行，开展典型站点规划设计方案的案例研究，建立轨道交通与各种接驳交通方式的衔接体系，优化接驳设施的配置，扩大轨道交通辐射范围，提高公共交通竞争力。开展天津市道路交通竖向规划修编工作：在2011年批复的《天津市道路交通竖向规划》基础上，结合近年来天津市竖向高程变化情况和城乡规划情况，对原有规划进行修编，为天津市道路交通项目建设和沿线地块开发建设提供竖向高程的规划依据。

【铁路项目规划管理】 京唐城际、京滨城际天津段均已核发规划选址意见书，京滨城际铁路天津段审查规划设计方案，配合市交通运输委深化机场站规划方案，将报天津市政府审查。豆双、汉周铁路联络线列入近期重点建设项目，组织深化研究两条铁路的规划控制线位，研究成果上报有关市领导并得到认可。

【轨道交通项目规划管理】 为确保地铁线建设工作科学有序地开展，组织编制地铁7号、11号线一期工程的规划方案，并上报市政府批准，这两条地铁线均已核发规划选址意见书。完善地铁4号、10号线后续规划审批手续，两条地铁线的规划设计方案已审查通过，组织相关规划分局办理后续规划审批手续。开展地铁8号线前期规划研究工作，深化研究8号线规划控制线位和站点设置。

【道路项目规划管理】 为改善城市道路微循环功能，组织编制《中心城区路网加密建设规划方案》，指导中心城区近期3年需要建设的道路工程，并积极推动《规划方案》中涉及道路工程规划手续的办理工作。

保护规划管理

【规划编制】 组织深化《天津市历史文化名城保护规划(2016—2030年)》，完善规划成果，并报请住房城乡建设部对规划组织进行专家审查。会同天津市国土房管局、市文物局制定《天津市历史文化名城保护规划实施行动方案》，明确5年内天津市名城保护的具体工作内容。按照住房城乡建设部要求，继续组织开展全市保护性建筑普查工作，全面掌握全市保护性建筑现状，并将第一批和第二批保护性建筑名录向社会公布。开展中心城区14片历史文化街区保护规划。组织编制重点工业遗产规划设计策划方案，提高规划的科学性和可实施性。完成中心城区大运河沿线重点地段详细城市设计，加强对大运河重点地区的保护规划管理。编制完成《天津市2015年度历史文化名城保护年度报告》。继续开展乡村规划指导工作，制定《天津市乡村规划工作方案(2016—2020年)》，印发各涉农区遵照执行，并上报住房城乡建设部。按照住房城乡建设部要求，组织全市涉农区开展区域乡村建设规划和示范村规划编制工作。结合国家农村宅基地改革试点工作，指导蓟州区规划局组织开展蓟州宅基地改革试点村庄规划编制工作。

【重点建设项目规划】 推动重点项目实施建设。组织开展天津美院改扩建规划建筑设计和和平区多伦道地块规划策划工作。组织开展河东区一热电地块、和平区金融城38号地、万全小学兴安路校区等重点建设项目的规划建设审查审批工作。

【动态维护管理】 依法依规完成和平区合江路地块、大沽北路25号地保护规划调整工作。

【规划研究】 组织开展天津市工业遗产保护与利用和保护性建筑等规划研究，开展《天津市工业遗产保护与利用》和《天津市保护性建筑名录》等成果编纂工作。

【规章制度建设】 制定《天津市建设项目配建城市雕塑管理暂行规定》和《天津市建设项目配建城市雕塑规划管理工作规程》，为加强全市域雕塑规划管理提供制度保障。组织完成《天津市村庄规划编制技术要求》修订工作，并印发全市各涉农区执行，进一步规范乡村规划编制内容和深度，加强对乡村建设的规划引导。结合天津市特色小镇建设工作，组织编制《特色小镇规划设计导则》，指导特色小镇规划编制工作。

证后管理

【规划验收】 2016年，对1254项建筑工程进行规划验收，涉及建筑规模约3978万平方米，规划验收市政工程92项，涉及建设规模约26万米。

【管理机制】 通过参与市规划局城乡规划综合督查和专项督查等方式，加强对各单位业务办理情况的指导和监督，取得良好效果。经过监督检查，各单位业务开展基本实现规范化、科学化和精细化管理。

地名管理

【地名法规】 《天津市地名管理条例》修订稿完成，在广泛征求各区政府、相关委局、单位及市规划局业务处室等43个单位意见后，认真梳理，进一步深化完善，将《天津市地名管理条例》修订稿上报市政府法制办、市人大委员会。2016年11月23日，经市政府批准废止《天津市地名商业冠名管理办法》。结合工作实际，对原《地名管理规程》进行修订，同时研究制定《地名命名规范标准》，对已形成的初稿进行完善。

【市内六区、滨海新区地名补查工作】 按照国务院地名普查办要求，组织市内六区地名普查办和相关作业单位，对已完成的市内六区普查成果开展完善和补查工作。开展滨海新区地名普查试点成果补查工作，组织召开补查滨海新区地名补查成果市级验收会并通过成果验收。验收会后，组织开展成果的后续完善工作。

【环城四区地名普查工作】 按照国务院地名普查办的要求，结合天津市具体工作情况，本着标准化、规范化的原则，完成环城四区地名普查工作。组织召开天津市环城四区地名普查成果市级验收会并通过成果验收。随后，市普查办组织相关区规划分局和普查作业单位，进一步完善普查成果。

【五区地名普查工作】 按照普查工作计划，全面推进五区地名普查工作。组织普查作业单位，开展外业调查和内业整理等基础性工作，确保收集的普查信息真实准确、具体翔实。市地名普查办分别赴武清区、宁河区、静海区实地调研，对准备情况和存在问题进行督查。各区都严格按照市普查办的要求，制定普查实施方案，召开普查工作推动会，落实普查经费，并对普查工作人员进行培训，开展普查内外业工作。

【地名普查成果延伸利用】 充分利用地名普查积累的信息数据，组织已完成地名普查任务的相关区地名普查办，研究开展天津市标准地名图录典志编纂工作，根据民政部的统一要求，成立《中华人民共和国标准地名大词典》编写组，组织编纂《中华人民共和国标准地名大词典》（天津部分）词条，按照国家《加强地名文化保护清理 整治不规范地名工作实施方案》（核实此方案名称中是否有空格）要求，结合天津市具体情况，制定相关工作方案，并组织各地名普查领导小组成员单位召开工作会议，组织文学、历史等领域专家、学者，研究地名图册、地名录、历史地名故事、地名文化丛书等的编印出版工作，为全市共享地名普查成果创造良好条件，使地名普查成果能够广泛应用于各民生领域，满足政府管理和公众使用的各类需求。

【清理整治不规范地名工作】 加强对全市地名管理工作的监督检查，开展清理整治不规范地名工作，对违规使用非标准地名的情况移送执法检查部门进行查处，进一步提升地名管理水平。

【地名文化保护工作】 加强地名文化保护工作，组织市规划院开展市内六区地名文化保护研究工作，深入挖掘地名文化，整理地名故事，梳理出具有保护价值的历史地名，编制保护导引，建立历史地名评价指标体系，编制分类、分级的历史地名保护名录。

【地铁站命名工作】 组织相关区分局和地铁公司多次研究，完成地铁4、7、10、11号线及地铁1号线东延站名规划命名工作，同时调整地铁5号线部分车站规划命名方案。

城建档案管理

【区城建档案管理】 加强城建档案人才队伍培养，组织开展两期各区城建档案馆人员到市城建档案馆挂职培训。建立和完善市、区两级城建档案管理体系，组织完成天津市城建档案评估考核工作，在总结工作的基础上对建章立制、依法治档、档案软硬件设施等方面存在的问题和薄弱环节提出要求，进一步推动各区城建档案工作发展。

【业务培训】 坚持对全市城建档案管理人员开展季度培训，提高业务能力。对重点工程制定专门服务方案和计划，不断完善重点工程服务督办机制，先后赴渤海银行、仁恒海河广场、中共天津市委党校改扩建等重点工程建设现场进行技术指导。全年业务培训四期，共249人。

【档案执法】 配合局执法监察部门开展城建档案执法检查，重点对市内六区和环城四区2016年未办理档案认可证及档案预验收证明的项目进行确认，对117个超期未办理档案认可证项目进行执法督办。

【局机关档案室管理】 全年接待档案查阅、提供利用255人次，调阅各类档案1000余卷。移交整理归档各类档案478卷，音像档案19件。2016年获"档案工作先进集体"和"档案教育培训工作先进单位"称号。

法治建设

【规范性文件制定】 制定《市规划局市建委市国土房管局市监察局关于废止〈天津市建设用地容积率调整管理规定〉的通知》、《市规划局关于在全市执行国家〈城市用地分类与规划建设用地标准〉的通知》、《市规划局关于废止部分局发规范性文件的通知》、《市规划局关于印发〈天津市保护性建筑认定标准〉的通知》、《市规划局关于印发〈天津市建设项目配建城市雕塑管理暂行规定〉的通知》。

【机制建设】 为全面做好规划管理行政执法监督工作，天津市规划局下发《市规划局关于深化城乡规划执法监察有关工作职责的通知》，明确城乡规划执法监察工作关系，按照各级管理事权，落实相应管理责任，强化市规划局的政策研究和监督管理职能，明确各单位的执法监察管理职能，承担主体责任。

【违法建设查处】 市规划局深入推进城乡规划违法建设查处工作，组织全市各区规划（分）局、滨海新区规国局、园区处、海教园经建局、执法监察总队等单位大力开展违法建设巡查、建设项目专项检查和违法建设案件查处工作，并配合市审批办、市法制办推进天津市行政执法监督平台建设和日常管理，开发专门的数据推送系统，定期向平台更新归集有关执法信息，切实强化执法监督工作。全市共出动巡查人员6479人次，发现违法案件116起，其中78起已移送综合执法部门处理，属规划部门职能查处的案件38起，全市立案查处罚款总额967.49万元，涉及总建筑面积615198.86平方米。加强网上督办，全年共受理群众网上违法建设举报52起，均按期办结并及时反馈举报人。

【行政复议、行政诉讼应诉工作】 共经办行政复议案件65件，其中住房城乡建设部受理行政复议案件10件，市政府受理行政复议案件4件，市规划局受理行政复议案件51件。市规划局应诉行政应诉案件257件。召开行政复议案件会审会9次，对48起案件进行研究。

科技工作

【技委会工作】 2016年召开1次规划局技委会，审议1个项目。完善专家库，及时补充专家库专家信息。

【科技管理】 编写《2016年度天津市城乡规划系统科技项目指南》。2016年天津市规划局科技研究项目通过政府采购，以竞争性磋商方式进行公开招投标，已有4个项目完成招标工作，签订合同进入研究阶段。组织部级、市级科技项目申报工作。组织局系统申报住房城乡建设部2016年科学技术项目8项，已获住房城乡建设部批准立项的科技项目4项，同时对2015年获批立项的4个项目按照合同时间节点开展项目进展检查。组织申报建委科研项目共计27项，其中市规划院申报8个项目、市建院申报15个项目、市勘察院申报4个项目。受住房城乡建设部建筑节能与科技司委托，组织专家对局系统承担的住房城乡建设部项目进行结项验收工作1项。组织局系统各单位申报华夏建设奖和科学技术奖。局系统7个项目申报华夏建设奖，2个项目申报科学技术奖。

【行业管理】 组织开展行业优秀规划设计评优、优秀论文评选工作。开展规范标准培训工作1次。

完成春季、秋季规划论坛、第三届规划师沙龙活动。开展天津市城乡规划编制单位2016年《住房城乡建设部行业统计报表》填报工作。

【资质管理】 完成规划编制资质升级工作1项。对3家规划编制资质单位开展调研工作。

调研工作

【开展天津城市发展规律性研究】 完成《天津城市规划历史沿革及启示》，并将研究成果运用到3个方面：在全市处级干部培训班进行讲解，提供给中共天津市委有关部门，作为中共天津市委书记李鸿忠、市长王东峰到市规划局调研时的基本素材，在《城市发展研究》杂志发表。结合市长王东峰调研工作部署，完成《关于城市基层公共服务设施规划情况的调研报告》并上报市领导。参与中共天津市委研究室组织的地下空间、海绵城市等多项调研。

【街镇公共服务设施现状调查工作】 整合局系统研究力量，组织测绘院、勘察院联合开展针对幼儿园、小学、菜市场等十项公共服务设施，在全市240个街镇乡，梳理出11443多项公共服务设施，调查成果已向市政府报告，会同业务处、规划院、勘察院对公共服务设施指数建设问题进行研究。会同规划院研究中心城区公建规模问题。

【开展12期业务培训交流学习】 把握城市发展脉络，开展"精明增长"、"紧凑城市"、"存量规划"等新理念、新观点研究，对规划工作中有关问题和相关法律规章制度进行梳理，进一步理清相关流程，分析提出服务城市发展、规范规划工作的建议措施。组织开展城市活力问题研究，梳理市规划局提升城市活力10项措施，形成论文《通过城市规划激发城市活力》，起草《市规划局关于增强城市活力十项规定》。

信息化建设

【城市建设管理监管平台建设】 全力推动城市建设管理监管平台建设工作。监管系统3月11日上线运行，运行情况良好。系统共接入18个部门，包括天津市政府办公厅和市发展改革委等17家成员单位，用户近500个，用户登录总时累计达6万小时，用户登录总次数近万人次。为深化监管系统应用，市规划局将监管系统终端延伸到各区（分）局，并将监管系统与"一网通"系统融合，实现自动比对指标、抓取前置办理情况、案件审批报警提示。

【"一网通"建设】 推动开展"一网通"升级工作，组织开展局系统数据资源整合工作，梳理整合全局系统122项数据。为更好地提升市规划局信息化水平，将"一网通"升级工作上升为"智慧规划基础工程"，力争利用3~5年时间，建成天津市城乡规划数据资源中心，完善、深化规划管理应用系统，拓展智慧规划应用，优化信息化建设管理机制，逐步实现天津城乡规划信息化由数字规划向智慧规划的转变。此项工作已成立工作组，着力研究制定宏观思路和顶层设计，做好项目启动基础工作。已形成成熟工作方案，近期向天津市规划局局长严定中汇报后完善落实。

【软件正版化及网络安全】 印发《天津市规划局机关使用正版软件管理规定》，成立软件正版化工作领导小组，负责组织、协调和指导全系统软件正版化工作，切实加强对本单位使用正版软件工作的组织领导。领导小组由局长严定中担任组长，常务副局长李春梅为副组长，各有关部门为成员单位，领导小组办公室设在局业务处。配合市版权局做好软件正版化工作，推动正版软件政府采购工作，实现局机关办公计算机软件全部正版化。

组织完成全市网络安全检查工作，按照信息安全管理有关要求，逐级明确信息安全主管领导、信息安全管理机构、信息安全工作人员责任并成立网络安全领导小组及领导小组办公室，组长由常务副局长李春梅担任，成员单位由局业务处和信息中心组成，业务处具体负责牵头协调市规划局信息安全工作，信息中心具体负责网络安全工作技术实施，指定信息安全员，具体执行信息安全相关工作，配合完成信息安全工作要求，指导其他处室落实信息安全各项工作。全年顺利通过市工信委、市等保办和市公安局网安总队等部门的专项检查。

（天津市规划局）

城乡建设管理

概况

【建设规模保持平稳增长】 天津市全年完成城建固定资产投资2730亿元，比2015年同比增长17.5%，其中市政交通基础设施投资430亿元，房地产投资2300亿元。全市累计在施面积1.22亿平方米，新开工3560万平方米，竣工1601万平方米。81项市级重点工程建设顺利推进，永定新河治理二期工程、航空零部件生产项目等10项完工。

【综合交通建设成效显著】 对外交通能力进一步增强。铁路工程，大北环铁路、西南环线基本贯通，南港铁路路基桥梁收尾，南北货运大通道初步形成。京唐高铁宝坻维修工区开工建设。高速公路，蓟汕联络线实现通车，唐廊高速一期基本完工，中心城区外围高速环线基本形成。地铁建设，地铁6号线南孙庄至水上东路实现通车运营，全市轨道交通通车里程累计达到168千米，4、5、10号线组织实施，7、11号线部分区签订征收协议。城市快速路网建设，外环线提升改造主路工程基本完工，解放南路下穿浯水道地道、外环线洞庭路立交、芥园西道立交及京沪铁路桥立交等重要节点工程主体结构施工。

【房地产开发建设平稳推进】 全年房地产实现新开工2511万平方米，竣工2914万平方米，保障房开工5万套，竣工5万套。推进非经营性公建建设，年内竣工120项。海河沿线重点开发项目，14个基本完工，7个外檐收尾。结合区域开发，实施配套道路及管网工程58项，完工46项。为全运会配套的12座新建场馆基本完工，全运村81栋宿舍楼进行内部精装修，涉及的23条配套道路完工15条，为全运会召开做好准备。

【民心工程全面完成】 实施水气热旧管网改造，全年完成自来水户内改造6万户，供热旧管网改造229千米，燃气旧管网改造100千米、3.1万户，燃气灶具连接管改造15.5万户。海河东路等10处卡口及4座公交站基本完成，实施雨水泵站建设，太湖路等4座泵站汛期前投入使用。农村危陋房屋改造5200户，4年累计完成2万户，完成既有建筑节能提升改造1033万平方米。

【美丽天津建设持续用力】 严格落实"五个百分之百"，全市安装扬尘监测设备工地1178个，中心城区应装尽装，实现24小时远程视频监控。强化工程渣土治理。环外46座93台供热锅炉改燃任务全部完成。禁燃区35蒸吨以下改燃并网工程全部完成，每年可减少燃煤消耗49.29万吨，减排二氧化硫0.41万吨、氮氧化物0.24万吨。入选全国海绵城市试点城市，解放南路等4个示范区41项工程开工建设。地下综合管廊开工建设16.7千米。中心城区5座污水处理厂提标改造和迁建工程已陆续进场施工。

【安全城建扎实推进】 深入开展住房城乡建设部工程质量两年治理行动，强化工程质量终身责任制，两证一牌工作执行率、覆盖率达到100%。继续保持执法高压态势，开展"大排查、大整治"治理活动，查处违法违规案件478起，3家企业停止在津投标资格。加强建筑材料和机械管理，启用建设工程材料信息公示系统，注册建材企业1680家，实行建筑施工机械备案制，淘汰报废老旧机械设备12403台套。开展质量创优活动，全年共创建鲁班奖7项，国优奖13项。强化供热、燃气安全管控，开展燃气供气设施运行评价工作，制定燃气管线设施占压治理方案，完成隐患清理456处。

【建筑市场管理持续规范】 全年完成建筑业产值4869亿元。完成工程建设领域保证金清理规范工作，返还各类保证金24.8亿元，惠及2391家企业。开展全市建设工程招投标专项检查，对上年以来使用财政性资金和国有企事业单位投资的428个建设项目招投标情况开展全面检查。提高建筑业劳务用工管理水平，农民工实名制达到92%以上，农民工公寓建设率达到22%。全年归集建筑市场主体信用信息3.1万条，对1205家施工总承包企业开展信用评价，对395家监理企业和236家招标代理机构开展信用等级试评，进一步营造守法诚信的市场环境。（杨硕）

【城建法规建设】 按照市政府2016年立法计划，积极推动开展立法与调研工作。完成《天津市燃气管理条例（修订）》送审稿的起草，并就涉及行政管理体制改革的问题积极报请市领导协调。《天津市房地产开发建设条例》论证稿起草完毕，并被列入2017年市人大立法预备项目，《天津市建设工程勘察设计管理办法》基本完成起草，待完善后以政府规章形式出台。作为调研项目，《天津市绿色建筑管理规定（送审稿）》等也进展顺利，形成初步成果。

严格规范性文件审核备案。从必要性、合法性、具体条款等方面入手，对《天津市建设工程材料使用监督管理规定》等7个规范性文件进行了法制审核并向市政府法制办备案。及时完成法规规章和规范性文件征求意见回复工作，全年完成市政法法制办回复意见39件，相关委局回复意见15件。

及时清理规范性文件，维护法治统一性。组织征求汇总25个处室、站办的规范性文件清理意见，按照继续执行、重新修订、宣布失效、废止4种方向对105件规范性文件进行梳理，逐条逐项进行研究，提出清理意见。（朱江）

【加强执法监督制度建设】 天津市建委执法监督工作着力健全制度与机制，强化监督与执纪，提速执法监督信息化建设，实施"四个一"工程。

出台"一本行政处罚工作规程"。制定出台《天津市建委行政处罚工作规程》，进一步明确行政处罚事项的适用范围和处罚种类、案件来源与处置、调查与取证、审查与决定、送达与执行、结案与监督以及12类文书样本，实现立案（受理）、调查、审核、决定和执行等处罚程序与环节、责任和时限的固化透明，全委12个具有处罚职权的部门执法文书实现统一规范，做到行政处罚全过程记录，有时有序、有规有责，阳光下运行，促进全委行政处罚工作的标准化、程序化和规范化。

出台"一套行政处罚裁量基准"。研究制定《天津市建委行政处罚裁量基准实施办法（试行）》和《天津市建委行政处罚裁量基准（试行）》，共涉及9大类、171项、836个子项、1625项参考标准，重点从适用范围、描述形式、情形设定、裁量档次、裁量幅度和保障监督等6个方面进行思考和设定。全面考虑、衡量违法事实、性质、情节及社会危害程度，统一适用的法规依据、处罚种类和幅度，细致梳理形成裁量基准，压缩裁量空间，明确评判尺度，努力推进全市城乡建设领域行政处罚合理合法、公平公正、过罚相当，从源头约束行政处罚行为。

制定"一份处罚案卷评查标准"。重新制定行政处罚案卷检查评查标准，从7大方面几十个关键点对案卷标准、要求等进行细化明确，利用全委执法人员统一培训等渠道进行宣贯，充分利用委内和市级两级执法监督平台等信息化手段，在立案、调查、审核、决定、执行等环节同步监督，开展多轮次的案件评查与整改，督促和引导执法人员进一步规范行政处罚。

搭建"一张处罚追责威慑网络"。一方面，制定出台《天津市建委行政处罚违纪线索转送工作规定》，探索建立对在行政处罚和执法监督中发现的违法违纪线索与纪检部门的移送办理机制，摁实对接方式、案件标准、工作流程等模式，出台《关于落实市建委权责清单的实施意见》，明确监督与问责的内容与机制，实现既要追究违法违规责任，也要追究党纪政纪责任的高压态势，进一步增大执法监督的威慑力。另一方面，特别是围绕强化审核监督、时效监督等工作要求，委内行政执法监督信息平台实现试运行，研究将"规程"、"办法"及"裁量"确定的程序、标准、时限等细化纳入自动预警监督，进一步推动全委各部门规范履职、及时履职。（石林）

【建设项目融资与管理】 4月，天津市建委与市发展改革委、市财政局印发《天津市市政公用领域推广政府和社会资本合作（PPP）模式实施方案》。方案提出区分经营性项目、准经营性项目、非经营性项目等项目属性，以授予特许经营权、政府购买服务、股权合作等多种形式，吸引社会资本参与天津市市政公用交通项目投资、建设、运营，逐步建立政府与社会资本长期合作关系。引入市场机制，发挥各方优势，建立"利益分享、风险共担、全程合作"的模式。

天津市在高速公路、综合能源站、海绵城市等基础设施领域探索开展政府和社会资本合作相关工作。6月份，市建委会同市水务局启动解放南路地区海绵城市PPP项目的策划和评估工作。8月份按照PPP工作程序，完成天津市首个基础设施PPP项目津沧高速公路改造PPP项目的社会资本招标工作。此外，市建委还组织完成滨海新区文化中心综合能源站特许经营招标工作，社会资本中标后，该项目于10月完工投入运营。（赵晓阳）

【工程建设地方标准编制及管理】 完善标准体系建设。组织开展2016年天津市工程建设地方标准申报工作，其中，《天津市被动式超低能耗居住建筑技术导则》和《装配式模块建筑应用技术规程》等共20项标准列入编制和修订计划。批准颁布《天津市海绵城市建设技术导则》和《天津市综合管廊工程技术规范》等11项新编工程建设地方标准。

有序组织开展按年度标准复审工作，启动到期地方标准复审和修订工作。重点修订《天津市钢结构住宅设计规程》、《天津市住宅建设智能化技术规程》等10项标准。

开展强制性地方标准整合精简工作。对天津市现行37项工程建设强制性地方标准的310条强制性条文逐条进行了评估，经社会公示及征求住房城乡建设部强制性条文协调委员会意见后，形成天津市工程建设强制性地方标准整合精简结论汇总表和强制性条文汇编，其中强制性条文保留54条、修订6条、废止250条。（师生、顾叶飞、云立祥、张栋）

房地产业

【概况】 2016年，天津市房地产开发投资稳定增长。累计实现房地产开发投资2300亿元，同比增长22.9%，累计施工8789万平方米，新开工2511万平方米，竣工2914万平方米。

新建商品房持续热销。2016年，受国家放宽住房限购、降低首付款比例、调整房地产交易环节税收等利好政策刺激，天津市商品房需求不断释放。全市新建商品房销售2711万平方米，同比增长53%，其中新建住宅销售2521万平方米，同比增长51%。

住宅品质不断提升。积极推进住宅产业化实施，严格执行房地产住宅项目绿色建筑等级、预制装配建设、节能环保等方面要求。2016年天津市住宅项目科技含量和品质稳步提升,澜岸雅苑、意境兰庭住宅项目通过住房城乡建设部2A、3A级住宅性能认定。同时积极落实海绵城市建设,完善相关政策和技术标准,引导相关企业积极参与,稳步推进中新生态城、解放南路地区海绵城市示范项目建设。

企业资金来源充裕。2016年,天津市房地产开发企业资金来源合计5678亿元,同比增长34%。其中,本年资金来源4397亿元,同比增长37%。本年资金来源中,定金及预收款1786亿元,同比增长77%,个人按揭贷款289亿元,同比增长199%。

建设用地成交活跃。受土地整理进度加快、销售形势好转、开发企业资金相对充裕等因素影响,土地成交趋于活跃。2016年天津市房地产开发建设用地成交1210.6公顷,同比增长7.7%。其中,商品房建设用地出让面积1027.66公顷,同比增长29.3%,保障性住房建设用地供应面积182.94公顷。(王春英)

【房地产开发企业管理】 截至2016年底,天津市具有房地产开发资质的企业1537家,比上年底增加0.33%。按资质等级分:一级企业13家,占0.85%,二级企业76家,占4.94%,三级企业102家,占6.64%,四级企业1174家,占76.38%,暂定资质企业172家,占11.19%。按企业性质分:国有企业35家,占2.28%,集体企业5家,占0.33%,有限责任公司1378家,占89.66%,外资企业107家,占6.96%,股份制企业12家,占0.78%。

引导企业通过引入信托、基金、其他外部股东等途径扩充资本。2016年房地产开发企业户均注册资金29081.2万元,同比提高4.48%,全年进津外地企业104家,注册资金96.12亿元。(王春英)

【保障性住房建设】 2016年,保障房新开工5万套、竣工5万套的目标提前完成。2016年起,天津市保障房建设陆续进入集中入住期,各部门严把质量安全和配套入住关,确保工程高水平、高质量建设,确保体育、文化、教育等各项配套设施同步建设到位。(王春英)

【城市路网建设】 2016年,天津市完成海河东路、六经路、七经路、八经路、太原道、西湖道、梦湖西路、宾水西道跨津沧、七纬路、澄江路10条道路的新建改建工作,总投资约6亿元。其中,海河东路工程是中心城区段海河东路最后一个"嗓子眼"路段。海河东路的打通,使海河沿线交通更顺畅,对提升区域交通有着重要影响,六经路、七经路、八经路、七纬路位于河东区,结合卡口改造工作对四条道路进行整体提升,多条道路拓宽发挥集群效应,显著改善周边群众的出行条件和生活品质,宾水西道跨津沧高速公路立交连接宾水西道和学府东大道,成为西青区穿越津沧高速进入市区的又一重要通道,缩短西青西南部地区居民前往市中心的出行时间,对改善区域交通成效显著。

快速路建设方面,志成道延长线工程实现全线通车,线路全长13.2千米,总投资20.68亿元。该路完工通车对完善天津市中心城区快速骨架路网、提高市区快速路系统效率具有重要意义。(贾强)

【再生水管网建设】 依据《天津市中心城区再生水资源利用规划》,2016年天津市共计铺设再生水管网31千米,其中重点实施解放南路地区、陈塘工业园、双青新家园、大寺新家园、张家窝镇、中北镇、柳林地区及天钢地块开发项目配套道路再生水管网建设。

中心城区累计铺设再生水管网806千米,其中通水管网344千米。(日污水量159.67万吨,日再生水供水量5.89万吨,利用率3.7%)

再生水设施主要服务对象为:梅江、松江、卫南洼、海天馨苑、时代奥城、中北镇等130个住宅小区冲厕及生活用水,建筑面积1098.81万平方米,涉及居民10.84万户,天津宾馆、天津电视台二期、梅江会展中心、陈塘工业园等123个公建项目用水及市政绿化用水,青泊洼燃气电厂、军粮城发电厂、梅江地区供热站等17个工业项目循环冷却及热网补充用水,460.52万平方米绿化及市政环卫用水。(宋庆成)

【供热管理】 2016年,全年供热工作以改燃并网和散煤治理两大民心工程为抓手,天津市供热结构进一步优化,环境改善和节能减排成效显著,供热服务水平明显提升,行业机制改革稳步推进。

2016年,天津市集中供热面积首次突破4亿平方米,达到4.18亿平方米,其中热电联产1.41亿平方米,燃气1.43亿平方米,地热0.22亿平方米,燃煤1.12亿平方米。积极推动环外各区燃煤供热锅炉改燃并网工作,全年完成46座、93台的任务。全年完成297.53万平方米、6.64万户居民的散煤治理任务,其中集中供热替代8.07万平方米,电采暖替代0.65万平方米,无烟煤替代288.81万平方米。完成旧管网改造229千米,提高相关供热系统的安全性。

供热行业管理水平得到提升。围绕目标任务,市、区两级供热办认真履职,全力推进行业标准化、信息化建设和管理,与市级8890便民服务热线、12319城建服务热线等平台积极互动,主动接受社会

监督，及时解决群众反映问题。（吕绍文）

【燃气管理】 天津市天然气供气总量达到34.9亿立方米，比上年增长14%，天然气用户达到393万户，比上年增长5.6%，新敷设燃气管线907.3千米，累计达到18671.2千米。完成燃气户外旧管网改造100.3千米、户内管检修改造和防腐加固3.1万户、灶具连接管改造15.5万户。

搞好燃气发展"十三五"规划编制工作。组织有关等编制单位完成《天津市燃气发展"十三五"规划》征求意见稿，并向市相关委局和各区政府以及主要燃气经营企业征求意见，现已通过专家论证，正履行市发改委批复程序。

认真贯彻国务院《城镇燃气管理条例》，继续推进《天津市燃气管理条例》修订工作。先后2次向全市33个政府机关、市级委局和重点燃气经营企业征求意见，形成12项调研课题，针对94条意见建议逐条进行研究落实，形成送审稿。

全年受理完成燃气企业经营许可及准销许可审核15项，新改扩工程项目审核77项。受理完成燃气工程竣工验收备案18项。办理燃气燃烧器具品牌备案136家，销售备案20家。全年开展燃气行业行政执法检查414次，人均执法检查30次，行政处罚12起。（颜菲）

村镇建设

【农村危房改造】 天津市全年完成农村危房改造5200户，4年累计完成2.02万户。确立补助标准、认定程序、建设标准、资金筹措和改造方式等政策体系。在危改农户档案建立、资金管理、检查验收、绩效评价等方面形成行之有效的管理办法。建立起一支推动危改工作深入开展、勇于担当的过硬队伍，各区县、乡镇和村委会参与危改工作的各级干部超过千人。得到农村特困群体的衷心拥护。

【改善农村人居环境】 对天津市行政村的村容村貌、基础设施及公共配套设施等情况全面调查，掌握全市农村人居环境基本情况。组织申报国家级特色小镇，武清崔黄口镇、滨海新区中塘镇评为全国第一批特色小镇。开展村镇建设管理人员、建筑工匠培训。召开第一届天津市"村长"论坛，为天津市村镇建设和美丽宜居乡村发展提供智力支持。评选西青区大寺镇王村等50个村为2016年度美丽宜居村庄。

【传统村落和传统民居保护】 对天津农村地区传统建筑的风格与元素调查、分析、汇集，编写完成《天津传统建筑解析与传承》课题，蓟县渔阳镇小龙扒村综合服务中心和出头岭镇五清庄村村委会服务活动中心2项名列其中，入选全国第二批优秀田园建筑评选45个优秀实例，组织全市32个村庄建立了传统村落历史档案，杨柳青六街村和蓟县黄崖关村入选第四批中国传统村落名录。（张鹏）

【勘察设计】 截至2016年底，天津市勘察设计企业共322家，其中中央驻津企业34家，外资企业14家，民营企业201家，全行业具备甲级资质的企业共计174家，占总数的54%。中国汽车工业工程有限公司于11月顺利取得工程设计综合甲级资质。天津市共有勘察设计专业技术人员3.8万人，其中具备中、高级职称的专业技术人员25338人，占全行业的66.8%，其中勘察设计类注册人员4557人，占全行业的12.02%。刘旭锴、韩振勇、孙树礼、隋明洁4人获得第八批全国工程勘察设计大师荣誉称号。2016年评选出天津市"海河杯"优秀勘察设计奖225项，获奖单位共计51家。全年组织完成22个政府投资类项目（含保障房）的初步设计审查和天狮国际大学图书馆等7项抗震设防专项审查。组织完成《中国地震动参数区划图》宣传贯彻工作。施工图审查机构全年审查房屋建筑工程1312项，建筑面积5351万平方米，审查市政基础设施工程352项，投资额992亿。

5月取消施工图审查合格书备案制度，8月在全市范围内实行新的抗震设防标准。充分利用数字化手段，优化施工图审查管理流程，10月推动房屋建筑工程施工图数字化审查全面上线。（崔众鑫）

【招标投标管理】 天津市进一步加强招投标市场管理。全年累计完成勘察招标备案1144项，中标金额2.01亿元，设计招标备案2675项，中标金额37.39亿元，监理招标备案2460项，中标金额16.24亿元，施工招标备案3842项，中标金额1678.18亿元，设备招标备案219项，中标金额25.19亿元。

全面推行计算机辅助评标，强化招投标全过程的电子化监管，减少人为因素的干扰，为招投标活动的公开、公平、公正提供有力保证。修订资信标评审标准，进一步完善招投标评审办法。将勘察设计招投标的监管权限，全部下放至各区县建委负责，实现各区县在招投标管理方面责任和权利的统一。规范招投标前置要件，简化办事流程，提高工作效率。加大考核管理力度，对招标代理机构和评标专家落实"一标一评"制度，对考核不合格的严格进行处理。做好前期服务，全力推动项目建设，深入重点项目主动服务，帮助建设单位合理安排好招标

计划，缩短招标准备时间，提高办事效率，确保项目依法合规按时开工建设。（岳蕾）

建筑业

【概况】 2016年，天津市各类建筑业企业有4370家，按承包类型划分：总承包类建筑业企业909家，占20.8%，专业承包类建筑业企业2391家，占54.71%，劳务分包类建筑业企业1070家，占24.49%。按资质等级标准划分：具备施工总承包资质的有909家（特级资质10家，一级资质145家，二级资质287家，三级资质467家），具备专业承包的有2391家（专业承包一级208家，专业承包二级450家，专业承包三级1431家，专业承包不分等级302家），具备劳务分包资质企业1070家。审批制度改革不断深化，施工企业、执业人员、工程项目等三大数据库正式上线运行，全面实现施工企业资质电子化审批，天津市2610家施工企业按住房城乡建设部新资质标准完成换证工作。

天津市建筑业总产值继续保持稳步增长。全市建筑业企业完成产值4892亿元，同比增长9%，实现增加值787亿元，同比增长8%，占全市GDP的5%以上。市属建筑业企业实现产值接近2738.96亿元，占建筑业总产值的56%。年产值达到百亿元以上的企业有5家，建筑业年产值达到10亿元以上的企业有93家。在经济运行面临下行压力的大环境影响下，天津市建筑企业加大市场开拓力度，积极拓展外阜市场，全年在外省完成产值2015.25亿元，同比增长22.1%，增速高于全市建筑业总产值增速13.1个百分点，比上年提高9.3个百分点。

天津市具有建设工程执业资格总人数为77193人。具有注册建造师人数为50457人。其中一级建造师执业资格13547人，二级建造师执业资格30598人，临时建造师6312人（一级1232人、二级5080人）。具有建设工程造价执业资格类的人数为20740人。其中：获得国家造价工程师执业资格2906人，具有天津市造价员执业资格17834人。具有建设工程监理执业资格类的人数为5996人，其中：获得国家监理工程师执业资格3507人，具有天津市监理工程师执业资格2489人。

绿茵景观、鑫裕建设等11家企业登陆主板、新三板资本天津市场，开拓融资渠道。（王勇）

【劳务用工管理】 加强以实名制为核心的劳务用工管理，天津市在施项目实名制建立率达到92%以上，有效促进了劳务用工管理的规范化、制度化和标准化。大力维护建筑业农民工的合法权益，全年受理解决建筑业农民工劳务费投诉案件71件，涉及拖欠农民工工资金额近6000万元。全面推进施工现场建筑业农民工公寓标准化建设，天津市在施项目农民工公寓建设率达到22%，改善建筑业农民工的生活条件。充分发挥三级教育培训网络的作用，开展建筑业农民工实用技能培训，完成全年5.2万人的培训任务。组织开展天津市第六届建筑业职业技能大赛，在砌筑、钢筋、镶贴等传统竞赛工种基础上，增加测量、抹灰和电工等3个竞赛工种，丰富工种设置。全市25个分赛区、414个企业、4万余人参加预赛和技术比武。6位选手分获各工种一等奖，被授予"天津市建筑业技术状元"荣誉称号，推荐申报"天津市五一劳动奖章"荣誉称号，技能大赛促进各企业间的技术交流，营造企业职工学技术、练技能的良好氛围，为企业培养储备技能人才奠定坚实的基础。（王勇）

【建筑市场管理】 天津市建筑市场进一步开放，取消建筑企业进津备案，实行信息登记制度，在天津市承揽建设任务的外埠施工企业有2482家，同比增加11%，其中特级企业196家，占7.9%。

扎实推动清理规范工程建设领域保证金工作，着力为企业减负，清理深基坑质量安全风险保证金、渣土运输撒漏保证金等7项保证金，规范投标保证金、履约保证金、工程质量保证金和农民工工资保证金等4项保证金的收取和返还程序，累计返还各类保证金、押金24.8亿元，惠及2391家建筑施工企业。

严厉打击建筑市场各类违法违规行为，推动工程质量治理两年行动圆满收官。市、区建筑市场执法监察部门强化日常巡查检查，全年共检查工程项目3313项次，查处存在违法、违规问题的工程项目124项。组织开展两次全市执法大检查和一次保障房项目专项检查，督查覆盖全部16个区。对建设单位应招未招、未取得施工许可证开工建设，施工单位转包、出借资质、违法分包，监理单位出借资质、监理资料弄虚作假等12类95件违法违规行为，下达《建筑市场执法建议书》42份，指导相关区对责任单位依法进行查处。选取12起违法违规案件，作为典型案例在全市通报，对市场主体起到较好的警示作用。（王勇）

【工程咨询服务】 天津市积极引导建筑中介咨询企业做精做专，部分优秀诚信力中介机构逐步向项目代建、项目管理发展，建设中介服务行业进入良性发展通道。天津市建设工程服务业发展较快，新增建筑业中介机构28家，累计达到487家。其中，监理企业新增11家，累计达到124家，占25.5%，招标代理机构新增12家，累计达到152家，占31.29%，工程造价咨询机构新增4家，累计达到124家，占25.5%，工程项目管理公司新增1家，累计达到87家，占17.9%。全年有7家企业晋升乙级资质，有12家企业晋升甲级资质。天津市积极引导建筑中介咨询企业做精做专，部分优秀诚信力中介机构逐步向项目代建、项目管理发展，建设中介服务行业进入良性发展通道。（王勇）

【建筑市场信用体系建设】 扎实做好建筑业企业信用管理工作，修订《天津市建筑施工企业信用评价指标体系和评分标准》，修改调整评价指标，持续加大信用信息归集力度，全年归集建筑市场主体的奖励、处罚和现场行为等信用信息3.1万条，为开展企业信用评价夯实了基础。对1205家施工总承包企业开展信用评价，向社会发布评级结果，信用评价成果被招投标资信提取4.7万次，信用体系对企业诚信经营的引领作用进一步增强。印发《天津市建设工程监理企业信用评价办法》、《天津市工程建设项目招标代理机构信用评价办法》，对395家监理企业和236家招标代理机构开展了信用等级试评。印发《天津市建筑市场主体信用奖惩办法》，明确守信激励和失信惩戒措施，建立"重点监管名单"、"黑名单"等信用管理制度，信用奖惩制度进一步健全、规范，充分发挥信用管理在市场监管中的作用。（王勇）

【安全管理】 将危险性较大分部分项工程作为防控重点，各参建单位和市、区两级监督机构共同用力，按照施工方案和监督方案，严格执行深基坑、高支模、盾构施工等重大风险源管理规定，危险性较大分部分项工程保持在受控状态。严格建筑施工机械管理，使备案证与备案标牌相统一，针对高处作业吊篮使用登记数量大、时间紧的特点，采取批处理方式，提高工作效率。开展建筑施工机械专项大检查，及时排除老旧设备使用安全隐患，报废淘汰设备1.2万台（套）。不断提升应急工作水平，健全行政决策和专家决策相结合的应急管理决策机制，突出"自救、协同、专业"特点，在北辰区工农新村安置房施工现场开展事故应急演练，演练各层级应急队伍之间的协同联动自救和运用信息化指挥系统，取得预期效果。加强安全生产宣传培训，组织编制事故警示录，开展建设系统"安全生产月"系列活动，围绕"强化安全发展观念，提升全民安全素质"主题，开展咨询日活动，市、区两级监督机构和企业代表共2000余人参加活动，分发6000余册的宣传册、安全教育光盘，活动得到国务院安委会第四巡查组的积极评价。（郑年栋）

【质量管理】 贯彻落实住房城乡建设部《建筑工程五方责任主体项目负责人质量终身责任追究暂行办法》，天津市新开工工程签署法定代表人授权书、工程质量终身责任承诺书、竣工项目设立永久性标志牌三项制度的执行率和覆盖率达到100%。开展混凝土质量专项检查，在原材料价格上涨、运输成本连续提高的形势下，防止生产企业为节约成本偷工减料、以次充好。持续对钢筋、水泥、砌块、保温材料、防水材料等10余种原材进行监督封样抽测。积极推进材料公示制度，重要建设工程材料进场复试前，办理使用信息公示，公开材料名称、规格型号、批号、数量及供应商，作为质量控制资料存档。为总结交流管理经验，开展混凝土生产企业观摩活动，从质量和计量管理体系、原材料检验、试验室管理、生产过程控制、出厂检验、扬尘治理和绿色生产等方面互相借鉴，推动企业进一步提高生产管理水平。冬季施工期间，要求相关单位严格控制混凝土配合比和外加剂的材质，以及生产、运输、浇筑过程的质量管理，加强保温、测温和养护，坚守质量底线。（郑年栋）

【创优工作】 编制印发2015年度《天津市建设工程观摩工地汇编》，编制2016年质量安全文明施工观摩工地标准，推出一系列强制性标准，总结有关单位先进生产管理经验，汇集优秀做法、亮点，突出安全文明施工标准化，以期起到示范引领作用。开展5次观摩活动，观摩重点继续向操作面延伸，各观摩工程采取质量先行、样板引路的做法，相应展示各道工序样板、创新做法、技术革新、质量控制要点。在质量控制方面，观摩项目在项目管理上有一定创新，如积极探索采用装配式施工工艺，大范围应用铝模控制混凝土截面尺寸和观感，BIM技术辅助项目管理，实现可视化的技术交底、过程管控等，质量管理水平显著提高。在安全文明施工方面，如定型化标准化的安全防护、集成爬架、塔吊起重臂夜间防碰撞照明灯带、集成爬架周圈照明灯带、安全体验馆等，体现安全管理的示范引领作用。全运会场馆是创优重点，项目多在屋面施工、二次结构施工或内外檐装饰装修阶段，各项目均有独具特色的亮点，并分别根据各自特点，制定了创优方案，通过总队现场创优推动指导，大部分项目的创优工作正常运行，符合创优评定的相关要求，整体管理处于可控状态。

2016年，7项工程荣获鲁班奖，13项工程荣获国家优质工程奖，39项工程获金奖海河杯，245项工程获海河杯，59个竣工工地获评为市级文明工地示范工地，158个竣工工地获评为市级文明工地。（郑年栋）

【队伍建设】 持续市、区两级联动，提高区县工作水平，完成2015年度区县考核，制定《2016年区县考核评分标准》，优化信息化评价系统，并将建设扬尘治理和观摩工地纳入区县考核内容，继续坚持区县工作任务单、支队长联席会议等工作制度，明确辖区责任和风险源点，及时掌握区县工作情况，落实区县管理职责，重新编制《市、区两级联动工作指导手册》，进一步完善两级监督机构联动工作内容。继续在依法行政上下功夫。对照市建委权责清单，修订总队权责清单，梳理完成涉及总队处罚权部分内容。对近年来印发文件重新依据上位法进行梳理，形成规范性文件清理意见和目录。完成公共服务标准修订，坚持用标准管人、管事、管权，修订共调整标准22个，废止标准1个。对责令整改通知书、暂停施工通知书和行政处罚案件调查笔录等3种文书的使用情况进行集中检查，对执法人员监督档案进行抽查，不断完善巡查、抽查及专项检查执法行为管理，提高廉政风险防范意识。按时完成工程建设领域保证金清理工作。做好行政处罚信息与上级执法监督平台对接，自觉接受监督。努力提升执法人员技术水平和执法能力。全年安排全市执法人员12次培训，分两期开展全市执法人员同业评审考核。由总队领导带队，开展市管项目巡检工作，针对总队监督的保障房等项目，对照公共服务标准，对执法人员检查过程进行点评，对执法行为进行集体"会诊"。（郑年栋）

【文明施工】 细化"五个百分之百"标准，根据《天津市建设工程扬尘治理工作导则》等相关规定，为更好地落实"五个百分之百"的相关要求，在桩基、土方、装饰装修和配套等不同施工阶段，对围挡、裸土苫盖、车辆冲洗、路面硬化、洒水喷淋等治理措施提出具体的要求，使其更符合施工实际，更具可操作性。强化两级联动，建立市、区扬尘网格化督查队，增强施工扬尘专项执法检查力量，组织全市施工扬尘检查、协调、督办，每月下发督查通报，每季度进行分析总结，强化网格化属地管理责任，对各区建设施工扬尘治理工作情况纳入年终考核。提高科技治尘水平，要求在施项目必须配置雾炮降尘设备，遇有不利天气，及时通过手机发布预警和停工信息，中心城区工地扬尘监测设备已做到应装尽装，完成监控平台升级改造，制定报警、甄别、信息推送、现场处置和整改恢复的运行程序，提高执法效率，形成闭环管理。2016年夏季达沃斯论坛期间，天津市质安监管总队和各区县监管支队重点对会场周边、酒店周边、主干道路、繁华地区以及来宾主要参观景点周边在建项目进行全覆盖、24小时不间断检查和夜间巡查，通过各有关部门协同配合，有效确保达沃斯论坛期间空气环境质量。加大查处力度，2016年已组织开3三次全市施工扬尘治理专项大检查，累计检查3067项次，下达整改通知书600份，停工处理项目89个，有关行为计入责任主体信用档案，起到震慑作用。（郑年栋）

【城建科技】 2016年，天津市城建科技工作在科技创新、平台建设和成果转化等方面取得明显成效。发布《天津市城乡建设委员会2016年建设科技工作要点》和《2016年度天津市建设系统科学技术发展计划》，下达应用课题39项，软课题25项，组织完成住房城乡建设部和天津市城乡建设委员会科研课题成果鉴定和验收35项，其中"泰安道五号院工程"获得"结构海河杯"奖和中国钢结构金奖，并获得市级工法1项，发明专利2项。

2016年，天津市建设系统获住房城乡建设部华夏奖12项，其中天津城建设计院有限公司承担的课题"信息化仿真技术在连续钢混凝土组合桁架桥设计与施工中应用技术研究"获二等奖，获天津市科学技术奖31项，其中天津市市政工程设计研究院承担的课题"景观水体功能恢复与水质改善技术开发及工程应用"获科技进步二等奖。制定《天津市建设领域科技专家和科技专家库管理办法》，发布第一批天津市建设领域专家库专家名单。组织起草《天津市建设领域推广应用新技术实施细则》，建成推广新技术项目库，已纳入207项技术，评选确定22项建设领域推广新技术，21项新技术应用示范工程和64项市级工法。（师生 顾叶飞 云立祥 张栋）

【建筑节能减排】 积极开展建筑节能规划编制工作，2016年发布《天津市绿色建筑和建筑节能十三五发展规划》、《天津市集中供热"十三五"发展规划》等专项规划。为加强节能减排工作，发布《天津市2016年建筑节能和绿色建筑工作要点》，明确2016年各区建筑节能工作考核目标，重点督导各区加强建筑节能工程质量检查，确保天津市新建民用建筑执行建筑节能标准率100%。2016年开工建设四步节能居住建筑2179.5万平方米，建成三步节能居住建筑2000万平方米。积极筹措资金，全年完成1033万平方米改造项目，基本完成天津市具有改造价值不节能居住建筑节能改造。2016年天津市分两批下达共计56万平方米公共建筑节能改造计划，涉及商场、酒店、办公建筑及体育场馆等10个项目，已全部完成，组织验收工作。组织修订《天津市建筑节能技术资料管理办法》和《天津市建筑节能材料、设备和技术备案管理办法》，进一步规范备案程序，加强建筑节能产品事中事后监管。加强公共建筑用能运行监管，推进建筑能耗统计，编制天津市公共建筑用能限额标准，为公共建筑能耗基线管理打下了基础。积极推进建筑垃圾资源化综合利用，出台《天津市建筑垃圾资源化利用管理办法》，启动特许经营实施方案的编制工作，推动以特许经营的方式建设建筑垃圾资源化利用设施，并初步搭建建筑垃圾资源化利用信息平台。（张栋）

【建筑材料管理】 2016年，出台《天津市建设工程材料使用监督管理规定》，在全国率先建立"来源可查、去向可追、责任可究"的12类重要建材产品使用信息公示制度，对加强社会化监督，保证建设工程质量安全发挥重要作用。信息公示制度实施后取得以下初步成效：对12类重要建材产品按照国家生产许可和质量标准管控要求进行分门别类的技术审核筛选，公示符合要求的建材企业1800余家、建材产品信息6800余条，健全12类重要建材产品质量标准库。已有300个项目的近4000批次建材产品使用信息与工程进度同步进行公示，接受社会监督、投诉和举报，建材产品供需活动中个别存在的假冒伪劣、弄虚作假、暗箱操作等不法行为受到有力震慑。建材生产企业和施工承包企业互相监督制约，协同履行各自质量责任，对建设工程质量安全具有重要保证作用。执法监督人员可通过上网查询，实时掌握各项目进料数量、来源等情况，及时组织有针对性的监督检查，提高监管效能。（冯忠波）

【建筑机械设备管理】 2016年，出台《天津市建筑施工起重机械和架设设施安全监督管理规定》和《天津市建委关于进一步严格建筑施工起重机械和架设设施管理的通知》，进一步明确各方主体安全责任，依法简化机械设备备案、使用登记管理程序，强化施工现场起重机械安全监管，推广应用先进的技术装备，严格机械设备淘汰制度，全年分4批次淘汰报废12403台机械设备。规范建筑起重机械安装质量检验市场，监督检验机构公平竞争，由企业自主选择、委托检验机构进行安装质量检验。加强事中事后监管，对8个区县的市管和区管建设项目先后组织了17次随机监督抽查，及时发现和处理一批质量安全隐患，提高项目各方主体质量安全责任

意识，2016年"两工地"较大机械安全伤亡事故率保持为零。（冯忠波）

【12319城建服务热线】 2016年，12319城建热线全年电话受理市民来电78余万件，通过网站、微博、微信等网络渠道为市民提供各类服务40余万次，下派工单量16万余件，办结率97.7%，回访满意率96.7%。从受理问题类型来看，咨询、投诉、报修占到受理总量的92%。

全年重点督办各类事件5473件，办结4979件，确保群众反映的问题落到实处，真正得到解决，召开现场协调会4次，解决跨部门、跨行业的疑难问题。现场勘查205次，通过明晰市政设施产权关系和责任界限，为转派处置工作提供准确的参考依据。

12319热线围绕"擦亮窗口惠民生，提升服务促发展"活动，强化事件督办、加强内部管理、推动信息化建设，在提高问题办结效率上、便民服务上和服务质量上都得到新的提升，热线工作受也到群众好评，12319热线被评为市建委系统十佳服务示范岗，1人被评为市建委系统十佳服务标兵，4人被评为市建委系统优质服务个人，热线团支部被评为市直机关活力团支部。同时，在全市便民专线月度考核和年终考核中，12319城建热线均排在了全市前列。（郭盼军）

风景名胜区建设管理

【盘山风景名胜区】 1月，盘山景区被国家旅游局评定为全国文明旅游先进单位。10月，又被国家旅游局评定为全国旅游秩序最佳景区。2016年盘山风景名胜区全年景区共接待中外游客148.7万人次，景区资金收入11485万元，同比增长12.83%。

盘山风景名胜区重点实施了6个工程项目。完成新山门广场铺装、游步道升级改造、国家电网充电桩安装等基础设施工程，增设售货长廊和防火物资储备点3处。完成景区夜景灯光工程，从正门区至入胜小区形成了规模化夜间灯光景观。新改建旅游厕所3座，全部达到星级标准，并完善污水处理系统。实施景区名木古树保护、环境提升和重点区域绿化美化工程，规范完善标识牌和生态垃圾箱。实施智能景区建设工程，完成观光车智能管理和景区负离子监测系统安装工程，完善语音播报系统和指挥中心视频存储功能，铺设光纤2000余米，增设监控摄像头43处。对"天下盘山"实景演出进行升级改版。（谢辉）

【黄崖关长城风景名胜区】 2016年，黄崖关长城风景名胜区充分利用景区资源，举办贯穿全年的

特色活动。成功举办八仙洞"三月三"传统庙会、第十七届天津黄崖关长城国际马拉松、翼装飞行"长城飞箭"穿靶大挑战、黄崖关长城"千名外宾登长城"、戚继光与黄崖关长城专题学术研讨会、纪念《长城保护条例》颁布十周年—黄崖关长城主题活动、第三届黄崖关长城国际电子音乐节、第四届黄崖关长城户外越野跑、第三届黄崖关长城中法自行车骑行活动和长城红叶节等特色主题活动。全年共接待中外游客40万人次，实现景区资金收入3630万元，同比增长37.76%。（谢辉）

【地铁及枢纽建设】 2016年，天津市地铁工程7条线路同时建设，累计完成投资120.15亿元，累计通车里程达168千米。其中，地铁6号线首开段已于8月6日开通试运营。北段12月底开通试运营。南段车站主体和区间盾构完成95%，铺轨和设备安装完成10%。地铁5号线车站主体完成95%，区间盾构完成85%，铺轨完成65%，设备安装完成60%。地铁1号线东延线10座车站主体、附属结构已完工，10个区间已贯通，铺轨完成90%。（师端平）

【市重点建设项目完成情况】 天津市确定市重点建设项目共81项，投资总规模10011.5亿元，安排投资1793.5亿元。包括：工业项目24项，能源和交通项目15项，基础设施和环保项目16项，农林水利和小城镇建设项目9项，社会事业9项，商贸旅游及其他项目8项。

81项市重点建设项目中，永定新河治理二期工程、航空零部件生产项目等10项或子项完工竣工投入使用，国家海洋博物馆等49项在施，澄星重油综合利用项目等22项开展前期工作。在施项目中，忠旺铝材项目等16项进行装修或设备安装，空客天津A330宽体客机完成及交付中心项目等21项进行主体施工，一汽丰田天津新工厂项目等12项进行基础施工。（张曙光）

【重点开发项目建设】 2016年，按照中共天津市委、市政府指示，市重点开发项目工程建设指挥部统一协调、大力推动海河上游沿线及天拖、绿荫里等33个房地产开发项目。指挥部下设2个项目管理小组，实行专人专项管理，按照"服务、协调、监督、管理"八字方针，主动为项目开展协调服务，会同相关委办局和有关区政府解决系统性的前期手续问题和个别难点问题。按照优质精品工程、绿色建筑工程、安全无事故工程和文明施工示范工程的工程目标，高质量、高标准推动工程建设。

截至2016年底，33个项目进展总体顺利。海景文苑、渤海银行、棉三、津湾广场7、8号楼、仁恒河滨花园二期、融御项目等6个项目已经竣工，仁恒海河广场、旺海国际、汇雅广场、手表厂、中信城市广场、海河大观等6个项目准备竣工验收，合生国际大厦、津湾广场9号楼、东南角B地块、轧五地块、泰达城河与海、恒大帝景、绿荫里、中海八里台、解放南路43号地、诺德中心、大成食品地块、一钢丝绳厂地块、水产地块、天拖一期等14个项目进行主体施工，港铁一期、北宁起步区、现代城A区、奥式风情南区、泰达城三号地、天津湾CD地块等6个项目处于基础施工阶段，一热电项目准备交地。（魏东）

【全运村项目】 天津市全运村项目为2017年第十三届全国运动会赛事的配套服务项目，赛会期间将为运动员、技术官员、媒体等提供住宿和生活服务，被列为天津市重点建设项目。

全运村项目位于解放南路重点开发建设区域范围内，东起林海路、南至外环辅道、西至梅林路、北至渌水道，项目占地32.14万平方米，共8个地块，地上建筑面积70.7万平方米，地下建筑面积24万平方米。另外，为全运村配套服务临时用地1宗，占地10.7万平方米，建设运动员餐厅、停车场等配套服务设施。项目采用市场化运作模式，由天津绿城全运村建设开发有限公司负责开发。该项目按照全运会的标准进行了精心的设计，确定高低错落的规划设计方案，以及法式建筑风格，力求将项目打造成为天津的高端精品工程和地标性项目。

项目81栋主体结构已全部封顶，二次结构全部完成，外檐装饰工程基本完成，外配套工程完成90%，精装修工程完成90%，景观工程已进场施工。计划各地块2017年3月精装修全面完工，确保5月份竣工并交付使用，3号地、9号地等赛事服务配套设施2017年3月进场施工，6月份竣工，为迎接第十三届全运会打下坚实基础。（刘屾）

【黑牛城道两侧新八大里开发建设】 黑牛城道两侧新八大里工程位于解放南路、大沽南路及复兴河围合区域，总占地面积268公顷，规划总建筑面积约368万平方米。项目分8个地块，已出让的7个地块，总建筑面积282万平方米，其中：地上194万平方米，地下88万平方米。益发里（南地块）5.4万平方米，双迎里31.4万平方米，三诚里47.8万平方米，四信里50.4万平方米，五福里42.8万平方米，六合里53.9万平方米，七贤里50万平方米。

区域新建配套设施主要包括：地铁M11内江路站，黑牛城道地下通道1个，17条城市道路，长约19千米，跨复兴河桥梁3座，10.69万平方米的续建复兴河绿道公园,设计流量14立方米/秒的雨水泵站1座,五里、七里小学2所,复兴门、洪泽路110千瓦变电站2座,地源热泵能源站(含管网)2个。

开发项目全部开工,148栋新建建筑中,单体竣工34栋,主体封顶84栋,其余30栋主体结构或桩基施工。配套项目中,内江路地铁站结构完工,太湖路雨水泵站竣工,黑牛城道地下通道顶管施工已完成,黑牛城道提升改造(郁江桥至海津大桥)部分完成石材铺装和树木种植,部分道路完成雨污水管线施工,地源热泵能源站完成打井1500余口,五里、七里小学已进场。(高东)

【解放南路区域综合开发情况】 解放南路区域(东至微山路,南至外环辅道,西至解放南路,北至海河)总面积17.6平方千米。配套公建和道路初具规模,按照路网规划已启动22条道路及2座桥梁建设,其中梅林路等15条道路及淇水道桥均已具备通车条件。按照区域规划共安排17个非经营性公建项目,已启动建设14个,其中西区消防站、文体中心、邻里中心、43号地小学4个项目已完工,卫津河、太湖路公园已建成。

4月,天津市申报国家第二批海绵城市试点工作并获得成功,解放南路区域纳入试点范围,共申报建设项目50个,总投资34.27亿元。(刘屾)

【天钢柳林城市副中心开发建设】 天钢柳林区域(东至外环南路,南至大沽南路,西至昆仑路,北至津塘路)总面积14.5平方千米。该区域土地整理、基础设施、还迁安置房均处于建设推进阶段,已启动11条道路、1座柳林泵站和堤岸结构工程。除利福道、雪莲南路等11条道路除受拆迁影响部分无法施工外,可施工段落基本顺利完成。其中,春意桥和鄱阳路两项目于7月16日实现通车。

区域内海河公司负责整理土地共计6.32平方千米,东丽核心区拆迁点位基本拆除,办理交地移交等手续。影响堤岸建设的拆迁点位中,东丽区搬迁490余户,剩余20余户正进一步协调推进,津南区搬迁3户,剩余11户继续深入工作,河西区共搬迁49户居民和航运学校1处公建,剩余1户居民已签约,2处公建协调推进。(刘屾)

【文化中心周边开发建设】 尖山八大里旧城改建项目和地铁投资项目。尖山八大里旧城改建项目完成1户公建赵瑛会所的征收,推进地块内配套管线切改前期工作,燃气切改方案河西区规划局已经形成初步意见,促进文化中心周边地区规划策划方案调整等工作,初步完成拆迁结算资料整档工作,完成产权调换明细核对。已基本完成地铁六号线尖山路站、黑牛城道站及区间项目,地铁六号线广东路站,四中搬迁项目(金星里房屋征收),Z1线等项目的档案整理工作,完成公产房屋注销310件。

完成乐园道拓宽项目增资调概基础性工作。通过要求有关各方精细化测算,预计概算调整为63839万元,较原计划调整值节约投资约1100万元。

圆满完成四建地块房屋征收收尾工作。及时办理四建地块房屋征收注销证明,同时也完成拆迁结算工作。已明确四建地块房屋征收成本回收路径,并通过成本预审。(彭辰)

【海绵城市建设】 成立天津市海绵城市建设领导小组,编制完成《天津市海绵城市建设专项规划(2016~2030年)》,并获得天津市人民政府批复。天津市政府批转《关于推进海绵城市建设指导意见的工作方案》。出台《市建委关于印发天津海绵城市建设管理暂行办法的通知》、《天津市海绵城市建设技术导则》和《天津市海绵城市设施标准设计图集》等一系列配套文件。推动各区开展海绵城市规划编制和项目建设工作。

4月,成功申请国家第二批海绵城市试点。试点区域为解放南路片区和中新生态城片区,试点总面积是39.5平方千米,其中中新生态城片区22.8平方千米,解放南路片区16.7平方千米。试点申报共涉及建设项目118个,其中解放南路50个,中新生态城68个。项目包括:建筑与小区建设、海绵型道路与广场建设、海绵型公园绿地建设、管网建设、水系整治生态修复、泵站改造与建设、海绵城市监管平台建设7大类项目。全力推动解放南路和中新生态城试点区海绵建设工作。聘请全过程技术把控团队,对试点区域进行全过程、全方位的跟踪服务和技术把控。研究搭建监控监测系统,开展试点区域监测方案研究工作,确定监测点位。(刘玉娜)

【装配式建筑】 制定并发布《关于在天津市建筑产业现代化项目规划条件中提供相关建设指标的通知》、《天津市装配整体式建筑预制装配率计算细则(试行)》、《关于推进天津市建筑产业现代化工作的部门分工意见》等装配式建筑配套文件,保障装配式建筑发展和政策的落实。

先后组织制定并发布《装配整体式混凝土结构施工质量验收标准》、《装配整体式混凝土剪力墙结构设计规程》、《预制装配式混凝土构件质量检验标准》、《装配式模块建筑应用技术规程》、《天津市民用建筑信息模型(BIM)设计技术导则》、《天津市保障性住房建设技术导则》、《天津市保障性住房建筑标准设计图集》等地方标准和图集，初步建立装配式建筑从设计、构件生产、施工安装到竣工验收全过程标准规范体系，为发展装配式建筑提供技术支撑。

积极培育产业化生产基地，已形成年产满足600万平方米建筑面积的钢筋混凝土和360万平方米建筑面积的钢结构建筑生产线，基本满足天津市装配式建筑建设需求。

稳步推进试点示范项目建设，先后开展预制装配率30％、45％、65％和80％项目试点建设，全市在建装配式建筑试点示范项目63万平方米，累计建设预制装配式保障性住房约40万平方米。（师生 顾叶飞　云立祥　张栋）

【地下综合管廊规划建设情况】　深入贯彻落实《国务院办公厅关于推进城市地下综合管廊建设的指导意见》，全力推动天津市综合管廊规划建设工作。成立天津市地下综合管廊工作领导小组，14个委办局协同联动。编制完成《天津市地下综合管廊建设专项规划》(2015～2030)，2016年4月获得市政府批复，全市综合管廊规划建设总里程270千米，中心城区综合管廊规划建设总长度为90千米，形成"十区，五连，多点"的系统布局。出台《天津市综合管廊工程技术规范》，为天津市管廊建设提供了技术标准，先后印发《天津市地下综合管廊规划建设工作方案的通知》、《天津市城市地下综合管廊建设管理暂行办法》、《天津市市政公用交通领域推广政府和社会资本合作(PPP)模式实施方案》等系列文件，为天津市综合管廊建设提供有力保障。

2016年天津市开工建设综合管廊16.7千米，共计5个项目。包括宝坻区西环路综合管廊一期、二期6.8千米，中新生态城（嘉顺道）综合管廊1.1千米，静海区滨港电镀产业园综合管廊3.7千米，延吉道综合管廊2.1千米，香泽道综合管廊3千米。圆满完成国家的考核任务。（刘玉娜）

【港口建设】　生产功能性项目：新港北铁路集装箱中心站6月投入试运行，东疆红酒展销中心11月竣工验收，东疆商务中心、临港新兴建材通用码头、美洲路新联合查验堆场已基本完工，南疆27号通用码头3月顺利开工，整体进度良好，高沙岭港区危化品物流中心项目积极办理项目前期手续。

设施配套类项目：新港九号路道路、新跃进路及八号路立交已按计划全部完工，八号路以北区域土地整理、新跃进路北段周边道路工程已完成真空预压处理，北港路纳渣坑段已完成地基加固试验，北港路其余部分按计划实施，现已完成路基及管线开槽，碱渣山搬迁治理工程已基本完工，散货物流北环线一期工程实现开工建设。

2016年天津港累计完成基础设施建设投资50.1亿元。货物吞吐量达到5.5亿吨，集装箱吞吐量突破1450万标箱。（师端平）

【高速公路建设】　2016年，蓟汕联络线和京秦高速实现通车，中心城区外围高速环线基本形成。

其中，蓟汕高速公路，全长41.5千米，总投资约126.3亿元。该高速与京沪高速、滨保高速、京津高速、津晋高速共同围合成中心城区外围的绕城高速环线，并与津蓟高速、津汕高路连通构成天津市域"九横五纵"骨架路网中纵向干路之一，是天津市域范围内的南北向通道的重要组成路段。

京秦高速公路，全长30.3千米，总投资约45.36亿元。作为天津"九横五纵"骨架路网布局中的第一横。有效地缩短蓟县通往周边城市的距离，构建北京通往秦皇岛的又一条快速通道，更有力促进京津冀经济一体化进程向纵深发展有较大的作用。（贾强）

大事记

2月

13日　召开会议专题研究城乡建设"十三五"期间重点项目和2016年度主要工作。

24日　召开建设系统2016年20项民心工程及"美丽天津四清一绿"建设项目动员会。

29日　住房城乡建设部在天津市召开天津、上海、重庆三个直辖市住建系统文明办主任座谈会。

3月

5日　2016年天津市住宅和房地产开发建设工作会议召开，会议全面总结"十二五"天津市住宅和房地产开发建设工作，对2016年重点工作做安排部署。

23日　召开2016年建筑业和建筑市场管理工作会议，对2015年建筑业和建筑市场管理进行全面总结，对2015年度建筑市场管理先进单位、优秀诚信企业、优秀项目经理等先进单位和个人进行表彰。

4月

20日　召开"2016年天津市建设工程质量安全工作会议。

25日　组织召开第13届全运会新建场馆道路建设工地管理工作推动会。

8月

6日　天津地铁6号线首开段（长虹公园站—南翠屏站）正式开通试运营。

25日　志成道延长线环外方向正式通车。该路段可联通宁河、蓟县方向，其开通为天津市从市区到宁河、蓟县方向开辟一条便捷通道。

10月

22日 由天津市建委、人力资源和社会保障局、总工会和团市委联合主办的天津市第六届建筑业职业技能大赛市级总决赛在天津市滨海职业学院隆重举行，这是全面推进天津市建筑业职业技能队伍建设的重大举措。

12月

7日 召开迎全运会城市综合整治水电气热保障工作部署会，明确各单位任务分工，制定检查清单，开展排查整改工作。

31日 地铁6号线北段工程(人民医院站至南孙庄站)31日正式投入运营，实现北端南孙庄站到南端南翠屏站26千米、24个车站的全线运营。

（天津市城市建设委员会）

国土资源和房屋管理

综合管理业务

【改革创新工作扎实推进】 2016年，天津市国土房管局把改革创新作为发展的驱动力，坚持问题导向，实施50项改革创新事项，包括建立既有建筑玻璃幕墙使用维护等一批制度，理顺区县级公用公房管理等机制，健全房、地两个市场分析指标体系，为全面提升水平夯实基础。

【局领导服务各区取得实效】 按照工作计划，天津市国土房管局每位局领导按对口分工，每月安排不少于一次到各区进行调研，面对面开展服务工作，做到当月问题当月解决。2016年，共调研服务99次，解决各类问题365项，得到各区政府和企业的广泛认可。

房地产市场管理

【概况】 2016年，天津市新建商品房成交2948.3万平方米，同比增长70%，其中，新建商品住宅成交2636.5万平方米，同比增长69.3%。全市新建商品住宅平均交易价格13074元/平方米，同比增长15.9%。

2016年，新建商品房新开立监管账户1245个，同比增长135%，新增监管面积1612.86万平方米，同比增长118%，预售资金累计进款2245.83亿元，同比增长190%，累计拨付资金2073.72亿元，同比增长195%，解除监管账户837个，解除监管资金74.55亿元。监管存量房屋15.48万套，同比增长63.93%，监管面积1281万平方米，同比增长57.76%，监管金额2000亿元，同比增长119%，平均监管比率为95%。两项资金监管保持零误差业绩。

【房地产市场宏观调控】 2016年以来，为应对全国一线城市及部分二、三线城市住房价格较快上涨，国务院将包括天津市在内的16个城市列为热点城市，要求地方政府出台分类调控措施，确保房地产市场平稳健康发展。按照国务院要求及市领导批示指示精神，结合天津市实际情况，不断加强房地产市场调控工作。先后出台《关于进一步促进我市房地产市场平稳健康发展的实施意见》、《关于进一步加强房地产市场监管规范市场秩序有关工作的通知》、《关于加强住房信贷政策管理的通知》、《关于进一步加强住房信贷政策管理工作的通知》等政策，推出区域性限购、差别化限贷、加大房地产市场监管等措施。

【商品房销售许可审批】 依法严格审批商品房销售许可。发放商品房销售许可证1045件，发证面积1683.47万平方米，其中住宅房屋886件，发证面积1360.28万平方米，非住宅房屋159件，323.19万平方米。

不断规范内部审批程序。为防止商品住房价格过快上涨，对商品房销售价格上限申报变化幅度提出规范要求，客观、公正地核定价格上限标准，指导开发企业合理申报销售价格。

【房地产中介管理】 强化房地产估价行业管理。办理房地产估价机构资质核准20件，房地产估价师注册253件。组织完成434名房地产估价师继续教育培训。

全面启动房地产经纪机构网签。天津市共有45家房地产经纪机构开通网签功能，可以通过"房地产经纪管理和网签系统"为交易群众提供房屋买卖协议打印服务。全年共签署存量房买卖协议3.9万件，有效缓解各区不动产登记窗口的工作压力，方便群众。

开展房地产中介市场专项整顿。按照住房和城乡建设部要求，组织各区房管局开展房地产中介市场专项整治工作，重点治理中介机构发布虚假房源信息等10项违法违规行为。专项整顿期间，受理举报投诉136件，下达《责令改正通知书》34份，实施行政处罚3件，有效规范房地产中介机构经营行为，进一步促进全市房地产市场健康发展。

发布2016年房屋租赁指导租金。通过对2856个物业小区、10万条各类房屋租赁成交案例的测算、论证，制定并发布《天津市国土房管局关于发布天津市2016年房屋租赁市场指导租金的通知》，于6月23日实施。

【房地产市场监管】 认真履行市场监管职责。通过对新建商品房项目销售现场、房地产经纪机构经营场所的日常巡查，及时发现、纠正和查处违法违规行为。市、区两级监管部门共巡查商品房项目3042次，发现违法违规行为179起，巡查经纪机构门店5460次，发现违法违规行为789起。采取约谈企业负责人、实施行政处罚、移交相关部门查处、媒体曝光等措施及时予以处理。多措并举开展专项治理。对房地产市场中出现的新情况新问题有针对性地开展调查和治理，同时积极发挥部门合力，配合市金融部门开展房地产行业互联网金融风险专项整治，联合市发改委开展明码标价专项检查，针对发现的问题积极督促整改，化解大量纠纷和矛盾隐患，有效维护天津市房地产市场秩序。

【修订《天津市新建商品房预售资金监管办法》】 8月1日，新修订的《天津市新建商品房预售资金监管办法》实施。实施当日，《中国建设报》在头版刊发《把紧房地产交易资金安全"闸门"——天津创新新建商品房预售资金监管》的报道，介绍天津预售资金监管改革创新的经验做法。

【修订《天津市存量房屋交易资金监管办法》】 为适应存量房市场发展形势，研究修订《天津市存量房屋交易资金监管办法》，2017年1月12日经市政府批准转发。该《办法》重点在简化资金监管手续、交易双方当事人选择接受或放弃资金监管服务等方面予以修订完善。

【新建商品房买卖合同实行网上备案】 为简化商品房买卖合同备案程序，方便办事企业和群众，研究制定《市国土房管局关于实行商品房买卖合同网上备案的通知》，自8月1日起实施，体现"让数据多跑道，让企业和办事群众少跑道"的服务理念。

【全面开展房地产经纪机构网上签订存量房屋买卖协议】 为方便办事群众就近网签存量房屋买卖协议，提高服务质量，研究制定《市国土房管局关于全面开展经纪机构存量房屋买卖网签工作的通知》，房地产经纪机构网上签订存量房屋买卖协议工作在全市全面推开，改变多年来群众必须到区登记大厅网签存量房屋买卖协议的做法。

既有房屋管理

【既有房屋使用安全管理】 启动老旧小区和远年住房改造工作。按照天津市政府提出的"全面建成高水平小康社会，突破重点、补足短板"专项整治工作要求，天津市政府组建中心城区老旧小区及远年住房改造协调工作组，由天津市国土房管局牵头，组织相关区政府对外环线以内的老旧住房进行全面调查，制作涉及围墙、阳台及外檐等11大类安全问题清单。《中心城区老旧小区及远年住房改造工作方案》经中共天津市委、市政府审议通过，计划利用三年时间对存在安全问题的3069个片区、22496幢、8310.90万平方米老旧住房进行改造。

既有玻璃幕墙使用维护管理立法。在认真调研，学习借鉴北京、上海等地工作经验的基础上，完成专题调研报告。起草《天津市既有建筑玻璃幕墙使用维护管理办法》。

老旧房屋安全排查。按照住房城乡建设部部署要求，汛期和冬季分别组织各区房管局对老旧房屋进行两次全面排查，做到责任落实到人、查勘不留死角。对查出的危险房屋、严损房屋隐患，各区房管局督促房屋产权人及时解危修缮，同时对危险房屋及危险点位进行重点监控，建立危险房屋管理档案和监控档案。

既有房屋安全度汛。组织各区房管局落实防汛工作部署和安全应急预案，将直管公房、危损房屋和住人地下室作为防汛工作重点，健全管理制度，落实抢修人员、抢险措施，未发生塌房伤人责任事故。汛期中出动房屋抢险人员2000余人次，抢险车辆50台次，抢修补漏直管公房1199处、1.7万平方米。

【直管公房管理】 推动直管民用公房出售。自2014年加大推动民用公房出售力度以来，市内六区直管民用公房累计出售13.1万户，建筑面积675.81万平方米，占可售直管民用公房面积的64.91%。

推进直管民用公房管理单位整合和人员安置。推动天津市房产总公司和各区房产公司按照直管公产管理单位转制和人员分流安置方案，尽快完成市内六区房管站整合、公租房和直管公房管理职能分离，成立房屋维修中心，做好职工队伍稳定。

区级公用公房下放。按照中共天津市委、市政府加大供给侧结构性改革和进一步简政放权的总体要求，改革区级公用公房管理模式，将2290处800余万平方米公用公房一次性全部无偿划转到区政府，促进公用公房资产向资本的转化，为各区发展增添新动力。

【历史风貌建筑保护】 加大保护监管力度。完成历史风貌建筑日常巡查12000余幢次，依法查处违法案件34件，督促违法行为人办理相关审批手续。完成4幢历史风貌建筑装饰装修审批。推动落实33幢建筑的综合整修工程，提升建筑结构安全性能和使用功能。先农大院二期和润兴里新建工程有序开展，两个项目均取得一星级绿色建筑设计标识。

开展历史风貌建筑外檐整修。组织对63幢9.7万平方米历史风貌建筑外檐进行整修，使建筑恢复历史原貌，成为城市景观新亮点。

做好重点项目运营。静园、庆王府、先农大院、民园西里等项目全年接待游客超过110万人次。静园完成景区设施提升改造，荣获"全国科普教育基地科普信息化工作优秀基地"荣誉称号。庆王府成功承办天津夏季达沃斯论坛新领军者年会，山益里精品酒店荣获"2016年中国最佳主题文化酒店"荣誉称号。

物业管理

【物业企业信用等级考评实现常态化】 贯彻落实《天津市物业服务企业信用信息管理办法》，对1001家物业企业信用等级进行了评定，涉及2890个项目，181个街道、乡镇。信用良好以上企业占到考评企业的74%，较2015年提高8%。23家企业被取消进津备案或注销企业资质证书。通过加强外部监管、落实奖惩措施，有效促进行业整体服务水平的提升。

【全力推行住宅小区物业服务等级化管理】 建立完善物业小区日巡查周讲评、企业月检查考评、区年度全覆盖检查验收、市局月抽查季讲评通报制度，充分发挥行政主管部门依法监管市场的作用，完成对1677个物业管理商品住宅小区全覆盖等级化服务考评，物业服务合格率达到99.22%，优良率49.49%。

【维修资金归集和使用效率稳步提升】 修订《天津市已交存房屋应急解危专项资金管理办法》，建立共用设施设备应急抢修机制。同时，通过上线维修资金手机APP系统、维修资金使用业务比武竞赛等创新举措，进一步提高维修资金监管和使用效率。

【创新手段助推物业企业转型升级取得新突破】 研发天津市智慧物业服务平台并上线运行，有效破解物业企业利用"互联网+"转型升级发展普遍面临的问题。已有118家物业企业签约使用该平台，涉及项目111个，下载量已达到3.5万人。设置的物业服务、在线收费和社区商务3大板块，在畅通与业主沟通渠道、解决物业费收缴难、促进服务提升等方面发挥积极作用。

住房保障

【概况】 2016年，天津市与国家保障性安居工程协调小组签订的住房保障工作责任目标为：开工建设棚户区改造安置房5万套、基本建成保障房5万套、新增低收入家庭租房补贴0.3万户。全市开工建设棚户区改造安置房5.04万套、基本建成保障房5.5万套、新增低收入家庭租房补贴0.33万户，圆满完成与国家签订的责任目标。

【完善住房保障政策体系】 根据天津市城市居民可支配收入增幅，经天津市政府同意，自2016年3月1日起，将廉租住房实物配租补贴、廉租住房租房补贴、经济租赁房租房补贴收入准入条件分别从家庭上年人均月收入低于960元、1380元、2640元放宽到1050元、1490元、2850元，进一步扩大租房补贴受益范围。

【加快推进棚户区改造】 充分利用国家金融支持政策，积极推进政府购买服务新融资模式，组织各区完成棚户区征拆114万平方米。指导各区结合实际制定补偿方案，择优遴选户型合理、配套完善、适宜安置的普通商品房作为安置房，引导群众选择货币化安置。2016年天津市货币化安置比例为34%。

【加强公租房配租使用管理】 2016年内共有渌水道等7个项目、1.3万户家庭配租入住，对当年租赁期满3年的10个项目、0.78万户家庭有序开展续租工作。中心城区10.7万套公租房房源中，已投放42个项目、5.3万套，4万户家庭入住。进一步完善绩效考核和激励制度，加大公租房租金收缴力度，租金收缴率达98.1%。规范公租房项目修缮养护范围及标准，房屋维修及时率、完成率均达到100%。

【加强住房保障监督管理】 加强监督管理，指导全市385个保障房项目开发建设单位和物业服务企业开展安全管理自查，对发现的问题及时整改。对保障家庭开展4次专项核查，对查出的租房补贴违规家庭，全部停发补贴，建立不良信用记录。

法治建设

【规范性文件管理】 全年制定发布局规范性文件24件，按时报市政府法制办备案。加强规范性文件监督管理，全年清理文件525件。完成5项规范性文件后评估任务，提高法规制度的系统性、科学性和有效性。

【加强行政执法规范化建设】 出台《天津市国

土房管系统行政处罚裁量基准规定》，最大限度减小执法人员自由裁量空间。制定《天津市国土房管局行政执法监督办法》，建立完善行政执法人员资格管理、重大案件会审等行政执法监督制度。加强行政执法监督平台建设，督促行政执法主体进一步规范执法行为。

【行政复议和行政应诉】 全年办理房屋管理类行政应诉案件77件。认真落实行政机关负责人出庭应诉制度，局级领导干部出庭应诉3人次。全年办理行政复议案件204件，其中上级机关审理的复议案件101件。引入政府法律顾问协助办案，增强行政复议的专业性和公信力。

大事记

1月

11日 天津市政府召开会议协调推动公租房项目市政配套建设等有关工作。

2月

1日 市国土房管局召开安全维稳应急工作视频会。

2日 市国土房管局召开国土资源和房屋管理工作暨党委扩大会议。

23日 市国土房管局、市民政局印发文件，调整廉租住房实物配租补贴、廉租住房租房补贴、经济租赁房租房补贴三种补贴收入准入条件。

3月

1日 市国土房管局召开信访干部培训视频会议。

17日 市国土房管局邀请市人大代表政协委员座谈听取意见建议。

4月

1~5日 2016年春季天津房地产交易会在梅江会展中心成功举办。

6月

6日 智慧物业服务平台完成研发正式上线运行。

7日 天津市政府批转《新建商品房预售资金监管办法》。

17日 市国土房管局发布天津市2016年房屋租赁市场指导租金。

17日 市国土房管局被中宣部司法部全国普法办评为全国法治宣传教育先进单位。

7月

13日 市国土房管局印发天津市公用公房管理体制改革实施方案，并组织召开公用公房管理体制改革动员部署会。

9月

6日 副市长孙文魁到市国土房管局调研指导工作。

30日 天津市政府办公厅印发《关于进一步促进我市房地产市场平稳健康发展的实施意见》。

12月

23日 市国土房管局召开全系统安全生产工作会议。

（天津市国土资源和房屋管理局）

城市管理·市容园林

概况

2016年，在中共天津市委、市政府的正确领导下，天津市市容园林委认真学习贯彻习近平总书记系列重要讲话精神和十四届八次、九次全会部署，牢固树立创新、协调、绿色、开放、共享发展理念，紧紧围绕美丽天津建设、京津冀协同发展的总目标和迎办第13届全运会的阶段性目标，全面推进迎全运城市综合整治，着力实施"绿化、美化、亮化、净化、细化"工程，市容环境、园林绿化、城市管理成效显著。

【绿化建设实现突破】 坚持"低碳、生态、大绿"，围绕体育场馆周边、驻地周边、全运村周边、机场车站码头、参赛线、联络线等，全面推进园林绿化建设，新建提升各类绿地2250万平方米，栽植树木504万株，城市绿化覆盖率、绿地率、人均公园绿地面积分别达到37.5%、32.5%和10.5平方米以上。启动实施全运村驻地、奥体中心、团泊体育中心等47个比赛场馆周边绿化建设提升，展示天津城市风貌和地域文化特色。启动实施外环绿带沿线绿化和津滨大道、卫津南路等10条入市道路沿线绿化改造，提升绿化品质，打造入市第一印象。完成外环绿带沿线绿化提升示范段建设。高水平完成辰昌路等66条道路绿化改造，新建提升绿化106万平方米，栽植补植行道树5315株，内外贯通、交织成网的林荫绿廊进一步完善。高质量建设西柳公园、南开公园等10个公园，城市"绿肺"功能显著增强。对道路街头裸露地、三角地、清拆地等可绿化地块实施街头绿化，因地制宜、能绿尽绿，治理黄土裸露地21.7万平方米。推进中心城区绿化提质，拔除枯树死苗4831株，补植品种一致、规格相当的乔灌木9347株。生态大绿扮美津城，进一步营造"大地尽染叠翠，津城满眼是绿"的城市新景象，充分发挥了城市绿化释氧固碳、增湿降温、滞尘防污的生态作用，为京津冀大气污染防治做出贡献。

【城市照明全面提升】 全面加强城市照明管理，精心实施城市夜景建设，津城夜环境更具品质特色。启动实施友谊北路、水上西路等23条路灯改造，更换灯具2081基，提高城市绿化照明水平。健全路灯设施维修维护机制，城市道路路灯亮灯率达到98%以上，路灯设施完好率达到95%以上。高质量完成天石舫至大光明桥海河夜景灯光设施修复，进一步打造美丽海河。实施中心城区主干道路25千米夜景灯光线提升，同步完善了25千米夜景灯光供配电工作。高品质完成"达沃斯之夜"的夜景灯光建设，并于6月24日正式启用，为夏季达沃斯论坛在津的顺利召开贡献力量。夜景灯光更具品位的同时，制定《天津市中心城区夜景灯光管理考核办法》。

【环卫作业管理升级】 认真贯彻落实"美丽天津·一号工程"，精心实施扬尘治理，全面实施"净化"工程，垃圾清扫、收运、处理实现全过程精细化管理，城市更加干净整洁。启动实施道路扫保"以克论净"考核，实现环卫考核从直观检查向量化检测转变，推进环卫工作再上新水平。扎实推进环卫设施建设，提升改造维修公厕277座、转运站13座，进一步缓解如厕难、垃圾收运难的问题。推进宁河垃圾焚烧发电厂和静海生活垃圾综合处理厂建设，全市城市生活垃圾无害化处理率达到92%以上。

【城市管理升级提质】 坚持"依法管理为标准、智能化管理为手段、监督考核为保障"三位一体，深入开展入市道路、环境卫生等十项专项治理，治理脏乱点位5694处，一批城市管理顽疾得到有效遏制。认真贯彻落实《天津市绿化条例》，制定并实施《园林绿化养护导则》，和平区率先实现行道树和名贵树木二维码的全覆盖，进一步实现了依法建绿、管绿、护绿。面对"执法下沉、审批集中、体制创新"的实际，积极借鉴北京城管办的经验，健全组织领导，列出责任清单，完善工作机制，做优做实城管办，充分发挥城管办高位协调的作用。完善城市管理数字化平台，市级城管数字化平台与16个区县、8个市级部门实现互联互通，中心城区划分为3002个数字化网格，实现万米网格监督管理的全覆盖。创新城市管理考核监督，实行定性考核与定量考量、综合考核与专项考核、集中考核与日常考核相结合，以海河沿线为试点，制定实施《关于加强海河沿线长效管理的实施意见》，真正做到管理和监督两个全覆盖。（陈丰）

行业发展规划

2016年，编制完成《天津市市容园林"十三五"发展规划（2016—2020年）》，并通过了天津市发改委审批。该规划全面深入贯彻党的十八届五中全会提出的大力推进绿色发展的新要求，按照中共天津市委、市政府关于建设美丽天津的部署，着力提升市容环境、园林绿化和城市管理的外在形象和内在品质。按照规划编制的通用要求，规划的主要内容包括："十二五"简要回顾，"十三五"面临的形势，"十三五"发展目标，重点举措及任务，以及保障措施。规划明确"十三五"期间市容园林事业的发展目标。规划到"十三五"期末，全市建成区绿化覆盖率、绿地率、人均公园绿地面积"三率"指标分别达到40%、35%、12平方米以上，建成国家园林城市。实现中心城区主干道路、重点地区、重点次支道路沿线建筑立面整修全覆盖。城市生活垃圾无害化处理率力争达到98%。城市建成区主干道路可机扫、水洗率达到100%，小街小路可清扫水洗达到100%，创建全国最整洁城市。推进城市管理规范化、标准化、动态化、常态化、信息化进程，进一步提升城市精细化管理水平。围绕"十三五"发展目标，规划确定绿化、美化、净化、亮化、细化等五大工程，努力实现市容环境、园林绿化、城市管理新的跨越，全力打造符合天津城市定位、独具天津特色的城市新面貌。

【绿化工程】 瞄准园林城市目标建设生态大绿。全面推进天津植物园、野生动物园、外环公园连绵带"两园一带"建设。推进快速路东南环线生态绿廊、中心城区外环线内侧、双环快速、主干路、入市路等200千米城市绿道，300千米林荫步道，马场道、贵州路等150条道路垂直和立体绿化等重点项目建设。强化生态红线保护，拓展园林绿化新技术研发，加强园林养护装备建设，不断提升园林绿化养护管理精细化水平。

【美化工程】 以黑牛城道沿线建筑整修为示范，对76条214千米道路沿线建筑立面实施整饰美化提升，高标准整修红旗南路、解放南路等30条重点示范路，展示大气、清新、靓丽的城市街容。实施中心城区151条重点主干道路沿线两侧、30个重点地区果皮箱、座椅等城市家具全面更新，推进市容市貌环境整治延伸。

【净化工程】 瞄准整洁城市目标保持环境整洁。

中心城区建成两座现代化生活垃圾无害化处理场，建成蓟县、宁河等生活垃圾无害化处理设施。加强信息化监管平台建设，实现生活垃圾运输处理精细化、智能化管理。全面推行"扫、吸、冲、洗、保"五步组合作业法，提高环卫装备整体作业效率和环保水平。创新建设理念，提升公厕保洁管理水平。推动环卫管理体制和制度创新。

【亮化工程】 瞄准美轮美奂目标推进夜景亮化。夜景灯光提升改造坚持立体空间、错落有致、色彩协调，兼顾功能性照明"增亮"，景观性照明"添姿"。中心城区夜景灯光打造一轴、三心、四口、九点、九线为主体结构的天津市夜景灯光景观网络格局。提升改造路灯指挥管理监控中心，运用"互联网+"等先进技术，推进路灯科学化、智能化管理。对中心城区高压汞灯进行节能改造，不断提升路灯设施景观"靓度"和照明"亮度"，确保路灯照明设施整洁美观。认真贯彻落实路灯照明设施养护管理标准，实现规范化作业、标准化管理，提升路灯照明设施养护管理整体水平。

【细化工程】 按照《天津市城市管理规定》，深化、细化、优化管理细则，依法推进城市管理，积极创新监督考核机制。按照政府组织、属地管理、部门配合模式，推进环境秩序综合保障、数字智能智慧城市管理提级、环境秩序专项治理、执法装备建设等，不断提升城市管理精细化、规范化、科学化水平。（王文杰）

市容市貌

2016年街容管理工作，围绕美丽天津建设，以迎全运城市综合整治为重点，实施专项治理，狠抓精细化管理，突出阶段性工作目标，各项工作取得一定成效。

【街容管理成效明显】 明确任务，全面组织部署。按照迎全运城市综合整治工作的部署要求，制定并下发《关于专项治理违法户外广告设施工作的实施意见》，对中心城区进行全面普查，明确治理标准、治理重点、完成时限和保障措施，按照调查摸底、自行拆除、集中治理和检查验收4个阶段强力推进，做到工作有形、有序、有效落实。集中整治，加大治理力度。召开街容管理专项会议进行工作部署，深入各区推动落实，组织各区全面开展专项治理违法户外广告设施工作。共治理违法户外广告设施5241处，其中楼顶广告47处、楼顶单体字75处、墙体广告73处、墙体单体字50处、牌匾标识72处、大型占地广告2118（含滨海新区区域内1296）块、布标拱门气球190处、张贴画涂鸦2417处、小型占地标识（占地灯箱）117处、刀牌39处、外檐装修20处、LED屏21块、过街天桥广告2处。同时下发《关于加强商业牌匾管理工作的通知》，规范和加强对新建楼宇商业牌匾设置管理工作。以考促管，严格考核标准。重点组织对市内六区街容管理综合考核，将考核时发现的问题现场通知参加联合考评的相关区限期治理列入考核内容，通过考核发现问题，通过考核治理问题，同时适时增加考核项目，扩大考核范围，改进考核方式方法，提高考核标准，坚持街容管理考核的科学性和实效性，以考核促治理，以考核促管理，实现街容管理综合考核精细化、常态化、制度化、规范化。

【节日气氛布置效果突出】 元旦、五一、国庆期间，重点对31条主干道路和重点繁华地区进行了布置，插挂国旗14958面，开启景观灯22万盏，春节期间，按照"市级示范引导、区自设为主、推动社会投入"的原则，突出喜庆、祥和、勤俭的设置理念，对14个重要节点设置实景造型，高标准完成节日气氛布置工作。（吴杉子）

市容环境综合整治

深入开展市容环境综合整治，着力实施"城市美化"工程，围绕"路、桥、河、灯等实施全要素提升，市容市貌更加清新靓丽。综合整修黑牛城道等54条道路沿线建筑，形成黑牛城道、解放南路、友谊路、红旗路等一批建筑立面整修的示范样板。修缮38条19万平方米里巷道路，整修20条33万平方米人行便道，进一步改善群众出行环境。综合整治农学院、天津市中医药大学等12所高校周边环境，校园周边环境进一步提升。（陈丰）

环境卫生管理

紧紧围绕打造一流干净整洁的城市环境为主线，立足本职，扎实工作，圆满地完成各项工作任务，环境卫生管理工作迈上一个新的台阶，城市环境面貌成效明显，受到社会好评。截至2016年底，全市共有市容环卫业务专用车辆4647部，共有环卫公厕1358座；共有溶盐池35座，共有街道保洁队114个，清扫保洁楼群甬路面积2692万平方米。

【创新作业方式实现冬季洗路作业常态化】 结合冬季洗路特点制定冬季道路清扫保洁方案，明确冬季道路作业标准。各区加大资金投入购置洗路防冻剂，实现主干道路和重点地区每日机扫洗路全覆盖全年不间断，其他可机扫水洗道路每日机扫保洁全覆盖、每周至少洗路净化一次，小街小路每日机扫或人工清扫保洁全覆盖，重点解决冬季因气候干燥等不利气象条件造成积尘负荷严重和起尘问题，提升冬季道路作业水平。

【专业考核实现由定性考核向定量考核突破】全面推动"以克论净"量化考核，研究印发《天津市城市道路路面尘土量化考核实施细则及标准（试行）》，购置道路积尘检测车8部，11月起对全市16个区进行量化检查考核，实现环卫检查考核从直观检查向量化检测转变，道路保洁评价由"人工目测"向科学智能考评升级。以大数据、移动互联网为支撑，对全市1975部机扫水洗车辆安装GPS定位监控系统，建立完善环卫机扫水洗监控网，强化对可机扫水洗道路作业情况的监督检查，联网大气污染防治信息监管平台，实现信息资源共享。

【全面深化城市道路机扫水洗全覆盖】重新核定全市2289条9760万平方米可机扫水洗道路作业面积，细化明确标准要求。按照中心城区机扫水洗全覆盖作业标准及作业要求，进一步确定全市机扫水洗全覆盖作业定性标准（即六无六净）及定量标准（道路尘土残存量检定标准），实现全市可机扫水洗道路机扫水洗全覆盖目标任务。

【扎实开展环境卫生专项治理活动】结合《迎全运市容环境综合整治环境秩序大清洗大清整大扫除行动实施方案》要求。3月组织清洗可机扫水洗道路2355条，小街小路932条，果皮箱12641个，垃圾桶15246个，环卫公厕748个，垃圾转运站159个，清洗率均达到100%。清理道路脏乱点位20处，清整率100%。7～8月重点对151条重点道路、31个重点地区，特别是入市道路、主干道路、达沃斯论坛会场周边环境卫生实现一流的干净整洁。12月重点开展结合部、居民社区、小街小路脏乱死角专项治理行动，查找整改环境卫生脏乱死角127处，清理垃圾杂物1933吨，整体环境得到了明显改善。

【积极主动完成清新空气行动各项任务】组织各区及时启动重污染天气市容园林应急预警响应22次，重污染天气期间全市日均出动机扫水洗车辆800余台次，根据不同预警等级中心城区和滨海核心区可机扫水洗道路每日机扫水洗3次以上，重点区域每日机扫水洗4次以上，远郊五区重点道路按预警要求采取相应措施。完成155部机扫水洗及8部积尘采集车的招标采购任务。

【全力推动公厕全天候管理】按照公厕管理办法，狠抓公厕日常管理，持续开展日常检查和集中抽查推动工作。针对夏季公厕异味和使用频率高的情况，7、8月份重点对市内六区296座环卫公厕进行实地抽检，针对问题逐一研究解决方案，查处的74个问题进行立即整改，并以简报形式通报检查结果，通过举一反三，为全市环卫公厕管理起到积极的推动作用。

【圆满完成除雪任务】结合天津除雪作业实际，研究印发《天津市除雪工作预案》和《天津市城市道路除雪工作导则（试行）》。2016年先后清除4场降雪，其中2场采取清融结合的方法处置，并采用洗路车添加防冻剂的方法进行雪后清洗道路，城市道路环境面貌随即恢复正常。另外2场采取机械人工联合作业进行清雪，实现纯物理除雪作业，既保护环境，又确保市民出行安全畅通。（李瑛）

废弃物管理

2016年，天津市市容园林委强化对生活垃圾收集、运输、处置全过程的日常监管和综合考评，积极推进生活垃圾分类、餐厨垃圾资源化利用和无害化处理试点。全市城市生活垃圾清运量为269.03万吨，无害化处理量253.3万吨，无害化处理率94.15%。其中市内六区、环城四区生活垃圾清运量为156.83万吨，无害化处理155.5万吨，无害化处理率99.15%，滨海新区生活垃圾清运量为57.76万吨，无害化处理57.76万吨，无害化处理率100%，其他区生活垃圾清运量为54.43万吨，无害化处理40.03万吨，无害化处理率73.54%。5月份，蓟州焚烧厂正式投入运行，天津市焚烧处理能力提高700吨/日，达到5500吨/日，占比达51.89%，生活垃圾的资源化利用率进一步提高。（朱延国）

城市园林绿化

【园林绿化建设提升】紧紧围绕美丽天津建设，全面履行《天津绿化条例》赋予的职责，进一步优化完善城市绿地布局。按照"生态大绿"的要求，着力实施场馆绿化、道路绿化、公园绿化、街心绿化、社区绿化、河岸绿化、垂直绿化、立体绿化、生态绿廊、环城绿道等绿化工程。2016年计划任务新建提升园林绿化面积2000万平方米，实际完成计划任务的113%。组织相关专家审查各区方案。按照市总指挥部工作部署要求，组织相关专家对2016～2017年迎全运市容环境综合整治园林绿化部分共五批计划402项新建提升绿化项目的设计方案进行评审。评审专家由具有园林高级工程师职称的专家组成。机场路及公务机候机楼已全部完成，共新建提升改造绿化面积13.24万平方米，栽植乔灌木8975株。贯彻美丽天津·一号工程指挥部的工作部署，按照《天津市园林绿化工程扬尘治理导则》的要求，积极落实文明施工"五个百分之百"，严格按照重污染天气应急响应预案的通知，做好相关工作。绿化工作的亮点。生态大绿：充分利用桥下空间，建设联络公园间的城市绿廊，舒适慢行的林荫步道，充分发挥园林绿化的生态效应。提高品质：高水平建设道路绿化、河道绿化、垂直绿化等，并在比赛场馆周边实施立体绿化，以运动风格为主题的草雕，不但丰富绿化空间层次，更以绿扮美全运会氛围。贴近生活：2016年绿化中公园绿化、外环绿道、社区绿化等，都是以老百姓的生活为出发点，以功能设施为主，以人为本，满足附近居民的活动、休憩、游览等需求。（刘佳）

【园林绿化养护管理】 根据天津气候特点和园林植物习性，组织全市各区园林部门进行春季园林养管工作，其中：园林绿地、行道树浇返青水2遍，个别重点区域（新植苗木）浇返青水3遍，修剪苗木1349565株、栽植应季花卉（宿根）1814178平方米，拆除防寒围挡2284077延米、拆除立体围挡16190个。配合2016年市容环境综合整治春季大清整工作，提升城市园林景观水平。累计拔除各类干枯乔木、灌木、常绿等74958株、干枯绿篱模纹1483203株，补植补种各类苗木223215株、绿篱模纹1912661株、草坪205418平方米，清除绿篱模纹枯黄叶821949延米，清洗白护栏388780延米、维修白护栏2616处12369延米，清理树挂46776个、清理绿地卫生5912.85万平方米、清理绿地杂物729吨。以防治美国白蛾为重点病虫害防治工作是园林养护管理工作的重中之重，全年共发《园林病虫信息》40期，为防治美国白蛾，分发周氏啮小蜂6亿头，25.7吨1%的苦参碱和15吨1.2%的烟参碱，用以防治园林食叶害虫和蛀干害虫。确保天津市绿地系统的安全。（李琼琼）

【城市公园管理】 2016年天津市共有115个公园，面积2211公顷，其中水面积576公顷。其中市内六区51个，708公顷，环城四区10个，182公顷，滨海新区31个，691公顷。2016年动物园动物存栏179种2063只，其中哺乳类动物67种477只，鸟类94种1464只，爬行类18种122只。依托动物优势，通过调整经营思路、加强动物引进、加大动物科普宣传、提高园区绿化景观、创新动物展出方式等，吸引游客来园参观游览，截止到12月中旬，全年游客量达117.35万人次，较15年增长15万人次，实现门票收入3043万元，较15年增长317.57万元，增幅11.66%。全年共引进动物27种291只，既有亚洲象、长颈鹿、角马、大羚羊、白袋鼠等大中型动物，又有细尾獴、耳廓狐、巨嘴鸟、鹦鹉、黑天鹅等观赏性较高动物品种。成功繁殖金丝猴、丹顶鹤、斑马、马来熊、河马等珍稀动物29种418只。（李琼琼）

路灯照明管理

【路灯照明设施改造提升】 组织市路灯管理处制定迎全运城市综合整治路灯设施改造提升实施方案，先期实施路灯照明改造提升更换23条道路2081套老化灯具，油饰9条道路903基灯杆30座箱式变电站，补装9条道路173基路灯和2座箱式变电站，对96档4506米线缆入地等主要任务，明确项目完成的时间节点、保障措施和具体要求，组织专业人员加强与相关部门沟通协调，密切配合，做好项目计划审核、工作量核定和立项审批等工作。

【日常监管考核持之以恒】 按照《天津市城市照明管理规定》、《天津市城市管理考核实施意见》，围绕照明设施完好率、亮灯率和投诉服务满意度，指导市路灯管理处和各区路灯照明设施养护管理行政主管部门和养护管理单位加强对路灯照明设施的养护管理，建立健全日常巡查、维护、养管等制度，实现对路灯照明设施养护管理检查、督办、考核工作的规范化、科学化、常态化。结合城市综合整治任务和各种重大保障任务，累计巡查110余次，其中夜间巡查50余次，及时发现并督促养护管理单位整改存在的问题120处，确保城市路灯照明设施亮灯率达到98%以上，完好率达到95%以上。

【有序推进监控中心建设】 指导市路灯管理处制定《路灯指挥管理监控中心改造提升方案》和对路灯指挥管理监控中心分期实施改造的具体实施意见，起草致市发改委《关于申请天津市路灯管理指挥监控系统项目立项的函》。

【排查安全隐患全面启动】 开展对中心城区老旧小区及远年商品房路灯安全问题调查摸底工作。组织市路灯管理处和中心城区相关部门负责同志召开会议专题部署。研究制定小区路灯安全调查摸底实施方案。组织中心城区相关部门负责同志参加的动员和培训会议。在全市调查摸底部署工作会议后，组织对各区相关部门、街道和社区负责同志进行了再动员和集中培训。印发《关于中心城区老旧小区及远年商品房路灯安全问题调查摸底情况的说明》，在市统一下发的《各区老旧小区及远年商品房路灯安全问题清单汇总表》的基础上，结合实际进一步细化量化路灯安全调查摸底问题。组织市路灯管理处先行一步，主动作为，制定整改方案、实施标准和工作要求，并对其所属养护管理范围内小区路灯设施进行全面排查。

【重大任务保障有力】 完成重大节日、重要活动期间的路灯照明保障任务。为保障元旦、春节和"两会"、国庆及夏季达沃斯等重大活动期间的路灯照明，组织市路灯管理处召开专题会议，认真研究、精心制定保电应急方案，加大巡查力度，及时发现问题，督促责任单位落实，有效排除故障，确保了重点道路沿线路灯照明设施洁净、完好、亮丽。2016年以来，完成重大保电任务20余次，实现了重要活动和重大节日无停电、无灭灯的目标。

（吴杉子）

夜景灯光设施管

【精心组织夜景灯光建设提升】 积极筹备迎全运夜景灯光建设提升项目，有序推进项目前期工作。"城市夜景灯光线重要节点提升完善"完成项目前期勘察、设计方案、工程量核定、资金估算以及项目计划申报等前期工作，奥体中心周边夜景照明建设、海河夜景灯光提升完善设计方案基本完成，经过市领导初步审查，并深化、细化和修改完善。

【圆满完成夜景灯光保障】 做好夜景灯光日常巡查和重大活动日开启保障，坚持每日巡查，维修养护专业人员24小时定岗值班，做到"灯光开启人员到位"，及时排除运行故障，保证设施开启率和安全运行。共计完成日常巡查253天，重大活动保障42次。

【及时组织夜景灯光设施修复】 积极组织各区及市路灯处，做好日常维修养护，及时组织设施修复，及时应对排险抢修。共计排除运行故障146处，修复建筑泛光灯1456套、线性灯13200米、堤岸绿化照树灯330盏、高杆灯220盏、水线灯6200米、供配电设施68处。

【落实属地管理组织设施移交】 按照属地和部门责任，完成夜景灯光设施移交，捋顺维护运行资金拨付渠道，明确责任、明确任务、明确标准，组织推动各区及部门落实设施维修、维护和运行管理。

【加强日常管理实行专项考核】 制定《天津市夜景灯光管理考核办法》，实行夜景灯光专项考核，将夜景灯光日常维护运行管理考核与维护运行资金的使用相结合，充分发挥"以考促管"的激励作用，保证夜景灯光设施开启率、完好率和整体效果。

（吴杉子）

综合执法管理

天津市综合执法局在中共天津市委、市政府的领导下，严格按照属地管理的原则，充分发挥城市管理综合执法在城市管理中的主力军作用，勇于担当、务实苦干、攻坚克难，抓好各项工作的落实。市执法局制定"美丽天津·一号工程"指挥部下达的《关于开展运输撒漏专项治理工作方案》、《关于开展露天烧烤、马路餐桌专项治理工作方案》和《关于开展清洁社区、清脏拆违治乱专项治理工作方案》3个方案，并按照方案中的职责分工抓好督办落实。

【露天烧烤、马路餐桌治理】 市执法局按照市清新空气指挥部的部署，每天安排多个督查组，重点对市区外环线以内区域各级道路露天烧烤治理情况进行全面巡查，将检查结果纳入考核并严格督办问责，有力推动各区执法局对所辖街道综合执法大队对全市904处露天烧烤易发点位的治理。共计巡查外环内区域道路18100条次，发现并督办整改露天烧烤、马路餐桌点位464处。

【运输撒漏治理】 各区城管执法局加强对运输撒漏事前监管，主动提前进入工地掌握运输渣土时间，对工程渣土运输车辆进行巡控，并指导督促街道综合执法大队依法严厉查处建设工程、市政道路、建筑拆迁、园林绿化、水务施工等出土工地运输撒漏行为。共检查在建工地3007个，治理未按要求苫盖运输车辆9116辆，下达限期改正1596起，立案查处822起，处罚106.3万元。

【清洁社区清脏拆违治乱治理】 组织召开全市清洁社区清脏拆违治乱专项治理中期工作推动会，对全市820个老旧小区清脏拆违治乱专项治理工作进行推动检查，以检查促整改，以检查促工作开展。已经检查整改小区620个，检查面积1470.64万平方米，摄制视频379.1G、问题现场照片1335张，实现"六无"小区87个。

【市容环境专项治理】 对市内六区、环城四区涉及的15条入市道路进行督查推动，清拆违章棚厅89处，治理占路经营1310处、露天烧烤和马路餐桌516处。做好城管执法日常业务绩效检查评价。共考核通报道路2240条、社区660个，发现问题7499处，治理占路经营聚集点48处。

【违法建设治理交叉督查工作】 完成住房城乡建设部对天津市和天津市代表住房城乡建设部对北京市违法建设治理工作的督查任务。根据住房城乡建设部《关于开展城市建成区违法建设治理工作专项督查的通知》的统一部署，按照市领导的批示要求，圆满完成住房城乡建设部第五专项督查组对天津市滨海新区和河东区违法建设专项治理工作进行的专项督察迎检任务，并代表住房城乡建设部组成督察组对北京市违法建设专项治理工作进行专项督察。

【屋顶非法广告、桥下空间、非法机动三轮车治理】 市、区执法局履职尽责，对屋顶非法设置广告进行依法拆除，配合相关部门对机动三轮车非法改装、运营、经营行为进行治理，对违法占压、占用桥下空间行为依法进行清、拆除，通过卓有成效的治理。

【入市口道路专项治理】 完成2016年20项民心工程入市口道路专项治理任务。确定卫国道等15条入市道路的专项治理工作，全市共完成治理违章棚亭95处，烧烤点位550处，治理非法占路经营1390处。

【网络舆情督办及其他任务】 完成中共天津市委、市政府领导交办的重要任务和网络舆情的督办工作。做好市政府《城市管理检查督察专报》的督办工作。市局专门成立督察组，对《专报》中涉及的私搭乱盖、非法设置户外广告等18类问题，共527处具体点位，给相关区政府下达《落实督察督办通知单》。同时，按照市领导要求，河东区执法局对恒大帝景非法设置广告、西青区执法局对清溪花园违法建筑等社会反响大的重点、难点问题依法及时进行了拆除，对总医院周边等报刊亭混乱问题进行治理。圆满完成环境秩序保障工作。完成中央领导来津视察、外省市来津考察、夏季达沃斯论坛、津洽会、全国田径竞标赛、环中国自行车大赛、全国矿业大会、天津旅游博览会、全市"互比互看"、"两节两会"、中高考等重大活动市容环境秩序保障任务91次，现场检查、督办、整改违法违章问题1363处。认真做好网络舆情的收集和办理工作。共完成舆情周报35期、舆情专报4期、登载各类反映问题362条。转办督办涉及城市管理的网民留言、投诉148件。（王艳立）

信息化管理

2016年，紧紧围绕建设美丽天津、服务京津冀协调发展的总目标和2017年迎办第13届全运会的阶段性目标，推进城市管理数字化平台升级改造，全面提升城市精细化管理水平，圆满完成数字化城市管理平台的升级、建设、运维、等各项工作目标。

【视频监控图像标清转高清】 完成视频监控图像"标清"转"高清"提升改造项目。实现天津市数字化城市管理平台、天津市执法局数字管理平台与市公安局技防网的高清视频监控图像的互联互通资源共享工作，确保数字化城市管理平台对全市16区297条主干道路（含中心城区151条重点道路、31个重点地区）3500余个视频图像监控点位资源的调用，为城市管理科学化、精细化和冬季清融雪指挥工作提供有力的保障。天津市市容园林委作为市公安局技防网工程建设指挥部成员单位，积极配合市公安局技防网建设工作，多次参与技防网建设方案的审定等相关事宜协调工作，会同市公安局较好地完成市技防网全年的建设任务。

【应急视频会议系统终端平台项目建设】 完成市应急办视频会议系统市市容园林委终端平台项目建设。12月中旬，按照市政府应急办要求按时完成数字化平台与应急办视频会议系统项目建设任务，确保市应急办和视频会议系统的互联互通。

【城市管理平台远程视频监控系统优化】 完成数字化城市管理平台远程视频监控系统优化提升工作。为加强对区级二级平台的管理运行工作，12月优化提升数字化城市管理平台软件系统，通过与市电子政务中心协调沟通，利用电子政务网将市级数字化平台与市内六区数字化二级平台进行视频连接，实现市级平台对区级平台远程视频监控的功能，有效地提升市数字化平台对市内六区数字化平台的日常管理及考核工作。

【城市管理信息系统软硬件维护】 完成数字化城市管理信息系统软硬件维护工作。上半年完成平台软硬件运维项目的招标工作，并与中标单位签订项目合同，圆满完成对市数字化城市管理平台软硬件的维护工作，为市市容园林委各业务处室、各区数字化平台等相关部门提供技术支持。严格按标准对数字化城市管理信息系统进行检测，完成软硬件维护各项检测台账登记工作。完成软件定期检测维护566次，硬件检测维护23次，清理历史数据3次，确保平台平稳运行。

【环保网格化管理系统数据提交】 完成市环保局网格化管理系统市容园林分节点建设运维及数据提交工作。按照美丽天津·一号工程清新空气行动分指挥部相关要求，完成天津市大气污染防治网格化系统市容园林分节点建设和运维工作，完成与该系统的网络连通、平台对接、数据上传等工作任务。按照天津市市场和质量监管委的要求，完成市场主体信息公示系统市容园林相关的数据上报工作。

【城市规划监管系统数据提交】 完成市规划局城市规划建设管理监管系统市容园林分节点建设运

维及数据提交工作。按照城市规划建设及管理信息化建设领导小组统一要求，完成城市建设管理监管系统市容园林分节点建设运维及数据上报工作，确保各阶段建设任务顺利实施。市市容园林委分节点完成10个用户终端的建设，并按照领导小组要求完成日常登陆访问，完成定期上传数据任务，完成上传数据的空间化工作。（王丽硕）

市容园林法制

继续做好《天津市生活垃圾管理条例》立法相关工作，初步形成《条例》草案，完成《天津市城市照明管理规定》（修订）立法调研工作，制定实施市容园林系统"七五"普法规划，组织开展"弘扬法治精神，共建美丽天津"等形式多样的普法宣传活动，保持普法常态化，为全面建成"法治市容、法治园林、法治城管"营造良好的法治环境。认真组织开展法治教育培训考试，高度重视领导干部网上学法用法考试工作，对141名处级以上领导干部的学习情况进行实时监测，确保每位参考人员在规定时限内完成了学习、考试，培养领导干部"办事依法、遇事找法、解决问题用法、化解矛盾靠法"能力。圆满完成行政执法证件申领及注册工作，切实做到有法必依、执法必严、违法必究。充分发挥法律审核服务保障作用，对规范性文件起草制定、行政许可事项下放、中标合同及招投标文件等事项进行合法性审查，对涉及市容园林方面的政府信息依申请公开答复进行法律审核。在"12·4"国家宪法日法律知识有奖竞答活动中，被法治天津建设领导小组评为优秀组织奖，依法行政工作被市政府评为优秀单位，市市容园林委法治建设领导小组办公室被评为"六五"普法工作先进法治建设领导小组办公室，市城市管理综合执法局法制处被评为先进单位，市市容园林委法规处刘佳慧、李敬源分别被评为先进工作者、先进个人。（李敬源）

市容园林科技

2016年，市容园林科技工作充分发挥支撑、助力、引领作用，紧紧贴近应用实际，努力加大科研课题研究和科技成果转化工作。在悬铃木生长适应性研究、杨柳飞絮治理关键技术、立体绿化技术应用示范、珍稀菊花品种栽培技术及天津菊花品种图谱收集、天津地区非氯融雪剂使用效果和评价等课题方面组织科技攻关，在绿地养护管理、园林植物新品种引种筛选和扩繁推广、乡土树种和花卉草甸应用、绿地节水灌溉、苗木科学施肥、病虫害防治、动物丰容、珍稀动物繁殖、餐厨垃圾无害化处理工艺优化、环卫新机械研究、垃圾填埋场使用寿命等方面开展科技研究，积极推进科技成果转化，编写制（修）订《园林绿化工程施工及验收规范》、《园林绿化工程施工质量验收资料管理规程》、《天津市园林绿化工程监理规程》、《安祖花盆花生产技术规程》、《竹芋盆栽生产技术规程》等国家行业标准和《天津市行道树苗木质量标准》、《天津市园林绿化灌溉水质量标准》、《滨海泥质盐碱地原土绿化技术规程》、《盐碱地专用有机肥》等地方标准。完成市容园林系统标准汇编工作，整理2016年1月1日前发布有效的市容环境和园林绿化标准26项，（其中，园林绿化类19项，市容环境类7项），形成了《天津市市容环境园林绿化标准汇编》。开展技能人才培训10次，培训人员1000余人次。开展园艺工、环卫工技能人才竞赛，评出一、二、三等奖项。（钟玲杰）

展会环境保障

天津市市容园林委于2016年调整行政机构，增设执法监督处，起草并印发《市市容园林委行政执法监督暂行办法》，共担负102次天津市大型活动市容环境保障任务，其中以受G20影响而提前至6月份举办的天津夏季达沃斯论坛，具有时间紧、任务重的特点，针对困难市市容园林委牵头组织相关委办局，各区政府，加强协调、检查和对问题督办力度，高标准地完成市容、园林、环境卫生、环境秩序整治和论坛期间的实时保障任务。除此之外还圆满完成了年度其他各项大型活动市容环境保障任务：如首届全国职业教育活动周、全国职业院校技能大赛、国际反贪局长年会、10+6区域经济伙伴关系谈判、全运会田径测试赛、赛艇测和皮划艇试赛以及全市工作互比互查互看和临时性等大型活动和重要来宾期间的市容环境保障工作。（孙永军）

行政审批管理

2016年共办理各类审批事项1889件，准予许可1737件，不予许可151件，上报1件。其中，户外广告及夜景灯光设施设置与变动许可办结413件，准予许可397件，不予许可15件，上报1件，建筑物外檐、构筑物、围墙和其他设施进行装修、改建、改变的，或者设置各类标志设施的许可办结1081件，准予许可951件，不予许可130件，对临时悬挂标语或宣传品许可办结191件，准予许可188件，不予许可3件，园林绿化企业资质许可办结92件，准予许可91件，不予许可1件，砍伐、迁移城市树木

(古树名木)和更新采伐公路护路林许可办结63件，准予许可62件，不予许可1件，改变绿化规划、绿化用地使用性质或占用绿化用地的许可办结42件，准予许可42件，从事城市生活垃圾经营性清扫、收集、运输、处理服务许可办结7件，准予许可6件，不予许可1件。（张可书）

市容建设管理

【精心组织沿街建筑综合整修】 指导各区完成了综合整修方案的审定。在委领导的领导下，组织各区负责人在2月底前完成整修道路的确定、现场查勘工作。组织专家和相关处室负责人，4月8日前完成一般道路整修方案设计审查，4月15日前完成重点道路整修方案设计审查，委领导参加审定，6月12日完成新增道路整修方案设计审查。协调各区完成综合整修计划的下达。通过与计划处和各区进行协调，7月28日下达全部重点道路和首批一般道路综合整修资金计划，11月2日下达所有新增道路综合整修资金计划，并全部下达拦标线。指导市市容环卫服务中心完成建筑复修。共整修建筑118栋，整修面积299681平方米，更换牌匾2582平方米，改造门脸3903平方米，截至12月31日，所有工程已基本完工。指导各区对需整修沿街建筑立面违章设施进行了拆除。8月8日，组织召开清拆工作会议，下发《关于对迎全运拟整修道路沿街建筑立面实施清拆的通知》，对清拆范围、清拆内容和标准、工作安排和具体措施做了明确的要求，为整修工作顺利实施奠定基础，争取时间。组织召开了沿街建筑综合整修培训会。按照建筑综合整修"示范先行"的原则，指导各区在综合整修的道路中选取一个具有代表性的全要素建筑作为示范楼，进行示范整修。加强施工过程中的安全管理。12月12日下发《关于做好迎全运沿街建筑综合整修安全管理工作的通知》，对沿街建筑综合整修工作的领导责任、组织施工、防范落实工作提出了严格要求。制定《天津市既有建筑综合整修导则》。会同市市容环卫服务中心编制《天津市既有建筑整修导则》，经过多次审查、修改、完善，现已基本完成。

【海河堤岸修复工程】 对海河（大光明桥至刘庄桥）4千米堤岸设施实施修复提升，共涉及和平、河西、河东三个区，主要修复石材8207平方米、更换油饰座椅158个、油饰维修栏杆3944平方米、更换树箅子195个、安装果皮箱93个、补植乔灌木931株等工作、栽植绿篱4181平方米、更换种植土120立方米。指导区4月8日完成设计方案审查，7月28日下达资金计划，协调市财政下达拦标线。另外，还指导各区完成海河上游（天石舫至大光明桥）两岸暴雨损坏设施的提升和修复方案制定。

【环卫设施提升改造工程】 指导各区基本完成环卫设施维修改造任务。指导各区严把工程建设程序关，采取项目招标完成一批、组织开工建设一批的办法，扎实推动市内六区环卫设施建设。202座维修公厕除5座因拆迁撤销计划外，其余197座全部完工，80座改造公厕6座撤销计划，其余74座改造公厕全部完工，14座转运站1座撤销计划，其余13座改造转运站开工6座，完工5座。指导各区高标准完成公厕指示牌安装任务。计划安装的392个公厕指示牌已全部安装完毕。指导各区完成汽车公厕购置方案的审定。截至12月31日，水上公园完成项目建议书并报委计划处，按发改委要求办理项目立项手续。积极推动各区环卫设施建设。各区在完成计划任务的同时，自加压力，多方筹资，改善环卫作业条件，提升环卫设施档次。市内六区共完成维修公厕142座，新建垃圾转运站2座，维修垃圾转运站5座，改造垃圾转运站5座，改造基层环卫机构2座，新建小型停车场2座。（魏瀛超）

园林展会情况

【唐山园艺博览会天津园建设】 2016年唐山世界园艺博览会由国家林业局、中国贸促会、中国花卉协会、河北省人民政府主办，唐山市人民政府承办，于2016年5~10月在唐山南湖举办。天津园园址占地506公顷。主题以"都市与自然·凤凰涅槃"，其含义是：时尚园艺、绿色环保、低碳生活，都市与自然和谐共生。有几十个国家和地区参展，观众达到1500万人次以上。

【郑州园林博览会前期准备】 2017年"郑州园林博览会"的主题是"引领绿色发展，传承华夏文明。"召开时间为2017年9月至2018年5月在郑州园博园（郑州航空港经济综合实验区滨河东路以南、商登高速以北、会展路以西）举行，是由住房城乡建设部、河南省人民政府主办，郑州市人民政府、河南省住房城乡建设厅、中国风景园林学会、中国公园协会共同承办。天津园借"众流归海下津门，揽胜名区萃一园"中的"萃一园"三字为名，全方位展现出天津百年兴盛的文化发展脉络，生动再现天津的辉煌历史和蓬勃发展的现代活力，真正体现出"大美津城萃一园"。通过现场实地勘查，已完成选址和方案设计工作，设计方案进行多次认真的审查和修改，设计方案已确定，施工单位已进场施工。（刘佳）

城市管理考核

2016年全面贯彻落实《天津市城市管理规定》和《天津市城市管理考核办法》，改革创新考核方式方法，深化细化城市管理考核工作，突出强化属地管理和网格化管理，不断提升城市管理水平，先后制定出台《关于加强海河沿线长效管理的实施意见》、《迎全运城市综合整治大清洗大清整大扫除专项考核方案》和《迎全运城市综合整治专项考核方案》等多部规范性文件。2016年全年考核工作始终坚持公开、公平、公正原则，坚持多部门广泛参与和社会监督，通过采取日巡查、周抽查、月集中联查、季民调等方式，实现管理考核的全时空、全天候、全覆盖，着重对151条重点道路、31个重点地区、海河沿线、双环四线，以及次支社区周边、背街里巷道路加强考核监督，全面精准科学的核定综合考核成绩，考核结果每月10日在《天津日报》第二版上公布，客观真实地反映全市城市综合管理水平，有效促进精细化、精致化、精益化城市管理目标的实现。（康凯）

（天津市市容和园林管理局）

河 北 省

概况

2016年，河北省城镇化率达到53.3%、较上年提高2个百分点。县城建设攻坚行动全面启动，容貌环境和承载能力大幅提升。《河北省空间布局规划（2016—2030）》印发，国家战略框架下河北空间发展战略更加明晰。民生工程加快实施，河北省保障性安居工程开工18.3万套、基本建成17.4万套，农村危房改造完成12.5万户，超额完成国家下达任务目标。全年完成市政基础设施投资2999亿元，同比增长25.6%。新增省级园林城11个，新增绿地3000公顷、绿廊绿道300千米，城镇新增节能建筑5620.02万平方米，完成被动式低能耗建筑6项、建筑面积5.3万平方米，新型建材在新建建筑中的应用率达到65%，环境更加宜居宜业。房地产开发完成投资4695.6亿元，同比增长9.6%，全省建筑业总产值达到5517.7亿元，比上年增长5%。质量安全监管扎实有效，安全生产形势稳定向好。

政策规章

【立法工作】《河北省城乡规划条例》于2016年5月25日河北省第十二届人民代表大会常务委员会第二十一次会议修订通过，自2017年1月1日起施行。《河北省城镇排水与污水处理管理办法》经2016年12月23日河北省人民政府第100次常务会议讨论通过，自2017年2月1日起施行。河北省人民政府法制办启动《河北省物业管理办法》立法。

开展文件清理工作，对以河北省住房和城乡建设厅名义印发的8件文件宣布失效，并向社会公布。2016年，河北省住房和城乡建设厅共办理住房和城乡建设部、省人大、省政府立法协调件59件，参加立法协调会30余次，提出会签意见150余条。

【执法工作】 全年重点针对违规招投标、违反规划、违法建设、违法销售等典型案件进行查处，河北省住房和城乡建设执法监察局共受理上级转办、交办、群众举报违法案件360件。其中，立案调查54件，督办61件，转办192件，移送有关部门处理12件，存档备查41件。向下级建设系统相关部门制发案件转办、督办函454件，对45家单位或个人实施行政处罚或处理。对涉及违法建设、违法预售、违规变更规划、质量安全、违规招投标等8个方面的55起典型违法案件进行公开曝光，记入"河北省建设行政相对人违法行为记录系统"。按照住房城乡建设部统一部署，印发《河北省城市管理执法队伍"强基础、转作风、树形象"专项行动实施方案》，在全省开展城市管理执法队伍"强基础、转作风、树形象"专项行动。

【"放管服"改革】 衔接国家、省取消下放审批事项。河北省住房和城乡建设厅取消住房城乡建设部指定省级住房城乡建设部门实施的12项行政审批权限，将建筑业企业三级资质审批等3项审批事项下放到各设区市。根据《省政府办公厅关于省政府部门再取消下放一批行政权力事项的通知》，河北省住房和城乡建设厅将6项行政权力事项取消、3项行政权力事项下放至各设区市。修订河北省住房和城乡建设厅行政许可中介服务事项目录，保留9项中介服务事项，取消办理建设项目选址意见书核发需要进行的"批准类建设项目可行性研究报告编制"等中介服务事项，并向社会公布，同时明确，凡未纳入清单的中介服务事项，一律不作为行政许可的受理条件，不得以任何形式要求申请人委托中介服务机构开展服务并收费。

【推行清单制度】 编制公布省住房和城乡建设厅《行政权力清单》、《责任清单》、《行政审批后续监管清单》。按照行政许可、处罚、强制、确认、奖励、监督和其他等7大类，区分不同情况，重新编制并公布《行政权力流程图》。

进一步简化审批流程和申请材料，对行政许可事项的审批条件、需提交的申请材料、审批流程等进行清理、简化，编制公布75张《行政审批指南》，通过门户网站向社会公布。推广应用"互联网＋行政审批"服务管理新模式，对二级建造师、结构师、建筑师初始注册和遗失补办事项，以及进冀建筑业企业、监理企业、勘察设计企业、招标代理机构、园林绿化企业管理业务进行流程再造，实现无纸化远程申报。

房地产业

【概况】 据河北省统计局数据，2016年，全省房地产开发完成投资4695.6亿元，同比增长9.6%，其中商品住房完成投资3475.5亿元，同比增长9.9%，房地产新开工面积8161.3万平方米，同比增长13%，其中，商品住宅新开工面积6190.3万平方米，同比增长11.7%，房地产施工面积30476.8万平方米，同比增长0.1%，其中，商品住宅施工面积23407.2万平方米，同比下降1.1%，房地产竣工面积4287.8万平方米，同比增长6.2%，其中，商品住宅竣工面积3352.6万平方米，同比增长3.9%，商品房销售面积6682.3万平方米，同比增长14.1%，其中，商品住宅销售面积5899.7万平方米，同比增长14.3%，商品房平均销售价格6438元/平方米，同比增长11.8%，其中，商品住宅平均销售价格6290元/平方米，同比增长13.7%，商品房待售面积1582.4万平方米，同比下降27.4%，其中，商品住宅待售面积1133.1万平方米，同比下降32.6%。

【房地产市场调控】 2016年2月26日，河北省人民政府印发《关于化解房地产库存促进房地产市场健康发展的若干措施》，制定支持农民进城购房、实行棚户区改造货币化安置、优化房地产供应、推动房地产业转型升级、加大金融信贷支持力度、落实税收优惠政策、培育发展住房租赁市场、加强北京周边房地产管控、落实地方政府主体责任和优化房地产市场发展环境等10项举措。

【房地产市场监测】 搭建全省房地产统计监测平台，印发《河北省房地产统计监测平台建设工作方案》、《河北省房地产统计监测平台省市数据交换接口规范》。在唐山市召开推进全省房地产统计监测平台建设工作现场会，启动全省联网工作，各市（含定州市、辛集市）全部与省住房和城乡建设厅实现联网并传送数据。

【数据采集和统计分析】 按规定做好住房城乡建设部房地产交易日报系统河北模块数据维护管理、全国房地产行业统计年报。建立全省分县区房地产市场交易日报系统数据备案制度，把数据采集对象由设区市为单位，细化为设区市主城区和所辖县（区）。按月编制全省房地产业统计监测报告。自7月份开始，每周统计分析全省房价变化情况。制定《河北省房地产市场情况预警办法》，设定预警指标和标准，每日对各设区市及环首都重点区域房地产市场情况进行监测分析，对超过预警线的市，及时发布预警提示，强化市场管控，防范市场风险。

开展商品房供应情况统计调查。3月，河北省住房和城乡建设厅、省统计局联合印发《河北省商品房供应情况统计调查方案》，每季度统计汇总全省房地产库存情况，每季度定期对上季度全省商品房供应情况调查数据进行会审。

【房地产市场秩序监管】 按照住房和城乡建设部统一部署，6~10月，开展房地产中介专项整治，曝光典型违法违规案例31起。按照住房和城乡建设部进一步规范房地产开发企业经营行为、维护房地产市场秩序电视电话会议精神，四季度开展规范房地产开发企业经营行为专项行动，严厉打击房地产开发企业违法违规行为。河北省住房和城乡建设厅、省物价局联合开展商品房销售明码标价专项检查，维护消费者合法权益。建成全省房地产开发项目信息发布平台、全省房地产企业信用信息平台。

【物业管理】 河北省住房和城乡建设厅印发《关于命名2016年度全省物业服务优秀住宅小区（大厦）的通报》，共有48个住宅小区（大厦）被命名为2016年度全省物业服务优秀住宅小区（大厦）。

【其他】 对全省危险房屋鉴定机构进行调查摸底，举办危险房屋鉴定标准培训班。转发《住房和城乡建设部办公厅关于开展城市老旧建筑安全排查整治工作的通知》，组织开展全省老旧建筑排查工作，各市及时积极解决有关问题。完成2016年度房地产评估专家评定工作并对外公布。按照《国土资源部住房和城乡建设部关于做好不动产统一登记与房屋交易管理衔接的指导意见》，各地住房城乡建设部门会同国土资源部门做好不动产统一登记与房屋交易管理衔接工作。

住房保障

【概况】 2016年，河北省棚户区改造计划开工17万套，基本建成10万套。棚户区改造共开工18.3万套，完成率107.6%，基本建成棚户区和公租房17.4万套，完成率174%，棚改货币化安置9.4万套（户），货币化安置比例51.5%。国家下达的年度目标任务均超额完成。

【政策指导与服务】 8月13日，印发《河北省住房和城乡建设厅河北省财政厅河北省国土资源厅转发住房城乡建设部、财政部、国土资源部关于进一步做好棚户区改造工作有关问题的通知》，要求各地加速推进棚改、依法依规控制棚改成本、科学规划棚改腾空的土地、注重配套和环境建设、优先出让安排棚改腾空的土地、同步推进产业的发展。9月18日，河北省住房和城乡建设厅印发《关于公布保障性安居工程施工承包预选名录入选企业名单的通知》，公布入选全省保障性安居工程施工承包企业预选名录的7家企业名单。12月15日，印发《河北省住房和城乡建设厅省财政厅转发住房城乡建设部财政部关于明确棚改货币化安置统计口径及有关事项的通知》，要求各地明确棚改货币化安置方式和统计口径、进一步加大对棚改货币化安置的支持力度、强化棚改货币化安置资金使用管理、加强协调配合和宣传引导。

编印《棚户区改造政策问答》小册子，针对棚改工作任务重、政策多、难度大等特点，在棚改货币化安置、政府购买棚改服务等主要政策点和工作难点，归纳整理7个方面共76个问题，辑印成册，指导各地准确掌握和利用棚改及贷款融资政策。开通"河北住房保障"微信公众号，宣传发布河北省住房保障房工作动态。围绕棚户区改造和保障房分配管理工作，收集整理省内外先进工作经验，编印8期《工作调研与指导》，供各地学习借鉴。分别于3月、5月、9月组织召开全省棚改工作推进暨政策培训会议，对棚户区改造政策进行详细解读，现场答疑，市、县棚改主管部门相关工作人员已全部进行轮训。

【规划编制】 组织各市编制2016～2020年棚改规划和基础设施建设计划，完成全省2016～2020年棚改规划。谋划2017年棚改任务。

公积金管理

【概况】 缴存额稳步上升，截至2016年12月底，全省累计缴存3308.14亿元，缴存余额1544.21亿元，2016年，全省缴存住房公积金493.28亿元，同比增长10.93%。提取额略有下降，截至12月底，累计提取1763.93亿元，提取率53.32%，2016年，全省提取302.53亿元，同比减少27.22%。个贷额显著上升，截至2016年12月底，全省累计发放贷款1842.99亿元，贷款余额1246.83亿元，2016年，全省发放个人住房贷款368.99亿元，同比增长21.27%，截至2016年12月底，全省住房公积金个贷率为80.74%，同比增长6.71个百分点。结余资金明显下降，截至12月底，全省结余资金290.04亿元，较2015年末下降47.84亿元。

【政策制定】 河北省住房和河北省住房和城乡建设厅、河北省发展和改革委员会、河北省财政厅、中国人民银行石家庄中心支行联合印发《关于规范和阶段性适当降低住房公积金缴存比例的通知》，明确河北省规范和阶段性适当降低住房公积金缴存比例政策，各地相继将政策落实到位。

【规范管理】 发布《2015年度河北省住房公积金年度报告》。促进住房公积金诚信体系建设，起草完成《河北省住房公积金失信行为惩戒管理办法》，2016年底进入规范性文件审查程序。9月28日，在唐山召开全省住房公积金精细化管理工作会议，提高各地推进精细化管理的紧迫感和责任感。

城乡规划

【规划体系】 编制并印发《河北省空间布局规划（2016—2030年）》，完成《河北省城镇体系规划（2016—2030年）》成果编制。国务院审批6个设区市中，张家口市完成规划纲要编制总体规划，其他市作修编前期准备。截至2016年底，河北省设区市、县（市）控制性详细规划编制覆盖率均达到100%。推动北京新机场建设，截至2016年底，核发北京新机场（河北境内）及其配套工程建设项目选址意见书，确定地铁平谷线路选线。

【规划管理】 《河北省住房城乡建设事业"十三五"规划纲要》印发。《中共河北省委河北省人民政府关于进一步加强城市规划将设管理工作的实施意见》印发。河北省住房和城乡建设厅、国土资源厅联合印发《关于加强城市规划和用地管理改革的意见》，就创新城市规划实施机制、转变用地管理方式提出意见。河北省住房和城乡建设厅印发《关于加强设区城市中央商务区建设的指导意见》，加强河北省设区城市中央商务区规划和建设，提升城市综合实力，培育新的经济增长点。

开展市县建成区违法建设专项治理工作五年行动。制定印发《河北省市县建成区违法建设专项治理工作五年行动方案》，范围为各设区市、县（市）城市（含县城）建成区内违法建设，目标为全面清查并处理建成区现有违法建设，坚决遏制城市（含县城）建成区内新增违法建设产生，形成长效管控机制，改善城市人居环境，营造良好的生态、生活、生产空间。设区市违法建设专项治理行动为期5年，2016年，全面摸清违法建设底数，查处违法建设比例不低于10%，2017～2019年，每年查处违法建设比例分别不低于50%、70%和90%，到2020年末，全面完成城市建成区违法建设治理任务。县（市）违法建设专项治理行动为期3年，2016年，全面摸清违法建设底数，查处违法建设比例不低于30%，2017年，查处违法建设比例分别不低于70%，2018年末，全面完成城市建成区违法建设治理任务。

改进规划管理技术手段。利用遥感技术对城市总体规划实施情况进行动态监测，2016年底实现设市城市遥感动态监测全覆盖，按照京津冀协同发展要求，环首都的5个县纳入动态监测范围。河北省住房和城乡建设厅印发《关于进一步加强城乡规划信息化建设工作的通知》，共确定系统提升工程、城镇空间信息平台建设工程、"多规合一"信息联动工程、规划实施动态监测工程、省市数据共享交换工程、政府数据应用工程、空间信息移动服务工程等七项重点任务，加强城乡规划信息化建设工作，全面提升规划管理信息化应用水平。

【"多规合一"】 开展"多规合一"试点工作，印发《河北省市县"多规合一"试点工作方案》，建立推进市县"多规合一"试点工作联席会议制度，编制发布《河北省市县"多规合一"技术导引》、《河北省市县"多规合一"成果数据标准》。

【历史文化名城】 河北省住房和城乡建设厅印发《关于开展历史文化街区划定和历史建筑确定工作的通知》，工作内容和目标为：核查所有设区市市区和公布为国家、省历史文化名城的县（市）中符合条件的历史文化街区和历史建筑基本情况和保护情况，公布历史文化街区和历史建筑名单。划定、确定工作为期5年，2016年8月底前，完成历史文化街区和历史建筑现状统计，2018年底前，基本完成历史文化街区划定和历史建筑确定工作，2019～2020年，对划定的历史文化街区和确定的历史建筑保护情况进行检查，补充发现符合条件但未公布的历史文化街区和历史建筑，到2020年末，全面完成历史文化街区划定和历史建筑确定工作。截至2016年底，河北省有历史文化名城12个，其中国家级历史文化名城5个，已公布历史文化街区17个，已公布历史建筑373处。

新型城镇化

【概况】 2016年，河北省常住人口城镇化率达到53.32%，比上年提高1.99个百分点，户籍人口城镇化率为38.72%，比上年提高2.38个百分点。

【试点建设】 12月，国家发改委公布第三批国家新型城镇化综合试点地区名单，河北省唐山市迁安市、秦皇岛市卢龙县、邯郸市涉县、邢台市南和县入选，河北省国家新型城镇化综合试点达到9个，省级新型城镇化试点达到13个。印发《河北省新型城镇化综合试点地区工作方案要点》。张家口市、定州市、正定县入选《国家新型城镇化发展报告》典型案例。

【政策制定】 6月8日，河北省人民政府印发《关于深入推进新型城镇化建设的实施意见》，从积极推进农业转移人口市民化、全面提升城市功能、加快培育中小城市和特色小城镇、辐射带动新农村建设、完善土地利用机制、创新投融资机制、完善城镇住房制度、加快推进新型城镇化综合试点、健全新型城镇化工作推进机制等九方面36项具体举措提出具体实施意见。《2015年河北省城镇化发展报告》由河北省城镇化工作领导小组编写完成，并由河北出版传媒集团、河北人民出版社正式出版。

城市建设

【概况】 2016年全省市政基础设施投资完成2999亿元、增长25.6%。

【海绵城市建设】 5月，迁安市海绵城市建设完成2015年工作绩效自评，6月通过住房和城乡建设部绩效评价。《海绵城市建设工程技术规程》DB13（J）/T210—2016、《海绵城市建设设施构造》DBJT02-111-2016、《海绵城市设施施工及工程质量验收规范》DB13（J）/T211—2016编制完成，被批准为河北省工程建设标准，均自2016年8月1日起实施，指导各地推进海绵城市建设。

【地下综合管廊建设】 石家庄市被列为2016年全国地下综合管廊试点城市。4月20日，河北省住房和城乡建设厅印发《关于加强城市地下综合管廊规划建设管理工作的通知》，要求各地抓紧编制专项规划、抓好项目开工建设、确保建设质量安全、加强管廊运营管理、加强建设信息报送。2016年，有任务的8个市共开工建设20个管廊项目，合计78.07千米，超额完成住房城乡建设部下达的开工71.36千米的任务。河北省物价局、河北省住房和城乡建设联合印发《关于城市地下综合管廊实行有偿使用制度的实施意见》，要求各地按照既有利于吸引社会资本参与管廊建设和运营管理，又有利于调动管线单位入廊积极性的要求，建立健全城市地下综合管廊有偿使用制度。《意见》自2016年6月1日起实施，有效期5年。

【水污染防治】 4月13日，河北省住房和城乡建设厅印发《河北省住房城乡建设领域水污染防治工作实施方案》，加强河北省住房城乡建设领域水污染防治工作，截止到2016年底，完成南水北调受水区地表水厂和配套管网建设，全面启动整治城市黑臭水体工作，全省城镇污水处理设施全部达到一级A排放标准。到2017年底，全省公共供水管网漏损率控制在12%以内，现有污水处理厂的污泥处理处置设施基本完成达标改造，实现稳定化、无害化和资源化，全省污泥无害化处置率达到40%，40%的重点镇具备污水处理能力，石家庄市建成区实现污水管网全覆盖、污水全收集和全处理，黑臭水体基本消除，其他设区市和省直管县建成区黑臭水体控制在30%以内。到2019年底，设区市全部达到国家节水型城市标准要求，所有重点镇具备污水处理能力，设区城市污水处理率达到95%，县城污水处理率达到90%。到2020年底，全省公共供水管网漏损率控制在10%以内，城镇集中供水普及率达到100%，所有设区市建成区基本实现污水管网全覆盖、污水全收集和全处理，设区市（不含石家庄市）和省直管县建成区黑臭水体控制在10%以内，污泥无害化处理处置率达到90%以上，缺水城市再生水利用率达到30%以上。到2030年底，全面完成《国务院关于印发水污染防治行动计划的通知》和《河北省水污染防治工作方案》文件规定的各项目标要求，所有设区市和省直管县建成区黑臭水体得到消除，住房城乡建设领域水环境质量大幅提升。截至2016年底，石家庄市黑臭水体消除比例达到40%，其他设区市达到30%。开展2016年城市（县城）水质督察工作，完成202个供水厂出厂水质抽样检测。

【污水垃圾】 推进污水处理设施改造加速推进，重点推进28座污水处理厂升级改造项目，截至2016年底，除申请延期的7座污水处理厂（唐山市6个项目申请缓建已经河北省人民政府同意，石家庄市1个项目正在申请缓建）外，其他21座均建成。垃圾处理设施基本完成升级改造，全省未达标的3座处理场中，永清县已正式运营，馆陶县设备已入场调试，崇礼县已完成新场选址。

【供水】 曲阳县、博野县均建成集中供水设施，河北省所有市县全部实现集中供水。

【供热保障】 推进县城集中供热。河北省住房和城乡建设厅印发《关于进一步加强县城供热设施建设和供热保障工作的通知》，要求各地加强专项规划编制、加快供热设施建设、多方筹措建设资金、重视信息报送工作，进一步加强全省县城供热设施建设和供热保障工作。

【供热计量改革】 河北省住房和城乡建设厅印发《关于进一步推进供热计量改革工作的通知》，要求各地完善供热规划，明确推进供热计量改革思路，科学选定供热计量技术路径，引导供热计量改革向智慧供热发展。

【清洁能源供热】 石家庄市、保定市被确定为河北省城镇供热"煤改电"试点地区。在全省范围征集城市清洁能源供热典型案例并汇编成册，开展宣传展示活动。举办县城供热培训班，就县城供热投融资、热源方式选择等内容进行专题培训。

【县城建设】 河北省委办公厅、省政府办公厅联合印发《河北省县城建设三年攻坚行动实施方案》，谋划实施城乡规划提升、产城教融合、基础设施建设、园林城市创建、公共服务设施配套、环境容貌治理、"三改一拆"、建筑能效升级八个方面为重点的县城建设三年攻坚行动。组织召开全省县城建设工作（霸州）调度会，部署县城建设三年攻坚行动重点工作。年底，对各地县城建设年度目标完成情况进行评估考核。

【风景园林】 推进植树增绿。开展园林绿化"五进四创"活动，全年完成城市植树1000万株，增绿3000公顷，新增绿道绿廊300千米，新建公园、游园107个，改造提升公园、游园数量139个。

筹备河北省园林博览会。河北省人民政府确定衡水市、秦皇岛市分别承办河北省2017（第二届）、2018年（第三届）省园林博览会。制定省园博会申办办法，成立省园博会专家委员会，对各设区市参展工作进行部署，完成第二届省园博会总体规划设计方案及参展城市设计方案审定工作,并开工建设。

加强风景名胜区管理。印发《河北省风景名胜区内重大建设项目选址方案核准办法》,河北省人民政府审批白云山—小西天、云梦山和九龙峡风景名胜区总体规划。组织开展风景名胜区执法检查工作,配合住房城乡建设部完成2016年国家级风景名胜区执法检查抽查工作。

【园林城创建】 开展园林城市创建专项行动,3月组织专家对各地园林城市创建工作进行指导,4月召开全省园林城创建(枣强)现场会,部署2016年全省园林城创建工作,5月对2012年省政府命名的14个园林城进行复查(复核),6月完成国家园林城创建初评工作。全年新增省级园林县城11个,推荐上报国家园林城市(县城)12个。

【城市管理】 深化城市管理体制改革。河北省委、河北省人民政府联合印发《关于深入推进城市执法体制改革改进城市管理工作的实施意见》,明确河北省城市管理体制改革目标、任务和保障措施。建立河北省城市管理工作联席会议制度,加强全省城市管理工作组织领导和各部门间的协作配合。确定秦皇岛、衡水、邢台、迁安市为全省城市管理体制改革试点城市,4市完成改革试点方案,并经河北省人民政府批复,各项改革任务有序开展。印发《河北省城市管理执法队伍"强基础、转作风、树形象"专项行动实施方案的通知》,启动专项行动,部署工作任务。

修订并印发《河北省人居环境奖评选办法》、《河北省人居环境奖(进步奖)指标体系与评价标准》。开展"洁净城市"创建活动,完成2015年度"洁净城市"试点城市评估,安排部署2016年"洁净城市"创建工作。结合全省文明城市创建工作,实施城市广告整治、环境卫生管理、城市园林绿化三大战役。组织开展全省建筑施工扬尘治理大检查,制定印发《河北省县城区扬尘治理专项行动实施方案》、《河北省建筑施工扬尘防治强化措施18条》。及时启动住房城乡建设系统重污染天气应急响应,落实施工现场扬尘治理措施。

【城市安全运行】 河北省人民政府办公厅印发《关于加强城市运行管理提高应对突发事件能力的意见》,制定5方面15项具体举措,加强城市供水、综合交通、电力通信、燃气供热、防洪排涝、防灾减灾等城市重要基础设施运行管理,提高应对突发事件的能力,保障人民生命财产安全。"五一"和汛前、汛期分别对市政行业安全生产进行部署,开展汛期排水防涝设施检查。两次组织开展城市供水、燃气、供热、桥梁和污水处理等市政行业安全运行专项检查,各地加强公用行业安全管理,减少和遏制安全事故发生,保障重大节假日期间市政公用设施安全运行。

村镇规划建设

【村镇规划】 根据美丽乡村建设安排,完成12个省级重点片区总体规划设计和京石高铁沿线景观风貌规划,完成4000个重点村规划编制任务。组织专家抽查458个规划设计成果,并印发通报。按照住房城乡建设部工作安排,组织开展县域乡村建设规划和村庄规划试点,共确定全省县域乡村建设规划6个,村庄规划试点20个。完善技术标准,修改完善美丽乡村建设规划设计导则。举办全省美丽乡村建设规划设计培训班,全省各级规划管理部门负责人、承担美丽乡村规划设计任务的规划单位技术骨干参加培训。

【农村危房改造】 河北省住房和城乡建设厅印发《关于做好2016年全省农村危房改造和灾后农房恢复重建工作的通知》,综合"7·19"特大洪水灾害灾后农房恢复重建、扶贫攻坚、各地任务安排需要,以及国家下达河北省农村危房改造任务等因素,确定2016年全省农村危房改造任务12.5万户。在下达各市2016年农村危房改造预安排的基础上,根据"7·19"特大洪水灾后农房恢复重建需要以及有关市任务安排意见,正式下达各市农村危房改造任务,根据各市任务分解,明确各县(市、区)农村危房改造任务。

开展农村民居改造,会同河北省美丽乡村办等部门下发《2016年河北省美丽乡村建设民居改造实施方案》,并对开展情况进行督导,全年完成10万户民居改造任务。河北省住房和城乡建设厅组织规划设计单位、高校,在进村入户深入调研的基础上,分区域设计不同类型、不同使用功能、特色鲜明的民居方案,编印《河北省美丽乡村民居设计方案》,并在全省推广应用。

【农房恢复重建】 2016年7月18~21日,河北省大部地区出现降雨过程,造成省内部分地区出现洪涝灾害,受灾较重的石家庄、邢台、邯郸市的多个县出现农房损毁情况。灾情发生后,河北省住房和城乡建设厅派出领导、工作人员,组织省市县技术人员及镇、村委会、村民代表等共一千余人,组成298个工作小组,进村入户完成农房受损调查鉴定工作,共调查并鉴定因灾倒损农房114111户,确定危房等级,掌握第一手资料,为恢复重建奠定基础。

根据各地受灾情况,研究起草《河北省"7·19"

特大洪灾后农村住房恢复重建实施方案》，提出具体支持政策，明确工作任务，作为《河北省人民政府关于印发"7·19"特大洪水灾害灾后重建总体实施方案的通知》中的附件印发。截至2016年底，D级农房原址重建9277户全部开工，竣工6467户，异地重建715户开工679户，全面完成年度目标任务。

加强规划编制和重建指导，编印《"7·19"特大洪水灾害灾后重建村庄规划编制导则》和20多套不同户型、不同功能设计方案图册，为农房恢复重建提供技术指导。河北省住房和城乡建设厅印发《河北省"7·19"特大洪水灾后农村住房恢复重建方案指导图册》、《河北省"7·19"特大洪水灾后农村住房重建施工技术与验收规程》，指导受灾较重的县（市、区）完成灾后恢复重建规划编制。公布适用建材推荐目录，组织建材下乡活动，加大推广应用装配式、钢结构等新型结构体系工作力度，方便群众选用。举办全省农村危房改造和"7.19"特大洪水灾后农房重建工作培训班，落实国家和省农村危房改造要求，满足"7.19"特大洪水灾后农房重建工作需要。

【农村生活垃圾治理】 截至2016年底，全省共约4万个村庄开展生活垃圾治理，占全省村庄总数的84%。开展农村"两改一清一拆"工作，会同省美丽乡村办制定实施方案，全年共清理垃圾杂物8143万立方米、拆除违章建筑和危陋农房183114处。根据住房城乡建设部、环保部安排部署，全面启动非正规垃圾堆放点排查整治工作。

【特色小城镇】 河北省住房城乡建设厅、发展改革委员会等8部门联合印发《关于公布全省重点培育的100个特色小城镇名单的通知》，确定石家庄市井陉县天长镇、元氏县殷村镇等100个镇为全省重点培育的特色小城镇，各级各部门对特色小城镇在政策、土地及项目安排上予以支持，促进其提高建设发展的水平，到2020年，建设成为经济发达、环境优美、功能完善、特色鲜明的小城镇。河北省住房城乡建设厅、发展改革委员会等8部门印发《关于开展特色小城镇培育工作的通知》，明确重点工作、支持政策和保障措施等。组织完成全省重点培育的100个特色小城镇总体规划实施评估工作，各地认真落实乡村建设规划许可证制度，强化规划实施管理。

推进镇污水处理设施建设，河北省住房和城乡建设厅印发《关于加快重点镇污水处理设施建设及有关工作的通知》，明确各阶段目标任务，2016年所有重点镇谋划生活污水处理设施建设项目，并力争加快建设进度，2017年，各地40%的重点镇应具备生活污水处理能力，2019年，全省所有重点镇均应具备污水处理能力。进一步推进小城镇生活污水处理设施建设，特殊区域的小城镇，按照相关安排，完成相应的污水处理设施建设任务，具备建设污水处理设施条件的其他小城镇，加快建设污水处理设施，提高污水处理能力。

【历史文化保护工作】 指导各地历史文化名镇名村及传统村落实施保护工程项目174个，一批历史文化名镇名村及传统村落的传统风貌得到恢复和提升。完成第四批中国传统村落资料核查和补充上报工作，全省88个村庄列入第四批中国传统名录。启动第四批省级历史文化名镇名村申报工作，明确申报要求及评价指标体系，并组织专家进行评审，提出初步名单。

标准定额

【概况】 组织编制并完成涉及海绵城市、混凝土装配式住宅、绿色建筑运行维护、建筑工程安全文明工地、建筑工程施工现场扬尘防止标准等7大类31本标准编制工作。

【工程建设标准】 河北省住房和城乡建设厅印发《河北省"十三五"时期工程建设标准化工作规划》，明确全省工程建设标准化工作"十三五"期间的指导思想、基本原则和目标任务及保障措施，明确到2020年，建立科学合理、适用高效、能满足河北省新型城镇化发展需要的工程建设标准，形成技术先进、配套齐全的标准体系。修编《河北省工程建设标准体系（2014年版）》，确定近三年的编制计划、内容、实施方案，在今后三年时间内，全省将遵循问题导向、高频优先、分步编制的原则，逐步推进标准化体系建设。

积极探索标准实施监管方式方法，整合行业资源，充分调动设计单位、施工图审查机构的积极性，采取多手段、多方式、多途径开展全方位的标准实施过程的跟踪检查。积极做好标准的动态维护，及时开展标准复审，标准实施效果和力度全方位提升，推动标准由编制到实施再到编制的全过程闭合管理。

工程质量安全监督

【工程质量监督】 深入推进工程质量治理两年行动，全面落实工程质量终身责任制度，建立并完善工程质量保障和追溯体系，形成质量监管长效机制。全省建设工程终身责任承诺书和法人代表授权书签订率、竣工验收单位工程永久性标牌设立率均达到100%。承德市代表河北省接受住房城乡建设部2016年工程质量治理两年行动执法监督检查，共抽查质量指标342项，符合项310项，符合率90.6%，安全指标549项，符合项467项，符合率85.1%，顺利通过检查。开展全省质量巡查，推行随机抽取检查对象、随机选派执法检查人员、随机采样抽检的"三随机"执法检查方式，减少人为因素干扰，共检查在建工程108项，下发整改通知书75份，行政处罚建议书16份。编制《河北省工程实体质量常见问题防治措施指南》（2016版），将常见问题治理与结构优质工程创建相结合，引导建筑企业开展工程结构创优活动。全年创建省结构优质工程239项。加强省管项目监管，全年组织2次质量巡查，日常现场监督检查150余次，省管项目质量处于受控状态。

【质量检测管理】 组织全省检测机构监督检查，对近三年受到行政处罚的检测机构进行抽查，共抽查23个检测机构，下发整改通知书20份，行政处罚建议书2份。重点对钢筋检测、混凝土检测中不按国家标准进行试验的典型问题进行重点整治。组织开展2批次检测人员考核，参加考核检测人员14820人次，合格14176人次，合格率95.65%。

【质量监督标准化】 加强全省监督管理工作标准化建设，推行实体和行为并重、抽查和抽测并行、量化考核记分和行政处罚并用、日常监督和质量巡查相结合的"三并一结合"工作模式，在全省监督系统推进质量监督管理体系ISO9001标准化认证工作，全省185家监督机构中已有182家通过认证，认证率98.4%，全省质量监督机构基本完成标准化认证。

【工程安全监督】 出台《河北省房屋建筑和市政基础设施工程施工安全监督实施办法》、《河北省房屋建筑和市政基础设施工程施工安全监督文书示范文本》，明确加强机构建设、落实监督流程、统一监督文书等要求，促进全省建筑施工安全监督水平提高。开展安全生产大检查和专项治理，印发《全省建筑施工安全生产专项整治实施方案》和安全生产攻坚行动、安全生产大排查大整治行动专项行动实施方案，组织2次全省和省管项目工程建筑施工安全生产大检查，开展以深基坑、高支模、起重机械设备、安全防护用品及施工防火等内容的专项整治，共抽查施工现场155个，发现安全隐患490余处，下发隐患整改通知书51份、停工整改通知书20份。全省累计开展专项检查1056次，出动检查人数8000余人次。对节假日、节后开复工、重要会议、暑期汛期和冬季施工等事故易发时期进行重点部署和督导。组织开展全省住房城乡建设系统安全生产月活动。按计划对省管项目工程进行安全生产监督。

【绿色施工】 分3批公布全省安全文明工地、绿色施工示范工程名单和创建计划，其中绿色施工示范工程46项，省级安全文明工地118项。成立河北省住房城乡建设厅绿色施工示范工程指导委员会。发布《建筑工程绿色施工示范工程技术标准》，组织编写《建筑工程绿色施工指导手册》，修订完善《建设工程安全文明规定标准》。组织召开全省建筑工程安全生产、文明施工、绿色施工及扬尘治理经验交流现场观摩会。

建筑市场

【概况】 2016年全省建筑业总产值5517.7亿元，比上年增长5%。其中，建筑工程产值4585.7亿元，增长5.1%，安装工程产值587.5亿元，增长10.6%，其他产值344.5亿元，减少3.8%。建筑工程产值占全省建筑业总产值的比重为83.1%，安装工程产值的比重为10.7%，其他产值的比重为6.2%。2016年建筑业增加值为1885.3亿元，增长5.9%，占全省GDP总量的5.92%。2016年全省入统建筑业企业2606家，较上年增长4.87%。其中，有工作量的企业2467家，增长3.87%。

【建筑市场监管】 强化建筑市场"打非治违"常态化监督检查机制，开展建筑市场检查，实施违法行为检查和查处月报制度，严厉打击企业转包、挂靠、违法分包等行为，全省各地共检查2031个项目，梳理排查建筑业企业1685家，查处违法违规行为21起，对建设单位和施工单位、个人给予相应罚款。继续开展建筑业企业信用综合评价，启用河北省住房城乡建设行业信用信息系统。

【农民工工资支付】 召开全省建筑领域清理拖欠农民工工资工作调度会，对全年工作进行部署和安排。梳理2015年3月以来拖欠农民工工资情节严重的企业情况，并印发通报，对39家省外施工企业清出河北省建筑市场，对12家省内施工企业停止投标资格，对9家建设单位在工程款全部清偿前，不予办理新项目的施工许可手续。河北省住房和城乡建设厅、人力资源和社会保障厅、财政厅联合印发《关于全面落实房屋建筑和市政基础设施工程领域农民工工资预储金制度的通知》，明确2016年以后新开工房屋建筑和市政基础设施工程项目都要不折不扣的落实预储金制度，特别是使用财政性资金的项目要起示范作用，率先落实。全省各市、县均出台具体政策文件落实农民工工资预储金制度。截至2016年底，实行建筑劳务实名制和预储金的项目，均未发生拖欠农民工工资案件。

【清理规范工程建设领域保证金】 河北省成立

以时任副省长姜德果为组长,住房和城乡建设厅、财政厅、发展改革委、人力资源社会保障厅、水利厅、交通运输厅和通信管理局为成员的清理规范工程建设领域保证金领导小组,办公室设在住房和城乡建设厅。11月15~18日,住房和城乡建设厅抽调相关人员组成5个检查组,对全省各市(含定州市、辛集市)工程建设领域保证金清理规范工作进行专项检查,并印发通报。

【招投标方式改革】 出台《关于进一步改进国有资金投资房屋建筑和市政基础设施工程项目招标投标工作的若干意见》,简化招投标程序,取消投标报名环节,实行网上公开下载招标文件,扩大竞争范围,《意见》自2016年3月1日起执行,有效期5年。修订《河北省房屋建筑和市政基础设施工程招标投标投诉处理办法》。

【工程计价】 印发《建筑业"营改增"河北省建筑工程计价依据调整办法》。完善计价依据,编制发布《河北省装配式混凝土结构工程定额(试行)》、《河北省装配式混凝土结构工程工程量清单(试行)》。严格监督管理,规范计价行为,印发《关于2015年全省工程造价咨询企业监督检查情况的通报》,规范工程造价咨询企业计价和市场行为。

建筑节能与科技

【建筑节能】 2016年河北省城镇新增节能建筑5620.02万平方米,城镇节能建筑累计达5.069亿平方米,占全省城镇民用建筑总面积的43.3%。各市(含定州市、辛集市)均开展75%节能居住建筑试点,承德市、廊坊市、石家庄市、邯郸市、沧州市、邢台市、定州市7市在全市范围全面执行此项标准,在建项目676个,建筑面积2349.92万平方米。全年完成被动式低能耗建筑6项、建筑面积52982.03平方米,累计完成被动式低能耗建筑15项、建筑面积13.83万平方米,3项工程被住房城乡建设部验收为"中德被动式低能耗建筑示范工程"。

【绿色建筑】 秦皇岛市、邯郸市、承德市、廊坊市、张家口市、定州市、辛集市7市全面执行绿色建筑标准。2016年,全省执行绿色建筑标准项目986个、建筑面积3039.17万平方米。其中,政府投资公益性建筑195个、面积150.92万平方米,大型公共建筑68个、面积325.89万平方米,保障性住房36个、面积110.14万平方米,其他建筑项目687个、面积2452.22万平方米。2016年,全省新增可再生能源建筑应用面积2549.07万平方米,占新增建筑面积45.36%。

【装配式建筑】 河北省人民政府于2016年6月8日印发《河北省人民政府关于钢铁行业化解过剩产能实现脱困发展的实施意见》,《加快推进钢结构建筑发展方案》是16个一揽子文件的重要文件之一。《方案》明确到"十三五"末,建立起比较完善的钢结构建筑技术和标准规范体系,在全省培育3~5个推进钢结构建筑发展重点市县、10家以上钢结构建筑龙头企业,10~20家钢结构建筑配套部品生产骨干企业。除特殊功能需要外,大跨度工业厂房、仓储设施原则上全面采用钢结构,市政桥梁、轨道交通、公交站台等适宜的新建市政基础设施项目,就用钢结构的比重达到75%以上,政府投资的办公楼、医院、学校、场馆等单体建筑面积超过2万平方米的新建公共建筑率先采用钢结构,社会投资的新建公共建筑应用钢结构比重达到15%以上,启动一批钢结构住宅规模化示范项目。

积极培育市场主体,培育河北安能绿色建筑科技有限公司、河北榆构建材有限公司、承德绿建建筑节能科技有限公司和唐山冀东发展集成房屋有限公司4个省装配式建筑生产基地,全省已有5个国家级基地和16个省级基地。平山县、丰润区、涉县等8个县(区)开展农村装配式低层住宅试点。5月在沧州市召开全省钢结构建筑现场观摩暨建筑产业现代化工作现场会。

人事教育

【机构人事】 根据河北省委、省政府部署和省编委办要求,完成机关内设机构改革,厅内设机构由16个减为13个,减少3个,精简比例为18.8%,精减人员编制10名,精简比例为9.9%。经河北省编委办批准,整合4个对外建筑队伍管理处、撤销河北省省直建设工程质量监督检测站,组建河北省出省建筑队伍管理服务中心、河北省房地产和建筑市场监测研究中心、河北省村镇建设促进中心3个单位。优化干部队伍结构,招录10名国家重点学科院校选调生。5个厅直属事业单位公开招聘工作人员10名。

【干部工作】 修订印发《河北省住房和城乡建设厅干部选拔任用工作细则》。结合厅机关内设机构改革、事业单位机构调整和国有企业改制,调整交流处级干部17名、科级干部5名。4名基层工作经历不满两年的年轻干部到阜平县住房和城乡建设局锻炼,2名干部入驻河北省群众工作中心专职负责接访工作。完成厅集中管理干部人事档案的初审、复核、实地核实和组织认定工作,并对全厅在编人员基础信息进行核对、更新,确保全厅人员基础信息底数清晰、个人重要信息准确。

【培训工作】 制定印发全省住房城乡建设系统干部培训计划，全年共培训14个班次、培训基层干部3500人次。河北省住房和城乡建设厅与省公务员局在清华大学共同举办全省住房城乡建设系统领导干部京津冀协同发展专题培训班，共60人参训。在河北师范大学举办干部选学"提高城市规划建设管理综合执法能力"专题培训班，37名机关干部参训。河北省住房和城乡建设厅选派11名处级干部到省委党校、省行政学院参加8个班次学习。组织各市住房城乡建设系统领导干部参加住房城乡建设部举办的城管执法体制改革、城市规划与城市设计、城镇棚改与住房保障3个专题培训。组织"智慧城市建设过程中的关键技术"、"城市地下综合管廊及管网施工监测关键技术"两个高级研修班，邀请清华大学、航天科工集团空间数据中心、东北大学、中国测绘科学研究院等16位专家讲解，140名相关专业人员参加研修。

大事记

1月

28日 河北省住房和城乡建设工作会议在石家庄市召开。会议传达贯彻全国住房城乡建设工作会议精神，全面总结2015年全省住房城乡建设工作，安排部署2016年工作任务。时任河北省住房和城乡建设厅厅长苏蕴山做工作报告，副厅长桑卫京主持会议。

29日 河北省工程质量管理提升工作会议在石家庄市召开。会议总结2015年全省工程质量监督工作和工程质量专项治理两年行动情况，安排部署2016年质量监督重点工作和两年行动工作。时任河北省住房和城乡建设厅副厅长王英姿出席会议并讲话。

4月

19日 京津冀古树名木保护研究中心成立仪式在北京市园林科学研究院举行。仪式上，河北省风景园林与自然遗产管理中心、天津市园林绿化研究所、北京市园林科学研究院共同签署《京津冀古树名木保护研究合作框架协议》。即日起，北京、天津、河北15.6万余株古树名木将建立一体的信息化管理系统，三地将联手挖掘古树名木文化资源，保护与复壮重点衰弱古树。河北省住房和城乡建设厅副厅长李贤明出席会议。

20日 河北省城市供热保障工作调度会在石家庄市召开。会议总结交流全省供热保障三年攻坚行动工作情况，安排部署2016年供热保障工作。河北省住房城乡建设厅副厅长李贤明出席会议并讲话。

27日 河北省园林城市创建现场会在衡水市枣强县召开。会议总结交流"十二五"期间河北省园林城创建工作成绩和经验，安排部署"十三五"城市园林绿化及园林城创建工作。河北省住房和城乡建设厅副厅长李贤明出席会议并讲话。

28日 河北省县城建设工作调度会在霸州市召开。时任河北省人民政府副省长姜德果出席会议会议并讲话。

5月

10日 河北省棚户区改造项目推进会在石家庄召开。会议交流棚改贷款先进县（市、区）经验做法，解读农发行棚改贷款相关支持政策及操作要求，安排部署下步工作。河北省住房城乡建设厅副厅长桑卫京、农发行河北省分行副行长宋振民出席推进会。

19日 河北省钢结构建筑观摩暨建筑产业现代化工作现场会在沧州市召开。副省长姜德果出席会议并讲话。

6月

3日 省住房和城乡建设厅组织召开河北省住房和城乡建设系统文明城市创建工作推进会，就抓好文明城市创建"五大战役"、"七件实事"相关工作进行安排部署。厅党组副书记、副厅长桑卫京出席会议并讲话。

13日 河北省城乡规划委员会第十六次全体会议在石家庄市召开，会议审议并原则通过沧州市、衡水市、承德市、任丘市4市城市（乡）总体规划。时任副省长姜德果出席会议并讲话。河北省政府副秘书长康彦民，时任省住房和城乡建设厅厅长苏蕴山、总规划师吴铁，以及河北省城乡规划委员会成员单位有关负责人参加会议。

15日 河北省绿色施工示范项目观摩交流会在石家庄市召开，交流学习绿色施工经验做法，部署下步工作。时任河北省住房城乡建设厅副厅长王英姿出席会议并讲话。

27日 河北省风景名胜区工作现场会在涉县召开。会议通报2016年河北省风景名胜区执法检查情况，总结工作经验，安排部署下一步工作。河北省住房和城乡建设厅副厅长李贤明出席会议并讲话。

7月

13日 河北省保障性安居工程工作调度会在石家庄召开。时任副省长姜德果出席会议并讲话。时任省住房和城乡建设厅厅长苏蕴山在会上通报河北省保障性安居工程上半年进展情况并部署下步工作。河北省政府副秘书长康彦民主持会议。

同日 河北省地下综合管廊建设调度会在石家庄市召开。11个设区市和定州市、辛集市地下综合管廊建设牵头部门汇报工作进展。河北省住房和城乡建设厅副厅长李贤明出席会议并讲话。

21日 河北省海绵城市建设及黑臭水体整治现场会在迁安市召开。迁安市在会上对海绵城市建设工作进展情况进行详细介绍。

8月

19日 河北省园博会组委会第一次会议暨参展工作部署会在石家庄召开。时任副省长姜德果出席会议并讲话。省政府副秘书长康彦民，省住房和城乡建设厅时任厅长苏蕴山、副厅长李贤明，以及省园林博览会组委会其他成员有关负责人参加会议。

25日 河北省委组织部副部长谢振学在河北省住房城乡建设厅宣布：根据中央关于中青年干部双向交流任职的工作安排，经省委推荐、报中组部同意，决定调苏蕴山到住房和城乡建设部工作，不再担任河北省住房和城乡建设厅党组书记、厅长职务。

9月

10日 2016京津冀第二届城乡环境卫生新技术新设备新工艺博览会在廊坊国际会展中心举办。博览会以"京津冀协同发展共享同一片蓝天"为主题，展示先进的环卫设施设备、数字化环卫管理技术、智能环卫处理系统等。

18日 河北省第二届园林博览会（以下简称园博会）筹备工作调度会在衡水召开。会议交流第二届园博会承办城市衡水以及其他协办城市的筹备工作进展情况和下步工作计划。河北省园博会组委会成员、河北省住房和城乡建设厅副厅长李贤明出席调度会并讲话。

24日 "美丽河北·最美环卫工人"暨第二届河北省环卫行业最佳城市美容师推选总结大会在石家庄市召开。97名环卫职工会上被授予河北省环卫行业最佳城市美容师称号，10人被评为最美环卫工人，5人被授予河北省五一劳动奖章。河北省人大常委会党组副书记、省总工会主席王增力主持会议。时任副省长姜德果讲话。河北省住房城乡建设厅副厅长李贤明宣读《"美丽河北·最美环卫工人"暨第二届河北省环卫行业最佳城市美容师推选结果的通报》。

28日 河北省工程勘察设计工作座谈会召开，总结河北省勘察设计工作，研究部署下阶段工作。时任河北省住房和城乡建设厅副厅长王英姿出席会议并讲话。

11月

28日 河北省住房和城乡建设厅组织召开河北省建筑施工安全生产电视电话会议，要求各地认真学习领会全国安全生产视频会议精神，深刻汲取江西丰城发电厂"11·24"冷却塔施工平台坍塌事故教训，牢固树立安全生产底线思维，立即组织开展安全生产大检查和隐患治理。会议还就进一步做好农民工工资支付保障工作进行部署。河北省住房和城乡建设厅党组书记曹汝涛、巡视员梁军出席会议。

12月

12日 河北省地下综合管廊建设调度会在石家庄市召开。会议听取各市2016年综合管廊建设工作进展情况。安排部署2017年综合管廊建设重点工作。河北省住房和城乡建设厅副厅长李贤明出席会议并讲话。

15日 河北省城乡规划委员会第十七次全体会议在石家庄市召开，会议审议并原则通过廊坊市、邢台市、黄骅市、涿州市城市（乡）总体规划。时任副省长姜德果出席会议并讲话。河北省住房城乡建设厅厅长曹汝涛、总规划师吴铁出席会议。

21日 河北省住房城乡建设厅组织召开河北省住房城乡建设系统依法行政工作暨"七五"普法动员电视电话会议。会议总结全系统依法行政和"六五"普法工作，通报表扬35个"六五"普法工作先进集体和92个先进个人。河北省住房和城乡建设厅副厅长李贤明出席会议，并就全面落实依法行政和"七五"普法工作进行部署。

（河北省住房和城乡建设厅）

山 西 省

概况

2016年，山西省各级住房城乡建设部门和全系统广大干部职工，以党的十八届三中、四中、五中、六中全会精神为指导，认真贯彻中央城市工作会议精神及省委"一个指引、两手硬"重大思路和要求，全面落实省政府工作部署,紧紧围绕年初确定的奋斗目标,上下协同,群策群力,创造性地推进工作,以规划为引领全面统筹城乡发展,以改善城市人居环境为统领协调推进城市基础设施、保障性安居工程、城中村改造、城市生态建设,以综合执法体制改革为抓手全面加强城市管理,以去库存为重点推进房地产业稳定发展,以提质增效为目标协调推进各项工作,以正风反腐为抓手深入推进党风廉政建设,全面提升住房城乡建设事业发展水平,圆满完成各项目标任务,为促进全省经济稳步发展作出重要贡献。

政策规章

【立法工作】 修订《山西省住房城乡建设系统立法框架》,报送五年立法规划和年度立法计划,启动《山西省历史文化名城名镇名村保护条例》起草工作。完成《住房公积金条例》等40件法规、规章、规范性文件征求意见,提出修改意见90条。开展法规、规章和规范性文件清理工作。完成《关于城乡规划公开公示的实施办法》等4件规范性文件的审查、报备工作。

【普法工作】 制定下发《关于在全省住房城乡建设系统开展法治宣传教育的第七个五年规划(2016—2020年)》及《关于完善全省住房城乡建设系统国家工作人员学法用法制度的实施意见》。率先在全省启动网络在线学法用法考试工作,编辑印发学法用法4部教材,建立在线发布、在线学习等7个平台。组织编印普法学习资料3期,购买普法知识读本,做到厅机关工作人员人手一册。举办"4.15"国家安全日、"4.26"世界知识产权日、"12.4"宪法宣传日法制宣传咨询活动。组织全厅300余名工作人员开展网络在线学法用法无纸化考试。召开"2016年度全省住建系统依法行政专题研修班",有220家单位300余名负责人、业务骨干参加培训。

【执法监督工作】 开展2016年度行政执法案卷评查工作。在各市县自查、检查的基础上,组织现场评查和调卷检查,共计评查31家执法部门181卷案卷。组织修订《行政处罚裁量权实施办法》和《裁量基准》,并报省政府法制办审查备案。对所属行政执法人员的执法证件进行审核统计。编写《规划案例汇编》,进一步落实以案释法工作的落实。

房地产业

【房地产去库存】 认真贯彻国家和山西省"三去一降一补"供给侧结构性改革决策部署,出台实施加快化解房地产库存和培育发展住房租赁市场等一系列政策措施,有力促进住房消费,带动开发投资,化解市场风险,推动房地产市场平稳健康发展。全省完成房地产开发投资1597.4亿元,同比增长6.9%,商品房销售2061.1万平方米,同比增长29.4%。截至2016年底,全省商品房待售面积1761万平方米,消化周期10.3个月,较上年底缩短3.4个月,商品房库存量和消化周期实现"双下降",销售价格保持总体稳定。为加快房地产去库存,认真贯彻落实国家政策。严格落实国家差别化住房信贷和税收政策,加大住房公积金贷款发放力度,支持居民合理住房消费。指导运城市、忻州市、阳泉市、晋中市等市对农业转移人口发放购房补贴,支持其进城购房。加大棚改货币化安置力度,全省棚改货币化安置比例达到42.7%,有效消化房地产库存。制定出台山西省去库存政策。制定《关于加快化解房地产库存的若干意见》,提出支持农业转移人口在城镇购房等11条政策措施。制定《关于加快培育和发展住房租赁市场的实施意见》,提出19条具体措施。加大去库存工作推进力度。成立分管副省长为组长的山西省化解房地产库存工作领导小组,加强组织领导。要求库存大的市商品房销售面积增幅不低于20%~50%;其他城市增幅不低于10%,明确目标任务。建立每周报、月调度、月通报、季督导的工作机制,加强省、市、县三级联动,层层传导压力,务求取得实效。强化调查研究和工作督导。开展"进一步加大商品房去库存力度,促进房地产业健康发展的政策措施"课题研究,提出推进房地产去库存的政策建议。贯彻"因城施策"方针,指导各市根据当地实际出台去库存实施细则,促进房地产市场平稳健康发展。

【房地产市场监管】 制定《房地产行业领域事中事后监管年度行动实施方案》,建立房地产交易信息日报制度,加快"两网"网签系统建设,开展全省房地产中介专项整治工作,在全省组织开展防范和打击非法集资宣传教育月活动,开展2016年度房地产企业资质动态考核和信用评价,房地产市场秩序进一步规范。

【房地产市场企业培育和监管】 开展2016年度房地产企业资质动态考核和信用评价工作。由山西省住房和城乡建设厅负责考评的476家企业中,房地产资质动态考核合格402家、基本合格64家,不合格10家,信用评价等级A级126家、B级343家、C级7家。培育房地产企业发展,2016年共培育一级企业10家,二级企业61家。

【提升行业发展水平】 印制《场馆物业服务标准》，起草《住宅室内装饰装修管理办法（试行）》，提高物业服务的规范化和制度化水平。对《山西省国有土地上房屋征收与补偿条例》宣传贯彻工作。印发《关于做好〈山西省国有土地上房屋征收与补偿条例〉学习宣传和贯彻实施工作的通知》，对《条例》做了较好的宣传贯彻。

【领导干部个人事项核查】 按时保质完成中组部、省委组织部领导干部个人报告事项房产信息查核任务，共计404批，74348人次。

住房保障

【保障性安居工程建设】 全年开工城镇保障性安居工程21.81万套，占年度任务的102.8%，建成17.63万套，占年度任务的108.1%，完成投资523.26亿元，占年度任务的104.7%。其中：棚改开工21.25万套，占年度任务的101.2%，城中村改造开工8.6万套，占年度任务的114.7%，货币化安置9.07万套，棚改货币化安置率42.7%。全省11个设区市均超额完成城镇保障性安居工程开工、建成、投资及棚户区改造开工等全年目标任务。

【政府购买棚改服务】 报请省政府出台《关于政府购买棚户区改造服务的指导意见》和《关于规范和明确山西省政府购买棚户区改造服务工作流程和工作职责的通知》，在全省推行"省级统贷、市县购买"的政府购买棚改服务模式。4月中旬组织400人参加的政府购买棚改服务专项培训，年初和年中两次邀请各市分管副市长和主管部门负责人，召开"全省棚户区改造项目融资动员会"和"全省棚户区改造工作推进会"。全年共获得国开行和农发行棚改专项贷款授信467.8亿元（国开行361.4亿元、农发行106.4亿元），已发放73.2亿元（国开行24.1亿元、农发行49.1亿元）。

【住房保障体系建设】 印发《关于进一步加快公共租赁住房分配入住的通知》、《关于实行公共租赁住房分配入住情况月通报制度的通知》、《关于开展公租房分配入住情况自查的通知》、《关于进一步加快公共租赁分配入住工作实施方案》等系列文件，积极推进扩大公租房保障范围，将公共租赁住房保障范围放宽至城镇常住人口家庭，切实加大了对公共租赁住房的建设、分配和管理力度，进一步完善住房保障制度。

公积金管理

【加强缴存使用管理】 进一步健全完善住房公积金制度，严格规范缴存标准，阶段性适当降低缴存比例，持续加大提取和贷款发放力度，全省新增住房公积金缴存额271.24亿元，同比增长20.7%。提取178.78亿元，同比增长5.35%，发放个人住房贷款228.69亿元，同比增长52.87%，个贷率由年初的60.62%提高到78.56%，住房公积金贷款占全省新增住房贷款的47.5%，为帮助职工改善住房条件、支持住房消费和稳定房地产市场发挥重要作用。

城乡规划

【规划编制】 按照"一核一圈三群"的城镇布局。启动《山西省城镇体系规划》修编工作，已形成初步成果，完成《孝汾平介灵城镇组群空间规划》。指导14个市、县开展市、县总体规划修编，在设区市和县级市编制"十三五"近期建设规划和海绵城市规划的编制。11个设区城市控规覆盖率达到了100%，县级市达到了70%，县城达到了60%。完成运城市总体城市设计试点。积极开展"多规合一"试点工作，组织省市有关人员到海南、广州等省市进行调研学习，结合山西省实际情况，起草《山西省"多规合一"试点工作方案（初稿）》、《山西省"多规合一"试点工作指导意见（初稿）》，指导太原市制定《太原市"五规合一"试点工作方案》。

【规划实施监督】 要求全省城市编制"十三五"近期建设规划并纳入目标责任制。制定《城乡规划公开公示实施办法》，现已颁布实施。完成《山西省城镇临时建设和临时用地规划管理办法》（修订稿），已报省政府法制办审查。做好建设项目选址和招商引资项目规划审核，全年为22个建设项目办理了选址意见书，为7个项目办理了延期和变更手续。先后对7批次1529项对外招商引资项目完成规划审核工作。

除太原、大同以外，9个设区市派驻了规划督察员（太原、大同由住房城乡建设部派驻），太原市、长治市向市辖县、市派驻督察员，依法对规划实施进行监督，同时运用卫星图斑比对、专项检查等手段，对全省城市建设进行动态监督。组织开展全省城市建成区违法建设专项治理，印发《山西省城市建成区违法建设专项治理工作五年行动方案》，截至12月底，违法建设处置率达到25%。组织开展"各类项目受理大起底"工作，印发《省住建厅全省"各类项目受理大起底"实施方案》，全省受理未办结的规划审批项目共74个，其中已办结69个规划审批手续。

【历史文化名城保护】 开展历史文化名城、街区保护工作第三方评估，评估主要针对历史文化名城、街区所在地政府履职情况，名城、街区内人居环境改善情况以及历史文化遗产保护情况，全面总结"十二五"期间山西省历史文化遗产保护取得的成绩，梳理存在的问题，为"十三五"期间历史文化名城、街区保护提供依据。

城市建设与市政公用事业

【改善城市人居环境】 围绕设施提升、城市安居、城中村改造和环境提质"四大工程"，继续推进城市人居环境改善工作，设立PPP投资引导基金，分解投资计划，层层压实责任，加强统筹调度，狠抓项目建设，完成投资3104.2亿元，同比增长8.7%，约占全社会固定资产投资的22%，为全省经济企稳、民生改善做出积极贡献。

【城市市政基础设施建设】 认真贯彻落实中央城市工作会议精神，以提升城市综合承载能力、改善城市人居环境为目标，加快推进城市市政基础设施建设。以目标责任书的形式，将投资和建设任务分解下达到各市，并多次开展专项督察，研究解决存在问题，采取会议调度、现场指导、通报督办等措施，有力推进市政基础设施建设。2016年，全省城市(含县城)市政基础设施建设累计完成投资720亿元，占年度计划500亿元的144%。围绕"窄马路、密路网"的城市道路布局理念，进一步优化主、次、支路网级配，加快推进城市道路建设。新建改造城市道路1461千米，占年度计划(1300千米)的112.4%。针对城市水气热管网能力不足、雨污合流制排水管网比例较高等问题，持续加大各类市政管网的建设改造力度。新建改造各类市政管网8030千米，占年度计划(7000千米)的114.7%。进一步加快推进城镇污水配套管网和餐厨垃圾处理试点建设。累计建成污水配套管网1063千米，有力保障污水处理厂的正常稳定运行，太原市餐厨垃圾处理设施已基本建成，晋中市餐厨垃圾处理项目已开工建设。

【城市园林绿化建设】 按照居民出行"300米见绿，500米见园"的要求，大力实施公园、游园和绿道、绿廊建设，推进节约型、生态型和功能完善型绿地建设。新增绿化面积2190万平方米，占年度计划(2000万平方米)的109.5%。同时，进一步加大园林城市创建工作，晋中市、永济市、古交市、阳曲县、应县、静乐县、蒲县等7个市县申报国家园林城市(县城)；忻州市、原平市、岢岚县、芮城县、寿阳县、五台县、宁武县等7个市县被省政府命名为省级园林城市(县城)。

【城市地下综合管廊建设】 成立由分管省长任组长、相关部门为成员单位的领导小组，加大统筹协调和推进力度，出台《关于进一步做好城市地下综合管廊建设工作的通知》，进一步规范专项规划、前期工作、项目开工、收费政策、运营管理和督查月报等工作，就国家明确山西省的建设任务进行细化分解，及时下达各市，并提出工作要求。开展省级地下综合管廊试点城市工作，省级财政列出2亿元专项资金，重点对太原市、晋中市、吕梁市和长子县等4个省级试点予以资金支持。建立城市地下综合管廊建设信息周报系统和月通报制度，及时掌握各地工作进展。同时，针对性地采取专项督查、会议调度、重点督办等方式加快推进项目建设。太原市、朔州市、晋中市、吕梁市、运城市、长子县、交口县、山西科创城的综合管廊项目全部开工，共计41.8千米，圆满完成国家下达的开工建设任务。

【城市市政运营行业监管】 组织开展供水、燃气、供热和污水、垃圾处理年度运营考核工作。对市政公用行业的安全工作进行全面安排部署，先后下发《关于做好"G20峰会"期间城建行业反恐怖防范工作的通知》、《进一步做好近期城建行业安全工作的通知》和关于做好国庆、元旦、春节期间安全生产工作的指导性文件，开展防汛、汽车加气站、燃气行业等多次安全大检查，特别针对汛期、节假日等重要时段进行重点督促落实，有力促进安全管理水平的提升。同时，按照住房城乡建设部、省防汛抗旱指挥部要求，组织各市认真开展汛前检查和备汛工作，切实做好城市排水防涝工作，确保城市安全度汛。2016年，全省市政公用行业未发生重特大安全事故，安全工作继续保持稳定向好。

【风景名胜区监督管理】 组织武乡县板山申报省级风景名胜区，指导开展芦芽山申报《世界遗产预备清单》、黄崖洞申报《国家自然与文化双遗产》等工作。加快推进风景名胜区规划编制，恒山风景名胜区总体规划由国务院批复实施，百梯山、太行山大峡谷、杀虎口3处风景名胜区总体规划由省政府批复实施，五台山总体规划已报请省政府上报国务院。组织开展省级风景名胜区建设项目专项检查，对全省43处省级风景名胜区中已建和在建的91个项目进行全面检查，对存在问题进行了督促整改落实。

村镇观划建设

【农村困难家庭危房改造】 2016年全省下达农村危房改造任务10万户，农房抗震改建任务1万户，已全部竣工。及早安排部署，2015年底就将改造任务全部下达各地，并下达补助资金。强化督查考核，建立月报送、月通报、月巡查工作机制，每月在全省通报各市进展排名，选择一个市实地巡查，对工作进展较慢的6个市约谈主管部门领导。开展入户对接行动，组成3个调查组赴11个市实地督查，对全省贫困县建档立卡贫困户逐户排查对接，精准掌握贫困户改造住房的意愿和计划，严格工作管理，对中纪委和国家审计署驻太原特派办提出问题进行调查核实，多次以会议形式开展典型案例剖析，举一反三对各地管理人员进行警示教育，确保危房改造公平公正。

【乡村清洁工程】 2016年全省完成乡村清洁工程投资10.3亿元，建设垃圾中转站123个，创建达标村10624个，累计配备保洁员9万名，监管员1.5万名，垃圾清运车辆4.4万辆，11个示范县完成了规划编制，建立项目库，制定分年度建设计划，推进项目前期手续办理。围绕工作的规范化管理，加强工作部署，组织各市和示范县分管县长召开3次推进会，邀请住房城乡建设部、山东省住房城乡建设厅和山西省农居办、农发行等部门进行政策解读、经验介绍和业务指导，完善制度标准，制定《山西省农村垃圾治理实施方案》、《县域农村生活垃圾治理专项规划编制导则》，起草《非正规垃圾堆放点排查整治工作方案》，积极协调对接，与省农居办、财政厅、农发行和城投公司等部门商定贷款发放流程和资金本金筹措方式，协助做好资金管理办法的修订完善工作，加强监督检查，对各市乡村清洁和11个示范县农村垃圾治理推进情况进行实地督查，向太原市、吕梁市、长治市、运城市政府通报了其保洁不到位、配套资金不足等问题。

【传统村落保护】 2016年70处村落的140个保护项目中，56个项目已完工，49个项目已开工，35个项目正办理前期手续，共完成投资1.1亿元。为推进项目落地实施，完善工作机制，会同省文化厅、省文物局、省财政厅、省国土厅、省农业厅、省旅游局和省环保厅等部门建立"7+1"工作机制，共同推进保护工作，强化进度管理，每月通报各地进展，督促各地尽快开工建设，出台规范标准，开展《山西省传统村落保护发展管理办法》、《山西省传统建筑调查认定标准》、《山西古村镇保护规划编制要求》的编制完善工作，积极组织申报，做好第五批中国传统村落申报和中央资金申请工作。

【特色小城镇建设】 2016年山西省已培育6个省级特色小镇，3个镇被公布为全国特色小镇。为加快推进特色小城镇建设，组织学习调研，组织有关部门和专家赴浙江省学习特色小镇建设先进经验做法，开展研究工作，组织太原师范学院、省规划设计研究院等院校专家成立特色小镇培育专家组，起草《山西省特色小城镇建设指导意见》、《山西省特色小城镇建设工作方案》，积极培育申报，初步选取50个镇作为山西省"十三五"特色小城镇培育重点，对50个镇的书记、镇长进行专题培训，赴20个镇实地考察，择优选择6个镇作为山西省第一批特色小城镇报送住房和城乡建设部。还开展村镇规划编制、绿色村庄建设、农村气化等工作。完成各类村镇规划编制129项，制定《山西省绿色村庄申报与评定办法》和《山西省绿色村庄建设标准》，创建省级绿色村庄391个，出台《关于推进农村气化工作的指导意见》，起草《山西省农村气化发展规划（2016—2020年）》。

工程建设标准定额

【标准编制】 征集并下达两批《2016年山西省工程建设地方标准规范制订修订项目计划》共33个项目，同比增长65%。批准发布《公共建筑节能设计标准》等22项地方标准。按照住房城乡建设部关于工程建设强制性地方标准整合精简工作要求，梳理山西省现行的工程建设强制性标准共5项，组织标准主编单位对所主编的地方标准进行评估，提出评估结果和整合精简结论。其中，继续有效1项，修订1项，部分保留1项，全部废止转为推荐性标准2项。解决强制性条文设定不合理，以及与国家标准重复等问题。为助力装配式建筑的推广应用，组织建筑设计、施工等方面的专家召开全省装配式建筑地方标准编制会，安排部署编制工作。山西省现已发布《装配式斜支撑节点钢框架结构技术规程》等3项地方标准和《装配式混凝土剪力墙结构施工工艺》1项企业标准，即将发布《装配式混凝土结构预制构件制作及安装质量验收规程》。此外，启动《装配式混凝土剪力墙结构设计规程》等4项地标的编制。

【工程造价咨询管理】 印发《关于建筑业"营改增"〈山西省建设工程计价依据〉调整执行规定的通知》，对2011《计价依据》涉及7个专业预算定额，以及配套的建设工程费用定额、混凝土及砂浆配合比施工机械台班费用定额、建设工程材料预算价格等进行全面修订，编制完成2017《计价依据》。每两月收集、测算、发布一次山西省工程建设材料指导价（639种）和建筑安装工程、市政工程造价指数、指标，为政府部门的决策和广大工程造价人员提供参考。每周定期开展工程计价纠纷投诉处理，加强对工程建设各方计价工作的监管。加强监管，开展工程造价咨询企业的动态管理。截至2016年底，共办理工程造价咨询乙级升甲级初审12家、甲级资质延续14家、乙级资质延续86家，对22家乙级资质提出限期整改意见。开展工程造价咨询企业考核，2016年共考核全省212家工程造价咨询企业，促进工程造价咨询事业的健康发展。

工程质量安全监督

【工程质量管理】 强化质量终身负责制，严格落实工程建设各方参建主体质量责任，2016年房屋建筑和市政工程开工项目2170项，竣工项目947项，"两书一牌"执行率达100%，认真组织实施全省工程质量治理"两年行动"，省市县三级住房城乡建设部门累计开展监督执法检查5028次，检查工程项目6893项，下发监督执法检查整改单4487份，下发行政处罚书40份，处罚单位40个，曝光违法违规典型案例12起，加强对工程质量全过程监管，促进工程质量不断好转。

【建筑施工安全生产管理】 开展安全生产大检查，集中开展以起重机械、脚手架、模架支撑体系和城镇燃气安全管理为重点的安全隐患排查整治，累计排查房屋建筑和市政工程项目安全隐患1100余项，市政运营安全隐患276处，隐患已全部整改。开展吸取"11·24"事故教训安全生产大检查，认真做好岁末年初安全生产工作。开展专项整治，按照省政府1号文件要求，扎实开展预防起重机械脚手架模板支撑体系倒塌专项整治，有效遏制重特大事故的发生，切实抓好城镇燃气安全整治，新建改造燃气管网1524千米，圆满完成省政府重点专项整治工作任务。做好"两会"期间、春季复工、雨季汛期等重点时段安全生产督查检查，切实将安全生产责任落到实处。全省共发生房屋建筑与市政工程安全生产事故8起，死亡10人，百亿元施工产值死亡率为0.30，事故起数和死亡人数实现双下降，有效防范和遏制重特大事故发生，全省住建系统安全生产形势继续保持平稳。

建筑市场

【建筑业发展】 2016年山西省完成建筑业产值3318.5亿元，同比增长13.2%，实现建筑业增加值895.6亿元，同比增长5.7%，占全省GDP比重6.9%，继续发挥支柱产业作用。紧紧围绕"建筑业增加值同比增长5.5%、力争7.5%"的工作目标，分级建立重点帮扶企业名单。省厅评选出43家企业为2016年度山西省骨干建筑业企业，忻州市、长治市、运城市等地结合本地实际，制定本地重点帮扶名单，树立行业标杆，予以重点扶持。为70余家资质报部升级、延续的企业提供咨询服务，着力提升高资质等级企业数量。住房城乡建设部已核准山西省5家企业申报的特级资质，为历年来最高。开展工程建设领域保证金清查规范工作，代省政府起草清理规范工作实施方案，积极帮助企业清退违规收取的保证金，完善管理制度，减轻企业负担，激发市场活力。截至年底，全省共清退保证金18.5亿元，其中违规收取的4类保留共计15.2亿元。其他取消的保证金17项（安全风险抵押金、诚信保证金等）共计3.3亿元。为山西省大型建筑业企业牵线搭桥，与国内装配式建筑先进企业开展合作，促进产业水平提升。起草《关于大力发展装配式建筑的实施意见》，推动太原市、大同市等城市建设装配式建筑产业化基地，开展示范项目建设。已有两家企业分别在太原市、大同市两地与远大建工合作建厂，即将投产运营，加快建筑产业化发展进程。

【建筑市场监管】 完善招投标制度建设。组织《山西省房屋建筑与市政基础设施施工评标办法》，进一步规范山西省房屋建筑和市政基础设施工程招标投标活动。严厉打击建筑施工转包违法分包行为。专项活动开展以来，共组织专项行动督查26次，检查项目2944项，下发监督执法检查整改通知书398份，行政处罚书124份，对210家企业给予限制招投标、停业整顿、吊销资质等处罚，对4人给予停止执业、吊销执业资格等处罚，共处罚款金额5590万元，没收违法所得金额48.82万元。牵头做好"双随机、一公开"工作。组织完成省厅随机抽查事项清单的编制工作，经省编办和法制办审核，已向社会公布。建立起草制定双随机抽查工作细则、随机抽查市场主体名录库、检查人员名录库及管理办法。在住建领域全面开展双随机执法检查，其中建筑市场监督执法检查事项已达80%，其他执法检查事项达到90%。

【诚信体系建设】 印发《关于启动山西省建筑市场监管与诚信信息一体化平台运行工作的通知》，自2016年10月28日起平台正式运行，实现企业、人员、项目、诚信四个基础数据库的互联互通，做到全省建筑市场监管信息全覆盖，提升建筑市场监管服务效能。做好全省"信用山西"信用信息平台建设，畅通信息传递渠道，确保各类检查结果实时推送、归集和公开，完善全省各部门联合惩戒机制。

建筑节能与科技

【建筑节能】 严格新建建筑节能监管,实现规划、设计、施工、验收、运行的全过程管理,新建建筑严格执行节能65%标准,执行率达100%。积极推广应用太阳能光热、地源热泵等,可再生能源建筑面积占全部新设计建筑面积的64%。印发《开展绿色建筑集中示范区规划编制工作的通知》,推进绿色建筑集中示范。全省执行绿色建筑标准建筑面积2011万平方米,应用比例47%,超过年度目标任务指标(26%)21个百分点,其中二星级以上的绿色建筑146万平方米。积极发挥建筑节能领跑作用,全年绿色建筑行动新增投资85.33亿元,带动相关产业发展。

2016年,既有居住建筑节能改造中央、省奖励资金全部取消,改造资金缺口巨大,为保障工作顺利进行,督促协调各市、县政府充分发挥主体作用,将既有居住建筑节能改造工作纳入改善城市环境质量、旧区综合整治等重点工作,统筹各方面资金大力推进。组织有关企业和节能改造主管单位开展合同能源管理、PPP等改造模式探讨和工作对接,努力争取社会资金。加大考核问责力度。按月对各市进展情况进行考核评分,对进度较慢的市通报批评,并约谈市主管部门主要负责人,督促加快工作进度。2016年全省新开工既有居住建筑节能改造项目1088万(目标任务700万)平方米,超额完成年度目标任务。

【建筑科技】 做好节能产品推广。印发《关于进一步规范建筑节能产品(技术)推广管理的通知》,强化对企业技术(产品)的质量、生产环境和安全生产管理等方面的考核,加强咨询和服务,有效推动先进、适用新技术和节能产品的推广。全年共对315项节能产品、技术进行发布推广。组织实施绿色建材评价。印发《山西省促进绿色建材生产和应用实施方案》、《关于开展绿色建材评价标识工作的通知》,开展绿色建材评价机构的备案工作。积极研究应用新技术。开展建筑垃圾资源化应用研究。"建筑垃圾资源化再生利用"课题通过省科技成果鉴定,起草《关于进一步做好建筑垃圾资源化利用工作的通知》,下一步在建筑工程项目中要倡导绿色施工,推动建筑垃圾变废为宝。开展成果登记,推动建设行业科技创新。印发《山西省住房和城乡建设厅关于开展建设科技成果登记工作的通知》,将科技成果与企业资质管理、招投标、评优评奖挂钩,引导企业把科技创新放在核心战略位置,加快自主创新能力建设。积极指导推动企业技术进步,全年共组织申报9项住房城乡建设部科技计划项目,12项省科技厅科技计划项目,13项成果通过省科技成果鉴定,在行业内处于领先水平。

建设人事教育工作

【干部管理】 结合工作需要和干部特点,完成8名处室、单位主要负责人、15名副处级干部的选任工作。对长期在一个单位和容易产生廉政风险的13个"一把手"进行交流。平职交流9名副处级干部,配备2名下属单位的纪委书记,加强相关业务部门和纪检工作的力量。按照省委组织部《关于做好市厅级、县处级后备干部和中长期培养对象初步人选推荐报送工作的通知》要求,完成厅后备干部和中长期培养对象的推荐工作。完成2015年度领导干部个人事项报告的录入和随机抽查,召开个人事项报告的专题会议,对个人事项报告工作进行再安排再部署。同时对2014年度个人事项报告存在问题的同志进行处理,诫勉谈话2人,责令辞职1人,领导干部个人有关事项报告与核查已成为厅干部管理监督的有力手段。组织遴选3名公务员和接收3名军转干部,并进行岗前培训考核。

【教育培训】 选调各个层级的领导干部参加任职培训、轮训和专题研讨。根据省委组织部要求,选派部分厅领导、各处室和下属单位负责人参加省委组织部组织的各类专题培训。组织厅机关各处室、厅直各单位72名干部,在复旦大学参加为期5天的"党政干部素养提升专题培训班"。通过培训进一步解放思想,开阔视野,增长见识,提高工作能力和水平。根据省委组织部要求,针对全省换届后住房城乡建设行业干部队伍的变化情况,先后在太原理工大学和省委党校,组织进行3期城市规划、建设科技、特色小镇等专题培训,共计500余人次参训,有效提高干部队伍的业务水平。9月初,组织援疆培训班,新疆建设兵团第六师相关领导和业务骨干30余人参加为期10天的城市建设管理业务培训,取得良好效果。

【职称评审】 认真组织开展享受政府特殊津贴人员选拔推荐工作,着力完善审核、专家评审、公示环节的组织管理。审核材料时,要求工作人员严格执行有关文件精神,规范申报材料,专家评审时,采取随机抽取方式,确保评审工作的公平、公正。扎实做好2016度建设工程专业中、高级职务任职资格评审的准备工作。全省共有778人参加了高级职务任职评审,为住房城乡建设厅高评委成立以来参加评审人数最多的一年，最终有660人通过，通过率为84.3%，整个评审活动组织严密、把关严格，做到公平、公正，得到评审专家和参评者的一致好评。

【党风廉政建设】 全省住房城乡建设系统各级党组织按照中央和省委关于全面从严治党和深入推进党风廉政建设与反腐败工作的部署要求，全面落实主体责任，坚持把党风廉政建设和反腐败工作与业务工作同部署、同推进、同检查、同考核，健全完善规章制度，细化明确工作任务，层层传导压力，坚持抓早抓小，严查违纪行为，深入开展城乡规划实施、房地产开发、建筑工程招投标、住房公积金监管、行政审批等专项整治，扎实开展"两学一做"学习教育，严格执行中央八项规定精神，坚决抵制"四风"，持续改进作风，推动全面从严治党向纵深发展，在全系统营造良好的政治生态。

【扶贫工作】 厅党组高度重视扶贫工作，印发《中共山西省住房和城乡建设厅党组关于印发〈2016年干部下乡驻村和领导干部包村增收工作方案〉的通知》，成立下乡工作领导组，制定年度工作方案。自开展工作以来，紧紧围绕发展农村经济这一中心，扎实开展驻村工作，进一步密切党群、干群关系，全面推进各帮扶村经济发展，先后在各村推广渗水地膜、富硒高钙等科学种田模式，有效达到增产增收的效果。积极协调当地有关部门，使8个帮扶村的饮水入户工程得到了实施。从厅直机关优秀年轻干部、事业单位的优秀干部中择优选派8名干部到河曲县前川乡8个村担任驻村第一书记，大力宣传党的扶贫开发各项政策，带领贫困村开展精准扶贫工作，协调落实金融资金，促进贫困村、贫困户脱贫致富。

【城市执法体制改革】 加强组织领导，成立由分管副省长任组长的省推进城市执法体制改革改进城市管理工作领导小组，并建立由15个涉及改革工作的省直部门组成的厅际联席会议制度。制定推进方案，印发《山西省开展城市执法体制改革改进城市管理工作推进方案》，明确2016年和2017年工作任务，确定试点城市和各项任务的牵头单位，为全面推进城市管理执法体制改革制定了路线图和时间表。推进试点工作，在对试点市和省外城市进行调研、召开相关单位座谈会和书面征求意见的基础上，下发《关于晋中市开展城市执法体制改革改进城市管理试点工作有关事项的通知》，提出试点工作总体目标、工作内容、时间要求和工作措施，晋中市的试点工作稳步推进。起草山西省《实施意见》，起草《中共山西省委山西省人民政府关于深入推进城市执法体制改革改进城市管理工作的实施意见》（代拟稿）。下发《关于建立推进城市执法体制改革改进城市管理工作信息报送制度的通知》，建立信息定期报送制度，明确各市责任单位和责任人，及时全面掌握全省各地工作进展情况。

【行政审批制度改革】 制定《行政审批事项进驻省政务服务平台实施方案》，将全厅具有审批性质的行政职权事项集中于行政审批处，并积极协调审批处和厅属单位抽调的工作人员入驻政务大厅，做到"两集中、两到位"。结合中央开展的行政审批制度改革"回头看"要求，在全系统组织开展行政审批政策文件贯彻落实情况自查工作，确保国务院、省政府下放的行政审批事项得到承接，取消下放的行政审批事项得到全环节监管，防止"明放暗不放、下放不到位"、"变相审批"等情况。为大力推进简政放权、放管结合、优化服务改革，按照要求对省厅公布保留的许可类证照及相关的年检，政府指定培训，行业准入证、上岗证等情况进行全面梳理，摸清底数。及时调整权责清单，按照省政府《关于印发山西省政府部门权责清单动态管理办法的通知》的要求，根据国务院和省政府对行政职权事项的调整，及时对厅权责清单进行相应调整。

大事记

2月

3日 2016年山西省住房城乡建设暨党风廉政建设工作会议在太原召开。会议回顾"十二五"期间及2015年住房城乡建设系统的成绩，部署山西省住房城乡建设工作计划。工作将围绕百姓关注的民生工程，在住房保障、提升城市品质、改善农村人居环境等方面加码发力。

3月

7～8日 厅领导在太原陪同住房城乡建设部调研组就太原市烂尾楼和闲置土地等问题进行调研。

4月

1日 全省城市工作会议在太原举行。会议深入学习贯彻中央城市工作会议精神特别是习近平总书记重要讲话精神，全面分析山西省城市工作面临的形势和任务，对进一步做好城市工作作出安排部署。省委书记、省长出席会议并作重要讲话，省委副书记出席会议。省四大班子负责同志，省法、检两长出席会议。

14～15日 山西省在太原举办城市工作和棚户

区改造干部专题培训班。该次培训邀请住房城乡建设部、国家开发银行、兄弟省市住房城乡建设部门以及企业专家进行授课，内容涵盖中央和山西省城市工作会议有关精神；棚户区改造相关政策；政府购买棚改服务模式；市政基础设施建设PPP融资模式，地下综合管廊和海绵城市建设、黑臭水体整治相关政策以及金融机构支持城市建设贷款资金使用管理的有关政策。

5月

5日　召开"两学一做"学习教育推进大会，学习贯彻中央和省委工作部署，安排部署"两学一做"学习教育工作。会议指出，开展"两学一做"学习教育，是深入推进全面从严治党的重大部署，是深化党员思想教育的重要举措，是推动全省住房城乡建设事业健康快速发展的有利契机，我们要充分认识开展"两学一做"学习教育的重大意义，切实增强思想自觉和行动自觉，把思想和行动统一到中央和省委的决策部署上来，紧密结合全厅和全系统实际，把学习教育不折不扣开展好、落实好。

28～29日　山西省第十届中等职业学校建筑工程技术技能大赛在省城乡建设学校隆重举行，大赛由山西省教育厅、山西省人力资源和社会保障厅、山西省总工会、山西省住房和城乡建设厅主办。省住房城乡建设学校连续第7年成功承办此项赛事。本次大赛共有17所学校、90余名选手参加比赛，共决出"海盛杯"工程算量大赛（个人项目）一等奖1名，二等奖1名，三等奖2名；"设计院杯"建筑CAD大赛（个人项目）一等奖4名，二等奖7名，三等奖11名，"规划院杯"工程制图大赛（个人项目）一等奖5名，二等奖8名，三等奖15名。本次大赛采用数字监控视频画面公开直播整个赛程。通过一年一度的技能大赛，激发职业院校师生刻苦学习技术技能的热情，提高学生的职业技能水平和教师的信息化教学水平，推动教产融合、校企合作，在全社会形成"劳动光荣、技能宝贵、创造伟大"的时代风尚。

6月

22日　2016年建筑工地应急救援演练暨省城建筑安全标准化工地现场观摩会在太原举行。观摩现场进行施工电梯冒顶坠落事故应急救援演练、观看塔吊倒塌事故应急救援演练视频。

7月

5日　山西省出台实施《关于加快化解房地产库存的若干意见》，引导房地产开发企业适当降低房价"去库存"。

20日　大同泰瑞集团建设有限公司与杭萧钢构股份有限公司就钢结构建筑产业化发展签署战略合作协议，共同打造大同钢结构装配式绿色建筑产业基地。省委常委、常务副省长高建民，省住建厅党组书记、厅长李栋梁等出席签约仪式。

8月

23日　山西省改善城市人居环境PPP投资引导基金清徐子基金设立暨清徐县政府与北京首创资本战略合作签约仪式在清徐县举行——山西省首批PPP投资引导子基金在清徐县落地，双方将在改善城市人居环境等方面展开合作。2月，省财政厅、省住建厅、首创集团与兴业银行联合发起设立山西省改善城市人居环境PPP投资引导基金。首创资本作为首创集团指定的PPP投资基金管理公司，成为该基金的指定管理人，已与晋中市、晋城市、运城市及运城空港经开区签订战略框架协议。根据协议，清徐县将在改善人居环境、县城绿化等领域与首创资本展开合作，此举对于加快推广运用政府和社会资本合作（PPP）模式，创新投资体制改革，补齐城乡建设短板，加快清徐小康社会建设具有重要意义。

31日　省住房城乡建设厅印发《山西省住房和城乡建设事业"十三五"规划》，到2020年，城镇居民人均住房面积达38平方米，城镇在职职工住房公积金覆盖率保持在80%以上，城市公共供水普及率达99%，全部设区城市达到国家节水型城市标准要求，城市建成区绿化覆盖率达41.5%，全省90%的村庄生活垃圾得到有效处理，争取300个村落列入中国传统村落名录。

10月

31日　太原市出台《关于化解房地产库存的实施意见》，将采取放宽落户条件，支持农业转移人口在本市购房，扩大住房公积金使用范围，引导房企适当降低房价等措施，加大房地产去库存力度。居民家庭首次购买普通住房的商业性个人住房贷款，最低首付款比例下调至20%，对拥有1套住房且相应购房贷款未结清的居民家庭，为改善居住条件再次申请商业性个人住房贷款购买普通住房，最低首付款比例调整为不低于30%。2016年起，太原市将停止新建公租房。

11月

9日　山西省住房和城乡建设厅、山西省智慧城市建设联盟、太原理工大学建筑设计研究院联合举办山西省智慧城市建设专题讲座。讲座邀请原信息产业部电子规划院院长，中国信息产业发展研究院战略研究中心主任，中国电子企业协会会长董云庭教授和武汉大学教授,博士生导师,科技部国家863计划信息技术领域智慧城市(二期)课题组组长王伟教授,对"智慧城市"建设进行深入解读,内容丰富、分析透彻,具有很强的政策性、理论性和针对性,对全面理解"智慧城市"的内涵,为山西省更好地推动智慧城市建设起到重要的指导作用。山西省智慧城市建设联盟、国家智慧城市试点市(县、区)牵头部门负责人,各市住房城乡建设部门有关人员和智慧城市相关企业代表共300余人参加本次讲座。

23~24日,省住房城乡建设厅党组书记、厅长李栋梁带领部分厅机关和直属单位干部赴山西省住房城乡建设厅扶贫点河曲县前川乡下乡驻村,研究推进脱贫攻坚工作。

12月

1日 省委常委、副省长孙绍骋在省住房和城乡建设厅调研,并听取工作情况汇报。厅党组书记、厅长李栋梁就山西省城乡规划、城市建设管理、房地产业、保障性安居工程、住房公积金、建筑业、建筑节能、村镇规划建设、重点工程、行政审批制度改革以及省十一次党代会部署涉及住房城乡建设厅的工作任务落实措施进行详细汇报。

21~22日 全省住房城乡建设系统2016年度依法行政专题研修班在太原举办,本次培训聘请省内知名专家学者对《法治政府建设实施纲要(2015—2020)》和《山西省国有土地征收与补偿条例》进行解读,对《行政诉讼法》修改后履行职责类、政府信息公开类等事项办理流程的影响及风险进行讲解,对行政复议及行政诉讼典型案例进行了分析。会议期间还开展全省住建系统法制机构依法行政经验交流。全省住房城乡建设系统200多家基层单位的300余人参加培训。

29日 厅机关召开直属机关第七次党员代表大会。会议听取和审议第六届党委、纪委工作报告,选举产生新一届厅直属机关委员会和纪律检查委员会,表决通过关于第六届党委、纪委工作报告的决议。

(山西省住房和城乡建设厅)

内 蒙 古 自 治 区

概况

2016年,在内蒙古自治区党委、政府和住房城乡建设部的领导下,内蒙古自治区住房城乡建设系统紧紧围绕全区经济社会发展大局,积极应对困难和挑战,着力破解瓶颈制约,较好地完成全年目标任务,实现"十三五"良好开局。全区90%的设市城市总体规划获批,城乡规划引领作用有效发挥,城镇基础设施完成投资800亿元,基础设施建设显著增强,棚户区改造、农村牧区危房改造任务超额完成,住房公积金作用不断增强,城乡居民住房条件得到改善,房地产市场呈现投资趋稳、交易增长、去库存明显的发展势头,建筑业保持小幅增长态势,有力促进全区经济社会平稳健康发展,建筑节能、标准定额和人事教育等工作稳步推进,工程质量安全监管扎实有效,安全生产形势稳中向好。

法规建设

【**依法行政**】 制定自治区住房城乡建设系统《七五普法规划(2016—2020)》,开展"法宣在线"普法学习活动,年度学习达标率达到94%,考试通过率达到87%。参与自治区人大常委会对城乡规划法律法规执行情况的执法检查,开展城乡规划、建筑市场、房地产市场和棚户区改造的重点专项稽查工作,全年共办理举报案件59件,其中受理住房城乡建设部稽查办转办案件29件。配合自治区人大做好《内蒙古自治区物业条例》(修订)立法工作,对《内蒙古自治区建设用地容积率计算规则》、《内蒙古自治区房屋建筑工程质量投诉处理暂行办法》等规范性文件进行合法性审查和规范。建立《政府法律顾问制度》、《行政复议工作制度》,改善行政复议案件的审理机制,设立行政复议决定合议制度,全年共接收行政复议申请114件,受理95件,审结94件。

【**城市执法体制改革**】 推动出台《内蒙古自治区党委自治区人民政府深入推进城市执法体制改革改进城市管理工作试点方案》,确定呼和浩特市、包头市(包括所辖旗县区)为试点城市,已推进集中行政处罚权工作的34个旗县也参照执行,在全国率先启动城市管理执法体制改革试点工作。两试点城市建立新的城市管理领导机制,调整并设置城市管理综合执法机构,整合城市管理综合执法职能和执法权限。推动出台《内蒙古自治区党委自治区人民政府深入推进城市执法体制改革改进城市管理工作的实施意见》,在总结试点经验的基础上,全面推开城市执法体制改革工作。

房地产业

【房地产市场运行】 据统计局数据显示,2016年1～12月份,全区完成房地产开发投资1133.48亿元,较上年同期增加投资52.42亿元,同比增长4.85%,商品房屋销售面积2527.85万平方米,其中商品住宅销售2073.36万平方米,较上年同期分别增加建筑面积158.48万平方米和128.44万平方米,同比增长6.69%和6.6%,商品房屋销售额1149.08亿元,其中商品住宅销售838.08亿元,较上年同期分别增加96.9亿元和72.01亿元,同比增长9.21%和9.4%。截止到2016年12月底,全区商品住宅平均售价4042元/平方米,同比增长2.61%,商品房屋、商品住宅待售面积为1384.99万平方米和848.89万平方米,环比增长-3.8%和-9.73%,同比增长-6.63%和-12.77%。房地产市场呈现投资趋稳、交易增长、库存明显下降的良好发展势头。

【房地产去库存】 推动出台《内蒙古自治区人民政府关于做好房地产去库存工作进一步促进房地产业稳步发展的意见》,从提高棚户区改造货币化安置的比例、加大对农牧民进城购房优惠政策支持力度等六个方面提出具体意见,举办房地产发展论坛、房展会等配合活动。推动出台《内蒙古自治区人民政府办公厅关于加快培育和发展住房租赁市场的实施意见》,支持住房租赁消费,促进住房租赁市场健康发展,建立租购并举的住房制度。自治区住房城乡建设厅与农业银行内蒙古分行共同印发《关于做好支持农牧民进城购房工作的通知》,在全区开展农牧民"安居贷"工程,支持农牧民进城购房。各地按照"稳投资、促销售、去库存"的思路,积极探索创新去库存的有效模式,因地制宜推出"房票"、"互联网+房地产"、"房源超市"等措施,鄂尔多斯市被确定为全国三、四线城市房地产去库存试点城市。全区房地产市场实现商品房屋的投资额、销售面积、销售额全部保持增长,房价保持稳定,房地产库存24个月连续下降的调控效果,取得良好的政策预期,为宏观经济平稳发展贡献力量。

【房地产市场监管】 印发《关于转发住房和城乡建设部进一步规范房地产开发企业经营行为维护房地产市场秩序的通知》,加大房地产市场执法检查力度。开展全区房地产开发和房地产中介公司非法集资问题专项整治工作和房地产中介专项整治工作,自治区住房城乡建设厅与自治区发改委、经信委等部门联合转发《住房和城乡建设部关于加强房地产中介管理促进行业健康发展的意见》。

【物业管理】 制定并施行《居住物业管理服务标准》、《办公楼物业管理服务标准》、《商业物业管理服务标准》、《医院物业管理服务标准》等4项自治区物业管理地方标准。召开全区物业管理现场会,举办"立足母业、服务增效、创新争先、智创未来"为主题的第二届内蒙古自治区物业管理服务技能大赛,全区28个代表队308名选手参赛。印发《关于申报2016年度全区物业管理创优达标项目的通知》,开展全区物业管理创优达标工作。

【房屋征收】 推动出台《内蒙古自治区国有土地上房屋征收与补偿条例》,从法律层面规范全区国有土地上房屋征收与补偿工作。举办《内蒙古自治区国有土地上房屋征收与补偿条例》宣贯培训会,为《条例》的实施创造较好的条件和工作环境。进一步完善国有土地上房屋征收与补偿房屋征收信息系统,举办内蒙古自治区国有土地上房屋征收信息系统建设方案研讨班,修改完善全区统一补偿协议模板。

【老旧建筑物安全排查】 根据住房城乡建设部办公厅《关于报送全国老楼危楼安全排查电视电话会议精神落实情况的通知》要求,开展全区老旧建筑物安全排查工作,消除各类住房安全隐患,杜绝重大房屋安全事故的发生。按照住房城乡建设部房地产市场监管司《关于对房地产"烂尾"项目进行排查梳理的函》要求,对全区12个盟市103个旗县(市)区的房地产项目进行全面统计排查,共排查"烂尾"项目45个,建筑面积1278.0506万平方米,涉及住户13681户。

【产权交易与登记管理】 印发《关于切实做好房屋交易和产权管理与不动产登记职责划分及衔接工作的通知》,要求各地充分利用自治区"商品房预销售网络管理系统"和"房屋权属网络登记发证系统"全面实行网上售房和网上办理房屋权属证书,健全售房和房屋产权信息,加强房屋权属管理,利用科技和现代化手段,统一办证程序,规范办证要件和办证行为,实现信息共享。

住房保障

【棚改概况】 2016年内蒙古自治区棚户区改造建设任务为22.1万套,其中:城市棚户区17.3万套、林区棚户区2.3万套、垦区棚户区2.5万套。截至到2016年底,全区棚户区改造开工23.5万套,开工率106.2%,超目标任务1.4万套,基本建成27.4万套,建成率256.3%,完成投资623.4亿元,超额完成国家下达的任务。

【棚改资金筹集】 2016年内蒙古自治区累计到位棚改资金1044.55亿元,包括:争取中央财政保障性安居工程补助资金80.97亿元,争取棚改中央专项建设基金141.83亿元,自治区本级安排保障性安居工程补助资金8.82亿元,国开行发放棚改贷款744.57亿元(续建项目601.12亿元、2016年项目143.45亿元),农发行发放棚改贷款48.36亿元,通过发行企业债券募集资金20亿元。

【棚改货币化安置】 推动政府购买棚改服务和货币化安置工作,推动出台《内蒙古自治区政府购买棚户区改造服务管理办法》和《内蒙古自治区政府办公厅关于做好棚户区改造货币化安置工作的指导意见(试行)》,对各地合理确定棚改货币化安置方式、落实各项支持政策、加大棚户区改造货币化安置工作力度等方面提出了明确要求,实现棚户区改造与房地产去库存的有效衔接和良性互动。各盟市均已确定政府购买棚改服务的购买主体和承接主体,棚改货币化安置比例达到75.2%,高于全国平均水平。

【棚改房屋征收、公租房分配管理】 规范棚户区改造房屋征收工作,自治区住房城乡建设厅与高级人民法院共同印发《关于依法做好城市棚户区、旧城区改造、新型城镇化建设中国有土地上房屋征收与补偿工作的指导意见》,要求各地区严格按照规定的征收程序和标准开展房屋征收与补偿工作。加强公租房的分配管理工作,扩大公租房保障范围,加快住房补贴发放速度,提高公共租赁住房的分配入住率。截至2016年底,全区公租房分配率达到69.2%。

公积金管理

落实国家有关政策,扩大住房公积金的提取和贷款范围,简化办理手续和程序,提高贷款限额,延长贷款期限,推进异地贷款,允许商业贷款转公积金贷款,积极探索农牧民工公积金缴存和贷款制度,有效提高住房公积金的使用效率。全年归集住房公积金308.93亿元,同比增长7.08%,提取233.68亿元,同比增长16.74%,个人住房贷款270.28亿元,同比增长17.84%,个贷率达71.72%,同比增加10.1个百分点,超年初目标值2.1个百分点,住房公积金个人住房贷款占全部个人住房贷款的比率达到44.11%。

城乡规划

【概况】 开展全区住房城乡建设事业"十三五"发展规划、城镇体系规划(2015—2030年)编制,二连浩特市、正镶白旗等地区开展总体规划修编,呼伦贝尔市、乌海市等地区结合国民经济和社会发展"十三五"规划,落实城市总体规划,开展"十三五"近期建设规划编制,全区全部设市城市的总体规划获批,城市控规平均覆盖率达到80%以上。

【城镇体系规划编制】 按照《城乡规划法》关于省域城镇体系规划上报审批的有关规定,完成《内蒙古自治区城镇体系规划(2015—2030年)》编制并通过自治区人大常委会审议。5月,自治区人民政府将规划成果上报国务院。12月,根据有关部委、省(市、自治区)反馈意见修改完善规划并再次报请国务院审批。规划中"一核多中心、一带多轴线"的城镇体系布局、呼包鄂和东部盟市联动发展的思路已被吸纳到《自治区"十三五"规划纲要》中。

【"多规合一"试点】 在包头、通辽、乌兰察布、乌海、阿尔山和多伦启动"多规合一"试点工作,指导和帮助扎兰屯市、阿尔山市、多伦县争取为全国"多规合一"试点,各试点城市(县)均制定试点工作方案,部分试点城市(县)已取得初步试点成果。组织各地区以编制旗县市城乡规划为契机,重点推进城市总体规划、土地利用总体规划两图合一,在此基础上推进各类规划相互衔接,实现一个旗县市一本规划、一张蓝图,建立集约高效、功能互补、覆盖全域的"多规合一"空间规划体系。

【规划执行管理】 强化城乡规划督察员制度,盟市规划督察员督察覆盖面达到80%。印发《关于开展城市规划执行情况专项稽查工作的通知》,制定稽查工作方案和稽查手册,在全区范围内开展城市规划执行情况专项稽查工作。指导乌海市、阿巴嘎旗别力古台镇、苏尼特右旗赛罕塔拉镇等地区开展总体规划实施情况评估工作。

【城市设计】 出台自治区《城市设计编制管理指导意见》、《城市设计技术导则》。组织有关地区申请国家城市设计试点,包头市、呼伦贝尔市已列入国家第一批城市设计试点,乌兰察布市和鄂尔多斯市拟于2017年申请列入国家第二批城市设计试点。在满洲里市召开全区城市设计现场会，安排部署全区城市设计工作。

【城市修补、生态修复】 选定课题研究单位，开展"城市双修"课题研究。印发自治区推进"双修"工作方案。呼伦贝尔市、乌兰浩特市已列入国家第二批"城市双修"试点，包头市、阿尔山市申请国家第三批"城市双修"试点。呼和浩特市中心城区、包头市白云鄂博矿区、呼伦贝尔市中心城区等14个城区被确定为自治区城市"双修"工作试点。内蒙古自治区通过开展"城市双修"，着力推进城中村、棚户区、旧工业区和老旧街区改造，优化城市空间布局，完善城市功能。

【历史文化街区、历史建筑保护】 自治区住房城乡建设厅与自治区文物局联合印发《关于开展全区历史文化街区、历史建筑普查工作的通知》，开展历史文化街区、历史建筑普查工作。指导呼和浩特市做好历史文化名城保护规划编制工作，指导包头市、赤峰市、扎兰屯市、满洲里市、巴彦浩特镇等地区做好历史文化街区申报工作。包头市东河区北梁三官庙传统街区、包头市昆都仑区钢32号街坊、呼伦贝尔市扎兰屯市中东铁路工业遗产历史文化街区和呼伦贝尔市扎兰屯市中东铁路风情历史文化街区等4个街区（坊）被评选为第二批自治区级历史文化街区，阿拉善左旗巴彦浩特镇王府风情文化街、阿拉善左旗巴彦浩特镇王府特色民居街等2个街区被评选为第三批自治区级历史文化街区。

【地下管线普查和地下空间利用】 全区20个设市城市中17个城市已完成地下管线全面普查，共普查地下管线18类，普查长度总计57736千米，3个城市（赤峰市、额尔古纳市、根河市）进行外业普查，12个城市（7个地级市、5个县级市）建立地下管线信息系统。以包头市、呼和浩特市和赤峰市为对象，探索和实践地铁＋沿线管廊＋地下开发的建设模式，统筹轨道交通与地下综合管廊的建设，研究地下空间综合开发。

城市建设

【概况】 编制并落实《自治区住房和城乡建设事业"十三五"规划》和城镇基础设施建设各项专项规划。全区城镇基础设施投资完成800亿元，其中：市政道路完成投资318亿元，园林绿化完成投资211亿元，集中供热完成投资98亿元，其他基础设施建设完成投资173亿元。城镇供水普及率达到97％，燃气普及率达到89.5％，污水处理率达到93％，生活垃圾无害化处理率达到96.5％，人均道路面积达到23.8平方米，建成区绿化覆盖率达到36.7％，城镇宜居水平和承载能力不断提升。

【市政网建设】 推进市政基础设施网络建设，自治区住房城乡建设厅与自治区发改委联合编制《内蒙古自治区市政网建设规划》，规划拟重点实施城镇道路、轨道交通、供水、污水、雨水、燃气、供热、地下综合管廊等8个方面亿元以上项目486个，总投资约4130.78亿元，"十三五"期末在全区基本建成设施配套、功能完备、安全高效、绿色低碳的市政网。起草《关于加快内蒙古自治区城镇市政网建设的意见》，提出推进全区城镇市政网建设的基本要求、基本原则、总体目标、建设任务和保障措施。

【建设资金筹集】 与邮储银行内蒙古分行、招商银行呼和浩特分行签署战略合作协议，推动社会资本参与市政公用事业。建立内蒙古自治区城镇市政公用基础设施PPP项目库，入库项目达361个，总投资达1220亿元。召开全区推进城镇基础设施建设暨项目对接洽谈会议，邀请13家知名企业和10家金融机构，向社会推介项目307个、总投资863亿元，为社会资本参与内蒙古自治区城镇基础设施建设搭建平台。

【轨道交通建设】 呼和浩特市地铁1、2号线工程已开工49.27千米，《包头市城市轨道交通一期建设规划》获得国务院批复，控制中心已开工，赤峰市轨道交通项目完成线网规划评审，开展前期工作。

【地下综合管廊建设】 推动出台《内蒙古自治区人民政府办公厅关于加快推进全区地下综合管廊建设的实施意见》，与自治区发改委联合印发《关于城市地下综合管廊实行有偿使用制度的实施意见》，指导各地建立健全地下综合管廊有偿使用制度，形成合理的收费机制。全年开工地下综合管廊71.06千米。

【海绵城市建设】 出台《内蒙古自治区人民政府办公厅关于推进海绵城市建设的实施意见》，印发《关于开展设市城市编制海绵城市专项规划的通知》，组织各设市城市加快编制专项规划，开展海绵城市建设。

【污水、大气治理】 制定《内蒙古自治区城镇污水处理主管部门规范化管理考核办法》和《内蒙古自治区城镇污水处理运营单位规范化管理考核办法》，开展污水处理厂规范化运营和标准化管理考核，对尚未建成污水处理厂的旗县进行督办，推动解决污水处理厂普遍存在大马拉小车及"三率"较低问题。开展全区淘汰10蒸吨/小时及以下燃煤供热锅炉工作，制定整改实施方案，召开整改工作协调会，有淘汰任务的6个盟市均已制定整改实施方案及整治计划，明确责任部门、责任人及整改时限。

【垃圾综合治理】 开展生活垃圾填埋场等级评定工作，加大对各地生活垃圾无害化处理厂的督导检查力度，进一步完善城镇生活垃圾收运系统，提高生活垃圾填埋场无害化处理水平。完成巴彦淖尔市五原县等14个旗县（市）生活垃圾填埋场等级评定工作，加强对呼和浩特市、鄂尔多斯市餐厨垃圾处理项目的运行监管。

【城市黑臭水体整治】 印发《关于开展城市黑臭水体整治工作专项督查的通知》，采取实地查看和座谈交流的方式，对呼和浩特市、包头市黑臭水体整治工作进行专项督查。2016年，呼和浩特市已公布的7处城市黑臭水体有4处得到初步治理，包头市二道沙河北部部分河段已完成改造。

【生态宜居县城创建】 按照《内蒙古自治区人民政府关于加快推进生态宜居县城建设的意见》要求，全面开展自治区生态宜居县城创建活动，评选五原县、土默特右旗、西乌珠穆沁旗、扎兰屯市、科尔沁右翼前旗等5个旗县为2016年度自治区生态宜居县城示范旗县。

【园林城市（县城）创建】 推荐赤峰市、准格尔旗等2市5旗申报国家园林城市（县城），截至2016年底，全区7个城市获得国家园林城市称号，占全区设市城市的35%，3个县城获得国家园林县城称号，占全区县城的4.3%，17个城市获得自治区园林城市称号，占全区设市城市的85%，34个县城获得自治区园林县城称号，占全区县城的49.28%。

【单位庭院绿化】 加大单位庭院绿化力度，印发《内蒙古自治区园林式单位和居住区评选办法》、《内蒙古自治区园林式单位和居住区标准》，进一步推动全区单位庭院绿化和居住区绿化建设，鼓励各地通过加快园林绿化进机关、进企业、进学校、进社区、进庭院，提升全区城市绿化的总体水平。

【风景名胜区规范和世界遗产申报】 制定《内蒙古自治区级风景名胜区审查办法》，印发《关于开展全区风景名胜资源普查及自治区风景名胜区申报工作的通知》，进一步摸清全区风景名胜资源情况。开展世界遗产项目申报调研工作，指导和支持呼伦贝尔大兴安岭北方针叶林、阿拉善巴丹吉林沙漠申报世界自然遗产。

村镇规划建设

【规划编制】 印发内蒙古自治区《2016—2020年乡村规划工作方案》，开展县域村庄建设规划和村庄规划试点，全区90%的行政村村庄规划编制完成。

【农村牧区危房改造】 2016年国家下达内蒙古自治区农村危房改造任务17.19万户，下达资金146129万元，2016年内蒙古自治区农村牧区危房改造开工建设32.53万户，竣工31.12万户，完成投资约180亿元。

【农村综合环境整治】 制定《内蒙古自治区农村牧区垃圾治理实施方案》，明确"十三五"期间全区农村垃圾治理的目标任务。积极探索垃圾污水治理模式和运行机制，研究选取152个垃圾试点村和72个污水试点村进行试点，83个村完成试点建设。推进农村垃圾污水治理改革工作，制定《关于培育发展农村垃圾污水治理市场主体方案》和《关于建立自治区农村垃圾污水治理长效机制的指导意见》两项改革文件。开展绿色村庄建设，制定并印发《自治区绿色村庄评定标准》和《绿色村庄申报与评定办法》，2016年全区共创建绿色村庄881个。

【历史文化名镇名村和传统村落保护】 推进历史文化名镇名村和传统村落保护工作，呼和浩特市清水河县古城坡村等20个村列入第四批中国传统村落，丰镇市隆盛庄镇、库伦旗库伦镇列入国家"十三五"历史文化名城名镇名村保护利用设施建设规划和2016年项目计划。截至2016年底，全区共有6个国家级历史文化名镇名村、44个中国传统村落。

【美丽宜居村镇和特色景观旅游名镇名村建设】 开展自治区级美丽宜居村镇评审工作，包头市土右旗萨拉齐镇等32个镇、29个村列入第三批示范名单，克什克腾旗同兴镇等12个镇村被列入第四批全国美丽宜居小镇（村庄）示范。全区共创建17个国家级美丽宜居村镇、67个自治区级美丽宜居村镇示范。开展自治区级特色景观旅游名镇名村示范评审工作，呼和浩特市清水河县老牛湾镇等20个镇、14个村列入第二批示范名单，全区共创建37个国家级特色景观旅游名镇名村示范、37个自治区级特色景观旅游名镇名村示范。

【特色小镇建设】 开展特色小镇建设工作，制定《内蒙古自治区特色小镇指导意见》，明确内蒙古自治区特色小镇发展目标及主要任务。宁城县八里罕镇、科左中旗舍伯吐镇、额尔古纳市莫尔道嘎镇列入国家第一批特色小镇名单，自治区级特色小镇评审工作开展。

标准定额

【建设工程计价定额】 根据《财政部 国家税务

总局关于全面推开营业税改征增值税试点的通知》及《住房和城乡建设部办公厅关于做好建筑业营改增建设工程计价依据的调整准备工作的通知》等文件规定，按照住房城乡建设部标定司"建筑业营改增计价依据调整工作专题会议"要求，成立"营改增"调整工作组，在测算121个典型工程的基础上，制定《关于建筑业营业税改征增值税调整内蒙古自治区现行计价依据实施方案》。编制《2015届内蒙古自治区建设工程计价依据》，完成日常定额咨询工作，处理有关工程造价争议、纠纷、定额缺项等方面的书面来函80余次，答复来人、来电、来函咨询10000余次。

【建设工程标准造价信息平台建设】 根据《内蒙古自治区建设工程造价管理办法》有关规定，制定《内蒙古自治区建设工程造价指数指标编制发布管理办法》（内部征求意见稿）和《建设工程材料信息模板及使用说明》，基本形成自治区造价管理总站监督指导、盟市站上报并发布各地区建设工程造价信息的基本模式。

【建设工程标准】 组织编制内蒙古自治区《城市地下综合管廊节点构造图集》、《城市地下综合管廊施工图审查要点》、《城市地下综合管廊勘察设计技术导则》等城市综合管廊相关的技术标准规范，其中《城市地下综合管廊节点构造图集》编制大纲已通过审查。编制完成内蒙古自治区《既有居住建筑节能改造技术规程》、《公共建筑节能改造技术规范》、《农村牧区居住建筑节能设计标准》、《智慧小区设计标准》、《内蒙古自治区园林式单位和居住区标准》、《自治区绿色村庄评定标准》、《居住物业管理服务标准》、《办公楼物业管理服务标准》、《商业物业管理服务标准》《医院物业管理服务标准》等行业标准。在全区开展《房屋建筑工程技术资料管理规程》宣贯培训工作。

工程质量安全监督

【工程质量监督】 制定出台《内蒙古自治区建设工程质量监督机构工作考核办法》、《全区建筑工程质量投诉管理办法》，加强全区质量监督机构的业务指导和工作考核，保障质量投诉处理的法制化和规范化。开展自治区"草原杯"工程质量奖和优质样板工程评选工作。推进建立全区建设工程五方责任主体及其项目负责人质量终身责任信息档案库，研究起草建设工程五方责任主体及项目负责人质量终身责任追究办法。截至2016年底，签订授权书、承诺书的工程4551项，新办理质量监督手续的工程3944项，其中已签署授权书、承诺书的工程3815项，新办理竣工验收备案的工程2679项，其中设立永久性标牌的工程2254项，建立质量信用档案的工程1646项，工程质量方面共检查5067项次，对违法违规项目下发监督执法检查整改单2967份，下发行政处罚书97份，处罚单位82家。

【工程安全监督】 完善建筑施工安全管理制度，印发《关于全区建筑施工企业主要负责人、项目负责人和专职安全管理人员安全生产考核管理工作的通知》、《关于进一步加强高处吊篮安全使用及高处作业安全管理的通知》、《内蒙古自治区建筑施工安全生产管理责任目标考核办法（试行）》等政策措施和制度，根据地铁和地下综合管廊等重大市政工程安全生产风险控制需要，出台《重大市政工程建筑施工安全技术风险控制规程》。开展安全执法大检查，按照《2016年建筑施工安全专项整治工作方案》，在盟市自查自纠基础上，进行三次全区安全执法大检查，共随机抽查191项房屋建筑和市政基础设施工程项目，查出各类安全隐患2600项，下达限期整改通知单110份，停工整改书13份，建筑施工安全监督执法建议书6份。推进建筑安全生产标准化工作，以建筑施工安全标准化示范工地建设为突破口，初步形成建筑业企业、施工现场建筑安全标准化考核体系。实施施工现场远程视频监控，累计监控项目892个，建筑面积4459.7万平方米。部分盟市开展施工现场远程视频监控系统和无人机技术，二维码扫描查验施工设备型号、手续及操作人员信息，建设集装箱式临建设施组成安全标准化体验区等应用。2016年全年未发生重特大事故，建筑安全生产形势保持平稳。

建筑市场

【概况】 围绕激发市场主体活力，全面贯彻国家和自治区"松绑减负"的一系列方针政策，建筑市场呈现回暖趋势，简政放权效果显现。2016年全区建筑业完成总产值5487.6亿元，实现增加值1322.5亿元，同比增长4.7%，区内企业完成产值1220.8亿元，同比增长8.7%。

【建筑业转型升级】 完成《关于促进建筑业改革发展的实施意见》的起草和意见征求工作，鼓励建筑业企业增项升级、多元发展，提高市场竞争能力，扩大市场占有份额。积极推广勘察、设计、施工、装修、维护一体化的工程总承包建设方式。建筑业企业通过调整结构、优化管理，提升市场竞争能力，一级以上高资质企业占比进一步扩大。内蒙古电力建设有限公司晋升电力工程、施工总承包特级资质和行业设计甲级资质。全年87项施工工法被评为自治区级工法，34项工程被评为自治区新技术示范工程，3项工程荣获国家最高质量奖——鲁班奖。

【建筑市场诚信体系建设】 进一步拓展自治区建筑市场监管与诚信信息一体化工作平台功能，增加工程造价咨询企业等资质电子化审批、外省建筑企业进蒙登记管理、全区建设工程五方责任主体及其项目负责人质量终身责任信息档案库、全区建设工程基本情况统计等功能。2016年各盟市建筑市场方面共检查2250项次，涉及建设单位1994家，检查施工企业1913家，实施信用惩戒92起，处罚单位93家，曝光违法违规典型案例21起。

【勘察设计管理】 召开全区勘察设计工作会议，草拟《关于促进全区勘察设计行业发展指导意见》，对全区勘察设计行业体制机制改革、市场准入和清出、行业监管、建筑设计招投标、诚信体系建设、人才培养、勘察设计质量提高、技术理念水平提升等方面提出指导性意见。根据《建设工程勘察设计管理条例》，组织成立自治区勘察设计专家委员会，共有182名专家技术人员进入专家库（第一批）。完成全区优秀勘察设计成果评选工作，共评出全区优秀勘察设计奖87项。加强全区超限高层建筑工程抗震设防管理，根据住房城乡建设部《超限高层建筑工程抗震设防专项审查技术要点》，修订并印发《内蒙古自治区超限高层建筑工程界定规定》。

【招投标和工程建设领域保证金管理】 改进加强建设工程招标投标进场交易项目评标的监督、管理和服务工作，对评标专家实行记分管理制度，组建异地评标专家库。出台《国有资金投资的房屋建筑和市政工程施工招标文件编制指导意见（试行）》，强化源头治理，规范招标投标活动。规范内蒙古自治区工程建设领域保证金的收取、使用和返还工作，清理各类保证金1.87亿元。

建筑节能与科技

【绿色建筑】 制定《绿色建筑推进方案》，建立绿色建筑报表制度，召开自治区绿色建材评价标识管理工作会议，整合规划、设计、施工、验收等各个环节力量，推动绿色建筑发展。修订"草原杯"及自治区优质样板工程评选办法，明确申报工程需达到绿色建筑标识。2016年全区新增绿色建筑面积279.42万平方米，共有585万平方米绿色建筑通过评价标识，呼和浩特"希望加州华府"等12个项目获得绿色建筑标识。

【建筑节能改造】 推进既有居住建筑节能改造和建筑节能能效测评，制定《内蒙古自治区民用建筑能耗统计工作实施方案》，开展全区民用建筑能耗统计业务知识培训和全区既有居住建筑节能改造施工项目质量督查。完成全区12个盟市民用建筑能耗统计上报工作，累计上报2072栋民用建筑能耗情况，统计楼宇面积2357万平方米。2016年全区实施既有建筑节能改造848万平方米，完成竣工项目工作量核定和能效测评800万平方米。

【装配式建筑】 起草《内蒙古自治区人民政府关于推进装配式建筑发展的实施意见》（代拟稿），明确发展装配式建筑的总体要求、基本原则、工作目标、重点任务、推进方式和保障措施等。召开内蒙古自治区装配式现代木结构建筑产业化发展座谈会，研讨交流国内外现代木结构建筑发展趋势和技术特点，明晰内蒙古自治区发展重型木结构的优势和工作重点。将包头市列为自治区装配式钢结构产业化基地、呼伦贝尔市列为自治区装配式现代木结构建筑产业化示范盟市、满洲里联众木业有限责任公司列为自治区装配式现代木结构建筑产业化基地。组织开展装配式混凝土结构、钢结构和现代木结构地方标准的编制工作。

【绿色建材和新型建筑材料】 自治区住房城乡建设厅与自治区经信委联合印发《关于住房城乡建设部、工业和信息化部〈绿色建材评价标识管理办法实施细则〉和〈绿色建材评价技术导则（试行）〉的通知》，规范全区绿色建材评价标识监督管理、绿色建材评价机构初审上报、绿色建材企业推介推广工作。召开自治区绿色建材评价标识管理工作会议，研究部署下一阶段绿色建材评价标识重点工作。组织编制《内蒙古自治区建设工程新型建筑材料、产品登记目录》、《内蒙古自治区推广、限制和禁止使用建设工程材料设备产品目录》，2016年共完成建设工程新型建筑材料产品备案874项。

【城市节能工程】 完善内蒙古建筑能耗在线监测平台软件，开展国家机关办公建筑和大型公共建筑能源审计、能效公示，完成对468栋楼宇的能源审计、对部分高能耗建筑和具有标杆作用的低能耗楼宇建筑的公示工作。组织验收全区4个城市、14个旗县和3个自治区级推广示范县（农村被动式太阳能暖房工程）可再生能源建筑应用示范市县现场实施情况，完成1个可再生能源建筑应用科技及产业化项目验收，上报13个符合条件的太阳能光电建筑应用示范项目，接受住房城乡建设部专家组的现场核查，组织专家组验收通过内蒙古医科大节约型校园节能监管平台。

人事教育

【机构改革调整】 进一步深化事业单位改革，调整自治区城镇建设水文中心职能职责、内设机构名称等，有序开展自治区工程施工审图中心和社会保障费管理中心整合工作。起草《内蒙古自治区本级设立城市执法机构的初步方案》，加快推进城市执法体制改革。

【人才建设】 与内蒙古工业大学人力资源研究所合作组建人才专项规划编写组，在实地调研、数据统计和行业分析的基础上编制《内蒙古自治区住房和城乡建设厅系统"十三五"人才专项规划》。分别在北京市、乌兰察布市组织开展"推进城市建设和管理工作专题研讨班"、"城市建设与管理专业技术人员高级研修班"。

【建筑工人培训】 在包头市召开自治区住房城乡建设系统教育培训工作座谈会，印发《关于加强建筑工人职业培训工作的实施意见》，进一步确立企业在工人职业培训中的主体地位。加强和规范"三类人员"、施工现场专业人员培训和考核工作，全年培训"三类人员"19040人，施工现场管理人员19582人。

【建筑工程专业技术人员职称评审】 规范开展建筑工程系列专业技术人员职称评审工作，经评审合格取得高级职称资格378人，通过率达69%，中、初级职称评审通过164人，通过率达93%，对评审中评出的优秀论文进行选编，编制《建筑工程系列专业高级工程师优秀论文选编》。

大事记

1月

12日 住房城乡建设部公布第三批美丽宜居小镇、美丽宜居村庄示范名单，内蒙古自治区阿拉善盟阿拉善右旗巴丹吉林镇成为美丽宜居小镇示范、通辽市科尔沁左翼中旗花吐古拉镇浩日彦艾勒嘎查美丽宜居村庄示范。

15日 住房城乡建设部公布2015年国家生态园林城市、园林城市、县城和城镇名单，内蒙古自治区呼和浩特市、乌海市、乌兰察布市、扎兰屯市被命名为国家园林城市，鄂托克旗、乌审旗、伊金霍洛旗被命名为国家园林县城。

2月

19日 自治区召开全区住房城乡建设暨保障性住房工作会议。自治区副主席王波出席会议并做重要讲话。

3月

25日 住房和城乡建设厅召开2016年全区建筑施工安全生产及绿色施工工作会议。自治区住房城乡建设厅与各盟市住房城乡建设部门签订2016年建筑施工安全管理及绿色施工目标责任书，进一步明确管理目标和行业管理责任。

4月

7日 内蒙古自治区人民政府办公厅正式印发《关于印发内蒙古自治区政府购买棚户区改造服务管理办法的通知》。

23~28日 内蒙古自治区推进城市建设和管理工作专题研讨班在全国市长研修学院举办，自治区副主席王波出席开班仪式并作重要讲话。

5月

20~23日 住房和城乡建设部部长陈政高一行赴内蒙古自治区包头市、鄂尔多斯市考察调研棚户区改造和房地产"去库存"工作。

6月

7日 全国棚户区改造工作座谈会在内蒙古自治区包头市召开。住房和城乡建设部部长陈政高、国家开发银行行长郑之杰、自治区主席布小林出席会议并作重要讲话，

7月

10~16日 国务院办公厅督查调研组前来内蒙古自治区就李克强总理视察内蒙古自治区有关工作落实情况进行督查调研。督查组分别赴呼和浩特市、包头市、赤峰市和赤峰市翁牛特旗了解当地棚改工作的进展情况、存在问题和下一步工作安排。

17日 自治区人民政府批准包头市东河区北梁三官庙传统街区、包头市昆都仑区钢32号街坊、扎兰屯市中东铁路工业遗产历史文化街区、扎兰屯市中东铁路风情历史文化街区为第二批自治区级历史文化街区。

8月

16日 自治区物业管理现场会在赤峰市召开，自治区政府副主席王波出席会议并讲话。

18日 自治区住房和城乡建设厅与招商银行股份有限公司呼和浩特分行举行战略合作协议签约仪式。

31日 自治区地下综合管廊建设、地下管线管理暨海绵城市建设、黑臭水体整治现场会在包头市召开。

9月

2日 自治区推进城镇基础设施建设暨项目对接

洽谈会议在呼和浩特市召开。

3日 第六届内蒙古自治区房地产科学发展论坛暨呼和浩特第18届房地产展示会在呼和浩特市召开。

19～21日 国务院第三次大督查第十四督察组专项督查三组赴呼伦贝尔市，实地走访了解海拉尔区、鄂温克旗、牙克石市等地的公租房分配入住、棚户区改造情况。

10月

12日 五原县、土默特右旗、西乌珠穆沁旗、科尔沁右翼前旗、扎兰屯市获得"内蒙古自治区生态宜居县城示范旗县（市）"称号。

31日 阿拉善左旗巴彦浩特镇王府风情文化街和阿拉善左旗巴彦浩特镇王府特色民居街成为第三批自治区级历史文化街区。

11月

19日 住房城乡建设部在上海市召开全国装配式建筑工作现场会。

15～17日 住房城乡建设部督察组对内蒙古自治区城市违法建设专项治理工作开展情况进行督察，对内蒙古自治区推进城市违法建设治理工作成效给予了充分肯定。

12月

20日 内蒙古自治区装配式现代木结构建筑产业化发展座谈会在满洲里市召开。

23日 自治区住房和城乡建设厅与农行内蒙古分行在呼和浩特市联合举办"安居好时贷—农行内蒙古分行助力去库存惠民生"大型主题签约活动。

28日 住房城乡建设部办公厅公布第四批美丽宜居小镇、美丽宜居村庄示范名单，内蒙古自治区3个镇被确定为美丽宜居小镇示范，9个嘎查（村）被确定为美丽宜居村庄示范。

（内蒙古自治区住房和城乡建设厅）

辽 宁 省

概况

2016年，辽宁省住房和城乡建设系统在中共辽宁省委、辽宁省政府的正确领导下，在住房城乡建设部的大力支持和指导下，在全省住房城乡建设系统的共同努力下，积极应对困难和挑战，做大量工作，取得令人振奋的成绩，为全省民生进一步改善、经济平稳回升贡献应有的力量，各地工作也呈现出许多亮点，确保"十三五"规划平稳开局。住建工作为保障和改善民生做出新贡献。全面完成棚户区改造任务。全省开工14.13万套，基本建成16.33万套，完成国家任务。货币化安置比例75%，继续保持全国领先。各市认真落实目标任务，多方筹措资金，出台支持政策，确保项目全部开工。城市市政基础设施进一步完善。沈阳市、大连市、盘锦市开工建设地下综合管廊52.45千米，完成住房城乡建设部下达任务。全省启动海绵城市建设项目21个、投资约18.5亿元，有18个市基本完成海绵城市建设专项规划。拆除建成区10吨以下燃煤供热小锅炉891台，圆满完成2015～2016年度供热工作。启动建成区黑臭水体整治，推进城市供水规范化考核和水质督查，各市均建立水质季度公示制度。积极推进"城市全覆盖"，完成城市裸露土地绿化653公顷。鞍山市成功创建国家园林城市。宜居乡村建设深入开展。全省共投入42亿元，基本完成初期建设任务。新建农村垃圾收集池（箱）1.44万个、污水处理设施291个、畜禽粪便处理设施198个，村内道路硬化4174千米，改造农厕30251个，饮水安全改造村庄1102个。全省建成示范乡镇128个，宜居示范村、达标村8122个。深入推进新型城镇化和宜居乡村建设，印发《关于深入推进新型城镇化建设的实施意见》和《关于推进特色乡镇建设的指导意见》，明确工作目标、任务和措施。辽中区、本溪县、桑林镇、沟帮子镇获评第三批国家新型城镇化综合试点。谢屯镇、孤山镇、汤河镇、赵圈河镇获评中国第一批特色小镇。全省农村危房改造开工2.28万户，农村困难群众住房条件得到逐步改善。大力推进"暖房子工程"。住建工作为服务经济发展提供有力支撑。房地产去库存取得新进展，全省房地产市场呈现企稳回升态势，房价基本稳定，市场总体运行平稳。指导各市进一步提高公积金使用效率，全年发放贷款409亿元、个贷率85.4%，个人住房贷款、住房消费类提取和"公转商"贷款合计865亿元，约占全省商品住房交易额的1/4，有效拉动住房消费。建筑业筑底企稳，全省建筑业总产值环比降幅收窄。推进装配式建筑发展，编制《预制混凝土剪力墙板》标准图集，形成住宅全装修工作方案。推进绿色建筑发展，全省完成绿色建筑125万平方米，编制发布10项地方标准，推广新技术、新产品182项。加强建筑市场管理，严厉打击违法承发包等行为。建成全省建筑市场监管一体化平台。推进施工许可属地化管理，电子招投标覆盖面进一步扩大。深入贯彻落实简政放权要求，简化审批程序，优化审批服务。印发《关于进一步加强软环境建设工作的指导意见》，开展软环境专项整治工作，与民心网软环境平台进行互联，将软环境建设微信号公示，广泛接受企业和群众监督。城市规划和管理工作不断加强。规划设计水平不断提高。启动省域城镇体系规划编制工作，开展"多规合一"专题研究及试点工作，推进城市总体规划审批，组织各地开展历史文化街区申报、历史建筑认定工作。制定《辽宁省建筑工程设计招投标管理暂行办法》，指导成立"辽宁省BIM技术全产业联盟"，对勘察设计资质和施工图审查质量随机抽查，开展首届辽宁省杰出青年建筑师和勘察设计工程师评选，建立辽宁省市政公用设施抗震专项论证专家库。工程质量安全和维稳形势总体平稳。建设工程地基基础主体结构和使用安全均得到有效保证。城市执法管理顶层设计基本形成。清理城市执法地方性法规、政府规章和规范性文件。全省城市执法管理工作全面、有序展开。

政策法规

【立法工作】《辽宁省物业管理条例》、《辽宁省城镇燃气管理条例》、《辽宁省城市供水管理条例》3部地方性法规列入辽宁省人大立法论证计划。积极与辽宁省人大、辽宁省人民政府法制办沟通论证，积极吸纳有关行业及社会有关方面提出的建议，力求有关立法与行业发展和群众用户的需求相符合、相适应。对全省住房城乡建设系统现行有效的地方性法规、省政府规章和厅发规范性文件进行全面梳理，按照国家上位法的"立改废"情况和行业发展的实际情况提出清理意见，共对1部地方性法规、2部政府规章提出修改建议，废止1份规范性文件，为全省住建行业健康、有序发展构建良好法治环境。

【依法行政】 贯彻落实中共辽宁省委辽宁省人民政府《关于印发〈辽宁省法治政府建设实施方案(2016—2020年)〉的通知》文件精神，制定《辽宁省住房和城乡建设厅法治政府建设(2016—2020年)实施方案》，指导全省住房城乡建设系统有效推进依法行政工作。制发《推行"双随机、一公开"监管工作实施方案》，将7类执法检查事项全部纳入"双随机、一公开"监管范围，建立检查事项清单、市场主体名录库和执法人员名录库，并在辽宁省住房和城乡建设厅门户网站进行公开。贯彻落实中共中央、国务院《关于深入推进城市执法体制改革改进城市管理工作的指导意见》文件精神，成立辽宁省住房和城乡建设厅推进城市执法体制改革工作领导小组，围绕重点任务开展工作。印发《辽宁省人民政府办公厅关于印发辽宁省深入推进城市执法体制改革改进城市管理工作实施方案的通知》，明确重点任务，提出保障措施，推进全省城市管理执法体制改革，加快形成与城市发展相匹配的城市管理能力，按期完成改革任务。印发《辽宁省住房和城乡建设厅关于加强全省建设系统文明执法工作的通知》、《关于印发〈辽宁省住房和城乡建设厅依法行政20条规定〉的通知》、《关于印发〈辽宁省住房和城乡建设厅行政处罚程序规定(流程图)〉的通知》等文件，实行《行政执法检查登记表》、《行政执法检查通知书》等制度，规范自由裁量权，指导全省住房城乡建设系统执法工作走上法治化和规范化轨道。出台《辽宁省建设领域不良记录管理办法(试行)》，建立不良记录监管体系作为加强市场监管的重要手段，还将监管的市场主体信息定期抄报辽宁省发展和改革委、辽宁省工商局等部门，实行信息共享、联合惩戒。

【简政放权】 坚持以取消为主，数量、质量并重和向市场放权、向基层放权、向社会放权并重，着力清除阻碍全省住建行业发展的"堵点"，对行政职权进行多次清理，不断加大放权力度。坚持以取消为主，对行政职权进行多次清理。共取消和下放行政职权32项，取消和下放后共有行政职权121项，比2015年减少22%，其中行政审批16项，比十八大之前减少45%。在取消、下放部分职权后，为确保承接部门接得住、接得好，方便企业和群众办事，先后印发《关于取消调整行政职权后做好落实工作的通知》、《关于取消调整行政职权后做好衔接落实工作的通知》、《关于做好取消行政许可落实工作的通知》，明确交接的内容、时间节点和后续监管责任等，确保各项工作顺利开展。

【行政审批】 按照辽宁省人民政府的统一要求，成立行政审批处，按照统一受理、统一技术审核、统一公示、统一发证的原则，对保留的行政审批事项全部进驻辽宁省政务服务中心办理，全面实行"一站式"服务。清理规范行政审批中介服务事项，取消一些资质审批中不必要的前置要件,压缩一批审批时限,修改《辽宁省建设项目选址规划管理办法》,减少项目选址所需的大部分要件,提高选址审批效率,满足项目建设的需要。2016年是辽宁省软环境建设年,辽宁省住房和城乡建设厅印发《全省住房城乡建设系统优化营商环境建设年实施方案》、《全省住房城乡建设系统优化营商环境专项整治工作实施方案》。推进"互联网+政务服务",推动审批事项在网上进行审批,审批过程和结果及时向社会公示公告,接受群众监督。

房地产业

【概况】 全省新建商品房交易面积同比增长10%以上,平均去化周期24.8个月,比2015年缩短5.4个月。全省房地产市场呈现企稳回升态势,房价基本稳定,市场总体运行平稳。中共辽宁省委、辽宁省人民政府先后出台《关于化解房地产库存的若干意见》、《关于推进供给侧结构性改革促进全面振兴的实施意见》、《关于推进服务业供给侧结构性改革的实施意见》以及《关于进一步深化住房制度改革加快培育和发展住房租赁市场的实施意见》,全面推进供给侧结构性改革,化解房地产库存。建立完善以房屋交易信息日报、市场舆情周报、商品房库存月报以及月度分析报告为主要内容的房地产市场监测体系,为分析判断房地产市场形势,指导房地产市场发展,提供数据支持和工作参考。各市也都积极采取措施促进房地产销售。鞍山市鼓励农民带权益进城购房落户,进城农民继续享有农村集体资产收益权,保证农民离地不离权。抚顺市、丹东市对外地人和农民工购房给予补贴。阜新市开展房交会乡镇巡展,联手农业银行和"房天下"网站推出特价房,政府给予税费减免政策。

住房保障

【概况】 2016年,国家下达给辽宁省棚户区改造开工任务140038套,基本建成任务90925套。全省完成棚户区改造新开工任务141337套,开工率100.9%,货币化安置10.55万户,安置比例74.7%,基本建成148818套,完成比例163.7%。完成新增租赁补贴任务2926户,完成比例115.2%。国家下达的保障性安居工程任务全面完成。

【积极探索创新型棚改货币化安置】 针对近年来棚改居民多样化需求和房地产市场出现分化等形势,辽宁省转变棚改安置思路,改变以新建为主的传统做法,及时提出棚改要实现"分散化、货币化、市场化"安置。出台《关于做好棚户区改造货币化安置工作的指导意见》,要求各地要按照"政府主导、群众自愿、让利于民和公开、公平、公正"的原则,积极推行货币化安置工作,棚改货币化安置工作要根据群众意愿,可采取直接货币补偿,也可采取政府组织棚改居民购买商品住房安置和政府购买商品住房安置。棚改货币化安置,按照相关规定,可以享受税费优惠、国家资金补贴支持、金融机构贷款支持。实施棚改货币化安置,打通棚改房与商品房的通道,有效地促进去库存工作,为辽宁省房地产市场的健康发展做出贡献。

住房公积金管理

【缴存】 2016年,实缴单位79304家,新开户单位7704家,净减少单位597家,实缴职工473.85万人,新开户职工37.2万人,净减少职工2.56万人,当年缴存额673.38亿元,同比增长6.54%。缴存总额4988.75亿元,缴存余额2068.44亿元,同比分别增长15.6%、8.9%。

【提取】 当年提取额为503.94亿元,同比降低13%,占当年缴存额的比率74.84%,比上年同期减少16.82个百分点。提取总额2920.31亿元,同比增长20.86%。

【贷款】 个人住房贷款:发放个人住房贷款12.26万笔409.72亿元,同比降低22.8%、13%。全年回收个人住房贷款207.25亿元。累计发放个人住房贷款144.23万笔2962.8亿元,贷款余额1763.26亿元,同比分别增长9.3%、16.05%、13%。个人住房贷款率为85.3%,比上年同期增加3.1个百分点。住房公积金支持保障性住房建设项目贷款:发放支持保障性住房建设项目贷款0亿元,当年应收贷款本金0.11亿元,实收贷款本金3.86亿元。累计发放项目贷款31.98亿元,项目贷款余额13.9亿元。

【购买国债】 2016年,购买国债0亿元。当年收回国债0.02亿元,国债余额0.77亿元,比上年同期减少0.02亿元。

【融资】 2016年,当年融资额2.82亿元,当年归还7亿元。融资总额7.82亿元,融资余额0.82亿元。

【资金存储】 截至2016年底,全省住房公积金存款额305.93亿元。其中,活期35.52亿元,1年以内定期(含)149.49亿元,1年以上定期82.63亿元,其他38.29亿元。

【其他】 截至2016年底,资金运用率85.96%,

比上年同期增加2.79个百分点。

【规范和适当降低住房公积金缴存比例】 按照4部委和辽宁省《规范和适当降低住房公积金缴存比例的通知》精神，要求各地住房公积金缴存比例一律不得高于12%，可以申请降低缴存比例，经营困难企业可以按程序申请缓缴住房公积金，各地认真贯彻落实国家4部委和省文件精神，相应出台配套落实文件。由于此次政策调整涉及面广，牵动缴存职工个人利益，各地做大量的宣传、协调工作，克服各种困难。各缴存单位缴存比例均不高于12%，有450个单位申请降低缴存比例或者缓缴住房公积金，有效地减轻企业负担，增加职工现金收入。

【公积金督察员季度巡查和廉政风险防控迎检工作】 2016年6部委住房公积金督察员对辽宁省试点工作以及住房公积金管理工作进行3次巡查，通过召开座谈会、调阅资料、现场走访等形式进行巡查，对发现的问题及时与当地进行意见交换，并提出合理化建议，出具巡查报告，有效地促进各地住房公积金管理工作。2016年12月初，住房城乡建设部住房公积金监管司组织全国范围内的廉政风险防控检查，第13组对辽宁省鞍山中心和辽河油田分中心进行重点抽查，提出一些需进行整改的问题，已要求其限期整改。

【信息披露】 按照住房城乡建设部统一要求，各中心于2016年3月底前全部完成年度报告的披露工作，其中信息披露内容中社会效益部分，提前完成住房城乡建设部要求的2017年底社会效益内容全部披露的目标。2016年4月27日通过网站向社会公布全省住房公积金年度报告，让社会各界更加了解和关注住房公积金。

城乡规划

【推进"多规合一"】 根据国家和辽宁省有关文件要求，下发《关于贯彻落实中央城市工作会议精神抓好2016年城市规划工作的通知》，部署"多规合一"工作，将"多规合一"工作纳入辽宁省规委会工作职责，制定《推进"多规合一"的工作方案》，下发《关于开展市县"多规合一"试点申报工作的通知》，启动试点工作。

【规划编制审批工作】 2015年，住房城乡建设部批准辽宁省启动新一轮《辽宁省城镇体系规划》编制工作。2016年，明确由清华同衡规划设计研究院和辽宁省城乡规划设计院联合编制省域规划，完成规划纲要初稿。推进设市城市总体规划审批。辽宁省人民政府常务会议审查通过鞍山市、抚顺市、辽阳市、盘锦市4市总规并上报国务院。厅际联席会议审查通过丹东市、阜新市、铁岭市、盖州市等市总规。推进庄河、调兵山、北票、凤城、东港等一批城市总规的编制与审查工作。

【重大建设项目选址】 修订《辽宁省建设项目选址规划管理办法》工作，删除原办法所规定的大量前置要件，实行并联审批，提高了审批效率。编制《辽宁省建设项目规划选址可行性论证报告编制导则》，为规划选址工作提供重要技术指导。初步建成"辽宁省重大基础设施空间规划管理信息系统"，初步建立起规划选址、规划编制的辅助技术平台。

【历史文化名城保护】 根据住房城乡建设部《历史文化街区划定和历史建筑确定工作方案》，下发《辽宁省住房和城乡建设厅关于开展历史文化街区划定和历史建筑确定工作的通知》，指导各市县开展历史文化街区申报和历史建筑认定工作。积极推进历史文化街区认定及保护规划编制工作，重点推进沈阳市、大连市、鞍山市、营口市、朝阳市5市的8条历史文化街区编制保护规划。加强对国家历史文化名城沈阳市的工作指导，向住房城乡建设部提请审查《沈阳市历史文化名城保护规划》，将"沈阳市盛京皇城历史文化街区保护设施建设项目"申报为全国"十三五"历史文化名城名镇名村保护利用设施建设规划项目，现已列入计划名录。

【规划执法检查】 针对2015年规划执法检查中发现的问题，依据《城乡规划法》及行政处罚的相关程序，对违建项目进行处罚并督促相关市完成交办案件的查处。依据住房城乡建设部《城市建成区违法建设专项治理工作五年行动方案》要求，组织开展全省的城市建成区违法建设整治工作，要求各设市城市制定工作计划，明确责任单位，定期上报数据，将违建治理工作落到实处。

城市建设与市政公用事业

【概况】 坚持以人为本、服务民生，着力提高基本公共服务均等化水平，供水、排水、燃气、垃圾处理等服务普及率不断提升，截至2016年底，设市城市（县城、镇）公共供水普及率达到98.96%（86.47%、82.99%）、污水处理率达到93.61%（91.53%、16.92%）、燃气普及率达到96.07%（72.90%、38.35%），生活垃圾无害化处理率达到93.27%（84.60%、10.67%），市政基础设施公共服务城乡统筹、区域共建共享有序推进。

【全省城市工作会议】 2016年2月28日，中共辽宁省委、辽宁省人民政府召开全省城市工作会议。

省委书记李希、省长陈求发出席会议并讲话。印发《中共辽宁省委辽宁省人民政府关于加强城市规划建设管理工作的实施意见》。

【规划编制】 编制《辽宁省城市供水"十三五"规划》、《辽宁省城镇燃气"十三五"规划》、《辽宁省城市供热行业发展"十三五"规划》、《辽宁省城镇污水处理设施建设"十三五"规划》。

【城市地下综合管廊】 织编制全省管廊推介项目，并参加2月份住房城乡建设部举办的项目对接洽谈会。组织编制《城市地下综合管廊规划编制导则》。督促全省市、县（市）填报全国城市地下综合管廊建设项目进展周报信息系统。指导沈阳市推进国家地下综合管廊试点、年度绩效评工作。全省开工建设城市地下综合管廊52.45千米。其中：沈阳市南运河段12.8千米、铁西新城21千米，大连市新机场8.65千米，盘锦市辽东湾10千米。

【海绵城市建设】 印发《辽宁省海绵城市建设实施意见》，督促大连庄河市做好国家海绵城市建设试点工作，指导26个城市编制海绵城市建设专项规划，开展海绵城市建设项目21个，总投资18.5亿元。

【城市园林绿化】 推进园林绿化建设，指导各地提升城市绿地在人文休闲、防灾避险、净化生态等方面的综合功能。开展全省生态修复摸底调查。研究制定园林行业标准，编制园林绿化养护定额导则。指导鞍山市创建并获得国家园林城市，指导已获得国家园林城市的地区积极创建国家生态园林城。按照大气污染防治要求，开展城市裸露土地绿化覆盖工作，建立绿化进度月报制度，累计完成裸露土地绿化653公顷。

【风景名胜区】 推进风景名胜区规划编制工作。推进凤凰山、金石滩国家级风景名胜区总体规划报批工作，指导青山沟、医巫闾山国家级风景名胜区总体规划修改完善，指导本溪水洞、鸭绿江、大连海滨——旅顺口国家级风景名胜区总体规划修编工作，组织召开鸭绿江、大连海滨——旅顺口、本溪水洞风景名胜区总体规划省级评审工作。指导推进省级风景区规划编制工作，指导辉山风景名胜区等编制总体规划。批准五龙山风景名胜区休闲运动区和宗教文化区详细规划，批准辉山风景名胜区沈阳森林动物园详细规划。配合住房城乡建设部开展国家级风景名胜区执法检查工作，部署开展省级、国家级风景名胜区执法检查工作，下发执法检查结果通报，指出部分风景名胜区在制度建设、规划管理、建设管理、服务管理、形象宣传等方面存在的问题，督促风景名胜区做好执法检查整改工作。

【水污染防治】 印发《关于贯彻落实辽宁省水污染防治工作方案的通知》，部署工作任务，提出具体措施、要求和完成的时限。推进城镇污水处理厂提标改造。编制污泥综合利用建设与改造规划，推进污泥处理处置。启动建成区黑臭水体整治。加强城市节水，对辽阳市、营口市、朝阳市等市申报的省级节水单位等进行评审。

【桥梁道路安全】 组织编制《辽宁省城市道路网专项规划编制导则》和《辽宁省城市步行和自行车交通系统规划编制导则》。组织全省开展城市桥梁检测加固改造和信息管理系统建设工作下发《辽宁省城市桥梁管理信息系统建设导则》，开发省级城市桥梁管理信息系统。

【燃气安全监管】 开展城镇燃气安全隐患排查整治，共排查燃气用户780万户、供气企业1234家、燃气管道4.2万千米、违章占压管道1300余处，排查整治各类隐患4200余项。加大燃气安全使用知识普及宣传力度，共举办各种宣传840余次。培训从业人员4299人，实现全部持证上岗。

【应急管理】 2016年，全省各地共举办城市供水、供气、供热、城市排水防涝等各类应急演练60余次，达到检验预案、磨合机制、锻炼队伍、提高处置能力的预期目的。为应对极端天气和突发故障，全省共建立供热应急队伍180个，储备应急煤炭63.36万吨，应急资金1.99亿元，培训从业人员1800人。

【供热工作】 推进高效一体化供热，2016年新建改建扩建热源厂48个，拆除建成区10吨以下燃煤供暖小锅炉891台，超额完成辽宁省人民政府下达的指标任务。集中供热率同比增长两个百分点。圆满完成2015~2016年度供热工作。

村镇规划建设

【新型城镇化工作】 印发《关于做好新型城镇化建设调度工作的通知》，明确省直相关部门和试点地区工作重点，组织开展月、季调度工作。全省城镇化率达67.37%，处于全国领先水平。贯彻落实《国务院关于深入推进新型城镇化建设的若干意见》，印发《辽宁省人民政府关于深入推进新型城镇化建设的实施意见》。配合国家发展改革委完成辽宁省4个国家新型城镇化试点评估和2016年第三批新型城镇化试点申报工作，推荐6个县（区）申报国家试点。推进省级新型城镇化试点工作。

【宜居乡村建设】 印发《关于2016年全省宜居

乡村建设工作要点的通知》，提出10项重点工作，明确责任部门，建立调度制度，定期开展调度工作。印发《辽宁省人民政府关于推进特色乡镇建设的指导意见》，提出工作目标和重点任务，落实责任主体，规范创建程序，制定保障措施。委托高校、规划、科研院所研究制定《辽宁省特色乡镇建设标准》和《辽宁省特色乡镇建设评价体系》。继续实施"百千万"工程，重点支持义县九道岭镇、头道河镇、七里河镇，抚顺市南杂木镇、永陵镇，丹东市金山镇，朝阳市波罗赤镇，葫芦岛要路沟乡等7个宜居示范乡镇的基础设施建设。2016年，省、市、县政府共投入资金42亿元，新建农村垃圾收集池（箱）1.44万个，污水处理设施291个，畜禽粪便处理设施198个，新增村内道路硬化4174千米，改造农厕30251个，完成农村饮水安全改造村庄1102个，秸秆综合利用率达85％。全省保洁人员达3.4万人，建成示范乡镇128个，宜居示范（美丽）村1786个，宜居达标村6336个，创建绿色村庄达标村696个。锦州市开展"农村环境巩固提高年"活动，大力推进宜居示范村和达标村建设。盘锦市实施垃圾污水治理、农村供气、村庄绿化美化提升工程，高标准建设宜居乡村。本溪结合生态旅游、鞍山围绕"五化提升工程"推进宜居乡村建设。

【特色乡镇】 组织开展省级特色乡镇创建工作，全省有59个乡镇申报创建省级特色乡镇，通过组织专家评审，公布首批省级特色乡镇创建名单。

【全国特色小镇和美丽宜居示范村镇】 按照国家要求，组织专家筛查和现场实地考核，推荐7个镇推荐申报国家特色小镇，其中，瓦房店市谢屯镇、东港市孤山镇、弓长岭汤河镇、大洼赵圈河镇等4个镇被评为中国第一批特色小镇。推荐海城市腾鳌镇等8个镇、西柳镇古树村等25村申报全国美丽宜居镇村。

【农村危房改造】 2016年，国家下达给辽宁省的改造任务为2.16万户。全省完成开工建设22788户。

工程建设标准定额

【定额、标准编制工作】 参加住房城乡建设部《建筑安装工程工期定额》的编制，参加定额编制的方案设定、项目划分、水平确定等相关工作。参加住房城乡建设部《装配式建筑消耗量定额》的编制，为该定额编制提供大量基础数据，先后4次参加编制工作会议，对该定额的编制提出建设性意见。参加住房城乡建设部《数据交换接口标准》、《工程指数指标标准》（园林绿化部分）编制，参与标准制定、数据采集、整理等相关工作。参加住房城乡建设部组织的《绿色建筑消耗量定额》的编制审查会议，对编制成果进行审查，并提出建设性改进意见。

【建设工程造价信息工作】 完善辽宁省建设工程造价管理总站网站建设。对网站发布的工程造价信息库重新进行了调整，并依据最新的信息库调整了网站的后台数据库、前台客户程序以及数据上报系统数据库及相关程序。新增政策法规文件306个、行业新闻263条、行业信息396条、新材料新工艺216个、外省市文件488个。丰富网站的内容，扩充网站的信息量。全年网站点击量累计达600万次。做好建设工程造价信息工作。月按时完成全省14个城市及大连开发区、绥中县的工程造价信息库内多种材料价格收集、整理、校核工作，通过辽宁省建设工程造价管理总站网站向社会发布，发布内容包括大宗材料共28类2051种材料价格，机械租赁107种机械设备台班价格，周转性材料10种材料价格。全年累计发布大宗材料价格信息39万条，机械租赁参考价格信息2万多条，周转性材料参考价格信息1.9万条，补充材料价格信息10万条，外省市钢材价格1万余条。按照住房城乡建设部提出的统一规划、分步实施、资源共享的要求，依照全国统一建设工程造价信息数据标准，建立工程造价信息的搜集、整理和发布工作机制，逐步建立人工成本、住宅工程、政法基础设施等造价信息采集上报制度。每季度收集19种人工成本信息，通过19种人工成本信息测算实物量人工成本信息174项，每年收集、整理省会城市多层、小高层、高层各类住宅成本信息及实例工程指标10余个，按要求上报标准定额研究所。

【工程造价管理工作】 截至2016年底，全省共有工程造价咨询企业262家。其中，甲级造价咨询企业95家，乙级造价咨询企业161家，乙级（暂定）造价咨询企业6家。全年新增甲级造价咨询企业6家、乙级造价咨询企业6家。完成2015年工程造价咨询统计报表工作。根据国家统计局和住房城乡建设部的要求，于2016年1～3月开展2015年度工程造价咨询统计工作。2015年度全省工程造价咨询企业中，注册造价工程师2219人，造价员3271人，其他注册执业人员288人。全省2015年工程造价咨询业务收入11亿元，完成的工程造价咨询项目所涉及的工程造价总额约3788亿元。及时处理投诉举报，调解纠纷问题。严格依法依规执行，确保每一件投诉举报落到实处，及时解决纠纷问题和落实反馈。

工程质量安全监督

【责任落实】 对辽宁省人民政府下达的控制指标进行量化和分解,下达《2016年度安全生产目标管理责任书》,采取节点考核和日常动态考核相结合的绩效考核方式。强化安全工作部署,召开2次全系统安全生产电视电话会议,1次联络员会议,下发有关安全生产方面文件50余份,部署指导全省工程质量安全工作。严厉实施质量安全事故责任追究,对发生的2起较大事故及时进行了通报,对发生事故的责任单位暂扣安全生产许可证。

【工程质量治理两年行动】 深化全省工程质量治理两年行动。推进五方主体项目负责人落实质量终身责任,全省新开工项目"两书一牌"签署率100%。推动建筑业新技术应用和质量创优,广泛宣传,积极鼓励,经企业申报,各市推荐,2016年全省共有54项工程被确定为新技术应用示范工程目标工程,较2015年增加68%。加强工程质量监督执法检查,分三个阶段开展质量监督执法检查,抽查项目264项。构建投诉处理长效运行机制,科学整理信访投诉资料,投诉处理工作进一步规范化、制度化。

【质量安全监管】 推行工程质量安全管理标准化,开展建筑施工现场安全生产标准化考评,对97个申报安全生产标准化示范工地进行考评。推进建筑市场监管和诚信信息一体化平台建设工作,召开工作推进会,对各市、县(市、区)使用问题进行指导和解答。完善质量安全诚信体系,强化安全生产许可证动态监管,把对工程项目监管和对企业安全生产许可证监管结合起来,建立扣分制度,对扣分达到一定值的暂扣企业许可证。加强监督检查,组织开展全系统安全生产事故隐患排查整治百日专项行动,开展安全生产标准化检查和日常安全巡查组,日常巡查项目75项,排查整改各类隐患152项。代表辽宁省安全生产工作委员会开展3次全省安全生产检查工作,配合完成国家对辽宁省的质量考核,完成住房城乡建设部监督执法检查以及国务院安委会的巡查。防治建筑施工扬尘,贯彻落实辽宁省蓝天办的工作部署,下发《关于在全省建设工程施工现场安装视频监控设施的通知》,推动各市城区主要建筑工地安装视频监控。推进建机"一体化"工作,开展建机"一体化"企业考核,并公布第一批17家企业进入建机"一体化"企业名录。

【教育培训】 加大对建筑施工企业"三类人员"、质检人员、特种作业人员以及监理人员的质量安全考核力度,组织三类人员、特种作业人员安全生产知识考试60余次,为56800余名三类人员核发安全考核合格证书,为21000名特种作业人员核发操作资格证书。落实辽宁省人民政府简政放权工作要求,将建筑施工特等作业人员考核权限下放到各市,并向沈阳市下放了三类人员考核权限。更新了安全生产专家库成员,结合全省建筑安全生产新形势,对首批入库专家进行调整,共185人被评为辽宁省建筑工程安全生产专家库入库专家,并发放资格证书。组织开展"安全生产月"和"安全生产咨询日"活动,全省"安全生产月"活动取得较好成效。

建筑市场

【打击违法承发包】 落实住房城乡建设部工程质量治理两年行动相关工作,指导、督促各市开展专项检查和信息上报,辽宁省在查处数量、处罚金额等方面多次排在全国前列,多次受到住房城乡建设部通报表扬。发布两期《转包违法分包查处情况通报》,对违法违规企业及工作开展不力的地区公开曝光。三次迎接住房城乡建设部检查,符合率位于全国前列。办理住房城乡建设部转来的违法违规案件10余起。

【施工许可监管】 印发《关于进一步明确施工许可有关事项的通知》,进一步明确施工许可管理权限和系统功能,解决部分地区因对系统不熟悉、不了解延误项目开工的问题。指导、配合各市将管理权限向县区下放。2016年新增施工许可核发机构14家,全省总数达154家,新增施工许可补发机构37家,全省总数达96家。全省施工许可发放机构基本遍于各县区、开发区、产业园区,为企业提供便利条件,促进项目尽快落地开工。升级施工许可管理系统,实现系统选取施工、监理、勘察、设计单位及相关注册人员等功能,增设与合同备案、施工图审查系统的互通对接,倒逼相关部门厘清审批信息,有效解决原始信息不实等问题。

【诚信体系建设】 建成全省建筑市场监管一体化平台,通过住房城乡建设部验收,并与住房城乡建设部平台联网对接,基本具备推动建筑市场统一开放的条件。印发《关于进一步做好一体化平台建设工作的通知》,进一步开发施工、监理、勘察、设计单位,以及合同备案、施工图审查等信息与一体化平台的对接、选取和导入等功能,提高基础数据质量。设立投诉举报信箱,合理利用相关社会诉求,拓宽不良记录信息来源渠道。管理不良记录发布平台，累计发布143家企业的不良记录，得到国务院安委会巡视组的肯定。

【外埠企业备案工作】 印发《关于加强省外施工企业入辽承揽业务监管工作的通知》，推动建筑市场统一开放，大幅简化办理程序，取消标前项目备案，调整为企业及其承接项目信息报送，将管理重心转移到加强事中事后监管。省外建筑企业只需一次性报送住房城乡建设部明确规定的企业基本信息，即可在辽宁省承揽工程，不需多次重复报送。共办理企业信息报送774家，项目备案327项。及时公开入辽企业基本信息、承揽项目信息以及项目管理人员信息，便于各级住房城乡建设主管部门及税务等部门查询使用。印发《关于加强省外施工企业事中事后管理的通知》，加强省外企业入辽后的监管，核查履职行为，打击"假外埠"，要求各地在日常监管和现场检查中，对照省厅公开的入辽企业信息，重点核查项目人员实际履职情况，是否存在转包、挂靠、违法分包等问题。完善外埠企业入辽管理系统，实现与住房城乡建设部企业数据库的对接，推动企业按时换证，充实基础数据库信息。

【监理行业管理】 辽宁省现有监理企业324家，其中综合资质3家，甲级资质136家，乙级131家，丙级54家。企业资质结构不断优化，2016年新晋升综合资质1家、甲级资质4家，甲级以上企业达139家，占企业总数的2/5以上。辽宁省的综合资质和甲级资质数量均排在全国第9位。改进动态核查方式，简化程序，减轻企业负担，将监理企业资质的核查频次，由一年延至两年。同时，通过与全国一体化平台对接，及时掌握企业人员符合程度，将34家不满足资质条件的企业资质予以撤销。加强合同备案管理，升级监理合同备案系统，完善与施工许可系统对接选取功能。强化对不使用合同示范文本、合同内容不规范、监理恶意取费等情形的审查，特别加强了对入辽监理企业项目组成人员与投标承诺是否一致的审查。

建筑节能与科技

【建筑节能】 全省城镇新建建筑节能标准执行率在设计阶段保持100%，组织编制《居住建筑节能率75%设计标准》。组织开展全省建筑节能与绿色建筑专项检查，共检查在建项目24项，竣工项目8项，下发整改通知单13个，涉及32个问题，29个责任主体。2016年全年全省城镇新增建筑面积6885万平方米，全省累计建成节能建筑面积5.5亿平方米。沈阳建筑大学中德节能示范中心项目和大连金维度被动式建筑项目成为住房城乡建设部和德国能源署批准的示范项目。

【推进既有建筑节能改造】 大力推进"暖房子工程"。沈阳市、抚顺市等市扎实推进既有居住建筑节能改造，通过财政出资、申请贷款、吸引社会资本投资、居民合理负担等多种形式筹集资金，完成改造面积1395万平方米，极大地改善居民住房条件。抚顺市、本溪市两市将实施"暖房子工程"与老旧小区综合整治相结合，完善小区设施，改善居住环境。组织各市对"十三五"期间及2016年既有建筑节能改造需求进行调查摸底，向住房城乡建设部报送既有建筑节能改造储备项目，节能改造重点城市，节能宜居综合改造试点城市。会同辽宁省财政厅继续对各市具备验收条件的改造项目进行省级验收。

【推广绿色建筑】 会同辽宁省工业和信息化委员会下发《关于开展绿色建材评价标识和高性能混凝土推广应用工作的通知》，编制《高性能混凝土推广应用试点省工作方案》，制定《绿色建材评价机构管理办法》和《绿色建材评价实施细则》。完成辽宁省地方标准《绿色建筑评价标准》（修订版）的修订工作。组织专家对沈阳市、锦州市、葫芦岛市3个试点城市的30多家试点企业逐一进行摸底调研，一对一指导企业进行升级改造。加大绿色建筑发展的推进力度，本溪市、锦州市等市以政府名义出台市级《绿色建筑行动实施方案》。开展低能耗建筑试点工作，大连金维度项目被住房城乡建设部和德国能源署列为示范项目。全省完成绿色建筑项目105个，建筑面积达125万平方米。

【公共建筑节能】 完成辽宁省公共建筑能耗监测平台数据中心系统软硬件升级扩容和三、四期建设验收工作，新增监测建筑68栋，总建筑面积123万平方米，新增电耗监测点位2144个，热耗监测点位69个，水耗监测点位65个。完成辽宁科技大学节约型校园节能监管平台验收工作。完成660栋、879万平方米的建筑能耗和节能信息统计任务。

【可再生能源建筑应用】 组织可再生能源技术有关科研项目攻关，开展18项课题研究。组织编制和修订6项可再生能源技术地方标准。下达2016年可再生能源技术建筑应用推广指标，建立可再生能源统计报表制度，加强了项目实施的监督管理。全省完成地源热泵技术建筑应用面积635万平方米，完成太阳能技术建筑应用面积430万平方米。

【绿色建材】 出台《关于开展绿色建材评价标识和高性能混凝土推广应用工作的通知》和《关于

开展绿色建材和预拌混凝土绿色生产评价标识机构备案工作的通知》。组织成立辽宁省绿色建材评价标识专家委员会和辽宁省绿色建材评价标识管理办公室，遴选绿色建材评价标识评价机构，组织专家分别对8家评价机构申报企业进行资质条件审核。

【装配式建筑】 2016年全省新建装配式建筑项目面积344.43万平方米，其中装配式混凝土结构建筑项目面积314.63万平方米，钢结构建筑项目面积29.8万平方米。制定《辽宁省装配式建筑发展十年规划》，研究制定鼓励装配式建筑发展的各项政策措施，逐步扩大装配式建筑产业化规模。组织编制《装配整体式混凝土结构技术规程等》14项标准，以及《装配式钢筋混凝土板式住宅楼梯》等12项标准图集和《装配式混凝土结构拆分设计指南》等4项技术指南。2016年新增预制构件生产企业5家，预期新增产能50万立方米以上，有力促进装配式建筑的发展。

建设人事教育工作

【干部选拔任用】 严格掌握干部选拔任用标准，切实遵守干部选拔任用程序，严格执行动议、民主推荐、考察、廉政核查、讨论决定、任职等程序，落实任前公示制度、任职试用期制度和任职谈话制度，不断加强干部队伍建设。厅机关2名同志晋升副厅级职务，选任3名处长、3名副处长，晋升1名调研员、1名副调研员，向省委组织部推荐6名副厅级后备干部和2名副厅级中长期培养对象，交流16名干部，接收2名军转干部。厅直单位提拔3名正处级领导干部，对6个厅直单位8名主要负责人进行了交流调整。选派1名干部到西藏那曲工作。公开招聘18名事业单位工作人员。厅机关10名同志下派到厅直事业单位进行挂职锻炼，选派2名处科级干部到县（区）、乡镇挂职锻炼。完成厅机关公务员和厅直单位领导班子2014年度考核工作。

【机构编制管理】 成立辽宁省村镇建设中心，属全额拨款事业单位，人员编制12名。按照辽宁省人民政府转变职能、简政放权的总体要求，厅机关设立行政审批处，对行政审批职权进行集中审批。

【干部管理】 组织全厅114名副处级以上干部按首次填报形式对2015年度个人事项进行重新填报。对14名领导干部进行重点核查和随机抽查，对核查中发现的问题进行调查处理。严格规范因公出国，全年办理因公出国自组团组1个，参加辽宁省人民政府双跨团组1个，科研学术专业技术团组1个。认真贯彻执行《关于进一步严格厅直机关党员干部因私出国（境）管理的通知》，严格实行因私出国证件申领登记备案和集中管理制度。下发《省住房城乡建设厅公务员平时考核实施方案》，落实干部考察识别责任，有效避免干部民主推荐中的以票取人问题。对厅机关涉密人员开展保密管理工作，组织相关人员填报《涉密人员保密审查表》，对涉密人员申请因私出国（境）证件进行备案登记管理。

【教育培训】 全年共组织35名干部参加中共辽宁省委组织部、辽宁省公务员局在国家行政学院、延安干部学院、省委党校、清华大学、省行政学院等举办的培训，组织厅领导班子成员、机关处长、副处长参加学习振兴东北老工业基地若干意见轮训班，组织处长以上领导干部参加每季度"双休日"专题讲座，组织厅直机关316名干部参加政府工作报告在线专题学习和答题活动，组织全体机关干部参加公务员网上在线学习和答题。组织机关相关处室和各市建委参加住房城乡建设部"学习贯彻中央城市工作会议精神提高城市规划建设管理能力"共八期专题研讨班。

【行业培训管理】 进一步规范建设领域各行业人员培训考核工作，逐步理顺并将实现全厅统一管理。对建设领域现场专业人员按照"考培分离、以市场化为主导，以服务企业为根本"的原则，在通过全国统一验收的基础上，进一步完善工作机制，规范考核流程。全年共组织约11万人参加现场专业人员和工人技能考核。

【人才管理】 按照辽宁省人力资源和社会保障厅规定的不超过50%通过率总体要求，严格执行评审标准。共有413人晋升高、中、初级职称。加强高级评委会建设，及时调整充实专家评委。对2007年制定的《辽宁省建设工程系列专业技术资格评审标准》进行修订，在各市及专家评委中开展调研，广泛征求意见，已征求到修改意见200余条。

大事记

1月

6日 省长陈求发在省政府会见丹麦丹佛斯集团供暖事业部全球总裁拉斯一行。省住房城乡建设厅党组书记、厅长商向东陪同参加会见。

6日 国务院安委会召开全国安全生产电视电话会议，会议强调2016年要始终坚持人民利益至上，牢固树立安全生产红线意识，进一步建立健全企业主体责任、部门监管责任、党委和政府领导责任三个责任体系，狠抓改革创新、依法治理、基础建设、专项整治四项重点工作。省住房城乡建设厅党组书记、厅长商向东收视收听全国安全生产电视电话会议。

2月

5日 中共辽宁省委书记、省人大常委会主任李希来到沈阳市，深入基层看望慰问一线职工，调研供暖、交通、电力、公共安全等方面工作，并代表省委、省政府向春节期间坚守工作岗位的各条战线的干部职工致以亲切问候和新春祝福。省住房城乡建设厅党组书记、厅长商向东陪同参加慰问。

5日 省长陈求发到抚顺市看望慰问一线在岗职工和公安干警，考察节日市场，向节日期间仍奋战在各条战线上的干部群众致以节日的问候。省住房城乡建设厅副厅长刘志虹陪同参加慰问。

17日 省长陈求发会见首创集团总经理李松平一行。双方就辽宁省级综合环境治理、基础设施建设等问题进行深入会谈。省住房城乡建设厅党组书记、厅长商向东参加会谈。

20日 住房城乡建设部在四川省眉山市召开支持农民工和农民进城购房工作座谈会，推广各地支持农民工和农民进城购房好的做法和经验。省住房城乡建设厅党组书记、厅长商向东参加会议。

23日 国务院深入推进新型城镇化建设电视电话会议召开。会议强调，要充分发挥国家新型城镇化综合试点作用，及时总结提炼可复制经验，带动全国新型城镇化体制机制创新，要加强部门间政策制定和实施的协调配合，推动户籍、土地、财政、住房等相关政策和改革举措形成合力。以促进农民工融入城镇为核心，以加快新生中小城市培育发展和新型城市建设为重点，促进新型城镇化健康有序发展。省住房城乡建设厅党组书记、厅长商向东，副厅长汪兴收视收听会议。

3月

1日 住房城乡建设部、中央编办、国务院法制办组织召开贯彻落实《中共中央国务院关于深入推进城市执法体制改革改进城市管理工作的指导意见》精神电视电话会议，住房城乡建设部部长陈政高出席会议并作重要讲话。省住房城乡建设厅党组书记、厅长商向东收视收听会议。

16日 省政府新闻办召开"房地产政策"新闻发布会宣布，辽宁房地产"新15条"正式施行，省住房城乡建设厅同时就支持住房消费最新政策做详细解读。省住房城乡建设厅副厅长杨晔表示，今年辽宁将大力发展养老、教育、旅游等多元化地产，全力去房地产库存。

21日 省政府召开全省安全生产工作电视电话会议，总结2015年全省安全生产工作，部署2016年安全生产工作。省长陈求发强调，全省各地区、各部门、各单位要深刻吸取事故教训，学习先进经验做法，强化预防意识，深入开展专项整治，切实做好2016年安全生产各项工作。省住房城乡建设厅副厅长杨晔收视收听会议。

21日 国务院召开全国棚户区改造工作电视电话会议，中共中央政治局常委、国务院副总理张高丽出席会议并讲话。会议认真学习贯彻习近平总书记关于城镇棚户区和危房改造的重要讲话精神，落实李克强总理《政府工作报告》要求，对加快推进棚户区改造工作作出部署。会议明确2016年计划棚户区住房改造任务600万套，各级各部门要落实责任敢于担当，不断开拓工作思路，创新工作方法，确保今年棚改进度不低于上年。省住房城乡建设厅副厅长潘学俊收视收听会议。

21~30日 省住房城乡建设厅党组书记、厅长商向东参加由中组部、住房城乡建设部和国家行政学院联合举办的提高城市规划建设管理能力研讨班。

4月

11日 住房城乡建设部召开建筑业和房地产业"营改增"工作电视电话会议。各级主管部门要积极行动，加强与财税部门的沟通、配合，加强政策的学习和宣传，加强调查研究和跟踪分析，及时发现问题，实时采取应对措施，确保建筑业和房地产业"营改增"工作的平稳、顺利推进。各建筑企业和房地产企业要以"营改增"为契机，加强内部管理，促进转型升级，规范市场行为，不断提高企业竞争能力，推进建筑业和房地产业持续、健康发展。省住房城乡建设厅党组书记、厅长商向东，副厅长邵武、潘学俊收视收听会议。

19日 全国住房城乡建设系统精神文明建设工作会议在济南召开，住房和城乡建设部副部长易军出席会议并讲话。讲话明确全国住房城乡建设系统精神文明建设工作要以学习贯彻习近平总书记系列重要讲话精神为主线，深入推进社会主义核心价值观教育实践和群众性精神文明创建，认真抓好"两学一做"学习教育和典型宣传推广工作，不断开创精神文明建设新局面。要高度重视精神文明建设工作，强化队伍，狠抓落实，在全面推进住建事业改革发展中发挥更大作用。省住房城乡建设厅副厅长潘学俊同志参加会议。

25日 省政府召开推进房地产建筑业棚户区改造工作电视电话会议。省长陈求发出席会议并讲话，要求全省上下要迅速把思想和行动统一到党中央、国务院和省委、省政府的部署要求上来，把房地产、建筑业、棚改工作的目标作为一项硬任务,切实抓紧抓实抓好,助推稳增长和辽宁新一轮全面振兴。省政协副主席薛恒出席会议并部署下一步工作。省住房城乡建设厅通报全省一季度重点建设工作情况。沈阳市市长潘利国及大连市、抚顺市、国开行辽宁省分行相关负责同志作交流发言。省(中)直有关单位、部分金融机构负责人参加会议。各市政府主要负责同志在分会场参加会议。

26日 住房城乡建设部在北京国谊宾馆召开城市总体规划部际联席会第63次会议,《沈阳市城市总体规划(2011—2020年)》顺利通过部际联席会议审查。省住房城乡建设厅副厅长刘志虹参加会议。

28日 省长陈求发到鞍山市专题调研民营经济发展情况。全省上下要按照构建"亲""清"新型政商关系新要求,放心、放开、放手发展民营经济,使民营经济进一步做大做强做优,成为全省稳增长和新一轮振兴的中流砥柱。省住房城乡建设厅党组书记、厅长商向东陪同调研。

5月

6日 全省贯彻落实中央7号文件精神全面振兴辽宁老工业基地推进大会在沈阳召开。省委书记、省人大常委会主任李希,省委副书记、省长陈求发出席会议并讲话。省政协主席夏德仁出席会议。省委副书记曾维出席会议。省委常委、常务副省长谭作钧主持会议。沈阳市、大连市、盘锦市、省发改委、省经信委主要负责同志在会上发言。省住房城乡建设厅党组书记、厅长商向东参加会议。

9日 国务院召开全国推进简政放权放管结合优化服务改革电视电话会议。中共中央政治局常委、国务院总理李克强发表重要讲话。中共中央政治局常委、国务院副总理张高丽主持会议。省住房城乡建设厅党组书记、厅长商向东参加辽宁省组织的收视收听。

13日 贯彻落实全面治理拖欠农民工工资问题的意见电视电话会议在北京召开。中共中央政治局委员、国务院副总理马凯出席会议并讲话。省住房城乡建设厅副巡视员王印忠收视收听会议。

31日 省住房城乡建设厅副厅长潘学俊出席葫芦岛市与淘宝网推介宜居葫芦岛品牌合作启动仪式。葫芦岛市政府展开与淘宝网推介"宜居葫芦岛"品牌的深度合作,依托淘宝全国营销平台及移动、联通大数据营销渠道,以城市为整体,有针对性的推介"宜居葫芦岛"品牌。

6月

6日 省人大召开国务院《物业管理条例》和《辽宁省物业管理条例》执法检查动员大会,省住房城乡建设厅副厅长潘学俊参加会议。

7日 住房城乡建设部会同国家开发银行在内蒙古包头市召开全国棚户区改造工作座谈会。会议主要任务是推动各地认真落实《政府工作报告》确定的棚改目标任务,总结推广包头市北梁等地经验做法,做好棚改动迁安置和资金平衡两篇文章,促进棚改工作可持续发展。住房城乡建设部陈政高部长、国家开发银行郑之杰行长出席会议并讲话,包头市、芜湖市政府等单位在大会上作典型经验介绍,会议组织参会代表实地考察包头市北梁棚改项目。省住房城乡建设厅党组书记、厅长商向东参加会议。

7月

11日 辽宁省人大召开物业管理条例专题询问协调会。省住房城乡建设厅总经济师战忠波参加会议。

16日 省政府召开全省上半年经济形势分析电视电话会议,通报上半年全省经济运行情况,分析当前经济形势,交流工作经验,省长陈求发充分肯定一般公共预算收入、固定资产投资、社会消费品零售总额、防范和化解养老金风险等工作。省住房城乡建设厅党组书记、厅长商向东,副厅长刘志虹参加会议。

8月

6日 住房和城乡建设部在拉萨组织召开第三次全国住房城乡建设系统对口支援西藏工作座谈会。西藏自治区人民政府、17个对口援藏省(市)住房城乡建设部门负责人参加会议。省住房城乡建设厅副厅长潘学俊参加会议。

16~18日 省政协主席夏德仁率在辽全国政协委员考察团,对省内的历史文化名镇进行实地考察,听取相关区、县政府对历史文化名镇建设和保护情况的汇报,并与省政府有关部门及相关区、县政府的负责同志进行座谈。全国政协委员、省政协副主席孙远良、李晓安、唐建武、王松,全国政协委员、沈阳市政协主席姜宏参加考察。省住房城乡建设厅副厅长汪兴陪同考察。

22日 省政府召开全省安全生产工作电视电话会议。省长陈求发出席会议并讲话,要求全省上下深入贯彻落实党中央、国务院关于安全生产工作的决策部署,切实强化责任意识、忧患意识,坚决防止重特大事故发生,确保全省安全生产形势持续稳定。省住房城乡建设厅党组书记、厅长魏举峰参加会议并就建筑施工和城镇燃气安全等方面工作发言。

24日 省政府对燃煤小锅炉、黄标车淘汰工作问题突出和环境空气质量排名靠后的市进行约谈，省住房城乡建设厅党组书记、厅长魏举峰参加会议。

24日 召开全省建设系统安全生产工作电视电话会议，省住房城乡建设厅党组书记、厅长魏举峰，副厅长杨晔出席会议。

28日 全省城市供热突发事件应急演练在抚顺市举行，省住房城乡建设厅、省应急办和抚顺市等多家单位参加演练和观摩。通过演练，检验应急现场指挥、协调能力和运转情况，达到检验预案、磨合机制、锻炼队伍、提高处置能力的预期目的。省住房城乡建设厅党组书记、厅长魏举峰观摩演练。

11月

4日 省住房城乡建设厅党组书记、厅长魏举峰主持召开会议，传达学习十八届六中全会精神。

4日 省长陈求发到扶贫联系点锦州市义县调研脱贫攻坚工作，并听取锦州市今年主要经济指标、重点工作完成情况汇报和明年计划安排。省住房城乡建设厅党组书记、厅长魏举峰陪同参加调研。

24日 辽宁省政府召开全省安全生产电视电话紧急会议，通报分析江西丰城电厂坍塌事故情况和原因，要求全省安监系统做好安全生产大检查，隐患大排查行动。省住房城乡建设厅副厅长杨晔参加会议。

25日 省住房城乡建设厅党组书记、厅长魏举峰组织召开会议，听取关于清理规范工程建设领域保证金棚户区改造供热建设领域安全生产工作联合督查情况汇报。

25日 住房城乡建设部召开规范房地产中介行为持续整顿市场秩序电视电话会议，进一步整顿规范房地产市场秩序，净化市场环境，促进房地产市场平稳健康发展。省住房城乡建设厅党组书记、厅长魏举峰，副厅长潘学俊收视收听会议。

12月

2日 住房城乡建设部环保部召开非正规垃圾堆放点排查整治工作全国县级以上电视电话会议。部长陈政高指出非正规垃圾堆放点排查整治工作的紧迫性和重要性，明确提出2017年6月底前完成排查，2020年完成整治工作的目标，对排查整治工作提出全面排查、分类整治、强化执法监管、加强基础设施建设4点要求，对打赢非正规垃圾堆放点排查整治工作提出提高重视程度、落实工作责任、保障财政投入、创新体制机制、加强队伍建设、加强舆论引导6个方面指导意见。省住房城乡建设厅副厅长汪兴收视收听会议。

10日 住房城乡建设部在海南省三亚市召开全国城市修补生态修复工作现场会，总结推广三亚经验，动员部署在全国全面推动"双修"工作。省住房城乡建设厅党组书记、厅长魏举峰参加会议。

11~15日 省住房城乡建设厅党组书记、厅长魏举峰等一行赴浙江省、江苏省调研特色小镇建设工作。

26日 全国住房城乡建设工作会议在京召开。住房城乡建设部党组书记、部长陈政高全面总结2016年住房城乡建设工作。省住房城乡建设厅党组书记、厅长魏举峰参加会议。

（辽宁省住房和城乡建设厅）

吉 林 省

概况

2016年是"十三五"规划的开局之年，是全面落实中央和吉林省城市工作会议的第一年。吉林省住房城乡建设系统在中共吉林省委、省政府的坚强领导下，在国家住房城乡建设部的有力指导下，紧紧围绕吉林省工作大局，立足实际，主动作为，各项工作任务全面完成。

法规建设

2016年，吉林省住房和城乡建设厅法规建设工作围绕6个方面开展：不断完善法规体系建设，多部规范性文件列入2016年度省政府立法调研计划。依法办理行政复议和行政诉讼案件，2016年法规处办理行政复议案件22件，其中受理19件，做出不予受理决定的3件。办结的行政复案件全部胜诉。办理行政应诉案件22件，其中21起案件结案，省住房城乡建设厅均胜诉，另外1起还在审理当中。发挥法律顾问的作用，对于疑难案件聘请专家进行咨询，积极发挥"外脑"作用。认真抓好"放管服"改革任务。推动吉林省城管执法体制改革，对全省城管执法的机构设置、人员编制、经费保障、执法范围、执法授权情况以及存在问题进行调研摸底，全面掌握全省城管执法工作现状，同时就城管综合执法与行业管理部门职责边界等法律问题进行深入研究。积极开展法制教育宣传工作，制定《关于开展全省住房城乡建设系统法制宣传教育的第七个五年规划（2015—2020）》。配合住房城乡建设部举办全省建设系统执法人员培训班，组织全厅行政管理工作人员参与法规培训活动。

房地产业

2016年，吉林省房地产行业以去库存为主线，研究制定配套政策措施，努力确保房地产市场平稳健康发展。全年房地产开发投资完成1016亿元，同比增长10%，高于全国平均增速3.1个百分点，增速列全国第10位。商品房销售面积1919万平方米，同比增长28.7%，高于全国平均增速6.2个百分点，增速列全国第9位。二手房交易面积1745万平方米，同比增长19.1%，交易量创近五年新高。

住房保障

2016年，吉林省棚户区改造工作紧紧围绕"惠民生、稳增长、促发展"的目标，提前超额完成棚户区改造开工任务。吉林省计划改造各类棚户区13万套。其中，城市棚户区11.18万套、工矿棚户区1.17万套、垦区危房0.65万套。棚户区改造实际开工13.29万套，完成年度计划的102.1%。其中货币化安置7.14万套，占开工量的53.7%，完成货币化安置计划的107.4%。住房和城乡建设部通报，吉林省是9月底全国15个开工率达到100%以上的省份之一。超额完成基本建成任务。吉林省计划基本建成11.08万户，完成基本建成12.92万套，占年度计划的116.6%。棚改贷款大幅提升。吉林省棚改项目需贷款299.1亿元，2016年取得授信审批的总额度为338.04亿元，完成年度计划的113%。公共租赁分配管理工作起得新成效。吉林省累计分配29.37万套，分配率达87.35%，其中2016年计划分配1.94万套，实际分配2.2万套，完成年度计划的113.4%，公租房分配率位于全国第4位。

住房公积金管理

2016年，吉林省住房公积金管理办公室制定出台政策措施支持房地产去库存，提高住房公积金使用效率，加大宣传力度，在合理防范资金风险的前提下，用足用好住房公积金。截至2016年底，吉林省住房公积金归集总额达到1865.47亿元，归集余额916.79亿元，贷款总额1123.56亿元，贷款余额736.7亿元，累计提取总额948.71亿元，累计贷款职工57万人。吉林省住房公积金个贷率80.36%，比2015年末提高8.9个百分点，结余资金178.97亿元，比2015年末减少54.29亿元。2016年归集272.63亿元，发放贷款67509笔共218.29亿元，提取185.3亿元，同比分别增长14.67%、23.64%、17.35%。

城乡规划

2016年，吉林省城乡规划工作以中共吉林省委、省政府名义出台《关于进一步加强全省城市规划建设管理工作的若干意见》。编制完成《吉林省住房和城乡建设事业发展第十三个五年规划》。会同省发改委等部门开展省域空间规划研究工作，形成《吉林省空间规划研究报告》。在长春市开展城市"多规合一"工作试点。

吉林省住房和城乡建设厅编制完成《吉林省松花江流域景观规划设计总体思路》、《吉林省松花江流域滨河岸线城市景观规划设计指引》，开展城市设计试点。以省政府办公厅名义出台《吉林省城市地下空间开发利用规划编制指导意见》，同步制定技术导则和技术规范。开展《农村危房改造"十三五"规划》、《农村生活垃圾治理专项规划》等编制工作，有序引导农村项目建设。2016年，全面启动全省违法建筑治理五年行动，查处完成98.9万平方米，占总数的17.1%。

棚户区改造

2016年，吉林省住房和城乡建设厅建立周调度、旬报告、月通报制度，坚持"抓两头、促中间"，进行分类指导。加强与司法的有效衔接，提高房屋征收效率。吉林省政府出台专题会议纪要，大幅提升棚改政策性贷款的发放进度。通过审计问题整改，各地的规矩意识、自觉接受监督意识不断增强。

吉林省棚户区改造开工13.29万套，完成年度计划的102.1%。基本建成12.92万套，完成年度计划的116.6%。实际完成投资278.82亿元，完成年度计划的139.4%。新增发放租赁补贴1.68万户，完成新增计划的140%。

全省棚改货币化安置7.14万套，占开工量的53.7%，比上年提高22个百分点，比全国平均水平高5.2个百分点。其中，伊通满族自治县、榆树市等12个县（市）货币化安置比例达100%。

全省分配2.2万套公租房，完成年度计划的

113.4%，公租房分配率排名全国第4位，此项工作得到住房城乡建设部领导高度评价。

城市建设

2016年，吉林省城市地下综合管廊续建工程开工76.05千米、形成廊体47.15千米，新建工程开工163.77千米、形成廊体47.02千米，完成投资67.25亿元，全面完成年度目标任务，四平市被评为全国第二批试点城市。大力推进白城市国家级海绵城市试点建设，新建、续建示范工程149项，完成投资17.7亿元，长春市、四平市、通化市、辽源市、珲春市、梅河口市共6个城市作为省级海绵城市试点，部分示范项目开工建设。吉林省排查出黑臭水体97条，39条治理工程开工建设。

全省撤改老旧二次供水设施462座，改造陈旧二次供水管网883.1千米，改造楼内老旧管线3487千米，完成投资15.81亿元。完成地下管网改造2780千米，其中供水管网543千米、排水管网512千米、供热管网1228千米、燃气管网497千米。通化市二次供水改造工程和梅河口市辉发河景观带工程获得中国人居环境范例奖。

全省开展城市三年内涝整治行动，为防台风抗洪水取得决定性胜利、实现人员"零伤亡"做出重要贡献，协调指导延边州有关市县做好水毁灾后重建工作。长春市伊通河百里生态长廊完成投资213.6亿元。吉林省新增城市绿地1510公顷，建设各类城市公园25个，风景名胜区规划建设和管理得到进一步规范，新改扩建污水处理厂12座，建成垃圾焚烧发电厂3座，加固改造城市危桥34座，城市综合承载能力进一步提高。

村镇规划建设

2016年，吉林省住房城乡建设厅制定村镇建设政策并指导实施完成多项工作：完成村镇建设6个规划的编制任务。指导农村房屋建设，组织实施农村危房改造6.47万户，下达中央补助资金5.2496亿元，按照国家基本补助标准落实省级补助资金5.3378亿元。加快推进改善农村人居环境工作，完成农村垃圾污水调研工作，全面开展农村厕所改造任务10万户。全国特色小镇（申报成功3个小镇）、美丽宜居镇村（美丽宜居小镇5个，美丽宜居村庄11个，最后确定名单各3个）和中国传统村落申报（申报成功3个）、历史名村名镇（申报2个待公示）创建工作。吉林省遭遇"狮子山"台风的侵袭，灾后重建工作任务重时间紧。村镇建设处举全处之力，积极调度，精心组织，在入冬前，让受灾农民住上新房。响应住房和城乡建设部农村污水改造号召，吉林省农村污水处理工作首开先河，代表住房城乡建设部进行"世界厕所日"的宣传工作，在农村危房工作的多项检查中，省住房城乡建设厅得到领导肯定，为宣传村镇建设工作的政策和指导原则，省住房城乡建设厅配合相关宣传部门，大力宣传吉林省村镇建设工作。完成2016年度村镇统计年报编辑、审核、定稿工作。积极配合省级相关部门做好建设工作。村镇工作面广点散，可操作的方式方法多变。

农村人居环境改善

2016年，吉林省住房城乡建设厅代省政府起草《全省改善农村人居环境工作四年行动计划》和2017年实施方案，明确目标任务和重点工作。吉林省农村危房开工65340户、竣工45316户，开工率101%，竣工率70%（国家要求2016年农村危房改造完成时间为2017年6月30日），在全国绩效评估工作中排名第6位。吉林省农村厕所改造开工101276户、完工101169户，超额完成省政府安排的10万户改造任务。会同省农委、省环保厅等部门，共同出台《关于推进全省农村垃圾治理的实施意见》，协调省财政厅设立省级专项资金，吸引社会资本参与农村生活垃圾治理工作。

工程标准

2016年，吉林省建设标准化管理办公室围绕省政府及省住房城乡建设厅工作重点，以"多出标准，出好标准"为宗旨，开展工程建设标准化工作。相继出台建筑节能、住宅产业化、海绵城市建设、改善农居环境、木结构建筑等方面的地方标准及标准设计，为吉林省建设行业有序发展提供有力的技术支撑与保障。注重参与国家标准的编制，受住房城乡建设部相关部门委托，为做好国家标准《装配式混凝土建筑技术规范》的编制工作，吉林省建设标准化管理办推荐吉林省在装配式混凝土结构方面有经验的专家参与此项工作，并较好地完成编制任务。为深化工程建设标准化改革，按照住房和城乡建设部及吉林省质量技术监督局要求做好工程建设地方标准强条精简整合及复审工作，确保标准的适用性。

工程质量安全监督

2016年，吉林省工程质量安全监督工作以科学发展观为指导，以贯彻落实中共中央、国务院《关于进一步加强城市规划建设管理工作的若干意见》，

《质量发展纲要》为目标,以《工程质量治理两年行动方案》为契机,以"提高品质、不出事故、管得正确、抓得有效"为要求,建立工程质量监管长效机制。建章建制,规范工程质量管理。深入推进工程质量治理两年行动,落实质量终身责任。加强政府全过程监管,充分发挥质量监督机构作用,对44家考核合格的监督机构核发证书,对监督经费和人员编制未落实的监督机构向属地人民政府发函,要求给予解决。积极推进政府向社会力量购买服务的方式,解决监督力量不足的问题,加强质量监督机构的建设,切实抓好保障性安居工程、城市轨道交通、城市地下综合管廊等民生工程的质量监管工作。开展关于进一步提升工程质量"百日会战"活动,在吉林省掀起加强工程质量管理的新高潮,取得成效,工程质量总体属于受控状态,未发生一起重大质量事故,工程质量管理水平稳中有升态势。

建筑业发展

2016年,吉林省住房城乡建设厅推行银行保函和工程担保机构担保,大幅减轻企业负担。结合农民工实名制试点,在全国率先探索实施农民工工资专项贷款。全面完成建筑业企业新资质换证工作,2016年新增培训考核管理人员和技术工人17万人。清退各类保证金6.01亿元,涉及企业1196户。施工现场标准化管理由市州向县市全面铺开,工程质量治理两年行动在全国会议上进行经验介绍。勘察设计总体水平进一步提升,造价管理工作进一步强化。开展质量监督机构和人员考核,解决机构编制和经费问题,全面推行双随机监管机制,安全生产形势持续稳定好转。以省政府令出台《吉林省房屋建筑和市政基础设施工程招标投标管理办法》。2016年,全省完成总产值2283.6亿元,同比增长3%,为吉林省经济社会稳定发展做出积极贡献。

木结构建筑产业化发展

2016年,吉林省住房城乡建设厅编制工作方案和研究报告,代省政府起草《关于推进木结构建筑产业化发展的指导意见》,在全国率先发布《多层木结构建筑设计规程》。编制抚松县锦江木屋村村庄建设发展规划。磐石市潭溪生态园、吉林漫江生态文化旅游开发项目木结构建筑获评2016年度住宅产业化试点项目。启动"珲春市木制品加工产业园"建设,将"木结构建筑产业化发展集聚示范区"纳入长春新区总体规划。吉林省木结构建筑产业化发展工作思路及前期基础性工作得到住房和城乡建设部的充分肯定,在全国装配式建筑工作现场会上作典型发言。特别是中共吉林省委书记巴音朝鲁在省住房城乡建设厅呈报的阶段性进展情况的汇报上,专门做出重要批示,提出明确工作要求。

建筑节能与科技

2016年,吉林省建筑节能与科技事业以深入推进绿色建筑发展及建立绿色建材政策标准体系为主要内容,重点开展4项工作:实施建筑能效提升,公共建筑全面执行节能65%标准。吉林省新建建筑设计阶段节能标准执行率达到100%,施工阶段节能标准执行率达到99%以上,新建绿色建筑面积占全省新建民用建筑比例达到30%以上。开展绿色建材专项行动。联合省工信厅先后出台促进吉林省绿色建材生产和应用系列政策标准,明确吉林省推进绿色建材发展的目标和措施,建立组织机构,全面启动绿色建材评价标识和推广应用工作。以可再生能源建筑应用示范为引领,不断扩大可再生能源建筑应用范围。推进省级节约型校园节能示范工作。8所高校被列入省级节约型校园节能监管体系建设示范,实施能耗监测面积173万平方米。开展科研项目申报、成果转化及推广应用工作。

城市执法体制改革

2016年,以中共吉林省委、省政府名义出台《关于深入推进城市执法体制改革改进城市管理工作的实施意见》,明确工作目标、主要任务、实施步骤等重点工作。经中编办批准,住房城乡建设部组建城市管理监督局。省住房城乡建设厅积极与省编办协调,就成立省级城市管理机构明确时间表、路线图。在未成立机构的前提下,依托现有职能部门,全面开展城市管理工作,制定印发《全省城市管理队伍"强基础、转作风、树形象"专项行动实施方案》。长春市数字化城市管理平台实现与公安等部门联网,吉林市、松原市、梅河口市改革工作推进较快。

水库移民

2016年,吉林省住房城乡建设厅编制移民"十三五"规划和移民脱贫攻坚方案,吉林省确定美丽移民村建设试点51个,办理水利水电项目停建令4个,审查移民安置规划大纲、移民安置报告等前期要件7件,加大培训力度,提升移民的创业、就业能力。吉林省落实国家水库移民扶持资金5.33亿元,为11.47万移民发放直补资金0.77亿元,落实民生项目1787个，库区移民收入不断增加，生活条件逐步改善。

人事教育

2016年，吉林省住房和城乡建设厅人事教育工作围绕全省住房城乡建设工作大局，认真学习宣传、贯彻执行厅党组部署各项指示精神，切实抓好人事、教育培训、职业技能鉴定、绩效考核和行政审批等工作。严格按照《干部选拔任用工作条例》等文件规定和中共吉林省委组织部的要求，坚持深化干部人事制度改革，努力营造风清气正的选人用人环境，不断提高选人用人公信度。以"提升领导干部能力，加强人才队伍建设，提高从业人员素质，推动行业持续健康发展"为总体目标，创新教育培训形式，完善工作机制，加大教育培训力度，较好地完成全年教育培训工作任务。扎实做好指导组织开展吉林省住房城乡建设系统行业职业技能岗位培训与鉴定工作。科学制定省住房和城乡建设厅2016年度绩效考核指标，坚持把绩效工作作为"一把手工程"来抓，做到主要领导亲自抓，分管领导重点抓，严格落实"谁主管谁负责"，把绩效考评指标职责和目标任务逐级分解到具体部门和人员，切实做到认识到位、措施到位、责任到位。2016年，吉林省住房和城乡建厅人事处组织9个地市住房城乡建设主管部门及有关单位开展技能培训44376人，鉴定考核4万多人，涉及土建、安装、供水、污水处理等多个专业的10多个工种。行政审批工作在省住房城乡建设厅内各处室和省政务大厅协调办的大力支持配合下，按照2016年初的岗位目标责任制和承诺事项，公开、依法、便捷、高效地完成任务，审批事项15项，受理审核审批件数20165件，发放安全三类人员及建筑施工特种作业人员证书56663件，发放专业技术人员注册证书14563件，共91391件。

大事记

1月

8日　住房和城乡建设部召开全国房地产市场工作座谈会，部长陈政高出席会议并发表重要讲话，吉林省副省长姜有为参加。

18日　住房和城乡建设部下发《关于加强11处涉危国家级风景名胜区整改工作的通知》。吉林省副省长姜有为批示"省住房城乡建设厅要协调推动景区整改落实"。

2月

1日　吉林省住房城乡建设工作会议在长春市召开，总结2015年工作，安排部署2016年任务。

同日　吉林省住房和城乡建设厅召开吉林省城市地下综合管廊推进工作会议，吉林省16个有管廊任务的政府分管领导参加会议。

3月

2日　吉林省住房和城乡建设厅制定《关于推进城市执法体制改革改进城市管理的工作方案》。

7日　吉林省农居中心组织召开"2016年吉林省农村厕所改造及生活污水处理试点示范村工作部署会议"，确定吉林省农村厕所改造及生活污水治理工作试点示范村、示范企业。

24日　吉林省住房和城乡建设厅印发《吉林省城市地下综合管廊工程安全管理规定》。

28日　全国政协主席俞正声到延边州考察调研延吉市容环境卫生治理工作。

4月

7日　《吉林省海绵城市建设技术导则》正式发布实施。

12日　吉林省住房和城乡建设厅邀请省内著名文学、艺术、地质和摄影专家，召开《吉林省松花江流域景观规划设计总体思路》专家座谈会。

14日　吉林省城市地下综合管廊建设现场会在四平市召开，会议由省政府副秘书长高志国主持，副省长姜有为出席并作重要讲话。

23日　住房和城乡建设部在吉林省召开部分城市房地产座谈会议，住房和城乡建设部部长陈政高、副部长陆克华出席会议。内蒙古自治区、河北省、辽宁省、黑龙江省住房城乡建设厅主要负责人，相关城市政府、房地产主管部门主要负责人参加会议。吉林省副省长姜有为代表吉林省政府致辞并就吉林省房地产去库存工作发言。

29日　吉林省召开棚户区改造工作视频会议，会议贯彻落实全国棚户区改造工作电视电话会议精神，要求各地牢牢抓住重要机遇期，坚持早谋划、早开工、早见效，加快推进棚户区改造进度，着力提高货币化安置比例，确保吉林省改造各类棚户区13万套任务圆满完成。副省长姜有为出席会议并讲话。

5月

3日　吉林省住房和城乡建设厅启用吉林省建设工程安管人员管理系统。为实现全国建筑市场"数据一个库、监管一张网、管理一条线"的信息化监管目标。

31日　吉林省住房和城乡建设厅组织2016年省级海绵城市建设试点竞争性评审工作，确定长春市、四平市、辽源市、通化市、梅河口市、珲春市等6个城市为2016年省级海绵城市建设试点城市。

6月

6日 《吉林省农村改厕和生活污水处理技术导则》正式发布实施。

7月

22日 吉林省高级人民法院与吉林省住房和城乡建设厅联合印发《关于国有土地上房屋征收与补偿若干问题联席会议纪要》，会议纪要对11项国有土地上房屋征收与补偿工作中法律适用问题进行明确，这是全国第一次省级法院与住房城乡建设部门联合规范房屋征收细节操作行为。

8月

17日 住房城乡建设部副部长倪虹、城建司副司长赵泽生到吉林省参加海绵城市建设现场调研座谈会。

19日 住房和城乡建设部副部长倪虹率队调研四平市地下综合管廊、海绵城市建设等工作。吉林省政府副秘书长高志国、省住房和城乡建设厅厅长孙众志等陪同调研。

9月

1日 吉林省建筑材料工业设计研究院作为第一主编单位，出版发行《北方建筑》第一期刊，在学术专业领域和对社会各界影响力方面迈出一大步。

5日 吉林省人民政府办公厅下发《关于开展海绵城市建设的实施意见》，为吉林省海绵城市建设提供指导思想。

22日 在省政府与国务院第二十督查组见面会上，省住房城乡建设厅厅长孙众志向督查组组长、国家行政学院常务副院长马建堂汇报吉林省化解房地产库存工作情况。

10月

11日 住房城乡建设部会同国家发展改革委、财政部认定并公布第一批中国特色小镇。吉林省的辉南县金川镇、东辽县辽河源镇、龙井市东盛涌镇被评为国家级特色小镇。

11月

19日 住房和城乡建设部在上海市召开全国装配式建筑工作现场会，部长陈政高出席会议并讲话。吉林省住房和城乡建设厅厅长孙众志代表吉林省作探索推进木结构建筑产业化发展的典型发言。

12月

1日 应加拿大不列颠哥伦比亚省林业土地与自然资源厅代表团邀请，吉林省住房和城乡建设厅厅长孙众志带队前往住房城乡建设部，会见加拿大不列颠哥伦比亚省林业土地与自然资源厅厅长史蒂文·汤普森率领的不列颠哥伦比亚省政府、联邦政府官员以及林产企业高管组成的代表团。

9日 住房城乡建设部等7部门认定并公布第四批列入中国传统村落名录的村落名单。吉林省蛟河市漂河镇富江村、临江市六道沟镇夹皮沟村、敦化市大蒲柴河镇大蒲柴河村被列入中国传统村落名录。

14日 《关于深入推进城市执法体制改革改进城市管理工作的实施意见（讨论稿）》以中共吉林省委、省政府文件正式印发。

（吉林省住房和城乡建设厅）

黑 龙 江 省

概况

2016年，在中共黑龙江省委省政府的坚强领导下，在住房城乡建设部精心指导下，全省住房城乡建设系统广大干部职工全面贯彻落实党的十八大和十八届三中、四中、五中、六中全会精神，认真落实中央和省委经济工作会议、省"两会"以及全国住房城乡建设工作会会议精神，紧紧围绕"五大规划"战略和省委省政府关于城乡建设领域的重大决策部署，着力建住房、打基础、改面貌、强管理、去库存，统筹推进保障性安居工程、泥草（危）房改造、"三供三治"项目建设等重点民生工作任务，为全省稳增长调结构惠民生做出积极贡献。

依法行政全面推进

法制建设取得新进展，配合完成《黑龙江省燃气管理条例》立法工作，规范黑龙江省燃气行业发展和企业经营服务标准。深化行政审批制度改革，取消12项初审类行政许可事项，下放了7项行政批事项，行政权力由153项减少到138项，编制住房城乡建设系统省、市、区、县4级行政权力标准目录，对行政许可权限和内容实施动态管理，推行电子政务和网上审批，行政审批效率进一步提高。加强事中事后监管，印发《关于加强住房城乡建设系统随机抽查规范事中事后监管的实施意见》、《"两随机、一公开"工作实施细则》、《随机检查事项清单》等制度规定，确定工作原则，明确职责分工，理顺工作程序，率先开展勘察设计市场检查，收到良好效果。加大案件查处力度，全省住房城乡建设系统共受理举报1565件，立案357件，实施行政处罚309件，对58家企业和237名执业人员实施了处罚，起到震慑警示作用。系统发展环境进一步优化，组织召开"转行风、优环境、促发展"视频会，印发《住房城乡建设系统优化发展环境实施方案》。

房地产业平稳发展

全省完成房地产开发投资865亿元，同比下降12.8%，占固定资产投资的8.3%，完成房地产税收200亿元，同比下降5.9%，占全省地方税收的29%，商品房销售面积2117万平方米，同比增长6%，实现自2013年以来首次连续8个月同比增长，商品房销售额1121亿元，同比增长9.1%，新开工面积2006万平方米，同比下降8%，商品房销售平均价格5294元/平方米，同比上涨2.9%。房地产去库存效果明显，认真贯彻落实党中央国务院"三去一降一补"和中共黑龙江省委省政府关于房地产去库存重大决策部署，结合黑龙江省实际，以省政府办公厅名义出台《关于全省房地产去库存的指导意见》，制定下发《全省房地产去库存工作方案》，与省农行联合下发《关于做好信贷支持农民进城购房工作的通知》等系列文件，组织召开多次工作推进视频会议，建立房地产库存月报制度、情况通报制度，开展督导检查，全省房地产去库存工作取得明显成效。截至12月底，全省商品房库存5523万平方米、去化周期为21.4个月，分别比上年底减少1185万平方米、降低13.8个月。其中，商品住宅库存3568万平方米（38.5万套）、去化周期为15.4个月，分别比上年底减少1123万平方米（12.1万套）、降低13.9个月。

棚户区改造超额完成任务

全省保障性安居工程完成投资279亿元，开工20.8万套，开工率102%，基本建成19.9万套，基本建成率132%。拓宽融资渠道，通过政府购买棚改服务方式向国开行、农发行共申请415.3亿元的棚改贷款额度，已签订合同220.5亿元，发放52.2亿元，获得保障性安居工程中央补助资金118.23亿元，省级财政安排补助资金4.37亿元，市县投入5.5亿元，缓解棚改资金压力。会同5部门印发《关于提高全省保障性安居工程项目行政许可效率工作的指导意见》，实行统一受理，统一收费，统一时限，联合许可、并联许可，简化办事流程，提高项目审批效率。加大货币化安置力度，全省实施货币化安置9.04万套（购买存量商品房安置5.5万套，直接货币补偿3.54万套），货币化安置率达43.5%，比去年增长16.5个百分点。全力推进四大煤城采沉区棚改，开工75803套（新建34861套，货币化安置40942套），采沉区棚改累计开工13万套，已完成14.05万套任务总量的92.5%。

农村泥草（危）房改造创新推进

全省完成泥草（危）房改造12.4万户，超额完成4000户，完成投资44亿元。多渠道筹措资金，获得国家补助8.51亿元，省级补助2亿元。创新政策措施，会同省财政厅修订出台《农村危房改造资金管理办法》，鼓励资金打捆使用、统一实施修缮加固，降低改造成本，转变了改造方式方法，引导农户由原先的以新建改造为主向新建、修缮、置换和建设农村公租房并重转变。加快重点贫困村危房改造，会同省财政厅下发《关于加快推进全省脱贫攻坚重点贫困村危房改造工作的意见》，提高350个重点村危房改造补助标准，除按基本标准补助外，每户增加2500元补助，农村公租房每户增加15000元补助，缓解地方改造资金压力。350个贫困村农村危房已竣工12232户，通过建设"幸福大院"安置农村特困群体和鳏寡孤独老人2829户，超额完成年度任务。

公积金管理水平不断提升

认真贯彻落实国家住房公积金系列新政，会同省发改委、财政厅、人民银行哈尔滨中心支行联合印发《关于规范和阶段性适当降低住房公积金缴存比例的通知》，通过召开座谈会、组织督查等举措确保政策落实到位，为减轻企业负担、增强企业活力发挥作用。实施住房公积金信息披露，按时对外披露各中心及全省住房公积金2015年年度报告，进一步增加公积金运营工作的透明度，扩大公积金工作影响。加强住房公积金信息系统建设，完成全省住房公积金12329短信服务平台建设。2016年1～12月，全省住房公积金归集额为349.51亿元，比上年同期增加45.47亿元，增幅为14.96%，提取额为220.46亿元，比上年同期降低26.46亿元，降幅为

10.72%，贷款额为240.65亿元，比上年同期增加53.10亿元，增幅为28.31%。截至2016年12月底，全省住房公积金实缴职工人数为247.51万人，公积金缴存总额为2459.38亿元，提取总额为1306.40亿元，缴存余额为1152.99亿元，累计发放住房公积金个人贷款72.35万笔、1369.97亿元，贷款余额为745.97亿元，个贷率为64.70%，同比增长5.02个百分点，使用率为83.71%，同比增长2.98个百分点，结余资金为399.21亿元，同比增加0.86亿元。

城乡规划编制管理水平进一步提升

加强规划编制，编制完成《黑龙江省城镇体系规划纲要》，深入推进第四轮城市总体规划修编，开展齐齐哈尔市总体规划局部调整修编工作，代省政府批复密山市、同江市、七台河市、富锦市、穆棱市、抚远县总体规划。推进《黑龙江省域城镇体系规划》编制报批，配合编制《哈长城市群规划》，大庆市、佳木斯市总体规划获国务院批复。加强规划管理，会同有关部门代省委省政府起草《关于进一步加强城市规划建设管理工作的实施意见》，制定和出台《黑龙江省城乡规划建设项目行政许可规程》等技术规范和规范性文件。指导推进同江市、哈尔滨市阿城区两个国家"多规合一"试点完成规划编制，哈尔滨市按照"多规合一"要求编制了哈尔滨新区总体规划。全面启动城市设计工作。启动拆除违法建筑专项行动，强化规划监督检查。开展全省城市规划建设管理调研，配合组织召开全省城市工作会议，会同有关部门代省委省政府起草《关于进一步加强城市规划建设管理工作的实施意见》。

城市基础设施建设和管理水平有效提升

全省开复工"三供三治"项目296个，完成投资114.8亿元，分别占年计划的108.8%和107.4%。编制《"十三五"三供两治近期建设规划》，建立项目数据库，召开项目市场化推进会议，发布PPP项目105个，计划投资147.2亿元，召开银企对接会，金融部门提供项目信贷融资66.86亿元，加强与企业集团合作，与启迪桑德环境资源股份有限公司签订《环保产业PPP战略合作协议》，该公司已与讷河市、安达市、富裕县、桦南县签订总资金46亿元的合作协议。全省投入资金7300万元，购置清冰雪机械设备245台套，清冰雪机械化水平进一步提升。加强地下管网改造建设，全省改造供热老旧管网1130千米，并网居民供热小锅炉545台。其中13个中心城市和省直管市完成投资11.1亿元，改造管网450.5千米。加快推进城市地下综合管廊建设，以省政府办公厅名义印发《关于加快推进全省城市地下综合管廊建设的通知》、《实施意见》、《城市地下综合管廊技术导则（试行）》等相关制度，会同省物价局出台《关于城市地下综合管廊实行有偿使用制度的实施意见》，多次进行现场督查，哈尔滨市作为全国试点城市，已投资17.7亿元，开工建设26千米。城市轨道交通规划建设加快实施，哈尔滨市地铁3号线一期试运营，1号线三期、2号线一期、3号线二期工程全面开工建设，总规模74.74千米，完成投资40.7亿元。推进海绵城市试点建设和黑臭水体整治，以省政府办公厅名义出台《关于推进海绵城市建设的实施意见》，举办海绵城市专题讲座，组织编制《海绵城市专项规划编制技术指引（试行）》，哈尔滨市、伊春市、大庆市等6个城市编制完成海绵城市专项规划，新建改造项目8个、182万平方米，对黑臭水体项目开展集中整治，22条黑臭水体整治项目已开工17个，其中牡丹江市、齐齐哈尔市等城市的6个项目已完工。加快推进县级数字化城管信息平台建设，印发《关于采取PPP模式建设"城市管理云"的实施意见》，构建"龙江城市生活系统"。积极推动城市管理和执法体制改革工作，代中共黑龙江省委省政府起草《关于深入推进城市执法体制改革改进城市管理工作的实施意见》，基本完成市县两级城管部门权力清单和责任清单的制定。加强城市停车设施规划建设管理，与交通厅、公安厅、物价局联合起草《关于加强城市道路交通规划建设管理的指导意见》，下发《关于加快编制城市停车场专项规划的通知》，督促各地加快城市停车场建设，全省在建停车场80处，全部建成后可增加停车泊位近万个。

建筑业稳步发展

2016年底，全省建筑业企业4913家，特级企业3家，具备总承包一级资质企业166家，具备专业承包一级企业258家，具备劳务资质的企业347家（不包含未换证企业），注册建造师43515人，其中一级注册建造师7249人，二级注册建造师36266人，注册监理工程师3517人。完成建筑业总产值1716.6亿元，同比增长2.5%，实现增加值874.2亿元，同比增长2.8%，约占全省GDP的5.68%，为拉动上下游相关产业发展上做出应有贡献。稳步推进装配式建造方式，召开全省推进装配式建筑座谈会，起草《黑龙江省推进装配式建筑指导意见》，制定《黑龙江省大力推进装配式建筑工作方案》，结合省情合理确定全省装配式建筑中近期发展目标，确定哈尔滨市为全省装配式建筑试点城市，在城市综合管廊、保障性安居工程等政府投资项目上先试先行，为黑龙江省装配建筑发展积累经验。着力规范建筑市场秩序，全面落实工程质量治理两年行动各项任务，推进工程质量治理常态化、制度化，起草《黑龙江省建筑市场诚信信息管理办法》，对建筑市场各方主体及从业人员诚信信息标准量化，进一步规范市场行为，健全诚信体系。集中力量开展建筑市场执法检查，以保障性安居工程为重点，开展2次全省建筑市场专项监督执法检查，重点督查法定建设程序、建设工程招标投标、工程承发包行为等情况，共检查在建项目127个，下达执法建议书5份，下达整改通知书119份，严重违规的记入企业和个人不良行为记录，有力打击建筑市场违法违规行为。建立健全监管长效机制，全面推广使用建筑市场监管与诚信信息一体化平台，下发《关于使用全省建筑市场监管与诚信信息一体化平台的通知》和《黑龙江省建筑市场监管与诚信信息一体化平台操作指南》，对全省各市地相关部门、建设单位和有关企业近700余人进行了培训。2016年新开工项目和续建项目从项目报建到竣工验收全部在平台运行，未进入平台的项目无法办理相关手续，实现在建项目的全过程监管。主数据库共收录企业信息14323家企业。项目报建数据3099条，合同备案6457条，质量监督注册1086条，安全监督手续984条，施工许可申请1197条，竣工备案申请115条。切实减轻企业负担，依据《黑龙江省农民工工资保障规定》，对农民工工资保证金按1%～5%比例浮动缴纳工资保证金，实行农民工工资保证金的差异化缴存，减轻企业资金压力，以省政府名义下发《关于印发黑龙江省清理规范工程建设领域保证金实施方案的通知》，会同省财政厅联合下发《关于清理规范工程建设领域保证金的工作方案》，按照"一个企业不落、一个项目不落"原则，全面清查，建立台账，限时返还，加紧清退保证金。全省共清退取消并返还建设领域项目资本保证金、绿化硬化保证金、建筑专项存储资金等各类保证金2794.99万元，涉及企业67个，涉及项目67个。

建设领域科技节能取得新成果

不断加强绿色建筑推广工作，积极引导商业房地产开发项目执行绿色建筑标准，启动首批绿色建筑评价标识工作，建立绿色建材管理协调机制，全省完成绿色建筑150万平方米。齐齐哈尔市、伊春市、铁力市等市县在国家支持政策调整的情况下，自行筹资开展既有建筑节能改造工作，完成改造面积约406.8万平方米。加强技术规范引导，出台《城市融雪剂》、《城市道路清雪规范》等9部地方标准。推广建设领域新材料、新技术30余项，获省科技进步三等奖5项。住宅产业化稳步推进，9个项目被评为国家A级住宅，4个项目被评为国家康居示范工程。

美丽乡村建设深入推进

加强乡村规划编制，村镇规划编制覆盖面扩大，全省编制小城镇总体规划904个、完成率82.6%，村庄规划5844个、完成率63.7%，居民点空间布局规划已全部完成。宁安市、东宁县《县域乡村建设规划》以及饶河县小南河村等7个村的《村庄规划》被列为国家试点，已全部编制完成并上报国家住房城乡建设部。制定出台《城乡规划建设项目行政许可规程》、《乡村规划工作指导意见》等规范性文件。通过召开电视电话会、组织培训和现场指导等方式，积极指导各地编制县（市）、乡（镇）和行政中心村美丽乡村建设规划。加快农村危房改造，竣工12.4万户，从强化设计、完善功能、突出特色、配套建设等方面入手，指导农民合理设置仓房、农机具房和围栏，优化庭院绿化，建设室内厕所，改变居住条件和生活习惯，带动村容环境整治，促进乡风文明。积极开展农村基本情况调查，摸清农村垃圾总量和污染情况、农村垃圾处理设施和处理模式、农村保洁队伍建立和经费保障情况。集中整治农村生活垃圾，出台《黑龙江省农村生活垃圾治理方案》，要求各县（市、区）选择1～2个乡镇、4～6个行政村作为农村垃圾治理试点。印发《黑龙江省村庄垃圾治理规划》，提出多种垃圾治理模式，指导各地开展村庄环境卫生专项治理行动。全省近7000个行政村建立保洁队伍，占行政村总数的76.8%，保洁员人数达19627人，乡镇和村庄共清运处理垃圾362万吨。加大农村污水治理力度，全省村内道路及边沟建设完成投资额6亿元，共修建明沟暗渠569千米、改建卫生厕所5298座、新修道路1264千米，其中硬化道路1077千米，有效缓解农村污水乱泼、污水溢流现象。与农发行合作推进农村基础设施建设，发挥中国农业发展银行开发性金融作用，与农发行黑龙江省分行签订《关于支持农村改善全面金融合作方案》，确定安达市、穆棱市、铁力市等县（市）作为试点县。举办农村改善人居环境金融合作培训班，邀请农发行专家讲解政策法规，已有33个项目，共24亿元贷款需求列入农发行项目库。

（黑龙江省住房和城乡建设厅）

上 海 市

城乡建设与管理

概况

2016年，上海城乡建设管理坚持"以管理为重，以解决民生问题为导向，以服务大局为己任"的指导思想，扎实有序地开展工作。年内编制《上海市城市总体规划（2020—2040）》并经市人大常委会审议，报国务院待审批。

城乡管理持续治理"顽症"。继续在全市整治违法建筑，全年共拆除违法建筑5141.58万平方米，同比增长2.69倍，住宅小区综合治理工作取得阶段性进展，影响城市管理的"违法建筑"、"群组"、"乱设摊"等顽症得到有力有效遏制，城市网格化管理进一步深化拓展，基本形成覆盖市、区、街镇、村居四级网络的管理工作机构。

城乡建设聚焦民生、社会和科技工程。全年完成建设投资1551.87亿元，比上年增长8.9%。其中，交通运输邮电通信投资990.18亿元，市政建设投资345.75亿元，公用事业投资70.90亿元。其中，重大工程完成投资1280.1亿，全年建成17项、开工42项、续建63项，建成长江西路越江隧道，国际旅游度假区和迪士尼乐园开园运营，世博央企总部集聚区全面建成，黄浦江滨江公共空间贯通10千米，打通17条区区对接道路。全面完成年初预定的计划。

城市运行平稳有序。全市轨道交通运营线路长度达到617.53千米，公交专用道路达到325千米。全市自来水供水能力为1152万立方米/日，比上年增加15万立方米/日。全年供水总量为32.04亿立方米，增长2.6%，售水总量为25.24亿立方米，比上年增长2.7%，其中，工业用水量、生活用水量分别为4.82亿立方米、20.42亿立方米，分别比上年下降2.3%和增长4.0%。全年全市用电量1486.02亿千瓦时，增长5.7%。全市家庭液化气用户333.6万户，家庭天然气用户675.2万户。城镇居民人均住房建筑面积36.1平方米，居民住宅成套率达到97%。

城市环境稳步提升。全年全社会用于环境保护的资金投入823.57亿元，相当于上海市生产总值的比例为3.0%。

城市污水处理厂日处理能力达815.1万立方米，比上年末增长2.6%，城镇污水处理率达到93%，比上年提高0.2个百分点。全市生活垃圾末端处理能力达22650吨/日，其中焚烧11800吨/日。全年清运生活垃圾879.86万吨，生活垃圾无害化处理率达到100%。加强道路扬尘防治，20条重点路段得到有效治理，完成412套在线检测设备安装，实时反馈扬尘指数。

全年新建绿地1221公顷，其中公园绿地560公顷，新增林地2400公顷。人均公园绿地面积达到7.82平方米，建成区绿化覆盖率达到38.8%，全市森林覆盖率达到15.6%。完成203千米绿道建设，新增立体绿化41万平方米，完成高架桥柱绿化1.2万根。创建命名林荫道22条，全市累计达174条。城市公园增至217座，完成16个老公园改造，89座公园实施延长开放，接待公园游客2.2亿人次以上。长兴、青西2座郊野公园建成开放。至年末，自然保护区达到4个，其中国家级自然保护区2个。

全年环境空气质量（AQI）优良率为75.4%，比上年上升4.7个百分点。二氧化硫年日均浓度15微克/立方米，比上年下降11.8%，可吸入颗粒物（PM10）年日均浓度59微克/立方米，下降14.5%，细颗粒物（PM2.5）年日均浓度45微克/立方米，下降15.1%，二氧化氮年日均浓度43微克/立方米，下降6.5%，一氧化碳年日均浓度0.79毫克/立方米，下降8.1%，臭氧日最大8小时滑动平均值达标率89.3%，下降0.6个百分点。全市平均区域降尘量4.5吨/平方千米·月，比上年下降8.2%。（陈建萍）

【编制发布城乡建设和管理"十三五"规划】
2016年10月17日市政府印发《上海市城乡建设和管理"十三五"规划》。《规划》框架总体上分为三大板块、十个部分：第一、二部分是编制基础，包括"十二五"发展回顾、当前形势分析以及"十三五"总体考虑，第三至九部分是"十三五"主要任务，包括城市管理、建设、安全、生态、住房、改革、创新等方面内容，第三板块为第十部分保障措施。

《规划》从现代化基础设施体系日趋完善、城市精细化管理水平显著提升、城乡建设管理体制机制不断完善、科技创新和建设行业转型发展步伐加快、市民生活品质显著提升等五方面回顾"十二五"时期上海城乡建设和管理取得的成效。"十三五"期间，上海城乡建设和管理面临着新形势，全面加强城市综合管理，已成为上海城乡建设和管理工作的重中之重。

《规划》指导思想：全面贯彻党的十八大，十八届三中、四中、五中全会、中央城镇化工作会议、中央城市工作会议精神和习近平总书记系列重要讲话精神，贯彻"五位一体"总体布局和"四个全面"战略布局，落实"五大发展理念"，坚持"五大统筹"，按照当好全国改革开放排头兵、创新发展先行者的要求，认识、尊重、顺应国际大都市发展规律，依法规划建设管理城市，更加注重以人为本、安全为先、管建并举、管理为重，着力转变城市发展方式，着力塑造城市特色风貌，着力提升城市生活品质，着力改善城市管理服务，努力建设和谐宜居、富有活力、更具魅力的现代化国际大都市。

《规划》发展目标：对标世界一流城市，以提升超大城市管理水平为主线，围绕城市综合管理、城乡一体建设、城市运行安全、生态环境改善、城乡住房发展等事关城市发展、民生改善的重点领域，以体制机制改革和科技创新为动力，城乡建设和管理绿色化、精细化、智能化、法治化水平显著提高，城市综合管理体系和城乡基础设施体系进一步完善，城市综合竞争力进一步增强，努力建设安全、整洁、有序、高效、法治的现代化国际大都市，让全市人民生活更美好。具体分目标为：形成依法管理、精细科学的城市综合管理格局，建成运行高效、一体衔接的现代化基础设施体系，形成应防有力、系统严密的城市安全防御能力，建成绿色低碳、循环发展的城乡生态环境，形成住有所居、有机更新的民生保障体系，形成创新引领、规范有序的行业发展趋势。

《规划》主要任务：加强城市综合管理，推进区域和城乡建设协调发展，保障城市安全运行，推进城乡绿色发展，改善市民居住水平，推动建设行业转型发展，提升建设管理智能化水平。

《规划》保障措施：发挥规划引领作用，优化行政决策机制，完善法规标准体系，推进社会多元共治，加强人才队伍建设，推进行业文化建设。（高宏宇）

【城管执法】 全面完成城管执法体制改革任务，"镇属镇管镇用"和"区属街管街用"的执法新体制已有效运转，部分城市管理难题顽症得到遏制。全年共完成"群租"整治2.31万户，各区新增"群租"整治率均超过90%，无群租小区挂牌达3100个，实现预期目标。查处无序设摊案件5.1万余起，提前完成三年行动计划要求的消除200个设摊集聚点任务。积极开展上海市垃圾综合治理工作研究，出台废弃混凝土资源化利用和加强住宅小区装饰装修垃圾管理等政策文件，基本形成中心城区建筑垃圾中转分拣体系。建筑垃圾和工程渣土管理力度进一步加强，市城管系统全年共查处偷乱倒渣土违法行为2700余起，严格处罚涉及非法转运建筑垃圾至外省市的码头的相关的单位和责任人。结合新职责，开展出租车驾驶员违法营运行为整治，查处破坏承重墙案件450余件，户外广告整治力度也明显加大。（咸艳平）

【整治违法建筑】 进一步加大违法建筑和区域环境综合治理力度。在上半年全面完成第一轮占地30.2平方千米的9个郊区11个市级重点地块治理任务的基础上，11月份提前超额完成第二轮重点地块整治任务（其中17个市级地块占地74.8平方千米），形成市区联动、区区联动、水岸联动、比邻对接，全市一盘棋的局面，区域环境显著改善。在重点地块综合整治的基础上，注重点面结合，推动完成无证建筑信息系统建设。全年共拆除违法建筑5141.58万平方米，同比增长2.69倍，违法建筑治理力度达到历年之最。

为巩固"五违"整治成效，严防"五违"反弹回潮，年内首次制订各类园区、居住小区、公共绿地及中小河道管理等方面的实体标准。（咸艳平）

【城市安全运行】 工程建设安全管理补短板取得新进展。年内制定发布上海第一个建设工程质量安全专项规划，为今后一段时间的质量安全管理指明方向。出台深基坑管理和施工工法两个管理办法，施工过程中危险性较大的环节管理规定正逐渐形成体系。市区联动全面开展建设工程质量安全巡查，实现巡查工作信息共享，一些久治不绝的违法行为得到有效遏制。推行建设工程质量潜在缺陷保险和质量终身责任承诺制，通过对项目经理实行记分管理和强化施工质量标准，工程质量管理和工程实体质量水平得到整体提高。

安全隐患排查整治工作取得明显成效。注重加强房屋使用安全管理，形成全市房屋调查初步方案，有序推进房屋使用安全管理条例的制定。全面开展上海市老旧住房安全隐患复查，完成3.6万平方米危险房屋和222.6万平方米严重损坏房屋隐患处置整改，超额完成年度目标任务。燃气管道占压整治取得较好效果，提前全面完成255处燃气管道占压整治，实现全市燃气管道"零占压"和中心城区液化气全配送。修订发布《上海市地下空间安全使用管理办法》，并会同相关区开展联合检查，确保地下空间安全。

应急保障管理体系进一步健全。着力完善燃气、防汛防台、房屋建设管理和地下空间等领域应急预案体系，基本建成"大而全，小而专"，覆盖全系统的应急抢险队伍和应急物资储备。积极组织开展应急演练、培训和宣传，全力以赴应对年初寒潮等突发事件并完成防汛安全隐患排查处置。特别是圆满完成G20峰会等重大活动和节假日的各项保障任务。（庞生）

【网格化管理】 上海网格化管理已基本覆盖全省街镇。全年网格化管理系统共计立案8613229件。其中，部件立案列前三位的是各类井盖（缺失、破损）119132件、废物箱90394件、雨水箅子39383件，分别占23.6%、17.9%和7.8%，事件立案列前三位的是"三乱"1924973件、暴露垃圾850467件和机动车非机动车乱停放346488件，分别占29.6%、13.1%和5.3%。其他类案件立案2619969件。年度平均结案率为98%。管理及时结案率为89.5%。

2016年"夏令热线"活动于7月4日至8月8日举行。活动聚焦夏令期间社会舆论高度关注城市管理这一特殊节点暴露的问题，突出问题导向、强化诉求处置，突出综合治理、切实补齐短板。期间，受理相关信息8.9万件，较上年同期上升17%，环比上升27%。其中咨询4.9万件，占55.34%，投诉2.9万件，占32.02%，举报4900件，占5.51%，报修4200件，占4.74%，建议1700件，占1.91%，表扬420件，占0.47%。来电反馈率99.75%。回访市民诉求3921件，市民回访满意率91.1%。针对市民回访不满意件派发催办、督办信息1330件。"夏令热线"受理诉求最为集中的前五类问题分别是违法建筑、流动设摊、公交服务态度、出租车拒载、公交车乱（不）停站。这五大问题约占投诉、举报类诉求的40%，市民反映的常态性顽症始终存在。

"夏令热线"受到各级领导关注，副市长蒋卓庆、市建设交通工作党委、市住房城乡建设委、市交通委等领导参加接电活动，直接回应市民。（胡献华）

【推广道路照明灯杆综合利用试点】 上海在石门一路和成都北路之间，首次安装15根"智慧电杆"，该智慧电杆具备智慧照明、汽车充电、联网监控、公共广播、一键求助、移动智能、WiFi等功能。智慧灯杆由中国电子科技集团第五十研究所研制。2016年，在总结大沽路照明灯杆综合利用试点的基础上，在浦东新区、黄浦区和静安区等地继续扩大试点范围，以"节能、智能、多功能"为核心，因地制宜将功能进一步扩展为智慧照明、智能环保、智慧交通、智慧市政、智慧安防、智慧生活、无线城市等7大类14项具体功能。该项目由上海市住房城乡建设委牵头，中国电子科技集团第五十研究所主导，联合北京电庄科技、中国铁塔股份、上海勤电信息科技等共同参与。（欧阳雁）

工程建设

【概况】 2016年完成城市基础设施建设投资1551.87亿元，比上年增长8.9%。其中，电力建设145.04亿，比上年增长12.1%，交通运输883.81亿，比上年增长16.4%，邮电通信106.27亿，比上年增长11.2%，市政建设345.75亿，比上年下降7.6%，公用事业70.90亿，比上年增长6.3%。

全年共调整安排重大工程建设项目122个，完成投资1280.1亿元，占全市社会固定资产投资18.9%。42个项目实现新开工，17个项目基本建成，63个续建项目按计划节点顺利推进。建成长江西路越江隧道等一批交通工程，国际旅游度假区和迪士尼乐园开园运营，世博央企总部集聚区全面建成，黄浦江滨江公共空间贯通10千米。

新开工项目全面启动。计划新开工20个项目，实际开工建设42个项目，2016年是设立上海重大工程建设以来新开工项目最多的一年。

计划基本建成项目全部实现。计划15个项目建成或基本建成，实际17个项目建成投入使用。

在建项目节点基本受控。道路交通项目积极推进。全面推进轨道交通9条线216千米项目建设，新一轮轨道交通项目（14号线、15号线、18号线）新建车站全部实现开工，全年累计推进盾构50千米，5号线南延伸、8号线三期、9号线东段三期、17号线等4条线路（段）实现结构贯通。长江南路越江隧道、嘉闵高架北北延伸、沪宜公路、S3主线高架等建成通车，G320公路、G228公路、江浦路越江隧道、金海公路、浦卫公路等工程开工，北横通道、沿江通道等大型盾构开始掘进。区区对接道路（断头路）完成打通17条、新开工22条任务。生态环境和电力能源项目重点推进。黄浦江上游水源地闵奉支线、大卯港上游河道防洪工程等项目基本建成，黄浦江上游水源地金泽水库实现通水，中心城区28个排水系统进场施工，5个项目建成发挥作用，淀东水利枢纽泵闸等11项工程完成水下结构，杭申线航道整治工程完成，大芦线二期、大治河西枢纽、太湖流域水环境综合治理工程等项目有序推进。郊区生活垃圾无害化设施建成投用。黄浦江两岸实现"5千米贯通开放、5千米基本建成"。500千伏、220千伏输变电工程按计划实施，临港风电项目提前基本建成，老港再生能源利用中心二期、上海LNG储罐扩建工程、申能奉贤热电项目实现开工。产业发展项目全面推进。一批科创中心项目实现开工。上海光源二期、微小卫星工程中心、张江科创中心基础设施等科技创新项目，华力微电子12英寸生产线、和辉光电第六代AMOLED生产线、中芯国际12英寸芯片生产线等提升先进制造业创新能力项目开工建设。战略性新兴产业加快建设。商飞试飞中心、中航发动机临港基地、通用汽车设计技术中心实现关键节点。现代服务业项目取得阶段进展。迪士尼一期投入运营，虹桥商务区核心区基础设施、国际航运中心等项目基本建成，上海国际金融中心结构封顶，梦中心B地块项目加快结构工程施工。社会事业项目和保障房项目稳步推进。世博会博物馆、上海国际舞蹈中心、第一人民医院改扩建等项目建成，复旦大学内涵能力提升项目、上海大学宝山校区扩建三期等学校项目，瑞金医院肿瘤质子中心、新虹桥国际医学中心等卫生项目，以及崇明体育训练基地、上海音乐学院歌剧院等文体项目加快建设。保障房建设和第二、第三轮大居外围市政配套项目加快推进，一批公共消防站点等"补短板"项目完成全年任务。（沉默）

【开展海绵城市建设】 2016年4月，上海入选第二批全国海绵城市建设试点城市，试点区域为浦东新区临港地区等，区域面积79平方千米，7个类型的示范区。

上海具有地下水位高、土地利用率高、不透水面积比例高和土壤入渗率低的"三高一低"特点，推进海绵城市建设是建设绿色、生态、可持续发展的国际化大都市的重要举措。上海在海绵城市建设中，注重顶层设计，从体制机制、政策、标准等各方面系统推进全市海绵城市建设。明确管理体制机制。市政府办公厅出台《贯彻落实国务院办公厅〈关于推进海绵城市建设的指导意见〉的实施意见》明确上海市海绵建设推进工作机构、政策措施、工作任务等，注重规划引领，统筹推进全市海绵城市建设，编制《上海市海绵城市建设专项规划》，完善标准规范等技术支撑体系，市住房城乡建设委等七部门联合印发上海市海绵城市建设指标体系、技术导则和标准图集，研究管控措施，力争将海绵城市建设要求落实到规划、建设、运营等各管理环节，加快推进试点建设。在做好临港地区国家海绵城市建设试点同时，稳步推进全市范围海绵城市建设。临港地区、闵行郊野公园、静安苏州河北岸地区、徐汇滨江、嘉北郊野公园、奉贤南桥新城等已开展海绵城市建设。同时，已建成浦东新区临港地区滴水湖环湖80米景观带一期工程、世博城市最佳实践区雨水公园、杨浦区南段滨江海绵试点工程、徐汇区云锦路公共绿地（跑道公园）等样板工程。（张倩）

【推进地下综合管廊建设】 上海参与国家地下综合管廊建设试点申报，确定全市开工建设综合管廊29.85千米的年度目标。成立上海市城市地下管线建设管理工作领导小组及办公室，统筹协调地下综合管廊建设重大政策，将地下综合管廊工作纳入市重大工程和上海市"十三五"建设规划，统筹推进地下综合管廊建设。出台《关于上海市地下综合管廊实行有偿使用的通知》，开展地下综合管廊管理办法研究，协调推进地下综合管廊资金筹集政策研究。全市已有31.55千米地下综合管廊建设工程实质性开工。（欧阳雁）

【黄浦江滨江通道贯通10千米】 中共上海市委、市政府明确黄浦江两岸地区贯通开放是全市"当前要着力抓好的五项工作"之一。2017年，从杨浦大桥到徐浦大桥45千米岸线实现贯通开放。年内，首先实现贯通10千米阶段性目标，为"2017年45千米贯通"打好基础。

年初对"新增10千米岸线"的目标任务进行细化分解，聚焦10大项目，各重点项目按照时间节点有序推进，确立"5千米贯通开放，5千米基本建成"的目标。已贯通的有浦东前滩友城、休闲和体育公园（2.3千米）、杨浦南段滨江公共空间一期（0.55千米）、徐汇北连工程（0.3千米）、浦东老白渡地块改造（1千米）、浦东民生文化城（0.8千米）等，实现5千米岸线贯通并开放。年内基本建成的有虹口汇山地块（0.8千米）、徐汇滨江南拓（2千米）公共空间，浦东新华滨江（1.6千米）、黄浦十六铺二期（0.5千米）等，杨树浦水厂段栈道工程（0.33千米）结合水厂改造同步实施，实现5千米基本建成。

黄浦江两岸地区发展"十三五"规划经市政府常务会议审议通过。规划明确两岸公共空间贯通的蓝图，指导下阶段"45千米贯通"各项目的实施推进。出台黄浦江两岸地区公共空间建设设计导则，更加系统地引导滨江区域建设。同时，各专项、各区段规划有序推进。徐汇WS3单元控规局部调整完成，浦东三林地区规划形成成果。（王建）

【长江西路隧道建成通车】 2016年9月10日，上海长江路隧道工程建成通车。工程东起浦东港城路、双江路，西接浦西长江路，并设置一对进出口匝道连接军工路，全长4.91千米，其中隧道段长2.86千米。隧道为双管、单管直径15.43米，是迄今为止黄浦江底最大的隧道，设双向6车道，设计车速每小时60千米。圆隧道分为三层，上层为排烟道，中层为行车通道，下层空间分别设置安全疏散通道和电缆通道。车道层每隔100米设一座逃生楼梯联通安全疏散通道，江中隧道段设两条横通道连接两管隧道，间距约500米，二管隧道互为备用，作为人员紧急疏散通道。

该隧道建成通车将有效缓解外环隧道的交通压力，改善城市东北部区域交通环境，为地区经济发展创造良好条件。

长江路越江隧道工程由上海黄浦江越江设施投资建设发展有限公司投资，总投资约45亿元，上海城建集团隧道股份有限公司承担施工总承包。（隋导）

【金泽水库工程】 2016年12月29日，金泽水库原水工程正式通水切换，金山区、闵行区、奉贤区的居民率先喝上金泽水库的水。2017年春节前，松江区、青浦区的居民也有望喝上金泽水库的水，整个工程将惠及上海西南五区约670万人口。

金泽水库位于青浦区金泽镇西部、太浦河北岸，占地面积约2.7平方千米，其中水域面积1.92平方千米，总库容约910万立方米，应急备用库容约525万立方米，可满足2~3天的应急水量需求。金泽水库原水工程包括金泽水库、连通管、闵奉支线、松浦泵站改造及郊区支线等主体工程。日供水规模351万立方米，总投资88亿元。

金泽水库投入使用标志着长久以来青浦区、松江区、金山区、闵行区和奉贤区五区"一区一点、分散取水"的方式终结。从此，上海所有的原水都在水库集中取水，一旦遭遇突发性水污染事件，取水闸关闭后还可以满足数天的用水供应，用水安全性大大提高。（沉默）

【郊区城镇建设】 年内，上海郊区与市区协调发展的步伐明显加快。出台实施促进上海市农民向城镇集中居住的政策和配套实施办法，建立健全农民"集中居住"市、区两级协调推进工作机制。按照摸清底数、规划引领、政策配套、试点可靠的工作思路，年内启动实施了首批6个郊区农民集中居住项目，涉及农户约3000户，农民集中居住工作平稳起步。有序推进名镇名村建设，出台上海历史文化名镇名村保护与更新利用的实施意见，建立市、区、镇三级协调推进机制。启动实施松江区泗泾镇下塘村和浦东新区康桥镇沔青村的保护改造，并协调推进编制完成上海郊区15个名镇名村保护规划。（沉默）

建筑建材业

【概况】 2016年，上海建筑业全年实现总产值6046.19亿元，比上年增长7.0%，房屋建筑施工面积36019.72万平方米，下降1.7%，竣工面积7481.15万平方米，增长3.1%。全年累计发生生产安全死亡事故25起，死亡31人，未发生质量事故。市级工程均实施市场公开招投标。

全年共查处各类市场违法行为677起，其中查处属于违法发包、转包、违法分包、挂靠的行为212起，总计罚款金额达到12081万元，暂扣许可证39件。对连续两年以上未进行合同信息报送的"僵尸企业"开展动态核查工作，共涉及830家企业。其中，324家企业依法撤销其资质。（沈琼）

【推进BIM技术】 根据上海市建筑信息模型技术应用三年行动计划，2016年是BIM技术的推广应用阶段，为落实相关工作任务，上海围绕培育试点、完善政策、制定标准、建立平台、宣传培训等方面，积极推进BIM技术的应用推广，达到预期的目标。

以点带面推动BIM应用项目落地。有62个项目经评审成为BIM技术试点项目，其中政府投资工程49个，社会投资工程13个，全市累计BIM技术应用项目达到260个，项目类型覆盖交通基础设施、医疗卫生、商业办公楼、市政工程、水利水务、商业、商住、文化和变电站等，并且涌现出一批以上海中心、国家会展中心、迪士尼、北横通道为代表的在全市有重大影响力的BIM技术应用项目。

推进基于BIM技术的联审平台建设。为简化建设工程审批程序和报审资料，提高管理协同和审批效率，实现"一口受理、并行办理、限时办结、统一答复"的目标，2016年10月，成立市BIM联审平台推进小组，办公室设在市住房城乡建设委。拟通过两年时间，建立全市统一的从立项、规划、土地、设计、施工一直到竣工验收阶段，相关审批审查部门协同参与，基于BIM模型的一站式并联审批平台。至2016年底，已编制完成项目建议书。

制定BIM技术标准规范及配套政策。编制完成《建筑信息模型应用标准》、《上海市人防工程设计信息模型交付标准》、《市政给排水信息模型应用标准》等6部BIM地方性标准，并于年内正式实施。2016年上海市重点工程实事立功竞赛中，BIM技术应用首度纳入立功竞赛评定范围，共有1个优秀团队、2名建设功臣、6名优秀建设者获奖。制定出台《关于上海市保障性住房项目实施建筑信息模型技术应用的通知》及实施要点，探索制定保障性住房应用BIM技术的每平方米成本价，对推进保障性住房应用BIM技术奠定基础。

加强BIM技术应用能力建设和宣传交流。2016年5月，市住房城乡建设委、市国资委联合召开上海市部分大型国有企业建筑信息模型技术应用培训会，近350位来自上海市建设、设计、施工及咨询服务等大型国有企业的分管领导及部门负责人参加了培训。同时，发动协会、企业自行组织开展专业技术人员BIM技术应用培训，提高业内人士对BIM技术的认知度，进一步培育上海市BIM技术应用市场。2016年7月，出台全国首部地方建筑信息模型年度发展报告，对上海市工程项目BIM技术应用比率、模式、应用点、应用能力等方面进行分析和总结，提出未来BIM技术应用推广的机遇和挑战，各大电视、网络、广播、平面媒体对该报告都作了宣传报道。（沈琼）

【推进建筑业改革】 2016年是"十三五"规划的开局之年，根据中共上海市委、市政府的总体部署，上海建筑业改革工作深入聚焦招投标制度改革、建筑师负责制试点、工程总承包试点等重点工作，以发挥市场在资源配置中的决定性作用为导向，着力转变政府职能，着力提高服务水平，着力提升管理效率，推进上海市建筑业健康有序发展。

深化建设工程招投标制度改革。结合巡视整改，充分调研论证，研究制定上海市建设工程招投标的总体改革方案。颁布实施了《上海市房屋建筑和市政工程施工招标评标办法》和《上海市建设工程评标专家库和评标专家管理办法》等一批制度性文件，开展招投标监管巡视整改和改革工作，有效规范招投标市场各方主体行为。对标国际惯例，积极推进招投标管理制度再造，编制《上海市建设工程招标投标管理办法》，从法规层面明确上海市建设工程招投标新的管理制度。

开展建筑师负责制试点工作。在深入调研的基础上，研究提出上海市建筑师负责制推进工作方案，牵头组织浦东新区正式启动了建筑师负责制试点。浦东新区完成新区建筑师负责制试点工作方案，对采用建筑师负责制的试点项目，明确建筑师在设计、施工、运营阶段的各项任务，优化项目管理流程，在规划审批、设计审查、施工许可等环节采取前期告知承诺、后期监管备案的管理模式，确定前滩58－02地块等6个项目纳入第一批试点项目。在试点基础上，相继出台《浦东新区建筑师负责制试点工作管理实施细则》及《浦东新区建筑师负责制试点工作指引（2016版）》。

积极推行工程总承包制度。2016年5月住房城乡建设部批准同意在上海等7省市开展工程总承包试点工作。根据试点要求，上海市研究制定工程总承包试点工作方案，确定浦东区、杨浦区、普陀区、松江区等4个区作为试点区域，并确定一批工程总承包试点企业和试点项目。起草《上海市工程总承包试点项目管理办法》，积极鼓励政府投资项目、装配式项目、应用建筑信息模型的项目优先采用工程总承包方式建设。

推动浦东新区成为国家建筑业改革示范区。为进一步推动浦东新区建筑业改革，为全市改革积累经验，积极支持并指导浦东新区制定《浦东新区深化企业投资建设项目行政审批制度改革实施方案》，向住房城乡建设部申请在浦东新区设立建筑业综合改革示范区并获批准。组织浦东新区制定推动浦东新区建筑业综合改革示范区建设2016年改革实施要点，从简政放权、放管结合、优化服务等3个方面共形成12项改革目标和20项具体改革任务，并明确了牵头部门和实施计划。（沈琼）

【绿色建筑】 2016年，上海全面落实绿色建筑一星级建设要求，重点区域提出按照绿色两星级建设。发布《上海绿色建筑发展报告（2015）》，介绍国内外绿色建筑发展形势和上海绿色建筑发展现状、政策和工程实践，为企业和从业人员提供全面参考。实行绿色建筑第三方评价，上海绿色建筑面积累计7534万平方米，其中390个项目获得绿色建筑星级标识，二星级以上占80%。推动绿色建筑由单体向规模化发展，开展绿色生态城区推进机制研究，起草《关于推进上海市绿色生态城区建设的指导意见》和《上海市绿色生态城区评价导则》，桃浦、前滩、顾村等集中开发区域启动绿色专项规划编制。推动绿色建筑由设计向运营发展，开展绿色建筑运营标识的推进机制研究，编制《绿色建筑工程验收规范》。修订发布《上海市建筑节能和绿色建筑示范项

目专项扶持办法》和《申报指南》，全年共使用节能专项扶持资金1.64亿元，其中补贴示范项目1.45亿元。（张倩）

【建筑节能】 截至年底，能耗监测平台共覆盖大型公共建筑1501幢，总面积7804万平方米，较上一年度增加15%。发布《2015年度上海市国家机关办公建筑和大型公共建筑能耗监测情况报告》，对标分析典型建筑能耗情况，为推进既有建筑节能改造提供参照。探索建立公共建筑用能约束机制，开展《能耗监测平台管理暂行办法》和《上海市公共建筑能耗定额》课题研究。大力推进既有建筑节能改造，全年落实既有建筑节能改造面积超过300万平方米。推进机关办公、旅游饭店、学校、商业等大型公共建筑能源审计工作。崇明县获评"国家可再生能源建筑应用示范县"，共完成19个可再生能源建筑应用示范项目，总应用面积53.36万平方米，超额完成示范任务。推广建筑外窗和外遮阳节能改造、可再生能源与建筑一体化、建筑节能管理服务等绿色建筑和节能产业发展。（张倩）

【装配式建筑】 年内，上海符合条件的新建建筑项目全部实施装配式建筑，单体预制率不低于40%或装配率不低于60%。已落实装配式建筑达1490万平方米，连续三年翻番，通过施工图审查430万平方米，在建项目1000万平方米。出台《关于装配式建筑单体预制率和装配率计算细则（试行）的通知》，简化预制率的计算方法，引入装配率的计算方式，将上海装配式建筑推进范围由混凝土结构体系延伸到钢结构、钢—混等其他结构体系，并推广墙体与窗框、结构与保温一体化、集成式墙体、集成式楼板、组合成型钢筋、定性模板等节能环保技术应用。推进全装修住宅和内装工业化发展，发布《关于进一步加强上海市新建全装修住宅建设管理的通知》，扩大全装修住宅实施范围，推广整体厨卫、集成管井等部品部件应用。加快装配式建筑产业链培育，预制构件产能持续增加，已有本地企业27家，外地企业14家，产能突破1200万平方米。发布《上海市装配式建筑发展报告》、《上海市全装修住宅发展报告》，出版《上海建筑工业化实践案例集》。在第十五届中国国际住宅产业暨建筑工业化产品与设备博览会上发布《上海市装配式建筑2016—2020年发展规划》，提出"十三五"期间上海装配式建筑发展的目标和对策措施，为推动上海建设行业转型升级指明方向。2016年11月，住房城乡建设部在沪召开全国装配式建筑推进工作现场会，将上海装配式建筑推进经验向全国复制推广。（张倩）

【建材使用管理】 年内，上海开展重要结构和使用功能建材备案，共办结2800家企业、4239种建材产品备案。启动上海备案建材供应商信用管理和建材推广禁限目录的研究工作，加强建材备案流程监管。加快建材监管信息平台建设，确保建材质量可追溯，已完成建材备案、重要建材使用登记、监督抽查、质量检测信息子系统建设。绿色建材发展顶层设计基本完成，起草《上海市绿色建材评价标识管理有关规定》。建筑废弃混凝土资源化利用机制初步形成，发布《关于加快推进建筑废弃混凝土资源化利用的通知》，进一步强化处置利用主体约束。完成建筑废弃混凝土资源化利用信息系统开发，建立利用企业信息库，实行处置合同网上备案，在线统计分析废弃混凝土处置利用数据。公布上海市第一批利用企业名单，共4家企业6个处置点，年设计处置能力共计303万吨。促进建筑废弃混凝土在上海市建设工程中的推广应用，编制发布《建筑废弃混凝土再生建材应用技术指南》。召开上海市建筑废弃混凝土处置利用现场推进会，宣传推广先进经验，在集中建设区域内推行建筑废弃混凝土拆旧运输、处置生产、即时利用的循环经济模式，减少暂存和运输成本。（张倩）

【资源综合利用】 年内，上海建设工程商品粉煤灰使用量为168万吨（含外省市），用于混凝土和砂浆后可替代水泥约139万吨（约109万吨水泥熟料），节约原材料成本约2亿元，可少消耗石灰石153万吨、黏土36万吨、标煤18万吨，向大气少排放二氧化碳118万吨、二氧化硫0.23万吨、氮氧化物0.47万吨。2016年度全市10家燃煤电厂脱硫石膏总排放量65.97万吨，综合利用量65.49万吨，综合利用率99.27%。（张倩）

房地产业

【概况】 2016年，上海房地产市场运行总体呈现"先扬后抑"、成交量波动较大、成交价格涨幅明显等特征。年内，政府先后三次出台政策进行调控，随着"调控"不断收紧，年末市场的成交量和价格指数都出现明显回落。市场走势出现积极变化，社会预期有所变化，市场总体趋于稳定。

上海完成房地产开发投资3709亿元，同比增长6.9%。其中住房投资共完成1965亿元，同比增长8.4%，办公楼投资696亿元，增长6.3%，商业营业用房投资519亿元，增长11.1%。房地产开发投资占全社会固定资产投资比例为54.9%，较上年同期增长0.3个百分点。

上海商品房新开工面积2841万平方米，同比增加9.1%，其中商品住房新开工面积1436万平方米，同比减少8%，商品房竣工面积2551万平方米，同比减少3.6%，其中商品住房竣工面积1533万平方米，同比减少3.5%。

新建房屋（包括住房和非居住房屋）销售面积2706万平方米，同比增加11.3%。其中，住房（包括市场化新建商品住房和保障性住房）销售面积2020万平方米，同比增加0.5%。二手存量房买卖登记面积3398万平方米，同比增加28.3%，其中二手存量住房买卖登记面积3024万平方米，同比增加28.6%。2016年上海新建商品住房和二手存量住房价格指数同比分别上涨45.5%和40.9%。

2016年，上海新建住宅平均销售价格25910元/平方米。其中，内环线以内87426元/平方米，内外环线之间44984元/平方米，外环线以外18127元/平方米。剔除共有产权住房和动迁安置住房等保障性住房后的市场化新建商品住宅平均销售价格分别为：内环线以内87547元/平方米，内外环线之间62265元/平方米，外环线以外26778元/平方米。（徐艳丽）

【房地产市场调控】 年内，上海先后三次出台调控政策，3月25日，出台《关于进一步完善上海市住房市场体系和保障体系促进房地产市场平稳健康发展的若干意见》，提高非上海市户籍居民家庭购房门槛，将缴纳个税或社保年限从"3年满2年"提高到"连续满5年"。10月8日，市住房城乡建设委、规土局联合下发《关于进一步加强上海市房地产市场监管促进房地产市场平稳健康发展的意见》（"沪六条"），明确进一步加大商品住房用地供应力度，进一步加强商品住房用地交易资金来源监管，进一步加强新建商品住房预销售管理，严厉查处房地产市场违法违规行为，全面实行存量住房交易资金监管制度，加强政策解读和宣传。进一步强化新建商品住房销售方案备案审核工作，实行"市、区会审，以区为主"的审核制度。同时，采取预约取号、摇号排序、现场选房的方式规范房产销售。11月28日，市住房城乡建设委会同中国人民银行上海分行、上海银监局联合印发《关于促进上海市房地产市场平稳健康有序发展进一步完善差别化住房信贷政策的通知》，将"二套房贷"认定标准从"只认房"恢复为"认房又认贷"，大幅提高"二套房贷"成数，购买首套住房首付比例提高到不低于35%，购买二套住房首付比例提高到不低于50%～70%。

【加大市场监管，规范交易行为】 严格执行限购限贷的各项交易审核规定，发文明确住房限购审核由登记环节前移至交易环节。市住房城乡建设部门会同市人社部门研究社保缴纳核查，通过两部门信息比对方式核查当事人的缴金情况。加强对企业购买住房的监管。对单位批量购买住房的有所增加的情况，按照"沪九条"的有关规定，在交易中加强审核和监管。积极推进存量交易资金监管工作，进一步扩大试点范围，至9月底全市16个区房地产交易中心均已开设资金监管服务窗口。

【严厉查处房地产市场违法违规行为】 4月中旬，对链家等6家公司虚构房源、虚标房屋价格、以隐瞒手段诱骗消费者交易等违法违规行为依法进行查处。上海银监局随即对6家机构做出暂停1个月房贷业务合作的处理。8月底9月初，针对市场谣言，市住房城乡建设委会同公安、网信办等部门及时澄清，严肃查处，依法关闭5个微信公众号，恶意编造散布谣言的7名涉案人员已移交司法机关进一步处理。根据住房城乡建设部10月14日电视电话会议要求及中共上海市委市政府部署，持续开展房地产企业专项整治活动，严厉查处捂盘惜售、炒作房价等违法违规行为。对涉嫌擅自提价销售的8家房地产开发企业，暂停涉案项目网签资格，由物价部门依法查处。对存在虚签合同、虚假宣传等违法违规行为的7家房地产中介企业作出行政处罚。
（徐艳丽）

【编制发布上海市住房发展"十三五"规划】 2014年初，原市住房保障房屋管理局启动《上海市住房发展"十三五"规划》，2016年正式发布。《规划》框架总体上分三大板块、九个部分：第一、二部分是编制基础，包括"十二五"住房发展回顾、当前形势分析以及"十三五"总体考虑，第三至第八部分是"十三五"住房发展主要任务，包括住房市场、住房保障、老旧住房改造、物业管理、住房建设、住房公积金等方面内容，第三板块为第九部分政策保障措施。

"十二五"时期，上海坚持"以居住为主、以市民消费为主、以普通商品住房为主"的原则，住房市场平稳发展，住房困难有效缓解，旧改受益显著增加，物业水平逐步提高，住宅品质有效提升，公积金作用不断增强。"十三五"时期，上海住房发展将进入新阶段，在保障和改善民生方面肩负新使命，同时也面临一些新挑战。

《规划》指导思想：全面贯彻党的十八大和十八届三中、四中、五中和六中全会及中央城镇化工作会议、中央城市工作会议、习近平总书记系列重要讲话和中央经济工作会议的精神，坚持"四个全面"

战略布局，牢固树立和贯彻落实创新、协调、绿色、开放、共享的发展理念，认识、尊重、顺应国际大都市住房发展规律，坚持"房子是用来住的、不是用来炒的"的定位，坚持民生优先，坚持供给侧结构性改革，围绕"一条主线"（保障住房基本权益、提升居住生活品质）、聚焦"两大体系"（住房市场体系和住房保障体系）、坚持"三个为主"（以居住为主、以市民消费为主、以普通商品住房为主）、"四位一体"（廉租住房、共有产权保障住房、公共租赁住房、征收安置住房）。着力完善分层次、多渠道、成系统住房供应体系，着力提高住房资源利用效率，支持和满足合理住房需求，让更多居民共享住房发展成果。

《规划》发展目标：以住有所居为目标，进一步完善分层次、多渠道、成系统的住房供应体系，以政府为主提供基本住房保障，以市场为主满足多样化住房需求，有效改善中低收入家庭住房条件，支持合理住房需求。至2020年，基本实现住房总量平稳增长、住房配置更加合理、住房困难有效缓解、住房条件明显改善、管理能级显著提升的总体目标。合理确定城镇住房建设规模，稳步推进保障性安居工程建设，持续改善既有住房居住条件，全面提升住宅小区综合治理水平，进一步提高城乡住房建设整体水平。

《规划》主要任务：稳增长调结构，促进住房市场平稳健康发展，保基本惠民生，深入推进住房保障制度建设，拓渠道优机制，加快改善老旧住房居住条件，强化综合治理，切实提高居住物业服务水平，促进转型升级，全面提升住房建设整体水平，扩大受益范围，完善住房公积金制度。

《规划》保障措施：优化住房用地供应结构，促进产城融合发展，加大财税支持力度，促进住房民生改善，支持合理自住购房，促进市场平稳发展，健全住房信息管理体系，提高信息化服务效率，创新住房行政管理方式，提高政府服务水平，积极探索研究重大问题，推进住房发展转型升级，健全推进机制，全面落实规划任务。（高宏宇）

【住宅建设】 2016年，上海住宅投资1965.43亿元，比上年增长8.4%。其中，办公楼投资695.95亿元，增长6.3%，商业营业用房投资519.41亿元，增长11.1%。商品房施工面积15111.24万平方米，增长0.1%，竣工面积2550.64万平方米，下降3.6%。

全年新增供应各类保障性住房5.2万套。中心城区实际完成二级旧里以下房屋改造约59万平方米，受益居民约3万户。城镇居民人均住房建筑面积36.1平方米，居民住宅成套率达到97%。（徐敏娟）

【保障房】 2016年，上海"四位一体"的住房保障体系得到进一步完善。年内，继续有序推进第5批次共有产权保障住房申请供应工作，新增签约2.3万户，历年累计签约达8.9万户。启动开展第六批次申请供应工作，完成收件受理约3.9万户。积极推进廉租住房租赁补贴标准调整方案实施，全市新增租金配租受益家庭0.4万户，历年累计廉租受益家庭达11.5万户，公共租赁住房累计供应（含单位租赁房）10.5万套，新增签约出租1.76万套，累计签约出租9.2万套，受益家庭20万户。征收安置住房完成搭桥供应9万余套。颁布实施上海市共有产权保障住房管理办法和供后管理实施细则等一批制度。

保障性安居工程建设稳步推进。全市共新建筹措各类保障性住房和实施旧住房综合改造16.2万套，基本建成19.6万套，分别为上海市年度目标套数的121.5%和193.2%，提前超额完成国家下达的年度目标任务。大型居住社区内外配套建设有力有序推进，其中内配套项目完成开工、竣工、接管、开办等建设任务349项，138个外围配套项目已开工建设114项，累计建成98项，完成投资38亿元，完成年度计划的100.8%。

【廉租房】 按照"应保尽保"原则继续聚焦解决城镇低收入家庭的住房困难问题，积极开展申请审核工作，对符合条件的申请家庭在租金配租上进行"应保尽保"，同时根据房源筹措情况推进实物配租。全年共新增受益家庭3945户，累计受益家庭达11.5万户。

提高租金配租家庭租赁补贴标准。根据上海市近年来中低端房屋市场租赁价格变动情况，从保障民生出发，对租金配租家庭的租赁补贴标准等进行调整。对黄浦区、徐汇区、长宁区、静安区、普陀区、虹口区、杨浦区、浦东区8个区，按基本租金实施补贴的家庭的每月每平方米（居住面积、下同）租金补贴标准提高至125元，按70%补贴的家庭提高至90元，按40%补贴的家庭提高至50元，对闵行区、宝山区、嘉定区、松江区、青浦区5个区，按基本租金实施补贴的家庭的每月每平方米租金补贴标准提高至90元，按70%补贴的家庭提高至70元，按40%补贴的家庭提高至40元，对金山县、奉贤区、崇明区3个区（县），按基本租金实施补贴的家庭的每月每平方米租金补贴标准提高至65元，按70%补贴的家庭提高至50元，按40%补贴的家庭提高至30元。增加托底保障面积。将廉租家庭的托底保障面积从12平方米居住面积提高至15平方米居住面积。对1人、2人户家庭补贴金额另行上浮20%。

【共有产权保障住房】 制度建设取得进展。2016年2月29日,《上海市共有产权保障住房管理办法》经市政府第109次常务会议审议通过,自5月1日起施行。《管理办法》的制订出台,进一步稳定上海市共有产权保障住房发展的制度基础,有利于保证该制度的长效运行。

根据国家在上海开展共有产权住房的试点要求,市住房城乡建设管理委同市发展改革委、市规划国土资源局、市财政局、市地税局等部门,积极推进试点批次共有产权保障住房申请家庭取得不动产权证满五年后上市转让和购买政府产权等相关工作开展。为更好地开展共有产权住房试点工作,市住房城乡建设管理委同市区有关部门研究制订《上海市共有产权保障住房供后管理实施细则》,并报请市政府办公厅批准发布,《实施细则》重点就购房人购房后5年内回购、5年后政府优先购买、定价机制、上市转让和购买政府收益分配份额的申请审核、办理程序、价格标准、税费承担等内容,以及违规违约行为的发现、认定和分类处理机制及政策措施等作出规定。已经完成市场价格评估等工作,相关定价方案也已经市相关部门共同审核,待报市住房保障领导小组审核后将及时予以发布实施。

分配供应工作稳步推进。在2014年批次(第五批次)工作收尾方面,截至2016年12月底,上海市2014年批次(第五批次)累计签约2.34万户,占已选房户数88.41%。历年批次累计签约8.9万余户。在2016年批次(第六批次)工作开展方面,根据市政府统一部署,上海市于2016年第四季度开展面上第六批次共有产权保障住房申请供应工作。该批次准入标准维持不变。各区县认真总结以往批次工作经验,积极推进申请供应前各项准备工作。2016年批次(第六批次)共有产权保障住房咨询、受理工作于10月中旬启动。全市通过3个批次开展共有产权保障住房申请供应工作:其中青浦区、长宁区、崇明区、虹口区、杨浦区、松江区6个县为第一批次,于10月中旬启动申请供应工作,徐汇区、静安区、宝山区、闵行区、奉贤区和金山区6个区为第二批次,于10月下旬启动申请供应工作,黄浦区、普陀区、浦东区和嘉定区4个区为第三批次,于11月上中旬启动申请供应工作。全市16个区均已开展完成咨询、受理工作。全市累计接受咨询约20.04万人次,发放申请表约4.62万户,出具材料收件单约3.91万户。出具材料收件单户数较第五批增长28.22%。

【公共租赁住房】 完成市和各区县"十二五"公租房工作考核。组建考核组赴各市级公租房运营机构和各区县住房保障房屋管理局实施考核,对各区县"十二五"公租房工作完成情况进行量化评分和排名,对于考核中发现的问题,市住房保障领导小组办公室向各区县政府分别书面反馈整改建议,对整改情况开展"回头看"工作。结合考核结果,会同市财政局做好2016年度公租房专项资金分配工作,向市级公租房运营机构上海地产住房保障有限公司下达中央补助资金2.4亿元、市级补助资金4亿元,向部分资金存在缺口的区下达市级补助资金3.6亿元。

加大力度做好公共租赁住房分配供应工作。截至2016年底,全市公共租赁住房(含单位租赁房)累计供应房源10.5万套(其中市筹公租房1.7万套、区筹公租房1.2万套),已签约出租9.2万套(其中市筹公租房1.5万套、区筹公租房1.0万套),入住8.6万套、约19.6万户,2015年净增加供应房源1.8万套,净增加签约出租1.8万套。在市筹公租房耀华滨江公寓等回购房屋供应过程中,聚焦科创中心和自贸区建设人才类对象住房困难,主要面向央企等重点企事业单位整体出租,并定向放宽居住证、社保等部分准入条件,使新引进人才及时纳入保障范围,取得较好效果。

启动公共租赁住房市政府规章起草工作。按照国家对廉租住房、公共租赁住房并轨运行要求,聚焦全面提升公租房管理法律层级与法律效力,启动市政府规章《上海市公共租赁住房管理办法》制定工作。《办法》一方面结合上海城市特点和实际,优化完善公租房准入、审核、配租等制度安排,使公租房供应对象进一步向各类青年人才聚焦,供应方式进一步向单位整体租赁聚焦,另一方面,综合运用履约担保、租金调节、行政处罚、信用平台、司法介入等多种手段,实现更有效率的供后管理,着力解决"退出难"问题。年内,完成规章初稿起草和第一轮内部意见征询。

【住房制度改革】 年内,会同相关部门继续推进上海市公有住房出售工作。全年共出售公有住房1.52万套,建筑面积80.41万平方米,回收购房款约3.23亿元,扣除维修基金后净归集额2.25亿元。全市自公有住房出售政策实施以来,已累计出售公有住房193.05万套,建筑面积约10418.4万平方米。

公房租金调整。配合市物价部门就公有非居住用房租金调整开展基础数据采集、房地集团调研、调租方案起草等研究工作，为下一步公有非居住用房租金调整政策正式出台及落实做好准备。

进一步推进上海市住房分配制度改革。按《关于进一步深化上海市城镇住房制度改革的若干意见》的要求，推进企事业单位的住房分配制度改革，配合市政府机管局等部门深化、完善上海市公务员住房解困的有关思路。支持配合外省市住房分配制度改革。配合外省市住房分配制度改革和经济适用住房、动拆迁货币安置等工作的开展，做好外地职工及其配偶在沪住房情况申报确认工作，2016年共确认558户，自2003年此项工作开展以来，累计确认5829户。

处理各类历史遗留问题。继续解决未确权的公有住房的出售问题。2016年，根据《关于进一步推进上海市公有住房出售若干规定的通知》的精神，继续对投资单位未申领房地产权证的住房进行梳理，将符合出售条件的住房出售给承租的职工家庭。当年各区房改部门出售的这类住房共714套，建筑面积4.01万平方米，已累计售51347套，建筑面积约303万平方米。解决各区有限产权接轨工作的疑难问题。市、区房改部门经过调研和协调，研究解决各类疑难问题，推动有限产权住房接轨工作顺利推进，全年有限产权住房接轨2018套，累计接轨74450套。

（姚文江　王永刚　林英杰　仇育彬）

【旧区改造】　年内，旧区、"城中村"和危旧住房改造超额完成。全年共完成中心城区二级旧里以下房屋改造59万平方米、受益居民3万户，完成郊区城镇旧区改造8.9万平方米，受益居民1400余户，均提前并超额完成全年目标任务。同时，出台政府购买旧区改造服务试点的意见，在虹口区、杨浦区两区先行先试。"城中村"改造的相关政策进一步完善，基本完成22个"城中村"项目动迁安置房基地动迁任务，超计划完成动迁安置房开工2502套。完成纳入保障性安居工程的三类旧住房综合改造527万平方米，受益居民9.3万户，超额完成原定年度目标计划50%。农村低收入户危旧改造工作有序推进，已开工896户、竣工832户，超额完成国家下达的年度改造任务。（曹怡）

【住房配套建设】　年内，上海大型居住社区外围配套项目累计建成88项，内配套项目完成开工、竣工、接管、开办等442个。完成2016年度配套项目库建设，其中包括市政项目182个（储备项目55个），独立公建项目39个。新建住宅共发放交付使用许可证项目354个，总交付面积1948.6万平方米。制定《大型居住社区配套建设监管实施意见》、《关于加强大型居住社区市政公建配套设施接管和运营管理的若干意见》和《新一轮大型居住社区先期启动基地土地储备市级结算结余资金用于基地配套建设补贴实施办法》等政策。完成《住宅市政配套项目移交接管规范》、《上海市大型居住社区外围配套建设研究报告》研究课题。（方苏堃）

【历史建筑保护管理】　年内，市住房城乡建设委、市规土局联合出台进一步加强上海市历史文化风貌抢救性保护管理工作的意见，指导各区有序开展第五批优秀历史建筑保护管理相关工作。探索试点优秀历史建筑修缮工程相关行政管理和行政审批事权下放，落实行政管理、行政审批、行政处罚属地化管理责任。在长宁区、徐汇区两区试点基础上，推进黄浦区优秀历史建筑普查和保护指南编制。2016年全市共实施超过18.3万平方米居住类优秀历史建筑修缮，并同步推进风貌区内约56.2万平方米各类居住类历史建筑的修缮。（潘翔）

【物业管理】　年内，积极推进落实小区综合治理三年行动计划，出台进一步落实住宅小区综合治理中各相关主体工作职责的若干意见，着力解决小区管理中的缺位、不到位问题，推动小区自治共治和民生实事工程落地。全市各居民区100%建立联席会议制度，符合条件的住宅小区业委会组建率达87.86%，居全国首位。1440个住宅小区实现居委会成员兼任业委会成员，2148个业委会建立了党的工作小组，超额完成计划任务。同时，全市累计有668个小区开展酬金制计费模式试点或储备试点，246个小区实行业主自行管理，业主自我管理的机制得到持续完善。全面开展物业行业规范服务年活动，建立物业服务价格信息发布平台。

全年共完成101.74万户老旧住宅小区表前供电设施改造和3676万平方米二次供水设施改造，超额完成年度计划。此外，老旧小区消防设施改造、电梯安全评估、积水点改造等民生实事工程都超额完成年度目标任务。

（上海市住房和城乡建设管理委员会）

规划和国土资源管理

城乡规划

【概况】　2016年是"十三五"规划的开局之年，

规划国土资源工作深入贯彻落实中央城市工作会议精神，坚持"五大发展理念"和"五个统筹"，主动适应经济发展新常态和资源环境紧约束新形势，努力发挥规划引领作用和土地保障作用，为推动上海走"底线约束、内涵发展、弹性适应"的绿色、协调、可持续发展道路做出积极探索。新一轮城市总体规划通过市人大常委会审议，即将上报国务院审批，印发并试行《新市镇总体规划暨土地利用总体规划编制技术要求及成果规范（试行）》和《新市镇总体规划暨土地利用总体规划编制审批操作管理规程（试行）》，促进城乡一体化发展，推动城市更新四大行动计划，开展"12+X"试点，加快推进城市有机更新，探索相关工作路径和实施机制，印发《成片历史风貌保护三年行动计划（2016—2018）》等文件，扩展历史风貌保护范围，深化管控要求，拓展历史风貌保护工作内涵。

新一轮城市总体规划通过市人大常委会审议。7月，完成《上海市城市总体规划（2016—2040）（草案）》（下简称《草案》）。8月22日至9月21日，开展《草案》公示工作。公示期间，就《草案》向市人大、市政协作专题汇报，此外还专门听取江浙两省规划主管部门、周边相关城市政府、各区和委办局、规委会专家、公众咨询团以及相关社会团体等方面的意见。根据各方意见，对《草案》进行了修改并形成《上海市城市总体规划（2016—2040）（送审稿）》（下简称《送审稿》）。10月9日，《送审稿》提交市规划委员会全体会议审议。10月10日和10月14日，《送审稿》先后提交市政府常务会议和中共上海市委常委会审议。10月20日，中共上海市第十届市委第十三次全会审议同意将《送审稿》提交市人大常委会审议后上报国务院审批。11月10日，市十四届人大常委会第三十三次会议对《送审稿》进行专题审议，同意将《规划》按照规定程序由市政府上报国务院审批。作为中央城市工作会议召开后第一个展望至2040年并向国务院报批的超大城市总体规划，《上海市城市总体规划（2016—2040）》在全国具有先行示范意义。规划提出上海至2040年建设成为"卓越的全球城市，令人向往的创新之城、人文之城、生态之城"的发展愿景，为上海未来25年的长远发展描绘美好蓝图。

基本完成土地利用总体规划成果。完成《上海市土地利用总体规划（2016—2040）（送审稿）》。规划与《上海市城市总体规划（2016—2040）》同步开展，坚持"两规融合、多规合一"，形成一套覆盖市域的空间规划方案。规划围绕上海"资源环境紧约束"的特点，以建设卓越的全球城市为目标，充分发挥土地利用规划在"多规合一"中"定底数、定底盘、定底线"作用。12月26日、27日，国土资源部规划司组织召开审查会，对《上海市土地利用总体规划（2016—2040）（送审稿）》进行审查。审查意见认为，规划从原来侧重耕地保护，转向全方位土地资源配置，由侧重指标的管控转向指标管控、空间布局管控并重，由单一的土地利用总体规划，转向"多规融合"，在全国能发挥探索试点和带动引领作用。

优化"多规合一"空间规划体系。为确保新一轮城市总体规划的实施，积极落实国家"建立空间规划体系，推进规划体制改革"的要求，上海市规土局同步开展空间规划体系研究工作。研究结论已纳入《中共上海市委上海市人民政府关于深入贯彻落实中央城市工作会议精神，进一步加强本市城市规划建设管理工作的实施意见》中，在6月17日召开的上海贯彻中央城市工作会议精神推进大会中正式下发。同时，关于空间规划体系的表述已正式写入《上海市城市总体规划（2016—2040）（送审稿）》中，上报国务院审批。在此总体框架下，上海市规土局积极推进各层次规划的编制工作。

推进镇村规划，促进城乡一体化。编制新市镇规划：印发并试行《新市镇总体规划暨土地利用总体规划编制技术要求及成果规范（试行）》和《新市镇总体规划暨土地利用总体规划编制审批操作管理规程（试行）》。松江区佘山镇等3个新市镇总体规划暨土地利用总体规划获批。浦东新区新场镇等7个新市镇总体规划暨土地利用总体规划和浦东新区川沙镇等5个历史文化名镇保护规划进入报批程序。编制镇村规划：浦东新区沔青村等5个历史文化名村（传统村落）保护规划成果上报住房城乡建设部进行技术审查。以郊野单元规划为创新郊区土地规划管理和实施载体，在原有基础上研究出台相关政策实施文件，同步推进全市15个新版郊野单元规划编制。完成全市20个左右保护村（含传统村落）村庄规划成果上报。完成9个郊区2016年农民集中居住项目专项规划审批以及7个郊区的"十三五"期间农民集中居住项目专项规划编制。启动《上海市休闲农业和乡村旅游设施布局规划（2016—2040年）》编制工作，并形成市级规划初步成果。

加快推进城市有机更新。重点推动"创新园区、共享社区、魅力风貌、休闲网络"城市更新四大行动计划，遴选12个重点示范项目和"X"个一般项目，开展3个主要方面的试点工作。按计划开展示范项目的区域评估，制定实施计划。针对性解决示范项目的实施难题，研究实施机制，对城市更新工作路径和实施机制进行有效探索。其中塘桥社区微更新、曹杨新村社区复兴项目、衡复"1+1+4"活力复兴项目，已进入建设实施阶段，其他试点正在有序推进。对应四大行动计划组织开展4场论坛，提高社会对城市更新工作的认同，形成持续性社会热议。开展城市更新细则后评估、城市更新体系和社区规划师制度3项研究，并形成研究初步成果。同时，结合城市更新工作举办首届上海城市设计挑战赛。选取徐家汇体育公园、徐汇衡复风貌区、张江西北片区和苏州河一河两岸地区4个更新项目面向社会广泛征集项目设计方案或创意，以"开放、共享、创新"为宗旨，创新探索城市设计方式与城市治理模式。

拓展历史风貌保护工作。印发《成片历史风貌保护三年行动计划（2016—2018）》，重点围绕新增风貌保护街坊范围内规划编制、试点项目、法规完善3个方面开展工作，力争用3年时间，在规划层面完成历史文化名城名镇名村保护规划编制审批，完成郊区风貌区扩区，实现风貌区扩区范围城市设计全覆盖，编制完成第五批优秀历史建筑保护技术规定，建立保护对象常态化增补机制。实施层面形成一批具有示范效应的风貌保护亮点项目。管理层面建立成片风貌保护联系会议制度，完成《保护条例》修订工作，出台系列成片风貌保护配套政策。同时提请上海市财政局落实每年财政收入相应资金作为风貌保护专项资金。印发《关于进一步加强本市成片历史风貌抢救性保护管理工作的意见》，针对列入旧区改造、城中村改造的相关地区进行排摸。抢救性保护一批历史街区，进一步拓展保护的范围，最大限度避免有历史价值的建筑被拆除。印发《上海市历史风貌成片保护分级分类管理办法》，深化分类管控要求，促进历史风貌保护和城市更新的有机融合。

【重要专项规划】 住宅专项规划。开展住宅专项规划研究工作，形成初步成果。在全球对标城市住房用地规模、发展空间和全市住宅用地规模预测及供地策略研究的基础上，以2020年人口调控目标为基础，梳理各区现状住宅用地总量，比对已批控规住宅用地面积，并对各区住宅建筑总量进行分解。

交通专项规划。根据国家和本市铁路建设发展要求，开展全市铁路枢纽总图优化研究工作，完成铁路上海东站选址方案，积极推进沪通铁路、沪苏湖铁路的规划选线方案落地工作，结合新一轮城市总体规划编制要求，深化完善《上海市轨道交通线网规划（2016—2040）》方案，并上报住房城乡建设部开展技术审查，推进G1501越江段、S3高速公路、军工路快速化、崧泽高架西延伸等市级重要干线公路的专项规划编制工作，完成全市通用机场选址规划研究。

产业专项规划。2015年起，组织各区结合区总体规划编制工作同步推进产业园区布局规划，推动建立"产业基地、产业社区＋都市型工业地块"的产业园区空间体系。结合全市新一轮城市总体规划编制工作，明确全市产业园区总体布局和产业基地的空间布局方案。在此基础上组织各区结合区总体规划暨土地利用总体规划编制工作深入推进区产业园区布局规划。

其他专项规划。开展全市骨干河道、支级河道落地规划，骨干河道、郊区市管河道已开展规划公示，各郊区支级河道已形成规划方案，开展外高桥危化品堆场专项规划编制，已完成初步选址方案，下一步将按照安评、环评结论推进规划编制工作，推进地下空间规划编制工作，已形成中期成果，开展本市建筑垃圾消纳设施、湿垃圾处理设施专项规划编制，已形成规划方案，完成相关区县和部门意见征询工作，后续将会同市绿容局将规划成果提交至市政府，并将其纳入新一轮城市总体规划的环卫专项规划，完成全市应急避难场所近期建设规划的编制报批工作。

【重大项目专项规划】 完成泰和污水处理厂、苏州河段深层排水调蓄管道系统工程试验段专项规划、G1501道路工程、天然气主干管网五号沟、崧泽高架西延伸、金虹航油管道等重大工程专项规划。

2月，《泰和污水处理厂专项规划》获批。根据国务院《水污染防治行动计划》，敏感区域（重点湖泊、重点水库、近岸海域汇水区域）城镇污水处理设施在2017年底前应达到一级A以上排放标准。为此，需建设泰和污水处理厂。泰和污水处理厂一期规模为40万立方米/日，二期工程规模为15万立方米/日，合计处理规模55万立方米/日。泰和污水处理厂工程用地规模合计27.6公顷，选址范围分为南北两部分，北块用地东至梅林路以西220千伏高压走廊，南至联谊路，西至泰联路，北至共富路，用地面积约14.9公顷，南块用地东至梅林路以西220千伏高压走廊，南至蕰藻浜，西至泰联路，北至联谊路，用地面积约12.7公顷。

6月，《苏州河段深层排水调蓄管道系统工程试验段专项规划》获批。根据《国务院关于加强城市基础设施建设的意见》和《国务院办公厅关于做好城市排水防涝设施建设工作的通知》精神，上海市的排水系统标准将由一年一遇提高到3~5年一遇。市水务局在全市雨水排涝规划设想基础上，拟在中心城实施深层调蓄管道。苏州河段深层排水一级调蓄管道试验段管径为10米，自长宁区苗圃综合设施接出，沿苏州河底向东先后经临虹路、祁连山南路、现状海烟物流仓库、真光路至普陀区云岭西综合设施，全长约1.6千米。

7月，《G1501（牡丹江路—富长路）道路工程专项规划》获批。牡丹江路—富长路段是G1501（郊环）新增越江通道的接线段，其实施将实现G1501环线的完整化，进一步提升优化主城区东北部快速系统的集散能力。郊环与沿江通道共建段于牡丹江路以东隧道处起坡，以高架形式上跨现状牡丹江路、同济路、轨道交通3号线、宝钢铁路专用线，于蕰川路立交处与规划S16相接，向西上跨规划富长路后落地，于江杨北路以东及蕰川路以西各设置一对匝道出入口。

10月，《上海市天然气主干管网五号沟LNG站至临港首站天然气管道工程专项规划》获批。为进一步完善本市天然气主干管网布局，增强供气安全可靠性，规划建设五号沟LNG站至临港首站6.0MPa天然气管道，管线全长约54千米。

12月《崧泽高架西延伸专项规划》获批。崧泽高架西延伸将促进青浦区"一城两翼"空间结构的东西联动，并提高虹桥枢纽对西部地区的发展带动作用。通过在S26与G50两条高速公路之间增加一条东西向快速路，有利于缓解市域东西向交通，提升嘉青松虹地区的快速化交通，进一步加强郊区新城的对外交通出行。高架走向与崧泽大道走向一致，东起现状崧泽高架路跳水台，西端止于漕盈路，道路长度约17.76千米。高架与G15和G1501高速公路规划设置互通式立交，沿线在外青松公路以东、崧华路以西、赵重公路以东、嘉松中路两侧、徐乐路以东及华徐公路以西共设置七对匝道。

12月，《金虹航油管道专项规划》获批。虹桥机场作为上海两大机场之一，随着高桥油库和云峰油库的搬迁，机场油源将由多油源变为单油源，航油供应安全保障面临较大制约，亟须增加保障航油供应源。规划DN450航油管自金山石化接出至虹桥机场油库，管线全长约67.6千米。

【重点地区规划】 世博后滩地区。按照黄浦江两岸综合开发及世博地区发展要求，编制完成《世博会后滩地区后续利用结构规划》和《世博会后滩地区低碳商务区控制性详细规划》，市政府批准。

三林滨江南片区。三林滨江南片地区包括中片区、西片区、东片区三个功能片区。重点开展东片区备用地及西片区的城市设计及相关专题研究，推进控详规划附加图则的编制工作。开展中片区城市设计方案国际方案征集。

徐汇滨江地区。重点开展徐汇滨江黄浦江南延伸段WS3单元控详规划修编和审批工作，该单元的控规修编已经市政府批复。同时积极推进黄浦江南延伸段WS7单元道路红线实施深化工作，以保障龙腾大道及沿线公共开放空间的可实施性。

临港地区。按照临港地区详细规划工作计划，开展推进相关规划组织编制及研究工作。为贯彻落实临港成为"上海建设具有全球影响力的科技创新中心的主体承载区"的目标要求，开展临港科技城控制性详细规划编制工作。

上海国际旅游度假区（迪士尼）。配合迪士尼一期乐园的开园计划，开展度假区北片区、西片区规划研究工作，完成北片区控规编制工作，开展西片区概念方案研究。

吴淞地区转型规划。开展吴淞工业区转型发展规划编制工作。根据新一轮总体规划要求，结合已完成的吴淞转型地区概念规划，推进地区结构规划的编制工作，并对地区空间结构、绿地景观体系、市政交通等支撑系统及地区开发时序等内容进行重点研究，形成结构规划初步方案。

张江科学城建设规划。围绕"上海具有全球影响力科技创新中心的核心承载区"和"上海张江综合性国家科学中心"目标战略，组织开展张江科学城建设规划编制工作，并已上报市政府。贯彻落实新一轮总体规划明确的"网络化、多中心、组团式、集约型"的发展导向，强化张江科学城对外衔接和内部整合，构筑"两核一心、多圈多点、森林绕城"的空间格局。为推进张江地区从高科技向科学、园区向城区的蜕变，规划重点从培育顶尖的科创能力、创造宜居的生活环境、营造持续的城市活力3方面入手，提出全力推进国家大科学设施落地、促进科创要素的集聚发展、加快创新产业高端化和集群化发展等9条具体策略。

虹桥商务区规划评估。开展虹桥商务区规划建设评估，并对职住平衡、地区交通、各区近期建设计划等进行补充研究。按照"以人为本、产城融合、生态优先"的发展理念，对接新一轮总体规划要求，在地区原有枢纽、会展、商务三大核心功能基础上，确立产城融合和低碳生态两大发展目标，评估规划与实施情况，寻找发展短板。按照"预控＋节奏"

的基本原则,在参考各区县过去五年出让节奏的基础上,考虑近期建设的资金压力和动迁等具体问题,对2016年至2018年出让计划进行统筹。并结合年度实施评估情况,对未来年度具体计划进行动态调整。

桃浦科技智慧城。5月,市政府正式批复桃浦科技智慧城控规修编。控规修编通过"分层管控、扩大弹性、增加引导"的工作方法,对控规成果体系和管理程序进行优化。

【地名管理】 上海市地名管理办公室全年共批准各类地名475个。2016年是上海第二次全国地名普查工作关键一年。全市按照国家地名普查办公室的要求,完成80%的普查工作量。围绕地名普查开展了以下三方面工作。制定《上海市第二次全国地名普查实施方案》和《上海市第二次全国地名普查工作实施细则》等系列文件。加强地名文化保护及宣传,促进地名普查成果转换。完成多个区的地图、老地名研究,地名志编纂等。举办"上海地图中的地名沿革"主题展览,开展网络征集"寻找最美地名故事"等宣传活动。结合普查,着手清理整治不规范地名,制定《上海市关于加强地名文化保护清理整治不规范地名工作实施方案》,并试点完成浦东新区迪士尼地区不规范道路名整治工作。

镇村规划

【推进镇村规划促进城乡一体化】 完成历史文化名村(传统村落)保护规划编制工作。全市5个传统村落(浦东新区沔青村、闵行区彭渡村、宝山区东南弄村、松江区下塘村、闵行区革新村)保护规划均已编制完成,并上报住房城乡建设部进行技术审查。

推进新版郊野单元规划编制工作。针对乡镇发展实际需求,以郊野单元规划为创新郊区土地规划管理和实施载体,在原有基础上研究出台相关政策实施文件,同步推进全市15个新版郊野单元规划编制。

完成保护村村庄规划工作。根据市政府工作要求,完成全市20个左右保护村(含传统村落)村庄规划成果上报。

大力推进农民集中居住专项规划编制工作。完成9个郊区2016年农民集中居住项目专项规划审批以及7个郊区的"十三五"期间的农民集中居住项目专项规划编制。支持休闲农业和乡村旅游发展。为推进本市农村一二三产业融合发展,加快转变农业发展方式,鼓励本市休闲农业和乡村旅游产业发展,同时启动《上海市休闲农业和乡村旅游设施布局规划(2016—2040年)》的编制工作,并已形成市级规划初步成果。

(上海市规划和国土资源管理局)

绿化市容

绿化林业

【概况】 全年新建绿地1221公顷(其中公园绿地560公顷),新增林地7.6万亩(其中上年结转4万亩),森林覆盖率达15.56%。

【生态环境建设成效明显】 出台新一轮林业政策及管理办法,聚焦金山化工区、市级环境综合整治区域以及农林水三年行动计划,推进生态廊道和农田林网等公益林建设,新建奉贤区南海公路生态廊道、金山化工区G15(茸卫公路—省界)生态廊道、叶榭农田林网等一批亮点工程。推动迪士尼绿地、黄浦江滨江绿地、大居绿地、外环生态专项等重点工程,建成虹梅路高压绿廊、马桥体育公园一期、金水湖绿地、赵巷公园、前滩休闲公园、周康航大居结构绿地等一批大型公园绿地。完成203千米绿道建设,建成宝山城市绿道示范段、闵行一号绿道、奉贤"上海之鱼"绿道等一批示范项目。新增立体绿化41万平方米,完成高架桥柱绿化1.2万根。基本完成崇明东滩生态修复项目主体工程。围绕崇明生态岛建设,积极推进崇明东滩鸟类国家公园建设,编制完成建设方案,形成"海上花岛"方案,协调督促崇明建立野生动物禁猎区取得突破。

【生态资源保护成果显著】 完善森林资源一体化监测机制,加大林地管控力度,规范公益林征占用行政审批,实行100%事后监管。开展严厉打击非法占用林地和破坏野生动物资源等违法犯罪专项行动,严肃查处松江辰塔公路和上海电力学院等无证迁移林木案件。签订2015~2017年林业有害生物双线责任制,加大林业"三防"工作力度,强化重点区域、重点时期和重点对象有害生物的监测预报。生态补偿政策取得明显突破,经济果林和湿地生态补偿纳入生态补偿范围。加大沪产优质果品宣传,发挥"三进"、"乡土有约"等活动效应。推进乡镇林业站建设,完成5家国家级和市级标准化乡镇林业站创建。完成林业有害生物普查,首次举办全市森林防火实战应急演练。着力推动"部市合作"协议事项,加快上海大熊猫基地和华东野生濒危资源植物保育中心建设。宝山吴淞炮台湾湿地公园通过国家级湿地公园验收。完成嘉定浏岛等5个野生动物重要栖息地和松江新浜(獐)重引入等3个极小种群引入等项目市级验收。

【生态服务功能得到提升】 加快公共绿地、附属绿地和行道树的景观优化提升，着力打造中心城区绿化特色街区，启动大学路创智天地、嘉里中心特色街区建设。创建命名林荫道22条，全市累计达174条。加强公园管理，城市公园增至217座，完成16个老公园改造，89座公园实施延长开放，接待公园游客2.2亿人次以上。长兴、青西两座郊野公园首期开放。第二届市民绿化节顺利开展，陆续推出家庭园艺、绿色展示、体验互动、科普服务四大系列42项市级活动，组织活动逾1500场次，参与人次逾千万。继续打造"上海花城"，成功举办各类花展等70场次公园主题活动，进一步丰富市民文化生活。

【春季造林推进有力】 全市各区积极开展行动，充分挖掘造林空间，利用沿海、沿江、沿河、沿路、沿铁路、沿高压走廊、沿镇区外围及废耕地，进行新建林带建设。春季全市共完成造林38183.8亩，分布51个乡镇。

3月18日下午，上海市绿化市容局组织各区县林业主管部门负责人在奉贤召开2016年上海市春季造林现场会。

与会人员现场观摩奉贤区庄行镇新叶村农田林网建设项目和上海化学工业区环境综合整治南海公路防护林建设项目，对两个项目的建设标准、建设进度给予高度评价。本次会议重点解读新一轮林业政策和复垦用地造林有关政策，研究部署2016年新造林有关工作。本次会议既是新一轮政策解读会议，也是3年造林计划落实会议，更是春季造林工作的动员会议。各区县要从生态文明建设、长江生态带建设的高度重视新造林工作，要聚焦重点区县、项目落实造林任务，市级林业部门要做好服务、指导工作，抓紧做好管理办法和技术导则完善，帮助、配合各区县完成年度造林任务。

【召开上海市春季农业生产暨森林防火工作会议】 3月30日，为贯彻落实全国春季农业生产暨森林草原防火工作会议精神，市农委、市绿化市容局联合召开上海市春季农业生产暨森林防火工作会议。会议传达全国春季农业生产暨森林草原防火工作会议精神，研究部署上海市春季农业生产、森林防火及植树造林有关工作。

【开展春季造林苗木质量管理检查】 按照《国家林业局办公室关于开展2016年全国林木种苗质量抽查工作的通知》文件要求，林业总站及时开展2016年春季造林苗木质量检查。主共抽查55个苗批，苗批合格率达85.5%，生产、经营许可证具备率为80%，标签使用率为89.1%，苗木质量验收率为69.1%，被抽检的55个苗批中，采购于外省市的苗批数46个，占83.6%。由于上海市公益林造林苗木绝大部分采购于外省市，苗木来源于何种性质的基地（苗圃）很难弄清楚。

【组织召开森林资源建设管理工作会议】 3月24~25日，上海市林业局召开2016年森林资源建设管理工作会议。各区县林业站（署）、光明集团、上实公司、城投公司、地产集团、上海成事林业规划设计公司等单位分管负责人及相关技术人员参加会议。

会议对2016年森林资源建设管理工作进行全面部署。市林业局林业处部署2016年林业建设工作，解读新一轮林业政策的相关内容，对2013~2015年林业政策项目收尾工作提出相关要求和建议，并对2016年即将实施的生态公益林建设项目和生态廊道建设项目的总体要求、管理流程等内容进行讲解，同时部署2016年资源监测工作，详细介绍森林资源综合监测工作方案，明确主要任务、工作内容及各项工作要求。市林业总站介绍2016年度林业建设、资源管理和生态定位监测工作安排和计划，同时部署2016年林分抚育工作，提出森林抚育示范点建设工作方案及本年度抚育示范点建设目标、内容、要求及各阶段抚育工作安排。希望大家加强合作和协调，贯彻落实新一轮三年林业政策，认真做好春季造林工作。

【完善林业政策】 出台新一轮林业政策及管理办法，印发《上海市生态廊道项目建设管理办法》、《上海市生态公益林项目建设管理办法》和《上海市林业项目招投标管理办法》等8个管理办法。开展上海市经济果林实施生态补偿政策的研究，将上海市桃、梨、柑橘、枇杷等经济果林根据其生态价值纳入林地生态补偿范畴，研究制定林地生态补偿工作考核办法。研究"198"减量化地块造林政策，印发《关于上海市重点环境综合整治区域"198"减量地块造林相关政策的实施意见》。组织编制《上海市"十三五"森林防火规划》和《上海市"十三五"林地管护设施建设规划》等林业子项规划，明确上海市"十三五"期间森林防火、林地管护重点项目。

【完善森林资源一体化监测机制】 及时掌握森林资源年度动态变化，应用年度监测成果，在崇明区、嘉定区分别开展公益林区划界定和公益林小班管理因子完善等试点工作。继续发挥上海成事林业规划设计有限公司的平台优势，联合市、区和相关单位的专业技术人员，承担浦东新区、闵行区和中心城区的年度资源监测。

【加大林地管控力度】 全面建立林地占补平衡机制，规范公益林征占用行政审批，实行100%事后监管，确保乡镇范围内经济林总量不减少，把森林资源减量控制在最低限度。

【加强林业安全管理】 切实做好上海市重大林业有害生物防治工作，上海市人民政府与各区人民政府、上海市林业局与各区县林业主管部门签订《2015—2017年重大林业有害生物防治目标责任书》，将防治责任层层落实。加大林业"三防"工作力度，做到早发现、早预警、早处置，将林业有害生物危害、森林火灾等隐患消除在萌芽状态。上海市人民政府办公厅印发了《关于进一步加强林业有害生物防治工作意见的通知》。组织实施2016年上海市森林防火实战演练，检验专业消防队伍和群众性森林消防队伍应对森林火灾的能力。

【加强林地抚育】 总结12个生态公益林抚育成效监测样地经验，实施疏伐、林相结构调整等措施，改变林地过密和林相单一的状况，提高林分质量，确保森林健康生长。建立9个森林抚育示范点，加强森林抚育经营技术指导，为完成"十三五"森林抚育经营目标任务提供样板。

【"安全优质信得过"果园创建】 完成3家"安全优质信得过"果园创建工作。做好沪产优质果品宣传推介工作。充分发挥"三进"（进市区商务楼、进机关食堂、进公园）、"乡土有约"等活动的效应，继续做好沪产优质水果宣传营销。

【推进乡镇林业站建设】 继续推行乡镇林业站挂牌，建立与乡镇农业综合服务中心一套班子两块牌子的运行模式。制定市级标准化乡镇林业站建设管理标准，完成5家国家级和市级标准化乡镇林业站创建工作。

【加强海绵城市绿地建设】 发布《上海市海绵城市绿地建设技术导则（试行）》。开展第二轮海绵城市绿地技术调研，举办海绵城市绿地建设技术培训。形成《上海海绵城市绿地建设现状调查与评估报告》，绘制《上海市海绵城市建设标准图集》，完成《绿地设计规范》、《绿地工程项目验收》中绿地海绵设施部分内容的修订。推进普陀区光复西路、嘉定区和金山区等海绵城市建设示范区建设。

【打造中心城区绿化特色街区】 出台《上海市绿化特色街区建设的实施意见》，围绕"大、中、小"、"老、中、新"等不同类型实施设计，以公共绿地、附属绿地和行道树的优化提升为内容，综合运用垂直绿化、容器花卉、园艺小品、围墙透绿等形式，着力打造中心城区绿化特色街区。

【林荫道创建】 创建命名林荫道21条，全市累计达174条。新建储备林荫道28条。

【推进老公园改造】 完成南浦广场、金桥、华漕等16座"十二五"老公园改造结转项目，"十二五"累计完成48座老公园改造项目。制定"十三五"公园改造计划，确定40座公园改造项目。启动"十三五"公园改造工作，完成大华行知公园改造项目，推进诸翟、南箐园、四季生态园、华夏等公园改造项目。

【新增52座城市公园】 城市公园由165座调整为217座，增加52座。完成《全市公园情况排摸》课题。

【推动公园延长开放】 结合公园改造，通过增加照明设施，新增安保力量、确保游园安全，利用社会力量、引导市民文明游园，加强检测、确保硬件设施正常使用，合理评估、做好公园必要的资金投入等措施，推动全市89座公园实施延长开放。其中，中山公园、襄阳公园等公园跨前一步推行全年全天常态化开放。

【举办公园主题活动】 全市16个区共有49座公园开展梅花节、樱花展、郁金香花展、牡丹花友会、月季展、杜鹃展、荷花睡莲展、菊花展、爱鸟周等为专题的近70场次的园艺文化活动，丰富市民的文化生活，同时也提升公园的园艺水平。组织开展公园花坛布置艺术展示、花境布置艺术展示等园艺展示活动，全市公园近80个花坛花境参与公园园艺展示活动。

【举办园艺大讲堂】 全年开办园艺讲座284场，近2万人次接受了园艺知识、技术、鉴赏等方面的普及与传授，包括插花、植物病虫害防治、植物养护、动物科普、中国传统书画鉴赏、花卉栽培、花园管理、生态保护、植物赏析等多个内容。

【开展古树巡督查】 完成古树及后续资源督察1442余株次，发现生长异常的21余株次。对生长异常或者生境发生变化的树木，及时采取保护措施。

【抢救复壮19棵古树名木】 通过透气铺装、树身防腐、修剪、建围栏、支撑、驳岸等抢救复壮措施，改善古树周边环境等措施，抢救复壮19棵古树名木，发挥古树名木应有的生态价值和人文历史景观作用。

【对外花展屡获大奖】 上海参加2016年唐山世界园艺博览会，获国际园艺生产者协会大奖和唐山世园会组委会大奖。参加第十届中国（武汉）园博会，获园博会最高奖项——室外展园综合大奖，以及室外展园创新、展园设计、优质工程、植物配置、建筑小品等多个单项奖。市绿化市容局获住房城乡建设部颁发的特别组织奖和博览会展园建设最佳奖。

【上海植物园荣获唐山世园会花境大赛金奖】
以"都市与自然·凤凰涅槃"为主题的2016唐山世界园艺博览会于4月29日隆重开幕。上海植物园受邀参加本次花境比赛，作品《自然的呼唤》荣获世园会"花境景观综合竞赛组金奖"。

上海植物园参赛地块位于"岩石花境"展区，以宿根花卉、一二年生草花和花灌木的自然配置为主，并紧扣岩石花境主题，通过砾石溪流和波浪形白色矮墙的错落布置，使花境富有空间层次感。旱溪周围的花境植物配置从繁密到稀疏，品种从丰富到单一，洁白的波浪形矮墙寓意涓涓清流，贯穿于自然花境之中，与干涸的河床形成鲜明对比。

【上海园获2016唐山世界园艺博览会最高奖】
历时171天的2016唐山世界园艺博览会结束会期，华彩闭幕。组委会颁发8个唐山世园会组委会特等奖，4个唐山世园会组委会大奖，1个国际园艺生产者协会大奖，上海园获国际园艺生产者协会大奖和唐山世园会组委会大奖。

上海园位于2016唐山世界园艺博览会现代园内，占地面积约900平方米。上海园以上海市市花白玉兰的花瓣和叶片为设计主线，以"园·源·圆"为设计主题，将展园布置为主入口花园、台地精致花园、自然生活花园、互动水景花园和都市森林花园等5个主题花园，营造一个充满活力、生活无限美好的"精致、精湛、精彩"的花园，着力体现人与自然、人与园艺的亲密互动，全面展现"美丽上海"的建设理念和成果，深度诠释城市与自然的交融。

【申城首条标准化绿道示范段已完成建设】 该绿道为宝山区市级绿道南线外环林带段，途经顾村公园等景点，是全市建成的首条绿道示范段。未来五年，上海市计划建设1000千米绿道，2016年计划完成203千米的建设任务。绿道主要依托绿带、林带、水道河网、景观道路、林荫道等自然和人工廊道建立，是一种具有生态保护、健康休闲和资源利用等功能的绿色线性空间。首条标准化绿道示范段的建成将为其余各区的绿道建设提供良好示范。

【沪面积最大郊野公园开园】 上海一期规划建设中规模最大的郊野公园——长兴岛郊野公园于10月底对外试运营，目前暂时免票入园，吸引众多市民游客前来观赏游览。

长兴岛郊野公园位于长兴岛中部，北临上海生态水源地青草沙水库，东边是G40沪陕高速，南侧、西侧分别是长兴岛的两条重要道路——潘园公路和凤凰公路，总面积29.69平方千米。该公园已建成的一期工程总面积约5.56平方千米，距离上海市中心约45分钟车程，区位优越，交通便利。长兴岛郊野公园一期工程就相当于1.5个东平国家森林公园那么大。

【申城18条落叶景观道路出炉】 2016年，上海市在原有12条落叶景观道路的基础上，又新增6个路段，涉及徐汇区、长宁区、虹口区、普陀区、松江区、青浦区、金山区等区。

【召开2016年绿化委员会全体（扩大）会议】 3月10日下午，2016年绿化委员会全体（扩大）会议在闵行区政府召开，总结前阶段国土绿化工作成效，部署2016年国土绿化重点工作。市绿化委员会41个绿委委员、35个成员单位、各区县政府绿化工作分管领导、各区绿化和林业部门负责人出席会议。副市长、上海市绿化委员会主任蒋卓庆出席会议并讲话。

会上，市绿化委员会副主任、办公室主任陆月星代表市绿委做工作报告。闵行区政府、崇明县政府、市交通委3家单位，分别结合工作实际，就如何推进国土绿化事业发展在会上做了交流发言。会前，市领导、市有关部门、区县绿化工作负责同志等参观莘庄梅园、绿道和屋顶绿化，实地感受上海生态环境建设成果。

最后，副市长蒋卓庆就如何做好下阶段上海市国土绿化工作，提出4点要求：牢牢把握加快国土绿化的重大机遇。准确把握国土绿化面临的主要挑战。妥善处理工作推进中的协同关系。努力塑造国土绿化的崭新面貌。

【成功举办第二届"市民绿化节"】 围绕"园艺进家庭，绿化美生活"主题，推出家庭园艺、绿色展示、体验互动、科普服务4大系列42项市级活动，组织活动逾1500场次，参与人次逾千万。举办各类花展等70场次公园主题活动，推出绿色星梦想第二季"花香人家"电视园艺节目、公园园艺大讲堂、绿化大篷车进社区、"绿色上海和你一起"公益跑、大师与你面对面—当代风景园林导赏、市民插花大赛等家庭园艺活动。

"绿化大篷车"公益社区行活动秉承"园艺进家庭，绿化美生活"的理念，充分利用社区、大型居住区等宣传阵地，把绿化宣传、绿化服务送到市民家门口，为市民提供更便捷、更专业、更生动的群众绿化参与性活动。本次活动历时5个月，活动覆盖全市16个区41个社区，开展讲座284场，总里程数累计达到1509.2千米，辐射到145000人次居民，将绿色之光顺着上海的肌理散布到各个角落，也借由活动将上海的城市精神传播到每个人的心里。

【全民义务植树】 在全市推出可供认建认养绿地123万平方米、树木7万多棵、古树名木77棵以及大量果树等，实现直接义务植树面积121万平方米，参与人数约10万人，尽责率82.1%。进一步拓展网络植树，逐步探索线上线下相结合的全民义务植树形式。

【加强湿地管理】 基本完成崇明东滩生态修复项目主体工程。协调督促崇明建立野生动物禁猎区取得突破。吴淞炮台湾湿地公园通过国家级湿地公园验收，成为上海第二个也是上海大陆地区第一个国家级湿地公园。积极推进《上海市湿地保护规划》、《上海市野生动物栖息地规划》编制。

【崇明东滩鸟类科普教育基地荣登"中国最美湿地场馆"榜首】 中国自然博物馆协会湿地博物馆专业委员会公布2016年"中国最美湿地场馆"评选活动结果，上海市崇明东滩鸟类科普教育基地入选"中国十大最美湿地场馆"，并荣登榜首。

本次评选活动由中国自然科学博物馆协会湿地博物馆专委会、中国绿色时报社、百科知识杂志社联合主办，旨在让社会大众充分认识到湿地的美丽和多样性，激发公众的湿地保护情怀，更多地关注和支持湿地保护工作。

【完成崇明东滩鸟类国家公园总体规划申报方案（2016—2020年）】 规划以优化鸟类栖息生境，有效保护以鸟类为核心的野生动植物资源，完整保护东滩河口湿地生态结构的系统性、生态功能的特殊性和生态过程的连续性，积极开展科普教育，促进区域生态文明建设，搭建一流科研平台。结合自然地形地貌，在维护核心资源生境和地貌单元的完整性基础上进行区划，确定严格保护区、生态保育区、游憩展示区3个功能区。此外，制定保护规划、科研规划、教育规划、游憩规划、管理与经营体系规划等5个子规划，分别对国家公园内的鸟类及其赖以生存的栖息生境的保护、生态科学研究、公众自然保护意识教育、游客活动、公园保护管理等方面进行指导。

【完成上海崇明（国际）"海上花岛"规划建议】 规划建议崇明花岛建设结合现有花卉产业和生态岛建设基础，以"花"为主题与抓手，落实世界园艺博览会申报、特色观光带及景观廊道建设、主要景点的花卉景观提升、国际化花卉特色产业项目等一批世界级特色项目，打造花岛品牌，提升岛域整体景观，建设世界一流的生态文明示范区。

【成立"华东野生濒危资源植物保育中心"】 "华东野生濒危资源植物保育中心"于3月正式揭牌。召开中心成立后第一次工作会议，华东六省一市林业主管部门分管领导及野生动植物保护管理部门主要领导参加会议，讨论华东地区濒危野生植物的保护工作。会后组织修订《华东野生濒危植物资源保育中心工作方案》，召开IABG中国植物保育国际研讨会，编制华东极小种群中国保护行动计划。

【国家林业局与上海市人民政府签订新一轮"部市合作协议"】 3月11日，国家林业局与上海市人民政府签署合作协议，决定在上海野生动物园和辰山植物园分别设立大熊猫保护研究基地和华东野生濒危植物资源保育中心，加强在自贸区建设和生态保护等领域的合作。

【中国大熊猫保护研究中心上海基地建立】 5月12日，国家林业局正式批复同意建立上海大熊猫基地。上海野生动物园编制完成上海大熊猫基地建设方案。市林业局局协调国家林业局保护司、中国大熊猫保护研究中心等单位引进部分成年大熊猫，上海基地先后诞下两胎三只大熊猫幼体，目前上海基地大熊猫存栏数量已达10只。继续推进基地建设，积极协调解决土地、大熊猫饲料种植场地选定、上海基地周边交通配套资金、科研专项保障等问题。

【云南赠送上海2头孟加拉虎】 7月29日，云南省政府赠送上海2头孟加拉虎的交接仪式在上海动物园孟加拉虎广场举行。云南省林业厅副厅长万勇、上海市绿化和市容管理局副局长顾晓君、沪滇两地野生动物保护处、云南野生动物园有限公司、上海动物园等部门领导、新闻媒体以及部分上海市民代表出席赠送交接仪式。

【IABG中国植物保育国际会议在沪开幕】 11月8日上午，"IABG中国植物保育国际会议"在上海辰山植物园（中国科学院上海辰山植物科学研究中心）报告厅拉开帷幕。会议期间，中外学者将围绕"中国植物保育发展战略"这一主题举行18场学术报告，并与在座从事植物保育研究，科普教育与宣传，植物养护与管理的专家学者和研究生们展开讨论。

【支持鹤庆东草海国家湿地公园建设】 为探索上海市和云南省在生态保护建设方面合作的新途径与方式，促进长江流域上下游湿地保护交流，提高云南鹤庆东草海国家湿地公园建设水平，在上海市绿化和市容管理局、云南省林业厅、大理州林业局和鹤庆县人民政府的支持下，上海市崇明东滩鸟类自然保护区管理处与鹤庆县林业局签署支持鹤庆东草海国家湿地公园建设的合作协议。

【野生动物栖息地建设】 完成嘉定浏岛等5个野生动物重要栖息地和松江新浜（獐）重引入等3个极小种群引入等项目市级验收。印发《2016—2018年上海市野生动物重要栖息地建设管理项目实施管理办法》。

【开展第二次全国野生动植物资源调查】 上海市第二次全国重点保护野生植物资源调查从2013年正式开始，2016年已完成各项调查数据内业整理和总报告的撰写，通过国家林业局的质量核查，获得较高评价。在全市14个调查单元内，完成野生资源的重点调查（普陀樟和舟山新木姜子，共2种）、人工培植资源调查等调查任务，共记录到目标物种普陀樟261株，舟山新木姜子1株，樟、大叶榉、野大豆、明党参、水蕨5种国家重点保护野生植物在上海尚有野生资源分布，但数量稀少。上海野生动物资源调查于2011年下半年开始筹备，2013年正式展开，2015年上半年完成所有野外调查工作，2016年编写完成调查总报告初稿。

【开展市鸟评选前期准备】 2016年两会期间，部分政协常委和委员、代表提出将震旦鸦雀作为上海市鸟的建议。市绿化市容局为此专门成立市鸟评选工作小组，由局相关处室及市野生动植物保护管理站、市绿化市容管理信息中心、市野生动植物保护协会等单位分工协作。制定《市鸟评选前期工作方案》，召开专家讨论会，推选50种鸟作为市鸟候选，并开设"野趣上海"微信公众号，推送"每周一鸟"，引导市民爱鸟识鸟，关爱野生动物。

【全球黑脸琵鹭普查结果公布】 上海地区参与调查的2016年全球黑脸琵鹭普查的结果已经公布。2016年，一共有3356只黑脸琵鹭被观测到，较之上一年的3272只多了84只，增加率是2.6%。本次调查中，数量最多的仍是台湾地区，共记录到2060只，较上一年增加1.3%。增幅最大的是中国大陆地区，从上年的330只增加到434只，增加率为63.1%。上海在本次同步调查中共观测到4只，均位于崇明东滩，较之于上年调查到得数量少，上年在南汇东滩发现了8只，崇明北湖2只、崇明北八滧1只。

黑脸琵鹭是国家二级保护鸟类，受威胁等级被IUCN列为濒危级别。《全球水鸟种群估计第五版》所示黑脸琵鹭的全球1%数量标准仍是20只，上海地区几乎每年的迁徙季节都能够达到这一标准，说明上海地区湿地对黑脸琵鹭迁徙过境时较为重要。

生活垃圾

【概况】 生活垃圾分类减量工作，紧紧抓住"两个一百万"市府实事项目，一手抓源头分类，一手抓湿垃圾末端处置能力建设，继续强化"绿色账户"激励机制，完善积分兑换模式，继续探索有效监管模式，加快构建5类建筑垃圾消纳处置体系，全面落实建筑垃圾不外运后的应急保障。

【垃圾综合治理方案形成】 以着力完善生活垃圾全程分类体系，重构建筑垃圾收运处置体系，健全垃圾综合治理体制机制为目标，力争到"十三五"末基本建成城乡统筹、全程分类、技术先进、处置合理、循环利用的垃圾综合管理体系。

完善生活垃圾全程分类体系方面，努力增强干垃圾无害化处置能力，努力实现原生生活垃圾零填埋，突破湿垃圾资源化利用能力建设瓶颈，不断提升资源化利用水平，加强可回收物及有害垃圾回收体系建设，促进资源循环利用，建立激励与约束并重的推进制度，提升源头分类减量实效。

【生活垃圾分类减量目标顺利完成】 全市新增分类覆盖100万户，累计达到500余万户。积极开展居住区、菜场分类达标和示范评价工作，达标居住区3850个，示范居住区1182个，示范菜场22个，居民源头分类水平得到提升，日均分类湿垃圾达2371吨。全年生活垃圾分类共覆盖机关564家、企事业单位3325家、菜场825个、学校2233所、公园189座。农村生活垃圾治理通过住房城乡建设部等10部委联合验收。

【绿色账户积极效应逐步显现】 绿色账户覆盖超200万户，正向激励机制效应逐步显现，全市形成一批具有实践经验和运营能力的第三方社会组织，以市级民非组织"上海惠众绿色公益发展促进中心"为主体，中国银行、百联集团、蚂蚁金服等大型国企、知名民企共同参与支持，积分服务、兑换渠道、资源募集等方面不断强化，绿色账户管理水平全面提升。

【生活垃圾分类宣传广泛深入】 全年垃圾分类"绿色上海"推送近百篇，绿色账户微信公众号每周4篇，全市公众性公益广告投放时长约1个月，户外巨幅公益广告16处15天，解放日报、新民晚报发布6版专刊宣传，全市性大型活动举办5场，各达标示范居住区均实现了社区的入户宣传、物业告知和宣传环境营造。上海惠众绿色公益发展促进中心牵头组织垃圾分类演讲大赛、微电影征集、环保体验营、垃圾综合治理沙龙等活动，通过专家学者、传统媒体、现代媒体等多渠道宣传垃圾分类知识。此外，联合中共上海团市委、各区县政府、全市各委办局等部门及企事业单位，举办其他线上线下活动，持续形成宣传高潮。

【建立餐厨废弃油脂全程监管体系】 制定《上海市餐厨废弃油脂物流管理办法》，加强源头申报管控，对收运企业的收运凭证、处置企业物流车辆和物流凭证加强审核管理，严格管控物流动向。强化对处置企业驻场监管人员现场检查、委托第三方专业机构定期检测以及信息化监控等手段。推广生物柴油制品应用，推动财政补贴政策落实。做好废油脂处置应急工作，落实收运人员持证上岗，开展收运企业人员培训，规范收运队伍。

【建筑垃圾应急处置体系建立】 加快构建5类建筑垃圾（工程垃圾、工程渣土、工程泥浆、拆房垃圾、装修垃圾）消纳处置体系，全面落实建筑垃圾属地化消纳处置的应急保障，开展建筑垃圾对口督查，落实"实施源头申报、规范中转分拣、强化物流管控、落实属地消纳、推行卸点付费"和"加强执法检查"等六项要求，有效缓解建筑垃圾属地消纳平衡诉求，确保垃圾处置平稳可控。积极推进奉贤柘林塘、浦东机场1号、3号围区、长兴岛海洋装备基地等装修垃圾、拆房垃圾和工程渣土应急处置场所的建设和投用。推进横沙东滩圈围项目消纳工程泥浆方案，保障市重大工程泥浆消纳。截至12月，累计消纳处置中心城区装修垃圾和拆房垃圾约34万余万吨，工程渣土约104万吨。共同推进南汇东滩1号围区启动建设。积极做好苏州太湖、南通海门等因建筑垃圾非法处置造成媒体曝光、社会反响恶劣的事件的调查取证及现场核实工作，配合属地管理部门做好建筑垃圾的妥善处置，建立长效治理机制，降低社会影响面。

【规范建筑渣土运输过程】 渣土运输车辆交通事故频发态势得到有效控制。大力开展联合执法检查，保持"严管严惩"高压态势，累计实施诫勉谈话1260家次，整改整顿88家次，市场退出8家。通过微信有奖举报处理违规运输行为4838起。研究制定建筑垃圾消纳处置综合扶持政策，启动装修垃圾收运成本和收费研究。

【推广新型渣土车辆】 落实《建筑垃圾车技术和运输管理要求》要求，大力推广新型渣土车，加快老旧车型改造淘汰，逐步提高新车型占比，全年投入使用新型渣土车2000余辆。

【新版上海市渣土违规举报平台上线】 2016年，上海市废弃物管理处开始运用新版"上海市渣土违规举报平台"受理上海市渣土行业违规举报。新版平台的举报受理进度可在"我的举报"栏中实时查询，同时，违规处理结果将公布在上海建筑渣土综合监管平台上，市民可登录查询。

新版微信自上线以来，受理违规共108起，渣土车辆超载85起，新车型未密闭23起，管理部门已对违规车辆处以停运整改1个月的处罚，并对违规车辆运输企业进行诫勉谈话。

市容环境

【概况】 完善市容管理长效机制，启动"补短板、治五乱"专项行动，持续推进无序设摊治理，巩固扩大整治成效。深化推进责任区管理，聚焦重大赛事活动举办、重要时段和重点区域，落实市容保障工作。

【市容市貌保障显成效】 围绕G20峰会、金砖国家新开发银行理事会年会、上海马拉松等一系列会议和重大活动，加强对全市主要道路、景观区域以及进出上海的主要道口等重要区域周边市容环境整治与保障。此外，创建达标街镇6个、示范街镇9个。开展85个达标街镇、示范街镇复查。

【加强"五乱"治理】 全面锁定3200余个问题单元，制定细化"治五乱"（乱张贴、乱涂写、乱设广告、乱设摊、乱抛物）目标任务，开展第三方测评，提升治理实效。积极发挥市政市容联办、无序设摊综合治理推进平台等综合协调部门作用，联合相关部门开展各项工作。

【深化市容环境卫生责任区管理制度】 完成"1618"工作任务，创建责任区示范道路226条，自主参与责任区管理的社会组织达651家，组织培训参与达19万人次，年内责任人建档率达80%。

【提前完成无序设摊三年行动计划】 加强堵疏结合、分类管理、源头治理、综合治理，全市200处聚集点中的196处达到"消除标准"，4处达到"基本消除标准"。消除管控点113处，管理达标率94%，消除疏导点71处，疏导点管理达标率92%，提前完成3年治理任务。

【开展社会市民看门责活动】 市绿化市容局组织开展"社会市民看门责"活动，市绿化市容局、市城管执法局相关领导与市人大代表、市政协委员、市民代表及媒体记者等一同前往各区，就市容环境卫生责任区管理工作的推进情况进行实地检查和走访。

通过实地走访，人大代表、政协委员和市民代表对上海市市容环境卫生责任区管理工作所取得的成绩给予了充分肯定和高度评价。

【开展违法户外广告专项整治】 2017年6月，《上海市人民政府办公厅转发市绿化市容局等七部门关于开展上海市违法户外广告设施专项整治工作实施意见的通知》明确提出重点整治延安、南北、内环高架道路两侧100米范围、沪渝高速（外环至徐泾收费口）沿线违法户外广告设施和郊环线外100米以内违法高立柱广告设施。全年拆除各类违法户外广告设施2100余块，其中重点区域800余块。

【开展户外广告审改工作试点】 根据上海市"证照分离"改革试点总体方案，围绕"增强监管合力，提升监管效能"总体要求，制定《关于加强浦东新区户外广告设施设置监管工作意见》、《关于加强上海市户外广告设施设置事中事后监管工作的通知》，从诚信档案管理、分类监管、风险监管等方面加强事中事后监管。

【开展户外广告阵地规划修编】 完成《上海市户外广告设施设置阵地规划（修编）》编制，并与2016年12月在政府网站公示，进一步征求公众意见。同步开展户外广告实施方案编制工作研究，制订编制工作方案，开展户外广告实施方案修编前期工作。

【加强户外广告、户外招牌基础管理】 完成地方标准《户外广告设施设置技术规范》、《户外招牌设置技术规范》修编，开展户外广告、户外招牌设置技术规范培训。完成城镇化地区店招店牌基础情况调查和统计。开展示范道路建设评定标准专题研究并形成具体评定标准。

【举办户外招牌论坛及设计创意实景展】 联合上海市标识协会举办2016上海户外招牌论坛暨设计创意实景展，来自上海市区、街道和部分兄弟省市相关管理部门领导、技术人员以及市内外户外招牌设计、施工企业的经营者和技术人员400多人参与。

【加强景观照明管理】 完成上海市景观照明规划编制工作，形成《上海景观照明总体规划》（报批稿）。开展"上海市景观照明管理办法"的立法调研工作和景观照明电费补贴机制研究。继续组织开展景观照明基础调查工作，为今后实行分类管理打下基础。开展《上海城市公园照明设施设置指导意见》研究，并已通过专家评审。

【积极提升黄浦江两岸景观照明品质】 组织上海市景观照明领域相关高校、企业设计团队对浦江两岸景观照明现状开展了全面踏勘调查，提出以"海派、经典、卓越"为主题的黄浦江两岸景观照明概念方案构架，并启动黄浦江两岸景观照明设计方案国际征集工作。

【全力做好各类重大活动夜景灯光保障】 全年开放景观灯光32天次，圆满完成全球健康大会、G20峰会等10多次重大活动景观灯光保障。

【加强户外广告、户外招牌安全管理】 各级景观管理部门发放防台防汛安全告知书18.7多万份，督促设置单位和业主加强自查、整改。抽查户外广告、店招店牌等设施3.4万处，排除安全隐患1484处。同时，会同有关部门对安全检测机构开展资质认证，研究制定安全检测实施细则，进一步规范户外广告设施安全检测。开展户外广告、店招店牌设施保险机制课题研究。

【全面推进"一路一策"管理，道路保洁质量稳步提高】 不断完善道路保洁作业标准化建设管理，落实差别化管理，结合无序设摊专项治理等工作的推进，从加强保洁力度、加大上门宣传、调整作业时间等方面解决中小道路管理难题，推动全市道路保洁水平进一步提升。结合责任区制度的落实，推进制定沿街商铺生活垃圾定时定点上门收集，推动全市道路保洁水平进一步提升。三年推进计划方案，明确工作要求、工作目标、收集方式和收集频次等。通过上门宣传、发放告知书等方式，提升社会知晓率，增强责任单位的主体意识，营造多方参与、社会互动的良好氛围。通过"一路一策"、"一路一档"等管理举措的实施，上海道路保洁模式日益精细化，全市中小道路问题解决率达到80%，道路整洁优良率达到93%。

【加强道路扬尘防治治理工作，扬尘治理初见成效】 建立市道路扬尘污染防治工作联席会议，牵头制定上海市道路扬尘污染防治工作实施方案和考核评分细则。各区均成立道路扬尘污染防治工作组织机构，制定针对性整治方案，完善道路扬尘巡查督导机制。组织市城管总队、市废弃物管理处等多各相关部门对建筑垃圾出土工地、转运码头及消纳卸点的扬尘污染防治工作开展进行联合检查。会同市环保局完成420套道路扬尘在线监测设备的安装。对龙吴路、军工路等20条扬尘重点道路的治理初见成效。

【公厕管理与服务文明行业创建成果得到巩固】 2016年复审及新申报文明公厕达到2208座，2166座公厕达到创建标准。2016年下半年公厕行业社会公众满意度得分85.04分，实现"七连增"的佳绩。

【公厕建设管理更体现人性化精细化】 完善行

业标准，完成《城市公共厕所规划和设计标准》的修订。提升建设水平，全市共范围内增配第三卫生间215座，在公厕的新建、改建过程中，积极适度优化男女厕位比，试点建成上海首座固定式公厕，缓解女性如厕排队现象。拓展社会公厕服务领域，搭建窗口行业公厕管理服务联席平台，共同开展《社会公厕管理服务标准研究》。

【开展"世界厕所日"主题宣传活动】 以公厕文明行业创建为抓手、完善公厕服务建设为重点，围绕"洁净创新引领——乐享公厕服务共享城市文明"主题，整合环卫公厕与社会公厕体系资源，通过系列征集评优活动，集中展示和推动公厕建设服务革新，取得一定社会效应。

【强化水域保洁作业监管】 完善水域保洁行业标准，制定《上海市市管水域保洁成本规制管理办法（试行）》和《上海市干流水生植物打捞运输处置成本规制管理办法（试行）》。开展水域环境补短板，建立域环境污染点"一点一策"，结合托底保洁，促进水域环境污染点消除整改，黄浦江、苏州河市管水域，累计打捞漂浮垃圾18500吨。

【开展水生植物专项整治】 根据水生植物生长来袭动态，开展预警监控，对黄浦江、苏州河干流及上游沿线进行巡查，组织市属、上游各区的作业单位做好拦捞设施设备维护，结合日常保洁工作开展水生植物拦捞作业。截至12月底，全市累计打捞绿萍近2.3万吨，打捞水葫芦8.4万吨。

发展基础

【制定发布各类行业规划】 《上海市绿化市容'十三五'发展规划》获批发布。完成《上海市生态空间规划》编制。加快造林3年计划落实，发布《2016—2018年各区林地建设落地规划编制工作方案》，初步完成34条骨干道路（河道）生态廊道建设规划编制。《林地（湿地）休憩旅游设施布局专项规划（2016—2025）》、《上海市森林防火"十三五"规划》、《上海市林地管护设施专项规划》、《环卫专项规划》、《建筑垃圾消纳设施布局规划》、《老港设施专项规划》、《户外广告设施阵地规划》、《景观照明规划》等专项规划编制工作顺利推进。

【加强行业发展法治保障】 起草《上海市实施〈中华人民共和国野生动物保护法〉办法（修订草案）》《上海市机动车清洗保洁管理暂行规定（修改草案）》，并经市政府、市人大常委会审议通过。完成《上海市建筑垃圾处理管理规定（草案）》起草工作并上报市政府法制办。制订发布12件行业管理规范性文件。完成《上海市容环卫条例景观照明管理规定》评估、《上海市生活垃圾管理条例》和《上海市景观照明管理办法》前期调研、户外广告公共阵地拍卖等系列研究。

【深化科技信息工作】 积极对接上海科创中心建设，在科研攻关、平台构建、人才培养等方面开展探索实践。推进制度建设，出台《行业科技创新实施意见》，修订《科研项目管理办法》，制定《科研成果转移转化实施办法》。完成城市新优植物资源开发与利用联盟运行试点方案。开展科研项目、标准化制订等35项，获批国家级项目5项。行业科研成果显著，获市优秀学术一等奖1人次，获得市科技进步三等奖、全国农牧渔业丰收三等奖各1项，获得授权发明专利9项、注册国内品牌2件。

【安全维稳与市民诉求应对有序】 全面落实领导责任，签订安全生产责任书，落实防汛防台首长责任制。成功抵御"尼伯特"、"莫兰蒂"等外围大风及暴雨袭击，近2万名一线环卫职工、98支应急队伍参与保障。积极开展安全检查，完善应急预案，及时整改问题短板。针对炮台湾湿地公园事件，及时下发公园安全检查紧急通知，有效加强公园游乐设施安全管理。全年受理信访诉求296件次，同比下降53%，办结率100%。市民诉求处置能力不断提高，全年受理处置各类投诉5万余件，"12345"市民服务热线绩效考核87.65分，比上年提升10.47分。

行业改革

【概况】 2016年，绿化市容行业对照"国内领先，国际一流"行业发展目标，对标建设卓越的全球城市总体要求，攻坚克难，开拓进取，深入推进生态环境建设，圆满完成全年各项任务。

【行政审批改革深入推进】 制定《行政审批制度改革工作方案》，明确全局审改工作7方面、20项任务及责任分工。浦东新区"证照分离"改革试点工作取得突破，制定《关于加强上海市户外广告设施设置监管工作意见》、《关于加强上海市户外广告设施设置事中事后监管工作的通知》，加强户外广告事中事后监管的具体举措。指导浦东新区开展"从事城市生活垃圾经营性清扫、收集、运输服务审批告知承诺"试点工作。完成11项市级行政权力清单动态管理，完成区绿化市容部门权力清单审核确认，做好权力事项调整及取消。

【优化行政审批服务】 加强服务意识，实行全天受理。自2016年5月1日起，受理时间由原来的上午半天调整为全天受理，调整后，下午接待、受理量约占全天的三分之一，全天服务效果显著。做实工作流程，履行告知义务。进一步落实行政许可"一次性告知"制度，对绿化、林业、环卫等各类行政许可事项的申请材料进行全面梳理，确保各类别许可事项告知单的规范、准确、完整。优化工作环节，提高工作效率。结合对申请人回访的反馈情况，将申请人提出的野生动植物保护许可由原来的邮政挂号信方式调整为EMS快递，缩短寄送国家林业局的时间。

【推进网上审批】 建立公平便民的审批机制，深入推进行政审批标准化，积极推行网上预受理、预审查，缩短受理时间，切实方便群众。加强市绿化市容局行政审批系统与上海市网上政务大厅的对接工作，做好行政许可事项在全市网上政务大厅的信息维护，以及全部行政审批事项的基本情况、办事指南及相关信息在市政府网上政务大厅上的填报等。

【政府效能建设不断加强】 开展局行政权力运行程序规范化研究。完成区级行政权力、责任事项的梳理和审核。梳理形成局政府公共服务事项目录。深化区绿化市容管理队伍下沉，会同市编办出台相关指导意见。完善机关考核办法，优化绩效考核信息系统功能和布局，进一步规范干部工作纪实制度、请假制度，注重工作"留痕"。推进事业、企业、社会组织等8家技术服务机构脱钩改制。积极推进协会脱钩试点工作，完成3家协会脱钩试点。

【保障职工合法权益】 推进落实绿化养护和环卫行业集体协商，明确绿化养护行业最低工资标准、一线职工岗位津贴、技能等级津贴和绿化养护企业职工健康体检等，发布《关于深化环境卫生绿化养护行业市场化改革提高一线职工工资水平的实施办法》、《2016年上海环卫行业工资福利待遇工作指导意见》。全市共10个区建立环卫行业集体协商制度。

【强化改革保障】 评估3年来的改革成效，修订完善《上海市绿化市容养护作业市场化改革工作指导手册》，制作"美丽上海梦想家园"养护作业市场化改革工作纪实专题片。

【行业诚信体系建设】 以园林绿化企业信用评价为切入点，完成行政许可和行政处罚的"双公示"信用信息公示，编制并及时调整、新增"双公示"事项目录，确定信息归集推送方式，做好市绿化市容局资质类行政许可信息数据向市信用平台、市法人库准确、及时分类统计上报工作。结合"权力清单"，完成本局2016版公共信用信息数据清单、应用清单编制。落实守信联合激励和失信联合惩戒，梳理并报送调研报告、措施清单和行为清单。完善环卫行业市场规则体系，发布《上海市环境卫生作业养护服务合同示范文本（2016版）》。研究制定环卫行业《行政许可监督考核办法》等。

【市绿化市容局领导做客2016年"民生访谈"】
6月3日上午，市绿化市容局局长陆月星做客"2016年民生访谈"节目，就市民关心的"乱设摊"、渣土车管理、"垃圾分类"和"市民绿化节"等话题与主持人、听众进行互动。

"补短板"是当前城市管理当中的一项重要任务。根据中共上海市委、市政府的总体部署，市绿化市容局已经会同市住房城乡建设委、市市政市容联办等部门总结出市政市容管理领域"乱抛物、乱停车、乱占道、乱张贴、乱设摊"等"五乱"现象，根据"有限治理"的目标，力争用3年时间，补上"五乱"等市容环境短板。其中，对于"乱设摊"，仍要明确"堵疏结合"，首先以"堵"遏制蔓延，其次以"疏"引导合理需求。局长陆月星强调，城市管理既要加强"软引导"，也要加强"硬约束"，要通过多种渠道加强宣传疏导，也应注重立法和执法资源进行约束管理，既要打攻坚战，又要打持久战，许多问题属于日积月累而来，不能靠"一台手术"或者"一帖药"马上解决。上年，《上海市市容环境卫生责任区管理办法》正式实施，作为固化网格化管理的长效机制，旨在通过市民"自觉、自律、自治"，和管理部门一起破解"五乱"等市容环境难题。

在谈到"渣土车"管理问题时，局长陆月星表示，2016年管理部门将继续深化严管严惩措施。一方面依靠严管严惩，对渣土车超载、未盖平或者不关闭帆布软盖、滴漏洒落、偷乱倒的企业，实施诫勉谈话、停业整顿、市场退出等措施。另一方面，依靠长效管理，包括制定渣土车新的地方标准、把渣土车的管理纳入城市征信系统、实施技术改造等。市绿化市容局已开通"上海市渣土违规举报平台"微信公众号，鼓励社会对渣土运输违规行为进行监督。微信举报平台开通以来，已经接收323起相关举报，兑现17000多元奖金。

垃圾从居民家庭到小区垃圾箱房"混投"，小区保洁员从垃圾箱房运走时"混运"，造成市民观感不佳。垃圾分类首先是政府的责任，其次也是每个市民的义务。全市推进"上海绿色账户"激励机制，到2016年底，将覆盖上海市200万户市民家庭，通过"积分兑换"鼓励更多市民养成自觉分类习惯。

陆月星还就网民提问较多的"小区绿化"、绿化主题活动等内容做了解答。

在活动方面，全市举办首届"市民绿化节"，五大系列3000多场次活动吸引全市超过941万人次参与。

【市绿化市容局领导做客"中国上海"在线访谈】 6月29日，局长陆月星做客"中国上海"在线访谈节目，就"共享绿色空间，共谋绿色发展"这一主题与主持人进行深入交流，和广大网民开展实时互动。并就2016年市民绿化节、立体绿化建设以及生态廊道建设等内容作了详尽的解读。针对广大市民关心的公园延长开放及65周岁以上老人免费入园、郊野公园建设、公园噪声扰民、居住小区毁绿停车等市民普遍关心的问题，回答广大市民和网友提出的问题。

大事记

3月

11日 国家林业局与上海市人民政府在上海签署《国家林业局与上海市人民政府部市合作协议》。国家林业局副局长陈凤学与上海市副市长蒋卓庆代表双方签署协议，市政府副秘书长黄融主持签字仪式。国家林业局保护司、政法司、科技司、濒管办、中动协及上海、武汉专员办领导，上海市发改委、财政局、科委、林业局及申迪集团等单位领导出席仪式。

8月

12日 中华全国总工会文工团赴上海绿化市容行业一线慰问演出，全总宣教部巡视员、全总文工团党委书记李庆忠，市总工会党组书记莫负春，市建设交通工作党委秘书长袁筱英，市绿化市容局党组书记、局长陆月星出席活动。演出结束后，市绿化市容局党组书记、局长陆月星与行业工会、一线职工代表交流座谈。

9月

21～22日 国家林业局华东林业调查规划设计院刘裕春院长一行赴上海市检查指导森林资源管理工作，市林业局副局长顾晓君、局相关处室和直属单位负责人陪同。

10月

12日 上海市副市长陈寅赴上海崇明东滩鸟类国家级自然保护区调研。崇明区委副书记唐海龙、东滩保护区管理处书记、主任汤臣栋陪同调研。

11月

17日 市森林防火指挥部在金山区廊下镇召开全市森林防火工作会议暨全市森林防火应急演练，市政府副秘书长陈靖、市林业局党组书记、局长陆月星、市森林防火指挥部成员单位相关负责人出席会议，副市长、市森林防火指挥部总指挥白少康出席会议并讲话。

23～24日 国家林业局等七部委督导组就上海市打击滥捕滥猎滥食和非法经营候鸟等野生动物违法犯罪活动贯彻落实情况进行督导检查，并召开专题汇报会，市林业局、市网信办、市公安局、市交通委、市工商局等部门参加会议并作专题汇报，督导组组长、国家林业局政策法规司副司长袁继明，市林业局副局长汤臣栋出席会议并讲话。

30日 中共上海市委副书记、市长杨雄与副市长时光辉等市领导一行来到上海崇明东滩鸟类国家级自然保护区，调研崇明东滩生态修复项目推进情况和湿地保护情况，上海市绿化和市容管理局副局长、上海市崇明东滩鸟类自然保护区管理处书记、主任汤臣栋等陪同调研。

（上海市绿化和市容管理局）

江 苏 省

概况

2016年，江苏省住房城乡建设领域列入中共江苏省委常委会工作要点和省政府十大重点百项考核指标的重点任务，以及住房城乡建设部下达的棚户区改造、地下综合管廊建设、海绵城市试点、黑臭水体整治、农村危房改造、工程质量专项整治等年度目标任务如期全面完成。大力推动行业人才队伍建设，大规模、多形式开展岗位培训，联合中共江苏省委组织部举办领导干部（生态城市建设）专题研究班。按照从严治党的部署要求，全面加强党风廉政建设,深入开展"两学一做"学习教育,不断发挥基层党组织战斗堡垒作用和党员先锋模范作用。此外,精神文明建设、群团建设、政务公开、信访、老干部等工作也取得了新的进步,为全省住房城乡建设事业持续健康发展提供了有力保障。

政策规章

江苏省住房和城乡建设厅印发《江苏省装配式建筑(混凝土结构)项目招标投标活动的暂行意见》、《江苏省住房和城乡建设系统失信行为管理和惩戒办法(试行)》、《关于在工程建设项目招标投标中对省法院确定的失信被执行人实施联动惩戒的通知》和《江苏省房屋建筑和市政基础设施工程招标投标活动异议与投诉处理实施办法》。

房地产业

【概述】 2016年,围绕中央"三去一降一补"的总体决策部署,全省上下认真贯彻落实国家关于因城施策、分类指导的工作要求,积极做好去库存、稳市场、控房价、防过热等各项工作,保持全省房地产市场健康平稳发展。全省商品住宅销售面积同比增长33.9%,成交均价同比增长12.2%,去化周期较上年底下降7.7个月,缩短为7.5个月。总的看,2016年在国家和地方一系列促进库存去化、鼓励住房消费的政策措施共同作用下,全省房地产市场保持良好的发展态势。

【房地产开发投资】 2016年,全省房地产开发投资共完成8956.37亿元,同比增长9.8%,占城镇固定资产投资的18.1%,相对于2015年占比上升0.3个百分点,投资增幅较城镇固定资产投资增幅高2.3个百分点。其中商品住宅投资6628.87亿元,同比增长9.0%,相对于2015年占比上升6.4个百分点,投资增幅较城镇固定资产投资增幅高1.1个百分点。

【商品房新开工施工和竣工面积】 2016年,全省商品房新开工面积为13670.83万平方米,其中商品住宅为10534.34万平方米,同比分别增长18.4%和19.4%。商品房施工面积为58761.73万平方米,其中商品住宅为43002.93万平方米,同比分别增长1.1%和1.6%。全省商品房竣工面积为10073.96万平方米,其中商品住宅7602.69万平方米,同比分别下降2.2%和4.1%。

【商品房供应】 2016年,全省商品房和商品住宅累计批准预售面积分别为11579万平方米和9204万平方米,同比分别增长6.5%和9.4%。

【商品房销售】 2016年,全省商品房和商品住宅累计登记销售面积分别为16698万平方米和14487万平方米,同比分别增长33.3%和33.9%。

【商品房成交均价】 2016年,全省商品房和商品住宅成交均价分别为8892元/平方米和8842元/平方米,同比分别增长12.2%和13.8%,商品住宅成交均价比"十二五"时期均价上涨26%。

【商品住宅去化周期】 截至2016年底,全省商品住宅累计可售面积9032万平方米,较上年底净减少4668万平方米,按滚动十二个月的月均销售速度计算,库存去化周期缩短到7.5个月,较上年底下降7.7月。

【房地产贷款】 2016年12月末,全省房地产贷款余额为27237.56亿元,同比增长32.4%,占人民币各项贷款余额比重为29.3%,房地产贷款余额比年初增加6664.87亿元,其中:地产开发贷款余额为1614.1亿元,比年初减少556.4亿元,余额同比下降25.6%,房产开发贷款余额为4500.2亿元,较年初增加500.8亿元,余额同比增长12.5%,个人住房贷款余额为19909.8亿元,比年初增加6521.9亿元,余额同比增长48.7%。全省向272062户职工家庭发放住房公积金贷款987.95亿元,同比分别下降1.77%、增长1.63%。12月末个贷比率为102.61%。全省住房公积金资金结余为-93.37亿元。

【房地产业税收】 2016年,全省房地产业地税收入完成1640.95亿元,同比下降11.3%,占地税收入总量的比重为32.9%。

【房屋征收(拆迁)】 2016年,全省共决定征收项目233个,同比下降45.05%,决定征收房屋面积1163.38万平方米、64319户,分别较上年下降6.9%、上升5.66%,其中,涉及住宅房屋面积938.77万平方米、62031户,分别较上年上升13.09%、5.88%。实际完成(含往年结转)征收(拆迁)项目247个、征收(拆迁)房屋面积1304.16万平方米、户数78127户,分别较上年下降16.84%、上升19.07%、39.63%,其中,住宅房屋987.92万平方米、74995户,分别较上年上升22.24%、41.13%。全省共受理征收补偿决定(拆迁行政裁决)案件621件,较往年下降6.62%。下达补偿(裁决)决定243份,较上年下降59.3%。全省共下达强制搬迁决定32件,较上年下降77.31%。全省有5951户被拆迁住房困难户的住房条件,通过拆迁得到明显改善,其中5518户为低收入住房困难家庭。

住房保障

【保障性安居工程建设】 2016年江苏保障性安居工程任务是新开工25万套、基本建成22万套(棚改20万套,公租房2万套)。实际新开工27.49万套、基本建成29.93万套,分别完成年度目标任务的109.96%、136.07%。提前落实年度建设用地。全省保障性安居工程新增建设用地计划10460亩,各地还通过调剂使用往年供应土地、盘活自有存量土地安排保障性安居工程建设用地。指导各地根据年度目标任务提前测算资金需求,按照国家规定的资金渠道筹集保障性住房建设资金,研究制定住房保障专项资金管理办法,专户储存、专户管理,按项目拨付和监管资金。2016年省级财政预算安排了5亿元,共获得国家棚改补助资金22.55亿元和国家安居工程基础设施配套补助资金20.55亿元。支持各地成立保障性住房投融资平台,通过银行贷款、发行债券、信托投资等多种方式,筹集金融资金,有力地保证保障性安居工程建设的资金需求。认真落实税费减免方面。认真执行国家有关规定,棚户区(危旧房)改造免征一切行政事业性收费和政府性基金。对棚户区改造中电、气、水、通信网络等经营性收费,按照不高于80%的标准收取。国家开发银行江苏分行和苏州分行共向江苏省棚户区城中村改造贷款授信883.48亿,实际发放贷款769.6亿,农业发展银行棚改贷款评审565.9亿,实际发放贷款157.6亿元。

【住房保障体系建设】 根据《江苏省社会救助办法》规定,县级以上人民政府应当建立健全住房救助制度,对符合规定标准的住房困难的最低生活保障家庭、分散供养的特困人员给予住房救助。住房救助主要通过配租公共租赁住房、发放住房租赁补助等方式实施。全省累计有7.3万户低保住房困难家庭享受公共租赁住房实物配租,有5.3万户低保住房困难家庭通过发放租赁补贴予以保障。积极支持住房市场供应比较充足的城市,优先通过社会化收储、发放货币补贴或直接收购方式筹集保障性住房。更加注重新建项目合理规划和选址,加快已建成项目公共服务设施配套。根据住房城乡建设部对公共租赁住房分配入住实行目标管理的要求,专题印发《关于组织开展保障性住房空置问题自查整改工作的紧急通知》,部署推动各地加快公租房分配入住。发布《关于政府投资公租房分配进展情况的通报》,对部分公共租赁住房空置率较高的市县开展定向督促。2016年,全省公共租赁住房分配入住净增分配入住2.59万户,总体进度处于全国领先。健全规范管理、分配和准入退出良性机制。

【棚户区(危旧房)改造】 2016年全省计划棚户区(危旧房)改造计划新开工25万套(户)、基本建成20万套。通过各地的共同努力,全省完成棚户区(危旧房)改造新开工27.49万套(户)、基本建成27.54万套,分别完成年度目标的109.96%、137.7%。组织编制全省棚户区(危旧房)改造规划。根据《国务院关于进一步做好城镇棚户区和城乡危房改造及配套基础设施建设有关工作的意见》和住房城乡建设部2016年工作要求,组织各市县编制完成了江苏省2015~2017年城镇棚户区、城中村改造及其配套基础设施建设计划。积极推进棚户区(危旧房)改造货币化安置。省委省政府《关于深入推进民生幸福工程的若干意见》明确要求,在棚户区(危旧房)改造中,统筹用好实物安置和货币补偿两种方式,加快促进存量商品房用作棚户区改造安置住房。《关于加快推进棚户区(危旧房)改造货币化安置的意见》提出各市、县棚户区(危旧房)改造货币化安置比例原则上不低于50%。全省棚改货币化安置比例达到40.79%,比2015年21.48%提高19个百分点,11.21万户居民通过购买存量商品房和货币补偿得到及时安置。1000亿元江苏银行棚改基金正式运作,棚改贷款全年评审401.8亿元,实际发放235.45亿元,有效优化棚改融资结构,多层次多元化的棚改资金筹集和融资体系基本形成。

公积金管理

【缴存情况】 全省实际缴存住房公积金的职工人数为1162.79万人。全省当年缴存住房公积金1362.66亿元,比上年增长17.46%,缴存余额为3439.29亿元。

【提取情况】 2016年,全省住房公积金提取额为988亿元,占当年缴存额1362.66亿元的72.51%。

【贷款情况】 2016年,全省共向27.21万户职工家庭发放住房公积金贷款金额987.95亿元,住房公积金贷款余额为3529.11亿元。

【增值收益分配情况】 2016年,全省住房公积金实现增值收益47.24亿元,提取个人贷款风险准备金22.52亿元,提取管理费用5.98元,提取保障房建设补充资金18.10亿元。

城乡规划

【区域规划】 依据经国务院同意批准实施的

《江苏省城镇体系规划（2015—2030）》，推进《苏北苏中水乡地区城镇体系规划》，进一步明确苏中苏北水乡地区据点发展的特色路径，促进经济洼地崛起。编制《徐州都市圈规划》，注重加强与山东省、安徽省等省份的协调，提升徐州中心城市综合功能，强化区域辐射、带动苏北发展。编制《江苏临沪地区协调规划研究》，结合上海市2040年城市总体规划修编的契机，在城镇、产业、生态、交通等方面全面对接上海，引导区域性基础设施建设。积极做好对宁镇扬地区协调发展的指导工作，与南京、镇江、扬州联合开展《宁镇扬一体化空间协调规划》，重点强化城镇空间布局、产业空间、综合交通、生态保护、基础设施、边界地区功能等方面的对接。

【《江苏省城乡空间特色战略规划》】 规划在深入分析省域空间特点及认知的基础上，从塑造大地景观、彰显历史文化、保护生态基底、建设美好人居、凸显空间特色角度，构建全省空间特色结构体系，明确省域特色风貌塑造的面上要求和重点管控的特色空间体系，在此基础上进一步明确城市空间特色塑造、镇村特色发展以及城乡联动塑造当代城乡魅力特色空间的行动指引。

【城市总体规划】 高度重视城市总体规划在法定空间规划体系中的基础作用和核心地位，落实国家、省关于城市规划的最新要求，出台《关于进一步加强城市总体规划编制工作的通知》和《江苏省城市总体规划修编要点（2016版）》，指导各地城市总体规划编制。全省34个城市已完成新一轮城市总体规划修编，20个城市有序推进中。

【优化镇村布局规划】 本轮规划强调遵循乡村发展规律，尽量在原有村庄形态和肌理上改善居民生活生产条件，保护好乡土文化和乡村风貌，严防一味追求拆并村庄、强推农民集中和上楼。全省14.2万个自然村中，规划确定重点村约2.1万个、占比约15%，将完善配套设施建设康居村，作为基本公共服务由城市向乡村延伸的节点，特色村约5000个、其中历史文化型1000多个，将根据产业、历史文化、自然景观等不同特点，引导乡村特色发展，一般村约11.6万个、占比约81%，通过整治形成环境整洁村，大部分一般村都将长期存在。

【历史文化保护】 2016年国务院批复同意将高邮市列为国家历史文化名城，至此，全省拥有13座国家历史文化名城，居全国第一。全省所有历史文化名城、名镇、名村全部完成保护规划的编制工作，历史文化名城内的56个第一批江苏省历史文化街区已经全部完成保护规划的编制工作，为历史文化名城、名镇、名村的积极保护、合理利用和科学发展提供依据。完成全省历史文化名城内的历史文化街区和历史建筑情况统计工作，江苏省各历史文化名城共划定历史文化街区56处，公布历史建筑531处。

【城乡规划信息系统建设】 推进规划管理信息化是规范城乡规划编制、提升科学决策水平、提高行政管理效能、加强规划实施监管的重要手段。2016年完成Ⅱ期工程和县（市）城乡规划信息系统通用版研发。已有41个市、县（市）城市总体规划成果完成入库，初步建立城市总体规划一张图。

【规划管理和服务】 共办理各类开发区、旅游度假区设立的规划审核事项52件。共核发交通、电力等省级以上重大基础设施和产业项目的选址意见书24件。

【促进规划行业发展】 全国优秀城乡规划设计奖中，江苏规划编制单位获一等奖4个，占全国1/6，二等奖3个、三等奖17个、表扬奖5个，保持全国领先地位。组织省建设系统优秀勘察设计城市规划项目专业评选，共评出85项，其中一等奖10项、二等奖26项、三等奖49项。

城市建设

【概况】 新增城乡统筹区域供水通水乡镇35个，全省通水乡镇覆盖率达99%，居全国各省之首。全年新增深度处理能力130万立方米/日，较上年增长12%，深度处理总能力达1235.5万立方米/日，占全省总供水能力的44%。全年新增供水能力58万立方米/日，全省公共供水总能力达到2831.5万立方米/日。全年新增城镇污水处理设施能力62.78万立方米/日，累计建成城镇污水收集主干管网49600千米，建制镇污水处理设施覆盖率达91.6%，全省城镇污水处理能力达1620万立方米/日。全年新建（扩建）城市道路长度1373千米、面积2818万平方米，新建桥梁389座，新增道路照明灯119018盏，新增安装路灯的道路长度973.46千米。新开工轨道交通5条线、157.6千米，城市（县城）新增供气管道长度6083.84千米，天然气供应总量100.9亿立方米，液化石油气供应总量约62.88万吨，用气人口达3670.79万人，燃气普及率99.51%。

【城市道路】 全省城市（含县城）道路设施水平稳步提升，新增城市道路长度1373千米、面积2818万平方米，新建桥梁389座，新增道路照明灯119018盏，新增安装路灯的道路长度973.46千米。全省拥有城市道路总长度50295.3千米、面积90723.14万平方米，人均城市道路面积达24.59平方米，各类桥梁15950座，其中特大桥及大桥545座，立交桥400座，拥有道路照明灯3829584盏，安装路灯的道路长度39319.49千米。组织修订了江苏省城市道路挖掘修复费收费标准，并印发各地实施。组织开展了城市桥梁养护管理评价，对13个设区市和3个省管县进行全覆盖检查，并印发整改通报。组织编制《江苏省城市LED照明技术指南》、《江苏省城市道路附属设施建设指南》。

【城市地下综合管廊】 2016年，城市地下综合管廊进入全面实施阶段。省政府办公厅印发《关于推进城市地下综合管廊建设的实施意见》，对地下综合管廊建设作出部署。组织开展省级地下综合管廊试点城市建设，苏州市国家试点工作有序推进，所有试点项目均已开工建设。各地按照"先规划、后建设"的原则，大部分县（市）也启动了编制工作。全年新开工地下综合管廊82.8千米，全面完成国家下达的年度建设任务。

【城市供水】 新增自来水深度处理能力130万立方米/日，新增供水能力58万立方米/日，新增城乡统筹区域供水通水乡镇35个，新增75毫米以上城乡供水管道5474千米，其中城乡统筹区域供水管道1813千米。按照《省政府办公厅关于切实加强城市供水安全保障工作的通知》要求，以推进里下河地区、通榆河沿线城市自来水深度处理改造全覆盖为重点，按照《江苏省城市供水安全保障考核办法（试行）》，开展全省县以上城市供水安全保障考核工作。组织召开全省城市供水安全保障工作会议，解读《2016年江苏省城市供水安全保障考核评价的通报》，部署全省城市供水安全保障工作。组织开展2016年供水规范化管理自查，行业管理有新提升。针对2016年初江苏省遭遇的极寒天气影响，深入开展调研，认真研究对策，并印发《关于加强全省建筑供水设施防冻保温工作的通知》，指导各地全面提升供水行业应对极寒天气的能力。印发《江苏省城镇供水厂生物活性炭失效判别和更换导则》，指导各地科学实施自来水厂臭氧—生物活性炭深度处理工艺运行管理，保证生活饮用水水质。

【城市燃气】 2016年，全省城市（县城）新增供气管道长度6083.84千米，天然气供应总量100.9亿立方米，液化石油气供应总量约62.88万吨，用气人口达3670.79万人，燃气普及率99.51%。

全省共有天然气门站117座，供应能力417亿立方米/年，全省共有LNG加气站95座，供应能力173万立方米/日，CNG加气站219座，供应能力486万立方米/日，CNG/LNG合建站72座，供应能力460万立方米/日，液化石油气储配站603座，总储存容积14.6万立方米，液化石油气供应站1996座，其中Ⅰ级站65座，Ⅱ级站225座，Ⅲ级站1706座。天然气内河船用加气站建设有序推进，根据《江苏省内河船用液化天然气加气站发展专项规划》要求，淮安东风、徐州双港楼、常州金坛、淮安杨庄水上服务区4个LNG加气站建设已经基本完成，镇江谏壁、盐城大中水上服务区2个加气站建设，预计2017年3月基本完成。

提请省安委会印发《关于加强餐饮场所燃气安全管理的通知》，着力解决餐饮服务行业燃气使用安全突出问题，厘清餐饮场所燃气安全相关部门职责。结合省安生办《关于进一步明确危险化学品安全专项整治工作时间任务的通知》有关要求，督促各地开展城市燃气安全生产大检查。按照"双随机、一公开"要求，每半年开展一次城市燃气安全督查，全年共督查12个设区市、县（市、区）的燃气安全生产情况，下发整改通知书7份。

2016年度全省共整改隐患12550处、拆除违章建筑356处、改造管网646.16千米、取缔违法站点746个，没收不合格钢瓶13490个。全年未发生安全生产责任事故。

【城镇污水处理】 全省新投运的城镇污水处理设施能力达62.78万立方米/日，由于部分污水处理厂整合或工业废水处理厂剥离等因素，实际净增城镇污水处理能力42.57万立方米/日，建成城镇污水收集主干管道2130千米。全省城镇污水处理能力达1620万立方米/日，累计建成城镇污水收集主干管道49600千米。全省城市（县城）污水处理率达93.65%（初步统计），污水处理厂集中处理率达81.12%（初步统计）。全省新增镇级污水处理厂12座，新增污水处理设施能力5.6万立方米/日，全省建制镇污水处理设施覆盖率达到91.6%。全省城镇污水处理厂全年实际处理污水量42.2亿立方米，削减COD90.8万吨，氨氮8.8万吨。组织编制完成《江苏省城镇污水处理"十三五"规划》，科学指导和有序推进江苏省城镇污水处理设施建设。组织专家对全省149座城市污水处理厂运行管理工作逐厂进行现场考核，印发《省住房城乡建设厅关于2016年度城镇污水处理厂运行管理工作考核情况的通报》。会同省财政厅、物价局、水利厅、环保厅印发《江苏省城镇污水处理费征收使用管理实施办法》，进一步规范污水处理费的征收使用管理。会同省物价局印发《江苏省城镇污水处理定价成本监审办法》。举办城镇污水处理厂技术管理人员、污水处理操作工、水质分析人员等关键岗位技术培训班10期,培训人员达1080人。2016年全省城镇污水处理设施累计完成投资44.6亿元,省级公共财政下达城镇污水处理设施建设补助资金为2.23亿元。

【人居环境奖】 2016年,徐州市被授予中国人居环境奖,"江苏农村地区洁净饮用水工程"被住房城乡建设部推荐申报迪拜国际改善居住环境最佳范例奖,同时,组织开展江苏人居环境(范例)奖评选工作,对东台市、溧阳市创建江苏人居环境奖开展现场调研,对"构建具有江苏特点的住房保障体系"等13个项目创建江苏人居环境范例奖进行现场考核。全省共有4个城市获联合国人居奖,9个项目获迪拜国际改善居住环境最佳范例奖,14个城市获中国人居环境奖,54个项目获中国人居环境范例奖,获奖数量全国最多。

村镇规划建设

【村镇建设】 2016年,全省有建制镇737个(不包括县城关镇和划入城市统计范围的镇,下同),乡集镇64个,行政村14197个,村庄132576个。村镇总人口5445.14万人,其中暂住人口609.95万人。建制镇建成区面积2737.43平方千米,平均每个建制镇3.71平方千米,集镇建成区面积99.10平方千米,平均每个集镇建成区面积1.55平方千米。全省村镇市政公用设施建设投资341.51亿元。

【农村房屋建设】 2016年,全省村镇住宅竣工面积4270.77万平方米,实有住宅总建筑面积21.46亿平方米,村镇人均住宅建筑面积39.42平方米(含暂住人口,下同)。村镇公共建筑竣工面积728.13万平方米,其中混合结构建筑面积658.37万平方米,占新建公共建筑总面积的90.42%。村镇生产性建筑竣工面积达到1952.04万平方米,其中混合结构建筑面积1843.68万平方米,占新建生产建筑总面积的94.45%。

【村镇供水】 乡镇年供水总量15.39亿立方米,较上年增长4.13%,自来水受益人口1621.51万人,较上年增长2.15%,村庄用水普及率95.61%,较上年提高1.04%,乡镇供水管道长度6.22万千米,本年新增供水管道长度2690.23千米,乡镇排水管道长度2.38万千米,本年新增排水管道长度1482.17千米,年污水处理总量7.68亿立方米,处理总量较上年增加9.25%。

【村镇道路】 全省乡镇实有铺装道路长度4.12万千米、面积3.01亿平方米,小城镇镇区主街道基本达到硬化。

【村镇园林绿化】 全省建制镇绿地面积6.08万公顷,其中公园绿地面积10711.71公顷,人均公园绿地面积6.68平方米,建成区绿化覆盖率为29.42%,集镇绿地面积1791.64公顷,其中公园绿地面积282.80公顷,人均公园绿地面积5.42平方米,建成区绿化覆盖率为27.06%。

【村镇建设投资】 2016年,全省村镇建设投资总额为1321.75亿元,其中住宅建设投资625.32亿元,占投资总额的47.31%,公共建筑投资115.32亿元,占投资总额的8.72%,生产性建筑投资239.61亿元,占投资总额的18.13%,市政公用设施投资341.51亿元,占投资总额的25.84%。

【村庄环境改善提升行动】 在美丽宜居乡村建设、村庄生活污水治理、传统村落保护、农村危房改造等工作狠下功夫、狠抓落实,多元渐进持续改善农村人居环境,实现"农村人居环境、乡村特色风貌、公共服务水平、长效管护水平、环境改善效应"等方面的持续提升,为推动"强富美高"新农村建设做出不懈努力。

【分类推进美丽宜居乡村建设】 在全面优化镇村布局规划基础上,着力建设规划发展村庄,积极开展美丽宜居乡村建设,将"重点村"建成"康居村庄",将"特色村"培育成为"美丽村庄",2016年省住房城乡建设厅重点抓好省级美丽乡村建设示范、传统村落保护、康居村庄建设等共293个示范村庄。

【传统村落保护】 在完成28个中国传统村落保护的基础上,继续加大省级传统村落保护与发展力度。研究制定《江苏省传统村落保护办法(草案)》,要求各地从建立档案、编制保护发展规划、明确保护对象和范围、制定保护方案、改善人居环境等方面入手建立完善的保护发展体系。联合省文化厅、文物局、财政厅等部门开展省级传统村落调查,初步形成第一批江苏省传统村落推荐名录。召开江苏省传统村落保护专家座谈会,成立江苏省传统村落保护工作委员会和专家指导委员会。联合省财政厅支持50个省级传统村落实施保护发展。

【村庄生活污水治理】 2016年,省政府办公厅印发《江苏省村庄生活污水治理工作推进方案》,重点推进首批16个试点县(市、区)村庄生活污水治理工作。在工作推进过程中,确定规划引导、试点先行、示范引路、政策支持、技术支撑、有序推进的工作路径。在技术支撑方面,成立"江苏省村庄生活污水治理技术顾问组",组织编制《江苏省村庄生活污水治理适宜技术及建设指南》(2016版)和《江苏省村庄生活污水治理规划编制大纲》，并指导首批16个试点县（市、区）编制村庄生活污水治理专项规划。在政策保障方面，明确由省村庄环境整治推进工作领导小组办公室牵头，强化部门联动、资源整合，创新金融政策，推动签署了部省行三方战略合作框架协议，加大省级财政补助力度，2016年安排专项资金4.25亿元对试点县（市、区）进行奖补。16个首批试点县（市、区）全部完成村庄生活污水治理专项规划编制工作并通过了专家论证，共完成1450个左右规划发展村庄生活污水处理设施建设。

【村镇生活垃圾处理】 进一步健全以农村生活垃圾治理为重点的"五位一体"村庄环境长效管护机制，鼓励有条件的地区开展农村生活垃圾分类收集、源头减量、资源化利用试点示范工作。全省已建有乡镇垃圾中转站1100多座，基本实现建制镇垃圾中转站、行政村生活垃圾收集点全覆盖，首批通过住房城乡建设部等10部门组织的农村生活垃圾治理考核验收。

【农村危房改造】 为帮助住房最危险、经济最贫困农户解决最基本的安全住房，聚焦农村最贫困群众，强化精准扶贫，优先推进建档立卡贫困户、低保户、农村分散供养特困人员、贫困残疾人家庭四类重点对象危房改造工作。江苏省2016年农村危房改造任务开工15356户，开工率达100%，竣工15296户，竣工率为99.61%，保障农村居民"住有所居"、"住有安居"。

【小城镇规划建设】 为贯彻落实党中央、国务院关于推进特色小镇、小城镇建设的精神，根据住房城乡建设部等3部委工作要求，经地方申报、省级择优推荐、部委审核认定，江苏省南京市高淳区桠溪镇等7个镇被命名为中国特色小镇，数量位居全国前列。同时，选择21个在自然资源、历史文化、产业发展、空间景观等方面具有特色培育潜力的小城镇，组织开展重点及特色镇规划建设试点，各镇已完成实施项目规划设计工作，按照既定实施方案稳步有序推进工程实施，预计将于明年上半年完成。同步印发《江苏省小城镇空间特色塑造指引》（2016年版），突出特色化发展导向，指导地方塑造和彰显城镇特色风貌和景观。

【盐城灾后重建】 "6.23"盐城龙卷风冰雹特大灾害发生后，迅速贯彻落实中共江苏省委省政府决策部署，连夜赶赴灾区指导工作。省住房城乡建设厅会同盐城市组织近200名技术专家组成12个受灾房屋安全应急评估工作组，总计排查房屋面积86万平方米，帮助群众减少因房屋倒塌产生的次生灾害。组织编制《盐城市"6.23"灾后恢复重建村庄规划建设技术指引》、《盐城市具有传统风貌特征民居照片资料集》，重点从村庄空间布局、特色塑造、农房建设、材料铺装、节能技术利用等方面加以引导，推动建设"布局合理、风貌协调、经济适用、绿色低碳"的新型农民集中居住区。组建由院士王建国领衔等14名省"设计大师"参加的专家咨询组，对灾后恢复重建村庄规划设计方案和建筑风貌设计提出书面咨询意见。其中，4名省"设计大师"对阜宁县4个重点重建村庄进行"一对一"技术指导。参加盐城市组织召开的灾后恢复重建村庄规划设计方案评审会，对16个村庄规划设计方案逐一点评、指导。多次带领专家赴现场指导灾后重建工作，每月一次赴盐城集中会办协调解决重建过程中遇到的困难和问题。此外，积极支持阜宁3000万元专项用于灾区基础设施及公共服务设施建设。

标准定额

【编制、发布装配式混凝土建筑工程定额】 为贯彻国务院办公厅《关于大力发展装配式建筑的指导意见》，为装配式建筑的推广提供计价依据，江苏省建设工程造价管理总站组织开展《建筑工业化产品定额研究》课题研究工作。根据装配式混凝土建筑的常用施工技术和施工工艺，组织编制并发布《江苏省装配式混凝土建筑工程定额》，包括装配式混凝土建筑工程费用定额、计价定额两部分，为适应装配式混凝土建筑工程招标发包，补充相关工程量清单计价规则，自2017年4月1日起执行。

【完成建设工程计价依据调整】 为贯彻执行财政部、国家税务总局《关于全面推开营业税改征增值税试点的通知》，实现"营改增"平稳过渡，完成相关配套服务工作：发布江苏省工程造价行业贯彻"营改增"实施办法《省住房城乡建设厅关于建筑业实施"营改增"后江苏省建设工程计价依据调整的通知》，修编、调整2014定额工料机库，做好价税分离工作，完成费用定额费率测算工作，完成价税分离体制下各地材料指导价和信息价的发布工作，指导各软件公司把计价软件调整到位。

【发布人工工资指导价】 根据人工工资动态调整的要求，定期组织对建筑市场劳务用工价格进行测算发布，2016年上半年、下半年各发布一次。2016年全省建筑市场总体用工价格平稳，人工工资指导价调增幅度约为2.96%。

【做好省管项目招标控制价备案和计价咨询服务工作】 2016年累计完成200个省管工程项目的招标

控制价备案工作，招标控制价累计金额18.42亿元。对招标控制价中存在的问题责令纠正，对违反计价程序、不可竞争费费率等项目要求重新修改后报送。同时日常做好定额解释和答疑、计价争议调解工作。全年累计接待来人400余次，来电2500余次。

【完成工程造价咨询企业"双随机"抽查工作】 根据《省政府办公厅关于建立双随机抽查机制加强事中事后监管的通知》的文件要求，建立2016年江苏省工程造价咨询行业检查人员名录库，全省共有790多名各企业、部门的专家和造价管理机构的专业技术人员入库。"双随机抽查"方案，在省监管平台上随机抽取33家咨询企业，在江苏省工程造价咨询行业检查人员名录库中随机抽取20个专业检查人员组成5个检查小组，分赴全省13个市和3个省管县进行检查。

【加强对工程造价咨询企业和从业人员的动态监管】 2016年对26家不符合资质条件的咨询企业下发限期整改通知书，注销4家造价咨询企业资质，对24家咨询企业成立分支机构进行备案，配合行政审批中心做好甲级企业资质延续和企业诚信证明的开具工作。

【组织开展年度造价工程师继续教育工作】 2016年，全省共有9143名造价工程师参加中国建设工程造价管理协会网络继续教育，997名造价工程参加江苏省建设工程造价管理协会网络继续教育。开展3期造价工程师继续教育集中面授培训班，每期授课时间为2天半。课程涵盖绿色建筑、建筑产业现代化、建筑工程司法鉴定、PPP项目管理等方面，共有472名造价师通过培训完成2016~2017年度造价工程师继续教育课时。

工程质量安全监督

【工程质量管理】 深入推进工程质量治理两年行动，修订完善《江苏省住宅工程质量通病防治标准》，及时总结推广治理经验。继续开展住宅工程质量常见问题专项治理，全年共治理商品房裂缝9623项，渗漏9676项，保障房裂缝1344项，渗漏1274项。加快构建装配式建筑工程质量监管体系，编制《装配式结构工程施工质量验收规程》，制定《装配式混凝土结构工程质量控制要点》，开展装配式结构工程质量监督试点工作。大力推行分类监管，突出抓好城市轨道交通质量安全监督管理，研究开发"江苏省城市轨道交通建设工程质量安全管理信息系统"，规范工程质量安全监督、风险管控、验收管理等环节质量安全行为。推进工程质量监督执法规范化建设，制定《建设工程质量监督标准化执法手册》，明确执法依据、检查内容及方法、处理依据和处理方式。强化工程质量监督队伍能力建设，研发"江苏省工程质量监督业务能力考评系统"，采取线上理论考试和现场（模拟）考评相结合的方式，对全省质量监督人员开展业务能力考评，有效提升监督人员业务水平和依法行政能力。充分发挥样板工程的引导示范作用，积极培育示范工程，2016年全省新增"鲁班奖"工程7项，国家优质工程奖工程13项，省优质工程奖499项，工程建设质量水平全国领先。

【安全生产工作】 强化安全生产主体责任的落实，组织开展全省建筑施工安全生产专项整治工作。积极推进安全生产标准化建设，编制《江苏省建设工程安全监督档案指南（2016版）》，起草《江苏省建筑施工安全标准化案例选编》。制定发布江苏省工程建设强制性标准《建筑工地扬尘防治标准》，统一建筑工地扬尘防治技术标准和扬尘防治检查要求。完善企业安全生产管理体系，在全省建筑行业试行安全总监制度，组织编写施工企业安全总监培训系列教材，指导安全总监规范履职。加快推进监管信息化建设，对"江苏省建设工程项目现场监管信息系统"进行深层次开发运用，导入安全监管标准话用语和项目经理10项规定分值评定。严格安全生产事故处理，对建筑安全生产事故进行曝光，对事故企业相关人员进行强制培训。针对部分地区和个别施工企业事故高发势态，组织集体约谈，研究分析事故发生的原因和特点，总结事故经验和教训，提高事故预防和控制能力。全省未发生较大以上建筑施工生产安全事故，安全生产形势总体稳定可控。

建筑业

【概况】 2016年，是落实"十三五"规划开局之年，全省建筑业认真落实"四个全面"战略布局，牢固树立并贯彻"创新、协调、绿色、开放、共享"的发展理念，紧紧围绕"两聚一高"总目标，积极适应经济发展新常态，以科学发展和加快发展方式转变为主线，着力推进建筑产业现代化发展步伐，推进产业结构调整，加快企业转型升级，更加注重建筑产业发展质量，注重科技进步和创新驱动，注重建筑业在改善民生、推动城乡一体化和区域协调发展中的重要作用。在推进建筑业发展改革中创造新供给、释放新需要、打造新动力，促进江苏建筑业成为具有较高技术和管理水平的现代产业、节能环保的绿色产业、推动经济社会发展的支柱产业和富民产业。全省建筑业发展总体情况良好，继续保持平稳增长，全省建筑业总产值2.95万亿元，同比增长4.8%，工程结算收入2.54万亿元，同比增长4.4%，利税总额达到2276亿元，同比增长2.3%，建筑业增加值4173.7亿元，占全省GDP比重5.5%，支柱产业地位保持稳固，建筑业从业人员年均劳动报酬达到人均5.2万元，同比增长5.3%，是全省农村居民年人均收入的3倍，高于全省人均劳动收入，建筑业对转移农村富余劳动力，推动全省经济发展、社会和谐稳定、扩大城乡就业做出了重大贡献。

【主要经济指标】 建筑业总产值：省建筑业总产值29549.2亿元，同比增长4.8%，增幅与上年相比持平，占全国建筑业总产值比重为13.3%（以省统计局统计产值同口径测算），产值规模继续保持全国第一。

按施工类别划分，房屋建筑施工产值14850.8亿元，同比增长9.8%，占总产值比重50.3%，市政工程、建筑安装、装饰装修等专业施工产值分别为2838.2亿元、2757.5亿元、2575.7亿元，同比增长10.5%、2.8%和7.8%，公路和铁路工程、工矿工程、水利和港口航道工程等专业工程产值，同比分别下降6.9%、21.7%、22.0%。

按资质类别划分，全省44家特级资质企业共完成产值7127.7亿元，同比增长21.0%，占建筑业总产值比重为24.1%，一级总承包资质企业完成产值10264.6亿元，同比下降1.0%，二级总承包资质企业完成产值4612.2亿元，同比增长10.1%，三级总承包资质企业完成产值2831.0亿元，同比增长1.2%。总承包资质（不含特级资质企业）企业完成产值17707.8亿元，占建筑业总产值比重60.0%。

专业承包企业完成产值4381.7亿元，占产值总量的14.9%，占比较上年同期回落2.6个百分点，其中一级资质企业完成产值2113.3亿元，同比增长16.1%，二级资质企业完成产值1333.4亿元，同比增长3.5%，由于受新资质标准政策的影响，三级资质企业产值大幅下降，为935.4亿元，同比下降41.4%。

工程结算收入：2016年，建筑企业工程结算收入25392.2亿元，同比增长4.4%，较上年同期相比增幅上升了1.8个百分点。

企业营业额：2016年，建筑企业营业额31310.3亿元，首次突破3万亿元，较上年同期增长8.2%，增幅同比上升了3.6百分点。

行业利润：全行业利润总额达到1281.7亿元，同比增长1.5%，增幅较上年同期回落3.3个百分点。产值利润率为4.5%，与上年同期基本持平。从类别来看，房屋建筑工程利润总额为696.4亿元，同比增长3.02%，占全行业利润总额的54.3%，占比上升1.1个百分点，市政工程、安装工程、装修装饰工程和电力工程等专业工程分别为142.8亿元、131.4亿元、86.6亿元和39.5亿元，同比分别增长3.5%、3.9%、3.5%和1.8%，公路工程、铁路工程、水利水电工程等专业工程利润总额出现下滑，同比分别下跌5.4%、20.9%、25.03%。

新签合同额：建筑业签订合同额41507.02亿元，较上年同期增长14.8%，同比上升13.2个百分点，其中，上年结转17023.1亿元，当年新签合同额为24483.9亿元，较2015年同期分别增长8.5%和15.4%。房屋建筑工程签订合同额同比增长18.9%，市政工程、电力工程、装饰装修工程、建筑安装工程等专业工程分别增长12.8%、11.2%、9.5%、7.7%，铁路工程出现较大跌幅，同比下降28.7%。

竣工产值：全省建筑业共完成竣工产值24183.2亿元，同比增长6.6%。按行业类别划分，房屋建筑工程完成竣工产值16302.4亿元，同比增长7.8%，占总竣工产值的67.4%，市政工程、装饰装修工程、建筑安装工程、电力工程等专业工程竣工产值分别为1697.3亿元、1063.9亿元、1526.4亿元、310.9亿元，同比增长5.9%、4.2%、0.9%和5.3%。铁路工程和水利水电工程竣工产值同比分别下跌14.3%和8.2%。

建筑业增加值：全省建筑业共完成增加值4173.7亿元，同比增长2.9%，占全省GDP总量的5.5%，建筑业增加值已连续11年保持在全省GDP总量的6%左右。

上缴税金：2016年，建筑业上缴税金1004.6亿元，同比下跌2.4%，全年应交增值税298.99亿元。

人均劳动报酬：全省建筑业从业人员年均劳动报酬达到52737.1元/人，同比增长5.3%。建筑业从业人员从建筑业获得的收入继续保持增长，为改善城乡生活条件奠定良好的基础。

劳动生产率：2016年，全省建筑业劳动生产率达到349430.3元/人，同比增长3.7%。其中，省内劳动生产率为326421.8元/人，同比增长2.04%，省外劳动生产率为388596.2元/人，同比增长5.1%。全行业劳动生产率的不断提升，促进建筑业生产效益稳步提高。

建筑产业现代化：确定13个设区市的装配式建

筑、成品住房的面积指标,对相关指标也进行分解。全省共有10个示范城市、68个示范基地和26个示范项目。全年完成5014人次的专业技术技能人才实训和847人次的高级经营管理人才实训,还针对装配式建筑技术标准,开展500多人次的专项培训。全省完成建筑工业化产值3725.04亿元,同比增长10.2%,新开工装配式建筑面积581万平方米,竣工装配式建筑面积360万平方米,新开工装配式建筑占新开工建筑总面积比例4.2%,竣工装配式建筑占竣工建筑总面积的比例3.6%。

从业人员情况:全省从事建筑活动的平均人数(计算劳动生产率平均人数)853.6万人,同比增长2.1%;建筑业年末从业人数786.7万人,同比下跌0.86%,其中省内从业人数507.2万人,同比减少2.6万人,下跌0.5%,出省施工人数279.5万人,同比减少4.3万人,下跌1.5%。

省内从业人员中,本省人员近352.4万人,占省内从业人员69.4%,其中约251.2万人来自农村,占本省施工人数的71.1%,来自兄弟省市的从业人数154.8多万人,占省内从业人数的30.5%。省外从业人员中,江苏籍出省人数约124.2万人,占省外施工人数的约44.5%,在项目施工地招聘劳务人数约155.3万人,占省外施工人数的55.6%左右,境外施工人数3.1万人,较上年同期减少约0.7万人,占出省施工人数的1.1%。全行业共招收应届大学毕业生4.92万人,较上年同期减少约8100人,其中本省应届大学毕业生3.94万人,占招收大学毕业生总数的81.5%,占全省应届大学毕业生总数的7.2%,较上年以期下跌1.3个百分点。

注册建造师:全省注册建造师总数254970人,较上年同期减少12833人,其中一级注册建造师57265人,占注册建造师总数的22.5%,同比减少4833人,二级注册建造师197704人,占注册建造师总数的77.5%,同比减少8001人,注册建造师人数较上年同期减少4.8%。全省临时注册建造师11013人,其中一级临时注册建造师4022人,二级临时注册建造师6991人。其他注册执业人员:2016年,全省其他专业注册人员共计46290人。其中,注册监理工程师18318人,造价工程师14005人,注册建筑师3677人(一级建筑师2227人,二级建筑师1450人),注册结构师4110人(一级结构师3314人,二级结构师796人),注册工程师3706人(电气工程师1488人、化工工程师511人、公用设备师1707人),注册土木师(岩土)1220人,注册城市规划师1254人。注册执业人员总数较上年同期增加1354人,增长3.02%。

建筑业教育培训:2016年,全省建筑行业参加教育培训人数(三类人员,特种作业人员,八大类人员)达到464716人,其中参加安全员(三类人员)教育培训90538人,占教育培训人数的19.48%,完成建设领域部分岗位继续教育人数16255人,有15138人通过复检换证,组织特种作业人员培训考试203012人。全省建筑技经人员(技术人员和经营管理人员)总人数达到146.5万人,较上年同期减少5.9万人,技经人员(技术人员和经营管理人员)占从业人员比例同比下降3.9%,技经人员占施工人员比重达23.9%,占比下降2.9个百分点。

【市县建筑业情况】 2016年,南通建筑业继续保持强劲发展势态,苏北地区产值达到6805.3亿元,占总产值比重23.1%,与苏南、苏中地区差距进一步缩小。

区域发展情况:苏南地区建筑业总产值企稳回升,产值9032.5亿元,同比增长2.3%,占建筑业总产值30.6%,较上年同期占比上升5.4个百分点,苏中地区建筑业保持平稳发展,完成建筑业总产值13679.4亿元,同比增长5.4%,占全省产值总量的46.4%,苏北地区完成的建筑业总产值6805.3亿元,同比增长3.8%,增幅较上年同期下降7.4个百分点,占全省产值总量的23.1%。

设区市建筑业情况:南通市建筑业总量继续领跑全省,总产值6970.1亿元,与上年同期增长3.5%,占全省建筑业总产值的23.6%。苏南4市逐步走出低谷,产值总量较上年同期实现了增长,其中,南京市建筑业产值3406.1亿元,较上年同期增长1.2%,常州、苏州、无锡等市止跌回升,分别增长6.4%、3.2%、1.8%,镇江同比下跌3.6%,苏北地区连云港市和淮安市增长超过8%,产值分别780.5亿元和1604.6亿元,增长9.8%和8.4%,徐州市、盐城市产值规模小幅增长,同比增长3.2%和0.8%,宿迁市持续下跌,同比下跌2.2%。5个"建筑强市"产值达到19625.0亿元,同比增长4.4%,占全省建筑业产值的66.5%。

县(市、区)建筑业情况:全省建筑业营业额超百亿元的县(市、区)达到60个,较上年同期增加10个县(市、区),其中超200亿元的县(市、区)有32个,比上年同期减少1个县(市、区)。全省列入统计的64个县(市、区)上缴地方税收均超过亿元。通州区、海门市、海安县营业额分别达到1647.23亿元、1646.64亿元、1067.57亿元,位列全省前三位。

【建筑企业情况】 产业集中度：2016年，全省一级资质以上企业产值达到20554.30亿元，以一级以上企业产值占总产值比重的方法测算，产业集中度为69.6%，同比下降了2.9%，以企业总数前10%的企业完成产值占比计算，产业集中度为80.6%，同比下降1.8%（前10%企业完成产值23777.3亿元，同比增长2.9%）。

规模企业：2016年，全省建筑业产值百亿元以上企业达到34家，其中200亿元以上企业12家，较上年同期增加2家，300亿元以上企业6家，南通三建、南通二建、苏中建设、中南建筑、南通四建、华建集团等6家企业产值超过400亿元。

2016年，全省产值超亿元企业3354家，同比减少154家。其中，超100亿元企业34家，同比增加2家，50至100亿元企业46家，1亿元至50亿元企业3274家，同比减少156家。

企业资质：全省建筑业企业总数20116家，同比减少1984家。全省具有特级资质的企业44家，新增特级企业资质6家。从总承包资质等级数量来看，具有总承包一级资质的施工企业940家，具有总承包二级资质的施工企业3143家，具有总承包三级资质的施工企业6839家。从专业承包资质等级数量来看，具有专业承包一级资质的施工企业1391家，具有专业承包二级资质的施工企业8375家，具有专业承包三级资质的施工企业7637家。具有专业承包不分等级资质的施工企业3225家，具有劳务分包资质的施工企业527家。

资质分类：全省具有施工总承包资质涉及12个领域共13851项。从资质等级来看，特级资质50项，一级资质1124项，二级资质3786项，三级资质8891项。从资质类别来看，房屋建筑工程5993项、市政公用工程5824项、水利水电工程571项、公路工程313项、机电工程190项、电力工程313项，房屋建筑、市政公用工程、水利水电工程、公路工程是江苏省施工总承包优势专业。专业承包资质涉及36个专业领域共27952项。专业承包一级资质2096项，二级资质12090项，三级资质10461项，不分等级资质3305项，建筑装饰装修资质6127项、防腐保温工程3315项、钢结构工程2373项、电子与智能化工程1944项、地基基础工程1606项。超百项的资质28项，占专业资质总类的77.8%，其中装饰装修、钢结构、防腐保温、电子与智能化工程、地基基础、桥梁工程、消防工程6个专业类别资质超过1000项。

全省工程勘察和设计企业（含设计一体化企业）共计3128家，其中勘察设计企业1448家，设计一体化企业1680家，工程监理企业696家，其中综合资质企业4家，甲级资质企业409家，乙级资质企业223家，丙级资质企业60家，招标代理资质企业688家，其中甲级资质企业162家，乙级资质企业222家，暂定乙级资质企业304家，工程造价咨询企业611家，其中甲级资质企业297家，乙级和暂定乙级资质企业分别为286家和22家。

【建筑市场情况】 省外市场进一步向好，市场份额稳中有升，较上年同期增长6.5%。随着京津冀一体化规划、振兴东北、长江经济带、中部崛起等战略的进一步推进，传统地区保持稳定增长，华中、华南、西南等区域产值增幅在20%以上。积极对接"一带一路"战略，境外市场拓展前景良好，在保持亚洲、非洲、中东等传统市场稳定发展的基础上，积极开拓"一带一路"沿线国家市场，"走出去"步伐不断加快，6月参加澳门葡语国家高峰论坛，对接葡语国家建设领域合作，越来越多的建筑企业把开拓国际市场作为重要的发展战略，形成一业为主、多元发展，国企、民企并驾齐驱的格局。

省内市场，固定资产投资：全年完成固定资产投资49370.9亿元，比上年增长7.5%。其中，国有及国有经济控股投资10444.3亿元，增长5.1%，港澳台及外商投资4692.8亿元，增长20.3%，民间投资34233.7亿元，增长6.8%，占固定资产投资比重达69.3%。分类型看，完成项目投资40414.5亿元，比上年增长7.1%，房地产开发投资8956.4亿元，增长9.8%。投资结构持续调优，第一产业投资293.1亿元，比上年增长26.2%，第二产业投资24673.8亿元，增长7.8%，第三产业投资24403.9亿元，增长7.1%。第二产业投资中，工业投资24544.4亿元，增长7.9%，其中制造业投资22869.7亿元，增长7.7%。技术改造投资14570亿元，增长14.8%，占全部投资比重达29.5%，其中工业技改投资13603.9亿元，增长10.2%，占工业投资比重达55.4%。高新技术产业投资8010.8亿元，增长6.3%。

省外市场：2016年，省外完成产值12260.7亿元，同比增长6.5%，国内市场继续保持平稳增长。其中，华南、西南、华中地区增幅均在25%以上，分别增长42.1%、33.1%、25.5%，东北、华北地区降幅较大，分别下降20.3%、16.2%，西北地区下降2.8%。从区域情况来看，建筑业总产值超过300亿元的省外区域市场达到17个，较上年增加1个。

境外市场：2016年，全年新批境外投资项目

1067个，比上年增长21.3%，中方协议投资142.2亿美元，比上年增长38.0%。江苏省对外承包工程新签合同额约72.8亿美元，同比下降6.5%，完成营业额约91.1亿美元，同比增长3.9%，居全国第三位，期末在外32403人，同比下降14.5%。其中5000万美元以上项目36个，较上年减少1个，新签合同额36.9亿美元，同比下降25.3%，完成营业额7.1亿美元同比下降33%。其中，江苏永鼎泰富工程有限公司孟加拉库尔纳联合循环电站3亿美元，是江苏省2016年在海外新签的最大工程承包项目。全省对外劳务合作新签劳务人员合同工资总额4.5亿美元，同比下降12%；劳务人员实际收入总额7亿美元，同比下降7.1%，居全国第4位。江苏省在"一带一路"对外承包工程完成营业额43.4亿美元，同比增长1.6%。江苏省赴"一带一路"国家投资已覆盖沿线64个国家中的54个。印度尼西亚、新加坡、柬埔寨、泰国、巴基斯坦、马来西亚、越南、印度、俄罗斯和哈萨克斯坦成为江苏省在沿线投资前10名国别。

【市场监管情况】 诚信管理：不断完善建筑市场诚信体系和信息数据共享管理，实现全省各地企业库、项目库和人员库信息与省建筑市场信用平台数据实时对接关联，江苏省"一体化平台"共纳入企业40266家（含施工23212家、监理1144家、城市规划94家、城市园林绿化890家、工程勘察228家、工程设计1294家、造价咨询588家、招标代理715家、施工图审查55家、房地产开发10273家、房地产评估320家、房屋拆迁427家、物业1026家），各类人员1899246人（含注册人员、关键岗位人员、技术工人及省外关键岗位人员），参与信用评价的施工企业20645家，项目登记85773个。

招投标管理：全省发包登记18334个项目，房建面积33430万平方米，投资总额24488亿元，发包标段36637个，合同总价5515亿元。招标发包24377个标段，中标额3806亿元，直接发包10068个标段，合同价1957亿元。招标发包中公开招标22405个标段，中标额3278亿元，邀请招标1972个标段，中标额527亿元。通过招投标节省投资377亿元。省办直接监管36个项目，投资总额90.81亿元，招标400个标段，中标价24.59亿元。其中施工169个标段，中标额17.7亿元，材料设备80个标段，中标额5.98亿元，设计监理148个标段，中标额0.91亿元。全省共计24377个标段采用电子招投标，电子招投标率92.2%。其中施工17813个标段，电子招投标率96.7%，货物573个标段，电子招投标率65.6%，服务类4093个标段，电子招投标率80.6%，其中监理3585个标段，电子招投标率96.2%，电子资格预审1530个标段，电子预审率61.7%。远程异地评标2926个标段，占51.5%。

造价管理：发布《省住房城乡建设厅关于建筑业实施营改增后江苏省建设工程计价依据调整的通知》，完成价税分离体制下各地材料指导价和信息价的发布工作，实现建筑业"营改增"在工程造价的平稳过渡。全年累计完成200个省管工程项目的招标控制价备案工作，共计金额18.42亿元。建立江苏省工程造价咨询行业检查人员名录库，全省共有790多名各企业、部门的专家和造价管理机构的专业技术人员入库。在省监管平台上随机抽取了33家咨询企业，在江苏省工程造价咨询行业检查人员名录库中随机抽取了20个专业检查人员组成5个检查小组，分赴全省13个市和3个省管县进行检查。完成对全省594家咨询企业统计报表的二次审核工作。全省共有9143名造价工程师参加中国建设工程造价管理协会网络继续教育，997名造价工程参加了江苏省建设工程造价管理协会网络继续教育。

资质管理：2016年，共受理申报企业资质31865件（份），核准各类资质31369件，报部2399件。其中：受理设计施工类资质15446件，报部1926件，办理信息变更7462件，受理房地产类资质5935件，办结5848件，报部216件，办理信息变更415件，受理工程建设类资质3593件，办结3451件，报部257件，办理信息变更2047件，受理安全生产许可证6891件，办结6866件。发放3类人员证书35000本，办理三类人员变更66984人，受理执业资格注册申报材料167389份，办结166851份，发放各类注册证书157467本。在上年完成6315家企业资质换证工作的基础上，继续有序推进换证工作的展开，完成4943家企业资质换证工作。

清欠管理：全省清理规范工程建设领域各项应取消保证金共11项19.7亿元。受理拖欠农民工工资投诉1632件，较上年减少298起，同比下降15.4%，涉及金额22.7亿元，同比减少0.7亿元，结案1341件，解决拖欠工资15.8亿元。全省共引发农民工群体性讨薪事件41起，同比减少16起，结案36起，未发生一起群体性恶性事件。38家建筑施工企业被限制全省市场准入、24家建筑施工企业被全省通报批评、29名施工项目负责人被限制全省建筑市场准入和43名建筑劳务人员被全省通报批评。

注：年鉴中使用数据是根据省住房和城乡建设厅、省统计局共同制定的报表制度采集汇总而来，

统计范围包括江苏省住房和城乡建设厅职能范围内所有取得资质的建筑企业（含预拌混凝土、钢结构、门窗、消防等工业企业）数据，不包括省外进入江苏施工的建筑企业数据。固定资产投资、重大工程项目、农民居民平均收入等数据摘自《2016年江苏省国民经济和社会发展统计公报》。

建筑节能与科技

【建筑节能与绿色建筑概况】 2016年，江苏省发布《江苏省"十三五"建筑节能与绿色建筑发展规划》。率先实现新建建筑全面按一星级以上绿色建筑标准设计建造，发布实施《绿色建筑工程施工质量验收规范》，实现绿色建筑全过程闭合管理。安排省级建筑节能专项引导资金20000万元，用于扶持各类建筑节能与绿色建筑项目。全省节能建筑总量达到16.1亿平方米，绿色建筑总量达到1.45亿平方米，节能建筑规模全国最大、绿色建筑数量全国最多。

【新建建筑节能】 2016年，全省新增节能建筑1.77亿平方米，其中节能居住建筑1.32亿平方米，节能公共建筑0.45亿平方米，节约标准煤166万吨、减少二氧化碳排放459万吨。率先在夏热冬冷地区实施居住建筑节能65%强制性设计标准，并进一步加强新建建筑能效测评管理，共有1103个项目通过建筑能效测评。

【绿色建筑】 2016年，江苏省新增绿色建筑评价标识的项目共计326项，总建筑面积3352万平方米。其中一星级绿色建筑标识项目139项，总建筑面积1293万平方米，二星级绿色建筑标识项目152项，总建筑面积1749.5万平方米，三星级项目35项，总建筑面积309.5万平方米。积极推动绿色运行管理，2016年共8个项目获得绿色建筑运行标识，总建筑面积104.4万平方米，全省绿色建筑标识数量和规模继续稳居全国第一。印发《关于绿色建筑评价标识管理有关工作的通知》，制定《绿色建筑评价标识实施细则》，对符合条件的一星级绿色建筑直接颁发标识证书。成功召开第八届江苏省绿色建筑国际论坛。

【绿色建筑区域示范】 2016年，全省新批准绿色建筑示范城市（县、区）2个，绿色生态城区区域集成示范3个，绿色建筑区域示范实现苏南、苏中、苏北13个省辖市的全覆盖，并向县区拓展。全省62个绿色生态示范城区范围内共计有600个项目获得绿色建筑评价标识，总建筑面积约6000万平方米，占全省总量的50%，其中：二星级及以上面积占比近60%，运行标识项目总建筑面积423.8万平方米。建成预制装配式建筑共计46.8万平方米，实施地下空间总面积1468.3万平方米，实施综合管廊近42.4千米，实施建设各类区域能源站38个，服务建筑面积1251万平方米，可再生能源建筑应用面积约8029万平方米。打造或建设一大批住宅全装修、绿色施工、绿色照明、水资源和固废资源综合利用等节约型城乡建设项目亮点工程。绿色建筑区域示范已成为各地绿色建筑和生态城区快速发展的引导者和集聚地，有力推动绿色建筑区域集中发展。

【可再生能源建筑应用】 2016年，新增可再生能源建筑应用面积5833万平方米，其中太阳能光热建筑5411万平方米，浅层地能建筑应用面积422万平方米。率先完成国家可再生能源建筑应用示范市县验收评估，并开展可再生能源建筑应用示范总结和宣传展示工作。省级建筑节能引导资金批准立项可再生能源建筑应用和超低能耗建筑示范项目11项，补助资金1151万元。

【既有建筑节能改造】 2016年，全省实施建筑节能改造面积668万平方米，其中既有居住建筑节能改造230万平方米，既有公共建筑节能改造438万平方米。省级建筑节能引导资金确立既有建筑节能改造示范区（市、县）和既有建筑节能改造示范两种类型，支持镇江市申报既有建筑节能改造示范城市，省级财政补助资金1500万，支持既有建筑节能改造示范项目3个，省级财政补助资金212万元，推动以合同能源管理模式实施公共建筑节能改造，省级财政补助资金2545万元。

【监管体系建设】 2016年，节能监管建设深入推进，建成覆盖全省的公共建筑能耗监测平台，实现对1393栋建筑的能耗监测数据上传和实时监测，覆盖面积达2925.3万平方米，监测楼宇数量全国最多。全省开展建筑能耗统计3131项、累计完成能源审计601项、累计完成能耗分项计量并实时上传数据的679项。

【科技概况】 2016年，江苏省发布《江苏省"十三五"建设科技创新规划》，围绕节约型城乡建设各项工作，通过重点领域专项研究和示范引导建设市场发展。建设科技工作紧紧围绕建设美丽宜居江苏的重点任务，组织开展科研攻关和示范，从城乡规划与城市设计、宜居村镇与新农村建设、建筑产业现代化、智慧城市与城镇功能提升、建筑节能与绿色建筑、信息化技术应用、工程质量安全与抗震防灾9个重点领域开展专项研究与应用，其中"大底盘超高层建筑隔震设计及施工综合关键技术研究"等107个研究项目被住房城乡建设部科学技术计划项目立项,"江苏生态园林城市建设策略与评价体系研究"等158个研究项目被江苏省建设系统科技项目立项,补助经费178万元。全年共有75个科技课题项目通过省级科技成果鉴定,科技成果斐然。

【科技成果推广】 2016年,江苏省评估认定建设领域科技成果285项,组织既有推广证到期更换385项,共计670项。为加强建筑产业现代化科技支撑,经过充分调研,广泛征求意见,针对生态城区及市政工程技术(含海绵城市和市政综合管廊)、建筑产业现代化及绿色施工、智慧城市及信息化应用技术、绿色建筑与绿色建材技术、新农村建设5个方面,发布《江苏省建设领域"十三五"重点推广应用新技术和限制、禁止使用落后技术公告》(第一批)公告。

【科技进步】 "软土地基沉降控制刚性桩复合地基新技术与应用"项目获得2016年度国家技术发明二等奖,"严酷环境中混凝土结构钢筋高效阻锈成套技术及工程应用"等5个项目获2016年度华夏建设科学技术奖,教授吕志涛获得2016年度江苏省科学技术突出贡献奖,江苏省邮电规划设计院有限责任公司获得2016年度江苏省企业技术创新奖,"冬夏双高效空调系统关键技术及建筑节能集成应用"等3个项目获2016年度江苏省科学技术进步一等奖、"铰链式混凝土生态护坡关键技术创新及其推广应用"等4个项目获2016年度江苏省科学技术进步三等奖。同时积极开展2016年度江苏省绿色建筑创新奖评选工作,"中国常熟世联书院(培训)项目(一期)"等16个项目获2016年度江苏省绿色建筑创新奖。增强科技进步对江苏省建设行业发展的支撑和引领作用,推动江苏省建设行业整体进步。

【工程建设标准化】 2016年,江苏省编制发布《江苏省民用建筑信息模型设计应用标准》等29项地方标准、标准设计,认证公告《先张法预应力混凝土耐腐蚀切角方桩》等工程建设企业技术标准和标准设计共17项。开展标准宣贯培训和注册人员继续教育,累计培训专业人员超过1万人次。

【智慧城市】 2016年,基于住房城乡建设部下发的《智慧城市公共信息平台建设指南》,由省住房城乡建设厅统一组织,开发形成具有江苏省特色的城市公共信息平台,在南京建邺区和盐城城南新区进行试点应用,实现两个试点城市各部门数据共享。受住房城乡建设部建筑节能与科技司委托,组织南京大学、南京工业大学、江苏省邮电规划设计院有限公司等单位编制完成《江苏省智慧城市建设验收导则》,为江苏省智慧城市创建和验收工作提供依据。根据验收导则,开展盐城城南新区试点创建预验收工作,总结试点完成情况和需要改进事项。开展全省智慧城市试点和专项试点工作总体进展情况调查,重点解各试点城市考核指标完成情况,在支撑管理、服务社会、促进经济社会发展、提高工作效率、改善服务质量等方面取得的实际成效。

【建筑产业现代化科技支撑】 2016年,按结构体系、部品部件、连接节点、新型建材、BIM技术和标准规范6个方向系统性组织开展建筑产业现代化技术研发,确定21个项目,资助研究经费500万元。编制完成《江苏省建筑产业现代化技术导则》和《江苏省装配式建筑(混凝土结构)施工图审查导则(试行)》,为技术研发、工程设计和施工图审查提供依据和指导。结合江苏省的实际情况,制定《江苏省建筑产业现代化技术标准体系》和《江苏省建筑产业现代化标准编制计划》,已制定发布《装配整体式混凝土剪力墙结构技术规程》等13部标准。发布《江苏省装配式建筑(混凝土结构)施工图审查导则(试行)》,为技术研发、工程设计和施工图审查提供依据和指导。组织召开建筑产业现代化设计研发类示范基地申报培训会议进行宣传动员,鼓励设计企业申报设计研发类示范基地,共确定18个设计类示范基地。开展建筑产业现代化技术培训,针对设计人员已培训1400人次,有效推进更多设计人员掌握建筑产业现代化设计技术。综合建筑产业现代化工作涉及的专业情况,开展专家信息征集并确定专家委员会的成员和工作职责。

【勘察设计行业概况】 截至2016年12月底,全省共有勘察设计(含设计施工一体化)企业3180家,从业人员206024人。全年营业收入总计27997507.3万元,比上年增加12.54%,其中工程勘察收入357200.54万元,比上年增加9.19%,工程设计收入2430451.44万元,比上年增加6.47%。全年科技活动费用支出总额为377097.84万元,比上年增加25.88%,科技成果转让收入总额235815.85万元,比上年增加57.51%,企业累计拥有专利10549项,比上年增加63%,累计拥有专有技术2636项,比上年增加52%,企业获国家级、省部级奖3661项,比上年增加53%,参加编制国家、行业、地方技术标准527项,比上年增加14%。2016年勘察设计行业绝大多数财务及业务指标均有一定程度的提高,企业科技活动投入明显提高且成效显著,圆满完成各项勘察设计任务,保持行业的稳定发展,并取得良好的经济效益。

【施工图审查概况】 全省共有施工图审查机构55家，其中事业单位性质机构38家，国有企业性质机构9家，民办非企性质机构8家，其中具有房屋建筑工程审查资格的机构55家（一类25家，二类30家），其中具有市政基础设施工程审查资格的21家（一类12家，二类9家）。全省有施工图审查人员1712名，其中一级审查人员1131名，二级审查人员581名。全年共审查工程勘察项目10021项，审查发现并纠正违反强制性条文1287条次，审查房屋建筑工程项目20598项，建筑面积26873.63万平方米，审查发现并纠正违反强制性条文30356条次，审查市政基础设施工程项目1860项，审查发现并纠正违反强制性条文186条次。

【勘察设计市场及质量监管】 2016年，组织开展工程勘察设计质量及市场行为抽查工作，随机抽取全省110项房屋建筑工程项目，组织专家对被抽取项目的工程勘察、建筑、结构专业质量情况，施工图审查情况及项目完成单位的勘察设计市场行为进行审查，对存在问题的单位和人员进行通报并依法处理。对112家资质新申请、升级、增项的本省企业开展业绩核查工作，对存在问题的单位依法进行处理。组织开展省外勘察设计企业年度资质核验工作，共有30家企业获准年度资质核验。

【技术进步】 成功举办以"悦读·空间"为主题的第三届紫金奖·建筑与环境设计大赛。大赛吸引来自7个国家（地区）、国内26个省市自治区的366所设计机构和高校的数千名设计师、学生及公众参与，社会影响力大大增强。大赛共评出紫金奖评委会大奖1项、紫金奖创意设计奖20项、优秀作品奖135项、企业奖8项、单项奖5项、网络奖20项。大赛除全过程利用线上新媒体，并在决赛阶段采用选手现场对决、评委选手互动、电视网络播出的形式外，还组织开展展览、专题高峰论坛、专题访谈、优秀作品落地建造、设计成果专利申请等活动。大赛对推动全民创意、弘扬建筑文化、遴选优秀人才、促进优秀成果的落地转化提供很好的平台和途径。

组织开展省城乡建设系统优秀勘察设计奖评选和省级"四优"奖评选工作，有490个项目获省城乡建设系统优秀勘察设计奖，819个项目获省级"四优"奖，推动勘察设计人员创新创优的热情。

【注册人员继续教育】 开展2016年度注册建筑师、注册结构工程师、注册土木工程师（岩土）继续教育工作，共有1884名注册建筑师、1228名注册结构工程师、360名注册土木工程师（岩土）参加了继续教育。

人事教育

【加强机构管理】 顺应事业改革发展需要，对江苏省住房城乡建设厅驻外办事处进行改革。撤销、合并、划转一批机构。

【评选第二批江苏省设计大师】 在南京组织召开第二届江苏省设计大师评选工作，分发挥江苏省城乡规划、建筑和风景园林设计行业杰出人才的示范、引领作用，加快提升城乡建设水平，大力促进城市空间特色塑造品质。本届大赛共有10人获得第二届江苏省设计大师称号。

【编制"十三五"人才规划】 从住房城乡建设事业和人的全面发展需要出发，以提高人才质量和效能为核心，以立德树人为根本、以提高质量为基础，以促进和稳定就业为导向，完成全省建设系统"十三五"人才规划编制工作。

【大力开展岗位练兵和职业技能竞赛】 按照省政府统一部署，组织承办第三届技能状元大赛智能楼宇分赛的决赛工作，全省近万名职工参加了大赛选拔。会同江苏省总工会等相关职能部门开展全省住房城乡建设系统"百万农民工技能大赛"。全年组织包括楼宇智能化、环卫行业机械保洁、城市照明行业维修电工、自来水行业管道维修工等7个工种的省级技能比武和竞赛活动。

【大力培育江苏建筑工匠精神】 大规模开展技能培训鉴定，全系统全年培训高级工超过37040人、技师（含高级技师）超过3130人。进一步规范特种作业人员考核管理工作，强化事中事后监管，确保基地管理规范有序和考核工作的公平公正。

【积极推进农民工职业化进程】 配合建筑企业资质就位，以加强建筑业工人培训为突破口，大规模开展全省技能人才培训和鉴定工作。年度共计约有32万人次取得各种等级的职业技能证书。

【举办领导干部培训班】 与省委组织部联合举办第130期领导干部生态城市建设专题研究班。研究班历时3天，来自全省各设区市、县（市、区）分管领导以及建设局（委）、规划局、房产局、城管局主要负责人的共计154位党政领导干部参加了培训。

【开展计算机考试试点】 在全国住房城乡建设现场人员岗位考试题库建设的基础上，集中力量组织研发江苏省住房城乡建设领域岗位考核计算机考试管理系统，完备网上报名、在线缴费、资料存储、后置核验等核心功能。同时，制定无纸化标准考点设置标准，精心指导各地加快无纸化考点建设。成功组织全国建筑施工现场专业人员职业标准无纸化考试观摩交流会，住房城乡建设部人事司在江苏省召开全国住房城乡建设系统计算机化无纸化考试工作现场观摩会，共有17个兄弟省市的领导和同行参加调研指导，为全国无纸化考核工作贡献"江苏样本"。2016年度在全省已评估通过4个计算机考试考点场所，并已开始进行考试工作。

【加强职称工作"两信"建设】 进一步完善职称评审信息化水平和信用管理体系。围绕优质评审、高效评审、阳光评审的目标，不断改进优化职称评审平台，圆满完成2016年度高级职称、中级职称评审。

（江苏省住房和城乡建设厅）

浙 江 省

概况

2016年，在中共浙江省委、省政府和住房城乡建设部的领导下，浙江省住房城乡建设系统紧紧坚持从全局谋大局、务民生促发展，奋勇争先，狠抓落实，全面完成中共浙江省委、省政府交办的各项目标任务，为推进"十三五"住房城乡建设事业发展继续走在前列起好步，开好局。圆满完成G20杭州峰会服务保障任务，新型城市化战略深入实施，"三改一拆"强势推进，小城镇环境综合整治全面铺开，"五水共治"不断突破，"交通治堵"加快推进，人居环境不断改善，建设领域改革和产业转型不断深入，建设行业作风建设和整体形象不断提升，为全省经济社会发展做出应有的贡献。浙江省住房和城乡建设厅被省政府评为目标责任制考核优秀单位。

法规建设

【地方性法规】 省建设厅配合省人大起草《浙江省房屋使用安全管理条例》草案，已经省十二届人大常委会第三十五次会议初审。配合省法制办修改、完善《浙江省餐厨垃圾管理办法》草案，已经省政府第76次常务会议审议通过。与住房城乡建设部开展部省合作，完成《中华人民共和国建筑法（修订）》草案起草任务。

【规范性文件】 研究起草《中共浙江省委省政府关于进一步加强城市规划建设管理工作加快建设现代化城市的实施意见》、《中共浙江省委省政府关于深入推进城市执法体制改革改进城市管理工作的实施意见》、《浙江省人民政府办公厅关于推进绿色建筑和建筑工业化发展的实施意见》等重要规范性文件，由中共浙江省委省政府予以印发，为全省城乡建设转型发展提供有力保障。制发规范性文件16件。对2016年12月20日以前制发的215件规范性文件进行了全面清理，决定继续有效的154件，暂时保留但停止执行与上位法不一致内容的24件，宣布失效的10件，废止的27件。

【行政复议】 行政复议体制改革前，收到行政复议申请29件，受理18件，全部按期审结，做出维持决定12件、撤销决定1件、责令限期履行职责决定1件，经协调做出终止决定4件。行政复议体制改革后，积极支持省行政复议局工作，移交行政复议申请11件，对省行政复议局提出的协作要求均及时响应、落实。办理行政复议答复案件8件、行政应诉案件54件，均认真研究答复、答辩，在法定期限内提交证据、依据等材料，按照行政复议机关、人民法院要求参加听证、庭审活动，积极配合做好协调化解行政争议相关工作，自觉执行人民法院做出的生效判决。

房地产业

【供给侧改革】 省政府出台《浙江省房地产供给侧结构性改革行动方案》，重点围绕"稳房价、去库存、优结构、建机制"推进改革。提出坚持促进需求、消化库存和稳定价格相结合，坚持去库存和调结构相结合，坚持优化存量和引导增量相结合，逐步化解区域性、结构性房地产库存，促进房地产市场长期平稳健康发展的总体要求。提出2017年全省在售商品住宅库存消化周期保持在10～16个月的合理水平。到2020年，全省兼并、重组、淘汰房地产企业20%以上，强企名企市场份额达到75%以上，产业集聚发展能力明显提升等具体目标任务。提出推进棚改货币化安置、支持自住型和改善型购房需求、鼓励新市民购房和农民进城购房、消化非住宅商品房库存、用足用好住房公积金政策、全面建立商品房供地与库存、价格挂钩办法、促进住房租赁市场发展、加强公共配套设施建设八项措施，同时发展跨界地产、提升产业水平、发展总部经济、推动兼并重组、落实减负措施，完善土地供应制度、完善开发经营制度、完善财税信贷制度、完善统计监测制度。

【房地产市场运行】 商品房销售再创新高。2016年商品房销售在"去库存"的大环境下和出台改革利好政策作用下，继续保持旺销势头，再创历史新高。截至年底全省商品房销售面积8637万平方米，同比增长44.3%，商品房销售额9605亿元，同比增长52.5%，其中住宅销售面积7234万平方米，销售额8281亿元。房地产业投资和贡献稳定向好。全省房地产投资触底回升，1～8月同比增长0.5%，实现转降为增，全年完成投资7469亿元，同比增长5%。全省房地产业税收累计入库1220.7亿元，同比增长16.6%，占全省税收收入的14.1%，房地产业增加值2817.3亿元，同比增长11.9%，占同期地区生产总值的6.1%。在国民经济社会发展中继续发挥支柱性作用。城市房价逐步回稳。全省住宅价格总体走势先扬后抑，逐步回稳。全省新建商品住宅销售价格环比指数从3月份开始涨幅偏大，9月份达到2016年的最高值4.1%。全省新建商品住宅销售价格同比指数也连续上涨，10月份达到2016年的最高值21.2%。面对这种过快上涨形势，及时指导各地出台调控政策、加强市场运行分析监测、整顿市场秩序，全力稳房价防风险。10月以后，各城市全省环比指数迅速回落，2016年12月份的环比指数降为零，同比指数回落到19.8%，热点城市和苗头性城市房价上涨得到控制，其他城市房价保持10月份水平。

【去库存工作】 全省新建商品房可售房源面积8532万平方米，相比年初减少3028万平方米，下降幅度26.2%。按照过去12月月均销售量测算，年底去化周期11.7个月，相比年初减少10.5个月（其中，商品住宅可售房源4445万平方米，去化周期7.3个月，相比年初减少8.5个月）。对照国家去库存目标，全省去库存目标任务时间提前2年完成。

【房地产监管】 加强房地产信息监管分析，以省级八部门房地产市场分析联系机制为基础，由省建设厅牵头每月一次互通数据，每季度一次召开房地产市场形势分析会，定期形成高质量的分析报告供领导决策参考。全面开展房地产市场清理检查。2016年7月开始，展开为期半年的全省房地产中介专项整治工作，查处并通报了房地产企业不规范经营的典型案例。省建设厅与省地税局联合下发《关于落实住房城乡建设部等部门加强房地产中介管理促进行业健康发展意见的通知》，加强与地税部门的联动监管。加强交易管理能力，省建设厅下发《关于进一步做好房屋交易和产权管理工作的指导意见》，加强与省地税局等部门的信息共享。加快物业服务业发展。研究拟定《关于规范物业保修金退还等相关事项的通知（征求意见稿）》，开展省级物业管理示范项目评选，杭州迪凯国际中心、钱塘航空大厦等16个住宅小区（大厦）项目被评为省级物业管理示范项目。积极推进住宅产业化。浙江亚厦装饰股份有限公司通过建立国家住宅产业化基地评审。温州康欣花园、嘉兴金都景苑等24个项目被评为国家康居示范工程项目。杭州市发展绿城的翡翠城凌霄苑及留庄高级公寓、杭州市新明半岛生态居住区通过国家3A住宅性能认定。此外，分别有18个和5个小区通过国家2A和1A住宅性能认定。加强行业协会管理。全省共有房地产估价机构389家，申请加入省房地产估价师与经纪人协会的有318家，共有经纪机构8159家。完善房地产估价机构备案管理制度，指导协会制定和印发《浙江省房地产估价机构资信评定办法（试行）》，明确房地产估价机构资信评定的标准和办法。做好房屋阳光征收和补偿指导工作。继续推进"阳光征收"信息化建设，加快研发房屋征收信息系统。加快清理拆迁遗留项目。要求各地对2011年国务院征收补偿条例实施前尚未实施完毕的拆迁遗留项目进行认真的梳理，通过加大拆迁裁决和强制搬迁力度，依法依规完成拆迁遗留项目的清理工作。

【城镇危旧房改造】 深入实施"城镇危旧房治理改造三年行动计划"，下发《2016年全省城镇危旧住宅房屋治理改造工作要点》，将治理改造任务列入省政府对各地政府的年度工作责任书。各地主管部门制定一系列配套政策，开展全省城镇危旧住宅房屋治理改造检查和督查，探索建立网格化巡查机制。省建设厅对期间完成年度任务不到20%的12个县（市、区）政府主要负责人进行约谈。截至2016年底，全省已全面完成丙类住宅房屋安全鉴定和危旧房三年规划编制工作，累计完成城镇危旧住宅房屋治理改造15665幢、1009万平方米，分别占年度目标任务的132.4%和130.4%，分别占三年总任务的79.5%和78.3%。

住房保障

【棚户区改造】 2016年，全省新开工城市棚户区改造23.5万套（户），基本建成棚户区改造、公共租赁住房24.1万套,新增发放城镇低收入住房困难家庭租赁补贴7802户,分别完成国家下达目标任务的102.8%、138.8%和263.9%,连续七年提前超额完成国家下达目标任务。

【要素保障】 2016年,全省共争取到中央各类资金97.1亿元,其中中央财政专项补助资金22.1亿元,中央预算内投资计划资金18.1亿元,国家专项建设基金56.9亿元。新增保障性安居工程用地供应1555.4公顷,完成年度计划任务的100.5%。国开行贷款方面,2016年全省共推荐13个批次共计82个项目申请国开行贷款,覆盖棚改规模6.9万套,申请贷款额度420亿元。全年获得新增贷款授信538亿元(位列全国第五),发放贷款551亿元(位列全国第五)。农发行贷款方面,6月20日,省建设厅与农发行浙江省分行签订"十三五"时期战略合作框架协议,积极争取农发行政策性金融贷款。2016全省共推荐32个批次共计127个项目申请农发行贷款,覆盖棚改规模7.5万套,申请贷款额度816亿元。全年获得新增贷款授信354.3亿元(位列全国第六),发放贷款66亿元(位列全国第十五位)。省建设厅、省财政厅印发《浙江省政府购买棚改服务管理暂行办法》,进一步规范浙江省政府购买棚改服务行为,指导各地做好政府购买棚改服务具体工作。

【棚改货币化安置】 严格控制新建安置住房项目,打通棚改安置住房与普通商品住房通道,切实采取优惠措施,引导棚改家庭选择货币化安置。全省共实施棚改货币化安置7.5万套,占棚改开工总套数的31.9%。与2015年相比,货币化安置数量增长200%,货币化安置比率增长20.6个百分点。货币化安置协议的数量占同期签订的征收拆迁协议数量的71%。

【公租房分配】 各地进一步完善公租房分配管理政策,对历年开工的公共租赁住房项目再次全面排摸,确保底数清、项目明、数据准,并及时掌握建设、分配进展情况。通过拓宽保障范围、加快受理分配,全省全年新增公租房分配入住5.65万套,累计分配入住50.86万套,分配入住比例达到85.2%。

公积金管理

【概况】 2016年,全省住房公积金缴存归集稳步增长,资金使用持续攀升,资金运行高效安全,各项业务指标实现平稳健康发展,使用效率达到历史最高水平,全省已无结余资金。截至年底,全省实缴职工584.8万人,实缴单位16.4万家,缴存总额突破6000亿、达6800.1亿元,累计发放个人住房贷款151.4万笔、4433亿元,贷款余额2583.5亿元,占全省个人住房贷款余额(公积金贷款余额+商业银行贷款余额)的16.7%,贷款率100.2%,高于全国平均水平11.4个百分点,资金使用率100.1%,同比增长2.1个百分点,贷款逾期率为万分之一点五。全年全省净增缴存职工42.5万人,完成年度目标的168%,归集住房公积金1038.1亿元,同比增长17%,完成年度目标的136.2%,提取住房公积金765.7亿元,同比增长19.3%,发放个人住房公积金贷款685.4亿元,发放公积金"公转商"贷款264.7亿元,全省稳定住房消费1451.1亿元,同比增长11.1%,完成年度目标155%,公积金释放住房消费占全省住宅销售额11.4%。

【政策支持】 全省各地积极调整完善住房公积金政策,通过适当降低缴存比例,落实存款利率调整,切实维护缴存职工合法权益。并稳步拓宽住房公积金使用范围,探索农民工进城购房使用住房公积金政策,逐步探索推出住房公积金支持危旧房改造、绿色建筑、装配式建筑、住宅全装修、旧住宅加装电梯等扶持政策,为浙江省全面完成房地产去库存任务做出积极贡献。

【长效机制】 全省各地探索建立全市范围合理流动、有偿统筹的住房公积金调剂机制,继续通过实施"公转商"贴息贷款、商业银行授信融资业务及拆借财政结余资金等政策,有效缓解资金的不足。为防止存款存放发生利益冲突和利益输送,9个城市陆续制订并实施住房公积金资金的竞争性存放管理,通过招投标进一步规范资金存放机制。为加强住房公积金诚信体系建设,研究制定公积金信用标准,探索实施住房公积金失信黑名单管理。

【提升服务】 全省各地按照"最多跑一次"改革要求,进一步优化业务流程、延伸服务网点、缩短办理时限,继续实行"三连办"、星期一夜市等服务措施,切实做到服务做加法、流程做减法,住房公积金管理服务水平不断提升。全省12个中心均开通门户网站、12329服务热线和短信平台,10个中心开通了网上大厅、自助终端,5个中心开通了手机APP,11个中心开通了微信,6个中心开通微博。

【信息化建设】 全省各地均已实现与省级公积金监管系统数据的联网及采集,初步实现公积金业务数据的日常考核、动态监测、规范管理、统计分析和信息共享。"互联网+政务服务(公积金查询)"实现功能全覆盖,成为全省十项民生实事项目中首家实现全省全覆盖的项目,并开通手机APP查询功能。全省所有设区城市和省直中心综合服务平台均已进入后期建设或使用阶段。全省"12329"短信平台已经建成,实现所有中心(分中心)12329短信功能的全接入覆盖。

城乡规划

【区域规划】 省建设厅开展《浙江省城镇体系规划(2011—2020年)》实施评估工作,并完成研究成果。深化完善四大都市区规划纲要编制工作,温州、金华—义乌都市区规划纲要成果已上报省政府审批。参与全国城镇体系规划编制工作,提供《浙江城市规划与建设情况调查》专题研究报告。开展杭州城西科创大走廊空间规划编制工作,基本完成规划成果。

【城市总体规划】 省建设厅指导嘉兴市、德清县开展"多规合一"试点工作,试点成果上报住房城乡建设部。指导嘉兴市、台州市、丽水市做好城市总体规划编制修改工作,其中台州市城市总体规划修改方案上报国务院审批,丽水市城市总体规划已经省政府批准实施。指导乐清市、庆元县、淳安县、诸暨市、义乌市、东阳市、三门县、余姚市、温岭市、宁海县、浦江县等县(市)加快推进县(市)域总体规划编制工作,其中乐清市域总体规划和岱山县域总体规划已经省政府批准实施。

【城市设计】 开展城市设计试点工作,确定城市设计试点城市及重点项目,完成优秀城市设计评选。研究起草《浙江省城市设计管理办法》。

【地下空间】 编制印发城市地下空间开发利用"十三五"规划,开展城市地下管线普查工作,制定下发《浙江省城市地下管线综合规划编制大纲》,规范城市地下管线综合规划编制。

【历史文化资源保护】 省建设厅指导开展历史文化名城名镇名村申报工作,4月22日,国务院批复同意温州列为国家历史文化名城。指导龙泉市、余姚市做好国家历史文化名城申报工作。7月12日,第五批省级历史文化名镇名村街区名单由省政府批准公布,其中有名镇21个、名村76个、街区35个。会同省文物局组织开展第七批中国历史文化名镇名村申报工作。推进历史文化名城名镇名村保护规划编制审查工作,对11个设区市分解下达历史建筑公布和历史建筑保护图则编制任务。

【城乡规划实施管理】 推进全省城乡规划信息监管平台建设,基本完成全省城乡规划信息平台框架,部分城乡规划成果已入库。进一步规范建设项目规划选址管理,出台新修订的《浙江省建设项目规划选址管理办法》。

城市建设

【五水共治】 治污水方面,73个城镇污水处理厂一级A提标改造项目中,27个必须建成的项目全部基本建成,46个必须开工的项目43个已开工(另外3个项目经批准已调整)。新增城镇污水配套管网3252.5千米,占年度目标的163%。39个城镇污水处理厂新扩建项目(18个项目年底建成,21个项目年底开工),18个必须建成的项目已全部基本建成,21个必须开工的项目已全部开工,其中2个已完工。污泥处理处置设施(2个建成,2个开工),2个已建成,2个必须开工的项目已开工。

排涝水方面,综合整治城市河道开工130条、完成127条,开工、完工比例分别为163%、159%,新开城市河道开工13条、完成12条,开工、完工比例分别为130%、120%,建设雨水管网1479.4千米,完成比例211%,提标改造管网1040.3千米,完成比例208%,雨污分流改造管网1104.6千米,完成比例298%。清淤排水管网25470千米,完成比例196%,改造易淹易涝片区302处,完成比例302%,增加应急设备7.75万立方米/小时,完成比例258%。

保供水方面,新建供水管网1385.3千米,完成比例277%,改造供水管网1165.9千米,完成比例233%,新增供水能力开工建设100万吨/日,开工比例100%,改造供水能力开工27.1万吨/日,开工率100%。

抓节水方面,建设大型雨水利用示范工程开工8个,其中7个完成,建设屋顶集雨等雨水收集系统7661处,完成比例170%,改造节水器具10.042万套,完成比例223%,改造"一户一表"11.841万户,完成比例474%。

【交通治堵】 2016年,全省新建改建城市道路(不含快速路)183千米,完成率146%,建设联网路46条,完成率139%,新增停车位191966个,完成率192%,旧小区停车位改造完成93处,完成率172%,快速路网建设方面,杭州续建7.98千米,宁波开工24.5千米,续建6.9千米,地铁建设方面,杭州地铁续建168千米,宁波城际铁路开工66.09千米、续建16.7千米、建成23.3千米,温州市域铁路开工10千米、续建53.5千米。全省各县(市、区)公共自行车系统已全部覆盖。

【垃圾分类】 省建设厅制订下发《关于做好2016年设区市本级城市生活垃圾分类工作的通知》,

对各市生活垃圾分类设施体系建设、推进机制建设、分类指导监管、设施提标改造、资源回收体系建设和分类氛围营造等提出了要求,明确12项年度具体指标,各设区市本级城市生活垃圾分类覆盖面已基本完成或超过年度目标。全省末端设施共111座,焚烧47座,填埋54座,餐厨垃圾处置设施10座,处理能力近6.5万吨。全省已实现县县具备无害化处理能力,部分县市兼顾处理附近乡镇及农村垃圾。

【"万里绿道网"建设】 继续按照"统一规划、统筹推进、分步实施"的原则,稳步推进城镇绿道建设。全省建设绿道网目标1000千米,到12月底,实际完成1020千米绿道网建设。省建设厅与省财政厅等9个厅局联合印发《关于加快绿道网建设的实施意见》,明确具体推进措施,会同省测绘局就城市建成区绿地率、绿化覆盖率两项遥感指标的具体算法、操作等下发了通知,联合省林业厅和省交通运输厅,共同发布《关于开展寻找"浙江最美绿化通道"活动的通知》,开展首次"最美绿化通道"评选工作,通过《浙江建设》、《浙江园林》、"浙江园林"微信公众号等刊物媒体总结发表各地绿道的先进做法和经验,在杭州召开全省绿道工作会议,拍制《浙江绿道》专题片。

【城镇燃气专项整治】 省建设厅会同省经信委、省公安厅、省交通运输厅、省商务厅、省工商局和省质监局制定下发《瓶装燃气销售管控工作方案》,自2016年7月1日起,全省全面实行瓶装燃气实名制销售,组织各地各部门抓紧核实完善用户信息,建立健全完备的用户资料和销售台账,做到"户户实名登记,钢瓶去向精准"。全省瓶装燃气实行实名制登记用户790余万户,实名登记比例为99.5%,重点围绕确保G20杭州峰会期间全省城镇燃气安全生产,着力强化城镇燃气行业安保防范工作,贯彻落实《浙江省城镇燃气储备单位反恐怖防范标准》和《城镇燃气行业反恐怖防范工作标准》,严格落实"人防、物防、技防"工作,会同平安办、反恐办组织开展多轮反恐督查,着力完善最小作战单元建设。要求各地强化应急处置工作,装备各类安保设备、器具,并组织开展应急演练,进一步完善最小作战单元建设。全省供气行业有最小作战单元213支共1132人。同时,制定《平安护航G20城镇燃气安全生产综合整治大行动方案》,在全省范围内开展平安护航G20城镇燃气安全生产专项整治行动,通过自查自评、城市间互查互评等,排查整治安全隐患。

【供水水质安全保障】 以推进供水规范化管理为抓手,继续组织开展城市供水水质督查和检测工作。围绕G20峰会要求,加强重点区域水质监测,做好水厂安保工作。针对钱塘江、富春江沿江15家水厂的水质保障工作,由水务集团、高校等单位相关专家成立应急专家小组,针对不同原水情况,对水厂原有工艺提出改进方案和要求,做好水厂应急物资储备工作,启动备用水源实施方案,建立15家水厂水质每日报送制度,重点加强水源地、出水厂浊度、嗅和味、余氯等重点指标的水质检测频率,及时公布相关水质信息,严格监督各水厂出水水质。特别针对富春江上游的富春江镇水厂,采取了改造取水口、增加前端投药设备、投加粉末活性炭等措施,重点确保供水安全。

【海绵城市建设试点】 组织宁波市作为计划单列市积极申报,成为第二批全国海绵城市建设试点,中央财政予以4亿元/年的资金补助,一定三年。省建设厅联合省财政厅、水利厅开展2016年省级海绵城市建设试点工作,省财政安排2亿资金对绍兴、衢州市、兰溪市、温岭市等4个市予以资金补助。海绵城市建设20平方千米,已开工建设28.4平方千米,开工比例142%,其中已完成建设20.5平方千米,完成比例102%。

【地下综合管廊建设】 组织推荐杭州市成功成为第二批全国试点城市,中央财政予以4亿元/年的资金补助,一定三年。住房城乡建设部下达的城市地下综合管廊建设的目标任务是开工建设80千米以上,涉及杭州市、宁波市、温州市、嘉兴市、金华市5个市24个项目,共计长度84.97千米。虽然受到G20杭州峰会的影响,到12月底实际开工建设82千米。

【生活垃圾处理监管】 重点加强对生活垃圾处置设施的无害化监管,对全省14家应该申报完成无害化评定而未申评的处置设施督促所在县、市管理部门抓紧报评,组织专家对杭州市、温州市、金华市、台州市、丽水市7市共12座生活垃圾处理设施无害化等级进行现场查评,省建设厅、省发改委对国家餐厨废弃物资源化利用和无害化处理试点城市开展终期验收工作,共同确定温州市、湖州市、台州市、丽水市、海宁市、慈溪市、永康市、江山市8个市为浙江省首批餐厨垃圾资源化利用和无害化处置试点。

【城乡人居环境】 省建设厅指导杭州市、慈溪市、东阳市申报国家(生态)园林城市,指导永嘉县、苍南县成功创建省级园林城市,复查舟山市、瑞安市、嵊州市、东阳市、永康市、武义县、磐安县、松阳县、云和县9个省级园林城市,批复10个省级园林镇。组织2016年度"中国人居环境（范例）奖"省级评定工作，指导诸暨市获2016年中国人居环境奖，"海宁市长水塘水源生态湿地项目"等4个项目获2016年中国人居环境范例奖。推荐宁波市粪便无害化处理及资源化利用项目申报2016年度"联合国迪拜人居环境（范例）奖"。加快黑臭水体整治，丽水市莲都区五一西溪已消除黑臭，舟山定海区新河、台州市椒江区庆丰河、余杭区赭山港和金华回溪、水电浃等6条水体已基本完成治理工程，河道基本消除黑臭，向住房城乡建设部申报黑臭水体销号。

【智慧城管建设】 智慧城管省级监管平台一、二期基本完成，基本实现设区市和部分县（市、区）城市管理事部件问题处置情况上传工作，建立城镇供水、污水处理设施建设运行信息的初步分析系统，初步实现城市环卫、燃气、停车场、公共自行车、园林绿化的专题监管功能，从而有效拓展智慧城管的服务功能和服务范围。

村镇规划建设

【村镇规划】 各地按照《村庄规划编制导则》和《村庄设计导则》的要求，加快村庄规划的修编和村庄设计的编制，2016年全省确定并完成1200个村庄规划的修编和300个村庄设计的编制，全省2万个左右规划保留行政村已经基本实现村庄规划全覆盖。选择9个县（市）作为县（市）域乡村建设规划编制省级试点，开展6个省级农房设计落地试点和11个省级村庄规划设计落地试点建设，并选取富阳区洞桥镇文村和安吉县灵峰街道大竹园村、剑山村蔓塘里自然村和横山坞村目莲坞自然村等作为省级综合试点建设，综合推进村庄规划设计落地、农房设计落地、传统村落保护、农房太阳能光热光电一体化、新型建筑工业化等工作。

【美丽宜居示范工程】 2016年全省新启动省级美丽示范村试点189个、国家级美丽宜居示范村试点8个，已全部完成示范村建设规划编制修编工作，并开展"三拆三化"项目建设。到2016年底，全省已累计启动实施省级美丽宜居示范村936个、国家级美丽宜居示范村25个，有653个村已完成试点建设任务并通过验收。并确定2017年启动实施省级美丽宜居示范村158个、国家级美丽宜居示范村10个。全省已累计有11镇34村被列入建设部公布的全国美丽宜居示范镇村名单。

【农村危房改造】 全省累计完成农村困难家庭危房改造29.4万户，惠及农村经济困难群众约85万人，争取各级财政补助资金16.07亿元，将农村危房改造救助覆盖面扩大到当地当年低保标准150%以内。其中2016年全省农村困难家庭危房改造任务20000户，为省政府10方面民生实事内容，列入省政府与各地市年度目标责任考核。全省开工20888户，开工率104%，竣工20559户，竣工率103%，超额完成年度目标任务。省建设厅积极会同省发改委、省海洋渔业局实施全省以船为家渔民上岸安居工程，全省渔民上岸安居工程安置渔民3002户，安置率为100%。

【传统村落保护】 省建设厅印发《贯彻落实关于加强传统村落保护发展指导意见的通知》，进一步扩大调查覆盖面，努力发掘有保护价值的传统村落。省政府办公厅名义下发《关于加强传统村落保护发展的指导意见》，明确建立省、市、县各级传统村落保护名录和传统建筑保护名单，并加强用地、资金保障，努力实现传统村落活态保护、活态传承、活态发展。积极组织有关单位研究制定《浙江省传统村落评价认定指标体系》、《浙江省传统村落保护技术指南》、《浙江省传统村落保护发展规划编制导则》、《浙江省传统建筑认定标准和保护方法》等相关标准和技术导则，加强技术保障。全省累计已有4批共401个村先后列入中国传统村落名录，前3批176个传统村落已全部列入中央财政支持范围，争取补助资金5亿元以上。

【农村生活污水治理设施运维管理】 省建设厅积极指导农村生活污水治理设施验收移交工作，到2016年底，全省已完成13932个行政村的农村生活污水治理设施移交，移交率85.35%，74个县（市、区）已完成第三方运维机构招标，用于治理设施运维资金约5亿元。并指导桐庐等12个县（市、区）成功申报全国农村生活污水治理示范县。同时，省建设厅会同省农办、省环保厅、省财政厅制定出台《浙江省农村生活污水治理设施运行维护管理工作考核办法》，组织4个考核组进行专项考核。组织省建科院、省环科院、浙江大学和第三方运维服务机构等单位编制《农村生活污水治理设施运行维护技术导则》、《农村生活污水治理设施第三方运维服务机构管理导则》等技术文件。

【小城镇环境综合整治】 2016年，中共浙江省委、省政府为补齐小城镇发展短板，加快推进"两美"浙江建设，制定出台《关于印发〈浙江省小城镇环境综合整治行动实施方案〉的通知》，全面实施以"一加强三整治"（即加强规划设计引领、整治环境卫生、整治城镇秩序、整治乡容镇貌）为主要内容的小城镇环境综合整治行动。力争用3年左右时间，全省所有乡镇（街道）环境质量全面改善，服务功能持续增强，管理水平显著提高，城镇面貌大为改观，乡风民风更加文明，社会公认度不断提升，使小城镇成为人们向往的幸福家园。根据中共浙江省委省政府统一工作部署，省建设厅迅速建立健全组织机构，牵头成立全省小城镇环境综合整治领导小组办公室，抽调精兵强将集中办公，实现实体化运作。迅速制定《小城镇环境综合整治三年行动计划》和6个专项行动方案，明确1191个小城镇三年达标计划。迅速开展摸底调查，出台土地、资金、考核办法等政策措施和技术导则、技术指南等技术文件。迅速开展指导服务和宣传发动，实施环境卫生整治及穿镇公路"道乱占"、"车乱开"百日攻坚行动和"树样板、学样板"行动。

标准定额

省建设厅完成住房城乡建设部交办的主编国家《绿色建筑工程消耗量定额》和《装配式建筑工程消耗量定额》任务。援助西藏自治区完成《西藏建筑工程预算定额（2016版）》的编制任务。开展装配式建筑和绿色建筑成本分析，采用装配式工程PC率达到60%，工程造价上涨20%，人工用量下降35%，工期提前20%，建筑垃圾污水排放降低45%。全力保障建筑业"营改增"顺利实施，出台6个营改增配套调整文件，基本达到"税负只减不增"的改革目标。作为建筑业"营改增"全国7个造价数据监测点之一，定期开展"营改增"数据监测、分析和上报工作。制订《关于推进工程造价信息管理改革的指导意见》，全省造价管理机构向社会发布各类造价信息130万多条。开展全省工程造价咨询企业定期检查工作和工程造价咨询企业咨询成果质量的检查。编制完成《浙江省全过程造价咨询操作规范》。全省有甲级工程造价咨询企业244家，乙级151家，2016年造价咨询业务收入46亿元，造价咨询收入超过千万元的企业有113家，造价咨询收入过亿元的企业有6家，全省注册造价工程师共有9933人，造价从业人员（原造价员）42969人，其中在造价咨询企业执业的注册造价师4816人，造价从业人员7368人。

工程质量安全监督

【工程质量】 大力实施"质量强省"，深入推进工程质量治理两年行动，严格落实建筑施工5方主体责任，强化项目负责人个人责任，"两书一牌一档案"等"三项制度"实现全覆盖。继续开展"树标杆、学标杆"活动，推进质量实体和质量行为标准化。开展住宅工程质量通病治理，逐步完善工程质量投诉申述机制。全年房屋建筑工程质量监督总数18787个，监督工程总面积53428万平方米，市政工程质量监督总数5597个，监督工程总投资额1340.9亿元。全省各级建设主管部门共抽查、督查工程项目48231个次，下发整改通知单36590份，行政处罚单956份，处罚单位781家，处罚人员312人。组织开展2016度"钱江杯"（优质工程）创建活动，共创出"钱江杯"134项，首次将农村住房工程纳入省"钱江杯"评审，积极推动农村建设工程品质提升，创出中国建设工程"鲁班奖"（国家优质工程）10项，创优数量继续走在全国前列。

【安全生产】 严格落实安全责任，强化安全生产监管。完善省建设厅安委会工作职责，成立厅消防安全委员会，全面落实"党政同责、一岗双责"和"三个必须"的要求。全力保障G20峰会安全和环境质量，全过程督促峰会项目质量安全管控，抓好建设工地施工扬尘防治。深入推进隐患排查治理、开展"打非治违"、危险性较大分部分项工程整治等专项行动。完善安全管理机制，开展建筑施工标准化建设，在全国率先出台强制性地方标准《建筑施工安全管理规范》，加强安全生产全员培训，组织各类人员培训76.4万人次，开展安全生产管理人员机考工作，开展建筑安全文明施工标准化工地创建工作，全省各级共创"标化工地"1300多个。完善应急预案，建立健全省、市、县三级质量安全事故应急联动机制。强化行政执法，全年共暂扣企业《安全生产许可证》42家次，收回注销《安全生产考核合格证书》48人次、暂扣54人次。严格安全生产两项许可，全年共核准432家企业《安全生产许可证》，核准29965人《三类人员安全生产考核合格证书》。全年建筑施工安全生产亡人事故起数同比减少6起，死亡人数同比减少4人，分别下降16%和9%，安全生产形势总体平稳趋好。

建筑市场

【概况】 2016年，浙江建筑业紧紧围绕"建筑强省"建设，迎难而上，真抓实干，奋力拼搏，各项工作成效显著。全省建筑业完成产值24989.4亿元，同比增长4.2%，占全国建筑业总产值12.9%，实现建筑业增加值2611亿元，同比增长2.8%，占全省GDP的5.6%，实现利税总额1215亿元，同比增长2.4%。全年签订合同额40218.2亿元，同比增长2%。其中，本年新签合同额23516.8亿元，同比增长7.6%，全年房屋建筑施工面积198401.2万平方米，同比下降1.6%，房屋施工面积占全国总面积15.7%，新开工面积73323.2万平方米，同比下降1.5%。全省平均从业人数777.3万人，同比下降0.6%，劳动生产率32.1万元/人。建筑业主要经济指标继续保持全国前列，为经济社会发展做出积极贡献。

【设区市】 全省11个设区市积极推进建筑业发展。绍兴市完成建筑业产值6935.5亿元，同比增长5.4%，规模居全国各设区市第一，超过全国19个省市区的建筑业产值，宁波市、杭州市产值均超4000亿元，分别完成4231.1亿元、4105.3亿元，产值超过2000亿元的有：金华市3263.4亿元、台州市2330.1亿元，外向度前三位的分别是：绍兴市73.3%、金华市63.6%、台州市56.9%。绍兴市、杭州市、宁波市、金华市等4个"建筑强市"共完成建筑业产值18535.4亿元，占全省总产值的74.2%。

【建筑强县和建筑之乡】 全省12个"建筑之乡"（含建筑强县）继续发挥示范带动作用。12个"建筑之乡"共完成建筑业产值12725.1亿元，占全省总产值的50.9%。其中，7个"建筑强县"共完成产值11116.4亿元，占全省总产值的44.5%。东阳市完成产值2356亿元，居全国县级市第一。绍兴市柯桥区完成产值2167亿元，诸暨市完成产值2008亿元，绍兴市上虞区完成产值1465亿元，杭州市萧山区完成产值1174亿元，象山县完成产值1201亿元，温岭市完成产值745亿元。

【行业改革与发展】 大力推进行业改革，加强规划引领，编制完成省政府重点专项规划《浙江省建筑产业现代化"十三五"规划》，下发《浙江省建筑业发展"十三五"规划》、《浙江省建设监理发展"十三五"规划》。加强形势研判，积极应对挑战，起草推进建筑业改革与发展的实施意见。加强结构调整，积极申请全省钢结构企业开展特级建筑工程施工总承包试点工作，全面完成新资质标准的就位工作，报部换发共1041家，厅负责换发4236家，并注销133家未按规定换发新证的僵尸企业。

【建筑工业化】 深入推进建筑工业化，省政府出台《关于推进绿色建筑和建筑工业化发展的实施意见》、《关于加快推进住宅全装修工作的指导意见》，同时浙江省财政设立1亿金额的城乡新型建筑工业化以奖代补专项资金，用于支持建筑工业化技术创新、基地与项目建设、农村装配式建筑试点示范等。大力推进装配式混凝土结构、集成部品部件及成品住房的工厂化，依托钢结构国家基地优势，把钢结构体系作为建筑工业化重点推进内容。鼓励商品住房按照全装修成品住房的要求建设，推行菜单式装修。以"1010工程"为抓手，开展建筑工业化示范基地和示范项目建设。已有6个基地荣获国家住宅产业化基地，2个荣获国家装配式建筑产业基地，2016年完成新建装配式建筑面积1602万平方米。

【科技进步】 积极推进科技进步，开展建筑业企业技术中心认定工作，全年新增省级企业技术中心9家，全省建筑业企业省级技术中心累计达到94家，国家级技术中心4家。

【走出去发展】 深入实施"走出去"发展战略。全省出省施工完成产值12851.4亿元，同比增长5.4%，占全省总产值的51.4%，产值超百亿元区域市场达到28个，其中，江苏省、上海市、安徽省区域市场产值超过1000亿元，分别完成1681.4亿元、1453.2亿元、1188.2亿元。省外区域市场产值增幅前三位的分别是：西藏（增幅304.7%）、甘肃（增幅32.0%）、贵州（增幅27.5%）。对外承包工程继续保持较快增长，全年完成对外承包营业额66.7亿美元，同比增长15.3%，对外承包产值居全国各省（区、市）第四位。

【建筑业企业】 进一步优化资质结构，积极培育大企业大集团。全年新增特级企业5家（浙江省水电第一建设集团、大东吴建设集团、新东阳建设集团、鲲鹏建设集团、浙江城建集团），特级企业总数达到49家，其中基础设施类特级企业已增加到9家，均居全国各省市前列，特、一级企业数量位居全国前列。全年产值超100亿元企业35家，其中：中天建设集团完成建筑业产值681.8亿元，继续位居全省第一。龙元建设集团、中成建工集团、宝业建设集团、省建工集团、海天建设集团等5家企业产值超过200亿元。推进监理企业转型发展，全省监理企业完成营业收入133.83亿元，新增综合资质企业3家，总数达到14家，甲级企业达到210家。

【建筑业人员】 加强从业人员队伍建设。全年新增注册建造师21420人，其中：一级4323人，二级17097人，全省注册建造师总数达到17.98万人，其中：一级4.63万人，二级13.35万人。新增注册监理工程师2214人，总数达到10839人，省监理工程师14041人。

【工程总承包】 积极探索政府投资项目工程总承包实践，推进工程总承包试点。2016年2月，省建设厅公布杭州市、宁波市、绍兴市、湖州市为试点地区，分两批公布中国联合工程公司等62家企业为"省工程总承包试点企业"，德清县芯片科技大楼工程等49个项目为"省工程总承包试点项目"。制订《关于深化建设工程实施方式改革积极推动工程总承包发展的指导意见》，优化项目发包、分包、实施和监督管理等23项制度。自试点工作开展以来，共有124个建设项目采用工程总承包模式建设，工程总造价约237.66亿元。其中，政府（国有）投资项目90个，占72.6%，合同金额193.2亿元，占81.3%，房屋建筑和市政工程91项，占73.4%，合同金额202.1亿元，占85%。

【建筑市场】 加强建筑市场信用体系建设，完善全省建筑市场监管与诚信信息平台，全面开展企业数据采集、上报、审核工作以及数据应用工作。加强建筑市场监管检查，重点查处违法发包转包、违法分包挂靠等行为。做好农民工工资保障工作，出台《关于进一步完善工程担保制度推行建设工程综合保险工作的通知》，积极维护民工权益。

建筑节能与科技

【建筑节能法规制度和标准体系】 《浙江省绿色建筑条例》于2016年5月1日正式施行，省建设厅配套条例实施研究制定《关于修改〈浙江省民用建筑节能评估和审查管理办法〉的决定》，调整完善节能评估和审查的范围、内容和程序，下发《关于开展绿色建筑专项规划编制工作的通知》，部署全省各地编制绿色建筑专项规划，理清绿色建筑发展目标和技术路径，统筹推进绿色建筑发展。以绿色建筑条例的颁布实施为契机，浙江省建立健全覆盖绿色建筑专项规划、土地出让（划拨）、设计、节能评估和审查、图审、施工、监理到竣工验收的全过程监管，具有浙江特色的绿色建筑实施监管体系框架初步形成。全省累计设计节能建筑11.3亿平方米，建成节能建筑7.9亿平方米，形成了年节约标准煤998万吨的能力，累计实施绿色建筑9047项，共3.6亿平方米，绿色建筑发展水平和规模位居全国前列。省建设厅发布实施《太阳能与空气源热泵热水系统应用技术规程》、《绿色建筑设计标准》、《民用建筑电动汽车充电设施配建与设计标准》、《民用建筑节能评估技术导则》、《民用建筑雨水控制与利用设计导则》、《民用建筑项目竣工能效测评技术导则》和《建筑信息模型（BIM）技术应用导则》等7项标准和技术导则，进一步完善绿色建筑标准体系。

【既有建筑节能改造】 结合"五水共治""三改一拆"和"美丽宜居示范村"创建等重点工作，积极采用建筑外墙外保温、活动外遮阳、隔热屋面、太阳能、地源热泵等技术，稳妥推进既有建筑节能改造，全省累计实施既有公共建筑节能改造建筑面积458万平方米，既有居住建筑节能改造面积1673万平方米。

【可再生能源建筑一体化应用】 以实施民用建筑节能评估和审查制度为主要抓手，大力推进可再生能源建筑应用，2016年全省新增可再生能源建筑应用面积1000万平方米以上。全省实施太阳能热水器集热面积1500万平方米，覆盖650多万户城乡居民。省建设厅发布实施《太阳能与空气源热泵热水系统应用技术规程》、《农村新建建筑可再生能源一体化应用技术导则》、《既有民用建筑加装太阳能光伏系统设计导则》，进一步明确一体化的具体要求和技术内涵，提高可再生能源建筑一体化应用水平。

【开展绿色建材评价试点】 贯彻住房和城乡建设部要求，确立浙江省绿色建筑与建筑节能行业协会和中国建材检验认证集团浙江有限公司等2家机构试点绿色建材评价工作，试点期间不收取任何评价费用。有2批次建材产品通过绿色建材评价标识认定。

【建立健全建筑用能监管体系】 浙江省国家机关办公建筑和大型公共建筑能耗监管平台作为住房城乡建设部示范项目，该平台实现609幢大型公共建筑能耗分项计量和实时上传（其中一年及一年以上稳定上传数据的有302幢公共建筑），强化对全省国家机关办公建筑和大型公共建筑能耗的实时动态监管。省建设厅开展53405幢建筑能耗统计工作，完成233幢建筑能源审计工作，浙江大学、浙江师范大学、浙江工商大学等7所高校还开展了国家节约型校园建筑节能监管体系建设。

人事教育

【干部队伍和班子建设】 做好省建设厅机关干部选拔任用、轮岗交流和直属单位领导班子建设工作。厅机关10人轮岗交流，13人得到提拔使用，5家厅直属单位领导班子得到调整充实，选调选派28人分别到"三改一拆"、"五水共治"等重点工作岗位锻炼和支援西藏自治区、新疆维吾尔自治区、舟山市、浦江县、义乌市、青田县建设。集中调整厅直属单位后备干部，确定4名厅管正职和16名厅管副职后备干部。

【规范日常管理】 认真做好个人有关事项报告、因私出国（境）规范管理和干部档案核查工作。2016年，省建设厅共有118人报告了个人有关事项，按照干部管理权限办理因私出国（境）审批44人次。完成对156份厅管干部档案专项审核，对部分干部的出生年月和参加工作时间进行组织认定。

【完善工作制度】 制定出台《省建设厅党政领导干部选拔任用工作实施办法》、《关于推进领导干部能上能下操作规程（试行）》、《进一步从严干部管理监督的若干意见》等制度，对《省建设厅公务员平时考核办法》进行修订。

【人才队伍建设】 积极做好浙江省突出贡献中青年专家人选、享受政府特殊津贴等各类人才推荐选拔工作，指导帮助直属单位开展公开招聘，录用单位工作人员34名。组织开展2016年度全省建设工程专业高级工程师资格评审和直属单位中初级专业技术资格评审初定工作，全省3387人取得建设工程专业高级工程师资格，有62人取得中初级任职资格，直属单位165人取得中初级专业技术资格。

【教育培训管理】 编制印发2016年度各类建设教育培训计划、考试计划。组织专家严格按照考点建设技术标准检验考点情况，全省共批准设立16家机考点，已能开展经常化、常态化考试，实现"当月考试，次月取证"，有效缩短取证周期，大大减轻企业与考生的负担。对符合培训条件的45家单位实施备案和信息公开，组建建设行业教育培训评估专家库，进一步加强对培训和考试工作的宏观指导和统筹管理。

【干部教育培训】 协调选派9名领导干部参加国家行政学院、住房城乡建设部、中共浙江省委组织部、中共浙江省委党校各类班次的学习。举办全省住房和城乡建设系统军队转业干部培训班，共计58名干部参训。会同中共浙江省委组织部举办城乡建设转型市县长专题培训班，来自市、县（市、区）分管领导共计50人参训。协助举办新型城市化局长培训班、风景名胜区局长（主任）培训班、农村生活污水治理设施运行维护管理培训班等3个建设系统领导干部专题培训班，来自市、县（市、区）的部门分管局长、乡镇（街道）分管领导等共计300人参训。组织厅机关（含参照机关管理事业单位）干部参加省普法办组织的2016年度省直单位公务员法律知识网络在线考试。

【专技人员知识更新】 加大培养高层次、创新型和紧缺型专业技术人才力度，办好相关培训项目，其中包括以"海绵城市"为主题的专业技术人员高研班，针对"城乡建设转型背景下的城市设计"（美国）、"小城镇基础设施投资运营"（瑞典）、"历史文化遗产保护和小城镇建设培训"（西班牙）等为主题的境外培训项目，明确办班工作流程、标准及要求，强调外事纪律和财务管理的有关规定，保障各班次顺利开展。

【建设类人员培训教育】 完成"三类人员"和特种作业人员统一考试83037人次，现场专业人员考试21470门次，84345人报名参加现场专业人员继续教育网络学习。委托浙江建设职业技术学院完成培训教材的修编工作，并编制完成《浙江省建设教育培训单位星级评估标准》和《评估细则》。

【技能人才培训鉴定】 指导各地市组织开展建筑工人培训考核（鉴定）工作，共组织实施11795人次的培训考核，8186人次的职业技能鉴定。明确督考员的工作职责，完成省、市两级督考员队伍和考评员队伍，先后组织开展建筑工人考评员培训，共计3361人参加培训并取得证书，为下一步调整建筑工人职业技能考核方式打下基础。组团参加全国技能大赛，成立组委会，下设办公室和钢筋工、管工、手工木工等工种竞赛组，在全国建设行业职业技能大赛中，获得手工木工职工组第一、二名，钢筋工学生组第二名，管工职工组第三名，管工学生组第三名的好成绩，并有3名选手获得由人力资源和社会保障部颁发的"全国技术能手"荣誉称号。联合省人社厅、省总工会，依托行业协会开展焊工、通风工、水质检测工、混凝土工等4个建设行业职业（工种）职业技能大赛，共计12人获得"浙江省技术能手"称号，12人获得"浙江省建设行业技术能手"称号，8人获得"浙江省青年岗位能手"称号，1人获得"五一劳动奖章"。

大事记

1月

4日 中共浙江省委举行全省扩大有效投资重大项目集中开工仪式，厅长钱建民参加。

7日 省司法厅、省建设厅联合召开全省物业管理纠纷人民调解工作现场会。

12日 中共浙江省委召开县（市、区）委书记工作交流会议，厅长钱建民参加。

13日 中共浙江省委改革办召开全面深化改革领导小组第八次会议。

15日 全省住房和城乡建设工作电视电话会议召开，厅长钱建民做工作报告，副厅长赵克主持会议。各市建设系负责人在主会场——省人民大会堂参加会会议，各市县设分会场。厅机关在职、在编全体人员参加。

15日 省纪委十三届五次全会召开第一次大会，

厅长钱建民、副厅长应柏平、纪检组长周仲光参加。

28日　全国房地产市场形势分析电视电话会议召开，厅长钱建民、副厅长应柏平、副巡视员卓春雷在浙江分会场参加。

28日　省政府召开贯彻落实习近平总书记重要批示精神高质量完成加快推进特色小镇建设工作会议，厅长钱建民参加。

2月

3日　厅长钱建民赴浙江省建设投资集团、浙江绿城房产集团联系工作，副厅长应柏平、张清云、张奕参加。

4日　省政府召开全省安全生产工作电视电话会议。

6日　中共浙江省委举办2016年春节团拜会。

14日　副省长熊建平赴桐庐"开门红"调研，厅长钱建民参加。

16日　省长李强主持召开供给侧改革座谈会。

18日　省政府召开省经济体制改革工作领导小组暨中共浙江省委全面深化改革领导小组经济体制改革专项小组会议。

18日　中共浙江省委召开浙商回归工作推进大会。

24日　中共浙江省委召开省纪委派驻机构全覆盖工作动员部署会，厅长钱建民参加。

26日　副省长袁家军出席湖州莫干山、嘉兴秀洲国家高新区建设推进会，副厅长张清云参加。

3月

1日　住房城乡建设部召开贯彻国务院关于《深入推进城市执法体制改革改进城市管理工作指导意见》精神电视电话会议，厅长钱建民、副厅长沈敏参加。

3日　中共浙江省委在湖州市召开全省社会治安防控体系建设现场推进会，副厅长张清云参加。

10日　副省长熊建平主持召开全省"五水共治"视频会议、重点事项落实工作专题会议。

18日　厅召开机关离退休老干部情况通报会。

25日　厅举办住房城乡建设系统军转干部培训班结业仪式。

29日　省政府召开全省工业建筑和附属设施色彩整治与管理工作现场会。

29日　中共浙江省委书记夏宝龙主持召开与河北省党政代表团两省情况交流会，副厅长张清云参加。

30日　中共浙江省委全面深化改革领导小组办公室召开第九次会议。

31日　中共浙江省委召开全省建设平安浙江工作会议暨G20峰会维稳安保工作动员大会，副厅长应柏平参加。

4月

6日　省建设厅与新疆维吾尔自治区住房和城乡建设厅举行座谈会。

8日　省政府召开省"三改一拆"、"五水共治"督查工作会议，厅长钱建民、副厅长沈敏、党组成员朱永斌参加。

12日　中共浙江省委召开省直有关部门查补短板工作汇报会。

13日　中共浙江省委召开国际峰会省筹备工作领导小组专题会议。

13日　省政府召开海绵城市、地下综合管廊和城市执法管理体制工作专题会议，厅长钱建民、副厅长吴雪桦、副厅长沈敏。

15日　中共浙江省委在安吉县召开全省"三改一拆"工作现场推进会，省长李强出席会议并讲话，中共浙江省委副书记王辉忠主持会议。厅长钱建民在会上发言，副厅长沈敏、副厅长张奕参加。

18日　中共浙江省委召开全省"两学一做"专题党课暨学习教育部署会。

20日　常务副省长袁家军、副省长熊建平主持召开省综合行政执法与中央推进城市执法体制改革相关情况协调会。

25日　厅领导听取中共浙江省委十三届九次全体（扩大）会议大会报告。

28日　中共浙江省委书记夏宝龙赴嘉善县主持召开"嘉善县域科学发展示范点建设情况汇报会"，副厅长应柏平参加。

5月

6日　厅召开"两学一做"专题党课暨动员部署会。

13日　中共浙江省委召开省直单位履行党风廉政主体责任制专题报告会。

18日　中共浙江省委召开城市工作会议，中共浙江省委书记夏宝龙、省长李强出席会议并讲话，中共浙江省委副书记王辉忠主持会议，副厅以上领导参加。

20日　省政协举办以加强古村落的保护与开发为主题的第二十二次浙江论坛。

24日　全省农村困难家庭危房改造工作现场会在龙泉市召开。

25日　省建设厅和丽水市人民政府共同推进乡村建设转型综合试点工作合作协议签约仪式在丽水

市举行，厅长钱建民、纪检组长周仲光、副厅长张奕参加。

25日　中共浙江省委召开全省浙商回归工作现场推进会。

30日　全国人大代表第二小组赴绍兴市视察，厅长钱建民参加。

31日　副省长熊建平听取小城镇综合整治汇报会，厅长钱建民、副厅长张奕参加。

6月

6日　开展"蓝色屋面"专项整治行动空中督查，厅长钱建民、副厅长沈敏参加。

7日　中共浙江省委副书记王辉忠听取小城镇综合整治情况汇报，副厅长张奕参加。

14日　副省长熊建平到建德调研农房设计落地和传统村落保护工作，厅长钱建民、副厅长张奕参加。

16日　台州市委书记王昌荣一行来厅联系工作，厅长钱建民、副厅长张奕、总规划师顾浩参加。

19日　中共浙江省委组织部与省建设厅在同济大学举行城乡建设转型专题研讨班开班仪式，厅长钱建民、总规划师顾浩参加。

20日　中共浙江省委副书记王辉忠、副省长熊建平主持召开小城镇环境综合整治行动专题会议，厅长钱建民、副厅长张奕参加。

20日　省建设厅与农发行浙江省分行签署"十三五"时期战略合作框架协议。

24日　省长李强主持召开推进杭州都市区发展工作座谈会，厅长钱建民参加。

30日　委召开浙江省庆祝中国共产党成立95周年大会，厅长钱建民参加。

7月

1日　召开贯彻落实国务院关于清理规范工程建设领域保证金电视电话会议，厅长钱建民、党组成员朱永斌参加。

7日　厅召开全省"最美建设人"选树暨建设系统精神文明建设工作专题座谈会，副厅长张清云参加。

14日　召开全省瓶装燃气销售实名制推进现场会暨安保演练会议，副厅长吴雪桦、副巡视员楼冰参加。

14日　中共浙江省委副书记王辉忠、副省长熊建平听取小城镇环境综合整治工作汇报，厅长钱建民、副厅长张奕参加。

15日　中共浙江省委召开法治浙江建设十周年纪念大会暨七五法治宣传教育部署会，厅长钱建民参加。

26日　厅机关各支部和厅直属单位党委（总支、支部）书记赴浦江举行廉政文化教育活动，副厅长张清云、副厅长张奕参加。

29日　副省长袁家军主持召开嘉善县科学发展示范点建设工作讨论会，总规划师顾浩参加。

8月

1日　代省长车俊主持召开研究峰会环境管控措施和综合交通工作，厅长钱建民参加。

5日　中共浙江省委召开科技创新大会，厅长钱建民参加。

12日　厅举行老干部情况通报会。

17日　省政府在建德市召开"坡地村镇"建设用地试点工作推进会，副厅长张奕参加。

25日　省建设厅与仙居县人民政府签署"共同推进城乡建设转型综合试点合作协议"。

30日　省政府召开国务院第三次大督查自查和去产能去库存去杠杆降成本督查工作部署会，厅长钱建民、副厅长应柏平参加。

9月

6日　中共浙江省委副书记王辉忠主持召开峰会安保视频会议，副巡视员楼冰参加。

9日　厅长钱建民率省政府"三去一降"督查第五组赴嘉兴市、海盐县督查。

14日　中共浙江省委副书记王辉忠、副省长熊建平主持召开省小城镇环境综合整治领导小组第一次会议，厅长钱建民、副厅长张奕参加。

19日　中共浙江省委书记夏宝龙听取省水利厅"五水共治"、防洪排涝工作汇报，厅长钱建民参加。

21日　省政府召开全国推行双随机、一公开监管工作视频会议，副厅长吴雪桦参加。

29日　中共浙江省委、省政府召开全省小城镇环境综合整治行动视频会议，厅长钱建民、副厅长张奕参加。

29日　中共浙江省委副书记王辉忠主持召开防汛救灾紧急动员会，副厅长吴雪桦参加。

10月

9日　厅召开加快建设浙江特色现代化城市新闻发布会，厅长钱建民、副厅长沈敏、总规划师顾浩参加。

12日　全国特色小（城）镇建设经验交流会在杭州召开，住房城乡建设部长陈政高出席会议，厅长钱建民、副厅长张奕参加。

18日　全省绿道工作会议在杭州召开，厅长钱建民出席会议并讲话、副厅长吴雪桦主持会议、纪检组长周仲光参加。现场考察杭州市绿道。

25日 在浙江卫视演播大厅召开省第20个环卫工人节，厅长钱建民、副厅长吴雪桦参加。

25日 省人大环资委副主任委员谈月明赴绍兴、杭州开展《浙江省房屋使用安全管理条例》立法调研，副厅长应柏平参加。

27日 召开第三届世界互联网大会安保工作专题协调会，副厅长吴雪桦参加。

11月

1日 全省房地产去库存召开视频会议，厅长钱建民、副厅长应柏平参加。

2日 副省长熊建平主持召开温州农民自建房倒塌事故调查报告和处理意见会议，厅长钱建民、党组成员朱永斌参加。

3日 代省长车俊主持召开全省治危拆违攻坚战筹备工作会议，厅长钱建民、副厅长沈敏参加。

4日 省小城镇环境综合整治行动领导小组办公室与省农行举行战略合作协议签约仪式。

4日 住房城乡建设部在金华召开农村生活垃圾分类和资源化利用现场培训班。

9日 全省城中村改造工作会议在温州召开，厅长钱建民、副厅长沈敏参加。

11日 省政府召开省治危拆违攻坚战会议，厅长钱建民、副厅长沈敏参加。

18日 住房城乡建设部在上海召开全国装配式建筑工作现场会和企业座谈会，厅长钱建民、党组成员朱永斌参加。

23日 "四个"全面战略布局试点县建设协调小组会议在浦江召开，副厅长张清云参加。

25日 中共浙江省委召开十三届十次全体扩大会议，厅长钱建民、副厅长应柏平参加。

28日 中共浙江省委举办学习贯彻十八届六中全会精神集中轮训，厅长钱建民、副厅长应柏平、沈敏，纪检组长周仲光、党组成员朱永斌参加。

30日 副厅长吴雪桦、张清云在中共浙江省委党校参加学习贯彻十八届六中全会精神集中轮训。

12月

5日 副厅长张奕、总规划师顾浩、副巡视员卓春雷在中共浙江省委党校参加学习贯彻十八届六中全会精神集中轮训。

8日 举行全省小城镇环境综合整治行动规划编制工作对接服务活动暨省农业银行支持小城镇整治行动贷款发放签约仪式。

9日 召开中共浙江省委全体扩大会议和领导干部会议，厅长钱建民参加。

13日 中共浙江省委组织部召开浙江省出席党的十九大和省十四次党代会代表选举工作部署会，副厅长沈敏参加。

15日 省政府在台州黄岩耀达酒店召开全省治危拆违推进会暨拆后土地利用和三改项目集中开工仪式，厅长钱建民、副厅长沈敏参加。

17日 中共浙江省委在省人民大会堂主会场召开领导干部传达中央经济工作会议，厅领导参加。

23日 省政府在省行政中心1号楼5楼常务会议室召开东海倾倒垃圾问题专题会议，厅长钱建民、副厅长吴雪桦参加。

26日 住房城乡建设部在北京友谊宾馆召开全国住房城乡建设工作会议，厅长钱建民参加。

29日 副省长熊建平在之江饭店27楼会议室主持召开浙江省第二届工程勘察设计大师综合评审会，厅长钱建民、党组成员朱永斌参加。

（浙江省住房和城乡建设厅）

安　徽　省

概况

2016年，安徽省住房和城乡建设厅认真贯彻落实中央城市工作会议精神，按照中央和省重大决策部署，以全面提升城市规划建设管理水平为主线，以稳增长为第一要务，落实新发展理念，推动改革创新，狠抓工作落实，较好地完成了全年度目标任务，实现"十三五"良好开局。

法规建设

【概述】 2016年，安徽省住房和城乡建设厅积极适应和主动应对法治工作发展面临的新形势新情况，谋划"十三五"建设法治工作和"七五"普法工作，继续全面推进各项建设法治工作，取得新进展新成效。2016年5月，安徽省住房和城乡建设厅厅法规处被中央宣传部、司法部评为"2011～2015年全国法治宣传教育先进单位"。

【制度建设】 完成《安徽省住房城乡建设系统全面推进依法治建"十三五"规划纲要》编制工作，制定重大事项合法性审查程序规定、"双随机、一公开"实施细则、重大执法决定法制审核规定、"七五"普法规划等一系列工作制度。

【立法】 制定的《安徽省建设工程安全生产管理办法》于2016年4月1日起施行；修订的《安徽省物业管理条例》于2016年10月1日起施行。

【规范执法】 深化行政执法体制改革。2016年11月，《中共安徽省委安徽省人民政府关于深入推进城市执法体制改革改进城市管理工作的实施意见》正式出台，明确安徽省住房城乡建设厅主管职责。严格执行重大行政执法决定法制审核制度，对法制审核内容和范围进行进一步明确。

【行政复议】 2016年安徽省住房和城乡建设厅共收到行政复议申请133件，受理130件，依法不予受理3件，受理案件中，已办结116件，处理行政应诉案件54件，所有案件均由机关人员和法律顾问出庭应诉。

【学法普法】 坚持开展法治专题讲座，提升机关领导干部依法行政的能力。通过多种形式，对各市级住房城乡建设主管部门法制科长进行业务培训。深入广泛开展法治宣传教育，制发"七五"普法规划和《全省住房城乡建设系统贯彻落实"谁执法谁普法"普法责任制实施意见》，推动全系统法制宣传学习教育工作制度化规范化。

【法治人物】 在中央国家机关工委联合全国普法办、中国法学会和人民网在中央国家机关开展的法治人物和法治故事宣传展示评选活动中，安徽省建设稽查局副局长程德旺同志名列"最受欢迎的机关法治人物"内第12名，宿州市城市管理行政执法局大队长蔡文强同志名列"最受欢迎的机关法治人物（提名）"第8名。

(齐悦)

房地产业

【概况】 2016年，安徽省认真贯彻落实党中央、国务院关于房地产业的决策部署，因城施策，分类指导，加强房地产市场调控，完善支持居民住房合理消费相关政策，适应住房刚性需求和改善性需求，积极化解房地产库存，着力控制市场潜在风险，保持全省房地产市场的平稳健康发展。安徽省房地产开发投资4603.6亿元，同比增长4%，在全国排名第八。新开工面积8586.4万平方米，同比增长10.7%。开发企业销售商品房面积8499.7万平方米，同比增长37.7%，其中商品住房销售7506.9万平方米，同比增长40.1%，在全国排名第六。商品住房均价5637元/平方米，同比增长11.2%，增幅比全国平均增幅低0.1个百分点。截至2016年12月末，全省商品房总库存8229.7万平方米，比2015年末减少1507.9万平方米。

【市场调控政策及运行】 2016年，安徽省出台《关于去库存稳定房地产市场的实施意见》，确定去库存目标任务和政策措施。各地结合本地实际细化举措，通过退宅进城购房落户的农民给予购房奖励、扩大住房公积金缴存范围、扩大公共租赁住房保障范围等，有序引导农民工市民化，鼓励支持新市民住房消费。创新住房信贷产品，与中国农业银行签订战略合作协议，开展"惠农安居贷款"业务，支持农民进城购房，2016年共投放贷款119.5亿元，惠及3.99万户。推动棚改货币化安置，搭建"房产超市"，完善交易功能，支持领取"房票"的棚改货币化安置居民及时购买商品房。2016年全省棚改货币化补偿比例为56.5%，共安置15.8万户，其中约12.7万户家庭已购买商品房。

【房屋交易管理】 安徽省积极探索建立购租并举的住房制度，健全以市场配置为主、政府提供基本保障的住房租赁体系，出台《关于培育和发展住房租赁市场的通知》。通过培育租赁机构、完善住房租赁补贴制度、推进住房租赁信息服务与监管平台建设、推行住房租赁合同示范文本和合同网上签约、加快建设房地产中介行业信用管理平台等措施，积极培育和发展住房租赁市场，大力支持住房租赁消费，促进全省住房租赁市场的健康发展。

【物业管理】 为适应当前安徽省物业管理的新情况，解决好出现的新问题，省人大常委会新修订《安徽省物业管理条例》，结合社区建设，积极推动物业管理重心下移，探索建立物业管理主管部门综合协调、相关职能部门各司其职、辖区属地负责工作机制。

【房屋征收与补偿】 安徽省住房城乡建设厅印发《关于开展国有土地上房屋征收与补偿工作检查的通知》等，对各地实施的国有土地上房屋征收项目从政策落实、程序规范、信息公开、公平补偿及有无虚报冒领、失职渎职等损害群众利益等方面进行督查。对排查中发现的问题督促有关单位整改或纠正。推进全省房屋征收决策过程民主、程序正当、补偿公平、结果公开，接受群众和社会监督。

（许森）

住房保障

【概况】 2016年，安徽省主动适应住房市场的新变化和住房保障工作的新要求，坚持深化改革，积极探索创新，完善政策措施，大力推进棚户区改造，因地制宜推进棚改货币化安置，积极实施公租房保障，城镇居民住房条件有新的改善。安徽省棚改工作位居全国前列，被住房城乡建设部、国家发改委、财政部评为真抓实干、成效显著省份，受到国务院通报表扬。国家下达安徽省保障性安居工程目标任务为新开工26.63万套、基本建成16.9万套（含公共租赁住房）。安徽省共计新开工27.95万套、基本建成30.17万套，分别占年度目标任务的104.9%、177.8%，提前3个月并超额完成国家下达的目标任务。

【棚改货币化安置】 安徽省各地认真贯彻落实中央经济工作会议精神，因地制宜推进棚改货币化安置，通过加大财税政策优惠、政府搭建购房服务平台、优化棚改居民服务等多种方式，引导棚改居民自行选择购买商品住房，满足多样化的住房需求。

【加大棚改政策支持】 积极争取中央财政各类专项补助72.9亿元，省级财政安排5.73亿元，安排棚改新增建设用地计划指标6206亩。加大棚改货币化安置政策支持，将货币化安置与安排财政补助资金、争取国家专项建设基金和政策性贷款挂钩，对比例较高的市县给予倾斜。国开行和农发行政策性贷款为各地推进棚改提供有力的资金支持。国开行累计贷款授信1652亿元，实现贷款发放1008亿元，当年发放棚改专项贷款307亿元。新争取农发行贷款审批金额833.7亿元，实现贷款发放201.7亿元，居全国第一。

【公租房建设】 制定出台《关于加强公租房分配和运营管理的通知》，实行月通报、季督查和年终考核。截至12月底，全省新增分配入住公租房14.6万套，累计分配60.9万套，占公租房竣工总套数的89%，占公租房开工建设总套数的64.3%，较2015年底增长15.5个百分点。

【公租房管理】 合理确定公租房需求总量、空间分布、年度安排、保障方式。要求市场租赁房源充足的区域，加强租赁市场监管，主要采取货币化保障，劳务用工集中的各类开发园区，加强公租房建设，主要采取实物配租方式。园区公租房建设要科学预测劳动用工增长趋势，总体规划、科学布局、分步实施，统筹推进市政基础设施、公共服务设施建设。

【公租房运营】 推进管办分开、租补分离，芜湖市、铜陵市、宣城市、池州市等地成立国有独资的保障房运营公司，负责公租房投资、运营和管理，转变政府对公租房的管理职能，将政府负债投入转化为政府资产积累，逐步实现可持续运营。公租房的后期日常服务和管理，交由专业化管理服务企业负责，采取政府补助，或公租房项目配套用房经营收益一定比例补贴，使公租房小区服务水平不低于普通商品房物业服务标准。

（刘超、徐春雨）

公积金管理

【概况】 2016年，安徽省共有住房公积金实缴单位53586家，缴存职工382.24万人。全年缴存住房公积金542.07亿元，提取441.03亿元，发放个人住房贷款438.09亿元，比上年分别增长4.26%、19.45%和16.24%。截止到2016年底，全省住房公积金累计缴存总额3640.99亿元，提取总额2232.31亿元，缴存余额1408.67亿元。累计发放个人住房贷款2198.45亿元，贷款余额1449.81亿元。全省住房公积金个人住房贷款率达102.92%，个人住房贷款逾期率0.043‰。

【增值收益】 安徽省住房公积金实现增值收益21.63亿元，用于提取贷款风险准备金2.67亿元，管理费用3.42亿元，城市廉租房（公共租赁住房）建设补充资金15.54亿元。

【扩大覆盖面】 安徽人民省政府印发《安徽省人民政府关于促进经济持续健康较快发展的意见》，将"支持将有稳定就业的进城务工人员和个体工商户等自由职业者纳入住房公积金缴存范围"写进文件，为住房公积金扩面工作提供强有力的政策依据。2016年安徽省净增住房公积金开户数24.25万户。

【支持房地产"去库存"】 安徽省各地住房公积金管理中心，用足用好住房公积金政策，通过发放商业银行和住房公积金组合贷款、住房公积金贷款转商业住房贷款、信贷资产证券化等方式，拓宽住房公积金贷款资金来源，满足住房公积金缴存人购房贷款需求。市场贡献率分别为147.81%、17.86%、16.89%。

【风险防控】 通过住房公积金统计信息系统对各地日报、周报、月报、季报进行审核、监控，每月通报住房公积金主要业务指标运行情况，加强对数据的分析和运用,监督提示各地住房公积金中心资金流动性风险。截至2016年12月底,安徽省住房公积金个人住房贷款率达到102.92%,12个城市住房公积金个人住房贷款率超过90%,5个城市住房公积金个人住房贷款率超过100%。

【异地转移接续平台建设试点】 落实住房和城乡建设部住房公积金异地转移接续平台接入工作,淮北市、铜陵市住房公积金管理中心作为住房城乡建设部首批试点单位,率先完成与建设银行金融专线的连通和上线测试工作。

(王春蕾)

城乡规划

【制度建设】 中共安徽省委省政府出台《关于进一步加强城市规划建设管理工作的实施意见》,安徽省住房和城乡建设厅会同安徽省国土资源厅、安徽省农委印发《关于统筹开展城市开发边界和永久基本农田划定有关问题的通知》、《城市开发边界及永久基本农田划定数据标准》、《关于印发〈安徽省城市开发边界和永久基本农田控制线数据标准〉的通知》,会同省审计厅完成《安徽省领导干部城乡规划实施管控责任离任审计办法(试行草案)》

【省域城镇体系规划编制、审批和实施】 落实《安徽省城镇体系规划(2011—2030)》分区指导要求,组织编制的《合肥都市圈城镇体系规划(2015—2030年)》、《芜马城市组群城镇体系规划(2015—2030年)》、《皖北城镇体系规划(2015—2030年)》已经省政府常务会审议通过。完成《安池铜城市组群城镇体系规划(2016—2030年)》编制,阜阳市、明光市、天长市、界首市等市城市总体规划及江北、江南产业集中区总体规划获省政府批复。除国务院审批城市外,12个设区市到2030年总体规划已有10个经省政府批复实施,开展专项规划编制,制定《安徽省500kV以上电网布局规划》等,开展重大项目规划选址工作,截止到2016年12月31日,全年核发项目选址意见书项目55个,投资额近1437亿元。

【多规合一】 "安徽省空间规划"列为省部合作内容,完成《安徽省空间规划研究报告》,并报国家发改委、国土资源部、环保部、住房城乡建设部。会同国土厅、农委推进城市开发边界及永久基本农田划定。国家"多规合一"试点县寿县"多规合一"成果《寿县总体规划》经住房城乡建设部同意,由淮南市市政府批复实施,"多规合一"信息平台试运行,各试点城市同步推进"多规合一"信息平台及联合审批系统平台建设。

【城市地下空间开发利用】 《安徽省城市地下空间暨人防工程综合利用规划编制导则》于2016年3月1日正式实施。芜湖市、安庆市、滁州市《城市地下空间暨人防工程综合利用规划》获批实施。宣城市、黄山市、亳州市等市《城市地下空间暨人防工程综合利用规划》通过专家审查。

【历史文化名城(村、镇)保护及监督管理】 住房城乡建设部同意开展的《皖南区域性历史文化资源保护规划》编制试点取得阶段性成果。推进历史文化名城(名镇、名村、街区)保护规划编制报批,启动历史文化街区、历史建筑划定。指导黄山市启动并推进徽派建筑保护数据库建设。

【城市设计】 推进城市空间特色规划(总体城市设计)编制,加强对城市空间立体性、平面协调性、风貌整体性、文脉延续性等方面的规划和管控,强化建筑色彩、景观轴线、节点地标的高水平设计,促进城市新区建设和老城更新的协调推进,增强城市各功能区块的科学发展、有机组合,注重职住平衡。

【规划实施】 推进近期建设规划编制,提出建立总规的蓝图规划—5年的近期规划—年度的行动计划完整的规划实施体系。创新规划编制技术和方法,全面推进市、县控规通则编制,设区市控规通则编制完成。制定《城市公共服务设施综合规划技术导则》,指导各地统筹优化各类公共服务设施布局和建设规模,实施一张图管理。

(江莹)

城市建设

【概况】 2016年,安徽省共建成污水处理厂19座,新开工污水处理厂24座,建成污泥处理处置工程5座,新开工20座。建成污水配套管网1661千米,完成年度目标任务的110.7%。生活污水日处理污水能力达580.32万吨,全年处理污水20.27亿吨。与2015年相比,处理能力、处理水量分别增长6.2%和9.15%。完成新增、改造、提升绿地面积11158万平方米,完成年度目标任务的139%;建成绿道1189千米,完成年度目标任务的118.9%。

【城市综合管廊】 开工建设综合管廊123.78千米。编制全省城市综合管廊"十三五"建设规划,建立项目储备库。印发《关于建立城市地下综合管廊有偿使用制度的通知》、《关于推进地下管线纳入城市地下综合管廊的意见》。向住房城乡建设部、财政部推荐示范项目53个,16个项目获得国家专项建设基金14.06亿元。

【海绵城市】 制定出台《海绵城市建设技术手册》、《海绵城市评价标准》、《海绵城市专项规划编制暂行规定》，争取中央专项建设基金5.81亿元，7个海绵城市建设项目列入国家财政部第三批PPP示范项目，池州市成为海绵城市国家试点城市。

【水体治理】 完成黑臭水体普查，启动整治项目141个，实施整治项目72个，实施率32%，在全省范围内开展易涝点整治、城市内涝预警信息发布，完善实施城镇排水防涝应急方案，组织编制《安徽省城市排水防涝设施"十三五"建设规划》，上报省政府印发《安徽省城市排水防涝三年行动方案》。

【市容环境】 会同安徽省文明办，对全省16个市、61个县(市)开展全省城镇规划建设管理督查考评暨文明创建测评工作。各市县控制性详细规划通则、城市特色风貌规划、空间规划("多规合一")和公共服务设施综合规划编制工作明显加快，城镇出入口整治、旱厕改造和新城区弱电入地任务基本完成，主次干道机械化清扫保洁率达80%以上，拆违95.8万平方米，全省34个市县建设公共自行车系统。建成生活垃圾处理设施6座，餐厨垃圾处理设施正在试运行3座，正在设备调试4座。在淮南召开全省建筑垃圾处置及资源化利用试点经验现场会。

【园林绿化】 全省完成新增、改造、提升绿地面积11158万平方米，完成年度目标任务(8000万平方米)的139%，建成绿道1189千米，完成年度目标任务(1000千米)的118.9%。公布经核查认定的园林绿化精品示范工程项目195个，推荐6个项目申报中国人居环境范例奖。起草《关于加强风景名胜区规划建设管理的意见》，开展太极洞国家级风景名胜区环境整治，指导巢湖、花山谜窟、采石等风景名胜区规范管理等工作。

【基础设施PPP项目】 全省选择社会资本合作伙伴PPP项目72个，总投资650亿元。召开全省城市黑臭水体整治和综合管廊建设项目政企对接洽谈会，搭建银政企合作平台。向财政部推荐33个城市基础设施PPP示范项目，23个项目列入财政部第三批PPP示范项目，项目总投资582.78亿元。

【城市执法体制改革】 拟定上报中共安徽省委、省政府印发《关于深入推进城市执法体制改革改进城市管理工作的实施意见》，建立全省城镇规划建设管理联席会议制度，制定《关于推进全省城市管理执法体制改革工作方案》，选择现有体制具有典型代表意义的6市1县进行改革试点，启动城市管理执法队伍"强基础、转作风、树形象"专项行动。

(蔡军)

村镇规划建设

【概况】 加强美丽乡村规划编制，完成599个乡镇政府驻地建成区整治规划和569个中心村建设规划编制，完成20个县(市、区)县域乡村建设规划编制。扎实推进农村危房改造，完成10.6万户农村危房改造，其中建档立卡贫困户6.5万户，超额完成年度目标任务。对35个县(市、区)县域农村垃圾治理进行省级验收。加强传统村落保护，52个村落列为第四批中国传统村落名录。

【美丽乡村建设】 开展美丽乡村建设"十三五"规划编制工作，指导各地进一步优化村庄布点规划，确保布点村庄成为农村人口的永久性居民点。制定《乡镇政府驻地建成区整治建设导则》，明确规划编制的主要内容、政策规定及技术要求，突出治脏、治乱和基础设施和公共服务配套。加强美丽乡村规划编制技术指导，组织规划技术力量，对各地编制2016年度美丽乡村规划开展技术评估。

【县域乡村建设规划编制】 制定《安徽省县域乡村建设规划编制导则》，指导各地规划编制工作。指导凤阳县等20个县开展县域乡村建设规划试点，建立"多规合一"的规划编制机制，融合各部门专项规划和建设项目，做到项目化安排。2016年9月21日，住房城乡建设部村镇司在安徽省歙县召开全国县域乡村建设规划编制工作现场会。

【农村危房改造】 制定《安徽省危房改造"十三五"规划》。加强危房改造技术指导，开展乡镇建设管理员技术培训，提高服务和管理农村危房改造的能力。加强危房改造信息公开，印发《农村危房改造信息公开实施方案》。按照农村危房改造"一户一档"的要求，建立农户档案。在住房城乡建设部、财政部组织开展的2016年农村危房改造绩效评价中居全国第一。

【农村生活垃圾治理】 继续实施农村生活垃圾3年治理行动计划，完成对35个县(市、区)进行省级验收。出台《关于全面推进农村垃圾治理的实施意见》，印发《安徽省农村生活垃圾治理验收办法》、《安徽省农村生活垃圾治理验收内容和标准》。结合美丽乡村建设，完成2万多个自然村环境整治，一大批"脏乱差"的村庄环境卫生得到有效改善。全省乡镇生活垃圾处理率达85%，村庄生活垃圾处理率达60%。

【传统村落保护利用】 指导传统村落档案建立

和保护发展规划编制,科学制定实施方案,合理编报实施项目,组织做好中央财政资金支持传统村落保护发展项目申报。制定《安徽省传统村落保护发展"十三五"规划》。组织开展《安徽省传统建筑解析与传承》研究课题,由中国建筑出版社印刷出版。

(吴胜亮)

标准定额

【信息系统建设】 2016年,"安徽省工程建设标准化信息管理系统"试运行,实现对工程建设标准制定的申报、审核、立项、编制、审批、发布、应用和反馈等环节的全过程监督,极大地提高了安徽省工程建设标准化工作的管理和服务水平。

【成立工程建设标准化工作委员会】 进一步完善标准工作机制,成立工程建设标准化工作委员会,为工程建设标准化管理工作的议事协调机构,负责指导工程建设标准化相关工作。

【工程建设标准编制】 2016年共批准发布27项工程建设地方标准和6项标准设计。发布《养老服务设施规划建设导则》、《建筑工程质量安全信用评分标准》、《建筑安全生产标准化示范工地评价标准》、《装配整体式混凝土结构工程施工及验收规程》、《地下管线探测与数据标准》、《城镇污水处理厂运行管理和评价标准》等一大批标准。同时发布安徽省首套共56册的通用标准设计,涵盖建筑、结构、给排水、电气、暖通5大专业,填补多年来通用标准设计空白。

【工程建设标准监督】 开展《养老服务设施规划建设导则》、《工程建设标准员职业标准》、《建筑安全生产标准化示范工地评价标准》、《建设工程招标代理规程》等工程建设地方标准的宣贯培训。组织开展光纤到户国家标准和工程造价成果档案立卷地方标准的实施情况监督检查。

【标准员试点】 组织试点市和试点企业赴重庆市调研标准员相关工作,学习相关做法。选取东华科技公司、安徽建工集团分别在设计、施工两大类别建立企业和项目两个层面的标准化管理制度和标准员职业制度。出版发行标准员培训教材《安徽省工程建设标准员职业能力与实务》,组织召开安徽省《工程建设标准员执业标准(试行)》宣贯会。配合人事教育处开发标准员考试题库管理系统,完善标准员的考试制度。

【工程建设标准和造价"十三五"规划】 组织编制单位,邀请部、省、行业内有关专家,制定并出台《安徽省工程建设标准化"十三五"发展规划》、《安徽省工程造价行业"十三五"发展规划》2项规划。

【国有资金造价监管】 2016年造价咨询企业工程造价咨询总收入14.91亿元。与安徽省审计厅联合印发《关于进一步加强国有资金投资建设项目中工程造价咨询企业监管的意见》,建立协同机制,形成监管合力,进一步规范工程造价咨询企业更好的履行职责,提高咨询质量。

(黄峰)

工程质量安全监督

【概况】 按照"管行业必须管安全、管业务必须管安全、管生产经营必须管安全"的要求,严格落实全省各级住房城乡建设部门属地监管责任,坚持一手抓责任主体履责,一手抓部门监管尽责,完善监管制度,创新监管方式,管住点、稳控面,坚持安全发展,坚守发展决不能以牺牲安全为代价这条不可逾越的红线,以遏制较大事故、杜绝重特大事故为重点,确保全省住房城乡建设系统安全平稳。

【制度建设】 出台《安徽省建设工程生产安全事故报告和查处工作规程》、《安徽省建设工程生产安全事故分类处罚标准》、《关于进一步加强建筑施工现场消防安全管理工作的通知》、《关于进一步落实建筑施工安全生产监督管理人员职责的意见》等制度文件,同时建立安全监管简易处罚制度、企业项目信用评价制度、建筑安全事故约谈制度、安全生产事故部门会商制度、建筑安全生产形势分析制度、建筑安全事故通报制度、安全生产教育培训制度。

【安全隐患排查】 结合住房城乡建设部开展的工程质量治理两年行动和安徽省开展的"铸安"行动,开展脚手架预防坍塌事故专项行动,建筑安全隐患排查治理专项行动,建筑施工消防安全检查专项行动,开展以防范较大事故为重点的建筑起重机械、城市轨道交通工程质量安全各类隐患排查专项行动。

【监管和信用平台建设】 创新建立"安徽省工程建设监管和信用管理平台"。建成全省统一的企业库、人员库、项目库、信用库和一个协同工作管理平台,实现"数据一个库,监管一张网,管理一条线"。

【加大处罚力度】 对发生建筑安全事故的企业和个人进行严肃查处,加大对监理企业及外省进皖企业的处罚力度。通过安徽省工程建设监管和信用管理平台,已发布安全生产各类处罚信息409条,其中施工企业149条,监理企业93条,各类安全生产管理人员80条，各类安全生产监理人员87条。

【工程质量监督检查和监管】 大力推行安徽省工程建设监管检查系统，对全省16个地市的应用情况进行对比分析。"建设工程质量检测全过程监管系统（IMT）"使用日益普遍，重点解决影响结构安全和重要使用功能的试件检测的真实性、代表性和及时性问题，系统获得住房城乡建设部建筑市场监管司和工程质量安全监管司的高度评价，已在全省检测机构使用。截至2016年底，应用IMT系统出具检测报告共计875499份。

（江锡虎）

建筑市场

【概况】 2016年，安徽省建筑业以促进转型升级加快发展为主线，以深化建筑业综合改革为动力，扎实推进各项工作任务落实，实现"十三五"的良好开局。

【经济指标稳步增长】 2016年，安徽省建筑业总产值7131亿元，实现建筑业增加值1783.53亿元，占全省GDP比重为7.4%，建筑业税收收入287.16亿元。建筑业从业人员246万人，加之建筑劳务输出，全省建筑业从业人员实际超过450万人，是继制造业、服务业之后的第三大就业行业。

【高等级企业培育】 2016年共有10家建筑业企业新晋升施工总承包特级资质，与过去仅有5家特级企业相比，现有15家17项特级资质企业，翻了两番，提前完成安徽省政府要求2017年特级资质企业达10家以上的目标。

【建筑业综合改革】 安徽省建筑劳务用工制度改革列入全国3个试点省份，试点工作在全省各地稳步推进，在促进建筑劳务企业转型升级、扩大就业方面起到一定作用，蚌埠市率先开展工程总承包、建筑工程施工合同履约保证保险等综合试点，信用成果应用建筑工程项目招投标试点已经扩大到10个地级市和1个省直管县。

【网上智慧审批】 2016年12月23日起，安徽省建筑业企业和工程监理企业资质依托大数据实现网上智慧审批。企业申办资质，不用到办事大厅。大幅提升政务服务智慧化水平，让政府服务更聪明，让企业和群众办事更方便、更快捷、更有效率。建筑市场监管强化两场联动，按照"双随机、一公开"抽查机制，开展工程质量治理两年行动建筑市场和企业资质动态专项督查，加大对围标串标、转包、违法发包、分包等违法违规行为查处力度，形成不能违法违规、不想违法违规局面。

【培育扶持勘察设计业骨干企业】 2016年新增工程勘察设计甲级企业13家、甲级资质24项。

【诚信体系建设】 推进勘察设计行业信用体系建设，选择马鞍山市、铜陵市、宣城市3市为试点，完善勘察设计企业资质库、人员库、项目库等基本信息，对勘察设计企业信用进行试评分。印发《关于全面开展建设工程勘察设计企业建筑市场信用评定工作的通知》，自2017年1月1日起在全省全面实施。

【建筑信息模型（BIM）技术】 推动勘察设计行业创新发展，推广BIM技术应用，成立BIM技术专业委员会。开展BIM技术应用情况调查，明确下阶段BIM工作的重点和方向。选择BIM技术应用起步早、综合实力强的省建筑设计院、中铁时代建筑设计院、中铁四局集团有限公司、马钢工程技术集团4家企业为试点企业，先行示范。组织技术人员赴中国建筑设计研究院进行BIM技术培训，搭建省内培训平台举办3期BIM技术应用培训班。召开BIM技术应用试点工作经验交流会，总结试点经验，进一步推广BIM技术普及应用。

【勘察设计行业管理和服务】 编制勘察设计权力运行监管细则，加强政府权力运行监管。整顿勘察设计市场，严肃查处违法行为，对3家设计质量存在严重问题的企业申报资质不予批准，对2家申报资质涉嫌弄虚作假单位的法人进行约谈并予以警告。积极为企业排忧解难，全年完成勘察设计方面厅长信箱、网上咨询、网上投诉等80余件，百余次解答企业电话和来访咨询。

（张晓燕　李长青）

建筑节能与科技

【概况】 2016年，全省新建建筑节能标准设计执行率达到100%，施工执行率达到100%，共形成节能能力333.87万吨标准煤。全省新建绿色建筑面积3400万平方米，累计评定135个绿色建筑示范项目和17个绿色生态城区。

【绿色建筑】 严格督促保障性住房、大型公共建筑和政府投资公共建筑按绿色建筑标准设计建造。将绿色建筑行动目标完成情况纳入各市政府节能目标责任评价考核体系。引导房地产项目按绿色建筑标准设计建造。会同省财政厅评定20个绿色建筑示范项目和淮北市南湖生态城区、六安市叶集东部生态新城起步区2个绿色生态城区。"合肥华冶水晶公馆"等44个项目获得绿色建筑评价标识。

【装配式建筑】 落实国务院发展装配式建筑的有关政策，省政府办公厅出台《关于大力发展装配式建筑的通知》。发布《安徽省建筑产业现代化"十三五"发展规划》,确定"十三五"全省装配式建筑发展的目标任务、重点工作和保障措施。制定《关于加快推进钢结构建筑发展的指导意见》。全省装配式建筑产能超过1000万平方米,累计建设装配式建筑面积超过1000万平方米。

【新建建筑节能】 突出规划、设计、图审、施工、监理等各环节的建筑节能标准的落实,实现建筑节能标准实施全过程闭合管理。组织开展全省建筑节能检查,抽查91个项目,对16项严重违反建筑节能法规标准的项目下发执法告知书。

【可再生能源建筑应用】 推进7市10县4镇国家可再生能源建筑应用示范城市(县、镇)试点示范工作,落实《安徽省推进浅层地热能在建筑中规模化应用实施方案》,支持合肥市滨湖新区浅层地热能分布式能源站建设试点,组织开展《安徽省地源热泵系统运行管理技术规程》、《安徽省地源热泵系统运行模式及管理方法》等4项重点课题研究。

【公共建筑节能】 发挥中央财政首批补助资金的带动效应,以政府机关办公建筑和大型公共建筑为突破口,推进省级建筑能耗监管体系建设,完善"安徽省公共建筑能耗监管平台"建设,搭建全省统一的"云平台",推行"数据租赁"模式,已陆续接入运行国家机关办公、高校、医院、企业等1000多栋建筑并发挥节能效益。

【既有建筑节能改造】 发挥中央改造补贴资金杠杆撬动作用,推动合肥市、池州市、铜陵市、滁州市等市结合旧城改造和老旧小区综合整治开展既有居住建筑试点示范改造,促进合同能源管理等节能服务机制在建筑节能领域的应用。结合"两治三改"行动,推进老旧小区建筑节能、适老化设施、充电设施、停车设施等改造建设试点。

【建设科技进步】 发布《安徽省智慧城市建设指南》。指导推动16个市(县、区)和一个专项开展国家智慧城市试点建设。创建亳州智慧政务、芜湖智慧社区、合肥数字城管以及智慧建筑能源管理等典型应用项目,组织开展智慧城市指标体系、智慧工地、智慧管廊等课题研究。

(朱力 程钢)

人事教育

【概况】 2016年,人事教育处树牢大局观念和中心意识,围绕干部管理和人才保障服务,圆满完成年度既定工作任务。

【专项整治活动】 制定《中央巡视组"回头看"反馈意见整改措施》、《中共安徽省委第四巡视组专项巡视情况反馈意见的整改措施》,认真做好中央巡视"回头看"整改月报、季报、年报工作。对照专项整治要求进行自查自纠,妥善处理因私出境证件上缴、干部档案年龄认定、干部在社团兼职清理、社团整合换届等问题,并按时将专项整治工作总结及有关情况统计表报送中共安徽省委组织部。

【完善管理制度】 制定《厅党组工作规则》,并配套印发实施《厅党组议事内容目录清单》、《关于加强厅党组议定事项办理工作的通知》。印发《厅机关处室(局)借用工作人员管理规定(试行)》,进一步规范厅机关处室(局)借用人员行为,维护正常的工作秩序。

【干部选拔任用】 完成13名处级干部、3名科级干部交流轮岗,3名科级干部晋升,2名干部转任、4名干部调任手续办理工作。按照厅党组决定,认真做好部分处级职位干部选拔任用工作。

【选派挂职干部】 根据中共安徽省委组织部要求及厅党组决定,从厅机关选派1名副处级干部,从相关市住房城乡建设系统选派2名专业技术人员赴西藏山南地区对口部门挂职、1名专业技术人员赴新疆皮山县对口部门挂职,从厅机关选派1名正处级干部赴繁昌县挂职担任常委、副县长,从厅直单位选派1名专业技术人员赴临泉县挂职担任住房城乡建设局第一副职。

【干部管理】 组织完成厅机关和厅直单位处级干部报告个人有关事项填报及年度随机抽查核实工作,84名处级干部的个人报告事项电子数据报送中共安徽省委组织部。根据中共安徽省委巡视整改及厅领导要求,组织做好2014年以来个人事项报告情况与核实结果不一致的干部集体约谈相关工作。

【干部教育培训】 2016年共选调1名厅级干部、8名处级干部、6名科级干部参加中共安徽省委党校、省行政学院、省直党校主体班次学习。组织实施全省住房城乡建设系统赴港培训班、全省城乡规划建设专题研讨班。全年完成约7.8万人施工现场专业人员的统一考试,指导相关企业自主开展近10万人次建筑工人职业技能培训。

(杨俊)

大事记

1月

19日 安徽省住房城乡建设厅与徽商银行在合肥稻香楼宾馆签署城镇化PPP基金合作协议,安徽省PPP产业联盟同时宣布成立。

22日 安徽省住房城乡建设工作会议在合肥召开。

2月

4日 安徽省政府批复《安徽省中国历史文化名村保护规划》，并明确保护重点内容。

3月

2日 安徽省人民政府与住房和城乡建设部在北京隆重签约，共同支持安徽建筑大学，安徽省长李锦斌，住房和城乡建设部长陈政高出席签约仪式，陈政高主持签约仪式。安徽省住房和城建设厅长侯淅珉参加签约仪式。

4月

18日 安徽省规委会审查通过《宣城市城市总体规划（2014—2030年）》、《马鞍山城市总体规划（2002—2020年）》（2015年修订）、《天长市城市总体规划（2014—2030年）》、《界首市城市总体规划（2014—2030年）》。

20日 财政部、住房城乡建设部在北京开展2016年地下综合管廊试点城市竞争性评审，合肥市成功入围2016年全国15个地下综合管廊试点城市。

27~28日 安徽省住房和城乡建设厅在安徽寿县召开2016年全省城市规划工作座谈会暨"多规合一"试点工作现场会。

5月

6日 安徽省建筑垃圾处置及资源化利用试点经验现场会在淮南召开。

16日 《安池铜城市组群城镇体系规划2015—2030)》纲要通过专家审查。

6月

22日 迎接"全国工程质量治理两年行动监督执法检查组"检查。

27日 组织召开全省住房城乡建设系统扶贫攻坚工作会。

7月

1日 安徽省住房和城乡建设厅组织召开庆祝中国共产党建党95周年暨"七一"专题党课大会，厅党组书记、厅长侯淅珉出席会议并讲党课。

4日 印发《安徽省城镇住房保障"十三五"规划》、《安徽省农村人居环境综合整治方案》。

14日 印发《安徽省建筑产业现代化"十三五"发展规划》、《安徽省建筑节能与绿色建筑"十三五"发展规划》、《安徽省建设科技"十三五"发展规划》。

18日 印发《安徽省住房和城乡建设事业发展"十三五"规划纲要》。

26~29日 住房城乡建设厅长侯淅珉陪同由住房城乡建设部副部长倪虹为组长的国务院民间投资专项督导组在皖督导工作。

27日 厅长侯淅珉，巡视员李建、吴晓勤，副厅长仲亚平，稽查局局长高冰松及房地产市场监管处、法规处有关负责同志参与省人大常委会第31次会议审议《安徽省物业管理条例》。

28日 国家开发银行安徽省分行副行长李洪影一行来省厅对接城市基础设施投融资项目，副厅长吴桂和携城建处（风景办）主要负责人参加座谈。

8月

8日 会同安徽省发改委、安徽省财政厅印发《关于开展特色小镇培育工作的指导意见》。

12日 举办"两学一做"学习教育先进事迹报告会。

9月

2日 厅长曹剑副组织召开全省监管通系统推进会议。

6日 厅长侯淅珉、副厅长吴桂和、总工程师宋直刚、副厅长陈扬年、副巡视员刘少为与合肥市代市长凌云一行座谈。

13日 安徽省政府召开第82次常务会，审议通过芜马、皖北、合肥都市圈三个城镇体系规划。

10月

24日 印发《关于加快推进钢结构建筑发展的指导意见》、《关于推进地下管线纳入城市地下综合管廊的意见》。

11月

7日 厅长侯淅珉陪同副省长张曙光及合肥市长凌云参加住房城乡建设部召开的全国有关城市房地产工作部署会。

17日 印发《安徽省传统村落保护发展"十三五"规划》。

21~23日 国家发展改革委、住房城乡建设部组织对六安市节水城市创建考核验收工作。

12月

16日 安徽省住房城乡建设厅和国家开发银行安徽省分行在安徽省城乡规划建设大厦举行城市排水防涝开发性金融合作备忘录签约仪式。厅长侯淅珉、副厅长吴桂和出席签约仪式。

16日 组织召开全省城市管理执法体制改革试点工作推进会。

26日 厅长侯淅珉参加全国住房城乡建设工作会。

（安徽省住房和城乡建设厅）

福 建 省

概况

2016年,福建省住房城乡建设系统围绕住房和城乡建设部和中共福建省委、省政府决策部署,深入贯彻落实中央、全省城市工作会议精神,基本完成年初确定的各项目标任务,实现"十三五"良好开局。

【房地产业、建筑业两大产业保持较快发展】 房地产业、市政基础设施完成投资7000多亿元,占全省同期固投总量30%,建筑业、房地产业增加值占全省GDP的比重约为13%,两大产业缴纳税收占全省地税税收收入48%。实施宜居环境建设三年行动,市政基础设施逐步完善,开展美丽乡村建设,累计整治完成3700多个村庄,建成130余条美丽乡村景观带,厦门集美区村庄生活污水处理、漳州闽南文化生态走廊、永春大羽村美丽乡村建设等3个项目获年度中国人居环境范例奖。实施"两违"综合治理三年专项行动,累计拆违面积超过1.4亿平方米,腾出土地24.6万亩。全年城市(县城)建成区新增园林绿地面积2600多公顷,绿化覆盖率达到42.8%、居全国前列。福建省连续十届参展中国(城市)国际园林博览会,厦门市获住房和城乡建设部颁发特别贡献奖、特别成就奖。保障性安居工程连续七年提前超额完成国家下达目标任务,保障房配置网上公开信息管理系统全面上线运行。全省建筑施工企业信用综合评价体系进一步健全。在全国住房城乡建设系统率先运用"互联网+"大数据监管,推行工程质量安全监管"双随机"机制。福建省施工企业承建的肯尼亚商业银行总部大楼等3项工程以及马尾综合体育馆等4项工程分获中国建设工程"鲁班奖"、"国家优质工程奖"。

【城市执法体制改革有序推进】 中共福建省委省政府出台《福建省深入推进城市执法体制改革改进城市管理工作的实施方案》,建立全省城市管理工作联席会议制度,筹建省级城市管理机构。部署开展"强基础、转作风、树形象"专项行动,举办2期全省城管执法人员培训,推行城市管理执法全过程记录。省政府在厦门召开"两违"综合治理现场会,各地强化日常网格管控,创建县、乡、村三级"无违建"示范点740个,新拆除"两违"面积5344万平方米。

【行业自身建设不断强化】 注重行业素质提升,省厅组织实施培训44项20.8万人次。组织举办古建木工等5场技能竞赛,新增执业资格人员4000多人、高级职称1200多人,进一步推动行业人才队伍建设。同时,强化行业监管,全系统深入开展稽查执法,探索建立监督检查事项"双随机"机制,组织各类专项检查3500多次,发出整改文书4.5万份,曝光典型案例730多件,立案查处4800多件、处罚金额4800万元。110家企业、89名个人被省厅列入行业信用档案"黑名单",10名工程质量安全监督人员因履职不到位被问责、甚至追究刑事责任,8名规划人员和领导因违规审批受到行政处分。全系统持续推进党风廉政建设,深入开展"两学一做"学习教育和文明行业创建,党员干部作风进一步优化。特别是广大干部职工和企业在应对"尼伯特"、"莫兰蒂"台风等自然灾害过程中,积极参与抢险救灾帮扶和灾后恢复重建,展现了城建人的精神风貌。

【问题和困难】 市政基础设施"短板"突显。城市交通路网密度、人均道路面积均低于全国平均水平,停车设施缺口大。城市污水管网覆盖面不够,收集处理不到位,市县污水处理率不高,黑臭水体大量存在。垃圾分类推进慢,垃圾减量化、资源化程度低。城市排水防涝能力、水气应急储备能力、公用设施运营管理能力不高,城市抗灾害风险"韧性"不足。农村污水、垃圾、建房三大问题仍未解决。与清新福建、生态示范省不相称。房地产形势依然严峻复杂。福州、厦门两市控价压力大,大部分县(市)住房库存量仍然较高,商业办公库存去化缓慢,房地产投资后劲不足,长效机制尚未破题。建筑业改革还没有根本突破。龙头企业不大、不强,引领带动力有限。行业信息化水平较低,数据难以实现有效互联互通,成为制约行业进一步发展的一大瓶颈。

法规建设

【概况】 2016年，福建省住房城乡建设厅编制全省住房和城乡建设行业推进依法行政规划和年度计划，并组织实施，拟订住房和城乡建设行业立法规划和计划，组织研究重大的综合性政策问题，组织起草住房和城乡建设行业地方性法规、省政府规章，承担建设厅行政复议、行政应诉工作，指导住房和城乡建设行业行政复议、行政诉讼工作，承担有关规范性文件的合法性审核及报备工作，指导住房和城乡建设行业规范性文件合法性审查及备案工作，负责申办行政执法人员资格确认及证件管理相关工作，指导住房和城乡建设行业行政许可、行政执法、执法监督活动和法制宣传，指导城建监察及住房和城乡建设稽查工作。

【立法工作】《福建省城市供水条例》、《福建省历史文化名城名镇名村保护条例》分别于2016年10月、11月通过省人大二审，《福建省物业管理条例》修订立法工作启动，完成初稿和征求设区市及相关部门意见，与省人大、省政府法制办沟通，根据行业管理需要，将行业中亟须立法的《福建省绿色建筑管理条例》等3部法规规章项目列入省人大、省政府2017年度立法计划，省住房城乡建设厅由政策法规处牵头业务处室做好立法前期工作。

【规范性文件制定和审查】 2016年，福建省住房城乡建设厅对厅及处室制定的5份规范性文件及时进行合法性审查，并向省政府法制办报送纸质和电子备案。同时，牵头办理住房和城乡建设、省人大、省政府及省直有关部门立法、规范性文件征求意见修改工作，共办理书面反馈意见100余份。

【行业依法行政指导】 2016年，福建省住房城乡建设厅出台《2016年推进依法行政工作要点》，结合行业特点对依法行政及治理工作进行全面部署和落实，做好中共福建省委、省政府2016年度重点领域改革、"三农"和生态文明体制改革、经济社会事业体制改革、简政放权改革的牵头工作，依托省建设行业法制协会等社会团体，召集法院、行政机关、仲裁机构、行业专家开展"营改增"等专题研讨。研究答复各级住房城乡建设行政主管部门行政执法中疑难问题的请示，根据厅《依法行政工作考核办法》，出台住房城乡建设系统《2014、2015年依法行政考核方案》，分三组对全省各级住房城乡建设主管部门在法制机构建设、法制宣传、行政许可、处罚等几方面开展依法行政考核评估，通报考核结果，及时指出存在问题并提出改进意见，开展典型案例评析，挑选实践中纠纷较多的案件类型，召开政府信息公开和行政许可典型案例分析会，设区市住房城乡建设系统法制机构负责人、厅机关相关处室负责人30多人参加研讨交流，提高运用相关法律法规解决实际问题能力。

【权力运行规范】 2016年福建省住房城乡建设厅在工程质量安全监督检查事项试行"双随机"抽查机制的同时，着眼打造建设系统市场监管与诚信一体化工作平台，拟打造统一的三级联动监管平台。5月印发《福建省住房城乡建设系统推广随机抽查机制规范事中事后监管工作方案》，选取住房城乡建设领域常用的9项监督检查事项，建立随机抽查事项清单，并牵头制定平台开发的需求清单。截止到2016年底，该平台进入研发阶段。

【行政复议、处罚和应诉】 行政复议案件数量逐年增多，2016年全年受理复议案件86件，其中维持66件，确认违法6件，撤销2件，下级主管部门自行撤销或者申请人自行撤回而终止复议5件，在办7件。全年共做出处罚决定34份，共罚款238万元，涉及工程质量安全、建筑市场招投标等领域，应诉案件激增，全年共有行政诉讼案件61件，其中以厅作为复议机关做共同被告的案件55件，单独做被告的案件6件，一审案件33件，二审案件19件，再审案件9件。截至2016年底，做出判决的案件40件，其中一件被确认程序瑕疵给予上诉，开庭未做出裁决的案件6个，未开庭的案件15个。

【法制宣传和培训】 2016年，福建省住房城乡建设厅编印《建设法规政策汇编（2015年）》，作为普法工具书，向厅机关和全系统发放。组织行政执法资格专业考试，在莆田市、漳州市、三明市等地组织多场考试，全省600多人参加。会同福建省建设人才科技中心开展注册执业人员法律知识轮训工作，面授加网络培训近5000人，在宁德市举办全省行政执法人员法律知识轮训班，800多名行政执法人员参加培训，召开全省住房城乡建设系统依法行政工作暨"七五"普法动员工作会，各设区市住房城乡建设主管部门领导及法制机构负责人近百人参加会议。

房地产业

【概况】 2016年，福建省房地产市场呈现先扬后抑格局，全省商品房销售大幅增长，房地产库存有序化解。但进入下半年，福州、厦门两市及周边县市房价过快上涨，被住房和城乡建设列入16个重点监测城市名单。针对市场出现的新变化、新情况，全省各地各部门贯彻国家和省出台的一系列房地产新政策措施，通过限购限贷、遏制地王、管控房价、强化监管，使房地产市场总体保持平稳。2016年，全省完成房地产投资4588.83亿元，同比增长2.7%，其中商品住房投资2999.29亿元，同比增长4.7%，全省新建商品房销售5103.43万平方米，同比增长35.4%，其中商品住房销售4140.88万平方米，同比增长35.4%；存量房交易2686.19万平方米，同比增长35.3%，其中存量住房交易2218.56万平方米，同比增长40.7%。截至2016年底，全省商品房现实库存5417.3万平方米（含住房和非住房），比2016年初减少1995.1万平方米，按照全省近三年商品房月平均销售面积计算，去化周期为15个月，比年初减少9个月，商品住房、商业办公库存去化周期分别比年初减少7个、12个月。

【房地产去库存】 2016年，福建省加速房地产去库存。2月，省政府出台《关于化解房地产库存的若干意见》。7月，福建省政府办公厅出台《关于加快化解商业办公房地产库存的通知》，并在中共福建省委省政府印发的《福建省推进供给侧结构性改革总体方案（2016-2018年）》中，提出房地产去库存主要目标和重点任务。10月，省政府办公厅出台《福建省人民政府办公厅关于进一步加强房地产市场土地调控的通知》，强化去库存和把控土地"闸门"联动，对库存去化周期超过24个月的市、县，调减供地数量，对去化期限超过36个月的市、县，暂停出让。省住房城乡建设厅与省农行、省建行、省工行、省中行签订支持新市民购房战略合作协议，三年内拟为农民进城购房提供2500亿元以上信贷额度。适度降低农民工住房贷款准入门槛，实行更加灵活的还款方式。组织承办以省政府名义召开的房地产去库存推进会及省政府专题会议。

【抑制福州、厦门房价上涨】 2016年下半年，福建省住房城乡建设厅落实中央领导的批示要求和住房和城乡建设房地产工作部署，抑制福州、厦门两市及周边县市房价过快上涨，防控出现新"地王"。同时，配合宣传、公安、网信等部门，严禁资金违规进入房地产土地市场，加强全程舆情跟踪监测，及时回应不实传言。要求福州、厦门两市做好预售价格前置管理，加强违规整治和宣传引导。

【市场监测分析与风险防控】 2016年，福建省住房城乡建设厅加强对全省房地产市场的监测分析。进一步落实房地产交易日报制度，每月通报各市、县房地产去库存工作进展情况和市场销售情况，每季度召开房地产市场运行形势分析会。制定全省房地产大数据应用工程行动方案，全面实行交易合同网签，升级福建省房地产管理信息系统，搭建全省房地产市场交易和库存监测平台，推进各市、县一手房和二手房交易合同网签系统建设和联网运行，并实现与福建省工程项目建设监管信息系统、土地市场监管信息系统纵横对接、信息共享。为化解和防控市场风险，编制全省在建在售房地产项目清单，落实房地产项目跟踪服务机制，梳理存在资金风险的房地产项目，建立政府、房企、银行、承建商的合作协调机制，按照"分类处置"原则，引导品牌好、实力强的房企"接盘"，通过兼并重组等手段，促进项目建成销售，化解风险。

【房地产市场监管】 2016年，起草《福建省房屋交易管理办法》。针对福州、厦门两个二线热点城市房价过快上涨情况，国庆期间起草并以省政府办公厅名义出台《关于开展福州市厦门市商品住房销售市场秩序专项检查与治理的通知》，部署组织开展全省房地产中介机构专项整治。组织开展房地产开发企业资质年检，并将资质年检与规范房地产开发企业行为结合，区分是否存在违法违规行为，对开发企业实行差异化管理。培育发展住房租赁市场政策制定，以省政府办公厅名义出台《关于加快培育和发展住房租赁市场的实施意见》。建设房地产信用体系，组织开展房地产经纪机构、估价机构信用综合评价，公布一批综合评价结果。

【房屋征收】 2016年，福建省住房城乡建设厅在全省规范国有土地上房屋征收实施行为。贯彻落实省政府11号文件，推进棚改项目和房屋征收实行货币化安置。截至2016年底，全省房屋征收产权面积货币化安置比例达57%。组织开展《福建省实施〈国有土地上房屋征收与补偿条例〉办法》实施情况检查。强化征收实施单位管理。完善《福建省房屋征收管理信息系统》，对征收实施单位开展年度考核并公布考核结果，组织开展征收部门、征收实施单位及工作人员培训，提高征收队伍工作水平。创建和谐征迁示范项目。组织开展房屋征收与补偿信息公开检查，保障被征收人的知情权，全年创建和谐征迁示范项目19个。

【物业服务】 2016年，福建省住房城乡建设厅组织《福建省物业管理条例》修订调研工作，并开展立法问卷调查，在总结分析《福建省物业管理条例》实施主要状况和存在问题的基础上，起草《福建省物业管理条例》修订稿，推进物业管理服务企业信用档案建设，组织实施物业管理服务企业信用综合评价，建立物业管理服务企业信用档案，2016年公布889家物业管理服务企业信用评价结果，创建物业管理服务示范项目考评，全年创建省级物业管理示范项目17个。

住房保障

【概况】 2016年，国家下达福建省保障性安居工程目标任务为新开工各类棚户区改造项目12.5万套，基本建成5.96万套。全省全年新开工13.45万套，开工率107.66%，基本建成13.1万套，基本建成率219.7%，保障性安居工程完成投资629.46亿元，为年度计划的195.6%，实现提前超额完成年度责任目标。

【棚户区改造目标责任管理】 2016年，福建省保障性安居工程建设以棚户区改造为重点，实行目标责任管理，省政府与各设区市、设区市与所辖市县政府签订目标责任状，层层分解落实，并将责任目标落实到具体项目，公布项目清单，接受社会监督。省政府办公厅出台《关于切实加快棚户区改造进度的通知》，召开全省棚改工作推进会，开展全省棚改和公租房专项巡查，对棚改建设进度滞后的设区市进行约谈，省住房城乡建设厅主要领导专门给进度滞后的设区市市长写信，分管副厅长带队与各设区市逐个面谈对接，对滞后项目实行一周一报制度，有效加快棚改进度。同时，着力提高棚改货币化安置比例。将推进棚改货币化安置与有效化解库存商品住房相结合，对棚改货币化安置项目优先安排专项补助资金与政策性贷款，棚改货币化安置比例明显提升，全年棚改货币化安置4.6万户，按户统计货币化安置率达34.24%，按面积统计货币化安置率达57%。召开全省棚改融资工作座谈会，与国开行、省农发行签订战略合作协议，积极推进政府购买棚改服务，经省政府同意，省住房城乡建设厅、财政厅联合出台《福建省政府购买棚户区改造服务管理办法》。

【公租房分配】 2016年，福建省住房城乡建设厅着力推进公租房分配入住。为此，在全省开展公租房分配入住专项调查，全省累计开工公租房30.5万套，分配22.75万套，同时，将公租房分配入住纳入目标责任考核，建立公租房项目台账、分配入住月通报制度，开展了公租房分配入住专项督查，对重点项目实施挂牌督办，全省全年新增公租房分配入住3.93万套，分配率74.59%，位居全国前列。召开全省保障房配置网上公开工作会议，同时，进一步完善功能，健全制度，全省所有设区市都出台了保障房网上公开管理办法，截至2016年底，全省所有设区市保障房分配全面实现网上运行，累计受理保障房申请4.2万户，有效确保了保障房分配公平公正。

公积金管理

【概况】 福建省住房公积金按照"防控风险，促进规范，提升服务"的发展思路，不断提升服务能力，全省住房公积金呈现良好的发展势头。2016年，全省缴存住房公积金463亿元，同比增长13%，提取住房公积金340亿元，同比增长20%，发放住房公积金个人贷款8.17万户、金额370亿元，同比分别增长7.4%和17.4%，实现增值收益17.5亿元。截止2016年底，全省住房公积金缴存总额3007亿元，提取总额1789亿元，为85万户职工提供住房公积金个人贷款2060亿元，贷款余额1288亿元，贷款使用率105%，贷款逾期率0.02%，"公转商"贴息贷款余额80亿元。

【住房公积金扩面】 根据国务院《住房公积金管理条例》和省政府办公厅《关于扩大住房公积金制度覆盖面的意见》等有关规定，省住房城乡建设厅出台《进一步做好住房公积金制度扩面工作的指导意见》，督促各地加快推进城镇就业农民工、个体工商户建缴住房公积金工作，扩大非公企业职工住房公积金制度覆盖面，实现各级党政机关、事业单位、社会团体和国有企业住房公积金制度全员覆盖，指导各地完善受托银行住房公积金扩面工作考评机制，按照"谁归集、谁受益"原则，将住房公积金扩面与存贷款业务承办份额、手续费等挂钩，进一步调动承办银行参与积极性，并设立专项奖励资金，对完成目标任务单位和表现突出个人予以奖励。各地通过"政风行风热线"、政府网站"在线访谈"，加强政策宣传，强化宣传效果。

【住房公积金监管】 在规范管理方面，省住房城乡建设厅制订下发《2016年全省住房公积金管理工作要点》，从制度扩面、规范管理、信息化建设、深化服务等四个方面，督促指导各地加强住房公积金管理工作；与省财政厅、人行福州中心支行加强沟通协作，及时完整披露2015年全省住房公积金年度报告；组织开展2015年度全省住房公积金业务管理和廉政风险防控督查工作，督促指导各地完善规章制度，规范业务管理，提高服务效率，建立健全廉政风险防控长效机制；按照住房城乡建设部《关于住房公积金异地个人住房贷款若干具体问题的通知》要求，明确贷款条件，统一业务流程，有力地支持了缴存职工异地购房需求。贯彻落实党中央、国务院决策部署，省住房城乡建设厅与发改委、财政厅、人行福州中心支行联合下发《关于规范和适当降低福建省住房公积金缴存比例调整通知》,从2016年5月1日起规范调整住房公积金缴存比例,推进供给侧结构性改革,减轻企业负担。根据《福建省住房公积金金融业务受托银行年度考评试行办法》,组织各地住房公积金管理中心会同所在地人民银行、银监部门开展受托银行年度考评工作,并对督查情况和考评情况进行通报和表彰。在风险防控方面,省住房城乡建设厅积极开展风险防控理论研究,组织福州市、厦门市、泉州市、三明市、福建省直住房公积金管理中心完成《福建省住房公积金流动性风险研究》和《经济新常态下公积金风险分析及防范措施》两份研究报告,为全省住房公积金流动性管理和风险防控实践提供理论指导。同时,加强公积金流动性风险管理,密切监测各地资金流动性情况,及时提醒、约谈个贷率过高的中心,督促各地加强资金运作管理,及时根据当地实际调整使用政策,及时整理下发潜在风险楼盘清单,加强贷款风险楼盘监测,严防个贷违约风险。

【住房公积金信息化建设】 贯彻落实住房城乡建设部《关于印发住房公积金信息化建设导则的通知》和《住房公积金基础数据标准》要求,指导各地从住房公积金信息系统建设和运行维护管理、项目管理、数据资源管理、服务外包等四个方面,规范信息化工作,加快推进"双贯标"建设。截止到2016年底,完成全省住房公积金业务系统第三次版本升级,优化"公转商"贴息贷款业务功能,研发新版跨行逐月还贷,并在省直公积金管理中心推广上线,福州市、厦门市和福建省直住房公积金管理中心成功接入全国住房公积金银行结算数据应用系统,完成住房城乡建设部下达的阶段性任务。省住房城乡建设厅下发《关于加强住房公积金网络与信息系统安全管理的通知》,强化数据安全意识,完善日常安全管理制度,加强用户信息保护。

【住房公积金服务】 截止到2016年底,全省全面开通12329住房公积金热线,12329短信服务在漳州市、莆田市、南平市等7个住房公积金管理中心正式上线,网上缴存基数调整、贷款进度查询等线上服务在福州市、省直等住房公积金管理中心上线运行,手机APP和微信平台完成研发,其他网上服务及手机客户端等服务渠道的整合扩充工作也已全面铺开。全省15个住房公积金服务窗口积极参与文明行业示范点创建活动,充分发挥示范带头作用。各地认真协助省民政厅完成全省低保对象住房公积金缴存和贷款信息核查工作,积极推动跨部门、跨行业信息互联互通。福州市、厦门市、莆田市等5个住房公积金管理中心适时推出"公转商"贴息贷款业务,缓解资金紧张状况,有力支持缴存职工的购房消费需求。

城乡规划

【概况】 2016年,福建省印发实施《美丽福建宜居环境建设规划》,优化省域宜居环境空间格局。完善城市规划督察员制度。各地发挥规划引导调控作用,强化规划实施,维护规划权威性、严肃性。"多规合一"工作,建立联席会议制度,厦门率先在全国推动立法,福清市建成投用协同平台,福州市新增为试点城市。

【历史文化传承保护】 全年完成3000多个行政村历史建筑普查,初步登记1.7万多栋,厦门市、龙岩市、平潭地区、永安市等14个市、县、地区,率先公布第一批城镇历史建筑名单。新增中国传统村落104个、全省累计达229个、总数位居全国第六。新增78个省级历史文化名镇名村、全省累计达121个,重点改善提升10个名镇名村。

【新型城镇化进展】 省住房城乡建设厅牵头起草《中共福建省委 福建省人民政府关于进一步加强城市规划建设管理工作的实施意见》,并以中共福建省委省政府名义出台文件。

【规划编制体系优化】 加快城市总体规划编制,永安市城市总体规划于3月获省政府批准实施,完成南平市、福清市、南安市等地总体规划纲要或规划成果的技术审查工作。进一步推进单元控规编制,全省推进单元控规编制工作,设区市单元控规全覆盖,其他市县覆盖率达70%以上。大力推进专项规划编制。基本完成全省市县城市景观风貌专项规划编制工作,全省大部分设区市完成地下空间专项规划编制。

【规划改革创新】 印发实施《美丽福建—宜居环境建设总体规划》,对全省城镇建设的空间格局和地域文化特色进行深入研究。全国首创以省为单位编制此类规划。厦门列入国家划定城市开发边界和"多规合一"试点城市,作为全国28个"多规合一"试点城市中唯一的副省级城市,主动先行先试,通过构建空间规划"一张图"、信息管理"一个平台"、行政审批"一表制"和实施保障"一套机制",工作成效在全国城市规划建设工作会议上获国务院领导充分肯定。全省全面总结推广厦门经验,除漳州市、泉州市、莆田市等市、县外,新增加福州市为省级"多规合一"试点。制定《省试点城市"多规合一"

技术导则》规范"多规合一"工作内容。在福清召开全省"多规合一"试点工作现场会,试点市县基本完成"多规合一"一张图编制工作,省级"多规合一"协同平台建设也完成可研编制工作。

【历史文化传承】 出台《关于开展历史文化街区划定和历史建筑确定工作的通知》,开展第二批省级历史文化街区申报工作,基本完成专家审查认定。推进历史文化名城保护规划编制,漳州市台湾路—香港路历史文化街区保护规划获省政府批准。会同省文化厅出台《关于进一步加强城市文物建筑和历史建筑保护的通知》,开展定线落图工作,切实保护历史文化遗存。

【城市设计】 结合"三边三节点"项目整治工作,大力推进城市设计,2016年全省上报"三边三节点"整治提升项目201个,筛选30个省级重点项目。年计划投资136亿元,完成投资160.5亿元。

【规划技术支撑强化】 出台《省试点城市"多规合一"技术导则》、《"多规合一"一张图审查要点》、《关于改进城市总体规划编制审批工作的通知》、《福建省控制性详细规划备案管理办法》,修订《省城市规划管理技术规定》等一系列技术标准和政策文件,为规范、完善全省规划建设管理提供支持。出台《福建省控制性详细规划备案管理办法》,建立和完善单元控规备案、地块控规动态维护机制。举办全省规划管理培训班,重点对城市规划理念、城市设计等内容进行培训,共200多人参加培训。

【规划监督管理】 将督察内容与"多规合一"、"三边三节点"项目建设等重点工作相结合,加强对设区市城市规划实施的事前事中监督。截止到2016年底,共发出书面督察建议书或个人信函27份,口头意见提醒100多次。2016年发出规划督察建议书8份,规划督察口头意见提醒22次。

城市建设

【宜居环境建设】 2016年,福建省安排宜居环境建设项目8842个,年计划投资2160亿元,实际完工6269个,在建2043个,完成投资2437亿元,超过年计划12.8%。其中,市政基础设施项目7246个,年计划投资2000亿元,实际完成投资2245亿元,超额12%,各项任务均完成目标。厦门市集美区村庄生活污水处理,漳州闽南文化生态走廊等3个项目获年度中国人居环境范例奖。

【市政基础设施建设】 2016年,为补齐市政基础设施短板,全省致力于城建工程包、市政"五千工程"和农村污水垃圾治理等3项工作。至2016年底,4个城建工程包全面完成年初既定目标任务。其中,公共停车场工程包完成投资21.9亿元,新增路外公共停车泊位2.85万个,污水处理和供水设施工程包完成投资68.5亿元,城市地下综合管廊工程包完成投资15.1亿元,全年开工70千米、建成20千米,平潭列入第二批国家管廊试点,生活垃圾处理设施工程包完成投资26.5亿元,新建成8个城市生活垃圾无害化处理设施和132个乡镇生活垃圾转运系统,全省有682个乡镇建成生活垃圾转运系统。开工建设漳州、龙岩餐厨垃圾处理厂。市政"五千工程"超额完成任务,新建改造城市道路1282千米、雨水管渠1017千米、污水管道1427千米、供水管道1172千米、燃气管网1060千米,共完成投资774亿元,福州地铁一号线通车运营,实现全省地铁零的突破,落实畅通城市三年行动计划,共完成城市交通设施投资620亿元,实施城市内涝防治三年行动,启动主要排水防涝项目128个、完成投资43亿元,全省排查496处涝点,完成整治315处,全省摸排黑臭水体85条,完成治理27条,开工28条。指导福州市入选第二批国家海绵城市试点。抓实农村污水垃圾治理,新建60个乡镇生活污水处理项目和634个农村污水集中处理设施,新建改建一万多个农村三格化粪池,永春县、将乐县实现乡镇污水处理设施全覆盖,列入全国示范县,新投用乡镇生活垃圾转运站89座、购置垃圾压缩车140辆。截至2016年底,全省有682个乡镇建成生活垃圾转运系统。

【市政公用设施运行管理】 2016年,省住房城乡建设厅加强市政公用设施运行管理,开展城市供水水质、供水管网漏损率、污水垃圾处理运营考核评估,提高市政设施运营保障与服务水平。城镇燃气安全管理,持续推进燃气经营企业安全生产标准化达标。全省应考评燃气企业251家,安全生产标准化达标率100%,其中二级达标16家,三级达标186家,不分级的48家,关闭取缔一家。公布燃气行业专家86名。组织开展全省燃气安全生产大检查,共检查燃气企业116家,发现并督促整改安全隐患248条。城市供排水安全保障工作,评估考核46个市县区供水规范化管理及49家供水企业安全运行情况,对全省所有市县128座水厂出厂水、管网水106项全分析指标进行抽检,考核59座城镇污水处理厂运行管理、水质、检测人员检测能力。城市桥梁隧道隐患整治和管养。出台《福建省城市道路管理与养护考核标准》等3个地方标准,使市政管养考评有章可循。下达30座病害桥梁改造整治和18

处城市道路隐患整治任务,全部落实整改。排查归口市政养护管理的城市道路临水临崖隐患38处10.9千米。落实中共福建省委省政府、省救灾指挥部工作部署,帮扶闽清县、永泰县等灾区,协调应急抢险队伍、物资、设备,支援当地灾后抢险和恢复重建。

【城市园林绿化】 致力提升城市园林绿化设施水平,在福建省开展园林城市(县城)创建,实施园林绿化"五个提升"工程,加快城市绿道、绿廊、立体绿化、小游园、小绿地等建设,平潭县、闽侯县、闽侯县被评为"省级园林城市(县城)",全年建成绿道1096千米,新增城市(县城)建成区园林绿地面积3100多公顷,新增公园绿地面积达1011多公顷,新建或改造提升公园56个,新建城市片林236片,新增立体绿化171处,街头小绿地、小游园137处。全省住房城乡建设系统连续参展十届中国(城市)国际园林博览会,厦门市获住房城乡建设部颁发的特别贡献奖和特别成就奖。

村镇规划建设

【概况】 完成1000个整治村、100个示范村和58条美丽乡村景观带整治建设,全年完成投资193亿元。新建60个乡镇生活污水处理项目和634个农村污水集中处理设施,新建改建1万多个三格化粪池,永春县、将乐县实现乡镇污水处理设施全覆盖,列入全国示范县。新投用乡镇生活垃圾转运站89座、购置垃圾压缩车140辆,基本完成3600个行政村垃圾治理任务,全省累计682个乡镇建成生活垃圾转运系统,南平市建立村民出一点、市县补助一点的保洁经费机制,实现农村垃圾有效治理,建阳、松溪所有村庄实现垃圾"村收集、镇中转、县处理"。莆田市主要领导亲自抓,分管领导每月召开一次美丽乡村现场会,仅两个月村民缴费率就超过90%。全省开工改造农村危房2.87万户,竣工2.04万户,提前完成为民办实事任务。

【"美丽乡村"建设】 8月29日,省政府在龙岩市召开"美丽乡村"建设暨农村危房改造和污水垃圾整治现场会。省住房城乡建设厅会同省财政厅制定下发《关于做好美丽乡村建设有关工作的通知》,提出在建设过程中守住自然风貌和乡土气息,防止大拆大建和过度整治,完善考核验收体系,组织省村镇建设发展中心修订并印发"美丽乡村"示范村、重点整治村、一般整治村(基本整治村)检查验收评分表,会同省发展改革委、农业厅、财政厅制定下发《支持村民投工投劳参与美丽乡村建设的意见》,对村民投工投劳参与整治建设项目范围、整治建设项目管理及监督检查等做出明确规定,福州市规划院、厦门市规划院等7家规划设计单位,分片包干,对106个"美丽乡村"示范村进行技术指导服务,对2016年开展整治的1118个村庄,组织第三方机构进行全覆盖年中检查和年底验收,深入40多个乡镇村庄开展指导服务。

【传统村落和历史建筑保护】 省住房城乡建设厅组织竞争性评审重点扶持名镇名村,通过当场评分筛选出大田县济阳村等10个重点扶持名镇名村,10个名镇名村均编制完成保护规划,组织实施保护和整治项目66个,完成投资2.2亿元。组织申报第四批中国传统村落及传统村落中央补助资金,104个村列入第四批中国传统村落名录,47个传统村落争取中央补助资金1.41亿元。组织编制《福建省传统村落和历史建筑保护发展"十三五"规划》。编制出版《福建省传统民居类型全集》。组织厦门理工学院、华侨大学、福州大学、福建工程学院等高校,在漳州市、泉州市等地开展村级历史建筑普查,截至2016年底初步普查登记1.7万多栋。

【小城镇综合改革建设试点】 省住房城乡建设厅组织省规划院研究制定小城镇降低建设和居住成本指导意见,印发各地实施。赴浙江省、江苏省及省内福州市、宁德市等地,分析存在问题和困难,探讨解决办法。组织召开45个省级综合改革试点镇和15个"镇级小城市"培育试点镇负责人研讨会,总结2010年来改革建设经验做法。

【农村危房改造】 2016年,省住房城乡建设厅推进农村危房改造,制定并印发《福建省2016年农村危房改造实施方案》,分解下达工作任务。4月、8月分别组织召开全省农村危房改造动员部署会和现场会,并邀请江西省住房城乡建设厅有关危改专家讲解政策。6月,完成全省"十三五"期间分年度要改造的贫困户农村危房改造任务核实工作。11月,制定出"十三五"农村危改规划,经省政府审定后由省住房城乡建设厅和省财政厅、省发展改革委联合下发实施。下发《农村危房拆除重建技术指南》,委托省建科院制定《福建省农村危房加固技术导则》,免费提供全省农户使用。

标准定额

【标准化建设】 2016年,福建省工程建设地方标准(以下简称省标)申报95项,经评审立项省标32项。发布省标31项,包括《福建省铝合金模板体系技术规程》等房建类标准21项,《福建省城市道路照明管理与养护考核标准》等市政类标准6项,《蒸压加气混凝土砌块墙体构造》等标准设计图集4项。贯彻落实《住房城乡建设部关于印发深化工程建设标准化工作改革意见的通知》。印发《福建省住房和城乡建设厅关于进一步规范工程建设地方标准编制工作等有关事项的通知》,进一步规范编制程序,加强编制单位管理工作,强化编制单位主体责任。改变标准由政府单一供给模式,选择福建省工程建设科学技术标准化协会、福建省建筑业协会和福建省城市建设协会等3家社团组织开展全省工程建设团体标准试点工作,取消企业标准备案程序,明确企业标准由企业自行组织制定、发布,实行自我公开声明备案制度。制定急需、有用的标准。对2014年10月1日前立项至2016年底未按期完成编制工作的省标项目不再批准发布。组织编制《福建省民用建筑外窗工程技术规范》,提升节能指标、限制现场加工、推广干法作业、淘汰单层玻璃、发展节能门窗。针对"毒跑道"问题,组织编制《福建省合成材料运动场地面层应用技术规程》,明确原材料有害物质限量、预制型卷材、人造草皮物理性能、合成材料面层物理性能等指标要求。启动《福建省绿色建筑设计标准》修订工作,强化全面推广绿色建筑适宜技术措施如南方地区的自然通风与采光、与海绵城市相适应的低影响开发相关室外技术等。组织《装配式内隔墙及建筑构造》、《住宅整体厨房》等8项装配式建筑标准设计图集,发布《静钻根植复合配筋先张法预应力混凝土管桩》、《静钻根植先张法预应力混凝土竹节桩》等4项图集,开展整体厨房、整体卫浴设计图集编制调研。

【工程造价咨询企业和招标代理机构管理】 2016年,福建省住房城乡建设厅开展4次造价咨询成果文件网上备案检查,通报批评1021个造价咨询成果文件未按规定备案的编制单位,开展3次工程造价咨询成果文件质量检查,抽查117份造价咨询成果文件,通报批评10名造价工程师。

【工程造价管理】 2016年,福建省住房城乡建设厅配合营业税改增值税税制改革,完成"营改增"后福建省计价依据调整,价格信息改为同时发布含税价格和不含税价格,并完成对全省交底培训。修编《福建省古建筑保护修复工程预算定额》、《福建省房屋建筑与装饰工程预算定额》等9套定额。规范福建省建设工程材料综合价格编制,发布12期《福建工程造价信息》月刊和5期《福建省建设工程材料市场价格信息》副刊。发布15个定额问题解答以及日常定额问题解答和造价纠纷处理。受理核定施工企业劳保费用取费类别539家,颁发《关于施工企业劳保费用取费类别核定有关事项的通知》,规定施工企业劳保核定卡有效期至2016年12月31日结束,颁发《关于全省房屋建筑与市政基础设施工程劳保费用计取有关事项的通知》,规定衔接阶段工程劳保费用计价办法。

工程质量安全监管

【概况】 2016年,福建省住房城乡建设系统贯彻落实中央关于安全生产工作重要指示批示精神及中共福建省委省政府工作部署,坚持安全生产"红线意识"和"底线思维",不断健全完善安全生产责任体系,全省房建和市政工程安全生产形势平稳,共发生建筑施工安全事故19起、死亡22人,较大事故1起、死亡3人,控制在省政府下达指标内,被省政府评为完成年度安全生产目标责任优秀单位。

【建筑施工标准化】 2016年,福建省住房城乡建设厅组织修订建筑施工安全生产标准化考评实施细则和省级优良项目考评办法,开展施工企业和施工项目安全生产标准化考评,实施项目部月自评、企业季度检查及监督机构季度考评,企业自评及主管部门考评结果在"福建省工程项目建设监管信息系统"上留痕,通报考评结果,对项目月自评表、企业季度检查表逾期提交情况严重的36家施工企业予以全省通报批评,并按规定予以不良信息登记。考评结果与施工企业安全生产许可证延期挂钩,并记入安全生产信用档案,对考评不合格的6家施工企业主要负责人和115名项目经理,在办理安全生产考核合格证书延期时,责令限期重新考核。制定省级标准化优良项目考评一票否决项目表,严格参评资格审查,2016年全省有133个项目获省级标准化优良项目称号。全省建设系统168家单位和企业等有关负责人共计400多人参加观摩会。每半年公布使用铝模板、复合模板等新型模板、整体提升脚手架、装饰装修以及水、电、暖通等新工艺、新技术工程项目和使用单位等有关信息。

【质量安全生专项整治】 2016年,福建省住房城乡建设厅印发2016年安全专项整治工作方案,明确整治重点是房屋市政工程参建各方安全生产主体责任落实情况、从业人员持证上岗情况、安全专项施工方案管理情况以及深基坑工程、起重机械、城市地铁及地下综合管廊工程安全管理情况。在全省部署开展建筑起重机械安全专项检查,检查覆盖全省在建工程所有起重机械。印发《进一步加强建筑施工安全管理有关事项通知》,强化消防安全管理,向设区市（含平潭）住房城乡建设主管部门下达消防工作主要责任目标，部署夏季消防检查和今冬明春消防安全工作。推行现浇混凝土结构实体实测实量现场标示制度，提高结构实体实测实量的可追溯性。

【施工扬尘整治】 2016年，福建省住房城乡建设厅深化施工扬尘治理，出台《关于进一步加强建筑施工扬尘防治和施工现场污水排放管理工作的意见》和《施工扬尘防治管理导则》，印发《房屋拆除合同示范文本》，完善施工扬尘监管措施，全年有5家企业被列入省级"施工扬尘污染黑名单"。

【建筑材料质量管控】 2016年，福建省住房城乡建设厅召开全省预拌混凝土和机制砂生产规范化管理现场会，提升预拌混凝土和机制砂生产质量。每半月公布钢筋、水泥进场复验不合格材料信息，并向省经贸委、技术监督局、工商局通报，要求各地监督机构核实3批不合格钢筋、83批水泥、79批次不合格砌墙砖、297批次不合格钢筋接头以及、警示信息为"沉降超过规范允许值"或"未达最大试验荷载"的496根基桩静载试验处理情况。推进预拌混合料监管平台安装启用工作，全年完成55家预拌沥青混合料拌合厂（站）、35家水泥稳定粒料拌合厂（站）监管平台安装工作。

【监督检查执法】 2016年，福建省住房城乡建设厅部署开展工程质量两年治理和三年双提升行动大检查、市政工程和建筑起重机械专项检查、建筑施工安全生产大检查以及城市轨道交通工程质量安全检查，联合消防总队开展消防督查。强化企业隐患自查自纠自报主体责任。推行以在建项目动态监管平均违规记分为基础的差异化检查及随机检查、飞行检查，将违规记分排名靠前及发生生产安全事故的企业列为必查对象。2016年，各级住房和城乡建设门针对质量、安全问题发出责令改正通知书2.75万份，发现并督促整改隐患问题8.95万条。省住房城乡建设厅组织督查5次，共检查项目43个，发出改正通知书41份（其中全面停工4份、局部停工6份）。

【监管方式改革创新】 2016年，福建省住房城乡建设厅梳理制定安全生产权力清单和责任清单。修订出台《福建省建设工程质量安全动态监管办法（2016年版）》及监督工作标准、评价标准，明确监督内容、程序、检查频率及发现问题处理办法，统一监督检查标准。建立权责明确的质量安全监督"双随机"监管机制，公布监督执法事项清单，于7月1日正式启用，检查人员、检查对象、检查过程、检查结果和成果应用实行"五公开"。开展"互联网+"大数据监管，每季度统计归集动态监管系统数据，通报监管（评价）部门开展工程项目质量安全文明动态监管评价情况，并对质量安全文明违规记分值排名靠前的施工、监理企业予以通报批评，促进企业质量安全主体责任和监管责任落实。邀请国务院安委会专家咨询委员会建筑施工专业委员会权威专家对福建省建筑施工安全管理工作进行综合评估。福建省创新"互联网+"监管、推行质量安全"双随机"监管机制的经验做法，得到部、省领导肯定，并在中国建设报等媒体刊登。

【不良行为惩处】 2016年，福建省住房城乡建设厅修订印发《福建省建筑施工企业安全生产许可证暂扣管理办法》。全年对17起事故予以立案，对2起事故挂牌督办。落实"黑名单"制度，全年共有40家企业和81名责任人被列入质量安全"黑名单"，向社会曝光。修订印发《福建省建设工程责任主体不良记录"黑名单"管理实施办法（试行）》，规范黑名单信息采集、公布、移出、档案管理等程序和管控措施，实行分级分类管理，自2017年1月1日起施行。

【监理和检测机构管理】 2016年，福建省住房城乡建设厅印发《福建省装配整体式混凝土结构工程监理导则（试行）》，规范装配整体式混凝土结构工程监理服务行为。开展预拌混凝土和检测机构飞行检查，全年共对16家检测机构、21家预拌混凝土企业予以全省通报批评。升级"建设工程检测管理信息系统"，实现全省所有检测机构和施工、预拌混凝土企业试验室自动上传所有带电子公章和防伪二维码的检测报告。推进监理、地基基础检测机构、预拌混凝土企业信用评价，开发启用信用评价系统。

【安全宣传教育】 2016年，福建省住房城乡建设厅围绕"强化安全发展观念，提升全民安全素质"活动主题，组织住建主管部门开展"安全生产月"活动，组织编印《安全监督手册》、《2015年福建省建筑施工企业事故案例汇编》等资料。举办《企业安全生产责任体系五落实五到位》宣贯和防范建筑施工安全事故培训班，组织发生建筑施工安全事故企业相关管理人员约60人参加培训，邀请专家授课，剖析典型事故案例，强化事故相关责任主体责任意识。

【监督队伍建设】 2016年，福建省住房城乡建设厅制定《福建省建设工程质量安全监督机构及其人员量化考核标准（暂行）》，做好监督机构和监督人员日常考核管理，对新申请监督资格的9家监督机构进行考核，有7家合格，对25家监督机构进行监督工作质量检查，对6家监督机构12个项目进行建筑起重机械监管记分评价指导，约谈7家动态监管记分评价偏差较大的(监督)机构监管及部门负责人，对不按动态监管办法等工作标准监督执法且情节严重的5名监督人员禁止其从事工程质量安全监督执法工作。继续开展质量安全监管交流点评工作，在工程项目现场上面对面进行业务指导，全年共组织集中交流点评会59次，约1866人次参加。坚持每年一次监督人员政治素质、技术业务培训，共举办7期，1435人参加。举办建筑起重机械和市政桥梁监督人员专项培训班，208人参加。开展全省监督人员监管评价记分技能竞赛活动，97支赛队、380名监督人员参加竞赛，对竞赛前6名优胜队的参赛选手予以全省通报表扬，并颁发荣誉证书。组织建设工程质量监督系统先进单位和先进个人申报工作，全省共有6家监督机构被授予"全国建设工程质量监督系统先进单位"，13人被授予"全国建设工程质量监督系统先进个人"。

【应急管理】 福建省住房城乡建设厅做好节假日、重大节日、台风汛期等敏感时期安全生产工作，及时发出预警，有效应对尼伯特、莫兰蒂、鲇鱼、海马等台风和强降雨灾害。制定《"尼伯特"台风灾后农村住房和市政基础设施恢复重建帮扶指导工作方案》和《"7·9"灾后房屋建筑恢复重建项目工程质量安全监管方案》，成立"7·9"灾后重建项目质量安全监管工作领导小组，组建2个省级质量安全巡查组、4个市级质量安全督查组。闽清县、永泰县两县2469户灾后农村住房重建户在2017年春节前全部搬入新居，供水、污水管网修复项目全部恢复。9月组织防抗"莫兰蒂"台风，省住房城乡建设厅调配救援力量，由厅领导带队赶赴厦门市、泉州市等地支援。省住房城乡建设厅发文对参与"尼伯特"、"莫兰蒂"台风抢险救灾贡献较为突出的108家单位予以通报表扬，对受表扬的建筑施工企业按照信用综合评价有关规定给予信用加分。

建筑市场

【概况】 2016年，福建省住房城乡建设厅印发《福建省建筑业"十三五"发展规划》和《福建省装配式建筑"十三五"专项规划》，全面审视过去五年建筑业发展历程，理清未来五年建筑业和装配式建筑发展思路和目标，提出保障措施，推进行业结构调整和发展方式转变，实现建筑业持续健康发展。推广工程总承包制，推进建设项目组织方式改革。大力发展装配式建筑，推动建造方式变革。完善企业信息登记，构建统一开放的建筑市场秩序。修订信用评价标准，健全建筑施工企业信用评价体系。推进劳务实名制，着力解决拖欠农民工工资问题。扶持建筑业龙头企业，推进产业集群化发展。指导建筑业"营改增"平稳过渡。规范工程建设领域保证金制度，减轻建筑企业负担。

【建筑业企业结构情况】 2016年，福建全省新增总承包特级资质一项、一级36项、二级192项，专业承包一级资质381项、二级1736项，二级以上(含二级)建筑业资质占全部资质的41.7%。截至2016年底，全省建筑业企业共8641家，其中总承包企业3813家、占48.2%，专业承包企业2829家、占35.8%，劳务分包企业856家、占10.8%，设计施工一体化企业408家、占5.2%。

【建筑业生产情况】 2016年，全省房屋建设施工面积62921万平方米，比增6.1%，其中新开工面积20742万平方米，比增6.5%。全省施工合同额合计15573亿元，比增16.9%；新签合同额9395亿元，比增23.0%。

2016年，实现全社会建筑业增加值2421.34亿元，比增6.9%（按不变价计），占全省GDP的8.49%。全省建筑业税金总额280.89亿元，同比增长7.4%。

【建筑业龙头企业扶持计划】 2016年，福建省住房城乡建设厅继续实施建筑业龙头计划，选定公布2016年度建筑业龙头企业共57家，其中房屋建筑总承包企业19家，其他专业总承包企业13家，专业承包企业15家，勘察设计企业10家。印发《关于进一步扶持建筑业龙头企业发展的通知》，扩大龙头企业承揽业务范围，从资质角度扶持龙头企业集群化发展。积极培育发展建筑业龙头企业，指导帮助重点骨干企业申报特级施工总承包资质，2016年新增特级企业1家。继续实施龙头企业年度投标保证金制度，着力减轻企业投标资金负担。

【工程建设领域保证金清理规范】 为贯彻落实《国务院办公厅关于清理规范工程建设领域保证金的通知》精神，福建省住房城乡建设厅以省政府办公厅名义印发《福建省清理规范工程建设领域保证金实施方案》，明确依法依规保留投标保证金、履约保证金、工程质量保证金、农民工工资保证金等四类保证金，取消其他保证金，推行银行保函制度，转变保证金缴纳方式，修订完善保证金管理制度。

截至2016年底，全省共清理出低价风险金、应急保证金、安全应急金等14类应取消的保证金共计184872.88万元，涉及企业491家，项目604个，并全部退还给企业。未按时返还和超额收取（预留）的四类保证金共计416178.78万元，涉及企业1976家、项目3255个，其中投标、履约、工程质量和农民工工资保证金分别为14305.38万元、374019.06万元、4926.41万元和22927.93万元，返还14274.28万元、373641.456万元、4926.41万元和5313.03万元，共计398153.60万元。

【工程总承包试点】 为贯彻落实《中共福建省委 福建省人民政府关于进一步加强城市规划建设管理工作的实施意见》和《住房城乡建设部关于进一步推进工程总承包发展的若干意见》，省住房城乡建设厅会同省发展改革委、省财政厅制定《福建省政府投资的房屋建筑和市政基础设施工程开展工程总承包试点工作方案》，计划利用两年时间在政府投资的房屋建筑和市政基础设施工程组织开展工程总承包试点，营造良好的建筑业发展环境。通过工程发包、主体责任、项目实施、监督管理等四方面的试点措施，保障工程总承包试点项目顺利实施。

【装配式建筑试点】 2016年，福建省住房城乡建设厅贯彻落实《国务院办公厅关于大力发展装配式建筑的指导意见》，组织制定《福建省装配式建筑"十三五"专项规划》，要求各地因地制宜发展装配式混凝土结构、钢结构和现代木结构等装配式建筑，稳妥推进装配式建筑发展，计划到2020年，全省实现装配式建筑占新建建筑的建筑面积比例达到20%以上。起草《关于大力发展装配式建筑的实施意见》，明确装配式建筑工作目标、工作任务及政策措施。2016年全年完成35.8亿元装配式建筑产业基地投资任务，督查落实129万平方米装配式建筑试点项目，超额完成年初既定的33亿元的和100万平方米的投资目标。

【建筑业"营改增"试点指导】 根据国务院《关于做好全面推开"营改增"试点工作的通知》精神，福建省住房城乡建设厅会同省国税局印发《关于做好建筑业、房地产业"营改增"试点服务指导工作的通知》，实现建筑业营业税改征增值税试点平稳过渡。组织开展企业"营改增"征税业务培训和辅导讲座、研讨，收集并协调解决"营改增"试点过程中企业遇到的问题。通过省建筑业协会的桥梁作用，向建筑业企业宣传"营改增"相关政策。近两年引进10家省外企业（5家央企）在福建省设立子公司，做大建筑业经济总量。推进建筑产业现代化基地（园区）工程包投资建设，确保装配式建筑使用的预制部品部件由在闽企业生产、供应。与国税部门建立工程项目信息交换制度，有效监控税源，防控建筑业税源外流。

【建筑施工企业信用评价】 2016年，福建省住房城乡建设厅修订《福建省建筑施工企业信用综合评价体系企业通常行为评价标准（2016年版）》和《福建省建筑施工企业信用综合评价体系企业合同履约行为评价标准（2016年版）》，健全完善建筑施工企业信用体系。印发《关于调整福建省建筑施工企业信用综合评价有关权重的通知》，调整企业通常行为评价、企业合同履约行为评价、企业质量安全文明施工行为评价所占权重。增设地方信用评价标准的科目并组织实施评价，各设区市可在本辖区内工程招投标活动中应用。

【工程建设项目劳务实名制】 为贯彻落实《国务院办公厅关于全面治理拖欠农民工工资问题的意见》和《住房和城乡建设部关于进一步加强和完善劳务管理工作的指导意见》精神，有效解决农民工工资拖欠问题，2016年，福建省住房城乡建设厅在总结试点经验基础上，印发《福建省住房和城乡建设厅关于推进工程建设项目劳务实名制管理工作的通知》，在全省建筑和市政工程项目全面推进项目劳务实名制管理。

【建筑市场统一开放】 2016年，福建省住房城乡建设厅贯彻《住房城乡建设部关于印发推动建筑市场统一开放若干规定的通知》，及时印发《关于推动全省建筑市场统一开放的通知》，从2016年1月1日起，取消省外建筑企业入闽备案，实行企业信息登记制度。建筑施工企业和相关人员信息以监管平台的"福建省建筑业管理信息系统"、"省外入闽建筑施工企业信息登记系统"所登记的信息为准。及时修订或撤销对市场准入、招标投标等方面设立不合理条件排斥或限制外地企业承揽业务的文件。截至2016年12月，共有2722家省外企业在福建住房和城乡建设网建筑市场综合监管信息平台进行信息登记。

建筑节能与科技

【概况】 2016年，福建省建筑节能与建设科技工作围绕全省住房城乡建设领域中心工作，全面推进建筑节能与绿色建筑发展，推进可再生能源示范实施，部署全省建筑节能专项监督检查，加大智慧城市试点推进实施力度，发挥建设科技和标准化工作支撑作用，加强施工工法管理，指导施工企业推进技术中心建设，开展建设科技研究和工程应用示范。

【建筑节能与绿色建筑】 2016年，福建省住房城乡建设厅贯彻执行《民用建筑节能条例》有关法律法规，新建公共建筑和居住建筑在项目立项、设计、图审、施工、监理、验收和竣工备案各环节严格执行建筑节能强制性标准。2016年全省新增节能建筑面积7953万平方米，累计节能建筑面积64375万平方米。《福建省绿色建筑发展条例》列入省政府2016年立法工作计划。开展调研，学习浙江和江苏等省绿色建筑立法经验和做法，并充分征求基层意见，形成征求意见稿。出台《福建省建筑节能和绿色建筑"十三五"专项规划》。根据近年绿色建筑标准实施情况和全面推广绿色建筑要求，启动绿色建筑标准修编完善工作。明确绿色建筑图审要点、设计人员和审查人员的职责分工，完善高星级绿色建筑的评价体系，加快推进绿色建筑全面普及发展。推进绿色农房建设，编制发布《福建省绿色农房适宜技术和产品选用目录》，对建筑墙体材料、装饰装修材料、建筑节水、建筑节能等25大类114类农房建材产品进行推广、限制或淘汰，其中推广82类、限制14类、淘汰18类。将绿色建筑标准、星级等基本信息纳入民用建筑图审模块，实现全省绿色建筑实时统计。2016年福建省获绿色建筑评价标识项目22个，建筑面积380万平方米，全年推广绿色建筑项目1269个，建筑面积4523万平方米。将新建建筑执行建筑节能和绿色建筑标准情况纳入全省工程质量"双随机"检查工作的内容，累计完工82个，完成投资565亿元。推进可再生能源利用，福州市、武平县等示范市县验收评估，累计示范面积886万平方米。

【**公共建筑节能改造**】 2016年，福建省住房城乡建设厅推进全省公共建筑节能改造工作。福州、厦门市列入国家公共建筑节能改造重点城市，福建农林大学、集美大学、福建师范大学列入高校节能改造示范。5月，福建省人民政府办公厅出台《关于推进公共建筑和城市公共照明节能改造七条措施的通知》。明确公共建筑重点改造达不到国家现行节能设计标准的5000平方米以上公共机构建筑和2万平方米以上社会投资公共建筑，主要改造空调、热水、照明等用能系统和建筑外窗，提出优选节能服务公司，按服务类项目进行政府采购，鼓励竞争性磋商采购方式择优确定节能服务公司等措施，规范节能改造合同，发布节能改造示范文本，要求节能改造合同应明确现有用能设施清单、改造内容和实施方案，约定能耗基准值、节能效益分享比例、合同期限、节能量认定规则等，加大财政金融支持，省级财政对省直机关、省属医院、省属高校的公共建筑节能改造给予补助，补助标准为20元/平方米。2016年公布2批次36个项目，启动节能改造面积285万平方米，下达省级财政补助资金1360万元。组织召开公共建筑节能改造推进工作座谈会，从管理、技术、标准和改造案例方面进行讲解，并配套产品展览和媒体宣传，全省改造业主、节能服务公司共计200多人参加会议，厦门市出台节能改造示范项目补助办法，落实节能改造项目6个，节能改造面积67万平方米，福州市落实节能改造项目9个，节能改造面积65.3万平方米，宁德市出台市级节能改造方案和配套资金，落实节能改造项目4个，节能改造面积4万平方米。泉州市、漳州市、南平市等市出台公共建筑节能改造实施方案，并积极落实改造项目。

【**科技成果转化推广**】 2016年，福建省高空钢筋混凝土大悬挑结构施工工法、高空钢筋混凝土大悬挑结构分段施工工法、钢筋混凝土结构加固技术创新与应用等3个项目获2015年省科学技术奖，其中二等奖1项，三等奖2项。全年完成省科技示范项目验收10项，其中由省建科院和省设计院等单位联合完成的《夏热冬暖气候区绿色建筑关键技术与产品的研究应用》项目经鉴定达到国际领先水平。建设科技示范工程立项9项，建设科技研究开发项目立项54项。依托省建筑业协会开展工法等评审工作，发布省级工法104项，绿色施工示范工程13项，建筑业10项新技术示范工程25项。完成水利水电第十六局、路港、华荣等3家企业申报省级企业技术中心推荐考核工作。

【**行业信息化**】 2016年研究制定推进住房城乡建设行业信息化建设三年行动方案。推进行业监管和服务信息化。围绕城乡规划管理、房地产市场管理、建筑市场管理、城市建设管理等重点领域，提出建设"五平台一中心"目标，包括城乡规划、房地产大数据、市场监管与诚信、城市建设管理和行政审批等五大信息平台和行业应急指挥调度中心。推进企业信息化建设，研究在特级、一级施工企业推广建立项目管理和建材采购信息化平台。引导甲级勘察、设计单位以及特级、一级施工企业普及和深化BIM应用，委托福建省BIM技术应用联盟，组织专家对全省77个BIM应用试点示范项目进行调研和实地指导，组织完成省重大科技专项《建设行业信息核心技术应用研究》，主要包括开展《规划设计P-BIM》、《建筑设计P-BIM》和《工程项目全生命周期管理BIM应用》等专题研究，和编制BIM协同设计、BIM预算标准和BIM技术应用指南等，为示范项目实施提供技术支撑，研究成果在泉州南益广场、福建省建筑设计研究院金山办公楼等项目得到应用。

【智慧城市试点】 截止到2016年底，先后有三批共10个城市（含县、区、镇）列入国家试点，试点期为3年至5年。第一批2013年获批，包括南平市、平潭综合实验区和福州市仓山区，第二批2014年获批，包括莆田市、泉州台商投资区和漳州招商局经济技术开发区，第三批2015年获批，包括泉州市、长乐市、德化县和安溪蓬莱镇。在试点期间，各试点城市加强顶层设计，成立了以主要领导为组长、各相关部门参加的组织体系，明确创建目标，细化完善智慧城市发展规划和实施方案，在保障体系与基础设施、智慧建设与宜居、智慧管理与服务、智慧产业与经济等方面开展建设。

此外，福建省列入全国电子证照应用试点省份，福州市、厦门市、泉州市、南平市还列入国家有关部委宽带中国、信息消费、中国制造2025、新型智慧城市标杆市等试点建设。福建省智慧城市试点建设取得初步成效，各试点城市共实施智慧应用重点项目128个，计划投资240亿元，累计完成投资约100亿元。

人事教育

【干部教育培训】 2016年，福建省住房城乡建设厅执行厅干部年度教育培训计划，提高机关和直属事业单位干部综合素质。全年有计划地选派干部到中共福建省委党校、行政学院、省直工委党校、省公务员培训中心等相关培训机构参加专题培训学习，鼓励引导干部参加在职继续教育，组织选派干部参加中共福建省委组织部举办的海西大讲坛。2016年厅机关直属单位共选派32人次参加学习培训。

【专业技术职称评审】 2016年，福建省住房城乡建设厅在加强行业人才队伍建设中，首先做好职称评审组织工作。进一步完善职称评审办法，提高人才评价服务水平，落实土建类高级工程师评审论文答辩制度。全年共受理专业技术人员申报高级职称评审894人，其中616人通过评审。全年受理专业技术人员申报工程师评审184人，其中151人通过评审。

【执业资格考试与注册管理】 2016年，福建省住建厅在建设执业资格考试与注册管理工作中，全年共组织9类21场执业资格考试，参加考试人员共计12.39万人次。考试注册工作安全进行，注册师人数稳步增长，截至2016年底，全省建设类执业注册人员达127055人。

【毕业生（人才）招聘会】 2016年，福建省住房城乡建设厅组织举办全省住房城乡建设行业毕业生（人才）专场招聘会。招聘会上，共吸引省内高校毕业生和行业人才约1.2万人次参加，共有521家来自全省建设行业企业进场招聘，提供土木工程、工程监理、工程造价、道路桥梁和机械设备等专业就业岗位11800个。招聘会发挥住房城乡建设行业企业招聘人才和建设类专业毕业生就业供需服务平台作用，实现推动行业发展与民生就业有效融合。

【行业培训统筹与计划落实】 2016年，福建省住房城乡建设厅统筹行业培训工作，组织落实年度44项培训计划项目，全年完成20.81万多人次培训总量，配合中共福建省委组织部在清华大学举办"坚持协调发展，提高城市规划与管理水平"领导干部专题班，培训人数57名，会同工程学院举办县市建设行政主管部门领导轮训，培训人数105名。

【培训教育管理】 2016年，全年共组织全省建设类从业人员培训考核发证和执业人员继续教育培训15万人次。发挥企业主体责任，继续开展建筑技术工人企业自主培训考核发证试点。2016年，全省104家试点企业自行培训考核发证11729人，累计达14387人。

大事记

1月

14日 福建省住房城乡建设厅印发《全省住房城乡建设行业2016年度法治建设工作要点》。

2月

2日 福建省住房城乡建设厅代表省政府与各设区市、平潭综合实验区签订住房保障工作目标责任状，层层分解任务，落实责任目标。

4日 福建省住房城乡建设厅下发《关于进一步做好住房公积金制度扩面工作的指导意见》，推进城镇就业农民工住房公积金制度创新，鼓励个体工商户缴存住房公积金，扩大非公企业职工住房公积金制度覆盖面。

3月

4日 福建省住房城乡建设厅分别与省农发行、国家开发银行签订战略合作协议，破解棚改融资难题，推动项目进度。

7日 福建省住房城乡建设厅、省发展改革委和省财政厅印发《关于公布2016年生点改善提升的历史文化名镇名村名单的通知》。

30日 福建省住房城乡建设厅、省发展改革委和省财政厅印发《福建省2016年农村危房改造实施方案》。

4月

6日 福建省住房城乡建设厅印发《福建省住房和城乡建设厅关于对工程建设领域常见违法行为实施行政处罚法律适用的若干指导意见》。

28日 贯彻落实党中央、国务院决策部署，福建省住房城乡建设厅与省发展改革委、省财政厅、人行福州中心支行联合下发《关于规范和适当降低福建省住房公积金缴存比例调整通知》，从2016年5月1日起规范调整住房公积金缴存比例，推进供给侧结构性改革，减轻企业负担。

5月

10日 全国部分省（区、市）国家开发银行棚改贷款对接工作推进会在福州召开。会议贯彻落实全国棚改工作电视电话会议精神，研究加快棚改项目利用国家开发银行贷款工作，确保棚改早安排、早开工、早见效。参会的有11个省（区、市）住房和城乡建设门分管负责人及国家开发银行各省（区、市）分行行长。

16日 福建省人民政府办公厅印发《关于推进公共建筑和城市公共照明节能改造七条措施的通知》，全面推进公共建筑和城市公共照明节能改造工作。

20日 经省政府同意，福建省住房城乡建设厅会同省财政厅出台《福建省政府购买棚户区改造服务管理办法》，对省政府购买棚改服务的内容、流程等做明确规定，规范省政府购买棚改服务行为。

23日 福建省住房城乡建设厅印发《福建省建筑节能和绿色建筑"十三五"专项规划》，明确到2020年福建省新建建筑全面执行绿色建筑标准，新增绿色建筑面积1.5亿平方米，完成公共建筑节能改造面积500万平方米，培育节能产业、推进BIM应用等重点任务。

25日 福建省住房城乡建设厅为完善镇乡规划技术标准，印发《福建省镇乡规划导则（试行）》。

30日 福建省住房城乡建设厅和省文化厅、省财政厅联合印发《福建省传统村落和历史建筑保护发展"十三五"规划（2016—2020年）》。这是引领和推进全省传统村落和历史建筑保护和发展的行动纲领。

31日 福建省住房城乡建设厅印发《关于低成本建设小城镇的指导意见》。

6月

12日 福建省住房城乡建设厅、省发展改革委、省农业厅和省财政厅联合印发《关于支持村民投工投劳参与美丽乡村建设的意见》。

7月

10～20日 福建省住房城乡建设厅会同省通信管理局赴厦门市、漳州市、龙岩市等地开展光纤到户国家标准执行情况联合检查工作，了解掌握光纤到户国家标准的落实情况。

28日 福建省住房城乡建设厅、卫生计生委、教育厅和省机关事务管理局联合举办2016年福建省公共建筑和城市公共照明节能改造工作推进会，全省机关办公、高校、医院等项目用能单位、节能服务公司近200人参加会议。

8月

18日 福建省住房城乡建设厅印发《福建省住房和城乡建设系统2014、2015年依法行政工作考核方案》。

26日 福建省政府办公厅下发《关于切实加快棚户区改造进度的通知》，要求各地明确目标，确保在9月底前全面完成年度目标任务。

9月

2日 福建省住房城乡建设厅、卫生计生委、教育厅和省机关事务管理局公布福建省第一批公共建筑节能改造示范项目，集美大学等15个项目列入改造示范。

5日 福建省住房城乡建设厅公布福建省第二批公共建筑节能改造示范项目，福州万象城等21个项目列入二批公共建筑节能改造示范项目。

6日 福建省住房城乡建设厅印发《福建省住房和城乡建设厅行政权力和公共服务事项清单动态调整工作办法》、《福建省住房城乡建设系统法治宣传教育第七个五年规划（2016—2020年）》。

12日 福建省住房城乡建设厅印发《福建省住房和城乡建设厅办公室关于召开全省住房城乡建设系统依法行政暨"七五"普法动员部署工作会议的通知》。

13日 福建省住房城乡建设厅印发《福建省住房和城乡建设厅关于成立简政放权放管结合优化服务改革工作领导小组的通知》。

18日 省住房城乡建设厅、省文化厅印发《关于调整充实历史文化名镇名村（传统村落）保护发展专家服务团成员名单的通知》。

30日 福建省住房城乡建设厅印发《在全省住房城乡建设系统依法行政暨"七五"普法动员部署会议上的讲话》。

10月

8日 福建省住房城乡建设厅印发《福建省住房

和城乡建设厅关于开展2014、2015年度全省住房和城乡建设系统依法行政考核的通知》。

11日　福建省福州市永泰县嵩口镇、厦门市同安区汀溪镇、泉州市安溪县湖头镇、南平市邵武市和平镇和龙岩市上杭县古田镇等5个镇列为第一批中国特色小镇。

18日　福建省住房城乡建设厅印发《福建省农村危房加固技术导则（试行）》。这一导则简单易懂、方便适用，免费提供全省农户使用，引导农户降低修缮加固成本。

29～31日　由住房和城乡建设部、联合国人居署、福建省政府共同主办的"2016世界城市日论坛"在福建省厦门市举行。结合"世界城市日"活动，福建省住房城乡建设厅、厦门市人民政府联合举办第十三届中国厦门人居环境展示会暨中国（厦门）国际建筑节能博览会、厦门市绿色建筑与建筑节能高峰论坛、轨道交通研讨会等系列活动。

11月

4日　福建省住房城乡建设厅印发《福建省住房和城乡建设厅关于铁路建设工程渣土处置及机动车超限管辖问题的意见》。

6日　福建省住房城乡建设厅组织开展民用建筑外窗工程专项检查，对福州市、厦门市等市24个民用建筑外窗工程进行专项检查，并实地调研部分外窗设计、生产和检测单位。

8日　福建省住房城乡建设厅印发《福建省住房和城乡建设厅关于加快推行"双随机"抽查机制的通知》。

21日　福建省住房城乡建设厅和省财政厅、省发展改革委、省农业厅联合印发《福建省农村危房改造"十三五"专项规划》。

30日　福建省住房城乡建设厅印发《福建省住房和城乡建设厅关于成立全省住房和城乡建设系统"七五"普法工作领导小组的通知》。

12月

20日　福建省住房城乡建设厅开展为期3天的建筑信息模型（BIM）试点示范项目实施情况调研，实地调研福州市等3个设区市示范项目，组织专家指导BIM示范项目建设77个。

21日　福建省住房城乡建设厅印发《福建省住房和城乡建设厅办公室关于2014—2015年度全省住房城乡建设系统依法行政工作考核情况的通报》。

30日　福建省住房城乡建设厅印发《宜居环境建设和城乡规划建设专项资金分配管理内部工作规程》。

（福建省住房和城乡建设厅）

江　西　省

概况

2016年，江西省住房城乡建设系统在中共江西省委、省政府的正确领导下，各项住房城乡建设工作都取得新成绩。房地产去库存成效显著，市场保持平稳健康发展。棚户区改造任务圆满完成。城乡规划作不断加强，实现乡镇总体规划编制全覆盖。市政基础设施建设力度明显加大，城市承载能力不断提升。建筑业实现新发展，6个装配式建筑试点城市全面启动工作。依法行政、科技教育、勘察设计、标准定额、市场稽查、风景名胜管理、信访维稳、信息化建设等各项工作，都取得新发展。

【全面贯彻落实城市工作会议精神】　江西省住房城乡建设系统，高质量地完成全省城市工作会议各项筹备工作，保障会议圆满胜利召开。中共江西省委书记、省长分别作重要讲话，中共江西省委、省人大、省政府、省政协分管领导，中共江西省委有关部门、省直有关单位主要负责同志，各市、县（市、区）和国家级经济开发区、高新开发区1名主要负责同志，各设区市政府分管负责同志，各设区市规划局、建设局、城管局、房管局主要负责同志500多人参加会议。中共江西省委省政府出台的《关于进一步加强城市规划建设管理工作的实施意见》和《关于深入推进城市执法体制改革改进城市管理工作的实施意见》，为全省城市科学发展指明方向，提供遵循。各地积极采取举措，贯彻落实全省城市工作会议精神，城市规划、建设、管理水平有新的提升。

【房地产去库存成效显著】　认真贯彻落实"房地产去库存20条措施"，坚持分类调控，因城施策，一城一策,打好"组合拳",大力去化库存,实现库存大幅下降,房地产市场运行总体平稳。截至2016年底,全省商品房库存面积同比下降26.9%,去化时间由2015年底的19.3个月减少到10.2个月。其中,商品住宅库存面积同比下降40.4%,去化时间6.1个月,减少8.1个月。全年完成住房公积金归集302.91亿元,提取179.31亿元,发放个人住房贷款319.31亿元,有力支持职工居民购房。

【全面完成保障性安居工程建设任务】 全年开工各类棚户区17.1万套(户),保障性安居工程基本建成24.83万套(户),均提前超额完成国家任务。全省城市棚户区改造货币化安置率59.2%,比上年提高27.4个百分点。公租房分配入住率73.8%。全面完成国家下达的12.78万户农村危房改造开工任务。赣州棚改货币化安置的经验做法得到中央领导的充分肯定。

【城乡规划工作不断加强】 大力推进省域空间规划改革,成为国家试点。省政府与住房城乡建设部签署合作框架协议,贯彻推进《江西省空间规划》编制工作。深入推进"多规合一",实现由规模扩张向限定城市边界、优化空间结构转变。9个市县"多规合一"试点取得初步成效,经验已在全省推开。国家和省级新型城镇化综合试点有序推进。强化规划引领,科学编制环鄱阳湖生态城市群、南昌大都市区、九江都市区、吉泰城镇群、新宜萍城镇群、信江河谷城镇群规划等大型规划,加强对市县城市总体规划修编工作的指导和审查,实现乡镇总体规划编制全覆盖。加强规划实施监管,完善城市总体规划实施和评估制度,发挥城乡规划督察员作用。严肃查处违反规定调整规划和违法建设行为。全面启动城市设计工作,从法定城市规划城市设计专篇和重点区域专项城市设计两个层面,推动城市设计工作。

【市政基础设施建设力度加大】 落实海绵城市建设实施意见,召开现场会有力推进全省海绵城市建设。萍乡市国家试点工作在国家绩效评价中名列第一,南昌市、吉安市、抚州市3个省级试点工作有序开展。大力推进地下综合管廊建设。景德镇市成为国家地下综合管廊建设试点城市。组织学习厦门建设城市地下综合管廊的先进经验,推进PPP模式,拓宽融资渠道,召开项目融资对接会,搭建政银企对接平台,破解融资难题。开工建设55.8千米地下综合管廊。着力推进48个县(市)污水管网项目建设,召开全省污水管网融资工作会,加大金融协调服务,全年完成城镇污水配套管网建设900千米。大力开展黑臭水体整治。

【建筑业实现新发展】 全省建筑业总产值5179.03亿元,同比增长12.5%,"走出去"成果累累,对外承包工程营业额39.4亿元,列全国第十三位。全年新增特级企业5家,共11家。4项工程入选鲁班奖。新增绿色建筑项目55个、建筑面积600万平方米,累计160个工程取得绿色建筑评价标识,绿色建筑面积突破2000万平方米。大力发展装配式建筑,省政府印发推进装配式建筑发展的指导意见,在上海召开全省学习考察座谈会,部署装配式建筑发展工作。6个装配式建筑试点城市全面启动工作。贯彻落实"降成本、优环境",支持重点骨干建筑企业加快发展,支持侨企创新创业发展。集中开展清理规范工程建设领域保证金专项治理,清理各类保证金5.83亿元,退还超额收取的4类保证金1428万元,切实减轻企业负担。推进建筑业"营改增"工作,完善建筑市场信息化监管平台,营造公开公平、规范有序的建筑市场。狠抓建筑安全生产,深入推进工程质量治理两年行动,安全生产总体平稳。

【城乡人居环境进一步改善】 5县1镇被命名为国家园林县城和城镇,园林绿化三项主要指标在全国继续保持前列。深入推进市容环境专项治理,城市污水、生活垃圾处理率分别为88%和95%。省政府公布第二批14个历史文化街区。加快城市综合执法管理体制改革,新余市、樟树市2个试点有序推进。以限高限大治乱为抓手,全面加强农房建设。大力开展农村垃圾和污水治理工程,120个百强中心镇污水设施建设基本完成,20个鄱阳湖沿线建制镇污水处理设施建设全面启动,分宜县等3县列入全国农村生活污水治理示范县。在全国率先出台《江西省传统村落保护条例》,50个村镇入选中国传统村落,2镇4村入选第三批全国宜居小镇、宜居村庄示范,17镇23村被评定为首批美丽宜居小镇、村庄示范,4个镇成功入选第一批全国特色小镇。

法规建设

【切实加强法规制度建设】 《江西省传统村落保护条例》立法调研工作由省第十二届人大常委会第二十八次会议于2016年9月22日通过,自2016年12月1日起施行。《江西省民用建筑节能和推进绿色建筑发展办法》经省政府批准于1月16日起施行。《江西省建设工程造价管理办法》列入省政府2017年立法计划项目库。制定《关于停止收取外省进赣招标代理机构保证金的通知》等一批规范性文件。完成2015年12月31日以前住房和城乡建设厅制发的规范性文件清理工作，经省政府法制办审核通过，已向社会公布。

【不断深化行政审批制度改革】 精简行政权力2项，其中，取消行政审批事项1项，部分下放行政审批事项1项。配合省审改办做好行政审批中介服务事项的清理工作。住房和城乡建设厅保留行政审批中介服务1项，取消和调整行政审批中介服务事项10项，其中，取消7项，调整3项。为切实解决行政审批制度改革中存在的"不同步、不协调、不到位"等情况，确保取消的行政审批事项取消到位，下放的行政审批事项市县主管部门"接得住、管得好"，5月，开展国务院和省政府取消下放行政审批事项衔接落实情况专项督查工作。

【着力加强依法行政建设】 不断加强法治机关建设，制定出台关于贯彻《江西省法治政府建设实施纲要（2016—2020年）》和《江西省住房和城乡建设厅2016年法治政府建设工作计划》。继续发挥法律顾问作用，邀请法律顾问参与重大行政决策讨论、重大法律事务咨询及合同审查等，为依法决策提供法律服务。全年法律顾问提供法律服务10次，提出法律审查意见5份。制定出台《江西省住房和城乡建设厅推进行政检查"双随机一公开"工作实施细则》。梳理编制"双随机一公开"工作"一单两库"，并报送省政府法制办、省审改办审核、备案。严格规范行政执法，印发《关于开展集中整治和查处行政执法不公侵害群众利益专项治理实施方案》，对实施的行政处罚案件严格审核把关。根据《关于印发简化优化公共服务流程方便基层群众办事创业工作方案的通知》精神，编制公共服务事项清单。

【积极推进全面深化改革工作】 制定《江西省住房和城乡建设厅全面深化改革领导小组2016年工作要点台账》、《关于中共江西省委全面深化改革领导小组成员领衔推进落实重大改革项目工作方案》，落实责任分工，加强调度督导，狠抓工作落实。认真做好中共江西省委全面深化改革领导小组成员领衔推进落实重大改革项目结项工作。召开专题会议进行动员部署，采取有效措施扎实推进一批"放管服"改革。

【依法做好行政复议工作】 全年共收行政复议申请17件，其中，不予受理5件，驳回5件，告知向其他机关申请行政复议1件，受理并作出行政复议决定6件。认真办好住房城乡建设部转办案件，对住房城乡建设部受理转办，以住房和城乡建设厅作为被申请人的行政复议案件2件，均根据相关规定，积极进行答辩，严格执行住房城乡建设部的行政复议决定。依法依规进行审理，所有行政复议案件均全部在法定时间内办结，未发生行政复议申请人对复议决定提起诉讼的情况。

【高度重视法治宣传工作】 深入推进全省住房城乡建设系统普法依法治理工作，加强组织领导，成立领导小组，制定出台《江西省住房和城乡建设厅关于在全省住房城乡建设系统开展法治宣传教育的第七个五年规划（2016—2020年）》，对全省住房城乡建设系统"七五"普法工作进行全面部署。制定住房和城乡建设厅2016年普法工作计划，并督促落实。加强普法宣传力度，在厅门户网站设置"法治建设"专栏。落实"谁执法谁普法"责任制，公布一批行政执法典型案件，以案释法。利用网络媒体进行法制宣传，在法治江西网等网络媒体发表信息宣传240余篇。

【提高法律服务和保障能力】 做好退办公文的办理工作，完成80余件退办公文办理工作，参加30余个法制协调会。加强厅制发公文的合法性审查，审查各类公文50余件。做好群众的政策咨询解答工作。全年共接受群众政策咨询50余人次。开展行政执法监督检查，贯彻落实法治江西建设的各项工作任务。

房地产业

【概况】 2016年，认真贯彻落实国家房地产市场宏观调控政策，以省政府名义出台《关于做好化解房地产库存工作的通知》，定期向省政府报送房地产库存情况，通报全省房地产库存情况，召开高库存未出台政策的县（市）约谈会。加强房地产市场监管，开展房地产市场专项检查，强化对房地产市场的引导和监测，建立房地产交易信息日报制度，每月做好房地产市场形势分析报告。

全省房地产市场运行主要指标呈现"七升三降"的特点，房地产市场运行基本平稳。房地产开发投资保持增长。全省房地产开发完成投资1770.94亿元，增长16.5%，其中，住宅开发投资为1247.59亿元，增长12.1%。商品房销售面积同比增长。全省商品房销售面积4691.84万平方米，增长34.9%，其中，商品住宅4140.55万平方米，增长31.6%。商品房销售价格同比增长。全省商品房综合销售价格5709元/平方米，增长6.54%，其中，住宅综合销售价格5331元/平方米，增长4.38%。二手房交易面积同比增长。全省二手房交易面积1486.45万平方米，增长10.89%，其中，二手住宅交易面积1275.41万平方米，增长11.72%。商品房新开工面积同比增长。全省商品房新开工面积3875.00万平方米,增长4.6%,其中,住宅新开工面积为2855.03万平方米,增长8%。房地产业信贷规模增长。全省发放住房公积金个人住房贷款319.31亿元,增长6.82%。银行贷款规模291.73亿元,增长26.4%,个人按揭贷款规模580.69亿元,增长29.6%。土地平均购置价格同比增长。全省土地购置平均价格2735元/平方米(约182万元/亩),增长0.67%。房地产税收同比下降。全省房地产业地方税收368.6亿元,下降10.4%。房地产业地方税收占全省地税收入(1253.8亿元)29.4%。商品房竣工面积同比下降。全省商品房竣工面积1635.61万平方米,下降14.3%,其中,商品住宅竣工面积1316.26万平方米,下降14%。土地购置面积和土地成交价款同比下降。全省土地购置面积443.13万平方米,下降18.4%。土地成交价款121.20亿元,下降17.8%。去库存取得明显成效。截至2016年底,全省商品房库存面积降幅为26.9%,去化时间约为10.2个月,其中商品住宅降幅为40.4%,去化时间约为6.1个月。

【加强房地产市场调控】 加强房地产市场监测分析,每月完成房地产市场分析报告,定期向省政府报送。及时转发国家出台的房地产调控政策,督促各地贯彻落实,并向省政府报送专项报告。开展房地产市场专项检查,下发《关于开展整顿规范房地产市场秩序专项督查的通知》,约谈房地产企业,规范企业经营行为。

【完成不动产登记衔接工作】 印发《关于做好不动产统一登记与房屋交易管理衔接工作的通知》,明确房产部门的交易、档案保存等职能,以及全省不动产登记"先交易后登记"的工作流程。

【加强物业管理工作】 开展全省物业管理专项检查,开展物业管理检查,重点检查为上年物业专项督查中发现问题企业的整改情况,群众投诉集中、反映较强烈的物业服务企业和服务项目,二级及以上物业服务企业资质情况及其服务项目情况。并对检查情况进行了通报。

住房保障

【概况】 2016年,国家下达江西省棚户区改造开工任务为16.6万套(户),省增加任务0.5万套(户),共计17.1万套(户)。截至12月底,全省已开工17.1万套(户),完成国家任务的103%,完成省任务的100%,提前三个月完成国家下达的棚改开工目标任务。其中城市棚户区改造目标任务为开工改造11.6万套(户),省增加任务0.5万套(户),截至12月底,全省已开工12.39万户,完成国家任务的106%。

2016年,国家下达江西省保障性安居工程基本建成目标任务为14.53万套,其中棚户区改造9.87万套,公租房4.66万套。截至2016年12月底,全省保障性安居工程基本建成完成24.83万套,其中棚户区改造基本建成16.82万套,公租房基本建成8.01万套,总建成数、棚改建成数和公租房建成数均超额完成国家任务。

2016年,全省公租房新增分配入住12.2万套,全省公租房累计分配入住57.3万套,占累计开工量的73.8%,比上年提高15.8个百分点,全面完成年初确定的分配入住目标。

【提前部署棚户区改造工作】 省政府与各设区市政府、各设区市政府与所辖县(市)政府层层签订目标责任书,落实目标责任。省住房和城乡建设厅与省发改委、财政厅及时印发《关于下达2016年全省保障性安居工程建设工作计划的通知》,将目标任务分解下达到各市、县,并明确工作进度要求。通过早谋划、早准备,为实现早开工打下良好的基础。

【强化工作督导】 坚持每月一调度、一通报,将进度情况抄送各市、县(区)党委政府主要领导。2016年5~6月,对进度相对滞后的5个设区市19个县(市)进行调研督导,现场了解、研究和解决影响工程进度有关问题。7月,省政府召开全省城镇棚户区改造工作现场推进会议,副省长郑为文到会讲话,力促加快开工。9~11月,厅组织4个督查组进行全覆盖督查,有关情况专报省政府。10月,召开部分市县棚改进展情况通报会,对6个棚改开工不足的市县进行重点督办。11月,经报请省政府领导同意,将棚户区改造进展情况在省内主要媒体进行通报。12月,对南昌等尚未完成年度任务的设区市与当地政府领导面谈进行重点督导。

【加大财政资金投入】 积极协调省财政厅、省发改委,及时分解下达保障性安居工程各类补助资金67.54亿元,其中中央补助资金64.34亿元(其中配套基础设施资金28.39亿元),省级补助资金3.2亿元。同时发挥财政资金激励作用,将省财政保障性安居工程专项奖励资金与各地保障房竣工验收备案情况相挂钩。继续安排下达8000万元用于奖励按期完成目标任务的市县。

【争取政策性金融支持】 加大国开行、农发行的棚改融资协调工作,全年全省棚户区改造共授信或评审贷款936亿元,其中省国开行2016年授信贷款553亿元，已发放贷款228亿元，省农发行2016年评审贷款383亿元，发放贷款98亿元。

【大力推进城市棚户区改造】 创新棚改方式，推进棚改货币化安置，货币化安置率59.2%。实施政府购买服务，全省城市棚户区改造提前两个月超额完成国家任务，开工12.39万户，完成国家任务的106%。基本建成安置房12.52万套，基本建成率168.7%。

【加快公租房分配】 明确公租房分配入住目标，要求全省公租房分配入住率在年底前要达到70%以上。研究出台《关于提高公共租赁住房使用效率的意见》，对分配入住进行制度流程再造，从降低准入门槛、优化申请程序、加快审核分配、加强监督管理等几个方面深化改革创新。严格落实公租房分配入住考核，将分配入住纳入省政府对市、县政府科学发展综合考评。

【狠抓保障性安居工程质量】 始终将工程质量和安全抓住不放松，将保障性安居工程作为工程治理两年专项行动的重点内容进行重点检查。组织督查组对全省11个设区市、部分省直管试点县（市）及县（市）在建工程市场行为和质量安全开展监督执法抽查，将保障性安居工程作为重点抽查内容。从抽查情况看，全省受检的棚改和保障房项目工程质量总体安全可控，受检项目符合率为77.2%，比上年提高约5个百分点。对检查发现的问题，第一时间下发整改通知书。

【抓好审计整改工作】 高度重视保障资金安全，配合审计、财政等有关部门开展资金使用审计、督查并切实抓好整改。4月，中共江西省委、省政府主要领导分别两次做出重要批示，分管副省长连续召开保障性安居工程审计整改工作协调会，省住房和城乡建设厅及时函告各设区市政府，要求各地切实承担审计整改主体责任，强化措施，加强整改，限时推进，对账销号，确保全面完成整改任务。会同审计厅等有关部门两次开展审计整改专项督查，对审计整改进展情况进行全省通报，对未按时间节点和整改要求落实到位的市县进行督促。尤其是对国务院督查组、住房城乡建设部关注的"配套基础设施影响分配入住"、"违规分配公租房"两个问题以周为单位进行重点调度。抓整改同时，做到举一反三，完善制度，依法依规开展住房保障各项工作。

【推进住房保障信息系统建设】 召开住房保障信息系统工作推进会，明确全年住房保障信息系统平台建设目标任务。市级平台建设取得初步成效，全年两次开展市级平台建设和使用情况考核检查和通报。

市级平台各项功能使用进一步完善，与省级平台数据传输正常。南昌市、九江市、新余市等市已实现公租房分配网上申报，南昌市系统成功与民政经济状况核查系统互联互通，并新增经济适用住房上市资格核查功能。积极推进部署县级平台建设，对县级平台的建设提出具体要求。南昌市所辖的县（区）全部完成县级平台的部署工作，赣州市、萍乡市、新余市等市将所辖县（市、区）全部纳入市级平台，实现以市带县系统布局。落实保障性安居工程信息公开各项部署和要求，开展信息公开网址核查、内容抽查并将有关情况作全省通报。

公积金管理

【概况】 2016年，江西省实缴单位44390家、实缴职工244.48万人、缴存额302.91亿元，同比分别增长7.23%、4.79%、21.97%。截至2016年底，缴存总额1624.69亿元，缴存余额893.39亿元，同比分别增长22.92%、16.05%。提取住房公积金163.31万笔179.31亿元，其中住房消费提取占78.34%（140.47亿元），非住房消费提取占21.66%（38.84亿元）。提取总额731.32亿元，同比增长32.48%。发放个人住房贷款，支持职工购建房1067.49万平方米，住房公积金贷款市场占有率为33.92%，发放异地贷款5176笔17.04亿元，发放公转商贴息贷款3529笔13.2亿元，支持职工购建房36.06万平方米，贴息278.49万元。个贷率101.16%，较上年提高14.85个百分点，逾期率0.1‰。

【规范公积金缴存业务】 为规范和阶段性适当降低住房公积金缴存比例，减轻企业负担，增强企业活力，住房和城乡建设厅会同省发改委、财政厅、人行南昌中心支行认真落实住房城乡建设部等四部委联合下发的《关于规范和阶段性适当降低住房公积金缴存比例的通知》，对江西省住房公积金缴存情况进行一次全面清理，发现有5个住房公积金管理中心缴交比例超过12%或规定缴交数额，已整改到位。通过允许企业实行缓缴、停缴或按最低标准缴交住房公积金，待企业形势转好以后再补缴。为非公有制企业减轻1100万元经济负担。

【加快信息化建设】 大力推进住房公积金业务信息化建设，优化办事流程，实现业务审批智能化，办事效率提高，审批时间缩短，提升管理水平和服务质量。2016年，江西省各住房公积金管理中心信息化建设都有条不紊的按计划进行，南昌和萍乡信息化建设已基本完成。

【强化督导】 组织督导组对江西省13个住房公积金管理中心开展日常业务督导活动，通过实地听取汇报，现场查阅文件资料等方式进行全面督导。通过督导发现问题，限期整改解决问题。

【公积金支持保障性安居工程】 截至2016年底，九江市、上饶市两市共6个试点项目，贷款额度7.36亿元，累计发放项目贷款6.79亿元，项目贷款余额2.88亿元，其中3个试点项目贷款资金已还清贷款本息。6个试点项目建筑面积共68.18万平方米，可解决11652户中低收入职工家庭的住房问题。全年配合住房城乡建设部住房公积金巡查组对两地试点项目进行3次督查，两地试点工作得到巡查组的认可。

城乡规划

【概况】 截止到2016年底，江西省城镇化水平达到53.1%，比上年提高1.48个百分点。南昌市、赣州市、景德镇市、鹰潭市、萍乡市、上饶市、新余市、抚州市、贵溪市、乐平市、德兴市、瑞昌市、丰城市13个市设立一级规划局，九江市规划局升格为正处级单位。宜春市、吉安市、九江市、樟树市、高安市、井冈山市、瑞金市7个市设立一级规划建设局，吉安市设立规划管理处，高安市设立规划管理办，新设立庐山市规划建设局。德安县、武宁县、修水县、都昌县、上栗县、余江县、上饶县、玉山县、鄱阳县、婺源县、万年县、铅山县、余干县、弋阳县、横峰县15个县设立规划局，南昌县、进贤县、安义县、湖口县、兴国县、于都县、宁都县、石城县、会昌县、大余县、上犹县、信丰县、崇义县、龙南县、全南县、定南县、寻乌县、安远县、铜鼓县、宜丰县、奉新县、万载县、上高县、靖安县24个县设立规划建设局。赣县、东乡县撤县设区。11个设区市均成立城市规划委员会，由市委书记或市长担任主任，具体研究解决城市规划发展和建设的重大问题。同时各地普遍实行城市规划专家技术审查制度，对事关城市规划、建设和发展的重大问题，注重广泛听取专家和社会各界的意见，科学决策、民主决策的意识进一步加强。江西省现有南昌市、景德镇市、赣州市、瑞金市4个国家历史文化名城，吉安市、井冈山市、九江市3个省级历史文化名城，32个省级历史文化街区。

【完善空间规划体系】 印发实施《关于编制〈江西省空间规划（2016—2030年）〉推进全域空间"多规合一"工作实施方案的通知》，成立以常务副省长毛伟明任组长的推进省域空间规划编制工作领导小组，召开空间规划领导小组第一次会议，会议确定中国城市规划设计研究院为技术总牵头单位，原则同意规划编制思路和主要内容框架。省政府和住房城乡建设部签订省部合作框架协议，共同推进江西省空间规划编制工作。加快完成鹰潭市等8个省级"多规合一"试点市（县）规划编制工作。湖口县、吉安县、鹰潭市、婺源县、丰城市、樟树市等6地规划纲要已审查通过。

【加快推进江西省跨区域体系规划编制】 《环鄱阳湖生态城市群规划》、《南昌大都市区规划》两项规划成果均已经省政府组织专家审查通过，并上报省政府待批。《吉泰城镇群规划》已经省政府批复实施，《新宜萍城镇群战略规划》成果已审查通过，推进《信江河谷城镇群规划》编制。指导九江市加快推进《九江都市区总体规划》。

【加强对市县城市总体规划修编工作指导】 推进上饶市、抚州市、赣州市、贵溪市、瑞金市、安福县等城市总体规划修编工作。上饶市、瑞金市、贵溪市、安福县已完成总规纲要审查，南昌市、九江市、萍乡市等地开展总规修编前期研究工作。印发《关于开展"十三五"近期建设规划编制工作的通知》，推进江西省各市县开展"十三五"近期建设规划编制工作。根据住房城乡建设部《关于印发海绵城市专项规划编制暂行规定的通知》要求，指导各设市城市抓紧编制海绵城市专项规划。

【加快推进新型城镇化建设】 印发《关于深入推进新型城镇化建设的实施意见和工作责任分工方案》，进一步完善新型城镇化工作机制，强化对各地新型城镇化工作的指导与监督，统筹协调各类推进新型城镇化发展的配套政策研究与制定，加强对配套政策实施效果的跟踪分析。按照新型城镇化发展评价指标体系，组织第三方评估机构，对各地新型城镇化发展质量情况进行系统评价，对新型城镇化发展质量问题突出的地区及时预警，形成《江西省新型城镇化发展质量评价报告》印发全省。会同省发改委开展省级新型城镇化综合试点工作，确定吉安市、共青城市、余江县、芦溪县、于都县、玉山县、靖安县、高安市八景镇、吉安县永和镇、会昌县麻州镇、鄱阳县田畈街镇、铅山县永平镇12个市、县、镇作为省级新型城镇化综合试点单位。成功申报国家生态文明试验区，完成第二批生态文明示范县的申报审核工作。

【推动江西省城市设计工作】 从法定城市规划城市设计专篇和重点区域专项城市设计两个层面，

全面推动全省城市设计工作,要求各地完善法定城市规划城市设计专篇,在编和新编的城市总体规划、控制性详细规划要强化城市设计内容,增加城市设计篇章。开展重点区域专项城市设计,设市城市和县城的中心区、重点地段、重要的风貌区等城市重点区域必须编制专项城市设计。

【开展违法建设专项治理工作】 开展城乡规划督察员督察意见落实"回头看"工作,完成第二批省派督察员的遴选和派驻工作。对南昌市钻石广场挂牌督办处理情况进行全省通报。查处一批违法违规项目,研究推进违法建设案件挂牌督办制度。开展江西省领导干部违规插手干预工程项目问题专项治理,牵头房地产领域容积率调整及用地性质变更专项治理工作。共抽查11个设区市、县(市)房地产项目规划258个。做好高尔夫球场清理整治工作。开展城市建成区违法建设专项治理工作,坚决遏制新增违法建设。设市城市共摸排出违法用地173.16万平方米,违法建筑约390.16万平方米,已查处新增违法建筑24.95万平方米,已拆除存量违法建筑114.57万平方米。做好重大项目选址、开发区调区扩区审查工作。组织对全省14处申报第二批历史文化街区的城市进行现场踏勘和评审。

城市建设

【概况】 城市供水:江西省城市供水日综合生产能力494.3万立方米,供水总量96394.74万立方米,设市城市用水普及率97.69%,县城用水普及率94.97%,设市城市人均日生活用水量171.37升,县城人均日用水量116.62升。城市燃气:江西省燃气用户489.43万户,用气人口1774.59万。液化石油气供气总量0.0042亿吨,用气人口1098.62万人,人工煤气供气总量1.94亿立方米,用气人口5万人,天然气供气总量10.59亿立方米,用气人口671.59万人,设市城市燃气普及率95.31%,县城燃气普及率88.62%。市政工程:江西省城市道路8977.29千米,面积18936.14万平方米,排水管道13326.45千米,城市路灯686681盏,设市城市人均道路面积17.33平方米,县城人均道路面积18.66平方米。园林绿化:江西省城市园林绿化覆盖面积61241.53公顷,园林绿地面积56753.05公顷,公园绿地面积15465.1公顷,公园408个,设市城市建成区绿化覆盖率43.59%,绿地率40.63%,人均公园绿地面积14.15平方米,县城建成区绿化覆盖率39.86%,绿地率36.13%,人均公园绿地面积14.44平方米。城建管理执法队伍:江西省各市、县均组建城建监察(城管执法)支(大)队。南昌市设立城市管理委员会(保留城市管理行政执法局的牌子),宜春市等3个城市设立城市管理局,赣州市、九江市、新余市等7个城市设立城市管理行政执法局,其中赣州市、新余市、抚州市、萍乡市、鹰潭市增挂城市管理局的牌子。市容环卫:江西省城市环卫行业清扫保洁面积17380万平方米,机械化清扫面积8617万平方米,机械化清扫率49.58%,年清运生活垃圾399.49万吨,无害化垃圾填埋场17座,建有公共厕所2077座,其中三类以上公厕1735座,设市城市生活垃圾无害化处理率94.97%,县城生活垃圾无害化处理率73.22%。污水处理:江西省各市、县有109座污水处理厂,设计规模366.4万立方米/日,运行正常。设市城市污水处理率89.69%,县城污水处理率82.72%。

【抓好城镇污水处理设施建设】 省政府对48个县污水管网建设情况进行通报和部署。印发《关于加快推进48个县(市)污水管网建设的通知》、《关于抓紧推进48个县(市)污水管网建设任务的通知》等文件,组织专家对48个县污水管网建设情况进行检查督导,会同省国开行、省发改委联合召开全省污水管网融资工作会,与江西省城镇开发投资有限公司签订江西省县(市)城镇污水管网建设项目《政府购买服务协议》。

【做好垃圾处理设施建设】 加大对尚未建成无害化生活垃圾处理场的县(市)的督促指导。完成对南昌市餐厨垃圾处理项目国家验收的初审工作,南昌市餐厨垃圾处理项目通过国家3部委综合评审验收,成为全国33个试点城市中首批通过验收的6个城市之一。指导和督促南昌市、宜春市加快推进生活垃圾分类试点工作,会同省人大常委会开展省内外生活垃圾分类工作调研。

【开展城市市容环境专项治理行动】 组织完成对江西省11个设区市市容环境专项治理工作的暗访督查工作,下发通报,并将暗访现场光盘下发各地。

【推进地下综合管廊建设】 推荐景德镇市作为江西省城市地下综合管廊试点城市,并列入国家建设试点城市。先后召开多次全省地下综合管廊建设工作推进会。印发《关于加快推进地下综合管廊建设有关工作的通知》、《关于确保2016年地下综合管廊项目开工建设的紧急通知》,会同省发改委出台《关于城市地下综合管廊实行有偿使用制度的实施意见》。赴厦门市学习考察城市地下综合管廊建设运营等工作,并形成调研报告印发全省。组织部分城市参加全国城市地下综合管廊建设项目对接洽谈会,召开全省地下综合管廊建设项目融资对接会。

【推进海绵城市建设】 印发《关于推进海绵城市建设的实施意见》，指导推进萍乡市海绵城市试点建设，确定吉安市、南昌市、抚州市为全省海绵城市建设试点城市。在萍乡市召开全省城市建设暨海绵城市建设工作现场会，总结推广萍乡市海绵城市建设经验，配合住房城乡建设部、水利部、财政部组织专家对萍乡市海绵城市建设试点工作情况进行年度绩效评价现场考评，萍乡市获得第一名，指导萍乡市打造海绵特色小镇。组织召开全省海绵城市建设项目融资对接会，邀请国开行、农发行等金融机构，对接支持项目融资。

【加强园林城市创建工作】 推进创建工作，加强对创建园林城市的指导，德安县、峡江县、分宜县、奉新县和上高县被命名为国家园林县城，分宜县双林镇被命名为国家园林城镇。推荐贵溪市申报国家园林城市，推荐靖安县、湖口县申报国家园林县城，推荐婺源县江湾镇、宜春温汤镇、靖安县宝峰镇申报国家园林城镇。下发《关于在全省开展城镇闲置及裸露土地绿化工作的通知》，指导各地开展城镇闲置及裸露土地排查和复绿工作。

【推进城市综合执法体制改革】 出台《深入推进城市执法体制改革改进城市管理工作的实施意见》，确定新余市、樟树市为江西省城管执法体制试点城市。会同江西省法制办对新余市、宜春市、安福县开展城市管理综合执法管理办法立法调研，会同省人大常委会财经委到南昌市、鹰潭市、景德镇市、吉安市、赣州市、九江市开展城市管理调研。参加江西省人大常委会对全省城市管理情况进行专题询问，起草《关于江西省城市管理情况的报告》。

村镇规划与建设

【概况】 2016年，江西省乡镇域总面积15.93万平方千米，建成区面积17.48万公顷，村庄用地面积48.36万公顷。有建制镇703个，乡567个，农场34个（不含城关镇和纳入城市统计范围的乡镇），行政村16846个，自然村162884个。全省村镇总人口3922.5万人，其中小城镇镇区人口856.9万人，村庄人口3065.6万人。全省已建立镇（乡）级村镇规划建设管理机构1284个，配备工作人员6874人，其中专职人员2761人。全年全省村镇建设总投资486.2亿元，年度村镇住宅竣工建筑面积4067万平方米，年末村镇实有住宅建筑面积15.29亿平方米，人均住宅建筑面积40.33平方米。村镇公用设施逐步完善，96.2%的建制镇、89.6%的集镇建有集中供水设施，小城镇自来水普及率68.4%。小城镇建成供水管道、排水管渠、道路分别有16271千米、10522千米、14989千米，有公共厕所5605座，环卫车3658辆，公园绿地面积1024公顷。

【加强村镇规划建设】 村镇规划覆盖率进一步提高。乡镇总体规划编制实现全覆盖，江西省行政村规划覆盖率约90%。全省120个百强中心镇总体规划修编全部完成，历史文化名镇名村和前三批中国传统村落保护规划完成率98%。开展村镇规划试点。编制《江西省乡村规划五年工作方案》，开展县域乡村建设规划和实用型村庄规划试点，确定在武宁县等6个县、安义县长均乡观察四方村等25个村开展全国乡村规划试点。南昌县黄马乡罗渡村、新建区溪霞镇店前村村庄规划列入全国村庄规划示范，有力推动实用性村庄规划的编制与实施，村庄规划理念和方法得到进一步提升。组织开展全省优秀村庄规划评选。

【加强农村建房规划管理】 制定《关于进一步加强农村建房规划管理的意见》，组织召开江西省镇村建设规划管理改善农村人居环境工作现场推进会，重点部署推动农村建设管理和开展农村超高超大建房专项治理工作。建立健全村镇规划建设管理员队伍，加强村庄规划建设审批管理，严格执行乡村建设规划许可制度，乡村建设规划许可证规范发放率从35%左右提升至60%以上。强化乡村建设风貌指引。组织召开全省乡村建设风貌管控工作部署会，组织开展地方特色农房设计方案征集完善工作，选定57套有地方特色农房设计方案通过互联网向全省推广。组织开展《江西省传统建筑传承与解析》课题研究。

【推进农村危房改造工作】 组织开展2015年度农村危房改造省级验收及绩效考评工作。组织编制《全省农村危房改造"十三五"规划》。国家下达全省2016年农村危房改造任务12.78万户，截至2016年底，已实现全面开工。开展集中整治农村危房改造工作中侵害群众利益不正之风和腐败问题的专项行动，配合审计部门完成全省农村危房改造专项审计问题整改工作。共清查出案件3109件，涉及对象不实2556户，清退2515户。

【抓好传统村落保护】 组织申报第四批中国传统村落，会同有关部门推荐申报222个村落，其中50个村落列入第四批中国传统村落名录，江西省传统村落总数175个，列全国第八位。36个村镇入选中国传统村落，全省125个中国传统村落全部列入中央财政支持范围。出台全国首个省级传统村落保护条例《江西省传统村落保护条例》。启动"十三五"历史文化名镇名村保护设施建设项目。会同省发改委争取到11个镇村列入全国"十三五"历史文化名城名镇名村保护设施建设项目库,其中广昌县驿前镇列入2016年启动项目,获得610万元中央财政补助资金。开展历史文化名镇名村和传统村落内传统建筑的调查工作,全省共登记上报4700余处传统建筑。组织开展第七批中国历史文化名镇名村申报工作。

【组织第一批全国特色小镇申报工作】 印发实施《江西省特色小镇建设工作方案》。2016年8月,组织第一批全国特色小镇申报工作,进贤县文港镇、明月山温汤镇、婺源县江湾镇、龙虎山上清镇等4镇列入第一批全国特色小镇名录。

【抓好百强中心镇污水设施建设】 2016年下达1.92亿元百强中心镇污水处理设施建设资金。对120个中心镇污水处理项目实施情况进行年度绩效考核。启动鄱阳湖沿线20个建制镇污水处理项目建设工作,召开会议专题部署推进,安排省财政专项资金3800万元,支持项目建设。

【开展美丽宜居镇村示范工作】 3镇、16村入选第四批全国宜居小镇、宜居村庄示范,江西省共有9镇24村入选全国美丽宜居村镇,分别列全国第五位和第九位。开展首批省级美丽宜居小镇、村庄示范工作,17镇、23村被评定为首批省级美丽宜居村镇。

【对口帮扶工作成效明显】 制定下发《对口支援峡江县金坪民族乡经济社会发展工作方案》,确定在金坪民族乡的镇村规划编制、市政基础设施建设和人居环境改善等方面进行重点帮扶。抓好扶贫攻坚帮扶点的帮扶工作,继续对泰和县马市镇柳塘村开展农村垃圾治理、实施农村危房改造、推进太阳能光伏发电、发展乌鸡养殖特色产业、帮扶困难群众的精准扶贫工作。

勘察设计与标准定额

【概况】 2016年,江西省工程勘察设计单位共428家,其中甲级企业118家,从业人员88092人,其中技术人员26999人(高级职称人员6195人),注册执业人员6417人,其中注册建筑师657人(一级330人,二级327人),注册结构工程师623人(一级400人,二级223人),注册土木工程师(岩土)171人,其他注册工程师4592人。全省勘察设计营业收入总额527.91亿元,增长33.83%,其中工程勘察收入12.41亿元,增长-4.66%,完成工程设计收入33.83亿元,增长-1.56%,工程总承包收入313.11亿元,增长53.06%,营业税金及附加13.84亿元,增长18.51%。全省2221名专业技术人员参加全国勘察设计注册工程师执业资格考试。组织全省勘察设计注册工程师和建筑师执业资格考试收费标准的重新核定报批和继续教育工作。

【开展工程勘察设计质量监督执法检查】 开展江西省房屋建筑工程勘察设计质量安全检查,检查建设工程项目65个(保障性住房项目7个,商品住宅39个,公建项目19个),涉及勘察设计单位84家,施工图审查机构16家,对13个违反工程建设强制性标准的工程项目进行通报及处理。

【组织申报鲁班奖工程优秀设计评审】 组织专家对申报鲁班奖的南昌市地铁大厦、江西银行金融服务中心、南昌西综合客运枢纽站站房等3个工程进行设计评审,认定为省优秀设计。

【推进简政放权】 省管项目的施工图设计文件审查备案工作下放至项目所在地的建设行政主管部门办理,建筑师、勘察设计工程师执业资格考试报名(包括中央驻赣及省直单位)资格审查工作下放至所在地的建设行政主管部门负责。

【加强定额管理】 组织完成对住房城乡建设部《房屋建筑与装饰工程量消耗量定额》、《通用安装工程消耗量定额》、《市政工程消耗量定额》、《建设工程机械台班费用编制规则》、《建设工程施工仪器仪表台班费用编制规则》(以下简称全统定额)的宣贯工作。按照住房城乡建设部《关于进一步推进工程造价管理改革的指导意见》要求,全面启动和开展江西省2016年新版统一定额的编制工作。组织专业人员对省内、省外现有的多个绿色建筑、装配式建筑、城市管廊和海绵城市建设工程已竣工项目的计价参数指标进行收集归总,为下一步编制相关产业计价定额和规则工作奠定基础。为确保建筑业行业"营改增"后全省建筑业计价工作的需要,组织完成对全省现行工程计价依据和规则的调整及宣贯交底工作。

【加强造价行业监管】 全年办理造价咨询企业和执业个人注册、变更和资质延续事项9803次,完成2016年度造价工程师执业资格考试工作,以及工程造价专业人员2016~2017年度继续教育工作。组织开展全省性的工程造价咨询企业执业成果文件检查活动,对30%的检查结果进行抽查,对3家省内外工程造价咨询企业恶性低价竞争事件进行严肃处理,对3家省内施工企业持虚假造价人员执业证书在省外投标投诉进行行政处理,维护和规范工程价市场秩序。

【加强建筑标准管理】 完成《住宅厨卫组合变压式耐火排烟气道》等4项设计图集的编制出版工作，《建筑防水构造标准设计图集》通过编制技术条件审查，组织完成对《江西省绿色建筑评价标准》等8项设计标准的行政审查，完成对《波形钢腹板预应力混凝土组合箱梁桥施工技术规范》等2项技术标准的技术审查，完成对江西省工程建设地方标准《歌舞娱乐场所消防安全技术标准》鉴证和评估报告的审核工作和《江西省绿色医院建筑评价标准》等2项工程建设地方标准的编制审查工作，完成《江西省可再生能源建筑示范项目测评导则》等2项图集编制工作和《TPZ红芯分子粘卷材建筑防水构造》标准设计编制大纲的审查工作。

建设工程质量安全监督

【概况】 2016年江西省历年未竣工受监工程10144项，面积15846.53万平方米，其中住宅工程6533项（10812.1万平方米）、公建工程2545项（4017.41万平方米）、其他工程1066项（1082.62万平方米）。2016年全省新受监工程9532项，面积108539.88万平方米（住宅工程4614项，46426.49万平方米，公建工程3901项，61169.985万平方米，其他工程1088项，946.371万平方米）。2016年全省竣工验收合格工程5856项，面积7549.55万平方米（住宅工程3528项，5299.1万平方米，公建工程1546项，1466.42万平方米，其他工程789项，682.38万平方米）。全省各级安全监督机构受理监督在建工程10296项，建筑面积约20582.55万平方米。全年无较大安全事故发生，建设安全生产平稳。

【加强工程质量监管工作】 有针对性地组织开展对景德镇市、鹰潭市和上饶市的工程质量常见问题整治工作，配合住房城乡建设部2016年全国工程质量治理两年行动监督执法检查。检查包括925项内容，其中758项符合要求，符合率82%。

【加大示范引导力度】 引导推动创建省建筑结构示范工程活动，在新力象湖湾工地召开省建筑工程质量管理标准化现场会，全省各地涌现出一批省建筑结构示范工程。

【规范省优工程评审工作】 完善省优工程评审专家库，增加院校、监理和监督等各方面专业人员。组织专家组对各地上报的省优质建设工程及杜鹃花奖推荐项目进行现场复查，严格控制总量，提升省优质建设工程及杜鹃花奖含金量。探索轨道交通工程申报省优质建设工程及杜鹃花奖的程序和具体内容，针对南昌市地铁1号线工程，制定轨道交通工程省优质建设工程奖现场复查实施方案和实施细则。

【组织开展全省建设工程质量监督机构考核工作】 印发《关于开展全省建设工程质量监督机构和质量监督人员考核工作的通知》并通过考核，促进全省各级监督机构改善基本条件、完善规章制度，进一步规范工程质量监督行为，督促建设工程质量责任主体履行法定质量责任和义务。

【做好工程质量投诉处理工作】 做好职责范围内的建筑工程质量投诉处理协调工作，督促有关责任方落实法定质量责任。全省共受理工程质量投诉789起，已办理完结775起。

【健全安全生产责任体系】 把抓好安全生产工作摆在重要议事日程，切实加强全省建筑施工安全生产管理。与各设区市建设主管部门签订《2016年度建筑施工安全生产责任状》，明确安全生产目标任务，落实建筑安全生产监管责任，有效控制伤亡事故。切实强化企业主体责任。建立建筑施工企业安全生产制度，加强对建筑工地日常安全监督和隐患排查整治，促使企业进一步提高安全意识、加大安全投入、落实好企业主体责任。

【推进依法治理】 印发《关于近期两起建筑施工安全事故的通报》、《关于全面开展建筑施工安全隐患大排查整治百日行动的紧急通知》以及《关于开展全省住房城乡建设系统安全生产大检查的紧急通知》，在全省开展建筑施工安全隐患大排查整治百日行动，及时消除安全隐患。全省各地组织督查组，从行业监管层面和企业及工程项目部层面开展全面安全检查。对606家企事业单位和场所进行督查，共查出问题与隐患1886条，整改问题与隐患11037条，责令改正、限期整改、停止违法行为630起，责令停产、停业、停止建设230家，暂扣或吊销有关许可证、职业资格2个，处罚罚款12万元。

【开展施工专项整治】 下发《江西省建筑工程施工安全专项整治工作实施方案》，重点整治建筑起重机械、脚手架、高大模板支撑体系、深基坑等重大危险源。全省共检查房屋和市政工程项目565项（其中房屋工程542项，市政轨道交通工程23项），共下发隐患整改通知书388份，停工整改通知书39份，并对20多家施工单位进行了约谈，对5家施工企业进行行政处罚。开展建筑起重机械专项检查，全省共检查建筑起重机械1652台，下发隐患整改单167份，及时消除了安全生产隐患，处理一批违法违规行为。

【推进"打非治违"专项行动】 下发《建筑施工集中开展打非治违专项行动实施方案》、《江西省工程质量治理两年行动实施方案》，对未办理施工许可、质量安全监督手续，擅自进行建设活动的，无资质、无安全生产许可证从事相关建设活动的，将工程发包给不具有相应资质的单位承揽的，施工、监理单位超越资质范围承揽工程，层层转包、违法发包的，采取从严、从重、从快打击。

【推进安全生产标准化】 下发《关于进一步规范全省建筑施工安全生产标准化考评有关工作的通知》、《关于开展创建江西省建筑安全生产标准化示范工地活动的通知》、《关于江西省建筑安全生产标准化示范工地申报及考评有关事项的通知》，有效规范全省建筑施工安全生产标准化工作。召开省建筑安全标准化示范工地观摩会。全年全省组织安全生产大检查共八次，共抽查在建工程138项，下发督查意见书88份，发现安全隐患590条，下发限期整改意见书108份。加强危大工程安全专项施工方案管理。出台《关于实行危险性较大的分部分项工程安全监管情况报告制度的通知》等文件，建立专家论证管理制度，规范危险性较大的分部分项工程安全专项施工方案的编制、审核、认证审查、检查验收等环节的管理。

【开展安全生产专项督查】 先后组织三次建筑施工安全生产专项督查，每次建筑施工安全生产大检查时都将危险性较大工程列为检查重点。开展轨道交通工程质量安全专项督查。重点督查各参建单位执行国家相关法律、法规、标准规范及规范性文件的情况，各方主体质量安全责任的落实情况，工程风险管控和应急管理情况及建设现场实体质量的安全生产状况，下发整改通知书12份，对督查中发现问题较多的2家监理单位予以通报批评和记不良记录处理。

建筑业市场

【概况】 2016年，江西省建筑业企业共完成建筑业总产值5179.03亿元，增长12.5%，增速高于全国平均增幅5.4个百分点，列全国第十六位。全省特级企业新增5家，达11家，特级企业增幅列全国第五位，一级企业增加到534家。全省共有156家监理企业，其中甲级资质企业52家，乙级资质企业42家，丙级资质企业62家。2016年监理企业承揽监理合同额约18.64亿，工程监理营业收入15.43亿元。全省特级和一级企业完成建筑业总产值3059.8亿元，增长11.0%，占全省建筑业总产值的59.1%。全省建筑骨干企业实力进一步提升，骨干企业对推动全省建筑业发展发挥了重要作用。江西国际等3家企业连续多年入选全球"ENR国际承包商250强"，江西省入选企业居全国第三、中部第一位。建筑企业在外省完成产值1853.1亿元，增长21.3%，增速比总产值高8.8%，占建筑业总产值的比重达35.8%。建筑企业对外承包工程完成营业额39.4亿美元，增长12.2%，居全国第十三位。2016年，建筑业企业签订合同额9239.5亿元，比上年增长13.6%，其中，新签合同额5248.9亿元，增长13.0%，上年结转合同额3990.6亿元，增长14.5%。企业签订合同额高于全国增速2.9%，居中部六省第三位。建筑业民营成分、市场份额均超过90%。21家建筑企业进入2016江西民营企业100强，比上年增加6家，占全省"百强"民营企业的21%，入围建筑企业营业收入合计804.6亿元，比上年增加339.3亿元，增长73%。

【4项工程获得中国建设工程鲁班奖】 2016年，江西省4项工程获得中国建设工程鲁班奖，分别是：江西建工二建承建的南昌银行金融服务中心、发达控股集团有限公司承建的南昌西综合客运枢纽站房（含地下室）工程、中国建筑股份有限公司承建的南昌地铁大厦、中煤集团承建的境外项目——蒙巴萨—内罗毕—亚的斯亚贝巴公路走廊发展项目第二标段。新批省级建设工程工法72项，全省建筑业新技术应用示范工程立项工程23项。

【推进装配式建筑发展】 1月，住房城乡建设部批复同意江西省创建建筑产业现代化试点省份。8月，省政府正式印发《关于推进装配式建筑发展的指导意见》，全面部署和安排全省装配式建筑发展的具体工作，南昌市、抚州市、上饶市、九江市、吉安市、赣州市6市纳入装配式建筑发展试点城市。南昌县启动装配式建筑产业园建设，全省第一家装配式建筑生产基地——赣州建筑工业化有限公司开工。

【规范工程建设保证金】 9月，下发《关于江西省清理规范工程建设领域保证金工作的通知》，明确取消除国务院规定的投标保证金、履约保证金、质量保证金和农民工工资保证金以外的其他所有保证金，并对保留的4类保证金进行规范。全省建设系统共清理各类保证金5.83亿元，退还超额收取的4类保证金1428万元。

建筑节能与科技

【概况】 截至2016年底，新建建筑设计阶段执行节能强制性标准比例100%，施工阶段执行节能强制性标准比例98.5%。全省累计共有171项工程取得绿色建筑评价标识，建筑面积突破2000万平方米，新增绿色建筑项目60个，建筑面积约650万平方米。强化平台建设。在保障省级建筑能耗监测平台正常运行的同时，大力推进市级分平台建设，九江市分平台一期工程已实施完毕，南昌市和省直平台完成招标工作有序建设。省级平台已实时监测85栋楼宇，监测点共1209个。

【推进建筑节能和绿色建筑工作】 按照《关于开展2016年度全省建筑节能与绿色建筑专项检查的通知》要求，制定《2016年全省建筑节能与绿色建筑专项检查实施方案》，分11个组对全省开展建筑节能与绿色建筑专项检查工作，对检查的66项工程，下发执法建议书2份。通过督促检查，有力地推动建筑市场各方主体提高节能意识，执行节能标准。在全省分南昌地区、赣北地区、赣西地区、赣南地区5个片区宣讲《江西省民用建筑节能和推进绿色建筑发展办法》和《江西省绿色建筑评价标准》，各设区市及省直管县2000余人参加宣贯会。

【科技应用工作取得实效】 结合省重大科技专项《夏热冬冷地区绿色建筑关键技术研究》，一批相关的技术标准陆续制订出台，《江西省绿色建筑评价标准》已颁布实施，可再生能源建筑应用验收技术导则、能效测评导则、建筑遮阳的图集和技术导则都已通过评审。做好新技术推广。共完成建设领域新技术、新产品推广项目35项。组织专家对"南昌地铁1号线""南昌三医院朝阳院区"等7个"十项新技术示范工程"进行验收。向住房城乡建设部申报"高性能预应力混凝土板制作技术"等4项课题。组织专家对省建筑科学研究院"江西省中小学校舍抗震加固技术研究"课题进行评定结果。支持企业和项目开展被动式超低能耗探索和交流。推进绿色建材工作。联合省工信委对省绿色建材推广和应用协调组进行调整。

【助力城乡建设事业发展】 服务智慧城市推进，服务装配式建筑发展，组织开展装配式建筑的调研、考察、观摩等系列活动。承办第四届世界绿色发展投资贸易博览会，同期同馆举办"中国江西绿色建筑及装配式建筑发展论坛"。配合省发改委推荐报送江西省九江市为气候适应性城市建设试点方案及有关材料。

人事教育

【概况】 全省建设系统共有各类培训机构100余家，建筑与市政施工企业现场专业技术人员（即关键岗位人员，简称"八大员"）培训机构有57家，三类人员、特种作业人员、造价员、招投标代理从业人员、检测员等各类培训、考核机构60家。全年共培训各类人员16万余人，约14万余人通过考试取得各类岗位培训合格证书，其中，施工现场专业技术人员（即"八大员"）5万，一线工人职业技能8万，"三类人员"1万，特种作业人员2千，招投标代理从业人员1千。共办理各类证书变更约3万人次，其中，"八大员"2.4万余人次，"三类人员"5千余人次。

【开展领导干部教育培训】 根据中共江西省委组织部统一部署，针对地方换届实际，10月31日至11月6日，在上海与同济大学联合举办一期全省"深化改革绿色发展"专题研究班，64名县（市、区）分管领导参加研究班学习。

【规范行业培训工作】 印发《关于进一步规范江西省住建行业教育培训收费的通知》和《关于做好住房城乡建设行业专业人员教育培训工作的通知》，对建设行业培训机构应具备的条件、考试组织、证书核发管理等方面进一步进行规范。

【"两院校"建设成绩显著】 2016年，厅属江西建设职业学院及江西省城市建设高级技术院校共有4469名（其中：城建技校毕业生745人）学生顺利毕业，就业率达到99.1%，学校被教育厅授予全省普通高校毕业就业工作评估"优秀等级学校"。2016年招收新生3426人（其中：高职生2659人，中职生271人，城建技校招生496人），高职新生报到率达到93.25%，继续保持"进口旺、出口畅"良好势头。继续开展中高职对接工作，学校与3所中职学校对接已顺利完成。立足学校优势，深入服务社会，开展职业技能培训和鉴定工作，共培训社会学员3000多人。教学科研工作取得新突破。向国家级重点项目《职业教育建筑装饰工程技术专业教学资源库》提交《建筑装饰工程计价与计量》的课程教材、整套习题库、16个PPT课件、8个微课等教学资源。完成4门省级核心课程改革立项申报，组织实施12门校级核心课程建设，个性化辅导省级教改课题结题6项，13项省市级课题正式开题，在省级以上刊物公开发表论文约60篇，参与公开发行高职教材6部，编辑出版学报2期。各类竞赛活动成绩突出。组织师生参加全国斯维尔BIM竞赛、大学生职业技能竞赛等职业技能竞赛活动，共荣获特等奖1项、一等奖17项、二等奖19项、三等奖12项。

【着力加强一线技术工人的教育培训】 印发《关于做好全省建筑施工企业自主培训考核发证工作

的通知》,确定全省建筑工人除从事特种作业的人员之外,三级以上施工企业均可申请实行企业自主培训、自主考核、自主发证工作。截至2016年底,全省有200余家企业申请取得自主培训、考核、发证资格。

大事记

1月

14日　住房城乡建设部召开全国房地产市场工作座谈会。陈政高部长主持会议。郑为文副省长汇报江西省房地产市场工作情况。

26日　《人民日报》以《江西首次购房农民将获补助》为题,报道住房和城乡建设厅推进城市棚户区改造工作。

2月

18日　副省长郑为文主持召开会议,听取全省城市工作会议筹备情况及对接住房城乡建设部工作情况汇报。

18日　副省长郑为文代表省政府与11个设区市政府签订2016年住房保障工作目标责任书。分解确定江西省2016年住房保障工作目标任务为开工棚户区改造17.1万套(户),基本建成棚户区改造、公共租赁住房14.53万套(户)。

3月

3日　省政府召开棚户区改造二期项目融资协调会,郑为文副省长主持会议。省住房和城乡建设厅汇报进一步做好棚户区改造融资工作的建议。

22日　《人民日报》专题报道赣州市运用货币化安置推进城市棚户区改造工作。

4月

5日　副省长郑为文听取全省乡村规划、农民建房管理、特色镇建设等情况汇报。

28日　中共江西省委副书记、赣江省级河长刘奇调研赣江流域"河长制"工作,并主持召开省级河长第一次会议。

5月

16~18日　省长鹿心社、副省长郑为文赴鹰潭市、景德镇市调研城市工作。

25~26日　中共江西省委、省政府在南昌召开全省城市工作会议暨城市工作现场推进会。中共江西省委书记强卫、省长鹿心社出席并讲话。中共江西省委副书记刘奇主持会议。

26日　副省长郑为文组织省直各有关部门的负责同志召开全省污水管网建设和融资工作调度会,听取各单位的汇报,部署下一步工作。

27日　中共江西省委书记强卫、省长鹿心社、省政协主席黄跃金等在南昌会见大连万达集团董事长王健林,并共同见证省政府与万达集团战略合作框架协议的签署。副省长郑为文代表省政府与万达集团签署协议。

6月

13日　《人民日报》13版以《江西改造农村危房93户》为题,报道省住房和城乡建设厅加快推进农村危房改造工作。

24~25日　省政府在南昌召开《环鄱阳湖生态城市群规划》和《南昌大都市区规划》两项规划成果评审会,副省长郑为文出席会议并讲话。

7月

6日　江西省政府在景德镇召开全省城镇棚户区改造和地下综合管廊建设工作现场推进会,副省长郑为文讲话。

13日　副省长郑为文主持召开2016年上半年全省房地产、建筑业发展座谈会。

19~22日　中共江西省委副书记、代省长刘奇赴赣州进行推进城镇化工作调研。

8月

12日　省政府印发《关于推进装配式建筑发展的指导意见》。

26日　省政府召开全省城市建成区违法建设专项治理工作部署动员会议。副省长郑为文出席会议并讲话。

9月

8日　省住房和城乡建设厅印发《江西省住房城乡建设事业"十三五"规划纲要》。

10月

11日　住房城乡建设部确定江西省南昌市进贤县文港镇、鹰潭市龙虎山风景名胜区上清镇、宜春市明月上温泉风景名胜区温汤镇、上饶市婺源县江湾镇为第一批中国特色小镇。

10日　江西省政府与住房城乡建设部在南昌签署合作框架协议,共同推进《江西省空间规划》编制工作。副省长郑为文、住房城乡建设部副部长黄艳代表双方签署协议。

14日　省政府召开全省房地产及建筑业发展形势座谈会,郑为文副省长主持会议。

26日　省政府在吉安市召开全省镇村建设规划管理 改善镇村人居环境工作现场推进会。副省长郑为文出席会议并讲话。省住房和城乡建设厅汇报全省农民建房规划管理、城镇污水管网和地下综合管廊建设、棚户区改造等情况。

27日　副省长郑为文调研吉安市污水管网建设工作。

11月

7日　住房城乡建设部召开全国部分热点城市房地产市场会议，副省长郑为文出席会议。

17~18日　住房城乡建设部副部长陆克华带队来江西调研南昌市房地产市场情况和公租房建设分配情况，现场调研九江市怡居院公租房项目，并与部分市、县住房保障部门负责同志进行座谈。

12月

9日　住房城乡建设部等部门公布第四批中国传统村落名单，江西省50个村落入选，全省共有中国传统村落175个，列全国第8位。

28日　住房城乡建设部公布413个村为美丽宜居村庄示范名单，江西省3镇24村列入名单。

（江西省住房和城乡建设厅）

山　东　省

概况

2016年，山东省住房城乡建设系统深入贯彻落实国家和省重大决策部署，抢抓机遇，积极作为，全面完成年度任务，实现"十三五"良好开局。山东省房地产业、城市建设、村镇建设完成投资9315亿元，同比增长8.0%，占山东省固定资产投资的17.8%，房地产业和建筑业增加值占地区生产总值的10%，缴纳各项税收1594亿元，占山东省国税和地税系统组织税收收入的21.7%。

【**城镇化水平迈上新台阶**】　建立以人口市民化实施意见为"1"，与户籍制度改革、农业转移人口权益保障、支持市民化财政政策等共同构成的"1+5"政策体系。编制完成《山东半岛城市群发展规划》，确立"两圈四区、网络发展"总体格局。启动中小城市试点培育和特色小镇创建，构建新型载体。6市(区)入选第三批国家试点，总量达14个，居全国第一。山东省常住人口、户籍人口城镇化率分别达到59.02%和49%，均保持2个百分点以上的较高增速。

【**住房工作取得新成效**】　分类指导，因城施策，一手抓促消费去库存，一手抓控房价防泡沫，房地产市场呈现量增价稳的良好态势。商品房去化周期降至14个月，其中商品住宅去化周期降至10个月，均处于9~16个月的合理区间。山东省商品房销售突破1亿平方米，均价5855元/平方米，同比增长5.3%，远低于全国平均增幅。群众住房条件持续改善，山东省改造棚户区53.4万套、老旧小区68.8万户、农村危房5万户，分别完成年度任务的111.2%、101.9%和100.7%，新增公积金缴存职工80万人，个贷率达到81%。

【**城乡建设展现新面貌**】　中共山东省委、省政府召开山东省城市工作会议，出台切实加强和改进城市规划建设管理工作的实施意见、深化城市管理执法体制改革实施方案，城市发展开启新篇章。城乡规划的龙头地位明显增强，山东省城镇体系规划已上报国务院，新一轮城市总体规划修编全面启动，在全国率先实现市县规划督察和遥感监测全覆盖。加快建设"十个系统"，城市综合承载力明显提高。青岛首条地铁线全线通车，在建线路总长度308千米。山东省建成海绵城市244平方千米，形成综合管廊廊体137千米，居全国前列。16个设区市、53个县(市)建成运行数字城管平台，35个城市建成地下管线信息系统。累计拆除违法建设1715万平方米，铁路沿线环境综合治理和黑臭水体整治任务完成54%和42.4%。加快推进农村"七改"工程，村镇人居环境有效改善。完成改厕401万户，是确定任务量的2倍，惠及群众1000余万。山东省5县、12镇开展供暖试点。10县(市)入选全国农村生活污水治理示范县，首批通过十部委农村生活垃圾治理全覆盖验收认定，提前5年完成国家任务。

【**产业发展实现新提升**】　山东省建筑业总产值突破1万亿元，10家企业成功晋升特级资质，124家获批一级企业，8家房地产开发企业、18家物业企业晋升一级资质，46家勘察设计企业晋升甲级资质，产业集中度和企业竞争力进一步提升。加快推进建筑节能，山东省绿色建筑设计标准执行率达到95.3%，获批国家装配式建筑科技示范项目27个，占全国的23%。工程质量安全形势总体平稳，在全国执法检查中质量安全和建筑市场符合率均超过

90%，名列前茅。全部乡镇均设立乡村规划建设管理办公室，形成省市县乡四级监管网络。

【党的建设卓有成效】 扎实开展"两学一做"学习教育。完成山东省住房城乡建设厅与山东省监管局合并后的基层党组织调整。强化党风廉政建设，开展侵害群众利益问题专项治理，在全国率先取消施工图审查收费，督促全厅处级以上党员干部全部通过省直单位德廉和党风党纪知识测试。完成年度全国、省级、省直机关青年文明号申报工作，组织厅属单位申报省级省直文明单位，完成3个新申报省直文明单位检查考核。山东省住房和城乡建设厅被评为全国法治宣传教育先进单位、山东依法行政先进集体。

新型城镇化

【召开山东省城镇化领导小组第四次全体会议】 中共山东省委书记、省城镇化工作领导小组组长姜异康主持会议并讲话，中共山东省委副书记、省长、领导小组组长郭树清讲话，中共山东省委副书记、领导小组副组长龚正，领导小组成员等出席会议。会议讨论并通过《关于加快推进农业转移人口市民化的实施意见》、《关于创建特色小镇的实施方案》、《武城县实施产城融合推进就地城镇化试点方案》、《山东半岛城市群发展规划》、《关于设立新的中小城市的试点方案》。

【实施新型城镇化规划】 以县域和城市群为重点，推动城镇化布局形态不断完善和优化，构筑城镇化多级载体。加快山东半岛城市群发展。编制完成《山东半岛城市群发展规划》，确立"两圈四区、网络发展"的总体格局(两圈四区即济南都市圈、青岛都市圈和烟威、东滨、济枣菏、临日4个都市区)，对接融入"一带一路"战略，拓展中西部腹地，推动建立城市群发展协调机制，整合资源配置，促进生产要素自由流动，统筹推进重大基础设施建设，推进城市群一体化发展。以县域为重点，推进本地城镇化。提请省政府办公厅出台《关于设立新的中小城市的试点方案》、《关于创建特色小镇的实施方案》。做大做强县城，发挥县城数量多、基础好、潜力大的优势，重点完善县城供热、燃气、电力、通讯、垃圾污水处理等基础设施，优化提升教育、医疗、文化等公共服务设施，提高县城就地就近吸纳农业转移人口能力，大力抓好小城市培育，选择一批实力强、规模大、设施完善的小城镇，增强产业发展和要素集聚能力。

【新型城镇化综合试点】 2016年列支1亿元补助资金，用于支持试点地区开展工作。各地围绕"人地钱房"等重点领域加大改革创新力度，山东省43个市、县、镇积极参与国家建制镇示范试点、深化县城基础设施投融资改革试点、土地制度改革试点、农民工返乡创业试点等12类专项试点，形成充分的政策叠加优势。青岛的绿色城镇化、威海的全域城镇化、德州的"两区同建"、龙口和新泰的城乡一体化、邹城的生态文化引领等特色模式初见成效。按照国家发改委要求，山东省城镇化工作领导小组办公室会同山东省发展改革委等有关部门，组织开展第三批国家新型城镇化综合试点和第二批省级试点的申报、评审工作。

【加强政策研究】 会同山东省民政厅积极推动行政区划调整。在县以上行政区划调整方面，菏泽定陶、东营垦利、济南章丘已经撤县(市)设区。认真梳理镇一级享有的各项政策，稳妥实施乡镇区划调整。对"村改居"工作开展了排查摸底，扎实做好"村改居"工作。进一步改善城镇化率统计。会同山东省统计局继续争取国家层面支持，邀请国家统计局来山东省调研，健全完善1‰人口抽样调查制度。系统梳理影响城镇化的有关政策。山东省住房和城乡建设厅牵头对影响城镇化的相关政策、法规进行梳理，共梳理出户籍、土地、农村扶持、农民身份、就业创业、社会保障、公共服务、城镇住房、财政和减排考核等十大领域84项政策，并研究提出调整建议。

政策法规

【建设立法】 制定立法规划。山东建设法规条例纳入山东省政府五年(2016～2020年)立法规划18件，纳入山东省人大常委会2016年地方立法计划9件，纳入2016年山东省政府立法工作计划6件。修订建设法规。修订地方性法规3件，出台政府规章1件，起草政府规章2件。加强部门规范性文件管理。清理部门规范性文件352件，决定继续有效的71件，决定废止、失效的102件，已实行"三统一"制度，继续有效的39件。

【依法行政】 规范运行行政审批等权力事项。对审批事项流程进行重新梳理，对厅行政权力事项进行清理，取消行政权力4项。对山东政务服务网后台厅权力清单进行调整，完善有关要素。做好公共服务事项梳理工作。对厅公共服务事项进行梳理，共梳理新公共服务事项15项。

【行政复议应诉】 收到行政复议申请34件(12件按照要求转相关设区市政府法制部门处理)，审理办结行政复议案件22件。被作为行政复议被申请人案件19件,维持具体行政行为5件,被责令重新履行法定职责3件,驳回申请人复议请求8件,未审结3件。行政诉讼案件共有21件,已判决胜诉13件,开庭未判决2件,未开庭6件。

【政策研究】 制定年度调研计划,确定厅领导牵头综合性调研课题10项、厅机关各处室(单位)调研课题27项。组织开展年度优秀调研成果评选,全系统共申报参评调研成果450篇,评出2015年度山东住房城乡建设系统优秀调研成果一等奖10篇、二等奖20篇、三等奖30篇。参与山东政府系统优秀调研成果评选,《山东省改善农村人居环境调研报告》、《关于山东省房地产业转型升级的调研报告》获一等奖,《山东省县域城镇化模式与机制研究》获二等奖,三等奖3篇,数量位列山东省省直机关第1名。

【行政审批】 加强对制度规定执行情况的检查督导,推进公开透明和监督制约。2016年接收审核申请材料234710件,办结228297件,办结率97.2%。

房地产业

【稳定房地产市场】 认真贯彻落实国家房地产政策,研究制定房地产去库存政策,并纳入中共山东省委省政府《供给侧结构性改革实施意见》。指导济南、青岛热点城市控房价,抑制投资投机性需求,房价上涨偏快势头得到有效遏制。2016年销售商品房1.18亿平方米、实现销售额6903亿元,同比分别增长21.2%、27.6%,商品房销售均价每平方米5855元,同比增长5.3%,低于全国平均增速4.8个百分点,完成房地产开发投资6323亿元,同比增长7.3%,占山东固定资产投资的12%,完成房地产税收908亿元,同比增长24.4%,占山东地税收入的25.9%。

【房地产开发行业和房屋征收】 指导研发启用"山东省房地产企业诚信管理服务子平台",认真落实《山东省房地产业转型升级实施方案》,促进开发行业转型升级。指导开发企业提升住房品质,15个项目获国家房地产行业最高奖—"广厦奖",数量居全国第一。2016年省内共有8家开发企业晋升一级资质。规范房屋征收,制定《关于贯彻落实鲁政办字〔2016〕9号文件进一步依法做好国有土地上房屋征收工作的通知》,强调"六个严禁",维护社会稳定。

【房地产交易和中介、经纪、评估行业】 组织山东房地产综合执法检查,排查梳理4类12项重点问题,有效治理一批房地产领域易发问题。联合工商部门开展了查处中介机构违法违规行为专项活动,查处违规机构6家。开展房地产估价机构专项检查,督促各地各单位对存在的问题限期整改。2016年审核房地产估价一级资质晋升、延续、变更共13家,一级分支机构备案15家。

【老旧小区整治改造及物业管理】 编制老旧小区五年改造规划和年度计划,确定2016年度改造项目1727个。研究制定整治改造导则,发布供配电设施建设标准,建立联席会议制度,20个省直部门单位为成员单位,2016年,1727个2016年度项目全面开工改造,完成投资52.3亿元,涉及建筑面积5753.3万平方米,惠及居民68.8万户,会同省财政厅制发了《山东省新建物业质量保修金管理办法》。中共山东省委、省政府发文明确将物业管理纳入对街道办事处工作绩效考核。

住房保障

【保障性安居工程】 2016年,山东省共开工建设54.7万套,基本建成52.4万套,新增租赁补贴11262户,分别完成年度任务的111%、232.5%、183%,其中城镇棚户区改造实际开工53.41万套,完成年度任务的111.2%。

【保障性安居工程资金】 山东各级财政共落实棚户区改造专项资金198.3亿元,采用PPP模式储备户区改造项目41个,估算投资737.4亿元,4个项目落地执行,总投资额44.4亿元。推动债券融资支持棚改,近3年共发行企业债券24支,募集资金268亿元。累计争取国家专项建设基金174亿元用于支持棚改建设。积极创新政府融资体制机制,2016年国家开发银行、中国农业发展银行对山东棚户区改造项目累计评审授信1187亿元,发放贷款928亿元。各商业银行对政府购买棚改服务项目新增授信214亿元,发放贷款80亿元。

【货币化安置实施】 山东省坚持城乡分类货币化安置,通过实物安置与货币化安置相结合,灵活运用房票兑付等支付方式,推行一揽子优惠政策,引导群众自愿选择货币化安置。2016年山东省货币化安置29.84万套,货币化安置比重达55.9%。

【公共租赁住房】 有序适当放宽户籍、住房、财产和收入等准入条件,将符合条件的外来务工人员纳入公租房保障范围,扩大住房保障受益人群。开展公租房预分配工作,通过采取预分配,实行限时分配,确保保障对象及时入住。在公租房分配入住环节,坚持阳光操作,建立多部门审核机制和公示制度，全面接受社会监督。同时借助信息化手段，建立部门间信息联动、数据共享和联审联查的审查机制，确保分配过程公开透明、分配结果公平公正。2016年，山东累计分配入住公共租赁住房33.78万套。

住房公积金

【公积金监管】 2016年山东省健全完善住房公积金缴存使用政策，放宽住房公积金贷款条件，扩大缴存职工住房消费，努力提升服务管理水平。山东住房公积金实际缴存职工人数872.24万人，住房公积金累计缴存总额5815.74亿元，提取住房公积金673.52亿元，发放个人住房公积金贷款746.24亿元，个人住房公积金贷款余额占缴存余额的比例为80.97%，住房公积金使用率为89.1%，全面落实规范和阶段性适当降低住房公积金缴存比例政策，使超比例缴存的2819个单位13.6万人全部规范到位。

【支持基本住房消费及建立购租并举制度】 调整住房公积金提取使用政策，支持职工基本住房消费成效显著。2016年，山东共向21.9万户家庭发放个人住房公积金贷款746.2亿元，同比增长47.2%。为职工提取住房公积金510.89万笔673.5亿元，同比增长39%，为提高职工购房能力提供有力的资金支持。严格落实提取住房公积金支付房租政策，简化办理手续和要件材料，改进提取机制，扩大了政策受益面。2016年租房提取14.4亿元，购房提取230亿元，偿还贷款本息提取250亿元，有效减轻职工经济负担。提高职工实际可贷额度，户均贷款额提高到34.1万元。个人住房贷款市场占有率为17.3%。

【公积金归集扩面】 加强政策宣传，强化行政执法，加大缴存失信企业惩戒力度，持续扩大公积金制度覆盖面，将个体工商户、自由职业者等灵活就业人员纳入公积金制度范围。规范异地转移接续工作流程和办理方式，简化业务办理手续，提高行业服务管理水平，增强住房公积金制度吸引力。实缴单位11.74万家，实缴职工872.24万人，2016年新开户单位1.07万家，新开户职工70万人。2016年缴存914.94亿元，城镇私营企业及其他城镇企业占缴存人数比例由去年的11.6%提高到17.25%，新开户职工26.97万人。

【公积金政策调整】 将职工住房公积金账户存款利率由活期和3个月存款基准利率统一调整为按1年期定期存款基准利率执行。全面落实规范和阶段性适当降低住房公积金缴存比例政策。超比例缴存的2819个单位13.6万人全部规范到位，减少单位负担3.7亿元，317个困难企业13.8万人降低了缴存比例，减轻企业负担3亿元，12个困难企业7.1万人缓缴住房公积金，减轻企业负担4.3亿元。

城乡规划

【制定完善政策规章】 5月31日，中共山东省委、省政府印发《关于切实加强和改进城市规划建设管理工作的实施意见》，围绕提升城市规划水平、强化规划实施管理、塑造城市特色风貌等方面明确12项具体政策措施，明确今后一个时期工作的总体要求和目标任务。8月26日，山东省政府办公厅印发《关于印发山东省设立新的中小城市试点方案的通知》，确定培育发展一批经济实力雄厚、空间布局合理、设施功能完善、辐射带动能力强、风貌特色突出、宜居宜业宜游的现代化城镇。

【优化山东城市规划编制体系】 推进《山东省城镇体系规划（2011—2030年）》报批工作。对体系规划进行修改完善，并报国务院待批。启动山东省沿海城镇带规划重点课题研究，为编制沿海城镇带规划奠定了基础。加快总体规划审查报批。济南市、青岛市、淄博市、临沂市、东营市、枣庄市6市总体规划获国务院批复，泰安市总体规划经国务院同意修改，潍坊市、德州市2市总体规划已修改报国务院待批，威海市总体规划进入审查。省政府审批总体规划的92个市县，济宁市、莱芜市、滨州市、菏泽市4个设区市及惠民县、即墨区等9个县(市)的总体规划纲要或成果完成或正在审查。全面启动新一轮城市(县城)总体规划编制工作。6个设区市、30个县(市)已经启动新一轮总体规划编制工作，11个由国务院审批总体规划的城市，开展城市发展战略研究和新一轮城市总体规划编制的前期研究。青岛市、淄博市、枣庄市、烟台市、威海市等市积极开展"多规合一"编制。

【开展城市设计和历史文化遗产保护】 起草《山东省城市设计管理办法》和《山东省城市设计技术导则》（征求意见稿），为全面构建城市设计管理和技术体系提供保障。推荐青岛、东营申请列为全国城市设计试点城市。加强历史文化遗产保护工作，向住房城乡建设部报送"十三五"历史文化名城名镇名村保护利用设施建设规划申报项目，开展山东名人故居普查工作，372处省级历史优秀建筑全部完成普查建档工作，信息系统已进入试运行阶段。

【强化执法检查和人才队伍建设】 对各市贯彻落实城乡规划法律法规和中共山东省委省政府文件

政策情况以及日常规划管理工作进行检查并向各市通报,有效维护规划的权威性和严肃性。印发山东省城市规划大师认定办法,完成"山东省城乡规划专家库"和"山东省城市雕塑专家指导委员会"专家推荐工作。

城市建设与管理

【城市基础设施建设】 地下综合管廊建设加速推进。山东开工建设地下综合管廊249千米,形成廊体137千米,分别完成任务的138%、137%。青岛市、威海市入选国家试点。山东17个设区市全部编制完成综合管廊专项规划,并通过专家评审。海绵城市建设成效显著。山东17设区市均出台贯彻国家和省海绵城市建设相关政策文件,专项规划均通过评审。截至2016年底,山东在建海绵城市项目704个,在建面积251.5平方千米,建成面积245平方千米,超额完成国家下达山东省的目标任务。青岛市成为全国第二批国家级海绵城市建设试点城市之一。地铁等交通设施建设取得重要进展。山东在建轨道交通线路8条,济南在建3条,青岛在建5条,总长度308千米。淄博市、烟台市、潍坊市、济宁市、临沂市编制完成轨道交通线网规划并通过省住房城乡建设厅组织的专家评审。山东首条轨道交通线路青岛地铁3号线全线运行。13个设区市、36个县(市、区)建成公共自行车租赁系统。

【城乡环卫治理】 城乡环卫一体化全面展开。出台关于建立健全城乡环卫一体化长效机制的意见,对长效运行管理机制、四级环卫保洁管理网络提出明确要求,145条道路达到省城市深度保洁示范路标准要求。5月13日,住房城乡建设部等十部委验收认定山东省农村生活垃圾治理已实现基本覆盖。铁路沿线环境综合治理深入推进。建立省城乡环卫一体化联席会议成员单位包市督导制度和调度通报制度,编制完成138个县(市、区和有关功能区)的铁路沿线环境综合治理规划,环境脏乱差问题治理率54%,客运铁路沿线宜林地段绿化率54.9%。违法建设治理进展顺利。中共山东省委、省政府成立城市违法建设治理行动领导小组,印发开展山东城市违法建设治理行动的实施方案,明确治理行动的目标任务、治理范围和重点。山东排查城市存量违法建设1794万平方米,共查处1488.3万平方米,依法拆除656.2万平方米。

【城市管理】 推进城市管理执法体制改革。中共山东省委、省政府印发《山东省深化城市管理执法体制改革实施方案》,部署机构设置、部门职责、层级权责、队伍管理、执法方式、管理模式6方面任务。经省政府同意,在山东省住房和城乡建设厅内设立城市管理局。建立山东城市管理联席会议制度,公布山东城市管理工作联席会议主要职责、成员单位、工作规则。确定临沂市、泗水县作为改革试点,分别就城市管理大部门体制、规划建设管理一体化管理体制进行试点。

【人居环境建设】 城市园林绿化成果显著。山东建成区绿化覆盖率41.36%,人均公园绿地面积17.24平方米,山东已建成集雨型绿地6436公顷,绿化裸露土地10.7万平方米。寿光市被评为国家生态园林城市,枣庄市、滕州市、高青县、昌乐县、泗水县、沂南县、兰陵县、东阿县、高唐县、单县、巨野县被评为国家园林城市(县城)。山东省共有国家园林城市30个,国家园林县城21个,省级园林城市27个,国家园林城市数量居全国第一。城市污水垃圾处理运行良好。2016年山东建成垃圾处理厂(场)129座,垃圾处理能力5.7万吨/日,建成城市污水处理厂304座,形成污水处理能力1370万吨/日,建成城市污水管网1653千米,城市和县城污水集中处理率95.93%。污水处理能力和集中处理率均居全国前列,污水处理工作处于领先水平。17市餐厨废弃物处理设施全部建成运行。建筑扬尘治理持续完善。山东规模以上在建房屋建筑和市政工地绝大多数落实扬尘治理措施,车辆密闭设施、卫星定位系统安装率分别达到98%、86%,主次干道机扫率86%、冲洗率79%、洒水率86%。人居环境获奖成绩优异。威海市、烟台市、日照市、寿光市、青岛市、潍坊市、泰安市、东营市、青州市9个城市获得中国人居环境奖。其中,威海市、烟台市、日照市、寿光市获得联合国人居环境奖。

【城建行业监管】 市政工程质量安全管理不断强化。组织开展山东市政公用工程安全文明工地现场考评,121个项目获得"山东省市政工程安全文明工地"称号,78项工程获得2016年"山东省市政金杯示范工程"称号。加强市政企业安全"三类人员"教育培训,2016年完成3138名"三类人员"培训、考核与发证。城市燃气热力行业发展迅速。山东管道燃气普及率达到72%,新建燃气管道4632.6千米,新增天然气用户999174户,新增天然气用量45789.15立方米,新建LNG、CNG加气站85座。山东加快集中供热替代散煤和集中供热普及,2016年新增供热面积14865万平方米,供热总面积达114164万平方米,集中供热普及率达到68%,较2015年增长1个百分点。风景名胜区监管不断加强。

推进《山东省风景名胜区条例》修改，对有关下放审批事项进行衔接部署。胶东半岛海滨、博山、青州风景名胜区总体规划完成部级联合审查。泰安、淄川、里口山、圣水观、龙洞风景名胜区总体规划通过专家论证。

【城市供水防汛】 强化水质安全监管。山东完成供水管网改造长度590千米，其中服役超过50年的管网和管材落后的管网长度225千米，新建供水管网长度1250千米，供水水厂新增供水能力（包括新建和扩建）为70万立方米/日，供水水厂改造规模80万立方米/日，新增"一户一表"数55万户。开展黑臭水体排查工作。山东排查出黑臭水体198个，84个完成整治，61个正在整治，项目完工率42.4%，项目开工率达到73.2%，超额完成国家下达山东黑臭水体整治目标任务。做好排水防涝工作。召开山东城市防汛工作电视会议，并对全省进行大检查。全省投资23.4亿元，加大防汛骨干工程投入，收到良好效果。全省170座城市下沉式立交桥安装积水警示系统，可实时测量桥下积水深度并在大屏幕警示，在危险地段检查井安装防坠落装置7.3万余个，累计安装23万余个。加强设施疏浚维护，累计疏浚城区河道1060千米，疏通雨污管渠9100多千米。

村镇规划建设

【村镇规划与小城镇建设】 山东乡村规划编制有序开展，制定《山东省2016—2020年乡村规划工作方案》，17设区市、137个县（市、区）编制完成乡村规划工作方案。开展县（市）域乡村建设规划和村庄规划试点，山东共确定23个县、2200个村开展规划试点。印发《山东省县（市）域乡村建设规划编制技术要点》、《山东省村庄规划编制技术要点》等规范性文件，指导山东乡村建设规划工作的有序开展。小城镇建设成效显著，实施"1 3 10"工程，重点培育10个新生小城市、30个重点示范镇，创建100个左右的特色小镇。争取中央资金1.2亿元，用于山东6个全国建制镇示范试点建设，创建全国特色小镇7个，位居全国第二。

【农村人居环境】 农村改厕任务提前超额完成。山东预拨资金6.45亿元专项用于农村改厕工作，改造农村无害化卫生厕所401万户，完成省政府确定200万户年度任务量的两倍，完成各市政府上报任务（316.6万户）的126.7%。通过国家农村垃圾治理全覆盖认定。认真落实国家关于落实农村生活垃圾、畜禽粪便、农作物秸秆综合利用、农膜回收和农村地区工业危险废物相关任务目标，获得山东农村生活垃圾治理验收认定。村镇污水处理设施建设管理迈上新台阶。山东省有8个县（市）入选全国农村生活污水治理示范县。山东省财政列支资金4200万元，用于示范县示范工作。山东累计开工建设乡镇污水处理设施项目1140个，配套建设管网7573千米，山东82%的建制镇建有污水处理设施。建成农村新型社区污水处理设施项目3484个，全部建成并入住农村新型社区建有污水处理设施。农村冬季供暖试点有序实施。在山东东、中、西部地区选择有9个有代表性的设区市进行现场调研，出台推进农村地区供暖工作的实施，在山东选择5个县（市、区）、12个建制镇开展供暖试点。加大资金支持力度，组织各地申请改善农村人居环境项目贷款，入库项目贷款意向资金890亿元，争取中央财政资金5100万元，用于全国传统村落保护和发展，目前山东37个国家级传统村落全部获得中央资金补助，争取省财政资金4400万，用于第三批省级传统村落和美丽宜居村镇建设。

【农村危房改造和乡村建设质量体系建设】 积极推进农村危房改造。召开农村危房改造工作督导会，与各市签订目标责任书，将压力层层传导，使责任层层落实。2016年山东农村危房改造任务开工50348户（其中建档立卡贫困户25699户），开工率为100.7%，竣工户数43508户（其中建档立卡贫困户22522户），竣工率为87.02%，提前超额完成中央下达的任务。全面建立乡村建设质量安全管理体系。设立乡村规划建设监督管理办公室，明确机构人员编制和主要工作职责。出台并实施全国第一部乡村建设工程质量安全管理省级政府规章《山东省乡村建设工程质量安全管理办法》，明确乡村建设质量安全责任主体、建设程序、监管路径，有效保障山东农村群众生命财产安全。

【特色村镇创建】 山东有7个镇被命名为全国特色小镇，38个村落被评为第四批国家级传统村落，3镇18村被评为全国美丽宜居小镇、美丽宜居村庄，命名第三批省级传统村落103个，第三批美丽宜居小镇32个和美丽宜居村庄105个，山东各类特色镇村数量总计达到760个。研究制定《山东省绿色村庄标准》，下发《关于开展山东2016年度绿色村庄认定工作的通知》，组织各地开展绿色村庄认定工作，山东1214个绿色村庄通过住房城乡建设部认定。

【农村建设扶贫】 精准推进农村建设扶贫工作，把农村危房改造、农村生活垃圾治理和农村无害化卫生厕所改造三项工作与脱贫攻坚紧密结合，全力做好住房城乡建设行业扶贫工作。编写《第一书记扶贫读本》，对涉及住房城乡建设厅的村庄规划、环境卫生、污水处理、危房改造、改厕、取暖、亮化等扶贫政策进行解读，为第一书记和农村基础工作者提供工作指导和服务。顺利开展以船为家渔民上岸安居和黄河滩区搬迁工作。全面完工渔民上岸安居工程，安置渔民2010户，落实中央补助资金4000万元，并建立受助渔户档案信息库。指导黄河滩区迁建社区做好规划建设。在空间布局、人口规模、产业发展等方面给予指导。注重配套完善基础设施、公共服务设施、产业发展和园区建设，坚持同步推进、一步到位。

工程建设标准定额

【工程建设标准化管理】 标准化立法工作进展顺利。《山东省工程建设标准化管理办法》经省直部门会签、修改及省政府法制办审查，已提交省政府常务会议审议。工程建设标准编制管理工作更加规范。按照工程建设标准编制管理的规定和要求，鼓励企业、院所等单位申报尚未制订标准项目。2016年工程建设地方标准制定发布30项，修订发布5项，现行地方标准已累计150余项。全面推进标准员试点，确定青岛市为省试点市，逐步建立实施标准监督体系和协同工作机制。做好工程建设标准宣贯推广。2016年围绕质量安全、节能减排等方面重要标准规范安排3次标准宣贯培训会议，强化工程建设管理人员、技术人员掌握使用标准能力。积极做好高强钢筋和高性能混凝土、光纤到户等标准的推广工作。

【建设工程造价管理】 开展建筑业"营改增"计价依据调整相关工作，制定山东省"营改增"工程计价依据建筑、安装、市政、园林等各专业调整工作方案、调整测算办法，设计计算公式、程序、表格等，完成"营改增"各类工程相关专业计价依据调整、费率测算工作，为各专业计价依据费率测算提供依据。发布施行《城市轨道交通工程预算定额（山东省价目表）》，合理确定和有效控制城市轨道交通工程造价。

【工程造价咨询行业管理】 全面推行乙级工程造价咨询资质审批网上审批和工程造价咨询合同备案网上登记，优化完善甲级资质受理和审核流程，实现企业资质晋升流程更加顺畅。建立完善工程造价咨询行业诚信体系，修订完善《山东省工程造价咨询企业信用等级评价管理办法》，并作为规范性文件正式发布。开展2014～2016年度山东工程造价咨询企业信用等级评价，搭建启用"山东省工程造价咨询企业管理平台"。

工程质量安全监督

【工程质量安全】 2016年山东获得工程质量"鲁班奖"7项、国优工程奖21项、国家级建筑安全AAA工地22项，数量均位居全国前列，在住房城乡建设部两年治理行动执法检查中，山东工程质量安全符合率连年保持全国第一，全省建筑施工共发生安全事故15起、发生较大事故4起，建筑施工安全形势相对平稳。

【建筑工程监管】 提升质量安全监管能力，省、市、县三级设立质量安全监督机构260家，配备监督人员5257人，管理队伍不断发展壮大。组织开展质量安全生产部署督导，2016年共组织实施11轮实地督导，各级建筑工程监管部门开展质量安全抽查、巡查36.61万项次，抽检建材、设备13.76万批次，工程质量安全得到有效控制。推进双控体系建设，制定下发山东住房城乡建设系统企业双控机制建设指导文件，启动企业双控机制标准编制，遴选出37家标杆企业，提升行业领域安全生产水平。强化执法处罚，实行"双随机，一公开"监督检查方式，对整改不力的企业实施顶格处罚并公开曝光，倒逼企业落实主体责任。持续开展专项整治，严格实施住宅质量分户验收和比对性复核制度，山东治理措施覆盖率达到90%，住宅工程分户验收率达到99.8%，一次竣工验收合格率达到99.9%。落实工程质量终身责任制，山东"两书一牌"覆盖率达到99.8%。持续开展住宅质量常见问题专项治理，住宅质量常见问题治理措施覆盖率超过85%。

【两年行动执法检查】 组织山东两年行动执法大检查，认真制定检查方案，细化4大类392项检查内容，召开专题会议深入动员交底，检查发现各类问题隐患1279项，下达执法建议书35份，责令停工整改项目12个，通报2批17个违法违规典型案例。在住房城乡建设部组织的两年行动监督执法检查中，山东受检项目工程质量等符合率保持全国前列。

【装配式建筑】 中共山东省委、省政府印发《关于切实加强和改进城市规划建设管理工作的实施意见》，将装配式建筑工作纳入各级政府新型城镇化工作定量考核指标体系和节能目标责任考核，将装配式建筑示范城市、示范工程、示范基地纳入省绿色建筑与建筑节能专项资金支持范围。2016年投入省财政奖励资金3158万元，支持实施18项示范工程、面积88万平方米。

建筑市场监管

【建筑市场发展】 山东建筑业企业2016年新签工程合同额10434亿元，完成建筑业总产值10087亿元，同比增长7.5%，实现增加值3856亿元，占山东GDP的5.8%，企业利润总额560亿元，上缴税金532亿元，其中地税402亿元，占山东地税收入的12.3%，为推动山东经济社会发展做出积极贡献。截至2016年底，山东已有建筑业企业12658家，从业人员370万人，特级和一级企业分别22家和1006家，产值过百亿元的企业达到12家。

【市场监督管理】 构建统一开放建筑市场体系。全面取消建筑企业入省、入市备案、审查制度，建立建筑企业跨地域承揽业务监管市际联动协调机制，2016年注册登记省外进鲁企业2068家。规范工程建设行为。清理规范工程建设领域保证金，激发市场活力。规范工程承发包行为，严厉打击违法发包、转包、违法分包、挂靠行为，强化工程招投标监管，完善招投标监管信息系统，加强招标公告发布、评标专家抽取、标后评估等环节的监督，加强建设监理监管服务，完善监理准入清出机制，组织年度山东监理企业动态核查，对规范监理行为形成有力震慑。规范施工许可管理。依托建筑市场监管与诚信信息一体化平台，实现工程开工信息即时公开，在线申请、打证、查询。规范劳务用工管理。制定行业高技能人才发展规划，全面推行劳务用工实名制管理，支持总承包企业和专业承包企业建立自有核心劳务队伍，解决后续劳动力资源保障问题。

【建筑市场信用体系建设】 完善建筑市场监管与诚信信息一体化平台，山东建筑市场招投标、合同备案、图审备案、施工许可、竣工验收备案等关键环节全面上线办理，监管服务效能大幅提升，监管履职情况更加公开透明，部、省、市、县四级建筑市场监管初步实现"数据一个库、管理一条线、监管一张网"。平台已覆盖3.2万家企业、88.9万名人员、2.02万个项目。信用激励惩戒机制初步构建，建成开通一体化平台信息发布网站，与省政府政务服务平台和"信用山东"网站实现对接联通，制定山东建筑市场信用信息管理目录，基于一体化平台掌握的市场主体大数据资源，实现市场主体各方信用信息的及时采集、公开和共享，营造"守信激励、失信惩戒"的市场环境。

【行业发展规划】 制定实施《山东省建筑业"十三五"发展规划纲要》，确立今后一个时期建筑业发展方向、目标任务和远景规划。印发《关于进一步做好建筑企业养老保障金管理工作的通知》，对建筑企业养老保障金征收、拨付等相关规定进行了调整。支持监理行业改革发展，严肃查处低价恶性竞争行为，鼓励支持发展全过程项目管理咨询服务。积极应对建筑业税改，做好建筑业"营改增"实施准备工作。加快培育大型企业集团，引导企业通过兼并重组等方式组建大型企业集团，拓展产业链条，强化融资能力，提升综合效益。山东6家企业晋升特级资质，124家晋升一级资质。

【资质管理】 深化建筑业"放管服"改革，简化审批程序，优化服务流程，初步实现企业资质网上申报和审批，解决企业"跑腿"重复验证问题，提高行政审批效率。2016年受理12批404家企业资质申请，承办招标代理机构行政审批122项，承办监理企业许可事项361项，全部按照规定程序和时限办结。

建筑节能与科技

【建筑节能】 2016年编制发布《山东省"十三五"建筑节能与绿色建筑发展规划》，强化建筑节能全过程闭合管理，印发《提升公共建筑节能监测系统数据传输稳定性技术指导意见》，省、市节能监测中心平稳运行，连续传输率超过80%。发布《宾馆酒店建筑能耗限额标准》等5项公共建筑能耗限额标准，成为全国首个发布公共建筑能耗限额标准的省份。新建节能建筑1.32亿平方米，新增绿色建筑3098万平方米，新增评价标识项目102个、1214万平方米，新开工装配式建筑680万平方米、施工面积915万平方米，完成既有居住建筑节能改造867万平方米，公共建筑节能改造360万平方米。

【建设科技】 2016年确定16项建设科技重大研究项目、97项省级科技计划项目（其中，17项列为住房城乡建设部科技计划项目），获得华夏建设科学技术奖二等奖1项，三等奖5项，举办"新常态新理念新作为"新型城镇化领导干部专题研讨培训班、举办新型城镇化专题研讨班和第三届山东省绿色建筑与建筑节能新技术产品博览会，召开山东建筑节能与建设科技创新工作会议，启动首批25个省级绿色智慧住区示范创建，组织山东第一次建设领域专业技术人员关键岗位培训统一考试，考试人员23000余人。

【试点示范创建】 推进国家可再生能源建筑应用示范工作，完成东营市和夏津县省级可再生能源建筑应用验收评估。印发《山东省绿色施工科技示范工程管理办法》，组织创建第二批省级绿色施工科技示范工程，示范创建项目累计达到267项。实施《山东省被动式超低能耗绿色建筑示范工程项目管理办法》，列支省财政资金5406万元，新增省被动式超低能耗示范工程16项，省级示范项目达到32个、面积28万平方米。启动首批省级绿色生态示范城镇创建工作，评审公布绿色生态示范城镇16个。指导开展东平蓄滞洪区绿色农房建设，推动绿色建筑由城市向乡镇拓展。

勘察设计

【促进勘察设计行业转型升级发展】 山东省印发《山东省建筑设计和装修服务业转型升级实施方案》，提出转型升级总体目标、主要任务和实施路径。全省勘察设计行业围绕"建大院、出大师、创大作"发展目标，持续发挥勘察设计在住房城乡建设中的引领和先导作用。勘察设计咨询业进一步发展壮大，全省勘察设计企业共有1578家，从业人员10.53万人，注册执业人员1.79万人，整体素质进一步提升。智能化、环境工程设计总承包迅速发展，2016年工程总承包收入443.9亿元，比去年增加50%，占总收入的39.2%，"设计＋总承包"的企业发展模式成效显著。全省勘察设计企业2016年营业收入合计1133.77亿元，工程设计收入123.0亿元，为全省工程建设、城乡建设和经济社会发展做出了重大贡献。

【规范勘察设计市场秩序】 山东省严格资质审批把关，完善规范行政许可审批，为全省勘察设计企业提供及时、便捷、高效的服务，2016年共收到资质申请材料1228件，批准903件，组织开展2016年全省勘察设计市场与质量专项检查，抽查各市建设工程项目136个，重点抽查保障性安居工程和棚改项目，学校、医院等公共建筑，绿色建筑和超限建筑工程。对全省施工图审查机构的资信场所、市场行为、审查图纸质量等方面进行全面考核，规范施工图审查行为，确保审查质量。

【完善质量管理体系】 制定质量审查技术规定，完成《超限建筑工程抗震设防专项审查实施细则及技术要点》、《山东省建设工程初步设计审查管理细则》的编制和修订工作。认真做好初步设计和施工图审查工作，组织开展济南地铁R3线一期工程等53个项目的初步设计审查工作，发现并排除质量安全隐患。稳步推进施工图审查政府购买服务工作。会同省财政厅印发《山东省政府购买施工图审查服务实施办法（暂行）》。济南市、青岛市、烟台市等16个设区市本级和85%的县（市、区）已经落实或基本落实政府购买服务资金。全面质量管理工作成绩显著，获得国家工程建设勘察设计优秀QC小组一等奖4个、二等奖3个，获奖数量居全国各省市首位。

【强化工程建设标准设计管理】 编制完成《装配式建筑体系》、《雨水源头控制与利用工程》、《城市综合管廊工程》系列图集等7项标准设计图集，对山东装配式建筑、海绵城市、综合管廊等建设提供了技术支持。组织开展山东省"建科杯"新农居建筑设计方案竞赛活动，编制完成《山东省新农居建筑设计方案集》和《山东省新农居设计施工图集》，具有较好的示范作用和推广价值。

【加强抗震防灾工作】 山东省政府办公厅印发《关于进一步加强房屋建筑和市政工程抗震设防工作的意见》，从抗震防灾规划、新建工程抗震设防监管、既有建筑物抗震加固、农村自建房屋抗震设防监管、抗震新技术科技创新、地震灾害应急救援和抗震防灾工作组织领导7个方面进行全面详尽的部署。加快推进抗震防灾规划编制。2016年，山东省住房城乡建设厅列支1500余万元抗震防灾资金支持区域和城市抗震防灾规划编制，支持8个设区市和3个重点县（市）的城市抗震防灾规划编制工作。加强新建工程抗震设防监管。积极指导各级住房城乡建设部门强化学校、医院等生命线工程的抗震设防专项审查工作，加强新建工程特别是大型公共建筑、城市综合体等超限建筑工程的抗震设防监督管理和抗震设防专项审查工作，全年共组织审查超限建筑工程28项。加强农村自建房屋抗震技术指导。会同省地震局组织编制《山东省农村民居建筑抗震技术导则》等。开展抗震设防专项检查。对全省城乡建设抗震防灾工作情况进行检查，重点对鲁政办发21号文件的贯彻落实、农村集中建房以及各地抗震防灾工作等情况进行全面检查，完成检查报告后上报省政府。

【繁荣建筑创作】 行业创优取得新突破，山东省获得全国勘察设计行业奖一等奖6个，二等奖17个，三等奖39个，创历史新高。组织举办4期"山东设计大师讲堂"，邀请中国工程院4位院士：王建国、何镜堂、崔愷、周福霖分别就城市设计、建筑文化、抗震技术等方面做专题报告，使全省建筑师开阔视野，更新设计理念，有力提升山东省建筑设计水平。

【加大科技创新和学术交流】 全省勘察设计企业推广运用以BIM为代表的三维协同设计和云计算等先进技术。组织赴上海、深圳等先进城市开展调研，完成《山东省建筑工程信息模型（BIM）统一标准》编制工作调研报告，为下一步制定BIM设计标准打下坚实基础。组织举办2016年度建筑信息模型设计大赛，评出一等奖11项，二等奖11项，三等奖24项。研究印发《关于推进建筑信息模型（BIM）应用工作的指导意见》，对全省建筑信息模型（BIM）技术的推广应用提出明确的方向和要求。

建设人事教育工作

【干部选拔任用】 12月，省政府办公厅印发《山东省住房和城乡建设厅主要职责内设机构和人员编制规定的通知》，对山东省住房和城乡建设厅部分工作职责和内设机构进行调整，共撤销7个处室，新设7个处室，住房城乡建设主责主业更加突出，处室职能分工更加明晰。顺利完成机关处级公务员、事业单位领导班子等5批次32名厅管干部调整工作，全厅干部队伍年龄结构、知识结构得到明显优化。配合中共山东省委组织部完成5名厅级干部选拔任用工作。

【干部管理】 强化干部监督，山东省住房和城乡建设厅党组出台《关于进一步严肃干部选拔任用工作纪律的意见》，共对58人次干部开展个人事项抽查和重点查核，无人因此终止选任程序。开展干部档案专项审核，完成255份厅管干部档案审核工作。顺利完成省建筑工程管理局合并工作，原建管局机关人员全部安置到位。组织完成第八批援藏、第三批援青、第九批援疆干部选派工作。

【人事管理】 完成2015年度8名新录用公务员转正定级、2016年度10名新录用公务员、4名遴选公务员招录工作。推进事业单位岗位设置和人员聘用，省招标办、标准服务中心、信息中心、省设计院等4个事业单位完成岗位聘任工作，完成省定额站、标准服务中心、城建学院、幼儿园4个单位19个初级岗位招聘工作。职称评审、工资福利、社会保险、人事统计等各项工作顺利完成。

【教育培训】 加强教育培训计划管理，印发2016年山东建设教育培训计划，统筹实施建设系统管理人员及各类注册执业师、专业技术人员、农民工等培训。组织开展"新常态、新理念、新作为"城镇化专题研讨班。做好中共山东省委党校、行政学院、省直党校学员选派工作。

【劳动技能竞赛】 组织开展的山东城镇棚户区改造重点工程立功竞赛活动，参赛单位665家、项目489个、班组2155个、参建面积5360.4万平方米、参建套数392991套、参赛职工（含农民工）48394人，参赛面覆盖山东。其中，有4家单位获得省"富民兴鲁"劳动奖状、19名个人被授予省"富民兴鲁"劳动奖章、13个项目部被授予省"工人先锋号"。组织市政、园林、供排水和建筑4个行业6个工种的职业技能竞赛，参加各级选拔赛的职工人数达1万余人，每个工种的第1名均授予省"富民兴鲁"劳动奖章。

大事记

1月

19日 中共山东省委宣传部、山东省住房和城乡建设厅等14个部门单位联合印发《关于建立健全城乡环卫一体化长效机制的意见》，对城乡环卫一体化长效机制建设做出部署。

25日 山东印发《山东省住房城乡建设领域大气污染防治行动计划（2016—2017）》（以下简称《行动计划》），确定组织开展为期两年的大气污染防治行动。

27日 山东召开全省建筑业农民工工资清欠调度座谈会，传达学习国务院和中共山东省委、省政府全面治理拖欠农民工工资问题最新部署要求，安排部署春节前和省、全国"两会"期间农民工工资清欠工作任务。

2月

26日 住房城乡建设部稽查办在青岛市召开省级稽查执法工作研讨会，总结交流2015年稽查执法工作，部署2016年稽查执法工作的任务和重点。山东省住房城乡建设厅党组书记李力出席会议，介绍山东新型城镇化和住房城乡建设工作有关情况，副巡视员卢晓栋做《积极推进卫星遥感监测，不断提高城乡规划督察水平》的典型发言。

26日 全国城市地下综合管廊建设项目对接洽谈会在北京召开。山东省住房和城乡建设厅作为全国唯一住房城乡建设行政主管部门在会上做典型发言，山东省住房和城乡建设厅厅长王玉志介绍山东省地下综合管廊建设项目情况。

3月

3日 住房城乡建设部总工程师陈宜明等一行6人，来济南调研山东装配式建筑发展情况，现场考察山东万斯达集团装配式建筑预制构件生产线、莱钢凯旋新城钢结构住宅小区等被动式超低能耗建筑示范项目，并召开调研座谈会。

11日 组织召开《威海市城市地下综合管廊工程规划》（以下简称《规划》）专家评审会。住房城乡建设部城乡规划管理中心、省财政厅、威海市住建局、规划局、财政局及规划编制单位的代表参加会议。

15日　山东省新型城镇化专题研讨班在山东行政学院开班。山东省政府副省长夏耕出席开班仪式并讲话。

15日　2015年度全国优秀工程勘察设计行业奖获奖名单正式公布，山东省共有62个项目获奖，再创历史新高。其中一等奖6个，二等奖17个，三等奖39个。

17~18日　住房城乡建设部城建司组织专家对山东省城市地下综合管廊专项规划进行专题辅导。住房城乡建设部城建司副司长赵泽生、山东省住房城乡建设厅副巡视员孙松青等出席并讲话。

28日　《济南市地下综合管廊专项规划（2016—2020年）》（以下简称《规划》）通过专家评审。

30~31日　省城镇化工作领导小组办公室在德州市武城县召开全省推进农业转移人口市民化现场会，总结推广武城县推进农业转移人口市民化经验做法，交流各地工作经验，研究部署今后一个时期工作。

4月

13日　"新型城镇化·香港论坛"在济南开幕，山东省政府副省长王书坚出席论坛并致辞。

19日　全国住房城乡建设系统精神文明建设工作会议在济南召开，住房和城乡建设部副部长易军出席会议并讲话，中共山东省委常委、常务副省长孙伟出席会议并致辞。

5月

6日　中共山东省委副书记、省长郭树清在聊城高唐县主持召开城乡发展一体化座谈会，听取推进外来务工人员市民化、农村新型社区和产业园区同步建设等方面的意见建议。

9日　中共山东省委办公厅、省政府办公厅印发《关于开展全省铁路沿线环境综合治理工作的实施意见》，要求从2016年5月起，用1年半左右的时间，基本消除铁路沿线脏乱差现象。

11日　中共山东省委副书记、省长郭树清到济南轨道交通R1号线实地查看施工现场并主持召开座谈会，研究济南轨道交通规划建设工作。

17~18日　全省城市工作会议在济南召开。会议深入贯彻落实中共中央总书记习近平在中央城市工作会议上的重要讲话精神和中央关于城市工作的决策部署，分析山东城市发展面临的新形势，明确当前及今后一个时期全省城市工作总体要求和重点任务，奋力开创山东城市发展新局面。中共山东省委书记姜异康，中共山东省委副书记、省长郭树清出席会议并讲话，山东省政协主席刘伟出席，中共山东省委副书记龚正主持。

20日　中宣部、司法部、全国普法办联合发布关于表彰2011~2015年全国法治宣传教育先进集体和先进个人的决定，山东省住房城乡建设厅荣获"2011~2015全国法治宣传教育先进单位"。

31日　山东省中共山东省委、省政府印发《关于切实加强和改进城市规划建设管理工作的实施意见》，明确今后一个时期工作的总体要求和目标任务，围绕城市规划建设管理三大环节有针对性地提出"三个提升"的贯彻落实意见。

6月

13日　住房城乡建设部稽查办到济南市调研城市管理和城管行政执法工作。

14~15日　住房和城乡建设部在济南召开城乡建设防灾减灾"十三五"规划研讨会，17个省（市）住房城乡建设系统25名抗震防灾管理负责人及相关专家参加会议。

7月

26日　国务院批复《济南市城市总体规划（2011—2020年）》。

8月

3~4日　山东省农村无害化卫生厕所改造推进会在荣成市召开，总结去年以来全省农村改厕工作，对今年的工作进行再动员、再部署，确保年底前完成200万户以上改厕任务。

11日　山东省城镇化工作领导小组召开第四次全体会议，认真贯彻党中央、国务院关于深入推进城镇化工作的重要部署，总结近期工作，审议有关文件和试点工作方案，研究部署下步工作。中共山东省委书记、省城镇化工作领导小组组长姜异康主持会议并讲话。

11日　中共山东省委、省政府印发《山东省深化城市管理执法体制改革实施方案》，明确从2017年开始，城市管理纳入全省新型城镇化考核和领导干部政绩考核体系，实现行政处罚与刑事处罚的无缝对接，依法严厉打击以暴力威胁方法阻碍执法的行为。

11~12日　山东省农村危房改造工作会议在沂水县召开，总结"十二五"山东省农村危房改造工作成绩，交流经验，研究部署今年及"十三五"工作任务，确保如期完成省政府确定的2016年5万户农村危房改造工作目标。

26日　山东省政府办公厅印发《山东省设立新

的中小城市试点方案》，提出从城区人口 50 万～100 万的 12 个中等城市中，选取 5 个城市进行试点，到 2020 年培育成为 100 万人口以上的大城市，从城区人口 20 万～50 万的 39 个Ⅰ型小城市中，选取 10 个县（市）进行试点，到 2020 年培育成为 50 万人口以上的中等城市。

9 月

1 日　住房城乡建设部在山东省济南召开全国城乡规划改革工作座谈会，部署城乡规划改革重点任务。住房城乡建设部副部长黄艳出席会议并讲话。

21 日　中共山东省委办公厅、省政府办公厅印发《关于深入开展全省城市违法建设治理行动的实施方案》，全面部署在山东省深入开展全省城市违法建设治理行动。

22～23 日　第一届亚洲被动房大会于在青岛中德生态园召开。中国、日本、韩国、德国、意大利、奥地利等国家参与被动房建设的科研、设计、材料设备供应等机构和企业代表 200 余人参加了大会。

10 月

18 日　山东省城乡规划改革工作会议在临沂召开。

14 日　国务院办公厅关于批准枣庄市城市总体规。

27～29 日　第三届山东省绿色建筑与建筑节能新技术产品博览会暨高层论坛在济南市召开，中共山东省委常委、常务副省长孙伟、国务院参事、住房城乡建设部原副部长仇保兴、住房城乡建设部总工程师陈宜明、山东省住房城乡建设厅厅长王玉志等出席 27 日上午的开幕式。

11 月

9～11 日，首届山东省城市建设博览会在临沂召开，博览会集中展示山东 17 市在城市建设方面的成果与未来规划，以及城市规划建设管理方面的现代化应用设备。

18 日　鲁英城镇化建设商贸对话会在济南成功举办。山东省副省长夏耕、英国驻华公使罗廷出席对话会并致辞。

19 日　住房城乡建设部副部长倪虹一行赴青岛督导地下综合管廊建设、城市黑臭水体整治工作，调研城市生活垃圾处理、公厕建设管理工作。

21 日　山东发布《宾馆酒店建筑能耗限额标准》等 5 项地方标准，成为全国首个发布公共建筑能耗限额标准的省份。

12 月

2～5 日　青岛地铁 3 号线南段通过试运营基本条件评审，这标志着山东省首条地铁将开通运营。

8～9 日　第三届全国被动式超低能耗建筑大会在济南召开。国内外被动式超低能耗建筑领域的管理者、技术专家、开发企业和生产商 600 余人参加本次会议。

14 日　山东省发布《山东省公共建筑节能改造节能量核定办法》，经审定，成为全国首个出台公共建筑节能改造节能量核定办法的省份。

15 日　中共山东省委、省政府召开山东省农村无害化卫生厕所改造电视电话会议。中共山东省委副书记、省长郭树清会前做出批示。中共山东省委农村工作领导小组副组长王军民、山东省政府副省长赵润田出席会议。

19～20 日　山东省铁路沿线环境综合治理工作现场推进会在荣成市、青岛市召开，山东省城乡环卫一体化联席会议成员单位分管负责同志、各市党委宣传部部长、市政府分管领导、文明办主任以及部分县（市、区）党委政府负责同志共 150 多人参加会议。

（山东省住房和城乡建设厅）

河 南 省

概况

2016 年，全省住房城乡建设各项工作成效显著。稳步推进新型城镇化。年底全省城镇化率达 48.5%，比上年提高 1.65 个百分点，低于全国平均水平 8.85 个百分点。住房体系建设。房地产业平稳健康发展。省政府出台《河南省推进供给侧结构性改革商品房去库存专项行动方案（2016～2018 年）》、《关于完善住房供应体系加快发展住房租赁市场的若干意见》、《关于进一步扩大住房公积金制度受益范围的若干意见》等，着力扩大住房消费，加快建立购租并举的住房制度。全省完成房地产开发投资6179.13亿元,增长28.2%,高于全国平均水平21.3个百分点,新建商品房合同备案成交面积突破1亿平方米,商品房累计可售面积1.16亿平方米。公积金个贷率达到85.16%,15万户家庭获得住房贷款。全省棚户区改造开工36.91万套,基本建成28.79万套,分别完成目标任务的102.5%和192%,完成投资807.72亿元,新分配公租房17.9万套,完成目标任务的119%。省政府出台《关于加快推进棚户区改造货币化安置工作的指导意见》,各地通过政府购买商品房、组织居民团购商品房、直接货币补偿等方式,实现货币化安置12.3万套(户),占比33.3%。农村危房改造加快推进。全省提前半年完成国家11.04万户目标,完成省定15万户目标。城市规划建设管理。中共河南省委、省政府印发《关于加强城市规划建设管理工作的意见》,全省完成地下管网普查和城市地下综合管理信息系统建设。城市基础设施支撑作用进一步增强。百城建设提质工程启动,省政府出台县城规划建设导则,谋划各类基础设施建设项目2940个,总投资达4300亿元。八项基础设施工程谋划实施项目4200个,完成投资2000亿元。召开基础设施及住房项目对接洽谈会,签约项目132个,总投资1294亿元。省政府印发《河南省提升县级城市管理水平三年行动计划》。郑州市园博会规划方案获住房城乡建设部批准,中牟县等4个县城、荥阳市乔楼镇等14个镇分获省级园林县城、园林城镇称号。研究制定《扬尘污染防治攻坚战实施细则》、《重污染天气扬尘控制实施方案》和扬尘控制标准。全省组织检查组3.6万多个,检查建筑施工场所8.4万个,发现扬尘污染问题3.1万多项,下发整改通知书6000多份。强力推进道路机械化清扫,省辖市城市建成区快速路以及主次干道机械化清扫化率达到90%以上,县级城市主干道机械化清扫率达到50%以上。村镇建设管理。特色小镇建设。温县赵堡镇、禹州市神垕镇、西峡县太平镇、确山县竹沟镇入选国家级特色小镇。27个新农村建设规划编制试点县(市)完成规划评审。新创建国家美丽宜居小镇3个、美丽宜居村庄17个。农村垃圾污水治理。出台《关于全面推进农村垃圾治理的实施意见》。出台《关于切实加强传统村落保护发展工作的实施意见》,争取中央和省级专项资金2.11亿元,25个村庄列入国家第四批传统村落名录,新增165个省级传统村落、特色景观旅游名镇、名村。建筑业转型升级。全省完成建筑业总产值8807.99亿元,同比增长9.4%,高于全国平均水平2.31个百分点。建筑企业不断发展壮大,年产值超百亿的企业6家。推进装配式建筑。研究制订技术标准体系,培育建立河南省装配式建筑产业技术联盟和工程技术研究中心,建成鹤壁市装配式建筑产业基地,中建七局、郑州一建、新蒲远大等基地投产运行。规范建筑市场秩序。清理规范工程建设领域保证金,累计返还各类保证金近13亿元。编制发布《装配式整体混凝土结构技术规程》等20项工程建设地方标准和新版建筑工程定额,强钢筋、高性能混凝土推广应用取得积极成效。推进建筑垃圾资源化利用。全面推广"许昌经验",21个市县出台建筑垃圾管理和资源化利用实施方案,建设建筑垃圾资源化利用项目29个,资源化利用能力达到4660万吨,建筑垃圾资源化率达到46%,超额完成省政府确定的40%年度目标。提升绿色发展水平。新建建筑执行节能设计标准实施率平均达到99.8%,国家可再生能源建筑应用示范市县完成整体验收,61个项目1013万平方米获得绿色建筑星级标识。依法行政水平不断提升。深入开展服务型行政执法建设"基层提升年"活动,培育46个基层服务型执法示范点。持续推进星级执法队伍创建,着力打造"星级执法服务窗口"和"星级执法文明标兵"。开展全省综合执法检查和专项执法,全年全系统共受理立案3400余件,处罚3亿多元,拆除违法建筑物190多万平方米。

城乡规划与建设

【**城乡规划**】 河南省着力强化城乡规划在新型城镇化发展的服务和引导作用。开展新型城镇化相关问题的研究和探索。结合重大区域基础设施建设,开展中原城市群空间发展战略研究,配合《全国城镇体系规划》编制开展了相关研究。11月18日,《河南省城乡一体化示范区规划建设导则》正式实施。制定《河南省城市设计导则》,选择漯河市、兰考县开展城市设计试点工作。12月,省政府印发《河南省县城规划建设导则》。积极推进城乡规划编制。10月23日,国务院批准平顶山市城市总体规划。许昌市、信阳市城市总体规划已得到省政府批复。按照国务院办公厅《关于印发城市总体规划修改工作规则的通知》的规定,指导郑州市、新乡市开展城市总体规划修改。加强载体规划建设。对全省开发区申报材料进行审核,最终初步审核通过204个各类开发区上报至国家部委,其中省级及以上各类开发区53个、省级产业集聚区143个、省级特色工业园区8个。指导拟调整空间范围和布局的产业集聚区,按照"五规合一"的要求修编完善产业集聚区空间发展规划和控制性详细规划。全面完成176个服务业"两区"空间规划、控制性详细规划等相关规划的编制、审查和审批，优化"两区"布局。加快海绵城市专项规划编制。全省各省辖市和省直管县(市)均启动了海绵城市专项规划编制，郑州市、洛阳市等9个省辖市和汝州市的海绵城市专项规划已通过专家审查。组织开展城市地下管网普查。组织开展城市地下管网普查和综合管理信息系统建设，省辖市已基本完成普查、信息系统建立及成果验收。开展历史文化截取划定和历史建筑确定。制定《河南省历史文化街区划定和历史建筑确定工作方案》，在全省范围内开展历史文化街区划定和历史建筑确定。服务重点项目规划建设。积极参与组织省重点建设项目联审联批，通过建立项目台账，推进项目规划审批加快办理。开展城乡规划编制单位资质审核管理。共受理5家城乡规划编制单位资质申报。全部通过资质核定，其中乙级1家、丙级4家。

【风景名胜区管理】 全省不断加强对风景名胜区的监管力度。全面提升风景名胜区管理水平。10月27~31日，配合国家风景名胜区执法督察组，对鸡公山、嵩山、石人山3个国家级风景名胜区在全国执法检查中存在问题的整改情况进行督察。审查并批复青龙峡风景名胜区3个服务区、南湾湖风景名胜区等多项详细规划以及嵩山风景名胜区博物馆、郑登洛城铁(龙门风景名胜区段)等重大建设项目。全省11个国家级风景名胜区的总体规划均已编制完成，23个省级风景名胜区中，总体规划已经获得省政府批准并实施的10个。《河南省风景名胜区条例》已列入省人大常委会立法调研计划，启动立法调研。加强风景名胜区安全管理。"五一"、"十一"黄金周前对部分景区的安全管理进行抽查。7月，对各风景名胜区下达紧急通知，要求各风景名胜区做好汛期灾害巡查、监测、预警和防范等安全工作。同时督促全省风景名胜区管理机构高度重视安全生产工作，全面排查基础设施、服务设施和游乐设施存在的安全和火灾隐患，建立安全信息上报制度。做好大别山片区扶贫调研。大别山片区涉及4市16个县，风景名胜资源丰富。9月20日~23日，住房城乡建设部组织专家对商城县和固始县的风景名胜资源进行深入调研，通过风景名胜区的申报来加快大别山片区的资源保护和利用，推动该区域的扶贫。

【城市建设和市政公用基础设施建设】 全省启动百城建设提质工程，积极推进海绵城市、地下综合管廊等基础设施建设。中共河南省委、省政府出台《关于加强城市规划建设管理工作的意见》、《关于推进城市执法体制改革改进城市管理工作的实施意见》、《河南省百城建设提质工程实施意见》。省政府出台《提升县级城市管理水平三年行动计划》、《关于推进全省海绵城市建设的实施意见》、《关于推进全省城市地下综合管廊建设的实施意见》。启动百城建设提质工程。中共河南省委、省政府出台《河南省百城建设提质工程实施意见》。确定第一批启动实施百城建设提质工程的45个市县名单，开发建立"百城建设提质工程管理信息系统"。各地已入库项目5323个，项目总投资9493亿元。圆满完成重点民生工程。扎实推进蓝天工程。印发《关于组织建设工程施工和城市道路扬尘污染整治攻坚战的紧急通知》。采取"四不两直"方式(不发通知、不打招呼、不听汇报、不用陪同和接待，直奔基层、直插现场)，先后3次组织对各省辖市、直管县(市)和航空港综合实验区生活垃圾处理、机械化清扫、市政、园林施工扬尘、占道经营露天烧烤、环卫设施等开展情况进行检查。积极推进碧水工程。印发《河南省城市黑臭水体整治工作实施方案的通知》和《关于落实重点民生实事及碧水工程要求，做好全省城镇污水处理设施建设工作的通知》等。组织全省开展黑臭水体排查摸底黑臭水体综合整治方案编制，召开城市黑臭水体治理推进会。全省省辖市建成区黑臭水体共计131个，有121条完成整治方案编制，63条河完成治理任务，清理河道垃圾392.5千米，整治排污口2647个，建设截留、污水、雨水管道2070千米。旱厕改造和公厕建设。全省超额完成改造旱厕700座、新建或提升改造公厕1330座的目标任务。市政基础设施建设重点工程。已开工建设综合管廊项目14个，总建设长度65.9千米，总投资83.9亿元，建成廊体13.87千米，完成投资约10.87亿元。18个省辖(管)市和7个直管县(市)都完成综合管廊专项规划。大力推进海绵城市建设工程。组织开展海绵城市建设省级试点评审，选定8市作为省级海绵城市建设试点。编发《鹤壁市海绵城市项目规划设计导则—低影响开发雨水系统构建》，为全省海绵城市建设提供了范例。8个省级试点城市编制完成海绵城市建设专项规划，建立海绵城市建设项目库。试点区域面积共340平方千米。大力推进道路交通畅通工程。全省市政道路、地铁及停车场等各项建设有序推进，完成道路建设改造项目1304个，投资168.6亿元。组织各省辖市、省直管县(市)开展城市停车设施专项规划编制。全省南水北调受水城市87座配套水厂已建成51座，其中通水46座，在建水厂14座，进行前期工作的水厂13座。

会同水利厅等部门做好最严格的水资源管理制度的检查,严格加强城区自备井管理,提高城市公共供水普及率。开展《河南省城市供水管理办法》修订,组织对全省城市供水进行规范化管理考核,43个市县为先进城市,52个县市为达标城市。大力推进污水处理设施建设管理。全省建设排水管网1020千米。正式投入运营的城镇污水处理厂共190座,建成规模894.75万吨/日。大力推进供暖工程。全省新建供热管网925千米,改造供热老旧管网181千米,新增集中供热面积3337万平方米。全省供热管网总长6596千米,集中供热面积48310万平方米,省辖市集中供热普及率为61%,县级市及县城集中供热普及率48%。大力推进燃气延伸工程。新建燃气管网2398千米,改造老旧燃气管网197千米。新发展燃气用户129万户。设市城市燃气普及率为95.3%、县城为81%。各地大力推进管道燃气向乡镇延伸工程,全省向乡镇铺设燃气管网4820千米,新发展乡镇燃气用户367万户。全面实施提升县级城市管理水平三年行动计划。积极推进《提升县级城市管理水平三年行动计划》的落实。制定《提升县级城市管理水平三年行动计划》。建立了督导机制。大力推进数字城管系统建设。

【园林城市创建】 2016年,全省积极开展园林城市创建工作。申报国家及省级园林城市15个,对鹤壁市、汝州市、荥阳市、禹州市、洛宁县、范县、宜阳县、鹿邑县的国家园林城市(县城)创建及台前县、民权县、内黄县和济源市思礼镇等县城、城镇的省级园林县城创建工作进行技术指导。各地加大对园林建设的投入力度。指导郑州市园博会规划方案报住房城乡建设部批准,抓好园区建设和邀展,40多家城市和单位已经进驻园区紧张施工。本年全省设市城市建成区绿地率达34.7%、绿地覆盖率达39.33%、人均公园面积达10.43平方米,城市生态环境得到有效改善。

村镇规划与建设

【村镇规划和建设】 河南省组织实施一系列村镇建设项目,完善村镇规划建设政策措施,顺利实现各项目标任务。农村危房改造和渔民上岸。中央和省共下达安排农村危房改造任务15万户,其中中央任务11.04万户、省安排任务3.96万户。12月底,全省15万危房改造任务全部完成。本年国家下达全省渔民上岸任务243户,完成任务212户,剩余31户中情况变化不符合安居工程条件。特色小镇培育。组织申报第一批国家级特色小镇,温县赵堡镇、禹州市神垕镇、西峡县太平镇、确山县竹沟镇等4个镇入选。配合中共河南省委农办完成27个新农村建设规划编制试点县(市)新农村建设规划评审。积极推进实用性乡村规划编制和实施。共确定县(市)域乡村建设规划试点24个、村庄规划试点340个,选择尉氏县等3个县(市)、兰考县堌阳镇徐场村等10个村申报住房城乡建设部县(市)域乡村建设规划和村庄规划示范。开展全省村镇规划编制情况检查。全省建制镇镇总体规划、乡规划已全部编制过,其中17.6%的镇(乡)已完成新一轮修编。印发《关于切实加强传统村落保护发展工作的实施意见》。积极争取中国传统村落中央财政补助资金,推荐37个中国传统村落申报中央财政补助资金1.11亿元,每村300万元。会同省财政厅落实传统村落保护发展省级财政专项资金,2016~2018年每年安排省级财政专项资金1亿元,本年补助45个村,每村200万元。开展传统村落保护发展情况督察,重点检查2014年、2015年获得中央财政补助资金的62个传统村落保护发展规划和项目实施、管护机制建立等情况。组织开展第七批河南省历史文化名镇名村申报评选和中国历史文化名镇名村申报。选定宝丰县大营镇等4个镇、鹤壁市山城区鹿楼乡大胡村等14个村推荐申报第七批中国历史文化名镇名村。开展美丽宜居乡村建设试点示范创建。西峡县二郎坪镇等3个小镇、开封市金明区水稻乡孙庄村等17个村庄获得住房城乡建设部美丽宜居小镇、美丽宜居村庄示范。省政府印发《关于全面推进农村垃圾治理的实施意见》。

住房保障与房地产业

【住房保障和保障性安居工程】 全省实际开工棚户区改造36.91万套,为目标任务的102.5%。其中,货币化安置12.29万套(户),占已开工量的33.3%,货币化安置率比上年有大幅度提高。基本建成28.79万套,为目标任务的192%,完成投资807.72亿元。大力推进棚改货币化安置。省政府出台《关于加快推进棚户区改造货币化安置工作的指导意见》,并指导全省各市出台具体的实施细则。与财政部门共同加大货币化安置项目的单套改造资金支持,有效引导棚改项目选择货币化安置。狠抓资金落实,中央财政支持河南省棚户区改造专项资金91.1亿元,省级配套资金9.7亿元。国家发改委审核河南省2016年棚户区改造专项基金两批75个项目,总计105.18亿元。下达河南省纳入住房保障责任目标的保障性住房配套基础设施建设项目241个,安排中央预算内资金45.37亿元。会同国开行河南省分行在全国率先出台政府购买棚改服务办法，与农发行河南省分行出台《关于加快推进棚户区改造融资工作的通知》。国开行河南分行新增棚改贷款授信637.8亿元，签订借款合同439.6亿元，发放贷款360.2亿元。公租房管理。对历年来开工建设的公租房、廉租房项目进行全面摸底排查，为做好分配入住奠定基础。对全省15万套公租房分配计划进行分解，指导各地建立项目台账。3月、7月、11月3次将公租房分配管理纳入保障性安居工程总体督察，要求各市及时整改发现问题，有效推进全省公租房的分配入住和管理工作。加强保障性安居工程质量监管。印发《关于进一步加强保障性安居工程质量监督管理工作的通知》，编制出版《保障性住房装修工程质量控制规程》，确保全省保障性安居工程质量。加强保障房审计整改。建立审计整改联络员制度，圆满完成2015年保障性安居工程跟踪审计等任务。

【房地产开发】 全省房地产开发市场总体运行平衡，房地产开发投资稳步增长，商品房销售市场稳中有升，房地产市场各项指标持续向好。房地产开发投资稳步增长。全省房地产开发投资6179.13亿元，同比增长28.2%，增幅高于全国21.3个百分点，增速同比加快18.1个百分点。全省房地产开发投资增速由年初的12.2%逐月攀升至28.2%，对全省固定资产投资的贡献显著提高。全省房屋新开工面积达14669.72万平方米，同比增长33.7%。其中，住宅新开工面积10954.03万平方米，增长30.8%。全省房屋施工面积47359.55万平方米，同比增长15.5%。其中，住宅施工面积35579.02万平方米，增长14%，占房屋施工面积的比重为75.1%。到位资金增速超完成投资增速。全省房地产开发企业实际到位资金6558.25亿元，增长29.2%。全年到位资金增速比开发投资增速高出1个百分点。土地购置面积增长。全省房地产开发企业土地购置面积1108.04万平方米，增长16.5%，土地成交价款达453.46亿元，增长128.8%。商品房销售面积达11306.27万平方米，增长32.1%，增速比上年加快23.5个百分点。销售额5613亿元，增长42.3%。受国家和省市出台的去库存政策以及春节前后开发商优惠措施刺激，年初市场需求快速释放，增速由上年的8.6%跃至本年一季度的20.7%。10月郑州出台调控新政并在12月加码，商品房销售转冷并传导至周边省辖市，增速小幅回落但全年保持30%以上的高位。待售面积同比减少超200万平方米，去库存成效显著。年底全省商品房待售面积3395.26万平方米，比上年底减少211.57万平方米。其中，住宅待售面积2530.41万平方米，减少237.85万平方米。但办公楼、商业营业用房待售面积仍呈增长态势。

【房地产市场管理】 全省房地产业健康有序发展。全省房地产开发完成总投资6179.13亿元，同比增长28.2%。房地产业实现增加值1985.86亿元，占GDP的4.9%，占全省服务业增加值的11.8%，对GDP增长的贡献率为5.6%，对全省稳增长、保态势、扩投资起到了重要的作用。全省房地产开发企业总数8198家，其中一级企业64家、二级企业699家、三级企业1406家、四级企业1574家、暂定级企业4455家，商品房销售面积共计11306万平方米，增长32.1%，房屋竣工面积共计6299万平方米，商品房成交价格4964元/平方米，增长7.7%。房地产市场调控成效显著。房地产去库存扎实开展。省政府办公厅印发《河南省推进供给侧结构性改革商品房去库存专项行动方案》等政策措施。市、县(市)政府认真贯彻落实省政府有关政策，因地制宜出台多项推动农民进城购房、扩大住房消费的具体措施。全省新建商品房累计可售面积1.16亿平方米，比上年底下降1809万平方米，去化周期为14.1个月，比上年底缩短6.9个月。其中新建住宅累计可售面积6547万平方米，去化周期为11.9个月，去库存周期总体回归到合理区间。郑州市房地产市场调控成效明显。省住房城乡建设厅深入调研，及时提出建议，加强对郑州市的调控指导。随着郑州市陆续出台土地供应、限购限贷等调控政策并适时扩大限购范围，房地产市场过热得到有效遏制。住房供给侧结构性改革事项顺利推进。加快推进房地产库存和监测平台省级模块建设，房地产日报制度逐步完善，市场监测分析体系不断健全。印发《规范房地产开发企业经营行为维护房地产市场秩序专项工作方案》，郑东新区和经开区两个试点新开工总面积中成品房占比分别达到68.9%和43.3%。贯彻落实国家和省有关调控政策措施。优化房地产市场发展环境。进一步清理制约住房消费和房地产发展的有关政策，取消不合理收费，加强对房地产发展各环节的调查研究，简化审批程序，优化审批流程，提高办事效率。强化风险防控和舆论引导。加强房地产市场监管。强化房地产市场监测分析。

【房地产交易与权属管理】 全省经房管部门合同备案的商品房成交面积12076万平方米，成交1062496套，成交金额6316亿元，比上年分别增长

32.16%、32.5%和43.02%。其中，住宅成交面积10755万平方米，成交928725套，成交金额5303亿元，分别增长32.2%、30.49%和47.37%。全省二手房成交面积2521万平方米，成交233707套，成交金额1172亿元，分别增长12.23%、14.23%和37.41%。其中，二手住宅成交面积2345万平方米，成交224629套，成交金额1097亿元，分别增长13.67%、16.56%和40.49%。印发《关于进一步做好房屋交易和产权管理工作的指导意见》，指导各地切实履行房屋交易和产权管理职责，切实做好房屋交易管理与不动产登记有序衔接，印发《关于进一步做好不动产登记相关工作的通知》。省政府印发《关于完善住房供应体系，加快发展住房租赁市场的若干意见》，明确坚持政府引导、坚持市场主导、坚持以人为本、坚持创新供给的基本原则。7月2日，全国人大常委会审议通过《资产评估法》，首次确立六大评估行业的法律地位，包括房地产估价行业在内的资产评估行业走上法制化轨道。12月1日起，住房城乡建设部对房地产估价机构实行备案管理制度，不再实行资质核准。围绕加强制度建设、加强事中事后监管、开展"双随机"抽查等关键环节，切实履行好房地产估价行业监管职责。规范房地产中介市场管理。加快新建商品房和存量房网签系统建设。全省16个省辖市、7个直管县、74个县完成了新建商品房网签系统建设，有11个省辖市、1个直管县、27个县完成了存量房网签系统建设。

【物业管理】 全省共有物业服务企业6796家，其中一级资质企业50家、二级资质企业272家、三级及暂定资质企业6474家。物业管理面积突破13亿平方米，从业人员达30余万人。成立《河南省物业管理条例》修订工作领导小组，先后到10个地市（直管县(市)）的调研，形成《河南省物业管理条例》修订草案，并于9月30日上报省人大常委会法工委。印发《关于开展2015年度物业服务企业监督检查工作的通知》及《河南省物业服务企业监督检查标准（试行）》，就企业的主体资格情况、依法经营情况、项目管理服务情况进行百分制考核。全省共7116家物业服务企业参加监督检查，其中优秀396家、合格3601家、不合格309家。与国网河南省电力公司印发《河南省城镇新建住宅项目电力设施建设和管理办法》、《河南省城镇住宅电力设施建设技术规范》，解决全省新建住宅项目供电及物业公共用电执行居民生活电价的问题。在全省实施物业服务的物业项目，就装饰装修现场管理、环境卫生管理等开展治理。住宅小区扬尘治理取得明显成效。完善物业服务企业信用档案。按照省纪委《全省开展党员干部出入隐蔽场所违规吃喝专项治理工作方案》，共排查出隐蔽餐饮服务场所608家。全省共排查各类房屋13841栋，面积约23374.5万平方米，发现疑似存在安全隐患的房屋5496栋，676.3万平方米，经鉴定确定为危房并下达危房通知的1954栋，432.32万平方米，经排查后待鉴定危房1389栋，共151.13万平方米。全省共整治各类房屋1095栋，面积49.2万平方米，迁出或进行拆除新建、改建（扩建、翻建）的危险房屋942栋，共23.07万平方米，需整改加固房屋1454栋，共104.22万平方米，需要进行拆除新建、改建（扩建、翻建）的危险房屋666栋，668.08万平方米。维修资金归集逐年递增。全省住宅专项维修资金归集207亿元，已使用6.9亿元。

【城镇房屋征收管理】 全省积极完善房屋征收制度，规范操作规程，推进依法征收，国有土地房屋征收管理成效显著。全省共做出房屋征收决定105个，建筑面积575万平方米，完成征收项目47个，建筑面积287万平方米，遗留拆迁项目43个，建筑面积292万平方米。申请法院强制执行65件，法院裁定准予执行51件。因房屋征收拆迁引发的行政复议、行政诉讼案件67件，占全部案件的22.3%，同比增长4.1%。省政府出台《关于进一步规范房屋征收与拆迁行为的通知》。基本完成省级房屋征收监管系统建设，重点推进各地房屋征收信息系统建设。组织起草《关于规范国有土地上房屋征收与补偿工作的指导意见（征求意见稿）》。

【住房公积金管理】 全省共设有18个省辖（管）市住房公积金管理中心，9个直管县(市)住房公积金管理中心，11个独立设置的分中心，从业人员2051人。全省住房公积金缴存单位70046家，实缴职工646.89万人，住房公积金缴存505.98亿元，同比增长12.3%，全省住房公积金支出781亿元，占全省商品住宅销售额（4839亿元）的16.14%，其中提取315亿元、发放个人住房贷款466亿元，支持15.68万户职工家庭通过公积金贷款解决了住房问题，化解商品住宅库存约1411.16万平方米，住房公积金支持住房消费作用明显。年底全省个贷率85%，比年初提升8.81个百分点，结余资金246亿元，比年初下降96亿元。4个试点城市管理中心准确把握试点政策，充分发挥资金效益，为13个保障房试点项目发放贷款10.58亿元，其中12个项目已全部结清贷款本息。省政府办公厅印发《关于进一步扩大住房公积金制度受益范围的若干意见》，重点将已在城镇有稳定劳动关系的进城务工人员，以及个体工商户、自由职业者等群体纳入住房公积金制度受益范围。把进城务工农民和个体工商户等灵活就业人员纳入公积金制度覆盖范围。省住房城乡建设厅、省发改委、省财政厅、中国人民银行郑州中心支行印发《关于规范和阶段性适当降低住房公积金缴存比例的通知》,对全省的住房公积金缴存比例进行全面规范,严格控制缴存比例在12%以下。本年全省共有47家企业申请降低了缴存比例,范围从降低1个百分点到降低7个百分点不等,涉及职工26429人,实际减少缴存金额1462.01万元,29家符合条件的企业申请缓缴,涉及职工11477人,实际减少缴存金额1084.16万元。放宽条件,不断加大对职工住房消费的支持力度。创新贷款模式,支持职工合理需求。全省累计向银行融资107亿元,融资余额67亿元。加快网点建设。全省共有住房公积金服务网点169个,79个服务网点实现"一站式"业务办理。升级改造住房公积金业务信息管理系统,建立网上审批流程,实现全程网上审批。简化审批手续,缩短办理时限,将个贷、提取业务的正常审批时限分别控制在5个工作日和2个工作日以内。积极建设涵盖门户网站、网上业务大厅、12329热线、12329短信、手机APP、官方微信和官方微博等多种服务渠道的综合性服务平台。

工程建设与建筑业

【概况】 全省完成建筑业总产值8807.99亿元,比上年增长9.4%。实现增加值2287.04亿元,增长7.2%,占全省生产总值的5.7%,对全省经济增长的贡献率为5.2%。5541家总承包及专业承包企业签订合同额达15719.71亿元,增长11%,其中新签合同额达9499.62亿元、增长12.6%,在建房屋施工面积达5.6亿平方米,增长5.7%,其中本年新开工面积达2.2亿平方米、下降8.3%。建筑业队伍稳定增长。具有建筑业资质的企业达12597家。从事建筑业活动的平均人数为272.61万人,增长8.7%。按建筑业总产值计算的劳动生产率达32.3万元/人。全省完成建筑业总产值超亿元以上企业1343家,企业占比为24%,产值占比为89%。其中,产值超百亿元的企业6家,占比为4.5‰,产值占比为17.3%,超50亿的共20家企业,占比为1.5%,产值占比为29.4%。19家总承包特级资质企业完成建筑业总产值1937.72亿元,比上年增长1.4%,占全省比重达22%。占比为89%的二级资质小型建筑企业,共完成建筑业总产值3506.98亿元,占全省比重达39.82%。印发《河南省清理规范工程建设领域保证金工作方案》,建立20个省直有关部门参与的工作机制,已清理取消15类不符合规定的保证金6.08亿元,返还超期收取的四类保证金12.99亿元,切实减轻企业负担。全省对外承包工程和劳务新签合同额44.68亿美元,增长3.1%,完成营业额52.68亿美元,增长9%。新签对外承包合同额1000万美元以上的项目有48个,主要涉及交通运输、石油化工、工业及电力工程建设等。全省共有工程建设项目招标代理机构247家,其中甲级89家、乙级125家、暂定级33家,从业人员2.76万人。全年共实现营业收入10.85亿元。全年亿元及以上固定资产在建项目11435个,完成投资28358.13亿元,比上年增长15.9%。新建改造农村公路1.35万千米。全省铁路通车里程5466.22千米,公路通车里程达26.7万千米,其中高速公路里程6448千米。全省全社会发电装机容量7218.45万千瓦,比上年末增长7%。

【建筑市场管理】 严厉打击建设工程无资质施工、层层转包、违法分包、挂靠、无证上岗等违法违规行为。开展建筑市场综合执法检查,现场抽查142个在建工程项目,下发执法建议书52份、不良行为告知书67份、整改通知书186份。要求各市在日常招投标监管工作中做到"一个核查、5个备案、2个监督"(公告发布前工地核查,招标公告、招标文件、中标通知书、评标工作报告和合同备案,评标专家抽取和开标评标现场监督)。构建覆盖全省所有市县的建筑市场信息化监管体系,通过企业信息、从业人员信息、工程项目信息等系统,进一步完善工程项目库和人员库。全省共有20099家企业纳入企业管理平台,193732名注册人员和489608名现场管理人员纳入从业人员管理平台,30092个工程项目纳入项目管理平台。推行工程担保制度。全年全省共出具保函1150个,担保金额达15.07亿元,其中在保担保金额为14.38亿元。对11个工程项目进行了保函代偿,代偿额达902.96万元。鼓励有条件的企业、职业院校、社会团体等力量参与建筑工人培训。建立高标准师资队伍。全省开展建筑业工人职业技能培训18个批次,共培训建筑工人约13万人。加强同省工信委、省政府重点项目办等的沟通协调。

【工程建设监理】 全省共有工程监理企业296家,综合资质7家,甲级141家、占企业总数的47%,乙级109家、占企业总数的36%。工程监理从业人员4.86万人,其中注册监理工程师6959人、省专业监理工程师11562人。工程监理业务覆盖房屋建筑、市政公用、矿山、铁道、公路、化工等14

个工程类别。全年工程监理企业承揽合同额 240 亿元。其中,工程监理合同额 68.7 亿元,增长 15%,工程项目管理与咨询服务、工程招标代理、工程造价咨询及其他业务合同额 108 亿元,下降 31%。实现营业收入 130 亿元,增长 19%。其中,工程监理收入 46 亿元,增长 6%,占总营业收入的 35%,工程项目管理与咨询服务、工程招标代理、工程造价咨询及其他收入 31.9 亿元,增长 17%。工程监理行业集中度进一步提升。全省工程监理企业实现营业收入超亿元的企业 21 家,超 8000 万元的 31 家,超过 5000 万元的 44 家,超 3000 万元的 55 家。《河南省建设工程监理规程》编制完成。在工程监理中推广应用实时在线监控、无人机监控、"互联网+BIM"系统等创新与应用成果,培育企业做大做强。河南方大建设工程管理股份有限公司、河南宏业建设管理股份有限公司 2 家监理单位登陆新三板,中兴监理、立新监理、卓越监理和长城监理等 4 家监理单位进入全国百强工程监理企业名单。

【建筑业法规建设与体制改革】 对部门行政职权目录进行全面清理,共减少 25 项行政检查、行政确认事项和其他职权,编制批准保留的 14 项职权的责任清单和运行流程图。出台《关于禁止建筑业企业委托中介机构弄虚作假代办资质申报行为的通知》和《关于改革建筑工程企业资质申报方式的通知》,实行权限范围内的资质申报直通车制度,减少审批环节,缩短审批流程。取消建设工程劳保费统缴统还的规定。推动建筑产业现代化。推动装配式建筑发展,研究出台配套的招投标、质量安全监管和竣工备案制度。出台 BIM 应用相关政策,推动 BIM 技术在施工领域的广泛应用。探索劳务实名制管理。督促总承包企业在项目部设立劳资专管员,建立健全施工现场作业人员进出场登记制度和农民工实名制管理台账、工资支付台账。推行监理单位将工程项目的劳务用工、工程款和工资支付与施工质量同步监督制度。改革劳务用工方式。建立农民工维权公告牌制度。

【工程质量治理两年行动】 省住房城乡建设厅印发《河南省工程质量治理两年行动实施方案》,成立领导小组,细化工作分工,建立了信息通报、工作试点、社会监督、通报曝光、责任追究五项制度,对全省工程质量治理两年行动予以指导。省、市(县)两级组织召开全省工程质量治理两年行动培训会议,对 180 余名市场执法和质量监督人员进行教育培训,两年共培训 2000 余人。在 18 个省辖(管)市组织开展了工程质量治理宣贯暨施工质量标准化管理现场观摩活动,累计培训 6100 余人,参加观摩 9000 余人,观摩工程总面积约 42 万平方米。全省共有 5 项工程获得"鲁班奖",4 项工程获得"全国市政金杯示范工程",2 项工程获得"全国优秀工程勘察设计行业奖"、4 项工程获得"绿色建筑创新奖"。有 2 家建筑施工企业获得 2015 年度河南省"省长质量奖"。全省共有 92 项工程获得"中州杯"奖(省优质工程),43 项工程获得"中州杯"奖(省优装饰工程),18 项工程通过国家建筑行业 AAA 级安全文明标准化诚信工地验收。印发《河南省建筑工程施工现场质量标准化管理实施办法》、《建筑装修装饰工程质量监督管理办法》、《房屋建筑和市政基础设施工程竣工验收实施细则》等 20 余项规范性文件,制定《河南省住宅工程质量常见问题防治技术规程》、《河南省绿色建筑检测标准》、《河南省绿色建筑评价标准》等 10 多项地方建设标准规范。全省共开展工程质量执法检查 9472 次,检查工程项目 26898 项,检查建设单位 16418 家、施工单位 18916 家。查出违法发包项目 21 项、转包项目 9 项、违法分包项目 11 项、挂靠项目 7 项,涉及建设、施工单位 52 家,涉及个人 36 人,查出其他违法违规项目 574 项,涉及建设、施工单位 785 家,涉及个人 78 人。已责令 50 家企业停业整顿,限制 3 家企业的投标资格,1 家企业降低企业资质,罚款 1491 万元。

【建筑施工安全管理】 印发《2016 年全省建设安全工作要点》,明确全年工作重点和措施。健全建筑安全管理体系。强化领导责任。建立健全"党政同责、一岗双责、齐抓共管"的领导责任体系。全面了解全省安监机构和队伍建设情况,不断完善全省建筑施工安全监督管理体系。强化主体责任。印发《关于强化和落实建设工程有关单位安全生产责任的通知》,开展企业安全生产主体责任"五落实、五到位"专项活动,不断夯实安全生产建设单位首要责任、施工单位直接责任和监理单位监督责任。分类开展安全专项整治。全年共排查各类事故隐患和问题 22695 项,责令停工整改项目 1437 个,曝光案例 76 起。持续推进建筑施工安全专项整治。印发《河南省房屋建筑和市政基础设施工程施工安全监督实施办法》。制订《全省建设安全专项整治工作方案》,各地开展专项整治工程项目 6551 个,自查隐患 9728 项,责令停工整改项目 1293 个,曝光案例 76 起,实施经济处罚 688 万余元。全省累计备案起重机械设备 34399 台,其中塔式起重机 18166 台、施工升降机 11202 台、物料提升机 4780 台、其他起重机械 251 台,核发使用登记证 6720 本(在用起重机械设备），其中塔式起重机 3755 台、施工升降机 2056 台、物料提升机 822 台、其他起重机械 87 台。全省核发施工企业安全生产许可 1.2 万家，对 159 家建筑企业安全生产许可证实施了动态核查。印发《河南省房屋建筑和市政基础设施工程施工安全监督实施办法》、《关于强化和落实建设工程有关单位安全生产责任的通知》、《河南省建筑施工安全生产失信一票否决制度》、《关于印发河南省建筑扬尘治理明白书递交建筑施工企业生产经营行为承诺书及建设工程项目扬尘污染防治承诺书的通知》等。持续开展安全生产大检查。组织 2 次生产安全事故约谈会，对发生事故主管部门、相关责任单位和责任人进行集中警示约谈，对 52 家责任单位做出吊销或暂扣安全生产许可证、停业整顿等处理。

【建筑装饰装修管理】 修改完善《河南省建筑装修装饰管理办法》，正式上报省法制办。加快全省成品住宅建设的发展，开展全省装饰行业专题调研。加大对全省建筑装饰业龙头骨干企业的扶持和培育力度，推荐 10 家建筑装饰业龙头骨干企业。做好《河南省建筑工程施工许可管理实施细则》（建筑装饰）的贯彻落实。开展装修装饰工程质量安全检查。举办全省建筑装修装饰工程质量监督管理程序宣贯暨 2016 精品工程施工经验交流会。做好全省第一批建筑装修装饰工程质量监督人员继续教育前期申报。建立完善全省绿色装修装饰材料标识体系。组织编写《河南省建筑装修装饰工程施工现场教材》，举办河南建筑装饰设计大赛，评选 50 名建筑装饰技术人才，建立全省建筑装饰行业设计评审专家库。

【勘察设计行业管理】 全省勘察设计企业 1096 家，其中甲级 131 家、乙级 292 家、丙级 213 家、专项设计 450 家、其他 10 家。从业人员 69304 人，各类专业技术人员 45841 人。全省勘察设计行业完成合同额 127.73 亿元，新签合同额 188.71 亿元。全省有综甲勘察设计企业 4 家。积极配合企业升综甲、升行业甲，共上报升级企业 46 家。印发《河南省工程勘察设计诚信体系建设指导意见》。推进行业诚信评估。做好省级资质评审专家库的更新培训，与河南建筑职业技术学院联合举办工程设计一年制培训班，全省共有 88 家企业的 285 人参加培训。

【勘察设计质量管理】 河南省住房城乡建设部门严格执法检查，全省施工图审查机构 37 家，一类审查机构 17 家、二类审查机构 20 家。全年共审查建筑工程项目 20082 个，总建筑面积 19842.76 万平方米，市政基础设施 380 项，总投资 367 亿元。3 月，抽调有关专家组成 6 个检查组，在全省范围内开展工程勘察设计市场与质量专项检查。共抽查 123 个项目（包括公共建筑、商品住宅、保障房、学校及市政道路），发现问题 199 个，涉及责任单位 30 家。对发现的问题严格依法处理，责令立即停工整改 1 个项目，下达建设行政执法建议书 25 份，督促整改通知书 15 份。5 月，印发《关于开展全省建筑工程勘察设计质量排查的通知》，组织市县对在建工程的勘察设计质量开展拉网式排查。印发《关于进一步加强建设工程勘察设计质量管理的通知》，对全省工程勘察作业动态和质量信息实施监管。各地每月应抽查不少于 30% 且不少于 1 项工程勘察项目的外业现场及实验室工作，并将检查结果上报。

【建筑工程抗震管理】 严格执行国家新颁布的《建筑抗震设计规范》和工程建设强制性标准条文，形成了从勘察设计、施工、监理、工程竣工验收的全过程管理，确保抗震设计措施在工程建设中得到落实。全省施工图审查机构在审查中将建筑工程抗震设计质量作为一项重要内容。进行超限高层建筑工程抗震设防专项审查。积极推进房屋建筑工程减震隔震技术，并对 10 栋超限高层建筑进行抗震专项审查。

【建筑劳务管理】 全省出省施工人数达到 137 万人，创劳务收入 290 亿元，同比分别增长 0.74% 和 3.57%，培训外出劳务人员 3 万余人次。组织农民工入会。提升农民工职业技能。全年共培训各类人员 3 万余人次。依法维护农民工合法劳动权益。开展在施项目现场排查工作，重点针对现场施工安全、劳务管理结算、工人工资支付和工人返乡安排等情况进行摸底，切实维护职工合法权益和行业稳定。抽调专人积极与当地清欠办部门沟通、协调，解决豫籍农民工因工资纠纷引起的上访事件，确保当地社会和谐稳定。

【工程建设标准定额和工程造价管理】 编制发布《建设工程造价咨询档案立卷标准》、《装配整体式混凝土结构技术规程》等 17 项工程建设地方标准。完成《城市房屋建筑和市政基础设施工程及道路扬尘污染防治标准》、《预拌混凝土和预拌砂浆厂（站）建设技术规程》及《河南省城镇控水防尘海绵型道路技术规范》等相关标准的编制。按照住房城乡建设部《关于工程建设强制性地方标准整合精简工作》的要求，形成《河南省工程建设强制性地方标准整合精简结论汇总表》和《河南省工程建设强制性条文汇编》。组织编写《施工现场标准员工作导则》，指导各省辖市（直管县）开展施工现场标准员岗位设置。组织编写河南省标准员岗位设置培训教材和考试题库，开发标准员网络管理系统。编制《高性能混凝土应用技术规程》、《建筑工程钢筋专业化加工技术规程》，推出混凝土信息资料库，印发全省高性能混凝土试点城市工作方案，确定6个城市为试点城市。推进"光纤到户"纵深发展。出台《河南省住宅区宽带网络设施建设管理暂行办法》。继续推进无障碍环境建设。完成全省建设行业"营改增"后相关计价依据的各项调整，编写相关知识手册及工程造价方面存在的问题和解决方案的调研报告。推进《河南省建设工程造价管理办法》立法，加快工程造价管理法规制度建设，结合造价管理改革要求，出台《全省建设工程定额管理实施细则》。印发《关于调增房屋建筑和市政基础设施工程施工现场扬尘污染防治费的通知（试行）》。"装配式建筑定额"扎实推进。"绿色建筑定额""装配式建筑定额"有关基础工作初见成效。出台《关于发布〈河南省预制装配式混凝土结构建筑工程补充定额〉的通知》。出台《关于印发〈建设工程造价咨询合同（示范文本）的通知〉》，并对全省300多家工程造价咨询企业进行了培训。引导工程造价行业良性发展。出台《河南省工程造价咨询企业信用管理办法》以及《河南省工程造价咨询企业信用评价实施细则》，建立工程造价咨询企业信用综合评价系统和运行平台。出台《河南省工程造价信息管理办法》。建立建筑材料价格信息管理系统。出台《关于建筑业"营改增"后材料预算价调整的指导意见》。制定《河南省建设工程造价电子数据标准》。做好材料价格信息的采集、测算、发布。全年共发布材料价格信息5万多条。

【**新型墙体材料发展**】 全省墙材革新工作稳定发展，新型墙材生产比例达到96%，在城市规划区应用比例保持在98%以上。新增"禁实"乡（镇）110个，达到年度目标任务的180%。宣传贯彻新型墙材《条例》。增印发放《条例》单行本20多万册，开展送《条例》到机关、企业、工地的活动。各市县在本地主流报纸、电视、网站、杂志等媒体设立宣传专栏或专题，发布相关报道300多篇。征收新型墙体材料专项基金。全省征收新型墙体材料专项基金9.42亿元，同比增长23%。在项目受理审批上，由集中申报向多批次申报转变，及时受理符合条件的申报材料，切实提高专项基金使用效能。全省对64个项目扶持资金1975万元，对110个"禁实"乡（镇）补助执法专项经费550万元。组织专家对2012年至2013年及之前的17个省级专项基金项目进行检查验收，对未按期完成的项目单位下发了督办通知书。印发《关于进一步加强新型墙材应用监管的通知》，提升监督管理服务效能。9月，对4家新型墙材企业下达了限期整改通知，要求各市县加强对新型墙材企业的监督管理。10月，根据省质量技术监督局对19种产品的质量监督的抽查结果，对9家企业下达了限期整改通知。9月，召开全省墙改办主任和重点墙材企业代表培训暨座谈会，邀请专家就供给侧改革、建筑产业现代化和墙体自保温技术进行专题讲座。完成对2000多家企业的普查。

【**建筑垃圾管理和资源化利用**】 全省建筑垃圾总产量为10522万吨，建筑垃圾直接使用或再生处置利用的达4818万吨，超额完成省政府确定的40%资源化利用目标。出台《河南省建筑垃圾计量核算办法（暂行）》，着力源头核准和管控。建立与公安、交通等部门的常态化联合执法机制，出台《关于进一步加强建筑垃圾清运管理的通知》，明确车辆改装标准和公司化管理，全年核准清运公司113家、车辆6371台。出台《关于建立建筑垃圾大数据监管平台有关要求的通知》，强化从产生、清运、消纳到资源化利用的全链条联单制闭合管理。消纳处置设施建设加快，全省共清理无主垃圾近5000万立方米。全省已建成投入使用并规范管理的消纳场（点）52个，消纳场面积434.4公顷。加快资源化设施建设步伐。全省资源化企业达29个，资源化能力达到4660万吨。全年就地回用及资源化处置建筑垃圾4818万吨，资源化率达45.79%。印发《关于进一步加强建筑垃圾清运管理的通知》，全省共查处违规违法行为3351起，扣留违规车辆1758辆，罚款330余万元。

【**建设科技和建筑节能**】 获得省科技进步奖4项，其中巨型网格—弦支索系组合钢结构绿色信息化建造关键技术研发与应用、基于物联网的公共建筑能耗监控系统、高耸多结构（电视塔）绿色建造技术获省科技进步二等奖，大型文化休闲场馆关键建造技术获省科技进步三等奖。全年有近300项新技术新产品得到推广，90项科研成果获省建设科技进步奖。河南六建、浙江中成2项绿色施工技术通过住房城乡建设部验收。4家企业获批省工程技术研究中心，全省共有建设类企业技术中心、工程技术研发中心28家，通过省级以上鉴定的研究成果达40多项。全省11个国家智慧试点城市，通过不断完善试点实施方案，创建工作取得阶段性成果。各试点城市编制智慧城市建设规划，部分城市出台智慧城市建设实施意见。全年新增节能建筑6000多万平方米，新建建筑节能设计标准执行率，连续9年达到100%，实施率达到99%以上。全省节能建筑累计达3亿平方米。完成可再生能源建筑应用示范任务。国家可再生能源建筑应用示范市、县通过整体验收，全省超额完成示范任务的5%以上，是国家全面完成目标任务的3个省份之一。完成7个10.26兆瓦光电项目的核算清查，获得剩余补助资金1.01亿元。全省新增可再生能源建筑应用1000多万平方米。公共建筑节能监测平台不断完善。11个示范市县监测平台运行良好。固始县自筹资金200余万元，建成县级能耗监测平台并联网运行。全省发展绿色建筑标识项目61个1013万平方米，比上年项目数增加了7个，面积增加15.5%。将一星级绿色建筑评价标识的权利正式下放给郑州市建委。完成《河南省大力推进装配式建筑发展的实施意见》初稿，并广泛征求了部分省辖市住建局以及相关企业的意见。印发《河南省建筑产业现代化科研攻关三年（2016～2018年）行动计划》，出台《装配式混凝土构件制作与验收技术规程》等6部技术标准，确立涵盖装配式预制混凝土结构、钢结构等在内的多种建筑结构技术体系。全省第一个装配式建筑项目——中建观湖国际14号楼项目建成，项目装配率达到75%，与传统建造技术相比，降低施工成本5%，"四节一环保"效益明显。全省已有装配式建筑600多万平方米，其中装配式混凝土结构90万平方米，钢结构建筑500多万平方米。已投产混凝土预制构件生产线23条、年生产能力215万立方米，钢结构生产线41条、年生产能力1950万平方米。发布《河南省绿色建材行动方案》等系列文件，开展绿色建材评价，有5个产品获绿色建材标识。全年全省建筑节能实现节约标准煤80多万吨。

【河南当代最美建筑评选】 2016年6月1日，寻找"河南当代最美建筑"活动启动。经过了征集候选建筑、公众投票、专家评奖、公示等阶段，共收到投稿3200个，最终评选出突出反映河南历史文化传统和现代建设成就的优秀建筑125个获奖项目。其中，郑州二七纪念塔、郑东新区CBD核心建筑群、郑州机场T2航站楼、河南博物院、绿地中心·双子塔、郑州高铁东站、中原福塔、洛阳博物馆新馆、中国文字博物馆、开封清明上河园建筑群等10个项目获河南当代最美建筑一等奖（标志性建筑），郑州大学（新校区）主建筑群等50个项目获河南当代最美建筑二等奖，华北水利水电大学（新校区）教学楼等40个项目获河南当代最美建筑提名奖，洛阳泉舜财富中心购物中心等25个项目获河南当代最美建筑网络人气奖。

（李新怀　王放）

大事记

1月

8日　2015年度国家科学技术奖励大会在北京举行，中石化洛阳工程有限公司作为主要完成单位的"高效环保芳烃成套技术开发及应用"项目获科学技术进步奖特等奖，黄河水利委员会黄河水利科学研究院作为主要完成单位的"水库大坝安全保障关键技术研究与应用"项目获科学技术进步奖一等奖。

11日　为加强全省工程造价信息化管理，推进全省工程造价信息的规范、公开和诚信体系建设，省住房城乡建设厅印发《河南省工程造价信息管理办法》，《办法》分为总则、造价信息的内容、职责分工、工程造价信息管理、监督检查和培训考核等6章23条，自2016年1月1日起施行。

18日　中铁隧道集团总工程师、盾构及掘进技术国家重点实验室主任洪开荣入选国家百千万人才工程，被授予国家"有突出贡献中青年专家"称号。洪开荣长期工作在中国隧道及地下工程领域的施工、科研一线，带领的科研团队攻坚克险，取得多项重大突破，特别是在盾构施工和研发领域颇有建树，大幅提高了盾构法施工水平，推进了中国跨江越海地下通道的建设。参与主持完成的"盾构装备自主设计制造关键技术及产业化"获得2012年度国家科技进步一等奖，推动中国盾构制造与施工技术迈入国际先进行列。

19日　省政府办公厅印发《关于进一步规范房屋征收与拆迁行为的通知》，《通知》要求，强化政府责任，规范征拆行为，切实加大对违法违规强制征拆案件的查处力度，加大对中断供水、供热、供气、供电和道路通行等行为的查处力度，严肃查处采取暴力、威胁手段或突击、株连等方式进行强制征拆行为。

24日　内乡至邓州高速公路通车试运营，南水北调渠首有了直达高速。内邓高速途经内乡县、淅川县、邓州市三县市，总长89.1千米，总投资39亿元，设计时速120千米，呈北—南—东走向，该线路起点在内乡县湍东镇莲花村，西北接沪陕高速公路，经邓州市连接二广高速公路。内邓高速公路是南水北调中线渠首连接二广、沪陕两条国家高速公路和G207线、G312线的重要通道。内邓高速的全线通车，将结束南水北调中线渠首没有直达高速公路的历史。

26日　由中铁工程装备集团有限公司生产的国内具有自主知识产权，首台双X撑靴式TBM（硬岩掘进机）在郑州成功下线并完成验收，该台设备由中铁工程装备集团自主研制，也是国内自主研制最小直径的硬岩掘进机。随着该台掘进机的成功验收，标志着中国隧道掘进机研制和产业化水平已经达到世界领先水平。

2月

5日　为加强城市地下管线管理，合理开发利用地下空间资源，保障城市地下管线有序建设和安全运行，郑州市政府公布《郑州市城市地下管线管理办法》，《办法》分为总则、规划管理、建设管理、城市地下综合管廊、维护管理、信息管理、法律责任、附则等8章46条，自2016年4月1日起施行。

26日　中铁工程装备集团有限公司、郑州市第一建筑工程集团有限公司、河南省金华夏钢结构工程有限公司荣获2014～2015年度河南省省长质量奖。

3月

10日　为规范全省建设工程定额编制和管理，合理确定和有效控制工程造价，更好地为工程建设服务，省住房城乡建设厅印发《河南省建设工程定额管理实施细则（试行）》，《细则》分为总则、体系与计划、制定与修订、发布与日常管理、经费等6章22条，自2016年3月10日起施行。

17日　新乡市卫源湖引黄调蓄工程正式启动，作为城区重要的滨水绿地空间，卫源湖项目结合湖区扩容、截污治污和生态环境综合治理三大内容，湖区占地面积673亩，河道清淤整治11千米，湖区水面面积366亩，平均水深3.5米，总库容280万立方米，总投资约10.3亿元，涉及卫滨区、牧野区、新乡县两区一县，是新乡市中心城区水系连通生态建设规划的重要组成部分。

4月

8日　河南省城乡基础设施及住房建设项目对接签约活动在郑州国际会展中心举行，正式签约项目132个，投资额约1294亿元。其中，房地产项目25个，投资额322.5亿元，城中村改造项目24个，投资额313.3亿元，城市基础设施项目50个，投资额270.3亿元，村镇建设项目13个，投资额22.4亿元，棚户区改造项目20个，投资额365.3亿元。同时，对接签约活动还组织意向签约项目34个，投资额达851.6亿元。

13日　省住房城乡建设厅发布由河南省建筑科学研究院有限公司、中国建筑第七工程局有限公司主编的《装配整体式混凝土结构技术规程》已通过评审，批准为河南省工程建设地方标准，自2016年7月1日起在全省施行。

25日　为加强房屋建筑和市政基础设施工程施工安全监督，省住房城乡建设厅印发《河南省房屋建筑和市政基础设施工程施工安全监督实施办法》，《办法》共35条，自2016年4月25日起施行。

27日　省政府办公厅印发《关于推进全省城市地下综合管廊建设的实施意见》，《意见》提出，至2020年，全省力争开工建设城市地下综合管廊1000千米以上。《意见》要求，各省辖市、省直管县（市）要于2016年6月前完成城市地下综合管廊建设规划编制工作，其他县（市）要于2016年12月底前完成编制工作。

5月

31日　省住房城乡建设厅发布由郑州市轨道交通有限公司主编的《城市轨道交通路基工程施工质量验收规范》已通过评审，批准为河南省工程建设地方标准，自2016年8月1日起在全省施行。

6月

6日　省发改委、省住房城乡建设厅印发《关于城市地下综合管廊实行有偿使用制度的指导意见》，明确指出管廊有偿使用费由管廊建设运营单位与入廊管线单位共同协商确定，实行市场调节价。《意见》要求，暂不具备供需双方协商定价条件的城市地下综合管廊，有偿使用费标准可实行政府定价或政府指导价，由所在地城市人民政府确定，并列入地方定价目录，明确价格管理形式、定价部门。列入地方定价目录的，制定、调整城市地下综合管网有偿使用费标准，应依法履行程序，自觉接受社会监督。城市地下综合管廊是指在城市地下用于集中敷设电力、通信、广播电视、给水、排水、热力、燃气等市政管线的公共管廊。

13日　为加强全省标准定额系统管理，促进标准定额事业改革发展，省住房城乡建设厅印发《河南省标准定额机构管理考核办法》，《办法》共13条，自2016年6月13日起施行。

16日　太原至焦作铁路工程开工建设，项目投资估算总额为431.3亿元，线路长358.7千米，其中山西省境内325.3千米，河南省焦作市境内33.4千米，工程建设工期为4.5年，太焦铁路等级为高速铁路，正线数目为双线，设计运输能力为4000万人/年，设计时速为每小时250千米。

21日　全国建筑装饰行业百强企业—康利达装饰股份有限公司在全国中小企业股份转让系统（俗称"新三板"）敲钟开市，成为全省首家在"新三板"挂牌的建筑装饰企业，开启河南省"绿色建筑装饰＋资本"的新时代。

7月

3日 中共河南省委、河南省人民政府印发《关于打赢大气污染防治攻坚战的意见》，要求要强化施工工地扬尘治理，强化道路扬尘治理，强化各类露天堆场扬尘治理。

5日 省政府办公厅印发《关于全面治理拖欠农民工工资问题的实施意见》，规定20条具体举措，旨在到2020年，在全省形成制度完备、责任落实、监管有力的综合治理格局，使拖欠农民工工资问题得到根本遏制，努力实现基本无拖欠。

22日 为推动全省建设行业科技创新、技术进步，引导发展绿色建筑，经省住房城乡建设厅建设科技进步奖专家评审委员会评审且公示无异议，盾构穿越新建桥梁及拔桩区施工技术等90个项目授予2016年度河南省建设科技进步奖，其中一等奖38项，二等奖36项，三等奖14项。禹州万丰·铂金翰宫一期工程获绿色建筑创新奖一等奖，万科·美景魅力之城7号地块获绿色建筑创新奖二等奖。

29日 河南省十二届人大常委会第二十三次会议，批准《郑州市建筑市场管理条例》，《条例》分为总则、发包承包、施工管理、质量管理、劳动用工、服务与监管、法律责任等共8章53条，该《条例》自2016年10月1日起实施。《条例》规定，郑州市建设工程将实行终身质量责任制，建设、勘察、设计、施工、监理等建设工程相关单位法定代表人、项目负责人都应当依法签署工程质量终身责任承诺书。

29日 河南省十二届人大常委会第二十三次会议，批准《鹤壁市循环经济生态城市建设条例》，分为总则、规划与管理、资源再利用、节能减排、海绵城市建设、激励措施、法律责任等共8章56条，自2016年12月1日起实施。

29日 河南省十二届人大常委会第二十三次会议，批准了《商丘市古城保护条例》，分为总则、保护和利用、规划和管理、法律责任等共5章42条，自2016年10月1日起实施。规定了对古城整体建筑格局，古城肌理，文物古迹等有形遗产的保护。以及对古城大气环境，古城历史文化和一些非物质文化遗产的保护。内容全面，保护标准具体，确定了科学规划、有效保护、合理利用、严格管理的基本原则，划定了古城保护范围，对整个古城环境的风貌包括传统格局、历史街巷、历史建筑、古树名木、城湖水域、基础设施建设、道路通行、大气环境保护、古城非物质文化遗产的保护利用及法律责任等方面做出了详细规定。

8月

1日 为推动全省绿色建材评价标识工作的健康发展，省住房城乡建设厅、省工信委印发《河南省绿色建材评价标识管理办法》，分为总则、组织管理、申请和评价、监督检查等5章20条，自2016年8月1日起实施。同时，省住房城乡建设厅、省工信委印发《河南省绿色建材评价标识实施细则》，分为总则，组织管理，专家委员会，评价机构，标识申请、评价及使用，监督管理等7章33条，自2016年8月1日起施行。

25日 国家发改委发布《关于印发洛阳市城市轨道交通第一期建设规划（2016—2020年）的通知》，这标志着洛阳成为中西部地区第一个获批建设地铁的非省会城市。据国务院批准的《洛阳市城市轨道交通第一期建设规划（2016—2020年）》，洛阳市城市轨道交通线网由4条线路组成，总长102.6千米，设车站63座，其中换乘车站8座。

9月

10日 郑徐高铁正式开通运营，郑徐高铁途经河南、安徽、江苏3省，该项目正线全长361.937千米。其中，河南省境内252.826千米、安徽省境内73.436千米、江苏省境内35.675千米。总投资479.8亿元，旅客列车设计时速350千米，全线采用高铁动车组。全线无隧道，桥梁占正线长度90％以上。

17日 省住房城乡建设厅、省文化厅、省文物局等部门正式公布登封市少林寺街道办事处玄天庙村扬家门等80个村落入选第四批河南传统村落名录。至此，全省四批共有591个村落入选河南省传统村落名录。

26日 郑州至民权高速公路开封至民权段正式建成通车，标志着郑民高速全线建成通车。郑民高速开封至民权段是郑民高速二期工程，全长47.97千米，采用双向4车道高速公路标准，路基宽28米，设计速度120千米/小时。主线共设大桥2座、中桥14座、涵洞11道、互通式立交4处、分离式立交24道、2处匝道收费站、1处服务区，批复概算29.05亿元。开民高速是河南首次以BT＋EPC（投资建设移交＋设计采购施工总承包）模式建设的高速公路项目。

10月

29日 周驻南高速公路驻马店和息邢高速公路驻马店段同时开建。周驻南高速公路位于河南中南部，线路全长196千米，同时与商周高速连接，形成商丘至南阳运输大通道。周驻南高速公路驻马店段线路长88.65千米，设互通式立交6处，其中枢纽互通一处，服务互通5处。息邢高速概算总投资75.99亿元，是河南交通投资集团采用PPP模式建设的一条高速公路。

11月

14日　国务院、中央军委对河南省呈报的《关于呈报审批安阳豫东北机场建设工程预可行性研究等报告的请示》正式做出批复，同意新建河南安阳民用机场。批复的安阳民用机场性质为国内支线机场，场址位于安阳汤阴县伏道镇。工程建设规模为飞行区等级指标4C，新建一条长2600米的跑道，航站区按满足2025年旅客吞吐量55万人次、货邮吞吐量2000吨的目标设计，新建航站楼6000平方米、站坪机位5个，配套建设通信、导航、气象、供油、消防救援等辅助生产设施。项目总投资约11.76亿元，该机场建成后，由地方经营管理，民航局实行行业管理。

18日　河南省第十二届人大常委会第二十五次会议，批准《安阳市林州红旗渠保护条例》，共29条，自2017年1月1日起施行。规定在红旗渠保护范围内不得进行爆破、钻探、挖掘等作业。

26日　郑州至云台山高速公路武云（武陟至云台山）段正式通车，该项目南起郑州绕城高速公路军扬枢纽，止于云台山景区，全长65.5千米，其中郑州至武陟段28.6千米已于2013年9月建成通车。武云段高速，全长36.9千米，设计时速100千米，总批复概算25.2亿元。沿线设有枢纽互通立交2座，互通立交2座，特大桥1座、大桥2座、中桥2座、通道桥7座，设有两个收费站，其中云台山收费站距离云台山景区仅3千米。

28日　河南新蒲远大住宅工业有限公司在原阳县正式投产，这个"住宅工厂"的装配式建筑，把建房子变得和造汽车、搭积木一样方便快捷。新蒲远大这种"住宅工厂"的装配式建筑，相对于传统现浇方式，可缩短施工周期30%左右，节水50%，降低砂浆用量60%，节约木材80%，降低施工能耗20%，减少建筑垃圾70%以上，还可以有效降低施工扬尘和噪声污染，对保护生态环境，促进资源节约和循环利用具有重大意义。

12月

7日　第三批国家新型城镇化综合试点地区名单揭晓，河南省的鹤壁市、新密市、登封市、长葛市入选。全省国家新型城镇化综合试点地区已达到10个。

27日　为提高勘察设计企业及施工图审查机构素质，构建以信用为核心的新型市场监管体制，完善勘察设计及施工图审查信用奖惩机制，省住房城乡建设厅印发《河南省工程勘察设计诚信体系建设指导意见》。

28日　国务院正式批复《关于中原城市群发展规划》，明确提出中原城市群要打造中国经济发展新增长极。这是继长三角、长江中游、成渝、哈长等城市群发展规划之后，国务院批复的第5个跨省级行政区域城市群发展规划。标志着中原城市群跻身国家级城市群之列，河南省再添一个国家战略。要深化产业体系分工合作，加强生态环境同治共保，促进公共服务共建共享，推动城乡统筹协调发展，构建网格化、开放式、一体化的中原城市群发展新格局。中原城市群范围涵盖河南省18个省辖市，以及周边4省12个城市，即河北省邯郸市、邢台市、山西省长治市、晋城市、运城市，安徽省宿州市、淮北市、阜阳市、亳州市、蚌埠市，山东省聊城市、菏泽市。

（李新怀　马炳杰　王放）
（河南省住房和城乡建设厅）

湖 北 省

概况

【城乡规划引领和约束作用】　启动《湖北省城镇体系规划（2016—2030年）》编制，完成省域空间规划研究、湖北长江经济带绿色宜居城镇建设专项规划、武汉城市圈禁限建区体系规划等研究编制工作，为统筹"三生"空间、促进区域协调发展提供科学指引。武汉市2030年城市总体规划编制获国务院受理，宜昌市、随州市等10多个城市开展规划修编。规划调控水平不断提升，以城市设计为抓手推动城市风貌塑造，组织制订相关制度，建立相应的技术标准体系，在武汉市、襄阳市、宜昌市等15个市县开展城市设计试点。着眼于规划实施监管，积极支持铁路、公路、机场、水利等重大项目建设，为183个重大项目核发选址意见书。指导各地划定开发区范围,有力保障全省开发区有序发展。以中共湖北省委巡视市县发现的问题为切入点,开展容积率专项检查,促进规划系统依法行政。加强规划督察,对23个城市、3个风景区开展集中巡查,发出整改通知书和督察建议书45份,拆除违法建筑2.89万平方米,还原绿地10.86万平方米。26个市县启动实施城乡规划督察。

【保障性住房建设和房地产市场监管】 全省棚户区改造开工39.6万套,其中货币化安置20.8万户,基本建成棚户区改造住房、公共租赁住房30.82万套,新增发放租赁补贴0.75万户,分配入住20.35万户。全省改造农村危房12.4万户。房地产市场保持总体平稳的运行态势,呈现房地产开发投资稳步增长、商品住房销售量明显增长、销售均价有升有降、商品住房库存逐步下降的特点。

【城乡建设管理】 加快推进综合管廊和海绵城市建设,开工地下综合管廊182千米、海绵城市121平方千米,武汉市、十堰市两市基本实现国家试点预定目标。新建(改造)城市道路676千米,武汉地铁6号线、BRT公交专线等一批标志性工程建成投运。新建天然气管道450千米,供水管网990千米,排水管网954千米,新增绿地857公顷。湖北省城市生活污水、生活垃圾无害化处理率分别达到92%、98.31%,146个黑臭水体已有70个完成整治或销号。全省新增22座乡镇生活污水处理厂,总量达到153座。各级财政投入16亿多元用于农村生活垃圾治理,70%的农村生活垃圾得到有效治理。加强源头预防,推动扬尘治理,共对相关企业和项目下达限期整改3045次、停工整改404次,全省城区工程基本实现施工围挡全封闭、进出口路面全硬化、出场施工车辆全冲洗,92.4%的项目采取裸土覆盖或绿化措施。大力开展农村生活垃圾治理工作,全省农村生活垃圾治理覆盖率达到70%。加强村镇污水处理指导督办,推进农村生活污水处理示范县建设,大冶市、当阳市、京山县、仙桃市、梁子湖区5个县(区)被住房城乡建设部列为全国农村生活污水治理示范县。做好民族地区扶贫及"1+1"对口帮扶工程,为全省37个贫困县争取中央和省级财政补助资金共9.1亿元。组织开展新一批美丽乡村建设示范项目,全省有2个镇、19个村被住房城乡建设部命名为美丽宜居村镇。全省共重建倒塌农房23709户、修缮加固50332户,农村危房改造开工12.4万户、竣工10.02万户,易地扶贫搬迁26.7万人,保障城乡居民居住安全。

【建筑业提质增效】 2016年,全省实现建筑业总产值11862.4亿元,同比增长11.98%,建筑业增加值2193亿元,同比增长7.52%,占全省GDP的6.85%,继续巩固全国第三、中部第一的地位。全年新增建筑节能能力84万吨标煤,发展绿色建筑2200万平方米,可再生能源建筑应用1675万平方米,实施既有建筑节能改造436万平方米。持续加强工程建设领域安全生产,全年组织4次专项检查,督查施工项目209个。同时,加强城市危房、城镇燃气等安全隐患排查整治。推进建筑市场监管信息化,建立工程项目、企业、人员、信用信息四大数据库,建立建筑市场监管一体化平台,工程建设项目实现七大环节网上闭合管理。加快发展建筑节能和新型墙材,全年发展绿色建筑294项、建筑面积2200万平方米,可再生能源建筑应用1675.20万平方米,同比增长6.24%。全省实施既有建筑节能改造436.32万平方米,同比增长40.34%,县以上城区新型墙材占比达到90%,新型墙材应用率达到95%。

法规建设

【法制宣传教育培训】 制定出台《全省住建系统法治宣传教育第七个五年规划(2016—2020年)》、《关于全省住建系统法治建设的实施意见》。组织厅机关干部职工参与线上线下学法,参加2次考试,121人按期换发执法新证。按照《湖北省物业服务和管理条例》,协调房产部门对行业部门干部、物业服务从业人员等开展系列培训。多次组织依法行政、七五普法培训等培训辅导。孝感市住房城乡建设委等15家单位荣获全国、全省"六五"普法工作先进单位,132个单位、159名个人受到湖北省住房和城乡建设厅通报表扬。

【执法监督】 全年办理行政复议案件42件,其中受理35件,确认信息公开等方面的违法行为5件,有效发挥行政复议、行政诉讼监督作用,办理行政诉讼案件12余件,审结案件胜诉率为100%,有效维护湖北省住房和城乡建设厅合法权益,对湖北省住房城乡建设厅直接办理的工程建设质量安全、勘察设计、建筑市场等方面的20余件行政处罚案件,从立案、告知、下达处罚决定等全过程把关、严格监督,没有出现因处罚不服引起的行政复议和行政诉讼。

【权利监管】 组织对湖北省住房和城乡建设厅与国务院取消中央指定地方实施行政审批事项相关的28项职权予以修改调整,组织对由湖北省住房和城乡建设厅起草且实施的8部地方性法规、257件规范性文件进行了清理，对其中3部法规共17项条款提出修改建议，宣布废止或失效规范性文件54件、拟修改5件。加强湖北省住房和城乡建设厅内规范性文件以及设法文书合法性审查，共办理行政处罚、信息公开、投诉信访等涉法性文件的合法性审查近百起，没有因处理不当引起行政诉讼。

【行业立法】 7月28日，湖北省第十二届人民代表大会常务委员会第二十三次会议表决通过《湖北省物业服务和管理条例》，10月1日起施行。积极谋划2017年立法工作，向湖北省人大报送了风景名胜区管理、历史文化名城名镇管理2个立法项目，向湖北省政府报送住房保障、二次供水、餐厨废弃物管理3个立法项目。

房地产业

【概况】 2016年，全省房地产市场保持总体平稳的运行态势，呈现房地产开发投资稳步增长、商品住房销售量明显增长、销售均价有升有降、商品住房库存逐步下降的特点。

【房地产市场监测管理】 加紧落实房地产去库存任务，召开湖北省房地产去库存工作推进会。拟定《湖北省房地产去库存专项行动方案》，明确房地产去库存的主要路径和政策措施。建立全省房地产去库存月报制度，切实抓好房地产信息日报、月报等基础工作，实时动态监测，促进房地产市场平稳健康发展。全年全省销售商品住房7622万平方米，同比增长29.3%，较上年提高7.8个百分点，销售额4535亿元，同比增长37.4%。分区域看，武汉市商品住房销售3030万平方米，同比增长39.3%，除武汉外的其他35个城市销售3354万平方米，同比增长27.3%，44个县（区）销售1238万平方米，同比增长26.7%。全省商品住房销售均价5950元/平方米，同比上升6.3%，增幅较全年收窄了3.7个百分点。全省完成房地产开发投资4296亿元，同比增长1.1%。房地产开发投资占固定资产投资的15%，与上年基本持平。其中，武汉市销售均价9178元/平方米，同比上升6.8%，除武汉外的其他35个城市销售均价4096元/平方米，同比上升4.2%，44个县城销售均价3072元/平方米，同比下降0.5%。全省商品住房库存面积5382万平方米，较上年底减少1845万平方米，减少了25.5%，平均每月消化154万平方米库存，库存消化周期为8.5个月，较上年底下降6.2个月。库存消化周期小于16个月的市县有55个，较上年末增加34个，消化周期大于36个月的有2个，较上年末下降11个。

【房地产市场监管】 开展房地产开发企业和房地产中介专项整治，制定《湖北省房地产中介专项整治工作方案》和《湖北省关于进一步规范房地产开发企业经营行为维护房地产市场秩序的实施方案》，全面开展房地产市场专项整治，依法查处捂盘惜售、囤积房源、不明码标价、哄抬房价、无证销售等违法违规行为，规范市场秩序。截至11月底，全省共开展市场巡查1663次，受理群众举报投诉2107件，检查在售房地产项目4150个，查处房地产企业107家，查处从业人员28人，曝光典型案例14件。开展非法集资风险排查和互联网金融专项整治，下发《防控房地产行业非法集资工作方案》、《房地产企业利用互联网违规从事金融业务专项整治工作方案》和《关于进一步开展房地产企业利用互联网违规从事金融业务摸底排查工作的通知》，组织全省各地开展房地产行业非法集资风险排查，及时纠正和查处了房地产企业经营中的违规行为，对提前介入、及时遏制非法集资风险起到积极作用。全省房管部门开展市场巡查673次，检查在建在售房地产项目现场2810个，检查房地产中介服务机构950家，受理群众投诉举报699起，发现涉嫌金融违规风险6件，并已向当地金融管理部门通报。

【城镇个人住房信息系统建设】 完成省级中心机房、网络、主机和安全子平台集成项目建设，综合业务平台各子系统已全部上线并投入运行，数据中心建设已完成省级数据中心搭建和各功能模块部署，制定《湖北省城镇个人住房信息系统数据中心第一阶段数据收集范围》，完成17个市州前置机的数据库初始化，数据采集工作推进中。完成6个城市使用省级平台的专业培训和验收工作，已投入试运行。

【物业管理和房屋安全管理】 开展《湖北省物业服务和管理条例》（以下简称《条例》）立法工作，2016年7月28日《条例》出台，自10月1日起正式实施。8月和9月，先后举办全省和分片区的《条例》宣贯培训班。同时组织全省各地采取多种形式，深入开展《条例》"进社区、进小区、进企业"学习宣传活动，共印发《条例》宣传单9万余份，悬挂横幅3000余条，设置现场咨询台600余处。组织全省各地做好汛期老楼危楼安全排查整治和城市房屋安全管理，全省共排查房屋8539栋、463.65万平方米，共鉴定完成城市危房4891幢、205.05万平方米，其中C级危房2052幢、88.22万平方米，D级危房2839幢、116.83万平方米。

【房屋征收管理】 严格落实《湖北省国有土地上房屋征收与补偿实施办法》，进一步完善房屋征收配套政策，明确补偿标准，全力推行房屋征收项目规范化管理。全省共做出征收决定项目221个，涉及征收房屋12万户，总建筑面积560万平方米，完成征收项目126个，占做出征收决定项目数量57%。

住房保障

【概况】 2016年，全省共开工棚户区改造39.11万套（其中货币化安置20.7万户，达到预期目标），基本建成棚户区改造、公共租赁住房30.82万套，新增发放租赁补贴0.75万户，分配入住20.35万户，全面完成年初省政府与各市州签订的住房保障目标责任，其中基本建成、分配入住两项指标分别超出目标任务50.13个百分点和25.27个百分点。

【狠抓两行棚改融资】 3月，会同省开行、省农发行召开全省棚户区改造贷款座谈会，全面启动棚改项目申贷对接工作。与省开行联合印发《关于做好推进政府购买棚改服务有关工作的通知》，与省农发行联合印发《关于进一步做好农发行棚改贷款工作的通知》，进一步规范和细化棚改项目申贷流程、申报要求等相关内容。全省共争取国开行、农发行贷款授信资金共计1102余亿元，实际发放768.8亿元。两行对湖北省的棚改贷款均排在全国前列。申请棚改专项基金232.8亿元，发行企业债券融资69.7亿元，争取中央补助资金149亿元。

【强化目标责任管理】 严格按照省政府与各市州政府签订的住房保障目标责任书要求，督促各地抓好项目落地开工。3月起，组织4个督查组按照分片包干的原则，将39.11万套棚户区改造住房落实到900个项目上，对棚户区改造项目全面实施台账管理，督促各地及时公布项目清单，接受公众监督。严格开工率、基本建成率、分配入住率"三率"考核，对项目进展进行动态监测，对进度较慢的市县实行重点督办，确保目标任务完成。

【加强公租房分配管理】 全省共筹集公租房58.6万套，分配入住41万套。完善制度建设，督促各地修订或完善公租房分配入住管理办法，降低门槛，提高标准，扩大范围，切实将城镇中等偏下收入家庭、新就业职工和外来务工人员纳入公租房保障范围。加强督促指导，对分配入住不足60%的市州进行重点督办。至2016年底，全省公租房分配入住率达到70%的初步目标。

公积金管理

【概况】 2016年，全省累计住房公积金缴存总额达到3367.11亿元，缴存余额1770.84亿元，贷款总额2308.69亿元，贷款余额1481.2亿元。全省平均个贷率达83.64%，比2015年底提高4.64个百分点。

【公积金制度规范管理】 进一步规范缴存政策，将全省住房公积金缴存比例规范调整到12%以内，有困难的企业可申请缓缴住房公积金。全年累计降低企业成本9778万元。联合中国农业银行开展"农民安家贷"业务，有效助力当地房地产去库存。

【公积金行业服务】 稳步推进全省综合服务平台试点建设工作，实现12329热线全省集中。选定在武汉光谷金融港后台服务中心作为全省综合服务平台试点建设后台基地，武汉市、孝感市、荆门市、鄂州市、随州市、江汉油田等6个试点城市已先行接入全省住房公积金综合服务平台运行。全省已初步形成网上营业大厅、12329服务热线和短信、手机APP、营业网点"四位一体"的服务体系。开展住房公积金基础数据标准贯标和全国统一银行结算应用系统的接入"双贯标"工作。参与全国统一的住房公积金异地转移接续平台试点推进工作，湖北省、随州市被住房城乡建设部列为第一批试点省、市。

【公积金改革创新】 建立全国首个省级资金调剂融资机制。3月，省住房城乡建设厅与建行湖北省分行正式签署湖北省住房公积金资金调剂融资机制合作协议，优化全省住房公积金资金配置，提高资金使用率。将农民工等新市民纳入制度范围，与省总工会联合下发《关于扩大住房公积金制度惠及面构建和谐劳动关系的通知》，将在城镇稳定就业的农民工、个体工商户、自由职业人员纳入制度范围，鼓励农民工等新市民利用住房公积金购租住房。加强政银合作，与农行湖北省分行签署《"十三五"时期战略合作协议》，住房公积金工作作为合作内容写入协议，开创省级住房公积金银政合作新模式。实施互联网+公积金，建立全国首个省级住房公积金网站和手机APP。

【公积金监管】 3月，对全省115个管理中心、分中心、管理部、县（市）办事处开展管理工作目标考核、廉政风险防控、加强和改进服务工作等"三检合一"的交叉大检查。加强流动性风险防控，制定流动性风险防控措施，下发《关于进一步规范住房公积金使用有关问题的通知》。进一步完善信息披露制度，4月，《湖北省住房公积金2015年年度报告》对外公布。

城乡规划

【规划引领】 组织开展《湖北省城镇体系规划

（2016—2030年）》编制工作，完成省域空间规划研究、湖北长江经济带绿色宜居城镇建设专项规划、武汉城市圈禁限建区体系规划等研究编制工作，以统筹"三生"空间、促进区域协调为出发点，完成《武汉城市圈禁限建区体系规划研究》。武汉2030年城市总体规划编制获国务院受理，宜昌、随州等10多个城市开展规划修编。组织开展县域乡村建设规划、实用性村庄规划的试点示范工作，并向住房城乡建设部村镇司推荐试点规划。宣讲美丽乡村建设理念与方法，先后赴孝感、咸宁、恩施等市州，培训相关人员1000多人。

【规划管控】 完成《湖北省城市设计工作调研报告》，制定《湖北省城市设计管理暂行办法》和《湖北省城市设计技术指引》。组织武汉市、英山县等15个市县完成城市设计试点工作。向国家发改委和住房城乡建设部推荐上报随州市等11个地方的项目，争取国家专项资金支持，推进历史文化名城名镇名村街区相关基础设施建设。组织完成36个设市城市历史文化街区和历史建筑的现状统计工作。参与中法武汉生态示范城项目的有关工作。

【规划实施和规划监管】 完成百余项省级项目选址工作，加强对各类园区的规划引导，认真组织全省开发区审核目录公告修订城乡规划审核工作，完成全省高尔夫球场全面清理核查工作。开展容积率管理专项检查，督促各地深化违规调整容积率等问题的整改落实，部署对全省建设用地和建设项目容积率的规划管理情况进行专项检查，加强监管，强化依法行政。完成对天门市、仙桃市、潜江市、神农架林区、恩施州以及10个县级市的规划督察。加强易地扶贫搬迁规划管理，召开全省易地扶贫搬迁工程规划建设管理工作电视电话培训会议，就集中安置居民点规划、风貌控制和建设管理、工程质量安全监督等工作进行安排部署，印发《易地扶贫搬迁工程质量安全监督管理要点》，组织编制《湖北省易地扶贫搬迁集中安置居民点规划技术要点》、《湖北省易地扶贫搬迁集中安置居民点民居建筑推荐图集》等技术指引，并修订《"荆楚派"村镇风貌与民居建筑参考图集》。

城市建设

【两项重点工程】 全省开工建设地下综合管廊180千米，海绵城市120平方千米，全面完成年度目标任务。

【城镇供水】 完成全省35个城市84家公共供水厂的水质督察工作和12个水质不达标县城水厂的复查工作，完成每季17城市水质公告工作，完成全省城镇供水行业安全检查，重点抽查消毒、用电和安全防范现状的人防、物防、技防设施，完成城镇供水规范化管理检查工作，参加兄弟省份交叉互检，筹备住房城乡建设部城镇供水应急救援华中基地建设工作。

【城镇污水治理】 进一步强化措施推进城市污水治理工作，全省12个地级以上城市共排查出黑臭水体146个，其中已销号66个，工程竣工4个，实施的整治项目50个，项目前期19个，制定方案7个。

【城市园林绿化】 完成《城市园林绿化管理养护标准》的报批与发布，成立省住房城乡建设厅风景园林专家委员会。7月，神农架被联合国教科文组织命名为世界自然遗产地，成为中国第11个世界自然遗产。进一步规范全省风景名胜区内建设项目选址方案核准工作，召开全省风景名胜区管理干部培训，完成《磁湖风景名胜区总体规划》及东湖绿道建设项目选址等行政审批工作，配合国家住房城乡建设部对国家级风景名胜区开展执法检查，配合省发改委加快推进神农架国家公园体制试点工作，引入卫星遥感监测方式将省级风景名胜区内疑似违规建设图版检查纳入省政府城乡规划督查。

城市管理

【概况】 2016年，全省深入贯彻落实《中共中央国务院关于深入推进城市执法体制改革改进城市管理工作的指导意见》，全面启动城管执法体制改革工作。全省各地在框定城市管理职责、整合城管执法机构、城管立法、推进执法重心下移、数字化城管建设和队伍建设等方面取得积极进展。

【城管检查考评体系】 下发《关于印发2016年全省城市管理工作检查考评方案的通知》，按照"两次明察四次暗访"的方式，积极开展全省城管检查考评工作。在全省范围内开展城市管理及城乡规划督察工作检查督导，并对检查督导情况进行通报。12月中旬，开展年度全省城管工作检查考评，第三方调查机构的四次暗访也已完成。排定名次，通报全省。

【数字化城管建设】 全省17个市州、林区城市基本建成数字化城管系统。其中，武汉市、宜昌市、黄石市、荆门市、黄冈市、潜江市6个城市通过了省级验收。推动数字城管向县市延伸，钟祥市、京山县、沙洋县、大冶市、阳新县、宜都市、枝江市、远安县、当阳市、武穴市、浠水县、蕲春县、团风县、老河口市、宜城市、松滋市、恩施州17个县、市、州基本建成数字化城管系统。

【城市环卫工作】 2016年，应城市、钟祥市、监利县、通山县等市县的城市生活垃圾处理设施已建成、投运，新增19.03万吨/年处理能力，全省城市生活垃圾无害化处理率提高2个百分点。宜昌市生活垃圾分类试点工作扎实推进，已覆盖400多家机关单位、规范小区、学校、农贸市场等单位。武汉市、宜昌市、襄阳市等市建成的4座餐厨垃圾处理设施，已全部投运并产生环保效益。12个城市生活垃圾处理突出问题整改工作取得显著进展，有11个已经完成整改任务，其中3个（武汉市、黄石市、洪湖市）正式销号；6个（罗田县、英山县、宜都市、猇亭区、通城县、钟祥市）提出销号申请，2个（随州市、神农架林区）进行环保验收，1个（石首市）已经制定整改方案、明确整改时限、抓紧整改。

【城乡规划督察】 基本实现省政府审批总体规划城市卫星遥感督察全覆盖。至2016年底，除武汉市、襄阳市、黄石市、荆州市4个部派督察员城市外，共提取13个市（州）、10个县级市和3个风景区的变化图斑，并从中挑选250个重点图斑，派出16个督查组，分4批进行集中巡查。督察在建项目68个，对存在问题的项目发出整改通知书22份、督察建议书23份，拆除违法建筑2.89万平方米，还原绿地10.86万平方米，处理违法违纪党员干部16名，一批规划违法违规行为得到及时发现和有效查处。市县规划督察工作有序推进，黄冈市、十堰市、襄阳市等15个省管城市印发城乡规划督察相关文件，建立规划督察员专家库，大冶市、阳新县、监利县等11个县（市）、区建立城乡规划督察制度。

【违建治理和稽查执法】 至2016年10月，全省摸底排查违法建设总面积1451万平方米，查处存量违建193.1818万平方米，查处新增违建面积106.7886万平方米，已拆除违法建设面积147.6158万平方米。累计受理住房城乡建设部稽查办转办、查办件及厅领导批办件67件，未发生一起因调查处理不当而引起的纠纷事件，住房城乡建设部转办和查办件办结回复率达100%。

村镇规划建设

【美丽宜居乡村建设】 编印《湖北省改善农村人居环境技术指引》，引导各地按"基础设施、环境整治、美丽乡村"三个阶段推进农村人居环境整治工作。组织开展新一批美丽乡村建设示范项目，按照"投资少、见效好、可复制、能持续"的要求，着力打造一批实用性示范项目。组织全省宜居村庄示范项目考评验收，命名第五批240个省级示范宜居村庄。组织开展美丽宜居小镇、美丽宜居村庄的申报及评选、推荐工作，湖北省有2个镇、19个村被住房城乡建设部命名为美丽宜居村镇。组织全省农村人居环境信息录入工作，已录入16640个行政村。

【农村人居环境建设】 全年完成四次全省农村生活垃圾治理考评工作，并对考评情况进行通报。至2016年12月底，全省各地农村垃圾收运车达到76953辆，保洁员112920人。全省农村生活垃圾治理覆盖率达到70%，联合十部门制定《湖北省农村生活垃圾治理验收办法》及《湖北省全面推进农村垃圾治理工作方案》，组织十部门和相关专家对第一批申请农村生活垃圾全域治理的13个县市区进行验收。加强村镇污水处理指导督办，积极推广适用技术，引导各地按分散与集中相结合的方式建设生活污水处理装置，修建卫生厕所，改善生活条件，继续督办仙洪、四湖乡镇污水处理厂运营工作，负荷率达到50%。推进农村生活污水处理示范县建设，大冶市、当阳市、京山县、仙桃市、梁子湖区5个县（区）市被住房城乡建设部列为全国农村生活污水治理示范县，组织北京桑德等一批市场主体与包括试点县以内的20多个县（市、区）进行对接，已整合财政资金5.45亿元，引入社会资金2.74亿元。做好扶贫开发相关工作，协调联系大别山片区8县市扶贫攻坚，2016年4月，组织8县市住建系统干部（共32人）赴北京参加为期一周的培训学习（第二期），完成民族地区扶贫及"1+1"对口帮扶工程，上半年两次与钟祥九里回族自治乡对接对口帮扶工作，为全省37个贫困县争取中央和省级财政补助资金共9.1亿元，"616"恩施市对口支援建设工作，共支持恩施市城乡建设与发展以奖代补资金415万元，"1+1"对口帮扶工程，支持钟祥市九里回族乡城乡建设以奖代补资金100万元用于农村人居环境改善。

【抗灾救灾和灾后恢复重建】 2016年洪涝灾害，全省共重建倒塌农房23709户、修缮加固50332户，农村危房改造开工12.4万户、竣工10.02万户，易地扶贫搬迁26.7万人。制定《住建领域灾后重建工作实施方案》，编印《工作手册》与《农房设计推荐图册》，印发灾后重建《规划技术指引》与《工程质量安全控制要求》，全省共培训建筑工匠与师资力量4500余人。督促各地主动作为，指导重建农户做好规划选址和房型设计方案选择，加快推动农村倒损房屋全面开工建设。对新建或维修加固竣工的房屋进行逐户逐项检查验收，做到竣工一户，验收一户，入住一户。

【特色镇村建设】 住房城乡建设部2016年10月公布的第一批127个中国特色小镇名单中，湖北省宜昌市夷陵区龙泉镇、襄阳市枣阳市吴店镇、荆门市东宝区漳河镇、黄冈市红安县七里坪镇、随州市随县长岗镇5个特色小镇上榜，占3.94%，起草《关于加快特色小（城）镇规划建设的指导意见》初稿，该《指导意见》于2016年12月30日正式出台，拟定了省级特色小（城）镇的创建评价标准，会同地方共同建立项目储备库，已收集备选特色小（城）镇153个。组织开展省级历史文化名镇名村评选办法的制定，并组织首批省级历史文化名镇名村的申报及评选、推荐工作。2016年全省共有29个村列入中国传统村落名录，46个中国传统村落列入中央财政资金支持范围，获得资金支持13800万元。

【农村危房改造】 2016年，中央下达湖北省农村危房改造补助资金9.7亿元，省级配套资金2.9亿元，用于完成农村危房改造任务12.4万户。继续坚持把农村危房改造工程作为扩内需、促增长、惠民生的重要举措和精准扶贫的重要内容，将农村危房改造与易地扶贫搬迁、迁村腾地、退耕还林、自然灾害倒损农房恢复重建等有机结合，整合资源，统筹推进。危房改造工作进展顺利，改造工作全部开工，2016年竣工10.02万户。

标准定额

【稳步推进工程造价改革 全面提升公共服务能力】 全面启动2017版计价依据编制，组织近30名专业技术人员，成立5个编制组，启动5大专业和基础费用定额共27册186个章节的修编工作。编制组实地调研工程项目31个，设置子目28400个，涉及材料10558种，机械1140种。召开技术研讨会20次，征集意见建议3398条，编制工作进展顺利。试点通过政府购买服务，委托2家施工企业编制市政工程和园林绿化工程定额，委托武汉市站编制城市轨道交通定额，编制发布补充定额6项。开展装配式建筑计价依据、施工工地扬尘治理费用的测算与编制，加快海绵城市、综合地下管廊计价依据研究。完成建筑业"营改增"计价依据调整工作，收集预算资料和投标报价数据264项，选定工程项目93个，测算计价依据子目23478个，出台《湖北省建筑业"营改增"建设工程计价依据调整过渡方案》，召开宣贯会7期，培训技术人员1800余人，在全国率先完成"营改增"计价依据调整工作。强化地方标准编制管理，全省工程建设地方标准编（修）订47项。其中，新上报省技术质量监督局立项审核12项。至2016年12月底，经住房城乡建设厅公告实施并报住房城乡建设部备案11项，报批3项，征求意见4项，已启动编制程序29项。

【全面提高工程造价信息发布效率】 依托门户网站，向社会公布定额数据近10万条，价格数据6万多条，发布行业公共信息2千条，积极回应了市场需求，发动建筑施工企业8家，专业技术人员15人，规范地市造价管理机构信息数据采集和上报。形成部门主导、社会参与的工程造价信息采集格局和以网站、期刊为主体的信息发布渠道，组织全省12家工程造价软件企业对"营改增"过渡实施方案的培训学习，解决市场软件应用问题40余个，确保市场造价软件输出标准统一。

【全面加强市场监管力度】 制定《升甲企业实地核查程序》、《资质延续监管机构日常监管意见办理程序》等工作制度。推进并完成"双随机"检查和咨询企业分支机构备案的前期准备工作。完成资质升甲实地核查企业12家，核查通过企业6家。上报申请资质延续企业日常监管情况37家，受理并依法依规查处群众投诉举报4件。全省工程造价咨询工程量、行业收入继续较快增长，造价咨询行业规模和执业质量稳中有升。

【全面强化从严治党能力】 布置推动"三抓一促"和"两学一做"学习教育，做到业务工作和党的建设同研究、同部署、同检查、同考核、同落实，印发《严格党内组织生活若干规定》，就落实党内组织生活8个方面的程序和要求予以明确，梳理岗位一级风险点25个，二级风险点75个，三级风险点40个，逐项制定措施63条，印发落实主体责任和强化监督执纪等方面文件3项，积极推进精准扶贫工作，发动干部职工捐款3000余元，开展帮扶慰问活动3次。

【立行立改】 加强对全省造价咨询行业脱钩情况开展专项督查，对涉及的19家协会和企业，建立台账，督促整改。至11月底，7家单位已实现脱钩改制，12家单位按照承诺时限，积极有效推进，加快推进省长江建设工程造价信息中心的注销工作，违规收费现象已经杜绝。

建筑业

【概况】 2016年，全省实现建筑业总产值11862.4亿元，同比增长11.98%，建筑业增加值2193亿元，同比增长7.52%，占全省GDP的

6.85%，继续巩固全国第三、中部第一的地位，新签订合同额25140.64亿元，同比增长21.15%。

【建筑业发展】 积极推进全省建筑产业现代化，报请省政府出台《省人民政府关于加快推进建筑产业现代化发展的意见》，提出了阶段发展目标、5项重点任务和8个方面的支持政策措施，制定下发《省住建厅关于加快推进建筑产业现代化发展的实施方案》，报请省政府建立全省推进建筑产业现代化工作联席会议制度，成立省住房城乡建设厅建筑产业现代化推进工作领导小组，明确有关单位推进全省建筑产业现代化发展的工作职责，组建湖北省建筑产业现代化专家指导委员会。发布实施《湖北省装配整体式混凝土剪力结构技术规程》、《钢结构叠合装配式建筑技术规程》2项装配式建筑地方标准。建成投产12个涵盖生产PC构件、钢构构件（含轻钢构件）的建筑产业化生产基地，其中，中建三局投资建设的武汉首个绿色建筑产业园获批国家级住宅产业化基地，全省采用建筑产业现代化方式建造的项目建筑面积达到82万平方米，完成省政府下达的80万平方米目标任务。

【优化服务减轻企业负担】 组织开展建筑业企业"营改增"工程造价过渡政策培训，联系省国税部门有针对性开展建筑业企业"营改增"政策应对措施，及时上报建筑业成本税负变化情况。督促全省239家招标代理机构，按时完成信息统计工作。下发《关于贯彻落实住房城乡建设部简化建筑业企业资质标准部分指标有关问题的通知》，启用建筑市场监管与诚信一体化平台建筑业企业既有业绩补录功能，保证全省建筑业资质升级的平稳过渡。全年全省新增特级企业3家，总数达到19家。举办"营改增"专题培训班、BIM技术培训班，发动联盟企业积极参加抢险救灾、灾后重建，捐款250万元。修订印发《湖北省工程建设工法管理办法》、《湖北省建筑业新技术应用示范工程管理办法》，组织评审、发布65项2016年度省建筑业新技术应用示范工程立项项目，组织对67家施工企业申报的392项工法进行认真评审，通过212项省级工法。组织开展工程建设领域保证金清查，联合省人社厅、财政厅印发《湖北省工程建设领域各类保证金清查工作实施方案》、下发《关于上报保证金清理规范工作有关情况的通知》，组织企业、部门排查摸底等，全面开展保证金清理工作。全省共清理出有关部门或建设单位未按时返还和超额收取（预留）的投标、履约、工程质量和农民工工资保证金，共计48亿元，涉及企业5741家、项目3179个，已返还20亿元。各地清理出应取消的保证金共计8700多万元，涉及企业222家、项目413个，累计已退还2646万元。全面治理拖欠农民工工资问题，协同省人社厅研究起草《湖北省人民政府办公厅关于全面治理拖欠农民工工资问题的实施意见》，下发《关于开展2016年全省建设领域拖欠工程款问题隐患排查工作的通知》，组织全省对所有在建工程项目工程款拖欠情况进行全面排查，会同省财政厅等部门印发《湖北省清理偿还政府欠款专项工作方案》，开展政府拖欠建筑工程款项的清理。

【工程建设领域改革】 推进非国有项目招投标方式的改革，研究起草推进非国有房建和市政工程项目招投标方式改革的意见，推动非国有资金投资项目建设单位自主选择招标发包或直接发包，自主选择工程交易活动场所。研究起草《关于推进房屋建筑和市政公用工程总承包发展的实施意见》。

【工程质量管理】 完善全省建筑市场监管与诚信一体化平台。整合建立工程项目、企业、人员、信用信息四大数据库，并初步实现17个市、州同步应用，实现与部、省基础数据库互联互通。全省入库企业6255家，其中省内4221家，省外2034家，入库人员55399人，其中省内38696人，省外16703人，已核发施工许可证的有效项目39419个。建设工程管理七大环节业务大多能实现网上办理。

【建筑市场监管】 开展全省建筑市场监督检查，下发《关于进一步加大执法力度严厉打击建筑市场违法违规行为的通知》，督促各地建管部门加大对违规转包分包挂靠行为的打击力度。全省查处通报一批违法违规市场主体，规范市场执法行为，组织对2000年以来建筑市场管理规范性文件进行了全面清理，废止一批不符合现行法规和行业管理实际的文件，建立"一清单"（随机抽查事项清单）、"两库"（检查对象名录库和执法检查人员名录库）、"一细则"（随机抽查工作细则），坚持两年行动月报制度，及时汇总上报全省建筑市场违法违规行为查处信息，查处总量在全国名列前茅。

建筑节能与科技

【概况】 2016年，全省新增建筑节能能力83.96万吨标准煤，同比增长4.57%，比计划目标（69.95万吨标煤）超额完成20%。发展绿色建筑2200万平方米，同比增长112%，比计划目标（1000万平方米）超额完成120%。其中：绿色建筑评价标识75项，建筑面积807.93万平方米，绿色建筑省级认定219项，总建筑面积1392.11万平方米。可再生能源建筑应用1675.19万平方米，同比增长6.24%，比计划目标（1500万平方米）超额完成11.68%，实施既有建筑节能改造面积436.32万平方米，同比增长40.34%，比计划目标（180万平方米）超额完成142.4%。其中，既有居住建筑节能改造154.85万平方米，既有公共建筑节能改造281.47万平方米。完成187栋公共建筑能耗监测设备安装，接入省级监测平台148栋，是示范任务（200栋）的74%。"禁实"成果进一步巩固，绿色建材评价标识工作已全面启动，县以上城区新型墙材占比达到90%，新型墙材应用率达到95%，完成散装水泥供应量6995万吨，预拌混凝土供应量6692万立方米，预拌砂浆供应量130万吨，分别比计划目标超额完成6%、8%、44%，已建成一批预拌混凝土绿色生产示范站。装配式建筑发展初具规模，成立建筑产业化推进工作领导小组，制订工作实施方案，完成5项地方标准编制，武汉市、孝感市、黄冈市、仙桃市已落地一批建筑产业现代化园区、建筑产业现代化示范项目。全省采用建筑产业现代化方式建造的项目建筑面积达到82.47万平方米，其中"中建·深港新城"等4个项目被列为住房城乡建设部"2016年装配式建筑科技示范项目"。

【新建建筑节能】 在全省县以上城区全面实施节能60%以上的建筑节能标准，严格执行湖北省《低能耗居住建筑节能设计标准》和国家《公共建筑节能设计标准》，同时在武汉市、襄阳市、宜昌市"一主两副"重点城市，开展超低能耗建筑试点。全省各级严格按照《关于进一步加强建筑节能监督管理工作的通知》要求。继续完善"县级巡查、市级自查、省级抽查"工作机制，从规划设计到竣工验收，对新建建筑节能实行"六个专项"全过程的监管，保障全省新建建筑能效稳步提升。全省城镇新增节能建筑5133.11万平方米，累计建成节能建筑面积44670万平方米，设计阶段标准执行率保持100%，施工阶段达到99.1%。

【绿色建筑发展】 实现绿色建筑省域全覆盖，省住房城乡建设厅会同省发展改革委、省财政厅组织开展第三批绿色建筑省级示范，确定2016年省级绿色生态城区示范创建项目4个，绿色建筑集中示范创建项目28个，高星级绿色建筑示范创建项目5个。各地落实《关于促进全省房地产市场平稳健康发展的若干意见》，对开发建设一星、二星、三星级绿色建筑，分别按绿色建筑总面积的0.5%、1%、1.5%给予容积率奖励。以省级示范为牵引，加大力度实施绿色建筑省级认定，在政府投资公益性建筑、大型公共建筑，以及规模较大的住宅小区、保障房项目中强制执行绿色建筑标准，在武汉市试行绿色建筑第三方评价。2016年，全省发展绿色建筑294项，总建筑面积2200万平方米，同比增长112%。其中：绿色建筑评价标识75项，建筑面积807.93万平方米。

【既有居住建筑节能改造】 积极整合政策资源、社会资源，各地结合旧城改造、棚户区改造、沿街建筑立面整治等，组织开展既有居住建筑集中连片改造。全省实施居住建筑节能改造项目154.85万平方米，累计完成居住建筑节能改造517.20万平方米。

【公共建筑节能】 全省继续组织开展能耗统计、能源审计和能效公示，推动省级公共建筑节能监管平台建设。省住房城乡建设厅印发《湖北省民用建筑能耗统计实施方案》，落实住房城乡建设部、国家统计局要求的民用建筑能耗统计报表制度。省市两级公共建筑能耗监测平台覆盖范围扩大到武汉市、襄阳市、十堰市，17个市州共计完成148栋数据上传，监测建筑面积205.6万平方米，已接入的节约型校园74栋建筑，监测面积57.6万平方米。完成计划200栋的74%，中央财政拨付的800万元补助资金，100万元用于省、市两级平台建设，700万元已拨付各项目实施单位，省级财政安排350万元，专项支持公共建筑节能监测平台建设，不足部分由地方配套解决。全省开展国家机关办公建筑和大型公共建筑能耗统计1437栋，能源审计288栋，能效公示310栋，实施公共建筑节能改造281.47万平方米。

【可再生能源建筑应用】 全省新增可再生能源建筑应用面积1675.20万平方米，其中太阳能热水系统应用面积1478.26万平方米，地源热泵系统应用面积196.94万平方米，全省累计建成可再生能源建筑应用总面积11001.57万平方米，其中太阳能热水系统应用面积9044.32万平方米，地源热泵系统应用面积1957.25万平方米。截至2016年底，中央财政补助资金4.888亿元，已全额拨付到各示范市县财政专户，各示范市县已竣工921项，建筑面积3041万平方米，折合应用面积1698.8万平方米，占示范任务总量的98%。已启动武汉市、襄阳市、天门市等市县的可再生能源建筑应用示范验收工作。全省可再生能源相关产业呈规模化发展趋势，百年飞龙、湖北长耀明、湖北华扬等太阳能热水器生产企业快速发展。武汉日新、宜昌九州方圆、武汉珈伟、黄石东贝、随州湖北晶星等太阳能光伏发电组件生产企业产能和市场竞争力大幅提升。武汉麦克维尔(合资)生产的地源热泵机组的市场占有率稳步提高。

【绿色建材】 全省积极推进绿色建材认定工作,省住房城乡建设厅会同省经信委印发《湖北省绿色建材评价标识实施细则(试行)》、《湖北省预拌混凝土绿色生产评价标识实施细则(试行)》、《关于成立省绿色建材评价标识管理工作专班的通知》、《关于成立湖北省绿色建材评价标识专家委员会的通知》,明确在省建筑节能科技中心成立工作专班,负责全省绿色建材评价标识日常管理工作,组建由109名专家组成的专家委员会,为全省绿色建材评价标识提供技术支撑。备案9家省内外评价机构,在湖北开展一、二星级绿色建材评价标识工作,向住房城乡建设部、工信部报送《关于报送绿色建材评价机构材料的报告》,推荐3家省内评价机构开展三星级绿色建材评价标识工作,全省绿色建材评价标识工作已步入常态化。同时,结合国家扬尘治理要求,建成一批预拌混凝土绿色生产示范站。

【装配式建筑】 确定武汉市、孝感市、黄冈市、仙桃市四个地区试点,并逐步增加宜昌市、襄阳市、荆门市等城市为装配式建筑重点推进地区。省市两级政府制定发展计划,湖北省及武汉市、荆门市政府专门印发文件,加快推进和指导建筑产业现代化的发展。全省已建成投产2个预制混凝土构件(即PC构件)生产基地,总年产能达200万平方米,其中,中建三局武汉绿色建筑产业园获"国家级住宅产业化基地"称号,湖北孝感现代建筑产业园一期建成投产,二期建设当中,全省年生产能力万吨以上规模的钢结构(含轻钢结构)基地达到10个。全省采用建筑产业现代化方式建造的项目建筑面积达到82.47万平方米,其中"中建·深港新城"等4个项目被列为住房城乡建设部"2016年装配式建筑科技示范项目"。

人事教育

【履职尽责管理和年度考核工作】 对于中共湖北省委对湖北省住房和城乡建设厅2015年度履职尽责等"七项"考核工作,召开湖北省住房和城乡建设厅履职尽责管理工作推进会,部署全厅领导班子和领导干部履职尽责管理工作,制订下发《厅管领导班子和领导干部履职尽责管理实施办法》,会同厅信息中心研制履职尽责信息管理系统和干部电子日志并上线启用,强化干部履职尽责规范化管理。组织开展厅机关公务员年度考核。对湖北省住房和城乡建设厅89名干部进行综合评价,评选出16名优秀公务员,组织开展湖北省住房和城乡建设厅直属8个事业单位领导班子和49名领导干部考核。

【干部教育工作】 制订湖北省住房和城乡建设厅年度专业培训计划安排,申报26个培训班次,计划培训1600人,会同中共湖北省委组织部联合举办"全省城市发展与治理"专题研讨班,147名市、州、县分管领导,市、州住建、规划、房管、城管部门负责人围绕城市规划建设管理重点热点问题,深入开展学习研讨,取得较好效果。积极开展"两学一做"学习教育,开展培训辅导,组织知识竞赛,制订厅"市场大学"等系列培训活动的实施方案,选派7名干部参加中共湖北省委组织部"开放大学"住建领域行动学习团队,安排住建系6名厅级、32名处级干部参加住房城乡建设部、中共湖北省委党校培训班学习。

【干部监督工作】 组织湖北省住房和城乡建设厅134名处以上干部完成个人有关事项填报,开展个人有关事项随机抽查核实,完成9名处级干部的抽查比对和处理工作。开展干部人事档案专项审核自查和政策性住房清理规范工作。结合履职尽责考核开展选人用人"一报告两评议"工作。

【人事和外事工作】 完成厅直事业单位网上登记,完成2016年度厅直事业单位18名工作人员的招聘工作,开展厅机关和厅直事业单位工作人员调资工作,制定厅机关、厅直单位养老金改革工作方案,完成厅机关和厅直单位参保人员信息录入预登记工作。完成2016年因公出国计划申报工作,安排2个团15人次出访,集中清理厅机关、直属单位相关工作人员因私出国护照。

【行业培训工作】 完成《全省建设行业教育培训工作情况报告》,组织2016年度1130人职称评审的水平能力测试和500余人的高、中级职称评审工作,将住房和城乡建设领域现场专业人员(简称"八大员")考核评价、建筑工人职业培训的具体管理工作由省建设教育协会调整到省发展中心承担,实施"八大员"培训政策、经费、人员和办公场所准备工作,全年完成建设行业生产操作人员职业技能培训54461人、鉴定发证46083人。

【专项任务】 明确直属机关党委和机关纪委职能,在直属机关党委配备了机关纪委书记和专职纪检干部,狠抓"红顶中介"整治工作,制订责任分工和督办方案,组织5类142家行业中介机构,21类159家行业协会开展"红顶中介"整治工作,74家中介机构、156家协会完成脱钩或"五分开",组织行业协会脱钩工作,10个行业协会完成了脱钩,会同机关纪委开展厅退休人员在厅管社团兼职取酬的整改工作,组织开展厅管社会组织"两学一做"学习教育活动,制定学习教育方案,组织党组织关系清查,健全支部设置,开展3次督查活动。

大事记

1月

7日 湖北省住房和城乡建设厅召开2016年厅安委会一次会议。湖北省住房和城乡建设厅总工程师徐武建出席会议。

21日 全省贯彻落实中央城市工作会议暨住房城乡建设工作会议在武汉召开。湖北省住房和城乡建设厅厅长尹维真通报湖北省"十二五"期间住建工作情况并就贯彻落实中央、全省城市工作会议作了安排。副省长曹广晶出席会议并讲话。省政府副秘书长王润涛主持会议。

27日 湖北省住房和城乡建设厅《关于部分中心先期启动全省住房公积金综合服务平台试点建设的通知》印发,明确平台试点建设任务和时间节点。

28日 湖北省住房和城乡建设厅印发《关于加强城镇燃气专项规划管控,严格LNG工程建设管理的通知》,加强城镇燃气专项规划管控,严格LNG工程建设管理,坚决遏制擅自建设"LNG自供储气场站"的问题,确保全省城镇燃气行业安全健康发展。

2月

1日 湖北省住房和城乡建设厅印发《关于进一步加强全省住房城乡建设领域信访问题源头治理工作的通知》,要求加强源头治理,有效预防和化解社会矛盾,减少信访事项的产生。

2日 湖北省住房和城乡建设厅印发《关于公布已完成脱钩改制以及取得超限高层建筑工程施工图设计文件审查资格的机构名单的通知》,公布已完成脱钩改制以及取得超限高层建筑工程施工图设计文件审查资格的机构名单,明确业务范围、类别及有效期内开展施工图设计文件审查业务。

3日 《湖北省人民政府关于加快推进建筑产业现代化发展的意见》印发,要求加快转变全省建筑业发展方式,加快推进建筑业创新驱动、绿色低碳发展,不断增强建筑业可持续发展能力。

24日 湖北省住房和城乡建设厅召开新一轮"三抓一促"活动动员大会,传达学习中共湖北省委召开的省直机关"抓学习、抓作风、抓党建,促改革发展"动员大会精神,总结回顾2015年"三抓一促"活动,部署安排2016年"三抓一促"活动。厅长尹维真作动员讲话,副厅长黄祥国主持会议。

26日 湖北省住房和城乡建设厅转发《住房城乡建设部关于印发城市综合管廊和海绵城市建设国家建筑标准设计体系的通知》,明确城市发展目标,健全城市规划建设管理新机制,进一步推进全省城市综合管廊和海绵城市建设工作。

29日 湖北省住房和城乡建设厅印发《2016年全省住房城乡建设系统消防工作意见》的通知,贯彻落实《湖北省消防安全责任规定》,切实履行消防安全工作职责,认真做好2016年全省住房城乡建设系统消防工作。

3月

1日 全省建筑工程管理工作会议在武汉召开。总工程师徐武建出席会议并代表湖北省住房和城乡建设厅与各市、州住建委分别签订2016年度安全生产管理目标责任书和建筑业发展目标管理考核责任书。

2日 全省易地扶贫搬迁工程规划建设管理工作电视电话培训会议在武汉召开。湖北省住房和城乡建设厅副厅长黄祥国,总工程师徐武建,总规划师童纯跃出席会议。

7日 副省长曹广晶一行到湖北省住房和城乡建设厅调研城市管理执法体制改革工作。省政府副秘书长王润涛主持会议,厅领导参加会议。

8日 湖北省住房和城乡建设厅制定《湖北省住房城乡建设领域主要信访事项法定办理途径及相关法律依据清单(试行)》,要求全省各级住房和城乡建设主管部门贯彻执行。

9日 《湖北省住房和城乡建设厅关于成立省风景园林专家委员会的通知》印发,湖北省风景园林专家委员会名单。

10日 全省勘察设计与建设科技工作座谈会在武汉召开。总工程师徐武建出席会议并讲话。各市、州、直管市、神农架林区住建委分管领导、相关科(处)室负责人,施工图审办负责人,厅勘察设计科技处,厅有关直属单位、协会(学会)负责人参加会议。

17日 湖北省住房和城乡建设厅与建行湖北省分行正式签署湖北省住房公积金资金调剂融资机制合作协议。副省长曹广晶出席签字仪式。厅长尹维真,建行湖北省分行行长林顺辉签署协议书。

18日 全省房地产去库存工作推进会在荆州市召开,副省长曹广晶出席会议并讲话。厅领导和相关负责同志参加会议。

21日 全国棚户区改造工作电视电话会议召开。副省长曹广晶在省分会场作交流发言,汇报湖北省棚户区改造工作经验。省政府副秘书长王润涛,厅长尹维真等省直相关部门负责同志参加省分会场会议。

25日 住房城乡建设部城建司副司长章林伟一行到湖北省检查城市排水防涝工作，并召开座谈会。湖北省住房和城乡建设厅副巡视员曲波出席会议。

4月

6日 全省推进城市基础设施建设重点工作暨重点项目对接洽谈会议在武汉召开。副厅长金涛出席会议，厅副巡视员李斌主持会议。相关负责同志参加会议。

7日 湖北省住房和城乡建设厅召开廉政建设工作会议。会议传达学习国务院和省政府第四次廉政工作会议精神，深入扎实推进厅直机关廉政建设。厅领导出席会议。

10日 《湖北省人民政府关于授予十堰市、恩施市、宜都市湖北省环境保护模范城市称号的通报》印发，通报十堰市、恩施市、宜都市达到省级环境保护模范城市标准，授予"湖北省环境保护模范城市"称号。

13日 《湖北省住房和城乡建设厅关于进一步加强全省住建系统政务信息工作的通知》印发，规范省住建系统政务信息工作和管理程序。

14日 全省住建系统法治培训暨工作座谈会在武汉召开。会议认真贯彻落实中央和中共湖北省委关于法治建设、住房城乡建设工作的部署要求，进一步做好全省住建系统法治工作。厅领导出席会议。

26日 湖北省住房和城乡建设厅厅长尹维真、总规划师童纯跃会见香港特别行政区政府驻武汉经济贸易办事处主任谢绮雯一行，并就进一步加强鄂港住房城乡建设领域合作进行交流座谈。

29日 湖北省住房和城乡建设厅召开"两学一做"学习教育动员大会，认真贯彻落实中央和中共湖北省委部署要求，对全厅"两学一做"学习教育工作进行部署安排。厅长尹维真要求，要提高认识，把思想行动统一到中央和中共湖北省委的部署要求上来，突出重点，推动"两学一做"学习教育落到实处，强化措施，确保"两学一做"学习教育取得实效。厅领导，厅机关全体党员干部，厅直单位主要负责同志，省纪委派驻省住房城乡建设厅纪检组负责同志参加会议。

5月

12日 湖北省省长王国生到湖北省住房和城乡建设厅调研并召开座谈会，了解全省房地产去库存和城乡规划建设管理工作情况，听取有关部门的建议意见。厅领导参加座谈会。

13日 湖北省住房和城乡建设厅总工程师徐武建会见英国驻武汉副总领事程迈先生一行，双方就进一步加强住房城乡建设领域合作进行交流座谈。

17日 内蒙古自治区政府组织自治区住房城乡建设厅、编办、法制办，呼和浩特市、包头市、赤峰市政府及有关部门负责同志一行到湖北省考察城市管理执法体制改革工作。省政府副秘书长王润涛主持召开交流座谈会，副厅长黄祥国作发言。

27日 湖北省住房和城乡建设厅召开领导干部大会。中共湖北省委组织部副部长刘艳红到会宣布中共湖北省委关于李昌海同志任省住房城乡建设厅党组书记、厅长的决定，并发表重要讲话。新任厅党组书记、厅长李昌海作表态讲话。原厅党组书记、厅长尹维真主持会议，并寄语全省住建系统干部职工。

28日 《湖北省人民政府办公厅关于印发湖北省2016年推进新型城镇化工作重点的通知》印发，要求全省贯彻执行。

6月

2日 《湖北省推进新型城镇化工作领导小组办公室关于命名第五批"宜居村庄"的通报》印发，武汉市蔡甸区玉贤镇岗岭村朱家大湾等240个村命名为第五批"宜居村庄"。

6日 《湖北省住房和城乡建设厅关于开展建筑工程勘察设计质量监督执法检查的通知》印发，部署开展全省勘察设计质量监督执法检查。

7日 《湖北省住房和城乡建设厅关于开展2016年全省建筑节能工作巡查的通知》印发，2016年6月份在全省范围内开展建筑节能工作巡查。

12日 湖北省住房和城乡建设厅印发《湖北省房地产中介专项整治工作方案》的通知，要求做好全省房地产中介专项整治工作，促进房地产中介行业健康有序发展。

13日 中法武汉生态示范城管委会主任刘子清一行来省住房城乡建设厅对接有关工作，双方就生态示范城规划建设等方面进行交流座谈。厅长李昌海，总规划师童纯跃出席会议。

14日 《湖北省住房和城乡建设厅关于公布2016年度第一批湖北省建筑业新技术应用示范工程评审结果的通知》印发，批准湖北省纪委监察厅花山工作基地等3项工程为2016年度第一批湖北省建筑业新技术应用示范工程。

17日 住房城乡建设部召开推进城市地下综合管廊建设电视电话会议。住房城乡建设部部长陈政高出席会议并讲话。副部长倪虹主持会议并通报全国地下综合管廊建设进展情况。省住房城乡建设厅长李昌海，副厅长金涛参加省分会场会议。

20日 湖北省住房和城乡建设厅转发《省人民政府办公厅关于做好强降雨防范工作的紧急通知》的通知，要求切实做好城市防涝排渍、强化施工安全等强降雨防范工作，预防和减少因气象灾害造成的损失。

21～24日 湖北省城市发展与治理专题研讨班在武汉举办。副省长曹广晶，华中师范大学党委书记马敏出席开班仪式并讲话，省住房城乡建设厅长李昌海主持。

28～29日 全省改善农村人居环境工作现场会在京山县召开。副省长曹广晶出席并讲话，荆门市委书记别必雄致欢迎词，省住房城乡建设厅厅长李昌海、省环保厅厅长吕文艳出席会议，省政府副秘书长王润涛主持会议。

7月

1日 住房城乡建设部、财政部、人力资源社会保障部联合召开全国清理规范工程建设领域保证金电视电话会议。住房城乡建设部长陈政高，副部长刘昆、邱小平出席会议并讲话，副部长易军主持会议。省住房城乡建设厅副厅长金涛及相关负责同志参加省分会场会议。

12日 湖北省住房和城乡建设厅厅长李昌海，副厅长黄祥国，总规划师童纯跃一行到湖北省建筑科学研究设计院、湖北省城市规划设计研究院调研，并召开座谈会。

14日 全省建筑业转型发展调研座谈会在武汉召开。副省长曹广晶出席会议并讲话，省政府副秘书长王润涛主持会议。湖北省住房和城乡建设厅厅长李昌海，厅副巡视员李斌出席会议。

17日 神农架成功申报世界自然遗产。神农架世界自然遗产成为中国第50处世界遗产地，湖北省第一个世界自然遗产地。

18日 湖北省住房和城乡建设厅厅长李昌海主持召开厅党组扩大会议，学习贯彻近期中共湖北省委常委会、省政府常务会议关于全省半年经济工作的决策部署，研究住建行业发展的重点工作。

22日 《湖北省住房和城乡建设厅关于2016年上半年全省建筑施工安全生产形势通报》印发，对2016年上半年全省建筑施工安全生产形势给予通报。

24日 湖北省住房和城乡建设厅厅长李昌海带队检查咸宁市建设工程及燃气安全生产工作。

26日 全省建设工程质量安全现场观摩会在武汉召开。会议的主要任务是贯彻落实国家和全省安全生产电视电话会议精神，总结分析全省上半年建筑施工安全生产形势，交流分享质量治理、质量安全标准化、信息化、施工扬尘防治以及绿色施工等成果和经验，现场观摩楚天都市·沁园、顶琇·西北湖项目。省住房城乡建设厅副巡视员李斌出席会议并讲话。

28日 湖北省第十二届人民代表大会常务委员会第二十三次会议表决通过《湖北省物业服务和管理条例》，自2016年10月1日起施行。

8月

2日 湖北省建筑科学研究设计院移交仪式举行。湖北省住房和城乡建设厅总规划师童纯跃，省国资委党委委员、副主任彭瑜出席交接仪式。

9日 全省住建系统抗灾救灾工作电视电话会议召开。会议的主要任务是贯彻落实中共湖北省委、省政府决策部署，总结分析全省住建系统抗灾救灾工作，安排部署住建领域灾后恢复重建工作。湖北省住房和城乡建设厅长李昌海出席会议并讲话。厅领导参加会议。

11日 湖北省住房和城乡建设厅印发《湖北省建筑业新技术应用示范工程管理办法》的通知，要求全省各级住房和城乡建设主管部门贯彻执行。

13日 《湖北省住房和城乡建设厅关于启用新版勘察设计企业资质审批系统的通知》印发，进一步规范行政审批行为，完善网上审批功能，提高行政审批效率。

18日 《湖北省住房和城乡建设厅转发住房城乡建设部办公厅〈关于开展城市建成区违法建设治理工作专项督查〉的通知》印发，要求认真组织开展对城市建成区违法建设情况的自查工作。

22～24日 湖北省住房和城乡建设厅举办了灾后重建村镇建筑工匠培训班，要求各地严格执行抗震要求，规范房屋设计，加强施工质量监督检查，探索建立农村建筑工匠资格制度。

24日 《湖北省住房和城乡建设厅关于成立湖北省地下综合管廊、海绵城市建设技术指导专家委员会的通知》印发，明确专家委员会人员名单和主要职责。

27日 《湖北省人民政府办公厅关于统筹整合相关项目资金开展美丽宜居乡村建设试点工作的指导意见》印发，要求全省贯彻执行。

30日 《湖北省物业服务和管理条例》宣贯培训班在武汉举办。省人大常委会法规工作室副主任付正中，湖北省住房和城乡建设厅副巡视员李斌出席开班仪式。

31日 《湖北省住房和城乡建设厅转发〈住房城乡建设部办公厅关于开展城市地下综合管廊建设工

作专项督查〉的通知》印发，要求全省各级住房和城乡建设主管部门贯彻执行。

9月

5日　湖北省住房和城乡建设厅、湖北省财政厅、湖北省人力资源和社会保障厅联合印发《湖北省清理规范工程建设领域保证金工作方案》的通知，要求全省各级政府相关部门贯彻执行。

9日　《湖北省住房和城乡建设厅关于印发湖北省住建系统标本兼治遏制重特大事故工作实施方案的通知》印发，要求全省各级住房和城乡建设主管部门结合本地实际细化措施，抓好落实。

18日　湖北省住房和城乡建设厅印发《EPS模块现浇混凝土结构房屋保温技术导则的通知》，明确推广技术应用任务和目标，全面提升全省建筑节能水平。

22日　副省长曹广晶到湖北省住房和城乡建设厅开展全面从严治党主体责任调研督导。省政府副秘书长王润涛主持会议。厅长李昌海代表厅党组做了汇报。厅领导参加会议。

26日　《湖北省住房和城乡建设厅关于进一步加强全省住建行业"红顶中介"清理整治的通知》印发，组织全省住建行业进一步加强"红顶中介"的重点整治。

27日　中法可持续发展座谈会在省住房城乡建设厅召开。湖北省住房和城乡建设厅总规划师童纯跃接见法国驻中国大使馆可持续发展参赞庄伟凯一行，双方就中法武汉生态示范城可持续发展相关问题进行了沟通交流。

29日　湖北省住房和城乡建设厅印发《关于开展2016～2018年度供水水质督察工作的通知》，提出将用三年的时间，对全省设市城市市政供水管网水、二次供水水质状况进行一轮抽样检测。

30日　《湖北省住房和城乡建设厅关于对全省城镇燃气行业安全管理工作检查的通知》印发，省住房和城乡建设厅部署开展全省城镇燃气行业安全管理工作情况检查。

10月

5～6日　湖北省住房和城乡建设厅厅长李昌海对部分村镇污水厂（站）进行暗访，实地察看鄂州市扇子湖农场I组、沼山镇张家湾等4座农村污水处理站，鄂州市长港镇、梁子镇梁子岛及仙桃市杨林尾镇、张沟镇等4座乡镇污水处理厂，检查部分管网建设情况，并同周边村民及污水厂（站）值班人员进行了交流，详细了解污水厂（站）运行情况，听取群众的意见。

10日　湖北省住房和城乡建设厅转发《住建部〈关于严格执行规范和阶段性适当降低住房公积金缴存比例政策的通知〉》，要求全省各级住房公积金管理中心做好相关落实工作。

14日　湖北省住房和城乡建设厅转发《住房城乡建设部办公厅〈关于建筑业企业资质和工程招标代理机构资格实行网上申报和审批的通知〉的通知》，要求全省各级住房和城乡建设主管部门做好资质申报工作。

13～16日　湖北省住房和城乡建设厅厅长李昌海赴新疆维吾尔自治区博尔塔拉蒙古自治州和新疆生产建设兵团第五师双河市调研对接援疆工作，看望慰问湖北住建系统援疆干部，实地察看部分援疆项目建设情况，座谈了解湖北进疆建筑企业发展现状，共同谋划下一步对口援疆工作。

17～18日　住房城乡建设部副部长黄艳、城乡规划司司长孙安军、城市建设司副司长章林伟率中国城市规划设计研究院及有关专家来鄂实地调研有关工作进展情况并分别召开座谈会。省住房城乡建设厅领导陪同调研并参加会议。

19日　住房城乡建设部在武汉召开《城市总体规划编制审批办法（征求意见稿）》调研座谈会。住房城乡建设部城乡规划司司长孙军安、政策法规司副司长周韬，省住房城乡建设厅童纯跃出席会议。

19～22日　湖北省住房和城乡建设厅厅长李昌海带队到恩施州开展全省住建领域重点工作专项督查和住建行业发展情况调研工作。

20～21日　全省城乡规划督察工作会暨规划督察员培训班在武汉举办。住房城乡建设部稽查办主任王早生出席会议，并作题为《加强规划督察 维护规划严肃性权威性》的专题辅导。

25日　湖北省住房和城乡建设厅厅长李昌海到武汉市沿江大道亲切看望慰问一线环卫工人和城管执法队员，并对武汉市城市管理工作进行调研。

26日　《湖北省住房和城乡建设厅关于开展2016年度全省建筑节能与绿色建筑发展专项检查及目标责任考核工作的通知》印发，提出11月中下旬，对2016年度全省建筑节能与绿色建筑发展工作情况进行全面检查考核。

27日　全省乡镇污水治理工作座谈会在省住房和城乡建设厅召开。

11月

1日　湖北省住房和城乡建设厅召开会议传达学习党的十八届六中全会精神。会上传达中央、中共湖北省委关于认真学习宣传党的十八届六中全会精神的通知及蒋超良、王晓东在全省领导干部会议上的讲话精神，通报省住房城乡建设厅巡视整改工作有关情况。

2日 全省房地产去库存工作推进会在枝江召开。副省长曹广晶出席会议并讲话，省政府副秘书长王润涛主持会议。厅领导出席会议。

3日 《湖北省住房和城乡建设厅关于全省因灾倒损农房恢复重建进展情况通报》印发。通报全省灾倒损农房恢复重建进展情况，针对存在问题提出要求。

10日 湖北省住房和城乡建设厅厅长李昌海带领城市建设处负责同志到武汉市督查调研黑臭水体治理工作。

14日 全省城市地下综合管廊、海绵城市开工建设和黑臭水体治理任务进展调度会在省住房城乡建设厅召开。湖北省住房和城乡建设厅副厅长金涛出席会议并讲话。

20日 省住房城乡建设厅厅长李昌海赴应城市调研督办灾后恢复重建工作，实地察看义和镇王台村、新村和陈河镇典集村等农房建设情况。

22日 全省"学习中卫经验、清洁城市环境"活动推进会暨城市环卫保洁作业培训班在宜都举办。湖北省住房和城乡建设厅副厅长黄祥国出席会议并讲话。

25日 湖北省住房和城乡建设厅厅长李昌海深入武汉市轨道交通2号线南延长线第一标段和光谷广场综合体2个在建项目施工工地，暗访安全生产工作。

26日 省住房城乡建设厅厅长李昌海率队赴枣阳市督查住建领域安全生产工作。

28日 住房城乡建设部召开全国建筑施工安全生产电视电话会议。部党组书记、部长陈政高出席会议并讲话。部党组成员、副部长易军主持会议。湖北省住房和城乡建设厅领导出席湖北分会场会议。

28~29日 湖北省住房和城乡建设厅总规划师童纯跃带队赴仙桃市、孝感市开展住建领域安全生产大检查及2017年住建工作思路调研。

29~30日 全省城市设计试点成果专家审议会在武汉召开。

12月

1日 全省住房城乡建设系统"七五"普法培训班在武汉举办。

5~6日 全省住房保障工作培训班在武汉举办。副厅长金涛出席会议并讲话。相关人员约190人参加培训。

6日 省住房城乡建设厅厅长李昌海带领全厅各支部纪检委员，到省纪委花山工作基地参观湖北省纪检监察历史陈列展，集中接受党性党风党纪教育。

7日 全省地下综合管廊、海绵城市建设和黑臭水体治理工作推进会在武汉召开。副省长曹广晶出席会议。

8~9日 住房城乡建设部第十八督查组先后赴武汉、黄石开展城市建成区违法建设治理专项督查工作。副厅长黄祥国出席座谈会。

16日 全省住房公积金信息化"双贯标"工作现场会在随州召开。会议的主要任务是全面贯彻落实国家关于住房公积金信息化建设的统一部署，交流住房公积金基础数据标准和银行结算应用系统"双贯标"工作经验，总结2016年工作，部署2017年工作。厅副巡视员胡贵玉出席会议并讲话。

17~18日 第三届全国村镇规划理论与实践研讨会暨第二届田园建筑研讨会在武汉召开，来自全国城乡规划领域的相关专家学者共600余人参加会议。省住房城乡建设厅总规划师童纯跃出席并作题为《湖北省村镇规划建设的探索与实践》的主旨报告。

21日 湖北省城市规划设计研究院移交仪式举行。省住房城乡建设厅总规划师童纯跃，省国资委党委副书记、副主任傅立民出席仪式。

27日 省住房城乡建设厅特邀省政府法制办主任张绍明就法治政府建设作专题辅导。

（湖北省住房和城乡建设厅）

湖 南 省

概况

2016年，湖南省住房和城乡建设各项工作稳中有进。出台《关于进一步加强和改进城市规划建设管理工作的实施意见》，新增4个国家新型城镇化综合试点，制度创新和技术支撑不断完善，编制高铁新城发展规划、"十三五"城市综合交通体系规划,开创新型城镇化工作新局面。"两供两治"工程取得新突破,累计完成投资566亿元,占规划总投资的83%,建成项目437个,251个项目开工在建,合计占规划项目总数的82%。"两房两棚"建设取得新成绩,完成各类棚户区改造47.99万套,为目标任务的105%,完成农村危房改造26.1万户,为目标任务的113%。住房城乡建设行业平稳健康发展,推出"湘十条"去库存,出台发展住房租赁市场的实施意见,房地产市场明显回暖,完成开发投资2957.04亿元。建筑业增加值突破2000亿元,占全省GDP总量的6.45%,支柱产业作用进一步凸显。工程质量水平进一步提升,9项工程获鲁班奖,安全形势持续向好,未发生较大及以上事故。城管体制、规划管理改革迈出新步伐,新技术应用氛围蔚然成形。住房公积金、建筑节能、风景名胜管理、村镇建设等工作进展顺利,富有成效。

【新型城镇化建设】 2016年,湖南省新型城镇化建设开创新局面。顶层设计更趋完备,召开中共湖南省委城市工作会议,出台《关于进一步加强和改进城市规划建设管理工作的实施意见》,印发《湖南省推进新型城镇化建设的实施意见》。新型城镇化试点有序推进,新增湘潭市、郴州市、祁阳县等4个国家新型城镇化综合试点,国家公园、地下综合管廊、海绵城市、装配式建筑基地等"国"字号试点累计达18个。各地均放开农民进城落户限制,居住证制度全面推开,土地制度改革稳步推进,PPP模式得到广泛推广。举办新型城镇化县市长研讨班,组织市州巡回宣讲,开展农村建筑工匠专题培训,学员总数达3万余人。技术支撑不断完善,编制《湖南省新型城镇化发展报告》,发布海绵城市、地下综合管廊、装配式住宅等6部标准图集,以及建筑节能、绿色建筑等地方标准。提请省政府办公厅分别就综合管廊和海绵城市建设出台《实施意见》,明确全省海绵城市和综合管廊建设的总体目标、工作任务、保障措施,共有8个城市、40个综合管廊项目开工,开工里程127千米,超额完成年度任务(117千米)。海绵城市1个国家试点和4个省级试点规划总投资178亿元,累计完成投资31.3亿元,61个项目完工,95个开工在建。全省各地积极推进城市设计,着力改善城市风貌,邵阳市打造"两江四岸"城市景观带,取得良好社会效果。

【"两房两棚"建设】 2016年,湖南省"两房两棚"建设走上新台阶。先后出台《关于进一步做好城镇棚户区和城乡危房改造及配套基础设施建设有关工作的通知》、《关于规范棚户区界定标准和审批程序的通知》、《湖南省公共租赁住房分配和运营管理办法》。共完成各类棚户区改造47.99万套,为目标任务的105%,排全国第二位,完成直接投资约1500亿元,货币化安置率达到72.74%(不含综合整治13.37万套),较2015年提高55.74个百分点。通过货币化安置拉动商品房销售1134万平方米,占全年商品房网签面积的13.3%。公租房分配入住28.5万套,为目标任务的139%,累计完成分配入住率77%,全国排名第十四位。完成农村危房改造26.1万户,为目标任务的113%,整村整乡连片实施农村危房改造,638个村成为改善农村人居环境的示范样本。

【"两供两治"进展】 2016年,湖南省"两供两治"工程取得新突破。县以上城镇均已完成供水水质提升,超过80%的县市已通管道燃气,县以上城镇生活垃圾无害化处理率、污水处理率分别达到99.6%和93%。国家和省级海绵城市试点累计完成投资31.3亿元,61个项目已完工,95个项目开工。常德市海绵城市建设成效显著,建成7.1平方千米。全年未发生重大安全责任事故。益阳市生活垃圾焚烧发电项目建设标准高,实施效果好,有效解决"邻避问题",株洲市完成地下管线普查1023千米,实现管线"数字化",受到住房城乡建设部、工信部等5部委充分肯定。全省已开工40个综合管廊项目,里程127千米,超额完成年度任务。长沙地下综合管廊开工44.41千米,建成约10千米。黑臭水体治理取得实质进展,现已完成治理47处,累计完成投资160亿元。岳阳市王家河流域综合治理工程,受到国务院督查组充分肯定。

【建筑业管理】 2016年,湖南省建筑业持续繁荣。完成总产值7304亿元,预计在全国排名第十位,中部地区第三位,同比增长11%。全省建筑业增加值突破2000亿元,同比增长7.39%,占全省GDP总量的6.45%。全年建筑业上缴税收297.59亿元,增长12.96%,占全口径税收收入比重9.58%,在主要行业中"占比"排名第四位。建筑业外拓完成产值2495亿元,同比增长12.7%。其中,省建工集团总公司承建的西宁曹家堡航站楼,荣获2016年鲁班奖,省路桥集团外拓业务突破60亿元,其承揽的刚果国家1号公路竣工通车。有9项工程获鲁班奖,创历年之最。64项工程获芙蓉奖,204项工程获省优质工程奖,工程质量一次竣工验收合格率99.8%。推进安全生产标准化考评,全年累计公示647个"不合格"项目,未发生较大及以上事故。娄底市，张家界市实现死亡事故"零发生"。衡阳市开展工程质量治理"两年行动"，实现鲁班奖"零的突破"。湘西州积极推行标准化管理，实现自2009年以来，连续8年未发生较大安全责任事故。

【房地产市场管理】 2016年，湖南省房地产市场健康发展。推出"湘十条"去库存，出台发展住房租赁市场的实施意见，制定支持农民进城购房政策，印发住房建设发展规划，建立房地产用地供应联动机制。发挥住房公积金对去库存的重要作用，11.6万户家庭利用公积金贷款购房，住房公积金个人贷款余额占全省各类金融机构住房贷款余额近20%。房地产市场明显回暖。2016年商品房销售8085.36万平方米，同比增长27.1%，完成房地产开发投资2957.04亿元，同比增长13.1%。实现商品房待售面积减少1500万平方米，去化周期从2015年底的20个月下降至14.8个月。

【村镇建设】 2016年，新增5个中国特色小镇、4个美丽宜居小镇、17个美丽宜居村庄示范，第四批中国传统村落湖南省有166个，全国排名第二，第三批全国特色景观旅游名镇名村示范名单有13个，创建绿色村庄2801个、湖南美丽乡镇10个。超额完成危改任务，在全省所有为民办实事考核项目中排名第一。在全国建设工作会议上，湖南省作为省级唯一代表做农村危改工作典型发言。全年计划完成5000个村的生活垃圾治理，实际完成6699个，超额34%。全省村庄垃圾治理率达到62%，较2015年提高20个百分点。积极推动重点镇污水处理设施建设三年行动，全省有137个乡镇设施在建或者基本完成前期工作，年内主体完工46个，新增处理能力14万吨/日，全省建制镇污水处理率达到31.2%。

【住房公积金管理】 2016年，湖南省住房公积金作用明显。全省共有11.6万户家庭利用住房公积金贷款购房消费，住房公积金个人住房贷款余额占到全省各类金融机构住房贷款余额近五分之一，为房地产去库存贡献40%的销售面积。逐步将非公企业、个体工商户、自由职业者特别是进城农民工逐步纳入制度覆盖范围，在益阳市、常德市等地取得突破性进展。益阳市灵活就业人员贷款人数和金额首次超过行政事业单位，成为公积金贷款的主力军，贷款发放市场占比和余额占比分别达到60%和56%。常德市出台支持灵活就业人员参加住房公积金建制专项政策，简化工作流程，该市2016年这部分人群贷款金额5.04亿元，占当年贷款比重达21%。

【建筑节能】 2016年，湖南省建筑节能工作进展顺利。举办2016中国（长沙）住宅产业化与绿色建筑产业博览会，以"建设两型社会，构筑绿色之家"为主题，吸引来自国内外350多家企事业单位参展，共计约5万多人次参观参会，现场成交额达72亿元。全年新增绿色建筑星级项目120个，建筑面积约1367万平方米，全省累计取得星级标识的绿色建筑项目达到249个，建筑面积约2921万平方米。以建筑节能、绿色建筑、装配式建筑等产学研技术平台为抓手，列入建设科技计划项目累计1882项，完成装配式建筑课题研究12项，新立项装配式建筑标准11项。

政策法规

【概况】 2016年，湖南省住房和城乡建设厅以贯彻落实《法治政府建设实施纲要（2015—2020年）》和《湖南省贯彻落实〈法治政府建设实施纲要（2015—2020年）〉实施方案》为主线，推进城市管理立法，加强法制宣传教育，开展规范性文件审查，依法办理行政复议和行政应诉案件，推进全省住房和城乡建设系统依法行政水平不断提高。

【推进立法】 2016年，湖南省住房和城乡建设厅认真修改完善《湖南省城市综合管理条例》草案，先后3次向省人大常委会报送修改建议稿，5次参加省人大法工委组织的改稿，多次参与省人大常委会组织的调研论证。8月，向省人大常委会报送《湖南省城市综合管理条例》二审送审稿。将《湖南省物业管理条例》申报为省政府2017年立法计划。9月，《湖南省城市综合管理条例》通过省人大常委会二审。认真办理住房和城乡建设部、省人大、省政府交办的《湖南省实施法治政府实施纲要方案》、《城市管理执法办法》、《城市设计管理办法》、《湖南省大气污染防治条例》等立法征求意见草案63件，共提出修改意见130余条。

【行政复议案件办理】 2016年，湖南省住房和城乡建设厅办理各类行政复议案件48件（含结转7件），审结43件，其中不予受理13件、撤销3件、驳回4件、维持10件、终止2件、责令限期处理6件、确认违法4件、变更1件。行政复议案件主要涉及规划管理、建筑市场管理、房屋登记等方面。其中，涉及城乡规划部门行政处罚、行政许可、信息公开的案件36件，占75%，涉及建筑市场管理的案件9件，占18.8%，涉及房屋登记的案件3件，占6.2%。办理以厅为被申请人向省政府申请复议的案件1件，以申请人撤回申请结案。

【行政应诉案件办理】 2016年，湖南省住房和城乡建设厅承办行政应诉案件32件（一审22件、二审10件），审结24件，其中驳回诉讼请求10件、维持原判8件、驳回起诉2件、准许撤诉3件、撤销1件。应诉案件主要涉及城乡规划管理、建筑市场管理、房地产管理和城市管理，其中城乡规划管理21件、建筑市场管理6件、房地产管理4件、城市管理1件。32件应诉案件中，经过厅行政复议而提起诉讼的案件26件，占81.2%，以住房和城乡建设厅作为共同被告的案件13件，占40.6%，单独被告案件9件。作为共同被告的案件中，和邵阳市规划局作为共同被告的案件5件，和长沙市住房城乡建设委、株洲市规划局作为共同被告的案件各2件，和衡阳市规划局、衡阳市住房城乡建设局、湘潭市规划局、住房和城乡建设部作为共同被告的案件各1件。

住房保障

【概况】 2016年，国家下达各类棚户区改造计划开工45.89万套（城市棚户区改造42.18万套、国有工矿棚户区改造0.86万套、垦区危房改造2.85万套），居全国第二位。截至年底，开工47.99万套，为目标任务105%，完成货币安置24万套，货币化安置比例50%，完成直接投资约1500亿元。国家下达新增公共租赁住房分配入住任务20.53万套，全省新增分配入住28.53万套，为年度目标任务139%，净增分配入住27.51万套，累计完成分配入住81.18万套（含长期租赁2.65万套），分配入住率76.97%。湖南省保障性安居工程政策响应速度、分配入住进度、融资力度等均居全国前列，做法多次在全国会议上交流，并被国务院办公厅向全国推介。

【资金支持】 2016年，湖南省住房和城乡建设厅多措并举，有效破解保障性安居工程建设融资难题。积极争取中央和省级财政资金补助，继续加大保障性安居工程资金配套力度，全年下达中央和省级补助资金200.39亿元，其中中央财政专项补助资金118.38亿元、中央配套基础设施专项资金56.44亿元、省级配套资金25.58亿元。积极争取国家开发银行、农业发展银行等政策性银行的授信额度，新申请国家开发银行、农业发展银行PSL贷款（补充抵押贷款）717亿元，年内发放PSL贷款456亿元。安排专项建设基金198.87亿元，发行债券193.5亿元。

【督办问责】 2016年，湖南省住房和城乡建设厅加大保障性安居工程建设检查督办力度，年内多次开展突击检查，并开展全面巡查1次、市州交叉检查1次，报请省政府开展政府督查，由联席会议成员单位分管领导带队，全面督查14个市州工作开展情况，共抽检项目133个，下达整改建议书9份。实行分配入住每月通报制度，全年共对分配入住率低和审计中涉及分配入住问题整改滞后的市县政府下达督办函15份。加大审计发现的问题整改落实力度，对整改落实情况做到每检必查、每检必督。截止到11月底，全省上年度城镇保障性安居工程跟踪审计中发现的585个问题全部整改到位。加大保障性安居工程建设问责力度，对建设和分配进度滞后的10个市县区政府主要负责人由省政府约谈问责。

城乡规划

【概况】 2016年，湖南省加快推进城乡规划改革和新型城镇化，大力推进长株潭一体化规划编制，有序开展违法建设治理，不断改善城市人居环境，各项工作取得明显成绩。全省常住人口城镇化率达到52.75%，较上年提高1.86%，新型城镇化保持快速发展趋势。全省新增全国第三批新型城镇化综合试点地区4个，总数达到9个。完成17个名镇名村保护规划和3条历史文化街区保护规划审查，近10个名城名镇名村保护规划获省政府批复。

【新型城镇化建设】 8月10日，组织召开全省推进新型城镇化工作领导小组成员会议，副省长张剑飞主持会议并讲话。印发《湖南省深入推进新型城镇化建设的实施意见》，将全省推进新型城镇化建设的主要目标和各项任务逐一分解至各个省直有关部门，明确路线图和时间表，并将各项改革任务纳入省深改组的年度工作绩效考核，充分发挥各部门在推进新型城镇化工作中的职责和作用，做到"牵头不包办、抓总不包揽、统筹不替代"。总结分析全省"十二五"期间推进新型城镇化情况，形成《湖南省"十二五"新型城镇化发展报告》，通过纵横对比，总结成绩和经验，分析问题和差距，有针对性地指导各地推进新型城镇化。举办新型城镇化领导干部培训班，并在市州举办巡回讲座，提高市州、县市区领导干部推进新型城镇化的能力和水平。加强试点地区工作指导和督促力度，制定津澧新城总体规划，明确津市和澧县空间布局及基础设施与公共服务设施配置，引导两地融城发展。全省新增2市1县1镇为全国第三批新型城镇化综合试点地区，总数达到9个。

【长株潭一体化】 2016年，湖南省推进长株潭一体化规划编制。省住房和城乡建设厅会同省两型委及长株潭三市规划主管部门，基本完成长株潭规划一张图系统的研发和编制工作，同步完善三市规划联席会议制度。强化生态绿心地区的规划编制和管理，制定《长株潭城市群生态绿心地区规划管理办法》，规范并强化生态绿心地区规划的审批和建设项目的规划许可。完成暮云经济开发区控规审批，以及长沙雨花环保工业园、湘潭高新区等绿心地区控规审查，核发精一机器人、克明面业、湘潭昭山保障房等项目规划许可。推进长株潭城际绿道网建设，印发《长株潭城市群城际绿道网总体规划（2016—2020）》，启动长株潭城际绿道网建设前期工作，将1号城际绿道（环绿心地区绿道）建设纳入省发改委2017年重点建设项目库。

【城市人居环境建设】 2016年，湖南省加强城市人居环境建设。注重从整体层面开展城市设计，在城市、县城总体规划中增加城市设计导则专章，明确城市整体特色风貌定位，确定城市总体空间格局、景观体系和公共空间体系。开展重点区域城市设计，强化城市中心区、综合交通枢纽、滨水地区、历史文化街区等重点区域城市设计。长沙市都正街历史文化街区整治和陈家湖社区改造项目在11月召开的全省城市设计工作现场会上得到一致好评。积极支持各地申报历史文化名城、名镇、名村和街区，会同省文物局组织开展国家第七批历史文化名镇名村申报工作。永州市成功申报国家历史文化名城，益阳市获批省级历史文化名城。强化历史文化保护规划审查，通过购买服务，委托第三方开展保护规划技术预审工作，提高规划成果质量。年内，启动全省历史文化街区划定和历史建筑确定工作，完成双峰县荷叶镇等17个名镇名村保护规划、郴州市裕后街等3条历史文化街区保护规划审查，长沙市等近10个名城名镇名村保护规划获省政府批复。

房地产业监管

【概况】 2016年，湖南省住房和城乡建设厅在房地产市场分化突出、不确定性增加的复杂形势下，坚决贯彻落实中央和中共湖南省委省政府决策部署，以"去库存、稳房价、防风险"为重点，加强房地产市场管理，推进房地产业转型升级，强化房地产业监管，促进全省房地产市场平稳健康发展。商品房成交活跃，房地产投资持续增长，新开工面积、竣工面积增速扩大，商品住宅去化周期明显下降，房价涨幅回落。全省完成商品房销售8085.36万平方米，同比增长27.1%，总量创历史新高，增速较上年同期扩大10.1%。总量、增速在全国分别排名第八位和第十位，在中部地区排名分别为第三位和第五位。完成商品房销售额3751.86亿元，同比增长37%，增速较上年同期扩大17.9%。完成房地产开发投资2957.04亿元，同比增长13.1%，增速较上年同期扩大22.5%。房地产开发投资总量、增速在全国排名分别为第十四位和第八位，在中部地区排名分别为第四位和第三位。商品房施工面积30139.37万平方米，同比增长6.4%，增速较上年同期扩大4.3%。商品房新开工面积7472.56万平方米，同比增长16.9%，增速较上年同期扩大37.6%。新开工面积总量、增速在全国排名分别为第八位和第六位，在中部地区排名分别为第三位和第二位。商品房竣工面积4533.74万平方米，同比增长14.2%，增速较上年同期扩大15.5个百分点。全省待售商品房（指累计已办理预售许可或现房销售备案但尚未销售的商品房）库存去化周期为14.8个月，较上年底缩短5.2个月。其中，住宅去化周期9.8个月，较上年底缩短4个月，非住宅去化周期50.1个月，较上年底缩短6.5个月。全省新建商品住宅均价3750元/平方米，在全国排名第三十一位。

【房地产市场管理】 2016年，湖南省住房和城乡建设厅以房地产"去库存"为重点，推出六项举措，促进全省房地产市场平稳健康发展。出台《关于积极化解商品房库存促进房地产市场平稳健康发展的若干意见》，推出10条化解房地产市场库存的政策举措。出台《湖南省加快培育和发展住房租赁市场的实施意见》，提出10条培育和促进住房租赁市场发展的政策措施。会同农行湖南分行发布《关于做好支持农民进城购房工作的通知》，出台降低首付比例、简化收入认定、实行优惠利率等一揽子优惠政策，支持农民进城购房。印发《湖南省城市（县城）住房建设规划（2014—2020年）》，通过健全住房规划实施机制，调节开发投资规模，促进市场供需平衡。与省国土资源厅建立商品房库存去化周期和房地产用地供应联动机制，对去化周期较长的城市、县城，严格控制直至停止新增房地产开发用地供应。强化房价稳控，按照住房和城乡建设部部署，组织为期2个月的房地产市场专项整治行动，严肃查处恶意炒房、捂盘惜售等不正当经营行为。针对长沙市下半年出现库存快速下降、房价涨幅加快的新形势，指导长沙市出台7条调控措施，稳定房地产市场。

【房地产业转型升级】 2016年，湖南省住房和城乡建设厅以住宅产业化为抓手，推进全省房地产业转型升级。全省房地产业转型升级不断加速，装配式建筑迅速发展，湖南省成为全国装配式建筑制度建设最完善、生产规模最大、发展最快的省份之一。抓政策推动。将"到2020年,全省创建5个以上住宅产业化示范城市,市州中心城市装配式建筑占新建建筑的比例达到30%以上,长株潭地区达到50%以上"的发展目标,纳入中共湖南省委省政府《关于加强改进城市规划建设管理工作实施意见》,出台《湖南省住宅产业化项目单体建筑装配式PC结构预制装配率计算细则(试行)》、《湖南省装配式建筑项目招标投标活动的暂行意见》等文件,为推动住宅产业化提供制度保障。抓基地建设。有4家企业获批国家级装配建筑产业基地,全省国家级示范基地增至6家,建成装配式建筑生产基地(工厂)15个,年产能从上年的1620万平方米发展至2159万平方米,累计完成装配式建筑项目1750万平方米,年内新开工350万平方米。举办博览会。与长沙市政府共同举办"2016中国(长沙)住宅产业化与绿色建筑产业博览会",国内外350多家企事业单位参展,参会观众达5万多人,中共湖南省委、省政府主要领导亲临会场指导,社会反响热烈。抓农村装配式建筑试点示范。启动吉首市易地扶贫搬迁装配式建筑示范项目(14.2万平方米、1613户)和长沙县高桥镇轻钢结构易地扶贫项目(7000平方米)建设,年内长沙县高桥镇项目基本竣工。落实财政专项奖补资金。通过多方努力,远大住工等6家国家级住宅产业化(装配式建筑产业)基地得到省财政支持,各获得专项奖补资金1000万元。

建筑业管理

【概况】 2016年,湖南省建筑业完成总产值7304亿元,同比增长11%,增速趋稳。外拓完成产值2495亿元,同比增长12.7%。实现建筑业增加值2016.6亿元,同比增长7.39%,占全省GDP总量6.45%,支柱产业作用进一步凸显。全年建筑业上缴税收297.59亿元,同比增长12.96%,占全口径税收收入比重9.58%,在主要行业中占比排名第四位。新签合同额8147亿元,同比增长13%,新开工面积19656万平方米,同比增长6.7%。全省应招标项目招标率、应公开招标项目公开招标率均为100%。全年共处理违法发包项目144个、转包项目35个、违法分包项目51个、挂靠项目69个、其他违法行为项目663个,停业整顿企业9家,吊销资质企业1家,限制投标资格企业34家,给予其他处罚249家。全省工程质量一次竣工验收合格率达99.8%,创建质量标准化示范工地917个,荣获鲁班奖9项、芙蓉奖5项、全国安全质量标准化示范工地3A项目3项。全省建设工程质量安全监督系统文明行业创建工作顺利通过省文明办评审验收,省住房和城乡建设厅连续第八年被中共湖南省委省政府表彰为"安全生产工作先进单位"。

【建筑市场监管】 2016年,湖南省进一步加强建筑市场监管。推进"工程质量治理两年行动",严厉打击"三包一挂"等违法违规行为。全年处理违法发包项目144个、转包项目35个、违法分包项目51个、挂靠项目69个、其他违法行为项目663个。厘清建设工程监管边界,明确监管责任。通过参与郴州市柿竹园"1·2"坍塌事故调查处理,厘清矿山建设等专业建设工程附属房屋建筑的监管责任。开展建筑市场"打非治违",维护市场秩序。明确"将具备基本开工建设条件的民生项目纳入质量安全监督"的工作底线,每季度在全省公开曝光"打非治违"成果,安排专人处理厅长信箱收到的投诉和举报,全年共受理和办结群众举报136件。强化不良行为记录,落实惩戒作用。全省累计记录184条责任单位、297条责任人员的不良行为记录,根据相关规定,惩戒一批主体责任不落实的企业和执业从业人员。强化"两场联动"(市场、现场)执法,对施工现场发现的严重问题,积极联动建筑市场执法,促进建筑市场健康发展。全年停业整顿企业9家,吊销资质企业1家,限制投标资格企业34家,给予其他处罚249家。

【建筑质量安全监管】 2016年,湖南省建筑行业质量安全形势平稳向好。全省工程质量一次竣工验收合格率达99.8%,共创建质量标准化示范工地917个,推荐申报质量标准化示范工地1120个,创建省级质量常见问题专项治理示范观摩工程项目99个,有9项工程获鲁班奖。全省未发生较大及以上事故,百亿元产值死亡率在30%左右。省住房和城乡建设厅连续第八年被中共湖南省委省政府表彰为"安全生产工作先进单位",省建设工程质量安全监督总站获评"湖南省先进基层党组织",荣获中华全国总工会"安康杯"、省直工委"模范职工之家"、"基层党建示范点"等荣誉称号。抓短板,守底线。制定《湖南省建筑施工安全生产标准化考评实施细则》,每季度公示"不合格"项目,对出现"不合格"项目的企业启动安全认证动态核查,督促企业补齐在建项目"短板"。全年累计公示"不合格"项目647个。抓督查,强考核。省住房和城乡建设厅与市州签订安全生产责任状,并根据工作要点制定年度目标管理考核指标体系,全年开展2次考核、4次督查,覆盖全省14个市州和大部分县市。开展工程项目实体质量安全、市场行为检查,共随机抽查复工项目215个,建议下发隐患整改通知书107份、停工通知书94份,记录39家相关责任主体及150名相关责任人不良行为,向发现严重问题的市州政府下达专函8份。抓创新,促升级。着力推动督查模式创新,实现一、三季度以项目质量安全为主,二、四季度以目标管理考核和建管工作为主的层级督查工作新模式,进一步提升督查效能。着力推动督查方式创新,既强调运用"双随机、一公开"等方式强化监督执法,又注重做好"技术指导",每次督查后以PPT形式反馈问题。抓热点,保平安。针对装配式建筑监管等热点问题,制定《监督工作导则》,填补监管空白。针对领导批示、媒体曝光及群众反映强烈热点问题,及时组织督查督办。全年牵头或派员参与各类专项检查20余次。抓节点,保特护。在节后复工等特护时期,向市州累计下发安全管理紧急通知10余份,向市县主管部门、特一级建筑施工企业、大型监理企业负责人等600余人发送预警信息8000条次。抓难点,促转变。针对建筑起重机械和施工现场临时用电领域安全隐患易发多发情况,制定整治方案,启动专项整治,提升一线监督人员、企业和一线作业人员安全生产监督、管理、操作能力,实现治"本"。全年建筑起重机械和施工现场临时用电事故占比同比实现双下降。针对安全交底流于形式等问题,制作安全生产标准化系列视频,推动企业依托视频开展可视化的安全教育、培训、交底工作。抓联动,聚合力。加强与省安委办等单位横向联动,结合住房城乡建设系统实际,有针对性开展"安全执法年"活动、"安全月"活动、安全生产大排查大管控大整治行动、监管执法驻点督导以及"一月一警示、两月一行动"等,形成齐抓共管的监管合力。抓队伍,强能力。着力提高监督力量较薄弱的湘西片区监督机构能力建设,举办质量安全监督工程师培训班2期,培训人员500多人次。组织开展质量安全监督执法技能比武,进一步提升依法监督、阳光监督水平,全省1100多名基层监督人员参与活动。抓资质,保质量。进一步加强监理、检测等资质审批,全年审批监理和检测企业共计143家、注册监理人员3415人次。积极开展资质资格动态监管核查,上半年共对66家企业下发《限期改正通知》,对6家企业下发《撤回行政许可告知书》和《撤回行政许可决定书》,对14家企业和158名注册监理工程师下发《不良行为告知书》172份,对16家监理资质不达标的企业和94名存在违规备案的注册监理工程师实施限期整改。树标杆,强示范。进一步凸显省直管项目质量安全示范标杆作用,全年共监督省直管项目134个,建筑面积679.2万平方米,全年竣工项目53个,建筑面积152万平方米,项目一次竣工验收合格率100%,在建项目安全标准化考评合格率100%,获评省优质工程9项、芙蓉奖5项、全国安全质量标准化示范工地3A项目3项。

【招投标监管】 2016年,湖南省建设工程招标办公室累计完成257个省管工程项目相关文件备案、开标监管及中标通知书发放(公开招标241个,邀请招标16个),总中标金额约120亿元。全年收到并处理投诉举报28起(含厅长信箱),其中省办直接处理13起,转市州处理15起,收到住房和城乡建设部稽查办转件30起,省办直接处理限期回复件3起,另27起转交相关单位处理。强化事前监督。及时发现并制止招标公告、资格审查、招标文件、评标报告中出现的违法违规问题,全年共出具书面修改意见200余份、1600余条。抓好事中监管。对开评标的257个省管项目从在建查询、不良行为记录处理、评委专家评标准确性等方面进行现场监管,确保项目评标结果的客观公正。抓好事后检查。按照15%的比例在省管报建项目中随机抽取34个项目进行标后检查,保障招投标活动成果落实到位。加强招标代理机构管理。安排专人负责招标代理资质评审工作,结合网络信息化手段,提高资质审查的准确性和实效性。全年审批招标代理机构资质15批次,批准各类资质申请46家,办理专职人员证11批次,共计1193名。严格执行招标代理比选制度,全年共进行工程建设项目招标代理机构比选37个,其中采用综合评估法35个,随机抽取法2个。完成招标代理机构诚信体系建设,实现对招标代理机构进行信用考核和诚信评价,进一步规范招标代理行为。加强评标专家管理。根据《湖南省综合评标专家库和评标专家管理办法》,组织2016年度房屋建筑和市政工程评标专家资格认定初审工作。全省申报评标专家3078人,经培训考核,合格1535人,不合格1543人。

【工程造价监管】 2016年,湖南省加强建设工程计价依据编制,有效推进行业管理,主动服务新型城镇化建设大局。完善计价依据体系,编制消耗量定额补充子目99个,完成各类计价解释183条,汇总出版2014版计价办法和消耗量解释汇编,完成历时两年编制的《湖南省政府投资建设项目估算指标》。汇总现行绿色建筑工程计价依据,编辑出版《湖南省绿色建筑定额汇编》。配合"营改增"和取消劳保基金等新政策,出台《湖南省建筑业增值税条件下计价规定》等3个文件。组建材料价格信息员队伍和评审专家库,加强计价指导,全年发布市场价格信息12632条,发布市州预算价格更新46430条。推进行业管理,发布《湖南省建设工程施工合同备案管理办法》、《湖南省省管项目招标控制价备查办法》等8个规范性文件,制定《湖南省工程造价咨询企业信用评价实施办法》、《关于规范工程造价咨询服务收费的意见》等一系列文件,开展工程造价咨询企业信用评价,全省参评企业220余家,开展工程招标控制备查备案情况审查,审查项目110个,检查39家工程造价咨询企业成果文件和60个工程造价师成果文件,查处违规案件7件。服务新型城镇化建设,出台《湖南省混凝土装配--现浇式剪力墙结构住宅补充定额》,编制完成《装配式建设工程消耗量标准(试行)》,组织长沙站、常德站开展"海绵城市"、城市地下综合管廊建设计价依据补充编制,开展《PPP模式下的建设工程项目造价控制研究》、《BIM技术在全过程造价管理中的数据标准化研究》课题研究,发挥专家委员会咨询、解释和行政调解的权威作用,全年共提供计价依据咨询1250余人次,参与工程造价纠纷调解33起。加强队伍建设,举办省直首届"超英杯"工程造价职业技能竞赛,省直46家建筑施工企业和造价咨询企业、339名选手参赛,经过预赛、决赛、抢答赛等环节,12家单位被评为优胜奖,4名选手获第一名,并被省总工会授予"湖南省五一劳动奖章"。

【建筑业劳保基金统筹管理改革】 2016年,湖南省实施建筑行业劳保统筹管理工作改革,促进建筑企业发展。7月1日,省政府发布《湖南省人民政府办公厅关于废止建筑行业劳保基金统筹管理制度的通知》。7月1日起全省废止建筑行业劳保基金统筹管理制度。省劳保办在完成自身清产、核资等工作后,配合省审计厅开展历年财务审计,并向省财政厅移交财务工作。省劳保办开展2016年度困难调剂补助工作,经省政府批准,向省建工集团、中建五局等8家单位拨付补助金额6332万元,提高企业生存和发展能力。截止到7月1日,省级累计收取39个建设项目劳保基金10045.4万元,其中追收17个项目劳保基金4830.69万元,累计支付76个建设项目劳保基金7885.96万元,累计清退建设方7个项目劳保基金307.7万元,累计调剂补助困难企业16015.72万元。

城市建设管理

【概况】 2016年,湖南省城市建设管理工作深入贯彻落实中央和中共湖南省委城市工作会议精神,紧密围绕中央和省关于推进新型城镇化、推动供给侧改革及稳增长工作部署,加快城市基础设施建设,加强城市管理服务,维持城市正常运转。

【"两供两治"建设】 2016年,湖南省住房和城乡建设厅以"两供两治"项目建设为抓手,大力推进全省供水、供气、污水处理、生活垃圾处理设施建设。全年两次召开全省调度会,将"两供两治"纳入中共湖南省委省政府绩效考核、重点民生实事、小康社会等专项考核,顺利完成全年目标,联合财政、发改部门推广运用PPP模式,针对县市项目规模小、社会资本难以引进的困难,指导地方创新思路,并编制《全省生活垃圾焚烧发电区域统筹实施方案》,推动城乡统筹、区域统筹,组织专家对问题项目进行督办指导,联合财政、环保部门推动42个国家重点生态功能区县垃圾收运体系建设。全省累计完成投资566.2亿元,占规划总投资(680亿元)83%,建成437个项目,251个项目开工在建,占项目总数(841个)82%,全省县以上城镇共有公共供水厂219座,综合生产能力1216万吨/日,县以上城镇用水普及率92.23%,81个市县已通管道天然气,县以上城镇燃气普及率85.97%,县以上城镇共有污水处理厂143座,总计处理能力726万吨/日,县以上城镇污水处理率93.84%,县以上城镇共有103座生活垃圾无害化处理场建成投运,总处理能力3.78万吨/日,其中,焚烧发电5座(常德市、郴州市、株洲市、衡阳市、益阳市)。县以上城镇生活垃圾无害化处理率99.61%,相比上年提高0.32%。

【综合管廊与"海绵城市"建设】 2016年,湖南省加快综合管廊和"海绵城市"建设。省住房和城乡建设厅提请省政府办公厅分别就综合管廊和海绵城市建设出台《实施意见》,明确全省海绵城市和综合管廊建设总体目标、工作任务、保障措施,联合财政、水利部门实施"湘版"试点,省财政计划三年安排资金10亿元,在全省遴选1市3县、3个地级市作为海绵城市和综合管廊试点。全年两次召开调度会、推进会,组织指导地方编制专项规划,组建省级综合管廊项目库,开展专题培训,印发相关绩效评价、考核细则等配套政策。全年共有8个城市、40个综合管廊项目开工,开工里程127千米,超额完成117千米的年度任务。全省1个国家试点"海绵城市"和4个省级试点"海绵城市"规划总投资178亿元,年内累计完成投资31.3亿元,共有61个项目完工,95个项目开工在建。

【城市黑臭水体整治】 2016年,湖南省全面整治城市黑臭水体。省住房和城乡建设厅会同环保部门组织开展黑臭水体排查,共排查出黑臭水体326条,其中地级市171条。5月,住房和城乡建设部在湖南省召开黑臭水体治理现场会,省住房和城乡建设厅在会上做典型发言。地级市171个黑臭水体全部纳入全国项目库。47个整治项目完工,39个整治项目开工在建,累计完成投资160亿元,基本完成年内消除30%黑臭水体的水污染防治年度考核目标。

【市政公用行业管理】 2016年,湖南省住房和城乡建设厅规范市政公用行业管理。起草《关于进一步加强城镇燃气特许经营管理的通知》、《关于加强城镇污水垃圾处理特许经营管理工作的意见》及2个通用文本,清理整顿特许经营市场,开发建设供水水质在线监控系统,优化管理手段,完善污水处理在线监控,推动城镇燃气经营许可,全省共有253家燃气经营企业获得许可,推动城市节水工作,组织开展"节水宣传周"活动,指导郴州市通过"国家节水型城市"考核验收。

【地下管线普查】 2016年,湖南省住房和城乡建设厅大力推动地下管线普查工作。贯彻落实《湖南省城市地下管线普查工作实施方案》,督促指导设市城市和新型城镇化试点县开展地下管线基础信息普查、安全隐患排查及综合管理信息系统建设,两次召开省级联席会和全省调度会,联合相关部门开展督查。全省累计普查管线约5.7万千米。

【园林绿化建设】 2016年,湖南省住房和城乡建设厅进一步促进园林绿化增量提质。加强政策指导,出台政策文件,强化草花地被植物应用、适用树种花草名录、大树移植等突出问题管理,强化市场管理,做好园林绿化施工企业资质申报、延续审查,开发行业市场诚信监管平台,推进"园林城市"创建工作,全省新增"国家园林城市"县城2个、"省级园林城市"县城14个,组织参加第十届中国(武汉)园博会,获"特别组织奖"等29个奖项,长沙市拆违复绿环境整治项目获"中国人居环境范例奖"。

【市政公用行业安全管理】 2016年,湖南省住房和城乡建设厅以供水、供气、城市桥梁及内涝防治为重点,多措并举,保障全省市政公用行业安全稳定运行。完善安全生产制度。修订出台《湖南省城市供气事故应急预案》、《湖南省管道燃气燃烧器具气源适配性目录管理办法》、《湖南省城市桥隧设施维修养护消耗量标准》等规范性文件,建立实施内涝预警报告制度,清理整顿燃气市场,严查燃气企业无证经营行为,对工作滞后的县市区进行约谈,对125家未取得经营许可证的企业依法进行停业整顿。开展安全生产督查。先后组织开展燃气、城市桥梁、供水水质、排水防涝、垃圾焚烧发电等专项督查5次,排查燃气安全隐患30余处、桥梁安全隐患28起、易涝点870多个,及时将发现的问题反馈地方,复杂问题组织专家现场指导,重大问题报告省政府或省安委会,督促整改落实。加强应急抢险和灾后重建。抓好重大节假日、重大政治活动、暑期、汛期、强降雨极端恶劣天气等重要特殊时段市政公用行业应急工作,指导汛期应急抢险和岳阳、益阳等地区灾后重建工作,全省未发生城市内涝导致的人员伤亡事故。

【"气化湖南工程"建设】 2016年,湖南省住房和城乡建设厅强力推进"气化湖南工程"建设。加强协调督办,建立实施月报制度和月度调度会制度,印发目标责任考核实施方案、报建工作计划、工程项目开工审批工作规定等政策文件。全年召开各类调度会、协调会40余次,全省7条天然气长输管线建成243千米,完成投资9.3亿元,其中3条线于3月底竣工通气。

勘察设计

【概况】 2016年,湖南省工程勘察设计企业总数774家,与上年相比增长27%,工程勘察设计人员总数46998人,与上年相比增长5%,其中具有高级职称人员11147人,占从业人员总数14%,具有中级职称人员21206人,占从业人员总数28%,具有初级职称人员12258人,占从业人员总数16%,其他占42%。

全省勘察设计行业各类注册执业人员共11378人次,与上年相比增长29%。其中,一级注册建筑师583人,二级注册建筑师721人,一级注册结构师804人,二级注册结构师299人,一级注册建造师1923人,二级注册建造师1477人,注册土木工程师(岩土)379人,注册公用设备工程师603人,注册电气工程师519人,注册化工工程师187人,注册城市规划师253人,注册监理工程师822人,注册造价工程师679人,其他注册工程师2030人。

全省工程勘察设计完成合同总额444.00亿元,与上年相比增长22%。其中工程勘察完成合同额32.3亿元,与上年相比增长13%,占合同总额7%,工程设计完成合同额87.36亿元,与上年相比增长15%,占合同总额20%,工程技术管理服务完成合同额21.40亿元,与上年相比增长22%,占合同总额5%,工程总承包完成合同额261.20亿元,与上年相比增长28%,占合同总额59%,境外工程完成合同额为41.74亿元，与上年相比增长1%，占合同总额9%。

全省勘察设计企业获得国家级、省部级奖项累计2719项，与上年相比增长12%。全省科技活动费用支出总额26.73亿元，与上年相比增长112%。科技成果转让收入总额31.63亿元，与上年相比增长26%。企业累计上报专利3344项，与上年相比增长11%。

全省勘察设计企业营业收入合计1256.54亿元，与上年相比增长63%。人均营业收入164.65万元，与上年相比增长27%。其中，工程勘察收入25.81亿元，与上年相比减少8%，占总营业收入2%，工程设计收入83.19亿元，与上年相比增长6%，占总营业收入7%，工程技术管理服务收入13.17亿元，与上年相比增长13%，占总营业收入1%，工程总承包收入217.12亿元，与上年相比增长71%，占总营业收入17%，施工收入870.72亿元，与上年相比增长80%，占总营业收入69%，其他收入44.96亿元，与上年相比减少6%，占总营业收入4%。

全省勘察设计企业营业成本总计1122.50亿元，与上年相比增长258%。全年营业税金及附加15.58亿元，与上年相比增长105%。全年实现利润总额61.08亿元，与上年相比增长178%。其中，应交所得税9.31亿元，与上年相比增长107%，实现净利润51.77亿元，与上年相比增长196%。全行业资产合计1413.13亿元，与上年相比增长175%，其中流动资产1046.42亿元，与上年相比增长210%，固定资产159.57亿元，与上年相比增长46%，全行业负债合计965.00亿元，与上年相比增长227%，全行业所有者权益合计448.12亿元，与上年相比增长104%。

【工程施工图审查】 2016年，湖南省住房和城乡建设厅加强工程施工图审查机构管理，重新认定全省施工图审查机构，并建立新的施工图审查机构名录。全省施工图审查机构由25家缩减到24家（株洲建设施工图审查有限公司与株洲市城建施工图审查中心有限公司合并），其中长沙市13家，湘潭市、郴州市、娄底市、邵阳市、怀化市、常德市、岳阳市、益阳市、株洲市各1家，衡阳市2家。在24家施工图审查机构中，具备房屋建筑工程一类审查资格21家（其中7家具备超限高层建筑审查资格），具备房屋建筑工程二类审查资格1家，具备市政道路工程一类审查资格13家，具备市政道路工程二类审查资格5家，具备市政桥梁工程一类审查资格7家，具备市政（给水排水、环境卫生）工程一类审查资格2家，具备市政（城镇燃气）工程一类审查资格3家，具备市政（隧道）工程一类审查资格2家。全省共确定施工图审查人员683人，较上年增加49人，增长7%。其中，具有高级技术职称人员628名，具有注册执业资格人员490人。全省工程勘察和施工图设计项目11039个，较上年增加1403个，增长14%。其中，工程勘察项目5183个，较上年增加507个，增长10%，房屋建筑工程设计项目4714个（总面积12695.97万平方米），较上年增加428个（增加面积3044.23万平方米），增长9%（面积增长31%），市政工程设计项目1142个，较上年增加468个，增长69%。全年审查的项目中，一次审查合格率为50%，较上年下降4.5%，违反强条数155条（平均每100个项目违反强条1.4条次），比上年减少58条（平均每100个项目违反强条减少0.8条次），全省工程勘察和施工图设计违反强制性条文现象有所减少。

【执业管理】 2016年，湖南省住房和城乡建设厅进一步加强注册建筑师和勘察设计注册工程师执业管理。全省共办理注册建筑师、勘察设计注册工程师注册执业审批11批次，办理注册人员注册申请2367人次。其中，受理并转报一级勘察设计注册工程师1584人次，受理审批一、二级注册建筑师和二级注册结构工程师783人次（初始注册58人，变更注册177人，延续注册548人）。先后举办注册建筑师、注册结构工程师、注册土木工程师（岩土）继续教育选修和必修培训，共培训各类注册人员1238人次。

【标准图集编制及应用】 2016年，湖南省住房和城乡建设厅启动钢结构住宅、农村污水治理、电动车充电设施、智能灯杆、立体车库、生态边坡、住宅区及商住楼智能化、人行天桥及地下通道等10部图集编制工作。根据雨污管道入廊和改进道路绿化工作需要，及时安排综合管廊和城市道路图集修编工作。

4月7日，举办2015年新编的海绵城市、地下综合管廊、城市道路、城市标识、装配式混凝土结构住宅及既有建筑节能改造共6部新型城镇化标准设计图集新闻发布会和网上发布仪式，并提供网上免费下载。网上下载量达2.89万次，平均每部图集下载4820次。开展新型城镇化标准设计图集推广应用市州巡讲，共举办新型城镇化市州县领导干部培训班14场，参训人员达3700人，包括市州长、县市区长、建设系统负责人、相关部门负责人、乡镇长、城投公司负责人等，受到基层干部高度赞同。标准图集编制服务受到住房和城乡建设部和省政府充分肯定。住房和城乡建设部在《全国建设工作简报》

推广"湖南经验",并将3部图集上升为国家标准设计图集,副省长张剑飞要求各级政府推广应用图集,并多次表扬图集编制和新型城镇化标准设计图集推广应用巡讲。

【BIM技术应用】 2016年,《湖南省人民政府办公厅关于开展建筑信息模型应用工作的指导意见》出台,明确到2018年政府投资项目和2万平方米以上社会投资项目采用BIM技术的工作目标,制定"三年行动计划"和一系列激励措施。省住房和城乡建设厅牵头协调相关处室落实推广应用责任,形成举全厅之力共同推进BIM技术应用的工作格局。年内,在省管设计、施工项目招标中采用BIM技术,制定《湖南省采用BIM技术建筑方案设计招标文件示范文本(试行)》,组织设计企业、施工企业、软件开发商建立湖南省BIM技术应用创新战略联盟,选取15个项目建设单位和株洲市开展BIM技术应用试点示范,组织编制《湖南省BIM技术应用发展规划》、《湖南省BIM技术交付标准》、《湖南省BIM技术应用设计指南》和《湖南省BIM技术应用施工指南》,基本构建BIM技术应用标准体系,集合设计院、施工企业、软件商、示范项目及国家超级计算长沙中心的优势资源,建立BIM技术应用公共信息平台——天河微云,为建设领域提供大数据、云计算服务,在省建总公司、中南院、中机国际、湖南大学、省建院和省建科院建立6个BIM技术培训基地,推动湖南大学、湖南城市学院开展BIM技术学历教育,组织开展湖南省第一届BIM技术应用大赛,副省长、厅领导出席大赛决赛暨表彰大会。

【施工图数字化审查】 2016年,湖南省住房和城乡建设厅制定《湖南省房屋建筑和市政基础设施工程施工图设计文件审查管理实施细则》,推进施工图数字化工作,加强工程质量源头监管。完成湖南省施工图管理信息系统研发工作,汇集4个子系统(审查机构遴选、施工图管理、施工图审查、统计分析)和施工图数据库,经试用、调试、修改,顺利通过专家验收。在勘察设计企业、审查机构、住房和城乡建设部门开展培训工作,大力推广使用施工图管理信息系统。全年共培训2100多人,其中施工图审查人员675人、主管部门工作人员116人、建设单位工作人员70人、勘察单位工作人员144人、设计单位工作人员920人、审查机构工作人员260人。系统投入运行后,明显提升全省施工图审查工作效率,大幅降低施工图出图成本,经济效益和社会效益显著。

【优秀工程勘察设计奖评选】 2016年,湖南省勘察设计协会在省住房和城乡建设厅的指导和监管下,举办"2016年度湖南省优秀工程勘察设计奖评选"活动。参加评选的项目有332个,涵盖勘察、建筑、市政、交通、通信、电力、冶金、化工、水利等10余个行业,为历届评优申报作品数量之最。经专家评审、评审委员会审定通过、社会公示等环节,共评选出"2016年度湖南省优秀工程勘察设计奖"121项,其中一等奖14项、二等奖41项、三等奖66项。10月20日,"2016年湖南省优秀工程勘察设计作品展览暨颁奖典礼"在长沙市图书馆举行,隆重表彰评选出的121个项目。省住房和城乡建设厅副厅长姚英杰,长沙市城乡规划局党委书记、局长冯意刚,省住房和城乡建设厅勘察设计处处长宋路明出席颁奖典礼。

建筑节能与科技及标准化

【概况】 2016年,湖南省建筑节能与科技及标准化工作坚持以"创新、协调、绿色、开放、共享"发展理念为工作指南,认真贯彻落实中央、中共湖南省委城市工作会议和全国、全省建设工作会议精神,积极推进建筑节能与绿色建筑、装配式建筑发展,进一步加强建设科技及工程建设标准化工作,实现"十三五"良好开局。

【新建建筑节能管理】 2016年,湖南省住房和城乡建设厅严格执行建筑节能强制性标准,进一步提高新建建筑节能水平。组织制定《湖南省"十三五"建筑节能与绿色建筑发展规划》,高起点、高标准谋划全省建筑节能工作目标、任务和措施。根据住房和城乡建设部要求,结合外省市经验,组织修订居住建筑和公共建筑节能设计标准,将建筑节能率由50%提升至65%,并将节水、节材、节地等绿色建筑相关要求纳入标准一并实施。根据有关法律法规和规范性文件,发布建筑节能材料推广目录,为市州加强建筑节能管理和建设单位选用建筑节能材料提供依据和参考。发布"禁浆令",从9月1日起全面禁止使用无机轻集料保温砂浆,杜绝偷工减料、以次充好。开展超低能耗建筑试点示范,由株洲市开展被动房技术推广工作,建成全省首个被动房示范项目——青龙湾被动房项目。全年全省建筑节能强制性标准执行情况总体较好,新建建筑节能强制性标准执行率设计阶段和施工阶段均达到100%。

【既有居住建筑节能改造】 2016年,湖南省住房和城乡建设厅稳步推进既有居住建筑节能改造。加强既有建筑节能改造技术研究,组织编制《湖南省既有居住建筑节能改造技术导则》，开展《湖南省既有建筑节能改造关键技术和政策研究与示范》课题研究。加大市州居住建筑节能改造调度力度，要求各市州完成5万平方米的既有居住建筑节能改造。全省共完成居住建筑节能改造项目63个，改造面积206.8万平方米。

【公共建筑节能管理】 2016年，湖南省住房和城乡建设厅继续推进公共建筑节能管理。加快推进公共建筑能耗统计和能耗监管工作。建立和完善能耗统计和监管制度，确定以县（区）为基本计量系统的能耗数据采集制度，年内全省统计并上报3477栋4805.93万平方米建筑的基本信息和能耗信息，累计完成270栋省市机关办公建筑、大型公共建筑和高校建筑的能源评价分析，并公示27家单位的能耗情况。按照1个省级平台、2个市级平台（长沙市、株洲市）以及12个市州虚拟平台和1个高校监测平台的架构，基本完成能耗监测平台建设，年内完成239栋单体建筑共计866.5万平方米的监测建设任务，并接入113栋建筑基本信息和能耗数据。委托省建筑科学研究院对全省能耗监测数据进行研究，为能耗定额制定、公共建筑改造提供依据。推进节约型校园节能监管体系建设。湖南大学、中南林业大学、湖南工业大学（2010年获批）、湖南城市学院（2011年获批）、湖南师范大学、南华大学（2012年获批）等6所高校列入国家节约型校园节能监管体系建设示范，中南林业大学同时列入国家节能改造示范。总示范面积达350万平方米，参与人员近20万人。中央财政拨付示范建设资金2040万元，地方及学校配套1774万元。节约型校园节能监管体系建设示范工作开展以来，高校各类能耗逐年降低，各类能源费用总支出下降8%至41%。湖南师范大学节约型校园节能监管体系建设通过省住房和城乡建设厅、省教育厅验收和住房和城乡建设部、教育部备案。推进能效提升示范工程项目建设进度。湖南师范大学、长沙理工大学、省儿童医院、省肿瘤医院和祁阳县人民医院获批国家能效提升示范工程，示范面积92.83万平方米，获得补助资金1856.2万元。为指导项目实施，组织编制《能效提升示范工程实施方案论证要点》和《能效提升示范工程专家函审评议要点》，分别用于方案评审的会审与函审阶段。祁阳县人民医院、省肿瘤医院、省儿童医院、长沙理工大学4家能效提升示范工程完成第一轮方案评审工作。加大市州公共建筑节能改造调度力度，共完成公共建筑节能改造42个，改造面积93.55万平方米。

【可再生能源建筑应用】 2016年，湖南省住房和城乡建设厅促进可再生能源建筑应用。加快推进示范项目建设和验收。全省共获批国家可再生能源建筑应用示范城市7个、示范县13个、集中连片示范区（示范镇）1个，可再生能源建筑应用省级推广示范县3个，示范总面积2123万平方米，获批补助资金6.06亿元，太阳能光电建筑应用示范项目22个，装机容量为19082.5Kwp。全省示范推广任务已落实和完工折合应用面积2255万平方米，其中已完工项目折合面积1810.8万平方米，已开工在建项目折合面积573.5万平方米。常德市、长沙市、湘乡市、石门县、临澧县、汨罗市等示范市县完成国家太阳能光电建筑一体化示范项目验收。加强可再生能源建筑应用和管理。印发《湖南省住房和城乡建设厅关于进一步加强可再生能源建筑应用和管理的通知》，全面推进太阳能光电、光热技术应用，稳妥推进浅层地源热泵技术应用，探索空气源热泵、工业余热以及风电互补发电等可再生能源技术应用。加强产业培育和行业引导，发布第五批可再生能源企业和产品推广目录。

【绿色建筑发展】 2016年，湖南省住房和城乡建设厅大力发展绿色建筑。转发住房和城乡建设部《关于绿色建筑评价标识管理有关工作的通知》，明确全省绿色建筑标识的评价工作由第三方机构负责实施，省住房和城乡建设厅负责对评价过程和结果进行监督。加快绿色建筑创建速度，全省新增绿色建筑星级项目120个，建筑面积1366.7万平方米，全省累计取得星级标识的绿色建筑项目达到249个，建筑面积2921.4万平方米。成功举办"2016年湖南（长沙）住宅产业化与绿色建筑产业博览会"，以"建设两型社会，构筑绿色之家"为主题，推进绿色建筑发展。展览面积4.2万平方米，共设置7大展区，同期举办13场高峰论坛，吸引国内外350多家企事业单位参展，约5万人次参观参会，现场成交额达72亿元。在全省组织开展新修订的《湖南省绿色建筑评价标准》培训工作。进一步提高绿色建筑从业人员的水平。

【装配式建筑发展】 2016年，湖南省住房和城乡建设厅强化措施，大力推进装配式建筑发展。抓政策驱动。由省政府出台《关于进一步加强和改进城市规划建设管理工作的实施意见》，提出到2020年，全省创建5个以上住宅产业化示范城市，市州中心城区装配式建筑占新建筑比例达到30%以上，长株潭地区达到50%以上。贯彻落实省政府住宅产业化政策，省住房和城乡建设厅出台《湖南省装配式建筑项目招投标活动的暂行意见》等5个规范性文件，进一步规范住宅产业化发展。促进住宅产业化政策落地，年内省住房和城乡建设厅为第一批共6家省级住宅产业化基地各争取1000万元财政奖补资金，调动全省装配式建筑企业积极性，全面推进装配式建筑发展。抓基础夯实。严格执行《湖南省住宅产业化生产基地布点规划（2015—2020年）》，将装配式建筑生产基地与工业园区紧密结合，引导PC生产基地向长株潭以外市州发展，防止产能过剩。大力发展钢结构装配式建筑，培育钢结构建筑市场，为钢铁企业"去产能"做贡献。完善技术标准体系，编制发布装配式建筑技术标准8本，在编标准20本，鼓励设计、生产、施工企业积极参与国家装配式建筑标准和图集编制工作。创建国家装配式建筑产业基地，中民筑友、金海钢构、东方红建设集团、沙坪建筑公司成功获批国家装配式建筑产业基地。抓示范带动。培育一批装配式建筑示范项目，引领装配式建筑由数量型向品质型发展，其中恒伟·西雅韵项目建筑主体采用预制装配技术，并采用8项绿色技术，全部精装交房。引导装配式建筑由城市住宅产业化向农村住宅产业化扩展。省住宅产业化联盟企业东方红建筑公司投入3.5亿元，在湘西自治州建成全国第一个贫困地区装配式建筑产业园，承建吉首市易地扶贫搬迁装配式建筑项目，共3700户，总建筑面积38万平方米，受到中共湖南省委书记杜家毫高度肯定。湖南北鑫新材料有限公司在长沙县高桥镇建设装配式轻钢结构易地扶贫安置房67户，总建筑面积7000多平方米。远大住工在郴州市建成住宅产业化乡村旅游示范项目银杏庄园，占地68亩，投资4500万元，年接待能力达到6万人次。引导装配式建筑由房建产业化向市政工程产业化延伸。中建科技集团湖南公司在宁乡生产基地生产预制装配式地铁管片，将装配式建筑应用到城市地铁项目。东方红建设集团、中民筑友分别在湘西和衡阳承建城市地下管廊等市政项目，开辟装配式建筑发展空间。全省装配式建筑规模企业发展到10家，相关配套企业发展到20余家，年产能达到2159万平方米，全省建成装配式建筑生产基地15个，其中年内新建基地5个，累计实施装配式建筑项目1750万平方米，其中年内新开工面积443万平方米。湖南省成为全国装配式建筑制度建设最完善、产能规模最大、发展最快的省份之一。

村镇建设

【概况】 湖南省现有乡镇1536个，其中建制镇1119个、乡334个、民族乡83个，行政村24099个，自然村约14万个。2009~2016年，湖南省共争取国家危房改造补助资金90.49亿元、省级补助资金26.29亿元，共完成农村危房改造127.07万户，拉动农村地区建房投资约800亿元，帮助474万余名困难村民解决了安居问题。乡镇已建成污水处理设施179座，设施覆盖率11.6%，污水处理率31%，有污水处理设施的行政村4969个，农村污水处理率约20%。全省62%的行政村对垃圾进行处理，2016年农村垃圾清运量345万吨，处理量265万吨。

【农村房屋改造】 2016年，湖南省圆满完成农村危房改造任务。国家在总任务大幅减少的情况下，下达湖南省危房改造任务24.66万户、资金19.7018亿元(任务总量全国排名第四)，湖南省省级配套资金8.1146亿元，较2015年增加1.9071亿元。农村危房改造共竣工26.09万户，竣工率106%，入住19.18万户，入住率77.78%。在改造工程中，为服务脱贫攻坚大局，制定脱贫攻坚、易地扶贫、贫困残疾人危改等相关文件，实施危房改造差异化补助政策，将补助标准分成3000元至4万元多档，对建档立卡贫困户、分散供养五保户、贫困残疾人(包括残疾孤儿)、低保户等特困家庭实施重点帮扶。资金和指标向贫困地区倾斜，近三年支持贫困地区补助资金均超过当年全省总量的65%，2016年省级配套资金全部支持贫困地区。2015年在武广、沪昆高铁沿线，武陵源、崀山2个世界自然遗产、长株潭各1个乡镇启动农村危房改造整体推进省级示范。截至2016年底，共完成28640户农村危房改造，638个村的人居环境得到明显改善，基本实现"危房基本解决、农房建设规范、设施总体配套、环境整洁有序、风貌特色明显"的预期目标。2016年10月，省政府在宁乡县夏铎铺镇召开全省农村危房改造整体推进省级示范暨村庄整治现场会，在省级示范带动下，开展茶陵县革命老区土坯房改造、涔天河库区移民搬迁、沪昆高速怀化至芷江段沿线、通道县百里侗寨长廊等一批整体推进项目，在加快农村脱贫、建设美丽乡村、助推乡村旅游等方面发挥积极作用。为加强农村建房管理，下发《湖南省人民政府办公厅关于加强农村建房管理的通知》，明确"一户一宅、建新拆旧"等原则，对农村建房的建筑风格、体量提出要求。开展"送图下乡"，编辑全省农村住宅设计资料库500例，编印《湖南省农村住宅设计100例》。

另外，圆满完成以船为家渔民上岸安居工程任务，竣工9236户，竣工率100%，入住率100%，总建筑面积97万平方米，原住家船拆解5222只，争取补助资金1.5397亿元，基本解决以船为家渔民上岸安居问题。住房城乡建设部会同国家有关部委组织召开的全国项目推进会、竣工检查培训会均在湖南省。

【易地扶贫搬迁工程】 出台《关于统筹易地扶贫搬迁和农村危房改造工作和合理实施易地扶贫搬迁集中居住区建设的意见》，确定14个省级试点，其中农村危房改造1875户，截至2016年11月底，开工1875户，竣工892户，开工率100%，竣工率48%。制定《湖南省易地扶贫搬迁集中安置区建设技术导引》和《关于加强易地扶贫搬迁项目建设质量安全管理的通知》，正在编制《易地扶贫搬迁遗留农村住宅保留利用技术导引》。

【政策性金融支持及政府购买服务】 会同农业发展银行湖南省分行开展改善农村人居环境专项贷款调研并报省政府，省政府同意采取分贷分还的模式，由符合条件的市州、县市向农发行贷款和还贷。会同农业发展银行湖南省分行下发《关于切实做好改善农村人居环境信贷支持的通知》、《关于推进政策性金融支持小城镇建设的通知》。会同农业发展银行湖南省分行建立全省改善农村人居环境贷款项目库，储备污水治理、垃圾治理、农村住房建设、传统村落保护、小城镇建设五大类256个。联合财政厅印发《湖南省政府购买改善农村人居环境服务管理暂行办法》，在全国率先将改善农村人居环境纳入政府购买服务。

【特色小镇建设】 起草《湖南省人民政府关于加快特色小镇培育建设的指导意见》，拟通过达标命名制和培育制，到2020年培育发展100个湖南特色小镇。同时，花垣县边城镇、邵东县廉桥镇、汝城热水镇、浏阳市大瑶镇、双峰镇荷叶镇5个小镇获批首批全国特色小镇。

【传统村落保护发展】 住房城乡建设部公布的第四批名录中湖南省有166个，传统村落总数排名全国第五。前三批中国传统村落91个，共争取中央专项补助资金2.73亿元，平均每村300万。湖南省先后开展四次传统村落、传统民居摸底调查，建立省级预备名录822个，编纂《湖南省传统村落》、《湖南省传统民居》、《湖南省传统建筑》，编印《湖南省传统村落保护发展规划2015—2030年》，指导166个中国传统村落高标准编制村落保护发展规划。据不完全统计，已建成保护发展项目131个、在建189个，省级层面在板梁村、石堰坪村等地开展示范。起草《湖南省人民政府关于加强传统村落保护发展的指导意见》。

【其他小城镇建设试点示范】 2016年，湖南省还新增4个美丽宜居小镇、17个美丽宜居村庄示范，第三批全国特色景观旅游名镇名村示范名单有13个，创建绿色村庄2801个、湖南美丽乡镇10个。会同县高椅村的高椅童书馆、汉寿县龙阳镇的青义学科技示范房分别获全国田园建筑优秀实例二、三等奖。

住房公积金管理

【概况】 2016年，湖南省住房公积金工作以归集扩面为基础，以提高资金使用效率为核心，以防范资金风险为关键，完善制度，改进服务，科学运作，规范管理，取得显著成绩。全省归集住房公积金458.3亿元，同比增长20.8%，提取住房公积金265.6亿元，同比增长16.4%，发放住房公积金个人贷款354.0亿元，同比增长14.4%，个人住房贷款率84.3%，较上年同期提高7.7%，结余资金214.5亿元，较上年同期减少26亿元。全省实缴职工301.8万人，住房公积金归集总额和余额分别为2664.0亿元和1405.6亿元。全省累计有103.1万户职工家庭使用住房公积金贷款，个人住房贷款总额和余额分别达到1834.9亿元和1184.3亿元。全省累计为1041.5万职工提取住房公积金1258.4亿元，累计提取廉租住房补充资金80.4亿元。

【住房公积金使用】 2016年，湖南省住房公积金管理部门围绕助力房地产"去库存"，强化措施，提高住房公积金使用率。建立住房公积金使用率月通报制度，每月通报市州政府。定期对个人住房贷款率偏低的市州进行督查督办，并将资金使用率纳入年度目标考核内容，实行"一票否决"。全省利用住房公积金贷款购房消费的家庭达11.6万户，住房公积金个人住房贷款余额占全省各类金融机构住房个人住房贷款余额的五分之一，为房地产"去库存"贡献40%的销售面积。

【住房公积金政策调整】 2016年，湖南省住房公积金管理部门服务经济发展大局，出台政策减轻企业负担。联合相关部门先后下发《关于劳动密集型企业和产业园区企业吸纳大龄人员就业住房公积金缓交试点的通知》、《关于规范和阶段性适当降低住房公积金缴存比例的通知》，督促各市州人民政府及时制定实施细则，认真贯彻落实。全省共完成550家单位近7万人规范、降低缴存比例和缓交工作，减轻企业经济负担6.1亿元。

【住房公积金制度扩面】 2016年，湖南省住房公积金管理部门配合推进新型城镇化，促进农业转移人口市民化，扩大住房公积金制度受益人群，将个体工商户、自由职业者特别是进城务工农民等灵活就业人员，逐步纳入制度覆盖范围，取得突破性进展。益阳市灵活就业人员住房公积金贷款人数和金额首次超过行政事业单位，灵活就业人员贷款金额占当年贷款金额56.9%，常德市灵活就业人员住房公积金贷款金额占当年贷款金额1.4%。

(湖南省住房和城乡建设厅)

广 东 省

概况

2016年，在中共广东省委、省政府的正确领导和住房城乡建设部的精心指导下，全省住房城乡建设系统以贯彻落实中央城市工作会议精神为主线，以民生实事工程为牵引，大力推进供给侧结构性改革。中央政治局委员、中共广东省委书记胡春华同志多次主持召开中共广东省委常委会议、专题工作会议，研究部署贯彻落实中央城市工作会议各项措施，并经常深入基层调研考察，强调要深入贯彻习近平总书记系列重要讲话精神，牢固树立创新、协调、绿色、开放、共享的发展理念。全省住房城乡建设事业取得新发展，实现"十三五"良好开局。

【**加强城市工作会议精神贯彻落实**】 2016年6月13日，中共广东省委、省政府召开全省城市工作会议，对全省城市工作做出全面部署。之后，广东省住房和城乡建设厅督促全省各市做好中央城市工作会议和全省城市工作会议的贯彻落实，要求各地结合实际召开各市城市工作会议，进一步细化落实、扎实推进各项工作，确保取得实效。共有12个城市召开城市工作会议，8个城市出台实施意见、实施方案或者行动计划。为深入贯彻落实中央城市工作会议以及中央《关于进一步加强城市规划建设管理工作的若干意见》精神，中共广东省委、省政府于6月4日出台《关于进一步加强城市规划建设管理工作的实施意见》，在明确36点具体工作要求的基础上，广东省住房和城乡建设厅督促全省各市抓紧制定出台贯彻落实中央和全省工作会议精神的实施意见或者工作方案。

【**精准实施房地产市场调控**】 广东省认真落实中央"去库存"工作部署，在全国率先印发《广东省供给侧结构性改革去库存行动计划（2016—2018年）》，将全省城市分为4种类型，实行分类指导去库存政策。全省已化解商品房库存面积2044万平方米，大幅度超额完成全年化解任务。为有效落实控房价、稳市场、防风险工作部署，全省成立省房地产市场调控协调小组，广州市、深圳市等7市制定并发布符合当地实际的房地产市场调控政策。国家监控的热点城市均按要求完成调控任务，其他城市房价也趋于平稳。

【**大力推进住房保障**】 广东省加强专项督查、重点检查，施行台账制度和目标责任管理制度，改革投融资体制，多措并举推进棚户区改造，加快货币化安置改革。全省新开工棚户区改造住房8.1万余套（户），新增发放租赁补贴7543户，基本建成保障性安居工程住房7.7万余套，提前超额完成国家下达任务。研究制定《关于加快培育和发展住房租赁市场的实施意见》，指导搭建市场化、专业化、规模化省属国企住房租赁平台，在肇庆市、佛山市、汕头市、清远市等地开展住房租赁平台试点工作，广州市、东莞市、中山市、珠海市的试点也已开始启动平台建设，构建购租并举住房制度的探索取得重要进展。推动全省各地将住房公积金缴存比例统一调整为5%～12%，21个地级以上市全部落实异地贷款和便捷提取政策。

【**全面推进城乡规划管理体制改革**】 按照《绘就全省城乡规划一张蓝图实施方案》推动工作落实，探索建立以城市总体规划为统领、近期建设规划为核心、控制性详细规划为抓手的城乡规划管控体系。研究总结并推广实施全域空间规划的编制方法和实施机制。全面总结和推广广州市、肇庆四会市等城市"三规合一"、"多规合一"试点经验。研究起草《广东省城市总体规划编制审批管理改革要点》，提出在省级及以下规划管理权限内推行城市总体规划编制审批的分级管理、分类管制、层级传导、权责明晰的规划管理机制。推进控制性详细规划改革，推动佛山市、中山市开展控制性详细规划改革试点，探索建立分内容分层次的控制性详细规划审批和动态调整机制。

【塑造城市特色风貌】 广东省加强历史建筑保护，督促指导全省各市按照"应保尽保、能保则保"的原则，抓紧开展历史文化街区和历史建筑现状普查工作，逐步完善历史建筑保护名录。开展首届"广东省传统建筑名匠"认定工作，评选公布首届9位"名匠"。创新开展南粤古驿道发掘、保护和利用工作，摸清全省144处古驿道遗存（包括陆路古驿道遗存共122处，水路古驿道相关遗存22处）分布，梳理提出6条古驿道文化线路，全长11120千米，涵盖全省21个地级以上市，串联1100多个人文自然节点。联合有关部门开展中国南粤古驿道文化之旅系列活动和定向越野大赛，紧密结合"精准扶贫"策划体育赛事。完善城市设计制度，组织制订《广东省实施城市设计管理工作指南》及技术导则，明确细化城市设计的编制审批和实施管理要求，规范城市设计内容，统一城市设计成果报审要求。推荐珠海市为全国城市设计试点城市，并通过开展城市设计试点项目，深入研究探索适应本地城市规划建设管理、富有本地特色的城市设计编制管理体系。

【营造城乡宜居环境】 坚持规划引领，编制完成《广东省城市基础设施建设"十三五"规划（2016—2020年）》和《广东省改善农村人居环境"十三五"规划（2016—2020年）》，纳入省"十三五"重点专项规划。加快基础设施建设，生活垃圾处理设施方面，2016年全省城市生活垃圾无害化处理率96.22%，农村生活垃圾有效处理率达到89.08%，村庄保洁覆盖面达到98.01%。污水处理设施方面，全省共建成城镇污水处理设施463座，日处理能力达2394万吨/日，配套管网合计3.5万多千米，启动以PPP方式整县推进村镇污水处理设施18个示范县建设工作。城市建成区黑臭水体治理方面，编制完成《广东省城市黑臭水体整治技术指引》，243个黑臭水体的全部制定整治方案，并完成90个整治项目。城市地下管廊建设方面，广州市、佛山市、珠海市、惠州市、东莞市、中山市、江门市、梅州市8市完成城区地下管线普查任务，纳入国务院督办任务的21个地下综合管廊项目已全部开工，总长度187.62千米。广州入选2016年中央财政支持地下综合管廊试点城市。海绵城市建设方面，全省41个设市城市有36个城市已开展海绵城市专项规划编制工作。深圳市、珠海市成功被评为2016年中央财政支持海绵城市建设试点。探索整县推进村庄规划建设工作模式，开展省级中心镇控制性详细规划编制试点，全省村庄规划覆盖率达59.03%。扎实开展农村危房改造，2016年全省完成农村危房改造12.08万户，以船为家渔民上岸安居验收2578户。有258名"三师"专业志愿者参与下乡服务活动。

【促进建筑产业转型发展】 年内新增节能建筑超过1.3亿平方米，同比增长8%，新增绿色建筑7380万平方米，同比增长71%。颁布实施15部广东省工程建设地方标准。全省有1项建设科技成果达到国际领先水平，11项达到国际先进水平，全省完成302项建设科技成果鉴定，43个科技项目列入住房城乡建设部科技计划，完成7个项目的验收，全年共20个项目获评2015年华夏建设科学技术奖。圆满完成全省建筑业企业资质换证工作，全省共换证1万余家。推动监理、造价咨询、招标代理等企业行政审批改革，探索将资质许可转变为资信评级模式，加强行业自律。

【不断改善城市管理】 落实中央部署，稳步推进城市管理和综合执法体制改革。出台全省的实施意见，建立省级城市管理体制改革协调机制。筹建省级城市管理和综合执法机构。分期组织对全省各市、县（区）城市管理和综合执法主管部门负责人进行培训。启动《广东省城市管理综合执法条例》及配套法规立法工作。加强规划实施督察监管，创新"五个+"（个人+团队、常规+专项、遥感+实地、查现行+回头看、省派+市派）城乡规划督察方式，得到住房城乡建设部的肯定并在全国转发。利用遥感监测手段，促进城乡规划依法实施。专项清理违法建设，初步摸清全省违法建筑现状底数，拟定《广东省城市建成区违法建设专项治理五年行动实施方案（2016-2020年）》。全省共查处违法建设面积超过1000万平方米，超额完成住房城乡建设部下达任务。同时出击建筑和建材两个市场，严厉整治违法违规行为。（郭嘉）

法规建设

【概况】 2016年，广东省各级住房城乡建设主管部门贯彻落实《广东省法治政府建设实施纲要（2016—2020年）》，围绕建设法治广东的目标任务，不断加强法治政府建设的制度和法制保障。广东省住房和城乡建设厅科学谋划全省住房城乡建设领域法治政府建设，出台《贯彻〈广东省法治政府建设实施纲要（2016—2020年）〉和〈法治广东建设第二个五年规划（2016—2020年）〉实施方案》，推进各项依法行政工作。加强立法起草、立法后评估和规范性文件制定工作，完善法规体系和制度建设。其中，《广东省人民代表大会常务委员会关于居民生活垃圾集中处理设施选址工作的决定》颁布施行，地方性法规《广东省城市管理综合执法条例（草案）》和《广东省建筑废弃物处理条例（草案）》提请省政府审议，完成《广东省建设工程监理条例》立法后评估工作，《广东省住房和城乡建设厅关于预拌砂浆生产企业备案的管理办法》等规范性文件出台。做好行政复议、行政应诉工作，依法化解行政纠纷。全年办理行政复议案件187宗，行政应诉案件68宗。受理审结案件经行政复议程序的总纠错率14.18%。推进法治宣传教育工作。制定《广东省住房城乡建设系统开展法治宣传教育的第七个五年规划》，指导全省住房城乡建设系统开展法治宣传教育活动，举办多期专题法治讲座活动，提高领导干部法治意识和依法行政水平。

【居民生活垃圾集中处理设施选址决定颁布】2016年12月1日，《广东省人民代表大会常务委员会关于居民生活垃圾集中处理设施选址工作的决定》由广东省第十二届人民代表大会常务委员会第二十九次会议通过，并自公布当日施行。《决定》共十五条，聚焦解决地区居民生活垃圾集中处理设施选址出现的"邻避"困境（指：一些存在污染可能的公共设施建设项目引起相邻近的公众抵制的现象），从责任主体、科学选址、补偿机制、建设运营、监督管理等方面，对生活垃圾集中处理设施选址运营做出全面规定，对于加强和规范全省居民生活垃圾集中处理设施选址工作具有重要意义。

【城市管理综合执法条例编制完成】广东省住房和城乡建设厅研究起草地方性法规立法项目《广东省城市管理综合执法条例（送审稿）》，于2016年11月30日提请省人民政府审议，内容主要涵盖城管综合执法工作的执法主体，框定执法范围，规范执法程序，加强执法保障与部门协作，强化执法监督，明确法律责任。

【建筑废弃物处理条例制订】广东省住房和城乡建设厅研究起草地方性法规《广东省建筑废弃物处理条例（送审稿）》，于2016年10月28日提请广东省人民政府审议，内容主要明确建筑废弃物处理减量化、资源化、无害化、产生者承担责任的原则，强调由各级住房城乡建设主管部门牵头从源头排放、中间运输、末端处理进行管理，要求对建筑废弃物进行分类排放和综合利用与消纳。

【建设工程监理条例立法后评估】广东省住房和城乡建设厅委托广东省建设监理协会开展《广东省建设工程监理条例》立法后评估，重点对该条例实施的基本情况，条例中关于监理单位的设立、监理资质等级划分、监理工作的职责及实施范围、监理费计取、监理单位和人员行政处罚等规定进行跟踪调查和分析评估。评估报告作为地方性法规《广东省建设工程监理条例》修改的重要参考依据。（黎志成）

房地产业

【概况】2016年，广东省房地产开发投资10308亿元，比上年增长20.7%，房地产开发投资占全社会固定资产投资的32%。全省商品房销售面积15205万平方米，比上年增长33.6%，其中商品住房销售面积13287万平方米，比上年增长33.7%。全省商品房销售额1.6万亿元。商品房销售均价10546元/平方米，增长5.7%，商品住房均价10127元/平方米，增长7.9%。全省存量房销售面积7178万平方米，存量房销售额6236亿元，存量房均价8688元/平方米。全省商品房库存面积为14148万平方米，去库存周期11.4个月。2016年全省房地产业地税收入1689亿元，同比增长0.5%，房地产业地税收入占全省地税收入的25.7%。全省新增房地产各项贷款9223亿元，占新增本外币各项贷款的60.4%，房地产各项贷款余额36801亿元，占本外币各项贷款余额的33.2%。房地产开发投资增量占全社会固定资产投资增量达59.4%。

【供给侧结构性改革】2016年2月，广东省在全国率先印发《广东省供给侧结构性改革去库存行动计划（2016—2018年）》及其督查方案，按照因城施策的原则，将全省城市分为4种类型，实行"一类一策"去库存政策，并研究提出加大棚改安置和住房保障货币化力度、培育住房租赁市场等11项工作措施。广东省作为推进购租并举住房制度改革试点，搭建省属国企住房租赁平台。全省化解商品房库存面积2044万平方米，大幅度超额完成全年化解250万平方米的工作任务，去库存周期为11.4个月，比2015年底缩短4.8个月。

【房地产市场调控】提出落实地方政府主体责任、严控热点城市房价上涨、切实加强购房资金监管、增加土地市场供应、整顿规范房地产市场秩序、正确舆论导向等措施，密切监测全省热点城市房地产市场运行情况，强化预警机制。国庆节期间，全省共有广州市、深圳市、佛山市、珠海市、东莞市、惠州市、江门市7市制定发布符合当地实际的房地产市场调控政策，占全国出台调控政策城市数量的1/3，其中广州市、深圳市、佛山市、珠海市、东莞市等5个市严格执行住房限购政策，较好地稳定房地产市场。

【房地产市场监管】 2016年，广东省开展房地产领域专项整治。省住房城乡建设厅印发《广东省规范房地产开发企业经营行为维护房地产市场秩序专项整治工作方案》、《关于开展房地产中介专项整治工作的通知》，会同省发展改革委、省地税局、工商局、国税局、通讯管理局、人民银行广州分行、银监局等单位联合转发《住房城乡建设部等部门关于加强房地产中介管理促进行业健康发展的意见》，要求各部门建立房地产中介行业信用管理平台。并会同省公安厅、工商局、金融办、通讯管理局、人民银行广州分行、银监局、证监局等单位联合印发《广东省房地产开发企业和房地产中介机构从事互联网金融业务风险专项整治工作实施方案》。全省集中开展新一轮房地产市场秩序专项整治工作。省住房城乡建设厅会同省工商局向全社会公布3批全省各地组织查处的117家违反广告管理法律法规，或违法发布广告的房地产开发企业和中介机构名单。5月至12月，全省开展房地产领域不稳定问题专项治理。省住房城乡建设厅会同省金融办、工商局制订《广东省房地产领域不稳定问题专项治理工作方案》，要求针对"商品房买卖合同纠纷、住房公积金、延期交楼、资金链断裂、商品房质量纠纷、问题楼盘引发的不稳定问题、房地产去库存引发的不稳定问题、其他"等9大类房地产领域社会矛盾进行全面梳理，研究化解房地产领域不稳定问题。全省全年化解房地产领域社会矛盾419件，化解率为75%以上。（柯云燕）

住房保障

【保障性安居工程建设】 2016年，广东省新开棚户区改造安置住房81783套，新增发放租赁补贴7543户，基本建成保障性安居工程住房77316套，分别占年度任务的104.2%、118.4%、147.0%。全省累计共新开工建设的保障性安居工程住房122.62万套，其中保障性住房89.01万套，棚户区改造28.20万套，新增发放租赁补贴5.41万户。按照住房城乡建设部的统一部署，广东省进一步加快在建公共租赁住房建设工程进度和竣工验收项目分配入住工作，提高已分配入住小区后续运营管理水平。全省2016年度新增分配入住公租房超过8万套，累计共分配入住约36万套。

【住房保障支持政策】 2016年，广东省继续加大支持力度，落实资金配套、土地供应、建设专项基金等政策，加快推进保障性安居工程建设。落实资金配套政策。广东省及时下拨各类保障性安居工程补助资金32.1亿元，其中中央预算内投资补助资金10.3亿元，中央城镇保障性安居工程补助资金15.3亿元，省级财政补助资金6.5亿元，各地按照要求，执行税费减免政策，充分调动社会力量，吸引社会资金投入，通过发行债券、发放住房公积金贷款、企业代建等多种方式参与保障性住房建设和棚户区改造，形成社会力量广泛参与的保障性安居工程建设资金多渠道筹集体系。全省保障性安居工程建设共实现投资315.7亿元。全省保障性安居工程成功申请4批国家建设专项基金，涉及金额合计29.21亿元。省住房城乡建设厅会同省发展改革委员会等部门，建立申请基金项目库，指导各地积极申请专项建设基金。落实土地供应。省住房和城乡建设厅会同省国土资源厅等部门编制保障性住房建设和棚户区改造用地计划，实行新增用地计划指标单列，并由国土资源部直接核销，确保保障性安居工程的用地需要。各地采取多种途径解决用地来源，落实保障性安居工程建设用地，做到"应保尽保"。2016年全省保障性安居工程用地需求约为400万平方米。落实快速审批制度。各地住房城乡建设系统继续健全完善项目审批"绿色通道"制度，通过并联审批、缩短审批时限等措施，加快项目前期手续的办理进度，确保项目按期开工建设。

【保障性安居工程分配管理】 2016年，随着大量公共租赁住房的竣工交付使用，广东省公共租赁住房工作的中心已由开工建设转向后续分配及管理运营。按照住房城乡建设部要求，将全省公共租赁住房分配入住目标任务分解到各市、县，部署各地加快公共租赁住房分配入住，提高保障性住房小区后续运营管理水平。建立公共租赁住房未分配项目台账，要求各地每月报送分配进展情况，动态监督管理。对各地公共租赁住房分配入住情况进行排名，并通报各地住房保障主管部门，同时抄送各地级以上市及顺德区人民政府。12月12日、14日在深圳市、广州市召开东片区（5市）和西片区（8市）公共租赁住房建设和分配工作座谈会，部署加快分配入住工作。2016年全省累计分配入住公共租赁住房超8万套。

【棚户区改造货币化安置】 2016年，为进一步完善住房保障制度，形成因地制宜、分城施策、分类指导的住房保障体系，广东省积极构建住房保障货币化体系，实现住房保障形式多样化。根据国家统一部署，及时转发住房城乡建设部等部门关于停止新建公共租赁住房计划的通知，省政府取消下达各地级以上市及顺德区人民政府新建公共租赁住房目标任务，只保留棚户区改造、租赁补贴和基本建成目标任务。按照《住房和城乡建设部 广东省人民政府共同推进城乡规划建设体制改革试点省建设合作协议》的要求，积极推进全省住房保障货币化改革。正式印发《关于推进住房保障货币化改革的指导意见》，并指导各地结合本地实际，出台当地实施意见，打通保障房、安置房和存量商品房通道。大力推进棚改货币化安置，推动各地结合本地情况，出台优惠扶持政策，适当提高奖励标准，多形式搭建定向交易服务平台，引导棚户区改造居民优先选择货币化安置。全省棚改货币化安置为16184户，占全省新开工套数比例为19.8%，比2015年提高6个百分点。（王爱莲）

公积金管理

【概况】 2016年，广东省以配合做好"去库存"、"降成本"有关工作和规范缴存为重点，以控制资金管理风险为目标，以优化服务、制定规程为手段，推动全省住房公积金各项业务发展。全省实际缴存职工1340.56万人，住房公积金缴存总额10935.83亿元，缴存总额首次突破万亿元，成为全国第一个缴存总额突破万亿元的省份。

【住房公积金运行】 2016年，广东省住房公积金新增缴存额为1765.88亿元，增幅19.26%，同比增长8.95%，全年新增缴存余额446.08亿元，增幅12.25%，同比减少3.79%。当年提取额为1319.81亿元，增幅达23.88%，同比增长14.10%，当年发放个人贷款885.11亿元，20.1万笔，同比分别增加16.85%和4.65%。个人贷款逾期率为0.207‰，比上年末降低0.021‰。全省个贷率为76.51%。全年全省增值收益为65.67亿元，提取风险准备金22.66亿元，提取廉租房补充资金36.33亿元。

【住房公积金制度改革】 2016年6月29日，经广东省人民政府同意，省住房城乡建设厅会同省发展改革委、财政厅、人民银行广州分行联合转发国家住房城乡建设部等四部委《关于规范和阶段性适当降低住房公积金缴存比例的通知》。全省各地均按照国家文件要求，将住房公积金缴存比例从5%～20%统一调整为5%～12%。缴存比例高于12%的单位和职工，也自文件下发时间开始，全部予以规范和调整。至2016年11月末，全省办理降低缴存比例的单位17628个，办理降低缴存比例的职工950267人，规范调整率100%。

【住房公积金使用】 2016年，广东省住房和城乡建设厅继续推动各地落实住房公积金各项使用政策，不断提高住房公积金使用效率。全省21市已全部落实异地贷款和便捷提取的各项政策，公积金个人贷款与商业个人贷款互相转换业务（简称"公转商"、"商转公"）也已经有多个城市在试行。"广州—清远"互贷全面放开，粤西湛江市、茂名市和阳江市3市与广西北海市、钦州市、防城港市3市，海南海口市、儋州市两市实现互认互通、互提互贷，并签订《北部湾城市住房公积金业务合作框架协议》，粤东汕头市、潮州市和揭阳3市互认互贷也全面开展。另外，广州市发放贴息贷款额度已经超过150亿元，支持本地缴存职工解决自住住房问题。全省住房公积金个贷率76.51%，结余资金944.16亿元。个贷率超过85%的城市从上年末的5个增加到10个，结余资金减少113.17亿元，个贷率上升的城市有18个，结余资金减少的城市有13个。（张文宇）

城乡规划

【城乡规划改革】 2016年，广东省落实《住房和城乡建设部、广东省人民政府共同推进城乡规划建设体制改革试点省建设合作协议》。省住房城乡建设厅出台《绘就全省城乡规划一张蓝图实施方案》，在总体规划层面，研究制定《广东省城市总体规划编制审批管理改革要点》，11个城市启动2030版的总体规划编制工作，在控制性详细规划层面，佛山市、中山市开展控制性详细规划改革试点，44个设市城市全面铺开"十三五"近期建设规划编制工作，加强城市规划和土地利用总体规划的衔接，总结、推广广州市、四会市等城市"三规合一""多规合一"试点经验，全省约70%的地级以上市及部分县级市已开展"多规合一"工作，启动省级城乡规划管理信息平台建设。

【新型城镇化建设】 广东省住房和城乡建设厅编制《广东省新型城镇化"十三五"建设计划》，明确"十三五"期间全省新型城镇化的总体目标、重大任务、空间布局、发展形态与发展路径、体制机制改革的主要方向和关键举措。推进全省新型城镇化"2511"试点工作，加强对2个地级市、5个县（区）、10个建制镇综合试点建设以及"一张蓝图"、产城融合、城市更新、绿色建设、美丽小镇等10类专项试点建设的督促指导，以点带面推动全省城镇化发展水平提升，探索具有广东特色的新型城镇化道路。

【南粤古驿道保护利用】 广东省全面推动南粤古驿道保护利用工作。广东省住房和城乡建设厅全面开展古驿道普查，摸清全省144处古驿道遗存的分布、保存状况及沿线的历史文化和自然资源，开展《广东省南粤古驿道文化线路保护与利用总体规划》编制工作，梳理提出6条涵盖全省21个地级市、103个县（市、区），串联1100多个人文及自然发展节点的南粤古驿道文化线路网络，提出"两年试点，五年成线，十年成网"工作目标，印发《南粤古驿道保护与修复指引》与《南粤古驿道标识系统设计指引》，在广州增城瓜岭古村、从化钱岗古村、南海松塘古村3处古驿道树起首批南粤古驿道标识系统，选取南雄梅关、乳源西京、饶平西片等8处南粤古驿道作为保护利用示范段，申请注册"中国南粤古驿道"网站和微信公众号，联合南方日报开展"探寻古驿道"系列专题报道，开展"广东大学生南粤古驿道微纪录片大赛"等系列活动。

【历史文化遗产保护】 广东省住房和城乡建设厅开展历史文化街区划定和历史建筑确定工作，出台历史建筑标志牌设立标准，认定东莞市中兴路—大西路、兴贤里、象塔街、竹园和大雁堂5条街区为省级历史文化街区。联合省文化厅、省文物局组织召开东莞市申报国家历史文化名城初步审查会。完善健全历史建筑保护和传统村落专家委员会制度。组织专家结合"三旧"改造工作，加强对历史建筑的抢救、修缮和合理利用。

【生态控制线划定】 广东省住房和城乡建设厅推动全省生态控制线划定工作，启动全省生态控制线地理信息平台建设，推进《广东省生态控制线管理条例》立法工作。广州市、深圳市、珠海市等15个城市制定完成生态控制线划定工作方案，启动生态控制线划定工作。（陈别）

城市建设

【城市园林绿化建设】 广东省住房和城乡建设厅组织编制《低影响开发下园林绿化和应用模式技术指引》、《广东省城市湿地公园建设指引》、《加强和提升城市绿化实施意见和规划建设指引》。广东省设市城市人均公园绿地面积17.87平方米，建成区绿地率38.18%，建成区绿化覆盖率42.39%。惠州市大亚湾红树林城市湿地公园通过"国家城市湿地公园"评审。全省有"国家生态园林城市"1个、"国家园林城市"18个、"国家园林城镇"7个，"广东省园林城市"8个、"广东省园林城镇"7个。

【风景名胜区规划与管理】 广东省住房和城乡建设厅指导肇庆星湖、深圳梧桐山等国家级风景名胜区完成总体规划修编并报国务院审批，指导惠州罗浮山风景名胜区东南入口片区控制性详细规划编制并通过住房城乡建设部批准实施。全省有国家级风景名胜区8个、省级风景名胜区18个。

【城市轨道交通规划建设】 广东省共有广州市、深圳市、佛山市、东莞市4市建成地铁轨道交通网络，广州市、珠海市2市建成有轨电车。全省鼓励有条件的城市按照"量力而行、有序发展"原则，稳步推进城市轨道交通规划建设，致力于构建以轨道交通为主骨架的城市公共交通系统，引领优化城市空间布局。全省已建成运营城市轨道交通线路条数21条，总里程647.3千米，已开工、在建设线路条数25条，总里程590.1千米。

【城市道路桥梁建设】 广东省以"窄马路、密路网"城市道路布局理念，提升道路网密度，建设快速路、主次干路和支路级配合理的道路网络系统。5月，省住房城乡建设厅组织开展全省城市桥梁检测加固改造和信息系统建设工作情况摸底调查，形成《广东省城市桥梁检测加固改造和信息管理系统建设工作情况报告》。全省建成城市道路总长度38930千米，道路总面积71203.5万平方米，全省建成城市桥梁6319座。

【城市供水】 广东省住房和城乡建设厅联合省工商行政管理局编制印发《广东省城市供用水合同（示范文本）》，编制完成《广东省城市供水用水条例》，印发《关于加快推进村改居供水一体化建设工作方案》，组织开展2016~2018年水质督察和节水型企业（单位）评定。全省城市供水综合生产能力3971.72万立方米/日，城市用水普及率98.06%，城市人均日生活用水量246.14升。

【城市污水处理】 广东省住房和城乡建设厅编制完成《广东省城乡生活污水处理设施建设"十三五"规划》、《广东省污水处理费征收使用管理办法实施细则》、《粤东西北地区新一轮生活垃圾和污水处理基础设施政府和社会资本合作模式建设操作指引》，推动设立广东省环保设施建设基金，引入社会资本参与，重点支持粤东西北地区新一轮生活垃圾和污水处理设施建设。全省运营污水处理设施463座，处理能力2394.1万立方米/日。

【城市地下管网建设与管理】 广东省城市地下综合管廊新增开工建设总长度187千米，广州市、佛山市、珠海市、惠州市、东莞市、中山市、江门市、梅州市8市完成城区地下管线普查。全省建成并投入运营的城市地下综合管廊项目8个，分别位于广州市、深圳市、佛山市，总长度88千米。2月，珠海市《珠海经济特区地下综合管廊管理条例》正式实施，成为广东省城市地下综合管廊最早立法的城市。广州入选2016年中央财政支持地下综合管廊试点城市。

【城市黑臭水体整治】 广东省排查上报并列入整治计划的黑臭水体有243个，21个地级市中仅韶关市排查无黑臭水体，主要集中在珠三角地区，有154个，占63.4%，其中广州市、深圳市分别为35、45个，粤东、粤西、粤北分别有22、51、16个。广东省住房和城乡建设厅印发《关于全面开展城市黑臭水体整治工作的通知》、《广东省城市黑臭水体整治计划》等文件。全省有90个黑臭水体完成整治工程，达到不黑不臭，有107个黑臭水体开工整治，40个黑臭水体开展项目前期工作，6个在优化整治方案。其中，广州市、深圳市分别有14、18个黑臭水体完成整治工程。

【海绵城市建设】 广东省41个设立城市有36个城市开展海绵城市专项规划编制。5月，省住房城乡建设厅组建广东省海绵城市建设专家库。深圳市、珠海市2市入选2016年中央财政支持海绵城市建设试点城市。

【城市生活垃圾处理】 广东省出台《关于居民生活垃圾集中处理设施选址工作的决定》，加强法规政策引导，加快推进生活垃圾处理项目建设。全省建成启用生活垃圾无害化处理场(厂)111座，无害化处理量79946吨/日，其中填埋场86座，焚烧厂24座，水泥窑协同处置设施1座，全省基本建成或运营64个"一县一场(垃圾处理场或焚烧厂)"。城市生活垃圾无害化处理率96.22%。

【城市燃气】 广东省住房和城乡建设厅印发或转发《关于燃气经营企业从业人员培训考核教育的函》、《关于报送城镇燃气有关资料的通知》、《关于开展2016年全省突发事件风险隐患排查和整改工作的通知》、《城镇燃气行业反恐怖防范工作标准》，集中排查整治城镇燃气风险隐患，加大力度建立完善城镇燃气安全管理应急制度。全省城市液化石油气年供气总量387.8万吨，城市天然气年供气总量166.26万立方米，2016年全省新建燃气管网2886.4千米，改造老旧管网404.5千米。

【中国人居环境范例项目】 广东省广州市海珠国家湿地公园项目、深圳市中国观澜版画原创产业基地建设项目、深圳市华侨城湿地自然学校示范项目3个项目获2016年"中国人居环境范例奖"。全省有29个项目获"中国人居环境范例奖"。

【广东省宜居环境范例项目】 广州市粤剧艺术博物馆项目、广州市儿童公园体系建设及示范项目、广州市大埔围村"美丽乡村"建设示范项目、深圳市治污保洁工程、深圳市罗湖区餐厨垃圾综合利用项目、深圳市盐田区危险边坡及和建筑挡墙远程监测预警系统、深圳市盐田区空气环境质量提升体系项目、珠海市香炉湾沙滩修复工程建设项目、佛山市碧江古建活化项目、佛山市逢简水乡项目、佛山市禅城区社会综合治理指挥中心、佛山市南海区西樵听音湖片区项目、东莞市麻涌镇水乡绿道建设项目和中山市树木园生态保育及宜居示范项目14个项目获2016年"广东省宜居环境范例奖"。广东省有94个项目获"广东省宜居环境范例奖"。（梁季红）

村镇规划建设

【概况】 广东省纳入村镇建设统计报表范围的建制镇1040个，建成区面积3283.74平方千米，建成区户籍人口1175.64万人，建成区暂住人口385.58万人，总体规划覆盖率88.46%，行政村17885个，村庄规划覆盖率59.03%。全省村镇住宅建筑总面积16.56亿平方米，其中建制镇4.06亿平方米，人均住宅面积34.48平方米，村庄12.51亿平方米，人均住宅面积27.52平方米。全省建制镇公共建筑面积8446.62万平方米，生产性建筑16352.4万平方米，村庄公共建筑面积5210.91万平方米，生产性建筑13900.10万平方米。全省村庄规划编制覆盖率为59.03%，农村危改房竣工率100%，农村保洁覆盖率98.01%，农村生活垃圾有效处理率89.08%。

【村镇规划】 2016年7月29日，广东省住房和城乡建设厅印发《关于确定2016年度中心镇控制性详细规划编制试点名单的通知》，确定汕头市澄海区隆都镇、潮阳区关埠镇，韶关市始兴县顿岗镇、乐昌市廊田镇等10个镇为省级中心镇控制性详细规划编制试点，由省财政安排340万元专项资金进行规划编制补助。8月18日，省住房城乡建设厅编印《广东省县(市)域乡村建设规划编制指引(试行)》，指导各地以改善农村人居环境为目标编制县(市)域乡村建设规划。8月25日，省住房城乡建设厅印发《广东省住房和城乡建设厅关于报送2016年县(市)域乡村建设规划和村庄规划试点名单的函》，向住房城乡建设部报送了珠海市斗门区等4个县、广州市从化区吕田镇古田村等22个村的试点名单。

【特色小(城)镇建设】 2016年7月，广东省住房城乡建设厅开展惠州市惠东县梁化镇等5个小城镇详细调查。省住房城乡建设厅会同省发展改革委组织各市开展特色小镇申报工作，佛山市顺德区北滘镇等6个镇被住房城乡建设部评为第一批中国特色小镇。

【**农村危房改造**】 2016年2月，广东省住房和城乡建设厅联合省扶贫办印发《关于积极衔接农村危房改造与精准扶贫工作的通知》。8月，省住房城乡建设厅联合省财政厅、省扶贫办印发《关于下达广东省2016年农村危房改造任务和明确补助标准的通知》。2016年全省完成农村危房改造12.08万户。

【**农村生活垃圾处理**】 广东省住房和城乡建设厅在粤东西北地区和江门市、肇庆市、惠州市确定15个农村生活垃圾收运处理试点示范县，带动全省农村生活垃圾治理验收。发起"专家企业家，携手走乡村"志愿服务活动，38名专家和29家企业志愿对口帮扶，加强垃圾处理的政策讲解宣传和技术指导。落实省财政治污保洁方向资金，重点补助70个欠发达县（市、区）建立完善生活垃圾收运处理长效体系。

【**农村生活污水处理**】 广东省住房和城乡建设厅编印《粤东西北地区新一轮生活垃圾和污水处理基础设施政府和社会资本合作模式建设操作指引》、《广东省农村生活污水处理适用技术和设备指引》，指导各地科学规范地采用PPP模式开展村镇污水处理设施建设项目。

【**村镇建设试点示范**】 2016年12月15日，广东省住房和城乡建设厅授予广州市白云区钟落潭镇寮采村等467个村为"绿色村庄"称号。12月28日，授予东莞市麻涌镇等3个镇"美丽宜居小镇示范"称号，授予梅州市梅县区南口镇侨乡村等11个村"美丽宜居村庄示范"称号。（董嘉雯）

标准定额

【**工程建设地方标准化体系建设**】 广东省住房和城乡建设厅重点在制修订新型城镇化建设、建筑产业现代化、建筑节能和绿色建筑、海绵城市、城市综合管廊、城市轨道交通、工程质量安全、建筑信息模型（BIM）技术、工程建设领域信息技术要求等方面的工程建设标准。全年广东省发布实施《建筑地基基础设计规范》等15部工程建设地方标准，将《城市综合管廊工程技术规范》、《海绵城市建设技术规程》等26项重要领域的标准纳入2016年度广东省工程建设标准制修订计划，推进新岸线公司《城市轨道交通车地实时视频传输系统》标准的立项工作，全面开展全省工程建设地方标准防风抗灾专项复审。广东省成为住房城乡建设部《高性能混凝土推广应用机制及示范工程研究》及《强制性标准"双随机"抽查工作机制试点及研究》两个项目工作的试点。

【**建筑余泥渣土受纳场建设技术规范发布**】 在深圳市光明新区发生"12.20"特别重大滑坡事故后，2016年1月27日，广东省住房和城乡建设厅印发《关于发布建筑余泥渣土受纳场建设标准制订计划的通知》。2016年9月1日，省住房城乡建设厅批准《建筑余泥渣土受纳场建设技术规范》为广东省地方标准。该规范是国内首部关于建筑余泥渣土受纳场建设的技术标准，具有前瞻性和适用性，对规范广东省建筑余泥渣土受纳场建设具有重要意义。（林佳衡）

工程质量安全监督

【**概况**】 广东省房屋市政工程质量安全形势保持稳定。全省纳入质量安全监督的房屋市政工程29885项，新注册工程共11833项，建筑工程总建筑面积59814万平方米，市政基础设施工程中的城市道路（含配套的桥梁、隧道）和地铁工程总长度2028706延米。全省有6项工程获中国建设工程鲁班奖，12项获得国家优质工程奖，有95项工程获得2015年度广东省建设工程优质奖，有48项工程获得2015年度广东省建设工程金匠奖，2016年有9项工程申报国家优质工程奖。

【**工程质量监管**】 广东省房屋市政工程竣工验收合格工程共9861项，其中一次验收不合格、重新组织验收合格工程项数共10项，一次通过验收合格率为99.90%，已办理竣工验收备案工程共11840项。全省质量安全监督机构全年发出整改通知书共28167份，局部停工令共3764份，因质量原因实施行政处罚共388宗，因安全原因实施行政处罚共600宗。工程质量治理行动期间全省未发生工程质量事故，各地涉及住宅工程渗、漏、裂等常见问题的社会投诉事件数量逐年持续下降。

【**施工安全监管**】 广东省组织建筑施工安全生产大检查、专项整治、"打非治违"以及"百日严整"等工作取得实效，全省各地级以上市住房城乡建设系统共开展监督执法检查445次，出动人数100409人次，整改安全隐患28111项。全年全省共发生房屋市政工程生产安全事故74起、死亡75人，与2015年同期相比，生产安全责任事故起数和死亡人数有较大幅度增加。全年安全生产形势总体稳定，无发生较大以上事故。（林清华）

建筑市场

【**概况**】 广东省建筑业保持平稳运行，全年资质等级以上建筑企业5054个，比上年增长2.8%，总承包和专业承包完成建筑业总产值9652.31亿元，增长8.9%，实现利润总额424.91亿元，增长7.2%，利税总额728.97亿元，增长4.2%。全省总承包和专业分包建筑业企业装修装饰产值1407.85亿元，同比增长18.5%，增幅比上年提高25.4个百分点。全省建筑企业新签合同量逐渐回升，总承包和专业分包建筑企业签订合同额25245.97亿元，同比增长20.8%，增幅比上年提高11.7个百分点。全省总承包和专业分包建筑企业房屋建筑面积54358.29万平方米，同比增长7.7%，增幅比上年提高13.3个百分点。

【建筑产业转型发展】 广东省建筑产业规模不断扩大，全年实现建筑业产值9652.31亿元，占全国建筑业总产值的5%，建筑业增加值占全省GDP比重的4%左右。全年利税总额728.97亿元，实现利润总额425亿元。广东省加大建筑业产业结构的调整力度，促进建筑业企业做大、做强、做精、做专。全省建筑业特级资质企业增至20家，一级资质企业突破1100家，全省工程勘察设计甲级资质企业达505家。广东省建筑工程集团有限公司、广州市建筑集团有限公司入选"2015年中国建筑业综合实力100强"。广东省许多大型工程勘察设计企业和建筑施工企业加大科技投入，重视工程技术标准规范的研究，突出核心技术攻关，设计、建造能力显著提高。全年评出238项省级工法和42项新技术示范应用工程。

【建筑市场监管】 广东省住房和城乡建设厅已收录全省建设项目信息22171项，施工许可信息15302项，企业良好行为记录18332条，从业人员良好行为记录4618条，发布企业不良行为记录1829条，企业欠薪投诉5条，从业人员不良行为记录158条，全省各级住房城乡建设主管部门共录入项目历史数据2万余条。全省各地住房城乡建设主管部门认真履行市场监管职能，积极开展建筑市场执法检查，共检查项目61870个，发现228个项目有违法违规行为。各地住房城乡建设主管部门依法对有违法违规企业和个人进行行政处罚，其中处罚建设单位152个，建筑企业153个，共罚款2783.6万元，1个企业停业整顿，1个企业被吊销资质，15个企业给予其他处理，处罚189人，共罚款234.4万元，16人给予其他处理。

【开展勘察设计质量监督执法】 广东省各级主管部门抽查勘察设计524项目，对284项未经图审、240项已经图审的勘察设计文件进行检查，发现有20处违反强制性条文情况。全省共发出整改通知书121份，对37家企业进行约谈，12家企业被当地诚信扣分并列入重点监管企业名单。对在深圳光明新区滑坡事件中一家违规设计企业实行吊销资质的行政处罚。

【构建勘察设计统一市场】 广东省住房和城乡建设厅出台《关于取消工程勘察设计企业省内跨地区经营备案的通知》，取消广东省工程勘察设计跨地区经营备案制度，企业在广东建设信息网"三库一平台管理信息服务系统"填报信息后，即可开展业务，企业信息全省共享并向社会公开。

【完善工程建设招标投标制度】 广东省房屋市政工程招投标交易共11531项，交易额4227亿元。其中房屋建筑工程项目6350项，交易额2277亿元，市政建设工程项目5181项，交易额1950亿元。省住房城乡建设厅开展了房屋市政工程项目招投标监管调研活动，出台《关于进一步加强房屋市政工程建设项目招标投标监管工作的通知》，构筑工程建设项目预防腐败的有效监督机制。

【清理规范建设领域保证金】 广东省人民政府印发《广东省清理规范工程建设领域保证金工作实施方案》。全年全省各地共清理工程建设领域各类保证金2.4亿元，全部退还完毕，不存在新设立或变相设立保证金情况。

【开展首届"广东省传统建筑名匠"认定工作】 广东省住房和城乡建设厅会同省文化厅、省建筑业协会开展首届"广东省传统建筑名匠"认定工作。经过自愿申报、专家评审、实地走访、网上公示等程序，正式认定卢芝高、纪传英、何世良、何湛泉、吴义廷、邵成村、肖楚明、林汉旋、黄瑞林9位为首届"广东省传统建筑名匠"。9位名匠分别掌握砖雕、木雕、灰塑、陶塑、嵌瓷、壁画、彩画等一种或多种传统建筑营造技艺。其中8位名匠分别是国家、省、市级非物质文化遗产传承人。（陈思明）

建设节能与科技

【建筑节能】 广东省按在城乡建设领域认真践行绿色发展理念，全面落实节能减排方针政策。广东省城镇年内新增节能建筑面积13298万平方米，形成120万吨标准煤的节能能力，新型墙材应用总量超过153亿块标准砖，占墙体材料应用总量的98%。

【绿色建筑发展】 广东省印发《广东省绿色建筑设计施工图审查要点（试行）》，开展绿色建筑设计规范和评价标准的制修订工作。组织完成第三批广东省绿色建筑评价标识专家委员会专家的征集和培训考核，将125名专家纳入广东省绿色建筑评价标识专家委员会。惠州市住房和城乡规划建设局开展一星级绿色建筑标识评价工作，完善绿色建筑评价标识工作机制。东莞市在城市新区内除工业建筑、市政设施外的新建建筑执行绿色建筑标准，有力推进绿色建筑规模化发展。省住房城乡建设厅会同省财政厅制定实施2016年全省绿色建筑示范项目财政激励政策，对已竣工的绿色建筑评价标识项目择优给予奖励。全省全年新增绿色建筑评价标识面积5369万平方米，其中运行标识面积131万平方米，超额完成年度计划。

【既有建筑节能改造】 广东省完成公共建筑能耗统计4226栋次、能源审计86栋、能耗公示1918栋次，对73栋建筑进行能耗动态监测。省住房城乡建设厅联合省经济和信息化委在重点用能单位中，随机抽取白天鹅宾馆等5家企业开展建筑领域日常节能管理专项监察，加强宾馆、商场等建筑领域日常节能管理。全年全省完成既有建筑节能改造501万平方米，其中既有居住建筑节能改造42万平方米，既有公共建筑节能改造459万平方米。

【可再生能源建筑应用】 广东省住房和城乡建设厅发布《太阳能光伏一体化建筑构造》图集，建立珠海威士茂10MW分布式光伏电站一期8.48MW项目等6个省级可再生能源建筑应用示范项目，指导梅州市、蕉岭县、揭西县等地继续推进国家级可再生能源建筑应用示范市县建设。全年全省新增太阳能光热建筑应用集热面积73万平方米，新增太阳能光电建筑应用装机容量149兆瓦，新增浅层地能应用面积0.69万平方米。

【建设科技成果鉴定】 广东省全年完成302项建设科技成果的鉴定工作，43个科技项目列入住房城乡建设部科技计划，完成7个项目的验收，全年共20个项目获评2015年华夏建设科学技术奖，其中一等奖3项，二等奖5项，三等奖12项。其中"绿色节能一体化轻质混凝土内墙体系的研究与应用"科技成果达到国际领先水平，"地铁车站土建工程综合创新技术的研究与实践"等11项科技成果达到国际先进水平，"仿古建筑梁柱实木包钢施工技术"等153项科技成果达到国内领先水平，这些成果广泛应用于广州地铁线网运营管理指挥中心基坑工程、澳门大学横琴新校区等项目，有效推动建设行业技术创新发展。

【广东省首届BIM应用大赛】 2016年4月举行，由广东省住房和城乡建设厅指导，广东省BIM技术联盟、广东省工程勘察设计行业协会、广东省建筑业协会、广东省工程造价协会、广东省建设科技与标准化协会、广东省市政行业协会、广东省建筑安全协会等七个单位联合举办。全省有143项BIM参赛项目，应用领域涉及设计、施工、造价、开发四大方面。最终评选出获奖作品90项，获奖作品涉及大型公建、房地产、地铁、铁路、桥梁、机场等工程领域。（林佳衡）

人事教育

【第十八期市长（书记）城建专题研究班】 2016年11月14~18日，广东省住房和城乡建设厅联合中共广东省委组织部、省国土资源厅和省环境保护厅在珠海市举办第十八期市长（书记）城建专题研究班。参加培训的学员有各地级以上市和部分县级市市长（书记）、部分地级以上市辖区区长（书记）共36人。专题研究班围绕"供给侧结构性改革与城市时代的规划建设管理创新"主题，设置线性文化遗产的利用和保护城市、基础设施建设的规划策略、城市双修与治理、新时期广东省城镇化发展认识、城市设计的未来价值、推行绿色建设、提高土地供给能力以及"十三五"环境保护规划纲要等知识和实践课程等8个专题课程，由相关领域的知名专家学者和行业主管部门领导授课，包括广东省副省长许瑞生、省住房城乡建设厅副厅长杜挺、中国城市规划设计研究院原院长李晓江、教授级高级规划师范嗣斌、深圳市规划和国土资源委员会副总规划师张宇星、广东省建筑科学研究院副院长杨仕超、中山大学教授曹小曙、广东省环境科学研究院副院长张永波8人。

【教育培训】 广东省完善建设教育培训体系，启动《广东省建设行业职业培训考核管理服务云平台》。开展专业技术人员的继续教育培训，共举办12期高新技术研修班，加大专业技术人员培训和一线操作人员的职业技能培训力度。

【现场专业人员岗位统一考核评价】 广东省继续推进住房和城乡建设领域现场专业人员岗位培训考核评价工作，更新岗位培训相关教学大纲及试题库，规范考核及证书的发放工作。2016年共举行7期统考，其中社会考生4期、院校考生3期，全省报名参加考试人数10682人，通过考试获得《住房和城乡建设领域专业人员岗位培训考核合格证书》人数9283人。

【现场专业人员继续教育和换证工作】 广东省按照住房城乡建设部"五统一"标准和要求，由广东省建设教育协会组织专家完成培训大纲、试题库的编排及试卷的制作，做好住房和城乡建设领域现场专业人员岗位培训考核评价继续教育换证工作。全年通过继续教育培训测试合格取得新证书人数46320人。

【建筑工人及燃气从业人员培训考核】 广东省建设教育协会组织开展混凝土工、砌筑工、抹灰工、防水工、钢筋工、木工、油漆工、架子工等一线生产操作人员职业技能培训考核。全年通过培训考核取得职业培训合格证人数59867人,其中中级工58402人、高级工1465人。组织开展燃气企业主要负责人、安全生产管理人员以及运行、维护和抢修人员的培训考核。通过培训考核取得燃气经营企业从业人员培训合格证人数648人。

【专业技术人员高级技术研修班】 广东省建设教育协会在广州片区、中山片区、湛江片区、惠州片区、汕头片区5个片区举办12期高级技术研修班,参加培训2912人。其中广州1424人、中山174人、湛江550人、惠州586人、汕头178人。研修班以新型城镇化规划为主线,以涉及本行业的新知识、新技术、新规范等为内容。（李朝）

大事记

1月

11日　广东省召开全省城乡规划督察工作会议,总结全省城乡规划督察工作,聘任第三届省城乡规划督察员,部署下一阶段工作。广东省副省长许瑞生、住房城乡建设部稽查办主任王早生、广东省人民政府副秘书长赵坤、广东省住房和城乡建设厅厅长王芃出席会议。

20日　广东省住房城乡建设工作会议在广州市召开。广东省住房和城乡建设厅厅长王芃作全省住房城乡建设报告,全面总结"十二五"工作,明确"十三五"工作思路。

2月

2日　广东省副省长许瑞生代表省人民政府与国家保障性安居工程协调小组签订广东省2016年住房保障工作目标责任书。

3日　广东省取消一级注册结构工程师和其他专业勘察设计工程师执业资格、一级注册建造师执业资格、造价工程师执业资格、监理工程师执业资格、房地产估价师执业资格、城市规划师执业资格注册审批的初审事项。

22日　广东省副省长许瑞生代表省人民政府与各地级以上市人民政府及佛山市顺德区人民政府签订2016年住房保障工作目标责任书。

3月

8日　广东省住房和城乡建设厅与中国农业发展银行广东省分行签订《共同推进金融支持住房城乡建设战略合作协议》。本次战略协议是双方在"十三五"期间,紧紧围绕新型城镇化建设、农村人居环境改善两大领域,在城市地下综合管廊、海绵城市、污水及垃圾处理设施建设、黑臭水体整治、农村危房及棚户区改造等多方面深入开展更紧密、更务实、更高效合作。广东省住房和城乡建设厅厅长王芃、中国农业发展银行广东省分行行长曾绍姿等同志出席签约仪式。

10~11日　2016年全省房屋市政工程质量安全管理培训座谈会在广州举行。广东省住房和城乡建设厅总工程师陈天翼出席会议并讲话,住房城乡建设部质量安全司安全处处长王天祥就该司2016年工程质量和施工安全工作要点进行重点解读。

15日　2015年度全国优秀工程勘察设计行业奖评选结果正式公布,广东省建筑设计研究院共有32个项目获奖,其中:一等奖6项,二等奖14项,三等奖12项。

21日　全国棚户区改造工作电视电话会议在北京召开。会后,广东省召开贯彻落实会议,广东省常务副省长徐少华出席会议并部署下一步工作,广东省人民政府副秘书处长赵坤主持会议,广东省住房和城乡建设厅巡视员陈英松通报2015年度各地棚户区改造完成情况。

24日　经中共广东省委批准:廖锦添同志任广东省纪委、广东省监察厅派驻广东省住房和城乡建设厅纪检组组长、监察专员,试用1年,廖锦添同志任广东省住房和城乡建设厅党组成员。

4月

11~14日　广东省人民政府副秘书长赵坤一行调研考察江苏省和安徽省的城市管理和执法体制改革工作。调研组实地察看南京市、徐州市、合肥市和六安市城市管理岗亭、流动摊贩集中经营地点改造、老城区改造管理、市民休闲活动场所管理等地方,并与两省召开座谈会,相互交流城市管理和执法工作经验。

27日　广东省庆祝"五一"国际劳动节暨劳模表彰大会在广州白云国际会议中心隆重召开。广东省建筑设计研究院副总建筑师洪卫荣获"广东省五一劳动奖章"。广东省城乡规划设计研究院王浩同志作为"全国五一劳动奖章"荣誉获得者出席大会并接受表彰。

27日　广东省住房和城乡建设厅门户网站"广东建设信息网"作为优秀政府网站在广东省政府办公厅举办的全省政府网站考评培训会上做网站建设

管理先进经验介绍。

28日 广东省住房和城乡建设厅与中国联通广东分公司签署战略合作协议，推动广东省住房城乡建设领域"互联网＋"行动、智慧城市建设等方面的发展。

5月

4日 广东省省长朱小丹与住房城乡建设部部长陈政高在北京举行会谈，研究讨论部省合作共同推进城乡规划建设体制改革试点等事项。会议明确住房城乡建设部支持并指导广东省进一步完善创建城乡规划管理体制改革试点省工作方案，从区域空间规划创新、"多规合一"和"两图合一"、优化规划编制审批和监管机制、规划行政许可制度改革、党委政府加强对规划建设管理工作领导等方面进行探索。

11日 广东省住房和城乡建设厅、省环境保护厅、省水利厅、省农业厅联合印发《关于全面开展城市黑臭水体整治工作的通知》，明确黑臭水体整治工作的总体目标、整治策略、进度安排及保障措施等，加快推进广东省城市黑臭水体整治工作。

11日 广东省住房和城乡建设厅印发《广东省住房城乡建设事业"十三五"规划纲要》。

13日 广东省住房和城乡建设厅发布《关于做好暂时停止实施部分企业资质行政许可后续监管工作的通知》，做好暂时停止实施工程造价咨询企业乙级和暂定级资质、物业服务企业二级及以下资质、城乡规划编制单位乙级和丙级资质、工程建设项目招标代理机构乙级和暂定级资格、工程监理企业专业乙级和丙级资质等行政许可的后续监管工作。

16日 《广东省城乡生活垃圾处理条例》宣讲培训会在广州举办，该条例是国内第一个针对垃圾分类的省级法规，同时也是全国第一部将农村生活垃圾纳入其中的省级立法。

16日 广东省住房和城乡建设厅与相关行业协会签订委托协议，由广东省工程监理协会、省造价协会、省建筑业协会分别承接监理、造价咨询、招标代理企业乙级及以下资信评级。

16~17日 中国建设工程造价管理协会第四届企业家高层论坛在深圳市召开。中国建设工程造价管理协会理事长徐惠琴、秘书长吴佐民出席论坛，广东省建设工程造价管理总站站长黄守新、深圳市住房和建设局副局长胡建文出席论坛并致辞。论坛围绕"赢在蓝海—立足根本、守正出奇"的主题，探讨工程造价咨询企业发展之路、品牌建设、跨界融合、突破创新、人才战略、模式创造、内部管理、专业特色、供给侧改革等热点话题。

18日 2015年度中国建筑设计奖、中国建筑学会科技进步奖颁奖仪式在2016年中国建筑学会学术年会期间举行。广东省建筑设计研究院获建筑设计奖1项，科技进步奖5项（二等奖2项，三等奖3项）。

6月

2日 广东省人民政府办公厅印发《广东省城市地下综合管廊建设实施方案》。

2日 2016年广东省建筑施工"安全生产月"启动仪式暨现场观摩交流会在深圳市鹏瑞深圳湾壹号广场项目工地举行，深圳市常务副市长张虎到会并致辞，广东省住房和城乡建设厅厅长王芃作动员讲话，住房和城乡建设部工程质量安全监管司司长李如生宣布2016年建筑施工"安全生产月"正式启动。

4日 中共广东省委、广东省人民政府印发《关于进一步加强城市规划建设管理工作的实施意见》。

13日 中共广东省委、广东省人民政府在广州召开广东省城市工作会议。会议深入贯彻落实习近平总书记系列重要讲话精神，以及中央城镇化工作会议、中央城市工作会议精神，研究部署广东省城镇化和城市工作。中共广东省委书记胡春华出席会议并讲话，广东省省长朱小丹出席会议并作具体工作部署，广东省人大常委会主任黄龙云、广东省政协主席王荣出席会议。

20日 广东省住房和城乡建设厅、中国农业发展银行广东省分行联合召开"加强双方合作、用足优惠政策"对接工作电视电话会议，进一步加强战略合作。双方将在新型城镇化建设、农村人居环境改善等领域开展全面、深入合作。广东省住房和城乡建设厅厅长王芃、副厅长蔡瀛，中国农业发展银行广东省分行党委书记、行长周良伟在广东省分行主会场参加。

21日 《广东省人民政府办公厅关于推进海绵城市建设的实施意见》印发。

21日 广东省住房和城乡建设厅副厅长杜挺出席中国（珠海）—荷兰海绵城市研讨会并介绍广东省海绵城市建设工作情况。

21日 东莞市第十五届人大常委会表决通过：任命广东省住房和城乡建设厅正厅级干部、广东省城乡规划设计研究院院长张少康同志为东莞市人民政府副市长。

7月

1日 广东省建设行业资信评级系统正式上线运行。

11日 《广东建设年鉴·2015》获首届全国地方志优秀成果（年鉴类）评比特等奖。

25日　住房城乡建设部前往惠州市惠东县梁化镇、清远市清新区山塘镇、阳江市阳西县沙扒镇、潮州市潮安区赤凤镇、肇庆市怀集县洽水镇等5个镇开展小城镇调查。

8月

10~12日　第二十届中国遥感大会在深圳召开。广东省建设信息中心参加并论述广东省规划建设遥感监测执法系统的技术方法，发表《基于多源多时相高分辨率遥感影像的省域城乡规划建设动态监测研究及应用》和《广东省规划建设遥感监测执法系统设计与实现》两篇论文，其中前者被评为优秀论文。

12日　全国城市市政基础设施建设"十三五"规划工作座谈会在广州召开，广东省住房和城乡建设厅副厅长杜挺出席会议并介绍广东省城市基础设施建设情况。

22~23日　广东省住房和城乡建设厅副厅长李台然率领省住房城乡建设厅、省执业资格注册中心、省建筑设计研究院和省工程造价协会、省工程监理协会、省房地产估价师协会、深圳市造价工程师协会的代表，赴香港拜访香港测量师学会，就粤港两地工程造价（工料测量）企业合作等话题开展座谈交流。

25日　广东省城乡规划设计研究院承担的住房城乡建设部建筑工程科技示范工程——喀什地区第一人民医院门诊楼项目完成并通过住建部验收。

9月

1日　广东省住房和城乡建设厅批准《建筑余泥渣土受纳场建设技术规范》为广东省地方标准，该规范自2016年9月20日起实施，是国内首部关于建筑余泥渣土受纳场建设的技术标准。

5日　广东省住房和城乡建设厅在广州组织召开广东省城乡规划改革工作座谈会，广东省住房和城乡建设厅副厅长蔡瀛出席并传达9月1日全国城乡规划改革工作座谈会精神。省有关专家及部分地市代表结合广东实际，就落实会议精神提出工作建议，并对《广东创建国家城乡规划管理体制改革试点省工作方案》提出修改完善意见。

23日　住房城乡建设部调研组到广东省开展城市总体规划编制办法专题调研，并召开座谈会。广东省住房和城乡建设厅副厅长蔡瀛出席会议。省有关专家及广州市、深圳市、佛山市、惠州市、清远市城乡规划主管部门负责人与会并对《城市总体规划编制审批办法（征求意见稿）》提出意见建议。

23日　广东省人民政府授予广东省住房和城乡建设厅城市建设处"广东省环境保护先进集体"。

24~26日　以"规划60年：成就与挑战"为主题的2016年中国城市规划年会在辽宁省沈阳市召开。广东省城乡规划设计研究院承办"城市群规划：回顾与展望"自由论坛。东莞市人民政府副市长、广东省城乡规划设计研究院前院长张少康荣获"第四届全国优秀城市规划科技工作者奖"。

26日　广东省人民政府办公厅印发《广东省清理规范工程建设领域保证金工作实施方案》，要求全省各地、各单位按照"一个企业不落、一个项目不落"的原则，对建筑业企业在工程建设中缴纳的各类保证金进行全面清理。

29日　广东省第十二届人民代表大会常务委员会第二十八次会议通过《广东省人民代表大会常务委员会关于修改〈广东省工资支付条例〉的决定》，增加"建设工程领域实行用工实名管理制度、建设工程领域劳动者工资支付实行专户管理制度、建设单位申请施工许可证时应当提供工资支付专用账户的开立等建设资金落实情况"等规定，保障建设领域农民工的合法权益。

10月

19日　《中共广东省委、广东省人民政府关于深入推进城市执法体制改革改进城市管理工作的实施意见》印发，紧紧围绕广东省城市管理工作的难点问题和重点工作，提出具有广东特色的政策措施，明确广东省城市管理和综合执法体制改革的指导思想、总体目标、主要任务、组织领导等内容，是广东省推进城市管理和综合执法体制改革的总纲领。

20日　广东省建筑设计研究院承担的"十二五"国家科技支撑计划项目《夏热冬暖地区建筑节能关键技术集成与示范》子课题《大型公共建筑集中空调系统节能关键技术》在北京顺利通过国家科学技术部验收。课题组按时完成课题合同全部内容，主要成果有：广东省标准图集2本、应用专利1项、实用技术研究4项、学术论文3篇等。

21日　广东省建筑设计研究院获中国勘察设计协会建筑设计分会"推动建筑设计行业发展突出贡献单位"奖。

25日　广东省住房和城乡建设厅在广州市召开城市黑臭水体整治专项督查工作座谈会，住房城乡建设部城市建设司副司长章林伟、广东省人民政府副秘书长赵坤出席并讲话，会议由广东省住房和城乡建设厅副厅长杜挺主持，广州市、阳江市、湛江市有关负责人参加。

31日　由住房城乡建设部、联合国人居署、福建省人民政府共同举办的"2016世界城市日论坛"在厦门市举行。来自中国、美国、英国、德国等近

20个国家、地区和国际组织的官员、市长、专家学者共300多人出席论坛。广东省住房和城乡建设厅副厅长郭壮狮应邀带队参加该届论坛。

31日　广东省建设工程质量安全监督检测总站被中国建筑业协会工程建设质量监督与检测分会评为全国建设工程质量监督系统先进单位。

11月

8日　广东省住房和城乡建设厅举行首届"广东省传统建筑名匠"作品展启动仪式，展出首届9位名匠的三十多件作品，涵盖嵌瓷、营造、砖雕、陶塑、壁画、灰塑、木雕、彩画等传统建筑技艺，展览持续2周。广东省住房和城乡建设厅厅长王芃出席作品展启动仪式并致辞。

12~13日　广东省体育局主办，省住房城乡建设厅、中共广东省委农办、省教育厅、省文化厅、省旅游局、省地方志办、省工程勘察设计行业协会联合指导的2016南粤古驿道定向大赛系列活动在潮州市饶平县钱东镇钱塘村举行。广东省副省长许瑞生和奥运冠军林跃、张雁全共同启用"南粤古驿道标识系统"。

14日　香港测量师学会会长刘振江及内地事务委员会主席赖旭辉率香港测量师学会的业界专业人士一行22人来访广东省住房和城乡建设厅。粤港双方就香港测量师在粤注册执业、继续教育，以及两地工程造价、工程监理、房地产估价及经纪人、物业管理等行业发展相关事宜进行沟通交流。

14~18日　广东省住房和城乡建设厅联合中共广东省委组织部、省国土资源厅和省环境保护厅在珠海市举办第十八期市长（书记）城建专题研究班。

22日　广东省副省长许瑞生与省直有关单位领导在"岭南活力非遗艺术馆"参观首届广东省传统建筑名匠作品展，并出席由广东省住房和城乡建设厅、广东建设职业技术学院、广东省建筑业协会联合举办的打造"现代鲁班摇篮"启动暨首届广东省传统建筑名匠授牌仪式，许瑞生为9名首届"广东省传统建筑名匠"授牌。

25日　经中共广东省委批准：刘耿辉同志任广东省住房和城乡建设厅执法监察局局长（副厅级）。

27日　广东省副省长许瑞生陪同国家文物局副局长宋新潮对增城古驿道的保护利用工作开展调研。调研期间，许瑞生和宋新潮共同出席2016年南粤古驿道定向大赛增城站比赛的启动仪式。

12月

1日　《广东省人民代表大会常务委员会关于居民生活垃圾集中处理设施选址工作的决定》经广东省第十二届人民代表大会常务委员会第二十九次会议审议通过，于公布之日起施行。

5日　广东省"三师"专业志愿者委员会在广州市成立，副省长许瑞生出席向专业志愿者委员会授旗，并鼓励志愿者借助互联网为乡村建设提供多种形式的咨询服务。

12日　广东省住房和城乡建设厅副厅长郭壮狮、凤凰卫视中文台副台长、总编室主任黄海波以及共青团广东省委员会等单位领导，出席由省住房城乡建设厅和共青团广东省委联合主办的"广东大学生南粤古驿道微纪录片大赛"颁奖典礼。该典礼是2016中国（广州）国际纪录片节中的重要一环。

18日　2016南粤古驿道定向大赛总决赛在广州从化举行。在赛后的颁奖仪式上，广东省副省长许瑞生、省政府副秘书长赵坤、省住房城乡建设厅厅长王芃、省体育局局长王禹平、省户外运动协会会长田新德共同启动"中国南粤古驿道"微信公众号与"中国南粤古驿道"网站的上线按钮。

29日　广东省住房和城乡建设厅向广东省政府上报《广东创建国家城乡规划管理体制改革试点省工作方案》，并提请以广东省政府名义上报住房城乡建设部。（郭嘉）

（广东省住房和城乡建设厅）

广西壮族自治区

概况

2016年，广西住房城乡建设系统在自治区党委、政府的领导下，牢牢把握稳中求进的工作总基调，主动适应经济发展新常态。年内首次召开全区城市工作会议，实现房地产市场的平稳健康发展，推动建筑业转型发展，切实改善城乡人居环境，提升城镇化发展质量，圆满完成住房城乡建设领域年度民生实事项目，坚定信心，知难而进，奋勇拼搏，狠抓落实，实现"十三五"规划的良好开局。

【首次召开全区城市工作会议】 7月，自治区党委、政府第一次专门就城市工作召开全区城市工作会议，对广西城市发展具有里程碑意义。自治区党委书记彭清华在会上强调要以五大发展理念为引领，建设具有广西特色的现代化宜居城市。会议印发自治区党委、政府《关于加强城市规划建设管理工作的意见》和自治区党委办公厅、自治区政府办公厅《关于开展"美丽广西·宜居城市"建设活动的实施意见》两个指导城市工作的纲领性文件，提出推进"369工程"，实施宜居城市建设"163"行动计划，制定广西城市发展的行动指南，构建广西城市工作新格局，广西城市发展由此掀开历史性的一页。

自治区住房城乡建设厅认真贯彻全区城市工作会议精神，相继出台配套文件4个，筹建组织协调机构，制定分工方案，分解工作任务，明确考核办法，举办城市工作专题培训班，启动"城市双修"试点、城市内涝和黑臭水体治理、城管执法体制改革试点等重点工作，各地城市工作会议相继召开。

【房地产市场平稳健康发展】 2016年，广西房地产业房地产投资同比较快增长，完成投资2686.22亿元，同比增长21.8%。商品房销售面积4215.39万平方米，同比增长19.6%。商品房销售额2207.47亿元，同比增长26.3%。全区商品房平均售价5237元/平方米，同比增长5.6%，商品住房平均售价5042元/平方米，同比增长9.9%，销售额增长较大，商品房价格稳中略升。根据房地产交易网签系统数据，2016年，广西商品房累计可售面积5103.10万平方米，比2015年底减少1519.90万平方米，消化周期为12.58个月，比2015年底减少7.9个月。全区农民工等新市民首次购房18.78万套，面积1926.19万平方米，约占商品住房销售面积的44.5%，农民工等新市民购房需求稳步释放。房地产企业到位资金增长，广西房地产开发企业到位资金3159.72亿元，同比增长35.1%，比2015年同期高38.1个百分点。

【建筑产业结构优化】 2016年，2家施工总承包企业晋升特级资质，6家晋升一级资质，5家监理企业晋升甲级资质，4家招标代理机构晋升甲级资质。广西成为全国工程总承包试点省区，全区采用工程总承包试点的项目超100个，建筑业产业结构进一步优化。

【完善城市功能】 2016年，广西城市道路桥梁固定资产投资4104649万元，城市（县城）市政公用基础设施建设维护管理财政性资金支出7107029万元。南宁市地铁1号线全线开通运行，广西城市轨道交通实现"零"的突破，南宁市城市轨道交通固定资产投资1171528万元，城市轨道交通在建线路73.56千米，车站60个。天然气供气量49707.45万立方米，市政管道长度5710千米，14个设区市和33个市县分别实现长输管线供气、市政管网供气和瓶组气化小区管网供气。城镇居民用水普及率达95%以上。2016年底，广西城镇污水处理率、生活垃圾无害化处理率双双突破90%。全区已建成城镇（县城及城市）污水处理设施116座，"十三五"规划第一批共313个乡镇污水处理设施全部实现开工。开展"十三五"无障碍环境示范市县创建，6市1县1区国家智慧城市试点取得阶段性成果。梧州市实施城市基础设施"三年提升工程"，同时推进市政园林管护、市容环卫保洁市场化改革，北海市加强城市内涝治理设施建设，主城区内涝点消除成效显著，贵港市推行"微信城管"，着力提升城市治理水平。

【特色村镇建设】 2016年，广西村镇建设投资434.9亿元，乡村规划建设管理制度改革试点初步完成，建立广西深化乡村规划建设管理制度改革专家库，首批25名行政、研究、规划与建筑类专家入库，推进乡村规划师的挂点联系工作，10个试点县基本确定以县域乡村建设规划编制单位作为规划师挂点服务单位。阳朔县开展农村工匠自治管理模式探索，各试点县大规模开展农村工匠培训，乡村风貌管控得到较大提升。2016年1月，住房城乡建设部转发广西推进乡村规划建设管理制度改革的经验做法，6月19日，《人民日报》以"农村盖房不再任性"为题对广西乡村规划建设管理制度改革进行专题报道。自治区住房城乡建设厅组织申报全国第一批特色小镇，鹿寨县中渡镇、恭城县莲花镇、北海市铁山港区南康镇、贺州市八步区贺街镇等4镇成功入选。

【保障性安居工程】 2016年，国家下达广西的保障性安居工程任务为：棚户区改造新开工16万套，其中城市棚户区改造15.56万套，国有工矿棚户区改造0.44万套，基本建成棚户区改造、公共租赁住房7.1万套，新增发放低收入住房保障家庭租赁补贴0.46万户。全区棚户区改造项目新开工16.44万套、1259.78万平方米，完成年度目标任务的102.75%，全区新增发放住房租赁补贴10923户，完成年度目标任务的234.65%，基本建成11.44万套、799.81万平方米，完成年度目标任务的161.11%，新增分配入住10.36万套，完成年度目标任务的136.65%，全区保障性安居工程完成投资254.22亿元，占全年计划投资242亿元的105.05%。同时，广西在全年完成国家16万套棚户区改造的基础上，新增棚户区综合整治8.5万套。

法规建设

【法治建设】 《广西建设工程安全生产管理规定》立法顺利推进。全面完成地方性法规规章清理，规范性文件合法性审查率、集体审查率及报备率均达100%。完善法律顾问参与重大行政决策审查机制，继续推行行政执法公示制度，增强行政执法透明度，强化行政复议、行政应诉工作，充分发挥复议层级监督作用，行政机关负责人出庭应诉率达40%以上。

【城管执法体制改革】 2016年10月，出台《广西城市管理执法体制改革工作方案》，明确41项重点改革任务及责任分工，确定改革时间表和路线图。在南宁市、柳州市、北流市开展自治区城市管理执法体制改革试点，在机构设置、人员编制、职能划转、执法边界及执法模式等核心问题上进行积极探索。南宁市规划管理监察支队整体划入城管执法部门，是广西住房城乡建设领域首支整合归并的执法队伍。

【行政审批制度】 广西住房城乡建设系统实现"审管分离"审批制度全覆盖，厅本级主要保留涉及全局性或重点工作事项，一般事项下放至市一级，给予市县更充分的自主权。调整完善权责清单，逐一厘清责任清单与权力清单的权责关系，按"两单融合"方式保留权责事项231项。依托自治区政务服务体系建设，实现自治区、市、县三级信息化联网，以行政效能投诉处理为抓手，积极推进行政审批实时动态监管。大部分资质类变更、资格类审批事项，分别由原来的7个、16个工作日，缩短为1个、12个工作日，厅本级政务服务窗口共办结审批事项21881件，无一超时。

【地方性法规和政府规章】 根据自治区法制办《地方法规政府规章行政审批设定依据清理指导意见》的要求，自治区住房城乡建设厅对《广西壮族自治区城市房地产开发经营管理条例》、《广西壮族自治区实施〈中华人民共和国城乡规划法〉办法》、《广西壮族自治区建筑市场管理条例》、《广西燃气管理条例》等9部住房城乡建设领域地方性法规和《广西壮族自治区实施〈城市市容和环境卫生管理条例〉办法》、《广西壮族自治区实施〈村庄和集镇规划建设管理条例〉办法》等6部政府规章进行梳理，通过清理行政审批设定依据条款，消除广西住房城乡建设领域法规层面对深化行政审批制度改革的障碍。

房地产业

【房地产开发企业】 2016年，广西共有房地产开发企业5191家，其中，一级资质企业13家（含外省入桂执业分支机构），二级资质企业246家，三级资质企业649家，四级资质企业574家，暂定资质企业3709家。

【房地产开发投资】 2016年，广西房地产业完成投资2686.22亿元，同比增长21.8%。其中，房地产开发完成投资2397.99亿元，完成全年投资目标任务1739亿元的137.9%，超额完成年度房地产投资目标任务，同比增长25.6%，增速高于全国18.7个百分点，全国排名第2位。

【商品房销售面积同比增长】 2016年，广西商品房销售面积为4215.39万平方米，同比增长19.6%，商品房销售增速在全国排第16位，在西部12个省（区、市）排第3位。其中，商品住房销售面积为3864.01万平方米，同比增长21.5%，商品住房销售面积增速在全国排第15位，在西部12个省（区、市）排第2位。

【商品房销售额增长】 2016年，广西商品房销售额为2207.47亿元，同比增长26.3%，商品房销售额增速在全国排第19位，在西部12个省（区、市）排第3位。全区商品房平均售价为5237元/平方米，同比增长5.6%，商品住房平均售价为5042元/平方米，同比增长9.9%。

【房地产去库存】 广西采取购房补贴、支持农民工等新市民购房、加快棚户区改造货币化安置、用足用好住房公积金，以及鼓励房地产企业让利促销等政策，房地产去库存工作成效明显。从商品房存量结构上看，根据房地产交易网签系统数据，广西商品住房累计可售面积为3229.27万平方米，约占商品房库存总量的63.3%，同比减少21.9%，消化周期为8.95个月。其中，全区14个设区市商品住房消化周期均处于18个月以下，最高为北海市，消化周期为17.7个月，最低为贺州市，消化周期为5.3个月。非住宅商品房累计可售面积为1873.83万平方米，约占商品房库存总量的36.7%，同比减少24.7%，消化周期为41.62个月。农民工等新市民购房需求进一步释放。根据房地产交易网签系统数据，2016年，自治区农民工等新市民首次购房18.78万套，面积为1926.19万平方米，约占商品住房销售面积的44.5%。从农民工等新市民购房者分布情况看，南宁市、梧州市、北海市、防城港市、钦州市、贵港市、百色市、贺州市、河池市、崇左市10个设区市农民工等新市民购房面积占商品住房销售面积比重超过50%，最高为河池市，购房占比为87%。

住房保障

【住房保障改造】 全区棚户区改造新开工16.44万套，实施棚户区改造货币化安置5.1万户，保障房新增分配入住10.36万套，公共租赁住房累计分配入住32.18万套，占基本建成38.62万套的83.3%。解决约35万城镇中低收入群众住房困难问题。在国内率先启动2600户公共租赁住房货币化保障试点，搭建全区棚户区改造货币化安置房源信息平台，北海市棚户区改造货币化安置率达85.39%。将棚户区改造与古街古镇改造、特色城镇建设、旅游和扶贫有机结合，实施7.92万户的集镇棚户区改造，一批古街古镇老旧住宅区通过改造焕发了生机。

【新市民住房保障】 2016年，广西出台政策支持农民工等新市民购买首套新建普通商品住房。全区支持农民工等新市民首次购房18.8万套，面积1926万平方米。自治区本级财政筹集1560万元，率先在柳州市试点向2600户符合条件的农民工、外来务工人员等新市民发放住房租赁补贴，鼓励农民工在市场租房，解决住房困难。

公积金管理

【住房公积金支持住房消费】 2016年，全区全面推行异地贷款，加强住房公积金个贷和使用管理。住房公积金用于住房消费406亿元，同比增长27%。其中，住房消费提取197亿元，同比增长29%，共为6.62万户职工家庭发放个人住房贷款210亿元，同比分别增长3%和26%，个贷率为83.1%，同比提高9.8个百分点，住房公积金资金使用率达92.8%，拉动住房销售约占同期商品住宅销售面积的三分之一。

【住房公积金归集】 2016年，全区住房公积金新开户单位4211家，净增单位3466家，新开户职工33.80万人，净增职工16.25万人。归集住房公积金337.49亿元，比上年增长17.33%。累计归集住房公积金2125.53亿元，归集余额878.4亿元，分别比上年增长18.87%和11.67%。

【住房公积金使用】 2016年，全区住房公积金使用额达457.18亿元，比上年增长24.55%。其中，住房公积金提取245.66亿元，增长22.37%，为6.67万户职工家庭发放个人住房公积金贷款211.52亿元，分别增长3.73%和27.33%。全区住房公积金累计提取额1247.13亿元，占缴存总额的58.67%，个人住房公积金贷款总额1055.59亿元，贷款余额726.54亿元，住房公积金个人住房贷款率（个贷率）达82.71%，同比提高9.38个百分点。

城乡规划

【规划编制】 编制《广西城镇体系规划（2016—2030）纲要》，并于2016年4月报送住房城乡建设部，城乡规划司已经提出初步审查意见。编制《广西沿边城镇带规划》（以下简称《规划》），加快推进边境城镇、重点口岸、开发开放试验区建设，引导边境地区城镇化健康发展。《规划》已于2015年完成调研、搜集资料等前期工作。积极指导和大力支持桂林市开展《桂林市城市总体规划（2011—2020）》编制工作，2016年4月26日已原则通过城市总体规划部际联席会第六十三次会议审查，并按部际联席审查修改意见对该规划成果进行修改和完善，修改完善后的规划成果已由桂林市报送至住房城乡建设部。积极支持南宁市、柳州市开展新一轮城市总体规划编制前期有关工作，及时审核完成两市城市总体规划的实施评估报告，并报送住房城乡建设部备案。同时，根据两市有关前期工作准备情况，自治区人民政府已于2016年9月函请住房城乡建设部支持将柳州市列为新一轮城市总体规划编制试点城市，以加快推进柳州市新一轮城市总体规划的编制工作。

【完善规划体系】 组织编制新一轮广西城镇体系规划，桂林市城市总体规划通过部际审查，南宁市、柳州市开展新一轮城市总体规划编制前期工作，百色市、靖西市、天峨县等城市和县城总体规划完成厅际审查。南宁市推进城市设计与控制性详细规划有机结合，加强重要区域、重点地段城市设计，按单元式调整优化控制性详细规划编制模式，启动32个单元控制性详细规划修编工作，柳州市完成洛清江沿岸城市设计，崇左市开展东盟大道城市设计和城市公园设计工作，防城港市开展防城江两岸城市设计。

【城市规划委员会制度】 城市规划委员会制度初步建立。全区89个市县（含南宁市武鸣区、桂林市临桂区、柳州市柳江区、河池市宜州区）中建立城市规划委员会制度的有70个，暂未建立的有19个。

21个设市城市（不含靖西市）中除一个县级市外均建立城市规划委员会制度，9个设区城市实现全市城市规划委员会制度全覆盖。

【历史文化遗产保护】 完成"广西历史文化名城名镇名村保护设施建设'十三五'申报项目"的组织申报和项目筛选工作，按时按要求将项目目录报送自治区发展改革委。积极按照住房城乡建设部要求开展历史文化街区划定和历史建筑确定工作，认真按照"五年计划三年完成"总体安排部署广西历史文化街区划定和历史建筑确定的相关工作。初步完成广西历史文化街区现状情况和部分城市历史建筑现状情况的采集工作。

城市建设

【城市环境设施建设管理】 2016年，已建成城镇污水处理设施116座，城镇生活垃圾处理场85座，城镇污水处理率、生活垃圾无害化处理率均突破90％。南宁市等垃圾分类处理试点有序推进，来宾市垃圾焚烧发电厂技改扩建项目、北流市垃圾焚烧发电厂项目开工，北海市实施市容环境综合整治百日行动。城市黑臭水体治理得到加强，各市消除黑臭水体19千米，建设污水管网162千米，整治污水直排口95个。新建改建公共厕所954座。

【海绵城市建设】 南宁市启动国家海绵城市试点项目189项，完工75项，完工面积22.7平方千米，完成投资79.3亿元，柳州市、北海市、防城港市、玉林市等自治区海绵城市试点前期工作顺利开展。

【管廊建设】 南宁市入选国家城市地下综合管廊试点，南宁市、柳州市、钦州市、东兴市等市开工项目11项，建设规模45千米，总投资超56亿元，南宁市佛子岭路、长虹路城市地下综合管廊建成投入使用，佛子岭路地下综合管廊成为广西首条正式投入使用的城市地下综合管廊。

【街区改造与园林绿化】 桂林市"城市双修"试点启动，正阳东巷历史文化街区和逍遥楼重建等老城特色街区改造工程竣工开放，六城区和灵川县共14条特色街区改造项目全面展开。园林绿化水平不断提高，第八届、第九届广西园林园艺博览会分别在玉林市、钦州市成功举办，南宁市获得第十二届中国国际园林博览会承办权，立体绿化三年行动已完成屋顶绿化3.22万平方米。百色市"美丽右江"和"黄土露天"整治工程全面启动。崇左市申报国家园林城市，德保县、南丹县、浦北县、灵山县申报国家园林县城，三江县、永福县、恭城县申报广西园林城市通过专家组考评。

【住房城乡建设领域投融资机制】 出台《广西推进城市基础设施建设投融资体制改革的实施意见》，探索通过政府购买服务方式实施棚户区改造，共筹措国家开发银行、农业发展银行贷款116.7亿元，创新公益性基础设施建设融资模式，首次以"分贷统还"方式从农业发展银行筹措100亿元贷款，专项用于改善农村人居环境，开展住房公积金融资合作，与相关商业银行签订100亿元融资协议。将PPP模式推广运用到镇级污水和垃圾处理、城市地下综合管廊等市政公用基础设施建设，加快市政设施项目建设运营方式转型，南宁市那考河治理采用PPP模式，建立长期治理成效与付费挂钩机制，贺州市循环经济环保产业园等一批PPP项目有序推进。

村镇规划建设

【村镇建设】 2016年，广西有建制镇688个（不含105个县人民政府驻地镇和纳入城市规划区内的建制镇，下同），乡政府驻地集镇325个（不含5个纳入城市规划区内的乡，下同），村庄（自然村）约18.02万个，村民委员会所在村约1.43万个。村镇总人口约4661.42万（其中暂住人口约79.83万），户籍户数1247.4万户。建制镇建成区面积843.01平方千米，比上年增加34.55平方千米，人口579.88万（其中暂住人口39.14万），人均建设用地145平方米/人。乡政府驻地集镇建成区面积119.52平方千米，比上年减少8.2平方千米，人口84.35万（其中暂住人口2.91万），人均建设用地142平方米/人。村庄现状建设用地面积合计5269.94平方千米，人口4075.54万（其中暂住人口37.54万），人均建设用地129平方米/人。

【乡村规划建设管理制度改革】 2016年，融水、阳朔等10个试点县共54个乡镇完成"四所合一"机构改革，占全部102个乡镇的52.9％，落实编制585人，依托"四所合一"机构改革，优化乡村建设规划审批流程，将农民建房审批时间由原来的近100天压缩到15天。恭城县已委托中国城市科学规划设计研究院基本完成县域乡村建设规划编制，探索编制前决策先行机制和实施的工作机制，阳朔县、上林县、田阳县等地也基本完成规划纲要编制。阳朔县农村工匠自治管理、上林县政府与村民对话协商编制村庄规划、永福县村屯建设理事会管理等试点初具成效，恭城县、平乐县、永福县、田阳县等县域乡村建设规划试点加快推进。

【村镇基础设施建设】 2016年,广西村镇建设投资434.9亿元,其中市政公用基础设施建设投资75.19亿元(包括供水设施投资7.76亿元),房屋建设投资359.7亿元,道路桥梁投资34.8亿元。"清洁家园""道路硬化"活动巩固提升,农村环境卫生保洁工作总体平稳,宜居乡村"基础便民"活动试点有序启动。组织完成屯内道路硬化1400条,评选表彰443个"绿色村屯"。农村垃圾专项治理两年攻坚全面展开,开工299个乡镇片区处理中心和692个村级垃圾处理设施项目。河池市实施城乡新貌新风建设项目729项,完成投资46.83亿元,北海市推进铁路沿线环境整治、绿化美化工作。

【乡土特色建设】 首批60个示范村乡土韵味浓郁,地方特色鲜明,桂林市结合乡土特色打造8条精品旅游线路,总长684千米,途经13个县区39个乡镇、599个自然村,贵港市港南区"四季花田"等示范点受到好评。2个镇8个村入选全国美丽宜居小镇和村庄,218个村落列入第二批广西传统村落名录,72个村落新入选中国传统村落名录,"腾屋新建"等传统村落保护发展模式初步形成。

【村镇垃圾污水处理】 自治区住房城乡建设厅印发《关于切实做好全区农村垃圾专项治理两年攻坚有关项目建设工作的通知》,下达项目建设计划,组织实施520个乡镇片区处理中心建设和1000个村级垃圾处理设施改造升级,以及一批垃圾焚烧发电和水泥窑协同处理垃圾的项目。组建了自治区农村生活垃圾专项治理技术指导专家组,指导各地科学开展农村垃圾治理工作。全面开展全区镇级污水处理设施全覆盖建设的序幕,第一批300座镇级污水处理厂全部实现开工建设。陆川县、凤山县、钟山县等县的部分PPP或EPC项目推进顺利,17个乡镇项目已经开工。

【新型城镇化建设】 2016年,全区城镇化率达48.2%,同比增加1.14个百分点。加快城市新区规划建设,推进产城融合,南宁五象新区、柳州柳东新区、桂林临桂新区、梧州苍海新区、钦州中马产业园等园区建设取得新成效。实施大县城战略,3个国家级、20个自治区级新型城镇化示范县建设项目、建设模式探索、体制机制创新工作有序推进,首批57个百镇建设示范工程、少数民族乡建设完成投资超11亿元。特色小镇建设起步,恭城县莲花镇等4镇入选全国首批特色小镇,城镇发展提质升级全面启动,广西小城镇建设发展进入新阶段。玉林市实施玉北同城化和大县城战略,推进交通同网、生态同建、环境同治、设施同享。

【农村危房改造】 自治区下达的17万户农村危房改造任务全面开工,竣工15.39万户,提前超额完成国家任务。建档立卡贫困户危房改造补助标准提高到户均2.3万元,5.2万户的年度改造任务超额完成,实际竣工7.33万户。开展危房改造资金专项治理和审计问题整改,农村危房改造领域腐败案件多发高发态势得到有效遏制。

【历史文化名镇名村保护】 争取和落实专项支持资金,加强对柳州国家历史文化名城及广西历史遗存较为完整、丰富地区的历史文化遗产保护。加快推进武宣县和容县历史文化遗产保护工作,开展广西历史文化街区申报及认定工作,大力支持贺州市申报国家历史文化名城。开展第三批广西历史文化名镇名村评选,推荐4个镇21个村申报第七批中国历史文化名镇名村。

标准定额

【勘察设计和标准定额管理】 落实CEPA协议,广西和香港在建筑领域的交流合作开局良好。开展广西首届工程勘察设计大师评选活动。《城市轨道交通建筑信息模型建模与交付标准》等BIM技术标准发布实施,BIM技术试点项目有序展开。

【工程建设标准体系】 2016年,共立项地方标准42项,编制并发布《钢结构住宅技术规范》、《广西市政综合管廊设计与施工技术指南》等18项工程建设地方标准,配合完成《城市道路低影响开发雨水技术设施》等15项中南地区标准设计图集编制工作。完成《多排孔砖建筑技术规程》等4项地方标准的修订、复审工作,完成《广西壮族自治区居住建筑节能设计标准》等10项强制性地方标准整合精简工作。

【工程造价定额管理】 2016年,共完成6次全区信息价审核和1次集中检查。对"营改增"后价格信息发布工作进行调整,下发《关于营改增后价格信息发布工作调整的通知》,对各市开展信息价发布工作进行指导,确保"营改增"后各市信息发布及时准确。组织各市开展建设工程指标指数发布工作,逐步建立各类典型工程造价指标库,为投资估算编制提供参考依据。

工程质量安全监督

【工程质量治理两年行动】 "两书一牌"质量终身责任制度覆盖率达100%,建筑施工安全生产形势平稳,工程质量不断提升,全区住宅用户平均满意度达76%,房建市政工程竣工验收合格率为100%。

【质量安全大检查】 2016年，自治区住房城乡建设厅共组织开展4次全区工程质量安全综合或专项检查，覆盖14个设区市及所有县（市、区），累计检查在建工程项目402个，下发整改或停工建议书379份，对82家施工、监理企业予以暂停承揽业务，对140名注册执业人员予以暂停执业。

【建筑市场监管】 共组织开展4次建筑市场暨建筑工程质量安全层级监督检查，对14个设区市及98个县（市、区）进行100%全覆盖检查，累计检查在建工程项目402个，对涉嫌存在"三包一靠"违法行为的51个工程、58家责任单位进行挂牌督办，发布相关典型案例并进行指导。广西各级住房城乡建设主管部门累计检查在建房建市政工程项目24036个，累计下发监督执法检查整改单10062份、行政处罚决定书1221份，实施信用惩戒119起，共查处"三包一靠"等建筑市场违法行为25起。查处处罚力度获得住房城乡建设部通报表扬8次。

建筑市场

【建筑业】 全区完成建筑业总产值3449亿元，同比增长16.8%，实现建筑业税收183.99亿元，增长7.34%，占全区税收的9.3%。出台推广装配式建筑等政策和地方标准规范，在南宁市、柳州市、贺州市等市开展试点，南宁市、柳州市出台加快装配式建筑发展实施意见并启动一批试点项目，贺州市依托碳酸钙园区发展装配式建筑构件和新型墙材产业。优化行业环境减轻企业负担，全区清理返还工程建设领域保证金5.35亿元。

【工程获奖】 2016年，全区工程获鲁班奖3个、国家优质工程奖17个、中国建筑工程装饰奖17个、获全国AAA级安全文明标准化工地称号18个，所获国家级奖项再创新高。1个工程获"詹天佑奖"、5个工程获中国钢结构金奖，1家施工企业获"自治区主席质量奖"，均为广西工程建设领域第一次获此殊荣，121项工程获"广西优质工程奖"，254个项目获得"自治区建设工程施工安全文明标准化工地"。百色干部学院建成投入使用，广西国际壮医医院、南宁轨道交通等重点工程加快推进。

建筑节能与科技

【建筑节能和绿色建筑】 颁布实施《广西壮族自治区民用建筑节能条例》，建筑节能和绿色建筑发展进入依法全面推进新阶段，成为全国第6个"新建建筑全面执行绿色建筑标准"的省区。年内，全区新建建筑节能强制性标准执行率设计阶段达100%，施工阶段平均保持在98%以上。可再生能源建筑应用、既有公共建筑节能改造示范、绿色生态城区建设等顺利推进。新型墙体材料推广应用有序开展，2016年全区新型墙体材料产量达265亿块标砖，占墙体材料总量的67%，可节省能源约164万吨标准煤。混凝土清水墙砖在乡村推广应用起步。

【高等级绿色建筑和运营标识】 2016年，广西新增18个、212.62万平方米获得设计标识的新建绿色建筑，累计取得绿色建筑设计评价标识项目182个，建筑面积约2634万平方米，其中一星级92个，二星级80个，三星级10个，获得绿色建筑运营评价标识3个。自治区住房城乡建设厅安排486万元建筑节能专项资金用于支持广西美术馆、广西城市规划建设展示馆、南国弈园、柳州万达商业广场、梧州海骏达卡地亚项目1—11楼、梧州市旺城广场等6个绿色建筑示范项目建设，其中柳州万达商业广场项目于2016年底取得绿色建筑运营标识。

【绿色建筑标准与课题研究】 2016年，开展《自治区国家机关办公建筑和大型公共建筑节能监管平台运营维护及能力建设》、《广西绿色建筑增量成本研究》、《广西公共建筑节能改造若干关键问题研究》、《桂林村镇建筑节能适宜技术研究与示范》、《广西被动式超低能耗居住建筑推广对策研究》、《广西可再生能源建筑应用示范后评估研究》等课题研究，修订发布《广西绿色建筑评价标准》、《广西绿色建筑评价技术细则》、《广西壮族自治区居住建筑节能设计标准》等地方标准，修编广西工程建设地方标准《公共建筑节能设计标准》，该标准于2017年3月22日发布，自2017年6月1日起实施。

人事教育

【人才队伍能力建设】 采取上挂下派等形式加强厅机关和市县基层单位的干部培养。组织城市工作专题培训班、研修班、知识讲座，抓好全区住房城乡建设系统领导干部专题培训。组织开展岗位资格培训、专门业务培训和继续教育等业务，全年共组织开展培训及考核16.6万人次，组织建设类各项考试17.1万人次，共完成9.3万人次的现场专业人员岗位证书办理工作。

【机关作风建设】 全面落实中央八项规定，加大基层工作调研力度，及时发现和解决存在的突出问题。切实加强对农村危房改造、保障性住房建设及分配入住管理、城镇污水处理设施建设等重点工作的督促检查，对工作推进不力的市县和项目实行通报和挂牌督办，对相关责任人进行约谈、问责，确保各项工作落实到位，提高机关工作效能。

【党风廉政和精神文明建设】 全面落实从严治党责任，深入开展"两学一做"活动，积极部署"争当八桂先锋、争做合格党员"行动，加强廉政风险防控，推进党员领导干部履行"两个责任""一岗双责"，严肃查处发生在党员队伍中的违纪违法问题。广西建筑安装工程劳动保险费管理办公室、广西建设工程质量安全监督总站荣获第十六批自治区文明单位。

大事记

1月

4日 自治区住房城乡建设厅安全生产委员会召开2016年第一次全体会议，总结回顾2015年全区住房城乡建设系统安全生产工作，安排部署2016年重点工作。

6日 第八届广西园林园艺博览会园博园在玉林市举行开工仪式，园博园建设工作全面启动。

12日 崇左市大新县硕龙镇、桂林市龙胜各族自治县龙脊镇入选第三批全国美丽宜居小镇，桂林恭城瑶族自治县莲花镇竹山村、桂林市平乐县沙子镇渡河村、贺州市富川瑶族自治县福利镇茅厂屋村、南宁市西乡塘区石埠街道忠良村、桂林市龙胜各族自治县泗水乡周家村入选美丽宜居村庄。

13日 自治区住房城乡建设厅召开2015年下半年建筑安全生产事故约谈会，集体约谈13起发生建筑安全生产事故的施工和监理企业代表。

13日 广西柳州市、梧州市、北流市获评全国无障碍建设示范市县，玉林市、防城港市、南宁市武鸣区、合浦县获评全国无障碍建设市（县）。

19日 全区住房城乡建设工作会议在南宁召开。

19日 加拿大驻广州总领事白静芳率团拜访自治区住房城乡建设厅，就2016年3月底加拿大安大略省建筑及城乡规划企业代表团访问南宁市事宜进行协商和交流。

20日 由自治区住房城乡建设厅厅长严世明带队，厅机关有关处室的干部赴上林县定点扶贫点开展"送温暖·献爱心"慰问贫困户、贫困学生活动。

22日 第九届广西园林园艺博览会专家评审会在南宁召开，会议原则通过园博园建设总体规划方案。

26~27日 自治区住房城乡建设厅召开全区海绵城市、城市地下综合管廊建设管理培训班，围绕海绵城市、城市地下综合管廊相关政策、规划设计、建设、运营维护及投融资等内容进行全面系统的讲解。

2月

5日 自治区住房城乡建设厅印发《关于支持农民工等新市民购房需求认真做好房地产去库存工作的通知》，明确支持农民工等新市民购买首套新建普通商品住房，每套享有1万元补助。

17日 自治区召开全区落实农民工等新市民购房政策工作座谈会。

25日 2016年全国乡村规划推进工作电视电话培训会议召开，广西恭城县县域乡村建设规划成为会议培训示范案例，培训专家就其乡村建设规划目标、村庄重要基础设施和公共服务设施建设规划、村庄整治等内容进行详细讲解和培训。

3月

1日 住房城乡建设部、中央编办、国务院法制办组织召开了贯彻落实《中共中央 国务院关于深入推进城市执法体制改革改进城市管理工作的指导意见》精神电视电话会议。自治区住房城乡建设厅厅长严世明、副厅长金昌宁及有关处室负责人，自治区编办、法制办等有关部门负责人在自治区分会场参加电视电话会议。

1日 广西建筑信息模型（BIM）技术发展联盟在南宁召开成立大会，大会顺利通过联盟章程、会费标准及管理办法，并选举产生联盟首届组织机构。会后还举办广西首届BIM技术高峰论坛，中国建筑科学院副院长、中国BIM发展联盟理事长黄强作BIM专题学术报告。

3日 2016年全区建筑市场监管工作会议暨第一季度全区建筑施工安全生产形势分析会在南宁召开。会议主要贯彻落实中央城市工作会议，2016年全国和全区住房城乡建设工作会议、全国和全区安全生产工作会议精神，全面总结2015年全区建筑业发展和建筑市场监管工作经验，并对2016年工作进行部署。

3日 广西园林园艺博览会组委会第九次全体成员会议在南宁召开。会议审议通过第八届广西园林园艺博览会总体规划方案和总体工作方案。

7~11日 自治区住房城乡建设厅副厅长杨绿峰率领厅建筑市场监管处、行政审批处、标准定额处、广西建设工程质量安全监督总站等相关处室（厅属单位）负责人赴江西、浙江和安徽3省，学习考察推进建筑业转型升级工作。

10日 来自全区各市建设、规划、房产、园林、市政、公积金系统，广西建工集团、驻邕中建企业、厅机关和厅属单位的150多名工会干部齐聚一堂，参加一年一度的全区住房城乡建设系统工会工作会议。

10日 梧州市苍梧县六堡镇、桂林市荔浦县修仁镇柘村、钦州市浦北县龙门镇瓦鱼埇村获评广西特色生态（农业）名镇（村），桂林市秀峰区甲山街道办事处庙门前村、防城港市港口区企沙镇簕山村、百色市右江区阳圩镇平圩村获评广西特色旅游名村，贺州市八步区贺街镇、南宁市江南区江西镇扬美村、北海市铁山港区营盘镇白龙村获评广西特色文化名镇（村）。

11日 自治区召开"十三五"镇级污水处理设施建设前期工作电视电话会议。

16日 全区住房城乡建设系统推动视频会议及政府网站建设工作会议在南宁召开。

18日 自治区住房城乡建设厅在南宁召开2016年一季度全区住房城乡建设领域投资分析座谈会。

21日 国务院在北京召开全国棚户区改造工作电视电话会议，中央政治局常委、国务院副总理张高丽出席会议并作重要讲话。自治区党委常委、自治区副主席蓝天立在广西分会场参会，并于会后召开广西棚户区改造电视电话会议。会上，蓝天立总结广西2015年棚户区改造工作情况，并部署2016年棚户区改造任务要求。

22日 自治区住房城乡建设厅召开专题座谈会，就修订2014年版房建市政工程施工及监理招标文件范本公开征求意见。

24日 广西建筑装饰协会五届三次会员代表大会暨建筑装饰学术交流报告会在南宁饭店隆重举行。

24日 吉林省住房和城乡建设厅考察组一行5人到自治区住房城乡建设厅考察学习广西建筑农民工实名制管理、实名制用工管理系统建设和运行情况、建筑业发展相关情况，以及工程担保制度的建设情况。

24日 自治区住房城乡建设厅在桂林市永福县召开2016年全区村镇建设工作会。

24日 自治区住房城乡建设厅在桂林市永福县召开广西深化乡村规划建设管理制度改革工作推进会。住房城乡建设部村镇建设司村镇处处长张雁到会培训指导，自治区住房城乡建设厅副厅长吴伟权出席会议并讲话。

28~30日 自治区住房城乡建设厅副厅长杨绿峰率领厅建筑市场监管处、行政审批处、广西建设工程质量安全监督总站、广西建工集团、南宁市城乡建设委、广西建筑业联合会等相关处室（单位）负责人赴湖北、河南2省，学习考察质量安全管理标准化试点、促进建筑业转型升级、推进建筑产业现代化发展、行政审批制度改革等方面的经验与做法。

30日 2016年全区建设工程造价管理站长工作会议在南宁召开。

30日 2016年全区工程建设标准定额管理工作会议在南宁召开。

4月

5日 自治区住房城乡建设厅在南宁组织召开《广西壮族自治区绿道体系规划》专题调研座谈会。

19日 自治区住房城乡建设厅召开驻村第一书记座谈会，面对面与厅派驻上林县"美丽广西"乡村建设（扶贫）工作队和6名定点扶贫村第一书记座谈交流，听取7个村的扶贫工作汇报和重点项目规划，为精准扶贫工作出谋划策，协调解决相关工作难题。

19日 2016年上半年全区建筑市场暨建筑工程质量安全层级监督检查行前动员培训会，检查的重点是公开招标的公共建筑工程、保障性安居工程、商品住房工程和市政基础设施工程。

21日 广西融水苗族自治县、那坡县被命名为"广西园林城市"。

25日 经住房城乡建设部批准，南宁市获第十二届中国国际园林博览会承办权。中国国际园林博览会将首次在西部欠发达地区、少数民族地区首府城市举办。本届园博会选址位于南宁市中心东南方向的邕宁区顶狮山，总面积263公顷，建设主题为"生态宜居·圆梦园林"，计划于2018年12月与广西壮族自治区成立60周年大庆同期举办。

21~27日 自治区住房城乡建设厅分别在桂林市全州县和柳州市召开两期全区保障性安居工程暨棚户区改造业务培训会。

27~28日 2016年全区城市园林绿化、风景名胜区和广西园林园艺博览会规划建设管理工作会议在南宁召开。

28日 第九届广西园林园艺博览会园博园公共展园和城市展园详细规划方案审查会在南宁召开。

29日 第九届广西园林园艺博览会园博园开工仪式在钦州市举行。本届园博会园博园坐落于钦州市城东新区，计划于2016年下半年建成并开园。

29日 住房城乡建设部在北京召开全国农村危房改造工作电视电话会议。自治区住房城乡建设厅副厅长吴伟权在广西主会场参加会议，并在全区危房改造电视电话会议上作重要讲话。全区共设1个主会场和87个分会场，自治区住房城乡建设厅、14

个设区市、111个县(市、区)及所辖乡镇的分管领导和业务骨干参加此次会议。

5月

6日 由住房城乡建设部副部长倪虹率领的国家防总检查组第四小组到广西检查城市排水防涝工作。

7日 住房城乡建设部调研组在南宁召开城市管理工作座谈会，就当前城市管理和深化城管执法体制改革工作展开讨论，听取广西部分城市代表和相关部门意见。

9日 南宁市入选2016年全国城市地下综合管廊试点城市。

11日 云南省住房城乡建设厅副厅长蔡葵率考察团到自治区住房城乡建设厅交流工作。

12日 自治区住房城乡建设厅组织召开2016年全区无障碍环境建设培训班，全区300余名负责无障碍环境建设管理的工作人员接受培训。

18日 全区农村垃圾专项治理两年攻坚工作电视电话会在南宁召开。

20日 自治区住房城乡建设厅在南宁召开农村危房改造涉农资金专项治理和月度工作分析座谈会。

24日 由住房城乡建设部建筑市场监管司副巡视员姚天玮带队的2016年全国工程质量治理两年行动监督执法检查组第三组开始对广西开展检查，检查内容主要包括工程质量治理两年行动开展、建筑市场和工程质量安全监管等。

25日 第十届广西园林园艺博览会园博园总体规划方案评审会在南宁召开，会议原则通过了园博园建设总体规划方案。

26日 新疆维吾尔自治区住房城乡建设厅副厅长戴玉珍率调研组一行5人到广西调研住房保障信息化建设工作。

26日 住房城乡建设部2016年全国工程质量治理两年行动监督执法检查组第三组在南宁市召开检查反馈会，对5月23日至25日期间对各级住房城乡建设主管部门履职情况以及随机抽查6个项目的检查情况进行了通报。

26日 2016年全区住房城乡建设系统精神文明建设工作会议在南宁召开。

6月

8日 广西测绘地理信息局局长席扬率调研组一行6人到自治区住房城乡建设厅调研测绘地理信息应用需求。

15日 自治区住房城乡建设厅召开全区住房城乡建设系统2016年依法行政工作会议。

22日 自治区住房城乡建设厅在南宁召开2016年全区建筑施工安全生产管理先进经验交流会。

22日 自治区人民政府印发《关于推进全区城市地下综合管廊建设的通知》，要求城市管线以后应集中进入城市地下综合管廊，统一管理。

7月

4日 自治区住房城乡建设厅对全区14个设区市和17个县(市、区)进行2016年上半年全区建筑施工安全生产履职情况专项督查。

6日 自治区住房城乡建设厅召开2016年全区保障性安居工程建设中期工作推进会。

8日 自治区住房城乡建设厅在南宁组织召开政协提案答复座谈会，面对面向自治区政协代表汇报相关提案办理情况，并就"广西民族文化艺术元素融入城乡规划建设"主题展开研讨。

8日 广西园林园艺博览会组委会第十次全体成员会议在南宁召开，会议审议并通过了第九届广西(钦州)园林园艺博览会总体工作方案和园博园总体规划方案。

13~15日 广西住房城乡建设信息中心联手柳州市城管执法局举办2016年柳州市城管(环卫)系统通讯员新闻宣传培训班。

19日 自治区住房城乡建设厅召开全区农村垃圾专项治理业务培训会暨《广西壮族自治区乡村清洁条例》宣传贯彻会。

20日 2016年城市设计与海绵城市可持续发展高峰论坛在南宁举行。

22日 中国(玉林)生态田园城市高峰论坛在广西玉林市召开，来自全国各地专家、学者围绕"田园·产业·城市"的主题展开深入研讨，为新型生态城市发展建言献策。

22日 自治区住房城乡建设厅在南宁召开新闻媒体座谈会。

23日 第八届广西园林园艺博览会在玉林市玉东新区玉东湖片区开幕。

27日 广西建设工会在南宁召开全区住房城乡建设系统劳动竞赛工作会议，并在南宁江南万达项目部工地组织开展"服务农民工·送清凉送文化"慰问演出活动。

28日 第二十六届全国图书交易博览会在内蒙古包头开幕。由自治区住房城乡建设厅组织编写的《广西特色民居风格研究》丛书随广西展团的其他精品图书集体亮相。

31日 广西梧州市苍梧县发生5.4级地震。自治区住房城乡建设厅于震后半小时确认地震信息后，立即启动地震预案Ⅲ级响应，与梧州、贺州两市住房城乡建设主管部门建立应急联系,部署两市立即组织技术力量对震后房屋结构受损情况进行排查,及时疏散不宜使用的房屋建筑内人员。

8月

25日 自治区住房城乡建设厅召开2016年广西深化乡村规划建设管理制度改革试点工作推进会。

25日 自治区住房城乡建设厅在南宁召开广西部分城市住房保障和房地产工作座谈会。

25日 自治区住房城乡建设厅召开2016年广西深化乡村规划建设管理制度改革试点工作推进会。

29日 全区城市工作会议新闻发布会在南宁举办,会议对7月底召开的全区城市工作会议及相关政策文件进行全面解读。

29日 自治区住房城乡建设厅、财政厅、人力资源社会保障厅联合印发《关于清理规范广西工程建设领域保证金的实施意见》。

30日 南宁市宾阳县古辣镇污水处理设施项目举行开工仪式。

30～31日 全区首届建筑信息模型(BIM)技术应用职工技能大赛在南宁举办。

9月

1日 自治区住房城乡建设厅召开加快推广装配式建筑发展座谈会。

5～7日 2016年中国技能大赛暨第44届世界技能大赛全国选拔赛的瓷砖贴面、砌筑和抹灰与隔墙系统项目比赛于9月在山东烟台举行,广西选派2名砌筑选手参加比赛。

7日 自治区住房城乡建设厅在柳州召开2016年全区市政行业建设与管理工作会议。

7日 自治区住房城乡建设厅在柳州召开2016年全区城市管理执法体制改革研讨会,会议介绍海口市推进城市管理执法体制改革的做法和经验,并进行数字化城市管理主题讲座。

19日 自治区住房城乡建设厅在桂林市灵川县组织召开2016广西传统村落保护发展专家委员会及工作组全体会议。

19日 住房城乡建设部标准定额司处长王果英率由住房城乡建设部、工业和信息化部、部分省住房城乡建设部门、通管局以及相关专家组成的专项检查组到广西检查2016年光纤到户国家标准执行情况。

20日 自治区住房城乡建设厅举办2016年保密工作培训班。

21～24日 自治区住房城乡建设厅在梧州市举办第八届广西建设工程质量论坛暨工程质量常见问题治理观摩会。

22～23日 2016年下半年自治区住房城乡建设系统新闻通讯员培训班在贺州市举办。

23～25日 2016中国期刊交易博览会在武汉国际博览中心举办,由自治区住房城乡建设厅主管、广西住房和城乡建设信息中心主办的《广西城镇建设》以"2016中国最美期刊"获奖者身份亮相本次刊博会,成为广西上榜的两家杂志之一。

27日 2016中国?东盟市长论坛在南宁召开。该次论坛以"'21世纪海上丝绸之路'与中国—东盟城市共同体建设"为主题,重点关注中国与东盟城市间多渠道、多领域的合作。

27日 第八届广西园林园艺博览会总结大会暨会旗交接仪式在玉林市举行,会议对第八届广西园林园艺博览会各项筹备工作及建设历程进行回顾和总结,并公布园博会各展项评比结果。会上,钦州市接过广西园博会会旗,承办第九届广西园博会。

28日 自治区住房城乡建设厅召开加快推进2016年镇级污水处理设施项目座谈会。

29日 自治区第十二届人大常委会第二十五次会议通过《广西壮族自治区民用建筑节能条例》,对广西民用建筑节能在法律层面做出了全面规定,将于2017年1月1日起施行。

10月

14日 南宁市第十二届中国国际园林园博会承办指挥部正式进驻国际园博园选址地顶蛳山进行现场办公。

14日 南宁国际会展中心改扩建工程A、B区建设劳动竞赛总结表彰大会顺利召开。会议回顾总结南宁国际会展中心A、B区劳动竞赛先进经验和取得成绩,并现场表彰竞赛中涌现的一批先进单位、优胜班组和优秀建设者。

15日 由自治区住房城乡建设厅主办,上林县人民政府、广西住房城乡建设系统文联承办的2016年自治区住房城乡建设系统(上林专场)防治艾滋病宣教活动在上林县建筑工地举行。

18日 自治区住房城乡建设厅召开行业协会与行政机关脱钩暨"两个覆盖"工作推进会,传达中央和自治区有关行业协会商会与行政机关脱钩工作以及"两新"组织党的组织和工作"两个覆盖"的工作要求并进行部署。

19日 自治区住房城乡建设厅在南宁召开为期2天的全区住房城乡建设和人防系统纪检监察业务培训班。

21日 自治区住房城乡建设厅召开全区住房城

乡建设系统纪检监察工作座谈会。

28日　全区"十三五"镇级污水处理设施57座项目集中开工。

28日　自治区墙改办、广西建科院2016年党风廉政建设汇报会暨廉政教育课在广西建筑科学研究设计院举行。

28日　广西住房和城乡建设厅网再获殊荣，该网"在线服务"栏目被电子政务理事会评为"2016年度政府网站精品栏目"，成为广西首家获评的办事类精品栏目。

11月

1日　自治区住房城乡建设厅召开全区农村危房改造工作情况通报会。

1日　南宁市最高设三万元奖金对外征集国际园博会吉祥物、主题曲及宣传口号，所有关注南宁园博会的个人、机构和团体均可参加，作品征集截止时间为2017年3月1日。

4日　广西工程勘察设计大师评选委员会召开第一次工作会议。

7日　南宁市委副书记、市长周红波携部分市政府领导及住房城乡建设系统相关单位负责人拜会自治区住房城乡建设厅，就住房城乡建设工作进行深入交流，共同协商解决工作中出现的困难和挑战。

8日　自治区住房城乡建设厅机关各处室及厅属各单位中层以上干部和党员前往广西壮族自治区档案馆，参观纪念中国工农红军长征胜利80周年图片展。

8日　全区住房城乡建设系统新闻宣传出版工作座谈会在南宁召开。

11日　自治区住房城乡建设厅与中国建设银行广西分行举行战略合作签约仪式。

11日　自治区"美丽广西"乡村建设领导小组办公室主持召开农村改厕工作政企合作业务座谈会。

16日　自治区住房城乡建设厅举办第二期全区无障碍环境建设培训班，培训宣传贯彻《广西"十三五"无障碍环境建设实施方案》以及无障碍环境建设相关要求，并邀请广西华蓝设计（集团）有限公司专家对无障碍设施的设计、施工、验收、维护等内容进行讲解。

17日　特色小镇创建经验交流座谈会在南宁举行，相关厅局及4个特色小镇的主要负责人畅谈创建工作的建议和想法。

21日　住房城乡建设部在北京召开全国工程质量治理两年行动总结电视电话会议。

22日　自治区住房城乡建设厅在桂林市举办2016年全区住建系统燃气管理部门暨行业专家安全应急管理培训班。

23日　自治区住房城乡建设厅在桂林市举办2016年全区住房城乡建设领域非公企业和社会组织党组织书记、党务工作者示范培训班。

24日　自治区住房城乡建设厅召开2016年第二次加快推进镇级污水处理设施项目建设座谈会。

28日　自治区住房城乡建设厅在南宁分会场参加全国建筑施工安全生产电视电话会议，并随后召开全区住房城乡建设系统安全生产工作电视电话会议。

29日　自治区住房城乡建设厅在南宁组织召开《南宁市横县六景镇总体规划（2013—2030）》修改评估论证会。

12月

2日　第九届广西园林园艺博览会在钦州市城东新区开幕。

2日　住房城乡建设部、环境保护部联合召开全国非正规垃圾堆放点排查整治工作电视电话会，广西各地在各分会场参加会议，并随后召开全区非正规垃圾堆放点排查整治工作会议。

6日　自治区住房城乡建设厅举办绩效考评工作业务培训。

13日　全国改善农村人居环境工作电视电话会议在北京召开。自治区副主席张秀隆，自治区政府办公厅、自治区党委农办（乡村办）、发展改革委、财政厅、环境保护厅、住房城乡建设厅、农业厅、政府研究发展中心的负责人在自治区分会场参加会议，各设区市、县（市、区）政府领导及相关部门负责人在各地分会场参加会议。

13日　新疆维吾尔自治区住房城乡建设厅副厅长王玮率调研组一行3人到广西调研建筑安装工程劳动保险费管理工作，并召开经验交流座谈会。

15日　全区住房城乡建设系统首届农民工创意大赛暨文化艺术节在南宁拉开帷幕。

27日　全区质量大会在南宁召开，会议表彰第三届自治区主席质量奖。广西建工集团第五建筑工程有限责任公司是获奖的4家企业之一，这也是广西建筑施工企业首次获得该奖项。

28日　第十二届中国（南宁）国际园林博览会园博园举行奠基仪式，这标志着园博园正式进入实质性建设阶段。

30日　自治区住房城乡建设厅组织召开广西部分设区市稽查执法案件督办会议暨重点违法建设项目治理工作督办会议。

（广西壮族自治区住房和城乡建设厅）

海南省

概况

2016年在省直部门、各市县的大力支持和帮助下，全省住房城乡建设系统坚决贯彻落实中共海南省委、省政府的决策部署和中央城市工作会议精神，圆满完成了各项工作任务，为推动"十三五"良好开局做出应有贡献。

法规建设

【普法工作】 2016年，海南省住房城乡建设系统大力加强法治宣传教育。坚持海南省住房和城乡建设厅领导班子学法用法守法。先后专题组织学习《中国共产党廉洁自律准则》、《中国共产党纪律处分条例》、《中华人民共和国行政复议法》、《中华人民共和国信访条例》、《中华人民共和国城乡规划法》等法律法规，形成领导率先学法、带头普法、自觉用法的良好氛围。强化全省住房城乡建设系统干部职工法制培训。扎实推进全省住房城乡建设系统法制培训，印发"七五"普法计划、《海南省住建系统法治宣传教育第七个五年规划》和《2016年法治宣传教育工作计划》，全面推进全省住房城乡建设系统普法依法治理工作。扎实推进全省住房城乡建设系统法制培训，2月份，集中学习《中国共产党纪律处分条例》等党内法规。5月份，组织开展"读书会"活动，将普法书籍纳入读书范围。12月份，开展国家宪法日法治宣传活动。据不完全统计，2016年举办各类政策法规及技术标准培训共计16期，参训人数2793人。通过教育培训，进一步提高全省住房城乡建设系统干部职工依法行政的意识和能力。

【行政复议和应诉】 海南省住房城乡建设系统积极抓好行政复议工作，发挥行政复议作为行政层级监督手段的重要作用，履行复议职责，做好应诉工作。省住房和城乡建设厅始终保持与省法制办、人民法院的沟通协调和密切配合，认真做好行政诉讼案件的应诉协调工作，充分发挥行政复议和行政诉讼的作用，有效化解大量行政争议，有力维护社会和谐稳定。全年共办理行政复议案件13件、行政诉讼案件3件。

【法律审核工作】 海南省住房城乡建设系统抓好有关规范性文件、有关通知通报、有关合同文本的合法性审核工作，以事实和法律作为法核的唯一客观标准，严格把关。省住房和城乡建设厅年内完成文件法律审核650余件，确保文稿内容的合法性和部门决策的科学性，对《海南省房屋建筑和市政工程招标控制价管理暂行办法》等17件规范性文件，都严格落实规范性文件法律审核及备案登记制度，备案登记率达到100%，规范性文件报备工作荣获省直机关第四名。

【立法工作】 海南省住房和城乡建设厅根据省人大常委会和省政府的决策部署，充分发挥立法的引领、推动、协调作用，努力抓好住房城乡建设系统立法工作。加强立法工作的统筹和协调。编制2016年度立法工作方案，并及时召开贯彻落实立法工作计划座谈会，对年度立法工作提出具体意见和明确要求。提前介入法规草案的起草和修改。对计划起草的法规，提前介入调研、论证过程，对起草中涉及的重点和难点问题进行沟通和协调，从合法性、可操作性及法规条文表述等方面，严格依据上位法进行审查。主导法规草案的定稿和送审。将规划草案征求各市县住房城乡建设各局、省直有关部门意见的任务，经反复修改完善，最终形成送审稿，并及时完成法规草案的送审。8月31日，《海南省城乡规划条例（修改）（送审稿）》已报送省法制办。《海南经济特区建筑工程管理条例》已完成初稿，待进一步修改完善。

【行政执法】 省住房和城乡建设厅大力加强行政执法力度，进一步规范行政行为，源头防范和降低诉讼风险，开创行政提速、服务提质、制度提效、队伍提素、形象提升的良好局面。围绕日常工作建立健全基本制度。对行政许可事项、行政处罚事项、行政检查事项流程图进行梳理，制定《关于开展行政执法评议考核工作的实施方案》、《行政执法评议考核评分标准》、《行政执法评议考核情况表》。围绕重点难点问题制定实施执法制度。针对以往执法随意性大、执法程序颠倒、必要环节缺失、执法标准不一等乱象，从规范行政执法流程入手，提升行政执法公信力。统一行政处罚执法程序。印发《海南省住房城乡建设行政处罚格式文书及使用说明（试行）》，要求全省住房城乡建设系统遵照执行。通过统一执法流程，规范执法程序，有效规范全省住房城乡建设系统行政处罚行为，保障执法对象的正当权益。进一步规范行政许可程序。实行"一个窗口对外"制度，全面推行网上审批，履行"一次性告知"、"一站式"服务。受理行政许可事项共计1344件，按时办结率100%，未发生因不服行政许可而引发行政复议、行政诉讼、投诉情形。

【信访工作】 2016年，海南省住房和城乡建设厅积极依法分类处理信访诉求，共接受群众来信来访共计117件次，其中转市县相关部门办理58件，厅机关和直属单位办理24件，不予受理39件，没有发生影响较大的信访问题和群体性事件。

【稽查与督察】 2016年，按照住房城乡建设部的安排部署，结合全省实际，印发《厅2016年重点稽查执法工作实施方案》。截至2016年12月底，共受理举件179件，其中住房城乡建设部转办件13件，其他网络、信访，以及审计等相关部门转送件166件；有效举报件64件，直接查办21件，转市县办理43件。

【违法建筑整治】 是海南省整治违法建筑"三年攻坚行动"的关键年，按照中共海南省委、省政府的工作部署，省住房和城乡建设厅积极指导各市县完善违建整治配套政策，建立违建整治长效机制。印发《2016年度全省整治违法建筑工作目标分解表》，对全省年度整违工作任务进行量化和分解，明确各市县年度整违工作目标，并制定《海南省整治违法建筑2016年度工作考核办法》，把整违工作目标完成情况作为各市县年终考核的重要内容，强化整违工作责任落实。全面启动"无违建"创建活动。研究制定《关于开展"无违建"创建活动的实施方案》，并配套出台《海南省创建"无违建活动优秀乡镇（街道）"考核验收办法》、《海南省创建"无违建村（社区）"考核验收办法》，严格筛选出36个"无违建村（社区）"创建点和7个"无违建活动优秀镇（街道）"创建点，为推进违法建设防控和治理工作常态化、长效化奠定了坚实基础。加强交通干道沿线违建专项整治。下发《关于加强交通干道沿线违法建筑整治工作的通知》，并组织工作组分赴全省实地督查国道沿线违建整治工作情况，现场发放督查整改和专项督办通知书29份。全省各地共拆除交通干道沿线违法建筑约32万平方米。2016年，全省累计拆除违法建筑787万平方米，防控违法建筑84万平方米，超出年度拆违目标任务287万平方米。

【违法违规案件查处】 海南省住房和城乡建设厅积极开展专项检查，严肃查处违法违规行为。在全年的专项检查中，累计出动20人次，检查时间达180余天，参与整治违法建筑工作专项检查、服务社会投资百日大行动、存量国有建设用地专项清理处置行动、建筑市场和工程质量安全等8个方面的专项检查工作。在对全省整治违法建筑情况开展专项督查中，现场发放督查整改通知书和专项督办通知书13份，对6个市县的整违工作进度滞后问题和26个乡镇、区国道沿线的226宗违法建筑问题进行挂牌督办、限期整改。

【行政执法人员培训考试】 2016年，组织开展全省住房城乡建设系统行政执法人员建设专业法律法规知识培训考试，加强稽查执法队伍建设。邀请省法制办和省住房和城乡建设厅相关处室负责人讲解住房城乡建设方面有关法律法规和相关行政执法知识，以及整治违法建筑方面有关法律法规、政策性文件、实际操作方法。共计263人参加了培训考试。

房地产业

【商品房建设】 2016年，海南省房地产市场总体运行平稳。房地产开发投资增速放缓。2016年全省完成房地产开发投资1787.60亿元，占固定资产投资总额的47.7%，比重比上年同期回落3.1个百分点，同比增长4.9%，增速比去年同期回落14.1个百分点，低于全国平均水平2.0个百分点。分投资用途看，住宅投资1317.73亿元，同比增长5.7%，住宅投资占房地产开发投资的73.7%，比重比上年同期提升0.5个百分点，办公楼投资52.70亿元，增长156.5%，占2.9%，商业营业用房投资181.18亿元，增长28.5%，占10.1%，其他投资235.99亿元，下降20.2%，占13.2%。分地区看，东部地区房地产开发投资1384.71亿元，同比下降0.3%，占全省房地产开发投资总额的77.5%，中部地区投资69.61亿元，增长0.9%，占3.9%，西部地区投资333.28亿元，增长35.1%，占18.6%。分市县看，房地产开发投资增速高于全省平均增速的市县有9个：海口市增长20.7%、儋州市增长208.7%、文昌市增长25.7%、东方市增长38.0%、澄迈县增长5.5%、乐东县增长65.4%、昌江县增长

26.2%、保亭县增长 22.6%、屯昌县增长 28.0%。降幅超过两位数的市县有 4 个：三亚市下降 12.1%、琼海市下降 38.3%、万宁市下降 20.2%、白沙县下降 48.6%。商品房施工面积有所增长。2016 年全省商品房施工面积 8936.78 万平方米，同比增长 7.5%，增速比去年同期提升 2.6 个百分点。其中，住宅施工面积 6685.96 万平方米，同比增长 3.4%；办公楼施工面积 203.69 万平方米，增长 27.0%，商业营业用房施工面积 968.43 万平方米，增长 23.6%；其他房屋施工面积 1078.70 万平方米，增长 18.5%。住宅施工面积占商品房施工面积的 74.8%，比重比上年同期回落 2.9 个百分点。商品房新开工面积快速增长。2016 年全省商品房新开工面积 1976.16 万平方米，同比增长 20.2%，增速比去年同期提升 16.3 个百分点，高于全国平均水平 12.1 个百分点。其中，住宅新开工面积 1382.36 万平方米，增长 7.9%，办公楼新开工面积 53.08 万平方米，增长 322.0%，商业营业用房新开工面积 238.61 万平方米，增长 54.1%，其他房屋新开工面积 302.11 万平方米，增长 54.4%。住宅新开工面积占商品房新开工面积的 70.0%，比重比上年同期回落 7.9 个百分点。商品住房库存明显下降。截止到 2016 年 12 月末，全省商品住房库存〔已批准预（销）售未销售部分〕约 2621 万平方米，比去年末下降 868 万平方米，去化期约 23 个月（按最近 24 个月月均销售面积计算），比去年末下降 22 个月。房地产企业资金总体充足。2016 年全省房地产企业本年到位资金 2379.45 亿元，同比增长 11.2%，增速比上年同期提升 0.4 个百分点。其中，国内贷款 403.36 亿元，增长 18.7%，占 17.0%，自筹资金 1034.56 亿元，增长 2.6%，占 43.5%，其他资金（含定金、预付款和个人按揭贷款）941.53 亿元，增长 19.1%，占 39.6%。房地产贷款快速增长。截至 2016 年 12 月末，房地产贷款余额 2306.91 亿元，同比增长 44.24%，增速比全省各类贷款增速高 28.6 个百分点，占全省各类贷款余额的 30%。其中，房地产开发贷款余额 1440.53 亿元，同比增长 38.98%，占房地产贷款余额的 62.4%，个人购房贷款余额 780.46 亿元，同比增长 57.99%，占房地产贷款余额的 33.8%。房地产贷款不良余额 17.04 亿元，比年初减少 5.58 亿元；房地产贷款不良率 0.74%，比年初下降 0.67 个百分点。

【商品房销售】 海南省为促进商品房销售，化解房地产库存风险，进一步加大房地产宣传促销力度。由省住房和城乡建设厅牵头组织企业赴北京市、郑州市、重庆市等地开展岛外房展会活动，并与海南日报、海南电视台、新华社海南分社、南海网等主流媒体合作开展形式多样的海南整体形象宣传暨房地产推介活动。全年全省共开展 104 场房地产宣传推介活动，累计成交商品房 1783 套，销售面积约 14 万平方米，销售金额约 13.73 亿元，积累购房意向客户近 10 万组。2016 年全省商品房销售规模大幅增长，全省商品房销售面积 1508.53 万平方米，同比增长 43.4%，增速比去年同期提升 38.6 个百分点，高于全国平均水平 20.9 个百分点。分类型看，住宅销售面积 1417.09 万平方米，增长 43.9%，办公楼销售面积 9.47 万平方米，增长 4.7%，商业营业用房销售面积 55.99 万平方米，增长 46.4%，其他房屋销售面积 25.98 万平方米，增长 28.6%。分地区看，东部地区销售面积 1018.00 万平方米，同比增长 34.3%，占 67.5%，中部地区销售面积 92.99 万平方米，增长 35.4%，占 6.2%，西部地区销售面积 397.54 万平方米，增长 76.3%，占 26.4%。全省商品房销售面积增速高于全省年平均水平的市县有 9 个：儋州市增长 186.1%、文昌市增长 83.7%、万宁市增长 55.9%、东方市增长 170.5%、陵水县增长 70.6%、乐东县增长 88.8%、昌江县增长 67.1%、保亭县增长 47.6%、屯昌县增长 113.4%。2016 年全省商品房销售金额 1490.20 亿元，同比增长 51.6%，增速比去年同期提升 46.5 个百分点。其中，住宅销售金额 1385.26 亿元，增长 52.5%，办公楼销售金额 12.66 亿元，增长 3.6%，商业营业用房销售金额 66.31 亿元，增长 66.3%，其他房屋销售金额 25.97 亿元，增长 17.7%。2016 年全省商品房销售均价 9878 元/平方米，同比增长 5.8%。其中，住宅销售均价 9775 元/平方米，增长 6.0%，办公楼销售均价 13372 元/平方米，下降 1.1%，商业营业用房销售均价 11842 元/平方米，增长 13.6%，其他房屋销售均价 9997 元/平方米，下降 8.5%。2016 年全省房地产业地方级税收收入 211.4 亿元，同比增长 11.3%，占全省地方级税收收入的 41.9%，建筑业地方级税收收入 59.1 亿元，同比增长 4.3%，占全省地方级税收收入的 11.7%。

【房地产市场管理】 海南省认真贯彻落实国家关于加快推进供给侧结构性改革、消化房地产库存的决策部署，实施"两个暂停"等一系列政策措施，促进房地产业去库存、调结构、提品质，保持房地产市场平稳健康发展。

【物业管理】 为做好海南省人大关于停止实施全省物业服务企业资质审批后的相关衔接工作，印发《关于做好停止实施物业服务企业资质审批工作有关问题的通知》，指导市县有序开展物业管理工作。同时，为加强和规范全省物业服务行业行为，提升物业服务水平，省住房和城乡建设厅对《海南省住宅区专项维修资金管理办法》、《海南省业主大会和业主委员会指导规则》和《管理规约》、《业主大会议事规则》、《物业服务合同》、《住宅室内装饰装修承诺书》等文件进行修改完善。

住房保障

【棚户区改造】 出台《海南省实施政府购买棚改服务管理暂行办法》，进一步推进政府购买棚改服务和棚改货币化安置工作，2016年货币化安置3.03万户，占开工户数的60.5%。指导各市县早计划、早开工，并开展各项监督检查，对重点市县进行督查，指导加快棚户区改造。向棚改开工率低于50%的相关市县发送督办函，督促加快项目建设进度。同时督促协调省农垦控股集团公司、各市县和各农场加快垦区棚户区改造进度。举办全省棚户区改造创新融资方式工作培训班，创新棚改融资方式，加强与国开行海南分行、农发行海南分行对接，落实金融支持政策并督促市县提高资金使用效率。全省全年棚户区改造开工50113套（户），超额完成中央下达海南省棚户区改造34764套（户）计划以及海南省为民办实事事项。其中城市棚户改造开工39875套（户），国有工矿棚户区改造735户，垦区危房改造9503户。

【公租房分配入住】 督促指导市县按照住房城乡建设部有关规定，加快全省公租房分配入住工作，全年完成公租房分配入住4307套。全省累计开工公租房7.98万套，已分配入住6.1万套，分配入住率76.5%，高于全国平均水平。做好国务院第三次大督查公租房专项督查工作，督促公租房分配入住。结合保障性住房质量专项整治，指导市县切实消除保障性住房工程质量隐患，加快公租房等项目建设和分配，完善配套基础设施建设。

【保障性安居工程】 督促指导各市县做好2015年保障性安居工程跟踪审计整改工作，进一步加强保障性安居工程建设、分配管理。各市县政府进一步细化分配方案，调整各类保障性住房的准入标准，降低门槛，扩大保障范围，确保保障性住房项目尽快建成并及时分配入住。同时，健全准入标准、审核程序、动态管理和退出执行等制度。

公积金管理

2016年，海南省住房公积金在宏观经济形势复杂严峻、经济下行压力加大等多种因素影响下，主动适应经济新常态，坚持稳中求进、提升质效，归集、贷款和增值收益等运营指标稳定增长，各项业务指标均超计划完成。住房公积金缴存额较上年小幅增长。配合房地产"两个暂停"政策的落实，购房提取较大幅增长；按照"放、管、服"改革要求，简化材料、优化流程，提取额较快增长。全省商品房销售量高速增长，去库存效果明显，房地产市场呈现健康快速发展态势，极大促进个人住房贷款增加，住房公积金个贷发放额创历史新高。全省缴存人数100.89万人，增加13万人，增长14.79%，缴存住房公积金103.09亿元，增加8.77亿元，增长9.30%，提取住房公积金89.11万笔64.35亿元，增加13.78亿元，增长27.25%，发放个人贷款1.97万笔74.63亿元，增加853笔16.19亿元，分别提高4.52和27.71个百分比，住房公积金实现增值收益5.48亿元，同比增加0.08亿元，增长1.35%，个贷逾期率为0.068‰，同比下降0.062个千分点，低于国家要求的1.5‰的控制标准。至2016年底，全省住房公积金累计缴存额594.09亿元，提取总额281.86亿元，缴存余额312.22亿元，个人贷款累计发放13.22万笔323.75亿元，个人贷款余额251.29亿元；住房公积金使用率89.74%、个贷率80.48%，分别提高5.19个和8.37个百分点。保障性住房试点项目贷款回收本金3900万元，累计发放3.74亿元，项目贷款已全部回收结清。

城乡规划

【"多规合一"改革】 2016年，海南继续积极推进省域"多规合一"改革工作，取得阶段性成果。3月22日，中共中央政治局常委、国务院总理李克强在海南考察听取海南省"多规合一"改革情况汇报时强调指出：海南是全国唯一的省域"多规合一"改革试点，这项改革说到底是简政放权。各部门职能有序协调，解决规划打架问题，简政；一张蓝图绘好后，企业作为市场主体按规划去做，不再需要层层审批，放权；政府职能要更多体现在事中事后，是监管。"多规合一"最终促进政府职能的转变，提高政府的效率，同时也促进大众创业、万众创新。海南要把这个试点继续做好，总结经验。5月24日，中共中央政治局常委、国务院副总理张高丽在海南视察时，听取海南省"多规合一"改革试点工作汇报。他强调指出："多规合一"让海南再次站在全国改革的前沿，海南把"多规合一"和整治、行政审批等各个方面衔接起来，可以说思路很清晰，路子走得很对。5月31日,中央书记处书记、中央深化改革领导小组办公室主任王沪宁在京听取了罗保铭书记关于海南省"多规合一"改革试点工作汇报并做重要指示。6月27日,习近平总书记主持召开中央全面深化改革领导小组第二十五次会议,审议通过了《关于海南省域"多规合一"改革试点情况的报告》等事项,处理好改革探索和依法推进的关系,一张蓝图干到底。海南省加快推进总体规划编制工作,4月25日,海南省加快推进"多规合一"工作领导小组办公室印发《市县总体规划审查工作规则(试行)》,并于7月29日正式印发《市县总体规划审查工作规则》,加强对市县总体规划编制的指导和审查。5月12日,住房城乡建设部在北京组织召开专家评审会,评审通过《海南省总体规划(2015—2030)》。5月16日,中央编办正式批复同意海南设立海南省规划委员会。6月17日,省多规办下发《关于开展山体保护专项检查工作的通知》,在全省范围内开展山体保护专项检查工作。7月,海南省政府将《海南省总体规划(空间类2015—2030)》及6个专篇上报国务院审批。

【全省城镇工作会议】 2月25日,中共海南省委、省政府召开全省城镇工作会议,贯彻中央城市工作会议精神、落实中共中央、国务院《关于进一步加强城市规划建设管理工作的若干意见》,要求依据《海南省总体规划》,统筹城镇建筑布局,协调城镇景观风貌,体现城镇地域特色、民族特色和时代风貌,推动城镇发展由粗放外延式向质量内涵式转变。12月8日,中共海南省委、海南省人民政府印发《关于加强城镇规划建设管理工作的实施意见》,要求海南省和市县"多规合一"规划成果经批准实施后,各市县要用2年左右时间完成辖区内城镇、旅游度假区及省级产业园区开发边界内包括总体规划和控制性详细规划修编。同时明确省和市县"多规合一"规划成果确定的城镇、旅游度假区、省级产业园区、村庄、基础设施开发边界一经审批,不得擅自调整,对上述开发边界外实施严格的开发建设管控,除交通、电力、气网、通信、水利、垃圾、污水处理等基础设施和公共服务设施以及军事、殡葬等特殊用地外,国土、城乡规划等部门不得擅自在开发边界外出让、划拨建设用地及做出开发建设规划许可。

【城乡规划管理】 起草《海南省人民政府关于加强城市设计和建筑风貌管理的通知(代拟稿)》。该《通知》紧紧围绕塑造富有特色的城镇风貌的要求,强调各市县要抓紧开展城市设计工作,抓好重要景观地段的风貌管控,优化建筑布局,加强建筑体量尺度和建筑风格的管控,统筹协调建筑色彩运用,提高建设项目园林绿化水平,加强建设项目设施配套,以及健全规划报建审查机制和建立建筑使用后评估制度等,将进一步规范海南省城乡规划建设管理,提升开发建设品质。做好《三亚海滨风景名胜区总体规划》报批工作,该规划经省政府专题会议审查通过后,已提交国务院待批。落实行政审批改革,做好迈湾水库、天角潭水库、定海大桥连接线、国家文物局水下文化遗产保护中心南海基地项目、国道G223线万宁过境段公路新建工程项目、海口美兰国际机场二期扩建项目空管配套工程——文昌导航台项目、海南博鳌机场二期扩建工程等省重点项目规划选址工作。审查审批了陵水清水湾、香水湾和土福湾等多个项目的修建性详细规划,推动市县重点项目建设。

城市建设

【城市道路建设】 2016年,海南省继续大力推进城市道路建设。全省城市建成区面积451.86平方千米,城市道路总长3184.88千米,城市建成区平均路网密度7.05千米/平方千米,人均道路面积18.88平方米。城市桥梁253座,立交桥10座。

【垃圾处理设施建设】 海南省基本实现城乡一体化,建立起"村收集、镇转运、市县处理"生活垃圾处理体系,全年竣工、扩建、改造项目4座。截止2016年底全省累计建成20座生活垃圾处理设施,垃圾无害化处理设施设计处理能力5373吨/日,全年城乡生活垃圾进场(厂)量322万吨,无害化处理274万吨,实际处理达7507吨/日,城乡垃圾无害化处理率为85%。累计建成垃圾转运站176座,转运能力为9028吨/日,在建转运站6座,处理能力为300吨/日。全年累计建成餐厨垃圾处理厂2座,设施设计处理能力300吨/日,共处理餐厨垃圾2万吨。2016年全省完成垃圾处理设施投资4.6亿元,垃圾转运设施投资0.8亿元。召开2016年垃圾处理设施省级财政资金项目竞争性评审会,通过对市县申报项目进行评分,最终分批下达省财政资金共计1.33亿元,支持25个城乡环境综合治理项目建设。利用省级财政资金1000万元对各市县环卫工人进行补助。全年每季对城乡综合治理工作进行督促检查,年终对全省20座生活垃圾处理设施运行管理评价考核。相继完成全省"十三五"生活垃圾无害化处理设施建设规划、垃圾处理设施在线监控系统项目可行性研究、建筑垃圾管理研究报告。

【公共照明建设】 海南省继续完善城市路灯设施建设,全省城市(含县城)新增市政路灯2.51万杆6.59万盏,总功率5150.68千瓦。至年底,全省城市市政路灯共有29.14万盏,全省城市公共照明亮灯率达到95%、节电率达到20%。继续推进全省公共照明设施智能监控系统及能耗监测平台的建设工作,第一期建设项目已完工,并于2016年11月21日通过省工信厅组织的竣工验收。

【园林绿化建设】 海南省继续推进园林绿化建设,重启园林城市创建工作,万宁市被命名为省级园林城市,向住房城乡建设部推荐儋州市申报国家级园林城市。印发《海南省园林绿化工程施工及验收规范》和《海南省城镇园林绿地养护管理规范》,并于2016年10月1日正式实施。三亚市积极开展城市生态修复城市修补工作,园林绿化工程建设项目总投资约245217.78万元,新建和改造绿地面积512.66公顷,三亚湾原生植被保护及生态恢复工程、东岸湿地公园、月川生态绿道工程等项目得到住房城乡建设部认可,在全国城市生态修复城市修补现场会上向全国推广。截至2016年底,全省城市(县城)建成区绿地率达到33.57%,绿化覆盖率达到37.62%,人均公园绿地面积达到10.50平方米。

【燃气工程建设】 全省城镇液化石油气供气量约9万吨,车用天然气供气量约1.35亿立方米。城镇天然气供气量约3.51亿立方米,其中管道天然气供气量约2.16亿立方米(居民用户用气量占26%,工商用户用气量74%),全省天然气用户约65万户,其中居民用户约64.7万户、工商用户约3403户。新建城市燃气管道347.95千米,其中,市政管道169.55千米、庭院管道178.4千米,累计建成天然气管道3488.65千米,其中,市政管道1567.74千米、庭院管道1920.91千米。全年新建燃气汽车加气站5座,累计建成投产加气站51座。全年新建天然气管道和燃气汽车加气站项目共投资1.61亿元,累计投资约18亿元。

【城市地下综合管廊和海绵城市建设】 大力推进地下综合管廊建设,印发《关于推进城市综合管廊建设的实施意见》。海口、三亚市全面开展城市地下综合管廊建设工作,其他设市城市也在启动专项规划编制工作。积极组织海口、三亚市参加住房城乡建设部举办的城市地下综合管廊建设项目对接洽谈会,并邀请省外专家对海口、三亚市的城市地下综合管廊专项规划进行专题辅导。2016年海口市综合管廊新开工18.74千米,完成投资10.28亿元,超额完成年度任务。同时,三亚、儋州等市县也在积极推进管廊项目开工建设的前期工作。全力推动海绵城市建设,印发《关于推进海绵城市建设的实施意见》指导三亚成功入选中央财政支持的海绵城市建设试点。

村镇规划建设

【农村危房改造】 2016年,海南省加快出台《关于加快推进农村危房改造工作的指导意见》和《关于加快脱贫攻坚建档立卡贫困户危房改造工作的指导意见》,指导解决全省农村危房改造工作,特别是解决脱贫攻坚建档立卡贫困户危房改造中的实际问题,优先安排建档立卡贫困户危房改造,根据中共海南省委、省政府应改尽改、加快改造的要求,对建档立卡贫困户住房进一步核实(经核实有C、D级危房51511户),提高建档立卡贫困户危房补助标准和帮扶力度,加大对国家贫困市县的帮扶和倾斜,全力支持其危改补助指标需求。在省住房和城乡建厅微信公众号开设了"住房扶贫"专栏,旨在帮助农村贫困群众及时了解国家危房改造的补助对象、补助标准、建设标准、申报审批程序、资金拨付,以及建房报建知识等,组织市县相关部门工作人员赴云南、甘肃等地考察学习,以危房改造为抓手,推进农户建房报建,加强农村特色风貌建设,推动精准扶贫,在琼中县举办危房改造现场会,实地观摩,交流经验,组织、分期开展农村建筑工匠培训班,提高技术水平,保障工程质量,建立"海南危改"微信群,举办全省农村危房改造信息管理与录入培训班,邀请住房城乡建设部专家授课,进一步提高全省农村危房改造信息管理质量,加快网上录入工作。将3.5万户农村危房改造任务分解落实到各市县,资金全部到位,其中:中央补助资金2.3193亿元,省级配套资金2.9307亿元。实际开工38201户,开工率109%,竣工35000户,竣工率100%。

【美丽乡村建设】 为加强对全省美丽乡村建设工作的组织领导,经六届海南省政府常务会议同意,成立海南省美丽乡村建设领导小组,印发《海南省美丽乡村建设五年行动计划(2016—2020)》。组织编制《海南省美丽乡村建设专项规划》、《海南省美丽乡村建设标准》、《海南省美丽乡村建设考核办法》等规划、技术和管理文件。

【特色产业风情小镇建设】 深入贯彻落实《海南省国际旅游岛特色风情小镇(村)建设总体规划》(2011—2030)及海南省政府《关于印发全省百个特色产业小镇建设工作方案的通知》要求,加快推进海南省特色风情小镇和产业小镇建设，落实年度省财政支持的海口大致坡、文昌会文等6个乡镇特色产业风情小镇建设资金，通过重点支持，集中资金投入，完善镇区基础设施和公共服务设施建设、营造小城镇特色风貌，建设一批省级特色风情小镇示范，促使产城融合深化，引导和带动全省小城镇的建设和发展，海口市云龙镇、琼海市潭门镇两个小镇入选国家发改委、住房城乡建设部、财政部评选的中国第一批特色小镇。

【农村生活垃圾治理】 继续开展城乡环境卫生整治，组织城乡环境卫生交叉检查，联合海南省发改委、爱卫办、生态环保厅、农业厅等10部门对18个市县开展农村生活垃圾治理省级考核验收工作，全面开展乡村存量垃圾清理活动。坚持每天通过工作平台发布一条城乡环境综合整治工作信息，每周通过海南电视台发布两条电视视频报道，形成督促工作的舆论氛围。建立健全"户分类、村收集、镇转运、县处理"的模式，切实改善乡村环境"脏乱差"面貌，建立完善村、镇、农场环卫清扫保洁体系，部分市县配备垃圾清扫保洁人员，建立稳定的农村保洁队伍，建立村民认可遵从的农村卫生保洁制度，加快乡镇生活垃圾转运站建设，全省城乡垃圾收运体系基本建成，推行垃圾源头分类处理，努力实现"分类投放、分类收集、分类运输、分类处理"。全省农村生活垃圾无害化处理率达75%以上。

【"三师"下乡志愿者服务活动】 海南省住房和城乡建设厅为助力"美丽海南百千工程"建设，印发《"三师"（规划师、建筑师、工程师）志愿者下乡服务工作方案》，通过召开和举办座谈会、动员会、培训班等形式，积极推动"三师"志愿者下乡服务活动。2016年，全省已有50家单位、企业及高校，近700人积极响应、踊跃报名，各单位与全省各住建（规划）局、乡镇与各单位企业的联系网络已经建立，每个乡镇都确定有一至两家公司的志愿者对口帮扶。期间，"三师"专业人士充分发挥技术指导作用，积极配合海南省住房和城乡建设厅、市县住建规划局、有关乡镇开展了建档立卡贫困户危房改造核查、村庄规划的修编完善，为农户量身设计特色新房，帮助农户办理建房的报建手续等工作，尤其在10月至11月，动员对口帮扶技术支持单位200多名"三师"（规划师、建筑师、工程师），组成19个工作组，深入市县、乡镇开展了4轮督查、抽查和技术帮扶工作，协助市县对建档立卡贫困户的住房进行精准核查，指导市县全力加快脱贫农户的危房改造工作。"三师"志愿者已成为服务海南基层村镇建设的一股重要技术力量。

【传统村落保护】 按照住房城乡建设部《关于请协助做好中国传统村落调查工作的函》要求，督促海口市、三亚市、文昌市、东方市、定安县、澄迈县、昌江县等市县完成传统村落保护发展工作调查，按照中国传统村落档案制作"一村一档"要求完成中国传统村落档案的制作，在争取并落实中央资金3000万元用于海南省文昌十八行村、定安高林村、三亚保平村等7个传统村落的保护发展的基础上，2016年申请海口市文山村等11个传统村落中央补助资金，申请中央补助资金建设的项目119个，根据国家有关要求，指导市县按《城乡规划法》以及《传统村落保护发展规划编制基本要求》抓紧编制传统村落保护发展规划，尽快实施保护项目，积极申报中国传统村落，2016年全省有28个村落被列入第四批中国传统村落名录，全省总共有47个中国传统村落。

标准定额

2016年，海南省标准定额工作围绕中共海南省委、省政府重点项目，以面向行业、服务行业为导向，为工程参建各方提供工程建设地方标准和计价依据。编制地方标准。贯彻落实光纤到户国家标准。举办《蒸压加气混凝土建筑应用技术规程》标准宣贯会和墙体裂缝防治技术研讨会；正式出台《关于印发〈关于建筑业营业税改征增值税调整海南省建设工程计价依据的实施意见〉的通知》，并于6月在海口召开宣贯培训班。调整建设市场定额人工单价，2017年1月1日起全面施行。编制2016年《海南省房屋建筑与装饰工程综合定额》、《海南省安装工程综合定额》、《海南省建设工程施工机械台班单价》、《海南省建设工程仪器仪表台班单价》，完善全省计价依据体系。

工程质量安全监督

【工程质量管理】 2016年，海南省继续加强工程质量管理，工程质量总体可控，顺利通过住房和城乡建设部质量安全国检、省级政府质量工作考核。工程质量治理两年行动顺利收官。质量两年行动以来，全省新开工项目签订责任书3338项，其中签署授权书、承诺书的工程数为3014项，在建项目补签责任书1090项，新办理竣工验收备案的工程数为1399项，已完工项目设置永久性标牌1321项。两年行动期间，全省先后组织开展5次建筑市场专项或者综合大检查，共检查项目1621个次，出动执法检查2128个次，涉及建设单位1519家、施工单位1541家，基本实现在建项目全覆盖，共查处违反基建程序、转包、违法发包和分包的项目334个，处理企业102家，罚款总额1516万元，对9家企业限制投标资格，对企业和从业人员记不良行为121个次。质量精品工程不断涌现。"博鳌亚洲论坛永久会址二期"荣获建筑行业最高奖项"鲁班奖"，"文昌航天发射中心CZ-5、CZ-7运载火箭发射工位"等22项工程被评为省优质工程"绿岛杯"，"海南省肿瘤医院"等8项工程被授予"2015年度海南省建筑业新技术应用示范工程"，"结构降板吊模支撑施工工法"等24项工程建设工法被评为"省级工法"。

【施工安全】 海南省严格落实企业安全生产主体责任和属地监管责任，加强施工安全管理，全省建筑施工安全生产总体态势平稳。1月省住房和城乡建设厅召开全省住房城乡建设工作会议，部署年度安全生产工作，明确工作目标和责任，与各市县建设主管部门签订2016年安全生产工作目标责任书，认真开展全省质量安全监督执法检查及"打非治违"专项工作，共抽查全省121个在建项目，发出整改通知书103份，提出整改意见968条，执法建议书14份，深入推进海南省建筑施工标准化工作，强化应急救援能力建设，分别在三亚阿特兰蒂斯项目、蓝海华庭项目举办全省质量安全标准化现场观摩会，树立质量安全生产标准化标杆，积极开展建设行业专业技术人员施工安全、消防安全教育培训，全年共举办"三类人员"培训班16期，参训人员4300多人，举办专业技术人员继续教育培训班28期，参训人员12000多人。2016年，全省建筑工地没有发生较大及以上安全事故，发生一般安全生产责任事故6起，死亡6人。

建筑市场

【概况】 2016年，在国民经济新常态背景下，得益于宏观经济增速和固定资产投资回升，海南省建筑业保持总体平稳、稳中向好的发展趋势。全年全省建筑业总产值307.76亿元，同比增长10.5%，建筑业增加值423.5亿元，同比增长8.1%。本省具有资质等级的建筑企业单位170个，增长1.2%，从业人员7.42万人，下降0.2%。本省资质内建筑企业全年房屋建筑施工面积2085.41万平方米，下降2.2%，房屋建筑竣工面积652.44万平方米，下降12.4%。本省资质内建筑企业实现利润总额12.23亿元，增长5.8%。

【建筑市场监管】 海南省加强建筑市场监管，推动建筑业提质增效。加大对建筑市场各类违法行为的打击力度，对未报先建、肢解发包、违法分包、违反质量安全强制性标准等违法违规的15个项目予以行政处罚，对2家施工监理单位暂停在海南省承担新的项目并列入黑名单。加大简政放权和事中事后监管力度，印发《海南省建筑工程施工许可实施细则》，简化施工许可材料，规范许可程序，实行全省施工许可"一张网"审批，推进施工许可审批公开透明。制定劳务用工实名制管理制度，保障农民工工资发放。印发《海南省建设领域施工现场人员实名制管理实施办法》，确保施工管理落实到岗位职责。用人单位将工资表通过实名制监管系统汇总传送给银行，直接将工资发放到农民工工资卡，规范工资发放，着力解决农民工欠薪问题。强化工程质量安全监管，加大事故处理和责任追究力度，针对恒大文化旅游项目暴露出的工程质量安全管理漏洞，全省首次召开建筑质量安全反面现场会，对4家企业、4名个人暂停在海南省承接新业务和执业并记不良行为，列入黑名单。

【清理工程建设领域保证金】 为减轻建筑业企业负担，海南省按照国务院、住房城乡建设部的要求部署，对全省保证金收取情况进行摸底清查，理清当前全省各类保证金收取种类、金额、方式，掌握全省保证金收取总体情况，并对各类保证金提出分类处置建议。经过清理发现，全省由不同市县及相关部门设立的属于清理范围内的保证金有工程款支付保证金、项目资本金、廉政保证金、工程档案风险金、道路挖掘保证金、路面修复押金、项目开发保证金、环境卫生保证金等8类，共计收取10.1亿元。截止到2016年12月31日，上述8项保证金已退还共计7.76万元。除依法设立的投标保证金、履约保证金、工程质量保证金、农民工工保证金资四类保证金外，其他保证金一律取消，不再收取。

【推进建筑市场诚信体系建设】 海南省以建设"统一开放、竞争有序、诚信守法、监督有力"的建筑市场监管体系为目标，积极创新监管模式。实行建筑企业诚信档案管理制度。自2016年10月1日起，海南省实施《海南省建筑企业诚信档案手册管理办法》，在海南省承揽业务的施工、监理、勘察、设计等企业必须登记诚信档案手册，该手册如同每个企业的"唯一身份证"，登记企业良好行为信息和不良行为信息，并与市场准入、资质审批、创先评优、招标投标相挂钩，促进"建筑市场"和"施工现场"两场有效联动。依托海南省房屋建筑全过程监管信息平台建立了建筑工程企业、人员、项目三大数据库。实现"数据一个库、监管一张网、管理一条线"的信息化工作目标。三大数据库的建立,标志着海南省建筑工程信息化建设取得阶段性成果,为研判海南省建筑市场经济运行情况提供数据支撑,为全省建筑市场诚信体系奠定基础。

建筑节能和科技

【建筑节能】 根据《海南省太阳能热水系统建筑应用后评估报告》,提出太阳能热水系统建筑应用多元化方面引导政策,印发《海南省太阳能热水系统工程竣工验收资料目录(2016修订版)》,进一步规范和完善工程建设程序。多次召开督促会议并协调有关公共机关、酒店配合安装工作,全省100栋公共建筑的建筑能耗分项计量装置安装工作已全部竣工并通过验收,公共建筑能耗监测平台已上线试运行,为下一步推进全省建筑能耗分项计量装置安装项目,有效监测公共建筑能耗奠定基础。为认真贯彻落实海南省政府有关进一步做好"放、管、服"的具体要求,在组织开展专项工作调研的基础上,印发《关于进一步改进民用建筑节能评估审查工作的意见》,严格控制规划阶段建筑节能评估审查项目范围,并将现行的民用建筑节能评估审查制度改为备案制,简化审批流程,建设单位不再委托第三方出具专门的节能评估报告。

【绿色建筑】 印发《关于加快推进绿色建筑发展的意见》,对绿色建筑及绿色生态小区建设提出具体指标和任务要求,同时强化对绿色建筑质量监管,将绿色建筑纳入规划、设计、施工、竣工验收以及运行维护等工程全过程管理程序。出台住宅建筑节能和绿色设计标准,从2016年8月1日起,全省住宅建筑全面实行绿色建筑设计标准,并举办绿色建筑政策标准宣贯培训班,组织各市县住建、规划、房产、园林及有关设计和图审单位的有关人员参训。推动绿色建材相关工作。会同海南省工信厅印发《关于海南省绿色建材评价标识管理有关工作的通知》,成立绿色建材评价管理机构,完成绿色建材评价标识4家机构备案、专家备案登记,公布10类获得评价标识的绿色建材产品,指导各市县和有关单位积极选用绿色建材标识产品,与海南省工信部门联合召开全省新型建材生产、应用和绿色建筑推进会。2016年全省执行绿色建筑标准的新建项目达到232个、建筑面积642.34万平方米,新增三星级绿色建筑运行标识项目1个,新增绿色建筑设计标识项目三星2个、二星2个和一星5个,共涉及建筑面积114.32万平方米,超过年初计划目标。

【施工图审查】 海南省继续加强施工图审查。根据《海南省2015年推进简政放权放管结合转变政府职能工作方案》,为推进简政放权,放管结合,转变政府职能,提高施工图审查效率,在2015年起海南省允许具有甲级勘察设计资质的设计企业以内设置机构方式开展图审业务试点的基础上,2016年进行了资格正式确认,全省共确认18家施工图设计文件审查机构,其中,房屋建筑工程类图审机构10家,市政基础设施工程类图审机构7家(其中4家为房屋建筑类审查机构同时具有市政基础设施类审查资质),工程勘察类图审机构5家,图审业务服务质量和效率大大提高。加速推进两个审查服务中心的改制工作。进一步指导做好海南城建业施工图审查中心和海南大地建业勘察审查中心与建设厅脱钩改制事项,经过多轮反复协商,于2016年9月全部完成。并已将《海南城建业施工图和大地勘察审查服务中心改制事项的报告》在征求海南省审计厅意见后报省政府备案。全面调查各图审机构施工图设计文件审查机构人员到位情况,组织开展图审机构规范化管理情况的检查,包括对图审机构及施工图设计文件执行建筑节能标准、绿色建筑标准等情况进行交互式抽查,做好图审机构规范化管理工作。

【建筑产业现代化】 海南省加快建筑产业现代化发展。一是以政策带动产业发展。2月海南省政府办公厅印发《关于促进建筑产业现代化发展的指导意见》,对推进全省建筑业转型升级发展进行了系统部署,为贯彻国务院关于加快装配式建筑发展的统一部署,拟定《海南省人民政府关于大力发展装配式建筑的实施方案》,明确全省发展装配式建筑的主要目标、重点任务、政策及保障措施等内容,并已征求有关单位的意见,待完善后以省政府名义印发施行。试点先行,有序推动。杭萧钢构等一批大型建材企业,正积极考虑落户海南的选点和商业运作模式事项。2016年3月,由海建集团投资建设的海南省首个建筑产业现代化PC项目正式投产,该项目为海南省唯一一个获得2016年度住房城乡建设部装配式建筑科技示范项目。该项目一期投资3亿元建设2.3万平方米的厂房和2万平方米的堆场及配套设施,建成具有15万立方米的外墙板、叠合板、内墙板、楼梯阳台等生产能力的生产线,每年可为100万平方米的建筑提供装配式构件、部品。开展专题调研,学习先进省份经验。组织全省装配式建筑现场观摩。2016年12月,组织全省各市县住房城乡建设部门以及部分设计、施工、房地产企业有关业务负责人，在海建生产基地及其示范项目施工现场，召开全国装配式建筑工作现场会精神传达暨海建装配式建筑现场会。

【建设科技工作】 海南省住房城乡建设系统继续抓好建设科技工作。一是完成《海南省建筑节能与建设科技"十三五"发展规划》、《海南省既有建筑节能改造技术指南（试行）》和《海南省海绵小区设计导则》等课题研究工作。二是协助海建"澄迈预制构件生产项目"获得2016年住房城乡建设部装配式建筑科技示范项目。三是指导海口市、三亚市、儋州市等填报《国家新型智慧城市评价指标（2016年版）》中的相关量化指标，进一步推进智慧城市建设。

勘察设计

【勘察设计概况】 2016年，海南省为全面贯彻落实工程质量治理两年行动方案和勘察设计质量专项治理，实行住房和城乡建设部印发的《建筑工程勘察单位项目负责人质量安全责任七项规定（试行）》和《建筑工程设计单位项目负责人质量安全责任七项规定（试行）》，提高勘察设计单位和项目负责人的质量安全责任意识，提升全省的工程勘察设计质量，于8月19日至9月6日省住房和城乡建设厅委托省勘察设计协会组织专家组对全省勘察设计质量进行检查，重点检查保障性住房等房屋市政工程，专项进行光纤到户设计执行国家标准情况检查，以及对工程勘察野外作业是否符合规范要求等进行抽查。并根据《2016年海南省勘察设计质量检查报告》，对检查中项目存在勘察设计质量达不到要求，有违反强制性标准进行设计或其他违规行为的勘察设计单位和人员，做出给予通报批评并记入不良行为记录。

【房屋市政工程勘察设计项目检查】 全省开展房屋市政工程勘察设计质量检查。共抽查项目57项，其中保障房工程项目21项，超限工程项目2项，粮库工程项目2项，市政工程项目3项，勘察工程项目29项。未发现重大质量安全隐患，但少部分项目仍存在违反强制性标准条文设计等普遍性问题，重点集中在结构专业，共有13个项目存在违反21条强制性标准条文进行设计问题，违反4条的有1个项目，违反2条的有4个项目，违反1条的有9个项目。

【光纤到户建设国家标准检查】 海南省深入贯彻落实光纤到户建设国家标准，规范住宅小区通信配套设施的建设。要求加强光纤到户"最后一千米"的建设，做到图审同步、施工同步、验收同步、确保入户。全省共抽查了住宅建筑22个项目，有4个项目未将《住宅区和住宅建筑内光纤到户通信设施工程设计规范》列入设计依据，有18个项目未按强制性标准要求进行室外弱电平面设计，大部分项目没有住宅区地下通信管道设计内容，未能体现住宅区红线范围、小区概貌、楼栋分布、与运营商的衔接人手孔位置等，设计深度未达到标准的要求。

【勘察野外作业现场检查】 海南省深入开展勘察野外作业检查工作。共抽查的6个完成勘察的项目，重点检查有否按勘察报告进行钻孔作业，核实项目负责人、机长（钻工）、描述员签字是否真实有效，野外作业记录资料是否完整，人员上岗证等是否符合有关要求。检查结果大部分项目现场钻孔施工与勘察报告相符。但还存在勘察项目提供的机长（钻工）、描述员上岗证不全，描述员签字与现场作业记录表不符等问题。勘察项目野外作业施工安全管理需进一步加强。

【工程抗震】 海南省超限工程项目共25项71栋，为加强超限高层建筑工程抗震设防技术研究，促进海南省超限高层建筑工程抗震的技术进步。省住房和城乡建设厅开展"高烈度区（8.5度区）超限高层建筑抗震设防关键技术参数研究"课题，同时组织开展《海南省超限高层建筑抗震设防专项审查补充规定》的编制，以促进海南省超限高层建筑工程抗震的技术进步。2016年，海南省采用隔震的典型工程项目有：海口美兰机场二期航站楼（456米长、195米宽超大型单体建筑）。

建设行业行政审批

【建设行业行政审批】 2016年，海南省住房和城乡建设厅受理行政许可审批1529件，办结1536件，平均承诺办结时间15天，实际平均办结时间3天，办结提速80%，提前办结率100%，在省政务中心2016年度考核中被评为优秀审批办。

【推进行政审批改革，加大简政放权力度】 2016年，海南省住房和城乡建设厅深入推进行政审批改革，加大简政放权力度。制定《海南省住房和城乡建设厅2016年深入推进"放管服"改革实施方案》，深入推进"放管服"改革，印发《海南省住房和城乡建设厅清理规范投资项目报建审批事项实施方案》，严格执行相关规定，做好国务院取消中央指定地方实施行政审批事项的落实和衔接工作。巧做行政审批"加减法"，全年取消2项、下放1项、调整1项审批事项，进一步激发市场活力，并根据最新的法律精神简化建筑业企业安全生产许可证的审批，及时简化建筑业企业资质标准部分指标；适应"多规合一"需要，在博鳌乐城国际医疗旅游先行区等三个产业园区，暂停"建设项目选址意见书"审批，对"建设用地规划许可"、"建设工程规划许可"、"建筑工程施工许可"实行告知承诺制。

【全面推行网上审批】 海南省住房和城乡建设厅加快推进"互联网＋政务服务"，进一步推进行政审批电子化进程，变"群众跑腿"为"信息跑路"，提高审批服务效能。2016年1月1日，省住房和城乡建设厅所有行政许可事项全部实施网上申报审批。申请人按要求在海南省网上审批大厅申报成功后，不再提交纸质材料附件，只需提交资质申报申请表。通过网上审批，即可实现任何时间、任何地点、任何终端都能获得"一站式"在线办事服务，减轻企业负担和社会成本，为企业创造更为人性化的服务环境。

【加大行政审批业务培训】 海南省住房和城乡建设厅为解决"接、放、管"和服务中的重点难点问题，加强对市县行政审批业务指导和提升承接能力，先后举办4期行政审批业务培训班，共计培训约300人次。并邀请市县负责行政审批业务的工作人员跟班学习，全面提高市县行政审批工作人员的业务水平。

人事教育

【智力扶持中西部市县】 2016年，海南省住房和城乡建设厅继续实施《海南省建设规划人才智力扶持中西部市县实施方案》，联合中共海南省委组织部、省人社厅启动第六期扶持计划，选派27名建设行政管理干部和专业技术骨干到中西部市县建设行政主管部门服务锻炼，其中10名挂职任副局长，11名进行定点服务指导，相应从中西部市县选派6名建设行政管理干部和专业技术骨干到厅机关和海口市、三亚市建设行政主管部门跟班学习锻炼。

【住建系统干部培训】 海南省住房和城乡建设厅严格落实公务员在线学习任务，组织机关公务员和直属单位参公人员170余人参加在线学习，系统学习习近平总书记系列重要讲话精神、十八届六中全会精神、习近平总书记系列讲话精神、《关于新形势下党内政治生活的若干准则》和《中国共产党党内监督条例》、精准扶贫战略部署、"十三五"规划等课程，收到良好效果。统筹协调各处室、直属单位组织棚户区改造创新融资方式培训班、建筑市场监管新规和诚信档案手册建立使用宣贯培训班、《园林绿化工程施工及验收规范》及《园林绿地养护管理规范》宣贯培训班等，培训500人次，对加强全省住建系统干部履职能力，提高执政水平起到一定的作用。

【学历教育】 海南省住房和城乡建设厅积极支持哈尔滨工程大学海南函授站对海南省在职人员进行学历教育，截至2016年底共有3205人毕业获得本科、专科毕业证书，共有930人在读。

【专业技术人才培养】 海南省住房和城乡建设厅抓好行业培训机构改革及培训工作。积极做好施工现场专业人员培训考试工作，共有14800余人报名参加施工现场专业人员考试，通过8900余人，考试通过率达60%以上，进一步提高施工现场从业人员专业化程度。实行职业技能鉴定理论考核与实操考核并重的考核方式，共为考核通过的4987人发放《职业技能岗位证书》，有效提高技能工人的业务理论水平和安全生产意识。抓好专业技术资格评审和执业资格考试工作。共受理1368人专业技术资格评审材料，组织83名专家开展材料审查和现场答辩工作，共有1187人获得专业技术职务晋升（其中正高级2名，副高级140名，中级688名，初级357名）。组织开展以二级建造师为主的执业资格考试报名审查、考试实施、阅卷等工作，全年共有7644人参加二级建造师考试，通过863人，为建筑市场和企业发展需要提供必要的智力支持和人才保障。

大事记

1月

7日 海南省常务副省长毛超峰主持召开专题会，研究"海澄文"一体化、木兰湾规划等工作，副省长王路、陆俊华出席会议。

10日 住房城乡建设部在三亚市召开全国生态修复城市修补工作现场会。住房城乡建设部党组书记、部长陈政高出席会议并讲话，中共海南省委书记罗保铭在会上致辞。

11日 海南省常务副省长毛超峰主持召开专题会，研究《海南省总体规划》、《海南省域"多规合一"改革试点报告》，副省长王路出席会议。

13日 海南省人大常委会副主任、党组副书记李宪生率队到省政府开展"多规合一"改革试点专题调研，省人大常委会副主任、党组副书记毕志强参加调研并主持座谈会，省常务副省长毛超峰及副省长王路参加会议。

14日 海南省建筑施工质量安全标准化现场观摩会在三亚市召开。省住房城乡建设厅相关业务处室、省建筑质量安全监督局，三亚市政府、市住房城乡建设局、市海棠区政府，各市县住建局及工程质量安全监督站及三亚市在建项目参建各方等共约600人参加观摩。

21日　全省住房城乡建设工作会议在海口召开，厅长丁式江做工作报告。

22日　印发《海南省2015—2017年城镇棚户区改造及配套基础设施建设实施方案的通知》。

23日　六届省政府第55次常务会议审议通过《海南美丽乡村五年行动计划》。

2月

5日　省住房和城乡建设厅举行学习《中国共产党廉洁自律准则》、《中国共产党纪律处分条例》辅导报告会。省纪委符鸣常委到会授课。

20日　央视新闻联播以《海南：多规合一"一张蓝图干到底"》为题，关注海南省"多规合一"改革。

22日　海南省农垦系统住房公积金与省住房公积金管理局举行签约仪式，签约后省农垦系统住房公积金正式移交省住房公积金管理局管理。

23日　《海南省人民政府关于加强房地产市场调控的通知》出台，正式采取"两个暂停"房地产调控政策。

25日　海南召开全省城镇工作会议，中共海南省委书记罗保铭、省长刘赐贵出席会议并讲话。

26日　习近平总书记在《海南信息》关于"海南省域'多规合一'改革试点激活发展新动能"工作信息上做出重要批示。

29日　印发《海南省关于促进建筑产业现代化发展的指导意见》。

3月

1日　海南省建筑产业化股份有限公司揭牌暨PC(混凝土预制构件Precast Concrete)项目投产仪式在海南老城经济开发区举行，海南省建筑产业化应用取得零的突破。

8日　由林捷组长带领的中共海南省委第四巡视组正式进驻省住房和城乡建设厅，开展第一轮巡视回访督查。

15日　省住房和城乡建设厅在琼中县湾岭镇召开全省2016年农村危房改造工作会议。

20日　中共海南省委书记罗保铭主持召开六届中共海南省委常委会第101次会议，强调要抓紧做好"多规合一"改革的相关工作。

30日　全省全域旅游"美丽海南百千工程"现场会在琼海市召开，中共海南省委书记罗保铭做出批示，省长刘赐贵出席会议并讲话。

31日　海南省第五届人民代表大会常务委员会第二十次会议审议通过《关于在海南经济特区博鳌乐城国际医疗旅游先行区等三个产业园区暂时变通实施部分法律法规规定的行政审批的决定(试行)》。

4月

8～10日　由全国政协副主席卢展工带队，全国政协常委、提案委员会主任，中央直属机关工委原常务副书记孙淦任组长，住房城乡建设部副部长倪虹及部分全国政协委员，有关专家学者，住房城乡建设部、国家发改委、国土资源部相关司局负责同志等30余人到海南就"加强城市规划工作"进行调研。

11日　全省棚户区改造创新融资方式工作培训班在海口举办，副省长王路出席开班仪式并作重要讲话，省发改委、财政厅、住房城乡建设厅、国资委等省政府相关部门负责人，各市县政府及洋浦开发区管委会、省农垦投资控股公司分管棚改工作的负责人，各市县住建局、房管局、发改委、财政局及海口市房屋征收局分管棚改工作的负责人和部分企业代表等180余人参加培训。省住房城乡建设厅厅长丁式江主持会议。

25日　海南省多规办印发《市县总体规划审查工作规则(试行)》。

27日　省住房和城乡建设厅联合省通信管理局在海口市举办光纤到户、建筑减隔震技术标准宣贯培训会议。

5月

3～17日　中共海南省委书记罗保铭前后共9次主持召开专题会，对"海南省域'多规合一'改革试点情况的报告"进行研究、修改完善。中共海南省委常委、秘书长胡光辉，副省长王路参会。

10日　海南省长刘赐贵乘坐环岛高铁，实地调研铁路沿线环境整治情况，要求有关市县和部门突出抓好安全生产，充分发挥高铁带动作用，在全域旅游创建中按照"点、线、面"原则，加快沿线环境整治、城乡建设和产业调整，将环岛高铁建设成景观带、经济带和展示海南形象的窗口。

12日　住房城乡建设部在北京组织召开专家评审会，邀请董黎明、毛奇智等国内知名专家、学者组成专家评审组，重点就《海南省总体规划(2015—2030)》及城镇体系专篇内容进行审查，会议审查通过并高度肯定该规划成果。

16日　中央编办正式批复同意海南设立海南省规划委员会。

20日　省住房和城乡建设厅开展"两学一做"学习教育，厅党组书记、厅长丁式江做党课报告。

24～25日　国务院副总理张高丽在海南调研

"多规合一"改革试点等工作，中共海南省委书记罗保铭、省长刘赐贵的陪同。

26日 省五届人大常委会第二十一次会议表决通过《海南省人民代表大会常务委员会关于修改海南经济特区海岸带保护与开发管理规定的决定》。

31日 中央书记处书记、中央深化改革领导小组办公室主任王沪宁在京听取中共海南省委书记罗保铭关于海南省"多规合一"改革试点工作汇报并做重要指示。中共海南省委常委、秘书长胡光辉，省政府副省长王路参加会议。

31日 省住房和城乡建设厅党组面对全体党员开展预防"微腐败"警示教育，厅长丁式江主持学习。

6月

1日 中共海南省委书记罗保铭在京分别拜会国家发改委主任徐绍史、国土资源部部长姜大明、住房城乡建设部长陈政高，就海南省"多规合一"改革进展及下一步工作安排与有关部委领导进行深入交流。国家发改委、国土部、住房城乡建设部相关领导及中共海南省委常委、秘书长胡光辉，副省长王路参加会见。

3日 印发《海南省住宅建筑节能和绿色设计标准》，自2016年8月1日起施行。

6日 中共海南省委书记罗保铭召开专题会，第十次对《关于海南省域"多规合一"改革试点情况的报告》及"多规合一"改革流程、大事记、编制海南省空间类总体规划规范要求等材料进行修改、审核。中共海南省委常委、秘书长胡光辉，副省长王路参加会议。

12~13日 海南省长刘赐贵在京分别拜访国家发改委主任徐绍史、科技部党组书记王志刚、国土资源部部长姜大明、环境保护部部长陈吉宁、住房城乡建设部部长陈政高、国家林业局长张建龙、国家海洋局长王宏等部委局领导，在《海南省总体规划（空间类2015—2030）》报请国务院审批前，再次上门汇报海南省推进省域"多规合一"改革试点进展工作情况，征求国家部委指导意见。省政府副省长王路、省政协副主席史贻云、省政府秘书长陆志远等参加。

15日 省住房和城乡建设厅召开建筑业"营改增"调整计价依据实施意见宣贯会，省财政投资评审中心，各市县住建局、审计局，各房地产、建筑施工、监理、造价咨询企业约450人参加会议。

23日 省住房和城乡建设厅厅长丁式江、副厅长杜海鹰陪同住房城乡建设部副部长黄艳一行调研三亚市城市修补、生态修复（简称"双修"）试点工作，住房城乡建设部规划司孙安军司长、中国城市规划设计研究院杨保军院长和张兵总规划师等陪同考察调研。

24日 召开全省新型建材生产、应用和绿色建筑推进会。

27日 习近平总书记主持召开中央全面深化改革领导小组第二十五次会议，审议通过《关于海南省域"多规合一"改革试点情况的报告》等事项。

7月

5~6日 海南省多规办组织省发改委、省住房城乡建设厅、省国土资源厅、省生态环保厅、省林业厅和省海洋与渔业厅等省直相关部门和规划设计单位，对《海南省总体规划（空间类2015—2030）》及其6个专篇进行修改完善，完成定稿工作。

6日 海南省长刘赐贵主持召开六届省政府第65次常务会议，审议通过《海南省人民政府关于呈报〈海南省总体规划（空间类2015—2030）〉的请示（送审稿）》、《海南省总体规划（空间类2015—2030），含6个专篇（送审稿）》和《海南省请求全国人大常委会和国务院法律法规授权事项（送审稿）》。

18日 中共海南省委、省政府向国务院呈报《中共海南省委 海南省人民政府关于提请审批〈海南省总体规划（空间类2015—2030）〉的请示》。

29日 海南省第五届人民代表大会常务委员会第二十二次会议审议通过《海南省生态保护红线管理规定》，自2016年9月1日起施行。

8月

5日 美国对外政策理事会代表团团长、美国前副国务卿理查德·麦考马克一行6人赴海南省规划展览馆参观。

8日 省住房和城乡建设厅召开全省住房城乡建设系统党风廉政建设工作会议，各市县住房城乡建设系统行政主管单位主要负责人，厅机关各处室、直属各单位主要负责人共120余人参加。省住房城乡建设厅党组书记、厅机关党委书记、厅长丁式江同志，省纪委派驻省住房城乡建设厅纪检组组长、省住房城乡建设厅党组成员盛跃希同志分别作重要讲话。

11日 印发《海南省实施政府购买棚改服务管理暂行办法》。

20日 中共海南省委书记罗保铭考察调研三亚"双修"工作。

22日 印发《关于公布2016年全省施工图设计文件审查机构名单的通知》，公布全省认定的海南城建业施工图审查有限公司等18家施工图审查机构名单。

25日 出席第二期周边国家"市长参访计划"的老挝万象市、缅甸联邦共和国仰光省仰光市、巴基斯坦伊斯兰堡市、斯里兰卡南方省4个国家的省长、市长一行30人到海南省规划展览馆参观。

26日 海南省特色风情小镇建设现场推进会在白沙县七坊镇召开,省住房城乡建设厅、发改委、财政厅,各市县住建(规划)局及海口、三亚市各区住建局,白沙县七坊镇等7个风情小镇及各乡镇规划所有关负责人等80余人参加会议。

29日 住房城乡建设部发布第1284号公告称,海南省农垦建工集团总公司为建筑工程施工总承包壹级,至此,海南省除海南省建设集团有限公司之外又增添了一家本土一级资质企业。

9月

20日 中共海南省委书记罗保铭考察调研三亚"双修"工作,中共海南省委常委、三亚市委书记张琦,中共海南省委常委、秘书长胡光辉陪同调研。省住房城乡建设厅厅长丁式江参加。

22日 海南省长刘赐贵主持召开的六届省政府第70次常务会议审议通过了《海南省"五网"建设项目简化审批改革方案》。

25日 国务院第十督查组分两个工作小组与省政府有关部门进行座谈。省"多规办"副主任、省住房和城乡建设厅厅长丁式江向督查组汇报了海南省开展省域"多规合一"工作进展情况。

28日 省住房和城乡建设厅以党组理论中心组(扩大)学习会议的形式,扎实开展"两学一做"学习教育。丁式江厅长主持学习会。

30日 印发《关于进一步改进民用建筑节能评估审查工作的意见》,将现行的民用建筑节能评估审查制度改为备案制。

10月

19日 印发《海南省美丽乡村建设考核办法(试行)》。

11月

1日 《海南省建筑工程施工许可管理实施细则》开始施行。

7日 海南省长刘赐贵主持召开省加快推进"多规合一"工作领导小组第十次会议,审议通过《三亚市总体规划(空间类2015—2030)》、《乐东黎族自治县总体规划(空间类2015—2030)》、《陵水黎族自治县总体规划(空间类2015—2030)》和《保亭黎族苗族自治县总体规划(空间类2015—2030)》。

20日 海南省公布第一批美丽乡村名单。首批40个在规划布局、设施配套、生态人居、产业发展、乡风文明等方面发展水平较高的村庄被命名为"海南省美丽乡村"。

22日 住房城乡建设部第二十二督查组在广东省住房和城乡建设厅副厅长郭壮狮带领下莅临海南,正式启动对海南省城市建成区违法建设治理工作的专项督查。

23日 省住房和城乡建设厅举办深入学习贯彻党的十八届六中全会精神宣讲会。

29日 省住房和城乡建设厅组织召开2016年省级建筑施工质量安全标准化现场观摩会。

12月

10日 住房城乡建设部在三亚市召开全国生态修复城市修补工作现场会。住房城乡建设部党组书记、部长陈政高出席会议并讲话,中共海南省委书记罗保铭在会上致辞。

26日 召开全国装配式建筑工作精神传达暨海建装配式建筑现场观摩会。

(海南省住房和城乡建设厅)

重 庆 市

城乡建设

概况

重庆市城乡建设委员会通过对城乡建设各个领域工作经过梳理、总结,2016年是城乡建设工作扎实、富有成效的一年,城乡建设工作紧紧围绕"科学发展、富民兴渝"总任务,主动适应经济发展新常态,统筹"稳增长、促改革、调结构、惠民生",深入实施五大功能区发展和新型城镇化战略,顺利完成各项目标任务。特别是党的十八大召开以来,城乡建设系统进一步牢固树立"讲政治、顾大局、守纪律"的思想意识,担当重任、砥砺奋进,推动城乡建设各项工作取得新突破、迈上新台阶，为全市改革发展稳定各项事业发挥了骨干支撑和基础保障作用。

建筑业

【概况】 面对复杂严峻的宏观经济形势，重庆市建筑业主动适应新常态，紧紧围绕"科学发展、富民兴渝"总任务，按照"用心建设、服务民生、支撑发展"的总要求，深入拓展五大功能区域发展战略，强化经营管理，加快结构调整，不断提升质量安全管理水平，全市建筑业总产值突破7000亿大关，继续保持稳中趋缓、稳中向好的发展态势。

【主要指标】 全市完成建筑业总产值7035.81亿元，同比增长12.4%，增速较上年回落0.3个百分点。实现建筑业增加值1714.63亿元，同比增长15.1%，增速较上年提高0.3个百分点，建筑业增加值对地区生产总值（GDP）的贡献率为13.7%，较上年提高1.2个百分点，拉动经济增长1.5个百分点，较上年提高0.2个百分点，支柱产业的地位得到进一步巩固。重庆市建筑业总产值排名位居全国第11位、西部第2位，占全国的3.6%、占西部地区的18.3%，总产值增速高于全国5.3个百分点、与西部地区增速持平。

2016年，全市建筑企业新签合同金额6176.74亿元、同比增长19.3%，增速较上年提高19.8个百分点，结转上年合同金额4624.56亿元、同比下降1.3%，增速较上年回落16.0个百分点，累计签订和执行合同金额10801.30亿元、同比增长9.5%，增速较上年提高3.3个百分点。全市新开工房屋建筑面积13790.21万平方米、比上年减少278.97万平方米、同比下降2.0%，全市在建施工面积32077.14万平方米、比上年减少724.47万平方米、同比下降2.2%，全年竣工房屋建筑面积13751.59万平方米、比上年增加209.01万平方米、同比增长1.5%。

【行业结构】 行业结构门类齐全。随着经济结构的深入调整、转型和升级，重庆市建筑行业结构也在调整中实现快速发展和逐步优化，其中优势企业、龙头企业积极响应，资质等级稳步提升，人员素质持续提高，综合实力不断增强，形成以总承包为龙头，以专业承包依托，以劳务分包为基础的3层次承包服务关系和建筑行业结构，行业结构中房屋建筑、公路、铁路、水利、电力和冶金等几十个专业相互配套、门类齐全。

行业资质不断优化。中冶建工集团有限公司新增冶金工程特级资质，成为全国13家"三特企业"之一。中铁十一局集团第五工程有限公司取得市政公用工程总承包特级资质，至此重庆市已有4家特级企业5项特级资质。新增甲级监理、甲级造价咨询、甲级招标代理21家，同比增长10.3%。截至2016年底，重庆市共有本地建筑业企业7860家、同比减少4.7%，其中一级及以上资质的建筑施工总承包和专业承包企业433家、占本地建筑施工企业总数的5.5%。一级及以上企业完成建筑产值3158.48亿元，占全市建筑业总产值的44.9%，新签合同金额2810.63亿元、占全市新签合同金额的45.5%。

龙头企业不断增加。重庆市企业中产值过亿元的企业数量显著增加，新增92家、同比增长9.4%，达到1067家、占比13.6%。其中产值过30亿元的企业25家，比上年增加2家。亿元以上企业完成建筑业产值6648.73亿元，同比增长14.0%，占全市建筑业产值比重达到94.5%，占比较上年提高1.3个百分点。其中4家施工总承包特级资质企业，全年完成产值310.39亿元、占一级及以上企业产值的9.8%，新签订合同金额370.32亿元、占一级及以上企业新签订合同金额的13.2%。龙头骨干企业群体进一步壮大，竞争力有所增强，产业集中度得到提升。

行业人员素质进一步提高。2016年新增注册执业人员6520人，其中：一级建造师1855人、二级建造师3571人、注册监理工程师671人、注册造价工程师423人。全年完成工人培训9.25万人，技师培训524人。截至2016年底，共有一级建造师14379人、二级建造师44566人、注册监理工程师3331人、注册造价工程师4081人。重庆市建筑行业从业人员中，持证上岗人数为56.76万人，比上年增加11.74万人，同比增长26.1%，持证上岗人数占整个行业从业人员期末人数比重提高4.6个百分点，行业从业人员综合素质持续提高。

截至2016年底，重庆市建筑企业情况如下：

重庆市建筑市场共有建筑业企业10174家，其中：重庆企业7860家，市外入渝企业2314家。重庆市企业中：施工总承包2475家（特级4家、一级286家、二级754家、三级1431家）、专业承包4629家（一级143家、二级1489家、三级645家、不分等级2352家）、劳务企业756家，市外入渝企业中：施工总承包769家（特级197家、一级312家、二级228家、三级32家），专业承包1528家（一级1024家、二级449家、三级42家、不分等级13家），劳务企业17家。

重庆市建筑市场共有工程监理企业265家，其中：重庆企业103家，市外入渝监理企业162家。重庆市企业中：综合类3家、专业甲级60家、专业乙级31家、专业丙级9家，市外入渝企业中：综合类监理41家、专业甲级115家、专业乙级9家。

重庆市建筑市场共有工程造价咨询企业417家，其中：重庆企业242家，市外入渝造价咨询企业175家。重庆市企业中：甲级123家（含专业部委甲级5家）、乙级101家、乙级暂定级18家，市外入渝企业中：甲级174家、乙级1家。

重庆市建筑市场共有工程招标代理机构304家，其中：招标代理机构151家，市外入渝招标代理机构153家。重庆市招标代理机构中：甲级39家，乙级58家，暂定级54家，市外入渝招标代理机构中：甲级148家，乙级1家，暂定级4家。

重庆市建筑市场有工程质量检测机构111家，其中：专项与见证取样类94家、见证取样类7家、专项类10家，有检测从业人员3653人。

重庆市建筑市场有预拌商品混凝土生产企业183家，年设计产能约1.81亿立方米，同比分别增长3.4%、2.8%。2016年预拌混凝土实际产量5460万立方米，同比减少5.4%，产能利用率为30.2%，同比下降2.2个百分点。

建筑市场

【市场开放度不断提高】 重庆市实行市外企业入渝信息报送制度，简化外地企业进入重庆市建筑市场的手续和流程，强化对市外入渝企业的后续管理和服务。外地企业积极进入重庆市建筑市场，激发市场活力，共有2314家外地建筑施工企业（特级197家、一级1336家）、162家外地监理企业、175家外地造价咨询企业、153家外地招标代理机构入渝承揽业务或生产经营，外地企业入渝数量同比增长43.6%。市外高资质企业入渝，带来先进技术和管理经验，拓宽融资渠道、优化融资模式，吸引更多社会资本以及民间资本参与重庆市重点项目建设，有效带动重庆市建筑业整体水平的提升。重庆市企业也积极开拓市外、境外建筑市场。其中，中冶建工集团有限公司、重庆对外建设（集团）有限公司、重庆建工集团股份有限公司、重庆工业设备安装集团有限公司、重庆市涪陵江洲建筑有限公司、中机中联有限公司、中铁隧道集团一处有限公司12家企业走出国门，在亚洲、非洲承接69个工程项目，在建项目合同金额17.35亿美元，新签合同金额4.7亿美元。

【劳动力市场资源充足】 根据国家统计局数据，2016年重庆市建筑企业直接从事生产经营活动的平均人数为217.41万人、同比增长8.7%，从业人员期末人数为209.08万人、同比增长4.5%。重庆市建筑业共吸纳农村富余劳动力163万人，其中：重庆市农民工112万人、重庆市非农民工18万人、市外入渝农民工33万人。重庆市累计向市内外建筑业提供农村富余劳动力170万人，其中：为重庆市建筑业提供劳动力112万人、为市外建筑业提供劳动力58万人，全市净输出劳动力25万人。

【主要建筑产品价格明显上涨】 重庆市建筑原材料价格波动明显，以钢材为代表的主要建筑材料涨幅较大，个别材料也呈下降趋势，主城区域主要建筑材料平均价格同比上涨20.25%。其中：钢筋同比上涨52.03%、水泥同比上涨17.39%、特细砂同比上涨23.08%、商品混凝土同比上涨16.67%、碎石同比上涨15.38%、标准砖同比基本持平，道路沥青混凝土同比下降13.21%。建筑工程单方造价同比上涨10.36%，其中：住宅工程同比上涨8.72%、综合楼同比上涨8.41%、办公楼同比上涨8.78%、教学楼同比上涨11.67%、学生宿舍同比上涨12.05%、工业厂房同比上涨12.53%，市政工程单方造价同比上涨6.59%，其中：道路工程同比下降1.59%、隧道工程同比上涨6.57%、桥梁工程同比上涨11.52%。建筑市场人工工资小幅波动，同比上涨1.69%。

行业监管

【诚信建设迈上新台阶】 建筑施工企业诚信综合评价通常行为新标准顺利实施，评价覆盖面进一步扩大，建成建筑管理信用信息发布平台，实现建管信用信息一站式发布，推进失信联合惩戒，与市最高法院签订《关于建筑施工企业信用信息共享，推进诚信体系建设的合作备忘录》，实现诚信体系中失信被执行人以及被判行贿罪等信息自动采集并纳入评价。共评价建筑施工企业3535家、房屋市政项目17098个，采集信息285320条。2016年共有4023个房屋市政项目运用诚信综合评价招投标评分并公示，没有发生一起违法违规的投诉举报。诚信评价体系的运行，在创新监管、保障质量安全、促进企业自律等方面取得显著成效，有效提升建筑行业整体发展水平。

【招投标监管持续加强】 深入开展工程招标投标突出问题专项整治，不断细化招投标关键环节监管，进一步加大国有投资建设工程施工招投标监管力度，加强招标代理机构从业人员管理，规范招标代理机构行为。严厉打击围标串标，净化招投标市场。全市发包房屋建筑和市政基础设施工程项目5599个次、同比增长9.1%，工程造价1920.34亿元、同比增长16.7%。其中：公开招标3612个次、工程造价895.23亿元，占比64.5%和46.6%，邀请招标333个次、工程造价138.75亿元，占比6.0%和7.2%，直接发包1654个次、工程造价886.36亿元，占比29.5%和46.2%。发包项目中，国有资金项目4051个次（公开招标3612个次、邀请招标276个次、直接发包163个次）、同比增加9.9%，工程造价1122.85亿元、同比增加26.6%，非国有资金1548个次、同比增长7.1%，工程造价797.49亿元、同比增长5.1%。

【行政审批服务效能得到提升】 围绕审批提速、服务提质、监督提效的改革目标，行政审批服务改革取得突破性进展，重庆市城乡建设行政审批服务中心正式挂牌成立。利用网审推进施工许可"一站式"服务，平均办理时限比法定时限压缩三分之二。全年办理房屋建筑和市政基础设施项目施工许可3463项、同比增长0.3%，建筑面积9426.98万平方米、同比减少4.3%，工程造价1671.64亿元、同比增长0.7%。全年办理竣工验收备案项目3007个、同比增长3.5%，建筑面积9072.14万平方米、同比减少3.5%，工程造价1460.57亿元、同比增长3.3%。房屋建筑和市政基础设施在建项目在建项目8341个、同比减少0.6%，建筑面积29211.71万平方米、同比减少1.0%，工程造价4903.74亿元、同比增长2.3%。

【打击违规违法行为不断强化】 加大执法检查力度，严厉打击违法违规行为，规范建筑市场各方面主体行为，依法查处违法违建工程。共对各类违法违规行为立案查处1643起，结案1484起，涉及企业1234家，从业人员245名。其中：罚款4590.69万元，责令439家企业停业整顿，停止24家企业投标资格，停止6名注册人员执业资格。

【造价管理改革深入推进】 按照国家"营改增"政策和住房城乡建设部要求，结合重庆市实际，制订印发《关于建筑业营业税改征增值税调整建设工程计价依据的通知》。从弱化审批事项、创新监管措施、强化市场主体责任入手，完成《重庆市建设工程造价管理规定》的修订立法工作，承担全国海绵城市建设工程投资估算指标编制任务，启动重庆市城市地下综合管廊计价依据的编制。抓工程造价信息网刊建设，构建多层次信息发布体系，较好地指导和服务市场。

【清欠维稳处置有力】 面对清欠维稳严峻形势，市区两级城乡建设主管部门坚持抓重点、抓关键、抓薄弱环节，逐级落实责任，层层传递压力。坚持"日扫描、周报告"，结合质量、安全日常监督，开展拖欠隐患问题滚动摸排，做到情况清、底数明。对有拖欠投诉或发生过拖欠的企业及项目实施重点监控，对排查出的拖欠隐患建立台账，加强分析研判，落实专人跟踪处置，对重点拖欠项目挂牌督办。全年共处置拖欠投诉1860批次，解决拖欠工程款41.55亿元，处置突发事件30余起，全市清欠维稳总体可控。

【切实减轻企业负担】 按照《关于清理规范工程建设领域保证金的通知》和《关于切实做好清理规范工程建设领域保证金有关工作的通知》的要求，扎实开展工程建设领域保证金清理规范工作。全市累计清退各类保证金3.328亿元，违规设立的保证金全部取消，相应的制度文件已废止，没有发现新设立或变相设立保证金情况。严格落实农民工保证金优惠政策，全年减免农民工保证金43.53亿元、减免率达78.7%，其中市管项目减免5.71亿元、减免率达88.3%，做到应减尽减、应免则免。

质量安全

【工程质量整体水平稳步提升】 重庆市建设工程实体质量总体受控，地基基础和主体结构安全，质量常见问题呈下降趋势，全年无较大及以上质量事故发生。2016年"重庆两江企业总部大厦"、"渝洲宾馆改建工程"、"援苏丹总统府办公楼及室外环境项目"（境外工程）入选"中国建设工程鲁班奖（国家优质工程）工程名单"，评选重庆市巴渝杯45项、重庆市优质结构奖92项、重庆市市政金杯奖25项，评审通过市级工法115部。全市在监房屋和市政基础设施工程项目9579项，其中市管项目594项。

【建筑安全生产形势总体稳定】 2016年全市共发生建筑生产安全事故100起、死亡107人，事故死亡人数、较大事故起数在市政府安委会下达的安全生产控制指标范围内，未发生重大及以上安全事故。出台了《重庆市建筑施工安全生产标准化考评实施细则》，建立建筑施工安全生产标准化考评制度。持续推进平安卡实名制管理，全年发放平安卡约11万张，累计发卡约85万张、考勤机5322台。

（张钢铁）

房地产业

【投资完成情况】 1～12月，全市房地产开发完成投资3725.95亿元，同比下降0.7%。全市房地产业实现增加值926.19亿元，同比增长7.5%，占地区生产总值(GDP)的5.3%，拉动经济增长0.4个百分点。

【商品房建设情况】 全市商品房施工面积27363.39万平方米，同比下降5.6%，商品房竣工面积4421.30万平方米，同比下降4.5%。商品房新开工面积4875.16万平方米，同比下降16.1%。

【资质管理情况】 全市房地产企业总计2809家，同比下降11.4%。其中：一级资质52家、二级资质801家、三级资质617家、四级资质43家，暂定资质1296家，一二级资质占比30.4%。主城区房地产企业总计1292家，同比下降13.2%。其中：一级资质36家、二级资质456家、三级资质214家、四级资质6家，暂定资质580家，一二级资质占比38.1%。

(曾诚)

勘察设计业

【概况】 2016年，全市勘察设计行业营业收入合计422亿元，比上年增加13.5亿元，增长3.3%。其中：勘察收入22.6亿元，增长6.6%，设计收入88亿元，增长5.4%，工程承包收入158.4亿元，增长12.3%。全市勘察设计行业利润总额33.4亿元，减少3.5%，全市勘察设计人员人均营业收入87.97万元，减少4.7%。

全市共有工程勘察设计企业467家，具有勘察资质的单位88家(甲级29家，乙级40家，丙级19家)，具有设计资质的单位410家(甲级143，乙级170家，丙级97家)，具有设计与施工一体化资质的单位34家(壹级9家，贰级19家，叁级6家)。另有勘察劳务企业27家。施工图审查机构20家，其中：一类机构19家，二类机构1家，全市全年共新增甲级资质18项，拥有甲级资质的企业比例占35.3%，资质结构日趋合理，位居西部前列。

全市勘察设计行业从业人员47854人，专业技术人员26485人，其中：高级职称人员7489人，中级职称人员12331人。全市勘察设计注册师人数4382人，增长3.1%，注册师占专业技术人员比例占16.5%，位居全国前列。

全市已有409家市外企业办理入渝备案，同比增加29%，市外企业已占到全市勘察设计企业总数的47%，创历史新高。全国百强企业中已有70余家、十强中已有9家入渝承接业务，全年市外企业在渝签订合同金额约36亿元，同比增加44%。

【勘察设计市场管理】 改进资质审查方式。实行专家"背靠背"三次审查，工作人员核查社保和业绩，企业名单网上公示的"三审一查一公示"审批模式，有效抑制"空壳公司"、"挂靠设计"等违法违规行为。

改进注册人员管理。进一步强化对新申办资质单位人员、企业合并重组人员、变更注册人员等三类人员注册申请材料的审查，通过审查全年共约谈17家企业、32名注册人员，通报2家企业、2名注册人员，有效遏制"人证分离"、"挂靠注册"等违法违规行为。加强注册人员变更与企业资质审查的联动管理，对在注册变更核查中不满足资质标准要求的53家企业下发限期整改通知，督促其限期完成整改，有效维护资质管理的权威性。

加强动态检查。依据"重庆市勘察设计企业信息网上备案系统"及时分析掌握企业发展动态，防止出现"空壳公司"和"僵尸企业"，同时积极支持有条件的企业根据市场需求和业务拓展申报新资质，以增强企业市场竞争能力。

加强市外入渝勘察设计企业事中事后监管。对市外勘察设计企业存在的"人员挂靠"、"人证分离"等行为进行重点审查，2016年共约谈47家市外勘察设计企业、150余名注册人员，并要求对其存在的违规行为限期整改。

维护勘察设计市场秩序。加强对勘察设计市场行为监督，积极倡导行业自律，依法加大对勘察设计单位挂靠、转包和违法分包等行为查处力度，为企业创造公平竞争的市场环境。2016年共约谈违规市内企业32家、注册人员56人次，对存在违法违规行为的项目进行调查处理，处罚金额50万元。

【勘察设计质量管理】 提升初步设计审批质量。改进初步设计审批，按照《关于改进和完善初步设计审批管理的意见》要求，严格实行项目负责人现场讲图、程序性审查与技术审查并重、审查意见限期回复、施工图阶段编制专篇对初步设计审查意见落实情况进行说明等6项制度，加强初步设计概算审查，初步设计审批由工程建设基本程序上升为加强勘察设计市场和质量监管的重要抓手。认真核查人员签章，严格落实《关于加强建设工程勘察设计文件签章管理的通知》要求，对勘察设计人员签名笔迹进行核查，确保在勘察设计文件上的签名、在数据库中备案的签名以及人员到会现场签名三者一致，从而保证人员身份的真实性，切实打击勘察设计单位拉人、挂靠等违法违规行为。

完善施工图审查管理。发布《重庆市施工图审查机构综合评价标准》，建立对审查机构和审查人员的诚信评价制度，组织对全市施工图审查机构的重新认定，认定施工图审查机构20家，取消1家企业审查资格。建立审查机构的定期工作沟通制度，及时了解掌握审查机构在市场行为、审查质量和自身建设等方面的基本情况，加强对审查机构的日常监管。开展施工图审查质量动态抽查，督促各区县（自治县）城乡建委按不低于20%的比例对全市施工图审查质量进行抽查。在区县抽查的基础上，组织专家对82个项目的施工图审查质量进行了检查，对存在问题的项目下发整改通知书。

强化勘察设计质量管理。全面落实质量终身责任事前承诺制度。在申报初步设计审批、施工图审查备案时，须提交建设单位、勘察单位、设计单位法人代表对项目负责人的授权书以及项目相关勘察设计人员的质量终身责任承诺书，全面落实建设单位、勘察单位、设计单位、施工图审查机构项目负责人的质量责任。建立"双随机"抽查制度。会同区县城乡建设主管部门采取随机抽取检查对象、随机选派执法检查人员的方式，始终保持对质量安全的高压态势。加强勘察质量监督。督促各区县（自治县）城乡建委按不低于10%比例对工程勘察外业工作进行抽查，2016年度全市共检查工程勘察外业工作657项，发现违规项目69项，共计46家市内外企业、99人被通报批评，4名见证员被取消见证资格。开展勘察设计质量执法监督检查。全市共组织开展2次执法监督检查。在区县全面自查的基础上，组织专家共抽查165个工程项目，下发执法建议书11份，处以行政罚款50万元。通过检查纠正违反工程建设强制性条文92条，一般性条文1770条，其他问题665条（处），有效提升了勘察设计质量水平。

【优秀设计项目评选】 在2016年度重庆市勘察设计协会优秀工程勘察设计奖评选中，对申报的151个项目分成岩土工程勘察、建筑工程设计、园林和景观工程设计等13个类别，共评选出优秀勘察设计项目91项，其中：一等奖20项、二等奖28项、三等奖43项。

（田学春）

城镇化进程

重庆市户籍总人口3392.11万人，其中城镇人口1615.51万人。常住人口3048.43万人，其中城镇人口1908.45万，城镇化率达到62.6%。由于常住人口与城镇人口的统计起步较晚，比较早的人口统计数据多为户籍人口与非农业人口，为了系统反映重庆城镇化的发展变化，以户籍人口、非农人口、常住人口来观察重庆市城镇化发展的进程。

重庆市城镇化率增长很快，直辖以来，在经济快速增长的带动下，城镇化率年均增长1.66个百分点，重庆市城镇化率正处于快速发展阶段。（陈运鹏）

城市建设

2016年新改扩建城市雨水管网590.45千米，污水管网738.01千米。

城市道路建设

2016年主城区市级城市道路建设计划项目共110项，涉及跨江大桥8座、穿山隧道5座、道路718千米、立交24座，项目总投资规模约1867亿元。

2016年末主城区新增城市道路131千米，立交9座，李家花园隧道、东环立交、余松路与松石大道交叉口等11个堵点的交通运行状况得到改善，计划年度完成投资256亿元，实际年度完成投资260亿元，占年度计划的101.6%。

2016年末主城区道路通车总里程达4856千米。其中，快速路网通车里程达517千米，主干路通车里程达846千米，次干路通车里程达1252千米，支路通车里程达1198千米，高速路、国省道通车里程达1043千米。已建成通车大桥29座，其中，跨嘉陵江大桥15座，跨长江大桥14座。已建成穿山隧道15座，其中，穿中梁山隧道7座，穿铜锣山隧道8座。

危旧房改造

【概况】 2016年，在中共重庆市委、市政府的坚强领导下，认真贯彻落实党中央、国务院、住房城乡建设部和中共重庆市委、市政府关于棚户区改造工作的部署和要求，扎实推进棚户区改造工作，顺利完成国家和市级下达的各项目标任务，对民生的改善、城市面貌的提升和社会经济的发展起到积极作用。

【工作成效】 国家下达重庆市的棚户区改造目标任务为5.7万户，重庆市完成改造5.75万户，占年度任务的100.88%，完成投资315.11亿元。其中完成城市棚户区改造4.14万户、城中村改造1.2万户、国有企业棚户区改造0.41万户。重庆市棚改货币化安置户数为4.32万户，货币化安置率为75%，居全国前列，预计全年可消化商品房库存320万平方米。

按照重庆市2013～2017年城市棚户区专项规划，2016年重庆市计划完成城市棚户区改造303万平方米，全年重庆市完成城市棚户区改造356.64万平方米，占年度改造计划的117.7%，完成投资约223亿元。其中主城区完成改造206.8万平方米，占年度重点"民生实事"任务162.61万平方米的127.17%，远郊区县完成改造149.84万平方米，占2016年改造计划140.39万平方米的106.73%。2013年以来，重庆市已累计完成城市棚户区改造1108.93万平方米、9.55万户，完成投资约605亿元。全年重庆市完成国有企业棚户区改造16.52万平方米。

全市已有31个区县获得国开行、农发行棚改政策性贷款授信和专项建设基金的累计额度为619.49亿元，到位资金390.84亿元。其中，2016年新评授信257.21亿元、到位252.95亿元，2016年新增授信额度和到位资金额度分别是2015年的2.84倍和1.83倍。

【工作措施】 加强督促指导。市城乡建委多次组织主城区和远郊区县城市棚改工作推进会和现场交流培训会，进行现场培训指导，同时通过多种途径加强对各区县的工作督促，按月研判和通报改造进展、交流工作动态和工作亮点成效，加快推进城市棚户区改造工作。

做好资金保障。市城乡建委积极与国开行重庆分行和农发行重庆分行的对接，大力推广政府购买服务的贷款模式，认真开展相关业务培训，积极指导和协助相关区县做好申贷工作，并要求各区县加快资金使用进度，确保资金安全，有力保障城市棚改工作的推进。

提高货币化安置比例。按照《关于进一步加快推进城市棚户区改造货币化安置的指导意见》和关于房地产供给侧改革及开发管理有关工作的专题会议的相关要求，结合房地产供给侧改革的需要，积极推进棚改货币化安置工作，建立完善主城区棚改房源信息平台，并积极指导各区做好货币化安置相关手续办理，积极组织货币化安置专题培训。全市棚改货币化安置比例为75.12%，位居全国前列。

宣传和安全稳定工作切实有效。通过加强与主流媒体的工作对接，突出对成效和亮点的宣传和展示，重点反映棚改工作对民生改善、城市面貌提升、房地产"去库存"等方面的积极作用，重庆电视台、《重庆日报》等多家主流媒体对重庆市的棚改相关工作进行报道。督促项目业主和区县落实安全生产主体责任，加强巡查检查，及时消除安全隐患。

(闫瑞娟)

村镇建设

【村镇概况】 重庆市共有812个建制乡镇，8482个行政村。

【村镇公共设施建设】 2016年，市级财政投入中心镇建设专项补助资金5.5亿元，推进实施110个市级中心镇的122个"561"基础设施和公共服务设施项目建设。

【小城镇建设】 2016年，重庆市通过区县申报、专家评审、部门会审等程序，确定35个特色小(城)镇进行分类引导、重点培育，着力推动小城镇建设由中心镇建设向特色小(城)镇培育转型升级。万州区武陵镇、涪陵区蔺市镇、黔江区濯水镇、潼南区双江镇4个镇被住房城乡建设部认定为第一批中国特色小镇。

【中心镇建设进展】 110个中心镇建成区面积达到290.5平方千米，比上年增加12.8平方千米，建成区人口达到216.3万人，比上年增加17.3万人。中心镇人口集聚和辐射带动效应进一步显现。

【村镇住宅建设】 2016年全市新建农房7.06万户，其中异地新建2.77万户、原址新建4.29万户，新建农房竣工面积1015.77万平方米，全市完成农村危房改造6.44万户。

(牟捍红)

建筑科技教育

【建筑产业现代化】 成立推进建筑产业现代化专项工作组。壮大重庆市建筑产业现代化联盟，推动建筑产业现代化系列标准编制、工程试点示范和技术集成创新。开展建筑产业现代化12项地方标准和11项图集的编制工作。发布实施装配式混凝土住宅设计、施工与质量验收、构件生产、信息化管理等6项地方标准和装配式混凝土住宅楼梯1项图集。会同市财政局出台《重庆市建筑产业现代化示范工程项目补助资金管理办法》。推进示范项目建设，瑞安天地7万平方米示范项目已建成，万科金色悦城约9万平方米示范项目已完成主体结构施工，綦江区篆塘镇文胜村7000余平方米市级农民新村项目基本完成主体结构施工，建工职院二期工程2.7万平方米示范项目已完成设计招标，华岩隧道西侧接线工程节段预制拼装桥梁示范项目已完成初步设计。发布实施《装配式住宅部品标准》，印发《重庆市住宅部品认定管理办法(试行)》，开展2批共计17个部品认定。依托建筑产业现代化联盟和专家委员会，强化对区县建筑产业现代化工作的指导和支持。组织编制建筑产业现代化宣传片和科普知识手册，建立微信公共平台，利用重庆电视台、"阳光重庆"、报纸、网络等媒体，以及全市科技活动周等活动进行宣传推广和知识普及，举办建筑产业现代化各类技术研讨会、标准宣贯培训会，培训相关从业人员2500余人次。

【科技创新与标准化】 组织申报住房城乡建设部科技项目及工程建设标准实施指导监督项目10项，下达建筑产业现代化、智慧城市、海绵城市等市级建设科技计划项目及示范66项，完成科技成果35项，获国家专利100余项，获重庆市科学技术进步奖一等奖2项，二等奖1项，三等奖5项，鉴定关键技术89项。下达工程建设地方标准编制计划23项，发布工程建设地方标准21项，备案企业标准17项，推动工程建设地方标准制订修订100余项，发布国内首个《民用建筑电动汽车充电设备配套设施设计规范》。支持开展海绵城市、生态文明建设和调结构、促转型等领域专项研究，科研经费向行业企业和示范工程倾斜，82%的资金投入示范工程和重大专项研究，引导企业投入科技创新资金1.3亿元。发布《重庆市建设领域创新型企业评价标准》，初步构建建设领域创新型企业评价制度。发布《重庆市建设领域禁止限制使用落后技术通告（第八号）》和《重庆市建设领域推广应用新技术公告（第二号）》，禁止限制现场浇筑楼梯工艺等12项落后技术，推广应用装配式混凝土结构等16项新技术，认定建设新技术17项。培育建立30万吨干混砂浆产业化基地1家、1万吨焊接箍筋产业化基地1家、现代化建筑钢筋加工配送企业4家，举办高强钢筋和钢筋加工配送应用技术培训会及建筑钢筋加工配送整体技术解决方案设计竞赛等。

【智慧城市试点】 渝中区成功获批重庆市第五个国家智慧城市试点，会同市科委完成万州区、江津区、合川区国家智慧城市试点申报省级评审，并推荐上报住房城乡建设部和科技部。国家智慧城市试点建设有序推进，两江新区智慧新城整体开发、永川区智慧城市PPP模式、渝中区区域卫生信息平台、江北区智慧商圈、南岸区智慧小区和智慧城市体验中心等项目取得成效。推进两江新区智慧城市公共信息平台、南岸区智慧小区云服务平台、渝中区智慧楼宇建设关键技术集成开发与示范应用、永川区智慧建管综合平台开发与应用、市城乡建设行业智慧政务平台建设、智慧城市城乡建设领域标准体系等专项试点工作。发布实施《重庆市智慧小区建设技术要点（试行）》，推进智慧小区建设。

【教育培训】 全年共组织三次施工专业人员统一考试，核发证书6.9万人次，完成建筑工人技能鉴定发证11.2万人次，其中高级工以上等级5000余人次。印发《关于加快推进施工现场标准员岗位设置工作的通知》，积极推进标准员岗位设置与责任落实，完成标准员培训3000余人次，组织实施41家施工现场标准员岗位设置示范企业和56个示范工程建设。组织编制发布《重庆市房屋建筑与市政基础设施工程现场施工专业人员考试大纲》。标准员、劳务员、试验员、机械员等4个岗位实现信息化考试。开发完成住房城乡建设部委托的全国住房城乡建设领域专业人员岗位证书查询系统，组织开发重庆市建设岗位教育培训管理系统。会同市人社局印发《关于建立重庆市建设行业技能竞赛制度的通知》，推进技能竞赛常态化、规范化、标准化。重庆建委推荐的黄可全等3名建筑工人荣获全国住房城乡建设行业技术能手称号。开展针对全市18个扶贫区县832名建卡贫困户以及2231名建设类"双证制"院校贫困学生的建设行业扶贫培训工作，对参培对象做到培训免费、考核鉴定免费和发证免费。

【建设信息化】 按照《重庆市建设领域信息化标准体系》的要求，不断完善信息化标准体系。完成《BIM技术应用》、《智慧重庆公共信息平台技术研究与应用》、《工程项目管理信息系统》等课题研究。完成勘察设计综合信息平台二期、重点工程建设综合信息系统以及主城区城市棚户区改造房源信息平台建设，完成"重庆市城乡建委数据交换管理平台"的开发，为信息资源整合提供技术保障。完成行业信息资源综合服务平台原型建设，实现行业基础数据的动态查询，以及企业、人员、项目等核心数据库的关联查询。

建筑节能建设

全市城镇新建民用建筑节能强制性标准执行率达到100%。绿色建筑技术标准和产业支撑体系基本健全，新增绿色建筑近3100万平方米，推动建设可再生能源建筑应用项目900余万平方米，完成公共建筑节能改造420余万平方米。

（重庆市城乡建设委员会）

城乡规划

【空间规划体系完善】 深化落实大都市区规划、渝东北生态涵养发展区城镇群规划和渝东南生态保护发展区城镇群规划，着力优化各功能区城镇空间功能布局。完成主城区"多规合一"试点，协调城规和土规约20万块差异图斑，划定主城区3493平方千米生态空间范围，实现主城区城乡规划、国土规划、生态类规划"一张图"。按照"内畅外联"要求，整合完成全市"十三五"综合交通建设规划，编制完成大都市区轨道交通一体化暨都市快轨规划、主城区道路红线规划等一批交通规划。

深入推进规划全覆盖工作，全市37个相关部门、40个区县（含两江新区、万盛开发区）开展近2000项规划编制，形成一大批规划成果。主城区规划城镇建设用地实现控规100%覆盖。远郊区县城乡总体规划、城市总体规划、城区控规100%覆盖。全市镇规划、乡规划实现全覆盖。完成村域现状分析及规划指引4776个，形成村规划和村建设规划成果814个，基本完成区60%、县50%的工作任务。市域、主城及区县涉及空间布局和土地利用的专业专项规划完成率达到90%以上，注重对各类专业专项规划的统筹协调、综合平衡，建立完善审查报批、纳入法定规划等机制，确保落地法定化，初步构建起统一衔接、功能互补、相互协调的空间规划体系。

【城乡规划实施管理】 开展市域美丽山水规划，分区落实主城区美丽山水城市规划，确保山系、水系、绿系空间落地。按照住房城乡建设部关于做好"城市双修"工作要求，完成主城区街道社区综合服务中心布点落地、城市更新试点和海绵城市等规划，并开展实施层面的政策制定或技术标准制定。建立三级城市设计体系，开展主城区城市风貌总体设计和重要区域、重要地段城市设计，"城市设计＋控规"的双控管理机制在全国住房城乡建设系统作为经验推广。进一步深化实施主城区城市空间形态管理办法，落实重点管控区项目多方案比选、特别管控区重要项目方案征集的要求，建立完善空间形态管理的制度、机制。成立市名城委及名城保护专家咨询委员会，扎实推进十八梯等5个传统风貌街区的保护修缮利用。开展主城区地下空间专项规划、主城区大型危化品仓储基地规划，科学规划布局城市功能设施。

【规划法治建设】 完成《重庆市城乡规划条例》修订，开展新条例宣贯、执行各项准备，以及现行规章、规范性文件修改对接等工作。推进城乡规划督察全覆盖，通过日常巡查、专项督察、专案督察、卫片遥感解译、无人机航拍比对、现场抽检等方式，实时发现问题并督促整改，确保规划的严肃性和连续性。加强违法建筑整治工作，将违法建筑整治由主城区推进到全市，建立完善全市三级监察处置体系和四级监管网络，制定全市整治工作计划，新增违法建筑得到有效遏制。全市共消除新增违法建筑77.50万平方米，整治存量违法建筑690.93万平方米，其中拆除（或回填）违法建筑650.76万平方米。

【规划管理体制机制完善】 按照规划管理"横向到边、纵向到底"的要求，制定完善全市规划管理体制机制工作方案，市编办出台加强区县规划管理职能、完善规划管理机构的指导意见，加强市级规划部门的统筹协调、历史文化保护、规划督察等职能，统一区县规划内设机构，明确成立镇乡街规建管及环保办公室（所）、调剂配备相应力量，推进完善市、区县、镇乡（街道）三级规划管理体制。落实全市网上行政审批改革要求，开展并联审批优化、用地条件细化、管理流程再造等工作，进一步促进效能提升。全市核发建设项目选址6448.90公顷，同比增长74.50%，用地许可10143.63公顷，建筑方案审查11398.61万平方米，建筑工程规划许可10353.72万平方米，规划竣工核实9347.89万平方米。加强对区县规划工作的指导，充分发挥区县首席规划师的作用，提高区县规划工作水平。

【规划支撑体系建设】 建设完善综合市情系统、城乡规划综合数据库，升级交通决策支持系统，并以大数据为支撑，开展规划研究、规划编制、规划实施管理，以及城市运行、城市规划实施评估跟踪研究，为规划水平全面提升打下基础。提前完成地下管线基础信息普查任务，完成隐患排查13253处，为经济社会发展提供安全保障。完成重庆市第一次地理国情普查，形成数据、系统、图件、报告等系列成果。完成智慧重庆时空信息云平台建设试点，推进智慧重庆公共信息平台建设。

（重庆市规划局）

房地产业、住房保障与公积金管理情况

房地产业

【概况】 2016年，重庆市按照中央供给侧结构性改革要求，围绕"三去一降一补"任务，主动作为、改革创新，扎实推进商品房去库存，科学实施市场调控，商品房交易数量持续增长，成交价格保持基本稳定，房地产市场平稳健康发展。

房地产开发投资基本稳定。全市共完成房地产开发投资3726亿元，同比下降0.7%。全市商品房施工面积27000万平方米，新开工面积4875万平方米，竣工面积4421万平方米。

商品房销售回升。全市共成交商品房5682万平方米，同比增长24.9%，其中商品住房成交4725万平方米，同比增长26.8%，成交均价5505元/平方米，同比增长4.8%。

二手房交易活跃。全市共成交二手房2235万平方米，同比增长47.3%，其中二手住房成交2097万平方米，同比增长55.2%，成交均价3841元/平方米，同比增长13.7%。

【房地产调控】 市政府出台《重庆市商品房去库存专项工作方案》，从稳预期、扩需求、消存量、降成本、防风险5个方面实施20条调控政策，区县政府和相关部门通力协作，全年消化商品住房库存984万平方米，去化周期处于合理区间，房地产去库存和住房统筹保障机制得到国务院第三次大督查充分肯定。

稳定市场预期。制定房地产市场宣传报道和应急处置预案，完善多方联动工作机制，适时发布市场信息和政策，稳定市场需求。主动与企业座谈，宣传调控政策，分析市场形势，释放政策信息，提振企业开发投资信心。

扩大市场需求。贯彻落实国家信贷、财税政策，调减房地产交易环节税负，首套房和二套房首付比例下调至20%和30%，银行合理降低贷款利率。配合户籍制度改革，积极推广农民"安家贷"金融产品，支持农民进城购房。全面推行住房货币化安置，全市集体土地征收、国有土地上房屋征收货币化安置率分别达到92%、98.6%。继续执行房交会期间免收转让手续费和转移登记费等政策。延长主城区个人首次购房按揭财政补助政策至2022年底，鼓励远郊区县参照执行。

消化市场存量。坚持把优化土地供应作为促进房地产平稳发展的源头，合理把控出让结构、区域、时序，调整更新基准地价，全年共出让经营性用地4万亩，同比减少26.4%，单位地价同比增长13.9%。鼓励引导库存商品房转型利用，支持开发企业合理调整规划指标、商住比例和户型结构，将200余万平方米商业调整为住宅。鼓励企业自持经营，推动住房租赁市场专业化、规模化发展，研究制定《关于加快培育和发展住房租赁市场的实施意见》，待市政府审定后实施。加快重点楼盘周边道路、水电气管网、停车位以及教育等配套设施建设，提高开发项目成熟度，促进房屋销售。

减轻企业负担。下调开发企业所得税预售收入计税毛利率和土地增值税预征率，减免部分行政事业性收费和保证金。减免结构转换层、避难空间、不计容车库的土地出让金，免收同一投资主体企业房屋转让手续费。实行项目资本金和预售首付款打捆监管，降低项目资本金和预售首付款监管比例。

防范市场风险。建立健全行业准入和诚信机制，依法出清"僵尸企业"和"空壳公司"，全年净减少房地产开发企业379家。制定实施企业兼并重组政策，搭建项目资产转让信息交易平台。完善商品房买卖合同网签备案、预售许可管理，推动二手房网签全覆盖，开展房地产市场专项执法和信访突出问题排查，严查"首付贷"、"场外配资"等违法违规行为，加强房地产市场中介和租赁管理，做好重大涉稳问题项目处置。全市共受理房屋领域违法违规举报1900件，经核查属实1606件，已处理1470件。共立案查处房屋领域违法违规案件1042件，结案1003件，移送其他部门处理131件。

【房地产市场】 截至2016年底，全市共有房地产经纪机构3873家，从业人员38967人，其中经纪人1439人，经纪人协理7106人，其他业务人员30422人。全市共有房地产评估机构123家，其中一级12家、二级67家、三级26家、三级暂定4家、外地驻渝分支机构14家，注册房地产估价师1104人。

房屋征收与住用管理

【国有土地上房屋征收】 依法有序实施国有土地上房屋征收。2016年，全市下达征收决定116个，涉及2.24万户、199万平方米，实际完成征收2.35万户、211万平方米（含往年续征项目），在征收补偿安置中为6731户实际居住面积较小的低收入住房困难家庭增加征收保障性面积4.16万平方米，切实改善群众居住条件。加大重点项目征收力度。加强专项督查和协调，全力推进铁路、轨道、城市道路建设等36个市级重点工程征收项目，涉及5393户、85.2万平方米，确保重点公益项目用地需要。稳妥推进城市房屋拆迁扫尾。全市共完成拆迁扫尾250户、4.79万平方米，受理行政裁决9件，强制执行9件，城市房屋拆迁遗留问题得到妥善处理。积极探索征收制度改革。完成《重庆市国有土地上房屋征收与补偿条例》立法预备工作。全面推行国有土地上房屋征收货币化安置。加强传统风貌区和传统风貌建筑保护，规划明确纳入保护范围的建筑，未经规划部门认可并报经区县政府同意，不得实施拆除。

【物业管理】 截至2016年底，全市共有物业服务企业2577家，其中一级87家、二级389家、三级

2101家，物业管理项目9635个、77110万平方米，市民居住满意度全国排名第二。13家企业上榜中国物业百强企业，重庆天骄爱生活服务股份有限公司成为全市首家登陆新三板的物业企业，3个公租房小区荣获"全国最美志愿服务社区、最佳志愿服务组织"。

加强物业管理制度建设，扎实推进《重庆市物业管理条例》立法修订和《〈重庆市物业管理条例〉实施细则》起草工作，出台全国首部公租房物业服务地方标准、《关于加强物管市场监管防控物业服务风险的通知》等制度文件。加强物业管理队伍建设，充实镇街物业管理力量，开展镇街物业管理人员培训，提升基层物业管理工作水平。持续开展"公开承诺、协商互助、和谐共处"物业服务主题活动，全年开展"设备开放日"活动5482场次，"项目经理接待日"活动38997场次。推进"互联网+"住宅小区建设，新龙湖、新东原、天骄物业等积极打造"千丁互联"、"东驿站"、"小A帮"等物业智能管理平台及微信公众号，提升物业服务智能化、个性化水平。牵头推进物业小区矛盾纠纷专项治理，全年共排查化解突出物业矛盾187件。

【城镇房屋使用安全】 2016年，全市共排查城镇房屋3.82万栋、5620万平方米，对发现安全隐患的房屋开展全面监测预警。搬离主城区直管公房D级危房住户2921户。推动社会D级危房住户搬离，采取修缮加固、搬离人员、整栋拆除等方式，整治危房939栋、25万平方米，涉及4477户。

住房保障

【保障性安居工程】 2016年，全市实际新开工保障性安居工程5.75万套，完成国家下达5.7万套开工目标任务的100.9%，基本建成保障性住房和各类棚户区改造住房9.89万套，完成国家下达6.8万套基本建成目标任务的145.4%。建立健全公廉租房并轨运行、公租房和安置房统筹使用、公租房集体租赁、将D级危房搬迁住户纳入公租房保障等分配制度。全市新增分配入住公租房（含廉租房）7.83万套，累计分配入住量达42.28万套。城镇低收入住房困难家庭租赁补贴在保户数2.3万户。

【住房保障改革】 印发《关于调整城镇廉租住房保障家庭收入线标准的通知》，全市城镇廉租住房保障家庭收入线标准统一调整为840元/人/月。印发《关于主城区经济适用住房交易补缴土地收益等价款有关问题的通知》，完成社会稳定风险评估，明确经济适用房交易审批权限，并与地税部门建立数据共享机制。积极推进国有企业职工住房剥离工作。出台《重庆市国有企业职工住房管理分离移交实施方案》，全面启动实施国企职工住房管理分离移交工作。

公积金监管

【公积金缴存】 调整公积金缴存比，允许企业在5%~12%范围内自主确定缴存比例，缴存比例超过12%的单位一律予以规范。全市公积金实缴单位30322家，同比增长7.4%，实缴职工237.71万人，同比增长3.2%，当年缴存额309.71亿元，同比增长15.8%。截至2016年底，缴存总额1765.66亿元，缴存余额787.19亿元。在丰都县开展农民工住房公积金缴存试点工作。

【公积金使用】 改进个贷管理方式、扩大个贷政策覆盖面、优化贷款流程，增加二手房公积金贷款银行受理网点和评估机构数量，有效保障职工购房消费需求，全年共发放个人住房贷款8.06万笔、273亿元，同比分别增长64.2%、74.1%，支持职工购房779.98万平方米。全市公积金提取总额190.38亿元，同比增长9.7%，提取额的76.9%用于购房还贷等住房消费。

大事记

1月

8日 住房和城乡建设部调研重庆住房保障工作，对公租房和地票两项重大制度改革举措给予肯定。

2月

4日 重庆天骄爱生活服务股份有限公司成为全市首家新三板挂牌的物业服务企业。

4月

14~17日 2016年重庆春季房地产展示交易会在南坪国际会展中心举办，四日共成交各类房屋8791套、建筑面积72.86万平方米、金额48.37亿元。

6月

20日 市长黄奇帆来市国土房管局调研，肯定国土房管工作成绩，对房地产调控、地票、公租房、土地储备、地灾防治等工作提出要求。

21日 中国物业管理协会发布《2016年中国物业服务百强企业名单》，重庆13家物业企业上榜，占比13%。

29日 "重庆公共租赁房"官方APP和微信公众号同步上线。

10月

20~23日 2016年重庆秋季房地产展示交易会在南坪国际会展中心举办,4日共成交各类房屋8104套、建筑面积68.79万平方米、金额48.34亿元。

11月

9日 住房和城乡建设部长陈政高、副部长黄艳率有关司局来渝调研,充分肯定重庆房地产市场调控等工作。

(重庆市国土房管局)

四 川 省

概况

2016年,四川省住房城乡建设系统围绕全省工作大局,全力打好房地产去库存攻坚战,加快推进新型城镇化,抓实"三大行动",做强"两大产业",圆满完成年度各项目标任务。

【房地产去库存取得明显成效】 充分挖掘"新市民"购房潜力,加大财政补贴力度,全面推广"农民安家贷",提高农民进城购房支付能力。截至2016年12月底,农行四川省分行发放贷款31015笔。住房城乡建设部在眉山召开全国支持农民工和农民进城购房工作座谈会,总结推广四川省经验。对平武县等11个商品住房库存量大的县(市)暂停当年住宅用地供应。打通棚改安置和商品房市场通道,消化商品住房1030万平方米,占全省商品住房销售量的15%。公积金个贷率由2016年1月初的80.07%提高到12月底的87.9%,共释放资金1185.25亿元,支持商品住房消费约2370.5万平方米。全省房地产开发完成投资5284.64亿元,同比增长9.8%,占全社会固定资产投资的18.1%。全省商品房销售面积9300万平方米,同比增长19%。全省商品住房库存消化周期为8.7个月,比2015年底缩短3.7个月。成立由四川省住房城乡建设厅牵头,人民银行成都分行、省国土资源厅等14部门组成的全省房地产市场调控工作协调小组,先后3次召开专题会议。

【推进新型城镇化牵头作用明显】 牵头制定《四川省2016年加快推进新型城镇化重点工作实施方案》,报请出台《四川省人民政府关于深入推进新型城镇化建设的实施意见》、《中共四川省委四川省人民政府关于深入推进城市执法体制改革改进城市管理工作的实施意见》、《中共四川省委四川省人民政府关于加强城市规划建设管理工作的实施意见》。全面梳理十八大以来四川城镇化的探索实践经验,代拟《关于四川省新型城镇化的报告》,并报中共中央财经领导小组。完成四川省就地就近城镇化的典型地区分析,国务院专题约稿在全国推广。对四川省城镇化路径进行系统总结,形成《就地就近城镇化的四川实践与探索》,在《中国建设报》、《新型城镇化》等国家权威媒体上刊发。提请将户籍人口城镇化率纳入市(州)政府目标考核,先后组织多地考察,进一步完善四川省推进方案,农业转移人口市民化工作加快推进,泸州社区公共户口、成都城乡一体化发展、遂宁新型城市建设被作为典型经验全国推广。全省常住人口城镇化率达到49.21%,同比增长1.52个百分点,户籍人口城镇化率达到32.8%,同比增长2.2个百分点,户籍人口城镇化率首次超过常住人口城镇化率的增长。牵头推进新型城镇化的各项重点工作,得到中共四川省委、省政府肯定。

【城镇化发展格局不断优化】 编制完成省域城镇体系规划和四大城镇群规划。四大城市群保持加快发展势头,区域中心城市和重点县城(镇)建设推进有力。调整和优化15个城市总体规划,审核把关159个开发区规划,3批14个县(市)"多规合一"试点取得阶段性成效。泸州和阆中国家第一批新型城镇化综合改革试点开局良好。21个宜居县城建设试点有序实施。完成3个地级市和22个县(区)党政主要领导干部的规划审计,对违反规划的地方政府进行约谈,实施城市建成区违法建设专项治理五年行动,拆除违建164万平方米,规划权威明显加强。

【"城市基础设施建设年行动"推进有力】 以天府新区和9个区域中心城市新区建设为重点,着力补齐城市道路交通、污水垃圾处理、排水防涝、地下管网等"短板"。全年城市(县城)市政公用设施建设完成投资1377亿元、同比增长16.5%。预计全省新增城市建成区面积100余平方千米。全年开工地下综合管廊建设60个项目、203.5千米，占全国任务总量的1/10，居全国首位。全省海绵城市建设项目开工338个、竣工193个，完成投资267亿元。13个国家智慧城市建设试点、11个智慧社区创建有序推进。编制完成50个园林城市（县城）绿地系统规划。阆中市等3个市（县）和资阳市等4个市（县）分别被命名为国家、省级园林城市（县城），全省地级以上城市实现创建园林城市全覆盖。世界遗产地管理进一步加强，培育新增4个省级遗产地。

【"百万安居工程建设行动"成效显著】全面推进政府购买棚改服务，落实国家政策性银行棚改贷款566亿元。全省新开工改造城镇危旧房棚户区27万套，全面完成国家下达目标任务，续建危旧房棚户区改造安置住房和保障性住房84万套，基本建成30.54万套，占国家下达目标任务的133.2%，竣工26.1万套，占省政府下达目标任务的171%，完成投资803.2亿元，占年度投资计划的107.1%。分配公租房7万余套，发放租赁补贴10.4万户。省政府在内江召开推进棚改货币化安置现场会，全省共投入585亿元，实施棚改货币化安置11.52万套，完成省政府下达目标任务的132.4%。35万户农房建设目标已完成36.9万户，完成率105.4%，完成投资约250亿元。报请省政府出台《四川省农村住房建设管理办法》。

【"百镇建设行动"提档升级】召开现场推进会，300个镇全年完成项目建设投资705亿元，就地就近吸纳农业人口30.2万人，带动全省小城镇完成项目建设投资1020亿元，吸纳农业人口50.3万人。四川省经验在全国小城镇建设工作会上作交流。报请的《中共四川省委四川省人民政府关于深化拓展"百镇建设行动"培育创建特色镇的意见》经中共四川省委深改组审议通过，《四川"百镇建设行动"专题调研报告》，得到中共中央财办、深改办和中共四川省委主要领导肯定。央视《新闻联播》、人民日报、经济日报、新华社、川报等主流媒体对四川省"百镇建设行动"进行广泛深入的宣传报道。

【建筑业发展稳中有进】报请将建筑业总产值纳入对市州政府的目标考核。全年完成建筑业总产值9959.6亿元，同比增长13.6%，全省建筑施工企业达1.98万家，从业人员超过530万人，其中80%左右是农村转移劳动力。全年新增建筑特级企业3家、一级施工总承包企业39家、勘察设计甲级企业12家、专业承包一级企业109家、工程监理甲级企业13家，新增中高级职称6573人。全年完成省外产值2046.1亿元，同比增长12.1%，预计完成海外产值60亿美元，同比增长10%。成都市、乐山市、广安市、西昌市、眉山市5个试点市建成5个装配式部品部件生产基地，年生产部品构件70万立方米。已建成装配式建筑示范项目17个、建筑面积19万平方米，在建项目120万平方米。全省共排查建筑工程项目2.65万个，依法对416家施工企业进行停业整顿、吊销资质、市场禁入和不良行为扣分等处理。11月底，共清理各类保证金19.67亿元，返还16.43亿元、占比84%，受到住房城乡建设部肯定。全省推广散装水泥7390万吨，散装率达51.5%以上，减少粉尘排放74万吨。制定发布工程建设地方标准21项。建设领域7项工程获鲁班奖，7项工程获国家优质工程奖，8个项目获省科技进步奖。

【城乡环境综合治理更加深入】统筹实施"五大工程"建设，全面完成省政府下达的1000个村生活垃圾治理民生工程目标，十县百村的农村生活污水治理和56个建制镇污水处理厂配套管网建设有序推进，21个重点镇环境基础设施建设得到进一步深化，完成2015年度"环境优美城镇乡村"的考核验收和2016年争创工作。中央电视台以《没有垃圾的乡村》对四川省农村垃圾治理工作进行专题报道，四川省在全国非正规垃圾堆放点排查整治会上作经验交流发言。

【法治建设得到新的加强】《四川省燃气管理条例（修订）》和《四川省城镇地下管线管理办法》颁布实施。省住房城乡建设厅被中共四川省委、省政府评为"全省法制宣传教育先进单位"。全面推进"放管服"重点改革，全系统三级行政权力事项调整为740项，精简116项，厅本级行政权力事项调整为277项，精简37项。省住房城乡建设厅行权平台建设和运行得到中共四川省纪委雁飞书记充分肯定，省政府、中共四川省纪委联合在省住房城乡建设厅召开省级部门现场会。

法制建设

【政策法规文件】《四川省城镇地下管线管理办法》于2016年2月经省政府常务会审议通过并颁布，同年5月正式施行，《四川省燃气管理条例》（修订）于2016年11月30日由省人大会常务委员会审议通过，自2017年1月1日起施行，《四川省农村住房建设管理办法》经过2016年一年调研论证和修改完善，于2017年1月经省人民政府常务会议审议通过并公布施行，《四川省散装水泥应用条例》2016年6月经省政府常务会审议提交省人大，3月省人大常委会三审通过，积极配合省人大指导泸州市、绵阳市、眉山市、阿坝州等市（州）住房城乡建设领域地方性法规制定工作。

【行政审批制度改革】 全省住房城乡建设领域省市县三级行政权力事项由856项调整为740项，减少了116项，厅本级行政权力事项由314项调整为277项，减少37项。省住房城乡建设厅上报的全省住房城乡建设领域公共服务事项共169项，其中省级18项、市级97项、县级54项。制定《四川省住房和城乡建设厅行政权力依法规范公开运行办法》，组织协调厅机关各处室和直属单位将省住房城乡建设厅所有行权事项的名称、运行流程进行固化，实现省住房城乡建设厅全部行政权力在行权平台依法规范公开运行。2016年10月22日，省政府、中共四川省纪委联合在省住房城乡建设厅召开行政权力依法规范公开运行平台现场会，对省住房城乡建设厅的做法和成效给予高度评价。

【法治政府建设】 制发《四川省住房和城乡建设厅贯彻〈法治政府建设实施纲要（2015—2020年）〉的实施方案》以及《四川省住房和城乡建设厅推进法治政府建设工作实施计划表》《四川省住房和城乡建设厅关于贯彻落实省依法治省领导小组第五次会议精神的工作方案》，组织市（州）住房城乡建设行政主管部门分管法制工作领导和法规科负责人进行《纲要》的学习培训。

【行政执法监督】 省住房城乡建设厅审查出台规范性文件4件，均已按规定报送省政府备案，未发生被备案机关责令纠正或撤销的情形。办理国家、省级有关部门法规政策各类函件86件、市州行政执法问题请示函件23件。撤销收回4个不符合规定的行政执法证，并将省住房城乡建设厅行政执法人员信息在厅门户网站上进行了公布。完善省住房城乡建设厅以法制工作机构为主体、聘请专业律师团队参加的法律顾问团队。制发《四川省住房和城乡建设厅推广随机抽查规范事中事后监管实施方案》，并在此基础上制定《四川省房地产开发企业信用信息管理暂行办法》和《四川省工程建设强制性标准实施情况随机抽查试点工程方案》。

【城市管理体制机制改革】 组织研究制定《中共四川省委四川省人民政府关于深入推进城市执法体制改革改进城市管理工作的实施意见》，报经中共四川省委、省政府审议通过正式发布实施。并在市县两级城市管理及执法机构设置模式、各地党委、政府和城市管理行政主管部门的城市管理职责和执法范围等10个方面有所突破和创新。

【法治宣传教育】 研究制定四川省住房城乡建设系统"七五"普法实施方案。省住房城乡建设厅被中共四川省委、省政府评为"2011～2015年全省法治宣传教育先进单位"。举办住房城乡建设系统法规政策培训班，组织全省住房城乡建设系统政策法规科（处）长进行行政复议培训，邀请住房城乡建设部法规司领导、成都中院行政庭庭长和厅法律顾问单位律师为培训班授课。完成《住房城乡建设系统法律法规规范性文件选编（2016）》。

【行政复议和行政诉讼】 2016年，省住房城乡建设厅共收到行政复议申请89件，受理73件，办结69件，作为被申请人的复议案件12件，结案8件，审理中4件，行政应诉案件共46件，其中一审案件29件，结案15件，二审案件17件、结案10件。

房地产业

【市场运行】 2016年，全省各地综合采取鼓励农民工进城购房、推进棚改货币化安置、用足用好住房公积金、分类管控土地供应等措施，努力化解房地产库存，稳定热点城市房价，房地产开发投资和商品房销售面积保持稳定增长，商品住房库存总量和消化周期持续下降。

【供应市场】 全省房地产开发完成投资5282.64亿元，同比增长9.8%。其中，住宅完成投资3185.64亿元，同比增长4.5%。全省完成房地产业增加值1396.61亿元，同比增长8.7%，占GDP的4.3%。全省房屋施工面积41532.14万平方米，同比增长6.5%，增速比2015年同期低0.3个百分点。其中，住宅施工面积26425.45万平方米，同比增长4.4%，增速比2015年同期高2.1个百分点。全省房屋新开工面积为10825.16万平方米，同比增长12.9%，增速较2015年同期上升28.3个百分点。其中，住宅新开工面积6941.73万平方米，同比增长15.2%，增速较2015年同期上升33.1个百分点。全省商品房竣工面积7050.24万平方米，同比上升55.1%，增速比2015年同期高69.9个百分点。其中，住宅竣工面积4677.37万平方米，同比增长48.5%，增速较2015年同期上升67.2个百分点。

【销售市场】 据省统计局数据，全省商品房销售面积9300.47万平方米，同比增长21.2%，比2015年同期高13.8个百分点。其中，住宅销售面积7884.09万平方米，同比增长21.4%，较2015年同期上升16.2个百分点。1～12月，全省商品房销售均价为5762元/平方米，较2015年同期（5475元/平方米）上升5.2%，较1～11月（5802元/平方米）下降

0.7%。其中，住宅销售均价5449元/平方米，较2015年同期(5034元/平方米)上升8.2%，较1~11月(5492元/平方米)下降0.8%。12月份，全省3个国家重点监控的成都市新建商品住宅价格指数同比增长5.6%，环比下降0.2%，泸州市同比上升3.7%，环比上升0.4%，南充市同比上升1.8%，环比持平。

【租赁市场】 省政府办公厅出台《关于加快培育和发展住房租赁市场的实施意见》，积极培育市场供应主体，着力完善住房租赁制度，支持鼓励住房租赁消费，培育和发展住房租赁市场。

【商品房库存】 截至2016年12月底，全省商品住房待售面积为6756万平方米，消化周期为8.7个月，比2015年底缩短3.7个月。其中，成都市商品住房待售面积为2001.4万平方米，消化周期为5.7个月，比2015年底缩短7.8个月。宜宾市、成都市、雅安市、自贡市、乐山市5个市商品住房消化周期低于全省平均水平。商品住房消化周期列前三位的为攀枝花市、阿坝州、广元市，分别为22.9个月、22.1个月、16.6个月。

【市场监管】 各地对农民工进城购房给予每平方米100~500元的财政奖补。到12月底，农行省分行共发放"农民安家贷"31015笔，贷款总金额75.25亿元，占农行省分行个人购房按揭贷款总量的17.5%。2月20日住房城乡建设部在眉山市召开现场会，将四川省鼓励支持农民工进城购房工作经验在全国推广。将全省棚改货币化安置目标由2015年的40%提高到2016年的50%以上。12月底，全省棚改货币化安置11.52万户，完成年度目标任务8.7万套的132.4%，货币化安置消化商品住房约1030万平方米，占同期全省商品住房销售量的15%。实行省内公积金互认互贷，启动与青海省公积金的省际互认互贷。推进住房公积金向城镇稳定就业新市民覆盖，支持就(创)业大学生、农民工、个体工商户等使用住房公积金贷款购房。12月底，全省公积金个贷率由年初的80.07%提高到87.04%，结余资金由年初350.53亿元下降至273.14亿元，共释放资金1031.61亿元。并对11个商品住房消化周期超过24个月的县(市)减少直至暂停2016年住宅用地供应。

【风险防控】 实现省、市、县三级房产数据联网。全面实施新建商品房和二手房买卖合同网签备案，借助网签系统数据资源，建立起常态化市场监测分析机制。制定《四川省房地产开发企业信用信息管理暂行办法》，规定开发企业良好行为加分依据和标准、不良行为扣分依据和标准、信用等级评定、信用信息共享及发布方式。

住房保障

【保障性安居工程建设】 全年新开工改造危旧房棚户区27万套，续建危旧房棚户区改造安置住房和保障性住房84万套，全年建设规模达到111万套。危旧房棚户区改造开工27万套，完成国家下达27万套目标任务，基本建成30.54万套，完成国家下达目标任务22.92万套的133.2%，竣工26.1万套，完成省政府下达目标任务15.25万套的171%，完成投资803.2亿元，完成年度投资计划750亿元的107.1%。全年分配公租房7万余套，分配比例达到71%，发放租赁住房补贴10.4万户。

【棚改货币化安置】 出台《四川省人民政府关于进一步做好城镇危旧房棚户区及农村危房改造工作的实施意见》，形成以货币化安置为主的棚改模式。全省各地将货币化安置与商品房去库存有效衔接，出台货币化安置政策措施，省政府在内江市召开现场会力推货币化安置工作。直接投入585亿元实施棚改货币化安置11.52万套，完成省政府下达目标任务8.7万套的132.4%，消化商品住房10.3万套，占1~11月全省商品住房销售量的15%。

【政府购买棚改服务】 政策性金融支持危旧房棚户区改造融资贷款模式由原来政府债务管理的统贷模式调整为政府购买服务模式。省政府出台的《四川省人民政府关于进一步做好城镇危旧房棚户区及农村危房改造工作的实施意见》，明确政府购买棚改服务的工作要求，"政策性金融+省级统筹+市县政府购买服务"融资新模式的建立和实施。全省理顺政府购买棚改服务程序，建立政府购买棚改服务体制机制，全年实现政策性棚改贷款授信566亿元，发放502亿元。

公积金管理

【缴存扩面】 围绕加快农民工市民化，各地相继出台缴存扩面纳入市政府重点督查具体政策措施。省住房城乡建设厅抽调人员，组成检查组，对全省21个市州开展了缴存扩面专项检查。全省新增缴存768.66亿元，同比增长17.35%，完成目标任务109.81%。缴存总额4539.74亿元，缴存余额2109.39亿元，继续保持西部第一。12个市州缴存总额超过100亿。

【资金使用】 下发《保持住房公积金政策连续性有关事项的通知》，召开集中约谈会，举办融资业务培训，开展重点帮扶。全省新增个贷550.59亿元，同比增长5.51%、占目标任务131.09%。贷款总额2615.31亿元，贷款余额1830.14亿元。贷款余额超过50亿的有9个市州。新增提取481.02亿元，提取总额2430.35亿元。个贷率由年初80.07%提高到87.04%，增长6.97个百分点。结余资金由年初350.53亿元下降至273.14亿元、减少77.39亿元、同比下降6.29%。全省21个市州开展公积金异地贷款业务，受理异地贷款3.28万笔，发放异地贷款84.5亿元。全省新增融资92.78亿元，共释放资金1124.39亿元，消化商品住房2248.39万平方米，占全省同期商品住房销售量（7884.09万平方米）的28.5%。

【风险控制】 全省逾期个人住房贷款额为1951.29万元、同期下降248.39亿元，贷款逾期率为0.1‰，同比下降0.05‰，低于国家规定的1.5‰的优秀标准，也低于全国商业银行不良贷款率1.81%。

【贯标工作】 住房城乡建设部贯标工作在四川省眉山市成功试点后，全年又有11个中心通过部省两级检查验收。全省共有21个中心达标，在全国率先完成贯标工作任务，基本实现"三年任务、两年完成"的工作目标。

【异地转移接续平台全国联网试点】 经过全国、全省培训，2016年底完成全国异地转移接续平台金融专线的连接、开通和测试，实现全国联网，走在全国前列。

【综合服务平台建设】 召开综合服务平台建设座谈会，提出要认真落实住房城乡建设部《住房公积金综合服务平台建设导则》要求，以"互联网+"为导向，以移动终端为主要载体，拓展服务渠道。由过去到柜台办业务，转变到通过网厅或手机随时随地，就可以查询、预约、办理相关业务。组织24个中心参加全国综合服务平台培训，协调省电信、移动和联通三家运营商，开通了全国公积金12329短信服务。各中心8个服务渠道基本建设。

【项目贷款试点】 攀枝花市、成都市、德阳市、南充市4个城市共有43个试点项目、32.69亿元的贷款额度，先后纳入第一、第二批试点工作，4个城市先后完成项目贷款发放任务。项目贷款试点工作走在全国前列，攀枝花市、南充市两个城市在全国率先完成试点工作。攀枝花按期收回17个项目贷款本金9.66亿元，本金回收率100%，累计回收利息1亿元，南充按期收回4个项目贷款本金4.2亿元，本金回收率100%，累计回收利息3175.04万元。两市分别建成保障性住房9393套、5676套。

城乡规划

【规划理念】 在国家行政学院举办四川省城乡规划建设管理培训班，培训市县领导干部100余人。督促和指导各地根据资源环境承载能力，合理确定城市终极规模、划定开发边界、保护自然生态和历史文化、优化空间布局形态和城镇建设用地比例，同时强化城市总体规划和历史文化名城保护规划的实施评估工作。

【规划编制】 《四川省城镇体系规划（2014～2030年）》和成都平原、川南、川东北、攀西等4大城市群规划的编制工作已全部完成。并于2016年7月由省政府正式报请国务院审批。启动天府新区总体规划评估与完善（2016）工作，2016年底已经形成天府新区总体规划修改完善方案。启动成都天府国际机场空港经济区总体规划编制工作。

【县（市）域"多规合一"试点】 2016年底，已启动3批14个县（市）的"多规合一"规划编制工作，建立全域空间分类体系、明确了空间资源评价标准和方法、形成了"1+N"的空间规划体系。

【宜居县城建设试点】 确定金堂县、富顺县等21个具有代表性的地方作为试点县，印发《四川省宜居县城建设试点工作方案》、《四川省宜居县城建设试点考核办法》及其《评分细则》等文件。

【城市总体规划改革创新】 召开全省城乡规划改革工作座谈会，贯彻落实全国城乡规划改革工作座谈会议精神。重点针对省级空间规划的内涵及要求、涉及省域空间的规划分析比较、规划编制思路等方面开展省级空间规划研究工作，形成《四川省级空间规划研究》，并报送住房城乡建设部决策参考。

【规划约束】 配合审计厅启动"把城乡规划执行情况纳入对地方政府主要领导的经济责任审计范围"的相关工作，对审计人员进行了业务培训。全年完成了眉山市、宜宾市、广元市3个地级市和蒲江县、德阳市旌阳区等22个县（区）党政主要领导干部的规划审计工作。对规划调整和建设项目选址进行严格把关，配合规划督察办对违反规划的地方进行约谈，其中包括成都市、德阳市和凉山州金阳县等地，有效地强化规划的刚性约束。

城市建设管理与市政公用设施

【概况】 坚持以问题和目标为导向、以转变城市建设方式为突破口，继续实施"城市基础设施建设行动",着力补齐城市道路交通、生活污水和垃圾处理、排水防涝、地下管网等"短板",加快推进地下综合管廊和海绵城市建设。2016年,全省城市(县城)市政公用设施建设固定资产投资完成1376.8亿元,超额完成年度投资1350亿元目标,较2015年增长16.5%。

【城市地下综合管廊】 报请省政府颁布实施《四川省城镇地下管线管理办法》,会同省发展改革委、省能源局、国开行、农发行等部门制定出台管廊有偿使用、电力管线入廊、开发性政策性金融信贷支持等5个配套措施。抓好试点示范,年初安排2亿元专项资金重点支持4个省级试点城市项目建设,组织指导成都市成功申报国家管廊试点,会同财政厅增补10个县级城市开展省级试点。2016年全省已开工建设60个项目、203.52千米,为年度开工建设200千米目标任务的101.76%。

【海绵城市建设】 报请省政府出台《关于推进海绵城市建设的实施意见》,制定《四川省海绵城市专项规划编制导则(试行)》和《四川省海绵城市建设试点工作省级绩效评价与奖补办法(试行)》。在抓好遂宁市国家试点基础上,确定5个地级及以上城市和10个县级城市为省级海绵城市建设试点城市。组织召开全省海绵城市建设推进工作座谈会。遂宁市等16个国家和省级试点城市已完成海绵城市专项规划和实施计划编制,包装生成项目1227个,已开工项目546个,其中已竣工项目227个,建成海绵城市面积75平方千米,累计完成投资230亿元,全省建成海绵城市面积95平方千米,完成投资267亿元。

【城市新区开发建设】 以四大城市群为主体形态,集中力量加快天府新区建设,促进自贡市、攀枝花市、绵阳市等9个规划人口100万人以上的区域中心城市新区做大做强,积极有序拓展重点县城新区,加快支撑性骨干基础设施项目建设。有效发挥省级财政10亿元专项补助资金引领作用,全省新区基础设施建设累计完成投资417亿元。

【城市综合交通设施】 组织对城市轨道线网规划进行技术审查,加大对成都市轨道交通建设支持力度。2016年,成都地铁已开通运营4条线路共108.45千米,在建地铁项目9个、280千米,有轨电车项目2个、60千米,完成年度投资302亿元。推进城市路网建设,整治旧城区背街小巷和"断头路",完善城市停车场等配套设施建设。全年全省市政道路桥梁完成投资722亿元,公共停车场和充电桩等设施建设完成投资16.7亿元。

【城市环境综合治理】 全面完成全省地级以上城市建成区黑臭水体排查,成都市、绵阳市等14个地级及以上城市建成区共排查出城市黑臭水体99个,并录入"全国城市黑臭水体整治监管平台"。整治工程已竣工51个(其中5个开展整治后效果评估)、整治工程在建的18个、在开展项目前期工作的20个、在制定整治方案的10个。全省已建成投运污水处理厂372座、污水日处理量达到702.61万吨,比2015年增加62.94万吨,在建城镇污水处理厂项目146个,其中"三州"地区新增开工项目3个。加强供水和排水防涝设施建设,2016年全省完成供水设施建设投资47.2亿元,雨污水管网建设投资57.2亿元。

【城市管理体制机制改革】 会同中共四川省委编办、省法制办,代拟《中共四川省委四川省人民政府关于深入推进城市执法体制改革改进城市管理工作的实施意见》,11月30日通过中共四川省委第216次常委会审定出台。制定省级城市管理工作厅际联系会议制度方案并报省政府,18个市(州)、101个县(市、区)均建立由党委或政府领导负责的城市管理工作协调机制。修订《成都市市容和环境卫生管理条例》1部,启动攀枝花市、绵阳市《城市市容和环境卫生管理条例》等地方立法5部、《巴中市制止和查处违法用地、违法建设、违法销售管理办法》等政府规章4部。全省18个设区城市和30个县(区)均建成数字化城管平台。启动实施"清洁城市环境活动",指导各市(州)加快完善城市环卫作业体系,加强重点区域环境卫生整治。指导各市(州)积极申报联合国、中国人居环境(范例)奖。"成都市2015年老旧院落改造项目"获2016年中国人居环境范例奖,"北川新县城灾后重建项目"申报2016年迪拜国际改善居住环境最佳范例奖,上报中国人居办后,已报联合国人居署。

【市政公用行业监督管理】 修订完善《四川省燃气管理条例》,并于11月30日通过省人大常委会审议。修改完善《四川省燃气管理条例》、《四川省城市节水管理办法》、《四川省城市二次供水管理办法》等法规制度和行政规范性文件。制定了城镇供水排水企业运行评估考核和城镇燃气供气区域确认《办事指南》、发布22个供水企业、26个排水企业通过运行评估考核和66家燃气经营企业供气区域确认的通告。组织《四川省城镇地下管线管理办法》专题培训,制定《四川省市政公用行业标本兼治遏制较大及以上安全事故工作方案》、《关于进一步做好市政设施建设和公用行业安全生产工作的通知》等文件。与各市州人民政府签订《城市排水防涝目标责任书》，发现整改各类安全隐患62处。编制全省市政公用设施建设"十三五"规划及道桥、供水排水、燃气等9个分项规划，并按照"十三五"规划抓好项目储备等工作。制定《有轨电车建设技术导则》、《城市桥梁维护管理导则》、《地下综合管廊工程建设技术导则》、《城镇地下管线综合规划编制导则》、《海绵城市建设规划编制导则》等，印发《四川省城镇生活垃圾卫生填埋场运行管理考核细则（试行）的通知》。开发完成"四川省城市桥梁基础数据库系统"，录入全省2000余座城市桥梁基础数据。对涉及四川省40个县城供水厂供水水质开展复检，督促相关市（州）供水行政主管部门对存在问题进行整改，整改合格率达96%。

村镇建设管理

【"百镇建设行动"】 实施"两个一批"（即：巩固提升一批示范镇，培育创建一批专业镇）行动计划，提升300个镇建设水平。预计300个镇全年完成基础设施及公共服务设施建设投资175.6亿元，占年度目标任务108.6%，就地就近吸纳转移农业人口30.2万人，占年度目标任务100.7%，实现产业投资289.5亿，占年度目标任务105.8%。2016年有7个镇成功入选首批中国特色小镇，数量位居全国第二，四川省"百镇建设行动"经验在全国特色小城镇会上作交流发言。通过整合厅内部资金和省财政专项资金3.15亿元，召开21个重点镇专题工作交流会，组织专家现场指导等措施，继续重点支持21个重点镇建设。举办2期"百镇建设行动"专题培训班，培训镇长（书记）和管理干部300人，开展"百镇建设行动"年度绩效考核和第三方评估，改变"撒胡椒面"的平均分配方式，以绩效考核为依据，实行以奖代补的分配方式，对300个镇考核排名前100的分配省级财政补助资金。

【"扶贫新村建设"】 制定《四川省扶贫新村建设2016年工作计划实施方案》、《四川省扶贫新村规划标准》和《关于改革创新、全面有效推进乡村规划工作的实施方案》，下发《四川省扶贫新村规划建设指导意见》。会同中共四川省委组织部在同济大学举办"村镇规划建设扶贫专题研讨班"，组织全省4000余人参加"全国乡村规划推进电视电话培训"，并及时召开"全省扶贫新村建设专题培训会"。将原定54万户建档立卡农村危房改造对象核定在39.8万户。用好中央下达的农村危房改造资金和省级财政配套资金，将2016年全省13万户建档立卡农村危房改造年度计划的80%向"四大片区"88个重点县倾斜，并优先安排5个贫困"摘帽"县、2500个贫困"退出"村建档立卡贫困户危房改造。及时制定下发《贫困户住房安全保障工作实施方案》和《减贫户住房安全保障工作年度考核细则》，并建立三级"建档立卡贫困户危房改造信息台账和建设台账"，逐户对建设面积、结构、投资、进度、竣工验收等环节进行动态管控。从全省建设系统选派60名技术骨干，对口凉山州15个县开展住房建设质量安全督查指导，各地抽组专业技术人员5000余名、购买技术服务1200余人。从11月下旬开始，组成7个工作组分赴21个市（州）对农房建设进行全面考核验收。全省13万户建档立卡农村危房改造年度任务全部完成并通过考核验收。以彝家新寨、藏区新居、巴山新居和乌蒙新村建设为主，全省共投入资金41.3亿元，完成2500个贫困村的基础设施和公共服务设施建设，其中"四大片区"贫困村1923个。

【百万安居工程农房建设】 全省35万户农房建设目标，完成36.9万户，完成率105.4%，完成投资约250亿元。配合省政府法制办开展《四川农村住房建设管理办法》立法论证和调研工作。与各市（州）签订《2016年百万安居工程建设行动目标责任书》，落实35万户农房建设目标政府责任制。截止2016年底，26.4万户农村危房改造开工26.8万户，开工率101.5%，竣工19.8万户、竣工率75.0%。完成《四川省农村危房改造"十三五"规划》编制。多次组织人员对各地农村危房改造进度进行督导，对审计署和审计厅直接负责审计的6个县存在的问题督促整改落实。

【传统村落和历史文化名镇名村保护】 严格落实专家驻村制度，全年累计完成现场督导160余次。2016年向国家推荐了677个传统村落，有141个村落入选第四批中国传统村落名单，入选数量位居全国第四，争取中央保护资金6900万元，遴选推荐13个镇、6个村申报第七批中国历史文化名镇名村，评选7个镇、24个村为第六批省级历史文化名镇名村。

【农村环境综合治理】 完成2015年度"环境优美城镇乡村"考核工作，启动2016年度环境优美示范创建。5个镇、20个村入选2016年度国家级美丽宜居小镇、美丽宜居村庄。成都市蒲江县甘溪镇龙泉社区文化镇等4个项目获得住房和城乡建设部第二批田园建筑优秀实例奖。落实省级农村生活垃圾长效治理行动专项资金1.6亿元。省政府20件民生大事"1000个行政村生活垃圾治理目标任务"全面完成，全省生活垃圾得到处理的行政村达到33569个。四川省在"全国非正规垃圾堆放点排查整治工作电视电话会议"作交流发言。中央电视台《发现中国》栏目以《没有垃圾的乡村》进行专题拍摄并播出。落实省级专项资金1亿元，重点推进3个国家级和7个省级试点县的"十县百村"农村生活污水治理试点示范工作。积极推进21个重点镇2.1亿元环境基础设施建设和56个建制镇1.1亿元污水处理厂站管网配套项目建设。制定《四川省农村生活污水治理专项规划编制要点》，完成10个试点县的县域农村污水治理专项规划编制，对各试点县县域生活污水治理专项规划进行了集中评审和复审。举办"农村生活污水治理专题培训班"。参加住房城乡建设部燃气下乡工作现场培训会，成都都江堰市燃气下乡经验在会上作交流发言。

工程建设标准定额

【地方标准编制】 下达地方标准制定、修订计划共29项，召开全省工程建设地方标准编制工作会，并制定地方标准编制全程跟踪指导督查计划。全年批准发布《四川省装配式混凝土结构工程施工及质量验收规程》、《四川省农村生土及木结构建筑技术规程》、《四川省住宅物业管理规程》、《四川省建筑工程绿色施工规程》、《四川省高寒地区民用建筑供暖通风设计标准》、《四川省再生骨料混凝土及制品应用技术规程》、《四川省公共建筑建筑改造技术规程》等21项地方标准。制定四川省工程建设强制性地方标准整合精简工作实施方案，分别召开整合精简工作启动会和专家组评估会，对全省14项强制性地方标准101条强条，逐条进行评估，形成保留30条、修订7条、废止64条强制性条文的整合精简结论。

【施工现场标准员设置试点】 调研和指导成都建工集团、五冶、华西集团、四川晟茂建设、中铁二局5个试点企业的标准员试点工作，收集和整理试点企业和试点城市标准员岗位设置及管理的方法和经验，形成标准员设置相关制度初稿，已有6734人通过标准员统一考试。

【强制性标准"双随机"抽查试点】 已初步构建工程建设强制性标准随机抽查的规则、流程等工作机制框架，开发信息系统，开展相应检查对象库、检查人员库等信息库的建设。

【节能系列地方标准宣贯培训】 2016年11月在成都开展四川省建筑节能工程系列地方标准宣贯培训，对《四川省建筑工程岩棉制品保温系统技术规程》、《四川省水泥基泡沫保温板建筑保温工程技术规程》、《保温装饰复合板应用技术规程》及配套标准图集进行宣贯培训。

【光纤到户标准实施专项检查】 重点对自贡市和富顺县执行光纤到户标准的情况进行了抽查。21个市州按照要求都组织了光纤到户自查工作，共计检查约182个项目。

工程质量安全监督

【概况】 2016年，全省报监工程项目监督到位率100%，工程质量合格率100%，重大工程一次验收合格率100%，表彰"天府杯"92个，复查97个省级安全文明标准化工地，其中12个工程通过国家AAA级安全文明标准化工地复查。发生较大生产安全事故2起，死亡9人，全省建筑施工安全生产形势总体平稳可控。深入推进工程质量治理两年行动。

【质量监督"两书一牌"和质量终身责任信息制度】 2015~2016年底新办理质量监督手续的工程15765项，已签署法定代表人授权书的15558项，新办理竣工验收备案工程7441项，设立永久性标牌6801项，建立质量信用档案6264项。

【工程质量常见问题治理】 印发《四川省建筑工程质量问题分析与治理》，组织召开全省建筑工程质量安全标准化现场观摩会，共有1000余人参加。

【打击质量检测虚假报告专项行动】 全省抽查在建项目1022个，抽查进场钢材5166批次，发现不合格钢材228批次，规范检测市场秩序，为工程质量验收提供可靠数据支撑。

【安全监督组织协调】 初步建立交通、水利、质监等部门参加的建筑施工安全生产联席会议制度，联席会议办公室设在省厅。召开厅安委会全体成员会议及部分成员会议8次，全省住房城乡建设系统安全生产电视电话会议4次。建立一把手亲自抓、分管领导具体抓、相关处室抓落实的齐抓共管机制。

【安全生产专项整治】 全省共有14824个项目开展了自查，发现隐患27364个，整改25756个。各地安全监督机构共派出检查组1096个，检查人员3982人，抽查工程项目6385个，抽查发现隐患12735个，下发责令整改通知书2375份，下发停工通知书737份。省厅组织异地随机交叉检查、暗访督查，回头看检查，确保专项整治取得实效。

【"安全生产月"系列活动】 省厅召开千余人参加的全省建筑施工安全标准化观摩会，实现了施工工艺规范化、操作流程标准化、质量要求直观化、安全防护工具化、示范观摩常态化。开展安全生产知识大讲堂活动，房管、风景园林、市政管理、建筑施工企业等约500余人参加。

【建筑施工安全生产标准化建设】 发布《四川省建筑工程施工标准化安全防护设施图集》，召开2次全省标化工地现场观摩会，促进标准化、定型化、工具式安全防护设施的推广使用。

【安全生产大检查】 组织11个督查组，由省住房城乡建设厅领导带队、分片包干，集中对21个市（州）安全大检查工作部署落实进行检查督导。各地住房城乡建设部门共组织531个检查组，检查企业2159家，共计排查4513项一般隐患，242项重大隐患，已完成整改4345项，整治违法违规行为619起，责令停工整顿135家。

【安全责任追究】 约谈130家企业，427名责任人，通报批评180家企业，331名责任人，暂扣3家企业安全生产许可证，责令25家企业停业整顿，给予30家企业不良行为扣分。

【凉山州脱贫住房建设质量安全监督】 制定《省住房城乡建设厅关于对凉山州脱贫攻坚住房建设质量安全督查指导工作的初步方案》，召开"住房城乡建设厅对凉山州脱贫攻坚住房建设质量安全督查指导工作会议"。紧急组织抽调60人组成对口凉山州15个脱贫县（西昌市、雷波县除外）的住房建设质量安全督查指导组，完成对凉山州16个县和西昌市脱贫攻坚住房建设质量安全"全覆盖"督查。各地共检查19448次，多次检查汇总涉及32707家建设单位，38169家施工企业。下发监督执法检查整改通知单14554份，下发行政处罚书613份数，给予停业整顿企业29家、限制投标资格企业27家，罚款4496.4万元。

【地震灾后重建工程质量安全监督】 参与芦山"4.20"、康定"11.22"及乐山地震灾后重建项目质量安全检查指导，长期派驻专人指导雅安灾后重建工作，抽调专家前往甘孜参加灾后重建。

【工程监理制度体系】 编制《2015年四川省建设监理行业年度发展报告》，制定《进一步加强四川省建设工程现场监理工作的通知》、《四川省建设工程项目监理工作质量检查标准》等5项制度。召开全省建设工程安全生产监理会，部署安排全省监理企业自查自纠工作。采取"双随机一公开"检查模式，对360余家监理企业的资质条件及500多个项目进行检查并通报，依法撤回10家监理企业资质证书。

【从业人员业务培训】 2016年，共培训考核"三类人员"88800余人，特种作业人员10700余人，提高从业人员安全生产意识和事故防范技能，夯实安全生产基础。

建筑业

【概况】 2016年，四川省建筑业完成总产值9959.68亿元，同比增长13.6%，扭转产值增速的下滑趋势，分别高于全国GDP增长、全省GDP增长、全国建筑业总产值同比增长水平6.9个、5.9个、6.5个百分点，继续保持西部第一，全国排名第五，较2015年年上升1位，全省建筑业产值总量占全国比重为5.1%，较2015年同期提高0.2个百分点，全省建筑业总产值产值增速居全国第四，较2015年上升5位，较省政府下达的9400亿元的全年目标任务高出559.68亿元。实现建筑业增加值2472.96亿元，同比增长6.6%，占GDP比重为7.6%，对全省的经济贡献率为5.9%，完成省外产值2046.1亿元，同比增长12.14%，国外65亿美元，同比增长19.04%。房屋建筑施工面积54048.3万平方米，自2015年3季度以来首次实现正增长，同比增长2.4%，全年房屋竣工面积、竣工产值、新开工面积居全国第五，新签合同额居全国第七。建筑业缴纳地税300.4亿元，占全省地税总收入15.5%。建筑业从业人员已突破530万人，其中80%左右是农村转移劳动力。

【组织协调】 一季度召开"全省建筑业管理工作会"，下发《2016年加快建筑业发展重点工作实施方案》、《2016年加快建筑业发展目标任务分解表》。10月26日召开全省2016年前三季度建筑业发展形势分析会，与省统计局联合下发《关于进一步加强建筑施工企业统计工作的通知》，向7个任务完成进度未达标的市政府发送《督办函》，并约谈建设行政主管部门主要领导。

【建筑企业资质升级】 制定《2016年建筑业企业资质升级指导工作方案》，建立《2016年重点培训指导企业名录》，帮助指导优势企业提升资质。2016年，中誉远发公司和省第六建筑有限公司取得特级资质，特级资质企业总数达16家（截止到2016年底，共20家），新增一级施工总承包企业39家、勘察设计甲级企业12家、专业承包一级企业109家、工程监理甲级企业13家。

【建筑产业现代化和装配式建筑发展】 代省政府起草出台《四川省促进建筑产业现代化发展的指导意见》，并联合7部门印发《关于加快钢结构应用与发展的实施意见》，5个试点市分别出台相关政策和实施意见，建立装配式部品部件生产基地。截至2016年底，5个试点市建成5个预制混凝土构件生产基地，投资总额17亿元，部品部件实际年产能

127万立方米，年产值15.8亿元，年税收1.5亿元，建成专业生产线11条，共装配工程项目23个，建筑面积163.8万平方米，建成5个预制钢结构生产基地，投资总额38.2亿元，部品部件实际年产能80.5万吨，年产值41亿元，年税收1.4亿元，共装配工程项目26个，建筑面积381.7万平方米。全省装配式建筑发展在走在西部前列，在2016年11月19日住房城乡建设部召开的全国装配式建筑工作现场会上作书面交流发言。

【工程质量治理两年行动】 全年全省共排查建筑工程项目26537个，涉及20201家建设单位，22655家施工企业。在存在违法行为的419个项目中，查处有违法行为的建设单位72家，有违法行为的施工企业416家。其中，给予停业整顿企业6家，给予限制投标资格企业1家，给予通报批评、诚信扣分等其他处理的企业97家，给予通报批评、诚信扣分等其他处理的个人25人，罚款总额820.2万元。印发《四川省住房和城乡建设厅关于对2015年度重点监督复查不合格企业处理决定的通知》，对918家未办理《安全生产许可证》和《生产许可证》已失效的建筑企业进行清理和督促。

【保证金清理】 下发《四川省住房和城乡建设厅关于切实减轻建筑企业负担有关工作的通知》，7月，省住房城乡建设厅组成5个组对10市州落实情况开展督查。全省共清理取消12项不合规保证金，房建市政工程项目共清理出未按时返还或超额收取的工程投标保证金、工程履约保证金、工程质量保证金和农民工工资支付保证金合计90196.82万元，其中已返还89888.29万元，占比99.66%，清理出已经取消的、无法律法规依据收取的各类保证金共计128138.43万元，已退还127460.51万元，占比99.47%，得到建设部领导肯定。

【对外建筑劳务管理】 与商务厅联合召开了全省建筑业企业"走出去"发展战略研讨会，联合签署《加强双方合作促进建筑业企业"走出去"发展框架协议》。

【出川企业监管服务】 通过厅驻外建管处，全省全年到各省市区的建筑企业约2500家(次)，通过劳务中心本部到未设立办事处的省市区的建筑企业共639家(次)，四川建筑企业出川承揽业务共3139家(次)。

【入川企业监管服务】 全年共办理外省建筑企业入川承揽业务共3840家(次)。现已完成省外入川建筑施工企业的信用信息管理办法的起草工作。7月，配合厅相关部门，开展工程质量治理两年行动专项督查。

【建设工程招标投标管理】 2016年，全年共完成招标文件备案416个标段，已完成招投标监督381个标段，现场监督开、评标217次。全年收到并处理招投标投诉共24件，查实投标人存在违法违规行为的3件，并已移交相关部门进行行政处罚，涉及招标人排斥限制投标人的2件，已责令招标人整改，投诉事实不成立予以驳回的2件，投诉调查中发现评标专家未按招标文件规定评标的1件，已转相关部门处理。制定《四川省工程建设项目招标代理机构动态核查工作实施细则》。对全省359家(其中省内303家，省外入川56家)招标代理机构进行动态核查。资格条件核查企业359家，市场行为核查涉及企业222家，抽查招标代理项目313个，查实18家招标代理机构的资格条件不符合法定条件。举办3期电子招投标培训班，培训招标人、招标代理从业人员、投标人、评标专家、招投标监管人员1136人。起草《四川省房屋建筑和市政工程服务及采购招标文件标准文本》(征求意见稿)和《四川省房屋建筑和市政工程评标方法和标准》(征求意见稿)，已完成全省征求意见工作。完成《四川省房屋建筑和市政工程招投标监管信息平台》开发建设和启用工作。

【建设工程造价法制建设】 启动省长令《四川省建设工程造价管理办法》编制工作，制定《四川省建设工程造价管理办法起草工作方案》，经编制小组多次讨论修改，现已完成《四川省建设工程造价管理办法》(征求意见稿)。

【建筑业"营改增"计价依据调整及服务】 4月19日起草发布《建筑业营业税改征增值税四川省建设工程计价依据调整办法》，明确四川省建筑业"营改增"政策文件、计价定额、造价信息和计价软件的调整方法，通过召开电视电话会议、培训会、在网站开辟专栏、送服务进企业等形式对建筑业"营改增"政策进行宣传讲解，免费举办培训班26次，培训人员超过万人，主动到企业提供政策咨询服务8次。主动与财税部门沟通解决四川省建筑业"营改增"实际问题。于2016年9月7日向住房城乡建设部标定司如实填报《建筑业"营改增"后工程造价数据监测表》并将数据监测情况进行汇报。

【建设工程定额编制】 编制国家、省外、省内定额，参与住房城乡建设部《海绵城市及老旧小区改造建设工程计价方式和计价方法课题研究》。该课题年底已进入专家评审阶段。受住房城乡建设部委托开展《工程总承包计价规则课题研究》，力求提出切实可行的工程总承包模式下计价规则，2016年9月28日已通过专家评审。参与住房城乡建设部《城市综合管廊定额》编制，9月底已完成征求意见稿。承担住房城乡建设部《建筑安装工程工期定额》编制，经专家评审通过，9月完成报批稿。参与完成《全国统一工业化建筑工程消耗量定额》专家审查稿，于2016年9月28日已通过专家评审。落实对口支援任务，推进《西藏2016定额》编制，已圆满保质按时完成2016年西藏《通用安装定额》（四册）、《抗震加固定额》的援编任务，于2016年9月29日已通过专家评审。及时补充新材料、新工艺的工程造价依据。编制全省水泥基泡沫保温板等"15定额"补充项目（征求意见稿）。

【建设工程造价信息化建设】 启动并进行《基础数据库系统》的分析整理和地方标准《四川省建设工程造价技术经济指标采集与发布标准》的编制，9月底已完成本标准的《编制方案》。

【芦山灾后重建项目竣工结算】 大力推进芦山灾后重建项目竣工结算工作。督促建设单位按照合同约定履行合同义务，按时完善工程建设相关手续，及时审核办理签证、设计变更、材料认质认价，督促施工单位要及时收集、整理、提交竣工资料，完善设计变更、签证、材料认质认价手续，编制工程竣工结算书，主动做好造价政策支持和服务工作，组织多名工程造价专业技术人员派驻现场，及时提供政策咨询服务，解决结算具体问题。

【散装水泥】 2016年，四川省水泥总产量14584.2万吨，较2015年增加543.5万吨，增幅为3.87%。全省累计推广使用散装水泥7560.5万吨，较2015年增加520.5万吨，增幅为7.39%，水泥散装率达到51.84%，较2015年上升1.7个百分点，散装水泥推广使用量和水泥散装率均稳步上升。12月底，全省预拌混凝土企业达到444家，全年累计供应预拌混凝土9586.4万立方米，因发展预拌混凝土使用散装水泥3245.1万吨，废弃物综合利用1501.2万吨。全省16个城市建有预拌砂浆生产线，备案企业68家，生产能力2700万吨，产能较上年增加300万吨，增幅12.5%，累计推广使用预拌砂浆725.08万吨（普通干混砂浆623.8万吨，普通湿拌砂浆63.3万立方米），产用量较上年增加148.88万吨。因发展预拌砂浆使用散装水泥130.8万吨，废弃物综合利用141.5万吨。据测算，全年可节约标准煤173.71万吨，减少粉尘排放75.99万吨，减少CO_2排放451.65万吨，减少SO_2排放1.48万吨，实现综合效益34.02亿元。

【散装水泥规划】 组织编制《四川省散装水泥"十三五"发展规划》，出台《四川省住房和城乡建设厅关于"十三五"期间散装水泥绿色产业发展的实施意见》，编制印发《四川省散装水泥发展和应用专项规划编制办法（试行）》。

【预拌砂浆机械化施工】 举办全省预拌砂浆机械化施工专项培训，带动预拌砂浆机械化施工工作。自贡市安排专项资金70万元支持企业升级机械化施工设备，实施免费施工作业近15万平方米。

【预拌混凝土、预拌砂浆企业提档升级】 全省各地开展预拌混凝土和预拌砂浆绿色生产示范企业创建和绿色生产星级达标活动，完成生产环节收尘除尘设施更新改造，完善污水、废料处理设施。

【散装水泥行政执法】 联合省建设监察总队、省质安总站对西昌市无资质混凝土搅拌站违法生产销售预拌混凝土，施工企业违法使用无资质和无检测报告预拌混凝土行为进行督查，有效打击无资质企业生产销售预拌混凝土违法行为，整顿西昌市预拌混凝土供应市场。全省散装水泥行政执法工作达到了对新开工项目检查率100%，对违规行为处罚率70%以上的要求。

勘察设计与科学技术

【设计管理组织协调】 印发《四川省住房和城乡建设厅关于进一步加强建筑设计管理工作的通知》，加强对建筑设计特别是大面积玻璃幕墙的使用监管。主动与相关部门和处室一道协调完善招投标管理制度，强调建筑设计方案比选要重视方案的文化内涵和质量水平，不得选取收费低廉、质量低劣的方案中标，防止贪大媚洋求怪的现象。

【勘察设计质量监管】 加强勘察设计质量监管，在全省开展市政工程施工图审查质量检查，共抽查建设工程项目21个，施工图审查机构18家，对存在违规问题的7家施工图审查机构通报批评，3家施工图审查机构记录的不良行为扣相应分值。上半年共发出整改通知书9份，进一步加强对入川企业人员、办公条件、施工图设计质量等方面动态核查，现场抽查企业24家，通报批评企业11家，责令整改并约谈企业负责人30家。严格执行国家和省相关规范与规程，严格执行《四川省大力推进绿色建筑行动实施细则》相关要求。

【深化改革和技术创新】 牵头制定《四川省政府投资项目工程总承包试点工作方案》，多次召开企业"走出去"座谈会，交流推广中国成达工程公司、铁二院、西南电力院等龙头企业发展经验，全年全省推荐上报12名候选人员参加国家勘察设计大师评选，最后4人获得国家勘察设计大师。

【信息化建设】 建成全国首个省级数字城管平台，四川省城市管理数字化迈出关键一步。实现了全省房地产市场信息互联互通。21个公积金中心达到住房城乡建设部基础数据标准，在全国率先通过部省两级验收。建筑市场监管和诚信一体化平台应用广泛。全系统通过电子政务平台办理行政许可20万件和非行政审批事项60万件，公开政务信息1万余条。全系统集聚基础数据1.3亿多条，空间信息、人脸识别、物联网、BIM、大数据、云平台等新技术开发应用取得新突破。

【绿色建筑】 对于《四川省绿色建筑行动方案实施细则》中明确的需要按照绿色建筑进行设计、建造和管理的项目，严格督促各市州抓好项目落实。3月11日，中共四川省委宣传部、省住房和城乡建设厅、新华社四川分社等单位共同主办的"四川省城乡绿色发展宣传年"活动启动仪式在成都天府新区举行，拟定了十二项大型主题活动，并在主流媒体进行宣传报道。

【建筑节能宣传】 发文各市州，对6月12～18日全国"节能宣传周"主题活动进行统一安排部署。抓好峨边、宝兴等10个县城第三批"禁黏限实"试点县工作。结合"限黏禁实"工作任务，大力发展自保温墙体材料及建筑节能与结构一体化应用技术，提高自保温系统在建筑墙体保温系统中的应用比例。

【建设科技】 进一步做好企业新产品、新技术的鉴定和推广应用，指导科技进步奖申报工作，促进行业进一步加强建设科技创新，2016年科技奖四川省建设行业实现重大突破，共获得2个一等奖，1个二等，5个三等，创历史最高水平。

【智慧城市试点建设和智慧社区试点创建】 5月31日上午，四川省2016年度智慧社区现场工作会在温召开。印发《四川省促进智慧城市健康发展（2016—2018年）工作实施方案》。

【建设工程抗震管理组织协调】 下发《四川省住房和城乡建设厅关于对全省超限高层建筑工程抗震设防专项审查意见执行情况进行检查的通知》，进一步做好超限专家库建立维护工作，公布《四川省第三届超限高层建筑工程抗震设防审查专家库名单》。

【国家抗震设防标准】 会同省地震局发出《关于贯彻实施〈中国地震动参数区划图〉、〈建筑抗震设计规范〉2016局部修订的通知》。

【抗震设防报审及审查】 初步设计审查、施工图设计文件审查、超限高层建筑抗震设防专项审查中，把涉及地基基础、抗震、消防、防洪、结构等质量安全问题的强制性条文审查、一般性条文技术审查作为重点，严把勘察设计成果质量安全的第二道关口。

【抗震防灾】 印发《四川省住房城乡建设系统2016年地震重点危险区抗震防灾应对措施和工作方案》，配合完成国务院抗震救灾指挥部督查组来川地震应急准备工作督导检查、国务院消防工作考核来川督导检查和省政府对省住房城乡建设厅的地震应急准备检查。继续做好康定地震灾区恢复重建的技术指导和服务工作；配合做好农村危房改造、农房抗震改造工程和幸福美丽新村建设中的勘察设计、抗震设防指导工作。

风景名胜区园林绿化与世界遗产管理

【风景名胜园林绿化规划编制审批】 组织召开"全省城市绿地系统规划工作座谈会"。2016年，省住房城乡建设厅安排规划专项补助资金支持46个风景名胜区规划和市、县园林绿化规划，组织专家完成攀枝花市等绿地系统规划评审。省住房城乡建设厅组织专家完成九寨沟景区瓶颈路段改造项目设计方案和布拖500KV输变电工程选址对邛海螺髻山风景名胜区论证等22个风景区基础设施和服务设施建设项目审查。2016年底，全省50个园林城市（县城）全部编制完成绿地系统规划。完成全省风景名胜区和世界遗产地"十三五"规划编制。

【生态文明制度标准】 根据各地实施城市生态园林工程需要，举办两期"城市生态修复"培训班。制定《四川省生态园林城镇申报办法及标准》，并通过专家评审，完成《四川省生态型道路绿化规划设计导则》编制工作，制定《四川省住房和城乡建设厅关于加强城市园林绿化工作的通知》，完成《四川省城镇园林绿化"十三五"发展规划》、《四川省城镇园林绿化"十三五"发展规划实用手册》。

【风景名胜资源保护管理】 开展全省风景名胜区保护管理执法检查工作，完成贡嘎山、剑门蜀道、天台山国家级风景名胜区保护管理复查验收和现场指导。会同省规划督察办组织开展风景名胜区规划编制与实施情况专项督察。

【风景名胜区培育】 继续推进四川省泸沽湖、达古冰山—卡龙沟、米仓山大峡谷和朱德故里—琳琅山申报国家级风景名胜区审查报批工作，完成木里大寺和木里恰朗多吉2个省级风景名胜区申报工作，积极培育提升风景名胜区。

【园林城市创建】 完成攀枝花市创建国家园林城市和米易县创建国家园林县城初审，阆中市、北川县、郫县3个市县被住房城乡建设部命名为国家园林城市（县城），资阳市、绵竹市和青神县、合江县4个市县被省政府命名为省级园林城市（县城）。完成4个镇（乡）和9个村庄的园林创建工作，新命名46个省级园林式单位（居住小区）。

【世界遗产保护管理】 2016年，进一步建立完善三级遗产保护规划体系，加快四川大熊猫栖息地世界自然遗产保护规划修编工作进度。加强遗产资源的调查、评估工作，指导地方政府积极申报省级遗产、国家遗产工作。2016年培育老君山、越西河2处省级自然与文化遗产。妥善处理雅安大熊猫栖息地森林砍伐事件和都江堰圣兴水电站事件。组织开展5处世界遗产地保护管理自查。组织完成了相关遗产地建设项目影响论证7个。协调组织峨眉山—乐山大佛申遗成功20周年宣传活动。

【蜀道申遗】 4月省政府成立蜀道申遗工作领导小组，8月配合省长尹力做好蜀道申遗专题调研工作。2016年底，省级层面保护管理规划和环境整治规划初稿完成，申报文本完成第一次国内专家咨询，绵阳市富乐山、德阳双忠祠等第一批遗产区规划基本完成。9月，组织完成第一次申遗专题培训，8市30县（市、区）共150人参训。

【对外交流合作】 组织全省世界遗产地与相关国家公园管理局开展交流合作，树立四川省世界遗产管理良好形象。

建设人事教育

【领导班子考核监督】 加强对直属单位领导班子、领导干部的年度考核，首次开展对行政审批处等4个单位领导班子运行情况的专题调研，促进各单位的班子建设。

【领导干部个人事项报告】 组织各处室、直属单位所有处级干部，逐项逐条讲解个人报告事项填报内容和注意要点，按规定全面完成厅管领导干部个人事项报告查核。

【领导干部经济责任审计】 2016年，会同计财处对12名处级干部进行经济责任审计，督促有关单位按要求整改。

【领导干部和专业人才选拔培养】 充实重点工作需要，做好援藏（彝）干部和专业技术人才的选派工作。2016年，推荐17名干部（人才）分赴甘孜州、阿坝州、凉山州3州挂职锻炼。

【公务员年度考核】 2016年，18名公务员获得省公务员局嘉奖，5名同志记三等功一次。

【干部人才培训】 到11月底，共培训各级住房城乡建设管理干部和专业技术人才3131名。组织承办在同济大学举办的12个市（州）、88个县（市）分管领导和住房城乡建设、农委主要负责人参加的贫困地区城镇规划建设专题培训，参训人员140名。承办在国家行政学院举办的城镇规划管理专题培训，参训人员100名。组织29名干部参加中共四川省委组织部、中共四川省委党校、省行政学院组织的培训。

【职称评审】 厅本级组织完成评审建筑工程系列中级职称4823名，高级职称1750名，均超额完成年度职称评审目标任务。

【社团管理指导】 组织厅属社团围绕全省住房城乡建设中心工作开展活动，全面完成厅属社团年检工作。稳妥推进社团脱钩改革工作。

大事记

1月

14日 省"4·20"芦山地震灾后重建委员会第七次全体会议在成都召开。

20日 全省住房城乡建设工作会议在成都举行。

21日 住房城乡建设部城乡规划司司长孙安军带领中国城市规划设计研究院相关专家来川，就全国城镇体系规划编制工作调研，住房城乡建设厅厅长何健参加座谈交流。

3月

11日 "四川省城乡绿色发展宣传年"活动启动仪式在成都天府新区举行。

18日 住房城乡建设厅、商务厅在成都联合举办实施建筑业企业"走出去"发展战略研讨会，并签署《加强双方合作 促进建筑业企业"走出去"发展框架协议》。

23日 中共四川省委常委、省纪委书记王雁飞一行莅临住房城乡建设厅专题调研预防腐败工作。王雁飞指出，各级纪检监察机关派驻机构，要把监督推动驻在部门加强防腐治腐工作作为重点，盯紧权力运行，创新监督方式，着力提高监督执纪工作水平。

4月

1日 四川省住房和城乡建设厅组织召开全省城乡环境综合治理数字化监管平台验收会议。

24日 中国国务院总理李克强在考察四川省雅安市芦山县第二初级中学时强调，只有学校、医院的建筑最坚固，全社会才感到最安稳。

24日　国务院总理李克强再来芦山，祭奠遇难同胞和抗震救灾中英勇献身的烈士，考察"4·20"芦山强烈地震灾后基础设施恢复重建情况。

26日　住房城乡建设部等六部门住房公积金督察员四川重庆组兰继堂（组长）一行巡查四川省4个试点城市利用住房公积金贷款支持保障性住房建设试点工作结束时评价：四川省试点工作走在全国前列。

28日　四川省住房和城乡建设厅4个专项治理行动视频会在成都举行。

5月

19日　2016年四川住房城乡建设博览会开幕式在成都世纪城新会展中心举行。

20日　2016年中国·（四川）住房公积金与金融业融合创新发展研讨会在成都市世纪城新国际会展中心召开。

27日　第一届四川省绿色建筑创意竞赛（天府新区"麓湖杯"）启动仪式暨现场踏勘会在天府新区麓湖艺展中心举行。

31日　四川省2016年度智慧社区现场工作会在温江召开。

6月

7日　国务院法制办、住房城乡建设部在西南财经大学召开《住房公积金管理条例》立法后评估调研座谈会。

14日　副省长杨洪波到住房城乡建设厅调研，深入了解全省住房城乡建设系统信息化建设情况。

20日　中美现代木结构的应用与绿色建筑推广西南地区研讨会在成都举行。

7月

4日　副省长杨洪波在内江市调研城市建设、交通建设、项目投资等工作。

12日　副省长杨洪波到成都市环城生态区青龙湖一期、高新区大源片区小街区规制示范点、成都地铁运营调度控制中心和建设监控中心开展调研，并进行座谈。

20日　住房城乡建设部副部长倪虹一行来川调研地下综合管廊建设。

8月

3日　中共四川省委副书记、省长尹力在广元实地调研蜀道自然文化遗产保护和相关基础设施建设、环境治理、旅游开发等工作推进情况，强调要更加科学有效地保护和展示利用好蜀道文化，更好地服务全省经济社会发展。

4日　尹力在成都主持召开四川省蜀道世界自然与文化遗产申报工作领导小组第一次会议，强调要更加科学有效地保护和展示利用好蜀道文化。

16日　住房城乡建设厅召开天府新区总体规划（2015版）实施情况座谈交流会。

18日　全省脱贫攻坚住房质量安全保障工作会议在成都召开。

31日　全省"百镇建设行动"现场推进会在巴中市召开。副省长杨洪波在肯定巴中市小城镇建设取得成效的基础上指出，巴中市始终坚持用科学规划引领小城镇建设，强化小城镇公共配套建设，各项功能配套完善，坚持镇村结合、镇产结合，探索出了贫困山区小城镇建设的新路。

9月

9日　省蜀道申遗办在阆中市召开蜀道申遗大型培训会。

13日　住房城乡建设厅在南部县召开全省脱贫攻坚住房质量安全保障现场观摩会。

10月

14日　四川省推进建筑产业现代化发展座谈会在成都召开。

20日　四川省第一届BIM发展交流峰会在成都召开。

25日　全省百万安居工程建设行动现场会在内江召开。

26日　全省实施建筑业企业"走出去"发展推进会在泸州召开。

27日　四川省行政权力依法规范公开运行平台工作现场会在住房城乡建设厅召开。

11月

20～22日　住房城乡建设厅厅长何健陪同住房城乡建设部总经济师赵晖调研广安市城镇污水处理、农村危房改造、住宅产业化示范基地等工作推进情况，检查乐山市城市综合管廊建设。

12月

18～20日　住房城乡建设部副部长倪虹在四川省专项督查建筑施工、燃气供应、公园管理等安全生产工作。

22～23日　副省长杨洪波一行在宜宾市调研市规划馆、长江生态综合治理项目、南广立交、南部新区、临港区、南溪古城，深入了解当地城市规划建设等情况。

（四川省住房和城乡建设厅）

贵 州 省

概况

2016年，贵州省住房城乡建设系统紧紧围绕新型城镇化建设，扎实推进各项重点工作。

【山地特色新型城镇化发展】 充实省新型城镇化领导小组成员单位，形成推进合力。出台山地特色新型城镇化规划、山地特色新型城镇化示范区建设实施方案，突出民生为本，分层推进、分类带动，推广"1+N"镇村联动模式，统筹建设基础设施和公共服务设施，促进共建共享。指导国家新型城镇化综合试点制定实施方案，第一、二批试点加快推进，第三批试点全面启动，通过第三方中期评估。农业转移人口落户城镇137万人，常住人口城镇化率提高2.14个百分点，达44.15%。

【城乡规划管控水平提升】 推进"多规融合"向"多规合一"空间规划升级，贵州列为全国市县空间规划改革试点。谋划城市长远发展，突出"1+7"重点平台打造，安顺市总规修改经省政府批复实施，贵阳市、遵义市、凯里—麻江城市规划区等一批城市总规修改有序推进，完成74个开发区清理审核。九龙洞国家级风景名胜区总规获国务院批复，开展20个市县域乡村规划试点。

【城市建设管理重点突破】 新建公共停车位1.99万个，开工地下综合管廊92.59千米，贵安新区海绵城市建设逐步推进，完成地级市黑臭水体排查，县城以上污水、垃圾处理率达到90.5%、87.3%，完成城建投资1779亿元。实施"多彩贵州·美丽城市"创建，城镇整脏治乱取得突出成效。建立城市管理联席会议制度，强化城管执法体制改革任务落实，启动实施城管执法队伍"强基础、转作风、树形象"专项行动。

【深化"两个100工程"建设】 开展100个示范小城镇、100个城市综合体地毯式检查，实施中期评估。推广示范小城镇"十条意见"经验做法，印发打造特色小城镇升级版实施意见，确定20个县(市、区)开展整县推进小城镇建设试点，5个镇列入全国特色小镇。示范小城镇新增"8+X"达标项目750个，城市综合体建成主导功能建筑120个、投入运营95个。

【拓展住房保障范围】 会同省发改委出台保障性安居工程配套基础设施建设中央预算内投资分配使用办法，印发城镇落户农业转移人口住房保障指导意见。棚户区改造任务量居全国第三，基本建成29.68万套，货币化安置18.81万户。优化农村危房改造对象分类，向建档立卡贫困户倾斜，最高户均补助3.5万元。农危改竣工30.78万户，小康房竣工2.91万户。

【规范房地产市场运行】 结合棚户区改造货币化安置、住房公积金异地贷款，推进去库存。发放52.89万户住房公积金贷款1034.47亿元，个贷率100.03%，发放1.11万户住房公积金贴息贷款，撬动31.87亿元外部购房贷款资金，实现"应贷尽贷"。房地产投资完成2148.96亿元，商品房销售面积同比增长16.8%，商品住房库存去化周期比2015年底缩短3.51个月。

【促进新型建筑业壮大】 印发加快新型建筑建材业发展、促进建筑垃圾资源化利用意见，出台建筑市场信用管理办法，推进建筑市场监管与诚信一体化平台与公共资源交易平台互通。建筑与装饰工程计价定额(2016版)等5部计价定额编制完成。建筑业总产值完成2362.95亿元，增速21.3%，增加值完成955.44亿元，增速14.6%，总产值增速全国第一。

【推动绿色建筑发展】 在贵阳市、安顺市、黔东南等地开展装配式建筑试点。推进新型墙材示范房建设，促进"禁实限黏"向镇村拓展。获绿色建筑标识建筑面积423.6万平方米，累计1713万平方米。编制完成省级绿色生态城区评价标准、管理办法，贵阳国际金融中心省级绿色生态示范城区项目通过评审。

法规建设

【地方性法规和规范性文件】 《贵州省传统村落保护条例(草案)》提请省人大常委会审议，继续推进《贵州省城市园林绿化条例(草案)》立法，推进《贵州省供水和节约用水条例(草案)》起草，开展

《贵州省燃气管理条例》修订。对《贵州省住房和城乡建设厅关于加强建筑劳务人员实名制管理的意见》等文件进行备案审查,对涉及的17个规范性文件进行清理,废止1个。

【推进"放管服"】 通过下放、取消、转变管理方式,行政权力事项减少102项,下放行政许可12项。调整后,行政权力事项47项,其中行政处罚32项、行政强制2项、行政确认6项、行政奖励1项、其他类6项。出台《贵州省住房和城乡建设厅关于对下放权力事项加强监管的意见》,严格下放行政审批事项审批标准,建立健全网络全程监控、办理时限预警机制,强化对下放审批事项的全程监管。开展"双随机、一公开"监督,制定《贵州省住房和城乡建设厅推广随机抽查规范事中事后监管工作实施细则》《贵州省住房和城乡建设厅随机抽查事项清单》,在贵州省双随机监管平台上公布,将抽查事项清单、执法人员目录、抽查对象目录等数据录入贵州省双随机监管平台。印发《贵州省住房和城乡建设厅关于优化部分资质许可标准指标的通知》,简化办事程序,规范办事流程。推行受理单制度,对所有收件事项现场出具受理单,办事企业或人员可凭据受理单领取证书或退件。对申请材料不齐全或者不符合法定形式的,必须一次性告知需要补正的全部内容,遵守法定受理审查时限,实行办理时限承诺制,明确办理时限,不得以任何理由自行延长。将行政审批事项平均办理时限在法定时限基础上压缩50%,能当场办理的当场办理。所有企业资质核准在受理后不超过15个工作日完成,企业资质变更事项办理不超过2个工作日完成。倡导政务公开、网上办事,建立办结时限预警机制,网上审批全部实行"超时默认"。

【依法行政】 印发《2016年贵州省住房和城乡建设领域依法行政工作要点》,印发《贵州省住房城乡建设厅2016年度依法行政考核指标任务分解表》。在目标考核分值设定中,将依法行政考核在年度目标绩效考核中的分值比例提高到百分之十,并作为各部门年度依法行政考核指标。完善行政决策程序,界定重大行政决策范围,将规划选址、农危房改造、城镇保障性安居工程等关系国计民生和群众切身利益的事项纳入重大行政决策范围,坚持把公众参与、专家论证、风险评估、合法性审查和集体讨论决定作为重大行政决策的必经程序,重大决策事项决策前由厅法制部门进行合法性审查,未经合法性审查或者审查不合法的,不能提交会议讨论,不能做出决策,对重大决策事项合法性、合理性、可行性和可控性进行风险评估,并将风险评估结果作为决策的重要依据。

【规范文明执法】 按照减少层次、整合队伍、提高效率的原则,除法律法规明确规定由省级行政机关为执法主体的行政行为外,厅原则上不再实施具体的行政处罚、行政强制等行政行为。实施行政执法案卷评查,对行政许可、行政处罚、行政强制、行政征收、行政收费、行政检查等行为进行规范。细化行政处罚裁量标准,规范裁量范围、种类、幅度,实行行政执法全过程记录,对因不执法、乱执法、暴力执法、执法不当等导致发生重大责任事故、群体性事件或严重违法案件的,坚决依法依纪追究有关责任人员责任。规范行政处罚信用信息公开,凡做出的行政处罚决定,7个工作日内将处罚情况对外公开。

房地产业

【房地产开发】 房地产开发完成投资2148.96亿元,比上年增长-2.5%,其中住宅开发投资1243.6亿元,比上年增长-6.3%,办公楼开发投资151.81亿元,比上年增长-7.5%,商业营业用房开发投资562.53亿元,比上年增长11%。房屋施工面积20352.24万平方米,比上年增长-2.5%。房屋竣工面积1901.45万平方米,比上年增长-26.4%。商品房销售面积4156.93万平方米,比上年增长16.8%,其中住宅销售面积3426.96万平方米。商品房销售额1790.53亿元,比上年增长13.9%,其中住宅销售额1269.43亿元,比上年增长18.8%。

【化解房地产库存】 省住房城乡建设厅与中国农业银行股份有限公司贵州省分行签订《房地产去库存战略合作协议》,从房地产去库存金融服务、住房公积金业务、优质房地产项目金融支持、推行"农民安家贷"贷款等方面开展全面合作,鼓励和支持农民工在城镇购房。出台《关于加快培育和发展住房租赁市场的通知》,6月15日召开全省房地产主管部门工作座谈会,8月10日召开全省棚改货币化安置暨房地产去库存工作推进现场会,11月25日召开全省房地产市场工作会。下发《贵州省集中开展房地产中介专项整治工作方案》,6~10月集中组织全省开展房地产中介专项整治。组织开展全省老旧住宅小区调查摸底,推进老旧小区开展物业服务试点。指导各地抓好住宅专项维修资金管理,发挥住宅专项维修资金在老旧小区和电梯更新改造中的支持作用,促进住宅专项维修资金管理和使用制度化。

住房保障

【城镇保障性安居工程建设】 2016年，国家下达贵州棚户区改造计划，任务量居全国第三，仅低于山东省和湖南省。2016年底43.03万户棚户区改造全部开工，基本建成29.68万套，货币化安置18.81万户。上年12月16日，在安顺市西秀区设主会场举行2016年保障性安居工程项目集中动工仪式，全省各市(州)、县(市、区、特区)共设96个分会场，同时集中动工96个棚户区改造项目。2016年4月26日，省发展改革委、省住房城乡建设厅印发《贵州省保障性安居工程配套基础设施建设中央预算内投资分配使用管理暂行办法》，对保障房配套基础设施范围、资金分配、补助标准、申报条件和程序、资金使用和监督管理等内容进行了明确。6月27日，印发《关于城镇落户农业转移人口住房保障工作的指导意见》，降低准入门槛，进一步扩大住房保障覆盖面，逐步将在城镇稳定就业的外来务工人员、农村进城就业人员、失地农民、城镇落户农业转移人口、非户籍人员等家庭纳入住房保障范围。7月4日，印发《关于进一步落实公租房准入条件的通知》，要求各县(市、区、特区)及时调整公租房准入收入线。10月11日，印发《关于进一步加快公租房分配入住工作进度的通知》，要求进一步扩大公租保障范围，适时调整收入线标准，开辟绿色通道，提高公租房申请审核效率，完善配套基础设施建设，加快分配入住进度，进一步完善工作机制，明确工作职责，针对还未分配入住的公租房项目，要建立项目台账，列出分配入住时间表、路线图，明确责任单位和责任人，有序推进公租房分配入住工作。

【农村危房改造和小康房建设】 国家下达贵州农村危房改造任务26.17万户，截止2016年底贵州农村危房改造竣工30.78万户。2016年起，建立农村危房改造补助资金县级按进度拨付制度，通过涉农补贴"一折通"直接拨付到户，确保专款专用。组织编制《贵州省农村危房改造工程实用手册》免费发放给农户。印发《贵州省四在农家·美丽乡村—小康房行动计划2016年度实施方案》，建成小康房2.91万户。

公积金管理

【公积金缴存】 全年实缴单位35280家，新开户单位3735家，净增单位2025家，实缴职工216.56万人，新开户职工25.56万人，净增职工6.48万人，当年缴存额273.29亿元，同比增长25.94%。截至2016年底，缴存总额1379.16亿元，缴存余额724.52亿元，同比分别增长24.71%、19.63%。

【公积金提取】 全年提取额为154.40亿元，同比增长3.75%，占当年缴存额的比率56.50%，比上年同期减少11.98个百分点。提取总额654.64亿元，同比增长30.86%。住房公积金贷款。全年发放个人住房贷款7.57万笔，同比降低1.38%，发放金额216.17亿元，同比增长6.19%。全年回收个人住房贷款72.23亿元。累计发放个人住房贷款52.89万笔1034.47亿元，贷款余额724.75亿元，同比分别增长16.70%、26.42%、24.78%。个人住房贷款率为100.03%，比上年同期增加4.13个百分点。

【公积金监管】 召开全省住房公积金管理和金融服务创新工作会议、全省住房公积金信息化管理工作会议。出台《省住房城乡建设厅、省财政厅、人民银行贵阳中心支行关于规范和阶段性适当降低住房公积金缴存比例的实施意见》，要求严格执行住房公积金"控高保低"政策、允许企业自主选择缴存比例、明确办理降低缴存比例或缓缴的资格和程序等。与农业银行贵州省分行签订战略合作协议，试点建立农民工、进城落户农民公积金制度。贵阳市、遵义市、安顺市、六盘水市等地完成贯彻落实《住房公积金基础数据标准》和接入银行结算系统工作，其中遵义市通过住房城乡建设部验收。

城乡规划

【规划编制】 安顺市城市总体规划经省人民政府批复实施，凯里—麻江城市总体规划报省人民政府。指导毕节市开展城市总体规划实施评估，指导仁怀市、务川县、遵义市开展城市(县城)总体规划修改，完成黔西南州城镇体系规划和贵阳市、赤水市、桐梓县等城市(县城)总体规划技术审查，惠水县、兴仁县等县城总体规划经省城规委专题会审查通过，黔西南州城镇体系规划和都匀市、赤水市、桐梓县等城市(县城)总体规划完成省城规委成员单位函审。完成石阡县、大方县历史文化名城，正安安场、盘县双凤、六枝郎岱历史文化名镇和江口云舍、雷山上郎德、锦屏隆里、务川龙潭历史文化名村等保护规划批复实施，完成黎平肇兴历史文化名村保护规划上报。完成印江、松桃、沿河、钟山、六枝5个经济开发区总体规划技术审查，完成大龙经济开发区总体规划上报。完成74个经济开发区审核。核发重大建设项目和跨区域建设项目规划选址意见书10件。

【"多规融合"改革】 制定《贵州省市县空间规划试点工作方案》,经住房城乡建设部复函同意将贵州省作为全国市县空间规划改革试点,启动贵州省市县空间规划编制办法和市县空间规划管理办法制定。加快推进都匀市、兴仁县城市总体规划、空间规划编制进度,召开3次厅际联席会议,研究"多规融合"向空间规划改革转型升级中面临的新形势、新要求。

【城市设计】 选取试点,推进总体城市设计和地块城市设计探索,对试点地区提供专项资金扶持,2016年对黔南州及赤水市、福泉市、赫章县、镇远县、贵定县、湄潭县等县(市)补助城市设计资金200万元,其中湄潭县兰江新区城市设计形成初步成果,雷山县同步开展总体城市设计和地块城市设计,陶尧苗寨、羊排村两个片区城市设计形成初步成果。结合贵州省情启动开展《贵州省城市设计管理办法》、《贵州省城市设计技术导则》制定。

【2016中国青岩·古镇峰会】 经省人民政府同意,住房城乡建设部支持,中国城市规划学会、贵州省住房和城乡建设厅、贵阳市人民政府12月12日至14日在贵阳市花溪区共同主办"2016中国青岩·古镇峰会",主题为"文化传承与创新发展"。全国64家知名古镇、13个省(市、区)规划建设主管部门相关领导、全国知名专家30余人参会。住房城乡建设部黄艳副部长出席古镇峰会的全体会议并做主题报告,提出历史文化名镇保护与可持续发展的七条原则。与会古镇成立古镇联盟,峰会发布《古镇发展 青岩共识》。

城市建设

【城建投资】 完成城建投资1779亿元。新建公共停车位1.99万个,开工地下综合管廊92.59千米,贵安新区海绵城市建设逐步推进,完成地级市黑臭水体排查。

【市政设施水平】 全省城市(县城)建成区面积1544.15平方千米,人口密度平均每平方千米2361人,人均日生活用水量140.99升,用水普及率92.82%,燃气普及率72.12%,建成区供水管道密度11.06千米/平方千米,建成区排水管网密度6.32千米/平方千米,污水处理率90.54%,垃圾无害化处理率88.73%,人均城市道路面积12.28平方米,人均公园绿地面积11.65平方米,建成区绿化覆盖率30.04%、绿地率27.62%。

村镇规划建设

【小城镇建设】 经省人民政府同意,印发《关于打造贵州特色小城镇升级版的实施意见》,全面实施小城镇建设发展"十大提升工程"和"十百千计划"。根据全国特色小镇培育要求,指导各地培育一批产业特色鲜明、环境和谐宜居、文化特色彰显、设施便捷完善、体制机制灵活的特色小镇,会同省发改委、省财政厅起草《关于开展特色小镇培育的意见》,组织申报全国第一批特色小镇。茅台镇、青岩镇、旧州镇、西江镇、郎岱镇5个镇入选全国第一批特色小镇名单。

【传统村落保护】 省人民政府十大民生实事之100个传统村落消防安全改造全部完成。组织申报第四批中国传统村落,共有119个村落列入中国传统村落保护名录。190个中国传统村落保护发展规划通过住房城乡建设部技术审查,并列入中央财政资金支持范围。编制出版《贵州传统村落(第一册)》,指导中国传统村落·黔东南峰会筹备工作,于10月13~14日召开。

【改善农村人居环境】 组织起草《关于整体改善农村人居环境全面加快"四在农家·美丽乡村"建设的实施意见》。组织编制《贵州省改善农村人居环境规划》、《贵州省改善农村人居环境建设指导要点》、《贵州省县域乡村规划建设规划导则》、《贵州省改善农村人居环境村庄规划编制导则》。以"东西南北"四条示范带为引领,在27个试点县119个试点村开展试点,建成农村人居环境整治项目798个,建立"投、融、规、建、管、养"六位一体长效机制村庄62个。完成100个传统村落消防安全改造,新增传统村落119个。建立20个极贫乡帮扶台账,定点包干河镇乡建档立卡贫困人口脱贫等"五大战役"有力推进。

标准定额

组织专家开展《贵州省房屋建筑与装饰工程计价定额(初稿)》等5部计价定额消耗量测算与确定、费用水平测算与确定、定额水平测算等工作,经定额编制领导小组办公室审查同意,分别于9月30日发布《贵州省房屋建筑与装饰工程计价定额(征求意见稿)》,11月8日发布《贵州省市政工程计价定额(征求意见稿)》,11月30日发布《贵州省通用安装工程计价定额(征求意见稿)》、《贵州省园林绿化工程计价定额(征求意见稿)》、《贵州省仿古建筑工程计价定额(征求意见稿)》,向全社会公开征求意见。11月15日批复同意六盘水住建局组织开展编制《贵州省城市地下综合管廊工程计价定额》。受住房城乡建设部标准定额司委托,配合主编单位浙江省建设工程造价管理总站深入开展装配式木结构工程定额编制工作，赴贵州省园方木结构产业发展有限公司等企业调研，以实施项目资料为基础进行项目设置、消耗量测算确定，参照《房屋建筑与装饰工程消耗量定额》和《建设工程劳动定额》修正调整，在《装配式建筑工程消耗量定额》中补全装配式木结构工程定额子目，由浙江省建设工程造价管理总站报住房城乡建设部标准定额司。

工程质量安全监督

【质量监管】 建立工程质量终身责任制月通报制度，每月在两年行动专栏进行通报，在建项目授权书承诺书签订率99.4%，永久标牌设定率98.6%，未发生在建项目质量事故，工程质量总体处于受控状态。全省检查项目14546项目次，共检查出隐患30431条，限期整改项目7790项目次，停工整改487个。全省对81家企业作通报批评，对处罚企业及个人320起，罚款金额155.1万元，曝光非法违法典型案例61家，停业整顿企业164家。制定完成贵州省检测报告统一标准，印发检测机构及检测人员信用评价办法，简化资质程序，规范管理，将相关工作纳入监管平台。开展检测机构诚信评价和混凝土质量专项检查行动，下发《关于开展混凝土质量专项检查的通知》。对全省530家预拌混凝土企业开展质量检查，对全省160多家建设工程质量检测机构开展诚信评价检查。印发《贵州省住房城乡建设系统2016年"质量月"活动方案》，并按照方案要求在全省开展质量月活动。

【安全监管】 召开6次安全生产专题会及建筑施工质量安全现场观摩会，下发防灾减灾、汛期安全生产、地质灾害防治、打非治违、安全生产月等安全生产文件100余份。印发《贵州省住房和城乡建设厅安全生产党政同责一岗双责齐抓共管实施细则》，落实齐抓共管一岗双责制度，与各市（州）签订安全生产目标任务责任书，落实监管责任。实施安全生产约谈制度，召开5次安全生产约谈会，委托5个地区召开事故企业约谈会议，督促、指导事故多发地区和单位抓好贯彻落实。强化安全监执法，建立联合执法协调机制，提升依法监管能力。建立五集中检查方案，制定和实施年度监督执法检查计划，组织开展春节后复工前和重要节假日、会议期间的安全生产大检查。联合省安监局、省水利厅、省交通运输厅等组成四个督查组，对全省建筑施工项目开展建筑施工安全生产大检查督查。开展隐患排查治理，大力推行安全风险隐患分级管控、隐患排查治理双重预防工作机制，下发《贵州省住房城乡建设系统安全隐患风险排查治理防范工作方案》，建立风险隐患排查治理防范分析评估制度、责任制度、考核制度。下发《加强建设工程危险性较大分部分项工程安全监管措施》，督促指导企业落实危大工程专项方案。

【老楼危楼安全排查整治】 完成全省老楼危楼第二、三阶段督查，组织召开全省老楼危楼工作推进电视电话会议，下发开展老旧楼排查和加强既有建筑使用安全管理通知。

建筑市场

【行业发展】 2016年获住房城乡建设部批准4家建筑工程总承包特级资质，创年度批准历史新高，达8家总承包特级资质企业。资质以上建筑业总承包企业和专业承包企业1011户，比2015年末增加119户。其中，特、一级资质企业63户，企业数量与上年持平，二级资质企业334户，增加68户，三级资质企业614户，增加51户。全年完成建筑业总产值2362.95亿元，比上年增长21.3%。建筑业企业实现主营业务收入2219.62亿元，比上年增长20.7%，实现利润总额63.93亿元，比上年增长39.9%，税金总额87.43亿元，比上年增长24.9%。

【市场管理】 省人民政府办公厅印发《关于加快新型建筑建材业发展的意见》、《关于加强建筑垃圾管理促进资源化利用的意见》。会同省经信委共同编制"新型建筑建材业'十三五'规划"。印发《贵州省建筑劳务人员实名制管理工作方案》，在全省范围内开展建筑劳务"安康卡"项目试点，进一步规范房屋建筑和市政工程劳务用工管理。起草《贵州省建筑业企业信用体系评价暂行办法》、《贵州省建筑业企业信用体系评价实施细则》送省法制办备案审查。推进省建筑市场监管与诚信信息一体化工作平台应用，全省建筑施工许可全面实行网上办理，对安全生产许可证、安全生产管理人员、省外企业入黔等事项全面实行网上信息报送和审核。制定《贵州省房屋建筑和市政工程标准施工、监理招标资格预审文件和招标文件》（2016年版），开展招投标和建筑市场有关法律法规培训，严厉打击转包违法分包行为，开展清理拖欠工程款和农民工工资工作，对工作开展情况实行"日报告"。

建筑节能与科技

【绿色建筑】 印发《贵州省建筑节能与绿色建筑"十三五"规划》，年内51个项目获得标识，建筑面积 423.6 万平方米。启动省级绿色生态城区示范工作,编制完成《贵州省省级绿色生态城区评价标准》《贵州省省级绿色生态城区申报评价管理办法》,贵阳国际金融中心省级绿色生态示范城区项目通过专家评审,建筑面积约 780 万平方米。举办主题为"实施绿色建筑行动,推进城乡绿色发展"2016 首届中国·贵州国际绿色建筑与建设科技博览会。

【装配式建筑】 召开大力发展装配式建筑促进建筑产业现代化座谈会,起草《贵州省关于大力推进装配式建筑发展的意见》、《贵州省大力发展装配式建筑三年行动方案(2017~2019年)》。组织参加全国装配式建筑工作会,筹备召开全省装配式建筑工作推进现场会。

【开展建筑节能与绿色建筑专项检查】 印发检查情况通报。建立绿色建材评价工作机制,启动绿色建材评价机构备案及评价标识申报工作。开展国家高性能混凝土推广应用示范省建设工作。

人事教育

【机构变化】 撤销住房改革与发展处和村镇建设处,设置小城镇规划建设处和村庄规划建设处,撤销省建设执法总队,其编制划转省城乡规划督察员办公室,厅城市管理处加挂城市管理监督局牌子,完成省城建档案管理办公室、省保障性安居工程办公室、省住房资金管理中心内设机构设置,调整省建设行业职业技能管理中心业务范围及人员编制。制定《关于明确厅相关处室工作职责边界的通知》。

【人才工作】 举办全国住房城乡建设系统人教处长座谈会,《贵州省住房和城乡建设厅教育培训工作文件汇编》作为会议资料印发。制定《贵州省住房和城乡建设厅2016年度教育培训计划》并组织实施。开展《贵州省特色工匠艺人传承人课题调研》,提出政策建议。全省住房城乡建设领域现场专业人员(八大员)岗位考试实现计算机无纸化的"机考"形式,启动"八大员"岗位换发全国统一证书工作。印发并实施《贵州省建筑工人职业培训考核工作方案》,明确建筑工人培训考核发证工作主体不再是建设行政主管部门,而是建筑业企业的自主行为,企业将按照"谁用人、谁培训、谁考核、谁发证、谁负责"原则自主开展或由其委托具备条件的社会培训机构开展,省厅履行监管职责。

大事记

1月

5日 迎接国家三部委对贵州省2015年农村危房改造绩效评价。

7日 召开《贵州省城镇园林绿化"十三五"规划》评审会,参加《贵州省建筑业发展"十三五"规划》审查会。

20日 省政府第四考核组在铜仁市、黔东南州开展2015年度消防工作检查考核暨冬春火灾防控工作督导。

25日 《住房城乡建设部关于公布第三批美丽宜居小镇、美丽宜居村庄示范名单的通知》确定全国42个镇为美丽宜居小镇示范(贵州安顺市西秀区旧州镇入选),79个村为美丽宜居村庄示范(贵州安顺市西秀区旧州镇浪塘村等4个村庄入选)。

2月

1日 参加《晴隆三望坪风景名胜区总体规划》评审会。

2日 召开厅安全生产联席工作会议。

3日 召开《仁怀市城市总体规划(2011—2030年)实施评估报告》审查会。

4日 历时半年的全省"2个100工程"地毯式检查圆满收官。共完成9个市(州)及贵安新区,88个县(市、区)142个示范小城镇和122个城市综合体的地毯式检查工作。实现全省"2个100工程"地毯式检查全覆盖,精准指导全覆盖。

17日 召开2016云上贵州·大数据招商引智再出发活动签约项目内部预评审会议。

23日 参加中共贵州省委常委、副省长慕德贵主持召开的研究全省城市工作会议筹备工作有关事宜专题会议。参加国务院深入推进新型城镇化建设电视电话会议。

24日 召开新型城镇化、户籍制度改革、棚户区改造专题座谈会。

25日 召开六盘水市、安顺市、毕节市100个城市综合体阶段性评估工作会议。

3月

4日 召开省建筑工程勘察设计单位改制工作联席会议。

9日 召开贵阳建勘集团建筑装配式生产工作汇报会。

12日 召开全省新型城镇化试点工作开展与城镇化发展监测工作会议。

21日 参加国务院召开的全国棚户区改造工作电视电话会议。

23日 召开《贵州省山水城市研究》报告审查会。

25日 参加贵州三叠纪化石群申报世界自然遗

产工作会议。

4月

6日 国家发展改革委、住房城乡建设部等十部委印发《关于同意河北省威县等90个县(市、区)结合新型城镇化开展支持农民工等人员返乡创业试点的通知》,同意90个县(市、区)结合新型城镇化开展支持农民工等人员返乡创业试点(贵州省遵义市汇川区等4个县〈市、区〉获选)。

8日 召开贵州省建筑市场监管与诚信信息管理一体化工作平台应用工作座谈会。

21日 开展轨道交通工程质量安全监督检查工作。

25日 参加住房城乡建设部召开的部分城市房地产座谈会。

29日 参加全国农村危房改造工作电视电话会议并作典型经验发言。

5月

12日 召开全省新型墙体材料革新工作交流会。参加《贵阳市轨道交通线网规划修编》技术审查会。

23日 召开研究罗甸县空间发展战略专题会议。

25日 参加2016中国大数据产业峰会暨中国电子商务创新发展峰会开幕式。参加住房城乡建设部召开的城市黑臭水体治理、海绵城市建设工作推进会。

30日 与中国农业银行贵州省分行房地产去库存战略合作协议签订。召开2016年全省城镇保障性安居工程及房地产市场工作推进会。

6月

6日 参加住房城乡建设部召开的全国棚户区改造工作座谈会。召开《毕节市中心城区现代有轨电车线网规划》技术评审会。

7日 在贵阳市调研"营改增"建筑业企业税收申报、计价依据调整推进情况等工作。

16日 住房城乡建设部、文化部等7部门印发《关于公布2016年列入中央财政支持范围的中国传统村落名单的通知》,贵州省183个村落被列入2016年中央财政支持范围中国传统村落名单,数量居全国第一位。

17日 参加住房城乡建设部召开的推进地下综合管廊建设电视电话会议。

21日 参加生态文明贵阳国际论坛2016年年会"发现城市之美"主题论坛媒体吹风会并主发布。

30日 召开全省部分新增示范小城镇规划评审会。

7月

1日 召开全省清理规范工程建设领域保证金工作安排部署电视电话会议。

15日 召开"多规融合"改革试点工作2016年第二次厅际联席会议,与遵义市委常委、常务副市长范元平一行研究有关工作。召开研究农村危房改造等相关工作专题会议。

20日 召开全省住房城乡建设工作半年经济运行情况新闻发布会。召开《仁怀市城市总体规划局部调整(2011—2030)实施评估报告》审查会。

25日 会同铜仁市市长陈晏在住房城乡建设部汇报梵净山申报世界自然遗产有关工作。

8月

3日 参加贵州省与阿里巴巴集团深化战略合作座谈会。

4日 召开全省改善农村人居环境工作大会。

9日 召开城市管理省际联席会议制度联络员会议。

10日 参加全省污水垃圾处理交叉检查工作动员大会。

11日 开展安顺市创建国家园林城市省级预检。

17日 召开全省改善农村人居环境工作专题会议。

19日 陪同住房城乡建设部城建司领导在贵安新区专题调研海绵城市建设情况。

9月

1日 随住房城乡建设部组织的代表团赴美国参加世界自然保护大会。

2日 召开2016年全省促进100个城市综合体健康发展推进大会。参加住房城乡建设部组织的全国城乡规划改革工作座谈会。

8日 参加住房城乡建设部召开的全国县城房地产去库存工作座谈会。参加全省极贫乡(镇)定点脱贫攻坚工作启动会。召开全省建筑业房地产业"营改增"试点运行情况座谈会。

18日 在赫章县河镇乡开展极贫乡(镇)定点脱贫攻坚工作。

19日 召开全省城市执法体制改革专题培训会。

21日 2016第二届"中国传统村落·黔东南峰会"北京新闻发布会召开。

27日 召开全省城市基础设施建设推进会。

28日 会同省发展改革委、省财政厅、省人力资源社会保障厅、省审计厅等有关单位和省内有关专家召开《贵州省房屋建筑与装饰工程计价定额(初稿)》审查会。

10月

10日 召开全省2016年度工程造价咨询企业信

用评价评审会议。

13日　参加2016年第二届"中国传统村落·黔东南峰会"。

18日　召开研究第五届全省小城镇建设发展大会筹备工作和改善农村人居环境、2016年第四季度全省住房城乡建设工作调度会筹备工作专题会议。

27日　参加贵州省"住建云"(一期)项目验收评审会。

31日　会同省发展改革委、省财政厅、省人力资源社会保障厅、省审计厅等有关单位人员和专家在厅召开《贵州省市政工程计价定额(初稿)》审查会。

11月

3日　召开第五届全省小城镇建设发展大会。

8日　组织开展赫章县河镇乡、威宁县石门乡脱贫攻坚规划评审工作。召开遵义市城市总体规划实施评估论证会。国家发展改革委、国土资源部、住房城乡建设部印发《关于做好示范物流园区工作的通知》,确定29个物流园区为首批示范物流园区(贵州省清镇市物流园区入选)。

10日　开展风景名胜区执法检查工作。

16日　召开新增示范小城镇总体规划评审会。

22日　召开高性能混凝土推广应用试点工作部署会。

23日　会同省贸易促进会负责人召开研究小城镇建设发展招商引资有关工作专题会议。

24日　印发《省住房城乡建设厅关于印发〈20个极贫乡(镇)脱贫攻坚"厅长包片、处室包县"重点工作督导分工方案〉的通知》。

29日　召开《贵阳市城市总体规划(2011—2020年)》(2016年修改)审查会。

12月

5日　召开全省城市管理执法体制改革督促会。

9日　召开贵州省住房和城乡建设厅综合监管信息平台(一期)竣工验收会。

12日　召开城镇生活污水垃圾处理工作会议。

13日　召开2016中国青岩·古镇峰会。

15日　召开贵州省2017年棚户区改造项目集中动工仪式和2016年全省城镇保障性安居工程建设工作联席会议。

23日　听取贵阳市两湖一库管理局有关负责人汇报红枫湖风景名胜区整改有关工作。

26日　召开全省县域常住人口城镇化率监测核算培训及试点工作推进会。

30日　召开全省建筑施工安全生产专题会议。

(贵州省住房和城乡建设厅)

云南省

概况

【城乡规划改革持续加强】　先后召开4次云南省城乡规划委员会全体会议、10次专题会议和2次专门会议,审议通过31个规划事项。于2016年5月26~27日召开全省城市工作暨城乡人居环境提升行动推进会议,研究部署城市规划、建设和管理有关工作,印发《关于进一步加强城市规划建设管理工作的实施意见》。研究起草《云南省空间规划(2016—2030年)》、《滇中城市群规划(2016—2030年)(纲要)》等重点规划。云南省空间规划申报列入住房城乡建设部省级空间规划改革试点,并与住房城乡建设部签署合作协议,成功召开滇中城市群规划国际研讨会。大理市全国"多规合一"试点成果得到住房城乡建设部和中共云南省委、省政府肯定,文山市、芒市等22个"多规合一"试点县(市、区)完成城乡总体规划修改完善工作,1350个乡镇实现总体规划编制或修编全覆盖,完成500个省级村庄规划建设示范村、2000余个省级易地扶贫集中安置新村、1000余个沿边村寨规划编制的提升完善工作。曲靖市、红河州等8个新型城镇化综合试点城乡总体规划全部完成,20个试点县(市、区)城市地下空间开发利用专项规划编制试点工作基本完成。加强风景名胜区、世界遗产地、历史文化名城名镇名村名街和传统村落保护与发展。《建水国家级风景名胜区总体规划》报经国务院批准实施,三江并流风景名胜区哈巴雪山、武定狮子山、禄丰省级风景名胜区总体规划经省政府批准实施,云南哀牢山保护区暨古茶园世界自然与文化遗产申报列入中国申报世界文化遗产预备名录清单,先后2次组织专家对腾冲地热火山、西双版纳、建水、昆明滇池等4个国家级风景名胜区进行专项督查，为风景名胜区依法依规保护管理利用打下坚实基础。

【建筑业改革发展加快推进】 研究制定相关措施扶持建筑企业提升竞争力，新增施工总承包特级资质1家、一级资质3家，设计甲级9家、勘察甲级1家。深入开展清理规范工程建设领域拖欠工程款、农民工工资和各类保证金工作，共清理拖欠工程款16.2亿元、农民工工资7.73亿元、各类保证金10.118亿元。继续深化工程质量治理两年行动成果，与16个州（市）、滇中新区住房城乡建设部门，以及云南建工集团等6家建筑施工企业分别签订安全生产目标责任书，压实各方安全责任，出台《云南省房屋建筑和市政基础设施工程安全监督机构及人员管理和考核办法》等5个工程质量安全监管规范性文件，施工现场工程质量和安全管理水平不断提高。2016年云南省共发生21起房屋市政生产安全事故，死亡22人，未发生较大及以上事故，死亡率为全国较低的省份，安全生产形势稳定向好。完成建筑业产值3867.22亿元，同比增长18.3%，增速排名全国第二，完成建筑业增加值1806.22亿元，现价增速14.7%，占全省GDP的12.1%。

【房地产业保持平稳健康发展】 出台《关于供给侧结构性改革去库存的实施意见》、《云南省商品房去库存实施方案》、《关于加快培育和发展住房租赁市场的实施意见》等系列配套政策，大力推进省、州（市）两级106个重大房地产开发项目、研究出台放宽住房公积金提取使用条件的一系列文件，有力促进住房消费，全省住房公积金归集总额同比增长17.68%，个贷率达82.72%，个贷市场占比达37.04%。完成房地产开发投资2688.34亿元，为年度目标任务2150亿元的125%，占全省固定资产投资（15662亿元）的17.2%，全省商品房销售面积3639.75万平方米，同比增长15.7%，商品房待售面积1944.31万平方米，同比下降0.2%，去库化周期处于合理范围，商品房价格基本保持稳定。

【城镇住房保障力度不断加大】 出台《云南省棚户区改造政府购买服务实施办法》、《关于采取有效措施加快推进公共租赁住房分配入住的通知》，协调国开行放款331.02亿元，获得农发行棚改贷款80.3亿元、放款25.9亿元，提取住房公积金增值收益9.62亿元用于城镇保障性安居工程。棚户区改造开工19.2万套，开工率为国家下达任务数18万套的106.67%，货币化安置8.73万套，货币化安置率为48.5%，与全国平均水平持平，城镇保障性安居工程基本建成23.2万套，占国家下达计划数12.08万套的192.33%，完成投资460亿元（棚户区改造达到400亿元）。累计分配入住公共租赁住房63.23万套（2016年15.40万套），发放租赁补贴8.34万户，累计解决约245万住房困难群众的住房问题，其中，进城务工农民16.53万人。

【农村危房改造和抗震安居工程深入推进】 争取中央补助资金34.52亿元、省级配套资金17.26亿元，完成投资725亿元。开工50万户，竣工47.5万户，开竣工率分别为100%、95%，农村危房改造取得了显著成绩，在全国农危改绩效评价中排名前五位，被住房城乡建设部、财政部列入2017年度补助资金激励支持名单。2016年12月12日，《人民日报》头版头条对云南的农村危房改造工作做了长篇报道。全省共计有615个村落列入中国传统村落名录，其中2016年第四批列入113个，数量位居全国首位。大理市喜洲镇、建水县西庄镇和瑞丽市畹町镇3镇入选第一批中国特色小镇培育名录。完成2015年度500个省级示范村专项贷款发放工作，下达2016年度省级示范村500个，完成2017年度700个省级示范村申报、审核和遴选工作。

【城乡人居环境不断提升】 出台《关于印发云南省进一步提升城乡人居环境五年行动计划（2016—2020年）的通知》等10余个政策性文件，制定《云南省城乡违法违规建筑治理实施方案》等19个工作方案，城乡人居环境提升工作稳步推进，阶段性成效明显。保山市、玉溪市成功申报入选全国城市地下综合管廊和海绵城市建设试点，组织召开政、企、银三方地下综合管廊和海绵城市建设项目对接洽谈会，初步达成17项合作意向协议，投资额约95亿元，亚行贷款楚雄城市基础设施建设、滇南中心城市群现代有轨电车示范线等9个项目进入财政部第二批PPP项目，总投资626.34亿元。全年完成城市基础设施投资560.8亿元，新建污水配套管网1141千米，开工建设地下综合管廊157千米、海绵城市21.896平方千米，新建城市燃气管网493千米、10座液化气站，开工建设新建类城市公厕1266座，改扩建类公厕1335座，完成13个省级园林城市创建评审和13个国家级园林城市创建推荐，316个乡镇实施生活污水处理，667个乡镇实现自来水设施供水，499个乡镇建成2座以上公共厕所，城市污水生活垃圾无害化处理率均达85.3%。云南省地下综合管廊、海绵城市建设、黑臭水体治理、城市公厕建设被住房城乡建设部列为全国先进典型。加强昆明市等重点城市绿化和生态建设，昆明市完成投资12.5亿元，主城区新增建成区园林绿地416.57公顷，新建公园绿地120.57公顷。

【抗震防震和恢复重建工作成效明显】 鲁甸、景谷地震灾区民房恢复重建任务全部完成，鲁甸灾区累计完成投资222.39亿元，民房修复加固17.78万户，重建民房8.09万户，除民房外的1763个规划建设项目，开工1761个，完工1245个，景谷灾区累计完成投资64.41亿元，完成民房修复加固8.18万户，重建民房2.78万户，除民房外的1203个规划建设项目，开工1201个，完工1184个。

【建筑节能和绿色建筑稳步实施】 以"提升能效、降低能耗、绿色转型、机制创新"为核心，加快推进绿色建筑推广应用，严格执行绿色建筑强制推广政策，实行绿色建筑评价标识制度，绿色建筑占新建建筑比例达22.25%，完成昆明市、曲靖市、宣威市、瑞丽市、芒市、砚山县6个国家级可再生能源示范市县验收。

【城市执法体制改革深入推进】 会同中共云南省委编办、省法制办先后于2016年4月19日、11月15日两次向省人民政府报送《关于报请审定中共云南省委云南省人民政府关于深入推进城市执法体制改革改进城市管理工作的实施方案（代拟稿）的请示》。实施方案已经省政府第106次常务会议和中共云南省委深化改革领导小组第28次会议审议通过。

（政策法规处）

法规建设

【立法工作】 完成《云南省隔震减震建筑工程促进规定》的立法工作，已经省人民政府第92次常务会议通过，自2016年12月1日起施行，开展《云南省违法建筑处置规定》立法工作，规定草案已经云南省人民政府第100次常务会议通过报送省人大审议。

【普法工作】 编制《云南省住房城乡建设系统开展法治宣传教育的第七个五年规划（2016—2020年）》，调整成立以厅党组书记、厅长为组长的"七五"普法领导小组，推广建立网络在线学法考试系统，组织厅机关144人参加在线学法和宪法与党章考试，参考率及合格率均达到100%，制定《云南省住房和城乡建设厅关于进一步贯彻落实"谁执法谁普法"责任制的实施意见》，建立起法规科技外事处牵头，厅机关各业务处室和厅属各单位各负其责、齐抓共管的普法工作格局，积极开展形式多样的宣传活动，开展以案释法，承办普法栏目《以案释法—聚焦城乡规划》，节目在云南广播电视台公共频道播出，同时在法治在线微信平台等六大平台同步播出，制作《安居梦圆彩云南》宣传片，在全省范围内通过新闻媒体、电视、广播、公交车载电视媒体循环播放，并利用微信平台进行宣传片的推送，开展《云南省隔震减震建筑工程促进规定》系列普法宣传活动，在云南网等网站全面解读规定内容，并在云南电视台新闻联播栏目、云南省广播电台直播节目《云岭访谈》播出了解读内容，并对建设、设计、施工、监理、审图、质量监督等相关人员开展了宣贯培训。

【依法行政】 贯彻落实住房城乡建设部和中共云南省委、省政府关于法治政府建设的实施方案，制定《云南省住房和城乡建设厅贯彻法治政府建设实施纲要（2015—2020年）的实施方案》，明确法治政府建设工作目标任务、责任单位和时间安排，有序推动各项法治工作，制定实施《云南省住房和城乡建设厅关于推行公职律师制度的通知》，在全省住房城乡建设系统推行公职律师制度，充分发挥公职律师在参与决策论证、提供法律意见、促进依法办事、防范法律风险等方面的积极作用。

【行政复议】 依法办理6件行政复议案。办理结果为：不予受理1件行政复议案，2件撤销被申请人行政行为，2件驳回申请人复议申请，1件中止。通过专家咨询、现场调查、书面审理相结合的方法，全部做到"案结事了，定纷止争"。完成2015年度行政复议案卷评查工作，评查成绩优秀。

【行政执法监督】 组织开展云南省住房和城乡建设厅行政执法案卷评查工作，对评查工作中发现的共性问题进行统一规范，向省法制办报送2015年行政执法案卷目录及10卷抽查案卷，评查结果为优秀卷7卷，合格卷3卷。全面清理省住房城乡建设厅行政执法主体和行政执法人员。其中，行政执法主体1个、法律法规规章授权组织5个、委托授权组织6个，执法人员数量170人。

【规范性文件】 完成6件规范性文件合法性审查、登记备案、公告工作；对招标投标、涉及公共资源交易规则和省住房城乡建设厅代拟或起草的省政府文件分别进行清理，并对省住房城乡建设厅出台的81件规范性文件开展2年1次的清理工作。

【建议提案办理】 全年办理人大建议53件，其中厅为主办理（包括主办、独办、分办三类，下同）39件，办理政协提案51件，其中厅为主办理38件。厅为主办理的建议、提案，满意率达100%。建议、提案办理工作获省人大、省政协、省政府好评，被省人大常委会评为十二届人大建议办理工作先进单位。

(科技处)

房地产业

【概况】 2016年,云南省住房和城乡建设厅会同有关部门认真贯彻落实党中央、国务院和中共云南省委、省政府稳增长、去库存等各项决策部署,以全省住房和城乡建设工作会议确定的各项目标为依据,勇于担当、认真谋划、狠抓落实,坚定信心、攻坚克难,分类指导、突出重点,强化监管、注重实效,全省商品房销售持续增长,主要城市房价平稳运行,商品房库存持续下降,物业服务水平不断提升,全省房地产市场保持平稳健康运行。

【房地产开发投资小幅增长】 2016年,全省房地产开发投资完成2688.34亿元,同比增长0.7%,增速较上年同期提高6.9个百分点。房地产开发投资占规模以上固定资产投资(15662.5亿元)的17.2%,与全国保持一致水平。从物业类型看,商业营业用房(-2.3%)、住宅(-2.1%)、办公楼(-1.4%)开发投资小幅下降,其他类型物业(20.7%)开发投资增长。从各州(市)的情况看,玉溪市(50.5%)、西双版纳州(39.3%)、楚雄州(26.4%)、文山州(20%)、普洱市(11.1%)、昆明市(5.5%)、德宏州(0.5%)7个州(市)同比增长,曲靖市(-35%)、临沧市(-32.2%)、丽江市(-29.1%)、迪庆州(-22.8%)、昭通市(-18.6%)、大理州(-16.3%)、红河州(-12%)、怒江州(-9.2%)、保山市(-6.6%)等9个州(市)同比下降。

【商品房供应增长总体放缓】 2016年,全省商品房施工面积20593.19万平方米,同比下降0.6%。本年购置土地面积518.81万平方米,同比下降37.3%。商品房新开工面积3453.98万平方米,同比下降10.1%。商品房竣工面积2115.08万平方米,同比下降16.9%。

【全省房地产市场平稳健康发展】 认真研究制定出台《云南省人民政府关于供给侧结构性改革去库存的实施意见》、《云南省商品房去库存实施方案的通知》、《云南省人民政府办公厅关于加快培育和发展住房租赁市场的实施意见》,大力发展住房公积金个人住房贷款业务,配合金融机构、财税部门做好信贷政策和税收政策的调整,积极培育和发展住房租赁市场保持全省房地产开发投资稳定增长,大力整顿规范房地产市场秩序,稳步推进老旧住宅区改造工作,促进全省房地产市场平稳健康发展。

【深入推进平安小区建设工作】 云南省住房和城乡建设厅积极部署,有序高效推进"平安小区"创建工作,会同省社会治安综合治理委员会办公室、省民政厅出台《云南省社会治安综合治理委员会办公室 云南省住房和城乡建设厅 云南省民政厅关于启动2016年平安小区创建考评工作的通知》,进一步明确平安小区创建考评方式和工作要求,全省实施物业管理的小区共有3907个,其中县市区级平安小区有1178个,达标率占全省的30%,州市级平安小区有88个,达标率占全省的2.25%。

(房地产市场监管处)

住房保障

【住房保障工作成效显著】 2016年,云南省棚户区改造项目开工18万套以上,完成国家下达任务18万套(城镇棚户区176688套、国有工矿棚户区1251套、垦区棚户区2061套)的目标,棚改货币化安置8.73万套,货币化安置比例达48.5%,与全国平均水平持平,城镇保障性安居工程基本建成23.2万套,超额完成国家下达任务12万套的目标,分配入住公共租赁住房15.42万套、发放租赁补贴8.33万户,城镇保障性安居工程完成投资460亿元(其中棚改达到400亿元)。

【创新方法力推货币化安置】 2016年,云南省住房和城乡建设厅采取"走出去""请进来"的方式学习创新货币化安置工作,组织部分州市到广西、贵州、重庆、四川进行学习考察,举办4期棚改和公租房建设管理专题培训,并结合学习培训成果,出台《关于加强推进棚户区改造货币化安置工作办法(暂行)》,2016年8月,省政府为加快商品房去库存,出台《关于印发云南省商品房去库存实施方案的通知》,明确采取调整安置方式、实施跨区域授信额度调整、搭建棚改商品房交易平台、发挥"以奖代补"资金激励引导作用、鼓励督促出台奖励措施激发群众选择货币化安置的积极性等办法,千方百计推进货币化安置。

【筹资工作卓有成效】 2016年,云南省获得中央补助资金61.09亿元、省级配套资金9.65亿元,云南省住房和城乡建设厅督促各地按照省政府出台的《关于印发云南省棚户区改造政府购买服务实施办法的通知》规定和本厅印发的《云南省政府购买棚改服务工作流程》要求推进政府购买棚改服务,全年共争取到两批国家棚改专项建设基金75.5亿元。国开行累计向云南省棚改项目承诺贷款1393.36亿元,累计发放708.37亿元(其中2016年发放331.02亿元),获得农发行棚改贷款80.3亿元,放款 25.9 亿元。

【简政放权促开工】 云南省住房和城乡建设厅、云南省发展和改革委、云南省财政厅、云南省国土资源厅联合下发《关于建立完善棚改项目审批绿色通道的指导意见》，明确"实行棚改项目审批属地管理，规划许可、立项批复、可行性研究报告、初步设计、环境影响评价报告、安全评价报告、招投标、施工许可等环节批复的权限，除法律法规明确规定由省级部门审批的外，其他一律下放州市办理"，进一步提高棚改项目审批效，并要求各地采取"容缺受理"、并联审批、"四函代四证"、区域化评审评估、网上审批等措施加快项目前期工作，确保棚改项目按国家和省规定时限开工。

【公共租赁住房分配管理】 为加快推进公共租赁住房分配入住，创新运营管理，确保完成年度分配入住任务。制定下发《云南省住房和城乡建设厅关于下达 2016 年公共租赁住房分配入住考核指标的通知》、《云南省住房和城乡建设厅关于加快公共租赁住房分配管理试点工作的通知》、《云南省住房和城乡建设厅关于开展 2016 年度城镇保障性安居工程专项巡查工作的通知》、《云南省城镇保障性住房建设和农村危房改造及地震安居工程建设工作领导小组办公室关于采取有效措施加快推进公共租赁住房分配入住的通知》、《云南省城镇保障性住房建设和农村危房改造及地震安居工程建设工作领导小组办公室关于 2016 年一季度全省公共租赁住房分配入住情况的通报》，及时修订《云南省公共租赁住房申请书》和《云南省公共租赁住房合同书》。通过完善租赁政策、简化审核程序、放宽准入条件、完善配套设施、规范租赁行为、建立督查通报制度等一系列措施，提高分配入住率，将包括农业转移人口在内的更多住房困难群体纳入住房保障范围，有效扩大住房保障覆盖面，充分发挥住房保障社会效应。云南省共建设公共租赁住房 96.50 万套，已分配入住公共租赁住房 63.23 万套。2016 年分配入住公共租赁住房 15.40 万套，发放租赁补贴 8.34 万户。累计解决 245 万住房困难群众的住房问题（解决 16.53 万进城务工农民的住房困难）。

【公共租赁住房小区管理】 制定《云南省公共租赁住房小区管理考核标准（试行）》，从机构建设、制度建设、监督管理、日常工作等方面对公共租赁住房小区管理进行规范。将公共租赁住房小区纳入属地社区管理服务范围，社会管理服务职能部门、社会组织积极支持和参与公共租赁住房小区管理服务。积极推进政府基本公共服务、商业便民利民服务和居民支援互助服务等多元化服务向公共租赁住房小区延伸。要求各地通过政府的有形资产和社会资本合作管理，真正发挥政府与社会资本各自优势，把政府的政策意图、住房保障目标和社会资本的运营效率有机结合起来，逐步建立"居民租房、政府补贴、社会管理"的新型公共租赁住房投资运营管理模式，有效地提高公共租赁住房小区服务质量和管理效率。

【保障性安居工程人才队伍建设】 云南省住房保障管理局于 2016 年共组织 4 次全省城镇棚户区改造和公共租赁住房分配管理业务培训，各州（市）、县（市、区）及投融资建设平台公司共 1200 余人次参加培训。主要采取专家授课、经验交流、现场观摩、分组讨论、解答问题等培训方式，对棚户区改造和保障性住房分配管理的现行政策认真解读，深刻理解，统一认识，对实际工作中遇到的难点问题深入剖析，举一反三，研究对策。并汇编国家、省级相关文件及省内外经验交流材料，发给培训人员，方便在工作中阅读理解、查找比对、分析研究，为住房保障管理人员提供了强有力的政策支撑。通过专题培训，进一步提高各级住房保障管理人员的政策水平和工作能力。

（住房保障建设计划处、住房保障管理处）

公积金管理

【概况】 截至 2016 年底，实缴单位 42891 家，实缴职工 2411.12 万人，缴存总额 2481.92 亿元，缴存余额 1128.07 亿元，同比分别增长 17.68%、11.6%。提取总额 1353.85 亿元，同比增长 23.28%。累计发放个人住房贷款 101.81 万笔 1681.99 亿元，贷款余额 933.17 亿元，同比分别增长 10.52%、23.82%、26.81%。个人住房贷款率为 82.72%，比上年同期增加 9.92 个百分点。增值收益 171372.35 万元，同比降低 35.13%。贷款风险准备金余额 134032.72 万元，累计提取城市廉租房（公共租赁住房）建设补充资金 633475.89 万元。

【积极支持住房消费】 为充分发挥住房公积金在惠民生、促消费、稳增长、去库存中的积极作用，省政府、省住房城乡建设厅印发一系列放宽住房公积金提取使用条件、促进贷款发放的政策文件，允许缴存职工提取住房公积金支付房租、物管费，允许非房屋共有人的直系亲属提取使用住房公积金，全面提高了最高贷款额度，降低贷款首付比例，推行异地贷款业务，满足缴存职工基本住房消费需求。

【推进住房公积金供给侧改革】 适当降低住

公积金缴存比例或缓缴住房公积金。2016年5月1日至12月底，已有515家企业降低缴存比例，实际减少归集金额12224万元，有258家企业申请办理缓缴，实际减少的归集金额23077万元。切实为房地产开发企业盘活存量资金，减轻流动资金压力。

【加强信息化建设】 昆明市住房公积金管理中心按照省住房城乡建设厅要求，已于2016年10月建成多中心模式的综合服务平台，并已上线运行，群众反映良好，为搭建全省统一的住房公积金综合服务平台奠定良好的基础。全面开展住房公积金贯彻基础数据标准和银行结算数据应用系统接入接口标准(简称"双贯标")工作。丽江市、保山市2个中心已完成"双贯标"工作。全面完成住房公积金异地转移接续平台使用测试和业务培训工作，昆明市、保山市、昭通市已通过全国住房公积金异地转移接续平台上线测试。

【改进服务工作】 云南省各住房公积金管理中心进一步简化办事手续，优化业务流程，推行"一旬内办贷，一日内提取，一站式服务，一条龙办结，一个电话号码查询，一次性告知"的"六个一"服务制度。云南省大部分住房公积金管理中心开通中心门户网站、手机APP、微信公众平台等业务渠道，及时准确发布政策信息，方便群众及时查询住房公积金归集、提取、贷款等相关信息，部分住房公积金管理中心还开通住房公积金业务办理预约等手机服务功能，服务水平得到全面提升。

【推进保障房试点工作】 2012年，云南省玉溪市被纳入全国第二批利用住房公积金支持保障房项目贷款试点城市，试点项目为玉溪市中心城区金家边公共租赁住房，项目总投资7.92亿元，贷款额度3亿元。玉溪市已按计划收回项目贷款本金5300万元，贷款余额2.47亿元，累计实现利息收入4596.5万元。玉溪市试点项目共建成保障房2840套，14.7万平方米。

(住房改革与公积金监管处)

城乡规划

【高位推动城乡规划工作】 充分发挥规划引领作用，成立云南省城乡规划委员会，办公室设在省住房城乡建设厅，具体落实各项重大规划决策和重要规划事项，召开省城乡规划委员会4次全体会议，审议24项议题及规划项目。在省城乡规划委员会统筹下，明确省、州(市)、县(市、区)三级规委会工作联动机制，形成层级清晰、协调联动的全省城乡规划管理体系，全面贯彻"五大发展理念"，以"一规律、五统筹"作为统领，强化规划在城市建设管理、新型城镇化、重大旅游发展、重大公共基础设施建设、产业发展等方面的引领作用和城乡规划与国民经济社会发展规划、土地利用规划、生态环境保护规划等重要专项规划的统筹协调作用。

【全省"多规合一"试点工作圆满完成】 中共云南省委、省政府高度重视、高位统筹推动全省"多规合一"试点工作。全省21个"多规合一"试点全部完成城乡总体规划的编制工作。昆明滇池流域、玉溪市抚仙湖流域、丽江泸沽湖、永胜程海、元阳哈尼梯田世界遗产地等主动开展"多规合一"工作，新一轮滇中城市群规划修改采用"多规合一"的方法，规划编制取得显著成效，规划体制机制改革创新工作走在全国前列。全省"多规合一"工作逐步由县(市)层面上升到区域层面、省级层面，云南省列入住房城乡建设部省级空间规划改革试点，并于2016年12月在云南召开全国省级空间规划工作现场会，住房城乡建设部与云南省人民政府签署省级空间规划合作协议，为国家规划体制机制改革探索提供了有益经验。

【召开城市工作暨城乡人居环境提升行动会议】 2016年5月26日，中共云南省委、省政府在蒙自市召开全省城市工作暨城乡人居环境提升行动推进会议，中共云南省委书记李纪恒在会上发表讲话，中共云南省委副书记、省长陈豪主持会议，住房和城乡建设部副部长黄艳到会指导，会议深入贯彻落实中央城市工作会议精神，研究部署云南省城市规划、建设和管理有关工作，对全省城乡人居环境提升行动进行再动员再部署再推进，会议印发《中共云南省委 云南省人民政府关于进一步加强城市规划建设管理工作的实施意见》。

【城乡规划编制成效显著】 启动《滇中城市群规划》修改编制工作，召开滇中城市群规划国际研讨会，《滇中城市群规划》在充分吸收研讨会咨询意见并经上海援滇规划专家顾问组咨询把关后报请省政府审定。《云南省空间规划(2016—2030年)》编制工作列入住房城乡建设部省级空间规划改革试点，《云南省空间规划(多规合一)管理办法》和《云南省空间规划技术统一规程》已报请云南省政府审定。完成《云南省城乡发展规划》编制并上报省政府审定。完成500个农村危房改造和抗震安居工程建设省级示范村、1000个以上易地扶贫搬迁集中安置点新村规划编制，完成615个国家级传统村落保护发展规划部、省联合技术审查及兴边富民工程沿边村寨规划编制工作，全省129个县(市)区总计约14万个村寨全部完成乡村规划。

【乡村规划编制质量明显提升】 针对乡村规划编制不规范、成果质量不高的问题，制定《云南省省级规划建设示范村规划编制技术要求（试行）》、《云南省易地扶贫搬迁新村规划编制技术要求（试行）》，加强村寨风貌控制和特色建设、改善村寨人居环境、传承彰显民族文化特色。针对城乡建设缺乏特色，建筑设计水平不高，风格雷同，"千村一面"现象普遍的问题，研究制定《云南省民居特色建筑设计导则》，落实住房城乡建设部要求，按照"多规合一"工作模式，研究制定《云南省县市域乡村建设规划编制技术要点》，明确乡村体系，划定乡村居民点管控边界，确定乡村基础设施和公共服务设施建设项目，分区分类制订村庄整治指引，科学指导全省各县、市乡村建设规划。

【城乡规划改革持续推进】 健全省部合作会商机制和协调机制，做好住房城乡建设部省级空间规划改革试点工作，完善云南空间规划体系，推动云南空间规划大数据平台建设，2016年12月底，"云南省城乡规划委员会网站"建设基本完成进入试运行，为全省空间数字化管控和项目审批核准并联运行奠定了基础。加快推进"一个信息平台、一批区域规划、一系列配套办法、一系列技术导则、一批研究成果、一批知识手册""六个一"重大规划编研计划与改革目标任务，开展"一批试点、完善一套体系、形成一张蓝图、建立一个平台、健全一项制度""五个一"试点工作。省规委会会议审议通过《大理市城乡总体规划》、《文山市城乡总体规划》、《芒市城乡总体规划》，规委统筹、三级联动的工作模式，为国家住房城乡建设部规划体制机制改革探索提供宝贵经验。

【城乡规划示范带动作用明显】 率先在昆明市晋宁县、曲靖市中心城区等10个县（市、区）开展首批省级城市规划示范试点工作，创新规划理念，改进规划方法，突出以"一规律、五统筹"为统领，全面优化城乡发展空间格局。晋宁撤县设区获国务院批准，大理市制定大理市城乡发展战略，明确城乡统筹规划优化整合的目标任务，维西县通过对县城建成区的规划实现城市经济、人口、社会、资源环境的可持续发展，努力打造人口聚集度高、资源配置合理、经济互补性强的特色城市。

【聘请国际规划大师为省人民政府顾问】 2016年8月21日，省长陈豪在昆明会见新加坡雅思柏设计事务所董事、国际城市规划大师刘太格一行，就刘太格来滇开展规划合作事宜进行深入会谈，刘太格受聘为省人民政府顾问，会谈结束，省城乡规划委员会办公室与雅思柏设计事务所签署合作框架协议。

【加强历史文化名城（镇、村、街）保护】 全省历史文化名城、名镇、名村、名街共计83个，其中：国家历史文化名城6个、中国历史文化名镇7个、中国历史文化名村9个、中国历史文化街区1个、省级名城9个、省级名镇18个、省级名村29个、省级名街4个。正组织申报国家历史文化名城3个，申报中国历史文化名镇名村9个。启动历史文化街区划定、保护建筑确定工作。

【开展城市地下空间开发利用专项规划编制试点】 昆明市石林县、昭通市昭阳区、曲靖市师宗县、玉溪市红塔区、澄江县、保山市中心城区（隆阳区）、腾冲市、楚雄州楚雄市、红河州蒙自市、文山州文山市、西双版纳州景洪市、大理州大理市、洱源县、丽江市玉龙县、怒江州泸水市、迪庆州香格里拉市、临沧市沧源县等试点县（市、区）完成专项规划编制工作，各试点县（市、区）规划实现地下空间资源开发涉及的地下综合管廊、人防、水文、地质、地理信息等多个部门行业规划的整合，初步实现地下空间规划"多规合一"，保障项目落地，对类似于地上的"城市病"在地下空间重演起到了预防作用。

【专项治理违法建设取得阶段性成效】 2016年10月18日，省政府在昭通召开全省整治拆除违法违规建筑现场工作推进会，对昭通市治理违法建设工作进行现场观摩，学习经验做法。省住房城乡建设厅于2016年12月23日组织召开全省30个重点县（市、区）"两违"建筑治理提升城乡人居环境座谈会，《云南省违法建筑处置规定（草案）》已报省人大常务会议，为"两违"建筑治理提供法律保障。全省共普查违法建设建筑面积3513.92万平方米，全年累计查处建筑面积527.24万平方米（其中，拆除面积386.39万平方米、没收面积1.83万平方米）。

【推行村庄土地规划建设专管员制度】 开展村镇违法违规建筑治理工作，全面摸查全省村镇违法违规建筑，制定整治工作方案，加强规划执行质量安全监管，并印发《云南省住房和城乡建设厅关于进一步加强易地扶贫搬迁等项目规划建设和质量安全监管的通知》，确保规划科学合理落地。总结推广大理村庄规划"网格化"管理和土地规划建设专管员制度经验，加大指导推进力度。

【农村危房改造和抗震安居工程力度加大】 积极争取国家安排下达2016年农村危房改造指标

40.08万户，全省实际下达50万户，下达中央补助资金34.52亿元、省级配套17.26亿元，倾斜支持2016年度12个首批脱贫摘帽县6.165万户，占全省总任务数的12.3%。以省级村庄规划建设示范村为契机，以点带面，全面推动乡村规划建设管理，提高房屋防抗不同灾害的能力，2016年500个省级村庄示范村已完成规划编制和审查。

（规划局）

城市建设

【污水处理厂配套管网建设和运营管理】 2016年全省新建污水管网1141千米，完成年度任务（1100千米）的104%，完成投资17.1亿元。累计建成污水处理厂154座，进入住房和城乡建设部信息系统和环境保护部在线监测系统的144座，投入运行污水处理厂143座，设备调试安装1座，投入运行率99%，污水总处理能力达335.27万吨/日，各县城具备污水处理能力，运行负荷率平均达86.87%，COD进水浓度平均达212.11毫克/升，全省城镇污水处理率达85.3%。全省再生水利用设施处理能力达97.7万吨/日，设市城市再生水利用规模达88.6万吨/日、县城再生水利用规模达9.1万吨/日，再生水利用率达26%。

【生活垃圾无害化处理设施建设和运营管理】 全省共建成生活垃圾处理场128座，建成渗滤液处理设施48座，新建渗滤液处理设施14座。全省有Ⅰ级无害化处理填埋场5座、Ⅱ级无害化处理填埋场89座，2016年对25座生活垃圾无害化处理填埋场进行等级评定和复查。县城以上城市生活垃圾处理能力达到1.94万吨/日，生活垃圾无害化处理率达到85.3%。加快生活垃圾分类投放、收集、转运、处置体系建设，促进生活垃圾的无害化处理和资源化利用。

【城市公共厕所建设】 出台《云南省人民政府办公厅关于加强全省城乡公共厕所规划建设管理的意见》，将城市公厕建设列入稳增长政策措施之中，省级财政安排1.8亿元，按照新建城市公共厕所10万元/座、改建提升城市公共厕所4万元/座的标准给予省级补助，全省开工建设新建类城市公共厕所1266座、改扩建类公共厕所1335座，开工率100%，完成投资5.76亿元，实施公厕免费开放，7月1日起，全省政府直管公厕、旅游景区、高速公路服务区公厕全部免费开放。

【城市黑臭水体整治】 按照《城市黑臭水体整治工作指南》相关要求，督促指导各州（市）进行拉网式排查，列入住房城乡建设部公布黑臭水体名单12条，涉及昆明市、玉溪市、昭通市、保山市、临沧市5个城市，编制完成黑臭水体整治计划，制定具体整治方案。昆明市海河7.1千米依据第三方监测机构（2017年1、2月）水质监测报告和问卷调查、临沧市南北河1.1千米依据6个月水质监测报告和问卷调查显示，各数据指标已不属黑臭水体范畴，2017年底，消除昆明市、昭通市、临沧市、玉溪市共5条黑臭水体，督促指导玉溪市、保山市因地制宜，按照"一河一策"的原则，综合采取控源截污、内源治理、生态修复等措施，继续加大对黑臭水体的科学整治力度。

【城市地下综合管廊建设】 2016年会同省财政厅、省水利厅组织各州（市）政府和19家中央、省属企业及4家银行召开政银企三方地下综合管廊和海绵城市建设项目对接洽谈会，初步达成17项合作意向协议，投资额约95亿元，推荐保山市成功申报为国家地下综合管廊建设试点城市，获得国家连续3年3亿元/年共9亿元资金补助，保山市新建城市地下综合管廊13.976千米，完成投资16.45亿元，累计建成36.376千米，占试点城市建设总任务的42.2%，累计完成投资25.45亿元，占试点任务总计划投资的39.7%。昆明市、玉溪市、大理市为省级试点，省级财政分别给予2000万元以奖代补资金。启动云南省地下综合管廊建设五年规划，计划2020年全省开工建设地下综合管廊900千米。2016年全省新建城市地下综合管廊45千米，完成投资32.76亿元，累计建成145.68千米，在建112.18千米。住房城乡建设部下达云南2016年任务81.3千米，核定开工123.47千米，完成率为151.87%。

【海绵城市建设】 2016年推荐玉溪市成功申报为国家海绵城市建设试点城市，获得国家连续3年4亿元/年共12亿元资金补助，玉溪市国家海绵城市试点区域面积20.9平方千米，289个项目，计划投资83.76亿元，已完工项目16个，建成海绵城市区域3.992平方千米，在建项目41个，完成投资11.16亿元，完成投资计划13.32%。丽江市、大理市、楚雄市为省级试点，省级财政分别给予2000万元以奖代补资金，积极推进昆明、丽江、曲靖、大理、红河等地海绵城市建设。全省23个设市城市全面开展海绵城市专项规划编制，18个城市完成规划审批，5个城市报批待审。2016年全省计划开工建设海绵城市19.54平方千米，已开工21.896平方千米，开工率为112%。

【城镇天然气管网和液化气站建设】 全省总用

气量为1.32亿立方米,其中:城镇燃气用量为0.68亿立方米。中缅天然气干支管道沿线8个州市中昆明市、曲靖市、玉溪市、保山市、德宏州、大理州、楚雄州7个州市实现城市用气,丽江市计划2017年3月实现城市用气。昆明市先后完成25期包括官渡区、西山区、五华区、盘龙、呈贡区、经开区、度假区等7个行政辖区,共计488212户居民用户、667户商业用户、8户工业用户的天然气置换工作。开工建设城镇天然气管网493千米、投入运营40座加气站,在建32座,燃气普及率达66.2%。

【城市供水节水】 组织16州(市)对自来水厂出水、管网水的水样采集和检测交叉检查,抽查昆明市、曲靖市规范化管理考核情况,确保水厂规范运行,供水普及率达92.23%。按照《住房城乡建设部 国家发改委 公安部 国家卫生计生委关于加强和改进城镇居民二次供水设施建设与管理确保水质安全的通知》要求,对全省二次供水情况进行摸底,对不合格二次供水限令督促整改。指导玉溪市成功创建国家节水型城市,指导安宁市完成节水型城市复查进行前期准备,全省共创建昆明市、安宁市、丽江市、玉溪市4座国家节水型城市,指导27家节水型企业(单位)、15家节水型小区创建。

【城市园林绿化和园林城市创建】 加强昆明市城市绿化指导,制定《云南省住房和城乡建设厅关于"省市联动·绿化昆明·共建春城"义务植树活动城市公共绿地统筹指导方案》,并组织两轮实地指导。昆明市主城区新增建成区园林绿地416.57公顷,新建公园绿地120.57公顷,完成投资12.5亿元。全省新增322个省级园林单位、91个园林小区,完成13个省级园林城市(县城)、2个省级园林城镇综合评审及13个国家园林县城创建推荐。全省县城以上建成区绿地率达30.8%,绿化覆盖率达34.2%,人均公园绿地面积达9.7平方米。参加全国生态修复城市修补工作现场会。推荐昆明市城市供水安全保障、云南陆军讲武堂旧址保护、大理州剑川县沙溪镇寺登街复兴工程三个项目申报2017年中国人居环境范例奖。

(城市建设处)

村镇规划建设

【农村危房改造和抗震安居工程】 2016年全省共下达农村危房改造和抗震安居工程任务50万户(国家下达任务40.08万户,安排资金34.52亿元),截止到12月底全部开工,竣工47.5万户,竣工率为95%,直接拉动投资约712亿元。在全国农危改绩效评价中排名前五位,被住房城乡建设部、财政部列入2017年度补助资金激励支持名单并报国务院办公厅。

【省级村庄规划建设示范村】 已完成全省2015年度500个农村危房改造省级示范村项目建设内容和贷款额度审查核定工作,组织国开行省分行审批下达498个示范村,下达专项贷款资金约9.99亿元。2016年度500个示范村已全部完成项目需求表的审核及全部材料上报工作,组织国开行省分行审批下达96个示范村,下达专项贷款资金约1.92亿元,有效地推动了各村落基础设施建设和人居环境的提升。

【乡镇、村庄"一水两污"和公厕建设】 全省667个乡镇镇区实现自来水设施供水,设施覆盖率为55.12%,316个乡镇镇区实施了生活污水处理,设施覆盖率为26.12%,466个乡镇镇区实现生活垃圾治理,设施覆盖率为38.5%,4602个建制村村委会实现生活垃圾有效治理,生活垃圾有效治理率为35%,499个乡镇镇区建成2座以上公厕,4266个建制村村委建成1座以上公厕,覆盖率分别为41.24%和31.82%。乡镇、村庄"一水两污"和公厕建设取得阶段性成效。

【传统村落、特色小镇、美丽宜居小镇、村庄建设】 2016年云南省有113个村落列入中国传统村落名录,至今共有615个传统村落列入国家传统村落名录中,占全国国家级传统村落总数的14.81%,数量居全国前列。有502个村落获得中央财政资金支持约15.06亿元,其中2016年有243个中国传统村落获得中央财政资金补助约7.29亿元。2016年云南省大理州大理市喜洲镇、德宏州瑞丽市畹町镇、红河州建水县西庄镇3镇列入中国特色小镇名录。楚雄州禄丰县黑井镇、大理州洱源县凤羽镇、红河州建水县西庄镇、普洱市江城县整董镇4个小镇和大理州大理市喜洲镇桃源村、红河州弥勒市西三镇可邑村、保山市腾冲市固东镇江东社区等17个村庄列入2016年美丽宜居小镇、美丽宜居村示范名录。

(村镇建设处)

标准定额

【继续推进工程建设地方标准编制工作】 下达《民用建筑施工信息模型建模标准》、《水利水电工程工地试验室标准化管理标准》等12项工程建设地方标准的编制计划,完成《建筑施工轮扣式钢管支架安全技术规程》等8项工程建设地方标准的编制、审查和发布工作。

【积极推进施工现场标准员工作】 在总结云南

省前期标准员试点工作的基础上,编制完成《云南省施工现场标准员技术规程表格填写示范文本》,进一步明确施工现场标准员工作的方法、程序、内容,并组织8000多人的培训工作,结合标准员在施工现场的工作职责,开发完成标准查询系统平台和应用软件"标准通"APP,为标准员从事工程建设标准化活动提供有利的技术支持与指导,印发《关于全面开展建筑与市政施工现场标准员岗位设置工作的通知》,明确自2016年9月1日起在全省全面推行标准员岗位设置工作,完成标准员考试题库的修订、复审以及培训教材的编制工作,组织2016年度标准员考试工作。全省标准员人数达到11781人。

【全面推进建筑业营改增试点工作】 为适应国家税制改革要求,满足建筑业营业税改征增值税后建设工程计价需要,制定出台《关于建筑业营业税改征增值税后调整云南省建设工程造价计价依据的实施意见》,调整云南省现行计价依据中建筑安装工程费用组成,明确"营改增"后的建筑工程消耗量定额中人工、材料、机械等要素除税价格的调整办法,制定印发《云南省住房和城乡建设厅关于全面做好建筑业"营改增"试点工作的通知》,对全省建设、设计、施工、监理、咨询等行业7700余名工程造价执从业人员进行了建筑业"营改增"相关政策的宣贯培训。

【工程造价咨询行业情况】 全省工程造价咨询行业年营业收入12亿元。甲级造价咨询企业达到71家,乙级造价咨询企业达到157家,全省造价咨询企业总数为228家,现有注册造价师3513人,造价行业继续保持持续健康发展的良好局面。

(标准定额处)

工程质量安全监管

【概况】 2016年,全省房屋建筑和市政工程在建项目共创国家AAA级安全文明标准化工地8个,省级建筑施工安全生产标准化工地127个。全年发生房屋建筑和市政工程生产安全事故21起,死亡22人,与2015年同期相比,事故起数上升40%,死亡人数下降了4.3%,没有发生较大及以上事故,安全生产形势稳定可控。

【工程质量安全工作组织领导】 召开云南省2016年度建筑业暨工程质量安全工作会议,对云南省房屋建筑和市政工程质量安全生产工作提出具体工作要求,并与16个州(市)住房城乡建设局、滇中新区建设管理局和云南建工集团、十四冶集团等6家建筑施工企业单位分别签订安全生产目标责任书,进一步强化主管部门监管责任和企业主体责任的落实。16个州(市)和滇中新区建设主管部门分管副局长、建管科长(质安科长)、质(安)监站长及23家重点建筑业企业有关领导等,共140多人参加会议。

【工程质量安全制度体系建设】 出台《云南省房屋建筑和市政基础设施工程安全监督机构及人员管理和考核办法》等5个工程质量安全监管规范性文件(《云南省房屋建筑和市政基础设施工程质量监督机构及人员管理和考核办法》、《云南省房屋建筑和市政基础设施工程安全监督机构及人员管理和考核办法》、《云南省建筑起重机械安全监督管理实施细则》、《云南省建筑施工企业及监理企业安全生产动态管理办法》、《云南省建筑行业安全生产工作年度目标责任考核办法》),并建立和完善"云南省工程质量安全监督管理信息系统",规范性文件与管理信息系统已于2017年1月1日正式配套实施,为全省房屋建筑和市政工程质量安全管理工作规范有序开展提供制度保障和技术支撑。

【夯实安全生产工作基础】 为进一步夯实房屋建筑和市政工程质量安全生产基础建设工作,提高监管效能,针对5个工程质量安全监管规范性文件,从2016年11月21日开始,开设宣贯班次31期,组织全省质监、安监机构和建筑施工、监理、起重机械安装(租赁)等企业参加教育培训,涉及企业5000余家,人数共16000余人。

【工程质量安全督查检查】 组织督查组开展重点建设项目安全检查、轨道交通安全生产检查、建筑施工安全生产检查、省级建筑施工安全生产标准化工地验收检查、岁末年初安全生产大检查等工作。全年共派出30个检查组,检查在建工程项目341个,发现各类安全隐患3251条,下发执法建议书11份、隐患整改通知书36份。

【灾后恢复重建工程质量安全监管】 2016年1月份,派出2个质量安全检查工作组赴鲁甸6.5级地震灾区进行恢复重建工程质量安全检查指导,检查26个在建项目,现场指导和纠正工程建设过程中存在的问题和不足,要求各有关单位认真落实恢复重建项目质量安全监管工作,确保生产安全、质量可控,4月12~15日,派出2个督查组分别赴普洱市景谷县和昭通市巧家县对地震灾后恢复重建项目工程质量安全情况进行检查,共检查11个项目,查出各类质量安全隐患79条,下发1份执法建议书,2份隐患整改通知书。

【样板工程创建工作】 分2天组织建筑施工企

业主要负责人和各州(市)住房城乡建设主管部门相关领导对云南建投集团承建的银河片区保障房项目施工现场进行了现场观摩,共计800余人次参加。会上,提出"四个强化"工作要求,即:强化贯彻落实、强化制度建设、强化监督检查和强化奖惩并举。组织检查考评组,结合汛期安全检查、年度建筑施工安全专项整治等工作,对全省申报创建省级建筑施工安全生产标准化工地的150个在建项目进行现场检查考评验收,全年共创建省级建筑施工安全生产标化工地127个。

【轨道交通工程质量安全督查】 派出2个检查组,分别赴昆明市和红河州对4个在建城市轨道交通工程项目进行检查,发现各类生产安全隐患70项,通过排查整治,消除安全隐患,确保工程质量,继续保持在建项目工程质量安全稳中求进的良好态势。

【安全生产责任书考核】 派出6个建筑施工安全督查组继续对各州(市)住房城乡建设主管部门和有关企业2016年度建筑行业安全生产目标责任落实情况进行考核,并对各州(市)进行房屋建筑和市政工程安全生产大检查,检查在建项目49个,发现各类生产安全隐患343条。

【安全生产管理人员考核工作】 认真贯彻落实《建筑施工企业主要负责人、项目负责人和专职安全生产管理人员安全生产管理规定实施意见》要求,将专职安全员要分为机械、土建、综合3类进行管理。完成专职安全员培训考试管理和考试系统的建设工作,组织专家对专职安全员考试管理和考试系统进行验收,正式投入使用。

(工程质量安全监管处)

建筑市场

【概况】 2016年,云南省住房和城乡建设厅不断深化资质审批制度改革、加大扶持建筑企业提升核心竞争力、减轻建筑企业负担、规范建筑市场监管和加大人才培养力度,充分发挥建筑业在全省经济发展中的重要支柱作用。

【建筑业产值持续快速增长】 全年完成建筑业产值3867.22亿元(产值在全国排名第19位),同比增长18.3%(增速在全国排名第二位);完成建筑业增加值1806.22亿元,同比增长14.7%,占全省GDP的12.1%。

【提升建筑企业资质水平】 全省新增施工总承包特级资质1家、一级资质3家。全省共有建筑施工企业4597家(其中特级资质企业5家,一级资质企业289家,二级资质企业1409家,三级资质企业2768家,无等级126家),有资质并有效的监理企业171家,检测机构共计262家,入滇备案企业2846家。

【扶持建筑企业"走出去"发展】 2016年,全省建筑企业"走出去"步伐不断加快,在产业规模、机制创新、市场拓展和人才建设等方面不断突破。全省完成省外产值275.47亿元,同比增长22.2%。

【全省工程质量治理两年行动圆满完成】 按住房城乡建设部的要求持续强力推进全省工程质量治理两年行动工作,全面推进了全省质量终身责任制的落实,严厉打击转包、违法分包、挂靠等违法行为。年初组织召开云南省2016年度建筑市场监管工作会议,与各州(市)签订2016年度建筑业暨工程质量治理两年行动目标任务责任书。2016年共检查在建项目13409个,检查建设单位和施工企业共2万余家,对有违法行为的128家建设单位和114家施工企业共计罚款37.3万元,给予7家企业停业整顿处罚,限制投标资格企业6家,给予其他处罚企业50家。对86名违规的项目经理进行处理并通报。

【清理拖欠工程款和治理拖欠农民工工资】 根据《国务院办公厅关于全面治理拖欠农民工工资问题的意见》和省政府要求,6月24日,召开全省治理拖欠农民工工资问题部署会,按照"属地管理、分级负责、谁主管、谁负责"的原则进行排查梳理和责令整改,形成长效工作机制,定期上报拖欠工程款和农民工工资月报表,相继取消4项保证金,涉及企业4734个,涉及项目7911个,收取保证金97435.76万元,累计返还保证金85858.87万元,返还比例达88.12%。全年共清理拖欠工程款16.2亿元,农民工资7.73亿元。

【调整二级建造师执业资格管理模式】 调整二级建造师执业资格考试成绩管理办法,实行两年为一个考试周期的滚动管理。同时协调省人力资源社会保障厅降低云南省二级建造师及格线。全省二级建造师考试共有9572人合格,参考人员合格率约达到了30%,同比增长约100%,有效缓解注册类人员不足的压力,得到企业的一致好评。全省共有注册建造师40012人。

【住房城乡建设领域现场专业人员统一考核评价工作】 通过住房和城乡建设领域现场专业人员统一考核评价,对施工员、质量员、机械员、材料员、资料员、劳务员"六大员"实行统一时间、统一命题、全省统考,并换发全国证书。共完成现场专业人员培训考核1.5万余人。

【开展建设工程非注册类人员培训考核】 按照

《建筑业企业资质标准》、《建筑业企业资质管理规定和资质标准实施意见》和云南省住房和城乡建设厅教育培训委员会的统一安排部署，及时开展全省建设工程非注册类人员培训考核工作，全年共培训6.7万余人次。

(建筑市场监管处)

建筑节能与科技

【新建建筑节能管理】 印发《南省民用建筑节能信息公示实施细则》、《云南省住房和城乡建设厅关于启用云南省民用建筑节能设计审查信息告知性备案系统的通知》等文件，组织召开云南省用建筑节能设计审查信息告知性备案系统培训会议，加强新建建筑节能信息备案和监管力度，启动《云南省民用建筑节能条例》编制工作，确定编制大纲和重点内容，编制工作有序推进。

【节能监管体系建设】 印发《云南省民用建筑能耗统计报表制度》，完成2015年度云南省建筑能耗统计和上报工作，完成云南师范大学节约型校园节能监管平台、昆明医科大学节能监管体系建设示范项目的验收。

【可再生能源建筑应用】 印发《云南省可再生能源建筑应用国家级示范市(县)和省级示范项目验收评估实施细则》，组织完成昆明市、曲靖市、砚山县、宣威市、芒市和瑞丽市6个示范市(县)的省级验收工作；"昆明市直属学校屋顶安装太阳能光伏电站项目"验收合格，实现并网发电。

【绿色建筑推广应用】 2016年全省共有10个项目获得绿色建筑评价标识，建筑面积335.38万平方米。其中，运行标识1项、建筑面积18.07万平方米，设计标识9项、建筑面积317.31万平方米，强制执行绿色建筑标准并通过施工图审查的项目有763项、建筑面积752.34万平方米。

【绿色建材评价标识】 全面启动云南省绿色建材评价标识工作，印发《关于开展云南省绿色建材评价标识工作的通知》、《关于公布云南省绿色建材评价标识专家委员会专家和绿色建材评价机构的通知》等文件，建立云南省绿色建材评价标识制度，确定省级绿色建材评价标识管理机构，成立云南省绿色建材评价标识专家委员会，公布云南省绿色建材评价机构。

【绿色建筑技术产品】 实行绿色建筑技术与产品推广目录制度，建筑隔震橡胶支座、纤维水泥电缆导管等2项产品入编云南省绿色建筑技术与产品推广目录。

【智慧城市试点建设】 组织开展"互联网+"建设智慧城市专题调研，形成调研报告并上报省政府，组织申报大数据发展重大工程。对玉溪市、大理市、文山市、蒙自市和弥勒市5个试点城市19个应用项目情况及时上报了省发展改革委，组织开展试点创建工作总结。按照住房城乡建设部建筑节能与科技司的要求，组织6个试点城市编制上报了试点创建情况，并上报《国家智慧城市试点创建工作总结报告》。

【科技计划项目申报】 组织申报住房城乡建设部科技计划项目，共有9个项目列入科技计划，配合开展科技计划项目部级验收，"云南大学呈贡校区图书馆工程"科技示范项目顺利通过住房城乡建设部的验收。

(科技处)

人事教育

【机构编制】 严格执行《云南省机构编制管理条例》、《云南省机构编制监督检查办法》等规定，全面落实机构编制管理实名制、机构编制使用申请等工作制度，无超职数配备干部情况。厅属19家事业单位分类改革工作顺利推进，职能职责确定工作正在有序进行。

【干部选拔任用】 始终以《党政领导干部选拔任用条例》为基本遵循，坚持"信念坚定、为民服务、勤政务实、敢于担当、清正廉洁"好干部标准，贯彻"三严三实"和"忠诚干净担当"要求，把有信念、有思路、有激情、有办法的好干部选出来、用起来作为工作的出发点和落脚点，工作中做到政治纪律、廉洁自律、作风建设、干部档案、个人有关事项"五个必审"，政治品质、社会公德、职业道德、个人品德、家庭美德"五个必评"，坚持任职谈话、廉政谈话和试用期制度，确保干部选拔任用工作风清气正。

【工资福利与退休】 根据云南省人力资源和社会保障厅《关于云南省机关事业单位养老保险参保准备工作方案》和《关于开展省级机关事业单位养老保险数据审核工作》等文件精神，为确保省厅养老保险工作的顺利开展，先后对厅机关及厅属事业单位780名参保人员(其中：在职574人，离退休206人)基本情况进行梳理核查，按时完成单位和个人信息采集、核对工作，根据省人力资源和社会保障厅、云南省财政厅《关于2016年调整退休人员基本养老保险金的通知》、2016年8月16日召开的《关于完善省直机关事业单位收入分配制度改革工作会议》、云南省人民政府办公厅转发省人力资源和社会保障厅省财政厅《关于调整机关事业单位工作人员基本工资标准和增加机关事业单位离休人员离休费三个实施办法的通知》精神，调整厅机关、厅属20家事业单位、9家勘察设计改制企业2386名退休人员基本养老金标准，调整厅机关及厅属企事业单位2990人（其中：在职594人、退休2386人、离休10人）改革性补贴标准，调整厅机关及事业单位604人（其中：在职594人、离休10人）基本工资标准和增加离休人员离休费，完成厅机关及厅属事业单位进出人员（新录用6人、军队转业干部6人、职务变动83人、涉案人员2人、调出调入31人、退休10人、死亡2人）工资福利工作。

【教育培训】 认真贯彻党中央关于加强干部教育培训工作的新要求，按照服务大局、联系实际、学用结合、改革创新的工作原则，以改善知识结构、加强实践锻炼、提高创新能力，努力培养和造就适应新形势、新任务的高素质干部队伍为目标，贯彻落实《干部教育培训工作条例》，利用党校、干部学院、省院省校合作培训平台，采取送培和地培方式，突出四类培训、脱产培训、网络培训等重点，认真做好干部教育培训工作。分别在中国浦东干部学院、云南工业干部学院举办云南省城市规划与建设研讨班、云南省城市规划与建设专题培训班，推动全省城镇化建设。全体干部参加培训共1500余人次。

【职称评审】 针对云南省建筑企业专业技术人员总量不足，高级专业技术人员匮乏，难于满足建筑企业资质申报、资质升级、资质年检的实际，牢固树立为企业服务的理念，分别于5月、8月、9月份进行建筑工程类初中高级职称评审工作，评审初级职称1776人，中级职称2956人，高级职称980人。极大地缓解了建筑企业人才资源匮乏得状况，促进全省建筑业和房地产业的健康发展。

【"放管服"改革工作】 坚持"高效、规范、便民、服务"的宗旨，以依法行政为根本，以制度创新为动力，以优化环境为目标，不断深化行政审批制度改革。云南省住房和城乡建设厅共保留行政审批事项23项，在厅门户网站进行公告。先后6次对省住房和城乡建设厅的权利清单和责任清单进行梳理，共梳理出行政职权6类共288项，行政职权对应的责任事项共计1722项，追责情形共计2034项。围绕促进投资创业便利化、优化营商环境，将工程监理企业资质、工程勘察设计企业资质认定、供气供水经营企业经营许可证核发等14项工商登记前置审批事项改为后置审批。按照建设行政审批网上服务大厅，实现"一网式"协同审批办公，完善审批服务流程和规则，确保政务中心项目审批运转流畅、限时办结的要求，从行政审批工作的各个环节入手，在窗口推行受理单、行政审批时限预警、服务考评等制度，进一步提高行政审批服务质量，不断改进规范行政审批行为。坚持科技创新和"互联网＋政务"的模式，推出"施工图数字化审查"系统，下发《云南省住房和城乡建设厅关于开展全省建筑工程施工图数字化审查试点的通知》，并在2016年6月30日，全面实行"云南省勘察设计单位电子出图章"，下发《云南省住房和城乡建设厅关于在勘察设计行业全面实施电子出图章的通知》，科技创新与行政管理相结合，极大提高行政审批效率，节约企业成本，并有效管控勘察设计行业市场和质量。对云南省住房和城乡建设厅权责内实施的各类检查事项进行全面梳理，涉及云南省住房和城乡建设厅各类抽查事项共有24项，及时向社会进行公布。制定《云南省住房和城乡建设系统随机抽查工作细则》。

（人事教育处）

大事记

1月

19日 全省住房城乡建设工作会议在昆明召开。会议贯彻落实中央城市工作会议、全国住房城乡建设工作会议以及中共云南省委九届十二次全会和中共云南省委经济工作会议精神，总结"十二五"住房城乡建设工作取得的成绩，谋划"十三五"工作思路，部署2016年住房城乡建设工作任务。中共云南省委书记李纪恒，省长陈豪分别对会议做出批示。

4月

1～2日 中共中央政治局常委、中央书记处书记刘云山在云南调研，深入昭通市鲁甸地震灾区、临沧市拉祜山寨了解灾区恢复重建、脱贫攻坚和农村基层党建工作。他指出，短短两年不到的时间，地震恢复重建取得如此明显的成效，凝聚着大家的辛劳和付出，各级各部门要再接再厉，抓好基层党组织建设，以党建工作带动恢复重建，奋力夺取抗震救灾全面胜利。他强调，我们党的所有工作都是为了老百姓，群众越是有困难，党组织和党员干部越要当好群众的主心骨。要把地震灾后重建和脱贫攻坚结合起来，把责任扛在肩上，冲在前面、当好先锋，更好发挥带动引领作用。

5月

26～27日 中共云南省委、省政府在红河州蒙自市召开全省城市工作暨城乡人居环境提升行动推进会议。会议要求全省各级各部门要坚决贯彻落实党中央、国务院决策部署,以全新的思维,以更高的标准、更实的举措、更大的力度,抓好城市工作,改善城乡人居环境,使云南成为祖国大家庭的美丽后花园。中共云南省委书记李纪恒、省长陈豪出席会议并讲话,住房城乡建设部副部长黄艳到会指导。

7月

21日 省政府在昆明举行住房城乡建设工作专题汇报会议。省长陈豪强调,要全力推进农村危房改造和抗震安居工程建设,为全面建成小康社会奠定坚实基础。

8月

9日 中共云南省委召开常委(扩大)会议,专题听取鲁甸景谷地震灾后恢复重建工作情况汇报,安排部署下一阶段恢复重建工作,中共云南省委书记李纪恒主持会议。

9月

3～4日 中共云南省委书记、省长陈豪在昭通市调研,先后前往鲁甸县龙头山地震灾区检查灾后恢复重建、到昭阳区检查城乡建设等工作。他强调,要深入学习贯彻落实习近平总书记系列重要讲话和考察云南重要讲话精神,牢记习近平总书记对做好灾后恢复重建的嘱托和要求,抢抓机遇、迎头赶上,充分发挥后发优势,抓好灾后恢复重建工作,把昭通建设得更加美丽。

11月

7～9日 中共中央政治局常委、国务院副总理张高丽在云南调研,深入昭通市鲁甸县实地考察地震遗址、看望安置群众。他强调,要打好脱贫攻坚战,按时按质完成地震灾后恢复重建各项任务,加快贫困地区、民族地区经济社会发展;加强生态环境保护,筑牢我国西南生态安全屏障。

12月

2日 住房城乡建设部在云南省昆明市召开省级空间规划工作会。中共云南省委书记、省长陈豪,住房城乡建设部副部长黄艳,云南省副省长刘慧晏出席会议。安徽省、江西省、海南省、云南省、西藏自治区、陕西省、宁夏回族自治区住房城乡建设厅以及宁夏回族自治区规划管理委员会办公室负责人参会并作交流发言。

3日 由云南省政府主办的滇中城市群规划国际研讨会在昆明举行。国内外规划专家和嘉宾汇聚一堂,为滇中城市群规划"把脉""点睛",为绘制滇中城市群发展蓝图、提高云南新型城镇化水平献计献策。中共云南省委书记、省长陈豪,住房城乡建设部副部长黄艳,省政府顾问、"新加坡规划之父"刘太格出席并致词。

(政策法规处)
(云南省住房和城乡建设厅)

西 藏 自 治 区

概况

西藏自治区住房城乡建设厅系统总编制310人,其中行政编制62人,厅机关内设11个处室、下属10个事业单位。全区7地市和74个县(市、区)均成立住房城乡建设局。职能职责。西藏自治区住房城乡建设厅负责全区城乡规划、建设和管理,推进住房保障和住房制度改革、负责全区住房公积金监管、加强建筑市场和房地产市场管理、强化工程质量安全、推进建筑节能、建立符合区情的工程建设标准体系和做好工程建设标准定额及工程造价计价、行业人才培养等工作,共有职责16项。

城乡基础设施建设力度大

认真贯彻落实中央城市工作会议精神,进一步加强城乡基础设施建设。2016年落实国家投资62.9亿元实施城镇基础设施建设。同时,加大与金融机构协调,争取信贷资金支持,先行启动部分重点项目建设。全力推进特色小城镇建设,23个特镇开工建设基础设施项目53个,完成投资5.6亿元。综合管廊建设有序推进,拉萨市建成5千米、阿里地区狮泉河镇建成13.9千米地下综合管廊。重点加强污水和垃圾治理,地市垃圾处理率达97%、污水处理能力逐年提升,县城垃圾处理率达到82%。改善农村人居环境工作得到加强,全区2万户农村危房改造项目全部开工，竣工9000余户。

住房保障工作成效好

2016年，西藏自治区保障性住房目标任务为3.41万套（户），其中：城镇棚户区改造1.9万户、林区棚户区改造2106户，新建公租房7000万套，维修改造公租房6000套。截止到2016年底，基本建成2.03万套（户），完成既定年度目标。对3.2万套乡镇周转房进行严格的验收，工程质量和建筑品质总体提升，干部职工满意度高。同时，不断加大保障房分配入住工作，入住率居全国前列。组织完成全区公有房屋年度调查统计和数据库更新工作，完成全区机关事业单位楼堂馆所清查工作。

大力改进住房公积金服务管理

2016年，西藏自治区实缴住房公积金单位3653家，新开户单位190家，净增单位100家，实缴职工25.9万人，新开户职工2万人，净增职工1.96万人，当年缴存额71.9亿元，同比增长36%。截至2016年底，西藏自治区住房公积金缴存总额333.6亿元，缴存余额188.9亿元，同比分别增长27.8%、25%。当年提取住房公积金总额为34.3亿元（住房消费提取占提取总额的73%），同比增长62.5%，占当年缴存额的47.7%，比上年同期增加7.8个百分点。截至2016年底，提取总额144.6亿元，同比增长31%。2016年，发放个人住房贷款1.12万笔51.3亿元，同比增长32%、56%。截至2016年底，累计发放个人住房贷款6.05万笔169.6亿元，贷款余额100.6亿元，同比增长23.5%、43.3%、56%。个人住房贷款率53.3%，比上年同期增加10.6个百分点。先后多次调整优化公积金政策，放宽条件，简化手续，降低门槛，规范程序，住房公积金使用率大幅提高。同时，加大宣传，强化服务，正式开通自治区住房公积金12329全国统一服务热线电话，服务水平不断提升。

城乡规划意识有增强

启动2016～2030年西藏自治区城镇体系规划编制工作。编制完成拉萨市历史文化名城保护规划，批准实施林芝市城市总体规划，拉萨市城市总体规划修改经部际联席会议审查通过，那曲镇、狮泉河镇城市总体规划修改成果上报待批，其余3地市正加快修改，51个县完成总体规划修改。完成19个特色小城镇的总体规划和18个特色小城镇详细规划、建设规划编制。协调中规院通过援藏方式编制拉萨市、林芝市两市地下综合管廊和海绵城市专项规划。加强规划执行监督，对违法建设进行调查摸底，拉萨市、日喀则市等市开展拆除违法建筑行动，维护规划权威。

工程质量和安全生产监管有提升

全区工程质量监督面积810余万平方米，工程质量一次性验收合格率98%以上。按照自治区统一部署，2016年开展全区工程质量施工安全大检查，采取随机确定检查对象、直达项目工地的方式，检查7地（市）195个在建项目，对存在重大工程质量安全生产隐患的17个项目，由自治区政府挂牌督办、限期整改，全年住房城乡建设部门累计开展各类检查42次、涉及项目1200多个，拆除一批质量低劣和存在安全隐患的工程项目。全区发生建筑施工生产安全事故6起，死亡7人，同比分别下降25%和50%。城镇供气、供水、供暖和液化气充装站行业安全运行。

建筑市场管理有加强

西藏自治区建筑市场监管与诚信一体化平台建成投入使用。积极整治转包、违法分包等行为，公开曝光严重失信、拖欠民工工资的市场主体，冻结企业信息、限制其参与投标活动，形成有力震慑。创新造价与招投标管理模式，完善建筑工程电子招投标系统、加快推进应用。住房城乡建设部和相关省市援助编制完成2016版工程造价定额。出台《关于鼓励和支持建设类中央企业在西藏属地法人注册的意见（试行）》，大力推进央企属地化工作。全年培训各类专业技术人员近3万人次，新增执业注册人员1584人。全区共有建设类企业2962家、有农牧民施工队1549家。

房地产市场平稳有序

2016年，西藏自治区房地产开发项目140个，完成商品房销售349万平方米，销售额191亿元。2016年全区商业办公楼盘销售均价为9608元/平方米，较上年底的10967元/平方米降低12.4%，全区普通住宅均价5154元/平方米（其中拉萨市的住宅均价为5932.48元/平方米），较上年底的4056元/平方米上涨27.1%。同时，开展全区房地产中介机构专项整治，推进商品房销售网签系统建设，坚决打击以收诚意金等名义变相违规预售商品房行为，出台发展住房租赁业的意见。

改革创新有深化

西藏自治区各级住房城乡建设部门权责清单、办事指南和服务流程全面公布，自治区级保留行政权力152项，下放行政许可5项。初步建立随机抽查制度，10项随机抽查事项清单面向社会公布，实现抽查对象和执法人员随机抽取，抽查事项和抽查结果主动公开、及时反馈。西藏自治区党委政府明确要求设置自治区、地（市）、县三级城管执法机构，地市、县区相继明确城市管理责任部门、成立城市管理执法协调机制，拉萨市有序推进试点，山南市、日喀则市加快推进改革，林芝市、那曲地区加强职能整合。拓宽资金渠道，充分运用国家特殊金融政策，通过抵押补充贷款PSL支持自治区特镇建设、棚改工作、改善农村人居环境等建设。

对口援藏力度加大

在住房和城乡建设部和西藏自治区党委政府的高度重视下，成功召开第三次全国住房城乡建设系统援藏工作座谈会。会前，陈政高部长专门听取汇报，亲自推动援藏任务落实，为63个县住房城乡建设局解决价值3240万元的工程质量监督执法车辆、办公和检测设备，支援编制65个县城控制性详细规划和138个重点乡镇规划，编制经费测算达9750万元。出台《全国住房城乡建设系统加强对口支援西藏工作的意见》，从加强规划、推进城镇建设、改善人居环境等8个方面，明确当前和今后一个时期援藏目标任务。陈政高部长亲自部署推进规划西藏、建设西藏、申报世界自然遗产、人才援藏和建设基层四项重点工作，对推动自治区住房城乡建设事业加快发展提供坚实保障。按照会议部署，在拉萨召开西藏总体（空间）规划编制工作座谈会和西藏建筑文化研讨会。

扶贫和驻村工作扎实开展

制定西藏自治区住房城乡建设行业"十三五"时期扶贫攻坚工作规划和实施方案，进一步细化年度工作目标和主要任务，起草《关于促进建筑业企业通过建筑技能培训、鉴定和用工带动贫困农牧民脱贫致富的实施意见》，发挥行业优势，通过项目建设、技能培训、转移就业等措施，抓好各项扶贫攻坚任务的落实。自治区住房和城乡建设厅系统5个驻村点紧紧围绕强基础惠民生的要求，扎实推进驻村工作，成效明显。各驻村队为基层群众办实事43件，争取外部资金51万余元，协调落实基础设施建设项目8个，落实投资2300多万元，基层基础得到夯实。

（西藏自治区住房和城乡建设厅）

陕 西 省

概况

2016年，是实施"十三五"规划的开局之年，也是全面落实中省城市工作会议精神的第一年。省住房和城乡建设系统围绕"追赶超越"目标，圆满完成各项任务，实现良好开局。编制完成省住房和城乡建设事业"十三五"总体规划和专项规划，全省住房保障工作继续保持全国先进行列，特色小镇有陕西模式，美丽宜居乡村越来越多，城市地下管廊和海绵城市为重点的城市基础设施稳步推进，建筑业支柱地位更加稳固，出台"放管服"方案，推行"双随机、一公开"。省住房城乡建设厅被中共陕西省委省政府评为2016年度目标责任考核"优秀单位"，省住房城乡建设系统3个单位被中共陕西省委省政府授予"陕西省先进集体"，11人被授予"陕西省劳动模范"、"陕西省先进工作者"。

政策规章

【概况】 全省住房城乡建设系统以加强法治机关建设为统领，以"放管服"改革和城市管理执法体制改革为重点，把法治理念和法治意识贯穿到决策、履职等各个环节。省住房城乡建设厅获住房城乡建设部"住房城乡建设系统宪法和法律法规知识竞赛"单位组织奖，被中共陕西省委省政府表彰为"'六五'法制宣传教育先进集体"，依法行政工作在省政府"全省依法行政工作经验交流会"上做交流发言。

【"放管服"改革】 出台《关于落实省政府简政

放权放管结合优化服务改革任务实施方案》，编印《行政审批制度改革暨"放管服"工作手册》。推行"双随机、一公开"，制定《厅机关推广随机抽查规范事中事后监管工作实施方案》，抽查比例达到83％，建成"双随机、一公开"系统。对行政审批中介服务事项展开新一轮清理，发布住房城乡建设厅2016年版许可目录，制定《厅简化优化公共服务流程方便基层群众办事创业工作方案》。西安市出台改革实施方案，将涉及房地产审批的200个印章精简至64个。

【依法行政】 下发《2016年依法行政工作要点》、《完善规范性文件合法性审查机制试点工作实施方案》，依法对《陕西省工程勘察设计大师评选办法（试行）》、《陕西省建筑业劳保费用行业统筹管理实施细则》和《陕西省建设工程长安杯奖评选办法》进行合法性审查，文件发布后及时向省政府法制办报备。依法对《关于省监理工程师业务培训有关问题的请示》、《完善注册资本变更登记手续的请示》等11份文件进行合法性审查。对厅里规范性文件的立项、起草、审核、决定、发布、备案、修改和废止等环节作明确规定。全年受理应诉7起诉讼案件。其中：行政诉讼案件5起，民事诉讼案件2起，行政复议申请24件，办结22件，办结率达到91.3％。

【行业立法】 修订的《陕西省民用建筑节能条例》于11月24日经陕西省十二届人大常委会第三十次会议第二次全体会议通过，完成住房城乡建设部《城市管理执法办法》的征求意见，对陕西省《文物保护法修订草案》、《道路交通安全法修正案》、《军人抚恤优待条例》、《陕西省地方立法工作规程》等69部法律法规草案提出修改意见。

【普法教育】 印发《陕西省住房和城乡建设厅关于在全省住房城乡建设系统开展法治宣传教育的第七个五年规划（2016—2020年）的通知》，全面启动"七五"普法工作。

房地产业

【概况】 2016年，全省房地产开发完成投资2736.75亿元，同比增长9.7％，商品房销售面积4454.9万平方米，同比增长24.3％，商品住房可售面积4048.37万平方米，同比下降14.75％，较上年底净减少700.33万平方米，房地产去化周期12个月，其中西安市房地产去化周期9个月，全省房地产市场平稳健康发展。

【政策措施】 省政府印发《关于房地产去库存优结构的若干意见》，出台提高棚户区改造货币化安置率、支持农民进城购房等11条去库存措施。分次召开房地产市场去库存工作座谈会，听取13个市区在房地产去库存方面的工作汇报，分类指导，因城施策，对全省房地产市场去库存工作提出具体要求。省住房城乡建设厅制定《陕西省房地产去库存评价考核办法》，督促各地市推进去库存工作。出台《关于切实做好房屋交易和产权管理工作的通知》、《关于加强新建商品房预售资金、二手房交易资金监管的通知》、《关于加快培育和发展住房租赁市场的实施意见》，规范房屋交易和产权管理的职责，强化商品房预售资金和二手房交易资金监督管理，建立购租并举住房制度。

【物业管理】 起草《关于进一步加强物业管理工作的若干意见》，书面征求省物价局、质监局、公安厅、工商管理局、发改委、通信管理局、地方电力（集团）有限公司、电力公司等8个有关联单位意见，12月19日，将《意见》起草说明、前期调研报告及征求相关部门意见采纳情况的说明等材料报省经济体制和生态文明体制改革专项小组，同时上报中共陕西省委深改办。

【市场研究】 形成以西安市、榆林市两个典型城市为例的研究报告《转型发展期陕西省支柱型房地产业发展路径研究（初稿）》、《转型发展期西安市支柱型房地产业发展调研报告》、《转型发展期榆林市房地产业发展调研报告》，深刻分析房地产业发展现状以及房地产业支柱性地位与作用，为下一步制定提升全省房地产业发展质量打好政策基础。

【市场管控】 6～10月，全省开展房地产中介专项整治工作，对房地产中介机构和从业人员发布虚假房源、以不实价格信息招揽业务、未到主管部门进行备案即开展中介业务等违规失信行为进行重点整治。配合金融监管部门，查处房地产中介机构未取得相关金融资质，利用P2P网络借贷平台和股权众筹平台从事房地产金融业务行为，联合物价局对商品房销售明码标价进行专项检查。11月3日，省住房城乡建设厅官网向社会公布7项房地产中介机构违规失信典型案例，制止和查处房地产中介机构和经纪人员违法违规行为，优化房地产发展环境。

保障性住房

【概述】 2016年，全省棚户区改造开工30.31万套，超额完成全年28万套的建设任务，棚改货币化安置率69.8％，棚改和公租房基本建成38.85万套，新增发放租赁补贴2.1537万户，争取政策性银行贷款授信955.37亿元，全年投资902.53亿元。验收"和谐社区·幸福家园"小区261个。

【政策措施】 省政府印发《关于进一步做好城镇棚户区和城乡危房改造及配套基础设施建设有关工作意见》，明确保障性安居工程目标任务、项目管理、房源筹集、分配入住、后续管理、融资机制等方面措施。

【土地资金保障】 会同省国土资源厅编制2016年保障性安居工程建设用地计划，一次性下达各市2.18万亩土地指标，会同省财政厅、省发改委下达中省专项资金109.98亿元，其中省级22.55亿元。会同省发改委共争取国家专项建设基金211.84亿元，涉及290个项目，解决棚改项目启动资金不足的问题。全省累计获得"政府购买服务"模式贷款879.12亿元。

【棚户区改造】 省政府印发《关于做好政府购买棚户区改造服务工作的实施意见》，出台用存量商品住房作为棚改安置房省级奖励办法，1月1日后购买存量商品住房作为棚改安置房的被征收人，省政府给予0.8万元奖励。将棚改货币化安置率达到50%列入省市目标责任考核，作为审查贷款项目的必备指标之一，对于棚改货币化安置率低于50%的项目，不列入年度建设计划和贷款计划。指导各设区市出台推进棚改货币化安置实施细则，实施分类推进措施，存量商品住房大的市县，原则上不得新建棚改安置房，全部实施货币化安置。西安市创造出"政府主导，市场运作，整村（项目）拆除、安置先行、有形与无形改造并重"的西安模式。

【公租房分配】 编制《2015—2017陕西省公租房配套基础设施建设计划》。召开全省公租房建设分配管理工作现场会和公租房分配入住座谈会，完善措施，落实责任，全力加快分配进度。实施公租房预分配制度，在项目竣工前6个月编制完成配租配售方案、竣工验收3个月内完成分配入住。

【后续管理】 以打造"居民自治、管理有序、服务完善、治安良好、环境优美、文明祥和"为主题的"和谐社区·幸福家园"活动全面展开，全年验收小区261个、项目306个，85个达到省级验收标准。全省已有694个项目完成决算，382个项目完成资产核定，263个项目已办理房产证。965356住房保障服务热线共受理各类信息974条，信息处置率100%。

【表彰奖励】 省政府表彰奖励2016年度全省保障性安居工程建设工作先进单位和个人。宝鸡市获一等奖，奖励3000万元，西安市、延安市获二等奖，各奖励2000万元，渭南市、安康市、汉中市获三等奖，各奖励1000万元。省发展改革委、省财政厅、省国土资源厅、省住房城乡建设厅、省审计厅、国家开发银行陕西省分行、农业发展银行陕西省分行、省保障性住房管理中心、保障性住房建设工程有限公司9个部门单位为全省保障性安居工程建设工作先进单位。

公积金管理

【概况】 2016年，全省住房公积金缴存总额2370.78亿元，缴存余额963.84亿元，同比增长17.57%、8.41%，实缴单位49114家、职工401.79万人，新开户单位2737家，缴存额354.27亿元，同比增长6.84%，当年提取额为280.02亿元，同比降低29.32%，占当年缴存额的79.04%，比上年同期减少40.44个百分点，发放个人住房贷款7.89万笔245.85亿元，同比增长12.55%、31.77%。全年回收个人住房贷款70.87亿元，发放支持保障性住房建设项目贷款3.35亿元，当年应收贷款本金10.35亿元，实收贷款本金15.68亿元，累计发放项目贷款83.10亿元，项目贷款余额34.24亿元。

【政策措施】 编制《陕西省住房公积金事业"十三五"发展规划》，召开专题会议，研究部署提高住房公积金个贷率、加快释放结余资金的具体措施，向各设区市下达住房公积金提取、贷款和消化结余资金任务，签订年度目标责任书。

【公积金监管】 健全和完善对资金存储、缴存和使用政策等重大事项进行审议和决策机构。完善监管平台，实现全省住房公积金资金流向实时监督。9月，下发《关于规范和阶段性适当降低住房公积金缴存比例的通知》，组织3个督查组对11个设区市公积金管理中心和3个行业分中心，开展为期半个月的全省住房公积金专项督查，一对一向各地市下发督办函，限期整改落实到位。同时，现场督查了各设区市中心及部分县区管理部降比例工作，运用技术手段现场冻结了西安365家超比例缴存单位及个人账户，截至9月底，全省住房公积金缴存比例均调整到12%以内。11月，住房城乡建设部召开的规范公积金缴存比例政策落实工作推进会上，省住房城乡建设厅做了经验介绍，并在会上进行推广。

【公积金督察】 编印《公积金督察员工作手册》，组织公积金督察员学习公积金相关政策、法律法规。重点督察公积金政策落实情况，公积金督察中发现问题的整改情况，系统建设情况，运营风险防控情况，提高住房公积金使用效率和风险防控能力。12月份，组织省住房公积金督察员，分关中、陕南、陕北三个片区，采取听汇报、核查资料、勘察现场等方式，对各市住房公积金管理工作中政策落实情况、问题整改情况、系统建设情况、运营风险防控情况进行督查。针对公积金管理存在的问题，督察组向各中心下达督察意见书，督促整改，进一步强化了公积金风险管控。

城乡规划

【概况】 2016年，全省城乡规划引领作用明显增强，中共陕西省委省政府印发加强城市规划建设管理工作实施意见，启动省域城镇体系规划编制，完成关中城市群核心区总体规划、沿黄生态城镇带规划等规划的编制工作，5个设区市开展新一轮总体规划编制，完成57个重大项目规划选址。开展历史风貌示范建设，推进富平"多规合一"试点，对全省城乡规划违法违规典型案件进行重点督办。

【政策措施】 省政府多次召开会议，出台文件指导城市规划建设管理工作。2月19日，召开全省城市工作会议，分析全省城市工作形势和存在问题，安排部署今后一个时期全省城镇工作，建立城市工作联席会议制度。5月18日，召开全省城市规划建设管理座谈会，全力推动全省城市规划建设管理工作。11月16日，公布《陕西省控制性详细规划管理办法》。

【规划编制】 启动新一轮《陕西省城镇体系规划》编制工作，完成《关中城市群核心区总体规划》《陕西省沿黄生态城镇带规划》初步成果。会同省发展改革委启动关中平原城市群规划的编制工作，指导商洛市完成城市总体规划修改，通过省政府批复，指导西安城市总体规划修改和延安城市总体规划修编工作，通过省规委会全体会议的审议。

【城市风貌建设】 印发《关于加强城市设计开展历史风貌示范建设工作的通知》，指导各市选择1~2个片区、各县选择1~2个街区开展历史风貌示范建设，合理保护利用城市历史建筑，提升优化街巷空间、滨水空间、绿化休闲空间，提升城市功能和品味。指导各设区市开展城市特色风貌定位，划定城市设计重点控制区，建立城市特色风貌清单制度。

【规划管控】 富平县"多规合一"试点成果经省政府常务会议审议通过，渭南市政府正式批复试点成果，为全省其他县市开展"多规合一"工作提供方法和试点经验。会同省国土资源厅起草《陕西省级空间规划试点工作方案》，明确省级空间规划相关工作思路和保障措施。转发《住房城乡建设部关于改革创新全面有效推进乡村规划工作的指导意见》，印发《关于开展2016年县（市）域乡村建设规划和村庄规划试点工作的通知》，村镇规划改革、乡村规划试点工作进展顺利。全年核发建设项目选址意见书57个。

【规划督察】 省政府印发《关于开展全省城乡规划督察的通知》，省住房城乡建设厅开展城乡规划督察、棚户区规划专项督察、遥感监测、重点案件督办，续聘7名和新聘8名城乡规划督察员。编印《2016城乡规划督察文件汇编》，对部分项目容积率过高、绿地率不达标等突出问题提出整改意见。会同省政府督查室、省城乡规划督察员等组成联合督察组，深入督察各市区城乡规划执行情况，发现涉及违法建设和突破总体规划用地规模、违反"三区四线"等问题图斑625个。全年通报典型案件12起，拆除违法建筑6330平方米，没收违法建筑6033平方米，整治查处违法建筑43.7万平方米，纠正侵占城市公共绿地130万平方米，对涉案的29名干部进行党纪政纪处分。

城市建设与市政公用事业

【概况】 2016年，全省设西安市、铜川市、宝鸡市、咸阳市、渭南市、延安市、汉中市、榆林市、安康市、商洛市10个省辖市和西咸新区、杨凌农业高新技术产业示范区以及兴平市、华阴市、韩城市3个县级市。城区面积2334.76平方千米，城区人口924.93万人，城区暂住人口65.03万人，建成区面积1127.35平方千米，用水普及率95.61%，燃气普及率94.66%，建成区供水管道密度7.59千米/平方千米，人均城市道路面积15.42平方米，建成区排水管道密度7.70千米/平方千米，人均公园绿地面积12.30平方米，建成区绿化覆盖率40.14%，建成区绿地率32.21%。建成运行城镇污水处理厂120座、生活垃圾处理场99座，全省城镇污水处理率达到84.9%，垃圾无害化处理率87.4%，确定海绵城市省级试点城市2个，城市地下综合管廊省级试点城市2个，深入推进城市执法体制改革，启动试点工作，创建省级生态园林县城4个，省级园林县城1个。

【城市管理执法改革】 9月17日，中共陕西省委省政府印发《深入推进城市执法体制改革改进城市管理工作实施方案》。10月27日，全省城市管理执法体制改革试点工作启动，副省长庄长兴作明确改革试点任务和时限，要求各试点城市全面理顺城市管理和执法体制、职能。

【城镇污水垃圾监管】 坚持分解下达各市城镇污水生活垃圾处理年度考核任务，按月进行通报。举办全省城镇环卫作业管理经验现场会和垃圾处理场运营管理培训班，召开全省城镇污水处理工作推进会，在全省范围内组织开展全省城镇污水处理运行管理专项检查。编制下发《陕西省城市黑臭水体整治方案》等8项工作方案，汇总工业企业污水排入市政管网清单。督办西安市江村沟垃圾填埋场渗滤液处理等3项问题的整改，3个城市排查出的5处黑臭水体向社会公布，3个城市编制完成黑臭水体整治计划，2处黑臭水体已完成整治工程，对西安市、宝鸡市污泥试点项目进行2次督办。

【海绵城市建设】 省政府办公厅出台《关于推进海绵城市建设的实施意见》，省住房城乡建设厅等3部门确定宝鸡、铜川为海绵城市建设省级试点城市，省级财政连续3年给予每市每年2000万元的资金支持。对西咸新区国家级海绵城市建设试点工作开展年度绩效评价。8月25日，陕西海绵城市建设综合超市建成。给全省海绵城市建设相关产品、材料供应商和海绵城市建设单位及用户搭建一个方便快捷的合作平台，为海绵城市建设单位提供材料及新技术，用综合超市的形式组建海绵城市建设中用材、人才、技术、理论专家团队。

【综合管廊建设】 省政府办公厅出台《关于加快推进城市地下综合管廊建设的实施意见》，省住房城乡建设厅等2部门确定西安市、延安市为地下综合管廊建设省级试点城市，省级财政连续3年给予每市每年3000万元的资金支持。指导13个设区市编制完成了地下综合管廊专项规划，建立地下综合管廊项目储备库，明确五年项目滚动规划和年度建设计划，2016年开工建设49千米。

【园林城市创建】 制定2016年全省创建园林城市工作计划，举办生态园林城市创建培训班和园林绿化修剪技术培训班。复查园林县城10个，对延安市、汉中市2市和旬邑县等5县创建国家园林城市（县城）进行初验，商南县等8县创建省级生态园林县城进行技术调研。省政府命名留坝县、岚皋县、大荔县、商南县为"省级生态园林县城"，宜川县为"省级园林县城"，各奖励10万元。

【资质资格】 7月18日，省住房城乡建设厅发文取消陕西省城市园林绿化施工企业项目经理资格认证，自通知下发之日起，《陕西省建设厅关于印发〈陕西省园林绿化企业项目经理管理暂行办法〉的通知》和《陕西省住房和城乡建设厅关于办理园林绿化施工企业项目经理证书的通知》予以废止，停止受理园林绿化施工企业项目经理资格申报。

【幸福林带建设】 11月2日，西安市幸福林带建设工程开工。幸福林带位于西安市幸福路和万寿路之间，北起华清路，南至新兴南路，全长5.85千米，宽140米，总占地面积1134亩。建设工程涵盖地上景观、地下空间综合开发、地铁配套、两侧道路和综合管廊等部分。这是新中国成立以来西安最大的市政、绿化和生态工程。

【城市基础管理】 编制完成《陕西省城镇供水设施改造与建设"十三五"规划》、《陕西省城镇燃气发展"十三五"规划》、《陕西省城镇园林绿化"十三五"发展规划》、《陕西省风景名胜区保护和利用"十三五"规划》4个专题规划。对市政公用行业安全生产、城市防汛、反恐等工作，多次下发文件，对落实情况进行督导检查。

【西安地铁】 1月13日，地铁五号线一期工程开工。地铁五号线一期工程西起西郊和平工业园，东至纺织城火车站，全长25.24千米，设置车站21座，地下站20座，高架站1座。3月28日，地铁六号线一期工程正式开工建设，线路全长20.13千米，均为地下线，设置车站15座。12月8日，地铁三号线通车。

【供水节水】 起草的《陕西省节水型城市申报与考核办法》、《陕西省节水型城市考核标准评分表》，通过专家评审。修订和完善《陕西用水器材办证程序》、《陕西省城市节约用水指导中心服务承诺制》等工作程序和制度。《陕西省城镇污水处理设施运行监管系统》，在原17家污水处理厂出水口视频监控的基础上，增加118家污水处理厂主要运行设施的影像监控。11月份，对全省城市供水和城镇污水处理设施规范化运行管理进行考核。累计办理《陕西省用水器材确认登记证书》100余项，年度审查460余项。

【燃气热力】 编制《陕西省城镇燃气"十三五"规划（2016—2020年）》。坚持做好燃气工程质量监督工作，全年受理70家，参加工程竣工验收67家，对16家下发了整改通知书。组织燃气工程设计技术评议65个。对咸阳市、安康市、榆林市、延安市、杨凌地区等地的燃气安全进行专项检查。加大燃气市场管理，对1120个产品从生产企业资格，产品质量，售后服务等方面进行审查并注册登记，评选出43个老百姓喜爱的燃气灶具系列，提高燃气器具的使用安全。

【QC小组活动】 中国市政工程协会表彰2016年度全国市政工程建设优秀QC小组，陕西有个24

小组受到表彰。其中一等奖4个，二等奖7个，三等奖2个，优秀奖11个。

【县城建设】 联合省规划院、西北大学对全省县城建设现状进行调研，修改完善《陕西省分类做美做强县城研究报告》。开展县城基础设施建设省级试点的评选考察，6个县入选试点县城。省政府表彰奖励蓝田县、凤县、长武县等10个县城为"2016年建设先进县"，各奖励500万元。

村镇规划建设

【概况】 2016年，全省共有乡镇1008个，其中建制镇984个、乡24个，行政村17582个，镇域户籍人口540.74万人，乡域户籍人口24.07万人，村庄户籍人口2142.29万人。35个重点示范镇完成投资115.89亿元，新增镇区面积7.16平方千米，新增进镇人口9.03万人，新增就业3.16万人。31个文化旅游名镇（街区）完成投资37.85亿元，实现旅游人数2009.08万人次、旅游收入93.71亿元。5个镇入选首批中国特色小镇，4个镇、15个村入选全国美丽宜居小镇和美丽宜居村庄。累计71个村落列入《中国传统村落名录》，323个村落入选《陕西省传统村落名录》。21个跟踪指导考核的市级重点镇完成投资42.5亿元，安排专项资金4000万元推进美丽宜居乡村建设，《陕西省农村特色民居设计图集》，在全省推广。

【两镇建设】 35个重点示范镇和31个文化旅游名镇的总数保持不变。从2016年到2020年，省财政给予每个省级重点示范镇每年1000万元专项资金支持，每个省级文化旅游名镇每年500万元专项资金支持，对达到4A级旅游景区以上的文化旅游名镇，每年的专项扶持资金增加到1000万元。启动"十三五"两镇规划建设13个镇落实镇级财政，6个县赋予重点示范镇独立的土地、规划权限，18个镇开展行政综合执法。全省5个镇命名为首批中国特色小镇，4A级文化旅游名镇享受重点示范镇支持政策，4个镇、15个村被住房城乡建设部列为第四批美丽宜居小镇、美丽宜居村庄。住房城乡建设部编印下发《陕西省特色小城镇建设工作实践》。

【检查考核】 修订《重点示范镇和文化旅游名镇建设评价指标体系》，下发"两镇"考核办法。继续延续多部门联合逐镇考核的方式，针对重点示范镇、文化旅游名镇、省上跟踪指导考核的市级重点镇三类镇的特点，各有侧重。

【农村危房改造】 争取国家下达全省农村危房改造资金计划8.1亿元、省级配套补助资金2.7亿元，实施农村危房改造10.8万户，占年度任务135%。1月6日，召开全省农村危房改造工作暨改善农村人居环境信贷资金政策培训会。3月份，住房城乡建设部委托第三方机构西安建筑科技大学，对全省开展"十三五"农村危房改造对象信息核实录入情况调查督导，随机抽选6个村为督导对象。7月19日，省住房城乡建设厅、省发改委、省财政厅三部门联合发文，提出六项措施规范农村危房改造工作。9月29日，省住房城乡建设厅召开全省农村危房改造工作座谈会，准确认定农村危房改造对象。11月10日，全省开工10.8万户，开工率为100%。支持56个贫困县区农村危房改造8.31万户，占总量的76.98%。

【改善农村人居环境】 建立全省改善农村人居环境联席会议制度，协调省级各相关部门制定具体的实施方案。《陕西省改善农村人居环境工作考核办法（试行）》、《陕西省农村生活垃圾治理实施方案》《陕西省农村生活垃圾治理验收办法》。安排4000万元专项资金用于农村垃圾转运站建设、垃圾压缩车以及转运车辆购置，加快农村生活垃圾治理设施建设。在关中、陕南地区选取24个村，每村补助5万元开展农村不可降解垃圾回收试点。全省改善农村人居环境完成投资112.77亿元。

【传统村落保护】 加快传统村落认定工作。41个村落列入第四批《中国传统村落名录》，17个村落被住房城乡建设部等部门列入2016年中央财政支持范围的中国传统村落，累计30个村落获得中央补助资金共计9000万元，152个村落列入第二批《陕西省传统村落名录》。

【表彰奖励】 省政府表彰奖励"2016年度10个省级重点示范镇建设先进镇和10个文化旅游名镇（街区）建设先进镇（街区）"，各奖励100万元。神木县大保当镇等10个省上跟踪指导考核的市级重点镇被确定为2016年度市级重点镇建设先进镇，各奖励600万元和600亩城乡建设用地增减挂钩指标、新增建设用地指标。

勘察设计和标准定额

【概况】 2016年，全省勘察设计行业加大了改革力度，强化人才结构改善，队伍素质提高，业务横向延伸，纵向跨界拓展，活力日益显现。全省勘察设计行业全年完成产值465亿元，编制完成地方标准16项，9家企业取得甲级资质，评出省级勘察设计大师20名，其中5位专家被评为全国工程勘察设计大师。

【行业管理】 召开全省勘察设计行业"走出去"座谈会和全省勘察设计行业科技创新大会。10下旬，对本省和省外进陕勘察设计企业的经营活动、从业人员、工程质量等情况进行检查，进一步规范全省勘察设计市场行为。陕西省勘察设计管理平台上线试运行，启动企业信用发布系统。对设区市县建设行政主管部门管理人员、勘察设计企业及施工图审查机构等培训人员约700多人进行培训。

【勘察设计大师评选】 开展首届陕西省勘察设计大师的评选工作，成立省勘察设计大师评选领导小组和以院士张锦秋任主任委员的评选专家委员会，评选出首届省勘察设计大师20名。4月28日，举办第一届陕西省工程勘察设计大师授予仪式。向住房城乡建设部推荐10位参加全国勘察设计大师，其中有5位同志获全国工程勘察设计大师称号。

【建筑设计征集评选】 下发《关于开展陕西省优秀农村住宅设计方案征集工作的通知》和《关于开展全省中小学校和医院建筑设计征集与评选工作的通知》。征集中小学校、医院优秀建筑设计方案271项，评出优秀设计方案118项，其中：中小学校优秀建筑设计方案54项，医院建筑优秀设计方案64项。

【行业标准】 完成《村镇砌体结构民居叠层橡胶支座隔震技术规程》、《高延性混凝土应用技术规程》、《西安市幼儿园及儿童活动场所防火技术规范》、《装配式混凝土结构施工与质量验收规程》等工程建设标准，全年完成工程建设地方标准16项。

【创先评优】 中国勘察设计协会公布的全国工程勘察设计行业优秀工程项目管理和优秀工程总承包项目评选获奖项目名单中，陕西的华路工程科技有限责任公司"宁波万华MDI技改扩能项目"获金奖，中铁第一勘察设计院集团有限公司"西咸新区空港新城临空物流商务中心A区（一期）项目"获银奖，"神华煤直接液化项目空分装置项目"获银钥匙奖，"神华神东电力公司店塔电厂改建工程"等4个项目获铜钥匙奖。省住房城乡建设厅组织开展并公布2016年陕西省优秀工程勘察设计奖评选结果，第十八次优秀工程设计（工业类）：一等奖27项、二等奖34项、三等奖41项。第十三届工程勘察设计计算机优秀软件：一等奖2项、二等奖2项、三等奖2项。

【QC小组活动】 中国勘察设计协会表彰2016年度国家工程建设（勘察设计）优秀QC小组，陕西有26个小组、4个单位、4名个人获奖。

工程质量安全监督

【概况】 2016年，全省住房城乡建设系统牢固树立质量第一和安全发展理念，以工程质量治理为主线，以建筑施工安全生产为底线，以加强监督执法为抓手，不断加强工程质量安全检查巡查，开展建筑施工质量安全隐患排查和专项整治，查处违法违规行为，持续开展优质工程和文明工地创建，确保质量安全目标。全省房屋和市政工程共发生建筑施工安全生产事故5起，死亡5人。全省获中国建设工程"鲁班奖"11项，国家优质工程25项，省"长安杯"工程奖50项，评审通过省级工法130项，授予省级文明工地267个。

【工程质量治理两年行动】 省住房城乡建设厅分3个组对全省工程治理两年行动进行督导检查，抽查工程项目66个，累计面积330.699万平方米，对14起违法违规典型案例在全省进行通报。7月，住房城乡建设部工程质量治理专家组来陕检查工程质量治理行动情况，抽查西安市6个在建工程（1个棚改房项目，2个公共建筑、3个商品房项目），总建筑面积26万平方米。全省质量安全和建筑市场指标达标率分别为87.3%和89%。工程质量治理两年行动，全省共排查建筑工程项目31233个（次）、检查建设单位数21486个（次）、检查施工企业22416个（次），查处有违法行为的建设单位410家、施工企业444家，个人195人。责令停工限期整改企业355家，取消市场准入、限制招标资格30家，累计处以罚款1878.66万元。省住房城乡建设厅表彰"工程质量治理两年行动先进单位"3个。"工程质量安全十佳企业"10个。

【安全专项行动】 印制发放《安全生产法》、《工程项目施工人员安全指导手册》等10余种宣传资料95000余份，展出安全生产宣传牌1400余块。派出检查组55个，检查企业850家，检查项目790个，纠正违法违规行为349项，排查治理安全隐患1077项。全省开展执法行动1571起，查处非法违法行为2400起，下发停工通知单213份，下发整改通知单1753份，共处罚款137.25万元，排查施工企业3652家，排查出一般隐患7271项，其中已整改6976项，整改率96%。10月，省住房城乡建设厅、财政厅、人社厅抽调人员组成3个联合督查组，赴各设区市对清理规范工程建设领域保证金工作进展情况进行督导检查。全省共清理取缔工程建设违法、违规保证金19类，已返还各类保证金共计8.5亿元。

【安全生产管理】 开展建筑施工安全预警3次，

在节假日和汛期到来前，及时对全省建筑施工安全生产工作进行预警，防患于未然。深入推进建筑施工安全生产"三化"建设工作，建立省、市、县建筑施工企业三级安全监管网格和精细化、专业化机制，夯实建筑施工企业安全生产主体责任和各级建设行政主管部门的监管责任。强化从业人员安全生产教育培训，使从业人员熟练掌握关键岗位的安全知识及技能，推广文明工地创建活动和"安全生产体验区"等做法，不断提高建筑施工人员安全素质和法律法规意识和解决问题、消除事故隐患的能力。

【扬尘污染防治】 抓好《陕西省建筑施工扬尘治理行动方案》和《建筑施工扬尘治理措施16条》贯彻落实。针对2016年冬季雾霾天气多发情况，下发《全省重污染天气扬尘控制方案》，西安市、咸阳市、西咸新区建成区及关中其他城市中心城区严格执行"禁土令"，除地铁项目和市政抢修、抢险工程外的建筑工地，禁止出土、拆迁、倒土等土石方作业，施工工地要有效落实建筑施工扬尘治理措施16条，做到"洒水、覆盖、硬化、冲洗、绿化、围挡"六个100%。

【文明工地】 2016年，表彰奖励省级文明工地267个、文明施工观摩工地14个，是全省文明工地创建活动的第20个年头。

【创优评先】 鲁班奖：中国建筑业协会公布2016～2017年度第一批中国建设工程鲁班奖（国家优质工程）入选工程名单中，陕西承建、参建的11项工程项目名列其中。境外工程2项。国家优质工程奖：中国施工企业管理协会公布"2016～2017年度第一批国家优质工程奖工程"名单中，陕西承建、参建的25个工程项目名列其中。国家优质工程金质奖1项，无锡市轨道交通1号线工程，银质奖24项（其中境外工程1项）。全国建筑业AAA级信用企业：中国建筑业协会公布2016年度全国建筑业AAA级信用企业名单中，陕西有5个企业名列其中。全国建筑业企业优秀总工程师：中国建筑业协会表彰"十二五"全国建筑业企业优秀总工程师，陕西有12位总工程师受到表彰。

【QC小组活动】 国家工程建设质量奖审定委员会表彰的"2016年全国工程建设优秀QC小组和优秀企业等"通报中，陕西有79个QC小组、2个单位、6名个人受到表彰。其中QC小组一等奖11个，二等奖39个，三等奖29个。QC小组活动优秀企业1个、优秀小组长4名、优秀组织单位1个、优秀发布人2名。

建筑市场

【概况】 2016年，全省住房城乡建设系统将建筑业改革转型作为重中之重，在经济下行压力较大形势下，持续保持快速发展，建筑业完成总产值5329.23亿元，同比增长12.1%，较上年同期提高7.8%，实现建筑业增加值1943.2亿元，同比增长9.3%，占全省GDP比重10.14%。建筑从业人员达136.73万人。新增一级资质企业48家，特级资质企业4家6项，特级企业累计达13家、17项。

【政策措施】 召开全省建筑业和市场监管工作会议，推进招投标管理系统、施工许可系统与进一体化平台对接联网，实现互联互通、数据资源共享。进入一体平台的工程业绩8766个，建筑业企业10559家，企业良好、不良信用信息1667条，各类职业人员达101.7万人。

【劳务用工制度改革】 下发《建筑业劳务用工制度改革试点实施方案》、《劳务用工制度改革试点任务分解》，全省共注册成立建筑小微企业216家，成立45个专业劳务班组。全面推进关键岗位实名制管理，深入各设区市县督导检查各地及时录入在建项目信息，组织多期业务培训，完成审核项目1665个，制作实名卡11238人，完成设备绑定并开展关键岗位人员实名制考勤的项目达510个。

【劳保统筹】 省统筹办公室下发《关于规范劳保费拨付事项的通知》，保证劳保费拨付工作规范有序。对全省12个地市及部分县（区）劳保费统筹管理工作进行专项检查。全年收缴劳保费29.2亿元，较上年同期增长4.98%。

【工程监理】 已取得工程监理乙级（含乙级）以下资质的企业，持有省级监理工程师资格证书的人员，可作为注册人员继续执业，可在企业间变更。但新申请和增项申请监理资质不作为注册人员予以认定。注册在监理企业的二级结构工程师、二级注册建筑师和二级注册建造师，经监理企业对其进行监理业务培训，在省注册中心备案后，可在陕担任二类及以下工程的项目总监，并作为注册人员申请乙级、丙级资质。专业监理工程师应具有工程类注册执业资格或具有中级以上职称，2年及以上工程实践经验并经监理业务培训的人员。对符合条件的人员经省监理协会专业监理工程师培训，考核合格发放陕西省专业监理工程师岗位证书，可担任相应专业监理工程师，但不能作为资质申请注册人员。

【工程造价】 下发《陕西省住房和城乡建设厅关于调整陕西省建设工程计价依据的通知》的调整

文件，推进全省建筑业"营改增"建设工程计价依据调整工作。编制全省试点城市《海绵城市建设工程消耗量定额》。强化全省建筑市场计价行为检查，对部分市场主体存在的不规范的计价行为，提出建设性的指导意见。全年新增工程造价从业人员的初始登记注册3268人，省内变更注册984人，增项专业196人，发放印章2932人。全年接待调解造价纠纷2230余次。

【招标投标】 相继出台《关于省外建筑企业进陕参与工程发包承包活动有关问题的通知》、《陕西省建设工程评标专家诚信动态考核办法》、《关于进一步明确工程项目招标投标资格审查有关事项的通知》及《施工分包管理细则》、《资格审查管理细则》和《施工、监理评标办法》等配套文件。电子化招投标系统建设取得突破性进展，正式启用V6.0新版电子招标投标系统。全年监管房建和市政工程招标项目678个，中标总金额约257.16亿元，节资率5.4%，与上年同比招标项目增加27.01%，中标总金额增加22.8%。

【对外承包工程】 全年对外承包工程完成营业额24.29亿美元，增长10.2%。建筑业外向度达35%左右，较上年提高3个百分点。

建筑节能与科技

【概况】 2016年，调整新一届的陕西省住房城乡建设科学技术委员会及组成成员，修订科技委章程，制定专家委员会工作制度。全省住房城乡建设系统以国家绿色建筑发展政策为依据，大力发展装配式建筑和绿色建筑，促进建筑业转型升级。全省绿色建筑评价标识项目累计392个、4882.34万平方米，确定新技术新产品22种，获国家科学技术奖1个，省级科学技术奖7个，华夏科学技术奖4个，雁翔文化产业创意谷住宅小区列为全省第二个绿色生态居住小区。

【绿色建筑】 修订的《陕西省民用建筑节能条例》于11月24日经陕西省十二届人大常委会第三十次会议第二次全体会议表决通过，2017年3月1日起施行。西咸新区沣西新城、西安高新国际社区列为陕西省绿色生态城区试点示范。坚持绿色建筑季度通报制度，下发通报3期。省级绿色生态城区试点的安康月河湾新区，完成投资10.5个亿，建设房建项目30万平方米，采取PPP模式开工建设市政道路4.5千米。12月16日，省住房城乡建设厅召开全省绿色建筑评价标识专家换届暨绿色建筑评价技术要点宣讲会，156人被确定为第三届陕西省绿色建筑评价标识专家组成员，并颁发聘书。全年新增绿色建筑标识项目160个、2013.10万平方米，其中当年进行施工图审查的项目100个、1123.88平方米，占新建建筑比例为29.8%，超额完成年度目标任务1.8个百分点。

【装配式建筑】 将西安市列为陕西省装配式建筑综合试点示范城市。分别召开全省建筑产业现代化工作座谈会和全省钢结构生产与应用座谈会，会同省财政下达省级财政资金788万元，支持装配式建筑项目3个、10.99万平方米。12月20日，发布《装配式混凝土结构工程施工与质量验收规程》。推荐国家级装配式建筑产业基地1个、命名省级装配式建筑产业基地1个，组织3个单位创建省级装配式建造产业基地。全省预制装配式混凝土构件产能达到90万立方米，钢结构产能达到22万吨。

【科技项目】 被住房城乡建设部列入2016年绿色施工科技示范工程6项，下发《关于组织申报陕西省绿色施工科技示范工程的通知》，征集储备项目51个。列入住房城乡建设部《2016年科学技术项目计划》课题研究项目28项，列为2016年度省科技计划项目6项，推荐2017年度省科技计划项目立项课题23项。68项工程完成新技术应用示范工作，通过验收。印发《关于发布陕西省建设领域推广应用新技术目录的通知》，确定新技术新产品22种，新型墙体材料认定3批72种产品。

【节能改造】 下发《关于征集既有公共建筑节能改造合同能源管理示范项目的通知》、《关于做好既有公共建筑合同能源管理节能改造项目组织实施工作的通知》和《关于做好2015年度既有居住建筑供热计量及节能改造项目验收工作的通知》，完成既有居住建筑供热计量及节能改造项目132.3万平方米。

【创先评优】 国家科学技术奖：陕西1个项目获奖。西安建筑科技大学李安桂、尹海国团队完成的"地铁环境保障与高效节能关键技术创新及应用"项目获2016年度国家技术发明二等奖。陕西省科学技术奖：省住房城乡建设系统7个项目获。其中一等奖2个，二等奖3个，三等奖1个。华夏建设科学技术奖：住房城乡建设部2016年华夏建设科学技术奖，陕西4个项目获奖。其中一等奖2个，二等奖1个，三等奖1个。

建设人事教育工作

【概况】 016年，全省住房城乡建设系统人事教育工作以目标责任考核为抓手，加强干部队伍建设，强化人才教育培养，稳妥推进事业单位改革和行业协会脱钩。

【干部队伍建设】 出台《陕西省住房和城乡建设厅干部鼓励激励、容错纠错、能上能下实施办法（试行）》，全年选拔任用12名处级领导干部干部，对8名处级领导干部、2名处级非领导干部、3名主任科员轮岗交流，2名处级干部和1名技术干部，赴住房城乡建设部挂职锻炼，4名专业技术干部到县区挂任副县长。

【干部培训】 围绕中央城市工作会议及城管执法体制改革、《中国共产党廉洁自律准则》、《中国共产党纪律处分条例》、"两学一做"学习教育、法治政府和五大发展理念，城市规划建设等内容举办干部专题讲座8期，处室调研成果汇报交流3期，举办"中国陕西—英国海绵城市和智慧城市建设经验交流论坛"，联合英国驻华大使馆、省政府外事办共同主办了约120人参加的论坛。

【精准扶贫】 制定《省住房城乡建设厅包扶东高垴村2016～2018年脱贫工作方案》和《省住房城乡建设厅包扶东高垴村2016脱贫工作计划》，选派3名干部参与"两联一包"扶贫工作。全年投资30万元，争取配套资金15万元。

【社团管理】 制定《厅管行业协会与行政机关脱钩工作实施方案》，明确行业协会脱钩"五分离"实施任务安排，落实工作责任。

【继续教育】 全年网络培训2528人次，面授培训2.3万人次。全年集中组3次全省建设领域现场专业人员岗位培训统一考试，14.9万人次参加考试，取证9.24万人。会同设区市建设行政主管部门，对培训机构的组织机构、办学条件、培训管理、办学效果等15个大类27个子项检查评估，6家单位被评为优秀单位，1家单位退出培训机构名录。修订完善考务工作手册、阅卷管理规定、信息系统管理、继续教育、证书发放管理等相关制度，举办两期培训班，培训师资125名。

【职业培训】 及时将符合条件的机构列入全省建筑工人职业培训考核机构名录。列入培训考核机构名录的单位共53家，培训建筑工人约5.2万余人。

【技能大赛】 9月24～25日，2016年中国技能大赛——全国住房城乡建设行业"陕建杯"职业技能竞赛全国决赛在陕西建设技师学院举行。大赛分为手工木工、钢筋工、管工三个竞赛项目，其中管工和钢筋工设立职工组和学生组，木工只设立职工组。决赛共有陕西、江苏、浙江等8个省市、23个代表队、119名选手入围。陕西建设技师学院刘晓勇分别获得钢筋工、管工学生组第一名，陕西建工集团有限公司、陕西建设技师学院荣获特别贡献奖。

大事记

1月

6日 全省农村危房改造工作暨改善农村人居环境信贷资金政策培训会在西安召开，会议总结2015年全省农村危房改造情况，安排2016年农村危房改造及改善农村人居环境重点工作。

9日 省政府印发《关于做好政府购买棚户区改造服务工作的实施意见》、《关于进一步做好城镇棚户区和城乡危房改造及配套基础设施建设工作的通知》，推进政府购买棚户区改造服务工作，支持存量商品房适当转为公租房。

12日 住房城乡建设部公布第三批全国美丽宜居小镇和美丽宜居村庄名单中，陕西有3个镇4个村入选。

15日 陕西省首届海绵城市建设论坛在西安举行，国内著名专家解读海绵城市相关内容，对海绵城市建设用材标准及工艺技术、水环境保护、城市基础设施规划设计等主题进行探讨和交流。

21日 副省长庄长兴主持召开全省房地产市场工作座谈会，要求各地、各部门按照中省相关要求和部署，正确认识和准确把握当前房地产市场形势，综合施策，主动作为，努力化解房地产库存，保持房地产行业平稳健康发展。

22日 省住房城乡建设厅建设志编辑办公室被表彰为全省地方志系统先进集体。

2月

3日 省住房城乡建设厅党组书记、厅长杨冠军主持召开厅干部大会，传达学习省十二届人大四次会议、省十一届政协四次会议和赵正永书记在省纪委十二届六次全会上的讲话精神，安排部署贯彻措施及春节期间安全稳定工作。

20日 全省住房城乡建设工作会议在西安召开。会议传达省长娄勤俭、副省长庄长兴对全省住建工作的批示精神，总结2015年及"十二五"工作，安排部署2016年工作。

3月

1日 住房城乡建设部、中央编办、国务院法制办联合召开电视电话会议，动员部署推进城市执法体制改革、改进城市管理工作。陕西省在西安市设立省级分会场，各设区市设分会场听会。

2日 眉县、大荔县、西乡县、安康市汉滨区4个县区被住房城乡建设部确定为"全国农村生活污水治理示范县(市、区)"。

4日 省住房城乡建设厅邀请省纪委党风政风监督室副厅级纪检监察员马银录作《中国共产党廉洁自律准则》和《中国共产党纪律处分条例》专题辅导,厅领导及机关全体党员干部和直单位班子成员参加。

8~9日 宁夏住房城乡建设厅厅长杨玉经一行来陕西考察城市规划建设管理及政策法规制定等方面工作。考察组一行与省住房城乡建设厅相关部处进行座谈,参观西安城市规划展览馆和西咸新区沣西新城海绵城市和地下管廊建设工作。

10日 省住房城乡建设厅接待"走进省政府"的公民代表,副巡视员魏龙向来自西安市西一路社区的45名代表介绍省住房城乡建设厅的职能以及保障性安居工程建设、房地产市场监管、城乡规划管控、城市建设管理、"两镇"建设、建筑业改革发展及党风廉政建设等工作情况。

21~23日 住房城乡建设部委托第三方专业机构西安建筑科技大学,组成两个督导组,对全省开展"十三五"农村危房改造对象信息核实录入情况调查督导。随机抽选咸阳市旬邑县丈八寺镇郝家村等6个村为督导对象。

28日 省住房城乡建设厅印发《关于开展2016年建筑施工安全专项整治工作的通知》,即日起至2016年底,全省开展建筑施工安全专项整治工作。

31日 省住房城乡建设厅通报"福建宏盛建设集团有限公司违法违规行为",将福建宏盛建设集团有限公司清除出陕西省建筑市场。

4月

1日 副省长庄长兴出席全省棚户区改造工作电视电话会议,要求加快棚户区改造,全面提高货币化安置率。

11日 住房城乡建设部批准陕西等3省开展建筑劳务用工制度改革试点工作。

15日 省住房城乡建设厅印发《关于切实做好房屋交易和产权管理工作的通知》,规范全省房屋交易和产权管理的职责和房屋交易管理制度。

19日 省住房城乡建设厅召开全省保障性安居工程工作座谈会,通报一季度全省棚户区改造开工、保障房建设分配入住、棚改贷款使用等情况,安排部署下一步工作。

20日 省住房城乡建设厅与农发行陕西分行就全面深化合作进行座谈,省住房城乡建设厅厅长杨冠军,农发行陕西分行行长马清出席,省住房城乡建设厅副厅长张阳、农发行陕西分行副行长袁云涛、省住房城乡建设厅副巡视员魏龙参加座谈。

22日 住房城乡建设部市场监管司调研组来陕西就取消企业资质省级初审,下放部分甲级资质审批权限等有关内容进行调研座谈。西北综合勘察设计研究、中联西北工程设计研究院、中煤西安设计工程有限责任公司、陕西省城乡规划设计研究院等10余家单位和企业参与调研。

5月

6日 省政府出台《加快全省改善农村人居环境工作的意见》,切实加快全省改善农村人居环境工作,建设美丽宜居乡村。

9日 全省建筑业和建筑市场监管工作会议在西安召开,会议对推进2016年度全省建筑业改革发展工作,落实《推进建筑业信息化建设工作方案》,推动建筑劳务用工制度改革试点等进行安排部署。

10日 省政府出台《关于房地产去库存优结构的若干意见》,明确提出提高棚户区改造货币化安置率、支持农民进城购房、落实信贷支持和税收优惠政策、发挥住房公积金作用、培育发展住房租赁市场等多项新政。

13日 省住房城乡建设厅召开专题会议,传达学习国务院全国推进简政放权放管结合优化服务改革电视电话会议精神,研究部署全省住房城乡建设系统推进"放管服"改革的措施。

16日 省住房城乡建设厅、省财政厅等联合发文,确定宝鸡市、铜川市为省级海绵城市建设试点城市,西安市、延安市为省级地下综合管廊建设试点城市。

18日 省政府召开全省城市规划建设管理观摩座谈会,副省长庄长兴出席会议并讲话。省住房城乡建设厅、发改委、财政厅和宝鸡市、西安市、汉中市、延安市政府分别作会议发言,与会代表观摩宝鸡市城市规划建设管理工作成果。

25日 住房城乡建设部公布2016年列入中央财政支持范围的中国传统村落名单,陕西渭南市、汉中市、榆林市、安康市等地的12个传统村落入选。

28~29日 2016年度陕西省二级建造师执业资格考试在西安举行,全省报名参加二级建造师考试人员达91725人,报考人数创历年新高。

6月

7日 第二届陕西城乡规划论坛在西安举行,全省各地市城乡建设规划部门负责人、青年规划师及高校学生共300余人参加论坛。省住房城乡建设厅副厅长韩一兵出席论坛并讲话。论坛的主题是"守望乡村",代表围绕乡村规划与建设、乡村文化遗产及生态保护等理论研究与实践案例展开讨论。

8日 省住房城乡建设厅召开全省新一轮城市总体规划修编和多规合一工作座谈会，传达住房城乡建设部多规合一会议精神，通报全省多规合一工作情况以及城市总体规划卫星遥感监测情况。

11日 中共陕西省委省政府办公厅印发《关于进一步推进全省重点示范镇文化旅游名镇（街区）建设的通知》，提出建立动态调整机制、持续加大扶持力度、加强技术支持和专家指导、严格目标责任考核等八项措施，进一步推动全省重点示范镇文化旅游名镇（街区）建设。

16日 省住房城乡建设厅在商洛镇安召开全省文化旅游名镇（街区）观摩推进会，总结"十二五"文化旅游名镇建设工作，安排部署下一阶段文化旅游名镇工作任务。

24日 省住房城乡建设厅举办"两学一做"暨"五大发展理念"专题辅导讲座。中共陕西省委党校经济学教研部教授、硕士生导师、陕西省经济学学会副秘书长康芳民教授做题为"以五大理念为引领，全面建成小康社会"的授课。厅领导，厅机关全体党员和厅直系统党支部书记参加讲座。

7月

5日 省政府召开全省加快城镇基础设施项目建设视频会议，副省长庄长兴出席会议并讲话。要求各地、各部门从城镇基础设施建设投资在全社会固定资产投资总量中占比较高的实际出发，进一步加强项目的谋划和实施。

6日 省发改委、省住房城乡建设厅和西安建筑科技大学战略合作协议签订暨陕西省新型城镇化和人居环境研究院揭牌仪式在西安建筑科技大学举行。

13日 省住房城乡建设厅下发通知，取消对物业管理师职业资格的许可、认定，也不得以该职业资格名义开展培训活动。

15日 全省城市地下综合管廊建设项目对接会在西安举行，31家全国及省内具有投融资能力和建设管理经验的大型企业，与各市（区）地下综合管廊建设主管部门进行项目合作洽谈，推介项目75个。

27日 省住房城乡建设厅会同中共陕西省委农工办、文明办、发改委、财政厅、环保厅、农业厅、商务厅、省爱卫会、省妇联10部门制定《陕西省农村生活垃圾治理考核验收办法》，规范全省农村生活垃圾治理考核验收工作。

8月

3～4日 省住房城乡建设厅副厅长郑建钢带领有关专家和厅质安处、标定处负责同志组成检查组，对西安市地铁建设项目质量安全进行为期两天的专项检查，查找可能导致事故发生的各种危险因素和管理漏洞，排查治理事故隐患。

9日 陕建安装集团获住房城乡建设部市政公用工程施工总承包特级资质及市政行业工程设计甲级资质，成为迄今全国22家取得该项特级资质企业中唯一的省属安装企业。

22日 省政府印发《陕西省保障性安居工程建设管理工作奖励办法》，《办法》2016年9月22日起执行，有效期2年。原《陕西省保障性住房建设管理工作奖励暂行办法》自行废止。

23日 省住房城乡建设厅以简报形式发布《2015年陕西省建筑业发展统计分析》。

25日 陕西海绵城市建设综合超市启动仪式新闻发布会在西安举行，来自省内外20余家有关海绵城市建设材料生产商、施工企业出席了新闻发布会。

29日 省住房城乡建设厅授予134个工地为2016年第一批省级文明工地称号，对文明工地建筑施工企业颁发荣誉证书。

31日 全省城镇环卫作业管理经验交流会在渭南召开，会议推广渭南市临渭区、大荔县、丹凤县环卫工作管理经验，安排部署全省城镇市容环境卫生综合整治工作。

9月

6日 省住房城乡建设厅召开全省建筑业发展形势分析座谈会，西安市、安康市、延安市住建主管部门、省级建筑业相关协会及23家建筑企业负责人参加座谈，共析陕西建筑业改革发展形势，共商陕西建筑业转型升级之路。

9日 省住房城乡建设厅"法治陕西大讲堂"开讲，省政府法制办公室主任王占峰作题为"强化法治思维，善用法治方式"的专题讲座。

13日 中共陕西省委省政府办公厅召开全省"六五"普法总结表彰暨"七五"普法动员会，省住房城乡建设厅被表彰为"2011—2015法制宣传教育先进集体"。

19日 省政府召开陕北陕南片区城镇基础设施项目建设工作推进座谈会，副省长庄长兴出席并讲话。汉中市、商洛市、安康市、延安市、榆林市政府做城镇基础设施建设工作汇报，省发展改革委、住房城乡建设厅、国土资源厅、交通厅、国开行陕西省分行、农发行陕西省分行等部门发言。

21日 省住房城乡建设厅制定《陕西省城市（含县城）建成区违法建设专项治理工作五年行动实施方案》，多措并举，全面推进全省违法建设治理工作。

24～25日　2016年中国技能大赛——全国住房城乡建设行业"陕建杯"职业技能竞赛决赛在陕西建设技师学院举行。本次竞赛由中国建设劳动学会和中国就业培训技术指导中心联合主办，陕西建工集团有限公司承办，陕西省建设教育培训中心、西安建筑工程技师学院等协办。

25日　中国工程建设设计大师张锦秋建筑作品展在陕西历史博物馆展出，展出类型分系列模型、手稿、照片和多媒体，展示张锦秋的重要作品和建筑人生。陕西省副省长庄长兴、中国工程院副院长徐德龙、省住房城乡建设厅厅长杨冠军等出席开幕式并讲话。

27日　省政府表彰"陕西省质量奖"企业，陕西建工第一建设集团有限公司、中国建筑西北设计研究院有限公司和陕西建工第三建设集团有限公司受到表彰，各获100万元奖励。

29日　省住房城乡建设厅召开全省农村危房改造暨村镇建设工作座谈会，通报分析全省农村危房改造工作现状，对村镇建设相关工作进行安排部署。

10月

13日　省住房城乡建设厅印发《陕西省住房和城乡建设事业"十三五"规划》的通知，要求各设区市建设行业主管部门认真贯彻执行，确保规划任务落到实处。

10日　省住房城乡建设厅公布2016年度省级工法评定结果，130项工程建设工法通过评定。

14日　省住房城乡建设厅在其官网发布《陕西省农村特色民居设计图集》，96个特色民居方案及施工图示例、工程造价信息等在网站首页"专题专栏"中显示，方便广大农民朋友随时上网查询及下载选用。

19日　省住房城乡建设厅表彰奖励"工程质量治理两年行动先进单位"和"工程质量安全十佳企业"。

21日　省政府出台《关于深入推进新型城镇化建设的实施意见》，深入推进全省新型城镇化建设。

27日　全省城市管理执法体制改革试点工作启动会在咸阳市召开，副省长庄长兴主持会议并讲话。确定西安市、宝鸡市、咸阳市、韩城市为执法体制改革试点城市。

31日　省住房城乡建设厅主办的全省BIM技术在工程勘察设计领域应用研讨会在西安举行，BIM技术领域的专家学者分别就该项技术的研究推广、政策解读等进行研讨，省内勘察设计企业代表就BIM技术的应用进行经验交流。

11月

2日　西安市幸福林带建设工程开工动员会在西安举行，中共陕西省委书记娄勤俭宣布开工。

3日　省住房城乡建设厅会同省财政厅印发《陕西省建筑业劳保费用行业统筹管理实施细则》，明确收缴、拨付等六大方面相关工作。

6日　第二届全国生态文明建设高峰论坛暨城市与景区生态文明建设成果发布，陕西华山风景名胜区被评为"中国十大生态旅游景区"

9日　全省大气污染防治工作现场推进会在西咸新区召开，副省长张道宏出席会议并讲话。省住房城乡建设厅党组成员、副厅长郑建钢参加会议作经验交流发言，参会代表观摩西咸新区热力公司集中供热、分布式能源天然气供热、干热岩供热项目和建筑工地扬尘治理等示范点。

21日　由省建厅、英国驻华大使馆、省政府外事办公室主办，省城乡规划设计研究院、英国城乡规划协会、省城乡规划协会承办的"中国陕西—英国海绵城市和智慧城市建设经验交流论坛"在西安举行。

24日　省政府召开全省保障性安居工程建设工作推进会，副省长庄长兴出席会议并讲话。强调各地要按照中省政策要求，实行购租并举，健全以市场配置为主、政府提供基本保障的住房保障体系。

25日　省政府办公厅印发《陕西省改善农村人居环境工作考核办法（试行）》，全面、准确、动态考核农村人居环境工作。

12月

6日　西咸新区沣西新城与西安理工大学、西安建筑科技大学、西安市行政学院、西北农林科技大学、西安公路研究院、咸阳市专业技术人员继续教育基地分别签订战略合作协议，成立6个海绵城市教学科研基地。这是陕西首批以海绵城市建设为主题的教学科研实践基地。

9日　住房城乡建设部等部门公布第四批中国传统村落名录的村落名单中，陕西有41个村入选。

12日　省住房城乡建设厅承编的第二轮《陕西省志·建设志》（1996～2010年）由陕西人民出版社公开出版发行。

14日　西安市人大常委会与市政府召开宣贯会，公布修订后的《西安市物业管理条例》。《条例》共9章120条，2017年1月1日起施行。

21日　省住房城乡建设厅印发《陕西省建设工程长安杯奖评选办法》，《办法》自2017年1月1日起施行，至2022年1月1日自行废止，有效期五年。

23日　省政府召开全省城乡规划督察座谈会，副省长庄长兴出席会议并讲话。会议通报2016年以来全省督促查处的12起城乡规划违法违规典型案件。省住房城乡建设厅党组书记、厅长杨冠军对做好城乡规划督察工作提出具体建议。西安市、咸阳市、榆林市政府，杨凌示范区管委会分管负责人及省城乡规划稽查员代表作发言。

28日　省住房城乡建设厅与省政府法制办共同召开《陕西省控制性详细规划管理办法》（以下简称《办法》）新闻发布会。省住房城乡建设厅党组成员、副厅长张阳就《办法》的宣传贯彻工作提出具体要求，省政府法制办副巡视员李云霞对出台背景和主要内容进行解读。

30日　住房城乡建设部公布第八批全国勘察设计大师名单，陕西有5位专家列入名单。

（陕西省住房和城乡建设厅）

甘 肃 省

概况

2016年是"十三五"规划的开局之年，是全面落实中央城市工作会议的第一年，甘肃省建设系统坚持稳中求进的总基调，牢牢把握"稳增长、调结构、促改革、惠民生、防风险"的总体要求，以推进供给侧结构性改革为重点，切实履行城乡规划建设管理职能，狠抓各项工作落实，不断开创住房城乡建设工作新局面。

法规建设

【立法工作】《甘肃省建设工程质量和安全生产管理条例》于9月25日通过省第十二届人大常务会第二十六次会议审查，《甘肃省村镇规划建设管理条例》已报省政府法制办，《甘肃省国有土地上房屋征收与补偿条例》和《甘肃省城市管理执法条例》正在调研起草。

【普法工作】　制定印发《甘肃省住房城乡建设系统法治宣传教育第七个五年规划（2016年—2020年）》和《完善全省住房城乡建设系统国家工作人员学法用法制度的实施方案》，配合住房城乡建设部法规司完成对甘肃省"六五"普法经验总结和"七五"普法规划实施的调研工作，根据省政府法制办《关于开展行政执法案卷评查工作的通知》要求开展案卷评查。

【依法行政工作】　根据中共甘肃省委省政府关于大力推进简政放权、放管结合、优化服务改革的相关要求，取消6项其他行政权力事项和6项部门内部管理事项，按照《甘肃省人民政府办公厅关于印发甘肃省简化优化公共服务流程方便基层群众办事创业实施方案的通知》要求，对公共服务事项进行梳理、发布，对14项行政许可事项的网上办理流程和办理要件进行修改和规范，完成依法行政中期检查和年终考核，组织参加依法行政能力测试。

【"放管服"改革工作】　依照《甘肃省2016年推进简政放权放管结合优化服务改革工作要点》安排，积极推进"放管服"协调发展，配合省发改委完成投资项目在线审批监管平台的建立和调试，推进落实行政许可、行政处罚等信息的公开、公示工作，12月，对4市2县5区"放管服"改革工作进行专项督察。

【行政复议】　共收到行政复议案件19件。政府规章和规范性文件清理：共清理政府规章9件，其中继续有效6件、废止1件、移交其他单位2件，完成2005年至2016年底发布的规范性文件清理工作，共清理规范性文件51件，其中废止9件、宣布失效2件、修订2件、继续有效38件，对住房城乡建设部《关于宣布失效一批住房城乡建设部文件的公告》涉及的844个文件进行核对和清理。

【双随机一公开】　建立《甘肃省住房城乡建设系统随机抽查事项清单》和《执法人员名录库》和《市场主体名录库》，《随机抽查工作细则》，完成"双随机一公开"制度建设要求的"一单两库一细则"。

房地产业

【概况】　2016年，全省房地产开发投资850.03亿元，同比增长10.7%，高于全国增速3.8个百分点，其中住宅投资563.75亿元，同比增长7.1%，高于全国增速0.7个百分点，施工面积8933.24万平方米，同比增长4%，高于全国增速0.8个百分点，其中住宅施工面积6191.65万平方米，同比增长1.7%，低于全国增速0.2个百分点，新开工面积2331.71万平方米，同比增长0.8%，低于全国7.3个百分点，其中住宅新开工面积1587.23万平方米，同比增长2.6%，低于全国增速6.1个百分点，竣工面积991.73万平方米，同比增长3.1%，低于全国增速3个百分点，其中住宅竣工面积730.25万平方米，同比下降4.6%，低于全国增速9.2个百分点，全省商品房销售面积1679.49万平方米，同比增长17.04%，增速较上年同期提高8.78个百分点，低于全国增速5.42个百分点，其中住宅销售1478.81万平方米，同比增长13.1%，增速较上年同期提高5.27个百分点，低于全国增速9.26个百分点。

【去库存和市场监管】 为贯彻落实中共甘肃省委、省政府关于房地产开发行业去库存、加快供给侧结构改革的重大决策，1月份，对全省商品房库存情况进行全面调查。2月6日，省政府成立"甘肃省去房地产库存工作协调推进领导小组"，14个市州也分别成立领导小组。3月5日，按照中央经济工作会议统一部署，省政府办公厅印发《甘肃省去房地产库存实施方案》，从落实政府主体责任、大力推进棚改货币化安置、落实金融税收政策、支持农民工和有意愿的农民进城购房等八个方面，因城施策，提出去房地产库存措施。为确保该方案落实，先后下发《关于认真贯彻落实〈甘肃省去房地产库存实施方案〉有关问题的通知》、《关于对全省去房地产库存情况进行督查的通知》。6月，联合农业银行印发《关于做好支持农民进城购房信贷工作的通知》，6月，按照住房城乡建设部《关于贯彻落实＜国务院办公厅关于加快培育和发展住房租赁市场的若干意见＞的通知》要求，省政府办公厅印发《甘肃省人民政府办公厅关于加快培育和发展住房租赁市场的意见》，在房地产开发企业开展房屋租赁、个人出租房屋、地方政府新建租赁住房、改建房屋用于租赁等方面提出具体要求，在政策方面提供优惠扶持。

为加强市场监管，按照全国房地产主管部门座谈会议精神，6月12日，下发《关于印发〈住房城乡建设部办公厅关于履行房屋交易和产权管理职责并与不动产登记有序衔接的复函〉的通知》，要求各地认真履行房屋交易产权管理职责，做好网签日报系统的升级改造，核对历史数据和库存数据，规范日报数据校核修订流程，全面落实网签交易系统全覆盖，根据《建设部关于加快推进全国房地产库存和交易检测平台建设的通知》，7月，规范甘肃省房地产库存和交易数据自动传输流程，完成接口连接和调试、历史数据核对及归档入库工作，根据《住房城乡建设部关于开展房地产中介专项整治工作的通知》精神及省政府防范和处置非法集资工作部署，6月12日，印发《甘肃省住房和城乡建设厅关于开展房地产市场非法集资排查和房地产中介专项整治工作实施意见》，对11项违法违规行为进行了重点整治，11月9日，与省发改委联合转发《国家发改委办公厅、住建部办公厅〈关于开展商品房销售明码标价专项检查的通知〉》，11月30日，与省发改委、工信委等8部门联合印发《关于加强房地产中介管理促进行业健康发展的意见》，进一步加强对房地产中介市场的监管。为准确把握市场形势，督促14个市州按时通过房地产交易日报系统报送新建商品房和二手房交易面积、金额、套数等指标，按要求完成上报《房屋登记情况》、《国有土地上房屋征收情况》、《住宅专项维修资金情况》等10张年报表，每月初和月末，汇总完成房地产统计数据并形成分析报告，对兰州市本年投资在1亿元以上（含）项目且施工面积在10万平方米（含）以上，其他市州本年投资在5000万元以上（含）项目且施工面积在5万平方米（含）以上的大型房地产开发楼盘和城市综合体项目，要求每半月上报项目进展情况。

【国有土地上房屋征收与补偿】 把推动《甘肃省国有土地上房屋征收与补偿条例》的出台并列入2017年省人大立法计划项目作为重点工作。

【物业管理】 截至2016年底，全省物业服务企业2223家、物业管理从业人员69353人、服务项目7016个、管理面积23191.31万平方米。其中，住宅项目4153个，管理面积20160.37万平方米（5万平方米以上的住宅小区1460个，管理面积7468.75万平方米），办公楼项目1208个，管理面积1042.67万平方米，商品营业用房项目1387个，管理面积1095.11万平方米，工业仓储用房项目49个，管理面积220.91万平方米；其他项目171个，管理面积326.14万平方米。

研制完成全省统一的物业企业备案系统，提高物业企业备案的质量和效率。为进一步规范物业服务行为，促进物业服务行业发展，下发《甘肃省住房和城乡建设厅关于对全省物业管理服务情况进行检查的通知》，对全省贯彻《甘肃人民政府办公厅关于进一步促进物业行业健康发展的实施意见》情况，重点就物业管理层级监管机制建立、业主委员会成立等问题进行全面检查。在对全省物业管理服务活动进行检查指导的同时，重点指导兰州市开展物业服务质量专项整治活动。兰州市制定《全市物业服务专项整治活动量化考核标准》，对七百多家物业企业进行量化考核，对所有"三不管"楼院和近2000个小区进行全面检查。完成住房城乡建设部2015年物业统计年报和省内物业统计季报表。制定下发全省物业行业消防安全工作办法。指导物业企业提升安保和安全防范专业化水平。

住房保障

【保障性安居工程建设】 2016年，甘肃省保障性安居工程建设的目标任务为：实施棚户区改造13.07万户，其中棚改货币化安置率不低于50%，基本建成历年结转保障性住房和棚户区改造安置住房5.76万套，发放住房租赁补贴7.72万户。截至2016年底，全省累计落实到位中央补助资金59.16亿元、省级补助资金8.66亿元，落实棚改专项基金44.39亿元，国开行、农发行金融贷款资金119.86亿元，实施棚户区改造13.07万户（开工率为100%），其中实现棚改货币化安置7.27万户（货币化安置率为55.6%），分配入住公共租赁住房39.5万套，占历年累计开工建设总量44.52万套的88.7%，分配入住率在全国排名第3位，基本建成7.99万套，基本建成任务完成率为138.7%。公租房实物建成、落实货币化补贴共5.17万套（户），超额完成中共甘肃省委省政府为民办实事确定的计划任务11.8个百分点。

【保障性安居工程组织实施】 省政府召开全省棚户区改造工作会议，签订《2016年住房保障工作目标责任书》。省棚改领导小组先后2次召开会议、棚改领导小组办公室先后9次召开会议，研究重点工作，解决发展难题，确保重点工作稳步推进。省政府办公厅每月对各地棚改开工、基本建成、公租房分配入住以及政府购买棚改服务贷款等工作进度进行排名通报。省房地产市场调控和保障性安居工程领导小组办公室先后3次进行全方位督促检查，并组织开展2016年住房保障工作目标责任书半年考核和年终考核。国务院督查组对兰州市、武威市、庆阳市、张掖市等市公租房项目进行专项督查，住房城乡建设部巡查组分4次对全省14个市州进行全面巡查。为稳步推进政府购买棚改服务工作，省住房和城乡建设厅会同省财政厅制定出台《甘肃省政府购买棚户区改造服务管理办法（试行）》。2月19日，省政府与国开行总行签署《棚户区改造项目合作备忘录》，明确2016～2017年国家开发银行对甘肃省棚户区改造提供1000亿元的融资支持，实现政府购买棚改服务贷款的省级统筹增信。建设"甘肃省保障性安居工程信息系统"并投入使用。针对部队住房社会化的需要，制定出台《关于进一步做好驻甘军队和武警部队官兵住房保障社会化的通知》。白银市会宁县针对商品住房存量充足、棚户区改造工作任务繁重的实际，提出"开发企业建设、政府限价回购、被征收人自主选择"的棚改货币化安置工作模式，连续三年做到100%货币化安置，有效消化商品房存量。会宁县的经验做法在全国得到宣传推广。

公积金管理

【概况】 截至2016年底，全省住房公积金归集余额为783.66亿元，同比增长11%；个人住房贷款余额为565.69亿元，同比增长38%，住房公积金使用率为84.91%，同比提高9.08个百分点，全省住房公积金个人住房贷款市场占有率为37.22%，新增归集额228.12亿元，同比增长22.36%，新增提取住房公积金150.41亿元，同比增长19.52%，个贷率达到72.18%，同比提高15个百分点，共发放个人住房贷款7.37万笔、230.6亿元，同比分别增长10.49%、25.78%，结余资金230.99亿元，全年释放70亿元，同比下降23.24%。

【公积金管理】 省政府与14个市州政府分别签订住房保障目标责任书，同时指导各行业分中心与所属集团公司签订《住房公积金目标责任书》。全省住房公积金新增归集额、个贷发放额、个贷率、释放结余均超额完成全年计划目标。为促进房地产市场健康发展，发挥住房公积金在住房消费领域的"引擎"作用，根据《甘肃省人民政府关于促进房地产业持续稳定健康发展的意见》和《甘肃省去房地产库存实施方案》，指导各地按照"因城施策、多措并举"的原则，提高贷款额度、延长贷款年限，进一步降低首付比例，取消贷款中间费用，全面推行异地贷款业务，将进城务工人员纳入制度保障范围。按照《住房城乡建设部办公厅关于开展住房公积金廉政风险防控检查工作的通知》要求，对照《住房公积金廉政风险防控工作检查标准》，在全省开展公积金廉政风险防控检查。截至2016年底，全省住房公积金个人住房贷款逾期额为1830.71万元，逾期率为0.3‰，低于国家规定的风险控制线1.5‰以下。落实《住房城乡建设部办公厅关于贯彻落实住房公积金基础数据标准的通知》和《关于推广住房公积金银行结算数据应用系统的通知》要求，天水市、陇南市两市率先通过结算系统接入部省两级验收，兰州市、定市西等11个中心（分中心）按期完成接入工作。截至2016年底，兰州市、白银市、天水市3市完成住房公积金贷款支持保障性住房建设试点任务，全省利用住房公积金贷款支持建成保障性住房264.8万平方米、18966套。按照住房城乡建设部、财政部、人民银行《关于健全住房公积金信息披露制度的通知》要求，督促指导14个市州通过政府网站等多种渠道于3月底前按期向社会披露住房公积金年度报告，并会同省财政厅、人民银行兰州中心支行于4月底前发布《甘肃省住房公积金2015年度报告》。全省12329住房公积金服务热线运行良好。按照住房城乡建设部《关于加快建设住房公积金综合服务平台的通知》要求，指导全省加快建设集住房公积金信息查询、业务办理、信息发布、互动交流为一体的住房公积金综合服务平台。截至2016年底，兰州市、张掖市、平凉市已建成住房公积金综合服务平台，陇南市、天水市、甘南州、嘉峪关市已开通热线、短信、手机APP、微信、微博等便民服务渠道。按照《住房公积金统计管理办法》完成全省各项统计数据填报和审核工作。

城市规划

【规划编制】 按照2016年第一次甘肃省城乡规划建设委员会全体会议要求对《甘肃省城镇体系规划》进行修改完善，并与省直相关部门各行业专项规划再次进行对接，10月份将修改后的规划报省政府提请中共甘肃省委常委会审议。会同省发改委、省国土厅、省环保厅等新型城镇化试点领导小组成员单位完成17个试点县市"多规合一"规划成果的技术审查工作，截至2016年底，高台县等14个"多规合一"试点县已按照《城乡规划法》规定的县城总体规划的报批程序，取得上级人民政府批复文件，完成"多规合一"规划成果报批工作。武威市、白银市、定西市城市总体规划成果已编制完成，酒泉市、嘉峪关市、临夏市正在编制总体规划成果，天水市、庆阳市、陇南市正在开展新一版总体规划纲要编制工作。

【规划管理】 按照《关于进一步加强城市规划建设管理工作的若干意见》要求，起草完成并报请中共甘肃省委、省政府于8月30日印发《关于进一步加强城市规划建设管理工作的实施意见》。根据住房城乡建设部关于历史文化街区划定和历史建筑确定工作"五年计划三年基本完成"的总体部署，结合甘肃省实际进行具体安排，确保2020年前全面完成相关工作，按照住房城乡建设部、国家文物局要求，会同省文物局组织各地开展第七批中国历史文化名镇名村申报工作，配合住房城乡建设部完成对武威市、天水市历史文化名城保护规划实地调研和专家审查工作，会同省文物局完成酒泉历史文化名城保护规划审查工作并报省政府批复实施。结合国家和中共甘肃省委省政府"放管服"有关要求，修订完善2016版《甘肃省建设项目选址规划管理办法》，进一步减少项目选址办理要件，简化项目办理流程，缩短办理时限，将项目公示时间由10个工作日缩短为5个工作日，为确保重大项目选址的合理性和科学性，坚持专家论证和部门审查相结合的联合审查制度，2016年共核发建设项目选址意见书65项。按照住房城乡建设部等六部委《关于开展开发区审核公告目录修订工作的通知》要求，配合省发改委完成全省开发区审核公告目录修订资料城乡规划部分审核工作，按照省开发区领导小组工作要求，及时将省政府上报文件及本次申报的73个开发区相关规划资料报送住房城乡建设部，完成兰州市、武威市、敦煌市开发区规划与城乡规划衔接审核工作。

【新型城镇化试点工作】 全面推进全省新型城镇化三年期试点第三阶段交流提升工作，促进试点典型经验总结并在全省推广借鉴。加大试点工作宣传力度，印发《全省新型城镇化试点宣传报道工作方案》，编辑三期《试点工作动态》，配合新华社、甘肃日报对永昌县、康县、高台县试点工作进行宣传报道。1月21日，组织召开省推进新型城镇化试点工作领导小组办公室成员单位座谈会，安排落实2016年度试点工作任务。2月25日，印发2016年试点工作要点。3~4月，对各市州2015年度试点工作进行考核评价。6月，梳理汇总各试点县镇报送的2016年涉及基础设施建设、产业发展、生态建设、社会民生等方面的重点建设项目共954项，建设资金总计1041亿元。8月，组织召开省新型城镇化试点工作研讨培训班。10月20日、11月24日，在高台县、陇西县分别召开全省新型城镇化试点经验交流现场会。2016年底，组织对试点县镇工作成效进行全面考核验收。

城市建设

【基础设施建设】 截至2016年底，甘肃省设市城市（县城）用水普及率达到97.28%（91.11%）、燃气普及率达到85.77%（56.13%）、污水处理率达到89.62%（76.88%）、生活垃圾无害化处理率达到80%（70%）、人均公园绿地面积达到12.23平方米（7.48平方米）、人均城市道路面积达到15.18平方米(13.04平方米)。全省共建成污水处理厂89座,试运行1座,在建3座,共建成生活垃圾无害化处理厂86座,在建4座。全省运营与在建的污水处理厂和垃圾处理场已全部覆盖16个设市城市和65个县城。

【城市管理】 4月,在白银市组织召开全省地下综合管廊建设现场推进会议。先后下发《关于转发城市地下综合管廊实行有偿使用制度的指导意见的通知》、《关于转发推进电力管线纳入城市地下综合管廊的意见的通知》、《关于转发提高城市排水防涝能力推进城市地下综合管廊建设的通知》、《关于转发城市地下综合管廊建设运用抵押补充贷款资金有关事项的通知》,指导各地加快城市地下综合管廊建设、补齐城市防洪排涝能力不足短板。组织各城市规划编制单位参加管廊专项规划编制工作巡查辅导。兰州市、白银市、庆阳市、定西市、临夏市地下综合管廊专项规划已获市政府批准通过,武威市、平凉市、张掖市、嘉峪关市、陇南市、酒泉市、敦煌市、合作市、兰州新区地下综合管廊专项规划正在报批,其他城市正在编制完善当中。住房城乡建设部分解到甘肃省2016年开工建设综合管廊工程104千米(项目分布在兰州市、兰州新区和白银市)、估算总投资约69亿元,已全部开工建设。指导各地贯彻落实《甘肃省人民政府办公厅关于加快推进海绵城市建设的实施意见》,做好海绵城市建设项目信息报送工作,形成项目库。庆阳市入选全国第二批海绵城市试点城市,将获得国家财政专项补贴资金12亿元。庆阳市、天水市海绵城市建设专项规划经市政府批复实施,张掖市、酒泉市、陇南市、平凉市正在审批,兰州市、嘉峪关市、金昌市、白银市、合作市正在编制规划。

会同省环保厅组织全省各地做好城市黑臭水体信息报送和公布工作,实施城市黑臭水体整治。指导兰州市、张掖市、平凉市、天水市制定黑臭水体整治计划和具体整治方案。每季度下发《全省城市黑臭水体整治情况通报》,督促各地加快黑臭水体整治工作。经过一年的整治,兰州市完成了鱼儿沟、甘沟、左家沟、阳洼沟4条黑臭水体的整治工作,平凉市甘沟河等4条黑臭水体整治工程已经完工。截至2016年底,全省有黑臭水体9条,分别为兰州市3条(已制定整治方案)、张掖市4条(2条整治工程已经开工、2条已制定了整治方案)、天水市2条(1条整治工程已经开工、1条已制定了整治方案)。根据《甘肃省水污染防治工作方案》要求,先后下发《关于分解〈甘肃省水污染防治2016年度工作方案〉工作任务的通知》、《关于转发〈住房城乡建设部关于进一步加强城镇供水管理工作的通知〉的通知》、《关于进一步做好供水厂水质检测及公示工作的紧急通知》、《关于开展创建节水型城市活动的通知》、《关于转发〈住房城乡建设部 国家发展改革委关于印发城镇节水工作指南的通知〉的通知》等文件,并于每季度下发《关于全省城镇污水处理设施建设和运行情况的通报》。12月,迎接中央环保督察组对全省建设系统水污染防治工作的督察,12月底,配合省环保厅完成2016年度"甘肃省水污染防治行动计划实施情况"考核工作。

下发《关于转发〈住房城乡建设部等部门关于进一步加强城市生活垃圾焚烧处理工作的意见〉的通知》、《关于进一步做好城镇生活垃圾处理信息报送工作的通知》等文件,指导各地全面加强城市生活垃圾、建筑垃圾、餐厨垃圾处理工作。组织开展建筑垃圾风险排查工作,推进建筑垃圾回收和再生利用体系建设。会同省发改委、财政厅对兰州市餐厨废弃物资源化利用和无害化处理试点项目进行终期验收和资金清算审查。8月,组织对宁县生活垃圾无害化填埋场进行省级无害化评定,兰州市中铺子生活垃圾无害化处理项目于9月30日试运行。加强对城市供水水源地水质、城市供水水质和水压等相关指标的日常监督检查。现场督察兰州市第二水源地建设情况。会同有关部门加大资金投入,全面提升城市供水设施水平。上半年组织全省各地开展城镇供水规范化管理考核实施情况自查工作。9月底,以城市市政供水管网水、二次供水水质为重点,组织对全省供水水质开展督查。10月,迎接住房城乡建设部对甘肃省县城供水规范化管理考核。

组织全省开展省级园林城市创建活动。8月底,组织对申报省级园林县城的宁县、民乐县、山丹县以及申报国家园林城市的天水市进行了现场考核和省级初审,宁县和民乐县达到"甘肃园林县城"标准。根据住房城乡建设部审核要求,指导天水市和平凉市对《麦积山风景名胜区总体规划》和《崆峒山风景名胜区总体规划》进行修改完善并于10月底报住房城乡建设部审核。7月,推荐榆中县"节能暖房"工程申报"中国人居环境范例奖"。8月,省住房和城乡建设厅城市建设处获得《全国绿化先进集体》奖项。深入贯彻新发展理念及《大气污染防治行动计划》,指导各地推行道路机械化等低尘作业方式,全省机械化清扫率达到53.42%。指导各市州全面加强城市集中供热工作,加快集中供热设施提升改造,实施供热老旧管网改造。已完成集中供热老旧管网改造一级网201.11千米、二级网376.72千米。完成《甘肃省城市(县城)市政公用设施"十三五"建设规划(2016—2020)》的编制。对全省燃气经营企业的主要负责人、安全生产管理人员、运行维护和抢修人员进行培训。组织开展地下管线普查，稳步推进轨道交通监管工作。指导各地做好城市桥梁检测改造和信息管理系统建设工作，加强城市防汛排涝的监管。会同省发改委等部门对全省城市道路挖掘修复收费标准进行调整。完成2016年城建年报统计工作。

村镇规划建设

【村镇规划编制】 2016年完成27个建制镇、32个乡的总体规划修编工作。截止到2016年底，18个建制镇编制完成控制性详细规划，编制行政村规划376个，基本实现了镇乡总体规划全覆盖的目标，全省建制镇控制性详细规划覆盖率达到72%，全省行政村规划覆盖率达到87%，全面完成200个美丽示范村规划的编制任务。

要求各地树立建设决策先行的乡村规划理念，从2016年开始全面推行以县域乡村建设规划为依据和指导的镇、乡和村庄规划编制体系，进一步完善乡村建设规划许可管理，建立有序的乡村建设管理秩序。按照《建设部关于改革创新、全面有效推进乡村规划工作的指导意见》，组织制定全省县域乡村建设规划编制年度计划，提出从2016年开始每个市州每年编制完成2~3个县的县域乡村建设规划，到2020年实现全省县域乡村建设规划全覆盖的工作方案。修订《甘肃省县域乡村和村庄建设规划编制技术导则(试行)》，按照住房城乡建设部的工作部署，在14个县和28个村开展了县域乡村建设规划和村庄建设规划编制试点(其中省级美丽示范村18个)。通过推进县域乡村和村庄建设规划编制、进一步完善镇乡规划体系、提高村庄规划实用性、推行乡村建设规划许可管理，改变当前"乡村无规划、乡村建设无序，乡村规划照搬城市规划理念和方法、脱离农村实际、实用性差"的问题。

【村镇建设管理】 按照国家和中共甘肃省委省政府推行新型城镇化的战略部署，在建制镇新型城镇化试点工作的基础上，积极开展特色小镇、小城镇发展研究，提出以特色小镇建设为途径的小城镇发展新思路，引领村镇建设工作迈向新阶段。积极组织开展特色小镇培育创建工作，制定并印发《甘肃省人民政府关于推进特色小镇建设的指导意见》，提出甘肃省特色小镇的建设目标、实施步骤、总体要求和保障措施。在充分调查研究、考察论证和广泛征求意见的基础上，推出了第一批18个特色小镇，其中榆中县青城镇、和政县松鸣镇、凉州区清源镇被评为第一批全国特色小镇。2016年，争取到2个传统村落的中央补助资金600万元(前三批15个中国传统村落共申请到中央补助资金4500万元)，筛选推荐的83个村庄有21个通过住房城乡建设部审查并被命名为第四批中国传统村落，甘肃省中国传统村落数增加到36个。组织开展全国美丽宜居小镇、美丽宜居村庄和绿色村庄示范创建和推荐申报工作，住房城乡建设部命名甘肃省美丽宜居小镇3个、美丽宜居村庄7个、绿色村庄38个。组织开展《中国传统建筑解析与传承——甘肃篇》的编纂工作。按照建设部、环保部等10部委《关于全面推进农村垃圾治理的指导意见》，牵头制定《甘肃省农村垃圾治理实施方案》并由11个相关部门联合印发。按照职责分工，组织开展农村垃圾清理活动。全省1229个乡镇中1048个建立环卫机构、1168个乡镇制定农村垃圾治理工作计划，全省16063个行政村中14873个制定垃圾治理工作计划、15373个行政村完成了陈年垃圾摸底排查、14071个行政村完成了陈年垃圾清理、13402个行政村组建了保洁队伍、13329个村的保洁队伍能够正常开展工作。

【农村危房改造】 2016年，中共甘肃省委省政府确定实施精准扶贫农村危房改造14万户，争取国家年度计划11万户(占甘肃省14万户年度目标的78.6%)，争取到中央补助资金9.76亿元。截至2016年底，14万户危改任务全部竣工，完成投资102.38亿元。

按照国家和中共甘肃省委、省政府精准扶贫的工作要求，在年度危改计划安排上重点支持贫困地区，优先解决革命老区，兼顾民族地区。全年危改计划共安排集中连片特困地区13.39万户、安排庆阳市和平凉市及会宁县革命老区6.53万户、安排甘南州、临夏州等民族地区2.838万户，分别占全省14万户危改任务的95.64%、46.64%、20.27%。为探索加固技术，有效降低危改成本，在临洮县开展C级危房加固改造试点，户均投入1.2万元左右，对无抗震措施的土木、砖木危房进行加固改造，危改成本大幅降低，组织制定《甘肃省农村居住建筑C级危房加固技术导则》，召开全省农村危房改造工作推进会暨农村C级危房加固现场会，积极开展农村危窑加固技术研究，编印《甘肃省农村居住窑洞危窑加固技术导则》，加快老区农村危窑改造的步伐。为确保危改底数清、对象准、任务明，按照省精准脱贫领导小组的安排部署，组织开展农村危房的核查及建档立卡贫困户危房信息核查完善，按照住房城乡建设部的部署，完成全国农村住房信息系统甘肃省危房改造"十三五"任务的核实标注，组织编制甘肃省农村危房改造"十三五"规划，按照精准扶贫"大走访、回头看"的要求，组织农村危房的全面排查核实，制定并报请中共甘肃省委省政府印发《关于加快推进农村D级危房改造工作的意见》，提出2017年全面完成11.05万户D级危房改造的目标任务。完成上年度全省农村危房改造绩效评价并进行了通报，对精准扶贫精准脱贫贫困县退出及县级领导班子考核的危房改造指标进行审查核实。组织开展全省精准扶贫农村危房改造工作督查。组织编印下发农村危房改造工程建设标准、农房建设图集、验收标准等资料，开展村镇建设管理人员、农村建筑工匠培训。

标准定额

【工程建设标准管理】 下达《铝合金模板应用技术规程》、《防火门监控系统技术规程》、《自密实混凝土技术规程》、《附着式升降脚手架应用技术规程》、《冷弯薄壁型钢房屋设计规程》、《民用建筑保温系统防火技术规程》、《兰州市屋顶绿化技术规程》、《岩土工程水质分析规程》、《咬合灌注桩技术规程》、《绿色建筑评价标准》（修编）等33项编制和修编计划。组织《铝合金模板应用技术规程》、《防火门监控系统技术规程》、《自密实混凝土技术规程》、《附着式升降脚手架应用技术规程》等20多个项目召开编制启动会。完成《建筑基坑工程技术规程》、《湿陷性黄土场地挤密地基技术规程》、《生活垃圾卫生填埋场施工技术规程》、《预拌砂浆生产与应用技术规程》、《建筑混凝土结构基础隔震设计规范》等21项标准审查、报批、备案工作。组织完成《银行业消费者权益保护服务区建设标准》、《环保监管业务用房建设标准》、《强制医疗所建设标准》、《国家口岸查验基础设施建设标准》、《公共美术馆建设标准》、《自然保护区工程项目建设标准》、《湿地保护工程项目建设标准》、《城市综合交通体系规划规范》、《普通中小学校建设标准》、《城市公共停车场工程项目建设标准》等10项建设标准的意见征询工作。组织对《建筑设计防火规范》、《自动喷水灭火系统设计规范》、《火灾自动报警系统设计规范》、《消防给水及消火栓系统技术规范》等10余项国标和地标进行了宣贯。编制制定《庆阳居住危窑加固改造技术导则》和《甘肃农村C级危房加固改造技术导则》。加强新建、改建和扩建建设项目无障碍设施建设的监督，推进既有道路、公共建筑、居住小区、残疾人家庭的无障碍设施改造，加强已有无障碍设施的维护和管理，逐步推进村镇无障碍环境建设，督促指导全省各地做好老年人家庭及居住区公共设施无障碍改造工作。继续将住房困难残疾人家庭纳入住房保障制度范围，在棚户区改造中，对残疾人家庭优先安排，将符合政策的农村贫困残疾人家庭纳入农村危旧房改造中统筹安排并优先考虑。完成《家庭无障碍设计》图集的审查与报批工作。贯彻实施光纤到户国家标准，在规划方案审批、初步设计审查等环节严格把关，结合工程建设领域综合执法检查与施工图抽查，对标准贯彻执行情况进行监督检查，配合省工信委和通信管理局，对兰州市、平凉市、庆阳市、临夏州、甘南州5个市州近30个工程项目进行现场检查，对嘉峪关市、酒泉市、张掖市、金昌市、武威市5市的新建小区光纤入户建设等情况进行督查。按照国家标准委《关于印发推荐性标准集中复审工作方案的通知》和省政府办公厅《甘肃省标准化发展战略纲要2016年行动计划》的部署和要求，对现行的甘肃省推荐性地方标准及制修订计划项目开展集中复审。

【工程造价监管】 完成《甘肃省市政工程预算定额》的《土石方工程》册、《隧道工程》册、《生活垃圾填埋及焚烧工程》册、《路灯工程》册及《桥涵工程》册的编制方案。编制完成《甘肃省建筑与装饰工程概算定额》交底汇编资料。完成《甘肃省农村建筑工程人、材、机消耗量指标》（报批稿）。根据住房城乡建设部办公厅建办标【2016】4号及财政部、国家税务总局财税【2016】36号文件精神，制定发布《关于建筑业营业税改征增值税调整甘肃省建设工程计价依据的实施意见》。根据国家"营改增"方案对甘肃省现行建设工程施工机械台班单价进行调研、测算对比。为编制《甘肃省市政工程预算定额》，对白银市生活垃圾焚烧发电工程等11个项目、全省已建及拟建的35个生活垃圾填埋场项目、全省市政工程中预拌混凝土和预拌砂浆使用情况进行调研。在定西市、武威市、金昌市、甘南州、金昌市、兰州市新区等地对钢结构制作市场实际情况以及现行定额执行情况进行调研。对甘肃省现行预算定额人工单价开展调查、调研活动，并指导各地市发布人工指导价。完成2015年度全省工程造价咨询企业统计报表审核报送工作共计134家。发布《关于停止办理工程造价成果文件执业印章的通知》，要求自2016年4月22日起全面停止办理造价成果文件执业印章业务。举办7期建设工程造价"营改增"宣贯讲座培训班，参加培训人员达到5000人。进行招标控制价备查139余项。组织对广联达股份有限公司、深圳市斯维尔科技股份有限公司、甘肃神机电脑科技有限公司、北京金润方舟科技股份有限公司、广东华联软件科技有限公司申报的甘肃省建设工程"营改增"计价软件进行评审。组织完成1～12月人、材、机市场价格信息采集发布工作。按住房城乡建设部要求，完成四个季度人工成本信息采集上报工作、各市州建设工程指标指数生成和主要材料指导价格发布工作。完成《甘肃工程造价管理》、《甘肃工程造价信息》（六期）的出版发行。制定全省建设工程人工及主要材料指导价格目录。完成敦煌丝绸之路国际会展中心（含敦煌大剧院）项目结算复审。

完成全省工程造价咨询企业诚信评价活动，评出28家优秀企业、58家良好企业、65家合格企业。对63家造价咨询企业资料进行审核，其中新申办乙级暂定18家、乙级暂定升乙级19家、乙级延续26家。办理外省单项业务备案22家、分支机构备案6家。办理企业变更33家，晋升甲级7家。完成甘肃省2015年度全国造价员（甘肃省造价师）考试合格人员以及甘肃省建筑职业技术学院2015年下半年考试合格人员初始登记工作。网上办理审批初始登记2657人、续期65人、变更682人。

工程建设

【**工程建设管理**】 2016年，共受理监理企业升级、增项47项，其中11项资质升甲级，核发监理企业资质42家，办理监理资质延期20家、省外监理企业进甘备案217家次，办理施工许可申请22项、竣工验收备案1项。

对监理行业和监理资质进行了专项检查和动态核查。参与协调解决了宝兰客专及酒湖特高压工程沿线企事业单位住户拆迁遗留问题和宝兰客专引入段东川货场涉及的471、504等央企的拆迁问题、中川铁路和兰新铁路沿线各县区的企业及住户拆迁遗留问题，参与研究银西铁路、兰州至中卫铁路、兰州西客站北广场征迁协调等工作以及推进庆阳华池通用机场建设相关工作，参加省政府组织的全省重大项目督查、"6873"重大项目推进及考核、文博会场馆建设相关工作。清理规范工程建设领域保证金是国务院督查的一项重要任务。9月8日，《甘肃省人民政府办公厅关于印发甘肃省清理规范工程建设领域保证金工作方案的通知》出台下发。全省共清理出未按时返还和超额收取（预留）的投标、履约、工程质量和农民工工资保证金4项，共计1836.16万元，涉及企业93家、项目135个，清理出应取消的保证金14项，共计14354.62万元，涉及企业890家、项目1059个。12月底前已全部退还，清缴率达到100%。

【**工程质量安全监督**】 2016年，全省受监工程10011项、建筑面积约10861万平方米、市政基础设施工程总长度约239.6万延米、工程造价约3203亿元、大中型项目监督覆盖率100%、竣工项目2945项、一次性竣工验收合格率100%。全省受监房屋建筑和市政基础设施工程共发生施工生产安全一般事故12起、死亡15人，未发生一般及以上工程质量事故，全省工程质量安全总体受控。依法核准检测机构资质24家、预拌混凝土专项试验资质56家，检测机构资质延期99家，预拌混凝土企业专项试验室资质延期48家。依法办理建筑施工企业安全生产许可证236家、安全生产考核合格证书6149人，建筑安全生产许可证延期220家，安全生产考核合格证书延期5234人。完成2015年申报的55项省级工法评审工作，确定36项工法通过评审。评选出6项工程获甘肃省建设工程飞天金奖、32项工程获甘肃省建设工程飞天奖。全年考核通过建筑施工特种作业人员5981人，完成8644人次和2587人次的检测人员上岗考核和延期复核工作，对全省1200多名质量安全监督人员进行集中培训考核。

2016年，住房和城乡建设厅安委会共组织召开5次安全生产工作会议，安排部署建筑施工、轨道交通、市政运营、城乡规划、农村危旧房改造、应急处置等重点领域的安全生产工作。安排部署重要节会期间全省住房城乡建设系统安全生产检查、抽查、督查工作。1月28日，召开全省工程质量安全监管工作会。4～8月，为加强丝绸之路（敦煌）国际文化博览会敦煌大剧院、会展中心、国宾馆、T3航站楼等基础项目建设的质量安全工作，组织5次质量安全大检查和6次抽查，发现问题和隐患260条，全部整改。4月11～30日，中共甘肃省委、省政府办公厅组织对全省住房城乡建设系统安全生产工作进行了督查。7月至8月，组织开展2次房屋建筑市政工程大检查。《建筑工程施工资料管理规程》于9月1日起实施。严格落实国务院及中共甘肃省委、省政府批示精神，成立定西地震安置房质量调查组，于8月25日至9月6日，对岷县漳县灾后重建异地安置房工程质量情况进行实地调查、核查及检测，形成《甘肃省住房和城乡建设厅定西地震安置房质量调查报告》上报省政府。11月28日至12月25日，组织参加全国建筑施工安全生产电视电话会议，安排部署全省房屋建筑和市政基础设施工程安全大检查，共检查建设项目3165项，发现问题隐患2771条，下发整改通知书1065份、问题清单354份、执法建议书16份。会同省安监局等部门对兰州市新区和兰州市北环路的安全生产进行督导检查、对兰州市轨道交通工程施工质量安全进行了专项检查。修订后的建设工程质量安全监督统计报告制度正式实施，全年各市州进行各类监督执法检查912次，下发监督执法检查整改通知单3422份，局部停工816份，行政处罚51起。印发了《关于印发〈丝绸之路（敦煌）国际文化博览会房屋市政工程重点建设项目质量安全监督检查工作方案〉的通知》、《关于对发生事故单位立即开展在建工程安全生产专项检查的通知》等88份与质量安全相关的规范性文件和通知，为全省工程质量安全依法依规监管提供了有效的制度支撑。分别组织开展"2016年全省房屋建筑工程施工质量安全标准化暨施工安全事故应急救援演练观摩活动"和全省各级质量安全监督机构质量安全标准化观摩活动。定期对全省检测机构工程质量检测报告数据上传情况进行统计分析与通报。组织全省153家检测机构开展建筑工程防水材料检测能力验证活动。建立甘肃省建设工程质量检测专家库，并配合住房城乡建设部检测分会组织开展检测机构AAA级信用机构评价省级评审及推荐工作。按照住房城乡建设部"数据一个库、监管一张网、管理一条线"的信息化监管总体要求，省级质量安全监管信息系统基本建成，并于4月1日起在兰州市、天水市、酒泉市、嘉峪关市、武威市、兰州市新区6个地区试运行。全省14个市州（除甘肃矿区外）完成施工视频监控系统建设，视频监控工地1142个。

自从2014年9月工程质量治理两年行动开展以来，宣贯培训47262人，其中省级培训2283人、市县级培训44979人，全省新办理质量监督手续工程数8462项，其中签署授权书、承诺书的工程数8317项，补签授权书、承诺书的工程数2391项，新办理竣工验收备案的工程数3870项，其中设立永久性标牌的工程数3525项、建立质量信息档案的工程数3260项，开展各类专项及综合监督执法检查1474次、工程20755项，下发监督执法检查整改通知单9534份，下发行政处罚书701份，实施信用惩戒61起，曝光违法违规典型案例222起，开展飞行检查848次、工程6743项（其中有违法行为的项目289项，占4.29%）。7～8月，共检查在建工程98项，其中保障性安居工程23项、公共建筑40项、商品住房25项、市政工程4项、其他建筑工程6项，总建筑面积265.03万平方米，总造价746156万元。发现各类安全质量隐患和问题1276条，下发《安全质量隐患和问题清单》93份、《安全质量隐患和问题整改通知书》43份、《建设行政执法建议书》29份，各类安全隐患已在年底前全部整改完成。9月9～13日，全国工程质量治理两年行动监督执法第十四检查组对金昌市展开了工程质量治理两年行动专项检查和指导，共抽查6个在建工程、总建筑面积6.1万平方米。检查组对甘肃省在积极推进工程质量治理两年行动以来特别是在完善监管机制、严查违规行为、加强信息化建设、提高从业人员素质等4个方面给予了肯定。工程质量治理两年行动圆满收官。

【工程招标投标管理】 2016年，由省招标办监管进入省公共资源交易平台公开招标工程275项616标段次，工程中标总价143.6亿元。组织完成了房屋建筑和市政基础设施工程评标专家及行业监管人员2400余人的培训和发证工作。对甘肃省公共资源交易局评标专家库进行了更新，自2016年12月1日起正式启用。审核办理了45家招标代理机构的资格申报、核查、审定、发证工作。截至年底，全省招标代理机构共计193家，其中甲级18家、乙级94家、暂定级81家。完成了23家省外进甘甲级招标代理机构信息登记。完成上报2015年度全省招标代理机构统计报表工作。

【省级政府投资项目代建】 全力推进"甘肃科技馆项目"建设。为总结代建管理经验，提高项目管理水平，编写《甘肃省静思园项目代建管理工作纪实—求真务实、探索开创代建管理新局面》一书。积极配合做好已建成项目的审计工作。

建筑市场

省政府在《2016年全省经济社会发展主要指标分解表》中明确全省建筑业增加值增长8%的指标任务，实际完成建筑业增加值776.35亿，同比增长7.7%。多措并举推进全省建筑业增加值核算数值提升，印发《关于下达2016年建筑业增加值考核指标的通知》，向各市州分解下达2016年度建筑业增加值增长8%的指标任务，会同省统计局印发《关于加强建筑业企业统计工作的通知》并就建筑业增加值提升及相关工作进行督查、培训，按照省统计局促进相关行业统计入库要求，将已取得资质还未纳入统计联网直报数据库的建筑业企业全部上报统计部门，同时指导各市州建设行政主管部门梳理本辖区内注册企业的情况，做好企业入库工作。组织在甘肃省注册的中铁二十一局、甘肃路桥公司、甘肃建投六公司、甘肃建投七公司等骨干企业进行座谈，并通过在敦煌市举办的西部建筑业企业高峰论坛，鼓励引导省内骨干企业关注"一带一路"建设，积极拓展省外海外承包工程市场，促进全省建筑业增加值的提升，充分利用"建筑市场监管与诚信信息系统"加强监管，督促企业及时上报相关统计数据，与省统计局和国税局等部门沟通配合，加强"营改增"后相关数据的统计上报和增加值的统计核算。

深化改革推进建筑业行业发展。按照住房城乡建设部对建筑业发展的指导纲要，在对全省建筑业进行全面深入调研分析的基础上，重点从建筑业产值、建设项目组织实施与建造方式、建筑产业工人队伍建设、行政监管方式等方面梳理，制定甘肃省建筑业发展"十三五"规划，认真贯彻落实《住房城乡建设部关于建筑业企业资质管理有关问题的通知》精神，督促省内2834家企业完成住房城乡建设部建筑市场监管与诚信信息平台入库，完成2785家企业换发新的资质证书（其中报送住房城乡建设部换发94家、市州换发1403家），除劳务企业按规定不换发新证书外，圆满完成甘肃省建筑业企业的资质换证工作。向住房城乡建设部报送2家特级资质企业申请、29家一级资质企业申请。审批资质301家，其中新申请资质企业106家、企业资质升级144家、增项资质企业51家，办理企业资质变更337件次，指导企业贯彻落实新的《资质标准》，结合国家实施"营改增"和落实建设各方主体责任的要求，推进企业技术人员培训工作，引导企业自身开展技术培训，为企业申请资质和提高人员素质奠定基础。落实二级总承包以上和一级专业承包企业自行组织培养技术骨干制度，引导总承包企业培养自有技术骨干和产业工人，引领指导企业积极参与开展了装配式建筑，及时组织宣贯"营改增"政策，组织企业与税务部门之间的沟通协调，引导企业面对"营改增"积极优化内部管理，加强内控管理，有效防范经营风险，实现平稳过渡。

强化建筑市场信息化平台建设，提升行政监管效益。完善全省建筑市场监管信息一体化平台的建设，注重建设工程质量安全的信息化监管，开发现场监管子系统，在兰州市、天水市、武威市等6个市州进行试点推广，依托已经建立的省建筑市场监管与诚信信息一体化平台，将市场监管、现场监督、行政审批、诚信管理融合一起，全面实现"数据一个库、监管一张网、管理一条线"的信息化监管总体目标，贯彻落实住房城乡建设部关于加强省外企业管理的要求，印发《甘肃省住房和城乡建设厅关于认真做好省外建筑业企业信息登记工作的通知》，编制应用软件对省外企业进行登记管理，全年登记入甘建筑业企业1141家。

抓好"放管服"保障行政审批通畅便捷高效。认真开展建筑业企业资质条件达标情况的动态核查，对存在人员不达标等问题的3家一级资质企业、12家二级资质企业进行了约谈，针对建筑市场监管信息平台运行情况和规范行政审批工作的需要，到甘南州、临夏州、酒泉市、陇南市、平凉市等审批力量不足、工作进展缓慢的市州进行实地培训，从3月1日起，将省外二级及以下总承包企业、一级及以下专业承包企业的入甘信息登记，下放到项目所在地市州建设行政主管部门办理。

强化责任有效规范建筑市场秩序。制定下发《甘肃省住房和城乡建设厅关于进一步加强建设工程施工现场监督与管理的通知》、《甘肃省住房和城乡建设厅关于启用建筑市场监管系统对项目管理机构人员进行管理的通知》，明确规定工程建设实施过程中项目管理相关人员的到岗履职、合同履约和主体责任制度，为有效遏制陪标串标和资质挂靠行为，从3月起，通过信息平台将省外企业项目班子人员进行网上锁定，等省外队伍中标之后，按照信息登记要求报备的内容进行核查。从7月起，对省内所有企业项目班子与现场管理人员在招标预审环节进行锁定，中标企业项目班子人员在工程竣工后方可解锁，开展建筑市场检查，对项目现场管理人员与投标承诺中人员不一致的12家企业进行约谈，并记入不良行为记录，给予一定期限内限制参加建设工程的投标和承揽资格，加强省外企业进甘后的管理，对省内低资质企业挂靠省外进甘企业从事建筑市场活动的情况重点进行检查监督，抽查省外企业50家，对6家进行约谈，暂停2家投标资格。

配合完成农民工权益保障专项工作。认真贯彻落实《国务院办公厅关于全面治理拖欠农民工工资问题的意见》精神，配合省人社厅制定印发《关于全面治理拖欠农民工工资问题的实施意见》和《开展农民工工资支付情况专项检查活动实施方案》，查处兰州新区等地发生的拖欠农民工工资案例，确保做好2016年春节前保障农民工工资支付工作。配合省工商局促进非公经济的发展，配合省工信委开展了各项企业减负工作，有效推动建筑业企业的发展。

建筑节能与科技

【绿色建筑与建筑节能】 完善绿色建筑工作制

度，印发《甘肃省绿色建筑工程验收表格（试行）》。多次摸排调研绿色建筑工程落实情况，通过树立典型示范项目和落实省级绿色建筑专项资金奖补措施，大力促进绿色建筑实体工程的建设。督促各市州落实绿色建筑行动方案，并于12月组织绿色建筑专项检查。组织修订甘肃省绿色建筑设计、施工验收等地方标准，进一步完善绿色建筑地方标准体系。根据国家和甘肃省验收办法规定，组织验收2015年既有居住建筑节能改造合格项目334万平方米（超额完成14万平方米）。结合7月份工程质量治理两年行动大检查，检查节能强制性标准执行情况。2016年全省新建建筑设计阶段执行节能强制性标准比例达到100%，施工阶段执行节能强制性标准的比例达到98%以上。加快省级公共建筑能耗监测平台建设，省级平台数据中心已建成并试运行。会同省教育厅组织验收了西北师范大学、兰州理工大学节能监管平台项目并报住房城乡建设部、教育部备案。组织完成2015年度民用建筑能耗统计和网上报送工作。举办首届"绿色建筑与建筑节能技术、产品交流会"，组织建筑节能新技术新材料推广应用交流研讨活动。

【建设科技】 3月，组织开展2016年建设科技建筑节能和绿色建筑科研项目申报工作，共52项列入2016年度科研项目计划，涉及钢结构建筑、BIM技术建筑应用、绿色建筑、地下空间施工等多个重点方向。7月下旬，组织召开全省建设科技创新发展座谈会。完成2016年省科技进步奖、省专利奖推荐，2个项目获得省科技进步奖三等奖。在甘肃建投钢结构制造基地（兰州新区）组织召开全省建筑钢结构发展与应用工作推进会。制定印发《关于推进建筑钢结构发展与应用的指导意见》。调研国内钢结构建筑先进经验，形成《钢结构建筑调研报告》，为甘肃省发展钢结构建筑提供决策参考。酒钢集团、甘肃建投、省建筑设计研究院的多个项目列入2016年建设科研项目计划，获得建筑节能、绿色建筑专项资金支持。学习研究《国务院办公厅关于大力发展装配式建筑的指导意见》，组织专家参加住房城乡建设部技术会议并观摩施工现场，同甘肃建投钢结构公司等企业座谈，为下一步制定甘肃省装配式建筑发展政策做好准备。

【智慧城市】 5月下旬，会同省科技厅组织召开2016年智慧城市试点创建工作交流会议。根据住房城乡建设部要求，组织各试点城市梳理、总结创建任务完成情况并上报。在建设科技期刊上集中刊登兰州市、敦煌市、陇南市等智慧城市试点创建的典型经验。

教育培训

完善建设行业职业教育培训管理制度，印发《关于贯彻实施〈建筑与市政工程施工现场专业人员职业标准〉的通知》、《关于贯彻实施〈住房和城乡建设部关于加强建筑工人职业培训工作指导意见〉等文件的通知》，分别对建筑施工现场专业人员和建筑工人的培训、考核做出相应规定。全面启动施工现场专业人员计算机无纸化考试，完成无纸化考试系统和信息管理系统建设并于9月、12月先后在14个市州统一组织全省计算机无纸化考试。经过住房城乡建设部人事司现场考核评估，甘肃省通过住房城乡建设部职业标准考核评价工作的评估。完善职业标准考核评价制度，印发《甘肃省建筑与市政工程施工现场专业人员职业标准实施方案》，制定《甘肃省住房和城乡建设领域现场专业人员职业标准考试管理细则》和《甘肃省建筑与市政工程施工现场专业人员证书管理实施细则》。

2016年，会同省人力资源考试中心共完成各类执业资格考试报名79652人次，受理各类执业资格人员的注册申报16185人次，核发一级建造师等各类证书及印章共计23546人次。

勘察设计

根据住房城乡建设部关于建立健全统一开放、竞争有序的建筑市场体系，加强市场行为监管的工作要求，为规范省外勘察设计单位在甘的市场行为，保障勘察设计质量，年初印发《关于简化省外勘察设计单位在甘承揽工程勘察设计业务信息登记备案有关事项的通知》。协调敦煌国际酒店、敦煌大剧院、敦煌国际会展中心及敦煌机场T3航站楼等重大项目的施工图设计文件审查服务和备案工作。完成全省306家勘察设计企业的资质集中检查工作和293家勘察设计企业2015年度统计年报的审核报送工作。2016年全省共有44家企业新申请、增项、升级勘察设计及城乡规划资质，24家企业通过省住房和城乡建设厅审核审批、3家企业通过住房城乡建设部审核审批，31家企业资质延续。截至2016年底，全省有勘察设计企业323家，其中甲级58家。全年共有210家省外勘察设计企业对在甘承揽的建设项目进行登记备案。为进一步加强勘察设计单位从业活动的监管，在施工图审查合格书及《省外勘察设计单位在甘信息登记备案反馈表》上加注标识为"甘肃勘察设计"的二维识别码，可通过手机扫描二维码验证施工图审查合格书及省外勘察设计单位在甘信息登记反馈表的真伪。组建121人的全省优秀勘察设计评选专家库和128人的全省建设工程勘察设计质量专家库。做好政府投资项目初步设计审批事项，完成白银市城区六条道路地下综合管廊工程、兰州市公安局强制隔离戒毒所等工程初步设计审批。组织完成天庆山河一品、众邦国贸中心、福田天水中心城市综合体等11个超限高层建筑的抗震设防专项审查工作，保障大型复杂超限高层建筑的抗震能力。按照"适用、经济、绿色、美观"的建筑方针，对《甘肃省优秀工程勘察设计奖评选办法》进行修订并组织开展2016年度全省优秀工程勘察设计评选，评选出一等奖6项、二等奖12项、三等奖32项。9月，住房城乡建设部减隔震工程检查调研组对甘肃中医药大学等4个减隔震项目进行检查调研后，对甘肃省减隔震推广应用的制度建设、抗震设防监管、技术规范编制、工程实体质量、人才队伍建设及培训、促进减隔震技术进步及抗震防灾科技创新等方面所做的工作给予肯定。根据《甘肃省深入开展全省房屋建筑工程勘察设计质量专项治理实施方案》和《甘肃省工程质量治理两年行动实施方案》，组织开展全省建设工程勘察设计质量检查。抽检项目33个，其中公共建筑项目15个、住宅项目14个（含保障性住房项目6个）、市政基础设施项目4个，未发现严重的违法违规行为。在全省建设项目设计和施工图审查中，对于符合要求的建筑严格执行绿色建筑设计标准，明确节能、节水、节地、节材和环保的设计要求。严格依据城乡规划进行勘察设计，严格执行相关规范标准，使建筑风貌与城市特色相协调。加强试点智慧城市公共建筑项目设计文件中智能化设计内容监管，提高建筑的智能化水平。按照住房城乡建设部和省减灾委的要求，组织全省住房城乡建设系统开展防灾减灾日主题活动。

建设稽查执法

为积极推进甘肃省城市执法体制改革，按照中央《关于深入推进城市执法体制改革改进城市管理工作的指导意见》精神，起草《深入推进城市执法体制改革改进城市管理工作的实施意见（代拟稿）》，8月4日，省政府办公厅下发《开展推进城市执法体制改革改进城市管理工作试点的指导方案》，确定在平凉市开展试点工作，9月2日，在平凉市联合召开"平凉市推进城市执法体制改革改进城市管理试点工作座谈会"，12月下旬，再次在平凉市召开了座谈会。针对在全省建设工程勘察设计质量检查中发现的施工图审查及勘察设计工作中存在漏审或违反工程建设标准强制性条文等问题，依法对22个项目进行调查处理。3月，配合国家开发银行棚户区贷款项目实施协调领导小组办公室对各地保障性安居工程建设工作进行了督查。12月，配合省改善农村人居环境协调推进领导小组和省加快革命老区脱贫致富协调推进领导小组对甘南州所属县市区的省级"千村美丽"示范村进行考核。为进一步规范全省专案稽查执法工作，做好建设稽查执法案件统计分析及报送工作，7月，组织全省建设稽查执法统计工作座谈会。2016年，共受理各类案件36件，办结27件，依法对42个单位和73人实施了行政处罚，上缴罚金576万元，全省住房城乡建设系统共立案调查违法案件1080件，结案898件，共计罚款8462.15万元，拆除违法建筑18.27万平方米，对235家企业和198人进行行政处罚。

【违法建设治理】 认真贯彻执行违法建设治理五年行动方案，全面开展城市建成区违法建设治理工作。在全国治理违法违章建设现场会议后，向全省下发《甘肃省住房和城乡建设厅关于进一步加强违法建筑治理工作的通知》，要求各市州开展违法建设的整治工作，3月，在庆阳市召开全省违法违章整治工作座谈会，会后开始在全省范围内展开违法建设调查初步摸底工作，8月，根据《住房城乡建设部关于印发城市建成区违法建设专项治理工作五年行动方案的通知》和《住房城乡建设部办公厅关于开展城市建成区违法建设治理工作专项督查的通知》精神，成立违法建设治理工作领导小组，印发《甘肃省城市建成区违法建设专项治理工作五年行动方案的通知》，各市州成立违法建设治理工作领导小组，加大城市建成区违法建设治理工作，对重大违法违规案件进行严肃查处。先后对兰州市众邦金水湾小区楼顶违章搭建问题、兰东花园居住小区违反城市总体规划违法建设行为、兰州市"港联购物中心"违法建设项目依法进行查处，按照住房城乡建设部《关于开展城市建成区违法建设治理工作专项督查的通知》安排，由各省住房和城乡建设厅成立督查组，对其他省的城市建成区违法建设治理工作进行交叉督查。10月底，甘肃省督查组分别对西藏自治区拉萨市和林芝市城市建成区违法建设治理工作进行专项督查。11月中旬，内蒙古自治区督查组对甘肃省进行专项督查。

【城乡规划督察】 2016年，继续以巡视督察和卫星遥感监测图斑技术为手段开展城乡规划督察工作，实现对省政府批准城市总体规划的15个城市的全覆盖、全方位精准监控。通过卫星遥感影像数据比对，共提取变化图斑672个、图斑面积1183.78公顷，其中违反城市总体规划强制性内容的重点图斑97个、图斑面积258.77公顷。各城市规划行政主管部门已完成变化图斑情况核实工作并报送核查报告。通过组成督察组到张掖市、定西市等城市对遥感监测提取的卫星图斑进行现场核查，提高各城市人民政府及其城乡规划主管部门对城乡规划工作的认识，进一步强化城市规划强制性内容的管控作用，制止纠正扩大容积率、改变用地性质、侵占绿地建设等违法建设行为。为全面建立和实施城乡规划督察工作机制，规范城乡规划督察工作程序和工作内容，确保督察工作依法进行，根据国务院《关于加强城乡规划监督管理的通知》和住房城乡建设部《关于加强城市总体规划工作的意见》要求，编制《甘肃省城乡规划督察管理导则》地方标准。

大事记

1月

11日　甘肃省（东部片区）违法建筑清理整改工作座谈会在庆阳召开。

28日　2016年全省住房城乡建设工作会议召开。

2月

19日　省政府与国家开发银行签署《棚户区改造项目合作备忘录》。

4月

21～22日　甘肃省城市建设工作座谈会暨地下综合管廊建设现场推进会议在白银市召开。

22日　甘肃省棚户区改造工作会议在兰州市召开。

5月

25日　甘肃省智慧城市试点创建工作交流会议在敦煌市召开。

6月

27日　甘肃省农村危房改造工作推进会暨农村C级危房加固改造现场会在定西市临洮县召开。

7月

29日　甘肃省建设稽查执法违法违规典型案例统计报送工作座谈会议在兰州组织召开。

8月

10日　甘肃省房地产去库存暨网签系统建设推进会召开。

25～26日　全省新型城镇化试点工作研讨培训班在中共甘肃省委党校举办。

31日　2016年全省房屋建筑工程施工质量安全标准化暨施工安全事故应急救援演练观摩活动在兰州名城广场项目施工现场举行。

9月

2日　甘肃省建筑与市政工程施工现场专业人员岗位计算机无纸化考试工作会议在兰州召开。

26日　庆阳市海绵（管廊）城市建设项目开工仪式在庆阳市西峰区举行。

10月

20日　甘肃省新型城镇化试点（西片区）经验交流会在高台县召开。

11月

24日　甘肃省新型城镇化试点东片区经验交流现场会在陇西县召开。

12月

8日　甘肃省全国特色小镇建设工作推进会议在兰州召开。

（甘肃省住房和城乡建设厅）

青 海 省

概况

2016年，青海省住房和城乡建设系统在中共青海省委、青海省人民政府的正确领导和住房城乡建设部支持帮助下，青海省住房城乡建设系统广大干部职工认真贯彻落实中央经济工作、中央城市工作会议和全国住房城乡建设工作会议精神，中共青海省委十二届十一次、十二次及青海省"两会"精神，主动适应把握经济发展新常态，贯彻落实新发展理念，着力推进供给侧结构性改革，开拓创新，锐意进取，实现"十三五"良好开局，保持青海省住房城乡建设事业平稳健康发展。青海住房城乡建设厅被中共青海省委、省政府评为"十二五"爱国卫生工作先进集体、青海省"十二五"节能管理先进单位、2016年度党风廉政建设责任制考核优秀领导班子、青海省藏传佛教寺院社会管理工作优秀单位、青海省"721"专项工作先进集体、青海省民族团结进步先进区创建工作优秀单位、青海省精神文明先进单位,并连续5年被评为青海省财务决算优秀单位。西宁市曹家堡机场二期工程航站楼、青海省高级人民法院审判业务综合楼被住房和城乡建设部评为"2016~2017年度中国建设工程鲁班奖",青海省康复医院康复业务综合楼建设项目等9项工程被中国建筑业协会评为"国家级AAA安全文明标准化工地"。

城乡规划

2016年,青海省城镇化率为51.63%,继续保持增长态势,较2015年增加1.33个百分点。报请中共青海省委、青海省人民政府出台《关于进一步加强城市规划建设管理工作的实施意见》,创新城市发展理念,着力解决制约城市科学发展的突出矛盾和问题。积极构建"四区两带"城镇格局,修编《东部城市群城镇体系规划》、《东部城市群城乡一体化规划》,完成祁连县、贵德县、化隆县群科镇、玛多县、尖扎县、泽库县等县城市总体规划实施评估和修改,青海省城市建设控制性详细规划覆盖率达85%,州府和县城所在地达65%,较2015年均增加5个百分点。完成《青海省城市设计技术规程(征求意见稿)》,在西宁市、格尔木市、德令哈市等市先行开展城市设计及专题研究。西宁市编制《西宁市城市风貌导则》,为打造高原山水意境宜居城市增添新创意。批准实施同仁县郭麻日村、玉树州拉则村、电达村3个历史文化名村保护规划。开展违法建设专项治理,制定《青海省市县建成区违法建设专项治理工作五年行动方案》,出台《青海省城乡规划违法案件处理办法》,加大违法违规案件查处力度,2016年共查处违法建筑129余万平方米,拆除违法建筑86.12万平方米,依法惩处违法干预和随意修改规划的行为,切实保障规划的严肃性。进一步强化规划的严肃性和权威性。

城镇基础设施建设

海东市和西宁市分别列入全国城市地下综合管廊和海绵城市建设试点,共争取中央补助资金26.4亿元,实现青海省城市地下综合管廊和海绵城市建设"零突破"。加强工作指导,报请青海省政府出台《关于推进城镇地下综合管廊建设的实施意见》和《关于推进海绵城市建设的实施意见》。海东市、西宁市开工建设地下综合管廊52.08千米,超年度目标任务1.79千米,完成投资14.08亿元。海东市综合管廊建设以1.36亿元财政资金撬动34.13亿元社会资金投入,被国务院第三次大督查第十八督查组列为"督查发现的典型经验做法"受到肯定。西宁市完成5条道路海绵化改造和5个示范项目建设,建成城市海绵体1.66平方千米,完成投资1.84亿元。青海省设市城市和州府所在地县城黑臭水体排查整治任务提前完成,共整治黑臭水体26处,位列全国第一。垃圾污水处理市场化运营加快推进,印发《青南地区垃圾污水处理设施建设运营指导方案》、《湟水流域污水处理设施提标改造及一体化建设运营指导方案》等,青海省污水处理厂已建成57座,投入运行46座,设计处理能力达到70.11万吨/日。各地还立足本地实际,统筹推进地上地下设施建设,建成一批城市道路、广场、供排水、园林绿化等项目,推动市政公用基础设施上台阶。截至2016年底,青海省设市城市和县城建成区面积达383.01平方千米,污水处理率达60.68%,垃圾无害化处理率达82.86%,建成区绿地率达19.44%,建成区路网密度达5.83千米/平方千米,分别较2015年末提高2.05、5.9、6.71、1.09、1.92个百分点。

城镇保障性安居工程

2016年,青海省城镇保障性住房和棚户区改开工任务80281户,公共租赁住房和棚户区改造住房基本建成任务5.26万套(户),入住任务5.08万套(户)。新建项目开工8.06万户,城镇保障性住房和城市棚户区改造住房基本建成7.51万套,入住8.23万户,分别完成年度目标任务的100.44%、143%和162%,与2015年同期相比,新开工任务基本持平,基本建成和入住分别增长25%、40%,完成投资125亿元,比上年同期增长3亿元。积极争取国家项目资金支持,落实中央补助资金36.53亿元(配套基础设施建设资金10.3亿元,工程专项资金26.23亿元)。积极打通棚改与商品房通道,全省棚改货币化安置1.76万套,货币化安置比例为21.97%。扣除综合整治项目因素,2016年货币化安置比例占棚户区改造新建(货币化安置)总量(29701套)的59%,棚户区改造在化解房地产去库存方面成效明显。青海省公租房入住率明显高于全国平均水平,开工建设公共租赁住房27.66万套,累计分配入住23.48万套,入住率84.9%,高于全国平均水平。通过推进政府购买服务缓解资金不足问题,积极适应棚改融资模式变化,与国开行、农发行以"政府购买服务"的方式签订棚户区改造贷款协议,有效缓解棚改项目资金缺口的问题,青海省获国家开发银行、农业发展银行棚改贷款授信107.7亿元,落实贷款87.49亿元,落实专项建设基金46.29亿元,共计133.78亿元,确保棚户区改造项目顺利实施。

公积金管理

2016年,全省住房公积金缴存总额561.50亿元,提取总额298.59亿元,缴存余额262.91亿元,贷款总额307.96亿元,贷款余额130.10亿元,个贷率49.48%。其中2015年全省住房公积金缴存额82.10亿元,提取额60.00亿元,发放个人贷款54.88亿元,同比分别增长14.94%、9.37%、39.92%。青海省住房公积金管理服务水平逐年提高,信息化程度显著增强,资金安全风险可控,整体运行平稳。青海省住房资金管理中心、海南州、海北州三地住房公积金实现信息"互联互通"。开通全国首家省级12329住房公积金综合服务平台,实现语音、短信、微信、手机APP和网站一体化综合服务。

村镇建设

2016年,实施6.5万户农牧民危旧房改造和300个高原美丽乡村建设,完成投资53亿元。3县地震灾后恢复建设工作全面启动,门源地震5895户农村住房恢复建设和杂多地震10840户农村住房、囊谦地震危房鉴定及恢复建设前期准备工作全部完成。海东市、海南州积极探索利用金融贷款,助推农村基础设施建设。果洛州通过持续加大资金投入,统一规划建设,优化村庄布局。各结对共建单位结合各自优势,通过智力帮扶、产业搭桥、文化下乡、金融进村、旅游富民等活动,助力高原美丽乡村建设,取得实实在在的效果。农牧区垃圾综合治理工作进展顺利,42个县(市、区、委)制定垃圾专项治理五年行动实施方案,初步建立"村收集、镇运转、县处理"的运转机制,村庄环境面貌明显改善。农牧区生活污水治理顺利启动,在门源、贵德等12个示范县50个村庄开展生活污水治理试点。全省传统村落保护工作进一步加强,大通县东峡镇衙门庄村等38个村新列入国家传统村落保护名录,累计已有79个村列入传统村落保护名录,20个村已开展保护性建设,共争取中央补助资金2.37亿元。化隆县群科镇和乌兰县茶卡镇成功申报第一批中国特色小镇,祁连县八宝镇等2镇5村入选全国第四批美丽宜居小镇、美丽宜居村庄示范村名单,湟源县日月乡兔儿干村荣获全国第二批田园建筑优秀实例二等奖。

房地产业

2016年,全省房地产开发完成投资396.92亿元,同比增长18.13%,增幅较2015年同期(9.00%)提高9.13个百分点,自2015年5月起呈现连续20个月的正增长态势。其中,商品住房投资227.78亿元,同比增长13.11%,占房地产总投资的57.39%。房地产开发完成投资占全社会固定资产投资(3533.19亿元)的比重为11.23%,同比增长0.94个百分点,环比下降0.11个百分点。房地产开发投资对青海省社会固定资产投资比重贡献率为22.85%,拉动青海省社会固定资产投资增长2.5个百分点,环比分别增长3.45和0.40个百分点。青海省商品住房库存面积513.96万平方米,与2015年底749.42万平方米相比减少31.42%。报请省政府出台《关于促进房地产去库存的实施意见》,从8个方面提出22条促进房地产去库存的具体措施。积极协调推动农业银行开展"农牧民安家贷",通过降低准入条件,实行优惠汇率等措施,农牧民购房贷款增幅明显,促进住房改善和市场消费。进一步强化房地产市场监管,建立青海省房地产信息网及微信公众服务平台,开展全省房地产市场和中介专项整治。积极推进房地产行业信用体系建设,联合12个部门出台《青海省房地产开发企业信用评价管理办法》,首次对全省641家房地产开发企业开展信用评价,召开全省房地产企业信用评价大会,发布评价成果。会同4个部门联合印发《青海省物业服务企业信用评价管理办法》、《青海省物业服务收费管理办法》、《青海省物业服务星级标准》,进一步完善物业服务监管机制。

建筑业

2016年,建筑业增加值达到348.64亿元,占青海省地区生产总值的13.55%。青海省建筑业企业在外省完成总产值约156.4亿元,同比增长5.88%。年内组织全省大督查7次,检查项目74项,检查22家招标代理机构、15家预拌混凝土企业、9家检测机构、市政供水企业10家、污水处理企业10家、供热企业9家、城镇燃气企业18家,下发停工通知书8份,整改通知书40份,通报批评10家、当地行政部门处罚11家。青海省内建筑业企业共计885家,其中总承包企业399家(特级1家、一级27家、二级184家、三级187家),专业承包和劳务分包企业476家,其中施工总承包企业比2015年增长38.06%,专业承包(不包含劳务)企业比2015年增长

164.62%，有资质的建筑业企业数量呈现出快速增长势头，以总承包为龙头，专业承包为依托，劳务分包为辅助的行业体系已初具规模。2016年，青海省共有2项工程获中国建筑工程"鲁班奖"，16项工程获青海省优质工程"江河源"杯，74项工程获得"省级建筑施工安全质量标准化示范工地"称号。

建筑节能与科技

2016年，实施128万平方米城镇既有居住建筑和230万平方米公共建筑节能改造，落实补助资金1.37亿元，完成投资4亿元，节约能源约合2.3万吨标煤，减排二氧化碳6万吨，减排二氧化硫0.2万吨。青海省147个建设项目达到一星级绿色建筑设计标准。格尔木市积极自筹资金，在省级补助85元/平方米基础上再增加100元，共投入632.6万元，大力推进建筑节能改造。工程建设标准进一步加强，2016年整合精简17项工程建设强制性地方标准，发布实施《青海省绿色建材评价标准》等14项地方标准。科技创新与研究示范工作成效明显，争取国家及省级科研经费1029万元，完成《青藏农牧区民居建设中被动式太阳能采暖方式的比较性研究与示范》等6个课题验收。青海省"十二五"既有居住建筑节能改造、可再生能源建筑应用、被动式太阳能暖房项目评估圆满完成。机关办公建筑和大型公共建筑能耗监测平台顺利通过省级验收，青海省343栋公共建筑纳入监测平台实现能耗数据实时监测。会同青海省经济和信息化委等相关部门组建青海省绿色建材评价标识管理机构，全面启动绿色建材标识评价管理。

可可西里申遗工作

组织编制50多万字的申报文本、保护管理规划、资源影像和图册等申遗资料。报请青海省人大常委会颁布《青海省可可西里自然遗产地保护条例》，于2016年10月1日起施行。印发《青海可可西里申报世界自然遗产环境综合整治和保护管理设施完善工作方案》和《青海可可西里申报世界自然遗产工作台账（2016—2017年）》，进一步明确责任单位、责任人及办结时限。向玉树州人民政府下达青海可可西里申遗工作资金3500余万元，对国道109、省道308等沿线及可可西里遗产提名地和缓冲区进行环境综合整治和保护管理设施建设，青海省政府分管领导先后2次带队赴可可西里腹地督导调研玉树州推进可可西里申遗工作，实地考察IUCN专家考察线路，现场协调解决相关问题。玉树州人民政府将可可西里申遗纳入全州重点工作安排部署，进一步加大环境整治力度。圆满组织完成陆地和空中考察，向世界自然保护联盟（IUCN）专家全面展示可可西里的自然资源、山河美景、生物多样性和保护管理情况，顺利完成世界自然保护联盟（IUCN）专家现场考察评估。编制完成《青海省风景名胜区保护利用"十三五"规划》，完成贵南直亥、天境祁连、乌兰金子海、海晏金银滩、德令哈柏树山5处省级风景名胜区总体规划编制；编制完成《青海省风景名胜区保护利用"十三五"规划》，推进青海省风景名胜区自然资源保护管理和科学利用。

依法行政

着力提高立法质量，及时制定年度立法计划，分层分档组织实施，通过省内外调研，开展论证、征询相关企业单位意见等方式，认真修改完善和细化法规规章，确保立法质量。完成《青海省城镇燃气管理条例》、《国有土地上房屋征收与补偿办法》等3个法规的调研及起草工作，《青海省促进绿色建筑发展办法》经省政府第72次常务会审议通过，是西北地区出台的首部促进绿色建筑发展的政府规章。继续推进简政放权，简化办事程序、优化企业服务，对各类行政审批事项，简化办理程序，提高办事效率。严格清理行政审批中介服务事项，对工程造价工程师执业资格认定等6项行政审批中介服务事项进行清理。落实"三统一"制度、推进行政规范性文件备案审查常态化、合法性审查精细化。落实两年一次的定期清理制度，全面清理1996—2016年由住房城乡建设厅起草、以省政府或省政府办公厅名义印发的规范性文件36件，其中，废止1件，失效4件，修改1件，继续有效30件。全面清理2010~2015年厅发规范性文件37件，废止2件，修改4件，保留31件。着力推进部门预决算、"三公"经费、行政经费、民生工程的政府信息公开，提高政府信息公开率，坚持以公开为常态、不公开为例外原则，推进决策公开、执行公开、管理公开、服务公开、结果公开，累计主动公开政府信息7675条，全文电子化率达100%。进一步建立健全行政执法"双随机一公开"机制，实施随机抽查事项公开、程序公开、结果公开的"阳光执法"，主动公开行政许可及行政处罚决定，做到"法定职责必须为，法无授权不可为"的规范公正文明执法。

建设人事教育

营造风清气正的用人环境，始终坚持科学正确的用人导向，大力选拔思想过硬、善于创新、敢抓敢管、勇于负责的干部，开展竞争上岗，制定《2016年县处级领导干部竞争上岗实施方案》《青海省住房和城乡建设厅2016年县处级领导干部竞争上岗能力测试及民主测评工作守则》，采取现场演讲、现场问答、业绩评价、民主测评等方式，从报名竞聘的32名干部中选拔4名正处级、2名副处级领导干部。加强教育培训管理工作，选派41人分别参加省级行政事业单位财务负责人培训、城市管理与城市执法体制改革专题培训、全省地震应急管理培训等，举办"青海省住房城乡规划建设管理领导干部能力提升培训班"，对青海省住房和城乡建设厅机关相关部门负责人和青海省各市（州）县政府分管领导、住房城乡建设主管部门领导等140余人进行培训，派遣7名干部参加出国培训。同时，针对青海省建设行业人才队伍状况，加强行业专业人员培训，2016年组织青海省住房城乡建设系统进行城市规划建设管理、村镇建设管理、物业管理、污水处理信息管理、建筑节能和绿色建筑、行政许可、燃气管理及从业人员等专项培训，培训人员累计达到2200余人次，为行业队伍能力提升发挥积极作用。

大事记

1月

12日　青海省申报世界遗产工作领导小组办公室在西宁组织召开《青海可可西里生物多样性资源调查评价报告》审查会议。会议听取中科院西北高原生物研究所关于青海可可西里遗产提名地生物多样性资源调查、评价及报告编制情况，与会专家分析问题，并提出意见和建议。

23日　国家审计署赴青海省审计组对青海省稳增长、促改革、调结构、惠民生、防风险政策措施落实情况开展审计，青海省住房和城乡建设厅召开审计工作专题会，提出工作要求，明确工作任务。

29日　青海省住房和城乡建设厅印发《青海省房屋建筑工程质量投诉管理办法》，对规范房屋建筑工程质量投诉，维护业主权益起到积极的促进作用。

29日　经国务院审签，青海可可西里申遗申报文本相关资料正式报送至联合国教科文组织，青海可可西里世界自然遗产提名地作为中国政府申报项目将参加2017年第41届世界遗产大会表决。

2月

2日　青海省住房城乡建设工作会议在西宁市召开，各市、州、县政府及城乡建设系统、相关行业协会、学会的代表参加会议，会议回顾总结"十二五"及2015年度住房城乡建设工作，分析"十三五"形势，对2016年住房城乡建设工作从10个方面进行安排部署。

4日　青海省住房和城乡建设厅制定并印发《青海省城乡规划违法案件处理办法》，进一步加强全省城乡规划管理工作，遏制城乡规划违法案件发生，有效维护公众利益。办法从案件立案、调查取证、判决依据、责任追究4个方面提出具体措施，为青海省治理违法建设提供明确依据。

5日　青海省住房和城乡建设厅制定下发《关于2015年度全省工程勘察设计市场监督检查结果的通报》，对4家勘察单位、2家设计单位及项目负责人进行行政处罚，共计罚款25.25万元，2家设计单位一年内不允许在青海省承揽勘察设计任务，有力惩戒各类违法违规行为。

23日　青海省住房和城乡建设厅印发《2016年全省建筑业监管工作要点》，提出要以深化建筑改革为动力，以人才队伍建设为支撑，创新建筑市场监管方式，努力实现全省住房城乡建设工作会议确定的目标，推动青海省建筑业平稳较快发展。

26日　青海省住房和城乡建设厅在青海建筑职业技术学院举办"国有土地上房屋征收与补偿信息系统操作人员培训班"，青海省国有土地上房屋征收主管部门、房屋征收实施单位及房地产估价机构信息系统操作人员100多人参加培训。

29日　青海省人民政府审批通过《祁连县城市总体规划（2015—2030年）》，就祁连县城市发展、建设和管理提供纲领和基本依据。

29日　青海省推进高原美丽乡村建设领导小组下达《全省推进高原美丽乡村建设工作实施方案》的通知，在全省农村牧区安排300个村，整村推进高原美丽乡村示范建设，结合省党政军机关和有关单位定点扶贫要求，安排137个省直单位、中央驻青单位、驻军单位、省级企事业单位结对共建高原美丽乡村。

29日　青海省城乡住房建设领导小组下达《全省农牧民危旧房改造计划任务控制性指标分配方案》的通知，确定2016年农牧民危旧房改造总规模为6.5万户，其中建档立卡贫困户为2.1万户，落实财政补助资金16.39亿元。

3月

6日　青海省住房和城乡建设厅对推荐的安全标准化工地进行综合评价，决定对74个建筑施工项目授予"省级建筑施工安全标准化示范工地"称号，并对获得荣誉称号的省级安全标准化示范工地施工单位、项目经理及监理单位、项目总监进行通报表彰。

7日　青海省申报世界遗产工作领导小组办公室配合青海省人大常委会副主任邓本太及省人大、中科院西北高原生物研究所、青海林业科学院相关专家赴可可西里遗产提名地进行为期4天的《青海省可可西里自然遗产地保护条例（草案）》立法调研工作。

18日　青海省推进高原美丽乡村建设领导小组组织召开青海省推进高原美丽乡村建设工作电视电话会议。省直各单位、各市（州）、县（区）分会场约2000人参加会议。会议对2015年全省高原美丽乡村建设工作情况进行了通报，对工作成绩突出的地区和单位进行了表彰，并对2016年全省高原美丽乡村建设工作进行安排部署。

22日　青海省住房和城乡建设厅批准《西宁市公共建筑能效提升工程实施方案》，对西宁市公共建筑能效提升工程建设目标、项目总投资、建设工期及有关要求做明确规定。

24日　青海省住房和城乡建设厅和青海省国土资源厅联合下发《关于切实做好房屋交易管理与不动产登记职责划分及衔接工作的通知》。按照房屋交易管理和不动产统一登记职责，划分房地产主管部门和国土主管部门的职责分工，进一步明确领导干部个人有关事项报告房产信息查核工作职责分工等相关事项。

28日　青海省住房和城乡建设厅会同青海省人民政府法制办组织相关专家赴浙江省开展立法调研工作，学习借鉴建筑节能和绿色建筑立法工作的主要经验、做法与实施中存在的主要问题，推动绿色建筑、绿色建材、被动式低能耗建筑、可再生能源建筑应用、被动式太阳能暖房、建筑产业现代化、既有建筑节能改造、标准制定监督实施、建筑能效评价等工作的政策、措施及相关经验。

4月

1日　青海省住房和城乡建设厅在青海建筑职业技术学院举办《公共建筑节能设计标准》（65%）、《绿色建筑设计标准》、《绿色建筑评价标准》等国家和地方性工程建设标准培训班，各州市建设主管部门负责人和相关设计单位、施工单位、监理单位、图审部门的技术人员共计300余人参加培训。

11日　青海省申报世界遗产工作领导小组办公室组织住房城乡建设部、北京大学、清华大学、中国科学院植物所、中国城市规划设计研究院、省卫生计生委、玉树州政府、可可西里自然保护区管理局等单位专家和人员约20人赴可可西里世界自然遗产提名地开展预考察。本次预考察为确定考察点、拟定考察手册取得第一手资料，也为做好迎接世界自然保护联盟（IUCN）专家正式考察奠定坚实基础。

14日　住房和城乡建设部住房保障司司长曹金彪与国家开发银行住宅金融事业部信贷局局长张瑞宇一行9人对青海省棚改任务量较大的西宁市和海东市进行调研。并在西宁市召开青海等七省（区）国家开发银行棚改贷款对接工作推进会。

20日　青海省住房和城乡建设厅制定印发《青海省住房和城乡建设管理岗位基本能力标准》、《青海省住房和城乡建设管理岗位基本能力测评办法》、《青海省住房和城乡建设管理岗位工作人员专业基本能力评价标准》和《青海省住房和城乡建设管理干部专业基本能力训练大纲》，为指导开展青海省建设系统干部职工的专业基本能力培训工作奠定了基础，进一步规范专业基本能力培训工作。

21日　青海省海东市成功入选全国地下综合管廊试点城市，争取国家专项建设资金9.9亿元。

22日　青海西宁市入选全国海绵城市试点城市，争取国家专项建设资金16.5亿元。

26日　青海省住房和城乡建设厅在西宁举办全省房地产业和建筑业"营改增"税务专题培训班。青海省房地产及建筑企业的负责人和财会人员共200余人参加培训。

28日　根据住房城乡建设部、发改委、财政部、人民银行《关于规范和阶段性适当降低住房公积金缴存比例的通知》要求，青海省住房和城乡建设厅会同省财政厅、省发展和改革委员会、中国人民银行西宁中心支行联合印发《青海省关于规范和阶段性适当降低住房公积金缴存比例的意见》。

30日　青海省住房和城乡建设厅会同省财政厅、中国人民银行西宁中心支行完成《青海省2015年住房公积金年度报告》，并在青海省政府网站，青海省住房公积金网站进行披露。

5月

26日　制定印发《青海省2016年住房城乡建设系统"安全生产月"活动实施方案》，"安全生产月"期间，青海省共张贴宣传标语1500余张，张挂条（横）幅960余条，制作安全生产宣传展板1220块，发放各类安全生产宣传材料3300余份，提高建设系统安全生产意识。

29日　青海省人民政府印发《青海省人民政府关于促进房地产去库存的实施意见》。从合理确定商品房供应量、大力推进城镇棚改货币化安置、支持农牧民进城购房居住、培育住房租赁市场、用好用足住房公积金、继续释放城镇居民刚性和改善型住房需求、加大对房地产企业的信贷支持力度、规范房地产市场秩序8个方面21个条款，明确促进房地产去库存的具体措施。

30日　青海省住房和城乡建设厅成立夏季消防安全检查及危险化学品安全专项整治工作领导小组，对全省住房城乡建设系统集中开展夏季消防检查及危险化学品安全专项整治工作进行督查。此次集中专项整治，共检查住房城乡建设领域项目138项，企业126家，排查隐患339项，下发停工整改通知单12份，整改通知单39份，依法通报批评企业11家，责成属地建设行政主管部门依法处罚违规企业3家。

6月

1日　青海省住房公积金综合服务平台正式开通运行，综合服务平台包括门户网站、网上业务大厅、12329语音热线、短信和微信，以及自助终端，向全省住房公积金缴存单位、职工和社会公众提供便捷服务，得到广大缴存单位和职工好评。

7日　青海省住房和城乡建设厅组织开展"2016年青海省建设系统'安全生产月'启动仪式暨建筑质量安全标准化工地、应急救援演练观摩会"。各市州建设主管部门、质量安全监督机构、部分施工监理企业300余人参观中建三局承建的"青海大学医学院附属医院综合楼"项目质量安全标准化示范现场。观摩由青海省公安消防总队、中建三局集团有限公司、青海大学附属医院等相关单位举行的应急救援演练。

15日　经省政府同意，青海省申报世界遗产工作领导小组办公室印发《关于下达2016年度保护管理设施建设和环境综合整治工作经费的通知》，向玉树州申遗办下达2016年度保护管理设施建设和环境综合整治工作经费2600万元，开展保护管理设施建设和环境综合整治。

16日　青海省住房和城乡建设厅、青海省质量技术监督局发布《泡沫玻璃建筑外墙外保温系统技术规程》、《BS改性防火保温板外墙外保温系统技术规程》2项工程建设地方标准。

24日　报请青海省政府办公厅印发《关于推进城镇地下综合管廊建设的实施意见》，《意见》对于提升城市地下空间集约利用率，解决反复开挖路面、架空线网密集、管线事故频发等问题具有重要意义。

25日　为贯彻落实6月7日全国棚户区改造工作座谈会精神，进一步加快推进青海省棚户区改造工作，在西宁市召开青海省城镇棚户区改造工作推进会。会议观摩西宁市棚户区改造项目，观看包头市北梁棚户区改造纪录片，传达全国棚户区改造工作座谈会会议精神，通报1~5月份棚户区改造进展情况，针对棚户区改造中存在的问题，对下一步工作进行再安排，再部署。

28日　报请青海省政府办公厅印发《关于推进海绵城市建设的实施意见》。该《意见》出台对加快推进海绵城市建设，涵养水资源，增强城市防涝能力，提高新型城镇化质量，改善城市人居环境，促进人与自然和谐发展具有重要意义。

30日　为提高公共建筑能源利用效率，节约社会资源，加快推进公共建筑能效提升工程示范项目实施，规范公共建筑能效提升工程项目资金及管理，青海省住房和城乡建设厅、青海省财政厅制定《青海省公共建筑能效提升工程项目资金管理暂行办法》。暂行办法包括总则、项目申报、项目组织实施、补助资金拨付与使用、监督管理、附则共六章二十八条。

7月

7日　青海省住房城乡建设厅主办的青海省房地产信息网正式上线运行，实现全省房地产信息资讯的全公开，房地产信息服务的全覆盖，为社会大众提供更全面、更丰富、更及时、更优质的房产市场资讯。

6日　青海省住房和城乡建设厅联合青海省房地产业协会、青海省建设工会举办"青海省首届物业行业物业管理员职业技能竞赛暨全国物业管理行业物业管理员技能竞赛"，49家物业服务企业选派的95名选手参加了竞赛，最终选拔4名优秀物管员代表青海省物业管理行业参加全国物业管理行业物业管理员技能竞赛。

16日　青海省住房和城乡建设厅配合住房城乡建设部组织相关工作人员赴玉树州隆宝镇、海东市化隆县群科镇、海西州香日德镇开展小城镇详细调查工作，并向住房城乡建设部报送调查结果。

24日　青海省住房和城乡建设厅组织开展为期5天的青海省住房城乡规划建设管理领导干部能力提升培训班，积极提升全省各级住房城乡规划建设管理领导干部的各项能力。聘请全国各地专家及领导干部，培训城乡规划体制改革、城市基础设施建设、城市管理及执法体制改革、城市设计管理、历史文化名城保护、建筑节能、建筑产业现代化及工程质量安全监管等知识。

8月

2日　青海省住房城乡建设厅对西宁市、黄南州、海东市的15家预拌混凝土生产企业及9家工程检测机构进行为期10天的建设工程质量检测机构和预拌商品混凝土质量专项检查，共下发整改通知书11份，提出整改意见225条。并印发《关于建设工程质量检测和预拌商品混凝土质量专项检查情况的通报》。

10日　为认真贯彻落实中央城市工作会议精神，大力推进绿色建筑发展，积极推广绿色建材，实施"建筑能效提升工程"，由青海省住房和城乡建设厅主办、乐都金鼎房地产开发有限公司承办的乐都丽水湾小区被动式超低能耗绿色建筑示范项目开工仪式在海东市乐都丽水湾小区举行，标志着青海省首个被动式超低能耗居住建筑示范项目正式进入实施阶段。

11日　青海省住房和城乡建设厅、青海省发展和改革委等12家单位联合组织开展2015年度房地产开发企业信用等级评价通报大会。宁夏中房集团西宁房地产开发有限责任公司等9家企业被评为4A级信用企业，青海明达房地产开发有限公司等124家企业为3A级企业，民和县鑫泰置业有限责任公司等323家企业为2A级企业，青海国投置业有限公司等47家企业为A级企业，青海海宏房地产有限公司等139家企业为B级企业。

11日　青海省住房和城乡建设厅联合青海省财政厅、青海省人力和社会保障厅等4个部门印发《青海省清理工程建设领域保证金工作方案》，建立保证金清理网上申报系统，清退工程建设领域各类保证金7984.21万元，减轻企业负担，激发市场活力。

12日　青海省住房和城乡建设厅制定并印发《青海省市县建成区违法建设专项治理工作五年行动方案》，加大违规违法案件的问责力度，严肃查处随意调整规划的违法行为。方案明确提出2016年全面摸清违法建设底数，查处违法建设比例不低于10%，2017年、2018年、2019年每年查处违法建设比例分别不低于50%、70%和90%，到2020年，全面完成城市、县建成区违法建设治理任务，并形成治理的长效管控机制。

15日　青海省住房和城乡建设厅发布实施《青海省农村地区绿色建筑设计导则》。该导则依托国家科技支撑计划《高原生态社区规划与绿色建筑技术集成与示范》课题研究，融科学性、知识性、实用性为一体，在经广泛调查研究、认真总结绿色建筑的实践经验、结合青海农村地区村镇、住宅民居建设实际情况的基础上，采用章节的形式，深入浅出，简明扼要的阐述农村地区村庄规划建设、住宅民居建设等方面的基本知识。

24日　青海省住房和城乡建设厅、青海省工商行政管理局联合下发《关于印发〈青海省二手房买卖合同(示范文本)〉的通知》，要求从9月1起在青海省范围内推行使用示范文本，实行网上签约管理。

9月

7日　第三批全国工程质量治理两年行动第十五督查组对青海省西宁市建设工程质量安全及建筑市场进行专项督查，青海省工程质量治理两年行动得到住房城乡建设部的充分肯定。

19日　青海省住房和城乡建行厅组成联合检查组，对西宁市、海北州新建建筑和既有居住建筑节能改造项目外墙保温和施工吊篮使用情况进行为期7天的专项执法检查。共检查各类工程项目15项，抽样检查常用保温板3种，抽检样品13组，涉及生产厂家6个，下发《工程项目督促整改的通知》2份，依法提交检查地住房城乡建设部门处罚施工单位2家、监理单位2家。

19日　西宁住房公积金管理中心省直分中心，海南州、海北州中心"双贯标"工作通过住房和城乡建设部专家组验收。专家组认为，该系统功能完整，实现青海省公积金集中运行，支持各中心独立核算，跨地区业务协同在线办理的新模式，在全国住房公积金行业处于领先地位。

23日　《青海省可可西里自然遗产地保护条例》经青海省第十二届人民代表大会常务委员会第二十九次会议审议通过，自2016年10月1日起施行。

27日　为认真贯彻落实国家推进生态文明建设的战略要求，大力发展青海省绿色建材产业，推动全省绿色建筑发展和建材工业转型升级，青海省住房和城乡建设厅、青海省经济和信息化委联合下发《关于做好青海省绿色建材评价标识管理有关工作的通知》，成立青海省绿色建材评价管理机构，明确评审机构的备案及专家委员会的组建和绿色建材评价标识申请的有关要求。

28日　青海省建设工程信息网证书查询系统开通，为下一步实现对行业专业人员的计算机信息化管理，规范专业人员职业能力评价、实现施工现场专业人员岗位规范化管理等做好前期准备工作。

29日　青海省住房和城乡建设厅组织完成《青藏农牧区民居建设中被动式太阳能采暖方式的比较性研究与示范》课题与验收，争取项目资金550万元。同时《基于太阳能炕的主被动复合采暖建筑的研究与示范》通过验收并取得省级科技成果国际先进评价。

10月

9日 青海省住房城乡建设厅和青海省人力资源社会保障厅在江苏省南京市举办"藏区低能耗绿色建筑建设技术体系"高级研修班，采取政策标准解读、现场教学、实地考察、研讨交流等相结合的方式进行。通过学习绿色建筑国家相关政策、低能耗绿色建筑规划设计、高原绿色生态社区示范、藏区建筑太阳能利用等方面的理论知识，进一步提升青海省住房城乡建设系统专业技术人员在绿色建筑政策标准、规划设计、新技术新工艺新材料等方面的能力，推动青海省绿色建筑发展迈上新台阶。

11日 住房城乡建设部下达《关于公布第一批中国特色小镇名单的通知》，青海省海东市化隆回族自治县群科镇和海西蒙古族自治州乌兰县茶卡镇被列入中国第一批特色小镇名录。

18日 青海省住房和城乡建设厅组织编制完成《青海省东部城市群城镇体系规划》、《青海省东部城市群城乡一体化规划》。对城市群发展定位、产业发展、空间格局、专项规划等进行相应的调整，使东部城市群相关规划适应海东撤地设市、青海省城镇体系规划、国家新型城镇化规划、"一带一路"建设带来发展环境的变化。

21日 为认真贯彻落实中共中央37号文件精神，报请中共青海省委省政府印发《中共青海省委青海省人民政府关于深入推进城市执法体制改革改进城市管理工作的实施意见》。该意见为新时期全省城市建设管理工作指明方向，勾画蓝图，明确路径，确定时限。

21日 青海省住房和城乡建设厅在全省范围内展开为期半年的规范房地产开发企业经营行为、维护房地产市场秩序的整治行动。该次行动是历年来最为严格的一次针对房地产企业违法违规行为的专项整治行动。

21日 出台《中共青海省委、青海省人民政府关于进一步加强城市规划建设管理工作的实施意见》，贯彻落实中央城市工作会议精神及《中共中央国务院关于进一步加强城市规划建设管理工作的实施意见》的有关要求，努力创新城市发展理念，着力解决制约城市科学发展的突出矛盾和问题。

28日 世界自然保护联盟(IUCN)专家赴青海可可西里世界遗产提名地开展为期10天的考察评估工作，深入考察可可西里遗产提名地自然资源状况，并空中考察可可西里遗产提名地全貌。世界自然保护联盟对青海省可可西里遗产提名地的遗产价值和开展的保护管理工作给予充分肯定，并提出许多建设性建议。

11月

4日 青海省人民政府组织召开青海可可西里遗产提名地世界自然保护联盟(IUCN)专家现场考察评估反馈会。会议听取赴可可西里现场考察评估意见。同时，就世界自然保护联盟专家反馈意见建议进行现场交流。住房城乡建设部和中国联合国教科文组织全国委员会相关领导发表重要讲话。

28日 青海省住房城乡建设厅、青海省发展改革委、青海省人力资源社会保障厅、青海省质量技术监督局、青海省公安消防总队5家单位联合印发《青海省物业企业信用评级管理办法的通知》，该办法共7章，42条款，自2017年1月1日起施行。

28日 青海省住房和城乡建设厅在青海建筑职业技术学院局举办为期三天的村镇建设工作培训班。培训班邀请住房城乡建设部农村危房改造、传统村落保护工作方面相关专家，就2016年农村危房改造农户档案信息系统管理、全省村镇建设统计年报、人居环境网络信息录入以及传统村落的申报、规划编制和建设方面相关内容及要求进行了集中培训讲解。全省8个市(州)、46个县(区)、377个乡镇从事村镇建设工作的管理人员和省级传统村落保护建设联村专家约450人参加培训。

28日 为深入贯彻习近平总书记、李克强总理在江西丰城发电厂"11.24"特别重大事故上的批示精神和全国安全生产工作电视电话会议、全国建筑施工安全生产电视电话会议、全省安全生产电视电话会议精神，青海省住房和城乡建设厅制定《青海省住房城乡建设领域安全生产大检查实施方案》，全面彻底排查青海省住房城乡建设领域各类安全隐患。

12月

5日 青海省住房和城乡建设厅、青海省质量技术监督局发布《绿色建材评价标准》、《建筑施工现场塔式起重机安全性能评估技术规程》、《常用外墙保温材料技术规程》、《青海省被动式太阳能采暖工程技术规程》4项工程建设地方标准。

14日 青海省住房和城乡建设厅在西宁市组织召开加强城市规划建设管理和推进城市执法体制改革工作电视电话会议。省直各单位、各市(州)、县(区)分会场约150余人参加会议。安排部署加强城市规划建设管理和推进城市执法体制改革工作。

16日 住房城乡建设部和财政部对青海省2016年农村危房改造工作进行了绩效考核。考核组分别

宁夏回族自治区

概况

自治区住房和城乡建设厅是主管全区住房城乡建设工作的自治区政府组成部门，主要负责全区城乡规划、城镇化建设、城市建设管理、住房保障、建筑业、房地产业发展及市场监管、建设工程质量和施工安全管理、建筑节能减排、市政公用事业、建筑科技、勘察设计、造价咨询、标准定额、住房公积金管理等工作。内设办公室、人事与老干部处、法规处（行政审批办公室）、计划财务处、住房保障处（自治区住房制度改革领导小组办公室）、城乡规划勘察设计处（自治区城镇化工作领导小组办公室）、科技与标准定额处、房地产管理处、建筑管理处（自治区建设工程抗震办公室）、城市建设处、村镇建设处、住房公积金监管处、机关党委13个处室，下设建设工程质量安全监督总站、住房资金管理中心、建设工程招标投标管理中心、建设工程造价管理站、城市管理综合执法监督局、建筑执业资格注册管理中心（信息中心）、建筑科技产业化中心、城镇化和城乡规划编研中心、工程建设标准管理中心9个事业单位。全区各市、县（区）均设立住房和城乡建设局，5个设区市另设有规划管理局、城市管理局、园林局（林业局）、住房公积金管理中心等部门。

2016年，全区住房城乡建设工作以习近平总书记视察宁夏重要讲话精神为统领，围绕推进新型城镇化"一条主线"，狠抓房地产、建筑业和市政公用事业"三个业态"，全面履行规划、建设、管理、运营"四项职能"，大力实施规划引领、提质扩容、城乡安居、美丽乡村、绿色建筑、质量安全"六大工程"，推动各项工作取得新的进展。

【规划引领纵深推进】 编制全区住房城乡建设事业"十三五"规划、10个专项规划和29个美丽小城镇、138个美丽村庄及15个村庄示范点规划，银川市城市总体规划获国务院批准，全区重点城区控制性详规覆盖率达到100%。启动自治区和五个地级市、三个试点县空间规划（多规合一）改革，全面推行城市设计和特色风貌塑造。

【城镇建设转型提质】 自治区召开高规格城市工作会议，出台加强城市规划建设管理实施意见，进一步明确全区当前及今后一个时期城市发展方向。实施城镇化重点项目400个，全区城镇化率提高1个百分点。银川市、固原市分别跻身国家综合管廊、海绵城市试点行列，中卫市"以克论净、深度保洁"环卫管理项目荣获中国人居环境范例奖。建设美丽小城镇29个、美丽村庄138个，镇北堡镇、泾河源镇进入国家首批特色小城镇行列。实施农村生活污水处理及改厕7032户，自治区在国务院召开的全国改善农村人居环境工作电视电话会议上交流经验。

【城市管理全面升级】 自治区党委、政府制定《关于深入推进城市执法体制改革改进城市管理工作的实施意见》，完成城管综合执法顶层设计。宁夏建筑市场及信用管理系统正式上线运行并实现与全国平台对接，智慧城市建设"银川模式"被收录为全国推广案例，灵武市、平罗县等8个市县建成数字化城管系统。出台全区建设项目配建停车场（库）标准，建设33个社会公共停车场、7万多个停车泊位。积极推行居民自治、社区代管和专业物业服务三位一体的物业服务机制，住宅小区物业服务覆盖率达到67%以上。落实"蓝天碧水·绿色城乡"专项行动要求，积极开展建筑工地和城市道路扬尘治理，各地普遍建立"机械深度洗扫＋人工即时保洁"机制，全区机械化清扫率达到46%。

【住房保障水平明显提升】 改造城镇棚户区住房6.3539万套、农村危窑危房3.18万户，公共租赁住房累计实物配租13.47万套。完成房地产开发投资728.16亿元，新建商品房销售966.07万平方米，住房公积金缴存总额593.72亿元。

【建筑产业加快转型】 培育4家自治区建筑产

业化基地，完成建筑业总产值511.25亿元，实现增加值420亿元，占GDP的14.48%。新建建筑节能标准执行率达到100%，新型墙体材料应用比例达到87%以上。严厉查处未批先建、转包挂靠、违法分包、欠款欠薪等违法违规行为，有力整肃建筑市场秩序。宁夏国际会议中心获国家优质工程"鲁班奖"。

【改革活力持续释放】 围绕"人、地、钱"和"规、建、管"推进城镇化改革，固原市、平罗县、宁东镇国家新型城镇化综合试点取得阶段性成效，银川市、盐池县、惠农区红果子镇入选第三批试点。五个地级市出台户籍制度改革实施方案，进一步放宽或取消城镇落户限制，降低农民进城"门槛"。住房城乡建设领域简化11项资质类审批要件，全年晋升国家一级（甲级）资质企业14家。对依法依规设立的投标保证金、履约保证金、质量保证金、农民工工资保证金以外的保证金一律予以取消，切实为企业"减负"。

新型城镇化建设

【概况】 全面贯彻落实中央、自治区城镇化工作会议精神，围绕自治区党委、政府中心工作，聚焦问题、紧盯目标，以固原市、平罗县、宁东镇国家新型城镇化综合试点，石嘴山市、吴忠市国家中小城市改革试点，永宁县、隆德县、灵武市国家深化县城投融资体制改革试点为突破口，积极探索户籍管理、农业转移人口市民化社会保障、投融资体制创新等城镇化改革机制，加快转变城市规划建设管理方式，促进城镇化质量提升，有关工作取得阶段性成效。城镇化率达到56.29%，比上年提高1.06个百分点。

【空间规划改革试点】 贯彻落实空间规划改革（多规合一）省级试点要求，制定试点实施方案，成立领导小组、办公室和6个工作组。开展土地、水资源等5项专题战略研究，初步确定发展战略、发展格局、发展定位和发展目标。建立统一的技术标准，初步编制完成自治区、5市和试点县空间规划大纲。完成软件开发初步成果，制定统一标准指导各市县建设一体化信息平台。起草《空间规划审查审批办法》、《空间规划编制管理体制相关改革方案》、《空间规划评议委员会工作规则》，全面梳理重构项目审批流程和环节。初步形成《空间规划实施保障机制的意见》，起草《宁夏回族自治区空间规划条例》，积极推进自治区相关法规的"立改废"。

【深化户籍制度改革】 落实自治区《关于进一步推进户籍制度改革的实施意见》，截止到5月份，所有5个地级市全部出台户籍制度改革具体方案和实施细则，户籍制度改革全面推开。按照分类施策原则，全面放开石嘴山市、吴忠市、固原市、中卫市市区，县级市市区和建制镇落户限制，合理放宽银川市城区落户条件。凡依法取得住宅房屋所有权，或与房屋所有权人签订房屋租赁协议并在房管部门办理租赁登记备案的，本人及其共同居住生活的配偶、未成年子女、父母，可以申请登记当地城镇常住户口。起草《宁夏回族自治区居住证管理办法》，推动流动人口服务管理工作向法治化、规范化迈进。《办法》规定居住证持有人应享有的就业、教育、医疗、养老、住房等基本公共服务内容。同时，以户改为契机，建设全区居住证制证管理系统，保证政策实施后的业务办理效率。

【"人地钱"三挂钩制度】 建立财政性建设资金对城市基础设施投入与城市吸纳农业转移人口落户数量挂钩机制，拟定《自治区人民政府关于支持农业转移人口市民化若干财政政策的通知》，加强对市、县（区）的引导激励，营造良好的人口自由流动制度环境。落实国家五部委《关于建立城镇建设用地增加规模同吸纳农业转移人口落户数量挂钩机制的实施意见》，全面推行城镇建设用地增加规模同吸纳农业转移人口落户数量挂钩制度，盘活存量用地，提高城镇基础设施和公共服务供给数量。

【城市工作会议】 7月27日，自治区召开城市工作会议，会议审议通过《自治区党委 人民政府关于加强城市规划建设管理工作的实施意见》，为全区城市发展绘就蓝图。《意见》从总体要求、强化规划引领管控、塑造城市特色风貌、提升城市建筑水平、完善城市基础设施、提升城市生活品质、创新城市治理方式、强化城市工作保障八个方面，明确加强全区城市规划、建设和管理工作的具体实施意见，加快推进自治区城市道路、供水、燃气、供热、通信、城市污水和生活垃圾、绿色建筑、城市空气质量、社区综合服务等项目建设，规划到2020年全区城镇化率超过60%。

【城镇化项目建设】 完成清水河城镇产业带（宁南区域中心城市和大县城建设）综合评估，优化布局公共设施，引导人口向城镇集聚，产业向园区集聚，促进中南部地区城镇化水平提升。继续实施自治区财政"一定五年不变"扶持政策，下达2016年清水河城镇产业带自治区财政专项资金两批共22亿元，有力支持中南部地区加快城镇道路、给排水、集中供热、垃圾和生活污水处理等基础设施建设，优先支持市政公用领域政府与社会资本合作(PPP)项目。坚持以项目带动清水河城镇产业带发展,建成一批事关全局和长远发展的区域性产业、交通、水利、物流、商贸、生态、市政设施等项目。2016年实施重点项目400个,完成投资450亿元。

【城镇化试点】 以重点领域和关键环节体制机制改革为方向,不断深化固原市、平罗县、宁东镇国家新型城镇化综合试点。固原市开展全面提升城市服务功能、有序推进农业转移人口市民化、拓宽城镇化建设投融资渠道等6类23项重点工作。建立被征地农民"先保后征"机制,全市农村劳动力转移就业29.76万人,累计发放社保卡147.5万张,基本实现人手一卡。平罗县制定《推进农民向市民转变暂行办法实施意见》、《义务教育阶段进城务工农民子女入学实施细则》等政策,同时通过培育多种形式新型农业经营主体、制定配套改革文件、建立农村宅基地有偿使用和退出机制等有效手段。宁东镇制定出台《产城乡一体化发展实施方案》及21个配套政策,通过实施环境改造提升和环保行动、投运IT服务中心等智慧宁东建设,推动绿色智慧城镇建设。完善进城农民社会保障体系,一次性将城中村农民6300多人全部转为城镇居民,打破上下对口、优化横向分工,启动网格化管理服务。11月29日,银川市、盐池县、惠农区红果子镇被列入国家第三批新型城镇化综合试点。

【投融资体制改革】 制定深化投融资体制改革实施意见,鼓励支持政府和社会资本合作。全区范围征集PPP项目三批共426个,总投资规模达2617.4亿元。积极推进灵武市、永宁县、隆德县国家县城基础设施投融资体制改革试点,加快推进基础设施PPP项目,多元化拓宽融资渠道,逐步放开社会资本参建范围。争取银川市成为2016年国家城市地下综合管廊建设试点,获得三年总额12亿元中央补助资金。开工建设银川市、吴忠市、宁东12个共46.12千米地下综合管廊项目,着力解决城市地下管线交织、隐患突出的问题。完成银川市、固原市、中卫市等海绵城市专项规划编制,争取固原市成为国家海绵城市建设试点,获得3年总额12亿元中央补助资金,开工建设城市道路、公园绿化、建筑与小区、生态修复等海绵城市项目37个,着力解决城市防洪排涝和雨水资源化利用问题。

【产城融合】 认真落实《关于支持各地开展产城融合示范区建设的通知》,大力推进产业转型升级和结构调整,优化产业布局,推行混合用地布局,建成一批具有综合集聚效应的城市中心商务区、特色街区、商业综合体等产城融合一体化项目,开展中宁县工业园区和石空镇产城融合示范区试点建设,编制完成《石空镇城镇建设规划》和基础设施、产业布局等相关规划,指导和引领产城融合向纵深发展。

城乡规划

【概况】 贯彻落实中央和自治区城市工作会议精神,坚持"以人为本"理念,实施规划引领工程,不断完善空间战略规划编制体系,简化规划审批程序、提高行政审批效率,加强规划实施监督管理。全面推行城市设计制度,制定宁夏回族自治区《城市设计编制导则》,积极开展总体城市设计、重点地块城市设计。编制全区特色风貌规划,建立规划+图则的风貌管控体系。注重历史文化保护与传承,组织开展历史文化街区划定和历史建筑确定工作。

【城乡规划编制】 以《宁夏空间发展战略规划》为基础,积极开展配套规划编制。编制完成《宁夏城镇体系规划(2014—2030年)》、《银川都市区规划(2014—2030年)》、《宁夏村庄布局规划(2014—2030年)》,规划范围涵盖宁夏回族自治区全域,内容涉及城市与乡村。规划的编制,对于进一步优化全区城镇体系和村庄布局,丰富城乡规划编制层次,实现宁夏城乡、山川协同发展具有重大指导意义。积极推进"多规合一",成立以主要负责人为组长的"三规合一"、"多规融合"工作领导小组和以总规划师为组长的技术审查领导小组,形成统筹各市(县)城乡规划主管部门"三规合一"及"多规融合"工作推进机制。按照自治区空间规划改革试点实施方案要求,在宁夏空间发展战略规划基础上,开展"人口、城镇化率与城镇建设用地"专题研究,划定城镇建设用地增长边界线和城镇开发边界线。统一用地分类标准、坐标体系、编制期限、规划信息平台等,协助自治区规划委员会办公室完成宁夏空间规划编制工作。

【城乡规划实施管理】 严格执行《城乡规划法》和《宁夏回族自治区实施城乡规划法办法》,积极开展建设项目审查审批。建立完善建设项目审批系统,探索建立"多规合一"建设项目审批流程和审批系统。指导吴忠市、银川市开展建设领域审批事项清理和流程再造,建立"单一窗口、一表办理、网上审批、信息共享"的审批模式,合并审批环节,由"串联"改"并联",有效缩短审批时间。建立发改、规划、国土、环保、林业等多部门协同机制,在项目前期明确投资、选址、用地指标等审批条件,做到相互推送、实时共享。

按照住房城乡建设部《关于印发城市建成区违法建设专项治理工作五年行动方案的通知》要求，研究制定《宁夏回族自治区城市建成区违法建设专项治理工作五年行动实施方案》，指导7个设市城市完成存量违法建设摸底调查工作，建立5年分期查处台账，逐步建立存量违法建设递减、新增违法建设"零容忍"的工作机制。2016年查处存量违法建筑面积15.37万平方米，查处新增违法建筑6.52万平方米。依据《自治区党委人民政府关于加快推进新型城镇化的意见》，对城市住宅高度提出控制要求，要求县城控制在6层左右，地级市控制在10层左右，银川市控制在18层以下。印发《关于进一步加强城市住宅建设高度控制的通知》，与市县城乡规划主管部门签订承诺书，并对市县2014年9月以后审批的住宅项目进行检查，提高规划管理的严肃性。严格落实城乡规划法和住房城乡建设部《关于城乡规划公开公示的规定》有关精神。

开展历史文化名城、名镇、名村划定和历史建筑确定工作，指导全区设市城市完成历史文化街区、历史建筑现状情况统计摸底及上报工作。经核查统计，自治区现有历史街区5处，面积共计187.67公顷，现有历史建筑共54处。会同文化厅组织开展第一批历史文化名镇、名村申报评选及第七批中国历史文化名镇、名村申报工作。

编制印发《宁夏回族自治区城市户外广告设置导则》、《宁夏回族自治区城市夜景照明规划导则》《宁夏回族自治区城市环境设施规划导则》、《宁夏回族自治区社区公共服务设施配置导则》、《宁夏回族自治区建设项目配建停车场（库）标准》等标准导则，促进全区各市县城市规划管理工作顺利开展。

【城市设计】 深入贯彻落实《中共中央国务院关于进一步加强城市规划建设管理工作的若干意见》和住房城乡建设部有关工作要求，以宁夏全域为范围，编制《宁夏回族自治区特色风貌规划》。通过规划进一步梳理宁夏自然地域特征、民族特色、时代风貌，提炼管控要素，形成管控图则，建立规划+图则的风貌管控体系。印发《关于全面推行城市设计工作的指导意见》、《宁夏回族自治区城市设计编制导则（试行）》，统一全区城市设计编制技术要点和要求。推选并指导银川市开展全国城市设计试点工作。

城市建设

【概况】 坚持以改善城市人居生态环境为主线，以提升城市承载力和综合竞争力为重点，不断推进城市基础设施建设，加强城市运行管理，自治区人均城市道路面积达到24.76平方米，城市污水处理率达到91.95%，用水普及率达到94.14%，城市生活垃圾无害化处理率达到97.36%，燃气普及率达到84.39%。城市地下管线普查全面完成，开展全区供水规范化管理考核及城市集中供水水质督察，完成燃气从业人员培训和考核，城市地下综合管廊和海绵城市建设，园林城市（县城）、节水型城市等城市品牌创建取得新进展。

【地下综合管廊建设】 积极开展地下管线普查，完成全区各市县及宁东地下管线普查工作，共普查城市供水、排水、供热、燃气、热力、电力、通信、广播电视、路灯等九类管线总长度31259.63千米，并同步建立地下管线信息系统。指导银川市成功申报2016年中央财政支持的地下综合管廊试点城市，报请自治区政府印发《宁夏回族自治区加快推进城市地下综合管廊建设的实施意见》，起草《宁夏回族自治区地下管线管理条例》。2016年住房城乡建设部下达全区管廊开工建设任务为46.12千米，共涉及12个项目，总投资58.49亿元，已全部开工，形成廊体16.87千米，完成投资13.58亿元。

【海绵城市建设】 印发《关于积极推进全区海绵城市建设的通知》，与国家开发银行宁夏分行积极对接，确保住房和城乡建设部、国家开发银行与自治区人民政府共同签订的《推进海绵城市建设的合作框架协议》落地。督促指导各地编制海绵城市建设专项规划，指导固原市成功申报2016年中央财政支持的海绵城市试点，3年获得国家12亿元资金支持。固原市规划建设海绵城市面积44平方千米，投资50亿元，分试点期和拓展期两期实施，计划实施221个海绵型建筑小区建设、49个海绵型公园绿地建设、151个海绵型道路广场建设、清水河城区段综合治理、海绵城市监测平台等项目，已开工项目48个。

【城镇水污染防治】 认真贯彻落实国务院"水十条"要求，指导各地加快推进城市黑臭水体整治工作，改善城市生态环境。开展全区城市黑臭水体治理专项排查，共排查出城市建成区黑臭水体13条，共64.337千米，其中，银川市9条30.42千米、吴忠市2条11.497千米、固原市1条12.27千米、中卫市1条10.15千米。已开工建设9个，实施整治51.447千米。25座需进行提标改造的污水处理厂，已开工建设14个。已建成再生水处理厂17座，总规模44.8万立方米/天，全区平均再生水回用率达到21%。

【城市供热燃煤锅炉治理】 落实国家和自治区防治大气污染行动计划，稳步推进城市供热燃煤锅炉治理，印发《关于进一步做好城市供热燃煤锅炉基础调查有关工作的通知》，对全区住房和城乡建设系统城市供热燃煤锅炉基础调查工作进行全面部署，确定2016年度城市供热燃煤锅炉淘汰工作的范围及年度工作要求。推动银川市、吴忠市、青铜峡市、灵武市、平罗县等建设热电联产、余热回收利用工程，稳步推进供热设施技术升级、节能改造和供热计量收费工作。组织开展专项督查，对各市县城市供热燃煤锅炉拆除治理工作进行全面督导检查，全区陆续淘汰各种吨位的城市供热燃煤锅炉174台。

【城市精细化管理】 在全区深入推进"以克论净、深度保洁"及泾源县城乡环卫一体化管理模式，全面开展环卫提升工程，大多数城市已建立起"机械深度洗扫+人工即时保洁"的环卫新机制。报请自治区党委、政府印发《宁夏回族自治区关于深入推进城市执法体制改革改进城市管理工作的实施意见》，选定银川市、中宁县和泾源县启动全区城管执法体制改革试点工作。起草《宁夏回族自治区城市环卫保洁和垃圾处理规范化管理检查办法》，实施城市环卫保洁和垃圾处理规范化考核，逐步实现城市管理的精细化、制度化和长效化。

【改善人居环境】 调整优化城市绿化布局，完善绿地类型和植物栽植结构，消除城市裸露地面，完善绿地养护管理机制，引导各地在稳步提高绿化总量基础上推进绿化品质提升，争创生态园林城市。全区城市建成区绿化覆盖率达到37.61%，建成区绿地率35.26%，人均公园绿地面积达到17.57平方米。会同自治区林业厅组织开展2016年全区市民休闲森林公园观摩交流活动，完成8个市民休闲森林公园的验收工作。指导固原市、永宁县积极创建国家园林城市及县城，指导同心县创建自治区园林县城，完成固原市、同心县等城市绿地系统规划技术评审。指导中卫市"以克论净、深度保洁"环卫管理模式成功申报2016年中国人居环境范例奖。积极推进全国城市步行和自行车交通示范项目建设工作，银川市示范项目已完成并通过验收。

村镇规划建设

【概况】 认真贯彻落实中央、国务院推进城镇化和改善农村人居环境要求部署，根据《宁夏美丽乡村建设实施方案》，加快推进宁夏村镇规划建设，2016年共开工建设美丽小城镇20个、美丽村庄128个，改造农村危窑危房31800户。硬化道路380.33千米，绿化786967平方米，铺设给排水管道418.765千米，清理垃圾60635吨，完成投资428013.23万元。

【美丽小城镇及美丽乡村建设】 深入贯彻落实国务院第二次改善农村人居环境工作会议精神，继续抓好规划引领、农房改造、收入倍增、基础配套、环境整治、生态建设、服务提升、文明创建八大工程，全年高标准高质量建设美丽小城镇20个、美丽乡村项目128个，完成投资173613.23万元。积极组织开展美丽宜居小镇、美丽宜居村庄示范、传统村落申报创建，中卫市沙坡头区迎水桥镇、石嘴山市惠农区红果子镇被列入全国美丽宜居小镇示范，银川市贺兰县常信乡谭渠村、中卫市沙坡头区迎水桥镇沙坡头村、中卫市中宁县余丁乡金沙村、银川市灵武市临河镇二道沟村、固原市西吉县吉强镇龙王坝村、中卫市中宁县余丁乡黄羊村、银川市贺兰县立岗镇永兴村、石嘴山市平罗县陶乐镇庙庙湖村、银川市灵武市白土岗乡火城子村被列入全国美丽宜居村庄示范，吴忠市利通区石佛寺村被列入中国传统村落名录。

【农村危窑危房改造】 2016年国家下达宁夏农村危房改造任务3万户（其中贫困地区2.66万户），补助资金26526万元。截止到2016年末，全区农村危窑危房改造开工31800户，完成投资254400万元。自治区从住房城乡建设厅、国土资源厅、交通运输厅、扶贫办等部门抽调16名干部和工程技术人员组成督导组，派驻各县（区）专门督导农村危窑危房改造工作，开展政策宣传、技术指导、工程质量把控等工作，提高各地工作进度和工作成效。编制发放《农村危房改造技术导则》和《农村住宅抗震技术要点图解手册》，印发宣传手册2万份。加强对村镇规划建设管理员业务培训，聘请专家和技术人员送政策、技术下基层，抓好农村工匠技术培训。

【农村人居环境整治】 2016年，进一步深入推进全国农村生活污水治理试点省（区）建设工作，着力推进以"两处理、两改造"（污水处理、垃圾处理、改厨改厕）为重点的新一轮农村环境综合整治。组织编制《宁夏农村污水治理及改厕可行性研究报告》、《宁夏农村生活污水治理及改厕技术导则》和《宁夏农村生活污水治理工程技术规程》等技术规程和标准。确定并大力推广微动力一体化生物处理技术等污水治理及改厕技术。以灵武市、青铜峡市、沙坡头区3个全国农村生活污水治理试点县（区）为示范带动，在全区各县（市、区）的39个村庄实施农村生活污水治理及改厕工程,完成水冲式卫生厕所改造7023户。全区农村人居环境有较大幅度提升,有效促进美丽乡村建设。

房地产业

【概况】 自治区注册房地产开发企业809家,房地产评估机构17家。全年完成房地产开发投资728.2亿元,同比增长14.9%,高于全国平均增长比例8个百分点,高于西部平均增长比例8.7个百分点。开发投资占全区固定资产投资的18.9%,比上年同期提高1个百分点。全区房屋新开工面积1391.3万平方米,总量与上年持平。房地产业实现增加值102.57亿元,同比增长6%,占GDP总值的3.3%,占第三产业的7.1%。全区新建商品房销售966.1万平方米,同比增长15.1%,其中住宅销售面积830.2万平方米,同比增长17.2%。全区商品房待售面积1247.3万平方米,同比增长3.3%。

【房地产市场调控】 根据自治区人民政府《关于促进全区房地产市场平稳健康发展的若干意见》有关精神,督查指导全区各市县出台相关配套政策,促进房地产市场健康发展。紧紧围绕严控住房建设规模和土地供应总量、推动"两房"深度融合、扶持住房租赁市场发展、支持企业转型升级、构建多元化住房供应体系、切实履行政府主体责任等方面内容,加大房地产市场调控,合理引导市场预期,制定《关于加快培育和发展全区住房租赁市场的实施意见》、《关于进一步做好房地产市场风险防控工作的通知》、《关于加强房地产经纪管理的若干意见》、《关于进一步规范房地产市场房屋销售的紧急通知》等一系列文件,并对房地产估价、经纪等中介机构和房地产开发企业经常性开展日常检查,确保全区房地产市场平稳健康发展。

【房地产去库存】 根据中央经济工作会议和住房城乡建设部相关会议要求,在充分调研和广泛征求意见基础上,及时制定房地产去库存专项政策,5月份会同自治区财政、国土、地税、人民银行等7个部门联合印发《宁夏房地产市场去库存实施方案》,从加大房地产市场土地管控力度、大力推进棚改货币化安置、扩大住房公积金覆盖范围、支持农民工和农民进城购房、支持居民购房消费、大力发展二手房市场、提高市场住房供给质量、支持企业转型升级、优化市场发展环境、全面落实工作责任等十个方面提出化解房地产市场库存的政策措施,计划用3年时间将全区房地产市场去库存周期控制在合理区间。

【房地产市场风险防控】 根据住房城乡建设部和自治区党委、政府统一安排,结合自治区房地产工作实际,先后组织开展国有土地房屋征收、房地产领域非法集资、房地产中介违法经营、规范房地产企业行为维护房地产市场秩序等专项整治活动,分别印发整治工作方案,认真进行督导检查,通过专项整治,及时发现和化解房地产领域存在的突出问题和矛盾,逐步建立起公开、公平、公正的房地产市场秩序,为城市建设和经济发展营造良好环境。进一步建立和完善矛盾纠纷和风险隐患的防范、化解、处置长效机制,加强督促指导,切实维护广大人民群众的合法权益。

【诚信体系建设】 自治区住房城乡建设厅联合国土资源厅、地税局、人民银行等8部门审核发布2015年度房地产企业信誉等级评定结果,共评定AA级企业56家、A级企业341家、B级企业137家,并向社会公布评定结果。组织开展全区房地产企业履行社会责任评价工作,重点对2015年度完成房地产开发投资1亿元以上的开发企业进行试点评价,共有126家房地产开发企业参加评价,共评出优秀等次(★★★级)企业85家,良好等次(★★级)企业39家、合格企业2家。

【老旧住宅小区整治改造】 深入推进老旧小区综合整治改造,切实解决好居民群众关心关注的热点难点问题,并在改造后的小区积极推行标准化物业服务,实行封闭式管理、引入物业服务的老旧住宅小区达到95%以上。截至2016年底,全区完成1300个老旧住宅小区综合整治改造,改造面积2100万平方米,占全部老旧住宅小区总量的80%左右,投资约32个亿,老旧住宅小区整体功能和居住环境有了显著提升。自治区住房城乡建设厅会同财政厅依据《宁夏回族自治区老旧住宅小区整治改造考核验收办法(暂行)》,下达奖补资金3000万元,有力推进全区老旧住宅小区改造工作进度。

【物业服务管理】 按照自治区党委、政府《关于加强城市规划建设管理工作的实施意见》和自治区人民政府《关于进一步规范物业服务管理促进物业行业健康发展的意见》要求,制定印发《推进全区物业服务标准化建设实施方案》和《宁夏回族自治区物业服务企业标准化行为准则》,全力推进自治区物业服务行业持续健康发展。不断加强住宅小区技防设施建设,提高住宅小区的治安防控能力,与自治区综治委、公安厅联合下发《关于开展2016年全区规范化物业管理住宅小区技防建设和更新改造工作的通知》。全面推进住宅小区电梯电子监管系统，与自治区质量技术监督局、经信委、商务厅联合印发《关于全面推进电梯电子监管系统建设的通知》，确保住宅小区电梯运行安全。组织开展全区物业服务示范项目和优秀物业服务企业创建评审活动，评选出全区物业服务示范住宅小区15个、物业服务示范公共建筑4个。

住房保障

【概况】 自治区共开工城镇棚户区改造住房6.3592万套，开工率100.2%，开工垦区危旧房改造0.0045万套，开工率100%，新增低收入住房保障家庭租赁补贴0.415万户，占年度计划的116.9%，完成投资83.23亿元，占年度计划的168.8%，基本建成6.0076万套，占年度计划的200.3%，公共租赁住房实物配租13.4654万套。对15.4313万户城市中低收入住房困难家庭实施住房保障。

【多渠道落实资金】 会同自治区财政厅、发改委进一步加大资金协调争取力度。2016年全区共争取到中央保障性安居工程专项补助资金26.8亿元，按照已到位补助资金测算，全区城镇棚户区改造住房套均补助4.07万元，自治区财政安排棚改补助资金2.5亿元，为历年来首次。积极主动创新棚改融资贷款模式，会同自治区财政厅制定印发《关于推行政府购买棚改服务工作的意见》，为市、县协调争取棚改贷款提供政策依据，举办全区"政府购买棚改服务培训班"和"住房保障政策培训班"，进一步提高市、县工作人员政策水平和业务能力。加强同国开行和农发行宁夏分行协调配合，推动落实棚改项目贷款，截止到12月底，国开行宁夏分行已审批授信棚改贷款33.7亿元，发放贷款7.6亿元，农发行已审批授信棚改贷款87.23亿元，发放贷款55.69亿元，为推动年度棚改计划完成提供有效资金支持。

【推行棚改货币化安置】 自治区住房和城乡建设厅会同自治区发改、财政等部门联合印发《关于做好棚户区改造货币化安置工作的指导意见》，明确货币化安置的原则、方式和鼓励政策。制定印发《关于分解下达2016年城镇棚户区改造货币化安置目标任务的通知》，将棚改货币化安置目标任务分解下达各市、县和宁东管委会，并加强督导落实，提前超额完成国家要求的50%棚改货币化安置目标。截止到12月底，通过推行棚改货币化安置，棚改居民共购买商品住房1.441万套，占同期全区商品住房销售总量的35%左右。青铜峡市连续两年推行棚改100%货币化安置，其经验被住房城乡建设部推广全国。

【加快公共租赁住房分配入住】 制定印发《关于加快公共租赁住房分配入住工作的通知》，进一步明确目标任务和措施要求。组织开展全区公租房基本情况摸底调查，健全完善公租房项目台账，督促各市、县（区）对公租房项目统筹安排，分类推进，在建项目抓进度，竣工项目抓入住，确保建成一个、入住一个、销号一个。2016年10月下旬，召开全区"公共租赁住房分配入住推进会"，会议对公租房分配入住工作存在的问题进行分析，安排入住率低于全区平均水平的市、县在会上表态发言，进一步激励先进，鞭策后进，推动工作向纵深推进。结合"两学一做"学习教育，在全区范围内组织开展公租房专项整治活动，重点查处个别市、县存在的挪用公租房用于拆迁安置和公租房建设多年不能交付使用等问题，集中解决一批群众反映强烈的突出问题。

【完善规章制度】 为抢抓国家加大城镇棚户区改造的历史机遇，自治区住房和城乡建设厅充分借鉴学习其他省区经验做法，将符合条件要求的城镇旧住宅区综合整治纳入城镇棚户区改造范围，印发《关于城镇旧住宅区综合整治纳入棚户区改造有关问题的通知》，进一步规范城镇旧住宅区综合整治工作，促进棚户区改造有序实施。印发《关于进一步加强住房保障档案管理工作的实施意见》，加强住房保障档案收集、整理、装订、归档、保管、移交等各环节工作，推进住房保障档案管理工作规范化、制度化。印发《关于进一步加强全区城镇保障性安居工程统计管理工作的通知》，进一步落实住房保障统计工作三级审核、台账管理制度，要求各地规范统计口径，严格统计程序，提高统计质量，确保统计数据真实准确反映自治区保障性安居工程进展情况和工作成效。

【"十三五"规划编制】 按照住房城乡建设部相关要求，编制《"十三五"保障性安居工程建设发展规划》，明确"十三五"时期内，全区共实施保障性安居工程19.8027万套（户）。其中：新增租赁补贴1.418万户，改造城镇棚户区住房18.3802万套，国有垦区危房改造0.0045万套。规划对城镇棚户区改造支持政策和改造范围、改造方式等进一步予以明确，对公共租赁住房促竣工、保入住、抓管理等建设运营管理各个环节进行规范。规划期内，城镇棚户区改造原则上不再进行新建安置房安置，鼓励采用货币化安置方式实施改造，提高棚改货币化安置比率，加快保障性安居工程配套基础设施建设，着力解决保障性安居工程建设项目配套基础设施和公共服务设施不完善问题。

公积金管理

【概况】 2016年,自治区归集住房公积金85.26亿元,同比增长8.88%,完成目标任务的142%,提取住房公积金67.48亿元,同比增长23.89%,发放住房公积金个人贷款2.07万笔、64.62亿元,同比增长17.58%,完成目标任务的162%。截止到2016年底,全区住房公积金实缴人数达55.49万人,累计归集住房公积金593.72亿元,完成目标任务的105%,累计提取住房公积金349.87亿元,累计发放住房公积金个人贷款22.66万笔、383.75亿元,住房公积金个贷率达74.08%,超目标任务9个百分点,使用率达89.35%。

【公积金支持住房消费】 9月18日,自治区住房城乡建设厅会同自治区财政厅、人民银行银川中心支行印发《关于进一步发挥住房公积金政策效应支持住房消费的通知》,从扩大缴存使用范围(允许农民工、个体工商户、非全日制从业人员以及其他灵活就业人员缴存使用住房公积金)、放宽使用条件、取消商业贷款限制、提高贷款额度等8个方面调整住房公积金使用政策,同时进一步优化业务办理流程,缩短业务办理时限,减少提取和贷款审批环节,降低住房公积金准入和使用门槛,全区住房公积金个人贷款保持稳定增长,对全区房地产业"去库存"给予有力的政策和资金支持。

【公积金支持保障性住房建设试点】 银川市第二批3个利用住房公积金贷款支持的保障性住房建设试点项目(平伏桥、高桥二期、丰盈经济适用房)建设完成,提前结清本息4.7亿元,无逾期情况发生,保证贷款资金的安全使用。

【信息平台建设】 在全国率先完成省级住房公积金综合服务平台建设,6种服务渠道全部上线,其中12329住房公积金热线、12329住房公积金短信、网站、微信、手机APP运行稳定,网上业务大厅上线试运行。3月在全国住房公积金综合服务平台推进会上进行经验交流,7月住房城乡建设部住房公积金监管司来宁调研住房公积金异地转移接续平台和综合服务平台建设工作,12月6日至7日全国住房公积金异地转移接续培训会在银川召开,全年共有16个省市兄弟单位来自治区参观学习。同时,住房公积金基础数据贯标和银行直连工作稳步推进,基本完成"双贯标"工作,银川市、固原市、吴忠市进行系统升级改造。

【降低住房公积金缴存比例】 认真贯彻落实住房城乡建设部、发展改革委、财政部、人民银行《关于规范和阶段性适当降低住房公积金缴存比例的通知》精神,组织各市全面清理调整和规范超比例缴存单位,并积极为申请单位办理降低比例和缓缴住房公积金手续。截止到12月底,全区共有7家单位申请办理降低缴存比例,其中5家从12%以上降到5%~12%之间,2家在12%以内降低比例,有5家单位申请办理缓缴住房公积金。

【廉政风险防控】 全区各管理中心继续完善相互监督、相互制约的廉政风险防控机制,严格落实责任制度和考核制度,杜绝挤占挪用住房公积金和变相违规使用住房公积金的行为发生。坚决打击骗支骗贷行为,加强对逾期贷款的催收力度,重点抓好住房公积金银行账户的监督管理,实时监控资金流向,确保住房公积金资金安全运行。借助报纸、网站、电视台等多渠道向社会进行信息披露,全面接受社会监督。8月底,自治区住房城乡建设厅组织开展全区住房公积金廉政风险防控工作专项检查。

【业务培训】 3~4月份,自治区住房城乡建设厅在浙江大学举办三期住房公积金业务研修班,来自全区各市、县(区)住房公积金管理中心和区住房资金管理中心的150位学员参加学习。邀请住房和城乡建设部、浙江大学、浙江省住房公积金和房改研究会的有关教授学者及住房公积金信息技术方面的专家进行授课,课程涉及住房公积金管理、住房公积金信息化、住房公积金证券化、宏观经济形势、房地产市场和公共事件应急处理等专业内容,并就宁夏住房公积金政策业务和受托银行招标等热点问题进行专题研讨。

工程质量安全监管

【概况】 自治区共监管房建和市政工程18912项,建筑面积13377万平方米,其中新开工工程1877项,建筑面积11010万平方米。2016年全区发生建筑安全生产事故5起,死亡5人,同比2015年事故起数持平,死亡人数下降37.5%,控制在自治区安委会下达的指标范围内。全年未发生较大及以上安全生产事故和工程质量事故,全区质量安全形势总体稳定。

【春季复工检查】 2016年春季复工质量安全大检查共抽查项目75个,下达隐患整改通知书31份、整改通知书32份、行政执法建议书15份。对8家建设单位、10家施工单位实施处罚并记载不良行为、扣除诚信分值,对9名项目经理进行扣分处理并记载不良行为,对8家监理企业进行处罚并记载不良行为、扣除信用分值。将15项工程作为典型案例在宁夏日报、电视、网络等新闻媒体进行曝光。

【起重机械专项检查】 9~10月份，在全区开展起重机械专项检查，筑牢建筑安全生产薄弱环节。共梳理全区备案起重设备27570台，其中在用起重设备3700台。排查、清理出不合格设备数量373台，注销不合格设备数量336台，排查出安拆环节违规行为815台次，现场检查起重机械设备2325台，查出实体存在隐患设备1431台，责令停工整改设备563台。共下发隐患整改通知书268份，停工整改通知书87份，进行行政处罚10起，记载不良行为10项。

【宗教场所隐患排查】 在2014年全面排查登记和安全隐患整改阶段以及2015年重大隐患整治、年底完成市级验收两个阶段工作基础上，2016年全面完成全区宗教活动场所安全隐患排查整改任务，重新组织编制《宁夏宗教活动场所建设指导图册》，引导自治区清真寺建设体现中国本土文化。

【安全生产百日专项整治】 6~9月开展百日安全专项整治行动，共检查企业525家，排查隐患项目269项，投入整改资金138万元，查处非法违法行为9起，查处不按规定进行安全生产培训或无证上岗行为4起，实施行政处罚29起，处以罚款34.3万元。

【全区建设工程质量安全项目获奖】 2016年度，宁夏国际会议中心工程荣获中国建设工程鲁班奖（国家优质工程），7项工程获全国AAA级"安全文明标准化工地"，19项工法荣获自治区级工法，149项工程获自治区安全文明标准化示范工程，63项工程获自治区"建安杯"安全文明标准化示范工程。

【工法管理工作】 引导企业加速科技成果转化，支持施工企业开展工法的研究开发和应用，组织评审2015年度自治区级工法19项，促进工法在企业间的交流，进一步提升全区建设工程的施工技术水平。

建筑市场

【概况】 自治区房建和市政工程18912项，建筑面积13377万平方米，其中新开工工程1877项，建筑面积11010万平方米。完成建筑业总产值511.25亿元，同比下降2.53%，占全区GDP比重达16.81%。全区共有在册建筑施工企业1145家。外省进宁建筑施工企业1166家，其中特级78家，一级649家。监理企业58家，区外进宁监理企业155家，工程招标代理机构191家，区外进宁机构124家，工程质量检测机构76家，工程造价咨询企业109家，园林绿化企业146家。

【突出问题专项整治】 对所有在建和建成但未结算未竣工备案项目进行拉网式排查，严厉查处未批先建、转包挂靠、违法分包、欠款欠薪等违法违规行为，严格检查施工、监理企业落实主体责任情况，重拳打击涉事单位和人员，有力整肃建筑市场秩序，取得阶段性成效。共检查在建工程项目2323项，查出存在各类问题工程项目661项，已整改到位641项。集中打击44个转包挂靠、违法分包项目的涉事主体，曝光153个违法违规典型案例，集中拆除整治8.78万平方米违章建筑，集中约谈7个问题突出、整治不力的市、县（区）责任人和137家企业负责人，集中树立100家先进典型企业。

【建设工程招投标管理】 加强制度建设，全面清理1998年~2015年房建市政工程招投标规范性文件，制定出台《关于简化工程建设项目招标代理管理事项办法》，取消招标代理机构备案、项目单项报备、从业人员持证上岗三项制度，实行招标代理机构信息和代理项目信息网上报送制度，推进建筑市场的统一开放。积极改革创新，推进"一网三平台"建设，进一步修订完善招标文件范本，加快建筑市场信用体系建设，将企业信用分值由原来的2分增加到10分，将招投标活动"两书一查"制度的落实延伸到建设单位纪检监察层面，守信激励、失信惩戒的机制调节作用得到发挥，推行施工总承包招标试点，确定自治区公安厅业务技术用房施工与监理项目作为试点项目，进一步建立完善全区统一的专家库，对全区建筑类行业申报的2332名评标专家申报材料进行全面审定。

【住房城乡建设事业"十三五"规划】 8月份，印发宁夏住房和城乡建设事业"十三五"规划，方案进一步明确城市设计风貌管理、城镇市政公用设施建设、农村人居环境改善、建筑业改革发展等重点工作的思路及具体要求，全面审视过去五年建筑业发展历程，理清未来五年建筑业发展思路和目标，确立保障措施，对进一步推动自治区建筑领域行业结构调整和发展方式转变，实现建筑业持续、健康、有序发展具有重要指导意义。

【稽查执法】 全区共受理查办各类案件1260件，立案查处1249件，结案1082件，共处罚金1762万元，拆除违法建筑16.6万平方米，行政处罚企业369家，行政处罚60人次。

建筑节能与科技

【概况】 积极转变建造方式，全面执行65%节能标准并在银川市开展75%节能标准试点，新建绿色建筑109万平方米，新增节能建筑1400万平方米，实施装配式建筑60.9万平方米，既有居住建筑节能改造502万平方米，培育建筑产业现代化基地4个，全区新型墙材应用比例达到87%以上。建立省级公共建筑能耗监测平台，并已监测214栋7.5万平方米。编制建筑节能、绿色建筑、新型墙材、建设科技、建筑产业现代化和信息化建设6个"十三五"专项规划。

【建筑节能】 严格执行新建建筑节能标准，指导各地执行好规划节能审查、节能设计专篇、节能工程专项验收等管理制度，确保全区节能标准设计和施工阶段执行率均达到100%。支持宁夏绿色工程技术中心、宁夏中小企业孵化园绿色产品展示馆近3000平方米项目开展低能耗被动式建筑试点示范。印发《宁夏建设领域推广应用和限制禁止使用技术和产品目录》，推广建筑节能与新型墙体材料等九个重点领域232项技术，限制42项技术，禁止68项技术。制定《宁夏回族自治区关于推广应用建筑用高强成型钢筋加工配送技术的实施意见》，确定到2020年底全区设区市城市规划区内所有新建建筑工程，全部采用建筑用成型钢筋加工配送技术的目标。认定7个2A级住宅性能项目81.6万平方米，获住房城乡建设部2016年度"广厦奖"项目3个。

【绿色建筑】 严格落实《宁夏绿色建筑行动方案》，下发《关于深入推进绿色建筑工作的通知》，制订《宁夏回族自治区绿色建筑工程施工图设计文件技术审查要点》，对规划、建设、施工、监理等各方责任进行进一步细化。在公共建筑中先行推动执行绿色建筑标准，其中公共机构建筑和政府投资的学校、医院等公益性建筑以及单体超过2万平方米的大型公共建筑要全面执行绿色建筑标准。已开工一星级以上绿色建筑109万平方米。积极推进绿色建筑评价标识工作，宁夏建筑设计研究院综合办公楼、鸣翠半岛13号14号住宅楼2个绿色评价标识项目通过审核。

【智慧城市】 进一步加快智慧城市建设步伐，银川市、石嘴山市、吴忠市和永宁县、大武口区积极开展智慧城市试点创建，银川市智慧城市建设取得突出成效，得到住房城乡建设部充分肯定，将智慧城市"银川模式"收录为国家案例。积极开展商业、管理、技术架构创新，走出一条政府购买服务、社会资本投入、专业公司运营的智慧城市建设模式，连续两年荣获"亚太领军智慧城市"和"中国领军智慧城市"，同时荣获"中国最佳管理实践智慧城市"称号，得到国家领导人和国务院肯定，经验在全国推广。

【新型墙体材料】 制定《宁夏绿色建材评价标识管理实施办法》和《绿色建材评价技术导则（试行）》，下发《关于开展绿色建材评价机构评审备案的通知》，评定宁夏建科院、宁夏筑之信检测公司、宁夏中测计量检测院、北京国建联信认证中心有限公司4家绿色建材评价机构，评审6家绿色建材企业。编制《2016年新型墙体材料推广限制和禁止目录》和《2016年新型墙体材料产业结构调整目录》，加快发展防火隔热性能好的建筑保温体系和材料以及节能新型墙体材料，完成41家新型墙体材料产品认定及复审，核查返还18项工程600余万元新型墙体材料专项基金，新型墙体材料应用比例达到87%以上。

【建筑产业现代化】 起草《宁夏回族自治区人民政府关于大力发展装配式建筑的实施意见》，积极发展装配式建筑，通过项目建设扩大影响，引领建筑产业化发展。建成贺兰纺织工业园职工倒班宿舍、中卫市云计算中心等装配式钢结构建筑项目60.9万平方米，装配率达到70%以上。其中，银川河东国际机场三期扩建T3航站楼钢结构工程以较高的技术难度、先进的施工工艺和过硬的工程质量，荣获2015年度中国钢结构金奖。鼓励和引导宁夏建工集团等企业在"中房·东城人家"四期住宅楼项目、宁夏如意科技公寓等项目中开展装配式钢结构体系、钢筋桁架楼承板、装配式墙板、工具型铝合金早拆模板支撑体系等建筑产业化成套技术应用，总建筑面积达到8平方米。培育4家自治区建筑产业化基地，技术与产品涵盖装配式钢结构、商品砂浆、预制混凝土管廊、新型墙体材料等。宁夏凤凰城高强钢筋专业加工配送成套技术项目列入住房城乡建设部2016年科学技术项目计划装配式建筑科技示范项目。

标准定额

【概况】 制定4项地方标准，整合精简20项强制性地方标准，组建宁夏工程建设标准化专家库，开展全区工程建设标准工作落实及标准强制性条文实施情况专项检查，采取多种形式宣传落实《自治区工程建设标准化管理办法》。修订完善5项定额计价和3项定额管理规范性文件，建筑业"营改增"计价依据调整工作走在全国同行前列。创新定额发布方式，在宁夏建设工程造价网站开辟绿色建筑和建筑产业化材料价格信息专栏。举办全区第二届建设工程造价行业岗位技能竞赛，探索建立行业协会、造价咨询企业、高等院校"三位一体"的人才培养机制。

【建设标准制定】 组织编制《模板早拆体系技术规程》、《通信基础设施专项规划编制导则》、《建筑节能门窗工程技术规程》和《SMC改性沥青路面施工技术规程》4项地方标准，其中审定完成3项，发布实施2项。按照国家、自治区关于深化标准化改革的工作要求，完成20项强制性地方标准的整合精简和25项推荐性地方标准集中复审工作。

【建设标准宣贯】 贯彻落实《自治区工程建设标准化管理办法》，进一步提升标准化管理工作成效，举办区内建设领域从业人员近500余人参加《管理办法》宣贯培训会，积极与媒体对接，利用电视、报纸、网络等载体，大力宣传《管理办法》出台的重要意义、工程建设标准化工作的重要性，提高各市县行政主管部门和社会公众对标准化工作的理解和认识。

【建设定额修订】 下发《关于建筑业营业税改征增值税宁夏建设工程计价依据调整实施意见》，建筑业"营改增"计价依据调整工作走到全国同行前列。完成《绿色建筑和建筑产业化工程计价定额》、《2013宁夏工料机标准数据库（增值税版）》、《市政道路养护工程补充定额》、《绿色建筑和建筑产业化典型工程技术经济指标》等规范文件编制工作。

【建设定额发布】 编制《宁夏工程造价》双月刊，在宁夏建设工程造价网站开辟绿色建筑和建筑产业化材料价格信息专栏，公布普通干粉砂浆、耐热聚乙烯直埋供热管、建筑节能门窗、无机不燃改性聚苯保温板等近60种材料价格信息。

【建设定额管理】 印发《宁夏建设工程竣工结算备案管理暂行办法》、《关于对装饰装修工程定额人工单价动态调整的通知》、《关于全面推行〈建设工程造价咨询合同〉（示范文本）的通知》等指导性文件，进一步规范建筑市场秩序。

法规建设

【概况】 科学编制《自治区住房和城乡建设厅2013—2017年立法规划》和全区住房城乡建设法律法规框架。2016年8月、10月、11月，分别制定《全区住房城乡建设系统"十三五"法治工作规划》、《贯彻落实〈宁夏回族自治区法治政府建设实施方案（2016—2020年）〉的意见》、《住房城乡建设系统法治宣传教育第七个五年规划（2016—2020年）》、《住房和城乡建设厅重大行政执法决定法制审核和集体讨论办法（试行）》、《自治区住房和城乡建设厅行政应诉工作规定》和《自治区住房和城乡建设厅法律咨询顾问工作规则》6个文件，为进一步推进依法科学民主决策提供制度保障。积极推动自治区人大立法修改工作，2016年5月27日，自治区第十一届人大常委会第二十四次会议决定对《宁夏回族自治区城市房地产开发经营管理条例》相关条款做出修改。加快《宁夏回族自治区城市地下管线管理条例》立法进度。制定印发《2017年全区住房城乡建设法治宣传教育工作要点》，为做好自治区住房城乡建设行业"七五"普法工作奠定坚实基础。

【法规规章清理】 加强法规规章清理工作，着力解决法规制度建设与行业发展不一致、不适应、不统一的问题，废止《自治区住房资金管理条例》、《自治区建筑工程劳动保险费管理办法》、《自治区建设工程质量监督管理规定》、《自治区城市房屋拆迁管理办法》4部法规规章，对《自治区城市房地产开发经营管理条例》、《自治区建筑管理条例》、《自治区城市绿化管理条例》、《自治区村庄和集镇规划建设管理实施办法》、《自治区城市建设档案管理办法》5部法规规章部分条款进行修订。

【深化执法体制改革】 2015年12月，中共中央、国务院下发《关于深入推进城市执法体制改革改进城市管理工作的指导意见》后，由自治区住房城乡建设厅会同编办、政府法制办抓好贯彻落实。率先在银川市、中宁县和泾源县3地先行开展城市执法体制改革试点，并出台《自治区党委 人民政府关于深入推进城市执法体制改革改进城市管理工作的实施意见》，对全区城管队伍的权责范围、改革内容、保障措施等予以进一步明确。11月，经自治区编办批准，宁夏回族自治区城市管理综合执法监督局正式设立，此举走在全国各省市、自治区前列。自治区城市管理综合执法监督局的成立，标志着自治区城市执法体制改革迈出坚实的一步。

【行政复议和矛盾纠纷化解】 依据国家和自治区有关法律法规规定，进一步加强行政复议工作，坚持以事实为依据，以法律为准绳，依法办理行政复议案件。2016年，受理行政复议案件5件，审结率100%。通过采取立案前调解、答辩期调解、庭审时调解、决定前调解等"四步调解法"，加强行政相对人与被复议机关的沟通协调，及时调解化解行政争议，取得良好社会效果。办理应诉案件5件，其中：民事应诉3件，行政应诉2，胜诉率100%。

人事教育

【人才发展"十三五"规划】 制定并印发《宁

夏回族自治区住房城乡建设人才发展"十三五"规划纲要》，纲要明确"十三五"期间全区住房城乡建设行业人才培养目标：到2020年，全区住房城乡建设人才总量达到48万人，"高学历、高职称、高技能"人才总量增长50%。城乡建设企业经营管理人才总量达到1.5万人，专业技术人才总量达到4万人，培养具有高级职称或获得国家资格认证的专业技术人才5000人，培训、鉴定20万熟练掌握各工种专业技能的一线技能操作人才，吸纳中高等职业院校和本科院校城乡建设相关专业学生2万人。

【干部教育培训】 采取请进来、走出去、沉下去的教育培训方式，全面加强干部教育培训。先后选派9人次到美国、英国、法国、德国、瑞典、丹麦等国考察学习生态城镇建设、建筑设计运用、统筹城乡发展、地下综合管廊、垃圾分类处理等专业知识，组织系统近160名行业骨干和专业人员参加武汉大学研究生学历深造，选送60多名干部参加住房城乡建设部、区外高等院校和自治区党校培训，协调53名干部参加自治区党委组织部在清华大学举办的"新型城镇化与城市规划建设管理"专题培训班。对接住房城乡建设部，邀请行业专家走进自治区，举办规划设计、村镇建设、住房保障、绿色建筑等内容的培训班18次，参加人员3200余人次。

【高层次人才培养】 依据自治区《宁夏高层次技能人才服务暂行办法》，结合厅系统人才队伍建设实际，制定出台《全区住建行业高层次高技能人才服务暂行办法》，构建和完善技能人才培训、考核、使用、管理、评价与待遇相结合的激励机制。与宁夏社科院、宁夏建设职业技术学院和自治区气象局、地震局、农发行等单位签订合作协议，为住房城乡建设事业转型发展提供有效智力支持。面向社会公开招聘研究生以上学历高层次人才6名。厅系统具有研究生及以上学历人员达47人，具有高级以上职称专业技术人员达38人。

【建筑行业人员培训】 分别在重庆市、深圳市举办建筑、房地产和物业部门管理人员培训班，组织建筑师、建造师、勘察设计工程师、造价工程师、监理工程师5类2021人开展继续教育培训，组织各类执业人员继续教育培训22086人，其中："三类人员"9709人、"八大员"8762人、特作人员3932人、"实验员"683人，组织岗位人员参加考试31142人，通过考试18365人，占考试人数的59.01%。通过各类培训，自治区行业从业人员能力素质得到显著提升。

大事记

1月

6日 自治区全面深化改革领导小组会议召开，审议通过《宁夏空间规划（多规合一）试点方案》。

2月

2日 自治区住房城乡建设工作会议召开，自治区政府党组副书记、特邀顾问郝林海出席会议并讲话，自治区政府副秘书长主持会议，厅长杨玉经总结"十二五"全区住房城乡建设工作，部署"十三五"及2016年重点工作。

24日 自治区规划管理委员会召开专题会议，审议《大银川都市区总体规划》和《宁夏村庄布局规划》。

26~27日，住房城乡建设部在宁夏召开农村生活污水处理工作调研座谈会，住房城乡建设部村镇司司长张学勤，山东省等8省（区）住房城乡建设厅及中国农业发展银行负责人出席会议。

3月

11日 自治区党委副书记、政府党组副书记郝林海主持召开全区城市工作调研汇报会和专家座谈会。

4月

8日 召开住房城乡建设厅2016年第6次教育实践大讲堂，邀请中国规划设计研究院副总规划师朱波授课。

25日 住房城乡建设厅系统"两学一做"学习教育动员会召开，安排部署厅系统"两学一做"学习教育活动，厅机关全体党员干部、厅属各单位科级以上党员干部，人防办机关副处级以上党员干部、直属单位党支部负责人、代管企业党组织负责人参加，厅长杨玉经讲话。

5月

24日 自治区党委召开十一届八次全会《推进绿色发展加快美丽宁夏建设的意见》座谈会。

6月

13日 自治区党委召开空间规划（多规合一）改革试点工作推进会，自治区党委书记李建华讲话，主席刘慧主持会议并讲话，厅长杨玉经作交流发言。

16日 住房城乡建设部在银川召开全国村庄亮化、绿色村庄建设、燃气下乡现场培训班，住房城乡建设部村镇司司长张学勤、副司长王旭东，自治区住房和城乡建设厅厅长杨玉经、副厅长何晓勇参加开班仪式。

16~17日 住房城乡建设部在银川召开全国住

房城乡建设系统行政复议应诉培训班，住房城乡建设部法规司副巡视员刘昕出席开班仪式，副厅长张吉胜致辞。

7月

15日　中央第八环境保护督查组听取自治区住房城乡建设工作有关情况汇报。

25日　宁夏回族自治区党委副书记，主席咸辉在悦海宾馆会议中心主持召开座谈会，听取住房城乡建设工作汇报，就开好自治区城市工作会议，做好下一步住建工作作出指示。住房城乡建设厅全体班子成员参加会议。

27日　自治区城市工作会议召开，会议深入学习贯彻习近平总书记来宁视察重要讲话精神，全面落实中央城市工作会议精神和自治区党委十一届八次全会精神，分析当前自治区城市发展面临的形势，研究部署全区今后一段时期的城市工作。书记李建华、主席咸辉出席并讲话。自治区领导齐同生、蔡国英、徐广国、傅兴国、李锐、昌业廷、马廷礼、许传智、纪峥参加会议，自治区党委副书记崔波主持会议，自治区各部门、各市、县（区）负责人参加会议。

29日　书记李建华在北京宁夏大厦10楼会议室主持召开宁夏与沙特住房部住房合作项目咨询、协调会，自治区住房城乡建设厅主要领导参加会议。

8月

5日　副主席刘可为主持召开推进新型城镇化工作领导小组会议，会议研究《自治区"十三五"新型城镇化规划》、《自治区党委 人民政府关于推进城市执法体制改革改进城市管理工作的实施意见》等有关文件。

8日　副主席刘可为主持召开空间规划（多规合一）改革试点工作领导小组办公室会议，审议5市和试点县改革试点工作方案，听取自治区资源环境承载能力评价等5个专题研究中期成果汇报，研究讨论自治区空间规划（多规合一）编制技术指引等有关事项。

16日　自治区工程建设领域突出问题专项整治工作领导小组召开全区电视电话会议，通报各地整治行动开展情况，厅长杨玉经讲话，各市县设立18个分会场。

18日　住房城乡建设部部长陈政高在住房城乡建设部听取贺兰县房地产去库存工作情况汇报，并座谈交流，住房城乡建设厅主要领导、分管领导参加，贺兰县政府主要负责人汇报有关情况。

22日　自治区出台《自治区党委 人民政府关于加强城市规划建设管理工作的实施意见》，从总体要求、强化规划引领管控、塑造城市特色风貌、提升城市建筑水平、完善城市基础设施、提升城市生活品质、创新城市治理方式、强化城市工作保障八个方面，对加强全区城市规划、建设和管理工作提出具体实施意见。

30日　主席咸辉在北京代表自治区人民政府与沙特住房大臣马吉德·阿尔·侯盖勒共同签署《关于达雅·阿斯法拉新城开发项目合作备忘录》。

9月

8日　固原市举办海绵城市建设PPP项目开工仪式。

9日　宁夏空间规划（多规合一）试点工作研讨会在北京召开，国家发改委副主任胡祖才、住房和城乡建设部副部长黄艳、国家首席兽医师（官）张仲秋、国家测绘地理信息局副局长李维森以及中央财经工作领导小组办公室、国土、交通、环保、水利、农业、林业等部委相关司局负责人、专家学者出席会议，共同为宁夏空间规划（多规合一）试点工作把脉献策。自治区副主席刘可为主持会议，并介绍宁夏试点工作有关情况。

20日　中央国家机关工委书记冀萌新一行到住房城乡建设厅调研简政放权工作。

27日　自治区政府74次常委会研究通过《深入推进城市执法体制改革 改进城市管理工作的实施意见》。

10月

26日　"中建工匠杯"全区建筑工人技能大赛决赛在石嘴山市举行，来自全区5市的300多名选手参加比赛。

29日　2016亚洲都市景观颁奖礼暨银川城市节闭幕仪式在银川举行，自治区党委常委、银川市委书记徐广国，联合国人居署亚太办主任深泽良信、亚洲人居环境协会、亚洲景观设计学会代表，韩国首尔市、日本小松市、缅甸仰光市等亚洲城市代表出席颁奖礼。

11月

7日　自治区政府召开新组建5家国有投资运营集团公司成立大会，主席咸辉作重要讲话并为新组建的宁夏建设投资集团公司揭牌。

9日　自治区党委召开全面深化改革领导小组第十五次会议，审议通过《关于深入推进城市执法体制改革改进城市管理工作意见》。

16日　自治区政府办公厅出台《关于加快培育和发展住房租赁市场的实施意见》。

23日 2015～2016年度国家"广厦奖"颁奖典礼在京举行，宁夏建发兴洲花园、宁夏住宅清水湾幸福枫景部分住宅楼，银川博冠房地产开发有限公司的逸都花园一区获奖。

24日 自治区党委召开自治区空间规划（多规合一）改革试点工作领导小组会议，审议通过《自治区空间规划编制指引》和《自治区空间规划用地分类标准》，讨论《自治区空间规划基本思路框架》。

24日～25日，住房城乡建设部在银川举办全国建筑施工安全监管人员培训班，全国10个省区住房城乡建设部门、施工安全监督机构工作人员和全区各市、县（区）住房城乡建设部门、建筑施工安全监督机构负责人参加培训。

24日 住房城乡建设部在银川举办住房保障政策培训班，住房城乡建设部住房保障司司长曹金彪授课。各市、县（区）政府分管领导、住房城乡建设局局长、住房保障管理人员和自治区有关部门共240余人参加培训。

30日 国务院社会信用体系建设部际联席会议第十督导组一行到住房城乡建设厅实地督导社会信用体系建设工作。

12月

1日 宁夏工程建设领域突出问题专项整治巡查工作启动，住房城乡建设厅牵头组织人社厅、审计厅、财政厅、发改委等部门，组成五个巡查组，分别赴5市和宁东开展巡查。

6日 全区城乡规划专题培训班在银川举办，培训班邀请东南大学两位教授分别就城市设计、乡村规划进行专题授课。来自全区各市规划局、县（区）住房城乡建设局规划管理人员和规划设计院从业人员共160余人参加培训。

12日 自治区党委、政府出台《关于深入推进城市执法体制改革改进城市管理工作的实施意见》。

15～16日 全国城市设计培训班（第四期）在银川召开，全国各市县规划局、住建局分管领导和工作人员，区内建筑规划设计管理人员及部分高校教师学生等共200余人参加培训。

16日 宁夏国际会议中心入选2016～2017年度第一批中国建设工程鲁班奖。

20日 住房城乡建设部召开宁夏、云南两省区省级综合服务平台建设座谈会，副厅长李学文汇报宁夏省级综合服务平台建设情况。

27日 自治区政府召开银川河东机场三期工程竣工投运仪式暨银川国际航空港综合交通枢纽工程启动仪式。

（宁夏回族自治区住房和城乡建设厅）

新疆维吾尔自治区

概况

【城乡规划编制管理】 2016年，组织编制奎（屯）—独（山子）—乌（苏）等重要区域协调发展规划，喀什—阿图什城镇组群协调发展规划编制取得阶段性成果，指导各地编制"十三五"城市近期建设规划，制定《自治区城乡规划审查工作规则》，规范城乡规划编制成果审查审批管理。选取乌鲁木齐市综合交通枢纽片区等城市重点片区和博乐市等小城市，开展城市设计和城市风貌专项设计试点，依据试点成果汇编城市设计范本。完善规划实施监督机制，充分发挥规划督察员作用，利用卫星遥感信息技术加大动态检查力度，规划权威性进一步树立。

【重点民生工程】 2016年，自治区建成农村安居富民工程30万户，竣工率达100%，任务量位居全国第一，解决17.74万户4类重点对象（农村建档立卡贫困户、低保户、农村分散供养特困人员、贫困残疾人家庭）住房问题，约占"十三五"4类重点对象总数的27%。开工改造各类棚户区15.3万户，占年度计划任务的104.3%，新分配入住公租房17.4万套，实现150万左右各族群众喜迁新居，城乡居民住房条件进一步改善，进一步加大棚改货币化安置力度，货币化安置比例达57.5%。

【房地产市场发展】 2016年，研究制定《关于认真做好化解房地产库存促进房地产市场平稳健康发展工作的通知》，召开自治区棚户区改造和化解房地产库存推进会，举办春夏秋季房交会，多次组织督导落实，去库存成效初显。截至12月底，全区商品房库存面积较2015年同期减少832万平方米，下降15.35%。全年完成商品房销售1800万平方米，实现地税收入113亿元，商品房销售均价与上年基本持平。住房公积金作用进一步发挥，截至12月底，累计提取公积金1196亿元，发放个人住房贷款1170亿元，同比分别增长12.38%和23%，有力支持住房消费。

【建筑业发展】 2016年，建筑业从业人员达80余万，建筑业总产值2360亿元，同比增长4.6%，实现地税收入126亿元。向自治区人民政府上报《自治区关于推进建筑业发展和改革的意见（代拟稿）》，提出新形势下建筑业改革发展的总体思路、主要目标和具体措施。全年新增特级企业3家、总承包一级企业15家，经营范围拓展至铁路、轨道交通、民航等领域。清理应返还企业的工程建设领域各类保证金15.35亿元。

【城乡人居环境】 自治区新增城市（县城）道路面积645.5万平方米，新增集中供热面积1198.9万平方米，新增天然气管道1174.9千米，新增污水集中处理能力19.3万立方米/日，新增生活垃圾无害化处理能力1450吨/日，建成区绿化覆盖面积达1541.6公顷。乌鲁木齐市、和田市等地开工建设地下综合管廊18.33千米，伊宁市建成海绵城市面积3.96平方千米，乌鲁木齐市整治黑臭水体2处。阿克苏市多浪河城区生态修复工程和布尔津县冲乎尔镇小城镇建设项目获得2016年中国人居环境范例奖。克拉玛依等5个地、市利用外资1.53亿元，加快改善道路、供排水等市政公用设施，项目进展情况良好。严格天山世界自然遗产地和风景名胜区保护管理，落实天山世界遗产地160多万亩草场禁限牧补偿资金，对天山世界自然遗产地5个片区和25处风景名胜区实现执法检查全覆盖。组织哈密白石头、阿勒泰喀纳斯等景区申报国家级风景名胜区。安排专项资金1.41亿元，完成150个乡镇和1720个行政村生活垃圾专项治理任务。昌吉市采取"投资企业+示范县市"合作模式，整合推进农村生活污水治理示范项目建设。累计有17个村庄被列入中国传统村落名录，色力布亚镇、乌兰乌苏镇、可可托海镇成功申报第一批中国特色小镇。新建节能建筑、绿色建筑、可再生能源建筑应用项目3000万平方米，完成既有建筑节能改造1000万平方米，年节约标准煤能力达780万吨。新型墙体材料产量138亿块标砖，新型墙体材料应用比重达66%，散装水泥供应量2100万吨，散装率达60%，乌鲁木齐、库尔勒市高性能混凝土推广应用试点稳步推进，建筑材料革新取得积极进展。

【工程质量安全监管】 工程质量治理两年行动成效明显，工程质量监督覆盖率、竣工验收合格率均达到100%，新建工程基本实现工程质量终身责任承诺制全覆盖。深入开展行业安全隐患排查治理，制定《2016年自治区建筑施工安全专项整治工作方案》、《自治区房屋建筑和市政工程施工安全事故隐患排查及治理措施》，全面开展自查自纠和监督检查，全年未发生较大及以上安全生产事故。积极开展工程质量安全评先创优，获国家"鲁班奖"1项、国家优质工程奖2项、自治区"天山奖"59项、自治区优秀工程设计勘察奖178项，创建"数字化"工地371个，安全生产文明工地212个。

【行业各项工作】 批准发布自治区工程建设地方标准和标准设计10项，调整完成"营改增"建设工程计价依据，制定工程建设标准化和造价管理改革实施意见，在全国率先召开自治区工程建设标准化和工程造价管理改革工作会议。提请自治区党委办公厅、政府办公厅印发《关于深入推进城市执法体制改革改进城市管理工作的实施意见》，克拉玛依市、伊宁市、喀什市试点工作启动实施，自治区城市管理工作厅际联席会议制度确立，为深入推进城市管理执法体制改革奠定良好基础。加快行业信息化建设步伐，自治区工程建设监管和信用管理一体化平台正式启用，城乡规划、住房保障、行政审批等信息管理系统投入使用。行业应急管理、人才培养、抗震设防、招标投标监管、社保统筹、城建档案等工作都取得新的进步。

法规建设

【概况】 2016年，按照自治区人大常委会和自治区人民政府立法计划，完成《自治区物业管理条例》的起草、调研、论证和送审工作，配合自治区人民政府法制办完成审查修改，组织召开立法听证会，提交自治区人大常委会审议。完成《自治区城市管理执法条例》的调研、起草工作以及《自治区公共租赁住房管理办法》的合法性审修以及备案报送工作。开展规范性文件清理工作，对900余件规范性文件进行清理，废止文件437件。

【行政执法】 2016年，制定自治区住房和城乡建设厅执法检查计划和规范事中事后监管分工及工作方案，推进"双随机一公开"监管工作。截至12月底，共办理行政处罚案件17件，处罚金额74.44万元，已收回罚没款61.81余万元，处罚执行率达到83%，向法院申请行政强制执行案件7件。在全区开展行政处罚案卷评查工作，对32件行政处罚案卷进行了认真评查，梳理基层案件查处各个环节存在的倾向性问题，专题制作案例分析样稿供各地学习借鉴。收到行政复议申请58件，范围涉及城乡规划、房屋权属登记、信息公开、行政处罚，其中做出不予受理19件，受理39件，审结率100%，其中确认违法、责令履行具体行政行为17件，撤销7件，维持10件，经调解撤回复议申请3件。行政应诉案件3件，1件胜诉，1件达成调解协议，1件发回重审。

【执法体制改革】 2016年，会同自治区党委编办、自治区人民政府法制办完成城市管理体制工作调研，在全区范围内对城市管理执法机构设置、人员编制、改革进展情况进行调研，摸清底数。成立城市管理执法体制改革工作领导小组，召开两次会议，研究部署工作。提请自治区党委办公厅、人民政府办公厅印发《关于深入推进城市执法体制改革改进城市管理工作的实施意见》。建立自治区城市管理工作厅际联席会议制度。制定《自治区城市执法体制改革试点工作方案》，在试点城市先行开展工作，拟定《城市执法体制改革工作机构方案》。举办自治区城市执法体制改革专题培训班，住房城乡建设部城市管理监督局领导亲临指导。结合中央编办《关于成立住房城乡建设部城市管理监督局的批复》精神，完成《自治区住房城乡建设厅城市管理执法监督机构设置方案（送审稿）》。

【行政审批制度改革】 2016年，将自治区住房和城乡建设厅行政审批事项报自治区编办确认，自治区人民政府公布住房和城乡建设厅权力事项，包括行政许可19项、行政处罚220项、行政确认2项、行政检查6项、其他行政权力19项。根据国家取消的行政审批，取消一级（甲级）以上企业资质初审，取消注册执业人员注册初审，推进网上受理申报工作。开展对投资项目行政审批事项的清理规范工作，推行执法检查市场主体库和执法人员库的建立工作。

【信访举报】 2016年，建立住房城乡建设厅领导牵头督办信访工作模式和约谈模式，加强对信访决定的落实监督。截至12月底，共受理群众投诉举报、上级部门或转来的各类案件101件，群众投诉举报处理率100%。

房地产业

【房地产开发经营】 2016年，新疆列入统计部门统计范围的房地产开发企业2358家，房地产开发投资923.4亿元，同比下降7.6%，降幅较2015年底扩大5个百分点，其中住宅投资518.83亿元，同比下降14.1%，降幅较2015年底扩大12个百分点。全区商品房施工面积为11530.59万平方米，同比增长0.6%，增速较上年回落1个百分点，其中住宅施工面积7094.22万平方米，同比下降3.7%，降幅较2015年底扩大0.3个百分点，新开工面积为2205.57万平方米，同比下降26.4%，降幅较上年底扩大10.5个百分点，其中：住宅新开工面积为1337.76万平方米，同比下降28.7%，降幅较2015年底扩大15.2个百分点，房屋竣工面积为1695.91万平方米，同比增长5.4%，增速较2015年底提高28.3个百分点，其中：住宅竣工面积为1153.02万平方米，同比减少4.4%，降幅较2015年底减少19.9个百分点。

【房地产征收评估】 2016年，开展自治区房地产估价报告专项检查工作，组织房地产价格评估专家抽查112家估价机构的262份估价报告，对估价报告不合格、伪造、未提交估价报告的，依法予以调查处理，并计入估价机构不良信用档案。按照住房城乡建设部要求，对12家房地产估价机构资质等级情况进行专项检查，责令限期整改，计入不良信用档案。截至12月底，自治区共有房地产评估机构104家，其中一级机构6家，二级机构35家，三级机构58家（含暂定级1家），备案分支机构5家（区外备案2家，区内备案3家）

【房地产交易博览会】 2016年，组织开展以乌鲁木齐市为主会场，巴州、博州、阿勒泰地区、石河子等地州（市）设分会场的全疆房地产交易会，房交会累计成交商品房7611套，成交面积76.32万平方米，成交金额33.5亿元。

【房地产业信息系统】 2016年，制定下发《关于进一步加强房屋交易与产权管理工作的通知》、《关于加快推进自治区房屋交易与产权管理信息系统和交易网签系统建设的通知》，安排部署系统建设任务。截至12月底，自治区设区的城市和其他地、州人民政府（行署）所在城市都已完成房地产交易网签系统建设任务，66个市县完成房屋交易与产权管理信息系统，所有市县实现领导干部个人房产信息查核联网报送。

【2项目获"广厦奖"】 11月23日，中国房地产业协会、住房和城乡建设部住宅产业促进中心公布91个项目获"广厦奖"，自治区华源实业集团有限公司开发的"华源·圣地欣城"和"华源·阜华景源"2个项目获奖。

住房保障

【概况】 2016年，会同新疆农业大学共同编制

《新疆城镇住房保障"十三五"规划》和《自治区城镇住房保障"十三五"规划专题研究》。制定《自治区城镇棚户区改造项目界定标准(试行)》、《关于做好政府购买城镇棚户区改造服务工作的指导意见》、《关于进一步做好2016年自治区城镇住房保障工作的指导意见》、《自治区公共租赁住房管理办法》等政策性文件。

2016年,自治区保障性安居工程建设任务为20.13万套(户),其中,新建(筹集)公租房5.46万套,实施各类棚户区改造14.67万户。截至12月底,全区共实施各类棚户区改造15.3万户,完成年度改造任务的104.3%,公租房新建(含回购、长期租赁)项目受国家暂停执行政策的影响,公租房开工3.8万套,开工率为年度建设计划的70%。全区共落实中央和自治区补助资金76.9亿元,其中,中央补助资金66.83亿元,自治区补助资金10.07亿元。

【推广使用新材料新工艺】 2016年,自治区13个纺织工业园区的1.16万套保障性安居工程建设中推广使用装配式钢结构,其中3503套已开工建设,4751套已完成施工图设计,1063套进行招投标。

【信息化建设】 2016年,按照"三网三库五平台五功能"的框架,组织完成自治区住房保障信息系统(一期)开发,实现对规划计划、建设项目、报表管理等16项内容的电子化管理。截至2016年底,累计录入历年保障性安居工程项目信息6577条、房源信息61.31万套、保障对象34.11万条、配租配售合同信息25.66万条、棚户区改造协议信息15.67万条。

【专项督查】 2016年6月至7月,自治区组成7个督查组,对全区13个地州、41个县市(区)住房保障工作目标落实情况进行专项督查,共下发整改通知单15份、建设工程质量安全整改(停工)通知书10份、督办函12份。

公积金管理

【概况】 2016年,自治区住房公积金实缴职工164.23万人,缴存总额2015.38亿元,同比增长18.45%,住房公积金覆盖率74.65%,同比减少2.38%,累计办理提取1166.93亿元,占缴存总额的57.90%,累计为75.37万家庭发放个人住房贷款1146.70亿元,同比增长20.46%,累计发放支持保障性住房建设项目贷款44.05亿元,占总贷款额度的100%。全区住房公积金投入房地产市场资金430亿元。其中,住房消费类提取177.58亿元,发放个人住房贷款230.23亿元,上缴廉租住房补充资金8.64亿元,全区住房公积金住房贡献率将达到129.56%(当年个贷发放额、项目贷款发放额、住房消费类提取额的总和与当年归集额的比率)。

【住房公积金贷款试点】 2016年,住房城乡建设部住房公积金巡查组分别于5月、8月对自治区试点项目进行了两次全面检查,针对巡查组提出的继续落实资金封闭管理,落实销售资金进入监管账户等问题制定详细还款预案,确保按合同约定如期收回贷款本息。截至12月底,全区利用住房公积金贷款支持保障性住房建设的43个试点项目累计发放贷款约44.05亿元,占总贷款额度的100%,累计收回本息约43.43亿元;哈密13个试点项目、克拉玛依8个试点项目贷款的21.55亿元本息已按期足额收回,项目贷款工作圆满结束;乌鲁木齐、巴州试点项目均正常按期足额回收贷款本息,试点工作合法、依规、有序开展。

【住房资金监管】 2016年,共审批业务577笔,审批住房资金累计2.88亿元,新建住房资金2.51亿元,住房维修资金656.84万元,退房改房款及其他用款2993.10万元。

城乡规划

【概况】 2016年,完成《自治区党委 人民政府关于进一步加强城市规划建设管理工作的实施意见》(代拟稿);下发《关于认真做好城市近期建设规划(2016—2020年)编制工作的通知》,积极指导各地开展近期建设规划编制工作。《奎(屯)—独(山子)—乌(苏)区域城镇协调发展规划》已经自治区人民政府批准实施,《喀什—阿图什城镇组群协调发展规划》编制规划成果,《和田—墨玉—洛浦城镇组群协调发展规划》成果已报和田地区行署待批。完成塔城地区城镇体系规划审查工作,以及4个工业园区总体规划的审查上报工作,协调住房城乡建设部完成对乌鲁木齐市城市总体规划的修编认定工作,修改方案通过住房城乡建设部城市总体规划第64次部际联席会审查,完成霍尔果斯市城市总体规划纲要审查以及库尔勒市等5个城市和工业园区总体规划的修编认定工作。

【南疆城镇化建设】 2016年,拟定《南疆四地州特色小城镇初步评选程序、标准》,并先后两次赴南疆四地州乡镇进行调研,对各乡镇人口、产业发展、基础设施配套等有关指标进行汇总统计。制定《南疆四地州特色小城镇规划编制的指导意见》、《南疆四地州特色小城镇风貌设计的指导意见》,拟定特色乡镇规划建设各阶段工作任务及时间要求。组织协调北疆、东疆规划管理部门干部,赴南疆专职指导特色小城镇规划编制工作。

【城乡规划督查】 2016年,下发《关于开展自治区城乡规划执法检查工作的通知》,在各地自查的基础上,12月中旬分两组对南、北疆部分地州开展抽查,共抽查项目40个。制定《自治区城乡规划督察员2016年派驻工作实施方案》,遴选10名城乡规划督察员,对25个设市城市进行实地督查,截至12月底,共签发督察建议书11份、督察意见书2份。下发《城市建成区违法建设专项治理工作五年行动方案》,部署有关工作。配合住房城乡建设部督察组,完成对乌鲁木齐市、吐鲁番市、克拉玛依市、石河子市,城市建成区违法建设治理专项督查。积极协调乌鲁木齐市做好住房城乡建设部2016年第1期(总第14期)图斑核查处理工作,指导、督促乌鲁木齐市制定具体整改措施,并向住房城乡建设部报送相关核查和处理结果。

【历史文化保护】 2016年,自治区人民政府将塔城市和康苏镇列为自治区历史文化名城、名镇。完成特克斯县、莎车县、巴里坤县、奇台县历史文化名城保护规划审查工作。组织开展自治区历史文化街区划定和历史建筑确定现状统计工作,截至2016年底,全区共有历史文化名城10个,其中国家级5个、自治区级5个,历史文化名镇4个,其中国家级2个、自治区级2个,历史文化街区26个。

【项目审查】 2016年,印发《自治区城乡规划审查工作规则》,进一步规范城乡规划审查工作流程。截至12月底,完成117项建设项目选址的审查审批工作和100个开发区审核目录公告修订的现场调研及报送材料的审核工作。

【信息化建设】 2016年,对自治区城乡规划信息管理系统建设项目一期(软件部分)模块进行梳理,督促研发单位优化完善了城乡规划信息管理系统,并向各地积极开展应用推广。下发《关于报送城市规划卫星遥感动态监测有关资料的通知》,并与住房和城乡建设部城乡规划管理中心及中科院GIS所分别起草卫星遥感辅助城乡规划动态监测工作方案,启动卫星遥感监测辅助城乡规划管理工作。

城市建设

【城建固定资产投资】 2016年,自治区18个设市城市(不含兵团)、68个县城市政公用设施建设完成固定资产投资4099205万元。按投资行业分为,供水完成372100万元,集中供热完成419113万元,燃气250899万元,道路桥梁1943972万元,排水290082万元,园林绿化388669万元,市容环境卫生101647万元,其他291933万元。2016年新增固定资产3987659万元。

【城市集中供热】 2016年,自治区设市城市、县城新增集中供热能力蒸汽40吨/小时、热水5185.93兆瓦。累计供热能力蒸汽820吨/小时、热水43851.93兆瓦,集中供热管道13244.82千米。年供热总量蒸汽320.84万吉焦,热水21222.37万吉焦。集中供热面积41746.07万平方米,其中住宅27710.39万平方米。设市城市累计供热能力蒸汽700吨/小时,热水33315.91兆瓦,年供热总量蒸汽283.84万吉焦,热水16311.34万吉焦,集中供热管道9913.88千米,集中供热面积32572.14万平方米,其中住宅21679.02万平方米。全区县城供热能力蒸汽120吨/小时,热水10536.02兆瓦,年供热总量蒸汽37万吉焦,热水4911.03万吉焦,集中供热管道3330.94千米,集中供热面积9173.93万平方米,其中住宅6031.37万平方米。

【城市燃气】 2016年,自治区设市城市、县城新增天然气管道817.68千米,新增天然气储气能力-35.72万立方米。全区累计天然气储气能力751.37万立方米,天然气管道15753.90千米,年天然气供气总量553888.38万立方米,用气人口854.83万人。人工煤气管道60.5千米,人工煤气生产能力46万立方米/日,储气能力2万立方米,年供气总量1752万立方米,用气人口5万人。液化石油气储气能力11563.8吨,供气管道76.04千米,年供气总量89099.73吨,用气人口126.57万人。全区燃气普及率94.17%。拥有天然气汽车加气站425座、液化石油气汽车加气站34座。其中设市城市天然气储气能力288.64万立方米,供气管道12114.66千米,供气总量456479.4万立方米,用气人口613.25万人,人工煤气生产供应全在设市城市内,液化石油气储气能力4694吨,供气管道74.61千米,年供气总量59153.5吨,用气人口50.72万人,设市城市燃气普及率98.51%。县城天然气供气管道3639.24千米,天然气储气能力462.73万立方米,供气总量97408.98万立方米,用气人口241.58万人,液化石油气储气能力6869.8吨,年供气总量29946.23吨,用气人口75.85万人,燃气普及率86.16%。

【城市排水】 2016年,自治区设市城市、县城新增排水管道497.35千米,新增污水处理能力6万立方米/日,污水排放量74511万立方米,有排水管道10099.05千米,排水管道密度5.89千米/平方千米。有污水处理厂91座,达到二、三级处理能力的

76座，污水处理能力272.6万立方米/日，年污水处理总量65076万立方米，污水处理率87.34%。其中设市城市污水排放量56899万立方米，有排水管道6076.83千米，排水管道密度6.756千米/平方千米，有污水处理厂34座，达到二、三级处理能力的29座，总污水处理能力195万立方米/日，年污水处理总量74511万立方米，城市污水处理率86.68%。县城污水排放量28421万立方米，有排水管道4022.22千米，排水管道密度7.62千米/平方千米，有污水处理厂57座，达到二、三级处理能力的47座，总污水处理能力77.6万立方米/日，县城污水处理率79.18%。

【城市环境卫生】 2016年，自治区设市城市、县城道路清扫保洁面积20770万平方米，市容环卫专用车辆设备总数7151辆，实现机械化道路清扫保洁面积9368万平方米，机械清扫率45.10%，生活垃圾年清运量574.78万吨，生活垃圾处理量545.37万吨，处理率94.88%，拥有无害化垃圾处理厂47座，无害化处理能力11074吨/日，无害化处理总量388.42万吨，粪便清运量4.41万吨，有公共厕所3552座，达到三级以上2335座。其中设市城市道路清扫保洁面积13067万平方米，市容环卫专用车辆设备总数5490辆，实现机械化道路清扫保洁面积5810万平方米，机械清扫率44.46%，生活垃圾年清运量356.01万吨，生活垃圾处理量343.70万吨，处理率96.54%，拥有无害化垃圾处理厂16座，日无害化处理能力8265吨，无害化处理总量294.42万吨，粪便清运量0.00万吨，有公共厕所2232座，达到三级以上1707座。县城道路清扫保洁面积7703万平方米，市容环卫专用车辆设备总数1661辆，实现机械化道路清扫保洁面积3558万平方米，机械清扫率46.19%，生活垃圾年清运量218.77万吨，生活垃圾处理量201.67万吨，处理率92.18%，粪便清运量4.41万吨，有公共厕所1320座，达到三级以上628座。

【城市园林绿化】 2016年，自治区设市城市、县城新增园林绿地面积3257.4公顷。设市城市、县城绿化覆盖面积85790.89公顷，建成区绿化覆盖面积61868.66公顷，园林绿地面积79320.1公顷，建成区园林绿地面积56520.98公顷，公园绿地面积12472.48公顷，拥有公园323个，公园面积7397.97公顷，人均公园绿地11.91平方米，比上年增长4.9%，建成区绿化覆盖率36.11%，建成区绿地率32.99%。其中设市城市绿化覆盖面积62630.27公顷，建成区绿化覆盖面积41001.73公顷，绿地面积58322.58公顷，建成区园林绿地面积37541.18公顷，公园绿地面积8287.38公顷，拥有公园154个，公园面积4720公顷，人均公园绿地12.2平方米，建成区绿化覆盖率38.65%，建成区绿地率35.38%。县城绿化覆盖面积23160.62公顷，建成区绿化覆盖面积20866.93公顷，园林绿地面积20997.52公顷，建成区绿地面积18979.8公顷，公园绿地面积4185.1公顷，拥有公园169个，公园面积2677.97公顷，人均公园绿地11.36平方米，建成区绿化覆盖率31.99%，建成区绿地率29.09%。截至12月底，全区共有国家园林城市12个，国家园林县城12个，自治区园林城市8个，自治区园林县城32个。

【世界遗产地管理】 2016年，组织专家研究制定《塔克拉玛干沙漠—胡杨林申遗工作计划》，分别于5月、10月先后两次邀请世界自然保护联盟（IUCN）桑瑟尔和皮埃尔先生、北京大学及中科院自治区生地所等8名世界自然遗产专家对轮台胡杨林、罗布人村寨、尉犁沙漠公园、兵团31、34团、阿尔金山、塔中沙漠腹地、库木塔格沙漠等范围地进行实地考察，7月委托中科院自治区生地所多名专家组成的专家组，完成50多万字的塔克拉玛干沙漠—胡杨林申遗预审文本（中英文）的编写任务，并经自治区人民政府同意上报住房城乡建设部审查。建立自治区天山世界自然遗产地退牧还草资金补偿长效机制，将自治区天山遗产地范围内160多万亩禁牧草场和420多万亩限牧草场，统一纳入"十三五"自治区新一轮草原生态保护补助奖励机制实施方案中，组织专家两次对《自治区天山世界自然遗产地巴音布鲁克片区保护管理规划（2016-2020）》进行审查论证，并修改完成《规划》。

【风景名胜区管理】 2016年，完成《博斯腾湖总体规划》文本修改和5处国家级风景名胜区资源保护管理评估报告上报工作。8月，对全区世界自然遗产地和风景名胜区进行专项执法检查，经检查，自治区天山世界自然遗产中天山天池在遗产价值保护和管理方面达到全国领先水平，5个国家级风景名胜区均达标，20个自治区级风景名胜区中7个达标、9个不达标，对克州4个新设立的景区仅作专项检查指导未予评分。

村镇规划建设

【概况】 2016年，全疆县城（区）以外的建制镇213个，乡（乡政府所在地）529个，行政村8689个，全区村镇总人口1352.43万人，其中独立建制镇人口103.96万人、乡人口130.89万人、镇乡级特殊区域13.95万人、村庄人口1103.63万人。建制镇建成区面积34082.97公顷,乡建成区面积43307.29公顷,村庄现状用地面积317377.35公顷,村镇竣工住宅建筑面积1731.4万平方米,年末实有村镇住宅总建筑面积40898.03万平方米,竣工公共建筑面积181.28万平方米,年末实有公共建筑面积4722.63平方米,竣工生产性建筑面积40.14万平方米,年末实有生产性建筑面积2346.26万平方米,建制镇、集镇、村庄人均住宅建筑面积分别为29.42平方米、25.21平方米、25.70平方米。全区累计编制建制镇总体规划213个,占全部建制镇的100%,乡552个,占全部乡的95.83%,编制村庄规划的行政村8131个,占全部行政村的93.58%。

【村镇公用设施】 2016年,全疆村镇公共供水设施1120个,其中建制镇324个,乡694个,镇乡级特殊区域102个。建制镇、乡、村庄用水普及率87.15%、80.23%、79.69%。全区村镇道路长度9367.97千米,道路面积5712.58万平方米。(村庄道路长度51825.95千米,村庄道路面积35114,73万平方米)。全区建制镇绿化覆盖面积4972.4公顷,绿地面积3532.98公顷,公园绿地面积131.52公顷,人均公园绿地面积1.49平方米。乡绿化覆盖面积7247.96公顷,绿地面积5074.96公顷,公园绿地面积170公顷,人均公园绿地面积1.30平方米。污水处理厂13个,污水处理装置36个,排水管道长度1309.73千米,年污水处理总量292.2万立方米,有环卫专用车辆1152辆,年清运垃圾42.47万吨,有公共厕所2164座,集中供水的行政村7036个,有生活垃圾收集点的行政村4273个,对生活垃圾进行处理的行政村2287个。

【村镇建设投资】 2016年,自治区村镇建设投资总额212.83亿元,其中,住宅建设投资148.85亿元,占总投资的69.93%,公共建筑投资25.47亿元,占总投资的11.97%,生产性建筑投资4.33亿元,占总投资的2.03%,市政公用设施投资34.18亿元,占总投资的16.06%。全区实施150个乡镇和1720个行政村生活垃圾治理,重点向南疆四地州和扶贫攻坚乡镇和行政村倾斜,协调财政拨付专项资金1.41亿元。

【安居富民工程】 2016年累计开工建设安居富民工程30万户(含4类重点人员17.74万户)、开工率100%,竣工30万户、竣工率100%。累计投入工程建设资金223.48亿元。促进农村富余劳动力转移26.58万人次、培训人数35.45万人次。

【村镇建设试点,全国重点镇建设】 2016年,住房城乡建设部公布第一批中国特色小镇名单,自治区巴楚县色力布亚镇、沙湾县乌兰乌苏镇和富蕴县可可托海镇列入其中。推荐昌吉市作为全国农村生活污水治理示范县市。截至12月底,全区共有17个村庄录入中国传统村落名录。

标准定额

【工程标准编制】 2016年,印发《自治区工程建设标准化工作改革实施意见》,起草完成《自治区工程建设标准化工作管理办法(征求意见稿)》。下达《2016年自治区第一批工程建设标准编制计划》和《2016年自治区第二批工程建设标准编制计划》,共安排建筑节能、钢结构住宅、城镇容貌标准等7项标准编制计划。批准发布《建设工程文件归档技术规程》、《安居富民建设标准》、《自治区维吾尔自治区实施国家2010(建筑结构)系列规范细则》、《寒冷地区居住建筑节能设计标准》和《住宅小区供电设施建设和改造技术标准》《建筑消能减震应用技术规程》6项自治区工程建设地方标准,发布实施《生活消防箱泵一体化泵站选用与安装》、《反应粘结型高分子湿铺防水卷材建筑构造(CPS)》、《BF轻质复合夹芯条板内隔墙构造》、《消火栓用消防泵控制电路图》4项工程建设标准设计。对《公共建筑节能设计标准自治区维吾尔自治区实施细则》(XJJ034—2006)和《严寒和寒冷地区居住建筑节能设计标准实施细则》(XJJ001—2011)2项工程建设强制性地方标准,依据强制性地方标准整合精简评估指标,完成强制性条文评估、征求意见和精简评估工作,并得到住房和城乡建设部的认可。

【工程造价管理】 2016年,印发《自治区住房和城乡建设厅关于深化工程造价管理改革的实施意见》、《关于建筑业营业税改增值税调整自治区建设工程计价依据的实施意见》。按照国家完善市场决定工程造价的法规制度要求,启动《自治区建设工程造价管理办法》、《自治区工程量清单计价管理办法》、《自治区竣工结算备案管理办法》、《自治区建设工程计价依据解释和造价纠纷调解管理办法》等制(修)订工作,进一步健全工程造价管理法规制度体系。截至12月底,全区共有注册造价工程执业人员2896名,工程造价咨询企业210家,其中甲级61家,乙级123家,暂定乙级26家。

工程质量安全监管

【工程质量治理两年行动】 全区累计监督房屋建筑工程28998项,建筑面积合计24972万平方米,其中跨年度监督工程16286项，建筑面积合计16861.7万平方米，建设单位组织竣工验收合格工程6598项，建筑面积5284.6万平方米，质量监督覆盖率100%，工程竣工验收合格率100%，通过竣工验收备案工程5775项，建筑面积3792.9万平方米，竣工验收总体备案率81.5%。累计监督市政基础设施工程5301项，其中跨年度监督工程1185项，建设单位组织竣工验收合格工程592项，投资额53.2亿元，竣工验收合格率100%，通过竣工验收备案工程367项，投资额32.6亿元，竣工验收备案率80%。两年来，全区补签授权书、承诺书工程7337项，新办理质量监督手续工程11378项，其中签署授权书、承诺书工程11246项，新建工程基本实现工程质量终身责任承诺制度全覆盖，新办理竣工备案工程5937项，其中设立永久性标牌工程5761项，建立质量信息档案工程4027项。

【综合执法检查】 2016年7月，组织对7个地、州（市）在建工程进行综合执法检查，共抽查19个县（市、区）的53个在建工程项目，建筑面积124.8万平方米，检查内容3737项，其中符合项、基本符合项数分别为1832项、1608项，共占总检查项的92.06%，不符合项数297项，占总检查项的7.94%，针对出现的突出问题，下发执法建议书8份、整改通知书30份。

【获奖工程】 2016年，中建三局集团有限公司承建的自治区电力调度信息中心工程项目荣获中国建筑业协会颁发的2016～2017年度第一批"中国建设工程鲁班奖"。自治区墨玉县北京中学建设工程与自治区医科大学第六附属医院两项工程荣获2016年"国家优质工程奖"的殊荣。自治区建工集团第六建筑工程有限责任公司申报的自治区公安边防总队机动支队营房建设项目——保障中心、解放军第十八医院病房楼，自治区东山建设有限公司申报的和田爱华房地产有限公司商品开发2号住宅楼，拜城县日新建筑安装工程有限责任公司申报的拜城县人民医院综合大楼，浙江省二建设集团有限公司申报的库车县传染病医院（第二人民医院）扩建项目——门诊医技楼等60项工程获得自治区2016年度"天山奖"。乌鲁木齐高铁片区卫星路南延伸工程（一期）、新医路西延新建工程第二标段等21个项目，被评为2016年度"新疆市政金杯示范工程"。

【工程质量监督机构复核复查】 2016年，组织开展自治区工程质量监督机构复核、复查和监督人员补考工作，复核督导29家监督机构，其中对11家不合格的监督机构进行复核，对9家基本合格的监督机构进行复查，对新成立的9家监督机构进行督导，组织未参加2016年岗位考核培训和经培训考试不合格的132名监督员补考，共抽查工程质量监督档案52份，竣工验收备案资料档案50份，在建工程15项、建筑面积12.89万平方米，针对工程质量监督机构存在的问题下发整改通知书5份。

【建筑施工安全专项整治】 2016年，制定下发《自治区建筑施工安全生产监督工作要点》、《自治区建筑施工安全专项整治工作方案》、《关于开展2016年自治区建筑施工安全专项整治督查工作的通知》等。组织对克拉玛依市、阿勒泰地区、塔城地区、和田地区和博州等地州共8个县（市）19个工程项目，下发了停工整改通知书8份、暂扣降低安全生产条件的建筑施工企业安全生产许可证1家。截至12月底，全区安全专项行动共检查项目4842个，停工整改项目279个，限期整改项目61个，下达执法文书101起。

【安全文明工地】 2016年，制定下发《关于做好2016年自治区建筑施工安全文明工地创建工作的通知》，在全区范围内大力开展安全文明工地创建活动，共有212项工程被评为"2016年度自治区建设工程安全生产文明工地"。2015年度核验的自治区级安全文明工地中，14项工程被评为2016年国家"AAA级安全文明标准化工地"。

【抗震防灾】 2016年，制定下发《关于加强自治区建筑工程抗震管理有关问题的通知》，完成自治区超限高层抗震设防专项审查委员会改选工作，更新自治区超限高层抗震设防专项审查专家信息库，完善自治区超限委工作机制。选取乌鲁木齐市、克拉玛依市审图机构开展数字化审查试点工作。截至12月底，审查施工图设计文件23016项，建筑面积6790万平方米，组织超限高层工程抗震设防专项审查2项，重大项目初步设计论证、评审3项，组织减隔震抗震建筑工程抗震设防初步设计方案审查257项，约224万平方米。

【应急管理】 2016年，制定下发《2016年应急管理工作要点》，修订《自治区住房城乡建设厅工程建设突发事故应急预案》、《自治区住房城乡建设厅地震应急预案》。分期在乌鲁木齐市、喀什地区、伊犁州举办自治区震后房屋安全应急评估培训班，全疆410名地震灾后应急评估专家、应急管理人员、行业系统人员参训。

【城建档案】 2016年，全区共21个设市城市全部建立了城建档案馆（室），33个县建立城建档案馆（室），共有专业技术人员245人，馆藏档案104.76

万卷。3月,发布《自治区建设工程文件归档技术规程》(XJJ071—2016),先后在乌鲁木齐市、哈密市举办两期《技术规程》标准宣贯培训。

建筑市场

【概况】 2016年,自治区建筑业签订合同额为3728.4亿元,同比增长2.5%,其中新签订合同额2464.5亿元,增长6.3%,全年房屋建筑施工面积1.1亿平方米,同比下降7.5%,其中本年新开工面积达0.52亿平方米,同比下降6%。提出推广钢结构建筑和推进建筑产业现代化的措施,并写入《新疆维吾尔自治区关于推进建筑业发展和改革的意见(代拟稿)》。出台《新疆维吾尔自治区工程建设监管和信用管理平台管理办法(试行)》、《新疆维吾尔自治区建设工程企业信用评价标准(试行)》、《新疆维吾尔自治区房屋建筑和市政基础设施工程施工监理招标投标若干规定》等规范行业发展的管理办法。

【建筑业企业管理】 2016年,全区新申请施工企业101家,升级资质施工企业174家,新增特级资质企业3家(涉及铁路、市政行业)、总承包一级企业15家,增项施工企业95家,企业资质变更506家。截至12月底,全区共有建筑业资质企业3206家,包括总承包企业1440家,专业承包企业1269家,劳务分包企业497家。注册建造师57337人,包括一级建造师5327人,二级建造师52010人。

【勘察设计】 2016年,全区共有勘察设计企业401家,其中甲级87家、乙级226家、丙级85家、丁级和劳务类3家。具有勘察设计各类执业注册人员1947人,其中,注册建筑师513人、注册结构工程师626人、注册工程师808人。全区工程勘察设计企业完成工程勘察合同额101669.94万元,完成工程设计合同额356280.41万元,完成境外工程勘察设计合同额58037.06万元。实现营业收入共计1606827.71万元,其中,工程总承包收入582834.2万元,工程勘察收入132247.12万元,工程设计收入419310.14万元。

【工程监理】 2016年,自治区共有工程监理企业108家,综合资质2家,甲级50家,乙级39家,丙级17家。工程监理从业人员11796人,其中注册监理工程师2476人,省级培训具有从业证书的专业监理工程师12793人。工程监理业务覆盖6个工程类别,全年工程监理企业共计承揽合同额33.2亿元,其中工程监理合同额24.3亿元,工程项目管理与咨询服务、工程招标代理、工程造价咨询及其他业务合同额为7.6亿元。

【建设工程招标投标】 2016年,自治区共有工程招标代理机构168家,其中甲级46家,乙级72家,暂定级50家。全区完成招标工程11811项,同比增长12.97%,总中标金额981.29亿元,同比增长8.33%。自治区本级共完成招标工程178项,同比下降11.4%,中标交易额33.76亿元,同比下降64.1%。共受理18批58次招标代理机构资质的申请、升级、延续,其中申请甲级10次,乙级23次,暂定级25次。指导7家招标代理机构成功申请甲级资质,下发不予行政许可23次,10家外省招标代理机构进行网上审批备案。

【建筑行业劳保统筹】 2016年,自治区共收取建筑行业建筑工程社保统筹费20.86亿元,较上年减少4.63亿元。自治区建筑行业建筑工程社保统筹部门拨付14.45亿元,其中向疆内建筑施工企业拨付社保费11.47亿元、外省建筑企业2.98亿元。安排全区78家缴纳基本社会保险费困难的建筑企业补贴资金9837.32万元,发放20世纪60年代精简下放人员生活补助费190.39万元。

【监管信息化】 2016年,"自治区工程建设监管和信用管理一体化平台"已在全区推广应用,全区建设工程企业、从业人员、工程项目、信用信息四大基础数据库已经正常运行,其中各类企业入库8000余家,实名入库人员54万余人,各类人员资格证书信息40万余条,建设工程项目信息7000余个。已建成并启用的业务子系统包括"新疆工程建设云"服务门户网站及疆内企业管理、进疆企业信息登记、企业资质动态监管、注册师管理、从业人员管理、教育培训管理、建设项目报建登记、图纸审查、施工许可证、招标投标、工程质量报监、安全报监等子系统。

【工程风险管控】 2016年,与自治区财政厅共同起草并提请自治区人民政府印发《关于做好清理规范工程建设领域保证金的通知》,制定下发《自治区清理规范工程建设领域保证金工作方案》,召开清理规范工程建设领域保证金工作会议进行动员和部署。截至12月底,全区共清理有关部门或建设单位未按时返还和超额收取(预留)的投标、履约、工程质量和农民工工资保证金58352.4万元,涉及企业1220家,项目1993个,已累计返还企业48858.6万元。应取消的保证金18种,共计95170.29万元,涉及企业923家,项目910个,已退还94306.6万元。共受理工程建设领域投诉123件,包括拖欠农民工工资投诉案件95件,投诉拖欠值8600多万元,投诉拖欠工程款22件,投诉拖欠值近3亿元,没有发生群体性上访事件，有效维护了社会稳定。

【建筑市场监管】 2016年，开展全区建设工程项目综合执法检查工作2次，组织全区勘察设计市场专项执法检查、全区招标代理机构市场行为专项治理和组织对40个在建项目的监理企业互检互查工作，共抽查335家施工企业，590项施工工程，其中包括40个在建项目的监理单位，对10家申请资质的勘察设计企业、6家建筑业企业和1家进疆登记设计企业弄虚作假行为进行立案和通报。

建筑节能与科技

【装配式建筑】 2016年，三次赴其他先进省市进行考察学习，多次到自治区骨干企业调研，形成自治区发展装配式建筑意见报告两份，明确工业园区住宅必须应用装配式建筑。制定钢结构建筑标准定额体系建设工作方案，组织开展《多、高层钢结构住宅技术规程》、《钢结构施工质量安全技术规程》、《轻钢结构住宅技术规程》的编制和钢结构住宅工程造价技术指标指数、计价依据编制工作。引进湖南远大混凝土装配式技术，生产基地已在乌鲁木齐市建成。截至12月底，全区建成钢结构建筑100余万平方米，新建混凝土装配式建筑3.7万平方米。

【绿色建筑】 2016年，完成《新疆节能建筑与绿色建筑衔接设计策略》课题研究工作，提出由节能建筑转为绿色建筑的衔接技术策略，根据课题研究成果及专家评审意见，研究制定自治区全面推行一星级绿色建筑的技术政策。截至12月底，全区建设绿色建筑1571万平方米，新建绿色建筑361.23万平方米。累计获得绿色建筑标识项目27个、建筑面积570.21万平方米，其中，2016年获得标识项目3个、建筑面积58.73万平方米。

【可再生能源建筑应用】 2016年，会同财政厅组织专家对国家批准的1个可再生能源建筑应用省级推广示范——额敏县鑫水名苑住宅小区地下水源热泵供暖项目和1个自治区级可再生能源建筑应用示范项目——塔城市丁香花园住宅小区地下水源热泵供暖项目进行示范验收，经专家组认真评议，示范项目均通过示范验收。

【建设科技成果推广项目】 2016年，经自治区建设科学技术专家委员会优选论证，公布52项自治区住房和城乡建设行业2016年科技成果推广项目，推广项目涉及建筑节能、节水、可再生能源、清洁能源应用、绿色建材、新型墙材、信息化等方面。

【新产品鉴定】 2016年，组织专家开展新疆斯伟达热控设备技术有限公司生产的发热电缆产品和博州国正环保科技有限公司生产的钢木轻质墙板2个新产品鉴定工作。

【新技术应用示范项目】 2016年，组织验收自治区建筑业新技术应用示范工程5项，通过综合评审，江苏南通二建集团有限公司承建的"新疆医科大学第六附属医院门诊医技住院大楼"工程、中建三局集团有限公司承建的"新疆国际会展中心二期场馆及配套服务区"工程应用新技术整体水平达到国内领先水平，中建三局集团有限公司承建的"益民大厦"工程、新疆苏中建设工程有限公司承建的"乌鲁木齐市绿城广场北区一期2号楼（AB座）"工程和江苏省苏中建设集团股份有限公司承建的"新纪元广场（新疆财富中心）C座"工程应用新技术整体水平达到国内先进水平。

【科技计划项目】 2016年，自治区有4个项目被列为住房城乡建设部2016年科技计划项目，分别是"基于'互联网＋'的工程管理信息平台"研究项目、"乌鲁木齐复杂地质条件下地铁施工综合技术应用"示范工程、"乌鲁木齐轨道交通一号线工程04段"科技示范工程、"乌鲁木齐瑞祥精工新型建材有限公司综合楼"绿色建筑示范工程。乌鲁木齐轨道交通一号线13标段绿色施工科技示范工程、乌鲁木齐市交通运行与拥堵指数分析系统、乌鲁木齐市公共交通数据分析系统研究（一期）3个项目通过住房城乡建设部验收。

【散装水泥和墙体材料革新】 2016年，组织国内新型墙体材料权威科研单位——西安墙体材料研究设计院开展《新疆维吾尔自治区墙体材料"十三五"规划》、《新疆维吾尔自治区散装水泥"十三五"规划》的研究和编制工作。围绕新型工业化和装配式建筑产业化，组织新疆建科院、八钢设计院、新疆绿建等29家生产、科研、装备制造等单位开展PC板体系、装配式轻质挂板体系、内置轻钢龙骨保温装饰一体板体系、蒸压加气混凝土板体系等建筑用外围护体系研究，已完成产品试生产。

人事教育

【建设职工教育培训】 2016年，新疆建设职工教育培训中心完成各类培训考核约15万人次，其中专业技术管理人员培训10158人次，建设领域专业技术管理人员继续教育培训57738人次，施工企业"三类人员"安全考试18440人次，注册二级建造师培训11792人次，建设职业技能鉴定培训53828人次，建设行业专业技术人员职称前继续教育培训

1189人，建设工程试验检测员和预拌（商品）混凝土试验检测员新取证培训2562人次、继续教育培训2040人次。

【1人获自治区先进工作者】 4月26日，自治区党委、自治区人民政府表彰自治区劳动模范和先进工作者，自治区住房和城乡建设厅李忠研同志被授予自治区先进工作者荣誉称号。

大事记

1月

1日 自治区住房和城乡建设厅印发《新疆维吾尔自治区城镇燃气经营许可实施办法》。

7日 自治区住房和城乡建设厅组织召开自治区城市试点项目验收会，对乌鲁木齐市综合交通枢纽片区等8个城市设计试点项目规划成果进行验收。

12日 自治区住房和城乡建设厅在乌鲁木齐市召开2016年自治区住房和城乡建设工作会议。

14日 自治区人民政府命名北屯市、乌苏市为"自治区园林城市"，命名托里县、察布查尔县、伊吾县、木垒县、疏勒县、英吉沙县、麦盖提县、叶城县为"自治区园林县城"。

15日 住房和城乡建设部命名46个国家园林城市、78个国家园林县城。自治区阜康市、博乐市获"国家园林城市"，呼图壁县、吉木萨尔县、和静县获"国家园林县城"。

22日 自治区住房和城乡建设厅公布2015年度自治区物业管理示范住宅小区（大厦）名单。

2月

25日 自治区住房和城乡建设厅43名干部赴伽师县英买里乡、克孜勒博依乡开展为期一年的"访民情惠民生聚民心"驻村工作和重点乡镇集中整治工作，其中厅级干部2人、处级干部20人、其他干部21人。

29日 2016年自治区住房和城乡建设系统第一次安委会会议在乌鲁木齐市召开，自治区住房和城乡建设厅张鸿书记出席会议并讲话。

3月

3日 自治区住房和城乡建设厅发布《自治区建设工程文件归档技术规程》（XJJ071—2016）。

10日 自治区住房和城乡建设厅会同自治区发改委起草《新疆维吾尔自治区关于深入推进新型城镇化建设的实施意见（代拟稿）》，并呈报自治区人民政府。

13日 自治区住房和城乡建设厅印发《关于加强建筑施工扬尘防治工作的通知》。

14日 自治区住房和城乡建设厅举办2016年建筑施工安全生产警示教育培训和外省进疆企业约谈会，对2015年度施工现场发生安全生产事故或降低安全生产条件被依法暂扣安全生产许可证及限制招投标活动的建筑施工企业进行教育培训。

18日 自治区住房和城乡建设厅下发《关于加强自治区城镇燃气经营许可和安全生产管理的通知》。

25日 自治区住房和城乡建设厅下发《关于认真做好城市近期建设规划（2016—2020年）编制工作的通知》，积极指导各地开展近期建设规划编制工作。

30～31日 自治区住房和城乡建设厅组织召开自治区住房公积金管理工作座谈会，李学东厅长作题为《适应新常态，展现新作为，努力开创全区住房公积金事业新局面》的讲话。

4月

8日 自治区住房和城乡建设厅印发《关于做好新疆天山世界自然遗产地草场禁限牧工作的通知》，建立自治区天山世界自然遗产地退牧还草资金补偿长效机制。

11日 乌鲁木齐市城市总体规划修改方案通过住房城乡建设部城市总体规划第64次部际联席会议审查。

14日 自治区住房和城乡建设厅印发《自治区城乡规划审查工作规则》，进一步规范城乡规划审查工作流程。

20日 自治区住房和城乡建设厅组织召开自治区城乡规划管理信息化工作会议，对各地规划管理信息化工作进行安排和部署。

25日 自治区住房和城乡建设厅召开自治区棚户区改造工作和化解房地产市场库存推进会。

28日 自治区住房和城乡建设厅印发《关于建筑业营业税改增值税调整新疆建设工程计价依据的实施意见》。

5月

3日 自治区住房和城乡建设厅会同自治区党委组织部在上海同济大学举办为期10天的"自治区城镇规划建设管理领导干部研修班"，各地州市县领导、城市规划主管部门负责同志共计68人参加研修班。

12日 自治区住房和城乡建设厅李学东厅长参加全国城市执法体制改革座谈会议。

16～26日 自治区住房和城乡建设厅组织自治区人民政府城乡规划顾问组对喀什四县、阿勒泰地区、哈密市、乌鲁木齐市规划进行调研指导。

18日 自治区住房和城乡建设厅下发《自治区住房城乡建设厅贯彻贯彻落实〈关于做好当前经济工作推进经济持续健康发展的意见〉和〈政府工作报告〉任务分解方案》和《2016年自治区住房和城乡建设厅重点工作安排》。

23日 自治区住房和城乡建设厅会同发改委、财政厅、地税局、国土局、公安厅、人民银行乌鲁木齐中心支行、银监局联合印发《关于认真做好化解房地产库存促进房地产市场平稳健康发展工作的通知》。

26日 国务院促进民间投资第九督查组王兆星组长一行到住房和城乡建设厅督查调研,对住房和城乡建设厅工作给予充分肯定。

30日 自治区住房和城乡建设厅组织开展自治区招标代理机构市场行为专项治理活动,共抽查昌吉州、博州、伊犁州、塔城地区等四个地州的31家招标代理分支机构。

6月

7日 自治区住房和城乡建设厅组织开展自治区市政公用行业综合检查。

7~21日 自治区住房和城乡建设厅分别在喀什地区、伊犁州、乌鲁木齐市组织举办自治区震后安全应急评估培训。

13日 自治区住房和城乡建设厅发布《自治区建设标准实施国家2010(建筑结构)系列规范的细则》(XJJ012—2016)、《寒冷地区居住建筑建筑节能设计标准》(XJJ/T073—2016)。

15日 自治区住房和城乡建设厅下发《关于规范全区住房公积金缴存比例的通知》,自7月1日起,允许生产经营困难企业按一定程序审核报批后在5%~12%范围内选择缴存比例或缓缴。

17日 自治区住房和城乡建设厅贾亚利总工程师带队参加全国装配式建筑政策与技术交流大会。

20日 自治区住房和城乡建设厅印发《2015年新疆城市(县城)建设统计年报》。

21日 2016年自治区住房和城乡建设系统安委会第二次会议在乌鲁木齐市召开,会上李学东厅长与自治区住房和城乡建设系统安全生产委员会成员单位签订2016年自治区住房和城乡建设系统安全生产工作目标责任书。

23日 自治区住房和城乡建设厅在乌鲁木齐召开自治区施工图审查工作座谈会。

24日 自治区住房和城乡建设厅召开自治区工程建设标准化和工程造价管理改革工作会议。

7月

1日 自治区住房城乡建设厅印发《关于加强自治区住房城乡建设领域经济运行情况分析工作的通知》,建立自治区住房和城乡建设系统经济运行分析工作机制。

10日 自治区住房和城乡建设厅张鸿书记带队赴土耳其伊斯坦布尔参加第40届世界遗产大会,就阿尔泰山独立申报成功性与国际组织积极沟通交流。

11日 自治区住房和城乡建设厅在博州召开自治区建设工程招投标监督管理工作座谈会。

29日 自治区住房和城乡建设厅委托中国科学院新疆生态与地理研究所,编制完成《新疆推进新型城镇化行动计划修订(2016—2020年)大纲》。

8月

2日 自治区住房和城乡建设厅与宁波市建委签订建筑业战略合作协议,李学东厅长、王玮副厅长及相关处室、单位负责同志及建筑业企业代表出席仪式。

3日 自治区住房和城乡建设厅组织完成2016年中国人居环境范例奖申报和初步审查工作。布尔津县冲乎尔镇小城镇建设项目、库尔勒市绿道网络体系建设项目、阿克苏市多浪河城区生态修复工程、拜城县喀普斯浪河东岸生态修复项目等项目获得推荐。

8日 自治区住房和城乡建设厅在乌鲁木齐市组织召开自治区建筑工程质量安全现场观摩会,对钢结构建筑工程项目进行观摩。

8~27日 自治区住房和城乡建设厅联合自治区财政厅、人民银行乌鲁木齐中心支行、新疆银监局等部门组成综合执法检查组,对各地落实住房公积金政策、廉政风险防控、资金管理及信息化建设等情况进行综合执法检查。

11日 自治区住房和城乡建设厅、自治区人民政府城乡规划工作顾问组在上海市召开喀什高台民居保护规划和阿勒泰地市及吉木乃县有关规划实施评估报告中期成果汇报会。

20日 自治区住房和城乡建设厅组织开展2016年自治区建筑施工安全专项整治督查工作,全区共对4842个项目进行检查,行动开展覆盖率93%。

22~24日 自治区住房和城乡建设厅厅长李学东、副厅长蔡启明与执法局、法规处、人事处科教处负责同志赴克拉玛依市进行实地调研,了解克拉玛依市城市执法体制改革工作进展情况,进一步推动自治区先行试点城市改革工作,并形成专题《调研报告》。

23日 自治区住房和城乡建设厅与财政厅共同起草并提请自治区人民政府印发《关于做好清理规

范工程建设领域保证金的通知》。

25日 自治区住房和城乡建设厅印发《治区住房和城乡建设厅关于深化工程造价管理改革的实施意见》，全面启动自治区工程造价管理改革工作。

26日 自治区住房和城乡建设厅和财政厅联合召开自治区清理规范工程建设领域保证金工作会议。

30日 自治区住房和城乡建设厅组织开展2016～2018年自治区供水水质督察工作。

31日 自治区住房和城乡建设厅印发《城市建成区违法建设专项治理工作五年行动方案》。

9月

1日 自治区人民政府副秘书长谢煊、自治区住房和城乡建设厅厅长李学东带队参加第六届世界自然保护大会，与世界自然保护联盟主席、亚太地区负责、IUCN片区负责人等进行座谈交流，了解各国的在生态保护方面的做法。

4日 自治区住房和城乡建设厅组织协调住房城乡建设部综合执法督查工作组对乌鲁木齐市建筑市场和工程质量安全开展综合执法检查。

20日 自治区住房和城乡建设厅组织对36座城镇生活垃圾卫生填埋场的工程建设和运营管理进行等级评定工作。

22日 自治区住房和城乡建设厅城市管理执法体制改革领导小组召开第一次会议。

22～25日 住房城乡建设部在乌鲁木齐市检查减隔震技术应用情况，抽查高铁医院、新疆体育职业学校生活训练综合楼、市职业病医院、市燃气公司办公楼等项目。

28日 自治区人民政府办公厅下发《关于同意建立自治区城市管理工作厅际联席会议制度的函》，同意建立由自治区住房和城乡建设厅牵头的自治区城市管理工作厅际联席会议制度。

10月

10日 自治区住房和城乡建设厅组织开展自治区统筹机构综合检查。

11日 自治区住房和城乡建设厅组织开展全区勘察设计市场专项执法检查，抽查335家企业，590项工程。

12日 自治区住房和城乡建设厅印发《关于印发自治区工程建设标准化工作改革实施意见的通知》，全面启动自治区工程建设标准化改革工作。

14日 自治区住房和城乡建设厅组织开展特色小城镇推荐申报，南疆四地州33个县市共推荐申报特色小城镇135个。

15日 自治区住房和城乡建设厅拟定《南疆四地州特色乡镇初步评选程序、标准》。

20日 自治区住房和城乡建设厅召开自治区房地产去库存工作座谈会。

23～29日 自治区住房和城乡建设厅赴南疆四地州的33个县市、140余个乡镇开展特色小城镇初步评选工作。

26日 自治区住房和城乡建设厅组织对阿勒泰地区和克拉玛依市的建设工程项目进行综合执法检查。

11月

2日 自治区住房和城乡建设厅起草《南疆四地州特色乡镇规划编制的指导意见》、《南疆四地州特色乡镇风貌设计的指导意见》，拟定特色乡镇规划建设各阶段工作任务及时间要求。

7日 自治区党委办公厅、自治区人民政府办公厅印发《关于深入推进城市执法体制改革改进城市管理工作的实施意见》。

10日 自治区住房和城乡建设厅25名干部赴喀什地区伽师县英买里乡、疏勒县罕南力克镇开展为期两年的学前双语支教工作。

11日 自治区安全生产目标管理工作考核组对自治区住房和城乡建设厅进行考核，考核结果为先进单位。

15日 自治区住房和城乡建设厅组织对喀什地区、和田地区、哈密地区、吐鲁番市、石河子市、五家渠市、克州7个地州市的施工图机构和审查中心进行检查。

18日 自治区住房和城乡建设厅组织召开自治区城市地下综合管廊建设推进会暨海绵城市培训。

25日 自治区住房和城乡建设厅发布《自治区建设工程合同备案管理规范》（XJJ072-2015）。

29日 新疆建设职业技术学院召开"民族团结一家亲"、"三进两联一交友"活动。

12月

6日 自治区住房和城乡建设厅组织召开自治区城市管理工作厅际联席会议联络员第一次会议。

7日 自治区住房和城乡建设厅组织召开轨道交通冬季施工安全工作会议，贾亚利总工程师出席会议并讲话。

8日 自治区住房和城乡建设厅印发《关于抓紧建立城市管理工作协调机制和制定公布权责清单的通知》。

9日 自治区住房和城乡建设厅在乌鲁木齐市举办"新疆建筑业企业'营改增'实施指导公益培训班"。

12日 自治区住房和城乡建设厅组织开展2016

年度建设工程质量监督系统先进单位和先进个人评选活动。

15~16日 自治区住房和城乡建设厅联合自治区南疆工作指导督导检查办公室,在喀什市举办南疆特色乡镇规划建设培训班,自治区党委党建工作领导小组副组长、自治区南疆办常务副主任哈尼巴提·沙布开同志出席会议并作动员讲话。

17日 自治区住房和城乡建设厅在乌鲁木齐市召开自治区装配式建筑政策宣贯及技术研讨会,厅长李学东、总工程师贾亚利出席并讲话。

18日 自治区住房和城乡建设厅厅长李学东带领93名干部职工赴伽师县克孜勒苏乡开展"民族团结一家亲"结对认亲活动。

23日 自治区住房和城乡建设厅发布《自治区建筑消能减震应用技术规程》(XJJ075-2016)。

30日 中共新疆维吾尔自治区住房和城乡建设厅直属机关召开第五次党员代表大会。

(新疆维吾尔自治区住房和城乡建设厅)

新疆生产建设兵团

概况

2016年新疆生产建设兵团深入贯彻中央城镇化工作会议、中央城市工作会议、和兵团党委六届十五次会议精神,不断加强城镇规划建设管理,各项工作取得显著成效。

加大房地产去库存力度

截至2015年底,兵团各师(市)待销售商品房766.26万平方米,其中住宅398万平方米、3.6万套。兵团党委六届十五次全委(扩大)会议对房地产去库存工作做安排部署,要求2016年消化库存商品房1.5万套以上。为深入贯彻落实党中央、兵团党委的决策部署,顺利完成房地产去库存任务,采取努力打通保障房、棚改房和商品房通道,用好用活住房公积金政策,积极落实国家税收优惠政策,利用房交会平台加快商品房销售等措施办法。在兵团各级党政的共同努力下,截止到2016年底,累计消化库存商品房174.57万平方米,其中住宅201万平方米、1.83万套,完成任务目标1.5万套的122%。

推进房产管理信息化建设

为推进兵团房屋登记与交易等房产管理业务信息化和数字化建设,进一步提升房产管理水平,2016年启动兵团房产管理信息平台建设工作。在建设环保工作会议上,把"推进房产管理信息化,加快兵团房产登记与交易集中式服务平台建设"列入2016年建设环保重点工作。各师(市)按照兵团建设局的统一部署,加大力度推进信息平台建设。

截至2016年底,建成房屋登记与交易系统、物业管理系统、房屋征收补偿网签系统、统计分析系统等6个子系统。共建立师(市)、团场、企业等196个单位用户、754名操作人员用户,采集街道信息2300多条。录入楼盘表69.38套(不含石河子市区),其中公共租赁住房(廉租住房)45.01万套,商品房12.21万套,经济适用住房3.46万套,房改房、自建房等12.15万套。从房屋用途看,住宅53.66万套,商业、金融、信息用房3.06万套,其他为工业、交通、仓储、医疗等用途。

城镇规划建设管理工作进一步加强

【"十三五"期间推进新型城镇化工作的目标任务】 按照中央相关文件精神和兵团党委关于城镇化发展新要求,通过深入研究新型城镇化和城镇现代化的要素和环节,结合兵团城镇化发展的现状特点,针对存在主要问题,找准差距,完善政策措施,圆满完成"十三五"时期兵团新型城镇化发展规划编制工作,提出下阶段兵团城镇化建设工作的目标任务和主要举措,深入推进兵团新型城镇化建设,提高城镇化质量。

【做好边境团场和南疆团场的规划工作】 修编完成边境团场城镇规划和边境连队居住区规划,南疆新建扩建团场37团、莎车农场、225团结合团场发展总体规划,抓紧做好城镇总体规划编制工作,为下一步城镇建设提供有力支撑。

【积极推进城市设计】 石河子市、五家渠城市、阿拉尔、铁门关、双河市完成城市设计工作,奇台农场等29个团场开展特色风貌塑造工作,城镇面貌进一步改善。

【深入开展违法建设治理】 按照住房城乡建设部部署，深入开展兵团城市建成区违法建设专项治理，2016年完成建成区违法建设治理3.05万平方米，有效遏制了违法建设行为。

建筑业

【企业基本情况】 2016年，兵团14个师共有188家等级以上企业，其中总承包企业159家（包括特级2家，一级21家，二级57家，三级81家），专业承包企业29家（包括一级2家，二级8家，三级17家，不分等级2家）。

【主要经济指标】 2016年，兵团等级以上建筑业法人企业共签订合同额1846.7亿元，比上年同期增长0.9%。其中上年结转636.9亿元，本期新签1209.8亿元。兵团外部工程合同额784亿元，占总合同额的43.2%。兵团等级以上建筑业企业共完成建筑业总产值1245.6亿元，较上年同期基本持平。兵团等级以上建筑施工企业房屋建筑施工面积5174万平方米，同比减少10.2%，新开工面积2547万平方米，同比减少37.5%，房屋建筑竣工面积2108万平方米，同比减少12.9%。

【主要财务指标】 2016年，兵团等级以上建筑施工企业资产合计876亿元，负债合计803亿元，资产负债率91.7%，同比增长6.6%。全社会建筑业增加值299.6亿元，同比增长1.6%，等级以上建筑施工企业实现利润14.3亿元，同比增长4.5%，产值利润率1.1%，与2015年持平。

建筑市场监管

2016年，兵团建设局继续推进工程质量治理两年行动，推进严厉打击建筑施工转包违法分包行为专项行动。开展两年行动专项检查，指导督促各师加大监督检查力度，继续抓好工程质量治理两年行动，严格查处建筑市场违法违规行为，严厉打击建筑施工转包违法分包行为。认真执行报表制度，按月向住房城乡建设部报送违法行为查处情况。两年行动开展以来取得预期成果，全兵团共检查项目4383项，涉及建设单位909家、施工企业701家，共排查出264个项目存在各类建筑市场违法行为，查处有违法行为的建设单位35家、施工企业102家、个人190人。各师建设主管部门对存在违法行为的建设单位、施工企业及个人，分别采取停业整顿、限制投标资格、罚款等行政处罚及管理措施。

推进城镇管理执法体制改革工作

2016年，兵团建设局深入推进城镇管理执法体制改革工作，认真学习贯彻《中共中央 国务院关于深入推进城市执法体制改革改进城市管理工作的指导意见》（以下简称：指导意见），会同兵团编办等部门赴部分师（市）及团场进行专题调研，指导督促各师（市）住房城乡建设主管部门认真组织、深入学习领会《指导意见》精神，提高认识、明确目标，把握要求、积极部署。依据《指导意见》，结合兵团实际，起草制定《兵团深入推进城镇执法体制改革改进城镇管理工作实施方案》，经征求兵团十几个相关部门意见后呈报住房城乡建设部。按照住房城乡建设部的工作部署，及时掌握工作推进情况，认真做好季度、半年等定期向部里汇报兵团推进城镇管理执法体制改革工作的情况。

住房保障政策拟定

兵团建设局、财务局、发改委下发《关于做好兵团棚户区改造货币化安置工作的通知》，提出各师货币化安置比例不低于60%的目标，兵团建设局印发《关于建立购租并举的兵团住房制度有关事项的通知》，对新就业大学生、复转军人、引进人才和长期外来务工人员等中低收入群体提出住房保障政策。

【保障性安居工程年度计划及资金安排情况】 2016年兵团计划实施棚户区改造12万户，建设公共租赁住房2万户，发放租赁补贴2万户。2016年国家下达兵团中央财政城镇保障性安居工程专项资金26.78亿元，下达兵团保障性安居工程配套基础设施建设中央预算内投资计划17.92亿元。

【保障性安居工程实施情况】 2016年，兵团建设局按照兵团党委推进新型城镇化要求，以改善职工群众居住环境为出发点和落脚点，明确工作责任，创新体制机制，强化政策落实，把加大城镇棚户区改造力度、加快配套基础设施建设作为提升城镇化发展的重要抓手，紧紧围绕与国家签订的目标任务，通过及时下达工作计划、提前做好项目准备、积极筹集棚改资金、建立购租并举住房制度等一系列措施，顺利完成与国家签订的城镇保障性安居工程目标任务。2016年实施城镇棚户区改造12万户，新建公共租赁住房开工2万户，续建及新建项目基本建成3.13万户，实际发放租赁补贴2.22万户。2016年城镇保障性安居工程完成投资84.3亿元。通过实施棚户区改造和保障性住房建设，职工住房条件和城镇面貌不断改善，职工群众的幸福指数不断提升，兵团的凝聚力、向心力不断增强。

安全质量监督工作

【概况】 2016年，兵团房屋市政工程未发生一般及以上质量安全事故，质量安全形势稳定向好。兵团共计监督工程总数5365项，面积3366万平方米，竣工验收工程1679项，面积1189万平方米。

【荣获2016年度兵团防火安全先进单位称号】 2016年兵团建设局（环保局）认真落实监管责任，杜绝建筑施工火灾事故，经兵团防火委综合考核、审定通过，荣获2016年度防火工作先进单位称号。

【荣获2016年度安全生产先进单位称号】 2016年兵团建设局（环保局）认真贯彻兵团有关安全生产各项措施，扎实开展隐患排查和专项整治工作，不断加大检查巡查力度，全年房屋市政工程未发生生产安全事故。经兵团安委会综合考核、审定通过，荣获2016年度安全生产先进单位称号。

【荣获兵团质量效益管理年专项活动表彰】 2016年兵团建设局（环保局）认真开展质量效益年活动，严格各项措施的落实，根据兵团办公厅质量效益年专项活动考核办法，考核定等为二等，并通报予以表彰。

【加强质量安全监督力量】 经兵团组织部考核任用，于2016年8月，管永健任兵团建设工程质量监督总站任副站长，罗文任兵团建设工程安全监督总站任副调研员。

【文明工地创建】 2016年，兵团共有7项工程荣获国家"AAA级安全文明标准化诚信工地"称号，100个项工程荣获兵团"安全文明工地"称号。

【优质工程创建】 2016年，兵团有41个工程项目荣获兵团优质工程（昆仑杯）称号。

【工程质量治理两年行动】 落实工程质量终身责任制。全年所有新建工程"两书一牌"制度执行率100%，重点查处和打击违法违规行为。共排查3730个建设工程，查处建筑工程转包、分包挂靠等违法违规行为14起，加强检验检测机构的监管力度，有效遏制出具虚假检测报告的违规行为，持续开展住宅工程质量通病治理活动，渗漏、裂缝、给排水、电气、节能等影响使用功能的质量常见问题得到有效遏制。

【安全生产标准化工作】 积极探索新的管理模式和新方法。将兵团建筑施工安全生产标准化手册制作成动漫演示，更便于工人理解，在一师、八师等师积极推动安全体验馆建设，提高工人的安全意识和安全防护能力，十三师大力推行"洁净工地"，进一步优化管理模式，收效明显。

【开展"质量月"、"安全生产月"活动】 开展标准化观摩、咨询日活动、安全知识演讲竞赛、安全技术讲座与培训、应急演练和质量安全检查等活动，把质量月、安全月宣传活动深入到施工作业一线的基层班组，收到良好的效果。

（新疆生产建设兵团建设局）

大 连 市

概况

2016年是"十三五"的开局之年。大连市住房和城乡建设工作全面贯彻党的十八大及十八届三中、四中、五中、六中全会和习近平总书记系列重要讲话精神，坚持五大发展理念和"四个着力"，紧紧把握稳中求进工作总基调，各项工作成效显著。全域城市化有序推进。开展国家新型城镇化综合试点，推进卫星城和中心镇协调发展，11个中心镇完成基础设施建设投资9.9亿元，皮杨新城纳入国家中小城市综合改革试点。基础设施建设步伐加快。疏港路拓宽改造、渤海大道、旅顺中部通道等工程有序推进，金普城际铁路主体工程、地铁1号线和2号线二期工程、202轨道延伸线等重点交通建设项目即将完工。主城区新增30万个停车泊位、1000个充电桩。开展生活垃圾分类试点，全面启动大连湾、梭鱼湾等10座污水处理厂建设改造和黑臭水体整治工程。主城区新建5座山体健身公园，规划面积达270公顷，健身路径总长达21.8千米。庄河被纳入国家"海绵城市"建设试点。城乡管理水平全面提升。持续开展市容环境综合整治，主城区占道经营、无证营运基本取缔，违法违规建设得到有效遏制，大连火车站和大连北站周边环境整治取得明显成效。美丽乡村建设持续推进，治理水土流失面积20万亩，完成荒山造林3万亩、植树1962万株。智慧城市建设取得新进展，光纤入户改造全面完成，4G网络实现全覆盖。民生福祉持续改善。棚户区改造开工8190套，完成"暖房子"工程300万平方米，惠及居民4.6万户。修缮老旧住宅5.8万平方米，改造供热管网453千米、供水管网1万户。改造农村电网1589千米，新建通屯油路840千米。

法规建设

【政府文件】《大连市人民政府关于印发大连市土壤污染防治工作方案的通知》、《大连市人民政府关于深入推进新型城镇化建设的实施意见》、《大连市人民政府关于印发大连市政府部门行政审批中介服务事项清单动态管理办法的通知》、《大连市人民政府关于创新重点领域投融资机制鼓励社会投资的实施意见》、《大连市人民政府关于印发大连市公共信用信息管理办法的通知》，大连市人民政府关于废止《大连市房屋建筑工程竣工验收备案管理办法》的通知。

【办公厅文件】《大连市人民政府办公厅关于公布市政府部门公共服务事项目录及办事指南的通知》、《大连市人民政府办公厅关于调整市政府部门行政审批中介服务事项清单的通知》、《大连市人民政府办公厅关于印发大连市城市建设"十三五"规划的通知》、《大连市人民政府办公厅关于公布2016年大连市涉企行政事业性收费、政府性基金和政府定价涉企经营服务性收费目录清单的通知》等。

【市建委规范性文件】关于印发《大连市建设市场各方主体信用信息管理暂行办法》的通知，关于印发《大连市房屋建筑工程施工企业信用信息管理实施细则》的通知，关于印发《大连市建筑施工预防高处坠落事故若干规定的通知》。

房地产业

【概况】2016年，大连市面对严峻的市场形势，认真贯彻落实国家、住房和建乡建设部、辽宁省人民政府的决策部署，促进房地产市场平稳健康发展。在实施购房奖励政策、推行棚户区改造房货币化安置、加大住房公积金政策支持力度等政策的作用下，抓重点、保供应、促销售，着力打通供需通道，房地产市场总体呈现量升价稳的态势。

【土地市场】全市出让房地产用地248.1公顷，同比下降2.8%，占土地成交总量的33.4%，占比较上年降低14.9个百分点，出让额123.4亿元，同比增长145.7%，占土地总成交额的87.5%，特别是大连市四区配套成熟地块竞价火热，溢价率较高，成交土地153.4公顷、106亿元，同比分别增长162.5%、242.1%。

【房地产开发】全市房地产开发投资535.2亿元，比上年下降40.4%，房屋施工面积4655.1万平方米，比上年下降5.2%，新开工面积594.4万平方米，比上年下降2.2%，竣工面积191.9万平方米，比上年下降33.7%。

【商品房交易】商品房销售面积707.5万平方米，销售额661.8亿元，分别比上年增长11.0%和16.3%。二手房销售面积601.3万平方米，销售额468.7亿元，分别比上年增长22.9%和24.8%。

【市场调控】2016年，大连市贯彻落实国家和辽宁省人民政府有关房地产业的政策及决策部署，实施积极稳妥的政策措施，促进全市房地产市场平稳健康发展。大连市在深入落实国家、省政府已出台政策措施的基础上，认真借鉴全国各地好的经验、做法，积极创新，大胆突破，6月7日，印发《大连市人民政府办公厅关于化解房地产库存 促进房地产市场健康发展的意见》（以下简称《意见》），提出18条具体措施，政策措施既立足化解库存，又兼顾经济社会长远发展。为进一步落实《意见》中关于购房奖励和补贴的政策精神，11月17日，大连市国土资源和房屋局会同财政部门印发《购房补贴和奖励政策实施细则》，确保政策措施落地有声，取得实效。全年全市举办春季、夏季、秋季全市性房屋易会3届及高新园区、旅顺口区等5次区域性特色房交会。房交会对促进消化存量商品房、释放购房需求起到积极作用，全市房交会期间政府给予每平方米50元、100元不等的购房奖励政策，其他区市县也积极出台奖励政策。8次房交会共接待观展群众70万余人次，成交房屋面积201万平方米，成交额220亿元。房交会作为促进房屋销售的重要举措，已日益成为百姓选房、看房、购房的高效平台，宣传政策、落实政策的重要载体，活跃市场、化解库存的有效渠道。

住房保障

【概况】2016年是"十三五"开局之年，也是主动应对挑战、奋力推进住房保障事业科学发展的关键一年。在局党委的正确领导下，全体干部职工按照住房保障工作的总体部署和要求，紧紧围绕棚户区改造、公租房补贴、人才住房保障、公租房管理等重点工作，攻坚克难、精准发力，圆满完成各项工作任务，为高质量完成"十三五"规划奠定坚实基础，为大连市住房保障工作做出贡献。

【推进棚改工作】 2016年省政府下达大连市8000套棚改任务指标。为确保按照时间节点完成棚改任务，一方面通过日统计、周简报、月通报、联合督查室督察等方式，将各地区棚改进展情况报送市四大班子领导，督促相关地区加强领导、落实责任，另一方面积极加大融资力度，为棚改工作超额完成提供资金保障。2016年，大连市有7个棚改项目通过政府购买棚改服务获得国开行、农发行贷款授信45.7亿元、实际发放22.59亿元，加上往年授信项目发放的56.16亿元，全年合计发放棚改贷款78.75亿元。截至10月底，全市棚改开工8190套（户），指标完成率101.47%，其中货币化安置4389套，货币化安置比例53.59%，全面完成国家和省政府要求10月底开工100%的任务目标。

【完成公租房任务】 2016年，市政府下达新增公租房货币补贴任务5000户。将2016年新申报的新就业大学生纳入指标范围。截止到12月5日，新增公租房补贴已完成5257户，提前完成市政府下达的指标任务。

【补贴发放及房源管理】 持续推进住房保障政策落实，坚持采取"两条腿"走路，在继续加强公租房实物房源分配管理的基础上，结合本地实际和群众需求，保障方式重点转向发放公租房货币补贴。既节省财力投资，缩短轮候时间，同时更有利于政府管理和保障家庭退出。全年共为5093户家庭发放廉租补贴（含租金核补）2685万元，与320户家庭续签廉租合同，廉租家庭继续实现应保尽保。为28657户公租房保障家庭（含补贴、实物保障）发放资金13,432万元。对4000余户泉水A区公租房在住家庭（含廉租合格在住家庭），按时进行租金收缴，对陈欠租金家庭，采取张贴通知、网站公告、逐户电话通知以及逐户上门张贴催费单等形式，积极进行租金催缴和清欠，全年收缴和追缴租金共计约3600万元。

【落实"3345"政策】 积极贯彻中共大连市委市政府引进人才战略，落实"3345"人才政策，早启动、早安排。截止到年底，已有15名高层次人才通过市人社局认定，发放安家费1104万元。为36名产业发展急需人才发放住房补贴资金262,190元。另有新毕业就业大学生3377人享受保障，对博士硕士提高补贴标准，发放补贴资金400余万元。223名新毕业大学生入住石门山、泉水人才公寓。

【落实配建政策】 为培育租赁市场，增加租赁住房供给，引导不同层次人群通过市场租赁解决居住问题，市政府办公厅2013年4月出台《大连市租赁住房配建实施意见》，规定大连市四区新建商品住宅或公寓开发项目，按比例配建租赁住房。2016年，大连市继续实施租赁住房配建政策，并进行科学调整，在9个新建商品房项目共安排建设租赁住房25262平方米、约360套。共在27个项目配建租赁住房280295平方米、约4530套，其中5个项目，63682平方米、854套已交付或具备交付条件。

【配套出台政策法规】 进一步完善政策体系，及时提出适应新常态的配套性政策，提高政策可操作性，彰显制度创新的新成效。中心起草《公租房管理办法实施细则》，经局务会研究通过，已于2016年5月27日印发。为完善《大连市经济适用住房回购及收回暂行办法》，增强政策的可操作性，中心积极起草《回购实施细则》，并沟通市财政局、市统计局、市地税局、市不动产登记中心等相关部门，对相关政策、数据、工作流程等进行征求意见，研究协调，并考察和借鉴外地先进经验，对大连市的经适房回购政策进行补充和完善。

【住房保障信息化建设】 坚持用信息化手段引领住房保障中心业务工作科学化规范化，对各个业务系统的功能进行调整优化，为中心各项业务工作顺利开展打下坚实的基础。2016年中心业务系统在原有基础上新增公租房中低收入住房困难家庭保障业务、外来务工人员家庭住房保障业务、公租房实物家庭补贴发放子系统、公租房实物配租家庭租金收取子系统第一阶段、分局住房查验功能、中心办公自动化系统等相关功能，为审核、补贴发放、保障房配租等业务工作顺利开展提供系统支撑。依托内控管理系统，进一步完善资金审批发放流程，确保"四发放、一收二退"（廉租、公租、实物、人才补贴发放，收租金，退补贴，退租金）业务更加严谨，依法合规。保障性住房档案作为审核、分配工作的真实记录是一种重要的信息资源，规范化、科学化管理档案是住房保障工作健康发展的有力支持。2016年整理归档文书档案1044件，接收各处室业务档案22170件，抽检档案2118件，对库存2009年、2010年的4233件廉租档案逐一比对、排查，并将排查问题反馈给业务处室进行核实。

公积金管理

【概况】 2016年，大连市住房公积金管理中心归集房改资金204.8亿元，比上年增长5.14%。其中，归集住房公积金203.76亿元，增长5.36%，归集售房款0.53亿元，归集住房补贴资金0.51亿元。运用房改资金266.04亿元，比上年下降2.65%。其中，发放个人住房公积金贷款3.17万户112.14亿元，户数、金额分别比上年下降17.88%、17.74%，支取使用住房公积金153.21亿元、售房款0.23亿元、住房补贴资金0.46亿元。全市累计归集房改资金1648.41亿元，余额648.23亿元。其中，累计归集住房公积金1483.12亿元，余额572.72亿元，分别占全省的29.7%和27.7%。累计运用房改资金2036.7亿元，余额579.22亿元。其中，累计发放个人住房公积金贷款39.69万户952.69亿元，余额564.78亿元，分别占全省的32.2%和32%，累计发放保障性住房建设项目贷款31.7亿元，余额13.9亿元，累计支取使用住房公积金910.4亿元。

【住房公积金缴存管理更加规范】 2016年，大连市认真落实国务院常务会议精神及住建部关于规范和阶段性适当降低住房公积金缴存比例的要求，市政府办公厅印发《关于规范和阶段性降低住房公积金缴存比例的通知》，对全市住房公积金缴存比例予以规范调整，规定住房公积金缴存比例上限，将单位、职工住房公积金缴存比例一律调整到12%以下，推行降低缴存比例和缓缴政策，连续亏损1年以上，且职工月平均工资不高于市统计局公布的上年职工月平均工资50%的生产经营困难企业，经本单位职工代表大会或者工会讨论通过后，可申请降低住房公积金缴存比例和缓缴住房公积金，对新职工和开发区职工明确其住房公积金缴存比例为12%，其余部分作为住房货币补贴，参照住房公积金账户管理。大连市住房公积金缴存比例超过12%的单位一律规范调整到12%以下，并对生产经营困难企业推行缓缴政策，为企业减负总计3.8亿元。大连市将住房公积金缴存基数调整为职工2015年月平均工资额，月缴存基数上限调整至28913元（即全市城镇非私营单位在岗职工2015年平均工资的5倍），下限为市政府公布的最低工资标准，其中，中山区、西岗区、沙河口区、旅顺口区、长海县和各开放先导区为1530元，瓦房店市、普兰店市、庄河市为1430元。全市共有2.61万家单位、171.24万人次调整住房公积金缴存基数，增加住房公积金归集额2.42亿元。根据中国人民银行、住房城乡建设部、财政部《关于完善职工住房公积金账户存款利率形成机制的通知》，调整缴存职工住房公积金账户存款利率，由原来按照归集时间执行活期、三个月定期存款基准利率，调整为均执行一年期定期存款基准利率。年内，大连市住房公积金管理中心对单位开立住房公积金账户加强审核，严格控制缴存基数过低现象，认真落实大连市劳动合同文本中的住房公积金约束条款，积极参与大连市劳动保障守法诚信等级评价，督促单位自觉依法规范缴存住房公积金。与社会保障、工商等部门加强数据比对、分析，深入查找未建、未缴住房公积金单位和职工，有针对性地开展催建催缴工作。大连市住房公积金年归集额首次突破200亿元。全市住房公积金缴存单位3.02万个，正常缴存职工109.03万人，住房公积金覆盖率92.37%。

【个人住房公积金贷款更加惠民】 2016年2月，大连市个人住房公积金贷款实行"缴贷挂钩"政策，即贷款额度最高不得超过借款人申请贷款时住房公积金缴存余额的15倍。2016年3月，大连市住房公积金管理中心修订《转住房公积金贷款操作规程》，对商业贷款转住房公积金贷款业务新增加顺位抵押模式，即在借款人不结清商业贷款，且抵押权人仍为商业银行的情况下，顺位增加住房公积金管理中心为该房屋第二抵押权人，住房公积金管理中心据此发放住房公积金贷款用以偿还借款人的商业贷款，还清后解除原商业贷款抵押。顺位抵押模式的推出，为职工办理商业贷款转住房公积金贷款增加新的可选方式。年内，全市办理顺位抵押贷款257笔、9200万元。2016年6月，大连市住房公积金管理中心认真落实《大连市人民政府办公厅关于化解房地产库存促进房地产市场健康发展的意见》，进一步完善个人住房公积金贷款惠民举措，放宽个人住房公积金贷款条件，将原来职工申请贷款须"按时、足额缴存住房公积金6个月以上，且个人住房公积金账户开户6个月以上"调整为"按时、足额缴存住房公积金3个月以上，且个人住房公积金账户开户3个月以上"，对优秀创业型人才给予住房公积金贷款优惠政策，在不超过最高贷款限额的前提下，可享受贷款额度上浮20%政策。年内，全市发放个人住房公积金贷款3.17万户、112.14亿元，分别占全市个人住房贷款总量（含商业银行贷款）的27.6%和21%。

【住房公积金提取手续更加简化】 2016年，大连市住房公积金管理中心进一步简化提取业务。职工办理租房、大病、返回原籍提取住房公积金由原来的两次办结减少为一次办结，职工只需到大连市住房公积金管理中心一次提交申请，大连市住房公积金管理中心实行线上延时审核，审核通过后直接将资金划付给职工，不需要职工再来一次取款。对职工个贷后首次提取住房公积金实行预约制，办理贷款时即签订提取协议，大连市住房公积金管理中心在个贷放款后按协议将资金划付给职工，不需要职工再到前台办理提取。将提取住房公积金的时间间隔由原来必须满365天调整为相隔12个月即可，以避免客户记错上次提取日期而导致即使只差一天也不能办理的问题。对大连市行政区域内建行、工行、交行发放的商业性住房贷款推行自动扣划个人账户余额偿还商业贷款本息业务，即职工与大连市住房公积金管理中心签订商贷代扣协议后，大连市住房公积金管理中心将职工账户中的住房公积金转账存入职工住房公积金联名卡（转账额不超过商贷合同还款额），职工再也不必每年到大连市住房公积金管理中心前台办理一次提取业务，而且职工可以通过大连市住房公积金管理中心网站、自助设备和手机APP查询代扣计划和执行情况，查询和办事更加便捷。

【住房公积金行政执法更加规范、严格】 2016年，大连市住房公积金管理中心对全市高中、职业中专等高等院校缴存住房公积金情况开展执法检查，重点检查其合同制用工是否依法缴存住房公积金、缴存基数是否符合规定。实施《推广随机抽查工作实施方案》、《通过法定途径分类处理信访诉求清单》，发布随机抽查事项清单，全面推行"双随机一公开"机制，进一步规范住房公积金行政执法行为，提升执法监管效能，进一步规范行政执法行为，加大行政执法力度，维护好职工群众的合法住房公积金权益。年内，受理住房公积金投诉举报796起，对1494家单位住房公积金缴存情况进行检查，对1044起违法案件进行立案处理，对41家违法单位申请法院强制执行，执行回款1286.66万元，对41家违法单位进行登报曝光，对3家未办理住房公积金缴存登记的单位罚款15万元。年内，全市新增住房公积金缴存单位4004户、缴存职工10.15万人，清收欠缴住房公积金1.67亿元，比上年增长17.6%。

【下属企业脱钩改制工作全面完成】 2016年，大连市住房公积金管理中心认真落实国家、省、市关于党政机关所属企业脱钩改制的要求，在2015年将下属大连市公共租赁住房投资管理有限公司划转至大连市国有资产监督管理委员会的基础上，完成下属大连房金劳动服务中心脱钩改制工作，将其整体划转到大连市公共租赁住房投资管理有限公司。大连市住房公积金管理中心按要求全面完成下属两个企业的脱钩改制工作，理顺两个公司的经营管理体制，实现平稳过渡，保证国有资产安全。

【住房公积金风险管控进一步加强】 2016年，大连市住房公积金管理中心认真落实国有资产清查要求，制定《国有资产清查工作实施方案》，对全部固定资产、低值易耗品、流动资产、人员等状况开展清查，全面理清国有资产情况，加强固定资产信息化建设，更新完善实物台账，加强资产管理，深入防控资产管理中存在的风险问题。制定《泉水、金钱路公租房项目资金封闭及使用管理办法》，对泉水、金前路公租房项目资金流入、流出进一步加强管理，保证贷款资金专款专用、封闭运行，有效管控项目贷款风险。制定《内部控制评价方案》，对管理层面、业务层面全面开展内部控制评价，深入查找和防范潜在风险。修订《业务操作手册》，深入规范前台业务操作、后台清算、核算系统与账务平台管理，避免业务操作风险。开展个贷风险管理专项审计，对个贷政策执行情况、个贷业务各环节风险管控情况、合作单位管理等方面情况进行审计，深入查找存在的问题和风险隐患，重点加强贷后管理与风险防控，提高个贷风险管控实效。密切跟踪原开发区住房资金管理中心遗留的中科信托国债案件破产分配事宜，收回破产分配资金366万元。将公安部身份认证系统嵌入住房公积金综合业务系统，实现与房屋交易、婚姻登记、征信等部门联网核实职工身份、户籍、房屋、婚姻状况、商业贷款等外部数据，有效控制骗提行为，维护良好的提取秩序。年内，处理骗提住房公积金案件41起，实施行政处罚25起，罚款2.09万元。

【住房公积金服务更加便民】 2016年，大连市住房公积金管理中心进一步完善政策制度，优化业务流程，提升住房公积金服务水平。完成住房和城乡建设部住房公积金业务系统基础数据标准贯彻落实工作，第五代住房公积金综合业务系统于年初上线运行，对业务流程进行大幅优化，对办事手续资料进行大力删减，客户办理业务时，前台可"一键"调取关联信息，操作更加便捷、高效。大力完善包括网站、手机APP、微博、微信、客服热线、触摸屏和自助设备在内的综合服务平台，方便广大单位、职工群众随时随地了解住房公积金政策和业务。进一步拓宽自主业务办理范围，单位通过网站，足不出户即可办理住房公积金缴存、调整、转移、托管等业务。新设单位开户可进行网上预约，提前录入有关信息，再到中心办理时即办即走，节省大量排队时间，职工可通过自助设备、网站，自行办理使用住房公积金账户余额提前部分或全部偿还贷款、达到法定退休年龄销户等业务，不需再到前台排队办理。90%以上单位开通了网上业务，网上归集住房公积金比例达86%以上，应用率达78%以上。大连市住房公积金管理中心手机APP上线运行，年内注册人数超过3.6万人，用户通过手机APP访问新闻资讯9万余次，进行业务咨询44.4万余次，查询个人信息173万余次。年内，大连市住房公积金管理中心共受理网站咨询4214起，接听客服热线185万次，发布政务信息278条，民众诉求办理率、满意率名列全市前茅。2016年4月，智慧公积金建设荣获大连市工作创新年"十佳创新项目"。

【经济社会效益】 2016年，大连市住房公积金管理中心实现业务收入21.86亿元，发生业务支出12.34亿元，实现增值收益9.52亿元，上缴市财政廉租住房建设补充资金13.66亿元，从年内房改资金增值收益中提取廉租住房建设补充资金7.33亿元。大连市住房公积金管理中心累计实现增值收益76.76亿元，累计提取廉租住房建设补充资金45.8亿元，为解决大连市最低收入家庭住房保障问题提供强有力的资金支撑。

城乡规划

【组织编制规划】 上报大连市规划委员会审定项目11项。完成《大连市城市总体规划（2001—2020）》（2017年修订）和《大连海滨—旅顺口风景名胜区总体规划（2014—2030）》两部国务院审批规划的报审工作。2016年下半年正式启动《大连市城镇体系规划（2015—2030）》组织编制工作。上报大连钻石海湾健康生命产业园等11个项目至大连市规划委员会，并经过审定。

【指导各县（市）规划部门完成宜居乡村等法定规划】 完成《长海县城（大小长山一体化）总体规划（2013—2030）》的审批工作。指导2016年度宜居乡村建设共计232个示范镇（乡）、村及达标镇（乡）、村法定规划编制工作。明确乡村建设体系，划定乡村居民点的管控边界，确定乡村基础设施和公共服务设施建设项目，分区分类制定村庄整治指引。

【规划管理创新】 规划"一张图"方面，完成基础数据录入。生产并录入管理档案数据及各类规划成果空间数据，三维数据生产方面，已完成中山区、西岗区、沙河口区、甘井子区、高新园区影像和数字高程模型数据生产及部分区域的实景真三维模型数据生产。推进基础数据更新。对"一张图"所使用的大连市地理信息公共平台中的矢量、影像底图及时进行更新发布，以保证数据的现势性。已完成规划"一张图"编制管理系统软件、三维地图系统、运维管理系统和辅助决策系统软件的研发和部署，实现二三维信息联动，平台已在局内相关处室进行培训和使用。深化数字城市建设方面，数字城市建设成果推广与应用。不断加大大连市地理信息公共平台推广及应用，基于该平台开发运行的各委办局业务系统示范应用已达20多个。智慧城市云平台试点。启动智慧城市时空信息云平台建设试点工作，完成《大连市智慧城市时空信息云平台建设项目实施方案》的编制、专家评审。天地图建设。在原有工作基础上，配合省级节点完成天地图数据融合，向食品药品监督、城建、环保、经信等4个部门开展基于"天地图·大连"应用示范推广，建立"天地图·大连"运维制度。国情监测。完成大连地区国情监测资料收集整理，配合省局开展大连地区地理国情监测任务，根据大连地区社会经济发展需求，按省局部署协助做好地理国情监测成果的应用转换工作。

【推进规划展示中心落成试运营】 大连市规划展示中心2013年7月开工建设，中心占地面积10900平方米，总建筑面积约30000平方米，总投资约3.2亿人民币。大连市规划展示中心的建成填补大连没有城市规划相关展馆的空白，展示中心于2016年8月试运营。大连市规划展示中心是向国内外宣传大连的重要载体，是展示大连城市建设历史变迁、现状以及未来发展的重要窗口，是展示城市规划建设成果和广大市民参与规划建设的重要公共互动平台，是规划公共信息发布、规划工作交流的重要基地，是集规划展示、公众参与、规划交流等多功能于一体的大型城市公共设施。将打造成三个中心：展示中心、交流中心、培训中心。展示中心的展示区面积15000平方米，共有三层15个展区。一层以"回顾城市历史，感悟大连文脉"为主题，展示大连城市建设的发展历程，二层以"解读城市规划，引领大连未来"为核心，展示了大连城市规划建设的未来蓝图，三层以"关爱城市生态，彰显大连智慧"为线索，展示大连注重生态优先和以民生为本的城市发展理念。

城市建设

【概况】 2016年，大连市安排城市基础设施建设项目412个，总投资额2418亿元，其中市政府投资额150亿元。实际实施项目320个，完成投资164亿元，其中市政府投资96亿元，完成项目60个，完成投资45亿元，其中市政府投资20亿元。

【市政道桥建设】 2016年，大连大连市四区有城市道路1991条，长度988千米，面积1791万平方米。其中快速路3条，长度28.3千米，面积60万平方米，主干道44条，长度184.5千米，面积603.2

万平方米，次干路62条，长度106.7千米，面积213.7万平方米，支路1861条，长度668.5千米，面积914.1万平方米。城市桥梁、隧道和地下通道166座，长度61.2千米，面积82.8万平方米。其中，立交桥51座，长度43.6千米，面积60.7万平方米，桥梁62座，长度3.8千米，面积7.3万平方米，隧道9座，长度11.2千米，面积13.3万平方米，人行天桥27座，长度1.4千米，面积0.7万平方米，地下通道12座，长度1千米，面积0.6万平方米，跨河桥5座，长度0.2千米，面积0.2万平方米。

【排水设施建设】 大连市四区有市政排水管道1241条，长度1183千米，暗渠127条，长度81.6千米，涵管175处，长度2.8千米，明沟78条，长度66千米，海堤6.7千米，检查井2.4万座，雨水井4.1万座。

【主城区照明建设工程】 2016年主城区照明建设工程，对主城区无灯、昏暗路段，如华乐街、永和街等30条路街进行路灯新、改建，共计安装路灯560套，道路总长度约18270米，其中部分路段路灯电源引自附近原有路灯或箱变。新建路灯专用箱变7套，在港湾广场等11处安装路灯专用箱变11台，在正仁街等三处安装低压配电箱，对中山路六中等6处箱变进行增容改造。工程总投资3460万元。

【污水处理设施建设】 2016年，大连市四区已运行的城市污水处理厂12座，分别是春柳河污水处理一厂、春柳河污水处理二厂、马栏河污水一厂、马栏河污水处理二厂、傅家庄污水处理厂、老虎滩污水处理厂、凌水污水处理厂、泉水污水处理厂、夏家河污水处理厂、营城子污水处理厂、虎滩新区污水处理厂和寺儿沟污水处理厂，日处理污水能力75.5万吨。已运行的污水提升排放泵站17座，全年提升、排放污水总量2.2亿吨。马栏河污水处理一厂、春柳河污水处理一厂分别向大连泰山热电有限公司、中国石油天然气股份有限公司、大连发电有限责任公司、大连热电股份有限公司输送再生水1702万吨，向马栏河、自由河、春柳河、周水河输送景观用水9252万吨。

【水污染防治项目】 按照国务院《水污染防治行动计划》（即"水十条"）要求，2016年，大连市城市建设管理局全面开展水污染防治工作，实施污水处理建设及提标改造工程、黑臭水体治理工程、排污口整治工程，具体是：新建大连湾污水处理厂、泉水河污水处理厂（二期）、梭鱼湾污水处理厂3座污水处理厂，提标改造马栏河污水处理厂（一期）、春柳河污水处理厂（一期）、春柳河污水处理厂（二期）、泉水河污水处理厂（一期）、凌水河污水处理厂、老虎滩污水处理厂、付家庄污水处理厂7座污水处理厂，治理春柳河、周水河、泉水河、周水河北支线、大化明沟、凌水河6条河道，整治虎滩明渠入海口、自由河入海口、文林街暗渠入海口等34处市政排污口。大连湾污水处理厂、泉水河污水处理厂（二期）建设工程，马栏河污水处理厂（一期）提标改造工程，春柳河、周水河、泉水河治理工程已开工，所有项目计划在2017年底完工。

【园林绿化】 2016年，大连市建成区（中山区、西岗区、沙河口区全部区域，甘井子区、高新园区、保税区、金州新区主城区，不包括涉农区域）有公园91个、广场50个，绿化覆盖面积面积1.88亿平方米。绿化覆盖率44.9%，公共绿地面积3666万平方米，人均公共绿地面积11.3平方米。大连市城市建设管理局实施精品绿化工程，在机场、火车站等城市主要地点摆放立体花卉造型10个，运用五色草、景天类植物做立体造型，配置铁树、散尾葵等绿色植物显示层次，运用大花飞燕草、金光菊等草本类花卉丰富色彩，在中山路、胜利路等沿线摆放花箱638组，总面积4268平方米，使用花卉600万株。实施耐荫植被及宿根花卉栽植工程，栽植、摆放大花玉簪、大花萱草、紫松果菊等花卉20余种，面积12万平方米。实施民生绿化工程白云雁水健身公园，总投资7497万元，完成二七广场改造、海军广场、儿童公园、香秀游园、书馨广场的改造工程，改造面积20万平方米。为了进一步加强和巩固大连市城市绿化建设成果，不断提升大连市城市绿化养护管理水平，开展城市绿化养护管理社会化调研工作。制定下发《大连市2016年一代美国白蛾发生情况预测预报》、《2016年度大连市大连市五区美国白蛾防治实施方案》，进一步加强周氏啮小蜂防治美国白蛾，下发《关于进一步加大清理城市森林内外来物种刺果瓜力度的通知》，连续多年清理外来物种刺果瓜，取得一定成效。

【山林防火】 投资260余万元购买风力灭火机、对讲机等通信设备下发到一线扑火单位提高装备保障能力，购置巡更仪实现对夜间巡查人员的规范化管理，通过局内协调排水处局外协调煤气公司和市消防局，实现应急扑火就近使用中水和煤气储备公司及消防局的应急水源，为49520亩地方公益林投保"森林综合保险"，有效化解城市森林火灾风险。大连市城区山林未发生规模较大的火情，实现正月十五、清明节重点时段零火情和过火受害面积小于林地面积万分之四的目标。

【环境卫生】 2016年，大连市四区道路清扫保洁面积3224万平方米。环卫系统职工7792人。拥有环卫专用车辆547台，其中密封压缩车102台，"一拖二"式大型牵引车24台，小型区间集运车199台，清扫车（扫路车、洗扫车）109台，其他车辆113台。大连市四区果皮箱、地埋式垃圾桶等各类垃圾容器2.3万个。小型垃圾压缩转运站35座。环卫部门管理公厕共176座。其中，固定式公厕117座，活动式公厕51座，钢结构式公厕8座。

【垃圾处理】 截至2016年底，中心城区内现有垃圾焚烧发电厂1座、设计日处理能力1500吨，2016年日处理生活垃圾1594.4吨，年发电量约1.9亿度，卫生填埋场1座，年处理各类垃圾87.1万吨，垃圾中转站1座，设计日处理垃圾能力1000吨，2016年全年中转垃圾51.5万吨。中心城区生活垃圾无害化处理率为100%、资源化利用率达到40.1%。启动中心城区垃圾分类前期工作，全市6个住宅小区开展分类试点。作为市政府2016年18项重点民生工程之一，已完成《大连市中心城区生活垃圾分类收运处置专项规划》的编制工作。为摸索经验，为全面推进城市生活垃圾分类做好准备，11月1日，在大连市四区率先启动垃圾分类试点。试点区域覆盖6个住宅小区共6963户居民。共印制分发各类宣传品13898份(张)，增设分类垃圾桶122个，累计投资24，255元。

【城市管理】 2016年大连市城建局认真履行城市建设管理领导小组办公室和城市建设管理考核办公室职能，组织全市扎实开展"整治城市环境，提升城市品质"活动，同步推进城市管理的常态考核、综合考核、专项考核，城市市容环境得到常态化保持，为马拉松、徒步大会等重大活动提供了优质服务。根据市政府工作部署，制定《大连市2016年"整治城市环境提升城市品质"活动实施方案》，并按照方案要求，组织各区和各有关部门扎实开展市容环境整治工作，每周一次对工作进展情况进行常态检查考核，发现问题及时下发市容环境整治通报24期，清理占道经营21.5万处次、店外店8万处次、占道烧烤12.5万处次，没收烧烤用具3.2万件，清除乱堆乱放、挡车器、路障14.7万处，拆除清理违规广告牌匾、乱贴乱挂、橱窗大字、道旗等13.9万处，清理楼体大字广告3.6万平方米，整治废品收购站(点)950多个，规范管理早夜市场1500多个，清运垃圾8万余吨，拆除占道棚厦1.5万处次、46.1万多平方米。对各单位的市容环境整治工作起到了积极的推动作用，有效保证城市的正常运行和城市功能的充分发挥，主城区市容环境水平有进一步提升。修订完善《城市管理考核办法》及相关细则，形成了"考核—通报—整改—考核"闭合式循环，累计组织"月专项、季综合"考核40余次。智慧城管试点运行，城市管理事部件问题"发现、分拨、处置、反馈"4个及时初步实现，全民城管理念和举措已见雏形。共受理城市管理问题近4万件，有效立案34963件，结案率74.7%。市防汛办充分发综合指挥作用，及时向各区防指、各部门和各有关单位通报最新气象预报和动态。充分利用智慧城管监控平台，实时监控雨情，及时部署应对措施。汛期共降水482毫米，比2015年多一成，较好应对7.25大雨、台风"狮子山"防御准备等汛较大汛情6次，共转发、下发防汛抢险《紧急通知》15份，通过应急平台发布预警信息16次，组织专家会勘险情30余次，启动各类抢险预案6次，组织协调治理险情7处。为切实消除威胁人民群众生命财产安全的边坡和挡土墙险情隐患，2016年市防汛办积极申请市、区两级投资3100万元，对33处险情灾害和隐患进行集中治理。8月完成金虹路边坡支护工作。除正常计划维修外，还组织对汛期内出现的新险情实施了应急抢险工程，如中山区中纬巷挡土墙、西岗区杏环街挡土墙、沙河口区星海壹景小区边坡以及小付家庄景区挡土墙等。2016~2017年度，大连市主城区共降5场雪。其中：4场小雪、1场大雪，总降雪量12.9毫米。据统计，全市共动用人员82000余人次，除雪机械设备8200台次。市城市除雪指挥部办公室多次召开会商会，研判、部署各项应对措施，强化考核督查，较好完成城市除雪任务，保障城市正常生产、生活。

村镇规划建设

【村镇规划】 按照"先规划、后建设"的原则，在普兰店区、瓦房店、庄河市、长海县组织实施村镇规划编制工作，普兰店区、瓦房店市、庄河市、长海县共完成22个乡镇、232个行政村的宜居村镇规划编制工作。对于完成规划编制工作的乡镇和行政村，每个乡镇补助规划编制费10万元，每个村规划编制费补助8.4万元，每个村补助测绘费3.2万元。全年市本级共补助宜居乡村规划编制、地形测绘等2668万元。

【农村危房改造】 改造危房2001户，其中C级危房1550户，D级危房451户。全年共向普兰店区、瓦房店市、庄河市、花园口经济区申请中央补助资金1533.5万元，拨付市级配套补助资金1932万元。

标准定额

2016年，大连市有工程造价咨询企业55家，其中甲级企业29家，乙级企业25家，暂定乙级企业1家，营业收入3.1亿元，从业人员1.04万人，占全省总数的25%，其中注册造价工程师1230人，造价员9086人（一级1725人，二级1720人，三级5641人）。全市39家企业参加（甲级25家、乙级14家）参加辽宁省2016年度工程造价咨询企业信用评价，24家企业（甲级22家、乙级2家）获评AAA级企业，14家企业（甲级3家、乙级11家）获评AA级企业，1家企业（乙级）获评A级企业。受理辽宁省施工企业规费计取标准申报材料120份，办理工程类别确认39项。加强建设工程合同备案管理，完成建设工程合同备案641份，涉及工程造价额160.39亿元，完成工程担保合同备案574份，担保价款200.46亿元，完成行政处罚未及时办理施工合同备案的项目工程38项，工程造价1.26亿元。加强建设工程标准管理，完成工程竣工结算书备案37项，涉及工程竣工结算价款86亿元。加强工程造价信息管理，全年发布工程造价信息5万余条，累计发布165万余条。

工程质量安全监督

【建设工程质量监督管理】 2016年，大连市城乡建设委员会监督在建房屋建筑单位工程6693项，建筑面积6021.93万平方米，监督地铁工程单位工程313项，车站建筑面积58.1万平方米，区间段长度52.83千米，附属配套工程面积33.84万平方米。全面实施工程质量治理两年行动。开展全市工程质量治理两年行动督导检查，检查工程182项，建筑面积572万平方米，下发责令改正通知书106份，落实建设方、施工方等5方责任主体项目负责人质量终身责任制，全市办理监督手续（签署授权书和承诺书）的工程1191项，办理竣工验收备案的工程945项，均设置永久性标牌，建立质量信用档案，全市累计查处5项违法分包、超资质承揽工程行为，记分处理项目经理36人。加强建设工程质量日常监管。重点监督责任主体的工程质量行为、涉及结构安全的关键工序和关键部位、易产生渗漏和透寒而影响使用功能的部位等常见质量问题，监督抽查工程307项次，下发责令改正通知书95份，重点控制建筑用钢筋、砂和混凝土等进场材料质量，抽检混凝土（砂浆、预制构件）生产企业用砂151次、施工现场用砂55次、混凝土拌合物氯离子含量46次、混凝土标准养护试件23组，抽查钢筋480批，清退不合格钢筋50.69吨，重点控制既有居住建筑节能改造项目（暖房子工程）质量，监督在建既有居住建筑节能改造工程所涉及的楼房621栋204.1万平方米，抽查外墙保温工程所涉及的楼房51栋，并对存在问题跟踪处理，重点监督地基基础和主体结构验收、建筑节能验收、住宅分户验收、地铁单位工程验收、竣工验收，责令改正检查中发现的质量问题。开展冬期施工工程质量专项检查、结构工程质量专项检查、钢结构工程质量专项检查、幕墙工程质量专项检查、住宅工程质量常见问题防治专项检查、地铁工程质量专项检查，共检查单位工程1235项，建筑面积1934.84万平方米，下达责令改正通知书258份，抽查区市县（先导区）单位工程24项，下达督办整改通知书28份。组织工程质量管理能力、质量监管、综合素质免费培训13次，培训质检员、监理员、地铁参建人员2000余人次。加强工程质量投诉管理，全年受理投诉324件，办结率96.6%，合理诉求处理满意率100%，受理网络投诉、咨询210条，办结率100%。

【建设工程监理行业管理】 2016年，大连市有建设工程监理企业57家，其中综合资质企业1家，甲级资质企业38家，乙级资质企业17家，丙级资质企业1家，有专业资质144个，其中综合资质1个，甲级资质71个，乙级资质68个，丙级资质4个，有监理工程师、监理员2738名，其中国家注册监理工程师1411人，省注册监理工程师1149人，省注册监理员178人。大连市城乡建设委员会开展全市优秀监理工程师信誉榜活动，评选优秀监理工程师214人。日常通过住建部网站查询监理企业注册人员数量是否满足资质标准，全年共发现8家监理企业不满足资质要求，及时向企业下发责令改正通知单，同时暂停其办理相关监理业务。

【建设工程检测管理】 2016年，大连市有建设工程质量对外检测机构49家，检测资质162个，对内检测试验室113家，检测资质147个。全市检测机构（实验室）有建设工程质量检查2207人。抽查混凝土出厂质量218次，合格率100%。开展全市检测机构（试验室）专项检查，检查检测机构（实验室）151家，下发责令整改通知书46份，下发督办整改通知书11份。开展冬季混凝土生产企业实验室检查，检查实验室11家，下发督办整改通知书2份。完成650名检测人员岗位证书换证材料审查、上报和证书发放工作。加强建设工程质检员定级、变更、资质审验和日常管理，年度审验合格质检员4672人。全市有质检员4737人,其中土建专业2661人,给排水与暖通专业874人,电气专业1052人,其他专业150人。加强工程检测机构和预拌混凝土企业实验室监管,实施检测机构(实验室)专项检查,不定期抽查检测机构仪器设备、环境条件、档案资料等内容,以及企业实验室对混凝土质量保障体系、原材料质量控制和混凝土质量。

【房屋建筑工程竣工验收备案管理】 2016年,大连市城乡建设委员会完成房屋建筑单位工程竣工验收备案945项,建筑面积1275.4万平方米。以市政府名义发布《关于大连市人民政府废止大连市房屋建筑工程竣工验收备案管理办法的通知》(大政发〔2016〕52号),大连市房屋建筑工程竣工验收备案管理工作均按国家、辽宁省现行相关规定执行,建设单位办理房屋建筑工程竣工验收备案手续,由过去经过17个部门减少到4个部门,促进新建项目及早投入使用,方便企业,提高行政效率。在建委审批处设置已备案工程信息公布专栏,便于社会各界了解全市各地区已备案工程相关信息。通过建立的大连市竣工验收备案管理QQ群,交流日常管理中遇到的新情况、新问题,下发各类管理要求,上传各类报表、总结等,全年共交流相关信息428条。

【建筑施工安全监督】 大连市建筑施工领域发生生产安全事故1起,死亡1人,建筑施工百亿元产值死亡率0.05,低于全省建筑施工百亿元产值死亡率1.8的指标。先后召开5次全市建筑安全生产联络员会议,分析全市建筑安全生产形势,对阶段性工作进行总结,研究梳理安全生产工作任务,保证上级的工作部署落到实处,2016年共制定下发安全管理通知27份,下发安全生产通报13份。全年开展了开复工、春季、秋冬季大检查,开展以防台防汛、环境整治、遏制重特大事故试点工作等专项检查,不断加强高大模板、深基坑、脚手架、起重机械等重大危险部位的管理,重点检查安全生产责任制度落实情况,人员持证上岗情况,重大危险部位安全管理情况,各级各类安全管理人员带班履职情况等,先后共抽查房屋建筑工程313个,地铁8个项目15个工点,发现安全隐患256项,下达安全隐患责令整改通知书198份。先后约谈企业负责人、分管安全负责人18名,对6家涉事企业安全生产条件重新进行复核,并对其法定代表人、项目经理、安全员进行了为期3天的强化安全培训。广泛开展"示范工地"的评比创建和建筑工地环境综合治理工作。先后在沙河口区、甘井子区召开了安全质量标准化"示范工地"现场会,通过观摩交流,加快了安全质量标准化示范工地建设步伐。广泛开展"安全培训进现场"工作,2016年授课50余次,培训近万人。同时,修订《大连市建筑事故应急处置预案》,制作五大伤害宣传板和应急处置宣传板,并开展以防高坠为重点的应急演练和宣传活动,通过贴近实际的宣传教育,促进广大人员自我约束、自我防范能力的提高,对防范安全事故的发生起到了积极的宣传作用。着力开展建筑工地环境综合整治工作,加强建筑施工全封闭围档、密目网张挂、场地硬化、场区冲洗设施使用等方面的检查。严格按照省、市空气重污染日应急响应程序及时应急预案,加大执法检查的频次,全体从业人员的扬尘防控意识和行为提高明显。

建筑市场

【建筑业】 根据建筑业企业资质管理规定(住房城乡建设部22号令),对原取得建筑业企业资质证书(施工总承包和专业承包类)的企业进行资质换证工作。大连市有资质建筑业企业2571家,取得各级别资质4502项。其中取得特级资质5项,一级资质247项,二级资质1348项,三级及不分等级资质(含施工劳务资质)2902项。按资质类别分,施工总承包资质1310项,专业承包资质2702项,施工劳务资质490项。全市完成建筑业总产值1000.2亿元,同比下降31.5%。全市资质以上建筑企业纳税42.75亿元,占全市地税收入的10.67%,比上年下降24.70%。全市有注册建造师17365人,其中一级建造师4012人,二级建造师13353人。全市有资质房地产企业810家,其中一级企业6家,二级企业26家,三级企业262家,四级企业8家,暂定资质企业508家。

2016年,三川大厦(大连)等38项工程被辽宁省建筑业协会授予辽宁省建设工程"世纪杯"奖(省优质工程),新时代科技(大连)有限公司1#建筑等81项工程被辽宁省建筑业协会评为辽宁省建设工程优质结构工程,推荐"东港区D10地块项目(维多利亚广场)"等7项工程申报参评辽宁省建筑业新技术应用示范工程,大连三川建设集团股份有限公司等单位完成的"装配外墙与现浇内墙T型连接部位的模板加固施工工法"等38项工法被省住房城乡建设厅确定为辽宁省工程建设工法。

【建设工程招投标管理】 2016年,大连市建筑工程领域完成建设工程招标项目2856个,比上年上升11.43%,招标总额419.86亿元,比上年上升54%。其中,大连市四区招标项目1002个,上升

34.32%，招标额257.96亿元，上升89.83%。大连市建设工程交易中心完成入场建设工程招投标项目1143项，比上年下降25%，入场交易额185.4亿元，比上年下降27%（2014年入场交易额252.6亿元）。全市完成电子化招投标项目964项，其中大连市四区完成电子化招投标项目458项。全市网上招标项目备案2002项，发布招标公告2226条，招标文件备案2679项，发布中标公示2414条，项目负责人网上锁定1497人次，中标结果备案2416项，核发中标通知书1755项。全市有建设工程招标代理机构66家，其中甲级17家，乙级24家，暂定级25家。2016年，大连市建设工程交易中心完成入场建设工程招投标项目928项，比上年下降19%（2015年为1143项），入场交易额117亿元，比上年下降37%（2015年入场交易额185.4亿元）。

【工程许可管理】 2016年，大连市建设行政主管部门发放建筑工程施工许可证438份，建筑面积1171.5万平方米，合同额182.3亿元。其中，大连市四区发放84份，建筑面积365.3万平方米，合同额59.2亿元，区市县发放354份，建筑面积806.2万平方米，合同额123.1亿元。

【建设工程勘察设计行业管理】 2016年，大连市有工程勘察设计单位145家。按类别分，勘察单位20家，设计单位（含专项设计、设计施工一体化）125家，勘察设计双资质单位4家，按级别分，甲级资质单位78家，乙级资质单位61家，丙级资质单位5家，劳务资质单位1家。全市有施工图审查机构8家，全部为一类审查机构。全市勘察设计行业营业额66.07亿元。全市审批建设工程初步设计方案41项，审查建筑边坡工程设计方案15项，审查备案建设工程施工图405项，备案建筑面积1358.5万平方米，审查备案建设工程勘察文件441项。大连市城乡建设委员会配合辽宁省住房和城乡建设厅完成2016年度勘察设计企业资质动态核查工作和建设工程勘察设计质量专项检查工作。

【城建档案管理】 2016年，大连市城市建设档案馆接待查档及电话咨询3870人次，调卷4050卷。年内，现场指导建设项目档案工作132次，涉及工程项目65个，签订责任书30份。接收66个工程项目的竣工档案进馆，发放建设工程竣工档案初验合格证66个。整理城市建设档案4.15万卷。完成85个建设工程项目电子档案的制作工作。大连市城市建设档案馆有城市勘测、规划、建设管理、市政公用等馆藏档案44万卷。

【建设工程劳保费用管理】 根据《大连市人民政府关于公布大连市2011年以来取消（含免征、停征）涉企收费目录清单的通知》（大政发〔2016〕53号）精神及市建委党委会议精神，大连市建设工程劳动保险费用管理办公室于2016年5月11日开始停止收取建设工程劳动保险费。2016年，截止到停收日，共收缴建设工程劳动保险费1.68亿元，拨付建设工程劳保费1.92亿元。按照《国务院办公厅关于清理规范工程建设领域保证金的通知》（国办发〔2016〕49号）文件精神，大连市建设工程劳动保险费用管理办公室及时对所管理的农民工工资保证金进行清查和核对，并按照安全、快捷、便利的原则形成《农民工工资保证金退还方案》，按照《农民工工资保证金退还方案》共返还农民工工资保证金36923万元。为妥善处置劳保费存留资金，大连市建设工程劳动保险费用管理办公室本着合法、合理、安全、便捷的原则，与市财政局联合拟制了妥善处置劳保费存留资金的意见，上报市政府，市政府批示后执行。

【建设行业执法检查】 大连市城乡建设委员会建设执法监察支队检查大连市四区建设工程355项，重点检查开发建设单位、施工企业、监理企业、勘察设计企业的资格证书、中标通知书、施工图设计文件审查报告、建筑工程施工许可证、施工起重机械检测合格报告、施工技术档案、监理合同、工程监理管理文件等27个要件，以及施工现场建筑工程安全防护设施、脚手架、起重机械设备和落实临时用电验收制度、安全达标、安全防护用品用具使用管理、文明施工等情况，立案347件，下达行政处罚决定书345份，收缴罚款3683万元。开展区市县、先导区建设工程联合执法检查，重点检查履行法定基本建设程序、建设项目执业人员的执业资格、建设工程质量、工程安全生产、建筑节能、施工图设计文件审查、施工企业挂靠、工程施工合同备案、施工许可、招标投标等情况，检查工程68项，建筑面积196万平方米，下达不良行为先行告知书20份、违章通知书35份。

建筑节能与科技

【建设科技】 组织申报2016年大连市建设科技项目60个，其中24个项目获立项。大连市城乡建设委员会编制《大连市"十三五"绿色建筑科技发展专项规划》用于指导大连市未来五年绿色建筑发展方向，印发《大连市2016年推进绿色建筑发展实施方案》，确定大连市2016年绿色建筑发展的任务指标，对应达到绿色建筑标准的新建建筑，全面执行《辽宁省绿色建筑施工图审查要点》。召开大连市绿色建筑宣传贯彻会议,组织设计、审图、建设主管部门400多人绿色建筑专项培训。首次开展全市绿色建筑专项检查,加快推进绿色建筑建设相关工作。年内,大连韩国IT产业园10号办公楼建设项目获住房和城乡建设部绿色建筑三星级设计评价标识,建筑面积7.6万平方米。至此,全市获住房和城乡建设部绿色建筑评价标识建设项目累计达到25个,总建筑面积270.6万平方米。2016年,全市共有83个项目通过《辽宁省绿色建筑施工图审查要点》,达到绿色建筑一星级评价标准要求,面积共355.73万平方米。

【建筑节能管理】 2016年,大连市居住建筑和公共建筑节能设计执行辽宁省《居住建筑节能设计标准》和《公共建筑节能设计标准》中规定的节能65%的标准。

2016年,大连市继续实施既有居住建筑节能改造(暖房子工程),工程总投资9.3亿元,改造范围包括既有居住建筑保温系统改造、供热系统改造和小区环境整治,全年改造930栋建筑,建筑面积306万平方米,惠及4.6万户居民。4年间,累计改造既有居住建筑3163栋,建筑面积991万平方米,16.2万百姓受益。全年全市新型墙体材料年产量39亿标准块,占墙体材料总量的82.3%。推进粉煤灰综合利用,全市粉煤灰排放量249万吨,利用量219万吨,综合利用率88%。发展散装水泥460万吨,水泥散装率73%。推动建设工程禁止现场搅拌砂浆工作,全市使用预拌砂浆24万吨。落实建筑产业化项目面积共计97万平方米,共16块新出让土地明确30%以上建筑面积采用装配式建筑技术。

人事教育

2016年配合辽宁省住房城乡建设厅组织开展全市建设领域施工现场专业人员培训和考试共计4461人,取得证书人数为4019人。开展建筑工人职业技能培训人数为3734人。

大事记

1月

6日 市长肖盛峰调研市规划展示中心(市规划馆)。

8日 副市长张亚东听取市建委停车场建设推进情况汇报。

8日 副市长张亚东召开会议,研究推进2016年加大城市建设与管理力度及"品质立市"有关工作。

22日 副市长张亚东主持召开市建设交通系统工作会议,总结2015年建设交通系统工作情况、部署2016年工作任务并对春节期间相关工作提出要求。

29日 市建委召开大连市城乡建设委员会工作会议,总结建委2015年工作,部署2016年重点工作。

3月

8日 副市长张亚东听取国土和房屋局汇报《关于进一步促进房地产市场健康发展的意见》《大连市停车位登记暂行办法》。

15日 中共大连市委书记唐军调研城建工程建设项目。

15日 市人大财经委召开《关于大连市政府与社会资本合作(PPP)实施情况调研》座谈会,听取全市政府与社会资本合作的组织实施情况,国家关于开展PPP的法规及大连市相关规定情况,存在的主要问题与困难,下一步工作举措及意见建议。

17日 市长肖盛峰召开市政府第一季度建设推进工作会议。

4月

6日 市长肖盛峰调研市城市建设重点项目建设情况,并听取相关部门工作情况汇报。

5月

6日 市长肖盛峰召开听取《关于化解房地产库存促进房地产市场健康发展的意见》会议。

6月

27日 副秘书长董伟召开会议研究PPP招商运作模式有关问题。

27日 市城建局召开《大连市中心城区"十三五"环境卫生专项规划》评审会。

30日 市发改委托大连市工程咨询中心召开大连市特色小镇创建评审会。

7月

5日 市交通局召开大连市公路网建设"十三五"规划评审会。计财处派人参加。

6日 市长肖盛峰召开大连市五区山体健身公园规划建设情况汇报会议。

22日 市长肖盛峰主持召开投资和项目建设专项工作会议。

8月

6日 召开中共大连市委十一届十二次全会。

8日 市经信委召开大连市智慧城市顶层规划设计调研工作启动会。

25日 市人大常委会召开关于大连市既有居民

建筑节能改造工作和弃管房产管理情况进行专题询问会。

26日　省住房城乡建设厅组织专家一行8人对瓦房店市谢屯镇申报特色小镇进行实地考核并作现场交流。

9月

13日　中共大连市委统战部在高校中开展"统一战线看大连"活动，高校各领域党外代表人士、各高校统战工作领导小组成员参会。

13日　唐军书记主持召开2016年全市项目推进工作检查总结大会并做讲话。

19日　市城建局组织召开大连湾海底隧道和光明路延伸工程政府和社会资本合作（PPP）项目采购结果确认谈判会议。

10月

8日　中共大连市委组织基层党代表看大连活动，考察中山区武汉街暖房子工程等项目。

13日　市长肖盛峰调研2016年民生工程，听取暖房子工程建设情况汇报。

（大连市城乡建设委员会）

青 岛 市

概况

青岛市城乡建设委员会按照中共青岛市委、市政府部署要求，尚实干、勇作为、敢担当，承担的主要目标任务圆满完成。中共青岛市委、市政府召开全市城市工作会议，发布实施《关于进一步加强城市规划建设管理工作的意见》，部署今后一个时期的城市工作，为解决城市科学发展中的突出矛盾和深层次问题、开创城市现代化建设新局面指明方向。全年完成城乡建设完成投资1782亿元，房地产完成投资1369.1亿元，实现建筑业增加值515.6亿元，同比增长6.9%，建设行业实现地税收入277.49亿元，占全市地税总收入的43.1%。

城市基础设施建设

【道路交通基础设施建设】 2016年，深圳路打通工程（李沧段）于12月主线通车，12条未贯通道路打通正加快实施，新疆路两侧环境综合整治工程完工，海底隧道电力管廊工程积极推进。完成170条市政道路综合整治，改造车行道110万平方米、人行道40万平方米。

【公共服务项目建设】 2016年，全市43个市级重点工务工程项目加速推进，总投资415亿元，总建筑面积608万平方米。城市基础设施配套工程建设完成投资4.2亿元，开工建设配套学校5所、竣工2所，开工建设幼儿园5所、竣工6所，建成公共停车场40余处、1.4万个车位，启动市级智能停车一体化平台建设。山大青岛校区博物馆、五所外迁高中等8个项目竣工，市民健身中心、青岛盲校等10个项目新开工，建设的青大附院东院二期、市优抚医院等8个项目已主体封顶。

【海绵城市和地下管廊建设】 2016年4月，财政部、住房城乡建设部、水利部开展第二批全国海绵城市、地下综合管廊建设试点。经过竞争性评审，青岛市成为第二批试点城市中唯一"双试点"，争取中央财政补助资金21亿元。

海绵城市建设方面：加快推进海绵城市试点李沧区西部项目建设，截至2016年底，全市累计开工海绵城市试点项目30个，其中，开工示范工程6个、累计完成170个项目立项、完成PPP项目咨询机构招标和社会资本方招标前期准备，统筹推进各区市海绵城市建设，全市累计完成海绵城市建设面积约31.31平方千米，其中市区约24.61平方千米，四市6.7平方千米。

地下管廊建设方面：位于李沧区、高新区、西海岸新区、蓝色硅谷核心区、新机场的13个地下试点项目，总投资约39亿元，位于平度市的1个外围推广项目，总投资约2.6亿元，截至2016年底，已开工建设项目9个，管廊长度33千米，形成廊体长度6千米。

【园林绿化建设】 2016年，持续开展植树增绿活动，建设完成118条道路绿篱，70万平方米海绵型绿地，新建改建绿地475万平方米。启动山头绿化整治19个，完成绿化面积68.4万平方米。浮山生态公园初步建成，综合治理完成既定目标。完成裸露土地绿化82处，绿化面积182.4公顷。环湾绿道三年建设任务全面完成，累计建成65千米。完成毛里求斯赠送青岛市的"国宝"象龟馆建设并移交投入使用。完成第十届中国（武汉）国际园林博览会"青岛园"建设项目。

【环湾流域污染整治】 2016年，根据住房城乡建设部办公厅、环境保护部办公厅关于公布全国城市黑臭水体排查情况，青岛市14处水体列入黑臭水体名单。截止2016年底，市北区的李村河下游和水清沟河、李沧区的李村河中游、崂山区的朱家洼明渠、黄岛区的镰湾河、胶州市的护城河支流6处水体已达到整治进度，符合上级部门要求的青岛市要达到40%的比例要求，其余8处水体，李沧区楼山河已开始点源治理，黄岛区黑头河、孟家庄河已完成施工监理招标，市北区的湖岛河、昌乐河、海泊河下游、杭州路河进行招标前的准备工作，即墨市的西流峰河支流已全面展开整治工作。

【建筑节能工作】 节能保暖工程完工252万平方米，提升700余栋老旧建筑面貌和品质，改善2.9万户居民住房条件，供热能耗平均可下降40%左右。积极推广绿色建筑，全市新增（在建）绿色建筑502万平方米。落实建筑面积13万平方米的6个被动式超低能耗绿色建筑试点示范项目，亚洲最大的被动式公共建筑——中德生态园被动房体验中心项目投入使用。出台《青岛市推进装配式建筑发展若干政策措施》，完成装配式建筑150万平方米。建筑废弃物资源化利用完成1503万吨，完成目标任务的150%，同比增长5.69%。推进城市"禁现"（禁止使用现场搅拌砂浆）预拌砂浆使用量达到150余万吨。

【新型城镇化建设】 2016年，出台《青岛市国家新型城镇化综合试点实施方案》，工作新机制初步建立，全省城镇化工作现场会在青岛召开。出台加快特色小镇规划建设的意见，平度市入围省级中等城市试点，黄岛区泊里镇入围省级新生小城市试点，莱西市姜山镇、胶州市李哥庄镇入围省级重点示范镇，城阳区棘洪滩动车小镇、胶州市胶莱高端制造业小镇、即墨市蓝村跨境电商小镇、平度市大泽山葡萄旅游古镇、莱西市店埠航空文化小镇入围山东省特色小镇。完成黄岛区西寺村、即墨市李家周疃村、莱西市西三都河村、胶州市玉皇庙村等4个省级传统村落保护规划编制。完成省级传统村落、美丽宜居镇村的申报工作，即墨市南里村、西枣行村、周戈庄村被评为第三批山东省传统村落。黄岛区海青镇、平度市明村镇2个镇被评为第三批山东省美丽宜居镇，城阳区夏庄街道山色峪村、黄岛区海青镇后河东村、黄岛区琅琊镇王家台后村、胶州市胶莱镇小高于家村、平度市大泽山镇韭园村5个村被评为美丽宜居村庄。

【城乡环卫一体化】 以城乡环卫一体化工作全覆盖认定为标准，狠抓"户集、村收、镇转运、区市处理"基本制度的落实，重点推进即墨、平度垃圾焚烧处理厂、胶州垃圾处理厂三期建成并投入使用。积极推进市场化与网格化全覆盖，建立区市、镇街、村居、作业公司四级管理网格。借助"数字城管"、"智信平台"等，推进数字化监管，打造智慧保洁。推进全民化监管，提高村民的参与度，注重公开举报电话、相关微信公众号以及片区监管人员、保洁人员联系方式等，方便广大村民反映问题，参与监管。

【市政公用事业】 市区新增供热面积481万平方米，新建燃气管网17.57千米，完成新改建公厕107座。完成李村河污水厂（8万吨/日）扩建工程和崂山区沙子口污水处理厂（2万吨/日）一级A升级改造工程，推进张村河水质净化厂（4万吨/日）、麦岛污水处理厂（14万吨/日）升级改造工程进行工程建设，完成瑞金路、遵义路泵站进水管改造工程。牵头开展交通拥堵整治工作，《2016年度中国主要城市交通分析报告》表明，青岛在2016年全国"主要城市拥堵缓解"排行榜中位居第二，交通延时指数由2015年的第9位下降至2016年的第19位。

建筑业

【概况】 2016年，全市完成建筑业产值1648亿元，同比增长10.9%，实现增加值515.6亿元，同比增长6.9%（按可比价）。施工面积9134万平方米，同比增长30.17%，竣工面积2693.5万平方米，同比增长21.2%，新开工面积3496.79万平方米，同比增长8.12%，地税收入61.73亿元，同比增长23.7%（按可比价），占全市地税收入的9.6%。全市有建筑业施工企业1523家，其中总承包、专业承包企业1075家、劳务企业448家。

【建筑市场管理】 2016年，扎实推进建筑业调稳抓活动，在社会投资项目的施工、监理承发包交易中，试行建设单位依法自主决定是否通过招标形式确定施工、监理单位制度，为建设单位节省交易环节所需的时间成本，使项目可提前一个月进场施工，为承发包交易双方降低经济成本。截至2016年底，社会投资建设项目承发包交易共完成82个，交易额63亿元。

【加大政策扶持力度】 出台《关于进一步优化行政审批加快建设工程项目开工建设有关事项的通

知》，建立《工程建设领域扶持性政策清单》，实时更新各部门新出台的政策措施，供企业查询。为解决建筑市场统一开放和"营改增"政策带来的建设领域税收流失，出台《关于进一步加强建设领域税源管理的通知》，建立税款预控、纳税服务、信息共享、联合奖惩4项机制，巩固青岛市建设领域税源，增强建设领域对全市经济发展的贡献度。多方面扶持，鼓励企业做优做强，青岛市中启胶建集团有限公司等6家企业获评2015年全国优秀施工企业，青建集团股份有限公司等5家企业进入中国建筑企业500强，青岛建安建设集团有限公司等37家企业获评青岛市优秀建筑业企业。

【"一带一路"战略】 出台《关于扶持工程建设企业参与"一带一路"建设的实施意见》，开拓埠外境外市场，截止至2016年底，共办理外出施工手续70余家。倡议成立"青岛国际工程发展联盟"，已在全球15个国家设立了办事处。联盟在支持青岛市企业"走出去"方面发挥积极作用，真正实现抱团发展、资源共享、合作共赢。

【规范监理行业管理】 创建监理行业持证上岗制度。对全市范围内取得监理《执业手册》的从业人员制发了监理"身份证"，并通过设定防伪标识，规范监理从业人员持证上岗，进一步规范监理企业对施工单位和项目经理的现场考核管理。

【完善外地企业入青管理体系】 认真贯彻省住房城乡建设厅《关于贯彻建市〔2015〕140号文件推动建筑市场统一开放的通知》要求，及时调整管理方式，废除入青信用登记制度，调整为外地企业市场主体信用信息入库。发布规范性文件《关于加强外地入青工程建设企业标后监管的通知》，进一步后移工作重心，重点检查外地企业入青后的违法分包、转包、挂靠等违法违规行为。

【加强工程建设造价管理】 出台《青岛市建设工程造价咨询规程》，制定青岛市优秀工程造价咨询企业评选办法，组织开展2014～2016年度工程造价咨询企业信用评价初审，进一步强化青岛市造价咨询行业监管。完善工程计价依据体系，在省内率先出台"营改增"工程计价市级配套文件。推进建设工程造价计价由营业税计价模式向增值税计价模式转变顺利完成。进一步完善地铁工程计价依据，组织编制"地铁TBM掘进补充定额"。出版《青岛市建设工程典型项目造价指标数据册》，为青岛市政府投资项目立项决策、投资估算、确定设计概算和施工过程中的造价控制提供重要参考。

【加强工程建设标准管理】 全面落实中共青岛市委市政府"标准化＋"战略部署，修订完成《建筑施工现场管理标准》，印发《关于开展"标准清单"式样板工程创建工作的通知》，制订建筑样板工程八大考核评价标准清单，培育评选113个"标准清单"式样板工程，实现青岛市工程建设标准管理工作全覆盖。

【信用体系建设】 制定并深化建设市场监管与信用信息综合平台建设顶层设计，积极申请项目资金，筹建一个信息资源中心、两套云服务（政务工作云、公众服务云）、3套标准体系（信息化标准规范体系、信息安全保障体系和运行维护保障体系）、5大应用平台（行政管理、公共服务、行业管理、诚信管理、分析决策）的"1235"信息化体系。建筑（含市政）市场监管与诚信信息一体化平台在全市10个区市全面推广运行，逐渐形成"数据一个库、监管一张网、管理一条线"的信息化监管系统。全委各部门汇集工程建设行业公共信用信息数据清单、行为清单、应用清单目录500余条、守信"红名单"4条、失信"黑名单"29条，录入市公共信用信息交换平台，为下一步实现与全市公共信用信息交换，联合建立"守信激励、失信惩戒"的市场环境做好准备。

【工程质量管理】 2016年，进一步推动工程质量治理两年行动深入开展，采取"四不两直"监管模式，加强日常监督管理，严格监督建设程序、参建各方质量行为、工程实体质量、工程建设标准实施情况及从业人员在岗履职情况，对违法违规行为依法依规严肃处理，全面巩固工程治理两年行动开展成果，确保工程质量安全。全面深化监督改革，简化工程质量监督登记，取消单独办理质量监督登记，取消竣工验收备案证，提升服务效率。加强检测及预拌混凝土（砂浆）"两个行业"管理，发挥质量基础保障作用，采取"三随机"检查新模式，常态化监督检查全市预拌混凝土生产企业，全面放开全市建筑工程检测市场，强化检测市场的事中事后监管，研发"二维码"检测报告防伪系统，通过手机APP扫描软件即可识别报告真伪。创新研发动漫技术交底，发挥动漫放大要点、突出重点、直观生动、简明易懂的特点，提高操作人员技术水平，降低质量常见问题发生率。推广亮点做法，提高建筑精细化管理水平，全市征集亮点做法470项，优选出53项有创新性和实用性的技术成果进行推广，印制《青岛市精品工程亮点做法图片集》5000册，面向全市建筑业企业免费发放。精艺建造，开展BIM技术应用成果交流观摩，面向社会宣传推介，推动建筑施工技术深入创新。建立工程质量专家库,聘请"第三方"参与管理,在应急处置、事故处理、现场检查、技术评审等方面发挥积极作用。建立企业评奖创优激励机制,实施"精品工程"战略,本年全市有1个工程获评国家建设工程"鲁班奖",8个工程获评国家优质工程奖,23个工程获评山东省建设工程质量"泰山杯"奖,53个工程获得山东省建设工程优质结构奖,85个工程获得青岛市建设工程质量"青岛杯"奖。

【安全生产与工地管理】 创新监管模式、狠抓安全生产,监管服务建筑工程1275个,质量安全生产长效管理机制进一步完善,安全生产事故和死亡人数实现双下降,安全生产形势保持平稳态势。

推行房屋建筑工程安全文明施工"精细化"管理,建立健全施工现场精细化管理工作制度和管理程序,实现建筑工地安全生产及文明施工全覆盖,全面提升建筑施工现场的整体管理水平。抓好重大安全隐患源监管。严格落实重大隐患源评审验收制度,加强对深基坑、起重机械、脚手架及高大模板支撑体系、临建板房及高大围挡等重大隐患源的控制与管理。编发《建筑起重机械安全生产管理手册》,强化建筑起重机械设备监管。强化对重大隐患源动态监管,进一步健全重大事故隐患源档案,加强应急预警,发布各类预警信息80000余条。抓好安全生产监督检查。采取四不两直的方式开展日常安全巡查和节后复工、消防安全、汛前检查等专项拉网检查,并由市城乡建设委主要领导和建管局班子成员带队对全市建筑工程安全生产情况进行抽查。共检查市内三区工地1500余个次,督查区市工地200余个次,停工整改工地81个,下发各类通报8次,约谈企业134个次,罚款226.6万元。全面强化安全监管措施。大力加强新技术、新应用在提高建筑施工安全管理当中的作用。利用第二代身份证识别阅读器,对特殊工种作业人员的身份证、特殊工种证等进行识别、核实,严厉打击了特种作业人员人证不符、持无效证书和持假证上岗等问题。在全市施工现场继续推广使用具备无线、可视、移动的视频监控系统,要求企业建立相应管理制度,实现企业负责人对工地现场安全生产的全时段、全方位管控,提高安全监管效能。继续建立健全全市建筑工地的远程视频监控系统,通过在工地大门口、操作层等重点施工部位及塔机等重要施工环节和措施设置监控摄像头,实现监管部门对施工现场全时段、全天候的监督,实现安全生产、文明施工的综合动态监管,全市市内三区建筑工地和市重点项目纳入远程视频监控系统。全面强化安全文明施工。全面开展建筑工程扬尘防治工作,继续贯彻落实《全市建设工地扬尘防治工作导则》。将建筑工程扬尘污染治理情况作为对工地监督检查的重点内容,通过采取重点督查、拉网检查和"回头看"等形式,加大执法频次和力度,保持建筑工地扬尘污染防治的高压态势。共检查市内三区工地1500余个次,督查区市工地200余个次,罚款124.6万元。推广使用自动洗车机、防扬尘雾炮、远程视频监控系统、扬尘噪音检测仪等新设备、新方法,努力提高建筑工地扬尘防治科技化含量。推行绿色施工,41个项目入围2016年度山东省绿色施工科技示范工程创建项目名单。

房地产业

全年完成房地产完成投资1369.1亿元,同比增长22%,全市新建住房施工面积、新开工面积为910.7和2085.4万平方米,同比分别增长1.4%和6.3%。实现地税收入211.8亿元,占全市地税收入的32.9%。商品住房平均价格8896元/平方米,价格指数同比上涨13.1%,环比下降0.2%,分别在全国70个大中城市中排名20位和第60位。《青岛市城市房地产开发经营管理条例》修订,已经青岛市第十五届人民代表大会常务委员会第三十四次会议通过,于2016年7月1日已正式实施。为进一步规范青岛市房地产市场秩序,市城乡建设委联合国土、工商、物价开展执法检查,保持全市房地产市场运行平稳,实现市政府提出的"精准调控、平价走量"的要求。从总体看,全市房地产市场整体呈现"销量快速增长、价格稳中有升、库存回落正常"的基本态势。

棚户区改造工作

2016年青岛市承担国家、省棚户区改造任务6万户,改造任务量在全国副省级以上城市中排名第一。全市共签订房屋征收协议6.05万户,其中,货币化安置协议3.59万户,占已签协议总数的59%,实物安置协议2.46万户。2016年争取到中央棚户区改造补助资金11.3亿元。全年开工整治改造老旧住宅小区708万平方米,惠及居民约9.4万户,完成省政府任务目标。起草《关于推进老旧住宅小区整治改造和物业管理工作的意见》,通过清除违章设施,提升基础设施,完善公共服务设施,综合考虑城市交通、居民安全、物业管理等需要,为居民创造安全、洁净、便利的生活环境。

勘察设计业

【概况】 全市有勘察设计单位248家，完成合同额127.19亿元，下降9%，缴税额8.67亿元，增长9%。

【积极推动行业服务水平提升】 指导审查机构进一步提高施工图审查服务效率，将设计文件审查时限压缩至大型项目不超过8个工作日、中小型项目不超过5个工作日，将勘察报告审查时限压缩至大型项目不超过4个工作日、中小型项目不超过3个工作日，已压缩到法定时限的一半时间。要求各审查机构进一步增强服务意识，通过容缺受理、创新工作模式、分步审查、分步发放合格书等方式，力促建设项目尽快完成施工图设计文件审查，早日进入施工环节。严格执行《关于严格执行施工图审查送审管理有关规定的通知》的有关规定，坚持施工图审查中发现的违法违规单位的法定代表人约谈工作，不断加大施工图审查市场开放力度，加大管理力度。

【扎实开展勘察设计市场管理工作】 扎实推进行业诚信考核管理。青岛市勘察设计单位和从业人员诚信考核管理信息系统是强化行业动态管理，完善行业诚信体系建设的有力抓手。全年完成299家勘察设计单位、5613名多名从业人员的资料入库审核工作，为行业诚信考核系统的运行及全市勘察设计行业诚信体系的完善提供了保障。认真做好全市勘察设计市场执法检查。按照省住房城乡建设厅关于勘察设计市场执法检查要求，组织开展全市勘察设计市场执法检查和施工图审查机构督查考核，主要围绕勘察设计市场秩序、质量状况和资质状况，通过自查、现场抽查的方式，对勘察设计单位、施工图审查机构的资信场所、技术实力、市场行为和业绩质量进行集中全面的检查，检查中发现的市场行为、质量行为等问题，均已督促及时整改。

【严格质量管理，强化动态监管】 注重发挥施工图审查的质量抓手作用。通过严格的技术审查，有力地维护建设工程的质量安全，推动青岛市施工图设计质量的不断提升。施工图审查过程中，通过严格执行信息上报制度，为政府开展市场监管和质量管理提供了动态的监管数据。积极指导施工图审查机构提高审查质量水平。组织召开全市审图机构专业交流会议，对施工图审查中的难点、焦点技术问题研讨，进一步统一审查的技术标准，指导施工图审查机构强化审查质量抽检力度，督促施工图审查机构切实提高审查质量。

【积极传播健康的设计理念，积极推动建筑创作繁荣与技术创新】 参与主办"为青岛而设计"国际海湾城市与建筑高峰论坛活动，邀请国际国内大师共议了城市未来发展课题，在行业内引起强烈反响。大力开展新技术推广活动。结合国家和省市关于BIM技术、绿色建筑、海绵城市、装配式建筑技术等行业新技术发展的各项指导意见精神，积极组织相关技术交流活动，开展"青岛建筑信息化（BIM）应用与实践高峰论坛"、"BIM大师讲座"商业地产设计要点、景观设计等系列专题讲座活动4次，组织装配式住宅、绿色建筑审查要点、海绵型建筑与小区设计导则导则等技术标准宣贯活动，积极指导行业技术人员掌握当前行业技术发展方向，提高设计水平。

【积极推动既有住宅加装电梯以及既有建筑抗震性能普查工作】 出台《青岛市开展既有住宅加装电梯试点工作实施方案》和《青岛市既有住宅加装电梯设计导则》，按照《山东省人民政府办公厅关于进一步加强房屋建筑和市政工程抗震设防工作的意见》的工作部署，筹备开展全市房屋建筑和市政工程抗震性能普查工作。

(青岛市城乡建设委员会)

宁 波 市

概况

2016年，宁波市住房城乡建设系统在中共宁波市委、市政府的坚强领导下，苦干实干、奋力拼搏，较好地完成了全年目标任务，实现"十三五"的良好开局。

【强化责任担当 四大专项行动全线推进】 在中心城区及美丽县城品质提升行动中，扎实开展核心区功能完善、城市轴线景观提升、中心城区环境综合整治等工作，完成年度投资1478.2亿元，占计划投资的122%。其中中心城区推动实施六大提升工程，完成投资672.3亿元，县城以五大行动为抓手，完成投资805.9亿元。中山路综合整治工程全线恢复交通，沿线建筑立面整治完成。"三江六岸"滨江休闲带核心区基本建成，形成沿江长约12千米、总面积约73公顷的高品质公共滨水空间。中心城区19个门户区及高速出入口环境综合整治全部完工。在城市交通拥堵治理专项行动中，坚持公交优先发展理念，新增城市公交线路运营里程299.6千米，新增公交专用道15.3千米，中心城区公交专用道总里程已达117千米，主城区公共交通分担率近四年年均增加2个百分点。同时，打通9条"断头路"，新增4.1万个专用停车位，挖潜改造老小区停车位3900多个，治堵成效及城市交通总体满意度达80%以上。在小城镇环境综合整治行动中，按照省、市部署，迅速组建工作班子，拟定实施方案，搭建技术保障平台和金融服务平台，制定出台技术导则、考核办法等一系列政策文件，以最短时间构建起强有力的组织领导和保障体系，并强势启动小城镇环境卫生和"道乱占""车乱开"两大百日攻坚行动，取得阶段性成果。在农村"安居宜居美居"专项行动中，全力推进"治乱"攻坚战，整治全市18条道路涉及的70个乡镇、800多个村庄、5300多个突出问题，基本消除"两路两侧"农村乱搭乱建、建筑材质和色彩不协调、蓝色屋面等乱象，"改旧"、"提质"相关工作稳步推进。

【强化资金投入 城乡基础设施持续完善】 在交通道路建设上，全力克服资金筹措难、征地拆迁难等制约，安排实施33个重大城建项目，完成投资98.6亿元，基本形成"一纵两横"快速路骨架网络，澄浪桥及接线、东苑立交、机场路北延快速化改造等一批项目建成通车，"三路一桥"、三官堂大桥等一批项目开工建设，世纪大道快速路、机场快速路南延、环城南路西延、西洪大桥、邵家渡大桥及接线等一批项目扎实推进。在海绵城市建设上，成功入选第二批全国海绵城市建设试点城市，争取到中央财政12亿元专项补助资金。慈城—姚江30.95平方千米试点区域有41个政府投资项目开工，6个项目已完工，"以点扩面、全市谋划"的建设格局基本形成。在地下综合管廊建设上，确立"新城建设全面上、旧城改造示范上、电力结合创新上、轨道周边同步上"的建设思路，明确了中心城区"一环七片多节点"的城市地下综合管廊布局，编制《地下综合管廊建设实施方案（2016-2020）》，总里程26.94千米的8个建设项目已全部进场施工。在村镇污水治理工作上，新建城镇污水管网215千米，镇级污水处理设施实现全覆盖，农村生活污水治理设施运维管理体系已基本形成，农村生活污水治理覆盖率达到90%以上。

【强化调控监管 房地产市场平稳运行】 针对房地产市场库存高企的严峻形势，适时出台16条新政，有效激活市场需求，加快库存去化速度，巩固房地产市场平稳健康发展态势。全市完成商品房销售1337万平方米，同比增长32.7%，商品房库存面积从年初的2281万平方米下降到年底的1471万平方米，商品住宅消化周期也从2016年初的26.9个月降至年底的12.7个月，回归合理区间。全市完成房地产投资1270.3亿元，同比增长3.4%，涉房税收收入占地方财政收入比重达20.4%，为拉动宁波经济增长做出积极贡献。全市共发放住房公积金贷款204.6亿元，同比增长33.7%，其中普通住房公积金贷款83.7亿元，公转商贴息贷款120.8亿元。

【强化民生保障 居民住房条件显著改善】 强势推进棚改攻坚，不仅解决了群众"心病"，还助推房地产去库存，有关做法得到国务院领导的充分肯定。全市新启动棚户区改造545万平方米，完成改造签约296万平方米，其中危旧房改造158万平方米、城中村改造138万平方米，货币化安置总比例为75%，货币化安置及新开工建设棚户区改造安置房4.3万套，高塘一村、二村、潜龙、正大路等一批备受群众关注的危旧房小区得到改造，约3万户家庭消除住房安全之忧。有序推进危旧房治理，制定出台动态监控相关办法，推动丙类房屋列入监控范围，加大"保险＋监测服务"等模式的探索力度，尚未纳入棚改范围的城镇危旧房屋"日常有巡查、隐患有记录、应急有预案、责任有落实"的机制全面建立。全市已有6.22万幢、1.41亿平方米城镇住宅房屋完成信息建档，承保房屋面积达到3156万平方米，1680幢危旧住宅房屋完成治理改造任务。稳步推进住房保障工作，全市新开工建设保障性安居工程30395套、竣工49352套、交付使用24172套，新增发放低收入家庭租赁补贴1594户，各项指标均超额完成省、市下达目标任务。

【强化改革创新 建筑业转型发展提速推进】 建筑业支柱地位进一步巩固，面对复杂严峻的宏观经济形势和"营改增"等的影响，主动强化服务，千方百计助推本地建筑企业转型升级，厚植"建筑强市"发展新优势。全市建筑业完成总产值4231亿元，同比增长4.3%，高于全省平均水平，产值规模首次跃居全省第二位，实现建筑业增加值477亿元，占全市GDP的5.6%，建筑业上缴地税占全市地税收入比重达10%。全市有建筑业上市企业10家，同比增加5家，建筑业产值超百亿企业5家，超50亿企业12家。装配式建筑发展进一步加快，主动顺应国家政策导向和产业发展新趋势，加快发展装配式建筑，在顶层设计、主体建设、工作机制等方面都取得显著成效，得到省里充分肯定。全市新开工装配式建筑项目168个，建筑面积365.67万平方米，其中新开工装配式住宅和公共建筑达118.46万平方米。宁波市已有10个新型建筑工业化构件生产基地，产能可满足500万平方米以上的建筑需求。工程质量安全监管进一步强化，建设用砂质量稳步提高，预拌砂浆推广和应用实现新突破。大力开展平安护航G20专项行动，全面落实"两书一牌"三项制度，实现工程竣工验收合格率、规模以上工程安全文明标准化工地创建率两个100%，全市落实扬尘污染防治措施的建设工地面积累计达3115万平方米，房屋建筑工程安全也实现了"一防一制三下降"控制目标，全年未发生重大质量安全事故。

基础设施建设

【概况】 按照"三年行动计划"和"提升城乡品质、建设美丽宁波"行动计划要求，宁波市全年安排实施重大城建项目33个，总投资396亿元，计划完成年度投资98亿元。到12月底，完成投资100.5亿元，顺利完成年度投资目标任务。

【城市交通基础设施建设有序推进】 快速路联网工程。东苑立交一期快速化改造、机场路北延快速化改造等2个节点工程建成试通车，"三路一桥"项目和世纪大道快速路一期工程（东苑立交—百丈东路）开工建设，世纪大道快速路（百丈东路—沙河互通）完成施工图设计和PPP方案编制，环城南路西延完成立项调整。跨江桥梁沟通工程。澄浪桥及接线工程于6月30日建成试通车，三官堂大桥、中兴大桥及接线工程开工，正抓紧建设，西洪大桥、邵家渡大桥及接线工程完成立项和工可。主次干道连通工程。宁镇路（常洪隧道-金河路）改造工程，完成南半幅打通道路和北半幅桥梁桩基、管线施工，环城北路改建（姚江大桥—常洪隧道）、大庆南路北延二期工程完成施工图设计和PPP方案编制，2016年计划打通的9条"断头路"建成投用。

【中心城区形象品质不断提升】 "三江六岸"品质提升工程。"三江六岸"滨江休闲带工程加快实施，其中启动段、奉化江两岸和姚江东岸（新江桥-解放桥）已建成开放，绿岛公园和姚江东岸（解放桥-大剧院）基本建成，三江口公园江北侧除地下车库外基本完工，江东侧和海曙侧完成施工图设计。姚江东路和姚江南岸滨江休闲带、大庆南路北延二期滨江休闲带完成施工图设计和PPP方案编制。主要干道综合整治工程。中山路综合整治市政工程、道路景观绿化、沿线立面整治和樱花公园基本完工，并恢复交通，望京门公园、西塘河公园、环城西路公园等完成施工图设计，正抓紧开展招标工作，计划2017年建成开放，解放南路-大庆南路干道整治工程开工，计划2017年上半年完成整治。

【城镇污水管网建设和农村生活污水治理设施运维管理有序推进】 城镇污水管网建设：按照省住建厅《关于下达2016年度城镇污水配套管网、城镇污水处理厂一级A提标改造、污泥处理处置设施建设和城镇污水处理厂新扩建计划的通知》要求，宁波市2016年度需新增城镇污水管网185千米，在各县市区的积极配合和努力下，全市累计新建城镇污水管网215千米，完成年度目标任务的116%。农村生活污水治理设施运维管理：围绕"村点覆盖全面、群众受益广泛、设施运行常态、治污效果良好"的基本要求，积极谋划开展农村生活污水治理运行维护管理各项工作。积极安排专项调研，委托市政前期办和宁波大学开展农村生活污水治理运维课题研究，排摸总体建设运营情况，梳理工作重点，明确任务目标，制定出台适应宁波市实际的《宁波市农村生活污水治理设施运行运维管理工作考核暂行办法》，制订工作计划，建立工作联络、信息报送等工作机制，确保各项工作有序开展。

住房保障

【概况】 2016年，根据年初确定的住房保障目标任务，科学谋划、合理安排、抓好落实，经过全市上下各级住房保障部门的共同努力，住房保障各项工作得到有力推进，住房保障目标任务已全面提前完成。

【目标任务完成情况】 根据省政府下达的目标任务，2016年全市要开工建设保障性安居工程30000套，竣工保障性安居工程39000套，交付使用保障性安居工程18500套，新增发放低收入家庭租赁补贴500户。截止到12月底全市已开工建设保障性安居工程（含货币化安置）30395套，完成省政府下达目标的101.3%，建成保障性安居工程49352套，完成126.5%，交付使用保障性安居工程24172套，完成130.7%，新增发放低收入家庭租赁补贴1594户，完成318.8%。另外，2016年全市交付使用保障性住房4922套，新增住房保障7106户。

【主要工作举措】 大力推进住房保障目标任务的落实。按照"属地为主、上下联动"的住房保障工作机制，大力推进全市住房保障工作。年初进行目标任务责任分解，下发《宁波市人民政府关于印发2016年度宁波市国有土地上房屋征收计划、住房保障工作目标任务分解及新型建筑工业化发展工作目标责任分解的通知》，将目标任务分解下达给各县(市)区，并纳入市政府对县(市)区政府年度考核内容，实行目标责任制管理。按月定期开展跟踪，及时掌握各地进展情况。切实加大保障性住房分配力度。针对当前公共租赁住房等保障性住房供应阶段性过剩的现象，为促进房源的充分使用，2016年6月，市住房城乡建设委下发《关于进一步加快保障性住房分配使用和强化管理的通知》，针对性地对各县(市)区开展指导督促，提高房源使用效率。通过适当放宽住房保障准入条件、向企业或产业园区整体出租以及预分配等方式，有效促进公共租赁住房房源的分配使用，2016年新增配租公共租赁住房4823套。同时，对全市已建成及在建的公共租赁住房项目进行全面梳理，对建设分配情况建立月度跟踪制度，完善公共租赁住房项目数据库，强化对各地公共租赁住房建设分配情况的跟踪和督促。不断完善公共租赁住房和廉租住房并轨运行。指导各县市区住房保障部门不断深入推进公共租赁住房和廉租住房的并轨运行，各地基本实现公共租赁住房和廉租住房并轨运行。在此基础上，指导部分条件成熟的县(市)区在全面推进廉租住房和公共租赁住房并轨运行的同时，实现两种保障政策的真正合并，进一步完善公共租赁住房申请受理的常态化保障机制，简化申请程序，方便群众申请，房源充足的县(市)区做到随时申请、随时审核、随时保障，避免房屋闲置，减少资源浪费，充分发挥保障房的保障功能。房源不足的地方在实施轮候的同时，通过货币补贴的方式，及时对低收入住房困难家庭实现保障。进一步完善住房保障政策措施。根据国家、省、市关于进一步推进户籍制度改革的精神和省建设厅《关于做好农业转移人口住房保障工作的通知》要求，为切实做好进城落户农业转移人口住房保障工作，对农业转移人口住房保障政策进行调研，并结合宁波市现阶段住房保障实际及户籍制度改革后住房保障的需求，牵头起草《关于做好户籍制度改革推进中住房保障工作的指导意见》，指导各地在现有城镇住房保障政策体系基础上，结合户籍制度改革的推进，进一步调整完善住房保障政策，有条件、分先后地将农业转移人口纳入住房保障范围。继续强化住房保障要素保障。继续跟踪落实与国家开发银行签订的保障房融资框架协议，指导各地各项目的贷款发放工作，获国开行贷款支持的公共租赁住房项目共有11个，国开行贷款授信额度50.3亿元，已累计发放贷款总额35.3202亿元，在贷余额20.016亿元，其中2016年放贷1.284亿元。积极争取中央补助资金，根据《国家发展改革委 住房城乡建设部关于加强保障性安居工程配套基础设施建设中央预算内投资管理的通知》精神，及时与省级相关部门沟通，会同市发改委组织各县(市)区梳理保障性安居工程配套设施建设项目，编制《宁波市2016年保障性安居工程配套基础设施建设投资计划》，涉及保障性安居工程配套设施项目8个，申报补助资金2.36亿元。同时，宁波市还获得中央城镇保障性安居工程专项补助资金有3.8364亿元，该笔补助资金已分解下达给各县(市)区，主要用于危旧房为主的棚户区改造。

棚户区改造

【概况】 2016年是宁波市棚户区改造工作全面发力攻坚之年，中共宁波市委、市政府高度重视，王仁洲副市长多次进行专题研究部署。各地、各部门以及国开行宁波分行、农发行宁波分行坚决贯彻落实中共宁波市委、市政府指示精神和王仁洲副市长决策部署，主动作为，克难攻坚，通力协作，棚改工作取得了积极成效，圆满完成棚改攻坚年度目标任务。2016年，全市共启动棚改项目142个、545万平方米，完成投资387.2亿元，其中，启动危旧房改造项目85个、291.3万平方米，完成危旧房改造面积158.2万平方米，新开工安置房(含货币化安置)4.3万套。高塘一村、二村、潜龙、正大路等一批备受群众关注的危旧房小区得到改造，约2.9万户家庭消除住房安全之忧。

【加强督导 项目推进有新速度】 为确保棚改攻坚行动顺利推进，2016年将摸清项目底数、督促项目落地作为棚改工作的核心内容来抓。为更好地掌握项目实际情况，从2015年2月份开始，市住房城乡建设委(市棚改办)逐个地区、逐个街道、逐个项目与各县区(市)进行充分对接，了解项目进度安排、资金保障情况和遇到的困难，并于5月份对各区县(市)上报的所有列入2016年启动计划的142个棚改项目全部进行实地走访和踏勘，后续又对计划外的

18个项目进行现场查看。为做好项目进度跟踪工作，还对棚改月报表进行调整和补充，为及时了解、掌握项目进度提供有效支撑。

【强化监管 资金保障有新进展】 积极争取新增政策性贷款，全市共有60个棚改项目获得国开行授信915.2亿元，累计放款302.09亿元。农发行方面，已上报15个项目，拟申请授信179亿元。同时，为确保棚改资金"放得下、用得足、管得好"，避免授信浪费，市住房城乡建设委（市棚改办）联合国开行宁波分行组成联合检查组，集中2个月时间对已授信棚改项目进行"回头看、补短板"检查活动，对16个县（市）区及功能园区、东部新城建设指挥部进行检查走访，在听取各地情况介绍的同时，检查每个项目的相关台账，调取各地的财务数据。针对检查中发现的暂不启动的已授信棚改项目，及时研究、协商授信置换方案，已有52.4亿元授信额度置换给已启动的棚改项目。此外，积极申报国家各类棚改补助资金，共有12个棚改项目获得重大项目建设基金5.96亿元，在市发改委的大力支持下，宁波市获得棚改项目配套基础设施中央补助资金和国家专项债券5亿元，有效缓解各地棚改资金压力，保障性安居工程配套基础设施建设中央预算内投资申报方面，宁波市已建立三年滚动项目库，内含145个项目，总投资112.95亿元。

【积极探索 工作方法有新亮点】 在全市上下全力推进棚改的攻坚之年，各地勇于探索，不断创出一系列新的工作方法，如刊登在《浙江政务信息》（第1952期）上的奉化区危改工作经验得到熊建平副省长批示，江北区"三聚焦推进棚改工作取得新突破"和"三新工作法保障孔浦城中村改造顺利推进"、宁海县"竞争性拆迁加快推进危旧房改造"、江东区"三个一工作法推进潜龙社区危改"等均得到市领导批示，并向全市推广。市住房城乡建设委与市国土局建立棚户区改造项目定期会商及联合督查工作机制，并多次对重点县（市）区进行联合督查，有效促进工作信息、项目信息的及时沟通。大大提升了棚改工作效率，宁海、江北、镇海等多个县区（市）提前超额完成年度目标任务。

【突出货币安置 棚改综合效益有新成效】 为满足棚改居民对安置房源的个性化需求、缓解房地产库存压力、扩大有效投资，更好地发挥棚改综合效益，宁波市住房城乡建设委始终将提高货币化安置比例作为棚改工作的重点。尤其是城中村改造，在市国土资源局的前期充分酝酿、方案测算、积极调研等工作基础上，7月份正式出台《宁波市市区征收集体所有土地住宅拆迁货币安置补偿奖励和补助规定》，对集体土地上选择货币安置的被拆迁人给予政策性奖励。宁波市国有、集体土地的征迁货币化安置政策已经形成，这对推动棚改居民选择货币安置提供了良好的政策指引。除此之外，宁波市还成功试点市场化回购、"货币＋存量房拍卖"、调产安置货币回购等多种方式，大大激发了居民选择货币安置的热情。2016年，全市棚改货币化安置22960户，货币化安置总比例为75%。其中，全市危旧房改造项目货币化安置率为81%，城中村改造货币化安置率为62%（比上年的12.8%有了大幅度的提高）。

建筑市场

【概况】 2016年，全市建筑业积极践行党的十八届五中全会提出的"创新、协调、绿色、开放、共享"发展理念，紧紧围绕"新常态、新思路、新发展"主题，以深化建筑业发展改革、推进建筑产业现代化为核心，以推动新型建筑工业化、工程总承包和项目管理、建筑业信息化（建筑信息模型（BIM）技术应用、互联网＋）、资本市场运作、绿色建筑等为抓手，积极推动供给侧结构性改革，促进建筑业转型升级，实现"十三五"发展良好开局。全市建筑业完成总产值4231亿元，同比增长4.3%，高于全省平均水平，产值规模首次跃居全省第二位，实现建筑业增加值477亿元，占全市GDP的5.6%，建筑业上缴地税占全市地税收入比重达10%。

【积极推动建筑业转型升级】 认真贯彻住房城乡建设部《关于进一步推进工程总承包发展的若干意见》、省住房城乡建设厅《关于深化建设工程实施方式改革积极推进工程总承包发展的指导意见》，组织草拟宁波市房屋建筑和市政基础设施工程推进工程总承包的若干意见，并征求各地政府、市级相关部门的意见建议，同时在政府投资项目中开展工程总承包试点，组织工程总承包课题组成员和专家加强对试点项目的跟踪调研，研究解决工程总承包试点过程中遇到的困难和问题。根据住房城乡建设部《2016—2020年建筑业信息化发展纲要》、《关于推进建筑信息模型应用的指导意见》和省厅要求，制定宁波市推进建筑信息模型技术应用三年行动方案，并组织草拟了关于推进建筑信息模型（BIM）应用的若干意见，分阶段、有步骤地推进宁波市BIM技术应用，同时加强与宁波大学、宁波诺丁汉大学等高校合作，组织开展BIM技术应用研究和培训，并会同市发改委于8月组织召开宁波市重点工程BIM管理论坛报告会，推进BIM技术在宁波市政府（国有）

投资重大项目中的应用。组织开展2016年度建筑业发展工作目标责任分解，并召开建筑业经济运行情况分析会，确保2016年宁波市建筑业相关指标不低于全省平均水平。组织召开建筑业上市企业开展资本运作座谈会，宁波建工、龙元建设、宏润建设和围海股份等4家上市企业缔结战略合作关系，指导企业开展重组兼并，特别是做好因"两链"问题面临破产重组的大型企业重组兼并服务工作，力争使相关企业重获新生。组织召开建筑业企业"走出去"发展和直营管理交流座谈会，加快推进宁波市企业"走出去"发展。同时加强与云南、新疆等省（自治区）的合作交流，促进宁波市建筑业企业"走出去"发展。组织草拟《关于进一步加强建筑业人才队伍建设的意见》，实施建筑业中高层管理人才、注册类人才、技术人才、技能人才和人才个人提升等人才培养五大工程，构建建筑业人才培养体系，提升宁波市建筑业从业人员素质和企业综合竞争力。

【深入优化建筑业发展环境】 组织开展建筑业企业资质管理规定和资质标准培训，分区域分批次对全市近1600家建筑业企业进行了辅导培训，指导帮助企业熟悉和掌握新规定、新标准，为企业资质晋级、增项奠定基础。开展特级资质申报辅导，组织建筑施工、设计和信息化相关专家对拟申报建筑业特级资质企业进行面对面辅导，并上门开展企业信息化建设辅导，指导帮助企业满足标准要求。积极配合税务部门做好建筑业营改增相关工作，组织开展建筑业营改增专题调研，会同市税务部门多次召开建筑业企业座谈会，了解企业在实施营改增中面临的困难和问题。同时配合税务部门加强建筑业营改增政策宣贯，帮助企业吃透政策、用好政策，引导企业主动适应税制改革新要求。积极开展企业减负相关工作，完善建设工程担保制度，推动建设行业相关保险的创新突破，加大建设工程综合保险的推广力度和覆盖面，积极通过保险机制为企业减轻负担。截止到9月底，全市共办理建设工程综合保险332单，为110家建筑业企业承保5.09亿元，在市政府《关于进一步降低企业成本减轻企业负担推进实体经济稳增促调的若干意见》中明确加快建设工程竣工结算审核、建立企业应急转贷基金、降低企业各种费用等，组织起草《关于进一步优化建筑业发展环境减轻建筑企业负担的通知（征求意见稿）》。组织开展2014～2015年度优秀建筑企业评选活动。

【加快推进新型建筑工业化】 进一步完善政策保障体系。在市政府办公厅出台《关于加快推进新型建筑工业化的若干意见》的基础上，于2016年1月出台《关于推进新型建筑工业化项目建设的实施意见》，进一步明确宁波市新型建筑工业化重点推广体系、推进区域（中心城区和大型居住社区）、推进项目（房地产开发项目和保障性安居工程）和推进责任主体，并从新型建筑工业化项目供地计划条件、招投标、项目认定、规划方案审批、施工图审查、规划许可证审批、造价管理、项目施工及验收和规划竣工核实、国土复验、产权登记等10多个方面保障新型建筑工业化项目有序推进，基本形成1+X政策保障体系。同时组织草拟《关于大力发展装配式建筑的实施意见》，明确下阶段发展目标、重点工作、扶持措施及保障措施。建立新型建筑工业化推进工作机制。会同市发改、国土、规划等部门制订2016年度新型建筑工业化项目实施计划，分解落实新型建筑工业化工作年度目标任务，6月份会同市政府督查室开展年中督查，对督查情况进行了通报，同时，委领导带领委相关处室人员先后赴北仑、奉化、象山、鄞州、慈溪、余姚等地进行专项调研督查。不断完善项目全过程监管体系。建立装配式建筑项目认定评审机制，初步形成项目认定、施工图审查、规划审批、竣工验收等全过程项目监管体系。充实专家委员会，完成新型建筑工业化专家委员会换届工作，有效保障新型建筑工业化技术标准以及有关建筑设计、新技术和新工艺论证、部品认定、建筑性能认定和其他技术服务指导工作。培育市场主体。推动由浙江欣捷建设有限公司投资的生产基地落地，并计划年底投产。组织施工、构件生产、钢结构企业学习其他城市先进经验做法，不断提高技术水平，形成一批规模较大、带动作用较强的新型建筑工业化龙头骨干企业。组织开展建筑工业化宣传培训。于3月15日组织召开全市新型建筑工业化示范项目现场会，共600余人参加现场会，组织开展8期新型建筑工业化系列培训，约1500余人参加了培训，同时配合宣教处组织召开新型建筑工业化论坛报告会，近200人参加报告会。于9月组织由行业管理部门、高校和建筑设计、预制构件生产、施工等企业以及质量监督、工程造价等方面的管理和技术人员赴日本开展为期10天的"新型建筑工业化技术管理"的专题学习培训。

全市新开工装配式建筑项目168个，建筑面积365.67万平方米，其中新开工装配式住宅和公共建筑达118.46万平方米。宁波市已有10个新型建筑工业化构件生产基地，产能可满足500万平方米以上的建筑需求。

【强化建筑市场监管 进一步优化建筑市场环境】进一步加强建筑市场监督管理。改变以往"重审批轻监管"的执法理念和监管方式,进一步强化事中事后和动态监管,并按照工程质量治理两年行动要求,加强对建筑市场行为的监督检查,严厉打击和查处违法发包、转包、违法分包、挂靠等违法违规行为。按照全省建设平安浙江工作会议暨G20杭州峰会维稳安保工作动员大会的部署要求,制定《平安护航G20建筑市场专项整治行动方案》,组织开展建筑市场专项整治,护航G20峰会。研究制定加强宁波市建筑市场监督管理的指导意见和《宁波市建筑工程施工现场项目管理人员配备管理办法》,同时创新执法手段,探索利用手机客户端(PDA终端)进行"掌上执法"。

进一步推进信用体系建设。完成与省建筑市场监管与诚信平台的对接工作,实现"数据一个库、监管一张网、管理一条线"的信息化监管目标。组织开展建筑市场信用信息管理系统评估,制定宁波市建筑市场信用管理系统三期建设方案,进一步优化宁波市建筑市场信用体系建设。推进宁波市建筑市场信用信息系统相关数据与市级公共信用信息平台相关数据库对接,实现信息共享,推进信用信息公开和互联互通,建立统一规范的建筑市场。

【加强务工人员服务管理 维护务工人员合法权益】继续推进务工人员实名制管理。通过开展建筑业企业务工人员实名制管理工作联络员培训班、实名制管理工作座谈会及现场推进会等形式,继续推进建筑业企业务工人员实名制管理工作。据初步统计,宁波市建筑业务工人员信息系统内现有500多家建筑业企业注册登记,累计录入基本信息的务工人员近20万人,安装考勤机500余台,日常考勤的务工人员3500余名。

继续深化民工学校各项建设。定期组织开展民工学校建设与教学情况检查通报,促进各建筑业企业加强民工学校建设工作,推动民工学校建设制度化、规范化。全市已建立民工总校502所,培训37.5万余人次。

继续保障务工人员合法权益。下发《关于做好2016年元旦春节期间建筑业企业务工人员工资支付管理工作的通知》,督促各地完善应急预案,指定专人负责配合处置民工工资纠纷投诉和上访事件,强化建筑业务工人员的服务与管理工作。同时印发《关于进一步加强建筑业企业人工工资支付担保信息录入及管理的通知》,充分利用建筑业企业务工人员工资支付担保制度建立信用评价结果与务工人员工资支付担保动态管理相结合的机制。全市共有1439家(包含市外进甬企业)建筑业企业办理人工工资支付担保,担保金额达到11.85亿元,有效遏制和解决拖欠民工工资问题。下发《关于中康建设管理股份有限公司等21家建筑业企业拖欠务工人员工资事件的通报》,对2016年元旦、春节期间建筑业务工人员工资支付管理工作进行通报,对21家发生欠薪事件的建筑业企业通报批评并予以信用扣分,上调工资支付担保额度,并纳入重点监管,同时对其中造成严重不良影响的2家企业和20名项目经理,限制其在宁波市承接业务。引导和帮助建筑业企业在全大市范围内的建筑工地项目部建立党组织,加强建筑业流动党员服务管理。市建筑业流动党员信息网中已建立党组织的建筑企业53家,建筑工程200个,流动党员541名。

房地产业发展

【概况】 2016年以来,根据中央和省、市政府的决策部署,宁波市积极落实去库存、稳房价和规范企业行为等各项工作,住房交易稳定,库存持续去化,价格基本平稳,房地产市场总体保持着平稳健康的发展态势。

【加强房地产市场调控】 落实房地产调控政策。围绕"需求侧刺激、供给侧改革、优化环境、落实责任、引导预期"五个方面,调研起草并以市政府名义出台房产新政16条。新政出台后,积极与相关部门、区县(市)人民政府进行对接。2016年全市完成房地产开发投资1270.3亿元,同比增长3.4%,涉房税收收入占地方财政收入比重达20.4%,全市销售商品房1337万平方米,同比增长32.7%,商品房库存面积从年初的2281万平方米下降到年底的1471万平方米,商品住宅消化周期从年初的26.9个月降至年底的12.7个月。密切跟踪房地产市场运行情况。加强与市级相关单位和部门联系,取得房地产投资、销售、税收、金融等第一手数据资料。按照要求每周(月)上报市政府分管领导和市级相关部门房地产市场运行情况,重要事件节点还落实日报制度。切实稳定房地产市场。针对年末中心城区住宅价格上涨有所加快的苗头性问题,加强对热点地区、热点楼盘的价格监控,密切关注市场动态,并根据宁波市的房地产市场实际积极做好调控政策的储备。切实做好"稳房价、防风险"工作。根据国家统计局数据,12月份宁波市新建商品住宅价格环比下降0.1%,涨幅在全国70个大中城市排名居第51位,同比上涨12.2%,涨幅排名居第21位。

【规范房地产市场秩序】 开展房地产中介机构和开发企业专项整治。根据有关要求,认真组织开展房地产中介机构和开发企业专项整治,严肃查处房地产中介机构及其从业人员的十四类违规行为和房地产开发企业的九种不正当经营行为,切实维护房地产市场秩序。整治期间,全市共检查房地产中介机构836家,受理群众投诉48件,检查房地产开发企业119家,房地产楼盘142个。建设全市房产市场监管服务平台。在原全市个人住房信息系统、商品房网上备案系统、存量房网签系统的基础上搭建全市统一的房产市场监管服务平台。通过平台完成商品房合同网签备案、存量房交易管理、房地产中介机构及从业人员的备案和公示等工作,提高房产市场管理能力和信息化水平。在调研基础上,2016年已完成平台框架搭建。加强房地产中介机构及人员管理。出台《关于加强房地产经纪管理的实施意见》和《关于加强宁波市房地产估价行业管理的意见》,进一步加强房地产中介机构和人员管理。此外,组织市房协先后9次对全市2350余名房地产经纪人员进行了业务培训。

【强化房地产项目管理】 做好房地产开发项目管理工作。2016年全年完成地块建设条件论证3幅,完成初步设计会审项目5个,完成竣工交付前联合检查项目8个,核准商品房预售项目7个,完成商品房现售备案项目8个,共对143家房地产开发企业进行了开发资质年检。除做好中心城区项目审批外,加强对区县(市)房地产项目管理的指导。加强房地产开发项目手册管理。要求房地产开发企业及时录入企业及开发项目的基本信息,并结合项目建设情况实施动态更新。全市已有695个开发企业、901个本地开发项目和119个本地企业赴外地开发项目的基本信息录入了项目手册信息管理系统。推动停工、烂尾楼盘处置。根据已经建立的全市房地产停工或烂尾楼盘处置信息报送制度,密切关注停工、烂尾楼盘的处置动态,积极联系督促各地创新方式方法,多渠道推进处置工作,并下发《关于加快做好房地产停工楼盘处置工作的通知》。全市停工或烂尾楼盘共计20个。

工程质量监督

【持续加强房屋建筑工程安全生产监督管理】 强化管理创新、着力构建长效机制。注重工作创新,提升监管实效。推进危险性较大分部分项工程专家现场评估工作,推进起重机械设备安装安全监控管理系统,推进在建工程施工项目部和监理项目部关键岗位人员人脸识别考勤管理。加强诚信体系建设。狠抓源头管理,持续保持安全生产监管的高压态势。全年将55家施工企业、26家监理企业列入全市重点监管名单,并对其企业信用分直接扣5分,9家企业不良行为进行公示,4个项目进行了安全生产警示,3个工程进行安全事故隐患挂牌督办,2家企业实施停业整顿三个月的处罚。严格稽查督查,实行季度通报制度。按照"四不两直"方式每季度进行监督执法抽查。共督查153个房屋建筑工地,签发131份整改通知书和22份停工通知书,发出挂牌督办3家,约谈企业13家。

深入开展安全隐患排查治理。开展以防范脚手架、建筑起重机械、深基坑和高大支模架事故为重点内容的治理,排查并消除隐患877421条。开展建筑施工"打非治违"专项工作,检查工程3211个,发现违规行为513起,查处11起,罚款101万元。开展全市建筑施工现场今冬明春及夏季消防安全专项检查行动,检查工地802个、建筑面积共3108万平方米、发现隐患2105条。开展全市房屋建筑工程安全生产大检查,检查工程项目705个,建筑面积2601万平方米,发现安全隐患3703条,签发整改通知书602份,停工通知书103份。建立节假日、灾害性天气及重大事故隐患警示制度,对夏季高温、防汛抗台、"十一"长假、今冬明春等重点时段安全生产工作提出具体要求。积极应对14号"莫兰蒂"、16号"马勒卡"台风,全市共检查工地10321个,出动人次15014人次,加固大型起重机械2万多台,加固围挡22万多米,加固临设15414间。开展平安护航G20专项行动,制定《G20峰会宁波市房屋建筑工程安全生产及环境质量保障工作方案》,做到责任、措施、资金、时限和预案"五落实",共检查房屋建筑工地5645个次,建筑面积25671万平方米,出动监督人员11736人次,签发整改通知书5381份,签发停工通知书264份。

注重教育培训、强化安全生产工作基础。开展特种作业人员、监理人员、三类人员安全生产继续教育的继续教育和培训考核,全年,特种作业人员培训6853人,安全生产管理人员培训15121人,监理培训1614人,执法人员培训299人。进一步完善民工学校的培训模式,把事故案例、现场危险源识别和防护救护知识作为安全教育的重点,通过集中授课、宣传教育片播放、黑板报、宣传图板等方式全方位、持续强化安全生产警示教育,务工人员培训195230人。结合开展"安全生产月"活动,举办被重点监管单位负责人培训班,培训人数165人,组织对全市安监管人员进行安全监管执法培训，培训人数135人，全市各级主管部门、施工、监理企业采用各种形式广泛进行安全生产宣传，据统计，集中发送安全生产宣传短信19109条、张贴悬挂各类标语、横幅7867幅，出黑板报3407期，组织全市建筑施工标准化管理"树标杆、学标杆"活动暨文明施工现场观摩会和全市建筑施工安全事故应急救援演练现场观摩会，共有300余人参加。通过"安康杯"竞赛等活动，大力倡导"关注安全、关爱生命"的安全文化，营造全社会共同重视建筑安全生产的良好氛围。

【进一步加大建筑工程质量监督管理】 全面加强建筑工程质量监督管理。继续深入开展工程质量专项治理行动，督促各地全面落实工程建设各方主体质量责任终身制，巩固工程质量专项治理行动成果，开展对"一牌两书制度"落实情况督查抽查，从抽查情况看，2016年新开工项目"法人委托书"和"质量承诺书"签订率达到100%，已完工项目永久责任标牌设置率达到100%，对标牌载示内容和设置位置不符合要求的督促相关责任单位，及时进行了整改。同时，大力推动质量管理标准化，强化对新型工业化建筑质量监管，开展住宅全装修质量管理规定修改完善的研究。

大力推进质量强市工作。认真履行牵头部门职责。加强与市强市办沟通联系，认真贯彻落实中共宁波市委市政府质量强市工作部署要求。加强与建设系统相关部门、各县市区建设主管部门的沟通协调，共同抓好质量强市各项工作的落实。积极做好配合协调工作。配合市强市办完成对各县市区质量强市目标任务完成情况的年度考核，及时提交相关资料，汇报目标任务完成情况，宁波市住房城乡建设委被市政府评为质量强市工作先进单位，配合完成2016年度质量强市目标任务考核标准的修订以及"城市发展质量评价体系"的研究制定。组织开展2016年质量月活动。下发"关于开展全市建设系统质量月活动的通知"，组织开展以"提升供给质量，建设质优宁波"为主题的质量月活动，在各县市区建工科长、质监站长会议上，进行动员部署，提出活动要求。活动结束后，活动开展情况及时总结上报市强市办。确立工作要点狠抓重点工作。研究制定2016年度质量强市工作方案及工作要点。把新型工业化建筑质量监管、工程质量专项治理、质量管理样板引路，标准化管理等作为质量管理工作重点。

建筑节能与科技

【抓好民用建筑节能评估】 2016年，全市两级建设行政主管部门完成民用建筑节能评估项目185个，总建筑面积超过1700万平方米，达到绿色建筑评价标准的项目170个，所有项目均应用有可再生能源系统，其中100个项目同时设置屋顶雨水收集利用系统，建筑面积1600万平方米。2016年宁波市有银泰城等20个项目获得绿色建筑星级评价标识，其中7个项目为三星级绿色建筑标识。并首次组织完成宁波大学科技服务楼三星级绿色建筑标识评价工作。

【优化可再生能源与建筑一体化配置】 根据省厅可再生能源建筑应用发展思路，印发《关于转发省住房城乡建设厅要求加强可再生能源建筑一体化应用工作的通知》，从美观与实用的角度，减少背包式太阳能的使用量，将太阳能热水应用范围减少到逆二层，并明确为所有住宅用户提供太阳能热水或空气能热水的具体规定。

【建设绿色建筑在线评价系统】 由宁波城市科学研究会与中国建筑科学研究院上海分院承担的《宁波市绿色建筑标识评价在线申报系统》进行3个项目的试运营评估，该系统为省内首个绿色建筑在线标识评价系统，有利于简化绿色建筑的评审流程，节约评审时间，降低评审成本支出，并确保评审过程的公正公平，实现评审工作的可追溯性。

【大力发展绿色建筑科研支撑】 落实《关于委本级"五小"制度建设的通知》工作要求，对《宁波市建设科研资助项目管理办法(试行)》、《宁波市建设科研项目专项资助经费管理办法(试行)》进行修订，起草《宁波市建设科研项目专项资金管理办法》，并完成征求意见，同时组织完成2017年度建设科研项目评审。

【完善绿色建筑配套文件】 作为推进绿色建筑发展规范性文件的配套支撑，结合国家绿色建筑评价细则与宁波地方气候条件，进一步完善建筑工业化、太阳能光热、太阳能光伏、建筑遮阳、雨水利用、精装修、景观等内容。编制《宁波市绿色建筑评价细则》，并发布《宁波市民用建筑施工图绿色建筑设计专篇》，替代原施工图设计文件中的节能设计专篇。启动《宁波城市立体绿化实施细则》编制工作启动会议，计划建立、健全宁波市立体绿化从设计到施工再到后期维护管理的全方位的标准体系，完成立体绿化与可再生能源减碳量核算的评价方法，为进一步推广立体绿化夯实基础。

【闭合绿色建筑监管体系】 为闭合绿色建筑监管机制，印发《关于开展宁波市绿色建筑能效测评工作的通知》，发布《宁波市民用建筑节能评估技术及管理审查实施细则》，在建筑设计阶段、审图阶段、竣工验收阶段都引入能评机构核查指标落实情况，闭合监管流程。还编制《宁波市绿色建筑运行管理技术规程》，确保绿色建筑交付后运营阶段的四节一环保技术得到有效实施。

【加大既有建筑节能改造力度】 组织完成宁波海洋职工技术学校外墙保温和太阳能热水等既有建筑改造21万平方米，以及宁波第六医院、宁波工程学院等12个能耗监测监管工程。2015年度建筑节能示范项目住房城乡建设委大厦屋顶雨水收集利用通过验收，移交物业部门管理。印发《宁波市建筑节能专项资金管理办法》，对二、三星级绿色建筑运营标识项目实施40元/平方米、80元/平方米的奖励政策，以及每年安排资金，重点支持国家机关办公建筑进行既有建筑节能改造，根据节能效益确定一批建筑节能技术推广示范基地。完成《宁波市机关办公建筑绿色改造技术研究》、《宁波市绿色建筑竣工运行阶段评价方法研究》等课题，形成《宁波市机关办公建筑绿色改造技术指南》，提供发展既有建筑绿色改造和闭合绿色建筑监管体系的技术支撑。

【整合住房城建行业专家库】 整合现有各处室不同专业的技术专家资源，将建筑工业化、房屋安全、建筑节能等各专家资源统一并入宁波市城建行业专家库系统，根据不同需求可提供在线检索供各处室使用。并起草《宁波市城建行业专家库管理办法》。

【加强绿色建筑宣传培训】 5月，承办省住房城乡建设厅主办的《浙江省绿色建筑条例》宣贯培训班。通过培训，进一步提高全市相关单位技术人员对绿色建筑与建筑节能相关规范、标准的认识和技术能力。同月，参与市节能办组织的节能宣传月活动启动仪式，完成"绿色建筑进校园"活动方案，订购《绿色建筑进校园》活动教材。7月，参加昆明召开的2016世界生态城市与屋顶绿化大会，为下一步宁波市海绵城市试点建设与住房城乡建设委培训中心立体绿化示范改造学习优秀经验。同月，"计划单列市和港澳地区绿色建筑联盟"成立大会在宁波召开。联盟的成立本着"先行先试"的原则，旨在促进各地市结合属地化的资源条件，提高绿色建筑的技术整合程度。

【启动《绿色建筑专项规划编制》工作】 宁波市住房城乡建设委牵头编制的《浙江省绿色建筑专项规划编制导则》通过省住房城乡建设厅课题评审，并以建设发〔2016〕176号文件印发。按照省厅年底前完成绿色建筑专项规划编制的工作要求，经市财政同意，完成专项规划编制招标工作。

大事记

1月

1日 宁波市住房城乡建设委主任郑世海带领相关人员，以"四不两直"的方式分别对海曙区和江北区的房屋建筑工地进行节日期间安全生产工作督查。

4日 市住房城乡建设委总工沈浩带领相关人员，以"不通知、不定点"的方式分别对高新区和鄞州区的房屋建筑工地进行节后安全生产工作督查。

14日 市住房城乡建设委组织召开国有土地上房屋征收工作中的疑难法律问题研讨会，市住房城乡建设委副主任陆东晓参加了研讨会。

19日 市住房城乡建设委主任郑世海到梁弄镇贺溪村考察调研2015工作情况及慰问结对困难户。

20日 市住房城乡建设委召开2015年度新闻媒体恳谈会。部分中央、省级驻甬新闻机构和市级主要媒体记者参加了会议。市住房城乡建设委党委副书记、副主任诸国平出席会议，并作讲话。

21日 市住房城乡建设委党委副主任、副书记诸国平一行前往博宏恒基和宁波建设望春桥村村民安置房项目部，看望并慰问工作在施工一线的流动党员。

22日 市住房城乡建设委主任郑世海视察宁镇路、夏禹路寒潮及雨雪冰冻天气防御情况。

26～27日 《浙江省房屋白蚁预防工程药物土壤屏障检测和评价标准》编制启动及研讨会召开，市住房城乡建设委副主任陆东晓出席会议并讲话。

29日 市住房城乡建设委、市品质办副主任夏海明专题听取城市品质提升三大重点项目——塘河综合整治、长春门文化公园建设以及慢行系统建设的设计方案汇报。

2月

1日 市住房城乡建设委总工程师沈浩等一行赴市公安局交通警察局，商研预拌混凝土专用车辆运输安全长效管理工作。

5日 市住房城乡建设委主任郑世海到市行政服务中心看望和慰问市住房城乡建设委窗口工作人员。

17日 市住房城乡建设委召开党风廉政建设工作会议，机关全体干部职工、委属单位领导班子成员参加了会议。

25日 市住房城乡建设委总工程师沈浩到市建管处专题调研民工工资支付管理及欠薪处置工作。

3月

7日 市住房城乡建设委召开2016年度宁波市

建筑工程安全生产工作会议。市住房城乡建设委主任郑世海作重要讲话。

8日 市住房城乡建设委总工程师沈浩与深圳市住房和建设局考察团一行人到海曙区莲桥街地块工程Ⅱ标段工地进行扬尘治理工作考察。

9日 市住房城乡建设委发布2016年宁波市房屋建筑工地扬尘综合整治专项行动实施方案。

16日 市住房城乡建设委会同市国税局、市地税局召集宁波市部分施工、监理企业组织召开建筑业"营改增"工作座谈会。市住房城乡建设委总工程师沈浩、市国税局副局长连平以及市国税局、市地税局、市住房城乡建设委相关职能处室负责人等参加会议。

18日 市政府副市长王仁洲听取《宁波市城市交通治堵和公交都市创建2016年实施方案》的汇报，市治堵办常务副主任夏海明进行汇报。

23日 市住房城乡建设委召开2016年度党建工作会议，市住房城乡建设委党委副书记、副主任诸国平作党建工作报告。

4月

6日 市住房城乡建设委党风政风监督员一行赴高塘一村、二村棚改征收现场开展监督工作。副主任诸国平向监督员介绍市住房城乡建设委2015年工作完成情况和2016年工作计划。

7日 2016年宁波市物业专项维修资金管理工作召开。市住房城乡建设委副主任陆东晓参加会议。

8日 市住房城乡建设委召开"宁波市建筑工业化技术研讨会——暨宁波市城市建设档案馆迁建工程建筑工业化专项设计认证会"。市住房城乡建设委总工程师沈浩做重要讲话。

12日 市住房城乡建设委制定印发《2016年宁波市房屋建筑工地扬尘综合整治专项行动实施方案》。

13日 市住房城乡建设委主任郑世海、副主任诸国平参加全国建筑业和房地产业营改增工作暨房地产市场形势分析电视电话会议。

14日 市住房城乡建设委主任郑世海、副主任陆东晓赴象山县进行现场督导，实地踏看丹西街道青草巷、象山宾馆区块等棚改项目。

21日 市纪委副书记、监察局局长王霞惠到市住房城乡建设委纪检组调研指导工作。市住房城乡建设委纪检组组长沈美凤简要汇报市住房城乡建设委基本情况和开展综合派驻监督的探索实践。

26日 市住房城乡建设委主任郑世海、副主任陆东晓一行赴鄞州区督导棚户区改造工作，实地查看长丰二村危旧房改造项目现场，并同鄞州区政府及相关部门、街道负责人进行座谈交流，详细了解项目具体工作推进情况。

27日 市住房城乡建设委主任郑世海参加全市"两学一做"学习教育动员部署会。

28日 全市住房和城乡建设工作座谈会在镇海召开。市住房城乡建设委主任郑世海出席会议并作讲话。

5月

1日 《浙江省绿色建筑条例》实施。

4日 市住房城乡建设委组织召开全市房屋装修管理工作座谈会。副主任陆东晓参加会议。

5日 宁波市副市长王仁洲在有关部门的陪同下，细雨中检查即将建成开放的绿岛公园改造提升项目。

6日 市住房城乡建设委联合宁波市城市科学研究会邀请中国城市规划设计研究院副院长、中国城市科学研究会秘书长李迅作《尊重城市发展规律 科学规划建设管理》专题辅导，市住建委、规划局、城管局、东部新城指挥部、人防办、各县（市）区住建局和28家建筑业企业、设计院、协会参加了会议。市住房城乡建设委主任郑世海作最后讲话。

12日 市住房城乡建设委主任郑世海在市品质办听取宁波市交通治堵、海绵城市创建以及地下空间建设近期工作汇报。

16日 市住房城乡建设委组织召开"两学一做"学习教育动员部署会暨专题党课，传达学习习近平总书记重要指示精神及中央和省、中共宁波市委有关会议精神，市住房城乡建设委党委书记、主任郑世海作专题党课并作动员部署。

18日 市住房城乡建设委总工程师沈浩带队赴厦门市、长沙市开展新型建筑工业化调研，学习有关新型建筑工业化发展和国家住宅产业现代化综合试点城市创建的成功经验。

19日 市住房城乡建设委主任郑世海参加全市城市交通拥堵治理暨公交都市、综合运输服务示范城市创建工作推进会。

27日 由宁波市住房城乡建设委组织的全市建筑工程G20峰会环境保障暨文明施工扬尘整治现场推进会如期举行。主任郑世海出席会议并讲话。

6月

3日 市住房城乡建设委副主任夏海明参加APEC城镇化高层论坛，就绿色发展与海绵城市建设发表演讲。

5日 市住房城乡建设委总工沈浩带领市安质总

站（市建管处）工作人员在天一广场开展2016年"安全生产月"宣传咨询日活动。

14日　市住房城乡建设委出台《平安护航G20建筑施工质量安全专项整治行动方案》。

17日　市住房城乡建设委组织召开全市房地产工作座谈会。副主任诸国平出席会议。

21日　市住房城乡建设委主任郑世海对建筑施工安全生产工作进行调研，听取关于上半年全市建筑施工安全生产工作开展情况和下半年安全工作思路的汇报。并对宁波市人民检察院技术用房迁建工程项目进行实地检查。

24日　市住房城乡建设委召开纪念建党95周年暨先进事迹报告会，会上表彰近年来委系统先进基层党组织、优秀共产党员和优秀党务工作者，5名先进代表在大会上进行先进事迹发言，党委书记、主任郑世海作《严格标准、干在实处，努力践行"四讲四有"合格共产党员》党课辅导报告。

7月

5日　市住房城乡建设委副主任陈明乐一行赴中山路樱花公园提升造工程现场视察。

6日　市"三居"办主任、市住房城乡建设委主任郑世海一行赴象山县、宁海县对农村"三居"工作进行了调研。

8日　宁波市副市长、中山路综合整治工程总指挥王仁洲，市政府副秘书长、中山路综合整治工程副总指挥汤思敏，邀请市人大城建环资工委、市政协人资环和城建委，考察前期办承建的中山路综合整治工程，并在中山路指挥部会议室和人大、政协代表委员、沿线部分商家代表召开座谈会。市住房城乡建设委主任郑世海参加并汇报了中山路改造总体情况。

12日　宁波市副市长林静国一行赴市住房城乡建设委听取近期宁波市农村"三居"工作开展情况汇报。市"三居"办主任、市住房城乡建设委主任郑世海做"三居"工作专题介绍。

20日　市住房城乡建设委主任郑世海一行先后实地走访谢家地块滨江景观带项目、慈城新区官山河以西及奥体中心等项目，听取建设单位关于海绵城市建设情况的介绍。

29日　市住房城乡建设委召开2016年上半年度宁波市建筑施工质量安全工作会议。市住建委总工沈浩参加会议并提出要求。

8月

2日　市住房城乡建设委主任郑世海参加全市外贸稳增长暨加快发展服务贸易动员大会。

5日　市住房城乡建设委主任郑世海参加全市平安护航G20誓师大会。

16日　市住房城乡建设委主任、市"三居"办主任郑世海一行赴江北区督查"安居宜居美居"专项行动进展。

23日　市纪委驻市住建委纪检组组长沈美凤一行到宁波市房屋安全管理服务中心调研，了解近期工作开展情况，并主持召开工作座谈会。

24日　市住房城乡建设委举行"宁波建设论坛"报告会，由市纪委驻市住房城乡建设委纪检组组长沈美凤为全体党员干部上了一堂题为《守纪律、讲规矩、做合格党员》的专题党课，会上还观看了纪录片《镜鉴》—衡阳、南充违反换届纪律案件警示录。

9月

1日　市住房城乡建设委主任郑世海一行赴奉化督查建筑工地安全生产及环境质量保障工作落实情况，先后来到在建的冠成商业中心和金钟财富广场工程现场，听取业主单位、施工单位以及奉化市住房城乡建设局有关工作情况汇报。

5日　市住房城乡建设委主任郑世海赴农发行宁波市分行对接棚改项目融资工作。

6日　市"三居"办召开全市农村"三居"工作座谈会。市住房城乡建设委、市"三居"办副主任夏海明参加这次会议并讲话。

7日　市住房城乡建设委组织召开直属机关部分基层党组织换届选举工作动员会。市住房城乡建设委党委副书记、直属机关党委书记诸国平，参加会议。

13日　市住房城乡建设委召开2016年城镇危旧住宅房屋治理改造专项督查汇报会。副主任陆东晓参加会议。

30日　市住房城乡建设委、市管廊办主任郑世海赴奉化督查奉化市西圃路地下综合管廊项目进展情况。

10月

18日　宁波市人大常委会主任王勇一行视察中山路综合整治项目，副主任宋伟、邬和民、王建康、施孝国、翁鲁敏、胡谟敦和秘书长杨剑耀参加视察，副市长王仁洲、市住房城乡建设委主任郑世海陪同视察。

18～19日　市住房城乡建设委总工沈浩带领安全专家对宁海、象保区、大榭、梅山等进行了国庆节后建筑施工安全生产督查。

25日　"建设论坛 知行你我"市住房城乡建设

委处级干部风采展示活动举行。党委书记、主任郑世海、党委副书记、副主任诸国平、党委委员、副主任陆东晓、党委委员、副主任夏海明、党委委员、市纪委驻市住房城乡建设委纪检组组长沈美凤、市住房城乡建设委副巡视员沈祥苗出席活动。市住房城乡建设委机关全体人员、委属企事业单位中层以上党员干部、部分党员职工代表也到现场进行观摩。

11月

2日 副市长王仁洲听取市住房城乡建设委关于装配式建筑推进情况的汇报。市住房城乡建设委主任郑世海做了汇报。

9日 市住房城乡建设委组织开展党风政风监督员活动，纪检组组长沈美凤主持会议并作会议总结。

10日 市住房城乡建设委在《宁波晚报》刊登《让我家的房子健健康康的应该怎么做》专题，宣传房屋使用安全相关知识。

16日 宁波市副市长王仁洲视察世纪大道快速路（东苑立交—百丈东路南）一期工程。市住房城乡建设委主任郑世海陪同视察。

26日 市住房城乡建设委总工沈浩赴江北区督查全国安全生产工作紧急电视电话会议精神部署落实情况。随机督查欣捷建设施工的江北区文教街道I-6E地块项目和宁波建工施工的公交场站调控中心项目。

30日 浙江省副省长熊建平带领省建设厅、省"三改一拆"办有关负责同志到宁波调研危旧房治理和小城镇环境综合整治工作。副市长王仁洲、副秘书长汤思敏、市住房城乡建设委主任郑世海以及镇海区有关负责同志陪同调研。

12月

13日 宁波市住房城乡建设委副书记副主任诸国平赴宁海深甽调研，同时赴帮扶结对村——余姚市梁弄镇贺溪村、横路村走访调研。

14日 宁波副市长王仁洲带领相关部门负责人实地考察海曙区联丰玫瑰苑老小区停车位改造、祖关山文化公园和鄞州区德培小学地下接送系统等项目，并在市住房城乡建设委大楼听取城市交通治堵工作汇报。市政府副秘书长汤思敏和市住房城乡建设委主任郑世海、副主任夏海明等市、区相关部门负责人参加调研。

16日 市住房城乡建设委举行"宁波建设论坛"报告会，邀请市直机关工委副书记杨建军就《坚定不移推进全面从严治党——认真学习宣传贯彻党的十八届六中全会精神》作专题辅导。市纪委驻市住房城乡建设委纪检组组长沈美凤主持会议。

20日 副市长王仁洲听取全市农村"安居宜居美居"（"三居"）专项行动工作情况汇报。市住房城乡建设委主任、市"三居"办主任郑世海，市住房城乡建设委副主任、市"三居"办副主任夏海明和市"三居"领导小组相关成员单位领导参加汇报会。

（宁波市住房和城乡建设委员会）

厦 门 市

概况

2016年，厦门市建设局在中共厦门市委、市政府的坚强领导下，在福建省住房城乡建设厅的指导下，深入贯彻党的十八大和十八届五中、六中全会精神，认真践行"五大发展"理念，主动融入中共厦门市委、市政府中心工作，着力转变发展方式，积极思考并推动建筑产业转型，加强城市建设与管理，在提升城市综合承载力、改善城乡人居生态环境、提高人民群众居住水平、加快行业转型发展等方面取得较好成绩。

成功承办世界城市日活动，抗击百年一遇的台风"莫兰蒂"，创下厦门市"五个第一"的好成绩。

全市276个重点项目年度计划投资1135亿元，实际完成投资1406亿元，完成年度投资计划的124%，超额完成投资271亿元。

全市建筑业企业完成总产值1456.13亿元，比增31.56%，其中省外完成产值418.15亿元，比增58.92%。总产值增幅继续保持全省第一。

全市保障性安居工程开工8154套，完成年度建设任务的100.89%，基本建成8026套，完成年度基本建成任务的176.86%，完成投资额27.02亿元，完成年度投资计划（10.91亿元）的247.66%。

全市宜居环境建设项目完成投资263.1亿元，完成年度计划投资任务的146.7%，完成计划投资率在全省10个地市区（含平潭开发区）中排名第一。

全市房地产开发完成总投资765.79亿元,其中建安投资完成497.77亿元,土地购置费完成268.02亿元。

城市建设

【概况】 2016年,厦门市开展宜居环境建设省重点项目城镇"三边三节点"整治提升项目2个,完成投资8510.8万元。完成两批次24个项目共计11652万元立面整治资金的审核和拨付。安排重点在建项目276个,年度计划投资1135亿元。全力推动停车场建设和管理,全年投用37个停车设施项目。编制《厦门市城市夜景照明工程技术导则》。开展海绵城市建设,编制三部技术标准。开展新建城区3128千米各类地下管线普查。通过测试发现并查堵漏取得日节水3840吨、采取节水改造措施取得日节水4415吨。

【重点项目建设】 2016年,厦门市一系列重大重点项目建设难题和久拖不决问题得到解决,如厦门北动车运用所、复旦中山厦门医院、国道324复线等项目,重点项目建设成效显著。全市276个市重点项目完成投资1406亿元,同比增长21%,完成年度计划124%,超271亿元。其中:工业项目完成投资220亿元,完成年度计划106%,超13亿元,服务业项目完成投资367亿元,完成年度计划121%,超63亿元,社会事业项目完成投资53亿元,完成年度计划109%,超4亿元,城乡基础设施项目完成投资155亿元,完成年度计划169%,超63亿元,新城+基地+众创项目完成投资384亿元,完成年度计划121%,超65亿元,轨道机场等专项项目完成投资227亿元,完成年度计划139%,超63亿元。超计划完成开竣工项目,全年计划开工项目60个,实际开工63个,开工率105%,计划建成项目67个,实际建成或部分建成76个,建成率113%。全市123个市重点项目涉及征收,计划征收土地44815.26亩、房屋130.45万平方米。实际交地45927.78亩(同比增长207%),完成年度计划103%,拆除房屋142.95万平方米(同比增长61%),完成年度计划110%。

【城乡基础设施建设】 2016年,福建省下达厦门市城乡基础设施建设项目计划投资约374.8亿元,实际完成投资537.92亿元,完成计划的143.52%,全省排名第一。交通提升工程完成194.56亿元,完成计划157.03%,能源提升工程完成投资31.08亿元,完成计划116.39%。市政提升工程完成投资252.27亿元,完成计划148.39%,水利提升工程完成投资13.10亿元,完成计划103.18%,美丽乡村建设工程完成投资10.25亿元,完成计划的113.91%,环保提升工程完成投资23.4亿元,完成计划116.42%,信息提升工程完成投资13.27亿元,完成计划106.98%。

【城市快速路建设】 2016年,厦门市快速路网,特别是"两环八射"30个项目建设呈全程加速态势,计划投资49.1亿元,实际完成投资102.1亿元,完成年度计划的207.9%。新开工5个项目,5个项目建成通车,3个项目主线通车,19个在建项目有序推进,13个前期项目均按计划开展。

【台风"莫兰蒂"】 2016年9月15日凌晨3:05,第14号台风"莫兰蒂"于正面袭击厦门市,这是2016年全球最强台风,也是1949年以来登陆闽南的最大台风。台风"莫兰蒂"给厦门市带来严重影响,造成全市大面积停电、停水,部分地区通信中断,65万棵行道树倒伏,交通基本瘫痪,直接经济损失达102亿元。面对这场历史罕见的台风灾害,厦门全市上下在中共厦门市委、市政府的坚强领导下,全面动员、众志成城、顽强奋战,全力推进抢险救灾和恢复重建,把损失降到最低,创造灾后重建的厦门速度,取得防抗台风及灾后恢复重建工作的重大阶段性胜利,让世界看到一个有大爱、有品格、有力量的文明厦门。

在"莫兰蒂"防抗和灾后恢复重建工作中,厦门市建设局认真贯彻中共厦门市委市政府工作部署,顾全大局,勇于担当、敢打硬仗,创造五个"全市第一":全市第一支到达清障现场的企业救援队伍,打通全市第一条全线恢复顺畅的主干道,全市第一支能清障运输扶正修复的企业救援队伍,全市第一支从外地租用运输车协助救援的企业救援队伍,全市第一支从暂停施工的外地项目调来人员设备车辆的企业救援队伍。此外,厦门市建设局还迅速部署开展建筑工地、物业小区、重点项目、保障房项目、公共停车楼和夜景工程的灾后重建工作,不等不靠,积极主动开展各项灾后恢复重建工作。

【"2016世界城市日"中国主场活动】 2016年10月31日,由住房和城乡建设部、联合国人居署、福建省人民政府主办,厦门市人民政府承办,中国市长协会、中国城市规划学会、上海世界城市日事务协调中心协办的"2016世界城市日"中国主场活动在厦门举办,来自中国、美国、英国、德国等近20个国家、地区和国际组织的官员、市长、专家学者共300多人出席本届"世界城市日"中国主场活动。本次活动围绕着"共建城市、共享发展"主题,组织"2016世界城市日论坛"、签署《城市发展厦门倡议》，向世界发出中国声音，倡导城市市民共建共享、共治共管，举办"世界城市日主题展"、"2016世界城市日（福建厦门）人居环境展示会暨国际建筑节能博览会"、"2016世界城市日（厦门）定向公益穿越赛"等活动，召开三个主题研讨会，共同探讨轨道交通、城镇化能效技术和装配式建筑的发展远景，举办三场主题论坛，促进建筑节能、停车产业、城市空间发展。

【道路景观和立面综合整治】 2016年，厦门市列入福建省宜居环境建设重点项目（城镇"三边三节点"整治提升项目）2个，年度计划投资7204万元，实际完成投资8510.8万元，完成年度投资的118.14%，超进度完成任务，进度位列全省同类项目第一。组织各区现场查勘并初步筛选条件成熟项目15个，完成项目设计等前期工作，完成两批次24个项目共计11652万元立面整治资金的审核和拨付。结合"莫兰蒂"灾后重建工程，积极组织筹划，稳妥推进重点片区夜景提升。

【公共停车场建设管理】 2016年，厦门市按照"投用一批、在建一批、开工一批、生成一批、谋划一批"思路加快推进公共停车设施建设，并超额完成省下达的2016年第一批公共停车设施投资工程包工作任务。建设开发厦门市停车信息共享平台以及"i车位"APP手机应用软件，至年底已联网205家停车场、共52294个车位实时数据。

【推动海绵城市建设】 2016年，厦门市建设局编制《厦门市海绵城市建设技术标准图集》、《厦门市海绵城市建设工程施工与质量验收标准》、《厦门市海绵城市建设工程材料技术标准》三部标准，率先在全国海绵试点城市中形成设计、施工、材料系列技术标准。编制《厦门市海绵城市建设工程评价标准》和《厦门市海绵城市建设工程施工图审查要点》。开展技术标准宣贯培训，加大对海绵城市建设相关技术人员的培训力度，共计培训人员568人，参训单位176家，发放《技术规范》和《标准》240套。成立海绵城市建设工作组，增强海绵城市建设项目从方案到竣工阶段各建设环节的指导和监管，服务厦门市的海绵城市建设。

【地下管线信息系统管理】 2016年，厦门市建设局根据住房城乡建设部等部门全面查清城市范围内的各类地下管线并建立信息管理系统的要求，指导市城建档案馆开展地下管线普查工作，计划探测各类管线3128千米，至年底完成管线普查招标工作，12月16日开工，预计2017年5月中旬完成此项工作。

（撰稿：李艺娟、林思颖、赖礼澎
核稿：徐瑾、蔡加和、林联泉）

村镇建设

【概况】 2016年，厦门市继续深入推进宜居环境建设，着力抓好美丽乡村建设、农村生活污水分散式治理、农村垃圾集中治理行动，牵头协调全市宜居环境建设及进一步扩大有效投资"五个一批"项目推动工作，基本完成年度目标任务。集美区灌口镇田头村、海沧区海沧街道海沧社区被评为2016年度福建省级"巾帼美丽家园"，集美区村庄污水处理项目被住房城乡建设部评为"2016年中国人居环境范例奖"，同安区汀溪镇被住房城乡建设部列为国家级特色小镇。

【宜居环境建设】 2016年，厦门市重点围绕美丽乡村、公共停车场、三边三节点、老旧小区改造、轨道交通、五千工程（城市道路、污水管网、污水管网、供水管网、燃气管网）等项目，持续深入推进宜居环境建设，不断提升城市承载力和宜居度。2016年，福建省下达厦门市计划投资任务179亿元，实际完成投资263.1亿元，占省下达计划投资的146.7%，完成计划投资率在全省10个地市区（含平潭开发区）中排名第一。

【美丽乡村建设】 2016年，厦门市开展60个村的美丽乡村建设及3条美丽乡村景观带建设，其中示范村6个、重点整治村17个、基本整治村37个，年度计划投资1.37亿元，截止到12月底，实际完成投资1.6832亿元，完成年度投资122.86%。同安区汀溪镇被住房城乡建设部列为国家级特色小镇。

【分散式污水治理】 截止到2016年底，厦门市建成或基本建成238个村庄农村生活污水分散式处理设施，已完成投资73897.39万元。集美区村庄污水处理项目获评为2016年中国人居环境范例奖。

【农村生活垃圾治理】 2016年，厦门市继续按照"四有"目标（即：有完备的处理设施、有稳定的保洁队伍、有长效的资金保障、有完善的责任监管机制）持续推进农村生活垃圾治理。制定《厦门市农村污水垃圾整治行动实施方案（2016-2020年）》明确工作任务、目标，在全市范围内组织开展为期一个月的农村生活垃圾集中整治行动，组织开展农村生活垃圾治理的中期检查，为2018年迎接省级验收打下基础。截止到2016年底，全市已建成投用转运站108座，配备各类收集车辆2552辆，全市农村保洁员配比已达到4.14%，95%以上行政村生活垃圾得到有效治理，基本实现农村生活垃圾日产日清，全市村容考评平均成绩84.3分，优良率（80分以上）达到76.87%。设施设备、保洁人员配比等多项指标已提前完成省政府制定的目标要求。

（撰稿：李伟博　核稿：何汉峰）

保障性安居工程

【概况】　2016年，福建省政府下达厦门市保障性安居工程建设任务8082套，基本建成4538套/间。截止到年底，全市保障性安居工程已开工8154套，占年度建设任务的100.89%，基本建成8026套，占年度基本建成任务的176.86%，完成投资额28.24亿元。市本级保障性住房共有13栋住宅工程获评省优工程，25栋住宅获评鼓浪杯（金奖），30栋住宅获评鼓浪杯（银奖）。厦门市获得2.5亿元国家棚改专项建设基金用于湖里区五缘湾内湖南侧高林旧村改造一期项目。

【构建立体式住房保障体系】　印发《厦门市市级公共租赁住房管理办法（试行）》，通过政府主导、企业运作、适度保障方式，以略低于市场租金标准，分批次向符合条件的在厦无住房和住房困难群体提供市级公共租赁住房，满足其过渡性、阶段性基本住房需求，至年底完成四个批次521套（971床）的配租，完善保障性住房相关政策，印发《厦门市社会保障性住房申请家庭信用档案管理规定》，全年共开放4批次保障性租赁房的申请分配工作，组织开展2016年12月31日前合同到期家庭的续租工作。

【项目建设】　2016年，厦门市除完成省政府下达的任务数外，新开工同安城北B地块二期、九溪小区、黎安居住区等3个保障性住房项目，续建华铃花园二期、华铃花园三期、新阳居住区一期、高林居住区二期、东方新城二期B地块等5个项目。全市保障性安居工程总体进展顺利。至2016年底，同安城北B地块二期8栋住宅楼主体封顶，商业中心部分进行地下室施工，九溪小区、黎安居住区基本完成桩基施工，华铃花园二期1号、2号、3号楼处于室内装修施工阶段，8号楼及幼儿园基本完成室外工程施工，华铃花园三期9号楼、10号楼进行主体结构施工，11号、12号、13号楼进行基础施工，新阳居住区一期进行主体工程施工，高林居住区二期15号、17号楼进入工程收尾阶段，14号、16号楼及商业中心处于主体施工阶段，东方新城二期B地块进行主体工程施工。

2016年9月，新开工3个市本级公共租赁住房项目，分别为园博公寓、珩琦公寓和后吴公寓，总建筑面积约55万平方米，建设房源8129套。至2016年底，3个项目均在进行桩基施工。

2016年，厦门市建设局积极协调推进轨道交通安置房项目建设，保障轨道建设拆迁安置需求。轨道1号线公园东路安置房项目完成竣工备案，轨道2号线3个安置房项目均已取得基建项目前期计划，正在开展相关审批工作。

【编制专项规划】　2016年，厦门市建设局组织市规划院编制《厦门市保障性安居工程布局专项规划（2016—2020年）》，主要在轨道站点周边和交通便利的地方选址建设，重点明确各选址项目的建设规模、配套设施等内容。同时由各区和火炬管委会在各工业园区内建设适量公租房，定向租赁给园区企业。该专项规划于11月22日通过评审，经初步测算，截至2020年底，市本级、各区、火炬管委会和国有企事业单位将建设公共租赁住房约10万套。除调整9429套市区级未分配安置房为公共租赁房源外，本次规划新建公共租赁住房项目共35个，建设房源约9.2万套。

【提升设计品质】　2016年，厦门市积极推动保障性安居工程执行绿色建筑标准，落实海绵城市要求。新开工的保障性住房项目九溪小区和黎安居住区在设计招标文件中均明确要求应取得绿色建筑一星级设计标识认证。洋唐居住区A09、A11、B13地块取得绿色建筑二星级设计标识认证，滨海公寓和后溪花园取得绿色建筑一星级设计标识认证，洋唐居住区B17地块已完成绿色建筑专项设计。

【保障性租赁房】　2016年，厦门市共开放4个批次保障性租赁房申请，其中第一、第二批面向中低收入住房困难家庭，第三批面向低保住房困难家庭，第四批面向连续三次摇号未中的申请家庭，共受理申请6965户，经审核取消资格663户，公示8081户（2015第一、二批和2016年第一、二批），选房1948户，签订合同6475户（含往年选房申请户），交房入住7494户（含往年选房申请户），续租审核10182户，签订续租租赁合同6002户。

【公共租赁住房】　8月起，厦门市建设局会同市级运营管理企业厦门保障性安居工程建设投资有限公司共启动8个批次市级公共租赁住房的申请分配工作。

（撰稿：吴雪琳、黄基础、陈岑、傅燕迅
核稿：黄依柱、白晓东、沈峻、钟兴弘）

建筑业

【概况】　2016年，厦门市新成立建筑业企业

115家，其中总承包56家，专业承包35家，劳务分包24家。截至年末注册地在本市的建筑业企业1021家，其中施工总承包384家，专业承包574家，设计施工一体化22家，劳务分包42家。建筑业企业由二级升一级的有57家企业64项资质，由三级升二级的有14家企业15项资质。注册地在厦门的企业完成建筑业总产值1456.13亿元，比2015年（1106.86亿元）增长31.56%，其中在省外完成产值418.15亿元，同比增长58.92%。总产值增幅继续保持全省第一。

【信用体系建设】 2016年1月21日下发《关于开展2015年度建筑市场信用监管评价有关事项的通知》，部署2015年度信用评价工作。共有700家企业提交信用监管评价申报材料，其中483家为施工总承包企业，217家为专业承包企业。经评价，施工总承包企业中，绿色（A级以上）47家，蓝色（BBB、BB+）277家，黄色（BB-、B）82家，红色（CCC、CC、C）77家。专业承包企业中，绿色（A级以上）8家，蓝色（BBB、BB+）149家，黄色（BB-、B）35家，红色（CCC、CC、C）25家。

成立完善厦门市建筑业企业信用监管评价模型研究工作小组，委托厦门大学数学科学学院开展信用评价模型理论和实证研究，研究适应评价模型的监管、检查等制度，重新研发软件系统，完善信用监管系统的各项功能。出台《厦门市建筑市场"黑名单"管理办法》，于2月12日正式施行。对列入"黑名单"的对象，工程项目招标人可拒绝其参与投标，将受到差别化监管，被取消评优评先资格等，将对建筑市场的不良行为起到震慑作用。

【工程招投标管理】 完善招标投标制度，对涉及厦门市的相关的59份招标投标规范性文件进行清理，出台《非本市国有企业在厦投资工程建设项目招投标管理若干意见》，规范非本市国有企业在厦投资工程建设项目招投标活动，积极服务"提升城市建设相关工程项目"、鼓浪屿申遗工程、厦门轨道交通工程、西通道工程等重点项目的招投标工作，规范信用评价结果在招投标中的应用。

截止到12月底，已清退还低价风险保证金17亿元，清退逾期未退还投标保证金3732万元，工资保证金2562.93万元、履约保证金（保函）35.8亿元。印发《厦门市建设局关于贯彻落实清理规范工程建设领域保证金有关工作的通知》，明确取消低价风险金，转变保证金缴纳方式，推行银行保函制度，鼓励使用保证保险等其他非现金的保证金形式，进一步健全保证金管理制度，依法依规返还保证金。

清理规范保证金工作力度大、工作进展位居全国前列，7月26日，《中国建设报》以"厦门取消低价风险保证金"为题，对厦门市的清理规范保证金的工作做专门报道，福建省住房和城乡建设厅在全省清理规范工程建设领域保证金工作情况的通报中，对厦门市进行表扬。

【促进建筑业发展】 2016年，厦门市新引进17家施工总承包企业，共完成产值166.3亿元，贡献建筑业产值共429.7亿元。2015年引进的16家企业2016年完成产值263.4亿元。厦门市财政落实奖励资金1397万元，对2015年度资质晋升、产值提升显著以及获得国家、省、市级科技进步奖、获得国家级工法、QC成果奖、发明专利、新技术应用示范工程等企业进行奖励。厦门市政府于10月1日印发实施《厦门市人民政府关于促进建筑企业灾后恢复生产的意见》，对建筑企业灾后恢复生产提出财政政策扶持、税收政策支持及金融政策支持等扶持措施。

【建设工程造价管理】 在原有建筑材料综合价格信息发布模式的基础上，梳理出常用的36类、近5000条材料，并按不含增值税价格及含增值税价格进行发布，以满足"营改增"后的计价需求，确保2016年5月1日建筑业"营改增"的顺利实施。完成编制《厦门市主要工业及生活用水定额》，为厦门市文明城市、节约型用水城市建设提供技术标准。编辑出版《厦门建设工程信息》、《厦门市建设工程造价管理文件汇编》（2015年）、《厦门市建设工程材料价格》2015年下半年刊及2016上半年刊。编制发布轨道交通工程机械台班及材料新增价格约1000多条。

【建筑劳务管理】 2016年，厦门市建设局与厦门市人社局劳动监察支队共同推广无欠薪项目部创建活动。检查99个创建无欠薪项目部。接听施工企业、项目部、工人的电话咨询534次，接待来访咨询、投诉993人次，与市信访、劳动监察等部门配合协调处理各项工程欠薪纠纷57起，涉及1650人，受理投诉件57件，已解决或部分解决的项目57件，实际解决被拖欠的工程款6041.95万元，配合劳动部门解决发放农民工工资5607.22万元。全市24家试点企业培训考核发证完成情况：2016年共完成培训考核发证5261人，其中初级工125人，中级工4148人，高级工988人。

（撰稿：庄丽珍、庄瑛琪、廖伟刚、吴思妮
核稿：吴育农、刘海天、董健璐、许荔）

房地产开发与物业管理

【概况】 2016年，厦门市房地产开发完成总投资765.79亿元，同比增长－1.1%，其中建安投资完成497.77亿元，同比增长4.39%，占总投资的65%，土地购置费完成268.02亿元，同比增长－9.8%，占总投资的35%。在各类物业投资中，住宅、商业用房完成投资同比均呈负增长，办公楼及其他用房完成投资同比增长幅度较大，其中住宅完成投资427.60亿元，同比减少6.8%，占总投资的55.84%，办公楼完成投资116.4亿元，同比增长10.5%，占总投资的15.20%，商业营业用房完成投资66.29亿元，同比增长－16.5%，占总投资的8.66%，其他用房完成投资155.51亿元，同比增长19.0%，占总投资的20.3%。

全市商品房新开工面积548.46万平方米，同比增长－7.4%。其中住宅新开工面积189.72万平方米，同比增长－32.3%，占总新开工面积的34.59%，办公楼新开工面积102.01万平方米，同比增长－7.9%，占总新开工面积的18.60%，商业营业用房新开工面积48.04万平方米，同比增长－14.8%，占总新开工面积的8.76%，其他用房新开工面积208.69万平方米，同比增44%，占总新开工面积的38.05%。全市商品房竣工面积453.55万平方米，同比增长1.5%。其中：住宅竣工面积239.57万平方米，同比增长－12.6%，占总竣工面积的52.82%，办公楼竣工面积44.91万平方米，同比增长－1.6%，占总竣工面积的9.9%，商业营业用房竣工面积45.13万平方米，同比增长88.6%，占总竣工面积的9.95%，其他用房竣工面积123.94万平方米，同比增长20.4%，占总竣工面积的27.33%。全市商品房施工面积4312.20万平方米，同比增长－0.5%。其中：住宅施工面积1953.07万平方米，同比增长－8.6%，占总施工面积的45.29%，办公楼万831.81平方米，同比增长9.9%，占总施工面积的19.29%，商业营业用房409.10万平方米，同比增长1.3%，占总施工面积的9.49%，其他用房1118.22万平方米，同比增长8.0%，占总施工面积的25.93%。

截至2016年底，厦门市有物业管理资质企业345家，其中一级资质企业27家，二级资质企业31家，三级资质企业248家，暂定资质企业39家。实施物业管理小区2162个。物业管理总建筑面积1.25亿平方米。其中，住宅小区项目数841个，物业管理面积约9700万平方米，其他类型物业管理面积2800万平方米。已成立业委会数量851个。

【房产地企业资质检查】 2016年，厦门市建设局组织开展全市254家应检房地产开发企业的资质检查工作。其中一级资质企业14家，二级资质企业33家，三级资质企业24家，四级资质企业183家。

【房地产开发企业"双随机"检查】 2016年8月，厦门市建设局开展全市房地产开发企业"双随机"抽查工作，共随机抽查15家房地产开发企业，24个房地产开发项目。其中：一级资质企业2家，三级资质企业1家，四级资质企业7家，暂定资质企业5家。

【房地产开发企业信用综合评价】 2016年，根据福建省住房和城乡建设厅要求，厦门市建设局委托市房地产业协会开展2014～2015年度房地产开发企业信用综合评价工作。经企业自评、市房协初评，并经市建设局复评后形成结果，由市房协将综合评价结果报送省房地产业协会开发委员会。

2016年5月，省住房城乡建设厅发布《关于公布2014—2015年房地产开发企业信用综合评价结果（第一批）的通知》，厦门市共有AAA级企业7家，AA级企业37家。

【物业行业管理】 2016年，厦门市建设局开展"双随机"检查，进一步规范全市物业服务企业经营行为，加强事中事后监管，推进企业信用综合评价体系的建立。共计抽查6个区的25个物业管理项目、7家物业服务企业，并将检查结果与企业信用综合评价挂钩，发布《厦门市建设局关于规范物业服务合同备案工作的通知》，制定办事指南范文，规范各区物业服务合同备案工作，积极配合推进"垃圾分类"等环卫工作，出台规范性文件《厦门市建设局关于物业服务企业和业委会积极配合做好"垃圾分类"及"门前三包"工作的通知》，明确物业服务企业、业委会的具体工作内容，促进共建共管，配合市审计局做好专项维修资金的审计工作，并根据审计报告规范完善专项维修资金的管理，着手制定厦门市物业专项维修资金管理办法并已形成初稿。

【老旧小区改造】 2016年，中共厦门市委市政府研究印发《厦门市老旧小区改造提升工作意见》，在全市全面推进老旧小区改造工作。截止到2016年底，全市共完成63个老旧小区改造项目。

（撰稿：吴育平 核稿：吴晓琪）

建设工程管理

【概况】 2016年，厦门市共有16项30个单位工程评为"闽江杯奖"，265个单位工程评为"市建设工程结构优质工程"，83个工程评为"市建设工程鼓浪杯奖(优质工程)"，4个项目评为全国"AAA级安全文明标准化工地"，36个工程项目评为"省级建筑施工安全文明标准化优良项目"，282个工程项目评为"市级建筑施工安全文明标准化优良项目"。全年杜绝较大等级及以上安全事故的发生,共发生一般等级建筑施工安全死亡事故1起,死亡1人。

【工程质量安全监管】 2016年,厦门市建设局根据福建省住房和建设厅的部署,调整监管方式,制定《质量安全"双随机"监督执法检查实施办法》和《质量安全"双随机"监督执法检查工作导则》。建立随机抽取检查对象、随机选派监督执法检查人员的"双随机"监管机制,改变以往一个工程从开工至竣工全过程均由一组监督人员实施监督的方式,开启几十年工程质量安全监管模式的新篇章。从2016年7月起,在厦门市新报监工程项目和结构尚未封顶的受监工程项目质量安全监督执法检查中全面实行"双随机"监管模式,全年开展"双随机"执法检查367次,项目经理违规记分330人次6384分、项目总监违规记分372人次4706分。

【专项监督整治和建筑材料抽查】 2016年,开展建筑施工安全专项整治,累计执法巡查工程项目1531次,发出责令整改通知书1531份,排查一般质量安全隐患5955条,通报批评企业73家(次),记录不良行为记录346家(次),对1433名建造师记16961分,对1390名总监理工程师记12488分。

贯彻《福建省预拌商品混凝土质量管理标准》和《厦门市建设工程材料质量监督检查实施办法》,每季度对混凝土生产质量和施工现场建筑材料实施常态化、制度化的监督抽查抽测机制,检查内容包括企业资质、试验室管理、原材料质量、生产质量、混凝土质量等,对各类原材料及混凝土试块进行监督抽检,同时对施工现场使用的其他建筑材料、构配件质量进行监督抽查,并印发检查情况通报。2016年,共开展383次建材抽查抽测,排查预拌混凝土生产企业50家次,混凝土企业违规记分810分。

【安全生产月和质量月活动、岗位技能竞赛】 2016年,厦门市建设局在11个工程项目举办市级及以上建筑施工安全文明、质量标准化现场观摩会,其中厦门国际银行科技研发中心、泰禾海沧H2013P04地块项目2号地块、洪钟大道(翔安南路—翔安西路段)3个工程项目举办省级、部级工程质量通病防治现场观摩会,15个省(市、区)的住房城乡建设部门领导和施工、监理单位相关负责人参加观摩,人数达23000多人次。

【建筑废土砂石综合治理】 2016年,厦门市建筑废土管理站办理建筑废土处置许可证742件,调剂建筑废土外运量约2600万立方米,回填量约190万立方米。全市纳入建筑废土砂石综合管控平台目录库的运输企业53家,1046部运输车辆。检查工地1220余次,力求检查全覆盖、无死角。同时,对于未尽到管理职责造成道路渣土和扬尘污染,严重影响市容环境卫生拒不整改的单位进行取证,采取口头警告、发出责令整改通知书、约谈等措施加强对工地源头的管理。对未及时办理建筑废土处置许可、文明施工管理措施不到位的229家施工企业进行约谈,对73家施工企业发出责令整改通知书,对73家违反规定的在建工地的施工单位、监理公司上报工程管理处记录不良行为,对3个违反建筑废土管理的案件进行立案调查并处罚,共处罚款5万元。

【渣土车管理】 2016年,厦门市编制《建筑废土运输行业专用车辆功能技术规范》,明确渣土车辆的部件设计、安全系数,实现对渣土运输车辆的智能管控。升级完善建筑废土砂石管控平台功能,实现智能型建筑废土运输车辆的功能接入,全面实现超时超速报警、未密闭和不按指定路线限速行驶、乱倒废土限制货箱举升等智能管控,实现后台终端系统远程监管。加强建筑施工现场扬尘巡检查,组织公安、交警、交通、环保、城管进行路面联合执法183次专项巡查,出动检查人员1867人次,由相关部门查扣198部存在违规行为的渣土车辆。

(撰稿:吴素萍、王蕾、林镝

核稿:庄毅伟、张清辉、郭万艺)

建材与节能科技

【概况】 2016年,厦门市建设局完成《装配式建筑成本分析与控制》等12项建设科技项目立项,验收《厦门地铁施工对周边建(构)筑物影响与灾害防治关键技术研究》等8项建设科技项目,全市累计新增节能建筑1005.43万平方米。

【建设科技推广】 配合"世界城市日"厦门主会场活动,举办2016中国(厦门)国际建筑节能博览会、厦门国际建筑节能与绿色建筑发展高峰论坛、中德被动式超低能耗建筑论坛等活动。围绕城市日主题和目标,宣传低碳生态环境与绿色节能建筑理念,分享国内外绿色建筑与建筑节能最新科技成果,推进美丽厦门建设。完成厦门市二星级绿色建筑技术集成示范项目建设,提供绿色建筑技术和产品宣传普及窗口。

【建筑材料管理】 完成建筑幕墙工程竣工信息登记111项,总面积102.23万平方米。做好既有玻璃幕墙安全性维护,致函全市301幢使用期超十年的建筑幕墙工程业主,督促其开展安全性鉴定维护工作。组织四批建筑节能产品和新型墙体材料认定,共计83种建筑节能产品和73种新型墙体材料通过认定并将结果向社会公布。

办理墙改基金征收项目265项，征收金额10291万元。办理返退墙改项目272项，返退金额8823万元。修订《新型墙体材料专项基金缴、退》办事指南。发布《厦门市建设局关于新型墙体材料专项基金缴纳主体等有关问题说明的通知》，明确墙改基金缴纳及返退主体的问题。19个搅拌站通过质量管理体系、环境管理体系和职业健康安全管理体系认证，占70%。

【建筑节能管理】 办理建筑节能工程质量专项验收备案项目672个，其中公共建筑314个，建筑面积564.42万平方米，居住建筑358个，建筑面积441.01万平方米。

落实社会类公共建筑节能改造项目20个，并委托第三方测评机构审核，改造面积150万平方米，与机关事务管理局共同落实批复公共机构类节能改造项目9个，改造面积94万平方米，合计下达244万平方米的公共建筑改造计划项目。

完成2016年能耗统计任务并报送住房城乡建设部数据平台。完成建筑节能监管体系项目验收，对国家机关办公建筑和大中型公共建筑约900栋和六区七街道建筑能耗统计约15000栋进行能耗统计，能源审计10栋大型公共建筑，依法公示一批公共建筑能耗。完成建筑能耗监测系统验收，对4栋建筑安装建筑能耗分项计量，实现能耗实时监测。

【可再生能源应用】 发布《关于进一步落实可再生能源建筑应用管理的通知》，要求施工图审查机构应当对施工图设计文件中的可再生能源建筑应用情况进行审查，未按规定使用可再生能源的建筑项目，不得通过施工图审查，市、区建设工程质量监督管理部门要加强对可再生能源建筑应用项目施工过程的监管，确保按图施工。通过各责任主体层层把关，有效落实厦门市可再生能源建筑应用的相关法律法规。

2016年以来落实东南国际航运中心、厦门大学等可再生能源建筑应用示范项目的财政奖励金额超过2000万元。通过示范项目的带动，厦门市可再生能源建筑应用初步形成规模化效应。主要技术类型有太阳能热水系统、太阳能—空气源热泵系统、太阳能光电系统、海水源热泵系统等。

【绿色建筑】 2016年，厦门有四个项目获得绿色建筑评价标识，总建筑面积69.64万平方米。其中设计标识2个，29.86万平方米，运行标识2个，39.78万平方米，5个保障房项目通过绿色建筑施工图审查，总建筑面积460.90万平方米。落实《厦门市绿色建筑行动实施方案》，推动厦门市绿色建筑快速发展。在土地招拍挂设定绿色建筑要约，将执行绿色建筑纳入施工图审查，对存量土地绿色建筑实施奖励措施。落实建发中央湾区E28地块、万科金色悦程等项目绿色建筑财政奖励，奖励金额约2400万元。其中，对建发中央湾区珊瑚海小区948户购房业主给予返还20%的契税奖励。此举，既普及广大业主绿色建筑的知识，又让业主们共享绿色发展的实惠。该小区成为福建省第一个获得绿色建筑奖励的建筑，使厦门市绿色建筑成效获得良好的社会宣传效应。

（撰稿：付蓓营　核稿：邱永聪）

技术综合管理

【概况】 2016年，厦门市完成《城市建设"十三五"专项规划》、《厦门建设事业"十三五"专项规划》等建设行业中长期发展规划编制并发布执行。厦门市建设局持续推动技术进步，做好技术保障工作。在推动装配式建筑发展，促进产业升级，完善工程领域标准化管理，促进行业技术进步，提升技术能力，服务城市建设等方面成效明显。

【推广装配式建筑】 2016年，厦门市建设局结合《厦门经济特区建筑条例》修订，将"鼓励采用装配式建造模式，重点推广装配式混凝土结构和装配式钢结构"写入条文，将"大力发展装配式建筑"纳入《厦门市"十三五"城市建设专项规划》和《厦门市建设事业"十三五"专项规划》，完成《厦门市装配式建筑管理条例》立法课题调研。选取新阳保障性住房二期（60万平方米）、洋唐保障性住房三期（50万平方米），作为2016、2017年度厦门市装配式建筑试点示范项目，项目计划以实施预制装配式混凝土结构技术为核心，融入智慧城市、海绵社区、BIM技术、绿色建筑、共同管沟等中共厦门市委市政府关注的"八大"重点工作，打造"全国保障性住房建设新蓝本"。

在翔安和集美分别建设中交三航和中建智欣PC构件厂，总投资约3亿元，PC构件设计年产能近25万立方米。两个构件厂的投入使用，将为厦门市在保障性住房中实施装配式建造模式并进而推动装配式建筑发展提供产业基础。

【行业技术进步】 2016年，厦门市建设局发布省、市建设工程地方标准计划项目29部，完成17部省、市标准验收，通过企业标准备案5项。其中，建筑工业化厨卫标准图集的立项编制，对推动全省建筑工业化发展具有重要意义,海绵城市建设、三网融合、城市综合管廊、公共建筑节能改造等标准的颁布执行,很好地推动厦门市试点示范城市建设工作,获住房城乡建设部、省住房城乡建设厅认可,相关经验在全省推广。组织编制夜景工程技术导则和管理办法,地铁质量验收标准体系,有力保障市中心工作的顺利开展。

全年共组织申报省级工法两批61项、建筑业十项新技术应用示范工程27个(其中8被评为省级十项新技术应用示范工程,16项被评为市级十项新技术应用示范工程),比去年增加50%,完成3项建筑业十项新技术应用示范工程项目验收,进一步丰富厦门市示范工程项目建设。

(撰稿:杨佳悦 核稿:王华琪)

政策法规

【概况】 2016年,厦门市建设局全面推进局系统依法行政工作,依法全面履行政府职能,依法行政制度体系基本完备,进一步提高依法行政能力。被住房城乡建设部列为"行政执法责任制重点联系单位",获"全省住房城乡建设系统宪法和法律法规知识竞赛单位组织奖",顺利通过省厅2014、2015年依法行政工作考核。

【规范性文件制定】 完成11份局规范性文件的内部审查、报送市法制局审查和政策解读工作。认真落实《厦门市行政机关规范性文件管理办法》,全年共前置审查10份局规范性文件,并报市法制局全部审查通过。对截止到2015年底的厦门市建设局为主实施或参与实施的以市政府或市政府办公厅名义发布的规范性文件共89件进行清理,提出保留53件、修订11件、废止25件的意见,并报市法制局审查。清理局系统规范性文件,对截止到2015年12月31日有效的局规范性文件,共清理出160件,最终确定有效的规范性文件63件(含修订的2件)、废止或失效的规范性文件97件。

【规范行政权力运行】 全面梳理、调整权责清单并实行动态调整。发布《厦门市建设局关于调整权力清单和责任清单的通知》,向社会公布局权责清单。调整后的局行政权力清单"行政监督检查类"由原来45项调整为32项,权力清单相应由300项调整为285项。责任清单相应调整为373项。

【精简公共服务事项清单】 发布《厦门市建设局关于公布市级公共服务事项清单的通知》,公布《厦门市建设局公共服务事项清单(2016年9月版)》。调整后市级公共服务事项清单共保留30项,将保障性住房申请人资格审核等公共服务事项纳入清单管理。

全面清理和整合中介服务,发布《厦门市建设局关于公布市级行政审批中介服务事项的通知》,保留施工图审查、产品形式检验报告等6项,取消验资报告、审计报告等8项。

【法制宣传教育培训】 制定并组织实施《厦门市建设局法制宣传教育第七个五年规划》。举办建设系统建设专业法律知识培训班,培训人数100多人,组织未取得行政执法证件的27名人员进行严格的闭卷专业考试,通过率100%。

(撰稿:孙宇航 核稿:吴美娜)

行政审批

【概况】 2016年,厦门市建设局机关驻市行政服务中心审批服务事项共办结11632件,办件量同比增加42.8%,提前办结率79%,保持零逾期、零投诉,办件效率稳步提高。

【简化审批】 精简申报材料。2016年6月3日印发《厦门市建设局关于部分行政许可和公共服务事项取消或简化申报材料的通知》,取消或简化26项申报材料,涉及13个审批服务事项。

取消现场核查。取消11个审批事项的现场核查环节,涉及企业资质类审批、建筑废土处置等方面。取消现场核查环节后,缩短7个工作日的办理时间,为审批程序"瘦身",进一步便民惠民。

实现内部信息共享。按照"内部共享获取"和"申请材料不重复提交"的原则,通过局系统内部共享资料、协同审核的方式,申请人在之前环节已提交的材料,在后续环节不再提交,前置部门的审查文件通过"内部共享"获取。如申请人在办理施工许可过程中可减少提交施工合同备案、质量监督申报、业主支付保函、承包商履约保函等4份材料。

试点联合验收。将质量监督、消防、环保、规划、档案、市政、园林、民防、气象、水保等10个专业的竣工验收工作进行归并,一个项目竣工后最多分两次进行验收,避免业主多头申报,大大精简验收环节,缩短验收时间,提高效率,促进项目能够早日投入使用。2016年开展雅马哈信息厦门研发中心大楼、厦门海关停车楼、厦门理工学院风洞试验楼工程等6个项目联合验收试点工作。原来一个项目完成各个事项的验收一般要耗时3~4个月以上,通过多部门联合验收,可压缩至1个月之内完成验收工作。

(撰稿:朱源 核稿:邹梦林)

人事管理与教育

【概况】 2016年,厦门市建设局组织发放2015年度第十八届全市土木建筑企业中级职称合格人员证书发放1451本,组织2016年度第十九届全市土木建筑企业中级职称工作,1961人参加评审,共1433通过,通过率为73.07%。

全市各类建设行业执业资格考试报名,其中:全国一级建造师执业资格考试报名11932人,全国二级建造师执业资格考试12973人,其他各类执业资格考试报名3406人。

组织开展各类岗位人员(含三类人员、特种作业人员、八大员、园林绿化四大员、物业管理人员)证书延期22099人次,办理三类人员取证培训2537人,特种作业人员考核取证:392人、八大员考核取证8953人、物业管理人员新取证554、园林绿化四大员考核取证:1161人,建筑工人5827人:高级工1241人、中级工4461人、初级工125人。

(撰稿:陈熙　核稿:戴福明)

大事记

1月

16日　厦门市建设局、市重点办印发《厦门市市级政府投资重点建设项目代建单位名录库管理办法》、《厦门市市级政府投资重点建设项目代建单位选择办法》、《厦门市市级政府投资重点建设项目代建工作考核奖惩实施细则》等4个文件。

2月

19日　厦门市建设局出台《房屋建筑和市政基础设施工程联合验收管理办法(暂行)》。

23～25日　厦门市住房保障管理中心完成第29、30批保障性租赁房(洋唐居住区A09地块房源)已选房申请户622户租赁合同签订。

27日　厦门市人民政府公布2016年市重点项目名单。

3月

16日　厦门市建设局印发厦门市保障性租赁房2016年第一批轮候分配方案。

17日　厦门市建设局、市重点办组织召开《厦门市重点建设项目管理暂行办法》暨《厦门市市级政府投资重点项目代建制管理暂行办法》及配套4个办法的宣传贯彻大会。

24日　厦门市人民政府办公厅转发《市建设局关于开展市级政府投资重点建设项目三比一看活动实施方案(试行)的通知》。

4月

1日　厦门市建设局会同市重点办牵头,启动市级财政投资重点建设项目"三比一看"(比质量、比安全、比进度、看实效)活动。

26日　厦门市建设局公布2016年厦门市级政府投资重点建设项目代建单位名录,建立房建、市政等六大专业共34家代建名录库。

28日　厦门市2016年第一批保障性租赁房意向登记公开摇号在建设大厦3楼举行。

5月

1日　厦门市重点办、市公安局开始牵头开展为期两个多月的全市重点项目阻工统一整治行动,打击恶意阻工行为,推动重点项目顺利建设。

19日　厦门市人民政府印发《关于印发加强城市停车设施建设工作实施意见的通知》,有效期五年。

26日　福建省政府同意由厦门市人民政府承办2016年世界城市日论坛。

30～31日　厦门市住房保障办会同厦门市质安站,在华铃花园二、三期、新阳居住区一期等6个保障房项目开展"比质量、比安全、比进度、看实效"活动。

31日　厦门市住房保障管理中心完成2015年第一批保障性租赁房申请户248户选房。

6月

3日　厦门市建设局印发《关于贯彻落实简政放权放管结合优化服务若干措施的通知》,可容缺承诺后补4项手续中的11项材料。

5日　国家海绵城市建设年度绩效评价专家检查洋唐居住区建设情况。

13～14日　厦门市住房保障管理中心办理第七批保障性商品房(滨海公寓房源)已选房申请户146户合同签订。

13～22日　厦门市建设局、市重点办牵头,会同交通、港口、水利等行业部门开展"三比一看"(比质量、比安全、比进度、看实效)第一次季度评比活动。

16～24日，厦门市住房保障管理中心完成第29、30批保障性租赁房(洋唐居住区A11地块、东方新城一期B2地块)已选房申请户1118户租赁合同签订。

22日　厦门市建设局印发厦门市保障性租赁房2016年第二批轮候分配方案。

7月

4日　厦门市住房保障管理中心启动保障性租赁房2016年续租。

5~14日 厦门市住房保障管理中心办理第七批保障性商品房（东方新城二期A地块房源）已选房申请户677户合同签订。

13日 厦门市建设局、市发改委、市财政局3部门联合印发《厦门市社会保障性租赁房租金调整办法（试行）》。

21日 厦门市政府常务会研究通过《厦门市"十三五"城市建设专项规划》。

25~27日 厦门市赴印尼泗水参加联合国第三次人类住区大会（简称人居三）三筹会议，现场推介在厦门市召开的2016年世界城市日论坛。

26日 厦门市人民政府印发《厦门市市级公共租赁住房管理办法（试行）》。

8月

2日 厦门市政府办公厅成立2016年"世界城市日"论坛活动保障协调工作领导小组。

15日 厦门市住房保障管理中心完成2015年第二批保障性租赁房单列申请户16户选房。

26日 厦门市政府常务会议研究2016年世界城市日论坛承办筹备有关工作。

9月

1日 厦门市建设局印发"十三五"建设事业专项规划。

15日 "莫兰蒂"台风在厦门登陆，厦门市建设局迅速集结建设系统各常备抢险救援队伍奔赴受灾道路一线，广泛发动建设企业加入抢险。

20日 厦门市建设局印发《建筑业企业资质等13个审批事项审查标准的通知》。

22日 住房城乡建设部住房保障司副司长刘霞一行到厦门市湖边花园A区、湖边花园B区、洋唐居住区等保障性住房项目调研。

28日 厦门市建设局印发厦门市保障性租赁房2016年第三批轮候分配方案。

30日 厦门市首批新建的3个公共租赁住房项目——园博公寓、珩琦公寓、后吴公寓正式开工建设，计划用地总面积150.42亩，投资221342万元。

10月

5日 时任厦门代市长庄稼汉召开环岛路等重要通道沿线及重要节点绿化和沿街立面景观综合整治提升工作专题会议。

6日 厦门市建设局成立街区立面、城市夜景、在建工程整治提升行动领导小组。

7~20日 厦门市赴厄瓜多尔基多参加联合国第三次人类住区大会（简称人居三），现场推介在厦门市召开的2016年世界城市日论坛。

13日 在第十五届中国住博会开幕式上，厦门市建设局与住房城乡建设部科技与产业化发展中心签订《厦门市装配式建筑技术咨询服务合同》。

16~20日 申遗专家考察鼓浪屿申遗整治工程，其中厦门市建设局牵头的鼓浪屿申遗立面整治工程取得明显效果，得到肯定。

19~21日 住房城乡建设部科技与产业化发展中心主任冯忠华带队到厦门市考察、调研、装配式建筑发展情况，视察洋唐居住区海绵城市建设工作。

20日 厦门市建设局启动《街区立面整治及提升标准》、《街区立面整治导则》和《街区建筑立面提升设计导则》（简称"一标准二导则"）编制工作。

25日 《厦门市街区立面整治提升策划方案》设计完成。

30日 参加2016年世界城市日的德国代表团一行6人参观洋唐居住区海绵城市建设情况，代表团对厦门市保障房项目结合海绵建设表示赞赏。

31日 2016年世界城市日论坛在厦门国际会议中心酒店正式召开。

11月

1日 厦门市建设局组织"2016世界城市日"参会外宾考察厦门市城市建设管理工作。

3日 厦门市2016年第三批保障性租赁房意向登记公开摇号在建设大厦3楼举行。

4~15日 厦门市住房保障管理中心完成2016年续租第一批2433户续租合同签订。

15日 厦门市人民政府办公厅转发《市建设局关于提升城市建设相关工程项目参建单位选择办法的通知》。

16日 厦门市建设局对各参建单位及相关管理部门进行"一标准二导则"第一次宣贯。

18日 厦门市建设局会同市质监局编制印发《厦门市城市夜景照明工程技术导则》。

22日 厦门市建设局组织召开《厦门市保障性安居工程布局专项规划（2016—2020年）》评审会，会议对该专项规划予以通过。

23日 海沧新阳居住区保障性安居工程A3-1地块正式被福建省建筑协会评为福建省建筑业绿色施工示范工程。

25日 厦门市建设局印发厦门市保障性租赁房2016年第四批轮候分配方案。

12月

1~13日 厦门市住房保障管理中心完成2016年续租第二批3569户续租合同签订。

5日 厦门电视台《视点》栏目专题报道市建设

局驻行政服务中心窗口审批标准化、竣工阶段联合验收、服务重点项目建设等方面工作情况。

8日 厦门市2016年第四批保障性租赁房意向登记公开摇号在建设大厦3楼举行。

9日 中共厦门市委书记裴金佳主持召开专题会议,听取关于《厦门市重点片区夜景照明修建性详细规划暨概念性方案》的汇报。

8~9日 住房城乡建设部工程质量安全监管司赴厦调研工程质量工作。

10日 厦门市重点办(市建设局)牵头推动环岛路绿化景观修复重建工作实现"恢复+超越"的目标,累计扶正树木近3万、种植苗木3.3万株、修复重建面积约37.55万平方米。

16日 《厦门市保障性安居工程布局专项规划(2016—2020年)》通过规划审查。

19日 厦门市人民政府办公厅印发成立市容提升与环境整治保障部工作机构。

(厦门市建设局)

深 圳 市

住房和城市建设

概况

深圳市位于广东省中部珠江口东岸,与香港特别行政区一水之隔,1979年11月设立地级市,1980年设置经济特区。1981年,深圳市升格为副省级市。1988年,国务院批准深圳市在国家计划中实行单列。市区面积1996.85平方千米。2015年全市年末常住人口1190.84万人,比上年末增加52.97万人,增长4.7%。其中户籍人口384.52万人,增长8.3%,占常住人口比重32.3%,非户籍人口806.32万人,增长3.0%,占比重67.7%。19492.60亿元,比上年增长9.0%,固定资产投资4078.16亿元,比上年增长23.6%,其中,房地产开发项目投资1756.52亿元,增长32.0%,非房地产开发项目投资2321.64亿元,增长18.0%。2016年,深圳市东进战略启动实施,出台五年行动方案,计划安排355个重点项目、总投资1.65万亿元,横坪公路改造等51个先行项目开工建设。坚决贯彻国家房地产市场调控政策,先后出台"深六条"和"深八条",促进房地产市场平稳健康发展。全年新开工及筹集人才和保障性住房6.2万套、竣工5.1万套、供应4.2万套,均达历史之最。深刻吸取光明新区"12·20"滑坡事故教训,全面推进余泥渣土受纳场、危险边坡和地质灾害等重点隐患排查整治,完成隐患整改69.1万项,关闭取缔企业、场所3968个。二线"插花地"棚户区改造正式启动,严查严控违建,累计拆除消化违建约1100万平方米。全年更新供应土地2.2平方千米,整备释放土地11平方千米。建成136个优质饮用水入户工程、惠及居民15万人,完成124个原特区外社区供水管网改造。"华侨城湿地环境教育示范项目"和"中国·观澜版画原创产业基地建设项目"获评2016年中国人居环境范例奖,深圳市档案中心、太平金融大厦荣获2016年度中国建筑工程鲁班奖,深圳京基100大厦荣获2016年度(第十三届)中国土木工程詹天佑奖。

深圳城市建设存在问题:特区快速发展中积累的违法建筑、水体污染等问题依然突出,垃圾处理能力严重不足,公共安全基础还不牢固。城市建设管理标准和精细化程度不高,与国际一流城市相比还有差距。公共服务供给还存在不少短板,部分区域和时段交通拥堵。

(张致富)

房地产业与住房保障

【**房地产开发**】 2016年,全市房地产开发项目投资1756.52亿元,增长32.0%。加大居住用地出让力度,优化土地出让方式,采取"双限双竞"模式,集中出让2宗居住用地。

【**房地产市场**】 落实国家"因城施策"的房地产市场调控精神,把促进房地产市场平稳健康发展作为核心任务,采取多元举措着力稳定房价。2016年,为抑制房价过快增长,深圳市先后出台房地产市场调控的"深六条"和"深八条",通过严格管控房价、实施差别化信贷政策、加强市场秩序整顿、严厉打击违法违规行为等组合手段促进楼市降温,市场整体处于"量跌价稳"状态。推进实施规模化租赁经营试点，探索建立购租并举的住房制度体系，完善房地产行业监管，房地产行业诚信系统上线运行，诚信体系建设步伐加快，开展龙华上塘商品房现售试点工作。2016年10~12月，全市新建商品住宅均价稳定在5.5万元/平方米左右，是全国16个热点城市中最稳定城市。

【房屋租赁管理】 截止到2016年10月，完成和平里花园二期项目和正大时代华庭项目两个项目合计3508套房源的认购、选房、签约、备案工作，完成金穗花园、龙泽苑3283套公租房申请家庭的选房、签约、入住工作，完成龙瑞佳园1564套公租房申请家庭的认租、初审、终审、选房、签约、入住工作。龙瑞佳园保障房住户还送上"入伙情系百姓安居梦圆万家"的锦旗，对保障署认真负责、高效便民的龙瑞佳园"一站式"集中入住服务工作表示感谢。

【房屋征收管理及用地清退】 房屋征收管理：2016年，深圳市继续完善房屋征收技术规范、审批标准、管理流程等方面政策，研究出台《〈关于征地安置补偿和土地置换若干规定（试行）〉实施细则》等系列政策法规。2016年，深圳市共做出征收决定5项，建筑面积43745.44平方米，完成征收28项，建筑面积117265平方米，做出补偿决定2项，建筑面积867.7平方米，申请法院强制执行1项，建筑面积459.7平方米。

用地清退管理：2016年印发《深圳市2016~2020年建设用地清退工作方案》和《深圳市建设用地清退验收工作指引（试行）》，明确建设用地清退责任分工，为各区开展清退及验收工作提供了重要依据。深圳市召开全市清退工作会议，研究清退实施的有关政策，解决推进清退实施中遇到的具体问题，交流经验做法。2016年，深圳市共完成建设用地清退5.91平方千米。

【危房及棚户区改造】 罗湖"二线插花地"作为深圳市棚户区改造的试点项目，覆盖木棉岭片区、玉龙片区、布心片区3个片区，总占地面积约为55万平方米。2016年深圳市颁布实施《深圳市棚户区改造项目界定标准》《深圳市购买棚户区改造服务管理办法》《罗湖"二线插花地"棚户区改造实施方案》等系列政策法规，积极探索与农业发展银行、国家开发银行开展棚户区改造专项贷款，完成罗湖"二线插花地"改造片区入户调查以及棚改片区地质灾害、消防安全隐患、基础设施配套综合评估等工作。

【物业管理服务】 启用全国首个物业管理微信投票系统，参与业主9.4万户，涉及小区1549个，应用投票系统召开业主大会134场次。启用既有房屋安全排查信息系统，建立房屋安全排查台账，建设共有资金管理系统，选取福田天然居等17家小区为试点单位。推进新能源汽车充电桩设施建设，新增充电设施约7000个。全市排查既有房屋170638栋，其中C类7471栋，并已要求辖区政府立即处置和解危。

【保障性住房建设】 保障性安居工程：全年新开工及筹集6.2万套，竣工5.1万套、供应4.2万套，均为上年的2倍以上。加强日常监管，核查租户信息12253户，上门核查12502套。注资1000个亿组建国有独资的全市人才住房专营机构——市人才安居集团。制定《关于加强和改进基本住房保障工作的若干措施》《深圳市保障性住房轮候与租售办法》《深圳市公共租赁住房和廉租住房并轨运行实施办法》等文件，确保保障性住房轮候和租售规范、公平、有序。

人才安居工程：出台《关于完善人才住房制度的若干措施》，制定《深圳市人才住房公共配套设施建设监管办法》《深圳市人才住房租金定价细则》《深圳市人才住房供应和分配办法》等，为实施人才安居提供制度保障。面向全市25家重点企事业单位定向配租2038套，向高层次专业人才发放住房补贴约1.55亿元，为深圳市吸引人才、留住人才做出贡献。

住房公积金管理

新增开户单位3.13万户，新增开户个人123.85万人，新增归集资金418.92亿元，新增提取住房公积金382.81万笔，提取金额约226.30亿元。联合腾讯公司打造全国首个公积金城市服务主页，公积金微信公众号粉丝量突破60万。"公积金余额查询"被"2016中国互联网＋峰会"评为"用户最喜爱的城市服务"，荣获2015年度深圳市优秀政务新媒体"十大人气政务微博"。另获广东省机关事业单位档案综合管理"省二级"称号。

（张致富）

城市建设

【公共服务设施建设】 修订《深圳市城市规划标准与准则》，提高学校、社康中心、日间照料中心等民生设施的规划建设标准，开展医疗卫生设施布局五年专项规划、高等教育空间布局规划等研究，开展南山大学城用地规模拓展研究，推进33所学校、4家医院等一大批民生设施建设，全年共保障

216项民生项目落地，实现510.8公顷用地供应。

【市政基础设施建设】 市政基础设施更加完备。加快推进东部环保电厂等3个垃圾焚烧处理项目、6座餐厨垃圾处理厂、50座消防站的规划建设，初步完成11座余泥渣土受纳场选址，配合推进油气库及其他危险品仓储区选址论证，完成地下管线普查和建库，协调推进治水提质工作，成功申报全国海绵城市试点。

【地下综合管廊建设】 出台市综合管廊建设"十三五"实施方案，组建市基础设施投资平台及综合管廊建设运营公司。完成全市管廊专项规划编制，并通过省厅技术审查。完成新开工低碳城、前海、大空港、阿波罗4项管廊建设工程总长16.16千米。聘请清华大学聂建国院士等专家，创建国内综合管廊建设权威专家库。与中建科技、中冶等具有管廊建设综合经验的单位开展技术咨询合作，增强技术储备。

【道路交通设施建设】 编制《深圳市城市轨道交通第四期建设规划（2017—2022）》，上报国家发改委和住房城乡建设部审批，组织开展城市轨道交通线网规划优化工作，完成国家铁路深圳地区布局规划修编，积极推进重大交通基础设施项目建设，实现赣深客专开工建设，协调推进深中通道、外环高速一期、南坪快速三期、沿江高速二期等139条道路工程建设，配合打通41条断头路。

【城市轨道交通建设】 2016年深圳轨道交通7、9、11号线建成开通运营，深圳市轨道交通运营里程已达285千米，位居全国第四，全球第十，创造深圳轨道交通发展新的里程碑。全市共有12个地铁项目同步在建，总里程高达148千米，深圳市地铁三期大会战的帷幕就此拉开。四期首批线路方案包括6号线支线、12号线、13号线、14号线及16号线5条线路，总长149千米，车站83座，总投资估算约1344.5亿元。

【城市园林建设】 全年共完成新建改造61个社区公园，银湖山公园已开园，三洲田、光明、观澜、松子坑、塘朗山等5个森林（郊野）公园建设稳步推进，全市公园总数上升为921个，"自然公园-城市公园-社区公园"三级公园体系进一步完善。启动特色主题公园建设，编制《深圳市公园特色发展规划》，完成月季花、杜鹃花等12个花卉主题公园打造，国际友好城市公园、人才公园、航天公园、竹文化公园、百花园等一批特色主题公园选址已基本确定。全面启动27个市属大型公园基础设施提升建设，进一步提升公园管理服务水平。圆满举办十一届"公园文化周"，组织开展高品质文化活动287场，吸引市民群众688万人次。

【绿化工程】 完成《深圳经济特区绿化条例》立法，并于10月1日起施行。完成《深圳市绿地系统规划（2004—2020）》修编和全市城市绿化资源普查，在全市全面推广使用绿化管理作业信息系统，加强绿化养护作业精细化监管，共录入管养企业145家，管辖152个标段，养护面积共2331.76万平方米，基本实现"分项管理，单项核算"的要求，绿化管理法治化、规范化水平大幅提升。高标准开展轨道交通三期7、9、11号线绿化迁移和绿化恢复，建成60个立体绿化项目，在全市打造出一批绿化精品景观。

【绿道规划与建设】 积极推进绿道和远足径建设，全市380个绿道"公共目的地"建设全部完成，规划了总长超过300千米远足径，已开展30千米示范段建设，进一步拓展市民绿色休闲空间。

【环卫设施建设】 东部环保电厂、老虎坑垃圾焚烧发电厂三期、妈湾城市能源生态园3座大型垃圾处理设施建设进展顺利，基本完成场地平整、垃圾焚烧主设备招标等工作，主体桩基及垃圾运输栈桥工程开工。全市5座垃圾焚烧厂和3座垃圾填埋厂改造提升工作进入全面施工，按期推进。2016年，全市5座垃圾焚烧厂和3座垃圾填埋场安全稳定运行，共处理垃圾17180吨/日。全年新建并运营3座餐厨垃圾处理设施，全市餐厨垃圾处理能力提高至1130吨/日。

【城镇生活污水治理和雨污分流】 2016年，深圳市扎实开展排水系统"织网行动"，推进城中村、老旧城区雨污分流、正本清源，并根据"集散结合"的技术路线，选择城中村试点，建设分散式污水处理设施，加大偏远、分散区域和漏排污水整治力度。加快重点污染水体沿河截污，完善新改扩建污水厂配套管网。新增污水处理厂1座，增加污水处理能力40万吨/日，8座已启动提标改造，建成应急处理设施20座，提高处理能力62.5万吨/日，17座推进，新增盐田区、罗芳区、福田区、南山区等污泥减量处理设施4座，新增处理能力1425吨/日，全年污水处理量16.88亿吨，同比增长3.94%。加强排水管网运营监管质量考核，全年组织清疏排水管渠3167千米，清掏管渠淤泥3.74万方，检查维修补换井盖10513个，维护雨水口11277座。建成污水管网1033.8千米，是2015年的3倍，在建污水管网1050千米，消除排污口479个，创建排水达标小区343个。

【河涌综合整治】 全面铺开治水提质攻坚战461个治水提质项目全部启动，完成治水提质投资111.04亿元，是2015年的3.96倍，相当于"十二五"水环境投资的63%。全市15条主要河流中10条水质改善，五大河流中深圳河、茅洲河、观澜河、坪山河全河段平均综合污染指数下降，45条（段）建成区黑臭水体水质总体向好。

重点流域治理，以茅洲河为突破口，实行"大兵团作战、全流域治理"，以流域为单元打包实施项目，中上游段初步实现不黑不臭，以深圳湾为示范区，综合采取源头减污、管理控污和末端治污等措施，消除入河湾排污口29个，减少直排污水21万吨/日，湾区水生态质量明显改善，吸引大量候鸟，其中占全球10%的珍惜候鸟黑脸琵鹭成群回归栖息。观澜河、龙岗河、坪山河、大鹏湾、大亚湾等流域治水提质项目加速推进。

黑臭水体治理，按照"流域统筹、系统治理"思路，明确"截污控源、内源治理、净水回补、活水循环"的技术路线，坚持近远结合、标本兼治、一河一策，综合采取控源截污、加快治污设施建设、优化治理技术、强化考核督办、建立长效机制等措施，推动黑臭水体治理全面提速。对建成区黑臭水体污染源进行了系统摸排，编制完成《深圳市黑臭水体水质改善技术路线研究报告》。2016年，开工河道整治57条，整治长度83千米，全市建成区36条（45段）黑臭水体治理全部启动，完成治理11段，实施32段，开展前期工作2段，已有16段初步达到不黑不臭标准，公众满意度均达到90%以上。

【海绵城市建设】 2016年4月，深圳市入选第二批全国海绵城市建设试点城市。按照"规划一张图，建设一盘棋"原则，成立市、区两级海绵城市建设工作领导小组，印发实施方案，明确近远期目标，即2020年全市建成区20%（200平方千米）以上面积达到海绵城市要求，2030年全市建成区80%以上面积达到海绵城市要求。2016年以来共分解下达工作任务107项，并纳入市政府绩效考核。建立海绵城市规划源头管控机制，已出台和制定的制度和技术标准超过30项，市发改、财政、规土等部门均出台行业技术规范，要求政府投资项目率先落实海绵城市建设技术标准。引入社会力量参与海绵城市建设，成功举办"2016国际城市低影响开发（LID）学术大会深圳分会"、"中德海绵城市项目交流研讨会"等技术交流活动，与马化腾等领衔的桃花源基金会和大自然保护协会签订战略合作框架协议。试点区域光明新区凤凰城55个国家三部委备案建设试点项目中，海绵设施总投资40.92亿元，其中8个样板工程已完工6个，基本完工2个，施工21个，开展前期工作26个。全市已初步形成约1.9平方千米的海绵达标片区，并涌现出红树林生态公园、光明群众体育文化中心等近100项海绵城市示范项目。

（张致富、王亚楠）

工程建设与建筑业

【勘察设计管理】 2016年，勘察设计招标项目共完成809项，中标金额约72亿元。其中勘察类270项，中标金额约5亿元，设计类539项，中标金额约67亿元。按照国家发改委"深化BIM技术应用，推进电子招标投标与相关技术融合创新发展"和"建立建筑市场决策分析系统和工程造价指数分析系统，强化大数据应用"的要求，现已完成深圳市建设工程招投标大数据应用和建设工程招投标阶段BIM应用两项课题研究，并着手开展相关应用系统开发工作。在教育类项目试行勘察设计前期管理第三方咨询服务，提高设计招标和前期管理水平。

【招标投标管理】 工程交易服务平台技术水平不断提高，电子招标投标创新试点工作顺利通过验收，实现招标投标电子化覆盖率100%，并实现数据与国家、省、市三级公共资源交易平台的无缝对接。创新运用"互联网＋"思路搭建"深圳市建设工程材料设备询价采购平台"，有效解决了材料设备询价采购难、审计难等问题，补充完善深圳市现行招标投标管理制度，已有注册用户3404个，成交询价采购项目236项，累计成交金额3.68亿元。

工程交易服务量不断增加，全市建设工程招标和直接发包项目共计4339项，比上年同期增长24.97%，总造价1553.36亿元，比上年同期增长5.01%。其中，完成各类招标项目4159个，同比增长43.17%，中标金额约1420亿元，同比增长53.64%，对建设工程招投标进行监管共节约国有资金约262.46亿元。

【建设工程造价管理】 承担国家工业化建筑定额编制，编制完成《深圳市工业化建筑消耗量定额》。收集发布工业化工艺、构件价格信息，结合建安造价、BIM技术重点形成综合管廊的BIM应用服务收费参考指标。深入运用"互联网＋"思维，配套搭建深圳建筑业"淘宝网"——深圳市建设工程材料设备询价采购网络服务平台，共有注册用户数3201个、发布询价采购项目370项、询价采购成交金额3.33亿元，网上商城发布材料设备8332项。"制度加平台"的整体方案，为深圳市建设材料设备询价采购打开新路子，为材料设备询价采购活动定标准、立规矩，填补深圳市建设工程材料设备询价定价的监管空白，荣获第四届广东省土木建筑学会科学技术奖三等奖、2015年度广东省工程造价优秀成果奖一等奖。

【建设工程监理】 2016年，完成招标项目415个，总中标价达18亿。探索建立优秀团队制度，制定《优秀团队认定管理办法》、《优秀管理团队承建项目履约管理细则》等制度，已完成19个监理类优秀团队的认定工作，并在深圳广电金融中心、南方科技大学（二期）等项目中发挥作用。

【建设市场管理】 全面贯彻落实"创新、协调、绿色、开放、共享"五大发展理念，促进建筑产业转型升级，我们在年初制定《深圳市建筑市场综合改革方案》，并得到住房城乡建设部批准实施，恢复红牌停标措施，加快推进信用体系建设，出台《建设工程招标文件定性评审要素设置规则》、《评定分离定标工作指导规则》，将招标人权力关进制度的笼子。

标准定额

按照定额使用年限和工程实际需要，全面修编建筑、市政、园林、安装和装饰五大专业定额，更好地满足深圳市建设各方主体的计价需求。按照新工艺、新设备、新技术变化实际，增补轨道交通相关定额子目，修订施工工期定额，落实税改政策完善计价规程，结合深圳市投资项目多元化及新的国家和地方标准，修订建筑市政和轨道交通概算编制规程，进一步规范设计概算编制程序，提高概算编制质量。

工程质量安全监督

推进"智慧建造、智能监管"，逐步推进施工现场视频监控、安全监测预警、大型工程机械动态安全监管和建筑物联网等信息系统工程的建设。全年工程质量基本可控，未发生较大以上安全事故，市监管项目845项，质量安全形势基本稳定。开展安全专项检查项目5248项次，出动检查人员14890人次，排查建筑施工安全隐患3000多项，整改率达98%，全年实施行政处罚262宗，涉及282家企业及个人，罚款金额1602.76万元。建成安全体验馆14个，建立"安全教育日"制度，受教育人员超过40万人次。做好全市建设工地防御妮妲、海马等台风的防御部署，共组织撤离35万人。

建筑节能和科技

【绿色建筑和装配式建筑】 绿色建筑规模继续位居全国前列。推进成立深圳市建设科学技术委员会，聘请7名院士为成员，成功打造深圳市建筑科技领域高级智囊团。加快推进装配式建筑，出台《关于加快推进装配式建筑的通知》、《深圳市装配式建筑项目建筑面积奖励实施细则》等政策文件，促进深圳市装配式建筑有序发展。全年全市竣工装配式混凝土结构建筑项目13个，总建筑面积104万平方米，在建和计划开工装配式混凝土结构建筑项目42个，总建筑面积逾400万平方米。新建民用建筑100%执行绿色建筑标准，新增绿色建筑设计评价标识项目183个，建筑面积1313万平方米，超额完成市政府年度任务，其中22个项目获得国家二星级以上绿色建筑标识、12个项目获得深圳金级以上绿色建筑标识。

【节能减排】 参与全国统一的《装配式建筑工程消耗量定额》编制工作，编制完成《深圳市装配式建筑工程消耗量定额》。同时，完成17053栋居住建筑、485栋国家机关办公建筑和大型公共建筑的能耗统计，建筑面积22287.9万平方米。新建建筑100%执行节能标准。

【新墙体材料】 深圳作为全国第一批"禁实限黏"城市，积极推广应用节能利废的新型墙体材料新技术、新产品，"禁实限黏"和新型墙材推广应用工作成效显著。通过实行"禁实限黏"促进绿色建筑发展，绿色建筑的快速发展又巩固"禁实限黏"的成效。2016年征收新型墙体材料专项基金5970.40万元，核退11714.50万元，转基金2567.26万元，安排23.68万元用于全市新型墙材工作。

【散装水泥推广】 2016年深圳市预拌混凝土供应量达到2919万立方米，与上年基本持平，预拌砂浆供应量为352万吨，预计全年实现约8%的增长。预拌混凝土和预拌砂浆供应量已分别超额完成省散办下达的任务指标。其中，预拌砂浆供应量继续保持全省第一，占全省生产量的比例预计约为45%。成功举办"中国混凝土南方地区第十三次技术交流会"。开展主题为"推广散装水泥发展绿色产业"的2016年度散装水泥宣传周活动，严格限制产能，进一步化解行业产能过剩问题。

（张致富）

大事记

3月

22日 省委副书记、中共深圳市委书记马兴瑞到深圳市住房和建设局指导工作，参观市住房建设局行政服务大厅，并听取深圳市人才住房和保障性住房建设分配管理情况，提出相关要求。

9月

28　深圳市2016年人才住房和保障性住房项目集中开工活动在光明新区光侨路项目现场举行。中共深圳市委书记马兴瑞同志、市长许勤等市领导及各区各相关单位负责人出席活动。

10月

9日　深圳市人才安居集团揭牌成立，将要打造成为千亿级的人才安居房投融资、建设和收购平台。省委副书记、中共深圳市委书记马兴瑞，市长许勤出席活动。"十三五"期间，深圳计划新增筹集建设人才住房和保障性住房40万套，其中人才安居房30万套，总建筑面积2600万平方米，相当于特区建立以来政策性住房的总和。

11月

19　罗湖"二线插花地"棚户区改造动员大会在罗湖会堂举行，这标志着罗湖棚改攻坚战全面打响。会议由罗湖区区长聂新平主持，中共深圳市委常委杨洪、罗湖区委书记贺海涛分别为罗湖棚改指挥部、罗湖棚改现场指挥部、三个片区指挥部授牌。龙岗区区长戴斌、市住房城乡建设局负责人及罗湖区4套班子全体成员出席会议，罗湖区直各部门、各街道办、罗湖棚改现场指挥部、天健集团等800余人参加会议。

（深圳市住房和城乡建设局）

城市规划管理

【概况】　2016年，深圳市规划和国土资源委员会（市海洋局）（以下简称"市规划国土委"）继续加强城市规划管理工作，筹备全市城市工作会议，推动印发实施《进一步加强城市规划建设管理工作的实施意见》，启动新一轮城市总体规划编制，不断推动规划管理制度改革，优化法定图则管理，加强城市设计及特色风貌区保护，着力解决制约城市发展的突出问题，提升城市规划建设管理水平。

【宏观规划与计划】　城市总体规划方面，2016年4月，市规划国土委启动《深圳市城市总体规划（2010—2020）实施评估》工作，并将评估报告上报市政府，提请开展新一轮城市总体规划编制。同时，启动《深圳市城市总体规划（2016—2030年）》（以下简称《总规》）编制工作。2016年5月9日，中共深圳市委、深圳市人民政府（以下简称"市委市政府"）成立深圳市城市总体规划编制工作领导小组，由书记马兴瑞亲自挂帅，于6月4日正式下发编制工作方案。截至年底，市规划国土委完成深圳市内70多个政府部门、企业和行业协会及9个周边城市的走访和交流，《总规》编制的主体内容及各专项研究工作也都在同步推进之中。11月8日，中共深圳市委常委杨洪同志率队赴国家住房和城乡建设部，就深圳市城市总体规划修编及其他相关工作进行交流座谈，得到国家住房和城乡建设部的肯定和支持。土地利用总体规划方面，2016年市规划国土委全面推进土地利用总体规划调整完善工作，共计完成片区土地规划个案调整审查34项，面积2.68平方千米，重点保障民生、基础配套设施及重大项目规划调整，主要涉及道路、学校、消防站、安置房、产业和历史遗留、重点片区等类型，审查片区土地利用总体规划调整备案材料77项，核查城市更新和建设项目土地规划156项。

【法定图则】　2016年，市规划国土委稳步推进法定图则编制和局部调整工作，共开展编制20项法定图则，其中6项法定图则已完成审批。在法定图则局部调整方面，共完成法定图则局部调整事项82项，主要为公共服务设施、城市基础设施、保障房和产业项目等，积极配合深圳市社会经济快速发展的需要。

【交通规划】　2016年，市规划国土委会同深圳市发展与改革委员会组织编制《深圳市城市轨道交通第四期建设规划（2017—2022）》，将城市轨道6号线支线、12号线、13号线、14号线、16号线共计5条（段）总长约148.9千米的线路纳入轨道交通第四期建设申报方案，并上报国家发改委和住房城乡建设部。同时，组织开展城市轨道交通线网规划优化工作，按照远景线网规模超过1000千米的目标优化城市轨道线网布局，牵头组织编制《国家铁路深圳地区布局规划（修编）》，提出构建"南北终到、东西贯通、互联互通"的铁路客运网络布局。

【市政规划】　市规划国土委推进东部环保电厂、老虎坑垃圾焚烧厂（三期）、南山垃圾焚烧厂（二期）共3个垃圾焚烧处理项目规划建设，并推进建成餐厨垃圾处理厂3座，推进建立餐厨垃圾处理厂6座，完成地下管线普查工作，建立地下管线数据库和地下管线信息综合管理系统，完成《深圳市拟近期重点实施余泥渣土受纳场专题研究》，初步选取11座受纳场场址，并上报市政府，成功申报全国海绵城市试点城市，组织编制《深圳市海绵城市专项规划》及《深圳市海绵城市规划要点和审查细则》等配套政策研究专题。

【城市与建筑设计】 城市设计方面，开展总体城市设计，推动重点地区城市设计和规划研究，开展城市设计导则及特色风貌区管理办法的编制，推进国际会展中心的规划建设，完成深圳国际会议中心与新科技馆选址，开展招商银行、中国电子总部用地、天音通讯、安邦保险、海能达等重大项目的规划设计条件拟定等相关工作，开展香蜜湖片区规划研究和岗厦北地铁枢纽及周边地下空间规划研究。建筑设计方面，会同深圳市教育局制定《关于进一步优化设计推进深圳市中小学建设的指导意见》，研究制定《深圳市城市重要地区、重要节点的非国有资金投资项目建筑方案设计招标投标管理细则》，制定《关于调整深圳市新增商品住房项目户型结构和套数比例的通知》，联合市住房建设局发布《深圳市装配式建筑（住宅产业化）项目建筑面积奖励实施细则（试行）》。

【地名管理及历史文化保护】 地名管理方面，全面开展《深圳市第二次全国地名普查试点地区地名补查》工作，同时持续推进《深圳市罗湖区第二次全国地名普查暨其他各区地名补查》工作。文化保护方面，组织编制《深圳市历史风貌区和历史建筑保护管理规定》、《深圳市历史风貌区和历史建筑评估标准》，形成初步成果

【房屋征收管理】 2016年，深圳市继续完善房屋征收技术规范、审批标准、管理流程等方面政策，起草《深圳市人民政府关于修改〈深圳市房屋征收与补偿实施办法（试行）〉的决定》、《关于进一步完善房屋征收补偿机制的若干意见》，研究出台《〈关于征地安置补偿和土地置换若干规定（试行）〉实施细则》等系列政策法规。深圳市共做出征收决定5项，建筑面积43745.44平方米，完成征收28项，建筑面积117265平方米，做出补偿决定2项，建筑面积867.7平方米，申请法院强制执行1项，建筑面积459.7平方米。

【用地清退管理】 2016年，深圳市印发《深圳市2016—2020年建设用地清退工作方案》和《深圳市建设用地清退验收工作指引（试行）》，明确建设用地清退责任分工，为各区开展清退及验收工作提供了重要依据。同时，深圳市召开全市清退工作会议，研究清退实施的有关政策，解决推进清退实施中遇到的具体问题，交流经验做法。深圳市共完成建设用地清退5.91平方千米。

【土地二次开发】 城市更新方面，2016年印发《深圳市城市更新"十三五"专项规划（2016—2020）》，作为全市"十三五"期间城市更新工作的纲领性文件。全年全市审批通过城市更新计划将97项，涉及拆除用地面积约568公顷，审批通过城市更新单元规划59项，涉及拆除用地面积约365公顷，开发建设用地面积约254公顷，规划批准总建筑面积约1405万平方米，通过城市更新累计供应用地面积约239公顷。土地整备方面，印发《深圳市土地整备专项规划（2016—2020）》，明确"十三五"期间完成土地整备50平方千米的目标。2016年整备用地约11.6平方千米，重点推进前海自贸区、大空港新城等重点片区土地整备，推动开展南山白石岭国际教育园区、宝安三围码头（深中通道）等重大项目土地整备，优先满足轨道6号线、外环高速、市第二儿童医院等一批公共基础设施和民生工程用地需求，为经济社会发展提供了空间保障。

(庞乃敬 袁媛)

(深圳市规划和国土资源委员会（市海洋局）)

政策法规文件

中共中央 国务院关于进一步加强城市规划建设管理工作的若干意见

(2016年2月6日)

城市是经济社会发展和人民生产生活的重要载体,是现代文明的标志。新中国成立特别是改革开放以来,我国城市规划建设管理工作成就显著,城市规划法律法规和实施机制基本形成,基础设施明显改善,公共服务和管理水平持续提升,在促进经济社会发展、优化城乡布局、完善城市功能、增进民生福祉等方面发挥了重要作用。同时务必清醒地看到,城市规划建设管理中还存在一些突出问题:城市规划前瞻性、严肃性、强制性和公开性不够,城市建筑贪大、媚洋、求怪等乱象丛生,特色缺失,文化传承堪忧;城市建设盲目追求规模扩张,节约集约程度不高;依法治理城市力度不够,违法建设、大拆大建问题突出,公共产品和服务供给不足,环境污染、交通拥堵等"城市病"蔓延加重。

积极适应和引领经济发展新常态,把城市规划好、建设好、管理好,对促进以人为核心的新型城镇化发展,建设美丽中国,实现"两个一百年"奋斗目标和中华民族伟大复兴的中国梦具有重要现实意义和深远历史意义。为进一步加强和改进城市规划建设管理工作,解决制约城市科学发展的突出矛盾和深层次问题,开创城市现代化建设新局面,现提出以下意见。

一、总体要求

(一)指导思想。全面贯彻党的十八大和十八届三中、四中、五中全会及中央城镇化工作会议、中央城市工作会议精神,深入贯彻习近平总书记系列重要讲话精神,按照"五位一体"总体布局和"四个全面"战略布局,牢固树立和贯彻落实创新、协调、绿色、开放、共享的发展理念,认识、尊重、顺应城市发展规律,更好发挥法治的引领和规范作用,依法规划、建设和管理城市,贯彻"适用、经济、绿色、美观"的建筑方针,着力转变城市发展方式,着力塑造城市特色风貌,着力提升城市环境质量,着力创新城市管理服务,走出一条中国特色城市发展道路。

(二)总体目标。实现城市有序建设、适度开发、高效运行,努力打造和谐宜居、富有活力、各具特色的现代化城市,让人民生活更美好。

(三)基本原则。坚持依法治理与文明共建相结合,坚持规划先行与建管并重相结合,坚持改革创新与传承保护相结合,坚持统筹布局与分类指导相结合,坚持完善功能与宜居宜业相结合,坚持集约高效与安全便利相结合。

二、强化城市规划工作

(四)依法制定城市规划。城市规划在城市发展中起着战略引领和刚性控制的重要作用。依法加强规划编制和审批管理,严格执行城乡规划法规定的原则和程序,认真落实城市总体规划由本级政府编制、社会公众参与、同级人大常委会审议、上级政府审批的有关规定。创新规划理念,改进规划方法,把以人为本、尊重自然、传承历史、绿色低碳等理念融入城市规划全过程,增强规划的前瞻性、严肃性和连续性,实现一张蓝图干到底。坚持协调发展理念,从区域、城乡整体协调的高度确定城市定位、谋划城市发展。加强空间开发管制,划定城市开发边界,根据资源禀赋和环境承载能力,引导调控城市规模,优化城市空间布局和形态功能,确定城市建设约束性指标。按照严控增量、盘活存量、优化结构的思路,逐步调整城市用地结构,把保护基本农田放在优先地位,保证生态用地,合理安排建设用地,推动城市集约发展。改革完善城市规划管理体制,加强城市总体规划和土地利用总体规划的衔接,推进两图合一。在有条件的城市探索城市规划管理和国土资源管理部门合一。

(五)严格依法执行规划。经依法批准的城市规划,是城市建设和管理的依据,必须严格执行。进一步强化规划的强制性,凡是违反规划的行为都要严肃追究责任。城市政府应当定期向同级人大常委会报告城市规划实施情况。城市总体规划的修改，必须经原审批机关同意，并报同级人大常委会审议通过，从制度上防止随意修改规划等现象。控制性详细规划是规划实施的基础，未编制控制性详细规划的区域，不得进行建设。控制性详细规划的编制、实施以及对违规建设的处理结果，都要向社会公开。全面推行城市规划委员会制度。健全国家城乡规划督察员制度，实现规划督察全覆盖。完善社会参与机制，充分发挥专家和公众的力量，加强规划实施的社会监督。建立利用卫星遥感监测等多种手段共同监督规划实施的工作机制。严控各类开发区和城市新区设立，凡不符合城镇体系规划、城市总体规划和土地利用总体规划进行建设的，一律按违法处理。用5年左右时间，全面清查并处理建成区违法建设，坚决遏制新增违法建设。

三、塑造城市特色风貌

（六）提高城市设计水平。城市设计是落实城市规划、指导建筑设计、塑造城市特色风貌的有效手段。鼓励开展城市设计工作，通过城市设计，从整体平面和立体空间上统筹城市建筑布局，协调城市景观风貌，体现城市地域特征、民族特色和时代风貌。单体建筑设计方案必须在形体、色彩、体量、高度等方面符合城市设计要求。抓紧制定城市设计管理法规，完善相关技术导则。支持高等学校开设城市设计相关专业，建立和培育城市设计队伍。

（七）加强建筑设计管理。按照"适用、经济、绿色、美观"的建筑方针，突出建筑使用功能以及节能、节水、节地、节材和环保，防止片面追求建筑外观形象。强化公共建筑和超限高层建筑设计管理，建立大型公共建筑工程后评估制度。坚持开放发展理念，完善建筑设计招投标决策机制，规范决策行为，提高决策透明度和科学性。进一步培育和规范建筑设计市场，依法严格实施市场准入和清出。为建筑设计院和建筑师事务所发展创造更加良好的条件，鼓励国内外建筑设计企业充分竞争，使优秀作品脱颖而出。培养既有国际视野又有民族自信的建筑师队伍，进一步明确建筑师的权利和责任，提高建筑师的地位。倡导开展建筑评论，促进建筑设计理念的交融和升华。

（八）保护历史文化风貌。有序实施城市修补和有机更新，解决老城区环境品质下降、空间秩序混乱、历史文化遗产损毁等问题，促进建筑物、街道立面、天际线、色彩和环境更加协调、优美。通过维护加固老建筑、改造利用旧厂房、完善基础设施等措施，恢复老城区功能和活力。加强文化遗产保护传承和合理利用，保护古遗址、古建筑、近现代历史建筑，更好地延续历史文脉，展现城市风貌。用5年左右时间，完成所有城市历史文化街区划定和历史建筑确定工作。

四、提升城市建筑水平

（九）落实工程质量责任。完善工程质量安全管理制度，落实建设单位、勘察单位、设计单位、施工单位和工程监理单位等五方主体质量安全责任。强化政府对工程建设全过程的质量监管，特别是强化对工程监理的监管，充分发挥质监站的作用。加强职业道德规范和技能培训，提高从业人员素质。深化建设项目组织实施方式改革，推广工程总承包制，加强建筑市场监管，严厉查处转包和违法分包等行为，推进建筑市场诚信体系建设。实行施工企业银行保函和工程质量责任保险制度。建立大型工程技术风险控制机制，鼓励大型公共建筑、地铁等按市场化原则向保险公司投保重大工程保险。

（十）加强建筑安全监管。实施工程全生命周期风险管理，重点抓好房屋建筑、城市桥梁、建筑幕墙、斜坡（高切坡）、隧道（地铁）、地下管线等工程运行使用的安全监管，做好质量安全鉴定和抗震加固管理，建立安全预警及应急控制机制。加强对既有建筑改扩建、装饰装修、工程加固的质量安全监管。全面排查城市老旧建筑安全隐患，采取有力措施限期整改，严防发生垮塌等重大事故，保障人民群众生命财产安全。

（十一）发展新型建造方式。大力推广装配式建筑，减少建筑垃圾和扬尘污染，缩短建造工期，提升工程质量。制定装配式建筑设计、施工和验收规范。完善部品部件标准，实现建筑部品部件工厂化生产。鼓励建筑企业装配式施工，现场装配。建设国家级装配式建筑生产基地。加大政策支持力度，力争用10年左右时间，使装配式建筑占新建建筑的比例达到30%。积极稳妥推广钢结构建筑。在具备条件的地方，倡导发展现代木结构建筑。

五、推进节能城市建设

（十二）推广建筑节能技术。提高建筑节能标准，推广绿色建筑和建材。支持和鼓励各地结合自然气候特点，推广应用地源热泵、水源热泵、太阳能发电等新能源技术，发展被动式房屋等绿色节能建筑。完善绿色节能建筑和建材评价体系，制定分布式能源建筑应用标准。分类制定建筑全生命周期能源消耗标准定额。

（十三）实施城市节能工程。在试点示范的基础上，加大工作力度，全面推进区域热电联产、政府机构节能、绿色照明等节能工程。明确供热采暖系统安全、节能、环保、卫生等技术要求，健全服务质量标准和评估监督办法。进一步加强对城市集中供热系统的技术改造和运行管理，提高热能利用效率。大力推行采暖地区住宅供热分户计量，新建住宅必须全部实现供热分户计量，既有住宅要逐步实施供热分户计量改造。

六、完善城市公共服务

（十四）大力推进棚改安居。深化城镇住房制度改革，以政府为主保障困难群体基本住房需求，以市场为主满足居民多层次住房需求。大力推进城镇棚户区改造，稳步实施城中村改造，有序推进老旧住宅小区综合整治、危房和非成套住房改造，加快配套基础设施建设，切实解决群众住房困难。打好棚户区改造三年攻坚战，到2020年，基本完成现有的城镇棚户区、城中村和危房改造。完善土地、财政和金融政策，落实税收政策。创新棚户区改造体制机制，推动政府购买棚改服务，推广政府与社会资本合作模式，构建多元化棚改实施主体，发挥开发性金融支持作用。积极推行棚户区改造货币化安置。因地制宜确定住房保障标准，健全准入退出机制。

（十五）建设地下综合管廊。认真总结推广试点城市经验，逐步推开城市地下综合管廊建设，统筹各类管线敷设，综合利用地下空间资源，提高城市综合承载能力。城市新区、各类园区、成片开发区域新建道路必须同步建设地下综合管廊，老城区要结合地铁建设、河道治理、道路整治、旧城更新、棚户区改造等，逐步推进地下综合管廊建设。加快制定地下综合管廊建设标准和技术导则。凡建有地下综合管廊的区域，各类管线必须全部入廊，管廊以外区域不得新建管线。管廊实行有偿使用，建立合理的收费机制。鼓励社会资本投资和运营地下综合管廊。各城市要综合考虑城市发展远景，按照先规划、后建设的原则，编制地下综合管廊建设专项规划，在年度建设计划中优先安排，并预留和控制地下空间。完善管理制度，确保管廊正常运行。

（十六）优化街区路网结构。加强街区的规划和建设，分梯级明确新建街区面积，推动发展开放便捷、尺度适宜、配套完善、邻里和谐的生活街区。新建住宅要推广街区制，原则上不再建设封闭住宅小区。已建成的住宅小区和单位大院要逐步打开，实现内部道路公共化，解决交通路网布局问题，促进土地节约利用。树立"窄马路、密路网"的城市道路布局理念，建设快速路、主次干路和支路级配合理的道路网系统。打通各类"断头路"，形成完整路网，提高道路通达性。科学、规范设置道路交通安全设施和交通管理设施，提高道路安全性。到2020年，城市建成区平均路网密度提高到8公里/平方公里，道路面积率达到15%。积极采用单行道路方式组织交通。加强自行车道和步行道系统建设，倡导绿色出行。合理配置停车设施，鼓励社会参与，放宽市场准入，逐步缓解停车难问题。

（十七）优先发展公共交通。以提高公共交通分担率为突破口，缓解城市交通压力。统筹公共汽车、轻轨、地铁等多种类型公共交通协调发展，到2020年，超大、特大城市公共交通分担率达到40%以上，大城市达到30%以上，中小城市达到20%以上。加强城市综合交通枢纽建设，促进不同运输方式和城市内外交通之间的顺畅衔接、便捷换乘。扩大公共交通专用道的覆盖范围。实现中心城区公交站点500米内全覆盖。引入市场竞争机制，改革公交公司管理体制，鼓励社会资本参与公共交通设施建设和运营，增强公共交通运力。

（十八）健全公共服务设施。坚持共享发展理念，使人民群众在共建共享中有更多获得感。合理确定公共服务设施建设标准，加强社区服务场所建设，形成以社区级设施为基础，市、区级设施衔接配套的公共服务设施网络体系。配套建设中小学、幼儿园、超市、菜市场，以及社区养老、医疗卫生、文化服务等设施，大力推进无障碍设施建设，打造方便快捷生活圈。继续推动公共图书馆、美术馆、文化馆（站）、博物馆、科技馆免费向全社会开放。推动社区内公共设施向居民开放。合理规划建设广场、公园、步行道等公共活动空间，方便居民文体活动，促进居民交流。强化绿地服务居民日常活动的功能，使市民在居家附近能够见到绿地、亲近绿地。城市公园原则上要免费向居民开放。限期清理腾退违规占用的公共空间。顺应新型城镇化的要求，稳步推进城镇基本公共服务常住人口全覆盖，稳定就业和生活的农业转移人口在住房、教育、文化、医疗卫生、计划生育和证照办理服务等方面，与城镇居民有同等权利和义务。

（十九）切实保障城市安全。加强市政基础设施建设，实施地下管网改造工程。提高城市排涝系统建设标准，加快实施改造。提高城市综合防灾和安全设施建设配置标准，加大建设投入力度，加强设施运行管理。建立城市备用饮用水水源地，确保饮水安全。健全城市抗震、防洪、排涝、消防、交通、应对地质灾害应急指挥体系，完善城市生命通道系统，加强城市防灾避难场所建设，增强抵御自然灾害、处置突发事件和危机管理能力。加强城市安全监管，建立专业化、职业化的应急救援队伍，提升社会治安综合治理水平，形成全天候、系统性、现代化的城市安全保障体系。

七、营造城市宜居环境

（二十）推进海绵城市建设。充分利用自然山体、河湖湿地、耕地、林地、草地等生态空间，建设海绵城市，提升水源涵养能力，缓解雨洪内涝压力，促进水资源循环利用。鼓励单位、社区和居民家庭安装雨水收集装置。大幅度减少城市硬覆盖地面，推广透水建材铺装，大力建设雨水花园、储水池塘、湿地公园、下沉式绿地等雨水滞留设施，让雨水自然积存、自然渗透、自然净化，不断提高城市雨水就地蓄积、渗透比例。

（二十一）恢复城市自然生态。制定并实施生态修复工作方案，有计划有步骤地修复被破坏的山体、河流、湿地、植被，积极推进采矿废弃地修复和再利用，治理污染土地，恢复城市自然生态。优化城市绿地布局，构建绿道系统，实现城市内外绿地连接贯通，将生态要素引入市区。建设森林城市。推行生态绿化方式，保护古树名木资源，广植当地树种，减少人工干预，让乔灌草合理搭配、自然生长。鼓励发展屋顶绿化、立体绿化。进一步提高城市人均公园绿地面积和城市建成区绿地率，改变城市建设中过分追求高强度开发、高密度建设、大面积硬化的状况，让城市更自然、更生态、更有特色。

（二十二）推进污水大气治理。强化城市污水治理，加快城市污水处理设施建设与改造，全面加强配套管网建设，提高城市污水收集处理能力。整治城市黑臭水体，强化城中村、老旧城区和城乡结合部污水截流、收集，抓紧治理城区污水横流、河湖水系污染严重的现象。到2020年，地级以上城市建成区力争实现污水全收集、全处理，缺水城市再生水利用率达到20%以上。以中水洁厕为突破口，不断提高污水利用率。新建住房和单体建筑面积超过一定规模的新建公共建筑应当安装中水设施，老旧住房也应当逐步实施中水利用改造。培育以经营中水业务为主的水务公司，合理形成中水回用价格，鼓励按市场化方式经营中水。城市工业生产、道路清扫、车辆冲洗、绿化浇灌、生态景观等生产和生态用水要优先使用中水。全面推进大气污染防治工作。加大城市工业源、面源、移动源污染综合治理力度，着力减少多污染物排放。加快调整城市能源结构，增加清洁能源供应。深化京津冀、长三角、珠三角等区域大气污染联防联控，健全重污染天气监测预警体系。提高环境监管能力，加大执法力度，严厉打击各类环境违法行为。倡导文明、节约、绿色的消费方式和生活习惯，动员全社会参与改善环境质量。

（二十三）加强垃圾综合治理。树立垃圾是重要资源和矿产的观念，建立政府、社区、企业和居民协调机制，通过分类投放收集、综合循环利用，促进垃圾减量化、资源化、无害化。到2020年，力争将垃圾回收利用率提高到35%以上。强化城市保洁工作，加强垃圾处理设施建设，统筹城乡垃圾处理处置，大力解决垃圾围城问题。推进垃圾收运处理企业化、市场化，促进垃圾清运体系与再生资源回收体系对接。通过限制过度包装，减少一次性制品使用，推行净菜入城等措施，从源头上减少垃圾产生。利用新技术、新设备，推广厨余垃圾家庭粉碎处理。完善激励机制和政策，力争用5年左右时间，基本建立餐厨废弃物和建筑垃圾回收和再生利用体系。

八、创新城市治理方式

（二十四）推进依法治理城市。适应城市规划建设管理新形势和新要求，加强重点领域法律法规的立改废释，形成覆盖城市规划建设管理全过程的法律法规制度。严格执行城市规划建设管理行政决策法定程序，坚决遏制领导干部随意干预城市规划设计和工程建设的现象。研究推动城乡规划法与刑法衔接，严厉惩处规划建设管理违法行为，强化法律责任追究，提高违法违规成本。

（二十五）改革城市管理体制。明确中央和省级政府城市管理主管部门，确定管理范围、权力清单和责任主体，理顺各部门职责分工。推进市县两级政府规划建设管理机构改革，推行跨部门综合执法。在设区的市推行市或区一级执法，推动执法重心下移和执法事项属地化管理。加强城市管理执法机构和队伍建设，提高管理、执法和服务水平。

（二十六）完善城市治理机制。落实市、区、街道、社区的管理服务责任，健全城市基层治理机制。

进一步强化街道、社区党组织的领导核心作用,以社区服务型党组织建设带动社区居民自治组织、社区社会组织建设。增强社区服务功能,实现政府治理和社会调节、居民自治良性互动。加强信息公开,推进城市治理阳光运行,开展世界城市日、世界住房日等主题宣传活动。

(二十七)推进城市智慧管理。加强城市管理和服务体系智能化建设,促进大数据、物联网、云计算等现代信息技术与城市管理服务融合,提升城市治理和服务水平。加强市政设施运行管理、交通管理、环境管理、应急管理等城市管理数字化平台建设和功能整合,建设综合性城市管理数据库。推进城市宽带信息基础设施建设,强化网络安全保障。积极发展民生服务智慧应用。到2020年,建成一批特色鲜明的智慧城市。通过智慧城市建设和其他一系列城市规划建设管理措施,不断提高城市运行效率。

(二十八)提高市民文明素质。以加强和改进城市规划建设管理来满足人民群众日益增长的物质文化需要,以提升市民文明素质推动城市治理水平的不断提高。大力开展社会主义核心价值观学习教育实践,促进市民形成良好的道德素养和社会风尚,提高企业、社会组织和市民参与城市治理的意识和能力。从青少年抓起,完善学校、家庭、社会三结合的教育网络,将良好校风、优良家风和社会新风有机融合。建立完善市民行为规范,增强市民法治意识。

九、切实加强组织领导

(二十九)加强组织协调。中央和国家机关有关部门要加大对城市规划建设管理工作的指导、协调和支持力度,建立城市工作协调机制,定期研究相关工作。定期召开中央城市工作会议,研究解决城市发展中的重大问题。中央组织部、住房城乡建设部要定期组织新任市委书记、市长培训,不断提高城市主要领导规划建设管理的能力和水平。

(三十)落实工作责任。省级党委和政府要围绕中央提出的总目标,确定本地区城市发展的目标和任务,集中力量突破重点难点问题。城市党委和政府要制定具体目标和工作方案,明确实施步骤和保障措施,加强对城市规划建设管理工作的领导,落实工作经费。实施城市规划建设管理工作监督考核制度,确定考核指标体系,定期通报考核结果,并作为城市党政领导班子和领导干部综合考核评价的重要参考。

各地区各部门要认真贯彻落实本意见精神,明确责任分工和时间要求,确保各项政策措施落到实处。各地区各部门贯彻落实情况要及时向党中央、国务院报告。中央将就贯彻落实情况适时组织开展监督检查。

国务院关于优化建设工程防雷许可的决定

国发〔2016〕39号

各省、自治区、直辖市人民政府,国务院各部委、各直属机构:

根据简政放权、放管结合、优化服务协同推进的改革要求,为减少建设工程防雷重复许可、重复监管,切实减轻企业负担,进一步明确和落实政府相关部门责任,加强事中事后监管,保障建设工程防雷安全,现作出如下决定:

一、整合部分建设工程防雷许可

(一)将气象部门承担的房屋建筑工程和市政基础设施工程防雷装置设计审核、竣工验收许可,整合纳入建筑工程施工图审查、竣工验收备案,统一由住房城乡建设部门监管,切实优化流程、缩短时限、提高效率。

(二)油库、气库、弹药库、化学品仓库、烟花爆竹、石化等易燃易爆建设工程和场所,雷电易发区内的矿区、旅游景点或者投入使用的建(构)筑物、设施等需要单独安装雷电防护装置的场所,以及雷电风险高且没有防雷标准规范、需要进行特殊论证的大型项目,仍由气象部门负责防雷装置设计审核和竣工验收许可。

（三）公路、水路、铁路、民航、水利、电力、核电、通信等专业建设工程防雷管理，由各专业部门负责。

二、清理规范防雷单位资质许可

取消气象部门对防雷专业工程设计、施工单位资质许可；新建、改建、扩建建设工程防雷的设计、施工，可由取得相应建设、公路、水路、铁路、民航、水利、电力、核电、通信等专业工程设计、施工资质的单位承担。同时，规范防雷检测行为，降低防雷装置检测单位准入门槛，全面开放防雷装置检测市场，允许企事业单位申请防雷检测资质，鼓励社会组织和个人参与防雷技术服务，促进防雷减灾服务市场健康发展。

三、进一步强化建设工程防雷安全监管

（一）气象部门要加强对雷电灾害防御工作的组织管理，做好雷电监测、预报预警、雷电灾害调查鉴定和防雷科普宣传，划分雷电易发区域及其防范等级并及时向社会公布。

（二）各相关部门要按照谁审批、谁负责、谁监管的原则，切实履行建设工程防雷监管职责，采取有效措施，明确和落实建设工程设计、施工、监理、检测单位以及业主单位等在防雷工程质量安全方面的主体责任。同时，地方各级政府要继续依法履行防雷监管职责，落实雷电灾害防御责任。

（三）中国气象局、住房城乡建设部要会同相关部门建立建设工程防雷管理工作机制，加强指导协调和相互配合，完善标准规范，研究解决防雷管理中的重大问题，优化审批流程，规范中介服务行为。

建设工程防雷许可具体范围划分，由中国气象局、住房城乡建设部会同中央编办、工业和信息化部、环境保护部、交通运输部、水利部、国务院法制办、国家能源局、国家铁路局、中国民航局等部门研究确定并落实责任，及时向社会公布，2016年底前完成相关交接工作。相关部门要按程序修改《气象灾害防御条例》，对涉及的部门规章等进行清理修订。国务院办公厅适时组织督查，督促各部门、各地区在规定时限内落实改革要求。

本决定自印发之日起施行，已有规定与本决定不一致的，按照本决定执行。

国务院

2016 年 6 月 24 日

住房城乡建设部关于废止部分部门规章的决定

中华人民共和国住房和城乡建设部令第 27 号

《住房城乡建设部关于废止部分部门规章的决定》已经住房城乡建设部常务会议审议通过，经商商务部同意，现予发布，自发布之日起施行。

住房城乡建设部部长　陈政高

2016 年 1 月 11 日

住房城乡建设部关于废止部分部门规章的决定

经商商务部同意，住房城乡建设部决定废止《外商投资城市规划服务企业管理规定》（建设部、对外贸易经济合作部令第 116 号）、《〈外商投资城市规划服务企业管理规定〉的补充规定》（建设部、商务部令第 123 号）。现予发布，自发布之日起施行。

住房城乡建设部关于修改《城乡规划编制单位资质管理规定》的决定

中华人民共和国住房和城乡建设部令第 28 号

《住房城乡建设部关于修改〈城乡规划编制单位资质管理规定〉的决定》已经住房城乡建设部第 25 次常务会议审议通过,现予发布,自发布之日起施行。

住房城乡建设部部长　陈政高
2016 年 1 月 11 日

住房城乡建设部关于修改《城乡规划编制单位资质管理规定》的决定

住房城乡建设部决定将《城乡规划编制单位资质管理规定》(住房城乡建设部令第 12 号)第四十二条修改为:外商投资企业可以依照本规定申请取得城乡规划编制单位资质证书,在相应资质等级许可范围内,承揽城市、镇总体规划服务以外的城乡规划编制工作。

资质许可机关应当在外商投资企业的资质证书中注明"城市、镇总体规划服务除外"。

本决定自发布之日起施行。《城乡规划编制单位资质管理规定》根据本决定作相应的修正,重新发布。

住房城乡建设部　国家发展改革委　人力资源社会保障部关于修改《房地产经纪管理办法》的决定

中华人民共和国住房和城乡建设部　中华人民共和国国家发展和改革委员会
中华人民共和国人力资源和社会保障部令第 29 号

《住房城乡建设部 国家发展改革委 人力资源社会保障部关于修改〈房地产经纪管理办法〉的决定》已经住房城乡建设部常务会议、国家发展改革委主任办公会议审议通过,经商人力资源社会保障部同意,现予发布,自 2016 年 4 月 1 日起施行。

住房城乡建设部部长　陈政高
国家发展改革委主任　徐绍史
人力资源社会保障部部长　尹蔚民
2016 年 3 月 1 日

住房城乡建设部 国家发展改革委 人力资源社会保障部关于修改《房地产经纪管理办法》的决定

住房城乡建设部、国家发展改革委、人力资源社会保障部决定将《房地产经纪管理办法》(住房城

乡建设部 国家发展改革委员会 人力资源社会保障部令第 8 号)第十条修改为:"房地产经纪人协理和房地产经纪人职业资格实行全国统一大纲、统一命题、统一组织的考试制度,由房地产经纪行业组织负责管理和实施考试工作,原则上每年举行一次考试。

国务院住房城乡建设主管部门、人力资源社会保障部门负责对房地产经纪人协理和房地产经纪人职业资格考试进行指导、监督和检查。"

本决定自 2016 年 4 月 1 日起施行。《房地产经纪管理办法》根据本决定作相应的修改,重新发布。

住房城乡建设部　公安部
关于废止《城市出租汽车管理办法》的决定

中华人民共和国住房和城乡建设部 中华人民共和国公安部令第 30 号

《住房城乡建设部 公安部关于废止〈城市出租汽车管理办法〉的决定》已经住房城乡建设部常务会议、公安部部长办公会议审议通过,现予发布,自发布之日起施行。

住房城乡建设部部长　陈政高
公安部部长　郭声琨
2016 年 3 月 16 日

住房城乡建设部　公安部关于废止《城市出租汽车管理办法》的决定

住房城乡建设部、公安部决定废止《城市出租汽车管理办法》(建设部、公安部令第 63 号)。现予发布,自发布之日起施行。

住房城乡建设部 国家卫生计生委
关于修改《生活饮用水卫生监督管理办法》的决定

中华人民共和国住房和城乡建设部 中华人民共和国国家卫生和计划生育委员会令第 31 号

《住房城乡建设部　国家卫生计生委关于修改〈生活饮用水卫生监督管理办法〉的决定》已经住房城乡建设部常务会议、国家卫生计生委委主任会议审议通过,现予发布,自 2016 年 6 月 1 日起施行。

住房城乡建设部部长　陈政高
国家卫生计生委主任　李　斌
2016 年 4 月 17 日

住房城乡建设部　国家卫生计生委
关于修改《生活饮用水卫生监督管理办法》的决定

住房城乡建设部、国家卫生计生委决定对《生活饮用水卫生监督管理办法》(原建设部、原卫生部令第 53 号）作如下修改：

一、将本办法中的"建设部"统一修改为"国务院住房城乡建设主管部门"，将"卫生部"统一修改为"国务院卫生计生主管部门"，将"建设行政部门"统一修改为"住房城乡建设主管部门"，将"卫生行政部门"统一修改为"卫生计生主管部门"。

二、将第七条修改为："集中式供水单位取得工商行政管理部门颁发的营业执照后，还应当取得县级以上地方人民政府卫生计生主管部门颁发的卫生许可证，方可供水。"

三、删除第十四条第二款。

四、删除第二十条第一款中的"每年复核一次"，并删除第二款。

五、将第二十一条修改为："涉及饮用水卫生安全的产品，应当按照有关规定进行卫生安全性评价，符合卫生标准和卫生规范要求。"

"利用新材料、新工艺和新化学物质生产的涉及饮用水卫生安全产品应当取得国务院卫生计生主管部门颁发的卫生许可批准文件；除利用新材料、新工艺和新化学物质外生产的其他涉及饮用水卫生安全产品应当取得省级人民政府卫生计生主管部门颁发的卫生许可批准文件。"

"涉及饮用水卫生安全产品的卫生许可批准文件的有效期为四年。"

六、删除第二十六条第五项。

七、删除第二十八条第三项。

本决定自 2016 年 6 月 1 日起施行。

《生活饮用水卫生监督管理办法》根据本决定作相应修改，重新公布。

住房城乡建设部关于修改《勘察设计注册工程师管理规定》等 11 个部门规章的决定

中华人民共和国住房和城乡建设部令第 32 号

《住房城乡建设部关于修改〈勘察设计注册工程师管理规定〉等 11 个部门规章的决定》已经住房城乡建设部第 23 次常务会议审议通过，现予发布，自 2016 年 10 月 20 日起施行。

住房城乡建设部部长　陈政高
2016 年 9 月 13 日

住房城乡建设部关于修改《勘察设计注册工程师管理规定》等 11 个部门规章的决定

为了依法推进行政审批制度改革，住房城乡建设部决定：

一、将《勘察设计注册工程师管理规定》（建设部令第 137 号）第四条第一款中的"建设主管部门"修改为"住房城乡建设主管部门"。其余条款依此修改。

将第七条修改为："取得资格证书的人员申请注册，由国务院住房城乡建设主管部门审批；其中涉及有关部门的专业注册工程师的注册，由国务院住房城乡建设主管部门和有关部门审批。"

"取得资格证书并受聘于一个建设工程勘察、设计、施工、监理、招标代理、造价咨询等单位的人员，应当通过聘用单位提出注册申请，并可以向单位工商注册所在地的省、自治区、直辖市人民政府住房城乡建设主管部门提交申请材料；省、自治区、直辖市人民政府住房城乡建设主管部门收到申请材料后，应当在 5 日内将全部申请材料报审批部门。"

将第八条修改为："国务院住房城乡建设主管部门在收到申请材料后，应当依法作出是否受理的决定，并出具凭证；申请材料不齐全或者不符合法定形式的，应当在 5 日内一次性告知需要补正的全部内容。逾期不告知的，自收到申请材料之日起即为受理。"

"申请初始注册的，国务院住房城乡建设主管部门应当自受理之日起20日内审批完毕并作出书面决定。自作出决定之日起10日内公告审批结果。由国务院住房城乡建设主管部门和有关部门共同审批的，国务院有关部门应当在15日内审核完毕，并将审核意见报国务院住房城乡建设主管部门。"

"对申请变更注册、延续注册的，国务院住房城乡建设主管部门应当自受理之日起10日内审批完毕并作出书面决定。"

"符合条件的，由审批部门核发由国务院住房城乡建设主管部门统一制作、国务院住房城乡建设主管部门或者国务院住房城乡建设主管部门和有关部门共同用印的注册证书，并核定执业印章编号。对不予批准的，应当说明理由，并告知申请人享有依法申请行政复议或者提起行政诉讼的权利。"

二、将《注册监理工程师管理规定》（建设部令第147号）第四条第一款中的"建设主管部门"修改为"住房城乡建设主管部门"。其余条款依此修改。

将第七条修改为："取得资格证书的人员申请注册，由国务院住房城乡建设主管部门审批。"

"取得资格证书并受聘于一个建设工程勘察、设计、施工、监理、招标代理、造价咨询等单位的人员，应当通过聘用单位提出注册申请，并可以向单位工商注册所在地的省、自治区、直辖市人民政府住房城乡建设主管部门提交申请材料；省、自治区、直辖市人民政府住房城乡建设主管部门收到申请材料后，应当在5日内将全部申请材料报审批部门。"

将第八条修改为："国务院住房城乡建设主管部门在收到申请材料后，应当依法作出是否受理的决定，并出具凭证；申请材料不齐全或者不符合法定形式的，应当在5日内一次性告知申请人需要补正的全部内容。逾期不告知的，自收到申请材料之日起即为受理。"

"对申请初始注册的，国务院住房城乡建设主管部门应当自受理申请之日起20日内审批完毕并作出书面决定。自作出决定之日起10日内公告审批结果。"

"对申请变更注册、延续注册的，国务院住房城乡建设主管部门应当自受理申请之日起10日内审批完毕并作出书面决定。"

"符合条件的，由国务院住房城乡建设主管部门核发注册证书，并核定执业印章编号。对不予批准的，应当说明理由，并告知申请人享有依法申请行政复议或者提起行政诉讼的权利。"

三、将《工程造价咨询企业管理办法》（建设部令第149号）第六条第一款中的"建设主管部门"修改为"住房城乡建设主管部门"。其余条款依此修改。"

将第十一条修改为："甲级工程造价咨询企业资质，由国务院住房城乡建设主管部门审批。"

"申请甲级工程造价咨询企业资质的，可以向申请人工商注册所在地省、自治区、直辖市人民政府住房城乡建设主管部门或者国务院有关专业部门提交申请材料。"

"省、自治区、直辖市人民政府住房城乡建设主管部门或者国务院有关专业部门收到申请材料后，应当在5日内将全部申请材料报国务院住房城乡建设主管部门，国务院住房城乡建设主管部门应当自受理之日起20日内作出决定。"

"组织专家评审所需时间不计算在上述时限内，但应当明确告知申请人。"

四、将《注册造价工程师管理办法》（建设部令第150号）第四条第一款中的"建设主管部门"修改为"住房城乡建设主管部门"。其余条款依此修改。

将第八条修改为："取得执业资格的人员申请注册的，可以向聘用单位工商注册所在地的省、自治区、直辖市人民政府住房城乡建设主管部门或者国务院有关专业部门提交申请材料。"

"国务院住房城乡建设主管部门在收到申请材料后，应当依法作出是否受理的决定，并出具凭证；申请材料不齐全或者不符合法定形式的，应当在5日内一次性告知申请人需要补正的全部内容。逾期不告知的，自收到申请材料之日起即为受理。"

"对申请初始注册的，省、自治区、直辖市人民政府住房城乡建设主管部门或者国务院有关专业部门收到申请材料后，应当在5日内将全部申请材料报国务院住房城乡建设主管部门（以下简称注册机关），注册机关应当自受理之日起20日内作出决定。"

"对申请变更注册、延续注册的，省、自治区、直辖市人民政府住房城乡建设主管部门或者国务院有关专业部门收到申请材料后，应当在5日内将全部申请材料报注册机关，注册机关应当自受理之日起10日内作出决定。"

"注册造价工程师的初始、变更、延续注册，逐步实行网上申报、受理和审批。"

将第二十一条中的"注册初审机关"修改为"注册机关"。

将第二十四条第一款中的"注册初审机关"修改为"省、自治区、直辖市人民政府住房城乡建设主管部门和国务院有关专业部门"；第二款中的"省级注册初审机关"修改为"省、自治区、直辖市人民政府住房城乡建设主管部门"。

将第三十八条第三项修改为:"(三)对符合法定条件的申请不予受理的"。

五、将《注册房地产估价师管理办法》(建设部令第151号)第五条第一款中的"建设主管部门"修改为"住房城乡建设主管部门"。其余条款依此修改。

将第五条第二款修改为:"省、自治区、直辖市人民政府住房城乡建设(房地产)主管部门对本行政区域内注册房地产估价师的执业活动实施监督管理。"

将第八条修改为:"申请注册的,应当向国务院住房城乡建设主管部门提出注册申请。"

"对申请初始注册、变更注册、延续注册和注销注册的,国务院住房城乡建设主管部门应当自受理之日起15日内作出决定。"

"注册房地产估价师的初始注册、变更注册、延续注册和注销注册,逐步实行网上申报、受理和审批。"

删去第二十七条中的"注册"。

六、将《注册建造师管理规定》(建设部令第153号)第四条第一款中的"建设主管部门"修改为"住房城乡建设主管部门"。其余条款依此修改。

将第七条修改为:"取得一级建造师资格证书并受聘于一个建设工程勘察、设计、施工、监理、招标代理、造价咨询等单位的人员,应当通过聘用单位提出注册申请,并可以向单位工商注册所在地的省、自治区、直辖市人民政府住房城乡建设主管部门提交申请材料。"

"省、自治区、直辖市人民政府住房城乡建设主管部门收到申请材料后,应当在5日内将全部申请材料报国务院住房城乡建设主管部门审批。"

"国务院住房城乡建设主管部门在收到申请材料后,应当依法作出是否受理的决定,并出具凭证;申请材料不齐全或者不符合法定形式的,应当在5日内一次性告知申请人需要补正的全部内容。逾期不告知的,自收到申请材料之日起即为受理。"

"涉及铁路、公路、港口与航道、水利水电、通信与广电、民航专业的,国务院住房城乡建设主管部门应当将全部申报材料送同级有关部门审核。符合条件的,由国务院住房城乡建设主管部门核发《中华人民共和国一级建造师注册证书》,并核定执业印章编号。"

将第八条修改为:"对申请初始注册的,国务院住房城乡建设主管部门应当自受理之日起20日内作出审批决定。自作出决定之日起10日内公告审批结果。国务院有关部门收到国务院住房城乡建设主管部门移送的申请材料后,应当在10日内审核完毕,并将审核意见送国务院住房城乡建设主管部门。"

"对申请变更注册、延续注册的,国务院住房城乡建设主管部门应当自受理之日起10日内作出审批决定。自作出决定之日起10日内公告审批结果。国务院有关部门收到国务院住房城乡建设主管部门移送的申请材料后,应当在5日内审核完毕,并将审核意见送国务院住房城乡建设主管部门。"

七、将《工程建设项目招标代理机构资格认定办法》(建设部令第154号)第三条第一款中的"建设主管部门"修改为"住房城乡建设主管部门"。其余条款依此修改。

将第十三条修改为:"申请甲级工程招标代理机构资格的,可以向机构工商注册所在地的省、自治区、直辖市人民政府住房城乡建设主管部门提交申请材料。"

"省、自治区、直辖市人民政府住房城乡建设主管部门收到申请材料后,应当在5日内将全部申请材料报审批部门。国务院住房城乡建设主管部门在收到申请材料后,应当依法作出是否受理的决定,并出具凭证;申请材料不齐全或者不符合法定形式的,应当在5日内一次性告知申请人需要补正的全部内容。逾期不告知的,自收到申请材料之日起即为受理。"

"国务院住房城乡建设主管部门应当自受理之日起20日内作出审批决定。自作出决定之日起10日内公告审批结果。"

"组织专家评审所需时间不计算在上述时限内,但应当明确告知申请人。"

八、将《工程监理企业资质管理规定》(建设部令第158号)第四条第一款中的"建设主管部门"修改为"住房城乡建设主管部门"。其余条款依此修改。

将第九条修改为:"申请综合资质、专业甲级资质的,可以向企业工商注册所在地的省、自治区、直辖市人民政府住房城乡建设主管部门提交申请材料。"

"省、自治区、直辖市人民政府住房城乡建设主管部门收到申请材料后,应当在5日内将全部申请材料报审批部门。"

"国务院住房城乡建设主管部门在收到申请材料

后,应当依法作出是否受理的决定,并出具凭证;申请材料不齐全或者不符合法定形式的,应当在5日内一次性告知申请人需要补正的全部内容。逾期不告知的,自收到申请材料之日起即为受理。"

"国务院住房城乡建设主管部门应当自受理之日起20日内作出审批决定。自作出决定之日起10日内公告审批结果。其中,涉及铁路、交通、水利、通信、民航等专业工程监理资质的,由国务院住房城乡建设主管部门送国务院有关部门审核。国务院有关部门应当在15日内审核完毕,并将审核意见报国务院住房城乡建设主管部门。"

"组织专家评审所需时间不计算在上述时限内,但应当明确告知申请人。"

九、将《建设工程勘察设计资质管理规定》(建设部令第160号)第四条第一款中的"建设主管部门"修改为"住房城乡建设主管部门"。其余条款依此修改。

将第八条修改为:"申请工程勘察甲级资质、工程设计甲级资质,以及涉及铁路、交通、水利、信息产业、民航等方面的工程设计乙级资质的,可以向企业工商注册所在地的省、自治区、直辖市人民政府住房城乡建设主管部门提交申请材料。"

"省、自治区、直辖市人民政府住房城乡建设主管部门收到申请材料后,应当在5日内将全部申请材料报审批部门。"

"国务院住房城乡建设主管部门在收到申请材料后,应当依法作出是否受理的决定,并出具凭证;申请材料不齐全或者不符合法定形式的,应当在5日内一次性告知申请人需要补正的全部内容。逾期不告知的,自收到申请材料之日起即为受理。"

"国务院住房城乡建设主管部门应当自受理之日起20日内完成审查。自作出决定之日起10日内公告审批结果。其中,涉及铁路、交通、水利、信息产业、民航等方面的工程设计资质,由国务院住房城乡建设主管部门送国务院有关部门审核,国务院有关部门应当在15日内审核完毕,并将审核意见送国务院住房城乡建设主管部门。"

"组织专家评审所需时间不计算在上述时限内,但应当明确告知申请人。"

十、将《城乡规划编制单位资质管理规定》(住房城乡建设部令第12号)第十六条修改为:"城乡规划编制单位甲级资质许可,由国务院城乡规划主管部门实施。

"城乡规划编制单位申请甲级资质的,可以向登记注册所在地省、自治区、直辖市人民政府城乡规划主管部门提交申请材料。省、自治区、直辖市人民政府城乡规划主管部门收到申请材料后,应当核对身份证、职称证、学历证等原件,在相应复印件上注明原件已核对,并于5日内将全部申请材料报国务院城乡规划主管部门。"

"国务院城乡规划主管部门在收到申请材料后,应当依法作出是否受理的决定,并出具凭证;申请材料不齐全或者不符合法定形式的,应当在5日内一次性告知申请人需要补正的全部内容。逾期不告知的,自收到申请材料之日起即为受理。"

"国务院城乡规划主管部门应当自受理申请材料之日起20日内作出审批决定。自作出决定之日起10日内公告审批结果。"

"组织专家评审所需时间不计算在上述时限内,但应当明确告知申请人。"

十一、将《建筑业企业资质管理规定》(住房城乡建设部令第22号)第十二条修改为:"申请本规定第九条所列资质的,可以向企业工商注册所在地省、自治区、直辖市人民政府住房城乡建设主管部门提交申请材料。

"省、自治区、直辖市人民政府住房城乡建设主管部门收到申请材料后,应当在5日内将全部申请材料报审批部门。"

"国务院住房城乡建设主管部门在收到申请材料后,应当依法作出是否受理的决定,并出具凭证;申请材料不齐全或者不符合法定形式的,应当在5日内一次性告知申请人需要补正的全部内容。逾期不告知的,自收到申请材料之日起即为受理。"

"国务院住房城乡建设主管部门应当自受理之日起20个工作日内完成审查。自作出决定之日起10日内公告审批结果。其中,涉及公路、水运、水利、通信、铁路、民航等方面资质的,由国务院住房城乡建设主管部门会同国务院有关部门审查。"

"需要组织专家评审的,所需时间不计算在许可时限内,但应当明确告知申请人。"

本决定自2016年10月20日起施行。以上部门规章根据本决定作相应的修正。

住房城乡建设部　财政部　国土资源部
关于进一步做好棚户区改造工作有关问题的通知

建保〔2016〕156 号

各省、自治区住房城乡建设厅、财政厅、国土资源厅，北京市住房城乡建设委、重大项目建设指挥部办公室、财政局、国土资源局，天津市城乡建设委、财政局、国土资源房屋管理局，上海市住房城乡建设管理委、财政局、规划和国土资源局，重庆市城乡建设委、财政局、国土资源房屋管理局，新疆生产建设兵团建设局、财务局、国土资源局：

棚户区改造是一项系统工程。它既包括棚户区征收拆迁和居民安置，还包括开发利用好腾空土地资源，实现腾空土地出让，依合同约定及时偿还开发银行、农业发展银行等金融机构棚改贷款，实现在市域范围内棚改资金大体平衡。为做好这两方面的工作，全面推进棚改，现就有关问题通知如下：

一、加速推进棚改。《政府工作报告》已经明确 2016 年改造 600 万套棚户区住房任务，要在原来工作基础上，进一步加大棚改推进力度，确保早开工、早见效；确保提高棚改货币化安置比例；确保落实棚改信贷支持政策；确保棚改资金安全高效利用。同时，要抓紧筹划 2017 年棚改工作。

二、依法依规控制棚改成本。要树立精打细算理念，严格依法依规办事。要建立健全征收拆迁补偿标准的规则，严格评估制度，确保征收过程公开公平公正。严禁大手大脚花钱，严禁违规支出。

三、科学规划棚改腾空的土地。按照《中共中央国务院关于进一步加强城市规划建设管理工作的若干意见》（中发〔2016〕6 号）提出的"合理安排建设用地，推动城市集约发展"要求，做好城市规划工作。腾空土地的道路、绿地、公共空间与公共服务设施用地的占比，不得超过国家规定的规划建设用地标准。要通过科学规划，集约节约利用土地，确保有足够的土地可以出让。

四、注重配套和环境建设。要在科学规划的基础上，加强腾空区道路、供水、供电等基础设施建设，同时要抓好教育文化、医疗卫生、商业等公共设施建设，搞好绿化，美化环境，吸引企事业单位和居民进驻。

五、优先安排出让棚改腾空的土地。在编制地区土地利用规划、制定年度土地供应计划时，要优先安排棚改腾空土地出让。市、县的棚改腾空土地出让收入、属于政府所有的棚改安置小区配套商业设施销售收入，优先用于棚改；棚改实施主体要构建动态还款机制，确保按合同约定及时偿还贷款。

六、同步推进产业发展。各地在推进棚改的同时，必须努力发挥本地优势，大力开展招商引资，吸引更多社会投资，培育主导产业，完善产业链条，创造新的就业机会，让城市居民不仅住得下，而且住得好。

各省、自治区、直辖市住房城乡建设、财政、国土资源部门要积极争取本地区党委、政府的重视和支持，与开发银行、农业发展银行等金融机构密切配合，努力完成今年棚改征收拆迁和居民安置任务，实现在市域范围内棚改资金大体平衡。

中华人民共和国住房和城乡建设部
中华人民共和国财政部
中华人民共和国国土资源部
2016 年 7 月 11 日

住房城乡建设部　财政部
关于做好城镇住房保障家庭租赁补贴工作的指导意见

建保〔2016〕281 号

各省、自治区住房城乡建设厅、财政厅，北京市住房城乡建设委、财政局，天津市城乡建设委、国土资源房屋管理局、财政局,上海市住房城乡建设管理委、财政局,重庆市城乡建设委、国土资源房屋管理局、财政局,新疆生产建设兵团建设局、财务局:

为贯彻落实《国务院办公厅关于加快培育和发展住房租赁市场的若干意见》(国办发〔2016〕39号),进一步做好城镇住房保障家庭租赁补贴工作,完善住房保障制度,现提出以下意见:

一、总体要求

(一)指导思想。

深入贯彻党的十八大和十八届三中、四中、五中、六中全会以及中央城市工作会议精神,认真落实国务院决策部署,以建立购房与租房并举、市场配置与政府保障相结合的住房制度为主要方向,进一步完善住房保障制度。城镇住房保障采取实物配租与租赁补贴相结合的方式,逐步转向以租赁补贴为主。

(二)基本原则。

1. 因地制宜,因城施策。各地要根据经济发展水平、房地产市场状况、政府财政承受能力、住房保障对象需求等因素,合理确定租赁补贴的发放规模和发放对象。公租房存量较大、租赁补贴需求较小的地区,应加大公租房分配入住力度。

2. 市场导向,动态调整。各地要结合当地住房市场租金水平、人均住房面积等情况,合理确定租赁补贴标准和补贴面积等,建立健全租赁补贴制度,并动态调整。

3. 分类保障,差别补贴。根据住房保障家庭的住房困难程度和支付能力,各地可分类别、分层次对在市场租房居住的住房保障家庭予以差别化的租赁补贴,保障其基本居住需求。

二、明确租赁补贴具体政策

(一)研究制定准入条件。各地要研究制定租赁补贴申请家庭的住房、收入、财产等准入条件,原则上租赁补贴申请家庭的人均可支配收入应低于当地城镇人均可支配收入的一定比例,具体条件和比例由各地研究确定,并动态调整,向社会公布。

(二)分档确定补贴标准。各地要结合当地住房租赁市场的租金水平、补贴申请家庭支付能力以及财力水平等因素,分档确定租赁补贴的标准,具体标准由各地研究确定,并动态调整,向社会公布。

(三)合理确定租赁补贴面积。各地要结合租赁补贴申请家庭的成员数量和本地区人均住房面积等情况,合理确定租赁补贴面积标准,原则上住房保障家庭应租住中小户型住房,户均租赁补贴面积不超过60平方米,超出部分由住房保障家庭自行承担。

(四)加大政策支持力度。各地发放租赁补贴的户数列入全国城镇保障性安居工程年度计划。市、县财政要安排专项资金发放租赁补贴,省级财政要继续支持市、县租赁补贴工作,中央财政城镇保障性安居工程专项资金可统筹用于发放租赁补贴。

三、强化租赁补贴监督管理

(一)规范合同备案制度。租赁补贴申请家庭应与房屋产权人或其委托人签订租赁合同,并及时将租赁合同、房屋权属证明、租赁发票等材料提交住房城乡建设部门审核。各地要根据轮候排序结果,与补贴申请家庭签订租赁补贴协议,明确补贴标准、发放期限和停发补贴事项及违约责任等,并按月或季度发放租赁补贴,在每年12月25日前完成年度最后一次租赁补贴的核发。租赁补贴发放方式由各地自行确定,确保用于住房保障家庭租赁住房。

(二)建立退出机制。各地要按户建立租赁补贴档案,定期进行复核,及时掌握补贴发放家庭的人口、收入、住房等信息的变动状况。对符合条件的,继续发放租赁补贴;对不再符合租赁补贴保障条件的家庭,应终止发放租赁补贴。领取补贴期间申请实物配租公租房的,配租入住后停止发放租赁补贴。

(三)健全信息公开和监督机制。各地要建立健全租赁补贴的申请、受理、审核、公示和发放机制,全面公开租赁补贴的发放计划、发放对象、申请审核程序、发放结果及退出情况等信息,畅通投诉举报渠道,主动接受社会监督,确保租赁补贴发放的公平、公开、公正。

四、加强组织领导

(一)进一步提高对租赁补贴工作重要性的认识。切实做好城镇住房保障家庭租赁补贴有关工作,是优化住房保障方式,深化住房制度改革,加快改善城镇住房困难家庭居住条件的重要举措;也是引导城镇居民合理住房消费,促进房地产市场平稳健康发展,培育和发展住房租赁市场,推动新型城镇化进程的必然要求。各地要结合实际,研究出台或修订具体实施意见(方案),确保租赁补贴工作的顺利开展。

(二)明确部门职责及协调机制。各地要建立健全租赁补贴申请家庭对申请材料真实性负责的承诺、授权审核制度。住房城乡建设、财政等部门要根据职责，做好租赁补贴申请材料的受理、审核工作，建立信息共享机制，着力提高补贴发放资格审核的准确性，对符合条件的住房保障家庭及时予以公示。财政部门根据审核结果，及时拨付租赁补贴资金，并对资金使用情况履行监管职责。对租赁补贴工作中存在违法违规行为的单位或个人，应依法依规追究相关责任。

中华人民共和国住房和城乡建设部
中华人民共和国财政部
2016年12月8日

住房城乡建设部办公厅 国家发展改革委办公厅 财政部办公厅关于印发《棚户区改造工作激励措施实施办法(试行)》的通知

建办保〔2016〕69号

各省、自治区住房城乡建设厅、发展改革委、财政厅，北京市住房城乡建设委、重大项目办公室、发展改革委、财政局，上海市住房城乡建设委、发展改革委、财政局，天津、重庆市城乡建设委、国土资源房屋管理局、发展改革委、财政局，新疆生产建设兵团建设局、发展改革委、财务局：

根据《国务院办公厅关于对真抓实干成效明显地方加大激励支持力度的通知》（国办发〔2016〕82号）要求，为鼓励各地干事创业、真抓实干，有效推进棚户区改造工作，我们制定了《棚户区改造工作激励措施实施办法（试行）》。现印发给你们，请认真贯彻落实。

中华人民共和国住房和城乡建设部办公厅
国家发展和改革委员会办公厅
财政部办公厅
2016年12月19日

棚户区改造工作激励措施实施办法
（试　行）

第一条 为贯彻落实《国务院办公厅关于对真抓实干成效明显地方加大激励支持力度的通知》（国办发〔2016〕82号）精神，鼓励各地干事创业、真抓实干，有效推进棚户区改造（以下简称棚改）工作，制定本办法。

第二条 本办法的激励支持对象是指年度棚改工作积极主动、成效明显的省（自治区、直辖市，含兵团，下同）。

年度激励支持的省（区、市）数量在8个左右，并适当兼顾东中西部地区的差异。

第三条 每年1月，住房城乡建设部根据上一年度棚改工作情况，会商国家发展改革委、财政部，提出拟予激励支持的建议名单，并报送国务院。

第四条 拟激励支持地方名单的提出，主要考虑棚改年度任务、工作进度、货币化安置情况、中央预算内投资项目开工和投资完成情况、中央财政补助资金使用情况，同时参考资金筹集、工作成效、日常管理、守法执规等情况，并结合国务院大督查、部门日常督查、相关专项督查、审计等情况综合评定。

在具体评定拟激励支持名单时，可根据上一年度实际情况，进一步听取有关部门和单位意见，或核查有关地方的相关情况。

第五条 对在棚改工作中具有下列情形之一的地方，实行一票否决，不列入拟激励支持名单：

（一）棚改年度任务未完成的；

（二）在国务院大督查中发现问题较多、工作不力的；

（三）对上一年度棚改工作审计发现问题整改不力、进展缓慢的；

（四）存在其他严重问题，有必要取消其激励支持资格的。

第六条　国家发展改革委会同住房城乡建设部在安排保障性安居工程中央预算内投资时，对受表扬激励的地方给予适当倾斜支持。

第七条　财政部会同住房城乡建设部在安排中央财政城镇保障性安居工程专项资金时，对受表扬激励的地方给予适当倾斜支持。

第八条　有条件的省（区、市）住房城乡建设、发展改革、财政部门，可以根据国办发〔2016〕82号文件及本办法，并结合当地实际，制定相应的配套措施，加大激励力度，增强激励效果。

第九条　本办法由住房城乡建设部、国家发展改革委、财政部负责解释。

第十条　本办法自发布之日起施行。

住房城乡建设部关于印发海绵城市专项规划编制暂行规定的通知

建规〔2016〕50号

各省、自治区住房城乡建设厅，直辖市规划委（局）、建委，新疆生产建设兵团建设局：

为贯彻落实《中共中央国务院关于进一步加强城市规划建设管理工作的若干意见》（中发〔2016〕6号）、《国务院关于深入推进新型城镇化建设的若干意见》（国发〔2016〕8号）和《国务院办公厅关于推进海绵城市建设的指导意见》（国办发〔2015〕75号），指导各地做好海绵城市专项规划编制工作，我部研究制定了《海绵城市专项规划编制暂行规定》（以下简称《规定》），现印发给你们。

请各地按照《规定》要求，结合实际，抓紧编制海绵城市专项规划，于2016年10月底前完成设市城市海绵城市专项规划草案，按程序报批。《规定》执行中遇到的问题及建议，请及时告我部城乡规划司和城市建设司。

联系人：（略）

中华人民共和国住房和城乡建设部

2016年3月11日

附件

海绵城市专项规划编制暂行规定

第一章　总则

第一条　为贯彻落实《中共中央国务院关于进一步加强城市规划建设管理工作的若干意见》（中发〔2016〕6号）、《国务院关于深入推进新型城镇化建设的若干意见》（国发〔2016〕8号）和《国务院办公厅关于推进海绵城市建设的指导意见》（国办发〔2015〕75号），做好海绵城市专项规划编制工作，制定本规定。

第二条　海绵城市专项规划是建设海绵城市的重要依据，是城市规划的重要组成部分。

第三条　编制海绵城市专项规划，应坚持保护优先、生态为本、自然循环、因地制宜、统筹推进的原则，最大限度地减小城市开发建设对自然和生态环境的影响。

第四条　编制海绵城市专项规划，应根据城市降雨、土壤、地形地貌等因素和经济社会发展条件，综合考虑水资源、水环境、水生态、水安全等方面的现状问题和建设需求，坚持问题导向与目标导向相结合，因地制宜地采取"渗、滞、蓄、净、用、排"等措施。

第五条　海绵城市专项规划可与城市总体规划同步编制，也可单独编制。

第六条　海绵城市专项规划的规划范围原则上应与城市规划区一致，同时兼顾雨水汇水区和山、水、林、田、湖等自然生态要素的完整性。

第七条 承担海绵城市专项规划编制的单位，应当具有乙级及以上的城乡规划编制资质，并在资质等级许可的范围内从事规划编制工作。

第二章 海绵城市专项规划编制的组织

第八条 城市人民政府城乡规划主管部门会同建设、市政、园林、水务等部门负责海绵城市专项规划编制具体工作。海绵城市专项规划经批准后，应当由城市人民政府予以公布；法律、法规规定不得公开的内容除外。

第九条 编制海绵城市专项规划，应收集相关规划资料，以及气象、水文、地质、土壤等基础资料和必要的勘察测量资料。

第十条 在海绵城市专项规划编制中，应广泛听取有关部门、专家和社会公众的意见。有关意见的采纳情况，应作为海绵城市专项规划报批材料的附件。

第十一条 海绵城市专项规划经批准后，编制或修改城市总体规划时，应将雨水年径流总量控制率纳入城市总体规划，将海绵城市专项规划中提出的自然生态空间格局作为城市总体规划空间开发管制要素之一。

编制或修改控制性详细规划时，应参考海绵城市专项规划中确定的雨水年径流总量控制率等要求，并根据实际情况，落实雨水年径流总量控制率等指标。

编制或修改城市道路、绿地、水系统、排水防涝等专项规划，应与海绵城市专项规划充分衔接。

第三章 海绵城市专项规划编制内容

第十二条 海绵城市专项规划的主要任务是：研究提出需要保护的自然生态空间格局；明确雨水年径流总量控制率等目标并进行分解；确定海绵城市近期建设的重点。

第十三条 海绵城市专项规划应当包括下列内容：

（一）综合评价海绵城市建设条件。分析城市区位、自然地理、经济社会现状和降雨、土壤、地下水、下垫面、排水系统、城市开发前的水文状况等基本特征，识别城市水资源、水环境、水生态、水安全等方面存在的问题。

（二）确定海绵城市建设目标和具体指标。确定海绵城市建设目标（主要为雨水年径流总量控制率），明确近、远期要达到海绵城市要求的面积和比例，参照住房城乡建设部发布的《海绵城市建设绩效评价与考核办法（试行）》，提出海绵城市建设的指标体系。

（三）提出海绵城市建设的总体思路。依据海绵城市建设目标，针对现状问题，因地制宜确定海绵城市建设的实施路径。老城区以问题为导向，重点解决城市内涝、雨水收集利用、黑臭水体治理等问题；城市新区、各类园区、成片开发区以目标为导向，优先保护自然生态本底，合理控制开发强度。

（四）提出海绵城市建设分区指引。识别山、水、林、田、湖等生态本底条件，提出海绵城市的自然生态空间格局，明确保护与修复要求；针对现状问题，划定海绵城市建设分区，提出建设指引。

（五）落实海绵城市建设管控要求。根据雨水径流量和径流污染控制的要求，将雨水年径流总量控制率目标进行分解。超大城市、特大城市和大城市要分解到排水分区；中等城市和小城市要分解到控制性详细规划单元，并提出管控要求。

（六）提出规划措施和相关专项规划衔接的建议。针对内涝积水、水体黑臭、河湖水系生态功能受损等问题，按照源头减排、过程控制、系统治理的原则，制定积水点治理、截污纳管、合流制污水溢流污染控制和河湖水系生态修复等措施，并提出与城市道路、排水防涝、绿地、水系统等相关规划相衔接的建议。

（七）明确近期建设重点。明确近期海绵城市建设重点区域，提出分期建设要求。

（八）提出规划保障措施和实施建议。

第十四条 海绵城市专项规划成果应包括文本、图纸和相关说明。成果的表达应当清晰、准确、规范，成果文件应当以书面和电子文件两种方式表达。

第十五条 海绵城市专项规划图纸一般包括：

（一）现状图（包括高程、坡度、下垫面、地质、土壤、地下水、绿地、水系、排水系统等要素）。

（二）海绵城市自然生态空间格局图。

（三）海绵城市建设分区图。

（四）海绵城市建设管控图（雨水年径流总量控制率等管控指标的分解）。

（五）海绵城市相关涉水基础设施布局图（城市排水防涝、合流制污水溢流污染控制、雨水调蓄等设施）。

（六）海绵城市分期建设规划图。

第四章 附则

第十六条 设市城市编制海绵城市专项规划，适用本规定。其他地区编制海绵城市专项规划可参照执行本规定。

第十七条 各省、自治区、直辖市住房城乡建设主管部门可结合实际，依据本规定制订技术细则，指导本地区海绵城市专项规划编制工作。

第十八条 各城市应在海绵城市专项规划的指导下，编制近期建设重点区域的建设方案、滚动规划和年度建设计划。建设方案应在评估各类场地建设和改造可行性基础上，对居住区、道路与广场、公园与绿地，以及内涝积水和水体黑臭治理、河湖水系生态修复等基础设施提出海绵城市建设任务。

第十九条 本规定由住房城乡建设部负责解释。

第二十条 本规定自发布之日起施行。

住房城乡建设部关于印发城市地下空间开发利用"十三五"规划的通知

建规〔2016〕95号

各省、自治区住房城乡建设厅，直辖市规划局(委)：

根据《中共中央国务院关于进一步加强城市规划建设管理工作的若干意见》、《中华人民共和国国民经济和社会发展第十三个五年规划纲要》和《国家新型城镇化规划(2014—2020年)》，我部组织编制了《城市地下空间开发利用"十三五"规划》，现印发给你们，请结合本地实际，认真贯彻执行。

中华人民共和国住房和城乡建设部

2016年5月25日

附件

城市地下空间开发利用"十三五"规划

合理开发利用城市地下空间，是优化城市空间结构和管理格局，增强地下空间之间以及地下空间与地面建设之间有机联系，促进地下空间与城市整体同步发展，缓解城市土地资源紧张的必要措施，对于推动城市由外延扩张式向内涵提升式转变，改善城市环境，建设宜居城市，提高城市综合承载能力具有重要意义。

为贯彻落实《国家新型城镇化规划(2014—2020年)》、《中华人民共和国国民经济和社会发展第十三个五年规划纲要》和《中共中央国务院关于进一步加强城市规划建设管理工作的若干意见》，根据《住房城乡建设部关于印发〈住房城乡建设事业"十三五"规划编制工作方案〉的通知》（建计函〔2014〕185号），住房城乡建设部编制了《城市地下空间开发利用"十三五"规划》（以下简称《规划》）。《规划》以促进城市地下空间科学合理开发利用为总体目标，明确了"十三五"时期的主要任务，提出了保障规划实施的措施，是指导各地开展地下空间开发利用规划、建设和管理的重要依据。

一、发展现状、问题和面临形势

（一）发展现状

规模增长迅速。近年来，随着工业化、城市化进程推进，我国城市地下空间开发利用进入快速增长阶段。"十二五"时期，我国城市地下空间建设量显著增长，年均增速达到20%以上，约60%的现状地下空间为"十二五"时期建设完成。据不完全统计，地下空间与同期地面建筑竣工面积的比例从约10%增长到15%。尤其在人口和经济活动高度集聚的大城市，在轨道交通和地上地下综合建设带动下，城市地下空间开发规模增长迅速，需求动力充足。

利用类型丰富。城市地下空间开发利用类型呈现多样化、深度化和复杂化的发展趋势。类型上，逐渐从人防工程拓展到交通、市政、商服、仓储等多种类型；开发深度上，由浅层开发延伸至深层开发；具体项目上，由小规模单一功能的地下工程发展为集商业、娱乐、休闲、交通、停车等功能于一体的地下城市空间。

综合效益显著。城市地下空间开发利用在城市发展中的地位和作用日益提高。一方面，在城镇化发展不断加速与生态环境要求不断提高的双重约束下，地下空间开发利用成为优化城市空间结构、提高城市空间资源利用效率的重要手段；另一方面，城市地下空间开发利用有利于增加城市容量、增强防灾减灾能力、缓解交通拥堵、完善公共服务和基础设施配套，经济、社会、环境综合效益显著，是建设资源节约型、环境友好型社会和践行生态文明的重要举措。

（二）主要问题

系统性不足。城市地下空间作为城市地面空间的重要补充，只有建立有机联系才能发挥其提高城市空间资源利用效率、实现综合效益的作用。目前，我国城市地下空间开发利用普遍存在系统性缺乏问题。一方面，城市地下空间之间连通性较差，同一地区相邻项目之间缺乏联系和贯通，存在零星、分散、孤立开发问题；另一方面，城市地下空间与地面空间协调不足，缺乏衔接，甚至相互矛盾，形成安全隐患。

管理体制亟待完善。城市地下空间开发利用日趋复杂和综合，需要完善的配套管理制度及有关部门的密切配合。我国城市地下空间开发利用管理体制建设尚处于起步阶段，缺乏系统、规范的内容和程序要求，地下空间开发利用在规划建设、权属登记、工程质量和安全使用等方面的制度尚不健全。此外，地下空间开发利用涉及多个管理部门，存在多头管理或管理缺位问题。

规划制定落后于城市建设发展实践。我国城市地下空间规划制定尚处于探索阶段，存在规划组织编制主体不明确、规划体系不清晰、缺乏统一规范的规划编制要求等问题，对城市地下空间资源保护和合理开发产生不利影响。多数城市地下空间开发利用缺乏规划，城市地下空间规划制定普遍滞后于建设发展实践。

基本情况掌握不足。大部分城市对地下空间开发利用基本现状掌握不足。城市规划建设管理部门通过实施规划许可管理，对近期城市地下空间开发建设情况较为了解，但对早期建设的地下空间开发利用情况缺乏掌握。此外，数据共享不足、沟通不畅、统计口径和标准不一致等问题，也导致一些地方地下空间调查进展不顺。

（三）面临形势

城市是经济社会发展和人民生产生活的重要载体，是现代文明的标志，把城市规划好、建设好、管理好，对促进新型城镇化发展，建设美丽中国，实现到2020年全面建成小康社会的奋斗目标，具有重要意义。根据我国城镇化进程和地下空间开发利用发展趋势，"十三五"时期城市地下空间开发利用还将有相当大的规模。科学合理地开发利用城市地下空间，成为提高城市空间资源利用效率、提高城市综合承载力和保护地下空间资源的重要途径。虽然我国部分城市地下空间开发利用进入迅速发展阶段，但是大多数城市地下空间开发利用仍处于起步阶段，城市地下空间开发利用面临建设发展需求旺盛但系统性不足、有关立法和规划制定相对滞后、现状利用基本情况不清、管理体制和机制有待进一步完善等挑战。

二、指导思想、基本原则和规划目标

（一）指导思想

全面贯彻党的十八大和十八届三中、四中、五中全会精神，按照"五位一体"总体布局和"四个全面"战略布局，认真贯彻创新、协调、绿色、开放、共享的发展理念，适应新型城镇化需要，把加强城市地下空间规划建设管理作为履行政府职能的重要内容，坚持开发与保护相结合、平时与战时相结合，统筹利用地上地下空间资源，着力提高城市综合承载能力，全面加强城市地下空间开发利用管理。

（二）基本原则

先规划、后建设，科学编制城市地下空间规划。地下空间开发利用应与城市发展战略相协调，结合城市发展实际，科学规划，合理确定地下空间的规划建设规模、时序和发展模式，稳步推进地下空间建设。城市地下空间开发利用应当以地下空间规划为前提和依据，严格按照规划开展。

统筹开发，有序利用，提高地下空间系统性。地下空间开发利用应当坚持统筹安排、综合开发、合理利用的原则。坚持平时与战时相结合、地下与地上相协调的方针，鼓励竖向分层立体综合开发和横向相关空间连通开发，提高城市地下空间开发利用的整体性和系统性。生态优先，公共利益优先，保障公共安全。城市地下空间规划建设应当基于生态底线和生态保护的具体要求，进行合理开发和利用，严格控制不适宜开发的地下空间；同时，应当优先安排市政基础设施、地下交通、人民防空工程、应急防灾设施，并兼顾城市运行最优化和相邻空间发展的需要，保障人民群众生命财产安全和地下空间权利人的合法权益。

依法行政，依法实施管理，加强监管职责。地下空间规划、建设、使用、维护的全过程都应当遵照有关法律法规、标准规范和政策规定，进一步明晰有关部门职责，强化监管，规范行政管理行为，转变政府职能，提高管理和服务水平。

（三）规划目标

1. 总体目标

科学和合理地推进城市地下空间开发利用，大力提高城市空间资源利用效率，充分发挥城市地下空间综合效益，切实提高行政管理效能，提高城市地下空间规划建设管理水平，促进城市持续健康发展。更好发挥地下资源潜力，形成平战结合、相互连接、四通八达的城市地下空间。力争到2020年，初步建立较为完善的城市地下空间规划建设管理体系。

2. 具体目标

一是建立和完善城市地下空间规划体系，推进城市地下空间规划制定工作。到2020年，不低于50%的城市完成地下空间开发利用规划编制和审批工作，补充完善城市重点地区控制性详细规划中涉及地下空间开发利用的内容。

二是开展地下空间普查，推进城市地下空间综合管理信息系统建设。到2020年，不低于50%的城市初步建立包括地下空间开发利用现状、规划建设管理、档案管理等的综合管理系统，有效提升城市地下空间信息化管理能力。

三是健全地下空间开发利用各项管理制度，完善有关法律法规、标准规范的制定，地下空间开发利用依法管理工作取得较大进展，使管理水平能够适应经济社会发展需要。

三、主要任务

（一）完善地下空间开发利用规划体系

1. 推进城市地下空间开发利用规划编制

城市地下空间开发利用规划作为城市总体规划的专项规划，应当与城市总体规划同步编制，将其主要内容纳入城市总体规划，并做好与土地利用总体规划衔接。城市总体规划已经审批、尚未组织编制城市地下空间开发利用规划的城市，应当补充编制。城市地下空间开发利用规划应当对规划期内城市地下空间开发战略、规划目标、平面布局和分区管控、竖向分层划分、重点地区建设范围、地下地上空间一体化安排、开发步骤等做出安排部署，并提出人民防空、环境保护和安全保障措施等方面的要求。

2. 完善城市控制性详细规划中涉及地下空间的内容

城市人民政府城乡规划主管部门应完善涉及地下空间安排的控制性详细规划，依据地下空间开发利用规划要求，补充有关地下空间相关控制要求，并按照法定程序报批。涉及地下空间安排的控制性详细规划，应当对地下空间开发利用各项控制指标提出规划控制和引导要求，包括开发范围、深度、强度、使用性质、出入口位置、互连互通要求、人防建设要求、大型地下市政基础设施的安全保护区范围等。控制性详细规划应当注重做好地下空间开发利用与地面建设之间的协调，加强地下交通设施之间、地下交通设施与相邻地下公共活动场所之间的互连互通。鼓励重点地区开展地上地下一体化城市设计，并将主要控制要求纳入控制性详细规划。

3. 协调地下空间规划与有关规划的关系

涉及地下空间开发利用的地下管线、地下综合管廊、地下交通等规划，应当与城市地下空间开发利用规划相协调，鼓励城市地下空间开发利用规划与人防工程规划的整合。涉及地下空间内容的控制性详细规划在制定过程中应与其他有关专项规划充分衔接。

4. 完善地下空间规划管理制度

各城市完善地下空间规划管理制度。涉及地下空间的建设项目的规划条件、规划许可、规划核实，应当依据控制性详细规划提出地下空间开发利用的控制要求。

（二）推进地下空间规划建设标准体系建设

1. 完善地下空间规划设计标准规范

研究建立城市地下空间规划设计标准体系框架，补充和完善各层次城乡规划中有关地下空间规划设计的标准。研究制定《城市地下空间规划规范》，明确地下空间开发利用的概念术语、功能与设施分类、规划编制要求等，形成统一的规划标准，促进地下空间开发利用标准化设计和管理。研究制定地下空间平面和竖向规划、地下综合管廊设计、地下交通工程设计、地下停车场设计、地下步行街道设计等规划标准和导则。

2. 修订完善地下空间施工建设标准规范

梳理研究已有涉及地下空间开发利用的施工建设标准和规范，包括工程勘察测量、建筑设计、结构设计、土建施工、设备工程、环境安全、防灾减灾等标准规范，对已有标准规范进行修订和完善，充实有关地下空间开发利用的规定，体现地下空间利用的自身特点，满足地下空间开发利用需要。

（三）推进地下空间普查和地下空间信息系统建设

1. 开展地下空间普查

推进城市地下空间现状普查。对已有和在建地下空间进行分类和信息收集，并纳入不动产统一登记管理。建立地下空间资源的普查制度、补（修）测制度、汇交制度。建立地下空间档案管理系统。按照相关保密要求，妥善做好地下空间信息保密管理工作。编制城市地下空间规划，应当具备国家规定的勘察、测绘、气象、地震、水文、环境等基础资料。

2. 建立地下空间信息系统

结合智慧城市建设，推进城市地下空间综合管理信息系统建设。将普查成果纳入系统，动态维护地下空间开发利用信息，为城市地下空间规划管理提供支撑。逐步将地下空间规划、规划许可、权属管理、档案管理等纳入统一管理平台，建立地下空间管理信息共享机制，促进实现城市地下空间数字化管理，提升城市地下空间管理标准化、信息化、精细化水平。

（四）完善地下空间开发利用立法体系

1. 开展立法前期研究

开展加强城市地下空间规划建设管理的有关立法研究，组织做好调研、论证、咨询、起草等基础性工作，听取省级政府部门、地方政府、相关管理部门、相关利益群体和社会公众的意见和建议，加大与相关部门的沟通协调力度，协调相关法律法规与地下空间开发利用法律法规的关系，减少和避免法律法规冲突和矛盾，实现合理衔接。

2. 鼓励地方加强立法

推动地方立法和技术管理规范工作。各省（区、市）根据自身情况，因地制宜推动地方立法工作，研究制定城市地下空间规划编制、规划建设管理、权属登记、使用管理等方面的法规、规章，界定地下空间开发利用管理有关主体及其职责、职权，明确地下空间开发利用管理有关制度及其内容和程序要求，推进依法行政。

3. 加强制度建设

开展城市地下空间规划管理有关制度研究工作，作为城市地下空间开发利用规划制定、规划许可管理等方面的基础。各省（区、市）应当在全面梳理规划管理制度的基础上，建立和完善城市地下空间规划制定和实施管理有关制度。

四、保障措施

（一）明确责任主体

城市人民政府是地下空间开发利用管理工作的责任主体，要加强组织领导，明确主管部门，制定和完善城市地下空间有关规划，建立健全城市地下空间规划建设管理制度，推进地下空间普查和综合管理信息系统建设，加强管理和监督。

省级人民政府要把城市地下空间开发利用和管理纳入重要议事日程，加大监督、指导和协调力度，结合已有规划和各地实际，出台具体政策措施并抓好落实。

国务院城乡规划建设主管部门会同有关部门加强对全国城市地下空间规划建设管理工作，加强规划制定和管理的指导监督，开展立法研究，完善相关制度和标准规范。

（二）提升管理水平

建立部门协调机制。建立城市地下空间开发利用相关部门之间的协同管理机制，维护城市地下空间的整体性、系统性，避免条块分割、多头管理。

建立重大问题专家咨询机制。充分发挥专家顾问作用，为城市地下空间规划建设管理提供技术支撑，避免地下空间开发利用由于地质条件的复杂性、地下情况的不确定性等带来的高风险。

建立监督检查机制。加强对城市地下空间建设和使用的跟踪监测和监督检查，建立地下空间开发利用质量监管机制、安全使用监管机制、应急管理机制等，落实监管人员，提高地下空间开发利用建设质量，保障安全。

建立评估机制。对规划实施情况和有关配套政策机制实施情况进行跟踪分析和总结评估，及时发现问题并作出调整。

（三）加大资金支持

积极争取中央财政资金支持地下空间开发建设。地方各级人民政府要切实加大投入力度，确保对城市地下空间规划制定、现状普查、综合管理信息系统建设等方面任务的资金投入。优化政府投资结构，安排专项资金重点支持地下空间开发建设。

积极探索地下综合管廊、公共服务设施等的有偿使用，建立合理的收费机制。规范和鼓励社会资本对地下空间开发建设运营的投资。按照产业化发展、企业化经营、社会化服务的思路，拓宽私营企业、民营资本进入地下空间开发建设及运营领域的渠道和途径，为民营企业平等参与竞争创造良好环境。

（四）建立激励机制

制定优惠扶持政策，鼓励社会资本积极参与中心城区地下停车场设施建设运营，提升城市地下空间开发利用的质量和水平。通过合理确定地下空间建设用地土地出让金等形式，制定鼓励地下空间互连互通的相关政策，鼓励开发商提供地下商业空间和地下公共交通设施、出入口和通道等。

（五）加强队伍建设

加强教育培训。依托大专院校、科研院所等机构，加强对地下空间规划设计、施工建设和管理人员的培养，注重理论和实践相结合，建立具有行业发展前瞻性的产学研相结合的人才培养体系。

加强设计和施工专业人员队伍建设。制定发布地下建设工程、市政工程、地下交通工程等专业工程设计和施工专业人员职业标准，明确职位要求，建立健全人才培养、引进和使用的激励机制，提升专业人员素质和业务能力。

加强国内外技术和管理经验交流。搭建交流合作平台，通过考察、座谈、交流研讨会等形式，进一步汲取借鉴先进技术和经验，提高地下空间从业人员队伍的整体水平，适应地下空间行业的发展要求。

住房城乡建设部关于废止注册城市规划师注册登记办法的通知

建规〔2016〕135号

各省、自治区住房城乡建设厅，直辖市规划局（委），新疆生产建设兵团建设局：

为落实简政放权、放管结合、优化服务要求，激发市场活力和社会创造力，根据新修订的《中华人民共和国城乡规划法》和《国务院关于取消和调整一批行政审批项目等事项的决定》（国发〔2014〕50号）要求，我部已取消注册城市规划师行政许可事项，决定从本通知印发之日起废止《关于印发〈注册城市规划师注册登记办法〉的通知》（建规〔2003〕47号）。城市规划师的注册及相关工作由中国城市规划协会负责承担，我部对注册城市规划师的注册和执业实施指导和监督。

中华人民共和国住房和城乡建设部

2016年7月5日

住房城乡建设部关于印发深化工程建设标准化工作改革意见的通知

建标〔2016〕166号

国务院有关部门，各省、自治区住房城乡建设厅，直辖市建委及有关部门，新疆生产建设兵团建设局，国家人防办，中央军委后勤保障部军事设施建设局，有关单位：

为落实《国务院关于印发深化标准化工作改革方案的通知》（国发〔2015〕13号），进一步改革工程建设标准体制，健全标准体系，完善工作机制，现将《关于深化工程建设标准化工作改革的意见》印发给你们，请认真贯彻执行。

中华人民共和国住房和城乡建设部

2016年8月9日

关于深化工程建设标准化工作改革的意见

我国工程建设标准(以下简称标准)经过60余年发展,国家、行业和地方标准已达7000余项,形成了覆盖经济社会各领域、工程建设各环节的标准体系,在保障工程质量安全、促进产业转型升级、强化生态环境保护、推动经济提质增效、提升国际竞争力等方面发挥了重要作用。但与技术更新变化和经济社会发展需求相比,仍存在着标准供给不足、缺失滞后,部分标准老化陈旧、水平不高等问题,需要加大标准供给侧改革,完善标准体制机制,建立新型标准体系。

一、总体要求

(一)指导思想

贯彻落实党的十八大和十八届二中、三中、四中、五中全会精神,按照《国务院关于印发深化标准化工作改革方案的通知》(国发〔2015〕13号)等有关要求,借鉴国际成熟经验,立足国内实际情况,在更好发挥政府作用的同时,充分发挥市场在资源配置中的决定性作用,提高标准在推进国家治理体系和治理能力现代化中的战略性、基础性作用,促进经济社会更高质量、更有效率、更加公平、更可持续发展。

(二)基本原则

坚持放管结合。转变政府职能,强化强制性标准,优化推荐性标准,为经济社会发展"兜底线、保基本"。培育发展团体标准,搞活企业标准,增加标准供给,引导创新发展。

坚持统筹协调。完善标准体系框架,做好各领域、各建设环节标准编制,满足各方需求。加强强制性标准、推荐性标准、团体标准,以及各层级标准间的衔接配套和协调管理。

坚持国际视野。完善标准内容和技术措施,提高标准水平。积极参与国际标准化工作,推广中国标准,服务我国企业参与国际竞争,促进我国产品、装备、技术和服务输出。

(三)总体目标

标准体制适应经济社会发展需要,标准管理制度完善、运行高效,标准体系协调统一、支撑有力。按照政府制定强制性标准、社会团体制定自愿采用性标准的长远目标,到2020年,适应标准改革发展的管理制度基本建立,重要的强制性标准发布实施,政府推荐性标准得到有效精简,团体标准具有一定规模。到2025年,以强制性标准为核心、推荐性标准和团体标准相配套的标准体系初步建立,标准有效性、先进性、适用性进一步增强,标准国际影响力和贡献力进一步提升。

二、任务要求

(一)改革强制性标准

加快制定全文强制性标准,逐步用全文强制性标准取代现行标准中分散的强制性条文。新制定标准原则上不再设置强制性条文。

强制性标准具有强制约束力,是保障人民生命财产安全、人身健康、工程安全、生态环境安全、公众权益和公共利益,以及促进能源资源节约利用、满足社会经济管理等方面的控制性底线要求。强制性标准项目名称统称为技术规范。

技术规范分为工程项目类和通用技术类。工程项目类规范,是以工程项目为对象,以总量规模、规划布局,以及项目功能、性能和关键技术措施为主要内容的强制性标准。通用技术类规范,是以技术专业为对象,以规划、勘察、测量、设计、施工等通用技术要求为主要内容的强制性标准。

(二)构建强制性标准体系

强制性标准体系框架,应覆盖各类工程项目和建设环节,实行动态更新维护。体系框架由框架图、项目表和项目说明组成。框架图应细化到具体标准项目,项目表应明确标准的状态和编号,项目说明应包括适用范围、主要内容等。

国家标准体系框架中未有的项目,行业、地方根据特点和需求,可以编制补充性标准体系框架,并制定相应的行业和地方标准。国家标准体系框架中尚未编制国家标准的项目,可先行编制行业或地方标准。国家标准没有规定的内容,行业标准可制定补充条款。国家标准、行业标准或补充条款均没有规定的内容,地方标准可制定补充条款。

制定强制性标准和补充条款时,通过严格论证,可以引用推荐性标准和团体标准中的相关规定,被引用内容作为强制性标准的组成部分,具有强制效力。鼓励地方采用国家和行业更高水平的推荐性标准,在本地区强制执行。

强制性标准的内容,应符合法律和行政法规的规定但不得重复其规定。

（三）优化完善推荐性标准

推荐性国家标准、行业标准、地方标准体系要形成有机整体，合理界定各领域、各层级推荐性标准的制定范围。要清理现行标准，缩减推荐性标准数量和规模，逐步向政府职责范围内的公益类标准过渡。

推荐性国家标准重点制定基础性、通用性和重大影响的专用标准，突出公共服务的基本要求。推荐性行业标准重点制定本行业的基础性、通用性和重要的专用标准，推动产业政策、战略规划贯彻实施。推荐性地方标准重点制定具有地域特点的标准，突出资源禀赋和民俗习惯，促进特色经济发展、生态资源保护、文化和自然遗产传承。

推荐性标准不得与强制性标准相抵触。

（四）培育发展团体标准

改变标准由政府单一供给模式，对团体标准制定不设行政审批。鼓励具有社团法人资格和相应能力的协会、学会等社会组织，根据行业发展和市场需求，按照公开、透明、协商一致原则，主动承接政府转移的标准，制定新技术和市场缺失的标准，供市场自愿选用。

团体标准要与政府标准相配套和衔接，形成优势互补、良性互动、协同发展的工作模式。要符合法律、法规和强制性标准要求。要严格团体标准的制定程序，明确制定团体标准的相关责任。

团体标准经合同相关方协商选用后，可作为工程建设活动的技术依据。鼓励政府标准引用团体标准。

（五）全面提升标准水平

增强能源资源节约、生态环境保护和长远发展意识，妥善处理好标准水平与固定资产投资的关系，更加注重标准先进性和前瞻性，适度提高标准对安全、质量、性能、健康、节能等强制性指标要求。

要建立倒逼机制，鼓励创新，淘汰落后。通过标准水平提升，促进城乡发展模式转变，提高人居环境质量；促进产业转型升级和产品更新换代，推动中国经济向中高端发展。

要跟踪科技创新和新成果应用，缩短标准复审周期，加快标准修订节奏。要处理好标准编制与专利技术的关系，规范专利信息披露、专利实施许可程序。要加强标准重要技术和关键性指标研究，强化标准与科研互动。

根据产业发展和市场需求，可制定高于强制性标准要求的推荐性标准，鼓励制定高于国家标准和行业标准的地方标准，以及具有创新性和竞争性的高水平团体标准。鼓励企业结合自身需要，自主制定更加细化、更加先进的企业标准。企业标准实行自我声明，不需报政府备案管理。

（六）强化标准质量管理和信息公开

要加强标准编制管理，改进标准起草、技术审查机制，完善政策性、协调性审核制度，规范工作规则和流程，明确工作要求和责任，避免标准内容重复矛盾。对同一事项做规定的，行业标准要严于国家标准，地方标准要严于行业标准和国家标准。

充分运用信息化手段，强化标准制修订信息共享，加大标准立项、专利技术采用等标准编制工作透明度和信息公开力度，严格标准草案网上公开征求意见，强化社会监督，保证标准内容及相关技术指标的科学性和公正性。

完善已发布标准的信息公开机制，除公开出版外，要提供网上免费查询。强制性标准和推荐性国家标准，必须在政府官方网站全文公开。推荐性行业标准逐步实现网上全文公开。团体标准要及时公开相关标准信息。

（七）推进标准国际化

积极开展中外标准对比研究，借鉴国外先进技术，跟踪国际标准发展变化，结合国情和经济技术可行性，缩小中国标准与国外先进标准技术差距。标准的内容结构、要素指标和相关术语等，要适应国际通行做法，提高与国际标准或发达国家标准的一致性。

要推动中国标准"走出去"，完善标准翻译、审核、发布和宣传推广工作机制，鼓励重要标准与制修订同步翻译。加强沟通协调，积极推动与主要贸易国和"一带一路"沿线国家之间的标准互认、版权互换。

鼓励有关单位积极参加国际标准化活动，加强与国际有关标准化组织交流合作，参与国际标准化战略、政策和规则制定，承担国际标准和区域标准制定，推动我国优势、特色技术标准成为国际标准。

三、保障措施

（一）强化组织领导

各部门、各地方要高度重视标准化工作，结合本部门、本地区改革发展实际，将标准化工作纳入本部门、本地区改革发展规划。要完善统一管理、分工负责、协同推进的标准化管理体制，充分发挥行业主管部门和技术支撑机构作用，创新标准化管理模式。要坚持整体推进与分步实施相结合，逐步调整、不断完善，确保各项改革任务落实到位。

(二)加强制度建设

各部门、各地方要做好相关文件清理,有计划、有重点地调整标准化管理规章制度,加强政策与前瞻性研究,完善工作机制和配套措施。积极配合《标准化法》等相关法律法规修订,进一步明确标准法律地位,明确标准管理相关方的权利、义务和责任。要加大法律法规、规章、政策引用标准力度,充分发挥标准对法律法规的技术支撑和补充作用。

(三)加大资金保障

各部门、各地方要加大对强制性和基础通用标准的资金支持力度,积极探索政府采购标准编制服务管理模式,严格资金管理,提高资金使用效率。要积极拓展标准化资金渠道,鼓励社会各界积极参与支持标准化工作,在保证标准公正性和不损害公共利益的前提下,合理采用市场化方式筹集标准编制经费。

住房城乡建设部办公厅关于培育和发展工程建设团体标准的意见

建办标〔2016〕57号

国务院有关部门,各省、自治区住房和城乡建设厅,直辖市建委及有关部门,新疆生产建设兵团建设局,国家人防办,中央军委后勤保障部军事设施建设局,各有关协会:

为落实《国务院关于印发深化标准化工作改革方案的通知》(国发〔2015〕13号),促进社会团体批准发布的工程建设团体标准(以下简称团体标准)健康有序发展,建立工程建设国家标准、行业标准、地方标准(以下简称政府标准)与团体标准相结合的新型标准体系,提出以下意见。

一、总体要求

(一)指导思想

贯彻党的十八大和十八届三中、四中、五中、六中全会精神,借鉴国际成熟经验,立足国内实际情况,以满足市场需求和创新发展为出发点,加大工程建设标准供给侧结构性改革,激发社会团体制定标准活力,解决标准缺失滞后问题,支撑保障工程建设持续健康发展。

(二)基本原则

——坚持市场主导,政府引导。发挥市场对资源配置的决定性作用,通过竞争机制促进团体标准发展。政府积极培育团体标准,引导鼓励使用团体标准,为团体标准发展营造良好环境。

——坚持诚信自律,公平公开。加强团体标准制定主体的诚信体系和自律机制建设,提高团体标准公信力。团体标准制定应遵循公共利益优先原则,做到行为规范、程序完备。

——坚持创新驱动,国际接轨。团体标准制定要积极采用创新成果,促进科技成果市场化,推动企业转型升级。鼓励团体标准制定主体积极参与国际标准化活动,提升中国标准国际化水平,促进中国标准"走出去"。

(三)总体目标

到2020年,培育一批具有影响力的团体标准制定主体,制定一批与强制性标准实施相配套的团体标准,团体标准化管理制度和工作机制进一步健全和完善。到2025年,团体标准化发展更为成熟,团体标准制定主体获得社会广泛认可,团体标准被市场广泛接受,力争在优势和特色领域形成一些具有国际先进水平的团体标准。

二、营造良好环境,增加团体标准有效供给

(一)放开团体标准制定主体

团体标准是指由社会团体批准发布、服务于工程建设的标准。对团体标准制定主体资格,不得设置行政许可,鼓励具有社团法人资格、具备相应专业技术和标准化能力的协会、学会等社会团体制定团体标准,供社会自愿采用。发布的团体标准,不需行政备案。团体标准的著作权由团体标准制定主体享有,并自行组织出版。标准版式应与国际惯例接轨。

(二)扩大团体标准制定范围

在没有国家标准、行业标准的情况下,鼓励团体标准制定主体及时制定团体标准,填补政府标准

空白。根据市场需求，团体标准制定主体可通过制定团体标准，细化现行国家标准、行业标准的相关要求，明确具体技术措施，也可制定严于现行国家标准、行业标准的团体标准。团体标准包括各类标准、规程、导则、指南、手册等。

（三）推进政府推荐性标准向团体标准转化

住房城乡建设主管部门原则上不再组织制定推荐性标准。政府标准批准部门要按照《关于深化工程建设标准化工作改革的意见》（建标［2016］166号），加强标准复审，全面清理现行标准，向社会公布可转化成团体标准的项目清单，对确需政府完善的标准，应进行局部修订或整合修订。鼓励有关社会团体主动承接可转化成团体标准的政府标准，对已根据实际情况修订为团体标准的，政府标准批准部门应及时废止相应标准，并向社会公布相关信息。

三、完善实施机制，促进团体标准推广应用

（一）推动使用团体标准

团体标准经建设单位、设计单位、施工单位等合同相关方协商同意并订立合同采用后，即为工程建设活动的依据，必须严格执行。政府有关部门应发挥示范作用，在行政监督管理和政府投资工程项目中，积极采用更加先进、更加细化的团体标准，推动团体标准实施。鼓励社会第三方认证、检测机构积极采用团体标准开展认证、检测工作，提高认证、检测的可靠性和水平。

（二）鼓励引用团体标准

政府相关部门在制定行业政策和标准规范时，可直接引用具有自主创新技术、具备竞争优势的团体标准。被强制性标准引用的团体标准应与该强制性标准同步实施。引用团体标准可全文引用或部分条文引用，同时要加强动态管理，增强责任意识，及时掌握被引用标准的时效性，做好引用与被引用规定的衔接，避免产生矛盾。

（三）加强团体标准宣传和信息服务

团体标准制定主体要加强团体标准的宣传和推广工作，建立或优化现有信息平台，做好对已发布标准的信息公开，以及标准解释、咨询、培训、技术指导和人才培养等服务。鼓励团体标准制定主体在其他媒体上公布其批准发布的标准目录，以及各标准的编号、适用范围、专利应用、主要技术内容等信息，供工程建设人员和社会公众查询。

四、规范编制管理，提高团体标准质量和水平

（一）加强团体标准制度建设

团体标准制定主体应建立健全团体标准管理制度，明确标准编制程序、经费管理、技术审查、咨询解释、培训服务、实施评估等相关要求。团体标准编号遵循全国统一规则，依次由团体标准代号（T/）、社会团体代号、团体标准顺序号和年代号组成，其中社会团体代号应合法且唯一。

（二）严格团体标准编制管理

团体标准制定主体应遵循开放、公平、透明和协商一致原则，吸纳利益相关方广泛参与。要切实加强标准起草、征求意见、审查、批准等过程管理，确保团体标准技术内容符合其适用地域范围内的法规规定和强制性标准要求。对标准的实施情况要跟踪评价，定期开展团体标准复审，及时开展标准的修订工作，对不符合行业发展和市场需要的团体标准应及时废止。

（三）提高团体标准技术含量

团体标准在内容上应体现先进性。结合国家重大政策贯彻落实和科技专项推广应用，鼓励将具有应用前景和成熟先进的新技术、新材料、新设备、新工艺制定为团体标准，支持专利融入团体标准。对技术水平高、有竞争力的企业标准，在协商一致的前提下，鼓励将其制定为团体标准。鼓励团体标准制定主体借鉴国际先进经验，制定高水平团体标准，积极开展与主要贸易国的标准互认。

五、加强监督管理，严格团体标准责任追究

（一）加强内部监督

团体标准制定主体要完善团体标准自主制定、自主管理、自我约束机制，落实各环节责任，强化责任追究。鼓励团体标准制定主体实施标准化良好行为规范和标准化良好行为指南，加强诚信自律建设，规范内部管理，及时回应和处理社会公众的意见和建议、投诉和举报，营造诚实、守信、自律的团体标准信用环境，以高标准、严要求开展标准化工作。

（二）强化社会监督

鼓励团体标准制定主体将团体标准有关管理制度、工作信息向社会公开，接受社会监督。要在各自网站上设置社会公众参与监督窗口，畅通社会公众特别是团体标准使用者发表意见和建议、投诉和举报的渠道。对违反法律法规和强制性标准的团体标准，有关部门要严肃认真作出相应处理，并在政府门户网站公开处理结果。

中华人民共和国住房和城乡建设部办公厅

2016 年 11 月 15 日

中国人民银行 中国银行业监督管理委员会关于调整个人住房贷款政策有关问题的通知

中国人民银行上海总部、各分行、营业管理部、省会（首府）城市中心支行、副省级城市中心支行；各省（自治区、直辖市）银监局；各国有商业银行、股份制商业银行，中国邮政储蓄银行：

为进一步支持合理住房消费，促进房地产市场平稳健康发展，按照国务院有关部署，现就个人住房贷款政策有关事项通知如下：

一、在不实施"限购"措施的城市，居民家庭首次购买普通住房的商业性个人住房贷款，原则上最低首付款比例为25%，各地可向下浮动5个百分点；对拥有1套住房且相应购房贷款未结清的居民家庭，为改善居住条件再次申请商业性个人住房贷款购买普通住房，最低首付款比例调整为不低于30%。

对于实施"限购"措施的城市，个人住房贷款政策按原规定执行。

二、在此基础上，人民银行、银监会各派出机构应按照"分类指导，因地施策"的原则，加强与地方政府的沟通，指导各省级市场利率定价自律机制结合当地不同城市实际情况自主确定辖区内商业性个人住房贷款的最低首付款比例。

三、银行业金融机构应结合各省级市场利率定价自律机制确定的最低首付款比例要求以及本机构商业性个人住房贷款投放政策、风险防控等因素，并根据借款人的信用状况、还款能力等合理确定具体首付款比例和利率水平。

四、加强住房金融宏观审慎管理。人民银行、银监会各派出机构应强化对房地产贷款资产质量、区域集中度、机构稳健性的监测、分析和评估；督促各省级市场利率定价自律机制根据房地产形势变化及地方政府调控要求，及时对辖区内商业性个人住房贷款最低首付款比例进行自律调整，促进银行业金融机构住房金融业务稳健运行和当地房地产市场平稳健康发展。

请人民银行上海总部、各分行、营业管理部、省会（首府）城市中心支行、副省级城市中心支行，各省（自治区、直辖市）银监局将本通知联合转发至辖区内城市商业银行、农村商业银行、农村合作银行、城乡信用社、外资银行、村镇银行。

中国人民银行
中国银行业监督管理委员会
2016年2月1日

财政部 国家税务总局 住房城乡建设部关于调整房地产交易环节契税 营业税优惠政策的通知

财税〔2016〕23号

各省、自治区、直辖市、计划单列市财政厅（局）、地方税务局、住房城乡建设厅（建委、房地局），西藏、宁夏、青海省（自治区）国家税务局，新疆生产建设兵团财务局、建设局：

根据国务院有关部署，现就调整房地产交易环节契税、营业税优惠政策通知如下：

一、关于契税政策

（一）对个人购买家庭唯一住房（家庭成员范围包括购房人、配偶以及未成年子女，下同），面积为90

平方米及以下的,减按1%的税率征收契税;面积为90平方米以上的,减按1.5%的税率征收契税。

(二)对个人购买家庭第二套改善性住房,面积为90平方米及以下的,减按1%的税率征收契税;面积为90平方米以上的,减按2%的税率征收契税。

家庭第二套改善性住房是指已拥有一套住房的家庭,购买的家庭第二套住房。

(三)纳税人申请享受税收优惠的,根据纳税人的申请或授权,由购房所在地的房地产主管部门出具纳税人家庭住房情况书面查询结果,并将查询结果和相关住房信息及时传递给税务机关。暂不具备查询条件而不能提供家庭住房查询结果的,纳税人应向税务机关提交家庭住房实有套数书面诚信保证,诚信保证不实的,属于虚假纳税申报,按照《中华人民共和国税收征收管理法》的有关规定处理,并将不诚信记录纳入个人征信系统。

按照便民、高效原则,房地产主管部门应按规定及时出具纳税人家庭住房情况书面查询结果,税务机关应对纳税人提出的税收优惠申请限时办结。

(四)具体操作办法由各省、自治区、直辖市财政、税务、房地产主管部门共同制定。

二、关于营业税政策

个人将购买不足2年的住房对外销售的,全额征收营业税;个人将购买2年以上(含2年)的住房对外销售的,免征营业税。

办理免税的具体程序、购买房屋的时间、开具发票、非购买形式取得住房行为及其他相关税收管理规定,按照《国务院办公厅转发建设部等部门关于做好稳定住房价格工作意见的通知》(国办发〔2005〕26号)、《国家税务总局 财政部 建设部关于加强房地产税收管理的通知》(国税发〔2005〕89号)和《国家税务总局关于房地产税收政策执行中几个具体问题的通知》(国税发〔2005〕172号)的有关规定执行。

三、关于实施范围

北京市、上海市、广州市、深圳市暂不实施本通知第一条第二项契税优惠政策及第二条营业税优惠政策,上述城市个人住房转让营业税政策仍按照《财政部 国家税务总局关于调整个人住房转让营业税政策的通知》(财税〔2015〕39号)执行。

上述城市以外的其他地区适用本通知全部规定。

本通知自2016年2月22日起执行。

中华人民共和国财政部
国家税务总局
中华人民共和国住房和城乡建设部
2016年2月17日

住房城乡建设部等部门关于加强房地产中介管理促进行业健康发展的意见

建房〔2016〕168号

各省、自治区、直辖市住房城乡建设厅(建委、房地局)、发展改革委、物价局、通信管理局、工商局(市场监督管理部门)、银监局,中国人民银行上海总部、各分行、营业管理部、省会(首府)城市中心支行、副省级城市中心支行,各省、自治区、直辖市、计划单列市国家税务局、地方税务局:

房地产中介行业是房地产业的重要组成部分。近年来,房地产中介行业发展较快,在活跃市场、促进交易等方面发挥了重要作用。但部分中介机构和从业人员存在着经营行为不规范、侵害群众合法权益、扰乱市场秩序等问题。为加强房地产中介管理,保护群众合法权益,促进行业健康发展,现提出以下意见:

一、规范中介服务行为

(一)规范中介机构承接业务。中介机构在接受业务委托时,应当与委托人签订书面房地产中介服务合同并归档备查,房地产中介服务合同中应当约定进行房源信息核验的内容。中介机构不得为不符合交易条件的保障性住房和禁止交易的房屋提供中介服务。

(二)加强房源信息尽职调查。中介机构对外发布房源信息前，应当核对房屋产权信息和委托人身份证明等材料，经委托人同意后到房地产主管部门进行房源信息核验，并编制房屋状况说明书。房屋状况说明书要标明房源信息核验情况、房地产中介服务合同编号、房屋坐落、面积、产权状况、挂牌价格、物业服务费、房屋图片等，以及其他应当说明的重要事项。

（三）加强房源信息发布管理。中介机构发布的房源信息应当内容真实、全面、准确，在门店、网站等不同渠道发布的同一房源信息应当一致。房地产中介从业人员应当实名在网站等渠道上发布房源信息。中介机构不得发布未经产权人书面委托的房源信息，不得隐瞒抵押等影响房屋交易的信息。对已出售或出租的房屋，促成交易的中介机构要在房屋买卖或租赁合同签订之日起2个工作日内，将房源信息从门店、网站等发布渠道上撤除；对委托人已取消委托的房屋，中介机构要在2个工作日内将房源信息从各类渠道上撤除。

（四）规范中介服务价格行为。房地产中介服务收费由当事人依据服务内容、服务成本、服务质量和市场供求状况协商确定。中介机构应当严格遵守《中华人民共和国价格法》、《关于商品和服务实行明码标价的规定》及《商品房销售明码标价规定》等法律法规，在经营场所醒目位置标识全部服务项目、服务内容、计费方式和收费标准，各项服务均须单独标价。提供代办产权过户、贷款等服务的，应当由委托人自愿选择，并在房地产中介服务合同中约定。中介机构不得实施违反《中华人民共和国价格法》、《中华人民共和国反垄断法》规定的价格违法行为。

（五）规范中介机构与金融机构业务合作。中介机构提供住房贷款代办服务的，应当由委托人自主选择金融机构，并提供当地的贷款条件、最低首付比例和利率等房地产信贷政策，供委托人参考。中介机构不得强迫委托人选择其指定的金融机构，不得将金融服务与其他服务捆绑，不得提供或与其他机构合作提供首付贷等违法违规的金融产品和服务，不得向金融机构收取或变相收取返佣等费用。金融机构不得与未在房地产主管部门备案的中介机构合作提供金融服务。

（六）规范中介机构涉税服务。中介机构和从业人员在协助房地产交易当事人办理纳税申报等涉税事项时，应当如实告知税收规定和优惠政策，协助交易当事人依法诚信纳税。税务机关对在房地产主管部门备案的中介机构和取得职业资格的从业人员，其协助房地产交易当事人办理申报纳税事项诚信记录良好的，应当提供方便快捷的服务。从业人员在办理涉税业务时，应当主动出示标明姓名、机构名称、国家职业资格等信息的工作牌。中介机构和从业人员不得诱导、唆使、协助交易当事人签订"阴阳合同"，低报成交价格；不得帮助或唆使交易当事人伪造虚假证明，骗取税收优惠；不得倒卖纳税预约号码。

二、完善行业管理制度

（七）提供便捷的房源核验服务。市、县房地产主管部门要对房屋产权人、备案的中介机构提供房源核验服务，发放房源核验二维码，并实时更新产权状况。积极推行房地产中介服务合同网签和统一编号管理制度。房地产中介服务合同编号应当与房源核验二维码关联，确保真实房源、真实委托。中介机构应当在发布的房源信息中明确标识房源核验二维码。

（八）全面推行交易合同网签制度。市、县房地产主管部门应当按照《国务院办公厅关于促进房地产市场平稳健康发展的通知》（国办发〔2010〕4号）要求，全面推进存量房交易合同网签系统建设。备案的中介机构可进行存量房交易合同网上签约。已建立存量房交易合同网签系统的市、县，要进一步完善系统，实现行政区域的全覆盖和交易产权档案的数字化；尚未建立系统的，要按规定完成系统建设并投入使用。住房城乡建设部将开展存量房交易合同网签系统建设和使用情况的专项督查。

（九）健全交易资金监管制度。市、县房地产主管部门要建立健全存量房交易资金监管制度。中介机构及其从业人员不得通过监管账户以外的账户代收代付交易资金，不得侵占、挪用交易资金。已建立存量房交易资金监管制度的市、县，要对制度执行情况进行评估，不断优化监管方式；尚未建立存量房交易资金监管制度的，要在2016年12月31日前出台监管办法，明确监管制度并组织实施。省级住房城乡建设部门要对所辖市、县交易资金监管制度落实情况进行督促检查，并于2016年12月31日前将落实情况报住房城乡建设部。

（十）建立房屋成交价格和租金定期发布制度。市、县房地产主管部门要会同价格主管部门加强房屋成交价格和租金的监测分析工作，指导房屋交易机构、价格监测机构等建立分区域房屋成交价格和租金定期发布制度，合理引导市场预期。

三、加强中介市场监管

（十一）严格落实中介机构备案制度。中介机构及其分支机构应当按规定到房地产主管部门备案。通过互联网提供房地产中介服务的机构，应当到机构所在地省级通信主管部门办理网站备案，并到服务覆盖地的市、县房地产主管部门备案。房地产、通信、工商行政主管部门要建立联动机制，定期交换中介机构工商登记和备案信息，并在政府网站等媒体上公示备案、未备案的中介机构名单，提醒群众防范交易风险，审慎选择中介机构。

（十二）积极推行从业人员实名服务制度。中介机构备案时，要提供本机构所有从事经纪业务的人员信息。市、县房地产主管部门要对中介从业人员实名登记。中介从业人员服务时应当佩戴标明姓名、机构名称、国家职业资格等信息的工作牌。各地房地产主管部门要积极落实房地产经纪专业人员职业资格制度，鼓励中介从业人员参加职业资格考试、接受继续教育和培训，不断提升职业能力和服务水平。

（十三）加强行业信用管理。市、县房地产主管部门要会同价格、通信、金融、税务、工商行政等主管部门加快建设房地产中介行业信用管理平台，定期交换中介机构及从业人员的诚信记录，及时将中介机构及从业人员的基本情况、良好行为以及不良行为记入信用管理平台，并向社会公示。有关部门要不断完善诚信典型"红名单"制度和严重失信主体"黑名单"制度，建立健全守信联合激励和失信联合惩戒制度。对诚实守信的中介机构和从业人员，在办理房源核验、合同网签、代办贷款等业务时，可根据实际情况实施"绿色通道"等便利服务措施；在日常检查、专项检查中优化检查频次；在选择中介机构运营管理政府投资的公租房时，优先考虑诚信中介机构。对违法违规的中介机构和从业人员，有关部门要在依法依规对失信行为作出处理和评价的基础上，通过信息共享，对严重失信行为采取联合惩戒措施，将严重失信主体列为重点监管对象，限制其从事各类房地产中介服务。有关部门对中介机构作出的违法违规决定和"黑名单"情况，要通过企业信用信息公示系统依法公示。对严重失信中介机构及其法定代表人、主要负责人和对失信行为负有直接责任的从业人员等，要联合实施市场和行业禁入措施。逐步建立全国房地产中介行业信用管理平台，并纳入全国社会信用体系。

（十四）强化行业自律管理。充分发挥行业协会作用，建立健全地方行业协会组织。行业协会要建立健全行规行约、职业道德准则、争议处理规则，推行行业质量检查，公开检查和处分的信息，增强行业协会在行业自律、监督、协调、服务等方面的功能。各级行业协会要积极开展行业诚信服务承诺活动，督促房地产中介从业人员遵守职业道德准则，保护消费者权益，及时向主管部门提出行业发展的意见和建议。

（十五）建立多部门联动机制。省级房地产、价格、通信、金融、税务、工商行政等主管部门要加强对市、县工作的监督和指导，建立联动监管机制。市、县房地产主管部门负责房地产中介行业管理和组织协调，加强中介机构和从业人员管理；价格主管部门负责中介价格行为监管，充分发挥12358价格监管平台作用，及时处理投诉举报，依法查处价格违法行为；通信主管部门负责房地产中介网站管理，依法处置违法违规房地产中介网站；工商行政主管部门负责中介机构工商登记，依法查处未办理营业执照从事中介业务的机构；金融、税务等监管部门按照职责分工，配合做好房地产中介行业管理工作。

（十六）强化行业监督检查。市、县房地产主管部门要加强房地产中介行业管理队伍建设，会同有关部门建立健全日常巡查、投诉受理等制度，大力推广随机抽查监管，建立"双随机"抽查机制，开展联合抽查。对存在违法违规行为的中介机构和从业人员，应当责令限期改正，依法给予罚款等行政处罚，记入信用档案；对违法违规的中介机构，应按规定取消其网上签约资格。对严重侵害群众权益、扰乱市场秩序的中介机构，工商行政主管部门要依法将其清出市场。

中华人民共和国住房和城乡建设部
中华人民共和国国家发展和改革委员会
中华人民共和国工业和信息化部
中国人民银行
国家税务总局
中华人民共和国国家工商行政管理总局
中国银行业监督管理委员会
2016年7月29日

住房城乡建设部关于进一步规范房地产开发企业经营行为维护房地产市场秩序的通知

建房〔2016〕223号

各省、自治区住房城乡建设厅,直辖市建委、房地局:

为净化房地产市场环境,维护房地产市场秩序,保护消费者合法权益,促进房地产市场平稳健康发展,现就进一步规范房地产开发企业经营行为有关工作通知如下:

一、积极引导房地产开发企业规范经营

各级房地产主管部门要充分认识规范房地产开发企业经营行为,维护房地产市场秩序对稳定房地产市场的重大意义,通过推进简政放权、放管结合、优化服务改革,加强监管创新,加快构建事中事后监管体系,依法保护合法经营房地产开发企业的正当利益,严肃查处房地产开发企业违法违规等不正当经营行为,营造公平竞争的房地产市场环境。

房地产开发企业要遵纪守法,诚实守信,恪守对消费者在商品和服务质量方面的承诺;要发布真实房源信息和广告,严格执行商品房销售的有关规定,实行明码标价制度,维护消费者合法权益;要接受政府和公众监督,积极履行企业社会责任,通过向消费者提供优质的商品和服务赢得市场。

二、依法查处房地产开发企业不正当经营行为

一些房地产开发企业为了追求不正当利益,存在违法违规等不正当经营行为,其中包括:

(一)发布虚假房源信息和广告;

(二)通过捏造或者散布涨价信息等方式恶意炒作、哄抬房价;

(三)未取得预售许可证销售商品房;

(四)不符合商品房销售条件,以认购、预订、排号、发卡等方式向买受人收取或者变相收取定金、预订款等费用,借机抬高价格;

(五)捂盘惜售或者变相囤积房源;

(六)商品房销售不予明码标价,在标价之外加价出售房屋或者收取未标明的费用;

(七)以捆绑搭售或者附加条件等限定方式,迫使购房人接受商品或者服务价格;

(八)将已作为商品房销售合同标的物的商品房再销售给他人;

(九)其他不正当经营行为。

对存在上述行为的房地产开发企业,各级房地产主管部门要加大执法检查力度,依法严肃查处。不正当经营行为应当由其他部门处理的,及时移交有关部门依法处理。涉嫌犯罪的,移交司法机关依法追究刑事责任。

在此基础上,各级房地产主管部门应当视情节轻重,对房地产开发企业采取以下措施:

(一)书面警示;

(二)约谈企业主要负责人;

(三)公开通报企业不正当经营行为;

(四)列入严重违法失信房地产开发企业名单;

(五)由资质许可机关在资质审查中重点审核。

各地要按照本通知要求,认真抓好落实,并结合实际制定相关办法。

中华人民共和国住房和城乡建设部
2016年10月10日

住房城乡建设部关于贯彻落实资产评估法规范房地产估价行业管理有关问题的通知

建房〔2016〕275号

各省、自治区住房城乡建设厅,北京市住房城乡建设委,上海市住房城乡建设管委,天津市、重庆市国土资源房屋管理局：

为贯彻落实资产评估法,规范房地产估价行业管理,促进房地产估价行业健康发展,现就有关事项通知如下：

一、充分认识贯彻落实资产评估法的重要意义

资产评估法是规范评估行业的一部重要法律。资产评估法的颁布施行,对于规范房地产估价行为,保护当事人合法权益和公共利益,促进房地产估价行业健康发展,维护房地产市场秩序具有十分重要的意义。各级住房城乡建设(房地产)主管部门、房地产估价行业组织要充分认识贯彻落实资产评估法的重要性和紧迫性,并以贯彻落实资产评估法为契机,进一步规范房地产估价行业管理,有序做好制度衔接工作,全面提升房地产估价行业管理水平。

二、实行房地产估价机构备案管理制度

自2016年12月1日起,对房地产估价机构实行备案管理制度,不再实行资质核准。设立房地产评估机构,应当符合资产评估法第十五条、二十七条、二十八条规定。对符合规定的,省级住房城乡建设(房地产)主管部门应当予以备案,核发统一格式的备案证明(证书样式另发);符合《房地产估价机构管理办法》中相应等级标准的,在备案证明中予以标注。

三、做好房地产估价机构资质核准与备案制度衔接

对于已取得资质等级的房地产估价机构,在资质有效期内,原资质继续有效;资质有效期满30日前,应向省级住房城乡建设(房地产)主管部门提出备案申请。符合备案条件的,省级住房城乡建设(房地产)主管部门核发备案证明,标注相应等级,原有资质证书收回。逾期未申请的,不得开展房地产估价活动。对于已取得资质等级的房地产估价机构的名称、法定代表人或者执行合伙人、组织形式、住所等事项发生变更的,申请办理变更事项时,不再颁发资质证书,改核发备案证明。

对于现有三级资质房地产估价机构,资质有效期满后未达到资产评估法规定条件的,不予备案,不得开展房地产估价活动。

四、房地产估价人员继续实行准入类管理制度

根据城市房地产管理法的规定,房地产估价人员继续实行准入类职业资格管理,管理机构、管理办法保持不变,取得房地产估价师职业资格并经注册后方可从事房地产估价活动。各类房地产估价业务都应当由2名以上注册房地产估价师承办和签署房地产估价报告。对于违反上述规定的,有关住房城乡建设(房地产)主管部门依据城市房地产管理法、资产评估法和《注册房地产估价师管理办法》进行处罚。

我部将根据城市房地产管理法和资产评估法制定房地产估价行业监督管理办法,对房地产估价基本准则(国家标准《房地产估价规范》GB/T 50291—2015)适时进行修订。在房地产估价行业监督管理办法出台前,房地产估价机构备案管理等事项暂按本通知执行。各地在执行本通知过程中如遇有问题,请及时向我部房地产市场监管司反映。

中华人民共和国住房和城乡建设部
2016年12月6日

住房城乡建设部 财政部关于开展工程建设领域各类保证金清查工作的通知

建市〔2016〕63号

各省、自治区、直辖市住房城乡建设厅（建委）、财政厅（局），国务院有关部门：

目前在工程建设领域，建筑业企业需缴纳的保证金种类繁多，负担沉重。为贯彻落实国务院领导同志批示精神，切实减轻建筑业企业负担，激发市场活力，住房城乡建设部、财政部决定开展工程建设领域各类保证金清查工作。现就有关事项通知如下：

一、清查工作目标

摸清目前建筑业企业所需缴纳的各类保证金现状，提出分类处理意见。对现阶段确需保留的工程建设领域保证金，建立依法有据、科学规范、公开透明的管理制度，切实减轻建筑业企业负担。

二、清查工作范围

建筑业企业在工程建设中需缴纳的各类保证金。

三、清查工作措施

（一）加强组织领导。住房城乡建设部、财政部对清查工作进行统一部署，并加强政策指导、统筹协调和督促检查。各地住房城乡建设、财政部门要联合制定清查的具体工作方案，统筹安排，认真实施。

（二）明确任务分工。各地住房城乡建设、财政部门负责本地区各类保证金清查工作，提出涉及本地区建筑业企业目前需缴纳的所有保证金取消、保留和调整意见的报告，填写《工程建设领域各类保证金清查统计表》，一并于2016年5月31日前报住房城乡建设部和财政部。

国务院各有关部门负责提出由本部门所设立保证金取消、保留和调整意见的报告，填写《工程建设领域各类保证金清查统计表》，一并于2016年5月31日前报住房城乡建设部和财政部。

住房城乡建设部、财政部对各地上报的各类保证金的处理意见进行审核，会同国务院有关部门研究提出处理意见并经国务院同意后，将保留的涉及建筑业企业的保证金目录清单向社会公布。

（三）严格监督落实。各地住房城乡建设、财政部门和国务院有关部门应各负其责，及时跟踪清查工作进展情况，加强督促检查，确保取得实效。对不按要求落实清查工作，不如实清查及瞒报保证金收取情况的，要严肃追究责任。

清查建筑业企业缴纳的各类保证金的情况，关系到经济稳增长，事关建筑业企业发展经营活力和建筑业健康发展。各地住房城乡建设、财政部门和国务院有关部门应高度重视，加强领导，周密部署，严格落实责任，强化监督考核，务求实现清查工作目标。

请各地住房城乡建设、财政部门和国务院有关部门确定一名联系人负责信息报送工作，并于2016年4月10日前将《工程建设领域各类保证金清查工作联系表》分别送住房城乡建设部建筑市场监管司和财政部经济建设司。

联系人及联系方式：（略）

附件：1. 工程建设领域各类保证金清查统计表（略）

2. 工程建设领域各类保证金清查工作联系表（略）

中华人民共和国住房和城乡建设部
中华人民共和国财政部
2016年3月30日

住房城乡建设部关于进一步推进工程总承包发展的若干意见

建市〔2016〕93号

各省、自治区住房城乡建设厅,直辖市建委,北京市规委,新疆生产建设兵团建设局,国务院有关部门建设司(局):

为落实《中共中央国务院关于进一步加强城市规划建设管理工作的若干意见》,深化建设项目组织实施方式改革,推广工程总承包制,提升工程建设质量和效益,现提出以下意见。

一、大力推进工程总承包

(一)充分认识推进工程总承包的意义。工程总承包是国际通行的建设项目组织实施方式。大力推进工程总承包,有利于提升项目可行性研究和初步设计深度,实现设计、采购、施工等各阶段工作的深度融合,提高工程建设水平;有利于发挥工程总承包企业的技术和管理优势,促进企业做优做强,推动产业转型升级,服务于"一带一路"战略实施。

(二)工程总承包的主要模式。工程总承包是指从事工程总承包的企业按照与建设单位签订的合同,对工程项目的设计、采购、施工等实行全过程的承包,并对工程的质量、安全、工期和造价等全面负责的承包方式。工程总承包一般采用设计—采购—施工总承包或者设计—施工总承包模式。建设单位也可以根据项目特点和实际需要,按照风险合理分担原则和承包工作内容采用其他工程总承包模式。

(三)优先采用工程总承包模式。建设单位在选择建设项目组织实施方式时,应当本着质量可靠、效率优先的原则,优先采用工程总承包模式。政府投资项目和装配式建筑应当积极采用工程总承包模式。

二、完善工程总承包管理制度

(四)工程总承包项目的发包阶段。建设单位可以根据项目特点,在可行性研究、方案设计或者初步设计完成后,按照确定的建设规模、建设标准、投资限额、工程质量和进度要求等进行工程总承包项目发包。

(五)建设单位的项目管理。建设单位应当加强工程总承包项目全过程管理,督促工程总承包企业履行合同义务。建设单位根据自身资源和能力,可以自行对工程总承包项目进行管理,也可以委托项目管理单位,依照合同对工程总承包项目进行管理。项目管理单位可以是本项目的可行性研究、方案设计或者初步设计单位,也可以是其他工程设计、施工或者监理等单位,但项目管理单位不得与工程总承包企业具有利害关系。

(六)工程总承包企业的选择。建设单位可以依法采用招标或者直接发包的方式选择工程总承包企业。工程总承包评标可以采用综合评估法,评审的主要因素包括工程总承包报价、项目管理组织方案、设计方案、设备采购方案、施工计划、工程业绩等。工程总承包项目可以采用总价合同或者成本加酬金合同,合同价格应当在充分竞争的基础上合理确定,合同的制订可以参照住房城乡建设部、工商总局联合印发的建设项目工程总承包合同示范文本。

(七)工程总承包企业的基本条件。工程总承包企业应当具有与工程规模相适应的工程设计资质或者施工资质,相应的财务、风险承担能力,同时具有相应的组织机构、项目管理体系、项目管理专业人员和工程业绩。

(八)工程总承包项目经理的基本要求。工程总承包项目经理应当取得工程建设类注册执业资格或者高级专业技术职称,担任过工程总承包项目经理、设计项目负责人或者施工项目经理,熟悉工程建设相关法律法规和标准,同时具有相应工程业绩。

(九)工程总承包项目的分包。工程总承包企业可以在其资质证书许可的工程项目范围内自行实施设计和施工,也可以根据合同约定或者经建设单位同意,直接将工程项目的设计或者施工业务择优分包给具有相应资质的企业。仅具有设计资质的企业承接工程总承包项目时,应当将工程总承包项目中的施工业务依法分包给具有相应施工资质的企业。仅具有施工资质的企业承接工程总承包项目时,应当将工程总承包项目中的设计业务依法分包给具有相应设计资质的企业。

（十）工程总承包项目严禁转包和违法分包。工程总承包企业应当加强对分包的管理，不得将工程总承包项目转包，也不得将工程总承包项目中设计和施工业务一并或者分别分包给其他单位。工程总承包企业自行实施设计的，不得将工程总承包项目工程主体部分的设计业务分包给其他单位。工程总承包企业自行实施施工的，不得将工程总承包项目工程主体结构的施工业务分包给其他单位。

（十一）工程总承包企业的义务和责任。工程总承包企业应当加强对工程总承包项目的管理，根据合同约定和项目特点，制定项目管理计划和项目实施计划，建立工程管理与协调制度，加强设计、采购与施工的协调，完善和优化设计，改进施工方案，合理调配设计、采购和施工力量，实现对工程总承包项目的有效控制。工程总承包企业对工程总承包项目的质量和安全全面负责。工程总承包企业按照合同约定对建设单位负责，分包企业按照分包合同的约定对工程总承包企业负责。工程分包不能免除工程总承包企业的合同义务和法律责任，工程总承包企业和分包企业就分包工程对建设单位承担连带责任。

（十二）工程总承包项目的风险管理。工程总承包企业和建设单位应当加强风险管理，公平合理分担风险。工程总承包企业按照合同约定向建设单位出具履约担保，建设单位向工程总承包企业出具支付担保。

（十三）工程总承包项目的监管手续。按照法规规定进行施工图设计文件审查的工程总承包项目，可以根据实际情况按照单体工程进行施工图设计文件审查。住房城乡建设主管部门可以根据工程总承包合同及分包合同确定的设计、施工企业，依法办理建设工程质量、安全监督和施工许可等相关手续。相关许可和备案表格，以及需要工程总承包企业签署意见的相关工程管理技术文件，应当增加工程总承包企业、工程总承包项目经理等栏目。

（十四）安全生产许可证和质量保修。工程总承包企业自行实施工程总承包项目施工的，应当依法取得安全生产许可证；将工程总承包项目中的施工业务依法分包给具有相应资质的施工企业完成的，施工企业应当依法取得安全生产许可证。工程总承包企业应当组织分包企业配合建设单位完成工程竣工验收，签署工程质量保修书。

三、提升企业工程总承包能力和水平

（十五）完善工程总承包企业组织机构。工程总承包企业要根据开展工程总承包业务的实际需要，及时调整和完善企业组织机构、专业设置和人员结构，形成集设计、采购和施工各阶段项目管理于一体，技术与管理密切结合，具有工程总承包能力的组织体系。

（十六）加强工程总承包人才队伍建设。工程总承包企业要高度重视工程总承包的项目经理及从事项目控制、设计管理、采购管理、施工管理、合同管理、质量安全管理和风险管理等方面的人才培养。加强项目管理业务培训，并在工程总承包项目实践中锻炼人才、培育人才，培养一批符合工程总承包业务需求的专业人才，为开展工程总承包业务提供人才支撑。

（十七）加强工程总承包项目管理体系建设。工程总承包企业要不断建立完善包括技术标准、管理标准、质量管理体系、职业健康安全和环境管理体系在内的工程总承包项目管理标准体系。加强对分包企业的跟踪、评估和管理，充分利用市场优质资源，保证项目的有效实施。积极推广应用先进实用的项目管理软件，建立与工程总承包管理相适应的信息网络平台，完善相关数据库，提高数据统计、分析和管控水平。

四、加强推进工程总承包发展的组织和实施

（十八）加强组织领导。各级住房城乡建设主管部门要高度重视推进工程总承包发展工作，创新建设工程管理机制，完善相关配套政策；加强领导，推进各项制度措施落实，明确管理部门，依据职责加强对房屋建筑和市政工程的工程总承包活动的监督管理；加强与发展改革、财政、税务、审计等有关部门的沟通协调，积极解决制约工程总承包项目实施的有关问题。

（十九）加强示范引导。各级住房城乡建设主管部门要引导工程建设项目采用工程总承包模式进行建设，从重点企业入手，培育一批工程总承包骨干企业，发挥示范引领带动作用，提高工程总承包的供给质量和能力。加大宣传力度，加强人员培训，及时总结和推广经验，扩大工程总承包的影响力。

（二十）发挥行业组织作用。充分发挥行业组织桥梁和纽带作用，在推进工程总承包发展过程中，行业组织要积极反映企业诉求，协助政府开展相关政策研究，组织开展工程总承包项目管理人才培训，开展工程总承包企业经验交流，促进工程总承包发展。

中华人民共和国住房和城乡建设部

2016 年 5 月 20 日

住房城乡建设部 财政部关于切实做好清理规范工程建设领域保证金有关工作的通知

建市〔2016〕149号

各省、自治区住房城乡建设厅、财政厅，直辖市建委、财政局，新疆生产建设兵团建设局、财政局，国务院有关部门：

为贯彻落实《国务院办公厅关于清理规范工程建设领域保证金的通知》（国办发〔2016〕49号）精神，切实减轻企业负担，降低制度性交易成本，为企业发展营造良好环境，现将有关事项通知如下：

一、制定工作方案。各地住房城乡建设、财政主管部门要认真部署清理规范工程建设领域保证金工作（以下简称清理规范工作），针对本地区的实际情况，制定切实可行的工作方案，明确清理规范工作的重点、步骤和要求，认真组织实施。对于落实国办发〔2016〕49号文件精神不到位的单位和责任人，要明确责任追究办法。

二、全面开展清查。各地住房城乡建设、财政主管部门要组织本地区全面开展清查保证金工作，按照"一个企业不落、一个项目不落"原则，摸清底数，建立台账，确保清理规范工作落到实处。要在2016年8月15日前重点查清本地区以下情况：应取消的保证金种类、涉及项目、收取单位、收取金额；保留的保证金中未按规定或合同约定返还的项目、收取单位、应返还金额；与清理规范工作要求不一致的制度规定情况。

三、确保按时返还。对取消的保证金，收取单位应立即退还，确保在2016年9月底前全部退还到位。对保留的保证金中逾期未返还及超额收取的部分，收取单位应在2016年底前返还完毕，并按约定向建筑业企业支付逾期返还违约金。对保留的保证金中未到返还时限的，要采取有力措施，确保到期按时返还。

四、加快完善管理制度。对取消的保证金，各地区要在2016年底前完成相关制度的修订或废止工作。对保留的保证金，国务院有关部门要按照职责分工，尽快制定完善管理制度，规范保证金的收取、使用、返还等行为。

五、创新管理方式。推行银行保函制度，完善相关管理办法。加快工程建设领域信用体系建设，加大信用信息公开力度，推进守信联合激励和失信联合惩戒，建立监督约束建筑业企业的新机制。

六、加强组织领导。各地住房城乡建设、财政主管部门要提高对清理规范工作的认识，加强组织领导，成立清理规范工作领导小组，精心部署，落实责任，会同发展改革、人力资源社会保障、交通运输、水利等部门，按照职责分工共同推进清理规范工作。

七、强化监督检查。各地住房城乡建设、财政主管部门要加强对市、县住房城乡建设、财政主管部门的指导和监督，并对清理规范工作进行检查。落实责任追究制度，对工作不力的，要严格追究责任，并予以通报批评。

住房城乡建设部将于2016年10月起，组织督查组进行重点督查。对落实国办发〔2016〕49号文件精神不到位以及整改不力的单位，尤其是政府投资项目和国有投资项目的主管部门，将向相关省级人民政府通报。

八、发挥社会监督作用。加强舆论宣传，充分利用报刊、广播、电视、网络等多种形式，对清理规范工作进行多层面、全方位宣传，营造有利于清理规范工作的舆论氛围。

各地住房城乡建设主管部门要设立投诉举报电话和信箱，并向社会公布；对投诉举报事项要逐一登记，认真查处；对落实国办发〔2016〕49号文件精神不到位的单位和违规收取保证金的典型案例，要在建筑市场监管与诚信信息发布平台公布，并通过新闻媒体曝光。

住房城乡建设部将定期汇总、通报各地清理规范工作开展情况。各省级住房城乡建设主管部门要在每月10日前，向住房城乡建设部报送上月度清理规范工作情况和《清理规范工程建设领域保证金工作情况汇总表》（附件1、附件2），并于2017年1月底前上报本地区清理规范工作总结。

各省级住房城乡建设主管部门要明确信息上报责任人，填写《信息上报负责人联系表》（附件3），于2016年7月29日前报住房城乡建设部建筑市场监管司。

附件：1. 清理规范工程建设领域保证金工作情况汇总表（一）；（略）

2. 清理规范工程建设领域保证金工作情况汇总表（二）；（略）

3. 信息报送负责人联系表。（略）

中华人民共和国住房和城乡建设部

中华人民共和国财政部

2016年7月13日

住房城乡建设部关于简化建筑业企业资质标准部分指标的通知

建市〔2016〕226号

各省、自治区住房城乡建设厅，直辖市建委，新疆生产建设兵团建设局，国务院有关部门建设司（局），中央管理的有关企业：

为进一步推进简政放权、放管结合、优化服务改革，经研究，决定简化《建筑业企业资质标准》（建市〔2014〕159号）中部分指标。现将有关事项通知如下：

一、除各类别最低等级资质外，取消关于注册建造师、中级以上职称人员、持有岗位证书的现场管理人员、技术工人的指标考核。

二、取消通信工程施工总承包三级资质标准中关于注册建造师的指标考核。

三、调整建筑工程施工总承包一级及以下资质的建筑面积考核指标，具体内容详见附件。

四、对申请建筑工程、市政公用工程施工总承包特级、一级资质的企业，未进入全国建筑市场监管与诚信信息发布平台的企业业绩，不作为有效业绩认定。省级住房城乡建设主管部门要加强本地区工程项目数据库建设，完善数据补录办法，使真实有效的企业业绩及时进入全国建筑市场监管与诚信信息发布平台。

各级住房城乡建设主管部门要进一步加强事中事后监管，加强对施工现场主要管理人员在岗履职的监督检查，重点加强对项目经理是否持注册建造师证书上岗、在岗执业履职等行为的监督检查。对有违法违规行为的企业，依法给予罚款、停业整顿、降低资质等级、吊销资质证书等行政处罚；对有违法违规行为的注册建造师，依法给予罚款、暂停执业、吊销注册执业资格证书等行政处罚；要将企业和个人不良行为记入信用档案并向社会公布，切实规范建筑市场秩序，保障工程质量安全。

本通知自2016年11月1日起实施。

附件：建筑工程施工总承包一级及以下资质建筑面积指标修订内容

中华人民共和国住房和城乡建设部

2016年10月14日

附件

建筑工程施工总承包一级及以下资质建筑面积指标修订内容

一、将"1.1.3企业工程业绩（3）建筑面积3万平方米以上的单体工业、民用建筑工程1项或建筑面积2万～3万平方米（不含）的单体工业、民用建筑工程2项"修改为"1.1.3企业工程业绩（3）建筑面积12万平方米以上的建筑工程1项或建筑面积10万平方米以上的建筑工程2项"。

二、将"1.2.3企业工程业绩（3）建筑面积1万平方米以上的单体工业、民用建筑工程1项或建筑面积 0.6 万～1 万平方米（不含）的单体工业、民用建筑工程 2 项"修改为"1.2.3 企业工程业绩（3）建筑面积 6 万平方米以上的建筑工程 1 项或建筑面积 5 万平方米以上的建筑工程 2 项"。

三、将"1.4.2 二级资质（3）建筑面积 4 万平方米以下的单体工业、民用建筑工程"修改为"1.4.2 二级资质（3）建筑面积 15 万平方米以下的建筑工程"。

四、将"1.4.3 三级资质（3）建筑面积 1.2 万平方米以下的单体工业、民用建筑工程"修改为"1.4.3 三级资质（3）建筑面积 8 万平方米以下的建筑工程"。

住房城乡建设部关于促进建筑工程设计事务所发展有关事项的通知

建市〔2016〕261 号

各省、自治区住房城乡建设厅，北京市规划国土委，天津、上海、重庆市建委，新疆生产建设兵团建设局，国务院有关部门建设司（局），有关行业协会：

按照《中共中央 国务院关于进一步加强城市规划建设管理工作的若干意见》要求，为建筑工程设计事务所发展创造更加良好的条件，激发设计人员活力，促进建筑工程设计事务所发展，决定简化《工程设计资质标准》（建市〔2007〕86 号）中建筑工程设计事务所资质标准指标。现将有关事项通知如下：

一、简化建筑工程设计事务所资质标准指标。减少建筑师等注册人员数量，放宽注册人员年龄限制，取消技术装备、标准体系等指标的考核。具体标准详见附件。

二、招标人不得以不合理的条件限制或排斥建筑工程设计事务所参加资质许可范围内各类建筑工程设计投标。

三、各级住房城乡建设主管部门要进一步完善建筑工程设计事务所相关配套政策，建立健全工程设计责任保险制度，促进建筑工程设计事务所健康发展。

本通知自 2017 年 3 月 1 日起施行，《工程设计资质标准》（建市〔2007〕86 号）中的建筑工程设计事务所资质标准同时废止，以往有关规定与本通知不一致的，以本通知为准。

附件：建筑工程设计事务所资质标准

中华人民共和国住房和城乡建设部
2016 年 11 月 24 日

附件

建筑工程设计事务所资质标准

一、总则

（一）建筑工程设计事务所（以下简称设计事务所）是指由具备注册执业资格的专业设计人员依照《中华人民共和国合伙企业法》合伙设立的普通合伙企业或依照《中华人民共和国公司法》成立的有限责任公司（股份有限公司），从事建筑工程某一专业设计业务。

（二）设计事务所分为建筑设计事务所、结构设计事务所、机电设计事务所，均只设甲级。

（三）设计事务所名称中应当标明"建筑设计事务所""结构设计事务所"或"机电设计事务所"字样。

二、标准

（一）依照《中华人民共和国合伙企业法》设立

的普通合伙企业形式的设计事务所

1. 建筑设计事务所

（1）合伙人出资总额不少于50万元人民币。

（2）合伙人中至少有1名具有良好职业道德的一级注册建筑师，且从事工程设计工作10年以上，在中国境内主持完成过两项大型建筑工程项目设计，近3年无因过错造成一般及以上质量安全责任事故的行为，其年龄不受60周岁以下的限制。

（3）有固定的工作场所。

2. 结构设计事务所

（1）合伙人出资总额不少于50万元人民币。

（2）合伙人中至少有2名具有良好职业道德的一级注册结构工程师，近3年无因过错造成一般及以上质量安全责任事故的行为。其中至少有1名一级注册结构工程师从事工程设计工作10年以上，且在中国境内主持完成过两项大型建筑工程项目设计。

（3）有固定的工作场所。

3. 机电设计事务所

（1）合伙人出资总额不少于50万元人民币。

（2）合伙人中至少有具有良好职业道德的注册公用设备工程师（给水排水）、注册公用设备工程师（暖通空调）和注册电气工程师（供配电）三个专业各不少于1名，且从事工程设计工作10年以上，在中国境内主持完成过两项大型建筑工程项目设计，近3年无因过错造成一般及以上质量安全责任事故的行为。其中有1名注册工程师年龄可以不受60周岁以下的限制。

（3）有固定的工作场所。

（二）依照《中华人民共和国公司法》成立的有限责任公司（股份有限公司）形式的设计事务所

1. 建筑设计事务所

（1）具有独立企业法人资格。

（2）社会信誉良好，净资产不少于300万元人民币。

（3）股东中至少有3名具有良好职业道德的一级注册建筑师，近3年无因过错造成一般及以上质量安全责任事故的行为。其中有1名一级注册建筑师年龄可以不受60周岁以下的限制；至少有1名一级注册建筑师从事工程设计工作10年以上，且在中国境内主持完成过两项大型建筑工程项目设计。

（4）有固定的工作场所。

2. 结构设计事务所

（1）具有独立企业法人资格。

（2）社会信誉良好，净资产不少于300万元人民币。

（3）股东中至少有3名具有良好职业道德的一级注册结构工程师，近3年无因过错造成一般及以上质量安全责任事故的行为。其中至少有1名一级注册结构工程师从事工程设计工作10年以上，且在中国境内主持完成过两项大型建筑工程项目设计。

（4）有固定的工作场所。

3. 机电设计事务所

（1）具有独立企业法人资格。

（2）社会信誉良好，净资产不少于300万元人民币。

（3）股东中至少有具有良好职业道德的注册公用设备工程师（给水排水）、注册公用设备工程师（暖通空调）和注册电气工程师（供配电）三个专业各不少于2名，近3年无因过错造成一般及以上质量安全责任事故的行为。其中从事工程设计工作10年以上的人员每个专业各不少于1名，且在中国境内主持完成过两项大型建筑工程项目设计。

（4）有固定的工作场所。

三、承担业务范围

（一）建筑设计事务所可以承接所有等级的各类建筑工程项目方案设计、初步设计及施工图设计中的建筑专业设计与技术服务。

（二）结构设计事务所可以承接所有等级的各类建筑工程项目方案设计、初步设计及施工图设计中的结构专业（包括轻钢结构）设计与技术服务。

（三）机电设计事务所可以承接所有等级的各类建筑工程（包括建筑智能化设计）方案设计、初步设计及施工图设计中的机电设备专业的设计与技术服务。

（四）取得设计事务所资质的企业可以根据工程的类别和性质作为承包方对建筑工程项目的设计实行总包。承包方应当自行完成建筑工程本专业的设计业务，并在保证整个建筑工程项目完整性的前提下，经发包方同意，将其他部分专业设计业务发包给具有相应资质的分包方。

建筑行业（建筑工程）建设项目设计规模划分见《工程设计资质标准》（建市〔2007〕86号）中附件3—21—1。

四、附则

（一）本标准所考核的注册人员应当为在本设计事务所注册的专职人员，除标准另有规定，其年龄限60周岁以下。

（二）本标准由住房城乡建设部负责解释。

住房城乡建设部关于印发《城市公园配套服务项目经营管理暂行办法》的通知

建城〔2016〕36号

各省、自治区住房城乡建设厅，北京市园林绿化局，上海市绿化和市容管理局，天津市市容和园林管理委员会，重庆市园林事业管理局，新疆生产建设兵团建设局：

为了保障城市公园为民服务的公益属性，规范城市公园配套服务项目经营行为，进一步提升城市公园服务质量和效率，促进城市公园事业健康有序发展，现将《城市公园配套服务项目经营管理暂行办法》印发给你们，请遵照执行。

执行中有何问题和建议，请及时反馈我部城市建设司。

联系电话：（略）
传　　真：（略）
附件：城市公园配套服务项目经营管理暂行办法

中华人民共和国住房和城乡建设部
2016年2月25日

附件

城市公园配套服务项目经营管理暂行办法

第一条　为规范公园配套服务项目经营活动，合理拓展城市公园配套服务功能，进一步提高城市公园服务质量和效率，向广大游客提供公平、安全、优质的服务，促进城市公园事业健康、有序发展，根据有关法律、法规和标准，特制定本办法。

第二条　在城市公园内开展配套服务项目经营，应当遵守本办法。

第三条　本办法所称城市公园，是指政府投资建设和管理、在城市行政区域内具有良好园林景观和较完善设施，具备改善生态、美化环境、游览休憩和科普宣传等功能，向公众开放的场所。

第四条　本办法所称城市公园配套服务项目经营，是指城市公园管理机构（业主单位）或通过市场竞争机制选择的经营者按照有关法律、法规规定，投资、建设、运营城市公园内配套服务项目的行为。

第五条　国务院住房和城乡建设主管部门负责指导全国城市公园配套服务项目经营活动。

省、自治区、直辖市人民政府住房和城乡建设（园林绿化）主管部门负责指导本行政区域内城市公园配套服务项目经营活动。

城市人民政府（含直辖市区县人民政府）园林绿化行政主管部门负责本行政区域内城市公园配套服务项目经营活动的监督管理工作。

经城市人民政府授权的城市公园管理机构（业主单位）负责授权管理范围内城市公园配套服务项目经营活动的实施和管理工作。

第六条　公园配套服务项目设施、场地的设置应当符合已批准的公园规划及有关标准规范要求。不得擅自新建、改建、扩建公园配套服务设施和场地。不得因经营而改变或破坏公园内建（构）筑物原有风貌和格局。

公园管理用房不得用于配套服务项目经营。公园历史建筑、文物保护建筑内的配套服务项目应严格控制经营类型和规模。

第七条　公园配套服务项目经营场所的广告牌匾、装饰装修、物品陈列等应与公园性质、功能、整体环境等相协调。

第八条　公园配套服务项目应以游客需求为导向，以大众服务为主，遵循公平、安全、优质的服务原则。配套服务项目主要包括餐饮服务、零售服务、游览服务、游艺服务等。经营项目应按规定明码标价。

第九条 公园配套服务项目经营不得出现下列情形：

（一）设立私人会所，即改变公园内建（构）筑物等公共资源属性，设置高档餐馆、茶楼、休闲、健身、美容、娱乐、住宿、接待等场所，包括实行会员制的场所、只对少数人开放的场所、违规出租经营的场所；

（二）利用"园中园"进行变相经营；

（三）法律、法规禁止的其他情形。

第十条 支持和鼓励社会资本进入城市公园配套服务领域，提倡公园配套服务项目品牌化连锁经营、整体打包专业化运营模式。公园配套服务项目经营按照以下程序实施：

（一）编制项目计划：城市公园管理机构（业主单位）根据公园配套服务的需要，提出经营项目设立申请，制定经营项目设立计划、实施及运行管理方案。

（二）征求公众意见：城市公园管理机构（业主单位）应采取听证会、媒体公示、园内公示等至少1种形式，将拟定经营项目设立计划、实施及运行管理方案向公众公开，广泛征求意见，接受社会监督。征求的公众意见应当作为方案论证的参考。

（三）组织方案论证：由城市公园管理机构（业主单位）组织相关部门和专家，结合公众意见对经营项目实施及运行方案进行论证。论证通过的方案报城市人民政府（含直辖市区县人民政府）园林绿化行政主管部门备案。

（四）确定经营主体：城市公园管理机构（业主单位）应本着公平、公正、公开的原则，依法通过招标、竞争性谈判等竞争方式，选择城市公园配套服务经营项目经营者，并将最终结果向社会公示，接受社会监督。

（五）签订经营合同并备案。公示期满，且利益相关方在公示期间无异议的，由城市公园管理机构（业主单位）与经营者签订经营合同，并在签订合同后30日内，报城市人民政府（含直辖市区县人民政府）园林绿化行政主管部门备案。

第十一条 参与城市公园配套服务经营的经营者应当具备下列条件：

（一）具有独立承担民事责任能力的法人或自然人；

（二）企业法人具有良好的商业信誉和健全的企业管理制度，包括但不限于财务会计制度，并具备与进行经营配套服务项目相当的经济实力；

（三）自然人具有良好的银行资信、财务状况及相应的偿债能力；

（四）具有经营项目所必需的设备、专业人员、专业技术能力与商业经营管理能力；

（五）有依法缴纳税收和社会保障资金的良好记录；

（六）无违法犯罪记录；

（七）法律、法规规定的其他条件。

第十二条 公园配套服务项目经营期限应当根据行业特点、经营服务内容、规模、方式等因素综合确定，一般不超过5年。

符合条件的城市公园配套服务项目可实施特许经营。特许经营者的选定、经营期限等应符合《基础设施和公用事业特许经营管理办法》、《市政公用事业特许经营管理办法》等法规规定。

第十三条 公园配套服务项目自主经营收入以及租金、特许经营管理费等收益，应当专款专用于城市公园的日常运营维护与保护发展。城市园林绿化行政主管部门应会同财政、审计等有关部门加强跟踪监督。

第十四条 城市公园配套服务项目经营者不得出现下列行为：

（一）擅自转让、分包经营项目；

（二）擅自将所经营的财产进行处置或者抵押；

（三）危及公共利益、公众安全；

（四）因经营者自身原因不能提供经营服务；

（五）超出经营范围，从事合同约定以外的经营项目；

（六）擅自将经营所用的配套服务设施改作其他用途；

（七）擅自扩大经营面积，私自搭建经营设施；

（八）擅自对配套服务设施进行改造装修；

（九）经营行为不文明，服务态度恶劣且造成严重后果；

（十）法律、法规及城市公园管理制度禁止的其他行为。

通过招标等形式确定经营者时，应当在招标文件、经营协议等中对上述行为作明确约定。

第十五条 取得城市公园配套服务项目经营权的经营者应当遵守其所在公园的管理规定，服从城市公园管理机构（业主单位）的监督管理。

对违反经营合同或城市公园管理有关规定的经营者，城市公园管理机构（业主单位）有权要求其限期整改；对拒不整改或整改不到位的，可依据合同终止经营合同；违法行为属于《城市绿化条例》第二十九条规定情形的,应当提请城市人民政府(含直辖市区县人民政府)园林绿化行政主管部门依法予以处理。

第十六条 经营期间出现下列情形,并对经营者利益造成实质性损害的,可以根据经营协议的约定进行补偿或适当延长经营合同期:

(一)因相关法律法规变更、国家政策调整或公共利益需要,需提前终止经营协议、收回经营权;

(二)依法征用经营设施或场地;

(三)因城市公园改造维修等,严重影响经营活动正常开展;

(四)经营协议约定的其他需要进行补偿或延长经营合同期的情形。

补偿的具体办法,由城市人民政府(含直辖市区县人民政府)园林绿化行政主管部门根据国家有关规定,与当地财政、物价、国资委等部门协商,并结合当地实际情况制定。

因自然灾害等不可抗力导致经营者利益受损的,不适用本条款。

第十七条 城市园林绿化行政主管部门和公园管理机构(业主单位)的工作人员玩忽职守、滥用职权、徇私舞弊的,依照《城市绿化条例》第三十一条的规定予以处理。

第十八条 本办法自发布之日起施行。本办法实施之前已依法订立经营协议的,按照原定协议执行。法律、法规对城市公园配套服务经营另有规定的,从其规定。

财政部 住房城乡建设部
关于印发城市管网专项资金绩效评价暂行办法的通知

财建〔2016〕52号

各省、自治区、直辖市、计划单列市财政厅(局)、住房城乡建设厅(局、委),新疆生产建设兵团财政局、建设局:

为强化城市管网专项资金管理,提高资金使用的规范性、安全性和有效性,保证资金所支持的各项工作顺利实施,依据《财政部关于印发〈中央对地方专项转移支付管理办法〉的通知》(财预〔2015〕230号)、《财政部关于印发〈中央对地方专项转移支付绩效目标管理暂行办法〉的通知》(财预〔2015〕163号)、《财政部关于印发〈财政支出绩效评价管理暂行办法〉的通知》(财预〔2011〕285号)和《财政部 住房城乡建设部关于印发〈城市管网专项资金管理暂行办法〉的通知》(财建〔2015〕201号),我们制定了城市管网专项资金绩效评价暂行办法,现印发给你们,请遵照执行。

附件:城市管网专项资金绩效评价暂行办法

中华人民共和国财政部
中华人民共和国住房和城乡建设部
2016年3月24日

附件

城市管网专项资金绩效评价暂行办法

第一条 为强化城市管网专项资金(以下简称专项资金)管理,提高资金使用的规范性、安全性和有效性,保证资金所支持的各项工作顺利实施,根据财政专项转移支付绩效管理相关规定和《财政部 住房城乡建设部关于印发〈城市管网专项资金管理暂行办法〉的通知》(财建〔2015〕201号),制定本办法。

第二条 本办法所称绩效评价是指财政部、住房城乡建设部等有关部门,根据绩效目标,运用科学、合理的绩效评价指标、评价标准和评价方法,对专项资金支出的经济性、效率性和效益性进行客观、公正的评价。

第三条 财政部、住房城乡建设部等行业主管部门是绩效评价的主体，应按要求开展绩效评价，客观反映绩效目标实现程度，形成相应的评价结果。

第四条 财政部会同住房城乡建设部等有关部门审核省级有关部门通过实施方案或实施计划报送的绩效目标，并予以确定和下达；指导、督促有关部门依据绩效目标开展绩效评价。

第五条 财政部会同住房城乡建设部等有关部门，根据专项资金所支持各项工作分别制定绩效评价指标体系和评价标准（附后）。

第六条 住房城乡建设部会同有关部门负责具体实施绩效评价工作，并适时开展年度绩效评价。根据需要，绩效评价工作可委托专家、中介机构等第三方实施。绩效评价方法的选用应坚持简便有效的原则，根据专项资金所支持各项工作具体情况操作。

第七条 绩效评价的主要内容是绩效目标的实现程度及效果，为实现绩效目标制定的制度和采取的措施，资金投入和使用情况等。

第八条 绩效评价的主要依据是绩效目标，相关规划、政策、制度，预算管理等财政制度，相关行业标准及规范等。

第九条 住房城乡建设部汇总绩效评价报告并提出绩效评价结果应用建议后报财政部。

第十条 绩效评价结果应量化为综合评分，并按照综合评分分级。综合评分90分（含）以上的为"优秀"，75（含）～90分的为"较好"，60（含）～75分的为"合格"，60分以下的为"不合格"。

第十一条 绩效评价结果是专项资金奖罚的重要依据。财政部按照绩效评价结果，通过调整专项资金拨付进度和额度等方式，督促各项政策贯彻落实和相关工作加快实施。

绩效评价为"优秀"的试点城市，按规定全额拨付资金，并按拨付基数的10%给予奖励；"较好"及"合格"的全额拨付资金；"不合格"的适用退出机制，并收回全部已拨付的资金。

年度绩效评价结果为"优秀"、"较好"的试点城市全额拨付年度资金；"合格"的缓拨下一年度30%年度资金；"不合格"的缓拨下一年度资金。

第十二条 各省级财政和住房城乡建设部门应加强对资金使用的监督指导，参照本办法建立省级绩效评价机制。省级财政部门和有关行业主管部门以及实施单位等应对照绩效目标开展绩效自评，形成相应的自评结果和绩效报告，报财政部、住房城乡建设部等有关部门，作为绩效评价的重要基础。

第十三条 财政部门和住房城乡建设等行业主管部门应当加强专项资金预算执行中的绩效监控，督促绩效目标有效实现。住房城乡建设等相关行业主管部门负责对各项工作实施方案、项目规划建设运营管理、工程进度和模式建设等方面进行监督指导；财政部门负责对资金管理和使用等方面进行监督指导。

第十四条 本办法由财政部会同住房城乡建设部负责解释。

第十五条 本办法自发布之日起实施。

附：1. 地下综合管廊试点绩效评价指标体系
　　2. 海绵城市建设试点绩效评价指标体系

附1：

地下综合管廊试点绩效评价指标体系

序号	评价指标	评分标准	分值范围	指标解释
1	资金使用和管理	资金下达及时，执行率90%以上，使用安全，管理规范，得15分；资金下达不及时，执行率在70%～90%，管理和使用情况符合规范且未对试点工作造成严重影响，得7分；资金下达不及时，执行率低于70%，管理和使用情况不规范，影响试点工作推进，不得分，并按有关规定处理。	0～15分	评价资金使用和管理情况
2	政府和社会资本合作	按以PPP模式吸引社会资本投资额度占试点工作总投资额比例评价。70%以上的，得10分；30%～70%的，得5分；30%以下的，不得分。	0～10分	评价实行PPP模式的情况
3	运营维护费用保障机制	按是否建立运营维护费用保障机制，确定政府补贴标准，确保管廊有效运营进行评价。建立了前述保障运营维护的机制，得15分；未建立，不得分。	0～15分	评价保障运营维护机制建立情况

续表

序号	评价指标	评分标准	分值范围	指标解释
4	入廊收费制度	建立入廊收费标准体系，得15分；未建立，不得分。	0~15分	评价是否建立入廊收费标准制度体系
5	产出数量	按工程形象进度评价。计划建设公里数全部或超额完成，得15分；完成率在80%~100%，得7分；完成率在80%以下，视为绩效考核结果"不合格"。	0~15分	评价试点工作实施计划完成情况
6	项目效益	按强制入廊制度建立情况和管线入廊率评价。各类入廊管线权重及入廊率计算方式由住房城乡建设部统一规定。建立强制入廊制度，入廊率在100%以上，得20分；建立强制入廊制度，入廊率70%~100%，得分＝20×〔(入廊率×100－70)/30〕；未建立强制入廊制度，或入廊率70%以下，不得分。	0~20分	评价强制入廊制度执行情况和计划入廊管线是否全部入廊
7	技术路线	按舱体结构设计、舱位布置是否符合技术标准和技术规范评价。符合，得10分；不符合，不得分。	0~10分	评价试点项目技术路线符合相关技术标准和规范情况

附2：

海绵城市建设试点绩效评价指标体系

序号	评价指标	评分标准	分值范围	指标解释
1	资金使用和管理	资金下达及时，使用安全，管理规范，得15分；资金下达不及时，执行率在70%~90%，管理和使用情况符合规范且未对试点工作造成严重影响，得7分；资金下达不及时，执行率低于70%，管理和使用情况不规范，影响试点工作推进，不得分，并按有关规定处理。	0~15分	评价资金使用和管理情况
2	政府和社会资本合作	按以PPP模式吸引社会资本投资额度占试点工作总投资额比例评价。70%以上的，得10分；30%~70%的，得5分；30%以下的，不得分。	0~10分	评价实行PPP模式的情况
3	成本补偿保障机制	按是否根据项目类别建立收费价格标准制度体系，建立运营维护费用保障机制，确定政府补贴标准，确保有效运营进行评价。建立前述机制，得10分；未建立前述机制，不得分。	0~10分	评价成本补偿保障机制建立情况
4	产出数量	按工程形象进度评价。计划建成面积数全部或超额完成，得20分；完成率在80%~100%，得10分；完成率在80%以下，视为绩效考核结果"不合格"。	0~20分	评价试点工作实施计划完成情况
5	产出质量	按年径流总量控制率/毫米数评价。对比经批复的试点目标：达到目标任务，得10分；低于目标任务但不超过10个百分点或5毫米，得5分；低于目标任务超过10个百分点或5毫米，不得分。	0~10分	评价年径流总量控制率达到计划目标的情况
6	项目效益	试点区域内水生态、水环境、水资源、水安全、显示度等各项指标全部达到计划目标，得25分；一半及一半以上指标达到，得15分；一半以上指标未达到，不得分。	0~25分	评价试点区域内水生态、水环境、水资源、水安全、显示度等各项指标达到计划目标情况
7	技术路线	系统性强、科学合理，符合相关技术标准和规范，得10分；不符合，不得分。	0~10分	评价试点项目技术路线符合相关技术标准和规范情况

住房城乡建设部 国家能源局
关于推进电力管线纳入城市地下综合管廊的意见

建城〔2016〕98号

各省、自治区住房城乡建设厅、发展改革委(能源局)，北京市市政市容管理委员会、规划委员会、住房和城乡建设委员会、发展改革委，上海市住房和城乡建设管理委员会、规划和国土资源管理局、发展改革委，天津、重庆市城乡建设委员会、规划局、发展改革委，新疆生产建设兵团建设局、发展改革委，国家电网公司、南方电网公司、内蒙古电力公司：

为贯彻落实中央城市工作会议精神和《中共中央国务院关于进一步加强城市规划建设管理的若干意见》(中发〔2016〕6号)要求，按照《国务院办公厅关于推进城市地下综合管廊建设的指导意见》(国办发〔2015〕61号，以下简称《指导意见》)有关部署，鼓励电网企业参与投资建设运营城市地下综合管廊，共同做好电力管线入廊工作，现提出以下意见：

一、充分认识电力管线入廊的重要意义。建设城市地下综合管廊(以下简称管廊)，是新型城镇化发展的必然要求，是补齐城市地下基础设施建设"短板"、打造经济发展新动力的一项重大民生工程，也是解决"马路拉链"问题的有效途径。各地住房城乡建设、能源主管部门和各电网企业，要充分认识电力等管线纳入管廊是城市管线建设发展方式的重大转变，有利于提高电力等管线运行的可靠性、安全性和使用寿命；对节约利用城市地面土地和地下空间，提高城市综合承载能力起到关键性作用，对促进管廊建设可持续发展具有重要意义。要加强统筹协调、协商合作，认真做好电力管线入廊等相关工作，积极稳妥推进管廊建设。

二、统筹管廊电网规划及年度建设计划。城市编制管廊专项规划，要充分了解电力管线入廊需求，事先征求电网企业意见，合理确定管廊布局、建设时序、断面选型等。各级能源主管部门和电网企业编制电网规划，要充分考虑与相关城市管廊专项规划衔接，将管廊专项规划确定入廊的电力管线建设规模、时序等同步纳入电网规划。

城市组织编制管廊年度建设计划，要提前告知当地电网企业，协调开展相关工作。已经纳入电网规划的电力管线，电网企业要结合管廊年度建设计划，将入廊部分的电力管线纳入电网年度建设计划，与管廊建设计划同步实施。

三、明确工程标准。电力管线在管廊中敷设，应遵循《城市综合管廊工程技术规范》(GB 50838)、《电力工程电缆设计规范》(GB 50217)等相关标准的规定，按照确保安全、节约利用空间资源的原则，结合各地实际情况实施。对敷设方式有争议的，应由城市人民政府组织论证，并经能源主管部门、电网企业和相关管线单位同意后实施。

四、加强入廊管理。电网企业要主动与管廊建设运营单位协作，积极配合城市人民政府推进电力管线入廊。城市内已建设管廊的区域，同一规划路由的电力管线均应在管廊内敷设。新建电力管线和电力架空线入地工程，应根据本区域管廊专项规划和年度建设，同步入廊敷设；既有电力管线应结合线路改造升级等逐步有序迁移至管廊。

五、实行有偿使用。管廊实行有偿使用，入廊管线单位应向管廊建设运营单位交纳入廊费和日常维护费。鼓励电网企业与管廊建设运营单位共同协商确定有偿使用费标准或共同委托第三方评估机构提供参考收费标准；协商不能取得一致意见或暂不具备协商条件的，有偿使用费标准可按照《国家发展改革委住房和城乡建设部关于城市地下综合管廊实行有偿使用制度的指导意见》(发改价格〔2015〕2754号)要求，实行政府定价或政府指导价。各城市可考虑电力架空线入地置换出的土地出让增值收益因素，给予电力管线入廊合理补偿。

六、落实保障措施。城市人民政府要切实落实管廊规划建设管理主体责任，组织住房城乡建设部门、能源主管部门等有关部门及电网企业，加强沟通，共同建立有利于电网企业参与投资建设运营管廊的工作协调机制。住房城乡建设主管部门要完善标准规范，抓好工程质量安全，不断提高服务水平。能源主管部门要加强协调，督促指导电网企业积极配合地方管廊建设工作总体部署，推进电力管线入廊。

电网企业要做好电力管线入廊的规划、设计、施工、验收、交费及运维等工作。国家电网公司、南方电网公司要发挥示范带头作用，组织各分公司贯彻落实文件要求，出台具体的实施措施，积极参与管廊投资建设。住房城乡建设部、国家能源局将建立工作协商机制，组织电网企业共同研究推进电力管线纳入管廊的政策措施，协调解决有关重大问题。

中华人民共和国住房和城乡建设部

国家能源局

2016 年 5 月 26 日

住房城乡建设部关于城市园林绿化企业资质标准和燃气燃烧器具安装、维修企业资质管理有关事项的补充通知

建城〔2016〕129 号

各省、自治区住房城乡建设厅，北京市园林绿化局、市政市容管理委员会，天津市市容和园林管理委员会、城乡建设委员会，上海市绿化和市容管理局、住房和城乡建设管理委员会，重庆市园林事业管理局、经济和信息化委员会，新疆生产建设兵团建设局：

根据《国务院办公厅关于加快推进落实注册资本登记制度改革有关事项的通知》（国办函〔2015〕14 号）、《关于修订〈城市园林绿化企业资质标准〉的通知》（建城〔2009〕157 号）、《关于燃气燃烧器具安装、维修企业资质管理有关事项的通知》（建城〔2007〕250 号）中关于企业注册资金的规定不再适用。现就具体内容通知如下，请遵照执行。

一、《城市园林绿化企业资质标准》中以下内容不再适用：

（一）"一、一级资质（一）资质标准"第 1 条中"注册资金且实收资本不少于 2000 万元"。

（二）"二、二级资质（一）资质标准"第 1 条中"注册资金且实收资本不少于 1000 万元"。

（三）"三、三级资质（一）资质标准"第 1 条中"注册资金且实收资本不少于 200 万元"。

二、《关于燃气燃烧器具安装、维修企业资质管理有关事项的通知》（建城〔2007〕250 号）中以下内容不再适用：

第三条中"（一）企业的注册资本不少于 30 万元"。

中华人民共和国住房和城乡建设部

2016 年 6 月 23 日

住房城乡建设部关于提高城市排水防涝能力推进城市地下综合管廊建设的通知

建城〔2016〕174 号

各省、自治区住房城乡建设厅，直辖市建委（城市管理委、市政管委、水务局），海南省水务厅：

受强厄尔尼诺影响，今年我国降雨范围广、强度高、持续时间长，多地发生严重的洪涝灾害。党中央、国务院对此高度重视，习近平总书记、李克强总理多次对加快城市地下综合管廊建设、补齐城市防洪排涝能力不足短板作出重要指示。为贯彻落实习近平总书记、李克强总理重要指示要求，现将有关事项通知如下：

一、尊重规律，统筹规划

各地要做好城市排水防涝设施建设规划、城市地下综合管廊工程规划、城市工程管线综合规划等的相互衔接，切实提高各类规划的科学性、系统性和可实施性，实现地下空间的统筹协调利用，合理安排城市地下综合管廊和排水防涝设施，科学确定近期建设工程。严格按照国家标准《室外排水设计规范》确定的内涝防治标准，将城市排水防涝与城市地下综合管廊、海绵城市建设协同推进，坚持自然与人工相结合、地上与地下相结合，发挥"渗、滞、蓄、净、用、排"的作用，构建以"源头减排系统、排水管渠系统、排涝除险系统、超标应急系统"为主要内容的城市排水防涝工程体系，并与城市防洪规划做好衔接。已编制完成相关规划的城市，要进一步梳理规划内容，加强协调衔接，及时修订调整；尚未编制完成相关规划的城市，要按照新要求抓紧编制。

二、因地制宜，科学建设

各地要结合本地实际情况，有序推进城市地下综合管廊和排水防涝设施建设，科学合理利用地下空间，充分发挥管廊对降雨的收排、适度调蓄功能，做到尊重科学、保障安全。依据城市地下综合管廊工程规划确定的管廊建设区域，结合地形坡度、管线路由等实际情况，因地制宜确定雨水管道入廊的敷设方式。依据城市排水防涝设施建设规划需要建设大口径雨水箱涵、管道的区域，可充分考虑该片区未来发展需求，在不影响排水通畅和保障管线安全的前提下，利用其上部空间敷设适当的管线。

三、创新模式，完善机制

各地要放宽市场准入，鼓励支持社会资本参与城市地下综合管廊和排水防涝设施建设。严格落实管线入廊制度，已建成城市地下综合管廊的主次干路，规划管线必须入廊，不得再开挖敷设管线。严格实施城市地下综合管廊有偿使用制度，建立合理的收费机制。鼓励社会资本积极创新模式，通过雨水资源化利用等方式获取额外收益，弥补社会资本的合理回报。

中华人民共和国住房和城乡建设部
2016 年 8 月 16 日

住房城乡建设部 国土资源部关于进一步完善城市停车场规划建设及用地政策的通知

建城〔2016〕193 号

各省、自治区住房城乡建设厅、国土资源厅，北京市住房城乡建设委、规划国土委、交通委，天津市建委、规划局、国土房管局，上海市住房城乡建设委、规划国土局、交通委，重庆市建委、市政委、规划局、国土房管局：

为贯彻落实《中共中央国务院关于进一步加强城市规划建设管理工作的若干意见》和《节约集约利用土地规定》等文件要求，合理配置停车设施，提高空间利用效率，促进土地节约集约利用；充分挖潜利用地上地下空间，推进建设用地的多功能立体开发和复合利用；鼓励社会资本参与，加快城市停车场建设，逐步缓解停车难问题。现将有关事项通知如下：

一、强化城市停车设施专项规划调控

（一）科学编制城市停车设施专项规划。依据土地利用总体规划、城市总体规划和城市综合交通体系规划，城市停车行业主管部门要会同规划部门编制城市停车设施专项规划（以下简称专项规划），合理布局停车设施。专项规划应符合《城市停车规划规范》《城市停车设施规划导则》、充电基础设施建设等相关要求。编制专项规划同时，应对建设项目停车配建标准实施情况进行评估，并适时调整，调整后的停车配建标准应及时向社会公布。

（二）专项规划要突出重点。专项规划应坚持设施差别化供给原则，按照城市中不同区域的功能要

求和城市综合交通发展策略，合理确定停车设施规模。对于老旧居住区等停车设施供需矛盾突出的重点区域，应结合片区停车综合改善方案，合理确定停车方式和停车规模；对于公共交通发达地区，应合理控制停车设施建设规模。

（三）分层规划停车设施。可充分结合城市地下空间规划，利用地下空间分层规划停车设施，在城市道路、广场、学校操场、公园绿地以及公交场站、垃圾站等公共设施地下布局公共停车场，以促进城市建设用地复合利用。

（四）严格实施专项规划。经依法批准的专项规划中有关要求应及时纳入控制性详细规划，并作为城市停车场建设和管理的依据，严格执行。城市新建建筑配建停车设施应符合相应的停车配建标准。

二、加强停车场建设项目的规划管理

（五）明确停车场用地性质。单独新建公共停车场用地规划性质为社会停车场用地。为鼓励停车产业化，在不改变用地性质、不减少停车泊位的前提下允许配建一定比例的附属商业面积，具体比例由属地城市政府确定，原则上不超过20%。通过分层规划，利用地下空间建设公共停车场的，地块用地规划性质为相应地块性质兼容社会停车场用地。

（六）鼓励超配建停车场。新建建筑超过停车配建标准建设停车场以及随新建项目同步建设并向社会开放的公共停车场（地下停车库和地上停车楼，配建附属商业除外），在规划审批时可根据总建筑面积、超配建的停车泊位建筑面积、公共停车场建筑面积等情况，给予一定的容积率奖励，具体规定由城市政府规划部门根据实际情况研究制定。其中，停车楼项目应符合日照、绿化、消防等相关标准。

（七）鼓励增建公共停车场。在符合土地利用总体规划和城市总体规划前提下，机关事业单位、各类企业利用自有建设用地增建公共停车场可不改变现有用地性质及规划用地性质。增建方式包括利用自有建设用地地下空间、既有建筑屋顶、拆除部分既有建筑新建、既有平面停车场改加建等，在符合日照、消防、绿化、环保、安全等要求的前提下增建后地块的建筑高度、建筑密度等指标可由城市政府有关部门按照程序依法进行调整。

（八）明确公共停车场规划审批条件。地下空间单独出让建设公共停车场的，项目出让规划条件应明确用地红线范围、公共停车场建筑面积等，有需要配建附属商业的公共停车场，还应明确商业建筑面积。利用现有城市公园绿地地下空间建设公共停车场的，在报城市政府规划部门审批时，应征求园林绿化部门及有关部门的意见，并符合国家和地方有关规范。地下停车库顶板上覆土最小厚度要保证停车场工程质量和安全，并满足绿化种植相关要求，其具体规定以及地下停车库面积占公园绿地面积的最大比例等规定，由城市政府有关部门根据实际情况研究制定。与其他功能的建筑结合开发的公共停车场应设置独立区域、单独出入口、明确的标志和诱导系统。

（九）简化停车场建设规划审批。在满足结构、消防安全等条件下，既有其他功能建筑改建为停车场的，可简化规划审批流程。临时公共停车设施（含平面及机械设备安装类）由城市政府建设和规划等相关部门通过联席会议（或相关综合协调制度）进行审定，不需要办理相关审批手续。机械停车设备应当按相关规定进行验收。居住区利用自有建设用地设置机械设备类停车设施，还应取得业主委员会同意（没有业主委员会的，街道办事处或社区居委会等要征求居民意见），且满足日照、消防、绿化、环保、安全等要求。

三、规范停车设施用地管理

（十）依法确定停车场土地使用年期。停车场用地以出让方式供应的，建设用地使用权出让年限按最高不超过50年确定。工业、商住用地中配建停车场的，停车场用地出让最高期限不得超过50年。以租赁方式供应的，租赁年限在合同中约定，最长租赁期限不得超过同类用途土地出让最高年期。

（十一）规范编制停车场供地计划。停车场用地供应应当纳入国有建设用地供应计划。新建建筑物配建停车场以及利用公园绿地、学校操场等地下空间建设停车场的，其建设规模应一并纳入建设用地供应计划。闲置土地依法处置后由政府收回、规划用途符合要求的，可优先安排用于停车场用地，一并纳入国有建设用地供应计划。

（十二）细化停车场供地政策。符合《划拨用地目录》的停车场用地，可采取划拨方式供地，不符合的，应依法实行有偿使用。对新建独立占地的、经营性的公共停车场用地，同一宗用地公告后只有一个意向用地者的，可以协议方式供应土地。协议出让价不得低于按国家规定确定的最低价标准。供应工业、商业、旅游、娱乐、商品住宅等经营性用地配建停车场用地的，应当以招标、拍卖或者挂牌方式供地。标底或者底价不得低于国家规定的最低价标准。鼓励租赁供应停车场用地，各地可以制定出租或先租后让的鼓励政策和租金标准。城市公共交通停车场用地综合开发配建商服设施，采取划拨方式供地的，配建的商服等用地可按市场价有偿使用。出让土地建设公共停车场的，可根据城市公共停车场客观收益情况评估并合理确定出让地价。在城市道路、广场、公园绿地等公共设施下建设停车场，以出让等有偿方式供地的，可按地表出让建设用地使用权价格的一定比例确定出让底价。具体比例由市、县政府根据当地实际情况确定，并向社会公示。

（十三）鼓励盘活存量用地用于停车场建设。对营利性机构利用存量建设用地从事停车场建设，涉及划拨建设用地使用权出让（租赁）或转让的，在原土地用途符合规划相关标准规范的前提下，可不改变土地用途，允许补缴土地出让金（租金），办理协议出让或租赁手续。在符合规划相关标准规范的前提下，在已建成的住宅小区内增加停车设施建筑面积的，可不增收土地价款。

（十四）加大停车场建设中节地技术和节地模式的政策支持力度。各地要及时总结有利于节约集约用地的停车场建设技术和利用模式，对节地效果明显、有推广价值的节地模式和节地技术，在划拨和出让土地时，可将节地模式、节地技术作为供地条件，写入供地方案，合理评估出让底价，在供地计划、供地方式、供地价格、开发利用等方面体现政策支持，逐步建立和完善节约集约用地的激励机制。对新建建筑充分利用地下空间，超过停车配建标准建设地下停车场，并作为公共停车场向社会开放的超配部分，符合规划的，可不计收土地价款。

四、加强停车场规划建设和用地监管

（十五）规范办理停车场产权手续。停车场权利人可以依法向停车场所在地的不动产登记机构申请办理不动产登记手续，不动产登记机构要依据《不动产登记暂行条例》及其实施细则等法规章政策，积极做好停车场登记发证服务工作。

（十六）规范停车场土地供后管理。市、县国土资源管理部门应当在核发划拨决定书、签订出让合同和租赁合同时，明确规定或者约定：停车场建设用地使用权可以整体转让和转租，不得分割转让和转租；不得改变规划确定的土地用途，改变用途用于住宅、商业等房地产开发的，由市、县国土资源管理部门依法收回建设用地使用权；以出让或者租赁方式取得停车场建设用地使用权的，可以设定抵押权。以划拨方式取得停车场建设用地使用权设定抵押的，应当约定划拨建设用地使用权不得单独设定抵押权，设定房地产抵押权的停车建设用地使用权以划拨方式取得的，应当从拍卖所得的价款中缴纳相当于应缴纳的土地使用权出让金的款额后，抵押权人方可优先受偿。划拨决定书、出让合同和租赁合同要及时上传土地市场动态监测监管系统。

（十七）加强城市停车场建成后的监管。不符合规划、不满足配建标准、充电基础设施和有关工程建设标准的，不得通过规划核实。城市停车行业主管部门要会同城市规划、国土资源部门，加强停车场建成后的使用监管，对未经批准、挪作他用的停车设施，应限期进行整改，并恢复停车功能。

（十八）加强停车场经营管理。坚持市场化原则，鼓励路内停车泊位和政府投资建设的公共停车场实行特许经营，通过招标等竞争性方式，公开选择经营主体。鼓励各类配建停车场委托停车管理企业进行专业化管理，促进各类经营性停车场企业化、专业化经营。同时，各地要尽快研究制订停车场管理规定或运营服务规范，加强停车场运营监管。

（十九）强化停车行业管理。停车场规划、建设、运营、管理工作涉及多个部门，各省（自治区）住房城乡建设厅作为本地区停车行业主管部门，要充分认识加强停车场规划建设的重要性，统筹协调有关部门完善有关政策、做好项目储备，并督促、指导各城市加快停车场规划建设。各城市建设行政主管部门要主动作为、牵头协调，尽快开展停车资源普查，完善有关政策措施，充分发挥规划调控作用，建立基础数据库和项目库，统筹各类停车场建设，加强停车场经营管理，切实抓好停车有关工作。

统筹地上地下空间开发，充分挖潜、高效利用土地资源，加快停车场规划建设，既有利于缓解停车难问题、营造城市宜居环境，又有利于促进土地节约集约利用、促进经济发展方式转变，符合创新、协调、绿色、开放、共享五大发展理念。各级住房城乡建设（规划）、国土资源部门要高度重视、各司其职、加强协调、形成合力，依据本通知的要求开展有关工作，进一步加快城市停车场规划建设，促进停车行业健康发展。

中华人民共和国住房和城乡建设部
中华人民共和国国土资源部
2016年8月31日

住房城乡建设部等部门关于进一步鼓励和引导民间资本进入城市供水、燃气、供热、污水和垃圾处理行业的意见

建城〔2016〕208号

各省、自治区、直辖市、新疆生产建设兵团住房城乡建设厅（建委、建设局）、发展改革委、财政厅（局）、国土资源主管部门，北京市城管委、水务局，天津市市容园林委、水务局，上海市绿化和市容管理局、水务局，重庆市市政委，海南省水务厅，中国人民银行上海总部、各分行、营业管理部，各省会（首府）城市中心支行，各副省级城市中心支行：

为进一步贯彻落实《国务院关于创新重点领域投融资机制鼓励社会投资的指导意见》（国发〔2014〕60号），鼓励和引导民间资本进入城市供水、燃气、供热、污水和垃圾处理等市政公用行业，按照《国务院办公厅关于进一步做好民间投资有关工作的通知》（国办发明电〔2016〕12号）要求，现提出以下意见：

一、进一步认识民间资本进入市政公用行业的重要意义

党中央、国务院高度重视促进非公有制经济和民间投资健康发展。近年来，国务院有关部门陆续出台了多项政策措施，积极推进市政公用行业向民间资本开放。民间资本的进入，对促进市政基础设施建设、提高市政公用行业服务和供应保障水平发挥了重要作用。但当前民间资本进入城市供水、燃气、供热、污水和垃圾处理等市政公用行业，仍不同程度地存在一些壁垒和体制机制障碍。

鼓励和引导民间资本进入市政公用行业既利当前又惠长远，对稳增长、保就业具有重要意义，也是推进供给侧结构性改革的重要内容。各地要进一步提高认识，采取有效措施，破除民间资本进入市政公用行业的各种显性和隐性壁垒，完善促进民间投资的各项政策，深化投融资体制改革，促进市政公用行业健康发展。

二、拓宽民间资本投资渠道

（一）规范直接投资。民间资本可以采取独资、合资等方式直接投资城镇燃气、供热、垃圾处理设施建设和运营。可以采取合作、参股等方式参与供水、污水处理设施建设和经营。具备条件的民营企业可作为专业运营商，受托运营供水、燃气、供热、污水和垃圾处理设施。鼓励民间资本通过政府和社会资本合作（PPP）模式参与市政公用设施建设运营。

（二）鼓励间接投资。鼓励民间资本通过依法合规投资产业投资基金等方式，参与城市供水、燃气、供热、污水和垃圾处理设施建设和运营。鼓励民间资本通过参与国有企业改制重组、股权认购等进入市政公用行业，政府可根据行业特点和不同地区实际，采取控股或委派公益董事等方法，保持必要的调控能力。

（三）提高产业集中度。鼓励市县、乡镇和村级污水收集处理、垃圾处理项目"打包"投资和运营，实施统一招标、建设和运行，探索市政公用设施建设运营以城带乡模式。鼓励大型、专业化城市供水、燃气、供热、污水和垃圾处理企业，通过资产兼并、企业重组，打破区域和行业等限制，形成专业化、规模化的大型企业集团，解决企业"小""散""弱"等问题。鼓励有实力、有规模的专业化民营供热企业参与改造、兼并不符合环境要求的小锅炉，扩大集中供热面积。鼓励优先使用工业余热提供供热服务。鼓励地方政府、热用户通过合同能源管理模式委托专业化供热公司负责锅炉运行、维护。鼓励燃气供应商参加天然气市场交易、竞价供气，为更多民营企业参与燃气供应提供更大的空间。

三、改善民间资本投资环境

（一）落实土地供应政策。在遵守相关规划的前提下，对符合《划拨用地目录》的供水、燃气、供热、污水和垃圾处理项目用地，经依法批准可以划拨方式供应。支持实行土地有偿使用，土地出让底价按照国家有关土地政策的规定执行；不符合《划拨用地目录》且只有一个意向投资者的，可依法以协议方式供应土地，有两个以上意向投资者、需要

通过竞争方式确定项目投资者的，可在市、县人民政府土地管理部门拟订土地出让方案的基础上，将竞争确定投资者的环节和竞争确定用地者的环节合并进行。

（二）完善行业用电政策。完善峰谷分时电价政策和两部制电价用户基本电价执行方式，支持供水、燃气、供热、排水、污水和垃圾处理企业参与电力直接交易，降低企业用电成本。

（三）完善金融服务政策。充分发挥开发性、政策性金融机构作用，加大对城市供水、燃气、供热、污水和垃圾处理等市政公用行业的信贷支持力度。鼓励银行业金融机构在风险可控、商业可持续的前提下，加快创新金融产品和服务方式，积极开展特许经营权、购买服务协议预期收益、地下管廊有偿使用收费权等担保创新类贷款业务，做好在市政公用行业推广PPP模式的配套金融服务。支持相关企业和项目发行短期融资券、中期票据、资产支持票据、项目收益票据等非金融企业债务融资工具及可续期债券、项目收益债券，拓宽市场化资金来源。

（四）加快推进社会诚信建设。按照《国务院关于建立完善守信联合激励和失信联合惩戒制度加快推进社会诚信建设的指导意见》（国发〔2016〕33号）要求，建立健全全国范围的城市供水、燃气、供热、污水和垃圾处理行业信用信息归集共享和使用机制，将有关信息纳入全国信用信息共享平台，并对相关主体实行守信联合激励和失信联合惩戒。积极引导中央、地方媒体、互联网等加强垃圾处理行业的正面宣传，客观认识垃圾处理问题。

四、完善价费财税政策

（一）完善价格政策。加快改进城市供水、燃气、供热价格形成、调整和补偿机制，稳定民间投资合理收益预期。价格调整不到位时，地方政府可根据实际情况对企业运营进行合理补偿。推进天然气价格市场化改革，建立完善天然气价格上下游联动机制，完善居民阶梯气价制度，鼓励推行非居民用气季节性差价政策。督促各地贯彻落实煤热价格联动机制，推动供热项目市场化运作和供热企业良性发展。

（二）完善收费制度。严格落实《污水处理费征收使用管理办法》（财税〔2014〕151号）、《关于制定和调整污水处理收费标准等有关问题的通知》（发改价格〔2015〕119号）的相关要求，没有建立收费制度的要尽快建立，收费标准调整不到位的要尽快调整到位。完善垃圾处理收费办法，按照补偿垃圾收集、运输、处理成本和合理盈利的原则，加强收费工作，提高收缴率。污水和垃圾处理费要纳入政府预算管理，按照政府购买服务合同约定的期限及时、足额拨付。供水、燃气、供热等企业运营管线进入城市地下综合管廊的，可根据实际成本变化情况，适时适当调整供水、燃气、供热等价格。

（三）完善财税政策。落实对供水、燃气、污水和垃圾处理、污泥处置及再生水利用等市政公用行业的财税支持政策，对民间资本给予公平待遇。对北方采暖地区供热企业增值税、房产税、城镇土地使用税继续执行减免税收优惠政策。

（四）确保政府必要投入。发挥政府资金引导作用，加强政府对城镇供水、燃气、供热、污水处理管网等设施建设改造的投入。政府资金投入形成的资产可以通过特许经营等PPP模式引入民间资本经营。

五、加强组织领导

住房城乡建设部负责鼓励和引导民间资本进入城市供水、燃气、供热、污水和垃圾处理等市政公用行业的指导、协调和监督。住房城乡建设部、国家发展改革委、财政部、国土资源部、中国人民银行等部门负责完善相关配套措施，进一步稳定市场预期，充分调动民间投资的积极性，切实发挥好民间投资对经济增长的拉动作用。各省、自治区、直辖市有关主管部门负责本行政区域内相关工作的指导和监管。各城市人民政府及其有关管理部门应依据有关法律法规，加强对民间资本进入市政公用行业的管理，抓好有关扶持政策的落实。

中华人民共和国住房和城乡建设部
中华人民共和国国家发展和改革委员会
中华人民共和国财政部
中华人民共和国国土资源部
中国人民银行
2016年9月22日

住房城乡建设部等部门
关于进一步加强城市生活垃圾焚烧处理工作的意见

建城〔2016〕227号

各省、自治区住房城乡建设厅、发展改革委(经信委)、国土资源厅、环境保护厅,直辖市城市管理委(市容园林委、绿化市容局、市政委)、发展改革委、规划国土委(规划局、国土房管局)、环境保护局:

为切实加强城市生活垃圾焚烧处理设施的规划建设管理工作,提高生活垃圾处理水平,改善城市人居环境,现提出以下意见:

一、深刻认识城市生活垃圾焚烧处理工作的重要意义

近年来,我国城市生活垃圾处理设施建设明显加快,处理能力和水平不断提高,城市环境卫生有了较大改善。但随着城镇化快速发展,设施处理能力总体不足,普遍存在超负荷运行现象,仍有部分生活垃圾未得到有效处理。生活垃圾焚烧处理技术具有占地较省、减量效果明显、余热可以利用等特点,在发达国家和地区得到广泛应用,在我国也有近30年应用历史。目前,垃圾焚烧处理技术装备日趋成熟,产业链条、骨干企业和建设运行管理模式逐步形成,已成为城市生活垃圾处理的重要方式。各地要充分认识垃圾焚烧处理工作的紧迫性、重要性和复杂性,提前谋划,科学评估,规划先行,加快建设,尽快补上城市生活垃圾处理短板。

二、明确"十三五"工作目标

贯彻落实创新、协调、绿色、开放、共享的发展理念,按照中央城市工作会议和《中共中央国务院关于进一步加强城市规划建设管理工作的若干意见》要求,将垃圾焚烧处理设施建设作为维护公共安全、推进生态文明建设、提高政府治理能力和加强城市规划建设管理工作的重点。到2017年底,建立符合我国国情的生活垃圾清洁焚烧标准和评价体系。到2020年底,全国设市城市垃圾焚烧处理能力占总处理能力50%以上,全部达到清洁焚烧标准。

三、提前谋划,加强焚烧设施选址管理

(一)加强规划引导。牢固树立规划先行理念,遵循城乡发展客观规律,综合考虑经济发展、城乡建设、土地利用以及生态环境影响和公众诉求,科学编制生活垃圾处理设施规划,统筹安排生活垃圾处理设施的布局和用地,并纳入城市总体规划和近期建设规划,做好与土地利用总体规划、生态环境保护规划的衔接,公开相关信息。项目用地纳入城市黄线保护范围,规划用途有明显标示。强化规划刚性,维护政府公信力,严禁擅自占用或者随意改变用途,严格控制设施周边的开发建设活动。根据焚烧厂服务区域现状和预测的垃圾产生量,适度超前确定设施处理规模,推进区域性垃圾焚烧飞灰配套处置工程建设。选择以垃圾焚烧发电作为主要处理方案的地区,要提出垃圾处理的其他备用方案。

(二)统筹解决选址问题。焚烧设施选址应符合相关政策和标准的要求,并重点考虑对周边居民影响、配套设施情况、垃圾运输条件及灰渣处理的便利性等因素。优先安排垃圾焚烧处理设施用地计划指标,地方国土资源管理部门可根据当地实际单列,并合理安排必要的配套项目建设用地,确保项目落地。加强区域统筹,实现焚烧设施共享。鼓励利用现有垃圾处理设施用地改建或扩建焚烧设施。

(三)扩大设施控制范围。可将焚烧设施控制区域分为核心区、防护区和缓冲区。核心区的建设内容为焚烧项目的主体工程、配套工程、生产管理与生活服务设施,占地面积按照《生活垃圾焚烧处理工程项目建设标准》要求核定。防护区为园林绿化等建设内容,占地面积按核心区周边不小于300米考虑。

四、建设高标准清洁焚烧项目

(一)选择先进适用技术。遵循安全、可靠、经济、环保原则,以垃圾焚烧锅炉、垃圾抓斗起重机、汽轮发电机组、自动控制系统、主变压器为主设备,综合评价焚烧技术装备对自然条件和垃圾特性的适应性、长期运行可靠性、能源利用效率和资源消耗水平、污染物排放水平。应根据环境容量,充分考虑基本工艺达标性、设备可靠性以及运行管理经验等因素，优化污染治理技术的选择，污染物排放应满足国家、地方相关标准及环评批复要求。

（二）推进产业园区建设。积极开展静脉产业园区、循环经济产业园区、静脉特色小镇等建设，统筹生活垃圾、建筑垃圾、餐厨垃圾等不同类型垃圾处理，形成一体化项目群，降低选址难度和建设投入。优化配置焚烧、填埋、生物处理等不同种类处理工艺，整合渗滤液等污染物处理环节，实现各种垃圾在园区内有效治理，提高能源综合利用效率。

（三）严控工程建设质量。生活垃圾焚烧项目建设应满足《生活垃圾焚烧处理工程技术规范》等相关标准规范以及地方标准的要求，落实建设单位主体责任，完善各项管理制度、技术措施及工作程序。项目建设各方要正确处理质量与进度、成本之间的关系，合理控制项目成本和建设周期，实现专业化管理，文明施工。严禁通过降低工程和采购设备质量、缩短工期、以次充好、偷工减料等恶意降低建设成本。

（四）合理确定补贴费用。分析项目投资与运行费用，应明确处理规模、建设期、建设水平、工艺设备配置、垃圾热值、分期建设、运营期限、余热利用方式等边界条件，充分考虑烟气、渗滤液和灰渣的处理要求。垃圾处理补贴评价内容包括工程分析、垃圾处理补贴费用分析、其他成本节约与合法收益分析三部分。工程分析要根据工程技术要求，对主设备质量成本、建设水平、运行数据等进行客观评价。垃圾处理补贴费用分析按《建设项目经济评价方法与参数》进行，其中基准收益率可参照行业平均水平分析计取，以进厂垃圾量计算，吨垃圾售电超过280千瓦时的部分按当地标杆电价计算。其他成本节约与合法收益分析应考虑建设期和成本变化等因素影响。

（五）加强飞灰污染防治。在生活垃圾设施规划建设运行过程中，应当充分考虑飞灰处置出路。鼓励跨区域合作，统筹生活垃圾焚烧与飞灰处置设施建设，并开展飞灰资源化利用技术的研发与应用。严格按照危险废物管理制度要求，加强对飞灰产生、利用和处置的执法监管。

五、深入细致做好相关工作

（一）深入调研摸清底数。在垃圾焚烧项目前期，要在项目属地入社区、入村广泛开展调研，与村社干部、群众代表等深入交流座谈，认真倾听群众意见，系统分析各方诉求。对疑虑和误解，应耐心做好沟通解释工作，要充分考虑其合理诉求，积极研究解决措施；对采取不当方式表达不合理要求的，应依法依规坚决予以制止。

（二）周密组织发挥合力。在项目建设过程中，各部门要加强协同配合。项目主管部门做好统筹安排，城市规划、发展改革、国土资源、环境保护等部门各负其责，与项目属地政府统一思想，切实形成合力，市场主体做好相关配合保障。根据建设任务和时间要求，将基本建设程序和开展群众工作紧密结合。要抓好工作细节，注重方式方法的针对性，注重群众工作实效。对推进生活垃圾处理工作不力，影响社会发展和稳定的，要追究有关责任。

（三）广泛发动赢得支持。要围绕群众关注的问题深入开展解疑释惑工作，将考察焚烧厂的所见所闻、焚烧技术装备、污染控制等内容制作成视频宣传片和画册，连续播放、广泛宣传，打消顾虑，争取群众对项目建设的信任和理解。充分发挥学校作用，组织师生学习有关垃圾焚烧处理知识、焚烧厂项目建设有关做法等，建立广泛牢固的群众基础。

六、集中整治，提高设施运行水平

（一）集中开展整治工作。结合生活垃圾处理设施的考核评价工作，对现有垃圾焚烧厂的技术工艺、设施设备、运行管理等集中开展专项整治。焚烧炉必须设置烟气净化系统并安装烟气在线监测装置。对未按照《生活垃圾焚烧污染控制标准》要求开展在线监测和焚烧炉运行工况在线监测的焚烧厂，应及时整改到位，并通过企业网站、在厂区周边显著位置设置显示屏等方式对外公开在线监测数据，接受公众监督。对于不能连续稳定达标排放的设施，要及时停产整顿，认真分析存在的问题和原因，采取针对性措施予以解决。对于生产使用中的问题，要按照《生活垃圾焚烧厂运行维护与安全技术规程》要求，严格控制燃烧室内焚烧烟气的温度、停留时间与气流扰动工况，设置活性炭粉等吸附剂喷入装置，有效去除烟气中的污染物。对于设备老化和工艺落后问题，要尽快组织实施改造，保证设施达标排放。对整治后仍不能达标排放的设施，依法进行关停处理。对故意编造、篡改排放数据的违法企业，依法加大处罚力度。

（二）实施精细化运行管理。加强对垃圾焚烧过程中烟气污染物、恶臭、飞灰、渗滤液的产生和排放情况监管，控制二次污染。落实运行管理责任制度和应急管理预案，明确突发状况上报和处理程序，有效应对各种突发事件。建立清洁焚烧评价指标体系，加强设备寿命期管理，推行完好率、合格率与投入率等指标管理，推进节能减排与能源效率管理，达到适宜的水利用率、厂用电率、物料消耗量和能源效率，有效实现碳减排。

（三）构建"邻利型"服务设施。在落实环境防护距离基础上，面向周边居民设立共享区域，因地制宜配套绿化、体育和休闲设施，实施优惠供水、供热、供电服务，安排群众就近就业，将短期补偿转化为长期可持续行为，努力让垃圾焚烧设施与居民、社区形成利益共同体。变"邻避效应"为"邻利效益"，实现共享发展。

七、创新方式，全面加强监管

（一）严格招投标管理。加强市场准入管理，严格设定投资建设运行处理企业的技术、人员、业绩等条件。培育公平竞争的市场环境，鼓励推广政府和社会资本合作（PPP）模式。完善市场退出机制，加快信用体系建设，建立失信惩戒和黑名单制度，鼓励和引导专业化规模化企业规范建设和诚信运行。对于中标价格明显低于预期的企业要给予重点关注，加大监管频次。对于中标企业恶意违约或不能履约的情况，依照特许经营合同或相关法律法规，给予严厉的经济惩罚或行政处罚，必要时终止特许经营合同。

（二）加强监管能力建设。建立全过程、多层级风险防范体系，杜绝违法排放和造假行为。焚烧厂运行主体要向社会定期公布运行基本情况，公示污染物排放数据，接受公众监督。通过驻场监管、公众监督、经济杠杆等手段进行监管，采用信息化、互联网＋、开发APP等方式实现全过程监管。加强全国城镇生活垃圾处理管理信息系统上报工作，所有规划、在建和运行的焚烧项目情况必须将相关信息录入系统并及时更新。强化设施运行监管，按照《生活垃圾焚烧厂运行监管标准》和《生活垃圾焚烧厂评价标准》要求，完善生活垃圾处理设施考核评价工作。

（三）推进实现共同治理。在设施规划建设管理过程中，要落实各有关部门、社会单位和公众以及相关机构的责任，共同开展相关工作。社会单位和公众是产生垃圾的责任主体，要树立节约观念，减少垃圾产生，依法依规参与焚烧厂规划建设运行监督。要积极开展第三方专业机构监管，提高监管的科学水平。依托AAA级垃圾焚烧厂等标杆设施，在保证正常安全运行基础上，完善公众参观通道，开展宣传教育基地建设，向社会公众开放，定期组织中小学生参观学习，形成有效的交流、宣传和咨询平台。充分发挥新闻媒体作用，引导全社会客观认识生活垃圾处理问题，凝聚共识，营造良好舆论氛围。

中华人民共和国住房和城乡建设部
中华人民共和国国家发展和改革委员会
中华人民共和国国土资源部
中华人民共和国环境保护部
2016年10月22日

住房城乡建设部关于开展绿色村庄创建工作的指导意见

建村〔2016〕55号

各省、自治区住房城乡建设厅，直辖市建委，北京市农委、北京市园林绿化局，上海市绿化和市容管理局，天津市市容和园林管理委员会，重庆市园林事业管理局，新疆生产建设兵团建设局：

为贯彻落实《国务院办公厅关于改善农村人居环境的指导意见》（国办发〔2014〕25号）和第二次全国改善农村人居环境工作会议精神，提高村庄绿化水平，现就绿色村庄创建工作提出如下意见：

一、工作思路和指导原则

各级住房城乡建设部门要按照改善农村人居环境工作总体要求，将绿色村庄创建作为改善农村人居环境的工作重点，形成政府引导、村委会为主、多部门合作的推进机制，动员社会力量和农民群众广泛参与，建立财政补助、村集体补贴、农民个人种植、社会捐赠相结合的资金筹集机制，大力推进村庄绿化工作，整体提升村庄绿化水平，切实改善农村人居环境。

绿色村庄创建工作要坚持因地制宜、统筹推进，将绿色村庄创建与村庄环境整治、村庄美化和农民增收相结合；坚持尊重自然、突出本土特色，充分利用村庄闲置空地，结合废弃棚圈和旱厕等整治，运用乡土树种和生态方法营造乡村景观；坚持创新机制、建管并举，建立有效的建设和管护机制。

二、工作目标和基本要求

绿色村庄创建工作的目标是，到2020年实现全国村庄绿量明显增加，淮河流域及以南地区70%以上的行政村（含所有自然村组，以下同）、以北地区60%以上的行政村达到本意见提出的绿色村庄基本要求；到2025年全国大部分村庄达到绿色村庄基本要求，农村人居环境和生态环境显著改善。

绿色村庄的基本要求是，村内道路、坑塘河道和公共场所普遍绿化；农户房前屋后和庭院基本实现绿化；村庄周边普遍有绿化林带，有条件的村庄实现绿树围合；古树名木实现调查、建档和保护；建立有效的种绿、护绿机制；淮河流域及以南地区村庄绿化覆盖率应不低于30%，以北地区一般不低于20%。

三、制定绿色村庄标准

省级住房城乡建设部门要按照上述绿色村庄的基本要求，制定本地区绿色村庄标准并指导市县实施。绿色村庄标准要结合本地自然气候、地形地貌和经济条件等因素分类确定，明确不同类型村庄绿化覆盖率以及村内道路两边、坑塘河道两边、公共场所、农户房前屋后及庭院、村庄周边绿化等具体指标。

四、明确责任主体

省级住房城乡建设部门负责组织推动和指导本地区绿色村庄创建工作。市县住房城乡建设部门负责会同林业、农业等部门组织实施，制定支持措施，开展日常检查和宣传动员。村委会是绿色村庄创建的责任主体，负责带领村民投工投劳，开展房前屋后、村内道路、公共场所等区域的绿化，组织村民按照谁的地谁负责、谁种谁受益的方法实行绿化包干，引导村民成为种绿、护绿的主要力量。

五、建立长效机制

支持学校、共青团、妇联、民兵组织等团体单位广泛开展义务植树活动，通过冠名植树、营造纪念林等方式参与村庄绿化。鼓励社会各界以捐资助绿、送苗进村、认建认养等方式支持绿色村庄建设。推动建立村集体管护、承包管护、专人管护等多种形式相结合的管护机制。村委会要与管护主体签订管护协议，明晰村内各类绿化用地的管护权，明确管护和收益的关系，落实管护责任。鼓励村民和专业绿化单位参与管护。

六、公布名单

绿色村庄由村委会申请、乡镇人民政府推荐、市县住房城乡建设部门审核、省级住房城乡建设部门认定。省级住房城乡建设部门每年10月底前将通过省级认定的绿色村庄名单报住房城乡建设部。住房城乡建设部每年公布绿色村庄名单，并通报表扬创建工作成绩突出的县（市、区）。

中华人民共和国住房和城乡建设部
2016年3月23日

住房城乡建设部 国家发展改革委 财政部关于开展特色小镇培育工作的通知

建村〔2016〕147号

各省、自治区、直辖市住房城乡建设厅（建委）、发展改革委、财政厅，北京市农委、上海市规划和国土资源管理局：

为贯彻党中央、国务院关于推进特色小镇、小城镇建设的精神，落实《国民经济和社会发展第十三个五年规划纲要》关于加快发展特色镇的要求，住房城乡建设部、国家发展改革委、财政部(以下简称三部委)决定在全国范围开展特色小镇培育工作,现通知如下。

一、指导思想、原则和目标

(一)指导思想

全面贯彻党的十八大和十八届三中、四中、五中全会精神,牢固树立和贯彻落实创新、协调、绿色、开放、共享的发展理念,因地制宜、突出特色,充分发挥市场主体作用,创新建设理念,转变发展方式,通过培育特色鲜明、产业发展、绿色生态、美丽宜居的特色小镇,探索小镇建设健康发展之路,促进经济转型升级,推动新型城镇化和新农村建设。

(二)基本原则

——坚持突出特色。从当地经济社会发展实际出发,发展特色产业,传承传统文化,注重生态环境保护,完善市政基础设施和公共服务设施,防止千镇一面。依据特色资源优势和发展潜力,科学确定培育对象,防止一哄而上。

——坚持市场主导。尊重市场规律,充分发挥市场主体作用,政府重在搭建平台、提供服务,防止大包大揽。以产业发展为重点,依据产业发展确定建设规模,防止盲目造镇。

——坚持深化改革。加大体制机制改革力度,创新发展理念,创新发展模式,创新规划建设管理,创新社会服务管理。推动传统产业改造升级,培育壮大新兴产业,打造创业创新新平台,发展新经济。

(三)目标

到2020年,培育1000个左右各具特色、富有活力的休闲旅游、商贸物流、现代制造、教育科技、传统文化、美丽宜居等特色小镇,引领带动全国小城镇建设,不断提高建设水平和发展质量。

二、培育要求

(一)特色鲜明的产业形态

产业定位精准,特色鲜明,战略新兴产业、传统产业、现代农业等发展良好、前景可观。产业向做特、做精、做强发展,新兴产业成长快,传统产业改造升级效果明显,充分利用"互联网+"等新兴手段,推动产业链向研发、营销延伸。产业发展环境良好,产业、投资、人才、服务等要素集聚度较高。通过产业发展,小镇吸纳周边农村剩余劳动力就业的能力明显增强,带动农村发展效果明显。

(二)和谐宜居的美丽环境

空间布局与周边自然环境相协调,整体格局和风貌具有典型特征,路网合理,建设高度和密度适宜。居住区开放融合,提倡街坊式布局,住房舒适美观。建筑彰显传统文化和地域特色。公园绿地贴近生活、贴近工作。店铺布局有管控。镇区环境优美,干净整洁。土地利用集约节约,小镇建设与产业发展同步协调。美丽乡村建设成效突出。

(三)彰显特色的传统文化

传统文化得到充分挖掘、整理、记录,历史文化遗存得到良好保护和利用,非物质文化遗产活态传承。形成独特的文化标识,与产业融合发展。优秀传统文化在经济发展和社会管理中得到充分弘扬。公共文化传播方式方法丰富有效。居民思想道德和文化素质较高。

(四)便捷完善的设施服务

基础设施完善,自来水符合卫生标准,生活污水全面收集并达标排放,垃圾无害化处理,道路交通停车设施完善便捷,绿化覆盖率较高,防洪、排涝、消防等各类防灾设施符合标准。公共服务设施完善、服务质量较高,教育、医疗、文化、商业等服务覆盖农村地区。

(五)充满活力的体制机制

发展理念有创新,经济发展模式有创新。规划建设管理有创新,鼓励多规协调,建设规划与土地利用规划合一,社会管理服务有创新。省、市、县支持政策有创新。镇村融合发展有创新。体制机制建设促进小镇健康发展,激发内生动力。

三、组织领导和支持政策

三部委负责组织开展全国特色小镇培育工作,明确培育要求,制定政策措施,开展指导检查,公布特色小镇名单。省级住房城乡建设、发展改革、财政部门负责组织开展本地区特色小镇培育工作,制定本地区指导意见和支持政策,开展监督检查,组织推荐。县级人民政府是培育特色小镇的责任主体,制定支持政策和保障措施,整合落实资金,完善体制机制,统筹项目安排并组织推进。镇人民政府负责做好实施工作。

国家发展改革委等有关部门支持符合条件的特色小镇建设项目申请专项建设基金,中央财政对工作开展较好的特色小镇给予适当奖励。

三部委依据各省小城镇建设和特色小镇培育工作情况,逐年确定各省推荐数量。省级住房城乡建设、发展改革、财政部门按推荐数量,于每年8月底前将达到培育要求的镇向三部委推荐。特色小镇原则上为建制镇(县城关镇除外),优先选择全国重点镇。

2016年各省(区、市)特色小镇推荐数量及有关要求另行通知。
联系单位：住房城乡建设部村镇建设司
联 系 人：(略)
电　　话：(略)
传　　真：(略)

中华人民共和国住房和城乡建设部
中华人民共和国国家发展和改革委员会
中华人民共和国财政部
2016年7月1日

住房城乡建设部等部门关于改善贫困村人居卫生条件的指导意见

建村〔2016〕159号

各省、自治区、直辖市住房城乡建设厅(建委、市政管委)、爱卫办、环境保护厅(局)、农业(农牧、农村经济)厅(局、委)、水利厅(水务局)、扶贫办，新疆生产建设兵团建设局(环保局)、爱卫办、农业局、水利局、扶贫办，中国农业发展银行各省、自治区、直辖市分行：

当前，建档立卡贫困村(以下简称贫困村)人居卫生条件十分落后，粪便暴露、人畜混居、饮水不洁、垃圾乱扔等问题非常严重，是贫困村村民致病致贫的重要原因之一。为贯彻落实《中共中央国务院关于打赢脱贫攻坚战的决定》(中发〔2015〕34号)精神，改善贫困村人居卫生条件，减少因人居卫生条件恶劣而致病致贫现象的发生，现提出以下意见：

一、工作思路、目标和标准

(一)总体思路。全面贯彻落实党中央、国务院关于脱贫攻坚和改善农村人居环境的决策部署，将改善贫困村人居卫生条件作为贫困地区改善农村人居环境的首要任务，集中人力物力财力解决威胁农民群众身体健康的人居环境突出问题，稳步提升贫困村人居环境水平。

(二)工作目标。到2020年底，所有贫困村达到人居卫生条件标准，基本消除人居卫生健康隐患，大幅度减少人居卫生条件恶劣导致的疾病发生率，促使农民群众养成文明健康的生活习惯。

(三)贫困村人居卫生条件标准。居民饮用水基本安全，户户实现人畜分居，卫生厕所普及率明显提高，人畜粪便暴露现象基本消除，农村生活垃圾得到全面治理，农户住房具有基本的通风、采光和保温功能并保障安全。

二、重点任务

(一)消除人畜粪便暴露。要通过政府支持、村集体补助、农民部分承担的方式，拆除、改造传统坑式厕所和连茅圈，加快推进卫生厕所改造。农村危房改造户应配套建设卫生厕所，村委会、学校、卫生室等公共设施要优先配建卫生公厕。严禁人畜粪便污水直接排入水体。畜禽养殖密集区域要实现粪污分户收集、集中处理。及时清理村内道路、公共空间等区域的畜禽粪便。规范粪便堆放点管理，远离水源和居住区堆放，沤熟后应及时使用，防止粪污乱流。

(二)推进人畜分居。要加强宣传教育，引导农民群众形成科学的畜禽养殖观念，普遍知晓人畜共患病的预防知识，避免居住与养殖同室混杂。人畜同室混居农房要采取通风、空间隔离等措施实施改造。新建农房和农村危房改造户要实现畜禽圈舍与厨卧等居住空间分隔。

(三)改善农村饮用水条件。要深入实施贫困村农村饮水安全巩固提升工程，以设施改造配套为主，以新建、扩建为辅，进一步提高贫困村集中供水率、自来水普及率、供水保证率和水质达标率。分类开展贫困地区水源保护区或保护范围划定，加强饮用水水源规范化建设。推进现有城镇饮用水水质检测服务向农村延伸，定期开展贫困村饮用水水质卫生监测。

(四)治理农村垃圾。建立基本的村庄保洁制度，保证垃圾有人收、有人管。推行垃圾就地分类减量。逐步取缔敞开式收集、转运设施，提高村庄垃圾集中收集点和转运设施的卫生水平。有条件的地区应将垃圾转运至城镇处理设施进行处理，村内处理时要避免产生二次污染,禁止露天焚烧垃圾。到2017年底前全面完成陈年垃圾清理工作。大力开展城乡环境卫生整洁行动,及时清理蚊蝇鼠蟑孳生场所,经常性组织开展"除四害"活动。

(五)提升基本居住健康条件。加大贫困村农村危房改造力度,实现户户住上安全房。加强对新建和改造农房的技术指导,引导贫困村农民群众建设具有基本的通风、采光和保温功能的安全住房。南方地区农房宜采用坡屋顶、大进深和增加开窗比等方式,解决阴暗、潮湿等问题;严寒和寒冷地区农房宜在出入口、门窗、外立面设置保温措施,形成被动式阳光房,达到基本的保温效果。

三、组织实施

(一)明确责任分工。住房城乡建设部负责牵头改善贫困村人居卫生条件工作,加强督促指导和工作检查,具体负责农村生活垃圾清扫、收集、运输和处置的监督管理以及农村危房改造。全国爱卫办负责组织实施全国城乡环境卫生整洁行动,指导各地开展贫困村爱国卫生运动和改厕工作。环境保护部负责组织实施农村环境综合整治,对贫困村农村生活垃圾治理予以重点支持。农业部负责组织实施农业生产废弃物资源化利用。水利部负责指导农村饮水安全巩固提升工程。国务院扶贫办负责建档立卡贫困户因病致贫、因病返贫的统计和分析工作。农业发展银行负责研究制定政策性金融支持方案和专项信贷产品。各级住房城乡建设、爱卫办、环境保护、农业、水利、扶贫等部门和农业发展银行要将改善贫困村人居卫生条件作为本部门扶贫工作的重点,制定支持措施,开展日常检查和宣传动员。

(二)加大支持力度。改善人居卫生条件涉及的农村危房改造、农村饮水安全、农村节能减排等中央资金向贫困地区倾斜。各地要按照《国务院办公厅关于支持贫困县开展统筹整合使用财政涉农资金试点的意见》(国办发〔2016〕22号)要求,根据本地实际,加大投入,支持人居卫生条件恶劣地区开展改善工作。农业发展银行优先支持纳入改善农村人居环境政策性贷款范围的项目,提供低成本的中长期信贷资金。

(三)加强宣传教育。开展贫困村人居卫生健康教育全覆盖行动,通过进村入户宣传,提高农民群众对人居卫生条件的认识,培养健康文明的生活习惯。总结贫困村改善人居卫生条件的优秀实践,开展专题培训。

(四)开展检查和评估。县级住房城乡建设、扶贫部门要将所有贫困村农村人居环境信息录入全国农村人居环境普查信息系统和全国扶贫开发信息系统。住房城乡建设部等部门结合农村人居环境普查及其他相关部门的数据,开展工作检查和评估,每年通报各省(区、市)工作进度,对工作突出的进行表扬,并在创建改善农村人居环境示范村上给予奖励。

中华人民共和国住房和城乡建设部
全国爱国卫生运动委员会办公室
中华人民共和国环境保护部
中华人民共和国农业部
中华人民共和国水利部
国务院扶贫开发领导小组办公室
中国农业发展银行
2016年7月23日

住房城乡建设部关于做好"十三五"期间定点扶贫工作的通知

建村〔2016〕170号

部机关各单位,直属各单位,部管有关社团,青海省、湖北省住房城乡建设厅:

为贯彻落实中央扶贫开发工作会议精神和《关于进一步完善定点扶贫工作的通知》(国开办发〔2015〕27号)的有关要求,做好我部对湖北省红安县、麻城市和青海省大通县、湟中县(以下简称4县市)定点扶贫工作,现将有关工作通知如下。

一、工作目标

按照中央定点扶贫工作部署,坚持精准扶贫、精准脱贫的基本方略，结合4县市实际，动员部机关各司局、直属各单位和部管社团的力量，发挥住房城乡建设行业优势，采取为建档立卡贫困人口提供适宜务工机会、捐赠资金、结对帮扶等措施，千方百计帮助4县市完成脱贫攻坚任务。

二、工作措施

（一）支持建档立卡贫困户危房改造。加大对湖北省、青海省农村危房改造支持力度，2省住房城乡建设厅要优先安排4县市任务。支持4县市完成5万户农村危房改造，其中建档立卡贫困户1万户。根据4县市需要，派专家组开展技术指导和工匠培训。确保4县市如期实现农村贫困人口住房安全有保障的目标。

（二）支持贫困村改善人居卫生条件。支持4县市结合农村危房改造开展卫生户厕改造和人畜混居农房改造。协调水利部门加快实施农村饮用水安全巩固提升工程。选派专家开展农村垃圾治理、农村污水治理和改厕等技术指导，支持地方开展贫困村改善人居卫生条件专题培训。协调全国爱卫办支持4县市开展贫困村人居卫生健康教育全覆盖行动。到2020年，使4县市贫困村因人居卫生条件恶劣导致的疾病发生率明显下降。

（三）为建档立卡贫困人口提供适宜务工机会。协调武汉、黄冈、西宁等地相关主管部门和行业协会，鼓励和支持建筑业、物业管理、市政保洁等企业为4县市建档立卡贫困人口提供适宜就业岗位，支持4县市贫困人口就业脱贫。

（四）捐赠资金帮助精准脱贫。组织动员部直属单位、部管社团等捐赠资金，精准用于4县市建档立卡贫困人口脱贫。

（五）结对资助因学致贫的家庭。动员部机关、直属单位和部管社团的干部职工，对4县市建档立卡贫困户中有在读大学生的家庭实施资助。

（六）帮助拓宽农产品销售渠道。协调有关单位开展培训，帮助4县市建档立卡贫困户对接电商平台。组织湖北、青海住房城乡建设部门加强宣传，帮助4县市建档立卡贫困户拓宽特色农产品销售渠道。

（七）选派干部帮扶。每年选派不少于2人次优秀干部或专业技术干部到定点扶贫县挂职，帮助地方扶贫。

（八）加大住房城乡建设系统帮扶力度。支持4县市在城乡规划、城乡建设、风景名胜区、棚户区改造、建筑业发展、人员培训等方面给予倾斜支持。

三、落实责任

部扶贫攻坚领导小组确定我部定点扶贫任务，并监督任务落实。部机关各司局、直属单位、部管社团等要切实承担扶贫责任。村镇建设司负责做好相关工作。4县市住房城乡建设部门要协调推进我部相关扶贫措施精准落地，并将我部精准帮扶的村、户、人情况及时报我部。

我部每年将对扶贫工作成效好的单位、个人给予表扬。

中华人民共和国住房和城乡建设部

2016年8月12日

住房城乡建设部办公厅关于支持贫困县开展统筹整合使用财政涉农资金试点工作的通知

建办村函〔2016〕811号

各有关省、自治区、直辖市住房城乡建设厅（建委），新疆生产建设兵团建设局：

为深入贯彻落实《国务院办公厅关于支持贫困县开展统筹整合使用财政涉农资金试点的意见》（国办发〔2016〕22号）和全国支持贫困县开展统筹整合使用财政涉农资金试点电视电话会议精神，积极支持贫困县开展统筹整合使用财政涉农资金试点工作。经商财政部、国务院扶贫办，现将有关事项通知如下：

一、充分认识支持贫困县开展统筹整合使用财政涉农资金试点的重要意义

支持贫困县开展统筹整合使用财政涉农资金试点

是改革财政涉农资金管理使用机制，形成"多个渠道引水、一个龙头放水"扶贫投入新格局，保障贫困县集中资源打赢脱贫攻坚战的重要探索和重大举措，也是深化"放管服"改革的重要内容。各级住房城乡建设部门要从战略和全局的高度充分认识此项工作的重要意义，切实增强支持贫困县开展统筹整合使用财政涉农资金试点工作的责任感和使命感。

二、积极支持贫困县开展统筹整合使用财政涉农资金试点工作

根据国办发〔2016〕22号文件要求，中央层面统筹整合使用的涉农财政资金范围中，涉及住房城乡建设部门管理使用的是农村危房改造补助资金。各级住房城乡建设部门要会同财政部门对试点贫困县统筹整合使用农村危房改造补助资金进行充分授权，将资金项目审批权限完全下放到试点贫困县，允许试点贫困县统筹使用，集中用于脱贫攻坚各项工作。要及时修订完善农村危房改造补助资金使用制度和管理要求，取消限制资金统筹整合使用的相关规定。

三、坚决完成贫困户危房改造和贫困村人居卫生条件改善任务

保障贫困农户住房安全是中央"两不愁、三保障"（不愁吃、不愁穿，义务教育、基本医疗和住房安全有保障）脱贫目标任务之一，完成建档立卡贫困户、低保户、农村分散供养特困人员、贫困残疾人家庭等4类重点对象危房改造（以下简称建档立卡贫困户等4类重点对象危房改造）是实现贫困农户住房安全有保障的重要举措，决定脱贫攻坚的成败。改善贫困村人居卫生条件是消除人居卫生安全隐患，减少贫困人口致病致贫的基础性工作，与脱贫攻坚紧密相关。

贫困县是统筹整合使用财政涉农资金的主体。省级住房城乡建设部门要督促指导各试点贫困县按照国办发〔2016〕22号文件"确保完成'两不愁、三保障'的目标任务"的要求，将建档立卡贫困户等4类重点对象危房改造、改善贫困村人居卫生条件两项任务列入县级脱贫攻坚规划，加大投入，扎实组织实施，按时报送有关进展情况，确保全面完成任务。各级住房城乡建设部门要立足贫困地区实际，切实加大倾斜支持力度，指导贫困地区开展建档立卡贫困户等4类重点对象危房改造，努力推动贫困村人居卫生条件改善工作；要积极参与本级支持贫困县财政涉农资金统筹整合使用试点工作，深入开展调查研究，及时总结试点工作经验，协调解决工作中遇到的实际问题。

中华人民共和国住房和城乡建设部办公厅
2016年8月31日

住房城乡建设部 中国农业发展银行关于推进政策性金融支持小城镇建设的通知

建村〔2016〕220号

各省、自治区、直辖市住房城乡建设厅（建委）、北京市农委、上海市规划和国土资源管理局，中国农业发展银行各省、自治区、直辖市分行，总行营业部：

为贯彻落实党中央、国务院关于推进特色小镇、小城镇建设的精神，切实推进政策性金融资金支持特色小镇、小城镇建设，现就相关事项通知如下：

一、充分发挥政策性金融的作用

小城镇是新型城镇化的重要载体，是促进城乡协调发展最直接最有效的途径。各地要充分认识培育特色小镇和推动小城镇建设工作的重要意义，发挥政策性信贷资金对小城镇建设发展的重要作用，做好中长期政策性贷款的申请和使用，不断加大小城镇建设的信贷支持力度，切实利用政策性金融支持，全面推动小城镇建设发展。

二、明确支持范围

（一）支持范围

1. 支持以转移农业人口、提升小城镇公共服务水平和提高承载能力为目的的基础设施和公共服务

设施建设。主要包括：土地及房屋的征收、拆迁和补偿；安置房建设或货币化安置；水网、电网、路网、信息网、供气、供热、地下综合管廊等公共基础设施建设；污水处理、垃圾处理、园林绿化、水体生态系统与水环境治理等环境设施建设；学校、医院、体育馆等文化教育卫生设施建设；小型集贸市场、农产品交易市场、生活超市等便民商业设施建设；其他基础设施和公共服务设施建设。

2. 为促进小城镇特色产业发展提供平台支撑的配套设施建设。主要包括：标准厂房、孵化园、众创空间等生产平台建设；博物馆、展览馆、科技馆、文化交流中心、民俗传承基地等展示平台建设；旅游休闲、商贸物流、人才公寓等服务平台建设；其他促进特色产业发展的配套基础设施建设。

（二）优先支持贫困地区

中国农业发展银行要将小城镇建设作为信贷支持的重点领域，以贫困地区小城镇建设作为优先支持对象，统筹调配信贷规模，保障融资需求。开辟办贷绿色通道，对相关项目优先受理、优先审批，在符合贷款条件的情况下，优先给予贷款支持。

三、建立贷款项目库

地方各级住房城乡建设部门要加快推进小城镇建设项目培育工作，积极与中国农业发展银行各级机构对接，共同研究融资方案，落实建设承贷主体。申请政策性金融支持的小城镇需要编制小城镇近期建设规划和建设项目实施方案，经县级人民政府批准后，向中国农业发展银行相应分支机构提出建设项目和资金需求。各省级住房城乡建设部门、中国农业发展银行省级分行应编制本省（区、市）本年度已支持情况和下一年度申请报告（包括项目清单），并于每年12月底前提交住房城乡建设部、中国农业发展银行总行，同时将相关信息录入小城镇建设贷款项目库（http://www.czjs.mohurd.gov.cn）。

四、加强项目管理

住房城乡建设部负责组织、推动全国小城镇政策性金融支持工作，建立项目库，开展指导和检查。中国农业发展银行将进一步争取国家优惠政策，提供中长期、低成本的信贷资金。

省级住房城乡建设部门、中国农业发展银行省级分行要建立沟通协调机制，协调县（市）申请中国农业银行政策性贷款，解决相关问题。县级住房城乡建设部门要切实掌握政策性信贷资金申请、使用等相关规定，组织协调小城镇政策性贷款申请工作，并确保资金使用规范。

中国农业发展银行各分行要积极配合各级住房城乡建设部门工作，普及政策性贷款知识，加大宣传力度。各分行要积极运用政府购买服务和采购、政府和社会资本合作（PPP）等融资模式，为小城镇建设提供综合性金融服务，并联合其他银行、保险公司等金融机构以银团贷款、委托贷款等方式，努力拓宽小城镇建设的融资渠道。对符合条件的小城镇建设实施主体提供重点项目建设基金，用于补充项目资本金不足部分。在风险可控、商业可持续的前提下，小城镇建设项目涉及的特许经营权、收费权和政府购买服务协议预期收益等可作为中国农业发展银行贷款的质押担保。

通知执行过程中如有问题和建议，请及时与住房城乡建设部和中国农业发展银行总行联系。（下略）

中华人民共和国住房和城乡建设部
中国农业发展银行
2016年10月10日

住房城乡建设部　财政部　国务院扶贫办关于加强建档立卡贫困户等重点对象危房改造工作的指导意见

建村〔2016〕251号

各省、自治区、直辖市住房城乡建设厅（建委、农委）、财政厅（局）、扶贫办（局），新疆生产建设兵团建设局、财务局、扶贫局：

帮助住房最危险、经济最贫困农户解决最基本的安全住房是农村危房改造始终坚持的基本原则，建档立卡贫困户、低保户、农村分散供养特困人员和贫困残疾人家庭(以下简称4类重点对象)是"十三五"期间农村危房改造的重点和难点。为贯彻落实中央关于脱贫攻坚的工作部署,实现到2020年农村贫困人口住房安全有保障和基本完成存量危房改造的任务目标,现就加强4类重点对象危房改造工作提出如下意见。

一、总体要求

(一)总体思路

全面贯彻落实《中共中央、国务院关于打赢脱贫攻坚战的决定》和中央扶贫开发工作会议精神,按照精准扶贫、精准脱贫的基本方略,把4类重点对象放在农村危房改造优先位置,以保障其住房安全为目标,统筹规划、整合资源、加大投入、创新方法、精心实施,确保2020年以前圆满完成585万户4类重点对象危房改造任务。

(二)基本原则

安全为本。牢牢把握脱贫攻坚目标要求,以实现4类重点对象住房安全有保障为目的,实施农村危房改造。

减轻负担。加大政策倾斜支持力度,控制农村危房改造建筑面积,推进加固改造,实施特困户兜底政策,避免因建房返贫。

扎实推进。科学制定农村危房改造进度计划,确保质量和效果,避免冒进,做好与相关规划的衔接。

明确责任。地方承担农村危房改造主体责任,省(自治区、直辖市)负总责,市(地)县抓落实,中央统筹指导并给予补助。

二、采取有效措施,推进适宜改造方式

(一)兜底解决特困户住房安全。对于自筹资金和投工投料能力极弱的特困户,通过建设农村集体公租房、利用闲置农房和集体公房置换、提高补助资金额度等方式,兜底解决特困户住房安全问题。

(二)大力推广加固改造方式。优先选择加固方式对危房进行改造,原则上C级危房必须采用加固方式改造。各地要结合本地实际,组织动员科技人员,大力推广造价低、工期短、安全可靠的农房加固技术。加强对加固改造益处的宣传教育,制定鼓励加固政策,建立有效的组织实施方式。

(三)开发推广低造价农房建造技术。各地要研究推广现代夯土农房等低造价、功能好、安全、绿色的农房建造技术,加强当地传统建筑材料的利用研究,传承和改进传统建造工法,探索符合标准的就地取材建房技术方案,节约改造资金,提高居住功能。

(四)严格控制建房面积。4类重点对象改造房屋的建筑面积原则上1至3人户控制在40～60平方米以内,且1人户不低于20平方米,2人户不低于30平方米,3人户不低于40平方米;3人以上户人均建筑面积不超过18平方米,不得低于13平方米。各地可根据当地的民族习俗、气候特点等实际情况,制定细化面积标准。对于自筹资金和投工投料能力极弱、需要社保政策兜底脱贫的特困户,改造房屋面积按下限标准控制。

(五)保障安全和基本卫生条件。4类重点对象的农村危房改造要执行最低建设要求,必须达到主要部件合格、结构安全。地震高烈度设防地区的农房改造后应达到当地抗震设防标准。改造后的农房应具备卫生厕所、人畜分离等基本居住卫生条件。

三、加大资金支持力度

(一)加大财政资金支持力度。各地要加大投入,根据4类重点对象的贫困程度、房屋危险程度和改造方式等制定分类分级补助标准。自2017年起,中央财政补助资金将集中用于4类重点对象的危房改造工作,并适当提高补助标准。

(二)建立金融扶持机制。各地应将危房改造纳入脱贫攻坚金融支持范围,积极开展与金融机构的合作,通过建立贷款风险补偿机制,实施贷款贴息补助等方式,帮助有信贷需求的贫困户多渠道、低成本筹集危房改造资金。中央将根据地方信贷贴息工作开展情况,对地方给予指导和支持。

(三)多渠道筹措资源。各地可按照中央关于贫困县统筹整合使用财政涉农资金的要求,统筹支持贫困户危房改造。充分发挥农民的主体作用,通过投工投劳、互帮互助等降低改造成本,积极发动社会力量捐赠资金和建材器具等,鼓励志愿者帮扶,帮助4类重点对象改造危房。

四、加强指导监督

(一)做好技术服务和巡查验收管理。各地要编制符合安全要求及农民习惯的农房设计通用图集并免费发放到户,引导选择低成本改造方式。要提供主要建材质量检测服务。各级住房城乡建设部门要加强施工现场质量安全巡查与指导监督,按要求及时组织验收,所有检查项目全部合格后方能全额拨付补助款项。

(二)强化申请批准和档案管理。各地要严格执

行农户自愿申请、村民会议或村民代表会议民主评议、乡(镇)审核、县级审批等对象确认程序。要严格执行农村危房改造农户档案管理制度,加快农户档案信息录入,加强对已录入农户档案信息的审核与抽验。县级扶贫、民政、残联等部门要及时更新贫困户信息,加强信息共享。

(三)加强监督检查。各地要落实补助对象在村和乡镇两级公示制度,进一步推进危房改造农户档案信息公开。要严格执行年度绩效评价和工程进度月报制度,住房城乡建设部、财政部每年将通报各省工作绩效,约谈工作落后省份。县级财政部门要及时拨付补助资金至农户"一卡通"账户。各地要主动接受纪检监察、审计和社会监督,坚决查处挪用、冒领、克扣、拖欠补助资金和索要好处费等违规、违纪、违法行为。

中华人民共和国住房和城乡建设部
中华人民共和国财政部
国务院扶贫开发领导小组办公室
2016年11月3日

住房城乡建设部等部门关于开展改善农村人居环境示范村创建活动的通知

建村〔2016〕274号

各省、自治区、直辖市住房城乡建设厅(建委)、党委农村工作综合部门、财政厅(局)、环境保护厅(局)、农业厅(局),新疆生产建设兵团建设局(环保局)、财务局、农业局:

为贯彻落实《国务院办公厅关于改善农村人居环境的指导意见》(国办发〔2014〕25号)和全国改善农村人居环境工作会议精神,决定在"十三五"时期开展改善农村人居环境示范村创建活动,现将有关事项通知如下:

一、创建条件

按照国办发〔2014〕25号文件确定的到2020年改善农村人居环境3阶段目标任务,将示范村分为3类,具体创建条件如下:

(一)保障基本示范村。应因地制宜改建或新建基本生活设施,实现3个基本保障:有基本安全保障,完成农村危房改造任务,有基本防灾减灾设施和措施;有基本生活保障,供水、道路、用电等满足日常生活需求;有基本卫生保障,人畜实现分离居住,消除蚊蝇鼠蟑危害。

(二)环境整治示范村。应已完成村庄环境整治,在以下3方面取得成效:污染有效控制,实现农村垃圾全面收运、有效处理并长效保持,无非正规垃圾堆放点,生活污水处理覆盖60%以上常住居民且稳定运行,90%以上农户及公共场所使用卫生厕所;公共环境整洁,公共空间和农户庭院整洁且普遍绿化,坑塘河道消除黑臭水体并保持干净,无乱堆乱放;管理规范有序,已编制村庄规划或制定村庄整治方案,农房建设有管控,基本消除私搭乱建,村规民约管用。

(三)美丽宜居示范村。应达到国家标准《美丽乡村建设指南》(GB/T 32000-2015)和《财政部关于进一步做好美丽乡村建设工作的通知》(财农〔2016〕107号)、《住房城乡建设部办公厅关于开展2016年美丽宜居小镇、美丽宜居村庄示范工作的通知》(建办村函〔2016〕827号)、《农业部办公厅关于开展中国美丽休闲乡村推介工作的通知》(农办加〔2016〕8号)相关要求。

二、创建对象

示范村创建对象为行政村,原则上为在原地开展人居环境整治的村庄。同一行政村只能选择申报一类示范项目。东部地区重点申报美丽宜居示范村,中西部地区重点申报环境整治示范村,保障基本示范村仅限集中连片特困地区和国家级贫困县申报。

三、认定和公布

(一)名额分配

"十三五"时期3类示范村每两年评选公布一次。住房城乡建设部、中央农办、财政部、环境保护部、农业部(以下简称5部门)根据各省(区、市)改善农村人居环境工作成效及行政村、建档立卡贫困村数量分配3类示范村名额。

(二)申请与推荐

市县住房城乡建设、党委农村工作综合、财政、环境保护、农业部门按照示范村创建要求,向省级住房城乡建设等部门提出申请。申请材料应包括申报示范类型、村庄基本情况、主要做法、重要经验、人居环境主要变化等,可逐项对照本通知确定的示范村创建条件提供材料,并附反映村庄人居环境状况的照片和说明等,有条件的村庄可提供10分钟以内的视频资料。

省级住房城乡建设等部门组织评审,可结合实际将本通知确定的示范村创建条件进一步细化为评审标准,就申请材料真实性、经验可推广性等进行评审并逐村开展现场核查;评审结束后,将推荐名单、评审工作情况报告及每个村的申请材料、省级评审意见、现场核实情况报住房城乡建设部。各省(区、市)评审推荐的示范村数量不得超过本地区分配名额。

(三)名单公布

5部门复核各省(区、市)推荐名单和申请材料,并抽选部分村庄进行第三方现场核查。对不符合本通知要求的不予认定,并要求省级住房城乡建设等部门补报。示范村名单由5部门联合公布,中央财政对每个示范村安排补助资金100万元。

各省(区、市)有关部门要高度重视示范村创建工作,加强组织领导,制定支持政策,积极宣传引导,扎实推进农村人居环境改善。5部门将总结各地示范村创建工作经验并宣传推广。

中华人民共和国住房和城乡建设部
中央农村工作领导小组办公室
中华人民共和国财政部
中华人民共和国环境保护部
中华人民共和国农业部
2016年12月9日

住房城乡建设部
关于切实加强农房建设质量安全管理的通知

建村〔2016〕280号

各省、自治区住房城乡建设厅,直辖市建委(农委),新疆生产建设兵团建设局:

近年来,我国农房建设发生较大变化,住房面积增大、层数增加、改扩建明显增多,质量安全问题凸显。为切实保障人民群众生命财产安全,现就加强农房建设质量安全管理通知如下。

一、总体要求

贯彻落实党中央、国务院决策部署,把农房建设质量安全管理作为加强基层社会治理的重要内容,落实管理责任,全面推动农房建设实行"五个基本",即有基本的建设规划管控要求、基本的房屋结构设计、基本合格的建筑工匠、基本的技术指导和管理队伍、基本的竣工检查验收,不断提高农房建设管理能力和水平,力争到2020年实现农房建设普遍有基本的管理。

农村危房改造等有政府补助支持的农房建设要全面实行"五个基本"。

二、落实管理责任

(一)落实行业管理责任。地方各级住房城乡建设部门要把农房建设管理作为当前村镇建设工作的重要内容,制定农房新建、改建、扩建管理办法,逐步规范农房建设。要将农房建设质量安全管理工作放在重要位置,落实行业管理责任,加强指导与监督。要会同相关部门加强农村建材市场管理。

(二)落实属地管理责任。县级政府要强化责任意识,支持乡镇政府健全农房建设管理机构,充实管理队伍,落实工作经费,并授予必要的管理权限,切实履行属地管理职责。乡镇建设管理机构按照有关规定负责实施农房建设规划许可、设计和技术指导、检查和验收等管理,应配备1名以上具有专业知识的专职管理员,有条件的地方还可以设置村庄建设协管员。

(三)落实人员管理责任。乡镇建设管理员按照有关规定负责农房选址、层数、层高等乡村建设规划许可内容的审核,对农房设计给予指导。实地核实农房"四至",在施工关键环节进行现场指导和巡查,发现问题及时告知农户,对存在违反农房质量安全强制性技术规范的予以劝导或制止。指导和帮助农户开展竣工验收,对符合规划、质量合格的农房按有关规定办理备案手续,对不合格的提出整改意见并督促落实。

三、强化建设责任和安全意识

(一)落实建设主体责任。农房建设单位或个人对房屋的质量安全负总责,承担建设主体责任。农房设计、施工、材料供应单位或个人分别承担相应的建设工程质量和安全责任。

(二)提高农民建房安全意识。各地要加强宣传教育,通过进村入户宣传、印发图册及材料等手段,向农民宣传危险房屋的危害和鉴别方法,普及新建及改扩建农房的基本安全知识,逐步提高农民建房的质量安全意识,引导其自觉建设符合质量安全要求的住房,主动加固改造存在安全隐患的农房。

四、实施到户技术指导和服务

各地要组织技术力量,编印农房设计通用图集或质量安全技术手册免费发放到户,利用网络平台等供建房农户查询下载。组织建筑、结构等专业设计人员下乡,提供到户技术咨询和指导服务。鼓励和引导技术单位开展农房建设咨询业务,通过政府购买服务等方式为农户提供专业、低价的设计施工服务。有条件的地区要加大对农村建材市场的检查和监管力度,对钢材、水泥等主要建材进行抽检,为建房农户提供建材质量检测和咨询服务。

五、加强农村建筑工匠队伍管理

各级住房城乡建设部门要加强对农村建筑工匠的管理,指导成立农村建筑工匠自律协会。要发挥农村建筑工匠保障农房建设质量安全的重要作用,指导农户与工匠签订施工合同,结合当地实际,探索建立农村建筑工匠质量安全责任追究和公示制度,并由农房质量安全监管部门进行备案。要组织编印农村建筑工匠培训教材,开展专业技能、安全知识等方面培训,提高农村建筑工匠的技术水平及从业素质。

六、严格农房改扩建管理

各地要加强农房改造、扩建、加层、隔断等建设行为的指导与监管,特别要加强城乡结合部、乡村旅游地等房屋租赁行为频繁、建设主体混乱地区农房改扩建的质量安全管理,未通过竣工验收的农房不得用于从事经营活动,切实保障公共安全。要完善建设规划许可管理,鼓励和支持有资质的单位和个人提供设计和施工服务,在确保结构安全的前提下满足农民改扩建需求。要加强日常巡查,及时发现和制止随意加大门窗洞口、超高接层、破坏承重结构改造建设等情况,发现安全隐患,督促农户及时加固处理。

近期,各地要按照《关于进一步开展危险房屋安全排查整治工作的通知》(建质电〔2016〕53号)要求,组织乡镇及相关单位对重点地区开展危险房屋安全排查,建立危房台账,指导和督促房屋产权人及时采取切实可行的解危措施。

中华人民共和国住房和城乡建设部

2016 年 12 月 13 日

住房城乡建设部 财政部关于印发农村危房改造激励措施实施办法(试行)的通知

建村〔2016〕289 号

各省、自治区、直辖市住房城乡建设厅(建委、农委)、财政厅(局),新疆生产建设兵团建设局、财务局:

为贯彻落实《国务院办公厅关于对真抓实干成效明显地方加大激励支持力度的通知》(国办发〔2016〕82 号)有关要求,加大对农村危房改造积极主动、成效明显省（区、市）的激励支持，特制定《农村危房改造激励措施实施办法（试行）》，现印发给你们，请遵照执行。试行过程中有何问题和建议，请及时反馈住房城乡建设部。

联系人：（略）

电　话：（略）

中华人民共和国住房和城乡建设部
中华人民共和国财政部
2016年12月21日

农村危房改造激励措施实施办法（试行）

第一条　为充分发挥中央和地方两个积极性，鼓励各地从实际出发推进农村危房改造，对工作积极主动、成效明显的省（区、市）予以激励支持，根据《国务院办公厅关于对真抓实干成效明显地方加大激励支持力度的通知》（国办发〔2016〕82号），制定本办法。

第二条　农村危房改造的激励对象主要是指农村危房改造工作积极主动、成效明显的省（区、市）。同时，综合考虑地区发展差异，对财政困难地区予以倾斜。

第三条　符合以下条件的评定为农村危房改造工作积极主动。

对建档立卡贫困户等4类重点对象的危房改造工作领导重视，千方百计，采取了有效政策和措施，积极推进机制创新；

危房改造任务完成好，按期完成中央安排的建档立卡贫困户等4类重点对象危房改造任务，按要求完成其他贫困户危房改造任务，当年危房改造任务全部开工，竣工率较高，不存在往年危房改造任务未竣工情况；

资金投入力度大，省级补助资金占危房改造总投入的比例较高；

监管有力，补助对象认定准确，审核审批程序规范，农户档案信息系统录入及时，录入率及准确率高，实现到户技术指导和检查验收。

第四条　符合以下条件的评定为农村危房改造工作成效明显。

住房安全有保障，改造后房屋质量安全可靠并符合抗震安全基本要求，选址不存在安全隐患；

农民经济负担小，C级危房基本实现加固改造，新建房屋面积符合规定，危房改造农户借债比例低；

改造后房屋具备基本居住功能，配有卫生厕所等；

补助资金管理规范，资金拨付及时，农户补助资金按时足额发放到位；

农户满意度高，改造方式尊重农民意愿，以原址自建为主，涉及危房改造事项的信访、举报、投诉及审计、纪检等发现问题少。

第五条　农村危房改造工作积极主动、成效明显的评价，应依据《住房城乡建设部 国家发展改革委 财政部关于印发农村危房改造绩效评价办法（试行）的通知》（建村〔2013〕196号），通过住房城乡建设部、财政部每年联合开展的农村危房改造绩效评价作出。绩效评价结果（得分及排名）对外公布并抄送省级人民政府。

第六条　地区发展差异的评价标准主要考虑各省（区、市）当年财政困难程度系数。

第七条　住房城乡建设部、财政部在汇总各省（区、市）农村危房改造绩效评价结果以及财政困难程度系数的基础上，按因素法计算激励因素，确定各省（区、市）激励名次并公示。排在前5名的省（区、市）将列入国务院拟予激励支持名单，于每年1月31日前报国务院办公厅。

第八条　中央财政将对激励支持省份给予农村危房改造补助资金奖励，激励名次靠前的省份将获得更多支持，即：财政部、住房城乡建设部在制定中央财政农村危房改造补助资金分配方案时，将激励因素纳入分配因素，按因素法分配补助资金。

第九条　各省（区、市）可根据实际情况，参照本实施办法制定本行政区域农村危房改造激励措施实施细则。

第十条　本办法自印发之日起实施，由住房城乡建设部、财政部负责解释。

住房城乡建设部关于印发 2016～2020年建筑业信息化发展纲要的通知

建质函〔2016〕183号

各省、自治区住房城乡建设厅，直辖市建委（规委），新疆生产建设兵团建设局：

为贯彻落实《中共中央 国务院关于进一步加强城市规划建设管理工作的若干意见》及《国家信息化发展战略纲要》，进一步提升建筑业信息化水平，我部组织编制了《2016～2020年建筑业信息化发展纲要》。现印发给你们，请结合实际贯彻执行。

附件：2016～2020年建筑业信息化发展纲要

中华人民共和国住房和城乡建设部

2016年8月23日

2016～2020年建筑业信息化发展纲要

建筑业信息化是建筑业发展战略的重要组成部分，也是建筑业转变发展方式、提质增效、节能减排的必然要求，对建筑业绿色发展、提高人民生活品质具有重要意义。

一、指导思想

贯彻党的十八大以来、国务院推进信息化发展相关精神，落实创新、协调、绿色、开放、共享的发展理念及国家大数据战略、"互联网+"行动等相关要求，实施《国家信息化发展战略纲要》，增强建筑业信息化发展能力，优化建筑业信息化发展环境，加快推动信息技术与建筑业发展深度融合，充分发挥信息化的引领和支撑作用，塑造建筑业新业态。

二、发展目标

"十三五"时期，全面提高建筑业信息化水平，着力增强BIM、大数据、智能化、移动通讯、云计算、物联网等信息技术集成应用能力，建筑业数字化、网络化、智能化取得突破性进展，初步建成一体化行业监管和服务平台，数据资源利用水平和信息服务能力明显提升，形成一批具有较强信息技术创新能力和信息化应用达到国际先进水平的建筑企业及具有关键自主知识产权的建筑业信息技术企业。

三、主要任务

（一）企业信息化

建筑企业应积极探索"互联网+"形势下管理、生产的新模式，深入研究BIM、物联网等技术的创新应用，创新商业模式，增强核心竞争力，实现跨越式发展。

1. 勘察设计类企业

（1）推进信息技术与企业管理深度融合

进一步完善并集成企业运营管理信息系统、生产经营管理信息系统，实现企业管理信息系统的升级换代。深度融合BIM、大数据、智能化、移动通讯、云计算等信息技术，实现BIM与企业管理信息系统的一体化应用，促进企业设计水平和管理水平的提高。

（2）加快BIM普及应用，实现勘察设计技术升级

在工程项目勘察中，推进基于BIM进行数值模拟、空间分析和可视化表达，研究构建支持异构数据和多种采集方式的工程勘察信息数据库，实现工程勘察信息的有效传递和共享。在工程项目策划、规划及监测中，集成应用BIM、GIS、物联网等技术，对相关方案及结果进行模拟分析及可视化展示。在工程项目设计中，普及应用BIM进行设计方案的性能和功能模拟分析、优化、绘图、审查，以及成果交付和可视化沟通，提高设计质量。

推广基于BIM的协同设计，开展多专业间的数据共享和协同，优化设计流程，提高设计质量和效率。研究开发基于BIM的集成设计系统及协同工作系统，实现建筑、结构、水暖电等专业的信息集成与共享。

（3）强化企业知识管理，支撑智慧企业建设

研究改进勘察设计信息资源的获取和表达方式，探索知识管理和发展模式，建立勘察设计知识管理信息系统。不断开发勘察设计信息资源，完善知识

库，实现知识的共享，充分挖掘和利用知识的价值，支撑智慧企业建设。

2. 施工类企业

(1) 加强信息化基础设施建设

建立满足企业多层级管理需求的数据中心，可采用私有云、公有云或混合云等方式。在施工现场建设互联网基础设施，广泛使用无线网络及移动终端，实现项目现场与企业管理的互联互通强化信息安全，完善信息化运维管理体系，保障设施及系统稳定可靠运行。

(2) 推进管理信息系统升级换代

普及项目管理信息系统，开展施工阶段的BIM基础应用。有条件的企业应研究BIM应用条件下的施工管理模式和协同工作机制，建立基于BIM的项目管理信息系统。

推进企业管理信息系统建设。完善并集成项目管理、人力资源管理、财务资金管理、劳务管理、物资材料管理等信息系统，实现企业管理与主营业务的信息化。有条件的企业应推进企业管理信息系统中项目业务管理和财务管理的深度集成，实现业务财务管理一体化。推动基于移动通讯、互联网的施工阶段多参与方协同工作系统的应用，实现企业与项目其他参与方的信息沟通和数据共享。注重推进企业知识管理信息系统、商业智能和决策支持系统的应用，有条件的企业应探索大数据技术的集成应用，支撑智慧企业建设。

(3) 拓展管理信息系统新功能

研究建立风险管理信息系统，提高企业风险管控能力。建立并完善电子商务系统，或利用第三方电子商务系统，开展物资设备采购和劳务分包，降低成本。开展BIM与物联网、云计算、3S等技术在施工过程中的集成应用研究，建立施工现场管理信息系统，创新施工管理模式和手段。

3. 工程总承包类企业

(1) 优化工程总承包项目信息化管理，提升集成应用水平

进一步优化工程总承包项目管理组织架构、工作流程及信息流，持续完善项目资源分解结构和编码体系。深化应用估算、投标报价、费用控制及计划进度控制等信息系统，逐步建立适应国际工程的估算、报价、费用及进度管控体系。继续完善商务管理、资金管理、财务管理、风险管理及电子商务等信息系统，提升成本管理和风险管控水平。利用新技术提升并深化应用项目管理信息系统，实现设计管理、采购管理、施工管理、企业管理等信息系统的集成及应用。

探索PPP等工程总承包项目的信息化管理模式，研究建立相应的管理信息系统。

(2) 推进"互联网＋"协同工作模式，实现全过程信息化

研究"互联网＋"环境下的工程总承包项目多参与方协同工作模式，建立并应用基于互联网的协同工作系统，实现工程项目多参与方之间的高效协同与信息共享。研究制定工程总承包项目基于BIM的多参与方成果交付标准，实现从设计、施工到运行维护阶段的数字化交付和全生命期信息共享。

(二) 行业监管与服务信息化

积极探索"互联网＋"形势下建筑行业格局和资源整合的新模式，促进建筑业行业新业态，支持"互联网＋"形势下企业创新发展。

1. 建筑市场监管

(1) 深化行业诚信管理信息化

研究建立基于互联网的建筑企业、从业人员基本信息及诚信信息的共享模式与方法。完善行业诚信管理信息系统，实现企业、从业人员诚信信息和项目信息的集成化信息服务。

(2) 加强电子招投标的应用

应用大数据技术识别围标、串标等不规范行为，保障招投标过程的公正、公平。

(3) 推进信息技术在劳务实名制管理中应用

应用物联网、大数据和基于位置的服务(LBS)等技术建立全国建筑工人信息管理平台，并与诚信管理信息系统进行对接，实现深层次的劳务人员信息共享。推进人脸识别、指纹识别、虹膜识别等技术在工程现场劳务人员管理中的应用，与工程现场劳务人员安全、职业健康、培训等信息联动。

2. 工程建设监管

(1) 建立完善数字化成果交付体系

建立设计成果数字化交付、审查及存档系统，推进基于二维图的、探索基于BIM的数字化成果交付、审查和存档管理。开展白图代蓝图和数字化审图试点、示范工作。完善工程竣工备案管理信息系统，探索基于BIM的工程竣工备案模式。

(2) 加强信息技术在工程质量安全管理中的应用

构建基于BIM、大数据、智能化、移动通讯、云计算等技术的工程质量、安全监管模式与机制。建立完善工程项目质量监管信息系统，对工程实体质量和工程建设、勘察、设计、施工、监理和质量检测单位的质量行为监管信息进行采集，实现工程竣工验收备案、建筑工程五方责任主体项目负责人

等信息共享,保障数据可追溯,提高工程质量监管水平。建立完善建筑施工安全监管信息系统,对工程现场人员、机械设备、临时设施等安全信息进行采集和汇总分析,实现施工企业、人员、项目等安全监管信息互联共享,提高施工安全监管水平。

(3) 推进信息技术在工程现场环境、能耗监测和建筑垃圾管理中的应用

研究探索基于物联网、大数据等技术的环境、能耗监测模式,探索建立环境、能耗分析的动态监控系统,实现对工程现场空气、粉尘、用水、用电等的实时监测。建立建筑垃圾综合管理信息系统,实现项目建筑垃圾的申报、识别、计量、跟踪、结算等数据的实时监控,提升绿色建造水平。

3. 重点工程信息化

大力推进BIM、GIS等技术在综合管廊建设中的应用,建立综合管廊集成管理信息系统,逐步形成智能化城市综合管廊运营服务能力。在海绵城市建设中积极应用BIM、虚拟现实等技术开展规划、设计,探索基于云计算、大数据等的运营管理,并示范应用。加快BIM技术在城市轨道交通工程设计、施工中的应用,推动各参建方共享多维建筑信息模型进行工程管理。在"一带一路"重点工程中应用BIM进行建设,探索云计算、大数据、GIS等技术的应用。

4. 建筑产业现代化

加强信息技术在装配式建筑中的应用,推进基于BIM的建筑工程设计、生产、运输、装配及全生命期管理,促进工业化建造。建立基于BIM、物联网等技术的云服务平台,实现产业链各参与方之间在各阶段、各环节的协同工作。

5. 行业信息共享与服务

研究建立工程建设信息公开系统,为行业和公众提供地质勘察、环境及能耗监测等信息服务,提高行业公共信息利用水平。建立完善工程项目数字化档案管理信息系统,转变档案管理服务模式,推进可公开的档案信息共享。

(三) 专项信息技术应用

1. 大数据技术

研究建立建筑业大数据应用框架,统筹政务数据资源和社会数据资源,建设大数据应用系统,推进公共数据资源向社会开放。汇聚整合和分析建筑企业、项目、从业人员和信用信息等相关大数据,探索大数据在建筑业创新应用,推进数据资产管理,充分利用大数据价值。建立安全保障体系,规范大数据采集、传输、存储、应用等各环节安全保障措施。

2. 云计算技术

积极利用云计算技术改造提升现有电子政务信息系统、企业信息系统及软硬件资源,降低信息化成本。挖掘云计算技术在工程建设管理及设施运行监控等方面应用潜力。

3. 物联网技术

结合建筑业发展需求,加强低成本、低功耗、智能化传感器及相关设备的研发,实现物联网核心芯片、仪器仪表、配套软件等在建筑业的集成应用。开展传感器、高速移动通讯、无线射频、近场通讯及二维码识别等物联网技术与工程项目管理信息系统的集成应用研究,开展示范应用。

4. 3D打印技术

积极开展建筑业3D打印设备及材料的研究。结合BIM技术应用,探索3D打印技术运用于建筑部品、构件生产,开展示范应用。

5. 智能化技术

开展智能机器人、智能穿戴设备、手持智能终端设备、智能监测设备、3D扫描等设备在施工过程中的应用研究,提升施工质量和效率,降低安全风险。探索智能化技术与大数据、移动通讯、云计算、物联网等信息技术在建筑业中的集成应用,促进智慧建造和智慧企业发展。

(四) 信息化标准

强化建筑行业信息化标准顶层设计,继续完善建筑业行业与企业信息化标准体系,结合BIM等新技术应用,重点完善建筑工程勘察设计、施工、运维全生命期的信息化标准体系,为信息资源共享和深度挖掘奠定基础。

加快相关信息化标准的编制,重点编制和完善建筑行业及企业信息化相关的编码、数据交换、文档及图档交付等基础数据和通用标准。继续推进BIM技术应用标准的编制工作,结合物联网、云计算、大数据等新技术在建筑行业的应用,研究制定相关标准。

四、保障措施

(一) 加强组织领导,完善配套政策,加快推进建筑业信息化

各级城乡建设行政主管部门要制定本地区"十三五"建筑业信息化发展目标和措施,加快完善相关配套政策措施,形成信息化推进工作机制,落实信息化建设专项经费保障。探索建立信息化条件下的电子招投标、数字化交付和电子签章等相关制度。

建立信息化专家委员会及专家库，充分发挥专家作用，建立产学研用相结合的建筑业信息化创新体系，加强信息技术与建筑业结合的专项应用研究、建筑业信息化软科学研究。开展建筑业信息化示范工程，根据国家"双创"工程，开展基于"互联网＋"的建筑业信息化创新创业示范。

（二）大力增强建筑企业信息化能力

企业应制定企业信息化发展目标及配套管理制度，加强信息化在企业标准化管理中的带动作用。鼓励企业建立首席信息官（CIO）制度，按营业收入一定比例投入信息化建设，开辟投融资渠道，保证建设和运行的资金投入。注重引进 BIM 等信息技术专业人才，培育精通信息技术和业务的复合型人才，强化各类人员信息技术应用培训，提高全员信息化应用能力。大型企业要积极探索开发自有平台，瞄准国际前沿，加强信息化关键技术应用攻关，推动行业信息化发展。

（三）强化信息化安全建设

各级城乡建设行政主管部门和广大企业要提高信息安全意识，建立健全信息安全保障体系，重视数据资产管理，积极开展信息系统安全等级保护工作，提高信息安全水平。

住房城乡建设部关于印发震后房屋建筑安全应急评估管理暂行办法的通知

建质〔2016〕253 号

各省、自治区住房城乡建设厅，直辖市建委，新疆生产建设兵团建设局：

为提升住房城乡建设系统地震应急响应能力，做好震后房屋建筑安全应急评估工作，我部组织制定了《震后房屋建筑安全应急评估管理暂行办法》，现印发给你们，请结合本地区实际遵照执行。

中华人民共和国住房和城乡建设部

2016 年 11 月 16 日

震后房屋建筑安全应急评估管理暂行办法

第一条 为规范震后房屋建筑安全应急评估（以下简称应急评估）工作，提高应急评估针对性和时效性，根据《国家地震应急预案》（国办函〔2012〕149 号）、《住房城乡建设系统地震应急预案》（建质〔2013〕136 号）等规定，制定本办法。

第二条 本办法适用于地震发生后，住房城乡建设主管部门针对震后房屋建筑破坏程度组织开展的应急评估工作。

第三条 应急评估工作应按照属地为主、分级负责、客观公正、安全第一的原则开展。

第四条 评估结论可作为临时安置、防范次生灾害、确定震害损失和恢复重建的参考依据。

第五条 根据《国家地震应急预案》有关地震灾害等级划分开展应急评估组织工作。

（一）应对特别重大地震灾害，由省级住房城乡建设主管部门成立应急评估专家组开展应急评估工作。住房城乡建设部在国务院抗震救灾指挥部统一领导下，指导、协调地方开展应急评估工作。

（二）应对重大地震灾害，由省级住房城乡建设主管部门成立应急评估专家组开展应急评估工作。住房城乡建设部根据国务院抗震救灾指挥部的工作安排，视地方住房城乡建设主管部门需求，开展相关协助工作。

（三）应对较大地震灾害，由市级住房城乡建设主管部门成立应急评估专家组开展应急评估工作，省级住房城乡建设主管部门予以指导和协调。

（四）应对一般地震灾害，由县级住房城乡建设主管部门成立应急评估专家组开展应急评估工作，省、市级住房城乡建设主管部门予以指导和协调。

第六条 应急评估专家组原则上在地震发生后 24 小时内成立，组长一般由住房城乡建设主管部门人员担任，在本级抗震救灾指挥部统一领导下组织开展应急评估工作。

第七条 应急评估专家组根据工作需要，采取以下措施：

（一）确定应急评估人员和分组；

（二）筹备应急评估物资装备；

（三）协调交通、食宿等保障工作；

（四）编制应急评估工作计划；

（五）分配应急评估工作任务；

（六）开展应急评估工作；

（七）统计应急评估结论；

（八）撰写应急评估工作简报和报告。

第八条　应急评估应覆盖标准设防类（丙类）以上所有工程项目，优先评估特殊设防类（甲类）和可作为临时安置场所使用的重点设防类（乙类）工程项目。

第九条　应急评估应依据《震后房屋建筑安全应急评估技术指南》和有关标准规范开展。

第十条　应急评估应作出"可以使用""暂停使用"或"禁止使用"的结论，并在房屋建筑出入口等明显位置进行标识，对典型破坏房屋建筑可提出留待震害调查的建议。

第十一条　应急评估过程中应确保评估人员生命安全，远离重大危险源，避免发生新的次生灾害。

第十二条　应急评估专家组应每日汇总应急评估结论，形成应急评估工作简报，向本级抗震救灾指挥部和住房城乡建设主管部门报告。较大及以上地震灾害，由省级住房城乡建设主管部门抄报住房城乡建设部。

第十三条　应急评估专家组应在评估工作完成后7日内形成应急评估工作报告，向本级抗震救灾指挥部和住房城乡建设主管部门报告。较大及以上地震灾害，由省级住房城乡建设主管部门抄报住房城乡建设部。工作报告主要内容应包括：

（一）地震及震损情况；

（二）应急评估组织情况；

（三）应急评估结论统计；

（四）典型震害初步分析；

（五）相关工作建议。

第十四条　住房城乡建设部负责组建国家震后房屋建筑安全应急评估专家队，省级和地震重点监视防御区地级以上城市住房城乡建设主管部门负责组建本行政区域的震后房屋建筑安全应急评估专家队。

参与应急评估的技术人员原则上应以住房城乡建设系统震后房屋建筑安全应急评估专家队成员为主。

第十五条　各地住房城乡建设主管部门根据工作需要，可依据《住房城乡建设系统地震应急预案》储备必要的应急评估物资装备。

第十六条　其他自然灾害造成破坏，需开展房屋建筑安全应急评估工作的，可参照本办法执行。

第十七条　省级住房城乡建设主管部门可依照本办法，结合本地实际情况制定实施细则。

第十八条　本办法自印发之日起施行。

住房城乡建设部关于印发城乡建设抗震防灾"十三五"规划的通知

建质〔2016〕256号

各省、自治区住房城乡建设厅，直辖市建委，新疆生产建设兵团建设局：

为做好"十三五"时期城乡建设抗震防灾工作，我部组织制定了《城乡建设抗震防灾"十三五"规划》，现印发给你们。请结合实际，认真贯彻落实。

中华人民共和国住房和城乡建设部

2016年11月21日

城乡建设抗震防灾"十三五"规划

为做好"十三五"时期城乡建设抗震防灾工作，根据《中华人民共和国国民经济和社会发展第十三个五年规划纲要》和《住房城乡建设事业"十三五"规划纲要》，制定本规划。

一、规划背景

（一）"十二五"时期抗震防灾工作成效

"十二五"时期，我国国民经济平稳较快发展，汶川、玉树等地震恢复重建任务顺利完成，住房城乡建设系统加大了城市抗震防灾规划、新建房屋建筑和市政公用设施抗震设防、既有建筑抗震加固和震后应急处置等工作力度，城乡建设抗震防灾体系日益完善，抗震防灾水平不断提升。

法规建设不断加强。《建设工程抗震管理条例》列入了国务院立法工作计划研究项目。出台了市政公用设施抗震设防专项论证、超限高层建筑工程抗震设防专项审查、推广应用减隔震技术、农村危房改造等方面的规范性文件，建立了抗震防灾工作定期统计制度。云南、四川、山西、贵州等地制定了建设工程抗震管理地方法规或规章。

标准体系逐步完善。总结吸收汶川、玉树等地震经验，开展了城乡建设抗震防灾技术标准体系研究工作，组织制修订了建筑抗震设计、减隔震技术应用、抗震鉴定加固、防灾避难场所设计等20多项相关工程建设标准。

城市抗震防灾规划编制与实施力度加大。开展城市抗震防灾规划标准制修订工作，加强城镇总体规划的抗震防灾专项、城市抗震防灾规划等编制管理，探索区域抗震防灾综合防御体系规划编制。完成215项城市抗震防灾规划，加强了上报国务院审批的城市总体规划的防灾内容审查。加强防灾避难场所建设管理研究，全国97.6%的设市城市至少建成了一个防灾避险公园。

新建工程抗震设防监管得到加强。持续强化抗震防灾法律法规、技术标准和管理制度的贯彻落实，在全国建筑工程质量安全监督执法检查、汶川地震灾后重建"回头看"等工作中，把工程抗震设防作为重要内容。完成超限高层建筑工程抗震设防专项审查近5000项、市政公用设施抗震设防专项论证300余项，累计建成减隔震建筑3400余栋。

既有建筑抗震加固稳步推进。全力配合做好全国中小学校舍安全工程，支持和指导喀什市老城区危旧房改造综合治理项目实施。新疆安居富民工程、北京老旧小区综合整治工程成效显著，新疆等地农村抗震民居经受了多次强震考验。各地加强农民自建房抗震设防指导，加大了村镇建设管理员和农村建筑工匠培训和管理力度。

地震应急处置能力得到提升。修订发布《住房城乡建设系统地震应急预案》，健全震后应急工作机制，完善涵盖震后抢险抢修抢通、应急供水、房屋安全应急评估、专家调配和物资调运、危房拆除、垃圾处理、临时建设、震害调查、重建规划和建设组织等快速响应和应急处置体系。积极应对历次重大地震灾害，指导、支持、配合救灾和重建工作。

专家队伍建设步伐加快。完成全国城市抗震防灾规划审查委员会、全国超限高层建筑工程抗震设防审查专家委员会换届工作，组建国家震后房屋建筑安全应急评估专家队，建立了全国市政公用设施抗震设防专项论证专家库，各地加强相应的技术力量，入库专家总计近5000名，建立产学研用全面覆盖、支撑有力的专家队伍。

（二）"十三五"时期抗震防灾工作面临的形势

"十三五"期间，我国中高强度地震仍将处于多发时期，地震形势较为严峻，经济社会发展对城乡建设抗震防灾工作提出更高要求。

城乡建设抗震防灾基础依然薄弱。建设工程抗震管理缺少法律法规支撑，抗震防灾管理和技术力量薄弱。城市抗震设施建设数量不足，设防水平低，布局不均衡，应急保障和服务水平不高。农村自建住房抗震水平偏低，小震大灾情况时有发生。城镇不满足抗震设防标准或未进行抗震设防的房屋建筑存量大且底数不清，《中国地震动参数区划图》修订后这一短板更加凸显。

新型城镇化发展提出更高要求。党中央、国务院对坚持以防为主、防抗救相结合，坚持常态减灾和非常态救灾相统一，全面提升全社会抵御自然灾害的综合防范能力高度重视。《国家新型城镇化规划（2014-2020年）》、中央城镇化工作会议、中央城市工作会议高度关注城镇化安全发展问题，对提高城市建筑设防标准，合理规划布局和建设防灾避难场所等抗震设施，强化公共建筑物、城镇公共绿地和设施应急避难功能，加强灾后救援救助能力等工作提出明确要求，城乡建设抗震防灾任务繁重。

"一带一路"建设带来新的机遇。全球每年约70%的地震集中在"一带一路"沿线国家和地区，采用我国抗震技术建造的援外项目在地震中经受了考验。我国拥有特色鲜明、与亚洲传统房屋建筑相适应的抗震技术，且有不同烈度地区的震害经验和工程建设实践，在"一带一路"建设中可有更大作为。

二、总体要求

（一）指导思想

全面贯彻落实党中央、国务院关于城乡建设防灾减灾的战略部署和新型城镇化要求，牢固树立和贯彻落实创新、协调、绿色、开放、共享的发展理念，以保障城乡安全发展为目标，以抗震防灾规划为龙头，以工程抗震设防为重点，推动抗震风险管控，推进抗震设施建设，加强制度建设和管理创新，着力构建与经济社会发展相适应的城乡建设抗震防灾体系，切实提升建筑抗震设防水平、城市抗震防灾水平和震后应急处置水平，不断提高全社会抵御地震灾害的综合防范能力。

（二）基本原则

——预防为主，综合施策。坚持以防为主、防抗救相结合，坚持常态抗震防灾与非常态抗震救灾相统一，坚持抗震防灾规划与工程抗震设防协调发展，重视既有建筑抗震鉴定加固，强化震后应急处置能力建设。

——问题导向，补齐短板。提高房屋建筑抗震设防标准，加强抗震设施建设管理，加强房屋建筑风险监控，实施城乡全面设防、区域综合防御，点、线、面结合，突出重点，筑牢抗震防灾安全底线。

——管理规范，科学防灾。健全城乡建设抗震防灾体系，坚持法治思维，依法行政，统筹近期安排与长远谋划，强化科技创新与监督管理，提高抗震防灾科技支撑能力，提升抗震防灾工作规范化、制度化和法制化水平。

（三）规划目标

——抗震设防水平明显提高。城镇新建房屋建筑和市政基础设施工程全面设防，乡村自建农房落实抗震措施。超限高层建筑工程抗震设防专项审查率达到100%，全面推行重大市政公用设施抗灾设防专项论证。高烈度设防区和灾后重建地区新建学校、医院建筑采用减隔震技术比例达到20%。

——抗震危房风险得到控制。基本完成现有农村危房改造。积极开展城镇棚户区改造工作，实现开工建设2000万套。推动开展城市房屋建筑抗震能力普查和加固改造，逐步减少抗震危房存量。

——抗震设施建设积极推进。高烈度设防区及地级以上城市全面开展抗震防灾规划编制，加强规划技术审查，推动城市防灾避难场所和生命通道体系建设，推动强震观测设施建设，加强抗震设施建设管理。

——抗震救灾体系基本健全。地级以上城市住房城乡建设系统地震应急预案100%覆盖，健全应急响应机制，完善专家队伍、抢险队伍、物资和装备等应急储备。地震重点监视防御区地级以上城市100%建立应急专家队伍。

——抗震防灾制度更加完善。推动加快《建设工程抗震管理条例》立法进程。建立健全城市抗震防灾规划、工程抗震设防、抗震设施建设、灾后应急处置等管理制度。

三、主要任务

（一）加强法规制度建设

加快法规制度建设进程。加大力度推动国家及地方抗震管理立法工作。建立健全城市抗震防灾规划、抗震设施建设、超限高层建筑工程抗震设防、减隔震工程质量监管、既有建筑抗震加固、震后房屋建筑安全应急评估、震害调查等管理制度。

强化抗震防灾责任落实。加强抗震防灾责任体系建设，探索建立以抗震防灾规划编制实施、防灾避难场所有效覆盖率、工程抗震设防达标率、抗震风险监测控制到位率等为指标的城乡建设抗震防灾行政绩效评估和考核制度。

（二）完善技术标准体系

强化抗震标准体系建设。加强抗震防灾技术标准制修订工作，完善抗震防灾设施建设相关标准，强化减隔震工程管理和装置检测认证，不断提高建筑工程抗震标准。

提升抗震防灾标准水平。探索建立震害调查制度，不断总结震害经验，及时将工程抗灾技术创新成果纳入标准规范。积极开展中外标准对比研究，提高中国标准与国际标准或发达国家标准的一致性，推进抗震标准翻译工作。

（三）严格新建工程抗震设防

加强建设工程抗震管理。强化房屋建筑工程抗震设防监管，强化超限高层建筑工程抗震设防审查管理。全面推动实施市政公用设施抗震设防专项论证制度。大力推广减隔震技术，加强质量监管，切实提高建筑工程可持续抗震能力。

推动村镇建筑建设管理。完善村镇建筑安全选址和抗震防灾要求，加强对村镇建筑防灾设计与建设的指导，推动农房抗震措施普及。加强村镇工程建设防灾专业技术培训，提高基层管理和技术人员防灾意识，提升农房抗震设防水平。

（四）推动既有建筑加固改造

推进城市建筑抗震风险排查。推动开展城市房屋建筑抗震能力普查工作，推动建立省市两级抗震风险监测平台，建立城市防灾能力档案和信息管理制度。

提升既有住房抗震能力。通过棚户区改造、抗震加固等，加快对抗震能力严重不足住房的拆除和改造。研究探索强制性与引导性相结合的房屋抗震鉴定和加固制度。继续实施农村危房改造工程，统筹推进农房抗震改造。

提升公共建筑综合抗震能力。研究制定城乡规划中避难建筑规划要求和控制指标，推动避难建筑建设，逐步提高我国建筑室内避难规模，提高学校、医院等公共建筑避难和保障能力。推动对人员密集公共建筑抗震能力普查和加固改造，推动开展文化遗产建筑及历史建筑抗震保护性鉴定加固工作。

（五）强化抗震规划编制实施

推动区域抗震防灾综合防御。加强城镇体系规划中抗震防灾专项要求，加强重大地震断裂带地区、地震重点监视防御区抗震防灾综合防御体系建设，构建具有良好防灾功能的城镇布局，完善区域重大基础设施的应急救灾功能，加强抗震设施建设和抗震风险控制对策的统筹和协调。

严格防灾规划编制管理。加快城市抗震防灾规划编制进程，加强城市重大抗震风险排查，完善抗震设施布局。探索用作避难场所和应急通道的绿地、教育、体育等公共用地及公共空间的规划建设管控制度。推进镇、乡、村庄防灾规划编制工作。

推进城乡防灾设施建设。推动构建以防灾避难场所为中心，应急交通、供电、供水、通信等基础设施为支撑，应急指挥、医疗、物资、消防、环卫等服务设施配套齐全的抗震设施体系。开展抗震设施建设管理制度研究，强化公共建筑物和设施的应急避难功能。

完善城乡规划防灾措施。加强城镇总体规划、市政专项规划、乡村规划的抗震防灾措施，提升现有城乡规划体系中抗震防灾内容的科学性及可操作性。完善城乡抗震防灾规划监管体系，严格规划强制性措施落实，探索详细规划、城镇社区管理的防灾管控。

（六）促进抗震技术推广应用

探索抗震防灾韧性城市建设。开展抗震防灾韧性城市建设体系研究，探索以提高承灾体抗震能力为重点的韧性城市建设。研究建立韧性城市风险评估、生命线工程抗震安全保障、应急处置和恢复等技术体系。

推动抗震防灾技术研究应用。加强装配式混凝土结构、钢结构和现代木结构建筑的抗震技术研究，加强适宜抗震防灾技术研究与应用。鼓励和支持减隔震、抗震加固改造等新型产业发展，有效发挥抗震防灾技术在建筑相关产业转型升级中的催化剂作用。

推进抗震防灾信息化建设。推进抗震防灾信息数据库建设，不断提升抗震防灾信息化水平，推动抗震防灾公共服务信息化综合管理平台和移动应用服务开发，对接抗震防灾宣传和防灾功能引导，提高政府管理效能。

（七）提升地震应急处置水平

加强灾后应急处置能力建设。完善应急响应机制，增强各类防灾减灾应急预案的针对性、有效性和可操作性。健全各级震后房屋建筑安全应急评估专家队伍，制定应急评估技术指南，推动建立市政公用设施抢险抢修专业队伍，推动建立大型机械设备储备征用机制，加强应急队伍培训演练。

完善灾后恢复重建组织协调。不断总结灾后恢复重建经验，加强灾后恢复重建组织协调制度研究和技术指导，加强恢复重建工程质量监管，加强对社会力量参与重建工作的引导。推动灾后重建农村住房采用符合标准的防灾技术。

四、保障措施

（一）加强组织领导

完善组织制度。加强住房城乡建设系统抗震防灾工作机构建设，保障必要工作条件。加强城乡建设抗震防灾的管理和协调，健全工作机制，强化责任落实。

严格规划实施。各级住房城乡建设主管部门加强对规划相关内容落实情况的评估，对规划实施情况进行跟踪分析和监督检查，加强城乡建设抗震防灾相关工作。

（二）完善政策配套

加大保障力度。研究与我国经济社会发展相适应的城乡建设抗震防灾投入机制和政策措施。探索基于工作和成效的奖惩与引导机制，加快科技支撑体系建设，加强科技进步试点示范。

推动管理创新。加强城乡建设抗震防灾设防体系、技术体系和制度体系研究，加强顶层设计，加强法规制度建设，推动城乡建设抗震防灾行政问责、抗震设施规划建设、灾害风险监测预警等领域制度创新。

（三）强化队伍建设

完善专家队伍。充分考虑灾害种类和地区差异，从不同学科领域、不同地域选择专家，健全城乡建设抗震防灾专家队伍。建立有效的专家参与工作机制，充分发挥专家咨询与辅助决策作用。

加强人才培养。加强抗震防灾技术培训，强化对注册执业人员继续教育的抗震防灾内容。引导各地建立城乡建设抗震防灾教育培训基地。

加大宣传力度。开展城乡建设抗震防灾宣传活动。引导各地采取多种方式加强抗震防灾文化建设，普及抗震防灾知识，开展演习演练活动。

（四）加强国际合作

推广抗震技术。以"一带一路"战略实施为引导，以对外项目投资、技术输出和援建工程为依托，大力宣传我国抗震安居等防灾建设经验，推动我国先进适用抗震技术的国际应用，提升中国抗震技术和标准的国际认可度。

促进交流合作。鼓励推动抗震防灾技术的国际交流和双边多边合作，促进技术共享和产业联合发展。积极参加《2030年可持续发展议程》和《2015—2030年仙台减少灾害风险框架》，认真履行相关国际责任。

住房城乡建设部 财政部
关于印发建设工程质量保证金管理办法的通知

建质〔2016〕295号

各省、自治区住房城乡建设厅、财政厅，直辖市建委、财政局，新疆生产建设兵团建设局、财务局，国务院有关部门：

为贯彻落实《国务院办公厅关于清理规范工程建设领域保证金的通知》（国办发〔2016〕49号）精神，规范建设工程质量保证金管理，住房城乡建设部、财政部制定了《建设工程质量保证金管理办法》。现印发给你们，请结合本地区、本部门实际认真贯彻执行。

中华人民共和国住房和城乡建设部
中华人民共和国财政部
2016年12月27日

建设工程质量保证金管理办法

第一条 为规范建设工程质量保证金管理，落实工程在缺陷责任期内的维修责任，根据《中华人民共和国建筑法》《建设工程质量管理条例》《国务院办公厅关于清理规范工程建设领域保证金的通知》和《基本建设财务管理规则》等相关规定，制定本办法。

第二条 本办法所称建设工程质量保证金（以下简称保证金）是指发包人与承包人在建设工程承包合同中约定，从应付的工程款中预留，用以保证承包人在缺陷责任期内对建设工程出现的缺陷进行维修的资金。

缺陷是指建设工程质量不符合工程建设强制性标准、设计文件，以及承包合同的约定。

缺陷责任期一般为1年，最长不超过2年，由发、承包双方在合同中约定。

第三条 发包人应当在招标文件中明确保证金预留、返还等内容，并与承包人在合同条款中对涉及保证金的下列事项进行约定：

（一）保证金预留、返还方式；

（二）保证金预留比例、期限；

（三）保证金是否计付利息，如计付利息，利息的计算方式；

（四）缺陷责任期的期限及计算方式；

（五）保证金预留、返还及工程维修质量、费用等争议的处理程序；

（六）缺陷责任期内出现缺陷的索赔方式；

（七）逾期返还保证金的违约金支付办法及违约责任。

第四条 缺陷责任期内，实行国库集中支付的政府投资项目，保证金的管理应按国库集中支付的有关规定执行。其他政府投资项目，保证金可以预留在财政部门或发包方。缺陷责任期内，如发包方被撤销，保证金随交付使用资产一并移交使用单位管理，由使用单位代行发包人职责。

社会投资项目采用预留保证金方式的，发、承包双方可以约定将保证金交由第三方金融机构托管。

第五条 推行银行保函制度，承包人可以银行保函替代预留保证金。

第六条 在工程项目竣工前，已经缴纳履约保证金的，发包人不得同时预留工程质量保证金。

采用工程质量保证担保、工程质量保险等其他保证方式的，发包人不得再预留保证金。

第七条 发包人应按照合同约定方式预留保证金，保证金总预留比例不得高于工程价款结算总额的5%。合同约定由承包人以银行保函替代预留保证金的，保函金额不得高于工程价款结算总额的5%。

第八条 缺陷责任期从工程通过竣工验收之日起计。由于承包人原因导致工程无法按规定期限进行竣工验收的，缺陷责任期从实际通过竣工验收之日起计。由于发包人原因导致工程无法按规定期限进行竣工验收的，在承包人提交竣工验收报告90天后，工程自动进入缺陷责任期。

第九条 缺陷责任期内，由承包人原因造成的缺陷，承包人应负责维修，并承担鉴定及维修费用。如承包人不维修也不承担费用，发包人可按合同约定从保证金或银行保函中扣除，费用超出保证金额的，发包人可按合同约定向承包人进行索赔。承包人维修并承担相应费用后，不免除对工程的损失赔偿责任。

由他人原因造成的缺陷，发包人负责组织维修，承包人不承担费用，且发包人不得从保证金中扣除费用。

第十条 缺陷责任期内，承包人认真履行合同约定的责任，到期后，承包人向发包人申请返还保证金。

第十一条 发包人在接到承包人返还保证金申请后，应于14天内会同承包人按照合同约定的内容进行核实。如无异议，发包人应当按照约定将保证金返还给承包人。对返还期限没有约定或者约定不明确的，发包人应当在核实后14天内将保证金返还承包人，逾期未返还的，依法承担违约责任。发包人在接到承包人返还保证金申请后14天内不予答复，经催告后14天内仍不予答复，视同认可承包人的返还保证金申请。

第十二条 发包人和承包人对保证金预留、返还以及工程维修质量、费用有争议的，按承包合同约定的争议和纠纷解决程序处理。

第十三条 建设工程实行工程总承包的，总承包单位与分包单位有关保证金的权利与义务的约定，参照本办法关于发包人与承包人相应权利与义务的约定执行。

第十四条 本办法由住房城乡建设部、财政部负责解释。

第十五条 本办法自公布之日起施行，原《建设工程质量保证金管理暂行办法》（建质〔2005〕7号）同时废止。

国家发展改革委 住房城乡建设部关于印发城市适应气候变化行动方案的通知

发改气候〔2016〕245号

各省、自治区、直辖市及计划单列市、新疆生产建设兵团发展改革委、住建厅（委、局）：

为积极应对全球气候变化，落实《国家适应气候变化战略》的要求，有效提升我国城市的适应气候变化能力，统筹协调城市适应气候变化相关工作，国家发展改革委、住房城乡建设部会同有关部门共同制定了《城市适应气候变化行动方案》。现印发你们，请认真贯彻实施。

附件：城市适应气候变化行动方案

国家发展改革委
住房城乡建设部
2016年2月4日

城市适应气候变化行动方案

全球气候变化是当今世界以及今后长时期内人类共同面临的巨大挑战，城市人口密度大、经济集中度高，受气候变化的影响尤为严重。气候变化导致高温热浪、暴雨、雾霾等灾害增多，北方和西南干旱化趋势加强，登陆台风强度增大，加剧沿海地区咸潮入侵风险，已经并将持续影响城市生命线系统运行、人居环境质量和居民生命财产安全。积极适应气候变化，是实现可持续发展、推进生态文明建设的内在要求。城市适应气候变化事关人民群众切身利益，事关城市持续健康发展，事关全面建成小康社会。为积极主动推进城市适应气候变化行动，根据《国家适应气候变化战略》，特编制《城市适应气候变化行动方案》。

一、目标要求

（一）总体要求

全面贯彻党的十八大和十八届三中、四中、五中全会精神，大力推进生态文明建设，以维护城市安全宜居为核心，坚持以人为本，加强科技支撑，牢固树立适应理念，从政策法规、体制机制、规划统筹、标准规范、建设管理等方面全面推进城市适应气候变化行动，努力创建气候适应型城市，全面提升城市适应气候变化能力，为建设美丽中国而奋斗。

（二）基本原则

统筹兼顾。统筹考虑极端气候事件风险和气候变化对城市的持续性影响，将适应理念落实到城市规划、建设与管理的各个环节，加强城市建筑、能源、交通、水资源和生态等关键领域的高质量建设、精细化管理和人性化服务。

因地制宜。根据不同城市的气候地理条件和经济社会发展状况，实施分类指导的适应方案，明确安全、宜居、绿色、健康、可持续的发展目标和控制要求，坚持"一城一策"，分区施策、分步实施，采取合理措施，有针对性地开展适应行动。

协同推进。落实中央、地方各级人民政府责任，明确任务分工，加强联动协调，创新体制机制。综合运用价格、财税、金融等经济手段，调动市场主体的积极性。

广泛参与。加强城市适应气候变化社会组织培育和科普宣传，加强应对极端气候事件能力建设，提倡绿色生活方式和消费模式，建立全社会适应气候变化共识，积极主动参与适应行动。

（三）目标愿景

到2020年，普遍实现将适应气候变化相关指标纳入城乡规划体系、建设标准和产业发展规划，建设30个适应气候变化试点城市，典型城市适应气候变化治理水平显著提高，绿色建筑推广比例达到50%。到2030年，适应气候变化科学知识广泛普及，城市应对内涝、干旱缺水、高温热浪、强风、冰冻灾害等问题的能力明显增强，城市适应气候变化能力全面提升。

二、主要行动

（一）加强城市规划引领

在城市相关规划中充分考虑气候变化因素。将适应气候变化纳入城市群规划、城市国民经济和社会发展规划、生态文明建设规划、土地利用规划、城市规划等，按照气候风险管理的要求，考虑城市适应气候变化面临的主要风险、优先领域和重点措施，将适应目标纳入城市发展目标，在城市相关规划中充分考虑气候承载力。城市基础设施新建和改造项目规划、设计、审批时考虑气候变化中长期影响，科学布局、合理配置，加强地下空间开发利用。

加强相关领域的规划布局。合理布局公共消防设施、人防设施以及防灾避险场所等设施。合理规划城市道路，调整交通工程建设部署与交通设施布局，加快城市应急通道网络建设，科学规划和建设城市公交专用道网络，构建城市快速应急通道。科学规划城市绿地系统，提高城市绿地率。依托现有城市绿地、道路、河流及其他公共空间，打通城市通风廊道，增加城市的空气流动性，缓解城市"热岛效应"和雾霾等问题。减少城市建筑、交通、供排水、能源等重要生命线系统的风险暴露度。

（二）提高城市基础设施设计和建设标准

提高城市生命线系统标准。针对强降水、高温、台风、冰冻、雾霾等极端天气气候事件，提高城市给排水、供电、供气、交通、信息通讯等生命线系统的设计标准，加强稳定性和抗风险能力。根据气候变化对城市降水、温度和土壤地基稳定性的影响，制定或修订城市地下工程在排水、通风、墙体强度和地基稳定等方面的建设标准。根据海平面变化情况调整相关防护设施的设计标准。提高流域、区域性大洪水防洪设计标准。

调整能源设施标准。针对不同城市及城市居民、企业、公共部门等不同用户，评估气候变化对制冷、采暖及节能标准的影响，修订相关设施标准。调整能源工程与供电系统运行的技术标准，如根据气温、风力与冰雪灾害的变化调整输电线路、设施建造标准与电杆间距。

提高交通设施标准。提高沿海、沿江、高寒等台风、洪涝、地质和生态灾害高发地区的交通基础设施设计标准。根据气候变化对城市降水强度的影响，修订道路设计中的排水设计标准要求。将极端天气气候事件监测预警纳入到城市交通设施规划与建设中。道路建设采用高抗性材料与结构技法，提升道路耐受气候变化影响的变幅阈值。健全道路照明、标识、警示等指示系统，增强交通车辆、公交站台、停车场和机场等对高温、严寒、强降水和台风的防护能力。

（三）提高城市建筑适应气候变化能力

做好前瞻性布局。在建筑设计、建造以及运行过程中充分考虑气候变化的影响，在新建建筑设计中充分考虑未来气候条件。积极发展被动式超低能耗绿色建筑，通过采用高效高性能外墙保温系统和门窗，提高建筑气密性，鼓励屋顶花园、垂直绿化等方式增强建筑集水、隔热性能，保障高温热浪、低温冰雪极端气候条件下的室内环境质量。

实施城市更新和老旧小区综合改造。在执行现行标准的基础上，各地城市结合经济社会发展水平，适度提升城市建筑适应气候变化能力，提高既有建筑节能、节水改造标准，加快更换老旧小区落后用水器具，推进建筑中水回用，合理增加小区绿地、植被数量，设置遮阴设施。

加快装配式建筑的产业化推广。推广钢结构、预制装配式混凝土结构及混合结构，在地震多发地区积极发展钢结构和木结构建筑。鼓励大型公共建筑采用钢结构，大跨度工业厂房全面采用钢结构，政府投资的学校、幼托、敬老院、园林景观等新建低层公共建筑采用木结构。

（四）发挥城市生态绿化功能

构建气候友好型城市生态系统。依托各城市的地理、气候、生态和历史人文等特征，充分挖掘传统城市建设、园林设计的经验智慧，通过绿楔、绿道、绿廊等形式加强城市绿地、河湖水系、山体丘陵、农田林网等各自然生态要素的衔接连通，构成"绿色斑块-绿色廊道-生态基质"的系统格局，充分发挥自然生态空间改善城市微气候的功能。

发挥园林绿化改善城市微气候的作用。增强城市绿地、森林、湖泊、湿地等自然系统在涵养水源、调节气温、保持水土以及促进物种多样性等各个方面的生态功能。因地制宜，根据城市生态环境条件及气候变化趋势选择适宜的林草地物种，建设节约型绿地。建设园林绿化信息系统网络平台，提高对极端天气气候事件、林地火险、病虫害发生和物种入侵等各类灾害的监测预警能力。

（五）保障城市水安全

推进海绵城市建设。大力建设屋顶绿化、雨水花园、储水池塘、微型湿地、下沉式绿地、植草沟、生物滞留设施等城市"海绵体"，增强城市海绵能力。因地制宜地建设雨水箱、储水罐等雨水收集设施，实现雨水就地就近收集利用，加大对雨洪资源的利用效率。严格城市河湖水域空间管控，做好对城市河湖、坑塘、湿地等水体自然形态的保护和恢复，加强河湖水系自然连通，构建城市良性水循环系统。

全面建设节水型城市。科学确定水资源承载能力，强化用水需求管理，以水定产、以水定城。加强城市备用水源地和应急供水设施建设，提高城市应对高温、干旱缺水的能力。建立城市水循环利用体系，充分利用河道、湖泊和绿地等生态系统对水资源的调蓄能力。强化地下水涵养与保护。积极发展非常规水源利用，把再生水、雨水、海水等非常规水源纳入区域水资源统一配置。完善多种水源的统一配置和调度系统，提高城市再生水利用率，加强海水淡化技术的开发利用，加强城市备用水源建设。

建设科学合理的城市防洪排涝体系。推进城市防洪堤建设和管理，开展内河整治、河渠排水排污治理和积水易涝点治理，加大城市防洪排涝设施配套力度。妥善安排城市洪涝水滞蓄场所和外排出路，增强雨洪径流调控能力。健全城市防洪排涝应急预案管理，完善城市应对洪涝灾害处置方案。加强河湖管理，推进河湖连通工程，严格河道管理范围内建设项目工程建设方案审查制度。推进城市防洪排涝指挥系统建设，提高居民应对意识，加强城市对洪水的避险自救能力。

（六）建立并完善城市灾害风险综合管理系统

提升城市应急保障服务能力。加强城市极端天气气候事件危险源监控、风险排查和重大风险隐患治理等基础性工作，制定并发布强降水、台风、雷电、冰冻、高温热浪、雾霾等灾害应急管理方案。建立健全城市多部门联防联动的常态化管理体系，完善应急救灾响应机制，明确灾前、灾中和灾后应急管理机构职责，及时储备调拨及合理使用应急救灾物资。加强运行协调和应急指挥系统建设、专业救援队伍建设、社区宣传教育、应急救灾演练等工作，提高对灾害的预防、规避能力和恢复重建能力，降低灾害损失。

加强城市公众预警防护系统建设。建立极端天气气候事件信息管理系统和预警信息发布平台，拓展动态服务网络，及时发布预警信息，并通过各类媒体让城市居民在短时间内接收。完善气候变化对人体健康影响的监测预警系统，加强极端天气气候事件健康预警及流行性疾病预警。加强城市脆弱人群的社会管理和风险防护能力，普及城市应对极端天气气候事件风险知识，掌握儿童、孕妇、各类慢性疾病患者、65岁以上老人、城市贫困人口等信息，并制定具体应急救助预案，加强公众自我防范意识。

建立和完善风险分担机制。逐步建立极端天气气候事件灾害风险分担转移机制，明确家庭、市场和政府在风险分担方面的责任和义务，构建以政府为统领、家庭为主体、市场积极参与的风险分担体系。建立社会保险、社会救助、商业保险和慈善捐赠相结合的多元化灾害风险分担机制。建立健全由灾害保险、再保险、风险准备金和非传统风险转移工具所共同构成的金融管理体系的风险分担和转移机制。

（七）夯实城市适应气候变化科技支撑能力

加强适应基础理论研究。系统开展适应气候变化科学基础研究，加强气候变化监测及未来趋势预估。全面评估气候变化对城市敏感脆弱领域、区域和人群的影响和风险，包括水资源、交通、能源、建筑、卫生、旅游等行业。开展适应气候变化决策、管理及人文社会科学研究。加强对气候变化引发的传染性疾病、慢性疾病等人体健康风险的影响和传播机制研究，建立气候相关疾病的长期监测与评估体系。建立基础数据集，加强不同行业气象等相关数据处理以及应用方法研究。

开发推广关键性适应技术。构建跨学科、跨行业、跨区域的适应技术协作网络，逐步完善适应气候变化的技术支撑体系。大力开展城市适应气候变化技术研发、集成与推广工作，广泛推广简单易行、可操作性强的高效适应技术，积极开展适应技术集成示范。重点推广应用极端天气气候事件预测预警技术、人工影响天气技术、气候变化影响与风险评估技术、应对极端天气气候事件的城市生命线工程安全保障技术、城市生态适宜性评估技术等具有一定普适性的适应气候变化技术。

三、试点示范

（一）试点示范的目的

城市面临的气候变化问题千差万别，有干旱缺水、海平面上升等长期性问题，有不同类型极端天气气候事件的应急问题，也有城市管理方面的问题。城市适应气候变化应在统筹协调的基础上进行分类指导，通过开展试点示范，探索和推广有效的经验做法，逐步引导和推动相关工作。建设气候适应型城市，是要根据不同城市的气候地理特征、经济社会发展水平等，针对城市在气候变化条件下的突出性、关键性问题，坚持以人为本，注重前瞻创新性探索，强化城市气候敏感脆弱领域、区域和人群的适应行动，加强城市适应气候变化能力。

（二）试点示范的内容

按照地理位置和气候特征将全国划分东部、中部、西部三类适应地区，根据不同的城市气候风险、城市规模、城市功能，如超大或特大城市、三角洲城市、沿海沿江临湖城市、旅游城市、荒漠化、石漠化地区城市、港口城市等，选择30个典型城市，开展气候适应型城市建设试点。试点城市应根据自身气候变化问题，编制气候适应型城市试点工作方案，在试点城市或城市的某一试点区域，选择城市气候脆弱性评估、城市规划、气候变化监测体系、建筑、交通、能源、水资源管理、地下工程、绿化防沙、公众健康、灾害治理模式、体制机制、投融资模式等领域中的一个或多个方面，启动相关适应工程或项目。气候适应型城市试点工作应于2020年之前取得阶段性成果，相关成果经考核验收后进行推广示范。

（三）试点示范的组织实施

国家发展改革委、住房城乡建设部会同其他相关部门部署和统筹气候适应型城市试点示范工作，制定并发布试点申报方案，根据专家评估意见，审批拟开展试点城市上报的试点工作方案，组织相关经验交流和培训，并对试点进展情况进行监督考核，组织有关经验的推广示范。

省级发展改革、住房城乡建设部门会同其他相关部门负责组织本地区试点申报，负责本地区试点工作方案的初审，指导本地区城市开展试点工作，组织对本地区试点成果的评估验收。

气候适应型试点城市成立由本级政府主要负责同志担任组长的试点工作领导小组，由本级发展改革、住建部门会同财政、规划、交通、能源、园林、水利（水务）、经信（工信）、气象等相关部门参与，组织编制适应试点工作方案，并按国家批复工作方案组织实施相关试点工作。

四、保障措施

（一）加强组织领导

从机构设置、决策协调、政策立法、资金保障、科技研发等方面推动适应气候变化治理机制创新，建立适应气候变化跨部门工作协调机制，从事前、事中、事后全方位提升城市适应气候变化治理水平。

明确城市适应气候变化的目标、任务、责任主体和评价考核体系，建立全过程的城市适应气候变化监督管理机制，推进城市适应气候变化决策的制度化、规范化、科学化，建立适应政策与行动的监督与后评估机制，加强信息互通与成果共享。

（二）加大资金投入

加大对城市适应气候变化工作的财政支持力度，落实城市适应气候变化行动。加强政策引导，充分利用国际适应气候变化资金，整合并拓展国内资金渠道，引导民间资金和各种社会资金参与。强化各种商业保险、风险基金以及再保险等金融措施，加强适应气候变化的保险创新，发挥资本市场的融资功能。鼓励积极应用PPP等模式，推动适应气候变化的城市公用基础设施建设。

（三）实现信息数据共享

通过城市多部门数据共享，逐步实现天气气候状况实时监测、气候变化敏感性和脆弱性动态评估、气候风险预测预警、灾害应急管理部门联动等功能，有效支撑城市适应气候变化的精细化、智能化和专业化治理能力。探索建立城市气候服务框架，将气候变化监测、检测、预估、影响等内容融合形成一体化的气候服务体系。

（四）加强能力建设

建设适应气候变化科普教育网络平台，编制科普读物、挂图或音像制品，组织多种形式的宣传教育活动，开展人群适应气候变化的风险交流与宣传，有效提高公民适应气候变化意识。培育和建设一批适应气候变化教育宣传活动基地，在高等院校积极开展城市适应气候变化普及教育和专业教育。依托应对气候变化专业机构和相关高等院校，建立专家团队和工作支撑团队，开展针对地方政府管理人员的适应气候变化培训。

（五）深化国际合作

充分利用国际合作平台，积极构建"城市-企业-社会组织-民众"为一体的，多层次、全方位的国际合作体系，加强与相关国际组织和机构的信息沟通、资源共享和务实合作。建立和完善资金支持、技术合作和人才交流等机制，坚持"请进来"和"走出去"并重，开展多层次、多主体的合作，实现双向互补。积极借鉴其他国家适应气候变化的经验、理念和技术，推动适应气候变化领域的南南合作。

住房城乡建设部办公厅关于印发《省级公共建筑能耗监测平台验收和运行管理暂行办法》的通知

建办科〔2016〕18号

各省、自治区住房城乡建设厅，直辖市、计划单列市建委（建设局），新疆生产建设兵团建设局：

为规范省级公共建筑能耗监测平台验收评估，确保资金使用安全有效，促进平台运行维护，住房城乡建设部制定了《省级公共建筑能耗监测平台验收和运行管理暂行办法》，现印发给你们，请遵照运行。

附件：省级公共建筑能耗监测平台验收和运行管理暂行办法

中华人民共和国住房和城乡建设部办公厅

2016年4月11日

附件

省级公共建筑能耗监测平台验收和运行管理暂行办法

第一条 为确保省级公共建筑能耗监测平台（以下简称监测平台）建设质量和运行效果，规范指导监测平台验收和运行工作，根据《关于加强国家机关办公建筑和大型公共建筑节能管理工作的实施意见》

(建科〔2007〕245号)、《财政部关于印发〈国家机关办公建筑和大型公共建筑节能专项资金管理暂行办法〉的通知》(财建〔2007〕558号)、《财政部 住房城乡建设部关于进一步推进公共建筑节能工作的通知》(财建〔2011〕207号)有关要求,制定本办法。

第二条 省级监测平台验收工作分预验收和验收两个阶段。预验收由省级住房城乡建设主管部门会同财政主管部门组织。验收由住房城乡建设部建筑节能与科技司组织。

第三条 预验收应具备以下条件:

(一)完成住房城乡建设部、财政部批复的实施方案中相关建设内容:

1. 完成省级数据中心及相应地市级数据中心建设;

2. 监测楼宇数量不少于200栋,能耗水耗监测计量点数总和不得低于2500个;

3. 连续试运行2个月以上,能够正常接收建筑能耗分项计量数据和进行统计分析并上传数据。

(二)监测平台建设符合《国家机关办公建筑和大型公共建筑能耗监测系统建设相关技术导则》(建科〔2008〕114号)要求。软件开发符合《国家机关办公建筑和大型公共建筑能耗监测系统软件开发指导说明书》要求。

(三)中央财政资金的使用及管理符合国家有关规定。

(四)监测平台建设相关资料齐全,应包括项目计划方案、招投标文件、项目建设实施报告、资金使用自查报告等。

第四条 预验收应采取专家评议、软件测试、现场核查等方式进行,对监测平台建设情况、相关制度建设情况、分项计量装置安装情况、数据中心运行情况、资金使用情况等内容进行全面评测。

第五条 预验收完成后,对预验收中发现的问题已按要求整改完毕,且可稳定上传中央级平台不少于200栋建筑能耗数据的,省级住房城乡建设主管部门可向住房城乡建设部建筑节能与科技司提交验收申请报告(模板见附件)。

第六条 住房城乡建设部建筑节能与科技司收到验收申请报告后,对提供的资料进行核查,必要时可进行实地复核。确认具备验收条件后,组织专家进行验收。

第七条 验收专家委员会应至少包括7名专家,其中,信息专业专家不少于2名,建筑节能专家不少于5名。

第八条 验收程序如下:

(一)测试监测平台软件功能,形成系统测试报告;

(二)听取监测平台建设及运行情况汇报;

(三)查阅监测平台建设过程相关文件及资金使用情况报告;

(四)检查数据中心现场情况;

(五)抽查楼宇分项计量数据监测及传输情况;

(六)专家组形成验收结论。

第九条 验收完成后,各级住房城乡建设行政主管部门应继续建立健全监测平台运行管理制度,强化监测平台的运行维护管理,安排专项运行维护资金和专职管理人员,确保省级监测平台高效运行及与中央级平台稳定对接。

第十条 重点构建平台可持续运行机制,并积极拓展平台功能,条件成熟的可与智能电网管控、用电需求侧管理、智慧后勤服务系统等其他工作有序结合,切实发挥平台功效。已运行成熟的平台在保证安全的基础上,可适时引入市场化运作模式,如能效管家模式、公私合作运营模式等。

第十一条 应进一步拓展平台监测范围,加强与机关事务、教育、卫生等其他行业系统数据中心的合作及接入管理,稳步扩充监测建筑数据范围和数量,逐步形成数据量可观的数据库。应加强监测数据的分析应用,充分发挥监测平台政策支撑与市场服务作用。

第十二条 住房城乡建设部建筑节能与科技司组织对监测平台建设和运行情况进行跟踪核查,定期通报各地监测平台建设和运行情况。

第十三条 本办法由住房城乡建设部建筑节能与科技司负责解释。

第十四条 本办法自发布之日起施行。

附表:省级公共建筑能耗监测平台验收申请报告模板(略)

住房城乡建设部关于加快建设住房公积金综合服务平台的通知

建金〔2016〕14号

各省、自治区住房城乡建设厅,直辖市、新疆生产建设兵团住房公积金管理委员会、住房公积金管理中心:

近年来,我国住房公积金规模快速增长,业务种类日趋丰富,缴存单位和缴存职工对住房公积金服务的要求不断提高。一些省市率先探索应用网上业务大厅、自助服务终端、手机客户端、官方微信和微博等互联网和移动通讯技术,提升住房公积金服务效率和质量,取得了良好效果。但总体上,各地住房公积金信息化服务工作滞后,业务办理渠道少、标准不统一、服务效率低等问题突出,与缴存单位和缴存职工的服务需求不相适应,影响了住房公积金制度的发展。为拓宽住房公积金服务渠道,提高服务效率,切实维护缴存职工合法权益,现就推进住房公积金综合服务平台建设通知如下:

一、明确工作目标。住房公积金综合服务平台由服务渠道、数据接口、综合管理系统和安全保障体系组成,承载信息查询、业务办理、信息发布、互动交流等功能,是住房公积金信息化建设的重要组成部分。各设区城市要以服务缴存单位和缴存职工为导向,充分利用"互联网+"技术,加快建设功能齐全、使用便捷、安全高效的住房公积金综合服务平台。直辖市、省会城市、计划单列市以及部分条件较好的设区城市,应当在2016年底前基本建成住房公积金综合服务平台。其他设区城市应当在2017年底前基本建成住房公积金综合服务平台。有条件的省、自治区可以结合实际,组织建设省级住房公积金综合服务平台。青海、湖北、宁夏、四川等地要先行先试,在2016年底前基本建成省级住房公积金综合服务平台。

二、拓展服务渠道。各地要在优化营业网点柜面服务的基础上,以推进互联网和移动终端服务为重点,丰富服务渠道,形成类型多样、互为补充的一体化服务体系,满足缴存单位和缴存职工的多元化、个性化服务需求。要全面梳理业务节点,准确把握渠道特点,根据不同业务需要配置相应的服务渠道。抓紧推广和完善12329住房公积金热线,加快建设开通省级12329短信平台,扩展服务功能。各地要结合本地区住房公积金资金规模、管理能力和用户特点等实际情况,在门户网站、网上业务大厅、自助终端、手机客户端、官方微信和微博等渠道中,选择建设部分或全部服务渠道。

三、加强综合管理。各类服务渠道要全部接入综合管理系统,实行统一集中管理,实现渠道信息共享,确保不同服务渠道协同一致。综合管理系统要按照统一的数据接口标准,接入业务系统,实现数据实时交互。要统一业务规范,优化业务流程,增强业务办理与服务渠道的契合度,提升综合服务平台的业务承载能力和运行效率。要加强与公安、民政、房产、社保、税务、工商、人民银行以及受委托商业银行的沟通协作,推动跨部门、跨行业信息互联互通。

四、保障运行安全。要健全安全保障体系,完善安全管理制度。严格执行国家信息系统安全规范,建立平台物理环境安全、网络安全和数据保护安全措施。建立业务操作风险和资金风险防控机制,避免信息泄漏、篡改,保障资金划转和结算安全。加强综合服务平台运行监测和风险分析,及时排除安全隐患,确保综合服务平台安全运行。

五、落实工作责任。要加强对住房公积金综合服务平台建设工作的组织领导,明确主管领导、牵头部门和责任人员。各住房公积金管理中心要指定或者设立工作机构,承担综合服务平台建设和管理职责。按照《住房公积金综合服务平台建设导则》要求,制定建设方案,抓紧组织实施。根据综合服务平台建设和运行需要,安排专项资金。

各地要充分认识建设住房公积金综合服务平台的重要意义,增强责任感和紧迫感,科学谋划,积极推进,加快建成住房公积金综合服务平台,提升住房公积金管理和服务水平,为缴存单位和缴存职工提供便捷、高效、安全的服务。

附件:住房公积金综合服务平台建设导则(略)

中华人民共和国住房和城乡建设部

2016年1月12日

住房城乡建设部
关于做好城市管理执法车辆保障工作的通知

建督〔2016〕233号

各省、自治区住房城乡建设厅,直辖市城市管理主管部门及有关部门,新疆生产建设兵团建设局:

按照公务用车制度改革既定工作安排,各地公务用车制度改革工作正在全面深入推进。各地城市管理部门要按照中央公务用车制度改革要求做好相关工作。根据城市管理执法体制改革和中央公务用车制度改革精神,现就做好城市管理执法车辆保障有关工作通知如下:

一、切实做好城市管理执法体制改革与公务用车制度改革的衔接。各地要根据《中共中央国务院关于深入推进城市执法体制改革改进城市管理工作的指导意见》关于"根据执法工作需要,统一制式服装和标志标识,制定执法执勤用车、装备配备标准"的要求,按照《中共中央办公厅国务院办公厅印发〈关于全面推进公务用车制度改革的指导意见〉的通知》和本地区公务用车制度改革实施方案的有关精神,做好城市管理执法体制改革与公务用车制度改革的衔接,推进两项改革任务的顺利实施。

二、切实做好城市管理执法车辆保障工作。在全国城市管理执法执勤用车、装备配备标准出台前,各地在公务用车制度改革工作中,应本着改革与保障并重的原则,在从严控制总量的前提下,针对城市管理执法工作场所主要在街头、路边,工作形式主要是巡逻、检查,执法任务繁重的特点,科学核定和优化配置城市管理部门执法车辆,切实保障城市管理执法工作正常有序开展。

各地城市管理部门对于公务用车制度改革中遇到的困难和问题,要及时向我部反映。

中华人民共和国住房和城乡建设部
2016年10月26日

住房城乡建设部城市管理监督局
关于推行城市管理执法全过程记录工作的通知

建督综函〔2016〕1号

各省、自治区住房城乡建设厅,直辖市城市管理主管部门及有关部门,新疆生产建设兵团建设局:

为贯彻落实《中共中央国务院关于深入推进城市执法体制改革改进城市管理工作的指导意见》精神,促进严格规范公正文明执法,决定在县级以上城市管理部门推行城市管理执法全过程记录工作。现就有关事项通知如下:

一、推行执法全过程记录

各地城市管理部门要通过文字、音像等记录方式,对执法活动全过程进行记录,客观、公正、完整地记录执法工作情况和相关证据,实现全过程留痕和可回溯管理。规范执法文书的制作和使用,确保执法文书和案卷完整准确、合法规范。合理配备并使用执法记录仪等现场执法记录设备和视音频资料传输、存储、等设备。对现场执法活动中容易引发争议和纠纷的,应当实行全过程音像记录。

二、推进信息化建设

积极利用大数据、云计算、物联网等信息技术,结合数字化城市管理平台建设和办公自动化系统建设等，探索成本低、效果好、易保存、不能删改的音像记录方式，提高执法记录的信息化水平。做好执法文书和视音频资料的管理和存储，逐步实现与数字化城市管理信息系统关联共享。

三、注重记录工作实效

建立健全执法全过程记录保存、管理、使用等工作制度。定期组织对执法文书和视音频资料进行抽查检查。充分发挥全过程记录信息在案卷评查、数据统计分析、执法监督等工作中的作用。

各地要充分认识推行城市管理执法全过程记录工作的重要意义，切实落实工作要求，配备相关仪器设备，严格规范记录行为，妥善保管使用记录信息，确保执法全过程记录工作有效推行。

中华人民共和国住房和城乡建设部城市管理监督局

2016年11月8日

数据统计与分析

2016年城乡建设统计分析

2016年是"十三五"规划的开局之年,是全面落实中央城市工作会议的第一年。全国城乡建设系统在党中央、国务院的正确领导下,狠抓各项工作落实,加快建设市政公用基础设施,不断开创工作新局面。

2016年城市(城区)建设

【概况】 2016年年末,全国设市城市657个,比上年增加1个,其中,直辖市4个,地级市293个,县级市360个。据对656个城市和2个特殊区域统计汇总[4],城市城区户籍人口4.03亿人,暂住人口0.74亿人,建成区面积5.43万平方公里。

[说明]

城市(城区)包括:市本级(1)街道办事处所辖地域;(2)城市公共设施、居住设施和市政公用设施等连接到的其他镇(乡)地域;(3)常住人口在3000人以上独立的工矿区、开发区、科研单位、大专院校等特殊区域。

城市(城区)部分统计了656个城市和2个特殊区域。其中,新疆维吾尔自治区可克达拉市因新设城市,暂无数据资料;河北省白沟新城、陕西省杨凌区按城市统计。

各项统计数据均不包括香港特别行政区、澳门特别行政区、台湾省。

城市、县、建制镇、乡、村庄的年末实有数均来自民政部,人口数据来源于各地区公安部门,部分地区如北京、上海为统计部门常住人口数据。

【城市市政公用设施固定资产投资】 2016年完成城市市政公用设施固定资产投资17460亿元,比上年增长7.75%,占同期全社会固定资产投资总额的2.88%。其中,道路桥梁、轨道交通、园林绿化投资分别占城市市政公用设施固定资产投资的43.32%、23.36%和9.57%。2016年全国城市市政公用设施建设固定资产投资的具体行业分布如图1所示。

[说明]

市政公用设施固定资产投资统计口径为计划总投资在5万元以上的市政公用设施项目,不含住宅及其他方面的投资。

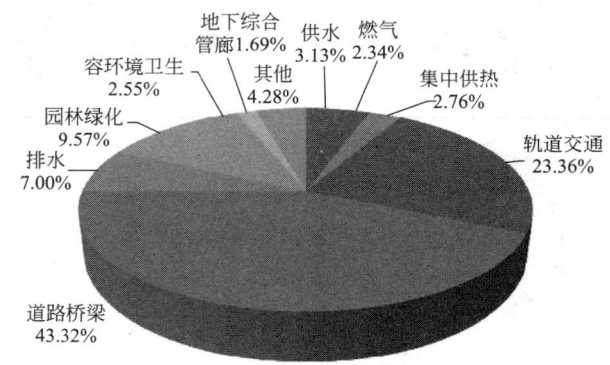

图1　2016年全国城市市政公用设施建设固定资产投资的行业分布

全国城市市政公用设施投资新增固定资产10621.18亿元,固定资产投资交付使用率60.83%。主要新增生产能力(或效益)是:供水日综合生产能力630.39万立方米,天然气储气能力1586.19万立方米,集中供热蒸汽能力1647吨/小时,热水能力20494兆瓦,道路长度1.05万公里,排水管道长度1.91万公里,城市污水处理厂日处理能力15328.3万立方米,城市生活垃圾无害化日处理能力2.38万吨。

2015年按资金来源分城市市政公用设施建设固定资产投资合计17319.15亿元,比上年增加748.41亿元。其中,本年资金来源16376.48亿元,上年末结余资金942.67亿元。本年资金来源的具体构成,如图2所示。

【城市供水和节水】 2016年年末,城市供水综合生产能力达到3.03亿立方米/日,比上年增长2.2%,其中,公共供水能力2.39亿立方米/日,比上年增长3.4%。供水管道长度75.7万公里,比上年增长6.5%。2016年,年供水总量580.7亿立方

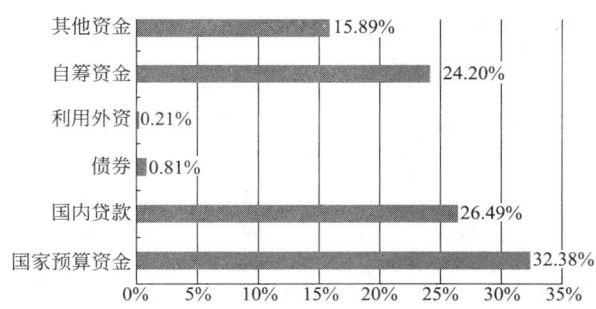

图 2 2016 年城市市政设施建设固定资产
投资本年资金来源的具体构成

米,其中,生产运营用水 160.7 亿立方米,公共服务用水 81.6 亿立方米,居民家庭用水 220.5 亿立方米。用水人口 4.70 亿人,人均日生活用水量 176.9 升,用水普及率 98.42%,比上年增加 0.35 个百分点。2016 年,城市节约用水 57.6 亿立方米,节水措施总投资 29.5 亿元。

[说明]

除人均住宅建筑面积、人均日生活用水量外,所有人均指标、普及率指标均以户籍人口与暂住人口合计为分母计算。

【城市燃气】 2016 年,人工煤气供气总量 44.1 亿立方米,天然气供气总量 1171.7 亿立方米,液化石油气供气总量 1078.8 万吨,分别比上年减少 6.5%、增长 12.6%、增长 3.8%。人工煤气供气管道长度 1.9 万公里,天然气供气管道长度 55.1 万公里,液化石油气供气管道长度 0.9 万公里,分别比上年减少 13.0%、增长 10.6%、减少 3.3%。用气人口 4.57 亿人,燃气普及率 95.75%,比上年增加 0.45 个百分点。

【城市集中供热】 2016 年年末,城市供热能力(蒸汽)7.8 万吨/小时,比上年减少 3.0%,供热能力(热水)49.3 万兆瓦,比上年增长 4.4%,供热管道 21.4 万公里,比上年增长 4.5%,集中供热面积 73.9 亿平方米,比上年增长 9.9%。

【城市轨道交通】 2016 年年末,全国有 30 个城市建成轨道交通,线路长度 3586 公里,分别比上年增加 6 个城市,增长 16.8%,车站数 2383 个,其中换乘站 541 个,配置车辆数 19284 辆。全国 39 个[7]城市在建轨道交通,线路长度 4870 公里,分别比上年增加 1 个城市,增长 21.9%,车站数 3080 个,其中换乘站 827 个。

[说明]

轨道交通包括地铁、轻轨、单轨、有轨和磁悬浮等 5 种类型。截至 2016 年底,在国务院已批复轨道交通建设规划的 43 个城市中,除包头、南通、绍兴、洛阳、东莞等 5 个城市外,已经全部开始建设或建成轨道交通线路。未含在 43 个城市名单中的昆山市、温州市、肇庆市 3 个城市的上海地铁 11 号线北段昆山路段、温州市域铁路 S1 线和 S2 线、广佛肇城际铁路城区内线路也按城市轨道交通统计在内。

【城市道路桥梁】 2016 年年末,城市道路长度 38.2 万公里,比上年增长 4.8%,道路面积 75.4 亿平方米,比上年增长 5.0%,其中人行道面积 16.9 亿平方米。人均城市道路面积 15.8 平方米,比上年增加 0.2 平方米。2016 年,全国城市新建地下综合管廊 1791 公里,形成廊体 479 公里。

【城市排水与污水处理】 2016 年年末,全国城市共有污水处理厂 2039 座,比上年增加 95 座,污水厂日处理能力 14910 万立方米,比上年增长 6.2%,排水管道长度 57.7 万公里,比上年增长 6.9%。城市年污水处理总量 448.8 亿立方米,城市污水处理率 93.44%,比上年增加 1.54 个百分点,其中污水处理厂集中处理率 89.80%,比上年增加 1.83 个百分点。城市再生水日生产能力 2762 万立方米,再生水利用量 45.3 亿立方米。

【城市园林绿化】 2016 年年末,城市建成区绿化覆盖面积 220.4 万公顷,比上年增长 4.7%,建成区绿化覆盖率 40.30%,比上年增加 0.18 个百分点;建成区绿地面积 199.3 万公顷,比上年增长 4.4%,建成区绿地率 36.43%,比上年增加 0.07 个百分点;公园绿地面积 65.4 万公顷,比上年增长 6.4%,人均公园绿地面积 13.70 平方米,比上年增加 0.35 平方米。

【国家级风景名胜区】 2016 年年末,全国共有 225 处国家级风景名胜区,风景名胜区面积 10.9 万平方公里,可游览面积 4.2 万平方公里,全年接待游人 8.9 亿人次。国家投资 84.4 亿元用于风景名胜区的维护和建设。

【城市市容环境卫生】 2016 年年末,全国城市道路清扫保洁面积 79.5 亿平方米,其中机械清扫面积 47.5 亿平方米,机械清扫率 59.7%。全年清运生活垃圾、粪便 2.17 亿吨,比上年增长 5.3%。全国城市共有生活垃圾无害化处理场(厂)940 座,比上年增加 50 座,日处理能力 62.1 万吨,处理量 1.97 亿吨,城市生活垃圾无害化处理率 96.62%,比上年增加 2.52 个百分点。

【2011~2016 年全国城市建设的基本情况】
2011~2016 年全国城市建设的基本情况见表 1。

2011～2016年全国城市建设的基本情况　　　　　表1

类别	指标	2011	2012	2013	2014	2015	2016
概况	城市数(个)	657	657	658	653	656	657
	♯直辖市(个)	4	4	4	4	4	4
	♯地级市(个)	283	284	286	288	291	293
	♯县级市(个)	370	369	368	361	361	360
	城区人口(亿人)	3.54	3.70	3.77	3.86	3.94	4.03
	城区暂住人口(亿人)	0.55	0.52	0.56	0.60	0.66	0.74
	建成区面积(平方公里)	43603	45566	47855	49773	52102	54331
	城市建设用地面积(平方公里)	41861	45751	47109	49983	51584	52761
投资	市政公用设施固定资产年投资总额(亿元)	13934.3	15296.4	16349.8	16245.0	16204.4	17460.0
城市供水和节水	年供水总量(亿平方米)	513.4	523.0	537.3	546.7	560.5	580.7
	供水管道长度(万公里)	57.4	59.2	64.6	67.7	71.0	75.7
	用水普及率(%)	97.04	97.16	97.56	97.64	98.07	98.42
城市燃气	人工煤气年供应量(亿立方米)	84.7	77.0	62.8	56.0	47.1	44.1
	天然气年供应量(亿立方米)	678.8	795.0	901.0	964.4	1040.8	1171.1
	液化石油气年供应量(万吨)	1165.8	1114.8	1109.7	1082.8	1039.2	1078.8
	供气管道长度(万公里)	34.9	38.9	43.2	47.5	52.8	57.8
	燃气普及率(%)	92.41	93.15	94.25	94.57	95.30	95.75
城市集中供热	供热能力 蒸汽(万吨/小时)	8.5	8.6	8.4	8.5	8.1	7.8
	供热能力 热水(万兆瓦)	33.9	36.5	40.4	44.7	47.3	49.3
	管道长度 蒸汽	1.3	1.3	1.2	1.2	1.2	1.2
	管道长度 热水	13.4	14.7	16.6	17.5	19.3	20.1
	集中供热面积(亿平方米)	47.4	51.8	57.2	61.1	67.2	73.9
城市轨道交通	建成轨道交通的城市个数(个)	12	16	16	22	24	30
	建成轨道交通线路长度(公里)	1672	2006	2213	2715	3069	3586
	正在建设轨道交通的城市个数(个)	28	29	35	36	38	39
	正在建设轨道交通线路长度(公里)	1891	2060	2760	3004	3994	4870
城市道路桥梁	城市道路长度(万公里)	30.9	32.7	33.6	35.2	36.5	38.2
	城市道路面积(亿平方米)	56.2	60.7	64.4	68.3	71.8	75.4
	城市桥梁(座)	53386	57601	59530	61863	64512	67737
城市排水与污水处理	污水年排放量(亿立方米)	403.7	416.8	427.5	445.3	466.6	480.3
	排水管道长度(万公里)	41.4	43.9	46.5	51.1	54.0	57.7
	城市污水处理厂座数(座)	1588	1670	1736	1807	1944	2039
	城市污水处理厂处理能力(万立方米/日)	11303	11733	12454	13087	14038	14910
	城市污水日处理能力(万立方米)	13304.1	13692.9	14652.7	15123.5	16065.4	16779.2
	城市污水处理率(%)	83.63	87.30	89.34	90.18	91.90	93.44
	再生水日生产能力(万立方米)	1389	1453	1761	2065	2317	2762
	再生水利用量(亿立方米)	26.8	32.1	35.4	36.3	44.5	45.3

续表

类别	指标	2011	2012	2013	2014	2015	2016
城市园林绿化	建成区绿化覆盖面积(万公顷)	255.4	181.2	190.7	201.7	210.5	220.4
	建成区绿地面积(万公顷)	224.3	163.5	171.9	182.0	190.8	199.3
	建成区绿化覆盖率(%)	39.2	39.6	39.7	40.22	40.12	40.30
	建成区绿地率(%)	35.3	35.7	35.78	36.29	36.36	36.43
	人均公园绿地面积(平方米)	11.80	12.30	12.64	13.08	13.35	13.70
	公园个数(个)	10780	11604	12401	13074	13834	15370
	公园面积(万公顷)	28.6	30.6	33.0	36.8	38.4	41.7
风景名胜区	年末国家级风景名胜区个数(个)	208	227	225	225	225	225
城市市容环境卫生	清扫保洁面积(万平方米)	630545	573507	646014	676093	730333	795000
	生活垃圾清运量(万吨)	16395	17081	17238	17860	19142	20362
	粪便年清运量(万吨)	1963	1812	1682	1552	1437	1299

(住房和城乡建设部计划财务与外事司、哈尔滨工业大学)

2016 年县城建设

【概况】 2016 年年末,全国共有县 1537 个,比上年减少 31 个。据对 1526 个县,以及 4 个已撤县改区的县和 14 个特殊区域统计汇总,县城户籍人口 1.39 亿人,暂住人口 0.16 亿人,建成区面积 1.95 万平方公里。

[说明]

县城包括:(1)县政府驻地的镇、乡(城关镇)或街道办事处地域;(2)县城公共设施、居住设施等连接到的其他镇(乡)地域;(3)县域内常住人口在 3000 人以上独立的工矿区、开发区、科研单位、大专院校等特殊区域。

县包括县、自治县、旗、自治旗、特区、林区。县城部分统计了 1526 个县,另有 4 个已经撤县改区的县和 14 个特殊区域也统计在内。新疆生产建设兵团师团部驻地不再按县城统计,作为镇级特殊区域纳入村镇报表统计。

11 个县没有数据,河北省邢台县、沧县,山西省泽州县,辽宁省抚顺县、盘山县、铁岭县、朝阳县,河南省安阳县,新疆维吾尔自治区乌鲁木齐县、和田县等 10 个县,因与所在城市市县同城,县城部分不含上述县城数据,数据含在其所在城市中;福建省金门县暂无数据资料。

江西省东乡县、广西壮族自治区柳江县和陕西省户县 3 个县新改区,仍按县城统计;湖南省望城县已改区,因特殊原因,仍按县城统计。

14 个特殊区域包括河北省曹妃甸区,黑龙江省加格达奇区,江西省庐山风景区,湖南省南岳区、大通湖区、洪江区,海南省洋浦开发区,云南省昆明阳宗海风景名胜区、昆明倘甸产业园区和昆明轿子山旅游开发区,青海省海北州府西海镇、茫崖行委、大柴旦行委、冷湖行委,宁夏回族自治区红寺堡开发区。

【县城市政公用设施固定资产投资】 2016 年,完成县城市政公用设施固定资产投资 3394.5 亿元,比上年增长 9.5%。其中:道路桥梁、园林绿化、排水分别占县城市政公用设施固定资产投资的 53.20%、14.75% 和 7.75%。2016 年全国县城市政公用设施建设固定资产投资的具体行业分布如图 3 所示。

[说明]

县城的市政公用设施固定资产投资统计口径为计划总投资在 5 万元以上的市政公用设施项目,不含住宅及其他方面的投资。

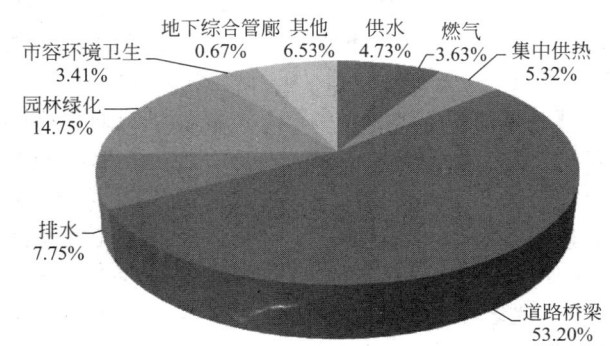

图 3 2016 年全国县城市政公用设施建设固定资产投资的行业分布

2016年按资金来源分县城市政公用设施建设固定资产投资合计3190.79亿元，比上年增加5.97%。其中，本年资金来源3160.14亿元，上年末结余资金30.66亿元。本年资金来源的具体构成，如图4所示。

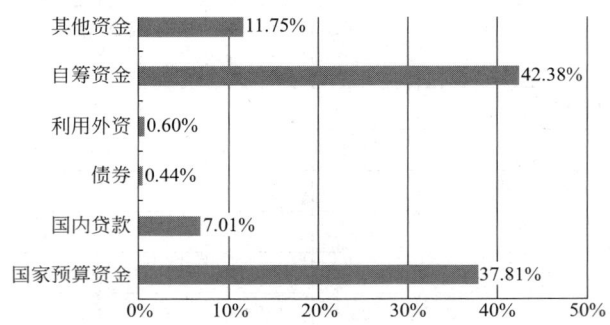

图4 2016年全国县城市政公用设施建设
固定资产投资本年资金来源的分布

2016年，全国县城市政公用设施投资新增固定资产2820.59亿元，固定资产投资交付使用率为83.09%。主要新增生产能力（或效益）是：供水日综合生产能力790.59万立方米，天然气储气能力912.29万立方米，集中供热蒸汽能力620吨/小时，热水能力12763兆瓦，道路长度5248.9公里，排水管道长度1.04万公里，污水处理厂日处理能力128.8万立方米，生活垃圾无害化日处理7330吨。

【县城供水和节水】 2016年年末，县城供水综合生产能力达到0.54亿立方米/日，比上年减少6.0%，其中，公共供水能力0.46亿立方米/日，比上年减少3.3%。供水管道长度21.1万公里，比上年减少1.6%。2016年，全年供水总量106.5亿立方米，其中生产运营用水27.0亿立方米，公共服务用水11.6亿立方米，居民家庭用水48.9亿立方米。用水人口1.40亿人，用水普及率90.5%，比上年增加0.54个百分点，人均日生活用水量119.43升。2016年，县城节约用水2.3亿立方米，节水措施总投资2.98亿元。

【县城燃气】 2016年，人工煤气供应总量7.2亿立方米，天然气供气总量105.7亿立方米，液化石油气供气总量219.2万吨，分别比上年减少12.5%、增长3.0%、减少4.7%。人工煤气供气管道长度0.14万公里，天然气供气管道长度10.60万公里，液化石油气供气管道长度0.16万公里，分别比上年减少0.7%、减少0.5%、减少23.6%。用气人口1.21亿人，燃气普及率78.19%，比上年增加2.29个百分点。

【县城集中供热】 2016年年末，供热能力（蒸汽）1.0万吨/小时，比上年减少25.4%，供热能力（热水）13.0万兆瓦，比上年增长3.7%，供热管道4.7万公里，比上年增长1.4%，集中供热面积13.1亿平方米，比上年增长6.5%。

【县城道路桥梁】 2016年年末，县城道路长度13.2万公里，比上年减少1.4%，道路面积25.3亿平方米，比上年增长1.6%，其中人行道面积6.3亿平方米，人均城市道路面积16.41平方米，比上年增加0.43平方米。2016年，全国县城新建地下综合管廊214公里，形成廊体59公里。

【县城排水与污水处理】 2016年年末，全国县城共有污水处理厂1513座，比上年减少86座，污水厂日处理能力3036万立方米，比上年增长1.2%，排水管道长度17.2万公里，比上年增长2.4%。县城全年污水处理总量81亿立方米，污水处理率87.38%，比上年增加2.16个百分点，其中污水处理厂集中处理率85.8%，比上年增加2.34个百分点。

【县城园林绿化】 2016年年末，县城建成区绿化覆盖面积63.3万公顷，比上年增长2.6%，建成区绿化覆盖率32.53%，比上年增加1.75个百分点；建成区绿地面积55.9万公顷，比上年增长3.2%，建成区绿地率28.74%，比上年增加1.69个百分点；公园绿地面积17.1万公顷，比上年增长4.4%，人均公园绿地面积11.05平方米，比上年增加0.58平方米。

【县城市容环境卫生】 2016年年末，全国县城道路清扫保洁面积25.1亿平方米，其中机械清扫面积12.7亿平方米，机械清扫率50.7%。全年清运生活垃圾、粪便0.71亿吨，比上年减少0.8%。全国县城共有生活垃圾无害化处理场（厂）1273座，比上年增加86座，日处理能力19.1万吨，处理量0.57亿吨，县城生活垃圾无害化处理率85.22%，比上年增加6.18个百分点。

【2011～2016年全国县城建设的基本情况】
2011～2016年全国县城建设的基本情况见表2。

2016年村镇建设

【概况】 2016年年末，全国共有建制镇20883个，乡（苏木、民族乡、民族苏木）10872个。据对18099个建制镇、10883个乡（苏木、民族乡、民族苏木）、775个镇乡级特殊区域和261.7万个自然村（其中村民委员会所在地52.6万个）统计汇总，村镇户籍总人口9.58亿。其中，建制镇建成区1.62亿，

数据统计与分析

2011～2016年全国县城建设的基本情况　　　　表 2

类别	指标	2011	2012	2013	2014	2015	2016
概况	县数(个)	1627	1624	1613	1596	1568	1537
	县城人口(亿人)	1.29	1.34	1.37	1.40	1.40	1.39
	县城暂住人口(亿人)	0.14	0.15	0.16	0.16	0.16	0.16
	建成区面积(平方公里)	17376	18740	19503	20111	20043	19467
投资	市政公用设施固定资产年投资总额(亿元)	2860	3466	3833.7	3572.9	3099.8	3394.5
县城供水和节水	供水总量(亿平方米)	97.7	102.0	103.9	106.3	106.9	106.5
	♯生活用水量	42.9	45.4	47.0	48.3	49.1	48.9
	供水管道长度(万公里)	17.3	18.6	19.4	20.4	21.5	21.1
	用水普及率(%)	86.09	86.94	88.14	88.89	89.96	90.50
县城燃气	人工煤气供应总量(亿立方米)	9.5	8.6	7.7	8.5	8.2	7.2
	天然气供应总量(亿立方米)	53.9	70.1	81.6	92.6	102.6	105.7
	液化石油气供应总量(万吨)	242.2	256.9	241.1	235.3	230.0	219.2
	供气管道长度(万公里)	5.65	7.07	8.07	9.29	10.99	10.89
	燃气普及率(%)	66.52	68.50	70.91	73.24	75.90	78.19
县城集中供热	供热面积(亿平方米)	7.81	9.05	10.33	11.42	12.31	13.12
	蒸汽供热能力(万吨/小时)	1.47	1.39	1.33	1.30	1.37	1.02
	热水供热能力(万兆瓦)	8.13	9.73	10.75	12.94	12.58	13.04
	蒸汽管道长度(万公里)	0.17	0.20	0.29	0.27	0.33	0.33
	热水管道长度(万公里)	2.86	2.19	3.72	4.12	4.30	4.30
县城道路桥梁	道路长度(万公里)	10.86	11.80	12.52	13.04	13.35	13.16
	道路面积(亿平方米)	19.24	21.02	22.69	24.08	24.95	25.35
	人均道路面积(平方米)	13.4	14.1	14.86	15.39	15.98	16.41
县城排水与污水处理	污水排放量(亿立方米)	79.5	64.2	88.1	90.47	92.65	92.72
	污水处理厂座数(座)	1303	1416	1504	1555	1599	1513
	污水处理厂处理能力(万立方米/日)	2409	2623	2691	2882	2999	3036
	污水处理率(%)	70.41	75.24	78.47	82.12	85.22	87.38
	排水管道长度(万公里)	12.2	13.7	14.9	16.03	16.79	17.19
县城园林绿化	建成区绿化覆盖面积(万公顷)	46.6	52.0	56.7	59.93	61.70	63.33
	建成区园林绿地面积(万公顷)	38.6	43.7	48.3	52.05	54.22	55.95
	建成区绿化覆盖率(%)	26.8	27.7	29.06	29.80	30.78	32.53
	建成区绿地率(%)	22.2	23.3	24.76	25.88	27.05	28.74
	人均公园绿地面积(平方米)	8.5	9.0	9.47	9.91	10.47	11.05
县城市容环境卫生	生活垃圾年清运量(万吨)	6743	6838	6505	6657	6655	6666
	粪便年清运量(万吨)	751	649	552	532	489	420

(住房和城乡建设部计划财务与外事司　哈尔滨工业大学)

占村镇总人口的16.96%；乡建成区0.28亿，占村镇总人口的2.92%；镇乡级特殊区域建成区0.04亿，占村镇总人口的0.45%；村庄7.63亿，占村镇总人口的79.67%。

［说明］

村镇数据不包括香港特别行政区、澳门特别行政区、台湾省；也未包括西藏自治区。

村镇包括：（1）城区（县城）范围外的建制镇、乡，以及具有乡镇政府职能的特殊区域（农场、林场、牧场、渔场、团场、工矿区等）的建成区；（2）全国的村庄。

乡包括乡、民族乡、苏木、民族苏木。村镇部分除建制镇和乡外，还统计了行政级别相当于镇乡级的特殊区域。

统计建制镇（乡）和村庄与实有个数不一致，原因一是西藏140个镇、545个乡缺报；二是县政府驻地的建制镇（乡）纳入县城统计范围，不再重复统计；三是按统计范围的划分规定，部分位于城区（县城）的建制镇（乡）纳入城区（县城）统计，不再重复统计；四是部分省（区、市）的个别乡新改建制镇或建制镇新改街道，仍按原行政区划统计。

2016年年末，全国建制镇建成区面积397.0万公顷，平均每个建制镇建成区占地219公顷，人口密度4902人/平方公里（含暂住人口）；乡建成区67.3万公顷，平均每个乡建成区占地62公顷，人口密度4450人/平方公里（含暂住人口）；镇乡级特殊区域建成区13.6万公顷，平均每个镇乡级特殊区域建成区占地176公顷，人口密度3665人/平方公里（含暂住人口）。

【规划管理】 2016年年末，全国已编制总体规划的建制镇17056个，占所统计建制镇总数的94.2%，其中本年编制1308个；已编制总体规划的乡8737个，占所统计乡总数的80.3%，其中本年编制544个；已编制总体规划的镇乡级特殊区域594个，占所统计镇乡级特殊区域总数的76.6%，其中本年编制43个；已编制村庄规划的行政村323373个，占所统计行政村总数的61.5%，其中本年编制17543个。2016年全国村镇规划编制投资达35.1亿元。

【建设投资】 2016年，全国村镇建设总投资15908亿元。按地域分，建制镇建成区6825亿元，乡建成区524亿元，镇乡级特殊区域建成区238亿元，村庄8321亿元，分别占总投资的42.9%、3.3%、1.5%、52.3%。按用途分，房屋建设投资11882亿元，市政公用设施建设投资4026亿元，分别占总投资的74.7%、25.3%。2016年全国村镇建设固定资产投资结构如图5所示。

在房屋建设投资中，住宅建设投资8734亿元，公共建筑投资1410亿元，生产性建筑投资1739亿元，分别占房屋建设投资的73.5%、11.9%、14.6%。

在市政公用设施建设投资中，道路桥梁投资

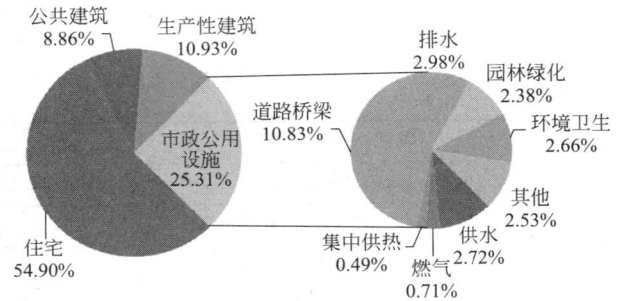

图5　2016年全国村镇建设固定资产投资结构

1589亿元，排水投资474亿元，供水投资433亿元，环境卫生投资423亿元，分别占市政公用设施建设总投资的42.8%、11.8%、10.8%和10.5%。

【房屋建设】 2016年，全国村镇房屋竣工建筑面积10.6亿平方米，其中住宅8.0亿平方米，公共建筑1.1亿平方米，生产性建筑1.5亿平方米。2016年年末，全国村镇实有房屋建筑面积383.0亿平方米，其中住宅323.2亿平方米，公共建筑24.0亿平方米，生产性建筑35.8亿平方米，分别占84.4%、6.3%、9.3%。

2016年年末，全国村镇人均住宅建筑面积33.75平方米。其中，建制镇建成区人均住宅建筑面积34.94平方米，乡建成区人均住宅建筑面积31.23平方米，镇乡级特殊区域建成区人均住宅建筑面积37.24平方米，村庄人均住宅建筑面积33.56平方米。

【公用设施建设】 2016年年末，在建制镇、乡和镇乡级特殊区域建成区内，供水管道长度60.8万公里，排水管道长度19.1万公里，排水暗渠长度9.7万公里，铺装道路长度44.3万公里，铺装道路面积29.8亿平方米，公共厕所15.2万座。

2016年年末，建制镇建成区用水普及率83.86%，人均日生活用水量99.01升，燃气普及率49.52%，人均道路面积12.84平方米，排水管道暗渠密度6.28公里/平方公里，人均公园绿地面积2.46平方米。

2016年年末，乡建成区用水普及率71.90%，人均日生活用水量85.33升，燃气普及率22.00%，人均道路面积13.56平方米，排水管道暗渠密度4.52公里/平方公里，人均公园绿地面积1.11平方米。

2016年年末，镇乡级特殊区域建成区用水普及率91.52%，人均日生活用水量93.76升，燃气普及率58.14%，人均道路面积15.42平方米，排水管道暗渠密度5.88公里/平方公里，人均公园绿地面积

3.95平方米。

2016年年末，全国68.7%的行政村有集中供水，20%的行政村对生活污水进行了处理，65%的行政村对生活垃圾进行处理。

【2011～2016年全国村镇建设的基本情况】
2011～2016年全国村镇建设的基本情况见表3。

2011～2016年全国村镇建设的基本情况　　　表3

类别	指标	年份					
		2011	2012	2013	2014	2015	2016
概况	村镇户籍人口（亿人）总人口	9.42	9.45	9.48	9.52	9.57	9.58
	建制镇建成区	1.44	1.48	1.52	1.56	1.60	1.62
	乡建成区	0.31	0.31	0.31	0.30	0.29	0.28
	镇乡级特殊区域建成区	0.03	0.03	0.03	0.03	0.03	0.04
	村庄	7.64	7.63	7.62	7.63	7.65	7.63
	村镇建成区面积和村庄现状用地面积（万公顷）建制镇建成区	338.6	371.4	369.0	379.5	390.8	397.0
	乡建成区	74.2	79.5	73.7	72.2	70.0	67.3
	镇乡级特殊区域建成区	9.3	10.1	10.7	10.5	9.4	13.6
	村庄现状用地	1373.8	1409.0	1394.3	1394.1	1401.3	1392.2
房屋建设	年末实有房屋建筑面积（亿平方米）	360.3	367.4	373.7	378.1	381.0	383.0
	其中：住宅	302.9	308.0	313.3	317.8	320.7	323.2
	本年竣工房屋建筑面积（亿平方米）	10.1	11.2	11.8	11.6	11.4	10.6
	其中：住宅	7.0	7.7	8.6	8.5	8.6	8.0

（住房和城乡建设部计划财务与外事司　哈尔滨工业大学）

2016年城乡建设统计分省数据

2016年城市（城区）建设分省数据

【2016年城市市政公用设施水平分省数据】

2016年城市市政公用设施水平分省数据见表4。

2016年城市市政公用设施水平分省数据　　　表4

地区名称	人口密度（人/平方公里）	人均日生活用水量（升）	用水普及率（%）	燃气普及率（%）	建成区供水管道密度（公里/平方公里）	人均城市道路面积（平方米）	建成区排水管道密度（公里/平方公里）
上年	2399	174.46	98.07	95.30	13.63	15.60	7.01
全国	2408	176.86	98.42	95.75	13.93	15.80	7.04
北京	1145	173.10	100.00	100.00	19.67	7.62	5.70
天津	3639	113.96	100.00	100.00	18.11	15.39	7.83
河北	2659	132.00	99.52	98.88	9.25	18.91	7.01
山西	3908	114.52	99.29	97.92	9.83	14.77	6.63
内蒙古	1822	103.44	98.98	94.90	7.64	23.45	7.84

续表

地区名称	人口密度（人/平方公里）	人均日生活用水量（升）	用水普及率（%）	燃气普及率（%）	建成区供水管道密度（公里/平方公里）	人均城市道路面积（平方米）	建成区排水管道密度（公里/平方公里）
辽宁	1485	146.26	98.96	96.07	14.05	13.01	5.86
吉林	2231	124.51	93.40	93.00	7.97	14.98	7.48
黑龙江	5244	117.38	97.25	86.66	8.01	13.71	7.04
上海	3816	200.85	100.00	100.00	36.69	4.37	5.14
江苏	2057	215.39	99.86	99.54	19.41	25.37	10.47
浙江	2059	187.17	99.97	99.95	22.60	17.73	7.94
安徽	2487	180.19	99.20	98.05	12.76	21.82	7.07
福建	2758	191.52	99.52	97.21	12.81	14.41	5.89
江西	4613	171.37	97.69	95.31	12.34	17.33	6.55
山东	1502	132.84	99.78	99.51	10.54	24.65	8.48
河南	5056	115.61	93.42	88.93	8.74	12.97	5.16
湖北	2475	204.26	99.12	96.30	15.00	16.14	8.28
湖南	3523	217.12	96.81	93.28	15.00	14.59	7.56
广东	3193	246.14	98.06	97.43	17.69	13.05	6.70
广西	1891	256.38	97.70	95.85	13.12	17.06	6.44
海南	2050	253.06	97.41	97.34	13.09	17.75	7.80
重庆	1953	151.60	97.13	96.11	12.31	12.23	6.29
四川	2901	214.64	93.07	91.78	14.46	13.73	5.67
贵州	2182	171.98	96.03	85.66	13.28	12.11	4.76
云南	2995	131.99	96.66	78.78	11.24	15.76	5.30
西藏	2624	367.04	67.57	52.99	9.23	16.82	7.81
陕西	4240	159.27	95.61	94.66	7.59	15.42	6.02
甘肃	4076	125.28	97.93	88.15	6.11	15.42	5.36
青海	2710	170.30	99.21	87.55	12.48	11.04	5.16
宁夏	1343	187.77	94.75	90.69	5.73	23.11	5.01
新疆	2456	167.20	98.86	97.89	8.09	18.35	6.50

地区名称	污水处理率（%）	污水处理厂集中处理率	人均公园绿地面积（平方米）	建成区绿化覆盖率（%）	建成区绿地率（%）	生活垃圾处理率（%）	生活垃圾无害化处理率
上年	**91.90**	**87.97**	**13.35**	**40.12**	**36.36**	**97.95**	**94.10**
全国	**93.44**	**89.80**	**13.70**	**40.30**	**36.43**	**98.45**	**96.62**
北京	90.58	87.98	16.01	48.40	46.08	99.84	99.84
天津	92.08	91.33	10.59	37.22	32.81	94.16	94.16
河北	95.37	94.44	14.31	40.80	37.23	98.02	97.80
山西	90.11	89.87	11.86	40.52	36.16	99.63	94.60
内蒙古	94.48	94.48	19.77	39.85	36.79	98.87	98.87
辽宁	93.61	90.97	11.33	36.35	33.28	94.99	93.27

续表

地区名称	污水处理率（%）	污水处理厂集中处理率	人均公园绿地面积（平方米）	建成区绿化覆盖率（%）	建成区绿地率（%）	生活垃圾处理率（%）	生活垃圾无害化处理率
吉林	91.76	91.76	13.37	34.97	31.32	94.79	86.30
黑龙江	91.42	75.09	11.91	35.35	32.29	89.21	80.62
上海	94.29	93.76	7.83	38.60	34.15	100.00	100.00
江苏	94.59	81.21	14.79	42.94	39.58	100.00	99.93
浙江	93.89	90.83	13.17	41.02	36.98	100.00	99.98
安徽	97.36	92.03	14.02	41.71	37.67	99.94	99.94
福建	91.27	90.10	13.08	43.32	39.77	98.44	98.44
江西	89.69	88.98	14.16	43.63	40.67	100.00	94.97
山东	96.21	96.11	17.91	42.26	37.78	100.00	100.00
河南	95.91	95.30	10.43	39.33	34.70	98.75	98.75
湖北	95.04	92.39	10.99	37.60	32.98	97.10	95.80
湖南	94.34	89.84	10.57	40.60	36.13	99.89	99.89
广东	93.99	93.75	17.87	42.39	38.18	98.86	96.22
广西	92.11	70.58	11.77	37.62	32.58	98.96	98.96
海南	77.01	77.01	12.02	40.30	36.27	100.00	99.94
重庆	96.75	95.43	16.86	40.76	37.99	99.98	99.98
四川	89.66	85.67	12.47	39.90	35.51	99.69	98.60
贵州	94.59	94.59	14.98	36.80	34.43	94.65	94.65
云南	92.30	91.14	11.33	37.84	34.16	96.39	92.96
西藏	86.43	86.43	7.84	32.59	28.99	91.15	91.15
陕西	91.36	91.36	12.30	40.14	34.21	98.53	98.53
甘肃	93.82	93.82	13.94	31.50	29.24	99.44	72.76
青海	77.79	62.12	10.78	31.12	29.26	96.28	96.28
宁夏	93.69	80.68	18.30	40.43	38.41	98.28	98.28
新疆	85.70	84.34	12.22	38.51	35.26	96.46	83.30

【2016年城市人口和建设用地分省数据】 2016年城市人口和建设用地分省数据见表5。

2016年城市人口和建设用地分省数据　　　　　表5

面积单位：平方公里
人口单位：万人

地区名称	市区面积	市区人口	市区暂住人口	城区面积	城区人口	城区暂住人口	建成区面积	本年征用土地面积	耕地
上年	2076198.12	73283.58	10050.35	191775.54	39437.84	6561.52	52102.31	1548.53	707.86
全国	2154880.06	75481.61	11042.25	198178.59	40299.17	7414.01	54331.47	1713.62	775.76
北京	16410.00	2172.9		16410.00	1879.6		1419.66	15.72	8.67
天津	11760.27	1044.41	316.02	2583.28	719.20	220.89	1007.91	20.32	8.79
河北	41695.31	3279.28	222.96	6613.44	1628.57	129.71	2056.45	50.37	14.7
山西	28748.21	1652.30	172.45	2893.26	1019.40	111.41	1157.63	19.47	13.83

续表

地区名称	市区面积	市区人口	市区暂住人口	城区面积	城区人口	城区暂住人口	建成区面积	本年征用土地面积	耕地
内蒙古	147096.24	982.29	224.12	4871.72	685.28	202.14	1241.59	28.38	11.93
辽宁	68581.71	3066.37	213.06	15148.08	2076.05	174.13	2798.20	28.18	16.66
吉林	106595.16	1961.33	129.50	5111.52	1029.35	110.95	1425.83	68.10	34.34
黑龙江	199227.38	2242.50	133.76	2735.61	1325.69	108.84	1810.17	17.71	5.46
上海	6340.50	2419.7		6340.50	2419.7		998.75	24.46	14.65
江苏	67019.35	5650.05	875.75	15277.57	2802.05	340.41	4299.26	155.56	76.38
浙江	54572.56	3395.23	1480.04	11311.75	1578.27	750.63	2673.33	100.01	50.18
安徽	39426.52	2501.39	389.36	6100.40	1179.35	337.77	2001.68	130.18	67.2
福建	46500.93	2113.83	754.44	4440.87	903.96	321.03	1469.16	90.14	23.33
江西	39811.17	1963.43	163.57	2369.32	972.69	120.28	1370.95	60.56	26.05
山东	90263.11	5852.23	533.08	22424.21	2974.35	393.84	4795.47	114.08	48.18
河南	46234.80	4215.83	513.16	4822.78	2013.39	425.01	2544.27	28.18	13.01
湖北	87016.32	4079.82	412.15	8334.17	1745.76	317.35	2248.94	90.55	50.7
湖南	48746.45	2663.80	210.23	4373.14	1408.30	132.31	1625.64	61.67	12.95
广东	96640.58	7920.34	2199.67	17086.28	3831.21	1624.17	5808.12	126.90	48.16
广西	66000.60	2324.43	234.05	5752.04	875.30	212.31	1333.80	117.99	49.83
海南	17396.89	599.34	99.30	1428.18	209.14	83.61	320.98	3.55	1.26
重庆	43263.10	2478.46	428.92	7438.45	1102.70	350.30	1350.66	91.29	42.56
四川	81941.61	3943.41	491.19	7872.65	1951.39	332.66	2615.59	79.32	40.49
贵州	29523.19	1224.59	133.51	3104.81	577.89	99.62	844.56	33.82	14.84
云南	84279.27	1629.90	130.61	3127.68	846.56	90.26	1131.34	34.65	15.15
西藏	31333.62	128.51	88.22	449.83	69.43	48.62	145.18	5.05	2.5
陕西	40081.50	1594.10	89.48	2334.76	924.93	65.03	1127.35	44.17	22.59
甘肃	87362.07	893.41	147.59	1580.08	533.29	110.76	870.42	37.24	27.98
青海	166331.50	223.96	23.16	688.15	168.07	18.39	197.41	3.31	0.2
宁夏	22931.43	342.85	61.41	2119.18	229.76	54.85	441.80	9.51	6.68
新疆	241748.71	921.62	171.49	3034.88	618.54	126.73	1199.37	23.18	6.51

地区名称	城市建设用地面积								
	合计	居住用地	公共管理与公共服务设施用地	商业服务业设施用地	工业用地	物流仓储用地	道路交通设施用地	公共设施用地	绿地与广场用地
上年	51584.10	16282.49	4848.13	3637.65	10298.65	1585.82	7452.98	1897.50	5580.88
全国	52761.30	16373.91	4975.48	3775.90	10525.24	1617.31	7785.66	1998.63	5709.17
北京	1463.79	420.91	174.88	135.13	263.32	51.51	270.85	31.71	115.48
天津	961.65	258.55	78.40	69.30	231.21	66.01	138.03	26.47	93.68
河北	1944.93	690.64	170.95	135.03	314.34	64.06	283.17	70.54	216.20
山西	1129.04	343.65	129.37	71.76	174.67	38.92	173.59	81.89	115.19
内蒙古	1146.87	333.86	100.15	93.63	165.33	39.91	221.25	37.70	155.04
辽宁	2718.20	839.15	182.60	195.17	711.73	71.90	379.62	64.65	273.38
吉林	1379.46	494.67	105.48	89.82	274.71	45.85	201.39	57.93	109.61

续表

地区名称	城市建设用地面积								
	合计	居住用地	公共管理与公共服务设施用地	商业服务业设施用地	工业用地	物流仓储用地	道路交通设施用地	公共设施用地	绿地与广场用地
黑龙江	1821.81	642.40	175.14	87.57	357.51	72.41	269.64	63.04	154.10
上海	1913.3	545.51	151.11	116.09	555.75	58.55	133.71	212.86	139.72
江苏	4367.41	1307.34	369.14	347.68	1009.40	116.00	599.21	132.50	486.14
浙江	2573.37	750.66	223.85	218.66	565.74	61.80	405.95	77.82	268.89
安徽	1959.72	619.23	152.85	176.09	357.01	54.15	307.75	60.61	232.03
福建	1365.57	457.22	142.40	102.62	237.21	34.77	205.31	51.45	134.59
江西	1279.29	381.88	140.41	98.37	240.05	28.81	197.06	46.48	146.23
山东	4539.96	1373.97	482.62	312.51	997.09	143.46	578.22	151.35	500.74
河南	2424.64	726.83	271.26	130.34	378.44	78.02	388.32	99.10	352.33
湖北	2111.75	655.36	205.27	139.79	460.41	61.00	322.22	78.87	188.83
湖南	1511.06	535.29	182.11	104.71	201.98	44.86	190.15	87.87	164.09
广东	5266.61	1573.23	425.66	341.20	1375.75	140.45	815.27	153.43	441.62
广西	1292.58	388.37	137.48	78.49	204.10	50.23	234.60	53.49	145.82
海南	302.05	110.46	41.15	24.64	22.25	6.26	54.07	13.61	29.61
重庆	1179.57	370.90	106.80	74.82	246.83	29.08	213.71	33.10	104.33
四川	2468.48	769.88	240.80	189.68	441.83	64.41	383.90	74.43	303.55
贵州	776.85	255.23	77.61	62.03	122.86	25.36	110.39	25.28	98.09
云南	1027.24	377.72	112.21	90.66	111.20	29.99	136.25	33.06	136.15
西藏	186.83	60.02	32.16	22.00	19.7	4.88	28.61	12.25	7.21
陕西	1096.26	266.18	109.50	86.40	132.41	24.64	182.00	39.12	256.01
甘肃	805.97	216.87	82.21	59.95	129.70	28.66	118.55	41.37	128.66
青海	175.97	76.99	14.94	8.93	13.18	19.21	17.47	6.75	18.50
宁夏	384.07	125.51	50.20	17.91	41.08	13.87	64.83	14.52	56.15
新疆	1187.00	405.43	106.77	94.92	168.45	48.28	160.57	65.38	137.20

【2016年城市市政公用设施建设维护管理财政性资金收支分省数据】 2016年城市市政公用设施建设维护管理财政性资金收支分省数据见表6、表7。

2016年城市市政公用设施建设维护管理财政性资金收入分省数据　　表6

计量单位：万元

地区名称	合计	中央预算资金	省级预算资金	市财政资金								其他财政资金
				合计	城市维护建设税	城市公用事业附加	城市基础设施配套费	国有土地使用权出让收入	市政公用设施有偿使用费	污水处理费	垃圾处理费	
上年	160735509	3132417	4616060	143334561	19421884	2255346	9748759	87057559	4427311	2636962	793824	9652471
全国	180194600	2968916	4056263	164493706	22429127	2100389	9583838	100031030	4463162	2937537	963049	8675715
北京	14498063			14498063	2216399	78753	337615	11699540	165756	165510	246	
天津	2564052	54147	238319	1748551	304243		265026	1040500				523035
河北	4854346	194213	158585	4432224	722014	78833	139473	3084107	130824	69802	7535	69324
山西	2485140	11849	16428	2454459	1187751	19558	123075	548795	46348	30679	14458	2404
内蒙古	1671906	26998	35176	1582272	208560	31432	132802	273698	27858	22267	4092	27460

续表

地区名称	合计	中央预算资金	省级预算资金	市财政资金								其他财政资金
				合计	城市维护建设税	城市公用事业附加	城市基础设施配套费	国有土地使用权出让收入	市政公用设施有偿使用费	污水处理费	垃圾处理费	
辽宁	3834031	219171	53594	3534866	1014438	94819	348744	1458084	100088	72584	20691	26400
吉林	2471417	103731	88807	2210759	527214	24030	181566	1015328	57642	35312	3379	68120
黑龙江	1566287	176563	38342	1104484	397005	29302	89936	329478	32246	22444	5102	246898
上海	3612954	105015		3503019		305012	45000	786057				4920
江苏	24456256	164696	239639	22934840	2603947	211271	871142	15996152	496809	366888	112733	1117081
浙江	9799144	63674	102271	8907883	925057	87245	211781	5878748	509150	393161	99495	725316
安徽	12834316	59685	39347	12608322	832987	58567	355511	10595606	146782	95868	43035	126962
福建	10975204	8070	24436	10893429	590278	83534	106617	5402792	163437	103809	44163	49269
江西	4516160	17266	12497	4437954	311105	20954	95942	2762414	98418	76582	8717	48443
山东	12532299	328036	42439	11572483	1841087	143894	1600119	7084303	298384	245275	39570	589341
河南	2290629	19825	4226	2264133	456767	91973	486413	531481	115370	87169	16972	2445
湖北	8385902	92392	29388	7249799	1479890	16223	346059	4758784	250899	146894	82965	1014323
湖南	5852679	108606	51532	5561222	884184	44911	274291	3632527	252409	126146	26109	131319
广东	17873815	44070	4868	17205257	2671707	300216	1062901	11323602	594867	390838	167971	619620
广西	6392932	127460	68728	6117711	341182	56974	166871	4301459	188269	113431	72707	79033
海南	540732	1904	9697	520181	110887	8653	110729	105876	54412	25957	22180	8950
重庆	3857157	21629	1478885	2355432	325812	36893	759969	884916	53622	22568	28317	1211
四川	7556552	31745	110265	5172473	913341	43481	631692	2125212	251449	120035	42597	2242069
贵州	521421	49485	8125	463185	116675	9741	38169	185725	40762	15242	6548	626
云南	2924784	296359	459172	1933172	326558	42306	129365	1077836	113929	98972	12892	236081
西藏	609348	322701	174452	111557	20174	115	8998	17815	1058	160	446	638
陕西	6343524	112587	97404	5598592	474776	90251	380637	1946129	91456	24162	26044	534941
甘肃	1363493	83141	45539	1223965	165901	2831	96430	206696	32764	25293	6148	10848
青海	871316	51807	393412	426097	141196	65494	8346	117098	71567	7408	4860	
宁夏	545264	31797	30360	420791	47229	7290	38901	129658	36215	13008	23205	62316
新疆	1593477	40294	330	1446531	270763	15833	139718	730614	40372	20073	19872	106322

2016年城市市政公用设施建设维护管理财政性资金支出分省数据 表7

计量单位：万元

地区名称	合计	城乡社区规划与管理	市政公用行业市场监管	市政公用设施建设维护与管理	风景名胜区规划与保护	其他
上年	124386269	5734301	1598777	83245685	1252328	32555178
全国	138326496	6975100	2094661	91895627	1583481	35777627
北京	16270965	100887	2416	10704397		5463265
天津	2506578			2505964		614
河北	2432049	98782	72437	1433167	7928	819735
山西	2018859	23312	10111	1963990	12981	8465
内蒙古	1504520	157775	66103	735632	544	544466

续表

地区名称	合计	城乡社区规划与管理	市政公用行业市场监管	市政公用设施建设维护与管理	风景名胜区规划与保护	其他
辽宁	2674859	69441	75036	2325119	42417	162846
吉林	1955238	401931	16092	775551	63640	698024
黑龙江	1624997	44461	16400	1301741	2087	260308
上海	1572074			262787		1309287
江苏	14541824	3185058	257494	8040835	483632	2574805
浙江	6448045	90589	32472	5146228	53001	1125755
安徽	12531596	168983	50902	12162877	32908	115926
福建	6513434	189028	28186	2643410	7888	3644922
江西	2941002	635550	57174	1424140	83822	740316
山东	7087718	243119	172364	6127519	147896	396820
河南	2277488	163593	80099	1777653	28501	227642
湖北	7273500	249620	153834	5355900	52483	1461663
湖南	2448537	124031	86293	1606300	25644	606269
广东	14237522	449270	39501	8331671	43728	5373352
广西	5969872	45470	18834	2896713	12207	2996648
海南	524396	82295	22906	240365	22018	156812
重庆	3821347	38159	9221	3386733	8240	378994
四川	5783915	144822	362830	1484670	141967	3649626
贵州	239421	32738	18453	99565	4526	84139
云南	2802549	33186	26967	483371	18611	2240414
西藏	62940	1215	515	2785	49664	8761
陕西	7226650	66858	59821	6653326	207893	238752
甘肃	490358	8057	57510	231313	10270	183208
青海	878715	40165	268051	570499		
宁夏	413073	54592	301	285405		72775
新疆	1252455	32113	32338	936001	18985	233018

【2016年城市市政公用设施建设固定资产投资分省数据】 2016年城市市政公用设施建设固定资产投资分省数据见表8。

2016年城市市政公用设施建设固定资产投资分省数据　　　　表8

计量单位：万元

地区名称	本年投资完成合计	供水	燃气	集中供热	轨道交通	道路桥梁	排水	污水处理	污泥处置	再生水利用
上年	162044401	6199335	3504671	5168328	37071463	74140045	9826842	3785039	188623	1340923
全国	174599734	5458498	4089062	4818675	40794785	75643268	12225062	4088663	185327	810312
北京	12010583	267709	201160	354824	2728037	2495652	2802488	903909	27599	625659
天津	2927208	8834	12834	42449	1526261	933712	67110	18342		2853
河北	3607251	159073	107030	640138	542296	1268116	348204	69440	2300	5964
山西	4744357	63882	94991	196100	32000	3613988	124172	43776	500	

续表

地区名称	本年投资完成合计	供水	燃气	集中供热	轨道交通	道路桥梁	排水	污水处理	污泥处置	再生水利用
内蒙古	4774236	285536	108486	592177	564786	1332945	301177	199247	13282	4625
辽宁	2724690	99076	58514	394082	877804	636112	91965	11960		
吉林	3486458	122457	66746	215432	742517	599148	75106	31120	6330	
黑龙江	2274993	81738	90568	504787	481049	656891	131325	54839	2000	2300
上海	5538842	338037	152172		2872092	1438768	219363	35172	5777	
江苏	14627229	583393	661849	1145	3221844	6379826	1370344	397608	29882	25739
浙江	11040682	332774	173643		2809488	5135535	698714	400543	35312	990
安徽	7417525	283582	187576	46548	791297	4188478	387047	91580		1391
福建	6261545	123451	44356		1669656	3433823	313970	58843	402	
江西	4052364	131803	43437		500561	2270926	325463	38309	22099	
山东	10060204	332467	241359	874471	2229388	3469677	803192	191738	855	63601
河南	5313308	164687	83415	214890	1196446	2373259	346845	67345	2220	3369
湖北	12298694	150719	989356		3557428	5275133	1190260	231876		1500
湖南	7543709	294984	42132	29749	900918	4013792	404501	260819	8100	
广东	7828858	182619	116849		4071694	2328169	392110	330254	200	
广西	6030884	136308	66433		1171528	3362547	447080	14821	4109	
海南	1228866	4009	10361			908655	86687	71700		5805
重庆	7315367	226840	85177		2503057	3600390	91019	50553		465
四川	10975335	227127	64809	6000	2816708	5395016	429878	279090		
贵州	3427637	39931			123555	2631582	26156	5013	2410	10388
云南	4083331	47836	33160		1236629	1517437	165620	16900		124
西藏	261333	4925				161957	39069	37360		
陕西	4459883	116204	73716	82302	1019046	2126911	187401	93690	6950	9423
甘肃	3455914	349892	36686	150431	608700	1538445	75806	25513	15000	
青海	825079	6414	12664			668454	16513	8583		
宁夏	409678	12543	11942	96059		65682	24242	7523		
新疆	3593692	279648	217641	377091		1822242	242235	41197		46116

地区名称	园林绿化	市容环境卫生	垃圾处理	地下综合管廊	其他	本年新增固定资产
上年	15946541	3980393	1569834		6206783	102570410
全国	16701452	4452116	1180877	2947106	7469710	106211811
北京	1533299	1613451	181528	12963	1000	3455933
天津	243369	18518		1000	73121	347085
河北	404283	37254	3952	1632	99225	2736588
山西	490217	52686	290	13157	63164	4437885
内蒙古	929130	205772	10780	167127	287100	4135308
辽宁	352034	70792	43560	62072	82239	1646059
吉林	125424	45098	22665	376515	1118015	1028985
黑龙江	100001	47346	16832	178529	2759	1497972

续表

地区名称	园林绿化	市容环境卫生	垃圾处理	地下综合管廊	其他	本年新增固定资产
上海	144300	65828	65828	26169	282113	1591880
江苏	1825643	309026	23571	64550	209609	9650628
浙江	1459554	130461	84022	40135	260378	9856234
安徽	1144171	231760	84512	47975	109091	5820475
福建	256728	87892	2300	56418	275251	2587911
江西	562062	58820	40746	42585	116707	2464463
山东	1034175	279392	178760	190797	605286	5954745
河南	734343	86281	6278	111873	1269	3656270
湖北	748762	178334	20054	147248	61454	12157018
湖南	362413	87810	52278	126398	1281012	3090855
广东	200669	263960	79482	60866	211922	2763129
广西	672628	102905	66102	70727	728	6502404
海南	141681	2287	1350	63067	12119	221322
重庆	616945	55194	1212	1560	135185	4139750
四川	982705	64074	51164	36274	952744	4319673
贵州	300506	60826	33104	236850	8231	1681916
云南	119905	12606	6	327528	622610	2417370
西藏	11180	13060			31142	70371
陕西	710188	95939	14350	48176		2010933
甘肃	130596	63646	44465	203060	298652	1499190
青海	7244	23803		85560	4427	786227
宁夏	54881	620		135017	8692	208338
新疆	302416	86675	51686	11279	254465	3474894

【2016年城市市政公用设施建设固定资产投资资金来源分省数据】 2016年城市市政公用设施建设固定资产投资资金来源分省数据见表9。

2016年城市市政公用设施建设固定资产投资资金来源分省数据　　表9

计量单位：万元

| 地区名称 | 本年实际到位资金合计 | 上年末结余资金 | 本年资金来源 | | | | | | | | | | 各项应付款 |
			小计	国家预算资金	中央预算资金	国内贷款	债券	利用外资	外商直接投资	自筹资金	单位自有资金	其他资金	
上年	165707374	12949744	152757630	46084600	2020619	39863161	1890914	465923	122667	42580254	7807748	21872778	20834390
全国	173191522	9426721	163764801	53031404	1194417	43387183	1333925	346413	59542	39635746	6019114	26030130	21565150
北京	12668615	3134425	9534190	5306720	76725	1212469	42390			1121450	739181	1851161	2128580
天津	2717398	30281	2687117	1018739	28317	1274826				234593	70426	158959	457478
河北	3319435	11859	3307576	609584	28139	1047538	7739			1427822	196600	214893	332697
山西	4956323	76	4956247	388381	17424	15360	194886			639016	65670	3718604	549370
内蒙古	5638665	35980	5602685	1953024	2377	281101				1708146	218959	1660414	1264457

续表

地区名称	本年实际到位资金合计	上年末结余资金	本年资金来源										各项应付款
			小计	国家预算资金	中央预算资金	国内贷款	债券	利用外资	外商直接投资	自筹资金	单位自有资金	其他资金	
辽宁	2429399	145662	2283737	1428205	39257	142276	2921	13805		613697	145351	82833	460632
吉林	3277430	187274	3090156	523069	32543	1188907	35800			799658	196835	542722	160881
黑龙江	2578366	127417	2450949	567378	88088	361422	21262			849770	191086	651117	204028
上海	5215719	257123	4958596	1557671	4115	140255		8932		3235524	157611	16214	382579
江苏	13443623	942138	12501485	3059989	39400	4426249	28570	2550	2550	3976896	477016	1007231	2083492
浙江	10889804	643848	10245956	3453342	92655	1716049	131247	4081	1467	3493304	554464	1447933	630271
安徽	7561452	24918	7536534	4915436	25744	980111	30267	78089		1189308	234521	343323	954689
福建	5284305	329725	4954580	3307718		491968				342070	21071	812824	56421
江西	4458318	7038	4451280	2832063	40441	457260		3474		1004177	12632	154306	201312
山东	9197114	263008	8934106	3710678	50058	1242700	186797	4500	4500	2217507	426177	1571924	1984516
河南	5066723	86417	4980306	3796645	25085	726628	2908			435217	134649	18908	222877
湖北	16539796	2901	16536895	1081137	33500	14379725	1400	13096		836693	59575	224844	295476
湖南	7398270	5463	7392807	117248	6718	864625	18420	61340	48200	3212540	272054	3118634	407959
广东	8930242	498585	8431657	3014229	8554	1218710	207635			862369	312796	3128714	410296
广西	5014481	52840	4961641	1118321	58151	1995323	4815	49827		1440851	79125	352504	1381124
海南	973206	70117	903089	580641	108691	93790	29012			109481	9417	90165	49616
重庆	6505364	254040	6251324	3065716	21015	1352315	1000			1784753	317647	47540	1621777
四川	9298341	207322	9091019	1045435	43446	2299440	265572	8504		2956185	499868	2515883	1485028
贵州	2465071	443157	2021914	23220	500	421980		1200	1200	1408996	6680	166518	1030723
云南	4060799	233501	3827298	292694	51826	1825259	104800	27890		655487	158105	921168	1793424
西藏	80044	697	79347	56841	6000					22506			
陕西	4864659	341665	4522994	2664609	7300	846027		35900		785195	55640	191263	258749
甘肃	3280524	563008	2717516	409756	94389	952297	4400	33225	1625	886052	154878	431786	254579
青海	1231026	436032	794994	415445	51771	368854				10541		154	21535
宁夏	237662	11487	226175	67897	23047	29916	1568			97437	32416	29357	104227
新疆	3609348	78717	3530631	649573	89141	1033803	10516			1278505	218664	558234	376357

2016 年县城建设分省数据

【2016 年县城市政公用设施水平分省数据】 2016 年县城市政公用设施水平分省数据见表 10。

2016 年县城市政公用设施水平分省数据　　表 10

地区名称	人口密度（人/平方公里）	人均日生活用水量（升）	用水普及率（%）	燃气普及率（%）	建成区供水管道密度（公里/平方公里）	人均城市道路面积（平方米）	建成区路网密度（公里/平方公里）	建成区道路面积率(%)
上年	2076	119.43	89.96	75.90	10.71	15.98	6.66	12.45
全国	2127	119.43	90.50	78.19	10.86	16.41	6.76	13.02
河北	2426	107.40	97.05	90.29	9.69	22.38	7.30	15.61

续表

地区名称	人口密度（人/平方公里）	人均日生活用水量（升）	用水普及率（%）	燃气普及率（%）	建成区供水管道密度（公里/平方公里）	人均城市道路面积（平方米）	建成区路网密度（公里/平方公里）	建成区道路面积率（%）
山西	2920	83.72	98.18	79.23	11.56	15.74	7.40	14.16
内蒙古	932	83.78	96.20	83.31	10.33	26.43	6.85	14.87
辽宁	1843	93.70	86.47	72.90	13.11	10.98	4.86	8.56
吉林	3029	105.80	73.18	72.79	11.21	9.45	5.28	8.07
黑龙江	2724	85.04	82.22	52.48	9.87	12.50	6.80	8.08
江苏	1991	133.33	99.50	99.34	16.84	20.11	7.91	16.41
浙江	884	178.11	99.96	98.80	24.85	21.00	9.78	15.90
安徽	1701	127.33	92.94	86.04	12.24	20.91	6.71	15.32
福建	2448	174.48	98.12	96.73	12.39	14.74	7.32	12.58
江西	4921	116.62	94.97	88.62	11.09	18.66	7.91	15.77
山东	1333	129.21	98.54	95.43	7.65	22.56	7.35	15.42
河南	2531	114.20	74.32	53.66	6.58	14.63	5.65	12.45
湖北	3002	132.37	92.91	85.85	9.36	16.60	6.98	14.35
湖南	4367	128.86	86.08	76.12	12.04	12.49	6.98	12.47
广东	1667	160.49	90.49	85.82	16.36	11.08	7.68	10.05
广西	2392	152.75	93.73	84.09	11.01	14.49	6.90	11.96
海南	3181	167.10	93.17	90.60	9.90	23.58	5.24	12.32
重庆	2643	108.70	96.25	92.92	14.64	8.70	7.66	11.90
四川	1353	124.79	82.20	77.54	10.94	10.44	5.11	9.89
贵州	2616	101.15	89.01	55.99	8.38	12.47	5.72	10.13
云南	3306	108.42	90.43	52.32	13.07	13.21	6.25	11.59
西藏	1888	313.65	52.92	30.62	6.91	12.51	4.34	5.82
陕西	3848	90.88	91.56	77.34	7.03	14.35	6.60	11.86
甘肃	5152	65.73	92.04	57.28	8.87	13.21	5.99	10.94
青海	2000	98.30	95.92	53.41	10.11	16.67	6.64	10.33
宁夏	3141	100.81	94.46	69.77	8.31	27.95	7.28	15.88
新疆	3084	119.36	93.81	86.17	10.59	20.55	6.27	11.61

地区名称	建成区道路面积率（%）	建成区排水管道密度（公里/平方公里）	污水处理率（%）	污水处理厂集中处理率	人均公园绿地面积（平方米）	建成区绿化覆盖率（%）	建成区绿地率（%）	生活垃圾处理率（%）	生活垃圾无害化处理率
上年	12.45	8.38	85.22	83.46	10.47	30.78	27.05	89.66	79.04
全国	13.02	8.83	87.38	85.80	11.05	32.53	28.74	93.01	85.22
河北	15.61	8.00	95.03	94.43	11.90	37.86	33.72	96.89	92.48
山西	14.16	9.38	89.41	89.41	11.22	37.82	33.30	79.73	75.53
内蒙古	14.87	7.75	93.02	93.02	19.82	34.45	31.73	96.89	96.89
辽宁	8.56	6.05	91.53	91.53	9.15	18.53	16.24	88.96	84.60

续表

地区名称	建成区道路面积率(%)	建成区排水管道密度(公里/平方公里)	污水处理率(%)	污水处理厂集中处理率	人均公园绿地面积(平方米)	建成区绿化覆盖率(%)	建成区绿地率(%)	生活垃圾处理率(%)	生活垃圾无害化处理率
吉林	8.07	6.76	81.47	81.47	8.52	24.08	19.56	76.74	60.88
黑龙江	8.08	5.60	90.65	88.62	11.14	21.09	17.44	63.90	38.90
江苏	16.41	12.10	84.63	80.59	12.22	41.23	38.72	100.00	100.00
浙江	15.90	15.81	90.27	87.78	13.76	39.77	35.99	100.00	99.89
安徽	15.32	11.44	92.09	90.96	11.78	34.84	30.90	98.45	90.21
福建	12.58	11.02	86.83	86.74	14.15	41.82	38.52	97.58	92.83
江西	15.77	10.65	82.72	82.72	14.46	40.56	36.80	99.79	73.22
山东	15.42	9.72	95.36	95.29	15.01	38.46	33.81	99.59	99.59
河南	12.45	8.06	88.48	88.48	7.27	23.03	19.64	86.98	86.98
湖北	14.35	7.89	88.22	83.24	9.94	30.84	27.28	88.52	72.83
湖南	12.47	9.33	92.63	90.82	9.80	37.45	32.22	99.16	99.16
广东	10.05	6.53	85.40	82.82	11.68	30.44	27.65	95.35	87.63
广西	11.96	9.90	88.27	82.58	9.49	31.27	27.42	97.80	95.98
海南	12.32	5.21	80.34	80.34	9.78	34.27	29.78	99.68	99.68
重庆	11.90	13.69	94.74	94.74	11.14	40.98	36.69	100.00	100.00
四川	9.89	7.85	71.19	67.40	9.82	31.94	27.44	91.20	83.00
贵州	10.13	5.29	80.60	80.60	7.69	21.87	19.41	81.52	81.12
云南	11.59	11.07	79.94	79.94	8.71	30.66	26.84	89.03	76.30
西藏	5.82	4.46	12.63	12.63	4.86	4.81	3.94	74.03	74.03
陕西	11.86	7.18	87.62	87.62	9.89	33.05	28.73	95.38	91.14
甘肃	10.94	6.72	85.36	85.36	7.73	19.20	14.88	97.37	74.93
青海	10.33	6.73	60.06	60.06	3.85	16.02	11.98	93.71	66.89
宁夏	15.88	7.79	92.21	73.44	16.16	33.82	30.44	97.58	97.58
新疆	11.61	6.45	76.92	70.58	11.36	31.99	29.09	92.16	42.95

注：本表各项人均指标除人均日生活用水量外，均以城区人口和城区暂住人口合计为分母计算。

【2016年县城人口和建设用地分省数据】 2016年县城人口和建设用地分省数据见表11。

2016年县城人口和建设用地分省数据　　　表11

面积单位：平方公里

人口单位：万　　人

地区名称	县域面积	县域人口	县域暂住人口	县城面积	县城人口	县城暂住人口	建成区面积	本年征用土地面积	耕地
上年	7654262.33	68793.34	3110.26	75204.21	14017.10	1598.14	20043.07	904.32	393.39
全国	7502515.89	67313.83	3010.22	72591.13	13858.30	1583.28	19466.60	803.14	341.14
河北	140432.24	4151.65	173.70	4217.80	930.16	93.19	1467.30	22.45	11.18
山西	127699.00	2083.10	80.08	2199.29	596.43	45.75	713.50	16.62	2.46
内蒙古	1050507.89	1545.63	127.83	5857.25	478.30	67.50	969.67	16.16	1.96
辽宁	81133.31	1145.64	31.47	1360.87	232.49	18.32	321.68	3.97	1.09

数据统计与分析

续表

地区名称	县域面积	县域人口	县域暂住人口	县城面积	县城人口	县城暂住人口	建成区面积	本年征用土地面积	耕地
吉林	86354.98	776.09	26.70	661.60	189.26	11.13	234.57	4.28	0.39
黑龙江	237768.35	1433.14	31.83	1359.71	349.43	20.99	573.27	24.12	16.86
江苏	34185.40	2098.91	47.74	2744.39	517.76	28.76	669.64	28.82	15.93
浙江	50221.51	1508.92	249.75	4915.59	352.90	81.59	573.89	42.55	25
安徽	99905.00	4547.83	159.99	5356.01	815.90	95.08	1242.93	90.01	42.49
福建	77863.92	1760.43	129.48	1643.16	350.05	52.21	471.13	43.40	9.44
江西	128570.91	3023.74	92.53	1697.57	773.73	61.62	988.57	61.42	18.33
山东	68041.67	4069.20	99.69	7623.47	953.10	62.95	1486.25	37.35	22.62
河南	119746.33	7048.03	232.66	5692.39	1317.47	123.13	1693.18	34.98	17.43
湖北	99104.62	2267.03	102.63	1557.52	424.11	43.44	540.59	19.58	6.80
湖南	164641.69	4782.32	242.68	2621.90	985.93	159.15	1147.04	56.80	10.71
广东	80272.53	2223.43	127.05	2794.03	418.99	46.67	513.78	9.65	3.83
广西	170833.59	3350.09	79.78	2299.86	496.42	53.73	666.36	43.51	15.11
海南	17413.20	312.51	19.74	213.67	63.61	4.35	130.12	3.21	0.49
重庆	39138.73	943.42	67.85	744.46	156.47	40.27	143.81	14.90	6.96
四川	409945.59	5254.40	208.95	8294.64	982.56	139.91	1184.91	47.63	25.85
贵州	146727.82	3146.95	117.60	2172.55	511.31	57.13	699.59	41.66	17.58
云南	304101.07	3231.77	149.53	1825.68	526.11	77.46	688.01	61.60	37.54
西藏	1178543.50	251.08	44.22	351.58	50.13	16.24	142.58	22.63	4.36
陕西	165542.80	2364.95	96.14	1536.31	525.62	65.61	715.20	16.08	9.53
甘肃	371867.84	1877.22	111.39	765.34	342.97	51.36	475.98	15.44	7.03
青海	549157.02	407.69	30.16	570.64	99.34	14.80	184.15	2.15	1.10
宁夏	39475.95	336.05	23.13	319.32	88.29	12.01	176.55	8.08	5.94
新疆	1463319.43	1372.61	105.92	1194.53	329.46	38.93	652.35	14.09	3.13

地区名称	城市建设用地面积							
	合计	居住用地	公共管理与公共服务设施用地	商业服务业设施用地	工业用地	物流仓储用地	道路交通设施用地	公共设施用地	绿地与广场用地
上年	18718.37	6316.84	1832.29	1407.54	2536.69	642.97	2474.99	974.46	2532.59
全国	18242.39	6111.29	1733.22	1327.15	2538.77	591.72	2501.24	909.04	2529.96
河北	1373.88	467.55	116.36	101.53	204.18	39.79	180.92	46.51	217.04
山西	661.78	240.43	65.73	37.31	48.14	15.27	111.39	29.58	113.93
内蒙古	887.96	302.62	88.48	61.62	92.56	25.72	156.03	41.06	119.87
辽宁	298.12	124.55	20.15	20.86	56.29	8.35	25.67	19.46	22.79
吉林	215.08	90.23	16.51	16.74	29.86	10.87	24.61	7.86	18.40
黑龙江	506.90	215.47	40.17	34.05	68.55	22.11	67.99	21.65	36.91
江苏	663.54	220.12	52.75	47.46	141.96	17.48	79.32	23.21	81.24
浙江	595.43	186.07	50.13	37.19	133.34	17.11	69.62	27.81	74.16
安徽	1195.16	349.12	93.73	85.73	223.72	42.86	167.83	56.81	175.36

续表

地区名称	城市建设用地面积								
	合计	居住用地	公共管理与公共服务设施用地	商业服务业设施用地	工业用地	物流仓储用地	道路交通设施用地	公共设施用地	绿地与广场用地
福建	449.31	156.15	39.69	31.90	61.33	13.44	67.70	19.59	59.51
江西	936.49	284.05	90.67	75.76	151.01	30.28	138.35	42.54	123.83
山东	1396.45	413.85	126.06	104.71	289.93	38.96	141.61	64.22	217.11
河南	1568.15	504.14	149.45	113.10	203.91	54.51	255.90	84.39	202.75
湖北	513.73	154.03	59.55	43.31	64.95	15.50	84.15	26.80	65.44
湖南	1080.98	362.79	109.61	86.72	138.65	50.09	111.83	76.86	144.43
广东	488.70	170.34	55.81	46.08	57.67	17.65	54.79	30.47	55.89
广西	629.10	210.40	54.87	35.22	91.68	20.32	105.85	25.67	85.09
海南	125.01	29.72	9.59	7.83	27.53	5.31	24.43	3.68	16.92
重庆	130.90	44.67	10.58	8.38	14.34	2.21	19.13	7.32	24.27
四川	1119.67	369.01	105.04	74.00	148.79	39.62	137.62	62.71	182.88
贵州	613.72	237.75	62.27	45.91	57.62	22.24	71.28	37.23	79.42
云南	634.54	216.38	79.71	48.19	50.61	16.92	96.39	38.55	87.79
西藏	153.25	48.72	24.22	16.58	12.08	6.40	23.07	8.97	13.21
陕西	663.91	206.13	56.17	43.64	47.35	15.12	102.49	35.11	157.90
甘肃	434.37	159.25	58.58	33.10	33.14	13.27	60.26	28.94	47.83
青海	137.84	51.82	19.66	10.95	13.32	4.64	11.12	11.15	15.18
宁夏	165.34	60.85	17.26	15.22	19.19	1.64	25.87	6.04	19.27
新疆	603.08	235.08	60.42	44.06	57.07	24.04	86.02	24.85	71.54

【2016年县城市政公用设施建设维护管理财政性资金收支分省数据】 2016年县城市政公用设施建设维护管理财政性资金收支分省数据见表12、表13。

2016年县城市政公用设施建设维护管理财政性资金收入分省数据　　　　表12

计量单位：万元

地区名称	合计	中央预算资金	省级预算资金	县城财政资金								其他财政资金
				合计	城市维护建设税	城市公用事业附加	城市基础设施配套费	国有土地使用权出让收入	市政公用设施有偿使用费	污水处理费	垃圾处理费	
上年	36400093	2199425	1464014	31373032	2818465	479671	2030657	15843148	809782	459931	205871	1363622
全国	36538509	2177512	1823933	30960367	2940675	473941	2051460	15432357	931308	494428	225866	1576697
河北	3066084	87462	147993	2652486	290659	50791	95617	1554614	55366	32822	11954	178143
山西	689540	20963	9199	645498	94784	13214	121820	115527	13137	7808	4220	13880
内蒙古	1098039	56448	51038	974257	145233	4716	77332	303062	14924	11127	2555	16296
辽宁	439307	320	9469	427173	29897	6886	34424	290342	4641	1422	424	2345
吉林	252262	10474	22952	217343	62106	6103	13728	72343	3155	1920	567	1493
黑龙江	387440	19491	10256	350389	39087	2283	38399	96646	4362	2844	374	7304
江苏	1239682	19055	11246	1163968	232437	30537	70546	554366	41375	24033	13936	45413
浙江	1343121	18208	22303	1201049	217937	13176	53803	572273	63788	44283	11278	101561

续表

地区名称	合计	中央预算资金	省级预算资金	县城财政资金								其他财政资金
				合计	城市维护建设税	城市公用事业附加	城市基础设施配套费	国有土地使用权出让收入	市政公用设施有偿使用费	污水处理费	垃圾处理费	
安徽	3202321	235597	30771	2856678	183732	45312	153367	1783246	50567	28317	12539	79275
福建	1157781	55389	70667	1021531	83698	18086	47136	669119	51077	25323	20020	10194
江西	4723050	67958	61728	4507423	165543	19589	59980	2471002	49408	30745	6316	85941
山东	2162887	13050	24323	2074606	279745	60984	322355	1045305	68925	47127	17582	50908
河南	1689534	15209	9364	1664181	123120	31549	206089	875434	47349	26296	14026	780
湖北	702389	23115	34701	619934	56512	3508	35349	337282	26419	17574	6991	24639
湖南	3482745	134621	313574	2557720	168684	19154	58770	1636956	141386	32772	15740	476830
广东	1087309	5882	38461	1037547	71725	31703	56521	517252	23388	15882	6964	5419
广西	714097	45056	69868	568549	68132	11277	44668	159456	55932	37045	15019	30624
海南	371308	1950	30777	338386	52180	2056	83563	140048	5348	2497	2559	195
重庆	309466	31508	11395	264213	30284	2840	93856	114801	9659	4830	4465	2350
四川	2615879	184616	379979	1759495	107964	9663	120144	953954	44109	23605	12982	291789
贵州	1182361	136423	89120	938652	105250	25514	26769	379570	29243	13262	9778	18166
云南	701348	112190	38324	521009	73190	8294	58777	203390	36007	22064	11434	29825
西藏	489148	352772	41896	93535	9076	403	22254	2112	584	65	488	945
陕西	1365923	101229	110973	1136200	120362	30202	79944	160663	55221	23549	12776	17521
甘肃	482146	78526	17804	380530	36178	4835	21928	50934	14408	7158	3730	5286
青海	302121	124600	83335	90900	15947	1880	2200	57757	3989	1731	1354	3286
宁夏	444841	24365	45293	361311	20059	1803	21684	100067	3542	2148	1348	13872
新疆	836380	201035	37124	535804	57154	17583	30437	214836	13999	6179	4447	62417

2016 年县城市政公用设施建设维护管理财政性资金支出分省数据　　　　表 13

计量单位：万元

地区名称	合计	城乡社区规划与管理	市政公用行业市场监管	市政公用设施建设维护与管理	风景名胜区规划与保护	其他
上年	27900620	1839878	1046339	18833668	546229	5634506
全国	28732749	3187899	856818	19013519	583751	5090762
河北	2097383	375992	19010	1033652	27242	641487
山西	668329	20440	14694	558870	6365	67960
内蒙古	965663	38150	31861	799931	1914	93807
辽宁	153019	7093	9196	116761	268	19701
吉林	230247	27544	9316	158241	4122	31024
黑龙江	382805	30111	15951	300317	331	36095
江苏	1142240	154383	25043	620634	85867	256313
浙江	1039093	93347	10373	810859	16416	108098
安徽	2819224	64851	54515	2416865	34861	248132
福建	979866	85932	14947	819023	15930	44034

续表

地区名称	合计	城乡社区规划与管理	市政公用行业市场监管	市政公用设施建设维护与管理	风景名胜区规划与保护	其他
江西	2640582	311288	123072	1192187	67596	946439
山东	1591658	65841	33063	1136560	22579	333615
河南	1878845	124853	80317	1422693	33341	217641
湖北	604871	38187	10695	491540	3850	60599
湖南	1568955	477929	49219	626285	45680	369842
广东	1154540	30458	12033	989696	53314	69039
广西	719144	39491	10748	603259	33751	31895
海南	368645	22828	10669	146429	5212	183507
重庆	305499	4938	3399	268313	2348	26501
四川	2018445	740171	110215	869614	17930	280515
贵州	1009780	62910	66936	786159	41902	51873
云南	542057	30299	24087	373091	9562	105018
西藏	206269	116866	1470	19523	1703	66707
陕西	1732591	44281	65007	1456204	32752	134347
甘肃	380866	6264	5633	294632	11016	63321
青海	240495	7383	31277	178504	353	22978
宁夏	574772	5355	32	96053		473332
新疆	716866	160714	14040	427624	7546	106942

【2016年县城市政公用设施建设固定资产投资分省数据】 2016年县城市政公用设施建设固定资产投资分省数据见表14。

2016年城市市政公用设施建设固定资产投资分省数据　　　　　　表14

计量单位：万元

地区名称	本年投资完成合计	供水	燃气	集中供热	道路桥梁	排水	污水处理	污泥处置	再生水利用
上年	30998145	1564039	1126463	1709695	16639049	2658058	1084762	12316	48642
全国	33945418	1606655	1231155	1806513	18057959	2629753	1110226	26119	35491
河北	1974548	86846	133596	396341	668231	142589	29147		3400
山西	1186103	37541	69240	290257	487319	90873	28140		1800
内蒙古	1592425	90285	54842	181015	641550	112138	34295	4600	6316
辽宁	143705	7959	14695	63376	22022	20167	7700		
吉林	138036	30159	2438	13475	49983	11063	10365		
黑龙江	316085	21620	16381	129149	78813	18047	5766		1450
江苏	636016	72460	32618	10000	192676	94033	51568		
浙江	1385259	53456	36602		638453	164645	69589	530	
安徽	3851334	183719	174414	4000	2164105	282155	78608	1787	
福建	1312945	62889	31922		813890	110592	34508	1000	
江西	2709297	215693	57373		1323220	280618	138109		
山东	1425210	33518	69889	237188	398263	123257	47451	10280	1800

数据统计与分析

续表

地区名称	本年投资完成合计	供水	燃气	集中供热	道路桥梁	排水	污水处理	污泥处置	再生水利用
河南	1730237	89270	86788	47117	975249	176160	73149	2400	5666
湖北	662141	50657	30248		460916	30252	14161		
湖南	2816822	86606	70558		1887232	193695	144476	1373	
广东	125442	799	1431		86004	3529	800		
广西	1108757	53687	50702		742102	70470	6380		
海南	77546	1000			66850	4522	304		110
重庆	363636	10396	12232		235631	30689	6200		
四川	2222356	48682	45548	2430	1268593	188482	119525	769	2772
贵州	3215810	57408	23945		2472455	117087	46436		
云南	1247811	30074	29924		722745	97266	47555		3387
西藏	158663	18766		54777	24309	16488	3400		1180
陕西	1811478	75268	111742	140567	982414	111249	36878	3380	
甘肃	594546	49470	31492	95580	303752	35110	25252		7610
青海	246503	26315	1281	27445	91704	43601	30927		
宁夏	175062	6332	1042	40643	81870	6859	6709		
新疆	717645	105780	40212	73153	177608	54117	12828		

地区名称	园林绿化	市容环境卫生	垃圾处理	地下综合管廊	其他	本年新增固定资产
上年	4807826	739533	316466		1753482	27725498
全国	5007451	1158986	523741	228660	2218286	28205893
河北	362975	69777	52650	1897	112296	1790887
山西	121302	40840	23828	36807	11924	1149127
内蒙古	342193	162392	2370	7660	350	1396440
辽宁	12101	1677	180		1708	152015
吉林	20144	6774	3905		4000	133286
黑龙江	28361	18043	10475		5671	288072
江苏	216380	11010	2530	5550	1289	603865
浙江	290647	46683	13354		154773	1299067
安徽	750367	143266	83705	13286	136022	3265590
福建	147179	33572	31996	49995	62906	1108390
江西	401376	52831	21730		378186	2231057
山东	228061	133407	114311	9250	192377	1242357
河南	301731	53922	23157			1689941
湖北	47116	12900	7649		30052	599103
湖南	117265	31071	20111		430395	1742605
广东	18255	1312	393		14112	96292
广西	158677	32717	1208		402	773545
海南	3052	1269			853	33157
重庆	50014	4144	1050	20530		430786

续表

地区名称	园林绿化	市容环境卫生	垃圾处理	地下综合管廊	其他	本年新增固定资产
四川	271340	53203	15529	74608	269470	1836968
贵州	289262	121846	63235		133807	2059046
云南	222574	22329	7834	7798	115101	1197871
西藏	887	2909	1078		40527	19279
陕西	335624	54614	13918			1531664
甘肃	70995	6028	3005		2119	406608
青海	31979	18543	1380		5635	237789
宁夏	31190	4642	875		2484	190673
新疆	136404	17265	2285	1279	111827	700413

【2016年县城市政公用设施建设固定资产投资资金来源分省数据】 2016年县城市政公用设施建设固定资产投资资金来源分省数据见表15。

2016年县城市政公用设施建设固定资产投资资金来源分省数据 表15

计量单位：万元

| 地区名称 | 合计 | 上年末结余资金 | 本年资金来源 | | | | | | | | | | 各项应付款 |
			小计	国家预算资金	中央预算资金	国内贷款	债券	利用外资	外商直接投资	自筹资金	单位自有资金	其他资金	
上年	30111692	528183	29583509	10524054	1216812	2221932	50942	330923	211021	12333313	1617033	4122345	3847780
全国	31907940	306556	31601384	11949759	1206248	2215836	139772	190224	93936	13392629	1479837	3713164	5375929
河北	1876509	640	1875869	416898	30089	81272	16983	38538	4938	914077	148111	408101	231764
山西	1014567	2763	1011804	409267	25710	58000	30646	1652		344220	30913	168019	369610
内蒙古	1321300	1122	1320178	171473	21295	49158				800395	111190	299152	369464
辽宁	168966	328	168638	54637	3000	17341	2500	4959		52520	8726	36681	16777
吉林	130858		130858	60603	5399	6500	4056			56256	16631	3443	36490
黑龙江	318265	5334	312931	77858	13211	20294	7467			155417	9312	51895	49370
江苏	634176	99	634077	127621	19129	16720				429566	102919	60170	107840
浙江	1365952	30202	1335750	352005	7783	143567		2477	2477	815890	75055	21811	144726
安徽	3783509	30713	3752796	2234240	197534	333505	6050	4621	4070	967857	98999	206523	333645
福建	1234918	36045	1198873	577894	15208	67454	1300			418537	33981	133688	118692
江西	2689815	33959	2655856	1131431	69214	75935		31228	5200	1027812	63222	389450	480902
山东	1348952	768	1348184	577674	22125	21303	10364	19280	19280	622192	59819	97371	118869
河南	1699193		1699193	1450524	17809	16117				219351	60453	13201	33341
湖北	669446	5530	663916	367954	15687	16751	1700	600	600	265275	36050	11636	25563
湖南	2846366	5118	2841248	104971	23156	303855		43700	39880	1885126	39264	503596	369563
广东	107883	1242	106641	59633	54980	8490	7			21877	1216	16634	8633
广西	1154201		1154201	363517	35432	174002	4208			598789	7203	13685	18200
海南	96191	184	96007	14538	5191		700			21258		59511	4237
重庆	377590		377590	209174	31508	124100				44316	20282		14904

续表

地区名称	合计	上年末结余资金	本年资金来源										各项应付款
			小计	国家预算资金	中央预算资金	国内贷款	债券	利用外资	外商直接投资	自筹资金	单位自有资金	其他资金	
四川	2072519	92894	1979625	721034	181019	197739	23223	2258		672259	42695	363112	210618
贵州	2324946	9390	2315556	182506	37341	246644		12840	1740	1611080	453624	262486	1046914
云南	1015094	25539	989555	380015	56594	92789	14010	8383	4000	367337	2653	127021	607875
西藏	208133	1540	206593	192214	87249	11999				2380	127		13576
陕西	1786105	5200	1780905	1144710	2470	33006				415663	23177	187526	37263
甘肃	543031	7731	535300	143997	36662	33857	8187	15821	11751	263089	7971	70349	194468
青海	254617	1706	252911	172059	124000	5755	5385			50128	621	19584	93797
宁夏	149141	3612	145529	73240	26419					52145	1920	20144	38798
新疆	715697	4897	710800	178072	41034	59683	2986	3867		297817	23703	168375	280030

2016年村镇建设分省数据

【2016年建制镇市政公用设施水平分省数据】 2016年建制镇市政公用设施水平分省数据见表16。

2016年建制镇市政公用设施水平分省数据　　表16

地区名称	人口密度（人/平方公里）	人均日生活用水量（升）	用水普及率（％）	燃气普及率（％）	人均城市道路面积（平方米）	排水管道暗渠密度（公里/平方公里）
全国	**4902**	**99.01**	**83.86**	**49.52**	**12.84**	**6.28**
北京	3652	110.68	77.38	48.50	14.20	5.28
天津	4468	90.24	93.80	69.32	14.79	5.78
河北	4204	72.10	83.37	40.07	9.33	2.76
山西	4970	76.78	88.01	18.42	12.82	5.13
内蒙古	2929	67.21	70.74	19.49	16.84	2.75
辽宁	3642	88.16	74.69	34.69	13.55	4.65
吉林	3764	80.92	74.61	21.42	10.84	2.22
黑龙江	3666	67.19	84.14	18.54	16.10	2.56
上海	5318	138.93	92.85	84.01	9.38	4.57
江苏	5858	106.51	97.94	90.18	18.18	11.55
浙江	4918	126.83	81.07	54.54	13.71	7.91
安徽	4743	102.76	72.83	45.51	12.06	6.58
福建	5765	117.30	89.51	68.90	13.64	6.96
江西	4906	94.80	69.30	34.13	10.53	5.70
山东	4748	77.28	93.95	68.83	18.67	8.67
河南	5497	85.93	76.22	10.01	11.62	5.16
湖北	4732	101.47	89.40	48.92	11.15	6.26
湖南	5241	109.03	68.66	34.01	8.89	4.85
广东	4754	129.72	87.63	67.60	14.50	6.89

续表

地区名称	人口密度（人/平方公里）	人均日生活用水量（升）	用水普及率（%）	燃气普及率（%）	人均城市道路面积（平方米）	排水管道暗渠密度（公里/平方公里）
广西	6881	102.15	88.43	71.56	11.24	8.39
海南	3783	94.55	85.99	77.20	12.89	5.03
重庆	6625	97.36	90.49	63.15	5.87	6.77
四川	5219	95.45	81.09	51.68	10.28	6.09
贵州	4793	84.43	76.50	10.13	10.11	4.69
云南	5629	94.20	88.07	12.85	9.63	5.93
陕西	4958	69.49	78.11	17.40	9.77	5.77
甘肃	3968	56.58	76.94	7.75	12.16	3.34
青海	3842	65.48	76.83	20.70	8.52	2.63
宁夏	3568	75.72	78.93	36.42	13.49	6.52
新疆	3050	77.97	86.55	13.24	21.09	2.88

地区名称	污水处理率（%）	污水处理厂集中处理率（%）	人均公园绿地面积（平方米）	绿化覆盖率（%）	绿地率（%）	生活垃圾处理率（%）	无害化处理率（%）
全国	**52.64**	**42.49**	**2.46**	**16.85**	**9.43**	**86.03**	**46.94**
北京	60.30	50.85	4.51	19.59	13.07	95.49	81.88
天津	56.05	53.49	0.87	19.71	7.94	90.38	29.17
河北	25.03	19.76	0.46	10.98	4.45	76.92	9.57
山西	12.80	5.46	0.80	20.09	7.84	35.62	2.51
内蒙古	16.39	5.45	1.69	11.99	6.27	63.73	
辽宁	52.58	41.72	0.86	14.77	3.86	59.92	10.67
吉林	25.70	24.53	0.56	6.65	2.20	55.57	11.45
黑龙江	15.85	15.85	1.23	5.56	2.59	2.82	
上海	89.18	72.47	2.04	15.79	10.44	98.91	85.20
江苏	73.00	66.48	6.68	29.42	22.20	99.22	86.93
浙江	67.47	51.12	2.25	15.56	10.14	97.08	76.81
安徽	33.04	23.49	2.18	19.52	11.23	79.69	42.74
福建	46.56	33.18	7.26	26.43	16.74	95.26	56.35
江西	28.20	20.09	1.30	9.86	5.34	86.89	33.78
山东	67.41	54.40	5.32	27.66	17.82	99.87	92.05
河南	31.73	25.17	1.33	21.47	4.55	77.84	9.72
湖北	30.19	25.35	0.95	16.01	8.60	89.10	36.30
湖南	48.79	26.11	1.63	23.24	11.07	77.25	22.32
广东	68.11	58.88	3.13	14.31	8.79	95.29	54.37
广西	21.72	15.57	0.37	9.80	4.11	95.48	8.48
海南	19.19	4.99	1.41	18.59	11.00	89.76	44.01
重庆	57.01	46.08	0.20	7.87	4.31	89.58	47.33
四川	20.60	15.51	0.62	8.13	3.96	88.51	34.92

续表

地区名称	污水处理率（%）	污水处理厂集中处理率（%）	人均公园绿地面积（平方米）	绿化覆盖率（%）	绿地率（%）	生活垃圾处理率（%）	无害化处理率（%）
贵州	27.15	15.16	0.72	10.72	3.87	82.23	18.26
云南	10.35	8.11	0.80	6.95	4.40	69.63	15.31
陕西	10.17	5.73	0.81	6.25	4.00	52.06	5.23
甘肃	17.86	13.92	0.57	6.95	3.12	63.81	2.59
青海	0.01		2.26	11.31	8.62	51.38	6.73
宁夏	60.24	48.80	0.55	8.03	4.62	71.48	16.17
新疆	26.34	21.15	1.27	14.61	10.38	57.62	4.44

【2016年建制镇基本情况分省数据】 2016年建制镇基本情况分省数据见表17。

2016年建制镇基本情况分省数据　　表17

地区名称	建制镇个数（个）	建成区面积（公顷）	建成区户籍人口（万人）	建成区暂住人口（万人）	规划建设管理					本年规划编制投入（万元）
					设有村镇建设管理机构的个数（个）	村镇建设管理人员（人）	专职人员	有总体规划的建制镇个数（个）	本年编制	
全国	18099	3970215.19	16240.43	3220.13	17143	83279	53063	17056	1308	282827.89
北京	117	35060.09	83.98	44.05	113	1114	610	103		1405.00
天津	111	28455.79	95.91	31.23	111	673	411	97	4	2037.00
河北	851	154900.83	558.88	92.39	822	2584	1813	754	39	5280.99
山西	476	56413.56	248.95	31.45	392	704	331	410	10	2292.20
内蒙古	426	90715.78	240.54	25.21	399	1592	1090	388	62	25996.30
辽宁	633	99406.23	325.82	36.20	631	1818	1262	583	38	2939.43
吉林	395	85220.85	281.16	39.59	393	1009	724	316	18	13227.00
黑龙江	437	83903.26	290.72	16.84	431	981	645	385	17	199.30
上海	101	126368.08	306.05	365.92	101	1213	804	86	6	2952.93
江苏	737	273742.75	1302.56	301.12	736	7615	5315	733	122	27126.35
浙江	621	239169.88	778.58	397.68	604	5198	3120	587	54	29023.20
安徽	842	228256.41	973.20	109.45	736	3312	2171	804	105	13686.69
福建	534	126807.03	587.79	143.20	517	1851	1267	524	26	6929.10
江西	704	131847.34	585.12	61.76	701	2986	1715	696	45	5301.44
山东	1083	395971.37	1603.01	276.87	1081	8023	5177	1071	85	21363.91
河南	934	221705.52	1105.19	113.44	926	6470	3746	896	54	7869.50
湖北	746	230472.77	984.47	106.06	740	4738	2842	732	39	12715.43
湖南	1009	213576.50	957.78	161.48	935	5303	3174	929	72	19386.10
广东	1040	328374.02	1175.64	385.58	958	7900	4987	920	61	14093.74
广西	688	84321.00	541.07	39.14	687	2509	1924	676	44	3504.62
海南	156	29150.49	95.32	14.95	155	363	256	154	14	2621.78
重庆	570	75613.24	438.89	62.08	560	2344	1715	564	60	7633.10
四川	1704	191868.59	835.34	166.06	1550	4177	2806	1594	167	18801.55

续表

地区名称	建制镇个数（个）	建成区面积（公顷）	建成区户籍人口（万人）	建成区暂住人口（万人）	规划建设管理					
					设有村镇建设管理机构的个数（个）	村镇建设管理人员（人）	专职人员	有总体规划的建制镇个数（个）	本年编制	本年规划编制投入（万元）
贵州	702	117726.05	512.36	51.90	679	2045	1375	675	46	8704.09
云南	590	76356.86	392.34	37.51	574	2147	1313	573	26	4557.26
陕西	936	119038.34	540.74	49.51	813	2368	1273	862	48	6066.74
甘肃	562	58855.96	207.68	25.85	455	1399	694	557	28	6875.30
青海	103	14019.67	44.30	9.57	88	113	62	98	5	1172.00
宁夏	78	18813.96	58.83	8.31	74	209	104	77	5	8562.56
新疆	213	34082.97	88.21	15.75	181	521	337	212	8	503.28

【2016年建制镇建设投资分省数据】 2016年建制镇建设投资分省数据见表18。

2016年建制镇建设投资分省数据　　表18

计量单位：万元

地区名称	合计	房屋				
		小计	房地产开发	住宅	公共建筑	生产性建筑
全国	68253562	51282790	19408113	33273181	8128342	9881310
北京	2153965	1674579	1263487	1351563	293860	29156
天津	958630	697907	297661	425514	79901	192492
河北	1351281	1030574	381601	601991	99437	329148
山西	727020	549151	29726	453489	57909	37754
内蒙古	689072	308574	60253	213106	58898	36571
辽宁	607635	434800	205893	275950	65142	93709
吉林	514757	399210	237871	291616	36260	71334
黑龙江	141406	67601	4791	30765	17130	19706
上海	7461245	6899636	4234712	4260146	1921199	718289
江苏	8197513	6340756	2417039	4028456	822294	1490010
浙江	6061286	4547359	1478723	2190370	698940	1658053
安徽	2530031	1937396	435108	1293612	243390	400386
福建	2290082	1763606	521114	1260864	178051	324692
江西	1391661	827912	262789	602684	140981	84250
山东	8101544	5842599	1357732	2802481	1052960	1987162
河南	1987853	1686941	169002	1245567	151709	289665
湖北	2400306	1782942	569772	1335975	199083	247888
湖南	2394699	1659491	358513	1076725	298994	283785
广东	6135781	5063551	2867323	3893927	401082	768542
广西	902139	671371	88720	464201	141275	65899
海南	287623	196792	20381	113657	30757	52376
重庆	1227106	858288	213448	665939	91873	100479

续表

地区名称	合计	房屋				
		小计	房地产开发	住宅	公共建筑	生产性建筑
四川	2749026	1750241	785107	1440693	160539	149011
贵州	3426070	1678701	414742	1054945	398748	225006
云南	882249	633150	49294	469281	122749	41118
陕西	1462473	1012575	248125	680914	204341	127328
甘肃	370770	270687	86055	175592	66679	28420
青海	76327	53301	1320	39732	13140	429
宁夏	572932	501688	340870	436320	42304	23064
新疆	201080	141411	6941	97106	38717	5588

地区名称	市政公用投资										
	小计	供水	燃气	集中供热	道路桥梁	排水	污水处理	园林绿化	环境卫生	垃圾处理	其他
全国	16970858	1471697	565809	464300	6594572	2236277	1206723	1864318	1626169	785687	2148094
北京	479386	29306	21901	46609	132496	27873	1153	113162	66480	5444	41560
天津	260722	13147	12719	24141	76175	38697	7962	50404	15025	6052	30417
河北	320719	31167	7868	19143	179754	34903	17980	13762	29250	17363	4908
山西	177873	11635	10180	15525	25593	12297	5435	10964	17697	7418	73979
内蒙古	380495	32569	1494	44546	113059	14211	1419	86007	34515	16176	54099
辽宁	172836	24141	16100	25227	50073	11128	6008	10418	21359	10708	14400
吉林	115549	17257	3239	20840	37904	7981	1733	10101	7413	3697	10812
黑龙江	73809	2161	6	9491	26081	7458	2205	4378	8323	592	15913
上海	561609	64907	11725		214732	46907	22206	71532	94852	50431	56954
江苏	1856757	129500	64779	8698	553663	274437	163186	282505	185011	88419	358189
浙江	1513926	135773	35480		534371	359508	268424	187450	145917	73449	115437
安徽	592637	78572	9331		255694	59128	17438	68443	64649	32045	56839
福建	526477	60470	8487		206395	72721	34020	61963	56043	31042	60401
江西	563752	50441	8205		239907	56978	22176	35627	31039	17047	141571
山东	2258948	178060	154408	212226	662957	266582	138320	314492	245454	116033	224796
河南	300913	39132	18196	1109	119533	44678	10907	25875	34977	14453	17442
湖北	617370	59667	15749	102	265675	116714	48970	53342	57027	26090	49111
湖南	735207	98918	10430		329441	90687	42156	58898	58283	29068	88584
广东	1072244	87911	22162		438302	212743	131880	87112	163820	90657	60215
广西	230776	17782	1306		72268	90517	72647	8244	29396	21509	11275
海南	90831	25448	6660		26593	9325	5055	4939	11586	4981	6282
重庆	368821	27844	14297		66464	32669	19478	24622	29804	16056	173138
四川	998788	87707	64167		436489	112736	63569	82392	84570	37577	130759
贵州	1747374	69211	7459	30	1173181	106224	56067	121015	46971	23862	223286
云南	249103	25421	5183		130601	37336	15669	13408	16763	11026	20401
陕西	449906	44945	25353	9643	137571	55835	19471	35904	45346	21579	95335

续表

地区名称	市政公用投资										
	小计	供水	燃气	集中供热	道路桥梁	排水	污水处理	园林绿化	环境卫生	垃圾处理	其他
甘肃	100091	9940	1070	10196	41305	17979	6719	5269	7888	3457	6456
青海	23025	2414	1929	60	9428	2531		3286	3063	1794	319
宁夏	71245	6009	2969	14430	14537	8121	2257	14736	6873	2881	3574
新疆	59669	10242	2957	2284	24330	7373	2213	4068	6775	4781	1642

【2016年建制镇建设财政性资金投资分省数据】 2016年建制镇建设财政性资金投资分省数据见表19。

2016年建制镇建设财政性资金投资分省数据　　　　表19

计量单位：万元

地区名称	财政性资金投资合计	中央预算资金	省级预算资金	地级预算资金	县级预算资金	镇(乡)本级预算资金
全国	11641001	870824	1133410	721990	3139881	5775005
北京	71864	5822	7518	16201	15252	27072
天津	66331	7	2710	395	11203	52016
河北	122415	93356	8123	2639	9882	8425
山西	15007	1766	2828	1894	6094	2434
内蒙古	130313	16003	21936	28715	50527	13156
辽宁	118923	15880	22108	20194	36968	23777
吉林	60165	6322	11330	2658	10806	29047
黑龙江	13237	7161	1313	407	3331	1024
上海	1524862	6	68327	95306	325647	1035575
江苏	2279657	17714	53929	26162	450231	1731627
浙江	954183	14989	37806	28028	308829	564531
安徽	427913	45945	65594	22359	168291	125722
福建	165831	20862	23515	17626	57742	46085
江西	292806	26951	123072	10044	52494	80247
山东	1522006	71876	127679	70000	237087	1015369
河南	99439	26325	17172	5318	20856	29769
湖北	420378	28215	20612	16910	252082	102559
湖南	327840	62848	33941	35774	119923	75361
广东	782512	13864	34946	46617	128366	558716
广西	210649	30039	87526	27013	61758	4327
海南	44884	3107	9337	3368	22618	6456
重庆	172462	28966	53635	13613	49586	26672
四川	390035	47957	62597	41224	196585	41673
贵州	512672	84323	49377	48005	202291	128674
云南	188403	60284	33614	19948	65422	9136
陕西	363703	48842	111032	59340	117322	27174

续表

地区名称	财政性资金投资合计	中央预算资金	省级预算资金	地级预算资金	县级预算资金	镇(乡)本级预算资金
甘肃	68146	38992	14218	2706	11209	1035
青海	26533	13999	7489	2476	1460	1117
宁夏	208405	9503	10646	55352	129195	3710
新疆	59427	28900	9480	1698	16824	2519

【2016年乡市政公用设施水平分省数据】 2016年乡市政公用设施水平分省数据见表20。

2016年乡市政公用设施水平分省数据　　表20

地区名称	人口密度（人/平方公里）	人均日生活用水量（升）	用水普及率（%）	燃气普及率（%）	人均道路面积（平方米）	排水管道暗渠密度（公里/平方公里）
全国	4450	85.33	71.90	22.00	13.56	4.52
北京	2612	114.07	86.95	15.27	18.29	5.53
天津	3175	100.58	95.30	39.19	10.67	3.73
河北	3963	71.40	73.39	23.36	11.72	3.02
山西	4414	66.96	81.53	12.42	13.20	3.80
内蒙古	2513	61.98	60.80	12.88	20.95	2.31
辽宁	3759	87.20	47.07	16.01	16.39	3.67
吉林	3102	78.82	50.15	10.82	14.60	1.55
黑龙江	3126	66.02	76.79	9.95	22.09	1.48
上海	3949	144.79	98.40	98.40	15.11	15.25
江苏	5262	105.25	97.66	89.17	18.19	10.97
浙江	5127	117.12	81.67	47.28	15.11	10.20
安徽	4458	97.69	66.82	42.52	12.90	6.13
福建	6429	111.44	89.39	65.23	14.76	8.15
江西	4931	91.87	65.52	30.71	12.50	7.16
山东	3773	77.70	88.39	51.33	25.40	8.41
河南	5713	81.21	69.73	5.43	12.91	5.14
湖北	4254	100.32	82.42	35.04	12.04	5.64
湖南	4381	104.70	57.67	21.12	10.48	3.53
广东	4219	135.90	83.06	57.72	15.91	9.18
广西	7057	92.96	84.23	56.52	11.60	7.02
海南	2367	86.27	91.21	74.77	17.44	2.02
重庆	5799	82.52	81.38	29.70	10.34	9.41
四川	4364	81.53	64.23	24.70	10.18	4.09
贵州	4679	81.10	78.09	6.16	11.37	3.93
云南	5135	93.93	85.88	9.49	11.89	6.08
陕西	5339	61.20	65.17	4.21	11.50	5.65
甘肃	3573	60.46	52.86	4.58	14.11	3.23
青海	5057	62.57	45.80	0.24	12.29	2.72
宁夏	4083	69.71	75.99	19.83	15.07	5.04
新疆	3022	78.75	79.82	5.26	24.54	1.08

续表

地区名称	污水处理率(%)	污水处理厂集中处理率(%)	人均公园绿地面积(平方米)	绿化覆盖率(%)	绿地率(%)	生活垃圾处理率(%)	无害化处理率(%)
全国	11.38	5.92	1.11	13.74	5.91	70.37	17.03
北京	85.96	52.09	1.91	32.10	13.25	86.61	41.23
天津	2.23		0.01	28.15	0.32	70.87	
河北	1.54	0.19	0.44	10.40	3.76	72.11	5.65
山西			1.26	19.56	7.93	32.73	1.27
内蒙古	0.09		0.46	9.32	5.11	45.72	
辽宁	13.79	9.01	0.28	14.09	2.40	45.98	6.68
吉林	0.11		0.34	5.74	2.70	58.93	9.29
黑龙江			0.58	5.84	2.62	0.93	0.44
上海	55.22	52.24	9.43	30.25	22.58	100.00	100.00
江苏	35.70	30.54	5.47	27.06	18.12	97.16	79.77
浙江	46.33	14.59	1.31	12.10	6.85	87.68	48.53
安徽	20.27	9.63	3.01	20.14	11.30	79.10	35.70
福建	31.39	13.70	7.10	27.26	15.71	95.84	49.33
江西	13.44	4.68	0.86	11.01	5.94	83.61	25.36
山东	23.44	10.66	1.79	20.19	9.12	99.83	95.27
河南	17.89	8.79	0.93	21.81	4.58	77.00	12.21
湖北	11.35	9.46	1.13	11.75	5.85	85.99	35.82
湖南	26.88	12.94	1.36	18.69	9.09	67.51	12.00
广东	93.29	32.37	1.68	19.77	5.16	95.10	21.03
广西	3.95	3.80	0.27	10.23	5.77	91.95	6.05
海南			0.53	21.33	12.30	92.71	6.58
重庆	15.58	9.91	0.22	11.03	5.69	77.82	15.36
四川	11.42	7.56	0.10	6.84	1.81	77.54	17.66
贵州	7.09	2.43	0.35	10.03	4.42	77.10	13.03
云南	1.43	0.42	0.29	5.88	3.12	65.35	5.49
陕西	15.06	15.06	0.03	5.32	3.47	58.62	
甘肃	3.87	1.47	0.57	9.00	3.61	64.20	0.68
青海				6.66	2.76	30.72	0.09
宁夏	27.79	20.92	0.29	10.65	4.85	76.38	12.37
新疆	5.22	4.40	1.30	16.86	11.83	45.94	0.40

【2016年乡基本情况分省数据】 2016年乡基本情况分省数据见表21。

2016年乡基本情况分省数据 表21

| 地区名称 | 乡个数(个) | 建成区面积(公顷) | 建成区户籍人口(万人) | 建成区暂住人口(万人) | 规划建设管理 | | | | |
					设有村镇建设管理机构的个数(个)	村镇建设管理人员(人)	专职人员	有总体规划的乡个数(个)	本年编制	本年规划编制投入(万元)
全国	10883	672968.75	2793.58	201.13	8720	21756	13819	8737	544	60841.97
北京	15	977.38	2.20	0.36	14	58	27	13	1	

续表

地区名称	乡个数（个）	建成区面积（公顷）	建成区户籍人口（万人）	建成区暂住人口（万人）	规划建设管理					
					设有村镇建设管理机构的个数（个）	村镇建设管理人员（人）	专职人员	有总体规划的乡个数（个）	本年编制	本年规划编制投入（万元）
天津	6	1060.73	3.11	0.26	6	19	11	3		
河北	858	62573.78	239.89	8.09	786	1862	1343	653	51	4360.55
山西	621	29792.85	121.45	10.07	463	909	542	373	5	1895.00
内蒙古	241	20521.75	48.75	2.81	198	572	327	195	39	7789.40
辽宁	227	12874.56	46.53	1.87	227	347	283	195	6	333.00
吉林	166	13436.34	38.30	3.38	162	273	193	90	1	404.50
黑龙江	385	28361.32	83.35	5.30	376	543	389	320	9	250.00
上海	2	136.38	0.50	0.04	2	27	20			
江苏	64	9910.25	49.20	2.95	64	342	253	64	7	1063.00
浙江	263	11749.97	53.46	6.78	218	490	280	221	18	4292.62
安徽	294	32387.34	135.51	8.89	247	737	453	254	26	2457.86
福建	271	15019.87	91.81	4.76	254	528	360	265	7	1389.48
江西	568	40421.72	186.57	12.77	553	1745	985	552	46	2758.03
山东	73	9820.94	34.24	2.81	67	312	203	69	5	277.00
河南	742	86920.17	464.35	32.23	739	3864	2595	692	17	3935.82
湖北	171	23301.86	90.45	8.68	167	562	362	165	11	1018.80
湖南	496	42306.13	167.96	17.38	409	1325	775	400	47	3218.40
广东	14	1075.90	4.29	0.25	14	111	17	13	3	57.00
广西	325	11952.47	81.44	2.91	312	499	408	307	8	757.00
海南	21	796.66	1.71	0.18	21	32	25	21	2	
重庆	198	6189.95	32.60	3.29	188	447	341	194	44	1870.40
四川	2340	65958.61	261.80	26.04	1292	2037	1131	1380	91	6077.86
贵州	451	31306.54	134.79	11.69	429	824	563	412	22	4790.50
云南	586	31227.35	150.53	9.82	524	1251	846	564	36	2901.57
陕西	24	1333.64	6.43	0.69	16	24	16	14		65.00
甘肃	614	26443.58	87.78	6.71	377	825	393	522	15	4197.95
青海	225	5802.44	27.92	1.42	142	176	95	168	19	2026.00
宁夏	93	6000.98	23.16	1.35	90	179	107	93	4	1962.49
新疆	529	43307.29	123.52	7.37	363	836	476	525	4	692.74

【2016年乡建设投资分省数据】 2016年乡建设投资分省数据见表22。

2016年乡建设投资分省数据 表22

计量单位：万元

地区名称	合计	房屋					
		小计	房地产开发	住宅	公共建筑	生产性建筑
全国	5243103	3883007	342676	2604282	888427	390332
北京	9960	7850	6600	7750	100	
天津	944	410		100	310	

续表

地区名称	合计	房屋				
		小计	房地产开发	住宅	公共建筑	生产性建筑
河北	217355	173121	8116	111290	28175	33664
山西	207081	181642	32431	118256	41463	21924
内蒙古	162288	93643	3835	54021	27462	12160
辽宁	36002	21346	5570	8197	8605	4544
吉林	41686	29156	1045	15534	10343	3279
黑龙江	55854	32541		15930	10983	5628
上海	1026	340		280	60	
江苏	146193	109250	29093	72640	16159	20451
浙江	200337	116739	12604	85159	21008	10572
安徽	234366	166892	7157	109083	35071	22741
福建	221247	153144	38068	118414	22489	12242
江西	358568	259670	16430	175707	54801	29160
山东	124083	96629	11355	53856	22692	20082
河南	543797	427978	19147	302468	77012	48502
湖北	237592	186829	22431	111509	48357	26963
湖南	450862	323636	82390	203917	89048	30676
广东	6984	5798		4741	277	780
广西	120138	92428	3128	70332	21219	880
海南	5881	4034	79	3578	441	15
重庆	79858	56434	2983	43844	8860	3732
四川	479536	327585	9101	257258	61378	8951
贵州	347678	279082	14868	188417	66171	24499
云南	383936	296185	6160	205535	77414	13237
陕西	20228	13639		4885	3725	5029
甘肃	150735	117971	545	66413	34495	17065
青海	37151	29413		18007	10363	1044
宁夏	51967	34209	1820	22332	9403	2472
新疆	309770	245413	7720	154829	80543	10040

地区名称	市政公用投资										
	小计	供水	燃气	集中供热	道路桥梁	排水	污水处理	园林绿化	环境卫生	垃圾处理	其他
全国	1360139	206742	36653	23720	527058	157208	52759	128953	168586	83774	111473
北京	2110	81	90	230	109	147	5	530	633	266	290
天津	534	5				250	50	84	195	72	
河北	44234	8692	884	2890	13891	3890	6	3964	8243	5354	1829
山西	25442	4236	2478	1078	4849	1410	56	4643	5384	2127	1383
内蒙古	68647	8035	110	6236	25769	5192		10380	6994	4601	5931
辽宁	14656	3011	38	974	5724	594	5	692	2408	1319	1215

续表

地区名称	市政公用投资										
	小计	供水	燃气	集中供热	道路桥梁	排水	污水处理	园林绿化	环境卫生	垃圾处理	其他
吉林	12530	1457	18	2138	3952	1107		792	1835	1077	1234
黑龙江	23314	197		144	13069	613	35	2287	3983	209	3029
上海	686							23	363	181	300
江苏	36943	4710	185		13267	7118	3701	3957	4757	1932	2949
浙江	83600	8563	311		29976	19178	12112	10840	7923	3395	6811
安徽	67471	10808	954		23757	6625	1762	7482	11945	6128	5914
福建	68103	8228	539		24944	11148	6825	7316	9623	5781	6308
江西	98901	18400	2419		35247	12150	2548	11959	11103	5812	7639
山东	27455	3130	607	1127	8127	5381	2569	2964	5110	1830	1013
河南	115818	17689	2651	384	49074	13471	1720	10212	13375	4903	8983
湖北	50764	6653	836		21696	7169	2411	4110	5817	3685	4484
湖南	127229	26875	9462		45255	12019	3106	13494	12702	6755	7445
广东	1186	202	10		185	90		58	551	171	90
广西	27715	3362	198		10500	1861	345	2231	5445	4006	4120
海南	1847	160			468	226	211	224	209	124	560
重庆	23424	3821	1740		6242	3231	1487	1630	3435	2127	3327
四川	151959	21329	9365		69743	15024	5723	5402	16679	8372	14447
贵州	68596	9163	426		33353	7875	2118	7154	6471	3411	4176
云南	87752	16849	209		43461	7782	2975	6966	6761	4277	5744
陕西	6589	1083	1980		305	1387	250	337	983	198	514
甘肃	32771	4480	176	1518	13077	4121	292	2411	4778	2272	2217
青海	7739	1237			3376	462		620	1832	636	211
宁夏	17762	2685	270	3148	4036	1048	299	2144	3153	1060	1280
新疆	64362	11601	697	3853	23606	6639	2148	4047	5896	1693	8030

【2016年乡建设财政性资金投资分省数据】 2016年乡建设财政性资金投资分省数据见表23。

2016年乡建设财政性资金投资分省数据 表23

计量单位：万元

地区名称	财政性资金投资合计	中央预算资金	省级预算资金	地级预算资金	县级预算资金	镇(乡)本级预算资金
全国	759153	222791	161811	54074	215042	105504
北京	406				270	136
天津	130				20	110
河北	20597	8768	6340	1658	2697	1162
山西	3348	625	688	489	736	815
内蒙古	36632	2909	7743	6970	18235	774
辽宁	7295	1263	1619	213	2247	1954
吉林	4283	1211	954	298	885	935
黑龙江	3034	2258	319	14	301	146

续表

地区名称	财政性资金投资合计	中央预算资金	省级预算资金	地级预算资金	县级预算资金	镇(乡)本级预算资金
上海	746		18		62	665
江苏	14577	110	2319	960	3426	7762
浙江	31999	835	3893	1365	17114	8792
安徽	28531	3747	5269	1825	9709	7982
福建	33349	2819	7219	3407	13609	6296
江西	44916	6348	5160	1398	14641	17368
山东	15373	3253	3195	23	1783	7119
河南	26677	7229	6451	868	4840	7290
湖北	27886	8956	3120	1183	11455	3172
湖南	46287	13276	8164	4039	12763	8044
广东	350		60		166	124
广西	24516	2729	10353	2237	8338	873
海南	3427	56	520		2851	
重庆	16906	3444	3678	2269	5263	2253
四川	53217	13670	14822	1136	18833	4760
贵州	55670	17607	6860	4468	18818	7921
云南	73775	35420	17251	5556	11822	3725
陕西	13109	6026	2157	1318	3300	308
甘肃	22344	13925	3143	866	2854	1560
青海	14333	4872	6200	591	1020	1654
宁夏	14153	4304	4494	4070	999	286
新疆	121287	57131	29802	6853	25985	1518

【2016年镇乡级特殊区域市政公用设施水平分省数据】 2016年镇乡级特殊区域市政公用设施水平分省数据见表24。

2016年镇乡级特殊区域市政公用设施水平分省数据　　表24

地区名称	人口密度（人/平方公里）	人均日生活用水量（升）	用水普及率（％）	燃气普及率（％）	人均道路面积（平方米）	排水管道暗渠密度（公里/平方公里）
全国	**3665**	**93.76**	**91.52**	**58.14**	**15.42**	**5.88**
河北	3263	77.52	82.72	50.71	14.18	5.21
山西	4326	90.48	86.28	1.32	9.79	2.02
内蒙古	1351	63.06	59.03	7.11	26.71	2.93
辽宁	3992	103.65	79.41	32.77	15.34	4.25
吉林	4341	103.10	62.62	4.95	13.86	2.15
黑龙江	4251	74.23	96.89	51.30	14.03	6.46
上海	3026	86.07	100.00	99.98	27.43	5.60
江苏	4794	108.63	98.13	86.95	16.85	10.23
浙江	4622	95.96	31.62	26.22	18.14	8.48
安徽	5020	101.96	58.94	18.30	9.79	6.16

续表

地区名称	人口密度（人/平方公里）	人均日生活用水量（升）	用水普及率（%）	燃气普及率（%）	人均道路面积（平方米）	排水管道暗渠密度（公里/平方公里）
福建	5965	88.01	76.25	65.56	19.83	6.45
江西	4313	76.63	69.88	52.01	8.84	4.97
山东	2433	62.11	96.88	89.24	38.19	21.35
河南	4840	58.25	46.25		10.85	4.26
湖北	3369	115.68	92.51	58.22	17.05	6.30
湖南	6056	88.14	69.05	22.89	10.00	5.49
广东	1473	96.47	82.92	31.21	15.16	2.36
广西	5834	91.67	86.81	65.55	16.03	15.64
海南	3658	113.13	85.24	73.21	11.69	3.79
云南	5317	90.54	83.40	12.72	17.51	4.33
甘肃	5733	117.11	98.84	58.14	17.83	
宁夏	4085	86.61	78.17	28.13	13.72	3.77
新疆	3041	75.37	82.40	27.60	23.43	1.79
新疆生产建设兵团	3329	121.70	95.21	72.81	15.14	5.85

地区名称	污水处理率（%）	污水处理厂集中处理率（%）	人均公园绿地面积（平方米）	绿化覆盖率（%）	绿地率（%）	生活垃圾处理率（%）	无害化处理率（%）
全国	59.32	48.78	3.95	23.87	14.57	63.85	27.39
河北	8.35	8.35	0.05	5.70	1.64	73.70	
山西			0.79	19.93	10.65		
内蒙古			0.11	7.57	3.98	50.40	
辽宁	24.62	18.46	0.18	7.57	2.98	59.73	2.21
吉林			0.49	9.68	2.55	14.29	
黑龙江	62.56	61.37	3.77	32.52	18.65	26.79	2.95
上海	100.00	62.51	1.90	16.12	12.12	100.00	100.00
江苏	57.56	47.24	6.30	29.62	22.97	99.32	52.70
浙江	25.33	21.48		10.26	5.45	78.38	
安徽	0.31	0.31	1.30	15.98	6.79	66.40	33.99
福建	11.77	6.31	3.57	23.51	17.21	98.39	22.04
江西			1.29	8.88	6.23	83.78	10.81
山东	87.74	77.50	14.71	22.17	19.75	100.00	99.12
河南			3.15	19.94	2.16	75.61	
湖北	2.30	2.13	1.57	21.28	9.38	88.81	10.67
湖南	10.23		0.32	28.98	15.79	63.11	10.68
广东	1.73	1.73	1.03	38.30	1.12	100.00	61.54
广西	42.48	42.48	0.18	11.28	5.13	45.10	
海南	17.07	4.23	1.12	14.18	9.13	90.11	31.60
云南			0.68	4.96	2.41	72.84	

续表

地区名称	污水处理率（%）	污水处理厂集中处理率（%）	人均公园绿地面积（平方米）	绿化覆盖率（%）	绿地率（%）	生活垃圾处理率（%）	无害化处理率（%）
甘肃				21.67	15.33		
宁夏	13.03	8.70	2.87	15.25	5.00	45.54	4.46
新疆	1.18		2.54	16.32	11.57	58.04	1.79
新疆生产建设兵团	78.52	69.74	6.38	23.32	16.49	85.19	45.02

【2016年镇乡级特殊区域基本情况分省数据】 2016年镇乡级特殊区域基本情况分省数据见表25。

2016年镇乡级特殊区域基本情况分省数据　　表25

地区名称	镇乡级特殊区域个数（个）	建成区面积（公顷）	建成区户籍人口（万人）	建成区暂住人口（万人）	规划建设管理					本年规划编制投入（万元）
					设有村镇建设管理机构的个数（个）	村镇建设管理人员（人）	专职人员	有总体规划的镇乡级特殊区域个数（个）	本年编制	
全国	775	136062.37	431.26	67.35	629	2932	1950	594	43	6942.34
河北	29	2042.60	5.98	0.68	22	51	45	19		35.00
山西	3	174.65	0.68	0.07	2	2				
内蒙古	41	4577.34	5.11	1.08	32	64	54	35	6	1054.00
辽宁	29	1452.65	5.61	0.19	28	43	30	20	1	1.50
吉林	7	418.95	1.56	0.26	7	9	9	5		
黑龙江	181	46507.08	179.88	17.84	157	755	580	145	11	20.00
上海	3	6699.05	9.18	11.10	2	7	4	3	1	130.00
江苏	10	1125.00	4.71	0.68	7	19	12	9		45.00
浙江	3	478.53	0.68	1.53	2	12	1	3		
安徽	25	2296.35	10.21	1.32	20	245	143	18		17.00
福建	9	792.65	2.57	2.16	8	15	9	9		113.20
江西	34	2554.42	10.22	0.80	31	134	57	26	2	25.00
山东	5	2210.64	4.62	0.76	5	25	19	5	2	33.00
河南	5	361.00	1.53	0.22	5	9	5	4		
湖北	38	4277.02	13.05	1.36	36	159	113	37	2	102.40
湖南	25	663.80	3.62	0.40	18	23	16	15	1	57.40
广东	12	1936.27	2.63	0.22	8	35	9	7		21.00
广西	4	253.63	1.24	0.24	4	5	1	3		2.50
海南	48	8009.22	25.54	3.76	37	175	59	31	1	24.60
云南	23	783.30	3.80	0.37	16	84	70	11	1	30.00
甘肃	1	9.00	0.05	0.0004	1	1	1			
宁夏	17	1540.51	4.93	1.36	15	54	34	13	2	189.00
新疆	78	4587.85	12.41	1.54	58	121	77	60		
新疆生产建设兵团	145	42310.86	121.45	19.42	108	885	602	116	13	5041.74

【2016年镇乡级特殊区域建设投资分省数据】 2016年镇乡级特殊区域建设投资分省数据见表26。

2016年镇乡级特殊区域建设投资分省数据　　　　表 26

计量单位：万元

地区名称	合计	房屋				
		小计	房地产开发	住宅	公共建筑	生产性建筑
全国	2381105	1648972	366838	1008307	220208	420457
河北	20499	15539		4658	1260	9621
山西	184	148		137	11	
内蒙古	23061	12914		9467	1712	1735
辽宁	9573	5434		650	100	4684
吉林	312	138		138		
黑龙江	282746	195936	22094	179675	8340	7921
上海	367641	324316	123000	123000	4000	197316
江苏	8177	6281	735	3955	205	2121
浙江	327					
安徽	13561	10960	1200	8661	594	1705
福建	9373	6900		4920	260	1720
江西	13253	7363	1680	4662	1752	949
山东	86017	68042	20550	24681	7121	36240
河南	1672	1387		603	432	352
湖北	35117	25632	1865	16774	5386	3472
湖南	10325	7325	150	4366	2111	848
广东	15953	3742		3004	398	340
广西	7689	5523		371	988	4164
海南	35237	28021	4408	25026	1396	1599
云南	4594	3515		2720	646	149
甘肃	14					
宁夏	14780	12263	10016	10382	1881	
新疆	29416	20174	2629	15610	4564	
新疆生产建设兵团	1391584	887419	178511	564847	177051	145521

地区名称	市政公用投资									
	小计	供水	燃气	集中供热	道路桥梁	排水	污水处理	园林绿化	环境卫生	垃圾处理	其他
全国	732133	66258	18061	96750	200309	60453	18869	114838	44069	23259	131395
河北	4960	460	226	549	1767	869	320	379	629	476	81
山西	36	4						20	12	5	
内蒙古	10147	890		671	3722	490		1025	976	711	2373
辽宁	4139	256	5	1644	555	91		314	375	250	899
吉林	174	8			152			5	9	2	
黑龙江	86810	9838		29810	9677	6641	2446	4391	8015	804	18438
上海	43325	1610	1220		28211	5062	1995	2272	3950	1730	1000

续表

地区名称	市政公用投资										
	小计	供水	燃气	集中供热	道路桥梁	排水	污水处理	园林绿化	环境卫生	垃圾处理	其他
江苏	1896	51	15		905	105	30	205	185	85	430
浙江	327				203	2		16	91	14	15
安徽	2601	612			1177	87	8	317	240	108	168
福建	2473	220			845	564	136	326	333	211	185
江西	5890	763	2		2040	365	75	1570	646	294	504
山东	17975	2205	50	463	7521	1015	632	4282	1547	1085	892
河南	285	53			134	27		21	40		10
湖北	9485	2407	72		2475	940	241	965	1452	565	1174
湖南	3000	368			1349	268	100	314	398	126	303
广东	12211	185			301	1283	500	525	235	64	9682
广西	2166	907			974	130	114	2	123	32	30
海南	7216	972	204		957	944	210	432	1446	227	2261
云南	1079	107			520	75	20	111	163	109	103
甘肃	14							3	11	8	
宁夏	2517	919	8	602	311	116	3	248	286	195	27
新疆	9242	1106		795	3231	503	2	899	2004	271	704
新疆生产建设兵团	504165	42317	16259	62216	133282	40876	12037	96196	20903	15887	92116

【2016年镇乡级特殊区域建设财政性资金投资分省数据】2016年镇乡级特殊区域建设财政性资金投资分省数据见表27。

2016年镇乡级特殊区域建设财政性资金投资分省数据　　表27

计量单位：万元

地区名称	财政性资金投资合计	中央预算资金	省级预算资金	地级预算资金	县级预算资金	镇(乡)本级预算资金
全国	902131	367376	24468	30359	98808	381122
河北	1632	400			740	492
山西						
内蒙古	900	133	78	25	485	179
辽宁	1420	200	270	23	64	863
吉林						
黑龙江	128517	29685	260	157	67814	30603
上海	11162			1750		9412
江苏	1180					1180
浙江						
安徽	1760	955	350	224	80	151
福建	3518		252	144	1743	1379
江西	4413	1363	701	94	134	2121
山东	6413		2300		500	3613
河南						
湖北	1928	82	52	275	737	782
湖南	399				58	341

续表

地区名称	财政性资金投资合计	中央预算资金	省级预算资金	地级预算资金	县级预算资金	镇(乡)本级预算资金
广东	253	202	4		25	22
广西	5911		25	66	5790	30
海南	5939	1081	1861	1093	1111	794
云南	1291	1169	105	10	7	
甘肃						
宁夏	198		101		47	50
新疆	10153	5975	2785	88	535	769
新疆生产建设兵团	715144	326131	15324	26410	18938	328341

【2016年村庄人口及面积分省数据】 2016年村庄人口及面积分省数据见表28。

2016年村庄人口及面积分省数据　　　　表28

地区名称	村庄现状用地面积(公顷)	行政村个数(个)	自然村个数(个)	村庄户籍人口(万人)	村庄暂住人口(万人)
全国	13922338.10	526160	2616837	76300.76	2749.89
北京	88190.08	3684	4804	339.48	202.73
天津	59427.45	2942	2956	241.97	24.43
河北	867069.77	41789	61948	4346.48	43.22
山西	379740.35	27510	44270	1945.74	46.05
内蒙古	284808.90	10787	44633	1338.27	45.22
辽宁	479186.39	10793	48712	1790.52	30.50
吉林	390633.11	9027	37601	1329.67	30.38
黑龙江	486646.84	9114	35221	1692.96	33.09
上海	81626.34	1562	23997	286.41	289.49
江苏	716492.22	14197	132576	3483.43	305.88
浙江	362680.51	22057	86495	2095.74	352.07
安徽	658414.00	14139	191938	4396.85	61.38
福建	264094.92	12930	65680	1907.13	108.45
江西	482886.45	16832	162619	3003.52	56.53
山东	1095315.02	64125	87637	5071.59	108.52
河南	995203.10	45667	183382	6559.87	80.50
湖北	538394.12	24327	149386	3319.50	51.58
湖南	869631.95	25512	125374	4023.92	127.46
广东	897860.03	17885	152497	4543.38	387.35
广西	526393.66	14355	180198	4038.31	37.55
海南	121548.16	3504	19152	529.19	17.92
重庆	220985.72	8482	64456	1980.62	34.48
四川	876426.03	45380	300037	5862.21	82.06
贵州	434222.72	14550	78619	2753.94	40.00

续表

地区名称	村庄现状用地面积(公顷)	行政村个数(个)	自然村个数(个)	村庄户籍人口(万人)	村庄暂住人口(万人)
云南	530901.84	13606	136629	3432.90	61.35
陕西	373874.75	17582	69813	2142.29	22.35
甘肃	359400.65	16690	88603	1920.72	18.48
青海	56969.79	4129	7167	365.74	7.78
宁夏	73110.17	2468	13349	413.28	12.35
新疆	317377.35	8689	15033	1080.65	22.98
新疆生产建设兵团	32825.71	1846	2055	64.48	7.76

【2016年村庄建设投资分省数据】 2016年村庄建设投资分省数据见表29。

2016年村庄建设投资分省数据　　　表29

计量单位：万元

地区名称	合计	房屋		住宅	公共建筑	生产性建筑
		小计	房地产开发			
全国	83205738	62007897	2885561	50454617	4859308	6693972
北京	1297408	756443	160351	640094	68066	48283
天津	259574	137130	850	100178	19088	17864
河北	2124434	1630207	36117	1237327	110359	282521
山西	1189677	958794	52063	713002	100940	144852
内蒙古	3879640	2044070	758	1669948	180286	193836
辽宁	962305	472384	71917	271237	68276	132871
吉林	538167	311473	24260	242076	26646	42751
黑龙江	605867	434797		380743	8667	45387
上海	374045	135229		84749	8612	41868
江苏	4872573	3352458	448129	2152074	314728	885656
浙江	4885633	3193062	263959	2259712	325887	607463
安徽	3296744	2364126	198000	1933228	215884	215014
福建	2596906	2059037	173001	1539013	225937	294087
江西	3098946	2517955	25536	2213769	169421	134765
山东	7312223	5045401	361644	3219196	712113	1114092
河南	2801765	2218669	83497	1771949	205060	241660
湖北	4394176	3373087	32256	3001706	174292	197089
湖南	3928482	3155813	67041	2573893	282298	299622
广东	4821190	3949146	320988	3075414	160986	712746
广西	3319857	2827238	181532	2608076	139316	79846
海南	643535	502638	12835	468035	22398	12205
重庆	1453121	948585	7553	857570	55360	35655
四川	5452036	4001749	47163	3721916	158174	121659
贵州	3619958	2653524	82079	2201914	247387	204223

续表

地区名称	合计	房屋				
		小计	房地产开发	住宅	公共建筑	生产性建筑
云南	8595364	7392344	41780	6888596	370385	133363
陕西	1752309	1350253	45526	1124997	126667	98589
甘肃	1944767	1594404	18412	1260158	152649	181597
青海	652900	575884	600	492528	35225	48131
宁夏	618864	479074	47585	407473	27478	44123
新疆	1589437	1379505	8701	1220972	130883	27650
新疆生产建设兵团	323835	193418	71428	123074	15840	54504

地区名称	市政公用设施									
	小计	供水	燃气	集中供热	道路桥梁	排水	污水处理	园林绿化	环境卫生	垃圾处理	其他
上年	17072503	2378715	365672	177164	8085638	1803375	637741	1267646	1699539	631980	1294754
全国	21197841	2588882	504826	202035	9913994	2287604	986991	1677266	2390565	1103322	1632669
北京	540965	21725	23024	43242	61276	47044	7991	188057	126058	23739	30539
天津	122444	7247	1616	7071	34743	9159	1670	14139	26497	7890	21972
河北	494227	63820	21876	7201	197931	84955	4427	30015	72456	46876	15973
山西	230883	28575	41381	7700	51590	10715	2237	37560	42553	17046	10809
内蒙古	1835570	95171	4754	14616	1149786	24560	1500	193780	213379	121866	139524
辽宁	489921	74609	33633	5712	232409	19138	3112	29944	53006	28927	41470
吉林	226694	21858	123	784	141117	13656	1936	11861	17614	7204	19681
黑龙江	171070	9798		1058	97295	9184	803	9287	18285	1533	26163
上海	238816	18476	2645		63506	21803	11527	34587	31112	8379	66687
江苏	1520115	215108	17851	51	552802	234109	115017	155215	233447	90547	111532
浙江	1692571	203207	18851		402398	607665	440353	145603	195890	82468	118957
安徽	932618	121839	19718		488921	86872	25873	64617	88862	44437	61789
福建	537869	67247	6607		232492	77387	40684	49937	77318	43824	26881
江西	580991	85245	3774		279009	54555	7250	39248	65559	35341	53601
山东	2266822	266200	91055	96853	832004	189993	54908	216517	358314	169855	215886
河南	583096	115588	12675	641	304808	40652	6141	32407	45874	17815	30451
湖北	1021089	128840	12600	347	603724	88486	14997	61396	67226	30881	58470
湖南	772669	123605	7947		387846	63204	10483	48452	83798	39551	57817
广东	872044	105338	16474		376325	141684	67726	59302	128050	73106	44871
广西	492619	54781	2362		265794	68393	52713	13215	63546	45953	24528
海南	140897	18762	1159		58289	10373	530	13414	19238	7317	19662
重庆	504536	72686	21731		287685	27369	7330	17446	42044	22084	35575
四川	1450287	177927	104696		766814	105871	36859	63546	105544	43801	125889
贵州	966434	128981	4083		593313	61968	20766	50174	35166	18157	92749
云南	1203020	166953	7933		781536	81765	26279	29288	53628	31687	81917
陕西	402056	57389	15191	3642	181650	32641	3047	29215	57300	19195	25028

续表

地区名称	市政公用设施							园林绿化	环境卫生		其他
	小计	供水	燃气	集中供热	道路桥梁	排水	污水处理			垃圾处理	
甘肃	350363	57615	1264	3202	210600	26479	980	7320	19322	9312	24561
青海	77016	13156	240	34	50514	3325		1034	5490	2442	3223
宁夏	139790	16802	5851	1715	58266	12898	3440	5808	26792	5321	11658
新疆	209932	36509	1797	2336	114340	14583	5299	11364	14679	5857	14324
新疆生产建设兵团	130417	13825	1915	5830	55211	17118	11113	13518	2518	911	20482

【2016年村庄建设财政性资金投资分省数据】 2016年村庄建设财政性资金投资分省数据见表30。

2016年村庄建设财政性资金投资分省数据　　　表30

计量单位：万元

地区名称	财政性资金投资合计	中央预算资金	省级预算资金	地级预算资金	县级预算资金	镇（乡）本级预算资金
全国	12784591	2976242	2377041	1046800	3647677	2736831
北京	110215	1519	8833	3998	47837	48028
天津	52248	125	5436	263	11250	35174
河北	161753	61158	37469	7804	32060	23262
山西	44878	17899	8720	4879	11312	2068
内蒙古	962782	156483	240069	145117	399334	21779
辽宁	320155	70193	65694	76445	57413	50410
吉林	114256	35493	46440	4135	16266	11922
黑龙江	114654	77559	21533	1614	7738	6210
上海	238540	2837	41454	16398	61662	116189
江苏	1319645	18591	89778	23333	508516	679427
浙江	703268	9708	39784	27246	331224	295306
安徽	528995	89451	101482	66426	155958	115678
福建	261611	29013	53073	36103	94424	48998
江西	290394	77983	55236	26301	68997	61877
山东	922953	40913	91000	53868	220876	516296
河南	125083	51272	26748	6441	15579	25043
湖北	283115	98775	45099	13114	70057	56070
湖南	223979	68179	29839	16993	61359	47609
广东	460852	23258	67430	60221	143016	166927
广西	632255	188743	247978	62643	114057	18834
海南	142371	31711	30358	11587	57752	10963
重庆	342382	78576	68039	47473	105654	42640
四川	675936	159936	101298	58607	301870	54225
贵州	493805	119548	61730	37982	175331	99214
云南	1422475	728489	314307	119482	223054	37143
陕西	285914	27507	65634	52045	109857	30871

续表

地区名称	财政性资金投资合计	中央预算资金	省级预算资金	地级预算资金	县级预算资金	镇（乡）本级预算资金
甘肃	305670	146034	68689	26427	59267	5253
青海	266900	81351	93245	9292	17558	65454
宁夏	237910	90743	63389	8593	70407	4778
新疆	616454	325992	175115	14179	94139	7029
新疆生产建设兵团	123143	67203	12142	7791	3853	32154

2016年建筑业发展统计分析

2016年全国建筑业基本情况

2016年，面对复杂多变的国际环境和国内艰巨繁重的改革发展任务，在以习近平同志为核心的党中央坚强领导下，建筑业深入贯彻党的十八大和十八届三中、四中、五中、六中全会以及中央城市工作会议精神，全面深化改革，加快转型升级，积极推进建筑产业现代化，整体发展稳中有进，发展质量不断提升。全国建筑业企业（指具有资质等级的总承包和专业承包建筑业企业，不含劳务分包建筑业企业，下同）完成建筑业总产值193566.78亿元，同比增长7.09%；完成竣工产值112892.60亿元，同比增长2.54%；签订合同总额374272.24亿元，同比增长10.79%，其中新签合同额212768.30亿元，同比增长15.42%；完成房屋施工面积126.42亿平方米，同比增长1.98%；完成房屋竣工面积42.24亿平方米，同比增长0.38%；实现利润6745亿元，同比增长4.55%。截至2016年底，全国有施工活动的建筑业企业83017个，同比增长2.60%；从业人数5185.24万人，同比增长1.80%；按建筑业总产值计算的劳动生产率为336929元/人，同比增长3.98%。

【建筑业增加值增速略低于国内生产总值增速 支柱产业地位稳固】 经初步核算，2016年全年国内生产总值744127亿元，比上年增长6.70%。全年全社会建筑业实现增加值49522亿元，比上年增长6.60%，增速低于国内生产总值增速0.10个百分点（参见图6）。

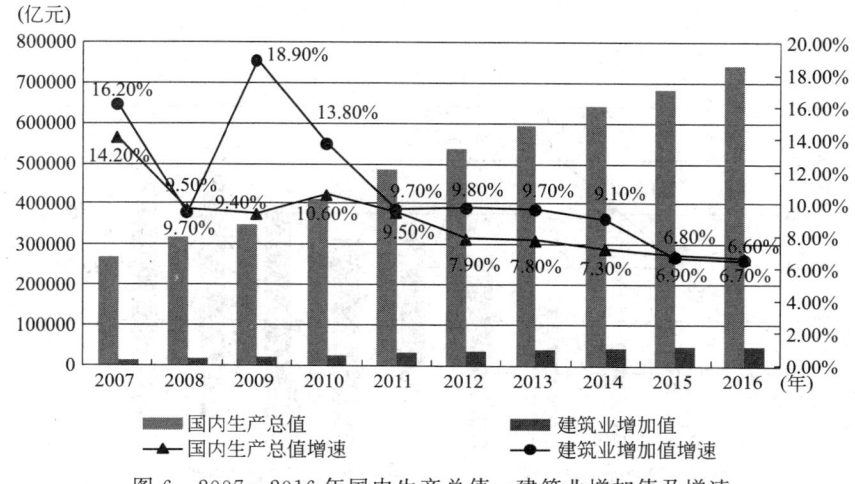

图6 2007～2016年国内生产总值、建筑业增加值及增速

自2009年以来，建筑业增加值占国内生产总值比例始终保持在6.5%以上。2016年虽然比上年回落了0.11个百分点，但仍然达到了6.66%的较高点，高于2010年以前的水平（参见图7），建筑业国民经济支柱产业的地位稳固。

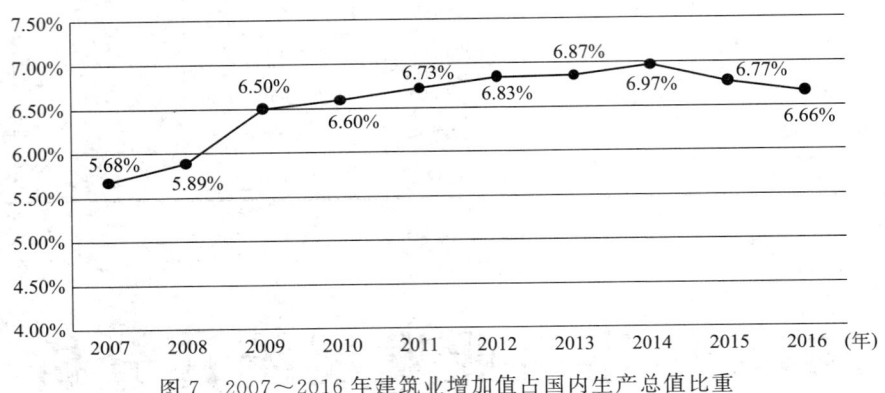

图7 2007～2016年建筑业增加值占国内生产总值比重

【建筑业固定资产投资下滑　总产值增速反弹回升】 2016年，全社会固定资产投资（不含农户，下同）596500.75亿元，比上年增长8.14%，增速连续5年下降（参见图8）。建筑业固定资产投资4577.43亿元，比上年降低6.52%，占全社会固定资产投资的0.77%，比上年减少0.11个百分点。建筑业固定资产投资增速出现震荡，由上年增长（21.38%）变为负增长（-6.52%）（参见图9）。

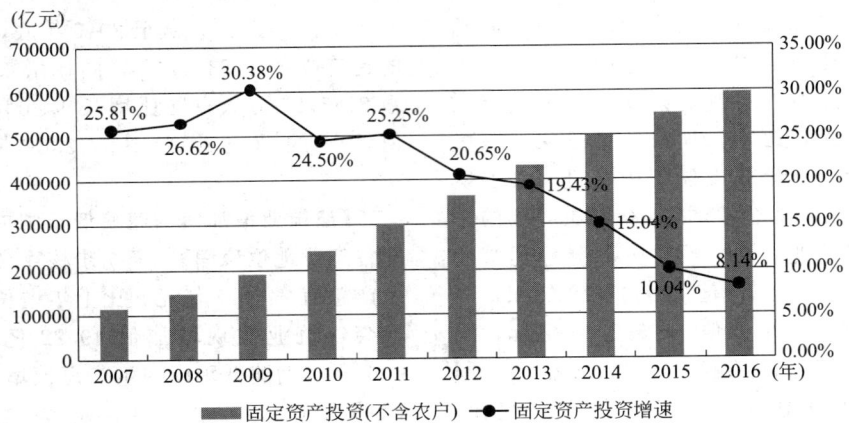

图8 2007～2016年全社会固定资产投资（不含农户）及增速

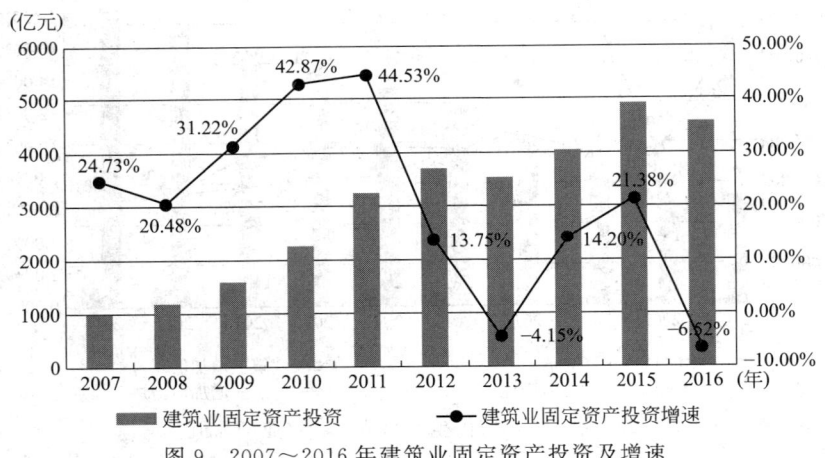

图9 2007～2016年建筑业固定资产投资及增速

2006年以来，随着我国建筑业企业生产和经营规模的不断扩大，建筑业总产值持续增长，2016年达到193566.78亿元，比上年增长7.09%，增速比上年增加了4.80个百分点。建筑业总产值增速在经过2011年至2015年连续5年的下降后，出现反弹（参见图10）。

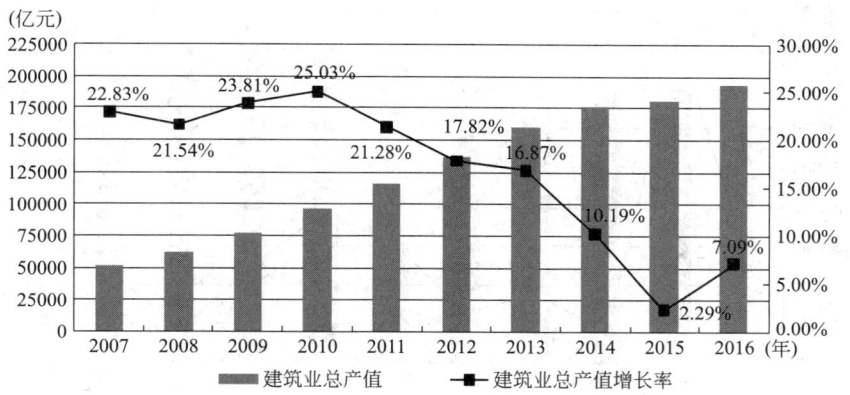

图10 2007～2016年全国建筑业总产值及增速

【建筑业从业人数和企业数量增加　劳动生产率达历史新高】 2016年底，全社会就业人员总数77603万人，其中，建筑业从业人数5185.24万人，比上年末增加91.57万人，增长1.80%。建筑业从业人数占全社会就业人员总数的6.68%，比上年提高0.10个百分点，占比创新高（参见图11）。建筑业在吸纳农村转移人口就业、推进新型城镇化建设和维护社会稳定等方面继续发挥显著作用。

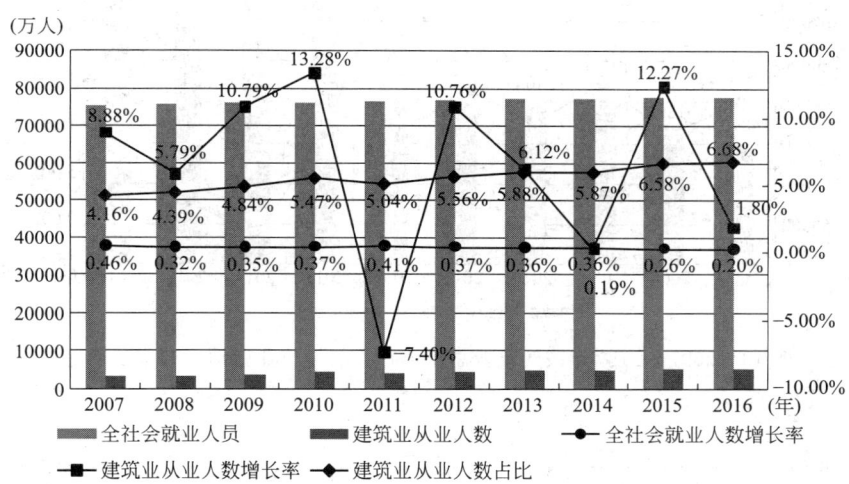

图11 2007～2016年全社会就业人员总数、建筑业从业人数增长情况

截至2016年底，全国共有建筑业企业83017个，比上年增加2106个，增速为2.60%（参见图12）。国有及国有控股建筑业企业6814个，比上年增加24个，占建筑业企业总数的8.21%，比上年下降了0.18个百分点。

2016年，按建筑业总产值计算的劳动生产率为336929元/人，在上年小幅反弹的基础上继续增长，比上年增长3.98%。水平创下历史最高纪录（参见图13）。

【建筑业企业利润总量继续保持增长态势　行业产值利润率继续下行】 2016年，全国建筑业企业实现利润6745亿元，比上年增加293.77亿元，增速为4.55%，增速比上年高2.98个百分点（参见图14）。

近10年来，建筑业产值利润率（利润总额与总产值之比）一直曲折徘徊在3.50%左右。2016年，建筑业产值利润率在上年小幅下降的情况下继续下行，降低到3.48%，比上年降低了0.09个百分点（参见图15）。

【建筑业企业签订合同总额、新签合同额增速回升】 2016年，全国建筑业企业签订合同总额374272.24亿元，比上年增长10.79%，结束了增速连续5年下降的局面。其中，本年新签合同额212768.30

亿元，由上年的下降方向掉头转向上升方向，比上年增长了15.42%（参见图16）。本年新签合同额占签订合同总额比例为56.85%，比上年提高了2.28个百分点，结束了连续两年的下降态势（参见图17）。

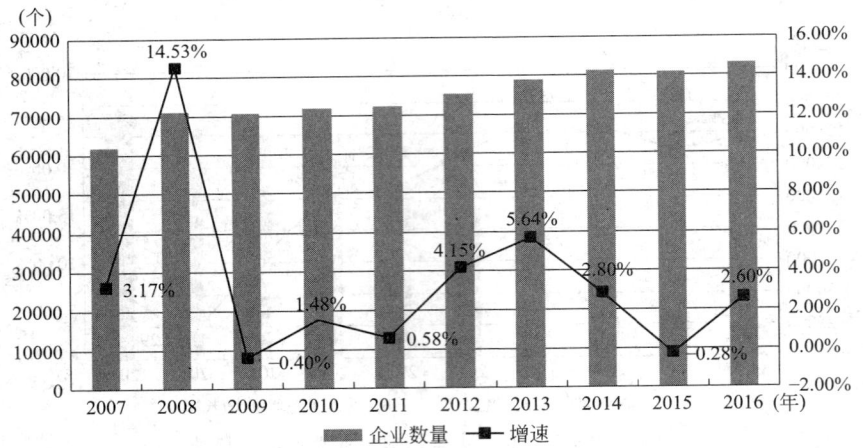

图12　2007～2016年建筑业企业数量及增速

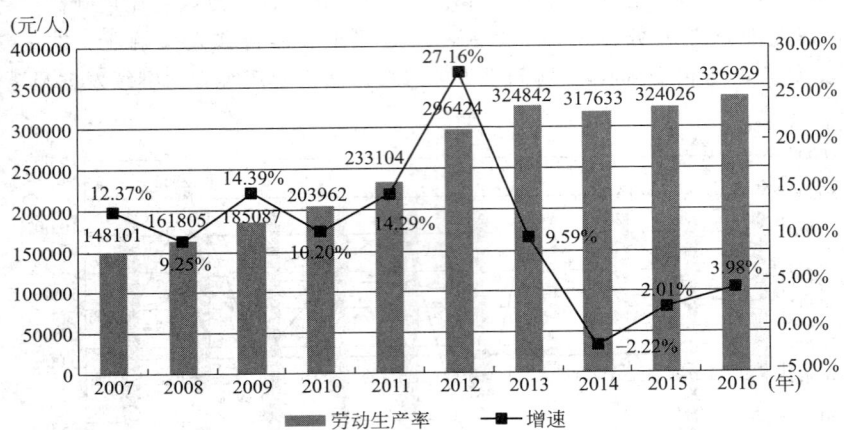

图13　2007～2016年按建筑业总产值计算的建筑业劳动生产率及增速

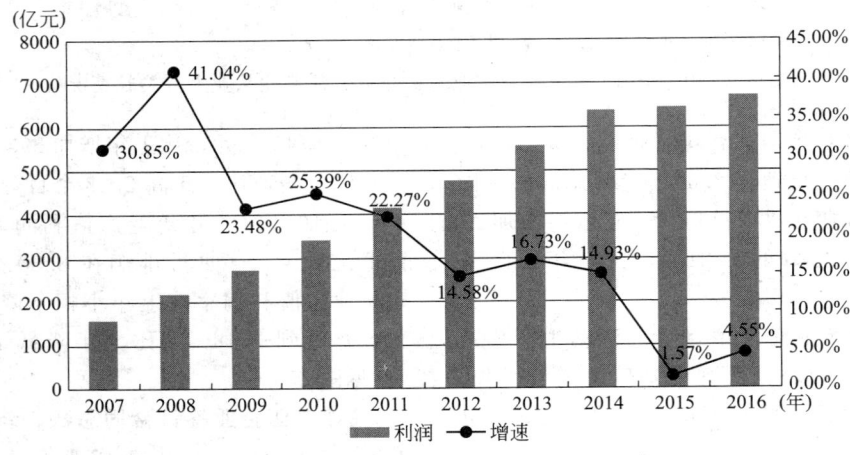

图14　2007～2016年全国建筑业企业利润总额及增速

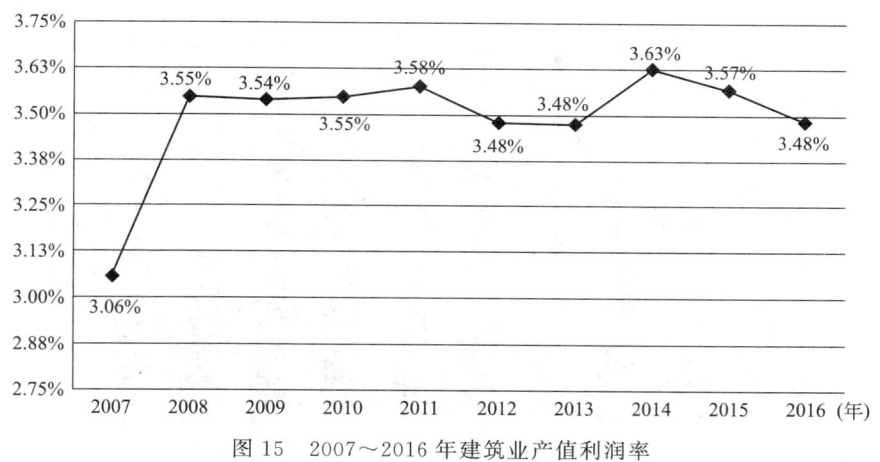

图 15 2007~2016 年建筑业产值利润率

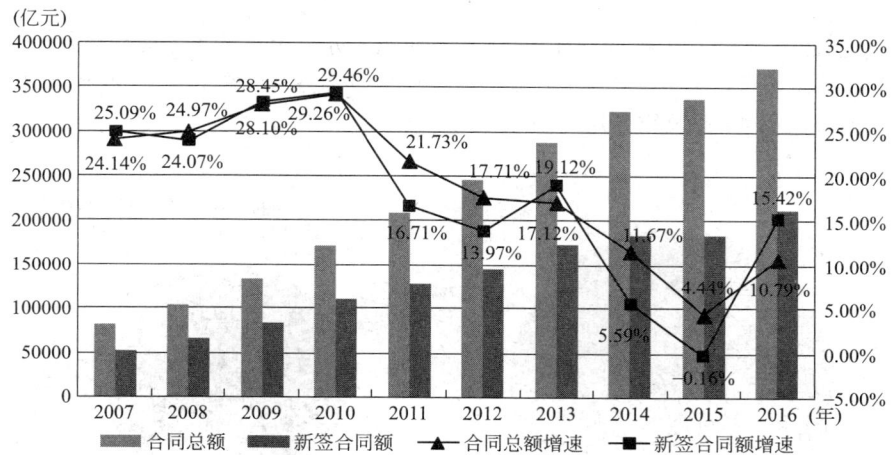

图 16 2007~2016 年全国建筑业企业签订合同总额、新签合同额及增速

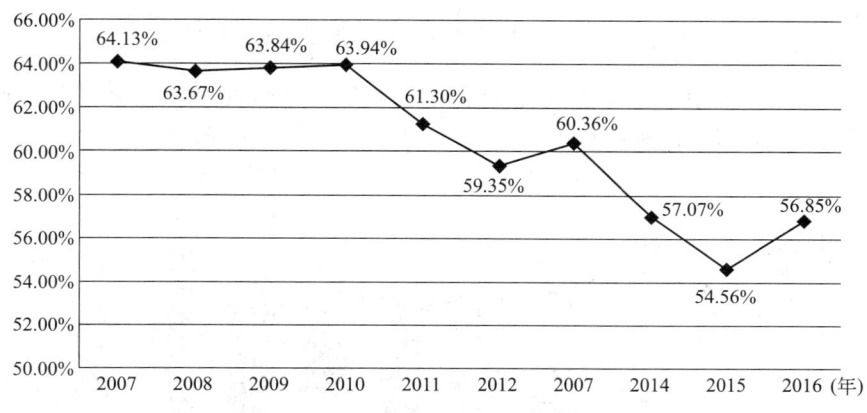

图 17 2007~2016 年全国建筑业企业新签合同额占合同总额比例

【**房屋施工面积、竣工面积增速结束连续四年下降局面　住宅房屋占竣工面积近七成　实行投标承包工程所占比例继续下降**】 2016 年，全国建筑业企业房屋施工面积 126.42 亿平方米，比上年增长 1.98%；竣工面积 42.24 亿平方米，比上年增长 0.38%。两项指标增速均结束连续 4 年的下降态势，出现小幅反弹（参见图 18）。

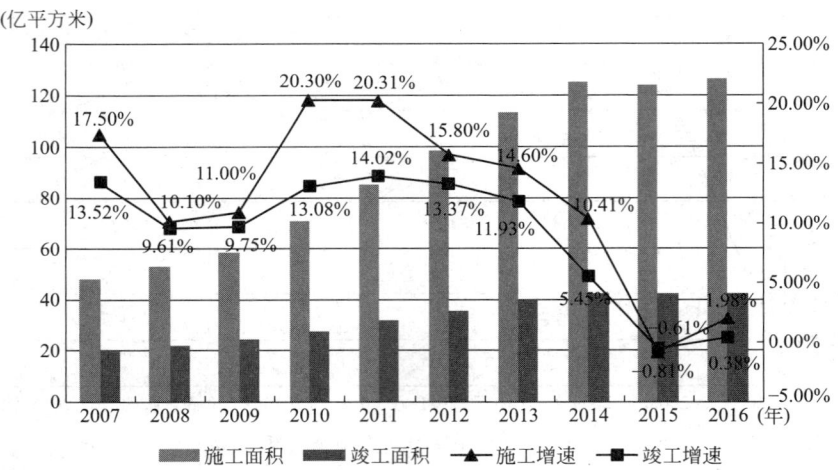

图18 2007～2016年建筑业企业房屋施工面积、竣工面积及增速

从全国建筑业企业房屋竣工面积构成情况看，住宅房屋竣工面积占最大比重，为67.25%；厂房及建筑物竣工面积占11.82%；商业及服务用房屋竣工面积、办公用房屋竣工面积分别占7.18%和5.57%；其他种类房屋竣工面积占比均在5%以下（参见图19）。

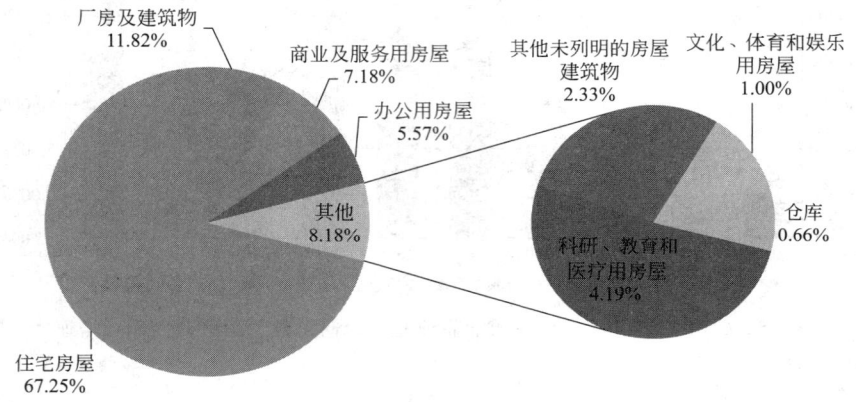

图19 2016年全国建筑业企业房屋竣工面积构成

2016年全年房屋施工面积中，实行投标承包的房屋施工面积96.17亿平方米，占全国房屋施工总面积的比重为76.07%，比上年降低了1.91个百分点，连续两年下降（参见图20）。

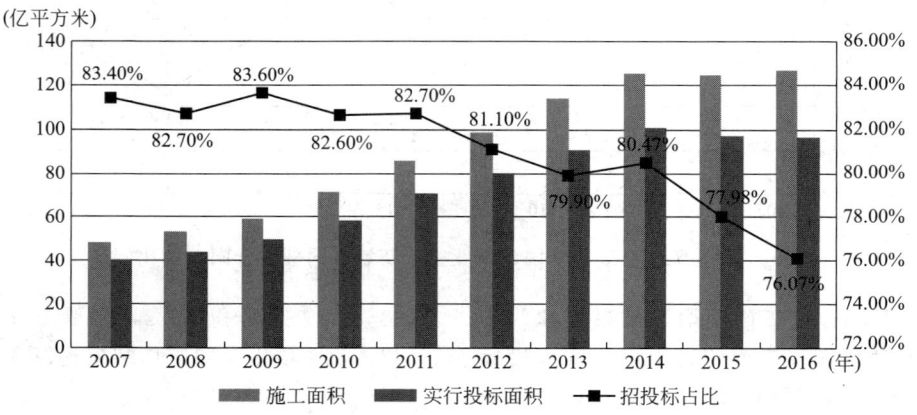

图20 2007～2016年房屋施工面积、实行投标承包面积及其占比

在城镇保障性安居工程方面，2016年，全国棚户区改造计划开工600万套。据各地上报数据，全年开工606万套，顺利完成年度目标任务，完成投资1.48万亿元。

【对外承包工程完成营业额增速下降　新签合同额增速回升　我国企业对外承包工程竞争力稳步提升】 2016年，我国对外承包工程业务完成营业额1594.20亿美元，比上年增长3.47%，增速比上年下降4.72个百分点。新签合同额2440.10亿美元，比上年增长16.15%，增速比上年提高了6.60个百分点（参见图21）。

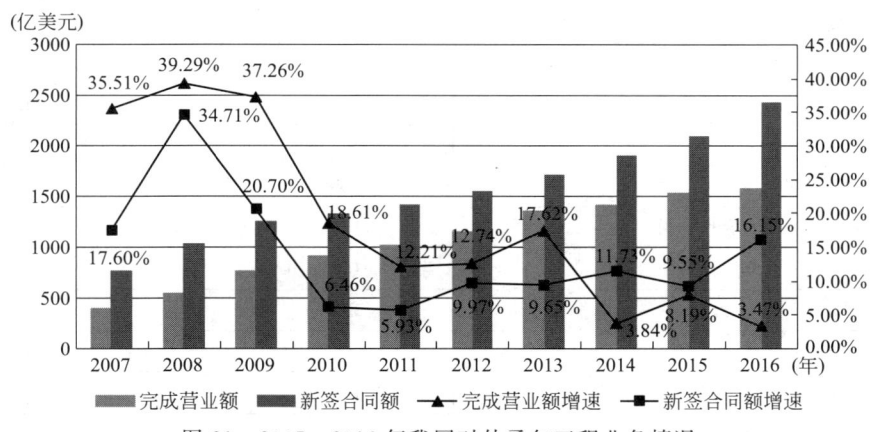

图21　2007～2016年我国对外承包工程业务情况

2016年，我国对外劳务合作派出各类劳务人员49.4万人，较上年同期减少3.6万人。其中承包工程项下派出23万人，劳务合作项下派出26.4万人。2016年末在外各类劳务人员96.9万人，较上年同期减少5.8万人。

美国《工程新闻记录》（简称"ENR"）杂志公布的2016年度全球最大250家国际承包商在海外市场共实现承包收入5011.4亿美元，比上一年度下降了4.1%。我国内地共有65家企业入选全球最大250家国际承包商榜单，入选数量与上年持平。入选企业共实现海外市场收入936.7亿美元，比上一年度的收入总和增长了4.5%，占250家国际承包商海外承包收入总额的19.3%，比上年提高2.1个百分点。

65家上榜企业中，有27家企业排名比上届有所提升，28家企业排名下降，排名未变的企业3家，新进榜企业7家。中国交通建设股份有限公司连续9年排名中国上榜企业首位，而且名次从上年的第5位上升到第3位（参见表31）。

2016年度ENR全球最大250家国际承包商中的中国内地企业　　表31

序号	公司名称	2016年度排名	2015年度排名	海外市场收入（百万美元）
1	中国交通建设股份有限公司	3	5	19246.6
2	中国电力建设集团有限公司	11	11	11354.6
3	中国建筑工程总公司	14	17	8727.8
4	中国中铁股份有限公司	20	23	6037.2
5	中国机械工业集团公司	23	27	5303.5
6	中国葛洲坝集团股份有限公司	45	44	2929.4
7	中国冶金科工集团有限公司	49	49	2677.0
8	中国铁建股份有限公司	55	58	2400.0
9	中信建设有限责任公司	58	52	2105.1
10	中国土木工程集团有限公司	60	47	2051.4
11	中国化学工程集团公司	67	76	1749.1
12	中国石油天然气管道局	68	64	1720.0

续表

序号	公司名称	2016年度排名	2015年度排名	海外市场收入（百万美元）
13	中国水利电力对外公司	74	74	1507.6
14	中国石化工程建设有限公司	75	84	1459.1
15	青建集团股份公司	77	81	1405.8
16	中国石油工程建设(集团)公司	84	66	1184.1
17	哈尔滨电气国际工程有限公司	88	**	1017.9
18	中国通用技术(集团)控股有限责任公司	92	93	905.6
19	中国江苏国际经济技术合作公司	95	137	817.3
20	中地海外建设集团	97	86	794.0
21	中国江西国际经济技术合作公司	103	112	712.4
22	威海国际经济技术合作股份有限公司	104	115	710.5
23	上海建工集团	105	100	680.2
24	东方电气股份有限公司	107	72	668.6
25	中国中原对外工程有限公司	109	110	665.2
26	江西中煤建设集团有限公司	111	129	653.2
27	北方国际合作股份有限公司	112	**	642.7
28	北京建工集团有限责任公司	115	109	624.3
29	新疆兵团建设工程(集团)有限责任公司	116	118	619.5
30	浙江省建设投资集团有限公司	117	146	613.9
31	中国寰球工程公司	119	165	611.6
32	中国地质工程集团公司	124	120	584.3
33	中原石油工程有限公司	125	127	572.6
34	安徽建工集团有限公司	127	126	559.2
35	中国电力技术装备有限公司	128	**	558.8
36	中国有色金属建设股份有限公司	129	171	545.3
37	中国河南国际合作集团有限公司	130	113	541.3
38	中鼎国际工程有限责任公司	131	142	539.6
39	上海城建(集团)公司	144	**	453.1
40	安徽省外经建设(集团)有限公司	145	153	450.9
41	江苏南通三建集团股份有限公司	150	155	416.1
42	沈阳远大铝业工程有限公司	153	148	402.7
43	中钢设备有限公司	160	131	382.4
44	中国能源建设集团天津电力建设公司	166	138	352.6
45	中国山东对外经济技术合作集团有限公司	167	181	352.1
46	中国武夷实业股份有限公司	168	154	351.1
47	北京城建集团	171	206	345.3
48	泛华集团	172	**	337.7
49	中石化胜利油田石油工程技术服务有限责任公司	176	212	321.1
50	中国成套设备进出口(集团)总公司	179	104	316.2
51	烟建集团有限公司	183	195	306.8

续表

序号	公司名称	2016年度排名	2015年度排名	海外市场收入（百万美元）
52	南通建工集团股份有限公司	185	182	300.6
53	云南建工集团有限公司	186	175	300.5
54	山东淄建集团	189	**	291.9
55	中国大连国际经济技术合作集团有限公司	194	152	263.5
56	中国甘肃国际经济技术合作总公司	196	194	250.9
57	江苏南通六建建设集团有限公司	204	222	204.7
58	中国石油集团工程设计有限责任公司	209	128	193.6
59	烟台国际经济技术合作集团有限公司	211	172	181.8
60	大庆油田建设集团有限责任公司	212	178	178.9
61	重庆对外建设(集团)有限公司	213	210	174.6
62	浙江省交通工程建设集团有限公司	218	**	155.6
63	山东科瑞石油装备有限公司	230	196	105.1
64	中国电力工程顾问集团有限公司	236	234	91.0
65	上海电气集团股份有限公司	249	91	62.7

**表示未进入2015年度250强排行榜

(住房和城乡建设部计划财务与外事司、中国建筑业协会 哈尔滨工业大学)

2016年全国建筑业发展特点

【苏、浙两省建筑业总产值继续雄踞行业龙头 蒙、黑两省区增速提高幅度较大】 2016年，江苏、浙江两省依然领跑全国各地区建筑业，建筑业总产值继续双双超过2万亿元，分别达到25791.76亿元、24989.37亿元，两省建筑业总产值共占全国的26.23%，比上年减少了0.74个百分点。

除江、浙两省外，总产值超过7000亿元的还有湖北、山东、四川、广东、北京、河南、福建、湖南、重庆9个地区，上述11省市完成的建筑业总产值占全国建筑业总产值的68.64%(参见图22)。

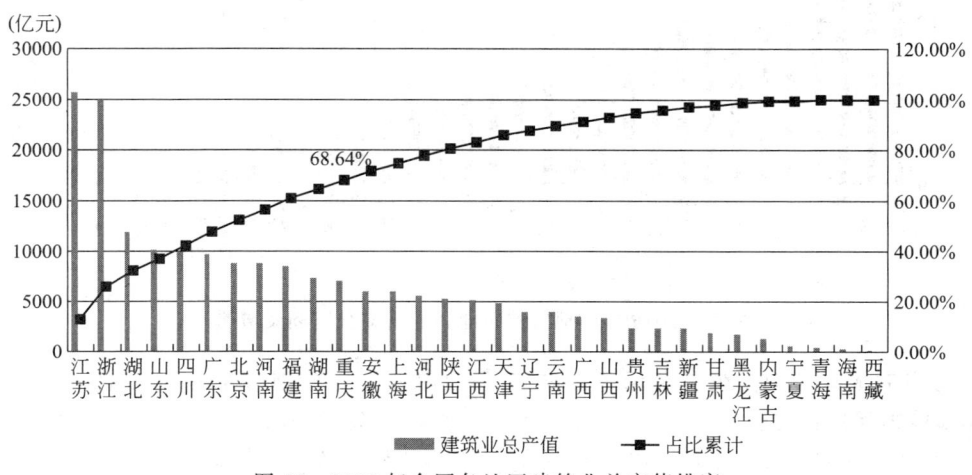

图22 2016年全国各地区建筑业总产值排序

从各地区建筑业总产值增长情况看，除西藏、浙江、福建、重庆外，有27个地区增速高于上年。贵州、云南分别以21.32%、18.30%的增速位居前两位。辽宁、宁夏2个地区出现负增长，其中，辽宁继上年31.04%的负增长后，2016年仍出现了27.47%的负增长(参见图23)。

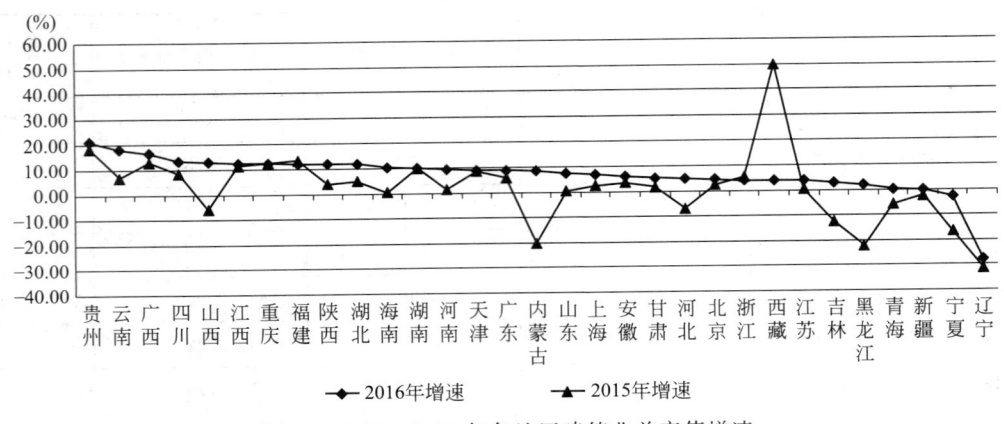

图 23　2015～2016 年各地区建筑业总产值增速

【新签合同额增速大幅提高　辽宁、青海两个地区出现负增长】　2016年，全国建筑业企业新签合同额212768.30亿元，比上年增长15.42%，增速较上年提高了15.58个百分点。浙江、江苏两省建筑业企业新签合同额继续占据前两位，分别达到23516.79亿元、23124.68亿元，占各自签订合同额总量的58.47%、58.41%，且总量均为正增长，分别比上年增长了7.55%和11.34%。新签合同额超过8000亿元的还有湖北、北京、广东、山东、四川、河南、福建、上海和湖南等9个地区（参见图24）。新签合同额增速超过20%的包括云南、贵州、山西、广东、北京、福建、天津、湖北、山东和陕西等10个地区，分别增长40.09%、34.74%、28.04%、27.15%、25.03%、22.99%、22.88%、22.56%、20.56%和20.52%。辽宁、青海两个地区分别出现了19.31%和6.35%的负增长。

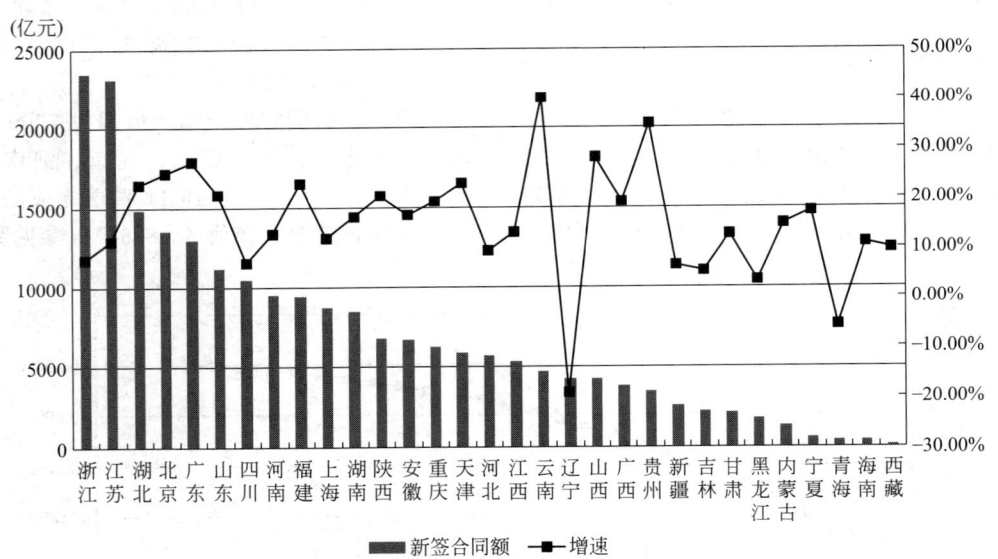

图 24　2016 年各地区建筑业企业新签合同额及增速

【各地区跨省完成建筑业产值持续增长且增速回升　对外拓展能力保持稳定】　2016年，各地区跨省完成的建筑业产值66453.65亿元，比上年增长10.38%，增速同比增长5.28个百分点。跨省完成建筑业产值占全国建筑业总产值的34.33%，比上年提高1.03个百分点。

跨省完成的建筑业产值排名前两位的仍然是浙江和江苏，分别为12851.38亿元、11924.37亿元。两省跨省产值之和占全部跨省产值的比重为37.28%。北京、湖北、福建、上海、湖南、河南、广东、四川和天津9个地区，跨省完成的建筑业产值均超过2000亿元。

从外向度（即本地区在外省完成的建筑业产值占本地区建筑业总产值的比例）来看，各地区外向度的排名总体格局未发生太大变化。排在前三位的地区与上年相同,仍然是北京、浙江、上海,分别为67.89%、51.43%和48.69%。外向度超过30%的还有江苏、天津、福建、青海、山西、湖北、江西、湖南、陕西等9个省市。有11个地区的外向度出现下降,但降幅均未超过3个百分点(参见图25)。

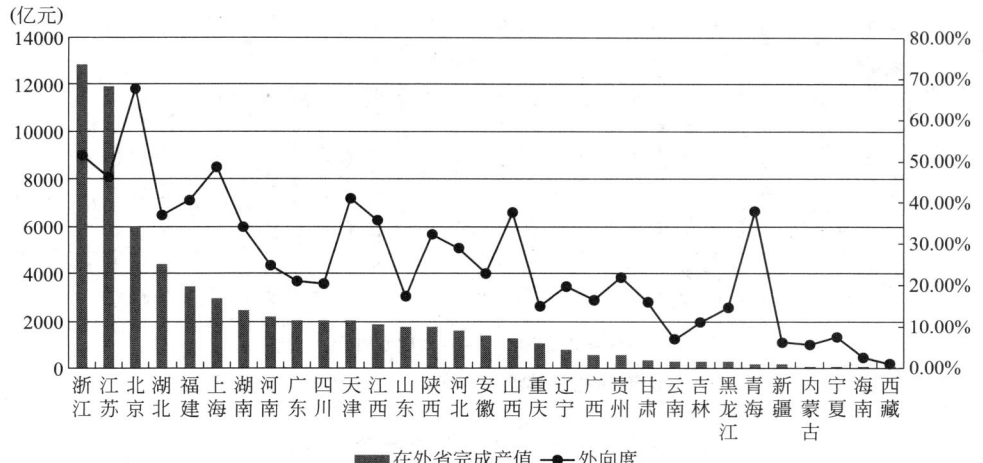

图25 2016年各地区跨省完成的建筑业总产值及外向度

【多数地区从业人数增加　劳动生产率提高】

2016年,全国建筑业从业人数超过百万的地区共18个,比上年增加2个。浙江、江苏依然是从业人数大省,人数分别达到770.28万人、763.75万人。福建、山东、四川、湖北、河南、广东、湖南、重庆等8个地区从业人数均超过200万人,分别为325.27万人、293.19万人、282.87万人、269.64万人、260.90万人、228.81万人、219.99万人和209.08万人。与上年相比,19个地区的从业人数增加,其中,增加人数最多的是福建,增加30.46万人;12个地区的从业人数减少,其中,辽宁、浙江两省减少的人数均超过10万人。从业人数增幅最大的是广西,达到25.49%;黑龙江、宁夏两个地区的降幅均超过20%(参见图26)。

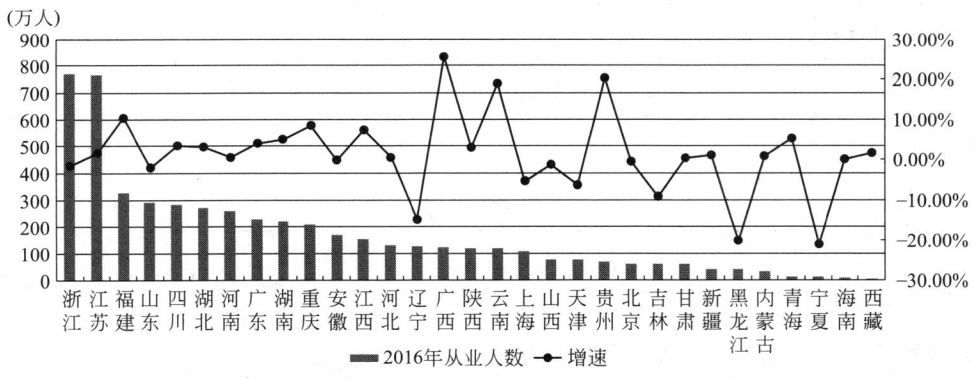

图26 2016年各地区建筑业从业人数及其增长情况

2016年,按建筑业总产值计算的劳动生产率有4个地区有所降低。劳动生产率排序前两位的地区与上年相同,仍然是北京、天津,第三名则由上海取代了湖北。北京自2012年来连续5年领跑全国,2016年劳动生产率为533880元/人,比上年增长2.80%。天津2016年劳动生产率为492879元/人,比上年下降0.59%。上海2016年劳动生产率为477994元/人,比上年增长6.92%(参见图27)。

2016年建筑业特级、一级资质企业基本情况分析

住房和城乡建设部汇总的7711个特级、一级资质建筑业企业2016年主要指标数据参见表32。

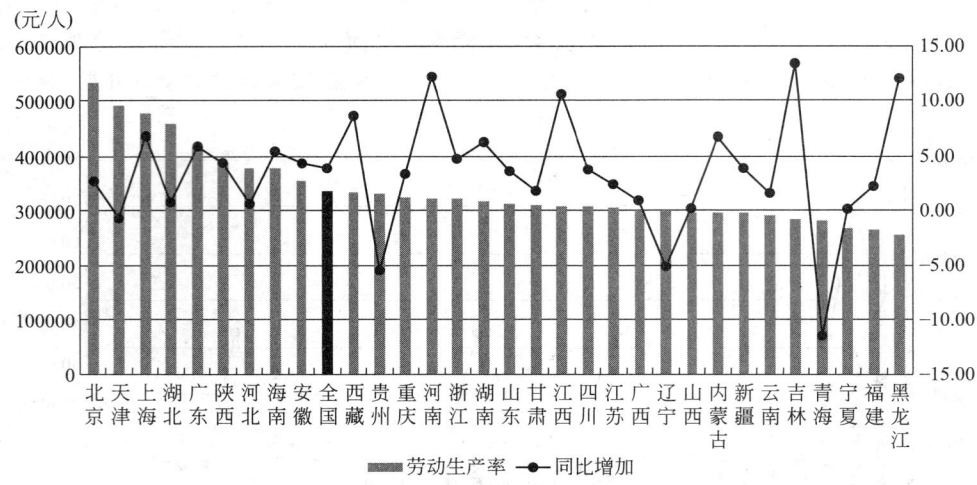

图27 2016年各地区建筑业劳动生产率及其增长情况

(住房和城乡建设部计划财务与外事司、中国建筑业协会、哈尔滨工业大学)

特级、一级资质企业2016年主要指标数据　　　　　　　表32

指标名称	全部资质以上企业			特级、一级资质企业			
	2016年指标值	比上年增长	增速(%)	2016年指标值	比上年增长	增速(%)	占全部资质以上企业的比重(%)
新签工程承包合同额(亿元)	212768.30	28429.72	15.42	136475	17446	14.66	64.14
建筑业总产值(亿元)	193566.78	12809.31	7.09	113681	5541	5.12	58.73
营业收入(亿元)				105228	99225	6.05	
房屋建筑施工面积(万平方米)	1264219.92	24502.32	1.98	837000	20234	2.48	66.21
房屋建筑竣工面积(万平方米)	422375.65	1590.75	0.38	243429	7577	3.21	57.63
利润总额(亿元)	6745	293.77	4.55	3355	172	5.40	49.74
应收工程款(亿元)				25302	22365	13.13	

(一) 按专业类别分析

【有9个类别的特级、一级施工总承包企业和36个类别的专业承包企业建筑业总产值呈现增长，3个类别的特级、一级施工总承包企业和13个类别的专业承包企业建筑业总产值呈现负增长】2016年，12个类别5607家特级、一级施工总承包企业共完成建筑业总产值105589.76亿元。其中，建筑业总产值排在前四位的专业类别仍然是房屋建筑工程、公路工程、市政公用工程和铁路工程，分别达到70369.80亿元、7981.89亿元、7767.60亿元和6912.33亿元(参见表33)。这4个专业类别特级、一级施工总承包企业完成的建筑业总产值之和占到所有12个类别特级、一级施工总承包企业建筑业总产值的比重为88.11%(参见图28)。

2016年各类特级、一级施工总承包企业建筑总产值情况
表33

专业分类	建筑业总产值(亿元)		增速(%)
	2016年	2015年	
合　计	105590	100396	5.17
房屋建筑工程	70370	67124	4.83
公路工程	7982	7756	2.91
铁路工程	6912	6251	10.59
港口与航道工程	1732	1582	9.51
水利水电工程	2944	2744	7.29

续表

专业分类	建筑业总产值（亿元）		增速（%）
	2016年	2015年	
电力工程	1534	1245	23.23
矿山工程	628	702	-10.51
冶炼工程	2072	2040	1.58
化工石油工程	1399	1564	-10.51
市政公用工程	7768	7203	7.84
通信工程	452	459	-1.52
机电安装工程	1797	1727	4.00

在12个类别的特级、一级施工总承包企业中，有9个类别的企业建筑业总产值增长，但其中5个类别的企业增速均低于上年，其中港口与航道工程和市政公用工程类企业增速分别比上年下降了7.87和6.07个百分点。建筑业总产值增速位列前三位的是电力工程、铁路工程和港口与航道工程类企业，分别为23.23%、10.59%和9.51%。有3个专业类别的企业建筑业总产值出现负增长，其中，矿山工程和化工石油工程类企业总产值均出现10.51%的负增长，排名垫底（参见图29）。

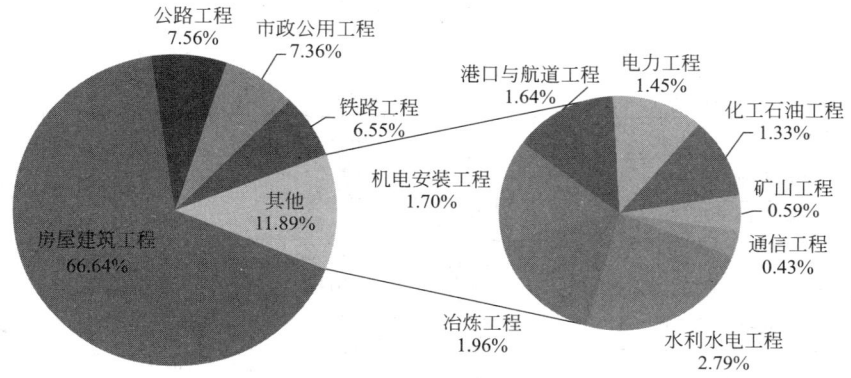

图28 12个类别特级、一级施工总承包企业建筑业总产值构成

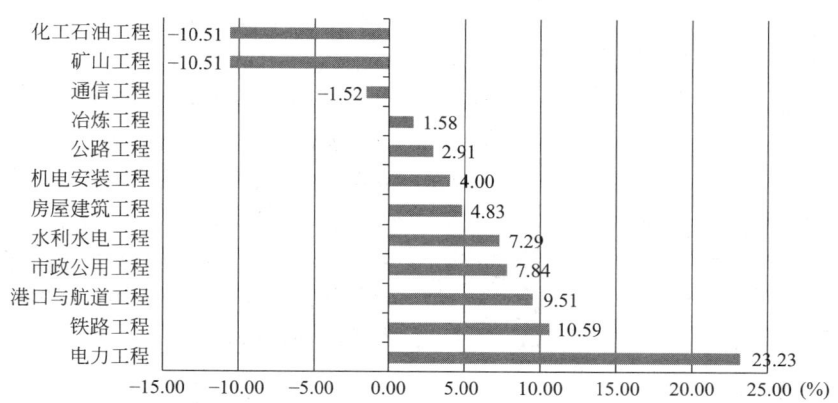

图29 2016年各类特级、一级施工总承包企业建筑业总产值增速排序

在49个类别的2104个专业承包企业中，河湖整治工程、炉窑工程、城市轨道交通工程、机场目视助航工程、铁路电气化工程、机场空管及航站楼弱电系统工程、城市及道路照明工程的专业承包企业建筑业总产值增速较快，均超过了30%。各专业承包企业中，建筑业总产值出现下降的专业由上年的27个减少到13个。下降最多的是铁路铺轨架梁工程，下降34.6%（参见表34）。

【有11个类别的特级、一级施工总承包企业和28个类别的专业承包企业新签合同额增长，1个类别的特级、一级施工总承包企业和21个类别的专业承包企业新签合同额出现负增长】 2016年，12个类别特级、一级施工总承包企业共新签合同额128555.16亿元。其中新签合同额排在前四位的是房屋建筑工程、市政公用工程、公路工程和化工石油工程，分别达到79758.31亿元、10598.41亿元、9700.51亿元和9364.57亿元（参见表35）。这4个类别新签合同额之和占所有12个类别新签合同的比重为85.12%（参见图30）。

按专业类别分类的一级专业承包企业总产值对比表 表34

专业分类	指标	建筑业总产值（万元）		同比增长（%）
		2016年	2015年	
	49个专业类别合计	8091.13	7744.20	4.48
增速较快的专业类别	河湖整治工程	3.02	1.27	137.4
	炉窑工程	4.74	2.45	93.6
	城市轨道交通工程	14.34	8.52	68.2
	机场目视助航工程	7.78	5.23	48.8
	铁路电气化工程	108.37	75.91	42.8
	机场空管及航站楼弱电系统工程	3.51	2.53	38.5
	城市及道路照明工程	12.47	9.44	32.0
负增长较大的专业类别	电梯安装工程	21.13	23.70	−10.8
	火电设备安装工程	18.60	22.96	−19.0
	铁路电务工程	163.93	211.35	−22.4
	环保工程专业	7.27	9.55	−23.9
	铁路铺轨架梁工程	84.24	128.83	−34.6

2016年各类特级、一级施工总承包企业新签工程承包合同额对比表 表35

	新签工程承包合同额（亿元）		增速（%）
	2016年	2015年	
合计	128555	111646	15.15
房屋建筑工程	79758	70698	12.82
公路工程	9701	7758	25.03
市政公用工程	10598	9325	13.66
铁路工程	2614	2115	23.57
水利水电工程	4880	4940	−1.22
冶炼工程	2148	1766	21.66
机电安装工程	737	692	6.55
港口与航道工程	4164	3455	20.54
电力工程	2061	1744	18.14
化工石油工程	9365	6918	35.36
矿山工程	478	378	26.46
通信工程	2052	1857	10.50

2016年，12个类别特级、一级施工总承包企业中，有11个类别的新签合同额增长，1个出现负增长。其中，化工石油工程类企业新签合同额在上年较大负增长的情况下大幅增长，增速达到35.36%；此外，矿山工程、公路工程、铁路工程、冶炼工程和港口与航道工程，都出现超过20%的增速（参见图31）。

在49个类别的专业承包企业中，有28个类别的专业承包企业新签合同额增长，21个类别的专业承包企业新签合同额出现负增长。土石方工程、火电设备安装工程和水工金属结构制作与安装工程专业承包企业新签合同额增速较高，均超过100%。新签合同额降幅较大的专业是堤防工程，降幅超过了60%（参见表36）。

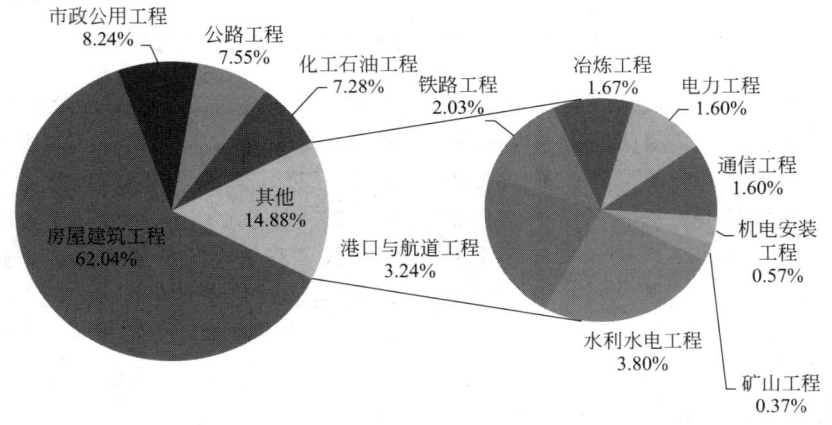

图30 12个类别特级、一级施工总承包企业新签工程承包合同额构成

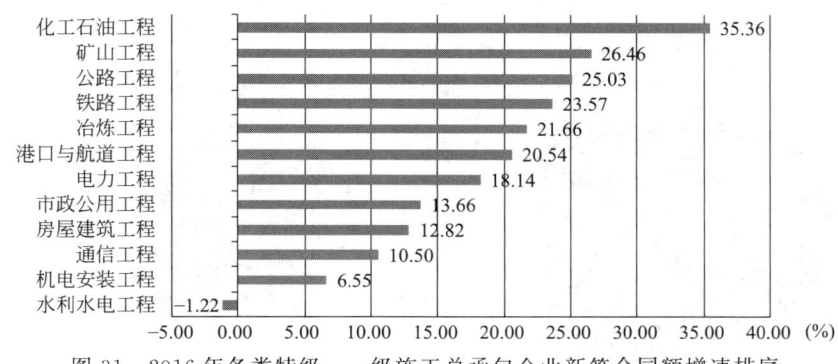

图 31　2016 年各类特级、一级施工总承包企业新签合同额增速排序

按专业类别分类的一级专业承包企业新签合同额对比表　　　　表 36

专业分类	指标	新签工程承包合同额（万元）		
		2015 年	2014 年	同比增长（%）
	49 个专业类别合计	7920.17	7382.84	7.28
增长较快的专业类别	土石方工程	220.52	61.18	260.47
	火电设备安装工程	54.99	18.58	195.92
	水工金属结构制作与安装工程	0.95	0.45	112.67
	水工建筑物基础处理工程	23.23	12.33	88.33
	环保工程专业	11.61	6.51	78.37
	铁路电气化工程	125.45	83.28	50.64
	航道工程	65.97	44.00	49.95
负增长较大的专业类别	公路路基工程	20.55	26.89	-23.57
	电梯安装工程	17.47	24.28	-28.05
	机场空管及航站楼弱电系统工程	3.24	4.97	-34.73
	铁路电务工程	152.43	289.14	-47.28
	堤防工程	12.38	34.30	-63.92

【有 9 个类别的特级、一级施工总承包企业和 31 个类别的专业承包企业营业收入增长，3 个类别的特级、一级施工总承包企业和 18 个类别的专业承包企业营业收入出现负增长】 2016 年，12 个类别特级、一级施工总承包企业完成营业收入 97212.20 亿元。营业收入排在前四位的是房屋建筑工程、公路工程、铁路工程和市政公用工程，分别为 61071.59 亿元、7892.53 亿元、7593.30 亿元和 6781.00 亿元（参见表 37）。这 4 个类别特级、一级施工总承包企业营业收入之和占所有 12 个类别特级、一级施工总承包企业营业收入总和的比重为 85.73%（参见图 32）。

2016 年，在各类特级、一级施工总承包企业中，有 9 个类别的营业收入保持增长，3 个类别的营业收入出现负增长。增速最快的专业是通信工程和铁路工程，分别为 18.33% 和 14.37%。化工石油工程专业下降幅度最大，下降了 12.49（参见图 33）。

2016 年各类特级、一级施工总承包企业营业收入对比表　　表 37

	营业收入（亿元）		增速（%）
	2016 年	2015 年	
合　计	97212	91489	6.26
房屋建筑工程	61072	57184	6.80
公路工程	7893	7510	5.09
铁路工程	7593	6639	14.37
港口与航道工程	1919	1876	2.28
水利水电工程	3234	3039	6.43
电力工程	1936	1780	8.78
矿山工程	612	670	-8.70
冶炼工程	2339	2410	-2.97
化工石油工程	1559	1782	-12.49
市政公用工程	6781	6490	4.49
通信工程	520	440	18.33
机电安装工程	1753	1668	5.09

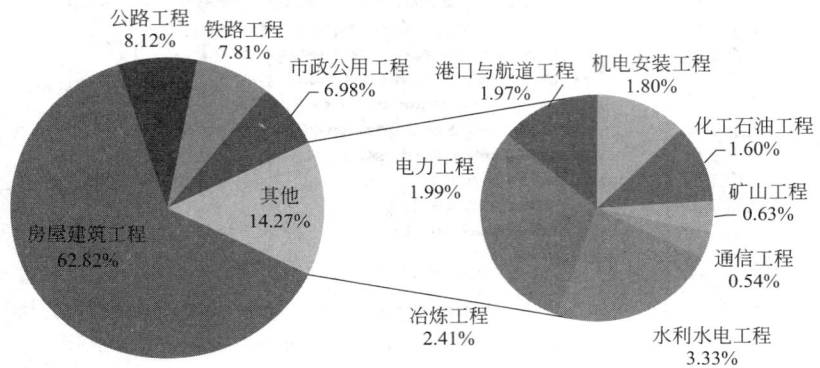

图32 12个类别特级、一级施工总承包企业营业收入构成

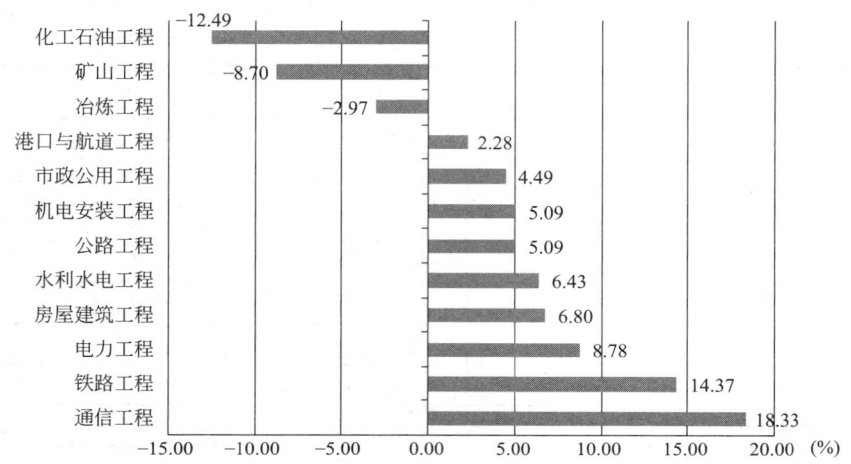

图33 2016年各类特级、一级施工总承包企业营业收入增速排序

在49个专业承包工程类别中，有31专业的营业收入增长，其中，电梯安装工程、铁路电气化工程、机场空管及航站楼弱电系统工程、园林古建筑工程、送变电工程、河湖整治工程、核工程营业收入比上年有较大增长，增速均超过25%。有18个专业的营业收入下降，比上年减少了4个。下降最多的专业是港口与海岸工程，降幅达到87.40%（参见表38）。

按专业类别分类的一级专业承包企业营业收入对比表　　表38

指标 专业分类		营业收入（万元）		同比增长（%）
		2016年	2015年	
49个专业类别合计		8016.00	7736.54	3.61
增速较快的专业类别	电梯安装工程	278.20	148.21	87.71
	铁路电气化工程	107.95	73.90	46.08
	机场空管及航站楼弱电系统工程	4.89	3.35	45.66
	园林古建筑工程	137.23	107.43	27.74
	送变电工程	86.12	67.93	26.77
	河湖整治工程	3.13	2.47	26.35
	核工程	5.06	4.01	26.10
	火电设备安装工程	32.83	49.33	-33.45

续表

指标 专业分类		营业收入（万元）		同比增长（％）
		2016年	2015年	
负增长较大的专业类别	铁路铺轨架梁工程	69.36	107.74	-35.62
	化工石油设备管道安装工程	23.78	37.32	-36.28
	城市轨道交通工程	3.32	5.57	-40.28
	港口与海岸工程	5.65	44.80	-87.40

【有8个类别的特级、一级施工总承包企业和28个类别的专业承包企业利润总额增长，4个类别的特级、一级施工总承包企业和21个类别的专业承包企业利润总额出现负增长】 2016年，12个类别特级、一级施工总承包企业共实现利润总额2978.62亿元。其中利润总额排在前四位的仍然是房屋建筑工程、公路工程、市政公用工程、铁路工程，分别为2000.41亿元、269.68亿元、237.62亿元、126.84亿元（参见表39）。这4个类别特级、一级施工总承包企业利润总额之和占所有12类特级、一级施工总承包企业利润总和的比重为88.45％（参见图34）。

2016年，在12个类别的特级、一级施工总承包企业中，有8个类别的利润总额保持增长，4个类别出现负增长。利润总额增长最快的是通信工程施工总承包企业，增速39.53％。其次是公路工程和电力工程施工总承包企业，分别为24.36％和12.83％。化工石油工程总承包企业利润总额在上年出现3.66％的降幅后继续大幅下降，降幅达110.75％，出现了67977万元的亏损（参见图35）。

2016年各类特级、一级施工总承包企业
利润总额对比表　　　表39

	利润总额（亿元）		增速（％）
	2016年	2015年	
合计	2978.62	2819.95	5.63
房屋建筑工程	2000.41	1844.32	8.46
公路工程	269.68	216.85	24.36
铁路工程	126.84	141.72	-10.50
港口与航道工程	72.89	79.88	-8.74
水利水电工程	99.04	92.94	6.57
电力工程	34.00	30.13	12.83
矿山工程	20.58	18.63	10.47
冶炼工程	54.25	56.71	-4.34
化工石油工程	-6.80	63.21	-110.75
市政公用工程	237.62	212.64	11.75
通信工程	24.38	17.48	39.53
机电安装工程	45.72	45.46	0.58

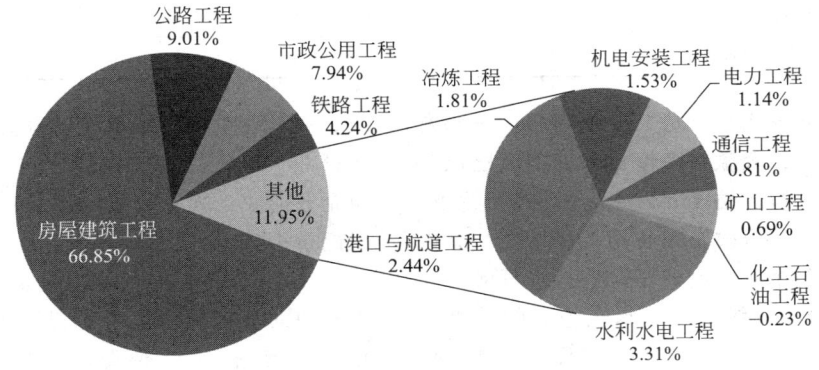

图34　12个类别特级、一级施工总承包企业利润总额构成

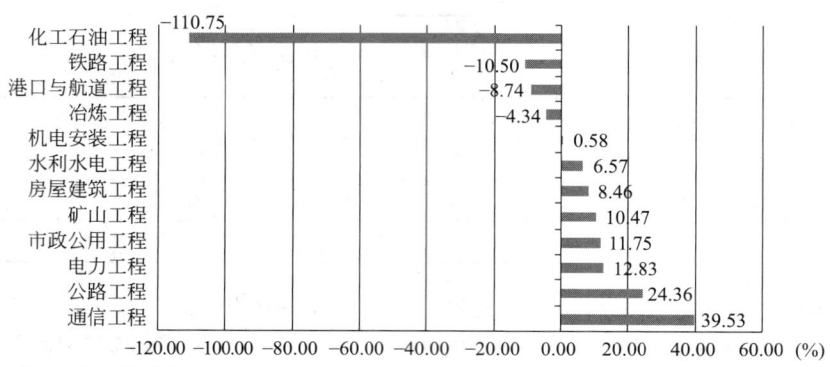

图35 2016年各类特级、一级施工总承包企业利润总额增长率排序

在49个类别的专业承包企业中，有28个类别的利润总额增长，其中，河湖整治工程、电梯安装工程、管道工程、城市及道路照明工程、机场场道工程和水工建筑物基础处理工程类企业利润总额比上年有较大增长，增幅均超过100%。有21个类别的利润总额下降，其中，化工石油设备管道安装工程、冶炼机电设备安装工程和火电设备安装工程3类施工企业出现亏损，降幅均超过100%（参见表40）。

按专业类别分类的一级专业承包企业利润总额对比表　　表40

指标 专业分类		利润总额（亿元）		增速（%）
		2016年	2015年	
49个专业类别合计		376.35	362.69	3.77
增长较快的专业类别	河湖整治工程	0.61	0.08	677.79
	电梯安装工程	26.65	5.48	386.78
	管道工程	0.58	0.15	276.96
	城市及道路照明工程	2.39	0.80	200.67
	机场场道工程	0.57	0.26	117.12
	水工建筑物基础处理工程	0.48	0.23	110.33
	金属门窗工程	0.95	0.48	98.58
负增长较大的专业类别	海洋石油工程	29.10	49.95	-41.75
	无损检测工程	0.22	0.38	-42.44
	公路路基工程	1.33	2.46	-45.79
	火电设备安装工程	-0.01	1.22	-100.62
	冶炼机电设备安装工程	-0.01	0.07	-114.97
	化工石油设备管道安装工程	-1.06	0.57	-286.95

【企业应收工程款问题严重，11类特级、一级施工总承包企业的应收工程款增速超10%，房屋建筑工程总承包企业应收工程款达1.3万亿元】 各类特级、一级施工总承包企业的应收工程款均持续增加。除化工石油工程类总承包企业应收工程款增速为6.80%以外，其余11类特级、一级施工总承包企业的应收工程款增速均超过了10%。港口与航道工程类企业应收工程款增速排名第一，达35.65%（参见图36）。

从应收工程款额度上看，房屋建筑工程总承包企业应收工程款13227.71亿元，占12个类别的特级、一级总承包企业应收工程款总额的58.44%，排名第一。市政公用工程、公路工程、铁路工程总承包企业应收工程款额度均超过或接近1500亿元，应引起重视（参见图37）。

在49个类别的专业承包企业中，应收工程款增速较快的是水利水电机电设备安装工程和铁路电气化工程专业承包企业，分别增长了446.13%和133.12%。降幅最大的是城市轨道交通工程和海洋石油工程专业承包企业，分别下降84.96%和50.21%（参见表41）。

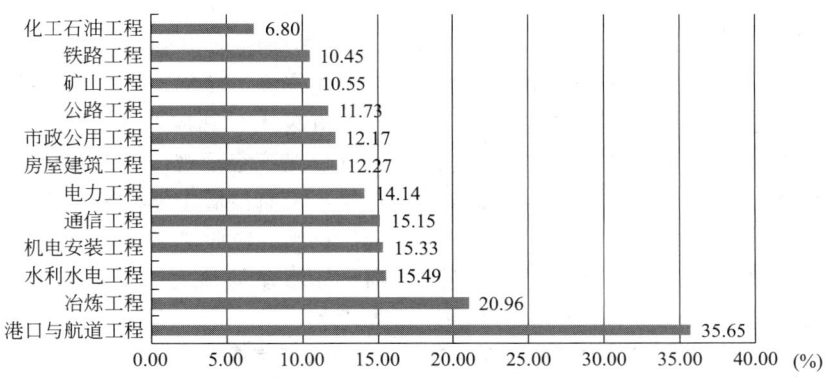

图 36　2016年各类特级、一级施工总承包企业应收工程款增速排序

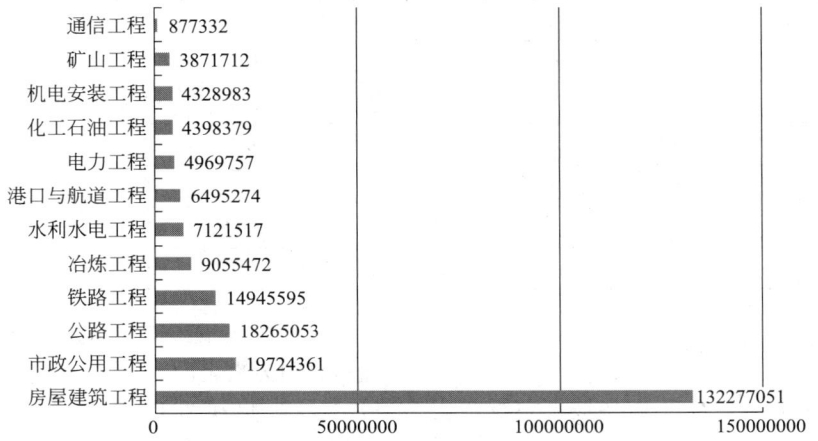

图 37　2016年各类特级、一级施工总承包企业应收工程款排序

按专业类别分类的一级专业承包企业应收工程款对比表　　　表 41

专业分类	指标	应收工程款(万元)		
		2016年	2015年	增速(%)
49个专业类别合计		2668.50	2343.17	13.88
增速较快的专业类别	水利水电机电设备安装工程	7.98	1.46	446.13
	铁路电气化工程	18.36	7.88	133.12
	河湖整治工程	2.84	1.46	94.94
	核工程	0.38	0.20	88.65
	水工建筑物基础处理工程	3.61	2.19	64.81
	园林古建筑工程	36.20	23.71	52.67
	隧道工程	10.10	6.73	50.11
负增长较大的专业类别	水工金属结构制作与安装工程	0.10	0.12	−21.16
	环保工程专业	5.32	8.93	−40.43
	堤防工程	2.80	4.88	−42.75
	海洋石油工程	35.40	71.10	−50.21
	城市轨道交通工程	0.47	3.15	−84.96

(二) 按企业资质等级分析

从 7711 家企业 2016 年各项主要指标的占比情况看，施工总承包特级、施工总承包一级和专业承包一级的排列位次完全相同，均为第 2、1、3 位。从各项指标的增速情况看，施工总承包特级企业建筑业总产值、营业收入、房屋建筑施工面积、利润总额的增幅均排在第 1 位，应收工程款增速低于施工总承包一级和专业承包一级企业，其行业龙头作用比较突出。施工总承包一级企业 2016 年新签工程承包合同额增速上升到第 1 位，但房屋建筑施工面积、房屋建筑竣工面积、利润总额的增速均排在第 3 位，且差值较大，其应收工程款增速继续排在第 1 位，经营状况不容乐观。专业承包一级企业 2016 年房屋建筑竣工面积增速排在第 1 位，房屋建筑施工面积、利润总额、应收工程款增速排在第 2 位，与上年各项指标增速均垫底的局面相比有了很大改观（参见表 42）。

不同资质等级企业 2016 年主要指标完成情况　　表 42

指标	施工总承包特级			施工总承包一级			专业承包一级		
	2016 年	增速（%）	占比（%）	2016 年	增速（%）	占比（%）	2016 年	增速（%）	占比（%）
新签工程承包合同额（亿元）	46322	14.64	33.94	82233	15.43	60.25	7920	7.27	5.80
建筑业总产值（亿元）	33446	5.89	29.42	72144	4.85	63.46	8091	4.48	7.12
营业收入（亿元）	33160	11.62	31.51	64052	3.68	60.87	8016	3.61	7.62
房屋建筑施工面积（万平方米）	289391	5.67	34.57	531550	0.75	63.51	16059	5.00	1.92
房屋建筑竣工面积（万平方米）	66999	9.05	27.52	167698	0.69	68.89	8731	10.93	3.59
利润总额（亿元）	1046	11.63	31.18	1933	2.66	57.62	376	3.58	11.21
应收工程款（亿元）	6101	9.85	24.11	16532	14.27	65.34	2669	13.91	10.55

（三）按企业管理关系分析

从企业管理关系分析，7711 家特级、一级企业中，各地区所属建筑业企业占 91.63%，中央部门所属建筑业企业（简称央企）数量占比为 8.37%。从主要指标观察，各地区所属建筑业企业全部指标所占比重均高于央企数量所占比重。各地区所属建筑业企业新签工程承包合同额、建筑业总产值、营业收入、房屋建筑施工面积、房屋建筑竣工面积和利润总额分别为央企的 1.72 倍、2.78 倍、2.23 倍、4.42 倍、10.71 倍和 2.41 倍。同时，各地区所属建筑业企业的应收工程款数额为央企的 2.39 倍，工程款拖欠问题比较严重。从各项主要指标的增速情况来看，各地区所属建筑业企业的建筑总产值、营业收入、房屋建筑竣工面积、应收工程款增速略高于央企，其他指标的增速都低于央企（参见表 43）。

各地区所属和中央部门所属建筑业企业 2016 年主要指标完成情况　　表 43

指标	各地区所属建筑业企业			中央部门所属建筑业企业		
	2016 年	增速（%）	占比（%）	2016 年	增速（%）	占比（%）
新签工程承包合同额（亿元）	86320	12.77	63.25	50156	18.06	36.75
建筑业总产值（亿元）	83613	5.17	73.55	30068	5.00	26.45
营业收入（亿元）	72696	6.23	63.95	32532	5.65	28.62
房屋建筑施工面积（万平方米）	682618	0.88	81.56	154383	10.18	18.44
房屋建筑竣工面积（万平方米）	222638	3.41	91.46	20791	1.16	8.54
利润总额（亿元）	2372	4.22	70.70	983	8.38	29.30
应收工程款（亿元）	17834	14.58	70.48	7467	9.79	29.51

（四）按企业注册地区分析

从区域分析，58.89% 的特级、一级企业集中在东部地区，除应收工程款外，其他指标所占比重均高于企业数量所占比重，区域领先优势明显。16.67% 的特级、一级企业注册在西部，除应收工程款指标外，其他指标所占比重均低于企业数量所占比重，区域发展比较落后。中部地区特级、一级企业占全国总量的 24.44%，其各项主要指标所占比重在 21%～26% 之间，基本上与该地区的企业数量、发展程度相匹配。从各项指标的增速情况看，东部地区新签工程承包合同额、营业收入和利润总额增幅高于中部地区，建筑业总产值、房屋建筑施工面积、房屋建筑竣工面积增速低于中部地区。西部地区除利润总额增速高于中部地区外，其他指标增速均低于东部和中部地区，房屋建筑施工面积、房屋建筑竣工面积均出现了负增长。应收工程款方面，西部地区增速最高，应引起注意(参见表44)。

东、中、西地区企业 2016 年主要指标完成情况　　　　表 44

指标	东部地区			中部地区			西部地区		
	2016年	增速(%)	占比(%)	2016年	增速(%)	占比(%)	2016年	增速(%)	占比(%)
新签工程承包合同额(亿元)	81379	16.48	59.63	34538	12.19	25.31	20558	11.86	15.06
建筑业总产值(亿元)	70528	4.71	62.04	27008	7.41	23.76	16145	3.20	14.20
营业收入(亿元)	63960	6.62	60.78	25679	5.22	24.40	15590	5.12	14.82
房屋建筑施工面积(万平方米)	557626	2.19	66.62	178132	6.46	21.28	101243	-2.42	12.10
房屋建筑竣工面积(万平方米)	158858	3.82	65.26	56006	6.08	23.01	28565	-4.93	11.73
利润总额(亿元)	2170	6.90	64.68	802	1.39	23.90	383	6.19	11.42
应收工程款(亿元)	14648	12.92	57.89	5947	12.93	23.50	4706	14.06	18.60

就全国31个省、市、自治区的情况分析：

【新签工程承包合同额出现较大幅度增长，天津增速最大，3个地区特级、一级企业新签工程承包合同额出现负增长】 2016年，各地区特级、一级建筑业企业新签工程承包合同额比上年增长14.66%，增速较上年提高18.87个百分点。天津增速最大，达到82.33%。宁夏位列第二，达到42.50%。增速超过20%的地区还有内蒙古、云南、广东、河北和甘肃，分别为33.44%、27.55%、23.05%、22.59%和20.77%；3个地区的新签合同额出现不同程度的下降。其中，海南下降程度最大，降幅为14.53%。辽宁、黑龙江也分别出现了10.32%和6.41%的降幅。

【宁夏特级、一级企业的建筑业总产值，上海特级、一级企业的营业收入增速较快】 2016年，各地区特级、一级企业建筑业总产值比上年增长5.12%，增速较上年提高了1.97个百分点。宁夏增速位居第一，达35.56%。海南、云南、内蒙古和广西的增速超过10%，分别为15.68%、13.59%、13.20%和11.44%。4个地区的建筑业总产值出现下降。其中辽宁的降幅最大，为14.60%，四川、新疆、北京也分别下降了5.52%、1.61%和0.65%。

2016年，各地区特级、一级企业营业收入比上年增长6.05%，增速较上年提高了4.76个百分点。上海以40.10%的营业收入增速位居第一，营业收入增速较大的地区还有内蒙古、贵州和云南，分别达到21.80%、14.38%和14.18%。4个地区企业的营业收入出现负增长，其中新疆的降幅最大，为10.22%，辽宁、重庆和安徽也分别下降了7.36%、3.38%和3.19%。

【贵州特级、一级企业房屋建筑施工面积增速领先，福建特级、一级企业房屋建筑竣工面积增速居首】 2016年，各地区特级、一级企业房屋建筑施工面积增速为2.48%，比上年降低了1.32个百分点。贵州以22.37%的增速位居第一。山东、青海和江西的增速也都在10%以上，分别为13.00%、11.52%和10.80%。11个地区的特级、一级企业房屋建筑施工面积出现下降，其中，辽宁的降幅最大，为32.48%，陕西、黑龙江也出现了超过10%的降幅，分别下降了13.47%和13.26%。

2016年，各地区特级、一级企业房屋建筑竣工面积增速为3.21%，比上年提高了0.36个百分点。福建以29.16%的增速位列第一。贵州、河南、吉林、湖南的增速也都在10%以上，分别为21.78%、21.60%、18.22%和11.54%。15个地区的房屋建筑竣工面积出现不同程度的下降，其中青海、黑龙江、内蒙古、辽宁、天津和海南的降幅均超过了30%，分别为53.1%、46.5%、43.3%、38.7%、31.4%和31.2%。

【各地区特级、一级企业利润总额增速差异显著】 2016年，各地区特级、一级建筑业企业利润总额增速为5.41%，较上年提高了7.93个百分点。利润总额增速较大的地区是广西、辽宁和北京，分别增长68.12%、60.91%和48.50%。12个地区的利润总额出现不同程度的下降。其中，天津、河北、吉林、贵州和重庆的降幅较大，分别为37.62%、32.63%、29.59%、27.62%和24.91%。

【多数地区特级、一级企业应收工程款仍保持较大增幅】 2016年，各地区特级、一级企业应收工程款增幅为13.13%，较上年降低0.26个百分点。在全国30个地区（不包括西藏）中，只有贵州、甘肃和新疆3个地区出现了应收工程款下降，降幅分别为13.29%、0.49%和0.27%；其余27个地区的应收工程款均出现增长，增幅超过20%的有宁夏、云南、海南、四川、安徽、天津、吉林、江西和广东9个地区，分别增长了93.64%、40.83%、35.86%、25.60%、23.67%、22.90%、21.84%、20.45%和20.22%，企业应收工程款拖欠问题仍然严重。

（五）按企业登记注册类型分析

从7711家特级、一级企业的有关数据来看，不同登记注册类型企业主要指标的构成情况如表45所示。

不同登记注册类型企业主要指标的占比情况 表45

登记注册类型	企业数量		新签工程承包合同额		建筑业总产值		营业收入		房屋建筑施工面积		房屋建筑竣工面积		利润总额		应收工程款	
	占比(%)	位次	占比(%)	位次	占比(%)	位次	占比(%)	位次	占比(%)	位次	占比(%)	位次	占比(%)	位次	占比(%)	位次
国有企业	11.59	2	22.81	2	17.47	2	20.00	2	18.75	2	11.73	2	14.41	2	22.01	2
集体企业	1.71	3	1.18	4	1.36	4	1.19	4	1.94	3	1.89	3	1.02	4	0.77	4
私营企业	0.12	7	0.04	7	0.07	7	0.05	7	0.05	7	0.09	6	0.04	6	0.10	6
有限责任公司	84.77	1	74.00	1	79.55	1	76.93	1	77.11	1	84.72	1	81.44	1	74.61	1
外商投资企业	0.89	4	1.58	3	1.22	3	1.46	3	1.72	4	1.30	4	2.76	3	2.14	3
港澳台商投资企业	0.74	5	0.34	5	0.27	5	0.30	5	0.38	5	0.18	5	0.29	5	0.36	5
其他企业	0.17	6	0.06	6	0.06	6	0.06	6	0.05	6	0.08	7	0.04	7	0.01	7

2016年，有限责任类特级、一级企业数量最多，占汇总的特级、一级企业数量的84.77%；其各项主要指标所占比重均为最大，在74%以上。

国有特级、一级企业数量位居第二，占汇总的特级、一级企业数量的11.59%；其各项主要指标所占比重也均排在第二位，除房屋建筑竣工面积、利润总额所占比重分别为11.73%、14.41%外，其余数值均在15%以上。

集体所有制特级、一级企业数量位居第三，占汇总的特级、一级企业数量的1.71%；其各项主要指标所占比重排在第三或第四位，数值从0.77%到1.94%不等。

外商投资特级、一级企业数量位居第四，占汇总的特级、一级企业数量的0.89%；其各项主要指标所占比重也全部排在第三或第四位，数值从1.22%到2.76%不等。

港澳台商投资特级、一级企业数量位居第五，占汇总的特级、一级企业数量的0.74%；其各项主要指标所占比重均排在第五位，数值从0.18%到0.38%不等。

私营和其他建筑业特级、一级企业数量较少，分别占0.12%和0.17%，其各项主要指标所占比重均排在后两位。

不同登记注册类型企业主要指标的增速情况如表46所示。

不同登记注册类型企业主要指标的增长情况 表46

登记注册类型	新签工程承包合同额		建筑业总产值		营业收入		房屋建筑施工面积		房屋建筑竣工面积		利润总额		应收工程款	
	增速(%)	位次	增速(%)	位次	增速(%)	位次	增速(%)	位次	增速(%)	位次	增速(%)	位次	增速(%)	位次
国有企业	19.36	4	6.46	3	6.79	4	3.11	5	1.16	3	0.32	6	16.45	3
集体企业	20.68	3	3.22	6	7.81	3	7.84	3	−18.14	6	13.70	3	−1.09	6
私营企业	−35.11	7	6.21	4	2.60	6	−17.66	7	−7.08	4	−2.13	7	8.90	5
有限责任公司	13.01	6	4.79	5	5.68	5	1.96	6	3.96	3	5.22	4	11.94	4
外商投资企业	24.63	2	11.30	2	16.30	1	14.20	2	24.38	3	44.76	1	26.56	2
港澳台商投资企业	18.06	5	0.26	7	0.67	7	5.71	4	−25.51	7	35.26	2	36.40	1
其他企业	57.30	1	10.65	1	10.67	2	15.75	1	−13.19	5	4.60	5	−26.20	7

2016年，国有企业建筑业总产值、房屋建筑竣工面积和应收工程款增速排在第3位；新签工程承包合同额和营业收入增速排在第4位；房屋建筑施工面积增速排在第5位；利润总额增速排在第6位。

集体企业新签工程承包合同额、营业收入、房屋建筑施工面积、利润总额增速排在第3位；建筑业总产值、房屋建筑竣工面积、应收工程款增速排在第6位，其中房屋建筑竣工面积和应收工程款均为负增长。

私营企业建筑业总产值、房屋建筑竣工面积增速排在第4位；应收工程款增速均排在第5位；营业收入增速排在第6位；新签工程承包合同额、房屋建筑施工面积和利润总额增速排在第7位。其中，新签工程承包合同额、房屋建筑施工面积、房屋建筑竣工面积和利润总额均为负增长。

有限责任类企业房屋建筑竣工面积增速排在第2位；利润总额、应收工程款增速排在第4位；建筑业总产值和营业收入增速排在第5位；新签工程承包合同额和房屋建筑施工面积增速排在第6位。

外商投资企业建筑业总产值、营业收入、房屋建筑竣工面积和利润总额增速排在第1位；新签工程承包合同额、房屋建筑施工面积和应收工程款增速排在第2位。

港澳台商投资企业应收工程款增速排在第1位；利润总额增速排在第2位；房屋建筑施工面积增速排在第4位；新签工程承包合同额增速排在第5位；建筑业总产值、营业收入和房屋建筑竣工面积增速排在第7位，其中房屋建筑竣工面积为负增长。

其他企业新签工程承包合同额和房屋建筑施工面积增速排在第1位；建筑业总产值和营业收入增速排在第2位；房屋建筑竣工面积和利润总额增速排在第5位，其中房屋建筑竣工面积为负增长；应收工程款增速排在第7位，为负增长。

(住房和城乡建设部计划财务与外事司、
中国建筑业协会 哈尔滨工业大学)

2016年建设工程监理行业基本情况

【建设工程监理企业的分布情况】 2016年全国共有7483个建设工程监理企业参加了统计，与上年相比增长0.67%。其中，综合资质企业149个，增长17.32%；甲级资质企业3379个，增长4%；乙级资质企业2869个，增长0.3%；丙级资质企业1081个，减少9.01%；事务所资质企业5个，减少44.44%。具体分布如表47～表49所示。

2016年全国建设工程监理企业按地区分布情况 表47

地区名称	北京	天津	河北	山西	内蒙古	辽宁	吉林	黑龙江	上海	江苏	浙江	安徽	福建	江西	山东	河南
企业个数	308	100	306	234	162	306	184	210	182	701	437	282	316	153	516	296
地区名称	湖北	湖南	广东	广西	海南	重庆	四川	贵州	云南	西藏	陕西	甘肃	青海	宁夏	新疆	合计
企业个数	253	235	498	166	49	102	339	111	170	23	438	178	63	57	108	7483

2016年全国建设工程监理企业按工商登记类型分布情况 表48

工商登记类型	国有企业	集体企业	股份合作	有限责任	股份有限	私营企业	其他类型
企业个数	549	49	35	4196	578	1992	84

2016年全国建设工程监理企业按专业工程类别分布情况 表49

资质类别	综合资质	房屋建筑工程	冶炼工程	矿山工程	化工石油工程	水利水电工程	电力工程	农林工程
企业个数	149	6109	20	31	148	78	293	20
资质类别	铁路工程	公路工程	港口与航道工程	航天航空工程	通信工程	市政公用工程	机电安装工程	事务所资质
企业个数	53	24	9	7	18	516	3	5

注：本统计涉及专业资质工程类别的统计数据，均按主营业务划分。

【建设工程监理企业从业人员情况】 2016年年末工程监理企业从业人员1000489人，与上年相比增长5.78%。其中，正式聘用人员715913人，占年末从业人员总数的71.56%；临时聘用人员284576人，占年末从业人员总数的28.44%；工程监理从业人员为716674人，占年末从业总数的71.63%。

2016年年末工程监理企业专业技术人员849434人，与上年相比增长3.6%。其中，高级职称人员129695人，中级职称人员371948人，初级职称人员214107人，其他人员138890人。专业技术人员占年末从业人员总数的84.9%。

2016年年末工程监理企业注册执业人员为253674人，与上年相比增长13.58%。其中，注册监理工程师151301人，与上年相比增长1.32%，占总注册人数的59.64%；其他注册执业人员为102373人，占总注册人数的40.36%。

【建设工程监理企业业务承揽情况】 2016年工程监理企业承揽合同额3084.83亿元，与上年相比增长8.36%。其中工程监理合同额1400.22亿元，与上年相比增长11.52%；工程勘察设计、工程项目管理与咨询服务、工程招标代理、工程造价咨询及其他业务合同额1684.62亿元，与上年相比增长5.87%。工程监理合同额占总业务量的45.39%。

【建设工程监理企业财务收入情况】 2016年工程监理企业全年营业收入2695.59亿元，与上年相比增长8.92%。其中工程监理收入1104.72亿元，与上年相比增长10.26%；工程勘察设计、工程项目管理与咨询服务、工程招标代理、工程造价咨询及其他业务收入1590.87亿元，与上年相比增长8%。工程监理收入占总营业收入的40.98%。其中18个企业工程监理收入突破3亿元，44个企业工程监理收入超过2亿元，155个企业工程监理收入超过1亿元，工程监理收入过亿元的企业个数与上年相比增长18.32%。

（住房和城乡建设部建筑市场监管司）

2016年工程建设项目招标代理机构基本情况

【工程招标代理机构的分布情况】 2016年度参加统计的全国工程招标代理机构共6495个，比上年增长6.44%。按照资格等级划分，甲级机构1957个，比上年增长9.51%；乙级机构2786个，比上年下降0.11%，暂定级机构1752个，比上年增长14.81%。按照企业登记注册类型划分，国有企业和国有独资公司共263个，股份有限公司和其他有限责任公司共3302个，私营企业2802个，港澳台投资企业5个，外商投资企业4个，其他企业53个。具体分布如表50、表51所示。

2016年全国工程招标代理机构地区分布情况 表50

地区名称	北京	天津	河北	山西	内蒙古	辽宁	吉林	黑龙江	上海	江苏	浙江	安徽	福建	江西	山东	河南
企业个数	253	92	260	173	213	252	189	132	143	504	393	300	231	177	483	247
地区名称	湖北	湖南	广东	广西	海南	重庆	四川	贵州	云南	西藏	陕西	甘肃	青海	宁夏	新疆	合计
企业个数	257	186	444	144	37	155	293	111	203	17	224	142	42	67	131	6495

2016年全国工程招标代理机构拥有资质数量情况 表51

资质数量	具有单一招标代理机构资格的企业	具有两个及两个以上资质的企业
企业个数	1516	4979

【工程招标代理机构的人员情况】 2016年年末工程招标代理机构从业人员合计581700人，比上年增长5.85%。其中，正式聘用人员536042人，占年末从业人员总数的92.15%；临时工作人员45658人，占年末从业人员总数的7.85%。

2016年年末工程招标代理机构正式聘用人员中专业技术人员合计464325人，比上年增长6.4%。其中，高级职称人员78695人，中级职称208100人，初级职称109031人，其他人员68499人。专业技术人员占年末正式聘用人员总数的85.25%。

2016年年末工程招标代理机构正式聘用人员中注册执业人员合计130677人，比上年增长15.83%。其中，注册造价工程师58977人，占总注册人数的45.13%；注册建筑师1391人，占总注册人数的1.06%；注册工程师4268人，占总注册人数的3.27%；注册建造师24983人，占总注册人数的19.12%；注册监理工程师39591人，占总注册人数的30.3%；其他注册执业人员1467人，占总注册人数的1.12%。从统计报表情况看，94.36%的工程招标代理机构的注册造价工程师数量能够满足企业资格标准要求，其中，96.47%的甲级工程招标代理机构的注册造价工程师数量能够满足企业资格标准要求。

【工程招标代理机构的业务情况】 2016年度工程招标代理机构工程招标代理中标金额97896.03亿元，比上年增长18.4%。其中，房屋建筑和市政基础设施工程招标代理中标金额78428.65亿元，占工程招标代理中标金额的80.11%；招标人为政府和国有企事业单位的工程招标代理中标金额67814.25亿元，占工程招标代理中标金额的69.27%。

2016年度工程招标代理机构承揽合同约定酬金合计1707.9亿元，比上年增长23.18%。其中，工程招标代理承揽合同约定酬金为300.51亿元，占总承揽合同约定酬金的17.6%；工程监理承揽合同约定酬金为444.89亿元；工程造价咨询承揽合同约定酬金为297.05亿元；项目管理与咨询服务承揽合同约定酬金为239.16亿元；其他业务承揽合同约定酬金为426.29亿元。

【工程招标代理机构的财务情况】 2016年度工程招标代理机构的营业收入总额为2544.18亿元，比上年减少0.72%。其中，工程招标代理收入306.82亿元，占营业收入总额的12.06%；工程监理收入441.3亿元，工程造价咨询收入332.15亿元，工程项目管理与咨询服务收入301.73亿元，其他收入1162.18亿元。

2016年度工程招标代理机构的营业成本合计1865.46亿元，营业税金及附加合计72.19亿元，营业利润合计244.15亿元，利润总额合计258.27亿元，所得税合计51.23亿元，负债合计3726.1亿元，所有者权益合计3839.37亿元。

【工程招标代理机构工程招标代理收入前100名情况】 2016年度工程招标代理机构工程招标代理收入前100名中，从资质等级来看，甲级机构87个，乙级机构9个，暂定级4个。

（住房和城乡建设部建筑市场监管司）

2016年工程勘察设计企业基本情况

【企业总体情况】 2016年全国共有21983个工程勘察设计企业参加了统计，与上年相比增长7.3%。其中，工程勘察企业1903个，占企业总数8.7%；工程设计企业17582个，占企业总数80%；工程设计与施工一体化企业2498个，占企业总数11.4%。

【从业人员情况】 2016年工程勘察设计行业年末从业人员320.2万人，与上年相比增长5.2%；年末专业技术人员154万人。其中，具有高级职称人员35.2万人，占从业人员总数的11%；具有中级职称人员58万人，占从业人员总数的18.1%。年末取得注册执业资格人员累计34.9万人次，占年末从业人员总数的10.9%。

【业务完成情况】 2016年工程勘察完成合同额合计734.2亿元，与上年相比增加13.3%；工程设计完成合同额合计3542.7亿元，与上年相比增加15.8%。

工程总承包完成合同额合计13856.3亿元，与上年相比增加8%；工程技术管理服务完成合同额合计485.9亿元，与上年相比增加0.5%。其中，工程咨询完成合同额190.3亿元，与上年相比增加6.4%。境外工程完成合同额合计1614.6亿元，与上年相比增加28.6%。

【财务情况】 2016年全国工程勘察设计企业营业收入总计33337.5亿元，与上年相比增加23.1%。其中，工程勘察收入833.7亿元，占营业收入的2.5%；工程设计收入3610.5亿元，占营业收入的10.8%；工程总承包收入10784.6亿元，占营业收入的32.3%；工程技术管理服务收入432.8亿元，占营业收入的1.3%。

工程勘察设计企业全年利润总额1961.3亿元，与上年相比增加20.8%；企业净利润1617亿元，与上年相比增加22.5%。

【科技活动状况】 2016年工程勘察设计行业科技活动费用支出总额为775.2亿元，与上年相比增加47.2%；企业累计拥有专利130208项，与上年相比增加38.7%；企业累计拥有专有技术42120项，与上年相比增加57.2%。

（住房和城乡建设部建筑市场监管司）

2016年房屋市政工程生产安全事故情况通报

【总体情况】 2016年，全国共发生房屋市政工程生产安全事故634起、死亡735人，比上年同期事故起数增加192起、死亡人数增加181人（见图38、图39），同比分别上升43.44%和32.67%。

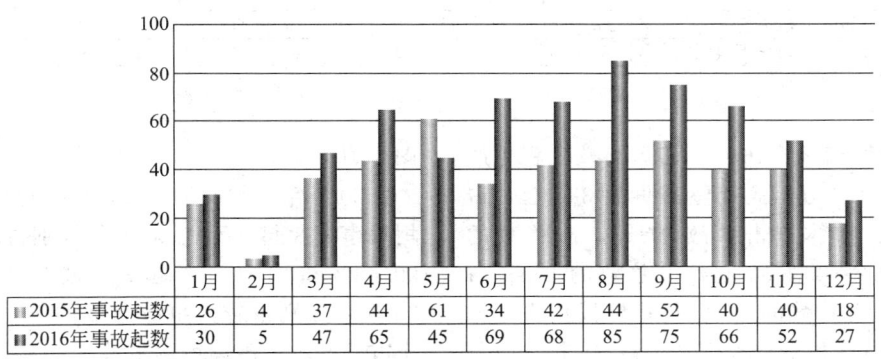

图38 2015～2016年事故起数情况

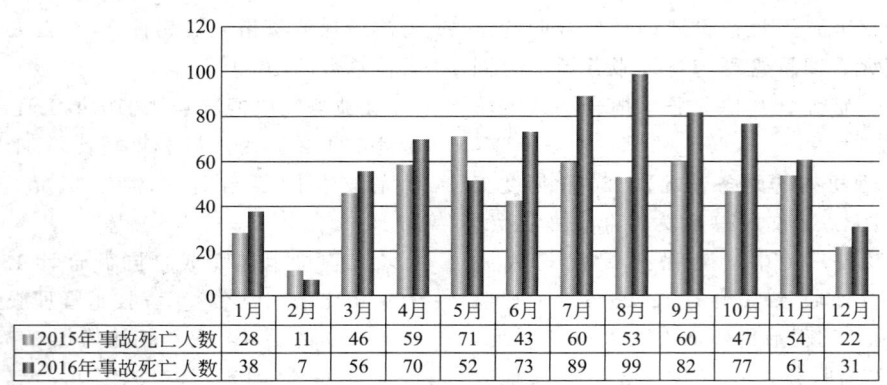

图39 2015～2016年事故死亡人数情况

【较大及以上事故情况】 2016年,全国共发生房屋市政工程生产安全较大事故27起、死亡94人,比上年同期事故起数增加5起、死亡人数增加9人(见图40、图41),同比分别上升22.73%和10.59%,未发生重大及以上事故。

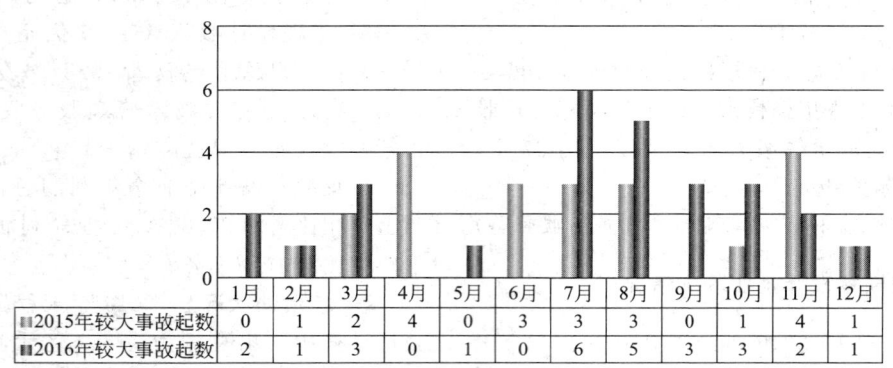

图40 2015～2016年较大及以上事故起数情况

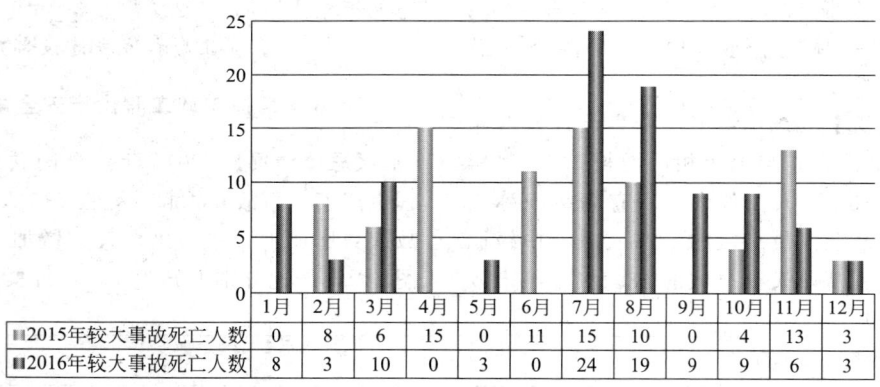

图41 2015～2016年较大及以上事故死亡人数情况

【事故类型情况】 2016年,房屋市政工程生产安全事故按照类型划分,高处坠落事故333起,占总数的52.52%;物体打击事故97起,占总数的15.30%;起重伤害事故56起,占总数的8.83%;坍塌事故67起,占总数的10.57%;机械伤害、触电、车辆伤害、中毒和窒息等其他事故81起,占总数的12.78%。不同事故类型起数所占比例情况如图42所示。

2016年,共发生27起较大事故,模板支撑体系坍塌事故8起、死亡30人,分别占较大事故总数的29.63%和31.91%;起重机械发生事故7起、死亡26人,分别占较大事故总数的25.93%和27.66%;土方、基坑、围墙坍塌事故8起、死亡25人,分别占较大事故总数的29.63%和26.60%;钢网架坍塌

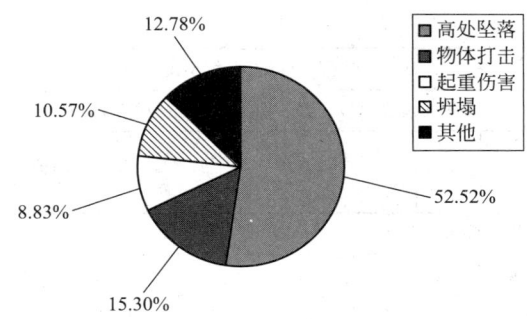

图 42 2016 年不同事故类型起数所占比例情况

事故 1 起、死亡 4 人，分别占较大事故总数的 3.70% 和 4.26%；脚手架坍塌事故 1 起、死亡 3 人，分别占较大事故总数的 3.70% 和 3.19%；淹溺事故 1 起、死亡 3 人，分别占较大事故总数的 3.70% 和 3.19%；高处坠落事故 1 起、死亡 3 人，分别占较大事故总数的 3.70% 和 3.19%。不同较大事故类型事故起数所占比例情况如图 43 所示。

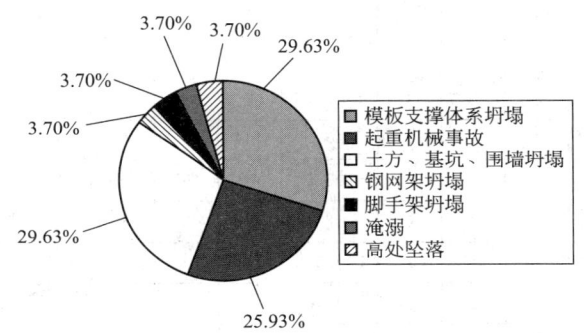

图 43 2016 年不同较大事故类型事故起数所占比例情况

【形势综述】 2016 年，全国有 10 个地区事故起数和死亡人数同比下降，有 2 个地区没有发生事故。但全年的安全生产形势依然比较严峻。一是全国房屋市政工程生产安全事故起数和死亡人数与 2015 年相比均有较大上升。二是较大事故时有发生，特别是造成群死群伤的事故还没有完全遏制，如河北省唐山市丰润区金域名邸四号地块工程"1·30"事故（5 人死亡）、上海市虹口区星港国际中心项目"3·25"事故（4 人死亡）、山东省烟台市龙口市金域蓝湾 B 区 29 号楼工程"7·15"事故（8 人死亡）、贵州省黔西南布依族苗族自治州望谟县义龙一中文体馆工程"8·13"事故（4 人死亡、2 人受伤）、四川省南充市阆中市七里新区宏云江山国际工程"8·22"事故（6 人死亡、4 人受伤）等较大事故，给人民生命财产带来重大损失。分析 2016 年事故统计数据上升明显的主要原因是因为国家安全监管总局调整了事故上报方式，同时也与部分地区施工企业安全生产隐患排查治理工作不到位、安全监管责任和主体责任未落到实处等问题有关。各地要认真分析事故发生的原因，研究制定切实有效的对策措施，不断提高工作针对性和预见性，尽快扭转被动局面。

【2016 年房屋市政工程生产安全事故情况】
2016 年，全国有 30 个地区发生房屋市政工程生产安全事故，其中有 19 个地区的死亡人数同比上升。2016 年房屋市政工程生产安全事故情况如表 52 所列。

2016 年房屋市政工程生产安全事故情况　　　　表 52

地区	总体情况						较大及以上事故情况					
	事故起数（起）			死亡人数（人）			事故起数（起）			死亡人数（人）		
	2016年	2015年	同期比	2016年	2015年	同期比	2016年	2015年	同期比	2016年	2015年	同期比
合　计	634	442	192　43.44%	735	554	181　32.67%	27	22	5　22.73%	94	85	9　10.59%
贵　州	20	6	14　233.3%	30	10	20　200.0%	4	1	3　300.0%	13	3	10　333.3%
江　西	23	8	15　187.5%	27	9	18　200.0%	0	0	0　/	0	0	0　/
四　川	18	4	14　350.0%	26	9	17　188.9%	2	2	0　0	9	7	2　28.6%
北　京	26	9	17　188.9%	26	10	16　160.0%	0	0	0　/	0	0	0　/
山　东	16	7	9　128.6%	32	13	19　146.2%	4	1	3　300.0%	17	4	13　325.0%
吉　林	15	7	8　114.3%	17	7	10　142.9%	0	0	0　/	0	0	0　/
河　南	24	9	15　166.7%	30	15	15　100.0%	2	1	1　100.0%	6	3	3　100.0%
江　苏	113	53	60　113.2%	118	60	58　96.7%	0	2	−2　−100.0%	0	6	−6　−100.0%
广　东	49	22	27　122.7%	50	29	21　72.4%	0	2	−2　−100.0%	0	8	−8　−100.0%
湖　南	15	8	7　87.5%	17	10	7　70.0%	0	0	0　/	0	0	0　/

续表

地区	总体情况						较大及以上事故情况					
	事故起数(起)			死亡人数(人)			事故起数(起)			死亡人数(人)		
	2016年	2015年	同期比	2016年	2015年	同期比	2016年	2015年	同期比	2016年	2015年	同期比
安 徽	33	23	10	43.5%	35	25	10	40.0%	0	0	0	/	0	0	0	/
海 南	7	3	4	133.3%	7	5	2	40.0%	0	0	0	/	0	0	0	/
上 海	26	21	5	23.8%	31	23	8	34.8%	2	0	2	/	7	0	7	/
天 津	14	8	6	75.0%	14	11	3	27.3%	0	1	-1	-100.0%	0	4	-4	-100.0%
黑龙江	20	16	4	25.0%	22	18	4	22.2%	1	0	1	/	3	0	3	/
辽 宁	9	10	-1	-10.0%	13	11	2	18.2%	2	0	2	/	6	0	6	/
湖 北	26	18	8	44.4%	28	25	3	12.0%	1	1	0	0	3	4	-1	-25.0%
青 海	12	10	2	20.0%	13	12	1	8.3%	0	1	-1	-100.0%	0	3	-3	-100.0%
甘 肃	12	12	0	0	15	14	1	7.1%	0	1	-1	-100.0%	0	3	-3	-100.0%
山 西	3	3	0	0	4	4	0	0	0	0	0	/	0	0	0	/
云 南	21	15	6	40.0%	22	23	-1	-4.3%	0	1	-1	-100.0%	0	8	-8	-100.0%
重 庆	37	43	-6	-14.0%	41	43	-2	-4.7%	2	0	2	/	6	0	6	/
浙 江	26	31	-5	-16.1%	31	35	-4	-11.4%	1	0	1	/	4	0	4	/
内蒙古	8	11	-3	-27.3%	12	15	-3	-20.0%	0	0	0	/	0	0	0	/
福 建	15	20	-5	-25.0%	18	23	-5	-21.7%	1	0	1	/	3	0	3	/
广 西	19	23	-4	-17.4%	21	27	-6	-22.2%	0	2	-2	-100.0%	0	6	-6	-100.0%
新 疆	15	19	-4	-21.1%	17	22	-5	-22.7%	1	0	1	/	3	0	3	/
河 北	4	9	-5	-55.6%	10	15	-5	-33.3%	2	1	1	100.0%	8	5	3	60.0%
陕 西	5	5	0	0	5	9	-4	-44.4%	0	2	-2	-100.0%	0	6	-6	-100.0%
宁 夏	3	5	-2	-40.0%	3	8	-5	-62.5%	0	1	-1	-100.0%	0	3	-3	-100.0%
西 藏	0	3	-3	-100.0%	0	10	-10	-100.0%	0	1	-1	-100.0%	0	8	-8	-100.0%
新疆生产建设兵团	0	1	-1	-100.0%	0	4	-4	-100.0%	0	1	-1	-100.0%	0	4	-4	-100.0%

注：按各地死亡人数同期比增幅降序排列

【2016年房屋市政工程生产安全较大及以上事故情况】 2016年，全国有15个地区发生房屋市政工程生产安全较大事故。其中贵州、山东各发生4起，四川、河南、上海、辽宁、重庆、河北各发生2起，吉林、黑龙江、湖北、浙江、内蒙古、福建、新疆各发生1起。2016年房屋市政工程生产安全较大及以上事故情况如表53所列。

2016年房屋市政工程生产安全较大及以上事故情况　　　　表53

序号	事故名称	死亡人数	建设单位	施工单位	法定代表人	项目经理	监理单位	法定代表人	项目总监
1	四川省资阳市四川现代汽车配套部件生产基地办公楼工程"1·19"事故	3	四川南骏汽车集团有限公司	中国华西企业股份有限公司	杨斌	秦顺	四川兴正建设工程咨询有限公司	陈世正	刘琼
2	河北省唐山市丰润区金域名邸四号地块工程"1·30"事故	5	唐山永田房地产开发有限公司	唐山市利民建筑工程有限责任公司	张铁钧	张学成	唐山市华鼎工程项目管理有限公司	张洪君	谈连全

续表

序号	事故名称	死亡人数	建设单位	施工单位	法定代表人	项目经理	监理单位	法定代表人	项目总监
3	重庆市九龙坡区轨道交通5号线土建一期5109标段"2·19"事故	3	重庆市轨道交通(集团)有限公司	中铁隧道集团一处有限公司	包秀峰	罗锡波	铁四院(湖北)工程监理咨询有限公司、重庆育才工程监理咨询有限公司联合体	王兴利 胡继龙	王兵
4	河南省洛阳市伊川县卡通幼儿园工程"3·1"事故	3	伊川县圆方置业有限公司	北京筑基建设工程有限公司	杜天均	胡双华	河南省华夏工程建设监理有限公司	岳香彦	楚莉嘉
5	贵州省黔南州贵州湘企三都物资购销中心"3·2"事故	3	贵州湘企(三都)置业有限公司	湖南盛泰建筑有限公司	王一成	不详	湖南建科工程项目管理有限公司	叶辉恒	不详
6	上海市虹口区星港国际中心项目"3·25"事故	4	上海星外滩开发建设有限公司	上海建工集团股份有限公司	徐征	张益民	上海建科工程咨询有限公司	张强	康勇
7	山东省威海市临港区金开利大厦工程"5·21"事故	3	威海金开利房地产开发有限公司	山东荣城建筑集团有限公司	于海国	张先建	威海宏达工程咨询有限公司	李海波	毕忠彬
8	新疆维吾尔自治区巴音郭楞蒙古自治州和静县巴润哈尔莫敦镇市政排水管网工程"7·2"事故	3	巴润哈尔莫敦镇政府	新疆九洲建设集团有限公司	李明奇	唐华萍	巴州智诚工程项目管理服务有限公司	王宝泉	杨电良
9	浙江省杭州市地铁4号线南段中医药大学站项目"7·8"事故	4	杭州市地铁集团有限责任公司	腾达建设集团股份有限公司	叶林富	李东阳	上海三维工程建设咨询有限公司	祝进才	舒世文
10	山东省烟台市龙口市金域蓝湾B区29号楼工程"7·15"事故	8	烟台海基置业公司;实际组织项目实施的是江西高安朝蓬房地产开发有限公司	龙口市南山建筑安装有限公司;实际组织项目实施的是江西省裕荣建筑工程有限公司	王元台 刘彬	阳仕云	山东润宏咨询有限公司	王鹏洲	张梅胜
11	内蒙古自治区乌兰察布市集宁区白金汉府商住小区工程"7·16"事故	3	内蒙古金开房地产开发有限公司	河北省建材建设有限公司	肖凤义	李保芳	内蒙古合众工程监理有限责任公司	吴桂平	刘海旺
12	上海市杨浦区18街坊项目"7·19"事故	3	上海隆矩房地产开发有限公司	中国建筑第八工程局有限公司	黄克斯	郭志勇	上海市建设工程监理咨询有限公司	龚花强	徐喆
13	重庆市九龙坡区轨道交通5号线5108标巴山配线段工程"7·29"事故	3	重庆市轨道交通(集团)有限公司	中铁隧道集团二处有限公司	张学军	严永德	铁四院(湖北)工程监理咨询有限公司、重庆育才工程监理咨询有限公司联合体	王兴利 胡继龙	王中南
14	河北石家庄市西柏坡电厂废热利用入市项目"8·7"事故	3	石家庄西岭供热有限公司	河北省华固土木工程有限公司	李华	/	/	/	/
15	贵州省黔西南布依族苗族自治州望谟县义龙一中文体馆工程"8·13"事故	4	贵州义龙集团投资管理有限公司	江西省安装工程有限公司	余恕保	涂海	贵州广天建设管理咨询有限公司	曹世兴	龙林

续表

序号	事故名称	死亡人数	建设单位	施工单位	法定代表人	项目经理	监理单位	法定代表人	项目总监
16	四川省南充市阆中市七里新区宏云江山国际工程"8·22"事故	6	阆中市宏誉置业有限公司	四川宏云建设集团有限公司	匡纯国	刘强	成都安彼隆建设监理有限公司	罗铌	唐国平
17	贵州省黔西南州兴仁县博融国际养生城工程"8·25"事故	3	博融房地产开发有限公司	广西恒辉建设集团有限公司	黄宗辉	黄盛坤	广西恒基建设监理有限公司	黄俊才	汪光明
18	山东省临沂市沂水县金苑新都项目"8·30"事故	3	沂水大地房地产开发有限责任公司	日照金林建筑工程有限公司	刘英林	李纪忠	青岛建设监理研究有限公司	崔志勤	王永凯
19	吉林省长春市农安县润泽同泰园三期工程"9·13"事故	3	吉林润泽房地产开发有限公司	吉林新龙建筑工程有限公司	王显德	商振龙	农安县建设监理有限公司	王凤阁	邢明宇
20	辽宁省沈阳市河畔新城项目"9·15"事故	3	沈阳华新联美置业有限公司	深圳中建大康建筑有限公司	李民	柳晓君	北京赛瑞斯国际咨询有限公司	曹雪松	王学宁
21	湖北省黄冈市浠水县鄂东滨江新区自来水改扩建工程"9·18"事故	3	浠水县长江投资有限公司	新八建设集团有限公司	刘先成	路卫星	武汉五环建设监理有限责任公司	周恒	朱卫东
22	山东省潍坊寿光市学院东路书香苑供热顶管工程"10·12"事故	3	寿光市金惠热力公司	江苏华能建设工程集团有限公司	宋小华	蔺志强	/	/	/
23	辽宁省沈阳市地铁9号线工程"10·19"事故	3	沈阳地铁集团有限公司	中煤第三建设（集团）有限责任公司	赵士兵	初月朗	北京赛瑞斯国际工程咨询有限公司	曹雪松	曹尚斌
24	黑龙江省绥化市明水县仕林苑棚改区一期工程"10·24"事故	3	明水县嘉卓房地产开发有限公司	明水县北方建筑工程公司	吕金生	岳彩勇	绥化市工程建设监理有限公司明水分公司	董亚利	董亚利
25	贵州省六盘水市水城县大河经济开发区鱼塘西路隧道工程"11·7"事故	3	六盘水大河经济开发建设有限公司	深圳市铁汉生态环境股份有限公司	刘本	陈天庆	四川省兴旺建设工程项目管理有限责任公司	汤友林	王树川
26	福建省福州市长乐市潭头污水处理厂厂外管网工程"11·18"事故	3	长乐市潭头污水处理设施建设管理指挥部办公室	福建开辉市政建设有限公司	陈勇辉	黄辉	筑力（福建）建设发展有限公司	蔡宇沧	肖曦
27	河南省驻马店市平舆县金茂森林项目"12·10"事故	3	驻马店市清河房地产开发有限公司	河南省垄诚建设工程有限公司	李振兴	李磊	河南泛安建设工程监理有限公司	田小德	张建军

（住房和城乡建设部质量安全司）

2016年我国对外承包工程业务完成额前100家企业和新签合同额前100家企业

【2016年我国对外承包工程业务完成营业额前100家企业】 根据商务部的有关统计分析报告，2016年我国对外承包工程业务完成营业额前100家企业如表54所列。

2016年我国对外承包工程业务完成营业额前100家企业　　表54

序号	企业名称	完成营业额（万美元）
1	华为技术有限公司	1517679
2	中国建筑工程总公司	1032086
3	中国交通建设股份有限公司	704539
4	中国水电建设集团国际工程有限公司	567274
5	中国路桥工程有限责任公司	398976
6	中国港湾工程有限责任公司	395505
7	中国铁建股份有限公司	277925
8	中石化炼化工程(集团)股份有限公司	266640
9	中国葛洲坝集团股份有限公司	263606
10	中国冶金科工集团有限公司	254723
11	上海振华重工(集团)股份有限公司	220090
12	中信建设有限责任公司	195118
13	中国天辰工程有限公司	187067
14	中国土木工程集团有限公司	171788
15	青建集团股份公司	164035
16	哈尔滨电气国际工程有限责任公司	149295
17	中国机械设备工程股份有限公司	143867
18	山东电力基本建设总公司	138552
19	中国石油工程建设有限公司	130912
20	山东电力建设第三工程公司	118702
21	中国石油集团长城钻探工程有限公司	104950
22	中国水利水电第十三工程局有限公司	101656
23	中工国际工程股份有限公司	100284
24	中国水利水电第八工程局有限公司	95222
25	中国水利电力对外公司	93534
26	特变电工股份有限公司	88941
27	中国水利水电第十四工程局有限公司	88890
28	中国石油天然气管道局	87285
29	中国江西国际经济技术合作公司	83032
30	中铁国际集团有限公司	81329
31	威海国际经济技术合作股份有限公司	81216
32	国家电网公司	81094
33	浙江省建设投资集团股份有限公司	79963
34	中国中原对外工程有限公司	79734
35	中国电建集团核电工程公司	78994
36	中国电力技术装备有限公司	76084
37	中地海外集团有限公司	74284
38	北方国际合作股份有限公司	74095
39	江西中煤建设集团有限公司	72117
40	中国有色金属建设股份有限公司	69464
41	中国中材国际工程股份有限公司	66780
42	中国石油集团东方地球物理勘探有限责任公司	64903
43	安徽省外经建设(集团)有限公司	60140
44	中鼎国际工程有限责任公司	60055
45	中兴通讯股份有限公司	58835
46	中国建筑第五工程局有限公司	58198
47	中国电力工程有限公司	55758
48	中国中铁股份有限公司	55652
49	新疆生产建设兵团建设工程(集团)有限责任公司	55181
50	中石化中原石油工程有限公司	53594
51	中国地质工程集团公司	51325
52	上海建工集团股份有限公司	51269
53	大庆石油管理局	50844
54	上海贝尔股份有限公司	50377
55	江苏省建筑工程集团有限公司	49508
56	中国水利水电第十工程局有限公司	49044
57	中国石油集团渤海钻探工程有限公司	48656
58	中钢设备有限公司	47457
59	中国水利水电第七工程局有限公司	46932
60	中国寰球工程有限公司	46190
61	河北建设勘察研究院有限公司	45688
62	中铁七局集团有限公司	45132
63	中石化南京工程有限公司	45068
64	中国山东对外经济技术合作集团有限公司	44048
65	云南能投对外能源开发有限公司	43736
66	江苏南通三建集团股份有限公司	42878
67	中铁建工集团有限公司	42827

续表

序号	企业名称	完成营业额（万美元）
68	烟建集团有限公司	42395
69	重庆信威通信技术有限责任公司	41356
70	上海电气集团股份有限公司	41162
71	中国河南国际合作集团有限公司	40484
72	中铁四局集团有限公司	39620
73	海洋石油工程股份有限公司	38291
74	中国十五冶金建设集团有限公司	37575
75	中国核工业建设集团公司	37361
76	中国机械进出口（集团）有限公司	37308
77	中国能源建设集团广东省电力设计研究院有限公司	36405
78	中国水利水电第十六工程局有限公司	36279
79	中铁大桥局集团有限公司	36241
80	沈阳远大铝业工程有限公司	36026
81	中国石化工程建设有限公司	35672
82	云南省建设投资控股集团有限公司	34441
83	中国水利水电第五工程局有限公司	34390
84	中材建设有限公司	34343
85	中国江苏国际经济技术合作集团有限公司	33918
86	中国电建集团中南勘测设计研究院有限公司	33794
87	上海隧道工程股份有限公司	33612
88	中铁五局集团有限公司	33543
89	中国化学工程第七建设有限公司	33529
90	中国武夷实业股份有限公司	33110
91	中国技术进出口总公司	33096
92	安徽建工集团有限公司	32975
93	天津水泥工业设计研究院有限公司	32942
94	中国能源建设集团天津电力建设有限公司	32725
95	苏州中材建设有限公司	32707
96	中海油田服务股份有限公司	31873
97	浙江省东阳第三建筑工程有限公司	31492
98	中国航空技术国际工程有限公司	31067
99	东方电气集团国际合作有限公司	30736
100	中国水利水电第四工程局有限公司	30556

（哈尔滨工业大学）

【2016年我国对外承包工程业务新签合同额前100家企业】 根据商务部的有关统计分析报告，2016年我国对外承包工程业务新签合同额前100家企业如表55所列。

2016年我国对外承包工程业务新签合同额前100家企业　　表55

序号	企业名称	新签合同额（万美元）
1	中国建筑工程总公司	1682546
2	华为技术有限公司	1671344
3	中国水电建设集团国际工程有限公司	1210099
4	中国冶金科工集团有限公司	1171998
5	中国葛洲坝集团股份有限公司	1118761
6	中国港湾工程有限责任公司	1103189
7	中国交通建设股份有限公司	942022
8	中国路桥工程有限责任公司	799600
9	中国土木工程集团有限公司	705029
10	中国寰球工程有限公司	508939
11	中国机械设备工程股份有限公司	314350
12	山东电力建设第三工程公司	310365
13	中国铁建股份有限公司	280621
14	中国水电工程顾问集团有限公司	275550
15	上海电气集团股份有限公司	263616
16	中石化炼化工程（集团）股份有限公司	262984
17	中铁二局集团有限公司	246988
18	哈尔滨电气国际工程有限责任公司	235000
19	中铁国际集团有限公司	206726
20	中国石油集团长城钻探工程有限公司	203907
21	中国石油天然气管道局	200391
22	中国石油工程建设有限公司	197292
23	中国石化集团国际石油工程有限公司	189000
24	中国水利电力对外公司	182047
25	中工国际工程股份有限公司	170549
26	中兴通讯股份有限公司	170383
27	中国电力技术装备有限公司	168148
28	中信建设有限责任公司	157399
29	中国机械进出口（集团）有限公司	153643
30	中国电建集团核电工程有限公司	153152
31	北方国际合作股份有限公司	150239
32	中国江西国际经济技术合作公司	148612
33	中国中铁股份有限公司	148200
34	新疆正通石油天然气股份有限公司	146782

续表

序号	企业名称	新签合同额（万美元）
35	中国重型机械有限公司	128499
36	上海振华重工(集团)股份有限公司	128499
37	中国能源建设集团广东火电工程有限公司	125336
38	中国化学工程第七建设有限公司	121549
39	中地海外集团有限公司	119706
40	山东电力工程咨询院有限公司	114406
41	成都建筑材料工业设计研究院有限公司	109347
42	北京建工国际建设工程有限责任公司	107426
43	中国电力工程顾问集团西南电力设计院有限公司	106050
44	中钢设备有限公司	105650
45	中国河南国际合作集团有限公司	105459
46	华山国际工程公司	104196
47	中国电力工程有限公司	103382
48	神州长城国际工程有限公司	102408
49	威海国际经济技术合作股份有限公司	101647
50	中国电建集团昆明勘测设计研究院有限公司	101015
51	惠生工程(中国)有限公司	92800
52	中国有色金属建设股份有限公司	92253
53	浙江省建设投资集团股份有限公司	92096
54	中国能源建设集团浙江火电建设有限公司	83131
55	中国石油集团渤海钻探工程有限公司	79554
56	华西能源工业股份有限公司	76420
57	山东高速尼罗投资发展有限公司	75000
58	中铁四局集团有限公司	74007
59	中国电建集团华东勘测设计研究院有限公司	72589
60	中国能源建设集团东北电力第一工程有限公司	71743
61	中铁七局集团有限公司	70267
62	中国电建集团成都勘测设计研究院有限公司	69948
63	中国地质工程集团公司	67989
64	中国能源建设集团广东省电力设计研究院有限公司	66776
65	江西中煤建设集团有限公司	66719
66	郑州华路兴公路科技有限公司	65628

续表

序号	企业名称	新签合同额（万美元）
67	中铁一局集团有限公司	63479
68	中国核工业建设集团公司	62573
69	中国中材国际工程股份有限公司	61016
70	中国电建集团中南勘测设计研究院有限公司	60868
71	中铁五局集团有限公司	57917
72	中国能源建设集团天津电力建设有限公司	57217
73	上海贝尔股份有限公司	56119
74	中铁八局集团有限公司	50846
75	中国石油集团东方地球物理勘探有限责任公司	50322
76	中国建材国际工程集团有限公司	49592
77	中铁大桥局集团有限公司	48663
78	北京城建集团有限责任公司	48060
79	云南能投对外能源开发有限公司	47650
80	湖南省建筑工程集团总公司	46420
81	中国江苏国际经济技术合作集团有限公司	45265
82	蚌埠市国际经济技术合作有限公司	42207
83	重庆信威通信技术有限责任公司	42036
84	大庆石油管理局	41498
85	上海电力建设有限责任公司	41330
86	中铁建工集团有限公司	40928
87	青建集团股份公司	40672
88	中国能源建设股份有限公司	40477
89	烟建集团有限公司	40261
90	新疆北新路桥集团股份有限公司	38902
91	沈阳远大铝业工程有限公司	38805
92	江苏永鼎泰富工程有限公司	38480
93	江苏苏美达成套设备工程有限公司	38129
94	上海建工集团股份有限公司	37689
95	中国武夷实业股份有限公司	37582
96	中国甘肃国际经济技术合作总公司	37037
97	安徽省外经建设(集团)有限公司	36746
98	苏州中材建设有限公司	36267
99	安徽水安建设集团股份有限公司	36251
100	中石化中原石油工程有限公司	34826

（哈尔滨工业大学）

2016 年全国房地产市场运行分析

2016 年全国房地产开发情况

根据国家统计局发布的有关数据,2016 年我国房地产市场开发情况如下:

【房地产开发投资完成情况】 2016 年,全国房地产开发投资 102581 亿元,比上年名义增长 6.9%(扣除价格因素实际增长 7.5%),增速比 1~11 月份提高 0.4 个百分点。其中,住宅投资 68704 亿元,增长 6.4%,增速提高 0.4 个百分点。住宅投资占房地产开发投资的比重为 67.0%。2016 年全国房地产开发投资增速情况如图 44 所示。

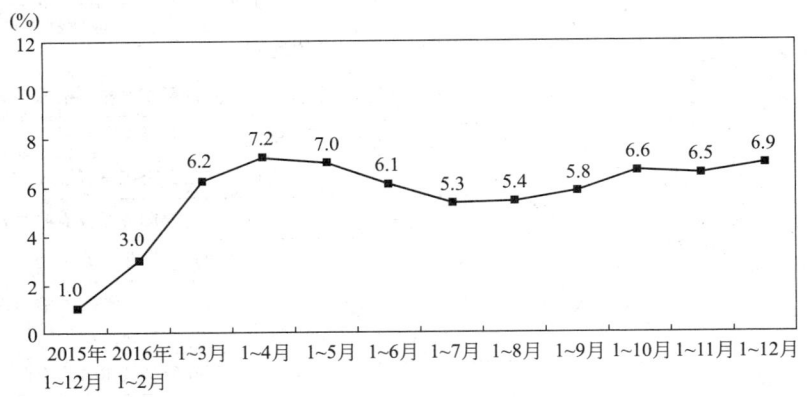

图 44　2016 年全国房地产开发投资增速

2016 年,东部地区房地产开发投资 56233 亿元,比上年增长 5.6%,增速比 1~11 月份提高 0.4 个百分点;中部地区投资 23286 亿元,增长 10.7%,增速提高 0.1 个百分点;西部地区投资 23061 亿元,增长 6.2%,增速提高 0.4 个百分点。具体如表 56 所示。

2016 年分地区房地产开发投资情况　　　　表 56

地 区	投资额（亿元）	住 宅	比上年增长（%）	住 宅
全国总计	102581	68704	6.9	6.4
一、东部地区	56233	37891	5.6	6.3
二、中部地区	23286	16208	10.7	9.9
三、西部地区	23061	14605	6.2	2.9

数据来源:国家统计局

注:东部地区包括北京、天津、河北、辽宁、上海、江苏、浙江、福建、山东、广东、海南 11 个省(市);中部地区包括山西、吉林、黑龙江、安徽、江西、河南、湖北、湖南 8 个省;西部地区包括内蒙古、广西、重庆、四川、贵州、云南、西藏、陕西、甘肃、青海、宁夏、新疆 12 个省(市、自治区)。

【房屋供给情况】 2016 年,房地产开发企业房屋施工面积 758975 万平方米,比上年增长 3.2%,增速比 1~11 月份提高 0.3 个百分点。其中,住宅施工面积 521310 万平方米,增长 1.9%。房屋新开工面积 166928 万平方米,增长 8.1%,增速提高 0.5 个百分点。其中,住宅新开工面积 115911 万平方米,增长 8.7%。房屋竣工面积 106128 万平方米,增长 6.1%,增速回落 0.3 个百分点。其中,住宅竣工面积 77185 万平方米，增长 4.6%。

2016 年、2015 年全国房地产开发企业施工面积、新开工面积和竣工面积逐月情况，如表 57 所示。

2016 年、2015 年全国房地产开发企业施工、新开工和竣工面积逐月情况　　　表 57

月份	2016 年						2015 年					
	施工面积（亿平方米）	增长（%）	新开工面积（亿平方米）	增长（%）	竣工面积（亿平方米）	增长（%）	施工面积（亿平方米）	增长（%）	新开工面积（亿平方米）	增长（%）	竣工面积（亿平方米）	增长（%）
1～2	603544	5.9	15620	13.7	13942	28.9	570097	7.6	13744	－17.7	10815	－12.9
1～3	617975	5.8	28281	19.2	20001	17.7	584018	6.8	23724	－18.4	16994	－8.2
1～4	634261	5.8	43425	21.4	25478	20.1	599580	6.2	35756	－17.3	21210	－10.5
1～5	651338	5.6	59522	18.3	32028	20.4	616903	5.3	50305	－16	26611	－13.3
1～6	669750	5	77537	14.9	39546	20	637563	4.3	67479	－15.8	32941	－13.8
1～7	685606	4.8	92944	13.7	45904	21.3	654172	3.4	81731	－16.8	37833	－13.1
1～8	700121	4.6	106834	12.2	50592	19.1	669360	2.5	95182	－16.8	42475	－14.6
1～9	716029	3.2	122655	6.8	57112	12.1	693652	3	114814	－12.6	50967	－9.8
1～10	730981	3.3	137375	8.1	65211	6.6	707805	2.3	127086	－13.9	61201	－4.2
1～11	745122	2.9	151303	7.6	77037	6.4	723990	1.8	140569	－14.7	72413	－3.5
1～12	758975	3.2	166928	8.1	106128	6.1	735693	1.3	154454	－14	100039	－6.9

数据来源：国家统计局

2016 年，房地产开发企业土地购置面积 22025 万平方米，比上年下降 3.4%，降幅比 1～11 月份收窄 0.9 个百分点；土地成交价款 9129 亿元，增长 19.8%，增速回落 1.6 个百分点。2016 年全国房地产开发企业土地购置面积增速，如图 45 所示。

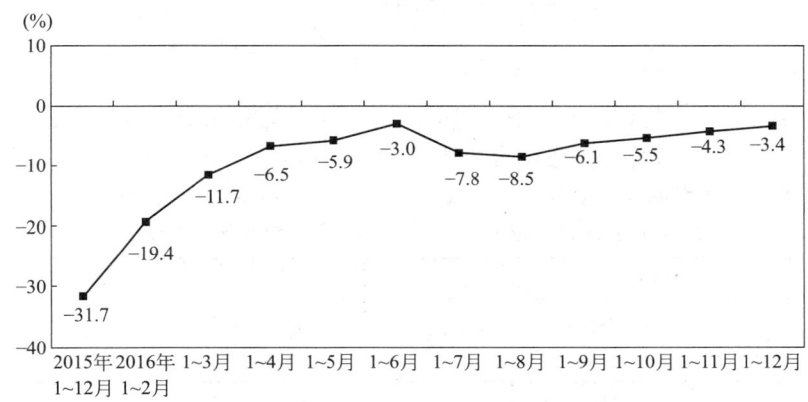

图 45　2016 年全国房地产开发企业土地购置面积增速

2016 年商品房销售和待售情况

2016 年，商品房销售面积 157349 万平方米，比上年增长 22.5%，增速比 1～11 月份回落 1.8 个百分点。其中，住宅销售面积增长 22.4%，办公楼销售面积增长 31.4%，商业营业用房销售面积增长 16.8%。商品房销售额 117627 亿元，增长 34.8%，增速回落 2.7 个百分点。其中，住宅销售额增长 36.1%，办公楼销售额增长 45.8%，商业营业用房销售额增长 19.5%。2016 年全国商品房销售面积及销售额增速，如图 46 所示。

2016 年，东部地区商品房销售面积 72894 万平方米，比上年增长 22.7%，增速比 1～11 月份回落 2.8 个百分点；销售额 72331 亿元，增长 38.7%，增速回落 3.6 个百分点。中部地区商品房销售面积 46108 万平方米，增长 28.4%，增速回落 2.3 个百分点；销售额 25250 亿元，增长 38.7%，增速回落 3.3 个百分点。西部地区商品房销售面积 38346 万平方米，增长 15.6%，增速回落 0.2 个百分点；销售额 20046 亿元，增长 18.3%，增速回落 0.3 个百分点。具体如表 58 所示。

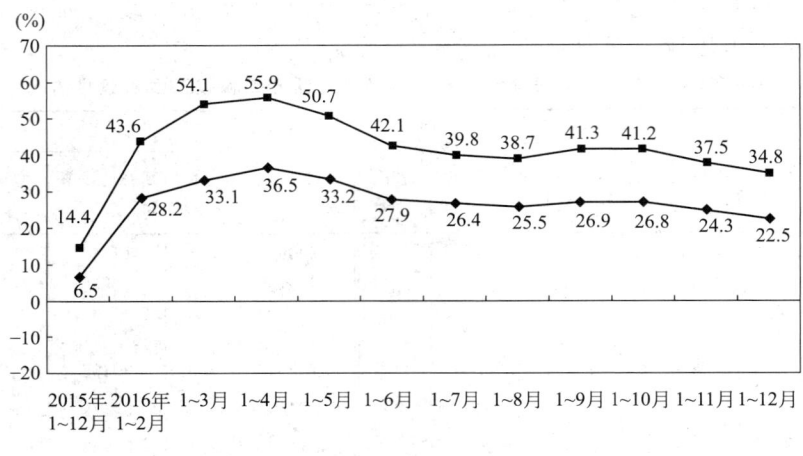

图 46　2016 年全国商品房销售面积及销售额增速

2016 年分地区房地产销售情况　　　　　　　　　　　　　　表 58

地　区	商品房销售面积		商品房销售额	
	绝对数（万平方米）	比上年增长（％）	绝对数（亿元）	比上年增长（％）
全国总计	157349	22.5	117627	34.8
东部地区	72894	22.7	72331	38.7
中部地区	46108	28.4	25250	38.7
西部地区	38346	15.6	20046	18.3

数据来源：国家统计局

2016 年末，商品房待售面积 69539 万平方米，比 11 月末增加 444 万平方米。其中，住宅待售面积减少 200 万平方米，办公楼待售面积增加 195 万平方米，商业营业用房待售面积增加 234 万平方米。

2016 年、2015 年全年商品房销售面积和销售额逐月情况，如表 59 所示。

2016 年、2015 年全国商品房销售面积、销售额逐月情况　　　　　　　　　　表 59

月份	2016 年				2015 年			
	商品房销售面积（万平方米）	增长（％）	商品房销售额（亿元）	增长（％）	商品房销售面积（万平方米）	增长（％）	商品房销售额（亿元）	增长（％）
1～2	11235	28.2	8577	43.6	8764	－16.3	5972	－15.8
1～3	24299	33.1	18524	54.1	18254	－9.2	12023	－9.3
1～4	36012	36.5	27656	55.9	26385	－4.8	17739	－3.1
1～5	47954	33.2	36775	50.7	35996	－0.2	24409	3.1
1～6	64302	27.9	48682	42.1	50264	3.9	34259	10
1～7	75760	26.4	57569	39.8	59914	6.1	41171	13.4
1～8	87451	25.5	66623	38.7	69675	7.2	48042	15.3
1～9	105185	26.9	80208	41.3	82908	7.5	56745	15.3
1～10	120338	26.8	91482	41.2	94898	7.2	64790	14.9
1～11	135829	24.3	102503	37.5	109253	7.4	74522	15.6
1～12	157349	22.5	117627	34.8	128495	6.5	87281	14.4

数据来源：国家统计局

2016年全国房地产开发资金来源结构分析

2016年，房地产开发企业到位资金144214亿元，比上年增长15.2%，增速比1~11月份提高0.2个百分点。2016年全国房地产开发企业本年到位资金增速，如图47所示。

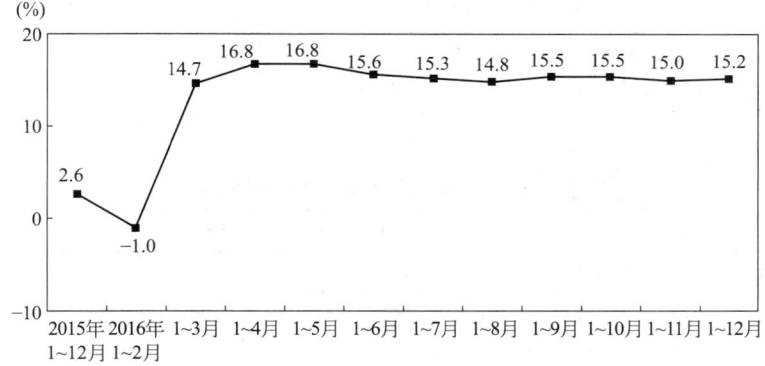

图47 2016年全国房地产开发企业本年到位资金增速

【国内贷款比重小幅下降】 2016年，全国房地产开发企业本年到位资金来源于国内贷款21512亿元，增长6.4%，全年房地产开发国内贷款占全年到位资金总和的14.9%，比上年同期下降了1.2个百分点。

【利用外资金额大幅降低】 2016年，全国房地产开发企业本年到位资金来源于利用外资140亿元，下降52.6%。全年房地产开发利用外资还不到全年到位资金的0.1%。

【自筹资金比重小幅下降】 2016年，全国房地产开发企业本年到位资金来源于自筹资金为49133亿元，增长0.2%。全年房地产开发自筹资金占全年到位资金的34.1%，比上年同期下降了5.1个百分点。

【其他来源资金大幅增加】 2016年，全国房地产开发企业本年到位资金来源于其他资金73428亿元，增长31.9%。全年房地产开发其他资金占全年到位资金的50.9%，比上年同期增加了6.4个百分点。在其他资金中，定金及预收款41952亿元，增长29.0%；个人按揭贷款24403亿元，增长46.5%。

2016年全国房地产开发资金来源结构逐月情况，如表60所示。

2016年全国房地产开发资金来源结构逐月情况（单位：亿元） 表60

月份	房地产开发资金合计	国内贷款	利用外资	自筹资金	其他资金		
						定金及预付款	个人按揭贷款
1~2	21392	4471	15	8333	8573	4806	2817
1~3	31992	6226	18	11740	14007	7882	4670
1~4	42371	7501	35	14920	19915	11370	6694
1~5	53681	8945	42	18643	26051	14840	8838
1~6	68135	10939	66	23816	33314	18934	11245
1~7	79881	12605	93	27877	39307	22321	13305
1~8	91573	14199	97	31983	45294	25656	15395
1~9	104711	15895	113	36574	52129	29618	17508
1~10	117261	17303	123	40764	59071	33655	19783
1~11	129484	19199	132	44772	65381	37246	21970
1~12	144214	21512	140	49133	73428	41952	24403
2015年	125203	20214	297	49038	55655	32520	16662

数据来源：国家统计局

2016年全国房地产开发景气指数

2016年全国房地产开发景气指数如表61所示。

70个大中城市住宅销售价格变动情况

【新建住宅销售价格情况】 根据国家统计局公布

的月度数据，2016 年全国 70 个大中城市的新建住宅销售价格指数情况分别如表 62、表 63 和表 64 所列。

2016 年全国房地产开发景气指数　　　　　　　　　　　　　　　　　　　　　　　　　　　　　　表 61

指数类别	月　份										
	2	3	4	5	6	7	8	9	10	11	12
国房景气指数	93.67	94.18	94.41	94.48	94.4	94.01	93.7	94.05	94.1	94.04	94.08
较上月增幅	0.33	0.51	0.23	0.07	−0.08	0.39	−0.31	0.35	0.05	−0.06	0.04

数据来源：国家统计局

2016 年 70 个大中城市新建住宅销售价格指数环比数据　　　　　　　　　　　　　　　　　　　　表 62

城　市	1月	2月	3月	4月	5月	6月	7月	8月	9月	10月	11月	12月
北　京	101	102.1	103	102.7	102.2	102.1	101.5	103.6	104.5	100.5	100	100
天　津	100.5	100.7	102.1	102.6	102.4	102.2	102.3	103.5	104	101.2	100.5	100
石家庄	100.2	100.5	100.5	100.9	101	101	102.6	103.6	104.4	101.7	100.6	100.2
太　原	100	100.1	100.3	99.9	100	100.6	99.9	100.3	100.5	100.3	100.2	100.3
呼和浩特	99.9	100.2	100.3	100.2	100.1	100.2	99.9	100.2	99.8	100.3	99.9	100.1
沈　阳	100.1	99.7	100.2	100.9	100.5	100.2	100.1	100.1	100.2	100.4	100.1	100.6
大　连	100	99.7	100.2	100.8	100.5	100.3	99.4	100.3	100.1	100.6	100.5	100.1
长　春	99.7	100.3	100.6	100.2	100.4	100.2	100.1	100.2	100.6	100.7	100.4	100.3
哈尔滨	99.9	100	100.6	99.8	100	100.5	99.8	100	100	100.4	99.8	100.8
上　海	102.2	102.4	103.6	103.1	101.9	102	101.2	104.4	102.7	100.5	100	99.8
南　京	102.4	102.6	103.3	104.1	103.9	103.8	103.4	104	103.5	102.3	100.2	99.9
杭　州	100.9	101.3	102.3	103	102.5	101.6	102.3	103.3	105.5	103.1	99.7	100
宁　波	100.5	100.6	101.6	101.1	101.2	100.6	101	101.2	102	101.4	100.6	99.9
合　肥	101.5	102.3	104.6	105.7	105.1	104.8	104.2	104.8	104.6	101.5	99.9	99.8
福　州	101.1	101.4	102	102.9	101.7	101.2	101.7	104.2	105.1	102.6	100.9	99.6
厦　门	102	101.3	105.3	105.2	105.4	104.7	104.6	103.9	102.9	100.5	99.8	99.9
南　昌	100	101.2	101.5	101.4	101.5	101.1	101.7	101.6	102.3	101.1	100.3	99.6
济　南	100.2	100.6	100.9	101.1	101	100.8	100.9	103.2	105.2	103.4	101.1	99.7
青　岛	100.3	100.1	101.1	101.2	100.8	100.4	100.6	102	104.7	101.3	100.1	99.8
郑　州	100.3	100.4	101.5	101.3	101.4	101.6	102	105.5	107.5	103.5	100.5	99.9
武　汉	100.9	100.8	101.2	102	102.1	101.9	102.1	103.1	103.8	102.8	101.5	99.8
长　沙	100.4	100.3	100.5	101.6	100.7	100.5	100.8	101.5	104.3	104.4	101.5	100.1
广　州	100.8	101.6	102.9	102.4	102.7	101.8	101.3	102.4	103.1	101.3	100.9	100.7
深　圳	104	103.5	103.7	102.3	100.5	102.6	102	102.1	101.9	99.5	99.7	99.6
南　宁	100.6	100.4	100.7	101.1	100.7	100.6	100.7	100.9	102	101.4	100	100.7
海　口	100.1	100.2	100.3	100.4	100.2	100.2	100.2	100.2	100.8	100.9	100.6	100.6
重　庆	100.8	100.4	100.6	100.4	100.5	100	100.1	100.3	101	100.6	101.2	101.1
成　都	100.2	100	100.2	100.2	100.6	100.6	100.2	100.9	102.5	99.2	100	99.8
贵　阳	100.3	100.3	100.4	100.7	100.5	100	100.2	100.4	100.7	100.6	100.3	100.4
昆　明	100.3	100	99.9	100.4	99.5	100.8	100.2	100.1	100	100.4	101.5	100.3
西　安	99.8	99.9	100.1	100.4	100.4	100.5	100.2	100.6	100.3	101.6	101.6	100.6
兰　州	100.2	100.1	100.3	100.4	100.5	100.3	100.2	100.9	100.4	100	99.9	99.8

720

续表

城 市	1月	2月	3月	4月	5月	6月	7月	8月	9月	10月	11月	12月
西 宁	100.2	99.9	100.2	100.5	100.3	100.1	100	100.5	100.3	100.4	100.1	100
银 川	99.7	100	100.2	100.7	100.6	99.9	100.2	100.1	100.2	100.1	100.2	100.3
乌鲁木齐	99.3	99.4	100.1	100.2	100.5	99.8	100	99.7	99.8	99.7	100	100.3
唐 山	99.9	100.1	99.9	99.9	100.3	99.7	100.4	100.3	100.4	100.5	101	100.3
秦皇岛	99.6	100.3	100.2	100.3	100.1	100.4	100.1	100.6	100.5	102.2	101.5	100.3
包 头	99.5	99.6	100.2	100.3	100.1	99.8	99.6	100.1	100.3	99.9	100.4	99.8
丹 东	99.8	99.3	99.8	100.4	100.3	100.2	99.6	99.9	99.8	100.2	100.5	99.6
锦 州	99.5	99.7	99.6	99.5	99.6	99.5	99.3	99.8	99.9	100.3	100.2	100.1
吉 林	99.8	100.3	100.2	100.7	100	100.4	99.9	100.2	100.3	100.4	99.9	100.4
牡丹江	99.8	99.6	99.8	100.2	99.5	99.7	99.4	100.7	100.5	99.5	99.8	100.3
无 锡	100.3	100.3	102	102.8	101.7	102.6	102.7	104.9	108.2	104.8	100.8	99.9
扬 州	100.2	100.2	100.4	100.4	100.5	100.3	100.9	100.7	101.1	101.6	101.9	100.9
徐 州	100	100.3	100.6	100.9	100.7	100.2	100.7	100.5	101.3	101.6	101.5	100.5
温 州	100	100.1	100.5	100.4	100.1	100.3	100.3	100.2	100.6	100.5	100.1	100.4
金 华	100.1	100	100.4	100.4	100.3	100.1	100	100.8	101.8	100.9	101.4	100.2
蚌 埠	99.7	99.8	100.9	100.8	100.7	100.3	100.9	101.1	101.6	101.3	101.2	100.6
安 庆	100.1	99.5	100.9	100.5	100.3	100.5	100.8	101.1	100.8	100.6	101.3	100.7
泉 州	99.8	100.3	100.6	100.9	99.9	99.8	100.6	101.2	101.6	101.1	102	100.8
九 江	100.1	100.3	100.7	101	100.9	100.6	101	101.2	101.5	101.9	100.8	100.7
赣 州	100.3	100.1	100.9	101.2	100.5	100.2	100.8	101.4	102.8	103.1	101	100.5
烟 台	100.2	100.1	100.5	100.4	100.5	100.5	100.4	100.5	100.6	100.7	100.5	100.4
济 宁	99.9	100.2	100.2	100.1	100	100.1	99.7	100.2	100.3	100.5	100.3	100.3
洛 阳	99.9	99.9	100.2	100.6	100.3	100.1	100.2	100.3	100.5	100.3	101.5	100.6
平顶山	100.1	100	100.3	100.1	100.1	100.2	99.9	100.4	101.1	100.5	100.4	100.5
宜 昌	100	100.2	100.2	100.3	100.3	100.5	100.3	100.5	100.7	100.8	100.6	100.6
襄 阳	99.9	100.2	100.1	100.1	100.5	99.9	100.2	100.5	100.3	100.1	100.5	100.3
岳 阳	100.1	100	100.3	100.5	100	100.2	100.3	100.2	101.3	101.3	100.3	100.3
常 德	99.9	100.3	99.9	100.1	99.8	100.1	100.2	100.1	101.7	100.4	100.5	99.8
惠 州	100.6	100.7	101.1	103.3	103.2	102.5	101.6	101.3	103.9	102.2	101.5	100.5
湛 江	99.9	100	100.3	100.4	100.7	101.3	100.9	100	101.2	101.3	101.2	100.8
韶 关	99.3	100.9	101.1	100.6	100.5	100	98.9	99.7	102.3	101.1	101.9	100.9
桂 林	99.7	100	100.1	100.5	100	100.3	99.9	100.4	101.5	101	99.8	99.9
北 海	99.8	100.4	100.4	100.3	100	99.8	100.2	100.2	101	100.4	100.7	100.5
三 亚	100	100.1	99.8	99.9	100.4	99.8	99.7	100.7	101.2	100.9	100.8	101.2
泸 州	100.4	99.4	100.3	100.5	100.3	100.3	100.2	101.1	99.7	100.6	100.3	
南 充	99.9	99.8	100.7	100.6	100.4	100.4	99.7	100.6	99.8	99.6	100.2	100
遵 义	100	100.1	100.2	100.1	100.3	100	99.8	100.9	99.7	100.2	100.2	100.2
大 理	100.6	99.9	99.3	100.2	100.6	100.6	100.3	100	100.2	100.3	100.5	100.3

数据来源：国家统计局

2016年70个大中城市新建住宅销售价格指数同比数据　　表63

城　市	1月	2月	3月	4月	5月	6月	7月	8月	9月	10月	11月	12月
北　京	110.3	112.9	116	118.3	119.5	120.3	120.7	123.5	127.8	127.5	126.4	125.9
天　津	103.9	104.7	106.8	109.5	111.9	113.8	116.2	119.9	124.1	125.3	125.3	124.1
石家庄	102.1	103	103.2	103.8	104.7	105.6	108	111.3	115.8	118.1	118.6	118.6
太　原	101.7	102.1	102.2	102	101.8	102.2	101.9	102	102.2	102.3	102.3	102.5
呼和浩特	97.7	98.7	99.2	99.9	100.2	100.4	100.5	100.7	100.4	101.3	101.1	101.1
沈　阳	99.5	99.6	100.1	101	101.8	101.5	101.4	101.2	101.6	102.4	102.6	103.3
大　连	98.9	98.9	99.4	100.1	100.6	100.5	99.7	100	100.4	101.7	102.4	102.6
长　春	98.2	98.8	99.5	100.3	101	101.2	101.2	101.2	101.9	102.8	103.5	103.9
哈尔滨	100.1	100.5	101.4	101.1	101.5	101.7	101.3	101.8	101.6	101.6	101.6	102.1
上　海	117.5	120.6	125	128	127.7	127.7	127.3	131.2	132.7	131.1	129	126.5
南　京	110.2	113.3	116.8	121.3	125.6	129.7	133	136.7	140.6	142	140.5	138.8
杭　州	107	108.8	111.8	114.7	116.9	117.2	119	122	128	131.3	129.9	128.4
宁　波	104.6	105.5	107.2	108.2	108.8	108.8	108.9	109.5	111.2	112.4	112.4	112
合　肥	103.2	106	111.2	117.5	123.2	129	133.8	140.3	146.8	148.4	147.4	146.3
福　州	103.3	105.5	107.7	111	112.8	113.8	115.4	120.2	126	128.8	128.9	127.3
厦　门	108.6	110.1	115.7	121.5	128	133.8	139.7	143.8	146.5	145.5	143.4	141.5
南　昌	101.8	103.7	105.4	107	108.4	109.4	111.3	112.8	114.9	115.6	115.4	114.2
济　南	101.5	102.2	103.3	104.3	105.1	105.6	106.9	110	115.5	119	120	119.4
青　岛	98.6	99.5	101.1	102.6	103.6	104	104.4	106.5	111.6	113.2	113.6	113.1
郑　州	103.4	103.9	105.2	106.7	108.1	109.2	111	116.5	124.5	128.1	128.5	128
武　汉	105.3	106.2	107.3	109.1	111.3	113.1	115	117.7	121.3	124.4	125.5	124.2
长　沙	100.4	101.2	101.8	103.4	104.3	104.8	105.6	107.2	111.6	116.5	118.2	117.8
广　州	109.9	111.8	115.2	117.4	118.9	119.2	119.4	121.1	123	123.6	124	124.1
深　圳	151.9	156.9	161.6	162.4	153.2	146.7	140.9	136.8	134.1	131.7	127.9	123.5
南　宁	102.4	103.3	103.8	104.6	105.5	105.7	106.4	107	109	110.1	109.6	110.1
海　口	99.6	100.4	100.6	101.4	102.3	102.6	103.2	103.4	104.1	104.9	105.8	106.2
重　庆	100.3	101.3	102.2	102.9	103.3	103.3	103.2	103.4	104.4	105.1	106.5	107.2
成　都	101.1	101.5	102.3	103	103.2	103.6	104	104.7	107.2	106.3	105.9	105.5
贵　阳	99.6	100.3	100.5	101.5	102.2	102	102.3	102.4	103	103.9	104.5	105.1
昆　明	97.7	98.2	98.2	99.3	100	100.1	100.8	101.5	102.1	103.2	103.9	104.2
西　安	100.2	100.6	100.9	101.6	102.7	102.9	103.2	103.3	104.6	106.1	106.6	106.6
兰　州	99.2	99.7	100.2	101.1	101.8	102.4	102.9	103.8	103.8	103.7	103.6	103.1
西　宁	97.1	97.4	97.7	98.4	99	99.6	99.6	100.1	101.2	101.9	101.9	102.4
银　川	96.4	96.9	97.7	98.8	99.9	100	100.7	101	101.1	101.3	101.5	102.1
乌鲁木齐	98	97.7	98.1	98.5	99.1	99	99	98.9	98.7	98.5	98.3	98.7
唐　山	98	98.4	98.6	98.8	99.7	99.3	99.8	100.2	100.6	101.2	102.3	102.9
秦皇岛	97.1	97.8	98.4	99.4	99.8	100.3	100.7	101.4	102.1	104.5	105.9	106.1
包　头	97.2	97.9	98.1	98.6	98.8	98.8	98.8	98.8	99.2	99.3	99.7	99.5
丹　东	96.2	96.1	96.2	96.9	97.5	98	97.6	97.9	97.8	98.3	98.8	99.3

续表

城市	1月	2月	3月	4月	5月	6月	7月	8月	9月	10月	11月	12月
锦州	96.5	97.2	96.9	96.8	96.8	96.5	96.2	96.2	96.2	96.1	96.7	97.1
吉林	97.5	98.4	98.8	99.6	100	100.4	100.2	100.5	101.1	101.6	101.7	102.6
牡丹江	98.4	98.3	98.2	98.5	98.1	97.8	97.4	98.3	98.8	98.5	98.4	98.9
无锡	99.6	100.2	102.4	105.3	106.9	109.7	112.8	118.4	127.9	134.3	135.1	135.5
扬州	99.8	100.4	101	101.5	102.3	102.8	103.7	104.3	105.5	107	109.2	109.7
徐州	99.9	100.6	101.1	101.9	102.7	103.1	103.7	104.1	105.1	106.8	108.4	109.1
温州	102.7	103.4	104.1	103.7	103.6	103.2	103.2	103.2	104.5	105	104.7	104.6
金华	102	102.5	103.2	103.1	103.1	103.1	103.1	103.4	105.1	105.6	106.8	106.5
蚌埠	96	96.5	98.2	99.2	100.2	100.7	102.2	103.7	105.7	106.7	108.2	109.2
安庆	99.3	99.2	100	100.7	101	101.6	101.9	103.4	104.4	105.2	106.7	107.6
泉州	99	100	100.7	101.8	101.8	101.8	102.5	103.7	105.3	106.1	108.3	108.9
九江	98.8	99.5	100.3	101.5	102.1	103	103.9	105.3	107.4	109.8	110.7	111.2
赣州	99.4	99.4	100.5	101.8	102.7	103.1	103.8	104.5	108.1	112	113.3	113.4
烟台	99	99.6	100.2	100.8	101.5	102.1	102.7	103.4	103.9	104.9	105.2	105.4
济宁	96.7	97.3	97.9	98.3	98.7	98.9	99.1	99.8	99.9	100.7	101.2	101.6
洛阳	97.7	98.3	98.7	99.7	100.1	100.3	100.6	100.9	101.6	102	103.7	104.5
平顶山	99.8	100.1	100.6	100.9	101.3	101.6	101.5	101.7	102.3	102.8	103.3	103.7
宜昌	98.6	99	99.5	100.2	100.7	101.5	102.1	102.5	102.9	103.7	104.1	105.1
襄阳	96.2	97.3	97.5	98.1	98.8	99	99.5	100.4	100.9	101.7	102.4	102.7
岳阳	96.8	97.4	97.8	98.5	98.8	99.4	100	100.6	102	104.3	104.4	105.1
常德	97.2	98.1	98.1	98.9	99	99.3	99.7	100	101.5	102.1	102.5	102.9
惠州	98.9	100.4	102.3	106.4	110.2	113.5	115.4	116.4	120.3	122.9	124.4	124.9
湛江	95.1	96.4	97.2	98.1	99.1	100.2	102.4	102.9	104.2	105.9	107.2	108.3
韶关	96.6	98.3	99.6	101	102	102.3	101.6	101.5	104.1	105.4	106.8	107.4
桂林	97.3	98.1	98.5	99.2	99.5	99.8	99.8	100.3	102.2	103.2	103.1	103.2
北海	99.1	99.7	100.3	101.1	101.3	101.2	101.4	101.1	101.7	102.7	103.6	103.9
三亚	99.7	99.9	99.9	100	100.7	100.5	100.1	100.5	101.7	102.7	103.6	104.5
泸州	99.5	98.9	99.4	100.5	101.3	101.9	102.4	102.8	103	102.5	103.2	103.7
南充	96.7	96.8	98	98.8	99.7	100.4	100.5	101.3	101.5	101.2	101.5	101.7
遵义	98	98.5	99.1	99.5	99.8	100.2	100.2	100.8	100.6	100.9	101.4	101.7
大理	98.2	98.7	98.2	98.9	99.7	100.4	100.8	101.3	101.4	102.1	102.6	103.1

数据来源：国家统计局

2016年70个大中城市新建住宅销售价格指数定基数据 表64

城市	1月	2月	3月	4月	5月	6月	7月	8月	9月	10月	11月	12月
北京	105.9	108.1	111.4	114.5	117	119.5	121.4	125.7	131.4	132.1	132.1	132.1
天津	102.8	103.6	105.7	108.5	111	113.5	116	120	124.9	126.4	127	127
石家庄	101.2	101.8	102.3	103.2	104.2	105.2	108.1	112	116.9	118.9	119.7	119.8
太原	101.1	101.2	101.5	101.4	101.4	102	101.9	102	102.7	103.1	103.3	103.6
呼和浩特	99.3	99.5	99.8	100	100.1	100.3	100.2	100.4	100.1	100.4	100.4	100.5

续表

城 市	1月	2月	3月	4月	5月	6月	7月	8月	9月	10月	11月	12月
沈 阳	99.9	99.6	99.9	100.8	101.3	101.5	101.6	101.7	102	102.3	102.4	103
大 连	99.3	99	99.2	100	100.5	100.8	100.2	100.5	100.6	101.3	101.8	101.9
长 春	99.2	99.5	100.1	100.3	100.7	100.8	101	101.2	101.8	102.5	103	103.3
哈 尔 滨	100.4	100.4	100.9	100.8	101.1	101.6	101.4	101.6	101.6	102	101.8	102.7
上 海	111	113.7	117.8	121.4	123.8	126.3	127.8	133.5	137.2	137.8	137.8	137.5
南 京	107.6	110.3	114	118.7	123.3	127.9	132.3	137.5	142.4	145.6	146	145.8
杭 州	104.9	106.3	108.7	112	114.7	116.6	119.3	123.2	130	134.1	133.6	133.6
宁 波	103	103.6	105.2	106.4	107.7	108.3	109.2	110.4	112.6	114.2	114.8	114.8
合 肥	103.1	105.5	110.3	116.7	122.6	128.5	133.9	140.3	146.8	149	148.9	148.6
福 州	103.3	104.8	106.9	110	111.8	113.2	115.1	120	126.1	129.3	130.5	130.1
厦 门	106.6	108	113.7	119.7	126.2	132.1	138.1	143.5	147.6	148.4	148	147.9
南 昌	101.9	103.1	104.6	106.1	107.7	108.9	110.8	112.5	115.2	116.4	116.8	116.3
济 南	101.2	101.8	102.7	103.8	104.8	105.7	106.6	110	115.7	119.6	120.9	120.6
青 岛	100	100.2	101.3	102.4	103.3	103.7	104.4	106.5	111.4	112.8	113	112.8
郑 州	102.3	102.7	104.2	105.5	106.9	108.6	110.7	116.9	125.6	130	130.6	130.5
武 汉	103.7	104.5	105.8	107.9	110.2	112.3	114.6	118.1	122.6	126.1	128	127.7
长 沙	100.9	101.2	101.7	103.3	104.1	104.6	105.4	107	111.5	116.4	118.2	118.3
广 州	105.8	107.5	110.6	113.2	116.3	118.4	120	122.8	126.6	128.3	129.4	130.4
深 圳	125.9	130.3	135.2	138.3	139	142.6	145.5	148.5	151.3	150.5	150	149.5
南 宁	101.9	102.3	103	104.2	105	105.6	106.2	107.2	109.3	110.8	110.8	111.6
海 口	100.3	100.5	100.8	101.2	101.9	102.1	102.9	103.5	104.3	105.2	105.8	106.4
重 庆	101.2	101.6	102.1	102.6	103	103	103.1	103.4	104.5	105.1	106.4	107.5
成 都	101.2	101.3	101.5	102.1	102.4	103.1	104	104.9	107.5	106.7	106.8	106.6
贵 阳	100	100.3	100.6	101.3	101.8	101.8	102.3	102.7	103.4	104	104.3	104.7
昆 明	99.3	99.2	99.1	99.9	100.4	100.4	100.6	100.8	101.1	102.2	102.7	103.1
西 安	100.6	100.5	100.7	101.1	101.6	102.2	102.5	103.1	103.4	105.1	106.8	107.4
兰 州	100.3	100.4	100.8	101.1	101.6	101.9	102.2	103.1	103.6	103.5	103.4	103.3
西 宁	98.8	98.6	98.8	99.3	99.6	99.6	99.7	100.1	100.4	100.8	100.9	100.9
银 川	98.5	98.5	98.7	99.3	100	99.8	100	100.1	100.4	100.4	100.6	100.9
乌鲁木齐	99	98.4	98.4	98.6	99.1	98.9	98.8	98.5	98.3	98	98	98.3
唐 山	99.2	99.3	99.2	99.1	99.5	99.1	99.6	99.9	100.2	100.8	101.8	102.1
秦 皇 岛	98.9	99.2	99.3	99.6	99.7	100.1	100.2	100.8	101.3	103.6	105.1	105.4
包 头	98.8	98.5	98.7	98.9	99	98.8	98.3	98.4	98.7	98.6	99	98.8
丹 东	98	97.3	97.1	97.4	97.8	97.9	97.6	97.4	97.2	97.4	98	97.6
锦 州	98.3	98.1	97.7	97.3	96.9	96.4	95.8	95.6	95.5	95.7	95.9	96
吉 林	98.7	99.1	99.2	99.9	99.9	100.3	100.2	100.5	100.8	101.1	101.1	101.5
牡 丹 江	99.1	98.7	98.6	98.7	98.3	98	97.4	98.1	98.5	98.1	97.9	98.2
无 锡	100	100.3	102.3	105.2	107	109.8	112.7	118.2	127.9	134.1	135.2	135.1
扬 州	100.5	100.7	101.1	101.6	102.1	102.4	103.4	104.1	105.3	107	109	110
徐 州	100.1	100.4	101	101.9	102.7	102.9	103.5	104	105.3	107	108.6	109.2

续表

城 市	1月	2月	3月	4月	5月	6月	7月	8月	9月	10月	11月	12月
温 州	101.8	101.9	102.4	102.7	103	103.2	103.5	103.7	105.4	105.9	106.1	106.5
金 华	101.7	101.6	102	102.4	102.7	102.8	102.8	103.6	105.5	106.4	108	108.2
蚌 埠	98.4	98.2	99	99.8	100.5	100.7	101.7	102.8	104.4	105.8	107.1	107.7
安 庆	99.7	99.3	100.1	100.6	101	101.5	102.4	103.5	104.4	105	106.4	107.1
泉 州	99.9	100.3	100.9	101.9	101.7	101.5	102.1	103.3	104.9	106.1	108.2	109
九 江	99.6	99.9	100.6	101.6	102.5	103.1	104.2	105.4	107	109	109.9	110.6
赣 州	99.9	100	100.9	102.1	102.6	102.8	103.6	105	108	111.4	112.5	113
烟 台	100.1	100.1	100.6	101	101.6	102	102.4	103	103.5	104.2	104.8	105.2
济 宁	98.5	98.7	98.9	99	99	99.1	98.7	98.9	99.2	99.7	100	100.2
洛 阳	99.1	99	99.2	99.8	100.1	100.1	100.4	100.7	101.2	101.5	103.1	103.7
平顶山	100.4	100.4	100.7	100.8	100.9	101.1	101	101.4	102.5	103	103.5	104
宜 昌	99.6	99.9	100.1	100.4	100.6	101.1	101.9	101.9	102.2	103.4	104.1	104.7
襄 阳	98.4	98.6	98.7	98.8	99.3	99.2	99.3	99.8	100.2	100.2	100.7	101.1
岳 阳	98.5	98.6	98.9	99.4	99.4	99.6	99.9	100.1	101.5	102.8	103.1	103.4
常 德	98.8	99.2	99.1	99.2	99	99.1	99.2	99.4	101	101.5	102	101.8
惠 州	100.9	101.6	102.7	106.1	109.5	112.3	114.1	115.6	120.1	122.8	124.6	125.2
湛 江	98.2	98.2	98.5	98.8	99.5	100.9	101.8	101.8	103	104.4	105.6	106.5
韶 关	98.9	99.7	100.8	101.5	101.9	102	100.9	100.6	102.9	104	106	106.9
桂 林	98.9	98.8	99	99.4	99.4	99.7	99.7	100.1	101.6	102.6	102.5	102.3
北 海	99.8	100.2	100.6	100.9	100.9	100.7	100.9	101.1	102.2	102.6	103.4	103.9
三 亚	100.1	100.2	100	100	100.4	100.2	99.9	100.6	101.8	102.7	103.5	104.7
泸 州	100.4	99.7	100	100.5	101	101.3	101.6	101.9	103	102.7	103.3	103.6
南 充	98.6	98.3	99	99.6	100	100.4	100	100.7	100.5	100.1	100.4	100.4
遵 义	99.3	99.4	99.6	99.7	99.9	99.9	99.8	100.6	100.3	100.5	100.7	100.9
大 理	99.7	99.6	99	99.2	99.8	100.4	100.4	100.7	100.9	101.3	101.8	102.1

数据来源：国家统计局

【新建商品住宅销售价格情况】 根据国家统计局公布的月度数据，2016年全国70个大中城市的新建商品住宅销售价格指数情况分别如表65、表66和表67所列。

2016年70个大中城市新建商品住宅销售价格指数环比数据 表65

城 市	1月	2月	3月	4月	5月	6月	7月	8月	9月	10月	11月	12月
北 京	101.1	102.3	103.3	103	102.4	102.3	101.7	103.8	104.9	100.6	100	99.9
天 津	100.5	100.8	102.2	102.8	102.5	102.3	102.4	103.6	104.2	101.3	100.5	100
石家庄	100.2	100.6	100.5	100.9	101	101.1	102.7	103.7	104.4	101.8	100.6	100.2
太 原	100	100.1	100.3	99.9	100	100.6	99.9	100.3	100.5	100.3	100.2	100.3
呼和浩特	99.9	100.2	100.3	100.2	100.1	100.2	99.9	100.2	99.8	100.3	99.9	100.1
沈 阳	100.1	99.7	100.2	100.9	100.5	100.2	100.1	100.1	100.2	100.4	100.1	100.6
大 连	100	99.7	100	100.8	100.2	100	99.4	100.3	100.1	100.5	100.5	100.1
长 春	99.7	100.3	100.6	100.2	100.4	100.2	100.1	100.3	100.6	100.8	100.4	100.3
哈尔滨	99.9	100	100.6	99.8	100.3	100.5	99.8	100.2	100	100.4	99.8	100.8

续表

城市	1月	2月	3月	4月	5月	6月	7月	8月	9月	10月	11月	12月
上海	102.6	102.9	104.3	103.6	102.3	102.4	101.4	105.2	103.2	100.5	99.9	99.8
南京	102.5	102.7	103.5	104.4	104.1	104	103.6	104.1	103.7	102.4	100.2	99.9
杭州	100.9	101.3	102.3	103	102.5	101.6	102.4	103.3	105.5	103.2	99.6	100
宁波	100.5	100.6	101.6	101.1	101.2	100.6	100.8	101.2	102	101.4	100.6	99.9
合肥	101.5	102.3	104.6	105.8	105.1	104.9	104.2	104.8	104.6	101.5	99.9	99.8
福州	101.1	101.4	102	103	101.7	101.2	101.7	104.3	105.1	102.6	100.9	99.6
厦门	102	101.3	105.4	105.3	105.5	104.7	104.6	103.9	102.9	100.5	99.8	99.9
南昌	100	101.2	101.5	101.4	101.5	101.2	101.8	101.6	102.4	101.1	100.3	99.6
济南	100.2	100.6	100.9	101.1	101	100.8	100.9	103.2	105.2	103.4	101.1	99.7
青岛	100.3	100.1	101.1	101.2	100.8	100.5	100.7	102.1	104.7	101.3	100.2	99.8
郑州	100.3	100.4	101.5	101.3	101.4	101.6	102	105.6	107.6	103.5	100.5	99.9
武汉	101	100.9	101.3	102.1	102.3	102	102.2	103.2	103.9	103	101.6	99.7
长沙	100.4	100.3	100.5	101.6	100.7	100.5	100.9	101.5	104.4	104.5	101.5	100.1
广州	100.8	101.6	102.9	102.4	102.7	101.8	101.3	102.4	103.1	101.3	100.9	100.7
深圳	104.1	103.6	103.7	102.3	100.5	102.6	102	102.1	101.9	99.5	99.7	99.6
南宁	100.7	100.4	100.8	101.3	100.8	100.6	100.7	101	102.2	101.5	100	100.8
海口	100.1	100.2	100.3	100.4	100.7	100.2	100.8	100.6	100.8	100.9	100.6	100.6
重庆	100.8	100.4	100.6	100.4	100.5	100	100.1	100.3	101	100.6	101.2	101.1
成都	100.2	100	100.2	100.6	100.3	100.6	101	100.9	102.5	99.2	100	99.8
贵阳	100.3	100.3	100.4	100.7	100.5	100	100.5	100.4	100.7	100.6	100.3	100.4
昆明	100.3	100	99.9	100.8	100.4	100	100.3	100.1	100.4	101.1	100.5	100.3
西安	99.8	99.9	100.1	100.4	100.6	100.5	100.4	100.6	100.3	101.8	101.7	100.7
兰州	100.2	100.1	100.4	100.4	100.3	100.3	100.9	100.5	100	99.9	99.8
西宁	100.2	99.9	100.2	100.6	100.3	100.1	100	100.5	100.3	100.4	100.1	100
银川	99.7	100	100.2	100.7	100.6	99.9	100.2	100.1	100.2	100.1	100.2	100.3
乌鲁木齐	99.2	99.4	100.1	100.2	100.5	99.8	100	99.7	99.8	99.6	100	100.3
唐山	99.9	100.1	99.9	99.9	100.3	99.7	100.5	100.3	100.4	100.6	101.1	100.3
秦皇岛	99.5	100.3	100.2	100.3	100.1	100.5	100.1	100.6	100.5	102.4	101.6	100.3
包头	99.5	99.6	100.2	100.3	100.1	99.8	100	100.1	99.5	100.3	100.4	99.8
丹东	99.8	99.3	99.8	100.4	100.3	100.2	99.6	99.9	99.8	100.2	100.5	99.6
锦州	99.5	99.7	99.6	99.5	99.6	99.5	99.3	99.8	99.9	100.3	100.2	100.1
吉林	99.8	100.3	100.2	100.7	100	100.4	99.9	100.2	100.3	100.4	99.9	100.4
牡丹江	99.8	99.6	99.8	100.4	99.5	99.7	99.4	100.7	100.5	99.5	99.8	100.3
无锡	100.3	100.3	102	102.8	101.7	102.6	102.7	104.9	108.2	104.9	100.8	99.9
扬州	100.2	100.2	100.4	100.4	100.5	100.3	100.9	100.7	101.1	101.6	101.9	100.9
徐州	100	100.3	100.6	101	100.8	100.2	100.7	100.5	101.3	101.7	101.6	100.6
温州	100	100.1	100.5	100.4	100.3	100.1	100.3	100.2	101.6	100.6	100.1	100.4
金华	100.1	100	100.4	100.4	100.3	100.1	100	100.8	101.9	100.9	101.4	100.2
蚌埠	99.7	99.8	100.9	100.8	100.7	100.3	100.9	101.1	101.6	101.3	101.2	100.6
安庆	100.1	99.5	100.9	100.5	100.3	100.5	100.9	101.2	100.8	100.6	101.3	100.7

续表

城市	1月	2月	3月	4月	5月	6月	7月	8月	9月	10月	11月	12月
泉 州	99.8	100.3	100.6	101	99.9	99.8	100.6	101.3	101.6	101.1	102.1	100.8
九 江	100.1	100.3	100.7	101.1	100.9	100.6	101	101.2	101.5	101.9	100.8	100.7
赣 州	100.3	100.1	100.9	101.2	100.5	100.2	100.8	101.4	102.8	103.1	101	100.5
烟 台	100.2	100.1	100.5	100.4	100.5	100.5	100.4	100.5	100.6	100.7	100.5	100.4
济 宁	99.9	100.2	100.2	100.1	100	100.1	99.7	100.2	100.5	100.5	100.3	100.3
洛 阳	99.9	99.9	100.2	100.6	100.3	100.1	100.5	100.5	100.4	101.6	100.6	
平顶山	100.1	100	100.3	100.1	100.1	100.2	99.9	100.4	101.1	100.6	100.4	100.5
宜 昌	100	100.2	100.2	100.3	100.1	100.1	100.5	100.5	100.7	100.8	100.7	100.6
襄 阳	99.9	100.2	100.1	100.1	100.5	99.9	100.2	100.5	100.3	100.1	100.5	100.3
岳 阳	100.1	100.1	100.4	100.5	100	100.2	100.4	100.3	101.4	101.3	100.3	100.4
常 德	99.9	100.3	99.9	100.1	99.8	100.1	100.2	100.1	101.7	100.5	100.5	99.8
惠 州	100.6	100.7	101.1	103.3	103.2	102.5	101.6	101.3	103.9	102.2	101.5	100.5
湛 江	99.9	100	100.3	100.4	100.7	101.3	100.9	100	101.2	101.3	101.2	100.8
韶 关	99.3	100.9	101.1	100.6	100.5	100	98.9	99.7	102.3	101.1	101.9	100.9
桂 林	99.7	100	100.1	100.5	100	100.3	99.9	100.4	101.5	101	99.8	99.9
北 海	99.8	100.4	100.4	100.3	100	99.8	100.2	100.2	101	100.5	100.7	100.5
三 亚	100	100.1	99.8	99.9	100.4	99.8	99.7	100.7	101.1	100.9	100.8	101.2
泸 州	100.4	99.3	100.3	100.5	100.4	100.3	100.3	100.2	101.1	99.7	100.6	100.4
南 充	99.9	99.8	100.7	100.6	100.4	100.4	99.7	100.7	99.8	99.6	100.2	100
遵 义	100	100.1	100.2	100.1	100.3	100	99.8	100.9	99.7	100.2	100.3	100.2
大 理	100.6	99.9	99.3	100.2	100.6	100.6	100.3	100	100.2	100.3	100.5	100.3

数据来源：国家统计局

2016年70个大中城市新建商品住宅销售价格指数同比数据 表66

城市	1月	2月	3月	4月	5月	6月	7月	8月	9月	10月	11月	12月
北 京	111.3	114.2	117.6	120.2	121.4	122.3	122.7	125.8	130.4	130.2	128.9	128.4
天 津	104.1	105	107.2	110	112.5	114.6	117	121	125.4	126.6	126.6	125.4
石家庄	102.1	103.1	103.2	103.8	104.8	105.8	108.1	111.6	116.2	118.5	118.9	119
太 原	101.8	102.2	102.3	102.1	101.8	102.3	101.9	102.1	102.3	102.4	102.3	102.6
呼和浩特	97.7	98.7	99.2	99.9	100.2	100.4	100.5	100.7	100.4	101.3	101.1	101.1
沈 阳	99.5	99.6	100.1	101	101.8	101.5	101.4	101.2	101.6	102.4	102.6	103.3
大 连	98.9	98.9	99.4	100.1	100.6	100.5	99.7	100	100.4	101.7	102.4	102.6
长 春	98.2	98.8	99.5	100.3	101	101.3	101.2	101.2	101.9	102.9	103.5	103.9
哈尔滨	100.1	100.5	101.4	101.1	101.5	101.7	101.3	101.8	101.6	101.6	101.6	102.2
上 海	121.4	125.1	130.5	134.2	133.8	133.7	133.1	137.8	139.5	137.4	134.8	131.7
南 京	110.8	114.1	117.8	122.6	127.1	131.5	134.9	138.8	143	144.4	142.8	141
杭 州	107.1	108.9	111.9	114.8	117	117.4	119.1	122.2	128.2	131.5	130.1	128.6
宁 波	104.6	105.2	107.2	108.3	108.9	108.9	109	109.6	111.3	112.5	112.6	112.2
合 肥	103.3	106	111.2	117.6	123.3	129.1	134	140.5	147	148.6	147.6	146.5
福 州	103.3	105.5	107.7	111.1	112.9	113.9	115.5	120.4	126.2	129.1	129.2	127.6

续表

城市	1月	2月	3月	4月	5月	6月	7月	8月	9月	10月	11月	12月
厦门	108.7	110.2	115.9	121.7	128.3	134	139.6	144.3	147	145.9	143.9	141.9
南昌	101.8	103.7	105.5	107.1	108.5	109.6	111.5	113	115.1	115.9	115.7	114.4
济南	101.5	102.2	103.3	104.3	105.1	105.8	106.9	110	115.5	119	120	119.4
青岛	98.6	99.5	101.2	102.7	103.7	104.1	104.5	106.6	111.8	113.5	113.8	113.4
郑州	103.4	104	105.3	106.8	108.2	109.4	111.2	116.7	124.9	128.6	129	128.4
武汉	105.6	106.5	107.7	109.6	111.9	113.8	115.8	118.6	122.5	125.7	126.8	125.5
长沙	100.4	101.2	101.8	103.5	104.4	104.9	105.7	107.4	112	116.9	118.7	118.2
广州	110	111.9	115.3	117.6	119	119.4	119.5	121.2	123.2	123.8	124.2	124.3
深圳	152.7	157.8	162.5	163.4	154	147.4	141.4	137.3	134.5	132.1	128.2	123.8
南宁	102.7	103.6	104.2	105.2	106.1	106.3	107.1	107.8	110	111.1	110.7	111.2
海口	99.6	100.4	100.6	101.4	102.3	102.6	103.4	103.5	104.1	105	105.8	106.2
重庆	100.3	101.4	102.3	102.9	103.5	103.4	103.3	103.4	104.5	105.1	106.5	107.2
成都	101.1	101.5	102.4	103	103.3	103.7	104.2	104.8	107.4	106.5	106.1	105.6
贵阳	99.6	100.3	100.5	101.5	102.2	102	102.4	102.4	103	104	104.5	105
昆明	97.7	98.1	98.2	99.3	100	100.1	100.8	101.5	102.1	103.2	103.9	104.2
西安	100.2	100.6	100.9	101.8	102.4	103	103.1	103.5	103.6	105	106.6	107.2
兰州	99.2	99.7	100.2	101.1	101.9	102.5	103	103.9	103.9	103.8	103.7	103.2
西宁	96.9	97.2	97.6	98.3	98.9	99.5	100.2	101	101.3	102.1	102.1	102.5
银川	96.4	96.9	97.7	98.8	99.9	100	100.7	101	101.1	101.4	101.5	102.1
乌鲁木齐	97.8	97.5	97.9	98.3	99	98.9	98.9	98.8	98.5	98.4	98.1	98.6
唐山	97.9	98.3	98.6	98.7	99.7	99.3	99.7	100.2	100.6	101.3	102.4	103
秦皇岛	96.9	97.7	98.3	99.3	99.8	100.4	100.7	101.5	102.3	104.8	106.2	106.5
包头	97.1	97.8	98	98.5	98.7	98.8	98.7	98.7	99.2	99.2	99.7	99.4
丹东	96.2	96.1	96.2	96.9	97.5	98	97.6	97.9	97.8	98.3	98.8	99.3
锦州	96.5	97.2	96.9	96.8	96.8	96.5	96	96.2	96.2	96.1	96.7	97.1
吉林	97.5	98.4	98.8	99.6	100	100.4	100.2	100.5	101.1	101.6	101.8	102.6
牡丹江	98.3	98.1	98	98.4	98	97.6	97.2	98.2	98.7	98.4	98.2	98.8
无锡	99.6	100.2	102.4	105.3	106.9	109.7	112.9	118.5	128.1	134.5	135.3	135.7
扬州	99.8	100.4	101	101.5	102.3	102.8	103.7	104.3	105.5	107.1	109.2	109.7
徐州	99.9	100.7	101.2	102	102.9	103.3	104	104.3	105.4	107.2	108.9	109.6
温州	102.8	103.5	104.2	103.7	103.6	103.2	103.2	103.2	104.6	105	104.7	104.7
金华	102	102.6	103.2	103.1	103.1	103.1	103.1	103.5	105.1	105.6	106.8	106.6
蚌埠	96	96.5	98.2	99.2	100.2	100.7	102.2	103.7	105.8	106.8	108.3	109.2
安庆	99.3	99.2	100	100.7	101	101.6	101.9	103.4	104.4	105.2	106.7	107.6
泉州	99	100	100.7	101.9	101.9	101.8	102.5	103.8	105.4	106.2	108.4	109.1
九江	98.8	99.5	100.3	101.6	102.1	103	104	105.3	107.4	109.9	110.8	111.3
赣州	99.4	99.4	100.5	101.8	102.7	103.1	103.8	104.5	108.2	112	113.4	113.5
烟台	99	99.6	100.2	100.8	101.5	102.1	102.7	103.4	103.9	104.9	105.2	105.4
济宁	96.7	97.2	97.9	98.3	98.7	98.9	99.1	99.8	99.9	100.7	101.2	101.7
洛阳	97.6	98.2	98.7	99.7	100.1	100.3	100.6	101	101.7	102.1	103.8	104.7

续表

城 市	1月	2月	3月	4月	5月	6月	7月	8月	9月	10月	11月	12月
平 顶 山	99.8	100.1	100.6	100.9	101.3	101.6	101.6	101.8	102.3	102.9	103.4	103.7
宜 昌	98.6	98.9	99.4	100.2	100.7	101.5	102.1	102.6	103	103.8	104.1	105.1
襄 阳	96.2	97.2	97.5	98.1	98.8	99	99.5	100.4	100.9	101.7	102.4	102.7
岳 阳	96.5	97.3	97.7	98.4	98.8	99.3	100	100.6	102.4	104.6	104.9	105.4
常 德	97.1	98.1	98	98.8	99	99.3	99.7	100	101.5	102.2	102.5	103
惠 州	98.9	100.4	102.3	106.4	110.2	113.5	115.5	116.4	120.3	122.9	124.4	125
湛 江	95.1	96.4	97.2	98.1	99.1	100.9	102.4	102.9	104.2	105.9	107.2	108.3
韶 关	96.6	98.3	99.6	101	102	102.3	101.6	101.5	104.1	105.4	106.8	107.4
桂 林	97.3	98.1	98.5	99.2	99.5	99.8	99.8	100.3	102.2	103.2	103.1	103.2
北 海	99.1	99.7	100.3	101.1	101.3	101.2	101.5	101.2	101.8	102.7	103.7	103.9
三 亚	99.7	99.9	99.9	100	100.7	100.5	100.1	100.5	101.2	102.7	103.8	104.5
泸 州	99.5	98.9	99.3	100.5	101.3	102	102.4	102.8	103	102.6	103.4	103.7
南 充	96.6	96.7	97.9	98.8	99.7	100.4	101	101.4	101.1	101.2	101.5	101.8
遵 义	97.8	98.4	99	99.5	99.8	100.2	100.1	100.8	100.6	100.9	101.5	101.7
大 理	98.2	98.7	98.2	98.9	99.7	100.4	100.8	101.3	101.4	102.1	102.6	103.1

数据来源：国家统计局

2016年70个大中城市新建商品住宅销售价格指数定基数据　　　　　　　　　　表67

城 市	1月	2月	3月	4月	5月	6月	7月	8月	9月	10月	11月	12月
北 京	106.5	108.9	112.6	115.9	118.7	121.4	123.5	128.2	134.5	135.2	135.3	135.2
天 津	102.9	103.7	106	108.9	111.6	114.2	116.9	121.1	126.2	127.8	128.5	128.4
石 家 庄	101.3	101.8	102.3	103.3	104.3	105.4	108.2	112.2	117.2	119.3	120.1	120.3
太 原	101.1	101.2	101.6	101.5	101.4	102	102	102.2	102.8	103.2	103.4	103.7
呼和浩特	99.3	99.5	99.8	100	100.1	100.3	100.2	100.4	100.1	100.4	100.4	100.5
沈 阳	99.9	99.6	99.9	100.8	101.3	101.6	101.6	101.7	102	102.3	102.4	103
大 连	99.3	99	99.2	100	100.5	100.8	100.2	100.5	100.6	101.3	101.8	101.9
长 春	99.2	99.5	100.1	100.3	100.7	100.9	101	101.2	101.8	102.6	103	103.4
哈 尔 滨	100.4	100.4	100.9	100.8	101.1	101.6	101.4	101.6	101.6	102	101.8	102.7
上 海	113.3	116.6	121.6	126	128.8	131.9	133.8	140.7	145.1	145.9	145.8	145.5
南 京	108	110.9	114.8	119.8	124.6	129.6	134.2	139.8	144.9	148.3	148.7	148.5
杭 州	105	106.4	108.8	112	114.8	116.7	119.5	123.4	130.2	134.3	133.9	133.9
宁 波	103	103.6	105.2	106.4	107.7	108.4	109.2	110.5	112.7	114.3	115	114.9
合 肥	103.1	105.5	110.4	116.7	122.7	128.6	134	140.5	147	149.2	149.1	148.8
福 州	103.4	104.8	106.9	110.1	112	113.3	115.3	120.2	126.1	129.6	130.8	130.4
厦 门	106.7	108.1	113.9	119.9	126.5	132.4	138.5	144	148.1	148.9	148.5	148.4
南 昌	101.9	103.1	104.7	106.1	107.8	109	110.9	112.7	115.6	116.7	117.1	116.6
济 南	101.2	101.8	102.7	103.8	104.8	105.7	106.6	110	115.7	119.6	120.9	120.6
青 岛	100	100.2	101.3	102.5	103.3	103.8	104.6	106.6	111.7	113.1	113.3	113.1
郑 州	102.3	102.7	104.2	105.6	107	108.7	110.9	117.1	126	130.4	131.1	131
武 汉	103.9	104.8	106.1	108.3	110.8	113	115.4	119.1	123.8	127.5	129.5	129.1

续表

城 市	1月	2月	3月	4月	5月	6月	7月	8月	9月	10月	11月	12月
长 沙	100.9	101.3	101.8	103.4	104.2	104.7	105.6	107.2	111.9	116.9	118.7	118.8
广 州	105.9	107.6	110.7	113.3	116.4	118.6	120.2	123	126.8	128.5	129.6	130.6
深 圳	126.3	130.7	135.6	138.8	139.5	143.2	146.1	149.2	152	151.2	150.7	150.1
南 宁	102.1	102.6	103.3	104.6	105.5	106.2	106.9	108	110.3	111.9	111.9	112.8
海 口	100.3	100.5	100.8	101.2	101.9	102.1	102.9	103.5	104.3	105.2	105.8	106.4
重 庆	101.2	101.6	102.1	102.6	103.1	103	103.2	103.4	104.5	105.1	106.4	107.6
成 都	101.3	101.3	101.6	102.1	102.5	103.1	104.1	105.1	107.8	106.9	107	106.8
贵 阳	100	100.3	100.7	101.4	101.8	101.8	102.3	102.7	103.5	104.1	104.4	104.8
昆 明	99.3	99.2	99.1	99.9	100.4	100.4	100.6	100.8	101.1	102.2	102.8	103.1
西 安	100.7	100.6	100.7	101.2	101.8	102.3	102.7	103.4	103.7	105.5	107.4	108.1
兰 州	100.4	100.5	100.8	101.2	101.7	101.9	102.3	103.2	103.7	103.6	103.5	103.4
西 宁	98.7	98.5	98.7	99.3	99.5	99.6	99.6	100.1	100.5	100.9	101	101
银 川	98.5	98.5	98.7	99.3	100	99.8	100	100.1	100.4	100.4	100.6	100.9
乌鲁木齐	98.9	98.3	98.3	98.5	99	98.7	98.7	98.4	98.2	97.8	97.9	98.2
唐 山	99.1	99.3	99.2	99.1	99.4	99.1	99.5	99.8	100.2	100.1	101.9	102.2
秦 皇 岛	98.8	99.1	99.3	99.5	99.7	100.1	100.2	100.9	101.4	103.8	105.4	105.7
包 头	98.8	98.4	98.6	98.9	98.9	98.7	98.3	98.4	98.7	98.5	98.9	98.7
丹 东	98	97.3	97.1	97.4	97.8	97.9	97.6	97.4	97.2	97.4	98	97.6
锦 州	98.3	98.1	97.7	97.3	96.9	96.4	95.8	95.6	95.5	95.7	95.9	96
吉 林	98.7	99	99.2	99.9	99.9	100.3	100.2	100.5	100.8	101.1	101.1	101.5
牡 丹 江	99.1	98.6	98.5	98.6	98.1	97.8	97.2	97.9	98.4	97.9	97.7	98
无 锡	100	100.3	102.4	105.2	107	109.8	112.8	118.3	128.1	134.3	135.4	135.3
扬 州	100.5	100.7	101.1	101.6	102.1	102.4	103.4	104.1	105.3	107	109	110
徐 州	100.1	100.4	101.1	102	102.8	103	103.7	104.3	105.6	107.4	109.1	109.7
温 州	101.8	101.9	102.4	102.8	103.1	103.2	103.3	103.8	105.4	106	106.1	106.5
金 华	101.7	101.6	102	102.4	102.7	102.8	102.8	103.6	105.5	106.5	108	108.2
蚌 埠	98.4	98.2	99	99.8	100.5	100.7	101.7	102.8	104.5	105.9	107.1	107.7
安 庆	99.7	99.3	100.1	100.6	101	101.5	102.4	103.5	104.4	105	106.4	107.2
泉 州	99.9	100.3	100.9	101.9	101.8	101.5	102.1	103.4	105	106.2	108.4	109.2
九 江	99.6	99.9	100.6	101.6	102.5	103.2	104.2	105.5	107	109.1	110	110.7
赣 州	99.9	100	100.9	102.1	102.6	102.8	103.6	105.1	108	111.4	112.5	113
烟 台	100.1	100.1	100.6	101	101.6	102	102.4	103	103.5	104.2	104.8	105.2
济 宁	98.5	98.7	98.9	99	99	99.1	98.7	98.9	99.2	99.7	100	100.2
洛 阳	99.1	99	99.1	99.7	100.1	100	100.1	100.4	100.7	101.2	101.6	103.2	103.9
平 顶 山	100.4	100.4	100.7	100.8	100.9	101.1	101	101.4	102.5	103.1	103.5	104.1
宜 昌	99.6	99.8	100.1	100.4	100.7	101.1	101.4	101.9	102.7	103.5	104.2	104.7
襄 阳	98.4	98.6	98.7	98.8	99.3	99.2	99.3	99.8	100.2	100.2	100.7	101.1
岳 阳	98.4	98.5	98.9	99.4	99.3	99.5	99.9	100.2	101.6	102.9	103.3	103.7
常 德	98.8	99.1	99	99.2	99	99.1	99.2	99.3	101	101.5	102	101.8
惠 州	100.9	101.6	102.7	106.1	109.5	112.3	114.1	115.6	120.2	122.9	124.7	125.3

续表

城 市	1月	2月	3月	4月	5月	6月	7月	8月	9月	10月	11月	12月
湛 江	98.2	98.2	98.5	98.8	99.5	100.9	101.8	101.8	103	104.4	105.6	106.5
韶 关	98.9	99.7	100.8	101.5	101.9	102	100.9	100.6	102.9	104	106	106.9
桂 林	98.9	98.8	99	99.4	99.4	99.7	99.7	100.1	101.6	102.6	102.5	102.3
北 海	99.8	100.2	100.6	100.9	100.9	100.7	100.9	101.1	102.2	102.6	103.4	103.9
三 亚	100.1	100.2	100	100	100.4	100.2	99.9	100.6	101.8	102.7	103.5	104.7
泸 州	100.4	99.7	100	100.5	101	101.3	101.7	101.9	103	102.7	103.3	103.7
南 充	98.5	98.3	99	99.6	100	100.4	100	100.7	100.5	100.1	100.4	100.3
遵 义	99.2	99.3	99.6	99.6	99.9	99.9	99.7	100.6	100.3	100.5	100.7	100.9
大 理	99.7	99.6	98.9	99.2	99.8	100.4	100.7	100.7	101	101.3	101.8	102.1

数据来源：国家统计局

【二手住宅销售价格情况】 根据国家统计局公布的月度数据，2016年全国70个大中城市的二手住宅销售价格指数情况分别如表68、表69和表70所列。

2016年70个大中城市二手住宅销售价格指数环比数据 表68

城 市	1月	2月	3月	4月	5月	6月	7月	8月	9月	10月	11月	12月
北 京	102.3	103.2	106.3	103.7	102.3	101.4	101.6	103.9	105.7	101.1	100.2	100.2
天 津	100.3	101.4	102.5	102.7	101.9	101	102	103.8	104.1	101.2	100.7	100.3
石 家 庄	100	100.2	101.9	102.4	101.9	102.2	102	103.5	104	99.8	99.4	99.2
太 原	100.2	99.8	100.4	99.9	99.8	100.2	100.7	100.6	100.2	100.9	100.5	100.2
呼 和 浩 特	99.8	100	100	99.9	100	99.7	100	99.9	100	99.7	99.8	100
沈 阳	100	99.7	100.1	100.5	100.2	100.1	100.1	100	99.8	99.9	100	100.2
大 连	100.2	99.8	100.2	100.5	100.1	100.5	99.7	100.1	100.1	100.2	100.1	100
长 春	99.6	99.3	100.1	100.2	100.2	100	99.9	100.2	100.3	100.4	100.2	99.9
哈 尔 滨	100.1	99.9	100.4	100.1	100	99.9	99.8	99.9	100.2	100	99.7	100
上 海	102.7	105.3	106.2	102.5	101.4	102.2	102	103.7	103.4	100.3	99.8	99.5
南 京	101.2	101.5	103	103.5	102.8	101.9	103.1	103.6	103.3	102	101.8	101.6
杭 州	100.5	101.1	102	101.8	101.3	101.2	102.3	102.8	104.5	102.5	100	99.9
宁 波	100.5	100.3	100.5	100.4	100.8	100.3	100.6	100.7	101.9	100.9	100.4	100.3
合 肥	101.3	106.7	109.3	106.8	104.4	103.4	103.2	102.3	102.8	101.7	99.4	99.6
福 州	100.7	100.8	100.9	101.2	100.7	100.4	101	102.8	104.1	101.4	100.3	100.5
厦 门	100.8	102	104.9	104.2	106.3	104.2	102.4	102.4	102	100	99.5	100
南 昌	99.8	100.2	101.4	101.1	101.4	101.5	101.4	101.6	102.2	100.5	100.2	100.3
济 南	100.1	100.1	100.8	100.4	100.4	100.6	100.5	102.2	105.1	102.7	101.1	100.6
青 岛	100.1	100.2	100.2	100.2	100.4	100.3	101.1	104.9	101.2	100.4		
郑 州	100.6	100.8	101.3	101.2	101.3	101.3	101.3	104.5	107.3	103.1	100.7	101
武 汉	100.6	100.7	101.1	101.1	101.4	101.9	102.1	102.4	103.7	102.5	102	100.9
长 沙	100.1	100.1	100.2	100.9	100.1	100.2	100.2	100.8	103.6	102.4	101.5	101.4
广 州	101.3	101.2	103.5	102.6	101.9	101.6	101.4	102.3	103.3	101.6	100.8	101.3
深 圳	105.7	103.3	104.7	99.6	100	100.8	101.8	102	101.8	99.4	99.3	99.8
南 宁	100.1	100.2	100	100.6	100.3	100	100.1	100.6	100.6	101.4	100.4	100.5

续表

城　市	1月	2月	3月	4月	5月	6月	7月	8月	9月	10月	11月	12月
海　口	100.1	100.1	100.8	100.2	100.2	100.1	100.2	100.3	100.3	100.4	100.5	100.4
重　庆	101.9	100	100.2	100.4	100.4	100.1	100.3	100.2	100.5	100.2	100.4	100.7
成　都	100.6	100.7	100.3	100.2	100.3	100.4	100.3	100.3	101.7	100.5	100	100.2
贵　阳	100.1	100.2	100.3	100.1	100	100.1	100.2	100.2	100.3	100.4	100.1	100
昆　明	100.2	100.1	100.2	100.5	100.6	99.7	100	99.8	100.1	100.3	100	99.8
西　安	99.6	99.7	99.8	99.8	99.6	100.1	99.9	100.3	99.7	100.2	99.7	100.1
兰　州	100.2	100.2	99.9	100.3	100.1	100.1	100.2	100.3	100.2	99.9	100.2	99.9
西　宁	100.1	99.6	99.5	100	99.8	99.9	99.8	100	100.2	100.1	99.8	99.9
银　川	99.9	99.9	100.3	100	100.1	99.9	100	100.1	100.1	100	99.9	100
乌鲁木齐	99.5	98.9	99.3	99.8	99.9	99.8	99.9	100	99.9	99.8	99.6	99.9
唐　山	99.9	99.8	100.1	100	100.1	100	99.9	100.2	100	100.5	100.6	100.3
秦皇岛	99.7	99.8	100.1	100.2	100.5	100.2	100	100.1	100.2	101	101.2	100.4
包　头	99.7	99.5	99.6	99.7	99.5	100	99.8	99.7	99.4	100.3	100.2	100.7
丹　东	99.5	99.7	99.8	99.9	99.9	99.8	100.1	99.9	100.1	100	99.8	99.9
锦　州	99.9	99.6	99.5	99.7	99.9	99.8	99.6	99.7	100	99.7	99.9	100
吉　林	99.7	99.9	100.1	100.2	100.1	100.2	100.1	100.1	100.2	100.3	100.2	100.2
牡丹江	99.8	99.9	100.2	100.1	99.8	99.9	99.5	100	100.2	99.8	100.2	100.4
无　锡	99.9	100	100.9	101.2	100.4	100.6	100.9	103.9	108.4	102.4	99.7	99.8
扬　州	99.9	99.9	100	100	100.2	100	100.5	100.4	100.7	101.4	101.4	100.9
徐　州	100	99.9	100.4	100.5	100.1	100.2	100.1	100.7	100.8	101	100.9	100.2
温　州	100.1	100.4	100.6	100.3	100	100.2	100.2	100.9	100.2	100	100	100.1
金　华	100	100.1	100.4	100.3	100.3	100.1	100.2	100.6	101.2	100.4	100.8	100.3
蚌　埠	100.3	100.2	100.1	100.4	100.2	100.2	100.2	100.6	101	100.3	100.7	100.8
安　庆	99.9	100.1	99.9	100.3	100.2	100.1	100.8	100.7	101.3	100.5	101.2	101.3
泉　州	99.8	99.9	99.8	100.3	99.8	99.9	100.3	100.5	101.5	100.8	101.9	101.1
九　江	100.1	99.9	100.5	100.8	100	101.3	100.6	101.3	100.7	100.9	100	101.5
赣　州	100.1	100.2	99.8	100.7	100.4	100.2	100.6	100.7	103.1	102.3	100.8	100.4
烟　台	100	99.9	100.1	100.2	100.3	100.2	100.1	100.5	100.4	100.3	100.3	100.2
济　宁	99.9	100	100.1	100	99.9	100	100.1	100.3	100.2	100.1	100.2	100
洛　阳	99.8	99.9	100.1	100.2	100.3	100.2	100.2	100.4	100.3	100.2	100.8	100.2
平顶山	100.1	100	100.2	100	99.9	99.9	100	100.3	100.5	100.1	99.9	99.8
宜　昌	100.1	100	100.6	100.1	100.2	100	100.1	100.2	100.3	100.6	100.5	100.4
襄　阳	100	99.7	99.9	100	100	100.1	100	100.4	100.1	100	100.2	100
岳　阳	99.8	100.1	100.1	100.2	100.1	100.1	100.2	100	100.4	100.5	100.1	100.3
常　德	99.7	99.7	100.1	100.2	100.1	100.4	100.3	100.1	100.9	100.3	100.2	100
惠　州	100.3	100.4	100.9	101.1	101.8	100.8	101.2	100.8	103.6	100.9	101.6	100.4
湛　江	99.9	100	99.7	100	100.1	100.1	100.2	100.1	100.5	100.3	100.4	101
韶　关	99.5	100.7	100.3	100.2	100	99.5	99.7	99.8	101	100.1	99.9	100.5
桂　林	99.9	99.9	99.8	99.8	99.7	100	100	99.9	99.9	99.7	99.8	99.9
北　海	100.1	99.8	100.2	100	100.4	99.8	100.1	100.2	100.2	100.3	100.2	100.4

续表

城市	1月	2月	3月	4月	5月	6月	7月	8月	9月	10月	11月	12月
三　亚	99.8	100	100.5	99.8	99.7	100.1	99.9	100.1	100.5	100.4	100.5	100.7
泸　州	100.6	99.7	100.3	100.5	100.2	100.1	100.2	100.1	100.5	100.2	100.3	100.1
南　充	100	100.1	100.1	100.4	100.2	100.2	100.3	100.3	100.4	100.3	100.2	100.3
遵　义	100	99.8	100.2	100.1	100.2	100.2	100.3	100.2	99.8	100.4	100.4	100.5
大　理	100.1	100.4	100.2	100.1	100.3	99.8	100.2	99.6	99.9	99.8	100.3	99.6

数据来源：国家统计局

2016年70个大中城市二手住宅销售价格指数同比数据　　　　　　　　　　　　　　　表69

城市	1月	2月	3月	4月	5月	6月	7月	8月	9月	10月	11月	12月
北　京	123.7	127.7	135.1	137.2	134.5	133.4	132.2	134.8	140.5	140.4	138.7	136.7
天　津	104.3	106.1	108.6	111.2	112.8	113.2	115	118.7	123	124.1	124.2	124
石家庄	101	101.2	103.1	105.5	107.4	109.4	111.4	115.4	120.3	119.9	118.8	117.6
太　原	101.8	101.9	102.3	102.3	101.9	102.1	102.5	102.8	103	103.7	104	103.9
呼和浩特	99.8	100	100	100.1	100.1	99.7	99.7	99.4	99.5	99.2	98.9	98.9
沈　阳	101.3	101.3	101.4	101.9	101.6	101.2	101.2	101.2	101	101	100.9	100.7
大　连	99.9	99.9	100.1	100.4	100.2	100.1	99.9	100.1	100.3	100.6	100.9	101.4
长　春	100.2	100	100.5	100.8	100.8	100.1	99.4	99.5	99.6	100	100.3	100.2
哈尔滨	101.3	101.8	102.8	103.1	103.2	102.2	101	100.7	101	100.9	100.4	100.3
上　海	114.4	120.3	127.8	130.2	129.2	130.5	131	134.4	137.4	136.7	135.1	132.8
南　京	107.7	109.2	112	115.3	118.3	119.8	122.6	126.4	129.4	131.6	132.8	133.7
杭　州	104.4	105.9	108.2	109.9	111.1	111.7	113.6	116.2	121	123.9	123.1	121.7
宁　波	103.6	104.4	105	105.7	106.2	106.1	106.2	106.5	108.2	108.8	108.4	108
合　肥	105.6	113.2	123.6	130.4	135.9	139.7	144.1	146.9	150.1	151.9	150.4	148.9
福　州	103.5	104.8	105.8	107.3	107.5	107.6	108.2	111.2	115.6	116.9	116.5	116.6
厦　门	105.2	108.1	113.9	118.4	125.5	130.5	133.5	135.4	137	135.9	133.9	132.4
南　昌	102.5	103.7	104.9	105.4	106.5	107.6	108.5	109.5	111.7	112.4	112	112.1
济　南	101.5	102	103	103.4	103.8	104.1	104.1	106.2	111.6	114.4	115.3	115.5
青　岛	100.4	101.1	101.5	101.8	101.8	101.7	101.7	102.6	107.6	108.8	109.4	109.7
郑　州	103.3	104.2	105.5	106.6	107.9	109.2	110.7	115.3	123.5	126.7	126.9	127.4
武　汉	104.4	105	106.3	107.4	108.6	110.2	111.9	113.8	117.6	120.1	121.9	122.1
长　沙	100.9	101.2	101.7	102.7	102.6	102.2	102.8	103.5	107.2	109.6	111	112.3
广　州	113.1	114.7	118.5	120.3	120	119.7	119.9	122.1	124.7	125.4	125.5	125.9
深　圳	149.7	154.2	160.5	156.1	146.8	138.5	133.9	130.8	128.8	126.8	123.5	119.3
南　宁	104.5	105.1	104.1	104.5	103.6	102.9	102.4	102.8	103.6	104.6	104.5	105
海　口	96.6	97.5	98.7	99.4	100.4	101.1	101.5	101.9	102.3	102.8	103.2	103.5
重　庆	103	103.3	103.5	103.8	104	103.7	103.6	103.6	104	104.4	104.8	105.5
成　都	100.5	101.5	101.9	102.3	103.2	103.2	103.1	103.3	104.8	105.4	105.2	105.7
贵　阳	100.7	101	101.3	101.4	101.5	101.5	101.5	101.6	101.5	102	101.9	101.9
昆　明	99.9	101	101.3	102.3	102.7	101.3	101.9	102	102	102.3	101.8	101.4
西　安	95.5	96	96.3	96.5	96.4	96.7	97	97.4	97.4	97.8	97.9	98.5

续表

城市	1月	2月	3月	4月	5月	6月	7月	8月	9月	10月	11月	12月
兰 州	99.6	99.8	99.8	100.2	100.2	100.4	100.7	101.2	101.2	101.1	101.3	101.3
西 宁	100.7	100.4	99.7	99.8	99.7	99.5	99.1	99	99.1	99.1	98.9	98.9
银 川	98.2	98.5	99.1	99.3	99.5	99.5	99.7	99.8	99.9	99.9	100.1	100.2
乌鲁木齐	102.5	101.8	101.2	100.7	99.9	98.9	98.1	97.9	97.7	97.2	96.5	96.3
唐 山	98.8	99.1	99.6	99.8	100	99.9	99.8	99.9	100	100.4	101.1	101.4
秦皇岛	97.3	97.4	97.9	98.3	99.2	99.7	99.8	100	100.3	101.5	102.9	103.5
包 头	97.8	98.1	98.2	97.9	97.2	97	96.9	96.6	96.2	96.5	97.4	98.2
丹 东	97.7	97.9	98	98.2	98.2	98.1	98.2	98.2	98.5	98.6	98.4	98.5
锦 州	91.9	92.6	92.7	92.8	93.5	94.1	94.7	95.6	96.2	96.4	96.9	97.4
吉 林	99.4	99.9	100.1	100.4	100.4	100.5	100.6	100.6	100.6	100.8	101	101.4
牡丹江	100.1	100.5	101	99.7	100.5	100.4	100.2	99.9	99.7	99.5	99.4	99.8
无 锡	99.4	99.4	100.9	102.2	102.3	103.1	103.9	108	117	119.6	119.2	119.2
扬 州	100.2	100.5	100.6	100.5	100.7	100.5	101	101.1	101.9	103.1	104.6	105.6
徐 州	99.4	99.8	100.3	100.9	101.2	101.3	101.4	102.4	103.1	104	104.8	104.9
温 州	102.4	103.6	104.6	104.5	104	103.5	103.4	102.9	103.4	103.5	103.2	103.1
金 华	100.7	101.2	101.7	102.1	102.2	102.1	102	102.5	103.5	103.8	104.3	104.7
蚌 埠	97.2	98	98.6	99.3	99.8	100.1	100.9	101.7	102.9	103.5	104.3	105.6
安 庆	98.8	99.1	99.1	99.6	100.2	100.8	101.5	102.1	103.4	103.9	105	106.6
泉 州	99.2	99.2	99.1	99.5	99.5	99.4	99.7	100.1	101.6	102.4	104.5	105.8
九 江	101.9	101.9	102.4	103	102.5	103.6	104.3	105.4	105.9	106.7	106.5	107.9
赣 州	100.7	100.7	100.7	101.5	102.1	102.3	102.6	102.8	105.9	108.6	109.7	109.7
烟 台	98.9	99.1	99.6	100	100.3	100.5	100.6	101.2	101.4	101.7	102	102.3
济 宁	98.6	99.2	99.6	99.8	99.9	100	100.2	100.3	100.5	100.8	101	100.9
洛 阳	98.2	98.5	98.9	99.3	99.7	100.1	100.3	100.7	100.9	101.2	102.1	102.5
平顶山	98.8	99.3	99.7	99.8	99.9	100	100.1	100.3	100.9	100.9	100.9	100.7
宜 昌	101.1	101.4	102.1	102.2	102.3	102.1	102	102.1	101.9	102.4	102.9	103
襄 阳	99.4	99.9	99.7	99.8	99.4	99.2	99.7	100.3	100.2	100.5	100.6	100.5
岳 阳	98.9	99.3	99.6	99.9	100	100.1	100.4	100.7	101.1	101.7	101.8	102.2
常 德	100	100	100.1	100.4	100.4	100.7	101.1	101	101.9	102.2	102.3	102.1
惠 州	99.7	100.8	102.2	103.6	105.7	106.6	107.7	108.5	112.2	113	114.4	114.4
湛 江	96.1	96.8	97.1	97.5	97.9	98.4	99.1	99.6	100.3	100.7	101.1	102.2
韶 关	100.1	101.2	101.6	101.1	101.2	100.3	99.6	99	100.2	100.4	100.4	101.3
桂 林	96.9	97.6	98.1	98.3	98.4	98.4	98.5	98.6	98.4	98.2	98.3	
北 海	103.1	103.4	103.5	103	103.1	102.6	102.2	102.1	101.7	101.6	101.5	101.7
三 亚	100.7	100.9	101.5	101.5	101.4	101.5	101.3	100.9	101.1	100.9	101.3	102
泸 州	103.3	102.9	103	103.2	103.1	102.9	102.7	102.5	102.8	102.8	102.8	102.9
南 充	100.4	100.4	100.7	100.9	101.1	101.3	101.7	102	102.5	102.4	102.6	102.8
遵 义	97.4	97.6	98	98.1	98.3	98.5	98.4	98.8	99.3	100.6	101.3	102
大 理	96.4	97.3	98.2	99.3	99.8	99.8	100.1	99.8	100	100.2	100.7	100.3

数据来源：国家统计局

2016年70个大中城市二手住宅销售价格指数定基数据 表70

城 市	1月	2月	3月	4月	5月	6月	7月	8月	9月	10月	11月	12月
北 京	112.6	116.1	123.5	128	130.9	132.7	134.9	140.2	148.2	149.8	150.1	150.4
天 津	102.8	104.2	106.7	109.6	111.8	112.8	115.1	119.5	124.4	125.8	126.7	127
石 家 庄	100.6	100.8	102.7	105.2	107.2	109.5	111.7	115.6	120.3	120	119.2	118.2
太 原	101.3	101.1	101.5	101.4	101.2	101.9	102.7	103.3	103.4	104.3	104.8	105.1
呼和浩特	99.9	99.9	99.9	99.9	99.9	99.6	99.6	99.5	99.5	99.3	99.1	99.1
沈 阳	100.8	100.6	100.6	101.2	101.3	101.4	101.5	101.5	101.4	101.3	101.3	101.6
大 连	99.7	99.5	99.6	100.1	100.2	100.7	100.4	100.5	100.6	100.7	100.9	100.9
长 春	100.1	99.5	99.6	99.8	99.9	99.9	99.8	100.1	100.3	100.7	100.9	100.7
哈 尔 滨	101.3	101.2	101.7	101.8	101.8	101.7	101.6	101.5	101.7	101.7	101.4	101.4
上 海	109	114.8	122	125	126.7	129.6	132.1	136.9	141.5	142	141.6	140.9
南 京	105	106.5	109.7	113.6	116.8	119	122.7	127.1	131.5	134.1	136.5	138.6
杭 州	103.3	104.2	106.5	108.4	109.8	111.1	113.7	116.8	122.1	125.2	125.2	125.1
宁 波	102.9	103.2	103.7	104.3	105.1	105.5	106.1	106.9	108.8	109.8	110.2	110.6
合 肥	103.8	110.8	121.1	129.4	135	139.6	144.1	147.5	151.6	154.2	153.2	152.6
福 州	102.6	103.4	104.4	106.2	106.9	107.4	108.5	111.6	116.2	117.9	118.2	118.8
厦 门	104.5	106.6	111.8	116.5	123.9	129.2	132.5	135.7	138.1	138.1	137.4	137.3
南 昌	101.5	101.8	103.2	104.3	105.8	107.4	108.8	110.4	112.9	113.4	113.7	114
济 南	101.3	101.4	102.2	102.6	103.1	103.7	104.2	106.5	112	115.1	116.3	117
青 岛	100.6	100.7	100.9	101.2	101.3	101.4	101.8	102.9	108	109.3	109.9	110.2
郑 州	102.5	103.4	104.7	105.9	107.3	108.8	110.3	115.3	123.6	127.5	128.4	129.8
武 汉	103.1	103.7	104.8	106	107.4	109.5	111.8	114.5	118.7	121.6	124	125.2
长 沙	100.9	100.9	101.2	102.1	102.3	102.6	102.9	103.7	107.4	109.9	111.6	113.1
广 州	107.4	108.7	112.5	115.4	117.6	119.5	121.2	124.6	128.6	130.7	131.7	133.5
深 圳	125.6	129.7	135.7	135.2	135.2	136.3	138.7	141.5	144	143.1	142.1	141.8
南 宁	102.1	102.3	102.3	102.9	103.2	103.2	103.3	103.9	104.7	106.1	106.5	107.1
海 口	99.1	99.2	100	100.2	100.4	100.5	100.7	101	101.2	101.6	102.1	102.5
重 庆	102.5	102.5	102.7	103.2	103.5	103.6	104	104.2	104.7	104.9	105.3	106.1
成 都	100.8	101.5	101.8	102	102.4	102.7	103	103.4	105.1	105.7	105.7	105.9
贵 阳	100.6	100.8	101.1	101.2	101.2	101.3	101.4	101.7	101.9	102.3	102.4	102.4
昆 明	100.7	100.8	101.1	101.6	102.2	101.9	101.9	101.7	101.8	102.2	102.2	102
西 安	97.7	97.5	97.2	97	96.7	96.8	96.7	97	96.7	96.8	96.5	96.6
兰 州	100	100.2	100	100.3	100.3	100.4	100.6	100.9	101	100.9	101.1	101
西 宁	100.4	100.1	99.5	99.6	99.4	99.3	99.1	99.2	99.3	99.5	99.3	99.2
银 川	99.2	99.2	99.4	99.5	99.6	99.5	99.5	99.5	99.6	99.6	99.5	99.5
乌鲁木齐	101.2	100.1	99.5	99.2	99.2	98.7	98.7	98.7	98.6	98.4	98	97.9
唐 山	99.7	99.6	99.7	99.7	99.7	99.7	99.6	99.8	99.8	100.3	100.9	101.2
秦 皇 岛	98.7	98.5	98.7	98.8	99.3	99.5	99.5	99.6	99.8	100.8	102.1	102.4
包 头	98.9	98.4	98	97.7	97.3	97.2	97.1	96.8	96.2	96.5	96.6	97.3
丹 东	98.9	98.6	98.4	98.4	98.2	98	98.1	98	98.1	98.1	97.9	97.8

续表

城 市	1月	2月	3月	4月	5月	6月	7月	8月	9月	10月	11月	12月
锦 州	96	95.7	95.2	94.9	94.8	94.6	94.3	94	93.9	93.7	93.6	93.6
吉 林	99.8	99.7	99.8	100	100.1	100.3	100.5	100.6	100.8	101.1	101.3	101.5
牡丹江	100.2	100.1	100.4	100.4	100.3	100.2	99.6	99.7	99.9	99.7	99.9	100.3
无 锡	99.8	99.8	100.7	101.9	102.3	102.9	103.8	107.9	117	119.8	119.4	119.1
扬 州	100.3	100.2	100.2	100.2	100.3	100.4	100.9	101.3	102	103.5	105	105.9
徐 州	100.1	100.1	100.4	100.9	101	101.2	101.3	102	102.8	103.8	104.8	105
温 州	101.9	102.3	102.8	103.1	103.1	103.2	103.4	103.5	104.4	104.7	104.7	104.9
金 华	100.6	100.7	101.1	101.4	101.7	101.9	102.1	102.7	103.9	104.3	105.1	105.4
蚌 埠	98.9	99.1	99.2	99.6	99.9	100.1	100.7	101.4	102.4	102.8	103.5	104.2
安 庆	99.6	99.8	99.6	100	100.2	100.3	101.1	101.7	103.1	103.6	104.9	106.2
泉 州	99.6	99.5	99.2	99.5	99.4	99.3	99.5	100.1	101.6	102.4	104.4	105.6
九 江	101.1	101	101.5	102.4	102.4	103.7	104.3	105.7	106.4	107.3	107.4	109
赣 州	100.5	100.7	100.5	101.2	101.7	101.9	102.5	103.2	106.4	108.9	109.8	110.2
烟 台	99.7	99.6	99.7	99.9	100.1	100.3	100.4	101	101.3	101.6	101.9	102.1
济 宁	99.7	99.7	99.8	99.8	99.7	99.7	99.8	100.2	100.4	100.5	100.7	100.7
洛 阳	99.2	99.2	99.2	99.4	99.6	99.8	100	100.4	100.8	101	101.3	101.9
平顶山	99.8	99.8	100	99.9	99.9	99.8	99.8	100.1	100.6	100.7	100.6	100.4
宜 昌	100.9	100.9	101.5	101.6	101.8	101.8	101.9	102.1	102.4	103	103.6	103.9
襄 阳	99.9	99.7	99.6	99.6	99.6	99.7	99.7	100.1	100.2	100.2	100.4	100.4
岳 阳	99.5	99.6	99.7	99.9	100	100.1	100.3	100.5	100.9	101.5	101.6	101.9
常 德	100.1	99.9	100	100.2	100.3	100.6	101	101	102	102.3	102.5	102.5
惠 州	100.9	101.3	102.2	103.3	105.2	106	107.2	108	111.9	112.9	114.7	115.1
湛 江	98.5	98.5	98.2	98.2	98.3	98.4	98.6	98.7	99.2	99.5	99.8	100.8
韶 关	99.6	100.3	100.6	100.9	100.9	100.4	100	99.8	100.9	100.9	100.8	101.4
桂 林	98.9	98.8	98.6	98.4	98.1	98.2	98.1	98	98	97.7	97.5	97.4
北 海	102	101.8	102	102	102.4	102.2	102.3	102.5	102.7	103	103.2	103.6
三 亚	100.7	100.7	101.2	101.1	100.8	100.8	100.7	100.8	101.3	101.8	102.2	102.9
泸 州	101.9	101.5	101.9	102.4	102.6	102.8	102.9	103.1	103.6	103.8	104.1	104.2
南 充	100.3	100.4	100.5	100.9	101.1	101.3	101.5	101.9	102.3	102.6	102.9	103.1
遵 义	98.4	98.2	98.3	98.5	98.6	98.8	99.1	99.3	99.1	99.5	99.9	100.3
大 理	98.8	99.2	99.4	99.6	99.8	99.6	99.8	99.3	99.2	99.1	99.4	99

数据来源：国家统计局

（哈尔滨工业大学）

部属单位、社团

住房和城乡建设部科技与产业化发展中心（住宅产业化促进中心）

【全面推进装配式建筑工作】 2016年，住房和城乡建设部科技与产业化发展中心（住宅产业化促进中心）（以下简称"中心"）协助行业主管部门组织召开"全国装配式建筑工作现场会"，对17个省市的装配式建筑数据进行统计分析，形成相关指标体系和《关于大力发展装配式建筑的指导意见》。完成《装配式建筑调研报告》和《木结构建筑调研报告》的研究与编制工作，开展《国家装配式建筑产业基地管理办法》、《国家装配式建筑试点示范城管理办法》和《装配式建筑试点示范推广工作方案》等的研究工作。

10月13~15日，经批准中心与有关单位在北京成功举办"第十五届中国国际住宅产业博览会"。该次博览会展出面积3.5万平方米，参展企业300余家，注册参观人数近5万人。通过搭建住宅产业化技术和产品的展示、交流、交易平台，有效地宣传绿色、低碳、产业化的发展理念，推广节能、节地、节水、节材、环保等产业化成套集成技术与部品。

【绿色建筑评价标识工作】 2016年度开展7批评价共计61个项目，总建筑面积768.72万平方米，其中一星级25个、二星级4个、三星级32个，其中住宅类7个、公建类51个、工业建筑类3个，其中设计标识28个、运行标识33个。

【绿色建筑政策与技术研究】 2016年，中心完成国家科技支撑计划"绿色建筑规划设计集成技术应用效能评价"、"绿色建筑综合性能指标水平研究"等课题验收，启动"绿色建筑性能后评估标准体系研究"等"十三五"国家科技支撑计划课题、子课题研究工作。

与世界银行开展"绿色建筑评价标准与EDGE评价体系对标研究"合作，与万科、恒大和万达等企业开展的"绿色居住建筑评价标识快速评审机制"、"绿色居住建筑标准化体系研究"和"绿色商业建筑评价标识快速评审机制修订"合作研究项目持续推进。

主编发布《绿色饭店评价标准》国家标准、《绿色数据中心评价技术细则》等，并开展相关宣贯工作。完成《绿色养老建筑评价技术细则》、《绿色超高层建筑评价技术细则》等技术文件的研究编写。

【绿色建筑评价服务平台发布】 为适应大数据时代对行业数据处理和分析的需求，受住房城乡建设部建筑节能与科技司委托，中心研发的"绿色建筑评价标识管理服务平台"，于11月份发布运行。该平台由"评价标识网"、"用户服务系统"、"申报评审系统"和"评价标准库"4部分组成。其中，"评价标识网"向全国开放，"用户服务系统"向28个省市主管部门和27个地方评价机构和部相关领导开通，"申报评审系统"开展地方试点。

【推进被动式低能耗建筑技术研究与示范应用】 2016年，中心完成严寒和寒冷地区国家标准图集《被动式低能耗建筑——严寒和寒冷地区居住建筑》、《黑龙江省被动式低能耗居住建筑标准》和《青岛市被动式低能耗建筑技术导则》编制工作，起草《被动式低能耗建筑示范项目验收评审与质量标识管理办法》。在北京市、江苏省、河北省、湖南省、山东省等省、市、自治区组织实施"被动式房屋"试点示范项目。完成银川市、乌兰浩特市、大连市、嘉兴市、厦门市和荆门市的城市"被动房"路演。

【可再生能源建筑应用项目管理】 开展可再生能源建筑应用示范市县等项目验收工作，定期统计汇总可再生能源建筑应用示范市县验收情况，累计收到可再生建筑应用各类示范验收59项，包括18个市、35个县、2个太阳能综合示范区和4个科技研发及产业化项目。

配合住房城乡建设部开展太阳能光电建筑应用示范项目专项核查，完成全国22个省（自治区、直辖市）共计82个项目的专项核查与资金清算。

【开展既有建筑节能改造项目管理】 根据住房和城乡建设部既有建筑节能改造工作要求，完成2015年度1.65亿平方米北方采暖地区既有居住建筑供热计量及节能改造进展统计汇总工作，汇总19个地区2015年度北方地区及"十二五"期间夏热冬冷地区既有居住建筑节能改造验收备案情况。配合部建筑节能与科技司印发《关于开展既有建筑节能宜居改造项目储备工作的通知》。完成《建筑节能宜居城市综合改造技术导则》大纲，撰写"建筑节能宜居城市综合改造试点城市"申报指南、实施方案编制大纲、绩效评价办法（试行）、项目备案表、评分细则等文件。《能源建筑应用省级推广专项资金管理暂行办法》等项目管理文件。

【中美清洁能源联合研究中心建筑节能合作项目管理】 发布《关于征集中美清洁能源联合研究中心建筑节能联盟二期合作项目任务建议的通知》，征集并整理中美项目二期"净零能耗建筑关键技术研究与示范"任务建议书，加强中美项目二期组织管理工作，研究制定《中美清洁能源联合研究中心建筑节能合作项目管理办法》、企业委员会和专家委员会组建方案等，与美方研究团队起草了五年合作计划文本并报部建筑节能与科技司。

【民用建筑能耗统计及能耗数据综合应用】 2016年，中心继续组织开展建筑节能数据综合应用调研和研究工作，起草《民用建筑能耗数据综合应用工作方案（讨论稿）》，配合住房城乡建设部建筑节能与科技司开展2015年度民用建筑能耗统计工作，起草完成《2015年度民用建筑能耗统计数据分析报告》，共收集2015年度民用建筑能耗统计调查数量14万余栋。

【公共建筑节能监管体系建设工作】 2016年，中心开展公共建筑节能监管体系建设。配合部建筑节能与科技司修订《省级公共建筑能耗监测平台数据上传规范》，印发《省级公共建筑能耗监测平台验收和运行管理暂行办法》，改进"中央级公共建筑能耗监测平台"的功能，并在湖南省、安徽省等省市开展省级公共建筑能耗监测平台试用。

【推进绿色建材评价与康居认证工作】 2016年，中心以京津冀地区预拌混凝土和预拌砂浆为试点，开展绿色建材评价工作，共完成52家预拌混凝土企业74个产品、17家预拌砂浆企业17个产品、2家砌体材料企业的2个产品、7家保温材料企业的7个产品、27家陶瓷砖企业的27个产品、1家节能玻璃企业的1个产品和2家卫生陶瓷企业的2个产品评价工作。

中心下属北京康居认证中心全年共完成工厂审查97家，其中初次审查18家，到期换证审查29家，年度中期审查50家。

【积极推进海绵城市专项工作】 2016年，中心协助主管部门开展15个海绵城市试点城市2016年度日常联络与绩效考核评价工作，组织召开海绵城市建设试点城市工作座谈会，分析海绵城市试点建设现状问题，进一步提出工作建议。召开2016年度全国海绵城市建设技术交流会，推广先进技术与建设经验。完成海绵项目展示及质量管控平台需求调研和系统功能模块开发。编制《海绵城市实施运行维护技术手册》。

【加强国家重大水专项执行管理工作】 2016年，中心在国家重大水专项管理中协助住房城乡建设部会同环保部组织编制完成水专项"十三五"机制体制改革方案。开展水专项京津冀和太湖重点流域调研。完成国家水专项"十三五"战略规划、"十三五"实施计划、2017年拟立项项目指南、标志性成果、技术路线图等的编制工作。

过程管理中协助部建筑节能与科技司组织召开2015年度14个课题启动会，对2013年～2014年立项的23个课题进行了中期评估，完成13个课题任务验收等工作。

开展2016年度在研课题财务管理培训，完成31个在研课题年度中央财政经费拨付工作，72个结题课题决算批复和28个结题课题决算上报，联合环保部完成《水体污染控制与治理科技重大专项2017-2019年支出规划》。

为国家"十二五"科技创新成就展制作了从水源地到水龙头的"全流程饮用水安全保障系统装备"和"海绵城市系统"展示模型。

【做好住宅性能认定和"涉老设施"工作】 2016年，中心完成国家建设标准《社区老年人活动中心建设标准》征求意见稿和住房城乡建设部"涉老设施规划建设标准关键技术和标准体系研究"课题研究工作。组织成立中国工程建设标准化协会养老服务设施专业委员会第一届委员会，相关标准征集工作。

【组织住房城乡建设领域科技成果评估推广工作】 根据住房城乡建设部委托归口管理行业科技成果评估工作相关要求，中心2016年完成82项行业科技成果评估，评估项目涉及建筑节能、新型建材、供热计量、施工机械、市政工程、信息化等领域。

根据《全国建设行业科技成果推广项目评审管理办法》，中心组织有关专家对2016年度申报的推广项目分四批进行评审，共评选出全国建设行业科技成果推广项目135项。编辑出版《全国建设行业科技成果推广项目简介汇编（2016年）》。

【"华夏建设科学技术奖"评审工作】 2016年

通过网上申报，经华夏建设科学技术奖励专业组和评审委员会两级评审与审定，最终确定2016年度"华夏建设科学技术奖"获奖项目共计121项（其中一等奖11项、二等奖29项、三等奖81项）。

（住房和城乡建设部科技与产业化发展中心）
（住宅产业化促进中心）

住房和城乡建设部人力资源开发中心

【梳理住房城乡建设行业职业（工种）目录清单】 2016年，受住房城乡建设部人事司委托，住房城乡建设部人力资源开发中心（以下简称"中心"）协助人力资源社会保障部完成2015版国家职业分类大典与1999年版职业分类大典、92版工种目录职业分类代码对照表的信息核对工作，分类核对《国家职业分类大典》中建设领域职业目录，并根据《国家职业分类大典》梳理住房城乡建设行业现场施工类职业（工种）目录，形成45个职业，70个工种的职业体系。

【编制住房城乡建设行业职业技能标准】 受部人事司委托，中心2016年组织编制古建筑工（含古建筑传统木工、古建筑传统瓦工、古建筑传统石工、古建筑传统油工、古建筑传统彩画工）、弱电工、模板工、建筑门窗安装工等4部行业职业技能标准。各标准形成初稿后，先后组织各编写组赴全国6个省市开展实地调研，听取施工企业、职业院校的相关人员对标准初稿的修改意见和建议，对标准进行修改完善。召开4部标准稿的技术审查会8次，与会的对口业务司局领导和行业专家针对标准的内容、结构和体例格式等逐项进行审核，进一步明确标准编制和修改工作的方向和要求。经过几轮修改并报送人事司审核形成4部标准的征求意见稿，上传到国家标准化信息网在全国范围内征求意见，同时以函件形式定向征求86位行业专家、32个省、自治区、直辖市住房城乡建设主管部门的意见建议，共收集到针对4部标准的修改意见和建议535条，经过梳理和归纳形成各标准征求意见汇总处理表。这4部标准的审查和报批工作将于2017年完成。

启动城市环卫和城市燃气行业职业技能标准的编制工作。受部人事司委托，中心承担城市环卫和城市燃气行业两部标准（共21个工种）编制的指导管理和共同编写工作。

在标准编制过程中，中心参考已颁布的行业职业技能标准，通过研读人力资源社会保障部、住房城乡建设部有关人员标准和行业工程技术标准的规范性文件，拟定行业职业技能标准编写样例，为标准修改完善统一体例格式，统一标准关键节点要求提供依据。

【《住房公积金管理人员职业标准》结题】 受部住房公积金监管司委托，对《住房公积金管理人员职业标准》进行修改，形成标准送审稿。6月14日，《住房公积金管理人员职业标准》在北京审核通过，该标准编制项目顺利结题。

【2016年专业技术职务任职资格评审工作】 为深入贯彻中央《关于深化人才发展体制机制改革的意见》精神，2016年住房城乡建设部专业技术职务任职资格评审不再对职称外语考试做统一要求，鼓励专业技术人员根据岗位特点，通过多种方式提高自身外语水平。受理申报材料3500份，经审核符合申报条件最终提交专家委员会评审3077人，比2015年增加692人，增长29%。

【住房城乡建设行业从业人员培训管理信息系统的协调开发工作】 受部人事司委托，做好信息系统的协调开发工作。该系统将行业各类从业人员的培训信息纳入统一管理范围，对全行业从业人员教育培训工作进行科学分析、分类指导、动态管理，实现技能人员个人培训情况连续记录和全国互认，对各类在册培训机构实施动态监管，更好地推动行业技能人员职业培训工作，提升从业人员素质。

【完成职业技能培训工作和农民工业余学校工作情况年度调查】 为做好行业一线操作人员教育培训工作，受住房城乡建设部人事司委托，对各地2016年行业生产操作人员技能培训与证书情况及2017年培训计划、各地农民工业余学校工作情况、各地实施建筑业农民工技能培训示范工程工作情况等内容进行调查并汇总。

【完成部司局指导的培训项目和行业培训工作】
2016年共举办各类管理和专业技术人员培训班6期，培训学员1910人。

受部城市建设司指导，在浙江杭州和福建厦门分别举办"风景名胜区规划编制与管理培训班"和"世界自然遗产申报保护管理制度培训班"。

根据行业发展的需求，围绕住房城乡建设部重点、热点工作，有针对性地举办"传统村落保护项目实施培训班"和"城市生活垃圾设施建设与运营管理培训班"。

为帮助注册监理工程师提高执业水平，完成规定的继续教育，举办2期"注册监理工程师继续教育培训班"。

（住房和城乡建设部人力资源开发中心）

住房和城乡建设部执业资格注册中心

【执业资格考试工作】 2016年，组织完成2016年度勘察设计注册工程师[含一级注册结构工程师、注册土木工程师（岩土）、注册土木工程师（港口与航道工程）、注册土木工程师（水利水电工程）、注册公用设备工程师、注册电气工程师、注册化工工程师、注册环保工程师]、一级建造师等执业资格全国统一考试的命题及阅卷工作。完成2016年度二级注册结构工程师、二级建造师执业资格考试命题工作。

2016年，全国共有近134.3万人报名参加了各专业（不含二级）执业资格全国统一考试，具体报考情况见表1。

2016年度各专业执业资格考试报考情况统计表

表1

专业		报考人数
勘察设计注册工程师	一级注册结构工程师	23700
	注册土木工程师（岩土）	13466
	注册土木工程师（港口与航道工程）	717
	注册土木工程师（水利水电工程）	2422
	注册公用设备工程师	22484
	注册电气工程师	15528
	注册化工工程师	3434
	注册环保工程师	4288
一级建造师		1256754
合计		1342793

2016年，二级注册结构工程师报考人数为9141人、二级建造师报考人数为166.5万人。

【考试管理工作】 2016年，在考试管理工作方面，加强考试基础建设，修订实施多个命题工作管理办法，落实相关人员责任，加强命题专家管理和指导，确保命题质量，加强考试保密安全工作，组织涉密人员参加保密教育轮训，有针对性地开展保密工作问卷调查和重点工作环节的自查，认真研究保密安全隐患问题，修订考试保密工作制度，排除隐患，并首次组织一级建造师考试部分专业专家入闱命题，确保考试安全，采取措施优化考试阅卷评分程序，针对各专业考试人数逐年递增的情况，积极协调人员，统筹安排多点同时阅卷，压缩工作时间，在保证阅卷质量的同时，提高整体阅卷效率。

【执业资格注册管理工作】 继续开展一级注册建筑师、勘察设计注册工程师、一级建造师等执业资格注册工作。2016年，共完成14.7万余人次注册工作，各专业累计注册人数达到73.9万余人，具体情况见表2。

2016年度各专业执业资格注册情况统计表 表2

专业		2016年新增初始（增项、重新）注册人数	至2016年底累计注册人数	2016年完成初始、延续、变更注册总人次
一级注册建筑师		401	32902	13738
勘察设计注册工程师	一级注册结构工程师	464	46183	18541
	注册土木工程师（岩土）	652	16525	7088
	注册公用设备工程师	1630	26619	9698
	注册电气工程师	2390	20791	8179
	注册化工工程师	198	5865	1898
一级建造师		84406	590746	88103
合计		90141	739631	147245

在做好日常注册管理工作的同时，积极落实国务院和住房城乡建设部有关注册行政审批改革的意见，协调推进简化行政审批程序，提高注册审查审批效率。通过组织座谈和调研，研究简化注册申报材料工作，完善注册管理信息系统，制定电子化申报注册方案，推进注册电子化审查工作进程，为注册人员提供更便捷的服务，不断提高注册管理水平。

【继续教育工作】 2016年，重点加强继续教育工作专家队伍建设，筹备完成注册建筑师、注册结构工程师和注册土木工程师（岩土）继续教育工作专家委员会。改进继续教育登记管理方式，取消全国统一印制相关专业继续教育登记证书的做法，改由地方管理机构根据实际情况，采取更加便捷、高效的继续教育登记方式，提高继续教育管理和服务水平。

【国际交流与合作工作】 11月底，在福州市组织召开第19届中日韩注册建筑师组织交流会，圆满完成了会议各项议题，加深三国建筑师组织间的合作交流，同时为当地古村镇保护利用发展和城市设计理念的提升提供有益的帮助。作为注册建筑师制度课题研究的一部分，完成组团赴英国进行建筑师管理制度研究工作。继续组织开展英国结构工程师学会正式会员资格推荐工作，并与英国结构工程师学会正式签署《合作谅解备忘录》，为进一步加深合作奠定基础。参加完成APEC建筑师项目中央理事会会议出访任务。

【研究工作】 为落实国务院行政审批改革，根据行业发展需要，积极开展执业资格制度改革课题研究。开展部级课题"我国注册建筑师制度的改革与发展"研究，搜集整理大量国内外相关资料，取得阶段性成果，开展部级课题"基于互联网的建设行业执业资格管理系统研究与应用"，探索电子化注册审批方案的实施以及与相关注册管理系统的整合，协助主管部门开展"一级建造师考试状况与制度改革研究"课题，针对一级建造师定位、考试报名、题型设计、考题内容等方面，分析数据，编写研究报告，提出改革思路，完成部建筑市场监管司委托的《注册建造师管理规定》修订研究的课题，为住房城乡建设部修订《注册建造师管理规定》提供参考。

（住房和城乡建设部执业资格注册中心）

中国建筑工业出版社（中国城市出版社）

【认真把握出版方向 稳步推进生产经营工作】 2016年是"十三五"开局之年，在住房城乡建设部党组和新闻出版广电总局、财政部文资办的领导下，全社干部职工，认真学习贯彻党的十八大和十八届三中、四中、五中、六中全会精神以及习近平总书记系列重要讲话精神，以"创新、协调、绿色、开放、共享"五大发展理念为指导，主动适应经济发展新常态，妥善应对下行压力，扎实工作，克服困难，团结奋进，生产经营平稳运行，主要指标完成年度计划和"十三五"规划目标任务。"建工社"全年批准选题2202种，出书3619种，其中新书1547种，重印书2072种，出版码洋6.76亿元，销售收入4.7亿元，营业收入3.43亿元，实现利润3929万元，资产总额10.34亿元。2016年共有2种出版物获"中华优秀出版物奖"，4种图书获引进输出奖。城市社全年出书104种，其中新书52种，出书码洋2243万元，回款实洋473万元，营业收入746万元。

【加强选题策划 服务建设行业】 贯彻落实中央城市工作会议精神和部党组确定的重点任务，加强整体策划。积极研讨并完成《围绕中央城市工作会议及部中心工作图书选题及出版规划》的编制。根据新型城镇化、棚户区改造、建筑业改革、海绵城市、智慧城市、地下综合管廊、城市修补和生态修复、城市管理综合执法、装配式建筑、住房制度与政策等部重点工作，列出已出版的图书共29个大方向，900种，已批选题共23个大方向，419种。组织住房城乡建设部土建类专业"十三五"规划教材申报、评审及后期发布工作，其中建工社教材858种，占总量93.7%。进一步加强"一带一路"主题出版等方面的选题策划。聚拢行业权威专家，成立装配式建筑专家委员会、海绵城市专家委员会。2016年中国建筑学会建筑产业现代化发展委员会人才教育专业委员会也正式设在建工社。建工社2016年有17种出版物入选国家"十三五"重点出版规划，2个项目完成国家出版基金结项验收工作。批准"社学术著作出版基金"选题15种。

【重视社会效益 以重点出版物践行服务宗旨】
2016年建工社继续深耕于建筑专业领域，始终致力于传播和发扬优秀的建筑科技与文化，紧紧围绕"为国家发展战略服务、为住房城乡建设部中心工作服务、为建设行业发展服务"的宗旨，坚持把社会效益放在首位，竭力为中国的建设行业发展提供源源不断的智力支持。2016年出版的一系列重点出版物收获第六届中华优秀出版物奖图书奖、2016年度"中国最美的书"、第六届中华优秀出版物电子出版物提名奖、2015年度输出版优秀图书奖、2015年度引进版优秀图书奖、第五届钱学森城市学金奖、"2016年百道网年度好书"、2016年百道好书榜等一系列出版物奖项。如《中国人居史》、《装饰材料纵横》、《评论与被评论：关于中国当代建筑的讨论》、《中国精致建筑100》（中文版12册、英文版12册）、《中国古建筑丛书》、《书·筑离合》、《The Art of Traditional Chinese Folk Residences》、《城市用水与节水手册》、《国外城市设计丛书·公共空间与城市空间》、《西方建筑理论经典文库·帕拉第奥建筑四书》、《大城市边缘区空间问题的动因与对策》、《京城绘》等。

【促进编辑工作的规范化和科学化】 进一步完善编辑管理工作有关规章制度。设立"中国建筑工业出版社建筑科技图书奖"。相继出台《关于在职编辑及主任加工费、复审费开具办法的操作细则》、《关于高教、职教、规范、考试中心一般书选题申报与发稿的操作细则》等规定。起草《编辑外出调研基金管理办法》、《关于各图书中心建立微信订阅号的有关规定》、《关于加工费、复审费支付的暂行规定》等办法，以促进编辑工作的管理更加规范化和科学化。

【努力开拓市场 加强营销推广】 针对重大项目、教材等板块，组织策划整体营销宣传活动。举办《中国古建筑丛书》、《中国传统建筑解析与传承》、《海绵城市——理论与实践》、《建筑业营改增实施指南》等重点新书首发式及研讨会，扩大影响。持之以恒推进教材营销，利用春秋教材销售旺季组织策划7省份8场次教材专题营销活动，全年新增教材专架60余个，总数近200个。强化馆配业务，组织参加32场中大型馆配会，有力地促进一般图书销售增长23%。社微信公众号全年共推送营销文案460余篇，影响力进一步扩大，2016年建工社微信号排名跃升为科技社第1名，粉丝总量达到11万人。全面实施驻地代表制度，在市场监控打盗、重点图书卖场管理、参加地方举办的会议、选题信息发现等方面都发挥作用，完成驻地代表的年度培训。进一步加强销售渠道建设，继续维护好代理连锁系统，深化与新华书店系统的合作，加强与电商的对接，积极推进网络销售。完成年度销售回款任务。

【积极采取措施，加强生产管理】 在出书品种、字数、加急品种创历年新高以及生产不均衡的情况下，强化各环节协调配合，不仅保障生产顺畅运作，还提升质量，确保安全。制定《关于规范图书生产流程的规定》，加强生产周期管理，加强书籍整体设计，拓展同设计工作室合作，注重推广绿色印刷，重点合作厂家基本通过绿色印刷认证，加强生产安全风险防控，创新建造师考试用书生产监控模式，确保建造师考试用书安全生产，要求所有印刷厂为代存纸张上财产保险，确保纸张材料安全，加强出版新技术应用，探索生产方式和内容传递的数字化。2016年建工社市优图书1540种，优质品率43%，优质品品种数和优质品比率均创历年新高。《园林植物景观艺术》获得北京市印刷产品质量大奖，建工社还被评为出版社优质奖。书籍整体设计取得新的进展，《中国精致建筑100》等四种（套）图书荣获2016年度"中国最美的书"称号，建工社自己培养的设计人员也榜上有名。

【大力推动出版转型和新媒体融合】 成立出版社数字出版重大项目领导小组，研究推进措施。制定出台《数字出版重大项目实施管理办法（试行）》，明确规定项目的组织、实施、考核与奖惩等内容。对建工社已经立项的"装饰装修O2O商务平台"、"工程建设标准规范数字化服务平台"、"建筑结构与岩土工程专业知识资源库"等多个数字出版项目，明确12个项目执行负责人，进一步强化对数字出版重大项目的有效管理和推进。积极申报新项目，"建筑设计知识服务"获1000万元财政资助，经过新闻出版广电总局严格评审和实地考察，建工社被确定为"国家出版融合发展重点实验室"和"基于Isli/kls知识服务标准研究与产业化推广重点实验室"建设单位。"中国建筑全媒体资源库与专业信息知识服务平台"入选首批新闻出版产业示范项目。

【继续全力打击侵权盗版】 2016年共查处盗版建工社的图书33万余册，盗版码洋1700余万元。主要针对重点产品、重点地区，开展专项行动。通过全国扫黄打非办公室督办协调，执法机关查处河南辉县、郑州中牟、开封尉氏县三家专门盗印建工社建造师图书的印刷厂，配合湖北黄石公安机关，查处山东济南一家盗版印刷厂，端掉一个长期销售盗版标准规范图书的团伙。从源头上有效地打击了盗版气焰。更加主动和全面地开展网络维权工作，全年共对淘宝网上1279家网店进行投诉，删除各类侵权链接7555个，共对100余家天猫店铺取证，关闭76家。建工社荣获国家版权局颁发的"2015年度举报侵权盗版案件有功单位"。建工社几名相关人员第四次荣获上海深度公司"2015年度举报侵权盗版案件有功个人"称号。

【全力保障巡视工作顺利开展】社党委高度重视中央专项巡视工作，要求全体党员干部、各有关部门严格按照巡视组和部党组的工作安排，积极配合，为巡视组工作创造条件，自觉接受巡视监督。对于巡视中提出的问题和巡视反馈意见，特别是涉及建工社中心组学习、两社合并、公车管理等方面的问题，举一反三，逐项落实，不打折扣完成整改任务。

【稳步推进两社深化合并重组工作】坚决落实部党组决定，根据中央巡视组对中国建筑工业出版社和中国城市出版社两社合并工作指示和部党组有关要求，社党委组织工作组进行调研，经过反复研究，广泛征求意见，按照"统一管理、统一薪酬、统一文化、统一品牌"的原则，制定《中国建筑工业出版社和中国城市出版社深化合并重组方案》。经部党组会议研究通过之后，开始正式实施，对机构进行调整，确定城市社人员岗位安排，举行岗位培训，完成办公室调整，做到完全融合。

【制定发布社《"十三五"发展规划纲要》】专门成立工作小组，广泛征求意见，反复修改，制定完成。同时编制《"十三五"选题规划》和《"十三五"数字出版转型规划》两个子规划。全面分析出版社所面临的形势，明确今后五年发展指导思想和经济效益年均7%的增长目标，将打造主业突出、实力雄厚、核心竞争力强的建筑专业出版集团。为进一步理清出版社改革发展思路，解放思想，深化认识，面向全社干部职工开展"改革与发展建言献策"征文活动。坚持问题导向和目标导向，举行专题会议、工作务虚会，集思广益，从理念、制度、措施等多方面科学谋划，研讨教材、标准规范、考试用书、营销等方面的改革发展举措。

【注重加强人才队伍建设和企业文化建设】根据业务发展需要，做好人才引进、培养工作。设立"永生编辑奖"，表彰业务精湛、成绩突出的编辑人员，以此带动整个编辑队伍建设。2016年招聘新员工19人，对新员工进行培训。组织修订社中层干部聘任规定。制定出台《关于"荣誉性奖励项目"推荐管理办法》，积极推荐优秀人才参加业界荣誉奖项评选。坚持依法依规治社，两社深化合并之后，启动规章制度整理工作，加强制度管控，增强规矩意识。工青妇组织积极开展有利于职工身心健康的文化活动，进一步做好节日慰问、关爱女职工、困难帮扶等工作。精心安排离退休人员休养活动，努力营造良好企业文化氛围。

（中国建筑工业出版社（中国城市出版社））

中国城市科学研究会

【服务创新型国家和社会建设】2016年，中国城市科学研究会（以下简称"学会"），参加国家"十三五"课题——"基于实际运行效果的绿色建筑性能后评估方法研究及应用"课题研究。并参与联合申报国家"十三五"课题——"基于全过程管理的大数据绿色建筑管理技术"。

学会"我国公用事业PPP的制度性缺陷分析与治理对策研究"、"标准必要专利滥用的竞争效应及反垄断规制政策研究"获国家社会科学基金重点课题立项。"移动源污染物排放的核算及相关政策研究"、"广延边际资源错配的形成机制、监管治理与优化配置研究"、"我国电力市场中市场势力的形成机制与管制政策研究"获国家自然科学青年基金立项。

学会完成4项科研任务验收工作，分别为水专项子课题"饮用水流域的管理体制运行机制与保障体系研究"、科技支撑计划子课题"绿色建筑基础数据库的建设"、高分专项"保障房建设过程监管和违章建筑判别子系统等研究与示范"。

学会承担4个水专项课题任务，分别为"城市内涝预警与雨水径流综合管控平台研究与示范——镇江示范"、"地表空间特征识别和数字解析技术研究"、"城市供水智能化平台与城市公共信息服务集成技术研究"、"基于遥感数据的水体水质评估研究"。

学会"国家水体污染控制与治理科技重大专项"子课题"城镇排水与污水处理监管机制与政策研究"获批立项。

围绕住房和城乡建设，开展有关课题研究：学术部开展"生态文明背景下的绿色城镇化研究"、"中德建筑节能激励政策比较研究"、"国内外绿色建筑和生态城市政策梳理和发展建议"、"GEF可持续发展城市综合解决方法中国筹备项目"、"水专项创新任务'污泥干化焚烧'"、"农村污水排放模式和要求"、"城市旧住宅小区综合改造技术导则"、"珠海市宜居城市建设水平评估研究"、"农村污水处理模式与评价标准研究"等课题研究。县镇工作部完成"特色小城镇案例、政策和评价标准"和"2016年美丽宜居村镇遴选组织"等住房城乡建设部村镇司委托课题。历史文化名城专业委员会完成住房城乡建设部村镇司委托的"传统村落立法前期研究"课题。中小城市分会完成"乡村建设规划许可制度实施中的新问题及其对策研究"、"县（市）域推进新型城镇化规划建设政策研究"、"县（市）域城乡统筹规划中的生态文明建设研究"。绿色建筑委员会完成住房城乡建设部科技司委托的"建筑工业化中的若干问题研究及案例分析"、"建筑碳排放计算研究"课题。

学会注重发挥科研优势，服务地方经济：学术部以生态规划为主，完成"南京青龙山绿色生态示范城规划咨询"、"吉林高新区中德生态城生态规划"、"银川中德生态城生态规划"、"江苏淮安高新区中德生态城生态规划"、"株洲市云龙新城环境卫生专项规划研究"、"陕西西安沣西新城生态规划"、"怀来冬花园生态规划"、"南京南部新城生态规划"、"南京南部新城海绵城市专项规划"、"珠海海绵城市专项规划"、"阿尔山中芬生态城规划"、"贵阳花溪国际生态城控规优化"。以城市发展与规划研究为主，完成"江苏徐州发展战略研究"、"甘孜州城乡规划编制与城市管理法规体系建设研究"、"珠海市海绵城市标准与规划导则研究"、"新型城镇化和高铁时代中深圳城市形态的发展趋势与对策项目"等课题。数字城市专业委员会完成"北京市城市总体规划——智慧城市发展战略专题研究"，通过北京市规划和国土资源管理委员会评审。县镇工作部与贵州桐梓县签订"九坝镇特色小镇规划"、"绿色低碳技术服务清单编制"、"山堡村村庄规划"。生态城市研究专业委员会配合荆门市出台"实施'生态立市'战略的决定"，提供目标定位、战略指标分析。新能源中心与内蒙古自治区建立大战略合作，双方签署"促进城镇低碳生态宜居智慧发展战略合作框架协议"。

学会所属的绿色建筑委员会完成了国家标准《绿色校园评价标准》和《绿色生态城区评价标准》的全部编审工作，并报住房城乡建设部批准。绿色建筑研究中心参与编制的《民用绿色建筑建设标准》及编制的《健康建筑评价标准》，均立为国家标准。生态城市研究专业委员会参与编制《生态城市规划技术导则》。

在智慧城市专项试点管理工作方面，数字工程研究中心完成中国科协所属学会承接政府职能转移项目扩大试点——数字化城市管理系列标准研究，制定《CSUS团体标准建设管理办法（建议稿）》。

【学会建设】 学会于2016年5月18日召开第六次全国会员代表大会，选举产生第六届理事会理事112名。第六届理事会第一次会议选举产生常务理事33名。截至2016年12月31日，学会会员3500名，其中高级会员151人、荣誉会员13人、团体会员2名。学会本部已拥有221名科研人员（硕博占85%以上）。

本年度学会新成立城市大数据专业委员会、建设互联网与BIM专业委员会、城市更新专业委员会、景观设计学与美丽中国专业委员会等4个专业委员会。学会下属专业委员会由原来的9个增为13个。学会在本年度整合机构，将学术一部和学术二部合并成为学术部，学会秘书处新成立组织人事处。

对学会官方网站的版面进行更改，及时更新信息内容，保持网站的活跃度，展示学会研究成果及所获荣誉奖项，扩大学会的影响力。

利用新媒体，加大宣传力度，建立7个分支机构的微信公众号、定期推送相关学术动态、学术观点等。

【学术期刊】 2016年《城市发展研究》杂志编委会进行调整，吸纳城市研究领域中近年比较活跃且成果突出的专家进入编委会。根据2016年汤森路透集团公布的统计报告，《城市发展研究》影响因子由1.567上升到1.679，高于上年0.112。影响力指数学科排序为4/36。获得2016年度最具国际影响力期刊称号（TOP50），2篇文章获得金经昌城市规划优秀论文奖提名奖。2016年中国人民大学报刊复印资料全文转载7篇，索引数147篇，索引数较上年130篇增加17篇，增长了13%。

【学科发展研究】 学会2016年出版的10本年度报告及年鉴：1.《中国绿色建筑报告2016》（75万字，中国建筑工业出版社）。2.《中国城市交通规划报告2014》（40万字，中国建筑工业出版社）。3.《中国数字化城市管理发展报告2015》（35万字，中国建材工业出版社），4.《中国城市规划发展报告2015—2016》（52万字，中国建筑工业出版社），5.《中国低碳生态城市发展报告2016》（40万字，中国建筑工业出版社），6.《中国小城市和村庄发展报告》（43万字，中国城市出版社），7.《中国城市公用事业发展报告2015》（65万字，中国建筑工业出版社），8.《中国智慧城市年度发展报告2015》（45万字，中国建材工业出版社），9.《中国建筑节能年度发展研究报告》（31万字，中国建筑工业出版社），10.《中国智慧城市年鉴2015》（135万字，中国建材工业出版社）。这些年度报告的历史已逾10年，报告编写本着权威性、前沿性、独创性和可操作性等方面要求选稿和约稿。年度报告出版以来，在城市科学各领域有重大影响。

根据《创新驱动助力工程项目管理办法（试行）》，经中国科协专家评审，学会被中国科协确定为2016年度国家创新驱动助力工程试点参与学会。

2016年11月14日经国家自然科学基金委员会批准，学会被批准为国家自然科学基金依托单位。学会作为国家科技支撑计划项目"智慧城镇综合管理技术集成与示范"牵头单位。

【决策咨询】 2016年，学会理事长仇保兴针对经济建设、社会发展中的重大问题，积极建言献策，其中9篇建议获国务院总理李克强批示："以推进政府与社会资本合作（PPP）的有关问题和对策建议"、"化解房地产库存的八点建议"、"首付贷存在四种风险"、"'一行三会'应暂缓合并，合力应对金融风险"、"城市老旧小区绿色化改造——增加我国有效投资新途径"、"关于对'江河联通骨干工程'的看法"、"关于使用异辛烷降低城市交通污染的建议"、"防范三种风险、实行七项对策，促进国民经济形势持续发展"、"影响我国房地产市场长期健康发展的若干问题"。其"关于永嘉水库前期工作的建议"获国务院副总理张高丽批示、"关于十三五规划的两个建议"获国务院副总理汪洋批示。

学会理事长仇保兴分别在国务院总理李克强、全国政协主席俞正声召开的经济形势座谈会上发言、五次随同经济学家吴敬琏等在经济政策"闭门会"上发言，参加原副总理曾培炎主持的"中日前高官和企业家大会"并主持"城市基础分论坛"和总结发言。先后在湖南省委中心组、福建省委中心组、云南省委中心组、宁夏回族自治区党委中心组、广州市委中心组讲授"新型城镇化"、"城市规划"等课程。

【国际学术会议】 学会本年度共举办四次国际学术会议：2016城市发展与规划大会（2016年8月16~17日）、2016中国城镇水务发展国际研讨会暨新技术设备展览会（2016年12月8~9日）、2016国际绿色建筑与建筑节能大会暨新技术产品博览会（2016年3月30~31日）、2016全球智慧城市高峰论坛暨国际智慧城市博览会（2016年6月29日至7月1日）。共计参会人数3820人次，其中，国外专家、学者共计280人次。收到学术论文891篇，其中收录518篇。共设分论坛104个，开展学术交流研讨活动。

【两岸交流】 应台湾都市计划学会邀请，中国城市科学研究会组团于2016年8月28日至9月3日赴台湾地区参加"第二十三届海峡两岸城市发展研讨会"暨学术参观考察活动。该次赴台考察团由18名专家、学者组成。台湾地区参加会议的专家、学者60名。该届研讨会主题为"因应气候变迁之城市管理"。围绕这一主题，研讨会设置"城乡建设与管理"、"城乡建设与文化"、"城乡气候与环境1"、"城乡气候与环境2"、"城乡规划与创新"、"城乡安全与再生"6个场次专题研讨。该届研讨会编辑论文集，共收录论文20篇，计35万字。

【国际交往】 学会所属县镇工作部完成与英国大使馆、联邦对外事务部合作的"中英小城镇绿色发展技术导则"、"中英珠海村镇垃圾处理"等项目，确定并实施"中英绿色低碳试点小城镇"项目。

绿色建筑委员会与美国劳伦斯伯克利国家实验室签署合作备忘录，双方将在绿色建筑、绿色生态城区、绿色建筑和城区的碳排放及建筑工业化领域加强交流，开展合作。协助广东省、深圳市等地方机构组团80多人，参加新加坡2016国际绿色建筑大会，举办中新技术研讨会。与新加坡建设局共同举办中新合作讨论会和中新合作洽商会，将重点在立体绿化、绿色园区和既有建筑绿色改造等领域开展具体项目合作。筹备在英国、德国等国家建立事务部，发展国际会议，推动交流与合作。

【科普活动】 学会所属绿色建筑委员会联合相

关学校及地方政府、组织，开展9场绿色科普教育巡回课堂及绿色科普主题讲座。在绿建委网站组织第二届全国青年学生绿色建筑知识竞赛，吸引三百多大学生参加。与沈阳建筑大学、北京绿建软件有限公司共同举办第二届全国青年绿色建筑夏令营，来自全国12所高校的20位参加绿色建筑知识竞赛获得优秀成绩的大学生、研究生参加。2016年10月，生态城市研究专业委员会青年学组召开"北方平原地区生态农庄开发策划研讨会"。促进国内生态农庄建设领域和企业交流与合作、活跃学术氛围，为青年人才提供学术平台。

（中国城市科学研究会）

中国建筑学会

【服务创新型国家和社会建设】 2016年，中国建筑学会为服务建筑科技工作者，表彰优秀建筑科技工作者，推广优秀建筑作品，开展了一系列奖项评审工作。

完善科普制度，加强基地建设。修订完善《中国建筑学会科普教育基地认定办法》两项制度并初步形成讨论稿。继续开展2016年度科普基地申报工作。积极开展实地调研，努力挖掘潜在社会资源来满足广大社会公众的科普需求。拟定并印发科普基地申报相关文件并主动与相关部门进行沟通。2016年申报科普基地的单位共计33家，入围22家。

全年针对不同层面的技术人员的需求举办各专业相关新规范、新标准的培训。举办培训班35个，参加培训人员1260人次。

为中国建筑学会600名资深会员制作个人网页，600名资深会员网页可以通过微信链接同步。资深会员网站的架构和内容已基本更新就绪，经最后调试上线。

【学会建设】 2月23日召开中国建筑学会党支部党员大会，选举产生秘书处新一届支部。

8月23日，在北京召开中国建筑学会第十三次全国会员代表大会，来自全国各地的会员代表，共计260余人参加大会，选举产生新一届理事会、第一届监事会和学会领导班子。

全年新增个人会员69名，新增团体会员28家，编辑会讯35期，总发行13000余份。2016年认定51人成为资深会员。学会开展的会员之家微信平台发布各类专业信息近2000条，浏览量达50000余次，主要是会员和业内人士。

学会网站发表或转载近18万篇文章，45个专题，766名资深会员内容全部上线，继续完善《中国当代著名建筑师》微刊。网站全球排名进入10万名，2015年末排名11万名，比2014年排名上升1万余名，继2015年之后，网站SEO继续进入百度新闻源。网站搜索情况，其中百度收录学会网站条目18万条，搜狗收录为15万余条。

2016年，学会继续作为国际建协和亚洲建协会员出席相关会议，并增加在国际建协代表大会的代表人数投票比重。

【学会能力提升计划】 继续与中国科协签订《学会创新和服务能力提升工程项目合同书》，2016年以提升学会能力建设为着力点，着力自身改革创新，提升学会综合管理和运营能力，加强国际交流与合作，继续提高中国建筑界和中国建筑学会的国际影响力和知名度，启动对广大会员和会员单位的科技评价工作，加强中国建筑学会奖项评选，启动中国建筑学会品牌学术活动培育等工作，使学会的学术影响力、社会公信力、会员凝聚力和自主发展能力显著增强，成为社会信誉好、发展能力强、学术水平高、服务成效显著、内部管理规范、市场竞争力强、在业界和社会具有重要影响力的现代科技社团。

【学术期刊】 学会及直属分会公开出版和内部发行的刊物16种，全年累计发行60余万册。其中，《建筑学报》获得国家新闻出版广电总局信息中心颁发的"2016期刊数字影响100强"和"2016年度中国期刊海外发行百强排行榜"。《建筑结构学报》组织召开"第四届建筑结构基础理论与创新实践论坛"，参与中国知网"中文精品学术期刊外文版数字出版工程"，荣获"2015年百种中国杰出学术期刊"。《建筑知识》开展"我心中的好建筑"微摄影公益主题活动。

【学科发展研究】 编制《2016—2017年建筑学学科发展动态》。2016年10月中国建筑学会启动《2016-2017年建筑学学科发展动态》编制工作，项目总目标：对国际建筑学学科的发展动态进行综述，在国际视野下评述中国建筑学学科的发展现状，分析并聚焦未来建筑学学科发展的关键问题和前沿方向。

启动"中国建筑学会标准"编制工作，为贯彻落实国务院关于《深化标准化工作改革方案》精神，2016年，中国建筑学会启动团体标准研究工作，制定《中国建筑学会标准管理工作架构》、《中国建筑学会标准管理办法（试行）》、《中国建筑学会标准编制工作流程（试行）》3个文件。审定通过中国建筑学会第一部标准——《水泥和混凝土用镍铁渣粉》。

【决策咨询】 受住房城乡建设部人事司和全国高等学校建筑学专业教育评估委员会的委托，开展16所高校的进校视察和建筑学专业教育质量督查的协调和组织工作，并圆满完成全国高等学校建筑学专业教育评估委员会2016年全体会议的组织工作。

受国家奖励办的委托，开展国家科技奖初评通过项目行业咨询的工作，组织相关专家对国家科技进步奖6个候选项目、国家技术发明奖3个候选项目提出了行业咨询意见。

受住房城乡建设部城乡规划司、建筑市场监管司的委托，完成关于《城市设计管理办法》和《工程设计资质标准》等文件的意见征求工作。

承担住房城乡建设部"建筑师负责制制度研究"课题，先后召开两次专家咨询讨论会，并派专家组赴厦门和上海进行调研。课题报告已经撰写完成并结题。

【国际学术会议】 2016年3月，常务副秘书长张百平赴坦桑尼亚出席国际建筑师协会第128次理事会。

2016年9月，由中国建筑学会、韩国建筑学会、日本建筑学会共同主办并由日本建筑学会承办的"第十一届亚洲建筑国际交流会"在日本仙台东北大学举行。以中国建筑学会理事长、中国建筑设计研究院院长修龙为团长的中国建筑学会代表团出席会议。中国建筑设计院有限公司副总经理李存东、中国建筑学会常务副秘书长张百平、中国建筑学会国际部主任王晓京随团出访。

2016年9月，以清华大学建筑学院教授朱文一为团长、中国建筑学会副秘书长顾勇新为副团长的一行6人赴香港参加亚洲建筑师协会第37届理事会和第17届亚洲建筑师大会。西南交通大学建筑与设计学院院长沈中伟、副院长李异，清华大学建筑学院讲师陈瑾羲、中国建筑学会项目主管吴薇随团出访。

2016年10月，第七次APEC建筑师中央理事会在马来西亚举行。以住房城乡建设部执业资格注册中心副主任于洋为团长的中国代表团出席会议。住房城乡建设部建筑市场监管司勘察设计监管处副调研员张跃群、中国建筑学会国际部主任王晓京随团出访。此外，中国建筑学会副理事长、清华大学建筑设计研究院院长庄惟敏与代表团一同出席会议。

【国内主要学术会议】 2016年5月18～19日在北京首创国际会议中心隆重召开主题为"建筑的春天"的2016年中国建筑学会学术年会。中国建筑学会理事长修龙出席年会开幕式并致辞，中国工程院院士孟建民、王建国，中国科学院院士常青，法兰西建筑科学院院士阿兰·莫阿提等12位国内外著名专家学者作精彩的学术报告，来自全国各地的建筑科技工作者、会员以及部分高校师生500余人参加会议。该届年会分为"主旨报告"、"城市设计"、"建筑文化遗产"三大板块，主旨报告由中国工程院院士崔愷主持。

与中国文物学会在北京共同组办"致敬百年建筑经典：首届中国20世纪建筑遗产项目发布暨中国20世纪建筑思想学术研讨会"。来自全国文博界、文化界、城市建筑界、出版传媒界和高校师生共计200余人出席会议。

2016年3月19日在哈尔滨召开中国建筑学会建筑教育评估分会2016年年会暨第一届五次理事会

2016年8月，香港建筑师学会会长吴永顺、澳门建筑师协会会员大会主席梁颂衍和台北中华全球建筑学人交流协会理事长陆金雄出席学会第十三次全国会员代表大会，学会向3位颁发荣誉资深会员证书。

2016年11月，应香港建筑师学会会长吴永顺的邀请，学会副理事长、东南大学教授、中国工程院院士王建国代表学会出席"2016年香港建筑师学会60周年庆典"。

【两岸交流】 2016年2月，理事长修龙在中国建筑设计研究院会见到访的台湾新党主席郁慕明先生和中华全球建筑学人交流协会理事长陆金雄等一行18人。会见中，双方对建筑师执业、注册等问题交换意见，并对大陆和台湾建筑业的发展进行探讨。会后台湾建筑师一行参观建筑师崔愷、李兴钢和曹晓昕工作室并与相关人员进行交流。

2016年4月，在北京召开"2016吸碳建筑研讨会",此次研讨会由中国建筑学会和台湾绿领协会主办,中国环境科学学会协办。

【国际组织任职】 庄惟敏任国际建筑师协会理事、国际建筑师协会职业实践委员会联席主任,张百平任国际建筑师协会副理事,刘克成任国际建筑师协会遗产委员会联席主任。

【国际交往】 2016年1月,中韩建筑院校学生交流工作坊在西安建筑科技大学建筑学院举行。

2016年2月,会见日本建筑学会代表,双方对第十一届亚洲建筑国际交流会的筹备事宜进行交流,并就继续扩大亚洲建筑国际交流会的学术水平和国际影响力进行探讨。

【科普活动】 2016年共办培训班25个,参加培训人员1005人次。截止到2016年,学会科普基地已发展至34家,覆盖全国19个省市自治区。

科普大讲堂以"匠人精神"为主旨,为未来建筑师和在职青年建筑师解决从业困惑,帮助青年建筑师更好地胜任城镇建设者的角色。中国建筑大家科普讲堂已在北京市、成都市、广州市、上海市、天津市、哈尔滨市成功举办7场活动,得到包括院士彭一刚、院士关肇邺、院士何镜堂、院士郑时士、院士孟建民、院士许溶烈、大师黄星元夫妇、大师刘力夫妇在内的中国工程院院士、中国科学院院士、国外院士、中国工程设计大师、中国建筑材料专家、中国杰出中青年建筑师的大力支持,赢得行业内外的高度肯定和热烈反响,业已成为中国建筑学会科普工作的品牌活动项目。

2016年学会分别与北京交通大学联合主办"北京市建造节"。与此同时,学会大力支持各科普教育基地参加科普活动周并开展一系列科普活动。

【梁思成建筑奖】 梁思成建筑奖是由中国建筑学会主办、国际建筑师协会大力支持、面向世界引领国际建筑方向的奖项,是授予建筑师和建筑学者的最高荣誉。

梁思成建筑奖提名工作于2016年4月正式启动,5月18日举行2016梁思成建筑奖提名委员会工作会议,会议全程邀请住房城乡建设部和中国科协的相关领导出任观察员,对该届奖项的提名工作进行监督和指导。各位专家严格按照梁思成建筑奖评选办法的要求,对申报人及相关附件资料进行认真的阅览和讨论,并对符合梁思成建筑奖评选办法规定条件而未被提名的建筑师和建筑学者统一进行提名推荐,最后通过无记名投票,确定庄惟敏(中国)、周恺(中国)、梅洪元(中国)、郭明卓(中国)、杨经文(马来西亚)、严迅奇(中国香港)、隈研吾(日本)、姚仁喜(中国台湾)为梁思成建筑奖候选人(排名次序不分先后)。

中国建筑学会7月18日在北京举行"2016梁思成建筑奖"评选,Kenneth King Mun YEANG(杨经文,马来西亚)、周恺(中国)成为2016梁思成建筑奖获得者。

梁思成建筑奖的颁奖典礼将在学会2017年的学术年会上举行,国际建协主席、中国科协和住房城乡建设部领导将出席颁奖仪式。同时还邀请国际建协建筑教育和建筑职业实践等3个委员会的30多位国际建筑师出席。

【表彰举荐优秀科技工作者】 受住房城乡建设部委托,中国建筑学会承担2016年度田园建筑优秀实例推荐工作。该届田园建筑优秀实例推荐活动,共收到全国21个省区市推荐的209个项目,涵盖民宅、农村公共建筑、农业生产用房等种类。9月26日召开评选会议,共评选出一等奖6项,二等奖12项,三等奖28项。

【党建强会】 为加强党的领导,完善党内制度,结合巡视工作反馈意见,制定《中国建筑学会三会一课制度》、《中国建筑学会党员学习制度》,修订《中国建筑学会党支部纪检工作制度》、《中国建筑学会党员教育管理制度》、《中国建筑学会党员学习制度》和《中国建筑学会民主生活会制度》,并将八项党支部制度汇编成册。

由中国建筑学会主办,贵州省建筑设计研究院承办,贵州省土木建筑工程学会协办的党建强会——西部巡讲之"传统村落的保护与更新"学术沙龙于2016年8月在贵阳隆重举行,近200人参加该次学术交流活动。

古建筑是历史文化的载体,是一座城市的文化积淀,是启发爱国热情和民族自信心的实体,为更好地传承中华文化,弘扬青年党员的爱国精神,组建青年党员专家团队,参访亟需保护的古建筑——长城,并邀请中国长城学会会员周万萍就长城文化的传承和长城建筑的保护与大家进行座谈。通过实地调研,学术讨论,提出古建筑保护建议,后期根据反馈再对原建议进行修改完善。

【会员服务】 为提高资深会员学术地位和知名度,扩大社会影响,学会会员部与中国城市出版社编辑出版《中国建筑学会资深会员工作实录(2016)》,共收录建筑设计、结构、材料、室内设计等各个专业领域120名资深会员。

全年出版会讯35期,累计发行13000册,共49万字。学会继续完善会员之家微信平台发布各类专业信息近300条，浏览量达120000多人。

（中国建筑学会）

中国土木工程学会

【概况】 2016年，中国土木工程学会（以下简称"学会"）深入贯彻落实党的十八大、十八届三中、四中、五中、六中全会以及习近平总书记系列重要讲话精神，认真落实中国科协改革发展要求，在中国科协、住房城乡建设部、交通运输部、中国铁路总公司的指导与支持下，在各分支机构、地方学会、广大会员和科技工作者的热情支持和积极参与下，继续把引领土木工程技术发展、推进土木工程领域科技创新作为中心工作，紧紧围绕土木工程建设发展中的热点、难点问题及关键技术，积极开展学术交流、人才培养、科技奖励、承接政府转移职能、国际合作、编辑出版、组织建设等工作，取得较好的成绩。

【参与承接政府转移职能工作】 在学会领导的高度重视和亲自带领下，学会积极主动承接政府转移职能，在团体标准研制、科技奖励与人才推荐、科技评估、资质评鉴等方面做了一些开创性的工作。

2016年学会继续开展团体标准的编制工作。制定完善相关制度文件，开展2016年第一批及今后学会标准项目征集工作，开展2015年学会标准的编制管理、跟踪管理，对标准编制项目进行引导、规范、监督、审查等，并提供技术指导，2016年完成首批学会立项的团体标准审批与发布工作。

科技奖励与人才推荐方面，协会从2013年、2014年创新人才推进计划的中青年科技创新领军人才中向科技部推荐了第二批国家"万人计划"拟推荐人选2人。受科技部委托，推荐3名中青年科技创新领军人才候选人，推荐的2015年"中青年科技创新领军人才"有2人入选。受教育部委托，学会组织推荐2016年度教育部青年科学奖候选人1位。推荐中国科协奖项提名委员会专家人选3人。组织实施中国科协"青年人才托举工程"项目，学会共组织遴选土木工程领域的5名青年科技人才进行托举。推荐第十四届中国青年科技奖有1人入选。推荐3名专家获得全国优秀科技工作者荣誉称号。

科技评估方面，住宅工作委员会针对建设行业的发展需求，研究建立建筑工业化专家系统，研究建筑工业化专家委员会运作模式，关注和研究探讨建筑工业化发展动态及趋势，开展行业技术咨询与服务工作。隧道分会对隧道工程师的现状进行调查、研究，探索建立隧道工程师的考核体系、标准，建立考试题库，建设专家队伍，建立隧道工程师评价机构，对隧道工程师做出业务水平评价。

资质评鉴方面，作为国家质检总局授权的"特种设备行政许可鉴定评审机构"，2016年学会燃气分会继续承担压力管道设计和压力管道元件制造的鉴评认证工作及压力管道设计审批人员的培训工作，共对52家压力管道设计、制造单位进行鉴定评审工作，其中压力管道设计单位36家，压力管道元件制造单位16家。举办4期压力管道设计审批人员培训班，共计约520人接受培训考核，"压力管道设计及压力管道元件制造的行政许可资质鉴定评审服务"工作通过长城质量保证中心认可。

【学术活动】 2016年学会及所属专业分会、专业委员会计划召开学术会议60余次，参会人数约1.1万人次，出版论文集30多种，提交论文2400余篇。2016年9月26～27日，学会在北京召开以"全面提升城市功能"为主题的学术年会。会议邀请10多位院士和专家，针对建设理念、绿色建筑、既有建筑改造、绿色施工、结构工程创新、海绵城市建设、轨道交通、桥梁工程、地下空间、城市综合管廊建设、防灾减灾等热点难点问题进行报告与交流。来自全国建设、交通、铁路、道桥、隧道、市政等土木工程各个领域的专家学者、学会会员和新闻媒体的代表约300人参加此次会议。

3月18日，由学会主办，中国绿色建筑委员会、德阳市科学技术协会等单位协办的"土木工程院士、专家系列讲座——中国科协创新驱动助力工程试点项目"在四川德阳成功举办。讲座邀请中国工程院院士肖绪文和中国绿色建筑委员会主任、研究员王有为分别作题为"创新驱动发展，科技推进建筑业升级"和"绿色、生态、低碳在建设事业中的实践"

的学术报告，会议反响十分热烈。来自德阳市建设单位的青年技术人员和四川建筑职业技术学院师生代表530余人参加会议。

7月1~7日，由学会和东南大学等单位联合主办的"2016年土木工程院士知名专家系列讲座暨第七届全国研究生暑期学校"在南京成功举办。活动邀请包括4位院士在内的44位国内外知名专家学者就土木工程领域热点、难点问题精辟阐述自己的学术观点和学术成果。来自全国各高校的优秀研究生和少量本科生400余人参加活动。这项公益活动对促进土木工程科技后备人才的培养、激发土木工程科技创新热情具有积极意义。

10月27~29日，由学会、中国工程院土木水利与建筑工程学部、合肥工业大学等单位主办的"第九届全国防震减灾工程学术研讨会"在合肥召开。研讨会以"防震减灾的新技术、新进展、新应用"为主题，探讨防震减灾领域的前沿和热点研究内容及最新研究成果，反思中国土木工程领域存在的突出问题和难点，指出防震减灾工程今后的发展方向。730多位国内外专家学者参会。

10月24~26日，由中国建筑科学研究院与学会桥梁及结构工程分会主办的第十六届空间结构学术会议在杭州召开，大会主题为"创新与可持续发展的空间结构"。参加本次会议的有来自全国20个省、市的包括设计、科研、教学和生产企业等88个单位代表共342人。

10月24~26日，学会隧道与地下工程分会在成都召开2016中国隧道与地下工程大会暨隧道分会第十九届年会。大会的主题是"现代隧道工程的挑战"。来自建设单位、科研院所、企事业单位的专家学者和师生近1300人参加会议。

7月23~24日，由隧道分会主办的"第七届全国运营安全与节能环保的隧道及地下空间学术研讨会"在贵阳市召开。会议得到中国工程院院刊——Frontiers of Structural and Civil Engineering 和美国华人国际基础协会（IACIP）的大力支持。来自全国各地的200多位代表出席了会议。参会代表从隧道的节能与环保技术、运营安全与防灾、施工与安全控制以及建造新技术等方面进行探讨。

10月10~11日，由中国工程院土木水利与建筑工程学部、学会土力学及岩土工程分会、浙江大学滨海和城市岩土工程研究中心共同主办的2016年城市岩土工程西湖论坛在杭州举行。这是继城市岩土工程前沿论坛（2014）和城市地下空间开发利用前沿论坛（2015）的第三次论坛。来自全国约150位有关专家出席会议。会议在城市地下空间开发利用、地下交通工程、地下水控制、高层建筑基础、地面沉降控制、地质灾害防治、古建筑保护等岩土工程方面的问题进行深入分析和交流。

8月10~12日，由学会混凝土分会举办的第七届全国特种混凝土技术会议在江苏南通召开。来自全国从事混凝土科研、教学、生产、施工、监理、设计、检测及质量监督等专业近500位专家与同行出席会议，会议同期举行高性能混凝土推广应用先进典型颁奖典礼。

5月6日，由学会港口分会和中国水运建设行业协会工程勘察设计专业委员会联合主办的智能港航和BIM技术应用交流会在重庆召开，来自行业内设计、施工、科研、营运和管理单位的代表近200余人出席会议。会议就BIM技术在水运工程设计中的应用、智能港航的技术与展望、数字港口发展探讨、互联网对港口监管等方面进行探讨。

5月6日，学会城市公共交通分会在江苏镇江市召开新能源新技术暨电动汽车充电解决方案交流会，来自全国城市公交企业、特邀嘉宾及相关技术产品厂商150余人参加了会议。会议围绕新能源汽车发展的新理论、新方法和新技术进行沟通，交流新形势下新能源公交车的选择、运用经验。

7月28日，由学会建筑市场与招投标研究分会主办的七省市第十五届建筑市场与招标投标研讨会在石家庄市召开。会议就当今建筑与招投标领域的热点话题展开学术交流和研究。

4月21~22日，学会轨道交通技术工作委员会组织的2016中国（深圳）城市轨道交通关键技术暨第25届地铁学术交流会在深圳召开。来自全国轨道交通建设、设计、科研高校、建设领域5大央企及其他企业、装备商等300多人参加并进行技术交流。大会的主题是：城市轨道交通工程建设工艺与技术的创新与应用。会议重点探讨城市轨道交通建设的新技术、新工艺、基础设施的运营维护技术及装备以及相关的标准和管理方法。会议还授予"上海城市轨道交通16号线工程"等9项工程及"繁华商业区超大规模地铁车站施工关键技术"等9项技术为城市轨道交通技术创新推广项目。

10月21~22日，由学会工程风险与保险研究分会主办的首届全国青年工程风险分析和控制研讨会在上海召开。来自20余所高校与科研院所的80余名专家学者参加本次会议。

11月17~19日，由学会防火技术分会等单位主办的2016中国工程防火技术与灭火救援大会在青岛召开。与会的领导、学者、专家、大会代表共240多人，就灭火救援、建筑防火、消防设施、消防大数据，以及产品制造、工程设计、施工验收和运行维护管理等消防的多个方面和领域的内容进行探讨。

8月18～21日，由学会燃气分会主办的2016中国燃气运营与安全研讨会在浙江嘉兴召开。来自全国各有关单位的专家学者与技术骨干450多人参加会议。会议围绕燃气行业的发展动态、智慧燃气领域的技术进展等方面内容展开研讨。

4月15日，由学会市政工程分会举办的"BIM+市政工程技术交流会"在上海召开。180余名城市基础设施建设管理相关科研、设计、施工、设备、养护等单位的技术人员参加会议。与会者围绕土木建筑行业热点的BIM、大数据、云计算、物联网、移动互联等新技术如何提升市政基础设施建设管理水平进行交流和探讨。

此外，学会还召开第九届全国工程结构可靠性学术会议、第五届土木工程结构试验与检测技术暨结构实验教学研讨会、中国高耸结构第23届学术交流会、岩石隧道掘进机工程技术研讨会、第三次隧道与地下工程信息化设计施工与地质预报技术专题研讨会、2016固体废弃物处置与城市安全论坛、第四届岩土工程青年学者论坛、第一届全国交通岩土工程学术交流会、非饱和土的应力—强度理论与变形特性专题学术研讨会、软土工程前沿论坛、第27届全国土工测试学术研讨会、第三届全国环境土工学术研讨会、第九届全国青年岩土力学与工程会议、第二届全国非饱和土与特殊土力学及工程学术研讨会、第二届全国软土工程学术会议、第十届全国高强与高性能混凝土学术交流会、第九届全国混凝土耐久性学术交流会、第十六届全国纤维混凝土学术会议、第五届全国再生混凝土学术交流会、新能源客车交流大会、"新点杯"全国建筑市场与招标投标新常态征文大赛、2016全国高等院校广联达BIM招投标沙盘交流会、第六届全国工程质量学术交流会、2016中国现代有轨电车产业发展论坛暨《现代有轨电车工程技术标准》研讨会、"城市让生活更美好，监测让社会更和谐"全国监测技术交流大会、"智慧地铁 勘测先行"交流大会、2016中国工程防火安全与灭火救援技术大会、天然气管道入综合管廊专题研讨会、2016中国燃气运营与安全研讨会、城市综合管廊建设与管理技术专题研讨会、卡本新型加固技术交流会、第二届全国城市防洪排涝学术研讨会、2016城市建设与交通工程专题研讨会、新型建筑工业化创新技术交流会、全国钢结构住宅发展高峰论坛、2016年度装配式建筑高峰论坛、2016中国土木工程詹天佑奖优秀住宅小区技术交流暨高品质绿色住区规划设计与建造论坛、绿色施工技术应用培训及绿色施工创新技术经验交流会等众多学术交流活动。

【课题研究工作】 2016年，学会充分发挥学会的专家优势，继续参加有关课题的申报与研究工作。组织完成"十二五"国家科技支撑计划课题——"软土地下空间开发工程安全与环境控制"的研究工作，完成课题预期目标任务，形成软土地下空间开发工程安全、环境、节能与可持续发展的核心支撑技术，促进我国软土地下空间技术的持续进步。学会于2016年初组织完成课题及子课题研究成果的验收评审工作，通过项目示范工程验收，完成课题年度执行情况报告，于4月25～26日在杭州通过住建部组织的课题验收，并于10月18日在北京通过科技部组织的项目验收。作为参与单位，学会标委会申报并参加"十三五"国家重点研发计划"工业化建筑标准体系建设方法与运行维护机制研究"课题。此外，学会部分分会也参与承担一些课题研究工作并取得成果。

各专业分会及专业委员会也积极开展课题研究工作。有11个分会和专业委员会参与标准规范的编制与修订、相关课题研究等40项。

【对外交流】 加强同国际及有关国家的学术组织联系，与英国、加拿大、美国和中国香港工程师学会土木分部等国家和地区的学术组织开展双边互动，并友好协商今后的进一步合作方向。学会还与相关国家的学术组织新建联系。

学会为开展更广泛的国际交流与合作，积极支持分会开展国际学术交流活动，主办或承办国际桥协2016年广州会议（30多个国家的1110多名代表参会）、第十一届中日韩国际风工程研讨会、第十五届海峡两岸隧道与地下工程学术与技术研讨会、第一届土动力学及岩土工程可持续发展国际研讨会、第二届亚洲城市岩土工程研讨会、中国（上海）国际节能与新能源汽车技术装备展览会暨上海国际客车技术展览会、第十八届中国国际工业博览会科技论坛专题活动——智慧停车技术论坛、站城共融 绿色宜居——地铁与城市空间一体化建设国际研讨会、第四届全国工程风险与保险研究学术研讨会、第六届亚太地区结构可靠度及应用研讨会、第七届中日隧道安全与风险国际研讨会、2016亚洲西太平洋地区燃气信息交流大会、2016年G20能源部长会议及天然气日、2016第十届亚太液化天然气国际会议、

2016年中国国际管道大会、中日岩土工程技术交流会、2016中国城市基础设施建设与管理国际大会、2016全装修住宅及内装工业化（国际）论坛、第二届中国（国际）养老产业发展暨适老建筑与设施科技论坛、"第十二届国际绿色建筑与建筑节能大会暨新技术与产品博览会"之绿色施工国际论坛、2016国际城市低影响开发（LID）学术大会等国际交流学术会议。

各分会积极组织专家出国（境）参加国际学术交流活动并进行会议报告。学会2016年底组织第十八届香港、内地青年土木工程师科技冬令营活动，由相关单位组织的21名青年工程师赴港进行为期一周的交流和考察活动。桥梁与结构工程分会赴日本参加第一届中日土木工程学会桥梁与隧道研讨会。赴美国参加第8届国际钝体空气动力学与应用大会，赴韩国参加2016世界土木、环境和材料研究进展大会、2016年风与结构进展国际会议、2016中韩桥梁与结构工程监测会议。隧道与地下工程分会赴美国参加2016年世界隧道大会暨第42届会员国大会。赴俄罗斯参加国际地下空间学术大会。混凝土分会赴意大利参加第八届严酷环境条件下混凝土耐久性国际会议。赴加拿大参加第7届桥梁和结构工程中的先进复合材料国际会议。防护工程分会赴俄罗斯参加第6届中俄矿山深部开采岩石动力学高层论坛。城市公共交通分会赴加拿大、美国考察了新能源客车，赴德国参加汉诺威商用车展。轨道交通委员会赴德国参加世界轨道交通展览。工程风险与保险研究分会赴美国参加第一届城市隧道可恢复性国际研讨会。燃气分会赴澳大利亚参加第18届世界液化天然气大会及展览会，赴荷兰参加2016年国际燃气联盟（IGU）理事会议等。

学会接待英国土木工程师学会3个代表团的来访，共同探讨学会与各方今后的合作与交流情况。学会还接待加拿大土木工程学会2个代表团的来访，双方就下年开展的相关合作进行详细的交流和探讨。3月25～30日，香港青年土木工程师44人赴东北三省考察内地的高铁、桥梁、港口、隧道等方面的工程项目建设和内地的工程建设成就，增强香港青年工程师国家认同感。此外，土力学和岩土工程分会还接待来自美国、挪威的两位专家的来访并进行技术交流。混凝土和预应力混凝土分会接待来自加拿大专家的来访和交流。城市公共交通分会接待公共交通国际联合会（UITP）代表的来访。工程风险与保险研究分会接待来自美国、奥地利、英国的各1位专家的来访并进行技术交流。

据统计，2016年学会共组织出国（境）考察访问、参加国际会议和国际科技展览共16项；192人次，目的地国家和地区共16个；接待国外来访、参加国内举办的国际会议的外宾33项，526人次，来源国家或地区35个。

学会还积极向国际科技组织推荐中国的行业专家。2016年，学会隧道分会副秘书长严金秀研究员成功竞选国际隧道协会副主席职务，学会专家彭乐芳教授当选为国际地下空间协会新一届的执行理事，并被推选为协会副主席。学会土力学和岩土工程分会已经向国际土力学及岩土工程学会推荐51位技术委员会委员。学会向中国科协推荐3外国际组织任职后备青年科学家。

【出版发行】 2016年度《土木工程学报》按时、保质完成12期正刊的编辑出版工作，发表稿件180篇。2016年结合第九届全国防震减灾学术大会，出版2期增刊，发表土力学方面的优秀论文共计51篇。学报每期发行1700余册，国外发行10余册，对学报理事单位、学报编委、学报作者、学会团体会员及部分有突出贡献的个人会员免费赠送2000余册。

中国科协近年来持续支持"精品期刊"的建设，对于各学科领域内的顶尖期刊，给予定向资金支持。其主要评价指标是期刊的影响因子和总被引频次。《土木工程学报》经过数年的学术建设和提升，指标稳步前行。在年内的申报评选中，首获该项资助。该资助将进一步定向应用于学报的学术质量提升。

各分会除按时出版有关刊物外，还编辑出版或参与编撰《防护工程》、《减震技术通讯》、《现代城市公共交通企业概论》、《公共汽车节能驾驶技术》等书籍。这些活动将行业研究成果或工程经验编辑整理出版，为促进土木工程科技进步做出积极努力。

【表彰奖励】 学会2016年继续开展中国土木工程詹天佑奖的评审奖励工作。经专业组评审及综合评审，最终有29项工程推荐获得第十四届詹天佑奖。获得2016年第十四届中国土木工程詹天佑奖的工程有：建筑工程9项[国家会展中心（上海）、哈尔滨大剧院、望京SOHO中心T1 T2 T3工程、杭州国际会议中心、敦煌莫高窟保护利用工程——游客服务设施建安工程、郑州东站、广东海上丝绸之路博物馆、鄂尔多斯市体育中心、济南天地广场（贵和）工程]，桥梁工程4项（九江长江公路大桥、天津海河吉兆桥工程、六盘水至盘县高速公路北盘江特大桥、兰州市深安黄河大桥工程），铁道工程2项（新建铁路哈尔滨至大连铁路客运专线、武汉至广州客运专线新建武汉动车段），隧道工程 2 项［广深港高铁狮子洋隧道、上海外滩通道工程（北段）］，公路工程 3 项（湖南省邵阳至怀化高速公路、崇明至启东长江公路通道工程、福建省泉州至三明高速公路），水利水电工程 1 项（四川大渡河瀑布沟水电站工程），水运工程 1 项（日照—仪征原油管道及配套工程项目——日照港岚山港区 30 万吨级原油码头工程），轨道交通工程 3 项（上海市轨道交通 16 号线工程、北京地铁 15 号线工程、深圳地铁 2 号线），市政工程 1 项（老港再生能源利用中心），燃气工程 1 项（郑州市天然气利用工程），住宅小区 1 项［南京燕子矶新城保障性住房一期工程（E、Q、S、G 地块）］，国防工程 1 项。詹天佑奖住宅小区金奖评选表彰活动是作为詹天佑奖住宅小区专业组的初评，由学会住宅工程指导工作委员会负责组织开展。2016 年 5 月 26～28 日，住宅指导委员会在北京表彰获得 2016 年中国土木工程詹天佑奖优秀住宅项目及参建单位。

【组织建设】 3 月 30 日，学会在北京召开九届七次常务理事扩大会议。学会常务理事、理事、各专业分会负责人、各地方学会负责人及学会秘书处全体人员共 100 余人参加会议。到会代表学习理事长郭允冲的工作报告。报告对学会 2015 年的工作做全面的总结，并提出学会 2016 年的工作思路及工作重点。

会议选举并通过刘士杰兼任学会秘书长。会议对各常务理事、理事提出的意见和建议进行认真总结，分析并研究各个建议的可行性。31 日上午，学会组织召开专业分会和地方学会工作会议。与会代表对学会工作报告及学会工作中存在的问题进行认真讨论，并提出许多有益的意见和建议。

学会部分分支机构在 2016 年进行换届改选工作。

（中国土木工程学会）

中国风景园林学会

【服务创新型国家和社会建设】 2016 年，中国风景园林学会（以下简称"学会"）努力提升自身承接能力，做好政府交办的工作。继续配合住房城乡建设部完成生态园林城市创建过程中的理论研究与实践指导工作。学会主办、北京林业大学承办，11 月 23 日，在北京举办全国各省厅（直辖市）主管部门领导生态园林城市建设培训班（住房城乡建设部 2016 年度培训计划之一），内容包含政策解读、调研报告、对策讲解、经验交流、技术考察等。200 余位来自全国省、自治区住房城乡建设主管部门、直辖市园林绿化主管部门分管领导及主管处室负责人、省市风景园林学（协）会负责人参加此次培训。

学会继续推进风景园林行业职业制度工作。5 月 10 日，在北京组织召开风景园林师职业制度委员会第一次会议，讨论并原则通过委员会组成名单（建议稿）、委员会办公室组成名单（建议稿）、风景园林师职业制度筹备工作方案（征求意见稿）、委员会工作职责（征求稿）及筹备工作计划和分工（征求意见稿）。5～8 月，先后召开数次委员会办公室会议，讨论并起草《关于设立风景园林师职业制度的论证报告》、《关于设立风景园林师职业制度的报告》、《行业基本情况调研方案》等，并上报住房城乡建设部。支持在北京、上海和浙江开展风景园林师职业制度试点工作。其中，上海市风景园林学会已设立专门课题，就风景园林师职业制度框架及其与当前行业管理体系衔接等问题展开研究。

继续开展《风景园林科学技术名词》编撰工作。7 月 10 日，在北京召开全国科学技术名词审定委员会风景园林学名词审定委员会第二次审定会议。会议讨论并确定风景园林学名词的条目和分类，下一步编写要求和计划进度等。

配合住房和城乡建设部，组织专家开展中国（武汉）第十届国际园林博览会展园的复评和终评工作。

【学会建设】 3 月 15 日，学会在无锡市召开第五届六次常务理事会议。会议传达并学习中国科协 2016 年全国学（协）会工作会议及住房城乡建设部部长陈政高在部机关"全面落实中央城市工作会议"精神大会上的讲话精神，就学会改革工作、做好三个服务和提高学会综合能力进行讨论。会议审议通过学会 2016 年工作计划和学会 2016 年会初步方案，审议推荐高翅副理事长为中国科协九大代表、九届委员候选人，审议通过花卉盆景分会正式更名为花卉盆景赏石分会的提议。

9月22日，学会在南宁召开第五届第四次理事会议暨五届七次常务理事会。会议传达中国科协2016全国学会和地方科协工作会议精神，审议通过学会2016年主要工作报告、学会财务报告、学会第六届理事会换届方案等。会议审议决定组建成立中国风景园林学会标准化技术委员会。审议通过《中国园林》杂志社负责人变更的申请。

结合学会理事会换届准备，学会加强对分支机构的管理和指导。3月，在北京召开分支机构负责人工作会议，组织学习住房和城乡建设部有关社团管理方面的文件精神，指导贯彻《中国风景园林学会分支机构管理办法（2015年修订）》和《中国风景园林学会财务管理办法》，要求分支机构积极发挥作用，按照文件要求，更加规范地开展活动。

进一步加强与省、市风景园林学会的沟通与交流。9月，再次在南宁召开每年一次的全国省级风景园林学（协）会理事长联谊会。学会与湖北省风景园林学会在"风景园林月活动"、"国际交流""会员发展"等工作上建立协作机制，相互促进、共同发展。

【学术期刊】《中国园林》杂志社调整社长和法人代表，由金荷仙同志担任社长及法人代表，原主编、副主编人员不变。杂志社主动拓展新媒体宣传平台，建立杂志微信公众号。

【学科发展研究】 2016年，经中国科协正式批准立项和资助，学会启动"风景园林学学科史研究"项目。该研究是自风景园林学成为一级学科设立以来，学会在学科建设方面最为重要的一项工作，也是学会"十三五"规划的重要工作之一。学会建立由杨锐副理事长担任首席科学家的研究团队，拟定研究计划、大纲，召开开题预备会议。

【国际学术会议】 10月25日，学会主办，上海市绿化和市容管理局科学技术委员会、上海辰山植物园、上海市绿化管理指导站、美国莫顿树木园、上海市风景园林学会等单位承办，上海市科学技术协会、上海市绿化和市容管理局等单位支持，在上海举办2016"城市树木栽培和养护管理"国际研讨会，来自美国等6个欧美国家，以及中国近20个城市的园林绿化技术管理部门、企业和大专院校的师生等240余名代表参会。来自美国、英国、澳大利亚、德国、法国与中国的相关研究机构和院校的8位教授、专家，分别就城市树木和行道树管理、城市树木根系和土壤改良研究、植物生态和园艺研究、国际旅游度假区绿化建设等相关技术等方面进行专题报告。

【国内主要学术会议（含与香港、澳门）】 9月23～26日，中国风景园林学会年会在广西壮族自治区南宁市国际会展中心召开。本次会议由中国风景园林学会主办，南宁市风景园林学会承办，广西风景园林学会、广西大学协办，广西住房和城乡建设厅、南宁市人民政府、南宁市林业和园林局为支持单位。全国各高校、科研院所和企业等单位的专家、学者和在校学生等1000余人参加大会。会议主题为"城市·生态·园林·人民"，交流7个主旨报告和65个分会场报告，并进行技术考察。配合年会召开，组织中国风景园林学会2016年会优秀论文评选和2016中国风景园林学会大学生设计竞赛等活动。会议同期举办大学生风景园林设计竞赛、优秀论文和中国风景园林学会相关奖项的颁奖活动。

6月11日，学会和2016唐山世园会执委会共同主办，学会园林生态保护专委会承办，在唐山召开2016唐山世园会"花·境"论坛，主题为"花·境——可持续花境景观营造"，重点就该届世园会国际花境景观竞赛进行技术总结和交流，来自26个参赛单位的120余名代表参加论坛。

2016年，学会16个分支机构都围绕自身工作及行业中大家关注的热点问题召开年会、研讨会、论坛、交流会等，并举办多场培训活动。

4月5～9日，菊花分会在北京举办2016菊花培训班，邀请专家向80余位从事菊花研究、种植管理的基层人员，进行菊花栽培、菊艺等方面的培训。

4月16日，园林生态保护专委会在上海举办2016全国园林科技成果交流会。6月21日，花卉盆景分会在江苏省沭阳县举办为期3天的第二届中国高级盆景研修班暨中国盆景制作技师培训班，400多名学员参加培训。

10月25日，园林生态保护专委会在上海举办2016学术年会暨第三十四届全国园林科技信息网网会，主题为"绿化空间拓展和生态功能优化"。

【国际交往】 4月20～22日，第53届国际风景园林师联合会世界大会在意大利都灵举办。学会组织由中国城市建设研究院风景园林院李金路院长带队的三人代表团参加本次会议。代表团听取大会报告、参与交流活动，并在都灵、佛罗伦萨进行了城市园林绿地建设及古城保护的技术考察。

10月28～30日，第十五届中日韩风景园林学术研讨会在日本东京举办，会议由中国风景园林学会、日本造园学会、韩国造景学会共同主办。学会组织专家和会员参加会议，并对日本的风景园林建设进行交流学习。学会副理事长陈重在大会开幕式上致辞。学会副理事长、北京林业大学教授王向荣代表中方作题为"城市内外的自然"的演讲。学会选派刘滨谊等3位专家在分专题会上进行报告，审核推荐学术论文20篇，收入《第十五届中日韩风景园林学术研讨会论文集》。配合会议召开，组织中日韩大学生设计竞赛，主题为"重新定义42.195公里的绿色基础设施"，收到来自三国43所高校的117个作品，经评委会评审最终14个作品入围。来自北京林业大学的学生钟誉嘉等荣获大赛金奖，日本、韩国学生分别获得银奖和铜奖。会议决定第十六届中日韩风景园林学术研讨会将由韩国具体组办，三国会长表示将加强合作，为世界风景园林的发展做出贡献。

【科普活动】 继续开展"中国风景园林月"系列学术科普活动，加强与地方合作，提升科普能力。2016中国"风景园林月"系列学术科普活动主题为"城市与风景园林"。与北京园林学会、湖北省风景园林学会、云南省园林行业协会共同在北京、武汉和玉溪举办3场学术科普报告会。与学会企业工作委员会合作，在上海举办"说园"企业专题沙龙，交流讨论当前改革发展大背景下，涉及园林企业发展密切相关的如企业IPO实践、园林工程PPP模式、"营改增"后对园林企业的影响，以及风景园林师职业制度等问题。在城市建设研究院举办"大学生走进企业沙龙"活动。

学会继续与中国园林博物馆合作，举办"2016全国大学生规划设计竞赛获奖作品展"，于12月10~25日在中国园林博物馆展出2009年以来获得中国风景园林学会大学生规划设计竞赛三等奖以上的优秀作品100个，其中包括两届IFLA大学生设计竞赛作品。这些作品较好地反映中国高校风景园林专业教育成果和在校大学生的规划设计水平。

【表彰举荐优秀科技工作者】 2016年，学会推荐北京林业大学园林学院教授林箐荣获第十四届中国青年科技奖，推荐中国城市规划设计研究院风景园林和景观研究分院院长贾建中荣获第七届"全国优秀科技工作者"称号。

学会继续开展"中国风景园林学会科技进步奖"评选，收到申报材料73份，评出《重要草本绿化植物自主创新研究与应用》等34项获奖成果。

学会首次推荐科技项目参与华夏建设科学技术奖评选，从学会科技进步奖历年获奖项目中，优选符合条件的14个优秀项目参加评选，经过华夏建设科学技术奖奖励委员会组织的两级评审，最终"杨柳飞絮控制技术体系的研究与示范"、"北京城市绿地综合节水技术的研究与示范"等6个科技项目，荣获"2016年华夏建设科学技术奖"。

【党建强会】 学会秘书处与《中国园林》杂志社联合党支部进行换届选举，成立新一届党支部，推选张殿纯副理事长任支部书记。

【会员服务】 会员规模继续扩大，纳入中国科协会员管理系统登记的个人会员达9518人，较去年新增2010人，增长率为26.8%，单位会员达1052家，较去年新增131家，增长率14.2%。

积极利用"中国科协会员管理系统"全面推行个人电子会员证，利用互联网技术，进一步实现网络信息化管理，缩短发证周期，简化入会手续，方便会员查询，提升工作效率，促进个人会员发展。全年向会员免费寄发学会会刊《中国园林》达一万余册，得到广大会员的好评。组织开展"中国风景园林学会星级单位会员评选"和"中国风景园林学会首届会员乒乓球赛"活动。12月，在厦门组织第八届会员日活动。

【聚焦行业问题 服务企业发展】 2016年，国家"营改增"税改政策在建筑业行业正式全面实施，给园林企业经营带来重大影响。学会企业工作委员会在学会的统一部署下，本着"替企业发声、为企业服务"的宗旨，开展调研、座谈，反馈情况，做一些相关工作。

3月9日，与北京园林绿化行业协会共同筹备召开"北京园林绿化企业负责人座谈会"，交流企业自身发展和行业走势的看法，了解企业服务需求等，会后对会议内容整理后上报有关部门。

5月22日，在上海召开中国风景园林月"企业专题"沙龙，邀请园林企业负责人和财务人员等80多人参会，重点交流当前"营改增"大背景下，对园林企业发展带来的相关问题，帮助园林企业正确理解"营改增"改革的背景和意图，掌握相关具体要求，积极落实和应对。

6月21日，组织部分园林企业代表与住房和城乡建设部相关部门领导就"营改增"后对企业的影响进行座谈。参会部门领导表示，将会把企业的意见反映给财政部和国税总局牵头成立的"营改增"部级联系会。

7月29日，联合中国建设会计学会举办第一期风景园林企业"营改增"新政解读和会计核算实务专题研讨班。园林绿化企业的法定代表人、总经理、财务总监、财务会计、项目经理等人员近百人参加研讨班，邀请专家对园林企业在营改增过程中遇到的热点、难点问题进行解答，推动园林绿化企业"营改增"工作顺利、平稳、健康地实施。

此外，学会多次组织企业对风景园林设计专项资质、城市绿化施工资质取消，建立行业职业制度等进行讨论，并将企业意见集中反馈有关部门。

【办好全国菊展　服务地方经济建设】　中国菊花展览会创办于1982年，是由中国风景园林学会组织的一项全国性专类花卉展览活动，每3年举办一次。

由中国风景园林学会和湖北省荆门市政府共同主办，在湖北省荆门市举办"第十二届中国（荆门）菊花展览会"，主题为"菊韵荆门、花耀中华"，来自荷兰、日本等多个国家和中国香港地区，北京市、上海市、天津市、重庆市等58个城市（单位）参加本次展览。举行菊花室外景点、标准展台、百菊赛、专项品种、新品种、案头菊、盆景菊、造型菊、栽培新技术、悬崖菊、大立菊、插花艺术、菊花盆景造景艺术13个大类的展出和评比，还举办国际菊花学术论坛、商务及文化旅游等相关活动。

该届展会是全国菊花展首次在华中地区举办。该届展会参展城市数量多、展园建设规模和投入大、布展设计新颖、水平高超。据不完全统计，共接待游客40余万人，除本地游人外，菊展还吸引湖南省、江西省、安徽省、河南省等地旅游团前来参观。菊花学术交流方面也是硕果颇丰，同期举办的研讨会主题突出中国菊花产业化，专家们结合高等院校自主知识产权国内育种的科研成果来加快提升传统菊花产业。展览期间，菊花专家走进生产一线，结合菊花产业案例提出深层次问题，用高新技术和现代学科发展的成果优化当地产业结构。

该届菊展极大地提升荆门的知名度和影响力，为展示荆门经济社会发展成就和城市风貌创造机遇。菊展商务活动结合国际菊花产业学术研讨会、江汉平原城市书画展、名特优农产品推介会、民俗文化表演等，使该届菊展成为招商引资的平台和服务地方经济发展的盛会，有力地推动荆门市文化旅游、现代服务及大健康等产业的发展。

【配合唐山世园会　办好特色活动】　为配合唐山世界园艺博览会的举办，应主办方邀请，学会与相关部门一起，组织国际花境景观赛和国际精品菊展展赛等活动，丰富展会活动内容，服务于群众文化和休闲生活。

6月10日至8月10日，学会举办"2016唐山世界园艺博览会国际花境景观展赛"活动，以"百花齐放、缤纷世园"为主题，设置路缘花境、坡地花境、林下花境、滨水花境、岩石花境5大类展示项目，邀请国内外擅长花境景观营造的42家单位参加，其中国际参赛单位10家。各类花境以宿根花卉为主，搭配灌木、一二年生花卉、观赏草等植物，共计210多个品种，共计10万余株，展示花境产业发展现状和趋势。经专家认真评审，从38件参赛作品中评选出花境景观综合奖大奖5项、金奖11项、银奖9项、优秀奖13项，花境景观创新奖10项，花材品种新优奖4项。为更好地达到相互交流的目的和给大学生提供学以致用的机会，学会还举办花境方案设计大赛及大学生花境设计大赛活动。本次花境展赛，充分展现国内外花境水平，促进专业交流，达到引导行业发展，丰富展会多彩看点的目的。

9月25日至10月16日，2016唐山世园会国际精品菊花展赛在世园会园区内举行，展期22天。本次竞赛以"秋香菊韵、淳美世园"为主题，以菊科植物为主，展示盆栽菊、案头菊、小菊、品种菊等300余个品种，共计20万余株，邀请荷兰、日本等6个国家和科研院所、菊花企业、高等院校等37个国内单位参展。本次展览是历届世园会首次举办室内外共同竞赛的菊花类展览，设置栽培技术竞赛、新品种培育竞赛、景观布置竞赛、盆景艺术造型竞赛四大类菊花项目，从463件参赛作品中评选出精品菊花展赛各类奖项243名，包括特别大奖1名，大奖43名、金奖102名、银奖97名。

（中国风景园林学会）

中国市长协会

概况

2016年，中国市长协会五届二次理事扩大会议暨"2016中国市长论坛"于9月26日在南宁隆重召开。来自各地的市长（直辖市区长）、部门负责人、各省区兄弟市长协会领导和有关各界人士近300人出席本次会议。会议审议通过秘书处2015年度工作报告及财务工作报告，讨论通过将现有的"中国市长协会城镇信息化工作委员会"更名为"小城市（镇）发展专业委员会"以及根据民政部要求建立协会新闻发言人制度的两项建议。"2016中国市长论坛"围绕"加强城市规划建设管理，提高新型城镇化水平"这一主题，邀请有关领导、市长、专家和企业界代表从各自不同角度进行研讨。会议还安排对话环节，就"城市基础设施建设与投融资创新"话题，进行互动讨论。

围绕城市热点、难点问题举办专题研讨会

2016年除召开五届二次理事扩大会暨"2016中国市长论坛"外，协会还积极参与主办、协办和支持各种有益城市发展及具有积极社会影响的活动。

【作为主办单位】 4月份，与中国开发性金融促进会在北京共同主办"中国新型城镇化投融资论坛暨城市综合管廊建设研讨会"。研讨会旨在发挥开发性金融独特优势，探索新型城镇化建设的模式创新，集聚多方资源，合力推进中国城市地下综合管廊建设，服务地方经济发展。为支持新型城镇化，引领社会资本投入综合管廊建设，中国开发性金融促进会发起成立"中国城市地下综合管廊专项投资基金"，并举行启动仪式，在北京举办由中国工程院主办、中国市长协会和中国通信学会共同协办的"2016（第二届）中国信息技术发展新趋势论坛"。院士代表、各省、直辖市、自治区及各地市人民政府主管领导和相关部门负责人围绕"加快信息基础设施建设，助推城市经济创新发展"主题进行主旨报告和闭门讨论。

9月份，与南宁市政府、广西市长协会在南宁举办"2016中国—东盟市长论坛"。来自中国和东盟国家的150余名市长、专家学者、企业代表等共聚南宁，围绕"'一带一路'倡议，以'21世纪海上丝绸之路'与中国—东盟城市共同体建设"为主题，重点就中国与东盟城市间多渠道、多领域的合作，进行研讨。

11月份，与上海市健康产业发展促进协会、世界城市日事务协调中心在上海联合举办"2016国际健康城市论坛"。论坛主题为"城市健康生活方式的变迁与营造"。上海市委办局、长三角地区专家学者，部分省市的市长及企业家代表近300人出席论坛。

12月份，在南昌市举办（第十二届）泛珠三角区域省会城市市长论坛。本届论坛主题是"适应经济新常态、推动区域产业转型升级"。

【作为协办单位】 10月份，承办在厦门市举行的"2016世界城市日论坛"的"市长对话"部分，也是"2016世界城市日论坛"的重要组成部分。"2016世界城市日论坛"由住房城乡建设部、联合国人居署、福建省人民政府主办，中国市长协会协办。来自中国、美国、英国、德国等近20个国家、地区和国际组织的官员、市长、专家学者共300多人出席论坛，并共同签署发表《城市发展厦门倡议》。

10月份，参与由开发性金融促进会和赣州市人民政府在江西赣州主办的"南北'4+8'地区绿色发展座谈会"。会议以绿色发展为主题，致力于打造绿色生态发展"4+8"政府间联系工作机制和绿色产业联盟，促进南北互动，创新经济发展模式。

积极开展国际交往活动

5月，与复旦大学和美国耶鲁大学共同主办"健康城市建设"专题研究班。该班由广东省委组织部承办。研究班首先在复旦大学进行为期7天的国内培训后，前往美国耶鲁大学和洛杉矶市进行为期两周的学习培训和考察。研究班紧紧围绕"健康城市建设"的主题安排课程，使学员们对健康城市规划建设和管理有全方位的认识和理解，深入学习和剖析国内外健康城市的实践经验，进一步提高把握城市发展规律的能力。

5月，应丹麦地方政府协会邀请，副会长齐骥率中国市长协会代表团一行4人访问丹麦，与丹麦地方政府协会、丹麦城市市长、企业进行务实深入交流。此次出访是为进一步落实2014年在习总书记见证下，中丹两国市长协会签署的合作备忘录，以及推进中丹两国城市和市长间的交流与合作。

7月，与美国保尔森基金会、清华大学建筑学院和芝加哥大学格拉姆学院共同主办"可持续城镇化高级研究班"。该班由天津市委组织部承办，在清华大学和美国芝加哥和旧金山等城市进行为期3周的专题学习研讨。研究班在美期间，与美国前财长、保尔森基金会主席保尔森进行多次互动，并参加其亲自主持的芝加哥、洛杉矶、梅萨、费城4位前市长座谈会，就城市治理、经济转型等进行面对面交流。

10月，继续执行中组部领导干部境外培训项目，"转变城市发展方式高级研究班"。研究班在北京大学进行一周的国内学习，后赴德国开展为期两周的学习考察活动。重点就产业结构转型、科技创新、可再生能源、环境保护、城市发展规划、可持续交通规划、智慧城市等城市热点、难点问题进行学习交流。

加强与城市的沟通联络工作

【更新整理】 由于各城市政府换届调整，很多市长、联络员也随之变化。为更好地掌握各城市领导变动情况，做好网上会员名录统计工作，定期、反复地对全国设市城市领导变动情况进行更新整理工作。

【联络工作】 5月，在秦皇岛市召开"2016年协会联络、通讯工作研讨会"。来自各地的百余位联络员、通讯员代表参会，围绕协会联络、通讯工作进行研讨及相关培训。

开展女市长分会的有关活动

【交流与研讨】 5月，借美国前国务卿奥尔布赖特访华之机，女市长分会与奥尔布赖特石桥集团共同举办以"提升女性领导力——在分享中获得，在交流中提升"为主题的圆桌会议。与会女市长们通过与世界范围内杰出女性领导间的互动，对不同文化语境中女性从政及领导力的发展现状及成长经验有一个更深入的了解，并从中得到启示。

【积极参与公益慈善活动】 与江苏省残联共同开展"斯达克——世界从此欢声笑语（中国江苏）"大型助听器捐赠项目。共计为苏州、徐州等地区4140位贫困听障患者，免费适配定制型助听器设备7945台。

【举办第十六期全国女市长研究班】 11月，在中国浦东干部学院成功举办第十七期全国女市长研究班，22位来自全国各地的女市长参加培训。课程设计针对女性城市管理者的特点，讲座配合基层社区的现场教学，对提升女性领导力有实际的指导意义。

继续做好《中国市长》会刊的编辑出版工作

继续做好《中国市长》会刊的编辑出版工作。2016年会刊重点报道《市委书记眼中的"十三五"》、《'一带一路'与产能合作》、《2016综研基金·中国智库论坛》以及《"提升女性行领导力"圆桌论坛》等。坚持每月一期的"市长访谈"栏目，让刊物保持实践的"热度"，并继续与中国老教授协会通信与信息技术委员会开辟"智能城市与信息化"栏目，希望通过该领域专家学者丰富的储备与读者展开有的放矢的"知行互动"。"社会责任"栏目是2016年新开辟的内容，追踪报道这份大爱的传播。2016年《中国市长》对协会主办或者参与举办的各项重大活动进行宣传报道工作，较好地发挥协会交流经验、沟通信息的桥梁和纽带作用，赢得有关城市市长的好评。

继续做好《中国城市发展报告》和《中国城市状况报告》的研究出版工作

【《中国城市发展报告2015》】 由中国市长协会主办的《中国城市发展报告（2015）》已于2016年7月出版发行。自2001年开始组织编写年度《中国城市发展报告》，至今已连续出版十四卷，是一部系统研究、探讨有关城市建设、城市管理、城镇化战略、城市可持续发展能力等中国城市发展问题的综合性年度报告，其社会影响力不断提升，现已成为国内城市发展研究领域中具有影响力的出版物之一。

【《中国城市状况报告》】 继《中国城市状况报告》前三卷出版后，《中国城市状况报告（2016/2017）》预计2017年年初出版发行。

从打造为小城市、小城镇建设发展支持平台入手，展开"为城市发展服务、为市长工作服务"新的尝试。

为贯彻中央城市工作会议精神，促进大中城市和小城镇协调发展，特别是小城镇的健康发展，经9月举行的五届二次理事扩大会通过，设立"中国市长协会小城市（镇）发展专业委员会"，目的是提升对中小城市和小城镇提供服务的能力，推动特色小镇的建设发展。小城市（镇）发展专业委员会将选择有大健康、大文化、大旅游、特色农业、商贸物流复合区域的地方政府作为委员单位，并提供全方位的城市诊断、顶层设计、产业招商、项目孵化、融资服务、国内外交流考察、宣传推广、开发建设等系统服务。帮助委员单位实现产业招商、融资服务、特色产业产业化及争取政策红利落地等，通过"产业与城市、产业与金融、产地与市场"融合发展，将城市的生态、水系、空间、文化、产业、金融、技术等各类要素有机统一，实现小城市、大战略的"百城千镇"计划。为进一步开展工作，召开的"三融结合特色小镇发展工作研讨会"，也是专委会成立后的第一次工作会议。

为深入贯彻党中央、国务院关于推进特色小镇建设的精神，发挥开发性金融对新型城镇化建设的独特作用，积极引导和扶持特色小城镇培育工作，2016年10月，中国市长协会与中国开发性金融促进会共同发起成立"中国特色小镇投资基金"。基金将限定投资国家重点扶持的特色小镇试点项目，通过引入金融机构和战略合伙人，联合咨询机构提供规划设计服务，投贷结合，持有股票，资产证券化等手段，为城镇提供富有成效的多样化金融服务。母基金总规模首期为500亿元人民币，主要投资于养生养老、休闲旅游、文化体育、特色农业等各类特色小镇。

充分发挥广州中国市长大厦的市长培训基地功能与开展城市义务咨询服务

【培训基地】 广州市长大厦倾注广州市政府对全国市长的深厚情谊，为全国市长学习广东改革开放经验，举办大量培训班、研讨会等市长交流系列活动，为促进全国城市建设和发展，发挥非常重要的作用。经过25年的磨砺，已经成为社会各界和全国城市认可的品牌。大厦至今举办50多期研讨班，3000多人次市长参加，还接待数以千计的外宾和相关省市领导，赢得有关领导和市长的普遍好评。

【为城市义务咨询】 应安徽省马鞍山市人民政府邀请，咨询委赴马鞍山开展咨询调研活动。老市长们对马鞍山的城市交通发展规划、地下管线的协调管理以及如何提高城市运行效率和完善城市服务功能、加强社会管理和民生建设、完成经济结构调整等方面与市政府进行交流座谈。

加强协会内部管理

秘书处一方面注重抓各项内部制度的修订和落实，在科学管理上下功夫，另一方面注重从提高工作人员政治和业务素质，提升为城市、市长的服务水平入手，及时组织学习中央有关文件和会议精神，认真抓好党建工作。按照住房城乡建设部党组的部署，结合协会实际，积极开展"两学一做"、学习贯彻"十八届六中全会"精神、纪念建党95周年系列活动、落实中央巡视整改意见等工作，进一步提高职工的政治素养和政策水平，为做好协会的各项工作起到积极的作用。

（中国市长协会）

中国城市规划协会

概况

党的十八大以来，以习近平同志为核心的党中央高度重视城市工作。中央城市工作会议强调城市规划在城市发展中起着战略引领和刚性控制的重要作用，而2016年是此会议之后的工作元年。

年度主要工作

【注册城市规划师的相关工作】 为保证承接注册城市规划师相关的注册管理工作能够顺利进行，协会非常重视并在承接注册城市规划师管理方面开展大量工作。总体来说分为以下几个方面：

【过渡期人员处理】 协会积极与部注册中心对接过渡期初始人员和非初始人员的注册工作，受理并通过2016年3月25日之前已申报材料的1645名初始注册人员和2016年6月30日之前由原省级注册管理机构已报送的388名非初始注册人员。

【建立全新业务系统】 为不影响全国注册规划师办理相关业务，协会自主开发全新的"全国注册城市规划师管理系统"，并于11月1日正式投入使用。"注册城市规划师继续教育管理系统"也已于12月下旬投入使用。

建立全新组织架构、规则、业务逻辑并制作新的证书。协会按民主的方式成立新一届的"注册城市规划师管理委员会"和"注册城市规划师继续教育专家组"，并出台《注册城市规划师注册办法》、《注册城市规划师继续教育办法》和《注册城市规划师继续教育工作细则》（拟）等文件和制作新版本的注册证书和登记证书。

【统筹全国联动】 协会会函各地的管理机构，协同全国各省、自治区和直辖市的注册管理机构重新启动注册城市规划师的注册相关工作。协会已实现组织各省、自治区和直辖市的注册管理机构在"全国注册城市规划师管理系统"上为注册城市规划师办理业务。同时，各注册管理机构还积极举办多次注册城市规划师的继续教育培训。

2015年度全国优秀城乡规划设计奖评选工作

全国优秀城乡规划设计奖是经国务院批准公布的"评比达标表彰保留项目"，是城乡规划行业唯一经过国家批准的评选项目。该奖的评选工作由协会组织，每两年评选一次。2016年具体工作如下：

2月底，协会秘书处与中规院、北规院、清华规划院等6名专业技术人员，共同完成申报项目材料复核和项目分类工作，确定有709个项目参与本届城市规划类评选。

6月份，协会组织开展了初审工作，分4组（总体组、城市设计绿地组、详规交通组、专项组）分别在北京中规院、清华同衡、上海同济、西安建大完成相关评审工作，共有69位专家参与评审。评审专家根据评优管理办法和相关评审标准，确定有351个项目进入复审，淘汰项目337项，缓评项目21项。

7月，协会在广州组织开展复审工作。根据项目情况，分为两组进行，其中一组包括城镇体系规划、区域规划、战略规划、城市总体规划、总体层面研究、分区（片区）规划、近期建设规划、详细规划、控规层面研究和历史保护规划，共166项。二组包括各类专项规划和城市设计项目，共185项。鉴于两组项目间不存在明显的可比性，采取两组分别集中评审、分别形成获奖项目的办法。

在评审过程中，专家集中观看项目演示文件，对大部分的项目看法基本一致，对行业比较关注的多规合一、城市设计、低碳城市、绿色交通等项目也是予以一致好评，最后通过记名打分，提出获奖项目建议名单。按照4月26日组委会确定的评选工作方案，综合评审后最终提出获奖项目一等奖24项、二等奖73项、三等奖143项、表扬奖71项。

【行业发展概况】 协会第四届理事会第一次常务理事会议通过事项。会议审议成立第一届注册城市规划师管理委员会和协会新的二级委员会：城乡规划编制研究中心工作委员会。会议还按民政部、财政部对社会团体分支机构的管理要求，审议通过修订的《中国城市规划协会二级委员会管理办法》，增补第四届理事会副会长、常务理事和理事单位，并对协会拟启动的中国城市规划协会信息系统的建设向常务理事进行汇报。

二级委员会换届工作和财务统筹管理工作的完成。2016年，协会的城市勘测专委会、地下管线专委会和规划展示专委会相继完成了换届工作。新成立的城乡规划编制研究中心工作委员会还成功举办成立大会并启动了相关工作。另外，按民政部要求，2016年年底协会还按要求实现对8个二级委员会的财务工作的统一管理。

【工作年度新进展】 协会2016年进一步完善内部管理制度，相继出台《中国城市规划协会章程》（修订）、《中国城市规划协会二级委员会管理办法》、《中国城市规划协会秘书处部门设置和岗位管理办法》（拟）、《中国城市规划协会财务管理制度》（拟）等，制定多项工作程序和规则。并基于业务需要出台注册城市规划师相关的办法。协会还新建会员服务系统并于12月上线运行，新会员系统将以协会官方网站为基础，为会员提供更好的服务。

【相关课题研究及调研组织】 规划设计专业委员会与协会举办规划院改革与政策应对研讨会，会议邀请规划院院长代表参加，就发展定位、科研管理、成果转化、队伍建设、人才培养等方面进行充分的交流，并对当前政策进行解读。协会同规划设计专业委员会，联合7家规划编制单位成立城市规划设计计费指导意见的修订组，启动城市规划设计计费指导意见的广泛调研和组织工作，计划于2017年完成指导意见的修订。为把握智慧规划建设发展趋势，促进各地规划信息化单位在智慧规划建设领域的交流与合作，协会会同信息化工作委员会在长沙市召开智慧规划建设发展研讨会，研讨会就智慧城市形成初步的研究报告。女规划师专委会在扬州召开主题为"活力与多元：回归人性化的城市"的第三届第六次年会，会议以落实中央城市工作会议精神为重点，围绕特色塑造、城市更新等主题，探讨改善人居环境、回归人性化城市的路径，并于会后发布回归人性化城市的《扬州宣言》。

【相关研讨会的开设】 协会在杭州举办的特色小镇规划建设研讨会议探索小城镇的科学规划和规划设计单位在特色小镇建设中的参与机制。协会还在复旦大学召开第三届复旦城市规划论坛暨"面向小康社会的城乡规划"研讨会，作为第三次举办的复旦论坛，研讨会侧重项目实践、操作办法和公众参与的思路取得了与会代表一致好评。2016年的全国省规划院联席会在湖北武汉召开，会议以省级城市规划院为纽带，以"关注体制改革，聚焦创新发展"为主题，相互交流共谋发展。另外，全国副省级城市规划院联席会2016年已是第六届，会议以"探索创新·为品质城市而设计"为主题，探讨城市转型发展的原则和方式。协会还与清华大学人居科学院、厦门市规划委员会共同举办"创建更加和谐与美好的人居环境——都市区城乡统筹发展探索"会议，多方代表积极交流公众参与、社区自治和空间改造机制与多规合一的实践路径。

（中国城市规划协会）

中国房地产业协会

概况

2016年,按照中央经济工作会议、住房城乡建设工作会议对房地产工作的一系列要求,中国房地产业协会深入贯彻创新、协调、绿色、开放、共享五大发展理念,加快供给侧结构性改革,着重房地产去库存,引导会员企业和房地产开发企业转型升级、创新发展,各项工作取得积极进展。

服务大局　为房地产平稳健康发展和协会改革建言献策

【发挥协会桥梁纽带作用　反映行业企业诉求】
2016年,房地产市场形势复杂,中国房地产业协会深入基层调研,带着会员企业、房地产开发企业的诉求和建议,应邀参加中央财经领导小组办公室、国务院督察室、国家发改委、国务院研究室、住房城乡建设部、商务部、国家能源局、新华社、人民日报社组织的房地产形势分析会、座谈会24次,就房地产形势、供给侧结构性改革、去库存、房地产民间投资、城市更新、养老地产、特色小镇建设等方面提出政策建议,反映行业情况和企业诉求。

协会还多次参加中组部、中央国家机关工委、住房城乡建设部、民政部召开的行业协会改革座谈会,反映协会的改革情况,就行业协会的发展提出政策建议。

为深化供给侧结构性改革,中国房地产业协会组织编辑《房地产供给侧结构性改革探索与实践》一书,收录64篇论文共30万字,集中展示房地产供给侧结构性改革的实践成果。

【配合住房城乡建设部中心工作开展活动】
2016年10月14日,为开好住房城乡建设部"规范房地产开发企业经营行为维护房地产市场秩序电视电话会议",中国房地产业协会受住房城乡建设部委托,邀请保利房地产(集团)公司等20家一级资质房地产开发企业在会上发出诚信宣言,向社会做出8项承诺,为进一步规范房地产开发企业经营行为,净化房地产市场环境,维护房地产市场秩序,保护消费者合法权益,促进房地产市场平稳健康发展起到了积极作用。

为贯彻住房城乡建设部在上海召开的全国装配式建筑工作现场会精神,中国房地产业协会于12月28日至30日在江苏海门市召开"装配式建筑施工培训会议"。培训对象主要是会员单位和技术骨干,参会人数达400多人。这次培训会得到陈政高部长批示"各个协会都应该像房地产业协会这样,围绕中心开展工作"。

大力开展品牌活动　扩大社会影响力

【成功举办第八届中国房地产科学发展论坛暨第三届中美房地产高峰论坛】　2016年6月23~24日,中国房地产业协会在江苏常州举办以"新五年、新格局——房地产业发展趋势"为主题的第八届中国房地产科学发展论坛暨第三届中美房地产高峰论坛。论坛结合"十三五"规划,分析展望房地产趋势,贯彻创新、协调、绿色、开放、共享的发展理念,探讨加快供给侧结构性改革,发展新型建造和住宅产业化,交流中美房地产市场,增进双方合作。在主论坛上,国务院发展研究中心副主任王一鸣等14位国内外专家学者、企业家发表演讲,会议取得圆满成功。

该届论坛的主要成果:内容丰富,提升了协会影响力,主论坛主题突出,各分论坛特点鲜明,形式多样,既有中外嘉宾演讲,也有专家与参会人员现场互动。

【高质量完成第七届"广厦奖"评选和表彰工作】　第七届(2015~2016年度)"广厦奖"评选工作,经过2015年的培育工作,2016通过房地产企业申报,各地评选机构积极推荐,专家组认真评审,最终共有91个项目获得"广厦奖",另有39个项目被列入"广厦奖"候选项目。2016年11月23日在北京召开颁奖大会。

该届"广厦奖"评选过程中体现出如下特点:获奖项目整体水平与往届相比有明显提高,达到全国同类开发项目的优秀水平,企业参与积极性提高,大型品牌房地产企业,特别是协会副会长单位参评数量增加,品牌认可度有所提升,在候选阶段就明确定位,在项目实施的全过程按"广厦奖"标准进行设计建造,有完善的专家团队指导项目实施,评审专家严格执行评审标准,保证获奖项目的高水平,严格执行国家有关规定,申报、选评全过程不收费。

通过中国房地产业协会的努力,以及与各地方房协和地方评选机构的密切合作,"广厦奖"的知名度和认可度在逐步提高,浙江省、山东省等省住房城乡建设厅都在相关文件中明确鼓励企业创建"广厦奖"。

【积极推进信用评价工作】 开展信用评价是中国房地产业协会的一项重要工作。2016年6月在第八届中国房地产科学发展论坛期间,对2015年参评,经核查、审定、公示、报备,获评A级以上信用等级的40家企业进行颁牌,并启动2016年信用评价工作。

2016年经企业申报,地方协会初审,共有29个省(区、市)、122家企业参评,较上年有较大幅度增长。组织社会第三方评价机构对参评企业进行实地核查。

为积极推进信用评价工作,中国房地产业协会加大宣传力度,在《人民日报》上对A级以上信用等级企业进行公告,加强与地方协会沟通,争取地方协会的支持,创新工作模式,起草集团公司评价标准,争取集团公司参评,配合住房城乡建设部房地产市场监管司开展"房地产信用体系建设与管理"课题研究,配合商务部开展调查,为使信用企业享受更多政策优惠提供政策建议。

会员服务工作取得进展

2016年,中国房地产业协会完成会员会籍管理数据电子服务平台建设,便利会员与协会之间的沟通联系。"中国房价行情平台"运行取得有关部门的支持,社会影响力加大,流量显著提升,为会员和广大消费者提供即时房价行情服务。"中国房协调解中心"开始运行,2016年承接调解案件8起,已开始显现为会员单位的服务能力。

研究 宣传 培训工作不断加强

2016年完成"房地产项目综合效益评价体系研究"、"建筑工业化体系现状研究"和"中外住宅建筑部品对比研究"3个课题研究,取得成果,经批准立项课题4项,承担国家发改委"房地产去库存进展情况、面临的问题及政策研究"、中财办"推动住房租赁市场健康发展"课题研究项目。加强对《中房网》、《中国房地产》、《中国房地产金融》、《中国住宅设施》的指导,在政治上始终与中央保持一致,没出现问题。培训工作坚持按国家和住房城乡建设部的有关规定进行,开展的培训项目均上报备案,对与中国房地产业协会合作进行培训的单位严格规范管理。

积极开展业外合作与国际交流 为会员"走出去"服务

【拓展业外合作】 2016年中国房地产业协会执行、签署业外合作协议64个,其中完成合作协议20个。2016年与中国房地产众筹联盟签署战略合作协议,建立工作联系并进行业务指导。与石家庄天山科技工业园运营服务有限公司签署协议,成立"中国房地产园区产业联盟",为开发区、产业园区企业提供服务。与北京市西城区人民法院签署协议,建立协同推进多元化纠纷解决机制。与平安银行股份有限公司合作,搭建采购平台金融服务框架。与陕西韩城市人民政府签署共建韩城市绿色人居环境合作协议。这些合作既有与政府合作共建绿色人居环境,也有帮助企业搭建对外沟通桥梁,探索供给侧结构性改革去库存,支持推广新技术的合作,还有在金融方面为会员提供金融服务,搭建融资平台的服务。

【积极开展国际交流】 2016年5月23～31日,刘志峰会长率团赴巴拿马参加第67届世界不动产联盟年会,并赴巴西参加中巴房地产研讨会。会议期间,刘志峰向与会代表介绍中国保障房建设的情况和取得的成就。

2016年11月30日至12月2日,冯俊副会长兼秘书长率团赴法国参加世界不动产联盟联合大会。他做了中国房地产海外投资情况的专题演讲。

2016年中国房地产业协会共举办三次国际会议,分别是4月26日在浙江绍兴市举办的"2016年中日住宅产业会议",6月与美国亚裔房地产中国房地产业协会分别在成都市、西安市、常州市三地举办的"第三届中美房地产高峰论坛",10月13日与日本居住福祉学会、韩国住居环境学会在陕西韩城市共同举办的"第十四届中日韩住房问题研讨会"。

此外还接待来自韩国、日本、加拿大、澳大利亚、新西兰、法国、印尼、新加坡、柬埔寨等国家和地区的政府官员、企业家来访,就房地产市场、金融、投资等问题进行交流,考察项目。

各分支机构积极开展活动

2016年协会各分支机构结合自身特点,服务会员,开展调查研究,制定、推广标准,发布行业报告,组织专业论坛,组织行业内交流活动,展现出较高水准和专业素质。

房地产市场与住房保障研究分会召开"促进三、四线城市房地产市场健康发展论坛暨池州房地产论坛"、"第四届海南房地产高峰论坛"。住房公积金和担保研究分会在北京、南京举办两期"全国住房公积金宣传工作交流会",在广州召开"全国直辖市和部分城市住房公积金业务系统建设工作会"。房地产产权交易和测量研究分会参与《房地产交易管理条例》立法调研、论证和部分章节的起草,受部房地产市场监管司委托提出《测绘法》修改反馈意见。城市开发专业委员会召开"房地产形势报告会暨全国一级资质房地产开发企业座谈会",组织撰写《"营改增"对房地产开发企业的影响及应对筹划》,刊登在住房城乡建设部内刊《调查与研究》上。法律事务专业委员会制定完善《中房协调解中心调解规则(试行)》,调整《中房协调解中心收费管理办法》,形成《承诺书》、《调解记录》、《调解协议》、《申请确认书》等调解文书模板,并且开始受理调解案件。产业协作专业委员会会同中国石材中国房地产业协会完成《天然石材规格化产品行业标准》审查稿。住宅技术委员会组织召开"2016·中国房地产技术创新大会"、"装配式建筑施工职业技能培训班",积极推广住宅产业新理念、新技术、新产品。金融专业委员会在北京举办"2016绿色投资与房地产金融论坛"、"中国房地产金融2016发展分析及2017展望"研讨会,编写发布《2015年度房地产金融年度报告》、《2016亚洲房地产投资信托基金研究报告》。人居环境委员会承办"第14届中日韩住房问题研讨会"。流通服务委员会举办"冷静看待市场防范交易风险"等专题论坛。住宅设施委员会主持修编的《住宅厨房和卫生间排烟(气)道制品》标准,通过住房城乡建设部审批。商业和旅游地产专业委员会开展《商业购物中心等级评价标准》、《旅游地产分类评价标准》编制工作,推动《商务写字楼等级评价标准》实施。小城镇开发专业委员会与商务部投资促进事务管理局联合举办"国际特色城镇投资建设论坛",举办"澳中地产业项目交流大会启动圆桌会议"和首届"澳中地产业项目交流大会"。文化地产委员会举办"中国文化地产创新会议"。老年住区委员会举办"中国老年住区供给侧改革下的养老创新模式研讨会"、"中国老年住区百城企业联动项目信息交流会"。经营管理专业委员会召开"第五届中国房地产企业经营管理创新大会"。

(中国房地产业协会)

中国勘察设计协会

【概况】 2016年,是"十三五"规划实施的开局之年,也是全面建成小康社会决胜阶段的开局之年,更是推进结构性改革的攻坚之年,同时也是中国勘察设计协会走过而立之年,进入由企业家主导、开启协会自身发展新篇章,步伐更加稳健、发挥更大作用的一年。协会在换届后提出全年工作思路,即:"以党的十八大及历次中央全会精神和中央城市工作会议精神为指引,以加强协会自身建设提高协会服务能力为基础,以加强行业自律、优化行业激励机制为着力点,深入推进企业管理创新、科技创新和信息化建设,引导企业积极应对新常态,促进行业健康和可持续发展"。协会秘书处及各分支机构紧紧围绕"提供服务、反映诉求、规范行为"职责要求,按理事会制定的工作计划组织开展各项工作,较好地完成全年的工作任务。

【召开第六届会员代表大会暨六届一次理事会】
4月26日,中国勘察设计协会(以下简称"协会")在北京召开第六届会员代表大会,住房城乡建设部工程质量安全监管司、建筑市场监管司、人事司、标准定额司、建筑节能与科技司领导以及郭允冲、吴奕良两位原名誉理事长和会员代表500余人出席会议,副部长易军发表书面讲话。会议选举产生第六届理事会理事、常务理事、正副理事长、正副秘书长,表决通过《工作报告》、《财务工作报告》《章程》和《会费管理办法》,施设当选第六届理事会理事长。大会还召开六届一次理事会、六届一次常务理事会和2016年全国勘察设计同业协会秘书长工作会议,开展主题交流,对2016年的协会工作进行部署。

【召开全国勘察设计行业实施"一带一路"战略

【研讨会】 10月27日，协会在北京召开全国勘察设计行业实施"一带一路"战略研讨会。会议由建设项目管理和工程总承包分会、中国石油和化工勘察设计协会共同承办，协会领导班子成员以及来自全国勘察设计行业200余名企业代表参加了会议，理事长施设作重要讲话。会议邀请住房城乡建设部有关部门主管领导、专家，就行业改革发展、"一带一路"战略实施规划等主题做重要报告，发布《2016年全国勘察设计行业从事工程项目管理和工程总承包企业完成合同额排序结果分析报告》。

【召开全国勘察设计行业信息化工作交流会】 12月8日，协会在厦门召开全国勘察设计行业信息化工作交流会。会议由信息化推进工作委员会承办，来自全国各地的勘察设计企业信息化工作负责人、行业信息化专家近300名代表参加会议。住房城乡建设部工程质量安全监管司司长李如生和中国勘察设计协会理事长施设出席会议并发表重要讲话，福建省勘察设计协会理事长戴一鸣致欢迎辞。会议总结全国勘察设计行业近年来信息化推进工作，明确未来工作目标和近期工作重点，表彰工程勘察设计行业"十二五"期间实施信息化建设先进单位及个人，邀请部分勘察设计单位介绍企业信息化工作建设成果，邀请国内外部分IT厂商作专题报告和产品展示。

【发布《工程勘察设计行业"十三五"信息化工作指导意见》】 12月1日，协会发布《工程勘察设计行业"十三五"信息化工作指导意见》。编写工作于2015年启动，由信息化推进工作委员会编写初稿，先后组织召开多次专家研讨会听取专家意见，向全行业各个层面广泛征求意见，经多次修改和完善而定稿。《指导意见》总结"十二五"行业信息化建设成就、经验和不足，提出"十三五"行业信息化建设的指导思想、基本原则、发展目标和主要任务，对全国工程勘察设计行业开展信息化建设具有实践指导意义。

【服务政府，优化行业市场环境】 2016年，协会积极配合住房城乡建设部有关部门工作，完成多项交办任务。协助建筑市场监管司继续完成《工程勘察设计行业"十三五"发展纲要》的修改和完善工作，与中国石油和化工勘察设计协会共同承担建筑市场监管司委托的《工程总承包合同示范文本（试行）》修订工作，在调研基础上成立课题研究专家组，梳理当前制约中国工程总承包发展以及现行《示范文本》试用过程中存在的突出问题，提出具体修订意见，完成审计局交办的"营改增"调查任务，协助建筑市场监管司做好2016年行业统计的前期准备工作，针对行业统计工作存在的问题，对2016年的组织实施方案提出建设性的建议，协助标准定额司完成装配式混凝土结构建筑等3项装配式技术规范（征求意见稿）的征求意见工作，完成《建筑业"十三五"规划纲要》中有关工程勘察设计及信息系统建设等相关内容的修改、完善等工作。人民防空与地下空间分会协助国家人防办完成人防工程设计（甲级）、监理（甲级）申报单位资质的审核工作。建设项目管理和工程总承包分会协助主管部门就《关于进一步推进工程总承包发展的若干意见》起草答记者问和新闻稿等文档。工程智能设计分会协助主管部门就取消建筑装饰工程等8个专项资质开展征求意见活动。民营设计企业分会协助主管部门就《工程设计资质标准》（征求意见稿）之事务所资质问题开展征求意见活动。高等院校勘察设计分会协助主管部门完成工程咨询资质换证材料审查和2016年各高校基本建设可行性研究报告的评估工作。施工图审查分会参与主管部门"施工图审查政府购买服务模式研究"课题工作，积极配合主管部门工程质量治理两年行动。传统建筑分会协助主管部门完成中央宣传部办公厅关于中华文化传承工程有关材料的上报工作。

【开展专题调研】 2016年，协会及分支机构开展多个专题的调研活动，为开展相关工作奠定良好的基础。3月，以召开调研会和发放调查问卷的方式组织开展面向全行业的专题调研活动，以全面了解行业发展现状以及存在的主要问题。分别在上海和北京召开3次调研会，14个细分行业近40家勘察设计企业的负责人参会，共回收调查问卷280份。在对调研资料进行统计、分析的基础上，编制《2016年勘察设计行业专题调研报告》。3月，协会以发放调研问卷和召开座谈会的方式组织开展工程勘察设计行业信息技术创新应用专题调研，以摸清行业信息化建设的现状与问题，进行总结和经验交流。在梳理分析调研所获得的第一手资料的基础上，编制《工程勘察设计行业信息技术创新应用专题调研报告》。建筑设计分会先后前往17家单位调研并召开座谈会，讲解新常态、新思维、新举措、新起点，出主意、提建议，共商企业发展战略。市政工程设计分会分区域组织不同主题的研讨调研，邀请上海天强管理咨询公司进行行业数据分析，并作行业形势与创新发展专题报告。建设项目管理和工程总承包分会先后走访多家研究机构进行调研，以发挥"走出去"的引领作用。施工图审查分会围绕"施工图审查政府购买服务模式研究"课题的研究工作赴多地进行实地调研。抗震防灾分会协助主管部门开展减隔震工程调研检查，起草《城乡建设抗震防灾"十三五"规划》等相关文件。工程智能设计分会等其他几家分支机构也以问卷调查和专题座谈等多种方式开展丰富的调研工作。

【开展课题研究】 2016年，协会继续开展《工程勘察设计行业年度发展研究报告（2015—2016）》课题研究，并将课题研究报告向全行业发布。课题邀请建筑、市政、勘察和煤炭、电力、机械、冶金、石化等多个行业的专家共同参与，基于对住房城乡建设部建筑市场监管司2015年度行业统计数据、国家统计局相关数据和课题调研所获取的资料的梳理和分析，研究总结行业发展现状、存在问题和发展趋势，提出行业改革发展的相关对策和建议，对行业企业应对、引领新常态实现转型发展具有借鉴作用。建筑设计分会承接建筑市场监管司"建筑设计资质管理研究"课题，将课题研究与市场司组织的《工程设计资质》（2007年版）修订紧密结合。

【加强评优引导】 2016年，在协会的总体部署下，有关分支机构组织开展多种多样的与评优相关的工作，以发挥评优引导作用。科技创新工作委员会在政策调研的基础上，经过充分论证，编制《中国勘察设计协会科学技术奖奖励办法（征求意见稿）》，为开展科学技术奖评选创造条件。协会委托信息化推进工作委员会举办第七届创新杯建筑信息模型（BIM）设计大赛，收到有效申报项目470个，经过初评、网评及终评，评选出各类奖项共计131项。10月10日举行颁奖典礼。建设项目管理和工程总承包分会开展2016年工程总承包完成合同额百名排序和评优工作，并启动综合实力百强评选办法专题研究，取得阶段性成果。民营设计企业分会启动"华彩奖"的评选工作。传统建筑分会完成"华筑奖"的申报评审工作。质量管理工作委员会举行2016年度国家工程建设（勘察设计）优秀QC小组成果发表及成果交流活动。信息化推进工作委员会组织完成"十二五"期间实施信息化建设先进单位和先进个人评选工作。建筑环境与能源应用分会开展了主题为"变·赢未来"的第二届"金叶轮奖"暖通空调设计大赛。建筑电气工程设计分会出版建筑电气专业图书《第一届全国优秀工程勘察设计行业奖（2015年建筑电气专业）作品集》。科技创新工作委员会编撰并发行《全国优秀工程勘察设计行业奖科技创新成果技术论文集》。工程勘察与岩土分会编辑出版《全国优秀工程勘察奖获奖项目专辑》第一辑。

【加强行业交流】 2016年，各分支机构发挥各自优势开展主题丰富、特色各异的交流活动。建筑设计分会举办中外专家绿建学术交流论坛，并以大区联席会议的方式，突出地域特色开展交流。市政工程设计分会召开改制市政设计院高层研讨会，建设项目管理及工程总承包工作研讨会等交流研讨活动。抗震防灾分会举办"城市安全与防灾规划"高端论坛。信息化推进工作委员会围绕绿色建筑软件、大数据环境下的知识管理、BIM+云计算等主题开展交流研讨活动。工程建设标准设计工作委员会召开工程建设标准设计60年行业发展研讨会。经营创新与体制改革工作委员会举办装配式建筑产业发展技术交流、海绵城市创新技术交流、"推动特色小镇创新发展"经验交流等活动。建设项目管理和工程总承包分会召开勘察设计行业改革发展专题研讨会，高级国际项目经理研讨会等。工程智能设计分会举办"转型、创新、合作、共赢"高端对话沙龙和2016国际智慧城市建设与智能建筑可持续发展论坛等交流活动。民营设计企业分会举办"互联网思维与工匠精神"主题年度论坛。高等院校勘察设计分会举办高校设计企业管理研讨活动，并围绕绿色建筑与建筑节能、建筑电气消防设计、城市交通建设的创新与耐久、国际视野下（基础）校园建筑规划设计的变革与思考等主题开展技术交流活动。建筑环境与能源应用分会举办"全国高原太阳能与热泵供暖技术应用论坛"、暖通空调技术年会以及"中国制冷展全国设计院总工观摩团"等活动。传统建筑分会举办首届中华建筑文化夏令营、中国传统建筑彩画油饰传承与发展学术论坛和"栋宇丹青——首届中国传统建筑彩画文化展"。建筑电气工程设计分会举办以"BIM+VR+模块化数据中心"为主题的第九届中国智能建筑电气沙龙。农业专业委员会组织专家讲座和前沿热点问题研讨活动。水系统工程与技术分会召开"聚焦热点·系统延伸·行业创新"专题技术交流会。

【加强诚信自律体系建设】 2016年，协会继续开展诚信单位评估试点工作。工程勘察与岩土分会10月启动工程勘察与岩土行业第一批"诚信单位"复评换证和第二批"诚信单位"复审工作。建筑设计分会12月成立建筑设计企业诚信评审委员会，根据行业实际情况对现行诚信评审规则办法进行修订，并完成建筑设计行业第一批199家"诚信单位"的复审工作。协会基于对诚信评估试点工作现状、问题和发展趋势的调研分析，组织开展建设面向全行业的诚信评估机制的研究工作，编制《中国勘察设计协会诚信评估管理办法》初稿,提出了未来工作的基本思路和实施步骤。为加强行业自律,反不正当竞争,维护市场秩序,建筑设计分会按照协会要求完成建筑设计服务成本要素信息统计分析工作,协会于12月26日发布《关于建筑设计服务成本要素信息统计分析情况的通报》。

【加强行业宣传工作】 2016年,协会强化协会网站作为宣传主阵地的功能,不仅作为协会信息发布的窗口,也作为为会员单位提供服务的平台。协会网站重点针对第六届会员代表大会、全国勘察设计行业实施"一带一路"战略研讨会、全国勘察设计行业信息化工作交流会等大型活动进行全面的宣传报道。6月21日,协会在新疆召开2016年行业宣传工作会议,总结2015年行业宣传工作成绩,部署2016年行业宣传工作。协会主办的《中国勘察设计》和《智能建筑与智慧城市》杂志紧抓"一带一路"、进一步推进工程总承包、PPP、信息化、"营改增"等行业热点议题,邀请专家学者开设专栏,组织新闻宣传报道,并强化智能建筑和智慧城市技术交流,加快新媒体微信公众号的建设,努力体现政策性、指导性、时效性、服务性和学术性,发挥行业重要宣传阵地的作用。各分支机构也充分利用各自的平面媒体资源,开展大量宣传工作。《建筑设计管理》、《风景园林》、《工程建设标准设计通讯》、《勘察设计质量和管理》、《中国勘察与岩土工程简讯》、《建设项目管理与总承包》、《建筑时报》、《给水排水》和《建筑结构》及相关公众微信号,努力做好行业宣传报道工作,传播行业改革发展正能量,扩大协会的影响。

【加强协会自身建设】 2016年,协会以加强党建工作为核心,切实加强自身建设,提高团队凝聚力、服务能力和执行能力。在党建工作方面组织开展包括专题民主生活会、党建工作述职考核会、接受住房城乡建设部检查组党建工作检查、完成支部换届改选、完成党费收缴自查工作、开展"两学一做"学习教育、召开"中央专项巡视反馈意见整改工作"专题民主生活会和组织生活会等一系列活动。在管理制度建设方面,以换届为契机,理顺管理机制,修订编制包括《会议制度》、《公文处理办法》、《印章使用管理办法》、《网站管理办法》和《分支机构管理办法》十余个规章制度。在协会日常管理方面,完成社团年检工作,加强会员管理、财务管理和分支机构管理等工作。

(中国勘察设计协会)

中国建筑业协会

【概况】 2016年中国建筑业协会(以下简称中建协)在住房城乡建设部的指导下,在理事会和广大会员的大力支持下,紧紧围绕建设领域中心工作,以全面推进建筑产业现代化为目标,以加快转变行业发展方式、促进企业转型升级为主线,以提高建设工程质量安全管理水平为主题,突出重点,求真务实,开拓创新,履行职责,较好地完成各项工作任务。

【承接住房城乡建设部等部门委托的大量调研任务】 受住房城乡建设部有关业务司委托,中建协深入开展"建筑行业和产业分类标准研究"、"施工质量管理信息化应用模式研究"等课题调研,编写《建筑业改革发展调研方案》施工技术分报告。与国家审计署建设审计局共同开展建筑业企业应收工程款调研。参与施工总承包企业特级资质标准研究工作。向国务院督查室报送《建筑业民间固定资产投资情况及建议》,向国家发改委国民经济综合司先后十余次报送建筑业经济形势分析报告,向国家发改委就业司报送《关于建筑业当前就业形势的报告》,向住房城乡建设部计划财务与外事司报送《关于建筑业营改增试点运行情况的报告》。中建协工程质量监督分会承担"建立工程质量监督执法体制机制的研究"、"建设工程质量检测机构诚信体系研究"课题任务。

【围绕行业难点热点问题自行组织开展调研工作】 组织副会长、常务理事单位和各地区、各行业建筑业(建设)协会围绕行业亟待解决的热点难点问题开展调研,共收到协会和企业的调研报告12份,中建协将收到的调研报告在中建协刊物和网站上登载,并选择一些有代表性的报告呈报有关部门参考。

【组织编制行业标准规范】 制订《建筑施工企业信息化评价标准》、《模板工职业技能标准》。中建协分支机构也承担住房城乡建设部委托的行业标准规范制（修）订工作，如建筑安全分会制订《建筑施工工具式脚手架安全技术标准》，建筑防水分会修编《地下防水工程技术规范》，智能建筑分会制订《建筑智能化系统运行维护技术规范》、《智能建筑工程质量检测规范》、《弱电工工种技能标准》等。

【开展行业数据统计分析和刊物编印工作】 与住房城乡建设部计划财务与外事司合作完成《2015年建筑业发展统计分析》，并在《中国建设报》和中建协会刊上刊登。中建协统计专业委员会开展特级、一级建筑业企业统计数据的审核、汇总、分析及编印工作，为各级建设主管部门提供及时准确的统计分析资料。中建协按时编辑出版《中国建筑业年鉴》和《中国建筑业》杂志等书刊。

【积极反映行业诉求】 中建协注重听取企业意见，深入研究具有普遍性的难点问题，及时向有关部门反映诉求，提出政策建议。

继续跟踪"以审计结果作为工程竣工结算依据"地方性法规问题，积极配合法工委针对该问题开展实地调研。

反映建筑业工程款拖欠问题。当前建筑业拖欠工程款数额巨大，给施工企业生产经营带来很大负担。中建协会同国家审计署建设审计局就工程款拖欠问题开展深入调研，如实核查拖欠工程款有关统计数据和对施工企业的负面影响，分析形成原因，研究提出解决办法，并将实际情况上报国务院。

【深入开展创建精品工程活动】 认真组织创精品工程经验交流会议，通过邀请专家讲座、企业交流，提高创建鲁班奖工程品牌意识，同时对鲁班奖复查专家的选择、复查工程的分配、复查组的构成、复查工作要求、复查费用安排等方面做出改革和部署。圆满完成了2016～2017年度第一批中国建设工程鲁班奖（国家优质工程）与2016年度境外工程鲁班奖评选工作。

【开展质量万里行活动】 为配合住房城乡建设部"工程质量治理两年行动万里行"工作，继续遴选并分批对10余家企业进行调研采访，并将受访企业开展两年行动取得的成效和经验在中建协工作简报、会刊和网站以及《中国建设报》、《建筑时报》上宣传报道。中建协开展的质量万里行活动推广先进经验，树立正面典型，受到业内的关注和好评。中建协工程建设质量管理分会继续开展工程建设领域QC小组活动，并举办2016年全国工程建设优秀QC小组活动成果交流会，1005个小组荣获优秀QC小组称号。认真组织开展AAA级安全文明标准化工地活动，有500个工地入选。

【开展中国建设工程施工技术创新成果奖评选活动】 继2015年设立中国建设工程施工技术创新成果奖，2016年中建协设立中国建设工程施工技术创新成果奖专项基金，并完成第二届施工技术创新成果奖评选活动，共有76项施工技术获奖，中建协向获奖单位和个人颁发荣誉证书，向一、二等奖获奖单位颁发奖金70万元。

【开展全国建筑业创新技术应用示范工程工作】 为推动建筑业实施创新驱动发展战略，激发建筑业企业科技创新的活力，营造大众创业、万众创新的氛围，中建协开展全国建筑业创新技术应用示范工程工作。制定印发《全国建筑业创新技术应用示范工程管理办法（试行）》，开展2016年度全国建筑业创新技术应用示范工程工作。各地区、各行业建筑业企业积极响应，已完成申报立项工作。

【开展绿色施工示范工程与节能减排工作】 中建协绿色施工分会开展第六批绿色示范工程申报工作，同时对前几批立项的绿色施工示范工程进行过程检查。与中国海员建设分会全国委员会共同开展全国建设（开发）单位和工程项目节能减排达标竞赛活动，引导企业加强节能减排，推动建筑业实现低碳发展。

【大力推广应用建筑施工创新技术】 举办2016年度中国建设工程BIM大赛，"上海世博会博物馆新建工程全生命周期BIM应用"等362项入选推广，开展第二届信息化案例征集活动，召开建设工程BIM技术成果暨企业信息化成果推广应用经验交流会。撰写并发布"十一五"至"十二五"期间建筑业科技进步与管理创新报告。

【举办多种形式的技术交流活动】 开展建筑业企业信息化建设案例征集和全国建筑业优秀论文征集活动，举办推进建筑产业现代化研讨会，供业内企业学习交流建筑业先进施工技术和管理创新成果经验。组织部分专家赴河南、上海等地开展技术指导与观摩学习活动。

【开展AAA级信用企业评价工作】 完成2016年度AAA级信用企业评价工作，同时对前几批AAA级信用企业进行动态管理和复评。中建协建筑安全分会开展AAA级安全文明标准化工地评价工作。AAA信用企业评价工作为完善建筑业信用体系建设、规范行业发展起到积极作用。

【开展双200强评价活动】 组织开展2015年度

双200强企业评价工作，召开全国建筑业企业创新发展经验交流会，并编辑出版《2015年度中国建筑业双百强企业研究报告》。这项评价工作树立行业典型，引领企业提高品牌意识、追求可持续发展，为业内提供学习先进经营管理经验的平台。

【加强与国(境)外同行的交流合作】 为推动企业贯彻落实国家"一带一路"战略，促进企业之间的学习交流，中建协举办践行国家"一带一路"战略承建境外工程经验交流会，组织专家赴白俄罗斯、越南等国家对中国企业承建的工程项目进行实地检查和调研。召开中国国际工程项目管理峰会，举办"2016海峡两岸地工技术/岩土工程交流研讨会"，接待英国皇家特许建造学会来访，签署合作备忘录。组织建筑业企业社会责任评价研究团组赴欧洲访问。

【开展注册建造师有关工作】 按照住房城乡建设部要求，中建协组织召开建造师执业资格制度座谈会，就注册建造师的地位和作用、注册建造师资格与项目经理岗位是否挂钩、企业资质标准是否考核注册建造师以及如何健全建造师执业资格管理制度等问题进行深入探讨。会后形成《关于建造师执业资格管理制度有关问题的改革建议》，报住房城乡建设部。

【帮助企业平稳实施"营改增"】 随着"营改增"政策的全面实施，建筑业企业面临新的机遇和挑战，为更好地帮助广大建筑业企业借鉴相关经验，尽快适应新税制，实现平稳过渡，中建协先后在西安市、广州市、绍兴市等地召开了建筑业"营改增"新政学习与解读暨模拟运行经验交流会，特别邀请建筑业企业、税务研究机构和工程管理及造价研究机构的财税专家交流分享他们在理解新政、强化管理等各方面的切身体会和创新举措，还组织数十家大型建筑业企业和财税专家编写《建筑业营改增实施指南》一书。该书是建筑业企业应对"营改增"的实务操作工具书，具有非常高的实用性和学习借鉴价值，出版以来受到了企业的欢迎。

【开发全国建筑工人信息管理平台】 受住房城乡建设部建筑市场监管司的委托，为推进建筑劳务实名制管理，中建协与中建股份有限公司共同开发全国建筑工人信息管理平台。平台基于互联网思维整合政府、承包企业、劳务企业、建筑工人和社会资源，实现劳务工人全职业周期管理，以促进务工人员职业化。

【承办第44届世界技能大赛建筑类项目全国选拔赛】 由人力资源社会保障部主办，中建协与山东省人力资源和社会保障厅、烟台市人民政府共同承办2016年中国技能大赛——"芝罘杯"第44届世界技能大赛建筑类项目全国选拔赛。中建协建筑经营管理与劳务分会还组织专家和选手配合拍摄中国大能手之《超级砌筑工》，并在央视2套黄金时间热播，受到行业内外的广泛关注。

【举办庆祝协会成立30周年系列活动】 2016年是中国建筑业协会成立30周年，为此中建协举办一系列庆祝活动，总结成功经验，宣传建筑业辉煌业绩，探讨协会及行业改革发展思路。具体内容有：编写《中国建筑业协会成立30周年纪念专辑》，制作中国建筑业协会成立30周年专题片，表彰建筑业先进企业和先进工作者，召开庆祝中国建筑业协会成立30周年暨建筑业改革发展经验交流会等。

【加强党建工作】 组织开展"两学一做"学习教育活动，制定协会秘书处支部的《开展"学党章党规、学系列讲话，做合格党员"学习教育实施方案》，组织党员学习党章党规、党的十八届六中全会文件和习近平总书记系列重要讲话。严格落实"三会一课"制度，制定入党积极分子培养计划、党员发展计划，发展新党员。按照上级党组织要求，根据中组部文件规定组织全体党员足额补缴党费，之后每月严格按标准交纳党费。加强党风廉政建设，结合巡视工作，认真开展党风廉政建设和自查自纠工作，组织学习有关文件，进一步提高全体党员的廉洁自律意识，认真落实《住房城乡建设部直属机关党员学习教育"灯下黑"问题专项整治工作方案》要求，对有关违纪人员进行诫勉谈话和严肃处理，建立问题清单和工作台账。

【加强秘书处建设】 2015年中建协在民政部开展的全国社团评估中再次获得5A级社团荣誉，并被民政部评为"全国先进社会组织"。把本次评估作为难得的学习和自查机会，对照新的5A级标准进一步加强秘书处建设。通过组织集体学习、鼓励自学和邀请老师授课等方式，推动职工加强政治理论、政策法规、行业动态和业务知识的学习积累，逐步提高职工的理论素养和业务水平。

【加强对分支机构的指导和管理】 为进一步规范分支机构工作，中建协对分支机构开展的评选、评价和论坛研讨会等活动进行清理和规范。取消二十多项评比达标表彰项目，并根据市场需求调整部分分支机构设置，设立调解中心。

中建协较圆满地完成工作计划，取得较好的成绩，这些成绩的取得与各地区建筑业协会和有关行业建设协会的大力支持是分不开的。中建协的工作还存在着一些不足之处，咨询服务工作薄弱，行业自律工作有待进一步加强,仅依靠信用评价工作引导企业,影响力有限,应配合其他有效方式加大规范力度,协会自身建设需要进一步加强,员工的专业素质有待进一步提高。中建协将在发扬成绩的同时,着重解决存在的问题和不足,为行业、为企业提供更好的服务,为实现建筑产业现代化做出新的更大的贡献。

大事记

1月

7日 中建协在珠海组织召开全国建筑行业秘书长研讨会。

7日 中建协在珠海隆重召开全国建筑业AAA级信用企业暨中国建筑业双百强企业发布会。

7日 中建协建筑史志与企业文化分会成立大会在珠海召开。

13～14日 由中建协主办、中建协工程项目管理委员会承办的全国建设工程优秀项目管理成果编写申报研修班在太原市举办。

2月

1日 中建协召开2015年度秘书处工作总结会。

28日 第七届全国优秀建造师经验交流及表彰大会在长沙隆重召开。

3月

8日 2015年中国建设工程施工技术创新成果奖答辩综评会议在北京召开。

9日 中建协与茅以升科技教育基金会在北京召开"茅以升科学技术奖——建造师奖"评审会议。

9日 中建协核工业建设分会在湖南长沙召开四届三次理事会

11日 中建协建筑技术分会等单位承办的义乌中福广场项目(A组团)BIM应用项目观摩会在浙江省义乌市召开。

17日 中建协工程建设质量管理分会在武汉召开四届三次理事会暨全国工程建设质量管理优秀企业和先进工作者表彰大会。

25日 中建协在河南省林州市召开中国建筑之乡改革与发展经验交流会。

25日 中建协在河南省林州市召开《中国建筑业年鉴》编委会扩大会。

4月

7日 中建协在西安召开建筑业"营改增"新政学习与解读暨模拟运行经验交流会。

12日 中建协在北京住总国家住宅产业化基地召开推广预制装配化建筑、推进建筑产业现代化座谈会。

14日 中建协与广东省建筑业协会在广州联合举办建筑业"营改增"最新政策解读及操作实务专题培训班。

19日 中建协在北京召开"建筑产业和行业分类标准研究"课题组第二次会议。

27～28日 中建协在福建省福州市召开全国建筑业企业创精品工程经验交流会。

27日 中建协在北京召开第六届全国建筑行业信息传媒工作竞赛评审会。

27～28日 中建协工程建设质量管理分会与宁夏建筑业联合会在银川市举办全国工程建设质量管理小组基础知识公益讲座。

28日 中建协绿色建造与施工分会在珠海召开绿色施工技术创新经验交流会。

5月

5日 国家审计署建设审计局到中建协调研行业改革发展情况。

9日 协会党总支召开"两学一做"学习教育动员会。

12～13日 由中建协主办,中建协项目管理委员会承办的2015年度鲁班奖工程项目经理暨全国建筑业企业优秀项目经理高级研修班在安徽省合肥市举办。

25日 中建协党总支到四川省广元市利州区荣山镇花园小学慰问全体师生,捐资助学。

26日 由中建协等单位承办的"全国互联网＋BIM技术应用及超高层武汉绿地中心项目观摩会"在武汉顺利召开。

6月

2～3日 由中建协和浙江省建筑业行业协会联合主办的建筑业企业"营改增"方案应对与管理创新高级研修班在绍兴举办。

16日 由中建协主办、中建协建筑史志与企业文化分会承办的全国首届建筑业企业文化建设经验交流会在山东曲阜举行。

19～20日 中建协组织《中国建设报》和《建筑时报》记者,前往云南省建设投资控股集团有限公司(以下简称云南建投)及工程项目,调研采访企业开展两年行动的情况和取得的成效。

21～22日 中建协在昆明召开全国建筑业践行国家"一带一路"战略经验交流会。

23～24日 中建协在广州召开全国建筑行业信息传媒工作经验交流会。

28日 第八届全国优秀建造师评审会议在北京

召开。

29~30日 第十一届全国建设工程优秀项目管理成果现场发布会在浙江嘉兴市举办。

7月

4日 中建协党总支组织建党95周年党课学习。

12日 住房城乡建设部计划财务与外事司在北京组织有关专家，对中建协承担的"建筑行业和产业分类标准研究"课题进行评审。

12~14日 中建协工程建设质量管理分会在合肥市召开"2016年全国工程建设优秀QC小组活动成果交流会"。

20日 中建协在天津召开中国建设工程施工技术创新成果表彰暨先进经验交流大会。

23日 全国建筑行业首家具有行业调解职能的专业调解机构"中国建筑业协会调解中心"在京成立。

26日 建筑业"营改增"实务工具书《建筑业营改增操作指南》初稿编审会在京召开。

8月

18~19日 中建协核工业建设分会在西安召开资质换证总结及市场开发合作研讨会。

24日 中建协在北京召开2016~2017年度第一批中国建设工程鲁班奖（国家优质工程）复查工作启动会。

24~26日 中建协组织《中国建设报》和《建筑时报》记者，赴山东德州、广东中山参观中铁四局集团有限公司、汕头市建安（集团）公司承建的工程项目，调研采访两家企业开展两年行动取得的成效。

9月

5~7日 2016年中国技能大赛"芝罘杯"第44届世界技能大赛建筑类项目全国选拔赛在山东烟台成功举办。

8日 中建协机械管理与租赁分会在江西宜春召开第八届全国建筑施工机械租赁大会。

13日 中建协在北京召开首届全国建筑业优秀论文评审会。

20日 中建协在北京组织召开中国建筑业双200强企业评价工作会议。

22日 中建协在北京召开全国建筑业"营改增"试点实施情况调研座谈会暨《建筑业营改增实施指南》发布会。

24~25日 第15届中国国际工程项目管理峰会暨全国建筑业企业优秀项目经理经验交流会在南京市隆重召开。

10月

11~12日 "建造师执业能力与实践经验交流暨2015年度茅以升科技奖——建造师奖、第八届全国优秀建造师表彰大会"在杭州召开。

18日 中建协建筑企业经营和劳务管理分会在京召开中国建设工程施工优秀工匠暨全国建筑业诚信劳务企业专家评审会。

21日 中建协组织专家在北京召开2016年全国建筑业创新技术应用示范工程（立项）评审会。

31日 中建协在北京隆重召开成立30周年暨建筑业改革发展经验交流会。

31日 中建协六届二次理事会暨六届三次常务理事会在北京召开。

31日 第三届（广联达杯）全国建筑业摄影大赛优秀作品展在北京举行。

11月

3~4日 中建协在北京召开第二届中国建设工程BIM大赛综评会。

5日 中建协工程建设质量管理分会等单位主办的联想总部（北京）园区二期项目互联网＋BIM技术应用现场观摩会在北京举行。

7~8日 全国建筑业企业信息化建设案例征集活动举行视频答辩。

18日 中建协在杭州召开六届三次会长会议。

23日 中建协管理现代化专业委员会第六次会员代表大会暨六届一次理事会在西安市召开。

12月

8日 中建协在南宁召开全国建筑业企业创新发展经验交流会。

15~16日 中建协在济南市召开建设工程BIM技术成果暨企业信息化成果推广应用经验交流会。

22日 中建协建筑企业经营和劳务管理分会第三次会员代表大会暨三届一次理事会在深圳召开。

22日 中建协建筑企业经营和劳务管理分会在深圳召开第六届全国建筑企业经营和劳务管理交流会。

24日 中建协工程项目管理委员会2016年领导集体工作会议在湖南省长沙市召开。

（中国建筑业协会）

中国安装协会

概况

2016年,是中国执行"十三五"规划的开局之年,是国家经济和社会发展的变革之年、创新之年和转型之年。2016年,也是安装行业继往开来、革故鼎新的一年。安装企业顺应国家改革、行业变革之势,苦练内功求生存、创新业态求发展,优化业务结构、推进产业升级、推动科技创新和人才工程,立足国内、拓展国外,促进企业和谐稳定、科学健康可持续发展,营造发展新格局。安装协会在广大会员单位的关心和支持下,积极探索行业可持续发展之路,坚持服务宗旨、突出服务重点、创新协会工作、拓展服务领域,努力为行业和会员单位提供高质量、高水平、高效率的服务,再创协会工作新局面。

【开展行业调查研究工作】 协会围绕安装行业重大改革发展问题和行业热点问题开展调查研究工作。通过召开会长会议、经验交流会、技术研讨会、座谈会,开展问卷调查、网络调查、抽样调查、专家调查、统计调查和征询意见等方式,围绕企业转型升级、推进建筑企业产业现代化、实施"一带一路"战略、"营改增"、推行工程总承包、安装企业资质及自身定位、"互联网+"信息化建设、行业标准规范等热点问题听取业内人士意见,相互交流、深入探讨。通过组织对先进施工项目现场观摩和考察,了解企业建设项目组织实施与建造方式,了解先进安装技术、管理经验等在企业的应用情况,掌握机电工程施工技术与综合信息化管理等发展新趋势。针对大家提出的一些困惑和问题,协会及时组织交流研讨、邀请专家做报告,并积极参加主管单位组织的学习,为企业传递信息,或在认真整理大家的意见后,通过各种渠道与政府及相关部门进行沟通、反映。协会继续开展安装企业生产经营情况调查工作,共有137家企业参加调查活动,协会对各单位填报的数据进行认真的统计、汇总和分析,形成《2014—2015年度安装企业生产经营情况调查报告》。

【做好两个奖项的评选工作】 开展"2015—2016年度中国安装工程优质奖(中国安装之星)"第二批评选活动。这次评选活动,协会按照更科学、更合理的原则,对《中国安装工程优质奖(中国安装之星)评选办法》进行修订和完善,使评选活动更加符合安装行业实际,更好地体现国家的有关技术政策和相关规定,为提高安装行业工程质量水平发挥更大的作用。在评选活动中,协会认真贯彻住房城乡建设部"工程质量治理两年行动",通过培训、交流、观摩及编辑创优指导书籍等,促进企业提高质量安全意识,提高工程质量管理水平。协会坚持质量第一、优中选优的原则,进一步规范工程复查工作,编辑《安装工程创优策划与指导手册》。本次评选活动,经企业申报、秘书处初审、工程复查组复查、评审委员会评审、公示,共有130项工程获奖。做好"中国安装协会科学技术进步奖"评选工作。2016年1月8日,受科技部邀请,协会派代表参加在人民大会堂召开的国家科技进步奖颁奖大会,这说明科技部对安装行业这个奖项的重视和信任,是对中国安装协会科技进步奖评选活动的肯定,坚定协会通过科技进步奖的评选工作来促进企业科技创新驱动发展。根据国务院相关规定,社会力量设立的科学技术奖是由第三方评价机构来评价。协会高度重视这项工作,2016年3月,协会又对科技进步奖第三方评价结果进行跟踪并完善相关填报材料,最终以77.54分的好成绩通过评价,取得社会科技奖励第三方评价。7月份,协会发出《关于做好"2016—2017年度中国安装协会科学技术进步奖"申报和推荐工作的通知》,收到近110项申报资料,年底完成对申报资料的登记、统计、分类工作。

【推动行业科技进步和科技创新】 2016年,协会积极承担推动行业科技进步和科技创新的职能,认真探讨和制订行业科技进步和科技创新方面的新战略、新思路、新理念。安装协会拥有大批专家,在组织科技成果鉴定方面有着巨大的优势,因此,协会把咨询工作和对新技术、新产品的鉴定工作提到了工作日程。组织专家为会员单位鉴定科技成果27项,其中有几项成果的鉴定,为企业申报科技创新项目给予及时的服务。标准化是行业创新发展的重要技术基础,协会认真学习领会国家重点扶持团体标准的政策,研究探讨如何建立和完善、制定和推广协会标准体系，如何为行业发展提供支撑。继2015年协会发布首个协会标准《建筑机电工程BIM构件库技术标准》后，协会又组织专家主编和参与修编多部行业标准。协会继续加强专家库的建设，充分发挥专家智囊作用，为协会各项工作提供智力支撑和人才保障。协会专家库已有692名专家，协会积极为专家提供活动平台和空间，组织专家参与协会组织的行业调研、工程复查、技术咨询、成果鉴定等服务活动，加大对专家和行业优秀科技人才的培训和培养，以适应行业科技发展的需要。

【开展培训交流活动】 为贯彻落实国务院、住房城乡建设部关于推进城市地下综合管廊建设的有关文件精神，推广大型企业在城市综合管廊等城市基础设施建设的经验，协会在珠海举办"城市地下综合管廊现场观摩会"。为贯彻住房城乡建设部《关于推动建筑信息模型应用的指导意见》，推进BIM信息技术、新型建筑工业化、产业化等在机电安装工程中的应用，协会在武汉举办"企业信息化管理、BIM技术应用与装配式建造交流研讨会暨现场观摩会"。为提高企业创优意识，增强创优企业能力，提升施工管理水平，推动安装行业工程质量水平的提高，协会在太原举办"创精品机电工程研讨会暨现场观摩会"。为贯彻国家标准规范，协会在北京和太原举办《建筑电气工程施工质量验收规范》宣贯班。

【举办"安装之星"全国BIM应用大赛】 为推进BIM技术在机电安装工程中的普及应用，鼓励机电安装企业科技创新，促进行业技术进步，协会与中建八局联合在全行业共同举办"安装之星"全国BIM应用大赛。大赛得到业内相关单位大力支持，中建八局第一建设公司积极承办这次大赛，广联达软件股份有限公司、欧特克软件(中国)有限公司、北京鸿业同行科技有限公司等多家软件公司作为协办单位大力支持，《安装》杂志、中国建设报、中国BIM网、筑龙网等媒体对大赛给予广泛的宣传报道。会员单位积极响应，踊跃报名参赛，130个企业的200多个项目参赛。经企业申报、协会初审、专家复审，96个项目进入决赛，其中22个项目入围一等奖的角逐。经参赛企业汇报、答辩、评委评审，16项成果荣获"安装之星"全国BIM应用大赛一等奖，38个项目获二等奖，42个项目获三等奖。江苏省安装行业协会等24个单位获优秀组织奖。中建八局第一建设有限公司、中建八局第一建设有限公司安装分公司被推荐为"BIM应用示范企业"。

【编写机电安装工程管理与技术书籍】 为配合注册建造师培训工作，满足安装业广大从业者和机电安装企业技术人员补充知识和提高执业能力需要，协会组织业内专家编写《超高层建筑机电工程施工技术与管理》、《机电工程常用规范理解与应用》、《机电工程创优策划与指导》3本书，由中国建筑工业出版社出版发行。这3本书是当前中国机电工程建设领域超高层建筑机电工程技术、机电安装企业工程质量创优、机电工程常用规范和技术标准的实用参考书，书中内容也体现协会"大安装"的工作思路。1月，协会在珠海召开3本书的发布会。

为帮助企业学习城市地下综合管廊工程项目的管理理念和管理方法，了解施工技术的特点、难点、关键技术和创新技术，学习城市地下综合管廊项目施工技术与管理经验，积极参与建设城市地下综合管廊项目，2016年11月，协会着手组织编写《城市地下综合管廊工程施工技术与管理》一书，编委会首次会议于2016年11月份在上海召开，确定编制思路、编制目录、章节主要内容、编制要求，明确分工，制定编写工作计划等，此项工作得到中国二十冶集团有限公司等十几家单位的大力支持。

【加强协会民主办会】 2016年4月，协会在西安市召开会长会议，对协会2016年重点工作进行研讨，提出指导性意见，并根据建筑业改革发展形势和安装行业现状，对2016年协会调查研究工作进行研究部署。9月份，协会在上海召开六届四次理事会会议，副会长兼秘书长杨存成向大会做六届四次理事会工作报告，会议对秘书处的工作给予充分的肯定。会议批准59家企业的入会申请，审议通过关于增选协会理事、常务理事的提案、关于增补协会副秘书长的提案、关于变更协会会长、副会长的提案，会议选举田秀增为中国安装协会第六届理事会会长，增选上海市安装工程集团有限公司党委书记、董事长徐建东，北京市设备安装工程集团有限公司董事长桑振宇，盛安建设集团有限公司董事长、山东省安装协会会长周鹏为协会第六届理事会副会长。

6月份，协会在广西北海召开协会秘书长、联络员、通讯员联席会议。会议介绍2016年协会上半年各项工作开展情况及取得的成效，提出2016年协会下半年的工作思路及工作计划。会议对荣获"2016年度全国安装行业优秀网站(一级)"的11个单位和荣获"2016年度全国安装行业优秀网站(二级)"的39个单位，以及荣获"网站建设先进个人"的38位个人进行表彰，颁发荣誉证书。协会希望通过这项活动，表彰全国安装行业优秀网站和网站建设者先进个人，增强行业凝聚力，促进企业文化建设，弘扬和传播安装行业优秀文化，打造企业持续健康发展的软实力。

【注重会员发展】 2016年，协会进一步拓宽会员发展渠道，通过一些有抓手的服务工作和开展培训、观摩活动，把各工业领域和专业中的安装企业吸收到协会中来。在发展对象中，除地方龙头安装企业、行业领军安装企业外，也注重吸收总承包建设企业的安装公司。随着协会影响力和服务能力的提升，一些建筑集团公司也申请加入协会，给协会的工作带来新的活力。随着BIM技术的发展，一些软件供应商也积极参加协会的活动，为使他们更好地为会员单位服务，协会也注意吸收他们加入协会。在平时的工作中，协会尽可能争取多走访一些会员单位，互通情况、传递信息、交流工作，同时在联系过程中掌握会员单位的发展动态，了解会员单位实际需求，增进与会员单位的情感和友谊。

【提高信息服务水平】 协会《工作通报》，为协会会长、副会长、各省市安装协会（分会）、有关行业建设协会及时通报协会工作。利用微信平台向会员单位传送信息，保持协会与会员单位之间的良性互动和紧密联系，促进会员单位随时关注协会活动，提高协会工作有效性、时效性和针对性。《安装》杂志根据杂志的定位，积极探索市场运作机制，及时制定调改措施，紧跟安装行业发展形势，提供行业科技动态信息，加大为行业、为企业的服务力度，强化编辑队伍建设，保证办刊质量，努力将杂志办出行业特色，办成行业期刊精品。

【分支机构工作】 标准化工作委员会完成《通风管道技术规程》的报批稿。该标准是根据住房城乡建设部2014年工程建设标准规范制订、修订计划，由中国安装协会、北京市设备安装工程集团有限公司主编，标准委会同有关单位共同修订的工程建设行业标准，同时，组织有关专家，修编以中国建筑标准设计研究院主编的国家标准图集《太阳能集中热水系统选用与安装》、《XZP100消声器选用与制作》、《等电位联结安装》，新编《非金属风管制作与安装》、《防雷与接地设计施工要点》、《古建筑防雷设计与安装》、《水下及潮湿环境电气设备设计与安装》等图集。9月份，标准委在北京召开主任（扩大）会议，学习领会国家重点扶持团体标准的政策，研究探讨如何建立完善的协会标准体系，为行业发展提供支撑。

通风空调分会9月份在苏州市召开年会，会议发布由通风空调分会主编、中国建筑工业出版社出版的《通风与空调工程施工技术实例（第2集）》，实例包括绿色施工与环境保护、工艺技术、洁净空调、节能技术、噪声控制、试验调试等实用技术。分会参加由中国建筑工业出版社出版、上海市安装工程集团有限公司主编的《通风与空调工程施工质量验收规范》实施指南编委会首次会议，会后按照会议确定的编写任务及进度要求认真予以落实。

管道分会立足于具体施工现场，以国家规范、行业标准等为准则，为有效预防和克服管道工程施工过程中的质量问题，组织上海市安装工程集团有限公司、中国三安建设集团有限公司、南通安装集团股份有限公司、中国电子系统工程第二建设有限公司、中国核工业第五建设有限公司等单位的技术人员和专家，编写《管道工程施工质量图解手册》。

智能化与消防工程分会在促进智能化与消防工程行业健康持续发展，提高智能化与消防工程企业市场竞争力、提高优秀企业的知名度方面做了积极的努力。分会按时召开会长办公会议、分会常务理事会会议、会员大会，研究制定分会发展和工作思路。

【党支部工作】 协会党支部在住房城乡建设部直属机关党委、社团一党委的领导下，坚决落实全面从严治党要求，全力配合做好住房城乡建设部专项巡视工作，按照巡视工作要求，积极做好相关的资料整理、撰写、问题分析等工作，将思想和行动统一到住房城乡建设部党组关于巡视整改工作的安排部署上来。巡视工作结束后，认真贯彻落实中央巡视组专项巡视反馈意见，做好整改措施落实。党支部不断增强自身的政治意识、大局意识、核心意识、看齐意识，严格落实"三会一课"、党员组织生活会、谈心谈话、民主评议党员、党性分析等制度，全面落实监督责任。开展批评和自我批评，加强对党员的日常教育管理，开展形式多样的组织活动，发挥党组织的战斗堡垒作用，为协会的发展提供坚实可靠的政治保障。

2016年，协会的各项工作取得来之不易的积极成果，但离广大会员单位的期望和需求仍然有很大的差距和不足。协会对行业关注的热点、难点问题的调研和反映诉求工作深度不够，在工作思路和工作内容的创新上还有待深入研究和探讨，对协会开展的活动，质量和内容还有待进一步提高，协会自身的服务能力有待进一步提升，秘书处员工的业务水平也要进一步提高，服务质量也要不断提升，影响和制约分支机构科学发展的问题还没有解决，协会分支机构的设置和发展方向还需进一步研究探讨。面对安装行业如此艰巨而光荣的改革发展任务，协会一定要牢固树立为会员服务的意识,围绕行业发展和工程建设领域中心任务,坚持服务宗旨,突出服务重点,创新协会工作,再创协会工作新局面。

(中国安装协会)

中国建筑金属结构协会

协助政府

2016年3月,财政部、国家税务总局发布《关于全面推开营业税改征增值税试点的通知》。5月,协会全国各地的会员单位都积极地参与此次"营改增"试点工作。但个别省市地区的幕墙、门窗企业在执行"营改增"过程中,遇到税负增加的问题,例如北京某企业,在"营改增"之后,根据北京市顺义区国税局的政策要求,建筑业劳务部分由11%的增值税(如果是清包工,按照3%的简易征收率)改为17%增值税,纳税额接近原来的5倍,远远超出近几年门窗幕墙行业3%~5%的净利润指标,北京某公司,在"营改增"新政之前,销售自产货物部分及建筑业劳务部分,分别缴纳17%增值税及3%营业税,"营改增"后统一按照17%增值税交税,如果按照130亿元的合同额算,税负增加额高达1.81亿元,所以在政策实施后不到2个月,这两家企业纷纷向协会提交税负增加的报告,希望能通过协会与建设部和当地财政主管部门沟通,调整劳务部分税率并将其降低到11%,对于老的项目仍采用3%简易征收率。协会于5月31日在北京市召开"关于营改增税费变动问题的讨论会",并形成统一意见递交建设部计划财务司,通过几轮沟通调研,得到如下结果:门窗、玻璃幕墙企业应将生产加工与建筑安装业务分立,即把加工制造与建筑安装业务拆分开,分别适用相应的税率计税,这样既有利于企业降低税负,也有利于税收征管。

根据11月24日住房城乡建设部市场监管司关于拟取消8个专项设计资质征求相关协会意见函,铝门窗幕墙委员会于12月2日在京组织召开建筑幕墙工程专项设计资质座谈会,来自全国各地的9家幕墙企业和5个省市协会的代表就有关问题进行认真分析和讨论,并形成书面意见递交市场监管司。

协助工信部、住房城乡建设部开展钢结构产业政策研究和相关装配式建筑推广文件的起草工作,经行业调研,专家建言,先后上报11批次、3.5万多字的钢结构建筑资料、材料,参与工信部、住房城乡建设部召开的关于钢结构建筑应用座谈会7次,30余家钢结构企业、数十位行业专家参加研讨,其中,1.5万字收录《装配式建筑必读》一书,6000字作为住房城乡建设部政策解读材料。此项工作从行业宏观政策上,大力助推钢结构在我国的应用。还参与住房城乡建设部《装配式建筑技术与经济政策》课题的研究。整理出"两会"提案:"大力推广钢结构建筑,需要出台具体措施助推产业升级"提案,在住房城乡建设部提出的钢结构建筑行动方案中得到体现。

11月接到住房城乡建设部建筑市场监管司关于取消《轻型钢结构工程设计专项资质标准》征求意见函,钢结构分会经与企业交流沟通、行业专家专题研讨,结合钢结构建筑市场的现状,建议继续保留该资质,可有利于钢结构企业完成材料、设计、制造、安装一体化的资源整合,逐步提高生产自动化程度和精细化管理水平。

钢结构企业开展建筑工程施工总承包试点工作,是建设主管部门根据钢结构工程在我国推广、应用的新形势,改善公平竞争的市场环境,提高钢结构工程质量水平,为推进建筑产业现代化的有益尝试,对企业转型升级有重要意义。为交流试点工作经验、研讨钢结构企业在实施工程总承包管理中存在的问题,分会组织召开2015年度钢结构企业开展建筑工程施工总承包试点总结会。在会上系统总结两年来的成绩和经验,形成《以钢结构为主体的建筑工程施工总承包试点工作总结与建议》报告,向住房城乡建设部主管部门提出对进一步深化试点工作具体的工作建议,并根据总结会的相关意见,上报《关于对钢结构企业开展总承包试点资质"钢结构主体工程"进行释义的请示》,对资质中"钢结构主体工程"的定义向主管部门进行建议,得到采纳,保障试点工作顺利开展。

承担商务部对外援助成套项目主要设备材料产品目录推荐工作，各委员会遴选企业、对企业和产品进行分类鉴别，共向商务部推荐超过一百个企业和数百种产品，对会员企业走出去起到积极作用。

应邀参与河北省《钢结构"十三五"发展规划》的研究与论证，11月份河北住房城乡建设厅在调研基础上，分会上报项目书和研究科研报告，经招标流程，河北省住房城乡建设厅将《河北省钢结构及部品生产龙头企业培育》课题委托给协会，并从政府财政资金资助30万元作为课题经费用。

建筑钢结构分会先后为住房城乡建设部住宅产业化促进中心编著的《大力推广装配式建筑必读》提供翔实的调研报告。

承担河北省住房城乡建设厅主持的"河北省钢结构建筑发展战略和培育钢结构建筑及构件生产龙头企业研究"等工作，并取得显著成效。

服务企业

为让社会各界了解散热器行业发展状况，普及消费者科学采暖、散热器使用和保养相关知识，委员会应全国总工会邀请组织部分企业做客《中工会客厅》栏目，针对科学采暖利国利民、南方采暖进行广泛交流与分享。

新浪地产联手采暖散热器委员会专家和部分企业总经理，针对新常态下，驱动创新、转型升级、南方供暖、独立与集中供暖做客《新浪家居》、《新浪地产》栏目，大家分别从企业规模到转型升级、散热器材料到散热器加工制造、品牌培育到售后服务展开热烈讨论。山东一家企业介绍全面启动"工程与渠道并举"战略转型等一系列举措，成功拓展渠道市场经验的案例。

压铸铝企业生产的高压铸铝散热器主要是出口东欧，因为东欧市场竞争激烈、利润低，委员会多次组织压铸铝企业召开产品工作会议，倡导"内外贸并举"的战略。江苏昂彼特堡散热器有限公司在"西藏拉萨暖心供暖工程"中，历时两年半的时间，完成城市供暖规划片区居民供暖总户数10.52万户、供暖面积2136万平方米，供暖率达到了98%，基本实现城区全覆盖。

协助赤峰暖捷新型建材有限公司申报"高分子塑铝复合散热器"部级科技成果评估资料。呼伦贝尔市乐佳散热器制造有限公司、唐山皆佳暖通设备有限公司分公司生产的便携式铜铝复合散热器通过采暖散热器委员会专家评议。

5～10月组织由水务、卫生管理、水质检测、给排水科研、设计等行业专家275人次，为11家会员企业召开"二次供水设备的技术论证会"。

中国地暖网编辑部全年撰写行业评论、市场调研文章近50篇，专题4个，对推动行业高层人士反思行业提供助推剂。

质量部研究搭建信用体系的基础工作，着手组织起草"建筑门窗招标投标管理办法与合同范本"。

推动中国企业走出去是国家战略，质量部通过开展对外交往交流活动，获悉欧洲开放难民政策，特别是德国为解决难民和低收入者住房问题，带来集装箱式、钢结构住宅需求年供货量超过100万套，且有在中国组织采购的相关信息。质量部抓住这个机遇，在迅速将信息上报秘书处领导的同时，也将信息向钢结构分会进行通报，鉴于分会推行装配式建筑，钢结构分会马上在国内选择相关龙头企业，启动与德方的对接谈判，经与德方深入谈判，已与多家德国公司建立合作意向。钢结构装配式住宅的输出，会带动门、窗、暖通等产品产业链的输出。

8月，组织专家应邀到甘肃建设投资集团钢结构公司，针对企业即将开始的30万平方米钢结构住宅项目，开展一对一技术服务与帮扶，为企业转型发展解疑释惑。

8月和12月，系统门窗课题组分别应芜湖海螺和裕阳铝业的申请，项目组邀请多家子系统供应商，参与两家公司系统门窗集成研发项目。帮助他们建立系统门窗研发体系，引导他们正确地开展门窗系统的研发工作和建立系统门窗的商业模式。

11月系统门窗课题组对国内零售门窗生产基地广东佛山地区开展调研工作。了解、总结佛山地区零售门窗商业模式和成功经验，课题组还积极引导各零售门窗企业按照系统门窗的思维和方法，研发符合国标性能要求的门窗。同时课题组把南方零售门窗企业的成功经验带到北方，帮助那些以前专注于工程市场，而现在计划开发零售门窗市场的北方系统门窗公司，顺利实现零售门窗商业模式的建立。

铝门窗幕墙委员会采纳行业年会上部分会员提出的建议，向专业机构有偿购买全国建筑门窗实时招投标信息，专业机构每天定期发送给委员会，委员会再进行分类、筛选和整理，然后，免费在会员企业信息平台上发布。每个工作日项目数量多达5～30项，范围覆盖全国各地，产品类别包括各类工业、民用建筑的门和窗。会员企业通过该信息平台投标，已知中标项目有10项以上，企业获悉招投标项目信息不计其数。

根据国办文件和住房城乡建设部推进"国家装

配式建筑产业基地"新的要求，主动与住房城乡建设部相关部门沟通，将钢结构企业纳入国家装配式建筑基地建设规划，拟成立装配式钢结构建筑产业联盟，文件和工作条例已上报待批复。

协助钢结构企业申报国家装配式建筑产业化基地工作，2016年住房城乡建设部组织2批"基地企业"的评审，有9家企业通过"国家装配式建筑产业基地"的论证，其中钢结构企业4家，占将近45%，有力助推这4家钢结构企业转型升级。

2016年编写出版70万字的《钢结构建筑工业化与新技术应用》一书，该书汇总国内近两年钢结构建筑工业化发展和新技术的应用，对从事装配式钢结构建筑研究、设计、施工和管理的从业人员有一定的帮助和启发。

行业年会

3月7日"第22届全国铝门窗幕墙行业年会"在广州召开。参会人数创历史之最。来自海内外的地产商、工程商、经销商、铝门窗幕墙生产企业领导、100多家媒体聆听来自协会领导、行业专家、企业智囊、互联网巨头关于"供给侧结构性改革"背景下的行业、企业转型破局之道。举办的"互联网时代的建筑经济发展高峰论坛"国内外专家4人次做主题演讲。会议发布论文35篇。

3月17～18日"自动门电动门行业年会和技术论坛"在京召开。参会代表210人。会议增补7位分会副会长，1位顾问，有两位副会长在会上发言，会议表彰29家优秀企业和优秀编委。发布论文15篇。

3月28日在京召开光电建筑构件应用委员会年会，骨干企业代表50人参加会议，代表们对委员会的工作提出很好的建议。章放介绍"十三五"发展规划征求意见稿，讨论新时期发展工作，共同起草给发改委和住房城乡建设部的建议。

4月15～17日"第21届全国塑料门窗行业年会"在沈阳市召开。来自全国代表500余人。会议期间召开"塑料门窗在绿色建筑中的应用技术高峰论坛"、"高品质地产技术创新之路—节能门窗技术峰会"、新产品新技术发布会，塑料门窗行业联欢晚会。会上发布论文31篇。对部分突出企业或产品授予标牌或证书。同期举办塑料门窗及相关产品展览会。

5月14～16日"全国建筑钢结构行业年会"在合肥召开。大会主题是"创新驱动、绿色发展"。来自全国各地钢结构企业家、专家代表700多人参与本次大会。副秘书长党保卫做工作报告。会议表彰第十二届"中国钢结构金奖"工程和2015年度"优秀企业家"、"诚信5A企业"等奖项的单位和个人。会议发表论文62篇。期间还组织"大力发展钢结构建筑技术与应用论坛"、新闻发布会以及"四新"技术交流会等活动。同期举办"中国国际建筑钢结构及配套产业博览会"。

采暖散热器委员会成立30周年庆典会于5月29日在北京隆重召开，参会代表约500人。会议出版《中国采暖散热器行业发展30年》专刊，共征集125篇文章。出版《中国采暖散热器行业"十二五"专利汇编》已授权专利930项。会议表彰74家企业和老专家、教授并颁发奖牌。会议宣讲"采暖散热器工程采购合同"、"采暖散热器零售合同"样本，宣读调整后采暖散热器委员会专家委员会名单、行业自律公约、"走出国门"倡议书。同期举办采暖散热器行业发展30年成就展和"铜佳品质标识"散热器行业首发新闻发布会暨授权企业颁牌仪式。

世界水务协会南非年会于9月14日在开普敦召开，来自全球各地的30多名代表出席会议。秘书长（Stuart Henry）代表世界水务协会对华明九自2008年担任执委以来表示高度的赞扬和感谢。根据华明九提名2016～2019届的执委由香港熊志权接替华明九出任。当日下午2022年世界水务大会申办活动开始，申办人通过幻灯片和视频、文字、音乐相结合的方式，向大家展示我国对主办这一国际盛事的实力和信心。

11月2日在天津市召开2016年度钢塑管行业年会，会议主要内容包括（CJ/T 120-2016）《给水涂塑复合钢管》标准要点进行解读、市政工程中对供水管道的技术要求及输水钢管的开发方向、美国输水钢管技术介绍、行业有关新产品、新技术交流，共有100余人参与本次会议。

标准编制

【批准颁发标准】《车库门电动开门机》、《建筑幕墙、门窗通用技术条件》、《塑料门窗设计及组装技术规程》、《塑料门窗及型材功能结构尺寸》、《建筑门窗五金件 通用要求》、《建筑用光伏遮阳构件通用技术条件》、《高压冷雾工程技术规程》、《喷泉喷头》、《建筑门窗制作与安装—自动门篇》、《建筑门窗制作与安装—电动门窗篇》。

【完成报批标准】《彩板门窗型材图集》、《建筑钢门窗型材》、《塑料门窗》、《金属夹芯板应用技术规程》、《建筑门窗五金件合页（铰链）》、《建筑门窗五金件 传动机构用执手》、《建筑门窗五金件 多点锁闭器》、《建筑门窗五金件 旋压执手》、《铝合金模板》、《建筑光伏系统技术导则》、《建筑门窗安装工职业技能标准》、《建筑门窗制作工职业技能标准》、《建筑系统门窗技术导则》、《建筑门窗制作与安装—钢质门篇》。

【新启动标准】《团体标准管理办法》、《电动门窗通用技术条件》、《卷帘门窗》、《建筑用纱门窗技术条件》、《压铸铝合金散热器》、《散热器选用与管道安装》、《多能互补分户供暖节能运行应用技术导则》、《中国舒适家居行业发展白皮书》、《住宅舒适环境星级评价标准》、《建设工程模板脚手架标准体系系列丛书》。

【参编标准】《建筑外门窗气密、水密、抗风压性能检测方法》、《建筑门窗耐火完整性试验方法及判定要求》、《建筑门窗系列标准应用实施指南》、《建筑门窗评价技术导则》、《建筑门窗安装工岗位技能标准》、《装配式钢结构建筑技术规范》、《工业化建筑评价标准》、《建筑门窗幕墙职业资格培训教材》、《建筑门窗系列标准应用实施指南》、《建筑幕墙产品系列标准应用技术指南》。

门窗资格登记

门窗资格登记工作已在19个省、13个市中展开。2016年共受理企业申报1561家，批准企业资格1332个。协助完成38批次资格登记申报，14批次审核工作。完成两期"建筑门窗行业资格计算机辅助管理系统"的开发、推广工作。采集2500多家申报企业的数据。新启动遮阳系统集成企业、光电系统集成企业两个专业的资格登记申报、认定工作。

自2015年5月至2016年12月，钢木门窗委员会联合相关地方协会和专家共组织举办申报"门窗资格登记"培训班8期，累计培训地方协会和企业申报人员300人次，委员会和资格登记办公室专家还先后赴地方协会和相关企业开展咨询服务10余次。已有104家门企获得188项资格。

新成立部门

"中国屋顶分布式光伏联盟"筹备会于1月7日在江苏常州召开。到会代表300人。

舒适家居分会，联合地方骨干企业、行业协会、媒体为核心，相继成立江苏省、四川省、辽宁省、河南省等工作委员会，有力地促进分会在各省工作的开展和推广。

协会联合多个单位发起的"中国建筑系统门窗联盟"于5月31日在杭州正式成立。约有160余名门窗企业代表出席成立大会。该联盟成员已达220家单位（或个人）。

协会联合北大光华管理学院共同举办的"中国建筑系统门窗高级研修班"，第一期结业暨第二期开学典礼，两期学员75位企业家和管理人员，于8月12日成立了"同学交流联谊会"。

行业展览会

3月在广州举办第22届全国铝门窗幕墙新产品博览会。展商达到546家，同比上涨7.7%，展览面积80000平方米，同比上涨6.6%，专业观众61627人，覆盖103个国家和地区，同比增长31.7%，其中开发商占比11%、施工单位29%、设计单位23%、贸易商22%、生产企业15%。同期举办活动72场次，展示节能、创新，科技含量的产品强势推出"年度星品奖"。

首届北京自动门电动门展于3月在北京成功举办。参展企业65家，6000余名专业观众参观交流和交易，效果超出预期。

4月第21届塑料门窗及相关产品展览会在沈阳国展展览中心举办。展出面积7000平方米，参展企业47家，参观观众13500人次。

第7届国际门博会于5月在永康召开，规模和档次均比上届有所提升。展出面积100000平方米，境内参展商1055家，境外10家，观众境内110000人次，境外2000人次。

5月"中国国际建筑钢结构及配套产业博览会"在合肥召开。参展企业92家，其中境外2家。展出面积2万余平方米。博览会分会场，聚焦钢结构行业先进技术和产品应用，特邀来自全国各地知名企业做精彩推介，多元化主题满足不同建筑钢结构领域需求。

中国国际供热通风空调、卫浴及舒适家居系统展览会暨中国采暖散热器委员会成立30周年成就展于5月在北京国际展览中心隆重开幕。采暖散热器参展企业155家，境外9家，展出面积7893平方米。地暖参展企业770家，境外360家，展出面积9.5万平方米，较上届增长5.6%。国内外观众达52128人次。展会上经专家现场评审有25家企业生产的产品荣获"产品创新"奖，有2家企业生产的全自动焊接设备荣获"专业设备创新"奖，有7家企业荣获展位"最佳创意奖"。

8月"中国城镇建筑水展"在上海举办。大会以"关注城镇供水安全，推进水资源综合利用"为主题，排水企业展出面积8000平方米，参展企业163

家，境外 37 家。国内观众 8200 人，境外 530 人。2016 年 ISH China&CIHE—上海供热展比上届有所进步，展会汇聚 16527 名观众，同比增长 5%，展商 192 家与上年基本持平。

第十四届中国国际门窗幕墙博览会于 11 月于北京·中国国际展览中心（新馆）举办。博览会共有 522 家企业参展。其中，国内展商 365 家，国外展商 157 家，展会总面积 90000 平方米，与上届相比基本持平。有来自全球 49 个国家和地区的 80576 人次观众参观。其中，国际观众 5236 人次。同期举办：FDC2016 中国国际门窗幕墙高级研讨会、第五届房地产业与门窗幕墙行业高峰论坛、对话建筑师论坛、经销商大会以及第二届建筑门窗幕墙行业金轩奖颁奖典礼。

军民融合活动

10 月 29 日，自动门电动门分会、钢木门窗委员会在北京凯必盛公司组织召开"军民融合产品展示与对接会"。邀请军方总参、总后、火箭军、海军、空军相关设计院总工和相关负责人，与部分行业骨干企业代表现场进行交流答疑，受到门行业的极大关注。

自动门电动门分会与钢结构分会等单位密切配合，部队总参、总后、火箭军、海军、空军等领域的领导和专家联合组织企业考察、技术研讨、对接交流等活动 6 场次。在活动的同时，还从中发现新的合作机会。根据军方需求防弹门，而企业找不到合适的防弹材料问题，委员会通过公安系统意外发现，他们大量积压的过时防弹衣中的防弹材料，经检测，防弹性能基本没有降低，可以改制成防弹门填充物，于是委员会积极促成门企与公安部研究所的合作，达到多赢的结果。

钢结构分会组织会员单位、行业专家与总后、总参、火箭军、空军、海军、北京军区工程部及相关军队设计院局有关人员开展 30 余次座谈交流和考察活动，双方就进一步加强军民合作，建立长效合作机制达成一致意见。

调研

2016 年地暖整个行业呈上升趋势。主要产品中，管材企业稳步发展，16 家规模管材企业中最高的同比增长 15%，分集水器、温控类产品增长 5%～10%，壁挂炉总量预计超过 200 万台，增长 20% 以上，空气源热泵增长最快，同比增长 500%～600%。以工程项目为主的北方市场，较 2015 年有所好转，华北地区增长较快。以家装为主的南方市场，国产品牌也有所斩获，其中壁挂炉、管材、管件和阀门产品增长较快。由于行业门槛低，暖通公司数量剧增，市场竞争日益加剧，价格利润普遍下滑。针对北京"煤改电"项目的空气源热泵的应用状况，进行抽样调查，用户满意度超过 70% 以上。

从 9 月 1 日开始，统计对象与铝门窗幕墙产业链相关的配套材料等企业 8 类，截至 10 月底，共计收到回函 374 份。根据 8 类企业采集数据分为超大型、大型、中型和小型等 4 组展开统计学分析。2015 年整个铝门窗建筑幕墙的生产总值约为 5 千 8 百多亿，其中幕墙和铝门窗几乎是各占一半的份额。2016 年预计生产总值将会接近 6 千亿，与 2015 年相比增长约 2%。幕墙占比有所下降，门窗占比继续提高。产值：从各个类别来看，铝门窗、铝型材、建筑密封胶、隔热密封材料等四类有一定的增长，门窗超过 7%，型材甚至突破 20%。幕墙预计将会出现负增长的情况，下降超过 10%。利润：利润方面整体呈下滑趋势，2016 年比 2015 年预计下降 24%。尤其是幕墙、玻璃、五金，分别下降 60%、40%、30%。而型材、建筑胶和隔热材料则呈现上升，其中型材上升幅度较大，达到了 36%。整体来看，预计下降的企业超过 35% 以上，认为持平的占 40% 左右，仍有 20% 的企业预计增长。而幕墙、玻璃和设备相对来说不太乐观。

第十二届（2015～2016 年度）中国钢结构金奖工程全国审报近 150 多个，经资料核查、现场考评、专家审定，有 100 多项工程获此殊荣，淘汰率为 33.9%。获奖企业和工程项目遍布全国 31 个省、自治区、直辖市和香港、澳门特别行政区，涉及房建、交通、电力、民航、冶金、化工、核工业、水利、通讯、航天、烟草、食品产业等近 20 个行业。

培训工作

1 月协助辽宁省建筑金属结构协会和吉林省节能门窗协会分别在葫芦岛和长春举办"建筑门窗工程师培训班"两期培训学员 205 人。

1 月和 7 月在浙江永康，举办企业资格申报培训班，两期培训学员 89 人。

4 月在山东淄博举办《旋转门安装技能培训班》，参加学员 113 人。

4 月在长沙、6 月在郑州、7 月在青岛、9 月在成都举办"地面供暖施工员培训班"参加学员 158 人。

5 月《建筑系统门窗技术导则》宣贯会在北京西

苑饭店举行。

7月在沈阳举办了企业资格申报培训班，参加学员65人，在京组织钢结构施工管理培训班，参加学员160人。

8月在苏州举办第22期全国建筑门窗幕墙技术培训班，参加学员77名。

10月在天津举办"涂装技能大赛裁判员培训班"参加学员20人。

11月在厦门举办《喷泉水景工程技术规程》培训班，参加学员203人。

12月在天津举办行业标准《铜铝复合柱翼型散热器》和《铜管对流散热器》宣贯班，参加学员80名，在宿州举办《塑料门窗设计及组装技术规程》等标准宣贯和系统门窗技术培训班，参加学员111人。

受中国基建物资租赁承包协会委托，在天津、济南举办《租赁模板脚手架扣件维修保养技术规范》标准宣贯班。

行业自律工作

4月中旬塑料门窗型材自律联席会在沈阳召开，16家成员企业参加会议。会议就影响型材产品质量的主要成分进行沟通交流并达成一致意见，决定由委员会牵头组织开展型材封样检测工作。5~6月间，对参加自律的型材企业实德、海螺、高科等15家的24个产品进行现场封样和编号送检。所测产品均达到标准要求。

5月对从事建筑钢结构施工活动的企业，根据各企业产值（产能）、纳税、项目履约、科技进步、获奖等指标体系及其市场行为做出评价，授予中建钢构、浙江精工等88家企业为"2015年度中国钢结构行业诚信企业"称号。

10月塑料门窗委员会在北京召开型材行业发展形势座谈会，来自全国骨干型材企业的负责人共计10人参加会议。会议主要针对原料价格持续上涨，讨论型材成本情况与市场经营行为，号召企业维护行业利益。

为促进采暖散热器行业健康发展，更好地保护消费者合法权益，8月采暖散热器委员会和北京市消费者协会、国家建筑材料工业建筑五金水暖产品质量监督检验测试中心联合召开座谈会，有11家企业负责人参会。针对2015年底北京市消费者协会对40种散热器样品比较试验存在的螺纹精度超差、中心距超差、产品样本虚夸散热量等主要问题进行讨论，检测单位介绍了产品检测情况，北京市消协代表介绍维护市场秩序，保护消费者合法权益，更好地接受社会监督报告。会上参会企业代表签订《采暖散热器生产企业承诺书》。

"建筑用硅酮结构密封胶"和"硬质塑料隔热条"产品质量年检工作，全年新增建筑用硅酮结构密封胶行业认定企业8家，硅酮结构密封胶产品12个。

门窗配套产品推荐工作，全年共有15家企业申报的39个产品最终推荐。

针对客户和企业反应集成房屋行业存在的一些问题，钢结构分会组织行业专家，对雅致、天丰、诚栋等企业进行考察与调研。决定开展《集成房屋设计与施工资格等级标准》认证工作。该标准完成定稿，计划第一批获证企业在2017年年会上颁发。

金属屋（墙）面资格管理工作，全年完成10家企业的审核和发证，30家企业的换证变更工作。有74家企业取得不同等级的资格证书。根据对35家换证企业的反馈信息统计，应用该资格进行公开招投标的工程达257个（都是国家重点工程）。

钢结构分会在组织金奖工程现场考评的同时，继续协助在建的钢结构项目和企业统一建立"强条台账"标准、统一建立"材料台账"标准、完善焊接工艺评定等，有效地提高钢结构行业的工程质量管理水平。

科技进步

钢结构分会组织企业积极推广应用以建筑业"十项新技术"和国家级工法创新成果为主的新技术、新工艺、新设备和现代化管理方法，依托"中国钢结构金奖年度杰出工程大奖"的评审，要求项目的综合技术水平已经通过省部级（含）以上的科技成果鉴定或评估，并且得到国际先进或领先水平，要求项目形成的工法被评为省部级（含）上的工法，项目已获得的有关工程技术、施工管理等方面国家、省、市级以上的非企业自评的各类荣誉或表彰两项，要求项目的技术总结、论文在公开刊物上已发表。

鼓励企业重点研发解决装配式钢结构建筑的关键技术，注重装配式钢结构建筑体系的革新，促进和实现科技与管理成果转化为现实生产力，会员企业多项科技成果被鉴定为国际先进或国际领先水平，先后有3501项施工新技术和新工艺，被评为省部级以上的工法或专利，形成企业自有知识产权，以中建钢构牵头申报的"大跨空间钢结构关键技术研究与应用"获2016年度国家科技进步二等奖，"十二五"期间会员企业完成的国家和行业标准101项。

2016年，钢结构分会与住房城乡建设部科技发展促进中心协调，探索与其合作开展钢结构行业科技成果评估、推广的途径、方法。已完成多项钢结构科技成果的评估工作，又协助企业推荐3项成果，将组织专家进行评估。

模板脚手架委员会起草《建设工程模板脚手架产品认证管理规定》。《建设工程模板脚手架指导价格目录（试行）》于2月1日发布。

3月7日第五届建筑门窗配套件行业科技创新优秀论文颁奖大会在广东省召开。参会代表近千人。会议颁出一等奖2篇、二等奖3篇、入围论文11篇。会议同期举办第五届品牌经济论坛。

辐射供暖供冷委员会3～6月，举办"中国地暖万里行"活动，走进宁波市、长沙市、南昌市、成都市等地吸引观众1311人。

采暖散热器委员会"十二五"期间研发课题之一"高分子铝复合散热器"，在辽宁省金属结构协会、沈阳产品质量监督检验院、沈阳吉水暖气片厂等单位的共同努力下，历时4年圆满完成课题任务。于2016年4月发布，这是完全拥有自主知识产权的产品，并填补国内空白，达到国际领先水平。

4月在扬州召开模架企业资质就位和综合改革试点工作会和建筑业改革与发展协会联席会，参会代表35人。

7月在京组织的钢结构施工管理培训班，邀请荣获2015年度"中国钢结构金奖杰出工程大奖"项目总工程师，分享质量创优的案例，施工、设计和技术管理经验，还邀请被中共中央宣传部、国务院国资委评为"国企敬业好员工"荣誉称号的陆建新分享其先进事迹，邀请山东中通钢构车间主任分享钢结构加工车间施工管理经验。

光电建筑应用委员会完成《光电建筑发展"十三五"规划纲要》、《建筑光伏系统集成企业行业资格管理办法》、《建筑光伏系统集成企业行业资格管理办法实施细则》、《建筑光伏系统集成企业等级标准》、《建筑光伏系统集成企业行业资格申请表》等。

采暖散热器委员会联合舒适家居分会、辐射供暖供冷委员会，于10月26日在上海召开"明装采暖舒适家居施工大赛"启动会，参会代表450人。

2016年中国技能竞赛——"中建钢构杯"全国建筑钢结构行业职业技能竞赛。10月在天津市举办。竞赛主题为"弘扬工匠精神、提升职业能力"，来自全国11个赛区、40余家钢构企业、80名选手参加决赛。比赛共决出一等奖4名，二等奖8名，三等奖12名，优秀奖56名。获得前三名的选手将获得"全国技术能手"称号，荣获一、二、三等奖的选手将获得"全国住房和建设行业技术能手"称号。

综合改革试点：从2013年开始，模板脚手架委员会，为适应新型建筑工业化发展要求，推动行业转型升级，选择广亚铝模等18家企业开展全国模架行业转型升级综合改革试点工作。12月1日在深圳座谈会上宣布三年行业转型升级综合改革试点工作结束，下一步工作重点扶持一批龙头企业，成为拉动模架行业健康持续稳定发展的火车头。

11月建筑业改革与发展第二次协会联席会议在江苏省昆山市召开，会议重点研讨新型建筑工业化、工程总承包、资质制度改革、PPP模式、政府投资体制改革、个人执业必要性和可行性等。26位代表出席。

质量部启动《建筑门窗幕墙职业资格教材》编制工作，组建30人的编制组。该教材分门、窗、幕墙三大序列。

钢木门窗委员会2016年授予示范基地：华东门配基地-位于全国门业最发达的地区——永康和武义交界地带，建筑面积7万多平方米。东北自动门研发基地—沈阳金海狼公司。

鉴于金属围护屋面和外墙系统在工程建设发展中发生不少问题，特别是陆续及反复出现如漏水、风掀等问题，引起各界高度关注，为此，钢结构分会经半年的研讨调研，于2016年12月联合清华大学为建筑科学技术发展伙伴，以及企业支持下共同成立一个团体标准联盟，签署《中国建筑金属屋面和外墙围护系统行业团体标准组织备忘录》。

面对2016年装配式钢结构建筑推广的新形势，积极为行业发展做好宣传服务工作。1～3月与《建筑》杂志社联合开展装配式建筑宣讲，组织行业专家宣讲团分别到贵州省、陕西省进行宣讲，1000多设计院和基层建管部门人员参加听讲，在《住宅产业化》杂志开辟钢结构住宅专栏，组织5名行业知名专家撰文介绍钢结构房屋优势，5月，在行业年会上，召开新闻发布会，邀请包括人民日报、新华社、中国建设报、科技日报、中国财经报、中国冶金报、中国房地产报、建筑时报、安徽日报、合肥日报、合肥市电视台、巢湖电视台、新浪网、搜狐网、腾讯网等在内在的16家媒体参加，由钢结构龙头企业负责人和行业专家介绍钢结构建筑成就和发展趋势，回答记者提问，各受邀媒体予以报道。

积极向券商传递推广装配式钢结构建筑的政策信息，3月初参加全国证券行业投资研讨会，8月份参加"华夏证券"券商洽谈会，交流钢结构推广的政策，受到证券市场的高度关注，有上市钢结构公司连续3个涨停。

杂志社完成12期杂志的编辑出版，还编辑出版《中国建筑金属结构协会年鉴》和《中国建筑金属结构协会成立35周年纪念专刊》。

《中国建筑金属结构》杂志：全年发表文章222篇，发布行业信息568条。关注行业代表人物，报道先进事迹，"访谈"栏目共采访了9家企业行业带头人，涉及铝业、胶业、散热器、门窗、幕墙等行业。两会结束后，特别采访全国政协委员、协会会长郝际平，做"打开窗，他就在我们身边"的专访特稿。

协会官网2016年共计更新1412条信息，点击率逾11万次，单日点击率最高达1053次。网站特别开辟"建筑门窗行业资格"栏目，并配有独立接入口，便于操作。整个网站的日平均浏览量也比上年有所增加。

杂志微信共发布1375条信息，读者数量从上年的2514人增加到了现在的3950人。

杂志微博全年共计发布800余条信息，总浏览量14万余次，单条最高浏览量达5861次。全年粉丝增加307人，粉丝年龄层主要集中于18～34岁。微博内容主要来源于协会官网的精选文章，其中与行业大事、政策类新闻相关的话题关注度较高。

电子行业期刊《钢构中国》，全年累计出版文章220篇，总字数超过26万字，配图近千张，已成为宣传钢结构建筑的主阵地。

《塑料门窗》杂志，2016年共印发5期，每期印发2000余册。12年来，共印发59期，引起行业人士的广泛关注和好评。

《地暖月刊》在刊物中新增《新风净化》栏目，关注新风净化行业的走势，帮助地暖企业更好地发展。还策划《舒适家居蓝海深几许——地暖等供暖企业如何借助舒适家居实现转型升级》、《地暖企业如何把握下一个风口》、《北方地暖施工企业新未来》等，一期一主题，反映行业、企业走势，试图将问题的本末梳理清晰并帮助企业找到有效的解决方法。

地方协会的交流

7月在京组织召开全国建筑钢结构行业协会秘书长联席会议，邀请北京、上海、港澳等18家地方行业协会领导参与座谈，听取各协会对分会工作建议，并针对钢结构企业关心的热点，如钢结构总承包试点、钢结构企业"营改增"的问题、"一带一路"海外战略等问题进行研讨。

10月塑料门窗委员会组织企业互访活动，来自行业企业的负责人、管理、技术人员共计59人参加。考察团除参观企业生产车间、展厅，还在各企业召开技术交流会及答疑会，讨论管理、经营、企业发展等各类问题。

12月与行业的上游协会——中国钢铁工业协会、中国联合钢铁网、上海期货交易所联合，成功主办"2016（第十四届）中国钢铁产业链发展高峰论坛暨中联钢年会"。会议汇聚诸多国内外经济专家、行业领袖、机构学者和行业精英600多人，为与会代表释疑钢铁产业问题、把脉中国2017。钢结构作为大会重要一环，国内知名钢结构用钢生产企业、下游用户齐聚北京，共同探寻钢结构行业未来。

2016年与澳门建筑业协会签署工作备忘，双方将在中国钢结构金奖、专业培训、行业交流等事项上建立密切合作关系，以深入贯彻国家"一带一路"政策，促进中葡文化推广，建立半年互访机制，每两年进行行业调研服务。

2016年与港澳建筑钢结构行业产学研用中心，就深化合作交流工作，签署工作备忘。产学研用中心将汇集优秀的行业专家资源、先进的知识与科学技术，在分会的指引下，发挥港澳地理优势以及海外交流平台功能，参与金属围护研究工作，共同订立研究课题，实现成果共享，共助行业发展。产学研用中心与分会建立半年互访机制，每年工作汇总于分会。

工作会议

3月15日协会工作会议在建研院会议室举行。会长郝际平、秘书长刘哲、老会长杜宗翰以及全体职工70人出席会议。秘书长刘哲主持并做工作报告。

6月22～23日建筑配套件委员会工作会议在浙江召开，来自行业副主任委员、专家及企业负责人近80人参加了会议。会议以经验交流与座谈讨论的方式进行，梳理企业当前遇到的问题，重点针对"走出去"过程中，企业在国外市场拓展中遇到的产品认证、标准等问题进行沟通交流。会议完成第七批建筑门窗配套件定点企业宣布及授牌仪式。会后参观浙江兴三星五金有限公司。

7月26日在济南召开"塑料门窗委员会专家组工作会"，来自全国骨干企业、科研院所和大专院校、检测、监督等单位近60多位专家参加会议。

11月29日在京召开采暖散热器委员会主任工作会议，50多位主任、副主任及专家参加会议。会议内容：解析行业"十三五"发展规划，介绍空气源热泵供暖系统运行，发布铸铁采暖散热器专项规划的分类指导，如何在调整、转型、升级上狠下功夫，切实增强企业核心竞争力，提高市场开拓能力进行热烈讨论。

12月17日铝门窗幕墙委员会工作会议在成都召开，来自铝门窗幕墙常务理事单位负责人、专家组专家、部分特邀代表以及新闻媒体共计130多名代表出席了会议。会议围绕供给侧改革、一带一路等国家战略背景下，铝门窗幕墙企业的应对策略进行讨论，解读国家最新行业政策；介绍行业数据统计、专利汇编征集以及"第12届门窗幕墙行业读者调查活动"的开展情况等工作内容。

行业论坛

3月3日在上海召开"新常态下门业的发展动态与机遇"，230人参会，中外嘉宾同台探寻门业现状与发展趋势。29日光电建筑"十三五"发展规划专题论坛在京举行。该论坛主题是"大力推动以光电建筑为主流的分布式光伏发电"。参会代表200人，一起研讨光电建筑经济发展区域模式、工业园区光伏就用基地模式、公共建筑光伏应用示范项目模式、住宅建筑光伏应用示范小区模式等内容。

5月，在合肥组织召开"大力发展钢结构建筑应用论坛"，邀请财政部研究院、中国钢铁工业协会、中国房地产协会、住房城乡建设部科技促进中心领导作主题报告，280余人参加论坛。在浙江永康召开"中国门业升级发展论坛"。邀请大学教授、香港企业家和永康知名门企负责人参加演讲。360人参会。

6月，在沈阳召开"东北自动门电动门行业高峰论坛"，120位企业代表参会。

6月底7月初在武汉召开"中国南方采暖暨舒适家居论坛"，来自全国654代表出席。论坛的主题分享环节中，行业领导、专家学者以及优秀企业代表等近20位演讲嘉宾围绕南方采暖市场现状、行业发展趋势、产品技术等话题发表独到见解。两大论坛还分别以《龙卷风下的求生之路——南方供暖企业差异化的营销破局》、《互联网对舒适家居行业的作用到底是什么？》为话题进行互动。

7月底在南京举办"第三届中国供暖暨舒适家居财富论坛"。论坛以"动态竞合下的供暖财富之道"为主题，探路未来。20位演讲嘉宾带来不同主题精彩分享的同时，两个主题互动——《营销，财富路上不休的传奇》、《舒适家居系统集成到底应该由厂家来做还是暖通公司来做》。来自全国24个省市地区优质渠道商409人参会。

"上海海绵城市与城市综合管廊高峰论坛"9月初在上海召开。会议主要议题有雨水渗透工程，雨水集蓄处理利用关键技术，水体生态改善系统，透水性铺装径流量及污染物排除效力分析，提高排涝能力，城市地下综合管廊工程设计要点、工厂化预制、装配式施工等新材料、新工艺和新设备，运行维护单位交流城市地下综合管廊工程经验等。来自全国建筑设计院、房地产商、工程公司、专业院校、政府主管部门等200余人参加会议。

11月，中国供暖质量振兴（广州）论坛暨室内舒适系统集成经验交流会在广州召开。来自珠三角以及周边地区代表近200人参加会议。这是一次专门向珠三角地区的供暖暨室内舒适系统集成商和家装设计师普及供暖及室内舒适系统集成理念、传授供暖及室内舒适系统集成经验的会议。论坛有4位专家做主讲嘉宾。喷泉水景行业高峰论坛于11月底在厦门举行。参会代表304人。论坛从喷泉业发展状况分析，再从海水喷泉潜水泵常用不锈钢材料的海水腐蚀初探、变频贴面溢流瀑布的试验与应用、工业园区水景设计探讨、喷泉水景的水质处理和水秀演出中的喷泉控制系统等多方面进行了深入探讨。发布论文24篇。

12月中旬在北京举办"2016年中国国际地暖产业高峰论坛"，出席代表950人，6位主讲嘉宾就地面辐射供暖设计施工中存在问题的分析、舒适家居北方市场的产品规划、加热电缆在地面供暖及其他领域的广泛应用、中国分集水器行业呼唤实业精神的回归、互联网时代下的舒适家居行业发展思考、低温热水供暖末端及其与壁挂炉相匹配的思考进行演讲。同期召开常务工作会议。

技术交流会

1月，在武汉召开钢结构专家委员会工作会议，130余名行业知名专家到会，3位院士沈祖炎、董石麟、马克俭做主题报告，6名专家做专题报告，介绍装配式钢结构前沿技术和研发成果。会上在三位院士的带领下共同倡议，大力发展钢结构建筑。

3月，"建筑光伏遮阳技术交流会"在烟台鼎城新能源光伏有限公司召开。与会代表50人，共享了"烟台官庄建筑光伏遮阳系统"工程项目案例，参观了平改坡光伏组件屋面、办公建筑光伏遮阳、光伏墙等光电建筑应用。

6月，在安徽铜陵召开"型材自动包装技术交流会"。来自全国各地的型材骨干企业的代表35人参加会议。会议主要围绕提高型材企业生产效率、通过新技术合理降低生产成本，就型材自动包装技术如何满足国内型材生产现状需求展开讨论，并观摩型材包装机演示流程。

8月，与中国建设报社共同主办，在江苏组织召开"钢结构住宅产业化发展与推进观摩研讨会"。来自建设主管部门、协会和建筑企业的130余位领导和专家集聚智慧、交流经验，为推进钢结构住宅的快速发展献计献策。

9月，与住房城乡建设部科技促进中心一起，在天津组织召开"装配式建筑-钢结构建筑技术交流会"，各省市建设主管部门领导和行业企业、专家300余人参加会议。在深圳举行"2016全国铝门窗幕墙行业转型与青年企业家传承沙龙"活动，内容有《门窗幕墙行业的升级转型与机遇》、《家族（企业）保护、转型与传承之本》、《家族财富管理的剖析与实践》、《家族信托的定制与运用》，到会青年代表76人。

11月，"系统塑料门窗应用技术交流会"在北京召开，来自全国各地的代表近260人参加了会议。会议邀请塑料门窗委员会专家组成员，围绕系统塑料门窗的技术研究成果、技术集成和运营建议等进行了交流。"建筑光伏应用研讨会"在河北省承德召开。与会代表共计80余人，针对承德市分布式光伏发电的现状、问题以及如何加强行业自律、促进产业发展等议题进行研讨。会上承德市可再生能源协会成立"建筑光伏应用专业委员会"。"首届珠三角'好宅'设计先锋论坛暨舒适家居系统集成（广州）经验交流会"在广州召开，参会代表200人。

12月初在浙江组织召开"大力发展装配式建筑的新形势下钢结构建筑行业转型发展"的论坛和专家报告，地方政府主管部门及全国行业专家、企业家100多人参加。会上重点就钢结构建筑推广落地的政策，行业自律和市场诚信体系建设，企业如何适应装配式建筑发展的要求等开展交流，行业社团组织如何推动钢结构行业健康可持续发展进行互动研讨。

3月，应中国城市科学研究会邀请钢结构分会参加"第12届国际绿色建筑和建筑节能大会"，在论坛发言，参与嘉宾交流，分会就《钢结构住宅，装配式建筑新主角》的发言反响较好，网站下载量达1700人次，5月应邀参加（第九届）中国钢管市场分析会，8月在新疆参加中国建筑科学研究院组织的"钢结构住宅产业化技术和研讨交流会"，9月参加中国城市科学研究会组织的"全国智慧结构学会和钢结构住宅论坛"，10月在广东参加"第二届泛珠三角装配式钢结构建筑研讨会"，作《钢结构住宅常见问题与对策》的学术报告，11月19日，住房城乡建设部在上海召开"全国装配式建筑工作现场会"，协会作为唯一被邀请的部管社团单位。12月初在深圳参加"首届广东现代建筑工业化产业技术创新高峰论坛"，作《钢结构建筑发展机遇与挑战》的主题报告。

考察与交流

3月，塑料门窗委员会组织企业一行20人赴欧洲考察。考察德国被动房研究所、诺托弗朗克建筑五金有限公司、Aluplast塑料型材公司，奥地利格瑞纳模具公司，还参观海德堡被动房项目和纽伦堡国际门窗幕墙博览会。通过访问、参观、考察和交流，了解到德国提高建筑节能、开发新产品和新技术、推进工业4.0等方面的成果，坚定引导推动我国塑料门窗行业企业及产品转型升级的信心。建筑系统门窗课题组一行29人考察团，调研访问奥地利MACO五金集团，参观纽伦堡国际门窗幕墙展，还到丹麦和瑞典，参观考察当地的城市建筑和门窗幕墙技术。

9月，建筑系统门窗联盟、全联房地产商会写字楼分会和北大光华同学交流联谊会组成的37人团，赴韩参观考察了韩国LG Hausys公司、日本三协建筑展厅和日本最大的建材公司——郦住建材的展厅。

10月，钢结构分会一行3人赴日本，对铁骨建设业协会、不锈钢协会、钢构造协会及铁骨评价中心和日吉华公司京都产品（墙板）展览中心进行访问与学术交流。期间参观日本大阪、京都、名古屋、东京等地的部分钢结构建筑，包括桥梁和房建钢结构工程等，了解日本2015年完成房屋住宅建筑基本情况及2015年日本钢结构建筑、桥梁钢结构、不锈钢结构等应用情况，与日本钢结构专家进行学术交流，并与日本铁骨评价中心对中国企业进行评价前，由分会开展培训工作达成一致意见。赴日活动，学习日本钢结构建筑技术的先进性，对我国大力推广装配式钢结构建筑有许多有益的借鉴。12月，分会在北京接待日本钢构造协会一行的访问和学术交流，与日方就创建钢结构市场，进行深度交流，日本钢构造协会就日本推广钢结构建筑的举措和协会活动，专门作"普及钢结构举措"的学术报告，对行业推广钢结构建筑颇有启迪。

（中国建筑金属结构协会）

中国建设监理协会

概况

2016年，中国建设监理协会深入贯彻党的十八大和十八届五中、六中全会和中央城市工作会议精神，围绕住房城乡建设部总体工作部署，配合建设行政主管部门，大力推进工程监理行业改革发展，按照协会五届四次理事会确定的2016年工作规划，精心组织，稳步实施，较为圆满地完成各项任务。

【组织征求改革意见，助推监理行业发展】 征求工程监理行业改革发展意见。根据部市场司要求，年内先后两次组织有关协会、专业委员会、分会和副会长单位就《进一步推进工程监理行业改革发展的指导意见（征求意见稿）》征求意见，并及时向主管部门做反馈，使政府全面掌握行业状况，为制定科学改革政策奠定基础。

征求工程监理企业资质标准意见。根据市场司要求，协会就《关于征求工程监理企业资质标准（征求意见稿）意见的函》向各副会长、有关协会和企业征求意见。提出《关于工程监理企业资质等级标准套用施工总承包序列资质标准的建议》，为行政主管部门决策提供依据。

【完成政府委托工作，落实相关政策精神】 完成2016年度全国监理工程师资格考试工作。组织专家完成全国监理工程师资格考试的命题、审题工作。命题工作广泛听取各方面意见，使试题内容与监理工作结合地更加紧密，实用性更强、质量更高，试题设计受到有关管理机构及广大考生的好评。2016年全国监理工程师资格考试报考人数为65321人，参考人数为53004人，合格人数为17913人，合格率为33.8%。协调有关部门就"关于全国监理工程师资格考试作弊举报信"反映的问题进行处理。

做好监理工程师注册审查工作。受委托根据《注册监理工程师管理规定》等有关文件要求，协助行政主管部门做好监理工程师注册审查工作。2016年1~11月共受理监理工程师注册审查120660人。初始注册21393人，其中合格人员20143人，不合格人员1250人，变更注册22756人，其中合格人员22476人，不合格人员280人，延续注册74809人，其中合格人员74374人，不合格人员435人，遗失补办633人，其中合格人员：620人，不合格人员13人，注销注册1069人，其中合格人员1065人，不合格人员3人。

2016年1~11月在监理工程师注册审查中，发现提供虚假学历证书、虚假职称证书、虚假执业资格证书等9人次，提请行政主管部门分别做出处理。

落实监理工程师继续教育相关政策。为落实《国务院关于第一批清理规范89项国务院部门行政审批中介服务事项的决定》、《关于勘察设计工程师、注册监理工程师继续教育有关问题的通知》，协会下发《中国建设监理协会关于停止受理注册监理工程师网络继续教育报名的通知》、《关于注册监理工程师过渡期注册有关问题的通知》和《关于注册监理工程师继续教育有关事项的通知》等文件，取消指定的继续教育培训机构，允许有条件的监理企业、高等院校和社会培训机构在地方监理协会或有关注册管理机构、行业协会监督管理下，开展继续教育工作，保证监理工程师继续教育有序开展。

截止到2016年11月底，注册监理工程师继续教育累计培训38342人次，其中：面授20457人次，网络继续教育17885人次。还专门为个人会员提供免费继续教育，2016年累计完成继续教育44092人次。

【深入开展课题研究 服务行业发展需求】 推进工程监理行业标准化建设。根据行业发展需要，年内开展房建监理工作标准课题研究。对监理行业发展有关团体标准组织专家进行座谈。根据行政主管部门要求，4月在杭州召开《监理工作标准化建设座谈会》，讨论监理行业工作标准化建设情况，研究监理工作标准化建设的范围、内容，分析监理工作标准化建设实施效果和存在问题及推动监理工作标准化建设的措施。11月在上海召开"监理现场履职工作标准"座谈会，组织起草《工程监理现场履职服务标准》已报行政主管部门。

完成《监理人员职业培训管理办法》课题研究。为进一步规范监理人员职业培训管理工作，根据原国家人事部对于工程技术人员继续教育的相关要求和《注册监理工程师管理规定》，组织开展《监理人员职业培训管理办法》课题调研，通过向30多家省市协会、15家行业协会及470余家监理企业问卷调查，对问卷整理分析，确定监理人员职业教育目的、必要性、职业分类、专业标准、培训内容、考核管理等方面内容。《监理人员职业培训管理办法》课题任务已经完成，对推进监理人员职业培训标准化、制度化和规范化管理，将起到积极作用。

完成《项目综合咨询管理及监理行业发展方向研究》课题。为适应建筑业改革发展需求，引导有条件的大型监理企业向综合咨询管理方向发展，提高监理行业国际竞争力，组织开展《项目综合咨询管理及监理行业发展方向》课题研究。协会组织专家多次召开座谈会，研究落实郭允冲会长对本课题的指示精神和撰写要求。课题组还赴云南等地调研。本着立足改革，促进发展理念，撰写《关于推进工程监理企业开展全过程项目管理服务的指导意见》，经会长郭允冲亲自审查修改，已报送住房城乡建设部部长陈政高和副部长易军审阅并做出相关批示。根据部建筑市场监管司要求，起草《关于工程监理企业开展全过程一体化项目管理服务试点的建议》，已报行政主管部门。

开展《房屋建筑工程项目监理机构及工作标准》课题研究。为规范工程监理工作标准，发挥项目监理机构作用，更好落实5方主体质量安全责任，提高工程建设投资效益，年内协会还组织开展《房屋建筑工程项目监理机构及工作标准》课题研究。课题组通过发放调查问卷、赴安徽省、天津市等地考察调研，以及召开有关省市和专业部门座谈会等形式，深入了解项目监理机构岗位职责和工作标准、监理工作质量检查与评价情况。综合各方面资料，现初步形成课题成果，计划于年底结题。

【开展监理热点交流，提升监理服务质量】 举办工程监理企业信息化管理与BIM应用经验交流会。为推动工程监理行业信息化建设，促进"互联网＋"和BIM技术与工程监理深入融合，2016年6月在呼和浩特市组织召开"工程监理企业信息化管理与BIM应用经验交流会"。会议旨在贯彻国务院"互联网＋"政策和住房城乡建设部关于推进建筑业发展和改革的若干意见，以信息化打造企业核心竞争力，促进企业服务升级，推进行业可持续发展。副会长兼秘书长修璐同志作"十三五规划纲要对建设监理行业发展的影响"主题报告，上海建科和上海现代及广州宏达等8家监理企业做了专题演讲。会议分析当前监理行业面临的突出问题，探讨信息化技术对监理企业提升服务能力的推动作用，交流监理企业BIM＋应用，云平台智能管理，多种信息技术在工程监理及项目管理中的实际应用，会议在各方共同努力下取得圆满成功。

举办应对工程监理服务价格市场化交流会。为总结工程监理行业在价格市场化方面的有效应对措施，提升监理企业对价格改革的适应能力，引导企业规范价格行为。2016年11月在江西南昌组织召开"应对工程监理服务价格市场化交流会"，会长郭允冲就工程监理行业发展形势和推进项目管理一体化服务做重要讲话，副会长兼秘书长修璐做"新常态下工程监理行业发展"专题演讲。有10位代表围绕监理服务价格市场化问题，交流协会和企业的应对措施。会议为大家提供一个相互学习借鉴平台，有不少同志反应，参加会议收获很大，希望协会今后多组织这类活动，力争达到共同促进监理服务价格稳定发展。

【抓好行业信息宣传　不断提升刊物质量】《中国建设监理与咨询》是行业重要的宣传工具，在政策引导，技术交流，理论研讨、行业发展等方面发挥重要宣传作用。为提高稿件质量，协会举办首届《中国建设监理与咨询》有奖征文活动，使更多业内人士参与其中，丰富稿件来源，吸引更多读者，促进良性循环。刊物每期围绕一个焦点话题进行稿件安排，如聚焦改革与发展、聚焦《工程质量治理两年行动方案》、聚焦全国监理协会秘书长工作会议、聚焦信息化管理与BIM应用等主题报道，形成一定特色。全年共刊登各类稿件近300篇、地方及行业动态100余篇、政策法规等50余篇、技术交流100余篇，宣传协办企业46家。2016年山西省建设监理协会等9家协办协会和京兴国际工程管理有限公司等64家协办企业为刊物发展做出重要贡献。

【加强协会工作沟通　发挥会长单位作用】 召开全国监理协会秘书长工作会议。各地方协会、专业委员为和分会是中国建设监理协会履行职能，开展工作的重要依托。2016年3月，协会在北京召开全国监理协会秘书长工作会议，会上通报中国建设监理协会2016年工作要点，交流有关协会工作经验，报告个人会员管理有关情况，对各协会联络员进行业务培训，同时印发评先表扬有关管理办法，因客观原因此项工作未开展。全国监理协会秘书长工作会议的召开，深入地沟通工作情况，有效地促进各项工作的完成。

召开中国建设监理协会会长工作会议。为解决个人会员发展中出现的新问题，8月协会在北京召开中国建设监理协会会长工作会议。会上，协会秘书处对个人会员制度实施情况做专题汇报，研究分析个人会员管理工作中存在的问题，提出应对措施和相关建议，保障个人会员管理制度的顺利实施。

【强化内部机制建设　促进协会自律发展】　秘书处建设。秘书处是理事会常设办事机构，建设服务高效、便捷的工作机构，是履行协会职能，发挥行业协会作用的可靠保证。按照住房城乡建设部有关政策要求，认真完善各项管理制度，推进协会自律发展。协会秘书处年内招聘4名工作人员，改善人员结构状况，实现老中青结合，以青年人为主，加强传帮带，促进秘书处办事效率的提高。

党的建设。党支部是协会工作的战斗堡垒，是带领秘书处完成各项任务，保障协会健康发展的重要抓手。面对党建新要求，协会党支部在政治教育、理论学习、党员管理上从严治党，认真学党章党规和习总书记系列讲话，从思想上、政治上、行动上同党中央保持一致。根据中央驻住建部巡视组要求，开展"自纠自查"，建立《党支部民主生活会制度》、《党支部党费管理办法》，完善有关内部管理规定。召开党员领导干部专题民主生活会和党员干部民主生活会，通过党建使秘书处增添工作活力。

分支机构管理。根据分支机构管理办法做好日常管理工作。对于政府主管部门委托的有关政策调研、改革方案征求意见等，协会都在第一时间联系分支机构，及时听取他们意见，向主管部门如实反馈，获得较高评价。指导石油天然气分会、船舶分会和机械分会3个分支机构完成了换届工作。支持水电分会、机械分会、化工分会在市场调研、课题研究、业务培训、经验交流等方面积极开展工作，保障分支机构作用的较好发挥。

单位会员管理。按照协会章程规定，2016年协会发展两批共87家单位会员。为体现会员荣誉，中国建设监理协会在举办业务交流活动时，优先安排会员参加，并拉开会员与非会员缴纳会务费差距，得到会员认可。对于长期不履行会员义务，不缴纳会费的协会将按程序劝其退会。

个人会员管理。根据《中国建设监理协会个人会员管理办法（试行）》等文件规定，协会已发展6批个人会员，总数为66722名，分别来自31个省和12个专业部门的9599家企业。按照个人会员管理办法规定，协会与地方协会、专业委员会、分会签订《个人会员管理服务合作协议书》，加强协会与地方行业协会联手，共同做好为会员服务工作。根据个人会员管理需求，组织开发"中国建设监理协会个人会员管理系统"。通过人机操作，完成个人会员入会申请、上报、审核、报批工作，提高办公效率。为提高个人会员荣誉感，印制个人会员证书。

通报表扬2014～2015年度鲁班奖工程项目参建监理企业和总监理工程师。按照审查程序，组织有关专家对各协会推荐的企业和总监理工程师材料进行复核、公示，并就公示后企业与个人递交的补充材料再次复审。通报表扬参建2014～2015年度鲁班奖工程项目监理企业150家和总监理工程师203名，协会为受到表扬的监理企业和总监理工程师制作颁发荣誉证书。

起草《建设工程监理企业诚信守则（试行）》。为推进监理行业诚信体系建设，维护公平的市场竞争氛围，推进工程监理行业自律发展，协会组织专家起草《建设工程监理企业诚信守则（试行）》，提交本次会议审议。

【团结协作践行改革　携手并肩共谋发展】　中国建设监理协会会同地方和行业协会，积极践行国家行政管理体制改革和全面放开工程服务政府指导价，工作上相互支持，化挑战为机遇，化困难为动力，各协会做很多务实性工作。

北京市建设监理协会参照670号文监理取费水平，制定出《北京市监理费行业自律标准》，通过评选"行业自律示范项目"，保证协会公布的《北京市监理费行业自律标准》实施，实现工程监理优质优价，为监理行业发展进入良性循环提供费用保障。

上海市建设工程咨询行业协会研究提出"人员成本费率法"取费方式，结合定期薪酬调查系统，会同政府颁布项目人员配置标准，惩戒恶性竞争企业3项措施，对推进行业发展起积极作用。

山东省建设监理协会制定发布《建设工程监理服务酬金计取规则》，作为全省建设单位和监理企业在施工阶段监理费概算编制和监理合同洽谈的参考依据，规范监理企业市场行为。

武汉市建设监理协会通过有效沟通省市发改委、住建、物价、省招投标管理局、省市交易中心等政府部门，将协会制定的《建设工程监理与相关服务计费规则》，作为工程监理招投标服务价格的主要参考依据，写进武汉市地方政府的规范性文件和湖北省工程监理招投标示范文本，去除之前拟定的"最低价评标法"，为行业做件大好事。

深圳市监理工程师协会成立党委，通过加强党建工作，推进监理行业自律，规范深圳市监理企业竞争行为，带领会员单位抵制低价招标，对违反参与低于成本价竞标的会员单位，按照协会章程给予相应处理，遏制监理市场恶性竞争行为。

内蒙古自治区工程建设协会、江西省建设监理协会协助中国建设监理协会分别在呼市和南昌召开全国性监理行业会议，做大量服务工作，保证大会圆满召开。

云南省建设监理协会、安徽省建设监理协会、沈阳市建设监理协会和大连市建设监理协会配合中国建设监理协会开展行业调研，协助组织会议和收集调研资料，做了大量工作。

2016年，协会在住房城乡建设部、民政部指导下，在第五届理事会领导下，在各协会大力支持和广大会员的共同努力下，为确保工程建设质量，促进工程监理市场化改革，推进工程监理行业创新发展做出了应有贡献。

（中国建设监理协会）

中国建筑装饰协会

积极配合国家经济体制深化改革开展工作

2016年是中国经济供给侧结构性改革的第一年，去产能、去库存、去杠杆、降成本、补短板的工作任务明确。在这一目标的要求下，中国建筑装饰协会具体开展以下工作。

【国家营业税改增值税的税制改革 是2016年的一项重大改革举措】 为全面落实建筑装饰行业的"营改增"的税制改革，协会进行广泛深入的调查研究，组织撰写有关"营改增"税制改革政策安排的详细、系统的解读，提高企业执行"营改增"政策的水平。在增值税征收过程中，由于建筑装饰工程使用材料种类繁多，但用量普遍较少，供应商及分包商成分异常复杂，取得抵扣发票相当困难，致使大部分装饰企业税负不降反升。协会对此进行专项调查研究，并向相关机构提出政策调整的建议。

【简政放权是2016年行业管理改革的重大举措】 在资质管理制度改革中，协会举办专业会议，对建筑业新资质标准和管理规定进行讲解，提高企业适应新制度的水平。在建筑装修装饰专项工程设计资质改革中，根据住房和城乡建设部的要求，进行行业调研并提出相关的建议。

【工程保证金制度改革】 工程保证金制度改革是2016年建筑业发展中一件极为重要的改革举措，对减轻建筑业企业资金负担，提高资金周转速度，增强建筑业企业市场活力具有重要作用。协会积极组织专业文章，就工程保证金制度改革的具体措施进行解读，提高业内企业对这项改革举措的应用能力。

认真贯彻国家有关制度 全面提高协会工作的规范化水平

2016年协会秘书处认真配合中央纪委驻住房城乡建设部巡视组、国家审计署、国家发改委和住房城乡建设部纪检组的督查、审计和检查，进一步加强秘书处的思想建设、制度建设、组织建设，全面提高协会秘书处的规范化水平。

【加强对分支机构的管理与领导 规范了分支机构的运作】 2016年协会将各分支机构组织开展业务活动的审批权集中到协会秘书处，由秘书处领导集体研究审批后执行，确保活动组织的规范化。坚决制止活动收费，同时取消各分支机构向协会上缴的经济负担，为全面禁止分支机构活动收费奠定基础。

【提高协会常规性工作的规范化水平】 由住房城乡建设部委托开展的中国建筑工程装饰奖、由国务院"整规办"委托进行的行业信用等级评价和业内媒体主办的行业百强企业推介是协会的主要常规性工作，在行业内具有重大的积极影响作用。2016年取消各项活动所有没有依据的收费。并根据住房和城乡建设部的要求，暂停行业百强企业推介活动一年，进行相应的调整和改革，全面规范协会秘书处的常规性工作。

【中国建筑装饰奖评审】 2016年秘书处组织专家组，完成中国建筑工程装饰奖全部申报项目的复查工作。经过规范的评审程序，北京保利国际广场18号楼、中国农业银行股份有限公司客户服务中心（天津）、上海国际航运服务中心（东块）、南京圣和府邸豪华精选酒店、广州市基督教天河堂等569项公共建筑装修装饰工程，中国通号轨道交通研发中心、上海陆家嘴(上海纽约大学)、嘉兴经商务大厦、深圳长富金茂大厦等303项建筑幕墙工程,中国科学院研究生院新园区学生礼堂、美龄宫复原陈设及内部装饰、杭州中大银泰城室内装饰装修等61项建筑装饰设计工程获得中国建筑工程装饰奖,并在2016年12月23日在北京召开两年一次的颁奖大会。

【行业信用等级评价】 截止到2016年底,全行业共完成行业信用等级评价企业917家,由于东易日盛家居装饰集团股份有限公司等45家企业退出行业信用评价,行业内信用等级评价企业总数为872家。2016年评定AAA级企业583家、AA级企业25家、A级企业5家。2016年评定的AAA级企业中,中国装饰股份有限公司、上海百姓装潢有限公司、山东省装饰集团总公司、东亚装饰股份有限公司、苏州科利达装饰股份有限公司、浙江中南建设集团有限公司、广东星艺装饰集团股份有限公司等384家为复评AAA级企业,北京天图设计工程有限公司、上海现代建筑装饰环境设计研究院有限公司、沈阳远大铝业工程有限公司、苏州金螳螂文化发展股份有限公司等196家为新评定的AAA级企业,北京中铁装饰工程有限公司等3家企业复评升级为AAA企业。

【加强协会组织体系建设】 2016年根据行业发展现状的需要,筹备成立地产精装修分会、职业技能认证分会、消防与智能化分会、适老产业委员会、学术与教育专业委员会、软装陈设与装配式分会等分支机构,完善协会全产业覆盖的组织体系。

【撰写工作】 完成《中国建设年鉴》、《中国建筑业年鉴》、《中国石材年鉴》等史料书籍建筑装饰行业发展部分的撰写工作,继续出版《中国建筑装饰行业年鉴》。组织完成《中国建筑装饰行业"十三五"发展规划纲要》编制工作,出版发行《建筑装修装饰概论》第二版、《中国家居建材行业发展报告》等专业书籍。继续办好协会主办的《中华建筑报》、《中国建筑装饰装修》杂志和《中国建筑装饰新网》等各类媒体。

大力推动行业可持续发展

2016年协会在第八次会议代表大会上发布《中国建筑装饰行业"十三五"发展规划纲要》,提出以产业化推动行业转型升级的工作目标、原则、工作任务和具体措施,同时开展了以下工作。

【积极组织行业团体标准的编制】 2016年协会继续发挥大型骨干企业的积极性,组织行业社团标准的编制,取得阶段性成果。《建筑装饰装修工程BIM实施标准》、《环氧磨石地坪装饰装修技术规范》2项行业协会标准完成全部编制程序,已经发布实施。

【大力推进科技创新】 2016年协会同科技管理机构合作,开展科技创新成果在建筑装修装饰工程中应用退税的活动,提高企业科技创新的积极性,开启企业科技创新的新资金支持渠道。在科技创新型企业申报、技术合同应用、技术创新成果工程应用认定等方面进行培训和推广。

【大力推进绿色发展】 2016年协会组织业内大型骨干企业编制行业社团标准《绿色建筑室内装饰装修评价标准》,已经通过审核。组织开展"绿色建筑装饰装修工程项目星级评定"的公益性活动,为推动行业绿色发展提供新的动力。

【推动工程质量提高】 2016年为普遍提高建筑装修装饰工程质量,协会在浙江省杭州市组织"精品工程现场观摩交流会",业内1500多位工程项目管理专业人士参加会议。会议观摩考察G20峰会的多项建筑装修装饰工程作品,交流精品工程施工组织管理经验,对以工程项目为支点的提质增效发挥重大的推动作用。

【加强全产业链建设】 2016年协会组织"百企万亿"中国行活动,搭建高端产能的合作新平台,继续与国家权威检测机构合作,开展"中国卫浴洁具产品节能、节水检测评定"工作,继续与中国社会科学院合作,发布"中国建筑装饰行业发展报告"(行业蓝皮书)。

2016年5月,中国建筑装饰协会发文,授予江苏省南通市"中国建筑装饰之乡"称号。南通市建筑装饰业历史悠久,能工巧匠辈出,拥有一批实力雄厚,社会信誉高的大型企业集团,是中国建筑装饰行业发展的重要战略基地。南通成为继广东陆河之后第二个被中国建筑装饰协会命名为"中国建筑装饰之乡"的行政区。

【行业发展状况】 2016年在中央稳中求进、稳中求好的总方针指导下,建筑装饰行业实现平稳较快发展的目标。

行业规模。2016年全国建筑装饰行业完成工程总产值3.66万亿元,比2015年增加2550亿元,增长幅度为7.5%。增长速度比2015年提升0.5个百分点,比宏观经济增长速度提高0.8个百分点。其中公共建筑装修装饰全年完成工程总产值1.88万亿元,比2015年增加1400亿元,增长幅度在8%左右,住宅装修装饰全年完成工程总产值1.78万亿元,比2015年增加1200亿元,增长幅度为7.2%。

公共建筑装修装饰中，建筑幕墙全年完成工程总产值3500亿元，比2015年增加300亿元，增长幅度为9.4%左右，改造性装修工程总产值8500亿元，比2015年增长500亿元，增长幅度为6.25%，境外工程总产值550亿元，比2015年增加230亿元，增长幅度为66.67%。

住宅装修装饰中，精装修成品房全年完成工程总产值7000亿元，比2015年增加600亿元，增长幅度为9.38%，改造性住宅装修装饰工程总产值5300亿元，比2015年增长800亿元，增长幅度为17.78%，与中国房地产行业市场发展状况基本吻合。

实现建筑业增加值在1.9万亿元左右，比2015年增加900亿元，增长幅度为5%左右。其中上缴税费约为3500亿元，比2015年增加260亿元，长幅度约为8%，劳动者收入约为1.05万亿元，比2015年增加300亿元，增长幅度为3%，全行业实现净利润700亿元，比2015年减少10亿元，下降幅度为1.4%，全行业平均利润率为1.9%左右，比2015年下降0.1个百分点。

企业状况。2016年全行业企业数量约为13.2万家，比2015年减少约0.3万家，下降幅度约为2.22%。2016年新增有资质企业约6000家，使有资质的建筑装饰工程企业数量达到91000家左右，有资质企业占企业总数的比例达到68.9%。全行业企业年平均产值由2015年的0.252亿元提高到0.277亿元，提高幅度超过10%。

2016年资本市场中建筑装修装饰板块的规模持续扩大，新登陆资本市场的建筑装饰工程企业数量达到10余家，扩大建筑装修装饰板块的市值，为产融结构奠定基础。2016年建筑装饰工程企业"走出去"开拓国际市场取得显著进步，业内产生境外工程产值达到20亿美元的企业，产生一批境外工程产值超过1亿美元的企业，为进一步实施国际产能合作创造条件。

从业者队伍状况。2016年全行业从业者队伍约为1630万人，比2015年增加10万人，增长幅度为0.6%。全年新接收大专院校毕业生约20万人，与2015年基本持平。行业内接受过高等系统教育的人数达到280万，比2015年提高7.69%，受过高等教育的人数为从业者总数的17.18%。全行业2016年接受各类专业技术教育的人数约为30万人，与2015年基本持平。全行业年轻技术工人总数约为190万人。

2016年全行业有职业资格的注册人员约为32万人，占从业人数的1.96%，与2015年基本持平。新增工程设计人员约为10万人，增长绝对数比2015年减少2万人，下降幅度约为16.67%。全行业设计人员总数约为167万人，占从业者总数的10.25%，比2015年提高0.56个百分点。设计人员中约100万人在住宅装修装饰领域，约占设计师人数的65%左右。为适应行业、企业的转型升级，行业人才专业构成更为丰富，储备更为多样化，结构进一步优化，人力资源水平有新的提升。

由于行业工业化、信息化水平提高，2016年全行业人均劳动生产率为22.45万元/人，比2015年提高1.46万元，提高幅度为6.96%。行业劳动生产率持续提高，体现行业科技、管理创新对行业可持续发展的贡献作用。

【重要活动】 2016年协会根据行业发展形势和会员单位的需求，组织开展一系列专业活动。

2016年7月5日中国建筑装饰协会根据章程规定召开第八次会员代表大会。全行业千余名代表参加大会，住房和城乡建设部副部长易军到会祝贺并做重要讲话。会议全面总结行业"十二五"时期的发展成果及经验，提出"十三五"期间的工作目标、原则、任务和具体措施。明确以创新、协调、绿色、开放、共享发展理念为指导，以工业化、信息化推动行业产业化，在供给侧结构性改革中转型升级，迈向中高端作为行业中期发展的重要纲领。会议选举生产新一届理事、常务理事和会长领导班子。新一届会长数量达到45人，包含各种所有制形式、涵盖行业市场各领域精英人物，为推动行业可持续发展奠定坚强的组织保障。

行业调研。2016年中国建筑装饰协会参加全国政协经济社会理事会组织开展的"民营企业参与国际产能合作遇到的困难及解决对策"的课题调研，就建筑装饰行业民营企业国际工程市场运作中遇到的实际困难进行深入、细致的调查研究，探求建立支持民营企业"走出去"的体制和机制。2016年11月25日，在调研组在组长、全国政协副秘书长张秋俭带领下对样板企业，神州长城国际工程有限公司进行调研，并形成阶段性成果。

2016年11月15日，中国建筑装饰协会在河南郑州召开八届一次会长工作会，中国建筑装饰协会副会长及部分省、直辖市建筑装饰协会会长等60余人参加会议。会议听取副会长兼秘书长刘晓一所做的协会秘书处工作报告，并就行业当前及"十三五"期间的主要困难及问题，如何创新发展、推动产业化进程等开展讨论，取得共识、交流发展经验，会议并就中国建筑装饰协会秘书处 2017 年工作安排提出意见和建议。会议由副会长单位、郑州康利达建筑装饰工程股份有限公司承办。

2016 年 10 月 21 日，中国建筑装饰协会在深圳召开"第三届中国建筑装饰行业绿色发展大会"，会议表彰深圳市深装总装饰股份有限公司、深圳市建筑装饰（集团）有限公司、上海新丽装饰工程有限公司、深圳市洪涛装饰股份有限公司等在行业绿色发展领域做出突出贡献的企业和深圳市嘉信装饰设计工程有限公司董事长周福新个人。会议宣讲新制定的行业社团绿色建筑室内装饰装修评价标准，研讨建筑装饰行业绿色发展的现状和发展趋势。

2016 年 12 月 8 日，中国建筑装饰协会在江苏省苏州市召开"第二届中国建筑装饰行业采购趋势论坛"，业内大型工程企业、重要材料、部品供应商代表近 200 人参加会议。会议就互联网时代、供给侧结构性改革条件下的产业链建设进行研讨和交流。

2016 年 12 月 26 日，中国建筑装饰协会发布《关于淘汰建筑幕墙落后产品和技术的指导意见》。该指导意见共十三条，从指导思想、主要宗旨、淘汰产品和技术品类、实施办法、主要措施等进行指导。指导意见对推动建筑幕墙领域结构性改革和转型升级、迈向中高端产生重要作用。

2016 年 12 月 23 日，中国建筑装饰协会在北京国家会议中心召开八届二次理事会暨八届二次常务理事会。副会长兼秘书长刘晓一做协会秘书处工作报告。会议通过工作报告及相关的提案。此次会议与"中国建筑工程装饰奖颁奖大会"同期召开，减轻企业的负担。

（中国建筑装饰协会）

中国工程建设标准化协会

【概况】 2016 年是全面深化标准化改革的关键之年。面对新形势、新任务，中国工程建设标准化协会（以下简称"协会"）紧紧抓住标准化改革重要机遇，以巡视整改工作为契机，主动适应标准化工作和协会工作新常态，努力推进协会各项工作开展。在主管部门的大力支持下，通过大家共同努力，协会工作取得新的进展。

【加快协会标准制订修订步伐 积极推进协会标准改革】 2016 年，随着国家深化标准化工作改革稳步推进，尤其是国标委和住房城乡建设部相继出台团体标准培育和发展指导意见，为协会标准工作带来新机遇和新挑战。在技术标准部和各分支机构共同努力下，协会标准制订工作取得显著成绩，批准发布数量和计划项目数量再创新高，协会标准改革取得新的突破。组织下达两批计划项目，计划项目紧紧围绕部里中心工作所涉及的城乡基础设施建设和建筑业改革等热点领域，如装配式建筑、综合管廊建设、绿色节能环保、智慧住区、养老服务等相关领域。全年共批准发布《圆竹结构建筑技术规程》、《住宅卫生间建筑装修一体化技术规程》、《民用建筑新风系统工程技术规程》、《钢筋机械连接装配式混凝土结构技术规程》等协会标准 43 项。这些协会标准为增加工程建设标准有效供给，加速新技术、新材料、新工艺等科研成果和创新技术的推广应用，引领支撑住房城乡建设发展起到积极作用。根据国务院《深化标准化工作改革方案》和《住房和城乡建设部标准定额司 2016 年工作要点》的精神，开展对 2016 年前发布的协会标准和 2016 年前下达的计划项目共 595 项进行复审和清理工作。进一步规范协会标准管理方式，对协会标准的立项申请书作相应调整，增加相关专利的声明栏目，对于协会标准的版式和编号等问题开展多方调研，起草初步方案。印发实施《中国工程建设标准化协会产品标准点实施方案》。根据试点方案，组织下达两批产品标准试点项目共 24 项。根据国标委有关团体标准（产品标准）试点要求，协会申请加入全国团体标准信息平台，产品标准试点信息已在该平台上公布。在办公室、技术标准部、图书公司三方配合下，共完成 47 项新版协会标准的出版印刷。

【组织开展各类工程建设标准宣贯培训】 在部人事司和标准定额司的关心指导下，协会围绕重点标准的贯彻实施，积极开展相关标准规范的宣贯培训和研讨活动，全年共举办《城市居住区规划设计规范》、《综合布线系统工程设计规范》、《综合布线系统工程验收规范》、"城镇燃气最新技术标准与安全管理"、"新版验收规范中配套表格填写实务暨建筑工程竣工验收资料管理"、"建设用地性质分类与容积率指标调整管理疑难问题解析"、"国标16G101系列图集宣贯暨疑难问题答疑"等近40期国家标准、行业标准研修宣贯及专项技术培训班。教育培训部坚持精心组织、严格选题、精选师资、认真服务的指导思想，最大限度地保证每期培训班的教学质量，为提高工程技术人员专业素质，保证建筑工程质量，为国家标准、行业标准的实施以及工程建设标准化做出贡献。

【积极开展标准化咨询服务】 工程建设产品推荐是协会的一项传统服务项目。2016年，教育培训部通过耐心细致的工作，对原有项目及时进行清理，进一步规范工作程序，加强各环节沟通协调。共完成47项工程建设产品与绿色建筑节能产品的推荐工作。

【努力办好协会期刊和网站】 继续深化杂志自身改革。进一步调整栏目设置，充实栏目内容，优化排版设计和印刷装帧，杂志的综合性、专业性、时效性、实用性持续提高。同时，通过调换服务更优质、技术更专业的印刷厂，既大大节约成本，杂志的印刷品质也上一个台阶，杂志更加美观、大气，令人耳目一新，受到读者的一致好评。积极发挥杂志主流媒体功能。杂志紧紧围绕部中心工作，利用"热点聚焦""专家访谈""标准信息""实施监督"等栏目，广泛宣传国家重大方针政策，深入报道国家标准化改革重大政策，深入解读重要标准规范技术内容与编制背景，及时宣传报道部标准定额司重大活动，充分发挥工程建设标准化宣传工作的主舆论、主渠道、主阵地作用。继续加强杂志自身建设。坚持专家办刊与市场办刊相结合，继续做大做实杂志理事会，经过多年发展，杂志理事会已初具规模，通讯员、联络员队伍不断壮大，其功能得到较好发挥。加强协会网站及微信公众平台建设。在办好《工程建设标准化》杂志的同时，协会也进一步整合内部资源，加快推进传统媒体与新媒体的相互融合，及时推送标准化方面的政策、活动、重大新闻、研究成果。协会微信公众平台的关注人数已从2015年的4200余人达到6500余人，杂志关注人数从2015年的4800多人达到11000余人。协会网站建设也取得积极进展，功能逐步完善，内容更加丰富，与会员互动日趋紧密，网站排名在工程建设与标准化领域位居前列。

【不断扩大各类标准资料发行服务】 协会书店通过集体订购、门市销售、在线销售等方式，全年共发售各类标准图书34万余册，其中门店销售20万余册，网络销售14余万册。

【努力做好主管部门委托交办的工作】 2016年，协会根据部里下达的工程建设标准制修订计划，围绕标准定额工作推进"完善工程建设标准体系，强化标准实施监督，推进体制机制创新"的总要求，积极组织开展相关课题研究工作。在协会有关分支机构及相关学协会的积极参与下，组织开展《社团标准培育发展政策研究》，起草完成《关于培育和发展工程建设团体标准的指导意见（草案）》。该意见于2016年11月由部办公厅印发实施。2016年3月31日，在北京组织召开《建设领域团体标准的实施监督》课题研究的课题组成立暨第一次工作会议，确定课题进度、大纲和分工，已基本完成研究课题初稿编写工作。在协会公路分会及水运、铁路、房建、水利、电力等多家单位参与下，组织开展《服务于"一带一路"战略的工程建设标准化政策研究》。2016年5月25日在北京组织召开课题组成立暨第一次工作会议，确定课题研究大纲、工作进度和任务分工。组织开展《施工现场标准员继续教育系统及数据库》研究，同时，为配合各有关省市组织开展施工现场标准员继续教育，与北京建科研软件有限公司合作开发"工程建设标准咨询服务系统"，现已上线试运行。此外，在参加部标准定额司、人事司组织的标准员岗位设置试点工作调研活动及完成《施工现场标准管理及信息系统》课题基础上，组织专家完成《关于加强施工现场标准员管理工作的指导意见（草案）》的起草工作，并已上报部标准定额司。完成《钢管混凝土拱桥技术规范》、《冰雪景观建筑技术规程》、《公共建筑节能设计标准》、《建筑地基基础工程施工规范》、《智能建筑设计标准》、《门式刚架轻型房屋钢结构技术规范》等7项标准规范的翻译审核工作。

【加强协会自身建设 规范分支机构管理】 根据民政部、国家发改委《关于做好全国性行业协会商会与行政机关脱钩试点工作的通知》及民政部、国家发改委等10部委印发的《行业协会商会综合监管办法》等有关通知及文件要求，按照部人事司关于脱钩试点工作的统一部署和方案要求，从思想上、组织上、管理上认真做好前期准备工作，参加由国家发改委、民政部、国家信息中心组织举办的全国性行业协会商会综合监管暨信息共享工作会议，加强分支机构财务管理，研究修订协会分支机构管理办法，研究探索协会分支机构直管模式，逐步建立一支由协会直属管理的分支机构专职人员队伍。共有管道委员会、鉴定与加固委员会、水运委员会、结构设计基础委员会进行换届，养老服务设施委员会召开成立大会，建筑防水委员、工程管理委员会、工业给水排水委员会完成负责人变更登记，批准筹备海绵城市工作委员会和厨卫专业委员会。

（中国工程建设标准化协会）

中国建设工程造价管理协会

【概况】 2016年，中国建设工程造价管理协会（以下简称"中价协"）理事会围绕行业深化改革、计价依据的完善、诚信体系建设、行业自律、会员服务及信息化建设等方面做了大量工作。

【配合行业主管部门工作 深化改革】 积极参与并主动承担工程造价咨询行业发展规划的起草，以及"十三五"规划的编制工作。中价协积极参与建筑业"十三五"规划工作，承担工程造价管理专项内容的起草工作。受住房城乡建设部标准定额司的委托，中价协承担住房城乡建设事业"十三五"规划的配套专项规划——工程造价"十三五"规划的编制工作。为做好顶层设计，准确把握"十三五"时期发展环境的新变化和发展阶段的新特征，科学编制工程造价"十三五"规划。

参与部门规章的修订。近年来《工程造价咨询企业管理办法》个别条款已不适应建设市场快速发展的需要，亟待重新修订。为配合做好该部令的修订工作，中价协对21个省级管理机构、4个国务院有关部门和9家造价咨询企业反馈的意见和建议报告进行认真梳理，就企业关心的资质标准、审批程序、管理制度、监督手段等条款进行细致分析，并形成研究报告报送住房城乡建设部标准定额司。

配合做好行政审批制度改革。围绕取消造价员职业资格事宜，根据住房城乡建设部标准定额司的工作安排，中价协配合研究后续工作思路和方案，通过对造价工程师执业资格制度的完善，调整和优化等级设置、报考条件、专业划分等内容，健全人才培养机制，为职业资格改革平稳推进做好衔接和过渡工作。

做好日常管理工作。通过对注册造价工程师管理系统和咨询企业管理系统的平稳转移和升级，为管理工作提供重要技术保障。中价协协助住房城乡建设部标准定额司完成306家工程造价咨询企业甲级资质申报材料的审核工作。完成造价工程师初始注册12237人次、续期注册2523人次，累计受理变更注册、暂停执业和注销注册共计1640人次。受住房城乡建设部标准定额司委托，完成2015年度行业统计工作，形成《2015年工程造价咨询统计资料汇编》。

【加强诚信体系建设 提升行业公信力】 2016年中价协以制度建设、开展信用评价和信用平台建设3个方面为抓手，稳步推进工程造价行业诚信体系建设工作。同时受住房城乡建设部标准定额司委托，起草《工程造价行业信用指导意见》，明确工程造价咨询行业企业和个人的信用档案的内容，规定良好和不良行为的具体标准，建立信息的查询、披露和使用制度，对指导和规范行业组织及各地开展信用档案建设又向前推进一步。

为完善行业自律制度建设，中价协制订《会员执业违规行为惩戒暂行办法》，明确惩戒的具体程序和标准，为使办法更具可操作性，又制定配套的惩戒细则，与部门规章、行业标准规范、《造价工程师职业道德守则》和《造价咨询企业行为守则》等作为惩戒办法的依据，形成行业自律制度体系。

【重视信息化建设 发挥宣传窗口作用】 中价协十分重视信息化对行业发展的推动作用，围绕如何加强行业信息化建设，做出积极探索。为提高行业信息化整体应用水平，提升企业管理效率，减少信息系统的重复开发建设，避免资源浪费，组织开发基于云端的工程造价咨询企业资源管理系统（ERP），该系统已经于2016年8月正式上线并向所有企业免费开放。

为服务会员，降低会员获取造价信息成本，实现信息共享互通，中价协着手打造工程造价信息服务平台（工程计价信息网），该平台主要以数据共享的方式向工程造价从业人员提供工程计价过程所需各种信息，工程计价信息网已2016年9月正式上线。

为继续发挥媒介对学术理论指导和宣传推广作用，紧密结合行业发展形势，中价协利用期刊、网站和微信平台等加强对行业政策、法律法规的宣传。近年来，《工程造价管理》期刊重点刊登建设工程行业热点问题，中价协网站及时、准确发布更多的行业资讯，发布信息近500条，微信公众平台上线以来，关注人数连连攀升，2016年12月已达到8万人，成为宣传行业政策、发布行业消息的重要渠道。

中价协秘书处电子化和信息化建设取得新突破，服务能力得到显著提升。根据住房和城乡建设部、人力资源和社会保障部关于执业资格考试管理的有关要求，对造价工程师考试《建设工程造价案例分析》科目的评卷方式进行改革，主观题评卷由手工阅卷改为网络集中评卷，全面提高主观试题评卷工作质量和效率，得到广泛好评。

【建立多层次人才培养体系　提升专业素质】将工程造价专业人才培养当作行业发展的大事来抓，不断提高人才队伍整体素质，培养行业发展需要的应用型、管理型和研究型人才，推动行业人才的发展和壮大，是中价协的核心任务之一。

为加强工程造价专业人才队伍建设，着力培养高层次工程造价专业人才，2016年完成"工程造价专业人才发展战略研究"课题的研究工作。

为提升行业管理水平，中价协组织开展工程造价咨询企业核心人才培训班，对来自全国工程造价咨询企业的法人或技术负责人培训专业课程。通过培训落实工程造价行业人才发展战略，培养与行业发展相适应的人才队伍，达到推动企业多元化发展，提升工程造价咨询成果文件质量，促进企业人才培养的目的。

为贯彻落实《国家中长期教育改革和发展规划纲要（2010—2020年）》的精神，由中价协、住房和城乡建设部高等学校工程管理和工程造价学科专业教学指导委员会、全国住房和城乡建设职业教育教学指导委员会工程管理类专业指导委员会主办的第二届全国高等院校工程造价技能及创新竞赛于2016年11月5日在山东济南和陕西西安成功举办，有来自全国各地工程造价和工程管理类院校的高职院校团队125个、本科院校团队102个，近700名选手、400余名指导老师参加该次竞赛活动，竞赛取得圆满成功。

为发挥行业领军人才的示范带头和人才培养等方面的作用，根据章程及《中国建设工程造价管理协会个人会员管理办法（试行）》等有关文件规定，中价协对个人会员的发展及管理模式进行改变，试行会员等级制度，将行业内具有较高声望的专家及为行业发展和协会建设做出较大贡献的专业人士认定为资深会员，将为工程造价行业做出重大贡献的著名专业人士认定为名誉会员。已开展两批资深会员的认定工作，经过认真审核，已有757人成为中价协资深会员，第三批的资深会员认定工作正在进行中。

【开展理论研究和标准编制　引领行业发展】在对工程造价管理体系和工程造价咨询标准体系研究的基础上，开展工程造价管理标准体系研究，夯实业务技术基础。行业标准、规范得到进一步完善。与香港工料测量师协会共同完成2013版《工程量清单计价规范（英文译本）》的翻译工作。新版《建设项目工程投资估算编审规程》和《建设项目工程设计概算编审规程》已正式出版，《建设项目全过程造价咨询规程》的修订工作已完成送审稿审查。

为适应工程造价咨询新形势的需要，中价协研究建立工程造价纠纷调解机制和工程造价咨询执业保险制度，为推动中国工程造价咨询企业"走出去"，指导企业开展国际化业务，中价协开展"工程造价咨询企业国际化战略研究"和"国际工程项目管理模式研究"两项课题的研究工作。

中价协发布《工程造价咨询服务行业发展报告》，系统反映中国工程造价咨询行业的发展历程和现状，侧重经济运行的监测和分析，为行业发展、政府和企业决策提供可靠依据。同时开展工程造价费用构成研究课题，全面梳理工程造价的费用构成，建立符合市场经济的工程计价模式。

【创新会员服务形式　提升服务能力】服务会员是协会生存和发展的根本。以往协会提供的服务形式趋于平淡，服务手段略显单一，服务效果不够显著。为此，中价协对已开展的服务项目进行梳理和归纳，罗列出10个类别28个具体项目，并对原会员管理办法做修改，研究制订会员服务导则，为会员提供差别化、个性化的服务。通过上述努力，使当前的会员服务服务内容更加灵活多样，工作更有针对性。

为发挥协会的平台作用，加强会员间的交流，促进行业健康有序发展，2016年中价协在深圳召开第四届企业家高层论坛。论坛上围绕不同的主题进行自由发言，分享成功经验与发展理念，气氛热烈。高层论坛始终秉持着开放、自由、交流、合作的精神，将促进行业企业高层的思想交流、资源整合、业务合作、增进友谊作为论坛的基本宗旨，发展到今天已经形成品牌，成为行业内各企业探讨合作，谋求发展的重要的年度聚会。为促进企业间深度交流，提升行业整体素质，推动工程造价咨询行业共同发展，中价协开展"企业开放日"活动，吸引各地造价咨询企业负责人参加上海市、北京市等地区企业的开放日活动。开放日活动中大家毫无保留的交流和探讨，气氛热烈，取得很好的效果。

近年来，中价协积极履行社会责任，时刻为推动中国公益慈善事业发展贡献着自己的力量。2016年又向中国慈善总会捐款10万元，支持中国的慈善事业，体现行业爱心。通过扶贫助贫公益活动，进一步提升行业的社会责任意识，也提高协会和行业的社会影响力与知名度。

为确保"营改增"政策顺利实施，2016年3月中价协组织有关软件企业召开工程计价软件企业座谈会，要求做好"营改增"政策出台后造价软件的更新工作。为促进大家对建筑业"营改增"政策的理解，中价协召开"营改增"专题师资培训班，并于5~8月，联合地方协会分别在北京市、深圳市等地举办建设工程造价行业"营改增"专题培训班。对建筑业"营改增"对工程造价及工程计价方式的影响，工程造价构成各项费用调整和税金计算方法进行详细的讲解，为企业以及工程造价从业人员尽快熟悉并掌握"营改增"的相关政策提供支持和帮助。

另外，应会员单位的要求，中价协委托四川省造价工程师协会在成都召开"2016政府与社会资本合作（PPP）模式专题论坛"。并于8月底在北京举办为期3天的PPP模式高端研修班。

【加强国际交流与合作　提升国际地位】 2016年5月，PAQS第20届年会在新西兰基督城召开，来自全球14个国家，近500名代表参加此次会议。为进一步提高我国工程造价行业在国际的影响力和地位，加强与国际工程造价组织间的交流与合作，应亚太区工料测量师协会年会组委会邀请，中价协副秘书长率团出席会议。

2016年6月，应国际成本工程师协会（AACE）的邀请，中价协副理事长王中和率团参加在加拿大多伦多召开的第60届AACE年会，会后赴美国开展工程造价管理相关课题研究。

2016年10月，应英国皇家测量师协会（RICS）邀请，秘书长吴佐民率团访问RICS伦敦总部，双方就《中英工程造价管理比较研究》及《工料测量国际标准》，进行深入交流和讨论。

中价协通过与国际同行间的交流与合作，增进中国造价工程师与世界各国同行的合作和友谊，也促进世界各国对中国工程造价行业的了解，同时也为中国工程造价行业管理机构及咨询企业了解及参与国际市场竞争搭建交流平台，从而使更多优秀的企业能够走出国门承接国际工程造价业务，促进工程造价行业向高端咨询服务业持续发展。

【加强秘书处建设　提升协会内生动力】 为更好地发挥行业组织作用，结合行业发展思路，在第六届理事会成立之初，对秘书处内设机构进行调整。调整后的秘书处，强化对行业科学发展的引导，突出协会在行业自律方面的作用，行业标准编制和科研能力得到进一步提升，信息化发展的领导力得到增强。协会业务正逐渐向两头延伸，在行业的战略研究、立法和发展规划方面的引领作用更加显现，在完善行业自律方面，扎实推进。近两年，秘书处向社会公开选聘多名年轻、有专业背景、政治面貌为党员的同志进入秘书处工作。2016年工作人员达三十几人，其中文化程度大学及以上的人数占比95%以上，党员人数占比60%以上，秘书处队伍呈现出年轻化、专业化的特点。

中价协通过完善各项规章制度，进一步健全秘书处的工作制度与激励机制，使各项工作有章可循、有律可依、规范运行。

在强化自身建设的同时，不忘狠抓思想教育。根据住房城乡建设部关于开展党的群众路线教育实践活动的部署，秘书处召开领导班子民主生活会，重点聚焦"四风"，认真查找问题、剖析原因、完善改进措施。启动"三严三实"、"两学一做"等专题教育活动，通过联系实际工作对党员的素质提出要求，不断丰富理论素养，强化党员意识，提高思想觉悟，切实增强在新形势下做好协会工作的责任感和使命感，巩固党的群众路线实践活动成果，使秘书处的精神风貌焕然一新。

2016年中价协围绕行业改革与发展，重点在自身建设、工程造价管理改革、诚信体系建设、人才队伍业务能力提升、扩大对外交流与合作等方面进行大量的努力与尝试，扎实、稳健的推进各项工作。尽管还存在一些不足，但总的发展趋势是向好的。开展的各项工作在广大理事和会员的理解与支持下，取得较好的成绩。

（中国建设工程造价管理协会）

中国建设教育协会

【协会常务理事及理事会议】 2016年3月26~27日在北京召开第五届二次理事会暨五届四次常务理事会议。常务理事、理事及代表110人参加会议。在26日的常务理事会上,秘书长朱光作《中国建设教育协会2015年工作总结及2016年工作要点》的报告,各专业委员会交流2015年工作情况和2016年工作计划,对《中国建设教育协会"十三五"发展规划》(征求意见稿)进行讨论并提出修改意见。在27日的理事大会上,理事长刘杰做主旨报告。常务理事会、理事会讨论通过专业委员会、地方建设教育协会的人事任免工作。

【民政部评估工作】 2017年3月8日,民政部对协会2016年工作评估顺利完成。评估组对协会的工作给予充分肯定,认为协会内部治理起点高,规章制度比较健全,人员素质高,办事机构齐全,工作规范。尤其2014年换届以来,工作业绩突出,特色工作影响力大,BIM起到行业的引领作用,培训工作出色,年度发展报告翔实。同时对协会今后工作也提出整改建议,如财务管理问题、会费管理问题、倡导会员服务社会问题等。

【协会专业委员会工作】 普通高等教育委员会2016年换届以后,完成《中国建设教育》(高教版特刊)论文遴选工作,举办中国建设教育协会普通高等教育委员会五届四次全体会员单位会议,举办第十二届全国建筑类高校书记、校(院)长论坛,举办第三届中国高等建筑教育高峰论坛,举办首届国际学校暑期培训班,完成中国建设教育发展年度报告(2016年)普通高等建设教育发展状况分析和相关案例的撰写任务,高标准完成普通高等教育委员会秘书处的日常工作。高等职业与成人教育委员会召开全委会、专业委员会2016年主任工作会议和专业委员会第五次常委扩大会议,举办第八届高职书记、校(院)长论坛,各内设机构按照地域及分工积极开展活动,为会员单位提供丰富多样的主题活动,积极搭建会员单位交流沟通的平台,加强制度建设和组织建设。中等职业教育专业委员会积极组织论文、课件评优,课题申报、评审等工作,积极向《中国建设教育》杂志提供中职委获奖论文,坚持例会制度。坚持每两年一次的全体会,一年一次的常委。加强自身建设,提升服务水平。继续教育委员会举办两次大型会议,分别是5月在陕西延安召开的"建设行业从业人员继续教育工作研讨会以及常委扩大会议"以及8月在内蒙古鄂尔多斯召开的继续教育委员会年会,积极推进住房城乡建设部课题《建筑产业现代化背景下施工现场专业人员能力提升研究》的各项工作,建立继续教育委员会网站,开发网络学习平台,录制视频课程,实现优质教育资源的共享。着手开展"住房城乡建设领域热点专题培训"。协助大协会组织开展《中国建设教育发展年度报告》2015和2016年度版的编写工作。技工教育委员会在强化内涵建设、课堂对接岗位、提升办学层次、开展技能大赛等方面都做出很大成绩。此外,组织开展论文和课件评选活动,并将优秀论文全部刊登在《建设技校报》上。建筑机械职业教育专业委员会拓展培训新业务,探索行业服务新模式,形成"服务建筑业、服务工业化、促就业助转型"的服务新思路。继续加强制度建设与风险防控,教材编制研究与服务体系建设,持续推进教具装备研发与实训示范基地建设,响应标准化改革,参与各类各级别标准研究任务,加强组织建设,表彰先进教职工和模范机构,加强平台基地、协作网络、服务体系建设。建筑企业人力资源教育工作委员会调整专业委员会的领导班子,参与中国建设教育协会《中国建设教育发展报告》2015和2016年度版的编写工作。积极开展建筑企业人力资源管理方面的调研和培训工作,推广《建筑企业人力资源管理实务》和《建筑企业人力资源管理实务操作手册》2本书。院校德育工作专委会在湖南湘潭举办《全国建设院校宣传思想工作(教师)培训班》,召开院校工作经验交流会,听取《红色文化与理想信念教育》和《当前我国意识形态领域的斗争态势及其对策》的专题讲座。由秘书长带队在北京建筑大学等建设类院校进行思想政治工作调研并参加建设院校学工部长论坛。教育技术专业委员会于2016年10月进行换届工作。换届之后秘书处发展会员,做好会员服务工作。成立教育技术专业委员会专家顾问团,围绕专委会下一步技术工作担任技术权威评审专家。承办首届全国建设类院校施工技术应用技能大赛。培训机构工作委员会努力开拓培训领域，开发建设领域内细分行业中从业人员相对不多、但行业发展势头良好，有较强市场需求的培训项目，有效的填补行业空白，成为相关人员的上岗凭证和地方行政主管部门对相关企业资质审查的重要依据。房地产人力资源教育工作委员会和城市交通职工教育专业委员会一直坚持落实协会秘书处的各项要求，房地产委员会在培训形势不利、效益下滑情况下，还努力办数期房屋鉴定培训班。

【协会科研工作】 2016年，协会教育科研活动取得以下成绩：

《中国建设教育协会"十三五"发展规划》顺利出台，于2016年5月份完成下发工作。

《中国建设教育发展年度报告（2015）》正式出版，得到业界同仁的广泛好评。开展《发展报告》2016年度版的编写工作。2016《发展报告》的数据收集工作共有27个省、市、自治区和生产建设兵团参加"建筑业从业人员职业培训情况调查"（比上年多7个地区）。此外，本书增加行业热点及难点问题一个章节。

在科研课题立项与结题管理方面，2016年6月，协会向各专业委员会、各地方建设教育协会下发《关于开展教育教学科研课题进展情况检查工作的通知》，表扬了部分立项、结题工作做得较好的单位。

在承担部人事司研究课题方面，承担"住房城乡建设部装配式建筑技能人才需求与建筑业现代学徒制"课题研究，受到住房城乡建设部领导的高度重视，并登上《中国建设报》头版。"建筑业现代学徒制"课题于2016年8月29日召开结题会议，完成课题验收工作并及时报备部人事司。

【学分银行业务】 与国开大学合作的学分银行项目，6月份已经申请成功，挂牌成立，开始受理学分银行业务。在协会期刊、协会微博、协会微信公众号等公众媒体上发表文章，扩大学分银行的宣传力度。在全国建筑类高等学校优秀学生夏令营时，为学员们培训学分银行概念和理论，当场受理学员的开户申请83份。

【协会刊物编辑工作】 2016年全年《中国建设教育》编辑部共收稿件271篇，其中约稿77篇。搜集34篇，撰写6篇。已完成6期刊物和6期简报的编辑出版发行工作。编审刊登稿件156篇，印刷发行7561本。增设栏目2个，专刊1期。实现全年订阅4638本，主动有偿发行750本。

在工作方法上，将高校和高职书记、校长论坛、协会和专业委员会评优论文以及专业委员会年度论文征文等纳入刊物稿源，大大提高稿源质量。围绕热点问题，开设新栏目。如开设"BIM探讨与应用"栏目。加大宣传、征订的力度。加强对基础工作的管理，面向会员单位下发重新登记通讯员的通知。从优化审稿流程，提高工作效率、优化发行渠道，节约开支、追求质量、尊重作者，真诚待人，努力树立编辑部良好形象等方面做一些改进工作。

【协会主题活动】 2016年7月22～24日，第八届全国建设类高职院校书记、院长论坛在江苏省徐州市举行。论坛的主题是"内涵建设、改革创新"，来自高职院校、出版单位、科技公司以及建筑企业的50个会员单位的100位代表参加论坛。协会及专业委员会相关领导出席论坛，会上理事长刘杰发表重要讲话。论坛共设3个模块。第一模块内容紧扣论坛主题，由专家团队向与会代表全面展示极限学习的核心内涵。第二模块是院校交流。6所高校和企业的教授、专家紧密结合专业定位、院校内涵建设、深化课程改革实践、创新创业人才培养、校企合作推进科研工作、新技术与创新创业人才培养等话题进行主题报告。第三个模块行业专家做《创新创业，高职专业内涵建设的深化》的专题报告。

10月22日，第十二届全国建筑类高校书记、校（院）长论坛在西安建筑科技大学召开。论坛的主题是"五大发展理念下建筑类高校教育改革与创新"，来自全国21所建筑类高校的书记、校（院）长等70余位代表参加本次论坛。住房和城乡建设部人事司专业人才与培训处处长何志方亲临论坛并做"行业向我们提出了什么"的主题报告。秘书长朱光做重要讲话。12位高校代表分别围绕主题和分题做主题报告，并进行交流发言。

10月29日，成立"全国建筑信息化教育论坛"。来自全国各地的高校、企业代表近500人出席大会。第一批已有417所单位、600余人申请加入全国建筑信息化教育论坛。其中，院校单位占比77%，企业单位占比23%。涉及全国范围内的29个省市。

7月第十四次地方建设教育协会联席会议在鄂尔多斯市举办。会上各地方协会就各省的社团组织改革、机构改革进行交流。河南省建设教育协会副会长崔恩杰介绍协会的工作情况和经验。

3月举办BIM应用技能网络比赛，7月进行评比颁奖，在无锡闭幕。近300所院校的600个团队参与。大赛全程现场直播，并设置场内外投票互动环节，累计参与人数万余人。

5月1～4日，2016年全国职业院校技能大赛中职组建设职业技能比赛在天津成功举办。比赛共设建筑装饰技能和建筑设备安装与调控（给排水）两个比赛项目。

6月第七届全国中、高等院校学生"斯维尔杯"建筑信息模型（BIM）应用技能大赛在山东建筑大学和四川大学两个赛区联网同步举办。比赛报名院校432所，最终有373支团队共计1800多名参赛学子现场进行决赛。大赛规模、参赛队伍数量屡创新高，已成为建筑软件行业中当之无愧的品牌赛事之一。

8月5~14日，协会与江苏省建设教育协会共同主办第七届全国高等院校建设类专业优秀学生夏令营活动，共有90余所院校的近100名学生参加，历时10天。在团队建设环节营员们依次参观中山陵、南京市规划建设展览馆、南京博物院、南京大屠杀纪念馆。在团队活动环节营员们进行建筑模型制作。从文化之旅开始，夏令营从南京移至常州，营员们参观绿色建筑博览园。行至苏州，参观苏州博物馆、拙政园。期间穿插组织多次主题丰富、类型多样的座谈和讲座。

10月21~23日，全国中、高等院校BIM应用比赛——第八届BIM算量大赛暨第六届BIM施工管理沙盘及软件应用大赛在吉林建筑大学和河南工业大学同时举办，有全国400余所院校的568支代表队、2500余名参赛师生，创下5万参与人次的新高。此项活动成为建设教育领域的标志性赛事。

11月在北京举办中国技能大赛——"松大杯"全国中央空调系统职业技能竞赛决赛，此次竞赛考核参赛选手中央空调系统设备的系统设计、安装、接线、检测、调试、运行与维护等综合实践技能以及职业素养和安全意识。

12月首届全国中等职业学校建设职业技能竞赛进行决赛，分设工程算量、楼宇智能化工程技术、BIM建模3个赛项。来自全国22个省近60所中职学校208名代表参赛。竞赛的3个赛项都是代表住房城乡建设行业未来发展方向、市场急需的职业岗位。

【协会培训活动】职业培训项目，2016年与2015年同期比较，现场专业技术人员培训量人数上涨10%左右，继续教育人数上涨10%，监理工程师培训人数减少10%左右。短期培训项目，2016年成功办成177期培训班，成功率约为80%。协会培训部开发行业急需课题，部分受到行业的欢迎，如：PPP项目操作实务、棚户区改造模式、海绵城市和地下综合管廊等项目。2016年新设立6个新的职业培训项目，"建筑消防电气检测技术"、"被动房设计师/咨询师"、"土壤修复工程"、"湖泊水资源修复工程"和"城市垃圾处理设施运营"。每个培训项目都有完备的教学资料，包括：项目调研报告，教训大纲，课时分配，试题，自编教材等。围绕"建筑装配化、建筑工业化"岗位新需求，继续加强施工机械化系列教材编研，持续推进教具装备研发与实训示范基地建设，参与各类各级别标准研究。

加强横向交流沟通、拓展国际合作项目。与勘察设计协会、市政协会、金属结构协会等部属协会建立新的合作关系。与德国汉斯·赛德尔基金会亚洲处、德国汉斯·赛德尔基金会、赛会等进行联系，共同商讨制定下一步合作框架内容，为下一步开展中德职业教育合作项目定下良好的基调。

拓展工作新领域，与大兴奥宇集团、新华出版集团、中国教育科学研究院等多家发起单位共同成立"中国教育文化产业园"。协会主要参与"职业教育园区"部分，为协会培训中心提供实际培训研发基地，建立行业第一家集课程研发、理论培训和操作技能训练等方面的教育基地。参与由中国广播电视投资有限公司主导的贵州广电云试点项目，协会主要提供村镇建设涉及的村庄发展规划、民宅设计施工、基础设施建设等多方面职业教育服务。

开展BIM应用技能师资培训工作。2016年分别与广联达、鲁班、斯维尔、建研院、互联立方、鸿业科技等BIM软件技术公司合作，共同开展系列BIM应用技能师资培训，在全国举办10余场师资培训，累计培训师资2000余人。

（中国建设教育协会）

附　录

示 范 名 录

第一批中国特色小镇名单

一、北京市(3个)
房山区长沟镇
昌平区小汤山镇
密云区古北口镇

二、天津市(2个)
武清区崔黄口镇
滨海新区中塘镇

三、河北省(4个)
秦皇岛市卢龙县石门镇
邢台市隆尧县莲子镇镇
保定市高阳县庞口镇
衡水市武强县周窝镇

四、山西省(3个)
晋城市阳城县润城镇
晋中市昔阳县大寨镇
吕梁市汾阳市杏花村镇

五、内蒙古自治区(3个)
赤峰市宁城县八里罕镇
通辽市科尔沁左翼中旗舍伯吐镇
呼伦贝尔市额尔古纳市莫尔道嘎镇

六、辽宁省(4个)
大连市瓦房店市谢屯镇
丹东市东港市孤山镇
辽阳市弓长岭区汤河镇
盘锦市大洼区赵圈河镇

七、吉林省(3个)
辽源市东辽县辽河源镇
通化市辉南县金川镇
延边朝鲜族自治州龙井市东盛涌镇

八、黑龙江省(3个)
齐齐哈尔市甘南县兴十四镇
牡丹江市宁安市渤海镇
大兴安岭地区漠河县北极镇

九、上海市(3个)
金山区枫泾镇
松江区车墩镇
青浦区朱家角镇

十、江苏省(7个)
南京市高淳区桠溪镇
无锡市宜兴市丁蜀镇
徐州市邳州市碾庄镇
苏州市吴中区甪直镇
苏州市吴江区震泽镇
盐城市东台市安丰镇
泰州市姜堰区溱潼镇

十一、浙江省(8个)
杭州市桐庐县分水镇
温州市乐清市柳市镇
嘉兴市桐乡市濮院镇
湖州市德清县莫干山镇
绍兴市诸暨市大唐镇
金华市东阳市横店镇
丽水市莲都区大港头镇
丽水市龙泉市上垟镇

十二、安徽省(5个)
铜陵市郊区大通镇
安庆市岳西县温泉镇
黄山市黟县宏村镇
六安市裕安区独山镇
宣城市旌德县白地镇

十三、福建省(5个)
福州市永泰县嵩口镇
厦门市同安区汀溪镇
泉州市安溪县湖头镇
南平市邵武市和平镇
龙岩市上杭县古田镇

十四、江西省(4个)
南昌市进贤县文港镇
鹰潭市龙虎山风景名胜区上清镇
宜春市明月山温泉风景名胜区温汤镇
上饶市婺源县江湾镇

十五、山东省(7个)
青岛市胶州市李哥庄镇
淄博市淄川区昆仑镇
烟台市蓬莱市刘家沟镇
潍坊市寿光市羊口镇
泰安市新泰市西张庄镇
威海市经济技术开发区崮山镇
临沂市费县探沂镇

十六、河南省(4个)
焦作市温县赵堡镇
许昌市禹州市神垕镇
南阳市西峡县太平镇
驻马店市确山县竹沟镇

十七、湖北省(5个)
宜昌市夷陵区龙泉镇
襄阳市枣阳市吴店镇
荆门市东宝区漳河镇
黄冈市红安县七里坪镇
随州市随县长岗镇

十八、湖南省(5个)
长沙市浏阳市大瑶镇
邵阳市邵东县廉桥镇
郴州市汝城县热水镇
娄底市双峰县荷叶镇
湘西土家族苗族自治州花垣县边城镇

十九、广东省(6个)
佛山市顺德区北滘镇
江门市开平市赤坎镇
肇庆市高要区回龙镇
梅州市梅县区雁洋镇
河源市江东新区古竹镇
中山市古镇镇

二十、广西壮族自治区(4个)
柳州市鹿寨县中渡镇
桂林市恭城瑶族自治县莲花镇
北海市铁山港区南康镇
贺州市八步区贺街镇

二十一、海南省(2个)
海口市云龙镇
琼海市潭门镇

二十二、重庆市(4个)
万州区武陵镇
涪陵区蔺市镇
黔江区濯水镇
潼南区双江镇

二十三、四川省(7个)
成都市郫县德源镇
成都市大邑县安仁镇
攀枝花市盐边县红格镇
泸州市纳溪区大渡口镇
南充市西充县多扶镇
宜宾市翠屏区李庄镇
达州市宣汉县南坝镇

二十四、贵州省(5个)
贵阳市花溪区青岩镇
六盘水市六枝特区郎岱镇
遵义市仁怀市茅台镇
安顺市西秀区旧州镇
黔东南州雷山县西江镇

二十五、云南省(3个)
红河州建水县西庄镇
大理州大理市喜洲镇
德宏州瑞丽市畹町镇

二十六、西藏自治区(2个)
拉萨市尼木县吞巴乡
山南市扎囊县桑耶镇

二十七、陕西省(5个)
西安市蓝田县汤峪镇
铜川市耀州区照金镇
宝鸡市眉县汤峪镇
汉中市宁强县青木川镇
杨陵区五泉镇

二十八、甘肃省(3个)
兰州市榆中县青城镇
武威市凉州区清源镇
临夏州和政县松鸣镇

二十九、青海省(2个)
海东市化隆回族自治县群科镇
海西蒙古族藏族自治州乌兰县茶卡镇

三十、宁夏回族自治区(2个)
银川市西夏区镇北堡镇
固原市泾源县泾河源镇

三十一、新疆维吾尔自治区(3个)
喀什地区巴楚县色力布亚镇
塔城地区沙湾县乌兰乌苏镇

阿勒泰地区富蕴县可可托海镇

三十二、新疆生产建设兵团(1个)

第八师石河子市北泉镇

(来源:《住房城乡建设部关于公布第一批中国特色小镇名单的通知》建村〔2016〕221号)

第三批美丽宜居小镇、美丽宜居村庄示范名单

美丽宜居小镇示范(42个)

北京市延庆区千家店镇

天津市蓟县穿芳峪镇

内蒙古自治区阿拉善盟阿拉善右旗巴丹吉林镇

辽宁省盘锦市大洼县赵圈河镇

吉林省通化市辉南县金川镇

黑龙江省牡丹江市东宁县道河镇

上海市奉贤区庄行镇

上海市浦东新区唐镇

江苏省苏州市吴江区震泽镇

江苏省盐城市东台市安丰镇

江苏省淮安市洪泽县老子山镇

浙江省嘉兴市桐乡市乌镇镇

浙江省湖州市德清县莫干山镇

浙江省衢州市江山市廿八都镇

安徽省宣城市泾县桃花潭镇

安徽省黄山市歙县深渡镇

安徽省池州市石台县七都镇

福建省泉州市永春县岵山镇

江西省宜春市袁州区温汤镇

江西省宜春市高安市华林山镇

山东省威海市乳山市海阳所镇

山东省青岛市胶州市李哥庄镇

河南省南阳市方城县拐河镇

湖北省黄冈市罗田县九资河镇

湖北省随州市随县长岗镇

湖南省郴州市资兴市黄草镇

湖南省衡阳市珠晖区茶山坳镇

湖南省长沙市望城区乔口镇

广东省广州市增城区派潭镇

广西壮族自治区崇左市大新县硕龙镇

广西壮族自治区桂林市龙胜各族自治县龙脊镇

海南省琼海市万泉镇

重庆市涪陵区武陵山乡

四川省绵阳市三台县芦溪镇

四川省广元市朝天区羊木镇

贵州省安顺市西秀区旧州镇

云南省保山市隆阳区潞江镇

陕西省汉中市洋县华阳镇

陕西省汉中市镇巴县杨家河镇

陕西省延安市宝塔区枣园镇

青海省海南藏族自治州贵德县河阴镇

新疆维吾尔自治区伊犁哈萨克自治州伊宁市巴彦岱镇

美丽宜居村庄示范(79个)

北京市门头沟区妙峰山镇炭厂村

北京市顺义区龙湾屯镇柳庄户村

天津市蓟县下营镇郭家沟村

天津市宁河县岳龙镇小闫村

天津市宝坻区八门城镇欢喜庄村

天津市蓟县穿芳峪镇小穿芳峪村

天津市宝坻区八门城镇东走线窝村

天津市宝坻区黄庄镇小辛码头村

河北省唐山市迁安市大五里乡山叶口村

河北省石家庄市栾城区柳林屯乡柳林屯村

山西省晋城市高平市石末乡侯庄村

内蒙古自治区通辽市科尔沁左翼中旗花吐古拉镇浩日彦艾勒嘎查

辽宁省朝阳市建平县万寿街道小平房村

辽宁省本溪市桓仁满族自治县雅河乡湾湾川村

辽宁省鞍山市立山区大孤山镇上石桥村

吉林省白城市镇赉县坦途镇特力村

黑龙江省牡丹江市宁安市渤海镇梁家村

黑龙江省绥化市安达市青肯泡乡农义村

上海市青浦区朱家角镇张马村

江苏省南京市江宁区江宁街道牌坊村

江苏省苏州市常熟市虞山镇梦兰村

江苏省无锡市宜兴市湖镇张阳村

江苏省常州市溧阳市溧城镇八字桥村

江苏省镇江市丹阳市开发区建山村

浙江省杭州市余杭区径山镇径山村

浙江省湖州市安吉县昌硕街道双一村

浙江省湖州市南浔区和孚镇荻港村
浙江省绍兴市新昌县镜岭镇外婆坑村
浙江省杭州市桐庐县分水镇新龙村
浙江省衢州市江山市大陈乡大陈村
安徽省铜陵市铜陵县胥坝乡群心村
安徽省芜湖市繁昌县孙村镇中分村
安徽省芜湖市芜湖县陶辛镇后沙村
福建省泉州市永春县岵山镇茂霞村
福建省宁德福安市溪潭镇廉村
福建省宁德蕉城区霍童镇邑坂村
福建省三明永安市曹远镇霞鹤村
江西省新余市渝水区良山镇下保村
江西省吉安市青原区富田镇匡家村
江西省抚州市黎川县华山场洲湖村
江西省南昌市南昌县三江镇三江前后万村
山东省济南市历城区西营镇藕池村
河南省开封市金明区水稻乡孙庄村
湖北省黄石市大冶市金湖街道办上冯村
湖北省随州市广水市武胜关镇桃源村
湖北省宜昌市远安县嫘祖镇金桥村
湖北省孝感市汉川市马鞍乡黄龙村
湖南省湘西州花垣县排碧乡十八洞村
湖南省长沙市望城区白箬铺镇光明村
湖南省怀化市芷江侗族自治县水宽乡拾担村
湖南省怀化市会同县高椅乡高椅村
湖南省娄底市新化县水车镇正龙村
广东省清远市佛冈县龙山镇上岳村
广东省惠州市惠城区三栋镇鹿颈村
广西壮族自治区桂林市恭城瑶族自治县莲花镇竹山村
广西壮族自治区桂林市平乐县沙子镇渡河村
广西壮族自治区贺州市富川瑶族自治县福利镇茅厂屋村
广西壮族自治区南宁市西乡塘区石埠街道忠良村
广西壮族自治区桂林市龙胜各族自治县泗水乡周家村
重庆市城口县东安镇兴田村
重庆市永川区何埂镇丰乐村
四川省甘孜藏族自治州丹巴县聂呷乡甲居一村
四川省阿坝藏族羌族自治州理县桃坪乡桃坪村
四川省凉山彝族自治州冕宁县复兴镇建设村
贵州省安顺市西秀区旧州镇浪塘村
贵州省黔南布依族苗族自治州三都水族自治县都江镇怎雷村
贵州省黔东南苗族侗族自治州黎平县茅贡乡地扪村
贵州省安顺市西秀区七眼桥镇云山屯村
云南省大理州漾濞县苍山西镇光明村
云南省丽江市永胜县期纳镇清水村
陕西省商洛市柞水县营盘镇朱家湾村
陕西省榆林市佳县坑镇赤牛坬村
陕西省安康市平利县城关镇龙头村
陕西省汉中市西乡县沙河镇枣园村
青海省海南藏族自治州贵德县河阴镇杏花村
青海省黄南藏族自治州同仁县扎毛乡扎毛村
新疆维吾尔自治区吐鲁番市高昌区亚尔镇亚尔村
新疆维吾尔自治区伊犁哈萨克自治州尼勒克县乌拉斯台乡乌拉斯台村
新疆维吾尔自治区巴音郭楞蒙古自治州焉耆县七个星镇霍拉山村

（来源：《住房城乡建设部关于公布第三批美丽宜居小镇、美丽宜居村庄示范名单的通知》建村〔2016〕13号）

第四批美丽宜居小镇、美丽宜居村庄示范名单

美丽宜居小镇示范（95个）
北京市怀柔区雁栖镇
北京市门头沟区妙峰山镇
北京市延庆区八达岭镇
天津市蓟州区下营镇
天津市宝坻区林亭口镇
河北省石家庄市平山县西柏坡镇
河北省承德市兴隆县半壁山镇
内蒙古自治区鄂尔多斯市伊金霍洛旗伊金霍洛镇
内蒙古自治区包头市土右旗萨拉齐镇
内蒙古自治区赤峰市克什克腾旗同兴镇

辽宁省丹东市凤城市刘家河镇
辽宁省营口市鲅鱼圈区熊岳镇
辽宁省盘锦市盘山县甜水镇
辽宁省鞍山市海城市腾鳌镇
吉林省长春市双阳区鹿乡镇
吉林省通化市梅河口市曙光镇
吉林省辽源市东辽县金州乡
黑龙江省佳木斯市同江市街津口赫哲族乡
黑龙江省牡丹江市穆棱市下城子镇
黑龙江省绥化市安达市卧里屯镇
上海市金山区张堰镇
上海市松江区佘山镇
上海市崇明区横沙乡
江苏省苏州市昆山市陆家镇
江苏省徐州市邳州市官湖镇
江苏省常州市武进区嘉泽镇
江苏省无锡市惠山区阳山镇
江苏省连云港市海州区浦南镇
浙江省丽水市龙泉市上垟镇
浙江省金华市义乌市佛堂镇
浙江省湖州市安吉县孝丰镇
浙江省绍兴市柯桥区平水镇
浙江省杭州市桐庐县富春江镇
安徽省合肥市庐江县汤池镇
安徽省黄山市休宁县齐云山镇
安徽省安庆市潜山县水吼镇
福建省福州市永泰县嵩口镇
福建省宁德市蕉城区赤溪镇
福建省龙岩市永定区湖坑镇
江西省景德镇市浮梁县瑶里镇
江西省鹰潭市龙虎山风景名胜区上清镇
江西省南昌市湾里区太平镇
山东省烟台市莱州市金城镇
山东省济宁市邹城市城前镇
山东省临沂市沂南县铜井镇
河南省南阳市西峡县二郎坪镇
河南省洛阳市栾川县陶湾镇
河南省安阳市林州市茶店镇
湖北省黄石市大冶市还地桥镇
湖北省神农架林区红坪镇
湖南省怀化市溆浦县思蒙镇
湖南省郴州市苏仙区飞天山镇
湖南省长沙市宁乡县沩山乡
湖南省永州市宁远县湾井镇
广东省东莞市麻涌镇
广东省佛山市顺德区北滘镇
广东省广州市从化区温泉镇
广西壮族自治区贺州市八步区贺街镇
广西壮族自治区桂林市兴安县界首镇
海南省琼海市塔洋镇
重庆市荣昌区万灵镇
重庆市江津区塘河镇
重庆市九龙坡区金凤镇
重庆市巴南区东温泉镇
重庆市南川区大观镇
四川省成都市温江区万春镇
四川省德阳市罗江县白马关镇
四川省眉山市洪雅县柳江镇
四川省泸州市纳溪区大渡口镇
四川省绵阳市安州区桑枣镇
贵州省遵义市仁怀市茅台镇
贵州省黔东南苗族侗族自治州黄平县旧州镇
贵州省黔南布依族苗族自治州瓮安县猴场镇
贵州省安顺市普定县白岩镇
云南省楚雄彝族自治州禄丰县黑井镇
云南省大理白族自治州洱源县凤羽镇
云南省红河哈尼族彝族自治州建水县西庄镇
云南省普洱市江城哈尼族彝族自治县整董镇
陕西省铜川市耀州区照金镇
陕西省商洛市山阳县漫川关镇
陕西省汉中市宁强县青木川镇
陕西省西安市蓝田县汤峪镇
甘肃省武威市天祝藏族自治县天堂镇
甘肃省庆阳市华池县南梁镇
甘肃省金昌市金川区双湾镇
青海省海西蒙古族藏族自治州乌兰县茶卡镇
青海省海北藏族自治州祁连县八宝镇
宁夏回族自治区中卫市沙坡头区迎水桥镇
宁夏回族自治区石嘴山市惠农区红果子镇
新疆维吾尔自治区吐鲁番地区吐鲁番市高昌区亚尔镇
新疆维吾尔自治区博尔塔拉蒙古自治州博乐市小营盘镇
新疆维吾尔自治区阿勒泰地区布尔津县冲乎尔镇
新疆生产建设兵团第五师八十四团
新疆生产建设兵团第二师二十四团
新疆生产建设兵团第一师十团

美丽宜居村庄示范（413个）

北京市海淀区苏家坨镇车耳营村

北京市平谷区大华山镇挂甲峪村
北京市平谷区镇罗营镇张家台村
北京市怀柔区渤海镇田仙峪村
北京市房山区周口店镇黄山店村
北京市顺义区马坡镇庙卷村
北京市延庆区大庄科乡铁炉村
北京市延庆区旧县镇盆窑村
北京市顺义区高丽营镇一村
北京市顺义区马坡镇石家营村
北京市房山区青龙湖镇南观村
北京市怀柔区宝山镇超梁子村
北京市大兴区庞各庄镇梨花村
北京市门头沟区斋堂镇法城村
北京市门头沟区清水镇西达摩村
北京市大兴区长子营镇朱庄村
北京市怀柔区喇叭沟门满族乡中榆树店村
北京市大兴区北臧村镇巴园子村
天津市蓟州区下营镇常州村
天津市宝坻区林亭口镇小靳庄村
天津市静海区双塘镇西双塘村
天津市蓟州区下营镇东山村
天津市宝坻区周良街道樊庄子村
天津市宁河区大北涧沽镇辛庄村
天津市静海区陈官屯镇西钓台村
天津市武清区大孟庄镇后幼庄村
天津市武清区南蔡村镇三里浅村
天津市静海区陈官屯镇吕官屯村
天津市宝坻区大口屯镇庞家湾村
天津市武清区梅厂镇小雷庄村
天津市武清区梅厂镇灰锅口村
河北省邯郸市馆陶县寿山寺乡寿东村
河北省石家庄市平山县岗南镇李家庄村
河北省邢台市邢台县路罗镇英谈村
河北省邢台市沙河市白塔镇栾卸村
河北省邢台市内丘县南赛乡神头村
河北省邢台市宁晋县贾家口镇小河庄村
河北省邯郸市武安市大同镇兰村
河北省邯郸市武安市淑村镇白沙村
河北省邯郸市大名县大街乡邓台村
河北省秦皇岛市北戴河区戴河镇西古城村
河北省石家庄市晋州市周家庄乡北捏盘村
河北省石家庄市平山县西柏坡镇梁家沟村
河北省邢台市桥西区李村镇西北留村
山西省忻州市五台县东冶镇南大兴村
山西省朔州市朔城区南榆林乡青钟村

山西省运城市永济市城西街道水峪口村
内蒙古自治区鄂尔多斯市准格尔旗大路镇小滩子村
内蒙古自治区呼伦贝尔市阿荣旗向阳峪镇松塔沟村
内蒙古自治区鄂尔多斯市鄂托克前旗城川镇大沟湾村
内蒙古自治区呼伦贝尔市扎兰屯市蘑菇气镇野马河村
内蒙古自治区鄂尔多斯市伊金霍洛旗伊金霍洛镇龙活音扎巴村
内蒙古自治区乌海市海南区巴音陶亥镇赛汗乌素村
内蒙古自治区赤峰市翁牛特旗乌丹镇赛沁塔拉嘎查
内蒙古自治区巴彦淖尔市五原县胜丰镇美丰一社
内蒙古自治区乌兰察布市化德县白音特拉乡农场村
辽宁省营口市盖州市万福镇贵子沟村
辽宁省盘锦市大洼区田家街道大堡子村
辽宁省鞍山市千山区大孤山镇对桩石村
辽宁省沈阳市浑南区闫家村
辽宁省朝阳市朝阳县胜利镇三家子村
辽宁省营口市大石桥市建一镇黄丫口村
辽宁省本溪市桓仁县向阳乡和平村
辽宁省沈阳市辽中区养士堡镇养前村
辽宁省鞍山市台安县富家镇城子村
辽宁省丹东市宽甸县硼海镇三道湾村
辽宁省盘锦市大洼区向海街道石庙子村
辽宁省抚顺市抚顺县马圈子乡太平村
辽宁省葫芦岛市兴城市高家岭镇汤上村
辽宁省营口市大石桥市旗口镇莲花泡村
辽宁省盘锦市盘山县得胜镇得胜村
辽宁省鞍山市海城市西柳镇古树村
辽宁省抚顺市抚顺县石文镇八家子村
辽宁省阜新市阜蒙县东梁镇吐呼鲁村
辽宁省锦州市凌海市安屯镇龙王村
辽宁省葫芦岛市南票区金星镇于家村
吉林省通化市梅河口市曙光镇罗家村
吉林省通化市通化县兴林镇曲柳川村
吉林省通化市通化县东来乡鹿圈子村
吉林省延边朝鲜族自治州龙井市东盛涌镇仁化村
黑龙江省牡丹江市东宁县道河镇洞庭村

黑龙江省佳木斯市同江市八岔乡八岔村
黑龙江省绥化市青冈县德胜镇英贤村
黑龙江省大庆市肇源县大兴乡联结村
黑龙江省绥化市青冈县中和镇四排六村
黑龙江省大庆市肇源县和平乡和平村
黑龙江省双鸭山市宝清县龙头镇红山村
黑龙江省双鸭山市宝清县宝清镇庄园村
上海市松江区新浜镇南杨村
上海市浦东新区书院镇塘北村
上海市浦东新区航头镇牌楼村
上海市奉贤区庄行镇潘垫村
上海市松江区石湖荡镇东夏村
上海市金山区山阳镇渔业村
上海市崇明区庙镇合中村
上海市松江区泖港镇黄桥村
上海市奉贤区庄行镇新叶村
江苏省苏州市昆山市千灯镇歇马桥村
江苏省苏州市昆山市张浦镇金华村
江苏省苏州市张家港市凤凰镇恬庄村
江苏省南京市溧水区洪蓝镇傅家边村
江苏省苏州市常熟市支塘镇蒋巷村
江苏省南京市高淳区固城镇蒋山村
江苏省常州市武进区雪堰镇城西回民村
江苏省镇江市扬中市新坝镇新治村
江苏省南通市通州区兴东街道孙李桥村
江苏省常州市溧阳市上黄镇浒西村
江苏省盐城市东台市五烈镇甘港村
江苏省泰州市高港区许庄街道乔杨村
江苏省徐州市邳州市炮车镇四王村
江苏省连云港市连云区高公岛街道黄窝村
江苏省常州市新北区西夏墅镇梅林村
江苏省泰州市姜堰区兴泰镇西陈庄村
江苏省泰州市海陵区城东街道唐甸村
江苏省连云港市海州区浦南镇江浦村
江苏省淮安市淮阴区码头镇太山村
江苏省连云港市灌云县四队镇隆兴村
浙江省湖州市安吉县天荒坪镇余村
浙江省丽水市龙泉市宝溪乡溪头村
浙江省台州市天台县街头镇后岸村
浙江省衢州市开化县芹阳办事处桃溪村
浙江省绍兴市上虞区岭南乡东澄村
浙江省杭州市富阳区洞桥镇文村村
浙江省绍兴市柯桥区漓渚镇棠棣村
浙江省温州市泰顺县罗阳镇村尾村
浙江省湖州市安吉县灵峰街道横山坞村
浙江省湖州市吴兴区织里镇义皋村
浙江省舟山市普陀区展茅街道干施岙村
浙江省宁波市海曙区章水镇李家坑村
浙江省舟山市定海区干览镇新建村
浙江省丽水市莲都区联城街道港口村
浙江省杭州市建德市三都镇三江口村
浙江省台州市玉环县龙溪镇山里村
浙江省金华市浦江县虞宅乡新光村
浙江省衢州市柯城区沟溪乡余东村
浙江省嘉兴市平湖市曹桥街道马厩村
浙江省金华市婺城区安地镇喻斯村
安徽省铜陵市义安区东联乡合兴村
安徽省六安市金寨县吴家店镇古堂村
安徽省黄山市休宁县汪村镇田里村
安徽省安庆市岳西县菖蒲镇水畈村
安徽省宣城市宁国市港口镇山门村
安徽省安庆市宜秀区五横乡杨亭村
安徽省芜湖市三山区峨桥镇响水涧村
安徽省滁州市天长市汊涧镇长山村
安徽省淮北市烈山区烈山镇榴园村
安徽省合肥市庐江县汤池镇果树村
安徽省宿州市灵璧县大庙乡马庄村
安徽省池州市青阳县朱备镇将军村
安徽省马鞍山市当涂县大青山李白文化旅游区桃花村
安徽省淮南市凤台县丁集镇前元村
安徽省黄山市休宁县板桥乡徐源村
安徽省池州市青阳县陵阳镇杨梅村
福建省龙岩市永定县下洋镇初溪村
福建省龙岩市上杭县古田镇吴地村
福建省漳州市南靖县书洋镇塔下村
福建省漳州市南靖县梅林镇坎下村
福建省龙岩市长汀县童坊镇彭坊村
福建省泉州市德化县国宝乡佛岭村
福建省龙岩市连城县宣和乡培田村
福建省宁德市古田县泮洋乡凤竹村
福建省宁德市周宁县礼门乡陈峭村
福建省宁德市柘荣县黄柏乡上黄柏村
福建省宁德市古田县大甲镇林峰村
福建省龙岩市新罗区小池镇培斜村
福建省莆田市仙游县龙华镇金溪村
福建省泉州市晋江市深沪镇运伙村
福建省漳州市漳浦县佛昙镇轧内村
福建省泉州市德化县盖德镇有济村
福建省泉州市安溪县城厢镇经兜村

福建省三明市泰宁县上青乡崇际村
福建省三明市清流县赖坊镇南山村
江西省抚州市金溪县双塘镇竹桥村
江西省景德镇市浮梁县蛟潭镇礼芳村
江西省鹰潭市贵溪市樟坪畲族乡樟坪畲族村
江西省九江市武宁县罗坪镇长水村
江西省宜春市奉新县仰山乡西源村
江西省新余市分宜县分宜镇芦塘村
江西省赣州市石城县琴江镇大畲村
江西省赣州市全南县龙源坝镇雅溪村
江西省鹰潭市贵溪市罗河镇陈家村
江西省鹰潭市龙虎山风景名胜区鱼塘村
江西省景德镇市浮梁县勒功乡沧溪村
江西省九江市彭泽县马当镇船形村
江西省抚州市金溪县秀谷镇徐坊村
江西省南昌市安义县石鼻镇罗田村
江西省南昌市进贤县下埠镇赤路岗村
江西省景德镇市昌江区鲇鱼山镇新柳村
山东省济南市章丘区文祖街道三德范村
山东省枣庄市山亭区北庄镇洪门村
山东省泰安市肥城市潮泉镇柳沟村
山东省青岛市黄岛区海青镇后河东村
山东省淄博市淄川区双杨镇藏梓村
山东省滨州市邹平县韩店镇西王村
山东省潍坊市临朐县九山镇牛寨村
山东省威海市环翠区张村镇王家疃村
山东省日照市五莲县叩官镇小榆林村
山东省菏泽市东明县武胜桥镇玉皇新村
山东省菏泽市成武县开发区刘庄村
山东省聊城市冠县北馆陶镇魏庄村
山东省临沂市沂水县院东头镇四门洞村
山东省东营市垦利区黄河口镇万尔村
山东省莱芜市雪野旅游区大王庄镇竹园子村
山东省济宁市汶上县军屯乡马山村
山东省济宁市兖州区新驿镇何村
山东省临沂市费县大田庄乡周家庄村
河南省南阳市西峡县太平镇东坪村
河南省信阳市光山县静居寺名胜管理区胡楼村
河南省信阳市平桥区明港镇新集村
河南省信阳市光山县晏河乡帅洼村
河南省焦作市孟州市西虢镇莫沟村
河南省信阳市光山县槐店乡晏岗村
河南省南阳市淅川县丹阳镇丹阳村
河南省南阳市桐柏县月河镇徐寨村
河南省汝州市骑岭乡安庄村
河南省郑州市登封市徐庄镇刘沟村
河南省许昌市禹州市磨街乡大涧村
河南省洛阳市孟津县会盟镇李庄村
河南省济源市大峪镇东沟村
河南省许昌市禹州市磨街乡孙庄村
河南省新乡市辉县市孟庄镇段屯村
河南省商丘市夏邑县太平镇龙河湾新村
河南省南阳市桐柏县淮源镇陈庄村
湖北省鄂州市梁子湖区涂家垴镇万秀村
湖北省襄阳市谷城县五山镇堰河村
湖北省黄石市大冶市灵乡镇坳头村
湖北省宜昌市长阳县龙舟坪镇郑家榜村
湖北省黄冈市浠水县兰溪镇袁垱村
湖北省黄冈市蕲春县刘河镇汤冲村
湖北省随州市随县长岗镇黄木淌村
湖北省武汉市江夏区五里界街童周岭村
湖北省十堰市郧阳区安阳镇安阳山村
湖北省咸宁市通山县九宫山中港村
湖北省宜昌市兴山县昭君镇陈家湾村
湖北省天门市岳口镇健康村
湖北省咸宁市通山县洪港镇西坑村
湖北省孝感市大悟县四姑镇北山村
湖北省神农架林区新华镇石屋头村
湖北省荆州市洪湖市螺山镇中原村
湖北省恩施州鹤峰县太平镇龙潭村
湖北省宜昌市当阳市玉阳办事处三里港村
湖北省潜江市王场镇王场村
湖南省郴州市苏仙区塘溪乡和平村
湖南省长沙市宁乡县金洲镇关山村
湖南省邵阳市邵东县堡面前乡大羊村
湖南省长沙市长沙县果园镇浔龙河村
湖南省怀化市靖州县寨牙乡岩脚村
湖南省郴州市北湖区保和乡小埠村
湖南省怀化市溆浦县北斗溪乡坪溪村
湖南省张家界市永定区王家坪镇马头溪村
湖南省常德市津市金鱼岭街道大关山村
湖南省怀化市靖州县三锹乡地笋村
湖南省怀化市洪江区桂花园乡茅头园村
湖南省湘西土家族苗族自治州凤凰县山江镇老家寨村
湖南省株洲市攸县网岭镇罗家坪村
湖南省湘潭市湘乡市壶天镇壶天村
湖南省岳阳市汨罗市黄柏镇神鼎山村
湖南省娄底市新化县天门乡土坪村
湖南省湘潭市湘潭县乌石镇乌石村

广东省梅州市梅县区南口镇侨乡村
广东省广州市南沙区东涌镇大稳村
广东省佛山市顺德区杏坛镇逢简村
广东省清远市英德市九龙镇活石水村
广东省广州市从化区吕田镇莲麻村
广东省广州市增城区增江街道大埔围村
广东省河源市连平县忠信镇司前村
广东省云浮市罗定市船步镇船北村
广东省汕头市潮南区陇田镇东华村
广东省珠海市金湾区红旗镇三板村
广东省佛山市禅城区南庄镇紫南村
广西壮族自治区桂林市龙胜各族自治县乐江乡宝赠村
广西壮族自治区贺州市富川瑶族自治县柳家乡下湾村
广西壮族自治区桂林市荔浦县修仁镇柘村
广西壮族自治区贵港市港南区湛江镇平江村
广西壮族自治区贺州市八步区贺街镇西南村新兴寨
广西壮族自治区河池市宜州区刘三姐镇小龙村
广西壮族自治区河池都安瑶族自治县地苏镇大定村
广西壮族自治区贺州市钟山县燕塘镇玉坡村
海南省琼海市嘉积镇北仍村
海南省琼海市博鳌镇朝烈村
海南省陵水县本号镇大里地区小妹村、什坡村
海南省文昌市东路镇葫芦村
海南省琼海市塔洋镇鱼良村
海南省乐东县佛罗镇丹村
海南省澄迈县福山镇敦茶村
海南省文昌市潭牛镇天赐村
海南省澄迈县金江镇大美村
海南省琼中县湾岭镇鸭坡村
重庆市酉阳土家族苗族自治县酉水河镇河湾村
重庆市梁平县合兴镇龙滩村
重庆市大足区棠香街道和平村
重庆市潼南区太安镇罐坝村
重庆市九龙坡区金凤镇海兰村
重庆市南岸区南山街道双龙村
重庆市永川区南大街街道黄瓜山村
重庆市南川区大观镇中江村
重庆市开州区满月乡马营村
重庆市綦江区永城镇中华村
重庆市沙坪坝区中梁镇龙泉村
重庆市万州区太安镇凤凰村
重庆市铜梁区南城街道黄门村
重庆市忠县新立镇桂花村
重庆市巫溪县凤凰镇木龙村
重庆市武隆县羊角镇永隆村
重庆市彭水苗族土家族自治县润溪乡樱桃村
重庆市黔江区濯水镇三门村
重庆市县酉阳土家族苗族自治县苍岭镇大河口村
重庆市县奉节县兴隆镇六垭村
四川省成都市新都区新繁镇高院村
四川省泸州市古蔺县太平镇平丰村
四川省绵阳市游仙区白蝉镇王家寨子村
四川省达州市万源市白沙镇青龙嘴村
四川省广安市武胜县白坪镇高洞村
四川省南充市西充县莲池镇观音堂村
四川省成都市新津县永商镇烽火村
四川省绵阳市游仙区街子镇岳家村
四川省成都市新津县兴义镇张河村
四川省达州市开江县普安镇宝塔坝村
四川省眉山市洪雅县瓦屋山镇复兴村
四川省德阳市旌阳区东湖乡镇高槐村
四川省资阳市雁江区保和镇晏家坝村
四川省德阳市罗江县白马关镇凤雏村
四川省泸州市龙马潭区双加镇大冲头村
四川省绵阳市游仙区新桥镇玉泉村
四川省眉山市东坡区三苏乡望苏村
四川省宜宾市宜宾县高场镇大明村
四川省成都市新津县安西镇月花村
四川省泸州市泸县玉蟾街道龙华村
贵州省遵义市湄潭县兴隆镇龙凤村
贵州省贵阳市花溪区青岩镇龙井村
贵州省黔南布依族苗族自治州贵定县盘江镇音寨村
贵州省遵义市湄潭县鱼泉街道办事处新石村
贵州省黔东南苗族侗族自治州三穗县台烈镇颇洞村
贵州省毕节市黔西县林泉镇海子村
贵州省黔西南布依族苗族自治州贞丰县者相镇纳孔村
贵州省黔西南布依族苗族自治州兴义市万峰林街道办事处下纳灰村
贵州省黔西南布依族苗族自治州安龙县钱相街道办事处打凼村
贵州省贵阳市开阳县南江布依苗族乡龙广村
贵州省铜仁市江口县太平镇云舍村

贵州省六盘水市水城县玉舍镇海坪村
贵州省黔南布依族苗族自治州平塘县平舟镇京舟村
贵州省遵义市仁怀市坛厂街道办事处枇杷村
贵州省黔南布依族苗族自治州福泉县金山街道办事处双谷村
贵州省毕节地区织金县三甲街道办事处龙潭村
贵州省六盘水市六枝特区岩脚镇太和村
贵州省六盘水市盘县乌蒙镇坡上村
云南省大理白族自治州大理市喜洲镇桃源村
云南省红河哈尼族彝族自治州弥勒市西三镇可邑村
云南省保山市腾冲市固东镇江东社区银杏村
云南省红河哈尼族彝族自治州蒙自市新安所镇新安所村
云南省西双版纳傣族自治州景洪市景讷乡曼老老寨
云南省普洱市江城哈尼族彝族自治县整董镇整董村
云南省红河哈尼族彝族自治州石屏县哨冲镇慕善村
云南省曲靖市沾益区花山镇遵花铺社区喜厦村
云南省昆明市晋宁县六街镇大营村
云南省大理白族自治州洱源县右所镇团结村
云南省楚雄彝族自治州武定县狮山镇狮山村
云南省曲靖市马龙县马鸣乡咨卡村
云南省玉溪市通海县里山乡平坝村
云南省普洱市宁洱哈尼族彝族自治县同心镇那柯里村
云南省玉溪市澄江县路居镇明星村
云南省德宏傣族景颇族自治州陇川县勐约乡温泉村
云南省楚雄彝族自治州武定县插甸镇插甸村
陕西省西安市蓝田县曳湖镇簸箕掌村
陕西省西安市户县草堂镇李家岩村
陕西省商洛市丹凤县棣花镇万湾村
陕西省咸阳市礼泉县西张堡镇白村
陕西省商洛市山阳县法官镇法官庙村
陕西省延安市洛川县旧县镇洛阳村
陕西省延安市宝塔区南泥湾镇桃宝峪村
陕西省咸阳市礼泉县烟霞镇官厅村
陕西省渭南市韩城市西庄镇郭庄村
陕西省榆林市榆阳区古塔镇赵家峁村
陕西省铜川市耀州区石柱镇马咀村
陕西省宝鸡市扶风县法门镇美阳村

陕西省榆林市绥德县张家砭镇郝家桥村
陕西省榆林市神木县神木镇四卜树村
陕西省咸阳市西咸新区泾阳新城茯茶镇双赵村
甘肃省兰州市西固区河口镇河口村
甘肃省陇南市康县长坝镇花桥村
甘肃省张掖市甘州区碱滩镇古城村
甘肃省天水市麦积区新阳镇胡家大庄村
甘肃省金昌市永昌县河西堡镇西庄子村
甘肃省兰州市榆中县定远镇猪咀岭村
甘肃省兰州市榆中县连搭镇麻家寺村
青海省海北藏族自治州门源回族自治县珠固乡东旭村
青海省黄南藏族自治州同仁县扎毛乡立仓村
青海省玉树藏族自治州称多县拉布乡拉司通村
宁夏回族自治区银川市贺兰县常信乡谭渠村
宁夏回族自治区中卫市沙坡头区迎水桥镇沙坡头村
宁夏回族自治区中卫市中宁县余丁乡金沙村
宁夏回族自治区银川市灵武市临河镇二道沟村
宁夏回族自治区固原市西吉县吉强镇龙王坝村
宁夏回族自治区中卫市中宁县余丁乡黄羊村
宁夏回族自治区银川市贺兰县立岗镇永兴村
宁夏回族自治区石嘴山市平罗县陶乐镇庙庙湖村
宁夏回族自治区银川市灵武市白土岗乡火城子村
新疆维吾尔自治区克拉玛依市乌尔禾区乌尔禾镇查干草村
新疆维吾尔自治区克拉玛依市克拉玛依区小拐镇小拐村
新疆维吾尔自治区博尔塔拉蒙古自治州博乐市贝林哈日莫墩乡决肯村
新疆维吾尔自治区阿克苏地区阿克苏市拜什吐格曼乡尤喀克兰干村
新疆维吾尔自治区昌吉回族自治州木垒县西吉尔镇水磨沟村
新疆维吾尔自治区阿勒泰地区布尔津县窝依莫克乡也拉曼村
新疆维吾尔自治区吐鲁番市托克逊县夏乡南湖村
新疆维吾尔自治区昌吉回族自治州奇台县半截沟镇腰站子村
新疆维吾尔自治区博尔塔拉蒙古自治州精河县茫丁乡北地村
新疆生产建设兵团第一师十三团红桥中心连队

居住区
新疆生产建设兵团第十师一八一团克木齐中心连队居住区
新疆生产建设兵团第二师二十七团六连居住区
新疆生产建设兵团第一师五团三连居住区
新疆生产建设兵团第四师七十一团七连居住区
新疆生产建设兵团第四师六十八团二连居住区
新疆生产建设兵团第七师一三七团阿吾斯奇牧场中心连队居住区

（来源：《住房城乡建设部办公厅关于公布第四批美丽宜居小镇、美丽宜居村庄示范名单的通知》建办村〔2016〕71号）

第四批列入中国传统村落名录的村落名单

一、北京市（5个）
门头沟区斋堂镇西胡林村
门头沟区王平镇东石古岩村
房山区南窖乡南窖村
房山区蒲洼乡宝水村
密云区太师屯镇令公村

二、天津市（2个）
西青区杨柳青镇六街村
蓟州区下营镇黄崖关村

三、河北省（88个）
石家庄市井陉县天长镇核桃园村
石家庄市井陉县天长镇长生口村
石家庄市井陉县天长镇吴家垴村
石家庄市井陉县天长镇庄旺村
石家庄市井陉县天长镇板桥村
石家庄市井陉县天长镇石桥头村
石家庄市井陉县天长镇乏驴岭村
石家庄市井陉县天长镇北关村
石家庄市井陉县天长镇东关村
石家庄市井陉县秀林镇南横口村
石家庄市井陉县小作镇卢峪村
石家庄市井陉县小作镇沙窑村
石家庄市井陉县南障城镇七狮村
石家庄市井陉县苍岩山镇杨庄村
石家庄市井陉县苍岩山镇汪里村
石家庄市井陉县测鱼镇石门村
石家庄市井陉县于家乡南张井村
石家庄市井陉县于家乡张家村
石家庄市井陉县于家乡狼窝村
石家庄市井陉县辛庄乡小切村
石家庄市井陉县辛庄乡苏家嘴村
石家庄市井陉县辛庄乡胡仁村
石家庄市井陉县辛庄乡洪河漕村
石家庄市井陉县南王庄乡河应村
石家庄市平山县北冶乡黄安村
石家庄市平山县杨家桥乡九里铺村
石家庄市鹿泉区石井乡封庄村
唐山市滦县泡石淀乡西刘各庄村
邯郸市峰峰矿区和村镇李岗西村
邯郸市峰峰矿区界城镇老鸦峪村
邯郸市涉县更乐镇大洼村
邯郸市涉县固新镇原曲村
邯郸市涉县辽城乡岩上村
邯郸市涉县鹿头乡东鹿头村
邯郸市磁县白土镇吴家河村
邯郸市磁县白土镇五合村
邯郸市磁县都党乡同义村
邯郸市磁县北贾璧乡岗西村
邯郸市武安市贺进镇后临河村
邯郸市武安市管陶乡万谷城村
邯郸市武安市马家庄乡没口峪村
邢台市沙河市綦村镇城湾村
邢台市沙河市册井乡册井村
邢台市沙河市册井乡北盆水村
邢台市沙河市柴关乡安河村
邢台市沙河市柴关乡绿水池村
邢台市沙河市柴关乡彭硇村
邢台市沙河市柴关乡石门沟村
邢台市沙河市柴关乡西沟村
邢台市沙河市蝉房乡后渐寺村
邢台市沙河市蝉房乡口上村
邢台市沙河市蝉房乡王茜村
保定市涞水县九龙镇岭南台
保定市安新县圈头乡圈头村
保定市顺平县大悲乡刘家庄村
张家口市蔚县代王城镇张中堡

张家口市蔚县暖泉镇千字村
张家口市蔚县暖泉镇中小堡村
张家口市蔚县南留庄镇史家堡村
张家口市蔚县南留庄镇单堠村
张家口市蔚县南留庄镇杜杨庄村
张家口市蔚县南留庄镇大饮马泉村
张家口市蔚县南留庄镇小饮马泉村
张家口市蔚县南留庄镇白河东村
张家口市蔚县南留庄镇白南堡
张家口市蔚县南留庄镇白宁堡村
张家口市蔚县南留庄镇涡串堡村
张家口市蔚县南留庄镇白中堡村
张家口市蔚县阳眷镇南堡村
张家口市蔚县宋家庄镇宋家庄村
张家口市蔚县宋家庄镇邢家庄村
张家口市蔚县宋家庄镇郑家庄
张家口市蔚县宋家庄镇王良庄
张家口市蔚县宋家庄镇大固城村
张家口市蔚县宋家庄镇吕家庄村
张家口市蔚县宋家庄镇邀渠村
张家口市蔚县宋家庄镇大探口村
张家口市蔚县宋家庄镇北口村
张家口市蔚县下宫村乡浮图村
张家口市蔚县涌泉庄乡卜北堡村
张家口市蔚县涌泉庄乡任家涧村
张家口市蔚县涌泉庄乡辛庄村
张家口市蔚县白草村乡钟楼村
张家口市怀安县西沙城乡北庄堡村
张家口市怀安县西沙城乡水闸屯村
张家口市怀安县西沙城乡西沙城村
承德市丰宁满族自治县凤山镇石桥村
衡水市冀州市门家庄乡堤北桥村

四、山西省(150个)

太原市晋源区晋源街道程家峪村
大同市新荣区郭家窑乡助马堡村
大同市天镇县谷前堡镇水磨口村
大同市广灵县蕉山乡殷家庄村
大同市广灵县蕉山乡西蕉山村
大同市大同县杜庄乡落阵营村
大同市大同县许堡乡许堡村
阳泉市平定县娘子关镇新关村
阳泉市平定县巨城镇下盘石村
阳泉市平定县巨城镇岩会村
阳泉市平定县巨城镇移穰村
阳泉市平定县石门口乡西郊村
阳泉市平定县岔口乡冯家峪村
阳泉市平定县岔口乡大前村
长治市长治县荫城镇琚寨村
长治市长治县南宋乡南宋村
长治市平顺县石城镇黄花村
长治市平顺县石城镇豆峪村
长治市平顺县石城镇蟒岩村
长治市黎城县东阳关镇枣镇村
长治市黎城县西井镇东骆驼村
长治市壶关县百尺镇西岭底村
长治市壶关县店上镇瓜掌村
长治市壶关县树掌镇神北村
长治市长子县慈林镇南张店村
长治市武乡县蟠龙镇砖壁村
长治市武乡县石盘农业开发区泉之头村
长治市沁源县王和镇古寨村
长治市潞城市黄牛蹄乡辛安村
长治市潞城市黄牛蹄乡土脚村
晋城市沁水县中村镇上阁村
晋城市沁水县端氏镇端氏村
晋城市沁水县嘉峰镇嘉峰村
晋城市沁水县嘉峰镇尉迟村
晋城市沁水县嘉峰镇武安村
晋城市阳城县润城镇中庄村
晋城市阳城县润城镇润城村
晋城市阳城县润城镇上伏村
晋城市阳城县河北镇匠礼村
晋城市陵川县礼义镇平川村
晋城市陵川县礼义镇东街村
晋城市陵川县附城镇夏壁村
晋城市陵川县附城镇丈河村
晋城市陵川县西河底镇黄庄村
晋城市陵川县杨村镇平居村
晋城市陵川县六泉乡浙水村
晋城市陵川县六泉乡六泉村
晋城市陵川县秦家庄乡侯家庄村
晋城市泽州县大东沟镇贺坡村
晋城市泽州县犁川镇成庄村
晋城市泽州县晋庙铺镇窑掌村
晋城市泽州县高都镇善获村
晋城市泽州县大阳镇金汤寨村
晋城市泽州县大箕镇南沟村
晋城市泽州县大箕镇秋木洼村
晋城市泽州县李寨乡陟椒村
晋城市泽州县南岭乡葛万村

晋城市高平市河西镇永宁寨村
晋城市高平市河西镇西李门村
晋城市高平市河西镇常乐村
晋城市高平市马村镇东周村
晋城市高平市马村镇西周村
晋城市高平市马村镇康营村
晋城市高平市建宁乡建北村
晋城市高平市石末乡石末村
晋城市高平市石末乡侯庄村
晋城市高平市原村乡原村村
晋城市高平市原村乡下马游村
朔州市朔城区南榆林乡青钟村
朔州市朔城区南榆林乡王化庄村
朔州市平鲁区高石庄乡七墩村
朔州市右玉县李达窑乡破虎堡村
晋中市榆次区什贴镇小寨村
晋中市榆次区长凝镇相立村
晋中市榆社县河峪乡下赤峪村
晋中市昔阳县乐平镇西南沟村
晋中市昔阳县皋落镇北岩村
晋中市昔阳县大寨镇大寨村
晋中市昔阳县赵壁乡楼坪村
晋中市昔阳县赵壁乡东寨村
晋中市昔阳县孔氏乡三教河村
晋中市寿阳县宗艾镇下洲村
晋中市寿阳县宗艾镇宗艾村
晋中市寿阳县西洛镇南东村
晋中市寿阳县西洛镇南河村
晋中市寿阳县西洛镇林家坡村
晋中市寿阳县西洛镇杏凹村
晋中市寿阳县平舒乡龙门河村
晋中市太谷县阳邑乡阳邑村
晋中市太谷县小白乡白燕村
晋中市祁县古县镇孙家河村
晋中市祁县贾令镇贾令村
晋中市祁县来远镇唐河底村
晋中市祁县峪口乡上庄村
晋中市平遥县段村镇横坡村
晋中市平遥县岳壁乡西源祠村
晋中市平遥县朱坑乡喜村
晋中市介休市张兰镇板峪村
晋中市介休市张兰镇张村
晋中市介休市张兰镇旧新堡村
晋中市介休市连福镇刘家山村
晋中市介休市连福镇张良村

晋中市介休市绵山镇焦家堡村
晋中市介休市绵山镇兴地村
晋中市介休市绵山镇小靳村
运城市新绛县北张镇西庄村
运城市新绛县泉掌镇泉掌村
运城市垣曲县历山镇南堡村
运城市平陆县张店镇侯王村
忻州市五台县豆村镇东会村
忻州市定襄县宏道镇北社东村
忻州市五台县东冶镇槐荫村
忻州市五台县东冶镇永安村
忻州市繁峙县神堂堡乡韩庄村
忻州市繁峙县岩头乡岩头村
忻州市岢岚县王家岔乡王家岔村
忻州市河曲县楼子营镇罗圈堡村
忻州市河曲县巡镇五花城堡村
临汾市翼城县西闫镇古桃园村
临汾市翼城县西闫镇曹公村
临汾市襄汾县景毛乡北李村
临汾市浮山县响水河镇东陈村
临汾市乡宁县关王庙乡康家坪村
临汾市乡宁县关王庙乡安汾村
临汾市乡宁县关王庙乡鹿凹峪村
临汾市乡宁县关王庙乡下川村
临汾市乡宁县关王庙乡后庄村
临汾市乡宁县关王庙乡上川村
临汾市汾西县团柏乡下团柏村
吕梁市离石区吴城镇街上村
吕梁市文水县凤城镇前周村
吕梁市文水县开栅镇北徐村
吕梁市文水县刘胡兰镇刘胡兰村
吕梁市文水县下曲镇北辛店村
吕梁市兴县高家村镇碧村
吕梁市临县林家坪镇南圪垛村（含沙垣组）
吕梁市临县招贤镇渠家坡村
吕梁市临县碛口镇寨则山村
吕梁市临县碛口镇寨则坪村
吕梁市柳林县王家沟乡曹家塔村
吕梁市柳林县西王家沟乡兴隆湾村
吕梁市孝义市高阳镇临水村
吕梁市石楼县义牒镇义牒村
吕梁市方山县峪口镇张家塔村
吕梁市交口县康城镇康城村
吕梁市交口县回龙乡韩家沟村
吕梁市孝义市下堡镇官窑村

吕梁市孝义市下堡镇昔颉堡村
吕梁市汾阳市杏花村镇东堡村
吕梁市汾阳市阳城乡虞城村

五、内蒙古自治区(20个)

呼和浩特市清水河县城关镇古城坡村
呼和浩特市清水河县城关镇雷胡坡村
包头市土默特右旗美岱召镇楼房沟村
包头市土默特右旗美岱召镇毛岱村
包头市土默特右旗九峰山生态管理委员会巴总尧村
赤峰市松山区老府镇二道河子村
赤峰市松山区城子乡北沟村
赤峰市松山区城子乡城子村
赤峰市松山区大夫营子乡大杖房村
赤峰市敖汉旗丰收乡宋杖子村
呼伦贝尔市莫力达瓦达斡尔族自治旗腾克镇腾克村
呼伦贝尔市牙克石市博克图镇西沟经济合作管理委员会
呼伦贝尔市牙克石市免渡河镇胜利村
呼伦贝尔市额尔古纳市莫尔道嘎镇太平村
呼伦贝尔市额尔古纳市三河回族乡下护林村
呼伦贝尔市根河市敖鲁古雅乡敖鲁古雅村
巴彦淖尔市五原县新公中镇光联村二社
巴彦淖尔市乌拉特前旗沙德格苏木沙德格嘎查
巴彦淖尔市乌拉特后旗新忽热苏木莫仁嘎查
乌兰察布市卓资县梨花镇土城子村

六、辽宁省(9个)

锦州市北镇市富屯街道龙岗子村
锦州市北镇市富屯街道石佛村
锦州市北镇市大市镇华山村
朝阳市朝阳县羊山镇肖家店村
朝阳市朝阳县胜利镇三家村
朝阳市北票市下府开发区三府村
朝阳市凌源市三十家子镇裂山梁村
朝阳市凌源市沟门子镇二安沟村
葫芦岛市连山区塔山乡盘道沟村

七、吉林省(3个)

吉林市蛟河市漂河镇富江村
白山市临江市六道沟镇夹皮沟村
延边朝鲜族自治州敦化市大蒲柴河镇大蒲柴河村

八、黑龙江省(1个)

齐齐哈尔市讷河市兴旺鄂温克族乡索伦村

九、江苏省(2个)

苏州市吴中区金庭镇蒋东村后埠村
苏州市吴中区金庭镇堂里村堂里

十、浙江省(225个)

杭州市萧山区河上镇东山村
杭州市桐庐县凤川街道三鑫村
杭州市桐庐县江南镇石阜村
杭州市桐庐县江南镇彰坞村
杭州市桐庐县新合乡引坑村
杭州市建德市更楼街道于合村
杭州市建德市杨村桥镇徐坑村百箩畈自然村
杭州市建德市大洋镇建南村章家自然村
杭州市建德市三都镇乌祥村
杭州市建德市大慈岩镇里叶村
杭州市建德市大慈岩镇双泉村
杭州市建德市大慈岩镇三元村麻车岗自然村
杭州市建德市大慈岩镇檀村村樟宅坞自然村
杭州市建德市大慈岩镇大慈岩村大坞自然村
杭州市建德市大同镇劳村村
杭州市建德市大同镇上马村石郭源自然村
杭州市富阳区场口镇东梓关村
杭州市临安市锦南街道横岭村
杭州市临安市湍口镇童家村
杭州市临安市清凉峰镇杨溪村
杭州市临安市岛石镇呼日村
宁波市鄞州区东吴镇勤勇村
宁波市宁海县一市镇箬岙村
宁波市奉化区裘村镇马头村
宁波市奉化区西坞街道西坞村
温州市永嘉县岩坦镇张溪林坑村
温州市平阳县顺溪镇顺溪村
温州市苍南县马站镇金城村
温州市文成县珊溪镇朱川村
温州市文成县峃口镇东方村
温州市泰顺县罗阳镇仙居村
温州市泰顺县罗阳镇洲滨村
温州市泰顺县司前畲族镇左溪村
温州市泰顺县筱村镇库村
温州市泰顺县筱村镇徐岙村
温州市瑞安市湖岭镇均路村
湖州市南浔区旧馆镇港胡-新兴港村
湖州市长兴县泗安镇上泗安村
绍兴市柯桥区兰亭镇紫洪山村
绍兴市上虞区上浦镇董家山村
绍兴市新昌县回山镇回山村
绍兴市诸暨市次坞镇次坞村

绍兴市诸暨市五泄镇十四都村
绍兴市诸暨市璜山镇溪北村
绍兴市嵊州市崇仁镇崇仁六村
绍兴市嵊州市石璜镇楼家村
绍兴市嵊州市下王镇泉岗村
金华市金东区江东镇雅湖村
金华市武义县柳城畲族镇橄榄源村
金华市武义县柳城畲族镇梁家山村
金华市武义县柳城畲族镇东西村
金华市武义县柳城畲族镇上黄村
金华市武义县履坦镇范村
金华市武义县新宅镇上少妃村
金华市武义县桃溪镇陶村
金华市武义县柳城畲族镇金川村
金华市浦江县仙华街道登高村
金华市浦江县黄宅镇古塘村
金华市浦江县岩头镇礼张村
金华市浦江县檀溪镇潘周家村
金华市浦江县杭坪镇杭坪村
金华市浦江县杭坪镇石宅村
金华市磐安县尖山镇里吞村
金华市磐安县冷水镇朱山村
金华市兰溪市永昌街道永昌村
金华市兰溪市水亭畲族乡西姜村
金华市义乌市赤岸镇尚阳村
金华市义乌市赤岸镇朱店村
金华市义乌市义亭镇缸窑村
金华市东阳市城东街道李宅村
金华市东阳市巍山镇白坦村
金华市东阳市虎鹿镇厦程里村
金华市东阳市虎鹿镇西坞村
金华市东阳市马宅镇雅坑村
金华市东阳市画水镇天鹅村
金华市永康市石柱镇塘里村
衢州市柯城区航埠镇北二村
衢州市衢江区湖南镇破石村
衢州市衢江区黄坛口乡茶坪村
衢州市衢江区举村乡翁源村
衢州市衢江区举村乡洋坑村
衢州市江山市峡口镇三卿口村
衢州市江山市峡口镇柴村村
衢州市江山市峡口镇广渡村
衢州市江山市峡口镇枫石村
衢州市江山市廿八都镇浔里村
衢州市江山市张村乡秀峰村

衢州市江山市张村乡先峰村
衢州市江山市塘源口乡洪福村
衢州市龙游县湖镇镇星火村
衢州市龙游县沐尘畲族乡双戴村
衢州市开化县齐溪镇龙门村
衢州市开化县长虹乡高田坑村
衢州市开化县林山乡姜坞村
舟山市定海区金塘镇大鹏岛村
台州市天台县石梁镇迹溪村
台州市天台县街头镇后岸村
台州市天台县街头镇九遮村
台州市天台县南屏乡山头郑村
台州市天台县南屏乡上杨村
台州市天台县泳溪乡灵坑村
台州市仙居县南峰街道管山村
台州市仙居县横溪镇苍岭坑村
台州市仙居县横溪镇溪头村
台州市仙居县横溪镇上江垟村
台州市仙居县埠头镇埠头村
台州市仙居县埠头镇十都英二村
台州市仙居县埠头镇西亚村
台州市仙居县田市镇垟墺村
台州市仙居县田市镇九思村
台州市仙居县田市镇公盂村
台州市仙居县下各镇羊棚头村
台州市仙居县朱溪镇朱家岸村
台州市仙居县朱溪镇上吞村
台州市仙居县朱溪镇兴隆村
台州市仙居县朱溪镇朱溪村
台州市仙居县溪港乡仁庄村
台州市仙居县湫山乡方宅村
台州市仙居县湫山乡四都村
台州市仙居县广度乡祖庙村
台州市仙居县广度乡三井村
台州市仙居县淡竹乡尚仁村
台州市仙居县淡竹乡油溪村
台州市仙居县幡滩乡枫树桥村
台州市仙居县幡滩乡山下村
台州市仙居县步路乡西炉村
台州市仙居县大战乡大战索村
台州市仙居县大战乡白岩下村
台州市仙居县双庙乡上王村
台州市温岭市石塘镇东海村
台州市临海市江南街道岙底罗村
台州市临海市东塍镇坦头村

附　录

台州市临海市东塍镇呈歧村
台州市临海市汇溪镇善家洋村
台州市临海市小芝镇胜坑村
台州市临海市小芝镇桥头村石牛坑自然村
台州市临海市沿江镇南蒋村
台州市临海市白水洋镇大泛村
台州市临海市白水洋镇西洋庄村
台州市临海市白水洋镇前塘村
台州市临海市河头镇殿前村
台州市临海市河头镇下湾村
台州市临海市括苍镇黄石坦村
台州市临海市桃渚镇城里村
丽水市莲都区联城街道官桥村
丽水市莲都区碧湖镇堰头村
丽水市莲都区大港头镇官岭村
丽水市莲都区雅溪镇库川村
丽水市莲都区雅溪镇龚山村
丽水市莲都区峰源乡库坑垟村
丽水市莲都区峰源乡赛源村
丽水市莲都区峰源乡夏庄村
丽水市龙泉市塔石街道炉地垟村
丽水市龙泉市塔石街道李山头村
丽水市龙泉市八都镇双溪口村
丽水市龙泉市上垟镇源底村
丽水市龙泉市小梅镇黄南村
丽水市龙泉市小梅镇孙坑村
丽水市龙泉市安仁镇李登村
丽水市龙泉市安仁镇湖尖下村
丽水市龙泉市安仁镇金蝉湖村
丽水市龙泉市屏南镇横坑头村
丽水市龙泉市屏南镇垟顺村
丽水市龙泉市屏南镇石玄铺村
丽水市龙泉市兰巨乡梅地村
丽水市龙泉市宝溪乡车盂村
丽水市龙泉市竹垟乡安坑村
丽水市龙泉市道太乡夏安村
丽水市龙泉市岩樟乡柳山头村
丽水市龙泉市城北乡盛山后村
丽水市龙泉市龙南乡杨山头村
丽水市龙泉市龙南乡底村
丽水市龙泉市龙南乡上南坑村
丽水市龙泉市龙南乡大庄村
丽水市龙泉市龙南乡金川村
丽水市遂昌县云峰街道长濂村
丽水市遂昌县北界镇淤弓村下坪自然村

丽水市遂昌县应村乡竹溪村斋堂下自然村
丽水市遂昌县湖山乡福罗淤村
丽水市遂昌县湖山乡姚岭村
丽水市遂昌县蔡源乡大柯村
丽水市云和县石塘镇竹子坪村
丽水市庆元县松源街道九漈村
丽水市庆元县五大堡乡西川村
丽水市庆元县张村乡南阳村
丽水市庆元县张村乡后溪村
丽水市庆元县官塘乡横坑村
丽水市庆元县官塘乡白柘洋村
丽水市青田县祯旺乡牛路坑村
丽水市青田县阜山乡陈宅村
丽水市青田县石溪乡考坑村
丽水市缙云县新碧街道黄碧虞村
丽水市缙云县壶镇镇宫前村
丽水市缙云县新建镇笕川村
丽水市缙云县东渡镇桃花岭村隘头自然村
丽水市缙云县大源镇寮车头村
丽水市缙云县大源镇吾丰村
丽水市缙云县溶江乡岩门村上官坑自然村
丽水市景宁畲族自治县鹤溪街道东弄村
丽水市景宁畲族自治县鹤溪街道周湖村
丽水市景宁畲族自治县东坑镇桃源村
丽水市景宁畲族自治县英川镇隆川村
丽水市景宁畲族自治县郑坑乡吴布村
丽水市景宁畲族自治县毛垟乡库头村
丽水市松阳县玉岩镇玉岩村
丽水市松阳县玉岩镇何山头村
丽水市松阳县大东坝镇蔡宅村
丽水市松阳县大东坝镇内大阴百鸟朝凰自然村
丽水市松阳县大东坝镇小后畲
丽水市松阳县新兴镇竹囮岗头自然村
丽水市松阳县新兴镇张山头村
丽水市松阳县新兴镇东北头村
丽水市松阳县叶村乡膳垄村
丽水市松阳县叶村乡斗米岙村
丽水市松阳县斋坛乡下垄村
丽水市松阳县三都乡后湾村
丽水市松阳县三都乡下田村
丽水市松阳县三都乡上田村
丽水市松阳县竹源乡呈田村
丽水市松阳县竹源乡周岭根村
丽水市松阳县四都乡汤城村
丽水市松阳县枫坪乡钱余宝钱源旧处自然村

丽水市松阳县板桥畲族乡大毛科麒上自然村
丽水市松阳县裕溪乡木岱坑村
丽水市松阳县安民乡大泮坑村

十一、安徽省(52个)

马鞍山市含山县运漕镇蓼花洲村
铜陵市郊区大通镇和悦村
安庆市潜山县官庄镇官庄村
安庆市宿松县趾凤乡吴河村
安庆市岳西县黄尾镇马元村
黄山市徽州区潜口镇蜀源村
黄山市徽州区西溪南镇竦塘村
黄山市歙县北岸镇白杨村
黄山市歙县杞梓里镇杞梓里村
黄山市歙县杞梓里镇苏村
黄山市歙县杞梓里镇滩培村
黄山市歙县霞坑镇萌坑村
黄山市歙县岔口镇祝筒坦村
黄山市歙县岔口镇庐山村
黄山市歙县坑口乡柔川村
黄山市歙县上丰乡蕃村
黄山市歙县昌溪乡沧山源村
黄山市歙县森村乡黄备村
黄山市休宁县蓝田镇枧潭村
黄山市休宁县蓝田镇五陵村
黄山市休宁县鹤城乡樟源里村
黄山市黟县碧阳镇柏山立川村
黄山市黟县碧阳镇赤岭村
黄山市黟县宏村镇江村
黄山市黟县宏村镇横断村
黄山市黟县渔亭镇桃源村青岭山
黄山市黟县西递镇霭峰上村
黄山市祁门县芦溪乡芦溪村
黄山市祁门县新安乡珠林自然村
六安市裕安区独山镇蔬菜村
六安市金寨县汤家汇镇斗林村李家湾
池州市青阳县陵阳镇上章村
池州市青阳县酉华镇宋冲村
宣城市宣州区水东镇七岭村
宣城市宣州区水东镇东胜村小胡村
宣城市泾县桃花潭镇桃花潭村
宣城市泾县桃花潭镇厚岸村
宣城市泾县桃花潭镇宝峰村
宣城市泾县桃花潭镇龙潭村
宣城市泾县茂林镇潘村村
宣城市泾县榔桥镇溪头村
宣城市泾县琴溪镇马头村
宣城市泾县黄村镇九峰村
宣城市宁国市港口镇山门村
宣城市宁国市霞西镇白茂村
宣城市绩溪县上庄镇石家村
宣城市绩溪县上庄镇宅坦村
宣城市绩溪县伏岭镇伏岭村
宣城市绩溪县家朋乡尚村
宣城市绩溪县家朋乡霞水村
宣城市旌德县蔡家桥镇乔亭村
宣城市旌德县俞村镇仕川村

十二、福建省(104个)

福州市罗源县中房镇岭兜村
福州市罗源县飞竹镇塔里洋村
福州市闽清县梅溪镇桥东村
福州市闽清县坂东镇新壶村
福州市永泰县嵩口镇溪口村
福州市永泰县嵩口镇月阙村
福州市永泰县嵩口镇道南村
福州市永泰县嵩口镇芦洋村
三明市三元区莘口镇龙泉村龙安自然村
三明市明溪县夏坊乡苎畲村
三明市宁化县泉上镇延祥村
三明市大田县建设镇建国村
三明市大田县华兴乡杞溪村
三明市大田县吴山乡张坑村
三明市大田县梅山乡香坪村
三明市尤溪县洋中镇浮洋村武洋自然村
三明市尤溪县西城镇新坑村
三明市尤溪县汤川乡黄林村豪峰自然村
三明市沙县凤岗街道水美村
三明市将乐县大源乡肖坊村
三明市永安市贡川镇洋峰村
三明市永安市小陶镇石丰村
泉州市晋江市灵源街道灵水社区
泉州市晋江市新塘街道梧林社区
泉州市晋江市龙湖镇福林村
泉州市德化县三班镇三班村
泉州市德化县三班镇桥内村
泉州市德化县三班镇泗滨村
泉州市德化县龙门滩镇碧坑村
泉州市德化县上涌镇曾坂村
泉州市南安市眉山乡观山村
漳州市云霄县火田镇菜埔村
漳州市漳浦县湖西乡城内村

漳州市南靖县书洋镇塔下村
漳州市南靖县书洋镇石桥村
漳州市南靖县书洋镇下版寮村
漳州市南靖县书洋镇南欧村
漳州市南靖县奎洋镇上洋村
漳州市华安县马坑乡福田村
漳州市长泰县岩溪镇珪后村
漳州市龙海市港尾镇城内社村
南平市延平区峡阳镇江汜村
南平市延平区巨口乡村头村
南平市顺昌县洋墩乡洋坑村
南平市光泽县止马镇亲睦村
南平市政和县星溪乡九蓬村
南平市政和县澄源乡前村村
南平市政和县澄源乡赤溪村
南平市政和县杨源乡禾洋村
南平市政和县澄源乡上榅洋村
南平市邵武市和平镇坎头村
南平市邵武市和平镇和平村
南平市邵武市桂林乡横坑村
南平市武夷山市上梅乡茶景村
南平市武夷山市上梅乡上梅村
南平市建瓯市徐墩镇伍石村
南平市建瓯市小桥镇阳泽村
南平市建阳区莒口镇长埂村小源
南平市建阳区崇雒乡后畲村
龙岩市新罗区万安镇梅村村
龙岩市永定区下洋镇中川村
龙岩市永定区高陂镇西陂村
龙岩市永定区湖坑镇实佳村
龙岩市永定区古竹乡大德村
龙岩市永定区洪山乡上山村
龙岩市永定区陈东乡岩太村
龙岩市上杭县中都镇罗溪村
龙岩市上杭县中都镇田背村
龙岩市上杭县中都镇兴坊村
龙岩市长汀县古城镇丁黄村
龙岩市长汀县四都镇汤屋村
龙岩市连城县曲溪乡白石村
宁德市蕉城区八都镇猴盾村
宁德市蕉城区八都镇洋头村
宁德市蕉城区八都镇闽坑村
宁德市蕉城区九都镇贵村村
宁德市蕉城区霍童镇石桥村
宁德市蕉城区霍童镇外表村

宁德市蕉城区霍童镇邑坂村
宁德市蕉城区赤溪镇赤溪村
宁德市蕉城区赤溪镇夏村村
宁德市蕉城区赤溪镇桃源村
宁德市蕉城区赤溪镇官岭村
宁德市蕉城区洋中镇代都村
宁德市蕉城区洋中镇东山村
宁德市蕉城区三都镇松歧村
宁德市蕉城区三都镇斗帽村
宁德市蕉城区金涵乡后溪村
宁德市蕉城区洪口乡吴峰村
宁德市蕉城区虎贝乡梅鹤村
宁德市古田县城东街道桃溪村
宁德市古田县大桥镇瑞岩村
宁德市古田县杉洋镇岭里村
宁德市古田县杉洋镇白溪村
宁德市古田县卓洋乡前洋村
宁德市周宁县咸村镇洋中村
宁德市周宁县咸村镇川中村
宁德市周宁县纯池镇桃坑村
宁德市周宁县礼门乡陈峭村
宁德市屏南县代溪镇忠洋村
宁德市屏南县寿山乡降龙村
宁德市屏南县岭下乡岭下村
宁德市寿宁县下党乡碑坑村
宁德市福安市潭头镇龙井坑村

十三、江西省(50个)

南昌市进贤县前坊镇西湖李家
南昌市新建区大塘坪乡汪山村
景德镇市浮梁县蛟潭镇礼芳村
景德镇市浮梁县蛟潭镇胡宅村
九江市修水县黄沙镇岭斜村箔竹自然村
九江市修水县黄沙镇下高丽村内石陂自然村
九江市都昌县苏山乡鹤舍村
九江市彭泽县浩山乡岚陵村
鹰潭市贵溪市文坊镇车家村
赣州市崇义县聂都乡竹洞村
赣州市龙南县杨村镇乌石村
赣州市全南县龙源坝镇雅溪村
赣州市兴国县枫边乡山阳寨村
赣州市宁都县黄陂镇杨依村
赣州市于都县银坑镇平安村
赣州市于都县岭背镇禾溪埠村石溪圳自然村
赣州市石城县琴江镇沙堠河背自然村
赣州市石城县小松镇丹溪村

吉安市吉州区兴桥镇丁塘村
吉安市吉州区兴桥镇上藤桥村
吉安市青原区富田镇王家村
吉安市吉安县泩田镇田岸上村
吉安市泰和县马市镇蜀江村
吉安市泰和县螺溪镇爵誉村
宜春市宜丰县天宝乡平溪村
宜春市奉新县宋埠镇牌楼村
宜春市靖安县仁首镇雷家村
宜春市丰城市湖塘乡坑里村
抚州市南丰县洽湾镇洽湾村
抚州市黎川县华山镇洲湖村
抚州市金溪县浒湾镇浒湾村
抚州市金溪县浒湾镇黄坊村
抚州市金溪县合市镇龚家村
抚州市金溪县合市镇大耿村
抚州市金溪县合市镇游垫村
抚州市金溪县合市镇戌源村
抚州市金溪县合市镇乌墩塘村
抚州市金溪县左坊镇后车村
抚州市金溪县对桥镇旸田村
抚州市金溪县陆坊乡下李村
抚州市金溪县陈坊积乡岐山村
抚州市金溪县琉璃乡蒲塘村
抚州市金溪县琉璃乡北坑村
抚州市金溪县琉璃乡谢坊村
抚州市金溪县石门乡石门村
上饶市婺源县赋春镇上严田村
上饶市婺源县赋春镇甲路村
上饶市婺源县段莘乡东山村
上饶市婺源县大鄣山乡黄村村
上饶市广丰区东阳乡龙溪村

十四、山东省(38个)

济南市长清区归德街道双乳村
济南市长清区孝里镇方峪村
济南市章丘区普集街道博平村
济南市章丘区文祖街道三德范村
淄博市淄川区昆仑镇张李村
淄博市淄川区洪山镇蒲家庄村
淄博市淄川区寨里镇南峪村
淄博市淄川区太河镇柏树村
淄博市淄川区太河镇永泉村
淄博市淄川区太河镇罗圈村
淄博市博山区域城镇黄连峪村
淄博市博山区域城镇蝴蝶峪村
淄博市博山区域城镇龙堂村
淄博市周村区北郊镇大七村
淄博市周村区王村镇万家村
枣庄市山亭区北庄镇双山涧村
枣庄市山亭区冯卯镇独古城村
枣庄市山亭区冯卯镇冯卯村
枣庄市滕州市柴胡店镇胡套老村
烟台市龙口市徐福街道桑岛村
烟台市龙口市诸由观镇西河阳村
烟台市龙口市芦头镇庵夼村
潍坊市青州市王府街道井塘村
潍坊市昌邑市龙池镇齐西村
泰安市东平县接山镇朝阳庄村
威海市荣成市俚岛镇东崮村
威海市荣成市人和镇院夼村
莱芜市莱城区茶业口镇卧铺村
临沂市沂南县铜井镇竹泉村
临沂市沂水县马站镇八大庄村
临沂市沂水县夏蔚镇王庄村
临沂市沂水县泉庄镇崮崖村
临沂市费县梁邱镇邵庄村
临沂市费县马庄镇西南峪村
临沂市临沭县曹庄镇朱村
临沂市蒙山旅游区柏林镇金三峪村
菏泽市巨野县核桃园镇付庙村
菏泽市巨野县核桃园镇前王庄村

十五、河南省(25个)

郑州市荥阳市高山镇石洞沟村
郑州市新密市刘寨镇吕楼村
开封市祥符区朱仙镇西街村
洛阳市新安县北冶镇甘泉村
洛阳市新安县仓头镇孙都村
洛阳市洛宁县下峪镇后上庄村
平顶山市鲁山县梁洼镇鹁鸽吴村
平顶山市郏县薛店镇后冢王西村
平顶山市郏县黄道镇前谢湾村
平顶山市郏县渣园乡马鸿庄
平顶山市汝州市焦村乡张村
鹤壁市浚县白寺乡白寺村
鹤壁市淇县灵山办事处赵庄村
新乡市辉县市沙窑乡水磨村
许昌市禹州市浅井镇扒村
许昌市禹州市浅井镇浅井村
许昌市禹州市花石镇白北村
许昌市禹州市张得镇张西村

三门峡市陕州区张湾乡官寨头村
三门峡市渑池县张村镇苏秦村
南阳市方城县独树镇砚山铺村
信阳市光山县马畈镇代洼村杨柳湾组
信阳市光山县晏河乡管围孜村徐畈组
信阳市新县郭家河乡土门村徐冲组
驻马店市西平县杨庄乡仪封村

十六、湖北省(29个)

武汉市黄陂区王家河街罗家岗村罗家岗湾
武汉市黄陂区蔡家榨街蔡官田村蔡官田湾
黄石市阳新县浮屠镇李山下村
十堰市张湾区黄龙镇黄龙滩村
十堰市郧阳区胡家营镇冻青沟村
十堰市丹江口市浪河镇黄龙村
宜昌市点军区土城乡高岩村
宜昌市兴山县昭君镇滩坪村
宜昌市五峰县湾潭镇茶园村
宜昌市五峰县采花乡栗子坪村
襄阳市南漳县板桥镇冯家湾村
孝感市大悟县城关镇双桥村
黄冈市红安县八里镇陡山村
黄冈市红安县永佳河镇喻畈村
黄冈市红安县永佳河镇椿树店村
黄冈市麻城市宋埠镇谢店古村
黄冈市麻城市木子店镇刘家塝村
黄冈市麻城市木子店镇龙门河村
黄冈市麻城市黄土岗镇大屋垸村
黄冈市麻城市黄土岗镇桐枧冲村茯苓窝
咸宁市通城县塘湖镇大坳村
咸宁市通城县大坪乡内冲瑶族村
咸宁市通山县闯王镇高湖村朱家湾
恩施州恩施市红土乡天落水村马弓坝组
恩施州恩施市盛家坝乡大集场村
恩施州利川市毛坝镇人头山村
恩施州宣恩县长潭河乡白果村黄家寨
恩施州宣恩县高罗镇大茅坡营村
恩施州来凤县旧司镇板沙界村

十七、湖南省(166个)

湘潭市湘潭县石鼓镇顶峰村
湘潭市湘乡市壶天镇壶天村
衡阳市衡南县宝盖镇宝盖村
衡阳市衡南县栗江镇大渔村
衡阳市衡东县草市镇草市村
衡阳市衡东县荣桓镇南湾村
衡阳市耒阳市小水镇小墟村
衡阳市耒阳市太平圩乡寿州村
衡阳市耒阳市上架乡珊钿村
衡阳市常宁市白沙镇上游村
衡阳市常宁市西岭镇六图村
衡阳市常宁市罗桥镇下冲村
邵阳市新邵县潭溪镇爽溪村
邵阳市新邵县坪上镇仓场村
邵阳市新邵县潭府乡小白水村
邵阳市隆回县山界回族乡老屋村
邵阳市绥宁县东山侗族乡横坡村
邵阳市绥宁县鹅公岭侗族苗族乡上白村
邵阳市城步苗族自治县儒林镇清溪村
邵阳市城步苗族自治县蒋坊乡杉坊村
岳阳市平江县上塔市镇黄桥村
岳阳市汨罗市新市镇新市村
岳阳市汨罗市长乐镇长新村
张家界市永定区王家坪镇伞家湾村
张家界市永定区四都坪乡庙岗村
张家界市桑植县洪家关白族乡洪家关村
益阳市桃江县桃花江镇花园洞村
益阳市安化县南金乡九龙池村
郴州市北湖区鲁塘镇陂副村
郴州市北湖区鲁塘镇村头村
郴州市苏仙区坳上镇坳上村
郴州市苏仙区望仙镇长冲村
郴州市桂阳县和平镇筱塘村
郴州市桂阳县正和镇阳山村
郴州市宜章县迎春镇碕石村
郴州市宜章县长村乡千家岸村
郴州市永兴县油市镇坪洞村
郴州市嘉禾县石桥镇仙江村
郴州市嘉禾县石桥镇石桥铺村
郴州市嘉禾县珠泉镇雷公井村
郴州市临武县汾市镇南福村
郴州市临武县麦市镇上乔村
郴州市临武县大冲乡乐岭村
郴州市汝城县土桥镇金山村
郴州市汝城县卢阳镇东溪村
郴州市汝城县卢阳镇津江村
郴州市汝城县文明镇沙洲村
郴州市汝城县马桥镇石泉村
郴州市汝城县永丰乡先锋村
郴州市资兴市三都镇辰冈岭村
郴州市资兴市三都镇流华湾村
郴州市资兴市三都镇中田村

郴州市资兴市程水镇星塘村
郴州市资兴市程水镇石鼓村
郴州市资兴市东坪乡新坳村
永州市零陵区大庆坪乡芬香村
永州市祁阳县大忠桥镇蔗塘村
永州市祁阳县肖家村镇九泥村
永州市祁阳县进宝塘镇陈朝村
永州市祁阳县下马渡镇元家庙村
永州市东安县横塘镇横塘村
永州市双牌县江村镇访尧村
永州市道县清塘镇楼田村
永州市道县清塘镇小坪村
永州市道县祥霖铺镇田广洞村
永州市宁远县湾井镇下灌村
永州市蓝山县祠堂圩乡虎溪村
永州市新田县三井乡谈文溪村
永州市江华瑶族自治县东田镇水东村
永州市江华瑶族自治县大圩镇宝镜村
永州市江华瑶族自治县大石桥乡井头湾村
怀化市中方县中方镇荆坪村
怀化市中方县铜湾镇黄溪村
怀化市中方县铁坡镇江坪村
怀化市中方县接龙镇桥头村
怀化市沅陵县明溪口镇浪潮村烧火岩
怀化市沅陵县明溪口镇胡家溪村
怀化市沅陵县二酉苗族乡莲花池村
怀化市沅陵县荔溪乡明中村
怀化市溆浦县黄茅园镇金中村
怀化市溆浦县小江口乡蓑衣溪村
怀化市溆浦县九溪江乡光明村
怀化市溆浦县横板桥乡株木村阳雀坡
怀化市溆浦县横板桥乡乌峰村
怀化市会同县广坪镇吉朗村
怀化市会同县高椅乡翁高村
怀化市新晃侗族自治县天堂乡道丁村
怀化市新晃侗族自治县贡溪乡天井寨村
怀化市靖州苗族侗族自治县甘棠镇燎原村
怀化市靖州苗族侗族自治县甘棠镇寨姓村
怀化市靖州苗族侗族自治县坳上镇九龙村
怀化市靖州苗族侗族自治县坳上镇木洞村
怀化市靖州苗族侗族自治县平茶镇江边村
怀化市靖州苗族侗族自治县寨牙乡岩脚村
怀化市靖州苗族侗族自治县寨牙乡大林村
怀化市靖州苗族侗族自治县三锹乡地笋村
怀化市靖州苗族侗族自治县铺口乡林源村
怀化市靖州苗族侗族自治县藕团乡老里村
怀化市通道侗族自治县播阳镇上湘村
怀化市通道侗族自治县播阳镇陈团村
怀化市通道侗族自治县锅冲乡占字村
怀化市通道侗族自治县黄土乡半坡村
怀化市通道侗族自治县坪坦乡高步片
怀化市通道侗族自治县坪坦乡高团村
怀化市通道侗族自治县甘溪乡洞雷村
怀化市洪江市沅河镇沅城村
怀化市洪江市茅渡乡洒溪村
怀化市洪江市湾溪乡埋上古村
怀化市洪江市湾溪乡山下陇古村
怀化市洪江市洗马乡古楼坪村
娄底市双峰县荷叶镇硖石村
娄底市涟源市三甲乡铜盆村
娄底市新化县水车镇楼下村
湘西土家族苗族自治州吉首市矮寨镇坪年村
湘西土家族苗族自治州吉首市寨阳乡坪朗村
湘西土家族苗族自治州吉首市寨阳乡补点村
湘西土家族苗族自治州泸溪县梁家潭乡芭蕉坪村
湘西土家族苗族自治州泸溪县梁家潭乡椰木溪村
湘西土家族苗族自治州泸溪县八什坪乡欧溪村
湘西土家族苗族自治州凤凰县茶田镇塘坳村
湘西土家族苗族自治州凤凰县吉信镇大塘村
湘西土家族苗族自治州凤凰县吉信镇火炉坪村
湘西土家族苗族自治州凤凰县山江镇东就村
湘西土家族苗族自治州凤凰县都里乡塘头村芭蕉冲
湘西土家族苗族自治州凤凰县三拱桥乡泡水村
湘西土家族苗族自治州凤凰县麻冲乡扭光村
湘西土家族苗族自治州凤凰县千工坪乡香炉山村
湘西土家族苗族自治州凤凰县木里乡关田山村
湘西土家族苗族自治州凤凰县木里乡黄沙坪村
湘西土家族苗族自治州凤凰县米良乡米良村
湘西土家族苗族自治州花垣县雅西镇高务村
湘西土家族苗族自治州花垣县雅西镇五斗村
湘西土家族苗族自治州花垣县排碧乡十八洞村
湘西土家族苗族自治州花垣县排碧乡张刀村
湘西土家族苗族自治州花垣县排料乡芷耳村
湘西土家族苗族自治州花垣县排料乡金龙村
湘西土家族苗族自治州花垣县雅桥乡油麻村
湘西土家族苗族自治州保靖县水田河镇金落

河村

湘西土家族苗族自治州保靖县葫芦镇新民村
湘西土家族苗族自治州保靖县葫芦镇木芽村
湘西土家族苗族自治州保靖县葫芦镇傍海村
湘西土家族苗族自治州保靖县葫芦镇黄金村
湘西土家族苗族自治州保靖县清水坪镇魏家寨村
湘西土家族苗族自治州保靖县夯沙乡吕洞村
湘西土家族苗族自治州保靖县夯沙乡夯吉村
湘西土家族苗族自治州保靖县夯沙乡梯子村
湘西土家族苗族自治州古丈县默戎镇李家村
湘西土家族苗族自治州古丈县默戎镇中寨村
湘西土家族苗族自治州古丈县默戎镇九龙村
湘西土家族苗族自治州古丈县默戎镇毛坪村
湘西土家族苗族自治州古丈县默戎镇翁草村
湘西土家族苗族自治州古丈县红石林镇列溪村
湘西土家族苗族自治州古丈县岩头寨镇洞溪村
湘西土家族苗族自治州古丈县双溪乡宋家村
湘西土家族苗族自治州永顺县灵溪镇爬出科村
湘西土家族苗族自治州永顺县灵溪镇博射坪村
湘西土家族苗族自治州永顺县泽家镇砂土村
湘西土家族苗族自治州永顺县大坝乡大井村
湘西土家族苗族自治州永顺县列夕乡芷州村
湘西土家族苗族自治州永顺县列夕乡列夕村
湘西土家族苗族自治州永顺县万民乡伍伦村
湘西土家族苗族自治州永顺县泽家镇西那村
湘西土家族苗族自治州龙山县洗车镇老洞村
湘西土家族苗族自治州龙山县苗儿滩镇树比村
湘西土家族苗族自治州龙山县贾市乡街上村
湘西土家族苗族自治州龙山县贾市乡巴沙村

十八、广东省(34 个)

韶关市仁化县扶溪镇古夏村
珠海市斗门区斗门镇南门村
珠海市斗门区斗门镇八甲村委排山村
佛山市禅城区南庄镇罗格村委孔家村
佛山市南海区九江镇烟南烟桥村
佛山市顺德区乐从镇沙滘村
佛山市顺德区杏坛镇逢简村
佛山市顺德区杏坛镇马东村
佛山市三水区白坭镇岗头村
佛山市三水区芦苞镇长岐村
佛山市高明区明城镇罗稳村委深水村
江门市台山市斗山镇浮月村
江门市开平市百合镇马降龙村
江门市鹤山市鹤城镇田心村
肇庆市高要区回龙镇黎槎村
惠州市惠东县铁涌镇溪美村
惠州市龙门县永汉镇鹤湖围村
惠州市龙门县龙华镇功武村
梅州市梅县区松口镇圳头村
梅州市梅县区白渡镇峰溪村委石溪村
梅州市梅县区松源镇横坊村委横江村
梅州市丰顺县黄金镇清溪村
梅州市平远县石正镇南台村
梅州市平远县泗水镇梅畲村
河源市和平县东水镇大坝村
清远市佛冈县汤塘镇汤塘村
清远市佛冈县迳头镇土仓下村
清远市连南瑶族自治县大坪镇大掌村
清远市连南瑶族自治县三江镇石泉村
清远市连州市丰阳镇丰阳村
潮州市潮安区浮洋镇井里村
潮州市饶平县所城镇所城居委大城所村
云浮市郁南县大湾镇五星村
云浮市郁南县连滩镇兰寨村

十九、广西壮族自治区(72 个)

柳州市融水苗族自治县安太乡寨怀村新寨屯
柳州市融水苗族自治县良寨乡大里村国里屯
柳州市融水苗族自治县杆洞乡党鸠村乌英屯
柳州市三江侗族自治县独峒镇林略村
柳州市三江侗族自治县独峒镇芭团村
柳州市三江侗族自治县独峒镇座龙村
柳州市三江侗族自治县林溪镇高秀村
柳州市三江侗族自治县梅林乡车寨村
桂林市雁山区大埠乡大埠村委大岗埠村
桂林市雁山区柘木镇禄坊村委禄坊村
桂林市临桂区两江镇信果村委(木田木)头村
桂林市临桂区宛田乡宛田村委东宅江村
桂林市阳朔县白沙镇遇龙村委遇龙堡村
桂林市灵川县灵田镇正义村委宅庆村
桂林市兴安县高尚镇东河村委菜子岩村
桂林市兴安县高尚镇东河村委山湾村
桂林市兴安县高尚镇金山村委待漏村
桂林市兴安县溶江镇佑安村委青山湾村
桂林市灌阳县文市镇桂岩村委白竹坪屯
桂林市龙胜各族自治县龙脊镇金江村委金竹壮寨
桂林市龙胜各族自治县龙脊镇马海村委田寨组
桂林市龙胜各族自治县龙脊镇小寨村委小寨屯
桂林市龙胜各族自治县瓢里镇平岭村委上下甘

塘屯
　　桂林市龙胜各族自治县江底乡城岭村委江口屯
　　桂林市龙胜各族自治县江底乡建新村委矮岭红瑶组
　　桂林市龙胜各族自治县江底乡建新村委江门口屯
　　桂林市龙胜各族自治县江底乡李江村委金竹组
　　桂林市龙胜各族自治县马堤乡芙蓉村委芙蓉村
　　桂林市龙胜各族自治县马堤乡龙家村委龙家村
　　桂林市龙胜各族自治县马堤乡民合村委民合屯
　　桂林市龙胜各族自治县伟江乡新寨村委老寨屯
　　桂林市龙胜各族自治县平等镇小江村委田段组
　　桂林市龙胜各族自治县平等镇龙坪村委龙坪村
　　桂林市龙胜各族自治县平等镇平等村委平等村
　　桂林市龙胜各族自治县乐江乡宝赠村委宝赠村
　　桂林市龙胜各族自治县乐江乡地灵村委地灵村
　　桂林市龙胜各族自治县乐江乡石甲村委泥寨组、岩寨组
　　桂林市龙胜各族自治县乐江乡西腰村委西腰大屯
　　桂林市恭城瑶族自治县莲花镇门等村委矮寨屯
　　桂林市恭城瑶族自治县莲花镇竹山村委红岩老村屯
　　桂林市恭城瑶族自治县平安乡巨塘村委巨塘屯
　　桂林市恭城瑶族自治县西岭乡西岭村委西岭屯
　　桂林市平乐县同安镇屯塘村委屯塘村
　　桂林市平乐县张家镇钓鱼村委和村
　　梧州市蒙山县长坪瑶族乡六坪村
　　北海市铁山港区营盘镇白龙社区白龙村
　　北海市合浦县曲樟乡璋嘉村委老屋村
　　玉林市兴业县葵阳镇葵联村榜山村
　　玉林市兴业县城隍镇大西村
　　贺州市平桂管理区羊头镇柿木园村
　　贺州市昭平县走马镇黄胆村罗旭屯
　　贺州市钟山县石龙镇源头村
　　贺州市钟山县珊瑚镇同乐村
　　贺州市钟山县公安镇荷塘村
　　贺州市钟山县清塘镇白竹新寨
　　贺州市钟山县两安乡星寨村
　　贺州市富川瑶族自治县福利镇毛家村
　　贺州市富川瑶族自治县福利镇留家湾村
　　贺州市富川瑶族自治县福利镇红岩村
　　贺州市富川瑶族自治县麦岭镇村头岗村
　　贺州市富川瑶族自治县葛坡镇义竹村
　　贺州市富川瑶族自治县葛坡镇谷母井村
　　贺州市富川瑶族自治县城北镇凤溪村
　　贺州市富川瑶族自治县石家乡龙湾村
　　贺州市富川瑶族自治县石家乡城上村
　　贺州市富川瑶族自治县石家乡石枧村
　　贺州市富川瑶族自治县柳家乡茅樟村
　　河池市南丹县里湖瑶族乡怀里村蛮降屯
　　河池市南丹县里湖瑶族乡八雅村巴哈屯
　　河池市天峨县三堡乡三堡村堡上屯
　　崇左市龙州县上金乡卷逢村白雪屯
　　崇左市龙州县上金乡中山村

二十、海南省(28个)

　　海口市秀英区永兴镇冯塘村
　　海口市秀英区石山镇美社村
　　海口市秀英区永兴镇美孝村
　　海口市琼山区旧州镇包道村
　　海口市琼山区红旗镇昌文湖村
　　海口市美兰区灵山镇道郡村
　　海口市美兰区三江镇罗梧村
　　海口市美兰区大致坡镇美篆村
　　海口市桂林洋农场迈德村
　　琼海市中原镇仙寨莲塘村
　　琼海市博鳌镇留客村
　　文昌市东阁镇富宅村
　　文昌市文城镇松树下村
　　文昌市文城镇义门二村
　　定安县定城镇春内村
　　定安县新竹镇三滩村
　　定安县新竹镇卜效村
　　定安县雷鸣镇龙梅村
　　定安县雷鸣镇仙坡村
　　定安县岭口镇皇坡村
　　澄迈县永发镇美傲村
　　澄迈县永发镇美墩村
　　澄迈县永发镇美楠村
　　澄迈县永发镇那雅村
　　澄迈县永发镇南轩村
　　澄迈县永发镇秀灵村
　　乐东县黄流镇黄流村
　　琼中县湾岭镇金妙朗村

二十一、重庆市(11个)

　　万州区太安镇凤凰村
　　万州区罗田镇用坪村
　　江津区中山镇鱼塆村
　　潼南区古溪镇禄沟村
　　城口县高楠镇方斗村
　　武隆县平桥镇红隆村
　　酉阳土家族苗族自治县麻旺镇亮垭村烂田沟

酉阳土家族苗族自治县泔溪镇大板村皮都
酉阳土家族苗族自治县板溪镇山羊村山羊古寨
酉阳土家族苗族自治县可大乡昔比村
酉阳土家族苗族自治县板桥乡井园村仡佬溪

二十二、四川省(141个)

成都市龙泉驿区洛带镇老街社区
成都市金堂县五凤镇五凤溪社区
成都市大邑县安仁镇街道社区
成都市邛崃市平落镇禹王社区
自贡市自流井区龙凤山社区
自贡市贡井区艾叶镇竹林村
自贡市大安区三多寨镇徐家村
自贡市沿滩区永安镇鳌头铺社区
自贡市荣县墨林乡吕仙村
自贡市富顺县富世镇后街社区
攀枝花市米易县麻陇彝族乡中心村
泸州市泸县立石镇玉龙村
泸州市泸县百和镇东林观村
泸州市泸县方洞镇宋田村
泸州市合江县白沙镇芦稿村
泸州市合江县先市镇下坝村
泸州市合江县尧坝镇白村
泸州市合江县九支镇柏香湾村
泸州市合江县五通镇五通村
泸州市合江县凤鸣镇文理村
泸州市合江县福宝镇大亨村
泸州市合江县福宝镇穆村
泸州市合江县法王寺镇法王寺村
泸州市叙永县白腊苗族乡天堂村
德阳市广汉市连山镇川江村
德阳市旌阳区孝泉镇正阳街居委会
德阳市中江县仓山镇三江村
德阳市罗江县御营镇响石村
德阳市罗江县白马关镇白马村
德阳市什邡市师古镇红豆村
绵阳市安县桑枣镇红牌村
绵阳市涪城区丰谷镇二社区
绵阳市游仙区魏城镇铁炉村
绵阳市游仙区刘家镇曾家垭村
绵阳市游仙区玉河镇上方寺村
绵阳市游仙区东宣乡鱼泉村
绵阳市盐亭县林山乡青峰村
绵阳市平武县虎牙藏族乡上游村
绵阳市平武县白马藏族乡亚者造祖村
绵阳市平武县木座藏族乡民族村

广元市旺苍县东河镇东郊村
广元市旺苍县福庆乡农经村
广元市旺苍县化龙乡石川村
广元市旺苍县化龙乡亭子村
广元市青川县观音店乡两河村
广元市剑阁县秀钟乡青岭村
遂宁市安居区玉丰镇高石村
内江市威远县向义镇静宁古村
内江市资中县罗泉镇禹王宫村
内江市隆昌县渔箭镇渔箭社区
内江市隆昌县云顶镇云峰村
乐山市五通桥区竹根镇兴隆里村
乐山市犍为县罗城镇菜佳村
乐山市犍为县芭沟镇芭蕉沟社区
乐山市犍为县铁炉乡铁炉社区
乐山市井研县千佛镇民建村
南充市仪陇县马鞍镇琳琅村
南充市阆中市河楼乡白虎村
眉山市洪雅县高庙镇花源村
眉山市洪雅县瓦屋山镇复兴村
眉山市青神县汉阳镇汉阳场社区
宜宾市宜宾县横江镇民主社区
宜宾市江安县夕佳山镇坝上村
宜宾市屏山县龙华镇汇龙社区
广安市广安区协兴镇协兴村
广安市广安区肖溪镇肖家溪社区
广安市广安区石笋镇石笋村
广安市武胜县中心镇环江村
广安市武胜县飞龙镇莲花坪村
广安市武胜县三溪镇观音桥村
广安市岳池县顾县镇顾兴社区
广安市邻水县王家镇地选村
达州市通川区金石乡金山村
达州市大竹县童家乡童家村
达州市宣汉县庙安乡龙潭河村
达州市宣汉县马渡乡百丈村
达州市万源市秦河乡三官场村
雅安市名山区中峰乡朱场村
雅安市荥经县新添乡新添村
雅安市汉源县九襄镇民主村
雅安市天全县小河乡红星村
巴中市巴州区光辉镇白鹤山村
巴中市恩阳区登科街道办事处恩阳古镇
巴中市通江县洪口镇古宁寨村
巴中市通江县龙凤场乡环山村

巴中市通江县澌波乡苟家湾村
巴中市通江县胜利乡大营村
巴中市通江县胜利乡迪坪村
巴中市通江县文胜乡白石寺村
巴中市通江县毛浴乡迎春村
巴中市南江县朱公乡百坪村
资阳市安岳县协和乡治山村
资阳市乐至县大佛镇红土地村
阿坝藏族羌族自治州汶川县水磨镇老人村
阿坝藏族羌族自治州汶川县龙溪乡阿尔村
阿坝藏族羌族自治州汶川县龙溪乡联合村
阿坝藏族羌族自治州理县薛城镇较场村
阿坝藏族羌族自治州理县甘堡乡甘堡村
阿坝藏族羌族自治州理县蒲溪乡休溪村
阿坝藏族羌族自治州理县下孟乡沙吉村
阿坝藏族羌族自治州理县桃坪乡增头村
阿坝藏族羌族自治州茂县太平乡牛尾村
阿坝藏族羌族自治州松潘县十里回族乡大屯村
阿坝藏族羌族自治州九寨沟县漳扎镇中查村
阿坝藏族羌族自治州九寨沟县永和乡大城村
阿坝藏族羌族自治州九寨沟县罗依乡大寨村
阿坝藏族羌族自治州九寨沟县马家乡苗州村
阿坝藏族羌族自治州九寨沟县草地乡下草地村
阿坝藏族羌族自治州九寨沟县大录乡大录村
阿坝藏族羌族自治州九寨沟县大录乡东北村
阿坝藏族羌族自治州黑水县知木林乡知木林村
阿坝藏族羌族自治州马尔康县松岗镇直波村
阿坝藏族羌族自治州马尔康县梭磨乡色尔米村
阿坝藏族羌族自治州马尔康县党坝乡尕兰村
阿坝藏族羌族自治州马尔康县大藏乡春口村
阿坝藏族羌族自治州马尔康县草登乡代基村
阿坝藏族羌族自治州壤塘县宗科乡加斯满村
阿坝藏族羌族自治州壤塘县吾依乡修卡村
阿坝藏族羌族自治州壤塘县茸木达乡茸木达村
阿坝藏族羌族自治州壤塘县中壤塘乡壤塘村
甘孜藏族自治州丹巴县巴底乡齐鲁村
甘孜藏族自治州丹巴县聂呷乡妖枯村
甘孜藏族自治州丹巴县梭坡乡宋达村
甘孜藏族自治州丹巴县中路乡克格依村
甘孜藏族自治州丹巴县中路乡波色龙村
甘孜藏族自治州白玉县章都乡边坝村
甘孜藏族自治州白玉县热加乡麻通村
甘孜藏族自治州白玉县灯龙乡帮帮村
甘孜藏族自治州白玉县灯龙乡龚巴村
甘孜藏族自治州白玉县赠科乡下比沙村

甘孜藏族自治州理塘县高城镇车马村
甘孜藏族自治州理塘县高城镇德西二村
甘孜藏族自治州理塘县高城镇德西三村
甘孜藏族自治州理塘县高城镇德西一村
甘孜藏族自治州理塘县格木乡查卡村
凉山彝族自治州木里藏族自治县俄亚纳西族乡大村
凉山彝族自治州木里藏族自治县东朗乡亚英村
凉山彝族自治州木里藏族自治县唐央乡里多村
凉山彝族自治州木里藏族自治县瓦厂镇桃巴村
凉山彝族自治州盐源县泸沽湖镇母支村
凉山彝族自治州盐源县泸沽湖镇舍垮村

二十三、贵州省（119个）

六盘水市六枝特区落别乡长湾村长田组
六盘水市盘县石桥镇乐民村
六盘水市盘县保田镇鹅毛寨村
六盘水市盘县丹霞镇水塘村
遵义市汇川区高坪街道海龙屯村
遵义市播州区尚嵇镇乌江村
遵义市桐梓县高桥镇周市金鸡水古寨
遵义市桐梓县狮溪镇狮溪村
遵义市正安县芙蓉江镇祝家坪村
遵义市正安县流渡镇白花村
遵义市道真县阳溪镇阳溪村
遵义市务川县丰乐镇造纸塘
遵义市务川县黄都镇大竹村
遵义市务川县黄都镇沈家坝
遵义市务川县丹砂街道马拱坡
遵义市赤水市元厚镇陞诏村
安顺经济技术开发区幺铺镇磊跨村歪寨组
安顺市平坝区安平街道办事处大寨村
安顺市平坝区白云镇白云村白云庄自然村
安顺市平坝区白云镇车头村
安顺市平坝区白云镇高寨村高寨自然村
安顺市平坝区乐平镇大屯村
安顺市平坝区乐平镇小屯村
安顺市普定县马场镇云盘村
安顺市西秀区双堡镇山京村
安顺市西秀区双堡镇骗马牛村
安顺市西秀区大西桥镇西陇村
安顺市西秀区七眼桥镇仁岗村
安顺市西秀区蔡官镇罗大寨村
安顺市西秀区轿子山镇郭家屯村
安顺市西秀区旧州镇詹屯村
安顺市西秀区旧州镇海马村

安顺市西秀区新场乡绿泉村石关组
安顺市西秀区杨武乡顺河村顺河组
安顺市西秀区黄腊乡龙青村
安顺市西秀区刘官乡周官村
安顺市镇宁布依族苗族自治县丁旗街道办事处官寨村官寨组
安顺市紫云苗族布依族自治县格凸河镇格丼村
铜仁市碧江区川硐镇板栗园村杨家坡
铜仁市碧江区六龙山侗族土家族乡瓮慢村
铜仁市江口县民和镇韭菜村
铜仁市江口县怒溪镇梵星村
铜仁市石阡县河坝场乡深溪村
铜仁市思南县瓮溪镇三星村
铜仁市思南县胡家湾乡周家桠村
铜仁市印江自治县新寨乡乐洋村
铜仁市印江自治县木黄镇木良村
铜仁市印江自治县紫薇镇大园址村
铜仁市德江县合兴镇龙溪村岩头坝
铜仁市德江县长堡镇马家溪村岩阡头组
铜仁市沿河县夹石镇山羊村
铜仁市沿河县泉坝镇三坝村
铜仁市松桃县蓼皋镇文山村
铜仁市松桃县盘信镇大湾村
铜仁市松桃县普觉镇干背河村罗溪屯
铜仁市松桃县普觉镇高坎村
铜仁市松桃县普觉镇真武堡村
铜仁市松桃县寨英镇蕉溪村
铜仁市松桃县寨英镇凯牌村
铜仁市松桃县世昌乡世昌村底哨
铜仁市松桃县长坪乡地甲司村
铜仁市松桃县长坪乡干沙坪村
铜仁市松桃县沙坝河乡界牌村
黔西南布依族苗族自治州贞丰县挽澜镇兴农村
黔西南布依族苗族自治州贞丰县平街乡花江村
黔西南布依族苗族自治州册亨县弼佑镇秧佑村
黔东南苗族侗族自治州凯里市三棵树镇朗利村
黔东南苗族侗族自治州凯里市三棵树镇南花村
黔东南苗族侗族自治州凯里市凯棠乡南江村
黔东南苗族侗族自治州黄平县谷陇镇岩门司村
黔东南苗族侗族自治州镇远县金堡镇爱和村
黔东南苗族侗族自治州锦屏县三江镇瓮寨村
黔东南苗族侗族自治州锦屏县茅坪镇茅坪村
黔东南苗族侗族自治州剑河县久仰镇巫溜村
黔东南苗族侗族自治州台江县方召镇方召村
黔东南苗族侗族自治州黎平县顺化瑶族乡高孖村
黔东南苗族侗族自治州黎平县茅贡镇腊洞村
黔东南苗族侗族自治州黎平县口江乡朝坪村
黔东南苗族侗族自治州榕江县忠诚镇定弄村
黔东南苗族侗族自治州榕江县寨蒿镇晚寨村
黔东南苗族侗族自治州榕江县寨蒿镇乌公村
黔东南苗族侗族自治州榕江县朗洞镇卡寨村
黔东南苗族侗族自治州榕江县栽麻镇归柳村
黔东南苗族侗族自治州榕江县计划乡加宜村
黔东南苗族侗族自治州榕江县平阳乡丹江村
黔东南苗族侗族自治州从江县贯洞镇潘今滚村
黔东南苗族侗族自治州从江县洛香镇登岜村
黔东南苗族侗族自治州从江县往洞镇高传村
黔东南苗族侗族自治州从江县往洞镇信地村
黔东南苗族侗族自治州从江县往洞镇秧里村
黔东南苗族侗族自治州从江县高增乡美德村
黔东南苗族侗族自治州从江县谷坪乡留架村
黔东南苗族侗族自治州从江县丙妹镇大塘村
黔东南苗族侗族自治州从江县庆云镇转珠村
黔东南苗族侗族自治州从江县加鸠镇加学村
黔东南苗族侗族自治州从江县斗里镇马安村
黔东南苗族侗族自治州从江县东郎镇党相村
黔东南苗族侗族自治州雷山县望丰乡羊卡村
黔东南苗族侗族自治州丹寨县兴仁镇排佐村
黔南布依族苗族自治州荔波县瑶山瑶族乡拉片村一、二组
黔南布依族苗族自治州三都水族自治县三合街道高寨村大寨
黔南布依族苗族自治州三都水族自治县三合街道姑挂村姑鲁寨
黔南布依族苗族自治州三都水族自治县三合街道行偿村姑八寨
黔南布依族苗族自治州三都水族自治县三合街道龙台村王家寨
黔南布依族苗族自治州三都水族自治县三合街道牛场村巴卯寨
黔南布依族苗族自治州三都水族自治县三合街道排招村排招寨
黔南布依族苗族自治州三都水族自治县大河镇甲照村甲照大寨
黔南布依族苗族自治州三都水族自治县大河镇蕊抹村
黔南布依族苗族自治州三都水族自治县都江镇摆鸟村
黔南布依族苗族自治州三都水族自治县都江镇

达荣村羊告组
黔南布依族苗族自治州三都水族自治县都江镇盖赖村
黔南布依族苗族自治州三都水族自治县都江镇控抗村
黔南布依族苗族自治州三都水族自治县都江镇来术村
黔南布依族苗族自治州三都水族自治县都江镇排抱村
黔南布依族苗族自治州三都水族自治县都江镇排怪村
黔南布依族苗族自治州三都水族自治县都江镇排外村
黔南布依族苗族自治州三都水族自治县都江镇小脑村
黔南布依族苗族自治州三都水族自治县都江镇小昔村党虾组
黔南布依族苗族自治州三都水族自治县都江镇小昔村火烧组

二十四、云南省(113个)
曲靖市麒麟区珠街街道办事处箐口村
曲靖市麒麟区越州镇潦浒社区大村
曲靖市陆良县马街镇良迪村
曲靖市沾益县花山街道松林村
曲靖市宣威市落水镇宁营自然村
玉溪市红塔区春和街道黄草坝村委会玉碗水村
玉溪市通海县河西镇大回村
玉溪市通海县里山乡小荒田村
玉溪市通海县兴蒙乡桃家嘴村
玉溪市华宁县宁州街道办事处碗窑村
玉溪市易门县小街乡歪头山村
玉溪市峨山县甸中镇八字岭村
玉溪市峨山县甸中镇栖木墀村
玉溪市峨山县塔甸镇大西村
玉溪市峨山县岔河乡安居村
玉溪市峨山县富良棚乡雨果村
玉溪市新平县戛洒镇大平掌小组村
玉溪市元江县那诺乡二掌村
玉溪市元江县洼垤乡邑慈碑村
保山市隆阳区蒲缥镇塘子沟村
保山市隆阳区水寨乡平坡村
保山市腾冲县腾越镇马常村
保山市腾冲县腾越镇热海村
保山市腾冲县腾越镇洞坪村
保山市腾冲县清水乡大寨村
保山市腾冲县清水乡荆陈社区
保山市龙陵县象达乡营坡社区南海寨村
昭通市巧家县小河镇拖车村
昭通市巧家县大寨镇车坪村
昭通市威信县双河乡后房村
丽江市古城区九子海村
丽江市玉龙县巨甸镇拉市坝村
丽江市玉龙县塔城乡拉市落村
丽江市宁蒗县翠玉乡培德村
普洱市镇沅县振太镇文索村杨家组
普洱市澜沧县南岭乡勐炳村龙塘老寨村
临沧市凤庆县鲁史镇老道箐村老议山自然村
临沧市凤庆县鲁史镇金鸡村先锋自然村
临沧市凤庆县诗礼乡永兴村
临沧市凤庆县诗礼乡三合学堂村
临沧市云县后箐乡后箐村
临沧市沧源县单甲乡嘎多村
楚雄州武定县高桥镇老滔村
楚雄州禄丰县勤丰镇马街村委会旧县村
红河州蒙自市鸣鹫镇鸣鹫村
红河州蒙自市老寨乡老寨村
红河州建水县西庄镇东者村
红河州建水县普雄乡藤子寨村
红河州建水县坡头乡咪的村
红河州建水县利民乡小暮阳村
红河州建水县李浩寨乡马占户村
红河州建水县甸尾乡泥冲村
红河州建水县甸尾乡期租碑村
红河州石屏县异龙镇大水村
红河州石屏县异龙镇冒合村
红河州石屏县异龙镇松村
红河州石屏县异龙镇太岳村
红河州石屏县异龙镇李家寨村
红河州石屏县异龙镇豆地湾村
红河州石屏县宝秀镇宝秀村
红河州石屏县宝秀镇张本寨村
红河州石屏县宝秀镇吴营村
红河州石屏县坝心镇新街村
红河州石屏县龙朋镇桃园村
红河州石屏县龙朋镇大寨村
红河州石屏县龙朋镇龙朋村
红河州石屏县龙武镇坡头甸村
红河州石屏县哨冲镇莫测甸村
红河州石屏县哨冲镇龙黑村
红河州石屏县哨冲镇哨冲村

红河州石屏县哨冲镇曲左村
红河州石屏县哨冲镇撒妈鲊村
红河州弥勒市西一镇滥泥箐村
红河州泸西县金马镇嘉乐村
红河州泸西县旧城镇黑舍村
红河州泸西县午街铺镇普泽村
红河州泸西县白水镇小红杏村
红河州泸西县向阳乡小沙马村
红河州泸西县三塘乡大阿定村
红河州元阳县新街镇大鱼塘村
红河州元阳县大坪乡太阳老寨村
红河州红河县迤萨镇他竜村
红河州红河县甲寅乡阿撒村
红河州红河县大羊街乡小妥赊村
文山州广南县者兔乡下者偏村
文山州广南县者兔乡上者偏村
文山州广南县者兔乡那坝村
大理州大理市喜洲镇上关村
大理州祥云县下庄镇大仓村
大理州宾川县力角镇中营村
大理州宾川县平川镇盘古村
大理州弥渡县寅街镇朵祜村
大理州弥渡县寅街镇大庄村
大理州弥渡县苴力镇大寺村
大理州巍山县庙街镇顾旗厂村
大理州巍山县大仓镇回营村
大理州巍山县巍宝山乡玉碗水村
大理州巍山县五印乡鼠街村
大理州云龙县白石镇顺荡村
大理州洱源县茈碧湖镇松鹤村
大理州洱源县乔后镇老街村
大理州洱源县牛街乡牛街村
大理州鹤庆县辛屯镇逢密村
大理州鹤庆县金墩乡金登村
德宏州芒市遮放镇芒丙村
德宏州芒市遮放镇遮冒村
德宏州芒市三台山乡出冬瓜村
德宏州芒市轩岗乡芒项村
德宏州盈江县铜壁关乡松克村
德宏州盈江县盏西镇扒欠村
怒江州贡山县丙中洛镇甲生村
怒江州贡山县丙中洛镇秋那桶村
迪庆州香格里拉市虎跳峡镇海典村

二十五、陕西省(41个)
西安市蓝田县葛牌镇石船沟村
西安市周至县厚畛子乡老县城村
咸阳市三原县鲁桥镇东里村
咸阳市彬县香庙乡程家川村
渭南市华县赤水镇辛村
渭南市大荔县朝邑镇大寨村
渭南市大荔县段家镇东高垣村
渭南市合阳县百良镇东宫城村
渭南市蒲城县椿林镇山西村
渭南市韩城市新城办相里堡村
渭南市韩城市龙门镇西原村
渭南市韩城市桑树坪镇王峰村
渭南市韩城市西庄镇柳枝村
渭南市韩城市西庄镇郭庄砦村
渭南市韩城市西庄镇柳村
渭南市韩城市西庄镇薛村
渭南市韩城市西庄镇张代村
延安市宝塔区临镇镇石村
延安市子长县安定镇安定村
汉中市城固县上元观镇乐丰村
榆林市绥德县义和镇虎焉村
榆林市绥德县中角镇梁家甲村
榆林市米脂县银州办事处高庙山村
榆林市米脂县桃镇桃镇村
榆林市米脂县桃镇黑圪塔村
榆林市米脂县杨家沟镇寺沟村
榆林市米脂县杨家沟镇岳家岔村
榆林市米脂县郭兴庄镇白兴庄村
榆林市米脂县乔河岔乡刘家峁村
榆林市米脂县城郊镇镇子湾村
榆林市佳县木头峪乡木头峪村
榆林市清涧县高杰村镇高杰村
榆林市子洲县何家集镇眠虎沟
安康市汉滨区石转镇双柏村
安康市汉滨区双龙镇天宝村
安康市汉滨区叶坪镇双桥村
安康市汉滨区早阳镇王庄村
安康市汉滨区共进镇高山村
安康市汉滨区墰坝镇马河村
安康市旬阳县仙河镇牛家阴坡村
商洛市镇安县云盖寺镇云镇村

二十六、西藏自治区(8个)
日喀则市南木林县土布加乡岗嘎村
日喀则市定日县岗嘎镇岗嘎村
日喀则市谢通门县通门乡坚白村
日喀则市亚东县帕里镇一、二、三、四居委

林芝市巴宜区鲁朗镇扎西岗村
林芝市波密县八盖乡日卡村
山南市乃东县扎西曲登村
山南市琼结县下水乡唐布齐行政村

二十七、甘肃省(21个)
兰州市榆中县金崖镇永丰村
白银市景泰县中泉乡龙湾村
白银市景泰县中泉乡尾泉村
张掖市高台县罗城乡天城村
平凉市华亭县安口镇高镇村
庆阳市正宁县永和镇罗川村
陇南市文县碧口镇白果村郑家社
陇南市文县铁楼乡强曲村
陇南市宕昌县狮子乡东裕村
陇南市康县岸门口镇朱家沟村
陇南市西和县兴隆乡下庙村
陇南市西和县大桥镇仇池村
陇南市礼县宽川乡火烧寨村
陇南市礼县崖城乡父坪村
陇南市徽县嘉陵镇稻坪村
陇南市徽县嘉陵镇田河村
陇南市徽县麻沿乡柴家社
陇南市徽县大河乡青泥村
甘南州迭部县益哇乡扎尕那村
甘南州临潭县流顺乡红堡子村
甘南州临潭县王旗乡磨沟村

二十八、青海省(38个)
西宁市大通回族土族自治县东峡镇衙门庄村
西宁市大通回族土族自治县景阳镇寺沟村
西宁市湟中县田家寨镇沙尔湾村
西宁市湟中县田家寨镇下营一村
西宁市湟中县鲁沙尔镇石咀一村
西宁市湟中县土门关乡贾尔藏村
西宁市湟源县日月藏族乡兔尔干村
海东市乐都区芦花乡十字村
海东市乐都区马营乡昆仑村
海东市乐都区马营乡龙王岗村
海东市化隆回族自治县扎巴镇黄麻村
海东市化隆回族自治县扎巴镇南滩村
海东市化隆回族自治县金源藏族乡恰加村
海东市化隆回族自治县塔加藏族乡塔加一村
海东市化隆回族自治县塔加藏族乡塔加二村
海东市化隆回族自治县塔加藏族乡牙什扎村
海东市化隆回族自治县塔加藏族乡尕洞村
海东市循化撒拉族自治县积石镇西沟村
海东市循化撒拉族自治县积石镇瓦匠庄村
海东市循化撒拉族自治县白庄镇上科哇村
海东市循化撒拉族自治县白庄镇下张尕村
海东市循化撒拉族自治县道帏藏族乡比隆村
海东市循化撒拉族自治县道帏藏族乡张沙村
海东市循化撒拉族自治县查汗都斯乡苏志村
海东市循化撒拉族自治县文都藏族乡牙循村
海东市循化撒拉族自治县文都藏族乡毛玉村
海东市循化撒拉族自治县尕楞藏族乡合然村
黄南藏族自治州同仁县隆务镇吾屯上庄村
黄南藏族自治州同仁县兰采乡土房村
黄南藏族自治州同仁县年都乎乡录合相村
海南藏族自治州贵德县拉西瓦镇罗汉堂村
海南藏族自治州贵德县拉西瓦镇昨那村
玉树藏族自治州玉树市安冲乡结拉村查同社
玉树藏族自治州玉树市安冲乡拉则村英达社、英群社
玉树藏族自治州称多县清水河镇扎哈村
玉树藏族自治州称多县尕朵乡吾云达村
玉树藏族自治州称多县尕朵乡卓木其村
玉树藏族自治州囊谦县白扎乡也巴村

二十九、宁夏回族自治区(1个)
宁夏吴忠市利通区东塔寺乡石佛寺村

三十、新疆维吾尔自治区(2个)
吐鲁番市高昌区葡萄沟街道办事处拜西买里村
吐鲁番市鄯善县鲁克沁镇赛尔克甫村

(来源:《住房城乡建设部等部门关于公布第四批列入中国传统村落名录的村落名单的通知》建村〔2016〕278号)

第二批田园建筑优秀实例名单

一等优秀实例(6个)
最佳建筑艺术创作实例

江苏省苏州市昆山市巴城镇绰墩山村 西浜村昆曲学社

续表

序号	工程名称	承建单位	参建单位
110	御桥小区B地块16-02（H块）商业项目	江苏南通三建集团股份有限公司	上海旭博建筑装饰工程有限公司
			南通市裕成建设有限公司
			浩嘉恒业建设发展有限公司
111	阜成路八号院38号职工住宅楼等6项（职工住宅楼）	中航天建设工程有限公司	
112	西安服务外包产业园创新孵化中心AB座工程	陕西航天建筑工程有限公司	陕西华新建工集团有限公司
113	海淀区北部文化中心	中国建筑一局（集团）有限公司	长沙广大建筑装饰有限公司
			沈阳远大铝业工程有限公司
114	新建天津铁道职业技术学院工程	中建二局第三建筑工程有限公司 中建三局集团有限公司	中建三局第三建设工程有限责任公司
			天津城建滨海路桥有限公司
			中铁十八局集团第五工程有限公司
115	安徽名人馆	中建三局集团有限公司	中建三局第一建设工程有限责任公司
			金大陆展览装饰有限公司
			中铁四局集团建筑工程有限公司
116	兰州市元通黄河大桥工程	中国建筑第七工程局有限公司	
117	侵华日军南京大屠杀遇难同胞纪念馆三期工程	中建八局第三建设有限公司	江苏国信工程安装有限公司
			江苏建峰建设有限公司
			江苏苏地建设工程有限公司
			南京深业智能化系统工程有限公司
118	"915"工程项目	中国建筑股份有限公司	中建八局第一建设有限公司
			中建安装工程有限公司
			中国建筑装饰集团有限公司
			莱西市建筑总公司
119	奥体金融中心A栋楼	中建八局第一建设有限公司	
120	文昌航天发射中心CZ-7运载火箭发射工位	中国人民解放军63926部队	上海沪能防腐隔热工程技术有限公司

续表

序号	工程名称	承建单位	参建单位
94	新建宁波铁路枢纽北环线工程甬江特大桥	中铁四局集团有限公司	中铁四局集团第二工程有限公司
			中铁四局集团钢结构有限公司
			中铁四局集团电气化工程有限公司
			中铁四局集团上海工程有限公司
			中铁四局集团有限公司第八工程分公司
95	贵阳市新庄污水处理厂二期工程	中铁五局集团有限公司	中铁五局集团建筑工程有限责任公司
96	贵广铁路油竹山隧道	中铁二局工程有限公司	中铁二局第二工程有限公司
			中铁电气化局集团有限公司
97	南京市梅子洲过江通道接线工程-青奥轴线地下交通系统及相关工程	中铁十五局集团有限公司 中铁十四局集团有限公司	中铁十五局集团第四工程有限公司
			中铁十五局集团第七工程有限公司
			中铁十四局集团电气化工程有限公司
98	燕翔饭店改扩建项目	中铁十六局集团有限公司	中铁建设集团有限公司
			苏州金螳螂建筑装饰股份有限公司
			北京弘高建筑装饰设计工程有限公司
99	宿迁市第一人民医院	中铁建设集团有限公司	
100	马鞍山长江公路大桥	中交第二公路工程局有限公司 中交第二航务工程局有限公司 中交路桥华南工程有限公司 中铁大桥局集团有限公司	安徽省交通建设有限责任公司
			安徽开源路桥有限责任公司
			中交第三公路工程局有限公司
			安徽省路港工程有限责任公司
101	舟山大陆连岛工程金塘大桥项目	中交第二航务工程局有限公司 中铁四局集团第二工程有限公司 中交路桥建设有限公司 中交第一航务工程局有限公司 广东省长大公路工程有限公司	浙江省交通工程建设集团有限公司
			中铁宝桥集团有限公司
			中交第四航务工程局有限公司
			宁波交通工程建设集团有限公司
102	临夏折桥至兰州达川公路土建工程ZD2合同段刘家峡大桥工程	中交第一公路工程局有限公司	中交一公局第一工程有限公司
103	西安南(南山)750千伏变电站工程	陕西送变电工程公司	
104	±800kV 特高压直流双龙换流站工程	湖北省送变电工程公司 黑龙江省送变电工程公司 辽宁省送变电工程公司	西北电力建设第四工程有限公司
			四川电力送变电建设公司
			北京送变电公司
105	扬州北500千伏变电站	江苏省送变电公司	常嘉建设集团有限公司
106	山东黄河500千伏变电站	山东送变电工程公司	
107	宁波万华MDI扩建工程	中国化学工程第六建设有限公司 中国化学工程第三建设有限公司	烟建集团有限公司
			湖南省岳唐防腐绝热工程建设有限公司
108	陕煤集团红柳林矿井工程	陕西煤业化工建设(集团)有限公司	
109	万境财智中心	五矿二十三冶建设集团有限公司 湖南顺天建设集团有限公司	五矿二十三冶建设集团第二工程有限公司
			五矿二十三冶建设集团第四工程有限公司
			五矿瑞和(上海)建设有限公司

续表

序号	工程名称	承建单位	参建单位
78	渝州宾馆改建工程	重庆建工集团股份有限公司	建峰建设集团股份有限公司
			重庆港庆建筑装饰有限公司
79	新建贵阳至广州铁路贵阳北站站房工程	中铁建设集团有限公司 中铁二十二局集团有限公司	中铁八局集团有限公司
			北京中铁装饰工程有限公司
80	贵州省六盘水至盘县高速公路北盘江特大桥	贵州路桥集团有限公司 中交第二航务工程局有限公司	
81	云南大学呈贡校区图书馆	云南建投第六建设有限公司	深圳市特艺达装饰设计工程有限公司
82	云南省博物馆新馆建设工程	云南工程建设总承包公司	云南建工钢结构有限公司
			中建三局第二建设工程有限责任公司
83	渭南市博物馆	陕西建工集团有限公司	陕西建工第六建设集团有限公司
			陕西建工第五建设集团有限公司
			陕西建工机械施工集团有限公司
84	曲江玫瑰园	陕西建工第一建设集团有限公司	陕西恒业建设集团有限公司
			陕西华新建工集团有限公司
			北京弘高建筑装饰设计工程有限公司
			新中原建筑装饰工程有限公司
			广州珠江装饰装修有限公司
85	沣西新城总部经济园综合楼	陕西建工第六建设集团有限公司	深圳市新鹏都装饰工程有限公司
86	第七〇五研究所办公及调试楼	陕西建工第十一建设集团有限公司	
87	西安西藏大厦	陕西建工第五建设集团有限公司	陕西建工安装集团有限公司
			陕西省建筑装饰工程公司
			南京第五十五所技术开发有限公司
88	新建宝鸡至兰州铁路客运专线兰州西客站站房工程	中铁建工集团有限公司	中铁一局集团有限公司
			中国中铁航空港建设集团有限公司
			中铁二十一局集团有限公司
89	宁夏国际会议中心	中国建筑第八工程局有限公司	中建安装工程有限公司
			中建八局第三建设有限公司
			中国二十二冶集团有限公司
			江苏沪宁钢机股份有限公司
			上海中建八局装饰有限责任公司
90	西宁曹家堡机场二期工程航站楼	湖南省建筑工程集团总公司	湖南六建机电安装有限责任公司
			湖南建工集团装饰工程有限公司
91	青海省高级人民法院审判业务综合楼	浙江中成建工集团有限公司	浙江华汇机电设备安装有限公司
			福建远泰幕墙装饰工程有限公司
92	新疆电力调度信息中心	中建三局集团有限公司	中建三局装饰有限公司
			江苏南通二建集团有限公司
			中建三局安装工程有限公司
93	新建铁路大同至西安客运专线马家庄隧道	中铁十一局集团有限公司	中铁十一局集团第五工程有限公司
			中铁十一局集团第二工程有限公司

附 录

续表

序号	工程名称	承建单位	参建单位
66	太平金融大厦	中建三局集团有限公司	中建三局第二建设工程有限责任公司
			中建三局装饰有限公司
			中建钢构有限公司
			深圳市美芝装饰设计工程股份有限公司
			沈阳远大铝业工程有限公司
			深圳市中装建设集团股份有限公司
67	海格通信北斗产业园(海华产业园)生产大楼	广东正升建筑有限公司	汕头市建安(集团)公司
			广州市机电安装有限公司
68	新光城市花园 B5-B6 栋、B7-B8 栋	中天建设集团有限公司	中天建设集团浙江安装工程有限公司
			广东省第一建筑工程有限公司
69	南湖名都广场 A 座	广西建工集团第五建筑工程有限责任公司	广东省基础工程集团有限公司
			苏州金螳螂建筑装饰股份有限公司
70	河池市水电园林广场	广西建工集团第三建筑工程有限责任公司	广西富林景观建设有限公司
			广西壮族自治区河池市建筑工程公司
71	新建南宁至黎塘铁路南宁东站站房及相关工程	中铁建工集团有限公司 中铁五局集团有限公司	中铁建工集团钢结构有限公司
			中铁五局集团建筑工程有限责任公司
			中铁五局集团电务工程有限责任公司
72	博鳌亚洲论坛永久会址二期工程	武汉建工集团股份有限公司	深圳市洪涛装饰股份有限公司
			海南泰盛建筑工程有限公司
73	仁恒滨河湾一期	四川省第六建筑有限公司 龙信建设集团有限公司	南京仁生装饰工程有限公司
			四川穗港消防工程有限公司
			深圳市恒和装饰设计工程有限公司
74	四川省图书馆新馆	中国华西企业股份有限公司	中国华西企业股份有限公司第十二建筑工程公司
			四川省工业设备安装公司
			四川华西蜀港装饰工程有限公司
			银广厦集团有限公司
			四川希望华西建设工程总承包有限公司
75	成都市公安局新建业务技术用房	成都建筑工程集团总公司	成都市工业设备安装公司
			成都建工装饰装修有限公司
			四川省工业设备安装公司
76	成都市中心城区缓堵保畅"两快两射两环"项目二环路东段改造工程	中国十九冶集团有限公司 成都华川公路建设集团有限公司 邛崃市公路桥梁工程有限公司	
77	重庆两江企业总部大厦	中建五局第三建设有限公司 中国建筑第五工程局有限公司	中建五局装饰幕墙有限公司
			湖南乔口建设有限公司
			重庆两江新区市政景观建设有限公司
78	渝州宾馆改建工程	重庆建工集团股份有限公司	重庆建工第二建设有限公司
			重庆建工渝远建筑装饰有限公司
			重庆建工第九建设有限公司
			重庆工业设备安装集团有限公司

续表

序号	工程名称	承建单位	参建单位
55	河南新中益"上大压小"扩建工程	新乡中益发电有限公司 河南省第二建设集团有限公司 河北省电力建设第一工程公司 河南第一火电建设公司	中铁十九局集团有限公司
			中机新能源开发有限公司
56	郑州新郑国际机场二期扩建工程（T2航站楼、综合交通换乘中心及塔台小区）	河南省机场集团有限公司 中建三局集团有限公司 中国建筑第八工程局有限公司 中国建筑第五工程局有限公司 平煤神马建工集团有限公司	中建钢构有限公司
			浙江东南网架股份有限公司
			北京利华消防工程有限公司
			深圳市深装总装饰股份有限公司
			上海蓝天房屋装饰工程有限公司
			长沙广大建筑装饰有限公司
			深圳城市建筑装饰工程有限公司
			江河创建集团股份有限公司
			上海宝冶集团有限公司
			深圳瑞和建筑装饰股份有限公司
			中建五局工业设备安装有限公司
			中建八局第一建设有限公司
57	郑州商品交易所技术中心	中国建筑第七工程局有限公司	中建七局安装工程有限公司
			中建七局第四建筑有限公司
			郑州建东科技股份有限公司
58	光谷同济医院工程	中建三局集团有限公司	中建三局装饰有限公司
			武汉市精艺装饰工程有限公司
			武汉市傅友建设集团有限公司
59	东方红·麓谷星辰4、5号栋住宅楼及地下室工程	湖南东方红建设集团有限公司 湖南乔口建设有限公司	
60	南岳生物制药有限公司血液制品产业园项目建安工程（一期）	湖南省第五工程有限公司	湖南省工业设备安装有限公司
			湖南艺光装饰装潢有限责任公司
			湖南天禹设备安装有限公司
			湖南禹班建设集团有限公司
61	三新房屋制造股份有限公司金霞生产基地	湖南省沙坪建设有限公司	湖南沙坪装饰有限公司
62	攸县发展中心主楼	湖南省第四工程有限公司	湖南四建安装建筑有限公司
63	越秀金融大厦	广州建筑股份有限公司	广东省工业设备安装有限公司
			江苏沪宁钢机股份有限公司
			江河创建集团股份有限公司
			广州市第一建筑工程有限公司
64	深圳市档案中心（一期）	深圳市第一建筑工程有限公司	深圳市洪涛装饰股份有限公司
			深圳市华南装饰集团股份有限公司
			深圳市同大机电设备安装有限公司
65	华发人才公馆（一、二期）	广东建星建筑工程有限公司	

附 录

续表

序号	工程名称	承建单位	参建单位
41	国家重型汽车工程技术研究中心科研综合楼	山东天齐置业集团股份有限公司	
42	德国企业中心项目	莱西市建筑总公司	苏州金螳螂建筑装饰股份有限公司
			青岛宝利建设有限公司
			中建八局第一建设有限公司
			德才装饰股份有限公司
			山东兴华建设集团有限公司
43	临沂市市民活动中心	天元建设集团有限公司	山东天元装饰工程有限公司
			山东天元安装工程有限公司
44	济南市政务服务中心	济南四建(集团)有限责任公司	山东津单幕墙有限公司
			济南四建集团智能消防工程有限责任公司
			山东海瑞林装饰工程有限公司
			山东国宸装饰工程有限公司
45	京沪高铁德州综合客运站·客运站、公交枢纽	山东德建集团有限公司	深圳市科源建设集团有限公司
46	淄博高新区现代老年生活中心世博国际高新医院门诊医技病房综合楼	山东万鑫建设有限公司	山东鑫泽装饰工程有限公司
			苏州市华迪净化系统有限公司
47	合肥滨湖新区方兴大道(包河大道-福建路)工程	中铁二十四局集团有限公司	中铁二十四局集团安徽工程有限公司
48	中国信达(合肥)灾备及后援基地建设项目	中国建筑第五工程局有限公司 中建五局第三建设有限公司	中建五局装饰幕墙有限公司
			深圳市博大建设集团有限公司
			中建不二幕墙装饰有限公司
			深圳市赛为智能股份有限公司
			江苏建业建设集团有限公司
49	芜湖伟星时代金融中心	浙江大经建设集团股份有限公司	安徽杭萧钢结构有限公司
			金刚幕墙集团有限公司
50	泉州市东海学园泉州一中教学区	福建省闽南建筑工程有限公司	
51	锦绣一方62-64号楼	厦门思总建设有限公司	
52	南昌银行金融服务中心	江西建工第二建筑有限责任公司	沈阳远大铝业有限公司
			四联智能技术股份有限公司
53	南昌西综合客运枢纽站站房(含地下室)	发达控股集团有限公司	江西康盛装饰集团有限公司
54	南昌地铁大厦	中国建筑股份有限公司	中建三局第一建设工程有限责任公司
			中建三局装饰有限公司
			中国建筑装饰集团有限公司
			江西建工第一建筑有限责任公司

续表

序号	工程名称	承建单位	参建单位
30	交通银行江苏省分行新营业办公大楼	南通新华建筑集团有限公司	广东世纪达装饰工程有限公司
			苏州金螳螂建筑装饰股份有限公司
			南京国豪装饰安装工程股份有限公司
			中国建筑装饰集团有限公司
			浙江亚厦装饰股份有限公司
			中建安装工程有限公司
31	南京禄口国际机场二期工程T2航站楼	南京禄口国际机场有限公司 中国建筑第八工程局有限公司	江苏沪宁钢机股份有限公司
			中建安装工程有限公司
			苏州柯利达装饰股份有限公司
			南京广博装饰工程有限公司
			苏州美瑞德建筑装饰有限公司
			华翔飞建筑装饰工程有限公司
			北京京航安机场工程有限公司
32	泰州市公安局业务技术用房	江苏邗建集团有限公司	江苏伟业安装集团有限公司
			中国江苏国际经济技术合作集团有限公司
			南通德佳窗业幕墙有限责任公司
			苏州柯利达装饰股份有限公司
			江苏协和装饰工程有限公司
			江苏镇江安装集团有限公司
33	岱山C片保障房项目15号地块1-7号楼	江苏盐城二建集团有限公司	
34	翔宇大厦	江苏省华建建设股份有限公司	江苏扬安集团有限公司
			扬州日模邗沟装饰工程有限公司
			江苏华宇装饰集团有限公司
			司南工程有限公司
35	浙江乐清农村合作银行营业综合楼	浙江中成建工集团有限公司	
36	同花顺数据处理基地	浙江杭州湾建筑集团有限公司	浙江杰立建设集团有限公司
			杭州昂大建设环境工程有限公司
37	浙江音乐学院建筑工程	浙江省建工集团有限责任公司	浙江省工业设备安装集团有限公司
			浙江省武林建筑装饰集团有限公司
			浙江建工幕墙装饰有限公司
38	晶晖广场	浙江博元建设股份有限公司	浙江年代装饰工程有限公司
			浙江金辰装饰工程有限公司
39	温州市中医院新院区建设工程	歌山建设集团有限公司	浙江一方建筑装饰实业有限公司
40	秦皇岛金梦海湾2号3号地块住宅项目一期工程	浙江勤业建工集团有限公司	中铁建工集团装饰工程有限公司
			浙江亚厦装饰股份有限公司
			浙江诸安建设集团有限公司
			浙江精工钢结构集团有限公司

续表

序号	工程名称	承建单位	参建单位
21	哈尔滨大剧院	北京市第三建筑工程有限公司	上海宝冶集团有限公司
			沈阳远大铝业工程有限公司
			深圳市中孚泰文化建筑建设股份有限公司
			北京港源建筑装饰工程有限公司
22	黄浦江沿岸 E18 单元 1-8 地块商业办公用房项目塔楼 3	上海建工一建集团有限公司	上海市安装工程集团有限公司
			上海康业建筑装饰工程有限公司
			上海美特幕墙有限公司
23	研发中心工程（中国银联三期项目）	上海建工四建集团有限公司	上海康业建筑装饰工程有限公司
			上海新丽装饰工程有限公司
			上海市建筑装饰工程集团有限公司
			沈阳远大铝业工程有限公司
24	南桥中企联合大厦	上海建工五建集团有限公司	上海久鹏建筑劳务有限公司
			上海恒禄建筑劳务有限公司
			上海旭远消防工程有限公司
			上海奉贤建设发展(集团)有限公司
			上海久贤实业发展有限公司
			苏州名门世家建筑装饰设计工程有限公司
25	天津海河教育园区——新建青年职业学院	上海建工七建集团有限公司	上海市安装工程集团有限公司
			杭州萧宏建设集团有限公司
26	中国商飞总部基地（一期）工程	上海建工集团股份有限公司	上海建工七建集团有限公司
			上海市安装工程集团有限公司
			上海市机械施工集团有限公司
			上海市建筑装饰工程集团有限公司
			上海建工一建集团有限公司
			沈阳远大铝业工程有限公司
27	复旦大学附属中山医院肝肿瘤及心血管病综合楼工程	中天建设集团有限公司 中国建筑第八工程局有限公司 上海二十冶建设有限公司	上海市安装工程集团有限公司
			北京北方天宇医疗建筑科技有限公司
28	苏州现代传媒广场项目总承包工程	中亿丰建设集团股份有限公司	浙江东南网架股份有限公司
			苏州金螳螂建筑装饰股份有限公司
			沈阳远大铝业工程有限公司
			苏州柯利达装饰股份有限公司
			上海市安装工程集团有限公司
			中建安装工程有限公司
29	无锡地铁 1 号线控制中心及配套工程	江苏正方园建设集团有限公司	苏州美瑞德建筑装饰有限公司
			无锡金城幕墙装饰工程有限公司
			江苏冠杰建设有限公司
			江苏无锡二建集团有限公司

续表

序号	工程名称	承建单位	参建单位
6	天津大学新校区公共中心区工程(主楼、图书馆、体育馆)	天津天一建设集团有限公司 中建三局集团有限公司 中国建筑第二工程局有限公司	天津市南洋装饰工程公司 中建环球建设集团有限公司 上海中锦建设集团股份有限公司
7	中国农业银行股份有限公司客户服务中心(天津)项目	中国建筑第六工程局有限公司	天津中发机电工程有限公司 天津华惠安信装饰工程有限公司 沈阳远大铝业工程有限公司
8	滨海直属(欣嘉园)中学(天津市实验中学滨海学校)	天津市建工工程总承包有限公司 天津三建建筑工程有限公司	天津中发机电工程有限公司 天津卓容建设工程集团有限公司
9	渤海银行业务综合楼	中国建筑第八工程局有限公司	中建安装工程有限公司 苏州苏明装饰股份有限公司 上海市建筑装饰工程集团有限公司 长沙广大建筑装饰有限公司 天津市中环系统工程有限责任公司
10	名城新时代广场	承德名城建设集团有限公司	中国装饰股份有限公司
11	河北大学图书馆	河北建设集团有限公司	河北建设集团装饰工程有限公司
12	石家庄西北地表水厂工程	河北省第二建筑工程有限公司	河北省安装工程有限公司
13	内蒙古自治区人民医院新建门诊医技综合楼——门诊综合楼工程	内蒙古兴泰建设集团有限公司	内蒙古兴泰实业有限责任公司 内蒙古兴泰电子科技有限责任公司
14	呼伦贝尔市人民医院门诊病房综合楼	赤峰鑫盛隆建筑工程有限责任公司	湖南德成建设工程有限公司
15	乌兰活佛府	陕西建工第五建设集团有限公司	陕西鼎盛装饰工程有限责任公司 陕西华山建设有限公司
16	竞杰·常青藤(一期)教学楼	山西四建集团有限公司	
17	山西省工业设备安装有限公司科技研发中心	山西省工业设备安装有限公司	
18	恒隆广场·大连项目	中国建筑第八工程局有限公司	浙江东南网架股份有限公司 中建五局工业设备安装有限公司 沈阳远大铝业工程有限公司 中建八局第二建设有限公司 上海康业建筑装饰工程有限公司 上海市安装工程集团有限公司 大连德欣建筑装饰设计工程有限公司 浙江恒昇装饰工程有限公司
19	新建沈阳南站工程(站房部分)	中铁建工集团有限公司	浙江精工钢结构集团有限公司 中铁九局集团有限公司
20	建昌至兴城高速公路	中交第一公路工程局有限公司	中交一公局海威工程建设有限公司 路桥华祥国际工程有限公司 中交一公局第一工程有限公司 中交一公局第六工程有限公司

览会项目
32. 湖南省长沙市拆违复绿环境整治项目
33. 广东省广州市海珠国家湿地公园项目
34. 广东省深圳市中国观澜版画原创产业基地建设项目
35. 广东省深圳市华侨城湿地自然学校示范项目
36. 海南省琼海市特色小城镇建设项目
37. 海南省琼中县黎苗文化特色风貌建设项目
38. 重庆市忠县州屏生态廊道项目
39. 四川省成都市2015年度老旧院落改造项目
40. 贵州省六盘水市盘县淤泥乡麻郎垤村新农村建设项目
41. 云南省大理州剑川县沙溪镇寺登街复兴工程
42. 甘肃省榆中县节能暖房工程
43. 宁夏回族自治区中卫市"以克论净深度清洁"项目
44. 新疆维吾尔自治区阿克苏市多浪河城区生态修复工程
45. 新疆维吾尔自治区布尔津县冲乎尔镇小城镇建设项目

(来源：《住房城乡建设部关于2016年中国人居环境奖获奖名单的通报》建城〔2017〕14号)

2016～2017年度第一批中国建设工程鲁班奖（国家优质工程）入选名单

(排名不分先后)

序号	工程名称	承建单位	参建单位
1	北京雁栖湖国际会展中心	北京建工集团有限责任公司	北京建工土木工程有限公司
			北京市设备安装工程集团有限公司
			上海宝冶集团有限公司
			江河创建集团股份有限公司
			深圳市奇信建设集团股份有限公司
			北京蓝海华业工程技术有限公司
2	亦庄云计算中心项目	中建一局集团建设发展有限公司	北京中建华昊装饰工程有限公司
			秦皇岛渤海铝幕墙装饰工程有限公司
			北京市华盾消防安全工程有限责任公司
3	中国建筑股份有限公司技术中心试验楼改扩建工程	中建二局第三建筑工程有限公司	中建不二幕墙装饰有限公司
4	宜兴市文化中心工程	北京建工集团有限责任公司	北京市设备安装工程集团有限公司
			江苏沪宁钢机股份有限公司
			深圳市中孚泰文化建筑建设股份有限公司
			苏州金螳螂建筑装饰股份有限公司
			江苏东保装饰集团有限公司
			江苏大美天第文化产业有限公司
5	南开大学新校区（津南校区）图书馆	天津住宅集团建设工程总承包有限公司	天津市亚盛建筑装饰工程有限公司
			天津住总机电设备安装有限公司
6	天津大学新校区公共中心区工程（主楼、图书馆、体育馆）	天津天一建设集团有限公司 中建三局集团有限公司 中国建筑第二工程局有限公司	天津市华腾瑞丰建筑工程有限公司
			天津盛达安全科技有限责任公司
			中建三局安装工程有限公司
			和兴玻璃铝业（上海）有限公司

国家城市湿地公园名单

江苏省盐城市大洋湾城市湿地公园
安徽省铜陵市西湖城市湿地公园
广东省惠州市大亚湾红树林城市湿地公园
四川省成都市白鹭湾城市湿地公园
贵州省安顺市黄果树城市湿地公园

（来源：《住房城乡建设部关于公布国家城市湿地公园的通知》（建城〔2017〕13号））

获 奖 名 单

2016年中国人居环境奖获奖名单

（一）综合奖
1. 江苏省徐州市
2. 浙江省诸暨市
3. 山东省青州市

（二）范例奖
1. 上海市普陀区长征镇社区建设项目
2. 上海市老港固体废弃物综合利用基地生态修复项目
3. 上海市崇明东滩鸟类国家级自然保护区互花米草生态控制与鸟类栖息地优化工程
4. 上海市美丽乡村建设青浦探索实践项目
5. 内蒙古自治区通辽市辽河公园生态保护园林建设项目
6. 辽宁省沈阳市大力发展装配式建筑项目
7. 辽宁省盘锦市城乡一体化大环卫项目
8. 吉林省通化市二次供水改造工程
9. 吉林省梅河口市辉发河综合整治工程
10. 江苏省泰州市医药高新区区域能源系统建设项目
11. 江苏省宿迁市古黄河水景公园地震应急避难场所建设项目
12. 江苏省如皋市东大街历史文化街区保护项目
13. 浙江省嘉兴市凤桥镇桃源生态新城建设项目
14. 浙江省金华市澧浦镇新农村建设项目
15. 浙江省临安市城镇村三级污水处理项目
16. 浙江省海宁市长水塘水源生态湿地项目
17. 安徽省合肥市庐阳区三十岗乡东瞿村美好乡村建设项目
18. 安徽省铜陵市滨江生态岸线整治工程
19. 安徽省铜陵市义安区西联乡犁桥村美好乡村建设项目
20. 福建省厦门市集美区村庄生活污水处理项目
21. 福建省漳州市闽南文化生态走廊示范段项目
22. 福建省永春县大羽村特色文化型美丽乡村建设项目
23. 江西省吉安市庐陵文化生态园城市休闲生态湿地公园建设项目
24. 山东省济南市泉城公园改造提升暨中心城区防灾避险公园建设项目
25. 山东省烟台市化粪池管理示范项目
26. 山东省日照市淄博路地下综合管廊项目
27. 山东省临沂市城区地下管线普查与综合信息管理系统建设项目
28. 河南省洛阳市中电阳光新城保障房建设项目
29. 河南省洛阳市城市道路收水口改造项目
30. 河南省许昌市城乡生活垃圾收运处理一体化项目
31. 湖北省武汉市第十届中国（武汉）国际园林博

27	李忠平	男	海军工程设计研究局
28	李 霆	男	中南建筑设计院股份有限公司
29	杨秀仁	男	北京城建设计发展集团股份有限公司
30	杨伯钢	男	北京市测绘设计研究院
31	杨泽艳	男	中国水利水电建设工程咨询有限公司
32	杨保军	男	中国城市规划设计研究院
33	杨 瑛	男	湖南省建筑设计院
34	肖从真	男	中国建筑科学研究院
35	肖明清	男	中铁第四勘察设计院集团有限公司
36	吴志强	男	同济大学
37	何 昉	男	深圳市北林苑景观及建筑规划设计院有限公司
38	沈 迪	男	上海现代建筑设计(集团)有限公司
39	张文伟	女	中国石油天然气管道工程有限公司
40	张 敏	男	中铁大桥勘测设计院集团有限公司
41	张喜刚	男	中交公路规划设计院有限公司
42	张福明	男	北京首钢国际工程技术有限公司
43	陈 矛	男	国核电力规划设计研究院
44	陈志龙	男	解放军理工大学
45	陈宜言	男	深圳市市政设计研究院有限公司
46	陈 雄	男	广东省建筑设计研究院
47	邵韦平	男	北京市建筑设计研究院有限公司
48	武 威	男	建设综合勘察研究设计院有限公司
49	范 重	男	中国建筑设计院有限公司
50	周宏磊	男	北京市勘察设计研究院有限公司
51	郑建国	男	机械工业勘察设计研究院有限公司
52	赵元超	男	中国建筑西北设计研究院有限公司
53	段 进	男	南京东南大学城市规划设计研究院有限公司
54	徐升桥	男	中铁工程设计咨询集团有限公司
55	徐杨青	男	中煤科工集团武汉设计研究院有限公司
56	郭晓克	男	中国电力工程顾问集团东北电力设计院有限公司
57	唐尊球	男	中国瑞林工程技术有限公司
58	陶 郅	男	华南理工大学建筑设计研究院
59	崔 彤	男	中科院建筑设计研究院有限公司
60	梁政平	男	电力规划设计总院
61	隋明洁	男	天津水泥工业设计研究院有限公司
62	蒋中贵	男	林同棪国际工程咨询(中国)有限公司
63	蒋树屏	男	招商局重庆交通科研设计院有限公司
64	韩振勇	男	天津城建设计院有限公司
65	景来红	男	黄河勘测规划设计有限公司
66	舒世安	男	中国中元国际工程有限公司
67	靳福明	男	中国中轻国际工程有限公司
68	廖江南	男	长沙有色冶金设计研究院有限公司
69	谭可可	男	火箭军工程设计研究所

(来源:《住房城乡建设部关于公布第八批全国工程勘察设计大师名单的公告》文号:中华人民共和国住房和城乡建设部公告第 1406 号)

黄南藏族自治州同仁县双朋西乡双朋西村
黄南藏族自治州同仁县扎毛乡和日村
黄南藏族自治州同仁县黄乃亥乡日秀麻村
黄南藏族自治州同仁县曲库乎乡江龙农业村
黄南藏族自治州同仁县曲库乎乡木合沙村
黄南藏族自治州同仁县曲库乎乡索乃亥村
黄南藏族自治州同仁县年都乎乡尕沙日村
黄南藏族自治州同仁县加吾乡吉仓村
黄南藏族自治州尖扎县贾加乡贾加村
黄南藏族自治州尖扎县昂拉乡尖巴昂村
黄南藏族自治州尖扎县昂拉乡牙那东村
海南藏族自治州贵德县河西镇上刘屯村
果洛藏族自治州班玛县江日堂乡多日麻村
果洛藏族自治州班玛县灯塔乡班前村
玉树藏族自治州玉树市安冲乡拉则村

二十一、新疆维吾尔自治区(3个)

和田地区民丰县萨勒吾则克乡喀帕克阿斯干村
阿勒泰地区布尔津县禾木哈纳斯蒙古民族乡禾木村
阿勒泰地区哈纳斯景区铁热克提乡白哈巴村

（来源：《住房城乡建设部等部门关于公布2016年第二批列入中央财政支持范围的中国传统村落的通知》建村〔2016〕297号）

第八批全国工程勘察设计大师名单

（按姓氏笔画排序）

序号	姓名	性别	工作单位
1	丁洁民	男	同济大学建筑设计研究院(集团)有限公司
2	山秀丽	女	华陆工程科技有限责任公司
3	马骉	男	上海市政工程设计研究总院(集团)有限公司
4	王小毛	男	长江勘测规划设计研究院
5	王卫东	男	上海现代建筑设计(集团)有限公司
6	王仁坤	男	中国电建集团成都勘测设计研究院有限公司
7	王立军	男	中冶京诚工程技术有限公司
8	王宗林	男	机械工业第九设计研究院有限公司
9	王毅勃	男	信息产业电子第十一设计研究院科技工程股份有限公司
10	化建新	男	中兵勘察设计研究院
11	方小丹	男	华南理工大学建筑设计研究院
12	孔力	男	中讯邮电咨询设计院有限公司
13	丘建金	男	深圳市勘察测绘院有限公司
14	冯远	女	中国建筑西南设计研究院有限公司
15	冯冠学	男	中煤邯郸设计工程有限责任公司
16	朱军	男	中国电力工程顾问集团西北电力设计院有限公司
17	朱颖	男	中铁二院工程集团有限责任公司
18	刘旭锴	男	天津市市政工程设计研究院
19	刘昱	女	中石化洛阳工程有限公司
20	齐五辉	男	北京市建筑设计研究院有限公司
21	许丽萍	女	上海岩土工程勘察设计研究院有限公司
22	孙丽丽	女	中国石化工程建设有限公司
23	孙树礼	男	铁道第三勘察设计院集团有限公司
24	李艺	男	北京市市政工程设计研究总院有限公司
25	李兴钢	男	中国建筑设计院有限公司
26	李国良	男	中铁第一勘察设计院集团有限公司

昆明市晋宁县夕阳乡木鲊村
昆明市晋宁县夕阳乡打黑村
昆明市晋宁县六街镇干海村委会
昆明市宜良县匡远街道办事处福谊社区居委会墩子村
昆明市石林县圭山镇糯黑村
昆明市禄劝县撒营盘镇撒老乌村委会
保山市施甸县木老元乡哈寨村委会哈寨村
保山市腾冲县界头镇永安社区村委会
保山市腾冲县明光镇中塘社区村委会丰盛坝村
保山市腾冲县蒲川乡曼朵社区曼堆村
保山市腾冲县新华乡新山社区坝角村
保山市龙陵县龙山镇芒旦村
昭通市巧家县药山镇半箐村
昭通市威信县双河乡后房村
丽江市玉龙县黄山镇文华村委会文华中村
丽江市玉龙县黄山镇白华村委会吉来村
丽江市永胜县期纳镇文凤村委会果园南村
丽江市永胜县程海镇海腰村委会蒲米村
丽江市永胜县东山乡河东村委会妈知务邑啰村
丽江市永胜县松坪乡下啦嘛村委会看牦牛村
普洱市景东县锦屏镇黄草岭村
普洱市景谷县景谷镇纪家村
普洱市孟连县芒信镇芒卡村委会芒畔村
普洱市澜沧县上允镇上允村老街组
普洱市西盟县岳宋乡岳宋村永老寨
楚雄彝族自治州楚雄市吕合镇吕合村委会吕合村
楚雄彝族自治州楚雄市吕合镇中屯村委会马家庄村
楚雄彝族自治州武定县猫街镇猫街村委会咪三咱村
楚雄彝族自治州武定县插甸乡水城村委会水城村
楚雄彝族自治州禄丰县黑井镇黑井村委会板桥村
红河哈尼族彝族自治州建水县曲江镇欧营村委会欧营村
红河哈尼族彝族自治州建水县普雄乡纸厂村委会上纸厂村
文山壮族苗族自治州广南县坝美镇革乍村委会汤拿村
西双版纳傣族自治州勐腊县勐腊镇曼旦村
大理白族自治州大理市下关镇刘官厂村委会凤阳邑村
大理白族自治州大理市大理镇龙龛村委会龙下登村
大理白族自治州大理市太邑彝族乡桃树村委会坦底么
大理白族自治州宾川县宾居镇宾居村委会
大理白族自治州宾川县鸡足山镇上沧村委会
大理白族自治州宾川县鸡足山镇沙址村委会寺前村
大理白族自治州云龙县诺邓镇和平村委会天井村
大理白族自治州云龙县诺邓镇象麓村委会大井村
大理白族自治州云龙县功果桥镇下坞村委会
大理白族自治州洱源县邓川镇旧州村委会旧州村
大理白族自治州剑川县金华镇三河村
大理白族自治州剑川县金华镇庆华村委会
大理白族自治州剑川县马登镇东华村委会
大理白族自治州剑川县马登镇新华村委会
大理白族自治州剑川县沙溪镇甸头村
大理白族自治州剑川县沙溪镇鳌凤村委会
大理白族自治州剑川县沙溪镇华龙村委会
大理白族自治州剑川县沙溪镇长乐村委会
大理白族自治州剑川县弥沙乡文新村委会横场村
大理白族自治州剑川县弥沙乡文新村岩洞村
大理白族自治州剑川县弥沙乡弥新村弥井村
迪庆藏族自治州香格里拉县尼西乡汤满村委会汤堆村
迪庆藏族自治州香格里拉县洛吉乡尼汝村

十八、西藏自治区(4个)
拉萨市林周县江热夏乡连巴村
拉萨市尼木县吞巴乡吞达村
日喀则市吉隆县贡当乡汝村
昌都市洛隆县硕督镇硕督村

十九、陕西省(5个)
宝鸡市麟游县酒房镇万家城村
渭南市韩城市芝阳镇清水村
延安市黄龙县白马滩镇张峰村
安康市石泉县后柳镇长兴村
安康市紫阳县向阳镇营梁村

二十、青海省(21个)
海东市互助土族自治县东沟乡洛少村
海东市互助土族自治县东沟乡年先村
海东市循化撒拉族自治县街子镇三兰巴海村
海东市循化撒拉族自治县街子镇团结村
黄南藏族自治州同仁县双朋西乡环主村
黄南藏族自治州同仁县双朋西乡宁他村

七、江西省(16个)

景德镇市浮梁县瑶里镇绕南村
赣州市大余县左拔镇云山村
吉安市吉州区曲濑镇卢家洲村
吉安市吉水县水南镇店背村
吉安市吉水县水南镇高中村委会义富村
吉安市峡江县水边镇沂溪村
吉安市遂川县堆子前镇鄢溪村
上饶市铅山县太源畲族乡西坑村查家岭
上饶市婺源县清华镇诗春村
上饶市婺源县秋口镇李坑村
上饶市婺源县江湾镇晓起村
上饶市婺源县中云镇豸峰村
上饶市婺源县沱川乡篁村
上饶市婺源县镇头镇游山村
上饶市婺源县段莘乡庆源村
上饶市婺源县浙源乡凤山村

八、河南省(3个)

焦作市沁阳市常平乡九渡村
三门峡市灵宝市朱阳镇朱阳村
南阳市方城县独树镇砚山铺村

九、湖北省(18个)

黄石市阳新县三溪镇木林村枫杨庄
黄石市阳新县王英镇大田村清潭湾
黄冈市团风县贾庙乡百丈崖村
黄冈市红安县华家河镇涂湾村
黄冈市红安县太平桥镇回龙寨村石头湾
黄冈市红安县永佳河镇欧桥村刘云四湾
黄冈市罗田县胜利镇瓦房基村老闫家垸
黄冈市蕲春县向桥乡狮子堰村
咸宁市通山县九宫山风景区中港村
恩施土家族苗族自治州宣恩县长潭河乡两溪河村
恩施土家族苗族自治州宣恩县晓关乡野椒园村
恩施土家族苗族自治州咸丰县坪坝营镇新场村蒋家花园
恩施土家族苗族自治州咸丰县尖山乡唐崖寺村
恩施土家族苗族自治州来凤县百福司镇舍米湖村
恩施土家族苗族自治州来凤县大河镇独石塘村
恩施土家族苗族自治州来凤县漫水乡兴隆坳村落衣湾
恩施土家族苗族自治州来凤县漫水乡渔塘村上渔塘
恩施土家族苗族自治州来凤县三胡乡石桥村

十、湖南省(1个)

怀化市会同县长寨乡小市村

十一、广东省(7个)

广州市荔湾区冲口街道聚龙村
广州市增城市正果镇新围村
深圳市龙岗区大鹏镇鹏城村
佛山市三水区乐平镇大旗头村
梅州市梅县区松口镇梅教村
梅州市五华县歧岭镇凤凰村
清远市连州市连州镇沙坊村

十二、广西壮族自治区(5个)

桂林市灌阳县灌阳镇孔家村
桂林市灌阳县文市镇达溪村
桂林市灌阳县文市镇岩口村
桂林市灌阳县新街镇青箱村
桂林市灌阳县水车乡夏云村

十三、海南省(1个)

海口市琼山区国兴街道上丹村

十四、重庆市(6个)

大足区铁山镇继光村
黔江区五里乡五里社区程家特色大院
江津区塘河镇硐寨村
江津区白沙镇宝珠村东海沱
潼南区花岩镇花岩村花岩场
秀山土家族苗族自治县清溪场镇两河村

十五、四川省(3个)

阿坝藏族羌族自治州马尔康县沙尔宗乡丛恩村
甘孜藏族自治州乡城县尼斯乡马色村
甘孜藏族自治州得荣县瓦卡镇阿洛贡村

十六、贵州省(7个)

黔东南苗族侗族自治州镇远县报京乡报京村
黔东南苗族侗族自治州剑河县久仰乡久吉村
黔东南苗族侗族自治州台江县革一乡茅坪村
黔东南苗族侗族自治州台江县施洞镇八梗村
黔东南苗族侗族自治州黎平县永从乡九龙村
黔东南苗族侗族自治州麻江县杏山镇六堡村
黔南布依族苗族自治州平塘县塘边镇新街村落辉大寨

十七、云南省(62个)

昆明市西山区团结街道办事处永靖社区居委会白石岩村
昆明市晋宁县双河乡双河营村委会
昆明市晋宁县夕阳乡田房村委会大摆衣村
昆明市晋宁县夕阳乡保安村委会雷响田村
昆明市晋宁县夕阳乡新山村委会鸭打甸村

安康市旬阳县赤岩镇七里村庙湾村
安康市旬阳县赤岩镇万福村
安康市旬阳县赤岩镇湛家湾村
二十二、甘肃省(2个)
临夏回族自治州临夏市城郊镇木场村
天水市清水县贾川乡梅江村

二十三、新疆维吾尔自治区(1个)
昌吉回族自治州木垒哈萨克自治县照壁山乡河坝沿村

(来源:《住房城乡建设部等部门关于公布2016年列入中央财政支持范围的中国传统村落名单的通知》建村[2016]99号)

2016年第二批列入中央财政支持范围的中国传统村落名单

一、河北省(6个)
秦皇岛市抚宁县大新寨镇界岭口村
邯郸市峰峰矿区和村镇金村
邯郸市涉县关防乡岭底村
邯郸市磁县陶泉乡北王庄村
邢台市沙河市册井乡北盆水村
张家口市怀安县西沙城乡东沙城村

二、山西省(29个)
大同市新荣区堡子湾乡得胜堡村
大同市浑源县永安镇神溪村
大同市大同县杜庄乡落阵营村
阳泉市平定县冶西镇苇池村
阳泉市平定县张庄镇桃叶坡村
阳泉市盂县孙家庄镇乌玉村
长治市长治县贾掌镇西岭村
长治市平顺县东寺头乡神龙湾村
晋城市沁水县土沃乡西文兴村
晋城市泽州县山河镇洞八岭村
晋城市高平市米山镇米西村
晋城市高平市河西镇新庄村
朔州市山阴县张家庄乡旧广武村
晋中市榆次区东阳镇车辋村
晋中市榆次区什贴镇小寨村
晋中市平遥县段村镇普洞村
晋中市灵石县两渡镇冷泉村
运城市万荣县高村乡阎景村
运城市稷山县西社镇马跑泉村
运城市稷山县清河镇北阳城村
运城市永济市蒲州镇西厢村
忻州市繁峙县杏园乡公主村
忻州市宁武县涔山乡王化沟村
临汾市汾西县僧念镇师家沟村

吕梁市离石区枣林乡彩家庄村
吕梁市柳林县柳林镇贺昌村
吕梁市柳林县王家沟乡南洼村
吕梁市石楼县龙交乡君庄村
吕梁市交口县回龙乡明志沟村

三、江苏省(4个)
苏州市吴中区东山镇翁巷村
苏州市吴中区香山街道舟山村
苏州市常熟市古里镇李市村
南通市通州区石港镇广济桥社区

四、浙江省(7个)
宁波市鄞州区章水镇蜜岩村
宁波市奉化市萧王庙街道青云村
舟山市岱山县东沙镇东沙村
台州市椒江区大陈镇大小浦村
丽水市青田县阜山乡安店村
丽水市云和县石塘镇桑岭村
丽水市庆元县濛州街道大济村

五、安徽省(6个)
铜陵市铜陵县东联乡水浒村赵氏戏楼村
滁州市天长市铜城镇龙岗村
六安市金寨县汤家汇镇上畈村朱家湾
六安市金寨县汤家汇镇瓦屋基村宴湾
六安市金寨县果子园乡姚冲村姜湾
宣城市绩溪县上庄镇上庄村

六、福建省(5个)
莆田市仙游县石苍乡济川村
三明市建宁县溪源乡上坪村
泉州市晋江市龙湖镇南浔村
漳州市漳浦县湖西镇赵家城村
南平市武夷山市兴田镇城村

红河州石屏县牛街镇他腊村委会他腊村
红河州石屏县牛街镇邑黑吉村委会邑黑吉村
红河州石屏县哨冲镇水瓜冲村委会慕善村
红河州石屏县哨冲镇水瓜冲村委会水瓜冲村
红河哈尼族彝族自治州红河县迤萨镇东门街村
文山州砚山县者腊乡批洒村
文山州丘北县温浏乡石别村
文山州丘北县曰者镇河边村
文山州广南县者太乡未昔村委会上米哈村
文山州广南县者太乡未昔村委会下米哈村
西双版纳州景洪市噶洒镇曼掌宰村委会曼景保村
西双版纳州景洪市大渡岗乡大荒坝村委会勐满村
西双版纳州景洪市基诺族乡巴亚村委会巴卡老寨
西双版纳州景洪市基诺族乡巴亚村委会巴亚中寨
西双版纳州景洪市基诺族乡巴亚村委会扎吕村
西双版纳州勐腊县勐腊镇曼龙勒村
大理白族自治州大理市双廊镇双廊村
大理州大理市凤仪镇丰禾村北汤天村
大理州大理市上关镇青索村委会
大理州大理市银桥镇五里桥村委会沙栗木村
大理州漾濞县苍山西镇上街村委会
大理州宾川县州城镇老赵村委会
大理州宾川县州城镇州城村委会
大理白族自治州弥渡县密祉乡文盛街村
大理州南涧县宝华镇虎街村委会虎街村
大理州南涧县公郎镇沙乐村委会旧村
大理州南涧县南涧镇南涧街居委会向阳村
大理州南涧县无量山镇红星村委会黑么苴村
大理白族自治州巍山县大仓镇新胜村委会啄木郎村
大理白族自治州巍山县马鞍山乡青云村
大理白族自治州巍山县庙街镇阿朵村
大理州巍山县庙街镇盟石村委会山塔村
大理州巍山县永建镇永胜村委会回辉登村
大理白族自治州云龙县检槽乡检槽村委会大村
大理白族自治州云龙县苗尾傈僳族乡表村村委会表村
大理白族自治州云龙县苗尾傈僳族乡松坪村
大理白族自治州云龙县长新乡包罗村大达社
大理州云龙县漕涧镇漕涧村委会
大理州洱源县茈碧湖镇碧云村委会碧云村
大理白族自治州剑川县甸南镇龙门村
大理白族自治州剑川县甸南镇天马村
大理白族自治州剑川县金华镇向湖村
大理州剑川县金华镇桑岭村委会
大理州剑川县马登镇西宅村委会
大理白族自治州鹤庆县金墩乡和邑村
大理白族自治州鹤庆县六合乡灵地村灵地大村
大理白族自治州鹤庆县松桂镇长头村
大理白族自治州鹤庆县松桂镇龙珠村军营村
大理州鹤庆县草海镇新华村委会
德宏傣族景颇族自治州梁河县河西乡邦读村
德宏傣族景颇族自治州盈江县旧城镇旧城村委会大寨村
德宏傣族景颇族自治州盈江县太平镇芒允村
德宏傣族景颇族自治州盈江县新城乡繁勐村委会芒别村
德宏州盈江县支那乡支那村委会硝塘村
德宏州芒市风平镇风平村委会弄么村
德宏州芒市勐戛镇勐戛村委会勐戛村
怒江傈僳族自治州泸水县鲁掌镇鲁祖村
迪庆藏族自治州香格里拉县建塘镇小街子村
迪庆藏族自治州香格里拉县三坝乡白地村
迪庆州香格里拉县格咱乡木鲁村委会
迪庆州德钦县佛山乡江坡村委会江坡村
迪庆州德钦县拖顶乡大村村委会
迪庆州德钦县霞若乡霞若村委会
迪庆藏族自治州维西县巴迪乡结义村
迪庆藏族自治州维西县保和镇永春村白帕塘
迪庆藏族自治州维西县塔城镇塔城村塔城一二组
迪庆藏族自治州维西县维登乡富川村
迪庆藏族自治州维西县叶枝镇叶枝村
迪庆州维西县塔城镇塔城村委会托洛顶村

二十、西藏自治区(1个)

林芝市波密县玉普乡米堆村

二十一、陕西省(12个)

渭南市合阳县同家庄镇南长益村
汉中市宁强县青木川镇青木川村
榆林市绥德县满堂川乡常家沟村
榆林市绥德县满堂川乡郭家沟村
榆林市绥德县四十里铺镇艾家沟村
榆林市佳县康家港乡沙坪村
榆林市佳县峪口乡峪口村
榆林市佳县朱家坬镇泥河沟村
榆林市子洲县双湖峪镇张寨村

保山市腾冲县马站乡三联社区村委会碗窑村
保山市腾冲县芒棒镇老桥头社区桥头村
保山市腾冲县明光镇中塘社区村委会白石岩村
保山市腾冲县清水乡良盈社区村委会蔺家寨村
保山市腾冲县清水乡良盈社区村委会镇邑关村
保山市腾冲县曲石镇箐桥村
保山市腾冲县五合乡鹿山村杨家寨
保山市腾冲县新华乡龙洒社区龙洒村
保山市腾冲县中和镇中营村
保山市龙陵县象达乡勐蚌村
保山市昌宁县大田坝乡铁匠寨村
保山市昌宁县耇街乡新厂村委会汪家箐村
保山市昌宁县耇街乡耇街村委会老街子村
保山市昌宁县鸡飞乡珠山村委会大水井村
保山市昌宁县卡斯乡毛寨村
保山市昌宁县柯街镇扁瓦村委会秀雅村
保山市昌宁县漭水镇明华村委会徐家寨村
保山市昌宁县湾甸乡帕旭村
保山市昌宁县温泉乡里睦村
保山市昌宁县珠街乡羊街村委会子原村
昭通市昭阳区洒渔镇巡龙村
昭通市镇雄县罗坎镇发达村
昭通市镇雄县罗坎镇凤翥村
丽江市古城区金安镇义新村委会五坝里村
丽江市古城区金山乡良美村委会启良村
丽江市古城区七河镇共和村委会东关村
丽江市古城区七河镇共和村委会南溪村
丽江市古城区七河镇五峰村委会中排村
丽江市古城区七河镇新民村委会上村
丽江市古城区七河镇新民村委会新民下村
丽江市古城区七河镇羊见村委会金安村
丽江市古城区束河街道黄山社区忠信村
丽江市古城区束河街道龙泉村委会
丽江市古城区文化街道东江居委会向阳村
丽江市玉龙县白沙镇玉湖村委会玉湖村
丽江市玉龙县宝山乡吾木村委会吾木村
丽江市玉龙县大具乡培良村委会营盘村
丽江市玉龙县黄山镇五台村委会夏禾下束河村
丽江市玉龙县拉市镇海东村委会梅子村
丽江市玉龙县拉市镇海南村委会丰乐村
丽江市玉龙县拉市镇吉余村委会余乐村
丽江市玉龙县拉市镇均良村委会打渔村
丽江市玉龙县拉市镇美泉村委会美泉村
丽江市玉龙县拉市镇南尧村委会南尧村
丽江市玉龙县龙蟠乡新联村委会土官村

丽江市玉龙县龙蟠乡兴文村委会宏文村
丽江市玉龙县石鼓镇大新村委会竹园村
丽江市玉龙县石鼓镇仁和村委会石支村
丽江市玉龙县石鼓镇石鼓村委会海螺村
丽江市玉龙县石头乡四华村委会龙华村
丽江市永胜县六德乡双河村委会双河二村
丽江市永胜县三川镇翠湖村委会翠湖村
丽江市宁蒗县拉伯乡加泽村委会油米村
丽江市宁蒗县永宁乡温泉村委会瓦拉别
普洱市墨江县联珠镇癸能村大寨村
普洱市镇沅县勐大镇文仆村委会平掌上村
普洱市江城县国庆乡摸等村博别寨组
普洱市江城县整董镇整董村大河边
普洱市江城县整董镇整董村大青树
普洱市江城县整董镇整董村老伯寨
普洱市江城县整董镇整董村力哨坡
普洱市江城县整董镇整董村麻木树
普洱市孟连县芒信镇海东村委会笼帅村
普洱市孟连县娜允镇芒街村委会傣族村
普洱市孟连县娜允镇芒掌村委会猛外村
普洱市澜沧县惠民民族乡芒景村翁基组
临沧市凤庆县诗礼乡清华村委会中兴村
临沧市云县大寨镇文丰村
临沧市云县茂兰镇茂兰社区
临沧市云县幸福镇邦信村
临沧市永德县大山乡忙兑村委会大忙简村
临沧市永德县永康镇忙腊村委会旧城村
临沧市耿马傣族佤族自治县孟定镇芒团村
临沧市沧源县芒卡镇湖广村
临沧市沧源县勐懂镇芒摆村永点村
临沧市沧源县勐懂镇芒摆村永让村
楚雄彝族自治州楚雄市子午镇以口夸村
楚雄州牟定县江坡镇江坡村委会江坡大村
楚雄州武定县白路乡平地村委会木高古村
楚雄州武定县发窝乡大西邑村委会大西邑村
楚雄州武定县己衣乡己衣村委会己衣大村
楚雄州武定县万德乡万德村委会万德村
楚雄彝族自治州禄丰县金山镇炼象关村
楚雄州禄丰县黑井镇黑井村委会黑井村
红河州建水县南庄镇小龙潭村委会钱家湾村
红河州建水县西庄镇白家营村委会阿瓦寨村
红河州建水县西庄镇荒地村委会荒地村
红河州建水县西庄镇马坊村委会马坊村
红河州建水县西庄镇他广村委会贝贡村
红河州石屏县牛街镇迭亩龙村委会迭亩龙村

黔东南苗族侗族自治州黎平县水口镇茨洞村
黔东南苗族侗族自治州黎平县水口镇东郎村
黔东南苗族侗族自治州黎平县水口镇花柳村
黔东南苗族侗族自治州黎平县水口镇南江村
黔东南苗族侗族自治州黎平县水口镇平善村
黔东南苗族侗族自治州黎平县水口镇宰洋村宰直寨
黔东南苗族侗族自治州黎平县岩洞镇大寨村
黔东南苗族侗族自治州黎平县岩洞镇小寨村
黔东南苗族侗族自治州黎平县岩洞镇岩洞村
黔东南苗族侗族自治州黎平县岩洞镇宰拱村
黔东南苗族侗族自治州黎平县岩洞镇竹坪村
黔东南苗族侗族自治州黎平县永从镇豆洞村
黔东南苗族侗族自治州黎平县永从镇中罗村
黔东南苗族侗族自治州黎平县肇兴镇厦格村
黔东南苗族侗族自治州黎平县肇兴镇厦格上寨村
黔东南苗族侗族自治州从江县翠里瑶族壮族乡岑丰村
黔东南苗族侗族自治州从江县翠里瑶族壮族乡高华村
黔东南苗族侗族自治州从江县东朗乡苗谷村
黔东南苗族侗族自治州从江县刚边乡三联村
黔东南苗族侗族自治州从江县高增乡小黄村
黔东南苗族侗族自治州从江县高增乡占里村
黔东南苗族侗族自治州从江县加榜乡党扭村
黔东南苗族侗族自治州从江县庆云乡单阳村
黔东南苗族侗族自治州从江县西山镇顶洞村
黔东南苗族侗族自治州从江县下江镇巨洞村
黔东南苗族侗族自治州从江县下江镇中华村
黔东南苗族侗族自治州从江县宰便镇引东村
黔东南苗族侗族自治州雷山县达地水族乡马路苗寨
黔东南苗族侗族自治州雷山县达地水族乡同鸟水寨
黔东南苗族侗族自治州雷山县大塘镇桥港村
黔东南苗族侗族自治州雷山县方祥乡平祥村
黔东南苗族侗族自治州雷山县方祥乡水寨村
黔东南苗族侗族自治州雷山县西江镇大龙苗寨
黔东南苗族侗族自治州雷山县西江镇乌高村
黔东南苗族侗族自治州雷山县永乐镇加鸟村
黔东南苗族侗族自治州雷山县永乐镇开屯村
黔东南苗族侗族自治州雷山县永乐镇乔洛村
黔东南苗族侗族自治州雷山县永乐镇肖家村
黔东南苗族侗族自治州麻江县龙山镇复兴村
黔东南苗族侗族自治州麻江县龙山镇河坝村
黔东南苗族侗族自治州丹寨县排调镇麻鸟村
黔东南苗族侗族自治州丹寨县兴仁镇王家寨村
黔东南苗族侗族自治州丹寨县扬武镇扬颂村
黔南布依族苗族自治州都匀经济开发区匀东镇洛邦社区绕河村
黔南布依族苗族自治州都匀经济开发区匀东镇王司社区新场村
黔南布依族苗族自治州荔波县甲良镇丙花村者吕组
黔南布依族苗族自治州荔波县黎明关水族乡太吉村
黔南布依族苗族自治州荔波县黎明关水族乡尧古村
黔南布依族苗族自治州荔波县玉屏街道办事处水甫村
黔南布依族苗族自治州平塘县平舟镇乐康村
黔南布依族苗族自治州平塘县塘边镇新建村打鸟组
黔南布依族苗族自治州平塘县新塘乡新营村摆仗组

十九、云南省(181个)

昆明市晋宁县晋城镇福安村
昆明市晋宁县夕阳乡一字格村委会
昆明市晋宁县双河乡田坝村
曲靖市马龙县旧县镇黄土坡村
玉溪市华宁县青龙镇落梅村委会来保康村
玉溪市峨山县塔甸镇大西村委会戈嘎村
玉溪市峨山县塔甸镇亚尼村委会伙枇杷村
保山市隆阳区芒宽乡芒龙村
保山市隆阳区水寨乡水寨村
保山市施甸县旧城乡芭蕉林村委会小中山村
保山市施甸县旧城乡和尚田村
保山市施甸县旧城乡旧城村委会大坪子村
保山市施甸县木老元乡木老元村委会下木老元村
保山市施甸县姚官镇大乌邑村
保山市腾冲县滇滩镇河西社区村委会
保山市腾冲县和顺镇大庄社区
保山市腾冲县荷花镇朗蒲社区村委会
保山市腾冲县荷花镇民团社区村委会坝派村
保山市腾冲县荷花镇肖庄社区村委会荷花池村
保山市腾冲县界头镇大塘社区村委会
保山市腾冲县界头镇大园子社区村委会
保山市腾冲县界头镇石墙村

季刀寨
  黔东南苗族侗族自治州黄平县谷陇镇平寨村
  黔东南苗族侗族自治州黄平县野洞河镇新华村
  黔东南苗族侗族自治州黄平县重安镇枫香村
  黔东南苗族侗族自治州黄平县重安镇塘都村
  黔东南苗族侗族自治州黄平县重安镇望坝村
  黔东南苗族侗族自治州施秉县双井镇龙塘村
  黔东南苗族侗族自治州三穗县良上镇雅中村
  黔东南苗族侗族自治州锦屏县彦洞乡瑶白村
  黔东南苗族侗族自治州剑河县磻溪镇大广村
  黔东南苗族侗族自治州剑河县岑松镇稿旁村
  黔东南苗族侗族自治州剑河县革东镇大皆道村
  黔东南苗族侗族自治州剑河县观么镇平下村
  黔东南苗族侗族自治州剑河县久仰镇毕下村
  黔东南苗族侗族自治州剑河县久仰镇巫交村
  黔东南苗族侗族自治州剑河县柳川镇返排村
  黔东南苗族侗族自治州剑河县柳川镇巫库村
  黔东南苗族侗族自治州剑河县敏洞乡高坵村
  黔东南苗族侗族自治州剑河县敏洞乡沟洞村
  黔东南苗族侗族自治州剑河县南加镇九旁村
  黔东南苗族侗族自治州剑河县南加镇柳基村
  黔东南苗族侗族自治州剑河县南明镇小湳村
  黔东南苗族侗族自治州剑河县南哨镇高定村
  黔东南苗族侗族自治州剑河县太拥镇太坪村
  黔东南苗族侗族自治州台江县方召镇交汪村
  黔东南苗族侗族自治州台江县方召镇巫脚交村
  黔东南苗族侗族自治州台江县革一镇江边村
  黔东南苗族侗族自治州台江县革一镇排生村
  黔东南苗族侗族自治州台江县老屯乡白土村
  黔东南苗族侗族自治州台江县南宫镇交包村
  黔东南苗族侗族自治州台江县南宫镇交密村
  黔东南苗族侗族自治州台江县南宫镇交下村
  黔东南苗族侗族自治州台江县南宫镇石灰河村
  黔东南苗族侗族自治州台江县排羊乡大塘村
  黔东南苗族侗族自治州台江县施洞镇黄泡村
  黔东南苗族侗族自治州台江县台拱镇展福村
  黔东南苗族侗族自治州台江县台盘乡德卷村
  黔东南苗族侗族自治州台江县台盘乡空寨村
  黔东南苗族侗族自治州台江县台盘乡南瓦村
  黔东南苗族侗族自治州台江县台盘乡南尧村
  黔东南苗族侗族自治州黎平县坝寨乡高西村
  黔东南苗族侗族自治州黎平县坝寨乡高兴村
  黔东南苗族侗族自治州黎平县坝寨乡器寨村
  黔东南苗族侗族自治州黎平县大稼乡岑桃村
  黔东南苗族侗族自治州黎平县大稼乡高孖村

  黔东南苗族侗族自治州黎平县德化乡俾翁村
  黔东南苗族侗族自治州黎平县德化乡高洋村
  黔东南苗族侗族自治州黎平县德化乡下洋村
  黔东南苗族侗族自治州黎平县德顺乡平甫村
  黔东南苗族侗族自治州黎平县地坪镇岑扣村
  黔东南苗族侗族自治州黎平县地坪镇高青村
  黔东南苗族侗族自治州黎平县地坪镇滚大村
  黔东南苗族侗族自治州黎平县地坪镇下寨村
  黔东南苗族侗族自治州黎平县地坪镇新丰村
  黔东南苗族侗族自治州黎平县洪州镇归欧村
  黔东南苗族侗族自治州黎平县洪州镇三团村
  黔东南苗族侗族自治州黎平县九潮镇大榕村新寨
  黔东南苗族侗族自治州黎平县九潮镇定八村
  黔东南苗族侗族自治州黎平县九潮镇高维村
  黔东南苗族侗族自治州黎平县九潮镇顺寨村
  黔东南苗族侗族自治州黎平县口江乡银朝村
  黔东南苗族侗族自治州黎平县雷洞乡岑管村
  黔东南苗族侗族自治州黎平县雷洞乡牙双村
  黔东南苗族侗族自治州黎平县雷洞瑶族水族乡金城村
  黔东南苗族侗族自治州黎平县龙额镇上地坪村
  黔东南苗族侗族自治州黎平县茅贡镇蚕洞村
  黔东南苗族侗族自治州黎平县茅贡镇冲寨
  黔东南苗族侗族自治州黎平县茅贡镇额洞村
  黔东南苗族侗族自治州黎平县茅贡镇高近村
  黔东南苗族侗族自治州黎平县茅贡镇己炭村汉寨
  黔东南苗族侗族自治州黎平县茅贡镇流芳村
  黔东南苗族侗族自治州黎平县茅贡镇寨南村
  黔东南苗族侗族自治州黎平县孟彦镇岑湖村
  黔东南苗族侗族自治州黎平县孟彦镇罗溪村
  黔东南苗族侗族自治州黎平县平寨乡纪德村
  黔东南苗族侗族自治州黎平县尚重镇岑门村
  黔东南苗族侗族自治州黎平县尚重镇顿路村
  黔东南苗族侗族自治州黎平县尚重镇归德村
  黔东南苗族侗族自治州黎平县尚重镇绞洞村
  黔东南苗族侗族自治州黎平县尚重镇旧洞村
  黔东南苗族侗族自治州黎平县尚重镇上洋村
  黔东南苗族侗族自治州黎平县尚重镇西迷村
  黔东南苗族侗族自治州黎平县尚重镇下洋村
  黔东南苗族侗族自治州黎平县尚重镇洋卫村
  黔东南苗族侗族自治州黎平县尚重镇宰蒙村
  黔东南苗族侗族自治州黎平县双江乡四寨村
  黔东南苗族侗族自治州黎平县双江乡寨高村

秀山土家族苗族自治县洪安镇边城村
秀山土家族苗族自治县洪安镇猛董村大沟组
秀山土家族苗族自治县梅江镇凯干村
秀山土家族苗族自治县清溪场镇大寨村
秀山土家族苗族自治县钟灵镇凯堡村陈家坝
酉阳土家族苗族自治县苍岭镇苍岭村池流水
酉阳土家族苗族自治县苍岭镇南溪村
酉阳土家族苗族自治县丁市镇汇家村神童溪
酉阳土家族苗族自治县龚滩镇小银村
酉阳土家族苗族自治县花田乡何家岩村
酉阳土家族苗族自治县浪坪乡浪水坝村小山坡
酉阳土家族苗族自治县龙潭镇堰提村
酉阳土家族苗族自治县双泉乡永祥村
酉阳土家族苗族自治县桃花源镇龙池村洞子坨
酉阳土家族苗族自治县西酬镇江西村
酉阳土家族苗族自治县酉水河镇大江村
酉阳土家族苗族自治县酉水河镇河湾村恐虎溪寨
彭水苗族土家族自治县朗溪乡田湾村
彭水苗族土家族自治县龙塘乡双龙村
彭水苗族土家族自治县梅子垭镇佛山村
彭水苗族土家族自治县润溪乡樱桃村

十七、四川省（19个）

成都市金堂县五凤镇金箱村
成都市邛崃市平乐镇花楸村
自贡市大安区三多寨镇三多寨村
泸州市纳溪区打古镇古纯村
泸州市纳溪区天仙镇观音乐道古村
泸州市叙永县石坝彝族乡堰塘彝族村
绵阳市北川县马槽乡黑水村
绵阳市江油市二郎庙镇青林口村
南充市西充县青龙乡蚕华山村
南充市阆中市水观镇永安寺村
宜宾市江安县夕佳山镇五里村
甘孜藏族自治州乡城县青德乡仲德村
甘孜藏族自治州乡城县香巴拉镇色尔宫村
甘孜藏族自治州得荣县子庚乡阿称村
甘孜藏族自治州得荣县子庚乡子庚村
甘孜藏族自治州得荣县子庚乡子实村
凉山彝族自治州盐源县泸沽湖镇木垮村
凉山彝族自治州美姑县依果觉乡古拖村
凉山彝族自治州美姑县依果觉乡四季吉村

十八、贵州省（183个）

六盘水市六枝特区梭戛苗族彝族回族乡高兴村
遵义市凤冈县土溪镇黑溪古寨
遵义市凤冈县新建镇长碛古寨
遵义市凤冈县琊川镇杨家寨
遵义市湄潭县西河镇官寨
遵义市湄潭县洗马镇石笋沟
安顺市西秀区东屯乡高官居委会高官组
安顺市西秀区东屯乡金山村山旗组
安顺市平坝县天龙镇合旺村岩上组
安顺市平坝县天龙镇兴旺村双硐组
铜仁市碧江区坝黄镇宋家坝村塘边古树园
铜仁市石阡县国荣乡葛容村高桥自然村
铜仁市石阡县河坝场乡小高王村
铜仁市石阡县聚凤仡佬族侗族乡黄泥坳村
铜仁市石阡县聚凤仡佬族侗族乡廖家屯村
铜仁市石阡县聚凤仡佬族侗族乡瓮水屯村
铜仁市石阡县聚凤仡佬族侗族乡指甲坪村
铜仁市石阡县五德镇大寨村
铜仁市思南县板桥镇郝家湾村
铜仁市思南县大坝场镇官塘坝村
铜仁市思南县大坝场镇尧上村
铜仁市思南县合朋溪镇鱼塘村
铜仁市思南县青杠坡镇四野屯村
铜仁市思南县塘头镇甲秀社区
铜仁市思南县塘头镇街子村
铜仁市思南县文家店镇龙山村
铜仁市思南县瓮溪镇瓮溪社区马家山组
铜仁市思南县兴隆乡天山村
铜仁市印江土家族苗族自治县板溪镇渠沟村
铜仁市印江土家族苗族自治县缠溪镇方家岭村
铜仁市印江土家族苗族自治县天堂镇中尧村
铜仁市印江土家族苗族自治县木黄镇坪所村
铜仁市印江土家族苗族自治县中兴街道办事处虹穴村
铜仁市德江县复兴镇稳溪村
铜仁市德江县高山镇梨子水村
铜仁市德江县合兴镇朝阳村
铜仁市德江县煎茶镇付家村
铜仁市沿河土家族自治县板场乡洋溪村
铜仁市沿河土家族自治县黑獭乡大溪村
铜仁市沿河土家族自治县后坪乡茶园村
铜仁市松桃苗族自治县正大乡薅菜村苗王城
黔西南布依族苗族自治州兴义市南盘江镇南龙村
黔西南布依族苗族自治州兴义市泥凼镇堵德村
黔西南布依族苗族自治州册亨县丫他镇板万村
黔东南苗族侗族自治州凯里市三棵树镇乐平村

附　录

永州市双牌县五里牌镇塘基上村
永州市新田县金盆圩乡河山岩村
怀化市鹤城区芦坪乡尽远村
怀化市溆浦县葛竹坪镇山背村
怀化市会同县连山乡大坪村
怀化市会同县岩头乡墓脚村
怀化市麻阳苗族自治县锦和镇岩口山村
怀化市麻阳苗族自治县郭公坪乡溪口村湾里
怀化市麻阳苗族自治县尧市乡小江村
怀化市麻阳苗族自治县大桥江乡豪侠坪村
湘西土家族苗族自治州吉首市矮寨镇德夯村
湘西土家族苗族自治州吉首市排绸乡河坪村

十三、广东省(28 个)

广州市海珠区华洲街道小洲村
广州市海珠区琶洲街道黄埔村
广州市花都区花东镇港头村
江门市恩平市圣堂镇歇马村
湛江市遂溪县河头镇双村
湛江市遂溪县岭北镇调丰村
湛江市雷州市北和镇鹅感村
湛江市雷州市杨家镇北劳村
梅州市梅江区城北镇玉水村
梅州市梅县区南口镇谢响塘村
梅州市梅县区松口镇小黄村
梅州市梅县水车镇茶山村
梅州市梅县桃尧镇桃源村
梅州市蕉岭县蓝坊镇大地村
梅州市蕉岭县蓝坊镇高思村
梅州市蕉岭县南礤镇南礤村
梅州市兴宁市刁坊镇周兴村
梅州市兴宁市径南镇星耀村
梅州市兴宁市龙田镇鸡公桥村
梅州市兴宁市龙田镇龙盘村
梅州市兴宁市罗岗镇柿子枰村
清远市连州市保安镇卿罡村
清远市连州市东陂镇白家城村
清远市连州市龙坪镇元璧村
清远市连州市西岸镇石兰寨
东莞市寮步镇西溪村
东莞市企石镇江边村
东莞市塘厦镇龙背岭村

十四、广西壮族自治区(15 个)

桂林市灌阳县灌阳镇仁义村唐家屯
桂林市恭城瑶族自治县恭城镇乐湾村乐湾屯
桂林市恭城瑶族自治县观音乡狮塘村焦山屯
桂林市恭城瑶族自治县观音乡水滨村
桂林市恭城瑶族自治县栗木镇常家村常家屯
桂林市恭城瑶族自治县栗木镇大合村大合屯
桂林市恭城瑶族自治县栗木镇石头村石头屯
桂林市恭城瑶族自治县莲花镇凤岩村凤岩屯
桂林市恭城瑶族自治县莲花镇朗山村朗山屯
桂林市恭城瑶族自治县莲花镇门等村高桂屯
桂林市恭城瑶族自治县龙虎乡龙岭村实乐屯
桂林市恭城瑶族自治县西岭乡费村费村屯
桂林市恭城瑶族自治县西岭乡杨溪村杨溪屯
玉林市博白县松旺镇松茂村
贺州市昭平县樟木林镇新华村

十五、海南省(11 个)

海口市秀英区石山镇三卿村
海口市龙华区新坡镇文山村
东方市江边乡白查村
澄迈县金江镇大美村
澄迈县金江镇美朗村
澄迈县老城镇龙吉村
澄迈县老城镇罗驿村
澄迈县老城镇石石矍村
澄迈县老城镇谭昌村
昌江黎族自治县王下乡洪水村
乐东黎族自治县佛罗镇老丹村

十六、重庆市(41 个)

涪陵区蔺市镇凤阳村
巴南区丰盛镇桥上村
黔江区阿蓬江镇大坪村
黔江区水市乡水车坪老街
黔江区小南海镇新建村
江津区塘河镇石龙门村
江津区吴滩镇邢家村
合川区涞滩镇二佛村
永川区板桥镇大沟村
永川区松溉镇松江村
潼南区双江镇金龙村
大足区玉龙镇玉峰村
梁平县聚奎镇席帽村
武隆县沧沟乡大田村大田组
武隆县浩口苗族仡佬族乡浩口村田家寨
武隆县后坪苗族土家族乡文凤村天池坝组
忠县洋渡镇上祠村2组
忠县永丰镇东方村9组
巫山县龙溪镇龙溪村2社
秀山土家族苗族自治县海洋乡岩院村

上饶市婺源县江湾镇篁岭村

九、山东省(17个)

济南市章丘市官庄街道办事处朱家峪村
枣庄市滕州市羊庄镇东辛庄村
烟台市牟平区姜格庄街道办事处里口山村
烟台市招远市辛庄镇徐家疃村
烟台市招远市张星镇川里林家村
烟台市招远市张星镇丛家村
烟台市招远市张星镇界沟姜家村
烟台市招远市张星镇口后王家村
烟台市招远市张星镇奶子场村
烟台市招远市张星镇上院村
威海市荣成市俚岛镇大庄许家社区
威海市荣成市俚岛镇东烟墩社区
威海市荣成市俚岛镇烟墩角社区
临沂市沂南县马牧池乡常山庄村
临沂市沂水县马站镇关顶村
临沂市蒙山管委会柏林镇李家石屋村
临沂市平邑县地方镇九间棚村

十、河南省(34个)

郑州市登封市大金店镇大金店老街
郑州市登封市徐庄镇柏石崖村
洛阳市孟津县常袋镇石碑凹村
洛阳市新安县石井镇东山底村
洛阳市栾川县潭头镇大王庙村
洛阳市栾川县三川镇火神庙村抱犊寨
洛阳市宜阳县张坞镇苏羊村
安阳市安阳县安丰乡渔洋村
安阳市林州市石板岩乡草庙村
安阳市林州市石板岩乡梨园坪村
安阳市林州市石板岩乡南湾村
鹤壁市浚县卫溪街道办事处西街村
鹤壁市淇县黄洞乡石老公村
鹤壁市淇县黄洞乡温坡村
新乡市辉县市拍石头乡张泗沟村
新乡市辉县市沙窑乡郭亮村
焦作市修武县西村乡长岭村
焦作市温县赵堡镇陈家沟
三门峡市陕州区西张村镇丁管营村
三门峡市陕州区张汴乡刘寺村
南阳市淅川县盛湾镇土地岭村
南阳市唐河县马振抚乡前庄村
信阳市光山县泼陂河镇何尔冲村徐楼村
信阳市光山县泼陂河镇黄涂村龚冲村
信阳市光山县南向店乡董湾村向楼村
信阳市光山县净居寺名胜管理区杨帆村
信阳市新县苏河镇新光村钱大湾
信阳市新县田铺乡香山湖管理区水塝村韩山村
信阳市新县田铺乡田铺居委会大湾村
信阳市新县周河乡西河村大湾
信阳市新县陡山河乡白沙关村白沙关
信阳市新县卡房乡胡湾村刘咀村
信阳市商城县吴河乡万安村何老湾
信阳市商城县余集镇迎水村余老湾

十一、湖北省(28个)

黄石市大冶市保安镇沼山村刘通湾
黄石市大冶市金湖街道办上冯村
十堰市房县军店镇下店子村
十堰市丹江口市官山镇吕家河村
宜昌市长阳土家族自治县高家堰镇向日岭村六组
襄阳市南漳县巡检镇漫云村
孝感市孝昌县小河镇小河村
孝感市孝昌县小悟乡向阳村
孝感市大悟县芳畈镇白果树湾村
孝感市大悟县丰店镇桃岭村九房沟
孝感市安陆市王义贞镇钱冲村
黄冈市罗田县白庙河乡潘家垸村
黄冈市罗田县河铺镇肖家垸乌石岩村
黄冈市英山县国营英山县吴家山林场大河冲村
黄冈市麻城市夫子河镇付兴湾
黄冈市麻城市黄土岗镇小漆园村
黄冈市麻城市木子店镇王家畈村
黄冈市麻城市歧亭镇杏花村
黄冈市武穴市龙坪镇花园居委会
咸宁市通山县闯王镇宝石村
咸宁市通山县大畈镇西泉村
恩施土家族苗族自治州利川市毛坝镇山青村
恩施土家族苗族自治州利川市毛坝镇石板村
恩施土家族苗族自治州利川市毛坝镇向阳村
恩施土家族苗族自治州宣恩县椒园镇庆阳坝村
恩施土家族苗族自治州宣恩县沙道沟镇两河口村
恩施土家族苗族自治州鹤峰县走马镇白果村
仙桃市郑场镇渔泛村

十二、湖南省(16个)

邵阳市城步苗族自治县丹口镇桃林村
邵阳市城步苗族自治县长安营乡大寨村
益阳市安化县东坪镇黄沙坪老街
永州市祁阳县潘市镇龙溪村

丽水市莲都区雅溪镇西溪村
丽水市缙云县壶镇镇岩下村
丽水市松阳县板桥畲族乡张山村
丽水市松阳县赤寿乡黄山头村
丽水市松阳县大东坝镇后宅村
丽水市松阳县枫坪乡梨树下村
丽水市松阳县三都乡黄岭根村
丽水市松阳县三都乡毛源村
丽水市松阳县三都乡松庄村
丽水市松阳县三都乡尹源村
丽水市松阳县四都乡塘后村
丽水市松阳县象溪镇南州村
丽水市松阳县新兴镇平卿村
丽水市松阳县新兴镇山甫村
丽水市松阳县新兴镇庄后村
丽水市松阳县叶村乡南岱村
丽水市松阳县玉岩镇白麻山村
丽水市松阳县玉岩镇大岭脚村
丽水市松阳县玉岩镇交塘村
丽水市松阳县斋坛乡吊坛村
丽水市松阳县斋坛乡上垄村
丽水市松阳县樟溪乡球坑村
丽水市松阳县竹源乡后畲村
丽水市松阳县竹源乡黄上村
丽水市云和县崇头镇坑根村
丽水市云和县崇头镇沙铺村
丽水市云和县元和街道包山村
丽水市云和县元和街道梅塆村
丽水市景宁畲族自治县梧桐乡高演村
丽水市景宁县大际乡西一村
丽水市龙泉市道太乡锦安村
丽水市龙泉市龙南乡下田村
丽水市龙泉市屏南镇车盘坑村
丽水市龙泉市塔石乡南弄村
丽水市龙泉市西街街道宫头村
丽水市龙泉市西街街道下樟村

六、安徽省(9个)

铜陵市铜陵县钟鸣镇龙潭肖村
安庆市岳西县店前镇店前村
安庆市桐城市双港镇练潭村
黄山市黄山区三口镇湘潭村
合肥市巢湖市黄麓镇洪疃村
池州市石台县仙寓镇河东村
池州市石台县仙寓镇南源村
宣城市广德县柏垫镇前程村月克冲村

宣城市绩溪县伏岭镇湖村

七、福建省(23个)

福州市永泰县盖洋乡盖洋村
三明市明溪县城关乡翠竹洋村
泉州市德化县国宝乡佛岭村
泉州市晋江市金井镇塘东村
漳州市漳浦县旧镇镇石牛尾村
漳州市诏安县西潭乡山河村
漳州市长泰县马洋溪生态旅游区山重村
漳州市东山县西埔镇梧龙村
漳州市东山县樟塘镇古港村
漳州市平和县秀峰乡福塘村
漳州市平和县芦溪镇芦丰村
漳州市华安县马坑镇和春村
南平市顺昌县元坑镇槎溪村
南平市邵武市金坑乡金坑村
南平市武夷山市吴屯乡红园村下山村
南平市建瓯市迪口镇郑魏村
龙岩市长汀县馆前镇坪埔村
龙岩市连城县莒溪镇壁洲村
龙岩市连城县四堡乡中南村
龙岩市漳平市双洋镇城内村
宁德市屏南县屏城乡厦地村
宁德市屏南县寿山乡寿山村
宁德市福鼎市管阳镇金钗溪村

八、江西省(20个)

南昌市进贤县文港镇周坊村
景德镇市浮梁县瑶里镇瑶里村
景德镇市乐平市名口镇名口村
景德镇市乐平市双田镇横路村
九江市湖口县流泗镇庄前潘村
赣州市于都县岭背镇谢屋村
吉安市吉州区樟山镇文石村
吉安市吉安县梅塘镇旧居村
吉安市吉安县固江镇社边村
吉安市吉安县固江镇赛塘村
吉安市吉水县金滩镇仁和店村
吉安市吉水县金滩镇桑园村
吉安市峡江县水边镇何君村
吉安市永丰县沙溪镇河下村
吉安市安福县甘洛乡三舍村
吉安市井冈山市拿山乡长路村长塘组
上饶市玉山县双明镇漏底村
上饶市铅山县石塘镇石塘村
上饶市婺源县秋口镇长径村

2016年列入中央财政支持范围的中国传统村落名单

一、北京市(3个)
门头沟区雁翅镇碣石村
门头沟区斋堂镇沿河城村
密云区古北口镇古北口村

二、河北省(12个)
石家庄市鹿泉市白鹿泉乡水峪村
邯郸市武安市邑城镇白府村
邢台市沙河市十里亭镇上申庄村
保定市清苑县冉庄镇冉庄村
保定市清苑县孙村乡戎官营村
保定市清苑县闫庄乡国公营村
张家口市蔚县南留庄镇白后堡村
张家口市蔚县南留庄镇曹疃村
张家口市阳原县浮图讲乡开阳村
张家口市怀安县西沙城乡段家庄村
张家口市怀安县西沙城乡朱家庄村
张家口市怀安县左卫镇石坡底村

三、山西省(27个)
太原市阳曲县侯村乡青龙镇村
阳泉市郊区荫营镇辛庄村
阳泉市平定县巨城镇上盘石村
阳泉市平定县石门口乡乱流村
长治市郊区西白兔乡中村
长治市平顺县石城镇上马村
长治市壶关县东井岭乡崔家庄村
长治市壶关县树掌镇芳岱村
晋城市阳城县北留镇尧沟村
晋城市陵川县附城镇田庄村
晋城市陵川县西河底镇积善村
晋城市泽州县周村镇石淙头村
晋城市高平市寺庄镇伯方村
晋中市平遥县段村镇段村
晋中市灵石县南关镇董家岭村
晋中市灵石县英武乡雷家庄村
晋中市介休市龙凤镇南庄村
运城市新绛县泽掌镇光村
忻州市宁武县涔山乡小石门村
忻州市静乐县赤泥洼乡龙家庄村
忻州市偏关县万家寨镇老牛湾村
忻州市偏关县万家寨镇万家寨村
吕梁市临县三交镇孙家沟村
吕梁市柳林县陈家湾乡高家垣村
吕梁市柳林县孟门镇后冯家沟村
吕梁市柳林县三交镇三交村
吕梁市孝义市高阳镇白璧关村

四、江苏省(6个)
无锡市锡山区羊尖镇严家桥村
无锡市惠山区玉祁镇礼社村
常州市武进区前黄镇杨桥村
苏州市吴中区金庭镇东蔡村
苏州市吴中区金庭镇衙甪里村
苏州市吴中区金庭镇植里村

五、浙江省(61个)
杭州市桐庐县莪山畲族乡新丰民族村戴家山村
宁波市鄞州区姜山镇走马塘村
宁波市鄞州区章水镇李家坑村
宁波市宁海县力洋镇力洋村
宁波市宁海县一市镇东岙村
宁波市宁海县越溪乡梅枝田村
温州市永嘉县岩头镇苍坡村
温州市苍南县龙港镇鲸头村
湖州市吴兴区织里镇义皋村
湖州市安吉县鄣吴镇鄣吴村
金华市武义县大溪口乡山下鲍村
金华市武义县柳城镇华塘村
金华市兰溪市黄店镇芝堰村
金华市兰溪市永昌街道社峰村
金华市东阳市虎鹿镇蔡宅村
金华市东阳市巍山镇大爽村
衢州市龙游县溪口镇灵下村
衢州市江山市廿八都镇枫溪村
衢州市江山市廿八都镇花桥村
台州市天台县街头镇街二村
台州市仙居县皤滩乡上街下街村
台州市仙居县田市镇李宅村
台州市温岭市石塘镇东山村
台州市临海市白水洋镇龙泉村
台州市临海市邵家渡街道年坑村

最佳田园居住民房实例

浙江省杭州市富阳区洞桥镇文村村　新建民居

最佳乡土文化传承实例

云南省红河哈尼族彝族自治州元阳县新街镇爱春村　元阳阿者科哈尼族蘑菇房保护性改造

最佳社会经济公益实例

山东省烟台市栖霞市庄园街道古镇都村　沿街12栋民居改造

最佳废旧建筑再利用实例

江苏省苏州市昆山市锦溪乡祝家甸村　砖厂改造

最佳探索实验创新实例

甘肃省白银市会宁县丁家沟乡马岔村　活动中心

二等优秀实例（12个）

天津市蓟县渔阳镇小龙扒村　综合服务中心

内蒙古自治区鄂尔多斯市准格尔旗布尔陶亥苏木尔圪壕嘎查村　一号院

江苏省南京市栖霞区桦墅村　村口乡村铺子

江苏省无锡市惠山区阳山镇拾房村　东方田园生活馆

浙江省杭州市富阳区场口镇东梓关村　杭派民居

安徽省六安市寿县丰庄镇合庙村　合庙小学教学楼

湖北省武汉市江夏区五里界街道童周岭村　小朱湾接待中心

湖南省怀化市会同县高椅村　高椅童书馆

广西壮族自治区桂林市恭城瑶族自治县莲花镇门等村　村民活动中心改造

云南省红河哈尼族彝族自治州弥勒县西三镇可邑村　彝族民居改造

陕西省榆林市佳县朱家坬镇泥河沟村　枣缘人家民宿改造

青海省西宁市湟源县日月藏族乡兔儿干村　新型庄廓院

三等优秀实例（28个）

天津市蓟县出头岭镇五清庄村　村委会服务活动中心

内蒙古自治区鄂尔多斯市东胜区泊江海镇折家村　村民公共服务中心

内蒙古自治区鄂尔多斯市东胜区罕台镇灶火壕村

内蒙古自治区鄂尔多斯市准格尔旗十二连城乡　区中心

内蒙古自治区鄂尔多斯市鄂托克旗乌兰乡包日塔拉村　张氏民居

安徽省黄山市徽州区潜口镇唐模村　法国家庭旅馆-"七天井"

安徽省黄山市徽州区呈坎镇呈坎村　龙山山庄三友园乡村俱乐部

安徽省黄山市黟县碧阳镇陶村　守拙园观景阁

安徽省黄山市祁门县柏溪乡九都山村　叶国立民居

山东省烟台市莱州市驿道镇初家村　廊桥

山东省烟台市莱州市驿道镇初家村　村委会

河南省三门峡市陕州区张湾乡官寨头村　地坑院窑洞更新实践

河南省信阳市平桥区五里店街道郝堂村　乡建培训及村民活动中心

河南省济源市轵城镇红土沟村　豫西乡村生态建筑营造示范园（一期）任震英大师纪念馆及示范性生态窑洞

湖北省武汉市江夏区五里界街道童周岭村　小朱湾-万里香农苑改造

湖南省常德市汉寿县龙阳镇环城村　青义学科技示范房

广西壮族自治区桂林市雁山区草坪回族乡　老街153栋民居立面改造

重庆市黔江区小南海镇新建村　武陵山民族博物馆展示中心

重庆市武隆县土地乡天生村　陈茂胜民居（1号）

四川省成都市蒲江县甘溪镇龙泉社区　文化站

四川省成都市邛崃市高何镇靖口村　中国成都·天府红谷愿景展示馆

四川省内江市资中县孟塘镇建华村　练家祠堂

四川省内江市资中县孟塘镇建华村　《练翰轩》合院

贵州省安顺市西秀区大西桥镇鲍家屯村　鲍灵勇四合院院落改造

贵州省安顺市镇宁布依族苗族自治县环翠街道高荡村　传统民居立面改造

云南省玉溪市澄江县龙街镇万海村　许家村滇中"环抚仙湖"乡村民居（第一类）田园化回归改造

陕西省商洛市丹凤县棣花乡贾塬村　游客服务中心

甘肃省白银市会宁县丁家沟乡马岔村　现代夯土示范民居

（来源：《住房城乡建设部关于公布第二批田园建筑优秀实例名单的通知》建村〔2016〕270号）

林芝市巴宜区鲁朗镇扎西岗村
林芝市波密县八盖乡日卡村
山南市乃东县扎西曲登村
山南市琼结县下水乡唐布齐行政村

二十七、甘肃省(21个)
兰州市榆中县金崖镇永丰村
白银市景泰县中泉乡龙湾村
白银市景泰县中泉乡尾泉村
张掖市高台县罗城乡天城村
平凉市华亭县安口镇高镇村
庆阳市正宁县永和镇罗川村
陇南市文县碧口镇白果村郑家社
陇南市文县铁楼乡强曲村
陇南市宕昌县狮子乡东裕村
陇南市康县岸门口镇朱家沟村
陇南市西和县兴隆乡下庙村
陇南市西和县大桥镇仇池村
陇南市礼县宽川乡火烧寨村
陇南市礼县崖城乡父坪村
陇南市徽县嘉陵镇稻坪村
陇南市徽县嘉陵镇田河村
陇南市徽县麻沿乡柴家社
陇南市徽县大河乡青泥村
甘南州迭部县益哇乡扎尕那村
甘南州临潭县流顺乡红堡子村
甘南州临潭县王旗乡磨沟村

二十八、青海省(38个)
西宁市大通回族土族自治县东峡镇衙门庄村
西宁市大通回族土族自治县景阳镇寺沟村
西宁市湟中县田家寨镇沙尔湾村
西宁市湟中县田家寨镇下营一村
西宁市湟中县鲁沙尔镇石咀一村
西宁市湟中县土门关乡贾尔藏村
西宁市湟源县日月藏族乡兔尔干村
海东市乐都区芦花乡十字村
海东市乐都区马营乡昆仑村
海东市乐都区马营乡龙王岗村
海东市化隆回族自治县扎巴镇黄麻村
海东市化隆回族自治县扎巴镇南滩村
海东市化隆回族自治县金源藏族乡恰加村
海东市化隆回族自治县塔加藏族乡塔加一村
海东市化隆回族自治县塔加藏族乡塔加二村
海东市化隆回族自治县塔加藏族乡牙什扎村
海东市化隆回族自治县塔加藏族乡尕洞村
海东市循化撒拉族自治县积石镇西沟村
海东市循化撒拉族自治县积石镇瓦匠庄村
海东市循化撒拉族自治县白庄镇上科哇村
海东市循化撒拉族自治县白庄镇下张尕村
海东市循化撒拉族自治县道帏藏族乡比隆村
海东市循化撒拉族自治县道帏藏族乡张沙村
海东市循化撒拉族自治县查汗都斯乡苏志村
海东市循化撒拉族自治县文都藏族乡牙循村
海东市循化撒拉族自治县文都藏族乡毛玉村
海东市循化撒拉族自治县尕楞藏族乡合然村
黄南藏族自治州同仁县隆务镇吾屯上庄村
黄南藏族自治州同仁县兰采乡土房村
黄南藏族自治州同仁县年都乎乡录合相村
海南藏族自治州贵德县拉西瓦镇罗汉堂村
海南藏族自治州贵德县拉西瓦镇昨那村
玉树藏族自治州玉树市安冲乡结拉村查同社
玉树藏族自治州玉树市安冲乡拉则村英达社、英群社
玉树藏族自治州称多县清水河镇扎哈村
玉树藏族自治州称多县尕朵乡吾云达村
玉树藏族自治州称多县尕朵乡卓木其村
玉树藏族自治州囊谦县白扎乡也巴村

二十九、宁夏回族自治区(1个)
宁夏吴忠市利通区东塔寺乡石佛寺村

三十、新疆维吾尔自治区(2个)
吐鲁番市高昌区葡萄沟街道办事处拜西买里村
吐鲁番市鄯善县鲁克沁镇赛尔克甫村

(来源:《住房城乡建设部等部门关于公布第四批列入中国传统村落名录的村落名单的通知》建村〔2016〕278号)

第二批田园建筑优秀实例名单

一等优秀实例(6个)
最佳建筑艺术创作实例
江苏省苏州市昆山市巴城镇绰墩山村　西浜村昆曲学社

红河州石屏县哨冲镇曲左村
红河州石屏县哨冲镇撒妈鲊村
红河州弥勒市西一镇滥泥箐村
红河州泸西县金马镇嘉乐村
红河州泸西县旧城镇黑舍村
红河州泸西县午街铺镇普泽村
红河州泸西县白水镇小红杏村
红河州泸西县向阳乡小沙马村
红河州泸西县三塘乡大阿定村
红河州元阳县新街镇大鱼塘村
红河州元阳县大坪乡太阳老寨村
红河州红河县迤萨镇他竜村
红河州红河县甲寅乡阿撒村
红河州红河县大羊街乡小妥赊村
文山州广南县者兔乡下者偏村
文山州广南县者兔乡上者偏村
文山州广南县者兔乡那坝村
大理州大理市喜洲镇上关村
大理州祥云县下庄镇大仓村
大理州宾川县力角镇中营村
大理州宾川县平川镇盘古村
大理州弥渡县寅街镇朵祜村
大理州弥渡县寅街镇大庄村
大理州弥渡县苴力镇大寺村
大理州巍山县庙街镇顾旗厂村
大理州巍山县大仓镇回营村
大理州巍山县巍宝山乡玉碗水村
大理州巍山县五印乡鼠街村
大理州云龙县白石镇顺荡村
大理州洱源县茈碧湖镇松鹤村
大理州洱源县乔后镇老街村
大理州洱源县牛街乡牛街村
大理州鹤庆县辛屯镇逢密村
大理州鹤庆县金墩乡金登村
德宏州芒市遮放镇芒丙村
德宏州芒市遮放镇遮冒村
德宏州芒市三台山乡出冬瓜村
德宏州芒市轩岗乡芒项村
德宏州盈江县铜壁关乡松克村
德宏州盈江县盏西镇扒欠村
怒江州贡山县丙中洛镇甲生村
怒江州贡山县丙中洛镇秋那桶村
迪庆州香格里拉市虎跳峡镇海典村

二十五、陕西省(41个)
西安市蓝田县葛牌镇石船沟村
西安市周至县厚畛子乡老县城村
咸阳市三原县鲁桥镇东里村
咸阳市彬县香庙乡程家川村
渭南市华县赤水镇辛村
渭南市大荔县朝邑镇大寨村
渭南市大荔县段家镇东高垣村
渭南市合阳县百良镇东宫城村
渭南市蒲城县椿林镇山西村
渭南市韩城市新城办相里堡村
渭南市韩城市龙门镇西原村
渭南市韩城市桑树坪镇王峰村
渭南市韩城市西庄镇柳枝村
渭南市韩城市西庄镇郭庄砦村
渭南市韩城市西庄镇柳村
渭南市韩城市西庄镇薛村
渭南市韩城市西庄镇张代村
延安市宝塔区临镇镇石村
延安市子长县安定镇安定村
汉中市城固县上元观镇乐丰村
榆林市绥德县义和镇虎焉村
榆林市绥德县中角镇梁家甲村
榆林市米脂县银州办事处高庙山村
榆林市米脂县桃镇桃镇村
榆林市米脂县桃镇黑圪塔村
榆林市米脂县杨家沟镇寺沟村
榆林市米脂县杨家沟镇岳家岔村
榆林市米脂县郭兴庄镇白兴庄村
榆林市米脂县乔河岔乡刘家峁村
榆林市米脂县城郊镇镇子湾村
榆林市佳县木头峪乡木头峪村
榆林市清涧县高杰村镇高杰村
榆林市子洲县何家集镇眠虎沟
安康市汉滨区石转镇双柏村
安康市汉滨区双龙镇天宝村
安康市汉滨区叶坪镇双桥村
安康市汉滨区早阳镇王庄村
安康市汉滨区共进镇高山村
安康市汉滨区瞫坝镇马河村
安康市旬阳县仙河镇牛家阴坡村
商洛市镇安县云盖寺镇云镇村

二十六、西藏自治区(8个)
日喀则市南木林县土布加乡岗嘎村
日喀则市定日县岗嘎镇岗嘎村
日喀则市谢通门县通门乡坚白村
日喀则市亚东县帕里镇一、二、三、四居委